McKAY'S

ENGLISH POLISH

POLISH ENGLISH

DICTIONARY

McKAY'S

ANGIELSKO POLSKI

SŁOWNIK

POLSKO ANGIELSKI

J. STANISŁAWSKI

ANGIELSKO – POLSKI

RANDOM HOUSE
New York

McKAY'S

ENGLISH POLISH

DICTIONARY

POLISH ENGLISH

J. STANISLAWSKI

ENGLISH – POLISH

RANDOM HOUSE
New York

 All inquiries should be addressed to Random House, Inc., 201 East 50th Street, New York, N.Y. 10022. Published in the United States by Random House, Inc., and simultaneously in Canada by Random House of Canada Limited, Toronto. Preface new for 1988. Dictionary originally published by David McKay Company, Inc., under the title *English-Polish and Polish-English Dictionary*.

Library of Congress Cataloging Card Number: 87-37694.

Library of Congress C-I-P data available.

ISBN: 0-812-91691-3.

Manufactured in the United States of America.

789

Preface

McKay's *English-Polish, Polish-English Dictionary* has long been a favorite with speakers of English who need to read and speak Polish and with speakers of Polish who are learning English. It has been distinguished as the only first-rank English-Polish, Polish-English dictionary in one volume published outside of Poland.

Though best known for its thorough coverage of basic vocabulary, one of the strongest features of the book is that the standard pronunciations of the English entries are given in a notation that employs Polish orthography with a few essential phonetic symbols.

As a help to the user, derivatives in both English and Polish are placed under the heading of the primary or basic word, and a hyphen in that word is then used to separate initial elements from the letters not present in the derivatives.

As an added useful feature, in the Polish section perfective and imperfective forms of the same verbs are placed under a single entry, when they are close enough in spelling for this to be convenient. When this is not the case, the imperfective form is generally given as a cross reference to the perfective (thus the entry *odbierać* refers the reader to *odebrać*).

We hope that new generations of users will continue to find this widely accepted dictionary and its unique and easy-to-use features an informative and satisfying reference work.

Przedmowa

Słownik Angielsko-Polski, Polsko-Angielski McKaya był i nadal pozostaje ulubionym źródłem leksygraficznym dla mówiących po angielsku potrzebujących go do czytania i mówienia po polsku oraz dla mówiących po polsku, którzy uczą się języka angielskiego. Wciąż jeszcze się odznacza jako jedyny, pierwszej jakości, jednotomowy słownik angielsko-polski, polsko-angielski wydany poza Polską.

Chociaż najbardziej znany z powodu kompletnego zasobu słów, niemało korzystających ze słownika uważa za najlepszą jego zaletę to, że transkrypcje fonetyczne angielskich słów podano według zwykłego systemu polskiego, jak również przy pomocy różnych innych symbolów fonetycznych.

W celu pomocy korzystającemu, wyrazy pochodne w obu językach podano pod wyrazem hasłowym; sufiksy są oddzielone od pnia łącznikiem.

Polska część słownika ma dodatkową zaletę: formy dokonane i nie dokonane danego czasownika znajdują się razem w tym samym artykule wyrazowym, jeśli są dostatecznie do siebie podobne w pisowni. Jeżeli za bardzo się różnią pod tym względem, formę niedokonaną czasownika zwykle podano jako odsyłacz do formy dokonanej (więc hasło *odbierać* skieruje czytelnika do hasła *odebrać*).

Mamy nadzieję, że nowe pokolenia użytkowników będą nadal uważać ten słownik za unikalny i niezbędny, oraz łatwy w użytku.

Contents

Abbreviations. — Skróty

a.	adjective	*pm.*	przymiotnik
adv.	adverb	*cz.*	czasownik
c.	conjunction	*pi.*	przyimek
f.	feminine	*ps.*	przysłówek
m.	masculine	*sp.*	spójnik
n.	neuter	*lp.*	liczba pojedyncza
pl.	plural	*lmn.*	liczba mnoga
prp.	preposition	*z.*	zaimek
rz.	rzeczownik		

---

abstr.	wyraz abstrakcyjny	*lit. & fig.*	w znaczeniu dosłownem i w przenośni
anat.	anatomja	*mar.*	marynarka
arch.	architektura	*mat.*	matematyka
arytm.	arytmetyka	*mech.*	mechanika
astr.	astronomja	*med.*	medycyna
bot.	botanika	*mil.*	wojskowość
chem.	chemja	*min.*	mineralogja
fam.	familjarnie	*muz.*	muzyka
fig.	w przenośni	*orn.*	ornitologja
fot.	fotografja	*prawn.*	wyraz prawniczy
geogr.	geografja	*przest.*	wyraz przestarzały
geol.	geologja	*stol.*	stolarstwo
gram.	gramatyka	*vulg.*	vulgar
jur.	prawo	*zo(ol).*	zoologja.
kość.	kościelna nazwa		
kuch.	z dziedziny kulinarnej		

Objaśnienie znaków fonetycznych

ə oznacza niewyraźny dźwięk litery *a* jak w wyrazach: *a*do, *a*gain.

æ jest to dźwięk mieszany *a* i *e*, który litera *a* posiada, np. w słowach: b*a*ck, l*a*ck, s*a*ck.

ā jest to długie *a* podobne do polskiego, jak w wyrazach: b*a*th, f*a*st.

ă jest to krótki dźwięk, podobny do polskiego *a*, wymówionego przez nawpół zamknięte usta, jak w wyrazach: b*u*t, l*u*ck, m*u*st.

ε jest przejściem z jednego dźwięku spółgłoskowego do drugiego, najczęściej spotykanym w końcówkach —ism, — ble, —tion.

η jest to brzmienie, zbliżone do polskiego *ń*, jakie posiada litera *n* przed g, np. w końcówkach —ing.

þ oznacza bezdźwięczne brzmienie *th*, jak w wyrazach: *th*ick, *th*in, *th*irsty.

δ oznacza dźwięczne brzmienie *th*, jak w wyrazach: *th*en: *th*is, *th*ere.

Kreska ¯ nad niektóremi literami lub znakami (ō, ē, ə̄, ī, ū) oznacza, że dany dźwięk wymawia się przeciągle.

Znak ' figurujący w środku wyrazów następuje po akcentowanej zgłosce.

Wyrazy zaczynające się od wh wymawiać należy tak, żeby dźwięk „u" litery „w" brzmiał równocześnie z przydechem litery „h". Z powodu trudności technicznych nie zaznaczono tego graficznie. Błędem byłoby podać wymowę wyrazu „what", jako „huot", zarówno, jak „uhot". Z dwojga złego wybrano opuszczenie „h", tem bardziej, że w mowie potocznej najczęściej nie wymawia się go: mówi się uot (what), uee (where), uaj (why) itd. ku zgrozie coprawda pedantów.

A

A, an (*ə, ej, æn*) rodzajnik nieokreślony; pewien, niejaki.
aback (*əbæ'k*) *ps.* wtył, ku tyłowi; to take ~, zaskoczyć.
abacus (*æ'bəkɛs*) *rz.* (*lmn.* **-ci**) liczydło.
Abaddon (*əbæ'dɛn*) *rz.* piekło, zły duch.
abaft (*əbā'ft*) *ps.* i *pi.* (*mar.*) w tylnej części okrętu.
abandon (*əbæ'ndɛn*) *cz.* opuścić, porzucić; to ~ oneself to grief, oddać się smutkowi; **-ed** *pm.* opuszczony; rozpustny; **-ment** *rz.* porzucenie, wyrzeczenie się, poddanie się.
abase (*əbej's*) *cz.* poniżyć, upokorzyć; **-ment** *rz.* poniżenie, upokorzenie, upodlenie.
abash (*əbæ'sz*) *cz.* (at), zmieszać się (czemś); **-ment** *rz.* zmieszanie.
abask (*əbā'sk*) *ps.* w świetle.
abate (*əbej't*) *cz.* zmniejszyć; zniżyć cenę; osłabić; słabnąć; **-ment** *rz.* zniżka, spadek, ulga.
abatis (*æ'bətis*), **abattis** (*æbæ'tis*) *rz.* zasieki.
abb (*æb*) *rz.* wątek tkacki.
abb-acy (*æ'bəsi*) *rz.* stanowisko opata; **ess** (*æ'bəs*) *rz.* przeorysza; **-ey** (*æ'bi*) *rz.* opactwo; **-ot** (*æ'bət*) *rz.* opat; **-otship** *rz.* godność opata.
abbreviat-e (*əbrī'wjejt*) *cz.* skrócić; **-ion** (*-'szɛn*) *rz.* skrócenie.
abdicat-e (*æ'bdikejt*) *cz.* abdykować, zrzec się, dać za wygraną; **-ion** (*æbdikej'szɛn*) *rz.* zrzeczenie się, abdykacja.
abdom-en (*æbdou'mən*) *rz.* brzuch; **-inal** (*æbdo'minɛl*) *pm.* brzuszny.
abduce-ent *pm.* ściągający (o mięśniach).
abduct (*əbdă'kt*) *cz.* uprowadzić siłą, uwodzić; **-ion** (*əbdă'kszɛn*) *rz.* uprowadzenie.
abecedarian (*eibisidē'riən*) *pm.* alfabetyczny, elementarny; ~, *rz.* żak, uczeń.
abed (*əbe'd*) *ps.* w łóżku.
aberr-ance (*əbe'rəns*); **-ation** (*æbərej'szɛn*) *rz.* zboczenie, zbłądzenie.
abet (*əbe't*) *cz.* podszczuwać, pomóc; **-er, -or** *rz.* podżegacz.
abeyance (*əbej'əns*) *rz.* zawieszenie; to fall into ~, popaść w stan nieczynny.
abhor (*əbhō'ə*) *cz.* mieć wstręt, brzydzić się, nienawidzieć; **-rence** (*əbho'rəns*) *rz.* wstręt, odraza; **-rent** (*əbho'rənt*) *pm.* wstrętny.
abid-ance (*əbaj'dəns*) *rz.* trwanie; in ~, stale; **-e*** (*əbaj'd*) *cz.* mieszkać, przebywać, pozostawać; znosić, cierpieć; to ~ by, obstawać przy.
abigail (*æ'bigejl*) *rz.* pokojowa.
ability (*əbi'liti*) *rz.* zdolność, możność.
abject (*æ'bdżekt*) *pm.* nikczemny, podły; **ion** (*əbdże'kszɛn*) *rz.* znikczemnienie, upodlenie.
abjur-ation (*æbdżurej'szɛn*) *rz.* odprzysiężenie; **-e** (*əbdżū'ə*) *cz.* odprzysięgać, zrzec się pod przysięgą.
ablactat-ion (*æblæktej'szɛn*) *rz.* odstawienie od piersi.
ablat-ion (*əblej'szɛn*) *rz.* odjęcie (*chir.*); **-ive** (*æ'blətiw*) *pm.* **-case**, przypadek szósty, narzędnik.
ablaze (*əblej'z*) *pm.* jarzący; rozogniony; ~, *ps.* w ogniu.
able (*ej'bl*) *pm.* zdolny, mogący; be ~, móc, być w stanie; **-bodied**, silny.
abloom (*əblū'm*) *ps.* kwitnący.
ablu-tion (*əblū'szɛn*) *rz.* ablucja.
abnegat-e (*æ'bnəgejt*) *cz.* wyrzekać się, przeczyć; **-ion** (*æbnigej'szɛn*) *rz.* zaprzeczenie, zaparcie się.

abnorm-al (*əbnǭ'mɛl*) *pm.* anormalny, nieprawidłowy; **-ity** *əbnō'miti*) *rz.* anormalność, nieprawidłowość.

aboard (*əbō'd*) *ps.* na pokładzie; to go ~, siadać na okręt.

abode (*əbou'd*) *rz.* mieszkanie, siedziba; pobyt; to make one's ~, osiedlić się; ~, *cz.* od **abide.**

abolish (*əbo'lisz*) *cz.* znieść, obalić; **-ment** *rz.* zniesienie, obalenie.

abolition (*æboli'szɛn*) *rz.* zniesienie; **-ist** (*æboli'szɛnist*) *rz.* stronnik zniesienia niewolnictwa w Ameryce.

abomin-able (*əbo'minəbl*) *pm.* obrzydliwy, wstrętny; **-ableness** *rz.* obrzydliwość, szkarada; **-ate** (*əbo'minejt*) *cz.* obrzydzić się; **-ation** (*æbominej'szɛn*) *rz.* wstręt, obrzydzenie, odraza; szkarada.

aborig-inal (*æbori'dżinɛl*) *pm.* pierwotny; **-ines** (*æbori'dżiniz*) *rz. lmn.* pierwotni mieszkancy, tubylcy.

abort (*əbō't*) *cz.* poronić; **-ion** (*əbō'szɛn*) *rz.* poronienie; **-ive** (*əbō'tiw*) *pm.* nieudały, poroniony.

abound (*əbau'nd*) *cz.* (with, in) obfitować.

about (*əbau't*) *ps.* i *pm.* około, wokoło, ku, względem, o, mniej więcej; ~ me, przy mnie; all ~, dokoła; to be ~ to, mieć (coś zrobić), zabierać się do; to bring ~, spowodować, wywołać; to the right ~! w prawo zwrot!

about-sledge (*əbau'tsledż*) *rz.* wielki młot kowalski.

above (*əbau'w*) *ps.* i *pm.* nad, ponad, więcej, niż; as ~, jak wyżej; **-board** *pm. ps.* szczery, bez zarzutu; **-mentioned,** wyżej wymieniony.

abrade (*əbrej'd*) *cz.* otrzeć, oskrobać.

abreast (*əbre'st*) *ps.* ramię przy ramieniu; to keep ~ of, iść z postępem, dotrzymać kroku.

abridge (*əbri'dż*) *cz.* skracać, pozbawić; **-ment** *rz.* skrócenie, skrót, pozbawienie.

abroach (*əbrou'cz*) *pm.* odszpuntowany.

abroad (*əbrō'd*) *ps.* zewnątrz, zagranicą, wdal; there is a report ~, rozchodzi się pogłoska; to be all ~, być w błędzie.

abrog-ate (*æ'brogejt*) *cz.* odwołać, znieść; **-ation** (*æbrogej'szɛn*) *rz.* odwołanie, zniesienie.

abrupt (*əbră'pt*) *pm.* nagły, stromy, urwany; **-ion** *rz.* oderwanie; **-ly** *ps.* nagle; **-ness** *rz.* nagłość; stromość.

abscess (*æ'bsəs*) *rz.* wrzód.

absciss-a (*æbsi'sə*) *rz.* odcinek średnicy; **-ion** *rz.* odcięcie.

abscond (*əbsko'nd*) *cz.* zbiec; **-er** *rz.* zbieg.

absence (*æ'bsəns*) *rz.* nieobecność; leave of ~, urlop; ~ of mind, roztargnienie.

absent (*æ'bsənt*) *pm.* nieobecny, nieprzytomny; ~ **oneself** (*əbse'nt*) *cz.* być nieobecnym; **-ee** (*ebsənti'*) *rz.* nieobecny, będący poza granicami; **-minded** (*-maj'ndɛd*) *pm.* roztargniony.

absinthe (*æ'bsinþ*) *rz.* absynt.

absolut-e (*æ'bsolūt*) *pm.* nieograniczony; zupełny; ~ alcohol, czysty spirytus; **-ely** *ps.* zupełnie, bezwzględnie; **-ion** (*æbsəlū'szɛn*) *rz.* rozgrzeszenie; **-ism** (*æ'bsəlutizm*) *rz.* absolutyzm; **-ness** *rz.* zupełność, bezwzględność.

absolve (*əbso'lw*) *cz.* uwolnić od; zwolnić z; rozgrzeszyć.

absorb (*əbsō'b*) *cz.* wchłaniać, pochłaniać, absorbować; **-able** *pm.* dający się wchłonąć; **-ent** *rz.* pochłaniający.

absorpt-ion (*əbsō'pszɛn*) *rz.* wchłanianie, wsiąkanie; **-ive** *pm.* chłonny; **-iveness** (*-iwnəs*) *rz.* chłonność.

abstain (*əbstej'n*) *cz.* powstrzymywać się od; **-er** *rz.* abstynent.

abstemious (*əbstī'mjəs*) *pm.* wstrzemięźliwy; **-ness** *rz.* wstrzemięźliwość.

abstention (*əbste'nszɛn*) *rz.* powstrzymanie się od.

abster-gent (*əbstə̄'dżənt*) czyszczący; **-sion** *rz.* czyszczenie; **-sive** *pm.* czyszczący.

abstin-ence (*æ'bstinəns*) *rz.* wstrzemięźliwość, powstrzymywanie się od; **-ent** *rz.* i *pm.* abstynent.

abstract (*æ'bstrəkt*) *pm.* oderwany, abstrakcyjny; ~, *rz.* skrót, wyciąg; ~ (*ebstræ'kt*) *cz.* abstrahować; streścić; **-ed** *pm.* roztargniony; **-edly** *ps.* oderwanie; abstrakcyjnie; w roztargnieniu; **-ion** *rz.* odjęcie, roztargnienie.

abstruse (*əbstrū's*) *pm.* zawiły, ciemny; **-ness** *rz.* zawiłość.

absurd (*əpsə̄'d*) *pm.* niedorzeczny, absurdalny; **-ity** *rz.* niedorzeczność.

abundance (*əbă'ndəns*) *rz.* obfitość, dostatek; **-ant** (*əbă'ndənt*) *pm.* obfity, mnogi, liczny.

abus-e (*əbjū'z*) *cz.* nadużywać, oszukać, zelżyć; ~ (*əbjū's*) *rz.* nadużycie; zniewaga; **-ive** (*əbjū'siw*) *pm.* obelżywy.

abut (*əbă't*) *cz.* dotykać, graniczyć (against, on, upon); **-ment** *rz.* oparcie; miejsce zetknięcia.

abys-mal (*əbi'sməl*) *pm.* otchłanny; **~s** (*ebi's*) *rz.* otchłań, przepaść; chaos.

acacia (*əkej'szə*) *rz.* akacja (*bot.*).

academ-ic(al) (*ækəde'mik, -el*) *pm.* akademicki; **-ician** (*əkædəmi'szen*) *rz.* członek akademji; **-y** (*əkæ'dəmi*) *rz.* akademja.

acanthus (*əkæ'nþəs*) *rz.* (*bot.*) rożdżeniec; (*arch.*) akant.

acaul-escent (*ækole'sənt*), **-ous** (*əkō'ləs*) *pm.* bezłodygowy.

accede (*əksī'd*) *cz.* przystępować do, przystać; objąć (urząd).

accelerat-e (*əkse'lərejt*) *cz.* przyśpieszyć; **-ion** (*æksələrej'szen*) *rz.* przyśpieszenie; **-ive** (*əkse'lərətiw*) *pm.* przyśpieszający.

accent (*æ'ksənt*) *rz.* akcent; dźwięk; uderzenie; **-s** *lmn.* (w poezji) słowa; ~ (*ekse'nt*) *cz.* akcentować; podkreślić; **-uation** (*əksentjuej'szen*) *rz.* akcentowanie; nacisk.

accept (*əkse'pt*) *cz.* przyjmować, akceptować; **-ability** (*ækseptəbi'liti*) *rz.* możność przyjęcia; **-able** (*ækse'ptəbl*) *pm.* możliwy do przyjęcia; **-ance** (*-əns*) *rz.* przyjęcie, akcept; **-ation** (*æksəptej'szen*) *rz.* przyjęte znaczenie wyrazu; **-ed** *pm.* przyjęty; **-er, -or** (*əkse'ptə*) *rz.* akceptant.

access (*əkse's* i *æ'ksəs*) *rz.* przystęp, dostęp, przybytek, wzrost; napad; **-ary** *pm.* pomocniczy; **-ibility** (*æksesibi'liti*) *rz.* dostępność; **-ible** (*əkse'sibl*) *pm.* dostępny; **-ion** (*əkse'szen*) *rz.* przystąpienie, objęcie (urzędu); wzrost; **-ory** (*æ'ksəsəri*) *pm.* dodatkowy, uboczny.

acciden-ce (*æ'ksidəns*) *rz.* (*gram.*) nauka o odmianach wyrazów; **-t** (*æ'ksidənt*) *rz.* przypadek, wypadek; by ~~, przypadkowo; meet with an ~~, ulec wypadkowi; **-tal** (*ækside'ntel*) *pm.* przypadkowy, uboczny; **-tally** *ps.* przypadkowo, mimochodem.

accipitral (*əksi'pitrəl*) *rz.* jastrzębi.

acclaim (*əklej'm*) *cz.* wyrażać jednogłośną zgodę; oklaskiwać; **-ation** (*ækləmej'szen*) *rz.* aklamacja, jednogłośna zgoda, poklask.

acclimat-e (*æ'klajmejt*), **-ize** (*əklaj'mətajz*) *cz.* aklimatyzować (się); **-ization** (*əklajmətizej'szen*) *rz.* aklimatyzacja.

accli-vity (*əkli'witi*) *rz.* pochyłość wgórę.

accolade (*əkolej'd*) *rz.* pasowanie na rycerza.

accomoda-te (*əko'modejt*) *cz.* przystosować do; służyć komuś czemś; dostarczyć komuś czegoś (with); zakwaterować; ~ a business, załagodzić sprawę; **-ting** *pm.* usłużny; **-tion** (*əkomədej'szen*) *rz.* przystosowanie; usługa; dogodność, mieszkanie; **-tion bill,** weksel grzecznościowy; **-tion ladder,** drabina linowa.

accompan-iment (*əkă'mpənimənt*) *rz.* dodatki; akompanjament; **-y** (*əkă'mpəni*) *cz.* towarzyszyć, akompanjować.

accomplice (*əko'mplis*) *rz.* współwinowajca, wspólnik.

accomplish (*əko'mplisz*) *cz.* dokonać, spełnić, wydoskonalić; **-ed** (*-t*) *pm.* znakomity, doskonały; **-ment** (*-mənt*) *rz.* spełnienie, wykonanie, talent.

accord (*əkō'd*) *cz.* przyznać; zgadzać się z (with); ~, *rz.* zgoda, harmonja; of one's own ~, z własnej woli; with one ~, jednozgodnie; **-ance** (*-əns*) *rz.*

zgoda, zgodność; in ~ with, zgodnie z, stosownie do; **-ant** *pm.* zgodny, odpowiedni; **-ing** (*-iŋ*) *ps.* odpowiednio; ~ as, odpowiednio do; ~ to, według; stosownie do; zależnie od; **-ingly** *ps.* zgodnie, odpowiednio, przeto.
accordion (*əkō'diən*) *rz.* harmonijka.
accost (*əko'st*) *cz.* przystąpić do, zagadnąć, zaczepić.
account (*əkau'nt*) *rz.* rachunek, obliczenie, relacja, zdanie sprawy; znaczenie; ~ **-current**, bieżący rachunek; on ~ of, z powodu; on no ~, pod żadnym pozorem; make ~ of, brać pod uwagę; turn to ~, wyciągnąć korzyść; ~, *cz.* wyliczyć się z; zdawać sprawę; uważać za, mniemać; ~ for, wytłumaczyć, być powodem; **-able** (*əkau'ntəbl*) *pm.* odpowiedzialny; **-ant** (*-ənt*) *rz.* rachmistrz.
accoutre (*əkū'tə*) *cz.* przystroić, uzbroić; **-ment** *rz.* ekwipunek.
accredit (*əkre'dit*) *cz.* akredytować, uwierzytelnić, przypisać coś komuś (with); **-ed** *pm.* akredytowany; znany powszechnie.
accre-te (*akrī't*) *cz.* zrosnąć się; przyrosnąć; **-ion** (*əkrī'szεn*) *rz.* zrośnięcie.
accrue (*əkrū'*) *cz.* narastać; -d interest, narosłe odsetki.
accumulat-e (*əkju'mjulejt*) *cz.* gromadzić (się); piętrzyć; **-ion** (*œkjumjulej'szεn*) *rz.* gromadzenie, piętrzenie; **-ive** (*əkiu'mjulətiw*) *pm.* narastający, narosły; **-or** (*əkju'mjulejtə*) *rz.* akumulator.
accura-cy (*œ'kjurəsi*) *rz.* dokładność, ścisłość, staranność; **-te** (*œ'kjurət*) *pm.* dokładny, ścisły, staranny.
accurse-d (*əkə̄'sεd*), **accurst** (*əkə̄'st*) *pm.* przeklęty, nieszczęśliwy.
accusa-l (*əkju'zəl*), **-tion** (*œkjuzej'szεn*) *rz.* oskarżenie, obwinienie; **-tive** (*əkju'zətiw*) *rz.* czwarty przypadek, biernik.
accuse (*əkjū'z*) *cz.* oskarżać, obwiniać; **-r** *rz.* obwiniający, oskarżający.
accustom (*əkă'stəm*) *cz.* przyzwyczaić (to); **-ed** *pm.* przywykły, przyzwyczajony; zwykły.
ace (*ejs*) *rz.* as, tuz; oczko w grze; within an ~ of, o mały włos.
acephalous (*əse'fələs*) *pm.* bezgłowy.
acerb-ate (*œ'səbəjt*) *cz.* rozjątrzyć; **-ity** (*-iti*) *rz.* cierpkość, ostrość.
acescent (*əses'ənt*) *pm.* kwaśniejący.
acetabulum (*œsita'bjuləm*) *rz.* puszka kości biodrowej.
acet-ic (*əse'tik*) *pm.* octowy; **-ify** (*əse'tifaj*) *cz.* zakwasić na ocet; **-ous** (*œ'sitəs*) *pm.* kwaśny, octowy.
acetylene (*əse'tilīn*) *rz.* acetylen (*chem.*).
ache (*ejk*) *rz.* ból, dolegliwość; ~, *cz.* cierpieć.
achiev-e (*əczī'w*) *cz.* dokazać, dokonać, spełnić; **-ement** (*-mənt*) *rz.* spełnienie, czyn, dzieło.
achromatic (*œkromœ'tik*) *pm.* achromatyczny.
acid (*œ'sid*) *pm.* kwaśny; ~, *rz.* kwas; **-ify** (*əsi'difaj*) *cz.* kwasić; **-ity** (*-iti*) *rz.* kwaśność; **-ulated** (*əsi'djulejtεd*) przykwaszony; **-ulous** (*əsi'djuləs*) *pm.* kwaskowaty.
acinus (*œ'sinəs*) *rz.* pesteczka.
acknowledge (*əkno'lidż*) *cz.* przyznać, potwierdzić, uznać; wyrazić uznanie; przyznać się do; **-ment** (*-mənt*) *rz.* uznanie, przyznanie, potwierdzenie, świadectwo.
acme (*œ'kmi*) *rz.* szczyt, punkt kulminacyjny.
acne (*œ'kni*) *rz.* wysypka (*med.*).
acock (*əko'k*) *ps.* na bakier.
acolyte (*œ'kolajt*) *rz.* akolita.
aconit-e (*œ'konait*) *rz.* tojad mordownik (*bot.*).
acorn (*ej'kōn*) *rz.* żołądź.
acoustic(al) (*əkau'stik, -εl*) *pm.* akustyczny; **-s** *rz. lmn.* akustyka.
acquaint (*əkuej'nt*) *cz.* zaznajomić, zapoznać; to be ~ed with, znać, mieć znajomość czegoś; **-ance** (*-əns*) *rz.* znajomość; znajomy; koło osób znajomych.
acquest (*əkue'st*) *rz.* nabytek.
acquiesce (*əkuie's*) *cz.* zgadzać się na co (in); **-nce** (*-əns*) *rz.* przy-

zwolenie, zgoda; **-nt** (*-ɛnt*) *ps.* przyzwalający, godzący się na.
acquir-e (*əkuaj'ə*) *cz.* nabywać, pozyskać, osiągnąć; **-ment** *rz.* nabycie, talent nabyty.
acquisit-ion (*ækuizi'szɛn*) *rz.* nabycie, nabytek; **-ive** (*əkui'zitiw*) *pm.* nabywczy.
acquit (*əkui't*) *cz.* uiścić, spłacić; uznać niewinnym; to ~ oneself, wywiązać się z; **-tal**(*əkui'tɛl*)uwolnienie od winy; uiszczenie; wywiązanie się z; **-tance** (*-əns*) *rz.* uiszczenie, pokwitowanie, uwolnienie.
acre (*ej'kə*) *rz.* rola, akr; God's ~, cmentarz; **-age** (*ej'kərədż*) *rz.* obszar.
acrid (*æ'krid*) *pm.* cierpki, drażniący; **-ity** (*əkri'dili*) *rz.*
acrimon-ious (*ækrimou'njəs*) *pm.* cierpki, opryskliwy; **-y** (*æ'krimənì*) *rz.* cierpkość, opryskliwość.
acrobat (*æ'krobət*) *rz.* akrobata, linoskok; **-ic** (*æcrobæ'tik*) *pm.* akrobatyczny.
across (*əkro's*) *ps.* i *pm.* nakrzyż, napoprzek; poprzez, przez, po drugiej stronie; come ~, spotkać, natrafić na; come ~ one's mind, przyjść na myśl.
acrostic (*əkro'stik*) *rz.* akrostych.
act (*æ'kt*) *cz.* działać, czynić, grać rolę, postępować, udawać, spełnić funkcje; ~, *rz.* akt, czyn, uchwała; in the very ~, na gorącym uczynku; Acts of Apostles, dzieje apostolskie; ~ of God, zrządzenie Boże; ~ of oblivion, amnestja; **-ing** *rz.* gra (artysty); ~*pm.* pełniący funkcje; odpowiedzialny, zastępujący.
action (*æ'kszɛn*) *rz.* czyn, działanie, akcja; proces; bitwa; bring an ~, wytoczyć sprawę sądową; **-able** (*æ'kszənəbɛl*) *pm.* zaskarżalny.
activ-e (*æ'ktiw*) *pm.* czynny, działający, obrotny; aktywny; ~ demand, wielki popyt; ~ verb, słowo przechodnie (*gram.*); **-ity** (*əkti'witi*) *rz.* czynność, działalność, ruchliwość, ożywienie.
act-or (*æ'ktə*) *rz.* aktor; **-ress** (*æ'ktrəs*) *rz.* aktorka.
actual (*æ'kczuəl*) *pm.* obecny; istotny, rzeczywisty; **-ity** (*ækczuæ'liti*) *rz.* realność; istotność, rzeczywistość; **-ize** (*æ'kczuəlajz*) *cz.* wprowadzać w czyn; opisywać realistycznie.
actuary (*ə'kczuəri*) *rz.* znawca ubezpieczeniowy.
actuate (*æ'ktjuejt* i *æ'kczuejt*) *cz.* spowodować, pobudzać; wprowadzić w ruch.
acuity (*ækju'iti*) *rz.* ostrość, dolegliwość.
aculeate (*akju'lieəjt*) *pm.* kolący (*bot.*); żądlasty (*zool.*).
acumen (*əkjū'mən*) *rz.* bystrość rozumu, orjentacja.
acumin-ate (*əkju'minejt*) *cz.* zaostrzać; ~ (*əkjū'minət*) *pm.* śpiczasty.
acute (*əkjū't*) *pm.* ostry, bystry, przenikliwy; **-ly** *ps.* żywo, boleśnie; **-ness** (*-nəs*) *rz.* ostrość, bystrość, przenikliwość.
adage (*æ'dədż*) *rz.* przypowieść, przysłowie.
adamant (*æ'dəmənt*) *rz.* djament; be ~, być twardym, jak kamień; **-ine** (*æləmæ'ntin, -tajn*) *pm.* twardy jak djament.
adapt (*ədæ'pt*) *cz.* przystosować, dorobić (to); przerobić; **-able** (*ədæ'ptəbɛl*) *pm.* dający się przystosować; przenośny; **-ation** (*ædəptej'szɛn*) *rz.* przystosowanie, dostosowanie, akomodacja (oka).
add (*æ'd*) *cz.* dodać, dołączyć, zesumować (up, together).
addend-um (*æde'ndɛm*) *rz.* *lmn.* **-a** (*-də*) dodatek.
adder (*æ'də*) *rz.* żmija.
addict (*ədi'kt*) *cz.* poświęcić się, oddać się czemuś (to); **-ion** (*ədi'kszɛn*) *rz.* oddanie się, nałóg.
addition (*ədi'szɛn*) *rz.* dodawanie, in ~, w dodatku; **-al** (*ədi'szənɛl*) *pm.* dodatkowy.
addle (*æ'dɛl*) *pm.* zepsuty (o jaju); pusty, mętny; **-brained** *pm.* tępy.
address (*ədre's*) *rz.* adres; zręczność; przemowa, petycja, odezwa; obejście; *cz.* ~ adresować; przemówić do; ~ oneself to, zwrócić się do; **-ee** (*ædrəsī'*) *rz.* adresat.
adduc-e (*ədjū's*) *cz.* przytoczyć na poparcie, cytować, nakłonić; **-tion** (*ədū'kszɛn*) *rz.* skurcz; przytoczenie.

adept (*ade'pt*) *rz.* i *pm.* biegły, adept.
adequa-cy (*æ'dekuəsi*) *rz.* odpowiedniość, dostateczność; **-te** (*æ'dikuət*) *pm.* odpowiedni, dostateczny, należyty; równy.
adhere (*ədhī'ə*) *cz.* przylgnąć, przystawać, należeć do; **-nce** (*-rəns*) *rz.* lgnięcie, należenie do.
adhes-ion (*ədhī'żεn*) *rz.* przyleganie, należenie, stronnictwo; **-ive** (*ədhī'ziw*) *pm.* przylegający, lgnący, lepki.
adhibit (*ædhi'bit*) *cz.* zastosować, dołączyć.
adieu (*ədjū'*) *ps.* żegnaj(cie); pożegnanie; take one's ~, pożegnać się.
adipo-se (*æ'dipous*) *pm.* tłuszczowy.
adit (*æ'dit*) *rz.* dostęp, sztolnia.
adjacent (*ədżej'sεnt*) *pm.* przyległy.
adjective (*æ'dżəktiw*) *rz.* przymiotnik (*gram.*); ~, *pm.* dodatkowy, zależny.
adjoin (*ədżoj'n*) *cz.* dołączyć, przyłączyć; stykać się.
adjourn (*ədżə̄'n*) *cz.* odroczyć, odłożyć; **-ment** (*-mənt*) *rz.* odroczenie, zwłoka.
adjudge (*ədżă'dż*) *cz.* przysądzić, osądzić; zasądzić; przyznać; **-ment** (*-mənt*) *rz.* osądzenie.
adjudicate (*ədżū'dikejt*) *cz.* osądzić, sądzić, zasądzić.
adjunct (*æ'dżăṅkt*) *rz.* adjunkt, podwładny; ~, *pm.* dołączony.
adjur-ation (*ædżurej'szεn*) *rz.* zaklęcie; **-e** (*ədżū'ə*) *cz.* zaklinać.
adjust (*ədżă'st*) *cz.* przyrządzić, dostosować, dostroić; ~ a quarrel, załagodzić spór; **-ment** *rz.* dostosowanie, przyznanie.
adjut-ant (*æ'dżutənt*) *rz.* adjutant.
adjuvant (*æ'dżūwənt*) *pm.* pomocny.
admeasure (*ædme'żə*) *cz.* wymierzyć, odmierzać.
administ-er (*ədmi'nistə*) *cz.* zarządzać, sprawować; dostarczyć, udzielić; **-ration** (*ædministrej'szεn*) *rz.* administracja, wykonanie, zarząd; udzielanie; **-rative** (*ədmi'nistrətiw*) *pm.* administracyjny, wykonawczy; **-rator** (*ədmi'nistrejtə*) *rz.* administrator, zarządca; **-ratrix** (*ədmi'nistrətriks*) *rz.* zarządczyni.
admirable (*æ'dmirəbεl*) *pm.* cudny, zachwycający.
admiral (*æ'dmirεl*) *rz.* admirał; **-ty** (*-ti*) *rz.* admiralicja.
admir-ation (*ædmirej'szεn*) *rz.* podziw, zachwyt; **-e** (*ədmaj'ə*) *cz.* podziwiać; zachwycać się; **-er** (*ədmaj'rə*) *rz.* wielbiciel; **-ingly** *ps.* z podziwem, w sposób godny podziwu.
admissib-ility (*ædmisibi'liti*) *rz.* dopuszczalność; **-le** (*ədmi'sibεl*) *pm.* dopuszczalny.
admission (*ədmi'szεn*) *rz.* dopuszczenie; przyjęcie; wstęp.
admit (*ədmi't*) *cz.* dopuścić, przyjąć; wpuścić; dozwalać, uznawać; **-tance** (*-əns*) *rz.* dopuszczenie, wstęp; **-tedly** *ps.* w sposób dopuszczalny, przypuszczalnie.
admix (*ədmi'ks*) *cz.* domieszać; mieszać; **-ture** (*ədmi'ksczə*) *rz.* domieszka.
admoni-sh (*ədmo'nisz*) *cz.* napominać; upominać (of, that); przestrzegać (of); **-tion** (*ædmoni'szεn*) *rz.* upomnienie, ostrzeżenie.
ado (*ədū'*) *rz.* zachód, kłopot, korowody.
adobe (*ədou'bi*) *rz.* cegła niewypalana.
adolescen-ce (*ædole'səns*) *rz.* wiek młodociany (14—25 lat); dojrzewanie; **-t** *pm.* dorastający, młodzieńczy.
adopt (*ədo'pt*) *cz.* adoptować, przybrać; **-ion** (*ədo'pszεn*) *rz.* przyjęcie, przybranie, adoptacja; **-ive** (*-iw*) *pm.* przybrany, adoptowany, adopcyjny.
ador-ation (*ædorej'szεn*) *rz.* adoracja, cześć, uwielbienie; **-e** (*ədō'ə*) *cz.* czcić, wielbić; **-er** (*ədō'rə*) *rz.* czciciel; wielbiciel.
adorn (*ədō'n*) *cz.* ozdabiać, upiększać; **-ment** *rz.* ozdoba, strój.
adown (*ədau'n*) *ps.* = **down**.
adrift (*ədri'ft*) *ps.* na łasce fal; (*fig.*) na los szczęścia.
adroit (*edroj't*) *ps.* zręczny; **-ness** *rz.* zręczność.
adscititious (*ædsiti'szəs*) *pm.* przybrany.
adulat-e (*æ'djulejt*) *cz.* pochlebiać; **-ory** (*æ'djulətəri*) *pm.* pochlebiający.

adult (*əd'ält*) *pm.* dorosły, pełnoletni; ~, *rz.* osoba dorosła.
adulterat-e (*ədă'ltərejt*) *cz.* psuć, fałszować; **-ion** (*ədăltərej'szɛn*) *rz.* fałszowanie.
adulter (*ədă'l'terə*) *rz.* cudzołóżca; **-ess** (*-rəs*) *rz.* cudzołożnica; **-y** *rz.* cudzołóstwo.
adumbrate (*ədă'mbrejt*) *cz.* odszkicować; zaciemnić; przepowiadać.
adust (*ədă'st*) *pm.* spalony; zgorzkniały.
advance (*ədwā'ns*) *cz.* posuwać (się) naprzód, promować, popierać, wysunąć; czynić postępy; wypłacić zgóry; awansować; drożeć; ~, *rz.* posuwanie się naprzód, postęp, awans; podrożenie; an ~ of money, zaliczka; in ~, naprzód, zgóry; **-ment** *rz.* posunięcie, awans, postęp.
advantage (*ədwā'ntədż*) *rz.* korzyść, zysk, pożytek; przewaga; zaleta; take ~ of, korzystać; wykorzystać; to ~, korzystnie; **-ous** (*ædwəntej'dżəs*) *pm.* korzystny.
advent (*æ'dwent*) *rz.* adwent, przyjście; **-titious** (*ædwənti'szəs*), *pm.* przygodny, uboczny.
adventur-e (*ədwe'nczə*) *rz.* przygoda; wydarzenie; eskapada; niebezpieczeństwo; by ~, trafem; ~, *cz.* ryzykować, odważyć się; **-ous** (*-rəs*) *pm.* ryzykowny, hazardowny; awanturniczy; **-esome** *pm.* awanturniczy.
adverb (*æ'dwəb*) *rz.* przysłówek; **-ial** (*ədwə̄'bjəl*) *pm,* przysłówkowy.
advers-ary (*æ'dwəsəri*) *rz.* przeciwnik; **-ative** (*ədwə̄'sətiw*) *pm.* przeciwstawny; **-e** (*æ'dwə̄s*) *pm.* przeciwny; szkodliwy; **-ity** (*edwə̄'siti*) *rz.* przeciwność, niepomyślność, nieszczęście.
advert (*ədwə̄'t*) *cz.* nadmienić.
advert-ise (*æ'dwətajz*) *cz.* reklamować, ogłosić, obwieścić; **-isement** (*ədwə̄'tismənt*) *rz.* ogłoszenie, reklama; obwieszczenie.
advice (*ədwaj's*) *rz.* rada, zawiadomienie, awizo; take ~, radzić się kogoś.
advisab-ility (*ədwajzəbi'liti*) *rz.* roztropność, słuszność; **-le** (*ədwaj'zəbɛl*) *pm.* wskazany, rozsądny.
advis-e (*ədwaj'z*) *cz.* doradzać, zawiadomić, radzić się (with); **-ed** *pm.* rozsądny; **-edly** (*-edli*) *ps.* rozsądnie; **-ory** *pm.* doradczy.
advoca-cy (*æ'dwokəsi*) *rz.* adwokatura; obrona (w sądzie); **-te** (*æ'dwokət*) *rz.* obrońca, adwokat; **-te** (*æ'dwokejt*) *cz.* bronić, zalecać.
adz, adze (*æ'dz*) *rz.* przysiek.
aegis (*ī'dżis*) *rz.* egida.
Aeolian (*īou'lian*) *pm.* eolski.
aeon (*ī'on*) *rz.* eon, wieki.
aeri-al (*ē'rjəl*) *pm.* powietrzny, napowietrzny; eteryczny; **-form** *pm.* eteryczny.
aerie, aery (*ī'ri*) *rz.* orle gniazdo.
aero-drome (*ē'rodroum*) *rz.* lotnisko; **-naut** (*-nōt*) *rz.* lotnik; **-nautic(al)** *pm.* lotniczy; **-nautics** *rz.* aeronautyka; **-plane** (*ē'əroplejn*) *rz.* samolot; **-stat** (*-stæt*) *rz.* balon na uwięzi.
aerug-inous (*īrū'dżinəs*) *pm.* grynszpanowy.
aesthet-e (*esþī't*) *rz.* esteta; **-ic** (*esþe'tik*) *pm.* estetyczny; **-ics** *rz.* estetyka.
afar (*əfā'*) *ps.* zdaleka, zdala, daleko; from ~, zdaleka.
affab-ility (*æfəbi'liti*) *rz.* uprzejmość; **-le** (*æ'fəbɛl*) *pm.* przystępny; uprzejmy.
affair (*əfe'ə*) *rz.* sprawa, interes; czynność, potyczka.
affect (*əfe'kt*) *cz.* oddziaływać, działać na; obchodzić; dotknąć; udawać, używać; **-ation** (*æfəktej'szɛn*) *rz.* afektacja, przesada, sztuczność; **-ed** *pm.* afektowany; udany; **-ion** (*əfe'kszɛn*) *rz.* afekt, uczucie, wzruszenie; miłość; skłonność; **-ionate** (*əfe'kszənət*) *pm.* kochający, przywiązany, przyjazny.
affiance (*əfaj'əns*) *rz.* wiara, ślubowanie wiary; ~, *cz.* ślubować.
affidavid (*əfidej'wit*) *rz.* oświadczenie złożone pod przysięgą.
affiliat-e (*əfi'liejt*) *cz.* adoptować; przyjąć; uznać za syna; połączyć; być pokrewnym; **-ion** (*æfiliej'szɛn*) *rz.* adoptacja, przyjęcie, przyłączenie się; pokrewieństwo.

affinity (*əfi'niti*) *rz.* pokrewieństwo, powinowactwo (chemiczne).
affirm (*əfə̄'m*) *cz.* utrzymywać, twierdzić, potwierdzać; **-ation** (*æfə̄mej'szεn*) *rz.* twierdzenie, zapewnienie; **-ative** (*əfə̄'mətiw*) *pm.* potwierdzający, twierdzący, potakujący.
affix (*əfi'ks*) *rz.* dodatek; przyrostek (*gram.*); ~, *cz.* przyłączyć, przyprawić, przyłożyć (pieczęć).
afflatus (*əflej'təs*) *rz.* natchnienie.
afflict (*əfli'kt*) *cz.* zmartwić, dotknąć; **-ing** (*-iŋ*), **-ive** *pm.* zasmucający, bolesny, przykry; **-ion** (*əfli'kszεn*) *rz.* smutek, boleść, zgryzota, strapienie.
affluen-ce (*æ'fluəns*) *rz.* dostatek, dostatki; **-t** *pm.* zamożny.
afflux (*æ'flăks*) *rz.* dopływ.
afford (*əfō'd*) *cz.* dostarczyć, nastręczyć, sprawić, pozwolić sobie na; I cannot ~ to..., nie stać mię na...
afforest (*əfo'rəst*) *cz.* zalesić; **-ation** (*əforəstej'szεn*) *rz.* zalesienie.
affranchize (*əfræ'nczajz*) *cz.* uwłaszczać, usamowolnić.
affray (*əfrej'*) *rz.* awantura, burda.
affright (*əfraj't*) *cz.* przerażenie.
affront (*əfră'nt*) *rz.* zniewaga, obraza, afront; ~, *cz.* znieważyć, obrazić; narazić się na co; stawiać czoło.
affus-e (*æfjū'z*) *cz.* polać, oblać; **-ion** (*æfjū'żεn*) *rz.* oblewanie.
afield (*əfī'ld*) *ps.* w polu, na polu; w pole; wdali.
afire (*əfaj'ə*), **aflame** (*əflej'm*) *ps.* w ogniu; w żarze; be ~, żarzyć się.
afloat (*əflou't*) *pm.* i *ps.* na morzu; na wodzie; w służbie morskiej; bujający; bujając; a rumour is ~, krąży pogłoska; the deck is ~, pokład jest zalany.
afoot (*əfu't*) *ps.* pieszo; w ruchu; w robocie.
afore (*əfō'ə*) *ps.* przed, na przedzie, niegdyś; ~ going, poprzedzający; **-hand** (*-hænd*) *ps.* uprzednio; ~ **said, named** *pm.* wyżej wymieniony; **-time** (*-tajm*) *ps.* dawniej.
afraid (*əfrej'd*) *pm.* przestraszony; I am ~, obawiam się, boję się.
afresh (*əfre'sz*) *ps.* znowu, ponownie, na nowo.
aft (*ā'ft*) *ps.* rufa (okrętu).
after (*ā'ftə*) *ps.* po, za, według; następnie; potem; **~all** ostatecznie; jednak; the day ~ to morrow, pojutrze; be ~, zmierzać do; ~, *pm.* późniejszy, tylny; **-birth** (*-bə̄þ*) *rz.* popłód, łożysko (*med.*); **-deck** *rz.* tylny pokład; **-math** (*-mæþ*) *rz.* otawa; następstwo; **-noon** (*-nūn*) *rz.* popołudnie; **-thought** *rz.* namysł; **-wards** *ps.* następnie.
again (*əgej'n, əge'n*) *ps.* znowu, ponownie, jeszcze; ~ and ~, raz za razem; wciąż; over ~, jeszcze raz; back ~, zpowrotem.
against (*əgej'nst*) *ps.* przeciw, naprzeciw, wbrew, ku, o; wobec; over ~, naprzeciwko; ~ the hair, pod włos; ~ the wall, o ścianę; be ~, byc przeciwnym.
agape (*əgəj'p*) *ps.* gapiąc się z otwartemi ustami.
agaric (*æ'gərik*) *rz.* bedłka.
agate (*æ'gət*) *rz.* agat (kamień).
agave (*ægej'w*) *rz.* agawa (*bot.*).
age (*ej'dż*) *rz.* wiek, stulecie; of ~, pełnoletni; under ~, małoletni; ~, *cz.* starzeć się; **~-d** *pm.* w wieku; w podeszłym wieku.
agen-cy (*e'jdżənsi*) *rz.* działanie, pośrednictwo, agencja; **-t** *rz.* agent, przedstawiciel; czynnik.
agenda (*ədże'ndə*) *rz.* notatnik; porządek dnia (posiedzenia).
agglomerate (*əglo'mərejt*) *cz.* skupić; **-ion** (*əglomərej'szεn*) *rz.* skupienie, zlepek, aglomeracja.
agglutinat-e (*əglū'tinejt*) *cz.* zlepić, skleić; **-ion** (*əglutinej'szεn*) *rz.* zlepienie; sklejanie.
aggrandize (*æ'grəndajz*) *cz.* podnieść, wzbogacić; rozszerzyć; **-ment** (*əgræ'ndizmənt*) *rz.* podniesienie, wzbogacenie, wzrost.
aggravat-e (*æ'grəvejt*) *cz.* pogorszyć, rozzłościć; **-ing** circumstances, okoliczności obcią-

żające; **-ion** (*ægravej'szen*) *rz.* pogorszenie, okoliczność obciążająca.
aggregat-e (*æ'gregejt*) *cz.* skupiać, zgromadzić; **-e** (*æ'gregət*) *pm.* nagromadzony, skupiony; **-ion** (*ægregej'szen*) *rz.* skupienie, agregat, zbiór.
aggres (*əgre's*) *cz.* wszcząć kłótnię; **-ion** (*əgre'szen*) *rz.* napaść; **-ive** (*əgre'siw*) *pm.* napastniczy, agresywny; **-or** *rz.* napastnik.
aggriev-e (*əgrī'w*) *cz.* zasmucić, skrzywdzić, zgnębić.
aghast (*əgā'st*) *pm.* przerażony, zdumiony, jak wryty.
agil-e (*æ'dżajl*) *pm.* ruchliwy, zwinny, zręczny; **-ity** (*ədżi'liti*) *rz.* ruchliwość, zwinność.
agio (*ej'dżiou*) *rz.* ażjo (*bank.*); **-tage** (*æ'dżiətidż*) *rz.* ażjotaż, spekulacja na giełdzie.
agitat-e (*æ'dżitejt*) *cz.* poruszać, roztrząsać; agitować; **-ion** (*ædżitej'szen*) *rz.* poruszenie, ruch, wzburzenie, wzruszenie; **-or** (*ædżitej'tə*) *rz.* agitator.
aglow (*əglou'*) *ps.* w żarze, rozpalony; be ~, żarzyć się.
agnail (*æ'gnejl*) *rz.* zanokcica.
agnat-e (*æ'gnejt*) *rz.* i *pm.* krewny po mieczu; **-ion** (*əgnej'szen*) *rz.* pokrewieństwo po mieczu.
agnomen (*ægnou'men*) *rz.* przydomek.
agnostic (*ægno'stik*) *rz.* agnostyk; **-ism** (*ægnos'tisizem*) agnostycyzm.
ago (*əgou'*) *ps.* temu, przed; a month ~, miesiąc temu, przed miesiącem.
agog (*əgo'g*) *ps.* chciwie, w ruchu.
agon-ize (*æ'gonajz*) *cz.* dręczyć, konać; szamotać się; **-y** (*æ'gni*) *rz.* udręka, konanie, agonja.
agrarian (*əgrē'rjən*) *pm.* ziemski, agrarny; **-ism** *rz.* teorja o równym podziale ziemi.
agree (*əgrī'*) *cz.* godzić się na (to); zgadzać się; odpowiadać czemu (l. komu); the mountains ~ with me, góry mi służą; **-ment** *rz.* porozumienie, zgoda, układ; umowa.
agreeable (*əgrī'əbel*) *pm.* zgodny, przyjemny, miły; be ~ to, odpowiadać, konwenjować; **-ness** *rz.* zgodność, stosowność, przyjemność.
agrestic (*əgre'stik*) *pm.* wiejski; nieokrzesany.
agricultur-al (*ægrikă'lczərel*) *pm.* rolniczy; **-e** (*ægrikă'lczə*) *rz.* rolnictwo, uprawa ziemi; **-ist** *rz.* rolnik.
agronomy (*ægro'nomi*) *rz.* agronomja, gospodarowanie.
aground (*əgrau'nd*) *ps.* na mieliźnie; run ~, osiąść na mieliźnie.
agu-e (*ej'gju*) *rz.* gorączka, febra malaryczna; **-ish** (*-isz*) *pm.* gorączkowy, febryczny.
ah (*ā*) *w.* ach! ~ me, biada mi.
ahead (*əhē'd*) *ps.* na przedzie, naprzód; zgóry; go ~! naprzód! dalej!
ahoy (*əhoj'*) *w.* marynarski wykrzyk pozdrowienia.
ahull (*əhu'l*) *ps.* (*mar.*) ze zwiniętemi żaglami, sterem w kierunku wiatru.
aid (*ej'd*) *rz.* pomoc, wsparcie; pomocnik; by ~ of, przy pomocy; ~, *cz.* pomagać, zasilać; **~-de-camp** (*ej'dəkq*) *rz.* adjutant.
aigrette (*ejgre't*) *rz.* egreta, kita (*zool.*) czapla.
aiguille (*ej'guil*) *rz.* iglica (skała).
ail (*ej'l*) *cz.* dolegać, boleć; **-ing** *pm.* cierpiący; **-ment** *rz.* dolegliwość, ból.
aileron (*ej'lerən*) *rz.* ster.
aim (*ej'm*) *rz.* cel, zamiar; ~, *cz.* skierować, celować; **~at** dążyć, mieć na celu; take ~ at, wycelować; **-less** *pm.* bezcelowy, bez celu.
aint (*ej'nt*; *wulg.*) = am not, is not, are not.
air (*ēə'*) *rz.* powietrze; mina, postawa, powierzchowność, wygląd; arja, melodja; take the ~, przejść się; przewietrzyć się; castles in the ~, zamki na lodzie; give oneself **-s**, pysznić się; ~, *cz.* wietrzyć.
air-baloon (*e'əbəlūn*) *rz.* balon; **-brake** *rz.* hamulec poruszany zgęszczonem powietrzem; ~ force, **lotnictwo**; **-hole** lufcik; **-less** *pm.* duszny; **-man** lotnik; ~ ship, **sterowiec**;

-**tight** *pm.* nieprzepuszczający powietrza; -**y** (*ā'əri*) *pm.* powietrzny, zwodniczy; eteryczny, powiewny.
aisle (*aj'l*) *rz.* nawa boczna.
ait (*ej't*) *rz.* wysepka.
ajar (*ədżā'*) *pm.* uchylony (o drzwiach).
akimbo (*əki'mbou*) *ps.* podparłszy się pod boki.
akin (*əki'n*) *pm.* pokrewny (to).
alabaste-r (*æləbā'stə*) *rz.* alabaster; ~-**glass** *rz.* mleczne szkło; -**rine** (-*trin*) *pm.* alabastrowy.
alack (*əlæ'k*) *w.* biada, niestety; ~-**a-day** o dniu nieszczęsny.
alacrity (*əlæ'kriti*) *rz.* żwawość, ochoczość, wesołość.
alar, alary (*ej'lə*) *pm.* nakształt skrzydeł; skrzydłowy; skrzydlaty.
alarm, alarum (*əlā'm*) *rz.* trwoga, postrach; pobudka; ~, *cz.* trwożyć; zaalarmować; give the ~, strwożyć; take the ~, strwożyć się; -**clock** budzik.
alas (*əlæ's*) *w.* niestety.
alate (*ej'lejt*) *pm.* skrzydlaty.
alb (*æ'lb*) *rz.* komża.
albatros (*æ'lbətros*) *rz.* albatros.
albeit (*ōlbī'it*) *ps.* chociaż, aczkolwiek.
albescent (*ælbe'sənt*) *pm.* bielejący.
albino (*ælbī'nou*) *rz.* albinos.
album (*æ'lbəm*) *rz.* album; pamiętnik.
album-en (*əlbjū'mən*) *rz.* białko.
alchem-ic (*əlke'mik*) *pm.* alchemiczny; -**ist** *rz.* alchemik; -**y** (*æ'lkemi*) *rz.* alchemja.
alcohol (*æ'lkəhol*) *rz.* alkohol, wyskok; -**ic** (*ælkoho'lik*) *pm.* alkoholiczny, wyskokowy; -**ism** *rz.* alkoholizm.
alcoran (*æ'lkorən*) *rz.* alkoran.
alcove (*æ'lkouw, əlkou'w*) *rz.* alkowa; altanka.
alder (*ō'ldə*) *rz.* olcha, olszyna.
alderman (*ō'ldəmən*) *rz.* radny miejski; -**ry** *rz.* godność radnego; okręg miejski.
ale (*ej'l*) *rz.*, piwo; -**house** piwiarnia; pale ~, jasne piwo.
aleatory (*ej'liətəri*) *pm.* przypadkowy.
alee (*əlī'*) *p.* (*mar.*) po stronie zasłoniętej od wiatru.
alembic (*ale'mbik*) *rz.* alembik.
alert (*əlā't*) *pm.* raźny, czujny; on the ~, na baczności; -**ness** *rz.* czujność, żwawość.
alfalfa (*ælfæ'lfə*) *rz.* lucerna.
alga (*æ'lgə*) *rz.* wodorost.
algebra (*æ'ldżəbrə*) *rz.* algebra; -**ic, -ical** (*ældżebrej'ikəl*) *pm.* algebraiczny.
alias (*ej'ljəs*) *ps.* vel, inaczej.
alibi (*æ'libaj*) *rz.* alibi.
alien (*ej'ljən*) *pm.* obcy; ~, *rz.* cudzoziemiec; -**ate** (-*ejt*) *cz.* zbyć, sprzedać; -**ation** (*ejljənej'szən*) *rz.* przeniesienie własności, sprzedaż; mental ~, obłąkanie; -**ist** (-*ist*) *rz.* psychiatra.
alight (*əlaj't*) *pm.* zapalony, płonący; ~, *cz.* zsiąść, zeskoczyć; lądować.
align (*əlaj'n*) *cz.* wyrównać; -**ment** *rz.* wyrównanie.
alike (*əlaj'k*) *pm.* podobny, jednakowy; ~, *ps.* podobnie, jednakowo, zarówno.
aliment (*æ'limənt*) *rz.* pokarm, pożywienie; -**al** (*ælime'ntəl*) *pm.* pożywny, odżywczy; -**ary** (*pm.*) ~ canal, przewód pokarmowy; -**ation** (*ælimæntej'-szən*) *rz.* karmienie, wyżywienie.
alimony (*æ'limoni*) *rz.* alimenta.
aliquot (*æ'likuot*) *pm.* współmierny, podzielny.
alive (*əlaj'w*) *pm.* żyjący, żywy; is ~ with, roi się od.
alkali (*æ'lkəli*) *rz.* ługowiec (*chem.*); -**ne** (-*lajn*) *pm.* alkaliczny.
all (*ō'l*) *pm.* wszystek, wszystko, cały; ~, *rz.* wszyscy, ogół, całość; ~, *ps.* całkowicie, ze wszystkiem; ~ along, przez cały czas; przez całą długość; ~ alone, sam jeden; ~ at once, nagle; ~ but, o mało nie; on ~ fours, na czworakach; ~ in ~, wszystko; in ~, w sumie; not at ~, bynajmniej; nothing at ~, nic zgoła; once for ~, raz na zawsze; ~ the better, tem lepiej; ~ the same, wszystko jedno; niemniej, jednak; ~ right, dobrze, w porządku.
all-merciful *pm.* wszechmiłosierny; -**round** *ps.* wszędzie, naokoło; -**powerful** *pm.* wszechmocny.
allay (*əlej'*) *cz.* uśmierzyć, zmniejszyć; uszczuplić.

alleg-ation (*ælegej'szen*) *rz.* twierdzenie, przytoczenie; **-e** (*əle'dż*) *cz.* twierdzić, przytoczyć.
allegiance (*əlī'dżjəns*) *rz.* wierność, hołdownictwo, posłuszeństwo.
allegor-ic(al) (*æləgo'rik-el*) *pm.* alegoryczny; **-ize** (*æ'ləgərajz*) *cz.* przytoczyć alegorycznie; **-y** (*æ'ləgori*) *rz.* alegorja.
alleviat-e (*əlī'wjejt*) *cz.* ulżyć, sfolgować, złagodzić; **-ion** (*əlīwjej'szen*) *rz.* ulżenie, ulga.
alley (*æ'li*) *rz.* aleja, uliczka; blind ~, ślepa ulica.
All-hallows (*ōl-hæ'louz*) *rz.* Wszyscy Święci.
alli-ance (*əlaj'əns*) *rz.* aljans, związek, przymierze.
alligator (*æ'ligejtə*) *rz.* aligator.
alliteration (*æli'tərejszen*) alitera-cja.
allocate (*æ'lokejt*) *cz.* przeznaczać, wydzielić, umieszczać.
allodi-al (*ælou'diel*) *pm.* alodjalny; **-ium** (*-əm*) *rz.* alodjum, majątek dziedziczny.
allot (*əlo't*) *cz.* wyznaczać; przeznaczać; **-ment** *rz.* przydział; los; pole.
allow (*əlau'*) *cz.* pozwolić; przyznać; wyznaczyć; godzić się, (*for*) zważać na; **-able** (*-əbel*) *pm.* dozwolony, słuszny; **-ance** (*-əns*) *rz.* pozwolenie; przydział; wynagrodzenie, pensja; pobłażanie; make ~ for, brać pod uwagę, zważać na.
alloy (*əloj'*) *rz.* aljaż, domieszka, stop; ~, *cz.* domieszać.
allude (*əlū'd*) *cz.* napomknąć, wspominać, czynić aluzje do.
allure (*əlū'ə*) *cz.* wabić, nęcić; **-ment** *rz.* przynęta, powab.
allusi-on (*əlū'żen*) *rz.* napomknienie, aluzja; **-ve** (*-siw*) *pm.* zawierający aluzję, napomykający.
alluvi-al (*əlū'wjəl*) *pm.* aluwjalny, napływowy; **-on** (*-jən*) *rz.* zamuł; **-um** (*-əm*) *rz.* aluwjum, napływ.
ally (*əlaj'*) *rz.* sprzymierzeniec; ~, *cz.* złączyć, sprzymierzyć.
almanac (*ō'lmənæk*) *rz.* kalendarz.
almight-iness (*ōlmaj'tinəs*) *rz.* wszechmoc; **-y** (*-ti*) *pm.* wszechmocny.
almond (*ā'mənd*) *rz.* migdał.
almoner (*æ'lmənə*) *rz.* jałmużnik.
almost (*ō'lmoust*) *ps.* prawie, niemal, ledwie, blisko.
alms (*ā'mz*) *rz.* jałmużna; ~ house, przytułek.
aloe (*æ'lou*) *rz.* aloes.
aloft (*əlo'ft*) *ps.* w górze, do góry, ku górze, wysoko.
alone (*əlou'n*) *pm.* sam; ~, *ps.* jedynie, tylko; let (leave) ~, zostawić w spokoju, nie ruszać; let ~, nie mówiąc już o.
along (*əlo'ŋ*) *ps.* wzdłuż, jednocześnie, razem (z); come ~, pójdź ze mną; get ~, powodzić się; ~ side, obok, przy, wzdłuż.
aloof (*əlū'f*) *ps.* zdaleka, woddali; keep ~ from, trzymać się zdala.
aloud (*əlau'd*) *ps.* na głos, głośno.
alp (*æ'lp*) *rz.* turnia; **-enstock** (*-enstok*) *rz.* kij do wycieczek górskich; **-ine** (*-ajn*) *pm.* górski, alpejski; **-inist** (*-inist*) *rz.* alpinista.
alphabet (*æ'lfəbet*) *rz.* alfabet, abecadło; **-ical** (*ælfəbe'tikel*) *pm.* alfabetyczny.
already (*ōlre'di*) *ps.* już, poprzednio.
also (*ō'lsou*) *ps.* również, zarówno, też, tudzież.
altar (*ō'ltə*) *rz.* ołtarz; lead to the ~, zaprowadzić do ołtarza.
alter (*ō'ltə*) *cz.* zmienić (się), przemienić, odmienić; **-able** (*ō'ltərəbel*) *pm.* zmienny; **-ation** (*ōltərej'szen*) *rz.* zmiana, odmiana.
altercat-e (*æ'ltəkejt*) *cz.* sprzeczać się; **-ion** (*æltəkej'szen*) *rz.* sprzeczka, zwada, spór.
alternant (*oltə'nənt*) *pm.* kolejny.
alternat-e (*ō'ltənejt*) *cz.* następować po sobie kolejno, zmieniać (się) kolejno; ~ (*ōltə'nət*) *pm.* kolejny; **-ely** (*oltə'nətli*) *ps.* pokolei, po sobie; **-ion** (*ōltərnej'szen*) *rz.* kolejne następstwo; **-ive** (*ōltə'nətiw*) *pm.* kolejny; ~ *rz.* alternatywa.
although (*ōlðou'*) *ps.* chociaż, aczkolwiek; pomimo, że.
alti-tude (*æ'ltitjūd*) *rz.* wysokość nad poziomem morza; wyżyna.
alto (*æ'ltou*) *rz.* alt.
altogether (*ōltuge'ðə*) *ps.* zupełnie, całkowicie, całkiem.
altruism (*æl'trūizm*) *rz.* altruizm, bezinteresowność.

alum (*æ'ləm*) *rz.* ałun.
aluminium (*ælumi'njəm*) *rz.* aluminjum.
alumnus (*ælmnəs*) *rz.* (*lmn.* alumni); alumn, wychowaniec. [ciągle.
always (*ō'luejz*) *ps.* zawsze, stale,
am (*æm*) *cz.* jestem (od be).
a. m. (*ej, em*) przed południem.
amain (*əmej'n*) *ps.* całą siłą, pędem.
amalgam (*əmæ'lgəm*) *rz.* amalgamat; **-ate** (*əmæ'lgəmejt*) *cz.* łączyć; **-ation** (*əmælgəmej'szɛn*) *rz.* fuzja. [rant.
amaranth (*æ'mərənþ*) *rz.* ama-
amass (*əmæ's*) *cz.* gromadzić.
amateur (*æ'mətə̄'*) *rz.* amator, miłośnik; **-ish** (*æmətə̄'risz*) *pm.* amatorski.
amaze (*əmej'z*) *cz.* wprawić w zdumienie, zachwycić; **-ment** *rz.* zdumienie, zdziwienie, zachwyt.
amazon (*æ'məzon*) *rz.* amazonka.
ambassad-or (*əmbæ'sədə*) *rz.* ambasador; poseł; **-orial** (*æmbəsədō'rjɛl*) *pm.* ambasadorski; **-ress** *rz.* żona ambasadora; ambasadorka.
amber (*æ'mbə*) *rz.* bursztyn.
ambergris (*æm'bəgrīs*) *rz.* ambra.
ambidexter (*æmbide'kstə*) *pm.* oburęczny; obłudny. [jący.
ambient (*æ'mbjənt*) *pm.* otacza-
ambigu-ity (*æmbigju'iti*) *rz.* dwuznaczność; zawiłość; **-ous** (*əmbi'gjuəs*) *pm.* dwuznaczny, zawiły.
ambit (*æ'mbit*) *rz.* obwód, okrąg.
ambiti-on (*əmbi'szɛn*) *rz.* ambicja; **-ous** (*æmbi'szəs*) *pm.* ambitny.
amble (*æ'mbɛl*) *rz.* wolny kłus; to ~, *cz.* jechać kłusem, stępa.
ambrosia (*ə'mbrou'zjə*) *rz.* ambrozja.
ambul-ance (*æ'mbjuləns*) *rz.* ambulans; pogotowie ratunkowe; **-ory** (*æ'mbjulətori*) *pm.* wędrowny, przenośny.
ambuscade (*æmbəskej'd*), **ambush** (*æ'mbusz*) *rz.* zasadzka; lie in ~, czaić się, czyhać na.
ameliora-te (*əmī'ljərejt*) *cz.* ulepszać, doskonalić; **-tion** (*əmiljərej'szɛn*) *rz.* ulepszenie, polepszenie.
amen (*ej'men*) *w.* amen, zaiste.
amenable (*əmī'nəbɛl*) *pm.* odpowiedzialny; możliwy; uległy.
amend (*əme'nd*) *cz.* poprawić (się); **-ment** *rz.* poprawa; poprawka; **-s** *lmn.* odszkodowanie; to make ~ for, naprawić, wynagrodzić szkodę.
amenity (*əmī'niti*) *rz.* powab; uprzejmość.
amerce (*əmə̄'s*) *cz.* karać, skazać na grzywnę; **-ment** *rz.* skazanie na grzywnę; kara.
American (*əme'rikɛn*) *pm.* amerykański; ~, *rz.* Amerykanin.
amethyst (*æ'məþist*) *rz.* ametyst.
amiab-ility (*ejmjəbi'liti*) *rz.* uprzejmość; **-le** (*ej'mjəbɛl*) *pm.* uprzejmy, sympatyczny, miły.
amicable (*æ'mikəbɛl*) *pm.* przyjacielski; **-ness** *rz.* przyjacielskość.
amid(st) (*əmi'd*) *ps.* wśród, pośród.
amidships (*əmi'dszips*) *ps.* w środku okrętu.
amiss (*əmi's*) *ps.* źle, naopak; od rzeczy; come ~, go ~, wyjść na złe, nie powieść się; take ~, wziąć za złe.
amity (*æ'miti*) *rz.* przyjaźń, przyjazne stosunki, zgoda.
ammonia (*əmou'njə*) *rz.* amonjak; **-c** *pm.* amonjakalny; salt ~, salmjak.
ammunition (*æmjuni'szɛn*) *rz.* amunicja; **-bread** komiśniak.
amnesty (*æ'mnəsti*) *rz.* ułaskawienie; ~, *cz.* ułaskawić.
among(st) (*əmā'ŋ* i *-st*) *ps.* wśród, pomiędzy; razem; from ~, z pomiędzy.
amorous (*æ'məres*) *pm.* kochliwy; zakochany; **-ness** *rz.* kochliwość.
amorphous (*əmō'fəs*) *pm.* bezkształtny, amorficzny.
amorti-zation (*əmōtizej'szɛn*) *rz.* amortyzacja, umarzanie; **-ze** (*əmō'tajz*) *cz.* amortyzować, umarzać.
amount (*əmau'nt*) *rz.* kwota, ilość, liczba, suma; ~, *cz.* wynosić, sięgać sumy (to); to the ~ of, do wysokości.
amour (*əmū'ə*) *rz.* miłostka.
ampere (*æmpē'ə*) *rz.* amper.
amphib-ia (*əmfi'bjə*) *rz.* zwierzę ziemnowodne, płaz; **-ious** *pm.* ziemnowodny.

amphitheatre (*æ'mfiθiətə*) *rz.* amfiteatr; (*teatr.*) pierwszy balkon.
ample (*æ'mpɛl*) *pm.* obszerny, hojny, suty, dostatni; **-ness** *rz.* obszerność, dostatniość.
amplif-ication (*æmplifikej'szɛn*) *rz.* rozszerzenie, wyzyskanie; **-y** (*æ'mplifaj*) *cz.* rozszerzać, uwydatnić; **-ier** (*æ'mplifajə*) *rz.* amplifikator.
amplitude (*æ'mplitjūd*) *rz.* obszerność, rozciągłość, amplituda (*fiz.*).
amputat-e (*æ'mpjutejt*) *cz.* odciąć, amputować; **-ion** (*æmpjutej'szɛn*) *rz.* odcięcie, amputacja.
amuck (*əmă'k*) *ps.* run ~, szaleć, wpaść w morderczy szał.
amulet (*æ'mjulejt*) *rz.* amulet.
amuse (*əmjū'z*) *cz.* zabawić, bawić; **-ment** *rz.* zabawa; rozrywka.
an (*æn*) rodz. nieokreśl. = a.
anachronism (*ənæ'kronizm*) *rz.* anachronizm.
anaclastic (*ænak'æ'stik*) *pm.* zatrzaskujący się.
anacreontic (*ænakreo'ntik*) *rz.* anakreontyk.
anaemi-a (*ənī'mjə*) *rz.* niedokrwistość; anemja; **-c** (*əne'mik*) *pm.* niedokrwisty, anemiczny.
anaestheti-c (*ænəsθe'tik*) *pm.* znieczulający; **-ze** (*-ajz*) *cz.* znieczulać.
anagram (*æ'nəgrəm*) *rz.* anagram.
analog-ic(al) (*ænəlo'dżik*), **-ous** (*ənæ'logəs*) *pm.* analogiczny, podobny; **-y** (*ənæ'lodżi*) *rz.* analogja, podobieństwo; (to, with, between).
analy-se (*æ'nəlajz*) *cz.* rozbierać, analizować; **-sis** (*ənæ'lisis*) *rz.* analiza, rozbiór; **-tic(al)** (*ænəli'tik*) *pm.* analityczny.
anarch-ic(al) (*ənā'kik-ɛl*) *pm.* anarchiczny; **-ist** (*æ'nəkist*) *rz.* anarchista; **-y** (*æ'nəki*) *rz.* anarchja, bezrząd.
anathema (*ənæ'θemə*) *rz.* klątwa; **-tize** *cz.* rzucić klątwę.
anatom-ic(al) (*ænəto'mik-ɛl*) *pm.* anatomiczny: **-ist** (*ənæ'tomist*) *rz.* anatom; **-ize** (*ənæ'tomajz*) *cz.* robić sekcję; **-y** (*ənæ'tomi*) *rz.* anatomja.
ancest-or (*æ'nsəstə*) *rz.* przodek, pradziad; **-ry** (*æ'nsəstri*) *rz.* przodkowie, praojcowie.
anchor (*æ'ŋkə*) *rz.* kotwica; ankier (w zegarku); ~, *cz.* cast ~, zarzucić kotwicę; lie at ~, stać na kotwicy; weigh ~, podnieść kotwicę; sheet ~, wielka kotwica; ostatnia nadzieja (*fig.*); **-age** (*æ'nkərɛdż*) *rz.* miejsce do zarzucenia kotwicy; kotwiczne (*fig.*) oparcie.
anchor-ite (*æ'nkərajt*) *rz.* pustelnik; **-ess** (*æ'ŋkərəs*) *rz.* pustelnica.
anchovy (*ænczou'wi*) *sz.* sardela.
ancient (*ej'nszənt*) *pm.* starożytny, starodawny, dawny.
and (*ænd*) *sp.* i, a także; ~ so forth, i t. p., i t. d.
anecdot-al (*æ'nekdoutɛl*), **-ical** (*ænekdo'tikɛl*) *pm.* anegdotyczny; **-e** (*æ'nɛkdout*) *rz.* anegdota.
anemometer (*ænemo'metə*) *sz.* anemometr.
anent (*əne'nt*) *ps.* co się tyczy.
anew (*ənjū'*) *ps.* znów, nanowo.
anfractuosity (*ænfræk'czuoziti*) *rz.* zawiłość.
angel (*ej'ndżɛl*) *rz.* anioł; **-ic** (*əndże'lik*) *pm.* anielski; **A-us** (*æ'ndżelās*) Anioł Pański.
anger (*æ'ŋgə*) *rz.* gniew, złość; ~, *cz.* rozgniewać.
angina (*əndżaj'nə*) *rz.* angina.
angle (*æ'ngɛl*) *rz.* kąt; ~ iron, kątówka, kątownik; visual ~, kąt widzenia.
angle (*æ'ŋgɛl*) *rz.* wędka; **-r** *rz.* wędkarz.
Anglican (*æ'nglikən*) *pm.* anglikański.
angling (*æ'ŋgliŋ*) *rz.* sport wędkarski; **~line, ~ rod** *rz.* wędka.
Anglo-Saxon (*ænglou-sæ'ksen*) *pm.* anglosaski.
angry (*æ'ŋgri*) *pm.* rozgniewany, zły (at, with, about).
anguish (*æ'ŋguisz*) *rz.* udręczenie. [boleść.
angular (*æ'ŋgjulə*) *pm.* kanciasty, kątowy, narożny; **-ity** (*ængjulæ'riti*) *rz.* kanciastość.
angulate (*æ'ŋgjulet*) *pm.* w kąty.
anil-e (*æ'nil*) *pm.* starczy; **-ity** (*əni'liti*) *rz.* starczość.
aniline (*æ'nilin*) *rz.* anilina.
animadver-sion (*ænimədwē'szɛn*) *rz.* krytyka (on, upon); **-t** (*ænimədwē't*) *rz.* krytykować (on, upon).

animal (*æ'nimɛl*) *zr.* zwierzę; *pm.* zwierzęcy; **-ism** *rz.* animalizm; **-ity** *rz.* zwierzęcość, życie zwierzęce.
animat-e (*æ'nimejt*) *cz.* ożywić; ~ (*æ'nimət*) *pm.* ożywiony, żywy; **-ion** (*ænimej'szɛn*) *rz.* ożywienie.
animosity (*ænimo'siti*) *rz.* uraza, złość (against between).
animus (*æ'niməs*) *rz.* duch; złość.
anise (*æ'nis*) *rz.* **aniseed** (*æ'nisīd*) anyż (*bot.*).
ank-le (*a'ŋkɛl*) *rz.* kostka; **-let** (*æ'ŋkɛlət*) *rz.* krążek na kostkę.
annals (*æ'nəlz*) *rz. lmn.* kronika.
anneal (*ænī'l*) *cz.* hartować, zatwardzać.
annex (*əne'ks*) *cz.* przyłączać, dołączać, anektować, zagarnąć; ~, *rz.* załącznik; dobudówka; **-ation** (*ænəksej'szɛn*) *rz.* aneksja, przyłączenie.
annihilat-e (*ənaj'hilejt*) *cz.* zniweczyć, zniszczyć, znieść; **-ion** (*ənajhilej'szɛn*) *rz.* zniweczenie, zniesienie. [nica.
anniversary (*æniwə'səri*) *rz.* rocznica.
annotat-e (*æ'notejt*) *cz.* notować, czynić przypiski; **-ion** (*ænotej'szɛn*) *rz.* przypisek, adnotacja.
announce (*ənau'ns*) *cz.* oznajmić, obwieścić, ogłosić; **-ment** *rz.* ogłoszenie, obwieszczenie, zawiadomienie.
annoy (*ənoj'*) *cz.* dokuczać, dręczyć, trapić; **-ance** (*-əns*) *rz.* dokuczanie, niepokojenie, utrapienie.
annu-al (*æ'njuəl*) *pm.* roczny, doroczny; **-itant** (*ənju'itənt*) *rz.* rentjer; dożywotnik; **-ity** *rz.* renta, dożywocie.
annul (*ənă'l*) *cz.* unieważnić, skasować.
annular (*æ'njulə*) *pm.* obrączkowy, pierścionkowy.
annulment (*ənă'lmənt*) *rz.* zniesienie, skasowanie, kasata.
Annunciation (*ənănsjej'szɛn*) *rz.* zwiastowanie.
anodyne (*æ'nodajn*) *pm.* łagodzący; anodynowy.
anoint (*ənoj'nt*) *cz.* namaścić, pomazać; **-ed** pomazaniec.
anomal-ous (*əno'mələs*) *pm.* nieprawidłowy, anormalny; **-y** (*-li*) *rz.* nieprawidłowość, anomalja.
anon (*əno'n*) *ps.* wkrótce, zaraz; ever and ~, co pewien czas, ustawicznie.
anonym-ous (*əno'niməs*) *pm.* anonimowy, bezimienny.
another (*ənă'ðə*) *pm.* inny, drugi; one ~, nawzajem; się, sobie, siebie; with one ~, razem.
answer (*ā'nsə*) *rz.* odpowiedź; ~, *cz.* odpowiadać, być odpowiednim (to), być odpowiedzialnym (for); ~**back**, wymawiać się; **-able** (*ā'nsərebɛl*) *pm.* odpowiedzialny.
ant (*æ'nt*) *rz.* mrówka; ~ hill, mrowisko; ~**bear** (*-bē'ə*) *rz.* mrówkojad.
antagon-ism (*əntæ'gonizm*) *rz.* antagonizm; **-ist** *rz.* przeciwnik; **-istic** (*ætəgoni'stik*) *pm.* przeciwny; **-ize** (*-ajz*) *cz.* być przeciwnym, opierać się; przeciwdziałać.
antarctic (*əntā'ktik*) *pm.* antarktyczny; the ~ pole, biegun południowy.
anteceden-ce (*æntisī'dəns*) *rz.* pierwszeństwo; **-t** *rz.* poprzedni, uprzedni; ~, *rz.* poprzednik (*gram.* i *log.*).
antechamber (*ænteczej'mbə*) *rz.* przedpokój.
antedate (*æ'ntidejt*) *cz.* antedatować, wypisać datę wcześniejszą.
antediluvian (*æntedilū'wiən*) *pm.* przedpotopowy.
antelope (*æ'ntiloup*) *rz.* antylopa.
antenna (*ænte'nə*) *rz.* (*lmn.* antennae) antena; macki, różki.
antenuptial (*æntină'pszɛl*) *pm.* przedślubny.
anterior (*əntī'rjə*) *pm.* poprzedni; **-ity** *rz.* pierwszeństwo.
ante-room (*æ'ntirūm*) *rz.* przedpokój.
anthem (*æ'nþəm*) *rz.* hymn.
anthology (*ənþo'lodżi*) *rz.* wybór, antologja.
anthracite (*æ'nþrəsajt*) *rz.* antracyt.
anthrax (*æ'nþrəks*) *rz.* wrzód, karbunkuł.
anthropo-logy (*ænþropo'lodżi*) *rz.* antropologja; **-morphism** *rz.* antropomorfizm.
antichrist (*æ'ntikrajst*) *rz.* antychryst.

anti-aircraft (*ænti-ǝǝ'kraft*) *pm.* przeciwlotnicze.
anticipat-e (*ǝnti'sipejt*) *cz.* uprzedzać, przewidywać, tuszyć; ~ payment, zapłacić przed terminem; **-ion** (*æntisipej'szɛn*) *rz.* przewidywanie, uprzedzanie; in ~, zgóry. [antydot.
antidote (*æ'ntidout*) *rz.* odtrutka,
antinomy (*ænti'nomi*) *rz.* sprzeczność, antynomja.
antipathy (*ǝnti'pǝβi*) *rz.* antypatja, niechęć (to, against).
antipod (*æ'ntipoud*) *rz.* antypoda; **-es** (*-dīz*) *rz.* antypody.
antiqua-rian (*æntikuē'rjǝn*) *pm.* antykwarski; ~, *rz.* **-ry** (*æ'ntikuǝri*) *rz.* antykwarjusz; **-ted** (*æ'ntikuejted*) *pm.* przedawniony, przestarzały.
antiqu-e (*ǝntī'k*) *pm.* starożytny, antyczny; ~, *rz.* antyk, zabytek starożytności; **-ity** (*ǝnti'kuiti*) *rz.* starożytność.
antiseptic (*æntise'ptik*) *pm.* antyseptyczny; przeciwgnilny.
antisocial (*ǝntisou'szɛl*) *pm.* niespołeczny.
antithesis (*ǝnti'βǝsis*) *rz.* przeciwstawienie (to), antyteza.
antler (*æ'ntlǝ*) *rz.* róg (jeleni i t.p.).
anus (*ej'nǝs*) *rz.* otwór odbytnicy.
anvil (*æ'nwil*) *rz.* kowadło.
anxi-ety (*æŋzaj'ǝti*) *rz.* niepokój, obawa, troska; **-ous** (*æ'ŋkszǝs*) *pm.* niespokojny (about); be ~ to, pragnąć (czegoś.)
any (*e'ni*) *pm.* wszelki, każdy, ktokolwiek, not ~, żaden; **-body** (*e'nibodi*), **-one** (*e'niuăn*) *z.* każdy, ktokolwiek; **-how** (*-hau*) jakkolwiek, bądź co bądź; **-thing** (*-βiŋ*) coś, cokolwiek; **-where** (*-uēǝ*) gdziekolwiek; **-wise** (*-uajz*) jakkolwiek.
aorta (*ejō'tǝ*) *rz.* tętnica główna.
apace (*ǝpej's*) *ps.* prędko, żywo.
apart (*ǝpā't*) *ps.* osobno, na boku, niezależnie (from); set ~, odłożyć, poświęcić; **-ment** *rz.* apartament, pokój.
apath-etic (*æpǝβe'tik*) *pm.* apatyczny, nieczuły; **-y** (*æ'pǝβi*) *rz.* apatja, obojętność.
ape (*ejp*) *rz.* małpa; ~, *cz.* małpować, naśladować.
apeak (*ǝpī'k*) *ps.* pionowo (*mar.*).
aperient (*ǝpe'rjǝnt*) *rz.* środek przeczyszczający.
aperture (*æ'pǝtjūǝ*) *rz.* otwór.
apex (*ej'pǝks*) *rz.* (*lmn.* apices, apexes) wierzchołek, szczyt.
aphori-sm (*æ'forizm*) *rz.* aforyzm; **-stic** (*æfori'stik*) *pm.* aforystyczny, zwięzły.
api-ary (*ej'pjǝri*) *rz.* pasieka; **-culture** (*-ej'pikă'lczǝ*) *rz.* pszczelnictwo.
apiece (*ǝpī's*) *ps.* od sztuki, od osoby; pojedynczo.
apish (*ej'pisz*) *pm.* małpi, małpiarski.
apogee (*æpodżī*) *rz.* szczyt; zenit; apogeum.
apolog-etic (*ǝpolodże'tik*) *pm.* apologetyczny; przepraszający; **-ist** (*ǝpo'lodżist*) *rz.* apologeta; **-ize** (*ǝpo'lodżajz*) *cz.* (for) przepraszać, usprawiedliwiać się; **-y** (*ǝpo'lodżi*) *rz.* przeproszenie, usprawiedliwienie.
apople-ctic (*æpǝple'ktik*) *pm.* apoplektyczny; **-xy** (*æ'pǝpleksi*) *rz.* apopleksja, udar.
aposta-sy (*ǝpo'stǝsi*) *rz.* odszczepieństwo; **-te** *rz.* apostata.
apost-le (*æpo'sɛl*) *rz.* apostoł; **-olic(al)** (*æposto'lik-ɛl*) *pm.* apostolski.
apostroph-e (*ǝpo'strofi*) *rz.* apostrofa (*ret.*), apostrof (*gram.*).
apothecary (*ǝpo'βǝkǝri*) *cz.* aptekarz. [teoza.
apotheosis (*æpoβīou'sis*) *rz.* apo-
appal (*ǝpō'l*) *cz.* przerażać.
apparatus (*æpǝrej'tǝs*) *rz.* aparat, przyrząd, urządzenie; organ; ~ criticus, materjały dla badań krytycznych.
apparel (*æpæ'rɛl*) *rz.* strój, szaty, przyozdobienie.
apparent (*ǝpē'rɛnt*) *pm.* jawny, widoczny; heir ~, spadkobierca ustawowy; **-ly** *ps.* widocznie.
appari-tion (*æpǝri'szɛn*) *rz.* zjawa, widmo, duch, widziadło; **-tor** (*ǝpæ'ritoǝ*) *rz.* pedel, woźny.
appeal (*ǝpī'l*) *cz.* podobać się; odwoływać się, wnieść apelację; ~, *rz.* odwołanie się, apelacja; ~ to the country (from parliament), rozwiązać parlament.

appear (*əpī'ə*) *cz.* zjawić się, ukazać się; okazać się; **-ance** (*əpī'rens*) *rz.* zjawienie się; widok, pozór; postać; keep up ~s, zachować pozory; to put in an ~, pokazać się.

appease (*əpī'z*) *cz.* zaspokoić; ukoić, złagodzić.

appella-nt (*əpe'lent*) *pm.* i *rz.* apelujący; **-tion** (*æpəlej'szen*) *rz.* nazwa; nomenklatura; **-tive** (*əpe'lətiw*) *pm.* pospolity.

append (*əpe'nd*) *cz.* zawiesić, dodać; **-age** (*-edż*) *rz.* dodatek; **-ix** (*-iks*) *rz.* dodatek, apendyks; (*mat.*) wyrostek robaczkowy; **-icitis** (*-isaj'tis*) zapalenie ślepej kiszki.

apperception (*æpəse'pszen*) *rz.* apercepcja.

appertain (*æpətej'n*) *cz.* należeć, przynależeć.

appetence (*æ'pətəns*) *rz.* pragnienie, pożądanie.

appetite (*æ'pətajt*) *rz.* apetyt, ochota na coś.

appetizing (*æpətaj'ziŋ*) *pm.* apetyczny, smakowity.

applau-d (*əplō'd*) *cz.* oklaskiwać, przyklasnąć; **-se** (*əplō'z*) *rz.* poklask, pochwała.

apple (*æ'pel*) *rz.* jabłko; Adam's ~, grdyka; **-core** ogryzek; **-pie** placek jabłkowy; ~ of the eye, źrenica; **-tree** jabłoń.

appliance (*əplaj'əns*) *rz.* zastosowanie, środek.

applicab-ility (*æplikəbi'liti*) *rz.* stosowność; **-le** (*æ'plikəbel*) *pm.* stosowalny, odpowiedni (to).

applica-nt (*æ'plikent*) *rz.* aplikant; **-tion** (*æplikej'szen*) *rz.* zastosowanie; pilność, zgłoszenie, podanie; upon ~, na żądanie.

apply (*əplaj'*) *cz.* przyłożyć, zastosować; przykładać się do; zgłosić się, zwrócić się.

appoint (*əpoj'nt*) *cz.* oznaczyć, ustalić; zamianować; well ~ ed, dobrze wyposażony; **-ment** *rz.* umówiony termin, konferencja; mianowanie; posada; decyzja; wyposażenie; break an ~, nie stawić się na umówiony termin.

apportion (*əpō'szen*) *cz.* wydzielić; **-ment** *rz.* wydzielenie, udział, przydział.

apposite (*æ'pozajt*) *pm.* trafny, stosowny, właściwy; **-ness** (*-nəs*) *rz.* stosowność, trafność.

apposition (*æpozi'szen*) *rz.* przyłożenie, przystawienie; apozycja (*gram.*).

apprais-al (*əprej'zel*), **-ement** *rz.* ocena; oszacowanie; **-e** (*əprej'z*) *cz.* ocenić, oszacować.

apprecia-te (*əprī'szjejt*) *cz.* ocenić, cenić sobie; wysoko cenić; być wdzięcznym; **-tion** (*əprīszjej'szen*) *rz.* uznanie, wdzięczność; ocena; **-ive** (*əprī'szjetiw*) *pm.* oceniający, pochwalny.

apprehen-d (*æprihe'nd*) *cz.* pojmać, aresztować; uchwycić, zrozumieć; obawiać się; **-sible** (*æprihe'nsibel*) *pm.* zrozumiały; **-sion** (*æprihe'nszen*) *rz.* obawa; pojmanie, aresztowanie; zrozumienie, pojęcie; **-sive** (*-siw*) *pm.* uchwytny; bystry, domyślny; niespokojny.

apprentice (*əprentis*) *rz.* terminator, uczeń; ~, *cz.* bind as ~, oddać do terminu; **-ship** (*-szip*) *rz.* termin, nauka.

apprise (*əpraj'z*) *cz.* zawiadomić; be ~ d of, wiedzieć o czemś.

approach (*əprou'cz*) *rz.* dostęp; zbliżanie się, przystąpienie; ~, *cz.* zbliżyć (się); zwrócić się do; **-able** (*əbel*) *pm.* dostępny; **-less** *pm.* niedostępny.

approbat-ion (*æprobej'szen*) *rz.* pochwała, zgoda na, aprobata; **-ory** (*æ'probətori*) *pm.* potwierdzający; pochwalny.

appropriat-e (*əprou'priət*) *pm.* stosowny, właściwy, należący (to, for); ~ (*əprou'priejt*) *cz.* przywłaszczyć sobie, przeznaczyć na; poświęcić na; **-eness** (*-tnəs*) *rz.* stosowność; **-ion** (*əproupriej'szen*) *rz.* przywłaszczenie sobie; przeznaczenie na.

approv-al (*əprū'wel*) *rz.* przyzwolenie, pochwała; **-e** (*əprū'w*) *cz.* pochwalać, popierać (of); okazać się; **-ed** *pm.* przyjęty.

approximat-e (*əpro'ksimejt*) *cz.* przybliżać (się); ~ (*-mət*) *pm.* zbliżony; **-ely** (*mətli*) *ps.* w przybliżeniu; **-ion** (*əproksimej'szen*) *rz.* przybliżenie się; **-ive** (*əpro'ksimətiw*) *pm.* przybliżony.

appurten-ance (*əpə̄'tənəns*) *rz.* przynależność; **-ant** (*əpə̄'tenənt*)

pm. przynależny, należący do (to).
apricot (*ej'prikət*) *rz.* morela.
April (*ej'prɛl*) *rz.* kwiecień; ~ fool-day, prima aprilis.
apron (*əj'prɛn*) *rz.* fartuch; tied to ~ strings, trzymający się spódnicy.
apropos (*æpropou'*) *ps.* co do, co się tyczy.
apt (*æpt*) *pm.* zdatny, skłonny (to), zdolny do (at); **-itude** (*æ'ptitjūd*) *rz.* zdatność, biegłość, skłonność (for); **-ness** *rz.* zdatność, skłonność, bystrość.
aquafortis (*ejkuəfōr'tis*) *rz.* kwas azotowy.
aqua-rium (*akue'riəm*) *rz.* akwarjum; **-tic** (*əkuæ'tik*) *pm.* wodny.
aqueduct (*æ'kuɛdăkt*) *rz.* akwadukt. [wodnisty.
aqueous (*æ'kuiəs*) *pm.* wodny,
aquiline (*æ'kuilin*) *pm.* orli.
arable (*æ'rəbɛl*) *pm.* orny (grunt).
arbit-er (*ā'bitə*) *rz.* arbiter, sędzia; **-rage** (*ā'bitrədż*) *rz.* arbitraż; **-rament** (*ābi'trəmənt*) *rz.* rozstrzygnięcie sądu polubownego; decyzja; **-rariness** (*ā'bitrərinəs*) *rz.* dowolność, arbitralność; **-rarious** (*ābitrē'rjəs*), **-rary** (*ā'bitrəri*) *pm.* dowolny, arbitralny, despotyczny; **-rate** (*ābitrejt*) *cz.* rozstrzygnąć; **-ration** (*ābitrej'szɛn*) *rz.* sąd polubowny; arbitraż (*bank.*).
arbor (*ā'bə*) *rz.* oś, główny walec; **-eal** (*ābō'rjəl*), **-eous** (*ābō'rjəs*) *pm.* drzewny; **-etum** *rz.* szkółka drzew; **-iculture** (*ābərikă'lczə*) *rz.* uprawa drzew.
arbour (*ā'bə*) *rz.* altana.
arc (*āk*) *rz.* łuk, zagięcie; **-ade** (*ākej'd*) *rz.* arkada, pasaż; **-lamp** (*-læmp*) lampa łukowa.
arcanum (*ākej'nəm*) *rz. lmn.* **-na** (*-nə*) tajemnice, arkana.
arch (*ācz*) *rz.* sklepienie łukowe; ~, *cz.* sklepić.
arch- w złożeniach odpowiada polskiemu arcy-, archi-.
archaeo-logist (*ākio'lodżist*) *rz.* archeolog; **-logy** (*-lodżi*) *rz.* archeologja.
archa-ic (*āke'ik*) *pm.* archaiczny, przestarzały; **-istic** (*ākəi'stik*) *pm.* archaistyczny; **-ism** (*ā'kəizɛm*) *rz.* archaizm. [nioł.
archangel (*ākej'ndżl*) *rz.* archa-
archbishop (*āczbi'szəp*) *rz.* arcybiskup; **-ric** (*-rik*) *pm.* arcybiskupstwo.
archdeacon (*āczdī'kɛn*) *rz.* archidjakon.
arch-duchess (*ā'czdăczəs*) *rz.* arcyksiężna; **-duchy** (*ā'czdăczi*) *rz.* arcyksięstwo; **-duke** (*ā'czdjūk*) *rz.* arcyksiążę.
arch-enemy (*ācze'nəmi*) *rz.* największy wróg, szatan.
archer (*ā'czə*) *rz.* łucznik; **-y** (*-ri*) *rz.* łucznictwo.
archetype (*ā'kitajp*) *rz.* pierwowzór, prototyp.
arch-fiend (*ā'czfī'nd*) *rz.* szatan.
archiepiscopal (*ākiepi'skopɛl*) *pm.* arcybiskupi. [chipelag.
archipelago (*ākipe'lagou*) *rz.* ar-
architect (*ā'kitəkt*) *rz.* budowniczy, architekt; **-ure** (*ākite'kczɛ*) *rz.* architektura, budownictwo; **-ural** (*ākite'kczərɛl*) *pm.* architektoniczny.
archives (*ā'kajwz*) *rz. lmn.* archiwum.
archway (*ā'czuej*) *rz.* brama, zasklepione przejście.
arctic (*ā'ktik*) *pm.* arktyczny.
arcuate (*ā'kjuejt*) *pm.* wygięty.
arden-cy (*ā'dɛnsi*) *rz.* zapał, żar; **-t** (*ā'dɛnt*) *pm.* gorący, pałający, zapalony.
ardour (*ā'də*) *rz.* zapał, ogień (*lit.* & *fig.*).
arduous (*ā'djuəs*) *pm.* stromy, ciężki, trudny; **-ness** *rz.* stromość, trudność.
are (*ā*) jesteśmy, jesteście, są.
area (*ē'rjə*) *rz.* powierzchnia, obszar; (*arch.*) zejście do suteryn.
arena (*ərī'nə*) *rz.* arena, pole walki; dziedzina; **-ceous** (*ærinej'szəs*) *pm.* piaszczysty.
argent (*ā'dżənt*) *pm.* srebrzysty.
argil (*ā'dżil*) *rz.* glinka; **-laceous** (*adżilej'szəs*) *pm.* glinkowaty.
argue (*ā'gjū*) *cz.* dowodzić, utrzymywać, że (that); spierać się (with, against).
argument (*ā'gjumənt*) *rz.* argument (for, against), dowód; **-ation** (*āgjuməntej'szɛn*) *rz.* dowody; **ative** (*āgjume'ntətiw*) *pm.* dowodzący.
arid (*æ'rid*) *pm.* suchy, nieurodzajny; **-ity** (*æriditi*), **-ness** *rz.* suchość, nieurodzajność.

aright (*əraj't*) *ps.* dobrze, słusznie, właściwie.
arise* (*əraj'z*) *cz.* powstać, wyniknąć (from); wstawać.
aristo-cracy (*æristo'krəsi*) *rz.* arystokracja; **-crat** (*æ'ristokræt*) *rz.* arystokrata; **-cratic** (*æristokræ'tik*) *pm.* arystokratyczny.
arithmetic (*əri'þmətik*) *rz.* arytmetyka; rachunki; **-al** (*ærIþme'tikεl*) *pm.* arytmetyczny.
ark (*āk*) *rz.* skrzynia, arka; ~ of Covenant, Arka przymierza.
arm (*ām*) *rz.* ramię, ręka; ~ of balance, ramię wagi; ~ of the sea, odnoga morska; ~ in ~, pod rękę; infant in ~s, niemowlę; keep at ~'s length, unikać poufałości; secular ~, władza trybunału świeckiego; **-chair** fotel; **-hole** pacha, otwór rękawa; **-ful** naręcze; ~ **pit** *rz.* pacha.
arm (*ām*) *rz.* broń; **-aments** *rz.* *lmn.* uzbrojenia; ~**s** herb; bear ~**s** służyć w wojsku; in ~**s** uzbrojony.
arm (*ām*) *cz.* uzbroić; **-less** (*ā'mles*) *pm.* bezbronny.
armistice (*ā'mistis*) *rz.* zawieszenie broni.
armlet (*ā'mlət*) *rz.* odnoga morska, naramiennik, bransoleta.
armorial (*āmō'rjəl*) *pm.* herbowy; ~, *rz.* herbarz.
armour (*ā'mə*) *rz.* zbroja; pancerz; herb; **-bearer** giermek; **-clad** *pm.* opancerzony, pancerny; **-er** płatnerz; **-plate** pancerz; **-y** *rz.* arsenał, zbrojownia.
army (*ā'mi*) *rz.* armja, wojsko.
aroma (*ərou'mə*) *rz.* aromat, woń, zapach; **-tic** (*aromæ'tik*) *pm.* aromatyczny, pachnący.
arose od **arise**.
around (*ərau'nd*) *ps.* wkoło, naokoło; dokoła; po.
arouse (*ərau'z*) *cz.* obudzic, pobudzić, wzniecić.
arrack (*æ'rək* i *əræ'k*) *rz.* arak.
arraign (*ərej'n*) *cz.* pozwać przed sąd; oskarżyć; kwestjonować.
arrange (*ərej'ndż*) *cz.* uporządkować, załatwić; umówić się; **-ment** *rz.* urządzenie, uszykowanie, układ. [całkowity.
arrant (*æ'rεnt*) *pm.* wierutny,
arras (*æ'rəs*) *rz.* aras, gobelin.
array (*ərej'*) *rz.* szyk; strój; battle ~, szyk bojowy; ~, *cz.* uszykować, ustroić (with); sprawić listę przysięgłych.
arrear (*ərī'ə*) *rz.* zaległość; *lmn.* zaległe długi; in ~ of, poza; po; ztyłu.
arrest (*əre'st*) *rz.* areszt; under ~, aresztowany; ~, *cz.* aresztować, zatrzymać; zwrócić uwagę; ~ a judgement, wstrzymać wykonanie kary.
arrival (*əraj'wεl*) *rz.* przybycie; ładunek (przybyłego okrętu).
arrive (*əraj'w*) *cz.* przybyć, dotrzeć (at), nastąpić (o czasie); nadarzyć się.
arroga-nce (*æ'rogεns*) *rz.* zuchwałość, arogancja; **-nt** *pm.* arogancki, zuchwały; **-te** (*æ'rogejt*) *cz.* uzurpować prawo do; mieć pretensje do.
arrow (*æ'rou*) *rz.* strzała; **-head** ostrze strzały; **-root** ararut (*bot.*).
arsenal (*ā'sənεl*) *rz.* arsenał, zbrojownia.
arsenic (*ā'sənik*) *rz.* arszenik; ~, *pm.* arszenikowy.
arson (*ā'sεn*) *rz.* podpalenie.
art (*āt*) *rz.* sztuka, umiejętność; black ~, magja; fine ~s, sztuki piękne.
arter-ial (*ātī'rjəl*) *pm.* tętnicowy; **y** (*ā'təri*) *rz.* arterja, tętnica.
artesian (*ātī'żεn*) *pm.* **-well** studnia artezyjska.
artful (*ā'tful*) *pm.* przebiegły, chytry; **-ness** *rz.* przebiegłość, chytrość.
arthrit-ic (*āþri'tik*) *pm.* artrytyczny; **-is** (*āþraj'tis*) *rz.* artrytyzm, podagra.
artichoke (*ā'ticzouk*) *rz.* karczok.
article (*ā'tikεl*) *rz.* artykuł; rodzajnik (*gram.*); warunek, punkt (umowy); in the ~ of death, w obliczu śmierci; leading ~, artykuł wstępny; ~, *cz.* zawrzeć umowę, oskarżyć.
articulat-e (*āti'kjulət*) *pm.* stawowy; wyraźny (o mowie), artykułowany; ~ (*-ejt*) *cz.* łączyć zapomocą stawów; wymawiać wyraźnie; **-ion** *rz.* staw; wymawianie, artykulacja.
artific-e (*a'tifis*) *rz.* sztuka, podstęp, fortel; **-er** (*āti'fisə*) *rz.* rze-

mieślnik, twórca (of); **-ial** (*ātifi'szɛl*) *pm.* sztuczny; **-iality** (*ātifiszjæ'liti*) *rz.* sztuczność.
artillery (*āti'lәri*) *rz.* artylerja; **-man** artylerzysta.
artisan (*ātizæ'n*) *rz.* rzemieślnik, mechanik.
artist (*ā'tist*) *rz.* artysta; **-e** (*ātī'st*) *rz.* (zawodowy) śpiewak, tancerz i t. p.; **-ic(al)** (*āti'stik*) *pm.* artystyczny.
artless (*ā'tlәs*) *pm.* niezręczny; prosty, naiwny; **-ness** *rz.* niezręczność; prostota, naiwność.
as (*æz, әz*) *ps.* jako, jak, narówni, gdy, ponieważ, kiedy; w miarę tego, jak; such ~ were, ci co byli; ~ far, do, tak daleko, dotąd; o ile; ~ for, ~ to, co się tyczy; ~ if, ~ it were, jak gdyby; ~ soon ~, skoro tylko; ~ though, jak gdyby; ~ well, również, tudzież.
asbestos (*æsbe'tәs*) *rz.* azbest.
ascend (*әse'nd*) *cz.* iść wgórę; wznosić (się), wspinać się, podnosić (się); ~ a river, płynąć wgórę rzeki; **-ancy, -ency** (*әse'ndәnsi*) *rz.* przewaga; **-ant** *pm.* wschodzący; przeważający.
ascension (*әse'nszɛn*) *rz.* wschodzenie; wniebowstąpienie.
ascent (*әse'nt*) *rz.* wzniesienie.
ascertain (*æsәtej'n*) *cz.* upewnić (się), ustalić, przekonać się o; **-ment** *rz.* upewnienie się, ustalenie.
ascetic (*әse'tik*) *pm.* ascetyczny, *rz.* asceta; **-ism** (*-tisizɛm*) *rz.* ascetyzm.
ascri-be (*әskraj'b*) *cz.* przypisywać; **-ption** (*әskri'pszɛn*) *rz.* przypisanie.
aseptic (*æse'ptik*) *pm.* aseptyczny.
ash (*æsz*) *rz.* jesion (*bot.*); *lmn.* popiół; ~ Wednesday, środa popielcowa; **-en** (*æ'szɛn*) *pm.* jesionowy; popielaty; **-y** *pm.* popiołowaty.
ashamed (*әszej'md*) *pm.* (for) zawstydzony (z powodu), wstydzący się; be ~ (of), wstydzić się (za). [ciosowy.
ashlar (*æ'szlә*) *rz.* blok, kamień
ashore (*әszō'ә*) *ps.* na brzegu, na ląd; get ~, wylądować.
Asia (*ej'szә*) *rz.* Azja; **-tic** (*ajszjæ'tik* azjatycki.
aside (*әsaj'd*) *ps.* na boku, na stronie; na bok, na stronę.
asinine (*æ'sinajn*) *pm.* ośli.
ask (*āsk*) *cz.* pytać, prosić, zaprosić.
askance (*әskæ'ns*) *ps.* ukośnie, zpodełba.
askew (*әskjū'*) *ps.* krzywo, zpodełba.
aslant (*әslā'nt*) *ps.* naukos.
asleep (*әslī'p*) *ps.* we śnie, śpiąc; be ~, spać; fall ~, zasnąć.
aslope (*әsloup*) *ps.* pochyło.
asp (*āsp*) *rz.* (*bot.*) osika; (*zool.*) żmija; **-en** (*æ'spɛn*) *pm.* osikowy.
asparagus (*әspæ'rәgәs*) *rz.* szparag.
aspect (*æ'spәkt*) *rz.* wygląd; widok, wyraz; strona; in true ~, we właściwem świetle; under what ~, pod jakim względem.
asperity (*әspe'riti*) *rz.* szorstkość, chropowatość, ostrość (pogody).
asperse (*әspә̄'s*) *cz.* pokropić (with); obmawiać; **-ion** (*әspә̄'szɛn*) *rz.* pokropienie; obmowa, oszczerstwo; cast an ~ upon one, rzucić potwarz.
asphalt (*æ'sfәlt*) *rz.* asfalt; ~, *cz.* asfaltować. [(*bot.*).
asphodel (*æ'sfodel*) *rz.* złotogłów
asphyx-ia (*әsfi'ksjә*) *rz.* uduszenie; **-iate** (*-ejt*) *cz.* udusić.
aspic (*æ'spik*) *rz.* auszpik; żmija.
aspirant (*æspaj'rәnt*) *rz.* aspirant.
aspira-te (*æ'spirejt*) *cz.* wymawiać z przydechem; ~, (*æ'spirәt*) *pm.* przydechowy; **-ation** (*-ej'szɛn*) *rz.* przydech, dążenie do (after, for); aspiracja.
aspir-e (*әspaj'ә*) *cz.* dążyć do; **-ator** (*-ej'tә̄*) *rz.* wchłaniacz.
aspirin (*æ'spirin*) *rz.* aspiryna.
asquint (*әsqui'nt*) *ps.* zezem.
ass (*æs*) *rz.* osioł; young ~, oślę.
assail (*әsej'l*) *cz.* napaść, zabrać się do; ~ with questions, zasypać pytaniami; **-ant** (*-әnt*) *rz.* napastnik.
assassin (*әsæ'sin*) *rz.* morderca; **-ate** (*-ejt*) *cz.* zamordować; **-ation** (*-ej'szɛn*) *rz.* morderstwo.
assault (*әsō'lt*) *rz.* szturm, atak; ~, *cz.* szturmować, atakować.
assay (*әsej'*) *rz.* próba metali; ~, *cz.* próbować; sprawdzać.

assembl-age (*əse'mblɛdż*) *rz.* zgromadzenie; (*mech.*) montowanie; **-e** (*əse'mbɛl*) *cz.* gromadzić (się); (*mech.*) montować; **-y** (*əse'mbli*) *rz.* zebranie.
assent (*əse'nt*) *rz.* zatwierdzenie; zgoda; ~, *cz.* wyrażać zgodę.
assert (*əsə̄'t*) *cz.* twierdzić, popierać; dochodzić swych praw; **-er, -or** *rz.* obrońca; **-ion** (*əsə̄'szɛn*) *rz.* twierdzenie, dochodzenie praw; **-ive** (*əsə̄'tiw*) *pm.* twierdzący.
assess (*əse's*) *cz.* wymierzać podatek; taksować; **-ment** *rz.* podatek; **-or** (*-ə*) *rz.* asesor.
assets (*æ'səts*) *rz. lmn.* aktywa, własność, majątek.
asseverat-e (*əse'wərejt*) *cz.* oświadczyć; **-ion** (*-ej'szɛn*) *rz.* oświadczenie.
assidu-ity (*æsidju'iti*), **-ousness** *rz.* pilność, wytrwałość; **-ous** (*əsi'djuəs*) *pm.* pilny, wytrwały.
assign (*əsaj'n*) *rz.* beneficjant; ~, *cz.* wyznaczyć, przekazać; przyznać co komu; przypisać; **-ation** (*æsignej'szɛn*) *rz.* wyznaczenie, przyznanie; **-ee** (*æsinī'*) *rz.* pełnomocnik; ~ in bankruptcy, kurator masy konkursowej; **-ment** *rz.* wyznaczenie; cesja.
assimilat-e (*əsi'milejt*) *cz.* przyswoić (sobie); upodobnić, asymilować; **-ion** (*əsimilej'szɛn*) *rz.* przyswojenie, asymilacja.
assist (*əsi'st*) *cz.* dopomagać, asystować; **-ance** (*-əns*) *rz.* pomoc, wsparcie; **-ant** (*-ənt*) *rz.* pomocnik, asystent, subjekt.
assize (*əsaj'z*) *rz.* cena urzędowa; sesja sądowa; great ~, sąd ostateczny.
associat-e (*əsou'szjejt*) *cz.* łączyć, kojarzyć, obcować; ~ ~ (*-jət*) *pm.* i *rz.* współpracownik; kolega; towarzysz; ~ **~member** członek korespondent; **-ion** (*əsousjej'szɛn*) *rz.* związek, kojarzenie.
assonance (*æ'sonəns*) *rz.* podobne brzmienie, asonancja.
assort (*əsō't*) *cz.* segregować; dobierać; **-ment** *rz.* dobieranie, wybór.
assua-ge (*əsuej'dż*) *cz.* uśmierzać, łagodzić, zaspokoić; **-gement** *rz.* złagodzenie, ulga; zaspokojenie.
assum-e (*əsjū'm*) *cz.* przybierać; wziąć na siebie; przyjąć, że; uważać że; **-ing** *pm.* zi chwały.
assump-tion (*əsă'mszɛn*) *rz.* przypuszczenie, założenie; A ~ **-day** Wniebowzięcie; **-tive** (*əsă'mtiw*) *pm.* przyjęty; zuchwaty.
assur-ance (*əszū'rɛns*) *rz.* zabezpieczenie, pewność, pewność siebie; life ~, ubezpieczenie na życie; **-e** (*əszū'ə*) *cz.* zapewniać; ubezpieczać; **-edly** (*-redli*) *ps.* zapewne.
aster (*æ'stɛr*) *rz.* aster (*bot.*).
asterisk (*æ'stərisk*) *rz.* odsyłacz.
astern (*əstə̄'n*) *ps.* w tyle okrętu (*mar.*); poza, ztyłu.
asthma (*æ'sþmə*) *rz.* astma, dychawica; **-tic** (*æsmæ'tik*) *pm.* astmatyczny; ~, *rz.* astmatyk.
astir (*əstə̄'*) *ps.* w ruchu; ~ *pm.* podniecony.
astonish (*əsto'nisz*) *cz.* zdziwić; **-ing** *pm.* zadziwiający; **-ment** *rz.* zdziwienie.
astound (*əstau'nd*) *cz.* wprawić w zdumienie; **-ing** *pm.* zdumiewający.
astraddle (*əstræ'dɛl*) *ps.* okrakiem.
astrakhan (*æstrakæ'n*) *rz.* skórka astrachańska.
astral (*æ'strəl*) *pm.* astralny; ~ lamp, lampa astralna.
astray (*əstrej'*) *ps.* na błędnej drodze, zdrożnie, na manowce, na manowcach.
astrict (*əstri'kt*) *cz.* ściągać, związać; ograniczyć.
astride (*əstraj'd*) *ps.* okrakiem.
astringe (*əstri'ndż*) *cz.* ścisnąć, związać; **-nt** *pm.* ściągający, surowy; wiążący; ~, *rz.* środek ściągający (*med.*).
astrolog-er (*əstro'lodżə*) *rz.* astrolog; **-ic(al)** (*æstrolo'dżik*) *pm.* astrologiczny; **-y** (*əstro'lodżi*) *rz.* astrologja.
astronom-er (*əstro'nomə*) *rz.* astronom; **-ic(al)** (*æstrono'mik*) *pm.* astronomiczny; **-y** (*əstro'nomi*) *rz.* astronomja.
astute (*əstjū't*) *pm.* przebiegły; **-ness** *rz.* przebiegłość.
asunder (*əsă'ndə*) *ps.* oddzielnie, na części; tear ~, rozerwać.
asylum (*əsaj'ləm*) *rz.* przytułek, schronisko; azylum.
at (*æt* i *ət*) przy, do, po, na, w,

ku, o, koło; ~ all, zgoła, wcale; ~ any rate, w każdym razie; ~ best, w najlepszym razie; ~ day, w dzień; ~ first, z początku; ~ hand, pod ręką; ~ large, na wolności; ~ last, wkońcu; ~ one with, w zgodzie z; ~ once, odrazu, natychmiast; ~ present, obecnie; ~ the same time, jednocześnie; ~ sea, na morzu; ~, sight, za okazaniem; ~ war, na stopie wojennej; be ~ law, procesować się.

atavism (*æ'tawizεm*) *rz.* atawizm.

ate (*ejt*) *cz.* od **eat.**

atheis-m (*ej'ϸiizεm*) *rz.* ateizm; **-t** (*ej'ϸiist*) *rz.* ateista; **-tic(al)** *ejϸii'stik*) *pm.* ateistyczny.

athirst (*əϸə̄'st*) *pm.* spragniony.

athlet-e (*æ'ϸlīt*) *rz.* atleta, siłacz; **-ic** (*əϸle'tik*) *pm.* atletyczny; **-ics** *rz.* atletyka.

at-home (*ætho'um*) *rz.* dzień przyjęć, fiks.

athwart (*əϸuō't*) *ps.* poprzez, wpoprzek; poprzecznie, przewrotnie.

atilt (*əti'll*) *ps.* z nastawioną kopją.

atmospher-e (*æ'tməsfīə*) *rz.* atmosfera; **-ic** (*-fe'rik*) *pm.* atmosferyczny; **-ics** *rz.* przeszkody atmosferyczne.

atom (*æ'təm*) *rz.* atom, drobina; **-ic** (*əto'mik*) *pm.* dotyczący atomu, atomowy, atomiczny; **-istic** (*ætəmi'stik*) *pm.* atomistyczny.

atone (*ətou'n*) *cz.* pokutować za (for); **-ment** *rz.* odpokutowanie.

atonic (*əto'nik*) *pm.* nieakcentowany.

atop (*əto'p*) *ps.* na szczycie.

atrabilious (*æ'trəbi'liəs*) *pm.* tetryczny, zgorzkniały.

atroci-ous (*ətrou'szəs*) *pm.* okropny, niegodziwy; **-ty** (*ətro'siti*) *rz.* niegodziwość, okropność.

atrophy (*æ'trofi*) *rz.* atrofja.

atropine (*æ'tropīn*) *rz.* atropina.

attach (*ætæ'cz*) *cz.* przymocować, przywiązać (się); **-é** (*atæ'szej*) *rz.* członek ambasady; **-ment** *rz.* przywiązanie; zajęcie majątku.

attack (*ətæ'k*) *rz.* atak, natarcie; ~, *cz.* zaatakować, napaść.

attain (*ətej'n*) *cz.* osiągnąć (to), przybyć do; **-der** (*-də*) *rz.* utrata praw; **-ment** *rz.* dopięcie czegoś, osiągnięcie, talent nabyty.

attaint (*ətej'nt*) *rz.* dotknąć, skazić.

attemper (*əte'mpə*) *cz.* umiarkować, zmiękczyć, złagodzić.

attempt (*əte'mt*) *cz.* próbować, kusić się o co; ~ the life of, zrobić zamach na kogoś; ~, *rz.* zamach na kogoś; usiłowanie.

attend (*əte'nd*) *cz.* uważać; uczęszczać, być obecnym; opiekować się, towarzyszyć; ~ a machine, dozorować maszyny; **-ance** (*-əns*) *rz.* pilnowanie; orszak; frekwencja; **-ant** *rz.* woźny; ~, *pm.* towarzyszący; obsługujący.

attention (*əte'nszεn*) *rz.* uwaga; poszanowanie; (*mil.*) ~! Baczność! pay ~ to, uważać na; ~**s**, grzeczności, uprzejmości. [pilny.

attentive (*əte'ntiw*) *pm.* uważny,

attenuate (*əte'njueit*); *cz.* zcieńczyć, rozcieńczyć; osłabić.

attest (*əte'st*) *cz.* zaświadczać, świadczyć (to); **-ation** (*ætəstej'szεn*) *rz.* zaświadczenie; **-or** *rz.* świadek.

attic (*æ'tik*) *rz.* poddasze, strych.

attire (*ətāj'ə*) *rz.* ubiór, szaty; ~, *cz.* ubierać, stroić.

attitud-e (*æ'titjūd*) *rz.* pozycja, postawa, stanowisko; ~ of affairs, stan spraw; ~ of mind, zapatrywania; ustosunkowanie do; **-inize** (*ætitjū'dinajz*) *cz.* zachowywać się afektowanie.

attorney (*ətə̄'ni*) *rz.* pełnomocnik; adwokat; A ~ General, prokurator królewski; warrant of ~, pełnomocnictwo.

attract (*ətræ'kt*) *cz.* przyciągać, wabić; **-ion** (*ətræ'kszεn*) *rz.* przyciąganie, atrakcja; capillary ~, włoskowatość; **-ive** *pm.* pociągający, ponętny, powabny, miły.

attribut-e (*ətri'bjūt*) *cz.* przypisywać, odnosić do; ~ (*æ'tribjūt*), *rz.* przymiot, właściwość; cecha; określenie (*gram.*); **-ion** (*ætribjū'szεn*) *rz.* przypisywanie, przyznanie; **-ive** (*ətri'bjutiw*) *pm.* przypisujący; określający (*gram.*).

attrit-ed (*ətraj'ted*) *pm.* starty; **-ion** (*ətri'szεn*) *rz.* tarcie; (*teol.*) skrucha.

attune (*ətjū'n*) *cz.* dostroić.

auburn (*ō'lən*) *pm.* kasztanowaty.

auction (*ō'kszεn*) *rz.* licytacja; **-eer** (*ōkszənī'ə*) *rz.* licytator; ~ ~, *cz.* licytować.

audaci-ous (*ōdej'szəs*) *pm.* śmiały, zuchwały; **-ty** (*ōdæ'siti*) *rz.* śmiałość, zuchwałość.

audib-ility (*ōdibi'liti*) *rz.* uchwytność; **-le** (*ō'dibel*) *pm.* słyszalny, uchwytny.

audience (*ō'djəns*) *rz.* audjencja, audytorjum; give ~, udzielić posłuchania; give ~ to, wysłuchać.

audit (*ō'dit*) *rz.* rewizja ksiąg; ~ ale, piwo najlepszej jakości; ~, *cz.* rewidować księgi; **-orium** (*ōditō'rjəm*) *rz.* audytorjum; **-ory** *pm.* słuchowy; ~, *rz.* audytorjum; **-or** *rz.* rewident; słuchacz.

auger (*ō'gə*) *rz.* świder.

aught (*ōt*) *rz.* i *ps.* cokolwiek; for ~, o ile.

augment (*ōgme'nt*) *cz.* powiększać (się); **-ation** (*ōgməntej'szen*) *rz.* powiększenie, pomnożenie; **-ative** (*ōgme'ntətiw*) *pm.* powiększający.

augur (*ō'gə*) *rz.* augur; ~, *cz.* przepowiadać, zapowiadać; **-y** (*ō'gəri*) *rz.* przepowiednia, znak ostrzegawczy.

august (*ōgā'st*) *pm.* wspaniały, czcigodny; A ~, (*ō'gəst*) *rz.* sierpień.

aulic (*ō'lik*) *pm.* nadworny.

aunt (*ā'nt*) *rz.* ciotka; **-ie** (*ā'nti*) *rz.* cioteczka.

aura (*ō'rə*) *rz.* aura.

aural (*ō'rəl*) *pm.* słuchowy.

aureola (*orī'olə*), **aureole** (*ō'reoul*) *rz.* aureola.

auricle (*ō'rikel*) *rz.* koncha uszna; górna komora serca.

auricular (*ori'kjulə*) *pm.* uszny; ~**witness** świadek naoczny, zeznający to co słyszał.

auriferous (*ori'fərəs*) *pm.* złotodajny.

aurist (*ō'rist*) *rz.* lekarz chorób usznych.

aurochs (*ō'roks*) *rz.* żubr.

aurora (*orō'rə*) *rz.* jutrzenka, zorza; ~ borealis, zorza północna.

auscultation (*ōskəltej'szen*) *rz.* auskultacja.

auspi-ce (*ō'spis*) *rz.* auspicje; dobry znak; under the ~s of, pod protektoratem; **-ious** (*ōspi'szəs*) *pm.* dobrze wróżący, pomyślny.

auster-e (*ōsti'ə*) *pm.* surowy, srogi, ostry; **-ity** (*oste'riti*) *rz.* surowość, srogość, ostrość.

austral (*o'strəl*) *pm.* południowy.

authentic (*ōþe'ntik*) *pm.* autentyczny, prawdziwy; **-ate** (*-ejt*) *cz.* poświadczyć, nadać ważność; **-ity** (*ōþənti'siti*) *rz.* autentyczność, prawdziwość.

author (*ō'þə*) *rz.* autor, pisarz; **-ess** (*ō'þərəs*) *rz.* autorka; **-itative** (*oþo'ritətiw*) *pm.* miarodajny, rozkazujący; **-ity** (*ōþo'riti*) *rz.* autorytet, władza, powaga, moc; from good ~, z dobrego źródła; **-ization** (*ōþərizej'szen*) *rz.* uprawnienie, upoważnienie; **-ize** (*ō'þərajz*) *cz.* upoważnić; **-ship** (*-szip*) autorstwo, zawód literacki.

autobiography (*ōtəbajo'grəfi*) *rz.* autobiografja.

autocar (*ōtəkā'*) *rz.* samochód, autobus.

autocra-cy (*ōto'krəsi*) *rz.* autokracja, rząd absolutny; **-t** (*ō'təkræt*) *rz.* władca absolutny; **-tic** (*ōtəkræ'tik*) *pm.* samowładny.

automat-ic (*ōtomæ'tik*) *pm.* automatyczny, machinalny; **-on** (*ōto'mətən*) *rz.* automat.

automobile (*ōtoməbī'l*) *rz.* samochód, automobil.

autonom-ous (*ōto'noməs*) *pm.* autonomiczny, samorządowy; **-y** (*ōto'nomi*) *rz.* autonomja, samorząd.

autopsy (*ō'topsi*) *rz.* autopsja.

autumn (*ō'təm*) *rz.* jesień; **-al** (*ōtā'mnəl*) *pm.* jesienny.

auxiliary (*ogzi'ljəri*) *pm.* pomocniczy, posiłkowy.

avail (*əwej'l*) *cz.* pomóc, przynieść korzyść; ~ oneself of, korzystać z czego; of no ~, bezcelowy, daremny; to little ~, z małym pożytkiem; **-able** *pm.* dostępny; pożyteczny.

avalanche (*æ'wəlāncz*) *rz.* lawina.

avaric-e (*æ'wəris*) *rz.* skąpstwo, chciwość; **-ious** (*-i'szəs*) *pm.* chciwy, skąpy.

avast (*əwā'st*) *w.* dosyć! stój!

avaunt (*əwō'nt*) *w.* precz!

avenge (*əwe'ndż*) *cz.* pomścić, mścić; ~ oneself on, zemścić się na kimś; be ~d, zemścić się.

avenue (*æ'wənjū*) *rz.* ulica, aleja, droga.

aver (*əwə'*) *cz.* zaręczyć, udowodnić.

average (*æ'wəredż*) *rz.* przeciętna; on an ~, przeciętnie, średnio; general ~, awarja ogólna; ~, *pm.* przeciętny; ~, *cz.* obliczać przeciętną, wahać się pomiędzy.
averment (*əwə̄'mənt*) *rz.* twierdzenie, udowodnienie.
averse (*əwə̄'s*) *pm.* przeciwny, niechętny; **-ness, -sion** (*əwə̄'szεn*) *rz.* odraza, niechęć.
avert (*əwə̄'t*) *cz.* odwrócić (from), odwieść od, odparować.
aviary (*ej'wjəri*) *rz.* ptaszarnia.
aviate (*ej'wjejt*) *cz.* latać.
avid (*æ'wid*) *pm.* chciwy (of, for); **-ity** (*əwi'diti*) *rz.* chciwość.
avocat-ion (*æwokej'szεn*) *rz.* rozrywka, powołanie; **-e** (*æ'wokejt*) *cz.* apelować.
avoid (*əwoj'd*) *cz.* unikać, stronić od; **-ance** (*-əns*) *rz.* unikanie; wakans.
avoirdupois (*æwədupoj'z*) *rz.* system wag do przedm. ciężkich.
avouch (*əwau'cz*) *cz.* zaręczać, twierdzić, wyznać.
avow (*əwau'*) *cz.* wyznać, przyznać; **-al** (*-əl*) *rz.* wyznanie, przyznanie (się); **-edly** (*-edli*) *ps.* otwarcie.
avulsion (*əwă'lszεn*) *rz.* oderwanie, wyrwanie.
await (*əuəj't*) *cz.* oczekiwać.
awake (*əuej'k*) *pm.* przebudzony, czujny; ~*, *cz.* obudzić (się), przebudzić się; ~ to, otworzyć oczy na; **-n** *cz.* obudzić; **-ning** *rz.* przebudzenie (się).
award (*əuō'd*) *rz.* wyrok, decyzja; ~, *cz.* przyznać, nagrodzić.
aware (*əuē'ə*) *pm.* świadomy, wiedzący (of, that); be ~ of, zdawać sobie sprawę z; I am ~ that, wiadomo mi że...
awash (*əuō'sz*) *pm.* zalewany falami.
away (*əuej'*) *pr.* precz, w oddaleniu; wciąż; dalej; right ~, natychmiast; go ~, odjechać, oddalić się; make ~ with, zniszczyć; run ~, zbiec.
awe (*ō*) *rz.* cześć, groza; **-struck** *pm.* w grozie, grozą przejęty.
awful (*ō'ful*) *pm.* straszny; **-ness** *rz.* groza.
awhile (*əuaj'l*) *ps.* przez chwilę.
awkward (*o'kuəd*) *pm.* niezgrabny.
awl (*ōl*) *rz.* szydło (szewskie).
awn (*ōn*) *rz.* kiść, wąsy (u kłosa).
awning (*ō'niŋ*) *rz.* zasłona, brezent (nad pokładem okrętu):
awoke od **awake.**
awry (*əraj'*) *pm.* i *ps.* krzywy, krzywo, opacznie, opaczny; tread ~, być na złej drodze.
axe (*æ'ks*) *rz.* topór; have an ~ to grind, być (osobiście) zainteresowanym; ~, *cz.* ścinać.
axial (*æ'ksjəl*) *pm.* osiowy.
axiom (*æ'ksjəm*) *rz.* pewnik, aksjomat; **-atic(al)** (*æksjomæ'tik*) *pm.* aksjomatyczny, jasny.
axis (*æ'ksis*) *rz. lmn* **axes,** oś (*mat.*).
axle (*æ'ksεl*) *rz.* oś (koła); **-tree** oś (wozu).
ay (*ej*) *w.* i *rz.* tak, zgoda; the ayes have it, wniosek przyjęty.
aye (*ej*) *ps.* zawsze; for ~, na zawsze.
azalea (*əzej'ljə*) *rz.* azalja (*bot.*).
azimuth (*æ'zimăþ*) *rz.* azimut.
azot-e (*əzou't*) *rz.* azot; **-ic** *pm.* azotowy.
azure (*æ'żə*) *rz.* lazur, błękit; ~, *pm.* lazurowy, jasny.

B

B. A. (Bachelor of Arts), tytuł naukowy: magister.
baa (*bā*) *rz.* bek; ~, *cz.* beczeć.
bable (*bæ'bεl*) *rz.* paplanina, szemranie wody); ~, *cz.* paplać, szemrać; **-r** *rz.* gaduła.
babe (*bej'b*) *rz.* niemowlę, dziecko.
babel (*bej'bεl*) *rz.* wieża Babel.
baboo (*ba'bū*) *rz.* w jęz. hinduskim: pan; zangliczały hindus (pogard.).
baboon (*bəbū'n*) *rz.* pawjan, małpa.
baby (*bej'bi*) *rz.* dziecko; **-hood** dzieciństwo.
baccalaureate (*bækəlō'rjət*) *rz.* magisterjum.

bacchanal (*bæ'kənɛl*) *pm.* bakchiczny; ~, *rz.* bachant(ka); śpiew i taniec na cześć Bakchusa; **-ia** (*bækənej'ljə*) *rz.* pijacka orgja; **-ian** *pm.* bakchiczny, pijański.
bacchant (*bæ'kənt*) *rz.* bachant(ka).
bacci-ferous (*bæksi'fərəs*) *pm.* jagodonośny; **-vorous** *pm.* jagożerny.
bachelor (*bæ'czələ*) *rz.* magister; kawaler.
bacillus (*bəsi'ləs*) *rz. lmn.* **bacilli** (*bəsi'laj*) bakcyl, drobnoustrój.
back (*bæk*) *rz.* grzbiet, tył, plecy, krzyże; behind one's ~, za plecami; turn one's ~ to, odwrócić się od; the ~ of a chair, oparcie krzesła; the ~ of the hand, wierzch ręki.
back (*bæk*) *cz.* popierać, dopomagać; ~ out, wycofać się; ~ down, wyrzec się pretensji.
back (*bæk*) *pm.* tylny; ~, *ps.* wtył, wtyle; zpowrotem, napowrót, nawzajem; ~ and forth, tam i zpowrotem; keep ~, zatrzymać, hamować; **-bite**, oczerniać; **-slide**, popaść w nałóg ponownie; **-bone** *rz.* kręgosłup; to the ~, do szpiku kości; **-ground** *rz.* tło, tylny plan; in the ~, w głębi, na drugim planie; **-handed** naodlew; **-side** tył; **-water** woda stojąca, prąd wsteczny; (*fig.*) zaułek, cichy zakątek; oaza; **-woods** matecznik, ostępy.
backward(s) (*bæ'kuəd-z-*) *ps.* wtył, ztyłu, zpowrotem; ~, *pm.* niechętny; spóźniony, opieszały; **-ation** (*bækuədej'szɛn*) *rz.* kara umowna (bank.); **-ly** *ps.* powolnie, opieszale; **-ness** *rz.* powolność, opieszałość, niechęć.
bacon (*bej'kən*) *rz.* słonina (smażona), boczek; bekon; save one's ~, ocalić się.
bactereology (*bækterio'lodżi*) *rz.* bakterjologja.
bad (*bæd*) *worse, worst, pm.* zły, niedobry, lichy, kiepski, zepsuty; dokuczliwy; chory; ~ fortune, nieszczęście; go ~, wejść na złą drogę; **-ly** *ps.* źle, dotkliwie.
bade *cz.* od **bid**.
badge (*bæ'dż*) *rz.* oznaka, symbol.
badger (*bæ'dżə*) *rz.* borsuk; ~ legged, kulawy; ~, *cz.* dokuczać, dręczyć.
badness (*bæ'dnəs*) *rz.* lichość, złość.
baffl-e (*bæ'fɛl*) *cz.* zawieść, udaremnić, zniweczyć; **-ing** plate, płyta hamująca przepływ cieczy; ~ ~ winds, zmienne wiatry.
bag (*bæg*) *rz.* worek, torba (podróżna), sakiewka; let the cat out of the ~, wydać tajemnicę, wygadać się; ~, *cz.* wzdymać się; zapakować do worka.
bagatelle (*bægəte'l*) *rz.* drobnostka.
baggage (*bæ'gədż*) *rz.* pakunki, bagaż; tłumok.
baggy (*bæ'gi*) *pm.* nadęty, luźny, workowaty.
bagman (*bæ'gmən*) *rz.* podróżujący ajent handlowy.
bagpipe (*bæ'gpajp*) *rz.* kobza.
bail (*bejl*) *rz.* kaucja; go ~ for, ręczyć za prawdę; ~, *cz.* wydać (lub wypuścić) za kaucją; wyczerpywać wodę (z łodzi); **-ee** (*bejlī'*) *rz.* komisant, powiernik; **-ment** *rz.* poręka (za więźnia); komis; powierzenie towaru.
bailey (*bej'li*) *rz.* mury zamku; old ~, więzienie (londyńskie).
bailie (*bej'li*) *rz.* szkocki urzędnik miejski; (w Anglji) radny.
bailiff (*bej'lif*) *rz.* rządca.
bait (*bej't*) *rz.* popas; przynęta; ~, *cz.* popasać, wabić, nęcić; szczuć, dręczyć; **-ing** *rz.* szczucie.
baize (*baj'z*) *rz.* baja (materjał).
bak-e (*bej'k*) *cz.* piec, wypiekać, piec się; **-e-house** *rz.* piekarnia; **~ing powder** suche drożdże; **-er** (*bej'kə*) *rz.* piekarz; **~'s** dozen, kilkanaście; **-ery** (*bej'kəri*) *rz.* piekarnia.
balance (*bæ'ləns*) *rz.* waga, równowaga; bilans; budżet; reszta; ~ sheet, bilans; ~ of trade, bilans handlowy; strike a ~, zrobić bilans; ~ in hand, czysty dochód; ~, *cz.* ważyć; równoważyć; bilansować; zgadzać się; wahać się.
balcony (*bæ'lkəni*) *rz.* balkon.
bald (*bōld*) *pm.* łysy, nudny; **-head, -pate** *rz.* łysina; **-ness** *rz.* łysina.
baldachin (*bæ'ldəkin*) *rz.* baldachim.
balderdash (*bō'ldədæsz*) *rz.* gadanina, bezmyślne paplanie.

bale (*bej'l*) *rz.* nieszczęście, niedola; ~, *rz.* bela; **-ful** *pm.* nieszczęsny, zgubny.
baleen (*bəlī'n*) *rz.* fiszbin.
balefire (*bej'lfajə*) *rz.* ognisko.
balk (*bōk*) *rz.* miedza; zawada; belka; miejsce schronienia (bilard); ~, *cz.* udaremnić; opuścić; przeszkodzić; rozczarować.
ball (*bōl*) *rz.* kula; gałka; piłka; ~ of thumb, poduszeczka kciuka; ~ firing, ostre strzelanie.
ball (*bōl*) *rz.* bal; **-room** sala balowa.
ballad (*bæ'ləd*) *rz.* balada.
ballast (*bæ'ləst*) *rz.* balast, obciążenie; podkład; ~, *cz.* obciążyć.
ballet (*bæ'let*) *rz.* balet.
ballistics (*bæli'stiks*) *rz.* balistyka.
balloon (*bəlū'n*) *rz.* balon.
ballot (*bæ'lət*) *rz.* tajne głosowanie; ciągnięcie losów; ~ box, urna wyborcza; ~, *cz.* głosować; ~ for, wybierać (przez głosowanie).
balm (*bām*) *rz.* balsam, ukojenie; **-y** *pm.* balsamiczny, kojący.
balsam (*bō'lsəm*) *rz.* balsam; **-ic** (*bolsæ'mik*) *pm.* balsamiczny.
baluster (*bæ'ləstə*) *rz.* słupek balustrady.
balustrade (*bæləstrej'd*) *rz.* balustrada, poręcz.
bamboo (*bæmbū'*) *rz.* bambus.
bamboozle (*bæmbū'zεl*) *cz.* ocyganić, okpić (gwar.).
ban (*bæn*) *rz.* interdykt, klątwa; under a ~, pod pręgierzem (opinji).
banal (*bəj'nεl*, *bæ'-*) *pm.* banalny; **-ity** (*bənæ'liti*) *rz.* banalność.
banana (*bənā'nə*) *rz.* banan.
band (*bæ'nd*) *rz.* węzeł, przewiązka, taśma; orkiestra; banda; **-box** pudło modniarskie; **-master** kapelmistrz; **-saw** piła taśmowa; **-stand** podjum (dla orkiestry); ~ *cz.* przewiązać; organizować.
bandage (*bæ'ndədż*) *rz.* bandaż; ~, *cz.* bandażować.
banderol (*bæ'ndərol*) *rz.* chorągiewka (okrętowa); taśma, paseczek, banderola.
bandit (*bæ'ndit*) *rz.* bandyta; **-ti** szajka zbójów.
bandog (*bæ'ndog*) *rz.* pies łańcuchowy, brytan.
bandoleer (*bændolī'ə*) *rz.* bandoljer.
bandy (*bæ'ndi*) *rz.* rodzaj tennisa; hockey; kij do hockey'u; ~, *cz.* podbijać (piłkę); dogadywać sobie; **-legged** *pm.* krzywonogi.
bane (*bej'n*) *rz.* jad, zguba; **-ful** *pm.* zgubny.
bang (*bæ'η*) *rz.* huk; ~, *cz.* zatrzasnąć (drzwi).
bang (*bæ'η*) *rz.* grzywka.
banish (*bæ'nisz*) *cz.* wygnać; **-ment** *rz.* wygnanie, banicja.
banister (*bæ'nistə*) *rz.* słupek balustrady; *lmn.* poręcz.
banjo (*bæn'dżou*) *rz.* rodzaj gitary.
bank (*bæηk*) *rz.* ławica; wał; brzeg (rzeki); ~, *cz.* sypać brzeg, wał.
bank (*bæ'ηk*) *rz.* bank; **-bill** weksel; **-er** *rz.* bankier; **-note** banknot; savings ~, kasa oszczędności; ~, *cz.* składać pieniądze do banku; ~ upon, pokładać nadzieje w (kimś, czemś); **-able** (*bæ'nkəbεl*) *pm.* dający się zdyskontować w banku.
bankrupt (*bæ'nkrəpt*) *rz.* bankrut; ~, *rz.* zbankrutować; **-ruptcy** *rz.* bankructwo.
banner (*bæ'nə*) *rz.* chorągiew, sztandar; **-et** (*bæ'nərət*) *rz.* chorągiewny.
banns (*bæ'nz*) *rz.* zapowiedzi.
banquet (*bæ'nkuεt*) *rz.* uczta, biesiada; ~, *cz.* ucztować.
banshee (*bæ'nszī*) *rz.* duch zwiastujący śmierć.
bantam (*bæ'ntəm*) *rz.* kura karłowata; **-weight** najlżejsza klasa wagi w boksie.
banter (*bæ'ntə*) *rz.* żart, kpiny; żartownisie; ~, *cz.* żartować, kpić.
baptism (*bæ'ptizεm*) *rz.* chrzest; ~ of blood, śmierć męczeńska; **-al** *pm.* chrzestny.
baptist (*bæ'ptist*) *rz.* chrzciciel; baptysta; **-ery** *rz.* baptysterjum.
baptize (*bæ'ptajz*) *cz.* chrzcić.
bar (*bā*) *rz.* sztaba, krata, zasuwa, rygiel, pase(cze)k; przeszkoda; przegroda; szynkwas; sądownictwo; called to the ~, mianowany adwokatem; ~, *cz.* zagrodzić, sprzeciwić się; wykluczyć; **-ing** *pm.* wyjąwszy, pominąwszy.
barb (*bāb*) *rz.* haczyk; **-ed** wire, drut kolczasty.

barbar-ian (*lābē'rjən*) *rz.* barbarzyńca; ~, *pm.* dziki, barbarzyński; **-ic** (*bābæ'rik*) *pm.* barbarzyński, nieokrzesany; **-ism** (*bā'bərizεm*) *rz.* barbaryzm; **-ity** (*bābæ'riti*) *rz.* barbarzyństwo, okrucieństwo; **-ous** (*bā'bərəs*) *pm.* dziki.
barbate (*bā'bεjt*) *pm.* kudłaty, włochaty.
barbecue (*bā'bekju*) *rz.* rożen; świnia upieczona w całości.
barber (*bā'bə*) *rz.* fryzjer.
barbican (*bā'bikεn*) *rz.* barbakan.
bard (*bā'd*) *rz.* bard, lirnik.
bare (*bē'ə*) *pm.* goły, nagi, wytarty, łysy, niechroniony, źle zaopatrzony, pusty, nieozdobiony; lay ~, obnażyć; ~ truth, naga prawda; **-back** naoklep; **-faced** bezczelny; **-foot** bosy, boso; **-ly** *ps.* zaledwie; **-ness** *rz.* nagość, ubóstwo.
bare (*bē'ə*) *cz.* obnażyć.
bargain (*bā'gεn*) *rz.* targ, korzystny interes, ugoda, umowa; into the ~, na dodatek; make (strike) a ~, dobić targu; make the best of a bad ~, nadrabiać miną; a dead ~, za bezcen; ~, *cz.* targować się; ~ for, oczekiwać.
barge (*bā'dż*) *rz.* galar, barża; **-e** (*bā'dżī*) *rz.* flisak.
bark (*bā'k*) *rz.* kora, łyko; ~, *cz.* zdzierać korę; ~ *rz.* szczekanie; ~, *cz.* szczekać (at).
bark, barque (*bā'k*) *rz.* barka.
bar-keeper (*bā'kīpə*) *rz.* szynkarz.
barley (*bā'li*) *rz.* jęczmień; **-corn** ziarno jęczmienia; **-water** kleik jęczmienny; pearl ~, kasza perłowa.
barm (*bām*) *rz.* drożdże, kwas.
bar-maid (*bā'mejd*) *rz.* służąca w barze; **-man** *rz.* szynkarz.
barn (*bān*) *rz.* stodoła; **-floor** *rz.* klepisko.
barnacles (*bā'nəkεlz*) *rz.* przyrząd do ściskania nozdrzy konia.
baro-meter (*bæro'mətə*) *rz.* barometr; **-metric(al)** (*-me'trik*) *pm.* barometryczny.
baron (*bæ'rən*) *rz.* baron; **-age** (*-εdż*) *rz.* szlachta; **-ess** *rz.* baronowa; **-et** *rz.* tytuł ang.; **-etage** *rz.* baronetowie; **-ial** (*bərou'niəl*) *pm.* baroński; **-y** (*bæ'rəni*) *rz.* baronja; okręg administracyjny (w Irlandji, Szkocji).
baroque (*bæro'k*) *pm.* dziwaczny.
barouche (*bərū'sz*) *rz.* powóz.
barracks (*bæ'rəks*) *rz.* koszary.
barrage (*bæ'rədż*) *rz.* tama; (*mil.*) zapora ogniowa.
barratry (*bæ'rətri*) *rz.* pieniactwo.
barrel (*bæ'rəl*) *rz.* baryłka; lufa; cylinder (*mech.*); **-drain** dren cylindryczny; **-organ** katarynka.
barren (*bæ'rεn*) *rz.* nieużytek; ugór; ~ *pm.* jałowy, nieurodzajny; **-ness** *rz.* jałowość, bezpłodność.
barricade (*bærikej'd*) *rz.* barykada; ~, *cz.* zabarykadować.
barrier (*bæ'rjə*) *rz.* zapora, barjera, granica; ~, *cz.* zagrodzić.
barring (*bā'riŋ*) *pm.* z wyjątkiem.
barrister (*bæ'ristə*) *rz.* adwokat, obrońca; revising ~, komisarz wyborczy.
bar-room (*bā'rūm*) *rz.* bar, szynk.
barrow (*bæ'rou*) *rz.* wzgórek, kurhan, kopiec.
barrow (*bæ'rou*) *rz.* hand ~, nosze; wheel ~, taczki.
barter (*bā'tə*) *rz.* handel zamienny, frymarczenie; ~, *cz.* frymarczyć.
barytone (*bæ'ritoun*) *rz.* baryton.
basal (*bej'sεl*) *pm.* podstawowy.
basalt (*bəsō'lt*) *rz.* bazalt.
base (*bej's*) *rz.* podstawa, podłoże, zasada, punkt wyjścia; (*chem.*) zasada; (*mil.*) baza; ~, *cz.* opierać, osadzać na podstawie, zasadzać na czem; ~, *pm.* basowy; podły, nikczemny; **-ball** ameryk. palant; **-ment** *rz.* sutereny; **~court** dziedziniec zewnętrzny; **-coin** pieniądz podrobiony; **~-metals** metale nieszlachetne; **-ness** *rz.* podłość.
bashful (*bæ'szful*) *pm.* nieśmiały; **-ness** *rz.* nieśmiałość.
basic (*bej'sik*) *pm.* podstawowy, (*chem.*) zasadowy.
basilica (*bæsi'likə*) *rz.* bazylika.
basilisk (*bæ'zilisk*) *rz.* bazyliszek.
basin (*bej'sεn*) *rz.* miednica; basen; (*geogr.*) dorzecze; (*geol.*) zagłębie.
basis (*bej'sis*) *rz.lmn.* **bases** (*bej'sīz*) podstawa, zasada, (*mil.*) baza.
bask (*bāsk*) *cz.* rozkoszować się; wygrzewać się na słońcu.
basket (*bā'skεt*) *rz.* kosz(yk); **-making, -ry** koszykarstwo; **-work** robota koszykarska.

bas-relief (*bæsrilī'f*) *rz.* płaskorzeźba.
bass (*bej's*) *rz.* bas; **-viol** (*-waj'ɛl*) *rz.* wiolonczela.
bass (*bæs*) *rz.* łyko lipowe.
bassoon (*bəsū'n*) *rz.* fagot (*muz.*)
bast (*bāst*) *rz.* łyko lipowe.
bastard (*bæ'stəd*) *rz.* bękart; ~, *pm.* bękarci; nieprawdziwy; **-y** *rz.* nieprawość.
baste (*bej'st*) *cz.* fastrygować; polewać pieczeń; maczać w wosku, chłostać.
bastinado (*bæstinej'dou*) *rz.* bastonada.
bastion (*bæ'stjən*) *rz.* bastjon.
bat (*bæt*) *rz.* nietoperz; kij do gry w palant i t. p.; ~, *cz.* uderzać kijem, podbijać; **-sman** *rz.* podbijacz.
batch (*bæcz*) *rz.* wypiek; partja.
bate (*bej't*) *rz.* gniew (gwar.); ~, *cz.* opuścić; powstrzymywać; słabnąć.
bath (*bāþ*) *rz.* kąpiel, łaźnia; ~ of blood, rzeź; **-e** (*bej'ð*) *cz.* kąpać (się); **-er** *rz.* kąpiący się; ~ ing-, kąpielowy.
batiste (*bətī'st*) *rz.* batyst.
baton (*bæ'tən*) *rz.* laska, buława, batuta.
battalion (*bætæ'ljən*) *rz.* bataljon.
batten (*bæ'tɛn*) *rz.* łata, deszczułka; ~, *cz.* tuczyć się czemś (on).
batter (*bæ'tə*) *cz.* walić, gruchotać; łomotać; -ing-charge, nabój; ~ ing ram, taran; **-y** *rz.* pobicie; (*mil.*) baterja.
battle (*bæ'tɛl*) *rz.* bitwa, bój; ~ ship, okręt wojenny; line of the ~, szeregi bojowe; ~, *cz.* walczyć z. **-axe** berdysz; **-cruiser** krążownik; **-ment** *rz.* strzelnica.
bauble (*bō'bɛl*) *rz.* zabawka.
bawd (*bōd*) *rz.* stręczyciel, rajfur; **-y-house** dom publiczny.
bawl (*bōl*) *cz.* wrzeszczeć, krzyczeć.
bay (*bej*) *rz.* zatoka; przegroda między kolumnami; występ w murze; (*bot.*) wawrzyn; ~, *rz.* ujadanie psów; at ~, osaczony; ~, *cz.* ujadać; osaczyć psami; ~ *pm.* kasztanowaty; **-berry** drzewo bobkowe; **-window** oszklona weranda; wykusz.
bayonet (*bej'ənet*) *rz.* bagnet.
bazaar (*bəzā'*) *rz.* bazar.
B. C. (*bī, sī = before Christ*) przed Chrystusem; A. D.
be* (*bī*) *cz.* słowo posiłkowe; być; istnieć; zajmować stanowisko, udać się gdzieś; być zwolennikiem czegoś; przed bezokolicznikiem z przyimkiem **to** = mieć; kosztować; znaczyć; how are you? jak się masz? how old is he? ile ma lat; it is not to ~ had, nie można tego dostać; the to ~, przyszłość; ~ gone, odejść precz; ~ right, mieć słuszność; what are you at? co robisz? that is to ~, przyszły; ~ quite out, mylić się zupełnie.
beach (*bīcz*) *rz.* plaża; ~, *cz.* utknąć na brzegu; wyciągnąć na brzeg; **-master** oficer nadzorujący nad lądowaniem wojska; **-rest** leżak.
beacon (*bī'kɛn*) *rz.* latarnia morska; (*fig.*) drogowskaz; ~, *cz.* świecić; być drogowskazem.
bead (*bī'd*) *rz.* paciorek; muszka na strzelbie; draw a ~, wziąć na muszkę; **-s** różaniec.
beadle (*bī'dɛl*) *rz.* zakrystjan.
beagle (*bī'gɛl*) *rz.* pies gończy.
beak (*bīk*) *rz.* dziób; **-er** *rz.* puhar.
beam (*bīm*) *rz.* belka; drąg; dyszel; wał tkacki; promień; pręt u wagi; ~, *cz.* promieniować, uśmiechać się promiennie; **-y** *pm.* promienny.
bean (*bīn*) *rz.* bób; French ~s, fasola; full of ~s, w doskonałym humorze.
bear (*bē'ə*) *rz.* niedźwiedź; Niedźwiedzica (*astr.*); spekulant giełdowy; ~ *cz.* spekulować na zniżkę.
bear* (*bē'ə*) *cz.* nieść; ważyć; rodzić; wydawać; znosić; ~ away the prize, zdobyć (nagrodę); ~ a hand, pomóc; ~ a grudge, żywić urazę; ~ a part in, brać udział; ~ down, zgnieść, poniżyć; ~ in hand, mieć w swej mocy; ~ interest, przynosić odsetki; ~ in mind, pamiętać; ~ oneself, prowadzić się; ~ off, uprowadzić; ~ out, potwierdzać; ~ witness, świadczyć.
beard (*bī'ɛd*) *rz.* broda; wąsy kłosa; ~, *cz.* stawiać czoło; ~ the lion in his den, szukać lwa w jego jaskini.

bearer (*bē'rə*) *rz.* niosący, posłaniec; okaziciel.
bearing (*bē'riŋ*) *rz.* zachowanie; waga, związek; orjentacja; łożysko (maszyny).
beast (*bīst*) *rz.* zwierzę; brutal; **-ly** *pm.* zwierzęcy; wstrętny; **-liness** *rz.* zwierzęcość.
beat (*bīt*) *rz.* bicie, uderzenie; ronda; ~* *cz.* bić, tłuc, rozbić, pobić, przenosić, zwyciężyć; naganiać; ~ about the bush, mówić ogródkami; ~ time, wybijać takt; ~ the air, męczyć się napróżno; ~ out, wybić, wytłuc; ~ off, odbić; a ~en road, bita droga; **-er** *rz.* naganiacz; cep.
beatification (*bεætifikej'szεn*) *rz.* beatyfikacja.
beatify (*biæ'tifaj*) *rz.* beatyfikować; uczynić szczęśliwym.
beatitude (*biæ'titjūd*) *rz.* szczęście; **-s** *rz.* błogosławieństwa.
beau (*bou*) *rz.* elegant, kochanek.
beauti-ful (*bjū'tiful*), **beauteous** (*bjū'tjəs*) *pm.* piękny; **-fy** (*bjū'tifaj*) *cz.* upiększać, ozdabiać.
beauty (*bjū'ti*) *rz.* piękno, piękność, piękna kobieta; urok.
beaver (*bī'wə*) *rz.* bóbr; przyłbica.
becalm (*bεkā'm*) *cz.* uciszyć (się); pozbawić wiatru (okręt).
became *cz.* od **become.**
because (*bεkō'z*) *ps.* ponieważ; gdyż, albowięm; ~ of, z powodu.
bechance (*bεcza'ns*) *cz.* przydarzyć się.
beck (*bek*) *rz.* potok; skinienie, kiwnięcie; **-on** *cz.* skinąć.
becloud (*bεklau'd*) *cz.* zachmurzyć.
become* (*bεkă'm*) *cz.* stać się, zostać; być do twarzy, odpowiadać; wypadać.
becoming (*bεkă'miŋ*) *pm.* stosowny, właściwy; odpowiedni, do twarzy.
bed (*bed*) *rz.* łóżko, dno, łożysko, koryto; narrow ~, grób; keep ~, być obłożnie chorym; be brought to ~, zachorować; make the ~, pościelić łóżko; **-bug** pluskwa; **-clothes** pościel; **-ding** posłanie; **frame -stead** łóżko (bez pościeli); **-post** noga łóżka; **-side** łoże; **-sore** odleżyna; **-tick** powłoczka.
bedabble (*bedæ'bεl*) *cz.* obryzgać.
bedaub (*bedō'b*) *cz.* zabazgrać.
bedeck (*bede'k*) *cz.* przyozdobić.
bedevil (*bede'wεl*) *cz.* sponiewierać; oczarować.
bedew (*bedjū'*) *cz.* zrosić.
bedim (*bedi'm*) *cz.* ściemnić, przyćmić.
bedizen (*bedaj'zεn*) *cz.* wystroić się.
bedlam (*be'dləm*) *rz.* dom warjatów.
bedraggle (*bedræ'gεl*) *cz.* zaszargać. [czyć.
bedrench (*bedre'ncz*) *cz.* przemo-
bedridden (*be'dridεn*) *pm.* złożony chorobą.
bee (*bī*) *rz.* pszczoła; honey ~, pszczoła robotnica; humble ~, truteń; queen ~, królowa (pszczoła); **-bread** pyłek kwiatowy; ~ **hive** (*-hajw*) *rz.* ul; **-line** linja powietrzna; **-master** pszczelarz.
beech (*bīcz*) *rz.* buk; **-en** *pm.* bukowy.
beef (*bīf*) *rz.* wołowina; **-steak** (*-stejk*) befsztyk; **-tea** buljon.
been *cz.* od **be.**
beer (*bī'ə*) *rz.* piwo; small ~, bagatela; **-y** *pm.* piwny.
beet (*bīt*) *rz.* burak; **-root** burak (część jadalna).
beetle (*bī'tεl*) *rz.* młot; chrząszcz; robak; ~, *pm.* wystający; ~, *cz.* uderzać, kuć, zwisać; **-browed** z krzaczastymi brwiami; **-headed** *pm.* tępy.
befall* (*bεfō'l*) *cz.* zdarzyć się, wydarzyć się, nawiedzić.
befit (*bəfi't*) *cz.* pasować, być odpowiednim, wypadać.
befool (*bəfū'l*) *cz.* okpić, oszukać.
before (*bəfō'ə*) *ps.* i *pm.* przed; zanim; przedtem; dawniej; zprzodu; wobec; ~ long, wkrótce, niezadługo; ~ now, przedtem, dawniej; już.
beforehand *ps.* wprzód, zgóry; uprzednio; be ~ with, uprzedzić.
befoul (*bəfau'l*) *cz.* splugawić, skalać.
befriend (*bəfre'nd*) *cz.* popierać.
beg (*beg*) *cz.* prosić; żebrać; I ~ to inform, mam zaszczyt zawiadomić; to ~ the question, przyznać komuś prawdę.
beget* (*bəge't*) *cz.* rodzić, powodować; **-ter** *rz.* rodzic.

beggar (*be'gə*) *rz.* żebrak; człowieczyna; ~, *cz.* przywieść do żebraniny; zaćmić; **-y** *rz.* skrajna nędza; (*fig.*) kij żebraczy.
begin* (*bəgi'n*) *cz.* zaczynać, rozpoczynać; to ~ with, najpierw; **-ner** *rz.* początkujący; **-ning** początek.
begird (*bəgə̄'d*) *cz.* opasać, otoczyć.
begone (*bəgo'n*) *w.* precz!
begot *cz.* od **beget.**
begrime (*bəgraj'm*) *cz.* splamić, splugawić.
begrudge (*bəgrăd'ż*) *cz.* mieć pretensję; zazdrościć.
beguile (*bεgaj'l*) *cz.* omamić, oszukać; zachwycić; uprzyjemnić; ~ the time, skracać czas; **-ment** *rz.* omamienie.
begun *cz.* od **begin.**
behalf (*behā'f*) *rz.* in (on) ~, na korzyść; na rzecz, dla, w imieniu.
behave (*bəhej'w*) *cz.* prowadzić się, zachowywać się.
behaviour (*behej'wjə*) *rz.* zachowanie się, postępowanie.
behead (*bəhe'd*) *cz.* ściąć (głowę); **-ing** *rz.* ścięcie.
beheld *cz.* od **behold.**
behest (*bəhest*) *rz.* żądanie.
behind (*bəhajnd*) *pm.* i *pi.* ztyłu, za, poza; to be ~ with, spóźnić się z czemś; ~ one's back, za plecami; go ~ one's words, czytać między wierszami; ~ the times, przestarzały; **-hand** spóźniony; zaległy.
behold (*bəhou'ld*) *cz.* patrzeć; **-en** *pm.* zobowiązany komuś.
behoof (*bəhū'f*) *rz.* korzyść, pożytek.
beho(o)ve (*bəhū'w*) *cz.* it ~s, należy, wypada.
being (*bī'iŋ*) *rz.* istota, istnienie; in ~, istniejący. [(*lit.* & *fig.*).
belabour (*bəlej'bə*) *cz.* wymłócić
belated (*bəlej'tεd*) *pm.* przez noc zaskoczony, spóźniony.
belay (*bəlej'*) *rz.* okręcać linę dla umocowania; -ing pin, słup dla umocowania liny.
belch (*be'lcz*) *cz.* rzygać; buchać; ~, *rz.* buchanie.
beldame (*be'ldəm*) *rz.* baba.
beleaguer (*belī'gə*) *cz.* oblęgać.
Belgi-um (*be'ldzjəm*) Belgja; **~an** *pm.* belgijski.

belfry (*be'lfri*) *rz.* dzwonnica.
belie (*bəlaj'*) *cz.* okłamać; ~ hope, zawieść nadzieję; ~ promise, nie dotrzymać słowa.
belief (*bəlī'f*) *rz.* wiara, wyznanie; mniemanie; to the best of my ~, według mojej najlepszej wiedzy.
believe (*bəlī'w*) *cz.* wierzyć, sądzić (in) w kogoś, w coś; ~ in, być zwolennikiem; lubić, być za czemś; make ~, udawać; **-r** *rz.* człowiek wierzący; zwolennik.
belike (*bəlaj'k*) *ps.* być może, pono.
belittle (*bəli'tεl*) *cz.* bagatelizować, niedoceniać, pomniejszać.
bell (*bel'*) *rz.* dzwon, dzwon(ek), kielich kwiatu; **-founder** ludwisarz; **-foundry** odlewnia dzwonów.
bell (*bεl'*) *rz.* ryk (podczas bekowiska); ~, *cz.* ryczeć.
belle (*be'l*) *rz.* piękność (kobieta).
bellicose (*belikou'z*) *pm.* wojowniczy. [czący.
belligerent (*beli'dżərεnt*) *rz.* wal-
bellow (*be'lou*) *rz.* ryk; ~, *cz.* ryczeć; **-s** *lmn.* miech, miechy.
belly (*be'li*) *rz.* brzuch; ~, *cz.* wydąć się; ~ worship, obżarstwo; **-ache** kolka.
belong (*bεlo'ŋ*) *cz.* należeć, odnosić się do; **-ings** *rz. lmn.* ruchomości; posiadane rzeczy.
beloved (*bεlă'wd* i *bεlă'wəd*) *pm.* ukochany.
below (*bεlōu'*) *ps.* i *pm.* nisko, poniżej, na dole, na ziemi, w piekle; ~ **par** niżej pari.
belt (*be'lt*) *rz.* pas, opaska; ~, *cz.* pasować na rycerza; **-gearing** (*-gīriŋ*) transmisja.
bemoan (*bəmou'n*) *cz.* żałować, opłakiwać.
bench (*bencz*) *rz.* ława, ławka; sąd; carpenter's ~, warsztat stolarski; ~, *cz.* wystawiać na pokaz; **-er** *rz.* sędzia, ławnik.
bend (*bend*) *rz.* węzeł (*mar.*), wiązanie, zgięcie; ~*, *cz.* przeginać, giąć, chylić (się); natężyć, zawiązać; **-leather** skóra na podeszwy.
beneath (*binī'ϑ*) *pi.* i *ps.* pod, poniżej, pod ziemią.
benedic-k (*bən'edik*) *rz.* nowożeniec; **-tion** (*-'ksεn*) *rz.* błogosławieństwo.

benefaction (*benəfæ'kszεn*) rz. dobrodziejstwo.

benefact-or (*benəfæ'ktə*), **-ress** rz. dobrodziej, -ka.

benefice (*be'nəfis*) rz., **-nce** (*bəne'fisəns*) rz. dobroczynność; **-nt** pm. dobroczynny.

beneficial (*benəfi'szεl*) pm. korzystny, zyskowny.

benefit (*be'nəfit*) rz. dar, dobrodziejstwo; zasiłek; benefis; for the ~ of, na rzecz; ~, cz. wyświadczyć dobrodziejstwo; korzystać.

benevolen-ce (*bene'wolǝns*) rz. uczynność; **-t** pm. życzliwy; dobroczynny.

benighted (*bənaj'tεd*) pm. zaskoczony przez noc; zamroczony (na umyśle); ciemny.

benign (*bənaj'n*) pm. dobrotliwy, dobroczynny; łagodny; **-ant** (*bəni'gnənt*) pm. dobry, łaskawy; **-ity** rz. łaskawość.

Benjamin (*bendżæ'min*) rz. benjaminek.

bent (*bent*) rz. skłonność, inklinacja; be ~ on, być zdecydowanym.

benumb (*bənă'm*) cz. odrętwić.

benz-ine (*be'nzīn*) rz. benzyna; **-oin** rz. benzoes (żywica).

bequeath (*bəkuī'ð*) cz. zapisać (w testamencie), przekazać potomności.

bequest (*bəkue'st*) rz. zapis, legat, spuścizna, spadek.

bereave* (*bεrī'w*) cz. wyzuć, pozbawić, owdowieć, osierocieć; **-ment** rz. wyzucie, pozbawienie.

bergamot (*bə̄'gəmot*) rz. gatunek pomarańcz; gatunek gruszki.

beriberi (*be'riberi*) rz. szkorbut.

berlin (*bə̄'lin*) rz. powóz; **B-black** lakier na żelazo; **B-iron** żelazo na odlewy; **B-wool** włóczka farbowana; **B-gloves** niciane rękawiczki.

berry (*be'ri*) rz. jagoda, ziarno.

berth (*bə̄'θ*) rz. miejsce postoju okrętu; łóżko (w wagonie sypialnym i na okręcie), stanowisko.

beryl (*be'ril*) rz. beryl.

beseech* (*bəsī'cz*) cz. upraszać, błagać.

beseem (*bəsī'm*) cz. być stosownym, wypadać; **-ing** pm. stosowny.

beset (*bəse't*) cz. obsadzić, oblegać.

beshrew (*bəszrū'*) cz. przeklinać.

beside (*bəsaj'd*) pm. obok, przy, nadto, prócz, na równi z; w porównaniu z; daleko od; be ~ oneself, nie posiadać się (np. ze złości); **-s** pm. ponadto, w dodatku, inaczej, oprócz.

besiege (*bəsī'dż*) cz. oblegać, tłoczyć się wokoło, zasypać (np. prośbami).

besmear (*bəsmī'ə*) cz. posmarować, pomazać, zawalać.

besom (*bī'zεm*) rz. miotła; ~, cz. zamiatać miotłą.

besot (*bəso't*) cz. ogłupiać.

besought (*bəsō't*) od **beseach**.

bespangle (*bəspæ'ŋgεl*) cz. przyozdobić (błaszkami, błyskotkami).

bespatter (*bəspæ'tə*) cz. obryzgać.

bespeak* (*bəspī'k*), cz. mówić; zamówić; świadczyć o.

besprinkle (*bəspri'ŋkεl*) cz. pokropić (with); rozsypać.

best (*best*) rz. najlepsze; ~, pm. najlepszy; ~, ps. najlepiej; at ~, w najlepszym razie; **-man** drużba; the ~ part of, większa część; I did my ~, zrobiłem co mogłem; for the ~, w najlepszej intencji; make the ~ of, zrobić jak najlepszy użytek; to the ~ of my knowledge, według najlepszej mojej wiedzy; o ile wiem; you had ~, najlepiej zrobisz, gdy.

bestead (*bəste'd*) cz. pomóc.

bested (*bəste'd*) pm. uposażony; ill ~, źle położony; hard ~, gnębiony.

bestial (*be'stjəl*) pm. zwierzęcy, bestjalski; **-ity** rz. zwierzęcość, bestjalstwo; **-ize** (*be'stjəlajz*) cz. zezwierzęcić.

bestir (*bestə̄'*) cz. poruszać, pobudzić.

bestow (*bəstōu'*) cz. nadać, obdarzyć, wyposażyć; umieścić.

bestrew* (*bəstrū'*) cz. obsypać, usłać, posypać.

bestride* (*bəstraj'd*) cz. okraczyć, siąść okrakiem, stanąć z rozkroczonemi nogami nad.

bet (*bet*) *rz.* zakład; ~, *cz.* założyć się.
betake (*bətej'k*) *cz.* jąć się, udać się dokąd, wziąć się do; ~ oneself to one's heels, wziąć nogi za pas.
bethink* (*bəθi'ŋk*) *cz.* ~ oneself, przypomnieć sobie, zastanowić się, opamiętać się.
betide (*bətaj'd*) *cz.* zdarzyć się, przytrafić się, stać się.
betimes (*betaj'mz*) *ps.* wcześnie, rychło, zawczasu, wczas.
betoken (*bətou'kεn*) *cz.* oznaczyć, wróżyć, rokować, zapowiadać.
betony (*be'toni*) *rz.* betonja, bukwica (*bot.*).
betook (*bətū'k*) *cz.* od **betake.**
betray (*bətrej'*) *cz.* zdradzić, wydać, zwieść; **-al** (*-εl*) *rz.* zdrada.
betroth (*bətrou'δ*) *cz.* zaręczyć (się); **-al** (*-əl*) *rz.* zaręczyny.
better (*be'tə*) *rz.* zakładający się.
better (*be'tə*) *pm.* od **good** i **well** lepszy; lepiej; ~, *rz.* wyższość, przewaga, pierwszeństwo; **-s,** starsi, ludzie wyżej stojący; ~ and ~, coraz lepiej; for the ~, na lepsze; I had ~ not..., lepiej będzie, jeżeli nie...; get ~, poprawić się (na zdrowiu); so much the ~, tem lepiej; get the ~, przezwyciężyć; ~, *cz.* ulepszyć, poprawić; **-ment** *rz.* polepszenie.
Betty (*be'ti*) *rz.* skrót od Elizabeth.
between, betwixt (*bətuī'n, bitui'kst*) *pm.* między, pomiędzy (dwoma); ~ the devil and the deep sea, między młotem a kowadłem; **-whiles** *ps.* w przerwach, pomiędzy.
bevel (*be'wεl*) *rz.* węgielnica; kant; ~, *cz.* kantować; nachylać, ścinać pod kątem; ~led sleepers, pokłady kantowane. [trunek.
beverage (*be'wεrεdż*) *rz.* napój,
bevy (*be'wi*) *rz.* grono, stado.
bewail (*bəuej'l*) *cz.* opłakiwać, lamentować, żałować.
beware (*bəuē'ə*) *cz.* strzec się, wystrzegać się.
beweep (*bəuī'p*) *cz.* opłakiwać, opłakać.
bewilder (*bəui'ldə*) *cz.* oszołomić; zadziwić, oślepić; **-ment** *rz.* oszołomienie, zdziwienie, oślepienie.
bewitch (*bəui'cz*) *cz.* zaczarować, ująć, zachwycić; **-ment** *rz.* oczarowanie; **-ments** *lmn.* czary; **-ingly** *ps.* czarująco.
bewray (*bərej'*) *cz.* zdradzić, odkryć.
bey (*bej*) *rz.* bej (turecki).
beyond (*bəjo'nd*) *pm.* i *ps.* po za, po drugiej stronie, ponad, za, więcej niż; ~ belief, nie do uwierzenia; ~ recovery, nie do uleczenia, beznadziejnie chory.
bezel (*be'zəl*) *rz.* kant; łożysko kamienia w klejnocie.
bias (*baj'əs*) *rz.* odchylenie, skłonność, uprzedzenie; wpływ; tendencja, znaczenie; ~, *cz.* przeważyć, przechylić, przeciągnąć, skłonić, wpłynąć na czyjeś zdanie, uprzedzić.
biaxial (*bajæ'ksiəl*) *pm.* dwuosiowy.
bib (*bib*) *rz.* podbródek, śliniak.
bibber (*bi'bə*) *rz.* pijak, sączykufel.
bible (*baj'bεl*) *rz.* biblja, pismo święte.
biblical (*bi'blikəl*) *pm.* biblijny.
biblio-grapher (*biblio'grəfə*) *rz.* bibljograf; **-graphic(al)** (*bibliogræ'fik*) *pm.* bibljograficzny; **-graphy** (*biblio'grəfi*) *rz.* bibljografja; **-mania** (*bibliomej'njə*) *rz.* bibljomanja; **-pole, -polist** (*bi'bliopoul, -polist*) *rz.* księgarz antykwarski; **-philist** (*biblio'filist*) *rz.* miłośnik książek.
bibliotheca (*biblioθe'kə*) *rz.* księgozbiór.
biblist (*bi'blist*) *rz.* oczytany w piśmie świętem. [pijacki.
bibulous (*bi'bjuləs*) *pm.* chłonny;
bicapsular (*bajkæ'psjulə*) *pm.* dwutorebkowy, dwukomórkowy.
bicameral (*bajkæ'mərəl*) *pm.* dwuizbowy, dwukameralny.
bicarbonate (*bajkā'bənət*) *rz.* dwuwęglan (*chem.*).
bice (*ba'js*) *rz.* blado-niebieski (kolor, farba).
bicentenary (*bajce'ntenεri*) *pm.* dwustuletni, dwóchsetny.
bicephalous (*bajse'fələs*) *pm.* dwugłowy.
biceps (*baj'seps*) *rz.* mięsień dwugłowy, biceps.
bicker (*bi'kə*) *cz.* wadzić się, kłócić się, dogadywać; szemrać (o wodzie), trzaskać (o płomieniu).

bicoloured (*bajkă'ləd*) *pm.* dwubarwny.
bicycl-e (*baj'sikεl*) *rz.* bicykl, rower; **-ist** (*baj'siklist*) *rz.* rowerzysta, kolarz.
bid* (*bid*) *cz.* kazać; zaprosić, ogłosić, obwieścić; ofiarować; ~farewell, pożegnać; ~welcome, przywitać; ~ fair, obiecywać; ~ *rz.*, **-ding** *rz.* oferta, postąpienie ceny; zaproszenie, rozkaz; ~ **-der**, *rz.* oferent.
bide (*baj'd*) *cz.* znosić; ~ one's time, czekać sposobnej chwili.
bidental (*bajde'ntəl*) *pm.* dwuzębny.
biennial (*baje'njəl*) *pm.* dwuroczny, dwuletni.
bier (*bī'ə*) *rz.* mary.
bifarious (*bajfe'riəs*) *pm.* dwurzędowy, dwuznaczny.
biff (*bi'f*) *rz.* szturchaniec; ~, *cz.* szturchnąć.
biffin (*bi'fin*) *rz.* jabłko (pewnego gatunku).
bifid (*baj'fid*) *pm.* rozłupany na dwoje.
bifoliate (*bajfou'liət*) *pm.* dwulistny.
bifurcat-e (*baj'fəkət*) *pm.* rosochaty, widlasty, rozstajny; ~, *cz.* rozwidlać się; rozstawać się; **-ion** (*-ej'szεn*) *rz.* widlastość, rozszczepienie, rozstaj.
big (*big*) *pm.* duży, gruby, znaczny, ważny; ciężarna; ~ with expectation, pełen nadziei; ~ with young; ciężarna; kotna, cielna, źrebna.
bigam-ist (*bi'gəmist*) *rz.* bigamista; **-ous** (*bi'gəməs*) *pm.* bigamiczny; **-y** (*bi'gəmi*) *rz.* bigamja, dwużeństwo.
bight (*bajt*) *rz.* zatoka; zakręt; węzeł.
bigness (*bi'gnəs*) *rz.* wielkość, masa, grubość.
bigot (*bi'gət*) *rz.* bigot, świętoszek; **-ed** *pm.* oddany bigoterji; **-ry** *rz.* bigoterja.
bigwig (*bi'guig*) *rz.* osoba dużego znaczenia, figura, gruba ryba.
bijou (*bižū'*) *rz.* klejnot.
bike (*ba'jk*) *rz.* (gwar.) rower.
bilabiate (*bajlej'biət*) *pm.* dwuwargowy.
bilateral (*bajlæ'lərεl*) *pm.* dwustronny.
bilberry (*bi'lbəri*) *rz.* borówka.
bilbo (*bi'lbou*) *rz.* klinga, szpada; **-es** *lmn.* dyby.
bile (*baj'l*) *rz.* żółć, tetryczność; ~ stone, kamienie żółciowe.
bilge (*bi'ldž*) *rz.* brzuch beczki; dno okrętu; ściek; ~, *cz.* (*mar.*) ciec, sączyć się, przedziurawić dno okrętu; pęcznieć; nabrzmieć.
bil-iary (*bi'ljəri*), **-ious** (*bi'ljəs*) *pm.* żółciowy, wątrobiany; tetryczny; ~ calculus, kamień żółciowy.
bilingual (*b jli'ŋguəl*) *pm.* dwujęzyczny.
bilk (*bilk*) *cz.* nie zapłacić, okpić.
bill (*bil*) *rz.* halabarda; ustawa, skarga sądowa; rachunek, asygnata; afisz, plakat; dziób; ~ of entry, deklaracja celna; ~ of exchange, weksel; ~ of faie, jadłospis; ~ of health, wykaz stanu zdrowotnego; ~ of lading, fracht, konosament, ceduła; ~ of sale, nakaz egzekucyjny; ~, *cz.* dziobać, całować się; ogłosić; ~ **-poster** rozlepiacz afiszów.
billet (*bi'lət*) *rz.* liścik; karta kwaterunkowa; kwatera; polano; ~, *cz.* kwaterować.
billiard-s (*bi'ljədz*) *rz. lmn.* bilard; **-ball** kula bilardowa.
billingsgate (*bi'liŋzgejt*) *rz.* targ rybny w Londynie; mowa przekupek.
billion (*bi'ljən*) *rz.* biljon; w Ang. miljon miljonów, w Amer. miljard.
billow (*bi'lou*) *rz.* bałwan (morski), fala; ~, *cz.* bałwanić się, falować; **-y** *pm.* zbałwaniony.
billy (*bi'li*) *rz.* kociołek.
billyboy (*bi'liboj*) *rz.* barża.
billycock (*bi'likok*) *rz.* melonik (kapelusz).
billy-goat (*bi'ligout*) *rz.* kozieł.
bilobate (*bajlou'bejt*) *pm.* dwupłatowy.
biltong (*bi'ltoŋ*) *rz.* płatki suszonego mięsa.
bimetallism (*bajme'təlizεm*) *rz.* bimetalizm.
bimonthly (*bājmă'nƒli*) *pm.* dwumiesięczny; dwutygodniowy.
bin (*bin*) *rz.* skrzynia, komora.
binary (*baj'nəri*) *pm.* podwójny, dwoisty.

binate (*ba'jnət*) *pm.* parami, w parach.
bind (*bajnd*) *rz.* (*muz.*) synkopa; ~*, *cz.* wiązać, przywiązać, obowiązywać, obligować; oprawiać (książki); ~ apprentice to, oddać do terminu; **-er** *rz.* introligator; związka, przewiązka; **-ing** *pm.* obowiązujący, przymusowy; ~, *rz.* oprawa; **-weed** powój.
binnacle (*bi'nəkel*) *rz.* szafka na busolę.
binocular (*bajno'kjulə*) *rz.* lornetka; ~, *pm.* dwuoczny.
biograph-er (*bajo'grəfə*) *rz.* biograf, życiopis; **-ic(al)** (*bajogræ'fik*) *pm.* biograficzny; **-y** (*bajo'grəfi*) *rz.* biografja.
biolog-ical (*bajolo'dżikəl*) *pm.* biologiczny; **-y** (*bajo'lodżi*) *rz.* biologja.
bioscope (*baj'oskoup*) *rz.* bioskop.
bipartit-e (*bajpā'tajt*) *pm.* dwudzielny; **-ion** (*-i'szen*) *rz.* podział na dwie części.
biped (*baj'pəd*) *rz.* dwunożne zwierzę; **-al** (*baj'pədel*) *pm.* dwunożny. [wiec.
biplane (*baj'plejn*) *rz.* dwupłatowiec.
birch (*bə̄'cz*) *rz.* brzoza; ~, *cz.* chłostać; **-en** *pm.* brzozowy.
bird (*bə̄d*) *rz.* ptak, ptaszek; ~ of passage, ptak przelotny; old ~, stary wyga; ~ of prey, ptak drapieżny; **-call** wabienie ptaków, wabik; **-fancier** ptasznik; **-lime** lep na ptaki; **-'s foot** ptasia stopka, ptaszyniec; **-'s eye view** widok z lotu ptaka.
bireme (*bə̄'rem*) *rz.* galera.
biretta (*bire'tə*) *rz.* biret
birth (*bə̄ß*) *rz.* urodzenie, początek, ród, poród; by ~, z urodzenia; **-control** zapobieganie zapłodnieniu; regulacja urodzin; **-mark** znamię przyrodzone; **-day** urodziny; **-rate** urodziny; **-right** pierworodztwo; **-sin** grzech pierworodny.
biscuit (*bi'skit*) *rz.* suchar, biszkopt.
bisect (*bajse'kt*) *cz.* przecinać we dwoje; **-ion** *rz.* przecięcie.
bisexual (*bajse'kszuəl*) *pm.* dwupłciowy.
bishop (*bi'szəp*) *rz.* biskup; kruszon; laufer (w szachach); **-ric** (*-rik*) *rz.* biskupstwo.
bismuth (*bi'zmāß*) *rz.* bizmut.
bison (*baj'zen, bi'zen*) *rz.* żubr, bizon amerykański.
bissextile (*bise'kstil*) *pm.* przestępny.
bistort (*bi'stōt*) *rz.* rdest wężownik (*bot.*).
bistoury (*bi'sturi*) *rz.* bisturi (*chir.*).
bit (*bit*) *rz.* ostrze; bródka klucza; wędzidło; pieniądz; kęs, kawałek; a ~, trochę, nieco; draw ~, pohamować; ~, *cz.* kiełznać; ~, *cz.* od **bite.**
bitch (*bicz*) *rz.* suka.
bite (*baj't*) *rz.* ukąszenie, chwyt, kęs, posiłek; ~*, *cz.* kąsać, ukąsić, szczypać; chwytać; oszukiwać; ~ off, odgryźć; ~ the dust, zaryć nosem w ziemię.
bitter (*bi'tə*) *pm.* gorzki; cierpki, przykry; **-wort** żółta goryczka; **-s** *rz.* *lmn.* gorzkie krople.
bittern (*bi'tən*) *rz.* bąk (ptak błotny).
bitum-en (*bajtjū'mən*) *rz.* smoła ziemna; bitumen; **-inous** (*bitju'mines*) *pm.* smolny, bitumiczny.
bivalve (*baj'wælw*) *pm.* posiadający dwie klapy; ~, *rz.* skorupiak.
bivouac (*bi'wuæk*) *rz.* biwak; ~, *cz.* biwakować.
biweekly (*bajuī'kli*) *pm.* dwutygodniowy; powtarzający się dwa razy na tydzień.
bizarre (*bizā'*) *pm.* dziwaczny.
blab (*blæb*) *cz.* paplać, pleść; ~ out, wypaplać; **-ber** *rz.* pleciuga.
black (*blæk*) *rz.* czarny kolor; murzyn; ~, *pm.* czarny, żałobny; ~, *ps.* czarno; **-eye** oko podbite; **-death** czarna śmierć, zaraza; **-ball** *cz.* przebalotować; **-beetle** (*bī'tel*) *rz.* karaluch; **-berry** jeżyna; **-bird** kos; **-board** (*-bōd*) *rz.* tablica; **-cattle** rogacizna; **-currant** czarna porzeczka; ~, **-en** *cz.* czernić, zaczernić; oczerniać; **-friar** (*-fraj'ə*) dominikanin; **-game** dziki drób; **-guard** szubrawiec, łajdak; **-hole** kaźń; **-ing** czernidło do butów; **-lead** grafit; **-leg** szuler; łamistrajk; **-letter** litera gotycka; **-mail** wymuszenie, szantaż; okup; ~, *cz.* wymuszać; szantażować; **-ness** czarność; **-pudding** kiszka krwawa (potrawa); **-smith** kowal; **-thorn** tarnośliwka (*bot.*).

bladder (*blæ'də*) *rz.* pęcherz.
blade (*blej'd*) *rz.* źdźbło; ostrze, płaz; pióro (wiosła); zuch; **-bone** łopatka.
blaeberry (*blejbəri*) *rz.* = **bilberry.**
blain (*blej'n*) *rz.* pęcherz, wrzód.
blam-able (*blej'məbəl*), **-eful** *pm.* naganny; **-e** *rz.* nagana, wina; bear ~, być winnym; **-e** *cz.* ganić, obwiniać; **-eless** *pm.* nienaganny, niewinny.
blanch (*blā'ncz*) *cz.* bielić; blednąć; łuskać (migdały).
blancmange (*bləman'ż*) *rz.* krem.
bland (*blæ'nd*) *pm.* uprzejmy; łagodny; **-ly** *ps.* łagodnie.
blandish (*blæ'ndisz*) *cz.* przymilać się; pochlebiać.
blank (*blæ'nk*) *pm.* pusty, niewypełniony, in blanko; blady, zmieszany; bez wyrazu; nudny; ~, *rz.* blankiet; puste (niezapisane) miejsce; ~ **bond** blankiet; ~ **cartridge** ślepy nabój; ~**verse** wiersz biały; **-ly** *ps.* pusto, bez wyrazu; wprost.
blanket (*blæ'nket*) *rz.* koc; wełniana dera; ~, *cz.* zatuszować, stłumić.
blare (*blē'ə*) *cz.* grzmieć; trąbić, rozgłaszać.
blarney (*blā'ni*) *rz.* pochlebstwo; ~, *cz.* pochlebiać.
blasphem-e (*blæsfī'm*) *cz.* bluźnić; **-er** *rz.* bluźnierca; **-ous** (*blæ'sfeməs*) *pm.* bluźnierczy; **-y** *rz.* bluźnierstwo.
blast (*blā'st*) *rz.* podmuch, wicher; trąbienie; ładunek (do wysadzania); **-furnace** piec hutniczy; ~, *cz.* wysadzić (w powietrze), zniszczyć; zepsuć; **-ed** *pm.* przeklęty. [hałaśliwy.
blatant (*blej'tənt*) *pm.* krzykliwy,
blaze (*blej'z*) *rz.* ogień; płomień, blask, światło; znak (przez nacięcie kory drzew); ~, *cz.* płonąć; jaśnieć; rozgłosić; znaczyć (drogę przez nacięcie kory drzew).
blazon (*blej'zən*) *rz.* tarcza herbowa; herbopis; ~, *cz.* opisać znaki herbowe, przyozdabiać; rozgłaszać, sławić; **-ry** *rz.* heraldyka, rozsławianie.
bleach (*blīcz*) *cz.* bielić.
bleak (*blī'k*), **-fish** *rz.* kleń (ryba); ~, *pm.* zimny; obnażony; bezbarwny.
blear (*blī'ə*) *pm.* mętny, zamglony, kaprawy; ~, *cz.* zamącić, zaćmić.
bleat (*blīt*) *rz.* bek, beczenie; ~, *cz.* beczeć.
bleb (*bleb*) *rz.* bąbel, pęcherzyk.
bleed (*blīd*) *cz.* krew puścić, krwawić; zdzierać.
blemish (*ble'misz*) *rz.* wada, przywara, plama; ~, *cz.* szpecić.
blench (*ble'ncz*) *cz.* wzdrygać się, truchleć; przymknąć oczy na.
blend (*ble'nd*) *cz.* mieszać, zlewać się; ~, *rz.* mieszanka.
blende (*ble'nd*) *rz.* blenda (*min.*).
bless (*bles*) *cz.* błogosławić, poświęcić; wielbić, uszczęśliwić, chwalić; ~ oneself, przeżegnać się; ~ **-ed, blest** *pm.* błogosławiony, poświęcony, szczęśliwy; the ~ Virgin, Najświętsza Panna; **-edness** *rz.* szczęście; **-ing** *rz.* błogosławieństwo.
blew *cz.* od **blow.**
blight (*blaj't*) *rz.* śnieć w zbożu, zaraza; ~, *cz.* zniszczyć, wywołać więdnięcie, zatruć.
blind (*blaj'nd*) *rz.* zasłona; **-s** *lmn.* okiennice, story; ~, *pm.* ślepy, niewidomy, ciemny; bez wyjścia; niezrozumiały; **-fold** *pm.* i *ps.* naoślep; ~, *cz.* zawiązać oczy; oślepić; **-worm** padalec; **-ness** *rz.* ślepota; **-man's buff** (*blaj'ndmənzbăf*) *rz.* ciuciubabka.
blink (*bli'ŋk*) *rz.* spojrzenie, mignięcie; odblask; ~, *cz.* mrugać, mignąć; **-ers** *rz.* *lmn.* okulary końskie. [**-full** *pm.* błogi.
bliss (*blis*) *rz.* błogość, rozkosz;
blister (*bli'stə*) *rz.* pęcherz, bąbel; **-plaster** wezykatorja.
blithe (*blaj'ð*) *pm.* uradowany; wesoły; **-ness** *rz.* wesołość; **-someness** *rz.* radość.
blizzard (*bli'zəd*) *rz.* zamieć, zadymka śnieżna.
bloat (*blout*) *cz.* nadąć, nabrzmieć; wędzić; **-ed** *pm.* nadęty, obrzękły; **-er** *rz.* śledź wędzony.
blob (*blob*) *rz.* kropla.
block (*blok*) *rz.* kloc, blok, pniak, zawada; kompleks domów (między dwiema ulicami); ~, *cz.* zatarasować; ~ up, blokować; **-head** *rz.* głupiec; **-house** *rz.* blokhauz; **-letters** grube litery drukowane.

blockade (*blokej'd*) *rz.* blokada; ~, *cz.* zamknąć blokadą.
bloke (*blou'k*) *rz.* (potoczne) człek.
blond, blonde (*blond*) *rz.* blondyn, -ka; ~, *pm.* jasnowłosy.
blood (*blăd*) *rz.* krew, pochodzenie, ród; in cold ~, z rozwagą; z zimną krwią; ill ~, zła krew; his ~ is up, krew się w nim burzy; **-horse** *rz.* koń rasowy; **-hound** *rz.* pies gończy, ogar; **-poisoning** zakażenie krwi; **-shed** *rz.* przelew krwi; **-shot** *pm.* zaszły krwią; **-y** *pm.* krwawy, krwiożerczy.
bloom (*blū'm*) *rz.* kwiat, kwiecie, kwitnienie; masa żelazna wylana z pieca; ~, *cz.* kwitnąć.
blossom (*blo'sεm*) *rz.* kwiat (drzew owoc.); ~, *cz.* kwitnąć.
blot (*blot*) *rz.* plama, kleks; wada; ~, *cz.* splamić; **~out** wymazać, wykreślić; **-ter** *rz.* suszka; **-ting paper** bibuła. [pryszcz, krosta.
blotch (*blocz*) *rz.* kleks, plama;
blouse (*blau'z*) *rz.* bluzka; bluza.
blow (*blou*) *rz.* cios, uderzenie, nieszczęście; a ~ up, wybuch; at one ~, za jednym zamachem; **-fly** mucha (pospolita); **-hole** *rz.* nozdrze wieloryba; ~*, *cz.* dąć, dmuchać; wiać; sapać; (o muchach) składać jajka w mięsie; ~ one's nose, utrzeć nos; ~ up, pęknąć, wysadzić w powietrze; wyłajać; ~ upon, obmawiać; ~ out, zgasić; ~ out one's brains, zastrzelić się. [ordynarny.
blow-zed, -zy *pm.* pucułowaty,
blubber (*blă'bə*) *rz.* tłuszcz wielorybi; ~, *pm.* wydęty; ~, *cz.* beczeć.
bludgeon (*blă'dżεn*) *rz.* maczuga.
blue (*blū'*) *pm.* błękitny, niebieski, siny; wierny; wierutny; niewesoły; (o mowie) nieprzyzwoity; ~, *rz.* błękit; błękitna mucha; a true ~, zabity protestant; **-book** urzędowe sprawozdania ang.; **-bottle** bławatek; **-devils** *lmn.* przygnębienie; **-jacket** żołnierz marynarki ang.; **-stocking** *rz.* literatka, pedantka.
bluff (*blă'f*) *rz.* brzeg urwisty; blaga; ~, *pm.* szorstki, szczery.
blunder (*blă'ndə*) *rz.* błąd, pomyłka; ~, *cz.* zbłądzić; iść na oślep; **~out** wypaplać.
blunderbuss (*blă'ndəbus*) *rz.* rusznica.
blunge (*blă'ndż*) *cz.* mieszać (glinę).
blunt (*blă'nt*) *pm.* tępy; szczery; ~, *cz.* stępić; **-ly** *ps.* tępo; bez ogródek.
blur (*blə̄'*) *rz.* plama, zamazanie; ~, *cz.* splamić, zatrzeć, zamazać.
blurt (*blə̄'t*) *cz.* wyrwać się z czem, powiedzieć nierozważnie.
blush (*blă'sz*) *rz.* rumieniec, zapłonienie; spojrzenie; at first ~, na pierwszy rzut oka; put to the ~, zawstydzić; ~, *cz.* zarumienić się, zaczerwienić się, wstydzić się; zapłonąć.
bluster (*blă'stə*) *rz.* łoskot; junakierja, zawadjactwo; ~, *cz.* hałasować, szaleć; junaczyć; **-er** *rz.* zuch, junak.
boa (*bou'ə*) *rz.* boa dusiciel.
boar (*bo'ə*) *rz.* dzik, odyniec.
board (*bō'əd*) *rz.* deska, tarcica; wikt, stołowanie; rada, wydział; ministerstwo; tektura; pokład okrętu; above ~, *pm.* otwarty, bez zarzutu; ~, *cz.* wyłożyć deskami, stołować (się), zahaczyć; **-er** *rz.* stołownik; internista; **-ing house** pensjonat; **-ing school** internat; **-ing wages** *lmn.* strawne; **-s** *lmn.* scena.
boast (*boust*) *rz.* chełpliwość; duma; ~, *cz.* chełpić się; być dumnym; **-ful** *pm.* chełpliwy.
boat (*bout*) *rz.* łódź, statek; life ~, łódź ratownicza; ~ house, przystań; **-man** *rz.* bosman, przewoźnik; **-race** regaty; **-swain** (*bo'sεn*) *rz.* bosman.
bob (*bob*) *rz.* pęk; ogonek; ciężarek; ucięty ogon; kusa peruka; szyling (w gwarze); szarpnięcie; ~, *cz.* obciąć, dygnąć; podskakiwać; szarpać.
bobbin *rz.* cewka, szpulka.
bobbinet (*bobine't*) *rz.* koronka.
bobbish (*bo'bisz*) *pm.* żwawy.
bobby (*bo'bi*) *rz.* policjant (gwar.).
bobstays (*bo'bstεjz*) *rz.* *lmn.* lina bukszprytu.
Boche (*bo'sz*) *rz.* Niemiec, szwab.
bode (*boud*) *cz.* wróżyć; przepowiadać; **-ful,** *pm.* wróżący; złowrogi; **-ment** *rz.* wróżba, przepowiednia, oznaka.
bodice (*bo'dis*) *rz.* stanik.
bodi-less (*bo'diles*) *pm.* bezciele-

sny, niematerjalny; **-ly** *ps.* we własnej osobie; całą masą; **-ly** *pm.* cielesny, materjalny; **-ly fear** obawa o własną skórę.
bodkin (*bo'dkin*) *rz.* szpilka do włosów, iglica, szpikulec.
body (*bo'di*) *rz.* ciało, zwłoki; osoba; oddział, masa; korpus; kadłub; in a ~, gremjalnie; wine of good ~, wytrawne wino; **-corporate** korporacja; **-guard** *rz.* straż przyboczna.
bog (*bog*) *rz.* bagno; **-bean** bobek trójlistny; **-gy** *pm.* bagnisty.
bogey (*bou'gi*) **-bogle** (*bou'gəl*) *rz.* strach, straszydło.
boggle (*bo'gəl*) *cz.* wahać się, bać się; grzebać się, wzdrygnąć się.
bogus (*bou'gəs*) *pm.* udany, podrabiany, nieprawdziwy.
bohea (*bouhī'*) *rz.* herbata (najtańsza).
boil (*boj'l*) *rz.* czerak; ~, *cz.* gotować (się); wrzeć; ~ to pieces, rozgotować; ~ down, wykipieć; ~ over, wykipieć; **-er** *rz.* kocioł.
boisterous (*boj'stərəs*) *pm.* burzliwy, szumny, gwałtowny; **-ness** *rz.* burzliwość; gwałtowność.
bold (*bould*) *pm.* śmiały, odważny; be ~, make ~, ośmielić się; **-en** *cz.* ośmielić.
bole (*bou'l*) *rz.* pień.
boll (*boul*) *rz.* łodyga, badyl.
Bolshevik (*bo'lszewik*) *rz.* bolszewik.
bolster (*bou'lstə*) *rz.* poduszka materacowa; oparcie; ~, *cz.* podeprzeć.
bolt (*boult*) *rz.* pocisk, strzała; rygiel, zasuwa; piorun; sworzeń; ~upright, prościutko; całkiem; ~, *cz.* zaryglować; zasunąć; zerwać się, wystrzelić, mignąć; **-er** *rz.* sito, pytel.
bolus (*bou'ləs*) *rz.* piguła.
bomb (*bom*) *rz.* bomba; **-ard** *cz.* bombardować; **-ardier** *rz.* bombardjer; **-shell** *rz.* szrapnel.
bombasine (*bombəsī'n*) *rz.* krep.
bombast (*bo'mbəst*) *rz.* napuszystość; **-ic** *pm.* szumny, napuszysty; **-ically** *ps.* bombastycznie. [wierze.
bona fide (*bou'nə fajdi*) w dobrej
bonanza (*bonæ'nzə*) *rz.* szczęście; pomyślność.
bonbon (*bo'nbon*) *rz.* cukierek.
bond (*bond*) *rz.* akcja, papier wartościowy; węzeł; związek; zobowiązanie; (w murarstwie) wiązanie; zabezpieczenie (długu); **-s** *lmn.* zobowiązanie; więzy; ~, *cz.* wiązać, uwiązać; zabezpieczyć (dług); **-age, -service** *rz.* niewola; **-ed** warehouse, składy celne; **-holder** *rz.* akcjonarjusz; **-man** niewolnik.
bone (*boun*) *rz.* kość; ość; ~ of contention, kość niezgody; have a ~ to pick, mieć na pieńku z kim; make no ~, nie owijać w bawełnę; ~ dry, wysuszony na kość; make old **-s** długo żyć; ~, *cz.* obrać z kości.
bonfire (*bo'nfajə*) *rz.* ognisko.
bonne (*bo'n*) *rz.* bona.
bonnet (*bo'nət*) *rz.* czapka, czepek; ~, *rz.* nakryć czapką.
bonn-ily (*bo'nili*) *ps.* sympatycznie; **-y** *pm.* miły, sympatyczny.
bonus (*bou'nəs*) *rz.* premja, dodatek.
bony (*bou'ni*) *pm.* kościsty, ościsty.
booby (*bū'bi*) *rz.* cymbał, głupiec.
boodle (*bū'dəl*) *rz.* cała paczka, wszyscy.
book (*buk*) *rz.* książka, księga; **-s** *lmn.* księgi handlowe; ~, *cz.* zapisać w księdze, zanotować; wciągnąć do rejestru; kupić bilet; zarezerwować miejsce; **-case** *rz.* bibljoteczka; **-ish** *pm.* książkowy, oczytany; **-keeper** buchalter; **-keeping,** *rz.* buchalterja; **-maker** kompilator; totalizator; **-stall,** stoisko; **-worm** mól książkowy; **-ing office** (*bu'kiŋ o'fis*) *rz.* kasa biletowa.
boom (*būm*) *rz.* drąg marynarski; tratwa; odgłos, łoskot; wielkie ożywienie; ~, *cz.* zagrzmieć, ożywić się (handl.).
boomerang (*bū'meræŋ*) *rz.* bumerang.
boon (*būn*) *rz.* dar, łaska, dobrodziejstwo; ~, *pm.* wesoły, ochoczy.
boor (*bū'ə*) *rz.* gbur, prostak; **ish** *pm.* gburowaty, prostacki.
boost (*būst*) *cz.* popierać, podnosić.
boot (*būt*) *rz.* but; kozieł (w karetce); top **-s**, wysokie buty z wyłogami; ~, *cz.* przydać się; **-jack** chłopak (do ściągania

butów); ~ **lace,** sznurowadło; **-legger** przemycacz alkoholu; **-less** *pm.* bezcelowy; **-s** *rz.* czyścibut; **-tree** prawidło (do butów).
booth (*būð*) *rz.* stragan, buda.
booty (*bū'ti*) *rz.* łup, zdobycz; play ~, być w zmowie. [jać się.
booze (*bū'z*) *rz.* alkohol; *cz.* upi-
bo-peep (*boupī'p*) *rz.* zabawa dziecinna; play ~, bawić się w chowanego.
bora-cic (*boræ'sik*) *pm.* boraksowy; **-x** (*bo'rəks*) *rz.* boraks. [(*bot.*).
borage (*bo'redż*) *rz.* wołowy język
border (*bō'də*) *rz.* brzeg; granica, kresy; obwódka, obrąbek; obramowanie; ~, *cz.* obrębić; obszywać; graniczyć, stykać się; **-er** *rz.* kresowiec; ~ on the sea, pomorzanin.
bore (*bō'ə*) *rz.* kaliber; otwór; wiercenie; ~, *rz.* nudziarz, natręt; ~, *rz.* fala; ~, *cz.* świdrować, toczyć, wiercić; zepchnąć (rywala z pola); ~, *cz.* nudzić; ~, *cz.* czas przeszły od **bear**; **-ings** *lmn.* opiłki wiertnicze; **-r** *rz.* świder.
borea-l (*bō'riəl*) *pm.* północny; **B-s** (*bō'riəs*) *rz.* Boreasz.
born, borne (*bōn*) *cz.* od **bear**; urodzony; ~ again, odrodzony.
borough (*bă'rou*) *rz.* miasteczko, osada.
borrow (*bo'rou*) *cz.* pożyczać (od kogo), zapożyczać się; **-er** *rz.* dłużnik.
bos-cage (*bo'skedż*), **-ket,-quet** (*bo'skej*) *rz.* lasek, zarośla; **-ky** *pm.* krzaczasty, lesisty.
bosh (*bosz*) *rz.* niedorzeczność, puste gadanie.
bosom (*bu'zem*) *rz.* łono, pierś, głąb serca; gors; ~ of the family, of the church, łono rodziny, kościoła. [majster, szef.
boss (*bos*) *rz.* wybrzuszenie; guz;
boston (*bo'sten*) *rz.* boston.
botan-ic(al) (*botæ'nik*) *pm.* botaniczny; **-ist** *rz.* botanik; **-y** (*bo'təni*) *rz.* botanika.
botch (*bocz*) *rz.* łata, łatanina; ~, *cz.* partaczyć, sztukować; **-er** *rz.* partacz.
both (*bouþ*) *z.* obaj, obie, oba, oboje; ~, *ps.* zarówno, tak . . . jak; ~ and, i . . . i.
bother (*bo'ðə*) *rz.* kłopot, udręka; ~, *cz.* dręczyć, zawracać głowę; niepokoić (się); **-some** *pm.* trapiący, kłopotliwy.
bots (*ba'ts*) *rz. lmn.* robaki końskie.
bottle (*bo'tel*) *rz.* butelka, flaszka; wiązka siana, l. słomy; **blue** ~, bławatek; ~, *cz.* nalewać w butelki; ~ up, utaić.
bottom (*bo'tem*) *rz.* dno, spód, dół; szary koniec; nizina, tyłek, zadek; from the ~ of the heart, z głębi serca; the ~ of a chair, siedzenie krzesła; ~, *pm.* niski, dolny, spodni; ~, *cz.* opierać (się); zgruntować; wprawić dno; **-ry** *rz.* bodmerja.
boudoir (*bū'duā*) *rz.* buduar.
bough (*bau'*) *rz.* gałąź.
bought (*bōt*) *cz.* od **buy.**
bouillon (*būl'jon*) *rz.* buljon.
boulder (*bou'ldə*) *rz.* otoczak.
bounc-e (*ba'uns*) *rz.* podskok; chełpliwość; ~, *cz.* podskoczyć, podrzucać, podbijać; chełpić się; ~ in, wlecieć; ~ out, wylecieć; ~, *ps.* bęc! **-er** (*bau'nsə*) *rz.* bezczelność; **-ing** (*bau'nsiŋ*) *rz.* skakanie, hałas; ~, *pm.* śmiały, hałaśliwy, żwawy.
bound (*bau'nd*) *rz.* skok, sus, podskok; granica; **-s** *lmn.* szranki; ~, *pm.* przeznaczony, dążący do (o okrętach); ~, *cz.* od **bind**; ~, *cz.* odskoczyć, odbijać się (jak piłka); **-ary** (*bau'ndəri*) *rz.* granica; **-less** (*bau'ndləs*) *pm.* niezmierzony, nieograniczony.
bounteous (*bau'ntiəs*), **bountiful** (*bau'ntiful*) *pm.* hojny, łaskawy, szczodry; **-ness** *rz.* hojność.
bounty (*bau'nti*) *rz.* hojność; premjum, zasiłek; **-fed,** *pm.* premjowany.
bouquet (*bukej'*) *rz.* bukiet.
bourdon (*bū'ədən*) *rz.* burdon.
bourgeon patrz **burgeon.**
bourn (*bū'ən*) *rz.* strumyk.
bourne (*bō'ən*) *rz.* granica.
bout (*bau't*) *rz.* kolej; napad; zmierzenie sił; this ~, tym razem.
bovine (*bou'win*) *pm.* woli, wołowy.
bow (*bau'*) *cz.* ukłonić się; skinąć głową; ugiąć (się); ~, *rz.* ukłon.
bow (*bou*) *rz.* łuk, kabłąk, smyczek, łęk; jarzmo; **-legged** *pm.* krzywonogi; **-line** (*mar.*) lina (do kierowania żaglem); **-sprit**

maszt przedni; **-string** cięciwa łuku; **-window** okno wykuszowe.
bowel (*bau'əl*) *rz.* kiszka; **-s** *lmn.* jelita, wnętrzności; (fig.) litość.
bower (*bau'ə*) *rz.* altana; kotwica u przodu statku; walet atutowy; **-y** *pm.* cienisty.
bowie-knife (*bou'inajf*) *rz.* nóż myśliwski.
bowl (*bou'l*) *rz.* puhar, czara; lulka fajki; kula; ~, *cz.* toczyć kulę; rzucić kulę; **-er** (*bou'lə*) *rz.* rzucający kulę, kręglarz; (kapelusz) melonik; **-ing** (*-iŋ*) *rz.* gra w kulę, kręgle; **-ing-alley** kręgielnia; **-ing-green** plac do gry w kulę.
bowman (*bo'umən*) *rz.* łucznik.
box (*boks*) *rz.* pudło, pudełko, skrzynia, puszka; budka; kozieł powozu; loża (teatr.); przedział; policzek, boks; (*bot.*) bukszpan; ~, *cz.* zamknąć w pudle, skrzynce, puszce; wyciąć policzek; boksować; **-en** (*bo'ksεn*) *pm.* bukszpanowy; **-er** (*bo'ksə*) *rz.* bokser; **-ing day** drugi dzień świąt Bożego Nar.; **-ing** gloves, rękawiczki do boksu; **-keeper** odźwierny loży; snuff ~, tabakierka.
boy (*boj*) *rz.* chłopiec, młodzieniec; służący; **-hood** wiek młodzieńczy, chłopięctwo; **-ish** (*bo'jisz*) *pm.* chłopięcy.
boycott (*boj'kot*) *rz.* bojkot; ~, *cz.* bojkotować.
brabble (*bræ'bεl*) *rz.* zwada, spór.
brace (*brej's*) *rz.* dwoje, para; pasy rzemienne; klamra; **-s** *lmn.* szelki; ~, *cz.* łączyć, wiązać; spiąć, wzmocnić; **-let** (*-lət*) *rz.* bransoletka; kajdany.
brachial (*bræ'kjəl*) *pm.* ramienny, ramieniowy.
bracken (*bræ'kεn*) *rz.* paproć.
bracket (*bræ'kət*) *rz.* podpora, konsola; różek gazowy; nawias; **-ed** *pm.* dobrany.
brackish (*bræ'kisz*) *pm.* słonawy.
brad (*bræ'd*) *rz.* ćwik; **-awl** szydło (proste).
brae (*brej*) *rz.* stok, urwisko.
brag (*bræ'g*) *rz.* chełpliwość; **-s** *lmn.* przechwałki; ~, *cz.* chełpić się, junaczyć; **-gart** (*-gət*), **-ger** (*-gə*) *rz.* pyszałek.
brahman (*bra'mæn*), **brahmin** (*bra'min*) *rz.* bramin.
braid (*brej'd*) *rz.* warkocz; splot; wstążka do włosów; ~, *cz.* pleść; przeplatać; obszywać sznurkiem.
brail (*brej'l*) *rz.* lina do zwijania żagli.
brain (*brej'n*) *rz.* mózg, rozum; **-s** *lmn.* rozum, umysł; blow out one's **-s**, zastrzelić się; cudgel one's **-s** break one's **-s** with, łamać sobie głowę nad; **-pan** czaszka.
brake (*brej'k*) *rz.* zarośle, paproć; międlica; hamulec; ~, *cz.* międlić; hamować; **-man, -sman** *rz.* brekowy.
brambl-e (*bræ'mbεl*) *rz.* głóg; **-ing** *rz.* ptak ang. podobny do ziemby.
bran (*bræ'n*) *rz.* otręby.
branch (*brā'ncz*) *rz.* gałąź, odnoga, zawód; gałąź umiejętności; ~, *cz.* rozgałęziać (się).
branchia (*bræ'ŋkiə*) *rz.* skrzela; **-l** (*bræ'ŋkiəl*) *pm.* skrzelowy.
brand (*bræ'nd*) *rz.* głownia; piętno, znak, napiętnowanie; gatunek; ~, *cz.* cechować, piętnować; **-new** = **bran-new.**
brandish (*bræ'ndisz*) *cz.* wywijać, wymachiwać, potrząsać czem.
brandy (*bræ'ndi*) *rz.* okowita, wódka, gorzałka.
bran-new (*bræn' niū*) *pm.* nowiutki, prosto z igły.
brant (*bræ'nt*) *rz.* drobny gatunek gęsi.
brash (*bræ'sz*) *rz.* głaz.
Brasil nuts *rz.* orzechy brazylijskie.
brass (*brā's*) *rz.* mosiądz, miedź; bezczelność; yellow ~, mosiądz; red ~, miedź; **-es** *lmn.* mosiężne części; **-band** orkiestra dęta; **-founder** mosiężnik; **-ard** (*brā'səd*) *rz.* opaska; **-y** (*bræ'si*) *pm.* miedziany; bezczelny.
brat (*bræ't*) *rz.* dzieciuch, bęben.
bravado (*brəwā'dou*) *rz.* brawura.
brave (*brej'w*) *rz.* zuch, śmiałek; ~, *pm.* śmiały, odważny, postawny; ~, *cz.* nie zważać na; stawiać czoło; **-ry** *rz.* męstwo, waleczność.
bravo (*brā'wou*) *rz.* zbój; brawo.
bravura (*brawu'ra*) *rz.* brawura.

brawl (*brō'l*) *rz.* burda, bijatyka; (o strumieniu) szmer; ~, *cz.* wadzić się, wywoływać bijatykę, narobić wrzasku; (o strumieniu) szemrać.

brawn (*brō'n*) *rz.* dziczyzna; krzepkość, mięsień; **-y** (*brō'ni*) *pm.* krzepki; muskularny.

braxy (*bræ'ksi*) *rz.* choroba owiec.

bray (*brej'*) *rz.* ryk (ośli); ~, *cz.* ryczeć; tłuc, rozetrzeć.

braze (*brej'z*) *cz.* bronzować; lutować; **-n** (*brej'zen*) *pm.* mosiężny, bronzowy; **-faced** bezczelny.

brazier (*brej'zjə*) *rz.* mosiężnik, kotlarz; palenisko.

breach (*brī'cz*) *rz.* wyłom; zerwanie; rozbrat, rozerwanie, złamanie, naruszenie, pogwałcenie; ~ of trust, sprzeniewierzenie się; ~, *cz.* przerwać.

bread (*bre'd*) *rz.* chleb; ~ and butter, chleb z masłem; (fig.) utrzymanie; ~ and cheese, (fig.) strawa; **-corn** zboże na chleb; **-stuffs** *lmn.* zboże, mąka; **-fruit** kasztan Malabarski; **-winner** żywiciel.

breadth (*bre'dþ*) *rz.* szerokość; tolerancja.

break (*brej'k*) *rz.* złamanie, stłuczenie; przerwa, luka; ~ of day, świt, brzask; brek (powóz); ~*, *cz.* łamać, tłuc (się), zbić, rozerwać, przerwać, urwać się; gwałcić (prawo), iść na przebój, przełamać; zbankrutować; poskromić; zwinąć, rozpuścić (wojsko); napocząć; ~ a jest, zadrwić; ~ an officer, spensjonować oficera; ~ off a habit, oduczyć (się) czegoś; ~ away, wyrwać się, uciec; ~ forth, wytryskać, błysnąć; ~ ground, orać; napocząć; ~ in, wpaść, wkroczyć; ~ open, wywalić; ~ off, ustać, przerwać (się); urwać się; ~ out, wybuchnąć; wyrwać się; wysypać się (o pryszczach); wykrzyknąć; ~ one in, przyuczyć kogoś; ~ the news, zawiadomić; ~ up, rozejść się; ~ with one, poróżnić się z kimś; the day **-s**, świta; the weather -s up, wyjaśnia się; **-able** *pm.* kruchy; łamliwy; **-age** (*brej'kədż*) *rz.* złamanie, rzeczy połamane; **-down** (*-daun*) *rz.* złamanie, załamanie się, upadek; **-fast** (*bre'kfəst*) *rz.* śniadanie; **-er** (*brej'kə*) *rz.* gwałciciel; bałwan morski; beczka; **-up** *rz.* rozerwanie, rozprószenie; rozejście się; **-water** *rz.* łamacz fal.

bream (*bre'm*) *rz.* leszcz (ryba); ~, *cz.* czyścić (dno okrętu).

breast (*bre'st*) *rz.* pierś; make a clean ~ of, wyznać coś; ~, *cz.* nastawiać piersi; zwalczać; **-high** po piersi; **-plate** pancerz, napierśnik; **-work** przedpiersie, parapet.

breath (*bre'þ*) *rz.* dech, tchnienie, oddech, powiew; out of ~, bez tchu; shortness of ~, dychawica; under one's ~, szeptem; **-e** (*brī'ð*) *cz.* dychać, oddechać (szepnąć); wionąć, ziać, tchnąć; ~ out, wyzionąć; **-hole** luft; **-ing** (*brī'ðiŋ*) *rz.* tchnienie, wzdychanie; **-less** (*bre'þləs*) *pm.* bez tchu, zziajany; martwy.

bred (*bre'd*) *cz.* od **breed.**

breech (*brī'cz*) *rz.* (u karabina) zamek, tylna część; **-es** (*bri'czez*) *lmn.* spodnie, bryczecy; **-loader** (*-loudə*) *rz.* broń odtylcowa.

breed (*brī'd*) *rz.* ród, plemię, rasa; ~, *cz.* płodzić, hodować, wychować, rodzić się, lęgnąć się; sprawić; **-er** (*brī'də*) *rz.* rodzic, hodowca, wychowawca; **-ing** *rz.* hodowla; wychowanie.

breeze (*brī'z*) *rz.* wietrzyk, podmuch; miał; **-fly** (*-flaj*) *rz.* mucha końska, gzik; **-y** (*brī'zi*) *pm.* świeży, rześki; wesoły.

brent-goose = **brant-goose.**

brethren (*bre'ðren*) *rz. lmn.* od **brother** bracia.

breve (*brī'w*) *rz.* brewe; znaczek nad literą oznaczający wymowę krótką.

brevet (*bre'wət*) *rz.* patent; ~, *pm.* [honorowy.

breviary (*brī'wjəri*) *rz.* brewjarz.

brevity (*bre'witi*) *rz.* krótkość, zwięzłość.

brew (*brū'*) *cz.* warzyć piwo; knować, grozić; **-age** (*brū'ədż*) *rz.* warzenie; odwar; **-er** (*brū'ə*) *rz.* piwowar; **-ery** (*brū'əri*) *rz.* browar.

briar (*braj'ə*) patrz **brier.**

bribe (*braj'b*) *rz.* przekupstwo, łapówka; ~, *cz.* przekupić; **-ry** (*braj'bəri*) *rz.* przekupstwo, przedajność.

bric-a-brac (*bri'kəbræ'k*) *rz.* starzyzna.
brick (*bri'k*) *rz.* cegła; (gwar.) przyjaciel, solidny człowiek; ~, *cz.* murować; ~ up, zamurować; **-bat** odłamek cegły; **-field, -kiln** *rz.* cegielnia; **-layer** murarz; **-work** murowanie.
brid-al (*braj'dəl*) *rz.* wesele, ślub; ~, *pm.* weselny; **-e** (*braj'd*) *rz.* panna młoda; **-al-bed** łożnica; **-e-cake** kołacz weselny; **-egroom** (*braj'dgrūm*) *rz.* pan młody; **-esmaid** drużka; **-esman** drużba.
Bridewell (*braj'duel*) *rz.* dom poprawy w Londynie.
bridge (*bri'dż*) *rz.* most; kobyłka (u skrzypiec); brydż (gra w karty); ~, *cz.* połączyć; przerzucać mosty; ~ over a difficulty, poradzić sobie.
bridle (*braj'dəl*) *rz.* uzda, (*fig.*) wodza; ~ path, ścieżka; ~, *cz.* okiełznać.
brief (*brī'f*) *rz.* skrót; brewe papieskie; akta sądowe; hold ~ for, bronić; ~, *pm.* krótki, zwięzły; be ~, streścić się; in ~, w krótkości.
brier (*braj'ə*) *rz.* cierń, głóg; dzika róża; **-y** (*braj'əri*) *pm.* ciernisty.
brig (*bri'g*), **-antine** (*bri'gantīn*) *rz.* brygantyna, statek dwumasztowy.
brigad-e (*brigej'd*) *rz.* brygada; **-ier** (*brigədī'ə*) *rz.* = **-ier general** dowódca brygady.
brigand (*bri'gənd*) *rz.* bandyta; zbój; **-age** (*bri'gəndədż*) *rz.* rozbójnictwo, rozbój.
bright (*braj't*) *pm.* jasny, promienny; jaskrawy; zdolny; **-en** (*braj'tən*) *cz.* rozjaśnić, świecić, wypogodzić się; **-ness** (*-nəs*) *rz.* jasność, żywość, blask.
brillian-cy (*bri'ljənsi*) *rz.* jasność, blask; świetność; **-t** (*bri'ljənt*) *rz.* brylant, klejnot; gatunek pisma druk.; **-t** *pm.* błyszczący, świetny, lśniący; **-tine** (*-tīn*) *rz.* pomada do włosów; **-tly** (*bri'ljəntli*) *ps.* świetnie.
brim (*bri'm*) *rz.* skrzydło (kapelusza); brzeg (naczynia); ~, *cz.* napełnić po brzegi; ~ over, przelewać się; **-ful** *pm.* pełny po brzegi; **-mer** *rz.* czara.
brimstone (*bri'mstoun*) *rz.* siarka.
brind-ed (*bri'ndəd*), **brindled** (*bri'ndəld*) *pm.* morągowaty; **-le** (*bri'ndəl*) *rz.* zwierzę morągowate.
brine (*braj'n*) *rz.* słona woda (morska), morze; łzy.
bring* (*bri'ŋ*) *cz.* przynieść, przyprowadzić, sprowadzić, doprowadzić, przywieść, przytoczyć; zrządzić, wywołać; ~ an action against, zapozwać kogoś; ~ away, odprowadzić; ~ down, powalić, zniżyć; ~ forth, wydać, porodzić; ~ forward, przenieść (na drugą stronę księgi rachunk.); posunąć (naprzód), przedstawić; ~ to mind, przypomnieć; ~ home to, udowodnić, przekonać; ~ in, wprowadzić, podać; ~ in guilty, uznać za winnego; ~ off, wyratować; ~ out, wynieść, okazać; ~ over, nawrócić; ~ round, przyprowadzić; ocucić; ~ to pass, sprawić; ~ through, uratować; ~ together, pogodzić; ~ under, podbić; ~ up, wynieść na górę, wychować; ~ up the rear, zamykać pochód; stanowić tylną straż.
brink (*bri'ŋk*) *rz.* brzeg, krawędź, kraniec; skraj.
brisk (*bri'sk*) *pm.* rześki, żwawy, ożywiający; ~, *cz.* ożywiać (się); **-et** (*bri'skət*) *rz.* mostek; **-ness** (*-nəs*) *rz.* żwawość, dziarskość.
bristl-e (*bri'səl*) *rz.* szczecina; ~, *cz.* jeżyć (się); **-ed, -y** (*bri'səli*) *pm.* najeżony. [pier brystol.
Bristol board (*bri'stəl bō'd*) pa-
Britannia metal (*britæ'niəme'təl*) *rz.* nowe srebro.
British (*bri'tisz*) *pm.* brytyjski.
brittle (*bri'təl*) *pm.* kruchy.
broach (*brou'cz*) *rz.* rożen; szpic; ~, *cz.* nadziać na rożen; napocząć beczkę; rozpocząć; zagaić; ~ to, (*mar.*) nagle zakręcić statek.
broad (*brō'd*) *pm.* szeroki, rozległy, głośny; **-cast** transmisja, nadawanie; **-casting** radjofonja; ~ ~ station, rozgłośnia; **-cloth** sajeta; **-en** *cz.* rozszerzać (się); **-seal** wielka pieczęć; **-side** burta; **-sword** pałasz.
brocade (*brokej'd*) *rz.* brokat; **-d** *pm.* brokatowy.
brochure (*broszū'ə*) *rz.* broszura.
brock (*bro'k*) *rz.* borsuk.

brogue (*brou'g*) *rz.* kierpeć; but.
brogue (*brou'g*) *rz.* djalekt; wymowa Irlandczyków.
broider (*broj'də*), **-y** patrz **embroider.**
broil (*broj'l*) *rz.* kłótnia, burda; ~, *cz.* przypiekać, smażyć się.
broke (*bro'uk*), **-n** (*brou'ken*) *cz.* od **break,** przerywany; ~**n English** łamana angielszczyzna; **-n -winded** dychawiczny; **-nly** *ps.* urywkami.
broker (*brou'kə*) *rz.* makler, pośrednik; **-rage** (*brou'kərədż*) *rz.* maklerstwo, kurtaż, faktorstwo.
brom-ine (*brou'min*) *rz.* brom; **-ide** (*brou'majd* i *brou'mid*) *rz.* związek chemiczny bromowy.
bronchi (*bro'nkaj*) *rz. lmn.* bronch, oskrzele; **-al** (*bro'nkjəl*) **-c** (*bro'nkik*) *pm.* bronchialny, oskrzelowy; **-tis** (*bronkaj'tis*) *rz.* bronchit.
bronze (*bro'nz*) *rz.* bronz, spiż.
brooch (*brou'cz*) *rz.* broszka.
brood (*brū'd*) *rz.* stado (ptaków), ród, plemię; **-hen** kwoka; ~, *cz.* wysiedzieć, wylęgać; rozmyślać.
brook (*bru'k*) *rz.* strumyk; **-let** *rz.* strumyczek; **-lime** przetacznik, bobownik; ~, *cz.* znosić, ścierpieć.
broom (*brū'm*) *rz.* janowiec, żarnowiec, miotła; **-corn** gatunek prosa; **-rape** wilk zielony (*bot.*).
Bros = **brothers.**
broth (*bro'þ*) *rz.* rosół.
brothel (*bro'þel*) *rz.* burdel.
brother (*brǎ'ðə*) *rz.* brat; ~ in arms, towarzysz broni; **-hood** braterstwo, bractwo; **-in-law** szwagier; **-liness** *rz.* braterstwo; **-ly** *pm.* braterski; **-ly** *ps.* po bratersku.
brougham (*brū'm, brū'em*) *rz.* kareta jednokonna.
brought (*brō't*) *cz.* od **bring**; was ~ to bed of a son, powiła syna.
brow (*brau'*) *rz.* brew, czoło; nawis; szczyt, krawędź.
browbeat (*brau'bīt*) *cz.* maltretować; zastraszyć; pomiatać kimś.
brown (*brau'n*) *pm.* bronzowy, brunatny, ciemny; **-Bess** flinta, dawny karabin; **-coal** lignit; **ness** *rz.* brunatność; **-ie** krasnoludek.
browse (*brau'z*) *rz.* gałązka, latorośl, zielona pasza; ~, *cz.* skubać.
bruin (*brū'in*) *rz.* niedźwiedź, miś.
bruise (*brū'z*) *rz.* stłuczenie, siniak; ~, *cz.* potłuc, utłuc.
bruit (*brū't*) *rz.* wieść, pogłoska.
brumous (*brū'məs*) *pm.* zimowy.
brunet,-te (*brune't*) *rz.* brunet(ka).
brunt (*brǎ'nt*) *rz.* siła, ciężar.
brush (*brǎ'sz*) *rz.* szczotka, pędzel; ogon lisi, kita; utarczka; ~, *cz.* zamiatać, czyścić szczotką, malować pędzlem, odświeżyć; (away, by) migać się; musnąć; **-wood** podszycie lasu, gąszcz; **-work** sposób malowania; **-y** (*brǎ'szi*) *pm.* najeżony, szorstki, gęsty.
brusque (*brū'sk* i *brǎ'sk*) *pm.* nagły, szorstki.
Brussels sprouts (*bra'səlz sprau'ts*) *rz. lmn.* brukselki.
brut-al (*brū'tel*) *pm.* brutalny; **-ality** (*brutæ'liti*) *rz.* brutalność; **-alize** (*-ajz*) *cz.* brutalizować; zbestwić (się), zbydlęcić; **-e** (*brū't*) *rz.* bydlę, brutal; **-e** *pm.* bydlęcy; **-ishness** *rz.* bestjalstwo.
bryony (*braj'oni*) *rz.* przestęp [(*bot.*).
bubble (*bǎ'bel*) *rz.* bańka (mydlana); wrzenie; ~, *cz.* wrzeć.
buccaneer (*bǎkənī'ə*) *rz.* korsarz.
buck (*bǎ'k*) *rz.* kozioł, jeleń; samiec; kosz do łowienia ostryg; ~, *cz.* podskakiwać; ~ up (gwar.) śpieszyć się. [trójlistny.
buck-bean (*bǎ'kbīn*) *rz.* bobek
bucket (*bǎ'ket*) *rz.* kubeł; ceber.
buckram (*bǎkræm*) *rz.* gatunek płótna gumowanego.
buckwheat (*bǎ'kuīt*) *rz.* gryka.
buckish (*bǎ'kisz*) *pm.* lalkowaty.
buckle (*bǎ'kel*) *rz.* sprzączka; ~, *cz.* spiąć; zabrać się do; jąć; **-r** (*bǎ'klə*) *rz.* paweż, tarcza.
bucolic(al) (*bjuko'lik*) *pm.* bukoliczny; ~, *rz.* sielanka.
bud (*bǎ'd*) *rz.* pąk, pączek (na drzewie), zarodek, zawiązek; ~, *cz.* puszczać pączki, rozwijać się; być w zaczątku; szczepić.
buddhis-m (*bu'dizem*) *rz.* buddyzm; **-t** (*bu'dist*) *rz.* buddysta.
budge (*bǎ'dż*) *cz.* ruszyć się.
budget (*bǎ'dżət*) *rz.* zbiór; stek; budżet.

buff (*bă'f*) *rz.* skóra bawola; ~, *pm.* ze skóry bawolej; jasnożółty; ~, *cz.* polerować; **-alo** (*bĭ'fəlou*) *rz.* bawół.
buffer (*bă'fə*) *rz.* bufor (kolejowy); tampon;(o człowieku)niedołęga.
buffet (*bă'fət*) *rz.* szturchaniec; (*bufej'*) kredens; bufet; ~, *cz.* szturchnąć, zadać cios; borykać się z.
buffoon (*băfū'n*) *rz.* błazen, bufon; **-ery** (*băfū'nəri*) *rz.* bufonada, błazeństwo; **-ish** (*băfū'nisz*) *pm.* błazeński.
bug (*bă'g*) *rz.* pluskwa, robak; **-bear, -aboo** straszydło, koczkodon.
buggy (*bă'gi*) *rz.* powozik.
bugle (*bjū'gęl*) *rz.* trąbka; dżet; gądziel (*bot.*).
bugloss (*bju'glεs*) *rz.* wołowy język, miodunka (*bot.*); the viper's ~, żmijowiec pospolity.
buhl (*bū'l*) *pm.* inkrustowany.
build (*bi'ld*) *rz.* budowa, forma; ~, *cz.* budować, tworzyć; ~ up, wybudować; **-er** (*bi'ldə*) *rz.* budowniczy, twórca; **-ing** (*-iŋ*) *rz.* budynek, budowla, gmach; **-ing** *pm.* budowlany.
built (*bi'lt*) *cz.* od **build**; ~, *rz.* budowa, architektura.
bulb (*bă'lb*) *rz.* cebulka, bulwa; **-aceous** (*bəlbœ'szəs*), **-ous** (*bă'lbəs*) *pm.* cebulkowaty, cebulasty, bulwiasty.
bulge (*bă'ldż*) = **bilge**.
bulk (*bă'lk*) *rz.* masa, ogół, większa część; by the ~, hurtem, ryczałtem; ~, *cz.* szerzyć się; **-iness** *rz.* ogrom; duża objętość, otyłość; **-y** *pm.* gruby, otyły, ogromny; **-head** przepierzenie.
bull (*bu'l*) *rz.* byk; samiec słonia, wieloryba, foki; niedorzeczność, bąk; spekulant giełdowy; bulla papieska; **-calf** cielak; **-dog** buldog; **-doze** *cz.* nastraszyć; **-finch** (*bu'lfincz*) *rz.* gil (ptak); **-fly, -bee** giez, mucha; **-frog** (*bu'lfrog*) *rz.* żaba; **-'s eye** środek tarczy; okno statku; lufcik.
bullace (*bu'ləs*) *rz.* dzika śliwka, tarka.
bullet (*bu'lət*) *rz.* kula.
bulletin (*bu'lətin*) *rz.* biuletyn.
bullion (*bu'ljən*) *rz.* złoto i srebro w sztabach; sznurek złoty lub srebrny na epolety.
bullock (*bu'lək*) *rz.* byczek, buhajek.
bully (*bu'li*) *rz.* człowiek znęcający się nad słabszym; ~ *cz.* nadużywać swej siły, znęcać się.
bulrush (*bu'lrăsz*) *rz.* sitowie.
bulwark (*bu'luək*) *rz.* przedmurze.
bum (*bă'm*) *rz.* zadek; **-bailiff** siepacz, komornik.
bumble (*bă'mbεl*) *rz.* woźny; **-bee** (*bă'mbεlbī*) *rz.* szerszeń; **-puppy** (*pă'pi*) *rz.* partactwo.
bump (*bă'mp*) *rz.* guz; zderzenie; uderzenie; ~, *cz.* uderzyć, zderzyć się; **-er** (*bă'mpə*) *rz.* puhar pełen po brzegi.
bumpkin (*bă'mpkin*) *rz.* prostak; cymbał.
bumptious (*bă'mpszəs*) *pm.* zarozumiały.
bun (*bă'n*) *rz.* ciastko drożdżowe.
bunch (*bă'ncz*) *rz.* grono, kiść, wiązka, paczka; ~, *cz.* zbierać (się); gromadzić się; **-y** *pm.* guzowaty.
bundle (*bă'ndεl*) *rz.* wiązka, plik, zawiniątko, pęk; ~, *cz.* zawinąć; ~ out, ~ off, odprawić.
bung (*bă'ŋ*) *rz.* szpunt, czop; ~, *cz.* szpuntować.
bungalow (*bă'ngəlou*) *rz.* domek.
bungle (*bă'ŋgεl*) *rz.* partactwo, fuszerstwo; ~, *cz.* partaczyć, fuszerować; **-r** *rz.* partacz.
bunion (*bă'njən*) *rz.* opuchnięcie nogi.
bunk (*bă'ŋk*) *rz.* tapczan; **-er** (*bă'ŋkə*) *rz.* skrzynia na węgle; ~ ~, *cz.* zagrzebać.
bunt (*bă'nt*) *rz.* wydęcie żagla (*mar.*); **-ing** *rz.* materja na flagi; dzwoniec (ptak); **-line** (*bă'ntlajn*) *rz.* (*mar.*) lina do zwijania żagla.
buoy (*boj'*) *rz.* boj; pływak; life ~, pas ratunkowy; ~, *cz.* unosić się na powierzchni; ~ up, podtrzymywąć; **-age** (*boj'ədż*) *rz.* znaki żeglarskie; **-ancy** (*boj'ənsi*) *rz.* unoszenie się na powierzchni, lekkość, rześkość ducha; **-ant** (*boj'ənt*) *pm.* pływający, lekki.
bur (*bə'*), *rz.* łupina.
burble (*bə'bεl*) *cz.* trząść się (ze złości i t. p.).
burbot (*bə'bət*) *rz.* miętus (ryba).

burden (*bə̄'dɛn*), **burthen** (*bə̄'δɛn*) *rz.* brzemię, ciężar, pojemność; refren; ~, *cz.* obarczyć, obładować; a beast of ~, zwierzę pociągowe, juczne; **-some** *pm.* uciążliwy.
burdock (*bə̄'dok*) *rz.* łopian.
bureau (*bjurou'*) *rz.* biuro, biurko; **-cracy** (*bjuro'krəsi*) *rz.* biurokracja; **-crat** (*bjū'rokræt*) *rz.* biurokrata.
burg (*bə̄'g*) *rz.* miasto; **-ess** (*bə̄'dżəs*) *rz.* mieszczanin; wyborca; **-grave** (*bə̄'grejw*) *rz.* burgrabia.
burgeon (*bə̄'dżɛn*), **bourgeon** *cz.* pączkować, kiełkować.
burgh (*bə̄'g*) *rz.* miasto; **-er** (*bə̄'gə*) *rz.* mieszczanin.
burglar (*bə̄'glə*) *rz.* włamywacz, złodziej; **-ious** (*bəglę'riəs*) *pm.* złodziejski; **-y** (*bə̄'gləri*) *rz.* włamanie.
burgle (*bə̄'gel*) *cz.* włamywać się, okraść.
burgomaster (*bə̄'gomūstə*) *rz.* burmistrz.
burgonet (*bə̄'gonet*) *rz.* hełm.
burial (*be'riəl*) *rz.* pogrzeb; **-field, -ground** cmentarz.
burin (*bjū'rin*) *rz.* rylec.
burke (*bə̄k*) *cz.* uniknąć; stłumić; zatuszować.
burl (*bə̄'l*) *rz.* węzeł; ~, *cz.* strzyc sukno; **-ap** (*bə̄'ləp*) *rz.* materja na worki.
burlesque (*bəle'sk*) *rz.* farsa, krotochwila, parodja; ~, *pm.* śmieszny; ~, *cz.* ośmieszać, trawestować.
burl-iness (*bə̄'linəs*) *rz.* tusza; **-y** (*bə̄'li*) *pm.* otyły.
burn (*bə̄'n*) *rz.* oparzelizna; strumyk, rzeczułka; ~*, *cz.* palić, świecić; opalać, pałać, sparzyć, wypalić (się); spalić, przypalić; **-er** (*bə̄'nə*) *rz.* palnik; **-ing scent** świeży trop; **-ing** question, paląca sprawa.
burnish (*bə̄'nisz*) *rz.* blask, polerunek; ~, *cz.* polerować.
burnoos(e) (*bənū's*) *rz.* burnus.
burnt (*bə̄'nt*) *cz.* od **burn**; **-offering** (sacrifice), ofiara całopalna.
burr (*bə̄'*) *rz.* osobliwe wymawianie litery r.
burrow (*bă'rou*) *rz.* jama, nora; ~, *cz.* ryć norę; zniknąć, myszkować.
bursar (*bə̄'sə*) *rz.* kwestor; stypendysta; **-y** *rz.* (w Szkocji) bursa.
burst (*bə̄'st*) *rz.* pęknięcie, wybuch, rozpadlina, uderzenie (pioruna), wylew; ~, *cz.* rozprysnąć; pękać; pęknąć, wybuchnąć, wylać, uderzyć (o piorunie), rozłupać; ~ away, popędzić; ~ in upon one, wpaść, wlecieć.
burthen patrz **burden**.
bury (*be'ri*) *cz.* grzebać, pochować.
bus, 'bus (*bă's*) *rz.* autobus, omnibus.
bush (*bu'sz*) *rz.* krzak, krzew; gąszcz; wiecha (nad szynkiem); beat about the ~, krążyć dokoła tematu; **-harrow** brona; **-iness** *rz.* krzaczastość; **-man** *rz.* dzikus; **-y** *pm.* krzaczasty.
bushel (*bu'szəl*) *rz.* buszel (36 litrów, miara ciał sypkich); under the ~, pod korcem.
busi-ed (*bi'zid*) *pm.* zatrudniony, zajęty; **-ly** *ps.* pracowicie, czynnie; **-ness** (*bi'znəs*) *rz.* zajęcie, interes, handel, urzędowanie, sprawa; mean ~, poważnie rzecz traktować; line of ~, branża; ~**-like** *pm.* praktyczny, solidny; ~ *ps.* urzędowo; **-man** *rz.* kupiec, człowiek interesów.
busk (*bă'sk*) *rz.* stalka gorsetu.
buskin (*bă'skin*) *rz.* trzewik, koturn; **-ed** *pm.* na koturnach; tragiczny.
buss (*bă's*) *rz.* całus (przest.).
bust (*bă'st*) *rz.* popiersie, biust.
bust *cz.* i *pm.* (potoczne) = **burst**.
bustard (*bă'stəd*) *rz.* drop (ptak).
bustle (*bă'sɛl*) *rz.* krzątanina, wrzawa, zgiełk; turnjura; ~, *cz.* zabiegać, uwijać się.
busy (*bi'zi*) *pm.* zatrudniony, ożywiony, czynny; **-body** wścibski; ~, *cz.* zatrudnić, zająć; być zajętym.
but (*bă't*) *sp.*, *pm.* i *ps.* ale, lecz, jednak, wszakże, tylko, aby nie; wyjąwszy, oprócz; tylko co; gdyby nie, jeno; no one ~ knows, niema takiego, coby nie wiedział; not ~ I believe, nie, żebym wierzył; all ~, o mało co nie; cannot ~ feel, nie mogę nie odczuwać; last ~ one, przedostatni; no -s bez, ale; ~ **then** zato; ale; natomiast.

butcher (*bu'czə*) *rz.* rzeźnik; ~, *cz.* zarznąć; **-ly** *pm.* rzeźnicki, krwawy; **-y** (*bu'czəri*) *rz.* rzeźnictwo; rzeź, mord.
butler (*bă'tlə*) *rz.* lokaj; podczaszy.
butt (*bă't*) *rz.* cel; pośmiewisko; grubszy koniec; antał; **-end** kolba; **-s** *lmn.* strzelnica; ~, *cz.* uderzyć głową; dotykać; stykać się; **~in** wtrącić się.
butter (*bă'tə*) *rz.* masło; ~, *cz.* smarować; **-bur** kaczeniec (*bot.*).
butterbump (*bătəlămp*) *rz.* bąk (ptak).
butter-cup (*bătəkăp*) *rz.* jaskier; **-fly** motyl; **-milk** maślanka; **-nut** orzech amerykański; **-wort** tłustosz (*bot.*).
buttery (*ă'təri*) *pm.* maślany; ~, *rz.* śpiżarnia. [tył.
buttocks (*bă'təks*) *rz. lmn.* zadek;
button (*bă'tɛn*) *rz.* guzik; guz; ~ up, *cz.* zapinać; **-hole** dziurka od guzika; butonjerka; ~~, *cz.* przekonywać; zanudzać; **-s** *lmn.* chłopak do posyłek.
buttress (*lă'trəs*) *rz.* szkarpa; przypora, ramię góry; ~, *cz.* podeprzeć.
butyr-aceous (*bjutirej'szəs*), **-ic** (*bjuti'rik*) *pm.* maślany, masłowaty.
buxom ((*bă'ksɛm*) *pm.* hoży.
buy* (*baj'*) *cz.* kupować, nabywać; ~ a pig in a poke, (*przysł.*) kupić kota w worku; ~ off, wykupić (się); ~ over, przekupić.
buzz (*bă'z*) *rz.* brzęczenie; gwar; ~, *cz.* brzęczeć, szemrać.
buzzard (*'ă'zəd*) *rz.* myszołów.
by (*baj'*) *pi.* przy pomocy, za sprawą, tytułem, przez, od, w, na, podług, według, przy; tłumaczy się 6-tym przypadkiem, l. przyslówkiem; w określeniach czasu znaczy do; ~, *ps.* obok, zboku, mimo; ~ way of, jako; tytułem; zamiast; ~ and ~, niebawem, pomału, wkrótce; ~ far, o wiele; ~, little and little, stopniowo; ~ oneself, sam, samemu; ~ the way, a propos; ~ day, za dnia; ~ night, nocą; ~ this time twelve months, od dziś za rok; close~, hard~, tuż obok; day ~ day, dzień za dniem, codziennie; take example ~ him, bierz z niego przykład.
by, bye (*ba'j*) *pm.* dodatkowy, poboczny, skryty; **-blow** bękart; **-elections** wybory uzupełniające; **-end** cel dodatkowy, ukryty; **gone** *pm.* ubiegły, miniony; **-law** regulamin; **-name** *rz.* przydomek, przezwisko; **-path** ścieżka; **-product** *rz.* produkt uboczny; **-road** dróżka; **-stander** widz; **-street** zaułek; **-way** droga boczna.
byssus (*bi'səs*) *rz.* bisior (tkanina).
byword (*baj'uəd*) *rz.* przysłowie, przypowieść.
byre (*ba'jə*) *rz.* obora. [tyński.
byzantine (*bizæ'ntin*) *pm.* bizan-

C

cab (*kæ'b*) *rz.* dorożka, budka maszynisty (na parowozie); **-man** (*-mæn*) *rz.* dorożkarz; **-stand** (*-stænd*) *rz.* postój dorożek.
cabal (*kəbæ'l*) *rz.* kabała, intryga; ~, *cz.* intrygować; **-ler** (*kəbæ'lə*) *rz.* intrygant, matacz.
cabbage (*kæ'bədż*) *rz.* kapusta.
ca(b)bala (*kæ'bələ*) *rz.* kabała (żyd.).
cabby (*kæ'bi*) *rz.* skrót od **cabman**.
cabin (*kæ'bin*) *rz.* chata, kajuta, kabina okrętowa; **-boy** młodszy majtek.
cabinet (*kæ'binət*) *rz.* gabinet; rada ministrów; szafka; biurko; **-crisis,** przesilenie gabinetowe; **-council** rada gabinetowa; **-maker** stolarz artystyczny.
cable (*kej'bɛl*) *rz.* lina; kabel; ~, *cz.* przywiązać; zatelegrafować; **-gram** kablogram, depesza; **-length,** 120 sążni (1/16 mili morskiej).
caboose (*kəbū's*) *rz.* kuchnia okrętowa.
cabotage (*kæ'botɛdż*) *rz.* żegluga przybrzeżna.

cacao (*kokej'ou*) *rz.* kokos, kakao.
cachalot (*kæ'szəlot*) *rz.* olbrotowiec, kaszalot.
cache-ctic(al) (*kəke'ktik*) *pm.* kachektyczny; **-xy** (*kəke'ksi*) *rz.* charłactwo.
cachinnation (*kækinej'szεn*) *rz.* głośny śmiech.
cackle (*kæ'kεl*) *rz.* gdakanie, paplanie; ~, *cz.* gdakać.
cacophon-ous (*kəko'fonəs*) *pm.* kakofoniczny; **-y** *rz.* kakofonja.
cactus (*kæ'ktəs*) *rz.* kaktus.
cad (*kæ'd*) *rz.* posługujący, sługus; łotr; **-dish** (*-isz*) *pm.* ordynarny. [stralny.
cadastral (*kædæ'εtrəl*) *pm.* kata-
cadaverous (*kədæ'wərəs*) *pm.* trupi, trupioblady.
caddice, caddis (*kæ'dis*) *rz.* materja wełniana, saja.
caddie (*kæ'di*) *rz.* obsługujący.
caddy (*kæ'di*) *rz.* puszka (na herbatę).
cadence (*kej'dəns*) *rz.* rytm, takt, spadek głosu w muzyce, w wierszu; **-d** *pm.* miarowy, rytmiczny.
cadet (*kəde't*) *rz.* młodszy brat; kadet (w wojsku i marynarce).
cadge (*kæ'dż*) *cz.* żebrać; wyżebrać.
cadger (*kej'dżə*) *rz.* przekupień.
cadmium (*kæ'dmiεm*) *rz.* kadm.
caduceus (*kədjū'siεs*) *rz.* kaduceusz.
caduc-ity (*kədjū'siti*) *rz.* przelotność; **-ous** (*-kəs*) *rz.* odpadający (*bot.*).
caecum (*sī'kεm*) *rz.* ślepa kiszka.
caesar (*sī'zə*) *rz.* cesarz, władca; **-ean operation** (*sizæ'riən opərej'szεn*) *rz.* cesarskie cięcie; **-ism** *rz.* autokracja.
caesura (*sisjū'rə*) *rz.* cezura; **-l** *pm.* średniówkowy.
café (*kæfej'*) *rz.* kawiarnia; **-ine** (*kæ'fein*) *rz.* kofeina.
caftan (*kæ'ftæn* i *kəfta'n*) *rz.* kaftan, chałat.
cage (*kej'dż*) *rz.* klatka; więzienie; ~, *cz.* zamknąć do klatki, uwięzić.
caiman, cayman (*kej'mən*) *rz.* kajman, aligator.
caique (*kəī'k*) *rz.* łódka.
cairn (*ke'ən*) *rz.* kopiec graniczny.
caisson (*kej'sən* i *kəsū'n*) *rz.* jaszczyk; kieson.
caitiff (*kej'tif*) *rz.* łotr, łajdak; ~, *pm.* nędzny, podły.
cajole (*kədżou'l*) *cz.* przypochlebiać się, wyłudzić pochlebstwem; **-ry** (*kədżou'ləri*) *rz.* pochlebstwo.
cake (*kej'k*) *rz.* placek, ciastko, tort; cegiełka; ~ of soap, mydełko; ~, *cz.* zlepiać (się), twardnieć.
calabar, -er (*kæ'labə*) *rz.* popielica (futro).
calabash (*kæ'lebæsz*) *rz.* dynia, tykwa.
calamine (*kæ'ləmin*) *rz.* galman.
calamit-ous (*kəlæ'mitəs*) *pm.* nieszczęsny; **-ously** *ps.* nieszczęśliwie; **-y** (*kəlæ'miti*) *rz.* nieszczęście, klęska, niedola.
calash (*kəlæ'sz*) *rz.* kolasa, buda powozu.
calcareous (*kælkē'rjəs*) *pm.* wapienny.
calci-ferous (*kəlsi'fərəs*) *pm.* wapienny; **-fy** (*kæ'lsifaj*) *cz.* wypalić na wapno, zwapnieć.
calcine (*kæ'lsin*) *cz.* spopielić, spalić na proszek; **-nation** (*kælsinej'szεn*) *rz.* spopielenie, spalenie na popiół, na proszek. [nia.
calcite (*kæ'lsajt*) *rz.* węglan wap-
calcium (*ka'lsiεm*) *rz.* wapień.
calcula-ble (*kæ'lkjuləbεl*) *pm.* obliczalny; **-te** (*kæ'lkjulejt*) *cz.* obliczać, wyrachować, kalkulować; **-tion** (*kælkjulej'szεn*) *rz.* obliczenie, wyrachowanie, kalkulacja, rachuba; **-tive** *pm.* kalkulacyjny; **-tor** (*kælkjulej'tə*) *rz.* rachmistrz; maszyna do liczenia.
calcul-ous (*kæ'lkjuləs*) *pm.* stwardniały; **-us** (*kæ'lkjuləs*) *rz.* (*med.*) kamień; (*mat*). rachunek.
ca(u)ldron (*kō'ldrən*) *rz.* kocieł.
calef-acient (*kæ'lifej'szεnt*) *pm.*, **-active, -atory** ciepłorodny; **-action** (*kælifæ'kszεn*) *rz.* ogrzewanie, ciepło.
calendar (*kæ'ləndə*) *cz.* wciągnąć na listę; sporządzić listę; ~, *rz.* kalendarz, spis; ~ month, miesiąc kalendarzowy.
calender (*kæ'ləndə*) *rz.* magiel, kalander; ~, *cz.* prasować, maglować.
calends (*kæ'ləndz*) *rz. lmn.* kalendy.
calenture (*kæ'lənczə*) *rz.* gorączka podzwrotnikowa.

calf (*kā'f*) *rz.* cielę, młody (wieloryba, sarny; (*anat.*)łydka; skóra cielęca; in ~, with ~, cielna.
caliber, calibre (*kæ'libə*) *rz.* kaliber; miara, znaczenie.
calicle (*kæ'likɛl*) *rz.* kielich (kwiatu).
calico (*kæ'likou*) *rz.* kartun; kalikot; printed ~, perkalik.
calipee (*kæ'lipī*) *rz.* mięso żółwia.
calipers (*kæ'lipəz*) *rz.* cyrkiel krzywonogi.
calix (*kæ'liks*) *rz.* kielich.
calk (*kō'k*), **calkin** (*kō'kin*) *rz.* hacel, hufnal; ~, *cz.* podkuwać hacelami.
call (*kō'l*) *rz.* wołanie, zawołanie; wizyta, odwiedziny; zew; powołanie; sygnał; at ~, na zawołanie; **-bird** wabik; **-er** (*kō'lə*) *rz.* wołający; gość; **-ing** *rz.* wołanie, zwołanie; powołanie, zatrudnienie; ~, *cz.* wołać, zwać (się); przywoływać, wywoływać, wabić (o ptakach), nazywać, przezywać; ~ on, zajść do, odwiedzić; ~ at (one), wstąpić do, odwiedzić; ~ for, zgłosić się po coś; ~ in, wycofać z obiegu, przyzwać; ~ in (to) mind, przypomnieć (sobie); ~ in one's word, odwołać dane słowo; ~ in question, kwestjonować; ~ one up, obudzić kogoś, powoływać przed sąd; ~ out, wyzwać na pojedynek; ~ to account, pociągnąć do odpowiedzialności; **-ed upon**, powołany do, zmuszony.
calligraph-ic(al) (*kæligræ'fik*) *pm.* kaligraficzny; **-y** (*kəli'grəfi*) *rz.* kaligrafja.
callipers (*kæ'lipəz*) *rz.* *lmn.* cyrkiel krzywonogi.
callisthenics (*kælisfie'niks*) *lmn.* gimnastyka rytmiczna.
call-osity (*kəlo'siti*), **-ousness** (*kæ'ləsnəs*) *rz.* odcisk, rogowatość, zatwardziałość; nieczułość; gruboskórność; **-ous** (*kæ'ləs*) *pm.* stwardniały; niedelikatny; gruboskórny; nieczuły.
callow (*kæ'lou*) *pm.* nieopierzony; niedoświadczony; nizinny.
calm (*kā'm*), **-ness** (*-nəs*) *rz.* spokój, cisza; ~, *pm.* cichy, spokojny; ~, *cz.* uspokoić (się), uśmierzyć, uciszyć (się); **-ly** (*kā'mli*) *ps.* spokojnie, cicho.
calomel (*kæ'loməl*) *rz.* kalomel.
calori-c (*kælo'rik*) *rz.* cieplik; **-e** (*kæ'lori*) *rz.* kalorja; **-fic** (*kælorik'fik*) *pm.* ogrzewający, ciepłorodny; **-metre** *rz.* kalorymetr, ciepłomierz.
calotte (*kəlō't*) *rz.* piuska, kalotka.
caltrop (*kæ'ltrop*) *rz.* żelazo najeżone kolcami.
calumet (*kæ'ljumət*) *rz.* fajka pokoju.
calumn-iate (*kəlă'mniejt*) *cz.* potwarzać, obmawiać, szkalować; **-iation** (*kələmniej'szɛn*), **-y** (*kæ'ləmni*) *rz.* oszczerstwo, potwarz, obmowa, szkalowanie; **-iator** *rz.* potwarca, oszczerca; **-ious** (*kəlă'mniəs*) *pm.* potwarczy, oczczercy.
calve (*kā'w*) *cz.* ocielić się.
calvin-ism (*kæ'lwinizɛm*) *rz.* kalwinizm; **-ist** *rz.* kalwin(ka), kalwinista.
calycle (*kæ'likɛl*) *rz.* nadkielich (*bot.*). [tego).
cam (*kæ'm*) *rz.* zęby (koła zębacamber
camber (*kæ'mbə*) *rz.* wygięcie; ~, *cz.* wygiąć.
cambist (*kæ'mbist*) *rz.* wekslarz.
cambium (*kæ'mbiɛm*) *rz.* miazga.
cambric (*kej'mbrik*) *rz.* muślin, [batyst.
came *cz.* od **come**.
camel (*kæ'məl*) *rz.* wielbłąd; **-eer** (*kæmelī'ə*) *rz.* wielbłądnik; **-ry** *rz.* wojsko **na** wielbłądach.
camelopard (*kæme'lopăd*) *rz.* żyrafa. [kamelja.
camellia (*kəme'liə* i *kəmī'ljə*) *rz.*
cameo (*kæ'mio*) *rz.* kamea.
camera (*kæ'mərə*) *rz.* aparat fotograficzny; (*fiz.*) komora; ~ lucida, przyrząd optyczny; ~ obscura, ciemnia.
camisole (*kæ'misoul*) *rz.* kaftanik.
camlet (*kæ'mlet*) *rz.* kamlot.
cammock (*kæ'mək*) *rz.* wilżyna (*bot.*).
camomile (*kæ'momajl*), **chamomile** *rz.* rumianek.
camouflage (*kæ'muflāż*) *rz.* maskowanie; ~, *cz.* maskować.
camp (*kæ'mp*) *rz.* obóz, obozowisko; ~, *cz.* obozować; to pitch a ~, rozbić obóz; **-ing** (*kæ'mpiŋ*) *rz.* obozowanie.
campaign (*kæ'mpejn*) *rz.* kampanja; działania wojenne; **-er** *rz.* weteran.

campanula (*kæpæ'nulə*) *rz.* kampanula; **-te** (*kæmpæ'njuləjt*) *pm.* dzwonkowaty.
camphor (*kæ'mfə*) *rz.* kamfora; **-ic** (*kæmfo'rik*) *pm.* kamforowy.
campion (*kæ'mpiən*) *rz.* kąkolik, płomieńczyk (*bot.*).
campshot (*kæ'mpszot*), **-shedding** (*-szedin*), **sheeting** (*-szītiŋ*) *rz.* tama.
can (*kæ'n*) *rz.* puszka blaszana, bańka, blaszanka; konewka; ~, *cz.* móc, podołać, umieć.
canal (*kənæ'l*) *rz.* kanał; kanalik, rowek; przewód; **-iculated** (*kænæli'kjulejted*) *pm.* rowkowaty; **-ize** (*kæ'nəlajz*) *cz.* kanalizować.
canard (*kənā'd, kæ'nə̄*) *rz.* kaczka (dziennikarska). [kanarek.
canary (*kənē'ri*), **-bird** (*-bə̄'d*) *rz.*
cancel (*kæ'nsəl*) *cz.* wykulczyć; skasować; wykreślić, skreślić, wymazać, odwołać; **-lated** *pm.* kratkowany; siatkowy; **-lation** (*kænsəlej'szεn*) *rz.* wymazanie, wykreślenie, skasowanie.
cancer (*kæ'nsə*) *rz.* znak raka (*astr.*); (*med.*) rak; **-ed** (*-ə̄d*), **-ous** (*kæ'nsərəs*) *pm.* rakowaty; (*fig.*) zgangrenowany.
candelabrum (*kæŋdələj'brεm*) *rz.* kandelabr. [rzący.
candescent (*kænde'sənt*) *pm.* ża-
candid (*kæ'ndid*) *pm.* szczery, otwarty, bezstronny; **-ly** *ps.* szczerze, otwarcie; **-ness** *rz.* otwartość, szczerość.
candida-te (*kæ'ndidejt*) *rz.* kandydat, pretendent; **-ture** (*-czə̄*) *rz.* kandydatura.
candle (*kæ'ndεl*) *rz.* świeca; dipped ~, moczona świeca; Roman ~, świeca (pirotechn.); **-end** ogarek; **-mas** (*-mεs*), **day** święto Panny Marji Gromnicznej; **-power** świeca (jednostka miary natężenia światła); **-stick** lichtarz; **-wick** (*-uik*) knot.
candour (*kæ'ndə*) *rz.* szczerość, bezstronność, otwartość.
candy (*kæ'ndi*) sugar ~, *rz.* kandyz; lukier; ~, *cz.* kandyzować; lukrować.
cane (*kej'n*) *rz.* laska; bambus; trzcina; ~ bottom chair, krzesło wyplatane; **-brake** (*brej'k*) *rz.* zarośl trzcinowa; ~, *cz.* wychłostać, wybatożyć.
cang, cangue (*kæ'ng*) *rz.* kanga.
canine (*kej'najn*) *pm.*, psi; **-madness** *rz.* wścieklizna; ~tooth, kieł.
canister (*kæ'nistə*) *rz.* puszka (na herbatę i i.); ~ shot, kartacz.
canker (*ka'ŋkə*) *rz.* rak, robak (niszczący); ~, *cz.* wyżreć, stoczyć; **-ous** (*ka'ŋkərəs*) *pm.* rakowaty, niszczący.
canned (*kæ'nd*) *pm.* konserwowany; w puszkach.
cannel-coal (*kæ'nəlkou'l*) *rz.* węgiel bitumiczny.
cannibal (*kæ'nibεl*) *rz.* ludożerca; **-ism** *rz.* kanibalizm, ludożerstwo.
cannon (*ka'nən*) *rz.* armata, działo; karambol; ~, *cz.* karambolować; **-ade** (*kænənej'd*) *rz.* kanonada; ~~, *cz.* bić z dział; **-ball** *rz.* pocisk, kula armatnia; **-bone** *rz.* kość tylnej nogi konia.
cannot (*kæ'not*) forma przecząca od **can**.
canny (*kæ'ni*) *pm.* ostrożny, przebiegły; oszczędny.
canoe (*kənū'*) *rz.* czółno, łódka.
canon (*kæ'nən*) *rz.* kanon, prawo kanoniczne, reguła, kanonik; (druk.) kanon; **-ic(al)** (*kəno'nikəl*) *pm.* kanoniczny; **icals** *rz. lmn.* szaty kanoniczne; **-ist** (*kəno'nist*) *rz.* kanonista; **-ize** (*kæ'nənajz*) *cz.* kanonizować.
canop-ied (*kæ'nəpid*) *pm.* przykryty baldachimem; **-y** (*kæ'nəpı*) *rz.* baldachim; ~, *cz.* przykryć baldachimem; ~ of heaven, firmament, sklepienie niebieskie.
canorous (*kəno'rəs*) *pm.* dźwięczny, melodyjny.
cant (*kæ'nt*) *rz.* kant; odchylenie, przechylenie; żargon, gwara; obłuda, hipokryzja; obłudnik; ~, *cz.* szwargotać; ~, *cz.* ściąć; ~ over, przechylić; **-er** *rz.* świętoszek.
can't (*kā'nt*) = **cannot.**
cantabridgian (*kæntəbri'dżiən*) *rz.* student Uniw. w Cambridge.
cantaloupe (*kæn'təlūp*) *rz.* kantalupa, gatunek melonu.
cantankerous (*kæntæ'ŋkərəs*) *pm.* kłótliwy, swarliwy.
cantata (*kæntā'tə*) *rz.* kantata.
cantatrice (*kæntatri'cze*) *rz.* śpiewaczka.

canteen (*kantī'n*) *rz.* kantyna; menażka. [sować.
canter (*kæ'ntə*) *rz.* kłus; ~, *cz.* kłu-
cantharides (*kænþæ'ridīz*) *rz. lmn.* wezygatorje z kantarydy.
canthus (*kæ'nþəs*) *rz.* kąt oczny.
canticle (*kæ'ntikɛl*) *rz.* kantyczka.
cantilever (*kæntilī'wə*) *rz.* podpora.
cantle (*kæ'ntɛl*) *rz.* kawałek, płatek; łęk siodła.
canto (*kæ'ntou*) *rz.* śpiew (w poemacie), rozdział.
canton (*kænto'n* i *kæ'nton*) *rz.* kanton, obwód; ~ (*kæ'nton* i *kæntū'n*) *cz.* kantonować; **-ment** (*kænto'nmənt*) *rz.* kwatery wojskowe, leże.
canvas (*kæ'nwəs*) *rz.* kanwa, płótno żaglowe, żagiel; płótno (= obraz); under ~, pod namiotami; **-back** *rz.* dzika kaczka amerykańska.
canvass (*kæ'nwəs*) *rz.* roztrząsanie, skrutynjum; werbowanie; ~, *cz.* roztrząsać; werbować; badać.
cany (*kej'ni*) *pm.* trzcinowy, porosły trzciną.
canyon (*kæ'niən*) *rz.* kanjon, jar.
canzonet (*kænzone't*) *rz.* śpiewka.
caoutchouc (*kau'czuk*) *rz.* kauczuk.
cap (*kæ'p*) *rz.* czapka, czapeczka, kołpak, czepek; szczyt, pokrywa; piston, kapsla; ~ in hand, pokornie; the ~ fits, na złodzieju czapka gore; fool's ~, kołpak błazeński; percussion ~, kapiszon; ~, *cz.* nakryć czapką, pokryć, uchylić czapki, zakończyć.
capa-bility (*kejpəbi'liti*) *rz.* zdolność, zdatność; **-ble** (*kej'pəbɛl*) *pm.* zdolny, zdatny; **-cious** (*kəpej'szəs*) *pm.* obszerny, przestronny; **-ciousness** *rz.* przestronność, pojemność; **-citate** (*kəpæ'sitejt*) *cz.* uzdolnić, usposobić, upoważnić; **-city** *rz.* zdolność, uzdolnienie; pojemność, objętość; zdatność; godność, charakter, prawo.
cap-à-pie (*kæ'pəpī*) *ps.* od stóp do głów.
caparison (*kəpæ'rizɛn*) *rz.* rząd (konia); ~, *cz.* ubrać w czaprak, ustroić.
cape (*kej'p*) *rz.* peleryna; (*geogr.*) przylądek.
caper (*kej'pə*) *rz.* sus, wybryk, hołubiec; **-s** *lmn.* kapary; ~, *cz.* pląsać, brykać.
capercailzie, -cailye (*kæpəkej'li, -zi*) *rz.* głuszec.
capias (*kæ'pjəs*) *rz.* rozkaz aresztowania.
capilla-rity (*kæpilæ'riti*) *rz.* włoskowatość; **-ry** (*kæ'piləri* i *kəpi'ləri*) *pm.* włoskowaty; ~ attraction, włoskowatość.
capital (*kæ'pitɛl*) *rz.* kapitel; kapitał; stolica; duża litera, wersalik; ~, *pm.* główny, czołowy, naczelny; kapitalny, stołeczny, gardłowy; walny; **-ism** (*kæ'pitəlizɛm*) *rz.* kapitalizm; **-ize** (*-ajz*) *cz.* kapitalizować; spieniężyć; **~stock** kapitał zakładowy.
capitation (*kæpitej'szɛn*) *rz.* pogłówne.
capitol (*kæ'pitol*) *rz.* kapitol; siedziba kongresu w Waszyngtonie.
capitular (*kəpi'czjulə*) *rz.* kapitulny.
capitulat-e (*-kəpi'czjulejt*) *cz.* kapitulować; **-ion** (*-szɛn*) *rz.* kapitulacja.
capon (*kej'pən*) *rz.* kapłon.
capot (*kəpo't*) *rz.* wygrana wszystkich lew w pikiecie.
capotte (*kəpo't*) *rz.* kapota.
capric-e (*kəprī's*) *rz.* kaprys, dziwactwo; **-ious** (*-szəs*) *pm.* kapryśny, nieobliczalny; **-iously** *ps.* kapryśnie; **-iousness** *rz.* kapryśność.
capricorn (*kæ'prikōn*) *rz.* koziorożec (w zodjaku).
capriole (*kæ'prioul*) *rz.* sus.
capsicum (*kæ'psikɛm*) *rz.* pieprz.
capsize (*kæpsaj'z*) *cz.* wywrócić się dnem do góry.
capstan (*kæ'pstɛn*) *rz.* kabestan.
capsul-ar (*kæ'psjulə*) *pm.* torebkowy; **-e** (*kæ'psɛl*) *rz.* torebka, pochewka; kapsułka.
captain (*kæ'ptɛn*) *rz.* kapitan, dowódca; ~ of horse, rotmistrz; **-cy, -ship** kapitaństwo, dowództwo. [wanie.
captation (*kæptej'szɛn*) *rz.* kapto-
caption (*kæ'pszɛn*) *rz.* pojmanie, aresztowanie; zaświadczenie.

captious (*kæ'pszəs*) *pm.* zdradliwy, chytry, podchwytliwy; **ness** *rz.* podchwytliwość, zdradliwość, chytrość.
captivat-e (*kæ'ptiwejt*) *cz.* ująć, zjednać miłość, oczarować; **-ion** (*kæptiwej'szεn*) *rz.* oczarowanie.
capt-ive (*kæ'ptiw*) *pm.* ujęty, pojmany; ~, *rz.* braniec, jeniec; **-ivity** (*kæpti'witi*) *rz.* niewola; **-or** (*kæ'ptə*) *rz.* zwycięzca; **-ure** (*kæ'pczə*) *rz.* zdobycz, łup; **-ure** *cz.* pojmać; zdobyć.
capuchin (*kæ'pjuczin*) *rz.* kapucyn; kaptur; kapuza.
car (*kā*) *rz.* wóz, wagon, automobil; dining ~, wagon restauracyjny.
carabineer (*kærəbinī'ə*) *rz.* karabinier.
caracole (*kæ'rəkoul*) *rz.* półobrót (koniem), harcowanie; ~, *cz.* harcować (na koniu).
carafe (*kərā'f*) *rz.* karafka.
carapace (*kæ'rəpejs*) *rz.* skorupa.
carat (*kæ'rət*) *rz.* karat.
caravan (*kærəwæ'n*) *rz.* karawana; **-sary** (*kærəwæ'nsəri*) *rz.* karawanseraj.
caraway (*kæ'rəuej*) *rz.* kmin(ek).
carbine (*kā'bajn*) *rz.* karabinek.
carbolic (*kābo'lik*) *pm.* karbolowy; ~ **acid** fenol.
carbon (*kā'bon*) *rz.* węgiel, węglik; **-aceous** (*-ej'szεs*) *pm.* węglany; **-ate** (*kā'bənət*) *rz.* węglan; **-ate** *cz.* zamienić w węglan; **-ic** (*kābo'nik*) *pm.* węglowy; **-ic acid** kwas węglany; **-iferous** (*-ni'fərəs*) *pm.* węglowy; **-ization** (*kābənizej'szεn*) *rz.* zwęglenie; **-ize, -ise** (*kā'bonajz*) *cz.* zwęglać.
carborundum (*kāborā'ndεm*) *rz.* karborundum.
carboy (*kā'boj*) *rz.* butla.
carbun-cle (*kā'bāŋkεl*) *rz.* karbunkuł (*med. i jubil*); **-cled** *pm.* wysadzany karbunkułami; pryszczowaty; **-cular** *pm.* karbunkułowy.
carburettor (*kābəre'tə*) *rz.* karburator.
carcass (*kā'kəs*) *rz.* padlina; ścierwo; szkielet; save one's ~, ratować skórę.
card (*kā'd*) *rz.* karta; bilet (wizytowy); ~, *cz.* gremplować; **-board** tektura; **-ed wool** wełna; **-ing** *rz.* gremplowanie.
cardamon (*kā'dəmən*) *rz.* kardamon.
cardiac (*kā'diək*) *pm.* sercowy.
cardigan (*kā'digən*) *rz.* kamizelka wełniana.
cardinal (*kā'dinεl*) *rz.* kardynał; ~, *pm.* kardynalny, zasadniczy; ~ numbers, liczby główne; ~ points, strony świata; **-ate, -ship** *rz.* godność kardynała.
cardoon (*kardū'n*) *rz.* kard (*bot.*).
care (*kē'ə*) *rz.* troska, piecza, staranie, uwaga; ~ of, na ręce; take ~, starać się; uważać; take ~ of, for, dbać, troszczyć się, pielęgnować; ~, *cz.* troszczyć się, dbać, opiekować się; mieć na pieczy; I do not, ~ wszystko mi jedno; I do not ~ for, nie lubię; **-ful** (*kē'əfəl*) *pm.* troskliwy; **-fulness** *rz.* troskliwość, dbałość, staranność, pieczołowitość; **-less** (*kē'ələs*) *pm.* opieszały, niedbały; **-lessly** *ps.* opieszale, niedbale; **-lessness** *rz.* niedbalstwo, opieszałość; **-worn** *pm.* udręczony.
careen (*kərī'n*) *cz.* przechylić na bok (celem oczyszczenia okrętu).
career (*kərī'ə*) *rz.* bieg; zawód, karjera; in full ~, w pełnym galopie; ~, *cz.* lecieć, pędzić.
caress (*kəre's*) *rz.* pieszczota; kares; ~, *cz.* pieścić, karesować.
caret (*kæ'rət* i *kej'rət*) *rz.* znak korektorów, że opuszczono wyraz.
cargo (*kā'gou*) *rz.* ładunek okrętowy.
caricatur-e (*kæ'rikətjūə*) *rz.* karykatura; **-ist** *rz.* karykaturzysta; ~, *cz.* karykaturować.
car-ies (*ke'riīz*) *rz.* próchnienie kości (zębów); **-ious** (*kē'rjəs*) *pm.* spróchniały, próchniejący.
carking (*kā'kiŋ*) *pm.* ciężki.
carl, carle (*kā'l*) *rz.* chłop, człowiek.
carline (*kā'rlin*) *rz.* dziewięćsił (*bot.*).
carman (*kā'mæn*) *rz.* woźnica.
carmine (*kā'min*) *rz.* karmin.
carnage (*kā'nεdż*) *rz.* rzeź.
carnal (*kā'nεl*) *pm.* cielesny, zmysłowy; **-ity** (*kānæ'liti*) *rz.* cielesność, zmysłowość; **-ly** *ps.* cieleśnie, zmysłowo.

carnation (*kānej'szɛn*) *rz.* karnacja; cielistość; ~, *rz.* (*bot.*) gwoździk.
carnival (*kā'niwɛl*) *rz.* karnawał, zapusty.
carnivorous (*kāni'wərəs*) *pm.* mięsożerny.
carol (*kæ'rol*) *rz.* kolenda; hymn, pieśń; ~, *cz.* śpiewać; **-ler** *rz.* kolendnik.
carom (*kæ'rom*) *rz.* karambol.
carotid (*kəro'tid*) *rz.* żyła główna.
carous-al (*kərau'zɛl*), **-e** *rz.* hulanka, biesiada; **-e** (*kərau'z*) *cz.* hulać, pić, biesiadować.
carp (*kā'p*) *rz.* karp; ~, *cz.* ganić, nicować, wyśmiewać; **-ing** *pm.* uszczypliwy, złośliwy.
carpent-er (*kā'pəntə*) *rz.* cieśla; stolarz; **-ry** (*kā'pəntri*) *rz.* ciesielstwo, ciesielka, stolarka.
carpet (*kā'pɛt*) *rz.* dywan, kobierzec; be on the ~, być przedmiotem rozmowy, narady; ~, *cz.* wykładać dywanami; ganić; **-bag** *rz.* torba podróżna; **-knight** salonowiec.
carpus (*kā'pəs*) *rz.* (*anat.*) zapięstek.
carri-age (*kæ'ridż*) *rz.* wóz, powóz, wagon; podwozie; przewóz; zachowanie się, postawa; ~ and four, powóz czterokonny; gun ~, laweta; through ~, wagon bezpośredniej komunikacji; **-agable** *pm.* jezdny; **-er** *rz.* roznosiciel; okaziciel; **-ole** *rz.* kareta.
carrion (*kæ'rjən*) *rz.* padlina.
carrot (*kæ'rət*) *rz.* marchew; **-iness** *rz.* rudość włosów; **-y** *pm.* marchwiany, rudy.
carry (*kæ'ri*) *cz.* nieść, wieść, sprawić; doprowadzić; przeprowadzić, zatrzymać; wziąć górę, wziąć szturmem; dawać plon, rodzić; pozyskać, zdobyć; dopiąć, osiągnąć, otrzymać; uchwalić; fetch and ~, aportować; służyć komuś; to be ~ ied, do przeniesienia; ~ about, nosić wokoło, nieść na sobie; ~ away, odnosić, przemóc, uprowadzić; ~ forward, przenieść; ~ off, zdobyć, unieść, porwać; ~ on, prowadzić; ~ one's point, postawić na swojem; ~ oneself, prowadzić się, postępować; ~ out, ~ into effect, przeprowadzić, wprowadzić w życie; ~ over, przenieść; ~ to account, podciągnąć pod rachunek; ~ the cause, wygrać sprawę; ~ the day, odnieść zwycięstwo; ~ the price, kosztować; ~ up, wynieść, podnieść; ~ weight, mieć znaczenie; **-ing** (*-iŋ*) *rz.* przewóz; **-tale** *rz.* plotkarz.
cart (*kā't*) *rz.* wóz, podwoda, furgon; ~, *cz.* wozić, wieźć; **-age** *rz.* przewozowe; **-er** *rz.* furman, woźnica; **-wright** stelmach.
carte blanche (*kā'tbla'nsz*) *rz.* wolna ręka.
cartel (*kā'təl*) *rz.* kartel; wyzwanie na pojedynek.
cartilag-e (*kā'tilədż*) *rz.* chrząstka; **-inous** (*-lej'dżinəs*) *pm.* chrząstkowy.
cartograph-er (*kāto'grəfə*) *rz.* kartograf; **-y** *rz.* kartografja.
cartoon (*kātū'n*) *rz.* rysunek, szkic, karykatura; **-ist** *rz.* karykaturzysta.
cartridge (*kā'tridż*) *rz.* nabój, ładunek; blank ~, ślepy nabój.
caruncle (*kæ'rɛŋkel*) *rz.* narośl mięsna na głowach ptaków.
carv-e (*kā'w*) *cz.* rzeźbić; krajać; **-ed work** *rz.* snycerska robota, rzeźba; **-er** (*kā'wə*) *rz.* rzeźbiarz, snycerz; **-ing** (*-iŋ*) *rz.* rzeźba, krajanie.
carvel-built (*kā'wɛl bilt*) *pm.* (łódka) o gładkich bokach.
caryatid (*kæ'rjætid*) *rz.* karjatyda.
cascade (*kæskej'd*) *rz.* kaskada.
case (*kej's*) *rz.* pokrowiec, powłoczka, kapa; futerał, torebka, puzdro, sztuciec; kaszta drukarska; gablotka; przykład; raz, wypadek, sprawa, stan sprawy; (*med.*) stan; proces; wersja; (*gram.*) przypadek; in ~, w razie, gdyby; in any ~, w każdym razie; in that ~, w takim wypadku; put a ~, przypuścić; ~, *cz.* pokryć, oprawić, owinąć, wsadzić w pochwę; **-harden** (*hā'dɛn*) *cz.* hartować; **-knife** *rz.* sztylet; **-shot** kartacz.
casement (*kej'smənt*) *rz.* kwatera, okna, okno.
casein (*kej'sejn*) *rz.* sernik.
casemate (*kej'smejt*) *rz.* kazamata.

caseous (*kej'sjəs*) *pm.* serowaty.
caserns (*kəzə'nz*) *rz. lmn.* koszary.
cash (*kæ'sz*) *rz.* gotówką, pieniądze; be in ~, być przy pieniądzach; ~ payment, zapłata gotówkowa; ~, *cz.* spieniężyć, inkasować; **-ier** (*kəszī'ə*), **-keeper** (*ka'szkīpə*) *rz.* kasjer; **-ier** *cz.* zwolnić ze służby; zdegradować.
cashmere (*kæ'szmīə*) *rz.* kaszmir.
casing (*kej'siŋ*) *rz.* patrz **case.**
casino (*kəsī'nou*) *rz.* kasyno.
cask (*ka'sk*) *rz.* beczka, beczułka.
casket (*kā'sket*) *rz.* szkatułka.
casque (*kā'sk*) *rz.* przyłbica, hełm.
cassation (*kæsej'szεn*) *rz.* kasacja, kasata; **court of ~**, sąd kasacyjny. [krochmal.
cassava (*kæsā'wə*) *rz.* kasawa;
cassia (*kæszə* i *kæ'sziə*) *rz.* kasja, gatunek cynamonu.
cassock (*kæ'sεk*) *rz.* sutanna.
cassowary (*kæ'souəri*) *rz.* kazuar (*ptak*).
cast (*kā'st*) *rz.* rzut, obliczenie; odlew; kształt, postać, forma; lenienie, zrzucona skóra; (teatr.) zespół; (o kolorach) odcień; ~ of mind, skłonność; ~ of the eye, zez; **-iron** *rz.* lane żelazo; ~*, *cz.* rzucić, cisnąć; zarzucić; zrzucić; głosować; miotać, odrzucić; nakreślić (plan), obliczać; wyziewać; poronić, porzucić płód; zwolnić ze służby; odlewać; wyrzucić z siebie, womitować; ~ about, rozrzucać, obmyślać; ~ anchor, zarzucić kotwicę; ~ aside, odrzucić; zarzucić; ~ away, odrzucić; ~ down, zasmucić, strapić; ~ down one's eyes, spuścić oczy; ~ in one's teeth, powiedzieć w oczy; ~ off, porzucić; zarzucić; ~ out devils, wypędzić szatana. [niety.
castanets (*kæ'stənεts*) *rz.* kasta-
castaway (*kā'stəuej*) *rz.* wyrzutek.
caste (*kā'st*) *rz.* kasta.
castell-an (*kæ'stələn*) *rz.* kasztelan; **-ated** (*kæ'stətətεd*) *pm.* zamkowy, krenelowany.
castigat-e (*kæ'stigejt*) *cz.* karcić, karać; **-ion** *rz.* karcenie, karanie; **-ory** *pm.* karcący, karzący.
castle (*kā'sεl, kæ'sεl*) *rz.* zamek; wieża (w szachach); ~, *cz.* roszować (w szachach); -s in the air (air-built~s) zamki na lodzie.
castor (*kā'stə*) *rz.* flaszeczka na ocet l. oliwę; rolka (u nogi mebla).
castor oil (*kā'stərojl*) *rz.* olej rycynowy; ~ **sugar** *rz.* mączka cukrowa.
castrat-e (*kæ'strejt*) *cz.* kastrować; **-ion** (*kæstrej'szεn*) *rz.* kastracja.
casual (*kæ'żuəl*) *pm.* przypadkowy, niedbały; **-ly** *ps.* przypadkowo, niedbale; **-ness** (*-nəs*) przypadkowość; **-ty** (*-ti*) *rz.* wypadek, nieszczęście; **ties** *lmn.* straty (w bitwie).
casuist (*kæ'żuist*) *rz.* kazuista; **-ic(al)** (*kæżui'stik*) *pm.* kazuistyczny; **-ry** (*kæ'żuistri*) *rz.* kazuistyka.
cat (*kæ't*) *rz.* kot; złośliwa kobieta; blok do podnoszenia kotwicy; ~ call, ~ pipe, piszczałka do wygwizdywania aktorów w teatrze; ~ mint, (*bot.*) kocia pięta; ~ o'-nine-tails, knut; **-'s eye**, kocie oko (kamień); **-'s tail**, (*bot.*) szuwary; let the ~ out of the bag, wygadać tajemnicę; turn ~ in pan, przekabacić się; it rains ~ s and dogs, pada ulewny deszcz.
catachres-is (*kætəkrī'sis*) *rz.* katachreza; **-tical** (*kætəkre'stikεl*) *pm.* niewłaściwy, przekręcony.
cata-clysm (*kæ'təklizεm*) *rz.* kataklizm, gwałtowny przewrót; **-comb** (*kæ'təkoum*) *rz.* katakumba; **-falque** (*kæ'təfælk*) *rz.* katafalk; **-lepsy** (*kæ'təlεpsi*) *rz.* katalepsja; **-leptic** *pm.* kataleptyczny; **-logue** (*kæ'təlog*) *rz.* katalog, spis; **-plasm** (*kæ'təplæzm*) *rz.* kataplazm; **-pult** (*kā'təpālt*) *rz.* katapulta; **-ract** (*kæ'tərækt*) *rz.* katarakta, wodospad; (*med.*) katarakta.
catarrh (*kətā'*) *rz.* katar; nieżyt; **-al** (*kətā'rεl*) *pm.* kataralny.
catastroph-e (*kətæ'strofi*) *rz.* katastrofa, klęska; **-ic** (*kætəstro'fik*) *pm.* katastrofalny.
catch (*kæ'cz*) *rz.* połów, pojmanie; chwyt, łapanie; klamka, hak; (*fig.*) haczyk; (*muz.*) kanon; rodzaj statku, jacht; by ~ es, kolejno; ~*, *cz.* pojmać, złapać, chwycić, dostać; zarazić się; ~ a glimpse of, dostrzec, spostrzec; ~ at, chwycić za coś, przyczepić się; ~ fire, zapalić się; ~ one's eye,

wpaść komu w oko; ~ up, dogonić; **-er** (*kæ'czə*) *rz.* chwytający, sidło, pułapka; **-fly** lepnica, móchołówka (*bot.*); **-ing** (*-iŋ*) *pm.* zaraźliwy, chwytający; **-penny** *rz.* wydrwigrosz; **-poll** siepacz, woźny; **-word** *rz.* hasło (w polityce i w słownikach).

catchup (*kæ'czăp*) *rz.* sos z grzybów, pomidorów i i.

catech-etic(al) (*kæteke'tik-εl*) *pm.* katechizmowy; **-ism** (*kæ'təkizεm*) *rz.* katechizm; **-ist** (*kæ'təkist*) *rz.* katecheta; **-umen** (*kætəkjū'mən*) *rz.* katechumen.

categor-ical (*kætəgo'rikεl*) *pm.* kategoryczny, stanowczy; **-ically** (*kætəgo'rikəli*) *ps.* kategorycznie, stanowczo; **-y** (*kæ'tegori*) *rz.* kategorja, klasa, rząd, szereg.

catena-rian (*kætənē'riεn*), **-ry** *kætī'nəri*) *pm.* łańcuchowy (*mat.*); **-te** (*kæ'tənejt*) *cz.* łączyć, wiązać; **-tion** (*-ej'szεn*) *rz.* powiązanie.

cater (*kej'tə*) *cz.* furażować; dostarczać; **-er** (*kej'tərə*) *rz.* dostawca (żywności), szafarz.

cateran (*kæ'terən*) *rz.* koniokrad.

cater-cousin (*kej'təkă'zεn*) *rz.* intymny przyjaciel; be ~ with, być za pan brat z.

caterpillar (*kæ'təpilə*) *rz.* gąsienica, liszka. [koty drzeć.

caterwaul (*kæ'təuōl*) *cz.* miauczeć;

cates (*kej'ts*) *rz. lmn.* smakołyki.

catgut (*kæ'tgăt*) *rz.* katgut; struny (instr. muz.). [przeczyszczający.

cathartic (*kəfiā'tik*) *rz.* i *pm.* środek

cathedral (*kəfiī'drəl*) *rz.* katedra (kościół); ~, *pm.* katedralny.

catheter (*kæ'fiətə*) *rz.* kateter.

cathode (*kæ'fioud*) *rz.* katod (*elektr.*).

catholic (*kæ'fiəlik*) *rz.* katolik; ~, *pm.* katolicki; **-ism** (*kəfio'lisizεm*) *rz.* katolicyzm.

catholicon (*kæfiō'likən*) *rz.* powszechne lekarstwo, panaceum.

catkins (*kæ'tkins*) *rz. lmn.* (*bot.*) kotki, kocanki. [pel; struna.

catling (*kæ'tliŋ*) *rz.* kociak; skal-

catoptric (*kəto'ptrik*) *pm.* katoptryczny; **-s** *rz. lmn.* katoptryka.

cat's paw (*kæ'tspō*) *rz.* lekki powiew wiatru; (osoba będąca) narzędzie(m w cudzym ręku).

cattle (*kæ'tεl*) *rz.* bydło; **-lifter** *rz.* koniokrad; **-plague** *rz.* mór.

caucus (*kō'kəs*) *rz.* bojówka.

caud-al (*kō'dəl*) *pm.* ogonowy; **-ate, -ated** *pm.* ogoniasty.

caudle (*kæ'dεl*) *rz.* polewka winna.

caught (*kō't*) *cz.* od **catch**.

caul (*kō'l*) *rz.* błona, czepek; be born with a ~, w czepku się urodzić.

cauldron (*kō'ldrεn*) *rz.* kocieł.

cauliflower (*ko'liflauə*) *rz.* kalafior.

caus-al (*kō'zəl*), **-ative** (*kō'zətiw*) *pm.* przyczynowy; **-ality, -ation** (*kozæ'liti* i *kōzej'szεn*) *rz.* przyczynowość, związek przyczynowy.

cause (*kō'z*) *rz.* przyczyna, źródło, sprawa, wina, powód; proces; **-e** *cz.* być przyczyną, sprawiać, spowodować, wywoływać, sprowadzić, kazać; **-eless** (*kō'zləs*) *pm.* bezzasadny, bezpodstawny, płonny; **-er** (*kō'zə*) *rz.* sprawca, przyczyna.

causeway (*kō'zuej*), **-causey** *rz.* grobla, gościniec na grobli.

caustic (*kō'stik*) *rz.* kaustyk, środek gryzący, wypalający; lunar ~, lapis; ~, *pm.* gryzący, wypalający, kaustyczny; kostyczny, uszczypliwy; **-ity** (*kosti'siti*) *rz.* kaustyczność, uszczypliwość.

cauter-ization (*kōtərizej'szən*) *rz.* kauteryzacja, wypalanie; **-ize** (*ko'tərajz*) *cz.* kauteryzować, wypalić; **-y** (*kō'təri*) *rz.* kauterjum; kauteryzacja.

cautio-n (*kō'szεn*) *rz.* ostrożność, uwaga; przestroga, ostrzeżenie; ~ money, poręka, ~, *cz.* ostrzegać, przestrzec; **-nary** (*kō'szənəri*) *pm.* ostrzegawczy; **-us** (*ko'szəs*) *pm.* ostrożny; **-usly** (*kō'szəsli*) *ps.* ostrożnie.

caval-cade (*kæwəlkej'd*) *rz.* kawalkada, orszak konny; **-ier** (*kæwəlī'ə*) *rz.* jeździec, kawaler, rycerz; ~, *pm.* kawalerski, swobodny, hardy; **-ry** (*kæ'wəlri*) *rz.* jazda, konnica, kawalerja.

cave (*kej'w*) *rz.* jaskina; (*polit.*) rozłam; ~ -dweller *rz.* jaskiniowiec; ~, *cz.* wykopać jamę; ustąpić; sklęsnać; zniekształcić.

caveat (*kej'wjæt*) *rz.* ostrzeżenie, przestroga, zawieszenie.

cavendish (*kæ'wəndisz*) *rz.* tytoń w cegiełkach.

cavern (*kæ'wən*) *rz.* pieczara, jama, jaskinia; grota; **-ed, -ous** *pm.* podrążony jaskiniami; ~ eyes, głęboko zapadnięte oczy.
caviar(e) (*kæ'wiā* i *kəwjā'*) *rz.* kawior.
cavil (*kæ'wil*) *rz.* wybieg, wykręt; ~, *cz.* wykręcać (się); **-ler, -er** *rz.* matacz, krętacz.
cavity (*kæ'witi*) *rz.* zagłębienie, wklęsłość, zapadlina, rozdół.
caw (*kō'*) *cz.* krakać.
cayenne (*keie'n*) *rz.* papryka.
cayman (*kej'mæn*) *rz.* kajman.
cease (*sī's*) *rz.* przerwa; ~, *cz.* ustać, przestać, przerwać, wstrzymać, położyć kres; **-less** *pm.* bezustanny, nieprzerwany; **-lessly** *ps.* bezustannie, nieprzerwanie.
cecity (*sī'siti*) *rz.* ślepota.
cedar (*sī'də*) *rz.* cedr; **-n** (*si'dən*) *pm.* cedrowy.
cede (*sī'd*) *cz.* odstąpić, cedować.
ceil (*sī'l*) *cz.* wyłożyć sufit; **-ing** (*-iŋ*) *rz.* pułap, sufit.
celandine (*se'ləndajn*) *rz.* jaskółcze ziele.
celebr-ate (*se'ləbrejt*) *cz.* sławić, święcić, obchodzić (święto), celebrować; **-ated** *pm.* sławny; **-ation** (*seləbrej'szen*) *rz.* święcenie, obchód (święta), święto; celebrowanie; wychwalanie; **-ity** (*səle'briti*) *rz.* sława, znakomitość.
celerity (*səle'riti*) *rz.* szybkość, chyżość.
celery (*se'ləri*) *rz.* seler (*bot.*).
celestial (*səle'stjəl*) *pm.* niebieski, boski; ~ Empire, państwo niebieskie (Chiny); **-ly** *ps.* bosko.
celibacy (*se'libəsi*) *rz.* celibat.
cell (*se'l*) *rz.* cela; komora, komórka (*biol.*); **-ular** (*se'ljulə*) *pm.* komórkowy, komórkowaty; **-ule** (*se'ljul*) *rz.* komóreczka; **-uloid** (*se'ljuloid*) *rz.* celuloid; **-ulose** (*seljulou's*) *rz.* celuloza.
cellar (*se'lə*) *rz.* piwnica.
cello (*cze'lou*) *rz.* wiolonczela.
celt (*se'lt, ke'lt*) *rz.* celt; **-ic** *pm.* celtycki.
cement (*səme'nt*) *rz.*, cement, kit, spoidło; ~, *cz.* cementować, kitować, spoić, wzmocnić; **-ation** (*sementej'szen*) *rz.* kitowanie, cementowanie, spajanie, umacnianie.
cemetery (*se'mətri*) *rz.* cmentarz.
cenobite (*sī'no'ajt*) *rz.* mnich.
cenotaph (*se'notəf*) *rz.* grobowiec; the C~; pomnik nieznanego żołnierza w Londyne.
cense (*se'ns*) *cz.* kadzić; czcić; **-r** (*se'nsə*) *rz.* kadzielnica.
cens-or (*se'nsə*) *rz.* cenzor, krytyk; **-orial** (*sensō'riəl*), **-orious** (*senso'riəs*) *pm.* krytyczny; cenzorski; **-orship** (*-ship*) *rz.* cenzura, krytyka; **-urable** (*se'nszərəbel*) *pm.* naganny; **-urableness** *rz.* naganność; **-ure** (*se'nszə*) *rz.* cenzura, nagana, krytyka; ~, *cz.* ganić, strofować, krytykować.
census (*se'nsəs*) *rz.* spis ludności.
cent (*se'nt*) *rz.* sto; cent; five per ~, pięć procent, pięć od sta; **-al** (*se'ntel*) *rz.* centnar = 100 funtów ang.
centaur (*se'ntōə*) *rz.* centaur.
centaury (*se'ntōri*) *rz.* centurja (*bot.*).
centen-ary (*se'ntənəri, sentī'nəri*) *rz* stulecie; setna rocznica; ~, *pm.* stuletni, setny; **-nial** (*sente'njəl*) *pm.* stuletni; **-nial** *rz.* stulecie; **-arian** (*səntənē'rjən*) *pm.* stuletni [starzec.
center = **centre.**
centesimal (*sente'siməl*) *pm.* setny; centezymalny.
centigrade (*se'ntigrejd*) *pm.* Celsjusza; **-gram, -gramme** *rz.* centygram.
centi-metre (*se'ntimītə*) *rz.* centymetr; **-pede** (*-pīd*) *rz.* stonoga.
cento (*se'nto*) *rz.* zbieranina.
central (*se'ntrəl*) *pm.* centralny, środkowy; **-ization** (*sentrəlajzej'szen*) *rz.* centralizacja, ześrodkowanie; **-ize** (*-ajz*) *cz.* centralizować, ześrodkować; **-ly** (*se'ntrəli*) *ps.* centralnie.
centre (*se'ntə*) *rz.* środek, centrum; ~ of gravity, punkt ciężkości; ~, *cz.* ześrodkować (się), gromadzić (się), dążyć do środka; **-bit** *rz.* środkowiec (świder); **-piece** główna ozdoba stołu.
centri-c (*se'ntrik*), **-cal** (*se'ntrikəl*) *pm.* środkowy, centralny; **-fugal** (*sentri'fjugel*) *pm.* odśrodkowy; **-petal** (*sentri'pətel*) *pm.* dośrodkowy.

centu-ple (*se'ntjupel*) *pm.* stokrotny; **-plicate** (*sentjū'plikejt*) *cz.* stokrotnie powiększyć.
centurion (*sentju'rien*) *rz.* setnik.
century (*se'nczəri*) *rz.* stulecie, wiek.
cephal-ic (*səfæ'lik*) *pm.* dotyczący głowy; **-opode** (*se'fəlopod*) *rz.* głowonóg.
ceramic (*səræ'mik*) *pm.* ceramiczny, glinkowy; **-s** *rz.* ceramika.
cereals (*si'riəlz*) *rz.* zboża.
cerebellum (*serəbe'ləm*) *rz.* móżdżek.
cerebr-al (*se'rəbrəl*) *pm.* mózgowy; **-ation** (*-ej'szən*) *rz.* cerebracja; **-um** (*se'rəbrəm*) *rz.* mózg.
cerements (*sīre'ments*) *rz. lmn.* całun.
ceremon-ial (*serəmou'njəl*) *pm.* ceremonjalny, obrzędowy, uroczysty; ~, *rz.* ceremonjał, obrządek; **-ious** (*serəmou'njəs*) *pm.* ceremonjalny; drobnostkowy; **-iousness** *rz.* ceremonje, korowody; **-y** (*se'rəməni*) *rz.* ceremonja, obrząd, uroczystość; **-ies** *lmn.* ceregiele, ceremonje.
ceroplastics (*sīroplæ'stiks*) *rz. lmn.* ceroplastyka.
certain (*sə̄'tən*) *pm.* pewny, ustalony, niezawodny; przekonany; for ~, na pewno; he is ~ to be there, na pewno tam będzie; make ~, upewnić się; **-ly** *ps.* na pewno, niezawodnie, niewątpliwie; **-ty** *rz.* pewność, pewnik.
certi-ficate (*sə̄ti'fikət*) *rz.* zaświadczenie, świadectwo; ~, *cz.* zaświadczyć; **-fication** (*sə̄tifikej'szen*) *rz.* poświadczenie; **-fier** (*sə̄'tifajə*) *rz.* zaświadczający; **-fy** (*sə̄'tifaj*) *cz.* poświadczyć, zaświadczyć; **-tude** (*sə̄'titjūd*) *rz.* pewność.
cerulean (*sərū'ljən*) *pm.* modry.
cerumen (*sərū'mən*) *rz.* wosk usz- [ny.
ceruse (*sī'rūs*) *rz.* cerusyt.
cervical (*sə̄'wikəl*) *pm.* szyjny.
cervine (*sə̄'win, -wajn*) *pm.* jeleni.
cess (*se's*) *rz.* podatek, danina.
cess-ation (*sesej'szen*) *rz.* zaprzestanie, przerwa; ~ of arms, zawieszenie broni; **-er** (*se'sə̄*) *rz.* (*jur.*) wygaśnięcie.
cession (*se'szen*) *rz.* odstąpienie, cesja; **-ary** (*se'szenəri*) *rz.* cesjonarjusz.
cesspit (*se'spit*), **cesspool** (*se'spūl*) *rz.* dół kloaczny; kloaka.
cetacean (*sətej'szən*) *pm.* wielorybi.
chafe (*czej'f*) *rz.* złość, uniesienie; zatarcie, odparzenie; ~, *cz.* rozcierać; czochrać się; drapać się; irytować się, złościć się; odparzyć sobie skórę.
chafer (*czej'fə*) *rz.* chrabąszcz.
chaff (*czā'f*) *rz.* plewy, sieczka; śmieć; żarty; ~, *cz.* drwić; siekać; **-cutter** *rz.* sieczkarnia; **-y** *pm.* żartobliwy, plewisty, bezwartościowy.
chaffer (*czæ'fə*) *rz.* targowanie się; ~, *cz.* targować się; ~ away, przekomarzać się.
chaffinch (*czæ'fincz*) *rz.* zięba.
chafing-dish (*czej'fiŋdisz*) *rz.* ogrzewacz.
chagrin (*szəgrī'n*) *rz.* zmartwienie; smutek; ~, *cz.* zasmucić, zmartwić.
chain (*czej'n*) *rz.* łańcuch, szereg, rząd, pasmo (gór); łańcuch mierniczy; **-s** *lmn.* więzy, kajdany; ~, *cz.* okuć w kajdany; połączyć, przymocować; **-bridge** most łańcuchowy; **-bullet, -shot** kule spojone łańcuchem do ścinania masztów; ~ **let** *rz.* łańcuszek; **-stitch** ścieg łańcuszkowy.
chair (*czē'ə*) *rz.* krzesło, katedra, krzesło prezydjalne; przewodniczący; sedan ~, lektyka; fill the ~, przewodniczyć; ~, *cz.* oddać przewodnictwo; nieść w trjumfie **-man** prezes, przewodniczący.
chaise (*szej'z*) *rz.* bryczka.
chalcedony (*kælse'doni*) *rz.* chalcedon (*miner.*).
chalco-graph-y (*kælko'grəfi*) *rz.* miedziorytnictwo; **-pyrite** (*-paj'rajt*) *rz.* chalkopiryt.
chaldern, chaldron (*czō'ldrən*) *rz.* miara (=36 buszlom).
chalet (*szəlej'*) *rz.* szałas; willa; pisuar, ustęp.
chalice (*czæ'lis*) *rz.* kielich.
chalk (*czō'k*) *rz.* kreda; kredka; ~, *cz.* zapisywać; **-out** nakreślić, wytknąć; **-y** *pm.* kredowy; **-pit** łożysko kredy.
challenge (*czæ'ləndż*) *rz.* wyzwanie (na pojedynek) wołanie; (*jur.*) kwestjonowanie; prowo-

kacja; ~, *cz.* wyzywać (na pojedynek); prowokować; wołać; zakwestjonować; domagać się.
chalybeate (*kəli'biet*) *pm.* żelazisty.
chamber (*czej'mbə*) *rz.* izba, komora, pokój, sala, stancja; (=**-pot**) nocnik; **-s** *lmn.* apartamenta; **-counsel** doradca prawny; **-lain** (*-lən*) *rz.* szambelan, marszałek dworu; **-lainship** *rz.* szambelaństwo; **-maid** *rz.* pokojówka; **-music** muzyka kameralna; **-pot** nocnik; **-robe** szlafrok.
chameleon (*kəmī'ljən*) *rz.* kameleon.
chamfer (*czæ'mfə*) *rz.* rowek, wyżłobienie; ~, *cz.* żłobkować.
chamois (*szæ'moa*) *rz.* giemza; kozica; ~ (*szæ'mi*) ircha.
chamomile patrz **camomile.**
champ (*czæ'mp*) *cz.* żuć, mlaskać, gryźć.
champagne (*szæmpej'n*) *rz.* szampan.
champaign (*czəmpej'n*) *rz.* równina.
champion (*czæ'mpjən*) *rz.* mistrz, zapaśnik, szermierz; ~, *cz.* szermować.
chance (*czā'ns*) *rz.* traf, możliwość, szansa, przypadek, widok; by ~, przypadkiem; take one's ~, spróbować; zaryzykować; stand a good ~, mieć widoki (powodzenia); ~, *pm.* przypadkowy; ~, *cz.* wydarzyć się, przytrafić się; ~ upon, natknąć się na; **-medley** (*-me'dli*) *rz.* zabójstwo.
chancel (*czā'nsel*) *rz.* prezbiterjum.
chancellor (*czā'nsələ*) *rz.* kanclerz; Lord High ~, the lord ~, najwyższy urzędnik sądowy Anglji; the ~ of the Exchequer, minister finansów; **-ship** *rz.* kanclerstwo.
chancery (*czā'nsəri*) *rz.* sad (cywilny); archiwum.
chancre (*szæ'ŋkə*) *rz.* szankier.
chancy (*cza'nsi*) *pm.* niepewny; ryzykowny.
chandelier (*szændəlī'ə*) *rz.* kandelabr, pająk, żyrandol.
chandler (*czā'ndlə*) *rz.* świecarz; sklepikarz; **-y** *rz.* sklepik.
change (*czej'ndż*) *rz.* zmiana, odmiana, wymiana; reszta, drobne (pieniądze), giełda; for a ~, na odmianę; ~ of clothes, zapasowe ubranie (l. bielizna); ~, *cz.* zmieniać (się), wymienić (się), odmienić, zamieniać, przemienić; ~ colour, zmienić się na twarzy; **-able** (*czej'ndżəbel*), **-ful** *pm.* zmienny, niestały, mieniący się (o kolorach); **-ableness** *rz.* zmienność, niestałość; **-ling** *rz.* podrzutek, dziecko zamienione.
channel (*czæ'nəl*) *rz.* kanał; tryb; żłobek, przewód; przesmyk, koryto rzeki; pośrednik, pośrednictwo.
chant (*czā'nt*) *rz.* śpiew (kościelny); intonacja; ~, *cz.* śpiewać (pieśni religijne), intonować, wysławiać; sprzedawać potajemnie; **-er** (*czā'ntə*) *rz.* kantor; sprzedawca potajemny; **-icleer** (*czā'ntiklīə*) *rz.* kogut; **-ress** *rz.* śpiewaczka; **-ry** (*czā'ntri*) *rz.* kaplica; fundacja.
chanterelle (*czæntere'l*) *rz.* liszka (grzyb).
cha-os (*kej'os*) *rz.* chaos, odmęt; **-tic** (*kejo'tik*) *pm.* chaotyczny, bezładny.
chap (*czæ'p*) *rz.* rysa, pęknięcie; policzek; szczęka, morda; ~, *rz.* człowiek, towarzysz, chłop; ~, *cz.* łupać się, popękać; **-fallen** *pm.* zasmucony, zafrasowany.
chape (*czej'p*) *rz.* skówka; klamra.
chapel (*czæ'pəl*) *rz.* kaplica; **-ry** *rz.* parafja.
chaperon (*szæ'pron*) *rz.* opiekun(ka); przyzwoitka; ~, *cz.* opiekować się kimś.
chapiter (*czæ'pitə*) *rz.* rozdział.
chaplain (*czæ'plən*) *rz.* kapelan; **-cy** *rz.* kapelaństwo, kapelanja.
chaplet (*czæ'plət*) *rz.* wieniec; różaniec.
chapman (*czæ'pmən*) *rz.* przekupień.
chapped (*czæ'pt*) *pm.* popękany.
chapter (*czæ'ptə*) *rz.* rozdział; kapituła.
char (*czā'*) *rz.* posługa; ~, *cz.* posługiwać; *zwęglić, spalić na węgiel; **~woman** posługaczka.
character (*kæ'rəktə*) *rz.* cecha, piętno; litera, druk; usposobienie, charakter; charakter pisma; osobistość; godność, stan; rola; reputacja; świadectwo; **-istic** (*kəræktəri'stik*) *rz.* charakterysty-

ka, cecha charakterystyczna; ~ of logarithm, wykładnik logarytmu; **-istic(al)** *pm.* charakterystyczny, znamienny, cechujący; **-ize** (*kæ'rəktərajz*) *cz.* charakteryzować, cechować, znamionować.
charade (*szərā'd*) *rz.* szarada.
charcoal (*czā'koul*). *rz.* węgiel drzewny; ~ burner, węglarz.
chare patrz **char.**
charge (*czā'dż*) *rz.* ładunek, ciężar; zlecenie, instrukcje; poruczenie, piecza; pupil(ka); urząd, funkcja; koszt; szarża; szturm; oskarżenie; ~, *cz.* obciążyć, ładować, naładować; nabić (broń); oskarżyć, obwinić; poruczyć, powierzyć; polecić, nakazać; szturmować, natrzeć; policzyć, żądać (kwoty); **-ability** (*czādżebi'liti*) *rz.* poczytalność.
chariot (*czæ'rjət*) *rz.* rydwan; ~ *cz.* przewozić; **-eer** (-*ī'ə*) *rz.* woźnica.
charit-able (*czæ'ritəbel*) *pm.* dobroczynny, życzliwy; **-ableness** *rz.* dobroczynność, miłosierdzie; **-y** (*czæ'riti*) *rz.* miłosierdzie; jałmużna; instytucja dobroczynna; ~ boy, wychowanek sierocińca.
charivari (*szæriwarī'*) *rz.* harmider.
charlady (*czāle'jdi*) *rz.* (iron.) pani posługaczka.
charlatan (*szā'lətən*) *rz.* szarlatan; **-ism** (*szā'lətənizem*), **-ry** *rz.* szarlatanerja.
Charles's-wain (*czā'lzizuejn*) *rz.* Wielka Niedźwiedzica (*astr.*).
charlock (*czā'lok*) *rz.* gorczyca polna.
charlotte (*szā'lət*) *rz.* szarlotka.
charm (*czā'm*) *rz.* urok, powab, wdzięk; ~, *cz.* czarować, zachwycać, oczarować; **-er** (*czā'mə*) *rz.* czarodziej.
charnel-house (*czā'nəlhaus*) *rz.* kostnica.
chart (*czā't*) *rz.* mapa; ceduła; wykres.
charter (*czā'tə*) *rz.* przywileje, patent; ~, *cz.* nadać przywilej; wynająć okręt; ~ party, umowa najmu okrętu.
charwoman (*czā'umən*) *rz.* posługaczka.
chary (*czē'ri*) *pm.* ostrożny, oszczędny, skąpy.
chase (*czej's*) *rz.* polowanie, pogoń; zwierzyna; lufa (broni palnej); okręt ścigany; in ~ of, w pogoni za; ~, *cz.* gonić, wygnać, ścigać; oprawić; **-r** (*czej'sə*) *rz.* myśliwy, łowca.
chasm (*kæ'zem*) *rz.* otchłań; **-y** (*kæ'zmi*) *pm.* przepaścisty; otchłanny.
chassis (*szæ'si*) *rz.* podwozie.
chast-e (*czej'st*) *pm.* czysty, dziewiczy; surowy; **-en** (*czej'sen*) *cz.* karać; oczyszczać; **-ity** *rz.* dziewiczość; czystość; **-ise** (*czæstaj'z*) *cz.* karać, wychłostać; **-isement** (*czæ'stizmənt*) *rz.* kara, chłosta.
chasuble (*czæ'sjubel*) *rz.* ornat.
chat (*czæ't*) *rz.* gawęda, pogadanka; ~, *cz.* gawędzić.
chatelaine (*sză'tlen*) *rz.* łańcuch na klucze. [mości.
chattels (*czæ'telz*) *lmn.* rucho-
chat-ter (*czæ'tə*) *rz.* świergotanie; szczękanie; gawęda; ~, *cz.* szczebiotać; kłapać; szczękać; gawędzić; **-ter-box**, gaduła; **-ty** (*czæ'ti*) *pm.* gadatliwy.
chauffeur (*szoufə̄'*) *rz.* szofer.
chauvinism (*szou'winizem*) *rz.* szowinizm.
chaw (*czō'*) *cz.* (wulg.) żuć.
cheap (*czī'p*) *pm.* tani; **-en** (*czī'pen*) *cz.* targować się (przest.); obniżyć cenę; potanieć; **-ness** *rz.* taniość.
cheat (*czī't*) *rz.* oszukaństwo, szulerstwo; oszukaniec, oszust; ~, *cz.* oszukać, okpić; **-er** (*czī'tə*) *rz.* oszust, cygan.
check (*cze'k*) *rz.* przeszkoda, niepowodzenie, zatamowanie, zatrzymanie, hamowanie; napomnienie, bura; szach (w szachach); bilet, recepis; czek; kontrola; kratka (wzór); in ~, zaszachowany; ~, *cz.* hamować, ukrócić, kontrolować, szachować, zatrzymać (się); powstrzymać, zgromić, mieć nadzór; sprawdzić, skontrolować; **-mate** *rz.* szach i mat; **-mate** *cz.* zaszachować; pobić. [w kratkę.
checker *cz.* kratkować; **-ed** *pm.*
cheek (*czī'k*) *rz.* policzek; czelność, zuchwalstwo; ~ by jowl, za pan brat; ~ tooth, ząb trzonowy; **-y** *pm.* zuchwały.

cheep (*czī'p*) *cz.* świergotać.
cheer (*czī'ə*) *rz.* jadło, jedzenie; wesołość, okrzyk radości; usposobienie, otucha, mina; ~, *cz.* dodawać otuchy, zagrzewać, nabrać otuchy, dodawać serca, zachęcać; **-ful** (*czī'əfεl*) *pm.* ochoczy, pogodny; **-fulness, -iness** (*czī'rinəs*) *rz.* ochoczość, radość, otucha, wesołość; **-less** (*czī'ələs*) *pm.* posępny, smutny; **-y** (*czī'ri*) *pm.* wesoły, rześki.
chees-e (*czī'z*) *rz.* ser; ~, *cz.* (gwar.) przestać; ~ cake, serowiec; **-e-paring** (*pē'riŋ*) *pm.* skąpy; **-rennet** przytulja; **-y** (*czī'zi*) *pm.* serowaty.
chem-ic(al) (*ke'mik-εl*) *pm.* chemiczny; **-icals** *rz. lmn.* chemikalja; **-ist** (*ke'mist*) *rz.* chemik, aptekarz; **-istry** (*ke'mistri*) *rz.* chemja.
chemise (*szəmī'z*) *rz.* koszula damska.
chenille (*szənī'l*) *rz.* kordonek; sznur (tapicerski).
cheque (*cze'k*) *rz.* czek; **-book** książka czekowa; **-r** patrz **checker**.
cherish (*cze'risz*) *cz.* pielęgnować, pieścić, miłować, żywić.
cheroot (*czərū't*) *rz.* cygaro z obu końców obcięte.
cherry (*cze'ri*) *rz.* wiśnia, czereśnia; drzewo wiśniowe; ~, *pm.* wiśniowy, czerwony; **-brandy** wiśniówka.
chert (*czə̄'t*) *rz.* rogowiec (*min.*).
cherub (*cze'rəb*) *rz. lmn.* **cherubs** lub **cherubim** (*cze'rəbz, cze'rubim*) cherubin; **-ic(al)** (*czərū'bik*) *pm.* anielski.
chervil (*czə̄'wil*) *rz.* trybulka (*bot.*).
chess (*cze's*) *rz.* szachy; **-board** szachownica; **-man** figura (w szachach).
chest (*cze'st*) *rz.* skrzynia, kufer; ~ of drawers, komoda; ~, *rz.* klatka piersiowa, piersi; ~ voice, głos piersiowy.
chestnut (*cze'snət*) *rz.* kasztan; ~, *pm.* kasztanowaty.
chevalier (*szəwəlī'ə*) *rz.* kawaler (orderu).
cheviot (*cze'wjət*) *rz.* szewiot.
chevron (*sze'wrεn*) *rz.* szewron.
chevy, chivy (*czi'wi*) *cz.* gonić.
chew (*czū'*) *cz.* przeżuwać, żuć; ~ the cud, przeżuwać; (*fig.*) przemyślać.
chibouk (*czibū'k*) *rz.* cybuch.
chic (*szi'k*) *rz.* szyk; elegancja.
chicane (*szikej'n*) *rz.* szykana; ~, *cz.* szykanować; **-ry** (*szikej'nəri*) *rz.* szykanowanie.
chick (*czi'k*) *rz.* pisklątko; ~ abiddy *rz.* malusieństwo (dziecko); ~ peas, ciecierzyca, groch włoski; ~ weed, kurzyślep (*bot.*).
chicken (*czi'kεn*) *rz.* kurczę; **-hearted** tchórzliwy; ~ **-pox** wietrzna ospa.
chickling (*czi'kliŋ*) *rz.* groch.
chicory (*czi'kəri*) *rz.* cykorja.
chide* (*czaj'd*) *cz.* łajać, strofować.
chief (*czī'f*) *rz.* szef, głowa, naczelnik, dowódca; commander in ~, głównodowodzący; ~, *pm.* główny, naczelny, walny, przedni; **-dom** zwierzchnictwo; Lord ~ justice, najwyższy sędzia; **-less** *pm.* bez głowy, bez wodza; **-tain** herszt, wódz; **-taincy, -tainship** *rz.* dowództwo.
chiffonier (*szifonī'ə*) *rz.* bieliźniarka.
chilblain (*czi'lblejn*) *rz.* odmrożenie.
child (*czaj'ld*) *rz. lmn.* **children** (*czi'ldrəń*) dziecko; **from a** ~, od dzieciństwa; **-bearing** (*-bēriŋ*) *rz.* rodzenie, poród; **-bed** (*-bed*) *rz.* połóg; be in ~ bed, zlegnąć; **-birth** (*-bə̄þ*) *rz.* poród; **C-ermas** (day), święto młodzianków (28 grudnia); **-hood** (*czaj'ldhūd*) *rz.* dzieciństwo; second ~, zdziecinnienie; **-ish** (*-isz*) *pm.* dziecięcy, dziecinny; **-ishness** dziecinność; **-less** *pm.* bezdzietny; **-like** (*laj'k*) *pm.* dziecinny, dziecięcy.
childe (*czaj'ld*) *rz.* panicz (przest.).
chill (*czi'l*) *rz.* dreszcz, zimno, chłód; ~, *pm.* zimny, chłodny; ~, *cz.* ziębić, ostudzić (zapał), hartować; **-iness, -ness** *rz.* zimno, chłód; **-y** (*czi'li*) *pm.* chłodny, zimny.
chime (*czaj'm*) *rz.* kurant; harmonja; ~, *cz.* rozbrzmiewać, grać (o kurancie); harmonizować; ~ in, przyklasnąć, dostroić się.
chimer-a (*kajmī'rə*) *rz.* chimera,

przywidzenie; **-ic(al)** (*kime'rik-sl*) *pm.* chimeryczny, urojony.
chimney (*czi'mni*) *rz.* komin, kominek; **-piece** płyta (półka) kominku; **-sweeper** (*-suī'pə*) *rz.* kominiarz.
chimpanzee (*czimpæ'nzi*) *rz.* szympans.
chin (*czi'n*) *rz.* podbródek.
china (*czaj'nə*) *rz.* porcelana; ~ **ink** tusz.
chine (*czi'n*) *rz.* grzbiet.
Chinese (*czajnī'z*) *pm.* chiński; ~**lantern** (*-læ'ntən*) *rz.* lampion.
chink (*czi'ŋk*) *rz.* szczelina, szpara; brzęk (monet); ~, *cz.* brzęczeć.
chintz (*czi'nts*) *rz.* perkal, cyc.
chip (*czi'p*) *rz.* wiór; odłamek; okrawek; a ~ of the old block, dziecko, które wdało się w ojca; ~, *cz.* łupać; ~ off, odłupywać; **-y** *pm.* (gwar.) nudny; **-s** *lmn.* smażone ziemniaki.
chiro-graph (*kajro'grəf*) *rz.* cyrograf, dokument; **-mancy** (*-mænsi*) *rz.* chiromancja.
chirp (*czə̄'p*), **chirrup** (*czi'rəp*) *rz.* świergot, szczebiot, świergotanie; ~, *cz.* ćwierkać, świergotać; **-py** *pm.* żwawy, wesoły.
chisel (*czi'zsl*) *rz.* dłóto; ~, *cz.* dłótować, rzeźbić.
chit (*czi't*) *rz.* dziecko; **a** ~ of a girl, smarkula. [plotki.
chitchat (*czitczæt*) *rz.* gawęda,
chitterlings (*czi'təliŋz*) *lmn.* flaczki.
chival-ric (*szi'wəlrik*), **-ous** (*szi'wəlrəs*) *pm.* rycerski; **-ry** (*szi'wəlri*) *rz.* rycerstwo, rycerskość.
chive (*czaj'w*) *rz.* szczypiórek.
chlor-al (*klō'rəl*) *rz.* chloral; **-hydrate** (*klō'rha'jdrejt*) *rz.* patrz **hydrochloride**; **-ic** (*klō'rik*) *pm.* chlorowy (*chem.*); **-id(e)** (*klō'rajd, klō'rid*) *rz.* związek chloru; **-ine** (*klō'rin*) *rz.* chlor.
chloro-form (*klō'rofōm*) *rz.* chloroform; **-phyll** (*klō'rofil*) *rz.* chlorofil; **-sis** (*kloro'sis*) *rz.* blednica, anemja.
chock (*czo'k*) *rz.* klin; ~, *cz.* ~ up, zaklinować; **-ful** *pm.* nabity, pełny po brzegi.
chocolate (*czo'kolət*) *rz.* czekolada; ~, *pm.* czekoladowy.
choice (*czoj's*) *rz.* wybór, dobór, kwiat; take one's ~, wybrać; ~, *pm.* wybrany, doborowy, wyborny. [terjum.
choir (*kuaj'ə*) *rz.* chór; prezbi-
choke (*czou'k*) *rz.* serce karczocha; ~, *cz.* dławić, zadusić, zagłuszyć, zatkać (się), dusić się, zdusić, udławić; **-damp** wyziewy ziemne; gaz duszący.
choler (*ko'lə*) *rz.* żółć, gniew; **-a** (*ko'lərə*) *rz.* cholera; **-ic** *pm.* choleryczny, żółciowy, gniewliwy.
choose* (*czū'z*) *cz.* wybierać, obrać, zechcieć, postanowić.
chop (*czo'p*) *rz.* zraz; kotlet; cięcie, płatek; zmiana; zmienność; stempel, marka (w handlu z Chinami); ~, *cz.* rąbać, odcinać, siekać; mieniać się (o wietrze); **-per** (*czo'pə*) *rz.* siekiera; **-sticks** pałeczki używane przez Chińczyków do jedzenia.
choral (*ko'rsl*) *pm.* chóralny; **chorale** *rz.* chorał.
chord (*kō'd*) *rz.* struna, akord; vocal ~, struna głosowa.
chore (*czō'ə*) *rz.* patrz **chare.**
choreography (*koreo'grəfi*) *rz.* choreografja.
chorion (*ko'rjən*) *rz.* błona maciczna (*anat.*).
chorister (*ko'ristə*) *rz.* chórzysta.
chorograph-ic(al) (*korogræ'fik-sl*) *pm.* chorograficzny; **-y** (*koro'grəfi*) *rz.* chorografja.
chorology (*koro'lodżi*) *rz.* chorologja.
chortle (*czō'tsl*) *cz.* chichotać.
chorus (*kō'rəs*) *rz.* chór; refren; in ~, chórem.
chose (*czou'z*), **-n** (*czou'zsn*) *cz.* od **choose.**
chough (*cză'f*) *rz.* gawron (ptak).
chouse (*czau's*) *rz.* oszust; ~, *cz.* okpić, oszwabić.
chrestomathy (*kresto'məfi*) *rz.* wypisy, wybór pism.
chrism (*kri'zsm*) *rz.* krzyżmo.
Christ (*kraj'st*) *rz.* Chrystus; **-en** (*kri'sən*) *cz.* chrzcić; **-endom** (*kri'sendəm*) *rz.* chrześcijaństwo; **-ian** (*kri'stjən, -sczən*) *pm.* chrześcijański; ~ ian name, imię; **-ianity** (*kristjæ'niti, krisczia'*) *rz.*; **-ianism** (*kri'stjənizsm*) *rz.* chrześcijaństwo, chrystjanizm; **-ianize** (*kri'stiənajz, kri'scz-*) *cz.* nawracać na wiarę Chrystusa.

Christmas, Xmas (*kri'sməs*) *rz.* Boże Narodzenie; ~**box** (~*boks*) *rz.* gwiazdka, kolenda (podarunek); ~ **tree** (~ *trī'*) *rz.* choinka.
chromatic (*kromæ'tik*) *pm.* chromatyczny.
chrome (*krou'm*) *rz.* chrom (*chem.*); **chromium** (*krou'miɛm*) *rz.* chromit.
chromolitograph (*kromoli'fiogræf*) *rz.* chromolitografja.
chronic(al) (*kro'nik-ɛl*) *pm.* chroniczny; **-le** (*kro'nikɛl*) *rz.* kronika; **-cle** *cz.* notować; prowadzić kronikę; zapisywać; **-cler** (*klə*) *rz.* kronikarz.
chronolog-er (*krono'lodżə*), **-ist** (*krono'lodżist*) *rz.* chronolog; **-ic(al)** (*kronolo'dżik -ɛl*) *pm.* chronologiczny; **-y** (*krono'lodżi*) *rz.* chronologja. [chronometr.
chronometer (*krono'mətə*) *rz.*
chrys-alis (*kri'səlis*), **-alid** (*kri'sə'id*) *rz.* poczwarka.
chrysanthemum (*krisæ'nfiɛmɛm*) *rz.* chryzantema.
chrysolite (*kri'solajt*) *rz.* chryzolit.
chub (*cză'b*) *rz.* jelec (ryba).
chubby (*cză'bi*), **-cheeked** (*-czī'kt*) *pm.* pucułowaty, pyzaty.
chuck (*cză'k*) *rz.* gdakanie, chwyt; ~! duszko! ~, *cz.* gdakać; głaskać pod brodę; rzucić, cisnąć; ~ up, zarzucić.
chuckle (*cză'kɛl*) *rz.* chichot; ~, *cz.* chichotać; ~ head, *rz.* bęcwał.
chum (*cză'm*) *rz.* współlokator, kamrat, kolega.
chump (*cză'mp*) *rz.* kloc; kawał; głowa; off his ~, zwarjowany; (potoczn.).
chunk (*cză'ŋk*) *rz.* polano; kawał.
church (*czə̄'cz*) *rz.* kościół; ~ of England, kościół Anglikański; go into the ~, zostać duchownym; **-yard** (*-jād*) *rz.* cmentarz.
churl (*czə̄'l*) *rz.* gbur, prostak; **-ish** (*czə̄'lisz*) *pm.* grubiański, nieokrzesany, prostakowaty; **-ishness** *rz.* gburowatość, prostactwo.
churn (*czə̄'n*) *rz.* maślnica; ~, *cz.* robić (ubijać) masło.
chute (*szū't*) *rz.* spadek; spust; rynna (do spuszczania towarów i i.); (*sport.*) ześlizgnia.
chyle (*ka'jl*) *rz.* chyl, mlecz kisz-[kowy.
chyme (*ka'jm*) *rz.* chym.
ciborium (*sibo'rjəm*) *rz.* cyborjum.
cicada (*sikej'də*), **cicala** (*sika'lə*) *rz.* cykada (owad).
cicatri-ce (*si'kətris*), **-x** (*sikej'triks*) *rz.* blizna, szrama; **-zation** (*sikatrajzej'szɛn*) *rz.* zabliźnienie się. [wodnik, cicerone.
cicerone (*cziczərou'ni*) *rz.* prze-
cider (*saj'də*) *rz.* jabłecznik.
cif (*sī, aj, ef*) (= cost, insurance, freight), koszt wraz z przewozem i ubezpieczeniem; loco.
cigar (*sigā'*) *rz.* cygaro; **-ette** (*sigəre't*) *rz.* papieros.
ciliary (*si'liəri*) *pm.* rzęsowaty.
cilice (*si'lis*) *rz.* włosienica.
cinchona (*sinkou'nə*) *rz.* kora chiny, china.
cincture (*si'ŋkczə*) *rz.* opasanie, pas; ~, *cz.* opasać.
cinder (*si'ndə*) *rz.* żużel, popiół.
Cinderella (*sindəre'la*) Kopciuszek
cinema (*si'nemā*) *rz.* kino; **-tograph** (*sinəmæ'təgræf*) *rz.* kinematograf.
ciner-eous (*sine'riəs*) **-ary** (*si'nərəri*) *pm.* popielisty; ~ urn, popielnica.
cinnabar (*si'nəbā*) *rz.* cynober.
cinnamon (*si'nəmon*) *rz.* cynamon.
cinque (*si'ŋk*) *rz.* piątka (w kartach, w grze w kości).
cipher (*saj'fə*) *rz.* cyfra, liczba; zero; monogram; szyfry; ~, *cz.* cyfrować; liczyć.
circ. (= circa, circiter) (*sə̄'ka*) *pi.* około, mniejwięcej.
circle (*sə̄'kɛl*) *rz.* koło; kółko; obwód; kręg; grono, towarzystwo; ~, *cz.* krążyć; okrążyć, opasać, otoczyć; **-t** (*sə̄'klət*) *rz.* kółko, obrączka, diadem.
circuit (*sə̄'kit*) *rz.* okrąg, obwód, obieg, objazd; short ~, krótkie spięcie (*elektr.*); **-ous** (*sək'itəs*) *pm.* kolisty; okrężny.
circular (*sə̄'kjulə*) *pm.* okrągły, kolisty, okrężny; ~ letter, okólnik; ~ note, akredytywa; ~ saw, piła taśmowa; **-ity** (*səkjulæ'riti*) *rz.* kolistość, okrągłość.
circulat-e (*sə̄'kjulejt*) *cz.* krążyć, obiegać, kursować, być w obiegu; **-ing library** bibljoteka okrężna; **-ing medium** środek obiegowy; **-ion** (*səkjulej'szɛn*) *rz.* bieg, obieg, krążenie; (*med.*) krwiobieg.

circum-ambient (*sə̄'kəmæ'mbiənt*) *pm.* otaczający, okalający; **-ambulate** (*-æ'mbjulejt*) *cz.* chodzić wokoło, krążyć; obchodzić; **-cise** (*sə̄'kə̄msajz*) *cz.* obrzezać; **-cision** (*sə̄kəsi'żɛn*) *rz.* obrzezanie; **-ference** (*sə̄kă'mfərəns*) *rz.* obwód, objętość; **-fluent** (*sə̄kă'mfluənt*), **-fluous** (*sə̄kă'mfluəs*) *pm.* wkoło opływający, oblewający; **-fuse** (*sə̄kəmfjū'z*), *cz.* rozlewać wokoło, oblewać; **-gyrate** (*-dżirej't*) *cz.* obracać (się) wokoło; **-jacent** (*dżej'sənt*) *pm.* przyległy, otaczający; **-locution** (*-lokjū'szɛn*) *rz.* omówienie; wymijące powiedzenie; **-navigate** (*-næ'wigejt*) *cz.* opływać wokoło; **-scribe** (*-skraj'b*) *cz.* otoczyć; opisać, określić; **-scription** (*-skri'pszɛn*) *rz.* opis, określenie, ograniczenie; **-spect(-ive)** (*sə̄'kəmspekt*) *pm.* oględny, ostrożny, przezorny; **-spection** (*-spe'kszɛn*) *rz.* oględność, przezorność, ostrożność; **-stance** (*sə̄'kəmstæns*) *rz.* okoliczność, stan, położenie; warunki; in easy **-s**, zamożny; without, ~ bez ceremonij; **-stanced** *pm.* sytuowany; **-stantial** (*-stæ'nszɛl*) *pm.* szczegółowy, uboczny, okolicznościowy, przypadkowy; **-stantiality** (*stænsziæ'liti*) *rz.* przypadkowość; **-vallate** (*sə̄'kəmwəlejt*) *cz.* oszańcować; **-vent** (*-we'nt*) *cz.* podejść, oszukać; **-volution** (*-wo'jū'szɛn*) *rz.* obrót; zwój.

circus (*sə̄'kəs*) *rz.* cyrk; arena; plac.

cirque (*sə̄'k*) *rz.* półkole.

cirrhosis (*sirou'zis*) *rz.* ciroza (*med.*).

cirrus (*si'rəs*) *rz.* wąs (rośliny).

cisalpine (*sisæ'lpajn*) *pm.* przedalpejski.

cist (*si'st*) *rz.* skrzynia (*archeol.*)

Cistercian (*sistə̄'szən*) *rz.* Cysters.

cistern (*si'stən*) *rz.* cysterna, zbiornik.

cistus (*si'stɛs*) *rz.* czystek (*bot.*).

citadel (*si'tədəl*) *rz.* cytadela, twierdza.

cit-ation (*sajtej'szɛn*) *rz.* cytat, przytoczenie, wezwanie; **-e** (*saj't*) *cz.* zapozwać, wezwać; przytoczyć, cytować.

cithern (*si'fən*) *rz.* cytra, gęśl.

citizen (*si'tizən*) *rz.* obywatel, mieszczanin; **-ship** mieszczaństwo, obywatelstwo; poczucie obywatelskie.

citr-ate (*si'trejt*) *rz.* cytrynian (*chem.*); **-ic** (*si'trik*) *pm.* cytrynowy; **-ine** (*si'trin*) *pm.* cytrynowy, żółty; **-on** (*si'trən*) *rz.* cytryna.

city (*si'ti*) *rz.* miasto; C ~, śródmieście Londynu; ~, *pm.* miejski.

civet (*si'wət*), **-cat** *rz.* piżmowiec; zybet.

civic (*si'wik*) *pm.* obywatelski; **-s** *rz.* nauka obywatelska.

civil (*si'wil*) *pm.* obywatelski; cywilny; świecki; uprzejmy, grzeczny; państwowy; ~ service, administracja państwa; ~ servant, urzędnik państwowy; **-ian** (*siwi'ljən*) *rz.* człowiek cywilny, cywil; **-ity** (*siwi'liti*) *rz.* grzeczność, uprzejmość; **-ization** (*siwilajzej'szɛn*) *rz.* cywilizacja, kultura; **-ize** (*si'wilajz*) *cz.* cywilizować, oświecać; **-ly** (*si'wi li*) *ps.* grzecznie, uprzejmie.

clack (*klæ'k*) *rz.* klekot; ~, *cz.* terkotać; klekotać.

clad (*klæ'd*) *cz.* od **clothe**.

claim (*klej'm*) *rz.* pretensja, prawo, żądanie; lay ~ to, rościć prawo do; ~, *cz.* domagać się, żądać, rościć; przywlaszczać; mieć do czegoś pretensję; pretendować; **-ant** (*klej'mənt*) *rz.* roszczący prawo, pretendent.

clairvoyan-ce (*klerwoj'əns*) *rz.* bystrość, przenikliwość; **-t** (*klerwoj'ənt*) *pm.* bystry, przenikliwy.

clam (*klæ'm*) = **clamp.**

clamant (*klej'mənt*) *pm.* hałaśliwy krzyczący; pilny.

clamber (*klæ'mbə*) *cz.* wdrapywać się; ~ up, wgramolić się.

clam-orous (*klæ'mərəs*) *pm.* hałaśliwy, krzykliwy; **-ously** (*klæ'mərəsli*) *ps.* krzykliwie; **-our** (*klæ'mə*) *rz.* krzyk, hałas, wrzawa; ~, *cz.* krzyczeć, hałasować; ~ down, zagłuszyć; zakrzyczeć; ~ out, wykrzyczeć.

clamp (*klæ'mp*) *rz.* klamra, listwa, skobel, umocowanie; zlep; ~, *cz.* ściągnąć klamrą; umocować; zlepić.

clan (*klæ'n*) *rz.* plemię, klan (szkocki).

clandestine (*klænde'stin*) *pm.* skryty, potajemny; **-ness** (*klænde'stinnəs*) *rz.* skrytość; tajność.
clang (*klæ'ŋ*) *rz.* odgłos, brzęk, szczęk; huk; ~, *cz.* od **cling;** ~, *cz.* dźwięczeć, brzęczeć; **-our** (*klæ'ŋgə*) *rz.* dźwięk, odgłos, huk.
clank (*klæ'ŋk*) *rz.* brzęk, chrzęst; ~, *cz.* szczękać, chrzęszczeć.
clap (*klæ'p*) *rz.* klaskanie, klaśnięcie; trzask, łoskot; (wulg.) tryper; ~, *cz.* klasnąć, uderzyć, trzepnąć, trzepotać; trzasnąć, przylepić; ~ up, sklecić; **-per** (*klæ'pə*) *rz.* serce dzwonu; kołatka; **-perclaw** (*klæ'pəklō*) *cz.* szkalować; **-trap** (*-træ'p*) *pm.* sztuczny.
claret (*klæ'rət*) *rz.* czerwone wino francuskie.
clari-fication (*klærifikej'szen*) *rz.* klarowanie, lutrowanie (płynów); **-fy** (*klærifaj*) *cz.* rozjaśnić; klarować (się), oczyścić; **-ty** (*klæ'riti*) *rz.* czystość; jasność, klarowność.
clari-net (*klæ'rinet*), **-onet** (*klæ'rjənət*) *rz.* klarnet; **-on** (*klæ'rjən*) *rz.* trąbka, róg; dźwięk trąby; **-on** *pm.* głośny, brzmiący.
clary (*klē'ri*) *rz.* szałwia.
clash (*klæ'sz*) *rz.* brzęk, sprzeczka, uderzenie; niezgodność, rozbieżność, spór; ~, *cz.* uderzać o siebie, brzęczeć, sprzeciwiać się; ~ with, kolidować, niezgadzać się z.
clasp (*klā'sp*) *rz.* haftka, klamerka; objęcie, uścisk; ~ knife, nóż składany; ~, *cz.* spiąć, uścisnąć, przytulić; ~ hands with, podać sobie ręce; ~ one's hands, załamać ręce; **-er** (*klā'spə*) *rz.* chwyty.
class (*klā's*) *rz.* klasa, stan; ~ consciousness, świadomość stanowa; ~, *cz.* klasyfikować, podzielić; **-ic** (*klæ'sik*) *rz.* klasyk; **-ic, -ical** (*klæ'sikel*) *pm.* klasyczny; **-icism** klasycyzm; **-ification** (*klæsifikej'szen*) *rz.* klasyfikacja, podział.
clatter (*klæ'tə*) *rz.* stukot, łoskot.
clause (*klō'z*) *rz.* warunek, klauzula, paragraf; zdanie (*gram.*).
claustral (*klō'strəl*) *pm.* klasztorny, zakonny. [waty.
clavate (*klej'wət*) *pm.* maczugo-
clave (*klej'w*) *cz.* od **cleave.**
clavichord (*klæ'wikōd*) *rz.* klawikord.
clavic-le (*klæ'wikel*) *rz.* obojczyk; **-ular** (*kləwi'kjulə*) *pm.* obojczykowy. [gowaty.
claviform (*klæ'wifōm*) *pm.* maczu-
claw (*klō'*) *rz.* pazur, szpon; kleszcze; ~, *cz.* drapać, rozszarpać, drasnąć; **-ed** (*klō'd*) *pm.* pazurzysty; z pazurami.
clay (*klej'*) *rz.* glina; **-ey** (*kle'i*) *pm.* gliniasty.
claymore (*klej'moə*) *rz.* miecz obosieczny (szkocki).
clean (*klī'n*) *pm.* czysty, niewinny; przyzwoity; zgrabny; całkowity; gładki; ~, *cz.* czyścić; ~ up, oczyścić; ~ out, wyczyścić; ~, *ps.* całkiem; gładko, zgrabnie; czysto, czyściutko; **-ly** (*kle'nli*) *pm.* czysty; **-liness** (*kle'nlinəs*), **-ness** (*klī'nnəs*) *rz.* czystość.
cleanse (*kle'nz*) *cz.* oczyszczać, czyścić; oczyścić z grzechu.
clear (*klī'ə*) *pm.* jasny, czysty, pogodny, wyraźny, nieobdłużony, niewinny; pewny; otwarty; netto; ~, *ps.* całkiem, zupełnie; czysto; jasno; zdala, z drogi; come off ~, ujść suchą nogą; get ~, pozbyć się; wymknąć się; ~, *cz.* oczyścić, objaśnić, wyklarować, rozjaśnić (się); skwitować, spłacić (długi), przeskoczyć; ~ away, usunąć; podnieść się; ~ of, uniewinnić; ~ land, wytrzebić, wykarczować; ~ off, pozbyć się; ~ a ship, opłacić cło od okrętu; ~ the table, sprzątnąć ze stołu; ~ the throat, odchrząknąć; ~ up, rozjaśnić; **-ance** (*klī'rens*) *rz.* oczyszczenie, wyrównanie; obrachunek; zapłacenie cła (od okrętu); świadectwo; **-ing** (*klī'riŋ*) *rz.* wyrąb; wyrównanie należności; obrachunek; **-ing house** izba obrachunkowa; **-ly** (*klī'rli*) *ps.* czysto, jasno, wyraźnie, całkiem, zupełnie; **-ness** (*klī'ənəs*) *rz.* jasność, czystość; otwarta droga; **-sighted** (*klī'əsaj'ted*) *pm.* przezorny; **-sightedness** *rz.* przezorność; **-starch** (*-stā'cz*) *cz.* krochmalić.
cleat (*klīt*) *rz.* klin; listewka, kołek.

cleav-age (*klī'wədż*) *rz.* uwarstwienie; **-e*** (*klī'w*) *cz.* rozłupać (się); pruć (fale), rozcinać, przerzynać; ~ to, lgnąć do; **-r** (*klīw'ə*) *rz.* topór; **-ers** *rz.* osty.
clef (*kle'f*) *rz.* klucz muzyczny.
cleft (*kle'ft*) *rz.* rozpadlina, szczelina, rysa; ~, *cz.* od **cleave**; in a ~ stick, w położeniu bez wyjścia.
cleg (*cleg*) *rz.* mucha końska.
clemen-cy (*kle'mənsi*) *rz.* łagodność, łaskawość; **-t** (*kle'mənt*) *rz.* łagodny; pomyślny.
clench (*kle'ncz*) patrz **clinch**.
clepsydra (*kle'psidrə*) *rz.* klepsydra (zegar piaskowy).
cler-gy (*klə̄'dżi*) *rz.* duchowieństwo; duchowny; **-gyman** *rz.* duchowny; **-ic** (*kle'rik*) *rz.* duchowny; **-ical** (*kle'rikəl*) *pm.* duchowny; pisarski.
clerk (*klā'k*) *rz.* pisarz, urzędnik; syndyk; **-ship** *rz.* sekretarstwo, urząd.
clever (*kle'wə*) *pm.* sprytny, zręczny, zdolny; **-ly** (*kle'wərli*) *ps.* zręcznie, sprytnie; **-ness** (*kle'wərnəs*) *rz.* zręczność, spryt, zdolność.
clew (*klū'*) *rz.* kłębek nici; nić przewodnia, wątek; sznurek; ~, *cz.* zwijać w kłębek; zwijać żagiel.
click (*kli'k*) *rz.* zasuwka; trzask (np. odciągniętego kurka).
client (*klaj'ənt*) *rz.* klient; **-ele** (*klaj'entīl*) *rz.* klientela.
cliff (*kli'f*) *rz.* urwisko; ściana skalna.
climacteric(al) (*klajmækle'rik*) *pm.* klimakteryczny; krytyczny.
climat-e (*klaj'mət*) *rz.* klimat, strefa; **-ic(al)** (*klajmæ'tik*) *pm.* klimatyczny.
climax (*klaj'mæks*) *rz.* szczyt, wzmaganie się.
climb (*klaj'm*) *cz.* wspinać się; wdrapywać się, wchodzić na, wznosić się; ~ down, schodzić; **-er** (*klaj'mə*) *rz.* ptak łażący; roślina pnąca.
clime (*klaj'm*) *rz.* strefa, kraina.
clinch (*kli'ncz*) *rz.* zanitowanie; dwuznacznik, żarcik; ~, *cz.* zacisnąć (pięści); nitować; ~ an argument, rozstrzygnąć; **-er** *rz.* rozstrzygające słowo.
cling* (*kli'ŋ*) *cz.* przylgnąć, lgnąć; ~ ing together, zlepione.
clinic (*kli'nik*) *rz.* klinika; **-al** *pm.* kliniczny.
clink (*kliŋk*) *rz.* brzęk, dźwięk; ~, *cz.* brzękać, dźwięczeć; **-er** (*kli'ŋkə*) *rz.* cegła glazurowana; zlep; **-ing** *pm.* (gwar.) znakomity.
clinker-built (*ki'nkəbilt*) *pm.* nitowany.
clip (*kli'p*) *cz.* obcinać, ostrzyc, obrzynać; **-per** (*kli'pə*) *rz.* postrzygacz (owiec); kliper (statek; (gwar.) znakomita rzecz; **-pers** (*kli'pəz*) *rz.* *lmn.* nożyce; **-ping** (*kli'piŋ*) *rz.* strzyżenie; wycinek (gazety); okrawek.
clique (*klī'k*) *rz.* klika, szajka.
clivers = **cleavers**.
cloak (*klou'k*) *rz.* płaszcz, płaszczyk, pokrywka, pozór; ~, *cz.* okryć (się); upozorować; **-room** garderoba.
clock (*klo'k*) *rz.* zegar; klin (u pończochy); **-work** (*-uə̄k*) *rz.* mechanizm zegarowy; like ~, jak w zegarku.
clocking (*klo'kiŋ*) *pm.* ~ hen, kura na jajach.
clod (*klo'd*) *rz.* gruda, bryła, ziemia; ~, *cz.* ścinać się w grudki, krzepnąć; **-dish** (*klo'disz*) *pm.* grudkowaty; ziemisty; **-hopper** *rz.* grubjanin.
clog (*klo'g*) *rz.* zawada, przeszkoda; chodak; ~, *cz.* pętać. przeszkadzać, tamować (ruch), **-gy** (*klo'gi*) *pm.* grudkowaty, lepki;
cloist-er (*kloj'stə*) *rz.* klasztor; ~ walk, krużganki klasztorne; ~, *cz.* zamknąć w klasztorze; **-ral** (*kloj'strəl*) *pm.* klasztorny.
close (*klou's*) *rz.* zagroda, zamknięcie; obręb; (*klou'z*) zawarcie, koniec; ~ (*klou'z*) *pm.* zamknięty, ścisły (= surowy); tajemny, szczelny, obcisły, ciasny; treściwy, wąski, bliski; gęsty (np. materjał, pismo itd.); parny, duszny; ograniczony; ~ fight, walka wręcz; ~ stool, stolec; ~ time, czas ochronny (myśl.); ~, *ps.* blisko, tuż przy; ~ (*klou'z*) *cz.* zamknąć (się), zakończyć, zasklepić (się), ogrodzić; zawrzeć, dojść do porozumienia, przystawać na co; ~ in,

przyłączyć się; ~ with, dojść do walki wręcz; ~ **cropt** (**cropped**), krótko strzyżony; **-ly** (*klou'sli*) *ps.* blisko, zbliska, tuż; ściśle, szczelnie; gęsto; treściwie; skrycie; tajemnie; **-ness** *rz.* odosobnienie, zamknięcie; ścisłość; bliskość; ciasnota; pilność; tajemność; dokładność; szczelność; parność, duszność, skrytość.

closet (*klo'zət*) *rz.* gabinet, alkierz, szafa; ~, *cz.* zamknąć (się), naradzać się, konferować.

closure (*klou'żə*) *rz.* zamknięcie.

clot (*klo't*) *rz.* masa zsiadła; skrzep; ~, *cz.* zsiadać się; **-ted** *pm.* zsiadły, skrzepły; ~ ~ hair, skołtunione włosy.

cloth (*klo'ϑ*) *rz.* materjał, sukno, tkanina; stan (np. duchowny, prawniczy i t. p.); lay the ~, nakryć do stołu; wear black ~, nosić sutannę; **-binding** *rz.* oprawa płócienna; **-e** (*klou'ð*) *cz.* odziać, ubrać (się), przyodziać; **-es** (*klou'ðz*) *rz. lmn.* ubranie, bielizna; **-ier** (*klou'ðjə*) *rz.* sukiennik; **-ing** *rz.* ubieranie; ubiór, ubranie.

cloud (*klau'd*) *rz.* chmura; obłok; plama; chmara; ~ burst, oberwanie chmury; ~ kissing, podobłoczny; under ~ of night, pod zasłoną nocy; ~ *cz.* zachmurzyć (się), zasmucić (się); **-ily** (*klau'dili*) *ps.* pochmurnie; **-iness** *rz.* pochmurność, zachmurzenie; **-less** *pm.* bezchmurny; **-y** (*klau'di*) *pm.* pochmurny, zachmurzony, chmurny.

clough (*klă'f*) *rz.* wąwóz.

clout (*klau't*) *rz.* szmata, ścierka; łata, płachta; ~, *cz.* łatać, sztukować; szturchaniec.

clove (*klou'w*) *rz.* główka (czosnku); goździk korzenny; ~, *cz.* od **cleave**; **-gilly-flower** (*-dżi'liflauə*) *rz.* goździk polny.

cloven (*klou'wεn*) *cz.* od **cleave**; rozszczepiony, rozłupany; **-footed, -hooted** racicowy.

clover (*klou'wə*) *rz.* koniczyna; in ~, w dostatkach.

clown (*klau'n*) *rz.* pajac, błazen; **-ish** (*klau'nisz*) *pm.* błazeński.

cloy (*kloj'*) *cz.* przeładować, przesycić; znudzić.

club (*klă'b*) *rz.* pałka, maczuga; trefl, żołądź (w kartach); klub, koło; ~, *cz.* walić maczugą, kolbą; poskładać się; stowarzyszyć się; **-footed** (*k'ă'bfutεd*) *pm.* kulawy; **-law** prawo pięści; ~ land, dzielnica klubów (w Londynie).

cluck (*k'ă'k*) *cz.* kwokać.

clue (*k'ū'*) *rz.* trop, ślad; wątek.

clump (*klă'mp*) *rz.* kępka drzew; zelówka; ~, *cz.* ciężko stąpać; zelować.

clums-ily (*klă'mzili*) *ps.* niezgrabnie; **-iness** (*klă'mzinəs*) *rz.* niezgrabność; **-y** (*klă'mzi*) *pm.* niezgrabny.

clung (*k'ă'η*) *cz.* od **cling**.

cluster (*k'ă'stə*) *rz.* pęk, kiść, grono, gromada, rój; grupka; kępka; ~, *cz.* rosnąć w gronach, kępkach; skupić (się); wiązać się w grona; gromadzić (się); **-ed** *pm.* zgromadzeni, zbici.

clutch (*k'ă'cz*) *rz.* chwyt; pazur, łapa; wyląg; ~, *cz.* porwać, pochwycić.

clutter (*klă'tə*) *rz.* zamieszanie; popłoch; wrzawa; ~, *cz.* hałasować; biec bezładnie.

clyster (*kli'stə*) *rz.* lewatywa.

coach (*kou'cz*) *rz.* powóz, dyliżans; korepetytor; trener; wagon; a ~ and six, powóz zaprzężony w sześć koni; ~, *cz.* jeździć powozem; nauczać, trenować; **-box** *rz.* kozioł; **-house** *rz.* wozownia; **-man** *rz.* woźnica.

coadjutor (*kouæ'dżūtə*) *rz.* koadjutor.

coadunate (*koæ'djunət*) *pm.* zrośnięty.

coagulat-e (*koæ'gjulejt*) *cz.* skrzepnąć; zsiąść się; ścinać się; **-ion** (*koægjulej'szεn*) *rz.* koagulacja, zsiadłość, skrzepnięcie; **-ive** (*koæ'gjulətiw*) *pm.* ścinający, wywołujący skrzepnięcie, zsiadłość.

coal (*kou'l*) *rz.* węgiel; ~, *cz.* wziąć zapas węgla; spalić (się) na węgiel; **-bed** *rz.* złoże węgla; **-dust** *rz.* miał; **-pit** *rz.* szyb; **-y** (*kou'li*) *pm.* węglowy.

coalesce (*kouə'e's*) *cz.* złączyć się, skojarzyć się; **-nce** (*kouəle'sεns*) *rz.* zjednoczenie, połączenie się; **-nt** (*kouəle'sənt*) *pm.* zrastający się, zrosły

coalition (*kouəli'szεn*) *rz.* koalicja, przymierze, zjednoczenie.

coaming (*kou'miŋ*) *rz.* listwa burty.
coarse (*kō'əs*) *pm.* gruby, nieokrzesany, surowy, szorstki, ordynarny, pospolity; **-ness** *rz.* szorstkość, nieokrzesanie.
coast (*kou'st*) *rz.* wybrzeże, brzeg morski; ~, *cz.* płynąć (wzdłuż brzegu); uprawiać handel przybrzeżny; zjeżdżać; **-ing** (*-iŋ*) *rz.* żegluga nadbrzeżna; **-ing trade** (*-iŋ trej'd*) *rz.* handel przybrzeżny.
coat (*kou't*) *rz.* marynarka, palto; kaftan, kurtka; mundur; skóra zwierzęcia; łupina, pochewka, torebka; ~ of paint, warstwa farby; ~ of armour, ~ of arms, herb; ~ of mail, kolczuga; cast the ~, linieć; turn ~, przekabacić się; ~, *cz.* odziać, oblec; **-ing** (*-iŋ*) *rz.* warstwa farby; pokrycie, wierzch (ubrania).
coax (*kou'ks*) *cz.* przypochlebiać się; **-er** (*kou'ksə*) *rz.* pochlebca.
cob (*ko'b*) *rz.* tynk; konik; łabędź; orzech (wielkość węgla i t. p.); **-nut** (*ko'bnăt*) orzech laskowy.
cobalt (*kou'bōlt*) *rz.* kobalt (metal).
cobble (*ko'bɛl*) *rz.* łatać, partaczyć, naprawiać stare obuwie; **-r** (*ko'blə*) *rz.* łatacz starego obuwia; partacz; napój chłodzący; **-stone** *rz.* kamień brukowy, brukowiec.
cobra (*kou'brə*) *rz.* kobra (*zool*).
cobweb (*ko'bueb*) *rz.* pajęczyna.
coca (*kou'kə*) *rz.* koka (*bot.*); **-ine** (*koukei'n*) *rz.* kokaina.
coccagee (*ko'kədżī*) *rz.* jabłko; jabłecznik.
coccyx (*ko'ksiks*) *rz.* kość ogonowa.
cochineal (*ko'czinīl*) *rz.* koszenila.
cock (*ko'k*) *rz.* samiec (ptak); kogut; kran; kurek u strzelby; stóg (siana); zadarcie (nosa); ~ and bull, story, bajki o żelaznym wilku, duby smalone; ~, *cz.* podnosić, nadziać, pysznić się, nastroszyć (się); sterczeć do góry; zadrzeć; kopić siano; ~ a gun, odwieść kurek (strzelby); ~ one's hat, wdziać kapelusz na bakier; **-crow, crowing** (*ko'k-krou*) *rz.* pianie koguta, świt; **-shead** (*ko'kshed*) *rz.* sparceta pastewna; **-spur** (*ko'kspə̄*) *rz.* pazur; palnik; **-sure** *pm.* pewny (siebie).
cockade (*kokej'd*) *rz.* kokarda.
cock-a-hoop (*ko'kəhūp*) *pm.* junacki; ~, *ps.* junacko. [(*orn.*).
cockatoo (*kokətū'*) *rz.* kakadu
cockatrice (*ko'kətrajs*) *rz.* bazyliszek.
cockboat (*ko'kbout*) *rz.* łódka.
cockchafer (*ko'kczejfə*) *rz.* chrabąszcz.
cocked (*ko'kt*) *pm.* nastroszony, pyszny, podniesiony; ~ **hat** kapelusz na bakier.
cocker (*ko'kə*) *rz.* wyżeł; ~, *cz.* pieścić, cackać; **-el** (*ko'kərəl*) *rz.* kogucik; zuch.
cockle (*ko'kɛl*) *rz.* kąkol; sporysz; muszelka; zakamarek, zmarszczka; ~, *cz.* skręcić, uwić, marszczyć (się); **-shell** muszla.
cockney (*ko'kni*) *rz.* gawron londyński, Londyńczyk; ~ English, djalekt londyński.
cockpit (*ko'kpit*) *rz.* dół do walki kogutów; dół okrętu.
cockroach (*ko'kroucz*) *rz.* karaluch. [siebie.
cock-sure (*ko'kszuə*) *pm.* pewny
cocktail(ed) (*ko'ktejl-d*) *pm.* z obciętym ogonem; ~, *rz.* napój alkoholowy.
cocky (*ko'kı*) *pm.* pewny siebie.
cocoa (*kou'kou*) *rz.* kakao; kokos; **-nut** *rz.* orzech kokosowy.
cocoon (*kokū'n*) *rz.* kokon, oprzęd; **-ery** (*kokū'nəri*) *rz.* hodowla jedwabników.
cod (*ko'd*) *rz.* (gwar.) głupiec; ~ **-fish** *rz.* stokfisz; **-liver oil** tran.
coddle (*ko'dɛl*) *cz.* pieścić, rozpieszczać.
code (*kou'd*) *rz.* kodeks, szyfry; **-icil** (*ko'disil*) *rz.* kodycyl; **-ification** (*koudifikej'szɛn*) *rz.* kodyfikacja; **-ify** (*ko'difaj*) *cz.* kodifikować.
codger (*ko'dżə*) *rz.* (gwar.) dziwak.
codlin, codling (*ko'd'in*) *rz.* jabłko (pewnego gatunku).
co-education (*kouedjukej'szen*) *rz.* koedukacja.
coefficient (*kouəfi'szɛnt*) *rz.* mnożnik, współczynnik (*algebr.*).
coeliac (*sī'liək*) *pm.* brzuszny.
coenobite (*sī'nobajt*) *rz.* zakonnik.
coequal (*kouī'kuəl*) *pm.* równy, współrzędny.

coer-ce (*koə̄'s*) *cz.* zniewolić, przyniewolić, zmusić; **-cible** (*koə̄'sibɛl*) *pm.* ukrócalny, mogący być przymuszonym; **-cion** (*kouə̄'szɛn*) *rz.* przymus, przyniewolenie; **-cive** (*kouə̄'siw*) *pm.* przymuszający.
coessential (*kouese'nszəl*) *pm.* jednolity, wspólistny.
coetaneous (*kouitej'niəs*) *pm.*, **coe-val** (*kouī'wɛl*) *pm.* jednowieczny; spółczesny.
coexist (*kouegzi'st*) *cz.* współistnieć; **-ent** *pm.* współistniejący.
coextensive (*kouəkste'nsiw*) *pm.* jednoczesny.
coffee (*ko'fi*) *rz.* kawa; **~grounds** *rz. lmn.* fusy; **~house** kawiarnia; **~pot** maszynka do kawy.
coffer (*ko'fə*) *rz.* skrzyneczka; schowek; **-dam** (*ko'fərdæm*) *rz.* kieson (do budowy mostów).
coffin (*ko'fin*) *rz.* trumna; kopyto końskie; **~**, *cz.* złożyć w trumnie; chować.
cog (*ko'g*) *rz.* ząb (u koła); **~**, *cz.* szachrować; **-wheel** koło zębate.
cogen-cy (*kou'dżənsi*) *rz.* dobitność; siła; **-t** (*kou'dżənt*) *pm.* przekonywujący, silny, dobitny.
cogita-ble (*ko'dżitəbɛl*) *pm.* możliwy, do pomyślenia; **-te** (*ko'dżitejt*) *cz.* obmyślać, rozmyślać; **-tion** (*kodżitej'szɛn*) *rz.* rozmyślanie; **-tive** (*ko'dżitəjtiw*) *pm.* zamyślony, myślący.
cognac (*ko'njæk*) *rz.* konjak.
cogn-ate (*ko'gnejt*) *pm.* pokrewny, pobratymczy; **-ation** (*kognej'szɛn*) *rz.* pokrewieństwo, pobratymstwo.
cogni-tion (*kogni'szɛn*) *rz.* wiedza, znajomość; **-zance** (*ko'gnizəns*) *rz.* świadomość, wiadomość; figura w hełmie (herald.); take ~ of, przyjąć do wiadomości; **-zant** (*ko'gnizənt*) *pm.* powiadomiony; świadomy. [domek.
cognomen (*kognou'mən*) *rz.* przy-
cognoscible (*kogno'sibɛl*) *pm.* objęty.
cohabitation (*kohæbitej'szɛn*) *rz.* współżycie; pożycie (małżeńskie).
coheir (*kouē'ə*), **-ess** *rz.* współdziedzic; współdziedziczka.
cohe-re (*kohī'ə*) *cz.* przystawać, zgadzać się, kojarzyć się, **-rence, -rency** (*kohī'rəns-i*) *rz.* łączność, zgoda, związek; **-rent** (*kohī'rənt*) *rz.* złączony, zgodny, związany; **-sion** (*kohī'żɛn*) *rz.* spoistość; **-sive** (*kohī'siw*) *pm.* spoisty; **-siveness** (*kohī'siwnəs*) *rz.* spójność.
cohort (*kou'hōt*) *rz.* kohorta.
coif (*koj'f*) *rz.* czepek, mycka; czapeczka; **-fure** (*kuəfjū'ə* i *koj'fjūə*) *rz.* koafjura.
coil (*koj'l*) *rz.* krąg, krążek; zwój; (przest.) zgiełk, wrzawa; **~**, *cz.* zwijać.
coin (*koj'n*) *rz.* pieniądz, moneta; **~**, *cz.* bić pieniądze; kuć; zmyślać; **-age** (*koj'nɛdż*) *rz.* bicie pieniędzy, fabrykacja, wymysł.
coincide (*kouinsaj'd*) *cz.* zbiec się, zgadzać się; **-nce** (*koui'nsidɛns*) *rz.* zbieg okoliczności, równoczesność; zgodność; **-nt** (*ko'insidənt*) *pm.* równoczesny, zgodny; zbiegający się.
coir (*koj'ə*) *rz.* włókno orzecha kokosowego do kręcenia powrozów.
coition (*koi'szɛn*) *rz.* spółkowanie (u ludzi), parzenie się (u zwierząt). [ksować.
coke (*kou'k*) *rz.* koks; **~**, *cz.* ko-
cola (*kou'lə*) *rz.* kola.
colander (*kă'ləndə*) *rz.* cedzidło.
colchicum (*ko'lkikɛm*) *rz.* ziemowit (*bot.*).
cold (*kou'ld*) *rz.* chłód, zimno; przeziębienie się; oziębłość; **~** in the head, katar; catch, get, take ~, zakatarzyć się, zaziębić się; **~**, *pm.* zimny, chłodny; oziębły, spokojny; give the ~ shoulder to, przyjąć (odnieść się do) kogoś ozięble; in ~ blood, z rozwagą; **-cream** (*-krīm*) *rz.* koldkrem; **-ish** (*-isz*) *pm.* chłodnawy, zimnawy; **-ly** (*kou'ldli*) *ps.* chłodno, ozięble, zimno; obojętnie; **-ness** *rz.* chłód, oziębłość; obojętność.
cole (*kou'l*) *rz.* kapusta; **-rape** (*-rejp*) *rz.* brukiew. [twardoskrzydły.
coleopterous (*kolɛo'ptərəs*) *pm.*
colic (*ko'lik*) *rz.* kolka, kłucie.
collaborat-e (*kolæ'borejt*) *cz.* współpracować; **-or** *rz.* współpracownik.

collaps-e (*ko'læ'ps*) *rz.* upadek sił; prostracja; ~, *cz.* osłabnąć, wywrócić się; upaść; **-ible** *pm.* składalny; do składania.
collar (*ko'lə*) *rz.* kołnierz; obroża; chomonto; ~, *cz.* chwycić za kołnierz, nałożyć obrożę; **-bone** obojczyk; **-et** (*ko'lərət*) *rz.* kołnierz (damski).
collat-e (*kolej't*) *cz.* porównać, zestawiać, kolacjonować; nadać prebendę; **-eral** (*kolæ'tərəl*) *pm.* poboczny; **-ion** (*ko'ej'szεn*) *rz.* porównanie, zestawienie; beneficjum, prebenda; kolacja, przekąska; **-or** (*ko'ej'tə*) *rz.* kolator, nadający beneficjum; zestawiający. [warzysz.
colleague (*ko'līg*) *rz.* kolega, to-
collect (*kole'kt*) *rz.* krótka modlitwa; ~, *cz.* gromadzić (się), zbierać się; inkasować; miarkować, wznosić, wnioskować; to ~ oneself, opamiętać się, zebrać swe myśli, przyjść do siebie (*np.* ze zdziwienia); **-edly** *ps.* z rozwagą; **-ion** (*kole'kszεn*) *rz.* zbiór, zebranie; inkasowanie; **-ion of taxes** pobór podatków; **-ive** *pm.* zbiorowy; **-ivism** *rz.* kolektywizm; **-or** (*kole'ktə*) *rz.* zbierający, poborca, zbieracz.
colleg-e (*ko'ledż*) *rz.* sobór; korporacja; kolegjum; szkoła wyższa; wszechnica, gimnazjum; wydział; **-ial** (*kolī'dżjəl*) *pm.* korporacyjny, szkolny; kolegjalny; **-ian** (*kolī'dżjən*) *rz.* student, członek kolegjum, akademik; **-iate** (*koli'dżjət*) *pm.* kolegjalny, wydziałowy, szkolny; **-iate church** kolegjata.
collet (*ko'lət*) *rz.* rowek; obręcz; obrączka.
collide (*kolaj'd*) *cz.* zderzyć się; kolidować.
collie, colly (*ko'li*) *rz.* owczarz.
collier (*ko'ljə*) *rz.* węglarz; okręt węglowy; górnik; **-y** (*ko'ljəri*) *rz.* kopalnia węgla.
colligate (*ko'ligejt*) *cz.* powiązać.
collimation (*kolimej'szεn*) *rz.* nastawienie na cel.
collision (*ko'i'żεn*) *rz.* zderzenie (się), kolizja.
collocate (*ko'lokejt*) *cz.* przystawić do (siebie).
collodion (*kolou'diεn*) *rz.* kolodjon.
collop (*ko'ləp*) *rz.* zraz.
collo-quial (*kolou'kuiəl*) *pm.* potoczny; **-quially** (*kolou'kuiəli*) *ps.* potocznie, w rozmowie; **-quy** (*ko'lokui*) *rz.* rozmowa.
collu-de (*kolū'd*) *cz.* zmówić się; **-sion** (*kolū'żεn*) *rz.* zmowa; **-sive** (*kolu'siw*) *pm.* zmowny.
colly patrz **collie.** [oczy.
collyrium (*koli'riεm*) *rz.* maść na
collywobbles (*ko'lywobεlz*) *rz.* burczenie w brzuchu.
colon (*kou'lən*) *rz.* dwukropek; (*anat.*) kiszka gruba, okrężnica.
colonel (*kə'nεl*) *rz.* pułkownik.
colon-ial (*kolou'njəl*) *pm.* kolonjalny, osadniczy; **-ise, -ize** (*ko'lənajz*) *cz.* kolonizować; **-ist** (*ko'lənist*) *rz.* kolonista, osadnik; **-ization** (*kolənajzej'szεn*) *rz.* kolonizacja, osadnictwo; **-y** (*ko'ləni*) *rz.* kolonja, osada.
colonnade (*kolənej'd*) *rz.* kolumnada.
colophon (*ko'lofon*) *rz.* kolofon; from title-page to ~, od deski do deski.
colophony (*kolo'foni*) *rz.* kalafonja.
coloration (*kolərej'szεn*) *rz.* kolorowanie, farbowanie, barwa.
coloss-al (*kolo'sεl*) *pm.* kolosalny, olbrzymi, ogromny; **-us** (*kolo'sεs*) *rz.* kolos, olbrzym.
colour (*kă'lə*) *rz.* kolor, barwa, farba, maść (w kartach); rumieniec; pozór; ubarwienie, pokrywka; ~, *cz.* kolorować, farbować; ubarwiać, nadać piękny pozór; płonić się, rumienić się; **-able** (*kă'lərəbεl*) *pm.* udany, zmyślony; dający się ubarwić, ubarwiony, farbowany; **-blind** *pm.* ślepy na barwy; **-less** *pm.* bezbarwny, blady; **-s** *lmn.* sztandar, bandera, chorągiew; to the ~, do wojska; water **-s** farby wodne; akwarela.
colt (*kou'lt*) *rz.* źrebię, źrebak; (*fig.*) młokos; bicz; **-ish** (*kou'ltisz*) *pm.* źrebięcy, brykliwy, pusty; ~'s foot, kaczeniec (*bot.*).
colubrine (*ko'ləbrajn*) *pm.* wężykowaty.
column (*ko'ləm*) *rz.* słup, filar, (*mil.*) kolumna; (*druk.*) szpalta; **-ar** (*kolă'mnə*) *pm.* kolumnowy.

colza (*ko'lzə*) *rz.* kolza.
coma (*kou'mə*) *rz.* koma, śpiączka, rodzaj letargu; **-tose** (*kou'mətous*) *pm.* letargowy.
comb (*kou'm*) *rz.* grzebień, gręplа, szczotka, zgrzebło, płocha tkacka; grzebień ptaków (np. koguta); ~, *cz.* czesać, gręplować.
combat (*ko'mbət*) *rz.* potyczka, bój, walka; single ~, pojedynek; ~, *cz.* walczyć, zwalczać, bić, potykać się; zbijać, opierać; **-ant** (*kă'mbətənt*) *rz.* walczący, żołnierz; zapaśnik; **-ativeness** (*ko'mbətiwnəs*) *rz.* wojowniczość.
combin-ation (*kombinej'szen*) *rz.* kombinacja; połączenie, zestawienie; **-e** (*kombaj'n*) *cz.* łączyć (się), kojarzyć (się), kombinować.
combust-ibility (*kombăstibi'liti*) *rz.* palność; **-ible** (*'stibel*) *pm.* palny, zapalny; **-ion** (*kombă'szczən*) *rz.* spalenie; spontaneous ~, samozapalenie się.
come*. (*kă'm*) *cz.* przyjść, dojść, nastąpić, przybyć, nastać; ~ by some money, zdobyć pieniądze; how should I ~ to know it, jakże mogłem wiedzieć o tem? I shall ~ upon you for it, zdasz mi z tego sprawę; ~ to the same thing, na jedno wychodzić; ~ what may, niech się dzieje co chce; time to ~, przyszłość; ~ across, natrafić, spotkać; ~ after, następować po; ~ asunder, rozejść się; ~ at, dojść; ~ back, wrócić; ~ down, zejść; przejść do potomności; ~ forth, wyjść, wystąpić; ~ in for, rościć prawo; ~ into, wejść, zgadzać się, wejść w posiadanie; ~ near, zbliżyć się; that -s of, to są skutki; ~ off, odejść, zaniechać, wyplątać się, umknąć; ~ on, posuwać się naprzód, nadciągać; prosperować; ~ out, wyjść; ~ short of, omal nie — ć; chybić, nie sprostać; ~ to pass, wydarzyć się; ~ true, sprawdzić się; ~ untied, rozwiązać się; ~ upon, natknąć się na; ~ up to one, przystąpić do kogoś; to ~ up with, dogonić; ~, *w.* nuże, dalejże.
comed-ian (*komī'djən*) *rz.* komik, komedjopisarz; **-y** (*ko'mədi*) *rz.* komedja.
come-liness (*kă'mlinəs*) *rz.* nadobność, urodziwość; **-ly** (*kă'm'i*) *pm.* urodziwy, nadobny, przystojny.
comestibles (*kome'stibelz*) *rz.* żywność.
comet (*ko'met*) *rz.* kometa; **-ary, -ic** (*ko'metəri*) *pm.* kometowy.
comfit (*kă'mfit*) cukierek kandyzowany.
comfort (*kă'mfət*) *rz.* pociecha, osłoda; wygoda, komfort; ~, *cz.* pokrzepić, dodać otuchy, pocieszyć; **-able** (*kă'mfətəbel*) *pm.* wygodny, zadowolony; I am quite ~, niczego mi nie brakuje; **-ably** (*kă'mfətəbli*) *ps.* wygodnie, przyjemnie; **-er** (*kă'mfətə*) *rz.* pocieszyciel.
comfrey (*kă'mfri*) *rz.* żywokost.
comic(al) (*ko'mik-el*) *pm.* komiczny, zabawny, śmieszny.
comity (*ko'miti*) *rz.* grzeczność, uprzejmość, dobra komitywa.
comma (*ko'mə*) *rz.* przecinek, koma; inverted -s cudzysłów.
command (*komā'nd*) *rz.* rozkaz, dowództwo, komenda, władza, władanie, opanowanie (np. obcego języka); ~, *cz.* rozkazać, nakazać, dowodzić, górować nad; rozporządzać czemś, panować; **-ant** (*komendā'nt*) *rz.* komendant; **-eer** (*komandī'ə*) *cz.* rekwirować; **-er** (*komā'ndə*) *rz.* oficer dowodzący, wódz, komandor, władza; **-er in chief**, głównodowodzący, naczelny wódz; **-ment** (*komā'ndmənt*) *rz.* przykazanie, nakaz.
commemora-te (*kome'mərəjt*) *cz.* wspominać, czcić pamięć, obchodzić; **-tion** (*komemərej'szen*) *rz.* uczczenie pamięci, wspomnienie, wzmianka, obchód uroczysty; **-tive** (*kome'mərətiw*) *pm.* pamiątkowy, ku czci.
commence (*kome'ns*) *cz.* zacząć, rozpoczynać (się); promować się; **-ment** (*kome'nsmənt*) *rz.* początek; promocja.
commend (*kome'nd*) *cz.* zalecić, zachwalić, poruczyć, polecić; **-able** (*kome'ndəbel*) *pm.* chwalebny, godny polecenia; **-ation** (*ko-*

mandej'szen) *rz* polecenie (się), pochwała.
commensur-able *(kome'nszərəbel)* *pm.* współmierny; podzielny; **-ablness** *(kome'nszərəbelnəs)*, **-ability** *(komənszərəbi'liti)* *rz.* współmierność; podzielność; **-ate** *(kome'nszərət)* *pm.* współmierny.
comment *(ko'ment)*, **-ary** *(ko'məntəri)* *rz.* komentarz, objaśnienie; ~, *cz.* komentować, objaśniać; **-ator** *(komənte j'tə)* *rz.* komentator.
commerc-e *(ko'məs)* *rz.* handel, styczność, obejście; ~, *cz.* utrzymywać stosunki, handlować; **-ial** *(komə'szəl)* *pm.* handlowy, kupiecki; **-ialism** *(komə'szəlizem)* *rz.* komercjalizm; **-ially** *(komə'szəli)* *ps.* handlowo, po kupiecku.
commina-tion *(kominej'szen)* *rz.* groźba, zagrożenie; **-tory** *(ko'minətəri)* *pm.* grożący, groźny.
commingle *(komi'ŋgel)* *cz.* zmieszać (się) razem, złączyć się.
comminute *(ko'minjūt)* *cz.* rozdrobnić, rozparcelować.
commiser-ate *(komi'zərejt)* *cz.* współczuć, żałować, litować się, zmiłować się; **-ation** *(komizərej'szen)* *rz.* litość, współczucie, pożałowanie, politowanie, zmiłowanie; **-ative** *(komi'zərətiw)* *pm.* litościwy, współczujący, miłosierny.
comissar-iat *(komise'rjəl)* *rz.* komisarjat; *(mil.)* intendentura; **-y** *(ko'misəri)* *rz.* komisarz; intendent (w wojsku).
commission *(komi'szen)* *rz.* patent oficerski; komisja; prowizja; polecenie, poruczenie; popełnienie czynu; ~, *cz.* zlecić poruczyć, upoważnić, wydelegować, polecić, umocować; *(komi'szənə)* *rz.* komisarz; komisant; pełnomocnik; namiestnik.
commissure *(ko'miszə)* *rz.* szew, miejsce styczności *(anat.)*.
commit *(komi't)* *cz.* zlecić, poruczyć, popełnić, aresztować, zaangażować (się), związać (się); ~ to paper (writing), zapisać sobie; ułożyć na piśmie; **-ment** *(-mənt)* *rz.* zaangażowanie (się); związanie (się); **-tal** *(-təl)* *rz.* aresztowanie.
committee *(komi'ti)* *rz.* komitet, komisja.
commix *(komi'ks)* *cz.* mieszać (się), pomieszać; **-ture** *(komi'ksczə)* *rz.* mieszanina, mikstura.
commod-e *(komou'd)* *rz.* komoda; **-ious** *(komou'djəs)* *pm.* wygodny; obszerny; **-iousness** *(komou'djəsnəs)* *rz.* przestronność; wygoda; **-ity** *(komo'diti)* *rz.* towar, produkt.
commodore *(ko'modōə)* *rz.* komodor, dowódca.
common *(ko'mən)* *rz.* gmina, wspólne pastwisko, wygon; have something in ~, mieć coś wspólnego; ~, *pm.* wspólny, zwykły, powszedni, powszechny, pospolity, ordynarny; **-able** *(ko'mənəbel)* *pm.* wspólny; **-age** *(ko'mənedż)* *rz.* prawo wygonu; **-alty** *(-ə'ti)* *rz.* gmin, pospólstwo, lud, ogół; **-er** *(ko'məne)* *rz.* nieszlachcic; członek izby niższej parlamentu; student (w uniwersytecie oxfordzkim); zwykły obywatel; ~ **law** *(-lō)* *rz.* prawo zwyczajowe; **-ly** *(ko'mənli)* *ps.* zwykle, pospolicie; powszechnie; **-ness** *(-nəs)* *rz.* zwykłość, pospolitość; **-place** *(-plejs)* *rz.* banalność, ogólnik; zapiski; **-place** *pm.* banalny, zwyczajny, pospolity, oklepany; ~ book, notatnik; **-s** pospólstwo, lud; the House of C~, Izba Gmin; ~ **sense** zdrowy rozsądek, zdrowy rozum; **-weal, -wealth** *(-uīl, -uelþ)* *rz.* rzeczpospolita, wspólnota.
commo-tion *(komou'szen)* *rz.* poruszenie, rozruch, wzburzenie; **-ve** *(komū'w)* *cz.* wstrząsnąć, wzburzyć, poruszyć, obruszyć.
commun-al *(komjū'nel)* *pm.* gminny; **-alism** *(komjū'nəlizem)* *rz.* komunalizm; **-e** *(komjū'n)* *cz.* obcować z; przystąpić do komunji; **-e** *(ko'mjūn)* *rz.* komuna, gmina; **-icability** *(komjūnikəbi'liti)* *rz.* zaraźliwość; udzielanie się, towarzyskość; **-icable** *(komjū'nikəbel)* *pm.* udzielający się; **-icate** *(komjū'nikejt)* *cz.* powiadomić, utrzymywać stosunki, stykać się, przytykać; udzielić komunji; **-ication** *(komjunikej'szen)* *rz.* komunikacja, wiadomość, obcowanie; **-icative** *(komjū'nikətiw)* *pm.* udzielający się, otwar-

ty, rozmowny; **-icativeness** (*komjū'nikətiwnəs*) *rz.* towarzyskość, rozmowność; **-ion** (*komjū'njən*) komunja, wyznanie, obcowanie; udział; styczność; **-ism** (*ko'mjunizəm*) *rz.* komunizm; **-ity** (*komjū'niti*) *rz.* środowisko, wspólność; ludność; publiczność; ~ singing, wspólny śpiew.

commu-tability (*komjutəbi'liti*) *rz.* zamienność, przemienność; **-table** (*komjū'təbəl*) *pm.* zamienny, przemienny, wymienny; **-tation** (*komjutej'szən*) *rz.* zamiana; **-tative** (*komjū'tətiw*) *pm.* zamienny; **te** (*komjū't*) *cz.* odmienić, zamienić.

compact (*ko'mpækt*) *rz.* ugoda, umowa, kontrakt; ~ (*kompæ'kt*) *pm.* gęsty; ~, *cz.* złączyć, spoić; **-ness** (*kompæ'ktnəs*) *rz.* spójność, spoistość, gęstość, zwięzłość.

compan-ion (*kompæ'njən*) *rz.* towarzysz, kolega, wspólnik, kompan; (*mar.*) świetlnik; a knight ~ kawaler (orderu); **-able** *pm.* towarzyski; **-ionship** *rz.* towarzystwo; stowarzyszenie; **-ionway,** schody z pokładu.

company (*kă'mpəni*) *rz.* spółka, towarzystwo, kompanja, goście; a ship's ~, załoga okrętu; bear (keep) ~, towarzyszyć; part ~, rozstać się; ~, *cz.* obcować, przestawać, znać się.

compar-able (*ko'mpərəbəl*) *pm.* dający się porównać z; **-ably** (*kom'pərəbli*) *ps.* w porównaniu, stosunkowo; **-ative** (*kompæ'rətiw*) *rz.* stopień porównawczy, wyższy (*gram.*); **-ative** *pm.* porównawczy, względny, stosunkowy; **-atively** (*kompæ'rətiwli*) *ps.* w porównaniu, stosunkowo; **-e** (*kompē'ə*), **-ison** (*kompæ'risən*) *rz.* porównanie; stopniowanie przymiotników (*gram.*); beyond **-e** niezrównany.

compart (*kompā't*) *cz.* podzielić; **-ment** (*kompā'tmənt*) *rz.* przedział (wagonowy).

compass (*kă'mpəs*) *rz.* obwód, koło, obręb, zasiąg; okrążenie; kompas, busola; ~, *cz.* otoczyć, osiągnąć; pojmować, potrafić, dopiąć; **-es** *rz.* cyrkiel.

compassion (*kŏmpæ'szən*) *rz.* współczucie, litość, miłosierdzie; **-ate** (*kompæ'szənət*) *pm.* współczujący, litościwy, miłosierny; **-ate** (*-ejt*) *cz.* żałować, współczuć, litować się.

compati-bility (*kompætibi'liti*) *rz.* zgodność; **-ble** (*kompæ' tibəl*) *pm.* zgodny, licujący z.

compatriot (*kompæ'triət*) *rz.* rodak, ziomek. [kolega, równy.

compeer (*kompī'ə*) *rz.* kamrat,

compel (*kompe'l*) *cz.* zniewolić, zmusić, przymuszać.

compend (*ko'mpənd*) patrz **compendium**; **-ious** (*kompe'ndjəs*) *pm.* skrócony, sumaryczny, treściwy; **-iousness** (*kompe'ndjəsnəs*) *rz.* krótkość, zwięzłość; **-ium** (*kompe'ndjəm*) *rz.* podręcznik, skrót, kompendjum.

compensa-te (*ko'mpənsejt*) *cz.* wynagrodzić (straty), powetować, odszkodować; **-tion** (*kompənsej'szən*) *rz.* wynagrodzenie, powetowanie (sobie), kompensata, wyrównanie; **-tive** (*kompe'nsətiw*), **-tory** (*kompe'nsətəri*) *pm.* kompensacyjny, wyrównawczy.

compet-e (*kompī't*) *cz.* współzawodniczyć, konkurować o coś; **-ition** (*kompəti'szən*) *rz.* konkurencja; współzawodnictwo, zawody, konkurs; **-itive** (*kompe'titiw*) *pm.* konkurencyjny; **-itor** (*kompe'titə*) *rz.* współzawodnik, konkurent.

competen-ce (*ko'mpətəns*), **-cy** *rz.* kompetencja; majętność, dobry byt; **-t** (*ko'mpətent*) *pm.* dostateczny, właściwy, kompetentny, zdatny, zdolny.

compi-lation (*kompilej'szən*) *rz.* kompilacja; **-le** (*kompaj'l*) *cz.* kompilować; **-ler** (*kompaj'lə*) *rz.* kompilator.

complacen-ce (*komplej'səns*), **-cy** *rz.* zadowolenie z siebie; upodobanie; **-t** *pm.* zadowolony z siebie; uprzejmy, grzeczny; **-tly** *ps.* z upodobaniem.

complain (*komplej'n*) *cz.* skarżyć się, narzekać, utyskiwyć, żałować, użalać się (of); **-ant** (*komplej'nənt*) *rz.* powód (w sądzie), skarżący; **-t** *rz.* skarga, utyskiwanie, narzekanie; bolączka; (*med.*) dolegliwość, ból.

complaisan-ce (*komplezā'ns*), uprzejmość, ugrzecznienie; **-t**

(*kompleзā'nt*) *pm.* grzeczny, uprzejmy.
complement (*ko'mplэmэnt*) *rz.* uzupełnienie, komplet; ~, (*-ment*) *cz.* uzupełnić, dokompletować; **-ary** (*komplэmė'ntэrı*) *pm.* dopełniający, uzupełniający.
complet-e (*komplī't*) *pm.* zupełny, kompletny, doskonały, całkowity; ~, *cz.* uzupełnić, wykończyć, doskonalić, dopełnić, dokonać; **-ely** (*komplī'tli*) *ps.* zupełnie, w zupełności, w całości, całkiem; **-ement** (*komplī'tmэnt*) *rz.*uzupełnienie,dokompletowanie; **-eness** (*komplī'tnэs*) *rz.* kompletność, doskonałość, całkowitość, całość, zupełność; **-ion** (*komplī'szεn*) *rz.* spełnienie, doskonałość, skompletowanie, uzupełnienie.
complex (*ko'mpleks*) *rz.* kompleks, zbiór, całokształt; **-ed** *pm.* złożony, skomplikowany, składany; **-ity** (*komple'ksiti*) *rz.* skomplikowanie; zawiłość.
complexion (*komple'kszεn*) *rz.*cera, płeć, wygląd.
compli-ance (*komplaj'эns*) *rz.* powolność (dla kogoś), zgoda; **-ant** (*komplaj'эnt*) *pm.* powolny (dla kogoś), usłużny, zgodny; **-antly** (*komplaj'эntli*) *ps.* zgodnie.
complica-cy (*ko'mplikэsi*) *rz.* zawiłość, skomplikowanie, gmatwanina, powikłanie; **-te** (*ko'mplikejt*) *cz.* komplikować, łączyć w jedno, poplątać, powikłać, pogmatwać; **-tion** (*komplikej'szεn*) *rz.* komplikacja.
complicity (*kompli'siti*) *rz.* współwina.
compliment (*ko'mplimэnt*) *rz.* komplement, pozdrowienie; ~, (*-ment*) *cz.* pozdrawiać, gratulować; **-ary** (*komplime'ntэri*) *pm.* grzeczny, gratulacyjny.
compline (*ko'mplin*) *rz.* kompleta.
comply (*komplaj'*) *cz.* stosować się; zadośćuczynić, spełnić (życzenie), zgadzać się.
component (*kompou'nэnt*) *rz.* składnik; ~, *pm.* składowy.
comport (*kompō't*) *cz.* zgadzać się, licować z; odpowiadać; ~ oneself, zachowywać się, postępować, prowadzić się; **-ment** (*kompō'tmэnt*) *rz.* zachowanie się, prowadzenie się, postępowanie.
compos-e (*kompou'z*) *cz.* składać, tworzyć,komponować(muzykę); załagodzić (spór); ~ oneself, uspokoić się; **-ed** (*kompou'zd*) *pm.* spokojny, stateczny; **-edly** (*kompou'zэdli*) *ps.* spokojnie, z rozwagą; **-edness** (*kompou'zэdnэs*) *rz.* spokój, stateczność, rozwaga; **-er** (*kompou'zэ*) *rz.* autor, kompozytor; **-ite** (*ko'mpozit*) *pm.* składany, złożony; **-ition** (*kompэzi'szεn*) *rz.* układanie, tworzenie, utwór, kompozycja; mieszanina; pojednanie, ugoda; **-itor** (*kompo'sitэ*) *rz.* zecer; **-ure** (*kompou'żэ*) *rz.* stateczność, spokój, zimna krew.
compost (*ko'mpost*) *rz.* kompost.
compotation (*kompotej'szεn*) *rz.* pijatyka.
compote (*ko'mpout*) *rz.* kompot.
compound (*kompau'nd*) *pm.* złożony,składany(procent);~,*rz.*związek chemiczny; masa; wyraz złożony; zdanie złożone; rzecz złożona; ogrodzenie; ~, *cz.* składać, ułożyć się (z wierzycielami); pomieszać.
comprehen-d (*komprehe'nd*) *cz.* zawierać, obejmować, pojąć, zrozumieć, ogarnąć, mieścić; **-sible** (*komprehe'nsibεl*) *pm.* zrozumiały; **-sibly** (*komprehe'nsibli*) *ps.* zrozumiale; **-sion** (*komprehe'nszεn*) *rz.* objęcie, pojęcie, zrozumienie; zawarcie; **-sive** (*komprihe'nsiw*) *pm.* obejmujący, zawierający; zrozumiały, pojętny; **-siveness** (*komprihe'nsiwnэs*) *rz.* zrozumiałość, zwięzłość, objętość, pojętność.
compress (*ko'mpres*) *rz.* kompres; ~ (*kompre's*) *cz.* przytłoczyć, ścisnąć; ~ ed air zgęszczone powietrze; **-ibility** (*kompresibi'liti*), **-ibleness** (*kompre'sibεlnэs*) *rz.* ściśliwość; **-ible** (*kompre'sibεl*) *pm.* ściśliwy, dający się ścisnąć; **-ion** (*kompre'szεn*) *rz.* ściśnienie, zgęszczenie, spłaszczenie.
comprise (*kompraj'z*) *cz.* zawierać, obejmować, składać się z.
compromise (*ko'mpromajz*) *rz.* kompromis, załatwienie polubowne, układ; ~, *cz.* pogodzić (się); kompromitować.
comptrol i t. d. patrz **control.**
compuls-ion (*kэmpă'lszεn*) *rz.*przy-

mus, przymuszanie; wymus; **-ive** (*kompă'lsiw*), **-ory** (*kompă'lsəri*) *pm.* przymusowy; **-ively** (*kompă'lsiwli*), **-orily** (*kompă'lsərili*) *ps.* przymusowo.
compunct-ion (*kəmpă'ŋkszɛn*) *rz.* skrucha, żal; skrupuł; **-ious** (*kompă'ŋkszəs*) *pm.* skruszony, żałujący.
compurgation (*kompəgej'szɛn*) *rz.* oczyszczenie z zarzutu.
comput-able (*kompjū'təbɛl*) *pm.* obliczalny; **-ation** (*kompjutej'szɛn*) *rz.* obliczenie, rachuba; **-e** (*kompjū't*) *cz.* obliczać, rachować, liczyć.
comrade (*ko'mrəd*) *rz.* towarzysz.
con (*ko'n*) *rz.* uczyć się; ślęczeć nad; ~, *ps.* przeciw; pro and ~, dodatnia i ujemna strona, pro i contra.
conation (*konej'szɛn*) *rz.* wola.
concaten-ate (*konkæ'tənejt*) *cz.* powiązać, skuć, spoić łańcuchem; **-ation** (*konkætənej'szɛn*) *rz.* powiązanie, skucie, skojarzenie.
concav-e (*ko'nkejw*) *pm.* wklęsły; **-ity** (*konkæ'witi*) *rz.* wklęsłość; **-o-concave** (*konkæ'wo-ko'nkejw*) *pm.* podwójnie wklęsły; **-o-convex** (*konkæ'wo-ko'nweks*) *pm.* wklęsłowypukły.
conceal (*kənsī'l*) *cz.* ukryć, zataić, skryć (from, przed kimś); **-ment** (*-mənt*) *rz.* zatajenie, kryjówka, ukrycie.
concede (*kənsī'd*) *cz.* przyzwalać, zgadzać się, przyznawać, ustępować.
conceit (*kənsī't*) *rz.* pomysł, koncept; zarozumiałość; ~, *cz.* wyobrazić sobie; **-ed** *pm.* zarozumiały.
conceiv-able (*kənsī'wəbɛl*) *pm.* zrozumiały; możliwy; do pomyślenia; **-ably** (*kənsī'wəbli*) *ps.* możliwie; **-ableness** (*kənsī'wəblnəs*) *rz.* zrozumiałość; **-e** (*kənsī'w*) *cz.* począć, zajść w ciążę; pojąć, pojmować, rozumieć; powziąć (uczucie).
concentr-ate (*ko'nsəntrejt*) *cz.* ześrodkować, skupić (się); skoncentrować, zgęszczać; **-ation** (*konsəntrej'szɛn*) *rz.* ześrodkowanie, skupienie, skoncentrowanie, zgęszczenie, koncentracja; **-ative** (*ko'nsentrətiw*) *pm.* skupiający; **-e** (*konse'ntə*) *cz.* ześrodkowac (się); zejść się; **-ic** (*konse'ntrik*) *pm.* współśrodkowy, koncentryczny; ~ fire, (*mil.*) ogień skupiony; **-ically** (*konse'ntrikəli*) *ps.* koncentrycznie.
concept (*ko'nsept*) *rz.* pojęcie, pomysł; **-ion** (*konse'pszɛn*) *rz.* pojęcie, zrozumienie; pomysł, wyobrażenie; poczęcie, zajście w ciążę; **-ive** *pm.* rozumowy.
concern (*kənsə̄'n*) *rz.* sprawa, interes, przedsiębiorstwo; udział, styczność, frasunek, zmartwienie; ~, *cz.* tyczyć się, obchodzić, interesować, niepokoić; it is none of my ~, to mnie nic nie obchodzi; ~ oneself (with), troszczyć się o, wdawać się w co; **-ing** (*konsə̄'niŋ*) *pi.* co się tyczy, względem, co do; **-ment** (*-mənt*) *rz.* sprawa; znacznie.
concert (*ko'nsət*) *rz.* koncert, zgoda, porozumienie (się); ~ (*konsə̄'t*) *cz.* porozumieć się, umówić się, działać zgodnie, koncertować; **-ina** (*konsətī'nə*) *rz.* harmonijka; **-o** (*konczə'tou*) *rz.* utwór koncertowy.
concess-ion (*konse'szɛn*) *rz.* ustępstwo, koncesja; **-ionnaire** (*-szone'ə*) *rz.* koncesjonarjusz; **-ve** (*konse'siw*) *pm.* koncesyjny, ustępliwy.
conch (*ko'nk*) *rz.* muszla, koncha; **-ology** (*koŋko'lodżi*) *rz.* konchologja.
concilia-ble (*kənsi'ljəbɛl*) *pm.* zgodny; **-te** (*kənsi'ljejt*) *cz.* pojednać, pogodzić, pozyskać, ująć sobie kogoś; **-tion** (*kənsiljej'szɛn*) *rz.* pogodzenie, pojednanie; **-tor** (*kənsi'ljejtə̄*) *rz.* pośrednik; **-tory** (*kənsi'ljətəri*) *pm.* pojednawczy.
concise (*kənsaj's*) *pm.* krótki, zwięzły, treściwy; **-ly** (*kənsaj'sli*) *ps.* treściwie, zwięźle; **-ness** (*-nəs*) *rz.* zwięzłość, treściwość.
concision (*konsi'żɛn*) *rz.* skaleczenie.
conclave (*ko'nklejw*) *rz.* konklawe.
conclu-de (*konklū'd*) *cz.* zawrzeć, zakończyć, wnioskować, wnosić; **-sion** (*konklūżɛn*) *rz.* zakończenie, wniosek, konkluzja, zawarcie, in -sion, ostatecznie krótko mówiąc, koniec końców; **-sive** (*konklū'siw*) *pm.* miaro-

dajny, rozstrzygający; stanowczy, ostateczny; **-siveness** (*konklū'siwnəs*) *rz.* dowodność, stanowczość, miarodajność, ostateczność.

concoct (*konko'kt*) *cz.* sporządzić; sklecić, uplanować.

concomit-ance, -ancy (*konko'mitəns*) *rz.* towarzyszenie, spółistnienie; **-ant** (*konko'mitənt*) *rz.* towarzysz; ~, *pm.* towarzyszący; spółistniejący; **-antly** (*konko'mitəntli*) *ps.* współcześnie, równocześnie; wspólnie.

concord (*ko'nkōd*) *rz.* zgoda, jedność, harmonja, jednomyślność, umowa; **-ance** (*konkō'dəns*) *rz.* zgoda, zgodność; **-ant** (*konkō'dənt*) *pm.* zgodny, harmonijny, jednobrzmiący; **-at** (*konkō'dæt*) *rz.* konkordat.

concourse (*ko'nkōs*) *rz.* zbiegowisko, zbieg (okoliczności).

concre-scence (*konkre'səns*) *rz.* zrośnięcie (się); **-te** (*ko'nkrīt*) *rz.* cement; rzecz konkretna; **-te** *pm.* konkretny; istotny; **-te** (*konkrī't*) *cz.* zlepić (się), zsiąść się, zgęstnieć; ~ (*ko'nkrīt*) *cz.* konkretyzować; **-tion** (*konkrī'szεn*) *rz.* zgęstnienie, zsiadłość, skamienienie; skonkretyzowanie.

concubin-age (*konkjū'binədż*) *rz.* konkubinat; **-ary** *pm.* nałożniczy; **-e** (*ko'ŋkjubajn*) *rz.* nałożnica.

concupisc-ence (*konkjū'pisεns*) *rz.* żądza, chuć, lubieżność; **-ent** *pm.* lubieżny.

concur (*konkə̄'*) *cz.* zbiegać się, schodzić się, zgadzać się, przyłożyć się; ~ in an opinion, podzielać zdanie; **-rence** (*konkă'rəns*) *rz.* zbieg (okoliczności), zbieżność; **-rent** (*konkă'rənt*) *rz.* współzawodnik, konkurent; ~, *pm.* równoczesny; towarzyszący.

concussion (*konkă'szεn*) *rz.* wstrząs; wstrząśnienie.

condemn (*konde'm*) *cz.* potępić, skazać; **-able** *pm.* naganny, godny potępienia; **-ation** (*kondəmnej'szεn*) *rz.* potępienie, skazanie; wyrok; **-atory** (*-nətəri*) *pm.* potępiający, skazujący.

condens-able (*konde'nsəbεl*) *pm.* ściśliwy, zgęszczalny; **-ation** (*kondənsej'szεn*) *rz.* zgęszczenie; **-e** (*konde'ns*) *cz.* zgęszczać, kondensować; **-er** *rz.* kondensator.

condescen-d (*kondəse'nd*) *cz.* zstąpić, zniżyć się, raczyć, zezwolić; **-dence, -sion** (*'-ndəns,-'nszεn*) *rz.* łaskawość; **-ding** (*-diŋ*) *pm.* łaskawy.

condign (*kondaj'n*) *pm.* zasłużony, należyty, słuszny.

condiment (*ko'ndimənt*) *rz.* przyprawa, sos, zaprawa, okrasa.

condition (*kondi'szεn*) *rz.* stan, położenie, warunek, stadjum, stanowisko; upon ~, on ~, pod warunkiem; ~, *cz.* warunkować, uzależniać; stanowić; **-al** *pm.* warunkowy; **-ality** (*kondiszənæ'liti*) *rz.* warunkowość; **-ally** *ps.* warunkowo; **-ed** *pm.* uwarunkowany.

condol-atory (*kondou'lətəri*) *pm.* kondolencyjny, ubolewający; **-e** (*kondou'l*) *cz.* ubolewać, współczuć; **-ence** (*kondou'ləns*) *rz.* kondolencja.

condon-ation (*kondonej'szεn*) *rz.* przebaczenie, darowanie winy; **-e** (*kondou'n*) *cz.* przebaczyć, darować winę.

condor (*ko'ndóə*) *rz.* kondor (ptak).

conduc-e (*kondjū's*) *cz.* przyczynić się; doprowadzać do; **-ive** *pm.* doprowadzający do, przyczyniający się do.

conduct (*ko'ndăkt*) *rz.* prowadzenie (się); kierownictwo; ~ money, (sąd.) diety; ~ (*kondă'kt*) *cz.* prowadzić, kierować, dowodzić; dyrygować; ~ oneself, prowadzić się; **-ion** (*kondă'kszεn*) *rz.* prowadzenie; **-or** *rz.* przewodnik, kierownik, konduktor; przewodnik elektryczności; **-ress** *rz.* przewodniczka, kierowniczka.

conduit (*kă'ndit, ko'ndit*) *rz.* kanał, rura, podkop, przewód.

cone (*kou'n*) *rz.* konus, stożek; szyszka (np. sosnowa).

coney patrz **cony**.

confabula-te (*konfæ'bjulejt*) *cz.* gawędzić, gwarzyć; **-tion** (*konfæbjulej'szεn*) *rz.* pogawędka.

confection (*konfe'kszεn*) *rz.* cukry; konfekcja; **-ary, -ery** (*konfe'kszənəri*) *rz.* cukiernia; **-er** (*konfe'kszənə*) *rz.* cukiernik.

confedera-cy (*konfe'dərəsi*), **-tion** (*konfedərej'szən*) *rz.* związek, kon-

federacja, sprzymierzenie; rzesza; **-te** (*konfe'dərət*) *rz.* konfederat, sprzymierzeniec; wspólnik zbrodni; ~, *pm.* sprzymierzony, związkowy, zrzeszony; ~ (*konfe'dərejt*) *cz.* skonfederować, zrzeszyć (się).
confer (*konfə'*) *cz.* udzielać, przelać, naradzać się, nadać, wyświadczyć, konferować; **-ence** (*ko'nfərəns*) *rz.* narada, konferencja.
confess (*konfe's*) *cz.* wyznać, wyspowiadać (się), przyznać się, słuchać spowiedzi; **-edly** *ps.* niezaprzeczenie, otwarcie; **-or** *rz.* wyznawca; spowiednik; **-ion** (*konfe'szen*) *rz.* wyznanie, spowiedź, przyznanie się; **-ional** (*konfe'szənel*), *rz.* konfesjonał.
confetti (*konfe'ti*) *rz.* konfeti.
confid-ant (*ko'nfidænt*) *rz.* powiernik; **-ante** *rz.* powiernica; **-e** (*kənfaj'd*) *cz.* ufać, zwierzyć (się), zawierzyć, dowierzać; powierzyć coś komuś; **-ence** (*ko'nfidens*) *rz.* zaufanie, ufność, śmiałość, wiara; **-ent** (*ko'nfident*) *rz.* zaufany, powiernik; ~, *pm.* zaufany, ufny, pewny, śmiały; **-ential** (*konfide'nszəl*) *pm.* poufny, zaufany; **-ently** *ps.* z wiarą, ufnie, z zaufaniem.
configur-ation (*konfigjurej'szen*) *rz.* kształt, położenie, konfiguracja, budowa; **-e** (*konfi'gə*) *cz.* nadać kształt, kształtować.
confine (*ko'nfajn*) *rz.* granica, pogranicze, kraniec; ~(*konfaj'n*) *cz.* graniczyć, stykać się; ograniczyć, ukrócić, uwięzić; be ~ ~d, być w połogu; he is ~d to bed, złożony jest chorobą; **-ment** (*kənfaj'nmənt*) *rz.* uwięzienie, połóg.
confirm (*konfə'm*) *cz.* umocnić, potwierdzić, ratyfikować; bierzmować; **-ation** (*konfəmej'szen*) *rz.* umocnienie, potwierdzenie, ratyfikacja, zatwierdzenie; bierzmowanie, konfirmacja; **-ative, -atory** (*kənfə'mətiw,-ətəri*) *pm.* potwierdzający, zatwierdzający.
confisca-ble (*konfi'skəbel*) *pm.* ulegający konfiskacie; **-te** (*ko'nfiskejt*) *cz.* zabrać, skonfiskować; **-tion** (*konfiskej'szen*) *rz.* konfiskata.
conflagration (*konfləgrej'szen*) *rz.* pożar, pożoga.
conflation (*konflej'szen*) *rz.* spojenie, złączenie.
conflict (*ko'nflikt*) *rz.* starcie, spór, sprzeczność, konflikt, kolizja, walka; ~ (*konfli'kt*) *cz.* ścierać się, walczyć, być w sprzeczności, kolidować.
conflu-ence (*ko'nfluəns*), **-x** (*ko'nflăks*) *rz.* zlewanie się; połączenie; **-ent** (*ko'nfluənt*) *rz.* dopływ; ~, *pm.* dopływający, zlewający się.
conform (*konfō'm*) *cz.* zastosować się do czegoś, dopasować (się), uzgodnić; **-able** *pm.* odpowiedni, stosowny, zgodny; **-ably** *ps.* odpowiednio, zgodnie; **-ation** (*konfōmej'szen*) *rz.* ukształtowanie, kształt, budowa, dostosowanie; **-ist,-er** *rz.* konformista, anglikanin; **-ity** *rz.* podobieństwo, zgodność; in ~ ~, zgodnie z..., podług...
confound (*kənfau'nd*) *cz.* pomieszać, splątać, zmieszać kogoś, zawstydzić; ~ him, niech go djabli wezmą; **-ed** *pm.* zmieszany, przeklęty; **-edly** *ps.* djabelnie.
confraternity (*konfrətə'niti*) *rz.* bractwo, konfraternja.
confront (*kənfră'nt*) *cz.* zestawić, skonfrontować, porównać, stawić czoło; stać na przeciw; **-ation** (*kənfrăntej'szen*) *rz.* zestawienie, konfrontacja.
confu-se (*kənfjū'z*) *cz.* pogmatwać, pomieszać, zawstydzić, zmieszać; **-sedly** *ps.* w nieładzie, niewyraźnie, w pomieszaniu; **-sedness, -sion** (*kənfjū'żen*) *rz.* zamieszanie, nieład, zawstydzenie, gmatwanina; ~! *w.* przekleństwo!
confut-ation (*konfjutej'szen*) *rz.* konfutacja, odparcie, zbijanie dowodów; **-e** (*konfjū't*) *cz.* zbijać, udowodnić błąd.
congé, congee (*ko'ndżi*) *rz.* pożegnanie, pozwolenie; odprawa; ~ d'élire, pozwolenie króla na wybranie biskupa.
congeal (*kondżī'l*) *cz.* mrozić, zamrozić, zmarznąć; **-able** *pm.*

zamrażalny; **-ment, congelation** (*kondżəlej'szɛn*) rz. zamrażanie.
congener, -ic, -ous (*ko'ndżenə, kondżene'rik, kondże'nərɛs*) pm. jednorodny; pokrewny.
congen-ial (*kəndżī'njəl*) pm. pokrewny, podobny, sympatyczny; **-iality** (*kəndżīnjæ'liti*) rz. powinowactwo, podobieństwo; pokrewieństwo; **-ital** (*kondże'nitɛl*) pm. wrodzony.
congereel (*ko'ngərīl*) rz. węgorz morski.
congeries (*kondże'rīīz*) rz. skupienie, masa, kupa.
congest (*kondże'st*) cz. sprawić kongestję, tłoczyć; nagromadzić; **-ion** (*kondże'szczɛn*) rz. nagromadzenie, kongestja; **-ive** pm. kongestyjny.
conglo-bate (*ko'nglobejt*), **-be** (*konglou'b*), **-merate** (*konglo'mərejt*) cz. nadawać (przybierać) kształt kulisty; formować się w gruzły, kłębki; zlepiać się; ~, rz. konglomerat; ~, pm. skupiony, kłębkowy; **-bation** (*konglobej'szɛn*), **-meration** (*konglomərej'szɛn*) rz. skupienie, zlepienie się, urobienie nakształt gałki, zwinięcie w kłębek; nagromadzenie, zebranie; konglomerat.
conglutina-te (*konglū'tinejt*) cz. skleić, zlepić (się); **-tion** (*konglutinej'szɛn*) rz. zlepienie się, sklejenie, zlepek.
congratula-nt (*kongræ'tjulənt*) pm. winszujący; **-te** (*kongræ'tjulejt*) cz. winszować, gratulować; **-tion** (*kongrætjulej'szɛn*) rz. pozdrowienie, winszowanie, gratulacja; **-tory** (*kongræ'tjulətəri*) pm. gratulacyjny.
congrega-te (*ko'ŋgrəgejt*) cz. zebrać, zgromadzić (się), skupić się; **-tion** (*kongrəgej'szɛn*) rz. zebranie, zgromadzenie, kongregacja (religijna), parafja, zbiór; **-ational** (*kongrəgej'szənɛl*) pm. kongregacyjny; **-tionalism** (*kongrəgej'szənəlizɛm*) rz. kongregacjonalizm.
congress (*ko'ŋgres*) rz. zgromadzenie, zjazd, kongres; (w St. Zjedn.) izba poselska; **-ional** (*koŋgre'szənəl*) pm. kongresowy; **-man** rz. poseł.
congru-ence, -ency, -ity (*ko'ŋgruəns, ko'ŋgruənsi, kongrū'iti*) rz. zgodność, stosowność, przyzwoitość; **-ent, -ous** (*ko'ŋgruənt, ko'ngruəs*) pm. stosowny, odpowiedni, zgodny, przyzwoity; **-ously** ps. zgodnie, stosownie.
conical (*ko'nikɛl*), **coniform** (*ko'nifōm*) pm. koniczny, stożkowy; **~sections** (*mat.*) przecięcie ostrokręgowe.
conifer (*ko'nifə̄*) rz. drzewo szpilkowe; **-ous** (*koni'fərəs*) pm. szpilkowy, szyszkorodny.
conjectur-able (*kondże'kczərəbɛl*), **-al** (*kondże'kczərəl*) pm. przypuszczalny; **-e** (*kondże'kczə*) rz. przypuszczenie, przewidywanie, domysł, domniemanie; **-e** cz. czynić domysły, dorozumiewać się, przypuszczać.
conjoin (*kondżoj'n*) cz. złączyć (się), skojarzyć; **-t** pm. zespolony, wspólny, połączony; **-tly** ps. wspólnie, łącznie, razem.
conjug-al (*kon'dżūgɛl*) pm. małżeński; **-ally** ps. w związku małżeńskim, po małżeńsku; **-te** (*ko'ndżugejt*) cz. połączyć węzłem małżeńskim; odmieniać czasownik, konjugować (*gram.*); **-tion** (*kondżugej'szɛn*) rz. odmiana czasownika, konjugacja.
conjunct (*kondżă'ŋkt*) pm. złączony, wspólny, łączny; **-ion** (*kondżă'ŋkszɛn*) rz. połączenie, związek, zbieg, spójnik (*gram.*); konjunkcja (w astrol.); **-ive** (*-iw*) pm. łączący; ~~ **mood** rz. tryb łączący; **-ure** (*-czə*) rz. zbieg okoliczności; stan spraw.
conjur-ation (*kondżurej'szɛn*) rz. zaklęcia, czary; **-e** (*ko'ndżə*) cz. błagać; **-e** (*kondżū'ə*) cz. zaklinać, czarować, sprzysięgać się, wywoływać djabła; ~ down a spirit, wypędzić złego ducha; ~ up spirits, wywoływać duchy; **-er** (*ko'ndżərə̄*) rz. czarnoksiężnik, kuglarz.
conna-te (*ko'nejt*) cz. przyrodzony, wrodzony, zrośnięty; **-tural** (*konnæ'czərɛl*) pm. wrodzony, naturalny.
connect (*kone'kt*) cz. łaczyć (się), powiązać; zespalać się, stykać się, spoić; **-edly** (*kone'ktedli*) ps. łącznie; **-ion, connexion** (*konek'-*

szɛn) rz. łączność, związek; stosunek; pokrewieństwo; krewny; enter into -ion with, nawiązać z kimś stosunki; in this -ion, w związku z tem; **-ive** *pm.* łączący, łączny.
conniv-ance *(konaj'wəns) rz.* pobłażanie, tolerowanie, patrzenie przez palce; **-e** *(konaj'w) cz.* pobłażać, tolerować; patrzeć na coś przez palce.
connoisseur *(konesə̄') rz.* znawca, koneser.
connote *(konnou't) cz.* zaznaczyć, oznaczać.
connubial *(konjū'bjəl) pm.* małżeński.
conoid *(ko'nojd) rz.* konoid.
conquer *(ko'ŋkə) cz.* zdobyć, zawojować, podbić, zwalczyć, przezwyciężyć; **-able** *pm.* pokonalny; **-or** *rz.* zdobywca, zwycięzca.
conquest *(ko'nkuest) rz.* podbój, zdobycz, zwycięstwo.
consanguin-eous *(konsæŋgui'njəs) pm.* pokrewny, powinowaty; **-ity** *(-ui'niti) rz.* pokrewieństwo.
consien-ce *(ko'nszəns) rz.* świadomość; sumienie; in all ~, z ręką na sercu; ~ money, zwrot pieniędzy, wywołany wyrzutami sumienia; **-tious** *(konszje'nszəs) pm.* sumienny, skrupulatny, honorowy; **-tiously** *ps.* sumiennie; **-tiousness** *rz.* sumienność.
conscious *(ko'nszəs) pm.* świadomy; be ~ of, zdawać sobie sprawę z; **-ness** *rz.* świadomość; poczucie.
conscript *(ko'nskript) rz.* poborowy; ~, *pm.* popisowy, poborowy; **-ion** *(konskri'pszɛn) rz.* pobór do wojska; ~ of wealth, danina majątkowa.
consecra-te *(ko'nsəkrejt) pm.* poświęcony; ~, *cz.* uświęcić, święcić, poświęcić; **-tion** *(konsəkrej'szɛn) rz.* poświęcenie.
consectary *(konsə'ktəri) rz.* wniosek, następstwo.
consecu-tion *(konsəkjū'szɛn) rz.* następstwo, wynik; **-tive** *(konse'kjutiw) pm.* nieprzerwany; następujący bezpośrednio; **-tively** *ps.* następnie, bez przerwy.
consensus *(konse'nsəs) rz.* zgoda.
consent *(konse'nt) rz.* zgoda, pozwolenie; with (of) one ~, jednomyślnie; ~, *cz.* przyzwalać, zgadzać się (na coś); **-aneous** *(konsentej'njəs) pm.* zgodny, zezwalający, jednozgodny; **-ient** *(konse'nszjənt) pm.* jednozgodny, zgadzający się, zezwalający.
consequen-ce *(ko'nsəkuəns) rz.* następstwo, skutek, wniosek, konsekwencja, znaczenie, waga; in ~ of, na skutek, dla, z powodu; **-t** *pm.* wynikający, wypływający, konsekwentny; ~, *rz.* następstwo, skutek, wniosek, rezultat; **-tial** *(konsəkue'nszɛl) pm.* wynikający; ważny; **-tly** *(ko'nsəkuəntli) ps.* w następstwie, wskutek tego, konsekwentnie; zatem, więc.
conserva-ncy *(konsə̄'wənsi) rz.* ochrona; komisja (portowa); konserwacja; **-tion** *(konsəwej'szɛn) rz.* przechowanie, zachowanie, konserwacja, ochranianie, oszczędzenie; **-tism** *(konsə̄'wətizɛm) rz.* konserwatyzm; **-tist** *rz.* zachowawca, konserwatysta; **-tive** *(konsə̄'wətiw) pm.* zachowawczy, konserwatywny; *(fig.)* skromny; ~, *rz.* zachowawca, konserwatysta; **-tor** *(ko'nsəwejtə) rz.* konserwator, kustosz; **-tory** *(konsə̄'wətori) rz.* oranżerja; konserwatorjum.
conserve *(konsə̄'w) rz.* konserwa, owoce kandyzowane; ~, *cz.* zachować, przechować, konserwować, kandyzować.
consider *(konsı'də) cz.* zważać, rozważać, wziąć pod uwagę; mieć wzgląd na coś, sądzić, uważać kogoś za; **-able** *(-dərəbɛl) pm.* znaczny, ważny, wybitny; **-ably** *ps.* znacznie, niemało; **-ate** *(-rət) pm.* rozważny, uważny; uczynny; **-ately** *ps.* rozważnie, roztropnie; **-ateness** *rz.* rozważność, uczynność; **-ation** *(konsidərej'szɛn) rz.* rozwaga, wzgląd na coś, uznanie, nagroda, wynagrodzenie; take into ~, wziąć pod uwagę; in ~ of, z uwagi na; **-ing** *(-riŋ) pi.* zważywszy, że, wobec tego, że.
consign *(konsaj'n) cz.* powierzyć, wysyłać, przekazać, konsygnować, poruczyć; **-ation** *(konsignej'-*

szen) *rz.* poruczenie, przesłanie, konsygnacja; **-ment** (*konsaj'n-mont*) *rz.* konsygnacja, przesyłka, partja (towarów); **-ee** (*konsajnī'*) *rz.* depozytarjusz, ajent, komisant, odbiorca; **-or** *rz.* wysyłający towar.

consilient (*konsi'liənt*) *pm.* zgodny.

consist (*konsi'st*) *cz.* składać się z czegoś, (of); polegać na czemś (in); **-ence, -ency** (*konsi'stəns, konsi'stənsi*) *rz.* konsystencja, stan, skład (ciała); gęstość, tęgość; konsekwencja; **-ent** *pm.* gęsty; logiczny, konsekwentny; **-ently** *ps.* zgodnie z czem; **-orial** (*konsisto'riɛl*) *pm.* konsystorski; **-ory** (*konsi'stəri, ko'n-*) *rz.* konsystorz.

consociate (*konsou'szjət*) *rz.* współtowarzysz, spółwinny; ~, *pm.* stowarzyszony; współdziałający; ~ (*konsou'szjejt*) *cz.* stowarzyszać się, współdziałać.

consola-tion (*konsolej'szen*) *rz.* pocieszenie, pociecha; **-tory** (*konsou'lətri*) *pm.* pocieszający.

console (*konsou'l*) *cz.* pocieszać.

console (*konsou'l*) *rz.* konsola.

consolidat-e (*konso'lidejt*) *cz.* wzmacniać, jednoczyć, konsolidować; **-ion** (*konsolidej'szen*) *rz.* wzmocnienie, konsolidacja, złączenie.

consols (*konso'lz*) *rz. lmn.* angielskie papiery rządowe.

conson-ance (*ko'nsənəns*) *rz.* zgodność, harmonja, konsonans; **-ant** *rz.* spółgłoska; ~, *pm.* zgodny, harmonijny; **-antal** *pm.* spółgłoskowy.

consort (*ko'nsōt*) *rs.* małżonek, małżonka, towarzysz, towarzyszka; ~ (*konsō't*) *cz.* łączyć się, towarzyszyć.

conspectus (*konspe'ktəs*) *rz.* konspekt, przegląd.

conspicu-ity (*konspikū'iti*), **-ousness** (*konspi'kjuəsnəs*) *rz.* widoczność, jasność, sława, wydatność; **-ous** (*konspi'kjuəs*) *pm.* widoczny, wydatny, uderzający, znakomity; **-ously** *ps.* widocznie, wydatnie, znakomicie.

conspir-acy, (*konspi'rəsi*) *rz.* sprzysiężenie, spisek; **-ator** (*konspi'rətə*) *rz.* konspirator, spiskowiec; **-e** (*konspaj'ə*) *cz.* knować, sprzysięgać się, konspirować, spiskować.

consta-ble (*ko'nstə'ɛl*) *rz.* policjant; **-bulary** (*konstæ'bjuləri*) *pm.* policyjny; ~, *rz.*, ~ force, *rz.* policja.

constan-cy (*ko'nstənsi*) *rz.* stałość, moc, niezłomność, pewność, wytrwałość; **-t** *pm.* stały, ciągły; niezawodny, wytrwały, pewny, wierny; **-tly** *ps.* ciągle, nieustannie.

constellation (*konstəlej'szen*) *rz.* konstelacja, gwiazdozbiór.

consternation (*konstənej'szen*) *rz.* przerażenie, konsternacja.

constipa-te (*ko'nstipejt*) *cz.* zgęszczać, zatwardzić, zapchać; **-tion** (*konstipej'szen*) *rz.* zatkanie, zatwardzenie, konstypacja.

constitu-ency (*konsti'tjuənsi*) *rz.* grono, koło (klientów, prenumeratorów, wyborców); okręg wyborczy; **-ent** *rz.* wyborca; część składowa, pierwiastek; ~, *pm.* składowy, stanowiący całość; ustawodawczy; **-te** (*ko'nstitjūt*) *cz.* stanowić, tworzyć, wyznaczać, uprawomocnić; **-tion** (*konstitjū'szen*) *rz.* skład, stan, uchwalenie, konstytucja, budowa (fizyczna), ustrój; **-tional** (*konstitjū'szənɛl*) *pm.* konstytucyjny; ustrojowy; ~, *rz.* spacer dla zdrowia; **-tionalist** (*konstitjū'szənəlist*) *rz.* obrońca konstytucji, **-tive** (*ko'nstitjutiw*) *pm.* istotny, prawodawczy, składowy.

constrain (*kənstrej'n*) *cz.* skrępować, przymusić, zniewolić; **-edly** (*konstrej'nədli*) *ps.* z przymusu, siłą, wymuszenie; **-t** *rz.* przymus, skrępowanie, mus; wymuszenie.

constrict, constringe (*konstri'kt*) *cz.* ścieśnić, ściągnąć, ukrócić; **-ion** (*konstri'kszen*) *rz.* ściśnienie, ściągnienie; **-or** *rz.* ściągacz (mięsień).

construct (*konstră'kt*) *cz.* budować, tworzyć; **-ion** (*konstră'kszen*) *rz.* budowa, pomysł, układ, konstrukcja; **-ive** (*-iw*) *pm.* konstrukcyjny; twórczy; równoznaczny.

construe (*ko'nstrū*) *cz.* budować zdanie, składać, tłumaczyć.

consubstantial (*konsăbstæ'nszəl*) *pm.* współistotny (*teol.*).

consuetud-e (*ko'nsuətjūd*) *rz.* obyczaj, zwyczaj; **-inary** (*-tjū'-dinəri*) *pm.* zwyczajowy.
consul (*ko'nsɛl*) *rz.* konsul; **-ar** (*ko'nsjulə*) *pm.* konsularny; **-ate** (*ko'nsjulət*) *rz.* konsulat; **-ship** konsulstwo.
consult (*kənsă'lt*) *cz.* zasięgać rady; zajrzeć do (dzieła); **-ation** (*konsăltej'szɛn*) *rz.* rada, narada, konsultacja; **-ative** (*konsă'ltətiw*) *pm.* doradczy.
consum-e (*kənsjū'm*) *cz.* zużyć (się), zniszczyć (się), konsumować, zjeść, spalić; ~ **~away** trawić się, usychać z czego; **-er** *rz.* konsument; spożywca.
consumma-te (*ko'nsəmejt*) *cz.* dopełnić (ślubu przez kopulację); ~ (*konsă'mət*) *pm.* wytrawny, doskonały; **-tion** (*konsămej'szɛn*) *rz.* wykończenie, doskonałość; cel, kres; dopełnienie.
consumpti-on (*kənsă'mpszɛn*) *rz.* wyniszczenie; suchoty; konsumcja, spożycie; **-ve** (*kənsă'm-ptiw*) *pm.* niszczący, zgubny; suchotniczy; **-iveness** *rz.* gruźlica.
contact (*ko'ntækt*) *rz.* styczność, stosunek, łączność, kontakt.
contagi-on (*kontej'dżɛn*) *rz.* zaraza, zarażenie, mór; **-ous** (*-dżjəs*) *pm.* zaraźliwy, morowy; **-ousness** (*kontej'dżjəsnəs*) *rz.* zaraźliwość.
contain (*kəntej'n*) *cz.* zawierać, obejmować, wstrzymywać (się).
contamina-te (*kontæ'minejt*) *cz.* skalać, splamić, splugawić, zarazić; **-tion** (*kontæminej'szɛn*) *rz.* zaraza,pokalanie,splugawienie.
contemn (*konte'm*) *cz.* pogardzać, lekceważyć, gardzić, wzgardzać.
contempla-te (*ko'ntəmplejt, konte'mp-*) *cz.* oglądać, przyglądać się pilnie, rozważać, rozmyślać, zamierzać; **-tion** (*kontəmplej'szɛn*) *rz.* kontemplacja; rozpamiętywanie, wpatrywanie się; in ~, zamierzony; **-tive** (*konte'mplətiw*) *pm.* kontemplacyjny.
contempora-neous (*kontempərej'-njəs*), **-ry** (*konte'mpərəri*) *pm.* współczesny, nowożytny; **-neousness** (*kontempərej'njəsnəs*) *rz.* współczesność.
contempt (*konte'm[p]t*) *rz.* wzgarda, poniżenie, lekceważenie; **-ible** *pm.* godny wzgardy, wzgardzony; **-ous** (*konte'mpczuəs,-ptjuəs*) *pm.* pogardliwy, nadęty, pyszny.
contend (*konte'nd*) *cz.* spierać się, współubiegać o co, utrzymywać, walczyć; borykać się; twierdzić.
content (*konte'nt*) *rz.* ukontentowanie, zadowolenie; (*lmn.*) treść, zawartość; ~, *pm.* zadowolony, kontent, zaspokojony, rad; ~ (*konte'nt*) *cz.* zadowolić, zadośćuczynić, zaspokoić; **-ed** *pm.* zadowolony, rad, chętny; **-edly** *ps.* ochoczo; **-edness** *rz.* zadowolenie; **-ment** (*konte'nt-mənt*) *rz.* zadowolenie, ukontentowanie.
conten-tion (*konte'nszɛn*) *rz.* spór, walka, debata, sprzeczka, spieranie się o co; **-tious** (*konte'n-szɛs*) *pm.* kłótliwy, swarliwy, sporny.
conterminous (*kontə̄'minəs*) *pm.* sąsiedni, ościenny; równoczesny.
contest (*ko'ntest*) *rz.* spór, kłótnia, walka, sprzeczka, zajście; ~ (*konte'st*) *cz.* zaprzeczać, spierać (się); współzawodniczyć, kwestjonować; **-able** (*konte'stəbɛl*) *pm.* sporny; **-ation** (*kontestej'-szɛn*) *rz.* spór, walka; in ~, sporny.
context (*ko'ntekst*) *rz.* osnowa, kontekst; in this ~ w, związku z tem; **-ure** (*-czə, -juə*) *rz.* budowa, osnowa, splot, pasmo.
contigu-ity (*kontigjū'iti*) *rz.* sąsiedztwo, przyległość; **-ous** (*konti'gjuəs*) *pm.* przyległy, przytykający, pobliski, ościenny.
continen-ce (*ko'ntinəns*) *rz.* wstrzemięźliwość, umiarkowanie, czystość, powściągliwość; **-t** *pm.* wstrzemięźliwy; powściągliwy.
continent (*ko'ntinənt*) *rz.* kontynent; **-tal** (*kontine'ntɛl*) *pm.* kontynentalny.
continge-ncy (*konti'ndżənsi*) *rz.* traf, zdarzenie, przypadkowość, wypadek; ewentualność; **-nt** *rz.* kontyngens; ~, *pm.* przypadkowy.
continu-al (*kənti'njuəl*) *pm.* nieustanny, ciągły, ustawiczny, nieustający; **-ally** *ps.* wciąż, bez przerwy, nieustannie, wiecz-

nie; ciągle, ustawicznie; **-ance** (*kənti'njuəns*) *rz.* ciągłość; trwanie, pobyt; **-ation** (*kontinjuej'szεn*) *rz.* dalszy ciąg, kontynuacja; sztylpy; ~ school, szkoła dokształcająca; **-ative** (*konti'njuətiw*) *pm.* przedłużający, stanowiący dalszy ciąg; **-e** (*kənti'njū*) *cz.* trwać, kontynuować, dalej ciągnąć, prowadzić dalej; przebywać; **-ity** (*kontinju'iti*) *rz.* ciągłość, nieprzerwane następstwo; związek, spójność; **-ous** (*kənti'njuəs*) *pm.* ciągły, nieprzerwany.

contort (*kontō't*) *cz.* skręcić, skrzywić, wykrzywiać; **-ion** (*kontō'szεn*) *rz.* kontorsja, skrzywienie, skręcenie, wykręcenie, wykrzywienie, zżymanie się.

contour (*ko'ntūə*) *rz.* kontur, zarys, obwód; ~, *cz.* rysować kontury.

contra (*ko'ntrə*) przeciw, wbrew.

contraband (*ko'ntrəbænd*) *rz.* przemytnictwo; kontrabanda; ~, *pm.* przemycany, kontrabandowy, zakazany; ~, *cz.* przemycać; **-ist** (*ko'ntrəbændist*) *rz.* przemytnik.

contracep-tive (*kontrəse'ptiw*) *pm.* zapobiegający zapłodnieniu; **-tion** (*-'pszən*) *rz.* zapobieganie zapłodnieniu.

contract (*ko'ntrækt*) *rz.* kontrakt, zobowiązanie, umowa, ugoda, układ; ~ of mariage, intercyza ślubna; ~ (*kəntræ'kt*) *cz.* ściągnąć, skurczyć się; zakontraktować; zawrzeć umowę, nabrać; nabawić się czegoś; ~ debts, zaciągnąć długi; **-ible, -ile** (*kontræ'ktibεl, -il*) *pm.* kurczliwy; **-ion** (*kontræ'kszεn*) *rz.* skrócenie, ściśnienie, skurczenie się; (*gram.*) kontrakcja; **-ive** *pm.* kurczliwy, kurczący; **-or** *rz.* kontrahent; przedsiębiorca (budowlany); mięsień ściągający.

contradict (*kontrədi'kt*) *cz.* zaprzeczać, protestować, sprzeciwiać się; **-ion** (*kontrədi'kszεn*) *rz.* zaprzeczenie, sprzeczność; **-ious** (*kontrədi'kszəs*) *pm.* sprzeczny, kłótliwy; **-iousness** *rz.* sprzeczność, kłótliwość; **-orily** (*kontrədi'ktərili*) *ps.* sprzecznie; **-oriness** *rz.* niezgodność, sprzeczność; **-ory** *pm.* sprzeczny.

contradistin-ction (*kontrədisti'ŋkszεn*) *rz.* przeciwieństwo, odróżnienie; **-guish** (*kontrədisti'ŋguisz*) *cz.* odróżnić, rozróżnić; kontrastować.

contralto (*kontræ'ltou*) *rz.* kontralt.

contraposition (*kontræpozi'szεn*) *rz.* przeciwstawienie.

contrar-iant (*kontrē'riənt*) *pm.* sprzeczny, przeciwny; **-iety** (*kontrəraj'əti*), **-iness** (*kontrē'rinəs*) *rz.* przeciwieństwo, przeciwność, opozycja; **-ily** (*ko'ntrərili*) *ps.* przeciwnie, wbrew czemuś; **-ious** (*kontrē'riəs*) *pm.* przeciwny; **-iwise** (*ko'ntrəriuajz, kontrē'riuajz*) *ps.* przeciwnie, naopak, nawspak; naodwrót; **-y** (*ko'ntrəri*) *pm.* przeciwny, szkodliwy; przekorny; **-y** (*ko'ntrəri*) *rz.* przeciwieństwo; advise to the **-y** odradzać; on the **-y** przeciwnie.

contrast (*ko'ntrāst*) *rz.* sprzeczność, kontrast; ~ (*kontrā'st*) *cz.* kontrastować, przeciwstawiać.

contra-vallation (*kontrəwəlej'szεn*) *rz.* szańce wewnętrzne; **-vene** (*kontrəwī'n*) *cz.* przekroczyć (zakaz), zbijać (twierdzenie); kolidować; **-vention** (*kontrəwe'nszεn*) *rz.* przekroczenie (przepisów); in ~ of, wbrew.

contribu-tory (*kontri'bjutəri*) *pm.* płacący daninę, współdziałający; przyczyniający się; **-te** (*kontri'bjut*) *cz.* przyczynić się, przyłożyć się do czegoś, zapłacić; **-tion** (*kontribjū'szεn*) *rz.* składka, kontrybucja; udział; zasługi dla (sprawy); **-tor** (*kontri'bjutə*) *rz.* współpracownik.

contrit-e (*ko'ntrajt*) *pm.* skruszony; **-ion** (*kontri'szεn*), **-eness** *rz.* skrucha, żal (za grzechy).

contriv-ance (*kontraj'wəns*) *rz.* wynalazek, pomysł, sposób, plan, urządzenie; **-e** (*kontraj'w*) *cz.* wymyśleć, wynaleść sposób, zdołać; **-er** *rz.* wynalazca, sprawca.

control (*kontrou'l*) *rz.* kontrola; regulowanie; władza, wgląd w co; ~, *cz.* kontrolować; mieć nad czemś władzę; regulować; ~ oneself, panować nad sobą; opanować się; **-ler** (*kontrou'lə*) *rz.* kontroler, nadzorca.

controvers-ial (*kontrowə'szɛl*) *pm.* kontrowersyjny, sporny; **-ialist** *rz.* polemista; **-y** (*ko'ntrowəsi*) *rz.* dysputa, polemika, spór, kontrowersja; beyond ~, bezporny, -ie.
controvert (*ko'ntrowət, kontrowə't*) *cz.* polemizować, oponować.
contu-macious (*kontjumej'szɛs*)*pm.* oporny, uparty; zaoczny; **-macy** (*ko'ntjuməsi*) *rz.* opór, kontumacja; niestawiennictwo; **-melious** (*kontjumī'ljes*) *pm.* zelżywy; zuchwały; **-mely** (*ko'ntjuməli*) *rz.* zniewaga; zuchwalstwo.
contus-e (*kontjū'z*) *cz.* urazić, potłuc, kontuzjować; **-ion** (*kontju'żən*) *rz.* stłuczenie, kontuzja.
conundrum (*konă'ndrəm*) *ps.* zagadka, kalambur.
convalesce (*konwəle's*) *cz.* powracać do zdrowia; **-nce** *rz.* rekonwalescencja; **-nt** *rz.* rekonwalescent, uzdrowieniec; ~, *pm.* powracający do zdrowia.
conven-able (*konwī'nəbɛl*) *pm.* zwołalny; **-e** (*konwī'n*) *cz.* zebrać (się), zgromadzić (się), zwołać; powołać przed sąd.
convenien-ce (*konwī'njəns*) *rz.* dogodność, wygoda, urządzenie; udogodnienie; **-t** *pm.* dogodny; **-tly** *ps.* wygodnie, dogodnie, bez kłopotu.
convent (*ko'nwənt*) *rz.* klasztor, zakon, konwent; **-icle** (*konwe'ntikɛl*) *rz.* zbór; **-ual** (*konwe'nczuəl*) *pm.* klasztorny, zakonny; ~, *rz.* konwentual.
convention (*konwe'nszɛn*) *rz.* zjazd, konwencja, układ; **-al** (*konwe'nszənɛl*) *pm.* umówiony, konwencjonalny; **-ality** (*konwenszənœ'liti*), **-alism** (*konwe'nszənəlizɛm*) *rz.* konwencjonalność, przyjęty zwyczaj.
converge (*konwə'dż*) *cz.* dążyć do jednego punktu, zbiegać się; **-nce, -ncy** (*-əns, -i*) *rz.* zbieżność; **-nt** *pm.* zbieżny.
conversa-ble (*konwə'səbɛl*) *pm.* rozmowny, towarzyski; **-nt** (*ko'nwəsənt*) *pm.* biegły, obeznany z czem; **-tion** (*konwəsej'szɛn*) *rz.* rozmowa, konwersacja; **-tional** (*konwəsej'szənɛl*) *pm.* konwersacyjny.
conver-se (*ko'nwəs*) *rz.* obcowanie, rozmowa; ~, *pm.* zagięty, przeciwny; ~ (*konwə's*) *cz.* rozmawiać; **-sely** (*konwə'səli*) *ps.* naodwrót, odwrotnie; **-sion** (*konwə'szɛn*) *rz.* nawrócenie (się), konwersja; **-t** (*ko'nwət*) *rz.* neofita; ~ (*konwə't*) *cz.* przemienić, przeistoczyć, nawrócić; **-tibility** (*konwətibi'liti*) *rz.* możność nawrócenia, przemienienia; **-tible** (*konwə'tibɛl*) *pm.* przemienny; konwersyjny.
convex (*ko'nweks*) *rz.* wypukły; **-ity** (*konwe'ksiti*) *rz.* wypukłość; **-o-concave** (*konwe'kso-ko'nkejw*) *pm.* wypukłowklęsły.
convey (*kənwej'*) *cz.* przewozić, dostarczać, przelać, udzielić; ~ an idea, dać wyobrażenie; **-ance** (*kənwej'əns*) *rz.* przewóz, dostarczenie, przelanie, cesja; wehikuł; **-ancer** (*-ənsə*) *rz.* notarjusz; **-ancing** (*-ənsiŋ*) *rz.* sporządzanie aktów przekazania własności.
convict (*ko'nwikt*) *rz.* skazaniec, więzień, zbrodniarz; ~ (*konwi'kt*) *cz.* przekonać; skazać, zasądzić; **-ion** (*konwi'kszɛn*) *rz.* przekonanie, przeświadczenie, skazanie; **-ive** (*konwi'ktiw*) *pm.* przekonywujący.
convince (*konwi'ns*) *cz.* przekonać, udowodnić, przemóc; **-ment** (*-mənt*) *rz.* udowodnienie, przekonanie.
convivial (*konwi'wjəl*) *pm.* towarzyski, wesoły, biesiadny; **-ity** (*konwiwjœ'liti*) *rz.* dobry humor, towarzyskość.
convoca-tion (*konwokej'szɛn*) *rz.* zwołanie, sobór, zebranie, zjazd; **-ke** (*konwou'k*) *cz.* zwołać.
convolu-ted (*ko'nwoljutɛd*) *pm.* zwinięty (o liściach); **-tion** (*konwoljū'szɛn*) *rz.* zwinięcie, zwitek.
convolve (*konwo'lw*) *cz.* skręcać, zwijać (w trąbkę). [powój.
convolvulus (*konwo'lwjuləs*) *rz.*
convoy (*ko'nwoj*) *rz.* konwój, straż, eskorta; ~ (*konwoj'*) *cz.* konwojować, eskortować.
convuls-e (*kənwă'ls*) *cz.* przyprawić o spazmy; **-ion** (*kənwă'lszɛn*) *rz.* konwulsja, spazm; **-ive** (*kənwă'lsiw*) *pm.* konwulsyjny, kurczowy.
cony, coney (*kou'ni*) *rz.* królik.
coo (*kū'*) *cz.* gruchać.

cook(*ku'k*) *rz.* kucharz, kucharka; ~, *cz.* gotować, kucharzyć; **-ery** (*-əri*) *rz.* **-room,** ~ **house** kuchnia; **shop** garkuchnia; kucharstwo, gotowanie.
cooky, cookie (*ku'ki*) *rz.* ciastko.
cool (*kū'l*) *rz.* chłód, spokój; ~, *pm.* chłodny, zimny; spokojny; oziębły; ~, *cz.* chłodzić, ostudzić, ostygnąć, ochłonąć. **-ish** (*-isz*) *pm.* chłodnawy; **-ly** *ps.* chłodno, oziębłe; spokojnie.
coolie, cooly (*kū'li*) *rz.* kulis.
coom, coomb (*kū'm*) *rz.* sadza, kopeć, odpadki, miał węglowy, resztki smarowidła; ~, **comb** (*ko'm*) *rz.* maź; miara zboża zawierająca 4 korce angielskie.
coomb (*kū'm*) *rz.* wądół, hala.
coop (*kū'p*) *rz.* kojec; ~, *cz.* (up), wpakować do kojca, zamknąć.
cooper (*kū'pə*) *rz.* bednarz; **-erage** (*-ərɛdż*) *rz.* bednarstwo.
coopera-te (*kou-o'pərejt*) *cz.* współdziałać, współpracować; **-tion** (*kou-opərej'szɛn*) *rz.* współdziałanie, kooperacja; **-ative** (*kou-o'-pərətiw*) *pm.* współdziałający, współdzielczy; **-tor** (*kou-o'pərejtə*) *rz.* współpracownik.
coopt (*kou'opt*) *cz.* kooptować; **-tion** (*kou-optej'szɛn*) *rz.* kooptacja.
coordina-te (*kou-o'dinət*) *pm.* współrzędny; ~ (*kou-o'dinejt*) *cz.* koordynować; **-tion** (*kou-ōdinej'-szɛn*) *rz.* koordynacja.
coot (*kū't*) *rz.* łyska (ptak).
cop (*ko'p*) *rz.* zwitek przędzy; (gwar.) policjant.
copaiba, copaiva (*kopej'bə, ko-paj'wə*) *rz.* kopaiwa.
copal (*kou'pəl*) *rz.* kopal.
copartner (*koupā'tnə*) *rz.* wspólnik; **-ship** *rz.* wspólnictwo, spółka.
cope (*kou'p*) *rz.* ornat; kopuła; sklepienie; ~, *cz.* przykryć, zasklepić; mocować się; podołać.
coper (*kou'pə*) *rz.* koniarz.
coping (*kou'piŋ*) *rz.* daszek muru.
copious (*kou'pjəs*) *pm.* obfity; **-ly** *ps.* obficie, poddostatkiem; **-ness** *rz.* obfitość, płodność.
copper (*ko'pə*) *rz.* miedź, miedziak; miedziane naczynia; ~, *pm.* miedziany; **-as** (*ko'pərās*) *rz.* koperwas, siarczan; **-y** *pm.* zawierający miedź, miedzionośny, **-head** *rz.* miedzianka (wąż); **-plate** blacha miedziana; **-prints** sztychy; **-smith** kotlarz.
coppice, copse (*ko'pis, ko'ps*) *rz.* zarośla, porąb, młody las.
copra (*ko'pra*) *rz.* kopra.
copula (*ko'pjulə*) *rz.* (*gram.*) łącznik; **-te** (*ko'pjulejt*) *cz.* łączyć, parzyć się, spółkować, spajać; **-tion** (*kopjulej'szɛn*) *rz.* spółkowanie, parzenie się; łączenie; **-tive** (*ko'pjulətiw*) *pm.* łączący.
copy (*ko'pi*) *rz.* kopja, wzór, egzemplarz; ~, *cz.* kopjować, przepisywać, przedrukowywać, naśladować; **-book** zeszyt; **-hold** wieczysta dzierżawa; **-er,** **-ist** (*ko'piist*) *rz.* kopista; **-right** prawo przedruku.
coquet (*koke't*) *rz.* kokietka; **-tish** (*koke'tisz*) *pm.* kokieteryjny; ~, *cz.* kokietować; **-ry** (*ko'kətri*) *rz.* kokieterja, umizgi.
coracle (*ko'rəkɛl*) *rz.* łódka.
coral (*ko'rɛl*) *rz.* koral, korale; **-line** (*ko'rəlajn*) *rz.* koralina.
corbel (*kō'bel*) *rz.* podpora.
cord (*kō'd*) *rz.* sznur, powróz, sążeń, 128 stóp kubicznych; (*lmn.*) spodnie welwetowe; ~, *cz.* powiązać; **-age** (*kō'dɛdż*) *rz.* sznury, liny (zbiorowo); **-maker** *rz.* powroźnik.
cordate (*kō'dejt*) *pm.* sercowaty.
cordelier (*kōdəlī'ə*) *rz.* Franciszkanin.
cordial (*kō'djəl*) *rz.* kordjał; ~, *pm.* serdeczny; **-ity** (*kōdjæ'liti*) *rz.* serdeczność, szczerość; **-ly** *ps.* serdecznie.
cordon (*kō'dɛn*) *rz.* kordon (na granicy); wstążka (orderu).
cord-ovan, -wain (*kō'dowən, kō'-duejn*) *rz.* skóra hiszpańska.
corduroy (*kō'dəroj*) *rz.* welwet; (*lmn*). spodnie welwetowe; **-road** droga z pali.
core (*kō'ə*) *rz.* ośrodek, serce; (*fig.*) szpik kości.
co-respondent (*kourəspo'ndɛnt*) *rz.* współodpowiedzialny.
coriaceous (*korjej'szəs*) *pm.* skórzany, łykowaty.
coriander (*kouriæ'ndə*) *rz.* kolender (*bot.*). [ryncki.
Corinthian (*kori'nθiən*) *pm.* koryncki.
cork (*kō'k*) *rz.* korek, drzewo korkowe; ~, *cz.* zakorkować;

zaczernić; **-screw** (*-skrū*) *rz.* korkociąg; **-y** (*kō'ki*) *pm.* korkowy; (gwar.) lekkomyślny.
cormorant (*kō'morənt*) *rz.* kormoran (ptak wodny), (*fig.*) żarłok.
corn (*kō'n*) *rz.* ziarno, zboże; odcisk, nagniotek; Indian ~, kukurydza; ~, *cz.* peklować; **-bottle, -flower** bławatek; chabrek, modrak; **-chandler** handlarz zbożem; **-eous** (*kō'njəs*) *pm.* rogowy, rogowaty; **-flag** kosaciec (*bot.*).
cornea (*kō'njə*) *rz.* rogówka.
cornel, -ian tree (*kō'nəl, konī'ljən trī*) *rz.* dereń; świdwa (*bot.*).
cornelian (*konī'ljən*) *rz.* chalcedon.
corner (*kō'nə*) *rz.* róg, węgieł, zakątek, kąt, kraniec; wykupywanie towaru dla podniesienia ceny; drive one into a ~, przyprzeć kogoś do muru; **-ed** *pm.* przyparty do muru; ~ **stone,** kamień węgielny.
cornet (*kō'net*) *rz.* róg, trąbka; (*mil.*) kornet; kornet sióstr miłosierdzia; **-cy** (*kō'nətsi*) *rz.* stopień korneta.
cornice (*kō'nis*) *rz.* gzyms (*arch.*).
Cornish (*kō'nisz*) *pm.* kornwalijski.
cornucopia (*kō'nukou'piə*) *rz.* róg obfitości.
corolla (*koro'lə*) *rz.* korona kwiatu.
corollary (*koro'ləri*) *rz.* korolarjum. [wieniec.
corona (*korou'nə*) *rz.* korona,
coronach (*ko'ronæk*) *rz.* śpiew pogrzebowy (celt. i irland.).
coron-al (*ko'ronəl*) *rz.* diadem, wieniec; ~, *pm.* ciemieniowy; **-ation** (*koronej'szən*) *rz.* koronacja, wieńczenie; **-er** (*ko'rənə*) *rz.* sędzia śledczy; **-et** (*ko'rənət*) *rz.* korona (szlachecka); wieniec; **-eted** *pm.* herbowy.
corpora-l (*kō'pərəl*) *rz.* korporał; kapral; ~, *pm.* cielesny, materjalny; **-lity** (*kōpəræ'liti*) *rz.* cielesność, materjalność; **-te** (*kō'pərət*) *pm.* korporacyjny, związkowy; zbiorowy; **-tion** (*kōpərej'szən*) *rz.* ciało, zgromadzenie, cech, korporacja, gmina, grono; **-tor** (*kō'pərətə*) *rz.* członek korporacji.
corporeal (*kōpō'rjəl*) *pm.* cielesny, materjalny. [św. Elma.
corposant (*kō'posənt*) *rz.* światło
corps (*kō'ə*) *rz.* korpus (wojska).
corpse (*kō'ps*) *rz.* trup.
corpu-lence, -lency (*ko'pjuləns, -i*) *rz.* tusza; **-lent** (*ko'pjulənt*) *pm.* otyły, tęgi, korpulentny.
Corpus-Christi-(day) (*kō'pəs-kristi-dej*) *rz.* Boże Ciało.
corpu-scle, -scule (*kō'pəsl, kopă'-skjūl*) *rz.* atom, ciałko, cząstka, drobina; **-scular** (*kopă'skjulə*) *pm.* atomiczny, korpuskularny.
corral (*koræ'l*) *rz.* zagroda, hurt.
correct (*ko·e'kt*) *pm.* poprawny, dokładny; ~, *cz.* poprawiać, karcić, robić korektę; **-ion** (*kəre'kszən*) *rz.* poprawka, skarcenie; korekta; under ~ion, z zastrzeżeniem; **-ional, -ive** (*kəre'kszənəl, -iw*) *pm.* poprawiający, korygujący, poprawczy; **-ly** *ps.* poprawnie, dokładnie; **-ness** *rz.* poprawność, dokładność; **-or** (*kəre'ktə*) *rz* korektor.
correla-te (*ko'rəlejt*) *cz.* być wzajemnie zależnym; uzależnić; ~, **-tive** (*kore'lətiw*) *pm.* współzależny.
correspond (*korəspo'nd*) *cz.* korespondować; odpowiadać, zgadzać się; **-ence, -ency** (*korəspo'ndəns, -i*) *rz.* korespondencja, odpowiedniość, zgoda; **-ent** *rz.* korespondent; ~, **-ing** *pm.* odpowiedni, zgodny; **-ingly** *ps.* odpowiednio.
corridor (*koridō'ə*) *rz.* korytarz.
corrival (*koraj'wəl*) *rz.* rywal.
corrobora-nt (*koro'bərənt*) *pm.* pokrzepiający, wzmacniający; **-te** (*koro'bərejt*) *cz.* pokrzepić, wzmocnić, potwierdzić; **-tion** (*korobərej'szən*) *rz.* pokrzepienie, wzmocnienie, potwierdzenie; **-tive** (*koro'bərətiw*) *pm.* pokrzepiający, wzmacniający, potwierdzający.
corro-de (*korou'd*) *cz.* wyżreć, wygryźć; **-sive** (*korou'siw*) *rz.* środek gryzący; ~, *pm.* żrący.
corruga-te (*ko'rəgejt*) *cz.* marszczyć, fałdować; **-tion** (*korəgej'szən*) *rz.* marszczenie, zmarszczka.
corrupt (*kəră'pt*) *pm.* zepsuty, skażony, podkupiony, przedajny, zgniły; ~, *cz.* zepsuć (się), skazić (się); przekupić; sfałszować; psuć; gnić; **-ible** (*koră'ptibəl*) *pm.* podległy zepsuciu, skazitelny, przedajny, przekupny; **-ion**

(*kərǎ'pszɛn*) *rz.* psucie się, gnicie, rozkład; przekupstwo, przedajność, fałszowanie; rozpusta, zepsucie; **-ive** (*-iw*) *pm.* psujący, każący.
corsair (*kō'sɛə*) *rz.* korsarz.
corse (*kō's*) *rz.* patrz **corpse.**
corselet (*kō'slet*) *rz.* lekki pancerz.
corset (*kō'set*) *rz.* gorset.
cortège (*kōte'ż*) *rz.* orszak; pochód.
corti-cal (*ko'rtikəl*) *pm.* korowy, z kory drzewnej; **-cated** *pm.* pokryty korą.
corundum (*korǎ'ndɛm*) *rz.* korund.
corusca-nt (*korǎ'skent*) *pm.* błyskający, migotliwy; **-te** (*korǎ'skejt*) *cz.* migotać, błyszczeć, połyskiwać.
corvette (*kōwe't*) *rz.* korweta.
corvine (*kō'wajn, kō'win*) *pm.* kruczy.
corymb (*ko'rimb, ko'rim*) *rz.* baldaszek, baldaszkogron (*bot.*).
coryphaeus (*korifī'əs*) koryfeusz.
coryza (*koraj'za*) *rz.* katar.
cosecant (*kose'kənt*) *rz.* dosieczna
cosher (*ko'szə*) *rz.* psuć, rozpieszczać.
cosine (*ko'sajn*) *rz.* dostawa (*mat.*).
cosmetic (*kozme'tik*) *rz.* kosmetyk; ~, *pm.* kosmetyczny.
cosm-ic(al) (*ko'zmik-ɛl*) *pm.* kosmiczny; **-ography** (*kozmo'græfi*) *rz.* kosmografja; **-ology** (*kozmo'lodżi*) *rz.* kosmologja; **-opolitan, -opolite** (*kozmopo'litɛn, kozmo'polajt*) *rz.* kosmopolita; ~, *pm.* kosmopolityczny.
cosmos (*ko'zmos*) *rz.* wszechświat, kosmos.
cossack (*ko'sæk*) *rz.* kozak.
cosset (*ko'sət*) *rz.* baranek; pieszczoch; ulubieniec.
cost (*ko'st*) *rz.* koszt, wydatek, nakład, cena; ~*, *cz.* kosztować; **-liness** (*ko'stlinəs*) *rz.* kosztowność; **-ly** *pm.* kosztowny.
costal (*ko'stɛl*) *pm.* żebrowy.
costard (*ko'stə̄d*) *rz.* odmiana jabłka.
costermonger (*ko'stəmǎŋgə*) *rz.* przekupień; przekupka.
costive (*ko'stiw*) *pm.* cierpiący na (wywołujący) zatwardzenie; **-ness** *rz.* zatwardzenie.
costmary (*ko'stmə̄ri*) *rz.* wrotycz (*bot.*).
costume (*ko'stjūm, kostjū'm*) *rz.* strój, kostjum, ubiór.
cosy (*kou'zi*) *pm.* wygodny, przytulny, miły.
cot (*ko't*) *rz.* chata, chałupa, domek; łóżko; ~, *rz.* zapędzić owce do owczarni; **-e** (*kou't*) *rz.* schronienie; owczarnia.
cotangent (*kotæ'ndżənt*) *rz.* linja dotyczna.
co-tenant (*koutə'nənt*) *rz.* współlokator.
coterie (*kou'təri*) *rz.* koterja, klika.
cothurnus (*koþə̄'nɛs*) *rz.* koturn.
cotillon (*koti'ljoŋ*) *rz.* kotyljon.
cottage (*ko'tɛdż*) *rz.* chata, domek; **-r, cottier** (*ko'tjə*), **cotter, cottar** (*ko'tə*) *rz.* zagrodnik, mieszkaniec, wieśniak.
cotter (*ko'tə*) *rz.* klin; ~, *cz.* zaklinować.
cotton (*ko'tɛn*) *rz.* bawełna, rzeczy bawełniane; ~, *cz.* zgadzać się z kimś; przywiązać się do kogoś; **-mill** przędzalnia; **-y, -ous** (*ko'tɛnəs*) *pm.* bawełniany, podobny do bawełny; puszysty, miękki.
cotyledon (*kotilī'dɛn*) *rz.* (*bot.*) kotyledon, liść zarodowy.
couch (*kau'cz*) *rz.* łoże, łóżko, kanapa; ~, *cz.* położyć (się), leżeć, ułożyć; czaić się; redagować; (*med.*) zdjąć kataraktę; ~ the spear (lance), nastawić dzidę; **-ant** (*kau'czənt*) *pm.* spoczywający, leżący; **-grass(weed)** *rz.* perz.
cougar (*kū'gə*) *rz.* kuguar.
cough (*ko'f*) *rz.* kaszel; ~, *cz.* kaszleć.
could (*ku'd*) *cz.* od **can.**
coulisse (*kūli's*) *rz.* kulisy.
coulter (*kou'ltə*) *rz.* lemiesz.
council (*kau'nsil*) *rz.* rada, narada, konsyljum; **-board** (table) stół konferencyjny; **-or** (*kau'nsələ*) *rz.* radny, doradca.
counsel (*kau'nsɛl*) *rz.* rada, porada; radca, doradca, adwokat; ~, *cz.* doradzać, dawać rady, radzić; take ~, radzić się; **-lor** (*kau'nsələ*) *rz.* adwokat, doradca.
count (*kau'nt*) *rz.* liczba, rachuba; ~, *cz.* liczyć, rachować; poczytywać; ~ upon, spuszczać się na; polegać na; that does not ~, to się nie liczy.

count (*kau'nt*) *rz.* hrabia; **-ess** *rz.* hrabina.
countenance (*kau'ntənəns*) *rz.* fizjognomja, wyraz twarzy; mina; out of ~, zmieszany; change ~, mienić się na twarzy; keep ~, zachować powagę, spokój; ~, *cz.* popierać, protegować, wspierać.
counter (*kau'ntə*) *rz.* kantor; lada; liczman; dziób okrętu; pierś konia; ~, *pm.* przeciwny; ~, *ps.* wbrew, przeciw.
counter-act (*kauntəræ'kt*) *cz.* przeciwdziałać; **-action** (*-æ'ksɛn*) *rz.* przeciwdziałanie; **-agent** (*-ej'dżənt*) *rz.* środek przeciwdziałający.
counterbalance (*kau'ntəbæləns*) *rz.* przeciwwaga, równowaga; ~ (*kauntəbæ'ləns*) *cz.* przeciwważyć, równoważyć (się).
counter-change (*kauntəczej'ndż*) *rz.* zamiana, wymiana; ~ (*kau'ntəczejndż*) *cz.* zamienić; **-check** (*kau'ntəczek*) *rz.* hamulec; riposta; **-claim** (*kauntəklej'm*) *cz.* oskarżyć się wzajemnie.
counter-feit (*kau'ntəfit*) *rz.* sfałszowanie, podrobienie; ~, *pm.* sfałszowany, podrobiony; ~, *cz.* sfałszować, podrobić, naśladować; **-feiter** *rz.* fałszerz, podrabiający akta; **-fort** (*kau'ntəfōt*) *rz.* szkarpa; **-mand** (*-mā'nd*) *rz.* odwołanie rozkazu; ~, *cz.* odwołać rozkaz; **-march** (*kauntəmā'cz*) *rz.* kontrmarsz; **-mark** (*kau'ntəmāk*) *rz.* stempel; **-mine** (*kau'ntəmajn*) *rz.* podkop, kontrmina; ~, *cz.* przeciwdziałać intrygom.
counter-pane (*kau'ntpejn*) *rz.* kołdra; **-part** (*kau'ntəpāt*) *rz.* duplikat; **-plot** (*kau'ntəplot*) *rz.* przeciwspisek, przeciwintryga; ~, *cz.* knuć, spiskować przeciw spiskowi; **-point** (*kau'ntəpojnt*) *rz.* kontrapunkt; **-poise** (*kau'ntəpojz*) *rz.* przeciwwaga; równowaga; ~, *cz.* wzajemnie sie równoważyć; **-poison** (*kau'ntepojzn*) *rz.* odtrutka.
counter-scarp (*kau'ntəskāp*) *rz.* przeciwszkarpa; **-sign** (*kau'ntəsajn*) *rz.* hasło, parol; ~, *cz.* kontrasygnować; **-tenor** (*-te'nə*) *rz.* alt.
countervail (*kau'ntəwejl*) *rz.* równowaga; ~, *cz.* neutralizować, przeciwdziałać; **-work** (*kau'ntəuək*) *cz.* przeciwdziałać. [kantor.
counting-house (*kau'ntiŋhaus*) *rz.*
countless (*kau'ntles*) *pm.* niezliczony. [ski, schłopiały.
countrified (*kă'ntrifajd*) *pm.* wiej-
country (*kă'ntri*) *rz.* kraj, wieś, ojczyzna; in the ~, na wsi; **-side** (*-sajd*) *rz.* okolica.
county (*kau'nti*) *rz.* okręg, hrabstwo; **-court** *rz.* sąd powiatowy.
coup (*kū*) *rz.* posunięcie; ~ **d'etat** (*kū'detā'*) *rz.* zamach stanu.
coupé (*kūpej'*) *rz.* karetka; przedział.
couple (*kă'pɛl*) *rz.* para, stadło; ~, *cz.* kojarzyć, łączyć, żenić (się).
couplet (*kă'plet*) *rz.* śpiewka, kuplet, strofka. [sprzęgło.
coupling (*kă'pliŋ*) *rz.* połączenie,
coupon (*kū'pon*) *rz.* kupon, odcinek.
courage (*kă'rɛdż*), **-ousness** (*kərej'dżəsnəs*) *rz.* odwaga, męstwo, śmiałość, mężność; summon up ~, zdobyć się na odwagę; **-ous** (*kərej'dżəs*) *pm.* odważny, mężny, dzielny, śmiały.
courier (*ku'riə*) *rz.* kurjer, sztafeta, umyślny, goniec.
course (*kō's*) *rz.* kurs; bieg; tryb; tok; danie; kierunek; of ~, naturalnie, ma się rozumieć; by ~, trybem; in due ~, w właściwym czasie; in the ~ of, w trakcie; a matter of ~, rzecz zrozumiała; (*lmn.*) prowadzenie się; ~, *cz.* ścigać zwierza; **-r** *rz.* rumak.
court (*kō't*) *rz.* dwór, sąd; boisko; kort; dziedziniec; podwórze; ~ of guard, odwach; **-card** figura (w kartach); make (pay) ~ to one, zalecać się, nadskakiwać komuś; ~, *cz.* dworować, umizgać się, starać się o pannę, zalecać się, usilnie prosić; **-eous** (*kō'tjəs, kə'-*) *pm.* grzeczny, dworny, uprzejmy; **-esy** (*kə'təsi*) *rz.* uprzejmość; dyg, ukłon; by ~, przez grzeczność; z pozwolenia; **-ezan** (*kōtizæ'n*), **-esan** *rz.* kurtyzanka; **-liness** *rz.* dworność, dworactwo, polor; **-ly** *pm.* dworski, układny, grzeczny; **-plaster** angielski plaster; **-ship** *rz.* zaloty, umizgi; **-yard** (*-jad*) *rz.* podwórze.

cousin (*kă'zɛn*) *rz.* kuzyn, kuzynka; ~ german, brat stryjeczny, l. cioteczny, siostra stryjeczna, l. cioteczna; **-ship** *rz.* kuzynostwo.
cove (*kou'w*) *rz.* przystań, zatoka, schronienie; alkowa, sklepienie; (*gwar.*) jegomość; ~, *cz.* zasklepić.
covenant (*kă'wənənt*) *rz.* przymierze; umowa, ugoda; ~, *cz.* zawierać umowę, przyrzec, ugodzić się, ślubować; **-er** *rz.* sprzymierzony; prezbiterjanin.
cover (*kă'wə*) *rz.* nakrycie, przykrycie, dach, pokrowiec, pokrywa, wieko; pozór, płaszczyk; okładka; pokrycie (*fin.*); ~, *cz.* pokryć, nakryć, łączyć się, przykrywać, ukryć, osłonić, parzyć się; **-let, -lid** *rz.* kołderka; **-t** (*kă'wət*) *rz.* przytułek, schronienie, opieka, osłona, ochrona; zarośle; ~, *pm.* ukryty; **-tly** *ps.* tajemnie, pocichu, skrycie; **-ture** (*kă'wəczuə*) *rz.* przykrycie, opieka, schronienie, opieka (męża nad żoną).
covet (*kă'wət*) *rz.* pożądać; **-able** (*kă'wətəbɛl*) *pm.* do zazdroszczenia; **-ous** (*-əs*) *pm.* chciwy, zazdrosny, pożądliwy, łakomy; **-ousness** *rz.* chciwość, zazdrość, łakomstwo, pożądliwość.
covey (*kă'wi*) *rz.* gniazdo, wyląg.
cow (*kau'*) *rz.* krowa; ~, *cz.* nastraszyć; **-boy** *rz.* kowboj; **-grass** koniczyna; **-herd** *rz.* pastuch; **-hide** skóra krowia; batog; **-pox** krowia ospa, krowianka; **-slip** pierwiosnek.
coward (*kau'əd*) *rz.* tchórz; ~, *pm.* tchórzliwy, bojaźliwy, podły; **-ice, -liness** (*-is, kau'ədlinəs*) *rz.* tchórzostwo, małoduszność, tchórzliwość, bojaźliwość; **-ly** *pm.* tchórzliwy, bojaźliwy, małoduszny.
cower (*kau'ə*) *cz.* przycupnąć, czołgać; przypaść do ziemi (ze strachu).
cowl (*kau'l*) *rz.* kaptur; ceber
cowrie, cowry (*kau'ri*) *rz.* muszelka (używana jako moneta w Azji i Afryce).
coxcomb (*ko'kskoum*) *rz.* fanfaron, fircyk; **-ical** (*kokskou'mikɛl*) *pm.* głupi, błazeński, zarozumiały.
coxwain, cockswain (*ko'ksuejn, ko'ksɛn*) *rz.* sternik.
coy (*koj'*) *pm.* lękliwy, nieśmiały, bojaźliwy; **-ness** *rz.* nieśmiałość, bojaźliwość, skromność, lękliwość.
coyote (*kojou'ti*) *rz.* kajot (*zool.*).
coz (*kă'z*) *rz.* patrz **cousin**.
coze (*kouz*) *cz.* gawędzić.
cozen (*kă'zɛn*) *cz.* oszukiwać, okpić, wymamić, wyłudzić; **-age** (*kă'zinɛdż*) *rz.* oszukaństwo, oszustwo, szalbierstwo.
cozy, cosey (*kou'zi*) *pm.* zaciszny, przytulny, wygodny, miły.
crab (*kræ'b*) *rz.* krab, rak (w zodjaku); dzikie jabłko; blok do podnoszenia ciężarów; catch a ~, nieumiejętnie i niezgrabnie wiosłować; turn out ~, skończyć się fiaskiem; **-apple** dzikie jabłko; **-faced** ponury, kwaśny; **-fish** rak; **-louse** mędoweszka; **-tree** dziczek, jabłoń leśna; **-bed** (*kræ'bid*) *pm.* cierpki, oprysKliwy, zrzędny; niejasny, ciężki (styl); niewyraźny (charakter pisma); **-bedly** *ps.* kwaśno, cierpko; **-bedness** (*kræ'bidnəs*) *rz.* cierpkość, opryskliwość, zrzędność, tetryczność; ciężki styl; **-by** *pm.* cierpki; zrzędny.
crack (*kræ'k*) *rz.* łoskot, łomot, wystrzał; rysa, rozpadlina; chwilka, mig; (*lmn.*) wiadomości; ~, *pm.* (potoczn.) pierwszorzędny; **-brained, -ed** mający bzika, postrzelony, warjacki; ~, *cz.* trzasnąć (z bicza), chrupać, rozłupać, pęknąć, prysnąć; ~ jokes, żartować; ~ nuts, rozłupywać orzechy; ~ up, chwalić; **-er** *rz.* samochwał; fanfaron, petarda, suchar; pukawka; **-le** (*kræ'kɛl*) *rz.* trzeszczenie, trzask; ~, *cz.* trzeszczeć; **-nel** (*kræ'knɛl*) *rz.* obwarzanek; **-sman** włamywacz.
cradle (*krej'dɛl*) *rz.* kołyska; kosa z grabiami, łupki; koryto do przepłókiwania rudy; ~, *cz.* złożyć w kołysce.
craft (*krā'ft*) *rz.* rzemiosło, kunszt, talent, przebiegłość, umiejętność; cech; statek; **-ily** *ps.* sztucznie, chytrze, zręcznie,

mądrze, artystycznie; **-iness** (*-inəs*) *rz.* przebiegłość, zręczność; fortel, wybieg; **-'sman**, majster, rzemieślnik; **-y** *pm.* chytry, przebiegły, obrotny, zręczny.
crag (*kræ'g*) *rz.* turnia, stroma skała; **-ged, -gy** (*kræ'gɛd, -gi*) *pm.* stromy, poszarpany, urwisty.
crake (*krej'k*) *rz.* derkacz.
cram (*kræ'm*) *cz.* tkać, pakować, napchać (się); natkać; **~ in** (into), wtłoczyć, wepchnąć, wpakować; kuć do egzaminu; **~ full** *pm.* przepełniony.
cramp (*kræ'mp*) *rz.* kurcz; klamra, ankra; prasa; hamulec; **-fish** drętwik (ryba morska, elektryczna); **~**, *pm.* trudny, zawikłany, zawiły; **~**, *cz.* kurczyć; zewrzeć klamrą, ściągać, spinać, krępować; **-on** (*kræmpū'n*) *rz.* klamra, haki, chwyt, ankra; rak (do lodu).
cranberry (*kræ'nbəri*) *rz.* borówka.
crane (*krej'n*) *rz.* żóraw (*orn.* & *mech.*); syfon; **~**, *cz.* wyciągać szyję; **~ at**, wstrzymać się przed czemś; **-s-bill** (*krej'nzbil*) *rz.* geranjum.
crani-ology (*krejnəo'lodži*) *rz.* kranjologja; **-um** (*krej'niəm*) *rz.* czaszka.
crank (*kræ'ŋk*) *rz.* korba; kaprysy, bzik; **~**, *pm.* wywrotny, rozklekotany; **-y** *pm.* chwiejący się.
crankle (*kræ'ŋkɛl*) *rz.* wykręt, zakręt, przegub; **~**, *cz.* wić się, zagiąć się.
cranny (*kræ'ni*) *rz.* rozpadlina, rysa, szpara, szczelina.
crape (*krej'p*) *rz.* krepa.
crapu-lence (*kræ'pjuləns*) *rz.* zgaga; **-lous** (*kræ'pjuləs*) *pm.* obżarty, opiły, chory z przepicia.
crash (*kræ'sz*) *rz.* łomot, łoskot, zgruchotanie, trzask; upadek; krach; grube płótno; **~**, *cz.* roztrzaskać, pękać, walić się.
crass (*kræ's*) *pm.* gruby, ordynarny; **-itude** (*kræ'sitjud*) *rz.* niechlujność, ordynarność.
crate (*krej't*) *rz.* paka, krata.
crater (*krej'tə*) *rz.* krater; lej, wyrwa (*mil.*).
cravat (*krəwæ't*) *rz.* krawat.
crave (*krej'w*) *cz.* upraszać, błagać, tęsknić za czemś.
craven (*krej'wn*) *pm.* tchórzliwy, nikczemny; cry **~**, poddać się.
craw (*krō'*) *rz.* wole (ptaków).
crawfish, crayfish (*krō'fisz, krej'fisz*) *rz.* rak rzeczny.
crawl (*krō'l*) *rz.* pełzanie; **~**, *cz.* pełzać, czołgać się.
crayon (*krej'ən*) *rz.* pastel.
craz-e (*krej'z*) *cz.* zwarjować; **~**, *rz.* warjactwo, manja ogólna; **-iness, -edness** (*krej'zinəs, krej'zɛdnəs*) *rz.* złomność, wątłość, kruchość; warjactwo; **-y** *pm.* wątły, kruchy, słaby; szalony, niespełna rozumu.
creak (*krī'k*) *rz.* skrzypienie; **~**, *cz.* skrzypieć; **-y** *pm.* skrzypiący.
cream (*krī'm*) *rz.* krem, śmietana, śmietanka (*lit.* & *fig.*); kwiat (młodzieży); pianka; **~ of tartar**, kremor-tartari; **~**, *cz.* zamienić się w śmietanę; zebrać śmietanę; **-er** *rz.* centryfuga; **-ery** (*krī'məri*) *rz.* mleczarnia; **-y** *pm.* śmietankowy; słodkawy.
crease (*krī's*) *rz.* fałda, zagięcie, zmarszczka; kreska; **~**, *cz.* zagiąć, fałdować, zmiąć.
create (*kriej't*) *cz.* tworzyć, zrządzić, ustanowić, mianować; **-ion** (*krīej'szɛn*) *rz.* stworzenie, świat, istota; utwór; mianowanie; **-ive** (*-iw*) *pm.* twórczy; **-or** *rz.* stwórca, stworzyciel, stwórca; **-ure** (*krī'czə*) *rz.* istota, twór, stworzenie, kreatura.
cred-ence (*krī'dɛns*) *rz.* wiara; letter of **~**, list polecający; **-entials** (*krəde'nszɛlz*) *rz. lmn.* listy uwierzytelniające; **-ibleness, -ibility** (*kredib'liti*) *rz.* wiarygodność; **-ible** (*kre'dibɛl*) *pm.* wiarygodny.
credit (*kre'dit*) *rz.* wiara, kredyt, dług, pożyczka, zaufanie, chluba, zaszczyt, sława, wziętość; give **~**, dać wiarę, wierzyć; letter of **~**, list wierzytelny, akredytywa; he has the **~** for, jemu przypada zaszczyt; **~**, *cz.* wierzyć, dawać wiarę, zaufać, kredytować, zaszczycić; **-able** (*-əbɛl*) *pm.* zacny, chlubny, zaszczytny; **-or** *rz.* wierzyciel, kredytor.
creduI-ity (*krədju'liti*) *rz.* łatwowierność; **-ous** (*kre'djuləs*) *pm.* łatwowierny

creed (*krī'd*) *rz.* wiara, wyznanie wiary; the Apostles' ~, skład apostolski.
creek (*krī'k*) *rz.* zatoka, załom (rzeki), odnoga; dolina.
creel (*krī'l*) *rz.* kosz rybacki.
creep (*krī'p*)* *cz.* pełzać, piąć się; the flesh ~s, skóra cierpnie; ~ in (into), wcisnąć się, wśliznąć się, wkraść się; **-er** *rz.* roślina pnąca; hak do wyciągania rzeczy spadłych z okrętu.
crem-ate (*krəmej't*) *cz.* spalić w krematorjum; **-ation** (*krəmej'szεn*) *rz.* palenie ciał; **-atory** (*kre'mətərī*) *pm.* krematoryjny; ~, *rz.* krematorjum.
cren-ated (*krənej'tεd*) *pm.* ząbkowany (o liściu); **-elated** (*kre'neletεd*) *pm.* krenelowany; **-elles** *rz.* krenele.
creole, creolian (*krī'oul, krīou'liεn*) *rz.* kreol.
creosote (*krī'osout*) *rz.* kreozot.
crepita-te (*kre'pitejt*) *cz.* trzeszczeć, pękać; **-tion** (*krepitej'szεn*) *rz.* trzeszczenie, skrzyp, krepitacja, trzask, pękanie.
crept (*kre'pt*) od **creep.**
crepuscular (*krəpă'skjulə*) *pm.* zmierzchowy.
crescent (*kre'sεnt*) *rz.* półksiężyc; ~, *pm.* wzrastający, coraz większy.
cress (*kre's*) *rz.* rzeżucha (*bot.*).
cresset (*kre'set*) *rz.* kaganiec.
crest (*kre'st*) *rz.* grzebień, czub, grzywa; pióropusz; grań; herb; **-fallen** (*-fōlεn*) *pm.* zbity z tropu, zrażony, zgnębiony.
cretaceous (*krətej'szəs*) *pm.* kredowy.
cretin (*krī'tin*) *rz.* kretyn, idjota; **-ism** *rz.* kretynizm.
cretonne (*kreto'n, kre'ton*) *rz.* kreton.
crev-asse (*krəwœ's*) *rz.* **-ice** (*kre'wis*) *rz.* szczelina, szpara, pęknięcie, rozpadlina.
crew (*krū'*) *rz.* zgraja, czeredą, czeladź, załoga (okrętowa).
crewel (*krū'əl*) *rz.* włóczka.
crib (*kri'b*) *rz.* żłób, chałupa; komora, świronek; ~, *cz.* ścisnąć; odpisać; skraść; **-bage** (*kri'bεdż*) *rz.* rodzaj gry w karty.
crick (*kri'k*) *rz.* ból w karku.
cricket (*kri'kit, -kət*) *rz.* świerszcz; gra w kriket; **-bat** *rz.* bijadło; bijak; **-er** *rz.* gracz w kriketa.
cried (*kraj'd*) *cz.* od **cry.**
crier (*kraj'ə*) *rz.* woźny (sądowy); krzykacz.
crime (*kraj'm*) *rz.* zbrodnia, przestępstwo, występek; capital ~, sprawa gardłowa; **-inal** (*kri'minεl*) *rz.* zbrodniarz, kryminalista, przestępca; ~, *pm.* zbrodniczy, występny, kryminalny, przestępczy; **-inality** (*kriminœ'liti*) *rz.* zbrodniczość, kryminalność; **-ination** (*kriminej'szεn*) *rz.* obwinienie, oskarżenie; **-inatory** (*kri'minətəri*) *pm.* oskarżający, obwiniający; **-inous** (*kri'minəs*) *pm.* niecny.
crimp (*kri'mp*) *rz.* werbownik; ~, *cz.* werbować, pochwycić, werbować do służby okrętowej lub wojskowej; marszczyć; pleść.
crimson (*kri'msεn*) *rz.* szkarłat; ~, *pm.* szkarłatny; ~, *cz.* czerwienić (się).
cringe (*kri'ndż*) *rz.* czołobitność, płaszczenie się; ~, *cz.* kurczyć się ze strachu, płaszczyć się (przed kim); bić czołem, czołgać, pełzać, upadlać się.
crinite (*kraj'najt*) *pm.* włosisty.
crinkle (*kri'ŋkεl*) *rz.* zgięcie, zakręt, zmarszczka; ~, *cz.* kręcić.
crinoline (*kri'nolin*) *rz.* krynolina.
cripple (*kri'pεl*) *rz.* kaleka; ~, *cz.* okaleczyć.
crisis (*kraj'sis*) *rz.* przesilenie, [kryzys.
crisp (*kri'sp*) *rz.* kędzierzawy, szorstki, kruchy, wiotki; ~, *cz.* kędzierzawić (się), fryzować (się), zawijać papiloty, wycinać w ząbki, marszczyć (się); **-y** *pm.* kędzierzawy; kruchy, chrupiący.
criss-cross (*kri'skros*) *rz.* kratka; ~, *pm.* w kratkę; krzyżujący się; sprzeczny; ~, *ps.* przekornie.
criterion (*krajtī'rjən*) *rz.*, *lmn.* **criteria** kryterjum, sprawdzian.
critic (*kri'tik*) *rz.* krytyk; **-al** (*kri'tikεl*) *pm.* krytyczny, stanowczy, przełomowy, niebezpieczny; **-ize** (*kri'tisajz*) *cz.* krytykować; **-ism** (*kri'tisizεm*) *rz.* krytycyzm, krytyka, recenzja, ocena; **-que** (*kritī'k*) *rz.* krytyka, recenzja.
croak (*krou'k*) *rz.* skrzeczenie,

krakanie, burczenie, rechotanie; ~, *cz.* rechotać; krakać.
crochet (*kro'szej*) *rz.* szydełkowa robota.
croceate (*kro'sziejt*) *pm.* szafranowy.
crock (*kro'k*) *rz.* gliniane naczynie; **-ery** (*kro'kəri*) *rz.* naczynia gliniane, garncarstwo.
crocodile (*kro'kodajl*) *rz.* krokodyl.
crocus (*krou'kəs*) *rz.* krokus.
croft (*kro'ft*) *rz.* zagroda.
cromlech (*kro'mlək*) *rz.* kromlech.
crone (*krou'n*) *rz.* stara owca, bydlę; wiedźma, baba.
crony (*krou'ni*) *rz.* stary przyjaciel, kompan.
crook (*kru'k*) *rz.* hak, haczyk, zakrzywienie, załom, kij pastuszy, zgięcie, garb; pastorał; by hook or by ~, prawem lub przemocą; ~, *cz.* zakrzywić (się); skrzywić, zgiąć w kabłąk, zgarbić; **-ed** *pm.* zakrzywiony, garbaty; zgięty, krzywy; fałszywy; **-edness** *rz.* krzywizna, fałszywość, garb.
croon (*krūn*) *cz.* nucić.
crop (*kro'p*) *rz.* wole (ptaka); urodzaj, zbiory, plon; włosy krótko strzyżone; kusy ogon, ucięte ucho; ~, *cz.* obciąć (ogon, uszy); przycinać; skubać (trawę); kosić, żąć; dawać plon; **-per** (*kro'pə*) *rz.* gołąb gardłacz; **-whip** bat furmański.
croquet (*krou'ki*) *rz.* krokiet (gra).
crosier crozier (*krou'żjə*) *rz.* pastorał.
cross (*kro's*) *rz.* krzyż; utrapienie, troska; krzyżowanie (się); ~, *pm.* krzyżowy, poprzeczny; zły; przeciwny, krzyżujący się; zrzędny; ~, *cz.* złożyć na krzyż, skrzyżować, przeżegnać, przejść, przejechać wpoprzek, przeprawić się, pomieszać szyki, być przeszkodą; przebyć, pokrzyżować (plany); przekreślić, minąć się w drodze; ~ oneself, przeżegnać się; **-bar** drąg poprzeczny; **-bow** (*-bou*) *rz.* kusza; **-breeding** *rz.* krzyżowanie ras; **-breed** rasa powstała ze skrzyżowania; **-examination** *rz.* indagowanie, śledztwo; **examine** *cz.* wziąć na spytki; indagować; **-eyed** *pm.* zezowaty; **-grained** *pm.* mający żyłki poprzeczne; opryskliwy; **-ing** *rz.* krzyżowanie (dróg, ulic); **-ness** *rz.* zrzędność, niepowodzenie; **-purpose** nieporozumienie; **-road**, **-way** krzyżowanie dróg; **-wise** nakrzyż, poprzecznie, wpoprzek; **-word puzzle**, krzyżówka.
crotchet (*kro'czet*) *rz.* haczyk; oryginalność; **-y** (*-əti*) *pm.* dziwaczny; haczykowaty.
crouch (*krau'cz*) *cz.* skulić się, skurczyć się, przycupnąć, płaszczyć się; poniżać się.
croup (*krū'p*) *rz.* krup (*med.*); zad (u konia).
croupier (*krū'pjə*) *rz.* krupier.
crow (*krou'*) *rz.* wrona; kruk; pianie koguta; as the ~ flies, w linji powietrznej; ~, *cz.* piać; **-bar** drąg żelazny; **~'s feet**, zmarszczki pod oczami; **~ foot**, jaskier (*bot.*).
crowd (*krau'd*) *rz.* tłum, ciżba, pospólstwo, natłok; ~, *cz.* tłumnie się zbierać, natłoczyć, ścisnąć; **-ed** *pm.* przepełniony, tłumny.
crown (*krau'n*) *rz.* korona, wieniec; korona (5 szylingów); ciemię; ~ **law** prawo karne; ~ of a hat, dno kapelusza; ~, *cz.* koronować, dokonać, nagrodzić, uwieńczyć (skronie, dzieło).
cruci-al (*krū'szjəl*) *pm.* krzyżowy, krytyczny; **-ate** (*krū'szjɛt*) *pm.* krzyżowy, oznaczony znakiem krzyża; ~, *cz.* męczyć, dręczyć.
crucible (*krū'sibɛl*) *rz.* tygielek (do topienia metali); (*fig.*) próba.
cruci-ferous (*krūsi'ferəs*) *pm.* krzyżowy; **-fix** (*krū'sifiks*) *rz.* krucyfiks; **-fixion** (*krūsifi'kszen*) *rz.* ukrzyżowanie; **-fy** (*krū'sifaj*) *cz.* ukrzyżować.
crud-e (*krū'd*) *pm.* surowy, twardy; szorstki; **-eness**, **-ity** (*krū'-diti*) *rz.* surowizna, niedojrzałość, szorstkość.
cruel (*krū'əl*) *pm.* srogi, okrutny, bezlitosny; **-ty**, **-ness** *rz.* okrucieństwo, srogość.
cruet (*krū'ət*) *rz.* flaszeczka (na oliwę, l. ocet); dzbanuszek (na ocet); (kościeln.) ampułka; **-stand** *rz.* garnitur (na ocet i oliwę).
cruise (*krū'z*) *rz.* krążenie po morzu; podróż okrężna; ~, *cz.* krążyć; **-r** (*krū'zə*) *rz.* krążownik.

crum-b (*krä'm*) *rz.* okruch, odrobina, kawałek chleba, miękusz chleba; **-ble** (*-bel*) *cz.* pokruszyć (się), rozpadać się, popadać w ruinę; zadrobić, rozsypać się; **-my** (*krä'mi*) *pm.* pulchny.
crumpet (*krä'mpət*) *rz.* placuszek.
crumple (*krä'mpel*) *cz.* gnieść, miętosić, zmarszczyć (się), miąć, pogmatwać.
crunch (*krä'ncz*) *rz.* chrupanie; ~, *cz.* chrupać.
crupper (*krä'pə, kru'pə*) *rz.* krzyż (koński), podogonie, rzemień podogonny.
crural (*krū'rəl*) *pm.* udowy.
crusade (*krūsej'd*) *rz.* wojna krzyżowa, krucjata; **-r** (*krūsej'də*) *rz.* krzyżowiec, uczestnik wojny krzyżowej.
cruse (*krū's, krū'z*) *rz.* dzban.
crush (*krä'sz*) *rz.* tłok, starcie, zgniecenie; ~, *cz.* zgnieść, rozgnieść, zadeptać, zgnębić, stłoczyć.
crust (*krä'st*) *rz.* skorupa, skórka (z chleba); strup; pancerz (żółwia); część stwardniała; ~, *cz.* okryć skorupą, skorupieć; **-acea** (*krästej'szə*) *rz.* skorupiaki (*zool.*); **-aceous, -acean** (*-szəs, -szən*) *pm.* skorupiasty; **-ed** *pm.* osiadły, omszały; **-ily** *ps.* zrzędnie, jadowicie, złośliwie; **-y** (*krä'sti*) *pm.* zaskorupiały, twardy; zrzędny, tetryczny, złośliwy.
crutch (*krä'cz*) *rz.* kula (kulawego).
crux (*krä'ks*) *rz.* zagadka; trudność.
cry (*kraj'*) *rz.* krzyk, wołanie, larum; okrzyk; a far ~, daleka droga; ~, *cz.* krzyczeć, wołać, obwieszczać, płakać, lamentować, ogłaszać; ~ out one's heart, zalewać się gorzkiemi łzami; ~ down, zniesławić; ~ up, zachwalać, wysławiać.
crypt (*kri'pt*) *rz.* krypta, jamka, zagłębienie; **-ic, -ical** *pm.* skryty, tajemny; **-ogamy** (*kripto'gəmi*) *rz.* skrytość płci (*bot.*).
crypto-graf (*kri'ptograf*) *rz.* kryptograf; **-gram** (*-græm*) *rz.* kryptogram.
crystal (*kri'stel*) *rz.* kryształ; rock ~, kryształ kopalny; **-s** *rz. lmn.* (*chem.*) kryształy; **-line** (*kri'stəlajn*) *pm.* kryształowy, przezroczysty; ~ **-lens** *rz.* soczewka oczna; **-lization** (*-ajzej'szen*) *rz.* krystalizacja; **-lize** (*-ajz*) *cz.* krystalizować (się); **-lography** (*-o'grəfi*) *rz.* krystalografja.
cub (*kä'b*) *rz.* szczenię, młode rozmaitych zwierząt.
cub-age (*kju'bədż*), **-ature** (*kju'bəczə*) *rz.* kubatura, bryłowatość (*mat.*); **-e** (*kjū'b*) *rz.* sześcian; ~ root, pierwiastek sześcienny; **-ic, -ical** (*kjū'bikel*) *pm.* kubiczny, sześcienny, bryłowaty; **-ism** *rz.* kubizm.
cubeb (*kjū'beb*) *rz.* kubeba.
cubicle (*kjubikel*) *rz.* sypialnia.
cubit (*kjū'bit*) *rz.* 16 cali ang.; łokieć; **-al** (*kjū'bitəl*) *pm.* łokciowy.
cuckold (*kä'kould*) *rz.* zdradzony mąż; rogacz.
cuckoo (*kä'kū*) *rz.* kukułka, kukawka, zezula.
cucullate, -d (*kjū'kələt*) *pm.* kapturowaty.
cucumber (*kjū'kämbə*) *rz.* ogórek.
cucurbit (*kukə'bit*) *rz.* dynia; **-aceous** (*kukəbitej'szəs*) *pm.* dyniowy, dyniowaty.
cud (*kä'd*) *rz.* pokarm z pierwszego żołądka przeżuwaczy; chew the ~, przeżuwać; (*fig.*) rozważać.
cuddle (*kä'del*) *cz.* skulić się, przytulić się, pieścić się, cackać się.
cuddy (*kä'di*) *rz.* (*mar.*) kajuta okrętowa, schowek; osioł; dźwig.
cudgel (*kä'dżel*) *rz.* kij, pałka; ~, *cz.* wytuzować, okładać kijem; ~ one's brains, głowić się nad czemś.
cue (*kjū'*) *rz.* koniec; kij bilardowy; hasło, napomknienie; warkocz peruki; ogonek.
cuff (*kä'f*) *rz.* szturchaniec, mankiet, zarękawek (futra); ~, *cz.* szturchnąć.
cuirass (*kuiræ's, kjur-*) *rz.* pancerz; **-ier** (*kuirəsī'ə*) *rz.* kirasjer.
culinary (*kjū'linəri*) *pm.* kulinarny, kucharski, kuchenny.
cull (*kä'l*) *rz.* wybrakować, rwać kwiaty, wybierać.
cullender (*kä'ləndə*) *rz.* patrz **colander**.
cully (*kä'li*) *rz.* oszukany, okpiony, ofiara.

culm (*kă'lm*) *rz.* łodyga (roślin i traw), korzonek; **-iferous** (*kălmi'fərəs*) *pm.* (*bot.*) łodygowy.
culmina-te (*kă'lminejt*) *cz.* przechodzić przez punkt kulminacyjny; górować, być u szczytu; wygórować; **-tion** (*kălminej'szen*) *rz.* szczyt, punkt kulminacyjny; kulminacja.
culp-ability, -ableness (*kălpəbi'liti, kă'lpəblnəs*) *rz.* karygodność, wina, przewinienie, zawinienie; **-able** (*kă'lpəbel*) *pm.* karygodny, winien, winny, zasługujący na karę; **-rit** (*kă'lprit*) *rz.* winowajca, obwiniony, przestępca.
cult (*kă'lt*) *rz.* kult, cześć.
cultiva-ble (*kă'ltiwəbel*) *pm.* orny; **-te** (*-ejt*) *cz.* uprawiać, zajmować się czemś, kształcić, wydoskonalić, sprawiać; **-tion** (*kăltiwej'szen*) *rz.* uprawa (roli); kształcenie, doskonalenie się, kultura; **-tor** (*kă'ltiwətə*) *rz.* rolnik.
culture (*kă'lczə*) *rz.* uprawa (roli), wykształcenie, kultura (umysłowa), wydoskonalenie; ~, *cz.* uprawiać; pielęgnować.
culver (*kă'lwə*) *rz.* gołąb.
culverin (*kă'lwerin*) *rz.* kolubryna.
culvert (*kă'lwət*) *rz.* kanał; przewód.
cumb-er (*kă'mbə*) *rz.* ciężar, bieda, obarczenie, przeszkoda; ~, *cz.* być zawadą, obciążać, być komuś ciężarem; **-ersome, -rous** (*kă'mbəsəm, kă'mbrəs*) *pm.* ciążący, niewygodny, uciążliwy; niezdarny.
cum(m)in (*kă'min*) *rz.* kmin (*bot.*).
cumula-te (*kjū'mjulejt*) *cz.* skupiać, kumulować; **-tion** (*kjūmjulej'szen*) *rz.* skupienie, zgromadzenie; **-tive** (*kjū'mjulətiw*) *pm.* gromadzący, wzmacniający, kumulacyjny.
cun-eate (*kjū'niet*) *pm.* klinowy; **-eiform** (*kjunī'ifōm*) *pm.* klinowaty, klinowy.
cunning (*kă'niŋ*) *rz.* chytrość, fortel; spryt; ~, *pm.* przebiegły, chytry, sprytny.
cup (*kă'p*) *rz.* filiżanka; czara, puhar, kubek; kielich (kwiatowy); bańka; ~, *cz.* postawić bańki; **-bearer** *rz.* podczaszy; **-board** (*kă'bəd*) *rz.* szafa.
cupel (*kjū'pəl*) *rz.* kupela; **-lation** (*kjupəlej'szen*) *rz.* kupelacja.
cupid (*kjū'pid*) *rz.* amorek; **-ity** (*kjūpi'diti*) *rz.* chciwość, pożądliwość, łakomstwo.
cupola (*kjū'polə*) *rz.* kopuła.
cupreous (*kjū'priəs*) *pm.* miedziany, miedzisty; **-ferous** (*kjupri'ferəs*) *pm.* miedzionośny.
cur (*kə̄*) *rz.* kundel, szelma, łajdak.
cur-able (*kjū'rəbel*) *pm.* uleczalny; **-ableness** *rz.* uleczalność; **-ative** (*kju'rətiw*) *pm.* leczniczy.
curacoa (*kjurəsou', kju'rəsou*) *rz.* kiuraso, likier pomarańczowy.
curacy (*kjū'rəsi*) *rz.* podprobostwo, wikarjat; **-te** (*kjū'rət*) *rz.* wikary; podproboszcz, podpleban; **-tor** (*kjurej'tə*) *rz.* opiekun, kurator, kustosz.
curb (*kə̄'b*) *rz.* hamulec; karby, kluby; wędzidło; ocembrowanie; ~, *cz.* powściągać, trzymać w karbach, ukrócić; **-roof** *rz.* dach łamany w dwie płaszczyzny; **-stone** *rz.* brzeg chodnika.
curd (*kə̄'d*) *rz.* zsiadłe mleko, twaróg; **-le** (*kə̄'del*) *cz.* krzepnać, zsiadać się (jak mleko); **-y** (*kə̄'di*) *pm.* zsiadły.
cure (*kjū'ə*) *rz.* leczenie, kuracja; leki; opieka; ~, *cz.* leczyć, kurować; solić, suszyć, wędzić.
curfew (*kə̄'fju*) *rz.* dzwon, zwiastujący czas gaszenia światła.
curio (*kjū'riou*) *rz.* osobliwość, rzadkość; **-sity** (*kjūrio'siti*) *rz.* ciekawość, osobliwość; **-us** (*kjū'riəs*) *pm.* ciekawy, osobliwy; kunsztowny; **-usly** (*-'riəsli*) *ps.* ciekawie; dziwnie; kunsztownie.
curl (*kə̄'l*) *rz.* kędzior, lok; skręt; ~ of the lip, odęcie warg; ~, *cz.* kędzierzawić (się), fryzować; **-ing-iron** żelazko do fryzowania; ~ **paper** papiloty; **-ly** *pm.* kędzierzawy, kręty.
curlew (*kə̄'lju*) *rz.* kulik (ptak).
curmudgeon (*kəmă'dżən*) *rz.* gbur.
currant (*kă'rənt*) *rz.* rodzynek; porzeczka.
curren-cy (*kă'rənsi*) *rz.* obieg; waluta; powszechne użycie (wyrazu); **-t** *pm.* krążący, obiegowy, bieżący, aktualny, powszechnie przyjęty, ustalony.

curricle (*kă'rikɛl*) *rz.* karjolka.
curriculum (*kərik'juləm*) *rz.* program nauki; kurs.
currier (*kă'riə*) *rz.* garbarz.
currish (*kə̄'risz*) *pm.* mrukliwy, opryskliwy.
curry (*kă'ri*) *rz.* przyprawa korzenna; ~, *cz.* garbować skóry, czesać zgrzebłem; ~ favour with one, nadskakiwać komuś; **-comb** *rz.* zgrzebło.
curse (*kə̄'s*) *rz.* przekleństwo, złorzeczenie, klątwa; ~, *cz.* przeklinać, złorzeczyć, kląć.
cursive (*kə̄'siw*) *rz.* kursywa.
cursory (*kə̄'səri*) *pm.* pośpieszny, nieuważny, powierzchowny.
curst (*kə̄'st*) = **cursed.**
curt (*kə̄'t*) *pm.* krótki.
curtail (*kətej'l*) *cz.* obciąć, uciąć, uszczuplić; **-ing, -ment** (*kətej'l-mənt*) *rz.* skrócenie; obcięcie.
curtain (*kə̄'ten*) *rz.* kurtyna, firanka, namiot, zasłona, roleta; mur; ~ lecture, wymówki małżeńskie (czynione w łóżku); ~, *cz.* zasłonić firankami.
curtsy, curtsey (*kə̄'tsi*) *rz.* dyg, ukłon; ~, *cz.* złożyć ukłon, dygnąć.
curule (*kjū'rəl*) *pm.* senatorski.
curvature (*kə̄'wəczə*) *rz.* zagięcie, zakręt, przegub.
curve (*kə̄'w*) *pm.* krzywy, zagięty; ~, *rz.* linja krzywa; zakręt, zagięcie, łuk; ~, *cz.* zakrzywić; zagiąć.
curvet (*kə̄'wət, kəwe't*) *rz.* lansady.
curvilinea-l, -r (*kəwili'niəl, -ə*) *pm.* krzywolinijny, krzywy.
cushat (*kă'szət, ku'szət*) *rz.* grzywacz, dziki gołąb.
cushion (*ku'szɛn*) *rz.* poduszka; **-ed** *pm.* leżący na poduszce; wyściełany (mebel).
cusp (*kă'sp*) *rz.* wierzchołek.
cuspidor (*kă'spidoə*) *rz.* spluwaczka (w Stan. Zjedn.).
cuss (*kăs*) = **curse**; **-edness** *rz.* przewrotność.
custard (*kă'stəd*) *rz.* krem.
custod-ial (*kăstou'djəl*) *pm.* opiekuńczy; **-ian** (*kastou'djən*) *rz.* kustosz, opiekun; **-y** (*kă'stədi*) *rz.* straż, warta; więzienie.
custom (*kă'stəm*) *rz.* zwyczaj, obyczaj, nawyknienie; **-s** *rz.* *lmn.* cło; **-s-house,** urząd celny, cło; **-ary** (*-əri*) *pm.* zwykły, zwyczajny; zwyczajowy; **-er** (*kă'stəmə*) *rz.* klient.
cut (*kă't*) *rz.* cięcie, przecięcie, szrama; zraz, skrawek; drzeworyt, miedzioryt; przekop; kanał; krój, fason; afront, zignorowanie; draw ~s, losować; *~, *cz.* ciąć, rąbać, obciąć; krajać; zignorować kogoś; skrócić; ~ ~ down, ściąć, kosić; ~ in, wtrącić się; ~ off, odciąć, odrzucić; ~out wycinać; ~short przerwać, ukrócić; ~ up, rozcinać, wyciąć w pień; zmartwić; ~ capers, wyskakiwać; ~ teeth, ząbkować; ~ the sea, pruć morze; ~ and dried, gotowy; ~ a figure, robić wrażenie; ~ a loss, uniknąć straty; be ~ off, umrzeć; **-throat** *pm.* morderczy, zabójczy; **-ting** (*kă'tiŋ*) *rz.* odcinek, cięcie; ~, *pm.* ostry, cięty, dotkliwy, uszczypliwy. [ny.
cutaneous (*kjutej'njəs*) *pm.* skór-
cute (*kjū't*) *pm.* bystry, sprytny.
cuticle (*kjū'tikɛl*) *rz.* skórka, naskórek, błona.
cut-lass (*kă'tləs*) *rz.* kordelas, pałasz; **-ler** (*kă'tlə*) *rz.* nożownik; **-lery** (*kă'təlri*) *rz.* nożownictwo.
cutlet (*kă'tlət*) *rz.* kotlet.
cutter (*kă'tə*) *rz.* kuter.
cuttle,-fish (*kă'tɛl*) *rz.* sepia (*zool.*).
cutwater (*kă'tuōtə*) *rz.* dziób okrętu.
cwt = hundredweight, cetnar.
cyanide (*saj'ənajd*) *rz.* cyjanek.
cyclamen (*si'klamen*) *rz.* cyklamen.
cycl-e (*săj'kɛl*) *rz.* cykl, koło, okres czasu; rower; **-er, -ist** *rz.* cyklista; **-ic(al)** *pm.* okresowy.
cyclone (*saj'kloun*) *rz.* cyklon, trąba powietrzna. [powy.
cyclopean (*sajklopī'ən*) *pm.* cyklo-
cycloid (*saj'klojd*) *rz.* cykloid.
cyclop-edia, -aedia (*sajklopī'djə*) *rz.* encyklopedja.
cyclostyle (*saj'kloustajl*) *rz.* powielacz.
cygnet (*si'gnet*) *rz.* młody łabędź.
cylin-der (*si'lində*) *rz.* cylinder; walec; tłok; **-dric(al)** (*sili'ndrik*) *pm.* cylindryczny, walcowaty.
cymbal (*si'mbɛl*) *rz.* cymbał.

cynic (*si'nik*) *rz.* cynik; **-al** *pm.* cyniczny, ohydny, plugawy.
cynosure (*saj'noszə, si'noszə*) *rz.* (*astr.*) mała niedźwiedzica; (*fig.*) magnes, atrakcja.
cypher patrz **cipher.**
cypress (*saj'prəs*) *rz.* cyprys.
cyst (*si'st*) *rz.* torebka.
czar (*zā'*) *rz.* car; **-ina** (*zā'rinə*) *rz.* caryca.

D

d (*dī*) skrót od łacińsk. denarius, czytaj penny lub pence; **d—d** = damned.
dab (*dæ'b*) *rz.* klaps; obryzg; dotknięcie wilgotną szmatką; szmatka; (w gwarze) artysta; ryba z gatunku fląder; ~, *cz.* lekko uderzyć, zwilżać; odwilżać, obmywać ranę; **-ber** *rz.* tampon; poduszeczka (farbująca).
dabble (*dæ'bɛl*) *cz.* mazać, obryzgać, babrać się; taplać się.
dabchick (*dæ'bczik*) *rz.* nur(ptak).
dabster (*dæ'bstə*) *rz.* bazgracz.
dace (*dej's*) *rz.* kleń (ryba).
dactyl (*dæ'ktil*) *rz.* daktyl.
dad, daddy (*dæ'd-i*) *rz.* tatuś.
dado (*dej'dou*) *rz.* dół.
daffodil (*dæ'fodil*); **-ly** (*dæfodi'li*) *rz.* narcyz.
daft (*dæ'ft*) *pm.* głupi; zwarjowany.
dagger (*dæ'gə*) *rz.* sztylet.
daguerrotype (*dəge'rotajp*) *rz.* dagerotyp.
dahlia (*dej'ljə*) *rz.* georginja (*bot.*).
daily (*dej'li*) *rz.* dziennik; ~, *pm.* codzienny; ~ bread, chleb powszedni.
dain-tiness (*dej'ntinəs*) *rz.* przysmak; wdzięk, urok; **-ty** (*dej'nti*) *rz.* przysmak, delikates, łakotka; ~, *pm.* wytworny, wyśmienity, delikatny, uroczy; śliczny; smakowity.
dairy (*dē'ri*) *rz.* mleczarnia, gospodarstwo mleczne.
dais (*dej'īs*) *rz.* podjum.
daisy (*dej'zi*) *rz.* stokrotka.
dale (*dej'l*) *rz.* dolina.
dall-iance (*dæ'ljəns*) *rz.* pieszczoty, figle, żarty; mitręga; **-y** (*dæ'li*) *cz.* pieścić (się), igrać, figlować, żartować; mitrężyć.
daltonism (*dō'ltɛnizɛm*) *rz.* daltonizm, nierozróżnianie kolorów.
dam (*dæ'm*) *rz.* samica (czworonogów); tama, grobla; ~, *cz.* tamować, sypać groblę; ~ up a window, zamurować okno.
damage (*dæ'mɛdż*) *rz.* szkoda, zepsucie, strata; costs and ~s, odszkodowanie; ~, *cz.* uszkodzić, zepsuć, ponieść straty, zrobić szkodę.
damascene (*dæ'məsin*) *rz.* stal damasceńska.
damask (*dæ'məsk*) *rz.* adamaszek; ~ blade, klinga, szabla damasceńska; **~rose** róża karmazynowa.
dame (*dej'm*) *rz.* dama, pani.
damn (*dæ'm*) *cz.* potępić, wyklinać; wygwizdać; **-it!** niech to djabli porwą! **-able** (*dæ'mnəbɛl*) *pm.* godzien potępienia, niecny, przeklęty; **-ably** *ps.* szkaradnie, okropnie, djabelnie; **-ation** (*dæmnej'szɛn*) *rz.* przekleństwo, wieczne potępienie; **-atory** (*dæ'mnətəri*) *pm.* potępiający.
damp (*dæ'mp*) *rz.* wilgoć, chłód; zwątpienie, zniechęcenie; ostuda; ~, *pm.* wilgotny; **-en** *cz.* zwilżyć, ostudzić zapał, zniechęcić; **-er** *rz.* gasiciel; tłumik.
damsel (*dæ'mzɛl*) *rz.* panienka.
damson (*dæ'mzɛn*) *rz.* damascenka (śliwka); ~ cheese, powidło.
dance (*dā'ns*) *rz.* taniec; ~, *cz.* tańczyć; ~ attendence, nadskakiwać.
dandelion (*dæ'ndilajən*) *rz.* mlecz.
dander (*dæ'ndə*) *rz.* gniew.
dandified (*dæ'ndifajd*) *pm.* wystrojony, wyelegantowany.
dandle (*dæ'ndɛl*) *cz.* niańczyć.
dandr-uff, -iff (*də'ndrəf*) *rz.* łupież.
dandy (*dæ'ndi*) *rz.* elegant, modniś, wiercipięta; **-ish** (*dæ'n-*

diisz) pm. wyelegantowany; **-ism** (dæ'ndīzεm) rz. strojenie się.
Dan-e (dej'n) rz. duńczyk; **-ish** pm. duński.
danger (dej'ndżə) rz. niebezpieczeństwo; **-ous** (-rəs) pm. niebezpieczny.
dangle (dæ'ngεl) cz. dyndać, zwisać; nadskakiwać; nęcić; **-r** rz. wielbiciel.
dank (dæ'ŋk) pm. przesiąknięty, wilgotny.
dap (dæ'p) cz. zarzucić lekko wędkę, przynętę.
dapper (dæ'pə) rz. zwinny, rześki.
dapple (dæ'pεl) pm. nakrapiany, jabłkowity, cętkowany, tarantowaty; ~ grey, jabłkowity.
***dar-e** (dē'ə) cz. śmieć, ośmielić się, urągać; ostrzegać; I ~ say, sądzę; **~devil** rz. śmiałek; **-ing** rz. odwaga.
dark (dā'k) rz. ciemność, zmrok, ~, pm. ciemny, zawiły, mroczny, nieoświecony; ~ room, ciemnia (fot.); **-en** (dā'kεn) cz. zaćmić, zaciemnić (się), ściemnić się; **-ling** (dā'kliŋ) pm. ciemny; **-ness** (dā'knəs) rz. ciemność, zmrok; **-some** (səm) pm. ciemny; **-y, -ey** rz. murzyn.
darling (dā'liŋ) rz. ulubieniec; ~, pm. kochany, luby.
darn (dā'n) rz. cera; ~, cz. cerować.
darnel (dā'nεl) rz. kąkol, chwast.
dart (dā't) rz. dziryt, pocisk, grot; żądło; ~, cz. ciskać, rzucać, miotać; przeszyć wzrokiem.
dash (dæ'sz) rz. pociągnięcie pióra; kreska; plusk; natarcie; pęd; dzielność; cut a ~, dzielnie się spisać; ~, cz. uderzyć, trącić, cisnąć o ziemię, zgruchotać, zdruzgotać; zniweczyć; pluskać, obryzgać; wykreślić; ~ out, wymazać, wykreślić; ~ up, podjechać z paradą; **-board** błotnik (w powozie); **-ing** pm. błyszczący, pełen rozmachu, dzielny.
dastard (dā'stəd, dæ'stəd) rz. tchórz; ~, pm. tchórzliwy, bojaźliwy, podstępny; nikczemny.
data patrz **datum**.
date (dej't) rz. daktyl (owoc); ~, rz. data, epoka; up to ~, nowoczesny; out of ~, staroda-wny, przestarzały; at thirty days ~, za dni trzydzieści od daty; ~, cz. datować (się); **-less** pm. niedatowany; od niepamiętnych czasów; **tree** drzewo daktylowe.
dative (dej'tiw), ~ **case** rz. celownik (gram.); trzeci przypadek.
datum (dej'təm) rz., lmn. **data** (dej'tə) dane.
daub (dō'b) rz. glina; bazgranina, bohomaz; ~, cz. mazać, bazgrać; **-er** rz. bazgracz; **-y** pm. lepki.
daughter (dō'tə) rz. córka, córa; ~ -in-law, synowa.
daunt (dō'nt) cz. poskromić, zastraszyć; natłoczyć; **-less** pm. nieposkromiony, nieustraszony.
dauphin (dō'fin) rz. delfin, następca tronu we Francji.
davit (dej'wit) rz. davis (naut.).
Davy Jones (dej'wi Dżounz) rz. ~ ~'s locker, morze, toń.
daw (dō') rz. kawka.
dawdle (dō'dεl) cz. mitrężyć czas, zabawiać się czemś, baraszkować; **-r** rz. mitręga.
dawn (dō'n) rz. brzask, świt, jutrzenka, ~, cz. świtać; ~ upon, one, przyjść komu na myśl.
day (dej') rz. dzień, światło dzienne; doba; zwycięstwo; ~ by ~, z każdym dniem; one ~, pewnego dnia; every other ~, co drugi dzień; this ~ week, od dziś za tydzień; win the ~, wygrać bitwę; ~ of grace, dzień respiru; week ~, dzień roboczy; in his days, za jego życia; **-book** dziennik; **-break** świt, brzask; **-dream** sen na jawie; **-fly** jednodniówka; **-labourer** wyrobnik; ~ **light** światło dzienne; **-nursery** ochronka; **-scholar** eksternista; **-spring** świt; by **-time** za dnia.
daze (dej'z) cz. oślepić (światłem).
dazzle (dæ'zεl) cz. omamić, olśnić, zaślepić (blaskiem).
deacon (dī'kεn) rz. djak; **-ess** (-əs) rz. djakonisa.
dead (de'd) rz. głucha cisza; ~ of night, późna noc; ~, pm. umarły, martwy, bez życia, nieczuły; głuchy (odgłos); zupełny, całkowity; bez wyrazu, matowy; work for the ~ horse, pra-

cować za długi; the ~, *rz. lmn.* umarli; **-body** trup; **-born** nieżywo urodzony; ~ **coal,** wygasłe węgle; **-colour** (w malarstwie) grunt; ~ **drunk,** pijany jak sztok; **-head** osoba bez biletu (w teatrze, na kolei); **-house** kostnica; **-lock** martwy punkt; **-ly** *ps.* śmiertelny, nieubłagany, zacięty; **-ness** *rz.* obumarłość, odrętwienie, niewzruszoność, oschłość, martwota.

deaden (*de'dεn*) *cz.* umrzeć, zabić; znieczulić, stłumić.

deaf (*de'f*) *pm.* głuchy, nieczuły; ~ to, głuchy na coś; **-en** (*de'fεn*) *cz.* zagłuszyć, stłumić, ogłuszyć; **-mute** *pm.* głuchoniemy; **-ness** *rz.* głuchota.

deal (*dī'l*) *rz.* rozdanie kart; ~, *rz.* drzewo sosnowe; ~, *rz.* mnóstwo; a good (great) ~, wiele, sporo; think a great ~ of one, mieć o kimś dobre wyobrażenie; *~, *cz.* dzielić, obdzielić; wydzielać częściami, wymierzać; rozdawać; postępować; ~ in, handlować czemś; ~ with, mieć do czynienia z; **-er** (*dī'lə*) *rz.* kupiec, handlarz; rozdający karty.

dealt (*de'lt*) *cz.* od **deal.**

deambulation (*diæmbiulej'szεn*) *rz.* spacer, przechadzka.

dean (*dī'n*) *rz.* dziekan; ~, *rz.* dolina; **-(e)ry** (*dī'n[ə]ri*) *rz.* dziekanat, dziekaństwo.

dear (*dī'ə*) *pm.* drogi, kosztowny; kochany, luby; ~ sir, szanowny panie! O ~! ~ me! och, Boże drogi! ~, *ps.* drogo; **-ly** *ps.* drogo; serdecznie; z całego serca; **-ness** *rz.* drożyzna; miłość.

dearth (*dəþ*) *rz.* głód, nieurodzaj, niedostatek; drożyzna.

death (*de'þ*) *rz.* śmierć, zgon; put to ~, uśmiercić; **-bed** łoże śmierci; **-'s-head** trupia czaszka; **-less** nieśmiertelny; **-like** *ps.* jak śmierć; ~ **knell** dzwonienie pogrzebowe; **-warrant** wyrok śmierci; ~ **watch,** kołatek (owad).

debacle (*dəba'kl*) *rz.* upadek; puszczenie lodów.

debar (*dεbā'*) *cz.* wykluczyć (from), przeciąć, przeszkodzić, nie dopuścić.

debark (*dεbā'k*) *cz.* wylądować; **-ation** (*debākej'szεn*) *rz.* wylądowanie.

debase (*dεbej's*) *cz.* poniżyć, spodlić, zniżyć wartość, psuć, fałszować (pieniądze), **-ment** *rz.* poniżenie, upodlenie, fałszerstwo.

debat-able (*debej'təbεl*) *pm.* sporny; **-e** (*debej't*) *rz.* roztrząsanie, rozprawa, debata, dyskusja; ~, *cz.* roztrząsać, rozprawiać, debatować, rozważać, dyskutować; **-er** *rz.* dysputujący.

debauch (*dεbō'cz*) *rz.* rozpusta, rozwiązłość, rozwiązłe życie; ~, *cz.* psuć; **-ee** (*dεboszī'*) *rz.* rozpustnik, hulaka; **-ery** (*dεbō'czəri*) *rz.* rozpusta, rozwiązłość.

debenture (*dεbe'nczə*) *rz.* asygnacja; **-bonds** obligacje, listy zastawne.

debili-tate (*dəbi'litejt*) *cz.* osłabić; **-ty** (*dəbi'liti*) *rz.* słabość, niemoc.

debit, debet (*de'bit, de'bət*) *rz.* debet; ~, *cz.* zapisać na dług, obciążyć.

debonaire (*debonē'ə*) *pm.* dobroduszny, łagodny, uprzejmy.

debouch (*dεbū'sz*) *cz.* debuszować; wyskoczyć z ukrycia; wylewać wody, wpadać do.

debris (*de'bri*) *lmn.* gruzy, szczątki.

debt (*de't*) *rz.* dług; in ~, w długach; pay the ~ of nature, umrzeć; **-or** (*de'tə*) *rz.* dłużnik.

debut (*dεbjū'*) *rz.* pierwszy występ; **-ant** (*de'bjutənt*) *rz.* debjutant; **-ante** *rz.* debjutantka.

decade (*de'kəd*) *rz.* dekada, dziesiątek, dziesiątek lat.

decaden-ce, -cy (*dikej'dεns, de'kədεns*) *rz.* chylenie się do upadku, upadek, schyłek; **-ent** (*dikej'dεnt, de'kədεnt*) *rz.* dekadent.

deca-gon (*de'kəgon*) *rz.* dziesięciokąt; **-logue** (*de'kəlog*) *rz.* dekalog, dziesięcioro przykazań; **-gram, -gramme** (*de'kəgram*) *rz.* dekagram.

decamp (*dəkæ'mp*) *cz.* ruszyć, zemknąć, zwinąć obóz; **-ment** (*-mənt*) *rz.* zwinięcie obozu, wyruszenie, ucieczka.

decanal (*dəkej'nεl*) *pm.* dziekański.

decant (*dikæ'nt*) *cz.* odcedzić, odlać; **-er** (*dikæ'ntə*) *rz.* karafka.

decapita-te (*dikæ'pitejt*) *cz.* ściąć; **-tion** (*dikæpitej'szεn*) *rz.* ścięcie.

decapod (*de'kəpod*) *rz.* dziesięcionóg, rak.
decarboniz-ation (*dikābonizej'szɛn*) *rz.* odwęglanie; **-e** (*-najz*) *cz.* odwęglać.
decay (*dikej'*), **-ing** (*dikej'iŋ*) *rz.* chylenie się do upadku, podupadanie; ~, *cz.* chylić się do upadku, podupadać, psuć się, rozkładać się.
decease (*disī's*) *rz.* śmierć, zgon, skon, zejście (ze świata); ~, *cz.* zejść ze świata, umrzeć.
decei-t (*disī't*) *rz.* oszukaństwo, podstęp, oszukanie; **-tful** *pm.* podstępny, zwodniczy, oszukańczy, omylny; **-tfulness** *rz.* kłamliwość, zwodniczość, zdradliwość; **-ve** (*disī'w*) *cz.* oszukać, zwieść, okpić; **-ver** (*disī'wə*) *rz.* oszukaniec, zwodziciel.
December (*dise'mbə*) *rz.* grudzień.
decemvir (*dəse'mwiə*) *rz.* decemwir.
decen-ce, -cy (*dī'sɛns, -i*), **-tness** (*dī'sɛntnəs*) *rz.* przyzwoitość, obyczajność, skromność, przystojność; **-t** (*dī'sɛnt*) *pm.* przyzwoity, obyczajny, przystojny; porządny.
decennial (*dise'njal*) *pm.* dziesięcioletni.
decentralisation (*desɛn'tralizejszɛn*) *rz.* odśrodkowanie, decentralizacja.
decept-ible (*dise'ptibɛl*) *pm.* dający się łatwo oszukać; **-ion** (*dise'pszɛn*) *rz.* oszukaństwo, zwiedzenie, pomylenie się, zawód; **-ive** (*dise'ptiw*) *pm.* zwodniczy, łatwowierny.
decide (*disaj'd*) *cz.* rozstrzygać, wyrokować, postanowić, decydować, rozsądzić; **-ed** *pm.* stanowczy.
deciduous (*dəsi'djuəs*) *pm.* odpadający; krótkotrwały.
decigram, -me (*de'sigrǣm*) *rz.* decygram.
decima-l (*de'simɛl*) *pm.* dziesiętny, dziesiątkowy; **-te** (*de'simejt*) *cz.* dziesiątkować; **-tion** (*desimej'szɛn*) *rz.* dziesiątkowanie.
decipher (*disaj'fə*) *cz.* odczytać, odcyfrować.
deci-sion (*disi'żɛn*) *rz.* wyrok, postanowienie, decyzja, rozstrzygnięcie; **-sive** (*disaj'siw*) *pm.* stanowczy; decydujący; **-siveness** *rz.* zdecydowanie, stanowczość.
deck (*de'k*) *rz.* pokład; ~, *cz.* pokryć, ustroić, ozdobić.
declaim (*diklej'm*) *rz.* przemawiać, deklamować.
declamat-ion (*dekləmej'szɛn*) *rz.* deklamacja; **-ory** (*dəklæ'mətori*) *pm.* deklamacyjny, deklamatorski.
declar-ation (*deklərej'szɛn*) *rz.* oświadczenie, obwieszczenie, żądanie, deklaracja; ~ of war, wypowiedzenie wojny; **-ative, -atory** (*deklæ'rətiw, -rətori*) *pm.* oświadczający, deklaracyjny; **-e** (*diklē'ə*) *cz.* oświadczyć (się), oznajmić, ogłosić, deklarować, zapewniać, wypowiedzieć; oclić.
declension (*dikle'nszɛn*) *rz.* spadzistość, nachylenie, schyłek; nachylenie się gwiazdy; odmiana, przypadkowanie (*gram.*).
declina-ble (*deklaj'nəbɛl*) *pm.* odmienny, odmieniający się przez przypadki; **-tion** (*deklinej'szɛn*) *rz.* deklinacja.
declin-e, -ing (*diklaj'n, -iŋ*) *rz.* chylenie się do upadku, zachód, schyłek; be on the ~, być na schyłku; ~ of the moon, ubywanie księżyca; ~, *cz.* spadać, chylić (się); odmieniać (przez przypadki) (*gram.*); podupadać na siłach; odmówić.
decli-vity (*dəkli'witi*) *rz.* pochyłość, spadzistość; **-vous, -vitous** (*dəklaj'wəs, dəkli'witəs*) *pm.* pochyły, spadzisty.
decoction (*diko'kszɛn*) *rz.* dekokt, napar; odwar.
decollate (*dəko'lejt*) *cz.* ściąć.
decolleté (*dəko'ltej*) *pm.* dekoltowany.
decolo(u)r-ize (*dikă'lajz*) *cz.* odbarwić; **-ation** (*dikălərej'szɛn*) *rz.* odbarwienie.
decompos-e (*dīkompou'z*) *cz.* rozkładać (się); rozkładać na części składowe; **-ite** (*dīko'mpozit*) *pm.* złożony; **-ition** (*dīkompozi'szɛn*) *rz.* rozbiór, analiza.
decompound (*dī'kompaund*) *pm.* złożony.
decora-te (*de'kərejt*) *cz.* ozdobić; nadać order; stroić, ubierać;

dekorować; **-tion** (*dekərej'szɛn*) *rz.* ozdoba, nadanie orderu; **-tive** (*de'kərətiw*) *pm.* dekoracyjny, ozdobny; **-tor** (*de'kərejtə*) *rz.* malarz pokojowy; tapicer.

decor-ous (*dəkō'rəs*) *pm.* przyzwoity; **-ously** *ps.* przyzwoicie; **-um** (*dəkō'rəm*) *rz.* przyzwoitość; etykieta; formy towarzyskie.

decoy (*dɛkoj'*) *rz.* ponęta, wabik, sidła; ~ duck, wspólnik zbrodni; ~, *cz.* przywabiać, nęcić.

decrease (*dikrī's*) *rz.* ubywanie, zmniejszanie się, spadek, ubytek (księżyca); ~, *cz.* ubywać, uszczuplić, zmniejszyć (się).

decree (*dikrī'*) *rz.* dekret, rozkaz, prawo, decyzja; ~, *cz.* uchwalić, postanowić, dekretować, wyrokować.

decrement (*de'krəmənt*) *rz.* ubytek, strata, szkoda.

decrepit (*dəkre'pit*) *pm.* zgrzybiały; wyniszczony; **-ude** (*dəkre'pitjūd*) *rz.* zgrzybiałość.

decrepita-te (*dəkre'pitejt*) *cz.* (*chem.*) prażyć; **-tion** (*dəkrepitej'szɛn*) *rz.* kalcynacja.

decrescent (*dikre'sɛnt*) *pm.* ubywający, zmniejszający się (o księżycu).

decretals (*dəkrī'tɛlz*) *rz. lmn.* dekretalja papieskie.

decry (*dikraj'*) *cz.* osławić, okrzyczeć. [legający.

decumbent (*dikă'mbɛnt*) *pm.* przy-

decuple (*de'kjupɛl*) *pm.* dziesięciokrotny; ~, *rz.* liczba dziesięciokrotnie większa; ~, *cz.* zwiększyć dziesięciokrotnie.

decussate (*de'kəsejt*) *cz.* przeciąć na krzyż.

dedicat-e (*de'dikejt*) *cz.* dedykować, poświęcić (na cześć bóstwu); przypisać (dzieło); **-ion** (*dedikej'szɛn*) *rz.* poświęcenie, przeznaczenie na coś, dedykacja, przypisanie (dzieła); **-ory** (*-əri*) *pm.* dedykacyjny.

deduc-e (*didjū's*) *cz.* wyprowadzić, wnioskować, wywnioskować (from, out); wywodzić; **-t** (*didă'kt*) *cz.* potrącić (sumę) odejmować, odciągnąć, odtrącić; **-tion** (*didă'kszɛn*) *pm.* wywód, wniosek; potrącenie, ujęcie, odejmowanie, dedukcja; odciągnięce; **-tive** (*-iw*) *pm.* dedukcyjny.

deed (*dī'd*) *rz.* czyn, postępek, uczynek, fakt, akt; dokument, pismo sądowe; in ~, czynnie, rzeczywiście; title ~, tytuł prawny; in the very ~, na gorącym uczynku.

deem (*dī'm*) *cz.* sądzić, uważać, mieć opinję, mniemać, poczytywać.

deep (*dī'p*) *rz.* głębia, ocean, morze; ~, *pm.* głęboki; przenikliwy; gruntowny; niski (ton); trudny, zawiły; ~ mourning, gruba żałoba; ~, *ps.* głęboko; ~ into the night, późno w nocy; **-en** (*dī'pɛn*) *cz.* zagłębić, zgłębić, wzmóc się; powiększyć; zniżać (głos); zapuścić głęboko; zaciemnić; **-ly** *ps.* głęboko; niezmiernie, bardzo; ciemno (o kolorach); **-ness**. *rz.* głębokość, głębia, niskość tonu.

deer (*dī'ə*) *rz.* zwierzyna (płowa), sarna, jeleń, daniel.

deface (*difej's*) *cz.* zepsuć, zeszpecić, zniekształcić; **-ment** *rz.* oszpecenie, zatarcie, zepsucie, zniekształcenie.

defalcation (*dīfælkej'szɛn*) *rz.* sprzeniewierzenie pieniędzy; brak.

defam-ation (*dīfəmej'szɛn*) *rz.* oszczerstwo, potwarz, zniesławienie, dyfamacja, oszkalowanie; **-atory** (*difæ'mətori*) *pm.* obelżywy, zniesławiający, oszczerczy, potwarczy; **~libel** paszkwil; **-e** (*difej'm*) *cz.* osławiać, spotwarzać, oczerniać, oszkalować; **-er** *rz.* potwarca, dyfamator, oszczerca.

default (*dɛfō'lt*) *rz.* brak, nieobecność; wina, uchybienie, zaniedbanie; niestawienie sie w sądzie; zaniechanie; niedotrzymanie zobowiązania; in ~ of, z braku; ~, *cz.* niespełnić zobowiązania, uchybić; niestawić się w sądzie; nie zapłacić w terminie; **-er** *rz.* niesłowny, niewypłatny; nieobecny.

defea-sance (*difī'zɛns*) *rz.* skasowanie, unieważnienie (kontraktu); **-sible** *pm.* mogący być skasowanym, unieważnionym, odwołanym, zniesionym; **-t** (*defī't*) *rz.* porażka, unieważnienie, udaremnienie; **-t** *cz.*

porazić, zniweczyć, pokonać, udaremnić.

defecat-e (*de'fəkejt*) *cz.* klarować (się), oczyścić; **-ion** (*defəkej'szen*) *rz.* defekacja; oczyszczenie.

defect (*dife'kt*) *rz.* wada, defekt, brak, przywara; **-ibility** (*-ibi'liti*) *rz.* ułomność, niedoskonałość; **-ion** (*dife'kszen*) *rz.* odstępstwo, opuszczenie, zdrada; **-ive** (*-iw*) *pm.* wadliwy, niezupełny, defektywny; niedostateczny; niekompletny; **-iveness** *rz.* wadliwość, niedoskonałość, brak, niezupełność.

defence (*dife'ns*) *rz.* obrona; **-less**, *pm.* bezbronny, nieobwarowany, słaby.

defen-d (*dife'nd*) *cz.* bronić, stawać w obronie; **-dant** *rz.* obrońca, pozwany, strona pozwana; ~, *pm.* broniący (się); **-der** (*dife'ndə*) *rz.* obrońca, patron, adwokat; **-sive** *rz.* odporność; defensywa; gotowość; ~, *pm.* obronny, odporny.

defer (*difə'*) *cz.* odkładać, odwlekać, mieć wzgląd na, ulegać; **-ence** (*de'fərens*) *rz.* uległość, wzgląd na, poważanie; uszanowanie, grzeczność; **-ent** *pm.* odprowadzający, odwodny; **-ential** (*defəre'nszel*) *pm.* uniżony, pełen szacunku.

defian-ce (*dəfaj'əns*) *rz.* wyzwanie, zuchwałość, zaczepka, wyzwanie do walki, odgrażanie się; in ~ to, wbrew; bid ~, wyzywać, urągać; **-t** *pm.* zuchwały, urągający, oporny.

deficien-ce, -cy (*defi'szənsi*) *rz.* niedobór, niedokładność, brak, wadliwość, niedostateczność, uchybienie; **-t** *pm.* niedostateczny, niezupełny, niedokładny, wadliwy; be ~, omieszkać, zawieść; być nieobecnym.

deficit (*de'fisit*) *rz.* deficyt, niedobór.

defile (*difaj'l*) *rz.* wąwóz; defilada; ~, *cz.* defilować.

defile (*difaj'l*) *cz.* skalać, splugawić; **-ment** *cz.* skalanie, splamienie, splugawienie.

defin-e (*difaj'n*) *pm.* określić, oznaczyć, rozgraniczyć; **-ite** (*de'finit*) *pm.* określony, wyraźny, dokładny, jasny, oznaczony; **-iteness** (*definitnəs*) *rz.* wyraźność, dokładność; **-ition** (*defini'szen*) *rz.* określenie, oznaczenie, definicja; **-itive** (*dəfi'nitiw*) *pm.* ostateczny, stanowczy, określony.

deflagra-te (*de'fləgrejt*) *cz.* (*chem*). spalić się; **-tion** (*defləgrej'szen*) *rz.* spalenie, deflagracja.

deflate (*diflej't*) *cz.* wypuścić powietrze; (*fin.*) przeciwdziałać inflacji.

defle-ct (*difle'kt*) *cz.* zboczyć, pochylić się, przechylić (się); **-ction, -xion, -xure** (*difle'kszen, difle'kszə*) *rz.* odchylenie.

defloration (*deflorej'szen*) *rz.* okwitanie; zgwałcenie; zrywanie kwiatów.

deflower (*diflau'ə*) *cz.* otrząść kwiat; zgwałcić pannę.

defluent (*de'fluənt*) *pm.* spływający.

deform (*difō'm*) *cz.* shańbić, zniekształcić, oszpecić; **-ation** (*difomej'szen*) *rz.* zeszpecenie, zepsucie; zniekształcenie; **-ity** (*-iti*) *rz.* brzydota, szpetność, niekształtność; kalectwo.

defraud (*difrō'd*) *cz.* oszukać, sprzeniewierzyć (się,) defraudować.

defray (*difrej'*) *cz.* opłacić, opędzić koszta; **-al** (*difrej'əl*) *rz.* spłata, pokrycie kosztów.

deft (*de'ft*) *pm.* zgrabny, żwawy, zręczny; **-ness** *rz* zręczność.

defunct (*difă'ŋkt*) *rz.* nieboszczyk; ~, *pm.* świętej pamięci, zmarły.

defy (*difaj'*) *cz.* urągać, wyzywać (do walki), lekceważyć; stawiać opór; ~ definition, być nie do opisania.

degenera-cy (*dədże'nərəsi*) *rz.* wyrodzenie się, znikczemnienie, degeneracja; **-te** (*dədże'nərət*) *pm.* wyrodny, zdegenerowany, znikczemniały, odrodny; ~ (*dədże'nərejt*) *cz.* wyradzać się, psuć się, odrodzić się; degenerować.

deglutition (*digluti'szen*) *rz.* połykanie, pochłonienie.

degrad-ation (*degrədej'szen*) *rz.* poniżenie, degradacja, upodlenie, znikczemnienie; **-de** (*digrej'd*) *cz.* poniżyć, degradować.

degree (*digrī'*) *rz.* szczebel, stopień; ranga; by **-s** stopniowo.
dehiscen-ce (*dəhi'səns*) *rz.* pękanie; **-t** *pm.* pękający.
deicide (*dī'isid*) *rz.* bogobójca.
dei-fication (*dīifikej'szen*) *rz.* ubóstwienie; **-fy** (*dī'ifaj*) *cz.* ubóstwiać, oddawać cześć boską; **-sm** (*dī'izəm*) *rz.* deizm, wiara w Boga; **-st** (*dī'ist*) *rz.* deista, **-stic(al)** (*dī-i'stik-əl*) *pm.* deistyczny; **-ty** (*dī'iti*) *rz.* bóstwo.
deign (*dej'n*) *cz.* raczyć, łaskawie pozwolić, być łaskawym, chcieć.
deject (*didże'kt*) *cz.* zniechęcić; przygnębić, zafrasować; **-edness**, **-ion** (*didże'kszen*) *rz.* zwątpienie, przygnębienie, smutek, frasunek; (*med.*) wypróżnienie.
dela-te (*dilej't*) *cz.* donosić na kogoś; **-tion** (*dilej'szen*) *rz.* denuncjacja, doniesienie.
delay (*dilej'*) *rz.* zwłoka; ~, *cz.* zwlekać, opóźniać.
del credere (*del kre'dere*) prowizja za poręczenie; del credere.
delecta-ble (*dile'ktəbəl*) *pm.* rozkoszny; **-tion** (*dīlektej'szen*) *rz.* rozkoszowanie się, delektacja.
delega-te (*de'ləgət*) *rz.* delegat; ~ (*de'ləgejt*) *cz.* wysłać, wydelegować; **-tion** (*deləgej'szen*) *rz.* delegacja.
delet-e (*dilī't*) *cz.* wymazać, wykreślić; **-erious** (*delətī'rjəs*), **-ry** (*de'lətəri*) *pm.* zgubny, jadowity, szkodliwy.
delf(t) -e, -ware (*de'lf, -uēə*) *rz.* porcelana stołowa; fajans.
delibera-te (*dəli'bərət*) *pm.* przezorny, rozważny, stateczny; rozmyślny; ~ (*dəli'bərejt*) *cz.* rozmyślać, naradzać się, obmyślać; **-teness** *rz.* rozwaga, stateczność, rozmyślność; **-tion** (*dəlibərej'szen*) *rz.* narada, rozważanie, obrady, rozwaga, stateczność; **-tive** (*dəli'bərətiw*) *pm.* obmyślający, rozważający, doradczy.
delica-cy (*de'likəsi*) *rz.* delikatność (uczuć i ciała), wrażliwość, czułość; smakowitość; przysmak; delikates; **-te** (*de'likət*) *pm.* delikatny; smaczny, wątły.
delicious (*dəli'szəs*) *pm.* rozkoszny, wyśmienity, wyborny, przepiękny, śliczny.
delight (*dilaj't*) *rz.* rozkosz, radość, wesele, upodobanie, uciecha, zadowolenie, przyjemność; take ~ in, mieć w czemś upodobanie; ~, *cz.* sprawić rozkosz, ucieszyć, zachwycić; ~ in, mieć w czem upodobanie, lubić, rozkoszować się czemś; **-ful**, **-some** *pm.* rozkoszny.
delinea-te (*dəli'njejt*) *cz.* nakreślić, naszkicować, odznaczyć, skreślić; **-tion** (*dəlinjej'szen*) *rz.* nakreślenie, rysunek, rys, opisanie.
delinquen-cy (*dəli'ŋkuənsi*) *rz.* przewinienie; **-t** (*dəli'ŋkuənt*) *rz.* winowajca, delinkwent. [się.
deliquesce (*delikue's*) *cz.* roztopić
delir-ious (*dəli'rjəs*) *pm.* bredzący, majaczący (w delirjum); szalejący; **-ium** (*dəli'rjəm*) *rz.* bredzenie, szał, delirjum, obłęd.
deliver (*dəli'wə*) *cz.* wydać, oddać, wręczyć, dostawić; wydać na świat; ~ from, uwolnić, wyzwolić, oswobodzić; ~ a speech, wygłosić mowę; ~ in trust, powierzyć coś komuś, poruczyć; ~ the goods, (*fig.*) dzielnie się spisać; ~ over, ~ up, porzucić; **-ance** (*dəli'wərəns*) *rz.* uwolnienie, wyzwolenie; wypowiedzenie się; oswobodzenie; **-er** *rz.* oswobodziciel; **-y** *rz.* oswobodzenie (się), wyzwolenie; połóg; dostawa; wysłowienie.
dell (*de'l*) *rz.* wądoł, parów.
delt-a (*de'ltə*) *rz.* delta; **-oid** (*-ojd*) *rz.* deltoid.
delude (*dəljū'd*) *cz.* obałamucić, omamić, oszukać.
deluge (*de'ljūdż*) *rz.* potop, zalew; ~, *cz.* zatopić, zalać.
delus-ion (*dəljū'żen*) *rz.* złudzenie, omamienie, ułuda, mamidło, oszukanie; **-ive**, **-ory** (*dəljū'siw, -əri*) *pm.* zwodniczy, złudny, mamiący, łudzący.
delve (*del'w*) *rz.* jama, dół; ~, *cz.* kopać, badać, zgłębiać, zanurzać się. [gog.
demagogue (*de'məgog*) *rz.* dema-
demand (*dimā'nd*) *rz.* żądanie, domaganie się; zapotrzebowanie; pytanie; popyt; ~, *cz.* żądać, wymagać, zapotrzebować, pytać się; **-ant** (w prawie) powód.

demarcation (*dīmākej'szen*) rz. rozgraniczenie.
demean (*dimī'n*) cz. obniżyć; ~ oneself zachowywać się, postępować; **-our** (*dimī'nə*) rz. zachowanie (się), postępowanie.
demented (*dəme'ntɛd*) pm. oszalały.
demerit (*dime'rit*) rz. przewinienie.
demesne (*demī'n*) rz. dobra.
demi (*de'mi*) pm. pół; **-god** półbóg; **-john** (*de'midżon*) rz. gąsior, butla.
demise (*dimaj'z*) rz. przekazanie dóbr, przekazanie tronu następcy; ~, cz. przekazywać testamentem.
demission (*dəmi'szen*) rz. dymisja; ustąpienie.
demob (*dimo'b*) cz. (gwar.) demobilizować; **-ilize** (*-ilaj'z*) cz. demobilizować; **-ilization** (*-ilizej'szen*) rz. demobilizacja.
democra-cy (*dəmo'krəsi*) rz. demokracja, gminowładztwo; **-t, -te** (*de'məkræt*) rz. demokrata, ludowiec; **-tic(al)** (*deməkræ'tikɛl*) pm. demokratyczny, ludowy.
demolish (*dəmo'lisz*) cz. zburzyć, zniweczyć, rozwalić, obalić; **-tion** (*dəmoli'szen*) rz. zburzenie, rozwalenie, zrujnowanie, obalenie.
demon (*dī'mən*) rz. demon, czart, djabeł; **-iac(al)** (*dimon'jæk*) pm. demoniczny, djabelski, opętany, czarci; **-ism** rz. demonizm.
demonstra-te (*de'monstrejt*) cz. okazać, dowieść, demonstrować, wykazać; **-tion** (*demonstrej'szen*) rz. okazanie, dowód, demonstracja, manifestacja, wykazanie; **-tive** (*demo'nstrətiw*) pm. przekonywujący, dowodny, dowodzący, demonstracyjny; ~ ~ pronoun, zaimek wskazujący; **-tory** (*demo'nstrətori*) pm. dowodny, przekonywujący.
demorali-zation (*dəmorəlajzej'szen*) rz. demoralizacja, zepsucie (obyczajów); **-ze** (*dəmo'rəlajz*) cz. psuć, demoralizować.
demulcent (*dəmă'lsənt*) pm. zmiękczający, łagodzący.
demur (*dimə̄'*) cz. oponować, wnieść sprzeciw.
demure (*dimjū'ə*) pm. trzeźwy, rozsądny, sztywny, chłodny, nieprzystępny; **-ness** rz. ostrożność, sztywność.
demurrer (*dimə̄'rə*) rz. sprzeciw.
demy (*dəmaj'*) rz. arkusze papieru wymiaru 16 × 20 cali ang.
den (*de'n*) rz. pieczara, jaskinia, legowisko; spelunka, nora.
denationalize (*dīnæ'szənəlajz*) cz. wynarodowić.
dendr-iform (*de'ndrifōm*) pm. podobny do drzewa; **-ology** (*dəndro'lodżi*) rz. nauka o drzewach.
denegation (*denəgej'szen*) rz. zaprzeczenie.
deni-able (*dinaj'əbɛl*) pm. przeczalny, zaprzeczalny; **-al** (*dinaj'əl*) rz. zaprzeczenie, odmowa, zaparcie, wypieranie się.
denigrate (*de'nigrejt*) cz. obmawiać, oczerniać.
denizen (*de'nizɛn*) rz. mieszkaniec; cudzoziemiec naturalizowany, obywatel; naleciałość językowa.
denomina-te (*dəno'minejt*) pm. określony; ~, cz. nazwać, mianować; **-tion** (*dənominej'szen*) rz. nazwanie; klasa; wyznanie; sekta, nazwisko, miano; **-tive** (*dəno'minətiw*) pm. mianujący, mianowany; **-tor** (*dəno'minejtə*) rz. mianownik.
denot-ation (*dīnotej'szen*) rz. oznaczenie, zaznaczenie; znak, znaczenie; **-e** (*dinou't*) cz. oznaczać, wskazać na.
denounce (*dinau'ns*) cz. ogłosić, zapowiedzieć, denuncjować, wypowiedzieć (traktat); **-ment** rz. zapowiedź, pogróżka, denuncjacja.
dens-e (*de'ns*) pm. gęsty; tępy (umysł); **-ity, -ness** (*-iti, -nes*) rz. gęstość; tępota.
dent (*de'nt*) rz. ząb (u koła), karb, zagłębienie; ~, cz. wyząbkować, karbować; **-al** (*de'ntɛl*) pm. zębowy; **-ate, -ated, -ed** (*de'ntejtɛd, de'nted*) pm. ząbkowany, uzębiony, zębaty, zębiasty, w zęby; **-ation** (*dentej'szen*) rz. brzeg ząbkowany; ząbkowanie; **-icle, -il** (*denti'kɛl, de'ntil*) rz. (*arch.*) ząbek; **-iculated** (*denti'kjulejtɛd*) pm. ząbkowaty; **-iculation** (*de'n-*

tikulej'szen) *rz.* ząbkowatość; **-ifrice** (*de'ntifris*) *rz.* proszek (pasta) do zębów; **-ine** (*de'ntin*) *rz.* szkliwo zęba; **-ist** (*de'ntist*) *rz.* dentysta; **-istry** (*de'ntistri*) *rz.* dentystyka; **-ition** (*denti'szen*) *rz.* ząbkowanie; uzębienie; **-ture** (*de'ncz*ə) *rz.* sztuczna szczęka.

denud-ate (*dənjū'dejt*), **-e** (*dənjū'd*) *cz.* obnażyć, ogołocić, obedrzeć; **-ation** (*dənjūdej'szen*) *rz.* obnażenie, ogołocenie, obdarcie.

denuncia-tion (*dinănszjej'szen*) *rz.* denuncjacja; doniesienie; **-tor** *rz.* donosiciel.

deny (*dinaj'*) *cz.* przeczyć, zapierać (się), odmówić, zaprzeczać, wzbraniać się; ~ oneself, odmawiać sobie.

deodant (*de'odənt*) *rz.* (w prawie), rzecz będąca przyczyną czyjejś śmierci (np. wóz, koń, bydlę), skonfiskowana i sprzedana na rzecz ubogich.

deodorize (*diou'dərajz*) *cz.* odwaniać, dezynfekować.

depart (*dipā't*) *rz.* odejść, odjechać oddalić się, pożegnać się, porzucić; umrzeć, zejść ze świata; odstąpić od; **-ment** *rz.* wydział, departament, specjalność, dziedzina, dział; **-mental** (*dipātme'ntel*) *pm.* wydziałowy, departamentowy; **-ure** (*dipācz*ə) *rz.* wyjazd, odjazd, odejście, punkt wyjścia.

depasture (*dipā'szczə*) *cz.* paść (się).

depend (*dipe'nd*) *cz.* zależeć, zawisnąć, spuszczać się na kogoś; polegać na kimś, liczyć na kogoś, coś; mieć środki do życia; **-ant, -ent** *rz.* dependent; ~, *pm.* zwisający, zależny; **-ance, -ence, -ency** (*dipe'ndəns, dipe'ndənsi*) *rz.* zawisłość, przynależność; poleganie na; dependencja; ufanie, ufność.

depict, -ure (*dipi'kt, dipi'kczə*) *cz.* opisywać, odmalować.

depilat-e (*de'pilejt*) *cz.* pozbawić włosów, usuwać włosy; **-ory** (*depi'lejtəri*) *pm.* (środek) na usunięcie włosów.

deplenish (*diple'nisz*) *cz.* wypróżnić.

deplet-e (*diplī't*) *cz.* zwalniać, opróżniać; **-ion** (*diplī'szen*) *rz.* zwolnienie, opróżnienie.

deplor-able (*diplō'rəbel*) *pm.* opłakany, nieszczęsny, lichy, smutny, żałosny; **-e** (*diplō'ə*) *cz.* opłakiwać, boleć (nad); żałować.

deploy (*diploj'*) *cz* rozwinąć (front).

deplume (*dəplū'm*) *cz.* oskubać.

deponent (*dipou'nənt*) *rz.* świadek.

depopula-te (*dəpo'pjulejt*) *cz.* wyludnić, pustoszyć; **-tion** (*dipopjulej'szen*) *rz.* wyludnienie, spustoszenie.

deport (*dipō't*), **-ment** *rz.* prowadzenie się, postawa, postępowanie, sprawowanie się; ~, *cz.* deportować, zesłać; ~ oneself, zachowywać sie; **-ation** (*dīpōtej'szen*) *rz.* zesłanie, deportacja, wygnanie, zsyłka.

depos-al (*dipou'zel*) *rz.* złożenie (z urzędu), tronu; **-e** (*dipou'z*) *cz.* zeznawać, świadczyć; pozbawić urzędu, złożyć z tronu.

deposit (*dipo'zit*) *zr.* depozyt, zastaw, kaucja, złożona suma; lokata; osad; ~, *cz.* złożyć jako zastaw, dać na skład, składać, deponować; **-ary** (*dəpo'zitəri*) *rz.* depozytarjusz, zachowawca; **-ion** (*dəpozi'szen, dip-, dīp-*) *rz.* złożenie (z tronu); zeznanie; **-or** (*dəpo'zitə*) *rz.* deponent; **-ory** (*dipo'zitəri*) *rz.* skład; depozytarjusz.

depot (*de'pou*) *rz.* skład; (*mil.*) kadra.

deprav-ation (*deprəwej'szen*) *rz.* zepsucie, skażenie; znieprawienie, deprawacja; **-e** (*diprej'w*) *cz.* zepsuć, skazić, zniepprawić, deprawować; **-ity** (*dipræ'witi*) *rz.* skażenie, zepsucie, zniepprawienie.

depreca-te (*de'prəkejt*) *cz.* błagać, odpraszać; **-tion** (*deprəkej'szen*) *rz.* prośby, modły, przeprosiny, błaganie (o odwrocenie złego).

deprecia-te (*dəprī'szjejt*) *cz.* zniżyć cenę, obniżyć, lekceważyć, tracić na wartości, upośledzać; **-tion** (*dəprīszjej'szen*) *rz.* zniżenie ceny, obniżenie (wartości).

depreda-tion (*deprədej'szen*) *rz.* rabunek, łupiestwo, spustoszenie, zniszczenie; **-tor** (*de'prədejtə*)

rz. łupieżca, pustoszyciel, niszczyciel.
depress (*dipre's*) *cz.* obniżyć, poniżyć, tłumić, przygnieść, zafrasować; **-ion** (*dipre'szεn*) *rz.* przygnębienie, upadek ducha; zagłębienie, obniżenie; depresja; zastój.
depriv-ation (*depriwej'szεn*) *rz.* pozbawienie, odjęcie (urzędu); **-ve** (*dipraj'w*) *cz.* pozbawić, zawiesić w czynnościach.
depth (*de'pþ*) *rz.* głębia, głębokość, głębina, wysokość; mądrość; I am out of my ~, nie mogę sobie dać rady; in the ~ of winter, wśród głębokiej zimy; **-en** (*de'pþεn*) *cz* zagłębić, pogłębić.
depura-te (*de'pjurejt*) *cz.* oczyszczać; **-tion** (*depjurej'szεn*) *rz.* oczyszczanie, czyszczenie.
deput-ation (*depjutej'szεn*) *rz.* wysłanie, deputacja, delegacja, namiestnictwo; **-te** (*dipjū't*), **-ize** (*de'pjutajz*) *cz.* wysłać, delegować; umocować; **-ty** (*de'pjuti*) *rz.* wysłannik, umocowany, deputat, delegat, poseł.
deracinate (*diræ'sinejt*) *cz.* wyrwać z korzeniami, wykorzenić.
derail (*direj'l*) *cz.* wykoleić.
derange (*direj'ndż*) *cz.* wprowadzić w nieład, pomieszać, przeszkadzać, przewracać; **-d** *pm.* obłąkany; **-ment** *rz.* nieład, zamieszanie; pomieszanie (zmysłów).
Derby (*dā'bi*) *rz.* wyścigi konne
derelict (*de'rəlikt*) *rz.* okręt opuszczony, szczątki okrętu porzucone na morzu; ~, *pm.* opuszczony, porzucony, bezpański; **-ion** (*derəli'kszεn*) *rz.* opuszczenie; ~ of duty, zaniedbanie.
deri-de (*diraj'd*) *cz.* wyśmiewać, szydzić; **-sion** (*dəri'żεn*) *rz.* wyśmiewanie, szyderstwo, pośmiewisko; **-sive, -sory** (*diraj'siw, diraj'sori*) *pm.* wyśmiewający, szyderczy, szydzący, urągający.
deriv-able (*diraj'wəbεl*) *pm.* pochodny; **-ation** (*deriwej'szεn*) *rz.* pochodzenie; **-ative** (*dəri'wətiw*) *rz.* wyraz pochodny; **-e** (*diraj'w*) *cz.* wyprowadzać, wywodzić (ród); czerpać, wyciągać.
derma (*də̄'mə*) *rz.* naskórek; **-l** *pm.* naskórkowy, skórny; **-tology** (*dəmәto'lodżi*) *rz.* dermatologja, nauka o chorobach skórnych.
deroga-te (*de'rogejt*) *cz.* uwłaczać, ujmę czynić; **-tion** (*derogej'szεn*) *rz.* uwłaczanie, ujma, uchybienie; **-tory** (*dəro'gətəri*) *pm.* uwłaczający, czyniący ujmę, uchybiający.
derrick (*de'rik*) *rz.* winda; szyb.
derringer (*de'rindżə*) *rz.* pistolet.
dervis, -e, -h (*də̄'wis, də̄'wisz*) *rz.* derwisz.
descant (*de'skənt*) *rz.* dyszkant; piosnka, melodja; ~ (*diskæ'nt*) *cz.* rozwodzić się nad czemś.
descen-d (*dise'nd*) *cz.* zstępować, schodzić, zejść, pochodzić od kogoś; przechodzić na kogoś, napaść, spaść na kogoś (o sukcesji); **-dant** (*dise'ndənt*) *rz.* potomek; **-dent** *pm.* pochodzący; **-t** (*dise'nt*) *rz.* napad; pochyłość; spadek, zstąpienie, wylądowanie, pochodzenie, zejście (nadół); zstąpienie.
describ-able (*diskraj'bəbεl*) *pm.* dający się opisać; **-e** (*diskraj'b*) *cz.* opisywać, opisać; nakreślić; określić.
descrip-tion (*dəskri'pszεn*) *rz.* opis, gatunek; określenie; rodzaj; **-tive** (*-iw*) *pm.* opisowy, barwny.
descry (*diskraj'*) *cz.* postrzegać, rozróżniać.
desecra-te (*de'səkrejt*) *cz.* zbezcześcić, sprofanować; **-tion** (*desəkrej'szεn*) *rz.* sprofanowanie.
desert (*de'zət*) *rz.* pustynia, bezludzie; ~, *pm.* pustynny, bezludny, niezamieszkały; ~, (*dizə̄'t*) *rz.* zasługa; ~, *cz.* opuścić, porzucić, odbiec, dezertować; **-er** (*dizə̄'tə*) *rz.* dezerter, zbieg; **-ion** (*dizə̄'szεn*) *rz.* opuszczenie, porzucenie, dezercja.
deserve (*dizə̄'w*) *cz.* zasługiwać na coś; ~ well of, zasłużyć się komuś, położyć zasługi; **-dly** (*dizə̄'wədli*) *ps.* zasłużenie, słusznie, sprawiedliwie.
desica-te (*de'sikejt*) *cz.* wysuszyć; osuszyć; **-tion** (*dəsikej'szεn*) *rz.* wysuszenie, osuszenie.
desiderat-e (*dəsi'dərejt*) *cz.* pragnąć; **-um** (*dəsiderej'təm*) *rz. lmn.* **-a** (*-ej'tə*) dezyderatum, życzenie.

design (*dizaj'n*) *rz.* wzór, plan, cel, rysunek, szkic; zamierzenie, zamysł; by ~, umyślnie; have a ~ upon one, knować coś przeciw komu; ~, *cz.* rysować, opisywać; planować; zamierzać, projektować, (for) przeznaczyć do czegoś, na coś; umyślić; **-ate** (*de'signejt, de'z-*) *cz.* oznaczyć, przeznaczyć, określić, zamianować, wyznaczyć, **-ation** (*designej'szen*) *rz.* oznaczenie, określenie, wskazanie, opis, przeznaczenie, wyszczególnienie; znaczenie; **-edly** *ps.* umyślnie; **-er** (*dizaj'nə, dis-*) *rz.* autor, rysownik.

desir-able (*dizaj'rəbel*) *pm.* pożądany, ponętny; **-ableness** *rz.* ponętność; **-e** (*dizaj'ə*) *rz.* żądanie, życzenie, pragnienie, chęć, żądza; to one's heart's ~, dosyta; **-e** *cz.* żądać, pragnąć, prosić, życzyć sobie; **-ous** (*dizaj'rəs*) *pm.* pragnący.

desist (*desi'st, dezi'st*) *cz.* odstąpić od czegoś, zaniechać, przestać, porzucić (from).

desk (*de'sk*) *rz.* pulpit, biurko.

desolat-e (*de'zolət*) *pm.* spustoszały, opuszczony, odludny, stroskany; **-e** (*de'solejt*) *cz.* spustoszyć, zmartwić; **-ion** (*desolej'szen*) *rz.* spustoszenie, pustoszenie, pustka, strapienie, smutek.

despair (*dispē'ə*) *rz.* rozpacz; ~, *cz.* rozpaczać; **-ingly** *ps.* rozpaczliwie, beznadziejnie.

despatch (*dispæ'cz*) *rz.* pośpiech; wysłanie (przez umyślnego); załatwienie; egzekucja, szybkie zakończenie sprawy; depesza (urzędowa); ~, *cz.* wysłać, odprawić; załatwić; uwinąć się z czemś, dokonać, wyprawić na tamten świat, dobić.

despera-do (*desperej'dou*) *rz.* desperat, szaleniec; **-te** (*de'spərət*) *pm.* rozpaczliwy, desperacki; **-tion** (*despərej'szen*) *rz.* zwątpienie, rozpacz, desperacja, beznadziejność.

despic-able (*de'spikəbel*) *pm.* podły, nikczemny; **-ableness** *rz.* nikczemność; **-ably** *ps.* podle, nikczemnie.

despise (*dispaj'z*) *cz.* pogardzać, lekceważyć.

despite (*dispaj't*) *rz.* złość, przekora, pogarda, despekt; in ~ of, wbrew, nie bacząc; na złość; **-ful** *pm.* złośliwy, zły.

despoil (*dispoj'l*) *cz.* ogołocić, wyzuć, złupić, obedrzeć.

despoliation (*dəspoliej'szen*) *rz.* ogołocenie, grabież, łupiestwo.

despond (*dispo'nd*) *cz.* zwątpić, zniechęcić się; **-ency** (*-ənsi*) *rz.* przygnębienie; upadek ducha, zwątpienie; **-ent** *pm.* zwątpiały, zniechęcony, przygnębiony.

despot (*de'spot*) *rz.* despota, tyran, samodzierżca; **-ic(al)** (*dəspo'tikel*) *pm.* despotyczny, samowolny, samowładny; **-ism** (*de'spətizem*) *rz.* despotyzm, samowładztwo.

desquamat-e (*de'skuəmejt*) *cz.* łuszczyć się; **-ion** (*deskuəmej'szen*) *rz.* łuszczenie się. [mina

dessert (*dizə̄'t*) *rz.* deser, legu-

destin (*de'stin*) *cz.* przeznaczyć (do czegoś, na coś); **-ation** (*dəstinej'szen*) *rz.* cel, przeznaczenie; **-y** (*de'stini*) *rz.* przeznaczenie, los.

destitu-te (*de'stitjūt*) *pm.* pozbawiony, opuszczony, w nędzy; **-tion** (*destitjū'szen*) *rz.* niedostatek, nędza, opuszczenie; pozbawienie.

destroy (*distroj'*) *cz.* zniszczyć, zgładzić, zepsuć, zniweczyć, zrujnować, zburzyć, zabić; **-er** *rz.* niszczyciel, burzyciel.

destruct-ible (*distră'ktibel*) *pm.* ulegający zniszczeniu, zepsuciu; **-ion** (*distră'kszen*) *rz.* zburzenie, zniszczenie, ruina, zniweczenie; **-ive** (*distră'ktiw*) *pm.* zgubny, niszczący, burzący, destrukcyjny; **-iveness** (*distră'ktiwnəs*) *rz.* zgubność.

destructor (*distră'ktə*) *rz.* piec do spalania śmieci, odpadków.

desuetude (*de'suətjūd*) *rz.* wyjście z użycia, nieużywanie.

desultory (*de'săltəri*) *pm.* dorywczy, bezładny; urywkowy.

detach (*ditæ'cz*) *cz.* odłączyć, odpiąć, odczepić, odkomenderować, odosobnić; **-ed** *pm.* luźny, oddzielony; **-ment** *rz.* odłączenie; oddział (wojska).

detail (*dī'tejl*) *rz.* szczegół; in ~, szczegółowo; ~, (*detej'l*) *cz.* wyszczególnić.

detain (*ditej'n*) *cz.* zatrzymać, więzić, przytrzymać; **-der** (*ditej'ndə*) *rz.* rozkaz przytrzymania.
detect (*dite'kt*) *cz.* odkryć, wykryć; **-or** *rz.* odkrywca; **-ion** (*dite'kszεn*) *rz.* wykrycie, wyśledzenie, odkrycie, odnalezienie; **-ive** (*dite'ktiw*) *rz.* detektyw, wywiadowca.
detent (*dite'nt*) *rz.* cyngiel, spust broni palnej; **-ion** (*dite'nszεn*) *rz.* zatrzymanie (zapłaty, własności); uwięzienie, areszt, przetrzymanie.
deter (*ditə'*) *cz.* odstraszyć.
detergent (*ditə'dżεnt*) *pm.* (*med.*) czyszczący.
deteriorat-e (*dətī'rjərejt*) *cz.* psuć (się); pogorszyć; **-ion** (*dətīrjərej'szεn*) *rz.* zepsucie, pogorszenie, nadpsucie, uszkodzenie.
determin-ant (*ditə'minənt*) *rz.* miarodajny, decydujący; **-ate** (*ditə'minət*) *pm.* określony, wiadomy; **-ation** (*ditəminej'szεn*) *rz.* określenie, oznaczenie; determinacja; decyzja; (w prawie) rozstrzygnięcie sprawy, wyrok; **-ative** (*ditə'minətiw*) *pm.* określający, rozstrzygający; **-e** (*ditə'min*) *cz.* oznaczyć, określić, orzekać, rozstrzygnąć, zdecydować (się); stanowić o; ~upon, postanowić; **-ed** *pm.* stanowczy, zdecydowany. [czyszczenie.
detersion (*ditə'szεn*) *rz.* (*med.*) o-
detest (*dite'st*) *cz.* brzydzić się, niecierpieć, nienawidzieć; **-able** (*-əbεl*) *pm.* obrzydliwy, obmierzły; **-ation** (*dītestej'szεn*) *rz.* obrzydzenie, odraza, nienawiść, wstręt.
dethrone (*diþrou'n*) *cz.* złożyć z tronu, detronizować. [areszt.
detinue (*de'tinju*) *rz.* nałożyć
deton-ate (*de'tonejt*) *cz.* rozbrzmiewać, wybuchać, detonować; **-ation** (*detonej'szεn*) *rz.* wybuch, huk, detonacja.
detract (*ditræ'kt*) *cz.* ubliżać, uwłaczać, ujmować zasług; obniżać; **-ion** (*ditræ'kszεn*) *rz.* ubliżenie, ujma; **-or** *rz.* oszczerca; **-ory** *pm.* uwłaczający, ubliżający.
detriment (*de'trimənt*) *rz.* uszczerbek, szkoda; **-al** (*detrime'ntεl*) *pm.* szkodliwy, niekorzystny.
detritus (*dətraj'təs*) *rz.* (*geol.*) oderwane cząstki; złomy, odpadki.
deuce (*djū's*) *rz.* dwójka (w kartach, w grze w kości); (tenis) rowność; licho; djabeł; ~! do licha! **-d** djabelny, kaduczny.
deuterogamy (*djutəro'gəmi*) *rz.* powtórne małżeństwo.
deutoronomy (*djutəro'nomi*) *rz.* piąta księga Mojżeszowa.
devastat-e (*de'wəstejt*) *cz.* pustoszyć, niszczyć; **-ion** (*dewəstej'szεn*) *rz.* spustoszenie.
develop (*diwe'ləp*) *cz.* rozwinąć, wykazać; wywoływać (*fot.*); **-ment** *rz.* rozwinięcie, rozwój; (*fot.*) wywołanie.
deviat-e (*dī'wjejt*) *cz.* zboczyć, odchylać się; **-ion** (*dīwjej'szεn*) *rz.* zboczenie, odchylenie.
device (*diwaj's*) *rz.* pomysł, środek; dewiza (znak w herald.); wynalazek, urządzenie; fortel, wybieg.
devil (*de'wεl*) *rz.* djabeł, szatan, czart; bies; poor ~, biedny człowiek; how the ~, co u djabła! **-ish** (*də'wεlisz*) *pm.* djabelski, piekielny, szatański; szelmowski; ~**may-care,** niedbały; **-ry** (*de'wεlri*) *rz.* djabelstwo.
devious (*dī'wjəs*) *pm.* kręty, okrężny, zdrożny; ~ **tracts,** bezdroża, manowce.
devis-e (*diwaj'z*) *rz.* scheda, wymysł, pomysł; urządzenie; ~, *cz.* testamentem zapisać; wykoncypować; wynaleźć, obmyśleć, roić sobie; **-or** *rz.* spadkodawca.
devoid (*diwoj'd*) *pm.* próżny, pozbawiony (of); czczy; wolny od.
devol-ution (*dewol[j]ū'szεn*) *rz.* (w prawie) spuścizna, przelew, spadek; **-ve** (*diwo'lw*) *cz.* spaść na kogoś; odziedziczyć; spychać na kogoś (obowiązki).
devot-e, -ed (*diwou't*) *pm.* poświęcony, przywiązany; przeznaczony; **-e** *cz.* poświęcić, ofiarować; **-ee** (*dewotī'*) *rz.* dewot(ka); **-ion** (*diwou'szεn*) *rz.* pobożność, nabożność; poświęcenie; przywiązanie, nabożeństwo; **-ional** (*diwou'szenεl*) *pm.* pobożny, do nabożeństwa.
devour (*diwau'ə*) *cz.* pochłonąć, pożreć; **-er** *rz.* żarłok.

devout (*diwau't*) *pm.* nabożny, szczery, gorliwy, oddany; **-ness** *rz.* nabożność, gorliwość, przywiązanie.
dew (*djū'*) *rz.* rosa; ~, *cz.* zraszać, rosić; **-berry** jeżyna, ożyna; **-besprent** zroszony; **-lap** podgardle (u woła itd.); **-worm** glista; **-y** (*djū'i*) *pm.* rosisty, zroszony, rosą pokryty.
dexter (*de'kstə*) *pm.* prawy, pomyślny; **-ity** (*dekste'riti*) *rz.* zręczność, biegłość, zgrabność, sprawność, zdolność; **-ous** (*de'kstərəs*), **dextrous** *pm.* zręczny, bięgły, sprawny, zgrabny; zdolny.
diabet-es, -is (*dajəbī'tīz*) *rz.* cukrzyca (*med.*); **-ic(al)** (*dajəbe'tik*) *pm.* djabetyczny.
diabolic(al) (*dajəbo'likel*) *pm.* djabelski, szatański.
diachyl-on, -um (*dajæ'kilon, -lem*) *rz.* plaster.
diaconate (*diæ'konet*) *rz.* djakonat.
diacritic(al) (*dajəkri'tik*) *pm.* diakrytyczny, rozdzielczy.
diadem (*daj'ədəm*) *rz.* djadem.
diagnos-e (*dajəgnou's, -nouz*) *cz.* postawić diagnozę; **-is, -tic** (*dajəgnou'sis*) *rz.* djagnoza,; **tic** *pm.* djagnostyczny, rozpoznawczy; **-tics** (*dajəgnou'stiks*) *rz. lmn.* (*med.*) djagnostyka.
diagonal (*dajæ'gonel*) *rz.* przekątnia, linja przekątna; ~, *pm.* przekątny.
diagram (*daj'əgræm*) *rz.* wykres.
dial (*daj'əl*) *rz.* tarcza zegara; cyferblat, zegar słoneczny.
dialect (*daj'əlekt*) *rz.* narzecze, język, mowa; **-ic(al)** (*dajəle'ktikel*) *pm.* djalektyczny, logiczny; **-ics** *rz. lmn.* djalektyka; **-ician** *rz.* djalektyk.
dialogue (*daj'əlog*) *rz.* djalog, rozmowa.
diamet-er (*dajæ'mətə*) *rz.* średnica (koła); przecięcie; **-ral, -rical** (*dajəme'trel, -trikel*) *pm.* djametralny, przeciwległy.
diamond (*daj'əmend*) *rz.* djament, brylant; romb; dzwonka, karo (w kartach); ~ pencil, djament do rznięcia szkła.
diapason (*dajəpej'zen*) *rz.* diapazon, kamerton, skala.
diaper (*daj'əpə*) *rz.* płótno; bandaż menstruacyjny; ~, *cz.* wyrabiać, tkać w kwiaty, w desenie.
diaphanic, -ous (*dajæ'fənik, -nes*) *pm.* przejrzysty, przeźroczysty.
diaphoretic (*dajəfore'tik*) *pm.* napotny.
diaphragm (*daj'əfræm*) *rz.* przepona (brzuszna), diafragma.
diarrh-ea, -oea (*dajərī'ə*) *rz.* biegunka.
diar-y (*daj'eri*) *rz.* djarjusz, dziennik, pamiętnik; **-ist** *rz.* pamiętnikarz.
diastole (*dajæ'stolə*) *rz.* (*anat.*) rozszerzenie się serca.
diatribe (*daj'ətrajb*) *rz.* diatryba.
dibble (*di'bel*) *rz.* rydel; ~, *cz.* rydłować,
dibs (*di'bz*) *rz.* dziecinna gra.
dice (*dajs*) *rz. lmn.* od **die** (*daj'*) kości (do gry); ~, *cz.* grać w kości.
dickens (*di'kinz*) *rz.* djabeł, licho.
dicker (*di'kə*) *rz.* dziesiątek.
dick(e)y (*di'ki*) *rz.* kozieł, fartuch (na przedzie powozu); osioł, ptaszek.
dictat-e (*diktej't*) *cz.* dyktować; rozkazywać; nasunąć myśl; ~ (*di'ktejt*) *rz.* nakaz; **-ion** (*diktej'-szen*) *rz.* dyktat; **-or** (*diktej'tə*) *rz.* dyktator; **-orial** (*diktətō'rjəl*) *pm.* dyktatorski, nakazujący; **-orship** (*diktej'təszip*) *rz.* dyktatura.
diction (*di'kszen*) *rz.* styl; wysłowienie; **-ary** (*di'kszənəri*) *rz.* słownik, dykcjonarz.
dictum (*di'ktem*) *rz. lmn.* **dicta** (*di'ktə*), dyktum, orzeczenie.
did (*di'd*) *cz.* od **do.**
didactic (*didæ'ktik*) *pm.* dydaktyczny, pouczający; ~, *rz.* dydaktyka.
didapper (*daj'dəpə*) *rz.* nurek (ptak).
diddle (*di'del*) *cz.* (gwar.) oszukać.
die (*daj'*) *rz. lmn.* **dice** (*daj's*), kostka do gry; podstawa kolumny; ~, *cz.* umrzeć, zgasnąć, zwiędnąć, zginąć.
diet (*daj'ət*) *rz.* sejm; ~, *rz.* dieta, jadło; ~, *cz.* żywić, być na dyjecie, stołować się; skazać kogoś na dyjetę; **-ary** (*daj'ətəri*) *rz.* porcja; **-etic(al)** (*dajəte'tik-el*) *pm.* dietetyczny.

differ (*di'fə*) *cz.* różnić się; być innego zdania; **-ence** (*di'fərəns*) *rz* różnica, nieporozumienie, zajście, poróżnienie; ~, *cz.* rozróżniać; **-ent** (*di'fərənt*) *pm.* różny, odmienny; **-ential** (*difəre'nszel*) *pm.* (*mat.*) różniczkowy, dyferencyjny; ~, *rz.* dyferencjał; **-entiate** (*difəre'nszjejt*) *cz.* różniczkować.
difficult (*di'fikəlt*) *pm.* trudny, ciężki; ~ **of access**, trudno dostępny; **-y** (*di'fikəlti*) *rz.* trudność.
diffiden-ce (*di'fidens*) *rz.* nieufność, niedowierzanie, brak zaufania; **-t** (*di'fident*) *pm.* nieufny, niedowierzający, niepewny.
diffluen-ce, -cy (*di'fluəns-i*) *rz.* rozpłynienie się, płynność.
diffus-e (*difjū'z*) *cz.* szerzyć, rozszerać (się), rozsiewać; ~, *pm.* rozszerzony, rozlewny, rozwlekły; **-edly** *ps.* rozwlekle; **-ible** (*difjū'zibel*) *pm.* dający się rozlać, rozszerzalny; **-ion** (*difjū'żen*) *rz.* szerzenie, rozsianie, rozwlekłość, rozpowszechnienie.
'dig (*di'g*) *cz.* kopać ziemię, ryć (o zwierzętach); **-ger** *rz.* kopacz.
digest (*daj'dżest*) *rz.* streszczenie; ~ (*didże'st*) *cz.* trawić, porządkować, przetrawić (*lit.* & *fig.*); **-ible** (*didże'stibel*) *pm.* strawny; **-ion** (*didże'szczen*) *rz.* trawienie; duszenie (na ogniu); **-ive** (*didże'stiw*) *pm.* strawny.
dight (*dajt*) *cz.* stroić (przest.).
digit (*di'dżit*) *rz.* liczba jednocyfrowa; palec (*anat.*); **-l** (*di'dżitel*) *pm.* palcowy; **-ate(d)** *pm.* palczasty (*zool.*, *bot.*).
digni-fied (*di'gnifajd*) *pm.* godny; **-fy** (*di'gnifaj*) *cz.* uczcić; uszlachetnić; **-tary** (*di'gnitəri*) *rz.* dygnitarz; **-ty** (*di'gniti*) *rz.* godność, dostojeństwo, powaga.
digress (*dajgre's*) *cz.* zboczyć, zrobić dygresję; **-ion** (*digre'szen*) *rz.* dygresja.
dike, dyke (*daj'k*) *rz.* grobla, rów; dyga; ~, *cz.* ogroblić.
dilapida-te (*dilæ'pidejt*) *cz.* doprowadzać do ruiny, zniszczyć; **-tion** (*dilæpidej'szen*) *rz.* zniszczenie, ruina.
dilat-e (*dilej't*) *cz.* rozszerzyć (się), rozciągnąć (się), rozwodzić się; **-ion** (*dajlej'szen, di-*) *rz.* rozciągłość, rozszerzenie (się); **-oriness** (*di'lətorinəs*) *rz.* zwłoka, zwlekanie, dylacja; **-ory** (*di'lətəri*) *pm.* zwlekający, dylatoryjny.
dilemma (*dile'mə, dajl-*) *rz.* dylemat, kłopot, trudny wybór.
dilettante (*di'lətænt, dilətæ'nti*) *rz.* dyletant; ~, *pm.* dyletancki.
diligen-ce (*di'lidżens*) *rz.* pilność, staranność; dyliżans; **-t** (*di'lidżent*) *pm.* pilny, staranny.
dill (*di'l*) *rz.* koper, kopr (*bot.*).
dilly-dally (*di'lidæ'li*) *cz.* mitrężyć.
dilu-ent (*di'ljuənt*) *pm.* rozpuszczający; **-te** *cz.* rozcieńczyć, rozczynić, rozprowadzać płynem, rozpuścić; **-tion** (*diljū'szen, dajl-*) *rz.* rozpuszczenie w płynie, w wodzie; rozczyn, roztwór.
diluv-ial (*diljū'wjəl*), **-an** (*diljū'wjən*) *pm.* potopowy, dyluwjalny; **-ium** (*diljū'wjəm*) *rz.* dyluwjum.
dim (*di'm*) *pm.* zamglony, ciemny, mroczny, niejasny; ~, *cz.* zamroczyć, zamglić, zaćmić; **-ness** *rz.* ciemność, niejasność, mrok.
dime (*daj'm*) *rz.* moneta srebrna St. Zjedn. = 10 centów.
dimension (*dime'nszen*) *rz.* wymiar, rozmiar.
dimidiate (*dimi'djejt*) *pm.* przepołowiony.
diminish (*dimi'nisz*) *cz.* zmniejszyć (się), uszczuplić, ubywać, zmaleć; **-ingly** *ps.* lekceważąco.
diminut-ion (*diminjū'szen*) *rz.* zmniejszenie, ujęcie, uszczuplenie, ubytek; zmalenie; **-ive** (*dimi'njutiw*) *pm.* zdrobniały.
dimity (*di'miti*) *rz.* dymka (materja bawełniana).
dimple (*di'mpel*) *rz.* dołek (na twarzy).
din (*di'n*) *rz.* hałas, łoskot, wrzawa; dźwięk; ~, *cz.* zagłuszać, hałasować; (*fig.*) bębnić.
dine (*daj'n*) *cz.* obiadować, jeść obiad; ~ **with Duke Humphrey**, pościć z biedy.
dingey, dingy, dinghey (*di'ŋgi*) *rz.* łódka.
ding-iness (*di'ndżinəs*) *rz.* brud, ubóstwo; **-y** (*di'ndżi*) *pm.* brudny, nieczysty, zabrukany.
dingle (*di'ŋgel*) *rz.* parów.
dining-room (*daj'niŋrūm*) *rz.* sala jadalna.

dinner (*di'nə*) *rz.* obiad; **-jacket** smoking.
dint (*di'nt*) *rz.* uderzenie, siniec; by ~ of, przez, dzięki, drogą, na skutek.
diocese (*daj'osīs, -sis*) *rz.* djecezja.
dioptric-al (*dajo'ptrikəl*) *pm.* dyoptryczny, optyczny; **-s** (*dajo'ptriks*) *rz. lmn.* dioptryka.
diorama (*dajərā'mə*) *rz.* diorama.
dip (*di'p*) *rz.* zanurzenie, maczanie, zniżenie, pochylenie, zboczenie (igły magnesowej); **-s, -ped** candles, maczane świece; ~, *cz.* zanurzyć, zamoczyć (się), zniżyć, pochylać (się).
diphther-ia (*difþī'rjə, dipþ-*) *rz.* dyfterja; **-ic, -itic** (*difþe'rik, difþəri'tik*) *pm.* dyfterytowy.
diphthong (*di'fþoŋ, di'pþ-*) *rz.* dwuzgłoska, dyftong.
diploma (*diplou'mə*) *rz.* dyplom.
diploma-cy (*diplou'semi*) *rz.* dyplomacja; **-t, -te** (*di'plomæt*) *rz.* dyplomata; **-tic(al)** (*diplomæ'tik-əl*) *pm.* dyplomatyczny; **-tist** (*diplou'mətist*) *rz.* dyplomata.
dipper (*di'pə*) *cz.* nurek; anabaptysta; warząchew; wielka niedźwiedzica (*astr.*).
dipsomania (*dipsomej'njə*) *rz.* dypsomanja, opilstwo.
dipterous (*di'pterəs*) *pm.* dwuskrzydły.
dire (*daj'ə*) *pm.* straszny, okropny, okrutny.
direct (*dire'kt, dajr-*) *pm.* prosty, wyraźny, bezpośredni; ~, *cz.* kierować, zarządzać, polecić; dyrygować; adresować; skierować; zawiadować; **-ion** (*dire'kszen, dajr-*) *rz.* kierunek, kierownictwo, zarząd, dyrekcja, rozkaz, zlecenie; adres; instrukcja, przepis; **-ive** (*-iw*) *pm.* kierujący, wskazujący; dyrekcyjny; **-ly** (*-li*) *ps.* wprost, bezpośrednio, w prostym kierunku, natychmiast; zaraz; **-ness** *rz.* bezpośredniość, prosty kierunek; **-or, -er** (*dire'ktə*) *rz.* kierownik, dyrektor; **-ory** *rz.* dyrektorjum, zarząd; skorowidz, przewodnik, książka adresowa.
direful (*daj'əful*) *pm.* straszny, okropny.
dirge (*dā'dż*) *rz.* pieśń pogrzebowa, dumka, śpiew pogrzebowy.
dirigible (*di'ridżəbəl*) *pm.* ~, balloon, sterowiec.
dirk (*dā'k*) *rz.* rodzaj puginału.
dirt (*dā't*) *rz.* błoto, brud, ił, ziemia; ~, *cz.* zabłocić, zabrudzić; ~ cheap, za półdarmo; **-y** (*dā'ti*) *pm.* brudny, podły, plugawy; **-y** *cz.* zabłocić, zabrudzić, zbrukać, powalać.
disab-ility (*disəbi'liti*) *rz.* nieudolność, niezdatność, prawna przeszkoda (spadkobierstwa); **-le** (*disej'bəl*) *cz.* uczynić niezdolnym, osłabić, unieszkodliwić; dyskwalifikować, pozbawić mocy, władzy, zranić; a ~ed soldier, inwalida.
disabuse (*disəbjū'z*) *cz.* otworzyć oczy, rozczarować.
disadvantage (*disədwā'ntədż*) *rz.* niekorzyść, strata, szkoda, niekorzystna sytuacja; ~, *cz.* poszkodować, szkodzić; **-ous** (*disædwəntej'dżəs*) *pm.* niekorzystny, szkodliwy.
disaffect (*disæfe'kt*) *cz.* zniechęcić, zrazić, odrazić, odstręczyć; **-ion** (*disəfe'kszən*) *rz.* niezadowolenie, zniechęcenie; nielojalność.
disaffirm (*disæfā'm*) *cz.* zaprzeczać; (w prawie) obalić.
disafforest (*disəfo'rəst*) *cz.* wyjąć (las) z pod przywileju praw leśnych.
disagree (*disəgrī'*) *cz.* być odmiennego zdania; nie zgadzać się; niesłużyć (komuś); **-able** '*əbəl*) *pm.* przykry, nieprzyjemny; **-ableness** *rz.* nieprzyjemność, przykrość; **-ment** (*disəgrī'mənt*) *rz.* nieporozumienie; niezgoda, różnica zdań.
disallow (*disəlau'*) *cz.* nie pochwalać, ganić, odrzucać.
disannul (*disənă'l*) *cz.* znieść, skasować, unieważnić.
disappear (*disəpī'ə*) *cz.* zniknąć, znikać, niknąć; **-ance** (*-əns*) *rz.* zniknięcie, zanik.
disappoint (*disəpoj'nt*) *cz.* zawieść, zrobić zawód, omylić; **-ment** *rz.* zawód, rozczarowanie.
disappro-bation (*disæprobej'szən*), **-val** (*disəprū'wəl*) *rz.* nagana, odrzucenie, krytyka; **-ve** (*disəprū'w*) *cz.* ganić, niepochwalać, nie godzić się, potępiać.

disarm (*disā'm*) *cz.* rozbroić; **-ament** (*disā'məmənt*) *rz.* rozbrojenie.
disarrange (*disərej'ndż*) *cz.* sprawić nieład, pomieszać, psuć, poprzewracać; **-ment** *rz.* nieład.
disarray (*disərej'*) *rz.* zamieszanie, nieład, zamęt; ~, *cz.* pomieszać szyki, wprowadzić nieład, zamieszanie.
disast-er (*disā'stə*) *rz.* klęska, nieszczęście, nieszczęśliwy wypadek; **-rous** (*dizā'strəs*) *pm.* nieszczęsny, zgubny, złowieszczy, nieszczęśliwy, okropny.
disavow (*disəwau'*) *cz.* wypierać się; **-al** (*disəwau'el*) *rz.* wyparcie się.
disband (*disbæ'nd*) *cz.* rozpuścić (wojsko), pójść w rozsypkę.
disbelie-f (*disbilī'f*) *rz.* niewiara, nieufność, niedowierzanie; **-ve** (*disbilī'w*) *cz.* niedowierzać, nie wierzyć.
disbranch (*disbrā'ncz*) *cz.* obciąć gałęzie.
disburden (*disbə'den*) *cz.* ulżyć (ciężaru), odciążyć.
disburse (*disbə's*) *cz.* wyłożyć pieniądze, czynić nakłady, wydatkować; **-ment** *rz.* wydatek, koszt.
disc patrz **disk.**
discard (*diskā'd*) *cz.* wybrakować; odprawić; odrzucić kartę; porzucić, odpędzić, odegnać.
discern (*disə'n*) *cz.* rozpoznać, rozróżnić, spostrzec, rozeznać; **-ing** *pm.* bystry; **-ingly** *ps.* roztropnie; **-ment** *rz.* rozróżnianie, zdolność rozpoznawcza, rozsądek.
discharge (*disczā'dż*) *rz.* uwolnienie (od ciężaru, powinności); uniewinnienie; spuszczanie, wyładowanie; wystrzał; pokwitowanie; spełnienie (powinności); ~, *cz.* zwolnić (z ciężaru); wyładować; wystrzelić; odprawić (ze służby); spełnić, wykonać; ulżyć; uiścić dług.
disciple (*disaj'pel*) *rz.* uczeń, stronnik, zwolennik.
disciplinarian (*disiplinē'rjən*) *rz.* przywódca; **-inary** (*di'siplinəri*) *pm.* dyscyplinarny; **-ine** (*di'siplin*) *rz.* karność, wychowanie, dyscyplina, posłuch, kara, plagi; ćwiczenie; ~, *cz.* utrzymywać w karności, ćwiczyć w czemś, dyscyplinować, mustrować.
disclaim (*disklej'm*) *cz.* zaprzeć się, zaprzeczać.
disclos-e (*disklou'z*) *cz.* wyjawić, wykryć, rozgłosić, odkryć, odsłonić; objawić; **-ure** (*disklou'żə*) *rz.* odkrycie (prawdy); wyjawienie (sekretu).
discol-oration (*diskolərej'szen*) *rz.* wypłowienie, spełznięcie farby; **-our** (*diskă'lə*) *cz.* odmienić kolor, odbarwić, wypłowieć, poplamić.
discomfit (*diskă'mfit*) *cz.* zmieszać, dekoncertować, pobić, rozgromić; **-ure** (*diskă'mficzə*) *rz.* porażka, zmieszanie, udaremnienie, niepowodzenie, rozgromienie.
discomfort (*diskă'mfət*) *rz.* przykrość, zmartwienie; niewygoda; zaniepokojenie, kłopot; ~, *cz.* niepokoić, zasmucić, strapić, sprawić kłopot.
discommode (*diskomou'd*) *cz.* naprzykrzać się, niepokoić kogoś, dolegać.
discommon(s) (*disko'mon*) *cz.* pozbawić przywileju, wykluczyć.
discompos-e (*diskompou'z*) *cz.* zmieszać; **-ure** (*diskompou'żə*) *rz.* zmieszanie.
disconcert (*diskonsə't*) *cz.* zmieszać kogoś, popsuć szyki.
disconnect (*diskone'kt*) *cz.* rozłączać, rozdzielać; **-ed** *pm.* oderwany, bez związku; **-ion, -xion** (*-kszen*) *rz.* brak związku.
disconsolate (*disko'nsolət*) *pm.* stroskany, strapiony, niepocieszony, nieutulony, smutny,
discontent (*diskonte'nt*) *rz.* niezadowolenie, nieukontentowanie; ~, *cz.* sprawić niezadowolenie; **-ment** *rz.* niezadowolenie.
discontinu-ance (*diskonti'njuəns*), **-ation** (*diskontinjuej'szen*) *rz.* przerwa, zaprzestanie, przerwanie, ustanie; **-e** (*diskonti'njū*) *cz.* przerwać, ustać, rozłączyć (się); zaprzestać, **-ity** (*diskontinjū'iti*) *rz.* brak spójności; oderwanie; **-ous** (*diskonti'njuəs*) *pm.* przerywany.

discord (*di'skōd*) *rz.* niezgoda, niesnaski; (*muz.*) dysharmonja tonów; ~ (*dis'kō'd*) *cz.* niezgadzać się; wejść w kolizję; **-ant** *pm.* niezgodny.
discount (*di'skaunt*) *rz.* dyskonto, odliczenie, potrącenie; rabat; at a ~, ze zniżką; ze stratą; ~ (*diskau'nt*) *cz.* dyskontować, odliczyć; przyjąć (wiadomość) z zastrzeżeniem; **-enance** (*diskau'ntənəns*) *cz.* niepochwalać; zmieszać kogoś.
discourage (*diskă'redż*) *cz.* odjąć odwagę, odradzić, zniechęcić, odstręczyć, zrazić; **-ment** *rz.* odstręczenie; zniechęcenie; zrażenie, odradzenie.
discourse (*di'skōs*) *rz.* rozprawa, rozmowa; ~ (*diskō's*) *cz.* rozprawiać, mówić, prowadzić dyskurs, rozmawiać.
discourt-eous (*diskə'czəs, -kō'czəs*) *pm.* niegrzeczny, nieuprzejmy; **-esy** (*diskə'təsi, -kō'təsi*) *rz.* niegrzeczność.
discover (*diskă'wə*) *cz.* odkryć, wynaleźć, wyjawić, okazać, postrzec; **-er** (*diskă'wərə*) *rz.* odkrywca, wynalazca; **-y** (*diskă'wəri*) *rz.* odkrycie, wyjawienie, wynalazek.
discredit (*diskre'dit*) *rz.* ujma, zła opinja; hańba; bring into ~, zdyskredytować; ~, *cz.* nie wierzyć, osławić, dyskretywać; **-able** (*-əbɛl*) *pm.* osławiający, dyskredytujący, zniesławiający, niekorzystny.
discreet (*diskrī't*) *pm.* przezorny, ostrożny, dyskretny, oględny.
discrepan-ce, -cy (*diskre'pəns-i*) *rz.* niezgodność, sprzeczność; **-t** (*di'skrəpənt, diskre'pənt*) *pm.* niezgodny, sprzeczny.
discre-te (*di'skrīt*) *pm.* oddzielny, odrębny; **-tion** (*diskre'szɛn*) *rz.* przezorność, roztropność, dowolność, dyskrecja; rozsądek, sąd; (nieograniczona) władza; at ~, dowoli; years of ~, lata dojrzałego rozumu; **-tional, -tionary** (*diskre'szənɛl, -'szənəri*) *pm.* dowolny, diskrecjonalny, nieograniczony.
discrimina-te (*diskri'minejt*) *cz.* rozróżnić, rozpoznać, rozeznać, czynić różnicę; odróżnić; **-ting** *pm.* bystry, spostrzegawczy, odróżniający; **-tion** (*diskriminej'szɛn*) *rz.* rozeznanie, rozróżnianie; odróżnienie.
discrown (*diskrau'n*) *cz.* pozbawić korony.
discursive (*diskə'siw*) *pm.* urywkowy; pobieżny, dorywczy; **-ness** *rz.* dorywczość.
discus (*di'skəs*) *rz.* dysk.
discuss (*diskă's*) *cz.* roztrząsać, dyskutować; rozkoszować się (potrawą); **-ion** (*diskă'szɛn*) *rz.* roztrząsanie, spór, dyskusja; rozkoszowanie się (potrawą).
disdain (*disde'jn*) *rz.* wzgarda, pogarda; ~, *cz.* pogardzać, wzgardzać czemś, gardzić; **-ful** *pm.* pogardliwy.
disease (*dizī'z*) *rz.* choroba, dolegliwość; **-d** (*dizī'zd*) *pm.* chory.
disembark (*disembā'k*) *cz.* wylądować; wyładować (z okrętu); **-ation, -ment** (*disembākej'szɛn*) *rz.* wyładowanie, wylądowanie.
disembarras (*disembæ'rəs*) *cz.* uwolnić, wybawić z kłopotu.
disem-bogue (*disəmbo'g*) *cz.* wpadać (o rzekach); **-bowel** (*-bau'əl*) *cz.* patroszyć, paproszyć; **-broil** (*-broj'l*) *cz.* rozwikłać.
disenchant (*disənchā'nt*) *cz.* odczarować.
disencumber (*disənkă'mbə*) *cz.* usunąć przeszkody, ciężary, trudności; zdjąć ciężar, ulżyć, wyprzątnąć.
disendow (*disəndau'*) *cz.* pozbawić fundacji.
disengage (*disəngej'dż*) *cz.* uwolnić (się), oddzielić; **-ment** uwolnienie (się).
disentangle (*disintæ'ngɛl*) *cz.* rozplątać, odmotać, odwikłać; **-ment** *rz.* wyplątanie (się), rozplątanie, wywikłanie, uwolnienie.
disenthral (*disənþrō'l*) *cz.* oswobodzić z niewoli, wyzwolić.
disentomb (*disən'ū'm*) *cz.* wykopać z grobu, odgrzebać.
disestablish (*disestæ'blisz*) *cz.* rozwiązać instytucję; oddzielić kościół od państwa.
disfavour (*disfej'wə*) *rz.* niełaska; szkoda; niechęć; ~, *cz.* nie sprzyjać, potępiać.

disfigur-ation (*disfigjurej'szεn*), **-ement** *rz.* oszpecenie, zniekształcenie, zeszpecenie; **-e** (*disfi'gə*) *cz.* zniekształcić, oszpecić.
disforest (*disfo'rəst*) *cz.* wytrzebić las; pozbawić prawa używania lasu.
disfranchise (*disfræ'ncziz*) *cz.* pozbawić przywilejów, praw.
disgorge (*disgō'dż*) *cz.* wyrzucić z siebie, wpadać (o rzece); womitować, oddać.
disgrace (*disgrej's*) *rz.* niełaska; wstyd; niesława; hańba, zakała; ~, *cz.* odmówić swej łaski; hańbić; zniesławić, degradować; **-ful** *pm.* hańbiący, haniebny, sromotny; **-fulness** *rz.* hańba, sromotność.
disguise (*disgaj'z*), **-ment** *rz.* przebranie, udanie, fałszywy pozór; ~, *cz.* przebrać (się); udać, ukryć, taić, przeistoczyć.
disgust (*disgā'st*) *rz.* niesmak, obrzydzenie, wstręt, odraza; ~, *cz.* obrzydzić, mieć w obrzydzeniu; **-ful**, **-ing** *pm.* odrażający, obrzydliwy, wstrętny.
dish (*di'sz*) *rz.* półmisek; potrawa; ~, *cz.* podać (potrawę); pokrzyżować plany; ~ **-clout** *rz.* ścierka.
dishearten (*dishā'tεn*) *cz.* odjąć odwagę, chęć; zniechęcić.
dishevel (*disze'wεl*) *cz.* rozczochrać.
dishonest (*diso'nəst*) *pm.* niecny, nieuczciwy; **-y** *rz.* nieuczciwość.
dishonour (*diso'nə*) *rz.* niesława, hańba, zakała; ~, *cz.* zniesławić, zhańbić, zesromocić, splamić; ~ **a bill**, nie honorować weksla; **-able** (*diso'nərəbεl*) *pm.* haniebny, hańbiący.
disillusion(ment) (*disillū'żənmənt*) *rz.* otrzeźwienie.
disinclin-ation (*disinklinej'szεn*) *rz.* niechęć, odraza, wstręt; **-e** (*disinklaj'n*) *cz.* zniechęcić; nie chcieć; odstręczyć.
disinfect (*disinfe'kt*) *cz.* dezynfekować, odkazić; **-ant** (*-ənt*) *rz.* środek odkażający; **-ion** (*disinfe'kszεn*) *rz.* dezynfekcja.
disingenuous (*disindże'njuəs*) *pm.* obłudny, nieszczery, fałszywy.
disinherit (*disinhe'rit*) *cz.* wydziedziczyć.
disintegr-ate (*disi'ntəgrejt*) *cz.* rozszczepić, rozkładać; **-ation** (*disintəgrej'szεn*) *rz.* dezyntegracja.
disinter (*disintə'*) *cz.* odgrzebać, odkopać, wydobyć; **-ment** *rz.* odkopanie, ekshumacja.
disinterested (*disi'ntərəsted*) *pm.* bezinteresowny; **-ness** *rz.* bezinteresowność.
disjoin (*disdżoj'n*) *cz.* rozłączyć, oddzielić.
disjoint (*disdżoj'nt*) *cz.* wywichnąć, rozczłonkować; **-ed** *pm.* rozczłonkowany, wywichnięty, bez związku.
disjunct (*disdżā'ŋkt*) *pm.* odłączony, odrębny, oddzielny; **-ion** (*disdżā'ŋkszεn*) *rz.* odłączenie, rozdzielenie; **-ive** (*disdżā'ŋktiw*) *rz.* (*gram.*) spójnik rozłączny; ~, *pm.* wyłączający, rozłączny.
disk, disc (*di'sk*) *rz.* krąg, tarcza, krążek, dysk.
dislike (*dislaj'k*) *rz.* niechęć, niesmak, odraza; ~, *cz.* nie lubić, nie pochwalać, czuć niechęć.
disloca-te (*di'slokejt*) *cz.* przesunąć, wywichnąć; **-tion** (*dislokej'szεn*) *rz.* wywichnięcie, dyslokacja, nielad.
dislodge (*disl'odż*) *cz.* wysiedlić, wyrugować; **-ment** *rz.* wypędzenie.
disloyal (*disloj'əl*) *pm.* wiarołomny, zdradziecki, niewierny; **-ty** *rz.* wiarołomstwo, nielojalność; zdrada (małżeńska).
dismal (*di'zmεl*) *pm.* okropny, posępny, pochmurny, złowieszczy, straszny; **-s** *rz.* przygnębienie.
dismantle (*dismæ'ntεl*) *cz.* zdejmować (ubranie), ogołocić.
dismast (*dismā'st*) *cz.* zerwać maszt.
dismay (*dismej'*) *rz.* przerażenie, trwoga, konsternacja, popłoch; ~, *cz.* zatrwożyć, przerazić, wywołać przestrach.
dismember (*disme'mbə*) *cz.* rozczłonkować, rozebrać; **-ment** *rz.* rozczłonkowanie, rozbiór, podział.
dismiss (*dismi's*) *cz.* odprawić, rozpuścić, dać dymisję, uwolnić, porzucić, odesłać; **-al**, **-ion** (*dismi'szεn*) *rz.* uwolnienie, dy-

misja; urlop; porzucenie, odesłanie.
dismount (*dismau'nt*) *cz.* zsadzić z konia, zsiąść z konia; zstąpić, demontować (działo).
disobedien-ce (*disobī'djəns*) *rz.* nieposłuszeństwo, opór, brak posłuchu; **-t** (*disobī'djənt*) *pm.* nieposłuszny, oporny.
disobey (*disobej'*) *cz.* być nieposłusznym, nie słuchać.
disoblige (*disoblaj'dż*) *cz.* sprawić przykrość, odmówić przysługi.
disorder (*disō'də*) *rz.* nieład, zamieszanie, nieporządek; (*med.*) rozstrój, zaburzenie; ~, *cz.* zmieszać, zaburzyć, rozstroić; **-liness** *rz.* nieporządek; **-ly** *pm.* nieporządny, rozpustny.
disorga-nization (*disōgənajzej'szεn*) *rz.* nieład, rozprężenie, dezorganizacja; **-nize** (*disō'gənajz*) *cz.* sprawiać nieład, dezorganizować.
disown (*disou'n*) *cz.* zaprzeć się, wypierać się, zaprzeczać.
disparage (*dispæ'rədż*) *cz.* traktować ubliżająco, lekceważąco; czynić ujmę, uwłaczać; **-ment** *rz.* ubliżenie, ujma, szkoda, uwłaczanie.
dispar-ate (*di'spərət*) *pm.* niezgodny, różny, różnorodny, niejednakowy, różnoraki; **-ity** (*dispæ'riti*) *rz.* różnica.
dispart (*dispā't*) *cz.* rozdzielać, rozchodzić się.
dispassionate(d) (*dispæ'szonet*) *pm.* beznamiętny, chłodny, spokojny.
dispatch patrz **despatch** (*dispæ'cz*).
dispel (*dispe'l*) *cz.* rozpędzić, rozproszyć.
dispens-able(*dispe'nsəbεl*)*pm.* zbędny, rozporządzalny; **-ary** (*dispe'nsəri*) *rz.* apteka; poradnia; **-ation** (*dispənsej'szεn*) *rz.* dyspensa; zrządzenie (Opatrzności); wymiar (sprawiedliwości); uwolnienie od czegoś; ~, *cz.* udzielać, preparować lekarstwa; obdarzać; szafować; wymierzać sprawiedliwość; ~ from zwolnić, uwolnić od; ~ with, obejść się bez czegoś; uwolnić się od czegoś; **-er** *rz.* szafarz.
dispeople (*dispī'pεl*) *cz.* wyludnić, spustoszyć.
disper-se (*dispə's*) *cz.* rozproszyć (się), rozsiewać, rozegnać, rozsypać (się); rozpędzić, rozbiec się; **-sedly** *ps.* w rozsypce; **-sal, -ion** (*dispə'szεn*) *rz.* rozproszenie (się), rozsypka; rozpędzenie (się); rozejście się.
dispirit (*dispi'rit*) *cz.* przygnębić.
displace (*displej's*) *cz.* przestawić, ruszyć z miejsca, przenieść, wyrugować; **-ment** *rz.* przestawienie, przeniesienie, zmiana miejsca.
display (*displej'*) *rz.* rozwinięcie, wystawa, wystawność, uwydatnienie; popisywanie się; ~, *cz.* rozwinąć, rozpościerać, okazać, wystawić na widok, na pokaz; popisywać się czemś; wykazać.
displeas-e (*displī'z*) *cz.* sprawić przykrość, nie podobać się, rozgniewać; zasmucić; urazić; **-ure** (*disple'żə*) *rz.* przykrość, niełaska; niezadowolenie; gniew.
disport (*dispō't*) *rz.* (*przest.*) zabawa, rozrywka; ~, *cz.* igrać, zabawiać (się).
dispos-al (*dispou'zεl*) *rz.* zarządzenie, rozporządzanie się czemś; rozmieszczenie; pozbycie się, szafunek; at your ~, do usług; **-e** (*dispou'z*) *cz.* załatwić; zarządzić; uszykować; odprawić; rozporządzić czemś, sprzedać, pozbyć się (of); przyrządzić; skłonić do czegoś; usposobić; **-ition** (*dispozi'szεn*) *rz.* zarządzenie, uszykowanie; rozkład; usposobienie.
dispossess (*dispoze's*) *cz.* wywłaszczyć, pozbawić, wyzuć z własności; **-ion** (*dispoze'szεn*) *rz.* pozbawienie, wyzucie.
dispraise (*disprej'z*) *cz.* ganić.
disproof (*disprū'f*) *rz.* zbicie (zarzutów).
disproportion (*dispropō'szεn*) *rz.* dysproporcja, nierówność; **-able, -al, -ate, -ed** *pm.* nieproporcjonalny.
disprov-al (*disprū'wəl*) *rz.* zbicie zarzutów; **-e** (*disprū'w*) *cz.* zbić zarzuty, odeprzeć.
disput-able(*dispjū'təbεl, di'spjutəbεl*) *pm.* sporny; **-ation** (*dispjutej'szεn*) *rz.* roztrząsanie, spór, debata,

dysputa; **-atious** (*-'szəs*) *pm.* sprzeczny, polemiczny; **-e** (*dispjū't*) *rz.* spór, zwada, dysputa, kłótnia; beyond ~, bezsprzecznie; ~, *cz.* spierać się, wadzić się, dysputować, kłócić się, zaprzeczać, walczyć o coś.
disqualif-ication (*diskuolifikej'szεn*) *rz.* niezdatność, zdyskwalifikowanie; **-y** (*diskuo'lifaj*) *cz.* uznać za niezdatnego, uczynić niezdolnym, pominąć, zdyskwalifikować.
disquiet (*diskuaj'ət*) *rz.* niepokój; ~, *pm.* niespokojny; ~, *cz.* niepokoić, zakłócać spokój; **-ness, -ude** (*diskuaj'ətjūd*) *rz.* niepokój.
disquisition (*diskuizi'szεn*) *rz.* rozprawa, śledztwo.
disregard (*disrigā'd*) *rz.* lekceważenie, nieuszanowanie; pominięcie; ~, *cz.* lekceważyć, pomijać, nie uwzględnić, nie zważać na.
disrelish (*disre'lisz*) *rz.* niesmak, obrzydzenie, wstręt; ~, *cz.* nie smakować w czemś, nie lubić.
disrepair (*disripe'ə*) *rz.* zły stan; in ~, uszkodzony.
disreput-able (*disre'pjutəbεl*) *pm.* haniebny, obrzydliwy; **-e** (*disrəpjū't*) *rz.* niesława, złe imię, zła opinja.
disrespect (*disrispe'kt*) *rz.* nieuszanowanie, uchybienie; ~, *cz.* nie uszanować, uchybić, lekceważyć; **-ful** *pm.* niegrzeczny; uchybiający. [obnażyć.
disrobe (*disrou'b*) *cz.* zdjąć suknię,
disroot (*disrū't*) *cz.* wykorzenić.
disrupt (*disră'pt*) *cz.* rozerwać, przerwać się; pęknąć; **-ion** (*disră'pszεn*) *rz.* rozerwanie, rozdział, przerwanie; oderwanie; **-ive** (*disră'ptiw*) *pm.* rozdzielający.
dissatisf-action (*disætisfæ'kszεn*) *rz.* niezadowolenie; **-y** (*disæ'tisfaj*) *cz.* sprawić niezadowolenie, niezadowolić, rozgniewać.
dissect (*dise'kt*) *cz.* rozkroić, robić dysekcję; **-ion** (*dise'kszεn*) *rz.* dysekcja, analiza.
disseiz-e (*disī'z*) *cz.* wywłaszczyć; obrabować; **-in** (*disī'zin*) *rz.* wywłaszczenie, obrabowanie.
dissembl-ance (*dise'mbləns*) *rz.* niepodobieństwo, brak podobieństwa; **-e** (*disé'mbεl*) *cz.* udawać, ukrywać, symulować; **-ing** *pm.* obłudny, udający.
disseminat-e (*dise'minejt*) *cz.* rozsiewać, szerzyć; **-ion** (*diseminej'szεn*) *rz.* rozsiewanie; szerzenie.
dissension (*dise'nszεn*) *rz.* niezgoda, spór, kłótnia.
dissent (*dise'nt*) *rz.* niezgoda, różnica zdań, odstępstwo; ~, *cz.* nie zgadzać się, odstąpić od wiary; **-er** (*dise'ntə*) *rz.* dysydent, różnowierca; **-ient** (*-szεnt*) *pm.* odłączony.
dissertation (*disətej'szεn*) *rz.* rozprawa, traktat, dysertacja.
disserve (*disə̄'w*) *cz.* szkodzić, źle się przysłużyć.
dissident (*di'sidεnt*) *rz.* dysydent, różnowierca.
dissimi-lar (*disi'milə*) *pm.* różnorodny, niepodobny; **-larity, -litude** (*disimilæ'riti, disimi'litjūd*) *rz.* niepodobieństwo, różnica; **-lation** (*-lej'szεn*) *rz.* dysymilacja.
dissimula-te (*disi'mjulejt*) *cz.* udawać, postępować obłudnie, symulować; **-tion** (*disimjulej'szεn*) *rz.* udawanie, obłuda, symulacja, hypokryzja.
dissipat-e (*di'sipejt*) *cz.* rozproszyć (się), roztrwonić; uprawiać rozpustę; **-ed** *pm.* rozpustny; roztrwoniony; **-ion** (*disipejszεn*) *rz.* rozproszenie, roztrwonienie, roztargnienie; nieuwaga, rozpusta.
dissocia-ble (*disou'szəbεl*) *pm.* źle dobrany, nieodpowiedni; **-te** (*disou'szjejt*) *cz.* rozłączyć, rozdzielić na części składowe; **-tion** (*disouszjej'szεn*) *rz.* rozłączenie, dysocjacja.
dissolu-bility (*disoljubi'liti*) *rz.* rozpuszczalność; rozerwalność; **-te** (*di'soljūt*) *pm.* rozpustny, rozwiązły, wyuzdany; **-teness** *rz.* rozwiązłość, rozpusta; **-tion** (*disoljū'szεn*) *rz.* rozpuszczenie, topienie, rozwiązanie, rozerwanie, rozkład, śmierć.
dissolv-able (*dizo'lwəbεl*) *pm.* rozpuszczalny; **-e** (*dizo'lw*) *cz.* rozpuszczać (się), topić (się); znikać; skasować, rozwiązać; **-ent** (*dizo'lwənt*) *rz.* środek rozpuszczający, roztwarzacz.
dissonan-ce, -cy (*di'sonəns-i*) *rz.* rozdźwięk, dysonans; **-t** (*di'-*

sonənt) *pm.* nieharmonijny, niezgodny.
dissua-de (*disuej'd*) *cz.* odradzić, odmówić; **-sion** (*disuej'żen*) *rz.* odradzenie, odrada; **-sive** (*disuej'siw*) *pm.* odradzający.
dissylabic patrz **disy-.**
distaff (*distā'f*) *rz.* kądziel.
distan-ce (*di'stεns*) *rz.* przestrzeń; interwał (*muz.*); odległość (czasu i miejsca); ~, *cz.* prześcignąć, oddalić; wyprzedzić; **-t** (*di'stənt*) *pm.* odległy, sztywny w obejściu; daleki; **-ly** *ps.* z oddalenia; z rezerwą.
distaste (*distej'st*) *rz.* niesmak, niechęć; **-ful** *pm.* niesmaczny, odrażający.
distemper (*diste'mpə*) *rz.* rozstrój, choroba; niepokój; tempera; ~, *cz.* rozstroić, rozdrażnić, wprawić w zły humor; malować temperą.
disten-d (*diste'nd*) *cz.* rozdmuchać; rozciągać (się), rozszerzać (się); rozpierać; **-sion, -tion** (*diste'nszən*) *rz.* rozciąganie, rozpostarcie, rozszerzenie się.
distich (*di'stik*) *rz.* dystych, dwuwiersz.
distil, -l (*disti'l*) *cz.* pędzić wódkę; dystylować, kapać; sączyć się; **-lation** (*distilej'szεn*) *rz.* dystylacja, produkt dystylacji; **-ler** (*disti'lə*) *rz.* dystylator, gorzelnik; **-lery** (*disti'ləri*) *rz.* gorzelnia; dystylarnia.
distinct (*disti'ŋkt*) *pm.* wyraźny, odrębny, jasny, wybitny, różny; **-ion** (*disti'ŋkszεn*) *rz.* różnica, wyróżnienie (się), odznaczenie; dystynkcja; **-ive** *pm.* odróżniający, znamienny, cechujący; **-ness** *rz.* dobitność, wybitność; cecha.
distinguish (*disti'ŋguisz*) *cz.* odróżnić, cechować, wyróżnić, dostrzec, zaszczycić; odznaczyć (się); **-ed** *pm.* wyróżniony, znamienity, dystyngowany, wybitny.
distort (*distō't*) *cz.* wykręcić, wykrzywić; zżymać się; przekręcić; **-ion** (*distō'szεn*) *rz.* przekręcanie, wykrzywianie się, zżymanie się.
distract (*distræ'kt*) *cz.* oderwać; przyprowadzić do szaleństwa; zaabsorbować; zastanowić; rozrywać; **-ed** *pm.* rozerwany, roztargniony; oszalały; run ~, oszaleć; **-ion** (*distræ'kszεn*) *rz.* rozrywka; roztargnienie; dystrakcja; pomieszanie zmysłów.
distrain (*distrej'n*) *cz.* zająć, zabrać, zatradować; **-er** *rz.* egzekutor; **-t** *rz.* zajęcie (majątku), egzekucja.
distraught (*distrō't*) *cz.* patrz **distracted.**
distress (*distre's*) *rz.* strapienie, niebezpieczeństwo; nieszczęście; rozpacz; ~, *cz.* strapić, zmartwić; unieszczęśliwić.
distribu-te (*distri'bjūt*) *cz.* rozdzielić, rozdać, rozłożyć, wymierzać, wydzielać; **-tion** (*distribjū'szεn*) *rz.* rozdzielenie, rozdanie, podział; **-tive** (*distri'bjutiw*) *pm.* rozdzielczy, wyszczególniający.
district (*di'strikt*) *rz.* obwód, okręg, dzielnica, okolica.
distrust (*distrā'st*) *rz.* niedowierzanie, nieufność, podejrzenie; ~, *cz.* niedowierzać, nie ufać; **-ful** *pm.* nieufny, nieśmiały, niedowierzający, podejrzliwy.
disturb (*distə̄'b*) *cz.* niepokoić, przeszkadzać; **-ance** (*-əns*) *rz.* niepokój, zakłócenie, zaburzenie, zgiełk.
disuni-on (*disjū'njən*) *rz.* rozdwojenie, rozłączenie, niezgoda; **-te** (*disjunaj't*) *cz.* rozłączyć (się), poróżnić (się), rozdzielić.
disuse (*disjū's*) *rz.* przestarzałość, nieużywanie; ~, *cz.* zarzucić, przestać używać.
ditch (*di'cz*) *rz.* rów, kanał; ~, *cz.* kopać rowy; ~ in (about), otoczyć rowem, obwarować.
dither (*di'ðə*) *cz.* drżeć.
dithyrambic (*diðiræ'mbik*) *pm.* dytirambiczny, pochwalny.
dittany (*di'təni*) *rz.* dyptan (*bot*).
ditto (*di'tou*) *rz.* detto.
ditty (*di'ti*) *rz.* piosnka, śpiewka.
diuretic (*dajure'tik*) *pm.* moczopędny.
diurnal (*dajə̄'nεl*) *pm.* dzienny.
divag-ate (*daj'wəgejt*) *cz.* błądzić; **-ation** (*dajwəgej'szεn*) *rz.* błądzenie, dygresja.
divan (*diwæ'n*) *rz.* rada państwa (w Turcji); ława, tapczan.
divarication (*dajwærikej'szεn*) *rz.* rosochatość, rozwidlanie się.

dive (*daj'w*) *cz.* zanurzyć się, nurkować; sięgnąć; **-r** *rz.* nurek.
diverg-e (*diwə'dż, dajw-*) *cz.* rozbiegać się, rozchodzić się (o linjach), odchylać się, zbaczać; **-ence, -ency** (*-əns-i*) *rz.* odchylenie, rozbieżność; **-ent, -ing** *pm.* rozbieżny.
divers (*daj'wəz*) *pm.* rozmaity, różny; **-e** *pm.* odmienny; **-ify** (*diwə'sifaj, dajw-*) *cz.* urozmaicić; **-ion** (*diwə'szεn-, dajw-*) *rz.* rozrywka; dywersja (wojskowa); oderwanie uwagi; **-ity** (*diwə's ti, dajw-*) *rz.* rozmaitość, różnorodność, różnica.
divert (*diwə't, dajw-*) *cz.* odwrócić, rozerwać, zabawić, odciągnąć uwagę.
Dives (*daj'wīz*) *rz.* bogacz.
divest (*diwe'st, dajw-*) *cz.* (of) pozbawić (czegoś), wyzuć (z posiadania); ogołocić; **-iture** (*-we'sticzə*) *rz.* pozbawienie, wyzucie.
divide (*diwaj'd*) *cz.* rozdzielić (się), poróżnić (się); **-nd** (*di'widənd*) *rz.* dywidenda; (*mat.*) dzielna; **-rs** *rz. lmn.* (mały) cyrkiel.
divination (*diwinej'szεn*) *rz.* wróżenie, przeczucie.
divine (*diwaj'n*) *rz.* teolog, duchowny; ~, *pm.* boski, święty, cudny, śliczny, wyborny; ~, *cz.* przeczuwać, wróżyć; **-r** (*diwaj'nə*) *rz.* wróżbita.
divinity (*diwi'niti*) *rz.* bóstwo, teologja.
divis-ibility (*diwizibi'liti*), **-ibleness** *rz.* podzielność; **-ion** (*diwi'żεn*) *rz.* podział, rozdział, dywizja, niezgoda; (*mat.*) dzielenie; **-ional** (*diwi'żənεl*) *pm.* dotyczący podziału, dywizyjny; **-or** (*diwaj'zə*) *rz.* (*mat.*) dzielnik.
divorce, -ment (*diwō's*) *rz.* rozwód; ~, *cz.* rozwieść (się); **-e** (*-ī'*) *rz.* rozwódka, rozwiedziony.
divulg-ation (*diwălgej'szεn*), **-ement** *rz.* wyjawienie; **-e** (*diwă'ldż*) *cz.* rozgłosić, wyjawić.
dizen (*di'zεn, daj'zεn*) *cz.* wystroić.
dizz-iness (*di'zinəs*) *rz.* zawrót głowy; odurzenie; **-y** (*di'zi*) *pm.* zawrotny, roztrzepany; I feel ~, kręci mi się w głowie; ~, *cz.* oszołomić, sprawić zawrót głowy.

***do** (*dū'*) *cz.* czynić, robić, wypełnić; mieć się; sprawić, wywołać, dokończyć; służyć; uskutecznić; przydać się na coś; czasownik pomocniczy, w zdaniach przeczących, oraz w zdaniach pytających; that will ~, to wystarczy; ~ away, odsunąć, zmazać, skończyć; ~ into, tłumaczyć na; ~ without, obejść się bez; ~ a part, grać rolę; ~ for one, nauczyć rozumu, zakatrupić; ~ a room, sprzątać pokój; ~ one's hair, czesać się; I could ~ with two, przydałyby mi się dwa; ~over napuścić, powlec.
docil-le (*dou'sil, do'sajl*) *pm.* uległy; **-lity** (*dosi'liti*) *rz.* uległość.
dock (*do'k*) *rz.* szczaw koński (*bot.*); krupa (zwierzęcia); ława oskarżonych w sądzie; ~, *cz.* wprowadzić okręt do doku; obciąć; **-age** (*do'kεdż*) *rz.* opłata za korzystanie z doku, pozostawanie okrętu w doku; **-et** (*do'kεt*) *rz.* wyciąg; skrót; kwit celny; wokanda; lista rozspraw; ~, *cz.* robić wyciąg; umieścić na wokandzie. ~ **yard**, warsztat okrętowy, dok; stocznia.
doctor (*do'ktə*) *rz.* doktor, lekarz; **-ate, -ship** (*-ət*) *rz.* doktorat.
doctrin-airism (*doktrine'rizεm*) *rz.* doktrynerstwo; **-e** (*do'ktrin*) *rz.* nauka; doktryna.
document (*do'kjumənt*) *rz.* akt, dokument; ~, *cz.* dokumentować; **-ary** (*dokjume'ntəri*) *pm.* faktyczny, oparty na dowodach.
dodder (*do'də*) *rz.* kanianka (*bot.*); ~, *cz.* drżeć, chwiać się.
dodge (*do'dż*) *cz.* wymknąć się, używać wykrętów, matać; ~, *rz.* wykręt, wybieg; **-r** *rz.* krętacz, matacz.
doe (*dou'*) *rz.* łania, królica, zajęczyca.
doer (*dū'ə*) *rz.* sprawca.
doff (*do'f*) *cz.* zdjąć.
dog (*do'g*) *rz.* pies; człeczyna; ~, *cz.* śledzić, nie odstąpić, tropić; **-berry** *rz.* dereń; **-briar** głóg; **-cart** lekki powozik; **-cheap** pół-darmo; **-collar** obroża; **days** kanikuła; **-fish** *rz.* pies morski (ryba); **-grass** *rz.* perz; **-kennel** *rz.* psiarnia; **-latin**

kuchenna łacina; **-louse** *rz.* kleszcz; **-'s ears,** ośle uszy w książce; **-'s tongue** ostrzeń (*bot.*); **-trot** truchcik; **-watch** (*mar.*) straż od 4—6, i od 6—8 po południu.
doge (*dou'dż*) *rz.* doża (włoski).
dogged (*do'gɛd*) *pm.* uparty; **-ly** *ps.* uparcie, wytrwale.
dogg-er (*do'gə*) *rz.* statek do połowu ryb; **-erel** (*do'gərɛl*), *pm.* ~ rhymes, nędzne wiersze, wierszydła; **-ish** (*do'gisz*) *pm.* psi, warkliwy, zrzędny.
dogma (*do'gmə*) *rz.* dogmat; **-tic-(al)** (*dogmæ'tik-ɛl*) *pm.* dogmatyczny, stanowczy, wyrokujący; **-ticalness, -tism** (*do'gmətizɛm*) *rz.* dogmatyzm; **-tics** *rz. lmn.* dogmatyka; **-tize** (*do'gmətajz*) *cz.* wyrokować; dogmatyzować.
doily (*doj'li*) *rz.* serwetka.
doing (*dū'iŋ*) od **do**; ~, *rz.* działanie, czyn, sprawka.
doit (*doj't*) *rz.* krzta, szeląg.
doldrums (*do'ldrămz*) *rz. lmn.* martwota, cisza; przygnębienie.
dole (*dou'l*) *rz.* jałmużna; udział, los; smutek; zasiłek (dla bezrobotnych); ~, *cz.* wydzielić, rozdawać, **-ful** *pm.* bolesny, smutny.
doll (*do'l*) *rz.* lalka.
dollar (*do'lə*) *rz.* dolar.
dolman (*do'lmən*) *rz.* dolman, płaszcz.
dolmen (*do'lmen*) *rz.* dolmen.
dolor-ific (*dolori'fik*); **-ous** (*do'lərəs*) *pm.* bolesny, dotkliwy.
dolour (*do'lə*) *rz.* ból, strapienie.
dolphin (*do'lfin*) *rz.* delfin.
dolt (*dou'lt*) *rz.* bałwan, głupiec; **-ish** (*-isz*) *pm.* durny, głupi.
domain (*domej'n*) *rz.* posiadłość, obszary, dobra, zakres.
dome (*dou'm*) *rz.* kopuła, sklepienie; ~, *cz.* nakryć kopułą.
domestic (*dome'stik*) *rz.* służący, sługa; ~, *pm.* domowy, krajowy, zadomowiony, obłaskawiony; **-ate** (*dome'stikejt*) *cz.* zadomowić, oswoić; **-ation** (*domestikej'szɛn*) *rz.* oswojenie; **-ity** (*domesti'siti*) *rz.* oswojenie, swojskość; **-ities** *lmn.* sprawy domowe.
domicil-e (*do'misil, -sajl*) *rz.* dom, miejsce zamieszkania; **-e** *cz.* zamieszkiwać, domicylować; **-iary** (*domisi'ljəri*) *pm.* domowy; ~ visit, rewizja; **-iate** (*domisi'ljejt*) = **domicile.**
domin-ance (*do'minəns*) *rz.* przewaga; **-ant** (*do'minənt*) *pm.* panujący, górujący, dominujący nad...; **-ate** (*do'minejt*) *cz.* panować, górować, władać, przeważać; **-ation** (*dominej'szɛn*) *rz.* panowanie, władza; **-eer** (*dominī'ə*) *cz.* tyranizować; **-ical** (*domi'nikɛl*) *pm.* pański, boski, niedzielny; **-ican** (*domi'nikɛn*) *rz.* dominikanin; **-ion** (*domi'njən*) *rz.* panowanie, dominjum.
dominie (*do'mini, dou'mini*) *rz.* pan, nauczyciel.
domino (*do'minou*) *rz.* domino.
don (*do'n*) *cz.* włożyć na (siebie), wdziać; ~, *rz.* wykładowca.
don-ate (*dou'nejt*) *cz.* darować; **-ation** (*donej'szɛn*) *rz.* darowizna, obdarowanie, donatywa; **-ative** (*-iw*) *rz.* = **donation**; **-ee** (*dounī*) *rz.* obdarzony, obdarowany; **-or** (*dou'nə*) *rz.* dawca, ofiarodawca.
done (*dă'n*) *cz.* od **do**; zrobiony, zgotowany, upieczony; skończony; (*fig.*) skonany; ~ for, pokonany, złamany; this ~, poczem; well ~, brawo; ~ *w.* zgoda.
donjon (*dă'ndżɛn*) *rz.* baszta, wieża.
donkey (*do'ŋki*) *rz.* osioł; ~ engine, wyciąg parowy.
don't (*dou'nt*) = **do not.**
doom (*dū'm*) *rz.* stracenie; przeznaczenie; **-sday** sądny dzień; ~, *cz.* skazać, potępić.
door (*dō'ə*) *rz.* drzwi; in -s, w domu; out of -s, na dworze, poza domem; folding -s, drzwi dwuskrzydłowe; next ~, obok; **-case** odrzwia, futryna; **-handle,** klamka; **-keeper** odźwierny, portjer; **-knob** gałka drzwi; **-knocker** kołatka; **-sill (step),** próg; **-way** wejście, wchod; in the ~ ~, w drzwiach.
dope (*dou'p*) *rz.* (*gwar.*) informacja; narkotyk.
dor (*do'ə*) *rz.* trzmiel.
doric (*do'əik*) *pm.* dorycki.
dorm-ant (*dō'mənt*) *pm.* nie dający procentu, martwy, ospały, nieczynny; **-er-window** (*dō'məuin-*

dou) *rz.* dymnik; **-itory** (*dō'mitəri*) *rz.* sypialnia.
dormouse (*dō'mauṡ*) *rz. lmn.* **dormice** (*dō'majṡ*) suseł (*zool.*).
dorsal (*dō'sɛl*) *pm.* grzbietowy.
dory (*do'ri*) *rz.* łódka; okoń (ryba).
dose (*dou's*) *rz.* doza, dawka; ~, *cz.* dać lekarstwo; uśpić; fałszować. [wać, centkować.
dot (*do't*) *rz.* kropka; ~, *cz.* kropko-
dot-age (*dou'tɛdż*) *rz.* zdziecinnienie; zaślepienie, ślepa miłość; **-ard** (*dou'təd*); **-er** *rz.* zdziecinniały starzec; **-e** (*dou't*) *cz.* bredzić; zdziecinnieć; ~ on, upon, być zaślepionym w kimś.
dottel, -tel (*do'tɛl*) *rz.* resztka niedopalonego tytoniu w lulce.
dotterel (*do'terɛl*) *rz.* gatunek siewki (ptak).
double (*dă'bɛl*) *pm.* podwójny, dwojaki, dwuznaczny; ~, *rz.* liczba podwójna; duplikat, kopja; drugie tyle; ~, *ps.* podwójnie; dwojako; ~, *cz.* podwajać (się), składać (się) na dwoje, opływać (przylądek); **-barrel** dubeltówka; **-dealer** obłudnik; **-edged** *pm.* obosieczny; **-entry** podwójna buchalterja; **-faced** dwulicowy; **-lock** *rz.* zamknąć na dwa spusty; **-meaning** dwuznaczność; **-ness** *rz.* dwoistość, dwuznaczność.
doublet (*dă'blət*) *rz.* dubla (w grze); kaftan.
doubt (*dau't*) *rz.* wątpliwość, niepewność; no ~, without ~, niewątpliwie; ~, *cz.* wątpić; **-ful** *pm.* wątpliwy, niepewny; **-fulness** *rz.* wątpliwość, niepewność; **-less** *ps.* bez wątpienia, zapewne.
douche (*dū'sz*) *rz.* tusz.
dough (*dou'*) *rz.* ciasto; **-nut** pączek (ciastko); **-y** *pm.* miękki jak ciasto, ciastowaty.
doughty (*dau'ti*) *pm.* dzielny, gracki, waleczny. [gasić światła.
douse (*dau's*) *cz.* popuścić żagli;
dove (*dă'w*) *rz.* gołąb, gołębica; **-cot-e, -house** gołębnik; **-tail joint** (*stol.*) fuga, ogon jaskółczy; ~, *cz.* fugować. [(bogata).
dowager (*dau'ədżə*) *rz.* wdowa
dowdy (*dau'di*) *pm.* niedbal ubrany; **-ish** *pm.* niedbały.
dowel (*dau'əl*), **-pin** *rz.* czop.
dower (*dau'ə*), **-y** (*dau'əri*) *rz.* wiano, wyposażenie; talent.
dowlas (*dau'ləs*) *rz* gruby perkal.
down (*dau'n*) *rz.* puch, meszek; wydma (piaszczysta), pastwisko; ~, *pm.* dolny, idący ku dołowi; ~ and out, pokonany, złamany; ~, *ps.* na dole, nadół, wdół; aż do; z dawnych czasów; upside ~, do góry nogami; pay ~, zapłacić gotówką; put ~, zapisać; ~ train, pociąg ze stolicy; ~ town, do miasta; ~ in the mouth = **-cast** *pm.* przybity, zasmucony, przygnębiony; **-fall** *rz.* upadek; **-hill** *rz.* pochyłość, spadzistość; **-right** *ps.* wprost, wręcz, stanowczo, odrazu; ~, *pm.* oczywisty, wyraźny, prostopadły, stanowczy, szczery, otwarty; **-trod(en)** *pm.* uciskany, podeptany; **-ward** *pm.* nachylony nadół, pochyły; **-wards** *ps.* ku dołowi, wdół, do dziś dnia; **-y** (*dau'ni*) *pm.* puszysty, pokryty puchem, meszkiem. [= **dower.**
dowre, dowry (*dau'ə, dau'ri*) *rz.*
doze (*dou'z*) *cz.* drzemać, przespać, zdrzemnąć się; ~, *rz.* drzemka.
dozen (*dă'zɛn*) *rz.* tuzin; a baker's ~, trzynaście.
drab (*dræ'b*) *rz.* prostytutka; ~, *pm.* płowy, jasny, ciemno-żółty; matowy, nudny.
drabble (*dræ'bɛl*) *cz.* szargać.
draconian (*drækou'niən*) *pm.* drakoński.
draff (*drā'f*) *rz.* pomyje, męty.
draft (*drā'ft*) *rz.* asygnata, weksel, trata; szkic; szemat; oddział (żołnierzy); ~, *cz.* odkomenderować; naszkicować; **-sman** *rz.* rysownik; kancelista.
drag (*dræ'g*) *rz.* draga; zawada; hamulec; ~, *cz.* ciągnąć; wygarniać, wlec (się); ~, **-net,** niewód na ryby; **-chain** łańcuch do hamowania kół.
draggle (*dræ'gɛl*) *cz.* szargać (się); wlec (się); **-tail** *rz.* brudas.
dragoman (*dræ'gomæn*) *rz.* dragoman, tłumacz (na wschodzie).
dragon (*dræ'gɛn*) *rz.* smok; **-'s -blood** *rz.* krew smocza (żywica); **-fly** *rz.* ważka (owad).
dragoon (*drægū'n*) *rz.* dragon, kawalerzysta; (*fig.*) smok, jędza; ~, *cz.* prześladować.

drain (*drej'n*) *rz.* sączek, dren, ~, *cz.* osuszać, drenować; wyczerpywać (się); wysączać; wypić do dna; **-age** (*drej'nədż*) *rz.* osuszanie, drenowanie; **-er** *rz.* durszlag.
drake (*drej'k*) *rz.* kaczor.
dram (*dræ'm*) *rz.* łyk, naparstek, haust (gorzałki); drachma (waga aptekarska = 3,888 *gm*; waga funtowa = 1,77 *gm*).
drama (*drā'mə*) *rz.* dramat; **-tic(al)** (*drəmæ'tik-ɛl*) *pm.* dramatyczny; **-tist** (*dræ'mətist*) *rz.* dramaturg; **-tize** (*dræ'mətajz*) *cz.* dramatyzować.
drank (*dræ'nk*) *cz.* od **drink.**
drape (*drej'p*) *rz.* drapować (się); **-r** (*drej'pə*) *rz.* sukiennik; **-ry** (*-əri*) *rz.* sukiennictwo; draperje; materjały na draperje.
drastic (*dræ'stik*) *pm.* drastyczny.
drat (*dræ't*) *w.* do licha!
draught (*drā'ft*) *rz.* = **draft,** ciągnienie; sieć, niewód; haust, łyk; zanurzenie okrętu; przeciąg, ciąg powietrza; (*lmn.*) warcaby; ~ **board,** szachownica, ~ **beer,** piwo nabite, z beczki; ~ **horse,** koń pociągowy; **beast of** ~, zwierzę pociągowe.
draw (*drō'*) *rz.* ciągnienie, ciąg, wyciągniety los; wabik; ~*, *cz.* ciągnać, wydobyć, czerpać; rysować, kreślić, wypisać; przyciągać; przeciągać; toczyć; wypatroszyć; ~ **a bill,** wystawić tratę; ~ **near,** przybliżyć się; ~ **off,** odstąpić, cofnąć się; ~ **comparisons,** robić porównania; ~ **together,** zbliżać się do siebie; ~ **a salary,** otrzymywać pensję; ~ **on,** doprowadzić do; zbliżyć się; ~ **out,** wyprowadzić; wyciągnąć (się); ~ **up,** sporządzić, zredagować; ~ **to,** zajechać przed; **-back** (*drō'bæk*) *rz.* wada; premja wywozowa; **-bridge** most zwodzony; **-ee** (*drōī'*) *rz.* trasant; **-er** (*drō'ə*) *rz.* trasat, wystawca traty; rysownik; ~, *rz.* szuflada; **-ers** (*lmn.*) kalesony; **-ing** (*drō'iŋ*) *rz.* ciągnienie, trasowanie, rysowanie; rysunek; **-ing -room** salon; **-ing-net** niewód; **-well** studnia.
drawl (*drō'l*) *cz.* cedzić (słowa).
drawn (*drō'n*) *cz.* od **draw;** ~ **butter,** masło przetopione; ~ **battle (game),** walka (gra) nierozstrzygnięta; ~ **work,** mereżka.
dray (*drej'*) *rz.* platforma (wóz); **-man** woźnica.
dread (*dre'd*) *rz.* strach, przestrach, obawa; ~, *pm.* okropny, straszny, potężny; dostojny; ~, *cz.* obawiać się; **-ful** *pm.* straszny, okropny, groźny; **-naught, nought** (*dre'dnōt*) *rz.* drednot (pancernik); płaszcz.
dream (*drī'm*) *rz.* sen, marzenie, urojenie; ~*, *cz.* marzyć, śnić, roić; ~ **away,** przemarzyć; **-er** *rz.* marzyciel, próżniak; **-y** *pm.* senny, marzący, rojący; **-ily** *ps.* sennie marząc, rojąc.
drear, -y (*drī'ri*) *pm.* straszny, okropny, posępny:
dredg-e (*dre'dż*) *rz.* draga; rodzaj sieci (na ostrygi); ~, *cz.* łowić siecią, posypać mąką; bagrować; **-r** *rz.* łowiący ostrygi; sito; draga.
dregs (*dre'gz*) *rz.* męty, fusy, śmieć, odpadki; **to the** ~, do dna. **-ish, -y** *pm.* mętny.
drench (*dre'ncz*) *rz.* lekarstwo dla bydła (czyszczące); pijatyka; ~, *cz.* wlewać do gardła; zmoczyć.
dress (*dre's*) *rz.* ubiór, suknia, strój, uniform, odzież; **full** ~, strój wieczorowy; ~, *cz.* ubierać, stroić; przewiązywać ranę; szykować, przyrządzać jedzenie; strzyc; szczepić; czyścić konia; równać szeregi; ~ **flax,** czesać len; ~ **leather,** wyprawiać skórę; **-er** *rz.* stolnica; pielęgniarz; kredens; **-ing** *rz.* ubieranie, przyrządzanie; farsz; czesanie, opatrunek; apretura; **-ing-case** neseser; **-ing-gown** szlafrok; **-ing-room** garderoba; **-ing-table** tualeta; **-y** *pm.* strojny.
drew (*drū'*) *cz.* od **draw.**
dribble (*dri'bɛl*) *cz.* kapać, sączyć się; ślinić się; popychać piłkę nożną krótkiemi pchnięciami.
drib(b)let (*dri'blət*) *rz.* mała kwota, trochę; **by** ~**s,** kapaniną.
drift (*dri'ft*) *rz.* prąd, pęd, wszystko co pędzi wiatr lub woda; (*fig.*) kłoda; zaspa; wydma; odchylenie; wątek (myśli); sztolnia; ~,

cz. pędzić przed sobą, nieść, zasypać, posuwać, unosić (siłą wiatru lub wody); płynąć z prądem.
drill (*dri'l*) *rz.* świder; musztra, ćwiczenie; siewnik; pawjan, małpa; drelich; ~, *cz.* wiercić dziurę, świdrować, siać; musztrować, ćwiczyć.
drink (*dri'ŋk*) *rz.* napój, trunek; pijaństwo; have a ~, napić się; ~, *cz.* pić, upijać się; ~in, rozkoszować się czemś; **-er** *rz.* pijak; **-money** napiwek.
drip (*dri'p*) *rz.* kapka, okap; kapanie; ~, *cz.* przekraplać, kapać; **-ping** (*dri'piŋ*) *rz.* kapanie; tłuszcz z pod pieczeni; sos.
drive (*draj'w*) *rz.* przejażdżka; aleja; rozmach; uderzenie z rozmachem;* ~, *cz.* pędzić przed sobą, przepędzić, gonić, gnać, wieźć; powozić; prowadzić, kierować; wbić (gwóźdź, pal); dążyć; jechać końmi; wpędzić; napędzić, przymusić; ~ away, odpędzić; ~back, przepędzić; ~ on, popędzać; ~ at, zmierzać do czegoś; ~ the country, przetrząść kraj; ~ a design, przywodzić zamiar do skutku; ~ mad, doprowadzić do szaleństwa.
drivel (*dri'wel*) *rz.* ślina; bzdurstwa; ~, *cz.* bredzić; ślinić się.
driv-er (*draj'wə*) *rz.* woźnica, szofer; maszynista, koło rozpędowe; **-ing-wheel** koło rozpędowe. [mżący.
drizzl-e (*dri'zel*) *cz.* mżyć; **-y** *pm.*
droll (*drou'l*) *rz.* śmieszek, osoba zabawna; ~, *pm.* śmieszny, zabawny; **-ery** (*drou'ləri*) *rz.* żarty.
dromedary (*dră'mədəri, dro'-*) *rz.* dromedar.
drone (*drou'n*) *rz.* truteń; leń, piszczałka kobzy; brzęczenie monotonne; mruczeć; ~, *cz* brzęczeć (jak truteń), gnuśnieć.
droop (*drū'p*) *cz.* obwisnąć, opuścić uszy; zwiędnąć; opadać; obumierać, tęsknić; **-ingly** (*-iŋli*) *ps.* opadając.
drop (*dro'p*) *rz.* kropla; kurtyna; spadek; upadek; kolczyk; a ~ of pity, trochę litości; a ~ in the eye, podchmielony; ~, *cz.* obwisnąć, opaść, podupadać, dobiegać końca, kapać, uronić; opuścić, upaść; wspomnieć, spaść z ceny; wstąpić do kogoś; pozostawić, zaniechać; wypaść, wymknąć (się); ~ in, wstąpić; ~ behind pozostać w tyle; ~ a line, napisać; **-let** *rz.* kropelka; **-ings** *rz. lmn.* to co naciekło; łajno.
drop-sical (*dro'psikel*) *pm.* puchlinowy; **-sy** *rz.* wodna puchlina.
dross (*dro's*) *rz.* żużel; wyrzutki, odpadki; **-y** *pm.* żużelisty, plugawy,
drought (*drau't*), **drouth** (*drau'þ*), *rz.* susza, posucha, pragnienie.
drove (*drou'w*) *cz.* od **drive**; ~, *rz.* trzoda; mrowie; stado; **-r** *rz.* wolarz, poganiacz bydła.
drown (*drau'n*) *cz.* zatopić, zalać; zagłuszyć; utonąć; utopić (się).
drows-e (*drau'z*) *cz.* drzemać; być ociężałym, sennym; **-ily** *ps.* ospale, ociężale, jak przez sen; **-iness** (*drau'zinəs*) *rz.* senność, ospałość, ociężałość; **-y** *pm.* senny, ospały, ociężały.
drub (*dră'b*) *cz.* wyłoić (skórę), obić (kijem); wybić.
drudg-e (*dră'dż*) *rz.* popychadło; ~, *cz.* harować; **-ery** (*dră'dżəri*) *rz.* harowanie; **-ingly** (*dră'dżiŋli*) *ps.* w pocie czoła.
drug (*dră'g*) *rz.* lek; narkotyk; (*fig.*) balast; ~, *cz.* uśpić, narkotyzować; **-gist** (*dră'gist*) *rz.* aptekarz; drogista.
druid (*drū'id*) *rz.* druid; **-ess** *rz.* kapłanka.
drum (*dră'm*) *rz.* bęben, kocioł, bębenek (w uchu); wieczór, przyjęcie; dźwięk bębna; dobosz; ~, *cz.* bębnić, stukać; **-head** (*-hed*) *rz.* skóra bębna, wierzch bębna; **-major** (*-mej'dżə*) *rz.* tamburmajor; **-mer** (*dră'mə*) *rz.* dobosz; ajent (handl.); **-stick** *rz.* pałeczka do bębna.
drunk (*dră'ŋk*) *cz.* od **drink**; ~, *pm.* pijany; **-ard** (*dră'ŋkəd*) *rz.* pijak; **-en** (*dră'ŋken*) *pm.* pijany; **-ly** *ps.* po pijanemu.
drup-aceous (*drūpej'szes*) *pm.* pestkowcowy; **-e** (*drū'p*) *rz.* pestkowiec; **-el**, **-let** *rz.* pesteczka.
druse (*drū'z*) *rz.* druza.

dry (*draj'*) *pm.* suchy, oschły, spragniony, jałowy, wysuszony; abstynencki; go ~, wprowadzić prohibicję; ~, *cz* suszyć, schnąć; wyschnąć; **-docks** suche doki; **-goods** towary łokciowe; materjały tkane; **-nurse** niańka, piastunka; **-rot** *rz.* zbutwienie; **shod** *pm.* i *ps.* suchą nogą; **-ness** *rz.* suchość, posucha; oschłość; jałowość.
dryad (*draj'əd*) *rz.* driada.
dual (*djū'əl*) *rz.* liczba podwójna; ~, *pm.* podwójny, dwoisty; **ism, -ity** (*djū'əlizεm, -æ'liti*) *rz.* dualizm, dwoistość.
dub (*dă'b*) ~, *cz.* pasować na rycerza, tytułować; wysmarować.
dubious (*djū'bjəs*) *pm.* wątpliwy, niepewny; **-ness** *rz.* wątpliwość.
ducal (*djū'kεl*) *pm.* książęcy.
ducat (*dă'kət*) *rz.* dukat.
duch-ess (*dă'czəs*) *rz.* księżna; **-y** (*dă'czi*) *rz.* księstwo.
duck (*dă'k*) *rz.* kaczka; grube płótno; ~ and drake, puszczanie kaczek (zabawa); make -s and drakes of, play at -s and drakes with, trwonić; my ~, moje złotko, moja duszko; ~, *cz.* zanurzać, skąpać, nurkować; kulić się, chylić się; skinąć głową; przycupnąć; ~ up, (*mar.*) zwinąć żagle; **-bill** *rz.* kaczodziób; **-er** *rz.* nurek; **-ling** (*-liŋ*) *rz.* kaczę; **-meat, -weed** rzęsa (*bot.*).
duct (*dă'kt*) *rz.* przewód; **-ile,** (*-il,-ajl*) *pm.* giętki, ciągliwy; **-ility** (*dăkti'liti*), **-ness** *rz.* giętkość, uległość, rozciągliwość.
dud (*dă'd*) *rz.* (gwar.) niedołęga; **-s** *lmn.* łachmany.
dudgeon (*dă'dżεn*) *rz.* uraza; take in ~, wziąć za złe.
due (*djū'*) *pm.* winny, należny, spowodowany, właściwy; odpowiedni, spodziewany; płatny; ~, *rz.* należność, należytość; ~, *ps.* w kierunku; ~ to, dzięki czemuś.
duel (*djū'əl*) *rz.* pojedynek.
duenna (*djūe'nə*) *rz.* ochmistrzyni.
duet, -to (*due't, due'tou*) *rz.* duet.
duff (*dăf*) *cz.* podrabiać, fałszować.
duffer (*dă'fə*) *rz.* przekupień, okpisz; ciemięga.
duffel,-le (*dă'fεl*) *rz.* sukno; zmiana ubrania.
dug (*dă'g*) *rz.* wymię; ~, *cz.* od **dig**; **-out** (*dă'gaut*) *rz.* (*mil.*) schron.
duke (*djū'k*) *rz.* książę; **-dom** (*-dəm*) *rz.* księstwo.
dulc-et (*dă'lsət*) *pm.* słodki; **-ification** (*dălsifikej'szεn*) *rz.* osłodzenie.
dulcimer (*dă'lsimə*) *rz.* cymbały.
dull (*dă'l*) *pm.* tępy, głupi, nierozgarnięty; nudny, posępny; ciemny, matowy, smutny, ociężały; głuchy (dźwięk); ~, *cz.* stępić, zaćmić, przyćmić (blask); ogłuszać; **-ard** (*dă'ləd*) *rz.* niedołęga, dureń.
dul(l)ness (*dă'lnəs*) *rz.* tępość, ciemność, ociężałość; tępota (umysłu).
duly (*djū'li*) *ps.* należycie, akuratnie, dokładnie, właściwie; słusznie.
dumb (*dă'm*) *pm.* niemy; strike one ~, wprawić w osłupienie; **-show** pantomina; migi; **-bells** (*-belz*) *rz. lmn.* hantle, ciążki; **-found** (*-fau'nd*), **-founder** (*-fau'ndə*) *cz.* oszołomić; **-ness** (*-nəs*) *rz.* niemota; **-piano,** niema klawjatura; **-waiter** (*-uej'tə*) *rz.* winda ręczna.
dummy (*dă'mi*) *rz.* dziadek (w kartach); niemowa, manekin; ~, *pm.* niemy, udany, podstawiony.
dump (*dă'mp*) *rz.* przygnębienie; **-s** *rz. lmn.* zły humor; ~, *cz.* zrzucić; spuścić; wyładować; uprawiać dumping, zarzucić rynek towarem; **-ish** *pm.* odęty, posępny, tępy; **-ness** *rz.* smutek, posępność, osowiałość. [dołek.
dumpling (*dă'mpliŋ*) *rz.* knedel;
dumpy (*dă'mpi*) *pm.* przysadkowaty, krępy.
dun (*dă'n*) *rz.* natrętny wierzyciel; ~, *pm.* ciemno-brunatny; ~, *cz.* urgować, napastować.
dunce (*dă'ns*) *rz.* nieuk, osioł.
dunder-head, -pate (*dă'ndəhe'd, -pej't*) *pm.* = **dunce.**
dune (*djū'n*) *rz.* diuna, wydma.
dung (*dă'ŋ*) *rz.* gnój, nawóz; ~, *cz.* gnoić, nawozić; **-beetle** *rz.* żuk; **-hill** gnoik, śmietnisko.

dungeon (*dă'ndżen*) *rz.* ciemnica, więzienie; ~, *cz.* więzić.
dunnage (*dă'nedż*) *rz.* podściółka pod towary na okręcie.
dunnock (*dă'năk*) *rz.* wróbel.
duo (*djū'ou*) *rz.* duet; **-decimal** (*-de'simal*) *pm.* dwunastkowy; **-decimo** (*-simou*) *rz.* dwunastka (format papieru); **-denum** (*-dī'-nem*) *rz.* dwunastnica.
dupe (*djū'p*) *rz.* ofiara, osoba oszukana, zwiedziona; ~, *cz.* wykpić, oszukać, wyprowadzić w pole, wystrychnąć na dudka; **-ry** (*djū'pəri*) *rz.* oszustwo, wykpienie.
dupl-e (*djū'pel*) *pm.* podwójny; **-ex** (*djū'pleks*) *pm.* podwójny, zdwojony; **-icate** (*djū'plikət*) *rz.* duplikat, odpowiednik, kopja; ~, *pm.* dwoisty, podwójny, zapasowy; ~ (*-ejt*) *cz.* złożyć we dwoje, podwoić, pisać w dwu egzemplarzach; **-icity** (*djūpli'-siti*) *rz.* fałszywość, nieszczerość, obłuda.
dura-bility (*djūrəbi'liti*) *rz.* trwałość; **-ble** (*djū'rəbel*) *pm.* trwały; **-nce** (*djū'rens*) *rz.* uwięzienie, **-tion** (*djūrej'szen*) *rz.* trwanie, przeciąg czasu.
durbar (*də'bā*) *rz.* dwór; posłuchanie (w Indjach).
duress (*djū'res*) *rz.* areszt, przymus pod groźbą.
during (*djū'riŋ*) *pi.* podczas (czegoś), w czasie.
durst (*dē'st*) *cz.* od **dare**.
dusk (*dă'sk*) *rz.* mrok, zmierzch, zmrok, ciemność; ~, *pm.* ciemny, szary; **-iness** *rz.* ciemność, mroczność; **-y** (*dă'ski*) *pm.* mroczny, ponury.
dust (*dă'st*) *rz.* proch, kurz, kurzawa; pyłek (*bot.*); ~, *cz.* okurzać, zakurzać; wycierać; gold ~, *rz.* złoty piasek; **-bin** *rz.* skrzynia na śmiecie; **-er** *rz.* okrycie od kurzu, ściereczka od kurzu; **-iness** *rz.* kurzawa, pylenie; **-man** *rz.* zamiatacz ulic; **-y** (*dă'sti*) *pm.* zakurzony.
Dutch (*dă'cz*) *pm.* holenderski; **-oven** *rz.* brytwanna.
dut-eous (*djū'təes*) **-iful** (*djū'tiful*) *pm.* posłuszny; obowiązkowy; **-iable** (*djū'tjəbel*) *pm.* podlegający ocleniu, opłacający cło; **-ifulness** (*-nəs*) *rz.* posłuszeństwo, obowiązkowość.
duty (*djū'ti*) *rz.* obowiązek, powinność, opłata; cło, taksa, powinność wojskowa; uszanowanie; on ~, na warcie; w służbie; off ~, poza służbą; pay one's ~, złożyć swe uszanowanie; in ~ bound, z winnym szacunkiem.
dwarf (*duō'f*) *rz.* karzeł; ~, *cz.* zatamować wzrost, karłowacieć, pomniejszyć; **-ish** *pm.* karłowaty.
dwell (*due'l*) *cz.* mieszkać, przebywać, rozwodzić się nad (upon); wpatrywać się; zabawić; **-ing** (*-iŋ*) *rz.* mieszkanie, pobyt, miejsce przebywania; ~ house, dom mieszkalny.
dwindle (*dwi'ndel*) *cz.* podupadać, ubywać, drobnieć, zwyrodnieć; ginąć; kurzyć się, maleć; zniknąć; spełznąć na niczem.
dye (*daj'*) *rz.* farba; **-stuff** *rz.* barwnik; **-ing** farbiarstwo, farbowania.
dyke (*daj'k*) = **dike.**
dynamic(al) (*dinæ'mik-el, daj-*) *pm.* dynamiczny; **-s** *rz. lmn.* dynamika.
dynamite (*daj'nəmajt*) *rz.* dynamit.
dynamo (*daj'nəmou*) *rz.* dynamo; **-meter** (*dajnəmo'mitə*) *rz.* dynamometr.
dynast-ic (*dinæ'stik, dajn-*) *pm.* dynastyczny; **-y** (*di'næsti, daj'n-*) *rz.* dynastja.
dys-enteric (*disənte'rik*) *pm.* biegunkowy; **-entery** (*di'səntəri*) *rz.* dysenterja; **-pepsia, -pepsy** (*dispe'psjə, -pe'psi*) *rz.* niestrawność, dyspepsja; **-pnoea, -pnea** (*dispnī'ə*) *rz.* duszność.

E

each (*ī'cz*) *za.* i *pm.* każdy (z osobna); **-one** *za.* każdy; **-other** *za.* się, siebie, sobie; nawzajem.

eager (*ī'gə*) *pm.* gorąco pragnący, gorliwy, skwapliwy, skory; **-ness** *rz.* żądza, ochota, skwapliwość, gwałtowność, pochopność.

eagle (*ī'gel*) *rz.* orzeł; **-t** (*ī'glet*) *rz.* orlę; orlątko.

eagre (*ī'gə*) *rz.* wysoka fala.

ear (*ī'ə*) *rz.* ucho, słuch; ucho naczynia; kłos; give ~, lend an ~ to, usłuchać; be all ~s, zamienić się w słuch; split the ~, drapać uszy (przeraźliwemi dźwiękami); set by the -s, poróżnić, podjudzać; **-mark** *rz.* znak na uchu (wypalany); **-ring** *rz.* kolczyk; **-shot** *rz* odległość słyszenia; **-wig** *rz.* skorek (owad); **-ed** (*ī'əd*) *pm.* uszaty.

earl (*ə̄'l*) *rz.* lord (tytuł angielski).

early (*ə̄'li*) *pm.* ranny, rychły, przedwczesny, wczesny, dawny; ~, *ps.* rychło, wcześnie, zamłodu, rano.

earn (*ə̄'n*) *cz.* zapracować, zarobić, zasłużyć; **-ing, -ings** *rz.* zarobek, zasługi.

earnest (*ə̄'nəst*) *pm.* poważny, pilny, gorliwy; ~ desire, żywe pragnienie; ~, *rz.* zadatek, zapowiedź; in ~, na serjo, poważnie; **-ness** *rz.* powaga, gorliwość, usilne naleganie, gorące życzenie.

earth (*ə̄'ϸ*) *rz.* ziemia, ląd; świat; gleba; nora (lisia); ~, *cz.* zagrzebać (się), zakopać (się); potter's ~, glina garncarska; **-born** *pm.* ziemski; **-en** (*ə̄'ϸen*) *pm.* gliniany; **-enware** *rz.* wyroby gliniane; **-iness, -liness** (*ə̄'ϸinəs, ə̄'ϸlinəs*) *rz.* ziemskość; **-ly** (*ə̄'ϸli*) *pm.* ziemski, doczesny; there is no ~ chance, niema najmniejszego widoku; **-nut** *rz.* orzeszek ziemny; **-quake** (*ə̄'ϸkuejk*) *rz.* trzęsienie ziemi; **-worm** (*ə̄'ϸuə̄m*) *rz.* glista, robak.

ease (*ī'z*) *rz.* swoboda, ulga, łatwość, wygoda; at ~, swobodnie, ill at ~, niespokojny; ~, *cz.* ulżyć, ukoić, zwolnić, ustąpić, ułatwić.

easel (*ī'zel*) *rz.* sztaluga.

eas-ily (*ī'zili*) *ps.* lekko, wygodnie, swobodnie, łatwo; **-iness** (*ī'zinəs*) *rz.* łatwość, niewymuszoność, swoboda; ~ of belief, łatwowierność; **-y** (*ī'zi*) *pm.* łatwy, swobodny, uprzejmy, wygodny, dogodny, spokojny; ~ circumstances, dobrobyt, zamożność; **-y-chair** *rz.* fotel; **-going** *pm.* łatwy, wygodny, niefrasobliwy.

east (*ī'st*) *rz.* wschód, ~, *pm.* wschodni; ~, *ps.* na wschód, ku wschodowi; **-erly** *pm.* **-ern** (*ī'stən*) *pm.* wschodni, wystawiony na wschód; **-ward, -wardly, -wards** (*ī'stuəd-z*) *ps.* w kierunku wschodnim, na wschód; ku wschodowi.

Easter (*ī'stə*) *rz.* Wielkanoc.

***eat** (*ī't*), *cz.* jeść, wygryzać; ~ humble pie, upokorzyć się; ~ up, zjeść, pożreć; ~ one's heart out, cierpieć w skrytości serca; **-ables** *rz. lmn.* żywność, zapasy, prowizje.

eaves (*ī'wz*) *rz.* okap, podstrzesze; **-drop** *cz.* podsłuchiwać **-dropper** (*ī'wzdropə*) *rz.* podsłuchiwacz.

ebb (*e'b*) *rz.* odpływ (morza), ubytek, schyłek; at a low ~, w stanie upadku, na schyłku; ~, *cz.* odpływać, ubywać; **-tide** *rz.* odpływ; schyłek, upadek.

eb-en, -on, -ony (*e'bεn, e'bəni*) *rz.* heban; ~, *pm.* hebanowy; **-ite** (*-ajt*) *rz.* ebonit.

ebulli-ency, -tion (*əbă'ljənsi, əbjuli'szεn*) *rz.* wrzenie, war; **-ent** (*əbă'ljənt*) *pm.* wrzący, kipiący.

eccentric (*ekse'ntrik*) *pm.* cudaczny, dziwaczny, ekscentryczny; odśrodkowy; ~, *rz.* ekscentryk; mimośrod (*mech.*); **-ity** (*eksentri'siti*) *rz.* odśrodkowość, ekscentryczność, cudaczność.

ecclesiast-ic (*əklīzjæ'stik*) *rz.* duchowny, ksiądz, kapłan; **-ical** (*-ikεl*) *pm.* duchowny, kościelny.

echinus (*e'kinəs*) *rz.* jeż morski.
echo (*e'kou*) *rz. lmn.* **-es** echo, odgłos, oddźwięk; ~, *cz.* rozlegać się, powtarzać, wtórować, oddawać głos.
eclectic (*ekle'ktik*) *rz.* eklektyk; ~, *pm.* eklektyczny; **-ism** (*ikle'ktisizεm*) *rz.* eklektycyzm.
eclip-se (*əkli'ps, īkli'ps*) *rz.* przyćmienie, zaćmienie; ~, *cz.* zaćmić, przyćmić; **-tic** (*əkli'ptik*) *rz.* (*astr.*) ekliptyka.
eclogue (*e'klog*) *rz.* sielanka, ekloga.
econom-ic(al) (*īkono'mik-εl*) *pm.* ekonomiczny, gospodarczy, oszczędny, gospodarny; **-ics** (*īkono'miks*) *rz. lmn.* ekonomja polityczna; **-ist** (*īko'nomist*) *rz.* ekonomista; **-ize** (*īko'nomajz*) *cz.* oszczędzać; **-y** (*īko'nomi*) *rz.* ekonomja, oszczędność, gospodarka.
ecsta-sy (*e'kstəsi*) *rz.* ekstaza, zachwyt, uniesienie; **-tic(al)** (*ekstə'tikεl*) *pm.* ekstatyczny.
ectoblast (*e'ktoblast*) *rz.* tkanka zewnętrzna; **-derm** (*-dēm*) *rz.* ektoderma.
ecumenic(al) (*ekjume'nik-εl*) *pm.* ekumeniczny, powszechny.
eczema (*ek'zəmə*) *rz.* egzema.
edaci-ous (*ədej'szəs*) *pm.* żarłoczny; **-ty** (*ədæ'siti*) *rz.* żarłoczność.
eddy (*e'di*) *rz.* odmęt, wir; ~, *cz.* wirować.
edelweiss (*ej'delwajs*) *rz.* szarotka.
eden (*ī'dεn*) *rz.* eden, raj (*bibl.*).
edentate(d) (*ide'ntejt-εd*) *pm.* bezzębny.
edge (*e'dż*) *rz.* ostrze, krawędź; obrąbek; kant; oskoma; set teeth on ~, zrobić oskomę, ostrzyć zęby na coś; put to the ~ of the sword, wyciąć w pień; ~, *cz.* ostrzyć, podniecać; obrębić, obszyć; posuwać się bokiem; **-less** *pm.* tępy; **-ways, -wise** (*-uejz, -uajz*) *ps.* na sztorc, ostrzem do przodu.
edging (*e'dżiŋ*) *rz.* brzeg.
edible (*e'dibel*) *pm.* jadalny; **-ness** *rz.* jadalność.
edict (*ī'dikt*) *rz.* edykt, ukaz.
edific-ation (*edifikej'szεn*) *rz.* dobry przykład; zbudowanie; **-atory** (*edifikej'tori*) *pm.* budujący;
edific-e (*e'difis*) *rz.* budowla, gmach, budynek; **-ial** (*edifi'szεl*) *pm.* architektoniczny.
edify (*e'difaj*) *cz.* zbudować, oddziaływać moralnie.
edit (*e'dit*) *cz.* wydawać, redagować pismo; **-ion** (*edi'szεn*) *rz.* wydanie, **-or** (*e'ditə*) *rz.* redaktor; **-orial** (*editō'rjəl*) *rz.* artykuł wstępny; ~, *pm.* redaktorski; **-orship** (*e'ditəszip*) *rz.* stanowisko redaktora.
educat-e (*e'djukejt*) *cz.* kształcić, wychowywać, **-ion** (*edjukej'szεn*) *rz.* kształcenie, edukacja; wychowanie; **-ional** (*edjukej'szənεl*) *pm.* wychowawczy; oświatowy; **-or** (*e'djukejtə*) *rz.* wychowawca.
educ-e (*ədjū's*) *cz.* wyprowadzać, wywodzić; **-t** (*ī'dăkt*) *rz.* edukt.
edulcorate (*ədă'lkorejt*) *cz.* oczyszczać.
eel (*ī'l*) *rz.* węgorz.
e'en (*ī'n*) skrót z **even.**
e'er (*ē'ə*) skrót z **ever.**
efface (*ifej's*) *cz.* zmazać, zatrzeć; wytrzeć, zaćmić; ~ oneself, usuwać się; mieć skromne zdanie o siebie.
effect (*efe'kt*) *rz.* skutek, rezultat, fakt; cel, zamiar; wykonanie; wrażenie; efekt; of no ~, bezskuteczny; carry into ~, wprowadzić w czyn; take ~, wejść w życie **-s.** *rz. lmn.* rzeczy, dobra, ruchomości; efekty (bank.); ~, *cz.* uskutecznić, wykonać, dopełnić; **-ive** (*-iw*) *rz.* siła zbrojna; ~, *pm.* skuteczny, rzeczywisty, efektywny; efektowny; **-ively** *ps.* skutecznie, w rzeczywistości **-ual** (*efe'kczuəl*) *pm.* skuteczny; **-uate** (*efe'ktjuejt*) *cz.* = **effect.**
effemina-cy (*efe'minəsi*) *rz.* zniewieściałość, zdelikacenie; **-te** (*efe'minət*) *pm.* zniewieściały.
effervesce (*efəwe's*) *cz.* kipieć, szumieć, musować; **-nce, -ncy** (*efəwe'sεns-i*) *rz.* burzenie się, musowanie; **-nt** (*efəwe'sεnt*) *pm.* kipiący, szumiący, musujący.
effete (*ifī't*) *pm.* wyczerpany, bez energji, słaby.
effi-cacious (*efikej'szəs*) *pm.* skuteczny; **-caciousness, -cacy** (*-kej'szəsnəs, e'fikəsi*) *rz.* skuteczność, dzielność; **-cience, -ciency** (*əfi'szənsi*) *rz.* przyczynowość,

zdolność; wydajność; **-cient** (*əfi'szεnt*) *pm.* skuteczny, zdolny; wydajny (w pracy).

effigy (*e'fidżi*) *rz.* wizerunek, podobieństwo, zastępstwo.

effloresce (*eflore's*) *cz.* rozkwitać; **-nce** (*eflore'səns*) *rz.* efflorescencja; rozkwit; **-nt** (*eflore'sεnt*) *pm.* kwitnący.

efflu-ence (*e'fluəns*), **-x** (*e'flăks*) *rz.* upływ, wypływ; **-ent** (*e'fluənt*) *pm.* wypływający; **-ent** *rz.* wypływ; **-vium** (*əflū'wjəm*) *rz.* wyziew.

effort (*e'fət*) *rz.* wysiłek, usiłowanie.

effrontery (*əfră'ntəri*) *rz.* bezczelność, zuchwalstwo.

effulge (*əfă'ldż*) *cz.* błyszczeć; **-nce** (*əfă'ldżεns*) *rz.* blask; **-nt** *pm.* błyszczący.

effus-e (*əfjū's*) *pm.* szerzący się, rozlany; ~ (*əfjū'z*) *cz.* wylać, szerzyć, wydobywać się; **-ion** (*efjū'żεn*) *rz.* wylanie, potok (słów); **-ive** (*ifjū'siw, ef-*) *pm.* wylany.

eft (*e'ft*) *rz.* salamandra wodna.

egad (*əgæ'd*) *w.* zaiste, na Boga.

egg (*e'g*) *rz.* jajko.

egg (*e'g*) *cz.* podszczuwać, podszczuwać. [dzika róża.

eglantine (*e'gləntajn, -tin*) *rz.* głóg,

ego (*e'gou, ī'gou*) *rz.* ja, jaźń; **-ism, -tism** (*e'gouizεm, īg-, e'goutizεm, ī'g-*) *rz.* samolubstwo, egoizm, sobkostwo; **-ist, -tist** (*e'gouist, ī'g-, e'goutist, ī'g-*) *rz.* samolub, egoista, sobek; **-tize** *cz.* wywyższać się.

egregious (*əgrī'dżiəs*) *pm.* rażący.

egress, -ion (*ī'grəs, əgrε'szεn*) *rz.* wyjście. [biała.

egret (*ī'grət, e'grət*) *rz.* czapla

Egyptian (*īdżi'pszεn*) *pm.* egipski.

eider (*aj'də*) *rz.* edredon; **-down** *rz.* puch edredonowy; pierzyna.

eight (*ej't*) *liczb.* ośm, ósemka; **-een** (*ejtī'n*) *liczb.* ośmnaście; **-y** (*ej'ti*) ośmdziesiąt.

either (*aj'ðə, ī'ðə*) *z. pm.* i *spoj.* jeden z dwu, każdy, obaj, również; ~...or, albo...albo.

ejacula-te (*idżæ'kjulejt*) *cz.* wykrzyknąć, zawołać; **-tion** (*idżækjulej'szεn*) *rz.* wykrzyknik; zawołanie; **-tory** (*idżæ'kjulətəri*) *pm.* wykrzyknikowy, wykrzykujący; strzelista (modlitwa).

eject (*idże'kt*) *cz.* wyrzucić, wymiotować; wyrugować; **-ion** (*idże'kszεn*), **-ment** *rz.* wyrzucenie, (*med.*) wypróżnienie, wymiot; (w prawie) wyrugowanie.

eke (*ī'k*) *cz.* ~out, sztukować.

elabora-te (*ilæ'borət*) *pm.* wykończony, staranny, wyszukany; pracowity; ~ (*ilæ'borejt*) *cz.* wypracować, opracować; **-tion** (*ilaborej'szεn*) *rz.* opracowanie, elaborat.

elapse (*ilæ'ps*) *cz.* minąć, upłynąć.

elas-tic, -al (*i'læ'stik*) *pm.* elastyczny, giętki; **-ticity** (*iləsti'siti*) *rz.* elastyczność, giętkość.

ela-te (*ilej't*) *pm.* dumny, podniecony; ~, *cz.* podniecić, wzbić w pychę; **-tion** (*ilej'szεn*) *rz.* pycha, duma, podniecenie.

elbow (*e'lbou*) *rz.* łokieć, zakręt; at the ~, pod ręką; be out at ~s, łokciami świecić; ~, *cz.* przepychać się; torować sobie drogę łokciami; wyszturchać; **-room** *rz.* przestronność, wolne miejsce.

elder (*e'ldə*) *rz.* bez (*bot.*); **-berry** *rz.* jagoda bzowa.

elder (*e'ldə*), *eldest, pm.* najstarszy (latami); **-ly** *pm.* podstarzały; **-ship** *rz.* starszeństwo, pierworodztwo; **-s** *rz. lmn.* starsi.

elect (*ile'kt*) *rz.* elekt, wybraniec; ~, *pm.* wybrany, obrany; ~, *cz.* obrać, wybierać (na stanowisko); **-ion** (*ile'kszεn*) *rz.* wybór, elekcja; **-ioneer** (*ilekszənī'ə*) *cz.* kaptować głosy przy wyborach; **-ive** (*-iw*) *pm.* elekcyjny, wyborczy, obieralny; **-or** (*ile'ktə*) *rz.* wyborca, elektor; **-oral** (*ile'ktərεl*) *pm.* elektorski, wyborczy; **-oress, -ress** *rz.* elektorka, wyborczyni; **-orship** *rz.* elektorat.

electr-ic(al) (*ile'ktrik-εl*) *pm.* elektryczny; **-icity** (*elektri'siti*) *rz.* elektryczność; **-ification** (*elektrifikej'szεn*) *rz.* elektryfikacja; **-ify** (*ile'ktrifaj*) *cz.* elektryzować; **-ode** (*ile'ktroud*) *rz.* elektrod; **-o-magnetism** (*ile'ktro-mæ'gnətizεm*) *rz.* elektromagnetyzm; **-omotor** (*ilektromou'tə*) *rz.* motor elektryczny.

electuary (*ile'ktjuəri*) *rz.* kordjał (lekarstwo).

eleemosynary (*ilεimo'sinəri*) *pm.* jałmużniczy.
elegan-ce, -cy (*e'lεgεns, -nsi*) *rz.* wykwintność, elegancja, wytworność; **-t** (*e'lεgənt*) wytworny, elegancki.
eleg-iac (*eledżaj'ek*) *pm.* elegijny, żałosny; **-y** (*e'lədżi*) *rz.* elegja, treny.
element (*e'ləmənt*) *rz.* żywioł, pierwiastek, składnik, element; **-s** *rz. lmn.* początki, zasady, żywioły; **-al** (*eləme'ntεl*), **-ary** (*elə'mentəri*) *pm.* początkowy, pierwiastkowy, żywiołowy, elementarny.
elephant (*e'ləfənt*) *rz.* słoń; **-iasis** (*-taj'əsis*) *rz.* elefantjaza (*med.*).
eleva-te (*e'ləwejt*) *cz.* wznieść, podnieść, wynosić, sławić; **-ted** *pm.* podchmielony; **-tion** (*eləwej'szεn*) *rz.* wyniosłość, dostojeństwo, podniesienie, elewacja, wzniesienie; **-tor** (*e'ləwejtə*) *rz.* dźwigacz (mięsień); elewator; (w Amer.) winda.
eleven (*ile'wεn*) jedenaście.
elf (*e'lf*) *rz. lmn.* **elves** (*e'lwz*) djabełek, elf, sylf, chochlik, psotnik; **-ish** (*-isz*) *pm.* psotny.
elicit (*eli'sit*) *cz.* wydobyć, wykryć; **-ation** (*elisitej'szεn*) *rz.* wydobycie, wykrycie.
eligi-bility (*elidżibi'liti*) *rz.* wybieralność; **-ble** (*e'lidżibəl*) *pm.* wybieralny; pożądany, wskazany.
elimina-te (*əli'minejt*) *cz.* wyłączać, usuwać, eliminować; **-tion** (*eliminej'szεn*) *rz.* wyłączenie, wyrugowanie; usunięcie; **-tive** (*eli'minətiw*) *pm.* wyłączający.
elision (*əli'żεn*) *rz.* (*gram.*) wyrzutnia, elizja.
elk (*e'lk*) *rz.* łoś.
ell (*e'l*) *rz.* (przest.) łokieć (miara długości).
ellips-e (*əli'ps*) *rz.* elipsa; **-is** (*əli'psis*) *rz.* (*gram.*) wyrzutnia; **-oidal** *pm.* elipsoidalny.
elm (*e'lm*) *rz.* wiąz.
elocution (*elokjū'szεn*) *rz.* wysłowienie, swada.
elongate (*ī'longej't*) *cz.* wyciągnąć, wydłużyć; ~, *pm.* wydłużony.
elope (*ilou'p*) *cz.* uciec, uprowadzić; **-ment** (*-mənt*) *rz.* ucieczka, uprowadzenie.
eloquen-ce (*e'lokuəns*) *rz.* wymowa, elokwencja, swada; **-t** (*e'lokuənt*) *pm.* wymowny.
else (*e'ls*) *pm.* inny; ~, *ps.* jeszcze; inaczej, indziej, w przeciwnym razie; aby nie; nobody ~, nikt więcej.
elucida-te (*əlū'sidejt*) *cz.* wyjaśnić, wyłożyć, wyświetlić, objaśnić; **-ion** (*əlūsidej'szεn*) *rz.* wyjaśnienie, objaśnienie.
elu-de (*əlū'd*) *cz.* wymijać, wymknąć się zwieść, uniknąć, niedopełnić; **-sion** (*əlū'żεn*) *rz.* uniknięcie, wymknięcie się, umknięcie; **-sive** (*əlū'siw*) *pm.* wykrętny, wymykający się; **-sory** (*elū'səri*) *pm.* zwodniczy.
elves patrz **elf.**
elysi-an (*əli'żεn, əli'żjən*) *pm.* elizejski; **-um** (*əli'żiεm*) *rz.* pola elizejskie.
emacia-te (*imej'szjejt*) *cz.* wyjałowić, wychudnąć, wynędznić; **-tion** (*imejsziej'szεn*) *rz.* wychudzenie, wyniszczenie.
emana-tive (*e'mənətiw*) *pm.* wypływający; pochodzący; **-te** (*e'mənejt*) *cz.* wypływać, wynikać, pochodzić, wydobywać się; **-tion** (*emənej'szεn*) *rz.* wypływ, emanacja.
emancipa-te (*imæ'nsipejt*) *cz.* wyzwolić; emancypować; **-tion** (*imæ'nsipej'szεn*) *rz.* wyzwolenie, emancypacja.
emasculate (*imæ'skjulejt*) *cz.* kastrować, zniewieścić.
embalm (*əmbā'm*) *cz.* balsamować.
embank (*imbæ'ŋk*) *cz.* obwałować; **-ment** (*-mənt*) *rz.* wał.
embargo (*imbā'gou, em-*) *rz.* przyaresztowanie okrętów.
embar-k (*imbā'k, em-*) *cz.* naładować okręt, wsiąść na okręt; wplątać się w coś; przedsięwziąć; zaryzykować; **-cation** (*imbākej'szεn, em-*) *rz.* wsiadanie na okręt, załadowanie.
embarrass (*imbæ'rəs*) *cz.* sprawić kłopot, zawadzać, zawikłać (się) w interesach; **-ment** (*-mənt*) *rz.* zawikłanie, kłopot, ambaras.
embassy (*e'mbəsi*) *rz.* ambasada, poselstwo.
embattle (*imbæ'tεl, em-*) *cz.* uszykować do bitwy, do boju.

embed (*imbe'd, em-*) *cz.* wryć, wetkać, zakopać, osadzić.
embellish (*embe'lisz*) *cz.* upięknić, okrasić, przyozdobić.
embers (*e'mbəz*) *rz.* żarzące się węgle; żar; ~ days *rz.* suche dni.
embezzle (*imbe'zɛl, -em-*) *cz.* sprzeniewierzyć; **-ment** *rz.* sprzeniewierzenie, malwersacja.
embitter (*imbi'tə, em-*) *cz.* rozjątrzać, napawać goryczą, rozgoryczyć.
emblazon (*imblej'zɛn*) *cz.* ozdobić herbem; zaopatrzyć w herb; wysławiać; **-ry** (*-ri*) *rz.* herbownictwo.
emblem (*e'mblem*) *rz.* symbol, godło, emblemat; **-atic(al)** (*emblemæ'tik-ɛl*) *pm.* emblematyczny, symboliczny; **-atize, -ize** (*emble'mətajz, e'mbləmajz*) *cz.* symbolizować.
embod-iment (*imbo'dimənt, em-*) *rz.* wcielenie, uosobienie; **-y** (*imbo'di, em-*) *cz.* ucieleśnić, wcielić, włączyć.
embog (*ɛmbog*) *cz.* zaryć.
embolden (*imboul'dɛn, em-*) *cz.* ośmielić, dodawać śmiałości.
embosom (*imbu'zɛm, em-*) *cz.* chować w sercu, otoczyć.
emboss-ed (*imbo'st, em-*), *pm.* wypukły, ryty, dęty; **-ment** *rz.* wypuklenie, wypukła rzeźba.
embowel (*imbau'əl*) *cz.* wypatroszyć.
embower (*imbau'ə*) *cz.* umaić.
embrace (*imbrej's, em-*) *rz.* objęcie, uścisk; ~, *cz.* obejmować, ściskać (się); zawierać.
embrasure (*imbrej'żə*) *rz.* strzelnica w murze, framuga.
embrocate (*e'mbrokejt*) *cz.* nacierać.
embroider (*imbroj'də em-*) *cz.* haftować, wyszywać; **-y** (*-i*) *rz.* haft, wyszywanie.
embroil (*imbroj'l, em-*) *cz.* wplątać, gmatwać, swarzyć, mącić.
embryo (*e'mbriou*) *rz.* zarodek; **-logy** (*embriolo'dżi*) *rz.* embrjologja.
emend (*eme'nd*) *cz.* poprawić; **-ation** (*-ej'zɛn,*) *rz.* poprawienie, poprawka.
emerald (*e'mərɛld*) *rz.* szmaragd; ~, *pm.* szmaragdowy.
emerge (*imə̄'dż*) *cz.* wynurzyć się, wypłynąć na wierzch, pojawić się; powstać; **-nce, -ncy** (*imə̄'dżens, -i*) *rz.* pojawienie się; nagła potrzeba, stan wyjątkowy; ~ door, drzwi rezerwowe.
emerit-ed (*əme'ritɛd*), **-us** (*-tɛs*) *pm.* wysłużony, emeryt.
emersion (*imə̄'szɛn*) *rz.* pojawienie się powtórne (gwiazdy).
emery (*e'mɛri*) *rz.* szmergiel.
emetic (*ime'tik*) *rz.* emetyk.
emigra-nt (*e'migrənt*) *rz.* wychodźca; ~, *pm.* wychodźczy; **-te** (*e'migrejt*) *cz.* emigrować.
eminen-ce, -cy (*e'minəns, -ənsi*) *rz.* wyniosłość; znakomitość; eminencja (tytuł); **-t** (*e'minənt*) *pm.* wyniosły, znakomity.
emir (*əmī'ə*) *rz.* emir.
emiss-ary (*e'misəri*) *rz.* wysłaniec, emisarjusz; **-ion** (*əmi'szɛn*) *rz.* wysłanie, wypuszczenie, emisja.
emit (*ɛmi't*) *cz.* wydawać, wyrzucać, puszczać w obieg.
emmet (*e'met*) *rz.* mrówka (czarna).
emollient (*əmo'liənt*) *rz.* kompres zmiękczający.
emolument (*əmo'ljumənt*) *rz.* zysk.
emotion (*ɛmou'szęn*) *rz.* wzruszenie; uczucie; **-al** (*-əl*) *pm.* uczuciowy.
empanel (*impæ'nɛl, em-,*) *cz.* wpisać na listę przysięgłych.
emper-ess (*e'mpres*) *rz.* cesarzowa; **-or** (*e'mpərə*) *rz.* cesarz.
empha-sis (*e'mfəsis*) *rz.* nacisk, emfaza; **-size** (*e'mfəsajz*) *cz.* kłaść nacisk, uwydatniać; **-tic(al)** (*əmfæ'tik-ɛl*) *pm.* dobitny, znaczący; wyrażony z naciskiem.
empire (*e'mpajə*) *rz.* cesarstwo, E ~ day, święto narodowe imperjum bryt. (24. V.).
empiric(al) (*əmpi'rik-ɛl, em-*) *pm.* empiryczny, doświadczalny, praktyczny; ~, *rz.* empiryk; szarlatan; **-ism** (*əmpi'rizɛm*) *rz.* empiryzm.
emplacement (*emplej'smɛnt*) *rz.* położenie, stanowisko, miejsce.
employ (*imploj', em-*) *rz.* zajęcie; in the ~ of, na służbie; ~, *cz.* zatrudnić, używać do czegoś; **-e, -ee** (*emploī'*) *rz.* urzędnik, pracownik; **-er** (*imploj'ə, em-*) *rz.* pracodawca, pryncypał, maj-

ster; **-ment** *rz.* zajęcie, zatrudnienie, posada.
empoison (*empoj'zen*) *cz.* zatruć, otruć, struć; rozgoryczyć.
emporium (*empō'riəm*) *rz.* skład towarów, targ.
empower (*impau'ə, em-*) *cz.* upoważnić, uzdolnić, upełnomocnić.
empress (*e'mpres*) *rz* cesarzowa.
emprise (*empraj'z*) *rz.* przedsięwzięcie.
empt-iness (*e'm(p)tinəs*) *rz.* próżność; **-y** (*e'm[p]ti*) *pm.* próżny, czczy, pusty; ~, *cz.* wypróżnić, opróżnić.
empyr-eal (*empi'riel*, *pm.* niebiański; **-ean** (*empirī'ən*) *rz.* najwyższe niebo.
emu (*ī'mju*) *rz.* emu (ptak).
emul-ate (*e'mjulejt*) *cz.* współzawodniczyć, rywalizować; **-ation** (*emjulej'szen*) *rz.* współzawodnictwo; emulacja; **-ously** *ps.* na wyścigi.
emul-sion (*emă'lszen*) *rz.* emulsja; **-sive** (*emă'lsiw*) *pm.* emulsyjny.
enable (*ənej'bel*) *cz.* umożliwić.
enact (*inæ'kt, en-*) *cz.* postanowić, zarządzić; odtworzyć; grać rolę; **-ment** (*-mənt*) *rz.* ustanowienie, zarządzenie,
enamel (*ənæ'mel*) *rz.* emalja, polewa, szkliwo; ~, *cz.* emaljować.
enamour (*ənæ'mə*) *cz.* rozkochać kogoś w sobie; oczarować; **-ed** *pm.* zakochany. [(do klatki).
encage (*inkej'dż*) *cz.* zamknąć
encamp (*inkæ'mp, en-*) *cz.* stanąć obozem, rozbić obóz; **-ment** *rz.* obozowanie, obóz. [(*fin.*).
encash (*inkæ'sz*) *cz.* realizować
encaustic (*inkō'stik*) *cz.* wypalanie farb na porcelanie.
enchain (*inczej'n, en-*) *cz.* zakuć w łańcuchy.
enchant (*inczā'nt, en-*) *cz.* oczarować, zachwycić; **-er** *rz.* czarnoksiężnik; **-ment** (*-mənt*) *rz.* oczarowanie, zachwyt.
encircle (*insə̄'kel*) *cz.* okrążyć, otoczyć, opasać.
enclitic (*inkli'tik*) *rz.* enklityka.
enclo-se (*inklou'z*) *cz.* opasać, ogrodzić, .zawierać, załączyć w liście; **-sure** (*inklou'żə*) *rz.* ogrodzenie, miejsce ogrodzone; załącznik.
enclothe (*enclou'ð*) *cz.* odziać.
encloud (*enklau'd*) *cz.* otoczyć obłokiem.
encomi-ast (*inkou'miæst*) *rz.* chwalca; **-um** (*inkou'miem*) *rz.* pochwała.
encompass (*inkă'mpəs, en-*) *cz.* zawierać, obejmować.
encore (*oŋkō'ə*) *cz.* bisować; ~, *ps.* bis, jeszcze raz.
encounter (*inkau'ntə, en-*) *rz.* spotkanie się, potyczka, pojedynek, utarczka; ~, *cz.* spotkać, potykać się z kimś, walczyć.
encourage (*enkă'redż*) *cz.* dodawać odwagi, zachęcać, ośmielać; popierać; **-ment** *rz.* zachęta, poparcie.
encroach (*inkrou'cz, en-*) *cz.* przekraczać granice, wdzierać się w coś; uzurpować **-ment** *rz.* przekroczenie, uzurpacja, wdzieranie się.
encumb-er (*inkă'mbə, en-*) *cz.* tamować; obciążyć; **-rance** (*inkă'mbərəns, en-*) *rz.* obciążenie, zawada, przeszkoda; **-rancer** *rz.* wierzyciel.
encycl-ic(al) (*ənsi'klik, ənsaj'klik*) *rz.* encyklika; **-opædia** (*ənsajklopi'diə*) *rz.* encyklopedja.
end (*e'nd*) *rz.* zakończenie, koniec; cel, interes; at an ~, skończony, ku końcowi; to no ~, napróżno, bezcelowo; on ~, sztorcem; no ~ **of**, bez liku, bezmiar; make ~ **of**, sprzątnąć, zgładzić; ~, *cz.* kończyć, zakończyć (się), dokonać; **-less** *pm.* nieskończony; bezustanny, bez końca; **-ways**, **-wise** *ps.* na sztorc, końcem naprzód. [dzić.
endamage (*endæ'medż*) *cz.* uszko-
endanger (*indej'ndżə, en-*) *cz.* narazić na niebezpieczeństwo.
endear (*indī'ə, en-*) *cz.* przymilać się; umilać; **-ment** *rz.* przymilenie, miłość.
endeavour (*ənde'wə*) *rz.* usiłowanie, staranie, zabiegi; ~, *cz.* usiłować, starać się, czynić zabiegi; próbować.
endemic(al) (*inde'mik-el*) *pm.* (*med.*) endemiczny, miejscowy, nagminny.
endive (*e'ndiw*) *rz.* cykorja jadalna.

endorse (*indō's, en-*) *cz.* indosować, żyrować; **-ment** *rz.* cesja, żyro; **-r** *rz.* indosant, żyrant.
endow (*indau', en-*) *cz.* obdarzyć, ufundować; uposażyć; **-ed** *pm.* utalentowany; **-ment** *rz.* nadanie, obdarzenie, fundacja; zapis; **-ments** *rz. lmn.* zdolności.
endue (*indjū', en-*) *cz.* obdarzyć.
endur-able (*indjū'rəbel*) *pm.* znośny; **-ance** (*indjū'rens*) *rz.* cierpliwość, wytrzymałość; **-e** (*indjū'ə, en-*) *cz.* znosić, wytrzymać, doświadczyć. [tywa.
enema (*e'nəmə, ənī'mə*) *rz.* lewa-
enemy (*e'nəmi*) *rz.* nieprzyjaciel, przeciwnik, wróg.
energ-etic, -etical (*enədże'tik, -el*) *pm.* silny, energiczny; **-etics** *lmn.* energetyka; **-y** (*e'nədżi*) *rz.* sprężystość, energja.
enerv-ate (*e'nəwejt*) *cz.* osłabić, zwątlić; **-ation** (*enəwej'szen*) *rz.* osłabienie, enerwacja.
enfeeble (*infī'bel, en-*) *cz.* osłabić.
enfeoff (*infe'f*) *cz.* nadawać prawo lenne, nadać prawem lennem.
enfilade (*enfilej'd*) *rz.* ogień flankowy; ~, *cz.* strzelać wzdłuż frontu.
enfold (*enfou'ld*) *cz.* owinąć; objąć.
enforce (*infō's, en-*) *cz.* wzmacniać, poprzeć; wprowadzić w wykonanie; **-ment** *rz.* zastosowanie prawa.
enfranchise (*infrā'nczajz, en-*) *cz.* nadać wolność, wyzwolić, oswobodzić, nadać prawo wyborcze.
engag-e (*ingej'dż*) *cz.* zająć; zatrudnić, ująć, zająć uwagę; przedsięwziąć, związać się; zaczynać bitwę; zaangażować się; wplątać się; obiecać, przyrzec; **-ed** *pm.* zajęty, zatrudniony; zaręczony; **-ement** (*-mənt*) *rz.* zobowiązanie; zatrudnienie; zaręczyny; utarczka; **-ing** (*-iŋ*) *pm.* ujmujący, zachęcający.
engender (*indże'ndə, en-*) *cz.* spłodzić, sprawić, zrodzić; wywołać.
engine (*e'ndżin*) *rz.* maszyna, machina (wojenna), parowóz; **-driver** *rz.* maszynista; **-er** (*endżinī'ə*) *rz.* inżynier; ~, *cz.* kierować, zarządzać.
engirdle (*ingə'del, en-*) *cz.* otoczyć, opasać.
English (*i'ŋglisz*) *pm.* angielski, angielszczyzna; **-man** *rz.* anglik.
engorge (*engō'dż*) *cz.* pochłonąć, pożreć; **-d** *pm.* przepełniony.
engrain (*ingrej'n*) *cz.* farbować.
engra-ve (*ingrej'w, en-*) *cz.* wyryć, rytować; **-ving** (*-iŋ*) *rz.* rytowanie, rycina, sztych.
engross (*ingrou's*) *cz.* pisać grubemi literami; absorbować; pochłaniać; skupywać, monopolizować, **-ment** *rz.* monopolizowanie; wykupienie, pochłonięcie; kopja.
engulf (*ingă'lf*) *cz.* pochłonąć, rzucić (się) w przepaść.
enhance (*inhæ'ns, en-*) *cz.* podwyższyć (cenę); uwydatnić; powiększyć; **-ment** *rz.* podniesienie (ceny); powiększenie; uświetnienie, wydatnienie.
enigma (*ini'gmə*) *rz.* zagadka; **-tic(al)** (*īnigmæ'tik-el*) *pm.* zagadkowy. [polecić.
enjoin (*indżoj'n, en-*) *cz.* kazać,
enjoy (*indżoj', en-*) *cz.* cieszyć się czemś; posiadać, mieć; korzystać (z czegoś); znajdywać przyjemność; **-able** *pm.* miły, przyjemny; **-ment** (*-mənt*) *rz.* używalność, korzystanie; rozkosz, przyjemność.
enkindle (*enki'ndel*) *cz.* zapalić, rozpalić.
enlarge (*inlā'dż, en-*) *cz.* rozszerzać, powiększyć; szeroko rozprawiać.
enlight, -en (*enlaj't*) *cz.* oświecić, objaśnić; **-enment** *rz.* oświecenie.
enlist (*inli'st, en-*) *cz.* zaciągnąć (się) do wojska, do marynarki, werbować; zjednywać.
enliven (*inlaj'wen, en-*) *cz.* ożywić.
enmity (*e'nmiti*) *rz.* nienawiść, wrogie usposobienie, wrogość.
ennoble (*enou'bel, in-*) *cz.* uszlachcić, nobilitować, uszlachetnić.
enorm-ity (*inō'miti*), **-ousness** *rz.* ogrom, okropność, zbrodnia; **-ous** (*inō'məs*) *pm.* ogromny.
enough (*ină'f*), **enow** (*inau*) *pm.* dostateczny, wystarczający; ~, *ps.* dosyć, wystarczająco; poddostatkiem.
enounce (*enau'ns*) *cz.* wymawiać.
enquire (*iŋkuaj'ə*) *cz.* patrz **inquire.**

enrage (*inrej'dż, en-*) *cz.* rozzłościć, rozjątrzyć, rozwścieczyć.
enra-pt, -pture, -vish (*inrœ'pt, inrœ'pczə, inrœ'wisz*) *cz.* zachwycić, porwać (o sztuce).
enrich (*inri'cz, en-*) *cz.* wzbogacić.
enrol-l (*inrou'l, en-*) *cz.* zaciągnąć do rejestru, zapisać, werbować; **-ment** *rz.* werbunek; zarejestrowanie.
ensconce (*insko'ns, en-*) *cz.* osłaniać, schronić.
enshrine (*inszraj'n, -en-*) *cz.* oprawić, czcić, uświęcić.
enshroud (*inszrau'd*) *cz.* okryć.
ensign (*e'nsajn*) *rz.* chorągiew, sztandar, znamię, cecha; **-bearer** *rz.* podchorąży.
enslave (*inslej'w, en-*) *cz.* wziąć w niewolę, ujarzmić; **-ment** *rz.* niewola, ujarzmienie.
ensnare (*ensne'ə*) *cz.* usidlić.
ensue (*insjū', en-*) *cz.* wypływać, wynikać, następować po czemś.
ensure (*inszū'ə, en-*) *cz.* upewnić; zabezpieczyć; zapewnić sobie.
enswathe (*ensuej'ð*) *cz.* owinać.
entablature (*intœ'bləczə*), **entablement** (*intœ'bəlmənt*) *rz.* gzyms pilastru.
entail (*intej'l, en-*), **-ment** *rz.* dziedzictwo; majorat; ~, *cz.* zapisać komuś majątek; wymagać; narzucić.
entangle (*intœ'ngɛl, en-*) *cz.* uwikłać, wplątać w co; zaplątać; **-ment** *rz.* plątanina, uwikłanie, matnia.
enter (*e'ntə*) *cz.* wejść, wstąpić; wpisać; ~ upon, wejść w posiadanie; ~ a protest, wnieść sprzeciw.
enteric (*ente'rik*) *pm.* kiszkowy; **-fever** *rz.* tyfus.
enterpris-e (*e'ntəprajz*) *rz.* przedsięwzięcie, zamiar, przedsiębiorstwo, przedsiębiorczość; ~, *cz.* przedsięwziąć; **-ing** *pm.* przedsiębiorczy.
entertain (*entətej'n*) *cz.* zabawiać, podejmować (gości); rozmawiać; rozważać; żywić (uczucie); **-ing** (*-iŋ*) *pm.* zajmujący, zabawny; **-ment** (*-mənt*) *rz.* uczta, biesiada, podejmowanie (gości); zabawa.
enthrall (*enþrō'l*) *cz.* wziąć w niewolę, ujarzmić.
enthrone (*inþrou'n*) *cz.* osadzić na tronie, intronizować.
enthusia-sm (*inþū'ziœzɛm, en-*) *rz.* zapał, uniesienie, entuzjazm; **-st** (*inþū'ziœst*) *rz.* zapaleniec, entuzjasta; **-stic(al)** (*inþūziœstik-ɛl*) *pm.* zagorzały, zapalony, entuzjastyczny.
enthymeme (*e'nþəmīm*) *rz.* entymemat.
entice (*intaj's, en-*) *cz.* zwabić, skusić, znęcić; **-ment** (*-mənt*) *rz.* ponęta; zwabienie, pokusa.
entire (*intaj'ə, en-*) *pm.* całkowity, zupełny, nienaruszony; cały; ciągły; **-ly** *ps.* w zupełności, zupełnie, całkowicie.
entitle (*entaj'tɛl, en-*) *cz.* nadać tytuł, tytułować, upoważnić.
entity (*e'ntiti*) *rz.* istota, istność.
entomb (*intū'm, en-*) *cz.* złożyć do grobu, pogrzebać.
entomolog-ist (*entomo'lodżist*) *rz.* entomolog; **-y** (*-'lodżi*) *rz.* nauka o owadach.
entrails (*e'ntrejlz*) *rz. lmn.* wnętrzności, jelita.
entrain (*entrej'n*) *cz.* załadować.
entrance (*e'ntrəns*) *rz.* wchód, wejście, wjazd; wstąpienie, wstęp; ~ (*əntrœ'ns*) *cz.* wprawić w zachwyt, porwać.
entrap (*entrœ'p*) *cz.* usidlić.
entreat (*intrī't, en-*) *cz.* upraszać, błagać, prosić usilnie; **-y** (*-i*) *rz.* prośba, błaganie.
entrench (*entre'ncz*) *cz.* okopać.
entrust (*intră'st, en-*) *cz.* powierzyć.
entry (*e'ntri*) *rz.* wchód, wjazd; wejście, wstęp; zapisanie, zarejestrowanie; pozycja (buchalteryjna).
entwine (*entuaj'n*), **entwist** (*entui'st*) *cz.* wpleść, splatać, okręcać (się).
enumera-te (*enjū'mərejt*) *cz.* wyliczać; **-tion** (*ənjūmərej'szɛn*) *rz.* wyliczanie.
enuncia-te (*ină'nszjejt*) *cz.* wyrazić, wymówić; **-tion** (*inănszjej'szɛn*) *rz.* wypowiedzenie, enuncjacja.
envelop (*inwe'ləp, en-*) *cz.* zawinąć, obwijać, owinąć, okryć; **-e** (*e'nwəloup*) *rz.* pochwa; koperta; **-ment** (*-mənt*) *rz.* zawinięcie, okrycie.
envenom (*inwe'nəm, en-*) *cz.* zatruć (jadem, goryczą), zaognić.

envi-able (*enwaj'əbel*) *pm.* godny pozazdroszczenia; **-ous** (*e'nwiəs*) *pm.* zazdrosny, zawistny (of).
environ (*inwaj'rən, en-*) *cz.* otoczyć, okolić, opasać; **-ment** *rz.* otoczenie; **-s** *rz. lmn.* okolice.
envoy(*e'nwoj*) *rz.* poseł, posłaniec.
envy (*e'nwi*) *rz.* zazdrość, zawiść; przedmiot zazdrości; ~, *cz.* zazdrościć.
eocene (*ī'osīn*) *pm.* eoceniczny.
epact (*ī'pakt*) *rz.* epakta (*astr.*).
epaulet(te)s (*e'polets*) *sz.* szlify.
ephemer-a (*ife'mərə*) *rz.* efemeryda; **-al, -ic** (*ife'mərel, -ik*) *pm.* przelotny, efemeryczny.
ephod (*e'fod*) *rz.* szaty wielkiego kapłana (u Żydów).
epic (*e'pik*) *rz.* utwór epiczny; ~, *pm.* epicki.
epicene (*e'pisin*) *pm.* dwurodzajowy.
epicur-e (*e'pikjūə*); **-ean** (*epikjū'riən*) *rz.* epikurejczyk; ~, *pm.* epikurejski; **-ism** (*e'pikjūrizem*) *rz.* epikureizm.
epidemic (*epide'mık*) *rz.* epidemja; **-al** *pm.* epidemiczny, nagminny.
epidermis (*epidə̄'mis*) *rz.* (*anat.*) naskórek.
epigastrium (*epigæ'striem*) *rz.* (*anat.*) nadbrzusze.
epiglottis (*epiglo'tis*) *rz.* (*anat.*) nagłośnia.
epigram (*e'pigræm*) *rz.* epigramat, docinek; **-matic**(*-mæ'tik*)**-matical** *pm.* epigramatyczny.
epigraph (*e'pigrəf*) *rz.* napis, dewiza, motto.
epilep-sy (*e'pilepsi*) *rz.* padaczka, epilepsja, wielka choroba; **-tic** *pm.* epileptyczny.
epilogue (*e'pilog*) *rz.* epilog.
epiphany (*əpi'fəni*) *rz.* Święto Trzech Króli.
episcop-acy (*epi'skopəsi*) *rz.* episkopat; **-al** (*epi'skopel*) *pm.* biskupi; **-alians** (*episkopē'liens*) *rz. lmn.* anglikanie; **-ate** (*epi'skəpət*) *rz.* biskupstwo; episkopat.
episo-de (*e'pisoud*) *rz.* epizod, wydarzenie; **-dic(al)** (*episo'dikel*) *pm.* epizodyczny.
epist-le (*epi'sel*) *rz.* list (apostolski) pismo; **-olary** (*epi'stələri*) *pm.* pisarski.
epitaph (*e'pitæf*) *rz.* epitafjum.
epithalamium (*epiβəlæ'miem*) *rz.* epitalmjum, pieśń weselna.
epithet (*e'piβət*) *rz.* przydomek, przezwisko, epitet.
epitom-e (*əpi'tomi*) *rz.* krótki zbiór, streszczenie; **-ise, -ize** (*əpi'tomajz*) *cz.* streścić.
epizootic (*epizoo'tik*) *pm.* zaraza zwierzęca; ~, *pm.* epizootyczny.
epoch (*ī'pok*) *rz.* epoka, wiek, okres.
epos (*e'pos*), **epopee** (*e'popi*) *rz.* epopeja, epos.
Epsom salt (*e'psəm-sō'lt*) *rz.* sól angielska, sól gorzka.
equable (*ī'kuəbel*) *pm.* równy, spokojny; gładki.
equal (*ī'kuəl*) *pm.* równy, dorównywający; zdolny; he was not ~ to it, on nie dorósł do tego; ~, *cz.* zrównać się z kimś, dorównać komuś; **-ise, -ize** (*ī'kuəlajz*) *cz.* dorównać, zrównać (się z kimś); **-ity, -ness** (*īkuo'liti*) *rz.* równość; **-ization** (*īkuəlajzej'szen*) *rz.* zrównanie, dorównanie; **-ly** *ps.* jednakowo, zarówno.
equanimity (*īkuəni'miti*) *rz.* spokojność (duszy); spokój.
equat-e (*əkuej't*) *cz.* zrównać; **-ion** (*əkuej'szen*) *rz.* równanie (*alg.*) **-or** (*əkuej'tə*) *rz.* równik; **-orial** (*əkuətō'riel*) *pm.* równikowy.
equerry (*e'kuəri*) *rz.* koniuszy.
equestrian (*ekue'striən*) *rz.* jeździec; ~, *pm.* konny; rycerski; ~ statue, postać na koniu.
equi- (*īkui-*) przedrostek wyrażający się polskim przedrostkiem równo- lub wyrazem jednakowy a, e, o; **-librate** (*-laj'brejt*) *cz.* równoważyć; **-librist** (*-'librist*) *rz.* ekwilibrysta; **-librium** (*-li'briəm*) *rz.* równowaga, ekwilibrjum; **-nox** (*ī'kuinoks*) *rz.* porównanie dnia z nocą.
equip (*əkui'p*) *cz.* zaopatrzyć, uzbroić; ubrać, wystroić, wyekwipować; **-age** (*e'kuipedż*) *rz.* ekwipaż; ekwipunek; **-ment** *rz.* zaopatrzenie, wyekwipowanie, uzbrojenie.
equipollen-ce, -cy (*īkuipo'ləns, -i*) *rz.* równa siła, wartość, ilość.
equiponder-ance, -ancy (*əkuipo'ndərəns, -i*) *rz.* równowaga.
equit-able (*e'kuitəbel*) *pm.* sprawiedliwy, słuszny, prawy; **-y** (*e'kuiti*) *rz.* sprawiedliwość, słuszność.

equitation (*əkuitej'szεn*) *rz.* jazda konna.
equivalen-ce (*əkui'wələns*) *rz.* równowartość; **-t** (*əkui'wələnt*) *rz.* (*chem.*) równoważnik; ekwiwalent; ~, *pm.* równy, równoważny.
equivo-cal (*əkui'wokεl*) *pm.* dwuznaczny, wątpliwy, niepewny; **-cate** (*əkui'wokejt*) *cz.* kręcić; **-que** (*-ou'k*) *rz.* dwuznacznik.
era (*ī'rə*) *rz.* era.
eradia-te (*ərej'diejt*) *cz.* promieniować; **-tion** (*-ej'szεn*) *rz.* promienienie.
eradica-te (*əræ'dikejt*) *cz.* wykorzenić; wyrwać z korzeniem, wyplenić; **-tion** (*-ej'szεn*) *rz.* wykorzenienie, wyplenienie.
eras-e (*ərej's*) *cz.* wyskrobać, wymazać, zmazać; **-er** (*irej'sə*) *rz.* guma do wycierania; **-ure** (*irej'żə*) *rz.* wyskrobanie, wymazanie, wytarcie.
ere (*ē'ə*) *pm.* i *ps.* nim, zanim, wprzód; **-long** *ps.* niebawem; **-now** dotąd; **-while** dawniej.
erect (*ere'kt*) *pm.* prosto stojący, wyprostowany; ~, *cz.* wybudować, wznieść, wyprostować (się); **-ion** (*ire'kszεn*) *rz.* wzniesienie, wybudowanie, gmach.
eremit-e (*e'rəmajt*) *rz.* pustelnik, eremita; **-ical** (*erəmi'tikεl*) *pm.* pustelniczy.
ergot (*ə̄'got*) *rz.* sporysz (*bot.*).
erm-elin, -ine (*ə̄'min*) *rz.* gronostaj; toga sędziowska; **-ined** *pm.* w todze.
erne (*ə'n*) *rz.* orzeł morski.
ero-de (*irou'd*) *cz.* wygryźć; wyżłobić; **-sion** (*irou'żεn, er-*) *rz.* wygryzienie, erozja.
erotic (*ero'tik*) *pm.* erotyczny.
err (*ə̄'*) *cz.* błądzić, mylić się.
errand (*e'rεnd*) *rz.* posyłka, zlecenie, sprawa; run -s, go on an ~, załatwiać posyłki; ~ boy chłopiec do posyłek.
errant (*e'rεnt*) *pm.* błąkający się, błędny, wałęsający się.
errat-ic(al) (*eræ'tik*) *pm.* błądzący, wędrowny; nieporządny; (*geol.*) narzutowy; ~ **stars** *rz. lmn.* gwiazdy niestałe; **-um** (*erej'təm*) *rz. lmn.*, **-a** (*erej'tə*), błąd drukarski.
erroneous (*erou'niəs*) *pm.* błędny, mylny, fałszywy.
error (*e'rə*) *rz.* błąd, omyłka, pomyłka.
erst (*ə̄'st*) ~ while, dawniej.
erubescent (*erube'sənt*) *pm.* czerwieniący się, zaczerwieniony, zarumieniony.
eructation (*iŭ ăktej'szεn*) *rz.* buchanie; wypuszczanie z siebie; wymiotowanie.
erudi-te (*e'rudajt*) *rz.* erudyta; **-tion** (*erudi'szεn*) *rz.* wiedza, nauka, erudycja.
erupt-ion (*iŭ ă'pszεn*) *rz.* wybuch, (*med.*) wysypka; **-ive** (*-iw*) *pm.* wybuchowy. [(*med.*)
erysipelas (*erisi'pələs*) *rz.* róża
escala-de (*eskəlej'd*) *cz.* zdobyć, wdzierać się po drabinie na szańce; **-tor** (*-tə̄*) *rz.* ruchome schody.
escallop (*eskæ'ləp* *rz.* mięczak.
escapade (*eskəpej'd*) *rz.* ucieczka, wybryk, eskapada.
escape (*iskej'p*) *rz.* ucieczka, ujście; uniknięcie; have a narrow ~, uniknąć czegoś o włos; ~, *cz.* umknąć, wymknąć się, uniknąć, nie zauważyć; **-ment** *rz.* ujście; wychwyt kotwicowy zegarka.
escarp (*eskā'p*) *rz.* strome zbocze.
eschalot (*eszəlo't*) *rz.* szalotka.
escheat (*esczī't*) *rz.* spuścizna, przejście posiadłości na własność państwa; ~, *cz.* konfiskować. [mać się od.
eschew (*esczū'*) *cz.* unikać, wstrzy-
escort (*e'skōt*) *rz.* eskorta, konwój, straż, świta; ~ (*eskō't*) *cz.* eskortować, konwojować.
esculent (*e'skjulənt*) *pm.* jadalny.
escutcheon (*eskă'czεn*) *rz.* herb.
eskimo (*e'skimou*) *rz.* eskimos.
esoteric (*esote'rik*) *pm.* wtajemniczony, ezoteryczny, tajemny.
espalier (*espæ'ljə*) *rz.* szpaler drzew (owocowych).
especial (*ispe'szεl, esp-*) *pm.* szczególny, osobliwy, specjalny; **-ly** *ps.* szczególnie, zwłaszcza.
espial (*espaj'æl*), **espionage** (*e'spionεdż*) *rz.* szpiegostwo, przeszpiegi.
esplanade (*esplənej'd*) *rz.* esplanada.
espous-al (*ispau'zεl*) *rz.* zaślubiny, zwolennictwo; podjęcie się; **-e** (*ispau'z, esp-*) *cz.* poślubić; popierać sprawę, podjąć się obrony.

espy (*ispaj', es-*) *cz.* śledzić, dostrzec.
esquire (*iskuaj'ə, esk-*) *rz.* w skróceniu Esq., JWielmożny Pan.
essay (*e'sej*) *rz.* próba; rozprawka, szkic (literacki); ~ (*esej'*) *cz.* próbować.
essen-ce (*e'sens*) *rz.* istota; esencja; perfumy; **-tial** (*ese'nszel*) *pm.* istotny, nader ważny; zasadniczy; **-tially** *ps.* istotnie, wybitnie, głównie.
establish (*estæ'blisz*) *cz.* stanowić, założyć, ustalić; E-ed Church, Anglikański Kościół; ~ **oneself** *cz.* objąć urząd; założyć interes; osiedlić się; **-ment** *rz.* ustanowienie; zakład; założenie, organizacja; gospodarstwo.
estate (*əstej't*) *rz.* stan, majętność, dobra; majątek, włość; państwo; fourth ~, prasa, publicystyka; real ~, nieruchomości.
esteem (*istī'm, est-*) *rz.* szacunek, poważanie, estyma; ~, *cz.* poważać, szanować, cenić; sądzić; uważać za, mieć za.
estima-te (*e'stimet*) *rz.* ocena, kosztorys; preliminarz; **-te** (*e'stimejt*) *cz.* szacować, taksować; oceniać, sądzić; **-tion** (*estimej'szen*) *rz.* szacunek, ocena, zdanie; **-tor** (*e'stimejtə*) *rz.* taksator.
estival, aestival (*e'stiwel*) *pm.* letni.
estop (*esto'p*) *cz.* wykluczyć, wyłączyć; **-pel** (*esto'pel*) *rz.* wyłączenie.
estrade (*estrej'd*) *rz.* estrada.
estrange (*istrej'ndż*) *cz.* zrazić; odstręczyć; **-ment** *rz.* zrażenie, odstręczenie; usunięcie się, chłód (w stosunkach).
estuary (*e'stjuəri*) *rz.* ujście.
esurient (*eżū'riənt*) *pm.* zgłodniały.
etc (*etse'tərə*) i t. d.
etch (*e'cz*) *cz.* rytować; **-ing** *rz.* akwaforta, miedzioryt, rytowanie.
etern-al (*itə̄'nel*) *pm.* wieczny, wiekuisty, wieczysty; **-ity** (*itə̄'niti*) *rz.* wieczność.
ether (*ī'ßə*) *rz.* eter; **-eal, -eous** (*ißī'riəl, ißī'ries*) *pm.* eteryczny; **-ealize, -ize** (*ißī'riəlajz, ī'ßerajz*) *cz.* zamieniać w eter, znieczulać eterem.
ethic(al) (*e'ßik-el*) *pm.* etyczny, moralny, obyczajowy; **-s** *rz. lmn.* etyka, moralność.
ethnic(al) (*e'ßnikel*) *pm.* etniczny.
ethnograph-ic(al) (*eßnogræ'fikel*) *pm.* etnograficzny; **-y** (*-o'grəfi*) *rz.* etnografja.
etiol-ate (*ī'tjolejt*) *cz.* zblednąć; **-ation** (*itjolej'szen*) *rz.* zblaknięcie.
etiquette (*e'tikət*) *rz.* etykieta, ceremonjał.
etym-ologic(al) (*etimolo'dżik el*) *pm.* etymologiczny; **-ology** (*etimo'lodżi*) *rz.* etymologja, źródłosłów; **-on** (*e'timon*) *rz* źródłosłów.
eucalyptus (*jukəli'ptes*) *rz.* eukaliptus.
eucharist (*jū'kərist*) *rz.* eucharystja; **-ic(al)** (*jukeri'stik-el*) *pm.* eucharystyczny.
eugenics (*judżī'niks*) *rz.* eugenika.
eulog-ist (*jū'lodżist*) *rz.* chwalca; **-istic** (*julodżi'stik*) *pm.* wychwalający; **-y** (*jū'lodżi*) *rz.* chwała; **-ize** (*jū'lodżajz*) *cz.* wychwalać.
eunuch (*jū'nək*) *rz.* eunuch.
euphemism (*jū'fəmizem*) *rz.* eufemizm.
eupho-nic(al), -nious (*jufo'nikel, jufo'niəs*) *pm.* eufoniczny, dobrze brzmiący; **-ny** (*jū'foni*) *rz.* eufonja.
euphuistic (*jufjui'stik*) *pm.* górnolotny.
Eurasian (*jūrej'szen*) *pm.* Europejsko-Azjatycki.
European (*jūrəpī'jən*) *rz.* Europejczyk; ~, *pm.* europejski.
euthanasia (*jūßənəj'żiə*) *rz.* łagodna śmierć, eutanazja.
evacua-te (*iwæ'kjuejt*) *cz.* wypróżnić, ewakuować; **-tion** (*-ej'szen*) *rz.* wyjście, ewakuacja, wypróżnienie.
evade (*iwej'd*) *cz.* ujść, wymknąć się, zręcznie ominąć, unikać.
evaluat-e (*ewæ'ljuejt*) *cz.* ocenić, oszacować; **-ion** (*-ej'szen*) *rz.* ocena, ewaluacja.
evanesce-nce (*ewəne'səns*) *rz.* niknienie, zanikanie, znikomość; **-nt** (*-nt*) *pm.* przelotny, znikomy, znikający.

evangel-ic(al) (*ewəndże'lik-ɛl*) *pm.* ewangeliczny, ewangelicki; **-ist** (*ewœ'ndżəlist*) *rz.* ewangelista; **-ize** (*əwœ'ndżəlajz*) *cz.* nauczać wiary, nawracać.
evanish (*əwœ'nisz*) *cz.* znikać.
evapora-te (*iwœ'pərejt*) *cz.* wyparować, ulotnić się, parować; **-tion** (*-ej'szɛn*) *rz.* ulotnienie się, parowanie.
evasi-on (*iwej'żɛn*) *rz.* wybieg, wykręt, wymówka; **-ve** (*iwej'siw, -ziw*) *pm.* wykrętny, wymijający.
eve (*ī'w*) *rz.* wilja, przeddzień, wigilja; **-n** (*ī'wɛn*) *rz.* wieczór; **-ntide** *rz.* pora wieczorna; **-nsong** *rz.* wieczorne nabożeństwo.
even (*ī'wɛn*) *pm.* równy, gładki, jednakowy; parzysty; skwitowany; ~, *cz.* równać; wygładzić; zrównać (się); ~, *ps.* nawet, właśnie, ~ as, jakgdyby; ~ more, jeszcze bardziej, jeszcze więcej; ~ so, tak właśnie; ~ though, chociażby; nawet.
evening (*ī'wniŋ*) *rz.* wieczór.
event (*iwe'nt*) *rz.* wypadek, zdarzenie, wynik; at all -s, w każdym razie; **-ful** *pm.* doniosły; brzemienny w wypadki; **-ual** (*iwe'nczuəl*) *pm.* wypadkowy, ewentualny, przypadkowy; **-uality** (*-iti*) *rz.* ewentualność; **-ually** *ps.* ewentualnie, w danym wypadku.
ever (*e'wə*) *ps.* kiedykolwiek; for ~, na zawsze; niech żyje; ~ after, ~ since, od tego czasu; ~ and anon, kiedy, niekiedy; ~ so, ogromnie; **-glade** (*-glejd*) *rz.* błota; **-greens** *rz.* rośliny zawsze zielone; **-lasting** (*-lā'stiŋ*) *pm.* wieczysty, wiekuisty; wieczny; **-more** (*ewəmō'ə*) *ps.* zawsze.
eversion (*ewə̄'szɛn*) *rz.* wywrócenie, obalenie, zburzenie.
every (*e'wri*) *pm.* i *z.* każdy, wszelki; **-body**, **-one** każdy; ~ **day**, codziennie; ~**day** *pm.* codzienny; ~**other** co drugi; **-thing** *rz.* wszystko; **-where** *ps.* wszędzie.
evict (*iwi'kt*) *cz.* wyrugować, wyrzucić; **-ion** (*iwi'kszɛn*) *rz.* wywłaszczenie, wyrugowanie.
eviden-ce (*e'widɛns*) *rz.* jawność, oczywistość; świadectwo; świadek; dowód; zeznanie; bear ~, świadczyć; turn king's ~, wydać, oskarżyć współwinnych; in ~, oczywisty, widoczny; ~, *cz.* dowieść, dowodzić, okazać, wykazać; **-t** (*e'widɛnt*) *pm.* jawny, oczywisty, widoczny; **-tial** (*ewide'nszɛl*) *pm.* dowodny, jawny; **-tly** *ps.* widocznie.
evil (*ī'wɛl*) *pm.* zły; ~, *rz.* zło, grzech, nieszczęście; the ~ one, szatan; **-doer** *rz.* złoczyńca.
evince (*iwi'ns*) *cz.* dowieść, wykazać, dać dowód czegoś.
eviscerate (*əwi'sərejt*) *cz.* wypatroszyć.
evok-e (*iwou'k*) *cz.* wywoływać; **-ation** (*ewokej'szɛn*) *rz.* apelacja, wywołanie.
evolution (*ewol[j]ū'szɛn*) *rz.* rozwój, ewolucja; (*mat.*) wyciąganie pierwiastka; **-ary** *pm.* ewolucyjny, rozwojowy. [wydawać.
evolve (*iwo'lw*) *cz.* rozwinąć (się),
evulsion (*əwă'lszɛn*) *rz.* wyrwanie.
ewe (*jū'*) *rz.* owca; **-lamb** *rz.* jagnię.
ewer (*jū'ə*) *rz.* dzbanek.
exacerb-ate (*eksœ'səbejt*) *cz.* jątrzyć, rozjątrzyć, pogorszyć; **-ation** (*-ej'szɛn*) *rz.* rozjątrzenie, pogorszenie, zaostrzenie się.
exact (*igzœ'kt*) *pm.* dokładny, akuratny, punktualny, ścisły; ~, *cz.* wymagać, **-ion** (*igzœ'kszɛn*) *rz.* żądanie, zdzierstwo; **-itude**, **-ness** (*-itjūd, -nəs*) *rz.* dokładność, ścisłość, akuratność, punktualność; **-ly** *ps.* dokładnie, ściśle, starannie, zupełnie, punktualnie, właśnie.
exaggera-te (*egzœ'dżərejt*) *cz.* przesadzać; **-tion** (*-ej'szɛn*) *rz.* przesada.
exalt (*egzō'lt*) *cz.* wynosić, wywyższać, chwalić; **-ation** (*egzoltej'szɛn*) *rz.* wyniesienie, wywyższanie, egzaltacja, zachwyt.
examin-ation (*egzœminej'szɛn*) *rz.* roztrząsanie, badanie, egzamin; oględziny; rewizja (celna); pass an ~, zdawać egzamin; **-e** (*egzœ'min*) *cz.* egzaminować, badać, przypatrywać się.
example (*egzā'mpɛl*) *rz.* przykład, wzór; take ~ by, brać przykład z.
exanimate (*igzœ'nimejt*) *pm.* bezduszny, nieżywy, bez życia.
exaspera-te (*igzœ'spərejt*) *cz.* rozjątrzyć, rozzłościć, oburzyć (na

siebie); **-tion** (*ikzœsparej'szen*) *rz.* rozjątrzenie, gniew, oburzenie.
excava-te (*e'kskawejt*) *cz.* wydrążyć, wykopać; **-tion** (*ekskawej'szen*) *rz.* wydrążenie, grota, wykopanie.
exceed (*eksī'd*) *cz.* przenosić, przewyższać, przekroczyć, przebierać miarę; **-ing** (*-iŋ*) *pm.* niezmierny, nadzwyczajny, niezwykły; **-ingly** *ps.* niezmiernie, nadzwyczaj.
excel (*ekse'l*) *cz.* celować w czemś, odznaczać się; przewyższać; **-lency** (*e'ksalansi*) *rz.* wyższość, zaleta, celowanie w czemś; **-lence** Ekscelencja (tytuł); **-lent** (*e'ksalant*) *pm.* wyborny, wyśmienity, celujący, znakomity.
excelsior (*ekse'lsior*) *pm.* wyższy; (St. Zjedn.) wełna drewniana.
except (*ekse'pt*) *pi.* i *spój.* prócz, oprócz, wyjąwszy, chyba że; z wyjątkiem; ~, *cz.* wyjąć, wyłączyć; ~ against, zarzucić; **-ing** wyjąwszy, z wyjątkiem, chyba że; **-ion** (*ekse'pszen*) *rz.* wyjątek, zarzut; take ~ to, zrobić zarzut; **-ionable** (*ekse'pszanabel*) *pm.* wykluczalny, naganny; **-ional** (*ekse'pszanel*) *pm.* wyjątkowy.
excerpt (*eksā'pt*) *rz.* wyciąg, wyjątek (z dzieła); ~, *cz.* przytaczać.
excess (*ekse's*) *rz.* zbytek, nadmiar, eksces; nadwyżka; nieumiarkowanie; przekroczenie; (*aryt.*) reszta; to ~, nadmiernie; in ~ of, ponad; **-ive** *pm.* zbytni; nieumiarkowany, niezmierny.
exchange (*eksczej'ndż*) *rz.* zamiana, wymiana, giełda, kurs; bill of ~, weksel; ~, *cz.* zamieniać, wymieniać; **-ability** (*-abi'liti*) *rz.* wymienność.
exchequer (*eksczе'ka*) *rz.* finanse; skarb państwa; Chancellor of the ~, minister finansów.
excise (*eksaj'z*) *rz.* akcyza; ~, *cz.* wycinać; nałożyć akcyzę, pobierać akcyzę.
excision (*eksi'żen*) *rz.* wycięcie.
excit-ability (*eksajtabi'liti*) *rz* pobudliwość, drażliwość; **-ant** (*-ant*) *pm.* pobudzający, drażniący; **-e** (*iksaj't, ek-*) *cz.* podniecać, wzniecić, pobudzać, drażnić, podburzać; **-edly** *ps.* w podnieceniu; **-ement** *rz.* podniecenie, wzburzenie, niepokój, wzruszenie.
exclaim (*eksklej'm*) *cz.* zawołać, wykrzyknąć; ~ against, potępiać; **-ation** (*eksklamej'szen*) *rz.* wykrzyknienie; okrzyk, krzyk; (*gram.*) wykrzyknik; **-atory** (*ikslœ'matori, ek-*) *pm.* wykrzykujący, wykrzyknikowy.
exclu-de (*ekslū'd*) *cz.* wyłączyć, wykluczyć, odsunąć; usunąć; **-sion** (*ikslū'żen, ek-*) *rz.* wyłączenie, wykluczenie, usunięcie; **-sive** (*ikslū'siw, ek-*) *pm.* wyłączny; wyborowy, ekskluzywny; **-sively** *ps.* wyłącznie, jedynie; **-siveness** *rz.* wyłączność, ekskluzywność.
excogitate (*eksko'dżitejt, ik-*) *cz.* wymyśleć.
excommunica-te (*ekskomjū'nikejt*) *cz.* wykląć, ekskomunikować; **-tion** (*-kej'szen*) *rz.* wyklęcie, klątwa, ekskomunika.
excoriate (*ekskō'riejt*) *cz.* zedrzeć.
excrement (*e'kskrament*) *rz.* łajno, ekskrement, odchody; kał; **-al** (*-me'ntel*) *pm.* kałowy, odchodowy.
excrescence (*ekskre'sens*) *rz.* narośl.
excre-te (*ekskrī't*) *cz.* wydzielać; **-tion, -ta** (*ekskrī'szen*) *rz.* wydzielanie; wydzielina, odchód; **-tive, -tory** *pm.* wydzielinowy.
excruciat-e (*ekskrū'szjejt*) *cz.* dręczyć, katować, męczyć; **-ion** (*ekskrūszjej'szen*) *rz.* dręczenie, katowanie, męka.
exculpa-te (*e'kskalpejt*) *cz.* uniewinnić, usprawiedliwić; **-tion** (*-ej'szen*) *rz.* uniewinnienie.
excursion (*ekskā'szen*) *rz.* wycieczka.
excus-able (*ekskjū'zabel*) *pm.* wytłumaczalny, do przebaczenia; **-atory** *pm.* usprawiedliwiający; **-e** (*ikskjū's, ek-*) *rz.* wymówka, usprawiedliwienie; **-e** *cz.* usprawiedliwić, wybaczyć.
execra-ble (*e'ksakrabel*) *pm.* obrzydły, obmierzły, przeklęty; **-te** (*e'ksakrejt*) *cz.* złorzeczyć, przeklinać, nienawidzić; **-tion** (*eksakrej'szen*) *rz.* złorzeczenie, przeklinanie, obrzydzenie.
execu-te (*e'ksakjūt*) *cz.* wykonać,

stracić (skazanego); spełnić rozkaz; **-tion** (*eksəkjū'szɛn*) *rz.* wykonanie, uskutecznienie; stracenie (złoczyńcy); egzekucja; man of ~, mąż czynu; **-tioner** (*eksekjū'szənə*) *rz.* kat; **-tive** (*egze'kjutiw, ekse'k-*) *rz.* egzekutywa; ~, *pm.* wykonawczy; **-tor** (*e'ksekjutə*) *rz.* wykonawca; (*ekse'kjutə*) egzekutor (testamentu).

exege-sis (*eksədżī'sis*) *rz.* egzegeza; **-tic** *pm.* egzegetyczny.

exemplar (*igze'mplə*) *rz.* wzór; **-iness** (*igze'mplərinəs*) *rz.* wzorowość, przykładność; **-y** (*igze'mpləri, e'ksəmpləri*) *pm.* wzorowy, przykładny.

exempli-fication (*egzemplifikej'szɛn*) *rz.* udowodnienie, przykład; odpis urzędowy; **-fy** (*igze'mplifaj*) *cz.* udowodnić; być przykładem; poświadczyć odpis.

exempt (*egze'mpt*) *pm.* uwolniony, wolny (od czegoś); ~, *cz.* uwolnić (od czegoś); **-ion** (*igze'mpszɛn*) *rz.* wyzwolenie, uwolnienie od czegoś.

exequies (*e'ksəkuīz*) *rz. lmn.* pogrzeb, egzekwje.

exercise (*e'ksəsajz*) *rz.* ćwiczenie; musztra; wykonywanie; ruch; ~, *cz.* ćwiczyć (się), wprawiać do czegoś, musztrować, wykonywać, spełniać; skorzystać z (prawa); martwić.

exergue (*egzə̄'g*) *rz.* egzerga.

exert (*egzə̄'t*) *cz.* zużytkować; posłużyć się czemś; ~ oneself, usiłować, wysilać się; **-ion** (*igzə̄'szɛn*) *rz.* wysiłek; starania. zabiegi.

exfolia-te (*eksfou'ljejt*) *cz.* (*med.*) łuszczyć się; **-tion** (*eksfoljej'szɛn*) *rz.* łuszczenie się.

exhal-ation (*eksəlej'szɛn*) *rz.* wyziew, parowanie; wybuch (gniewu); **-e** (*egz[h]ej'l, ekshej'l*) *cz.* wyziewać, ulatniać się; wydawać (zapach).

exhaust (*egzō'st*) *cz.* wyczerpywać, wypompować; **-ion** (*igzō'szczɛn*) *rz.* wyczerpanie; **-ive** *pm.* wyczerpujący.

exhibit (*egzi'bit*) *rz.* wystawa; eksponat; (*prawn.*) dowód; ~, *cz.* przedstawić, pokazać, wyłożyć, wystawić; **-er** (*igzi'bitə, eg-*) *rz.* wystawca; **-ion** (*eksibi'szɛn*) *rz.* wystawa; stypendjum.

exhilar-ate (*egzi'lərejt*) *cz.* rozweselić (się); **-ation** (*igzilərej'szɛn*) *rz.* rozweselenie, wesołość.

exhort (*igs[h]ō't*) *cz.* upominać; zaklinać, wołać o coś; **-ation** (*-ej'szɛn*) *rz.* upomnienie, zaklinanie; egzorta; **-ative, -atory** *pm.* upominający, błagalny.

exhum-ation (*eks[h]jumej'szɛn*) *rz.* ekshumacja, odgrzebanie (trupa); **-e** (*eks[h]jū'm*) *cz.* odgrzebać (trupa), wykopać ciało.

exigen-ce, -cy (*e'ksidżəns-i*) *rz.* nagła potrzeba, konieczność, ostateczność; **-t** (*-t*) *pm.* naglący, konieczny, krytyczny.

exigu-ity (*egzigū'iti*) *rz.* szczupłość; **-ous** (*-i'gjuɛs*) *pm.* szczupły.

exile (*e'gzajl*) *rz.* banicja; wygnanie; wygnaniec, banita; ~, *cz.* wygnać z kraju.

exist (*egzi'st*) *cz.* istnieć, być, trwać; **-ence, -ency** (*-əns, -ənsi*) *rz.* byt, istnienie, egzystencja; trwanie; **-ent** *pm.* istniejący; obecny.

exit (*e'ksit*) *rz.* wyjście, odejście.

exodus (*e'ksodɛs*) *rz.* wędrówka; wywędrowanie.

exonera-te (*egzo'nərejt*) *cz.* zdjąć ciężar, uniewinnić; uwolnić; **-tion** (*igzonərej'szɛn*) *rz.* zdjęcie ciężaru, uwolnienie, uniewinnienie.

exorbitan-ce (*igzō'bitɛns*) *rz.* nadmierność; **-t** *pm.* nadmierny; **-tly** *ps.* nad miarę, niezmiernie, nazbyt.

exorci-se, -ze (*e'ksosajz*) *cz.* wypędzać złego ducha, egzorcyzmować; **-sm** (*e'ksosizɛm*) *rz.* egzorcyzm.

exord-ial (*egzō'diɛl*) *pm.* wstępny; **-ium** (*egzō'diɛm*) *rz.* wstęp.

exoteric(al) (*eksote'rik-ɛl*) *pm.* egzoteryczny, popularny.

exotic (*egzo'tik*) *pm.* egzotyczny.

expan-d (*ekspæ'nd*) *cz.* rozciągnąć (się), rozwinąć (się), rozszerzyć (się); rozwodzić się nad czemś; **-se** (*ikspæ'ns*) *rz.* obszar, przestrzeń; rozciągłość; **-sion** (*ikspæ'nszɛn, ek-*) *rz.* rozciągłość; rozwój, ekspansja; **-sive** (*ekspæ'nsiw*) *pm.* otwarty, rozszerzalny.

expatiate (*ekspej'szjejt*) *cz.* rozwlekać.

expatria-te (*ikspej'trjejt*) *cz.* wypędzić z kraju; **-tion** (*ikspətriej'szən, ek-*) *rz.* wygnanie.
expect (*īkspe'kt*) *cz.* spodziewać się, oczekiwać, wyczekiwać, sądzić; **-ance, -ancy** (*-əns, -ənsi*) *rz.* oczekiwanie, nadzieja; **-ant** *rz.* kandydat; **-ation** (*ekspəktej'szən*) *rz.* oczekiwanie, nadzieja.
expectora-nts (*ekspe'ktərənts*) *rz. lmn.* środki wykrztuśne; **-te** (*īkspe'ktorejt, ek-*) *cz.* pluć, wykrztusić; **-tion** (*ikspektorej'szən*) *rz.* wykrztuszenie, wyplucie.
expedi-ence, -ency (*ekspī'diəns*) *rz.* stosowność, konieczność; **-ent** (*ekspī'diənt, ek-*) *rz.* sposób; ~, *pm.* dogodny, wskazany; **-te** (*e'kspədajt*), *cz.* przyśpieszyć, ułatwić; załatwiać; **-tion** (*ekspədi'szən*) *rz.* pośpiech; ekspedycja; wyprawa; **-tious** (*ekspədi'szəs*) *pm.* pośpieszny, szybki.
expel (*ikspe'l, ek-*) *cz.* wypędzić, wygnać.
expen-d (*ekspe'nd*) *cz.* wydatkować, zużywać (się); wyłożyć; **-diture** (*ikspe'ndiczə*), **-se** (*ikspe'ns*) *rz.* koszta; wydatek; nakład; at the -se of, kosztem; **-sive** (*ikspe'nsiw, ek-*) *pm.* drogi.
experience (*ekspī'riəns*) *rz.* doświadczenie, przeżycie, przygoda; ~, *cz.* doświadczyć, doznać; **-d in** *pm.* doświadczony, biegły.
experiment (*ikspe'rimənt, ek-*) *rz.* doświadczenie, próba, eksperyment; ~, *cz.* robić doświadczenia; **-al** (*-me'ntəl*) *pm.* doświadczalny.
expert (*ekspə̄'t*) *rz.* znawca, ekspert; ~, *pm.* biegły; **-ly** *ps.* ze znajomością rzeczy, biegle; **-ness** *rz.* biegłość, znawstwo.
expi-ate (*e'kspjejt*) *cz.* odpokutować, zmazać winę; **-ation** (*ekspiej'szən*) *rz.* odpokutowanie, ekspiacja; **-atory** (*e'kspiətəri*) *pm.* ekspiacyjny; pokutniczy.
expi-ration (*ekspirej'szən, ekspajr-*) *rz.* wydech; upłynienie terminu; ekspiracja; **-re** (*ekspaj'ə*) *cz.* wydychać, wyzionąć ducha; skończyć (się), upłynąć.
explain (*eksplej'n*) *cz.* wyjaśnić, wytłumaczyć; objaśnić.
explana-tion (*eksplənej'szən*) *rz.* wytłumaczenie; objaśnienie; **-tory** (*eksplæ'nətəri*) *pm.* objaśniający. [uzupełniający.
expletive (*e'ksplətiw, ekspli'tiw*) *pm.*
explica-te (*e'ksplikejt*) *cz.* rozwinąć; **-tion** (*-ej'szən*) *rz.* rozwinięcie.
explicit (*ekspli'sit*) *pm.* jasny, wyraźny, otwarty, szczery.
explode (*iksplou'd, ek-*) *cz.* potępić; wybuchać, eksplodować.
exploit (*eksploj't*) *rz.* czyn (bohaterski), dzieło; ~, *cz.* eksploatować; wyzyskiwać; **-ation** (*eksplojtej'szən*) *rz.* eksploatacja, wyzysk.
explor-ation (*eksplorej'szən*) *rz.* badanie; **-er** *rz.* badacz; **-e** (*iksplō'ə*) *cz.* badać.
explosi-on (*eksplou'żən*) *rz.* wybuch, eksplozja, huk; **-ve** (*eksplou'siw*) *pm.* wybuchowy.
exponent (*eskpou'nənt*) *pm.* wykładnik.
export, -ation (*e'kspōt, ekspōtej'szən*) *rz.* wywóz, eksport; ~, (*ekspō't*) *cz.* wywozić, eksportować.
expo-se (*ekspou'z*) *cz.* wystawić, narazić (na coś), zdemaskować; wyjawić, eksponować; podrzucić (dziecko); **-sition** (*ekspozi'szən*) *rz.* wystawa; objaśnienie; **-sitive -sitory** (*ikspo'ziteri*) *pm.* wyjaśniający; objaśniający.
exposé (*ikspozej'*) *rz.* exposé.
expostula-te (*ekspo'stjulejt*) *cz.* wymawiać komuś coś; **-tion** (*ekspostjulej'szən*) *rz.* wymówki.
exposure (*ikspou'żə, ek-*) *rz.* wystawienie; wykrycie; narażenie; wystawa (budynku); (*fot.*) ekspozycja.
expound (*ekspau'nd*) *cz.* wykładać, tłumaczyć, objaśniać.
express (*ekspre's*) *rz.* umyślny, posłaniec; (pociąg) pośpieszny; ~, *pm.* wyraźny; ~, *cz.* wytłoczyć, wycisnąć; wyrazić; wypowiedzieć; ~, *ps.* pośpiesznie, umyślnie; **-ion** (*ekspre'szən*) *rz.* wyciśnienie; wyrażenie, wyraz; wyrazistość; **-ive** (*-iw*) *pm.* wyrazisty, znaczący; **-iveness** *rz.* wyrazistość; **-ly** *ps.* wyraźnie, umyślnie, szczególnie.
exproopria-te (*eksprou'priejt*) *cz.* wywłaszczyć; **-tion** (*-ej'szən*) *rz.* wywłaszczenie.

expul-sion (*ikspă'lszen*) *rz.* wygnanie, wypędzenie, wydalenie; **-sive** (*ikspă'lsiw*) *pm.* (*med.*) wypierający, wypędzający.
expunction (*ekspă'ŋkszen*) *rz.* wykreślenie, wymazanie.
expunge (*ekspă'ndż*) *cz.* wykreślić, wymazać.
expurg-ate (*e'kspəgejt, ekspə̄'gejt*) *cz.* oczyszczać; **-ation** (*-gej'szen*) *rz.* oczyszczenie, przeczyszczenie (*med.*); **-atory** *pm.* czyszczący, przeczyszczający (*med.*).
exquisite (*e'kskuizit*) *pm.* wyborny, wyszukany, wyśmienity; śliczny; dotkliwy; **-ness** (*-nes*) *rz.* wyśmienitość, śliczność, wdzięk, powab.
ex-service (*ekssə̄'wis*) *pm.* ~ man, były wojskowy.
exsiccate (*e'ksikejt*) *cz.* wysuszyć.
extant (*e'kstent*) *pm.* istniejący, obecny.
extacy, extacical, patrz **ecst...**
extempor-al, -aneous, -ary (*ekste'mporel, -rej'niəs, -te'mpərəri*) *pm* improwizowany, odręczny; **-e** (*ekste'mpori*) *ps.* bez przygotowania, od ręki; **-ize** (*ekste'mpərajz*) *cz.* improwizować.
exten-d (*ekste'nd*) *cz.* rozciągać, wyciągać (się); przedłużyć; zająć (dobra); sięgać; **-sibility** (*-sibi'liti*) *rz.* rozciągłość, rozszerzalność; **-sion** (*-e'nszen*) *rz.* rozciągnienie, rozszerzenie, rozciągłość, rozległość, naciąganie; **-sive** (*-e'nsiw*) *pm.* rozległy, obszerny; rozsuwany; rozciągły; **-t** (*ekste'nt*) *rz.* rozciągłość, rozległość, przestrzeń, stopień; rozmiar; zajęcie (majątku); to some ~, w pewnej mierze.
extenua-te (*ekste'njuejt*) *cz.* ująć; złagodzić, zmniejszyć, osłabić; **-tion** (*-ej'szen*) *rz.* złagodzenie, osłabianie; zmniejszenie.
exterior (*ekstī'riə*) *rz.* zewnętrzna strona, powierzchowność; ~, *pm.* zewnętrzny.
extermina-te (*ekstə̄'minejt*) *cz.* wytępić, zgładzić, wyplenić, wykorzeniać; wyniszczyć; **-tion** (*-ej'szen*) *rz.* wytępienie, zagłada, wykorzenienie.
extern-e (*ikstə̄'n*) *rz.* ekstern; **-al** (*nikstə̄'el*) *pm.* zewnętrzny; widomy.
exterritorial (*eksterito'riəl*) *pm.* eksterytorjalny.
extinct (*eksti'ŋkt*) *pm.* zgasły, zmarły; nieczynny; **-ion** (*eksti'ŋkszen*) *rz.* zgładzenie, wygaśnienie, wymarcie.
extinguish (*eksti'ŋguisz*) *cz.* znieść; zniszczyć, zgasić, ugasić, zaćmić, zmazać, skreślić (dług).
extirpa-te (*e'kstəpejt*) *cz.* wykorzenić, wytępić; **-tion** (*-ej'szen*) *rz.* wykorzenienie, wyplenienie, zniszczenie; (*med.*) ekstyrpacja; wyłuszczenie.
extol (*ekstō'l*) *cz.* wynosić pod niebiosa, sławić, wychwalać.
extor-tion (*ekstō'szēn*) *cz.* zdzierstwo, wymuszanie; **-t** (*-tō't*) *cz.* zdzierać; wymuszać; **-tionate** *pm.* nadmierny.
extra (*e'kstrə*) *ps.* ponad, poza, osobno, ponad zwykłą miarę; ~, *pm.* dodatkowy.
extract (*e'kstrækt*) *rz.* wyciąg, ekstrakt, wyjątek; ~, *cz.* wyciągnąć, wydobyć, otrzymywać; **-ion** (*-træ'kszen*) *rz.* wydobycie, pochodzenie.
extra-dite (*e'kstrədajt*) *cz.* wydać (przestępcę); **-dition** (*ekstrədi'szen*) *rz.* wydanie (przestępcy); **-judical** (*-dżūdi'szəl*) *pm.* pozasądowy; **-neous** (*əkstrej'niəs*) *pm.* obcy.
extraordinar-iness (*ekstrəō'dinerinəs*) *rz.* niezwykłość, nadzwyczajność; **-y** (*-ō'dineri*) *pm.* niezwykły, nadzwyczajny.
extravagan-ce (*eksræ'wəgəns*) *rz.* przesada, ekstrawagancja, dziwaczność; **-t** *pm.* przesadny, niedorzeczny, nadmierny.
extre-me (*ekstrī'm*) *rz.* kraniec, krańcowość, ostateczność; ~, *pm.* krańcowy, ostateczny; najdalszy, niesłychany; ostatni; **-mely** *ps.* niezmiernie; **-mity** *rz.* koniec, kończyna, ostateczność; **-mism** (*-e'mizem*) *rz.* ekstremizm, krańcowość.
extric-ate (*e'kstrikejt*) *cz.* odwikłać, wywikłać, wyzwolić; **-ation** (*-ej'szen*) *rz.* wywikłanie.
extrinsic, -al (*ikstri'nsik-el*) *pm.* zewnętrzny, nieistotny, postronny.
extru-de (*ekstrū'd*) *cz.* wypchnąć,

wyrugować, wychylić; wytknąć; **-sion** (*-ū'żen*) *rz.* wypchnięcie.
exuber-ance, -ancy (*egzjū'bərəns*) *rz.* bujność, obfitość, wybujałość; **-ant** (*igzjū'bərənt, eg-*) *pm.* bujny, obfity, wybujały; **-ate** (*-ejt*) *cz.* wybujać.
exud-ate, -e (*eksjū'dejt, iksjū'd*) *cz.* pocić się, sączyć się; **-ation** (*-dej'szen*) *rz.* pocenie się.
exult (*igzā'lt, eg-*) *cz.* cieszyć się, triumfować, radować się; **-ant** (*-ənt*) *pm.* triumfujący; radosny; **-ation, -ance, -ancy** (*egzəltej'szen, egzā'ltəns, -i*) *rz.* triumf, wielka radość, wesele; **-ingly** *ps.* radośnie, triumfująco.
eyas (*æj'əs*) *rz.* sokolę.
eye (*aj'*) *rz.* oko; spojrzenie; ucho (igły); pętlica; oczko (rośliny); keep an ~ on, pilnować, doglądać; black ~, podbite oko; with an ~ to, w celu; ~, *cz.* mieć na oku, pilnować; **-ball** *rz.* gałka oczna; **-bright** *rz.* świetlik (roślina); **-brow** (*aj'brau*) *rz.* brew; **-ed** (*aj'd*) *pm.* mający oczy lub cętki; **-hole** (*-houl*) *rz.* otworek; **-lash** (*-læsz*) *rz.* rzęsa; **-let** (*aj'let*) *rz.* oczko, dziurka; **-lid** (*-lid*) *rz.* powieka; **-servant** (*-sōwent*) *rz.* niesumienny sługa; **-shot** (*-szot*) *rz.* zasięg wzroku; **-sight** (*-sajt*) *rz.* wzrok; **-sore** (*-sōə*) *rz.* szkarada; **-string** (*-striŋ*) *rz.* nerw oczny; **-witness** (*-ūitnəs*) *rz.* naoczny świadek.
eyot (*aj'ət*) *rz.* wysepka, kępa.
eyre (*e'ə*) *rz.* sąd objazdowy.

F

fabian (*fej'bien*) *pm.* kunktatorski.
fable (*fej'bel*) *rz.* bajka; kłamstwo; fabuła; ~, *cz.* bajać; **-d** *pm.* słynny.
fabric (*fæ'brik*) *rz.* gmach; wyrób; materja; **-ate** (*-ejt*) *rz.* budować; wyrabiać, zmyślać, fałszować; **-ation** (*-ej'szen*) *rz.* budowa; wyrób; zmyślenie; fałszowanie.
fabul-ist (*fæ'bjulist*) *rz.* bajkopis; **-ous** (*fæ'bjuləs*) *pm.* bajeczny, niesłychany.
façade (*fəsā'd, fəsej'd*) *rz.* fasada, front (budynku); fronton.
face (*fej's*) *rz.* strona zewnętrzna, powierzchnia; twarz; oblicze, mina, postać; stan (rzeczy); czoło, czelność; prawa strona; ~ to ~, naprzeciw siebie, twarzą w twarz; in the ~ of, pomimo; on the ~ of it, sądząc z pozorów; ~, *cz.* patrzeć (w oczy); stać naprzeciwko, stawiać czoło; być twarzą do; obrócić (się); fałszować; uporać się; dać wyłogi; ~ about, zawrócić.
facet (*fæ'sit*) *pm.* ścianka (np. brylantu).
face-tiae (*fəsī'sziej*) *rz. lmn.* żarty; facecje; **-tious** (*fəsī'szəs*) *pm.* krotochwilny.
facial (*fej'szəl*) *pm.* licowy.
facil-e (*fæ'sil*) *pm.* łatwy, łagodny; **-itate** (*fəsi'litejt*) *cz.* ułatwiać; **-ity** (*fəsi'liti*) *rz.* łatwość, dogodność; ułatwienie.
facsimile (*fæksi'mili*) *rz.* wzór, podobizna (podpisu).
fact (*fæ'kt*) *rz.* fakt, zdarzenie, czyn, rzeczywistość; in ~, in point of ~, istotnie, rzeczywiście; the ~ of the matter is, rzecz w tem, że.
fac-tion (*fæ'kszen*) *rz.* stronnictwo, partja, fakcja; **-tious** (*fæ'kszəs*) *pm.* partyjny.
factitous (*fækti'szəs*) *pm.* sztuczny; nienaturalny; udany.
factor (*fæ'ktə*) *rz.* ajent, faktor; (*mat.*) mnożnik, czynnik; **-age** (*fæ'ktoredż*) *rz.* faktorstwo, faktorne.
factory (*fæ'ktəri*) *rz.* fabryka.
factotum (*fæktou'təm*) *rz.* totumfacki.
facult-ative (*fæ'kəltətiw*) *pm.* fakultatywny, dowolny; **-y** (*fæ'kəlti*) *rz.* zdolność, moc; wydział, fakultet; władza (w członkach).
fad (*fæ'd*) *rz.* konik, manja.
fade (*fej'd*) *cz.* płowieć, usychać, zwiędnieć; zanikać; **-less** *pm.* niewiędnący.
faec-al (*fī'kel*) *pm.* odchodowy;

-es (*fī'sīz*) *rz. lmn.* osad, odchody, łajno. [kraj.
faer-ie, -y (*fē'ri*) *rz.* zaczarowany
fag (*fæ'g*) *rz.* popychadło; mordownia; (gwar.) papieros; ~, *cz.* znużyć (się); **-end** *rz.* niedopałek; odpadek; resztka.
faggot, fagot (*fæ'gət*) *rz.* wiązka chróstu; ~, *cz.* wiązać.
faience (*faja'ns*) *rz.* fajans.
fail (*fej'l*) *rz.* brak; without ~, niechybnie, na pewno; ~, *cz.* zabraknąć, zawieść; zrobić zawód; nie udać się; chybić, omieszkać; słabnąć; bankrutować; **-ing** (*-iŋ*) *rz.* brak, błąd, zawód, omieszkanie, wada; **-ure** (*fej'ljə*) *rz.* zaniechanie, niepomyślność; bankructwo; niepowodzenie, zawód.
fain (*fej'n*) *pm.* skłonny, chętny, gotów; ~, *ps.* rad, chętnie.
faint (*fej'nt*) *pm.* słaby, wątły; blady (kolor); bojaźliwy, mdły; ~, *cz.* słabnąć, zemdleć; **-heartedness** *rz.* trwożliwość; **-ing** (*fej'ntiŋ*) zemdlenie, omdlenie.
fair (*fē'ə*) *rz.* jarmark; ~, *pm.* piękny, jasny, jasnowłosy; uczciwy, słuszny, czysty; sprzyjający; niezły; ~, **-ly** *ps.* pięknie, słusznie, rzetelnie; nieźle; dosyć; **-ing** (*fē'riŋ*) gościniec z jarmarku; **-ness** *rz.* nadobność; uczciwość; sprawiedliwość.
fairy (*fē'ri*) *rz.* czarodziejka; wróżka; ~, *pm.* czarodziejski; **-land** *rz.* kraina cudów; ~ **tale** bajka.
faith (*fej'þ*) *rz.* wiara, zaufanie, religja; wierność; **-ful** (*-ful*) *pm.* wierny, prawdziwy; **-fully** *ps.* wiernie; yours ~, z poważaniem; **-fulness** *rz.* wierność; **-less** *pm.* niewierny, zdradliwy.
fake (*fej'k*) *rz.* zwój liny; ~, *rz.* udawanie; **-d** *pm.* udany, podrobiony, symulowany.
fakir (*fækī'ə*) *rz.* fakir. [waty.
falcate, -d (*fæ'lkejt-ɛd*) *pm.* sierpo-
falchion (*fō'lczɛn*) *rz.* pałasz.
falcon (*fō'kɛn*) *rz.* sokół; **-er** *rz.* sokolnik; **-ry** (*fō'kɛnri*) *rz.* sokolnictwo, polowanie z sokołem.
falconet (*fō'kɛnət*) *rz.* armatka.
fall (*fō'l*) *rz.* upadek, spadek, jesień; pomiot jagnięcy; *~, *cz.* upaść, opaść, runąć, spaść, przypadać; zdarzyć się; zacząć, wziąć się do czegoś; ~ asleep, zasnąć; ~ away, odpaść; ~ short of, nie sprostać, nie podołać; ~ back, odstąpić; ~ back upon, uciec się do; ~ due, być płatnym; ~ behind, pozostać w tyle; ~ foul of, zetknąć się; napadać; poważnić się; ~ in with, zgadzać się z kimś; ~ in love, zakochać się; ~ out (with), poróżnić się; przytrafić się; ~ through, przepaść; zawalić się.
falla-cious (*fəlej'szəs*) *pm.* mylny, fałszywy, zwodniczy; **-ciousness** *rz.* omylność, zwodniczość; **-cy** (*fæ'ləsi*) *rz.* sofizmat, fałsz.
fallen (*fō'lɛn*) *cz.* od **fall**.
fallib-ility (*fælibi'liti*) *rz.* omylność; **-le** (*fæ'libɛl*) *pm.* omylny.
fallow (*fæ'lou*) *rz.* ugór, odłóg; ~, *pm.* leżący odłogiem; płowy; ~, *cz.* pozostawiać ugorem; **-deer** *rz.* płowa zwierzyna.
false (*fō'ls*) *pm.* fałszywy, obłudny, zdradziecki; sztuczny; **-hood, -ness** *rz.* fałszywość, kłamstwo, obłuda, udanie.
falsetto (*fōlse'tou*) *rz.* falset.
falsi-fication (*fōlsifikej'szɛn*) *rz.* fałszowanie; **-fy** (*fō'lsifaj*) *cz.* fałszować; **-ty** (*fō'lsiti*) *rz.* fałsz, kłamstwo, fałszywość.
falter (*fō'ltə*) *rz.* jąkać się, chwiać się, bąkać; **-ingly** *ps.* niepewnie.
fame (*fej'm*) *rz.* sława, wieść, dobre imię; **-d** *pm.* sławny.
familar (*fəmi'liə*) *pm.* poufały, znajomy, obeznany z czem, familjarny; oswojony; **-ity** (*-liæ'riti*) *rz.* poufałość, zażyłość; **-ize** (*fəmi'liərajz*) *cz.* spoufalić, obeznać, zaznajomić.
family (*fæ'mili*) *rz.* rodzina, rodzeństwo; ~ **likeness** rodzinne podobieństwo; in the ~ **way,** przy nadziei.
fami-ne (*fæ'min*) *rz.* głód; **-ish** (*fæ'misz*) *cz.* ogłodzić, zagłodzić, przymierać z głodu.
famous (*fej'məs*) *pm.* słynny, sławny, znakomity.
fan (*fæ'n*) *rz.* wachlarz; śmiga; zwarjowany amator; ~, *cz.* wachlować, przewiewać; rozniecać, wiać (zboże); **-light** *rz.* oberluft.

fanatic (*fənæ'tik*) rz. fanatyk, zagorzalec; ~, **-al** pm. fanatyczny, zagorzały; **-ism** (*fənæ'tisizεm*) rz. fanatyzm.
fancier (*fæ'nsjə*) rz. hodowca, amator.
fanciful (*fæ'nsiful*) pm. fantastyczny; kapryśny; **-ness** rz. fantastyczność.
fancy (*fæ'nsi*) rz. wyobraźnia, fantazja, wyobrażenie; kaprys; zamiłowanie; ~, pm. amatorski; fantastyczny; ~, cz. wyobrazić sobie, polubić; przypuszczać; hodować; ~ **articles** rz. lmn. galanterja; ~ **ball** rz. bal kostjumowy; **-monger** rz. fantasta; ~ **price** rz. cena fantastyczna; **-work** rz. robótka.
fane (*fej'n*) rz. świątynia.
fanfa-re (*fænfε'ə*) rz. fanfara; **-ronade** (*-ronej'd*) rz. przechwałki, fanfaronada.
fang (*fæ'ŋ*) rz. kieł, żądło węża; korzeń zęba.
fanta-sia (*fæntəzī'ə fæntā'zja*) rz. fantazja; **-stic, -stical** (*fəntæ'stik-εl*) pm. fantastyczny, dziwaczny; **-sticalness** rz. cudaczność, fantastyczność; **-sy** (*fæ'ntəsi*) rz. fantazja; wyobraźnia.
far (*fā'*) *farther, -est* pm. daleki, oddalony; ~, *further, -est* ps. daleko, o wiele, znacznie; by ~, o wiele, w wysokim stopniu; so ~, tak dalece; dotąd; ~ from it, bynajmniej; as ~ as, aż do; o ile; ~ and wide, wszędzie; ~ be it from me, daleki jestem od; in so ~ as, o ile; ~ off, opodal, daleko; ~ away (*fāreuej'*) pm. daleki; marzycielski; **~-fetched** pm. wyszukany; nienaturalny; **~-sighted** pm. przezorny.
farc-e (*fā's*) rz. komedja, farsa; nadziewka, farsz (*kuch.*); **-e** cz. nadziać czemś, faszerować; **-ical** (*-ikεl*) pm. śmieszny, komiczny.
farcy (*fā'si*) rz. parchy u konia.
fardel (*fā'dəl*) rz. (przest.) zawiniątko.
fare (*fε'ə*) rz. zapłata za przejazd; jedzenie; bill of ~, spis potraw; ~, cz. mieć się, powodzić się; żywić się; podróżować; przydarzyć się; **-well** (*fε'əuel*) rz. pożegnanie (się); ~, pm. pożegnalny; ~ w. do widzenia; żegnaj(cie); **-r** (*fε'rə*) rz. podróżny.
farinaceous (*færinej'sεəs*) pm. mączysty, mączny.
farm (*fā'm*) rz. zagroda; gospodarstwo rolne; ~, cz. dzierżawić; gospodarzyć; brać (dzieci) na wychowanie; ~ out, wydzierżawić; **-er** (*fā'mə*) rz. dzierżawca; rolnik; **-ing** rz. uprawa roli; **~-house** rz. dom wiejski; **~-stead** rz. zabudowania gospodarskie; osada.
farmost (*fā'moust*) pm. najdalszy.
farrag-inous (*fərej'dżinəs*) pm. mieszany; **-o** (*fərej'gou*) rz. mieszanina.
farrier (*fæ'riə*) rz. kowal; weterynarz; **-y** rz. kowalstwo.
farrow (*fæ'rou*) rz. pomiot maciory; ~, cz. prosić się.
farth-er (*fā'δə*) od **far**; dalszy; dalej; **-est** (*fā'δ[illegible]*) od **far**, **-ermost**, najdalszy; najdalej.
farthing (*fā'δiŋ*) rz. szeląg, ćwierć pensa.
farthingale (*fā'δiŋgεl*) rz. robron.
fascia (*fæ's-jə*) rz. przewiązka; **-ted** (*-ej'tεd*) pm. zrośnięty; **-tion** (*-ej'szεn*) rz. zrastanie (się).
fascicle (*fæ'sikεl*) rz. wiązka, fascykuł, zeszyt.
fascina-te (*fæ'sinejt*) cz. czarować, fascynować; **-tion** (*fæsinej'szεn*) rz. fascynacja, urok.
fascine (*fæsī'n*) rz. faszyna.
fascism (*fæ'szizεm*) rz. faszyzm.
fashion (*fæ'szεn*) rz. kształt, tryb, moda; sposób; rank and ~, wielki świat; in ~, modny; out of ~, niemodny; a lady of ~, dama światowa; ~, cz. urabiać, ukształtować; przystosowywać; **-able** (*fæ'szənəbεl*) pm. modny, elegancki.
fast (*fā'st*) pm. przymocowany, mocny, trwały; stały; szybki, pośpieszny; rozwiązły; make ~, przymocować; my watch is ~, mój zegarek śpieszy; ~, ps. szybko, śpiesznie; twardo, mocno; rozwiąźle; play ~ and loose, bagatelizować; lekko traktować; ~ by, tuż przy.
fast (*fā'st*) rz. post; ~, cz. pościć; **-ing** ps. na czczo.
fasten (*fā'sεn*) cz. przytwierdzić, przystawać; przylgnąć,

zamknąć; przymocować; zawiązać; przywiązać; ~ upon, skierować na.
fastidious (*fæsti'diəs*) *pm.* wybredny, wymyślny, grymaśny; **-ness** *rz.* wybredność, wymyślność.
fastness (*fā'stnəs*) *rz.* moc, trwałość, szybkość; warownia.
fat (*fæ't*) *rz.* tłuszcz; ~, *pm.* tłusty; ~ soil, żyzna ziemia; ~, *cz.* tuczyć, utyć; **-head** *rz.* głupiec.
fatal (*fej'tɛl*) *pm.* nieszczęsny, fatalny, nieuchronny, zgubny; **-ism** (*-izɛm*) *rz.* fatalizm; **-ist** (*-ist*) *rz.* fatalista; **-ity, -ness** (*fətæ'liti*) *rz.* nieszczęście, fatalność, zgubność.
fate (*fej't*) *rz.* los, dola, zguba, przeznaczenie; **-d** *pm.* przeznaczony losem, skazany zgóry; **-ful** *pm.* fatalny.
father (*fā'ðə*) *rz.* ojciec, rodzic; ~, *cz.* ojcować, usynowić; przyznawać się do; ~ in-law, teść; **-hood** *rz.* ojcostwo; **-land** *rz.* kraj ojczysty, ojczyna; **-liness** *rz.* opieka ojcowska, miłość ojcowska; **-ly** *pm.* i *ps.* ojcowski, po ojcowsku.
fathom (*fæ'ðəm*) *rz.* sążeń = 6 stopom ang. — 6'; ~, *cz.* gruntować; zgłębiać (też *fig.*); **-less** *pm.* niezgłębiony, bezdenny.
fatidical (*fəti'dikɛl*) *pm.* proroczy.
fatigue (*fətī'g*) *rz.* zmęczenie, znój; ~, *cz.* zmęczyć, znużyć.
fat-ling (*fæ'tliŋ*) *rz.* młode, opasowe bydlę; **-ness** *rz.* tłustość, otyłość, tusza, korpulencja; **-ten** (*fæ'tɛn*) *cz.* tuczyć; tyć; użyźnić ziemię; **-ty** *rz.* tłuścioch; ~, *pm.* tłusty.
fatu-ity (*fətjū'iti*) *rz.* niedorzeczność; **-ous** (*fæ'tjuəs*) *pm.* głupi, niedorzeczny.
faucal (*fō'kɛl*) *pm.* gardłowy.
faucet (*fō'sət*) *rz.* czop; kurek.
fault (*fō'lt*) *rz.* błąd, wina, przewinienie, brak, wada; in ~, winny; **-finder** *rz.* krytyk, gderacz; **-finding** *rz.* wyszukiwanie błędów, gderanie; **-iness** (*-inəs*) *rz.* błędność, wadliwość, zdrożność; **-y** (*-i*) *pm.* błędny, wadliwy, winny, naganny, zdrożny; **-less** *pm.* nienaganny.
fauna (*fō'nə*) *rz.* fauna.
favour (*fej'wə*) *rz.* łaska, przychylność; pismo; względy; przysługa; protekcja; kokarda; in ~ of, na korzyść; za (czemś); ~, *cz.* sprzyjać, popierać, łaskę wyświadczyć; zobowiązać; okazywać względy; forytować; **-able** (*-əbɛl*) *pm.* życzliwy, sprzyjający, korzystny, pomyślny, łaskawy; **-ed** *pm.* uprzywilejowany; zaszczycony; zobowiązany; well -ed, urodziwy; ill -ed brzydki; **-ingly** *ps.* życzliwie; **-ite** (*-it*) *rz.* ulubieniec, protegowany; ~, *pm.* ulubiony; **-itism** (*fej'wəritizɛm*) *rz.* faworytyzm; system protekcyjny.
fawn (*fō'n*) *rz.* jelonek; ~, *cz.* cielić się (o łani); łasić się; płaszczyć się; **-ingly** *ps.* podle, płaszcząc się.
fealty (*fī'ɛlti*) *rz.* wierność lennicza, hołd.
fear (*fī'ə*) *rz.* bojaźń, obawa, strach, lęk; for ~ of, z obawy, aby nie; ~, *cz.* obawiać się, lękać się, bać się, wątpić; never ~, nie bój się; **-ful** (*-ful*) *pm.* bojaźliwy, straszny, przerażający; **-fully** *ps.* okropnie, strasznie; bojaźliwie, lękliwie; **-less** *pm.* nieustraszony; **-nought** (*-nōt*) *rz.* sukno (nie przemakalne); **-some** (*-sɛm*) *pm.* przerażający.
feasi-bility (*fīzibi'liti*) *rz.* wykonalność; **-ble** (*fī'zibɛl*) *pm.* wykonalny, możliwy.
feast (*fī'st*) *rz.* święto, uczta; ~, *cz.* ucztować, biesiadować; częstować; ~ on, rozkoszować się czemś; **-er** *rz.* biesiadnik.
feat (*fī't*) *rz.* czyn (bohaterski); sztuka (dokazana); ~, *pm.* (przest.) zgrabny.
feather (*fɛ'ðə*) *rz.* pióro, pierze; upierzenie; a ~ in one's cap, zasługa, powód dumy; show the white ~, stchórzyć; ~, *cz.* upierzyć, opierzyć się; porastać w piórka; ~ one's nest, porość w piórka; **-bed** *rz.* pierzyna; **-edge** *rz.* cieńsza krawędź deski; **-head** *rz.* trzpiot; **-y** (*fe'ðəri*) *pm.* opierzony, lekki jak pióro, pierzasty.
feature (*fī'czə*) *rz.* rys; cecha; ~,

cz. cechować; szkicować; ill -d, szpetny; fine, well -d, piękny.
febri-fuge (*fe'brifjudż*) *pm.* przeciwgorączkowy; **-le** (*fī'bril, fə'bril*) *pm.* gorączkowy, febryczny.
February (*fe'bruəri*) *rz.* luty.
feckless (*fe'kles*) *pm.* niedołężny.
feculen-ce, -cy (*fe'kjuləns-i*) *rz.* smród, fusy; mętność; **-t** (*fe'kjulənt*) *pm.* mętny, śmierdzący.
fecund (*fe'kɛnd*) *pm.* płodny, żyzny; **-ate** (*fe'kɛndejt*) *cz.* zapładniać; użyźniać; **-ation** (*fekɛndej'szɛn*) *rz.* zapłodnienie, użyźnienie; **-ity** (*fəkə'nditi*) *rz.* płodność, żyzność.
fed (*fe'd*) od **feed**; ~ up znudzony.
feder-al (*fe'dɛrɛl*) *pm.* związkowy, federalny; **-alism** *rz.* federalizm; **-ate** (*fe'dərət*) *rz.* sprzymierzeniec, konfederat; ~, *pm.* sprzymierzony, związkowy; **-ation** (*fedərej'szɛn*) *rz.* związek, federacja, **-ative** (*fe'dərətiw*) *pm.* związkowy, federacyjny.
fee (*fī'*) *rz.* honorarjum, wynagrodzenie, opłata; lenność; ~ simple, posiadłość na prawie dziedzicznem; ~, *cz.* wynagrodzić, zapłacić.
feeble (*fī'bɛl*) *pm.* słaby, słabowity, bezsilny; **-ness** *rz.* słabość.
feed (*fī'd*) *rz.* karmienie, pasza, strawa, pokarm; ~, *cz.* karmić (się), żywić (się), paść (się); zasilać, dostarczać pożywienia, materjału; ~ high, dobrze się odżywiać; **-er** (*fī'də*) *rz.* żywiciel, karmiciel; zjadacz; zasilacz; -ing bottle, buteleczka ze smoczkiem.
feel (*fī'l*) *rz.* dotknięcie, czucie, dotyk; *~, *cz.* macać, dotykać, czuć (się); odczuwać, wyczuwać; uczuć; ~ like, mieć ochotę na; ~ soft, być miękkiem w dotknięciu; ~ for one, współczuć; **-er** (*fī'lə*) *rz.* macka (owadów), różek (ślimaka); **-ing** (*-iŋ*) *rz.* czucie, uczucie, czułość, współczucie; dotyk.
feet (*fī't*) *rz. lmn.* od **foot.**
feign (*fej'n*) *cz.* udawać, zmyślać.
feint (*fej'nt*) *rz.* udawanie, zmyślenie; manewr, podstęp; ~, *cz.* udawać, zmyślać.
feld-spar, -spath (*fe'ldspā', -spæ'ϑ*) *rz.* polny szpat (*min.*).
felici-tate (*fəli'sitejt*) *cz.* winszować; gratulować, uszczęśliwić; **-tation** (*fəlisitej'szɛn*) *rz.* winszowanie, gratulacja; **-tous** (*fəli'sitəs*) *pm.* szczęśliwy; **-ty** (*fəli'siti*) *rz.* szczęście.
feline (*fī'lajn*) *pm.* koci.
fell (*fe'l*) *cz.* od **fall**; ~, *rz.* skóra; włos; góra; drzewo ścięte; ~, *pm.* dziki, okrutny; nieludzki, zgubny; ~, *cz.* ściąć, zwalić, obalić, powalić; **-er** *rz.* drwal; **-monger** *rz.* skórnik.
felloe (*fe'li*) *rz.* obwód (koła).
fellow (*fe'lou*) *rz.* towarzysz, kolega, stypendysta, członek (towarzystwa); wykładowca; człowiek; człeczyna; przedrostek odpowiadający polskiemu: współ-; ~ countryman, ziomek, rodak; ~creature, bliźni; **-feeling** *rz.* współczucie, sympatja; **-like** *pm.* towarzyski, braterski; **-passenger** *rz.* towarzysz podróży; **-ship** *rz.* spółka, stowarzyszenie; stypendjum; obcowanie; **-soldier** towarzysz broni; **-sufferer** współcierpiący; **-traveller** towarzysz podróży; **-writer** kolega po piórze.
felly (*fe'li*) *rz* obwód koła.
felo-de-se (*fīlou'-də-sī*) *rz. lmn.* **felos-de-se** (*fī'lous-dī-sī*) (w prawie) samobójca.
felon (*fe'lɛn*) *pm.* przestępny, zbrodniczy; ~, *rz.* zbrodniarz, złoczyńca; (*med.*) ropień; **-ious** (*fəlou'niəs*) *pm.* zbrodniczy; **-y** (*fe'ləni*) *rz.* zbrodnia.
felspar, felstone patrz **feldspar.**
felt (*fe'lt*) od **feel**; ~, *rz.* filc, pilśń; ~, *cz.* spilśnić się; pilśnić.
female (*fī'mejl*) *rz.* samica; kobieta; ~, *pm.* żeński, kobiecy, delikatny; **-screw** *rz.* mutra śruby.
feme covert (*femkă'wət*) *rz.* mężatka; ~ **sole** *rz.* kobieta niezamężna.
femin-ality (*feminæliti*) *rz.* żeńskość, natura niewieścia; **-ine** (*fe'minin*) *pm.* żeński, kobiecy, niewieści; **-ism** (*-izɛm*) *rz.* feminizm.

fem-oral (*fe'mərɛl*) *pm.* udowy; **-ur** (*fī'mə*) *rz.* kość udowa.
fen (*fe'n*) *rz.* bagno, żuława; **-berry** *rz.* borówka.
fence (*fe'ns*) *rz.* płot, zagroda; szermierka; ~, *cz.* szermować, fechtować się, walczyć; ~ in, ogrodzić; **-month** *rz.* miesiąc ochronny; **-r** (*fe'nsə*) *rz.* szermierz.
fencible (*fe'nsibɛl*), *rz.* żołnierz obrony krajowej.
fencing (*fe'nsiŋ*) *rz.* szermierka.
fend (*fe'nd*) *cz.* bronić się; ~ off, odbijać, parować; **-er** *rz.* krata żelazna przed kominkiem; zasłona.
fennel (*fe'nɛl*) *rz.* koper (*bot.*).
fenny (*fe'ni*) *pm.* bagnisty.
feoff (*fe'f*) *rz.* = **fief**; ~, *cz.* = **enfeof**; **-ee** (*fe'fi*) *rz.* lennik.
feral (*fī'rɛl*) *pm.* dziki.
ferial (*fī'riɛl*) *pm.* zwykły (dzień).
ferine (*fī'rin*) *pm.* dziki.
ferment (*fə̄'mənt*) *rz.* ferment, drożdże; wrzenie (umysłów); ~ (*fə̄me'nt*) *cz.* fermentować, burzyć się (też *fig.*); **-ation** (*-ej'szɛn*) *rz.* fermentacja, wzburzenie (umysłów); **-ative** (*fə̄me'ntətiw*) *pm.* fermentacyjny.
fern (*fə̄'n*) *rz.* paproć; **-y** (*fə̄'ni*) *pm.* porosły pąprocią.
ferocious (*fərou'szəs*) *pm.* dziki, okrutny; **-ness, ferocity** (*fəro'siti*) *rz.* dzikość, okrucieństwo.
ferreous (*fe'riɛs*) *pm.* żelazisty.
ferret (*fe'rət*) *rz.* łasica; ~, *cz.* myszkować, szperać; polować z łasicą (na króliki).
ferriage (*fe'riɛdż*) *rz.* przewóz, przewozowe, prom.
ferr-ic (*fe'rik*) *pm.* żelazisty; **-iferous** (*fəri'fərɛs*) *pm.* zawierający żelazo; **-uginous** (*fərū'dżinəs*) *pm.* żelazisty, zawierający żelazo; **-ule** (*fe'rul*) *pm.* skówka, okucie laski.
ferry (*fe'ri*) *rz.* prom, przewóz (przez rzekę); ~, *cz.* przewozić promem, przeprawiać się na promie; **-boat** *rz.* prom, statek (rzeczny); **-man** *rz.* przewoźnik.
ferti-le (*fə̄'til, fə̄'tajl*) *pm.* urodzajny, płodny; **-lity** (*fəli'liti*) *rz.* urodzajność, plenność; **-lization** (*fə̄tilajzej'szɛn*) *rz.* użyźnianie; **-lize** (*fə̄'tilajz*) *cz.* użyźnić, zapłodnić.
ferula (*fe'rūlə*), **ferule** (*fe'rul, -ūl*) *rz.* feruła; rózga; koper (*bot.*).
ferven-cy (*fə̄'wənsi*) *rz.* żar, żarliwość, zapał; **-t** (*fə̄'wənt*) *pm.* gorący, żarliwy, gorliwy.
fervid (*fə̄'wid*) *pm.* gorący.
fervour (*fə̄'wə*) *rz.* ferwor, zapał.
fescue (*fe'skju*) *rz.* wskazówka (do pokazywania); gatunek trawy.
fess, -e (*fe's*) *rz.* pasy.
festal (*fe'stɛl*) *pm.* świąteczny, radosny.
fester (*fe'stə*) *rz.* (*med.*) ropienie, ropniak, wrzód; ~, *cz.* jątrzyć się, ropieć.
festi-val (*fe'stiwɛl*) *rz.* święto, rocznica; uroczystość, czas zabawy; ~, *pm.*; **-ve** (*fe'stiw*) *pm.* świąteczny; radosny, strojny; **-vity** (*festi'witi*) *rz.* uroczystość.
festoon (*festū'n*) *rz.* girlanda, feston; ~, *cz.* ozdabiać festonami.
fetch (*fe'cz*) *rz.* fortel; sobowtór; ~, *cz.* przynieść, przyprowadzić; aportować (o psach); spełnić; wykonać; dostać, go and ~, iść po; ~ and carry, spełniać wszelkie posługi; ~ a blow, zadać cios; ~ out, wyciągnąć; ~ one's breath, oddychać; ~ a compass (circuit), okrążać.
fetich, fetish (*fī'tisz, fe'tisz*) *rz.* fetysz; **-ism** (*-izɛm*) *rz.* fetyszyzm.
fetid (*fe'tid*) *pm.* cuchnący, śmierdzący; **-ness** *rz.* smród.
fetlock (*fe'tlok*) *rz.* pęcina.
fetor (*fī'tə*) *rz.* fetor, smród.
fetter (*fe'tə*) *rz.* przeszkoda; **-s** okowy, więzy; pęta; ~, *cz.* spętać, zawadzać; zakuć w kajdany.
fettle (*fe'tɛl*) *rz.* stan.
fetus, foetus (*fī'təs*) *rz.* zarodek.
feud (*fjū'd*) *rz.* spór rodzinny; lenno; **-al** (*fjū'dɛl*) *pm.* feudalny, lenny; **-atory** (*fjū'dətəri*) *rz.* lennik; ~, *pm.* feudalny.
fever (*fī'wə*) *rz.* febra, gorączka; **-ish** (*fī'wərisz*) *pm.* gorączkowy, (też *fig.*) **-ishness** *rz.* gorączkowość; **-ous** (*fī'wərəs*) *pm.* febryczny.
feverfew (*fī'wəfju*) *rz.* centurja [(*bot.*).

few (*fjū'*) *pm.* mało, niewiele, nieliczni; a ~, kilka, trochę; in ~, w kilku słowach; **-ness** *rz.* małość, mała liczba.
fiance (*fiansej'*) *rz.* narzeczony; **-e** *rz.* narzeczona.
fiat (*faj'ət*) dekret, upoważnienie.
fib (*fi'b*) *rz.* kłamstwo, cygaństwo; ~, *cz.* kłamać, łgać, cyganić; **-ber** *rz.* kłamca, cygan.
fibr-e (*faj'bə*) *rz.* włókno, żyłka, fibra; **-il** (*faj'bril*) *rz.* włókienko; **-ous** (*faj'brəs*) *pm.* włóknisty.
fibrin (*fajb'rin*) *rz.* fibryna.
fibu-la (*fi'bjulə*) *rz. lmn.* **fibulae**, piszczel.
fickle (*fi'kɛl*) *pm.* zmienny, niestały, płochy; **-ness** *rz.* zmienność, niestałość, płochość.
fictile (*fi'ktajl*) *pm.* gliniany.
fiction (*fi'kszɛn*) *rz.* zmyślenie, fikcja, powieść, beletrystyka.
ficti-tious (*fikti'szəs*), **-ve** *pm.* zmyślony, udany, fikcyjny.
fid (*fi'd*) *rz.* klin.
fiddle (*fi'dɛl*) *rz.* skrzypce (pogardliwie); (*maryn.*) listwa stołu; ~, *cz.* machać rękami; rzępolić; **-deedee** (*fi'dldidī*) koszałki-opałki; **-faddle** (*-fæ'dɛl*) *rz.* fatałaszki; **-stick** *rz.* smyczek; **-stics** *w.* ba! głupstwa.
fidelity (*fide'liti*) *rz.* wierność; dokładność, zgodność.
fidget (*fi'dżət*) *rz.* niepokój, nerwowość, kręcenie się (niespokojne); niespokojny duch; ~, *cz.* kręcić się; być niespokojnym (about); **-y** (*-i*) *pm.* niespokojny, nerwowy.
fiducia-l (*fidjū'szəl*) *pm.* podstawowy; **-ry** (*-sziəri*) *pm.* powierzony, pewny; ~ *rz.* powiernik, depozytarjusz.
fie (*faj'*) *w.* fe! wstyd!
fief (*fī'f*) *rz.* (w prawie), lenność, dobra lenne, lenno.
field (*fī'ld*) *rz.* pole bitwy; boisko; obszar; zakres działania, pole popisów; **-day** rewja; **-fare** kwiczoł; **-glass** lorneta polowa; **-officer** sztabowy oficer; **-piece** działo polowe; **-sports** polowanie i wędkarstwo; **-works** okopy, szańce.
fiend (*fī'nd*) *rz.* szatan; djabeł, wróg; **-ish** *pm.* szatański, djabelski.
fierce (*fī'ɛs*) *pm.* dziki, srogi, wściekły; gwałtowny; **-ness** *rz.* dzikość, srogość, wściekłość.
fier-iness (*faj'ərinəs*) *rz.* ognistość, ogień (*fig.*); **-y** (*faj'əri*) *pm.* ognisty; płomienny.
fife (*faj'f*) *rz.* fujarka, piszczałka; ~, *cz.* grać na piszczałce.
fifteen (*fiftī'n*) piętnaście.
fif-th (*fi'fþ*) *pm.* piąty; ~, *rz.* piąta część; (*muz.*) kwinta; **-ty** (*fi'fti*) pięćdziesiąt.
fig (*fi'g*) *rz.* figa (drzewo i owoc); not a ~, ani krzty, ani trochę; in full ~, w pełnym rynsztunku; in good ~, w dobrej formie.
fight (*faj't*) *rz.* bitwa, bój, walka; ~, *cz.* walczyć, prowadzić wojnę, bić się; ~ a duel, odbyć pojedynek; ~ one's way, iść przebojem; ~ it out, rozstrzygnąć walkę; ~ shy of, unikać; **-er** *rz.* bojownik, zapaśnik, żołnierz.
figment (*fi'gmənt*) *rz.* zmyślenie, fikcja.
figur-ant (*fi'gjurənt*), **-ante** *rz.* figurant, figurantka; **-ation** (*figjurej'szɛn*) *rz.* kształtowanie; **-ative** (*fi'gjurətiw*) *pm.* przenośny, obrazowy; **-atively** *ps.* w przenośni; **-e** (*fi'gə*) *rz.* figura (też *geom.* i *gram.*); kształt; postać, mina; rysunek, wzór; cyfra; przenośnia; make some -e, coś znaczyć; ~, *cz.* symbolizować, wyobrażać, ozdobić wzorami; ~ out, ~ up, obliczyć; **-e -head** *rz.* postać; (*fig.*) malowany (*np.* król ~); **-rine** (*figurī'n*) *rz.* figurynka.
filament (*fi'ləmənt*) *rz.* włókno; **-ous** (*filəme'ntəs*) *pm.* włóknisty.
filature (*fi'ləczə*) *rz.* nawijanie, (nici).
filbert (*fi'lbət*) *rz.* orzech laskowy; **-tree** *rz.* leszczyna.
filch (*fi'lcz*) *cz.* porwać, kraść.
file (*faj'l*) *rz.* rejestr; fascykuł, akty; (*mil.*) rota; in single (Indian) ~, gęsiego; a cunning ~, stary wyga; ~, *rz.* pilnik; ~, *cz.* porządkować papiery, dać je do aktów; ~, *cz.* piłować (pilnikiem); **-dust** *rz.* opiłki.
filemot (*faj'lemot*) *pm.* ciemnożółty.
fili-al (*fi'ljəl*) *pm.* synowski; **-ate**

(*fi'ljejt*) *cz.* patrz **affiliate**; **-ation** (*filiej'szen*) *rz.* synowstwo, pochodzenie.
filiberg = **fillibeg.**
filibuster (*filibă'stə*) *rz.* flibustjer.
filigree work (*fi'ligrīuə'k*) *rz.* robota filigranowa, filigran.
filings (*faj'liŋz*) *rz. lmn.* opiłki.
fill (*fi'l*) *rz.* napełnienie, dostatek, sytość; take one's ~, najeść się (napić) dosyta; ~, *cz.* napełnić (się), nalać, nasycić; zaplombować (ząb); nadąć (żagle); zatykać; wypełniać, spełniać (obowiązki); zajmować posadę; ~ out, spełniać, wypełniać; ~ up a place, zajmować posadę; **-er** *rz.* wypełniacz; **-ing** (*-iŋ*) *rz.* napełnienie, wypełnienie; (*dent.*) plomba.
fillet (*fi'lət*) *rz.* opaska, przepaska; polędwica, zraz; płatek; listewka.
fillibeg (*fi'libəg*) *rz.* krótka spódnica górali szkockich.
fillip (*fi'lip*) *rz.* szczutek, przytyczek; ~, *cz.* dać przytyczka.
filly (*fi'li*) *rz.* źrebica.
film (*fi'lm*) *rz.* błona; film; niteczka; ~ over the eyes, mgła w oczach; ~, *cz.* okryć (się) błoną; filmować; **-y** *pm.* błoniasty.
filter (*fi'ltə*) *rz.* cedzidło, filtr; ~, *cz.* przecedzać, filtrować (się).
filth (*fi'lþ*) *rz.* brud; (*fig.*) plugastwo; **-y** *pm.* brudny, plugawy.
filtra-te (*fi'ltrejt*) *rz.* filtrat; ~, *cz.* filtrować (się), cedzić; **-tion** (*-ej'szen*) *rz.* cedzenie, przecedzanie, filtrowanie.
fimbriate (*fi'mbriejt*) *pm.* strzępiasty.
fin (*fi'n*) *rz.* pletwa, skrzele; ~ **-ned** *pm.* pletwisty.
finable (*faj'nəbel*) *pm.* podlegający grzywnie.
final (*faj'nel*) *pm.* ostateczny, ostatni, końcowy; **-e** (*fina'li*) *rz.* (*muz.*) finał; **-ity** (*fajnæ'liti*) *rz.* skończoność; **-ly** (*faj'nəli*) *ps.* ostatecznie, wkońcu, wreszcie.
finan-ce (*fină'ns*, *fajnæ'ns*) *rz.* skarb, finanse; ~, *cz.* finansować; **-cial** (*finæ'nszel*, *faj-*) *pm.* finansowy; **-cially** *ps.* finansowo; **-cier** (*finæ'nsiə*, *fajn-*) *rz.* finansista; ~, *cz.* prowadzić operacje finansowe.

finch (*fi'ncz*) *rz.* zięba; gold ~, szczygieł; green ~, dzwoniec; chaff (winter) ~, zięba; bull~, gil.
find* (*faj'nd*) *cz.* znaleźć, odkryć, zastąć, przekonać się; uważać za; poczytywać; ~ fault, przyganiać, czynić zarzuty; ~ out, wymyśleć; przekonać się, dojść do czegoś; dowiedzieć się; ~ a bill, przyjąć oskarżenie; ~, *rz.* rzecz znaleziona; (*fig.*) skarb; **-ing** *rz.* wyrok; **ings** *rz. lmn.* wnioski.
fine (*faj'n*) *rz.* grzywna, opłata; in ~, wkońcu, ostatecznie; ~, *cz.* nałożyć karę pieniężną, oczyszczać, rafinować.
fine (*faj'n*) *pm.* czysty, cienki, drobny, subtelny, delikatny, ładny; skończony, doskonały; miałki; ulotny; strojny; **-doings** (*iron.*) piękne sprawki; **-draw** *cz.* zszywać; **-drawn** subtelny; **-ly** *ps.* pięknie, subtelnie; delikatnie, ładnie; drobno; **-ness** *rz.* wytworność, subtelność, delikatność; **-spun** *pm.* subtelny, słaby. [wybieg.
finesse (*fine's*) *rz.* subtelność;
finger (*fi'ŋge*) *rz.* palec; ~, *cz.* dotknąć, przebierać palcami; brać łapówki; have at -s' ends, umieć doskonale; have a ~ in the pie, należeć do; **-grass** (*bot.*) *rz.* naparstnica; **-post** *rz.* drogowskaz; **-print** *rz.* odcisk palców; **-stall** *rz.* paluch rękawiczki.
finical (*fi'nikel*) **finicking, finikin** *pm.* wymuszony, afektowany, wymuskany; **-ly** *ps.* przesadnie.
finis (*faj'nis*) *rz.* koniec.
finish (*fi'nisz*) *rz.* wykończenie, koniec; ~, *cz.* dokończyć, wykończyć, skończyć (się).
finite (*faj'najt*) *pm.* ograniczony, określony.
fin-less (*fi'nles*) *pm.* bez pletw; **-ned, -ny** *pm.* pletwisty.
fiord (*fjō'd*) *rz.* fjord.
fir (*fə'*) *rz.* jedlina, jodła; **-apple, -ball, cone** szyszka.
fire (*faj'ə*) *rz.* ogień, pożar; zapał; on ~, płonący, set on ~, zapalić, podpalić; catch ~, zapalić się; St. Anthony's ~, róża (choroba); ~, *cz.* zapalić, wypalić; dać ognia, wystrzelić; zaognić; palić

w kotle; ~ up, wybuchnąć gniewem; ~ off, wystrzelić; **-arm** *rz.* broń palna; **-ball** *rz.* granat, kula ognista; meteor; **-box** *rz.* palenisko; **-brand** *rz.* głownia; podżegacz; **-brick** *rz.* cegła ogniotrwała; **-brigade** straż ogniowa; **-clay** *rz.* glina ogniotrwała; **-dog** *rz.* = **andiron**; **-engine** *rz.* sikawka pożarna; **-escape** *rz.* wyjście na wypadek pożaru; **-fly**, świecący robaczek; **-insurance**, ubezpieczenie od ognia; **-man** *rz.* strażak; **-lock** *rz.* strzelba; **-office** Two. ubezpieczeń od ognia; **-place** *rz.* kominek; **-proof** *pm.* ogniotrwały; **-ship** *rz.* brander; **-side** *rz.* kominek; (*fig.*) domowe progi; **-stone** *rz.* krzemień; **-wood** *rz.* drzewo opałowe; **-work** *rz. lmn.* ognie sztuczne.

firkin (*fə'kin*) *rz.* baryłka.

firm (*fə'm*) *rz.* firma handlowa, dom handlowy; ~, *pm.* mocny, twardy, tęgi, stały, niezachwiany, niewzruszony; ~land, ląd stały; **-ly** (*fə'mli*) *ps.* stale; mocno, twardo, pewnie; **-ness** (*-nəs*) *rz.* moc, trwałość, stałość.

firmament (*fə'məmənt*) *rz.* firmament, sklepienie niebieskie; **-al** (*fəməme'ntɛl*) *pm.* firmamentowy.

firman (*fə'mən*) *rz.* firman (ukaz sułtana).

first (*fə'st*) *pm.* pierwszy; ~, *ps.* naprzód, raczej, wpierw, pierwej; at ~, z początku; in the ~ place, przedewszystkiem; ~ of all, najpierw, przedewszystkiem; ~ of exchange, (*bank.*) primaweksel; at ~ hand, z pierwszej ręki; **-born** pierworodny; **-class** *pm.* pierwszorzędny; **-fruits** *rz. lmn.* nowalje; **-ling** *rz.* pierworodek; pierwszy dochówek; **-ly** *ps.* po pierwsze; **-rate** *pm.* pierwszorzędny, wyborny.

firth (*fə'þ*) *rz.* odnoga morska (w Szkocji); zatoka; ujście rzeki.

fisc (*fi'sk*) *rz.* fiskus, skarb (państwa); **-al** (*fi'skɛl*) *rz.* skarbnik; ~ *pm.* skarbowy, fiskalny.

fish (*fi'sz*) *rz.* ryba; (*fig.*) osobnik; an odd ~, dziwak; a pretty kettle of ~, nielada kłopot; other ~ to fry, co innego do roboty; ~, *cz.* łowić ryby, trudnić się rybołóstwem; łowić, poszukiwać (for); ~ out (*fig.*) wyłowić, wybadać; wydobyć, dowiedzieć się; **-bone** *rz.* ość; **-er** (*fi'szə*) *rz.* rybak; **-ery** (*fi'szəri*) *rz.* rybołóstwo; hodowla ryb; **-hook** *rz.* haczyk; **-monger**, **-wife**, **-women** *rz.* handlarz, handlarka ryb; **-y** (*fi'szi*) *pm.* rybny; rybi.

fish-ful (*fi'szful*) *pm.* rybny; **-ing** (*-iŋ*) *rz.* wędkarstwo, rybactwo, rybołóstwo, łowienie ryb; **-boat** *rz.* łódka rybacka; **-ing-rod** *rz.* wędka.

fiss-ile (*fi'sil*) *pm.* łupny; **-ility** (*fisi'liti*) *rz.* łupkość.

fissure (*fi'szuə, fi'szə*) *rz.* rysa, szczelina, rozszczepienie się.

fist (*fi'st*) *rz.* pięść; ~, *cz.* uderzyć pięścią; **-ic** (*fi'stik*) *pm.* pięściowy; **-icuffs** (*fi'stikăfs*) *rz. lmn.* walka na pięście.

fistul-a (*fi'sczulə*) *rz.* (*lmn.* **-lae**) fistuła, przetoka (*med.*); **-ar**, **-ary** (*fi'szczulə, -əri*) **-ous** (*-lɛs*) *pm.* rurkowaty, przetokowy.

fit (*fi't*) *rz.* napad, paroksyzm, atak; by -s and starts, dorywczo; a drunken ~, pijatyka; **-ful** (*fi'tful*) *pm.* dorywczy, chwilowy, kapryśny, przemienny; **-fully** *ps.* dorywczo.

fit (*fi't*) *pm.* zdolny, zdatny, odpowiedni, stosowny; w formie; gotów; ~, *cz.* przystawać, być do twarzy, dobrze leżeć; być odpowiednim; pasować; przysposobić; uzdolnić; ~ out, zaopatrzyć; ~ (up) with, zaopatrzyć w coś; it is a good ~, dobrze leży; **-ness** *rz.* stosowność, odpowiedniość, przyzwoitość; **-ting** *rz.* przyrządy, przybory; **-tingly** *ps.* należycie.

fitch (*fi'cz*) *rz.* szczotka.

fitchet, fitchew, fitchat (*fi'czət, fi'czū*) *rz.* (*zool.*) kuna.

five (*faj'w*) pięć, pięcioro, piątka; **-fold** *pm.* pięcioraki, pięciokrotny.

fix (*fi'ks*) *cz.* przytwierdzić, umocować, przyczepić, przykuć, utkwić; wyznaczyć (np. termin); osiąść, ustalić (się), osiedlić się (na stałe); postanowić (upon);

(*fot.*) utrwalić; (*chem.*) zgęścić; ~, *rz.* kłopot; **-ation** (*fiksej'szen*) *rz.* przytwierdzenie, umocowanie; (*chem.*) zgęszczenie; **-ative** (-'*ətiw*) *rz.* utrwalacz; **-ature** (-'*əczə*) *rz.* fiksatuar; **-edly** *ps.* stale, niewzruszenie, z wlepionemi (w coś) oczyma; **-edness** *rz.* **-ity** (*fi'ksiti*) *rz.* stałość; **-ture** (*fi'ksczə*) *rz.* przynależność, urządzenie, przyrząd.

fizz, -le (*fi'z, fi'zel*) *cz.* syczeć; musować; ~, *rz.* syczenie; fiasko.

flabbergast (*flæ'bəgast*) *cz.* zdumiewać.

flab-biness (*flæ'binəs*) *rz.* miękkość, obwisłość; **-by** (*flæ'bi*) *pm.* miękki, obwisły, słaby, sflaczały.

flaccid (*flæ'ksid*) *pm.* flakowaty, rozlazły; obwisły; **-ity** (*flaksi'diti*) *rz.* miękkość, sflaczałość.

flag (*flæ'g*), **-stone** *rz.* kamień brukowy; ~, *cz.* brukować.

flag (*flæ'g*) *rz.* flaga, bandera, chorągiew; ~, *rz.* kosaciec łąkowy (*bot.*); ~, *cz.* wywiesić chorągiew, sygnalizować flagami; zwisnąć, ochlapnąć; **-day** *rz.* dzień kwiatka; **-officer** (*mar.*) dowódca; **-ship** *rz.* okręt admiralski.

flagella-nt (*flæ'dżeənt*) *pm.* biczownik (sekta); **-te** (*flæ'dżelejt*) *cz.* biczować, chłostać; **-tion** (*flædżəlej'szen*) *rz.* biczowanie.

flageolet (*flædżole't*) *rz.* (*muz.*) piszczałka, flecik; (*bot.*) fasola.

flagitious (*flædżi'szəs*) *pm.* zbrodniczy.

flagon (*flæ'gen*) *rz.* dzban.

flagran-ce, -cy (*flej'grəns, -i*) *rz.* sromota, skandaliczność, bezczelność; **-t** (*flej'grənt*) *pm.* sromotny, jawny, bezczelny; **-tly** *ps.* jawnie, sromotnie.

flail (*flej'l*) *rz.* cep.

flair (*flē'ə*) *rz.* węch.

flak-e (*flej'k*) *rz.* płatek; ~ of fire, iskra; ~, *cz.* łuszczyć się; **-y** (*flej'ki*) *pm.* płatkowaty.

flam (*flæ'm*) *rz.* kłamstwo; oszustwo.

flambeau (*flæ'mbou*) *rz.* pochodnia.

flam-e (*flej'm*) *rz.* płomień, ogień, namiętność; flama; ~, *cz.* buchać (płomieniem); zapłonąć; **-ing** *pm.* płomienny.

flamen (*flej'mən*) *rz.* kapłan.

flamingo (*fləmi'ngou*) *rz.* czerwonak.

flange (*flæ'ndż*) *rz.* krawędź; flansza.

flank (*flæ'ŋk*) *rz.* bok; flank, skrzydło; ~, *cz.* stać na bokach; (*mil.*) oskrzydlić **-er** (*flæ'ŋkə*) *rz.* szaniec flankowy.

flannel (*flæ'nel*) *rz.* flanela; **-s** *rz. lmn.* bielizna flanelowa.

flap (*flæ'p*) *rz.* poła (u surduta); brzeg (u kapelusza); ucho (u butów); klaps, rozmach; klapa (u kieszeni, stołu); cypel, języczek; ~, *cz.* pacnąć; trzepotać; **-per** (*flæ'pə*) *rz.* dzierlatka (*fig.*); packa; pletwa; klapak (*myśl.*).

flare (*flē'ə*) *rz.* migotliwe światło; płomień; ~, *cz.* zapłonąć, zabłysnąć; ~ up, wybuchnąć namiętnością.

flash (*fla'sz*) *rz.* błysk, przebłysk; okamgnienie; ~, *cz.* błyskać; rozjaśnić się; ~ in the pan, spalić na panewce; **~light** *rz.* (*fot.*) magnezja; **-y** (*flæ'szi*) *pm.* błyskotliwy, czczy.

flask (*flā'sk*) *rz.* flaszka, prochownica.

flasket (*flā'sket*) *rz.* (płytki) kosz.

flat (*flæ't*) *rz.* płaszczyzna, równina, mielizna, nizina; (*muz.*) bemol; mieszkanie; ~, *pm.* płaski, równy, płytki, niesmaczny; nudny; przygnębiony; otwarty; bez ogródek; fall ~, upaść jak długi; **-fish** *rz.* flądra; **-iron** *rz.* żelazko; **-ly** (*flæ'tli*) *ps.* płasko, stanowczo, bez ogródek; **-ten** (*flæ'ten*) *cz.* spłaszczyć; zrównać; **-wise** *ps.* na płask.

flatter (*flæ'tə*) *cz.* pochlebiać; ~ oneself, szczycić się czemś; **-er** (*flæ'tərə*) *rz.* pochlebca; **-y** (*flæ'təri*) *rz.* pochlebstwo.

flatulen-ce, -cy (*flæ'tjuləns, -i*) *rz.* parcie, wiatry; nadętość, napuszystość (stylu); **-t** (*flæ'tjulənt*) *pm.* napuszony; (*med.*) wzdymający.

flaunt (*flō'nt*) *cz.* paradować (z czemś); pysznić się.

flav-our (*flej'wə*) *rz.* zapach, zapaszek, bukiet (wina); aromat posmak; ~, *cz.* zaprawiać; **-orous** (*flej'wərəs*) *pm.* aromatyczny.

flaw (*flō'*) *rz.* skaza, wada; ~, *cz.* uszkodzić, skazić.
flax (*flæ'ks*) len; **-card** *rz.* gremplarka; **-dressing** *rz.* czesanie lnu; **-en** (*flæ'kszεn*) *pm.* lniany; płowy, jasny.
flay (*flej'*) *cz.* łupić; obdzierać ze skóry; **-er, -flint** *rz.* zdzierca, skąpiec.
flea (*flī'*) *rz.* pchła; with a ~ in the ear, zafrasowany.
fleam (*flī'm*) *rz.* lancet.
fleck (*fle'k*) *rz.* piega, plamka; **-er** *cz.* nakrapiać, cętkować.
fled (*fle'd*) *cz.* od **flee.**
fledge *fle'dż*) *cz.* opierzać się; **-ling** (*-liη*) *rz.* ptaszek; żółtodziób.
flee* (*flī'*) *cz.* uciekać.
fleec-e (*flī's*) *rz.* runo, wełna; ~, *cz.* strzyc; (*fig.*) łupić, grabić; **-y** (*flī'si*) *pm.* wełnisty.
fleer (*fiī'ə*) *cz.* drwić, szydzić, kpić.
fleet (*flī't*) *rz.* flota; **F-Street,** prasa.
fleet (*flī't*) *pm.* szybki, rączy, bystry, płytki; ~, *cz.* migać, mijać; **-ness** *rz.* chyżość, rączość, szybkość; przelotność.
Flemish (*fle'misz*) *pm.* flamandzki.
flesh (*fle'sz*) *rz.* ciało, mięso; cielesne żądze; take ~, stać się ciałem; put on ~, gather ~, tyć; lose ~, tracić na wadze, chudnąć; one's ~ and blood, rodzina; ~, *cz.* podniecić, roznamiętnić; **-fly** *rz.* mięsniczek (mucha); **-iness** *rz.* mięsistość; **-less** *pm.* chudy; **-liness** *rz.* mięsistość, zmysłowość; **-ly** *pm.* cielesny; zmysłowy; **-y** *pm.* mięsisty, gruby, tłusty.
flew (*flū'*) *cz.* od **fly**; **-s** *rz.* obwisła morda (psów).
flexi-bility (*fleksibi'liti*) *rz.* gibkość, giętkość; **-ble, -le** (*fle'ksibεl, -ksil*) *pm.* giętki, gibki.
flexion (*fle'kszεn*) *rz.* zgięcie się, zagięcie; (*gram.*) odmiana, fleksja.
flexu-ous (*fle'kszuəs*) *pm.* zaginany, kręty, falujący; **-re** (*fle'kszə*) *rz.* zagięcie, skrzywienie; krzywizna.
flibbertigibbet (*fli'bətidżi'bet*) *rz.* trzpiot.
flick (*fli'k*) *rz.* trzask; ~, *cz.* śmigać batem.
flicker (*fli'kə*) *rz.* migotanie; ~, *cz.* migotać; **-ering** *pm.* migotliwy.
flier (*flaj'ə*) *rz.* lotnik; latające stworzenie.
flight (*flaj't*) *rz.* lot; odlot (ptaków); ucieczka; (*arch.*) schody; put to ~, zmusić do ucieczki; take to ~, zemknąć, zbiec; **-iness** *rz.* wietrzność; **-y** (*flaj'ti*) *pm.* wietrzny, płochy.
flim-flam (*fli'mflæm*) *rz.* (gwar.), fraszka; oszukaństwo; humbug.
flimsy (*fli'mzi*) *pm.* słaby, wątły, lichy.
flinch (*fli'ncz*) *cz.* cofać się, ustąpić; uchylać się, wzdrygać się; zachwiać się.
flinders (*flin'dəz*) *rz.* drzazgi.
fling (*fli'η*) *rz.* rzut, wierzganie, *~, *cz.* ciskać, miotać, rzucać się, wierzgać.
flint (*fli'nt*) *rz.* krzemień; skin ~, (gwar.) skąpiec; **-iness** (*-inəs*) *rz.* twardość kamienna; **-y** (*fli'nti*) *pm.* krzemienisty.
flip (*fli'p*) *rz.* przytyk; poncz; **-flap** (*-flæ'p*) *rz.* rodzaj huśtawki.
flippan-cy (*fli'pεnsi*) *rz.* zuchwalstwo; **-t** (*fli'pεnt*) *pm.* zuchwały, impertynencki.
flipper (*fli'pə*) *rz.* łapa (foki i t. p.).
flirt (*flə't*) *rz.* flirt; podrzut, ciśnięcie, rzut; kokietka; ~, *cz.* cisnąć, podrzucać, rzucać (się); flirtować; **-ation** (*flətej'szεn*), **-ing** (*-iη*) *rz.* umizgi, flirt, kokieterja.
flit (*fli't*) *cz.* przelecieć, mignąć się, uciekać, lecieć.
flitch (*fli'cz*) *rz.* połeć; warstwa.
flitter (*fli'tə*) *cz.* = **flutter**; **-mouse** (*-maus*) *rz.* nietoperz.
flix (*fli'ks*) *rz.* puch, futerko.
float (*flou't*) *rz.* tratwa, spławek (u wędki); pilnik; ~, *cz.* płynąć, unosić się na wodzie, powiewać, spławiać; lansować; puścić w ruch (interes); emitować, wypuścić (pożyczkę); **-er** (*flou'tə*) *rz.* pływak; **-ing debt** dług płynny; **-ing kidney** latająca nerka.
flocculent (*flo'kulənt*) *pm.* kosmaty, wełnisty.
flock (*flo'k*) *rz.* trzoda, stado, gromada, kosmyk (wełny, włosów); ~, *cz.* gromadzić się,

tłoczyć się; cisnąć się; **-y** (*flo'ki*) *pm.* kosmaty.
floe (*flou'*) *rz.* pływające tafle lodu.
flog (*flo'g*) *cz.* smagać, ćwiczyć, chłostać; **-ging** *rz.* chłosta.
flood (*flă'd*) *rz.* przypływ morza, powódź, wylew, zalew; nawał; ~, *cz.* zalewać, zatapiać, wezbrać; **-gate** *rz.* śluza; zastawa; **-tide** *rz.* przypływ.
floor (*flō'ə*) *rz.* piętro; podłoga; dno; sala (debat); ~, *cz.* dać podłogę; powalić.
flop (*flo'p*) *cz.* trzepnąć; ~ down klapnąć.
flora (*flo'rə*) *rz.* flora; **-l** (*flō'rel*) *pm.* kwiatowy, roślinny.
flor-et (*flo'ret*) *rz.* (*bot.*) kwiatek; **-escence** (*flore'səns*) *rz.* kwitnienie; **-id** (*flo'rid*) *pm.* ukwiecony; kwitnący; kwiecisty (styl); **-idity, -idness** *rz.* kwiecistość, kwitnący wygląd.
florin (*flo'rin*) *rz.* floren, dwa szylingi (moneta).
florist (*flo'rist*) *rz.* kwieciarz.
floss (*flo's*) ~ **silk** *rz.* jedwab surowy. [nie.
flotation (*floutej'szen*) *rz.* pływa-
flotilla (*floti'lə*) *rz.* (*mar.*) flotyla.
flotsam (*flo'tsəm*) *rz.* resztki rozbitego okrętu.
flounce (*flau'ns*) *rz.* falbana; rzucanie się, miotanie się; ~, *cz.* obszywać falbaną, rzucać się.
flounder (*flau'ndə*) *rz.* flądra, płaszczka; ~, *cz.* rzucać się; brnąć.
flour (*flau'ə*) *rz.* mąka; mączka; puder; ~, *cz.* mąką przyprószyć; omączyć; **-y** (*flau'ri*) *pm.* mączysty.
flourish (*flă'rish*) *rz.* ozdoba; floresy; (*muz.*) przedgrywka; winietka; stan kwitnący, powodzenie; wywijanie, wymachiwanie; ~, *cz.* kwitnąć, prosperować, słynąć; (*muz.*) grać preludjum; ubarwiać; wywijać, wymachiwać; w trąby uderzyć; rozwijać się pomyślnie.
flout (*flau't*) *rz.* drwiny, szyderstwo; ~, *cz.* drwić, szydzić; **-ingly** *ps.* drwiąco.
flow (*flou'*) *rz.* falowanie; przypływ, wypływ, potok; wymowa; ~, *cz.* płynąć; falować; powiewać; przelewać się; przepływać.
flower (*flau'ə*) *rz.* kwiat (też *fig.*), kwiecie; wybór; -s of zinc, biel cynkowa; -s of sulphur, kwiat siarczany; ~, *cz.* kwitnąć, ukwiecić; **-et** (*flau'əret*) *rz.* kwiatek, kwiatuszek; **-iness** kwiecistość; **-ing** *rz.* kwiecie, kwitnienie; **-pot** *rz.* doniczka; **-y** *pm.* kwitnący, kwiecisty.
flowing (*flou'iŋ*) *rz.* płynienie; **-ly** *ps.* potoczyście, płynnie.
flown (*flou'n*) *cz.* od **fly.**
flu, flue (*flū*) *rz.* grypa.
fluctu-ant (*flă'kczuənt*) *pm.* wahający się, niestały, niepewny; **-te** (*flă'kczuejt, -juejt*) *cz.* falować (o wodzie); wahać się; bujać po wodzie; chwiać się; **-ation** (*flăkczuej'szen*) *rz.* falowanie; fluktuacja; wahanie (się).
flue (*flū'*) *rz.* komin, kanał (dymowy); puch.
fluen-cy (*flū'ənsi*) *rz.* gładkość, płynność; **-t** (*flū'ənt*) *pm.* płynny, gładki.
fluff (*flă'f*) *rz.* puch; ~, *cz.* puszyć.
fluid (*flū'id*) *rz.* płyn, ciecz; fluid; ~, *pm.* płynny; **-ity** (*flū'diti*) *rz.* *rz.* płynność.
fluke (*flū'k*) *rz.* flądra; ostrze; ząb kotwicy; ~, *cz.* szczęśliwie trafić.
flume (*flū'm*) *rz.* koryto, kanał wodny.
flummery (*flă'məri*) *rz.* legumina; gadanie.
flump (*flă'mp*) *cz.* klapnąć.
flung (*flă'ŋ*) *cz.* od **fling.**
flunk (*flă'ŋk*) *cz.* przepaść (na egzaminie).
flunkey, flunky (*flă'ŋki*) *rz.* lokaj; **-ism** (*flă'nkiizəm*) *rz.* lokajstwo.
fluor (*flū'ō*) *rz.* topnik, fluoryt.
flurry (*flă'ri*) *rz.* poruszenie, zamieszanie, podmuch wiatru; ~, *cz.* niepokoić, wzruszyć, zmieszać; podniecić.
flush (*flă'sz*) *rz.* podniecenie; sekwens, maść (w kartach); napływ; strumień wody; rumieniec; ~, *pm.* pełny, przepełniony, równy; bogaty; opływający w dostatki; ~, *cz.* zaczerwienić (się); zapłonąć;

zrównać; napłynąć; podniecić; napełnić; poderwać się; spłoszyć ptactwo.
fluster (*flă'stə*) *rz.* podniecenie; zamieszanie; rozgrzanie (trunkiem); ~, *cz.* poruszyć, podniecić, zmieszać; zdenerwować; rozgrzać (trunkiem).
flute (*flū't*) *rz.* flet; rowek; ~, *cz.* grać na flecie; wyżłobkować; **-player, flutist** (*flū'tist*) *rz.* flecista.
flutter (*flă'tə*) *rz.* trzepotanie skrzydłami; bicie (serca); niepokój; podniecenie; ~, *cz.* trzepotać skrzydłami, wiercić się, bić (o sercu); poruszać się; pomieszać, niepokoić.
fluvial (*flū'wiəl*) *pm.* rzeczny.
flux (*flă'ks*) *rz.* wypływ, powódź; nurt, flukt, bieg, tok; **-ion** (*flă'kszen*) *rz.* rachunek różniczkowy.
fly (*flaj'*) *rz.* mucha; Spanish ~, kantaryda; gad ~, ślepień; **-blow** jaja musze; **-blow** *cz.* składać jaja (o muchach); **-boat** *rz.* lekki statek; **-flap** *rz.* klapka na muchy; **-leaf** *rz.* wolna stronnica, kartka; **-paper**, papier na muchy; **-wheel** *rz.* koło rozpędowe.
fly (*flaj'*) *cz.* latać, uciekać, fruwać; rozpaść się; ~ at, rzucić się na kogoś; with -ing colours, z rozwiniętemi sztandarami; z honorem; ~, *rz.* dorożka.
foal (*fou'l*) *rz.* źrebię; with ~, źrebna; ~, *cz.* źrebić się.
foam (*fou'm*) *rz.* piana; ~, *cz.* pienić się, okrywać pianą; **-y** (*fou'mi*) *pm.* pienisty, pieniący się.
fob (*fo'b*) *rz.* kieszonka; **-doodle** *rz.* głupiec; ~, *cz.* okpić, drwić; ~ off upon one, ubrać kogoś w coś.
foc-al (*fou'kel*) *pm.* (*fiz.*) ogniskowy; **-us** (*fou'kəs*) *rz. lmn.* **focuses,** lub **foci** (*-əs, fou'saj*) (*fiz.*) ognisko; in ~, ostry; out of ~, nieostry; ~, *cz.* skupić.
fodder (*fo'də*) *rz.* pasza, strawa bydlęca; ~, *cz.* karmić (bydło).
foe (*fou'*) *rz.* wróg, nieprzyjaciel.
foetus (*fī'təs*) *rz.* zarodek.
fog (*fo'g*) *rz.* mgła; ~, *cz.* zaćmić; **-giness** (*fo'ginəs*) *rz.* mglistość; **-gy** (*fogi*) *pm.* mglisty.
foible (*foj'bel*) *rz.* słaba strona, słabostka, słabość.
foil (*foj'l*) *rz.* floret, ozdoba; liść (złota); stanjola; (*myśl.*) trop; ~, *cz.* odparować, zniweczyć.
foist (*foj'st*) *cz.* podrzucić; podsunąć.
fold (*fou'ld*) *rz.* zagroda, owczarnia; fałda; wyłóg; zwój; zgięcie; uścisk; ~, *cz.* złożyć; fałdować; objąć (w ramiona); skrzyżować (ręce); ~ back, odgiąć; **-er** *rz.* składający; gładyszka; tęczka; lornetka.
folia-ceous (*fouljej'szəs*) *pm.* liściasty; **-ge** (*fou'liedż*) *rz.* liście, listowie; **-te** (*foljej't*) *pm.* liśćmi pokryty, liściowaty; **-tion** (*fouljej'szen*) *rz.* okrywanie się liśćmi; rozłupywanie na blaszki.
folio (*fou'liou*) *rz.* foljał, foljo.
folk (*fou'k*) *rz.* lud; **-s** *rz. lmn.* ludzie; the ~ ~ at home, swoi; **-lore** (*fou'klōə*) *rz.* folklor.
folli-cle (*fo'likel*) *rz.* torebka; **-cular** (*foli'kjulə*) *pm.* strączkowy, torebkowy.
follow (*fo'lou*) *cz.* iść za kimś, czemś; następować; stosować się do; uważać; być czyimś stronnikiem; wynikać, wypływać; naśladować; **-er** *rz.* stronnik, zwolennik, uczeń; **-ing** *rz.* posłuch, mir.
folly (*fo'li*) *rz.* szaleństwo.
foment (*foume'nt*) *cz.* naparzyć, nagrzewać; przykładać kompresy; zagrzewać do; podżegać; **-ation** (*foumentej'szen*) *rz.* zagrzewanie; ciepłe kompresy.
fond (*fo'nd*) *pm.* lubiący, kochający, czuły; ukochany; zamiłowany w czem; **-le** (*fo'ndel*) *cz.* pieścić; cackać; **-ly** (*fo'ndli*) *pm.* czule, serdecznie; **-ness** *rz.* upodobanie w czem; miłość, przywiązanie.
font (*fo'nt*) *rz.* chrzcielnica.
fontanel(le) (*fontəne'l*) *rz.* (*anat.*) ciemię.
food (*fū'd*) *rz.* pokarm, pożywienie, strawa, żywność.
fool (*fū'l*) *rz.* głupiec, kiep, dureń; szalony; make a ~ of oneself, zbłaźnić się; all ~s'day, prima aprilis; ~, *cz.* okpić; ~ away, zmarnować; **-ery** (*-əri*) *rz.* głup-

stwo, głupota, błazeństwo; **-hardy** *pm.* zbyt śmiały, śmiałek; **-ish** (*fū'lisz*) *pm.* głupi, durny; nierozważny; niemądry; niegodziwy (w Biblji); **-'s cap** *rz.* dzwonki i czapka błazeńska; format papieru (15 × 17 cali ang.).
foot (*fū't*) *rz.* (*lmn.* **feet** *fī't*), stopa; noga; piechota; stan; stopa (*fig.*); podstawa, dół; stopa jako miara długości *cm* 30, 48; postument; on ~, pieszo, piechotą; set on ~, uruchomić; ~, *cz.* iść, stąpać, uregulować (rachunek); wynosić (w sumie); **-ball** *rz.* piłka nożna; **-board** *rz.* stopień (u powozu); **-boy** *rz.* pikolo; **-bridge** *rz.* kładka; **-cloth** *rz.* dywanik pod nogi; czaprak na konia; **-fall** *rz.* krok; **-gear** *rz.* obuwie; **-guards** *rz. lmn.* gwardja piesza; **-hold** *rz.* oparcie dla nóg, podpora; **-ing** (*-iŋ*) *rz.* krok, podnóżek, punkt oparcia; stopa; stosunki; komitywa; **-less** *pm.* bez nóg, bezpodstawny; **-man** *rz.* służący; **-note** *rz.* odnośnik, uwaga; **-pace** *rz.* krok spacerowy; **-pad** *rz.* pieszy rozbójnik; **-path** *rz.* ścieżka; **-print** *rz.* ślad; **-stalk** *rz.* szypułka; **-step** *rz.* krok, ślad, stopa; **-stool** *rz.* stołeczek pod nogi; **-way** *rz.* ścieżka.
foozle (*fū'zεl*) *cz.* spartaczyć.
fop (*fo'p*) *rz.* fircyk; **-pery** (*fo'pəri*) *rz.* fircykowatość; **-pish** *pm.* fircykowaty.
for (*fō'ə*) *pi.* bowiem, iż; ponieważ; na; dla; za; (o cenie) po; na korzyść; pomimo; co do; o (co); przez (o przeciągu czasu); po (kogo, co); gdyż, bo; albowiem; ~ all that, pomimo to wszystko; ~ certain, na pewno; ~ fear of, z obawy, że; ~ once, na ten raz; ~ pity, przez litość; ~ aught, o ile; as ~, co się tyczy; ~ shame! wstyd!
forage (*fo'rεdż*) *rz.* furaż; ~, *cz.* furażować; **-r** (*fo'redżə*) *rz.* furażer.
foramen (*forej'mən*) *rz. lmn.* **-mina** (*-'minə*) (*anat.*) otwór.
forasmuch as (*forəsmă'cz*) zważywszy, że; wobec tego, że.
foray (*fo'rej*) *rz.* najazd, zajazd; ~, *cz.* zrobić najazd.
forbade (*forbej'd*) *cz.* od **forbid.**
forbear* (*fōbē'ə*) *cz.* wstrzymać się od, unikać, wystrzegać się, pobłażać; zaniechać; **-ance** (*fōbē'rεns*) *rz.* wstrzymanie się; wyrozumiałość; pobłażanie.
forbid* (*fəbi'd*) *cz.* zakazać, zabronić; nie dopuścić; heaven ~! God ~! uchowaj Boże! Boże broń!; **-ding** *pm.* zakazujący, odrażający, nieprzyjemny.
forbore (*fōbō'ə*) **forborn** (*fōbō'n*) od **forbear.**
force (*fō's*) *rz.* siła, moc, gwałt, przemoc; znaczenie; ważność; in ~, w mocy, obowiązujący; ~, *cz.* przymuszać, zmusić; wyłamać (drzwi); rozbić (zamek); zgwałcić; przemóc; ~ in, weprzeć; ~ upon, narzucić komuś; wymóc na kimś; **-dly** *ps.* siłą, gwałtem; **-ful** *pm.* silny, przekonywujący; **-less** *pm.* słaby; bezsilny; **-meat** *rz.* mięso siekane.
forceps (*fō'seps*) *rz.* kleszcze.
forcible (*fō'sibεl*) *pm.* mocny; przekonywujący, dosadny; **-ness** *rz.* siła; dobitność.
ford (*fō'd*) *rz.* bród; ~, *cz.* przejść w bród, przebrnąć; przeprawiać się.
fore = przedrostek odpowiadający polskiemu przedrostkowi prze- lub przed- w czasownikach i przymiotnikach; często tłumaczy się przez użycie wyrazów naprzód, zgóry, powyżej, przedni.
fore (*fō'ə*) *rz.* przód, czoło; ~, *pm.* przedni, poprzedzający, uprzedni; ~, *ps.* wprzód, ~ and aft, na przodzie i tyle okrętu; **-arm** *rz.* przedramię; **-bode** (*fōbou'd*) *cz.* wróżyć; zapowiadać; **-boding** (*-bou'diŋ*) *rz.* wróżba, przeczucie; **-cast** (*fō'kāst*) *rz.* przewidywanie; przepowiednia; prognoza; ~, (*fōkā'st*) *cz.* przepowiadać, przewidywać; **-castle** (*fo'ksεl*) *rz.* izba sypialna majtków; przód okrętu; **-close** (*-klouz*) *cz.* przesądzać; wykluczyć; uznać za przepadły; **-closure** (*-klou'żə*) *rz.* termin prekluzyjny; **-date** (*-dej't*) *cz.* antydatować; **-deck** (*fō'dek*) *rz.* przedni pomost; **-do** (*-dū'*) *cz.* uprzedzić; **-doom** (*-dū'm*) *cz.*

zgóry skazać; **-end** (*-end*) *rz.* przód; **-father** (*fō'fāðə*) *rz.* przodek; **-finger** (*-fingə*) *rz.* palec wskazujący; **-foot** (*-fut*) *rz.* przednia noga; **-go*** (*-gou'*) *cz.* odstąpić, zaniechać, zrzec się, poprzedzać; **-ground** (*-graund*) *rz.* przedni (pierwszy) plan; **-handed** *pm.* wczesny, rychły; **-head** (*fo'rəd, fō'hed*) *rz.* czoło.

foreign (*fō'ren*) *pm.* cudzoziemski, obcy, zagraniczny, obcokrajowy; ~ Office, Min. Spraw Zagr.; **-er** (*fo'renə*) *rz.* cudzoziemiec, obcokrajowiec; **-ness** (*fo'rennəs*) *rz.* obcość.

fore-judge (*fōdżā'dż*) *cz.* przesądzić; **-know*** *cz.* wiedzieć zgóry; **-land** (*fō'lænd*) *rz.* przylądek, cypel; **-leg** (*fō'leg*) *rz.* przednia noga; **-lock** *rz.* grzywka; zatyczka; **-man** (*fō'mæn*) *rz.* werkmistrz; majster; **-most** (*fō'moust*) *pm.* przedni, pierwszy; ~, *ps.* na samym przedzie, najpierw; **-name** (*fō'nejm*) *rz.* imię chrzestne; **-noon** (*fō'nūn*) *rz.* przedpołudnie.

forensic (*fore'nsik*) *pm.* sądowy.

fore-ordain (*forōdej'n*) *cz.* przeznaczyć zgóry; **-part** (*fō'pā't*) *rz.* część przednia, przód, początek; **-runner** (*-rā'nə*) *rz.* poprzednik, zwiastun; przepowiednia, wróżba; **-say*** (*-sej*) *cz.* przepowiedzieć; **-see*** (*-sī'*) *cz.* przewidzieć; **-shadow** (*-szæ'dou*) *cz.* zapowiadać; **-show** (*-szou'*) *cz.* zapowiedzieć, zwiastować; wróżyć; **-sight** (*-fō'sajt*) *rz.* przewidywanie, przezorność; **-skin** (*fō'skin*) *rz.* napletek, obrzezek (*anat.*).

forest (*fo'rəst*) *rz.* las, bór; **-er** (*fo'rəstə*) *rz.* leśniczy; **-ry** (*fo'rəstri*) *rz.* leśnictwo; lasy.

fore-stall (*fōstō'l*) *cz.* wyprzedzić; wykupić towar; **-taste** (*fō'tejst*) *rz.* przedsmak; **-tell*** (*fōte'l*) *cz.* przepowiadać, wróżyć; **-thought** (*fō'ϑot*) *rz.* przezorność; namysł, **-token** (*fō'tou'kεn*) *rz.* omen, prognostyk; wróżba; **-top** (*fō'top*) *rz.* bocianie gniazdo (*mar.*); **-top-gallant** (*fōtopgæ'lənt*) *rz.* fok-bokbram; **-top-sail** *rz.* foktopsel (żagiel); **-warn** (*-uō'n*) *cz.* przestrzec, ostrzec; **-woman** (*-uū'mən*) *rz.* kierowniczka; **-word** (*-uə'd*) *pm.* przedmowa, słowo wstępne; **-yard** (*fō'jād*) *rz.* najniższa reja na fokmaszcie.

forfeit (*fō'fit*) *rz.* utrata, konfiskata; ~, **-ed** *pm.* stracony, postradany; ~, *cz.* stracić, utracić; **-ure** (*fō'ficzə*) *rz.* utrata.

forfend (*fōfe'nd*) *cz.* uchować.

forgave (*fogej'w*) *cz.* od **forgive.**

forge (*fō'dż*) *rz.* kuźnia, hamernia; ~, *cz.* kuć, ukuć; zmyślić; sfałszować; ~ ahead, dążyć naprzód; **-r** *rz.* kowal, hamernik; fałszerz (dokumentów); **-ry** (*-əri*) *rz.* fałszerstwo.

forget* (*fəge't*) *cz.* zapomnieć, zapominać; **-ful** (*fəge'tful*) *pm.* niepomny, mający krótką pamięć; **-me-not** (*-minot*) *rz.* (*bot.*) niezapominajka.

forgive* (*fəgi'w*) *cz.* puścić w niepamięć; darować (winę); wybaczyć; **-ness** (*-wnəs*) *rz.* przebaczenie, odpuszczanie (kary, winy).

forgo, forego* (*fōgou'*), *cz.* wyrzekać się, rezygnować.

forgot, forgotten od **forget.**

fork (*fō'k*) *rz.* widelec, grabki, widły; rozwidlanie się; ~, *cz.* nakładać, brać widłami, rozwidlać się; ~ out (gwar.) (za)płacić; **-ed** (*fō'kt*) *pm.* widlasty, rosochaty; rozdwojony; **-y** *pm.* widlasty, rozdwojony.

forlorn (*fōlō'n*) *pm.* opuszczony, nieszczęśliwy; **-hope** *rz.* (*mil.*) oddział szturmowy (przeznaczony na stracenie).

form (*fō'm*) *rz.* forma, kształt, postać; formalność; formy (towarzyskie); klasa, ława (w szkole); formularz; blankiet, formułka; kotlinka zajęcza; układ (*druk.*); ~, *cz.* kształcić, tworzyć (się), formować (się); **-al** (*fō'mεl*) *pm.* foremny, regularny; formalny; prawidłowy; oficjalny, ceremonjalny; urzędowy; **-ist** (*fō'məlist*) *rz.* formalista; **-ality** (*fomæ'liti*) *rz.* formalność, forma, ceremonja; **-alize** (*foməlaj'z*) *cz.* formalizować, robić ceremonje; legalizować; **-ally** *ps.* formalnie, urzędowo, oficjalnie; **-ation** (*fomej'szεn*) *rz.* formacja; budowa, kształt; **-ative**

(*fō'mətiw*) *pm.* kształtujący, tworzący.
former (*fō'mə*) *pm.* dawny, poprzedni; pierwszy; **-ly** *ps.* dawniej, przedtem, poprzednio.
formic (*fō'mik*) *pm.* mrówczany.
formidable (*fō'midəbel*) *pm.* straszny, groźny, okropny; potężny.
formless (*fō'mles*) *pm.* bezkształtny.
formula (*fō'mjulə*) *rz.* *lmn.* **formulae** lub **formulas** (*fō'mjulej*, *fō'mjuləs*) *rz.* formuła, przepis, recepta; **-ry** (*fō'mjuləri*) *rz.* (przepisana) forma, formularz, przepisy; ~, *pm.* przepisowy; **-te** (*fō'mjulejt*) *cz.* formułować.
fornica-te (*fō'nikejt*) *cz.* cudzołożyć; **-tion** (*fōnikej'szen*) *rz.* nierząd, cudzołóstwo.
forsake* (*fōsej'k*) *cz.* opuścić, porzucić, zaprzeć się.
forsooth (*fōsū'þ*) *ps.* zaiste.
forspent (*fōspe'nt*) *pm.* wyczerpany.
forswear* (*fōsuē'ə*) *cz.* odprzysiąc się, wypierać się; ~ oneself, krzywoprzysięgać.
fort (*fō't*) *rz.* (*mil.*) fort.
forth (*fō'þ*) *ps.* naprzód, dalej, nadal, nazewnątrz, na świat; and so ~, i tak dalej; przedrostek odpowiadający polsk. przedrostkowi wy-; **-coming** *pm.* nadchodzący; spodziewany; mający się pojawić; nastający; **-right, -s** (*fō'þrajt, -s*) *ps.* wprost, natychmiast; **-with** (*fōþui'ð, -uiþ*) *ps.* zaraz, natychmiast.
forti-fication (*fōtifikej'szen*) *rz.* szańce, fortyfikacja; **-fy** (*fō'tifaj*) *cz.* wzmocnić, pokrzepić; obwarować; **-tude** (*fō'titjūd*) *rz.* hart (duszy), męstwo.
fortnight (*fō'tnajt*) *rz.* dwa tygodnie; this day ~, a ~ hence, od dziś za dwa tygodnie; **-ly** *pm.* dwutygodniowy.
fortress (*fō'tres*) *rz.* twierdza.
fortuitous (*fōtju'itəs*) *pm.* przypadkowy; **-ness, fortuity** *rz.* przypadkowość; przypadek.
fortunate (*fō'czənət*) *pm.* szczęśliwy, pomyślny; **-ly** *ps.* szczęśliwie, na szczęście.
fortune (*fō'czen*) *rz.* fortuna, los, dola, powodzenie, majątek, szczęście; traf, przypadek; good ~, szczęście; ill ~, nieszczęście; by ~, przypadkiem; **-teller** *rz.* wróżbita, wróżka.
forty (*fō'ti*) *licz.* czterdzieści.
forum (*fō'rəm*) *rz.* forum.
forward (*fō'uəd*), **-s** *pm.* na przedzie będący, przedni; przedwczesny; chętny, ochoczy, pochopny; bliski; postępowy; ~, *cz.* przyśpieszyć, posuwać naprzód; posłać, przesyłać; pomagać; popierać; **~s** *ps.* naprzód, przed siebie, dalej; na przedzie; zgóry; **-ing** *rz.* przesyłka; **-ly** *ps.* wcześnie, ochoczo, śpiesznie; **-ness** *rz.* pośpiech, pochopność.
fosse (*fo's*) *rz.* rów, fosa, wyżłobienie.
fossil (*fo'sil*) *rz.* (*geol.*) skamieniałość; ~, *pm.* kopalny, skamieniały.
foster (*fo'stə*) *rz.* pożywienie; ~, *cz.* żywić, pieścić (*fig.*) popierać; piastować (dziecko); hodować; pielęgnować; **-age** (*fo'stəredż*) *rz.* pielęgnowanie; **-brother** *rz.* brat mleczny; **-child** *rz.* wychowaniec, wychowanka; **-father** *rz.* opiekun; **-ling** *rz.* wychowanek, protegowany; **-mother** *rz.* opiekunka; **-sister** *rz.* siostra mleczna.
fostress (*fo'stres*) *rz.* opiekunka.
fought (*fō't*) *cz.* od **fight.**
foul (*fau'l*) *rz.* kolizja, zawikłanie; ~, *pm.* brudny, plugawy, stęchły, nieczysty, mętny, zaśmierdziały; sprośny; brzydki; nieuczciwy, niegodziwy; zatkany; haniebny; ~, *cz.* splugawić, spaskudzić; run ~ of, najechać na; **-copy** bruljon.
found (*fau'nd*) od **find;** ~, *cz* zakładać, założyć; fundować; opierać; ugruntować; odlewać, lać w formy; **-ation** (*faundej'szen*) *rz.* założenie, grunt; podstawa; fundament, fundacja; **-er** *rz.* założyciel, fundator.
found-er (*fau'ndə*) *rz.* ludwisarz; **-ry** *rz.* odlewnia, ludwisarnia.
founder (*fau'ndə*) *rz.* ochwat; ~, *cz.* ochwacić (się); zawalić (się); zatonąć.
foundling (*fau'ndliŋ*) *rz.* podrzutek.

fount (*fau'nt*) *rz.* źródło, odlew.
fountain (*fau'nten*) *rz.* źródło, fontanna, wodotrysk; **-head** *rz.* źródło; ~ **pen** *rz.* wieczne pióro.
four (*fō'ə*) *licz.* cztery; ~, *rz.* czwórka; pożyczka 4%-wa; on all -s, na czworakach; ~in hand, zaprząg czterokonny; **-fold** *pm.* czterokrotny; ~, *ps.* czterokrotnie; w czwórnasób; **-score** (*fō'e-skōə*) osiemdziesiąt; **-square** *pm.* kwadratowy; solidny; **-wheeler** *rz.* czterokołowa dorożka.
fourteen (*fōtī'n*) *licz.* czternaście.
fowl (*fau'l*) *rz.* ptactwo, ptaki, drób; ~, *cz.* łowić ptaki, polować na ptaki; **-er** (*fau'lə*) *rz.* ptasznik; **-ing-piece** *rz.* strzelba.
fox (*fo'ks*) *rz.* lis; **-brush** *rz.* lisia kita; **-glove** *rz.* (*bot.*) naparstnica; **-tail** *rz.* kita lisia; (*bot.*) wyczyniec; **-terrier** *rz.* foksterjer (pies); **-y** (*fo'ksi*) *pm.* lisi; chytry, podstępny.
fraction (*fræ'kszen*) *rz.* ułamek, **-al** (*fræ'kszənel*) *pm.* ułamkowy, cząstkowy; **-ize** (*-ajz*) *cz.* rozdrabniać.
fractious (*fræ'kszəs*) *pm.* kłótliwy, uparty, oporny.
fracture (*fræ'kczə*) *rz.* złamanie; fraktura; ~, *cz.* złamać, zdruzgotać.
fragi-le (*fræ'dżil, -ajl*) *pm.* łomny, kruchy, słaby, łamliwy; **-lity** (*frædżi'liti*) *rz.* kruchość.
fragment (*fræ'gmənt*) *rz.* ułamek, urywek, fragment, odłamek; **-ary** (*-əri*) *pm.* urywkowy; fragmentaryczny.
fragran-ce, -cy (*frej'grəns, -i*) *rz.* woń, zapach; **-t** (*frej'grənt*) *pm.* pachnący, wonny.
frail (*frej'l*) *rz.* koszyk, plecionka.
frail (*frej'l*) *pm.* słaby, łamliwy, kruchy; znikomy; **-ness, -ty** (*-nəs, -ti*) *rz.* słabość, kruchość.
frame (*frej'm*) *rz.* zrąb, budowa, rama, oprawa; obramowanie; kształt, skład; inspekt; usposobienie, humor; ~, *cz.* kształtować, budować, oprawiać, osadzać, tworzyć, wyrazić; **-work** (*frej'muək*) *rz.* szkielet, fundament.
franc (*fræ'ŋk*) *rz.* frank (moneta).
franchise (*fræ'ncziz, -czajz, frā'n-*) *rz.* przywilej, swoboda; immunitet; prawo głosowania.
frank (*fræ'ŋk*) *pm.* szczery; otwarty; ~, *cz.* uwolnić od podatku.
frankincence (*fræ'ŋkinsens*) *rz.* kadzidło.
franklin (*fræŋklin*) *rz.* wolny rolnik.
frantic (*fræ'ntik*) *pm.* zapamiętały, frenetyczny.
frap (*fræ'p*) *cz.* mocno przywiązać.
fratern-al (*frətə̄ nel*) *pm.* bratni, braterski; **-ity** (*frətə̄'niti*) *rz.* braterstwo; brać, cech; **-ize** (*fræ'tənajz*) *cz.* bratać się.
fratricide (*fræ'trisajd*) *rz.* bratobójstwo; bratobójca.
fraud (*frō'd*) *rz.* oszukaństwo, defraudacja; oszust; **-ulence**, **-ulency** (*frō'djuləns, -i*) *rz.* oszukaństwo, szalbierstwo; **-ulent** (*-julənt*) *pm.* szalbierczy.
fraught (*frō't*) *pm.* obciążony, obładowany, pełny, brzemienny.
fray (*frej'*) *rz.* bójka, burda; ~, *cz.* trzeć, przecierać; postrzępić.
freak (*frī'k*) *rz.* kaprys, fochy, dąsy, wybryk; **-ish** (*frī'kisz*), **-ful** *pm.* kapryśny.
freckle (*fre'kel*) *rz.* pieg; ~, *cz.* piegowacieć; **-d** (*fre'keld*) *pm.* piegowaty.
free (*frī'*) *pm.* wolny, swobodny, niezależny, bezpłatny; niewymuszony; hojny; ~, *cz.* uwolnić, wyzwolić, wyswobodzić; **-booter** (*-būtə*) *rz.* korsarz; **-dom** (*frī'dem*), **-ness** (*-nəs*) *rz.* wolność, swoboda, niezależność, szczerość, łatwość, wolny użytek; **-footed** *pm.* idący posuwistym krokiem; **-handed** *pm.* nieskrępowany, hojny; **-hold** *rz.* wolna własność gruntowa; **-holder** *rz.* właściciel gruntowy, dzierżawca dożywotni; **-masonry** *rz.* masonerja, wolnomularstwo; **-spoken** *pm.* szczery; otwarty; **-stone** *rz.* ciosowy kamień, piaskowiec; **-thinker** *rz.* wolnomyśliciel; **-trade** *rz.* wolny handel.
freeze (*frī'z*) *cz.* marznąć, zamrażać; mrozić.
freight (*frej't*) *rz.* fracht; przewóz; ~, *cz.* ładować (na okręt), wynająć okręt; **-er** *rz.* frachtujący.

French (*fre'ncz*) *rz.* mowa francuska; ~, *pm.* francuski; **~horn** waltornia; **-man** Francuz; **~-window**, oszklone drzwi.
fren-zied (*fre'nzid*) *pm.* wściekły, szalony, zapamiętały; **-zy** (*fre'nzi*) *rz.* wściekłość; szał.
frequen-cy (*frī'kuənsi*) *rz.* częstotliwość; (elektr.) napięcie; **-t** (*frī'kuənt*) *pm.* częsty; ~, (*frī'kuənt*) *cz.* uczęszczać, chodzić; **-tation** (*frikuəntej'szεn*) *rz.* uczęszczanie, bywanie; **-tative** (*frikue'ntətiw*) *pm.* wielokrotny, częstotliwy; **-ter** (*frikue'ntə*) *rz.* bywalec; **-tly** *ps.* często.
fresco (*fre'skou*) *rz.* fresk.
fresh (*fre'sz*) *pm.* świeży, odświeżający, chłodny; niedoświadczony; słodka (woda); nowy; ~, *rz.* świeżość, chłód; **-en** (*fre'szεn*) *cz.* ochłodzić (się), odświeżyć; **-ly** *ps.* świeżo, dopiero co; **~water** *rz.* woda słodka; **water-sailor** *rz.* marny majtek.
freshet (*fre'szət*) *rz.* zalew.
fret (*fre't*) *rz.* wrzenie, gniew, niepokój; ~, *rz.* rzeźba; ozdoba; ~, *cz.* przegryźć; rozdrażnić (się); burzyć się; niepokoić (się); ozdabiać; **-ful** (*fre'tful*) *pm.* niespokojny; rozdrażniony; **-saw** *rz.* laubzega; **-work** *rz.* robota laubzegowa.
friable (*fraj'əbεl*) *pm.* kruchy, sypki, miałki.
friar (*fraj'ə*) *rz.* mnich; zakonnik; black ~, Dominikanin; grey ~, Franciszkanin; white ~, Karmelita; **-ly** *ps.* zakonniczy, mnisi; **-y** (*fraj'əri*) *rz.* klasztor.
fribble (*fri'bεl*) *rz.* bałamut, szałaput; ~, *cz.* bałamucić.
fricassee (*frikæsī'*) *rz.* frykas; potrawka.
friction (*fri'kszεn*) *rz.* wcieranie, frykcja, tarcie.
Friday (*fraj'di*) *rz.* piątek; Good ~, wielki piątek.
friend (*fre'nd*) *rz.* przyjaciel, przyjaciółka; make -s, zaprzyjaźnić się; pogodzić się; **-liness** *rz.* przyjacielskość; życzliwość; **-ly** (*fre'ndli*) *pm.* przyjacielski, przyjazny, życzliwy; ~ society, towarzystwo wzajemnej pomocy; **-ship** *rz.* przyjaźń.
frieze (*frī'z*) *rz.* fryz (*arch.*); baja.
frigate (*fri'gət*) (*mar.*) *rz.* fregata; **-bird** *rz.* fregata (ptak).
fright (*fraj't*) *rz.* strach, przerażenie; take ~ (at), przestraszyć się; **-en** (*fraj'tεn*) *cz.* straszyć, nastraszyć; ~ away, odstraszyć; **-ful** (*fraj'tful*) *pm.* straszny, okropny.
frigid (*fri'dżid*) *pm.* zimny, (*fig.*) oziębły; **-ity, -ness** (*-'iditi, -'idnəs*) *rz.* oziębłość, chłód.
frill (*fri'l*) *rz.* żabot; ozdoba.
fring-e (*fri'ndż*) *rz.* frendzla; grzywka (z włosów); ~, *cz.* ozdobić frendzlą; frendzlować; **-y** (*fri'ndżi*) *pm.* frendzlowany.
frippery (*fri'pəri*) *rz.* tandeta, starzyzna, lichota.
frisk (*fri'sk*) *rz.* sus, wybryk wesołości; ~, *cz.* brykać, wyskakiwać z radości; **-ily** *ps.* wesoło, **-iness** *rz.* wesołość; **-y** (*fri'ski*) *pm.* wesoły, brykający.
frit (*fri't*) *rz.* prażonka (*hutn.*).
frith (*fri'ß*) *rz.* zatoka; cieśnina, = **firth.**
fritillary (*fri'tiləri*) *rz.* (*bot.*), korona cesarska.
fritter (*fri'tə*) *rz.* smażenina; ~, *cz.* rozdrabniać; roztrwonić.
frivol-ity (*friwo'liti*) *rz.* płochość; fraszka, błahość; **-ous** (*fri'woləs*) *pm.* płochy, pusty, błahy.
frizz, frizzle (*fri'z, fri'zεl*) *rz.* kręte włosy; ~, *cz.* kręcić się (o włosach); fryzować; syczeć.
fro (*frou'*) *ps.* wtył, wstecz, to and ~, tam i zpowrotem.
frock (*fro'k*) *rz.* suknia; kitel, habit mniszy; stan duchowny; kapota; **-coat** *rz.* anglez.
frog (*fro'g*) *rz.* (*zool.*) żaba; **-gy** *pm.* żabi.
frolic (*fro'lik*) *rz.* figle, żarty; ~, *cz.* figlować, swawolić; **-some** *pm.* figlarny, swawolny.
from (*fro'm*) *pim.* z, od, dla, z powodu, od, odkąd; ~ **above** *ps.* zgóry; ~ **afar** *ps.* zdaleka; ~ **among** *ps.* z pomiędzy; ~ **behind** *ps.* ztyłu; ~ **hence,** ~ **here** *ps.* stąd; ~ **without** *ps.* z zewnątrz; ~ **within** *ps.* z wewnątrz.
frond (*fro'nd*) *rz.* liść zwinięty.
front (*frö'nt*) *rz.* czoło; przód; początek; front; gors (koszuli); in ~, przed, na przedzie; na-

przód; ~, *pm.* frontowy, przedni; ~, *cz.* stać naprzeciwko, stawić czoło; stanąć przed, wobec; kierować się ku; być zwróconym ku; **-age** (*frŭ'ntedż, fro'ntedż*) *rz.* fronton; front, wystawa (budynku); **-al** *pm.* frontowy; czołowy; **-ier** (*fro'ntjə, frŭ'ntjə, -tīə*) *rz.* granica; pogranicze; **-ispiece** (*frŭ'ntispis*) *rz.* karta tytułowa; **-less** *pm.* bezczelny, bezwstydny; **-let** (*frŭ'ntlət*) *rz.* przepaska na czoło; łeb zwierzęcia; **-stman** *rz.* subjekt urzędujący na przodzie sklepu.

frost (*fro'st*) *rz.* mróz; ~, *cz.* oszronić, zmarznąć; glazed ~, gołoledź; ~, white ~, szron; **-bitten** *pm.* przymrożony; **-ing** (*-iŋ*) *pr.* lukier; **-nailed** *pm.* podkuty ostro; **-work** *rz.* mróz na szybach; **-y** *pm.* mroźny, zmarzły, zimny; okryty szronem.

froth (*fro'þ*) *rz.* piana, pianka, szumowiny; ~, *cz.* pienić się, musować, szumować; **-y** *pm.* pieniący się; musujący, czczy.

froward (*frou'uəd*) *pm.* uparty; przewrotny; **-ness** *rz.* upór; przekora (przest.).

frown (*frau'n*) *rz.* kose spojrzenie; mars na czole, niezadowolenie; ~, *cz.* zmarszczyć czoło, krzywić się.

frowst (*frau'st*) *rz.* zaduch, duszne powietrze.

frowzy (*frau'zi*) *pm.* stęchły, niechlujny.

froze (*frou'z*), **-n** (*frou'zn*) *cz.* od **freeze.**

fruct-iferous (*frŭkti'fərəs*) *pm.* owocodajny; **-ification** (*frŭktifikej'szεn*) *rz.* owocowanie; **-ify** (*frŭ'ktifaj*) *cz.* wydawać owoce, przynosić owoc (korzyść, plon); **-uous** (*frŭ'kczuəs*) *pm.* owocny.

frugal (*frūgεl*) *pm.* oszczędny; skromny; **-ity** (*frugæ'liti*) *rz.* skromność, prostota.

fruit (*frū't*) *rz.* owoc; płód; korzyść, skutek; zysk; plon; ~, *cz.* owocować; **-erer** (*frū'tərə*) *rz.* handlarz owoców; **-ful** (*frū'tful*) *pm.* płodny, owocny; **-fully** *ps.* żyźnie, obficie; **-ion** (*frui'szεn*) *rz.* korzystanie z owoców (*np.* pracy); **-less** *pm.* bezowocny; płonny, daremny.

frumenty (*frū'mənti*) *rz.* zacierka.

frump (*frŭ'mp*) *rz.* kobieta starodawna.

frustra-te (*frŭ'strejt*) *cz.* udaremnić, uniemożliwić, zawieść; **-tion** (*frŭstrej'szεn*) *rz.* udaremnienie, zawód.

frutescent (*frūte'sənt*) *pm.* (*bot.*) krzewny, krzaczasty.

fry (*fraj'*) *rz.* rój rybek; narybek; młodzina; smażenina; ~, *cz.* smażyć.

fubsy (*fŭ'bsi*) *pm.* przysadkowaty.

fuchsia (*fju'sziə, fju'szə*) *rz.* fuksja (*bot.*).

fucus (*fju'kεs*) *rz. lmn.* **fuci** (*fju'saj*) wodorost.

fuddle (*fŭ'dεl*) *cz.* spoić, spić się, zamroczyć; ~, *rz.* pijatyka.

fudge (*fŭ'dż*) *rz.* przechwałki; brednie; ~, *cz.* sklecić.

fuel (*fjū'əl*) *rz.* opał; ~, *cz.* utrzymywać ogień, palić.

fugacious (*fjugej'szəs*) *pm.* ulotny, znikający; lotny.

fugitive (*fjū'dżitiw*) *rz.* zbieg, uciekinier; wygnaniec; ~, *pm.* uciekający, przelotny.

fugleman, fugelman (*fjū'gεlmæn*) *rz.* wzór; wodzirej.

fugue (*fjū'g*) *rz.* (*muz.*) fuga.

fulcrum (*fŭ'lkrəm*) *rz.* *lmn.* fulcrums, lub **fulcra** (*fŭ'lkrə*) punkt oparcia.

fulfil (*fulfi'l*) *cz.* dokonać, spełniać, wypełniać; wykonać; **-ment** (*-mənt*) *rz.* dopełnienie, wypełnienie, wykonanie, spełnienie (się).

fulgent (*fŭl'dżεnt*) *pm.* błyszczący.

full (*fu'l*) *rz.* zupełność, sytość; komplet; ~, *pm.* pełny, napełniony; cały, zupełny, kompletny; syty; obfity; okrągły; ~, *ps.* pełno, zupełnie, w pełni, całkowicie, wprost, bardzo; ~ of oneself, zarozumiały; of ~ age, pełnoletni; **-blood** *pm.* czystej krewi; **-blown** *pm.* (*bot.*) rozwinięty; **-dress** *rz.* strój wieczorowy; **-grown** *pm.* dorosły; **-ness** patrz **fulness**; **-power** pełnomocnictwo; **-speed** *rz.* cwał, galop; at ~ ~, całą parą; **-stop** *rz.* (*gram.*) kropka; **-well** *ps.* bardzo dobrze; **-y** (*fu'li*) *ps.* całkowicie, całkiem.

full (*fu'l*) *cz.* foluszować; **-er** (*fu'lə*) *rz.* folusznik.
fulmina-nt (*fă'lminənt*) *pm.* piorunujący; **fulmine** (*fă'lmin*), **-te** (*fă'lminejt*) *cz.* grzmieć; piorunować; wybuchać z hukiem; miotać pioruny; (*chem.*) pękać z trzaskiem; ~ excommunication, rzucić klątwę kościelną; **-tory** (*fă'lminətori*) *pm.* piorunujący.
fulness (*fu'lnəs*) *rz.* pełność, pełnia.
fulsome(*fu'lsəm*)*pm.* obrzydliwy.
fulvous(*fă'lwəs*)*pm.* ciemnobury.
fumble (*fă'mbεl*) *cz.* grzebać, macać; **-r** *rz.* niezdara; partacz.
fum-e (*fjū'm*) *rz.* dym, para, gniew, złość, fochy; ~, *cz.* dymić się; okadzać; złościć się; **-igate** (*fjū'migejt*) *cz.* wędzić, okadzać; **-igation** (*fjumigej'szεn*) *rz.* uwędzenie, dezynfekowanie; okadzenie; **-itory** (*fjū'mitori*) *rz.* kokorycz (*bot.*).
fun (*fă'n*) *rz.* żart, zabawa, rozrywka; uciecha; for ~, in ~, żartem, dla żartu.
function (*fă'ŋkszen*) *rz.* czynność, działanie, urząd, funkcja; **-al** (*fă'ŋkszənεl*) *pm.* funkcjonalny; **-ary** (*-əri*) *rz.* urzędnik.
fund (*fă'nd*) *rz.* fundusz, zasób; ~, *cz.* lokować kapitał; **-ament** (*fă'ndəmənt*) *rz.* podstawa, zad; **-amental** (*făndəme'ntεl*) *pm.* fundamentalny, źródłowy, zasadniczy.
funer-al (*fjū'nərεl*) *rz.* pogrzeb; **-eal** (*fjunī'rjəl*) *pm.* pogrzebowy, żałobny, smutny.
fung-ous (*fă'ŋgəs*) *pm.* grzybiasty; **-us** (*fă'ŋgəs*) *rz.* *lmn.* **fungi** (*fă'ŋdżaj*) grzyb.
funicular (*fjuni'kulə*) *pm.* linowy.
funk (*fă'ŋk*) *rz.* (gwar.) strach; ~, *cz.* stchórzyć.
funnel (*fă'nεl*) *rz.* lejek; komin.
funny (*fă'ni*) *pm.* śmieszny, zabawny, komiczny; **-bone** występ kostny na łokciu.
fur (*fə'*) *rz.* kożuch, futro; (*bot.*) puszek; (*med.*) nalot (na języku).
furbelow (*fə'belou*) *rz.* falbana; **-s** *lmn.* stroje.
furbish (*fə'bisz*) *cz.* polerować, czyścić; pucować. [dlenie.
furcation (*fəkej'szεn*) *rz.* rozwi-
furious (*fjū'riəs*) *pm.* wściekły, szalony, oszalały.
furl (*fə'l*) *cz.* zwijać; składać.
furlong(*fə'loŋ*) *rz.* miara długości, $^1/_8$ mili ang. = 200 metrów.
furlough (*fə'lou*) *rz.* urlop; ~, *cz.* urlopować, zwolnić.
furnace (*fə'nəs*) *rz.* piec; kocioł; blast ~, wysoki piec (*hutn.*).
furn-ish (*fə'nisz*) *cz.* dostarczyć, umeblować; opatrzyć (with); **-iture** (*fə'nicza*) *cz.* meble, umeblowanie; zawartość; uprząż.
furrier (*fă'riə*) *rz.* kuśnierz.
furrow (*fă'rou*) *rz.* bruzda, zmarszczka; rowek; ~, *cz.* bruzdować, pruć (ziemię, wodę); orać. [chaty.
furry (*fă'ri*) *pm.* futrzany, włochaty.
further (*fə'ðə*) *pm.* dalszy, odleglejszy; ~, *ps.* dalej, oprócz tego, nadto; co więcej; ~, *cz.* popierać, popchnąć; **-ance** (*fə'ðərəns*) *rz.* poparcie; **-more** (*-mōə*) *ps.* nadto; **-most** (*-moust*) *ps.* najdalej; ~, *pm.* najdalszy.
furthest (*fə'ðəst*) *pm.* najdalszy; ~, *ps.* najdalej, najwięcej.
furtive (*fə'tiw*) *pm.* ukradkowy, potajemny; **-ly** *ps.* ukradkowo, potajemnie.
furuncle (*fjū'rănkεl*) *rz.* (*med.*) czyrak.
fury (*fjū'ri*) *rz.* wściekłość, furja.
furz-e (*fə'z*) *rz.* janowiec (*bot.*); **-y** (*fə'zi*) *pm.* janowcowy.
fuscous (*fă'skəs*) *pm.* ciemny.
fuse (*fjū'z*) *cz.* topić, fuzjonować; spajać; ~, *rz.* lont.
fusee, fuzee (*fjūzī'*) *rz.* bęben zegarka.
fusi-bility (*fjūzibi'liti*) *rz.* topliwość; **-ble** (*fju'zibεl*) *pm.* topliwy.
fusil (*fjū'zil*) *rz.* fuzja; **-eer, -ier** (*fjūzilī'ə*) *rz.* strzelec.
fusion (*fjū'żεn*) *rz.* topienie (się), fuzja.
fuss (*fă's*) *rz.* hałas, zamieszanie, wrzawa; ~, *cz.* awanturować się; **-y** *pm.* kapryśny, wymagający, drobiazgowy.
fust (*fă'st*) **-iness** *rz.* stęchłość, zmurszałość; **-y** *pm.* stęchły, zapleśniały, zmurszały.
fustian (*fă'stjən*) *rz.* barchan; napuszystość; ~, *pm.* barchanowy, szumny; napuszony.

futil-e (*fjū'til, -tajl*) *pm.* błahy, czczy, próżny; **-ity** (*fjūti'liti*) *rz.* błahość, czczość, próżność.
futtocks (*fă'təks*) *rz. lmn.* żebra okrętu.
futur-e (*fjū'czə*) *rz.* przyszłość; (*gram.*) czas przyszły; ~, *pm.* przyszły; for the ~, in ~, na przyszłość; **-ist** (*fju'czurist*) *rz.* futurysta; **-ity** (*fjutjū'riti*) *rz.* przyszłość.
fuzz (*fă'z*) *rz.* baranki (z kurzu); **-ball** *rz.* purchawka; **-y** *pm.* lekki; zamglony; kręty (*np.* włosy).

G

gab (*gœ'b*) *rz.* gadanina, swada.
gabardine, gaberdine (*gœ'bədīn*) *rz.* chałat.
gabble (*gœ'bεl*) *rz.* gadanie, bełkotanie; ~, *cz.* paplać; bełkotać.
gabion (*gej'biεn*) *rz.* (*fort.*) *rz.* kosz szańcowy.
gable (*gej'bεl*) *rz.* szczyt dachu, dach śpiczasty; ściana szczytowa.
gaby (*gej'bi*) *rz.* dureń, głuptas.
gad (*gœ'd*) *w.* na Boga! ~, *rz.* **-fly** giez, bąk (owad); ~, *cz.* wałęsać się; **-about** (*gœ'dəbaut*) *rz.* włóczęga.
gael (*gej'l*) *rz.* szkot celtyckiego pochodzenia; **-ic** *pm.* celtycki.
gaff (*gœ'f*) *rz.* oścień; harpun; teatrzyk; **-er** *rz.* przodownik.
gag (*gœ'g*) *rz.* knebel; ~, *cz.* kneblować; **-bit** *rz.* wędzidło.
gage (*gej'dż*) *rz.* zastaw, rękojmia, wyzwanie; renkloda; ~, *cz.* dać rękojmię; zastawić.
gage (*gej'dż*) *rz.* = **gauge.**
gaggle (*gœ'gεl*) *cz.* gęgać.
gai-ety (*gej'əti*) *rz.* wesołość, zabawa; **-ly** *ps.* wesoło.
gain (*gej'n*) *rz.* zysk, korzyść; ~, *cz.* zyskać, zdobyć, osiągnąć; zjednać; wygrać, zarabiać; ~ ground, szerzyć się, mieć powodzenie; ~ time, zyskać na czasie; **-ful** (*-ful*) *pm.* zyskowny, korzystny; **-less** *pm.* niekorzystny.
gainsay (*gejnsej'*) *cz.* przeczyć, sprzeciwiać się.
gainst (*ge'nst, gej'nst*) = **against.**
gait (*gej't*) *rz.* chód.
gaiter (*gej'tə*) *rz.* kamasz, getr.
gala (*gej'lə*) *rz.* gala, uroczystość; **~day** dzień galowy.
galaxy (*gœ'ləksi*) *rz.* (*astr.*) droga mleczna; areopag
galbanum (*gœ'lbənεm*) *rz.* galban.
gale (*gej'l*) *rz.* wiatr, burza; czynsz; września (*bot.*).
galea (*gœ'liε*) *rz.* hełmek.
galiot, galliot (*gœ'liot*) *rz.* okręt kupiecki, galiota.
gall (*gō'l*) *rz.* żółć, gorycz; (*med.*) wilk; odparzelina; galas; **-bladder** worek żółciowy; ~ nut, galasowy orzech, galasówka, ~, *cz* otrzeć skórę; irytować; drażnić.
gallant (*gœ'lənt*) *rz.* szarmant; ~, *pm.* dzielny, waleczny, szarmancki, strojny; **-ry** *rz.* dzielność, waleczność, szarmanterja.
galleon (*gœ'lεən*) *rz.* galjon (okręt).
gallery (*gœ'ləri*) *rz.* korytarz, galerja; krużganek; (*kość.*) chór.
galley (*gœ'li*) *rz.* galera (statek); kuchnia na okręcie; **-slave** *rz.* galernik.
Gallic (*gœ'lik*) *pm.* galijski; francuski; **-ism** (*-isizεm*) *rz.* galicyzm.
gallic (*gœ'lik*) *pm.* galasowy.
galligaskins (*gœligœ'skins*) *rz. lmn.* szarawary.
gallimaufry (*gœlimō'fri*) *rz.* mieszanina; bigos.
gallinaceous (*gœlinej'szəs*) *pm.* z rodzaju kur.
gallivant (*gœ'liwœ'nt*) *cz.* wałęsać się.
gallon (*gœ'lən*) *rz.* galon (miara); wine ~, l. 3,79; ale ~, imperial ~, l. 4,54.
galloon (*gəlū'n*) *rz.* galon.
gallop (*gœ'ləp*) *rz.* galop, cwał; ~, *cz.* galopować, cwałować; **-ade** (*-opej'd*) *rz.* galopada (taniec).
galloway (*gœlouej'*) *rz.* mały konik.
gallows (*gœ'louz*) *rz.* szubienica.
galoche, galosh, galoshe (*gəlo'sz*) *rz.* kalosz.

galore (*gəlō'ə*) *ps.* w bród.
galvan-ic (*gælwæ'nik*) *pm.* galwaniczny; **-ize** (*gæ'lwənajz*) *cz.* galwanizować.
gambade (*gæmbej'd*), **gambado** (*-bej'dou*) *rz. lmn.* **-es** podskok, sus.
gambit (*gæ'mbit*) *rz.* gambit.
gambl-e (*gæ'mbɛl*) *rz.* hazard; ryzyko; ~, *cz* hazardować; ryzykować; **-er** *rz.* gracz, karciarz; ryzykant; **-ing** *rz.* karciarstwo, gra hazardowa; **-ing-house** *rz.* szulernia, dom gry.
gamboge (*gæmbū'ż*) *rz.* gumiguta.
gambol (*gæ'mbəl*) *rz.* skok, sus, fikanie koziołków; ~, *cz.* wyskakiwać (z radości); skakać.
game (*gej'm*) *rz.* gra, zabawa, partja; wygrana (w grze); zamysł, plan; zwierzyna, dziczyzna; (*fig.*) play the ~, postąpić uczciwie, lojalnie; ~, *pm.* skaleczony; ~, *cz.* ryzykować; **-cock** (*-kok*) *rz.* kogut, hodowany do walk koguciich; **-keeper** (*-kīpə*) *rz.* dozorca zwierzyny; **-some** *pm.* wesoły, zabawny, żartujący; figlarny; **-ster** (*gej'mstə*) *rz.* karciarz, gracz.
gammer (*gæ'mə*) *rz.* starucha.
gammon (*gæ'mən*) *rz.* oszustwo, humbug; połeć słoniny.
gamut (*gæ'mət*) *rz.* skala, gama (*muz.*).
gander (*gæ'ndə*) *rz.* gąsior (ptak).
gang (*gæ'η*) *rz.* banda, zgraja; przegon (bydła); komplet narzędzi; oddział robotników; ~, *cz.* iść; odejść, **-board, -plank** *rz.* kładka do wchodzenia na pokład; **-way** *rz.* przejście, pasaż, kładka, pomost.
ganger (*gæη'ə*) *rz.* starszy robotnik.
ganglion (*gæ'nglion*) *rz. lmn.* **-lia, -lions** gangljon.
gangren-e (*gæ'ηgrīn*) *rz.* gangrena, zgorzel; **-ous** (*gæ'ngrənɛs*) *pm.* zgangrenowany.
gangue (*gæ'ηg*) *rz.* złoże kruszcowe.
gannet (*gæ'net*) *rz.* gęś morska.
gantry (*gæ'ntri*) *rz.* gatr; lewar.
gaol (*dżej'l*) = **jail** *rz.* więzienie; **-er, -keeper** *rz.* dozorca więzienny.
gap (*gæ'p*) *rz.* otwór, szpara, luka; szczerba.
gape (*gej'p*) *rz.* rozdziawienie, otwór, ziewanie; ~, *cz.* rozdziawać usta, stać otworem; gapić się; **-r** *rz.* gap, gawron; the **-s**, ziewanie chorobliwe.
garage (*gærā'ż*) *rz.* garaż.
garb (*gā'b*) *rz.* ubiór, strój; mina; ~, *cz.* odziać, wystroić.
garbage (*gā'bɛdż*) *rz.* odpadki, śmiecie.
garble (*gā'bɛl*) *cz.* wybierać, przesiewać; przekręcać, zniekształcać.
garden (*gā'dɛn*) *rz.* ogród, sad; ~, *cz.* uprawiać ogród; **-er** (*gā'dnə*) *rz.* ogrodnik; **-house** *rz.* altanka; **-ing** (*-iη*) *rz.* ogrodnictwo; **-stuff** *rz.* ogrodowizna.
garfish (*gā'fisz*) *rz.* węgorz morski.
gargle (*gā'gɛl*) *rz.* płókanka; ~, *cz.* płókać gardło.
gargoyle (*gā'gojl*) *rz.* chimera (ozdobny występ rynny).
garish (*gæ'risz*) *pm.* wspaniały, krzykliwy; **-ness** *rz.* wykwintność, strojność, przepych.
garland (*gā'lənd*) *rz.* wieniec, girlanda; ~, *cz.* wieńczyć.
garlic (*gā'lik*) (*bot.*) *rz.* czosnek.
garment (*gā'mənt*) *rz.* odzież, ubiór.
garner (*gā'nə*) *rz.* śpichlerz; ~, *cz.* gromadzić, przechowywać.
garnet (*gā'nət*) *rz.* granat (drogi kamień).
garnish (*gā'nisz*) *rz.* ozdoba, garnirowanie; ~, *cz.* garnirować; ozdabiać.
garniture (*gā'niczə*) *rz* ozdoby, garnirowanie.
garret (*gæ'rət*) *rz.* strych, mansarda; **-eer** (*gærətī'ə*) *rz.* (*fig.*) mansardnik.
garrison (*gæ'risɛn*) *rz.* (*mil.*) garnizon, załoga; ~, *cz.* osadzić załogę.
garrotte (*gæro't*) *rz.* garota; ~, *cz.* zadusić, garotować.
garrul-ity (*gərū'liti*) *rz.* gadatliwość, świegotanie; szemranie (strumyka); **-ous** (*gæ'rələs*) *pm.* gadatliwy, szczebiotliwy; szemrzący.
garter (*gā'tə*) *rz.* podwiązka; the G-, order podwiązki.
gas (*gæ's*) *rz.* gaz; ~, *cz.* prze-

prowadzić atak gazowy; zatruć (lub być zatrutym) gazem; **-fittings** instalacja gazowa; **-eous** (*gæ'sjəs*) *pm.* gazowy; parujący; **-light** *pm.* gazowe oświetlenie; **-ometer** (*gæso'mītə*) *rz.* gazometr; zegar gazowy; **-tight** *pm.* szczelny; **-works** *rz.* gazownia.
gash (*gæ'sz*) *rz.* cięcie, szrama; ~, *cz.* ciąć, rąbnąć.
gasket (*gæ'sket*) *rz.* lina do przywiązywania żagli.
gasolene, -ine (*gæsolī'n*) *rz.* benzyna.
gasp (*gā'sp*) *rz.* brak tchu; ~, *cz.* ~ for breath, łapać powietrze; ~ out life, konać.
gassy (*gæ'si*) *pm.* lotny, pusty.
gastric (*gæ'strik, gā-*) *pm.* (*med.*) żołądkowy, gastryczny; ~, fever, tyfus brzuszny.
gastronom-e, -er, -ist (*gæ'stronoum, gæstro'nomə, -mist*) *rz.* gastronom; **-ic** (*gæstrono'mik*) *pm.* gastronomiczny.
gate (*gej't*) *rz.* brama, wrota, stawidło; **-keeper** *rz.* stróż; ~**meeting** zebranie za płatnymi wstępami; **-way** *rz.* wrota, wjazd, przejście.
gather (*gæ'ðə*) ~, *cz.* zbierać (się); zrywać (kwiaty); marszczyć; nabierać (o wrzodach); wnioskować; podkasać (suknię); ~ to a head, dojrzeć; **-ing** *rz.* zebranie; **-s** *lmn.* fałdy.
gaud (*gō'd*) *rz.* błyskotki; **-iness** *rz.* wystawność, jaskrawość; **-y** *pm.* błyskotliwy; jaskrawy.
gaudy (*gō'di*) *rz.* obchód uroczysty.
gauge, gage (*gej'dż*) *rz.* miara urzędowa; pręt; przyrząd do mierzenia; wymiar, kaliber; szerokość toru kol.; miernik; ~, *cz.* mierzyć, szacować.
gaunt (*gō'nt, gā'nt*) *pm.* wycieńczony, szczupły, mizerny.
gauntlet (*gō'ntlət*) *rz.* rękawica.
gauntree, gauntry (*gā'ntri*) *rz.* lawar.
gauze (*gō'z*) *rz.* gaza (gatunek krepy); mgła; **-y** (*gō'zi*) *pm.* cienki jak gaza, z gazy.
gave (*gej'w*) *cz.* od **give.**
gavel (*gæ'wel*) *rz.* młotek (*licyt.*)
gavelkind (*gæ'wɛlkajnd*) *rz.* dziedzictwo.
gavotte (*gəwo't*) *rz.* gawot (taniec).
gawk (*gō'k*) *rz.* dudek, gamoń, gawron; **-y** (*gō'ki*) *pm.* gamoniowaty, niezgrabny.
gay (*gej'*) *pm.* wesoły, jasny (o kolorach).
gaze (*gej'z*) *rz.* wzrok, wpatrywanie się; ~, *cz.* patrzeć; wpatrywać się.
gazelle (*gəze'l*) *rz.* (*zool.*) gazela.
gazette (*gəze't*) *rz.* gazeta, dziennik; **-er** (*gæzətī'ə*) *rz.* słownik geograficzny.
gear (*gī'ə*) *rz.* uprząż; przyrządy; transmisja; mechanizm; ruchomości; in ~, w ruchu; out of ~, nie w porządku; zepsuty; **-ing** (*gī'riŋ*) *rz.* tryby, maszynerja; uprząż.
gee (*dżī'*) patrz **jee.**
geese (*gī's*) *rz. lmn.* od **goose.**
gehenna (*gəhe'nnə*) *rz.* gehenna, piekło.
gelatin, -e (*dże'lətin*) *rz.* żelatyna, galareta; **-ous** (*dżəlæ'tinəs*) *pm.* żelatynowy, galaretowaty.
geld (*ge'ld*) *cz.* kastrować; **-ing** *rz.* wałach.
gelid (*dże'lid*) *pm.* lodowaty; mroźny.
gem (*dże'm*) *rz.* klejnot, drogi kamień; ~, *cz.* kameryzować.
gemin-ate (*dże'minət*) *pm.* bliźnięcy; **-i** (*dże'minaj*) *rz. lmn.* bliźnięta (*astr.*).
gemma (*dże'mə*) *rz.* pączek (liścia).
gemmy (*dże'mi*) *pm.* cenny.
gender (*dże'ndə*) *rz.* (*gram.*) rodzaj; ~, *cz.* płodzić; rodzić.
genealo-gical (*dżīniəlo'dżikɛl*) *pm.* genealogiczny, rodowy; **-gy** (*-dżi*) *rz.* genealogja, rodowód.
general (*dże'nərɛl*) *pm.* powszechny, ogólny, zwykły; główny; ~ practitioner, doktór wszechnauk lekarskich; ~, *rz.* generał, jenerał; wódz; ogół; in ~, zazwyczaj; wogóle, powszechnie; **-ity** (*dżənəræ'liti*) *rz.* ogół, ogólnik; **-ization** (*dżənərəlajzej'szɛn*) *rz.* uogólnienie, **-ize** (*dże'nərəlajz*) *cz.* uogólnić; **-ly** (*-i*) *ps.* zwykle, wogóle; powszechnie; zazwyczaj; ogólnie.
gener-ate (*dże'nərejt*) *cz.* płodzić, rodzić; wytwarzać; sprawić; **-ation** (*dżenərej'szɛn*) *rz.* poko-

lenie, ród; stwarzanie, produkowanie; **-ative** (*dże'nərətiw*) *pm.* rodzący; wytwarzający; **-ator** (*dże'nərejtə*) *rz.* sprawca; generator; **-ic(al)** (*dżəne'rik-əl*) *pm.* rodzajowy, ogólny; **-ically** *ps.* gatunkowo, według rodzaju.

gener-osity (*dżənəro'siti*) *rz.* wspaniałomyślność, szlachetność; hojność; **-ous** (*dże'nərəs*) *pm.* wspaniałomyślny, szlachetny, hojny; szczodry.

genesis (*dże'nəsis*) *rz.* geneza.

genet (*dże'nət*) *rz.* (*zool.*) zybeta; wiwera.

genetic (*dżene'tik*) *pm.* genetyczny.

geneva (*dżənī'wə*) *rz.* jałowcowa wódka (= **gin**).

genial (*dżī'niəl*) *pm.* ożywczy, żywotny; wesoły; towarzyski.

geniculate, -d (*dżəni'kjulət, -ɛd*) *pm.* kolankowaty.

genii (*dżī'niaj*) *rz. lmn.* duchy opiekuńcze, genjusze.

genit-al (*dże'nitɛl*) *pm.* rodzajny, rodny, służący do płodzenia; **-als** (*dże'nitɛlz*) *rz. lmn.* części rodne, genitalja; **-ive** (*dże'nitiw*), ~ **~case** *rz.* (*gram.*) przypadek drugi; **-or** (*dże'nitə*) *rz.* rodzic.

genius (*dżī'niəs*) *rz. lmn.* **genii** (*dżī'niaj*) i **-es** (*dżi'niɛsɛz*) duch, genjusz.

gent (*dże'nt*) *rz.* pan (gwar.).

genteel (*dżəntī'l*) *pm.* wytworny (iron.).

gentian (*dże'nszɛn*) *rz.* (*bot.*) goryczka.

gentile (*dże'ntajl*) *rz.* poganin; ~, *pm.* pogański.

gentility (*dżenti'liti*) *rz.* szlachectwo, ogłada towarzyska.

gentle (*dże'ntɛl*) *pm.* z dobrej rodziny, szlachetny, łagodny, uprzejmy; delikatny; **-man** (*-mən*), *lmn.* **-men** (*-men*) *rz.* człowiek z dobrej rodziny; człowiek honorowy, człowiek dobrze wychowany; pan; ~ ~ **at arms**, członek przybocznej straży królewskiej; **-manlike, -manly** (*-mænlajk, -mænli*) *pm.* pański, dżentelmeński; szlachetny, honorowy; przyzwoity; **-manliness** *rz.* dżentelmeństwo, szlachetność; **-ness** *rz.* łagodność, uprzejmość; delikatność; **-woman** *rz.* dama, pani.

gentry (*dże'ntri*) *rz.* szlachta; ziemianie.

genuflexion (*dżenjufle'kszɛn*) *rz.* przyklęknięcie.

genuine (*dże'nuin*) *pm.* prawdziwy, naturalny, czysty, autentyczny.

genus (*dżī'nəs*) *rz. lmn.* **genera** (*dże'nərə*) rodzaj; gromada; (*bot.*) rodzina.

geo-centric, -centrical (*dżīose'ntrik-ɛl*) *pm.* geocentryczny; **-desy** (*dżəo'dəsi*); **-detics** (*dżəode'tiks*) *rz.* geodezja, miernictwo; **-detic(-al)** *pm.* mierniczy, geodezyjny; **-gnosy** (*dżəo'gnosi*) *rz.* geognozja.

geograph-er (*dżio'grefə*) *rz.* geograf; **-ic(al)** (*dżiogræ'fik-ɛl*) *pm.* geograficzny; **-y** (*dżio'græfi*) *rz.* geografja.

geolog-ic(al) (*dżiolo'dżik-ɛl*) *pm.* geologiczny; **-logist** (*dżio'lodżist*) *rz.* geolog; **-logy** (*dżio'lodżi*) *rz.* geologja.

geomet-er (*dżio'mətə*), **-rician** (*dżiomətri'szən*) *rz.* matematyk, geometra; **-ral** (*dżio'mətrɛl*) *rz.*, **-ric(al)** (*dżiome'trik-ɛl*) *pm.* geometryczny; **-ry** (*dżio'mətri*) *rz.* geometrja.

geranium (*dżərej'niəm*) *rz.* (*bot.*) geranjum, bodziszek, pelargonja.

gerfalcon (*dżə̄'fōkɛn*) *rz.* sokół.

germ (*dżə̄'m*) *rz.* zarodek, zawiązek, zarazek.

German (*dżə̄'mən*), **-ic** (*dżə̄'mənik*) *pm.* niemiecki; teutoński; germański; ~, *rz.* niemiec; język niemiecki; **-ism** *rz.* germanizm; **-ize** (*dżə̄'mənajz*) *cz.* germanizować.

german (*dżə̄'mən*) *pm.* przyrodni.

germane (*dżə̄mej'n*) *pm.* stosowny.

germina-l (*dżə̄'minɛl*) *pm.* zarodowy, zarodnikowy; **-te** (*dżə̄'minejt*) *cz.* wschodzić, kiełkować; **-tion** (*dżəminej'szɛn*) *rz.* kiełkowanie.

gerund (*dże'rənd*) *rz.* (*gram.*) gerundjum.

gesta-te (*dże'stejt*) *cz.* nosić w łonie; **-tion** (*-ej'szɛn*) *rz.* brzemienność; ciąża.

gesticula-te (*dżəsti'kjulejt*) *cz.* gestykulować; wywijać rękami; **-tion** (*-ejszɛn*) *rz.* gestykulacja.

gesture (*dże'szczə*) *rz.* gest; ruch; ~, *cz.* gestykulować.
get* (*ge't*) *cz.* dostać, otrzymać, zdobyć; zasłużyć; przybyć, dostać się dokąd (= zajechać, zajść); stać się (przed *pm.*); rodzić, płodzić; wystarać się; nauczyć się; skłonić; spowodować; ~ back, powrócić; ~ ~ better, powracać do zdrowia; ~ the better of one, wziąć nad kimś górę; ~ off, zejść, zleźć; ~ in, sprzątnąć; ~ on, wdziać; wleźć; posuwać się naprzód; ~ over, pokonać, przezwyciężyć; ~ out of, wydostać się; I have got to, muszę; ~ rid of, pozbyć się; ~ along, zdobywać powodzenie, radzić sobie; ~ at, dostać do; dosięgnąć; ~ round, obejść, objechać; ~ through, przedostać się; załatwić, skończyć; ~ up, wstać; ~ up, *rz.* ubiór, strój, oprawa.
gewgaw (*gjū'gō*) *rz.* błyskotka.
geyser (*gaj'zə*) *rz.* gejzer.
ghast-ful (*gā'stful*) *pm.* okropny, przeraźliwy; **-liness** (*gā'stlinəs*) *rz.* okropność, bladość; **-ly** *pm.* okropny; upiorny.
gherkin (*gə'kin*) *rz.* korniszon.
ghetto (*ge'tou*) *rz.* ghetto.
ghost (*gou'st*) *rz.* duch, widmo; strach; Holy G-, Duch Święty; give up the ~, wyzionąć ducha; **-liness** *rz.* upiorność; **-ly** *pm.* upiorny.
ghoul (*gū'l*) *rz.* duch żerujący na trupach.
giant (*dżaj'ənt*) *rz.* olbrzym, wielkolud; **-like** *pm.* olbrzymi; **-ess** (*-əs*) *rz.* olbrzymka.
gibber (*gi'bə, dżi'bə*) *cz.* szwargotać, mamrotać; **-ish** (*-isz*) *rz.* szwargot, żargon.
gibbet (*dżi'bət*) *rz.* szubienica; ~, *cz.* powiesić; postawić pod pręgierz.
gibb-osity (*gibo'siti*), **-ousness** (*gi'bəsnəs*) *rz.* garbatość, garbacizna, wypukłość; **-ous** (*gi'bəs*), *pm.* garbaty, wypukły.
gibe, jibe (*dżaj'b*) *rz.* kpinki, drwinki, szyderstwo; ~, *cz.* kpić, drwić, szydzić.
giblets (*dżi'bləts*) *rz. lmn.* podróbki (gęsie).
gidd-ily (*gi'dili*) *ps.* zawrotnie; lekkomyślnie; **-iness** (*gi'dinəs*) *rz.* odurzenie, zawrót głowy; oszołomienie; **-y** (*gi'di*) *pm.* zawrotny, lekkomyślny; roztrzepany; **-head** *pm.* roztrzepany; ~, *cz.* sprawić zawrót głowy.
gift (*gi'ft*) *rz.* dar, upominek, prezent; talent; ~, *cz.* obdarzyć, uposażyć; **-ed** *pm.* utalentowany.
gig (*gi'g*) *rz.* kolaska; łódka.
gigantic(al), gigantesque (*dżajgæ'ntik, -te'sk*) *pm.* olbrzymi; gigantyczny.
gig-gle (*gi'gel*) *rz.* chichotanie; ~, *cz.* chichotać; **-r** *rz.* chichoczący; chichot, śmieszek; **-lot(et)** (*gi'glət*) *rz.* chichotka.
gigmanity (*gigmæ'nity*) *rz.* filistry.
gild (*gi'ld*) patrz **guild** ~*, *cz.* złocić, wyzłocić; **-er** *rz.* złotnik; **-ing** *rz.* pozłota, złocenie; **-ed** youth, złota młodzież.
gill (*dżi'l*) *rz.* ćwierć kwarty ang., = 0,14 l.; ~, (*gi'l*) *rz.* żleb; strumień; **-s** (*gi'lz*) *rz. lmn.* skrzele; podgardle; podbródek.
gillie (*gi'li*) *rz.* sługa; chłopiec.
gilliflower, gillyflower (*dżi'liflauə*) *rz.* (*bot.*) goździk; lewkonja.
gilt (*gilt*) *rz.* złocenie, pozłota; ~, *cz.* od **gild.**
gimbals (*dżi'mbəlz*) *rz.* łożysko.
gimcrack (*dżi'mkræk*) *rz.* błyskotka; ~, *pm.* błyskotliwy.
gimlet (*gi'mlət*), **gimblet** (*gi'mblet*) *rz.* świder.
gimp (*gi'mp*) *rz.* galon, obwódka.
gin (*dżi'n*) *rz.* wódka, dżin; sidło; pułapka; żóraw do podnoszenia ciężarów; cotton ~, odziarniarka; ~, *cz.* łapać w sidła, oczyszczać bawełnę.
ginger (*dżi'ndżə*) *rz.* (*bot*). imbier; **-beer** *rz.* imbierówka; **-bread** *rz.* piernik.
gingerly (*dżin'dżəli*) *pm.* ostrożny.
gingham (*gi'ŋgəm*) *rz.* rodzaj materji bawełnianej. [słowy.
gingival (*dżindżaj'wəl*) *pm.* dziąsłowy.
gingle (*dżi'ngel*) *rz.* dźwięk, brzęk, dzwonienie, grzechotka; ~, *cz.* dzwonić, brzękać, szczękać; brzęczeć (= **jingle**).

gipsy (*dżi'psi*) *rz.* patrz **gypsy.**
giraffe (*dżiræ'f*) *rz.* żyrafa.
girandole (*dżi'rændoul*) *rz.* żyrandol, świecznik; kolczyk.
girasol(e) (*dżi'rəsoul*) *rz.* opal.
gird (*gə'd*) *rz.* szyderstwo, kpina; ~, *cz.* szydzić.
gird (*gə'd*) *cz.* opasać, otoczyć; nadać władzę; ~ one's loins, przygotować się do; ~, a horse, podpiąć konia popręgiem; **-er** (*gə'də*) *rz.* (*arch.*) belka główna; **-le** (*gə'dεl*) *rz.* przepaska; pas, obwód; ~, *cz.* opasać, otoczyć.
girl (*gə'l*) *rz.* dziewczyna, panienka; **-hood** *rz.* panieństwo; **-ish** (*gə'lisz*) *pm.* panieński; dziewczęcy.
girt (*gə't*) od **gird.**
girth (*gə'þ*) *rz.* popręg; (*fig.*) obwód; pas; ~, *cz.* opasać, otoczyć; podpiąć popręg.
gist (*dżi'st*) *rz.* treść; esencja.
give (*gi'w*) *cz.* dać, darzyć, udzielić; nadać; oddać; poświęcić; wydać (*np.* bal); ~ to know, to understand, dać do zrozumienia; ~ way, ustępować, poddać się; ~ forth, rozgłosić, opublikować; ~ in, poddać się; ~ over, zaniechać, zaprzestać; ~ out, wydać; poddać się; zabraknąć; ~ oneself out for, udawać; ~ up, oddać, zrezygnować; zaniechać; ~ notice, wypowiedzieć.
gizzard (*gi'zəd*) *rz.* żołądek ptaków.
glabrous (*glej'bres*) *pm.* bezwłosy.
glaci-al (*glej'szεl*) *pm.* lodowaty, lodowy; **-er** (*glej'szə*) *rz.* lodowiec.
glacis (*glæ'sis*) *rz.* pochyłość szanca.
glad (*glæ'd*), **-some** *pm.* rad, szczęśliwy; radosny; kontent; I am ~, cieszę się; miło mi; **-den** (*-εn*) *cz.* radować (się), rozweselić (się); **-ly** *ps.* chętnie, z przyjemnością; **-ness** *rz.* radość, wesołość, zadowolenie.
glade (*glej'd*) *rz.* polanka.
gladia-te (*glæ'diejt*) *pm.* mieczykowaty; **-tor** *rz* gladjator.
gladiolus (*glədaj'əlεs*) *rz.* mieczyk (*bot.*).
glair (*gle'ə*) *rz.* białko jaja; polewa; ~, *cz.* powlec białkiem.
glamour (*glæ'mə*) *rz.* czar, urok.
glanc-e (*glā'ns*) *rz.* rzut oka; spojrzenie; **-e** *cz.* spojrzeć; rzucić okiem; mignąć się; drasnąć; ~ over, przeglądać; **-ingly** *ps.* zlekka, mimochodem.
gland (*glæ'nd*) *rz.* gruczoł; (*bot.*) żołądź; **-ers** *rz. lmn.* zołzy u koni; **-ular, -ulous** (*-dżjulə, -dżjuləs*) *pm.* gruczołowaty.
glar-e (*glə'ə*) *rz.* jaskrawość; iskrzenie się; złowrogie spojrzenie; ~, *cz.* świecić, błyszczeć; wpatrywać się; iskrzyć się; **-iness** (*glə'rinəs*) *rz.* błysk, blask; **ing** (*-riŋ*) *pm.* jaskrawy, rażący; krzyczący (o kolorach); przenikliwy (wzrok).
glass (*glā's*) *rz.* szkło, szklanka, szyba, luneta; kieliszek; ~, *pm.* szklany, oszklony; ~, *cz.* odzwierciedlać; oszklić; **-house** *rz.* huta szkła; **-es** *rz. lmn.* okulary, binokle; **-y** *pm.* lśniący się jak szkło; szklany, szklisty; **-blower** *rz.* hutnik.
glaucoma (*glōkou'mə*) *rz.* (*med.*) glaukoma, jaskra.
glaucous (*glō'kəs*) *pm.* modry.
glaz-e (*glej'z*) *cz.* oszklić, wypolerować; glazurować; lukrować; ~, *rz.* polewa, glanc; lukier; **-ier** (*glej'żjə*) *rz.* szklarz; **-ing** (*-iŋ*) *rz.* szklenie; szkło do szyb; polerowanie.
gleam (*glī'm*) *rz.* promień, przebłysk; jasność; ~, *cz.* błyskać; rzucać światło; jaśnieć.
glean (*glī'n*) *rz.* pokłosie; ~, *cz.* pokłosie zbierać; **-er** *rz.* pokłośnik.
glebe (*glī'b*) *rz.* gleba, rola.
glee (*glī'*) *rz.* radość, wesołość; śpiewka na głosy; ~ club, chór; **-ful** *pm.* radosny, wesoły.
gleet (*glī't*) *rz.* (*med.*) ropienie; **-y** *pm.* ropny.
glen (*gle'n*) *rz.* wąwóz; dolina.
glib (*gli'b*) *pm.* (*fig.*) gładki, płynny, śliski, wartki; **-ness** *rz.* gładkość, biegłość, płynność (mowy).
glide (*glaj'd*) *rz.* toczenie się, ślizgnienie, upływanie; ~, *cz.* płynąć, upływać, prześlizgnąć się, przemknąć się; suwać się, toczyć się; **-r** *rz.* ślizgowiec.
glimmer (*gli'mə*) *rz.* światełko, płomyk, promyk; ~, *cz.* świecić, świtać.

glimpse (*gli'm[p]s*) *rz.* przebłysk, spojrzenie, dostrzeżenie.
glint (*gli'nt*) *rz.* promień, błysk, iskra; ~, *cz.* błyskać, iskrzyć się.
glisten (*gli'sen*) *cz.* świecić; błyszczeć; iskrzyć (się).
glitter (*gli'tə*) *rz.* blask, połysk; ~, *cz.* iskrzyć się; świecić się; lśnić się; połyskiwać; **-ingly** *ps.* błyszcząco.
gloam, -ing (*glou'm, -iŋ*) *rz.* zmrok, zmierzch.
gloat (*glou't*) *cz.* spoglądać pożądliwie; pożerać oczami.
glob-e (*glou'b*) *rz.* kula, kula ziemska; globus; gałka (oka); klosz (u lampy); jabłko (jako znak władzy); **-e-flower** *rz.* kuleczka; **-ose, -ous** (*glou'bəs*), **-ulous** (*glo'bjuləs*), **-ular** (*glo'bjulə*) *pm.* kulisty, sferyczny, **-ule** (*glo'bjul*) *rz.* kulka, kuleczka.
glomerate (*glo'mərət*) *pm.* zwinięty w kłąb, zbity w grudkę.
gloom (*glū'm*), **-iness** *rz.* mrok, zachmurzenie, chmurność, posępność; ~, *cz.* chmurnieć; zasępić (się); posępnieć; **-y** *pm.* ciemny, mroczny, pochmurny, posępny; ponury.
glor-ification (*glōrifikej'szen*) *rz.* gloryfikacja; wysławianie, chwała; **-ify** (*glō'rifaj*) *cz.* chwalić, wysławiać; **-ious** (*glō'riəs*) *pm.* sławny, chlubny, wspaniały, świetny, znakomity, zaszczytny; wyborny; dostojny; **-y** (*glō'ri*) *rz.* cześć, chluba, sława, zaszczyt, wspaniałość; nimb; ~, *cz.* chlubić się; pysznić się; ~ in, chlubić się czem.
gloss (*glo's*) *rz.* glosa, objaśnienie, komentarz; ~, *cz.* objaśniać, komentować; **-ary** (*glo'səri*) *rz.* glosarjusz.
gloss (*glo's*) *rz.* połysk; ~, *cz.* nadawać połysk; **-iness** *rz.* połysk, blask; **-y** *pm.* połyskujący, lśniący.
glottis (*glo'tis*) *rz.* (*anat.*) głośnia.
glove (*glă'w*) *rz.* rękawiczka; ~, *cz.* okrywać rękawiczką; **-r** *rz.* rękawicznik.
glow (*glou'*) *rz.* żarzenie, zapał, namiętność; rumieniec; jasność; ogień; ~, *cz.* żarzyć się, rozpalić się; pałać; **-ing** *pm.* świecący, rozpalony; żarliwy; **-ingly** *ps.* z zapałem; **-lamp** *rz.* lampa żarowa, żarówka; ~ **bird,** ~ **bug, -worm** *rz.* robaczek świętojański.
gloze (*glou'z*) *cz.* usprawiedliwić; (*fig.*) ubarwić.
glucose (*glūkou'z*) *rz.* glukoza (*chem*).
glue (*glū'*) *rz.* klej, klajster; ~, *cz.* kleić, przylgnąć; przykleić; ~ together, skleić; **-pot** *rz.* naczynie na klej; **-y** (*glū'i*) *pm.* kleisty, lepki.
glum (*glă'm*) *pm.* posępny, chmurny.
glut (*glă't*) *rz.* przesyt, nasycenie, przepełnienie, przeładowanie; ~, *cz.* przeładować; napchać.
glut-en *glū'ten*) *rz.* (*chem.*) gluten, klej roślinny; **-inous** (*glū'tinəs*) *pm.* kleisty, klajstrowaty, lepki.
glutton (*glă'ten*) *rz.* żarłok; **-ize** (*glă'tənajz*) *cz.* żarłocznie zajadać; **-ous** (*glă'tənəs*) *pm.* żarłoczny; **-y** (*glă'təni*) *rz.* obżarstwo, chciwość, żarłoczność.
gluy (*glū'i*) *pm.* klejowaty, kleisty (= **gluey**).
glycerine (*gli'sərin*) *rz.* gliceryna (*chem.*).
glyptic (*gli'ptik*) *pm.* rytowniczy.
gnarl (*nā'rl*) *rz.* sęk; **-ed, -y** *pm.* sękaty; ~, *cz.* warczeć.
gnash (*næ'sz*) *cz.* zgrzytać zębami.
gnat (*næ't*) *rz.* komar.
gnaw (*nō'*) *cz.* gryźć, ogryzać, przegryzać.
gneiss (*naj's*) *rz.* gnejs.
gnome (*nou'm*) *rz.* chochlik, gnom, przypowieść.
gnomon (*nou'mən*) *rz.* gnomon.
gnostic (*no'stik*) *pm.* gnostyczny, wiedzący; ~, *rz.* znawca tajemnic; gnostyk (kacerz); **-ism** (*no'stisizem*) *rz.* gnostycyzm.
gnu (*nū'*, *nju*) *rz.* gnu.
go (*gou'*) *cz.* iść, chodzić, pójść, przejść; jechać; zamierzać; chcieć; sięgać; prowadzić do; być w ruchu (o maszynach i t. p.); odejść, mijać, przemijać; zostać czemś; obrócić się; let ~, puścić, wypuścić, uronić, opuścić; ~ mad, zwarjować; ~ by the name of, nazywać się; ~ about, przedsiębrać; usiłować; ~ abroad, rozejść się (o wieści);

~ aside, zbłąkać się; ~ for, uchodzić za co; ~ in for, dążyć do czegoś; ~ in for an examination, zasiąść do egzaminu; ~ off, odejść; wystrzelić (o strzelbie); ~ out, wyjść; (*mil.*) wyruszyć; wygasnąć; ~ over, przejść; ~ through, przejść, przeżyć; ~ to, uciec się do; ~ halves with one, podzielić się po połowie; ~ along with you, idźże; ~ into, zbadać; ~ round, obejść, objechać; przejść się do, po; ~ without, obejść się bez.

go (*gou'*) *rz.* chód, bieg; moda; energja, siła; powodzenie, zgoda; 'tis no ~, nie idzie; have a ~, spróbować; **-between** *rz.* pośrednik; rajfur; **-by** *rz.* pominięcie; **-cart** *rz.* wózek, w którym dzieci uczą się chodzić; wózek dziecinny.

goad (*gou'd*) *rz.* oścień; bodziec (też *fig.*); ~, *cz.* popędzać, pobudzać, bóść, dodać bodźca.

goal (*gou'l*) *rz.* meta, zamiar, cel; bramka (w sporcie); **-keeper** *rz.* bramkarz.

goat (*gou't*) *rz.* (*zool.*) koza; he ~, kozieł; **-ee** (*goutī'*) *rz.* kozia bródka; **-ish** *pm.* koźli; **-'s beard** (*bot.*) kozibród łąkowy; **-sucker** *rz.* kozodój (ptak).

gobble (*go'bel*) *cz.* łykać, połknąć chciwie; gulgotać (jak indyk); ~, *rz.* gulgot (indyka); **-r** *rz.* żarłok.

gobelin (*go'bəlin*) *rz.* gobelin.

goblet (*go'blət*) *rz.* kubek, puhar, czara; czarka.

goblin (*go'blin*) *rz.* zły duch, chochlik, djabełek.

God (*gō'd*) *rz.* Bóg, bóstwo, bożek; **-child** (*-czajld*) *rz.* chrześniak; **-dess** (*-əs*) *rz.* bogini; **-father** (*-fāðə*) *rz.* ojciec chrzestny; stand ~ ~to, trzymać do chrztu; **-head** (*-hed*) *rz.* bóstwo; **-less** *pm.* bezbożny; **-like** *pm.* boski, bogobojny; **-liness** (*-linəs*) *rz.* pobożność, bogobojność; sprawiedliwość; **-ling** (*-liŋ*) *rz.* bożek; **-ly** (*-li*) *pm.* bogobojny, pobożny; **-mother** (*-măðə*) *rz.* matka chrzestna; **-send** (*-send*) *rz.* dar z nieba; **-ship** *rz.* bóstwo.

godown (*godau'n*) *rz.* skład.

goer (*gou'ə*) *rz.* piechur.

goffer (*go'fə*) *cz.* gufrować; ondulować.

goggle (*go'gɛl*) **-s** *rz. lmn.* okulary końskie; okulary ochronne (od prochu); ~, *cz.* przewracać oczyma, wybałuszyć oczy; ~, *pm.* wyłupiasty; **-eyed** *pm.* o wyłupiastych oczach.

going (*gou'iŋ*) *rz.* odejście, odjazd; chód; ~, *pm.* idący, chodzący, w ruchu; istniejący, rozwijający się; funkcjonujący; I was ~ to tell you, miałem właśnie powiedzieć.

goitre (*goj'tə*) *rz.* struma, wole (pod gardłem) (*med.*).

gold (*gou'ld*) *rz.* złoto; (*fig.*) bogactwo; kolor złoty; **-en** (*gou'ldɛn*) *pm.* złoty, złocisty; the ~ mean, złoty środek; **-finch** *rz.* szczygieł; **-fish** *rz.* złota rybka; **-leaf** *rz.* rozklepane złoto; pozłótka; **-smith** *rz.* złotnik.

golf (*go'lf*) *rz.* golf (sport); ~**clubs** *rz. lmn.* maczugi do golfa.

goloshes (*golo'szɛz*) *rz. lmn.* patrz **galosh**.

gondol-a (*go'ndoulə*) *rz.* gondola **-ier** (*gondolī'ə*) *rz.* gondoljer.

gone (*go'n*) *cz.* od **go**; odeszły, przeszły, miniony; zużyty, zmarły; stracony; ~ in drink, podchmielony.

gonfa-lon, -non (*go'nfəlon, go'nfənon*) *rz.* sztandar.

gong (*go'ŋ*) *rz.* gong.

goniomet-er (*gounio'mətə*) *rz.* kątomierz, goniometr; **-ry** (*gounio'mətri*) *rz.* goniometrja.

gonorrhoea (*gonorī'ə*) *rz.* (*med.*) gonorea, rzeżączka.

good (*gu'd*) *pm.* dobry, skuteczny, pomocny, odpowiedni; grzeczny, życzliwy; łaskawy; zupełny, całkowity; szanowny; znaczny; długi; daleki; ~, *ps.* dobrze, niech będzie; for ~ and all, zupełnie; na zawsze; as ~ as, tyle co; jak gdyby; a ~ deal, wiele; dużo; in ~ earnest, zupełnie poważnie; ~ in law, prawomocny; for ~, na dobre; make ~, wynagrodzić, dać odszkodowanie; be ~ at, mieć w czemś wprawę; być zręcznym; he is as ~ as his word, on dotrzymuje słowa; ~ speed, szczęść Boże!

in ~ time, w właściwym czasie; a ~ many, sporo, wiele; hold ~, pozostawać w mocy, obowiązywać nadal; sprawdzać się; a ~ way, dosyć daleko; ~, *rz.* dobro, dobry byt, pomyślność; **-bye** (*-baj*) żegnam; do widzenia; **-liness** (*-linəs*) *rz.* kształtność, wdzięk, powab; dobroć; **-looks** *rz.* przystojność, dobry wygląd; **-ly** (*-li*) *pm.* piękny, spory; **-man** *rz.* gospodarz; dobry człowiek; **-ness** (*-nəs*) *rz.* dobroć, pożyteczność; grzeczność; **-s** (*gu'dz*) *rz. lmn.* towary; rzeczy, sprzęty, bagaż; **~speed** *rz.* pomyślność; **-wife** *rz.* gospodyni, matka; **-y** *pm.* świętoszkowaty.

goose (*gū's*) *rz.* (*lmn.* **geese** *gī's*), gęś; żelazko krawieckie (*lmn.* gooses); głuptas; **-berry** (*gū'zberi*) *rz.* agrest; **~flesh** *rz.* gęsia skóra; **-foot** *rz.* stopa gęsia, mączyniec (*bot.*); **-herd** *rz.* gęsiarek; **-quill** *rz.* dutka gęsia; **-skin** *rz.* gęsia skórka.

gordian (*gō'diən*) *pm.* gordyjski.

gore (*gō'ə*) *rz.* posoka, skrzepła krew; klin (wszywany); ~, *cz.* ubość; przeszyć, przebić.

gorge (*gō'dż*) *rz.* gardło, gardziel; wąwóz; obżarstwo; ~, *cz.* połknąć, pożerać; opychać się; **-ous** (*-əs*) *pm.* wspaniały, pyszny, okazały, jaskrawy.

gorgon (*gō'gən*) *rz.* gorgona.

gorilla (*gori'lə*) *rz.* (*zool.*) goryl.

gormand (*gō'mənd*) *rz.* smakosz; **-ize** (*-dajz*) *rz.* obżarstwo; ~, *cz.* objadać się, pożerać; żreć; **-izer** (*-dajzə*) *rz.* żarłok, obżartuch.

gorse (*gō's*) *rz.* janowiec (*bot.*).

gory (*gō'ri*) *pm.* krwawy.

goshawk (*go'shok*) *rz.* (*zool.*) jastrząb.

gosling (*go'zliŋ*) *rz.* gąsiątko.

gospel (*go'spɛl*) *rz.* ewangelja, **-er** (*go'spələ*) *rz.* czytający ewangelję.

gossamer (*go'səmə*) *rz.* babie lato, puch, mech; pajęczyna.

gossip (*go'sip*) *rz.* plotka, plotki; kum, kumoszka, plotkarz; ~, *cz.* bawić się plotkami, robić plotki, gawędzić poufale; **-er** *rz.* plotkarz, plotkarka.

got (*go't*) *cz.* od **get**; have ~, mieć; musieć; **-ten** (*go'tn*) od **get.**

Gothic (*go'ßīk*) *pm.* gotycki.

gouge (*gau'dż, gū'dż*) *rz.* dłóto do drążenia rowków; ~, *cz.* wydrążać.

gourd (*gō'd, gū'd*) *rz.* (*bot.*) bania, dynia; **-y** *pm.* baniasty.

gourmand (*gū'mənd*) *rz.* smakosz.

gout (*gau't*) *rz.* podagra; **-ish** (*-isz*), **-y** (*-i*) *pm.* podagryczny.

govern (*gă'wɛn*) *cz.* zarządzać, kierować, władać; rządzić; (*gram.*) rządzić (przypadkami); **-able** (*gă'wənəbɛl*) *pm.* uległy, **-ance** (*gă'wənəns*) *rz.* zarząd, kierunek; **-ess** (*-əs*) *rz.* guwernantka, ochmistrzyni; **-ment** (*-mənt*) *rz.* rządzenie, rząd (państwa); administracja; **-mental** (*-me'ntɛl*) *pm.* rządowy; **-or** (*gă'wənə*) *rz.* gubernator, wielkorządca; dyrektor; szef; (gwar.) jegomość; regulator (u maszyny); **-general** *rz.* gubernator.

gown (*gau'n*) *rz.* suknia, płaszcz, toga, sutanna; night ~, bed ~, morning ~, szlafrok; **-s-man** (*-zmæn*) *rz.* uczony.

grab (*græ'b*) *rz.* wyszachrowanie; chwyt, zagarnięcie; ~, *cz.* schwycić, pochwycić; porwać.

grabble (*græ'bɛl*) *cz.* macać; grzebać.

grace (*grej's*) *rz.* łaska, dobrodziejstwo, wdzięk, gracja; przywilej; modlitwa przed i po jedzeniu; tytuł należny księciu, księżnej, arcybiskupowi; days of ~, dni respektowe; **-s** *rz. lmn.* względy; gracje (*mit.*); ~, *cz.* przyozdobić, zaszczycić; **-ful** *pm.* nadobny, powabny, miły, łaskawy; **-lessness** *rz.* brak wdzięku; bezczelność.

gracious (*grej'szəs*) *pm.* łaskawy, miłościwy; good ~! na Boga!

grad-ate (*grədej't*) *cz.* stopniować; **-ation** (*grədej'szɛn*) *rz.* stopniowanie, postęp; **-ational** (*grədej'szənɛl*) *pm.* stopniowy; **-e** (*grej'd*) *rz.* stopień, ranga, stopniowanie (tonów i t. p.); (w szkole) stopień, klasa; **-e** *cz.* stopniować, porządkować; gatunkować; klasyfikować; **-ient** (*grej'diənt*) *rz.* pochyłość; **-ual** (*græ'djuəl*) *rz.* graduał (mszy) ~, *pm.* stopniowy; **-ualness** *rz.* stopniowość; **-uate** (*grœ'djuet*) *pm.* absolwent; mensurka; ~, *cz.* ukończyć studja; stopniować; **-uation** (*grœdjuej'szen*) *rz.* ukończenie studjów; stopniowanie, skala.

graft (*grā'ft*) *rz.* (*bot.*) szczep, szczepienie drzewek; nadużycie; ~, *cz.* (*bot.*) szczepić, zaszczepić; robić nadużycia.

grain (*grej'n*) *rz.* ziarno, ziarnko, włókno (w drzewie); budowa, usposobienie; skłonność; nasienie; słój (w drzewie, w kamieniach); kutner; gran, jednostka wagi ang. = 0,0648 *g*; against the ~, pod włos; ~, *cz.* ziarnić, ziarnować się; garbować; malować w słoje; **-s** *rz. lmn.* słodziny; ~ **side,** włos; **-y** (*-i*) *pm.* ziarnisty.

gram, gramme (*grœ'm*) *rz.* gram.

gramin-eous (*grəmi'nəεs*), *pm.* trawiasty, trawny; **-ivorous** (*grœmini'wərəs*) *pm.* trawożerny.

gramma-r (*grœ'mə*) *rz.* gramatyka; **-rian** (*grəmē'riən*) *rz.* gramatyk, nauczyciel języków; **-r-school** gimnazjum klasyczne; **-tic(al)** (*grəmœ'tikεl*) *rz.* gramatyczny, poprawny.

gramophone (*grœ'mofoun*) *rz.* gramofon.

grampus (*grœ'mpεs*) *rz.* (*zool.*) gatunek delfina.

granary (*grœ'nəri*) *rz.* śpichlerz.

grand (*grœ'nd, grā'nd*) *pm.* wielki, wspaniały, okazały, dostojny; ważny, doniosły; ostateczny; wzniosły; **-am, -ame** (*grœ'ndəm*) *rz.* matrona, babunia; **-daughter** *rz.* wnuczka; **-duke** *rz.* wielki książę; **-duchess** *rz.* wielka księżna; **-εe** (*grəndī'*) *rz.* magnat; grand (w Hiszpanji); **-eur** (*grœ'ndżə*) *rz.* wielkość, wspaniałość, wzniosłość, dostojność; **-father** *rz.* dziadek; **-iloquent** (*grœndi'lokuənt*) *pm.* patetyczny, bombastyczny; **-iose** (*grœ'ndiouz*) *pm.* wspaniały, okazały; **-jury** (*jur.*) sąd przysięgłych; **-mother** *rz.* babka; **-nephew** *rz.* wnuk siostry, lub brata; **-niece** *rz.* wnuczka siostry lub brata; **-ness** (*-nəs*) *rz.* wielkość, wspaniałość; **-sire** *rz.* dziad, przodek, antenat (w poezji); **-son** *rz.* wnuk.

grange (*grej'ndż*) *rz.* folwark; zabudowania dworskie.

granite (*grœ'nit*) *rz.* (*min.*) granit.

grann-ie, -y (*grœ'ni*) *rz.* babka, babunia.

grant (*grā'nt*) *rz.* nadanie, dar; przyznanie, przywilej; zapomoga; zasiłek; ~, *cz.* zezwalać, przyznać, udzielić, nadać, take for -ed, przesądzać (zgóry); **-ee** (*grœntī'*) *rz.* obdarzony; mający koncesję; **-er, -or** (*grā'ntə*) *rz.* przyzwalający, nadawca (przywileju).

granul-ar (*grœ'njulə*), **-ous** *pm.* ziarnisty, ziarnkowy; **-ary** (*-əri*), **-ated** *pm.* ziarnkowaty; **-ate** (*-lejt*) *cz.* ziarnić, granulować; **ation** (*grœnjulej'szen*) *rz.* ziarnowanie (kruszców), granulacja; **-e** (*grœ'njul*) *rz.* ziarnko, ziarneczko.

grape (*grej'p*) *rz.* winogrono; kartacz; a bunch of -s, winne grono; **-berry** *rz.* winna jagoda; **-gatherer** *rz.* winobraniec, winobranka; **-gathering** *rz.* winobranie; **-shot** *rz.* kartacz; **-stone** *rz.* ziarnko winogronne; **-sugar** *rz.* dekstroza (*chem.*); **-vine** *rz.* winna macica.

graphic(al) (*grœ'fikεl*) *pm.* graficzny, rysunkowy; malowniczy.

graphite (*grœ'fajt*) *rz.* grafit.

grapnel (*grœ'pnəl*) *rz.* mała kotwica, bosak; hak.

grappl-e (*grœ'pεl*) *rz.* bosak; pochwyt; borykanie się; ~, *cz.* zahaczyć; walczyć; szamotać się; ~ with, borykać się z czem; **-ing-iron** *rz.* klamra; ankra.

grapy (*grej'pi*) *pm.* groniasty.

grasp (*grā'sp*) *rz.* chwyt, władza; zrozumienie; ~, *cz.* chwycić, ująć, pojąć; zrozumieć.

grass (*grā's*) *rz.* trawa, murawa; **-hopper** konik polny; **-widow** *rz.* słomiana wdowa; **-y** (*-i*) *pm.* trawiasty, trawą porosły, trawny.

grate (*grej't*) *rz.* krata; palenisko; ~, *cz.* skrobać; zgrzytać; **-r** *rz.* skrobacz.

grateful (*grej'tful*) *pm.* wdzięczny; **-ness** *rz.* wdzięczność.

grati-fication (*grœtifikej'szεn*) *rz.* rozkosz; radość; nagroda; gratyfikacja; ukontentowanie; **-fy** (*grœ'tifaj*) *cz.* zadowolnić; ucieszyć; podarować; zaspokoić; **-fying** (*-faj'iŋ*) *pm.* przyjemny; miły, dający zadowolenie; zachęcający.
grating (*grej'tiŋ*) *rz.* drapanie, tarcie; okratowanie, krata; ~, *pm.* zgrzytliwy, przykry.
gratis (*grej'tis*) *ps.* darmo, bezpłatnie, gratis.
gratitude (*grœ'titjūd*) *rz.* wdzięczność.
gratui-tous (*grətjū'itəs*) *pm.* bezpłatny, niezasłużony, bezzasadny, dobrowolny; **-ty** (*grətjū'iti*) *rz.* zapłąta; nagroda.
gratulat-e (*grœ'czulejt*) *cz.* winszować, gratulować; **-ion** (*grœczulej'szεn*) *rz.* gratulacja; powinszowanie; **-ory** (*grœ'czulətori*) *pm.* gratulacyjny.
gravamen (*grawej'mən*) *rz.* oskarżenie.
grave (*grej'w*) *pm.* poważny, uroczysty; (*fig.*) ważny.
grave (*grej'w*) *rz.* grób; śmierć; ~, *cz.* składać do grobu; ryć; ~ a ship, dychtować okręt; **-clothes** *rz. lmn.* całun; **-digger** *rz.* grabarz; **-stone** *rz.* kamień grobowy; **-yard** *rz.* cmentarz.
gravel (*grœ'wεl*) *rz.* żwir; (*med.*) kamienie; ~, *cz.* wysypać żwirem; (*fig.*) zakłopotać; ~ pit, żwirownia; **-ly** *pm.* żwirowy, żwirowaty.
graven (*grej'wen*) *pm.* wyryty, rzeźbiony; ~ **image** *rz.* bałwan, bóstwo.
graver (*grej'wə*) *rz.* grawer, rytownik; rylec, dłóto.
gravid (*grœ'wid*) *pm.* brzemienna.
gravit-ate (*grœ'witejt*) *cz.* ciążyć do; grawitować; **-ation** (*grœwitej'szεn*) *rz.* ciążenie do; grawitacja; **-y** (*grœ'witi*) *rz.* powaga, ważność; siła przyciągania ziemi.
gravy (*grej'wi*) *rz.* sos.
gray (*grej'*) patrz **grey.**
grayling (*grej'liŋ*) *rz.* lipień (ryba).
graz-e (*grej'z*) *cz.* drasnąć, musnąć, paść(się); żerować, spasać; **-ier** (*grej'żə*) *rz.* hodowca bydła.
greas-e (*grī's*) *rz.* tłuszcz, smarowidło, smara; wełna nieoczyszczona; **-e** *cz.* smarować; **-iness** *rz.* tłustość; **-y** *pm.* tłusty, zatłuszczony.
great (*grej't*) *pm.* wielki, duży, znaczny, wspaniały, liczny; ~ age, wiek podeszły; a ~ deal, wiele; a ~ many, wielu; ~ grand father, pradziad; ~ seal, wielka pieczęć państwa; ~ coat, palto, paltot; ~ Bear, Wielka Niedźwiedzica; **-hearted** *pm.* wielkoduszny, wspaniałomyślny; **-en** (*grej'tεn*) *cz.* powiększyć (się); **-ly** *ps.* wielce; znacznie, w wysokim stopniu; wspaniałomyślnie; **-ness** *rz.* wielkość.
greaves (*grī'wz*) *rz. lmn.* nakolanki (w uzbrojeniu rycerzy); skwarki.
Grecian (*grī'szεn*) *rz.* hellenista; ~, *pm.* grecki.
greed (*grī'd*) *rz.* chciwość, żądza; **-iness** *rz.* chciwość, żarłoczność; **-y** *pm.* chciwy, żarłoczny, spragniony, zgłodniały.
Greek (*grī'k*) *rz.* grek; greczyzna; ~, *pm.* grecki.
green (*grī'n*) *rz.* zieloność; zieleń, murawa; ~, *pm.* zielony, niedojrzały, młody; świeży, niedoświadczony; czerstwy; zazdrosny; surowy; ~, *cz.* zazielenić, pozielenić; **-back** *rz.* dolar papierowy Stanów Zjedn.; **-ery** (*grī'nəri*) *rz.* ogrodowizna, zieloność; **-finch** *rz.* czyż (ptak); **-gage** *rz.* renkloda; **-grocer** *rz.* jarzyniarz; **-hand** *rz.* nowicjusz; **-hide** *rz.* surowa skóra; **-horn** *rz.* nowicjusz, głuptas; **-house** *rz.* oranżerja, inspekty; **-ish** (*grī'nisz*) *pm.* zielonawy; **-ly** (*grī'nli*) *ps.* zielono, świeżo; **-ness** (*-nəs*) *rz.* zieloność, świeżość (młodzieńcza); niedoświadczenie; czerstwość; **-plot** *rz.* trawnik, murawa; **-room** *rz* pokój artystów (w teatrze); **-sickness** *rz.* bladaczka; **-sward** (*-sword*) *rz.* trawnik; **-wood** *rz.* las; zieleń; **-wound** *rz.* świeża rana.
greens (*grī'nz*) *rz. lmn.* zielenizna, ogrodowizna, warzywa.
greet (*grī't*) *cz.* witać, powitać, przywitać; **-ing** *rz.* witanie, powitanie, ukłon, pozdrowienie.

gregarious (*gregē'riəs*) *pm.* gromadny, stadny; towarzyski.
grenad-e (*grənej'd*) *rz.* (*mil.*) granat; **-ier** (*gre'nədīə*) *rz.* grenadjer.
grew (*grū'*) *cz.* od **grow.** ·[chart.
grey (*grej'*), **-hound** (*grej'haund*) *rz.*
grey (*grej'*) *rz.* siwość, szarość, szara godzina; szpak (koń); ~, *pm.* siwy, szary, mroczny; szpakowaty; **-eyed** *pm.* szarooki, siwooki; **-Friar** *rz.* Franciszkanin; **-ish** *pm.* siwawy, szarawy, przyprószony siwizną; **-ness** *rz.* siwość, siwizna.
gride (*graj'd*) *cz.* ciąć, drapać.
gridiron (*gri'dajən*) *rz.* rożen.
grief (*grī'f*) *rz.* boleść, smutek, nieszczęście; come to ~ popaść w kłopoty; źle skończyć.
griev-ance (*grī'wəns*) *rz.* krzywda, żal, uraza; **-e** (*grī'w*) *cz.* smucić (się), zasmucić; zmartwić (się); ubolewać; **-ingly** *ps.* boleśnie, z boleścią, z żalem; **-ous** (*grī'wəs*) *pm.* bolesny, ciężki, przykry.
griffin, griffon (*gri'fin, gri'fən*) *rz.* gryf (ptak bajeczny).
grig (*gri'g*) *rz.* mały węgorz (ryba); konik polny; szałaput.
grill(e) (*gri'l*) *rz.* rożen; ruszt, krata; ~, *cz.* przypiekać, smażyć; **-room** *rz.* bufet gorący (w restauracji).
grilse (*gri'lz*) *rz.* młody łosoś.
grim (*gri'm*) *pm.* ponury, straszny; zawzięty.
grimace (*grimej's*) *rz.* grymas; kwaśna mina.
grimalkin (*grimæ'lkin, grimo'lkin*) *rz.* stare kocisko.
grim-e (*graj'm*) *rz.* brud, plugastwo; ~, *cz.* zabrudzić, zapaskudzić; **-y** (*graj'mi*) *pm.* zabrudzony, okopciały.
grim-ly (*gri'mli*) *ps.* ponuro, zawzięcie; **-ness** *rz.* ponurość, okropność; zawziętość.
grin (*gri'n*) *rz.* szczerzenie zębów; ~, *cz.* szczerzyć zęby, wykrzywiać twarz; śmiać się; **-ningly** *ps.* szczerząc zęby.
grind (*graj'nd*) *rz.* mielenie; harówka; wyścigi; *~, *cz.* mleć, zgrzytać; toczyć, szlifować, ostrzyć; krzywdzić; kuć do egzaminów; tłuc; harować; **-er** (*graj'ndə*) *rz.* szlifierz; ząb trzonowy; **-ing- mill** młyn, młynek;
-stone *rz.* kamień szlifierski, młyński.
grip (*gri'p*) *rz.* chwyt, siła, moc; (*fig.*) szpony; rowek; ~, *cz.* uchwycić.
gripe (*graj'p*) *rz.* chwyt; ból; **-s** *rz. lmn* bóle, kurcze żołądka, kolka; ~, *cz.* schwycić, pochwycić, przygnieść, męczyć.
grippe (*gri'p*) *rz.* grypa, influenza.
griskin (*gri'skin*) *rz.* schab.
grisly (*gri'zli*) *pm.* okropny, szkaradny; straszny.
grist (*gri'st*) *rz.* ziarno; mlewo.
gristl-e (*gri'sel*) *rz.* chrząstka; **-ed, -y** (*gri'sli*) *pm.* chrząstkowaty.
grit (*gri't*) *rz.* żwir, piasek; stałość, nieustępliwość; ~, *cz.* zgrzytać **-ty** *pm.* żwirowaty; **-s** *rz. lmn.* kasza, krupy (owsiane).
grizzl-e (*gri'zel*) *rz.* siwizna, szary kolor; **-ed, -y** (*gri'zeld, gri'zli*) *pm.* szarawy, posiwiały, bury.
groan (*grou'n*), **-ing** *rz.* stękanie, ~, *cz.* stękać, jęczeć.
groat (*grou't*) *rz.* szeląg.
groats (*grou'ts*) *rz. lmn.* krupy.
grocer (*grou'sə*) *rz.* kupiec korzenny, kolonjalny; **-ies** (*grou'səriz*) *rz. lmn.* towary korzenne, kolonjalne; **-y** (*gou'səri*) *rz.* handel korzenny; sklep spożywczy.
grog (*gro'g*) *rz.* grog (napój); **-gy** (*gro'gi*) *pm.* chwiejny, pijany.
grogeram, grogram (*gro'grəm*) *rz.* rodzaj kamlotu.
groin (*groj'n*) *rz.* kant, brzeg; (*anat.*) pachwina.
groom (*grū'm*) *rz.* pachołek; lokaj, służący; ~ of the stole, ochmistrz dworu; ~, *cz.* czyścić, pielęgnować; **-sman** (*grū'mzmæn*) *rz.* starszy drużba.
groove (*grū'w*) *rz.* żłobek, rowek; (*fig.*) rutyna, wprawa; ~, *cz.* wydrążyć, wyżłobić; żłobić.
grope (*grou'p*) *cz.* macać, iść pomacku; ~ about, szukać pomacku.
gross (*grou's*) *rz.* 12 tuzinów; ~, *rz.* hurt; ~, *pm.* ordynarny; tłusty, głupi, gburowaty, gęsty, nieoczyszczony; ciężki; ogólny; hurtowny; karygodny; brutto; **-beak** *rz.* grubodziób (ptak); **-ly** (*gro'sli*) *ps.* grubo, ordynar-

nie, po głupiemu, po grubjańsku; całkiem, zupełnie; **-ness** (*-nəs*) *rz.* grubość, grubjaństwo; głupstwo, głupota; ordynarność.

grotesque (*groute'sk*) *pm.* dziwaczny, groteskowy; zabawny, cudacki; potworny.

grotto (*gro'tou*) *rz.* grota, jaskinia.

ground (*grau'nd*) *rz.* grunt, ziemia, dno; płaszczyzna; gruntowanie; podstawa; zasada; tło; powód; powierzchnia; gain ~, postępować, zyskiwać; szerzyć się; ~, *cz.* założyć, uzasadnić; uczyć początków; ugruntować; położyć podwaliny; lądować; osiąść na mieliźnie; uziemić; **-floor** *rz.* parter (domu); **-ivy** *rz.* (*bot.*) bluszcz ziemny; **-edly** *ps.* z uzasadnieniem; **-less** *pm.* bezdenny, bezzasadny; **-ling** *rz.* kiełb (ryba); przyziemna roślina; **-rent** *rz.* czynsz gruntowy; **-s** *rz. lmn.* grunta, rudymenta; początki nauki, zasady; osad, fusy; **-sel, -sil** *rz.* (przest.) próg; fundament; **-tackle** *rz.* rzeczy, któremi okręt przymocowuje się do gruntu; **-work** *rz.* fundament, podstawa; zasada.

group (*grū'p*) *rz.* grupa; ~, *cz.* grupować.

grouse (*grau's*) *rz.* głuszec.

grout (*grau't*) *rz.* zaprawa murarska.

grove (*grou'w*) *rz.* gaj, lasek.

grovel (*gro'wɛl*) *cz.* czołgać się, pełzać; (*fig.*) płaszczyć się; podlić się.

grow* (*grou'*) *cz.* rosnąć, wzrastać, powiększać się; stawać się; wychować, hodować; robić się; krzewić; zostać (czemś); ~ well, wyzdrowieć, ~ out, wyróść, wyrodzić się; ~ up, podrastać.

growl (*grau'l*) *rz.* mruczenie, szemranie; pomruk; ~, *cz.* warczeć, mruczeć, szemrać.

grown (*grou'n*) *cz.* od **grow**; wyrosły; ~ up, dorosły; ~ sea, wzdęte morze; ~ over, zarosły, porosły.

growth (*grou'ß*) *rz.* wzrost, postęp; narośl; rozwój.

groyne (*groj'n*) *rz.* łamacz fal.

grub (*grä'b*) *rz.* (*zool.*) poczwarka, czerw, liszka; harowanie, (gwar.) strawa; ~, *cz.* karczować, trzebić; **-ber** (*grä'bə*) *rz.* karczownik, graca (narzędzie); **-by** (*grä'bi*) *pm.* robaczywy; brudny, niechlujny.

Grub-street (*grä'bstrīt*) *rz.* dzielnica Londynu zamieszkała przez ubogą brać literacką.

grudg-e (*grä'dż*) *rz.* niechęć, uraza; pretensja; ~, *cz.* zazdrościć; żałować; **-ingly** *ps.* niechętnie, mrukliwie, zazdrośnie.

gruel (*grū'əl*) *rz.* kleik (owsiany), papka.

gruesome (*grū'sem*) *pm.* straszny, okropny, wstrętny.

gruff (*grä'f*) *pm.* cierpki, kwaśny, szorstki; burkliwy.

grumble (*grä'mbɛl*) *rz.* mruczenie, gderanie, narzekanie; ~, *cz.* mruczeć, gderać, sarkać, zrzędzić; szemrać; narzekać **-r** *rz.* zrzęda; malkontent.

grume (*grū'm*) *rz.* gruzełek, skrzep.

grumpy, grumpish (*grä'mpi, grä'mpisz*) *pm.* niezadowolony, kwaśny; zrzędny.

Grundyism (*grä'ndiïzɛm*) *rz.* pruderja.

grunt (*grä'nt*) *rz.* chrząkanie; ~, *cz.* chrząkać; (*fig.*) sarkać.

guaiacum (*guaj'əkɛm*) *rz.* drzewo gwajakowe.

guano (*gua'nou*) *rz.* guano.

guarant-ee (*gærəntī'*) *rz.* poręczyciel; poręczenie, poręka; ~, *cz.* gwarantować, ręczyć, zapewnić; **-or** (*gæ'rəntə*) *rz.* poręczyciel, ręczyciel; **-y** (*gæ'rənti*) *rz.* poręczenie, gwarancja, zastaw; ~, *cz.* gwarantować.

guard (*gā'd*) *rz.* straż, obrona, piecza, stróż; (*mil.*) warta, konduktor kolejowy; *lmn.* gwardja; be (stand) on one's ~, mieć się na baczności; ~, *cz.* pilnować, ochraniać; konwojować; strzec (się), być ostrożnym; bronić, zabezpieczyć; **-chamber, -room, -house** (*mil.*) *rz.* wartownia, odwach; **-ed** *pm.* strzeżony, obronny; ostrożny, baczny; rozważny, zabezpieczony; ~ **ship** *rz.* okręt strażniczy.

guardian (*gā'djən*) *rz.* stróż, kustosz, dozorca; opiekun; ~ angel, anioł stróż; **-ship** *rz.* opieka; opiekuństwo.
gudgeon (*gă'dżɛn*) *rz.* kiełb (ryba); kiep, dudek; czop.
Guelf, Guelph (*gue'lf*) *rz.* gwelf.
guerdon (*gə̄'dɛn*) *rz.* nagroda.
guer(r)illa (*geri'la*) *rz.* ~ warfare, wojna podjazdowa.
guernsey (*gə̄'nzi*) *rz.* sweter.
guess (*ge's*) *rz.* domysł, przypuszczenie; at a ~, na oko; ~, *cz.* domyślać się, przypuszczać; odgadnąć, zgadywać; miarkować; **-work** *rz.* przypuszczenie, domysły.
guest (*ge'st*) *rz.* gość; ~, *cz.* gościć, ugaszczać; ~ chamber, pokój gościnny; ~ **rope,** (*mar.*) lina holownicza.
guffaw (*gă·fō'*) *rz.* wybuch śmiechu.
guggle (*gă'gɛl*) *cz.* bulgotać.
guid-ance (*gaj'dəns*) *rz.* przewodnictwo, kierownictwo; for your ~, do wiadomości; **-e** (*gaj'd*) *rz.* przewodnik; kierownik, drogowskaz; ~, *cz.* prowadzić, kierować; -ing star, gwiazda przewodnia.
guild (*gi'ld*) *rz.* bractwo, cech, gildja, giełda, korporacja; **-hall** *rz.* ratusz.
guile (*gaj'l*) *rz.* chytrość, podstęp, zdrada; **-ful** (*-ful*) *pm.* chytry, podstępny, zwodniczy, zdradny, mamiący; **-less** *pm.* szczery, prostoduszny.
guillemot (*gi'lɛmot*) *rz.* siewka (ptak).
guillotine (*giləti'n*) *rz.* gilotyna.
guilt (*gi'lt*) *rz.* wina, wykroczenie, przestępstwo; **-ily** *ps.* karygodnie; **-iness** *rz.* wina; **-less** *pm.* niewinny; **-y** (*gi'lti*) *pm.* winny, karygodny, poczuwający się do winy; find -y, obwinić, osądzić; plead -y, wyznać winę, przyznać się do winy; -y conscience, niespokojne sumienie.
guinea (*gi'ni*) *rz.* gwineja, dawna moneta ang. = 21 szylingów; **-fowl, -hen** *rz.* perlica, perliczka (*orn.*); **-pepper** *rz.* (*bot.*) pieprz indyjski; **-pig** (*zool.*) *rz.* morska świnka; synekurzysta.
guise (*gaj'z*) *rz.* wygląd; pozór, pretekst; strój.
guitar (*gitā*) *rz.* (*muz.*) gitara.
gulch (*gă'lcz*) *rz.* parów.
gules (*gă'lz*) *pm.* (*herald.*) czerwony.
gulf (*gă'lf*) *rz.* zatoka, wir; przepaść, otchłań; ~, *cz.* pochłonąć.
gull (*gă'l*) *rz.* mewa, rybitwa morska (ptak); (*fig.*) kiep, dudek; ~, *cz.* okpić, oszukać.
gullet (*gă'lət*) *rz.* gardziel, przełyk; gardło, wole; cieśnina.
gulli-bility (*gălibi'liti*) *rz.* łatwowierność; **-ble** (*gă'libɛl*) *pm.* łatwowierny.
gully (*gă'li*) *rz.* żleb; kanał odchodowy; nóż; ~, *cz.* żłobić; **-hole** *rz.* otwór do kanałów.
gulp (*gă'lp*) *rz.* łyk, haust, przełknięcie; ~, *cz.* przełknąć, łykać, żłopać.
gum (*gă'm*) *rz.* dziąsło; guma; ~, *cz.* gumować, kleić; **-arabic** *rz.* guma arabska; **-my** (*gă'mi*) *pm.* gumowy, kleisty, lepki.
gumption (*gă'mpszɛn*) *rz.* rozum, przebiegłość.
gun (*gă'n*) *rz.* strzelba, fuzja, działo, armata; ~, *cz.* polować ze strzelbą; double barrelled ~, strzelba dwururka; **-barrel** *rz.* lufa; **-boat** *rz.* kanonierka; **-carriage** *rz.* laweta (łoże działa); **-cotton** *rz.* bawełna strzelnicza; **-maker** *rz.* puszkarz; **-metal** *rz.* bronz; **-ner** (*gă'nə*) *rz.* kanonier, artylerzysta; **-room** *rz.* pokój młodszych oficerów okrętu; **-smith** *rz.* puszkarz, rusznikarz; **-stick** *rz.* stępor; **-stock** *rz.* osada strzelby; **-wale** (*gă'nel*), **gunnel** (*gă'nəl*) *rz.* brzeg pokładu.
gurgle (*gə̄'gɛl*), **gurgitation** (*gə̄dżitej'szɛn*) *rz.* bulgotanie; ~, *cz.* bulgotać; **-ing** (*gə̄'gliŋ*) *pm.* bulgoczący, szemrzący.
gurn-ard (*gə̄'nəd*), **-et** (*gə̄'nət*) *rz.* barwena (ryba).
gush (*gă'sz*) *rz.* wytrysk, wytryśnięcie, lunięcie wody; wybuch; ~, *cz.* tryskać, wytrysnąć, lunąć; mówić z wylaniem.
gusset (*gă'sət*) *rz.* klin.
gust (*gă'st*) *rz.* smak, gust; podmuch wiatru; wicher; a ~ of anger, wybuch gniewu; **-ation**

(*găstej'szεn*) *rz.* smakowanie; smak; **-o** (*gă'stou*) *rz.* smak, gust, zapał; **-y** *pm.* wietrzny.
gut (*gă't*) *rz.* kiszka; brzuch; (*fig.*) wartość, śmiałość, dzielność; greedy ~, obżartuch; ~, *cz.* patroszyć; sprawiać.
gutta (*gă'tə*) *rz.* (*lmn.* **guttae**) kropla; **-percha** (*gătəpə'czə*) *rz.* gutaperka.
gutter (*gă'tə*) *rz.* rynna, rynsztok; ~, *cz.* wyżłobić; płynąć, ciec.
guttler (*gă'tlə*) *rz.* żarłok, obżartuch.
guttural (*gă'tərεl*) *pm.* gardłowy;
gutty (*gă'ti*) *rz.* piłka do golfu.
guy (*gaj'*) *rz.* lina; dziwak.
guzzle (*gă'zεl*) *cz.* żłopać, łykać, przepić; **-r** *rz.* pijak.
gymnasium (*dżimnej'ziəm*) *rz.* sala gimnastyczna; gimnazjum.
gymnast (*dżi'mnæst*) *rz.* gimnastyk; **-ic(al)** (*dżimnæ'stik-εl*) *pm.* gimnastyczny; **-ics** *rz. lmn.* gimnastyka.
gymno-sophist (*dżimno'sofist*) *rz.* gimnosofista, indyjski filozof; **-spermous** (*dżimnospə'məs*) *pm.* (*bot.*) nagozalążkowy.
gynecolog-ical (*dżinəkolo'dżikεl*) *pm.* ginekologiczny; **-y** (*dżinəko'lodżi, dżaj-*) *rz.* ginekologja.
gyp (*dżi'p*) *rz.* pedel.
gyps (*dżi'ps*), **gypsum** (*dżi'psəm*) *rz.* gips; **-eous** (*dżi'psəεs*) *pm.* gipsowy.
gypsy, gipsy (*dżi'psi*) *rz.* cygan.
gyr-ate (*dżaj'rejt*) *cz.* wirować, kręcić się; **-ation** (*dżajrej'szεn*) *rz.* kręcenie (się); wirowanie; **-atory** (*dżaj'rətəri*) *pm.* wirujący; **-e** (*dżaj'ə*) *rz.* obrót, wir.
gyve (*dżaj'w*) *cz.* okuć, zakuć w kajdany; **-s** (*dżæj'wz*) *rz. lmn.* okowy, kajdany, pęta.

H

habeas corpus (*hej'bæskōpεs*) *rz.* obowiązek stawienia się przed sądem.
haberdasher (*hæ'bədæszə*) *rz.* pasamonik, szmuklerz; **-y**(*-ri*) *rz.* szmuklerskie towary, szmuklernia. [śnik.
habergeon (*hæ'bədżεn*) *rz.* napier-
habiliment (*hæbi'limənt*) *rz.* ubiór.
habilitation (*həbilitej'szεn*) *rz.* habilitacja; finansowanie (kopalni).
habit (*hæ'bit*) *rz.* usposobienie, zwyczaj; budowa (ciała); nałóg; ubiór (zakonny); suknia (amazonki); by ~, z przyzwyczajenia; be in the ~, mieć zwyczaj; ~, *cz.* odziać, wkładać suknię.
habit-able (*hæ'bitəbεl*) *pm.* mieszkalny; **-ant** (*hæ'bitənt*) *rz.* mieszkaniec; **-at** (*-æt*) *rz.* warunki życia; **-ation** (*hæbitej'szεn*) *rz.* mieszkanie, zamieszkiwanie.
habit-ual (*hæbi'tjuəl, -czuəl*) *pm.* zwyczajny, zwykły; nałogowy; **-uate** (*hæbi'tjuejt*) *cz.* przyzwyczaić; **-ude** (*hæ'bitjud*) *rz.* stan, przyzwyczajenie.
hack (*hæ'k*) *rz.* rana; motyka, kilof; ~ saw, piła do metali; ~, *cz.* siekać, rozcinać, kopać; -ing cough, kaszel urywany.
hack (*hæ'k*) *rz.* najemnik; pisarczyk; koń najemny; ~, *cz.* najmować, jechać wynajętym powozem.
hackl-e (*hæ'kεl*) *rz.* rafa do czesania lnu; pióra grzbietowe ptactwa domowego; ~, *cz.* czesać, rozedrzeć, pociąć na drobne kawałki; dziergać; **-y** (*-i*) *pm.* posiekany, poszarpany.
hackney (*hæ'kni*) *rz.* koń najęty, powóz; dorożka; **-ed** *pm.* spowszedniały; oklepany; ~, *cz.* oklepać, spowszednieć.
had (*hæ'd*) *cz.* od **have**; be ~ at, do nabycia u...; I ~ rather, wolałbym; ~ we not better go, czy nie lepiej byłoby pójść.
haddock (*hæ'dək*) *rz.* łupacz (ryba morska).
Hades (*hej'dīz*) *rz.* piekło.
haemorr-hage (*he'morεdż*) *rz.* upływ krwi, hemoragja; krwotok; **-hoids** *pl.* hemoroidy.
haft (*hæ'ft*) *rz.* rączka, rękojeść, trzonek.

hag (*hæ'g*) *rz.* czarownica, jędza.
haggard (*hæ'gəd*) *rz.* pochwycony sokół; ~, *pm.* dziki; wynędzniały; ~ eyes, obłąkane oczy.
hagged, haggish (*hæ'gd, hæ'gisz*) *pm.* jędzowaty.
haggis (*hæ'gīs*) *rz.* potrawka barania.
haggle (*hæ'gɛl*) *cz.* targować się; spierać się.
hagiology (*hædżio'lɛdżi*) *rz.* żywoty świętych.
hail (*he'jl*) *w.* wiwat! niech żyje! witaj! ~, *cz.* pozdrawiać, witać, nawoływać; wołać.
hail (*hej'l*) *w.* grad; ~, *cz.* padać (o gradzie); **-stone** *rz.* ziarnko gradu; **-y** (*hej'li*) *pm.* gradowy.
hair (*hē'ə*) *rz.* włos, włosy, włosek; włosień; against the ~, pod włos, przeciw woli; to a ~, co do joty; dress one's ~, czesać się; within -s' breadth, o mały włos; split a ~, spierać się o drobiazgi; the ~ stands on end, włosy stają dęba; **-breadth** *rz.* szerokość włosa; odrobina; **-cloth** *rz.* włosiennica; materjał z sierści wielbłądziej; **-dresser** *rz.* fryzjer; perukarz; **-iness** (*-ines*) *rz.* włochatość; **-less** *pm.* bezwłosy; **-pin** *rz.* szpilka do włosów; **-powder** *rz.* puder do włosów; **-shirt** *rz.* włosiennica; **-splitting** *rz.* spieranie się o drobnostki; **-spring** *rz.* sprężyna w zegarku; **-y** (*hē'ri*) *pm.* włochaty; kosmaty, kudłaty.
hake (*hej'k*) *rz.* dorsz (ryba).
halberd (*hæ'lbəd*) *rz.* halabarda; **-ier** (*hælbədī'ə*) *rz.* halabardnik.
halcyon (*hæ'lsiən*) *rz.* (*orn.*) zimorodek; (w poezji) godło ciszy; ~, *pm.* cichy, spokojny.
hale (*hej'l*) *pm.* czerstwy, zdrowy, silny; ~, *cz.* ciągnąć.
half (*hā'f*) *rz.* (*lmn.* **halves**) połowa; pół; ~, *pm.* połowiczny, ~, *ps.* pół, po połowie; w połowie, połowicznie; na pół; ~ an hour, pół godziny; in halves, na pół, po połowie; by ~, o połowę; my better ~, moja małżonka, połowica; ~ and ~, pół na pół; ~ **a crown** 2½ szylinga; **-blood** *rz.* i *pm.* przyrodni; pół krwi; **-blooded** *pm.* odrodzony, mieszaniec; **-binding** *rz.* oprawa w półskórek; **-breed** *pm.* pół-krwi; **-bred** *pm.* mieszaniec; źle wychowany; **-brother** *rz.* brat przyrodni; **-hearted** *pm.* bez przekonania; **-holiday** *rz.* półświęto; **-measure** *rz.* półśrodek; **-moon** *rz.* półksiężyc; **-mourning** *rz.* lekka żałoba; **-penny** (*hej'pny*) *rz.* (*lmn.* **halfpence**) pół pensa; **-sister** *rz.* siostra przyrodnia; **-sphere** *rz.* półkula; **-way** *ps.* na pół drogi, w połowie drogi; **-wit** *rz.* półgłówek; **-witted** *pm.* głupkowaty, głupi; **-yearly** *pm.* półroczny; ~ ~, *ps.* co pół roku; półrocznie.
halibut, holibut (*hə'libət, ho'-*) *rz.* płastuga (ryba).
hall (*hō'l*) *rz.* izba, sala; przedsienie; dwór; hala; hol; **-mark** *rz.* stempel na srebrze i złocie; (*fig.*) szczyt.
hallelujah (*hæləlu'jə*) *w.* i *rz.* alleluja.
halliard (*hæ'ljəd*) *rz.* = **halyard.**
hallo, halloo (*həlou'*) *w.* hallo; huzia; ~, *cz.* szczuć.
hallow (*hæ'lou*) *rz.* święty; ~, *cz.* święcić; szczuć; **-mas** (*hæ'louməs*) *rz.* dzień Wszystkich Świętych.
hallucination (*hælusinej'szɛn*) *rz.* złudzenie, halucynacja.
halm (*hō'm*) *rz.* patrz **haulm.**
halo (*hej'lou*) *rz.* aureola; nimb.
halt (*hō'lt*) *rz.* zatrzymanie (się), postój; chromanie; ~, *pm.* chromy, kulawy; ~, *cz.* chromać, kuleć; stanąć; wahać się; ~, *w.* stój! **-ingly** *ps.* chromając, kulejąc, kulawo; wahając się.
halter (*hō'ltə*) *rz.* stryczek, kantar (na konia); ~, *cz.* nałożyć kantar; powiesić.
halve (*hā'w*) *cz.* przepołowić.
halyard (*hæ'ljəd*) *rz.* (*mar.*) szkot, lina do podciągania żagli.
ham (*hæ'm*) *rz.* szynka; kolano; ~, *rz.* wioska, miasteczko (*hist.*).
hamadryad (*həmədraj'ɛd*) *rz.* (*mit.*) nimfa leśna; hamadrjada.
hames (*hej'mz*) *rz.* chomąto.
hamlet (*hæ'mlət*) *rz.* wioska.
hammer (*hæ'mə*) *rz.* młot, młotek; ~ and tongs, z całych sił; ~, *cz.* bić młotem, kuć, klepać; walić; ~ out, wymyślić; **-cloth** *rz.* fartuch (u powozu) **-head** *rz.* obuch; **-man** *rz.* kowal.

hammock (*hæ'mək*) *rz.* hamak.
hamper (*hæ'mpə*) *rz.* kosz; ~, *cz.* krępować; przeszkadzać; spętać.
hamshackle (*hæ'mszækɛl*) *cz.* spętać.
hamster (*hæ'mstə*) *rz.* (*zool.*) chomik.
hamstring (*hæ'mstriŋ*) *rz.* ścięgno udowe; ~ *cz.* podciąć nogi.
hand (*hæ'nd*) *rz.* ręka, charakter pisma; robotnik, majtek; ręka (w grze), współuczestnictwo, pomoc; okolica; strona; wskazówka (zegara); udział, podpis; at ~, pod ręką, tuż, obok; by ~, ręcznie; ~ over ~, zwolna, powoli; ~ in ~, ręka w rękę, zgodnie; on the one ~, z jednej strony; have one's ~ in, zawinić w czemś; współdziałać; out of ~, bez wahania, zaraz; od ręki; under ~, skrycie, pokryjomu; upper ~, przewaga; góra (nad); take on ~, przedsięwziąć; even ~, kwita, równo; -s off! ręce przy sobie! live from ~ to mouth, żyć z dnia na dzień; off ~, natychmiast; od ręki; ~ to ~ conflict, walka wręcz; **-barrow** *rz.* nosze; **-basket** *rz.* koszyk ręczny; **-bill** *rz.* ogłoszenie, plakat; ulotka; **-breadth** *rz.* szerokość dłoni, dłoń; piędź; **-cuffs** *rz. lmn.* kajdanki (na ręce); **-cuff** *cz.* nałożyć kajdanki; **-ful** *rz.* garść; **-gallop** *rz.* lekki galop; **-grenade** *rz.* granat ręczny; **-mill** *rz.* żarna; **-rail** *rz.* poręcz; **-shake** *rz.* uścisk dłoni; **-writing** *rz.* charakter pisma.
hand (*hæ'nd*) *cz.* wręczyć, podać; ~ about, podawać z rąk do rąk; ~ down, przekazać potomności; ~ over, oddać, wręczyć.
handi-cap (*hæ'ndikæp*) *rz.* wyrównanie szans; zawada; ~, *cz.* przeszkodzić; **-capped** *pm.* upośledzony; **-craft** (*hæ'ndikrāft*) *rz.* rękodzieło; **-ly** (*hæ'ndili*) *ps.* zręcznie; **-ness** (*-nəs*) *rz.* dogodność, zręczność; **-work** (*-uə̄'k*) *rz.* arcydzieło; praca.
handkerchief (*hæ'nkə̄czif*) *rz.* chustka (do nosa).
handle (*hæ'ndɛl*) *rz.* rączka, rękojeść; ucho (*fig.*); trzonek; ~, *cz.* manipulować; dotknąć się, kierować; władać; obchodzić się z kim, czem; rozprawiać o czem; **-bar** *rz.* kierownica roweru.
handsel, hansel (*hæ'ndsɛl, hæ'nsɛl*) *rz.* zadatek; przedsmak; gwiazdka (podarunek); ~, *cz.* dać zadatek, rozpoczynać.
handsome (*hæ'nsəm*) *pm.* przystojny, piękny, śliczny; hojny; **-ness** (*-nəs*) *rz.* piękność, powab, zgrabność.
handy (*hæ'ndi*) *pm.* dogodny, zręczny, poręczny, łatwy; **-man** *rz.* człowiek, zręczny do wszystkiego.
hang (*hæ'ŋ*) *rz.* pochyłość; get the ~ of, włożyć się w coś; *~, *cz.* powiesić, zawiesić, zaczepić, wisieć, uwiesić się, być w niepewności; ~ a room, obić tapetami; ~ back, wahać się, nie móc się zdecydować; ~ up, powiesić; ~ it! niech to djabli wezmą! ~ upon, zależeć od; ~ fire, wystrzelić z opóźnieniem (o broni); ~ about, szwendać się; ~ together, trzymać się razem; ~ up, zawiesić; **-dog** *rz.* (*fig.*) szubienicznik; **-er** *rz.* wieszadło, hak, kołek; **-er-on** *rz.* pieczeniarz; **-ing** (*-iŋ*) *rz.* wieszanie, powieszenie; tapety, obicia; **-man** *rz.* kat; **-nail** *rz.* zadra, zanokcica.
hangar (*hæŋgā'*) *rz.* hangar.
hank (*hæ'ŋk*) *rz.* kłębek, zwój.
hanker (*hæ'ŋkə*) *cz.* wzdychać do czegoś, tęsknić, pragnąć.
Hanse (*hæ'ns*) *rz.* Hansa; **-iatic** (*hənsiæ'tik*) *pm.* hanzeatycki.
hansom cab (*hæ'nsɛm kæ'b*) *rz.* dorożka jednokonna, dwukołowa.
hap (*hæ'p*) *rz.* traf, zdarzenie, przypadek; good ~, szczęście; ~, *cz.* przytrafić się, zdarzyć się; **-less** *pm.* nieszczęśliwy; niefortunny; **-ly** *ps.* przypadkiem.
haphazard (*hæ'phæzə̄d*) *rz.* przypadek; at ~, na chybił-trafił, na los szczęścia; ~, *pm.* trafunkowy, przypadkowy.
happen (*hæ'pɛn*) *cz.* wydarzyć się, zdarzyć się, trafić się.

happ-ily (*hæ'pili*) *ps.* szczęśliwie, szczęściem; **-iness** (*-inəs*) *rz.* szczęście, szczęśliwy traf, powodzenie; **-y** (*hæ'pi*) *pm.* szczęśliwy, zadowolony, zgrabny, udatny; **-y-go-lucky** *pm.* niefrasobliwy.

harangue (*həræ'ŋ*) *rz.* przemowa (do tłumu); **~**, *cz.* mieć przemowę, rozprawiać; **-r** (*həræ'ŋgə*) *rz.* mówca.

harass (*hæ'rəs*) *cz.* męczyć; naprzykrzać się, dokuczać, niepokoić nieprzyjaciela; znękać.

harbinger (*hā'bindžə*) *rz.* zwiastun, goniec; **~**, *cz.* zwiastować.

harbour (*hā'bə*) *rz.* przystań, schronienie; **~**, *cz.* przyjąć kogoś; dać przytułek; (*fig.*) żywić uczucie; schronić; chować, przechowywać; **-age** (*hā'borədž*) *rz.* przystań, schronienie, przytułek.

hard (*hā'd*) *pm.* twardy, mocny, nieugięty; zatwardziały; trudny, ciężki, przykry, ostry, srogi; **~**, *ps.* silnie, mocno; ciężko; bez przerwy, przykro, źle; **~** of belief, niedowiarek; **~** to come at, nieprzystępny; **~** by, obok, tuż przy; be **~** at work, pilnie pracować, przysiadywać fałdów; **~** labour, ciężkie roboty; he is **~** of hearing, on niedosłyszy; **~** cash, gotówka; **~ up**, bez pieniędzy, spłókany; **~ and** fast rules, surowe przepisy; **-beam** *rz.* grab; **-boiled** *pm.* na twardo ugotowane (jajko); **-en** (*hā'dɛn*) *cz.* stwardnieć, stężeć; hartować (się); **-favoured, -featured** *pm.* brzydki, szpetny; **-fisted** *pm.* skąpy; **-hearted** *pm.* nieczuły; **-ihood** (*hā'dihud*) *rz.* męstwo, moc, krzepkość; dzielność; **-iness** (*-inəs*) *rz.* wytrwałość, śmiałość; moc; **-ish** *pm.* twardawy; **-ly** *ps.* z trudnością, z trudem, chyba nie; zaledwie; surowo, źle; **~ ~** ever, rzadko kiedy; **-ness** (*-nəs*) *rz.* twardość, surowość; **-ship** *rz.* znój, prywacje, trudy; surowość; **-ware** *rz.* towary żelazne; **-y** (*hā'di*) *pm.* śmiały, dzielny, tęgi, silny.

hare (*hē'ə*) *rz.* zając, szarak; **-bell** *rz.* bławatek; **-brained** *pm.* nierozważny; trzpiotowaty; **-lip** *rz.* warga zajęcza.

harem (*hē'rəm*) *rz.* harem.

haricot (*hæ'rikou*) *rz.* fasola; gulasz.

hark (*hā'k*), **harken** (*hā'kɛn*) *cz.* słuchać.

harl (*hā'l*) *rz.* chorągiewka pióra.

harlequin (*hā'ləkin, -kuin*) *rz.* błazen, arlekin; **-ade** (*-kuinej'd*) *rz.* arlekinada.

harlot (*hā'lət*) *rz.* nierządnica; **-ry** (*hā'lətri*) *rz.* nierząd, prostytucja.

harm (*hā'm*) *rz* złe, szkoda, niekorzyść, krzywda; **~**, *cz.* szkodzić, pokaleczyć; krzywdzić; **-ful** *pm.* zły, szkodliwy, krzywdzący; **-less** *pm.* nieszkodliwy, niewinny.

harmon-ic(al) (*hāmo'nik-ɛl*) *pm.* dźwięczny, harmonijny; (*fig.*) zgodny; **-ica** (*hāmo'nikə*) *rz.* (*muz.*) harmonijka; **-ics** *rz. lmn.* nauka o dźwiękach muzycznych; **-ious** (*hāmou'niəs*) *pm.* zgodny, odpowiedni, dźwięczny, harmonijny; **-iousness** *rz.* zgodność, harmonijność; **-ium** (*hāmou'niɛm*) *rz.* fisharmonja; **-ize** (*hā'mənajz*) *cz.* zgadzać (się), harmonizować; **-y** (*hā'məni*) *rz.* harmonja.

harness (*hā'nəs*) *rz.* zbroja, uprząż; zaprzęg; **~**, *cz.* zaprzęgać; **-cask** *rz.* beczka z wiekiem.

harp (*hā'p*) *rz.* harfa (*muz.*); **~**, *cz.* grać na harfie; **~** on one string, ciągle o jednem mówić; **-er, -ist** *rz.* harfiarz.

harpoon (*hāpū'n*) *rz.* harpun.

harpsichord (*hā'psikōd*) *rz.* klawicymbał, klawikord.

harpy (*hā'pi*) *rz.* harpja (*mit.*).

harquebus (*hā'kuəbəs*) *rz.* rusznica.

harridan (*hæ'ridən*) *rz.* czarownica, stara wiedźma.

harrier (*hæ'riə*) *rz.* legawiec; **~**, *rz.* łupieżca; dręczyciel.

Harrovian (*hærou'wiən*) *rz.* uczeń zakładu w Harrow.

harrow (*hæ'rou*) *rz.* brona; **~**, *cz.* bronować, męczyć; dręczyć.

harry (*hæ'ri*) *cz.* łupić; męczyć, niszczyć, plondrować.

harsh (*hā'sz*) *pm.* cierpki, kwaśny (o smaku); ostry, chropowaty, chrapliwy (głos); przeraźliwy; **-ness** *rz.* cierpkość, ostrość, chropowatość, surowość.
hart (*hā't*) *rz.* jeleń, rogacz; **-'s-tongue** *rz.* języcznik (paproć).
harum-scarum (*he'rɛm-ske'rɛm*) *ps.* na łeb na szyję; ~, *pm.* lekkomyślny, trzpiotowaty.
harvest (*hā'wəst*) *rz.* żniwo, plon; urodzaj; zbiory; ~, *cz.* sprzątać, zbierać (plony), zwozić; **-er** *rz.* żniwiarz; żniwiarka (maszyna); **-festival, -home** *rz.* dożynki.
hash (*hæ'sz*) *rz.* siekanina, mięso siekane; ~, *cz.* siekać, posiekać.
hasheesh, hashish (*hæ'szis, haszī'sz*) *rz.* haszysz.
haslet (*hej'slət*) *rz.* pieczeń.
hasp (*hā'sp*) *rz.* skobel, zasuwka.
hassock (*hæ'sək*) *rz.* klęcznik, stołeczek, mata do klęczenia.
hastate (*hæ'stejt*) *pm.* lancetowaty.
hast-e (*hej'st*) *rz.* pośpiech; make -e, śpieszyć się; **-en** *cz.* śpieszyć (się); pędzić, przyśpieszać, popędzać; **-ily** *ps.* pośpiesznie; **-iness** (*hej'stinəs*) *rz.* pośpiech, porywczość; **-y** (*hej'sti*) *pm.* szybki, śpieszny, popędliwy, pośpieszny.
hat (*hæ't*) *rz.* kapelusz; talk through one's ~, pleść głupstwa; **-band, -string** *rz.* wstążka kapelusza; **-box** *rz.* pudło na kapelusze; **-ter** *rz.* kapelusznik.
hatable (*hej'təbɛl*) *pm.* nienawistny.
hatch (*hæ'cz*) *rz.* drzwiczki, luk, otwór, klapa; wylęganie; gniazdo piskląt; ~, *cz.* wylęgiwać, wykłuwać się; lęgnąć się; knuć; ryć, rzeźbić; **-way** przejście (przez lukę) między pokładami.
hatchet (*hæ'czet*) *rz.* siekierka, toporek.
hatchment (*hæ'czmənt*) *rz.* herb.
hate (*hej't*) *rz.* nienawiść; wstręt; ~, *cz.* nienawidzieć, nie cierpieć; **-ful** *pm.* nienawistny.
hatred (*hej'trɛd*) *rz.* nienawiść.
hauberk (*hō'bək*) *rz.* kolczuga.
haught-ily (*hō'tili*) *ps.* hardo, dumnie, pysznie, wyniośle; **-iness** (*hō'tinəs*) *rz.* duma, wyniosłość, pycha; hardość; **-y** (*hō'ti*) *pm.* wyniosły, dumny, hardy.
haul (*hō'l*), **-ing** (*-iŋ*) *rz.* ciągnienie, wleczenie, holowanie, połów ryb; ~, *cz.* ciągnąć, wlec, holować; (o wietrze) zmienić kierunek; **-age** (*hō'lɛdż*) *rz.* ciągnienie, holowanie statków; **-er** (*hō'lə*) *rz.* holownik.
haulm, halm (*hō'm*) *rz.* źdźbło, łodyga. [połeć.
haunch (*hō'ncz*) *rz.* biodro; kibić;
haunt (*hō'nt*) *rz.* miejsce często odwiedzane, schronienie, ~, *cz.* uczęszczać, często bywać; odwiedzać, nawiedzać, straszyć (o duchach i t. p.); this house is -ed, w tym domu straszy.
hautboy (*hou'boj*) *rz.* (*muz.*) obój.
have* (*hæ'w*) *cz.* mieć, posiadać, wiedzieć, kazać; musieć, pozwolić na; ~ got, mieć, dostać; let ~, dać; ~ at heart, mieć na sercu, pamiętać; he had better, lepiejby było, gdyby; I had rather, wolałbym; ~ a mind for, mieć na coś ochotę; ~ at, nacierać na kogoś; ~ on, mieć na sobie; ~ it out with, rozprawić się z.
haven (*hej'wn*) *rz.* przystań, port, (*fig.*) schronisko.
haversack (*hæ'wəsæk*) *rz.* chlebak.
having (*hæ'wiŋ*) *rz.* mienie, własność, posiadłość, dobra.
havoc (*hæ'wək*) *rz.* spustoszenie, rabunek, rzeź; ~, *cz.* spustoszyć; wyciąć w pień.
haw (*hō'*) *rz.* (*bot.*) głóg; płot.
hawk (*hō'k*) *rz.* sokół; ~, *cz.* odkaszliwać; polować z sokołem; kolportować towary; **-er** (*hō'kə*) *rz.* sokolnik; kolporter; **-eyed** *pm.* z sokolim wzrokiem; **-ing** *rz.* polowanie z sokołem; **-moth** *rz.* sfinks (ćma); **-nosed** *pm.* z krogulczym nosem.
hawse (*hō'z*), **-hole** *rz.* otwór na łańcuchy w boku okrętu; **-r** (*hō'sə*) *rz.* lina (holownicza).
hawthorn (*hō'þōn*) *rz.* głóg.
hay (*hej'*) *rz.* siano; **-cock** *rz.* stożek, stóg siana; **-harvest, -time,** sianokos, sianobranie; **-loft** *rz.* strych na siano; **-maker** *rz.* zbierający siano; kosiarz; **-rick, -stack** *rz.* stóg siana.

hazard (*hæ'zəd*) *rz.* traf, trafunek, hazard (w grze); ryzyko, narażanie się; ~, *cz.* hazardować ryzykować; odważyć (się); **-er** (*-ə*) *rz.* zuch, śmiałek; **-ous** (*-əs*) *pm.* ryzykowny, niepewny, niebezpieczny; hazardowny.

haz-e (*hej'z*) *rz.* mgła; **-iness** *rz.* mglistość; **-y** (*hej'zi*) *pm.* mglisty, zamglony.

hazel (*hej'zεl*) *rz.* (*bot.*) leszczyna; ~, *pm.* orzechowy; ~ eyes, piwne oczy; **-nut** *rz.* orzech laskowy, leszczynowy; **-tree** *rz.* leszczyna.

he (*hī*) *cz.* on, ten; w złożonych wyrazach oznacza samca; a ~ goat, kozieł; ~ who, ~ that, ten, kto.

head (*he'd*) *rz.* rozum, głowa; nagłówek; tytuł; główka gwoździa (i t.p.); początek rzeki, źródło; wódz; naczelnik; główny temat; paragraf; korona (drzewa); front; przód; czoło; dno (beczki); przylądek; rozdział; głowy łóżka; kategorja; sztuka (bydła); człowiek, osoba; over ~ and ears, wyżej uszu, po uszy; by ~ and shoulders, gwałtem, przemocą; make neither ~ nor tail of, nie rozumieć czegoś; give a horse the ~, puścić koniowi cugle; make ~ against, opierać się; bring to a ~, sprawić ropienie (wrzodu); bring an affair to a ~, doprowadzić sprawę do punktu kulminacyjnego; hit the nail on the ~, trafić w sedno; ~ or tail, orzeł czy reszka; ~, *cz.* stać na czele, dowodzić, zatytułować; ściąć głowę; nasadzić główkę; prowadzić; rozwinąć się; sprzeciwić się; dążyć do; **-borough**, *rz.* naczelnik gminy, wójt; **-dress, -gear** *rz.* kornet, ubiór głowy; **-ily** (*he'dili*) *ps.* nierozważnie, samowolnie; **-iness** (*-inəs*) *rz.* samowolność, upór; popędliwość; zaciętość; **-ing** (*-iŋ*) *rz.* rubryka; nagłówek; **-land** *rz.* przylądek; **-less** *pm.* bez głowy, bez dowódcy; **-long** *ps.* głową naprzód; (*fig.*) na łeb na szyję; wprost; ~ ~, *pm.* gwałtowny, porywczy; nagły; **master** *rz.* dyrektor szkoły; **-money** *rz.* pogłówne; **-most** *pm.* czołowy; pierwszy; **-office** *rz.* główne biuro, centrala; **-phones** *lmn.* słuchawki; **-piece** *rz.* hełm, szyszak; nagłówek rozdziału; **-quarters** *rz. lmn.* główna kwatera (*mil.*); **-sman** *rz.* kat, oprawca; **-spring** *rz.* źródło, początek; **-stall** *rz.* uździenica; **-stone** *rz.* zwornik; (*bud.*) kamień węgielny; nagrobek; **-strong** *pm.* uparty, zacięty; samowolny; **-way** *rz.* postęp; **-y** (*he'di*) *pm.* gwałtowny, raptowny, popędliwy; zacięty, bijący do głowy (o trunkach).

heal (*hī'l*) *cz.* uzdrowić, wyleczyć, goić (się); ukoić; **-er** *rz.* środek leczniczy, uzdrawiacz; **-ing** (*-iŋ*) *rz.* leczenie.

health (*he'lþ*) *rz.* zdrowie, pomyślność; **-ful** (*-ful*) *pm.* zdrowy, zbawienny; **-fulness** *rz.* zdrowotność; zbawienność; **-iness** (*-inəs*) *rz.* zdrowie, zdrowotność; **-officer** *rz.* urzędnik sanitarny; **-y** (*-i*) *pm.* zdrów, zdrowy.

heap (*hī'p*) *rz.* kupa, stos; ~, *cz.* ułożyć stos; gromadzić; nagromadzać; przyłożyć.

hear* (*hī'ə*) *cz.* słyszeć, słuchać, posłyszeć, wysłuchać, dowiedzieć się; ~ from, otrzymać wiadomość; ~ out, wysłuchać do końca; **-er** (*hī'rə*) *rz.* słuchacz; **-ing** (*-iŋ*) *rz.* słyszenie, słuchanie, słuch (zmysł); posłuchanie; within -ing, w odległości zasięgu słuchu; hard of -ing, tępego słuchu; in my -ing, w mojej obecności; -ing-trumpet, trąbka słuchowa, uszna; **-say** *rz.* pogłoska, wieść.

hearken, harken (*hā'kεn*) *cz.* słuchać, uważać, skłonić ucho.

hearse (*hə̄'s*) *rz.* mary, katafalk.

heart (*hā't*) *rz.* serce; duch, dusza; miłość; serdeczność; męstwo; odwaga; kiery (w kartach); jądro; esencja (sprawy); by ~, napamięć; against the ~, niechętnie; out of ~, upadły na duchu; take to ~, wziąć (brać) do serca; after one's own ~, według swoich życzeń, według swego upodobania; have one's ~ in one's mouth, zaniemieć; **-ache** *rz.* strapienie;

-break *rz.* strapienie, złamane serce; żałość; **-breaking** *pm.* rozdzierający (serce); wywołujący rozpacz; **-burn, -burning** *rz.* zawiść; żal; **-en** (*hā'tɛn*) *cz.* dodawać serca, otuchy, odwagi; zachęcić; **-felt** *pm.* serdeczny, gorący; **-hardened** *pm.* zatwardziałego serca; **-ily** (*hā'tili*) *ps.* serdecznie, szczerze, gorliwie; **-iness** (*hā'tinəs*) *rz.* serdeczność, otwartość, gorliwość; **-sick** *pm.* zniechęcony, melancholiczny; rozpaczający; **-sore** *pm.* bolejący; **-y** (*hā'ti*) *pm.* serdeczny, gorliwy, dzielny, tęgi, zdrów; wesoły; szczery, otwarty; rześki; żwawy; **-ies** *rz. lmn.* zuchy.

hearth (*hā'ϸ*) *rz.* ognisko; (*fig.*) ognisko domowe; kominek; ~ **-rug** dywan przed kominkiem.

heat (*hī't*) *rz.* gorąco, upał, spiekota; zapał, ogień, uniesienie, popędliwość; rozgrywki (sport); prickly ~, wysypka; ~, *cz.* ogrzać; rozpalić (się); **-er** *rz.* ogrzewacz.

heath (*hī'ϸ*) *rz.* wrzos; wrzosowisko; **-cock** *rz.* cietrzew; **-hen** *rz.* cieciorka (*orn.*).

heathen (*hī'δɛn*) *rz.* poganin; (*fig.*) człowiek nieokrzesany; ~, *pm.* pogański, bezbożny; **-dom, -ism** *rz.* pogaństwo, bałwochwalstwo; **-ish** *pm.* pogański; (*fig.*) nieokrzesany, bezbożny.

heather (*he'δə*) *rz.* wrzos; **-y** (*-ri*) *pm.* porosły wrzosem.

heave* (*hī'w*) *rz.* dźwignienie, podważenie, wzdymanie, podnoszenie (się); dyszenie; *lmn.* zołzy (choroba końska); ~, *cz.* wznieść, dźwignąć; wzdąć, nadąć, wzdymać się; podważyć; dyszeć (ciężko); ~ overboard, zrzucić z pokładu; ~ for breath, ciężko oddychać; ~ in sight, ukazać się; ~ to, zatrzymać okręt.

heaven (*he'wɛn*) *rz.* niebo; sklepienie niebieskie; niebiosa; firmament; **-liness** (*-linəs*) *rz.* boskość; **-ly** (*-li*) *pm.* niebieski, boski; **-ward** *ps.* ku niebu.

heav-ily (*he'wili*) *ps.* ciężko, ociężale; smutnie; **-iness** (*he'winəs*) *rz.* ciężar, ociężałość; smutek; tęsknota; **-y** (*he'wi*) *pm.* ciężki, ważki; smutny; nudny; obfity; ~, *ps.* ciężko; ~ sea, burzliwe morze; ~ roads, złe drogi, bezdroża; **-head** *pm.* ospały, głupi.

hebdomad (*he'bdoməd*) *rz.* tydzień; **-al, -ary, -ory** (*hebdo'mədɛl, -məderi*) *pm.* tygodniowy.

hebetate (*he'bətejt*) *cz.* przytępiać.

Hebr-aic (*həbrej'k*) *pm.* hebrajski; **-ew** (*hī'brū*) *rz.* izraelita, żyd; ~, *pm.* hebrajski, żydowski.

hecatomb (*he'kətom, he'kətūm*) *rz.* hekatomba.

heckle (*he'kɛl*) *cz.* międlić.

hectare (*he'ktā'*) *rz.* hektar.

hectic (*hektik*) *rz.* (*med.*) gorączka, wypieki; ~, **-al** (*-ɛl*) *pm.* gorączkowy, hektyczny.

hectograph (*he'ktogræf*) *rz.* hektograf; powielacz.

hectoliter (*he'ktolitə*) *rz.* hektolitr.

hector (*he'ktə*) *rz.* zawadjaka, zuch; junak; ~, *cz.* junaczyć (się); dokuczać.

hedge (*he'dż*) **-row** *rz.* żywopłot, szpaler; ~, *cz.* ogrodzić, otoczyć żywopłotem, zabezpieczyć (się); **-hog** *rz.* jeż; **-sparrow** *rz.* dzwoniec (*orn.*).

heed (*hī'd*) *rz.* baczenie, dbałość, uwaga; give, take, pay ~, dbać, baczyć, zważać, zwracać uwagę na; **-ful** (*-ful*) *pm.* baczny, dbały, uważny; **-fulness** *rz.* dbałość, uważność; **-less** *pm.* niebaczny, niedbały, nieostrożny, nieuważny.

heel (*hī'l*) *rz.* pięta, obcas; take to one's -s, wziąć nogi za pas; ~, *cz.* (*mar.*) przechylić się.

heft (*he'ft*) *rz.* rączka, trzon, waga; ~, *cz.* próbować ciężaru; **-ty** *pm.* mocny.

heifer (*he'fə*) *rz.* jałówka.

heigh (*haj', hej'*) *w.* hej! hola!

height (*haj't*) *rz.* wysokość, wyniosłość, szczyt; wzgórek; **-en** (*-n*) *cz.* podwyższyć; (*fig.*) wywyższyć, wzmóc (się), podnieść (się).

heinous (*hej'nəs*) *pm.* obrzydły, nienawistny; wstrętny; okropny; **-ness** (*-nəs*) *rz.* niegodziwość.

heir (*ē'ə*) *rz.* dziedzic; spadkobierca; ~ apparent, dziedzic prawowity; **-dom** *rz.* dziedzictwo, spadek; **-ess** (*ē'rəs*) *rz.* dziedziczka, następczyni; **-less** *pm.* bezdziedziczny; **-loom** *rz.*

scheda; dziedzictwo; **-ship** *rz.* dziedzictwo, dziedziczenie.
held (*he'ld*) *cz.* od **hold.**
heli-cal, -coid (*he'likɛl, he'likojd*) *pm.* ślimakowaty, spiralny; **-copter** *rz.* helikopter.
helio-centric (*hīliose'ntrik*) *pm.* słoneczny, mający słońce za punkt środkowy; **-graphy** (*-o'grəfi*) *rz.* heljografja; **-scope** (*hī'lioskoup*) *rz.* heljoskop; **-trope** (*hī'liotroup*) *rz.* heljotrop (*min.* i *bot.*).
helix (*hī'liks, he'liks*) *rz.* ślimacznica, linja spiralna.
he'll (*hī'l*) skrót od **he will.**
hell (*he'l*) *rz.* piekło; szulernia; what the ~, co u djabła; **-fire** *rz.* ogień piekielny; **~-hound** *rz.* czart; **-ish** *pm.* piekielny, djabelski; szkaradny.
hellebore (*he'leboə*) *rz.* ciemierzyca (*bot.*).
Hellen-ic (*həle'nik*) *pm.* helleński, grecki; **-ism** (*he'lənizɛm*) *rz.* hellenizm; **-ist** (*he'lənist*) *rz.* hellenista.
hello (*həlo'*) *w.* = **hallo.**
helm (*he'lm*) *rz.* hełm, szyszak; ster, rudel; ~, *cz.* sterować; **-ed, -eted** *pm.* w hełmie, z hełmem na głowie; **-et** (*he'lmət*) *rz.* hełm, przyłbica, szyszak; **-sman** (*he'lmzmæn*) *rz.* sternik.
helminth (*he'lminfi*) *rz.* tasiemiec; **-ic** (*helmi'nfiik*) *rz.* środek na robaki w kiszkach; ~, *pm.* tasiemcowy.
helot (*he'lot, hī'lot*) *rz.* helota, niewolnik (u Spartan).
help (*he'lp*) *rz.* pomoc, wsparcie, pomocnik, pomocnica; środek zaradczy; ratunek; ~, *cz.* pomóc, dopomagać, być pomocnym; zaradzić, poradzić, powstrzymać (się); zapobiec; ~ yourself (przy stole), proszę sobie dobrać, wziąć; I cannot ~, nie mogę powstrzymać się od; ~ one into, ~ one out of, pomóc komuś wsiąść, wysiąść; so ~ me God, tak mi panie Boże dopomóż; ~ to, nastręczyć, naraić, dopomóc; ~! *w.* ratunku! **-er** (*-ə*) *rz.* pomocnik; czeladnik; **-ful** *pm.* pomocny, **-fulness** *rz.* usłużność; **-less** *pm.* bezpomocny; bezradny; **-mate** *rz.* pomocnik, pomocnica, towarzysz, (-ka).
helter-skelter (*he'ltə-ske'ltə*) *ps.* łapcap; bezładnie.
helve (*he'lv*) *rz.* rączka, trzon, trzonek, rękojeść.
Helvetic (*həlve'tik*) *pm.* helwecki.
hem (*he'm*) *rz.* krząkanie; obrąbek (sukni); obrębienie, brzeg; ~, *cz.* krząkać, jąkać się (w mowie); obrąbić; ~ **in** osaczyć, otoczyć.
hemi-cycle (*he'misajkɛl*) *rz.* półkole, półkrąg; **-sphere** (*-sfīə*) *rz.* półkula; **-spheric** (*həmisfe'rik*) *pm.* półkulisty, hemisferyczny; **-stich** (*he'mistik*) *rz.* półwiersz.
hemlock (*he'mlok*) *rz.* (*bot.*) cykuta
hemorrh-age (*he'morɛdż*); **-agy** (*hə'morɛdżi*) *rz.* (*med.*) krwotok, hemoragja; **-oidal** (*həmoroj'dɛl*) *pm.* hemoroidalny; **-oids** (*he'morojdz*) *rz. lmn.* (*med.*) hemoroidy.
hemp (*he'mp*) *rz.* (*bot.*) konopie; **-en** (*he'mpɛn*) *pm.* konopny; **-rogue** *rz.* szubienicznik; **-oil** *rz.* olej konopny; **-seed** *rz.* siemię konopne; **-seed-oil** *rz.* olej z konopi; **-sheaves** *rz. lmn.* paździerze konopne; **-tow** *rz.* pakuły, kłaki, zgrzebie konopne.
hen (*he'n*) *rz.* kura, kokosz; (w wyrazach złożonych) samica; **-bane** *rz.* (*bot.*) lulek, blekot; **-coop** *rz.* kojec **-hearted** *pm.* tchórzliwy; **-house** *rz.* kurnik; **pecked** *pm.* pod pantoflem (o mężu); **-roost** *rz.* grzęda (w kurniku).
hence (*he'ns*) *ps.* stąd, z tego miejsca, odtąd, od tego czasu, z tej przyczyny; na skutek tego; precz! a year ~, za rok; **-forth, -forward** *ps.* odtąd, nadal, na przyszłość.
henchman (*he'nczmæn*) *rz.* giermek, pachołek. [trobiany.
hepatic, -al (*hɛpæ'tik-ɛl*) *pm.* wą-
heptarchy (*he'ptāki*) *rz.* heptarchja.
her (*hə'*) *rz.* jej, ją (*od she*); **-self** *cz.* ona sama, ona właśnie; się.
herald (*he'rɛld*) *rz.* herold, zwiastun; ~, *cz.* obwieszczać; **-ic** *həræ'ldik*) *pm.* heraldyczny; **-ry** (*he'rɛldri*) *rz.* heraldyka.
herb (*hə'b*) *rz.* ziele; **-aceous** (*həbej'szəs*) *pm.* zielny, trawiasty, **-age** (*hə'bɛdż*) *rz.* zioła, trawa; (w prawie) prawo wypasu; **-al**

(*hə̄'bɛl*) *rz.* zielnik; ~, *pm.* zielny; **-alist** (*-əlist*), *rz.* **-orist** (*-orist*) *rz.* botanik; **-arium** (*hə̄bē'riɛm*) *rz.* zielnik; **-ivorous** (*hə̄bi'worɛs*) *pm.* trawożerny; **-y** (*hə̄'bi*), **-ous** *-əs*) *pm.* trawiasty.

Herculean (*hə̄kjū'liən*) *pm.* herkulesowy.

herd (*hə̄'d*) *rz.* trzoda, stado; pastuch; ~, *cz.* zaganiać, pasać; gromadzić się, tłoczyć się; **-man, -sman** *rz.* pastuch.

here (*hī'ə*) *ps.* tu, tutaj, w miejscu; **~'s** to, za zdrowie; **-about, -abouts** *ps.* gdzieś tu, blisko, wpobliżu; **-after** *ps.* według tego, obok tego; w następstwie, później, w przyszłem życiu; **-by** *ps.* przez to; **-from** *ps.* stąd; **-of** *ps.* z tego, stąd; **-on, -upon** *ps.* po czem, zaczem; **-tofore** *ps.* dotąd, przedtem, do tego czasu; **-with** *ps.* z tem, że; z tem, zatem; **-in** *ps.* w tem, tu.

heredit-able (*here'ditəbɛl*) *pm.* dziedziczny; **-ament** (*heredi'təment*) *rz.* dziedzictwo, majątek dziedziczny; **-ary** (*here'ditəri*) *pm.* dziedziczny; **-y** (*here'diti*) *rz.* dziedziczność.

here-sy (*he'rəsi*) *rz.* herezja, kacerstwo, odszczepieństwo; **-siarch** (*here'siāk*) *rz.* herezjarcha; **-tic** (*he'retik*) *rz.* heretyk, kacerz; ~, **-tical** (*hərə'tikɛl*) *pm.* heretycki, kacerski.

heriot (*he'riət*) *rz.* (w prawie) najlepsza cząstka spuścizny wasala, którą po jego śmierci panu lennemu oddawano.

herita-ble (*he'ritəbɛl*) *pm.* dziedziczny; **-ge** (*he'ritɛdż*) *rz.* dziedzictwo, spadek, spuścizna.

hermaphrodite (*hə̄mæ'frodajt*) *rz.* hermafrodyta, dwupłciowiec, ~, *pm.* dwupłciowy.

hermeneutics (*hə̄mə̄nju'tiks*) *rz. lmn.* hermeneutyka.

hermetic, -al (*hə̄me'tik-ɛl*) *pm.* hermetyczny, szczelny.

hermit (*hə̄'mit*) *rz.* pustelnik; **-age** (*-ɛdż*) *rz.* pustelnia.

hern (*hə̄'n*) *rz.* patrz **heron.**

herni-a (*hə̄'niə*) *rz.* (*med.*) ruptura, przepuklina; kiła, hernja; **-al, -ious** (*hə̄'niɛl, hə̄'niɛs*) *pm.* przepuklinowy, rupturowy.

hero (*hī'rou*) *rz. lmn.* **heroes** (*hī'rouz*), bohater; **-ic** (*hirou'ik*) *pm.* bohaterski, dzielny, heroiczny; **-ine** (*he'roin*) *rz.* bohaterka; **-ism** (*he'roizɛm*) *rz.* bohaterstwo, waleczność; **-worship** *rz.* cześć bohaterów.

heron (*he'rɛn*) *rz.* czapla.

herp-es (*hə̄'pīz*) *rz. lmn.* (*med.*) liszaj; **-etic** (*hə̄pe'tik*) *pm.* liszajowaty.

herring (*he'riŋ*) *rz.* śledź; red ~, śledź wędzony; **-bone** *pm.* gałązkowy (ścieg).

hers (*hə̄'z*) *z.* jej.

hesita-ncy (*he'zitənsi*) *rz.* wahanie się, niepewność; **-te** (*he'zitejt*) *cz.* wahać się; **-tingly** *ps.* wahająco; **-nt, -tive** *pm.* wahający się; **-tion** (*hezitej'szɛn*) *rz.* wahanie się, niepewność.

hesperian (*hespī'riɛn*) *pm.* hesperyjski; (w poezji) zachodni.

hessian (*he'szən*) *pm.* heski; **~boots** *rz. lmn.* wysokie buty.

hest (*he'st*) *rz.* patrz **behest.**

hetero-clite (*he'təroklajt*) *rz.* wyraz nieprawidłowy; **-clitical** (*-li'tikɛl*) *pm.* nieregularny; **-dox** (*he'tərodok*) *pm.* innowierczy; **-doxy** *rz.* innowierstwo; **-geneal** (*hetərodżī'niɛl*), **-geneous** (*-ī'nɛɛs*) *pm.* różnorodny.

heuristic (*hjuri'stik*) *pm.* heurystyczny.

hew* (*hjū'*) *cz.* ciąć, rąbać, ciosać, ścinać; **-er** (*hjū'ə*) *rz.* drwal, kamieniarz.

hewn (*hjū'n*) *cz.* od **hew.**

hexa-gon, -gony (*he'ksəgon, he'ksəgoni*) *rz.* sześciokąt; **-hedron** (*-hī'dron*) *rz.* sześciobok, sześcian; **-meter** (*heksæ'mitə*) *rz.* heksametr.

hey (*hej'*) *w.* hej, hejża! ~ **day** *rz.* kwiat (wieku); ~, *w.* brawo!

hiatus (*hajej'təs*) *rz.* otwór, luka; (*gram.*) hiatus, rozziew.

hibern-al (*hajbə̄'nɛl*) *pm.* zimujący, zimowy; **-ate** (*haj'bənejt*) *cz.* zimować, przezimować; **-ation** (*hajbənej'szɛn*) *rz.* zimowanie.

Hibernian (*hajbə̄'niɛn*) *rz.* Irlandczyk; ~, *pm.* irlandzki.

hiccup (*hi'kəp*) *rz.* czkawka; ~, *cz.* wykrztusić.

hid, hidden (*hi'd, hi'dɛn*) *cz.* od **hide.**

hide (*haj'd*) *rz.* skóra (niewyprawna; **-bound** *pm.* ze skórą przyrosłą do kości; wychudzony; ~, *cz.* kryć (się), chować (się); ukryć (się); pozostawać w ukryciu.
hideous (*hi'djəs*) *pm.* ohydny, szkaradny; **-ness** *rz.* okropność; szkaradność.
hiding (*haj'diŋ*) *rz.* ukrywanie (się); krycie, lanie; **-place** *rz.* kryjówka.
hie (*haj'*) *rz.* pośpieszać.
hier-arch (*haj'ərāk*) *rz.* hierarcha; **-archal, -archical** (*hajərā'kɛl, ā'kikɛl*) *pm.* hierarchiczny; **-archy** (*haj'ərāki*) *rz.* hierarchja; **-oglyph** (*haj'əroglif*) *rz.* hieroglif; **-oglyphical** *pm.* hieroglificzny; **-ophant** *rz.* arcykapłan.
higgle (*hi'gɛl*) *cz.* targować się.
higgledy-piggledy (*hi'gɛldi pi'gɛldi*) *rz.* nieład; groch z kapustą.
high (*haj'*) *rz.* wysokość, niebo; główna ulica; ~, *pm.* wysoki, wyniosły; wzniosły; silny (wiatr); mocny, wielki; dumny; in ~ spirits, w dobrym humorze; in ~ terms, bardzo pochlebnie; a ~ colour, rumieniec; ~, *ps.* wysoko; wielce; wgórze; wyniośle, wspaniale, w wysokim stopniu; **-altar** *rz.* wielki ołtarz; **-aspiring** *pm.* ambitny; **-born** *pm.* wysoko urodzony; **-brow** (*-brau*) *rz.* i *pm.* odosobniony; uczony; zarozumiały; **-built** *pm.* wysoki, **-Church** *rz.* kościół anglikański; **-flier** *rz.* fantasta; **-flown** *pm.* ekstrawagancki; napuszony; **-handed** *pm.* bezwzględny; **-hearted** *pm.* wspaniałomyślny; **-land** *rz.* kraj górzysty; **-lander** *rz.* mieszkaniec gór, góral; **-life** *rz.* wielki świat; **-mass** *rz.* suma; **-minded** *pm.* dumny; wielkomyślny; **-most** *pm.* najwyższy; **-ness** (*-nəs*) *rz.* wyniosłość; wysokość; tytuł nadawany książętom; **-pressure** *rz.* wysokie ciśnienie; **-priest** *rz.* wielki kapłan; **-road, -way** *rz.* gościniec, trakt; szosa; **-sea** *rz.* ocean, otwarte morze, wzburzone morze; **-sounding** *pm.* górnobrzmiący; **-spirited** *pm.* wielkoduszny, mężny; **-time** *rz.* najwyższy czas; **-treason** *rz.* zbrodnia stanu; **-water** *rz.* najwyższy stan wody; ~ ~ mark, (*fig.*) szczyt; **-wayman** *rz.* rozbójnik.
hilar-ious (*hilē'riəs*) *pm.* wesoły, uradowany; **-ity** (*hilæ'riti, haj-*) *rz.* wesołość, rozweselenie.
hill (*hi'l*) *rz.* pagórek, wzgórze; góra; kupka; up ~, pod górę; **-iness** (*-inəs*) *rz.* pagórkowatość; **-ock** (*hi'lɛk*) *rz.* pagórek, wzgórek; **-side** *rz.* zbocze; **-top** *rz.* wzgórze; **-y** (*hi'li*) *pm.* pagórkowaty.
hilt (*hi'lt*) *rz.* rękojeść; **-ed** *pm.* [z rękojeścią.
him (*hi'm*) *rz.* jego, jemu (od **he**); **-self** (*himse'lf*) *z.* on sam, jego, jemu; siebie (samego); się; by ~ sam, sam przez się, bez niczyjej pomocy.
hind (*haj'nd*) *rz.* (*zool.*) łania; chłop, wieśniak; ~, *pm.* tylny; **-er** (*haj'ndə*) *pm.* tylny; **-ermost** (*haj'ndəmoust*), **-most** (*haj'ndmoust*) *pm.* ostatni, najdalszy, skrajny.
hind-er (*hi'ndə*) *cz.* przeszkadzać, zawadzać; szkodzić; **-rance** (*hi'ndrəns*) *rz.* przeszkoda, zawada.
Hindu, Hindoo (*hi'ndū, hindū'*) *pm.* hinduski, indyjski; ~, *rz.* hindus.
hinge (*hi'ndž*) *rz.* zawiasa; (*fig.*) sprężyna (rzecz, koło której wszystko się obraca); punkt główny; ~, *cz.* zawiesić na zawiasach; wisieć na zawiasach; ~ upon, obracać się dokoła czegoś; zawisnąć od czegoś.
hinny (*hi'ni*) *rz.* (*zool.*) muł.
hint (*hi'nt*) *rz.* aluzja, napomknienie, nadmienienie, wzmianka; ~, *cz.* wzmiankować, dać do zrozumienia, robić aluzję do; nadmienić.
hip (*hi'p*) *w.* hej! hurra!
hip (*hi'p*) *rz.* biodro; lędźwie; splin; ~ and thigh, nieoszczędzając.
hip (*hi'p*) *rz.* jagoda głogowa.
hippo-drome (*hi'podroum*) *rz.* hipodrom, ujeżdżalnia; **-potamus** (*hipopo'təməs*) *rz.* (*lmn.* **-potamuses**) hipopotam.
hire (*haj'ə*) *rz.* najem; opłata; najęcie, wynajęcie; ~, *cz.* nająć, wynająć; **-ling** (*-liŋ*) *rz.* jurgieltnik, najemnik.

hirsute (*hə'sjūt*) *pm.* owłosiony, kosmaty, kudłaty, najeżony.
his (*hi'z*) *pm.* jego, swój.
hispid (*hi'spid*) *pm.* szczeciniasty.
hiss (*hi's*) *rz.* syczenie, syk, wygwizdanie; ~, *cz.* syczeć, wygwizdać.
hist (*hi'st*) *w.* cyt! sza!
histor-ian (*histō'riən*) *rz.* historyk, dziejopis; **-ic(al)** (*histo'rik-ɛl*) *pm.* historyczny; **-y** (*hi'stəri*) *rz.* historja, dzieje.
histrionic, -al (*histrio'nik-ɛl*) *pm.* teatralny, komedjancki; **-s** *rz. lmn.* sztuka dramatyczna.
hit (*hi't*) *rz.* uderzenie, cięcie, traf, ugodzenie (w cel); szczęście; * ~, *cz.* trafić, ugodzić, natrafić, uderzyć (się); zgadnąć, ~ home, dojąć, ugodzić w miejsce bolesne; ~ off, scharakteryzować trafnie, naśladować.
hitch (*hi'cz*) *rz.* zaczepienie (się), zawada, szarpnięcie; węzeł; ~, *cz.* zaczepić (się); przymocować; szarpać.
hither (*hi'ðə*) *pm.* tu, tędy; po tej stronie; z tej strony; ~, *ps.* do tego miejsca, dotąd; ~ and thither, tu i tam; **-most** *pm.* najbliższy, z tej strony; **-to** (*-tū*) *ps.* dotąd, do tego miejsca; do tego czasu; **-ward(s)** *ps.* tędy; ku tej stronie.
hive (*haj'w*) *rz.* ul; rój (też *fig.*); ~, *cz.* osadzić pszczoły w ulu; skupiać się; roić się; **-be** *rz.* pszczoła; **-er** *rz.* pszczelnik; **-s** (*hajwz*) *rz. lmn.* pokrzywka, wysypka na skórze.
ho (*hou'*), **hoa** *w.* ho! stój! zaczekaj!
hoar (*hō'ə*), **-frost** *rz.* szron; ~, *pm.* siwy; **-y** (*hō'ri*) *pm.* siwy, siwowłosy, okryty szronem.
hoard (*hō'd*) *rz.* zbiór, zapas, skarb; ~, *cz.* odkładać pieniądze; zbierać, gromadzić skarby (up).
hoarding (*hō'dīŋ*) *rz.* płot.
hoarse (*hō's*) *pm.* ochrypły, chrapliwy; **-ness** (*-nəs*) *rz.* chrapliwość, chrypka.
hoax (*hou'ks*) *rz.* oszukanie, zakpienie; ~, *cz.* zwieść, oszukać, wyprowadzić w pole.
hob (*ho'b*) *rz.* kołek; **-goblin** (*ho'b-goblin*) *rz.* duch, elf; strach; **-nail** (*-nejl*) *rz.* gwóźdź z szeroką główką.
hobble (*ho'bɛl*) *rz.* chromanie, utykanie, kulenie; ~, *cz.* kuleć.
hobbledehoy (*ho'bldihoj*) *rz.* młokos, niedorostek, gołowąs, chłystek.
hobby (*ho'bi*) *rz.* gatunek jastrzębia; przedmiot ulubiony; konik; **-horse** *rz.* konik na kiju (dla dzieci); ulubiona zabawka, rozrywka.
hobnob (*ho'bnob*) *cz.* pić razem, kumać się.
hock (*ho'k*), **-le** (*ho'kɛl*) *rz.* podkolanie; pęcina; białe wino reńskie; ~, *cz.* poderznąć żyłę podkolankową; okulawić.
hockey (*ho'ki*) *rz.* hokej.
hocus-pocus (*hou'kəs-pou'kəs*) *rz.* kuglarstwo.
hod (*ho'd*) *rz.* cebrzyk na wapno; **-man** *rz.* pomocnik murarski.
hodge-podge, hotch-potch (*ho'dż-po'dż, ho'cz-pocz*) *rz.* mieszanina, siekanina; gulasz, bigos.
hoe (*hou'*) *rz.* graca, motyka; ~, *cz.* gracować, kopać motyką.
hog (*ho'g*) *rz.* wieprz; niechluj; **-get** (*ho'gət*) *rz.* dwuroczna owca lub dwuroczne źrebię; **-gish** *pm.* świński; żarłoczny; **-herd** *rz.* świniopas.
hogshead (*ho'gzhed*) *rz.* beczka, miara płynów — 238,5 litrów.
hoist (*hoj'st*) *rz.* winda; ~, *cz.* wywieszać (flagę); windować; podnosić, ciągnąć wgórę (up).
hoity-toity (*hoj'ti-toj'ti*) *pm.* pusty, trzpiotowaty; ~, *w.* ładne sprawki!
hold (*hou'ld*) *rz.* ujęcie, chwyt; wpływ; więzienie; dno okrętu; *~, *cz.* trzymać (się); zawierać (w sobie); mieć, zajmować (posadę); powstrzymać; zatrzymać (się); obchodzić (święto); mniemać; sądzić, mieć; brać za; trwać, być ważnym; wstrzymywać; stawić opór, nie ustąpić; wytrzymać; zostawać w związku; ~ on! trzymaj! stój! ~ forth, okazać, przedstawić; mieć wykład; ~ off, zatrzymać; ~ out, wytrzymać, wytrwać; ~ up, zatrzymać; ~ one to his word, trzymać kogoś za słowo; **-all** (*-ol*) *rz.* sakwojaż, torba, wa-

lizka; **-back** *rz.* przeszkoda, zawada; **-er** (*hou'ldə*) *rz.* dzierżawca, właściciel; okaziciel; ~ ~ **of stock** *rz.* akcjonarjusz; **-fast** *rz.* klamra, sprzączka, spinka.

hole (*hou'l*) *rz.* dziura, jama; ~, *cz.* dziurawić, wyryć jamę; pick a ~ in one's coat, przypiąć komuś łatkę.

holey (*hou'li*) *pm.* dziurawy.

holi-day (*ho'lidej*) *rz.* święto, dzień świąteczny; dzień wolny od zajęć; urlop; *lmn.* wakacje; make (take) a ~, świętować; **-ly** (*hou'li'i*) *ps.* świętobliwie; święcie; **-ness** (*-nəs*) *rz.* świętość, świętobliwość; His ~, Jego Świętobliwość (tytuł papieża).

holla, hollo, holloa (*ho'la, ho'lou*) *w.* stój! posłuchaj!

hollow (*ho'lou*) *rz.* miejsce puste, zagłębienie, wydrążenie; ~, *pm.* zapadły, pusty, wydrążony, zapadnięty; głuchy (dźwięk); płytki; nieszczery; ~, *ps.* całkiem; beat ~, zbić na kwaśne jabłko; **-cheeked** *pm.* z zapadniętemi policzkami; **-chested** *pm.* z zapadłą piersią; **-eyed** *pm.* z zapadłemi oczami; **-ness** (*-nəs*) *rz.* wydrążenie, pustość; wklęsłość, zapadłość; **-square** *rz.* czworobok; **-ware** *rz.* garnki.

holly (*ho'li*) *rz.* ostrokrzew (*bot.*); **-hock** *rz.* róża ślazowa (*bot.*).

holm (*hou'm*) *rz.* kępa, wyspa, ostrów; **-oak** *rz.* więzożółd (*bot.*).

holo-caust (*ho'lokōst*) *rz.* ofiara całopalna; całopalenie; **-graph** (*-grəf*) *rz.* własnoręczne pismo.

holster (*hou'lstə*) *rz.* olstro.

holt (*hou'lt*) *rz.* lasek; gaj.

holy (*hou'li*) *pm.* święty, świętobliwy, poświęcony; ~ Father, Ojciec św.; ~ Ghost, ~ Spirit, Duch św.; ~ Writ, Pismo św.; **-cross day, -rood day** *rz.* podwyższenie krzyża św. (święto); **-orders** *rz.* święcenia; **-rood** *rz.* krzyż, krucyfiks; **-water** *rz.* woda święcona; **-fond, -pot, -stock** *rz.* kropielnica; **-sprinkle, -stick** *rz.* kropidło; **-week** *rz.* Wielki Tydzień.

homage (*ho'msdż*) *rz.* hołd, uszanowanie, podległość; do ~, pay ~, render ~, składać hołd, uszanowanie.

home (*hou'm*) *rz.* dom, mieszkanie, ognisko domowe; siedlisko; ojczyzna; ~, *pm.* domowy, rodzinny, ojczysty, trafny, właściwy; ~ *ps.* w domu, u siebie, w kraju; trafnie, dobrze; do domu; silnie, dosadnie; dotkliwie; at ~, w domu; be at ~ czuć się jak u siebie w domu; bring ~ to, przekonać kogoś o czemś; strike ~, uderzyć w bolące miejsce; **-baked** *pm.* własnego wypieku; **-born** *pm.* krajowy, domowy; **-bred** *pm.* domorosły; **-brewed** *pm.* domowego wyrobu; **-less** *pm.* bezdomny; **-liness** *rz.* domowość, prostota; **-ly** *pm.* domowy, prosty; **-made** *pm.* domowy; krajowy; ~ ~ **-manufactures** *rz. lmn.* wyroby krajowe; ~ **office**, ministerstwo Spraw Wewn.; **-sickness** *rz.* tęsknota za krajem; **-spun** *pm* domowej roboty; prosty; **-stead** *rz.* domostwo; **-thrust** *rz.* cios bolesny, dotkliwy; **-ward(s)** *ps.* ku domowi; **-bound** *pm.* płynący do kraju (o okrętach).

homeopathy (*houmeo'pæþi*) *rz.* homeopatja (*med.*).

homici-dal (*homisaj'dɛl*) *pm.* zabójczy, morderczy; **-de** (*ho'misajd*) *rz.* zabójstwo, morderca.

homil-etics (*homile'tiks*) *rz. lmn.* homiletyka, kaznodziejstwo; **-y** (*ho'mili*) *rz.* kazanie.

homo-genetic (*houmoudżene'tik*) *pm.* jednorodny; **-logous** (*houmo'logəs*) *pm.* homologiczny, podobny, odpowiedni; **-nymous** (*homo'niməs*) *pm.* jednobrzmiący; homonimiczny.

hone (*hou'n*) *rz.* brus, ~, *cz.* ostrzyć.

honest (*o'nəst*) *pm.* zacny, prawy, uczciwy; szanowny; **-y** (*-i*) *rz.* zacność, uczciwość, rzetelność, prawość.

honey (*hă'ni*) *rz.* miód, słodycz; kochanie; **-bee** *rz.* pszczoła; **-buzzard** *rz.* sokół pszczołojad; **-comb** *rz.* plaster miodowy, węza; **-combed** *pm.* podziurkowany jak plaster miodowy; **-cup** *rz.* (*bot.*) miodnik; **-dew** *rz.* (*bot.*) miodunka; **-moon** *rz.* miodowy miesiąc; **-suckle** *rz.* powój wonny (*bot.*).

honor-arium (*honorɛ'riεm*) rz. honorarjum; wynagrodzenie; **-ary** (*o'nərəri*) pm. honorowy, tytularny; **-ific** (*onori'fik*) pm. zaszczytny, chlubny.

honour (*o'nə*) rz. honor, cześć, zaszczyt; tytuł; Waszmość; in ~ of, na cześć; *lmn.* godności, dostojeństwa, zaszczyty; odznaczenie (*np.* przy egzaminie); do the -s, czynić honory; szanować, zaszczycić; ~, *cz.* czcić, honorować, poważać; **-able** (*o'norəbεl*) pm. czcigodny, zaszczytny, prawy; uczciwy; słuszny.

hood (*hu'd*) rz. okrycie na głowę, kaptur; ~, *cz.* zakapturzyć; okryć kapturem; **-wink** (*-uink*) *cz.* zawiązać oczy; (*fig.*) omamić, oszukiwać.

hoof (*hū'f*) rz. kopyto, racica; **-ed** pm. kopytny, kopyciasty.

hook (*hū'k*) rz. hak, haftka, sierp; szydełko; haczyk (u wędki); on one's own ~, na własną rękę; boat ~, bosak; ~ and eye, haftka i uszko; by ~ or by crook, siłą lub przemocą; za wszelką cenę; ~, *cz.* zahaczyć, zaczepić; **-ed** pm. zakrzywiony, haczykowaty, zagięty; **-nose** rz. nos orli, haczykowaty; **-y** pm. hakowaty.

hoop (*hū'p*) rz. obręcz; ~, *cz.* nabić obręcze, ścisnąć obręczami; **-ing-cough** rz. koklusz.

hoopoe, hoopoo (*hū'pou, hū'pu*) rz. dudek (ptak).

hoot (*hū't*) rz. hukanie, huki, gwizdy; ~, *cz.* huczeć, wygwizdać kogoś; **-εr** rz. syrena, trąba.

hop (*ho'p*) rz. skok, podskakiwanie, hasanie; ~, *cz.* podskakiwać, podrygiwać, skakać na jednej nodze; ~ -o'-my-thumb, paluszkiewicz, karzełek; **-scotch** rz. zabawa w klasy.

hop (*hō'p*) rz. chmiel; **-bine** rz. chmielina; **-garden, -ground** rz. chmielisko; chmielarnia; **-gathering** rz. zbiór chmielu; **-kiln** rz. suszarnia chmielu; **-picker** rz. chmielarz; **-pole** rz. tyczka chmielowa.

hope (*hou'p*) rz. nadzieja, ufność; ~, *cz.* mieć (żywić) nadzieję, spodziewać się, ufać; wyglądać; ~ **-ful** (*-ful*) pm. pełen nadziei, obiecujący; **-fulness** rz. nadzieja; **-lessness** rz. beznadziejność.

hopper (*ho'pə*) rz. skoczek; kosz młyński, kobiałka wiewacza.

hopple (*ho'pεl*) *cz.* spętać.

horary (*hō'rəri*) pm. godzinny.

horde (*hō'd*) rz. horda, banda.

horehound (*ho'əhaund*) rz. gorzka mięta (*bot.*).

horizon (*həraj'zεn*) rz. horyzont, widnokrąg; zakres; **-tal** (*horizo'ntεl*) pm. horyzontalny, poziomy; **-tality, -talness** (*hərizontæ'liti, hərizo'ntεlnəs*) rz. horyzontalność.

horn (*hō'n*) rz. róg (wołu i t. p.); macka (owadów); róg, rożek (ślimaka); róg na proch; ~ of plenty, róg obfitości; ~, *cz.* rogami uzbroić; bóść; **-book** rz. elementarz; ~ **beam,** grab, grabina; **-beetle** rz. jelonek; **-ed** pm. rogaty; **-et** (*-ət*) rz. szerszeń (też *fig.*) **-less** pm. bezrogi; **-owl** rz. puhacz (*orn.*); **-pipe** rz. piszczałka; **-stone** rz. rogowy kamień; rogowiec (*min.*); **-work** rz. rogowa robota; **-y** (*hō'ni*) pm. rogowy, z rogu; zrogowaciały; **-er** rz. rogownik.

horo-logy (*horo'lodži*) rz. zegarmistrzostwo; **-scope** (*-skou'p*) rz. horoskop; przepowiednia.

horrent (*ho'rənt*) pm. najeżony.

horr-ible (*ho'ribεl*), **-id** (*ho'rid*) pm. straszny, okropny, szkaradny; **-ific** (*ho'rifik*) pm. przeraźliwy; **-ify** (*ho'rifaj*) *cz.* przerazić; **-or** (*ho'rə*) rz. przerażenie, strach, zgroza.

horse (*hō's*) rz. koń, kawalerzysta; konnica; koń na kiju; legary; kozły; jazda; wieszadło; to ~, na koń; ~, *cz.* zaprząc; wsiąść na konia; wziąć kogoś na barana; **-artillery** rz. artylerja konna; on ~ **back,** konno; **-breaker** rz. ujeżdżacz koni; **-chestnut** rz. kasztan dziki (*bot.*); **-collar** rz. chomąto; **-comb** rz. zgrzebło; **-dealer** rz. handlarz końmi, koniarz; **-flesh** rz. konina; **-fly** rz. (*zool.*) bąk, giez koński; **-guards** rz. *lmn.* gwardja konna; **-hair** rz. włosie; **-laugh** rz. rubaszny śmiech (na całe gardło); **-leech** rz. pijawka; **-man** rz. jeździec, kawalerzysta; **-manship** *rz.* konna jazda; ~ **play** rubaszna zabawa; **-pond** *rz.* staw dla pławienia koni; **-power** *rz.* koń parowy, HP (*mech.*); **-race** *rz.* wyścigi; **-radish** *rz.* (*bot.*) chrzan; **-shoe** *rz.* podkowa; **-stealer** *rz.* koniokrad; **-woman** *rz.* amazonka.

horsy (*hō'si*) *pm.* koński, wyścigowy, zamiłowany w koniach.

hortat-ion, -ive (*hōtej'szɛn, hō'tətiw*) *rz.* napomnienie; upomnienie; **-ive, -ory** (*hō'tətəri*) *pm.* napominający; zachęcający.

horticultur-al (*hotikă'lczərɛl*) *pm.* ogrodniczy; **-e** (*hō'tikălczə*) *rz.* ogrodnictwo.

hosanna (*hozœ'nə*) *w.* hosanna!

hos-e (*hou'z*) *rz.* pończocha; wąż gumowy; trykot; **-ier** (*hou'żə*) *rz.* pończosznik; **-iery** (*houżəri*) *rz.* trykotaże; towary pończosznicze. [tułek.

hospice (*ho'spis*) *rz.* zajazd, przy-

hospit-able (*ho'spitəbɛl*) *pm.* gościnny; **-ableness** *rz.* gościnność; **-al** (*ho'spitɛl*) *rz.* szpital; **-ality** (*hospitœ'liti*) *rz.* gościnność.

host (*hou'st*) *rz.* Hostja; ~, *rz.* gospodarz (podejmujący gości); ~, *rz.* poczet; zastęp; **-ess** (*hou'stes*) *rz.* gospodyni.

hostage (*ho'stedż*) *rz.* zakładnik; zastaw.

hostel, -ry (*ho'stəl, hostəlri*) *rz.* dom zajezdny, gospoda, stancja.

hostil-e (*ho'stajl*) *pm.* nieprzyjacielski, wrogi, nieprzyjazny; **-ity** (*hosti'liti*) *rz.* wrogie usposobienie, krok wojenny; wojna.

hostler (*o'slə*) *rz.* pachołek stajenny; masztalerz.

hot (*ho't*) *pm.* gorący, zapalony, zapalczywy; ostry (smak); gryzący, pieprzny; I am ~, gorąco mi; a ~ pursuit, pościg trop w trop; a ~ trail, świeży ślad; be in ~ water, być w kłopocie; **-bed** *rz.* inspekt; (*fig.*) gniazdo; **-brained, -headed** *pm.* zapalczywy; zapalony, zagorzały.; **-house** *rz.* cieplarnia; **-ness** (*-nes*) *rz.* gorąco, żar, pałanie, zapalczywość; **-press** *cz.* prasować na gorąco; **-spur** *rz.* człowiek zapalczywy; **-spurred** *pm.* gwałtowny, popędliwy.

hotch-potch (*ho'czpocz*) *rz.* patrz **hodge-podge.**

hotel (*houte'l*) *rz.* hotel.

hough (*ho'k*) patrz **hock.**

hound (*hau'nd*) *rz.* pies; **-'s** tongue, psianka (*bot.*); ~, *cz.* szczuć psami; prześladować.

hour (*au'ə*) *rz.* godzina, czas, keep good **-s**, kłaść się i wstawać wcześnie; **-glass** *rz.* klepsydra; **-hand** *rz.* mała wskazówka zegara; **-ly** (*-li*) *ps.* co godzina, ustawicznie.

houri (*hū'ri, hau'ri*) *rz.* hurysa.

house (*hau's*) *rz.* dom, domostwo; rodzina; izba; country ~, dwór; keep ~, prowadzić gospodarstwo; keep open ~, prowadzić dom otwarty; full ~, pełna widownia; the ~ of Lords, Izba Lordów; the ~ of Commons, Izba Gmin; ~, (*ha'uz*) *cz.* przyjąć w dom, dać gościnę; gościć; **-boat** *rz.* łódź mieszkalna; **-breaker** *rz.* włamywacz; **-dog** *rz.* pies podwórzowy; **-duty** *rz.* podatek budynkowy; **-hold** *rz.* domostwo; ~ ~, *pm.* domowy; **-holder** *rz.* gospodarz (domu); **-keeping** *rz.* gospodarstwo domowe; ~ ~, *pm.* gospodarczy; **-leek** *rz.* rozchodnik (*bot.*); **-less** *pm.* bezdomny; **-maid** *rz.* służąca; **-rent** *rz.* komorne; **-room** *rz.* schronienie; **-surgeon** *rz.* lekarz domowy; **-warming** *rz.* pierwsze przyjęcie w nowem mieszkaniu; **-wife** *rz.* gospodyni, gosposia; ~ ~, (*hă'zif*) *rz* przybory do szycia; ~ ~, *cz.* dobrze gospodarzyć; **-wifely** *pm* gospodarny; **-wifery** (*hausuaj'-fri*) *rz.* dobre gospodarowanie; oszczędność.

housing (*hau'ziŋ*) *rz.* przyjęcie w dom; schronienie; pomieszczenie; czaprak; the ~ problem, sprawa mieszkaniowa.

hove (*hou'w*) *cz.* od **heave.**

hovel (*hă'wɛl*) *rz.* szopa.

hover (*ho'wə, hă'wə*) *cz.* unosić się wgórze nad, krążyć.

how (*hau'*) *ps.* jak, jakim sposobem, czemu; po ile, po czemu; co; jakto; **-beit** (*haubī'it*) *ps.* jednak; **-ever** (*haue'wə*) *ps.* jakkolwiek (bądź); jednak, atoli; jakimkolwiek sposobem; **-nov**

ps. jakto? jakżeż to? **-soever** *ps.* jakkolwiek bądź, jednak.
howitzer (*hau'itsə*) *rz.* haubica.
howl (*hau'l*) *rz.* wycie; ~, *cz.* wyć; **-er** (*hau'lə*) *rz.* wyjący; (*zool.*) wyjec; **-et** (*-ət*) *rz.* puszczyk.
hoy (*hoj'*) *rz.* szkuta, barka; ~, *w.* hola!
hoyden, hoiden (*hoj'dεn*) *rz.* dziewka.
hub (*hă'b*) *rz.* piasta koła; sedno (sprawy); **-bub** (*hă'băb*) *rz.* wrzawa; zgiełk.
huckaback (*hă'kəbæk*) *rz.* włochaty materjał na ręczniki, obrusy itp.
huckle (*hă'kεl*) *rz.* biodro, kulsze; garb; **-backed** *pm.* garbaty; **-bone** *rz.* kość kulszowa.
huckster, -er (*hă'kstə, -rə*) *rz.* kramarz; szachraj; ~, *cz.* targować się, kramarzyć; **-ess** *rz.* przekupka.
huddle (*hă'dεl*) *rz.* nieład; zamieszanie, zgiełk; ~, *cz.* zbić co na kupę; tłoczyć się; skulić się; ~ up, sklecić.
hue (*hjū'*) *rz.* barwa, kolor; odcień; ~, *rz.* krzyk, hukanie; ~ and cry, pogoń z krzykiem (za przestępcą).
huff (*hă'f*) *rz.* uniesienie, gniew; ~, *cz.* fukać na kogoś, maltretować; obrażać; obrazić się; be in a ~, rzucać się ze złości, unosić się; ~ and puff, piorunować, fukać; **-ish** (*-isz*) *pm.* popędliwy.
hug (*hă'g*) *rz.* uściśnięcie, przytulenie (do łona); objęcie; ~, *cz.* uściskać, tulić; pieścić, trzymać w ramionach; obejmować.
huge (*hjū'dż*) *pm.* wielki, ogromny, potężny; **-ness** (*-nəs*) *rz.* ogrom.
hugger-mugger (*hă'gə-mă'ge*) *rz.* tajemnica; nieład; ~, *pm.* pokątny, skryty, tajemniczy; ~, *cz.* trzymać w tajemnicy.
hulk (*hă'lk*) *rz.* korpus rozbitego okrętu; bryła; **-s** *rz. lmn.* statek-więzienie; **-ing** (*h'ălkiŋ*) *pm.* niezgrabny, ociężały.
hull (*hă'l*) *rz.* łuska, łupina, skorupa; strąk, zrąb okrętu; skórka; ~, *cz.* łuskać, obierać z łupiny; przestrzelić (zrąb okrętu). [der.
hullabaloo (*hă'ləbəlū*) *rz.* harmider.
hum (*hă'm*) *rz.* brzęczenie, pomruk; ~, *cz.* nucić; pokrząkiwać; gwarzyć; ~ and haw, (*fig.*) kiwać głową.
human (*hjū'mən*) *pm.* ludzki, człowieczy; **-e** (*hjumej'n*) *pm.* ludzki, humanitarny, łagodny; **-eness** (*-nəs*) *rz.* humanitarność; **-itarian** (*hjumənitē'riεn*) *pm.* filantropijny; **-ity** (*hjumæ'niti*) *rz.* ludzkość; **-ities** *rz. lmn.* humanistyka, nauki klasyczne; **-ize** (*hjū'mənajz*) *cz.* uczłowieczyć, **-kind** (*hjū'mənkajnd*) *rz.* ludzkość, rodzaj ludzki.
humble (*hă'mbεl*) *pm.* uniżony, pokorny, skromny; ~, *cz.* uniżyć, upokorzyć; **-bee** patrz **bumblebee**; **-ness** (*-nəs*) *rz.* pokora, uniżoność, skromność.
humbug (*hă'mbăg*) *rz.* oszukaństwo, matactwo, humbug; szarlatan; ~, *cz.* oszukiwać.
humdrum (*hă'mdrăm*) *rz.* gadanina; nudziarstwo, frazesy.
humer-al (*hjū'mərεl*) *pm.* ramieniowy; **-us** (*hjū'mərεs*) *rz.* przedramię.
humid (*hjū'mid*) *pm.* wilgotny, mokry; **-ity** (*hjumi'diti*), **-ness** (*-nəs*) *rz.* wilgoć.
humil-iate (*hjumi'ljejt*) *cz.* upokorzyć; **-iation** (*hjumiljej'szεn*) *rz.* uniżenie, upokorzenie; **-ty** (*hjumi'liti*) *rz.* pokora.
humming (*hă'miŋ*) *pm.* brzęczący, **-bird** *rz.* koliber.
humor-ist (*hjū'mərist*) *rz.* humorysta, żartowniś; **-istic** (*hjūməri'stik*) *pm.* humorystyczny, żartobliwy; **-ous** (*hjū'mərəs*) *pm.* dziwaczny, pełen humoru; wesoły; **-ousness** *rz.* żartobliwość, wesołość.
humour (*hjū'mə*) *rz.* usposobienie; humor; (*med.*) limfa; out of ~, w złym humorze; ~, *cz.* zadawalniać kaprysy, dogadzać, wprawiać w dobry humor; rozweselić; **-s** *rz. lmn.* humory, kaprysy, napady dziwactwa; broad ~, wesołość; **-some** *pm.* kapryśny.
hump (*hă'mp*) *rz.* garb; (gwar.) zły humor; ~, *cz.* robić garbatym, przygarbić; **-back** patrz **hunchback**; **-backed** *pm.* garbaty; **-ed** *pm.* garbaty.

humus (*hjū'mεs*) *rz.* czarnoziem, próchnica, humus.
hunch (*hă'ncz*) *rz.* garb; bryła; ~, *cz.* wygiąć; **-back** *rz.* garbus; garb; **-backed** *pm.* garbaty.
hundred (*hă'ndrəd*), *licz.* i *rz.* sto; setnia, secina, setka; (*hist.*) gmina; by -s, setkami; **-fold** *pm.* stokrotny; ~, *rz.* stokrotnie więcej; **-weight** *rz.* (*-uejt*) *rz.* centnar = 112 funtów ang.
hung (*hă'ŋ*) *cz.* od **hang.**
hung-er (*hă'ŋgə*) *rz.* głód, łaknienie; ~, *cz.* pożądać, być głodnym; łaknąć; **-rily** (*-rili*) *ps.* chciwie; **-ry** (*-ri*) *pm.* głodny, łaknący, żądny, chudy; nieurodzajny.
hunks (*hă'nks*) *rz.* kutwa, sknera, skąpiec.
hunt (*hă'nt*) *rz.* polowanie; (*fig.*) ściganie; ~, *cz.* polować, ścigać, gonić, wyszukiwać, tropić; ~ after, ~ for, polować na, ubiegać się za; ~ down, upolować; ~ up, wyszukać; ~ out, wyśledzić, wytropić; **-er** (*hă'ntə*) *rz.* myśliwy, łowca; **-ing** (*-iŋ*) *rz.* polowanie, łowiectwo, ściganie; łowy; ~ ~ **-ground** *rz.* polowanie; **-sman** *rz.* myśliwy.
hurdle (*hə̄'dεl*) *rz.* płotek; **-race** *rz.* bieg przez płotki; **-work** *rz.* pleciona robota, plecionki; ~, *cz.* ogrodzić.
hurdy-gurdy (*hə̄'di-gə̄'di*) *rz.* gęśl.
hurl (*hə̄'l*) *rz.* rzut, ciśnięcie; ~, *cz.* ciskać, miotać; **-y-burly** *rz.* zgiełk, wrzawa, harmider.
hurra, hurrah (*hurej', hurā'*) *w.* hura! ~, *cz.* wykrzykiwać hura.
hurricane (*hă'rikejn*) *rz.* burza, huragan, nawałnica, orkan.
hurr-ied (*hă'rid*) *pm.* pośpieszny; **-y** (*hă'ri*) *rz.* pośpiech, nagłość; in a ~, pośpiesznie, w pośpiechu; nagle; ~, *cz.* przynaglać, śpieszyć się, naglić; ~ away, pośpiesznie się oddalić; odbiec, odlecieć; ~ on, przynaglić; **-y-scurry** (*-skă'ri*) *ps.* łap-cap; na łeb na szyję; ~, *rz.* pośpiech.
hurst (*hə̄'st*) *rz.* gaj, lasek.
hurt (*hə̄'t*) *rz.* zranienie, skaleczenie, uszkodzenie, ujma; ~, *cz.* zranić, skaleczyć; dotknąć, zaszkodzić, dokuczać, boleć; **-ful** (*-ful*) *pm.* szkodliwy, zgubny, bolesny, dotkliwy; **-lessness** *rz.* nieszkodliwość.
hurtle (*hə̄'tεl*) *cz.* stuknąć.
husband (*hă'zbənd*) *rz.* małżonek, mąż; ~, *cz.* gospodarować; **-man** *rz.* rolnik, gospodarz; **-ry** (*-ri*) *rz.* rolnictwo, gospodarność.
hush (*hă'sz*) *rz.* cisza, spokój; ~, *cz.* uciszyć, uspokoić; ~ up zatuszować; ~, *w.* pst! cyt! cicho! sza! **-money** *rz.* stulgębne.
husk (*hă'sk*) *rz.* plewa, łuska; ~, *cz.* łuszczyć; **-iness** *rz.* ochrypłość (głosu); **y-** (*-i*) *pm.* łuskowaty, ochrypły, plewiasty.
hussar (*huzā'*) *rz.* (*mil.*) huzar.
Hussite (*hă'sit*) *rz.* husyta.
hussy (*hă'si*) *rz.* dziewka, rezolutna panna.
hustings (*hă'stiŋz*) *rz. lmn.* sąd miejski; wybory, kampanja wyborcza.
hustle (*hă'sεl*) *rz.* popędzanie; pośpiech; ~, *cz.* popędzać, szturchnąć.
hut (*hă't*) *rz.* chata, chatka, lepianka; (*mil.*) barak.
hutch (*hă'cz*) *rz.* klatka; kojec.
huzza (*həzā'*) *w.* brawo! wiwat! hura! [cynt.
hyacinth (*haj'əsinþ*) *rz.* (*bot.*) hia-
hyade(s), hyads (*hi'ədiz, hi'ədz*) *rz.* (*astr.*) gwiazdy dżdżyste z konstelacji byka.
hyal-ine, -oid (*haj'əlin, haj'əlojd*) *pm.* przeźroczysty, szklisty.
hybrid (*hi'brid, haj'-*) *rz.* mieszaniec, mieszanopłciowy; **-ous** (*hi'brides haj'-*) *pm.* mieszany.
hydatites (*hidæ'titiz*) *rz. lmn.* (*med.*) pęcherze.
hydra (*haj'drə*) *rz.* hydra (*mit.* i *astr.*).
hydrant (*haj'drənt*) *rz.* hydrant.
hydrate (*haj'drejt*) *rz.* (*chem.*) wodan.
hydraulic, -al (*hajdrō'lik-εl*) *m.* hydrauliczny; **-s** *rz. lmn.* hydraulika.
hydro-cephalus (*hajdrose'fəlεs*) *rz.* (*med.*) wodna puchlina głowy; **-choric** (*hajdroklo'rik*) *rz.* ~ acid, kwas solny; **-gen** (*haj'drodżen*) *rz.* (*chem.*) wodór; **-grapher** (*haj-*

dro'grafə) *rz.* hydrograf; **-mel** (*haj'dromel*) *rz.* miód (napój); **-meter** (*-mitə*) *rz.* hydrometr, **-phobia** (*hajdrofou'biə*) *rz.* wodowstręt; **-phyte** (*-fajt*) *rz.* wodorost; **-pic(al)** (*hajdro'pik-ɛl*) *pm.* puchlinowy; **-psy** (*haj'dropsi*) *rz.* wodna puchlina; **-static(al)** (*hajdrostæ'tikɛl*) *pm.* hydrostatyczny; **-statics** *rz. lmn.* hydrostatyka.

hyena, hyaena (*hajī'nə*) *rz.* hiena.

hygien-e (*haj'dż(i)īn*), **-ics** (*hajdżiī'niks*) *rz.* higjena; **-ic** *pm.* higjeniczny.

Hymen (*haj'men*) *rz.* hymen, błona dziewicza; (*fig.*) małżeństwo, stan małżeński; **-eal, -ean** (*hajmənī'el, hajmenī'en*) *pm.* weselny, małżeński.

hymenopter (*hajmeno'ptə*) *rz.* owad błonoskrzydły; **-ous** *pm.* błonoskrzydły.

hymn (*hi'm*) *rz.* hymn; pieśń pochwalna, pieśń kościelna; **-al** (*hi'mnɛl*) *rz.* zbiór hymnów; **-ic** (*hi'mnik*) *pm.* hymnowy.

hyp (*hi'p*) patrz **hip.**

hyperaesthesia (*hajperəsþī'sjə*) *rz.* przeczulenie.

hyper-bola (*hajpē'bolə*) *rz.* (*mat.*) hiperbola; **-bole** (*-boli*) *rz.* hiperbola; przenośnia; **-borean** (*-bo'riɛn*) *pm.* północny; **-trophy** (*hajpə'trofi*) *rz.* hipertrofja.

hyphen (*haj'fɛn*) *rz.* (*gram.*) łącznik, kreska.

hypnot-ic (*hipno'tik*) *pm.* hipnotyczny; **-ism** (*hi'pnotizɛm*) *rz.* hipnotyzm.

hypochondria (*hipoko'ndriə, haj-*) *rz.* hipochondrja, śledziennictwo; **-c** (*-æk*) *rz.* hipochondryk.

hypocri-sy (*hipo'krisi*) *rz.* hipokryzja, obłuda; **-te** (*hi'pokrit*) *rz.* hipokryta; obłudnik; **-tic(al)** (*hipokri'tik(ɛl)* *pm.* obłudny.

hypogastric (*hipogæ'strik*) *pm.* podżołądkowy, podbrzuszny.

hypotenuse (*hajpo'tənjus*) *rz.* przeciwprostokątnia.

hypothecate (*hajpo'þəkejt*) *cz.* oddawać na hipotekę, hipotekować, zastawiać.

hypo-thesis (*hajpo'þəsis, hip-*) *rz.* hipoteza, przypuszczenie; **-thetic(al)** (*hajpoþə'tik-ɛl*) *pm.* przypuszczalny, domniemany.

hyson (*haj'sɛn*) *rz.* zielona herbata.

hyssop (*hi'sɛp*) *rz.* (*bot.*) hizop.

hyster-ia (*histī'riə*) *rz.* histerja; **-c, -ical** (*histe'rik-ɛl*) *pm.* histeryczny; **-ics** *rz. lmn.* atak histerji.

I

I (*aj*) *z.* ja.

iamb-ic (*ajæ'mbik*) jambiczny; **-us** (*ajæ'mbɛs*) *rz.* (*lmn.* iambuses i iambi) jamb. [ny.

ibex (*aj'beks*) *rz.* (*zool.*) kozieł skalny.

ibidem (*ibaj'dəm*) *ps.* tamże.

ibis (*aj'bis*) *rz.* (*lmn.* ibides) ibis.

ice (*aj's*) *rz.* lód, lody (*cuk.*); ~, *cz.* pokryć lodem, zamrozić; loose, floating ~, kra; **-berg** *rz.* góra lodowa; **-boat** *rz.* łamacz lodów; ślizgowiec; **-breaker** *rz.* łamacz lodów; izbica; **-cellar, -house** *rz.* lodownia; **-cream** *rz.* lody (cukierniane).

ichneumon (*iknjū'mən*) *rz.* (*zool.*) ichneumon.

ichnography (*ikno'grəfi*) *rz.* ichnografja.

ichor (*aj'kō*) *rz.* limfa (*med.*); **-ous** (*aj'korəs*) *pm.* limfatyczny.

ichthyol-ogic, -ogical (*ikþiolo'dżikɛl*) *pm.* ichtjologiczny; **-ogy** (*-odżi*) *rz.* ichtjologja, nauka o rybach.

ichthyosaurus (*i'kþiozō'rɛs*) *rz.* ichtjozaurus (*paleont.*).

icicle (*aj'sikɛl*) *rz.* sopel (lodu).

iciness (*aj'sines*) *rz.* lodowatość.

icy (*aj'si*) *pm.* lodowaty, mroźny.

icon (*aj'kən*) *rz.* ikona; **-oclast** (*ajko'noklæst*) *rz.* ikonoklasta, obrazoburca; **-olater** (*-'lətə*) *rz.* czczący obrazy.

I'd (*aj'd*) skrót od I would lub I had.

idea (*ajdī'ə*) *rz.* wyobrażenie, myśl, idea; pomysł; convey some ~, dać pojęcie o; **-l** (*ajdī'əl*) *rz.* ideał, wzór; ~, *pm.* doskonały, idealny; **-lism** (*-lizɛm*) *rz.* ide-

alizm; **-list** (*-list*) *rz.* idealista; **-lize** (*-lajz*) *cz.* idealizować, tworzyć ideały.
iden-tic(al) (*ajde'ntik-εl*) *pm.* identyczny, taki sam; jednaki; **-ification** (*ajdentifikej'szεn*) *rz.* utożsamianie; **-ify** (*ajde'ntifaj*) *cz.* utożsamić, identyfikować; stwierdzić tożsamość; **-ity** (*ajde'ntiti*) *rz.* tożsamość, identyczność.
ideolog-ist (*ajdjo'lodżist*) *rz.* ideolog; **-y** (*ajdjo'lodżi*) *rz.* ideologja.
Ides(*aj'dz*)*rz.lmn.* idy rzymskiego kalendarza.
idio-cy (*i'djosi*) *rz.* głupota, idjotyzm; **-t** (*i'diət*) *rz.* idjota; **-tic(al)** (*idjo'tik-εl*)*pm.* idjotyczny.
idiom (*i'diəm*)*rz.* narzecze, mowa, właściwość językowa; **-atical** (*idiomæ'tikεl*) *pm.* idjomatyczny.
idiosyncrasy (*idiosy'nkrasy*) *rz.* idjosynkrazja.
idl-e (*aj'dεl*)*pm.* bezzasadny, próżny, błahy, czczy; próżnujący, leniwy; bezczynny; gnuśny; ~, *cz.* próżnować, mitrężyć (czas); **-eness** (*-nəs*) *rz.* bezczynność, próżnowanie, lenistwo; czczość, płonność; **-er** (*-ə*) *rz.* próżniak, leniuch; **-y** (*-i*) *ps.* leniwie, próżniaczo; bezskutecznie, napróżno, nadaremnie.
idol (*aj'dol*) *rz.* bóstwo, bożek; bożyszcze, bałwan; **-ater** (*ajdo'lətə*) *rz.* bałwochwalca, wielbiciel; **-atress** *rz.* bałwochwalczyni; **-atrous** (*ajdo'lətrəs*) *pm.* bałwochwalczy; **-atry** (*ajdo'lətri*) *rz* bałwochwalstwo; **-ize** (*aj'dolajz*) *cz.* czcić, wielbić, ubóstwiać.
idyl, idyll (*aj'dil, i'dil*)*rz.* sielanka, idylla; **-lic** (*ajdi'lik*) *pm.* sielankowy, idyliczny.
if (*if*) *spój.* jeżeli, jeśli, gdyby; czy, czyby nie; w razie, gdyby; jeżeliby, chociażby; as ~, jak gdyby.
ign-eous (*i'gniəs*) *pm.* ognisty, żarzący się; ogniowy; **-is fatuus** (*i'gnis fæ'tjuəs*) *rz. lmn.*; **ignes fatui** (*i'gnīz, fæ'tjuaj*), błędny ognik; **-ite** (*ignaj't*) *cz.* zapalić (się), rozżarzyć (się); rozognić; **-itable** (*-əbεl*)*pm.* palny, zapalny; **-ition** (*igni'szεn*) *rz.* rozpalenie, zapalenie, palenie się.
ignobl-e (*ignou'bεl*) *pm.* nieszlachetny; niegodny; niecny; podły.
ignomin-ious (*ignomi'niəs*) *pm.* haniebny, sromotny, bezecny; **-iousness, -y** (*i'gnomini*) *rz.* sromotność, hańba, bezecność; podłość; sromota.
ignor-amus (*ignorej'məs*) *rz.* nieuk, ignorant; **-ance** (*i'gnorəns*) *rz.* niewiadomość, nieuctwo; **-ant** (*i'gnorənt*) *pm.* nieświadom; **-e** (*ignō'ə*) *cz.* nie wiedzieć, nie znać; ignorować; pominąć, nie uwzględnić.
ilex (*aj'ləks*) *rz.* (*bot.*) więzożołd.
ilk (*i'lk*) w wyrażeniu of that ~, tegoż imienia.
I'll (*aj'l*) skrót od I will lub shall.
ill (*i'l*) *pm.* zły, złośliwy, niewłaściwy, zgubny; chory; fall ~ zachorować; ~ of, chory na; ~, *rz.* zło, złe, nieszczęście; ~, *ps.* źle, niewłaściwie; niedobrze, ledwo; **-affected** *pm.* źle myślący; nieżyczliwy; ~ **at ease** *pm.* niespokojny, zaniepokojony; **-blood** *rz.* złość, gniew; **-boding** *pm.* złowieszczy; **-conditioned** *pm.* w złym stanie, uszkodzony; **-fated** *pm.* nieszczęsny; **-favoured** *pm.* brzydki, szpetny; **-gotten** *pm.* nieuczciwie nabyty; **-luck** *rz.* nieszczęście, zły los; **-pleased** *pm.* niezadowolony; **-principled** *pm.* nieprawy, nieuczciwy; **-shaped** *pm.* niekształtny; **-timed** *pm.* niewczesny; **-treat** (*iltrī't*) *cz.* źle się z kimś obchodzić, maltretować; **-will** *rz.* niechęć, nieżyczliwość.
illat-ion (*ilej'szεn*) *rz.* wnioskowanie, wniosek; **-tive** (*i'lətiw*) *pm.* konkluzyjny, nasuwający myśl.
illegal (*ili'gεl*) *pm.* nielegalny, nieprawy; **-ity** (*iligæ'liti*) *rz.* nielegalność, nieprawność.
illegib-ility (*iledżibi'liti*) *rz.* nieczytelność; **-le** (*ile'dżibεl*) *pm.* nieczytelny.
illegitima-cy (*ilədżi'timəsi*) *rz.* nieprawość, nieprawne pochodzenie; **-te** (*ilədżi'timət*) *pm.* bezprawny, nieprawego łoża, nieślubny.
illiberal (*ili'bərεl*) *pm.* nieszlachetny, skąpy; ciasny (umysł).

illicit (*ili'sit*) *pm.* zabroniony, zakazany; **-ness** *rz.* bezprawność.
illimit-able (*ili'mitəbɛl*), **-ed** (*ili'mitɛd*) *pm.* nieograniczony, bezgraniczny; **-ableness** *rz.* bezgraniczność.
illitera-cy, -teness (*ili'tərəsi, ili'tərətnəs*) *rz.* analfabetyzm, nieuctwo; **-te** (*ili'tərət*) analfabeta.
illness (*i'lnəs*) *rz.* choroba.
illogical (*ilo'dżikɛl*) *pm.* nielogiczny; **-ness** *rz.* nielogiczność.
illum-e, -inate, -ine (*il[j]ū'm, il[j]ū'minejt*), *il[j]ū'min*) *cz.* oświetlać, oświecać, uświetnić, iluminować, ozdobić; rozjaśnić; **-ination** (*-ej'szɛn*) *rz.* oświecenie, jasność, przyozdobienie, iluminacja, blask.
illus-ion (*il[j]ū'żɛn*) *rz.* złudzenie, iluzja; złuda; **-ionist** *rz.* iluzjonista; **-ive, -ory** (*il[j]ū'siw, il[j]ū'zəri*) *pm.* łudzący, iluzoryczny; zwodniczy.
illustr-ate (*i'ləstrejt*) *cz.* objaśnić, wytłumaczyć, ilustrować; **-ation** (*iləstrej'szɛn*) *rz.* objaśnienie, przykład; rysunek, ilustracja; **-ious** (*ilă'striəs*) *pm.* świetny, sławny; znakomity.
I'm (*aj'm*) skrót od I am.
image (*i'medż*) *rz.* obraz, wizerunek, wyobrażenie, podobieństwo, posąg, wcielenie; ~, *cz.* przedstawić (sobie); obrazować; pomyśleć; **-ry** *rz.* obrazowanie (formy).
imagin-able (*imæ'dżinəbɛl*) *pm.* możliwy; do pomyślenia; **-ary** (*imæ'dżinəri*) *pm.* urojony, wymyślony; **-ation** (*imædżinej'szɛn*) *rz.* wyobraźnia; **-ative** (*imæ'dżinətiw*) *pm.* z bujną fantazją; **-e** (*imæ'dżin*) *cz.* wyobrazić sobie, wymyśleć, sądzić, pojąć.
imb- patrz **-emb.**
imbecil-e (*i'mbəsil, -sīl*) *pm.* niedołężny, głupi, idjotyczny; **-ity** (*imbəsi'liti*) *rz.* niedołęstwo; głupota.
imbib-e (*imbaj'b*) *cz.* wessać, wchłaniać; **-ition** (*imbibi'szɛn*) *rz.* wchłanianie, wessanie.
imbricat-e, -ed (*i'mbrikejt, -ɛd*) *pm.* zachodzący jeden na drugi; wcięty, żłobkowaty; w łuskę.
imbroglio (*imbrou'ljou*) *rz.* zawikłanie, zamieszanie.
imbrue (*imbrū'*) *cz.* zbroczyć.
imbrute (*imbrū't*) *cz.* zbestwić.
imbue (*imbjū'*) *cz.* zmoczyć, nasycić, napuszczać czem; przesiąknąć; (*fig.*) wpoić.
imita-te (*i'mitejt*) *cz.* naśladować, kopjować; wzorować (się na kimś); **-tion** (*imitej'szɛn*) *rz.* naśladowanie, naśladownictwo; wzorowanie, imitacja; **-tive** (*i'mitətiw*) *pm.* naśladujący, naśladowniczy; **-tor** (*i'mitejtə*) *rz.* naśladowca.
immaculate (*imæ'kjulət*) *pm.* niepokalany, bez skazy.
immanent (*i'mənənt*) *pm.* tkwiący w czem, wrodzony, nieodłączny.
immaterial (*iməti'riəl*) *pm.* bezcielesny, duchowy; bez znaczenia, małoważny.
immature (*imətjū'ə*) *pm.* niedojrzały, przedwczesny.
immeasurable (*ime'żərəbɛl*) *pm.* niezmierzony, niezmierny; bez granic; **-ness** *rz.* bezgraniczność, bezmiar.
immedia-cy (*imī'djəsi*) *rz.* bezpośredniość; **-te** (*imī'djət*) *pm.* bezpośredni, bezzwłoczny, natychmiastowy; konieczny.
immemorial (*iməmō'riəl*) *pm.* niepamiętny, odwieczny; istniejący od niepamiętnych czasów.
immen-se (*ime'ns*) *pm.* ogromny, niezmierny; **-seness, -sity** (*-nəs, -sti*) *rz.* ogrom.
immer-ge, -se (*imə̄'dż, imə̄'s*) *cz.* zanurzyć (się), pogrążyć, zagłębić; **-sion** (*imə̄'szɛn*) *rz.* zanurzenie, pogrążenie, immersja.
immigra-nt (*im'igrənt*) *rz.* osadnik ~, *pm.* przybywający; **-te** (*i'migrejt*) *cz.* osiedlać się, immigrować, przybywać (do kraju); **-tion** (*imigrej'szɛn*) *rz.* immigracja.
imminen-ce (*i'minəns*) *rz.* bliskość; **-t** (*i'minənt*) *pm.* grożący, nieunikniony, nadciągający.
immiscible (*imi'sibɛl*) *pm.* nie dający się zmieszać, włączyć.
immobility (*imobi'liti*) *rz.* nieruchomość.
immodra-te (*imo'dərət*) *pm.* nieumiarkowany; **-teness, -tion** (*-nəs, imodərej'szɛn*) *rz.* nieumiarkowanie.
immodest (*imo'dəst*) *pm.* nieskromny; **-y** (*-i*) *rz.* nieskromność.

immolate (*i'molejt*) *cz.* poświęcić, ofiarować.
immoral (*imo'rɛl*) *pm.* niemoralny; **-ity** (*-æ'liti*) *rz.* niemoralność.
immortal (*imō'tɛl*) *pm.* nieśmiertelny, wiekopomny; **-ity** (*imō-(tæ'liti*) *rz.* nieśmiertelność; **-ize** (*imō'təlajz*) *cz.* unieśmiertelnić.
immortelle (*imote'l*) *rz.* nieśmiertelnik (*bot.*).
immovable (*imū'wəbɛl*) *pm.* niewzruszony; nieruchomy; **-s** *rz. lmn.* nieruchomości.
immun-e (*imjū'n*) *pm.* wolny od, niezarażalny; **-ity** (*imjū'niti*) *rz.* immunitet; przywilej specjalny; swobody; niepodleganie.
immure (*imjū'ə*) *cz.* wmurować, zamurować, zamknąć.
immutable (*imjū'təbɛl*) *pm.* niezmienny, nieodmienny.
imp (*i'mp*) *rz.* djabełek; skrzat.
impact (*i'mpækt*) *rz.* zderzenie; ~, (*impæ'kt*) *cz.* uderzyć, przyciskać.
impair (*impē'ə*) *cz.* nadwyrężyć, osłabić, uszkodzić.
impale (*impej'l*) *cz.* wbić na pal.
impalpable (*impæ'lpəbɛl*) *pm.* nienamacalny, nieuchwytny.
impanel (*impæ'nɛl*) *cz.* zapisać na listę, kompletować listę.
imparadise (*impæ'rədajz*) *cz.* uszczęśliwić.
impark (*impā'k*) *cz.* zamknąć.
impart (*impā't*) *cz.* udzielić, użyczyć, obdarzyć, zawiadomić; **-ible** (*-ibɛl*) *pm.* niepodzielny; **-ment** (*impā'tmənt*) *rz.* udzielenie.
impartial (*impā'szɛl*) *pm.* bezstronny; **-ity** (*impāsziæ'liti*) *rz.* bezstronność.
impass-able (*impā'səbɛl*) *pm.* nieprzebyty, nie do przebycia.
impass-ible (*impæ'sibɛl*) *pm.* nieczuły, niewzruszony; **-ion** (*impæ'szɛn*) *rz.* roznamiętnić; **-ive** (*impæ'siw*) *pm.* obojętny, nieczuły, spokojny.
impatien-ce (*impej'szɛns*) *rz.* niecierpliwość, niezadowolenie; zniecierpliwienie; **-t** (*impej'szɛnt*) *pm.* niecierpliwy, zniecierpliwiony.
impawn (*impō'n*) *cz.* zastawić.
impeach (*impī'cz*) *cz.* oskarżyć, zarzucić; **-ment** (*-ment*) *rz.* obwinienie, oskarżenie (w sprawie gardłowej).
impecca-bility (*impekəbi'liti*) *rz.* bezgrzeszność; staranność; **-ble** (*impe'kɛbɛl*) *pm.* bezgrzeszny, bez zarzutu. [bezpieniężny.
impecunious (*impəkjū'niəs*) *pm.*
imped-e (*impī'd*) *cz.* przeszkodzić; zawadzać, wstrzymywać; **-iment** (*impe'dimənt*) *rz.* przeszkoda, zawada.
impel (*impe'l*) *cz.* popędzać, znaglać, zmuszać; pobudzać.
impend (*impe'nd*) *cz.* wisieć nad, zagrażać; **-ent, -ing** (*-ənt, -iŋ*) *pm.* zagrażający, bliski.
impenetra-ble (*impenətrəbɛl*) *pm.* nieprzenikliwy, niezgłębiony; niedościgły; skryty.
impeniten-ce, -cy (*impe'nitɛns, -i*) *rz.* brak skruchy, zatwardziałość; **-t** *pm.* nieskruszony; zatwardziały (w grzechu).
imperative (*impe'rətiw*) *pm.* nakazujący, rozkazujący, konieczny.
imperceptible (*impəse'ptibɛl*) *pm.* niedostrzegalny, drobniutki.
imperfect (*impə'fekt*) *rz.* (*gram.*) czas przeszły niedokonany, imperfectum; ~, *pm.* niedoskonały, niewykończony, wadliwy; **-ion, -ness** (*impəfe'kszɛn, -nəs*) *rz.* niedoskonałość, wada, niedokładność, wadliwość.
imperial (*impī'riəl*) *rz.* imperjał (moneta); imperial, format papieru; imperjal (górne piętro omnibusu); hiszpanka (broda); ~, *pm.* cesarski; majestatyczny; z imperjum; **-ist** (*-ist*) *rz.* imperjalista.
imperil (*impe'ril*) *cz.* narazić na niebezpieczeństwo.
imperious (*impī'riəs*) *pm.* nakazujący, despotyczny, naglący; konieczny.
imperishable (*impe'riszəbɛl*) *pm.* niezniszczalny, niespożyty.
impermeable (*impə'miəbɛl*) *pm.* nieprzenikliwy, nieprzemakalny.
imperson-al (*impə'sənɛl*) *pm.* (*gram.*) nieosobowy; nieosobisty; **-ate** (*impə'sonejt*) *cz.* uosabiać; personifikować; **-ation** (*impəsonej'szɛn*) *rz.* wcielenie, personifikacja.

impertinen-ce, -cy (*impə̄'tinəns, -ənsi*) *rz.* niewłaściwość; zuchwalstwo, grubjaństwo; impertynencja; **-t** *pm.* niewłaściwy, nieodpowiedni, zuchwały; impertynencki.
imperturba-bility (*impə̄tə̄bəbi'liti*) *rz.* niewzruszoność, spokój; **-ble** (*impə̄tə̄'bəbel*) *pm.* niewzruszony, niezachwiany; spokojny.
impervious (*impə̄'wiəs*) *pm.* nieprzenikliwy, nieprzepuszczający; (*fig.*) głuchy na.
impetigo (*impətaj'gou*) *rz.* (*med.*) wyrzuty na skórze, wysypka.
impetrate (*i'mpətrejt*) *cz.* ubłagać, uprosić.
impetu-osity, -ousness (*impəczuo'siti; impe'czuəsnəs*) *rz.* popędliwość, gwałtowność; **-ous** (*impe'tjues, -czūəs*) *pm.* popędliwy; **-s** (*i'mpətəs*) *rz.* rozpęd, siła ruchu, impet; pęd.
impi-ety (*impaj'əti*) *rz.* bezbożność; **-ous** (*i'mpiɛs*) *pm.* bezbożny.
impinge (*impi'ndż*) *cz.* uderzyć o.
impish (*i'mpisz*) *pm.* chochlikowy, psotny.
implaca-bility, -ableness (*implejkəbi'liti, implej'kəblnəs, implæ'-*) *rz.* nieubłagalność, niewzruszoność; **-ble** *pm.* nieubłagany, nielitościwy.
implant (*implā'nt*) *cz.* zaszczepić, zasadzić, wpoić.
implement (*i'mpləmənt*) *rz.* instrument, narzędzie, sprzęt.
impli-cate (*i'mplikejt*) *cz.* wplątać, wmieszać; włączyć; uwikłać; **-ation** (*i'mplikej'szɛn*) *rz.* wplątanie, włączenie; wniosek; **-cit** (*impli'sit*) *pm.* domniemany, zawarty, tkwiący w czem; ukryty; zupełny; ~ **faith**, bezwzględna, ślepa wiara; **-citness** (*-nəs*) *rz.* zupełność, bezwzględność.
implore (*implō'ə*) *cz.* błagać.
imply (*implaj'*) *cz.* znaczyć, zawierać sobie; **it does not** ~, z tego nie wynika, że.
impolite (*impolaj't*) *pm.* niegrzeczny, nieuprzejmy; **-ness** (*-nəs*) *rz.* niegrzeczność.
impolitic (*impo'litik*) *pm.* niepolityczny, nieroztropny.
imponder-ability (*impondərəbi'liti*) *rz.* (*fiz.*) nieważkość; **-able** (*impo'ndərəbɛl*), **-ous** (*-əs*) *pm.* (*fiz.*) nieważki, nieobliczalny.
import (*i'mpōt*) *rz.* przywóz, dowóz; znaczenie, waga; treść, **-s** *rz. lmn.* przywóz, import; ~ (*impō't*) *cz.* importować; znaczyć, zaznaczać; być ważnym; **-ance** (*impō'tɛns*) *rz.* znaczenie, ważność; **-ant** (*impō'tɛnt*) *pm.* znaczący, ważny, doniosły; **-ation** (*impōtej'szɛn*) *rz.* przywóz, import; **-er** (*impō'tə*) *rz.* importer.
importun-ate (*impō'tjunət, -czunət*) *pm.* naprzykrzony, natrętny, pilny; **-ity** (*impōtjū'niti*) *rz.* naprzykrzanie się, natrętność; **-e** (*impotjū'n, impō't-*) *cz.* naprzykrzać się, dokuczać, być natrętnym.
impo-se (*impou'z*) *cz.* nakładać (podatek); nakazać, narzucać (się); ~ **upon** oszukiwać, okpić; **-sing** (*-iŋ*) *pm.* nakazujący, imponujący; okazały; **-sition** (*impozi'szɛn*) *rz.* nakładanie; obciążenie podatkowe; oszustwo; podejście.
impossib-ility (*imposibi'liti*) *rz.* niewykonalność; niemożliwość; **-le** (*impo'sibɛl*) *pm.* niemożliwy, niewykonalny.
impost (*i'mpoust*) *rz.* obciążenie, podatek, akcyza; import.
impost-or (*im'postə*) *rz.* oszust; **-ure** (*impo'szczə*) *rz.* oszustwo.
impote-nce, -ncy (*i'mpotəns-i*) *rz.* bezsilność, słabość, niemoc (płciowa); bezwładność; **-nt** (*i'mpotənt*) *pm.* bezsilny, niedołężny, bezwładny; kaleka.
impound (*impau'nd*) *cz.* zająć (bydło w szkodzie); konfiskować.
impoverish (*impo'wərisz*) *cz.* doprowadzać do ubóstwa, zubożyć; **-ment** *rz.* zubożenie.
impractica-bility, -bleness (*imprœktikəbi'liti, imprœ'ktikəbɛlnəs*) *rz.* niewykonalność; **-ble** (*imprœ'tikəbɛl*) *pm.* niewykonalny; nie do przebycia (o drogach).
impreca-te (*i'mprəkejt*) *cz.* złorzeczyć, przeklinać; **-tion** (*imprəkej'szɛn*) *rz.* złorzeczenie, przeklinanie.
impregnable (*impre'gnəbɛl*) *pm.* niezdobyty.
impregna-te (*impre'gnejt*) *cz.* zapłodnić; nasycić; przesiąkać,

impregnować; **-tion** (*imprəgnej'szen*) *rz.* zapłodnienie; nasycenie; przesiąknienie.
imprescriptible (*imprəskri'ptibel*) *pm.* wieczysty.
impress (*i'mpres*) *rz.* wycisk, znak; stempel; ~, (*imprə's*) *cz.* odcisnąć; wybić; wywrzeć wrażenie; **-ure** (*impre'szə*) *rz.* **-ion** (*impre'szen*) *rz.* znak stempla; wrażenie; odcisk; druk; wydanie (książki); **-ionable** (*-əbel*) *pm.* wrażliwy; **ionism** *rz.* impresjonizm; **-ive** (*impre'siw*) *pm.* wywołujący wrażenie, imponujący.
imprest (*impre'st*) *rz.* zadatek.
imprint (*i'mprint*) *rz.* odcisk, odbitka; firma drukarska; ~, (*impri'nt*) *cz.* wycisnąć, odbić; wbić w pamięć; odcisnąć.
imprison (*impri'zen*) *cz.* uwięzić; **-ment** (*-mənt*) *rz.* uwięzienie.
improbable (*impro'bəbel*) *pm.* nieprawdopodobny. [uczciwość.
improbity (*impro'biti*) *rz.* nie-
impromptu (*impro'mtū*) *rz.* impromptu; ~, *pm.* improwizowany; ~, *ps.* naprędce; od ręki.
improper (*impro'pə*) *pm.* niewłaściwy, niestosowny; nieodpowiedni. [*rz.* konfiskata.
impropriation (*impropriej'szen*)
impropriety (*improprqj'əti*) *rz.* niewłaściwość, niestosowność.
improv-able (*imprū'wəbel*) *pm.* dający się udoskonalić; **-e** (*imprū'w*) *cz.* udoskonalić; polepszyć (się); robić postępy; ulepszać; wykorzystać; ~ upon, prześcignąć; **-ement** (*-mənt*) *rz.* polepszenie, udoskonalenie, rozwój, postęp; wykorzystanie, ulepszenie, ameljoracja.
improviden-ce (*impro'widens*) *rz.* nierozsądność; **-t** *pm.* nieprzezorny; nieopatrzny.
improvis-ation (*improwizej'szen*) *rz.* improwizacja; **-e** (*i'mprowajz*) *cz.* improwizować.
imprud-ence (*imprū'dens*) *rz.* nieostrożność, nieroztropność; **-ent** *pm.* nierozważny; nieroztropny.
impud-ence (*i'mpjudens*), **-icity** (*-di'siti*) *rz.* bezwstyd, zuchwalstwo; bezczelność; **-ent** *pm.* zuchwały, bezczelny.
impugn (*impjū'n*) *cz.* zbijać, zwalczać; kwestjonować.
impuls-e, **-ion** (*i'mpăls, impă'lszen*) *rz.* pobudka, podnieta, impuls; popęd; act from ~, działać impulsywnie; **-ive** (*impă'lsiw*) *pm.* impulsywny.
impunity (*impjū'niti*) *rz.* bezkarność; with ~, bezkarnie.
impur-e (*impjū'ə*) *pm.* nieczysty, nieprzyzwoity; **-ity** (*impjū'riti*) *rz.* nieczystość, domieszka.
imput-ation (*impjutej'szen*) *rz.* przypisanie, zarzut; **-e** (*impjū't*) *cz.* przypisywać komu, składać na karb, zarzucać.
in (*in*) *pi.* i *ps.* we, w, na; wewnątrz, do środka, w domu; podług, według; pod; po; za (jakiś czas); doctor ~ divinity, doktor teologji; be ~, być w domu; **-s** and outs, arkany, tajemnice; ~ order to, aby, żeby, w celu; ~ short, krótko mówiąc; ~ that, ponieważ; you are ~ for it, to cię nie minie; nawarzyłeś sobie piwa!
inability (*inəbi'liti*) *rz.* niezdolność, nieudolność.
inaccessible (*inækse'sibel*) *pm.* niedostępny; nieprzystępny, niedościgły.
inaccura-cy (*inæ'kjurəsi*) *rz.* niedokładność, omyłka, nieścisłość; **-te** (*inæ'kjurət*) *pm.* niedokładny, nieścisły, opieszały.
inacti-on (*inæ'kszen*) *rz.* bezczynność; **-ve** (*inæ'ktiw*) *pm.* nieczynny.
inadequa-cy, **-teness** (*inæ'dəkuəsi, -tnəs*) *rz.* nieodpowiedniość; nierówność, niższość; **-te** (*inæ'dəkuət*) *pm.* nie dorównywujący, nie odpowiadający, niedostateczny, nie należyty.
inadmissible (*inædmi'sibel*) *pm.* niedopuszczalny.
inadverten-ce, **-cy** (*inædwə̄'tens, -i*) *rz.* nieuwaga, przeoczenie, omyłka; **-t** (*inædwə̄'tent*) *pm.* nieuważny, niebaczny, niedbały.
inalienable (*inej'liənəbel*) *pm.* nieodstępny; ~ right, prawo przyrodzone.
inan-e (*inej'n*) *pm.* czczy, próżny, bez treści, pusty, bezsensowny; **-ity** (*inæ'niti*) *rz.* próżność; bezsensowność.

inanimate (*inæ'nimət*) *pm.* nieżywy; bez ducha, martwy.
inanition (*inæni'szən*) *rz.* wycieńczenie.
inapplica-ble (*inæ'plikəbɛl*) *pm.* nieużyteczny; nie nadający się.
inapposite (*inæ'pozit*) *pm.* nieodpowiedni, niestosowny.
inappreciable (*inæprī'sziəbɛl*) *pm.* nieoceniony; nieznaczny.
inapprehensible (*inæprəhe'nsibɛl*) *pm.* niepojęty.
inapproachable (*inæprou'czəbɛl*) *pm.* niedostępny, niedościgniony.
inappropriate (*inəprou'priət*) *pm.* niestosowny, niewłaściwy.
inapt (*inæ'pt*) *pm.* niezdarny, niezdolny; **-itude, -ness** (*-itjūd, -nəs*) *rz.* niezdarność, niestosowność.
inarch (*inā'cz*) *cz.* szczepić.
inarticulate (*ināti'kjulejt*) *pm.* nieartykułowany; niemy.
inartificial (*inātifi'szɛl*) *pm.* niesztuczny, naturalny.
inasmuch (*inæzmă'cz*) *ps.* ponieważ; o tyle, o ile.
inattenti-on (*inæte'nszɛn*) *rz.* nieuwaga, niebaczność; **-ve** (*inæte'ntiw*) *pm.* nieuważny.
inaudible (*inō'dibɛl*) *pm.* niedosłyszalny.
inaugura-l (*inō'gjurɛl*) *pm.* inauguracyjny; **-te** (*inō'gjurejt*) *cz.* inaugurować, wprowadzać na urząd, otworzyć; **-tion** (*inōgjurej'szɛn*) *rz.* otwarcie, inauguracja.
inauspicious (*inōspi'szəs*) *pm.* złowieszczy, niepomyślny.
inboard (*i'nbōd*) *pm.* i *ps.* wewnątrz, ku środkowi.
inborn (*i'nbōn*) *pm.* wrodzony.
inbreathe (*inbrī'δ*) *cz.* wdychać.
incalculable (*inkæ'lkjuləbɛl*) *pm.* nieobliczalny, nieobliczony.
incandescent (*inkənde'sənt*) *pm.* żarzący (się); ~ lamp, żarówka.
incantation (*inkæntej'szɛn*) *rz.* słowa magiczne; zaklęcie, urzekanie.
incapa-ble (*inkej'pəbɛl*) *pm.* niezdolny, nie będący w stanie; **-citate** (*inkəpæ'sitejt*) *cz.* uniezdolnić; uczynić niezdolnym, **-city** (*inkəpæ'siti*) *rz.* niezdolność, niezdatność.
incarcera-te (*inkā'sərejt*) *cz.* uwięzić; **-tion** (*-ej'szɛn*) *rz.* uwięzienie.
incarnat-e (*inkā'nət*) *pm.* wcielony; **-e** (*-ejt*) *cz.* wcielać; ucieleśnić, uzmysłowić; **-ion** (*inkānej'szɛn*) *rz.* wcielenie; ucieleśnienie.
incautious (*inkō'szəs*) *pm.* niebaczny, nieostrożny.
incendiary (*inse'ndiəri*) *rz.* podpalacz, podżegacz; poduszczacz; ~, *pm.* podpalający, podżegający.
incense (*i'nsəns*) *rz.* kadzidło, dym ofiarny; woń; ~, *cz.* kadzić, okadzać; ~, (*inse'ns*) *cz.* rozgniewać, rozzłościć, oburzyć.
incentive (*inse'ntiw*) *rz.* pobudka, podnieta.
incertitude (*insə'titjūd*) *rz.* niepewność.
incessant (*inse'sɛnt*) *pm.* nieustający, bezustanny; ustawiczny.
incest (*i'nsest*) *rz.* kazirodztwo; **-uous** (*inse'stjuəs*) *pm.* kazirodny.
inch (*i'ncz*) *rz.* cal = 2·54 *cm.*
inchoat-e (*i'nkouejt*) *cz.* poczynać, rozpoczynać; **-ive** (*inkou'ɛtiw*) *pm.* początkowy.
incidence (*i'nsidɛns*) *rz.* wpadanie, zetknięcie; zakres; angle of ~, kąt padania (*fiz.*).
incident (*i'nsidɛnt*) *rz.* wypadek, wydarzenie, zajście; incydent; ~, *pm.* możliwy; związany z; **-al** (*inside'ntɛl*) *pm.* przypadkowy, uboczny, nawiasowy; możliwy.
incinerate (*insi'nərejt*) *cz.* spopielić, spalić na popiół (*chem.*).
incipien-ce, -cy (*insi'piəns, -i*) *rz.* początek, poczynanie (się); **-t** *pm.* początkujący, znajdujący się w początkowem stadjum; powstający.
incis-e (*insaj'z*) *cz.* nacinać, robić nacięcia; **-ion** (*insi'żɛn*) *rz.* nacięcie, incyzja; **-ive** (*insaj'siw*) *pm.* nacinający, sieczny (ząb) (*med.*); **-or** (*insaj'zə*) *rz.* ząb sieczny.
incit-ation (*insitej'szɛn*) *rz.* podżeganie; pobudzenie; **-e** (*insaj't*) *cz.* podniecać, pobudzić, podżegać; **-ement** (*insajt'mənt*) *rz.* = **incitation.**

incivility (*insiwi'liti*) *rz.* nieuprzejmość, niegrzeczność.
inclemen-cy (*inkle'mensi*) *rz.* surowość, ostrość; **-t** (*inkle'ment*) *pm.* ostry; ~~ weather, niepogoda.
inclin-able (*inklaj'nəbel*) *pm.* skłonny; **-ation** (*inklinej'szen*) *rz.* nachylenie, skłonność, inklinacja; chęć; **-e** (*inklaj'n*) *cz.* nachylić (się); przychylić, schylić się; skłonić (się); być skłonnym; **-e** *rz.* nachylenie.
inclu-de (*inklū'd*) *cz.* włączyć, zawierać, obejmować; **-sion** (*inklū'żen*) *rz.* włączenie; **-sive** (*inklū'siw*) *pm.* zawierający; łączny.
incognito (*inko'gnitou*) *ps.* incognito.
incoheren-ce, -cy (*inkohī'rens, -i*) *rz.* brak związku, spójności; **-t** (*inkohī'rent*) *pm.* bez związku.
incombustible (*inkombă'stibel*) *pm.* niepalny.
income (*i'nkăm*) *rz.* dochód, przychód; ~ **tax** *rz.* podatek dochodowy.
incoming (*i'nkămiŋ*) *pm.* przybywający, nadchodzący.
incommensur-able (*inkome'nszurəbel*) *pm.* niepomierny; **-te** (*inkome'nszurət*) *pm.* niewspółmierny.
incommod-ate (*inko'modejt*), **-e** (*inkomou'd*) *cz.* sprawiać kłopot, przeszkadzać; zawadzać; **-ious** (*-jəs*) *pm.* niewygodny.
incommunicable (*inkomjū'nikəbel*) *pm.* niepodzielny; **-tive** (*inkomjū'nikətiw*) *pm.* małomówny.
incommutable (*inkomjū'təbel*) *pm.* niezmienny.
incomparable (*inko'mpərəbel*) *pm.* niezrównany, wyśmienity.
incompati-bility (*inkompætibi'liti*) *rz.* niezgodność; **-ble** (*inkompæ'tibel*) *pm.* niezgodny.
incompeten-ce, -cy (*inko'mpətens*) *rz.* niekompetencja; niedostateczność; **-t** *pm.* nieodpowiedni, niedostateczny, niekompetentny.
incomplete (*inkomplī't*) *pm.* niekompletny, niezupełny.
incomprehensi-bility (*inkomprihensibi'liti*) *rz.* niezrozumiałość; **-ble** (*inkomprihen'sibel*) *pm.* niezrozumiały, niepojęty.
incompressible (*inkompre'sibel*) *pm.* nieściśliwy.
incon-ceivable (*inkonsī'wəbel*) *pm.* niezrozumiały, nie do pojęcia; **-clusive** (*inkonklū'siw*) *pm.* nie przekonywujący, nie rozstrzygający.
incondensable (*inkonde'nsəbel*) *pm.* niezgęszczalny.
incon-gruity (*inkongrū'iti*) *rz.* niezgodność, niedorzeczność; **-gruent, -gruous** (*inko'ŋgruənt, -əs*) *pm.* niezgodny, niedorzeczny.
inconsequent (*inko'nsəkuənt*) *pm.* niekonsekwentny, oderwany.
inconsider-able (*inkonsi'dərəbel*) *pm.* nieznaczny, małoważny; **-ate** (*inkonsi'dərət*) *pm.* nierozważny; nieuprzejmy.
inconsistent (*inkonsi'stent*) *pm.* niezgodny, niekonsekwentny.
inconsolable (*inkonsou'ləbel*) *pm.* niepocieszony, nieutulony.
inconspicuous (*inkonspi'kjuəs*) *pm.* niewidoczny, niepozorny.
inconstan-cy (*inko'nstənsi*) *rz.* niestałość, zmienność; różnorodność; **-t** *pm.* niestały, zmienny.
incontestable (*inkonte'stəbel*) *pm.* niezaprzeczalny, bezsporny.
incontinen-ce (*inko'ntinəns*) *rz.* niepowściągliwość, żądza; **-t** *pm.* niepowściągliwy, niewstrzemięźliwy; **-tly** *ps.* zaraz, bezzwłocznie, natychmiast.
incontrovertible (*inkontrəwə̄'tibel*) *pm.* niezaprzeczony.
inconvenien-ce, -cy (*inkənwī'njəns, -i*) *rz.* niewygoda, subjekcja, kłopot; **-t** *pm.* nieodpowiedni, niewygodny, kłopotliwy.
inconvertible (*inkənwə̄'tibel*) *pm.* niezamienny.
inconvincible (*inkonwi'nsibel*) *pm.* nie dający się przekonać.
incorpor-ate (*inkō'pərət*) *pm.* zorganizowany; zarejestrowany; **-ate** (*inkō'pərejt*) *cz.* wcielić, przyłączyć, zorganizować; zarejestrować; **-eal** (*inkopō'riəl*) *pm.* bezcielesny.
incorrect (*inkəre'kt*) *pm.* nieprawidłowy, wadliwy, niedokładny; **-ness** (*-nəs*) *rz.* niedokładność, błąd.
incorrigib-ility (*inkoridżibi'liti*) *rz.* niepoprawność; **-le** (*inko'ridżibel*) *pm.* niepoprawny.
incorruptible (*inkəră'ptibel*) *pm.* nieprzekupny.

incrassate (*inkræ'sejt*) *pm.* gęsty; gruby.
increas-e (*inkrī's*) *rz.* przyrost, wzrost, powiększenie; on the ~, wzrastający; ~, *cz.* zwiększać, pomnażać (się); wzrastać; przybywać; **-ingly** *ps.* coraz więcej.
incred-ibility, -ibleness (*inkredibi'liti, inkre'diblnəs*) *rz.* nieprawdopodobieństwo, niepodobieństwo; **-ible** *pm.* niewiarogodny, nieprawdopodobny.
incredul-ity (*inkrədju'liti*) *rz.* niedowiarstwo; **-ous** (*inkre'djules*) *pm.* niedowierzający, sceptyczny.
increment (*i'nkrəmənt*) *rz.* powiększenie, przyrost, wzrost.
incriminate (*inkri'minejt*) *cz.* oskarżać, obwinić.
incrustation (*inkrăstej'szεn*) *rz.* inkrustacja.
incubat-e (*i'nkjubejt*) *cz.* wysiadywać (jaja), wylęgać; **-ion** (*inkjubej'szεn*) *rz.* wylęganie; (*med.*) inkubacja; **-or** (*-ə*) *rz.* inkubator.
incubus (*i'ŋkjubəs*) *rz.* zmora.
inculcate (*i'nkălkejt*) *cz.* wrazić w umysł, wpoić, nauczać.
inculpate (*i'nkălpejt*) *cz.* obwiniać, oskarżać.
incumben-cy (*inkă'mbensi*) *rz.* beneficjum; **-t** (*inkă'mbənt*) *pm.* naglący; przypadający; **-t** *rz.* beneficjant.
incur (*inkə̄'*) *cz.* ściągać na siebie, być narażonym na.
incurab-ility (*inkjurəbi'liti*), **-leness** (*inkjū'rəbεlnəs*) *rz.* nieuleczalność; **-le** (*inkju'rəbεl*) *pm.* nieuleczalny.
incursi-on (*inkə̄'szεn*) *rz.* najazd, wtargnięcie; napad; **-ve** (*-siw*) *pm.* napastniczy.
incurve (*inkə̄'w*) *cz.* zakrzywić, zagiąć; zgiąć.
incus (*i'ŋkεs*) *rz. lmn.* **incudes** (*ī'ŋkεdīz*) (*anat.*) kowadełko.
indebted (*inde'tεd*) *pm.* zadłużony, dłużny, zobowiązany; **-ness** (*-nəs*) *rz.* zadłużenie, dług.
indecen-cy (*indī'sənsi*) *rz.* nieprzyzwoitość; **-t** *pm.* nieprzyzwoity.
indecipherable (*indəsaj'fərəbεl*) *pm.* nie dający się odcyfrować.
indecisi-on (*indəsi'żεn*) *rz.* wahanie się, niezdecydowanie; **-ve** (*indəsaj'siw*) *pm.* niezdecydowany, chwiejny.
indeclinable (*indəklaj'nəbεl*) *pm.* nieodmienny (*gram.*).
indecorous (*indəkō'rəs*) *pm.* niesmaczny, nieprzyzwoity; nieobyczajny.
indeed (*indī'd*) *ps.* rzeczywiście, wprawdzie, istotnie, właściwie, w istocie; ~?, czy być może?
indefatigable (*indifæ'tigəbεl*) *pm.* niezmordowany, nieznużony.
indefeasible (*indifī'zibεl*) *pm.* nieodwołalny, nietykalny.
indefensible (*indife'nsibεl*) *pm.* nieobronny.
indefin-able (*indifaj'nəbεl*) *pm.* nieokreślony; **-ite** (*inde'finit*) *pm.* nieokreślony, nieograniczony.
indelible (*inde'libεl*) *pm.* niezatarty, trwały; chemiczny (ołówek).
indelica-cy (*inde'likəsi*) *rz.* niedelikatność; **-te** (*inde'likət*) *pm.* niedelikatny.
indemni-fication (*indəmnifikej'szεn*) *rz.* wynagrodzenie straty, odszkodowanie; **-fy** (*inde'mnifaj*) *cz.* powetować, wynagrodzić stratę; **-ty** (*inde'mniti*) *rz.* odszkodowanie, wynagrodzenie (straty); amnestja.
indent (*inde'nt*) *rz.* nacięcie, karb; zamówienie; ~ *cz.* nacinać, karbować, ząbkować; wystawiać w duplikacie; zamawiać; **-ure** (*inde'ntjuə, -czə*) *rz.* karb, wykarbowanie, kontrakt, umowa, dokument urzędowy.
independen-ce (*indəpe'ndεns*) *rz.* niezależność, samoistność; niepodległość; **-t** *pm.* niezależny, niepodległy, niezawisły; oddzielny, osobny.
indescribable (*indiskraj'bəbεl*) *pm.* nieopisany, nie do opisania.
indestructible (*indistră'ktibεl*) *pm.* niezniszczalny.
indetermin-able (*inditə̄'minəbεl*) *pm.* nieokreślony; **-ate, -ed** (*inditə̄'minət*) *pm.* nieokreślony, niewyraźny.
index (*i'ndeks*) *rz. lmn.*, **indexes** (*i'deksīz*), i **indices** (*i'ndisīz*) wskazówka, indeks, skorowidz; wykładnik (*mat.*).
Indiaman (*i'ndiəmæn*) *rz.* okręt, przewożący towary do Indyj.
Indian (*i'ndiən*) *pm.* indyjski;

~**corn** *rz.* (*bot.*) kukurydza; **in ~file** *rz.* jeden za drugim, gęsiego; ~ **ink** *rz.* tusz.
Indiarubber (*i'ndiərăbə*) *rz.* guma.
Indica-te (*i'ndikejt*) *cz.* wskazywać, pokazać; okazać; **-tion** (*indikej'szεn*) *rz.* wskazówka, wskazanie; znak; cecha; symptom; **-tive** (*indi'kətiw*) *pm.* wskazujący; ~ **mood** *rz.* tryb oznajmujący; **-tor** (*i'ndikejtə*) *rz.* wskaźnik; **-tory** (*-kətori*) *pm.* wskazujący.
Indict (*indaj't*) *cz.* oskarżyć; postawić w stan oskarżenia, obwinić; **-ment** (*-mənt*) *rz.* obwinienie, oskarżenie.
Indifferen-ce, -cy (*indi'fərəns, -i*) *rz.* obojętność; **-t** *pm.* obojętny, neutralny, mierny; niedbały, **-tism** (*-izεm*) *rz.* indyferentyzm.
Indigen-ce, -cy (*i'ndidżens-i*) *rz.* ubóstwo; **-t** *pm.* ubogi, biedny.
Indigenous (*indi'dżənəs*) *pm.* krajowy; tubylczy.
Indigest-ed (*indidże'stεd*) *pm.* nieprzetrawiony, nieuporządkowany; **-ible** (*-e'stibεl*) *pm.* niestrawny; **-ion** (*-e'szczεn*) *rz.* niestrawność.
Indign-ant (*indi'gnənt*) *pm.* oburzony; zagniewany; **-ation** (*indignej'szεn*) *rz.* oburzenie, gniew; **-ity** (*indi'gniti*) *rz.* zniewaga, obelga.
Indigo (*i'ndigou*) *rz.* indygo.
Indirect (*indire'kt*) *pm.* pośredni; przytoczony; **-ion, -ness** (*indire'kszεn, -nəs*) *rz.* pośredniość, kołowanie; oszukanie.
Indiscernible (*indisə'nibεl*) *pm.* niedostrzegalny; nieznaczny.
Indiscerptibility (*indisəptibi'liti*) *rz.* nierozłączność.
Indiscr-eet (*indiskrī't*) *pm.* nierozważny, niedyskretny; nieroztropny; **-etion** (*indiskre'szεn*) *rz.* nieroztropność, niedyskrecja.
Indiscriminate (*indiskri'minət*) *pm.* bez różnicy, mieszany, bez wyboru.
Indispensable (*indispe'nsəbεl*) *pm.* niezbędny, nieodzowny; konieczny.
Indispos-e (*indispou'z*) *cz.* źle usposobić, zrazić; **-ed** *pm.* słaby, cierpiący; **-ition** (*indispózi'szεn*) *rz.* niedyspozycja; słabość, wstręt, niechęć.
Indisputab-le (*indi'sputəbεl*) *pm.* bezsprzeczny, niezaprzeczony, niewątpliwy.
Indissoluble (*indi'soljubεl*) *pm.* nierozpuszczalny, nierozerwalny.
Indistinct (*indisti'ŋkt*) *pm.* niewyraźny, niejasny, ciemny.
Indite (*indaj't*) *cz.* ułożyć.
Individu-al (*indiwi'djuəl*) *rz.* osoba, jednostka; ~, *pm.* indywidualny, szczególny; pojedyńczy; **-ality** (*-æ'liti*) *rz.* indywidualność.
Indivisib-ility, -leness (*indiwizibi'liti, indiwi'zibεlnəs*) *rz.* niepodzielność; nierozdzielność.
Indocile (*indou'sil, -sajl*) *pm.* nieposłuszny, niekarny.
Indolen-ce, -cy (*i'ndolεns, -i*) *rz.* opieszałość; niedbalstwo; **-t** *pm.* niedbały, ospały, opieszały; bezbolesny.
Indomitable (*indo'mitəbεl*) *pm.* nieposkromiony, niepokonany.
Indoor (*i'ndōə*) *pm.* domowy; **-s** (*-z*) *ps.* w domu, w mieszkaniu, pod dachem.
Indorsee (*indōsī'*) *rz.* indosat.
Indraught (*i'ndrāft*) *rz.* prąd.
Indubitable (*indjū'bitəbεl*) *pm.* niewątpliwy, niezawodny; pewny.
Induce (*indjū's*) *cz.* skłonić, nakłonić, pobudzić; spowodować; **-ment** *rz.* powód, pobudka.
Induct (*indă'kt*) *cz.* instalować, **-ile** (*-il*) *pm.* niekowalny; **-ion** (*indă'kszεn*) *rz.* indukcja; wprowadzenie (na urząd); **-ive** *pm.* indukcyjny.
Indulge (*indă'ldż*) *cz.* pobłażać, pozwalać; folgować (sobie), **-nce** (*indă'ldżεns*) *rz.* pozwalanie sobie na coś; pobłażanie; folga; indulgencja.
Induit (*indă'lt*) *rz.* indult.
Indura-te (*i'ndjurejt*) *cz.* stwardnieć, zgrubieć, zatwardniać.
Industr-ial (*indă'striəl*) *rz.* przemysłowiec; ~, *pm.* przemysłowy; **-ialism** (*-izεm*) *rz.* uprzemysłowienie; **-ious** (*indă'striəs*) *pm.* pilny, pracowity, **-y** (*i'ndəstri*) *rz.* przemysł; pracowitość.
Indwell-er (*indue'lə*) *rz.* mieszkający, zamieszkujący; **-ing** (*-iŋ*) *pm.* tkwiący.
Inebr-iate (*ine'briejt*) *cz.* upoić, **-iate** (*-briət*), *pm.* pijany.

inedited (*ine'dited*) pm. niewydany, nieopublikowany.
ineffable (*ine'febel*) pm. niewysłowiony, niewypowiedziany, niewymowny.
ineffaceable (*inefej'sebel*) pm. niezatarty, niezgładzony.
ineffect-ive, -ual (*inefe'ktiw, inife'kczuel*) pm. bezskuteczny, daremny.
ineffi-cacious (*inefikej'szes*) pm. nieskuteczny, niedziałający; **-cient** (*inefi'szent*) pm. niedołężny, niesprawny, niewydajny.
inelig-ibility (*inelidżibi'liti*) rz. nieobieralność; **-ible** pm. niezdatny.
inept (*ine'pt*) pm. niestosowny, niedorzeczny, niemądry, głupi; **-itude, -ness** (*-itjūd, -nes*) rz. niedorzeczność, głupota.
inequality (*inikuo'liti*) rz. nierówność.
inequit-able (*ine'kuitebel*) pm. niesłuszny; **-y** (*ine'kuiti*) rz. niesłuszność; niesprawiedliwość.
ineradicable (*ineræ'dikebel*) pm. nieusuwalny, niewykorzeniony.
inerringly (*ine'riŋgli*) ps. nieomylnie.
inert (*inē't*) pm. nieruchomy, bezwładny, nieskuteczny; **-ia, -ness** (*inē'szie, -nes*) rz. bezwładność, inercja; bezruch.
inessential (*inese'nszel*) pm. nieistotny.
inestimable (*ine'stimebel*) pm. nieoceniony, bezcenny.
inevitable (*ine'witebel*) pm. nieuchronny, nieunikniony; niechybny, nieodstępny.
inexact (*inegzæ'kt*) pm. nieścisły, niedokładny; **-itude** (*-itjūd*), **-ness** (*-nes*) rz. niedokładność, nieścisłość.
inexcusable (*inekskjū'zebel*) pm. nieprzebaczalny, nie do darowania, niewytłumaczony.
inexhaustible (*inegzo'stibel*) pm. niewyczerpany, nieprzebrany.
inexorable (*ine'ksorebel*) pm. nieubłagany, nieugięty.
inexpedien-ce, -cy (*innekspī'diens, -i*) rz. niestosowność, niewłaściwość; **-t** (*inekspī'dient*) pm. niestosowny, niewskazany.
inexpensive (*inekspe'nsiw*) pm. niedrogi.
inexperience (*inekspī'riens*) rz. niedoświadczenie; **-d** pm. niedoświadczony.
inexpert (*inekspē't*) pm. niewprawny.
inexpiable (*ine'kspiebel*) pm. nieodpokutowany; nieprzejednany.
inexplicable (*ine'ksplikebel*) pm. niewytłumaczony, niewyjaśniony.
inexplicit (*inekspli'sit*) pm. niejasny, niewyraźny.
inexpressi-ble (*inekspre'sibel*) pm. niewypowiedziany, niewysłowiony; **-ive** (*inekspre'siw*) pm. niewyrazisty.
inexpugnable (*innekspă'gnebel*) pm. niezdobyty.
inextinguishable (*inekstiŋ'guiszebel*) pm. nieugaszony.
inextricable (*ine'kstrikebel*) pm. niewyplątany, zagmatwany.
infallib-ility (*infælibi'liti*) rz. nieomylność; **-le** (*infæ'libel*) pm. nieomylny, niezawodny.
infam-ous (*i'nfemes*) pm. niecny, sromotny, haniebny; **-y** (*i'nfemi*) rz. hańba, sromota, infamja.
infan-cy (*i'nfensi*) rz. niemowlęctwo; **-t** (*i'nfent*) rz. niemowlę; ~, pm. dziecinny; **-ticide** (*infæn'tisajd*) rz. dzieciobójstwo; dzieciobójca; **-tile, -tine** (*-tajl, tajn*), pm. niemowlęcy, dziecięcy.
infantry (*i'nfentri*) rz. piechota.
infatua-te (*infæ'tjuejt*) cz. odurzyć, omamić; **-tion** (*infætjuej'szen*) rz. odurzenie, zakochanie się, ślepa miłość; omamienie.
infect (*infe'kt*) cz. zarazić, zapowietrzyć, zakazić; **-ion** (*infe'kszen*) rz. zaraza, infekcja, zarażenie; **-ious, -ive** (*infe'kszes, -iw*) pm. zaraźliwy, zakaźny.
infelicit-ous (*infeli'sites*) pm nieszczęśliwy, nieudany; **-y** (*infeli'siti*) rz. nieszczęście.
infer (*infē'*) cz., wnioskować, wnosić, wyciągać wnioski; **-ence** (*i'nferens*) rz. wniosek, dedukcja.
inferior (*infī'rie*) rz. podwładny; ~ pm. niższy, pośledniejszy, gorszy; podrzędny; **-ity** (*infīrio'riti*) rz. niższość.
infernal (*infē'nel*) pm. piekielny.
infertile (*infē'til, -tajl*) pm. niepłodny, nieurodzajny.

infest (*infe'st*) *cz.* niepokoić, dręczyć, naprzykrzać się.
infidel (*i'nfidel*) *pm.* pogański; ~, *rz.* poganin; **-ity** (*infide'liti*) *rz.* niewiara, wiarołomstwo; conjugal ~, zdrada małżeńska.
infiltr-ate (*infi'ltrejt*) *cz.* przesiąkać, przenikać; **-ation** (*infiltrej'szen*) *rz.* infiltracja.
infinit-e (*i'nfnit*) *pm.* nieskończony, niezmierny; **-eness, -y** (*-nəs, infi'niti*) *rz.* nieskończoność; **-esimal** (*-e'simel*) *pm.* drobny; **-ive** (*infi'nitiw*), **~mood** *rz.* (*gram.*) bezokolicznik; **-ude** (*infi'nitjud*) *rz.* nieskończoność.
infirm (*infə'm*) *pm.* słaby, chory; **-ary** *rz.* infirmerja; szpital; **-ity** (*-iti*), **-ness** (*-nəs*) *rz.* słabość.
infix (*i'nfiks*) *rz.* (*gram.*) przyrostek.
inflam-e (*inflej'm*) *cz.* zapalać (się), rozognić (się); rozjątrzyć; **-mable** (*inflæ'məbel*) *pm.* palny, zapalny; zapalczywy; **-mation** (*infləmej'szeń*) *rz.* zapalenie (też *med.*); **-matory** (*inflæ'mətəri*) *pm.* zapalny.
inflat-e (*inflej't*) *cz.* nadąć, rozdymać (się), zapuszyć się; **-ion** (*inflej'szen*) *rz.* nadęcie, rozdęcie; pycha; (*fin.*) inflacja.
inflect (*infle'kt*) *cz.* naginać; odmieniać (*gram.*).
inflex-ibility (*infleksibi'liti*); **-ibleness** (*-ibelnəs*) *rz.* nieugiętość; niegiętkość; **-ible** (*infle'ksibel*) *pm.* nieugięty; niezłomny; niesprężysty, sztywny; **-ion** (*infle'kszen*) *rz.* odmiana (*gram.*).
inflict (*infli'kt*) *cz.* nałożyć (karę); dotknąć czem; zadać (cios); **-ion** (*infli'kszen*) *rz.* nieszczęście.
inflorescence (*inflore'səns*) *rz.* kwitnienie; rozkwit, wykwit.
inflow (*i'nflou*) *rz.* wpływ.
influen-ce (*i'nfluəns*) *rz.* wpływ; ~, *cz.* wywierać wpływ; skłonić; **-tial** (*-e'nszel*) *pm.* wpływowy.
influenza (*influe'nzə*) *rz.* influenca, grypa.
influx (*in'flăks*) *rz.* przypływ, napływ.
inform (*infō'm*) *cz.* zawiadomić, informować; oświecać; ~against; donieść, denuncjować; **-ant** (*-ənt*) *pm.* informator, sprawozdawca; **-ation** (*infōmej'szen*) *rz.* informacja; zawiadomienie; wiadomość; doniesienie.
informal (*infō'mel*) *pm.* nieformalny, nieurzędowy; bez ceremonij; **-ity** (*infōmæ'liti*) *rz.* nieformalność, nieprawidłowość.
infraction (*infræ'kszen*) *rz.* złamanie, pogwałcenie; naruszenie.
infra dig (*i'nfrə dig*) poniżej godności osobistej.
infrequent (*infrī'kuənt*) *pm.* rzadki.
infringe (*infri'ndż*) *cz.* pogwałcić, naruszyć (prawo); **-ment** (*-mənt*) *rz.* naruszenie (prawa); pogwałcenie.
infuriate (*infjū'riejt*) *cz.* rozjuszyć; rozwścieklić.
infus-e (*infjū'z*) *cz.* wlewać, zaparzyć, natchnąć; **-ion** (*infjū'żen*) *rz.* nalanie, napar, nalewka; infuzja; wpojenie.
infusoria (*infjuso'riə*) *rz. lmn.* infuzorje, wymoczki.
ingathering (*i'ngæðəriŋ*) *rz.* gromadzenie; sprzątanie (z pola).
ingeminate (*indże'minejt*) *cz.* powtarzać.
ingen-ious (*indżī'niəs*) *pm.* pomysłowy, dowcipny; przemyślny; **-uity** (*indżənjū'iti*) *rz.* pomysłowość.
ingenuous (*indże'njuəs*) *pm.* niewinny; szczery; niewymuszony; **-ness** (*-nəs*) *rz.* szczerość, prostota, niewinność.
ingle (*i'ngel*) *rz.* ognisko.
inglorious (*inglō'riəs*) *pm.* niesławny, nieznany, sromotny.
ingoing (*i'ngoiŋ*) *rz.* wejście; ~, *pm.* wchodzący.
ingot (*i'ŋgot*) *rz.* sztaba, bryła.
ingrain (*i'ngrejn*) *pm.* trwale farbowany; **-ed** *pm.* wrodzony.
ingrate (*i'ngrejt*) *pm.* niewdzięczny (*przest.*).
ingratiate (*ingrej'szjejt*) *cz.* ~ oneself, wkradać się w czyjeś łaski; przymilać się.
ingratitude (*ingræ'titjūd*) *rz.* niewdzięczność.
ingredient (*ingrī'diənt*) *rz.* część składowa, składnik, ingredjencja; przyprawa.
ingress (*i'ngres*) *rz.* wejście, ingres.
inguinal (*i'nguinel*) *pm.* pachwinowy.

ingurgita-te (*ingə'dżilejt*) *cz.* pochłaniać; połykać.
inhabit (*inhæ'bit*) *cz.* zamieszkiwać; mieszkać; **-able** (*-əbɛl*) *pm.* mieszkalny; **-ant,** *rz.* mieszkaniec.
inhal-ation (*inhəlej'szɛn*) *rz.* wziewanie, inhalacja; **-e** (*inhej'l*) *cz.* wziewać, wdychać.
inharmon-ic, -ical, -ious (*inhāmo'nik, -ɛl, -o'niəs*) *pm.* nieharmonijny.
inhere (*inhī'ə*) *cz.* tkwić w czemś, być wrodzonym; **-nt** (*inhī'rɛnt*) *pm.* wrodzony, nieodłączny.
inherit (*inhe'rit*) *cz.* dziedziczyć; **-ance** (*-ɛns*) *rz.* dziedzictwo, spadek; **-or -ress, -rix** (*-rəs, -riks*) *rz.* dziedzic, dziedziczka.
inhibit (*inhi'bit*) *cz.* zakazać.
inhospitable (*inho'spitəbɛl*) *pm.* niegościnny.
inhuman (*inhjū'mən*) *pm.* nieludzki, srogi, okrutny.
inhume (*inhjū'm*) *cz.* pogrzebać.
inimical (*ini'mikɛl*) *pm.* wrogi, nieprzyjazny, przeciwny.
inimitable (*ini'mitəbɛl*) *pm.* nieporównany, nienaśladowany.
iniquit-ous (*ini'kuitəs*) *pm.* niesprawiedliwy, niesłuszny, niegodziwy; niecny; **-y** (*ini'kuiti*) *rz.* niesprawiedliwość, niegodziwość.
initia-l (*ini'szɛl*) *rz.* inicjał; ~, *pm.* początkowy, pierwszy; **-te** (*ini'szjejt*) *cz.* wprowadzać; wtajemniczać; **-tion** (*iniszjej'szɛn*) *rz.* wtajemniczenie, zapoczątkowanie; **-tive** (*ini'szjətiw*) *rz.* krok wstępny, rozpoczęcie; inicjatywa; ~, *pm.* przedwstępny, wstępny; **-atory** (*ini'szjətori*) *pm.* wtajemniczający, początkowy, wstępny.
inject (*indże'kt*) *cz.* wstrzyknąć; **-ion** (*indże'kszɛn*) *rz.* wstrzyknięcie, injekcja; **-or** *rz.* injektor.
injudicious (*indżudi'szəs*) *pm.* nieroztropny.
injunction (*indżă'nkszɛn*) *rz.* polecenie, nakaz; rozkaz.
injur-e (*i'ndżə*) *cz.* obrazić, uszkodzić, skrzywdzić; ranić; **-ious** (*indżū'riəs*) *pm.* szkodliwy, krzywdzący, hańbiący; **-y** (*i'ndżəri*) *rz.* szkoda, krzywda; zniewaga.
injustice (*indżă'stis*) *rz.* niesprawiedliwość; krzywda.
ink (*i'ŋk*) *rz.* atrament, inkaust; **-horn, -stand** *rz.* kałamarz; **-y** *pm.* atramentowy.
inkling (*i'ŋkliŋ*) *rz.* podejrzenie; pojęcie.
inlaid (*i'nlejd*) *pm.* inkrustowany; wykładany.
inland (*i'nland*) *rz.* wnętrze kraju, głąb kraju; ~, *pm.* wewnętrzny; krajowy.; ~, *ps.* w kraju, wewnątrz kraju. [krustować.
inlay (*inlej'*) *cz.* wykładać; in-
'nlet (*i'nlet*) *rz.* wpust; zatoka.
inly (*i'nli*) *ps.* wewnętrznie, w sercu, w duszy (poet.).
inmate (*i'nmejt*) *rz.* domownik, mieszkaniec.
inmost (*i'nmoust*) *pm.* najgłębszy, najskrytszy, tajny.
inn (*i'n*) *rz.* zajazd, gospoda; **Inns of Court**, korporacja prawiczna.
innate (*i'nejt*) *pm.* wrodzony.
innavigable (*inæ'wigəbɛl*) *pm.* niespławny, nieżeglowny.
inner (*i'nə*) *pm.* wewnętrzny; duchowy; skryty; **-most** (*-moust*) *pm.* najgłębszy, najskrytszy.
innervation (*inəwej'szɛn*) *rz.* innerwacja; unerwienie.
innings (*i'niŋs*) *rz. lmn.* kolej (w krikiecie); piastowanie stanowiska (*fig.*).
innocen-ce, -cy (*i'nosɛns, -i*) *rz.* niewinność, czystość serca; prostota; **-t** (*i'nosɛnt*) *pm.* niewinny, czysty, nieszkodliwy; **-t** *rz.* niewiniątko.
innocuous (*ino'kjuəs*) *pm.* nieszkodliwy.
innovat-e (*i'nowejt*) *cz.* wprowadzać zmiany; **-ion** (*-ej'szɛn*) *rz.* inowacja, zmiana.
innoxious (*ino'kszəs*) *pm.* patrz **innocuous.**
innuendo (*injue'ndou*) *rz.* wzmianka, złośliwa aluzja; insynuacja.
innumerable (*injū'mərəbɛl*) *pm.* niezliczony; bez liku.
inobserv-ance (*inobzə'wɛns*) *rz.* nie stosowanie się do czegoś; nieuwaga.
inocula-te (*ino'kjulejt*) *cz.* szczepić; **-tion** (*inokjulej'szɛn*) *rz.* szczepienie.
inodorous (*inō'dərəs*) *pm.* bezwonny, bez zapachu.

inoffensive (*inofe'nsiw*) *pm.* nieszkodliwy; **-ness** (*-nəs*) *rz.* nieszkodliwość. [obowiązków.
inofficious (*inofi'szəs*) *pm.* bez
inoperative (*ino'pərətiw*) *pm.* nie działający, nieskuteczny.
inopportune (*inopotjū'n*) *pm.* niewczesny. [okiełznany.
inordinate (*inō'dinət*) *pm.* nie-
inorganic (*inōgæ'nik*) *pm.* nieorganiczny.
inosculate (*ino'skjulejt*) *cz.* (*anat.*) łączyć się; wpleść (się).
inquest (*i'nkuest*) *rz.* śledztwo.
inquietude (*inkuaj'ətjūd*) *rz.* niepokój.
inquir-e (*inkuaj'ə*) *cz.* badać, rozpytywać, informować się, śledzić; ~ after, about, of, pytać się o; ~ into, zbadać coś, dociekać czego, dochodzić czego; **-ing** (*-riŋ*) *pm.* badawczy; **-y** (*inkuaj'ri*) *rz.* pytanie, dowiadywanie się, badanie, dociekanie, dochodzenie.
inquisi-tion (*inkuizi'szεn*) *rz.* śledztwo; indagacja; inkwizycja; **-tional** (*-szənεl*) *pm.* badawczy, śledczy; **-tive** (*inkui'zitiw*) *pm.* ciekawy; **-tor** (*inkui'zitə*) *rz.* inkwizytor; **-torial** (*inkuizito'riεl*) *pm.* śledczy.
inroad (*i'nroud*) *rz.* wtargnięcie, najazd; napad.
insalubri-ous (*insəl(j)ū'briəs*) *pm.* niezdrowotny, niezdrowy; **-ty** (*-ti*) *rz.* niezdrowotność.
insan-e (*insej'n*) *pm.* obłąkany; **-ity** (*insæ'niti*) *rz.* obłąkanie.
insatiable (*insej'szjεbεl*) *pm.* nienasycony.
inscri-be (*inskraj'b*) *cz.* wpisać, napisać; ryć; **-ption** (*inskri'pszεn*) *rz.* napis.
inscrutable (*inskrū'təbεl*) *pm.* niezbadany, niedocieczony.
insect (*i'nsekt*) *rz.* owad; **-ivorous** (*insekti'worəs*) *pm.* owadożerny.
insecur-e (*insəkjū'ə*) *pm.* niepewny, **-ity** (*riti*) *rz.* niepewność.
insen-sate (*inse'nsət*) *pm.* nieczuły, nierozumny, bezsensowny; **-sibility** (*insensibi'liti*), **-sibleness** (*inse'nsibεlnəs*) *rz.* nieczułość; **-sible** (*inse'nsibεl*) *pm.* niedostrzegalny, obojętny; nieznaczny.
insentient (*inse'nsziεnt*) *pm.* nie czujący; bez życia.
inseparable (*inse'pərəbεl*) *pm.* nieodstępny, nierozdzielny.
insert (*insə̄'t*) *cz.* wtrącić, wstawić; ogłosić; **-ion** (*insə̄'szεn*) *rz.* wtrącenie, wstawienie; inserat; umieszczenie.
inside (*i'nsajd*) *rz.* wnętrze; ~, *pm.* wewnętrzny; ~, *ps.* wewnątrz, w głębi; turn ~ out, wywrócić do góry dnem, wywrócić na drugą stronę.
insidious (*insi'diəs*) *pm.* podstępny, chytry, zdradliwy; **-ness** *rz.* zdradliwość, podstępność.
insight (*i'nsajt*) *rz.* zmysł spostrzegawczy; wgląd.
insignia (*insi'gniə*) *rz.* *lmn.* insignja.
insignifican-ce, -cy (*insigni'fikεns, i-*) *rz.* nieznaczność, małoznaczność, błahość; **-t** (*insigni'fikεnt*) *pm.* nieznaczny, błahy.
insincer-e (*insinsī'ə*) *pm.* nieszczery; skryty, fałszywy; **-ity** (*-e'riti*) *rz.* nieszczerość.
insinua-te (*insi'njuejt*) *cz.* napomknąć, insynuować; ~ oneself, wkradać się; **-tion** (*insinuej'szεn*) *rz.* insynuacja; przypochlebianie się.
insipid (*insi'pid*) *pm.* niesmaczny; nudny; płaski.
insist (*insi'st*) *cz.* nalegać, nastawać, upierać się; rozwodzić się; **-ence** (*-əns*) *rz.* naleganie.
insobriety (*insobraj'əti*) *cz.* nietrzeźwość, pijaństwo.
insolation (*insolej'szεn*) *rz.* wystawienie na słońce.
insolen-ce (*i'nsoləns*) *rz.* bezczelność, zuchwalstwo; **-t** *pm.* bezczelny, zuchwały, grubjański.
insoluble (*inso'ljubεl*) *pm.* nierozpuszczalny; nierozwiązany.
insolv-ency (*inso'lwənsi*) *rz.* niewypłacalność; **-ent** (*inso'lwənt*) *pm.* niewypłacalny.
insomnia (*inso'mniə*) *rz.* bezsenność.
insomuch (*insoumă'cz*) *ps.* tak dalece, o tyle.
inspect (*inspe'kt*) *cz.* dozorować, badać; przeglądać; **-ion** (*inspe'kszεn*) *rz.* dozór, przegląd; inspekcja; on first ~, na pierwszy rzut oka; **-or** (*-ə*) *rz.* inspektor.
inspir-ation (*inspirej'szεn*) *rz.* wziewanie, wdechanie; na-

tchnienie; **-atory** (*inspaj'rətori*) *pm.* wdechowy; **-e** (*inspaj'ə*) *cz.* wziewać, wdychać; natchnąć.
inspirit (*inspi'rit*) *cz.* ożywić.
inspissat-e (*inspi'sejt*) *cz.* zgęścić, **-ion**(*inspisej'szεn*) *rz.* zgęstnienie.
instability (*instəbi'liti*) *rz.* niestałość; zmienność.
install (*instō'l*) *cz.* wprowadzać na urząd, osadzić; instalować; **-ation** (*instəlej'szεn*) *rz.* wprowadzenie na urząd; instalacja.
instalment (*instō'lmənt*) *rz.* rata, spłata; by ~, na raty.
instance (*i'nstεns*) *rz.* przykład; wypadek; (w prawie) instancja; ~, *cz.* przytaczać.
instant (*i'nstεnt*) *rz.* chwila, moment; bieżący miesiąc; ~ *pm.* obecny, bieżący (miesiąc); niezwłoczny; nagły, natychmiastowy; usilny; **-aneous** (*instəntej'niεs*) *pm.* natychmiastowy, momentalny; **-ly** *ps.* natychmiast, odrazu; usilnie.
instauration (*instōrej'szεn*) *rz.* odnowienie, odbudowa.
instead (*inste'd*) *pi.* ~ of, zamiast.
instep (*i'nstep*) *rz.* podbicie, przegub stopy.
instiga-te (*i'nstigejt*) *cz.* namawiać, poduszczać, podżegać; **-tion** (*instigej'szεn*) *rz.* namowa; podżeganie; **-tor** *rz.* podżegacz.
instil, -l (*insti'l*) *cz.* wkroplić; wpoić wpuszczać po kropli; **-lation** (*-ej'szεn*); **-ment** (*-mənt*) *rz.* wkraplanie, wpajanie.
instinct (*i'nstiŋkt*) *rz.* instynkt; *pm.* ~ with, przeniknięty; **-ive** (*-iw*) *pm.* instynktowny.
institu-te (*i'nstitjūt*) *rz.* zasada, instytut; ~, *cz.* ustanowić, założyć, powołać do życia; **-tes** *rz. lmn.* zasady prawa rzymskiego, instytuta; **-tion** (*institjū'szεn*) *rz.* ustanowienie, urządzenie; instytucja; zakład; **-tional, -tionary** (*-tjū'szεnεl, -tjū'szənəri*) *pm.* ustawowy.
instruct (*instrā'kt*) *cz.* nauczać; pouczyć; polecić; **-or** instruktor; **-ion** (*instrā'kszεn*) *rz.* nauka, wskazówki, instrukcja; polecenie; **-ive** *pm.* pouczający.
instrument (*i'nstrumənt*) *rz.* narzędzie, przyrząd, instrument; **-al** (*instrume'ntεl*) *pm.* pomocny, instrumentalny; **~case** *rz.* (*gram.*) narzędnik, szósty przypadek; **-ality** (*-æ'liti*) *rz.* pomoc, pośrednictwo.
insubordina-te (*insəbō'dinət*) *pm.* nieposłuszny, niekarny; **-tion** (*insəbōdinej'szεn*) *rz.* niesubordynacja, niekarność.
insufferable (*insā'fərəbεl*) *pm.* nie do zniesienia, nieznośny.
insufficien-cy (*insəfi'szənsi*) *rz.* niedostateczność, niezdolność; **-t** (*-fi'szεnt*) *pm.* niewystarczający, niedostateczny, niezdolny.
insufflation (*insāflej'szεn*) *rz.* wdmuchanie, nadęcie.
insula-r (*i'nsjulə*) *pm.* wyspiarski, **-te** (*i'nsjulejt*) *cz.* odosobnić, wyodrębnić, izolować; **-tion** (*insjulej'szεn*) *rz.* odosobnienie.
insult (*i'nsālt*) *rz.* zniewaga, obelga, afront; ~, (*insā'lt*) *cz.* znieważyć; zelżyć, obrazić; **-ing** *pm.* obelżywy, obrażający.
insuperab-ility (*insjūpərəbi'liti*) *rz.* niemożność opanowania, pokonania; **-le** (*insū'pərəbεl*) *pm.* nieprzezwyciężony.
insupportable (*insəpō'təbεl*) *pm.* nieznośny.
insur-ance (*inszū'rεns*) *rz.* ubezpieczenie, zabezpieczenie, asekuracja; **-e** (*inszū'ə*) *cz.* zabezpieczyć, ubezpieczyć.
insurgen-ce, -cy (*insə'dżεns, -i*) *rz.* powstanie; **-t** *rz.* powstaniec; ~, *pm.* powstańczy.
insurmountable (*insəmau'ntəbεl*) *pm.* nieprzezwyciężony.
insurrection (*insəre'kszεn*) *rz.* powstanie; **-ary** (*-re'kszεnəri*) *pm.* powstańczy.
insusceptib-ility (*insəseptibi'liti*) nieczułość; **-le** (*insəse'ptibεl*) *pm.* niewrażliwy, nieczuły.
intact (*intæ'kt*) *pm.* nienaruszony, nietknięty.
intaglio (*intæ'ljou*) *rz.* kamień rytowany; ~, *cz.* wyryć.
intangib-ility (*intændżibi'liti*) *rz.* nietykalność; nieuchwytność; **-le** (*intæ'ndżibεl*) *pm.* nietykalny, nieuchwytny.
integ-er (*i'ntədżə*) *rz.* całość, zupełność; liczba całkowa (*arytm.*); **-ral** (*i'ntəgrəl*) *rz.* integrał; całka (*mat.*); całość; ~, *pm.* całkowity, integralny; całkowy;

(*mat.*); **-rant** (*-ant*) *pm.* składowy; **-rate** (*-grejt*) *cz.* tworzyć całość, uzupełnić złączyć w całość; **-rity** (*inte'griti*) *rz.* całość, nienaruszoność; prawość; uczciwość.
integument (*inte'gjumant*) *rz.* pokrywa, powłoka, torbiel.
intellect (*i'ntalekt*) *rz.* umysł, rozum, inteligencja; **-ion** (*intale'kszen*) *rz.* pojmowanie, pojęcie; **-ive** (*-iw*) *pm.* rozumowy; **-ual** (*intale'kczuel*) *rz.* człowiek pracujący umysłowo, inteligent; ~, *pm.* rozumowy, intelektualny; **-uality** (*-æ'liti*) *rz.* umysłowość, inteligencja.
intellig-ence (*inte'lidżens*) *rz.* rozum, umysł, wiadomość; ~ department, ~ office, oddział wywiadowczy, defensywa; **-ent** (*inte'lidżent*) *pm.* rozumny, inteligentny; **-ible** (*inte'lidżibel*) *pm.* zrozumiały.
intempera-nce (*inte'mparans*) *rz.* pijaństwo; niepowściągliwość; **-te** (*inte'mparat*) *pm.* nieumiarkowany, niewstrzemięźliwy, pijacki.
intend (*inte'nd*) *cz.* znaczyć, zamyślać, przeznaczać; **-ancy** (*inte'ndansi*) *rz.* dozór; intendentura; **-ant** (*-ant*) *rz.* zawiadowca; **-ed for** *pm.* zamierzony; przeznaczony dla, na, do; **-ed** *rz.* narzeczony.
intens-e (*inte'ns*) *pm.* wytężony, mocny, intensywny, napięty; **-eness** (*-nas*) *rz.* intensywność, natężenie; **-ify** (*-ifaj*) *cz.* wzmocnić, wzmagać; **-ity** (*inte'nsiti*) *rz.* wytężenie, napięcie, siła; **-ive** (*-iw*) *pm.* intensywny, wytężony; silny.
intent (*inte'nt*) *rz.* zamiar; to all -s and purposes, faktycznie; rzeczywiście, właściwie; ~, *pm.* uważny; pilny, uwzięty na coś; **-ion** (*inte'nszen*) *rz.* zamiar, intencja, zamysł, cel; **-ional** (*inte'nszanel*) *pm.* zamierzony, umyślny; **-ness** (*nes*) *rz.* pilność, uwzięcie się na coś; gorliwość.
inter (*intā'*) *cz.* pogrzebać; zakopać; **-ment** (*-mant*) *rz.* pochowanie, pogrzeb.
interact (*i'ntarækt*) *rz.* antrakt.
intercala-r, -ry (*intā'kala, -ri*) *pm.* wtrącony, dodany; **-te** (*intā'kalejt*) *cz.* wstawić, dodać; **-tion** (*intakalej'szen*) *rz.* wtrącenie, dodanie.
intercede (*intasī'd*) *cz.* wstawiać się za; błagać; przyczyniać się.
intercept (*intase'pt*) *cz.* przejąć, chwycić, odciąć; zatrzymać; przerwać; **-ion** (*intase'pszen*) *rz.* przejęcie; odcięcie drogi; zatrzymanie; pochwycenie.
intercess-ion (*intase'szen*) *rz.* wstawiennictwo; przyczynianie się za kimś; **-or** (*-sa*) *rz.* rzecznik, orędownik; **-ory** (*-ari*) *pm.* błagalny.
interchange (*i'ntaczejndż*) *rz.* wymiana, zamiana; ~ (*intaczej'ndż*) *cz.* wymieniać, zmieniać (się); **-able** (*-czej'ndżabel*) *pm.* wymienny, zamienny.
intercommuni-cate (*intakomjū'nikejt*) *cz.* komunikować; **-on** *rz.* łączność, stosunki wzajemne.
intercourse (*i'ntakōs*) *rz.* wzajemne stosunki, obcowanie.
interdependent (*intadipe'ndant*) *pm.* wzajemnie od siebie zależny.
interdict (*i'ntadikt*) *rz.* zakaz, interdykt; ~ (*intedi'kt*) *cz.* obłożyć interdyktem; zabronić; **-ion** (*intadi'kszen*) *rz.* zakaz; zabronienie.
interest (*i'ntarast*) *rz.* korzyść, zysk; znaczenie; zainteresowanie; procent, odsetki; interes; udział; pay with ~, odpłacić z nawiązką; ~, *cz.* interesować, obchodzić; zajmować uwagę; brać udział; **-ed** (*-id*) *pm.* zainteresowany, **-ing** (*-iŋ*) *pm.* ciekawy, interesujący, zajmujący.
interfere (*intafī'a*) *cz.* zderzać się; przeszkadzać, stać na zawadzie; wtrącać się, mieszać się; **-nce** (*intafī'rens*) *rz.* wtrącenie się, przeszkoda, zawada.
interim (*i'ntarim*) *rz.* przerwa; ~, *pm.* tymczasowy.
interior (*intī'ria*) *rz.* wnętrze; głąb (kraju); duszą; ~, *pm.* wewnętrzny; Department of the ~, Min. spraw wewnętrznych.
inter-jacent (*intadżej'sant*) *pm.* międzyległy; **-ject** (*-dże'kt*) *cz.* wrzucić, wtrącić; **-jection** (*-dże'kszan*) *rz.* wykrzyknik.

inter-lace (*intəlej's*) *cz.* przeplatać; przetykać; **-lard** (*-lā'd*) *cz.* szpikować; **-leaf** (*-lī'f*) *rz.* czysta kartka dołączona; **-linear,** (*-li'niə*) *pm.* międzywierszowy; **-lineation** (*-liniej'szεn*), *rz.* wpisywanie między wiersze; **-locutor** (*-lo'kjūtə*) *rz.* interlokutor, rozmówca; **-loper** (*-lou'pə*) *rz.* intruz; prowadzący zakazany handel; **-lude** (*i'ntəlūd*) *rz.* interludjum; pauza, przerwa.

inter-marry (*intəmæ'ri*) *cz.* łączyć się; kojarzyć się; spokrewnić się przez małżeństwo; **-meddle** (*-me'dεl*) *cz.* wścibiać się; **-mediary** (*-mī'diəri*), **-mediate** (*-mī'diət*) *pm.* pośredni, pośredniczący, środkowy; **-mediary** *rz.* pośrednik, ajent; **-medium** (*-mī'diəm*) *rz.* pośrednik; (*fiz.*) przewodnik; **-ment** (*intə̄'mənt*) *rz.* pochowanie, pogrzeb; **-minable** (*intə̄'minəbεl*) *pm.* nieskończony; **-mingle** (*-mi'ŋgεl*) *cz.* mieszać (się); **-mission** (*-mi'szεn*) *rz.* opuszczenie, przerwa; **-mit** (*-mi't*) *cz.* przerwać (się); **-mittent** (*-mi'tənt*) *pm.* przerywany; ~ fever, gorączka powrotna; **-mix** (*-mi'ks*) *cz.* mieszać (się).

intern (*intə̄'n*), *cz.* internować; **-al** (*-εl*) *pm.* wewnętrzny, krajowy.

inter-national (*intənæ'εzənεl*) *pm.* międzynarodowy; **-nuncio** (*nă'nsio*) *rz.* internuncjusz; poseł przy Porcie ottomańskiej.

inter-pellation (*intəpəlej'szεn*) *rz.* interpelacja; **-pellate** (*intə̄'pəlejt*) *cz.* żądać wyjaśnień, interpelować; **-polate** (*intə̄'polejt*) *cz.* interpolować, dodać do tekstu; sfałszować; **-polation** (*-ej'szεn*) *rz.* interpolacja; **-posal** (*-pou'sεl*) *rz.* wstawienie (się), interwencja; **-pose** (*-pou'z*) *cz.* interwenjować, wstawić (się), wtrącić; **-position** (*-pozi'szεn*) *rz.* wstawienie, wtrącenie się, pośrednictwo; **-pret** (*intə̄'pret*) *cz.* tłumaczyć; **-pretation** (*-ej'szεn*) *rz.* tłumaczenie, interpretacja; **-preter** (*intə̄'prətə*) *rz.* tłumacz.

inter-regnum, -reign (*intəre'gnεm, -rejn*) *rz.* interregnum, bezkrólewie; **-rogate** (*intε'rogejt*) *cz.* zapytywać, pytać; **-rogation** (*-intərogej'szεn*) *rz.* pytanie, badanie; **-rogative** (*intəro'gətiw*) *rz.* i *pm.* pytający; **-rogatory**; (*intəro'gətəri*) *rz.* indagowanie; śledztwo; ~, *pm.* wypytujący; **-rupt** (*intəră'pt*) *cz.* przerywać, przeszkodzić; **-ion** (*-ră'pszεn*) *rz.* przerwa.

inter-sect (*intəse'kt*) *cz.* przecinać (się); **-section** (*-se'kszεn*) *rz.* przecięcie się; **-sperce** (*-spə̄'s*) *cz.* rozsypać, przerywać; **-stice** (*intə̄'stis*) *rz.* szczelina, rysa; odstęp.

intertwine (*intətuaj'n*) *cz.* przeplatać.

inter-val (*i'ntəwəl*) *rz.* odstep, przerwa; interwał (*muz.*); antrakt; at ~ s, z przerwami, od czasu do czasu, tu i ówdzie; **-vene** (*intəwī'n*) *cz.* wydarzyć się, pośredniczyć; **-vention** (*-we'nszεn*) *rz.* interwencja; **-view** (*i'ntəwjū*) *rz.* wywiad; ~, *cz.* interwiewować; **-viewer** (*-wjū'ə*) *rz.* interwiewer.

inter-weave (*intəuī'w*) *cz.* przetykać, przeplatać, wprząść; **-wove** (*-uou'w*), **-woven** (*uou'wεn*) *cz.* od **interweave.**

intesta-cy (*inte'stəsi*) *rz.* brak testamentu; **-te** (*inte'stət*) *pm.* beztestamentowy, zmarły bez testamentu.

intestin-al (*inte'stinεl*) *pm.* trzewiowy, kiszkowy; **-e** (*inte'stin*) *rz.* kiszka; ~, *pm.* domowy, wewnętrzny; **-es** *rz. lmn.* wnętrzności, trzewia.

intim-acy (*i'ntiməsi*) *rz.* zażyłość, poufałość, bliskie stosunki; **-ate** (*i'ntimət*) *pm.* intymny, zażyły, ściśle związany; poufały; ~ (*i'ntimejt*) *cz.* zawiadomić, oznajmić; **-ation** (*intimej'szεn*) *rz.* zawiadomienie, nadmienienie.

intimida-te (*inti'midejt*) *cz.* zastraszyć, onieśmielić; **-tion** (*-dej-szεn*) *rz.* zastraszenie.

into (*i'ntu*) *pi.* w, do, na; ~ the bargain, w dodatku.

intolera-ble (*into'lərəbεl*) *pm.* nieznośny; **-nce** (*into'lərεns*) *rz.* nietolerancja; **-nt** (*into'lərεnt*) *pm.* nietolerancyjny, nie tolerujący.

inton-ate (*i'ntonejt*) *cz.* intonować; **-ation** (*-nej'szεn*) *rz.* intonacja

intoxica-nt (*into'ksikənt*) *rz.* napój wyskokowy, alkohol; **-te** (*into'ksikejt*) *cz.* upoić, spoić, odurzyć.
intractable (*intræ'ktebɛl*) *pm.* krnąbrny, niesforny, upa ty.
intransitive (*intræ'nzitiw*) *pm.* nieprzechodni (*gram.*).
intrepid (*intre'pid*) *pm.* nieustraszony; **-ity** (*intrəpi'diti*) *rz.* nieustraszoność, dzielność, męstwo.
intrica-cy (*i'ntrikəsi*) *rz.* zawiłość; **-te** (*i'ntrikət*) *pm.* zawiły, niejasny.
intrigue (*intrī'g*) *pm.* intryga, podstęp, spisek; ~, *cz.* intrygować, knować.
intrinsic, -al (*intri'nsik-ɛl*) *pm.* istotny; **-ally** *ps.* istotnie, w istocie.
introduc-e (*introdjū's*) *cz.* wprowadzić; zaprowadzić przedstawić; **-tion** (*introdă'kszɛn*) *rz.* wprowadzenie; wstęp; przedmowa; przedstawienie; **-tory** (*intrədă'ktəri*) *pm.* wprowadzający, wstępny; polecający.
intromi-ssion (*intromi'szɛn*) *rz.* wprowadzenie; **-t** (*intromi't*) *cz.* wpuścić, wprowadzić.
introspect (*introspe'kt*) *cz.* wglądać, wnikać w siebie; **-ion** (*introspe'kszɛn*) *cz.* wgląd, wnikanie w siebie.
intru-de (*intrū'd*) *pm.* wcisnąć (się); przeszkadzać; niepokoić kogo; nachodzić kogo; wedrzeć się; ~ **oneself** on, narzucać się komuś; **-der** (*-ə*) *rz.* natręt, intruz, nieproszony gość; **-sion** (*intrū'żɛn*) *rz.* wciśnięcie (się), natręctwo; **-sive** (*insrū'siw*) *pm.* natrętny, wścibski, wdzierający się.
intuiti-on (*intjui'szɛn*) *rz.* intuicja, **-ve** (*intjū'itiw*) *pm.* intuicyjny.
intumescen-ce, -cy (*intjume'sɛns, -i*) *rz.* bąbel, nabrzękłość.
inunction (*i'nănkszɛn*) *rz.* (*med.*) wcieranie.
inunda-te (*i'năndejt*) *cz.* zatapiać, zalewać; **-tion** (*inăndej'szɛn*) *rz.* zalew, powódź, wylew.
inure (*injū'ə*) *cz.* przyzwyczaić (się) do, zahartować; znosić; wdrożyć; wejść w życie.
inurn (*inə̄'n*) *cz.* złożyć do urny.
inutility (*injuti'liti*) *rz.* bezużyteczność, płonność.

invade (*inwej'd*) *cz.* najechać, wtargnąć; wkroczyć; **-r** (*-ə*) *rz.* najeźdźca.
invalid (*i'nwəlid*) *rz.* inwalida, kaleka; ~ (*inwæ'lid*) *pm.* nieważny; **-ate** (*inwæ'lidejt*) *cz.* unieważnić; **-ity** (*inwəli'diti*) *rz.* nieważność.
invaluable (*inwæ'ljuəbɛl*) *pm.* nieoceniony, bezcenny.
invariable (*inwē'riəbɛl*) *pm.* niezmienny, nieodmienny, stały.
invasi-on (*inwej'żɛn*) *rz.* najazd, inwazja; wtargnięcie; **-ve** (*inwej'siw*) *pm.* najezdniczy.
invective (*inwe'ktiw*) *rz.* inwektywa, obelga.
inveigh (*inwej'*) *cz.* gromić, pomstować, złorzeczyć.
inveigle (*inwī'gɛl*) *cz.* uwieść, skusić, zwodzić.
invent (*inwe'nt*) *cz.* wynaleźć, wynajdywać, wymyślić; **-er, -or** (*-ə*) *rz.* wynalazca; **-ion** (*inwe'nszɛn*) *rz.* wynalazek; **-ive** (*-iw*) *pm.* wynalazczy; pomysłowy; **-orial** *pm.* inwentarzowy; **-ory** (*i'nwəntəri*) *rz.* inwentarz.
invers-e (*inwə̄'s, i'nwə̄s*) *rz.* przeciwieństwo; ~, *pm.* przeciwny, odwrotny, przewrócony; **-ion** (*inwə̄'szɛn*) *rz.* odwrócenie (porządku).
invert (*inwə̄'t*) *cz.* odwrócić, przekręcić, przestawić.
invertebrate (*inwə̄'təbrɛt*) *pm.* bezkręgowy.
invest (*inwe'st*) *cz.* przyodziać, nadać urząd, władzę; otoczyć; lokować pieniądze; umieścić w czem kapitał; ustroić; **-iture** (*-iczə̄*) *rz.* inwestytura, nadanie lenności; **-ment** (*-mənt*) *rz.* lokata kapitału; przyodzianie; nadanie.
investiga-te (*inwe'stigejt*) *cz.* badać, dochodzić, dociekać; **-tion** *-gej'szɛn*) *rz.* badanie, dochodzenie; **-tive** *pm.* badawczy; **-tor** (*-ə*) *rz.* badacz.
invetera-te (*inwe'tərɛt*) *pm.* nałogowy, wkorzeniony, uporczywy.
invidious (*inwi'diəs*) *pm.* nienawistny; rażący; **-ness** (*-nəs*) *rz.* zazdrość, nienawiść.
invigorate (*inwi'gərejt*) *cz.* wzmocnić, orzeźwić.

invincible (*inwi'nsibɛl*) *pm.* niezwyciężony, niepokonany.
inviola-bility (*inwajələbi'liti*), *rz.* nietykalność, nienaruszalność; **-ble** (*inwaj'ələbɛl*), **-te** (*inwaj'ələt*) *pm.* nienaruszalny.
invisible(*inwi'zibɛl*)*pm.* niewidzialny, niewidoczny; tajemniczy.
invit-ation (*inwitej'szɛn*) *rz.* zaproszenie; **-e** (*inwaj't*) *cz.* zapraszać, nęcić, kusić.
invocation (*inwokej'szɛn*) *rz.* wzywanie, inwokacja, błaganie.
invoice (*i'nwojs*) *rz.* faktura; towar wysłany; ~, *cz.* rachować.
invoke (*inwou'k*) *cz.* wzywać, przywoływać, błagać; wołać.
involunta-riness (*inwo'ləntœrinəs*) *rz.* mimowolność; **-ry** (*inwo'ləntəri*) *pm.* bezwolny, mimowolny.
involution (*inwolū'szɛn*) *rz.* uwikłanie; wplątanie; (*mat.*) wynoszenie do potęgi.
involve (*inwo'lw*) *cz.* okryć, wciągnąć w co; pociągnąć za sobą; uwikłać, wplątać; zawierać, obejmować.
invulnerab-ility(*inwălnərəbi'liti*)*rz.* odporność; **-le** (*inwă'lnərəbɛl*) *pm.* nie do zranienia, bezpieczny.
inward (*i'nuəd*) *pm.* wewnętrzny; duchowy, tajny; **-ness** (*-nəs*) *rz.* duchowość; **-s** (*i'nuədz*) *ps.* ku środkowi, wewnętrznie, do wnętrza; w duszy, ku sobie.
inweave (*inuī'w*) *cz.* wplatać, wtykać.
inwoven (*inuou'wɛn*) od **inweave.**
inwrought (*inrō't*) *pm.* wetkany, wpleciony.
iodine (*aj'ədajn*) *rz.* jod; **-oform** (*ajou'dofōm*) *rz.* jodoform.
Ionian (*ajou'niən*) *pm.* joński.
I. O. U. (*aj-ou-jū*) *rz.* rewers.
irascib-ility, -leness (*ajrœsibi'liti, ir-*) *rz.* gniewliwość, drażliwość; **-le** (*ajrœ'sibl'-ir*) *pm.* gniewliwy, drażliwy; sierdzisty.
irate (*aj'rejt*) *pm.* rozgniewany.
ire (*aj'ə*) *rz.* gniew, złość; **-ful** *pm.* gniewny, rozgniewany.
irisdescent (*iride'sənt*) *pm.* tęczowy, barwny.
iris (*aj'ris*) *rz.* (*lmn.* **irises**); tęczówka (oka); irys.
Irish (*aj'risz*) *pm.* Irlandzki; ~, *rz.* irlandzki język; **-man** Irlandczyk; **-woman** Irlandka.
irk (*ə̄'k*) *cz.* przykrzyć sobie, nudzić, gniewać; **-some** (*-səm*) *pm.* przykry, nudny; **-someness** (*-səmnəs*) *rz.* przykrość, nuda, markotność.
iron (*aj'ən*) *rz.* żelazo; (*fig.*) siła; a flat ~ żelazko do prasowania; ~, *pm.* żelazny, koloru żelaza; (*fig.*) twardy, nieugięty; ~, *cz.* prasować; okuć w kajdany; **-s** *rz. lmn.* okowy, kajdany, pęta; **-clad** *pm.* pancerny; ~, *rz.* pancernik (okręt); **-ing-board** *rz.* deska do prasowania; **-monger** *rz.* handlarz żelaza; **-mould** *rz.* plama rdzy; **-ware** *rz.* wyroby żelazne; **-works** *rz. lmn.* huta; kuźnia, odlewnia żelaza.
iron-ic, -ical (*ajro'nik-ɛl*) *pm.* ironiczny, szyderski; **-y** (*aj'rəni*) *rz.* ironja, szyderstwo.
irradian-ce, -cy (*irej'diəns, -i*) *rz.* promieniowanie; blask, światłość; **-t** (*-ənt*) *pm.* promieniejący, błyszczący; **te** (*irej'diejt*) *cz.* promieniować; błyszczeć, jaśnieć.
irrational (*irœ'szənɛl*) *pm.* nierozumny, nieracjonalny; niewymierny (*mat.*); **-ity** (*irœszənœ'liti*) *rz.* nieracjonalność; (*mat.*) niewymierność.
irre-claimable (*irəklej'məbɛl*) *pm.* niepowrotnie stracony; **-cognizable** (*irəko'gnizəbɛl*) *pm.* nie do poznania; **-concilable** (*irəkənsaj'ləbɛl*) *pm.* nieprzejednany, niezgodny z czem; **-coverable** (*irəkă'wərəbɛl*) *pm.* niepowrotny, niepowetowany.
irre-deemable (*irədī'məbɛl*) *pm.* niewykupny, niepowetowany; **-ducible** (*irədjū'sibɛl*) *pm.* (*mat.*) nie dający się zredukować.
irrefragable (*ire'frəgəbɛl*) *pm.* niezbity, niezaprzeczony.
irrefutable (*ire'fjūtəbɛl*) *pm.* nieodparty, niezbity.
irregular (*ire'gjulə*) *pm.* nieprawidłowy, nieregularny; nieforemny; **-ity** (*iregjulœ'riti*) *rz.* niepoprawność, nieregularność, nieprawidłowość.
irrelative (*ire'lətiw*) *pm.* bez związku, bezwzględny, obcy.
irrelevan-cy (*ire'ləwənsi*) *rz.* niewłaściwość, obcość; **-t** (*ire'lewɛnt*) *pm.* niewłaściwy, niesto-

sowny, obcy, bez związku z rzeczą (tematem).

irrelig-ion (*irəli'dżiən*), *rz.* bezbożność; **-ious** (*irəli'dżəs*) *pm.* niewierzący, bezbożny.

irremediable (*irəmī'djəbɛl*) *pm.* nie dający się naprawić, niepowetowany, nieuleczalny.

irremissible (*irəmi'sībɛl*) *pm.* nieprzebaczalny, nie do darowania.

irremovable (*irəmū'wəbɛl*) *pm.* nieodwołalny, nieusuwalny.

irreparable (*ire'pərəbɛl*) *pm.* niepowetowany.

irrepressible (*irəpre'sibɛl*) *pm.* nieopanowany.

irreproachable (*irəprou'czəbɛl*) *pm.* nienaganny.

irresist-ibility (*irəzistibi'liti*) *rz.* nieprzepartość; **-ible** (*irəzi'stibɛl*) *pm.* nieprzeparty.

irresolu-te (*ire'zolūt*) *pm.* niezdecydowany, wahający się, chwiejny; **-teness, -tion** (*-nəs, irəzolū'szɛn*) *rz.* niezdecydowanie, wahanie się, chwiejność.

irresolvable (*irəzo'lwəbɛl*) *pm.* nierozwiązalny, nierozpuszczalny.

irrespective (*irəspe'ktiw*) *pm.* niebaczny na; bez względu na; **-ly** *ps.* bez względu na.

irresponsible (*irispo'nsibɛl*) *pm.* nieodpowiedzialny, niepewny, niesolidny.

irretrievable (*irətrī'wəbɛl*) *pm.* niepowetowany, bezpowrotnie stracony.

irreveren-ce (*ire'wərɛns*) *rz.* brak uszanowania; **-t** (*ire'wərɛnt*) *pm.* bez uszanowania, ubliżający, lekceważący.

irre-versible,-vocable (*irəwə̄'sibɛl, ire'wokəbɛl*) *pm.* nieodwołalny, nieodmienny, nieodzowny.

irrigat-e (*i'rigejt*) *cz.* nawadniać; **-ion** (*irigej'szɛn*) *rz.* nawadnianie.

irrita-bility (*iritəbi'liti*) *rz.* drażliwość, gniewliwość; **-ble** (*i'ritəbɛl*) *pm.* drażliwy, gniewliwy; **-nt** (*i'ritənt*) *pm.* drażniący, jątrzący; **-te** (*i'ritejt*) *cz.* rozgniewać, gniewać, rozdrażnić; jątrzyć (*med.*); **-ted at** *pm.* rozgniewany czem; **-tion** (*iritej'szɛn*) *rz.* rozdrażnienie, gniew, rozjątrzenie (też *med.*).

irruption (*irǎ'pszɛn*) *rz.* wdarcie się, wtargnięcie; napad.

is (*iz*) od **be**, jest.

ischiatic (*iskiæ'tik*) *pm.* kulszowy.

isinglass (*aj'ziŋglās*) *rz.* klej rybi, karuk.

Islamism, Islam (*i'sləmizɛm, i'sləm*) *rz.* wiara mahometańska, islam.

island (*aj'lənd*) *rz.* wyspa; **-er** (*-ə*) *rz.* wyspiarz.

isle (*aj'l*) *rz.* wyspa; **-t** *rz.* wysepka.

isn't (*i'zɛnt*) = **is not.**

isochron-al, -ous (*ajso'kronɛl, -əs*) *pm.* izochroniczny.

isolat-e (*aj'səlejt, i's-*) *cz.* oddzielić, wyodrębnić, izolować; **-ion** (*ajsəlej'szɛn*) *rz.* wyodrębnienie, odłączenie, izolacja.

iso-meric (*ajsome'rik*) *pm.* izomeryczny; (*chem.*); **-morphism** (*ajsomō'fizɛm*) *rz.* izomorfizm; **-sceles** (*ajso'səlīz*) *rz.* równoboczny.

Israelite (*i'zrəlajt*) *rz.* Izraelita.

issue (*i'sjū, i'szju*) *rz.* wyjście, ujście, wynik, skutek; wypływ (krwi); potomstwo; punkt sporny; wypuszczenie, emisja; wydanie; wniosek, konkluzja; (*chir.*) apertura; at ~, niezgodny; ~, *cz.* wychodzić, wypływać, wynikać; wypuszczać, emitować, wydawać, puszczać w obieg; **-less** *pm.* bezpotomny.

isthmus (*i'sməs*) *rz.* międzymorze.

it (*it*) *z.* to, ono.

Italian (*itæ'ljən*) *rz.* Włoch; ~, *pm.* włoski.

italics (*itæ'liks*) *rz.* kursywa.

itch (*i'cz*) *rz.* świerzba, świerzbienie; swędzenie, chętka; ~, *cz.* świerzbić, swędzić; mieć chętkę; **-y** (*-i*) *pm.* świerzbiący.

item (*aj'təm*) *rz.* pozycja (w spisie); paragraf; ~, *ps.* tudzież, także.

itera-te (*i'tərejt*) *cz.* powtarzać; **-tion** (*itərej'szɛn*) *rz.* powtarzanie; **-tive** (*-iw*) *pm.* powtarzający.

itinera-nt (*ajti'nərɛnt, i-*) *pm.* wędrowny; **-ry** (*aj'tinərəri*) *rz.* droga; dziennik podróży; marszruta; przewodnik; ~, *pm.* podróżujący, podróżny; **-te** (*ajti'nərejt, i-*) *cz.* wędrować.

its (*i'ts*) *z.* jego, jej; swój, swoja, swoje.

it's skrót od **it is.**

itself (*itse'lf*) *z.* się, siebie; ono samo; by ~ samo przez się.
I've (*aj'w*) skrót od **I have.**
ivied (*aj'wid*) *pm.* bluszczem porosły.
ivory (*aj'wəri*) *rz.* kość słoniowa; black ~, czarni niewolnicy ~, *pm.* z kości słoniowej; **-black** *rz.* czarna farba z przepalonej kości słoniowej.
ivy (*aj'wi*) *rz.* bluszcz.
izard (*i'zād*) *rz.* litera z (przest.).

J

jab (*dżæ'b*) *cz.* pchnąć, dźgnąć.
jabber (*dżæ'bə*) *rz.* szwargot; ~, *cz.* szwargotać, paplać.
jabot (*żabou't*) *rz.* żabot.
jacinth (*dżej'sinþ*) *rz.* hiacynt.
Jack (*dżæ'k*) *rz.* człek, chłop; walet w kartach; marynarz; kurtka skórzana; młody szczupak; ~-of-all-trades, faktotum, człowiek uniwersalny; union ~, flaga ang.; lifting ~, dźwigarka; **~-a-dandy** *rz.* dandys, fircyk; **-boots** *rz. lmn.* wysokie buty; ~-in-the-box, zabawka z wyskakującą figurką; oszust; **-knife** *rz.* nóż składany; **-tar** *rz.* marynarz.
jackal (*dżæ'kōl*) *rz.* szakal (*zool.*).
jackanapes (*dżæ'kənejps*) *rz.* małpa; ~, *pm.* młodzik.
jackass (*dżæ'kæs*) *rz.* osieł.
jackdaw (*dżæ'kdō*) *rz.* kawka.
jacket (*dżæ'ket*) *rz.* żakiet, marynarka, kurtka, kaftanik; okładka, koszulka (książki).
jackob-in (*dżæ'kobin*) *rz.* dominikanin; gatunek gołębia; **-ite** (*-bajt*) *rz.* jakobita, stronnik Jakóba II; **-s-ladder,** Jakóbowa drabina; ~ ~, *rz.* (*bot.*) wielosit błękitny; **-s-staff,** kij mierniczy.
jaconet (*dżæ'konət*) *rz.* cienka tkanina bawełniana.
jactitation (*dżəktitej'szɛn*), *rz.* miotanie, ciskanie się, drgawka.
jade (*dżej'd*) *rz.* szkapa, konisko; baba, sekutnica; ~, *cz.* zjeździć, zmęczyć; **-d** *pm.* sharowany; oklepany.
jag, jagg (*dżæ'g*) *rz.* iglica, cypel; ~, *cz.* wycinać, karbować.
jaguar (*dżæ'guā, dżæguā'*) *rz.* jaguar (*zool.*).
jail (*dżej'l*) *rz.* więzienie; ~, *cz.* uwięzić; **-bird** *rz.* więzień, ptaszek więzienny; **-er** (*-ə*), **-keeper** *rz.* dozorca więzienny.
jalap (*dżæ'lep*) *rz.* jalapa (*bot.*).
jam (*dżæ'm*) *rz.* powidła; konfitury; zatkanie; tłum, ścisk; ~, *cz.* cisnąć, tłoczyć, zatkać.
jamb (*dżæ'm*) *rz.* węgar, framuga.
jangle (*dżæ'ŋgɛl*) *cz.* brzęczeć.
janitor (*dżæ'nitə*) *rz.* odźwierny, dozorca domu, woźny.
janizary (*dżæ'nisəri*) *rz.* janczar.
January (*dżæ'njuəri*) *rz.* styczeń.
japan (*dżepæ'n*) *rz.* laka; ~, *cz.* lakierować; **-ese** (*dżæpənī'z*) *rz.* japończyk; ~, *pm.* japoński.
jape (*dżej'p*) *rz.* żart; ~, *cz.* żartować.
jar (*dżā'*) *rz.* dzbanek; sprzeczka, zgrzyt; on ~, uchylony; ~, *cz.* skrzypieć; zgrzytać; kłócić się.
jargon (*dżā'gɛn*) *rz.* żargon.
jarvey (*dżā'wi*) *rz.* dorożkarz.
jasmin(e) (*dżæ'smin*) *rz.* jaśmin.
jasper (*dżā'spə*) *rz.* jaspis (*min.*); **-y** (*-ri*) *pm.* jaspisowy.
jaundice (*dżō'ndis*) *rz.* żółtaczka.
jaunt (*dżō'nt, dżā'nt*) *rz.* wycieczka, przejażdżka; ~, *cz.* jechać; **-iness** (*-inəs*) *rz.* ochoczość, żwawość; **-y** (*-i*) *pm.* wesoły, ochoczy, beztroski.
javelin (*dżæ'wəlin*) *rz.* oszczep, grot.
jaw (*dżō'*) *rz.* szczęka; paszcza, paszczęka; morda; kluba, kluby, imadła (*mech.*); **-bone** *rz.* szczęka.
jay (*dżej'*) *rz.* sroka.
jazz (*dżæ'z*) *rz.* jazz-band, jazzbandowa muzyka.
jealous (*dże'ləs*) *pm.* zazdrosny, zawistny; podejrzliwy, nieufny; **-ness, -y** (*-nəs, -i*) *rz.* zazdrość, zawiść, nieufność.
jean (*dżej'n*) *rz.* cwelich.

jeer (*dżī'ə*) *rz.* drwiny, szyderstwo; (*mar.*) takelunek; ~, *cz.* drwić, szydzić.
jejune (*dżədżū'n*) *pm.* jałowy; głodny.
jell-ied (*dże'lid*) *pm.* galaretowaty; **-y** (*dżə'li*) *rz.* galareta.
jemmy (*dże'mi*) *rz.* drąg, lewar.
jennet (*dże'nət*) *rz.* dzianet (koń).
jenny (*dże'ni*) *rz.* kran.
jeopard, -ize (*dże'pəd, -ajz*) *cz.* narażać, wystawiać na szwank; **-y** (*-i*) *rz.* niebezpieczeństwo, narażenie się.
jeremiad (*dżerəmaj'ɛd*) *rz.* jeremjada, skarga.
jerk (*dżə̄'k*) *rz.* szarpnięcie, targnienie; drganie; ~, *cz.* szarpnąć, targnąć, cisnąć; popchnąć.
jerkin (*dżə̄'kin*) *rz.* kurta, kurtka, kaftan.
jerry (*dże'ri*) *pm.* marny; ~, *rz.* niemczura, szwab; **-build** *cz.* sklecić.
jersey (*dżə̄'zi*) *rz.* sweter.
jess (*dże's*) *rz. lmn.* **-es**; pęta sokoła.
jessamine (*dże'səmin*) *rz.* jaśmin
jest (*dże'st*) *rz.* żart, dowcip; ~, *cz.* żartować; **-ingly** (*-iŋgli*) *ps.* żartobliwie, żartując.
Jesuit (*dże'zjuit*) *rz.* jezuita; intrygant; obłudnik; **-ic -ical** (*dżesui'tik-ɛl*) *pm.* jezuicki.
jet (*dże't*) *pm.* dżet, gagat; **-black** *pm.* czarny jak kruk; **-ty** (*-i*) *pm.* czarny jak węgiel.
jet (*dże't*) *rz.* strumień, wytrysk; kurek; otwór kurka; ~, *cz.* tryskać.
jet-sam, -tison (*dże'tsəm, -tisən*) *rz.* towary wyrzucone w morze dla ulżenia okrętowi; **-tison** (*dże'tisən*) *rz.* wyrzucanie w morze towarów dla ulżenia okrętowi.
jetty (*dże'ti*) *rz.* molo; grobla portowa.
Jew (*dżū'*) *rz.* żyd; **-ess** (*-əs*) *rz.* żydówka; ~, *cz.* oszwabić; **-ish** (*-isz*) *pm.* żydowski; **-ishness, -ry** (*-isznəs, -ri*) *rz.* żydostwo; **-'s harp** *rz.* drumla.
jewel (*dżū'əl*) *rz.* klejnot, drogi kamień; **-ler** (*-ə*) *rz.* jubiler; **-ry** (*-ri*) *rz.* biżuterja.
jezebel (*dże'zəbel*) *rz.* zalotnica, zepsuta kobieta.
jib (*dżi'b*) *rz.* (*mar.*) dzióbel; ~, *cz.* narowić się; ~ at, sprzeciwiać się; **-boom** *rz.* przedłużenie bulkszprytu (*mar.*).
jibe (*dżaj'b*) patrz **gibe.**
jiffy (*dżi'fi*) *rz.* mig, chwila.
jig (*dżi'g*) *rz.* taniec skoczny; ~, *cz.* tańczyć, skakać; przesiewać; **-ger** *rz.* tylny maszt.
jiggle (*dżi'gɛl*) *cz.* chybotać.
jilt (*dżi'lt*) *rz.* zwodnica, kokietka, zalotnica; ~, *cz.* zwodzić kochanka.
jingle (*dżi'ŋgɛl*) *rz.* brzęk; ~, *cz.* brzęczeć.
jingo (*dżi'ŋgou*) *rz.* szowinista (wojowniczo usposobiony); by ~, dalibóg.
jinks (*dżi'ŋks*) *rz.* zabawa.
job (*dżo'b*) *cz.* pchnąć, kłuć.
job (*dżo'b*) *rz.* robota; sprawa; zajęcie; ~, *cz.* wynajmować (się); popełnić nadużycie; faktorować; **-ber** (*-ə*) *rz.* makler giełdowy; **-bery** (*-əri*) *rz.* nadużycie; maklerstwo.
jockey (*dżo'ki*) *rz.* foryś, pachołek, dżokej; ~, *cz.* odrwić; oszukać.
jocos-e, jocular (*dżokou's, dżo'kjulə*) *pm.* żartobliwy, wesoły; **-eness, -ity** (*-nəs, dżoko'siti, dżokjulæ'riti*) *rz.* żartobliwość, wesołość.
jocund (*dżo'kənd*) *pm.* wesoły.
jog (*dżo'g*) *rz.* lekkie pchnięcie, trącenie; ~, *cz.* trącić; tryndać się, trząść się; wlec się; **-trot** *rz.* wolny kłus; rutyna; żółwi krok.
joggle (*dżo'gɛl*) *rz.* potrząsanie; *cz.* trząść; szarpać; chybotać się.
John (*dżo'n*) ~ **Bull** (*bu'l*) *rz.* Dżon Bul, naród angielski; **-'s wort** *rz.* (*bot.*) świętojańskie ziele.
join (*dżoj'n*) *cz.* łączyć, przyłączyć się do, wziąć udział; skojarzyć (się); graniczyć; ~ battle, zacząć bitwę; **-der** (*-də*) *rz.* połączenie; **-er** (*-ə*) *rz.* stolarz; **-ery** (*-əri*) *rz.* stolarka, stolarstwo.
joint (*dżoj'nt*) *rz.* staw; kolanko rośliny; fuga; kita; ćwierć (bydlęcia); udziec; out of ~, rozklekotany; ~, *pm.* złączony, związany, wspólny; ~ stock, kapitał akcyjny; ~, *cz.* złączyć, dopasować; spoić; rozebrać na części; **-er** (*-ə*) *rz.* hebel; **-gout** ból w stawach; **-heir** *rz.* współdziedzic; **-ly** (*-li*) *ps.* razem, po-

społu, wspólnie; **-ress** (*-rəs*) *rz.* dożywotnica; **-ure** (*-czə*) *rz.* zapis, dożywocie; oprawa wdowia.
joist (*dżojst*) *rz.* belka poprzeczna.
joke (*dżou'k*) *rz.* żart, dowcip; practical ~, figiel, psota; ~, *cz.* żartować, dowcipkować, żarty stroić (z kimś); **-r** (*-ə*) *rz.* żartowniś, figlarz.
jollif-ication (*dżolifikej'szεn*) *rz.* zabawa; **-y** (*dżo'lifaj*) *cz.* bawić (się).
joll-iness, -ity (*dżo'linəs, -iti*) *rz.* wesołość, uciecha, zabawa; **-y** (*dżo'li*) *pm.* wesoły, ochoczy; **-y** *cz.* rozradować; rozruszać (kogoś); **-y** *ps.* bardzo, nielada; **-y boat** łódź okrętowa.
jolt (*dżou'lt*) *rz.* szarpnięcie, stukot; trzęsienie; ~, *cz.* trząść.
jonquil, -le (*dżo'nkuil*) *rz.* żonkil.
jostle (*dżo'sεl*) *cz.* szturchać, popychać się; trącać.
jot (*dżo't*) *rz.* punkcik, jota, krzta; ~, *cz.* notować.
jounce (*dżau'ns*) *cz.* trząść (się).
journal (*dżə'nεl*) *rz.* (*mech.*) trzpień, sworzeń; pismo, gazeta; diarjusz, dziennik; księga kasowa; ~, *pm.* dzienny, codzienny; **-ism** (*-izεm*) *rz.* dziennikarstwo; **-ist** (*-ist*) *rz.* dziennikarz; **-ize** (*-ajz*) *cz.* zapisywać, wciągać do księgi.
journey (*dżə'ni*) *rz.* wędrówka; podróż (lądem); ~, *cz.* podróżować, **-man** *rz.* czeladnik; **-work** *rz.* dzienna robota.
joust (*dżū'st*) *cz.* potykać się.
Jove (*dżou'w*) *rz.* Jowisz; by ~, na Jowisza.
jovial (*dżou'wiəl*) *rz.* jowjalny; **-ity** (*-æ'liti*) *rz.* jowjalność.
jowl (*dżou'l*) *rz.* łeb i kark ryby; szczęka, kark, lice; cheek by ~, *pm.* intymni (przyjaciele); *ps.* ciasno.
joy (*dżoj'*) *rz.* radość, szczęście; ~, *cz.* radować się, cieszyć się, weselić się; **-ful** (*-ful*) *pm.* radosny, wesoły; **-less** *pm.* niewesoły, smutny; **-ous** (*-es*) *pm.* wesoły, radosny, pocieszający.
jubil-ant (*dżū'bilənt*) *pm.* radosny, triumfujący; **-ate** (*-ejt*) *cz.* radować się, triumfować; **-ation** (*dżubilej'szən*) *rz.* wykrzyki triumfu, radości; radowanie się; **-ee** (*dżū'bilī*) *rz.* jubileusz, głośna radość.
Judai-c(al) (*dżūdej'k*) *rz.* żydowski, judejski; **-sm** (*dżū'dejizεm*) *rz.* judaizm.
judas (*dżū'dəs*) *rz.* judasz (w drzwiach); (*fig.*) zdrajca; **-coloured** *pm.* ryży, rudy.
judge (*dżă'dż*) *rz.* sędzia; znawca; ~, *cz.* sądzić, orzekać; osądzać, wyrokować; **-ment** (*-mənt*) *rz.* orzeczenie, wyrok; opinja, zdanie, sąd; pass ~, wyrokować; ~ **-seat** *rz.* trybunał; **-ship** *rz.* sędziostwo.
judi-cature (*dżū'dikətjuə*) *rz.* sądownictwo; jurysdykcja; sąd, trybunał; **-cial** (*dżudi'szεl*) *pm.* sądowy, prawny, orzekający; **-ciary** (*-iεri*) *rz.* sądownictwo; **-cious** (*dżudi'szəs*) *pm.* sprawiedliwy, słuszny, rozumny, roztropny; **-ciousness** *rz.* sprawiedliwość, rozum.
jug (*dżă'g*) *rz.* dzban; ~, *cz.* dusić (*kuch.*).
juggernaut (*dżă'gənōt*) *rz.* ołtarz.
juggle (*dżă'gεl*), **-ry** (*-ri*) *rz.* kuglarstwo; matactwo, oszukaństwo; ~, *cz.* żonglować; łudzić, tumanić; oszukiwać; **-r** (*-ə*) *rz.* kuglarz; oszust.
jugular (*dżū'gjulə*) *pm.* szyjowy, gardłowy (*anat.*).
juic-e (*dżū's*) *rz.* sok; **-eless** *pm.* niesoczysty; **-iness** (*-inəs*) *rz.* soczystość; **-y** (*-i*) *pm.* soczysty.
jujube (*dżū'dżūb*) *rz.* jujuba (*bot.*).
julep (*dżū'lεp*) *rz.* ulepek.
julian (*dżū'ljən*) *pm.* juljański.
July (*dżūlaj'*) *rz.* lipiec.
jumble (*dżă'mbεl*) *rz.* mieszanina; ~, *cz.* pomieszać (się).
jump (*dżă'mp*) *rz.* skok, sus; ~, *cz.* skakać, skoczyć; podrzucać; zgadzać się; ~ at an offer, skwapliwie skorzystać z propozycji; **-er** (*-ə*) *rz.* skoczek; bluza (robotnicza); kaftanik.
junct-ion (*dżă'ŋkszεn*) *rz.* połączenie, węzeł kolejowy; złączenie; **-ure** (*dżă'ŋkczə*) *rz.* połączenie; chwila; zbieg okoliczności; stan spraw; at this ~, wtedy to.
June (*dżū'n*) *rz.* czerwiec; **-beetle, -bug** *rz.* chrabąszcz.
jungle (*dżă'ŋgεl*) *rz.* dżungla, gęstwina.

junior (*dżū'niə*) *rz.* junior; ~, *pm.* młodszy, wcześniejszy.
juniper (*dżū'nipə*) *rz.* jałowiec (*bot.*).
junk (*dżă'ŋk*) *rz.* dżonka, łódź chińska; pakuły; rupiecie; solone mięso (*mar.*).
junket (*dżă'ŋkɛt*) *rz.* ser śmietankowy; zabawa, piknik; ~, *cz.* biesiadować.
junt-a (*dżă'ntə*) *rz.* junta hiszpańska; **-o** (*dżă'ntou*) *rz.* rada.
jura-l (*dżū'rəl*) *rz.* prawny; **-t** (*dżū'rət*) *rz.* urzędnik miejski.
jurassic (*dżurœ'sik*) *pm.* jurajski.
juri-dical (*dżuri'dikɛl*) *pm.* sądowny, prawny; **-sconsult** (*dżū'riskonsă'lt*) *rz.* jurysta; **-sdiction** (*dżurisdi'kszɛn*) *rz.* jurysdykcja, sądownictwo; **-sprucence** (*dżurisprū'dɛns*) *rz.* nauki prawne; **-st** (*dżū'rist*) rz. prawnik.
jur-or (*dżū'rə*), **-yman** *rz.* sędzia przysięgły; **-y** (*dżū'ri*) *rz.* sąd przysięgłych; jury.
jury mast (*dżū'ri ma'st*) *rz.* maszt zapasowy (*mar.*).
just, joust (*dżă'st, dżū'st*) *rz.* potykanie się na turnieju.
just (*dżă'st*) *pm.* sprawiedliwy, słuszny, dokładny; cnotliwy; ~, *ps.* właśnie, dopiero co; tylko; zaledwie; w sam raz; ~ by, tuż w pobliżu; **-ness** (*-nəs*) *rz.* słuszność, rzetelność.
just-ice (*dżă'stis*) *rz.* sprawiedliwość, słuszność, prawość, rzetelność; sędzia; the lord chief ~, prezes sądu; ~ of the peace, sędzia pokoju; in ~, słusznie, sprawiedliwie; do ~, oddać sprawiedliwość; **-iciable** (*dżăsti'szjəbɛl*) *pm.* podległy sądownictwu; **-iciar, -iciary** (*dżăsti'szə, -szəri*) *rz.* wyższy urzędnik sądowy (*hist.*); **-ification** (*dżăstifikej'szɛn*) *rz.* usprawiedliwienie; **-ificative, -ificatory** (*dżă'stifikətiw, dżă'stifikətori*) *pm.* usprawiedliwiający; **-fy** (*dżă'stifaj*) *cz.* usprawiedliwić, bronić.
jut (*dżă't*) *rz.* występ; ~, *cz.* wystawać, sterczeć.
jute (*dżū't*) *rz.* juta.
juvenescent (*dżūwəne'sənt*) *pm.* młodzieńczy.
juveni-le (*dżū'wənajl*) *pm.* młodzieńczy, młodociany; **-lity** (*dżūwəni'liti*) *rz.* młodzieńczość.
juxtapos-e (*dżăkstəpou'z*) *cz.* zestawić; porównywać; **-ition** (*dżăkstəpozi'szɛn*) *rz.* zestawienie.

K

kail, kale (*kej'l*) *rz.* kapusta (kędzierzawa); **~yard** *rz.* ogród warzywny.
kaleidoscope (*kəlaj'doskoup*) *rz.* kalejdoskop.
kali (*kœ'li, kej'li*) *rz.* solanka (*bot.*).
kangoroo (*kœngərū'*) *rz.* kangur (*zool.*).
kaolin, -e (*kej'əlin*) *rz.* kaolin.
kayack (*kœ'jək*) *rz.* kajak.
keck (*ke'k*) *cz.* zbierać na wymioty; ~ at, brzydzić się czemś.
kedge (*ke'dż*) *cz.* obrócić okręt; **-er** (*-ə*), ~ anchor, mała kotwica.
keel (*kī'l*) *rz.* (*mar.*) kil, stępka; **-haul** (*kīl'hōl*) *cz.* przeciągać pod kilem (za karę); **-son, kelson** (*-sɛn, ke'lsɛn*) *rz.* stępka.
keen (*kī'n*) *pm.* ostry, bystry, dotkliwy; gorliwy; przejmujący, przenikliwy; gwałtowny; żywy (*np.* o zainteresowaniu); ~, *cz.* opłakiwać; zawodzić; **-ness** *rz.* ostrość, bystrość, dotkliwość; przenikliwość; gorliwość.
keep (*kī'p*) *rz.* przechowanie, piecza; twierdza; wieża; utrzymanie; *~, *cz.* trzymać, prowadzić; utrzymywać, pilnować; przestrzegać (praw); obchodzić święto; zatrzymać; dotrzymać; zachowywać (post); powstrzymać; w dalszym ciągu lub wciąż coś robić; zachowywać się; ~ time, zachowywać takt muzyczny; ~ at, trwać przy; ~ back, schować, wstrzymać; ~ down, ~ under, trzymać w ryzach; ~ in, opanowywać, panować nad; ~ off, odwrócić, trzymać (się) zdaleka; ~ on, nie przestawać; ~ up with, dotrzy-

mywać kroku; **-er** (*kī'pə*) *rz.* dozorca, stróż, dzierżyciel; **-ing** (*-iŋ*) *rz.* przechowanie, opieka, dozór; utrzymanie; wyżywienie; in ~ with, w zgodzie z; in God's ~, na łasce Bożej; **-sake** (*kī'psejk*) *rz.* upominek, pamiątka.
kefir (*ke'fə*) *rz.* kefir.
keg (*ke'g*) *rz.* beczułka, baryłka.
kelp (*ke'lp*) *rz.* szuwar; popiół z wodorostów morskich.
kelt, -ic patrz **celt, celtic.**
kelson (*ke'lsen*) patrz **keelson.**
ken (*ke'n*) *rz.* (szkockie) widok; wiedza; ~, *cz.* wiedzieć.
kennel (*ke'nel*) *rz.* psiarnia; ~, *cz.* gnieździć się.
kentledge (*ke'ntlədż*) *rz.* balast.
kept (*ke'pt*) *cz.* od **keep.**
keramic patrz **ceramic.**
kerb (*kə̄'b*) *rz.* brzeg chodnika.
kerchief (*kə̄'czif*) *rz.* chustka, szalik kobiecy.
kerf (*kə̄'f*) *rz.* cięcie, pień.
kermes (*kə̄'mes*) *rz.* czerwiec (owad).
kern, -e (*kə̄'n*) *rz.* pieszy żołnierz irlandzki; gbur.
kernel (*kə̄'nel*) *rz.* ziarnko; pestka; jądro.
kerosene (*ke'rosīn*) *rz.* nafta.
kersey (*kə̄'zi*) **-mere** *rz.* gruby materjał wełniany. [(*orn.*).
kestrel (*ke'strel*) *rz.* pustułka,
ketch (*ke'cz*) *rz.* statek dwumasztowy. [bowy.
ketchup (*ke'czăp*) *rz.* sos grzy-
kettle (*ke'tel*) *rz.* kocieł; sagan; **-drum** *rz.* kocieł (*muz.*).
kevel (*ke'wel*) *rz.* (*mar.*) kołek.
key (*kī'*) *rz.* klucz; klawisz; klin; tonacja; ~, *cz.* zaklinować; nastroić; **-board** *rz.* klawjatura; **-hole** *rz.* dziurka od klucza; **-note** *rz.* nuta podstawowa; myśl przewodnia; **-stone** *rz.* (*arch.*) zwornik; klucz sytuacji.
key (*kī'*) *rz.* rafa; wysepka.
khaki (*kā'ki*) *rz.* (kolor) kaki.
khan (*kā'n, kæ'n*) *rz.* chan.
khedive (*kədī'w*) *rz.* kedyw.
kibe (*kaj'b*) *rz.* odmrożenie (rana).
kick (*ki'k*) *rz.* kopnięcie, wierzganie; ~, *cz.* kopnąć, wierzgać; ~at, wierzgać; ~ against, protestować; ~ up a noise, narobić hałasu. [przysmak.
kickshaw (*ki'kszo*) *rz.* drobnostka,
kid (*ki'd*) *rz.* koźlę; koźla skóra; dzieciak; balja; ~, *cz.* parkocić się; kocić się; naciągać; żartować z; oszukiwać (się); **-gloves** *rz. lmn.* rękawiczki skórkowe.
kiddle (*ki'del*) *rz.* jaz.
kidnap (*ki'dnæp*) *cz.* uprowadzić gwałtem, porwać.
kidney (*ki'dni*) *rz.* nerka; cynadry; rodzaj, gatunek, pokrój; kopyto; **-bean** *rz.* fasola.
kilderkin (*ki'ldə̄kin*) *rz.* baryłka.
kill (*ki'l*) *rz.* zabicie; ~, *cz.* zabić, bić (bydło); **-er** (*-ə*) *rz.* zabójca, morderca; **-ing** (*-iŋ*) *pm.* zabójczy, morderczy.
kiln (*ki'ln*) *rz.* piec do wypalania, cegielnia; suszarnia; **-dry** (*-draj'*) *cz.* wysuszyć w suszarni.
kilo, -gram, gramme (*ki'logræm*) *rz.* kilogram; **-metre** (*ki'lomītə*) *rz.* kilometr.
kilt (*ki'lt*) *rz.* spódniczka szkotów.
kin (*ki'n*) *rz.* ród, krewni; powinowactwo; rodzaj, gatunek; ~, *pm.* krewny; podobny; powinowaty; next of ~, najbliżsi krewni.
kind (*kaj'nd*) *rz.* rodzaj, gatunek, klasa; tryb, sposób; pay in ~, płacić w naturze; (*fig.*) odpłacić; the sacrament in both -s, sakrament pod dwiema postaciami; nothing of the ~, nic podobnego.
kind (*kaj'nd*) *pm.* dobrotliwy, łaskawy, uprzejmy, grzeczny, łagodny; dobry; be so ~ as to . . ., bądź łaskaw —ć; **-hearted** *pm.* dobrotliwy, dobroduszny; **-li-** **-ness** (*-linəs*) *rz.* uprzejmość, dobroć; **-ly** (*-li*) *pm.* życzliwy; dobrotliwy; **-ness** (*-nəs*) *rz.* grzeczność, uprzejmość, dobroć, życzliwość.
kindergarten (*ki'ndəgā'tən*) *rz.* ogródek dziecięcy.
kindle (*ki'ndel*) *cz.* zapalić (się), wzniecić, zagrzewać (*fig.*).
kindred (*ki'ndred*) *rz.* pokrewieństwo, krewni, rodzina; ~, *pm.* pokrewny, podobny.
kine (*kaj'n*) *rz. lmn.* od **cow**; krowy.
kinematograph (*kinəmæ'togræf*) *rz.* kinematograf.
kinetics (*kine'tiks*) *rz. lmn.* kinetyka, nauka o ruchu.

king (*ki'ŋ*) *rz.* król; dama w warcabach; **-craft** *rz.* sztuka rządzenia; **-cup** *rz.* jaskier (*bot.*); **-dom** (*-dəm*) *rz.* królestwo; **-fisher** zimorodek (*orn.*); **-like** (*-'ajk*) *pm.* królewski; ~, *ps.* po królewsku; ~ **post** *rz.* belka pionowa; **-s-bench** sąd królewski; **-'s-English** literacka, poprawna angielszczyzna; **-'s-evidence** *rz.* wydanie współwinnych; **-s-evil** *rz.* skrofuły.

King-of-Arms *rz.* urzędnik heroldji.

kink (*ki'ŋk*) *rz.* supeł, węzeł.

kins-folk (*ki'nzfouk*) *rz.* rodzeństwo; **-man** (*-mən*) *rz.* krewny, powinowaty.

kiosk (*kio'sk*) *rz.* kiosk, altanka.

kip (*ki'p*) *rz.* skórka; mieszkanie.

kipper (*ki'pə*) *rz.* łosoś (wędzony); śledź wędzony.

kirk (*kə̄'k*) *rz.* kościół (w Szkocji).

kirtle (*kə̄'tel*) *rz.* kaftan, spódnica.

kismet (*ki'smet*) *rz.* przeznaczenie.

kiss (*ki's*) *rz.* pocałunek; buziak, całus; ~, *cz.* pocałować, dac buziaka, musnąć.

kit (*ki't*) *rz.* kocię; sztuciec; ceber; torba; komplet narzędzi.

kitchen (*ki'czen*) *rz.* kuchnia; **-boy** *rz.* kuchcik; **-garden** *rz.* ogród warzywny; **-maid** *rz.* pomywaczka.

kite (*kaj't*) *rz.* latawiec; lekki żagiel; kania (*orn.*).

kith (*ki'þ*) *rz.* przyjaciele.

kitten (*ki'ten*) *rz.* kociątko; ~, *cz.* okocić się; **-ish** (*-isz*) *pm.* koci.

kittle (*ki'tel*) *pm.* drażliwy.

kleptomania (*kleptomej'niə*) *rz.* kleptomanja.

knack (*næ'k*) *rz.* talent, sztuka, spryt, zręczność; biegłość.

knacker (*næ'kə*) *rz.* rakarz; oprawca.

knag (*næ'g*) *rz.* sęk; **-gy** (*-i*) *pm.* sękaty.

knap (*næ'p*) *rz.* wierzchołek; grzbiet ~, *cz.* rozbijać; **-sack** (*-sæk*) *rz.* plecak, tornister; **-weed** (*-uīd*) *rz.* chaber (*bot.*).

knar (*nā'*) *rz.* sęk; narośl.

knav-e (*nej'w*) *rz.* pachołek (przest.); szelma, łotr; walet w kartach; **-ery** (*-ri*) *rz.* szelmostwo, łotrostwo; psikus, psota; **-ish** (*-isz*) *pm.* szelmowski, łotrowski.

knead (*nī'd*) *rz.* miesić, gnieść; **-ing-trough** (*nī'diŋtrŭf*) *rz.* dzieżka.

knee (*nī*) *rz.* kolano; **-cap, -pan** *rz.* (*anat.*) rzepka; **deep** *pm.* po kolana.

kneel (*nī'l*) *cz.* klęczeć; ~ down, uklęknąć.

knell (*ne'l*) *rz.* dzwonienie pogrzebowe; ~, *cz.* dzwonić (żałobnie).

knelt (*ne'lt*) *cz.* od **kneel.**

knew (*hjū'*) *cz.* od **know.**

knickerbockers (*ni'kəbokəz* *rz. lmn.* krótkie spodnie.

knick-nack, -nackery (*ni'knæk, -əri*) *rz.* zabawka, świecidełko, drobiazg, gracik.

knife (*naj'f*) *rz.* (*lmn.* **knives**) nóż; **-blade, -edge** *rz.* ostrze noża; **-handle** *rz.* trzonek.

knight (*naj't*) *rz.* rycerz; kawaler; giermek; koń (w szachach); wałet (w kartach); ~, *cz.* pasować na rycerza; **-age** (*-edż*) *rz.* rycerstwo; **-errant** *rz.* błędny rycerz; **-hood** (*-hud*) *rz.* rycerstwo, stan ryeerski; **-liness** (*-linəs*) *rz.* rycerskość; **-ly** (*-li*) *pm.* rycerski; **-ly** *ps.* po rycersku.

knit* (*ni't*) *cz.* robić na drutach, dziergać, wiązać; stać się mocnym, krzepkim; połączyć się; ~ one's brow, marszczyć brwi; well ~, krzepki; **-ting** (*-iŋ*) *rz.* robota na drutach; **-ting-needle** *rz.* drut do robienia pończoch; iglica.

knob (*no'b*) *rz.* guz; gałka; klamka; **-by** *pm.* guzowaty, sękowaty.

knock (*no'k*) *rz.* pukanie do drzwi; stuk; ~, *cz.* pukać, stukać, kołatać; uderzyć; tłuc; ~ down, powalić; przybić na licytacji; ~ out, wybić, zwalić; ~ under, poddać się; **-er** (*-ə*) *rz.* kołatka (u drzwi).

knoll (*no'l*) *rz.* pagórek, kurhan; ~, *cz.* dzwonić (na pogrzeb).

knot (*no't*) *rz.* węzeł; sęk; grupa, kupka; kępka; węzeł (*mar.*); (*bot.*) kolanko; gałka; ~, *cz.* wiązać, splatać, zawikłać; plątać; **-grass** *rz.* (*bot.*) rdest ptasi; **-tiness** (*-inəs*) *rz.* sękatość; zawiłość; **-ty** (*-i*) *pm.* sękaty, zawiły; ~ **work**, plecionka.

knout (*nau't, nū't*) *rz.* knut.
know* (*nou'*) *cz.* wiedzieć, umieć, znać; dowiedzieć się, mieć pewność, poznać; **-ingly** *ps.* świadomie, umyślnie, w porozumieniu; **-ledge** (*no'ledż*) *rz.* wiedza, znajomość, poznanie, wiadomość, świadomość; to the best of my ~, o ile ja wiem; według najlepszej mojej wiedzy.
knuckle (*nă'kel*) *rz.* knykieć, kostka, staw; ~ *cz.* ~ down, under, poddać się, ulec.
knurl (*nə'l*) *rz.* gałka.
kobold (*kou'bold*) *rz.* kobold, krasnoludek.
kopec(k) (*kou'pek*) *rz.* kopiejka.
koran (*kou'ræn*) *rz.* koran.
kosher (*kou'szə*) *pm.* koszerny.
kotow (*koutou'*) *rz.* czołobicie; ~, *cz.* bić czołem.
koumiss (*kū'mis*) *rz.* kumys.
kraal (*krā'l*) *rz.* kral; palisada; ogrodzenie dla bydła (w Afryce).
kreutzer (*kroj'cə*) *rz.* grajcar.

L

L (*el*) litera l; znak funta szterlinga (= *łac.* libra).
labarum (*læ'barəm*) *rz.* labarum.
label (*lej'bel*) *rz.* etykieta; napis, ~, *cz.* przykleić etykietę; scharakteryzować kogoś; skwalifikować.
labi-al (*lej'biəl*); **-ate(d)** *pm.* wargowy.
laboratory (*læ'bərətəri*) *rz.* laboratorjum, pracownia (chemiczna).
laborious (*lebō'riəs*) *pm.* pracowity, mozolny; żmudny; **-ness** (*-nəs*) *rz.* pracowitość, mozolność, trud.
labour (*lej'bə*) *rz.* praca, trud, mozół; bóle porodowe; ~, *cz.* pracować, trudzić się, mozolić się; cierpieć bóle porodowe; wypracować; ~ under a mistake, być w błędzie; ~ under bad health, chorować; **-er** (*-rə*) *rz.* robotnik; wyrobnik.
laburnum (*ləbə'nem*) *rz.* (*bot.*) szczodrzeniec.
labyrinth (*læ'birinþ*) *rz.* labirynt, manowce, (*fig.*) zawiłość.
lac (*læ'k*) *rz.* żywica.
lac, lakh (*læ'k*) *rz.* 100.000 (rupij).
lace (*lej's*) *rz.* sznurowadło; galon, wyszycie; koronka; sznurek; ~, *cz.* sznurować, wyszywać, przyozdabiać galonem, koronką.
lacera-te (*læ'sərejt*) *cz.* kaleczyć; rozszarpać, podrzeć; **-tion** (*læsərej'szen*) *rz.* rozszarpanie, rozdarcie; podarcie; kaleczenie.
laches (*læ'czis*) *rz.* (w prawie) zaniedbanie, omieszkanie.
lachrym-al (*læ'krimel*) *pm.* łzawy, sączący łzy; **-atory, -ose** (*-ətori, læ'kriməs*) *pm.* łzawiący (gaz, bomba); płaczliwy; **-atory** (*læ'krimətori*) *rz.* łzawnica (u starożytnych).
lacing (*lej'siŋ*) *rz.* sznurowanie, sznurowadło.
lack (*læ'k*) *rz.* brak, niedostatek; ~, *cz.* potrzebować, brakować, nie mieć czegoś; nie dostawać; for ~ of, z braku, w braku; **-lustre** *pm.* przyćmiony, bez blasku, tępy.
lackadaisical (*lækdej'zikel*) *pm.* mdły, sentymentalny.
lack-a-day (*læ'k-ə-dej'*) *w.* niestety, o dniu nieszczęsny.
lacker (*læ'kə*) patrz **lacquer**.
lackey (*læ'ki*) *rz.* służący, lokaj; ~, *cz.* (niewolniczo) służyć.
lacon-ic, -ical (*læko'nik-el*) *pm.* lakoniczny, zwięzły; **-ism** (*læ'konizem*); **-icism** (*læko'nisizem*) *rz.* lakonizm, lakoniczność.
lacquer (*læ'ke*) *rz.* lakier; ~, *cz.* lakierować.
lacrosse (*lækro's*) *rz.* rodzaj palanta.
lact-ation (*læktej'szen*) *rz.* sekrecja mleka, karmienie piersiami, okres ssania; **-eal** (*læ'ktiəl*) *pm.* mleczny, dotyczący gruczołów chylowych; ~ fever, gorączka pokarmowa; ~ vessels, *lmn.* (*anat.*) naczynia limfatycznë; **-eous** (*-əs*) *pm.* mleczny; **-escence** (*lækte'sens*) *rz.* tworzenie się mle-

ka; sok mleczny (roślin); **-escent** (*lækte'sənt*) *pm.* mleczasty; **-ic** (*læ'ktik*) *pm.* mleczny (*chem.*).
lactose (*læktou's*) *rz.* laktoza, cukier mleczny.
lacuna (*ləkjū'nə*) *rz.* luka.
lacustrine (*ləkā'strin*) *pm.* jeziorny; żyjący w jeziorach.
lad (*læ'd*) *rz.* chłopiec, chłopak, młodzieniec.
ladder (*læ'də*) *rz.* drabina; **rope-**, *rz.* (*mar.*) sznurowa drabina.
lad-e* (*lej'd*) *cz.* obciążać, nakładać, obarczać; ładować; **-en** (*lej'dɛn*) naładowany, obarczony; **-ing** (*-iŋ*) *rz.* naładowanie, obarczenie, ładunek; bill of ~, konosament (list frachtowy morski).
ladle (*lej'dɛl*) *rz.* warząchew, czerpak; szufla.
lady (*lej'di*) *rz.* pani, dama; pani domu; żona; my ~, moja pani, moja kochana; Our ~, Matka Boska; **-bedstraw** *rz.* (*bot.*) przytulica prawdziwa; **-bird, -bug, -cow, -fly** *rz.* biedronka; **-'s finger** *rz.* paluszek (ciastko); **-day** *rz.* święto zwiastowania, 25 marca; **-kin** *rz.* paniusia, panienka; **-like** *pm.* dobrze wychowany, delikatny, damski; **-'s hair** *rz.* (*bot.*) włoski Panny Marji, złotowłos murowy; **-'s mock** *rz.* (*bot.*) rukiew, rzeżucha wodna; **-'s-slipper** *rz.* gatunek orchidei; **your -ship** *rz.* Wasza Miłość (tytuł).
lag (*læ'g*) *rz.* klepka; zesłany na ciężkie roboty; opóźnianie się, pozostawanie wtyle; ~, *cz.* opóźniać się, mitrężyć; wlec się; **-gard** (*læ'gəd*) *rz.* mitręga, ~, *pm.* pozostający wtyle; guzdralski; **-ger** (*læ'gə*) *rz.* mitręga.
lagging (*læ'giŋ*) *rz.* okrywanie klepkami, okrycie.
lagoon, lagune (*ləgū'n*) *rz.* laguna.
laic (*lej'ik*) *rz.* laik; człowiek świecki; **-al** (*-ɛl*) *pm.* świecki.
laid (*lej'd*) *cz.* od **lay**; ~ paper, papier linjowany wodnemi znakami.
lain (*lej'n*) *cz.* od **lie.**
lair (*lē'ə*) *rz.* legowisko, matecznik. [(w Szkocji).
laird (*lē'əd*) *rz.* właściciel ziemski
laity (*lej'ti*) *rz.* stan świecki; laicy.
lake (*lej'k*) *rz.* jezioro; ~ dweller, mieszkaniec nawodny.
lakh patrz **lac.**
lama (*lā'mə*) *rz.* lama, zakonnik tybetański; lama (*zool.*).
lamb (*læ'm*) *rz.* baranek, jagnię; skopowina; ~, *cz.* kocić się; **-kin** *rz.* jagniątko, baranek.
lambent (*læ'mbənt*) *pm.* liżący, (opłomieniu); błyszczący, jasny.
lambrequin (*læ'mbrəkin, -bəkin*) *rz.* lambrekin.
lame (*lej'm*) *pm.* kulawy, chromy; niedokładny; ~, *cz.* okulawić, okulawieć, chromać; a ~ excuse, niezręczne tłumaczenie się; **-ness** *rz.* kulawość, chromość, kulanie.
lamella (*ləme'lə*) *rz.* (*lmn.* **lamellae**); blaszka; skorupka, błona.
lament (*ləme'nt*) *rz.* lament, płacz, żale; ~, *cz.* lamentować, ubolewać, wykrzykiwać, zawodzić, płakać; narzekać; **-able** (*læ'məntəbɛl*) *pm.* ubolewania godny, opłakany; **-ation** (*læməntej'szɛn*) *rz.* lamentacje, płacz, użalenie.
lamia (*lej'miə*) *rz.* (*mit.*) potwór, wampir.
lamina (*læ'minə*) *rz.* (*lmn.* **laminae** *-nī*) tafelka, blaszka, listek; **-r, -ry, -te, -ted** (*-ri, -t, -ted*) *pm.* blaszkowaty; **-te** (*læ'minejt*) *cz.* rozpłaszczać, rozłupać.
Lammas (*læ'məs*) dzień 1 sierpnia; święto dożynek.
lamp (*læ'mp*) *rz.* lampa, latarnia; (*fig.*) światło; **-black** *rz.* kopeć lampy; **-lighter** *rz.* latarnik; **-shade** *rz.* abażur.
lampass (*læ'mpəs*) *rz.* żaba (choroba końska).
lampion (*læ'mpiɛn*) *rz.* lampjon.
lampoon (*læmpū'n*) *rz.* paszkwil; ~, *cz.* pisać paszkwile; wyszydzać, wyśmiewać; **-er** (*-ə*) *rz.* paszkwilant. [(*zool.*).
lamprey (*læ'mpri*) *rz.* minoga
lance (*lā'ns*) *rz.* lanca, kopja, pika, dzida; włócznia; ~, *cz.* pchnąć, przeszyć (lancą); ukłuć; (*chir.*) rozciąć, przekłuć; **-corporal** (*-kor'pərɛl*) *rz.* żołnierz, pełniący funkcje kaprala; **-olate** (*læ'nsiolɛt*) *pm.* obły, lancetowaty; **-r** (*-ə*) *rz.* kopijnik, ułan; lansjer (taniec); **-t** (*lā'nsət*) *rz.* lancet.

lancinating (*læ'nsinejtiŋ*) *pm.* przeszywający.
land (*læ'nd*) *rz.* ziemia, ląd, grunt; dobra ziemskie; naród; ~, *cz.* wylądować, wyładować, wysadzić na ląd; przybić do brzegu; zdzielić (cios); main ~, kontynent; make the ~, przybić do lądu; **-agent** *rz.* ajent gruntowy; **-breeze** *rz.* wiatr od lądu; **-ed** (*-ɛd*) *pm.* posiadający własność gruntową; ziemski; **-fall** *rz.* dopływanie do lądu; **-grave** *rz.* landgraf; **-holder -owner** *rz.* właściciel ziemski, **-ing** (*-iŋ*) *rz.* lądowanie, wyładowanie; miejsce lądowania, przystań; platforma; ~~ place, przystań; **-jobber** *rz.* handlujący dobrami; **-lady** *rz.* gospodyni; właścicielka hotelu, zajazdu; dziedziczka; **-locked** *pm.* otoczony lądem, ochronny (port); **-lord** *rz.* gospodarz; pan, dziedzic; **-mark** *rz.* kopiec, kamień graniczny; wydarzenie przełomowe; **-measurer, -surveyor** *rz.* geometra; **-rail** *rz.* (*orn.*) derkacz; chróściel; **-scape** *rz.* krajobraz, widok; **-slide** *rz.* porażka; **-slip** *rz.* obsunięcie się ziemi; **-sman** *rz.* lądowiec, początkujący marynarz; **-shark** *rz.* rekin lądowy; **-steward** *rz.* ekonom, rządca; **-tax** *rz.* podatek gruntowy; **-ward, -wards** *ps.* ku lądowi; ~, *pm.* ku lądowi leżący.
landau (*læ'ndō*) *rz.* lando.
lane (*lej'n*) *rz.* uliczka; droga żeglowna; zaułek, aleja.
language (*læ'ŋguɛdż*) *rz.* język, wymowa, wysłowienie, mowa.
languid (*læ'ŋguid*) *pm.* słaby, ospały; apatyczny, omdlewający; **-ness** (*-nəs*) *rz.* brak ożywienia, słabość; mdłość.
lang-uish (*læ'ŋguisz*) *cz.* omdlewać, słabnąć; tęsknić, usychać; **-uishing** (*-iŋ*) *pm.* omdlewający; sentymentalny; rozkochany; tęskny; **-uishment, -our** (*-mənt, læ'ŋgə*) *rz.* tęskność, omdlenie; słabość; **-uorous** (*læ'ŋgərəs*) *pm.* tęskny, rozmarzony, słaby.
laniary (*læ'niəri*) *rz.* kieł (ząb).
lani-ferous (*ləni'fərəs*); **-gerous** (*ləni'dżərəs*) *pm.* wełnisty.
lank (*læ'nk*), **-y** *pm.* wysmukły, chudy, cienki; prosty, gładki (o włosach); **-iness** (*-inəs*) *rz.* wysmukłość, cienkość; chudość.
lanner (*læ'nə*) *rz.* gatunek sokoła; raróg (*orn.*); **-et** (*-rət*) *rz.* raróg.
lansquenet (*lā'nskənət*) *rz.* landsknecht.
lantern (*læ'ntən*); **lanthorn** (*læ'nþōn*) *rz.* latarnia; dark ~, latarnia kryta; ~**jaws,** wychudła, ściągła twarz.
lanyard, laniard (*læ'njād*) *rz.* (*mar.*) sznur, lina.
lap (*læ'p*) *rz.* łono, podołek, kolana; część zachodząca na drugą; zwój; plusk; chłeptanie, chlipotanie; ~, *cz.* owijać; zwijać, skręcać; wystawać, leżeć nad; zachodzić jedno na drugie; zazębiać (się); pluskać; chłeptać, chliptać; **-dog** piesek faworyt.
lapel (*ləpe'l*) *rz.* klapa (surduta).
lapicide (*læ'pisajd*) *rz.* kamieniarz.
lapid-ary (*læ'pidəri*) *rz.* kamieniarz; rytownik; ~, *pm.* ryty na kamieniu, lapidarny; **-ate** (*-ejt*) *cz.* kamienować; **-ation** (*læpidej'szɛn*) *rz.* ukamienowanie; **-escence** (*ləpide'səns*) *rz.* **-ification** (*læpidifikej'szɛn*) *rz.* skamieniałość, skamienienie.
lapis (*læ'pis*) *rz.* kamień; ~**lazuli** (*-læ'zūlaj*) *rz.* lapis-lazuli, kamień lazurowy.
lappet (*læ'pɛt*) *rz.* koniuszek, fałda, cypel.
lapse (*læ'ps*) *rz.* poślizgnięcie się; błąd, omyłka; upływ, przeciąg czasu; ~, *cz.* minąć;ześlizgnąć się, spaść; pomylić się; popaść (w co); przepaść, upłynąć, wymknąć się (o błędzie).
lapwing (*læ'puiŋ*) *rz.* czajka.
larboard (*lā'bōd*) *rz.* lewa strona okrętu.
larceny (*lā'səni*) *rz.* kradzież.
larch (*lā'cz*) *rz.* ~ tree, modrzew.
lard (*lā'd*) *rz.* słonina; ~, *cz.* szpikować (słoniną); **-aceous** (*lādej'szəs*) *pm.* tłuszczowy; **-er** (*-ə*) *rz.* spiżarnia; **-erer** (*-ərər*) *rz.* szafarka, klucznica; **-ing-pin** (*-iŋ*) *rz.* szpikulec; **-on** (*lā'dən*) *rz.* kawałek słoniny; **-y** (*-i*) *pm.* tłusty.
lares (*lē'riz*) *rz.* (*mit.*) lary.

large (*lā'dż*) *pm.* obszerny, duży, wielki, rozległy, przestronny; ~, *ps.* obszernie; z wiatrem; at ~, obszernie; na swobodzie; go at ~, pójść w świat; **-ly** *ps.* wielce, przeważnie; w wielkim stopniu.

largess, largesse (*lā'dżes*) *rz.* darowizna, nadanie; szczodrobliwość.

lariat (*læ'riæt*) *rz.* linka, lasso.

lark (*lā'k*) *rz.* skowronek; psota, figiel; zabawa; ~, *cz.* bawić się; żartować; **-spur** *rz.* (*bot.*) mądrzeniec.

larrikin (*læ'rikin*) *rz.* andrus.

larum (*læ'rəm*) *rz.* larum, alarm.

larva, larve (*lā'wə, lā'w*) *rz. lmn.* **larvae** (*-i*), gąsienica, liszka; **-l** *pm.* gąsieniczy.

laryn-gitis (*lærindżaj'tis*) *rz.* laryngitis, nieżyt gardła; **-gotomy** (*læriŋgo'tomi*) *rz.* laryngotomja; **-x** (*læ'rıŋks*) *rz.* krtań.

lascar (*læ'skā, læskā'*) *rz.* indyjski marynarz.

lascivious (*læsi'wiəs*) *pm.* lubieżny, jurny, rozwiązły; **-ness** (*-nəs*) *rz.* rozwiązłość, lubieżność.

lash (*læ'sz*) *rz.* cięcie; chłosta; smaganie; eye ~, rzęsa; ~, *cz.* smagać, pędzić, chłostać; przywiązać, związać, wyszydzić; wyśmiać.

lass (*læ's*), **-ie** *rz.* dziewczyna.

lassitude (*læ'sitjūd*) *rz.* umęczenie, znużenie.

lasso (*læ'sou*) *rz.* lasso.

last (*lā'st*) *rz.* kopyto szewskie; ~, *pm.* ostatni, najdalszy; przeszły, ubiegły; ~, *ps.* ostatnio, wkońcu, ostatnim razem; ~ not least, ostatni wymieniony ale nie najmniej ważny; ~ but one, przedostatni; at ~, wkońcu, wreszcie; ~ of all, wkońcu; ~ *cz.* trwać; dobrze się nosić; konserwować się; zachowywać się; the ~, *rz.* ostatnie tchnienie; ostatek; **-ing** (*iŋ*) *pm.* stały, trwały, wytrwały; **-ingness** (*-iŋgnəs*) *rz.* trwałość.

latch (*læ'cz*) *rz.* klamka; zatrzask ~, *cz.* zamknąć na klamkę, na zatrzask; **-et** (*-εt*) *rz.* rzemyk.

late (*lej't*) *pm.* późny, spóźniony, ostatni; niedawny, były; zmarły, nieboszczyk; ~, *ps.* późno; of ~, w ostatnim czasie; **-en** *cz.* spóźnić się; **-ly** *ps.* w ostatnim czasie; ostatnio, niedawno temu.

lateen (*lætī'n*) *pm.* ~ **sail**, żagiel trójkątny.

laten-cy (*lej'tənsy*) *rz.* ukrycie, niewidoczność; **-t** (*lej'tεnt*) *pm.* ukryty, niewidoczny; skryty.

lateral (*læ'tərεl*) *pm.* boczny; uboczny, poboczny.

latex (*lej'təks*) *rz.* mlecz (roślinna).

lath (*lā'þ*), *rz. lmn.* **laths** (*lā'þs, lā'ðz*) łata, krokiew, thin as a ~, cienki jak szczapa; ~, *cz.* obić łatami; **-work** *rz.* obicie łatami.

lathe (*lej'ð*) *rz.* tokarnia; koło garncarskie; ~, *cz.* obrabiać na tokarni, toczyć.

lather (*læ'ðə*) *rz.* piana; mydliny; ~, *cz.* namydlić, pienić się.

Latin (*læ'tin*) *rz.* łacina; ~, *pm.* łaciński; **-ist** (*-ıst*) *rz.* łacinnik.

latitud-e (*læ'titjūd*) *rz.* szerokość (*geogr.*); wolność; swoboda; **-inarian** (*lætitjudınē'riən*) *pm.* nieskrępowany, wolnomyślący; ~, *rz.* niedowiarek, libertyn.

latrine (*lətrī'n*) *rz.* latryna, ustęp, wychodek.

latten (*læ'tεn*) *rz.* mosiądz; ~, *pm* mosiężny (przest.).

latter (*læ'tə*) *pm.* późniejszy, nowoczesny; ostatni; niedawny; **-ly** (*-lı*) *ps.* później; w ostatnim czasie, niedawno.

lattice (*læ'tis*) *rz.* krata, okratowanie; ~, *cz.* okratować; **-window** okno weneckie.

Latvian (*læ'twiən*) *rz.* Łotysz; ~, *pm.* łotewski.

laud (*lō'd*) *rz.* pochwała, pieśń wielbiąca; ~, *cz.* wysławiać, wychwalać; **-able** (*-əbεl*) *pm.* pochwalny; chwalebny; **-ableness** (*-əbεlnəs*), **-ability** (*lōdəbi'lıtı*) *rz.* chwalebność; **-atory** (*lō'dətori*) *pm.* pochwalny, wielbiący.

laudanum (*lō'dənεm*) *rz.* laudanum, roztwór opjum, opjum.

laugh (*lā'f*) *rz.* śmiech; ~, *cz.* śmiać się, wyśmiewać; ~ at, śmiać się z czego, wyśmiewać (się); drwić; szydzić; ~ in one's sleeve, śmiać się pod wąsem; ~ to scorn, szydzić; **-able** (*-əbεl*) *pm.* śmieszny, śmiechu godny; **-ing-gas** *rz.* gaz rozweselający; **ing-stock** *rz.* pośmiewisko; **-ter**

(*-tə*) *rz.* śmiech, wybuch śmiechu; chichotanie.

launch (*lā'ncz, lō'-*) *rz.* spuszczanie okrętu na wodę; łódź motorowa; szalupa; ~, *cz.* rzucić, ciskać, miotać; spuścić na wodę; puścić w ruch; uruchomić; popuścić wodze.

laund-ress (*lō'ndrəs*) *rz.* praczka; **-ry** (*lō'ndri*) *rz.* pralnia.

laure-ate (*lō'riət*) *pm.* uwieńczony wawrzynem, laurem; **-ate** *rz.* laureat; **-el** (*lo'rel*) *rz.* laur, wawrzyn.

lava (*lā'wə*) *rz.* lawa.

lav-ation (*ləwej'szen*) *rz.* mycie, pranie, obmycie; **-atory** (*læ'wətori*) *rz.* umywalnia; ustęp; **-e** (*lej'w*) *cz.* myć (się), kąpać (się); obmywać.

lavement (*læ'wmənt*) *rz.* lewatywa.

lavender (*læ'wəndə*) *rz.* lawenda (*bot.*); lay up in ~, odłożyć; schować.

lavish (*læ'wisz*) *pm.* hojny, rozrzutny; ~, *cz.* trwonić; marnotrawić; **-ment, -ness** (*-mənt, -nəs*) *rz.* hojność.

lavrock (*læ'wrek*) *rz.* skowronek.

law (*lō'*) *rz.* prawo; sądownictwo; ustawa; doctor in ~, doktor praw; go to ~ with one, zaskarżyć kogoś; be at ~, procesować się; **-ful** *pm.* prawny, dozwolony prawem; **-fulness** *rz.* prawność, prawomocność; **-giver, -maker** *rz.* prawodawca; **-less** *pm.* bezprawy; wykraczający przeciwko prawu, nieprawny; **-lessness** *rz.* bezprawie, bezrząd; **-suit** *rz.* proces; **-yer** (*lō'jə*) *rz.* prawnik, jurysta, adwokat.

lawn (*lō'n*) *rz.* trawnik, murawa; batyst; **-y** (*-i*) *pm.* jak trawnik.

lax (*læ'ks*) *pm.* luźny; rzadki; rozlazły; wolny; niedbały; **-ative** (*-ətiw*) *pm.* rozwalniający (*med.*); ~~, *rz.* środek przeczyszczający; **-ity, -ness** (*-iti, -nəs*) *rz.* luźność; rzadkość; niedbalstwo; rozprzężenie.

lay (*lej'*) *cz.* od **lie.**

lay (*lej'*) *pm.* świecki, niezakonny; a ~ brother, braciszek świecki; a ~ clerc, kleryk (w kościele anglik.); ~ figure, manekin.

lay (*lej'*) *rz.* piosnka, ballada.

layer (*lej'ə*) *rz.* warstwa; pokład, odkład, odrośl; zakład, stawka.

lay (*lej*) *rz.* wkład, udział, położenie; *~, *cz.* położyć, kłaść, nagiąć; uciszyć, uśmierzyć, uspokoić; nałożyć (podatek); nieść (jaja); postawić; stawić; ~ bricks, murować; ~ the cloth, nakrywać do stołu; ~ siege to a place, oblegać miasto; ~ bare, obnażyć; odkryć; uwidocznić; ~ claim to, rościć do czegoś prawo; ~ a wager, robić zakład, założyć się o coś; ~ a plot, uknuć intrygę; ~ about, uderzać na wszystkie strony, działać energicznie; ~ against, wyrzucać co komu; ~ before one, przedłożyć, przedstawić; ~ by, odłożyć, schować; ~ down, położyć, złożyć; ~ hołd of, chwycić za; ~ on, atakować, bić; ~ out, wymyślić, projektować; wystawić; założyć (ogród); ~ up, gromadzić, składać (pieniądze).

lazar (*læ'zə*) *rz.* łazarz; trędowaty; nędzarz; **-et, -etto, -house** (*læzəre't, -re'tou*) *rz.* lazaret, szpital.

laz-e (*lej'z*) *cz.* próżnować, spędzać czas na próżniactwie; **-iness** (*-inəs*) *rz.* lenistwo, ospałość, gnuśność; próżnowanie; **-y** (*-i*) *pm.* gnuśny, leniwy, próżniacki; **-y-body, -y-bones** *rz.* leniuch; **-tongs** szczypce rozciągane. [-ów (wagi).

lb(s) (czytaj: *pa'und*[*z*]) funt(y),

lea (*lī'*) *rz.* pastwisko, wygon, łąka; pasmo (przędzy).

leach (*lī'cz*) *cz.* wyługować.

lead (*le'd*) *rz.* ołów; ołowianka; ~, *cz.* pokryć, zalać, plombować ołowiem; ~, *pm.* ołowiany; black ~, grafit; white ~, biel ołowiana; **-en** (*le'den*) *pm.* ołowiany; ciężki, ociężały; **-pencil** *rz.* ołówek; **-s** *rs. lmn.* blacha do krycia dachów.

lead (*lī'd*) *rz.* kierownictwo, prym, przykład; pierwsza ręka; kierunek; take the ~, stanąć na czele; przewyższać; *~, *cz.* prowadzić; wskazywać drogę; kierować, dowodzić; przewodzić, rej wodzić; przywieść (do czego, skłonić; **-er** (*lī'də*) *rz.* kierownik, dowódca, wódz, prowodyr; dyrygent; artykuł wstępny gazety; koń lejcowy; rura doprowadzająca; (w kartach) zagrywający; **-ership** *rz.* kierownictwo, przewodnictwo; **-ing** (*-ıŋ*) *rz.* kierownictwo, przewodnictwo; ~, *pm.* kierujący, naczelny, kierowniczy; rej wodzący; pierwszy; dowodzący; główny; ~ **~-fashion** *rz.* panująca moda.

leaf (*lī'f*) *rz.* (*lmn.* **leaves,** *lī'wz*) liść, listek; karta (w książce); arkusz; blat (stołu); blacha; skrzydło (u drzwi); płatek; turn over a new ~, rozpocząć nowe (lepsze) życie; ~, *cz.* puszczać liście; **-age** (*-edż*) *rz.* listowie; **-gold** *rz.* złoto w listkach; **-less** *pm.* bezlistny; **-let** *rz.* (*bot.*) listek; arkusz; **-stalk** *rz.* szypułka liścia; **-y** (*-i*) *pm.* liściasty.

league (*lī'g*) *rz.* liga, związek, przymierze; mila (francuska); ~ of Nations, Liga Narodów; ~, *cz.* sprzymierzyć się; zawiązać ligę.

leak (*lī'k*) *rz.* dziura, otwór, szpara; stop a ~, zatkać otwór; ~, *cz.* przeciekać, ciec; wypuszczać wodę; sączyć się; ~ out, przedostać się do wiadomości publicznej; **-age** (*-edż*), **-ing** (*-iŋ*) *rz.* przeciekanie; **-y** (*-i*) *pm.* ciekący; dziurawy, przeciekający.

leal (*lī'l*) *pm.* wierny.

lean (*lī'n*) *pm.* chudy, chuderlawy, lichy, nędzny; ~, *rz.* chude mięso.

lean* (*lī'n*) *cz.* opierać się na czem, o co; pochylać się; przechylać się, nachylać się; **-ing** (*-iŋ*) *rz.* skłonność; **-ing-staff** *rz.* kosztur, kula; **-ing-stock** *rz.* podpora.

leap (*lī'p*) *rz.* skok; by -s and bounds, raptownie, błyskawicznie; *~, *cz.* skakać, skoczyć, przeskoczyć, podskakiwać; **-frog** *rz.* zabawa, w której jeden przeskakuje przez drugiego; **-er** (*-ə*) *rz.* skoczek; **-ingly** *ps.* skacząc, skokami; **-year** *rz.* rok przestępny.

leapt (*le'pt*) *cz.* od **leap.**

learn* (*lə'n*) *cz.* poznawać, dowiadywać się, uczyć się, nauczyć się; **-ed** (*-ed*) *pm.* uczony; **-ing** (*-iŋ*) *rz.* nauka, wiedza.

learnt (*lə'nt*) *cz.* od **learn.**

lease (*lī's*) *rz.* dzierżawa, kontrakt dzierżawny, arenda; najem, wynajęcie; najęcie; on ~, wydzierżawiony; ~, *cz.* wydzierżawić, wziąć w dzierżawę, puścić w arendę; **-hold** *rz.* dzierżawa; **-holder** *rz.* dzierżawca.

leash (*lī'sz*) *rz.* rzemień, smycz; ~, *cz.* wziąć na smycz; trzymać w ryzach; ~ of hares (*myśl.*) trójka zajęcy, psów itp.

leasing (*lī'ziŋ*) *rz.* kłamstwo (przest.).

least (*lī'st*) *pm.* od **little,** najmniejszy, najdrobniejszy, najlichszy; ~, *ps.* najmniej; at ~, at the ~, co najmniej, przynajmniej; not in the ~, bynajmniej, wcale nie.

leather (*le'ðə*) *rz.* skóra (wyprawiona); ~, *pm.* skórzany; **-back** *rz.* żółw morski; **-bag** *rz.* worek skórzany; **-dresser** *rz.* białoskórnik; **-et, -ette** (*leðəre't*) *rz.* imitacja skóry; **-n** (*-n*) *pm.* skórzany, podobny do skóry; **-y** (*-ri*) *pm.* skórzany, skórzasty; skórkowaty.

leave (*lī'w*) *rz.* zwolnienie, pożegnanie; urlop; pozwolenie; ~ of abscence, urlop; by your —! za pozwoleniem! take ~, of, pożegnać się; I beg ~ to, mam zaszczyt; *~, *cz.* pozostawić, opuścić; odjechać, porzucić, przestać; ~ off, przestać; ~ out, opuścić; **-taking** *rz.* pożegnanie.

leaven (*le'wen*) *rz.* zakwas, ferment, drożdże; ~, *cz.* zakwasić, dodać fermentu; rozczynić.

leavings (*lī'wiŋz*) *rz. lmn.* resztki, pozostałości.

lecher (*le'czə*) *rz.* rozpustnik **-ous** (*le'czərəs*) *pm.* lubieżny, rozpustny, sprośny; jurny.

lectern (*le'ktən*) *rz.* pulpit.

lectionary (*le'kszenəri*) *rz.* książka z wyjątkami pisma świętego.

lecture (*le'kczə*) *rz.* wykład; wymówki, napomnienie; przestroga; ~, *cz.* wykładać, upominać, skarcić; **-er** (*-rə*) *rz.* wykładowca.

led (*le'd*) *cz.* od **lead**; ~ horse, luzak.
ledge (*le'dż*) *rz.* występ, rafa; (*gorn.*) żyła.
ledger (*le'dżə*) *rz.* księga główna (*buchalt.*); kamień grobowy; belka; ~ bait, przynęta na ryby przymocowana do brzegu.
ledgy (*le'dżi*) *pm.* rafiasty.
lee (*lī'*) *rz.* osłona (*mar.*); strona osłonięta od wiatru; kierunek wiatru; **-board** *rz.* rudel; **-way** *rz.* zbaczanie.
leech (*lī'cz*) *rz.* pijawka; konsyljarz, weterynarz (przest.) brzeg żagla.
leek (*lī'k*) *rz.* pory (*bot.*).
leer (*lī'ə*) *rz.* spojrzenie ukośne; ~, *cz.* spoglądać zukosa; strzelać oczami; **-ingly** *ps.* chytrze; lubieżnie.
lees (*līz*) *rz. lmn.* fusy; osad.
leet (*lī't*) *rz.* dzień sądowy (*hist.*).
left (*le'ft*) *cz.* od **leave**; ~ off clothes, stara garderoba.
left (*le'ft*) *rz.* strona lewa; lewica (w polityce); lewa ręka; ~, *pm.* lewy; ~, *ps.* na lewo; **-hand** *pm.* po stronie lewej; **-handed** *pm.* mańkut; z lewej ręki; niezręczny.
leg (*le'g*) *rz.* noga, nóżka cyrkla; nogawica; ~ of mutton, udziec barani; ~, *cz.* ~ it, popędzić.
legacy (*le'gəsi*) *rz.* zapis, legat; spuścizna, spadek.
legal (*lī'gɛl*) *pm.* legalny, prawny; **-ity, -ness** (*ləgæ'liti, -nəs*) *rz.* prawność, legalność; **-ization** (*līgəlajzej'szɛn*) *rz.* legalizacja, uwierzytelnienie; legalizowanie; **-ize** (*lī'gəlajz*) *cz.* legalizować.
legatary, legatee (*le'gətəri, legətī'*) *rz.* spadkobierca, legatarjusz.
legat-e (*le'gət*) *rz.* legat (papieski), wysłaniec; **-ion** (*ləgej'szɛn*) *rz.* poselstwo; legacja (papieska).
legend (*le'dżənd*) *rz.* legenda; napis (wkoło monety); żywot świętych; **-ary** (*-əri*) *pm.* legendarny, bajeczny, wyjęty z żywotów świętych.
legerdemain (*ledżədəmej'n*) *rz.* sztuczka; kuglarstwo.
leg-gin (*le'giŋ*) *rz.* sztylpa; **-gy** (*-i*) *pm.* długonogi.
legib-ility, -leness (*ledżibli'iti, le'dżibɛlnəs*) *rz.* czytelność; **-le** (*le'dżibɛl*) *pm.* czytelny.
legion (*lī'dżɛn*) *rz.* legja, legjon; mnóstwo, ogromna moc.
legis-late (*le'dżislejt*) *cz.* stanowić prawa; **-lation** (*ledżislej'szɛn*) *rz.* prawodawstwo, ustawodawstwo; **-lative** (*le'dżislejtiw*) *pm.* prawodawczy; **-lator** (*-ə*) *rz.* prawodawca; ustawodawca; **-lature** (*-czə*) *rz.* prawodawstwo, władza prawodawcza.
legist (*lī'dżist*) *rz.* legista, prawnik.
legitima-cy (*lədżi'timəsi*) *rz.* prawność, słuszność, prawowitość; **-te** (*lədżi'timət*) *pm.* uprawniony; prawowity; uznany; ślubny; prawdziwy; **-te** (*lədżi'timejt*) *cz.* uprawnić; **-tion** (*lədżitimej'szɛn*) *rz.* uprawnienie.
legum-e (*le'gjum*) *rz.* warzywo, jarzyna; strączek; **-inous** (*ləgjū'minəs*) *pm.* strączkowy.
leisure (*le'żə*) *rz.* czas wolny od zajęć, sposobność, dogodność; at ~, wolnym czasem, swobodnie; **-ly** *pm.* & *ps.* powoli, swobodnie, z namysłem.
lemming (*le'miŋ*) *rz.* leming (*zool.*).
lemon (*le'mɛn*) *rz.* cytryna; ~, *pm.* cytrynowy; **-ade** (*-ejd*), **-squash** *rz.* lemonjada.
lemur (*lī'mə*) *rz.* lemur (*zool.*).
lend* (*le'nd*) *cz.* użyczać, udzielić, wypożyczać komu; pożyczyć; ~ a hand, pomóc; **-er** (*-ə*) *rz.* pożyczający (komu), wierzyciel.
length (*le'ŋþ*) *rz.* długość; oddalenie, trwanie; at full ~, w całej długości, obszernie; in ~ of time, z biegiem czasu; at ~, w całej rozciągłości; wkońcu; **-en** *cz.* przedłużyć, wydłużać się; nadsztukować; przeciągać; **-ily** *ps.* rozwlekle, długo; **-ways, -wise** *ps.* na długość, wzdłuż; **-y** (*-i*) *pm.* przydługi, dłużący się, rozwlekły.
leni-ency (*lī'njənsi*) *rz.* wyrozumiałość; **-ent** (*lī'njənt*) wyrozumiały, łagodny; **-tive** (*le'nitiw*) *pm.* łagodzący; ~, *rz.* środek uśmierzający; **-fy** (*le'nifaj*) *cz.* złagodzić, uśmierzyć; **-ty** (*le'niti*) *rz.* przebaczenie; litość.
lens (*le'nz*) *rz.* soczewka.

lent (*le'nt*) *cz.* od **lend**; ~, *rz.* Wielki Post; **-en** (*-n*) *pm.* wielkopostny, postny; nędzny.
lenti-cular (*lənti'kjulə*), **-form** (*le'ntifōm*) *pm.* soczewkowy.
lentil (*le'ntil*) *rz.* soczewica (*bot.*).
lentisk (*le'ntisk*) *rz.* mastyksowe drzewo.
lentitude (*le'ntitjūd*) *rz.* powolność.
Leo (*lī'o*) *rz.* (*astr.*) lew; **-nine** (*lī'onajn*) *pm.* lwi.
leopard (*le'pəd*) *rz.* lampart (*zool.*); **-ess** (*-əs*) *rz.* lamparcica.
leper (*le'pə*) *rz.* trędowaty.
lepidopterous (*lepido'pterəs*) *pm.* motylowy.
leporine (*le'porajn*) *pm.* zajęczy.
lepr-osy (*le'prəsi*) *rz.* trąd; **-ous** (*-rəs*) *pm.* trędowaty.
Lesbian (*le'zbjən*) *pm.* lesbijski.
lese-majesty (*līzmæ'dżəsti*) *rz.* zbrodnia obrazy majestatu.
lesion (*lī'żen*) *rz.* obraza, uszkodzenie (*med.*).
less (*le's*) *pm.* i *rz.* od **little**; mniejszy; mniejsze; ~, *ps.* mniej; nine ~ three, dziesięć mniej trzy; **-en** (*-n*) *cz.* zmniejszać (się), zmaleć, uszczuplić, uwłaczać; ująć; **-er** (*-ə*) *pm.* mniejszy; ~, *ps.* mniej; ~ ~bear, mała niedźwiedzica.
lessee (*lesī'*) *rz.* dzierżawca.
lesson (*le'sεn*) *rz.* lekcja, zadanie (szkolne); nauka; nagana; wyjątki z Pisma Św.
lessor (*le'sə*, *lesō'ə*) *rz.* wydzierżawiający, puszczający w arendę.
lest (*le'st*) *spój.* z obawy, aby nie; w obawie, że . . .
let (*le't*) *rz.* przeszkoda; *~, *cz.* pozwalać; wywoływać; sprawiać; odnajmować; dopuścić; puścić; oznaka trybu rozkazującego = niech; ~ be, pozostawić; ~ fall, opuścić; ~ go, puścić; ~ in, wpuścić; ~ alone, pominąwszy; ~ off, wystrzelić.
lethal (*lī'ßəl*) *pm.* śmiertelny, zgubny.
letharg-ic, -ical (*ləßā'dżik-εl*) *pm.* letargiczny, odrętwiały; **-y** (*le'ßədżi*) *rz.* letarg.
Lethe (*lī'ßī*) *rz.* rzeka zapomnienia w Hadesie; **-an** (*ləßī'ən*) *pm.* letejski.
Lett (*let*) *rz.* łotysz; **-ish** *pm.* łotewski.
letter (*le'tə*) *rz.* litera, głoska; czcionka; list, pismo; dokument; **-s** *rz. lmn.* literatura, nauka; wiadomości; capital ~, duża litera; ~ of credit, akredytywa; ~, *cz.* drukować literami, wybić na czem litery; **-box** *rz.* skrzynka pocztowa; **-carrier** *rz.* listonosz; **-case** *rz.* portfel; **-ed** *pm.* uczony, oczytany; oznaczony literami; **-press** *rz.* treść.
lettuce (*le'tis*) *rz.* sałata (głowiasta).
leucorrhoea (*lukorī'ə*) *rz.* białe upławy.
levant (*ləwæ'nt*) *rz.* lewant, wschód; ~, *cz.* uciec, zemknąć; **-ine** (*le'wəntin*) *pm.* lewantyński, wschodni.
levee (*le'wi*) *rz.* wał, grobla; ranne przyjęcie u króla.
level (*le'wεl*) *rz.* poziomica; równina; poziom; płaszczyzna; ~, *pm.* równy, płaski, poziomy; sprawiedliwy; do one's ~ best, zrobić wszystko w swej mocy; ~, *cz.* zrównać, ogładzić; zniżyć; celować; mierzyć; robić pomiary; ~ up, wznieść do poziomu; ~, *ps.* w prostej linji; be upon the ~, sprostać; **-ler** (*-ə*) *rz.* niwelator; równający; niwelujący; **-ling** (*-iŋ*) *rz.* niwelowanie; **-ness** (*-nəs*) *rz.* równość, równina.
lever (*lī'wə*) *rz.* lewar, dźwig; dźwignia.
leveret (*le'wərət*) *rz.* zajączek.
leviable (*le'wiəbεl*) *pm.* ściągalny, pobieralny (podatek).
leviathan (*ləwaj'əßεn*) *rz.* lewjaan
levigate (*le'wigejt*) *cz.* zatrzeć, sproszkować.
levirate (*le'wirət*, *lī'wirət*) *rz.* lewirat (z hist. żyd.).
levitation (*lewitej'szεn*) *rz.* lewitacja.
levit-e (*lī'wajt*) *rz.* lewita; **-icus** (*ləwi'tikεs*) *rz.* trzecia księga Mojżesza.
levity (*le'witi*) *rz.* lekkość, płochość, lekkomyślność.
levy (*le'wi*) *rz.* danina; pobór (podatków, wojska); ~ in mass, pospolite ruszenie; ~, *cz.* zaciągać (rekrutów); ściągać (podatki).

lewd (*ljū'd*) *pm.* lubieżny, rozwiązły; sprośny; **-ness** (*-nəs*) *rz.* lubieżność, rozwiązłość.
lexic-al (*le'ksikɛl*) *pm.* leksykalny, słownikowy; **-on** (*le'ksikon*) *rz.* słownik.
Leyden jar (*laj'dɛndżā'*) *rz.* butelka Lejdejska.
liab-ility, -leness (*lajəbi'liti, laj'-əbɛlnəs*) *rz.* odpowiedzialność, ciężar, dług; *lmn.* pasywa; **-le** (*laj'əbɛl*) *pm.* odpowiedzialny, skłonny, podlegający, narażony, wystawiony na; he is ~ to be out, może go nie być w domu; I am ~ to win, mogę wygrać.
liaison (*liej'zən*) *rz.* stosunek, łączność.
liar (*lœj'ə*) *rz.* kłamca, łgarz, kłamczyni.
libation (*lajbej'szɛn*) *rz.* libacja, napój ofiarny.
libel (*laj'bɛl*) *rz.* paszkwil; ~, *cz.* pisać paszkwile; **-lee** (*lajbəlī'*) *rz.* podsądny; **-ler** (*-ə*) *rz.* paszkwilant; **-lous** (*laj'bələs*) *pm.* oszczerczy, potwarczy.
liberal (*li'bərɛl*) *pm.* liberalny, wolnomyślny, hojny, szlachetny; ~ arts, sztuki wyzwolone; **-ism** (*-izɛm*) *rz.* liberalizm, wolnomyślność; **-ity** (*libəræ'liti*) *rz.* hojność, wspaniałomyślność, szczodrość.
libera-te (*li'bərejt*) *cz.* wyzwalać, zwalniać, uwolnić; **-tion** (*libərej'-szɛn*) *rz.* wyzwolenie, uwolnienie, oswobodzenie; **-tor** (*li'bərejtə*) *rz.* oswobodziciel.
libertin (*li'bətin*) *rz.* rozpustnik; libertyn; ~, *pm.* rozpustny, rozwiązły.
liberty (*li'bəti*) *rz.* wolność, swoboda; przywilej; take liberties, pozwalać sobie.
libidinous (*libi'dinəs*) *pm.* lubieżny.
libra (*laj'brə*) *rz.* funt.
librar-ian (*lajbrē'riən*) *rz.* bibljotekarz; **-y** (*laj'brəri*) *rz.* bibljoteka; circulating ~, wypożyczalnia.
librate (*laj'brejt*) *cz.* ważyć (się), chwiać się.
libretto (*libre'tou*) *rz.* libretto.
lice (*laj's*) *rz. lmn.* od **louse**.
licence, license (*laj'sɛns*) *rz.* konsens, zezwolenie; swawola; licencja; upoważnienie, rozpusta; ~, *cz.* dozwolić, upoważnić; upełnomocnić; dać konsens; **-r** *rz.* cenzor.
licentiate (*lajse'nszjɛt*) *rz.* uprawniony do (praktyki).
licentious (*lajse'nszəs*) *pm.* wyuzdany, niemoralny, rozwiązły; zepsuty, rozpustny; **-ness** (*-nəs*) *rz.* niemoralność, wyuzdanie, zepsucie, rozpusta.
lichen (*laj'kɛn*) *rz.* lichen (*bot.*).
licit (*li'sit*) *pm.* dozwolony.
lick (*li'k*) *rz.* liźnięcie, polizanie; uderzenie; ~, *cz.* lizać, liznąć; pobić kogo; ochłostać; ~ up, zlizać (doreszty); ~ the dust, paść w bitwie; ~ spittle, pieczeniarz; **-erish** (*-ərisz*), **-erous** (*-ərəs*) *pm.* łakomy; **-ing** (*-iŋ*) *rz.* lizanie; pobicie, lanie.
licorice, liquorice (*li'koris*) *rz.* lukrecja (*bot.*).
lictor (*li'ktə*) *rz.* liktor.
lid (*li'd*) *rz.* wieko, przykrywka, powieka, nakrywka.
lie (*laj'*) *rz.* kłamstwo; łgarstwo; ~, *cz.* łgać, kłamać, skłamać; give one the ~, zadać komuś kłamstwo.
lie* (*laj'*) *cz.* leżeć, spoczywać, spać; siedzieć w więzieniu; stać na kotwicy; prowadzić, iść (o drodze); it -s with you to od pana zależy; ~ in, zlegnąć; ~, *rz.* stan; położenie; legowisko.
lief (*lī'f*) *ps.* chętnie, rad.
liege (*lī'dż*) *rz.* lenny pan; lennik; książę; ~, *pm.* lenny, poddany; **-man** *rz.* lennik.
lien (*lī'n*) *rz.* prawo zastawne.
lieu (*ljū', lū'*) *rz.* in ~ of, zamiast, na miejsce...
lieutenant (*lefte'nənt*) *rz.* porucznik; zastępca; ~ governor, vicegubernator; lord ~, namiestnik.
life (*laj'f*) *rz.* życie; życiorys; powołanie; żywot; ożywienie; animal ~, życie zwierząt; fauna, zwierzęta; early ~, życie we wczesnych okresach historji; for ~, dożywotnio; high ~, wysoki świat; large as ~, wielkości naturalnej; **-annuity** (*-ænjū'iti*) *rz.* renta dożywotnia; dożywocie; ~ **assurance,** ~ **insurance** *rz.* ubezpieczenie na ży-

cie; **-blood** *rz.* krew; **-boat** *rz.* łódka ratownicza; **-buoy** *rz.* pas ratunkowy; **-giving** *pm.* ożywiający, ożywczy; **-guard** *rz.* gwardja, straż przyboczna; **-less** *pm.* martwy, bez życia; nie dający znaków życia; **-like** *pm.* jak żywy; **-preserver** *rz.* przyrząd ratowniczy; **-rent** *rz.* renta dożywotnia; **-time** *rz.* okres życia, życie; **-weary** *pm.* znużony życiem.

lift (*li'ft*) *rz.* podniesienie; dźwig; winda; give a ~, podwieźć; dopomóc; ~ *cz.* dźwigać wgórę; podnieść (się); wynieść (na urząd); kraść, zwędzić.

ligament (*li'gəmənt*) *rz.* wiązadło; (*anat.*) ścięgno; włókno; żyłka; **-al, -ous** (*ligəmen'tεl, -me'ntəs*) *pm.* ścięgnowy, żylasty, włóknisty.

ligat-ion (*lajgej'szεn*) **-ure** (*li'gətjūə, -czūə*) *rz.* wiązanie, przewiązanie, ligatura (*med.* i *muz.*).

light (*laj't*) *rz.* światło, oświecenie; a ~, ogień; it is day ~, jest jasno; ~, *pm.* jasny; blond; *~, *cz.* zapalić (się), oświetlić; rozjaśnić się; ~ a fire, zapalić; ~ up a fire, rozpalić ogień; **-er** *rz.* oświecający; latarnik; **-house** *rz.* latarnia morska; **-less** *pm.* bez światła, ciemny; **-some** *pm.* jasny, widny; **-ship** *rz.* statek oświecający miejsca niebezpieczne.

light (*laj't*) *pm.* lekki, łatwy; ~ of foot, ~ footed, chyży, zwinny; ~ of belief, łatwowierny; make ~ of lekceważyć; **-blue** *pm.* jasnoniebieski; **-bodied** *pm.* lekki (o winie i t. p.); **-brained, -headed** *pm.* lekkoduch; **-complexioned** *pm.* jasnocery; **-fingered** *pm.* zręczny w kradzieży, złodziejski; **-headedness, -mindedness** *rz.* lekkomyślność, bezmyślność; **-hearted** *pm.* wesoły; płochy, lekkomyślny; **-some** *pm.* lekki, powiewny.

light (*laj't*) *cz.* zsiadać z konia; siąść (o ptactwie); trafić na; lądować.

lighten (*laj'tεn*) *cz.* oświecać, oświetlać; rozjaśnić się; błyskać się.

lighten (*laj'tεn*) *cz.* wyładować, ulżyć; uwolnić od ciężaru.

lighter (*laj'tə*) *rz.* barka do przewozu towarów; **-age** (*-ərεdż*) *rz.* opłata za przewóz towarów barką.

lightning (*laj'tniŋ*) *rz.* błyskawica; **-conductor, -rod** *rz.* piorunochron.

lights (*laj'ts*) *rz. lmn.* płucka (potrawa).

lign-eous (*li'gniəs*) *pm.* drzewny, drewniany; **-ify** (*li'gnifaj*) *cz.* zamieniać się w drzewo; **-ite** (*li'gnajt*) *rz.* lignit; **-um-vitae** (*li'gnεm-waj'ti*) *rz.* gwajak (*bot.*).

like (*laj'k*) *rz.* kopja, obraz; podobny, podobieństwo; and the ~, i temu podobne; your **-s**, tobie podobni, twoi równi; ~, *pm.* podobny, równy; ~, *ps.* podobnie jak, jak (gdyby); również; ~ enough, prawdopodobnie; look ~, zanosić się na coś, wyglądać (na); zapowiadać się; had ~ to, o mało co nie; **-lihood, -liness** (*-lihud, -linəs*) *rz.* prawdopodobieństwo, pozory; **-ly** (*-li*) *pm.* prawdopodobny; możliwy; I am ~ ~ to win, mogę wygrać; I am ~ ~ to be out, być może, że mnie nie będzie w domu; ~, *ps.* prawdopodobnie; **-ness** (*-nəs*) *rz.* podobieństwo; podobizna; **-wise** *ps.* również, podobnie, tudzież; także.

lik-e (*laj'k*) *cz.* lubić; mieć w czemś przyjemność, upodobanie; **-ing** (*-iŋ*) *rz.* lubienie, skłonność; pociąg; take a ~ to, polubić.

lilac (*laj'lək*) *rz.* bez (*bot.*).

lil-iaceous (*liliej'szεs*) *pm.* liljowy; **-ied** (*li'lid*) *pm.* ozdobiony liljami; **-y** (*li'li*) *rz.* lilja (*bot.*); ~ of the valley, *rz.* konwalja (*bot.*); **-y-livered** *pm.* lękliwy, tchórzliwy.

lilt (*li'lt*) *rz.* piosenka.

limb (*li'm*) *rz.* członek ciała (ręka, noga, skrzydło, ramię); gałąź, krawędź; ~, *cz.* rozczłonkować.

limbec (*li'mbek*) *rz.* patrz **alembic.**

limber (*li'mbə*) *rz.* kieson; ~, *pm.* giętki, gibki; ~, *cz.* doczepiać kieson do lawety; **-ness** (*-nəs*) *rz.* gibkość, giętkość; **-s** *rz. lmn.* otwory do odprowadzania wody.

limbo (*li'mbou*) *rz.* otchłań.

lime (*laj'm*) *rz.* lipa; lep; wapno; limonja (drzewo); rodzaj małych cytrynek; ~, *cz.* obciągać lepem; wapnić; kąpać w wapnie; quick

~, wapno niegaszone; slaked ~, wapno gaszone; ~**burner** *rz.* wypalacz wapna; **-kiln** (*-kiln*) *rz.* wapniarnia; in the **-light** (*fig.*) na oczach publiczności; na widoku publicznym; **-stone** *rz.* wapniak, wapień, kamień wapienny; **-water,** mleko wapienne.

Limerick (*li'mərik*) *rz.* humorystyczna zwrotka.

limit (*li'mit*) *rz.* granica, brzeg, kres, krawędź; zakres; limita; ~, *cz.* określić granice; limitować; delimitować; ograniczyć; oznaczyć; **-ary** (*-əri*) *pm.* ograniczony; pograniczny; **-ation** (*limitej'szən*) *rz.* ograniczenie, oznaczenie granicy; **-ed** (*-ed*) *pm.* ograniczony; ~~ company, spółka z ograniczoną odpowiedzialnością; **-less** *pm.* bezgraniczny, nieograniczony.

limn (*li'm*) *cz.* rysować; malować; **-er** (*-mnə*) *rz.* portrecista (przest.).

limousine (*limuzī'n*) *rz.* limuzyna, automobil kryty.

limp (*li'mp*) *rz.* kulawość; ~, *pm.* giętki; miękka (oprawa); ~, *cz.* kuleć, chromać; **-ingly** *ps.* utykając; kulejąc.

limpet (*li'mpət*) *rz.* mięczak lepiący się do skał, do okrętów.

limpid (*li'mpid*) *rz.* przezroczysty, klarowny; czysty; **-ity, -ness** (*-i'diti, -nəs*) *rz.* przezroczystość, klarowność.

limy (*laj'mi*) *pm.* lepki, wapnisty.

linchpin (*li'nczpin*) *rz.* lonek, zatyczka osi.

linden (*li'ndən*) *rz.* lipa.

line (*laj'n*) *rz.* linja, wiersz; sznur, lina; wędka; równik; zmarszczka, brózda; (*handl.*) branża; linja okrętowa, kolejowa i t. d.; miara = $^1/_{10}$ cala; ród, pokolenie; szyk bojowy; rów, fosa, szaniec; (*mil.*) szereg(i), linja bojowa; draw a ~, odgraniczyć; ~, *cz.* linjować, wyrównać w linję; ryć, (*fig.*) poorać; szeregować.

lin-e (*laj'n*) *cz.* podszyć, dać podszewkę; podbić; oblamować; ~ one's purse, napełnić sakiewkę; **-ing** (*-iŋ*) *rz.* podszewka, podbicie.

line-age (*li'niədż*) *rz.* ród, szczep; urodzenie, pochodzenie; **-al** (*li'niəl*) *pm.* bezpośredni; w prostej linji; **-aments** (*li'niəmənts*) *rz.* rysy twarzy; skład twarzy; **-ar** (*li'niə*) *pm.* linijny, wydłużony; linearny.

linen (*li'nən*) *rz.* bielizna; płótno; table ~, bielizna stołowa; ~, *pm.* lniany, płócienny; **-cloth** *rz.* płótno lniane; **-drapery** *rz.* skład towarów tekstylnych.

liner (*laj'nə*) *rz.* okręt pasażerski.

line-up (*laj'n-ăp*) *rz.* zbiórka; ustawienie się.

ling (*li'ŋ*) *rz.* wrzos; ~, *rz.* ryba morska podobna do sztokfisza.

linger (*li'ŋgə*) *cz.* pozostawać (w tyle); ociągać się; marudzić; marnieć, wahać się; usychać; tęsknić.

lingo (*li'ŋgou*) *rz.* szwargot.

lingu-al (*li'ŋguəl*) *pm.* językowy; **-ist** (*-ist*) *rz.* lingwista; **-istics** *rz. lmn.* językoznawstwo.

liniment (*li'nimənt*) *rz.* maść (płyn) do nacierania.

link (*li'ŋk*) *rz.* ogniwo (łączące); połączenie; pasmo; oczko; pochodnia; ~, *cz.* łączyć (się); spoić, skojarzyć; **-s** *pl.* pole do golfu.

linnet (*li'nət*) *rz.* makolągwa (*orn.*).

linoleum (*lajnou'liəm*) *rz.* linoleum.

linotype (*laj'notajp*) *rz.* linotyp.

linseed (*li'nsīd*) *rz.* nasienie lniane; ~ oil *rz.* olej lniany; **-cakes** *rz. lmn.* makuchy lniane.

linsey-wolsey (*li'nzi-uu'lzi*) *rz.* półsukno; ~, *pm.* półsukienny lichy.

linstock (*li'nstok*) *rz.* lontownik.

lint (*li'nt*) *rz.* szarpie.

lintel (*li'ntel*) *rz.* nadproże, nadedrzwie.

lion (*laj'ən*) *rz.* lew; (*fig.*) lew salonowy; **-et** (*-ət*) *rz.* lwiątko; **-ess** (*-əs*) *rz.* lwica; **-ize** (*-aj'z*) *cz.* zwiedzać osobliwości; oprowadzać po osobliwościach.

lip (*li'p*) *rz.* warga; brzeg, krawędź; ~, *pm.* wargowy, nieszczery; ~, *cz.* całować; **-ped** (*-t*) *pm.* wargowaty; **-salve** (*-sæ'lw*), **-stick** *rz.* pomada do ust.

liqu-able (*li'kuəbel*) *pm.* topny, topnisty; **-ate** (*li'kuejt*) *cz.* topić (się); **-ation, -efaction** (*likuej'szen, likuəfæ'kszen*) *rz.* roztapianie; topienie; **-efiable** (*likuəfaj'-*

əbεl) *pm.* topliwy; **-efy** *(li'kuəfaj)* *cz.* rozpuszczać (się); topić (się); **-escent** *(likue'sənt)* *pm.* pławiący, topiący się; topny.
liqueur *(li'kə')* *rz.* likier.
liquid *(li'kuid)* *rz.* płyn, ciecz; ~, *pm.* płynny, ciekły; **-ate** *(-ejt)* *cz.* likwidować, spłacić (długi); **-ation** *(-əj'szεn)* *rz.* likwidacja, rozpłata; **-ator** *(-ejtə)* *rz.* likwidator; **-ity, -ness** *(likui'diti, -nəs)* *rz.* płynność.
liquor *(li'kə)* *rz.* płyn, ciecz; wódka; napoje wyskokowe; the worse for ~, podchmielony.
liquorice patrz **licorice.**
lisp *(li'sp)* *rz.* szeplenienie; ~, *cz.* szeplenić; **-er** *(-ə)* *rz.* szepleniuch; **-ingly** *ps.* szepleniąc; niepewnie. [ny, smukły.
lissom(e) *(li'sεm)* *pm.* giętki, zwin-
list *(li'st)* *rz.* szlak, kant; listwa; rejestr, lista; spis; chęć; przechylenie się okrętu; **-s** *rz. lmn.* szranki; ~, *pm.* kantowy; szlakowy; ~, *cz.* słuchać; listwami opatrzyć; zaciągnąć (się) do wojska; mieć chętkę.
listen *(li'sεn)* *cz.* słuchać, przysłuchiwać się; ~ in, słuchać radja; **-er** *(-ə)* *rz.* słuchacz, przysłuchujący się.
listless *(lis'tləs)* *pm.* niedbały, obojętny; apatyczny.
lit *(li't)* *cz.* od **light.**
litany *(li'təni)* *rz.* litanja.
liter *(lī'tə)* *rz.* litr.
liter-al *(li'tərεl)* *pm.* dosłowny, literalny, dokładny, ścisły; **-ality, -alness** *(litəræ'liti, li'tərεlnəs)* *rz.* dosłowność, dokładność, dosłowne znaczenie; **-ary, -ate** *(li'tərəri, -li'tərət)* *rz.* literacki; **-ati** *(litərej'taj)* *rz. lmn.* literaci; **-ator** *(litərej'tə)* *rz.* literat; **-ature** *(li'tεrəczə)* *rz.* literatura, piśmiennictwo.
litharge *(li'ƀadż)* *rz.* glejta.
lithe, -some *(laj'δ, -sεm)* *pm.* giętki, gibki, gnący się; **-ness** *(-nəs)* *rz.* giętkość; gibkość.
lithograph *(li'ƀogræf)*, **-y** *(liƀo'grəfi)* *rz.* litografja; ~, *cz.* litografować; **-ic, -ical** *(-æ'fik, -εl)* *pm.* litograficzny.
lithontripic *(liƀontri'pik)* *pm.* *(med.)* rozpuszczający kamień pęcherzowy.
Lithuanian *(liƀuej'niεn)* *rz.* Litwin; ~, *pm.* litewski.
litig-ant *(li'tigεnt)* *rz.* strona procesująca się; **-ate** *(-ejt)* *cz.* procesować się; dochodzić prawem; **-ation** *(litigej'szεn)* *rz.* spór, proces, sprawa; **-ious** *(liti'dżəs)* *pm.* sporny, pieniacki; **-iousness** *(-nəss)* *rz.* sporność, pieniactwo.
litmus *(li'tmεs)* *rz.* lakmus *(chem.)*.
litre *(lī'tə)* *rz.* litr.
litter *(li'tə)* *rz.* podściółka, mierzwa; zaśmiecenie; śmiecie; barłóg; pomiot; lektyka; nosze; ~, *cz.* dawać podściółkę; zaśmiecić; porozrzucać; oszczenić się.
little *(li'tεl)* *pm.* mały, drobny, nieznaczny; krótki (o drodze, czasie); ~, *ps.* mało, nieznacznie, niewiele; the ~ ones, małe dzieci; a ~, trochę, nieco; by ~ and ~, powoli; pomału, stopniowo; **-ness** *(-nəs)* *rz.* małość, drobność, małe znaczenie; małoletność.
littoral *(li'torəl)* *rz.* wybrzeże, pomorze, brzeg morski; ~, *pm.* nadbrzeżny, pobrzeżny.
liturg-ical *(litə'dżikεl)* *pm.* liturgiczny; **-y** *(li'tədżi)* *rz.* liturgja.
live *(laj'w)* *pm.* żywy, żyjący, ożywiony, czynny; a ~ coal, żarzący się węgiel; **-stock** *rz.* inwentarz żywy; ~ *(li'w)* *cz.* żyć, karmić się; istnieć; spędzać życie; mieszkać; przebywać; prowadzić życie; żyć czemś; ~ to see, dożyć, doczekać; ~ on (upon), żyć czemś, żyć, wyżyć z czego; ~ up to..., żyć stosownie do...; **-less** *(laj'wləs)* *pm.* bez życia; **-lihood** *(laj'wlihud)* *rz.* środki egzystencji, utrzymanie, zarobek; **-liness** *(laj'wlinəs)* *rz.* ożywienie, żwawość; rzeźwość; **-long** *(li'wloŋ)* *pm.* cały, całkowity, długi, dłużący się; **-ly** *(laj'wli)* *pm.* ochoczy, żywy, ożywiający; rześki, żwawy; **-n** *(laj'wεn)* *cz.* ożywić.
liver *(li'wə)* *rz.* wątroba; ~, *rz.* żyjący; ~ colour, wątrobiany kolor; ~ wort *rz.* *(bot.)* wątrobnik, wątrobne ziele.
livery *(li'wəri)* *rz.* liberja; cech (w Londynie); (w prawie) oddanie majętności; ordynarja;

-man *rz.* cechowy; **-stable** *rz.* stajnia, gdzie się konie wynajmuje.
lives (*laj'wz*) *rz. lmn.* od **life.**
livid (*li'wid*) *pm.* siny; **-ness, -ity** (*-nəs, liwi'diti*) *rz.* siność.
living (*li'wiŋ*) *rz.* życie, utrzymanie, środki egzystencji; prebenda; probostwo.
lixiviate (*liksi'wiejt*) *cz.* ługować.
lizard (*li'zəd*) *rz.* jaszczurka (*zool.*).
llama (*la'ma*) *rz.* lama (*zool.*).
lo (*lou'*) *w.* patrz! oto!
loach, locke (*lou'cz*) *rz.* śliż, śliżyk (ryba).
load (*lou'd*) *rz.* ciężar, ładunek; waga; nabój; brzemię; ~, *cz.* ładować; obarczyć; zarzucić czem; obciążyć; nabić (armatę); **-er** (*-e*) *rz.* ładownik; **-ing** (*-iŋ*) *rz.* dodatek do premji asekuracyjnej; ~ **stone** *rz.* magnes.
loaf (*lou'f*) *rz. lmn.*, **loaves** (*lo'wz*) bochenek; głowa (cukru); ~, *cz.* próżnować, nic nie robić; **-er** (*-ə*) *rz.* próżniak, wałęsający się.
loam (*lou'm*) *rz.* ił, glina; **-y** (*-i*) *pm.* iłowaty, gliniasty.
loan (*lou'n*) *rz.* pożyczka, wypożyczenie; suma, rzecz pożyczona; ~, *cz.* pożyczyć coś komuś; **-office** *rz.* lombard.
loath, loth (*lou'ϑ*) *pm.* niechętny, nierad; mający odrazę; **-e** (*lou'δ*) *cz.* brzydzić się, czuć wstręt; obmierzić sobie; nienawidzić; **-ful** (*-ful*) *pm.* wywołujący wstręt; brzydzący się, obrzydły, obrzydliwy; znienawidzony; **-ing** (*lou'δiŋ*), **-ness** (*-nəs*) *rz.* wstręt; obrzydzenie, odraza; **-some** (*lou'ϑsəm*) *pm.* wstrętny, obrzydły, obmierzły.
loaves (*lou'wz*) *rz. lmn.* od **loaf.**
lob (*lo'b*) *cz.* cisnąć, rzucić; (w tennisie) odbić piłkę wysokim łukiem.
lobate (*lou'bejt*) *pm.* płatkowaty, **-e** (*lou'b*) *rz.* płatek.
lobby (*lo'bi*) *rz.* sień, przedpokój; hol; kuluar (sejmowy); ~, *cz.* odbywać konferencje kuluarowe.
lobelia (*lobī'ljə*) *rz.* lobelja (*bot.*).
loblolly (*loblo'li*) *rz.* pomocnik lekarza (*mar.*).
lobster (*lo'bstə*) *rz.* homar.
lobul-ar (*lo'bjulə*) *pm.* płatkowy; **-e** (*lo'bjūl*) *rz.* płatek.
lobworm (*lo'uəːm*) *rz.* przynęta; glista.
local (*lou'kel*) *pm.* miejscowy, lokalny; ~ government, samorząd; **-ity** (*loukæ'liti*) *rz.* miejscowość; miejsce; **-ize** (*-ajz*) *cz.* umiejscowić, lokalizować.
locat-e (*lokej't*) *cz.* oznaczyć miejsce, lokować, osiedlić (się); **-ion** (*loukej'szen*) *rz.* ulokowanie; umieszczenie, lokacja; **-ive** *pm.* miejscownikowy.
loch (*lo'cz, lo'k*) *rz.* jezioro, zatoka (w Szkocji).
lock (*lo'k*) *rz.* kędzior, lok; kosmyk; zamek (u drzwi, u strzelby); zamknięcie; śluza kanału, stawidło; ~, *cz.* zamykać na klucz; wstrzymać; spuszczać statek na śluzach; **-age** (*lo'kedż*) *rz.* opłaty śluzowe; **-chain** *rz.* hamulec; **-er** (*-ə*) *rz.* zamknięcie, skrzynka, szafa; **-et** (*-et*) *rz.* medaljonik; loczek; **-jaw** (*-dżō*) *rz.* tetanus, ściskoszczęk (*med.*); **-out** (*-out*) *rz.* lokaut; **-smith** (*-smiϑ*) *rz.* ślusarz; **-up** *rz.* zamknięcie, więzienie.
locomo-tion (*loukəmou'szen*) *rz.* lokomocja, ruch, zmiana miejsca; **-tive** (*loukəmou'tiw*) *rz.* lokomotywa; ~, *pm.* poruszający; przenoszący się z miejsca na miejsce.
locust (*lou'kəst*) *rz.* szarańcza (*zool.*); **-tree** *rz.* (*zool.*) akacja amerykańska.
locution (*lokjū'szen*) *rz.* sposób wyrażenia; wyrażenie.
lode (*lou'd*) *rz.* żyła kruszcowa w kopalni; droga; **-star** *rz.* gwiazda przewodnia.
lodg-e (*lo'dż*) *rz.* domek; legowisko; loża (masońska); **-e** *cz.* dać mieszkanie; ulokować (się); wnieść (skargę); przebywać; mieszkać; nocować; umieścić; złożyć (zboże); złożyć w czyjeś ręce; **-er** (*-ə*) *rz.* lokator, mieszkaniec; komornik; **-ing** (*-iŋ*) *rz.* mieszkanie; kwatera; night's ~, nocleg; **-ement** (*-ment*) *rz.* (*prawn.*) depozyt; (*mil.*) zdobyte i wzmocnione stanowisko.
loft (*lo'ft*) *rz.* poddasze, strych; gołębnik; krużganek; **-ily** (*-ili*) *ps.* wysoko, górnie, szczytnie, pysznie; **-iness** (*-inəs*) *rz.* górność, wyniosłość, duma; **-y** (*-i*)

pm. górny, wzniosły; szczytny, dumny.
log (*lo'g*) *rz.* kloc, pień; kłoda; okrąglak; (*mar.*) log; ~ *cz.* ciąć drzewo; zapisywać do książki okrętowej; **-book** *rz.* dziennik okrętowy; **-cabin, -house** *rz.* domek drewniany; **-wood** *rz.* kampesz (*bot.*).
logarithm (*lo'geriþm*) *rz.* logarytm; **-ic(al)** *pm.* logarytmowy.
loggerhead (*lo'gəhed*) *rz.* głupi jak pień, bałwan, głupiec; be at -s, kłócić się, spierać się.
logic (*lo'dżik*) *rz.* logika; **-al** (*-εl*) *pm.* logiczny; **-ian** (*lodżi'szən*) *rz.* logik.
logo-gram (*lo'gogrəm*) *rz.* znak, przestawiający wyraz; **-graph** (*lo'gogrūf*) *rz.* znak napisany; **-machy** (*logo'məki*) *rz.* spór o wyrazy.
loin (*loj'n*) *rz.* polędwica; **-s** *rz.* *lmn.* lędźwie, biodra.
loiter (*loj'tə*) *cz.* wałęsać się; guzdrać się, mitrężyć; **-er** (*-rə*) *rz.* maruda, guzdrała, próżniak; włóczęga brukowy; **-ing** (*-rin*) *rz.* maruderstwo; **-ingly** *ps.* marudnie, ociągając się, guzdralsko.
loll (*lo'l*) *cz.* rozwalać się; wywiesić język.
lollipop (*lo'lipop*) *rz.* cukierek.
Lombard street, finansjera w Londynie.
lone (*lou'n*), **-ly** (*-li*), **-some** (*-səm*) *pm.* sam jeden, samotny; odludny, osobny; nieuczęszczany; **-liness, -someness** (*-linəs, -səmnəs*) *rz.* odludność, odosobnienie, samotność.
long (*lo'η*) *rz.* długość, zgłoska długa; ~, *pm.* długi, długo trwający, rozwlekły, powolny; with a ~ face, markotny, smutny; ~, *ps.* długo, przez długi czas; ~ ago, dawno temu; ere ~, niezadługo, wkrótce; all day ~, przez cały dzień; **-boat** *rz.* największa szalupa przy okręcie; ~ **date** *rz.* długi termin; ~ **dozen** *rz.* trzynaście; **-eared** *pm.* głupi; **-eval** (*lo*η*dżī'wεl*), *pm.* długowieczny; **-evity** (*-dżewity*) *rz.* długowieczność; ~ **hundred** sto dwadzieścia sztuk; **-ish** (*-isz*) *pm.* długawy; **-itude** (*lo'ndżitjūd*) *rz.* długość (*geogr.*); **-sighted** *pm.* dalekowidzący; **-sightedness** *rz.* dalekowidztwo, dalekowzroczność; **-suffering** *pm.* cierpliwy, znoszący; **tongued** *pm.* gadatliwy; **-winded** *pm.* o długim oddechu; **-wise, -ways** *ps.* na długość, wzdłuż.
long (*lo'η*) *cz.* pragnąć, być spragnionym czego; ~ for (*after*) łaknąć czegoś; pożądać; **-ing** (*-iη*) *rz.* pragnienie, utęsknienie za, pożądanie.
loo (*lū'*) *rz.* gra w karty.
looby (*lū'bi*) *rz.* drągal; cymbał.
look (*lu'k*) *rz.* wejrzenie, spojrzenie, wygląd; wzrok; ~, *cz.* patrzeć, spoglądać na co; wyglądać (dobrze, źle i t. p.); spodziewać się; spojrzeć; ~ **after,** wodzić oczami za; doglądać; ~ **down on,** spoglądać zgóry na; ~ **here!** uważaj! ~ **for,** szukać; ~ **forward to,** spodziewać się; cieszyć się na coś; ~ **into,** wglądnąć; ~ **like,** wyglądać na coś; być podobnym do; zanosić się na coś; ~ **out,** wypatrywać, patrzeć; strzec się; ~ **over** przeglądać; ~ **to,** doglądać czego, mieć nad czemś pieczę; ~ **on, upon,** patrzeć, uważać za, mieć za; **-er-on** (*lukero'n*) *rz.* widz; **-ing** (*-iη*) *rz.* patrzenie, widzenie, **-ing-glass** *rz.* zwierciadło, lustro; ~ **out** *rz.* wypatrywanie; widok; czaty, czatownie.
loom (*lū'm*) *rz.* warsztat tkacki; ~, *cz.* wynurzać się, majaczyć (na widnokręgu); **-ing** (*-iη*) *pm.* ukazujący się zdala.
loon (*lū'n*) *rz.* nicpoń.
loop (*lū'p*) *rz.* pętlica, pętla; oczko (nicianej roboty); kolano (u rzeki i t. p.); ~, *cz.* robić pętlę, zwijać w pętlę, przywiązywać; **-hole** (*-houl*) *rz.* otwór w murze; strzelnica; otwór, luka; wyjście; wykręt.
loose (*lū's*) *pm.* luźny; wolny; swobodny; obszerny; rozwolniony; chwiejący się; nieoznaczony; nieokreślony; rozpasany; wyuzdany; niedbały; sypki; ~, *ps.* luźnie, swobodnie; ~, *cz.* zwolnić, zluźnić, rozwiązać; rozpuścić; popuścić; uwolnić; pod-

nieść kotwicę, odpłynąć; ~, rz. wolność, upust; break ~, wyrwać się, uciec; -n (-n) cz. rozwiązać, rozpuścić; uwolnić; popuścić, sfolgować; -ness (lū'-snəs) rz. rozluźnienie, obwisłość, wyuzdanie; (med.) biegunka; -strife rz. tojeść (bot.).

loot (lū't) rz. grabież, zdobycz.

lop (lop) rz. obcięte gałęzie; ~, pm. obwisły; ~, cz. obcinać gałęzie; strzyc; wisieć, obwisać; opuścić; -sided pm. przechylony na bok, krzywy.

lope (lou'p) rz. równy kłus.

loquacious (lokuej'szəs) pm. gadatliwy, wielomówny.

lord (lō'd) rz. pan, władca; lord; monarcha; Bóg; Zbawiciel świata; mąż, małżonek; ~ Mayor, prezydent miasta; first ~ of the admiralty, Minister marynarki; House of -s, Izba Wyższa; the -'s day, niedziela; ~, cz. mianować lordem; panować, przewodzić; rozkazywać; ~ it over, rządzić swoją wolą, narzucać swoją wolę; -ing, -ling (-iŋ, -liŋ) rz. syn lorda; lordzik, panek; -like pm. pański; -liness (-linəs) rz. pańskość; -ly (-li) pm. pański, dumny; wspaniały; -ship rz. lordostwo; tytuł lordów, biskupów i sędziów. [nauka.

lore (lō'ə) rz. znajomość; wiedza;

lorgnette (lōnje't) rz. lorneta.

loricate (lo'rikət) pm. opancerzony.

loriner (lo'rinə), rz. ostrogarz.

lorn (lō'n) pm. opuszczony, samotny.

lorrie, lorry (lo'ri) rz. auto ciężarowe, wóz doczepny, platforma kolejowa.

lose* (lū'z) cz. stracić, zgubić, postradać; przegrać; -r (-ə) rz. przegrywający, stratny.

loss (lo's) rz. strata, zguba, przegrana; at a ~, w kłopocie.

lost (lo'st) rz. od lose; ~ in thoughts, zagłębiony w myślach; ~ to shame, bezwstydny.

lot (lo't) rz. los, dola; rzucanie kości; losowanie; udział, dział; the ~, całość, wszyscy; a ~, dużo; draw, cast -s, ciągnąć, rzucać losy; ~, cz. wydzielać losem, wyznaczać.

loth (lo'þ) patrz loath.

lotion (lou'szən) rz. płyn; kąpiel.

lotos, lotus (lou'təs) rz. (bot.) lotus, jujuba.

lottery (lo'təri) rz. loterja; -ticket rz. los, bilet loteryjny.

lotto (lo'tou) rz. lotto (gra towarzyska).

loud (lau'd) pm. głośny; krzykliwy; hałaśliwy; ~ speaker, głośnik; ~, ps. głośno; -ness (-nəs) rz. głośność, rozgłos.

lough (lo'k) rz. jezioro, staw, zatoka morska.

lounge (lau'ndż) rz. holl; próżnowanie; ~, cz. rozsiadać się, próżnować, wlec się; tracić czas, gnuśnieć; -r (-ə) rz. próżniak.

lour (lau'ə) cz. krzywić się na coś; grozić; zasępić się; zachmurzyć się; ~, rz. posępność, pochmurność; -ing (-riŋ) -y (lau'ri) pm. posępny, ponury, pochmurny.

lous-e (lau's) rz. lmn., lice (laj's), wesz; -wort rz. (bot.) gnidosz; -iness (-zinəs) rz. wszawość; -y (-zi) pm. wszawy.

lout (lau't) rz. drągal; rura, prostak; cymbał, mazgaj; -ish (-isz) pm. prostacki, niezgrabny.

lovable (lă'wəbəl) pm. kochany, miły; uprzejmy.

louver (lū'wə) rz. dymnik.

love (lă'w) rz. miłość, kochanie; przywiązanie; serce (osoba); kochanka; for ~, dla przyjemności; for ~ or money, za żadne skarby; be in ~ with one, kochać się w kimś; make ~, starać się o pannę, umizgać się; ~ to all, serdeczności dla wszystkich; fall in ~ with, zakochać się; ~, cz. kochać, miłować, lubić; -affair rz. sprawa miłosna, romans; -child rz. nieślubne dziecko; -ingness rz. serdeczność; miłość, przywiązanie; -knot rz. kokarda; -less pm. nie kochany; nie kochający; -letter rz. list miłosny; -lily (-lili) ps. lubo, miło, powabnie; -liness (-linəs) rz. śliczność; uprzejmość; -lock rz. loczek zalotny; -ly (-li) pm. śliczny, miły; rozkoszny; -making rz. zalecanie się; konkury; **-match** *rz.* małżeństwo z miłości; **-potion** *rz.* napój miłosny, lubczyk; **-r** (*-ə*) *rz.* kochanek, kochający, zakochany; miłośnik; **-sick** *pm.* chory z miłości; **-suit** *rz.* zaloty; **-tale** *rz.* powieść miłosna; **-token, -toy** *rz.* znak miłości, upominek miłosny.

low (*lou*) *cz.* ryczeć; **-ing** (*-iŋ*) *rz.* ryczenie, ryk (bydła).

low (*lou'*) *pm.* niski; płytki; cichy; niedawny; dekoltowany; podły; dolny; płaski; pospolity; **~**, *ps.* nisko, płytko; bring ~, zniżyć, poniżyć, upokorzyć; osłabić; **-bred** *pm.* źle wychowany; **-countries** *rz. lmn.* Niderlandy; **-er** *cz.* zniżać, obniżać; zniżyć mierząc; zmniejszyć; poniżyć; uniżyć; **-ermost** (*lou'əmost*) *pm.* najniższy; **~**, *ps.* najniżej; **-land** *rz.* nizina, równina; bagniste grunta; **-liness** (*-linəs*) *rz.* niskość; poniżenie, uniżenie; pokora; **-ly** (*-li*) *pm.* niski, niziuchny, nisko położony; skromny; uniżony; pokorny; **-ness** (*-nəs*) *rz.* niskość, uległość; niski stan; smutek; frasunek; **-spirited** *pm.* przybity, stroskany, smutny; **-spirits** *rz. lmn.* smutek, frasunek, posępność.

lower (*la'uə*) = **lour.**

loyal (*loj'əl*) *pm.* lojalny, wierny; **-ism** (*-izεm*) *rz.* lojalizm; **-ist** (*-ist*) *rz.* lojalista; **-ty** (*-ti*) *rz.* wiernopoddańczość; wierność, lojalność; stałość.

lozenge (*lo'zəndż*) *rz.* romb; pastylka, tabliczka.

lubber (*lă'bə*) *rz.* drągal, niezgraba; niewyćwiczony majtek; cymbał; **-ly** (*-li*) *pm.* niezgrabny; ~, *ps.* ciężko, niezgrabnie.

lubric-ious (*l[j]ūbri'szəs*) *pm.* gładki, śliski; lubieżny; **-ant** (*l[j]ū'brikənt*) *rz.* smar; **-ate** (*l[j]ū'brikejt*) *cz.* smarować; wygładzić; **-ation** (*-ej'szεn*) *rz.* smarowanie; naoliwianie; **-ity** (*l[j]ubri'siti*) *rz.* śliskość, lubieżność.

luce (*l[j]ū's*) *rz.* szczupak (duży).

lucent (*l[j]ū'sənt*) *pm.* jasny, świecący, jaśniejący.

lucern (*l[j]ūsə'n*) *rz.* lucerna siewna (*bot.*).

lucid (*l[j]ū'sid*) *pm.* jasny, przezroczysty; jasnomyślący; światły; błyszczący; ~ intervals, chwile przytomności (u obłąkanych); **-ity, -ness** (*l[j]usi'diti, -nəs*) *rz.* jasność, promienność, blask, światło.

Lucifer (*l[j]ū'sifə*) *rz.* Lucyper; zapałka (przen.).

luck (*lă'k*) *rz.* los, dola, traf; szczęście; bad ~, nieszczęście; good ~, powodzenie, szczęście; worse ~, tem gorzej; **-ily** (*-ili*) *ps.* szczęśliwie, szczęśliwym trafem; szczęściem; **-iness** (*-inəs*) *rz.* pomyślność, szczęście; **-less** *pm.* nieszczęśliwy, nie mający szczęścia; **-lessness** *rz.* brak szczęścia, zły los; **-y** (*-i*) *pm.* szczęśliwy, pomyślny.

lucr-ative (*l[j]ū'krətiw*) *pm.* korzystny, zyskowny; **-e** (*l[j]ū'kə*) *rz.* zysk.

lucubra-te (*l[j]ū'kubrejt*) *cz.* pracować przy świetle lampy w nocy, pracować z mozołem; **-tion** (*l[j]ūkjubrej'szεn*) *rz.* lukubracja.

luculent (*ljū'kjulənt*) *pm.* jasny, oczywisty.

ludicrous (*l[j]ū'dikres*) *pm.* śmieszny; **-ness** *rz.* śmieszność.

luff (*lă'f*) *cz.* (*mar.*) skierować statek w kierunku odwietrznym.

lug (*lă'g*) *rz.* (*anat.*) ucho; ucho naczynia, rączka, kółko; rodzaj robaczków (do przynęty); targnięcie, szarpnięcie; ~, *cz.* wlec (się), ciągnąć; wpychać; targać, rwać; szarpać.

luggage (*lă'gεdż*) *rz.* pakunki, bagaż. [statek.

lugger (*lă'gə*) *rz.* lugier, lekki

lugubrious (*lugjū'briəs*) *pm.* żałosny, żałobny, smutny.

lukewarm (*lū'kuōm*) *pm.* letni, ciepławy, obojętny, oziębły; **-ness** (*-nəs*) *rz.* letniość, obojętność, oziębłość.

lull (*lă'l*) *rz.* chwilowa cisza, uspokojenie się, ukołysanie, uspokojenie; ~, *cz.* uciszyć (się); ukołysać, uspokoić; ululać; **-aby** (*-əbaj*) *rz.* kołysanka.

lumb-ago (*lămbej'gou*) *rz.* ból kulszowy, lędźwiowy; lumbago; **-ar** (*lă'mbā*) *pm.* lędźwiowy.

lumber (*lă'mbə*) *rz.* drzewo (jako przedmiot handlu); rupiecie;

~, *cz.* poruszać się ociężale; zwalić na kupę; napakować; **-mill** *rz.* tartak; **-man** *rz.* drwal.
lumin-ary (*lū'minəri*) *rz.* ciało niebieskie; luminarz (*fig.*); **-iferous** (*l[j]umini'fərəs*) *pm.* dający światło; **-osity** (*l[j]umino'siti*) *rz.* światło, blask; **-ous** (*l[j]ū'minəs*) *pm.* jasny, światły jaśniejący, świetlny.
lump (*lă'mp*) *rz.* bryła, kupa, grudka; kawał; całość, cała ilość; przysadzisty człowiek; masa; hurt; ryczałt; ~ sugar, cukier w kawałkach; ~ sum, suma ryczałtowa; in the ~, w masie; ~ in the throat, ściskanie w gardle (od łez); ~, *cz.* zwalić na jedną gromadę; brać hurtem, ryczałtem; pogodzić; **-ing** (*-iŋ*) *pm.* (w gwarze) ciężki, ociężały, duży; **-ish** (*-isz*) *pm.* ociężały, bryłowaty; nieokrzesany; **-ishness** (*-isznəs*) *rz.* ociężałość, głupota; **-y** (*-i*) *pm.* grudkowaty.
luna-cy (*lū'nəsi*) *rz.* obłęd; lunatyczność; **-r** (*l[j]ū'nə*) *rz.* *pm.* księżycowy; zawierający srebro; **-tic** (*lū'nətik*) *pm.* obłąkany; lunatyczny; warjacki; ~, *rz.* lunatyk, warjat; **-tion** (*l[j]unej'szɛn*) *rz.* lunacja.
lunch, -eon (*lă'ncz, -ɛn*) *rz.* obiad; ~, *cz.* jeść obiad.
lune (*lū'n*) *rz.* księżyc.
lung (*lă'ŋ*) *rz.* płuco; **-wort** *rz.* płucnik, miodunka (*bot.*).
lunge (*lă'ndż*) *rz.* pchnięcie rapirem; wypad; sznur; ~, *cz.* pchnąć, robić wypad; ćwiczyć konia.
luni-form (*l[j]ū'nifōm*) *pm.* księżycowy, podobny do księżyca; **-solar** (*-son'lə*) *pm.* księżycowo-słoneczny.
lupine (*l[j]ū'pajn*) *rz.* łubin (*bot.*).
lupine (*l[j]ū'pin*) *pm.* wilczy.
lupus (*l[j]ū'pɛs*) *rz.* lupus, suchoty skórne, wilk (*med.*).
lurch (*lə'cz*) *rz.* kłopot; leave in the ~, pozostawić kogoś w kłopotliwej sytuacji; ~, *rz.* przeważenie się na bok; ~, *cz.* przeważyć się na jedną stronę; zakołysać się.
lurcher (*lə'czə*) *rz.* złodziej; gatunek psa.
lure (*lū'ə*) *rz.* przynęta, wab; powab; ~, *cz.* nęcić, wabić.
lurid (*l[j]ū'rid*) *pm.* blado-żółty, przeraźliwie blady, okropny, posępny, ponury.
lurk (*lə'k*) *cz.* czatować, czaić się, czyhać; ukrywać się; dybać; **-ing** (*lə'kiŋ*) *rz.* czatowanie, czyhanie; **-ing-place** *rz.* kryjówka, ukrycie.
luscious (*lă'szəs*) *pm.* słodki; ckliwy; **-ness** (*-nes*) *rz.* słodycz, ckliwość.
lush (*lă'sz*) *pm.* soczysty.
lush (*lă'sz*) *cz.* pić; rozpić.
lust (*lă'st*) *rz.* żądza, zmysłowość; chuć; ~, *cz.* pożądać (zmysłowo); żądzę mieć; **-ful** (*-ful*) *pm.* pożądliwy, zmysłowy; lubieżny; **-fulness** (*-fulnəs*) *rz.* pożądliwość, lubieżność; **-ihood** (*-ihud*) **-iness** (*-inəs*) *rz.* siła, krzepkość, ożywienie, żywość; **-ily** (*-ili*) *ps.* krzepko.
lustra-l (*lă'strəl*) *pm.* oczyszczający; **-tion** (*lăstrej'szɛn*) *rz.* oczyszczenie.
lustr-e (*lă'stə*) *rz.* blask, połysk; glanc; świetność; światłość; ~, *cz.* nadawać blasku; glancować; **-ine** (*-in*) *rz.* kitajka; lustryna; **-ous** (*lă'strəs*) *pm.* błyszczący, połyskujący, świecący, lśniący.
lustrum (*lă'străm*) *rz.* *lmn.* **lustrums, lustra** (*lă'strămz, lă'strə*) lustrum, okres pięcioletni.
lusty (*lă'sti*) *pm.* zdrowy; żywy; ożywiony; mocny, krzepki.
lutanist (*l[j]ū'tənist*) *rz.* lutnista.
lute (*l[j]ū't*) *rz.* lutnia (*muz.*); **-nist** (*-nist*) *rz.* lutnista.
lut-e, -ing (*lū't, l[j]ū'tiŋ*) *rz.* lut, biała glina do obkładania retort, cementowania i t. p. (*chem.*); **-e** *cz.* kitować, zalepić, lutować.
Lutheran (*lū'ƀərən*) *rz.* luteranin; ~, *ps.* luterański, luterski; **-ism** (*-izɛm*) *rz.* luteranizm.
lux-ate (*lă'ksejt*) *cz.* wichnąć; **-ation** (*lăksej'szɛn*) *rz.* wywichnięcie, obluźnienie.
luxur-iance (*lăgzū'riəns*), **-cy** (*-i*) *rz.* bujność, bujny wzrost, obfitość w pomysły; **-iant** (*lăgzū'riənt*) *pm.* bujny, obfitujący w ozdoby; obfity; **-iate** (*lăgzū'riejt*) *cz.* rozkoszować się czemś; używać (rozkoszy); **-ious** (*-iəs*) *pm.* luksusowy; zbytkowny, oddany

zbytkom, rozkoszom; **-iousness** (*-'riəsnəs*) *rz.* luksus; zbytkowność; **-y** (*lʌ'ksəri*) *rz.* przepych, zbytek, rozkosz.
lycanthropy (*lajkæ'nθropi*) *rz.* obłąkanie.
lyceum (*lajsī'əm*) *rz.* liceum, wyższa szkoła.
lycopodium (*lajkopou'diεm*) *rz.* likopodjum, widłak (*bot.*).
Lydian (*li'diεn*) *pm.* lidyjski.
lye (*laj'*) *rz.* ług, roztwór alkaliczny (*chem.*).
lymph (*lim'f*) *rz.* limfa (*anat.*); **-atic** (*limfæ'tik*) *pm.* limfatyczny.
lynch (*li'ncz*) *cz.* linczować; ~ law, prawo linczu.
lynx (*li'ŋks*) *rz.* ryś (*zool.*); ostrowidz; **-eyed** *pm.* bystrooki.
lyr-e (*laj'ə*) *rz.* lira (*muz.*); **-ic, -ical** (*li'rik, -εl*) *pm.* liryczny; **-ic** *rz.* wiersz liryczny; poeta liryczny; **-ics** *rz. lmn.* poezja liryczna; **-ism** (*-sizεm*) *rz.* liryzm; **-ist** (*-ist*) *rz.* grający na lirze, lirzysta.

M

ma (*mā'*) *rz.* mama.
maam (*mā'm, mæ'm*) *rz.* pani.
macadam (*məkæ'dəm*) *rz.* droga bita; **-ize** (*mekæ'dəmajz*) *cz.* makadamizować.
macar-oni (*mækərou'ni*) *rz.* (*lmn.* **macaronis, macaronies**) makaron; **-onic** (*-ro'nik*) *pm.* makaroniczny, makaronowy; ~, *rz.* wiersz makaroniczny; (*fig.*) bigos; **-oon** (*mækərū'n*) *rz.* makaronik.
macaw (*məkō'*) *rz.* papuga, ara (*orn.*).
mace (*mej's*) *rz.* maczuga, buława.
macera-te (*mæ'sərejt*) *cz.* wyniszczyć, osłabić; macerować, rozmoczyć, rozmiękczyć; **-tion** (*mæsərej'szεn*) *rz.* osłabienie; maceracja; wymęczenie, wychudzenie.
machiavellian (*mækiəwe'liεn*) *pm.* machjawelski.
machin-ate (*mæ'kinejt*) *cz.* obmyślać, przemyślać, intrygować; **-ation** (*mækinej'szεn*) *rz.* intryga, machinacja, zamach; **-ator** (*mæ'kinejtə*) *rz.* intrygant, sprawca.
machin-e (*məszī'n*) *rz.* machina, maszyna; ~ ~ gun, karabin maszynowy; **-e-made** *pm.* maszynowy; **-ery** (*məszī'nəri*) *rz.* maszynerja, mechanizm; **-ist** (*məszī'nist*) *rz.* mechanik, maszynista.
mackerel (*mæ'kərəl*) *rz.* makrela, wrzeciennica (ryba); **-gale** *rz.* silny wiatr.
mackintosh (*mæ'kintosz*) *rz.* płaszcz nieprzemakalny, makintosz (materjał).
macrocosm (*mæ'krokozεm*) *rz.* makrokosm, wszechświat.
macron (*mæ'krən, mej'krən*) *rz.* znak długości nad literą.
macula (*mæ'kjulə*) *rz.* (*lmn.* **maculae**) plama; skaza; **-tion** (*mækjulej'szεn*) *rz.* splamienie, plama, znak
mad (*mæ'd*) *pm.* warjacki, szalony; wściekły; bezrozumny; zły, run ~, oszaleć; **-cap** *rz.* warjat; **-house** *rz.* dom warjatów; **-man** warjat.
madam (*mæ'dəm*) *rz.* pani.
madden (*mæ'dn*) *cz.* doprowadzić do szaleństwa; szaleć, zwarjować; **-ing** (*-iŋ*) *ps.* ogłuszający; doprowadzający do szaleństwa.
madder (*mæ'də*) *rz.* marzanna farbiarska (*bot.*).
made (*mej'd*) *cz.* od **make**; zrobiony; skończony; zbudowany; ~ up, wyszukany, sztuczny.
madeira (*mədī'rə*) *rz.* madera.
mad-ly (*mæ'dli*) *ps.* szalenie; **-ness** (*-nəs*) *rz.* szaleństwo, warjactwo, pomieszanie zmysłów; wściekłość; canine ~, wścieklizna.
madonna (*mədo'nə*) *rz.* Madonna.
madrigal (*mæ'drigæl*) *rz.* madrygał.
maelstrom (*mej'lstrom*) *rz.* wir.
magazine (*mægəzī'n*) *rz.* skład, prochownia; magazyn (karabinu); czasopismo.

maggot (*mæ'gət*) *rz.* robak, liszka; czerw; (*fig.*) kaprys; chimera; **-ish, -y** (*-isz, -i*) *pm.* robaczywy; (*fig.*) kapryśny.
magi (*mej'dżaj*) *rz. lmn.* magowie (perscy); mędrcy (wschodu).
magic, -al (*mæ'dżik, -εl*) *pm.* magiczny, cudowny, czarnoksięski; ~, *rz.* czarnoksięstwo, magja; **-ian** (*mædżi'szεn*) *rz.* magik, czarodziej.
magist-erial (*mædżistī'riəl*) *pm.* zwierzchniczy, magisterjalny, nakazujący; pański; **-racy** (*mæ'dżistrəsi*) *rz.* urzędnicy (sądowi), władza urzędnicza; magistratura; **-rate** (*mæ'dżistrət*) *rz.* urzędnik (mający władzę sądową); sędzia; burmistrz.
magistral (*mæ'dżistərəl*) *pm.* mistrzowski; (*farm.*) przepisany.
magna charta (*mæ'gnə kā'tə*) *rz.* przywileje konstytucyjne.
magnanim-ity (*mægnəni'miti*) *rz.* wspaniałomyślność; **-ous** (*məgnæ'niməs*) *pm.* wielkoduszny, wspaniałomyślny, szlachetny.
magnate (*mæ'gnejt*) *rz.* magnat.
magnesi-a (*mægnī'żə, -ī'szjə*) *rz.* (*chem.*) magnezyt; **-an** (*mægnī'żiεn, -ī'sziεn*) *pm.* magnezjowy; **-um** (*mægnī'żiεm, -ī'sziεm*) *rz.* magnezja.
magnet (*mæ'gnət*) *rz.* magnes; **-ic(al)** (*mægne'tik*) *pm.* magnetyczny, magnesowy; **-ism** (*-izεm*) *rz.* magnetyzm.
magnific, -al (*mægni'fikεl*), **-ent** (*-sənt*) *pm.* wspaniały, okazały; **-ence** (*mægni'fisεns*) *rz.* wspaniałość, przepych.
magnifico (*mægni'fikou*) *rz.* magnat wenecki.
magnify (*mæ'gnifaj*) *cz.* powiększać; (*fiz.*) przesadzać; wychwalać; **-ing** (*-iŋ*) *pm.* powiększający.
magni-loquence (*mægni'ləkuəns*) *rz.* junakierja, górnolotność; **-tude** (*mæ'gnitjūd*) *rz.* wielkość; (*fig.*) ważność, ogrom.
magnolia (*mægnou'liə*) *rz.* magnolja, bobrownik (*bot.*).
magnum (*mæ'gnεm*) *rz.* dwukwartowa flaszka.
magpie (*mæ'gpaj*) *rz.* sroka (*orn.*).
Magyar (*mo'djā*) *rz.* madziar; ~, *pm.* madziarski.
mahogany (*məho'gəni*) *rz.* mahoń.
mahome-dan, -tan (*məho'mədεn, -tεn*) *rz.* mahometanin; ~, *pm.* mahometański; **-danism, -tanism** (*-izεm*) *rz.* mahometanizm.
maid (*mej'd*) *rz.* dziewczyna, dziewczę, panna; pokojówka; służąca; **-child** *rz.* dziewczynka; **-en** (*-n*) *rz.* panna; dziewica, dziewczę, dziewczyna; ~, *pm.* panieński, czysty, niepokalany; -en speech, dziewicza mowa; **-enhair, -enfern** *rz.* złotowłos (*bot.*); **-enhead, enhood** (*-nhed, -nhud*) *rz.* dziewictwo; **-enlike, -enly** *pm.* panieński; **-enliness** (*-linəs*) *rz.* panieństwo; panieńskość, dziewczęcość; **-servant** *rz.* służąca, panna służąca.
maidan (*majdā'n*) *rz.* majdan.
mail (*mej'l*) *rz.* kolczuga; ~, *rz.* poczta; ~, *cz.* wysłać pocztą, oddawać na pocztę; ~, *cz.* odziać pancerzem; **-bag** *rz.* worek pocztowy; **-coach** *rz.* karetka pocztowa, dyliżans pocztowy; **-ed** *pm.* opancerzony; **-steamer, -train** *rz.* statek, pociąg, pocztowy.
maim (*mej'm*), **-edness** (*-ədnəs*) *rz.* okaleczenie, kalectwo; ~, *cz.* okaleczyć, okulawić.
main (*mej'n*) *rz.* siła, moc; ocean; główny kanał; rury wodociągowe; in the ~, przeważnie, wogóle, głównie; with might and ~, całą siłą; ~, *pm.* główny; największy; przeważny; walny; celny; silny, potężny; **-body** *rz.* główny korpus; **-land** *rz.* kontynent, ląd (stały); **-sail** *rz.* główny żagiel; **-stay** *rz.* ostoja, oparcie; **-spring** *rz.* główna sprężyna.
main (*mej'n*) *rz.* gra w kości.
maintain (*mejntej'n*) *cz.* utrzymywać; popierać; twierdzić; zachowywać; karmić, żywić; bronić.
maintenance (*mej'ntənəns*) *rz.* utrzymanie, popieranie, utrzymywanie.
maintop (*mej'ntop*) *rz.* (*mar.*) bocianie gniazdo; **-mast** *rz.* maszt główny.
maize (*mej'z*) *rz.* kukurydza.
majest-ic(al) (*mədże'stik-εl*) *pm.* wspaniały, majestatyczny, kró-

lewski; **-y** (*mæ'dżəsti*) *rz.* majestat; jego królewska, cesarska mość.

majolica (*mədżo'likə, mæjo'likə*) *rz.* majolika.

major (*mej'dżə*) *rz.* starszy, wyższy rangą; major; osoba pełnoletnia; ~, *pm.* większy, starszy, wyższy rangą; pełnoletni; (*muz.*) majorowy; drum ~, tamburmajor; **-ation** (*mædżerej'szen*) *rz.* powiększenie; **-domo** (*mej'dżədou'mou*) *rz.* majordom; **-general** *rz.* generał major; **-ity** (*mədżo'riti*) *rz.* większość, przeważna część; pełnoletność; majorostwo; go over to ~, join the, ~, przenieść się na drugi świat.

make (*mej'k*) *rz.* budowa, robota, fabrykacja, wyrób; marka; **-bate** *rz.* wichrzyciel pokoju; podżegacz; **-believe,** symulacja, udanie, pozór; **-fast** *rz.* (*mar.*) przyrząd do przywiązywania; **-less** *pm.* nieporównany; **-r** (*mej'kə*) *rz.* fabrykant; twórca; sprawca; **-shift** *rz.* namiastka, chwilowe wyjście; **-up** *rz.* charakteryzacja; **-weight** *rz.* dodatek do wagi; dokładka.

make* (*mej'k*) *cz.* robić, wyrabiać, uczynić; sporządzić, zdziałać, sprawić, wywołać; kazać; posuwać się; tworzyć; ukształcić; korzystać, zyskiwać; skierować się; dążyć; stać się, zostać, być; ~ a speech, wygłosić mowę; ~ haste, śpieszyć się; ~ believe, wmawiać komuś, bałamucić; udawać, ~ sail, rozwijać żagle, popłynąć na morze; ~ a horse, a dog, przyuczać konia, psa; ~ light of, lekceważyć; ~ out, dowieść; zrozumieć; rozwiązać (zadanie); ~ over, przekazać co komu, przerobić; poruczyć; ~ up one's mind, zdecydować się; ~ shift without, obejść się bez; ~ bold to...., ośmielić się; ~ as if, udawać; ~ good, wynagrodzić stratę; ~ default, nie dotrzymać terminu; zrobić zawód; ~ up for, zastąpić co, kogo; wynagrodzić; ~ land, postrzec ląd; dojrzeć ląd; ~ up a book, napisać książkę; ~ a pen, zatemperować pióro; ~ at one, uderzyć na kogoś; ~ away zgładzić, uprzątnąć; ujść; zemknąć; ~ up, dokończyć, nadsztukować, powetować; ~ with, wdawać się do czegoś; wtrącać się do czegoś.

making (*mej'kiŋ*) *rz.* robota, wyrób; przyczyna powodzenia; **-s** *lmn.* zarobek; have the -s of, mieć warunki (*np.* po temu).

malachite (*mæ'ləkajt*) *rz.* malachit.

maladministration (*mælədministrej'szen*) *rz.* zły zarząd, nieudolność.

malady (*mæ'lədi*) *rz.* choroba, niezdrowie, słabość.

malaga (*mæ'ləgə*) *rz.* malaga.

malanders (*mæ'ləndəz*) *rz.* choroba końska: ropienica nóg.

malapert (*mæ'ləpət*) *pm.* bezczelny, zuchwały.

malapropos (*mæləpropou'*) *pm.* niewczesny; ~, *ps.* w niewłaściwym czasie.

malaria (*məlē'riə*) *rz.* malarja.

malcontent (*mæ'lkəntent*) *rz.* malkontent; ~, **-ed** *pm.* niezadowolony.

male (*mej'l*) *rz.* mężczyzna, samiec; ~, *pm.* męski, rodzaju męskiego.

male-diction (*mælədi'ksze n*) *rz.* złorzeczenie, przekleństwo; **-factor** (*mæ'ləfæktə*) *rz.* złoczyńca; zbrodniarz; **-fic** (*məle'fik*) *pm.* zły, szkodliwy; **-ficence** (*məle'fisəns*) *rz.* złośliwość; szkodliwość; **-ficent** *pm.* złośliwy; szkodliwy; **-volence** (*məle'wolens*) *rz.* złość, zła wola, niechęć; **-volent** (*-t*) *pm.* niechętny; zazdrosny; złej woli.

malfeasance (*mælfī'zens*) *rz.* wykroczenie służbowe; przestępstwo; **-formation** (*mælfōmej'szen*) *rz.* zniekształcenie, oszpecenie.

malic-e (*mæ'lis*) *rz.* złośliwość; zły zamiar; **-ious** (*məli'szəs*) *pm.* złośliwy, zły, chytry.

malign (*məlaj'n*) *pm.* złośliwy; szkodliwy; niechętny, zjadliwy, zaraźliwy; ~, *cz.* oczernić, **-ancy** (*məli'gnənsi*) *rz.* zawiść, podstęp; złośliwość, zajadłość; szkodliwość; **-ant** (*məli'gnent*) *pm.* złośliwy; buntowniczy; niebezpieczny (o chorobie); zgubny;

nienawistny, zawzięty; ~, *rz.* zawistnik; **-er** (*məlaj'nə*) *rz.* złośliwiec, złorzecznik; **-ity** (*məli'gniti*) *rz.* złośliwość, zjadliwość; uporczywość (choroby); złość; **-ly** (*məlaj'nli*) *ps.* złośliwie, zazdrośnie.
malinger (*məli'ŋgə*) *cz.* symulować, udawać chorobę.
malison (*mæ'lizεn. -isεn*) *rz.* złorzeczenie.
mall (*mō'l*) *rz.* pałka do gry, młotek; aleja zacieniona; rodzaj gry w palanta.
mallard (*mæ'ləd*) *rz.* dziki kaczor (*orn.*).
mall-eability (*mæliəbi'liti*) *rz.* kowalność; **-eable** (*mæ'liəbεl*) *pm.* kowalny, rozciągliwy; **-et** (*mæ'lεt*) *rz.* młotek drewniany.
mallow (*mæ'lou*) *rz.* malwa, ślaz (*bot.*); rose ~, ślaz pięćlistny.
malmsey (*mā'mzi*) *rz.* małmazja.
mal-nutrition (*mælnutri'szεn*) *rz.* niedożywianie; **-odorous** (*-ou'dorεs*) *pm.* śmierdzący; **-practice** (*mælpræ'ktis*) *rz.* niesumienność; nadużycie.
malt (*mō'lt*) *rz.* słód; ~, *cz.* robić słód, słodem zaprawić; **-dust** *rz.* słodziny, młóto; **-kiln** *rz.* słodownia; **-man, maltster** *rz.* słodownik; mielcarz.
Maltese (*mōltī's, mō'ltīs*) *pm.* maltejski; ~, *rz.* Maltańczyk.
maltreat (*mæltrī't*) *cz.* źle traktować, maltretować.
malvaceous (*mælwej'szəs*) *pm.* malwowy, ślazowy.
malversation (*mælwəsej'szεn*) *rz.* nadużycie, malwersacja, sprzeniewierzenie, defraudacja.
mamma (*məmā', mā'mə*) *rz.* matka, mama, mamusia.
mammal (*mæ'mεl*) *rz.* ssak; **-ia** (*mæmej'liə*) *rz.* ssawce, ssaki; **-ian** (*-n*) *rz.* i *pm.* ssący.
mamm-ary (*mæ'məri*) *pm.* piersiowy; **-ifer** (*mæ'mifə*) *rz.* ssak; **-iferous** (*mæmi'fərəs*) *pm.* cycasty, piersisty; **-illary** (*mæ'miləri*) *pm.* sutkowy.
mammon (*mæ'mən*) *rz.* mamona; **-ist** (*-ist*) *rz.* czciciel mamony.
mammoth (*mæ'məϑ*) *rz.* mamut.
man (*mæ'n*), *rz. lmn.* **men** (*me'n*), człowiek, mąż, mężczyzna; pionek (w szachach, warcabach); żołnierz, majtek; służący; ~, *cz.* ludźmi osadzić, uzbroić, dać załogę; no ~, nikt, żaden człowiek; a ~ of war, okręt wojenny; the ~ in the street, przeciętny człowiek; -'s estate, wiek dojrzały; to a ~, wszyscy, co do jednego, jednomyślnie; **-eater** *rz.* ludożerca; **-hater** *rz.* mizantrop; **-killer** *rz.* zabójca; **-midwife** *rz. lmn.* **men-midwives,** akuszer; **-servant** *rz.* służący.
manacle (*mæ'nəkεl*) *rz.* kajdanki ręczne; ~, *cz.* okuć w kajdany.
manage (*mæ'nεdż*) *rz.* ujeżdżanie, ujeżdżalnia; ~, *cz.* kierować, zarządzać; władać; rządzić; prowadzić; obchodzić się z kimś; potrafić, zdołać, dać radę; **-able** (*-əbεl*) *pm.* dający sobą pokierować, pojętny, posłuszny; **-ment** (*-mənt*) *rz.* zarząd, kierownictwo; obchodzenie się; rozporządzenie; urządzenie; **-r** (*-ə*) *rz.* kierownik, zarządca, administrator, dyrektor; przełożony.
manciple (*mæn'sipεl*) *rz.* prowjantowy, szafarz (klasztoru).
mandamus (*mændej'mεs*) *rz.* rozkaz.
mandarin (*mæ'ndərin*) *rz.* mandaryn; ~, **-e** (*mændərī'n*) *rz.* mandarynka.
manda-tary (*mæ'ndətəri*) *rz.* mandatarjusz, pełnomocnik; **-te** (*mæ'ndət*) *rz.* mandat, zlecenie, upoważnienie; **-tor** (*mændej'tə*) *rz.* zleceniodawca, mandant; **-tory** (*mæ'ndətəri*) *pm.* nadawczy, nakazujący; ~, *rz.* mandatarjusz.
mandi-ble (*mæ'ndibεl*) *rz.* szczęka dolna; dolna lub górna część dzioba ptaków; **-bular** (*mændi'bjulə*), **-y** (*-ri*), *pm.* szczękowy.
mandolin(e) (*mændolin*) *rz.* mandolina.
mandrake, mandragora (*mæ'ndrejk, mædræ'gorə*) *rz.* pokrzyk, wilcze jagody (*bot.*).
mandr-el, -il (*mæ'ndrεl*) *rz.* imadło, chwyt.
mandrill (*mæ'ndril*) *rz.* mandril; [małpa,
manducat-e (*mæ'ndżukejt*) *cz.* żuć. przeżuwać, jeść; **-ion** (*mændżukej'szεn*) *rz.* żucie, jedzenie.
mane (*mej'n*) *rz.* grzywa; **-ed** (*-d*) *pm.* mający grzywę, grzywiasty.

manege (*məne'ż*) *rz.* maneż, ujeżdżalnia.
manes (*mej'nīz*) *rz.* cienie przodków, zmarłych.
manful (*mæ'nful*) *pm.* męski, mężny, dzielny; **-ness** (*-nəs*) *rz.* męskość, waleczność, dzielność.
manganese (*mængənī's, -nīz*) *rz.* mangan (*chem.*).
mang-e (*mej'ndż*) *rz.* świerzb; parchy (zwierząt); **-y** (*-i*) *pm.* parszywy.
mangel-wurzel (*mæ'ŋgɛl-uə'zɛl*) *rz.* burak pastewny.
manger (*mej'ndżə*) *rz.* żłób, koryto.
mangle (*mæ'ŋgɛl*) *rz.* magiel, magle; ~, *cz.* maglować; szarpać, rozrywać; kaleczyć.
mango (*mæ'ŋgou*) *rz.* mango (*bot.*).
manhood (*mæ'nhud*) *rz.* męskość, wiek męski; męstwo, odwaga.
mania (*mej'niə*) *rz.* manja, obłęd, pomieszanie zmysłów; **-c** (*mej'niək*) *rz* manjak; szaleniec, warjat; **-c, -cal** (*mejnī'əkɛl*) *pm.* manjacki, warjacki.
manicure (*mæ'nikjuə*) *rz.* manikura.
manifest (*mæ'nifest*) *rz.* wykaz ładunku okrętowego do przedstawienia na cle; ~, *pm.* jawny, oczywisty, niewątpliwy; ~, *cz.* manifestować, objawić, obwieścić; **-ation** (*mænifestej'szɛn*) *rz.* manifestacja, objawienie, obwieszczenie; **-o** (*mænife'stou*) *rz.* manifest, ukaz.
manifold (*mæ'nifould*) *pm.* różnorodny, rozmaity, wieloraki; mnogi, wielokrotny; **-ness** (*-nəs*) *rz.* rozliczność, wielorakość.
manikin (*mæ'nikin*) *rz.* karzełek; model, manekin.
manioc (*mæ'niək, mej'niok*) *rz.* kasawa, maniok.
manip-le (*mæ'nipɛl*) *rz.* stuła; garstka; **-ular, -ulative** (*məni'pjulə, məni'pjulətiw*); **-ulatory** (*məni'pjulətəri*) *pm.* manipulacyjny; **-ulate** (*məni'pjulejt*) *cz.* manipulować, pracować nad czem, operować; **-ulation** (*mənipjulej'szɛn*) *rz.* manipulacja, operowanie.
man-kind (*mænkaj'nd*) *rz.* ludzkość; rodzaj ludzki; **-less** *pm.* niezamieszkały; nieuzbrojony; **-like** (*mæ'nlajk*) *pm.* ludzki; człowieczy; **-liness** (*-linəs*) *rz.* męskość, waleczność; **-ly** (*-li*) *pm.* mężny, odważny, dzielny; waleczny.
manna (*mæ'nə*) *rz.* manna.
mannequin (*mæ'nɛkin*) *rz.* manekin (osoba).
manner (*mæ'nə*) *rz.* sposób, tryb; zwyczaj; kształt; postawa; in a (certain) ~, poniekąd, pod pewnym względem; poczęści; jakoby; **-ed** (*-d*) *pm.* obyczajny; **-ist** (*-rist*) *rz.* człowiek zmanierowany; **-ly** (*-li*) *pm.* obyczajny, grzeczny, układny; **-s** *rz. lmn.* wychowanie (dobre lub złe); obyczaje; maniery.
mannish (*mæ'nisz*) *pm.* męski, śmiały.
manoeuvre (*manū'wə*) *rz.* manewr; ~, *cz.* manewrować.
man-of-war (*mæ'nəwuōə*) *rz.* okręt wojenny.
manometre (*məno'mitə*) *rz.* manometr.
manor (*mæ'nə*) *rz.* dwór; majątek; dobra; majętność; **-house, -seat** *rz.* zamek, dwór pański; **-ial** (*məno'riɛl*) *pm.* dworski.
mansard roof (*mæ'nsād rū'f*) *rz.* dach mansardowy.
manse (*mæ'ns*) *rz.* plebanja (w Szkocji).
mansion (*mæ'nszɛn*) *rz.* dwór pański; rezydencja.
manslaughter (*mæ'nslōtə*) *rz.* zabójstwo; **-slayer** (*-slejə*) *rz.* zabójca, morderca.
mansuetude (*mæ'nsuɛtjūd*) *rz.* łagodność, słodycz, łaskawość.
mantel, -piece (*mæ'ntəlpīs*) *rz.* obramowanie kominka, półka nad kominkiem.
mant(e)let (*mæ'ntlət*) *rz.* płaszczyk (kobiecy); (*fort.*) zasłona pancerna.
mantilla (*mænti'lə*) *rz.* mantyla
mantis (*mæ'ntis*) *rz.* owad podobny do konika polnego.
mantle (*mæ'ntɛl*) *rz.* płaszcz; (*fig.*) pozór; ~, *cz.* okrywać jak płaszczem; osłonić; pienić się (o płynach); zaczerwienić się.
mantua (*mæ'nczjuə*) *cz.* płaszcz kobiecy z XVII w.
manu-al (*mæ'njuəl*) *rz.* podręcznik; ~, *pm.* ręczny; odręczny;

~ labour, ręczna robota; ~ exercise, musztra piechoty; **-factory** (*-fæ'ktori*) *rz.* warsztat; fabryka; **-facture** (*mænjufæ'kczə*) *rz.* wyrób, wyroby, wytwory; ~, *cz.* wyrabiać, fabrykować; **-facturer** (*mænjufæ'kczərə*) *rz.* fabrykant; **-mission** (*mænjumi'szen*) *rz.* nadanie wolności (niewolnikowi); **-mit** (*mænjumi't*) *cz.* wyzwolić, nadać wolność.

manure (*mənjū'ə*) *rz.* nawóz, mierzwa; ~, *cz.* nawozić, mierzwić.

manuscript (*mæ'njuskript*) *rz.* manuskrypt, rękopis.

Manx (*mæ'ŋks*) *pm.* z wyspy Man.

many (*me'ni*) *pm.* wiele, wielu; liczni, liczne; dużo; as ~ more, drugie tyle; as ~ as, wszyscy, którzy; tyle, co; as ~ as you like, ile chcesz; ~ a man, niejeden człowiek; a great ~, dużo, wiele; these ~ years, od wielu lat; **-coloured** *pm.* różnobarwny; **-cornered** *pm.* wielokątny; **-headed** *pm.* wielogłowy; **-leaved** *pm.* wielolistny; **-sided** *pm.* wieloboczny; ~ **times** *ps.* wielokrotnie.

map (*mæ'p*) *rz.* mapa; ~, *cz.* oznaczać na mapie; ~ out, uplanować.

maple (*mej'pel*) **-tree** *rz.* klon, jawor (*bot.*).

mar (*mā'*) *cz.* zniweczyć, zepsuć, uszkodzić.

marabou, -t (*mæ'rabū*) *rz.* marabut.

marasmus (*məræ'zmes*) *rz.* marazm; wycieńczenie; uwiąd.

maraud (*mərō'd*) *cz.* łupić, grabić; **-er** (*-ə*) *rz.* maruder; rabuś.

marbl-e (*mā'bel*) *rz.* marmur; kulka kamienna (do zabawy); **-y** (*-i*) *pm.* marmurowy, zimny jak głaz; **-e** *cz.* marmurować, na wzór marmuru malować; **-cutter** *rz.* marmurnik; **-quarry** *rz.* marmurołom, kopalnia marmuru.

marcasite (*mā'kəsajt*) *rz.* dwusiarczek żelaza, markazyt (*min.*).

marcescent (*māse'sənt*) *pm.* więdnący.

march (*mā'cz*) *rz.* marsz, pochód wojska; pogranicze, **kraj** pograniczny, marchja (Szkocji i Anglji); ~, *cz.* maszerować, puścić się w drogę; nakazać marsz; poprowadzić wojsko; ~ past, przedefilować.

March (*mā'cz*) *rz.* marzec (miesiąc).

marchioness (*mā'szənes*) *rz.* markiza, margrabina (tytuł).

marchpane (*mā'czpejn*) *rz.* marcepan.

mare (*mē'ə*) *rz.* klacz, kobyła; **-'s-nest** *rz.* duby smalone; banialuki.

margarin, -e (*mā'gərīn*) *rz.* margaryna.

margin (*mā'dżin*) *rz.* brzeg, krawędź, margines; **-al** (*-el*) *pm.* brzeżny, marginesowy; na marginesie (napisany); **-ated** (*-əted*) *pm.* z marginesem, obwódka.

margrav-e (*mā'grejw*) *rz.* margraf, margrabia; **-ine** (*mā'grəwin*) *rz.* margrabina.

marguerite (*mā'gərīt, māgerī't*) *rz.* stokrotka.

marigold (*mæ'rigould*) *rz.* nogietek (*bot.*).

marina-de (*mæ'rinejd*) *rz.* marynata; **-te** (*mərī'nejt*) *cz.* marynować.

marine (*mərī'n*) *rz.* marynarka; marynarz; ~, *pm.* marynarski, morski; **-r** (*-ə*) *rz.* marynarz, żeglarz, majtek; **-s** *rz. lmn.* wojsko morskie.

marionette (*mærione't*) *rz.* marjonetka.

marish (*mæ'risz*) patrz **marsh.**

marital (*mæ'ritel*) *pm.* mężowski, ślubny.

maritim-al (*məri'timel*), **-e** (*mæritī'm*) *pm.* morski, nadbrzeżny.

marjoram (*mā'dżəræm*) *rz.* majeranek, majeran (*bot.*).

mark (*mā'k*) *rz.* znak, cecha; znamię, stempel; cel; dowód; of ~, godny uwagi; ~, hit the ~, trafić w sedno; examination **-s,** stopnie egzaminacyjne; ~, *cz.* znaczyć, cechować; odznaczyć, znamionować; zauważyć; dawać baczenie; ~ out, wyznaczyć; **-ed** (*-t*) *pm.* znaczny, wybitny; **-sman** *rz.* celny strzelec; **-ing** (*-iŋ*) iron, *rz.* żelazo do piętnowania.

market (*mā'ket*) *rz.* jarmark, targ; rynek; kupno, sprzedaż, handel; bazar; ~, *cz.* jarmarczyć,

sprzedawać; kupować (na targu); **-able** (*-əbɛl*) *pm.* rynkowy, sprzedażny; dobry na sprzedaż; **-day** *rz.* dzień targowy; **-place** *rz.* plac targowy; rynek; **-price, -rate** *rz.* cena targowa; **-town** *rz.* miasteczko mające targi; **-woman** *rz.* przekupka.
marl (*mā'l*) *rz.* margiel; ~, *cz.* marglować, gnoić marglem; **-y** (*-i*) *pm.* marglowy.
marline (*mā'lin*) *rz.* sznurek (*mar.*).
marmalade (*mā'məlejd*) *rz.* marmolada, konfitury.
marmor-eal, -ean (*māmō'riɛl, -ɛn*) *pm.* marmurowy.
marmoset (*mā'mozət*) *rz.* małpa.
marmot (*mā'mot*) *rz.* bobak, świstak (*zool.*).
maroon (*mərū'n*) *cz.* porzucić, wysadzić na odludnej wyspie.
marplot (*mā'plot*) *rz.* psujący intrygę, zabawę; psujący szyki.
marque (*mā'k*) *rz.* letters of ~, upoważnienie do napadania na statki cudzoziemskie.
marquee (*mākī*) *rz.* duży namiot.
marquess (*mā'kues*) *rz.* markiz.
marquetry (*mā'kətri*) *rz.* mozaikowa robota, mozaika.
marquis (*mā'kuis*) *rz.* markiz; **-ate** (*-ət*) *rz.* markizostwo; **-e** (*mākī'z*) *rz.* markiza.
marrer (*mæ'rə*) *rz.* psotnik.
marriage (*mæ'ridż*) *rz.* małżeństwo, ślub; stan małżeński; wesele; **-able** (*-əbɛl*) *pm.* dorosły, na wydaniu; **-bed** *rz.* ślubne łoże; **-contract** *rz.* intercyza ślubna; **-song** *rz.* pieśń weselna.
married (*mæ'rid*) *pm.* zamężna, żonaty; ~ **state** *rz.* stan małżeński.
marrow (*mæ'rou*) *rz.* szpik, mlecz pacierzowy; **-bone** *rz.* kość szpikowa; **-fat** *rz.* duży groch angielski; **-y** (*-i*) *pm.* szpikowy, tęgi.
marry (*mæ'ri*) *cz.* ożenić się, wyjść zamąż; zaślubić; pobrać się; dać ślub; ~, *w.* istotnie! czy tak?
marsh (*mā'sz*) błoto, błota, bagno; grunt bagnisty; **-elder** *rz.* kalina zwyczajna; **-land** *rz.* żuława; **-mallow** *rz.* ślaz wysoki (*bot.*); **-marigold** *rz.* majówka, knieć błotna (*bot.*); **-y** (*-i*) *pm.* błotnisty, bagnisty.
marshal (*mā'szɛl*) *rz.* marszałek; feldmarszałek; ~, *cz.* porządkować, uszykować, prowadzić; **-ship** *rz.* marszałkostwo.
marsupial (*māsju'piɛl*) *pm.* torebkowy; workowaty (*zool.*).
mart (*mā't*) *rz.* targ, jarmark.
marten (*mā'tn*) *rz.* kuna (*zool.*).
martial (*mā'szɛl*) *pm.* wojenny, marsowy; wojowniczy; ~ **law** *rz.* prawo wojenne.
martin (*mā'tin*) *rz.* jaskółka.
martingal, -e (*mā'tingəl, -gejl*) *rz.* martyngał.
martyr (*mā'tə*) *rz.* męczennik, męczennica; ~, *cz.* męczyć, umęczyć, dręczyć, martwić; **-dom** (*-dəm*) *rz.* męczeństwo; męki; śmierć męczeńska; **-ology** (*-o'lodży*) *rz.* martyrologja.
marvel (*mā'wɛl*) *rz.* cud, cudo, podziw, dziwowanie się; ~, *cz.* dziwić się, podziwiać, zdumiewać (at); **-lous, -ous** (*mā'wələs*) *pm.* cudny, zdumiewający.
mascot, -te (*mæ'skot*) *rz.* maskota.
masculine (*mæ'skulin*), ~ **gender** *rz.* rodzaj męski (*gram.*); ~, *pm.* męski, dzielny, silny; **-ness** (*-nəs*) *rz.* męskość.
mash (*mæ'sz*) *rz.* mieszanka (dla bydła); ~, *cz.* mieszać; tłuc; **-ed potatoes** tłuczone ziemniaki, purée; **(-ing)tub** *rz.* kadź zacierna.
mask (*mā'sk*) *rz.* maska; (*fig.*) pozór; osoba w masce; ~, *cz.* włożyć maskę, zamaskować; **-er** (*-ə*) *rz.* maska (osoba).
mason (*mej'sɛn*) *rz.* mularz, murarz; free ~, accepted ~, wolnomularz; **-ic** (*məso'nik*) *pm.* mularski; **-ry** (*mej'sɛnri*) *rz.* masonerja, (wolno)mularstwo.
masquerade (*mæskerej'd*) *rz.* bal maskowy, maskarada.
mass (*mā's, mæ's*) *rz.* masa, bryła, gromada, większość, całość; (*relig.*) msza; ~ for the dead, msza żałobna; high ~, grand ~, suma; low ~, msza cicha; **-book** *rz.* mszał.
massacre (*mæ'səkə*) *rz.* rzeź; ~, *cz.* wyciąć w pień, wyrznąć.
massage (*məsā'ż*) *rz.* masaż, masowanie; ~, *cz.* masować.
mass-iness, -iveness (*mæ'sinəs, mæ'siwnəs*) *rz.* masywność; **-ive,**

-y (*mæ'siw, mæ'si*) *pm.* masywny, lity, pełny, tęgi, mocny.
mast (*mā'st*) *rz.* maszt; bukiew, żołądź; ~, *cz.* rozwinąć żagiel; **-ed** (*-ɛd*) *pm.* z masztem; w wyrazach złożonych — masztowy; **-less** *pm.* bez masztów.
master (*mā'stə*) *rz.* pan, władca, przełożony, nauczyciel; majster; mistrz; panicz; kapitan statku kupieckiego; ~ **of arts,** (M. A.) licencjat; ~ of the Rolls, kustosz archiwum dokumentów państwowych; head ~, kierownik szkoły; ~ of the horse, wielki masztalerz; ~ of the mint, menniczy; ~, *cz.* władać, opanować; pokonać, nabyć wprawy, biegłości; **-at-arms** *rz.* oficer na okręcie; **-builder** *rz.* budowniczy, architekt; **-dom** (*-dəm*) *rz.* panowanie, władza; **-ful** (*-ful*) *pm.* władczy, mistrzowski; **-hand, -key** *rz.* klucz uniwersalny; **-less** *pm.* bezpański, samowładny, luźny, chodzący samopas; **-like, -ly** (*-lajk, -li*) *pm.* mistrzowski, znakomity; pański; ~, ~, *ps.* po pańsku, po mistrzowsku; wybornie; **-liness** (*-linəs*) *rz.* mistrzostwo; **-piece** *rz.* arcydzieło; **-ship** *rz.* mistrzostwo; władza, panowanie; nauczycielstwo; **-stroke** *rz.* mistrzowskie posunięcie; **-y** (*-ri*) *rz.* zwycięstwo; (mistrzowskie) władanie; władza; posiadanie, panowanie, biegłość.
mastic (*mæ'stik*) *rz.* mastyka; (*bot.*) mastykowiec; **-ate** (*mæ'stikejt*) *cz.* żuć, gryźć; **-ation** (*mæstikej'szɛn*) *rz.* żucie.
mastiff (*mā'stif*) *rz.* brytan (pies).
mastodon (*mæ'stodon*) *rz.* mastodont.
mat (*mæ't*) *rz.* mata, rogóżka; ~, *pm.* matowy; ~, *cz.* okrywać matami; splatac, **-ted hair** zmierzwione włosy.
matador (*mæ'tədoə*) *rz.* matador.
match (*mæ'cz*) *rz.* lont; zapałka; ~, *rz.* towarzysz, dobrany do pary; równy; ~, *rz.* zapasy; mecz; małżeństwo; partja; para; ~, *cz.* dobrać (do pary), kojarzyć; pożenić; sprostać, dobierać, porównywać; zrównać się z kimś; dopasować; wyrównać; zgadzać się; 'tis a ~! zgoda!; a ~ **for,** człowiek mogący czemu podołać, zrównać się z kim; **-able** (*-əbɛl*) *pm.* odpowiedni; stosowny; **-less** *pm.* niezrównany; **-lock** *rz.* muszkiet.
mate (*mej't*) *rz.* towarzysz, towarzyszka, kolega, kompanjon, oficer okrętowy; mat (w szachach); współstołownik; pomocnik; małżonek, małżonka; ~, *cz.* dać mata; żenić; swatać.
material (*mətī'riəl*) *rz.* materjał, substancja; ~, *pm.* materjalny, cielesny; mający znaczenie, ważny; istotny; **-ism** (*-izɛm*) *rz.* materjalizm; **-ist** (*-ist*) *rz.* materjalista; **-ity, -ness** (*mətiriæ'liti, -nəs*) *rz.* materjalność, byt materjalny; (*fig.*) ważność, istotność; **-ize** (*-ajz*) *cz.* materjalizować, uzmysłowić; urzeczywistnić; dojść do skutku, ziścić się.
matern-al (*mətə̄'nɛl*) *pm.* matczyny, macierzyński; **-ity** (*-iti*) *rz.* macierzyństwo, macierzyńskość; **-al hospital** *rz.* szpital położniczy.
mathematic (*mæβəmæ'tik*) *rz.* matematyka; ~, **-al** (*-ɛl*) *pm.* matematyczny; **-ian** (*mæβəmətī'szən*) *rz.* matematyk; **-s** *rz. lmn.* matematyka.
matin (*mæ'tin*) *rz.* ranek; **-ée** (*mætinej'*) *rz.* przedstawienie popołudniowe; **-s** *rz. lmn.* jutrznia (nabożeństwo poranne).
matrice, matrix (*mej'triks*) *rz. lmn.* **matrices** (*mæ'trisīz*) macica; matryca.
matricide (*mæ'trisajd*) *rz.* matkobójstwo; matkobójca.
matricula-te (*matri'kjulejt*) *cz.* imatrykulować; **-tion** (*mətrikjulej'szɛn*) *rz.* imatrykulacja.
matrimon-ial (*mætrimou'niəl*) *pm.* małżeński; **-y** (*mæ'triməni*) *rz.* małżeństwo, stan małżeński.
matrix patrz **matrice.**
matron (*mej'trən*) *rz.* matrona, poważna osoba; dama; **-ly** (*-li*) *pm.* poważna, sędziwa (o niewiastach).
matter (*mæ'tə*) *rz.* materja, ciało; rzecz, przedmiot; kwestja; materja, ropa; sprawa; ~, *cz.* mieć znaczenie; obchodzić kogoś;

no ~ whether, bez względu na te czy; a ~ of course, rzecz rozumiejąca się sama przez się; what is the ~? o co chodzi?; ~ of fact, fakt, rzeczywistość; ~ of fact man, człowiek trzeźwy, realnie myślący; for that ~, o ile o to chodzi; **-y** (*-ri*) *pm.* ropiasty, ropny.

matting (*mœ'tiŋ*) *rz.* skręcanie mat; rogóżka; materjał na maty; maty.

mattock (*mœ'tək*) *rz.* motyka, kirka; graca.

mattress (*mœ'trəs*) *rz.* materac.

matur-ate (*mœ'czjurejt*) *cz.* dochodzić (w ropieniu), ropieć; dojrzewać; **-ation** (*-ej'szεn*) *rz.* ropienie; dojrzewanie, dojrzałość; **-ative** (*mœ'tjurətiw*) *pm.* przyśpieszający dojrzewanie, dojrzewający; **-e** (*mətjū'ə, məczjū'ə*) *pm.* dojrzały; wytrawny; rozważny; płatny; **-e** *cz.* dojrzewać; dobiegać terminu płatności; **-ity, -ness** (*mətjū'riti, -nəs*) *rz.* dojrzałość, płatność.

matutinal (*mœtjutaj'nεl*) *pm.* poranny, ranny.

maudlin (*mō'dlin*) *pm.* rzewny; rozmarzony (trunkiem); ~, *rz.* rzewność.

maugre, mauger (*mō'gə*) *ps.* i *pi.* wbrew; pomimo, że (przest.).

maul (*mō'l*) *rz.* młot; pałka, palica; ~, *cz.* bić młotem; zbić, potłuc.

maunder (*mō'ndə*) *cz.* chodzić bez celu; mówić bez związku.

Maundy-Thursday (*mō'ndi ʒə'-zdi*) *rz.* Wielki Czwartek.

mausoleum (*mōsolī'εm*) *rz.* mauzoleum, grobowiec.

mauve (*mou'w*) *rz.* kolor bzu, fiolet.

mavis (*mej'wis*) *rz.* drozd śpiewak (*orn.*).

maw (*mō'*) *rz.* brzuch; **-kish** (*-kisz*) *pm.* mdły; **-kishness** (*-kisznəs*) *rz.* mdłość; **-worm** *rz.* glista (*zool.*).

maxillar, -y (*məgzi'lə, -ri*) *pm.* szczękowy (*anat.*).

maxim (*mœ'ksim*) *rz.* maksyma, zasada, przypowieść.

maximum (*mœ'ksimum*) *rz.* maksymum; ~, *pm.* maksymalny.

May (*mej'*) *rz.* maj; **-pole** *rz.* słup, w dniu 1 Maja będący ośrodkiem zabaw ludowych; **-queen** królowa zabawy majowej.

may = **maiden.**

may (*mej'*) *cz.* móc; I ~ come, być może, że przyjdę; **-be** *ps.* może być.

mayor (*mē'jə*) *rz.* burmistrz, prezydent; Lord ~, prezydent wielkiego miasta; **-al** (*-rεl*) *pm.* prezydencki; **-alty** (*-rəlti*) *rz.* burmistrzostwo (urząd).

mazard (*mœ'zəd*) *rz.* głowa, twarz (przest.).

mazarine(blue) (*mœzarī'ŋblū*) *pm.* ciemno-niebieski; granatowy.

maz-e (*mej'z*) *rz.* labirynt; gmatwanina, zawikłanie; nieład; **-y** (*-i*) *pm.* poplątany; powikłany, kręty.

me (*mī'*) *zaim. os.* od I; mnie, mi; as for ~, co do mnie.

mead (*mī'd*) *rz.* miód (do picia).

mead (*mīd*), **meadow** (*me'dou*) *rz.* łąka, błonie; **-sweet** *rz.* tawula (*bot.*).

meagre (*mī'gə*) *pm.* chudy, suchy; ubogi; jałowy; **-ness** (*-nəs*) *rz.* chudość, suchość; niepłodność.

meal (*mī'l*) *rz.* posiłek, mąka; ~, *cz.* jeść; **-iness** (*-inəs*) *rz.* mączystość; **-time** *rz.* pora jedzenia; **-y** (*-i*) *pm.* mączysty, mączny; **~mouthed** *pm.* bojaźliwy, delikatny, owijający rzeczy w bawełnę.

mean (*mī'n*) *rz.* rzecz pośrednia, środek; środkowy punkt; średnia miara; **-s** *rz. lmn.* środki, sposób; by all -s, wszelkimi sposobami, koniecznie; ~, *pm.* pośledni, mierny, skąpy, podły, nikczemny; nędzny; średni, środkowy; **-born** *pm.* niskiego urodzenia; **-spirited** *pm.* podłego umysłu.

mean* (*mī'n*) *cz.* znaczyć (oznaczać); zamierzać; przeznaczyć; zamyślać; mieć na myśli; rozumieć; ~ well, mieć najlepsze zamiary.

meand-er (*miœ'ndə*) *rz.* kręta droga; zakręty, meandry; ~, *cz.* kręcić się; wić się; **-rian, -rous** (*-riən, -rəs*) *pm.* kręty, wężykowaty; wijący się.

meaning (*mī'niŋ*) *rz.* znaczenie, sens, zamierzenie; cel; ~, *pm.*

znaczący; zamierzający; **-less** *pm.* bez znaczenia, bez sensu.
meanness (*mī'nnəs*) *rz.* pospolitość; nikczemność, podłość.
meant (*me'nt*) *cz.* od **mean.**
mean-time, -while (*mī'ntajm, -uaj'l*) *rz.* międzyczas; ~, *ps.* tymczasem, przez ten czas.
measl-es (*mī'zɛlz*) *rz. lmn.* odra, kur; wągry (u świń); **-y** (*mī'zli*) *pm.* chory na odrę.
measur-able (*me'żərəbɛl*) *pm.* wymierny, pomierny; **-e** (*me'żə*) *rz.* miara, wymiar; miarowość; laska miernicza; skala, podziałka; środek; (*muz.*) takt; (*gram.*) iloczas; in a ~, do pewnego stopnia; take -s, poczynić kroki, aby; postarać się o; **-e** *cz.* mierzyć, odmierzyć, brać miarę; wynosić (o miarach); **-ed** *pm.* wymierzony, umiarkowany, miarowy; **-eless** *pm.* bezmierny; niezmierzony; **-ement** (*-mənt*) *rz.* mierzenie, pomiar, wymiar; **-ing-chain** *rz.* łańcuch mierniczy.
meat (*mī't*) *rz.* mięso, jedzenie, strawa; **-chopper** *rz.* siekacz (nóż); **-pie** *rz.* pasztet; **-y** (*-i*) *pm.* mięsisty.
mechan-ic (*məkæ'nik*) *rz.* mechanik, robotnik; **-ical** (*-ɛl*) *pm.* mechaniczny, roboczy; **-ician, -ist** (*mekəni'szɛn, me'kənist*) *rz.* mechanik, robotnik; **-icalness** (*-nes*) *rz.* mechaniczność; **-ics** *rz. lmn.* mechanika; **-ism** (*me'kənizɛm*) *rz.* mechanizm.
medal (*me'dɛl*) *rz.* medal, **-lic** (*-lik*) *pm.* medalowy; **-lion** (*medæ'ljɛn*) *rz.* medaljon; **-list** (*-ist*) *rz.* medaljer.
meddle (*me'dɛl*) *cz.* wtrącać się (do czegoś); wścibiać się (with); **-r** (*-ə*) *rz.* wścibski; **-some** (*-səm*) *pm.* wścibski, wtrącalski.
mediaeval (*mədiī'wɛl*) *pm.* średniowieczny.
media-l, -n (*mī'dial-n*) *pm.* średni, pośredni; **-te** (*mī'diət*) *pm.* pośredni; **-e** (*-ejt*) *cz.* pośredniczyć; znajdować się w środku (między); wstawić się; **-tion** (*mīdiej'szɛn*) *rz.* pośrednictwo, medjacja, wstawiennictwo; **-tor** (*mīdiej'tə*) *rz.* pośrednik; pośredniczący, medjator; **-torial, -tory** (*-to'riɛl-mī'diətəri*) *pm.* pośredniczący; **-torship** *rz.* pośrednictwo.
medic-able (*me'dikəbɛl*) *pm.* uleczalny; **-al** (*-ɛl*) *pm.* medyczny, doktorski, lekarski; **-ament** (*-kəmənt*) *rz.* lekarstwo, środek leczniczy; **-amental, -inal** (*kəməntɛl, -medi'sinɛl*) *pm.* leczniczy, kuracyjny; **-aster** (*medikǣ'stə*) *rz.* partacz lekarski; konował; **-ate** (*me'dikejt*) *cz.* leczyć; zaprawić lekarstwem; **-ation** (*medikej'szɛn*) *rz.* leczenie, zaprawienie lekarstwem; **-inal** (*medi'sinɛl*) *pm.* leczniczy, kuracyjny; lekarski, medyczny; ~ weights, wagi aptekarskie; **-ine** (*me'dsin*) *rz.* lekarstwo; medycyna; ~, *cz.* leczyć, kurować.
medieval patrz **mediaeval.**
mediocr-e (*mī'dioukə*) *pm.* mierny, pośledniego gatunku; **-ity** (*mīdio'kriti*) *rz.* mierność.
medita-te (*me'ditejt*) *cz.* zamierzać, zamyślać; medytować, rozmyślać; **-tion** (*meditej'szɛn*) *rz.* rozmyślanie, dumanie, rozważanie; **-tive** (*me'ditətiw*) *pm.* medytacyjny, dumający.
mediterranean (*meditərej'niən*) *pm.* śródziemny, śródziemnomorski.
medium (*mī'diem*) *rz.* środek, droga pośrednia; pośrednictwo; medjum; ~ *pm.* środkowy; circulating ~, pieniądz obiegowy.
medlar (*mə'dlə*) *rz.* niesplik (*bot.*).
medley (*me'dli*) *rz.* mieszanina, zbieranina.
medulla (*medǎ'lə*) *rz.* szpik kości.
meed (*mī'd*) *rz.* zasługa, nagroda.
meek (*mī'k*) *pm.* łagodny, potulny; cichy; **-ness** (*-nəs*) *rz.* łagodność, potulność, skromność.
meerschaum (*mī'əszōm, mī'əszəm*) *rz.* pianka morska.
meet (*mī't*) *rz.* odpowiedni, właściwy, stosowny.
meet (*mī't*) *rz.* spotkanie; *~, *cz.* spotkać, natrafić; doświadczyć; zgromadzić się; poznać; zadość uczynić, zaspokoić (zapotrzebowanie); honorować (weksel); uiścić; ~ an obligation, dotrzymać zobowiązania; **-ing** (*-iŋ*) *rz.* zebranie, zgromadzenie; spotkanie; call a ~ ~, zwołać zebranie; **-ing-house** *rz.* dom zebrań, modlitwy.

mega-phone (*me'gəfoun*) *rz.* megafon, tuba; **-lomania** (*megalomej'niə*) *rz.* megalomanja.
megrim (*mī'grim*) *rz.* migrena; zachcianka, fantazja.
melanchol-ic (*melənko'lik*) *pm.* melancholijny; smutny, tęskny; ~, *rz.* melancholik; **-y** (*me'lənkoli*) *rz.* melancholja; smutek, tęsknota; **-y** *pm.* **melancholic.**
melilot (*me'lilət*) *rz.* nostrzyk, meliłot (pospolity); przytulja (*bot.*).
melinite (*me'linajt*) *rz.* melinit.
meliora-te (*mī'ljərejt*) *cz.* ulepszać, wprowadzać meljorację; **-tion** (*mīljorej'szεn*) *rz.* ulepszenie, meljoracja.
melli-ferous (*məli'fərəs*) *pm.* miodowy, miodonośny; **-fluence** (*meli'fluəns*) *rz.* miodopłynność; **-fluent, -fluous** (*-fluənt, -fluəs*) *pm.* miodopłynny.
mellow (*me'lou*) *pm.* dojrzały; dostały; łagodny (o winie); słodki; soczysty (kolor); głęboki (ton); miękki; ~, *cz.* zmiękczyć się, dostać się, dojrzeć; **-ness** (*-nes*) *rz.* dojrzałość, soczystość.
melodious (*məlou'diəs*) *pm.* melodyjny, harmonijny, słodkobrzmiący; **-ness** (*-nəs*) *rz.* melodyjność, harmonijność.
melo-drama (*melodrā'mə*) *rz.* melodramat; **-dramic** (*-mik*) *pm.* melodramatyczny.
melody (*me'lədi*) *rz.* melodja.
melon (*me'lən*) *rz.* melon; water ~, arbuz (*bot.*).
melt (*me'lt*) *cz.* topnieć, rozpuszczać (się), topić; ~ away, rozejść się, zniknąć; **-down,** stopić; stopnieć; (*fig.*) ginąć (z miłości); niknąć; tonąć; przeminąć (o tonach); **-ing** (*-iŋ*) *rz.* topienie, topnienie; rozpuszczanie (się); (*fig.*) rozczulenie; **-ing-house** *rz.* szmelcarnia; **-ing-pot** *rz.* tygiel szmelcarski.
member (*me'mbə*) *rz.* członek (ciała lub zgromadzenia); część; **-ship** *rz.* członkostwo.
membran-aceous, -eous, -ous (*membrənej'szəs, məmbrej'njəs, mem'brənəs*) *pm.* błoniasty, błonkowaty; plewczasty; **-e** (*me'mbrejn*) *rz.* błona, opona; plewka.
memento (*məme'ntou*) *rz.* memento.
memoir (*me'muā*) *rz.* *lmn.* **memoirs,** wspomnienia, notatki, pamiętnik.
memor-able (*me'mərəbεl*) *pm.* pamiętny, godny pamięci; **-andum** (*memoræ'ndεm*) *rz.* memorandum, notatka; **-andum-book** *rz.* notatnik; **-ial** (*məmō'riəl*) *rz.* memorjał; pamiątka; pomnik; ~ day, święto ameryk. 30 maja; ~, *pm.* pamiątkowy, zapamiętany; **-ialize** (*məmo'riəlajz*) *cz.* wystosować memorjał; uczcić pamięć; zachować w pamięci; **-ize** (*mə'mərajz*) *cz.* zapisać dla pamięci; **-y** (*me'məri*) *rz.* pamięć, pamiątka; from ~, by ~, z pamięci, pamięciowo.
men (*me'n*) *rz.* *lmn.* od **man.**
menac-e (*me'nəs*) *rz.* groźba, pogróżka; ~, *cz.* grozić, zagrażać; **-ing** (*-iŋ*) *pm.* groźny; grożący; **-ingly** *ps.* groźnie; z pogróżkami.
menagery (*mənæ'dżəri*) *rz.* menażerja.
mend (*me'nd*) *cz.* poprawiać, reparować, ulepszać, poprawiać się; naprawić; przychodzić do zdrowia; **-er** (*-ə*) *rz.* naprawiacz; poprawiacz, łatacz.
mendaci-ous (*mendej'szəs*) *pm.* kłamliwy, fałszywy; **-ty** (*mendæ'siti*) *rz.* kłamliwość.
mendic-ancy (*me'ndikənsi*), **-ity** (*məndi'siti*) *rz.* żebractwo; **-ant** (*-kεnt*) *rz.* żebrak, żebraczka; ~, *pm.* żebrzący; **-ate** (*me'ndikejt*) *cz.* żebrać.
menial (*mī'niəl*) *pm.* domowy; służalczy, niski; niewolniczy; ~, *rz.* sługa, służalec.
mening-es (*meni'ndżīz*) *rz.* *pl.* opony mózgowe; **-itis** (*-dżaj'tis*) *rz.* zapalenie opon mózgowych.
meniscus (*məni'skεs*) *rz.* menisk.
mensal (*me'nsəl*) *pm.* stołowy.
mens-es (*me'nsīz*) *rz.* *lmn.* miesiączka; **-trual** (*me'nstrūεl*), **-truous** (*-əs*) *pm.* miesiączkowy; miesięczny; **-truation** (*mənstrūej'szεn*) *rz.* miesiączkowanie, menstruacja; **-truum** (*me'nstrūεm*) *rz.* środek rozpuszczający (*chem.*).
mensura-bility (*menszərəbi'liti*) *rz.* wymierność; **-ble** (*me'nszərəbεl*) *pm.* wymierny, pomierny; **-l** (*me'nszərεl*) *pm.* mierniczy, mia-

rowy; **-tion** (*menszərej'szen*) *rz.* wymierzanie, pomiary.
mental (*me'ntel*) *pm.* duchowy, umysłowy; ~, *pm.* podbródkowy; **-ity** (*mentæ'liti*) *rz.* umysłowość.
menthol (*me'nþoul*) *rz.* mentol.
mention (*me'nszen*) *rz.* wzmianka, wymienienie; nadmienienie; ~, *cz.* wzmiankować; wymienić, przytoczyć; wspomnieć, nadmienić; do not ~ it! drobnostka! niema o czem mówić.
mentor (*me'ntə*) *rz.* mentor, doradca.
menu (*me'nju*) *rz.* meniu, jadłospis.
mephitic, -al (*məfi'tik, -el*) *pm.* smrodliwy, szkodliwy, zaraźliwy.
mercantil-e (*mə̄'kəntajl, -til*) *pm.* merkantylny; kupiecki; **-ism** (*-izem*) *rz.* merkantylizm.
mercenar-iness (*mə̄'sənərinəs*) *rz.* najemność, sprzedajność; wyrachowanie; **-y** (*mə̄'sənəri*) *rz.* najemnik, zaciężnik; ~, *pm.* najemny, wyrachowany, przekupny.
mercer (*mə̄'sə*) *rz.* kupiec bławatny; bławatnik; **-y** (*mə̄'səri*) *rz.* towary łokciowe i jedwabne.
merchan-dise (*mə̄'czəndajz*) *rz.* towar, towary; **-t** (*mə̄'czent*) *rz.* kupiec, hurtownik; ~, *pm.* kupiecki, handlowy; **-table** (*-təbel*) *pm.* sprzedażny, mogący mieć zbyt; **-like, -ly** (*-lajk, -li*) *ps.* jak przystoi na kupca, po kupiecku; **-man** (*-mæn*) *rz.* okręt kupiecki.
merci-ful (*mə̄'siful*) *pm.* miłosierny, litościwy; **-fulness** (*-nəs*) *rz.* miłosierdzie, politowanie; **-less** *pm.* niemiłosierny, nielitościwy, srogi, okrutny; **-lessness** *rz.* nielitościwość, okrucieństwo.
mercur-ial (*məkju'riel*) *pm.* merkurjalny, rtęciowy (*med.*); żywy, rozgarnięty; **-y** (*mə̄'kjuri*) *rz.* żywe srebro; merkurjusz; rtęć.
mercy (*mə̄'si*) *rz.* przebaczenie, miłosierdzie, politowanie.
mere (*mī'ə*) *rz.* sadzawka, jezioro.
mere (*mī'ə*) *pm.* jedyny, sam; zupełny; zwykły; he is a ~ swindler, on jest poprostu oszustem; **-ly** (*-li*) *ps.* tylko, jedynie, poprostu.
meretricious (*merətri'szəs*) *pm.* krzykliwy; wszeteczny; fałszywy, niegodziwy; **-ness** (*-nəs*) *rz.* krzykliwość; wszeteczeństwo.
merge (*mə̄'dż*) *cz.* pogrążać (się); zanurzyć (się); dać się wchłonąć; zatopić, wsiąknąć; zlać się.
meridi-an (*məri'djən*) *rz.* południk; zenit; południe, szczyt; ~, **-onal** (*-el*) *pm.* południowy, południkowy.
merino (*mərī'nou*) *rz.* merynos (baran, owca); materjał wełniany.
merit (*me'rit*) *rz.* zasługa, zaleta; ~, *cz.* zasługiwać, zasłużyć; **-orious** (*meritō'riəs*) *pm.* chwalebny, pochwalny; wysoce zasłużony; **-oriousness** (*-nəs*) *rz.* chwalebność, wysokie zasługi.
merl, -e (*mə̄'l*) *rz.* kos (*orn.*).
merlin (*mə̄'lin*) *rz.* gatunek sokoła; kobus.
mermaid (*mə̄'mejd*) *rz.* syrena; **-man** (*-mæn*) *rz.* wodnik (*mit.*).
merri-ment (*me'rimənt*) *rz.* uciecha, zabawa, wesołość, radość; **-ness** (*-nəs*) *rz.* wesołość; **-y** (*me'ri*) *pm.* wesoły, zabawny, rozbawiony; ucieszny; żartobliwy; make ~, bawić się; make ~ over one, żartować z kogoś; **-andrew** (*meriæ'ndrū*) *rz.* błazen; **-making** *rz.* weselenie się, zabawa.
meseems (*məsī'mz*) zdaje mi się.
mesenter-ic (*mesəntə'rik*) *pm,* (*anat.*) kiszkowy, krezkowy; **-y** (*me'səntəri*) *rz.* krezki, błona kiszkowa.
mesh (*me'sz*) *rz.* oczko (sieci); sieć; oczko (w pończosze); ~, *cz.* łapać w sieci; ~ with, zazębiać się.
mesmeric (*məzme'rik*) *pm.* mesmeryczny.
mesne (*mīn*) *pm.* pośredni; ~, *rz.* pan lenny.
mess (*me's*) *rz.* porcja; kasyno; wspólny stół; mieszanina, nieład; make a ~, narobić bigosu; ~, *cz.* jadać przy wspólnym stole; **-mate** *rz.* współstołownik; **-room** *rz.* jadalnia.
mess-age (*me'sedż*) *rz.* posłannictwo; wiadomość; orędzie; odprawa, zlecenie; **-enger** (*me'səndżə*) *rz.* posłaniec, zwiastun.

Messrs (*me'szez*) *rz. lmn.* WPanowie.
messuage (*me'suedż*) *rz.* dwór, zabudowania, folwark.
met (*mɘ't*) *cz.* od **meet**; well ~! wybornie, wyśmienicie, witaj!
meta-bola (*mɘtæ'bolɘ*) *rz.* zmiana, odmiana (*med.*); **-carpus** (*metɘkā'pes*) *rz.* śródręcze; średnia część dłoni.
metage (*mī'tedż*) *rz.* waga; ważenie.
metal (*me'tel*) *rz.* metal; kruszec; leave the -s, wyskoczyć z szyn; **-ic(al)** (*mɘlæ'lik-el*) *pm.* metaliczny, metalowy; kruszcowy; **-line** (*me'tɘlajn*) *pm.* metalowy, zawierający kruszec; **-loid** (*me'tɘlojd*) *rz.* metaloid; **-lurgic** (*metɘlɘ'dżik*) *pm.* metalurgiczny; **-lurgy** (*me'tɘlɘdżi*) *rz.* metalurgja.
meta-morphose (*metɘmō'fouz*) *cz.* przemienić, przekształcić; przeistoczyć; **-morphosis** (*-ous'is*) *rz.* metamorfoza; przekształcenie; przeobrażenie; **-phor** (*me'tefɘ*) *rz.* przenośnia, metafora; **-phoric(al)** (*metɘfo'rik-el*) *pm.* metaforyczny, przenośny; **-phrase** (*me'tɘfrejz*) *rz.* dosłowne tłumaczenie; **-physic, -physical** (*metɘfi'zik-el*) *pm.* metafizyczny; **-physician** (*metɘfizi'szen*) *rz.* metafizyk; **-physics** *rz. lmn.* metafizyka; **-stasis** (*mɘtæ'stɘsis*) *rz.* (*med.*) metastaza, przerzut; **-tarsus** (*-tā'ses*) *rz.* (*anat.*) stopa, śródstopie.
mete (*mī't*) *cz.* wymierzyć, odmierzyć; ~ *rz.* granica, kamień graniczny.
metempsychosis (*metempsikou'sis*) *rz.* metampsychoza.
meteor (*mī'teōɘ*) *rz.* meteor; **-ic** (*mīiɘo'rik*) *pm.* meteoryczny; **-ite, -olite** (*mī'tjɘrajt, -lajt*) *rz.* meteoryt; **-ologic(al)** (*mītɘorolo'dżikel*) *pm.* meteorologiczny; **-ology** (*mītɘoro'lodżi*) *rz.* meteorologja.
meter (*mī'tɘ*) *rz.* metr; zegar (gazowy, elektr. i t. p.).
metheglin (*mibe'glin*) *rz.* napój miodowy.
methinks (*mibi'ŋks*) zdaje mi się.
method (*me'bɘd*) *rz.* metoda, sposób; tryb; **-ic(al)** (*mebo'dikel*) *pm.* metodyczny; **-ism** (*-izem*) *rz.* metodyczność; **-ist** (*-ist*) *rz.* metodysta; **-istic** (*mebɘdi'stik*), **-istical** (*-el*) *pm.* metodystyczny.
methought (*mībō't*) zdawało mi się.
methyl (*me'bil*) *rz.* metyl; **-ated** (*-ejted*) **spirit** spirytus do palenia.
meticulous (*mɘti'kjulɘs*) *pm.* (zbyt) drobiazgowy.
metis (*mī'tis*) *rz.* metys, mieszaniec.
metonymy (*mɘto'nimi*) *rz.* metonimja.
metr-e (*mī'tɘ*) *rz.* metr; **-ic(al)** (*me'trik-el*) *pm.* metryczny; miarowy; ~ quintal $= q = 100$ *kg.*
metronome (*mī'tronoum*) *rz.* metronom.
metropol-is (*mɘtro'polis*) *rz.* metropolja, stolica; **-itan** (*merɘpo'liten*) *pm.* stołeczny, metropolitalny; ~, *rz.* metropolita.
mettle (*me'tel*) *rz.* duch, poczucie honoru; ogień, siła, odwaga; **-ed** (*-d*), **-some** (*-sɘm*) *pm.* ognisty; bystry, żywy, odważny.
mew (*mjū'*) *rz.* mewa morska; rybitwa; ~, *rz.* klatka na sokoły, ptaki; ukrycie, kryjówka; ~, *rz.* miauczenie; ~, *rz. lmn.* stajnie; ~, *cz.* tracić pióra; lenić; trzymać w zamknięciu; ukrywać; ~, *cz.* miauczeć.
mewl (*mjū'l*) *cz.* płakać, kwilić.
mezzanin (*me'zɘnīn*) *rz.* mezanin.
miasma (*majæ'zmɘ*) *rz.* miazmat, **-l, -tic** (*majæ'zmæl, majæzmæ'tik*) *pm.* miazmatyczny.
mica (*maj'kɘ*) *rz.* mika; **-ceous** (*majkej'szɘs*) *pm.* mikowy, podobny do miki.
mice (*maj's*) *rz. lmn.* od **mouse.**
michaelmas (*mi'kelmās, -mæs*) *rz.* dzień św. Michała.
mickle (*mi'kel*) *pm.* wielki; ~, *ps.* wiele (szkock.).
micro-be (*maj'kroub*) *rz.* mikrob, drobnoustrój; **-cosm** (*maj'krokozem*) *rz.* mikrokosm; **-meter** (*majkro'mitɘ*) *rz.* mikrometr; **-scope** (*maj'krɘskoup*) *rz.* mikroskop, drobnowidz; **-scopic(al)** (*majkrɘsko'pik-el*) *pm.* mikroskopijny; **-scopy** (*majkro'skopi*) *rz.* mikroskopja; **-tome** (*maj'krotoum*) *rz.* mikrotom.

mid, 'mid = **amid.**
mid (*mi'd*) *pm.* środkowy; średni; ~, *rz.* środek; **-course** *rz.* pół drogi; **-day** *rz.* południe; **-lent** *rz.* śródpoście; **-night** *rz.* północ; **-stream,** środek rzeki.
middle (*mi'dɛl*) *pm.* środkowy, średni, mierny; ~, *rz.* środek; **-aged** *pm.* w średnim wieku; ~ **ages** *rz. lmn.* wieki średnie; **-man**(*-mæn*) *rz.* pośrednik; ajent; **-sized** *pm.* średniej wielkości.
middling (*mi'dliŋ*) *ps.* średnio; ~, *pm.* pośredni; średni; mierny.
midge (*mi'dż*) *rz.* komar, muszka.
midriff (*mi'drif*) *rz.* przepona brzuszna, diafragma (*anat.*).
midship-man (*mi'dszipmæn*) *rz.* aspirant w marynarce; **-s** *ps.* pośrodku (na środek) okrętu.
midst (*mi'dst*) *rz.* miejsce środkowe, środek; ~, *ps.* w pośrodku, wśród; in the ~, wśród.
midsummer (*mi'dsǝmǝ*) *rz.* połowa lata; (*astr.*) przesilenie dnia z nocą 21 czerwca.
midway (*mi'duej*) *rz.* połowa drogi; ~, *pm. ps.* w pół drogi.
midwife (*mi'duajf*) *rz.* akuszerka; **-wifery** (*-uajfǝri, uifri*) *rz.* położnictwo.
mien (*mī'n*) *rz.* mina, postawa.
miff (*mi'f*) *rz.* sprzeczka.
might (*maj't*) *cz.* od **may**; ~, *rz.* siła, moc, władza, potęga; **-iness** (*-inǝs*) *rz.* moc, potęga; **-y** (*-i*) *pm.* potężny, wielowładny; mocny, możny, silny; ~, *ps.* (potoczn.) bardzo, nader, nadzwyczaj.
mignonette (*minjǝne't*) *rz.* rezeda.
migraine (*migrej'n*) *rz.* migrena.
migra-te (*maj'grejt*) *cz.* emigrować, wędrować, przenosić się; koczować; **-tion** (*majgrej'szɛn*) *rz.* przenoszenie się; wędrówka; koczowanie; **-tory** (*maj'grǝtǝri*) wędrowny, przelotny; koczujący.
milage (*maj'lɛdż*) *rz.* odległość, długość; koszt od mili.
milch (*mi'lcz*) *pm.* dojny, mleczny; **-cow** *rz.* krowa dojna.
mild (*maj'ld*) *pm.* łagodny, miękki, umiarkowany; słodki; cichy; **-en** (*-n*) *cz.* ułagodzić, łagodnieć; **-ness** (*-nǝs*) *rz.* łagodność, miękkość (usposobienia).
mildew (*mi'ldjū*) *rz.* pleśń; ~, *cz.* pleśnieć.
mile (*maj'l*) *rz.* mila; **-post, -stone** *rz.* słup (kamień) milowy.
milfoil (*mi'lfojl*) *rz.* krwawnik (*bot.*).
miliary (*mi'liǝri*) *pm.* nakształt ziarnka prosa; ~ fever, szkarlatyna.
milit-ant (*mi'litɛnt*) *pm.* wojujący; **-arist** (*mi'litǝrist*) *rz.* militarysta; **-ary** (*-tǝri*) *pm.* wojskowy, wojenny; **-ate** (*-tejt*) *cz.* walczyć; **-ia** (*mili'szǝ*) *rz.* milicja; gwardja narodowa.
milk (*mi'lk*) *rz.* mleko; ~, *cz.* doić; **-fever** *rz.* (*med.*) gorączka mleczna; **-en** (*-n*) *pm.* mleczny; **-iness** (*-inǝs*) *rz.* mleczność; **-man,** mleczarz; **-maid** *rz.* mleczarka; **-sop** *rz.* młokos; **-tooth** *rz.* ząb mleczny; **-white** *pm.* mleczno biały; **-wort** *rz.* (*bot.*) krzyżownica, mlecznica; **-y** (*-i*) *pm.* mleczny; dojny.
mill (*mi'l*) *rz.* młyn; młynek; fabryka; ~, *cz.* mleć, rozcierać, wałkować; kruszyć, druzgotać; ~ chocolate, ubijać pianę na czekoladzie; **-board** *rz.* tektura; **-dam** *rz.* tama, grobla; **-er** (*-ǝ*) *rz.* młynarz; **-er's-thumb** *rz.* głowacz (ryba); **-race** *rz.* młynówka; **-stone** *rz.* kamień młyński; **-wheel** *rz.* koło młyńskie; **-wright** *pm.* budujący młyny.
millen-arian (*milinē'riǝn*) *rz.* milenarjusz; **-ary, -nial** (*mi'lǝnǝri, mile'niɛl*) *pm.* tysiącletni; **-nium** (*mile'niɛm*) *rz.* tysiąclecie.
mille-pede (*mi'lipīd*) *rz.* stonóg; **-simal** (*mile'simɛl*) *pm.* tysięczny.
millet (*mi'lǝt*) *rz.* proso.
milliard (*mi'ljād*) *rz.* miljard.
milli-gram, -gramme (*mi'ligræm*) *rz.* miligram; **-metre** (*mi'limītǝ*) *rz.* milimetr.
milliner (*mi'linǝ*) *rz.* modniarka; **-y** (*-i*) *rz.* artykuły (wyroby) modniarskie.
million (*mi'ljǝn*) *rz.* miljon; **-aire** (*miljǝne'ǝ*) *rz.* miljoner, bogacz; **-th** (*-f*) *pm.* miljonowy.
milt (*mi'lt*) *rz.* mlecz rybi; śledziona; **-er** (*-ǝ*) *rz.* mleczak, rybi samiec.
mime (*maj'm*) *rz.* błazen; mimik, trefniś; zabawne sztuczki, figle.

mimeograph (*mi'məogræf*) *rz.* powielacz.

mim-etic, -etical (*mime'tik-ɛl, maj-*) *pm.* naśladowczy, naśladowniczy; umiejący przedrzeźniać; **-ic(al)** (*mi'mik-ɛl*) *pm.* naśladowniczy, naśladujący; mimiczny; **-ic** *rz.* mimik, aktor; naśladowca; ~, *cz.* naśladować, imitować; małpować, przedrzeźniać; na migi pokazywać; **-icking, -icry** (*-iŋ, -ri*) *rz.* naśladowanie, imitowanie; małpowanie, przedrzeźnianie, mimika.

mimosa (*mimou'sə, -zə*) *rz.* mimoza.

mina-cious (*minej'szəs*) *pm.* groźny, grożący; **-city** (*minæ'siti*) *rz.* groźba; **-tory** (*mi'nətəri*) *pm.* grożący, groźny.

minaret (*mi'nəret*) *rz.* minaret.

mince (*mi'ns*) *cz.* siekać; mówić afektacyjnie; dreptać; (*fig.*) ubarwić coś pięknemi pozorami; not to ~ matters, mówić bez ogródki; **-meat** *rz.* chleb owocowy (legumina).

mincing (*mi'nsiŋ*) *pm.* przesadny; **-ly** (*-li*) *pm.* przesadnie; z afektacją.

mind (*maj'nd*) *rz.* umysł, pamięć; myśl, skłonność, chęć; wola; zdanie; mniemanie; gust, upodobanie; to make up one's ~, zdecydować się; have a ~ to, mieć zamiar; time out of ~, od czasów niepamiętnych; give one's ~ to, doradzać, wypowiedzieć swoje zdanie; put in ~, przypomnieć; ~, *cz.* mieć w pamięci, umyśle, sądzić; baczyć na co; pilnować, zwracać na co uwagę (swoją, lub czyjąś); mieć pretensję; oponować; dbać; would you ~, czybyś zechciał, czy zechcesz; never ~, nie troszcz się, to drobnostka; I do not ~, nic przeciwko temu nie mam; **-ed** (*-ɛd*) *pm.* skłonny; mający na myśli; chcący; **-ful** (*-ful*) *pm.* pamiętny, uważny; pomny, baczny, troskliwy; dbały; **-less** *pm.* niedbały, niepamiętający, bezrozumny, niepomny.

mine (*maj'n*) *pm. z.* mój; moja, moje; moi (krewni, przyjaciele).

mine (*maj'n*) *rz.* kopalnia; mina; ~, *cz.* kopać, podkopywać; zakładać minę; kopać miny; **-digger, -r** (*-ə*) *rz.* górnik.

mineral (*mi'nərɛl*) *rz.* minerał; kruszec; ~, *pm.* mineralny; kopalny; **-ogical** (*minərəlo'dżikɛl*) *pm.* mineralogiczny; **-ogist, -ist** (*minəræ'lodżist, mi'nərəlist*) *rz.* mineralog.

mingle (*miŋgɛl*) *cz.* zmieszać, pomieszać, łączyć się, wdawać się z kimś (with); mieszać się do czegoś.

miniature (*mi'njətjūə, -czə*) *rz.* minjatura; ~ *pm.* minjaturowy.

minikin (*mi'nikin*) *pm.* delikatny; malutki; ~, *rz.* pieszczotka.

minim (*mi'nim*) *rz.* rzecz bardzo drobna; ton najniższy; **-ize** (*-ajz*) *cz.* bagatelizować; **-um** (*-əm*) *rz.* minimum.

mining (*maj'niŋ*) *rz.* górnictwo.

minion (*mi'njən*) *rz.* ulubieniec, faworytka; kochanie; ulubienica; faworyt; służalec.

minist-er (*mi'nistə*) *rz.* minister; poseł; pastor; sługa; ajent; ~, *cz.* służyć, pomagać; przysłużyć się; pielęgnować; **-erial** (*ministī'riəl*) *pm.* służący; ministerjalny; duchowny; kapłański; posługujący; **-ral** (*mi'nistrɛl*) *pm.* ministerjalny; **-rant** (*-ænt*) *pm.* służący, posługujący; **-ration** (*ministrej'szɛn*) *rz.* służba, dostarczenie środków; **-ry** (*mi'nistri*) *rz.* służba, działalność, duchowieństwo; ministerstwo.

minium (*mi'njɛm*) *rz.* (*chem.*) minja.

minnow (*mi'nou*) *rz.* piskorz.

miniver (*mi'niwə*) *rz.* popielice.

minor (*maj'nə*) *pm.* mniejszy; młodszy; minorowy; niepełnoletni; pośledniejszy; ~, *rz.* małoletni, niepełnoletni; **-ite** (*majnoraj't*) *rz.* franciszkanin; **-ity** (*majno'riti*) *rz.* mniejszość; niepełnoletność; małoletność.

minotaur (*mi'notōə*) *rz.* minotaur.

minster (*mi'nstə*) *rz.* kościół klasztorny, katedra.

minstrel (*mi'nstrɛl*) *rz.* minstrel, pieśniarz wędrowny; bard; **-sy** (*-si*) *rz.* śpiewy minstrelów.

mint (*mi'nt*) *rz.* mięta (*bot.*); ~, *rz.* mennica; (*fig.*) kuźnia; ~, *cz.*

bić monetę; **-age** (*-edż*) *rz.* wybijanie monet; koszt bicia monet; mennictwo; pieniądze wybite; **-er** (*-ə*) *rz.* mincarz.
minuet (*mi'njuət, minjue't*) *rz.* menuet.
minus (*maj'nəs*) *rz.* minus (*mat.*); **-cule** (*minā'skjul*) drobny.
minute (*mi'nit*) *rz.* minuta; moment, chwila; memorandum; *lmn.* sprawozdanie; protokół; ~, (*majnjū't*) *pm.* drobny, dokładny, drobiazgowy; ~, *cz.* zanotować; spisać, ułożyć pokrótce; **-book** *rz.* notatnik; **-gun** *rz.* ostrzegawcze wystrzały armatnie; **-hand** *rz.* wskazówka minutowa zegara; **-ness** (*majnju'tnəs*) *rz.* drobność, drobiazgowość; szczegółowość.
minutiae (*minjū'szə*) *rz. lmn.* detale, drobne szczegóły, drobiazgi.
minx (*mi'ŋks*) *rz.* lafirynda, kokietka.
miracle (*mi'rəkel*) *rz.* cud; work **-s**, cuda czynić.
miraculous (*miræ'kjuləs*) *pm.* cudowny, dziwny; **-ness** (*-nəs*) *rz.* cudowność.
mirage (*mirā'ż*) *rz.* miraż, fata morgana.
mir-e (*maj'ə*) *rz.* błoto; bagno; muł; ~, *cz.* obłocić; obrzucać błotem; **-y** (*maj'ri*) *pm.* błotnisty, bagnisty, paskudny.
mirror (*mi'rə*) *rz.* zwierciadło; lustro; odzwierciedlenie.
mirth (*mə̄'ϸ*) *rz.* radość; wesołość; **-ful** (*-ful*) *pm.* radosny, wesoły; **-less** *pm.* smutny, niewesoły.
mis-acceptation-, acception (*misæksəptej'szen, -ækse'pszen*) *rz.* mylne tłumaczenie, nieporozumienie; **-adventure** (*misədwe'nczə*) *rz.* nieszczęśliwy wypadek, traf; przygoda; nieszczęście; (w prawie) przypadkowe zabójstwo; **-alliance** (*misəlaj'əns*) *rz.* mezaljans; **-anthrope** (*mi'sənϸroup*), **-anthropist** (*misæ'nϸropist*) *rz.* mizantrop, odludek; **-anthropy** (*misæ'nϸropi*) *rz.* mizantropja.
misap-plication (*misæplikej'szen*) *rz.* złe zastosowanie, nadużycie; **-ply** (*misəplaj'*) *cz.* źle (niewłaściwie) zastosować; źle użyć.
misappre-hend (*misæprihe'nd*) *cz.* niezrozumieć; źle zrozumieć; **-hension** (*-he'nszen*) *rz.* złe zrozumienie.
misappropria-te (*misəprou'priejt*) *cz.* zrobić zły użytek; **-tion** (*-ej'szen*) *rz.* zły użytek.
mis-become (*misbikā'm*) *cz.* być nie na miejscu; **-begot(ten)** (*-bigo'tn*) *pm.* nielegalny, nieprawy; nieślubny; **-behave** (*-bihej'w*) *cz.* źle (niewłaściwie, niestosownie) zachowywać się; **-behaved** (*-bihej'wd*) *pm.* źle wychowany, niegrzeczny; **-behaviour** (*-hej'wjə*) *rz.* złe postępowanie; niegrzeczność; **-belief** (*-bilī'f*) *rz.* fałszywa wiara; mylne zdanie; **-believer** (*bilī'wə*) *rz.* heretyk.
miscalcula-te (*miskæ'lkjulejt*) *cz.* źle, niewłaściwie obliczać, przerachować się; **-tion** (*miskælkju'ej'szen*) *rz.* złe obliczenie, przerachowanie się.
miscall (*miskō'l*) *cz.* mylić się w nazwie; przezwać.
miscar-riage (*miskæ'ridż*) *rz.* uchybienie, niepowodzenie, złe pokierowanie; poronienie; zaginięcie (listu); **-ry** (*-ri*) *cz.* nie udać się; poronić; zapodziać się.
miscellan-eous (*misəlej'niəs*) *pm.* rozmaity, różnorodny; zebrany z różnych źródeł; ~ news, rozmaitości; **-eousness** (*-nəs*) *rz.* rozmaitość; **-y** (*mi'sə'əni*) *rz.* zbiór rozmaitych rzeczy; zbieranina; **-ea** (*miselej'niə*) zbiór rozmaitych utworów.
mischance (*misczā'ns*) *rz.* niepowodzenie, nieszczęście; przygoda.
mischief (*mi'sczif*) *rz.* nieszczęście, kłopot; krzywda, szkoda; psota, figiel; make ~ between people, poróżnić ludzi.
mischievous (*mi'scziwəs*) *pm.* szkodliwy, złośliwy; psotny; **-ness** (*-nəs*) *rz.* złośliwość; psotność.
miscible (*mi'sibel*) *pm.* dający się zmieszać.
misconce-it, -ption (*miskənsī't, -kənse'pszen*) *rz.* błędne mniemanie; fałszywe zrozumienie; **-ive** (*-kənsī'w*) *cz.* urobić sobie błędne mniemanie, fałszywie zrozumieć.

misconduct (*misko'ndăkt*) *rz.* niewłaściwe zachowanie się, złe sprawowanie się.
miscon-struction (*miskənstră'k-szεn*) *rz.* opaczne (błędne) tłumaczenie sobie czegoś; **-strue** (*misko'nstrū*) *cz.* błędnie tłumaczyć.
miscount (*miskau'nt*) *cz.* przerachować się; fałszywie obliczyć.
miscreant (*mi'skriənt*) *rz.* niedowiarek; niecnota, łotr; niegodziwiec; ~, *pm.* heretycki, łotrowski.
mis-date (*misdej't*) *cz.* źle datować; **-deed** (*-dī'd*) *rz.* zły uczynek, nieprawość, zdrożność; **-deem** (*dī'm*) *cz.* źle osądzić; mylić się; **-demeanour** (*-dimī'nə*) *rz.* wykroczenie, przewinienie; **-direct** (*misdire'kt*) *cz.* źle (niewłaściwie) skierować; mylnie adresować; **-doing** (*-dū'iŋ*) *rz.* = **misdeed**; **-doubt** (*-dau't*) *cz.* podejrzewać, posądzać.
misemploy (*misεmploj'*) *cz.* źle używać, na złe użyć.
miser (*maj'zə*) *rz.* sknera, skąpiec; **-ly** (*maj'zəli*) *pm.* skąpy.
miser-able (*mi'zərəbεl*) *pm.* nędzny, biedny; nieszczęśliwy; lichy; **-y** (*mi'səri*) *rz.* nędza, nieszczęście; niedola.
mis-feasance (*misfī'zəns*) *rz.* występek, wykroczenie; **-fortune** (*-fō'czεn*) *rz.* niepowodzenie, nieszczęście; niedola.
mis-give (*misgi'w*) *cz.* mieć złe przeczucia, obawy; sprawiać trwogę; napełnić obawą; **-giving** (*-gi'wiŋ*) *rz.* złe przeczucie, obawa; **-gotten** (*-go'tn*) *pm.* źle nabyty; **-govern** (*-gă'wεn*) *cz.* źle rządzić; **-governement** (*-ment*) *rz.* złe rządy, zły zarząd; złe postępowanie; **-guidance** (*-gaj'-dəns*) *rz.* zły kierunek; złe prowadzenie; **-guide** (*-gaj'd*) *cz.* źle kierować, prowadzić na błędne drogi; zwieść, uwieść.
mis-hap (*mishæ'p*) *rz.* zły traf, przygoda, niepomyślny zbieg okoliczności; nieszczęście; **-hear** (*-hī'ə*) *cz.* niedosłyszeć, przesłyszeć się.
mishmash (*mi'szmæsz*) *rz.* różnorodna zbieranina, mieszanina.
mis-infer (*misin'fə*) *cz.* fałszywie wnioskować; **-inform** (*misin-fō'm*) *cz.* dać mylne informacje, źle powiadomić; **-information** (*-infōmej'szεn*) *rz.* błędne powiadomienie, mylna wiadomość; **-intelligence** (*-inte'lidżəns*) *rz.* fałszywe doniesienie; **-interpret** (*-intə'prət*) *cz.* przekręcać (znaczenie); opacznie tłumaczyć, na złe tłumaczyć.
misjudge (*misdżă'dż*) *cz.* źle sądzić, niesłusznie osądzić; mylić się; **-ment** (*-ment*) *rz.* błędna opinja, błędne mniemanie.
mis-lay* (*mislej'*) *cz.* zapodziać, zarzucić; **-lead*** (*-lī'd*) *cz.* źle prowadzić, dawać złe wskazówki, zwieść z drogi; wprowadzić w błąd; **-like** (*-laj'k*) *rz.* niechęć.
mis-manage (*mismæ'nεdż*) *cz.* źle zarządzać; źle zawiadować; **-management** (*-ment*) *rz.* zły zarząd, złe kierownictwo; złe zawiadywanie; **-name** (*-nej'm*) *cz.* źle nazwać; **-nomer** (*-nou'mə*) *rz.* błąd w nazwisku, w nazwie.
misobserve (*misobzə'w*) *cz.* źle dostrzec, niedostrzec.
miso-gamist (*miso'gəmist*) *rz.* nienawidzący małżeństwa; **-gynist** (*miso'dżinist*) *rz.* wróg kobiet; **-gyny** (*miso'dżini*) *rz.* nienawiść do kobiet.
mis-place (*misplej's*) *cz.* pomieścić niewłaściwie; **-print** (*-pri'nt*) *rz.* błąd drukarski; **-prision** (*-pri'-żεn*) *rz.* pomyłka; (w prawie) zaniechanie, zatajenie; **-pronounce** (*-prənau'ns*) *cz.* błędnie, źle wymawiać; **-pronunciation** (*-prənănsjej'szεn*) *rz.* błędne wymawianie.
misquot-ation (*miskuoutej'szεn*) *rz.* błędne cytowanie; fałszywe przytoczenie; **-e** (*-kuou't*) *cz.* błędnie cytować.
mis-epresent (*misreprizə'nt*) *cz.* przedstawiać w niewłaściwem świetle, błędnie przedstawiać; przekręcić; **-ation** (*-reprezəntej'-szεn*) *rz.* przekręcenie; przeistoczenie.
misrule (*misrū'l*) *rz.* złe rządy; nieład; ~, *cz.* źle rządzić.
miss (*mi's*) *rz.* panienka; ~, *rz.* strata; spudłowanie; chybienie; ~, *cz.* chybić, spudłować; nie dostrzec; opuścić; odczuwać brak czegoś, kogoś; potrzebować;

nie uzyskać; ~ the train, spóźnić się na pociąg; ~ out, wypuścić; **-ing** (*iŋ*) *pm.* nieobecny; be -ing, brakować.
missal (*mi'səl*) *rz.* mszał.
missel (*mi'səl*) **-bird, -thrush** *rz.* drozd jemiołowy (*orn.*).
misshape (*mis-szej'p*) *cz.* zniekształcić, zeszpecić; **-n** (*-n*) *pm.* zniekształcony, potworny.
missile (*mi'sil*) *rz.* pocisk; ~, *pm.* rzucony ręką, pociskowy.
mission (*mi'szεn*) *rz.* misja; poselstwo; **-ary** (*mi'szənəri*) *rz.* misjonarz; **-ary** *pm.* posłanniczy, misjonarski.
missis, missus (*mi'siz*) *rz.* pani.
missive (*mi'siw*) *rz.* list.
mis-spell (*misspe'l*) *cz.* pisać nieortograficznie; źle sylabizować; **-spend** (*misspe'nd*) *cz.* trwonić; marnować; **-state** (*-stej't*) *cz.* fałszywie przedstawić; **-statement** (*-stej'tmənt*) *rz.* fałszywe twierdzenie.
mist (*mi'st*) *rz.* mgła; go away in a ~, ulotnić się; ~, *cz.* zamroczyć; **-iness** (*-inəs*) *rz.* mglistość, mroczność; **-y** (*-i*), **-ful** (*-ful*) *pm.* mglisty, mroczny.
mistak-able (*mistej'kəbεl*) *pm.* nie do poznania; **-e** *rz.* błąd, pomyłka, nieporozumienie; **-e** *cz.* źle zrozumieć, wziąć za coś innego, błądzić, niepoznać; **-en** (*-n*) *pm.* błędny, mylny; be ~, mylić się; **-enly** *ps.* błędnie, mylnie.
mister (*mi'stə̄*) *rz.* pan.
mistime (*mistaj'm*) *cz.* czynić coś w nieswoim czasie.
mistook (*mistū'k*) *cz.* od **mistake.**
mistletoe (*mi'sltou, mi'z-*) *rz.* jemioła (*bot.*).
mistress (*mi'strəs*) *rz.* pani domu; kierowniczka; władczyni; gospodyni; nauczycielka; metresa.
mistrust (*mistră'st*), **-fulness** (*-fulnəs*) *rz.* niedowierzanie; posądzanie; nieufność; ~, *cz.* niedowierzać, nieufać; **-ful** (*-ful*) *pm.* podejrzliwy, nieufający; nieufny.
mis-understand* (*misăndəstæ'nd*) *cz.* nie rozumieć, nie pojmować, źle zrozumieć; **-understanding** (*-iŋ*) *rz.* nieporozumienie; **-usage, -use** (*misjū'sεdż, misjū'z, rz.* nadużycie; niewłaściwe użycie; złe obchodzenie się z kimś; ~, *cz.* nadużywać swej władzy, źle traktować; skrzywdzić.
mite (*maj't*) *rz.* robaczek; drobiazg.
mitiga-te (*mi'tigejt*) *cz.* łagodzić, uśmierzać, uspokajać; ulżyć; **-tion** (*-mitigej'szεn*) *rz.* uspokojenie, uśmierzenie; łagodzenie; **-tory** (*-əri*) *pm.* uśmierzający.
mitrailleuse (*mitrajə̄'z*) *rz.* mitraljeza, karabin maszynowy.
mitre (*maj'tə*) *rz.* mitra, infuła (biskupia); **-d** (*-tə̄d*) *pm.* w infule.
mitt (*mi't*), **-en** (*-n*) *rz.* mitenka.
mittimus (*mi'timεs*) *rz.* (w prawie) rozkaz uwięzienia.
mity (*maj'ti*) *pm.* robaczywy.
mix (*mi'ks*) *cz.* mieszać, zmieszać; przystać do; złączyć się; **-ed** (*-t*) *pm.* mieszany, różnorodny; ~ number, liczba mieszana; **-ture** (*mi'ksczə*) *rz.* mieszanina, mikstura.
mizzen (*mi'zn*) *rz.* żagiel na tylnym maszcie; **-mast** *rz.* tylny maszt; bezanmaszt; soszak.
mizzle (*mi'zεl*) mżyć; **-ing** (*-iŋ*) *rz.* kapuśniak, drobny deszcz.
mnemonic, -al (*nəmo'nik-εl*) *pm.* mnemoniczny, pamięciowy; **-s** *rz. lmn.* mnemonika.
moan (*mou'n*) *rz.* jęk; lament; ~, *cz.* jęczeć, lamentować.
moat (*mou't*) *rz.* fosa, rów forteczny.
mob (*mo'b*) *rz.* tłum, motłoch; gmin; ~, *cz.* wydać na pastwę motłochu; gromadzić się tłumnie; **-bish** (*-isz*) *pm.* karczemny, tłumny.
mobil-e (*mou'bil*) *pm.* ruchomy, zmienny; **-ity** (*mobi'liti*) *rz.* ruchomość, ruchliwość; **-ization** (*moubiljzej'szεn*) *rz.* mobilizacja; **-ize** (*-ajz*) *cz.* mobilizować.
moccasin (*mo'kəsin*) *rz.* mokasyn (obuwie Indjan).
mocha (*mou'kū*) *rz.* mokka (kawa).
mock (*mo'k*) *rz.* żart; drwiny; przedmiot drwin, żartów; przedrzeźnianie, imitacja; ~, *pm.* fałszywy, naśladowany; udany, nieprawdziwy; podrobiony; ~, *cz.* drwić, wydrwiwać; wy-

śmiewać; przedrzeźniać; ~ turtle soup, zupa naśladująca zupę żółwiową; **-doctor** *rz.* partacz lekarski; **-er** (*-ə*) *rz.* szyderca; **-ery** (*-əri*) *rz.* wyśmiewanie; przedrzeźnianie; szyderstwo, pośmiewisko; **-ingbird** *rz.* drozd wielogłowy (*orn.*); **-ingly** *ps.* drwiąco, szyderczo, z przekąsem.

modal (*mou'dɛl*) *pm.* formalny, modalny.

mode (*mou'd*) *rz.* sposób, tryb, moda; zwyczaj.

model (*mo'dɛl*) *rz.* wzór, model; forma; ~, *cz.* ukształtować, modelować; odlać formę; **-ler** (*-mo'dələ*) *rz* formierz, modelator.

modera-te (*mo'dərət*) *pm.* umiarkowany; pomierny; **-te** (*-ejt*) *cz.* umiarkować (się), powściągać, hamować; **-teness** (*-nəs*) *rz.* umiarkowanie, mierność; **-tion** (*modərej'szɛn*) *rz.* umiarkowanie; (*Oxf.*) rygorozum; **-tor** (*-ə*) *rz.* rozjemca; moderator.

modern (*mo'dən*) *pm.* nowoczesny, nowożytny; modny; **-ism** (*-izɛm*) *rz.* modernizm; **-ist** (*-ist*) *rz.* modernista; **-ize** (*-ajz*) *cz.* modernizować; **-ness** (*-nəs*) *rz.* nowomodność.

modest (*mo'dəst*) *pm.* skromny; **-y** (*-i*) *rz.* skromność. [bina.

modicum (*mo'dikŭm*) *rz.* odro-

modi-fiable (*mo'difajəbɛl*), **-ficable** (*modi'fikəbɛl*) *pm.* zmienny; dający się odmienić; **-fy** (*mo'difaj*) *cz.* zmieniać, odmienić, modyfikować.

modillion (*modi'ljən*) *rz.* krokiewnica (*archit.*).

modish (*mou'disz*) *pm.* modny; **-ness** (*-nəs*) *rz.* modność.

modiste (*modī'st*) *rz.* modystka.

modula-te (*mo'djulejt*) *cz.* modulować; dostosować; **-tion** (*modjulej'szɛn*) *rz.* modulacja, ton głosu; dobieranie tonów.

module (*mo'djūl*) *rz.* miara.

modus (*mou'dɛs*) *rz.* tryb, sposób; uiszczenie dziesięciny pieniędzmi.

Mogul (*mogŭ'l*) *rz.* Mongoł.

mohair (*mou'hɛə*) *rz.* kamlot.

Mohammedan (*mohæ'mədɛn*) *rz.* mahometanin; ~, *pm.* mahometański; **-ism** *rz.* mahometanizm.

mohur (*mou'hə̄*) *rz.* pieniądz indyjski = 15 rupij.

moiety (*moj'əti*) *rz.* połowa; jedna z dwóch części stanowiących całość.

moil (*moj'l*) *rz.* harówka, ciężka praca; ~, *cz.* harować.

moist (*moj'st*) *pm.* mokry, wilgotny; **-en** (*moi'sn*) *cz.* zwilżyć, zwilgnąć; **-ness** (*-nəs*), **-ure** (*moj'sczə*) *rz.* wilgotność, wilgoć.

molar (*mou'lə*) *pm.* rozcierający; masowy; trzonowy; ~, *rz.* ząb trzonowy.

molasses (*molæ'səz*) *rz.* melasa.

mole (*mou'l*) *rz.* kret (*zool.*); ~, *rz.* znamię przyrodzone; ~, *rz.* molo, tama portowa; **-cast, -hill** *rz* kretowisko.

molecul-ar (*mole'kjūlə*) *pm.* molekularny; **-e** (*mo'ləkjūl*) *rz.* molekuła, drobinka.

molest (*mole'st*) *cz.* naprzykrzać się, nachodzić, dręczyć; **-ation** (*moləstej'szɛn*) *rz.* nachodzenie; udręczenie; naprzykrzanie się.

mollify (*mo'lifaj*) *cz.* zmiękczyć, złagodzić, uśmierzyć.

mollusc (*mo'ləsk*) *rz.* mięczak; **-an, -ous** (*molă'skən, -əs*) *pm.* mięczakowaty.

molten (*mou'ltn*) od **melt,** płynny, lany, stopiony.

moment (*mou'mənt*) *rz.* moment, chwila; znaczenie; waga; momentum siły; **-ary** *pm.* chwilowy, krótkotrwały; **-ariness** (*-nəs*) *rz.* chwilowość, krótkotrwałość; **-ly** (*-li*) *ps.* każdej chwili, momentalnie; **-ous** (*-e'ntəs*) *pm.* doniosły, ważny; wiele znaczący; **-ousness** (*-nəs*) *rz.* wpływ, siła, znaczenie; **-um** (*moume'ntem*) *rz.* *lmn.* **momenta** (*moume'ntə*), momentum, siła ruchu, rozpęd.

monac(h)al (*mo'nəkəl*) *pm.* mniszy, zakonny.

monad (*mo'næd*) *rz.* monada; jednostka; **-ic, i-cal** (*monæ'dik-ɛl*) *pm.* monadyczny.

monarch (*mo'nək*) *rz.* monarcha, władca; **-al, -ial, -ic, -ical** (*monā'kəl, -kiəl, kik-ɛl*) *pm.* monarchiczny; **-ism** (*-izɛm*) *rz.* monarchizm; **-ist** (*-ist*) *rz.* monarchista; **-y** (*mo'nəki*) *rz.* monarchja.

monast-erial (*monəstī'riɛl*) *pm.* klasztorny; zakonny; **-ery** (*mo'-*

nəstri) *rz.* klasztor; **-ic(al)** (*monæ'stik-ɛl*) *pm.* mniszy, zakonny, klasztorny; **-icism** (*-sizɛm*) *rz.* życie klasztorne. [łek.
Monday (*mă'ndi*) *rz.* poniedziałek.
monde (*mo'nd*) *rz.* wielki świat; otoczenie.
monetary (*mo'nətəri*) *pm.* monetarny, pieniężny.
money (*mă'ni*) *rz.* moneta, pieniądze; earnest ~, zaliczka; ready ~, gotówka; **-bag** *sz.* sakiewka; **-box** *rz.* skarbonka; **-ed** (*-d*) *pm.* bogaty, zamożny; **-less** *pm.* ubogi; **-market** *rz.* rynek pieniężny; **-matters** *rz. lmn.* interesa pieniężne; **-order** *rz.* przekaz (pieniężny); **-wort** *rz.* tojad pieniążek (*bot.*).
monger (*mă'ŋgə*) *rz.* handlarz, przekupień.
mongrel (*mă'ŋgrɛl*) *rz.* kundel, mieszaniec, pokurcz; ~, *pm.* mieszany.
monism (*mo'nizɛm*) *rz.* monizm.
monit-ion (*moni'szɛn*) *rz.* przestroga; napomnienie; **-ive** (*-iw*) *pm.* ostrzegający, upominający; **-or** (*mo'nitə*) *rz.* monitor; monitor (okręt wojenny); napominacz; uczeń mający dozór nad innymi; **-ory** (*-əri*) *pm.* upominający, ostrzegawczy; ~, *rz.* napomnienie, przestroga; **-ress** (*-rəz*) *rz.* doradczyni, upominająca.
monk (*mă'ŋk*) *rz.* mnich, zakonnik; **-ery** (*-ri*) *rz.* życie zakonne; **-ish** (*-isz*) *pm.* zakonniczy, mniszy; **-'s-hood** *rz.* akonit, tojad (*bot.*).
monkey (*mă'ŋki*) *rz.* małpa; get o'nes ~ up, złościć się; put one's ~ up, rozzłościć, doprowadzić do pasji; ~ **jacket** *rz.* bluza marynarska; **-wrench** *rz.* klucz francuski; **-ish** (*-isz*) *pm.* małpi.
mono-chord (*mo'nokōd*) *rz.* monochord (*muz.*); **-chromatic** (*monokromæ'tik*) *pm.* monochromatyczny; **-cular** (*mono'kjulə*) *pm.* jednooczny; **-gamy** (*mono'gəmi*) *rz.* monogamja, jednożeństwo; **-gram** (*mo'nogræm*) *rz.* monogram; cyfra; **-graph** (*mo'nogrəf*) *rz.* monografja; **-logue** (*mo'nolog*) *rz.* monolog; **-mania** (*-mej'niə*) *rz.* monomanja; **-maniac** (*-mej'niək*) *rz.* manjak; **-petalous** (*monəpe'tələs*) *pm.* jednopłatkowy; jednolistny (*bot.*); **-plane** (*mo'noplejn*) *rz.* jednopłatowiec; **-polist, -polizer** (*mono'polist, mono'polajzə*) *rz.* monopolista; **-polize** *cz.* monopolizować; **-poly** (*mono'pəli*) *rz.* monopol; **-syllable** (*-si'ləbɛl*) *rz.* wyraz jednozgłoskowy; **-theism** (*mo'noþī-izɛm*) *rz.* monoteizm; **-tonic, -tonous** (*monoto'nik, mono'tənəs*) *pm.* jednostajny, monotonny; **-tony** (*mono'təni*) *rz.* jednostajność, monotonja.
monsoon (*monsū'n*) *rz.* monsun (wiatr).
monst-er (*mo'nstə*) *rz.* potwór; poczwara, dziwoląg; **-er** *pm.* monstrualny, potworny; **-rosity** (*mənstro'siti*) *rz.* potworność; **-rous** (*mo'nstrəs*) *pm.* monstrualny, potworny; poczwarny; ~~, *ps.* strasznie, okropnie, niezmiernie.
month (*mă'nþ*) *rz.* miesiąc; **-ly** *pm.* miesięczny; **-ly** *ps.* co miesiąc; miesięcznie; **-'s-mind** *rz.* msza żałobna; chętka, żądza.
monticule (*mo'ntikjul*) *rz.* wzgórek, pagóreczek.
monument (*mo'njumənt*) *rz.* pomnik; monument; **-al** (*monjume'ntɛl*) *pm.* pomnikowy, monumentalny.
moo (*mū'*) *cz.* ryczeć.
mood (*mū'd*) *rz.* (*gram.*) tryb; usposobienie; humor; (*muz.*) ton; **-ily** (*-ili*) *ps.* markotno, posępnie; **-iness** (*-inəs*) *rz.* złe usposobienie, posępność, markotność; zły humor; **-y** (*-i*) *pm.* markotny, smutny; pochmurny.
moon (*mū'n*) *rz.* księżyc; (w poezji) miesiąc; new ~, księżyc na nowiu; **-calf** *rz.* głupiec; **-light** *rz.* światło księżyca; **-lit** *pm.* w świetle księżyca; **-shine** fanaberje; przemyt (pędzenie) alkoholu w St. Zjedn.; **-struck** *pm.* lunatyczny; **-wort** *rz.* (*bot.*) podejrzon pierzasty; **-y** (*i-*) *pm.* księżycowy, kształtu księżyca; bezmyślny.
moor (*mū'ə*), **-land** *rz.* błota; wrzosowisko; bagno; **-cock, -hen** *rz.* (*orn.*) łyska, kurka

wodna; **-ish, -y** (*mū'risz, mū'ri*) *pm.* bagnisty; grząski.
Moor (*mū'ə*) *rz.* maur; **-ish** (*mū'risz*) *pm.* maurytański.
moor (*mū'ə*) *cz.* przycumować, przywiązać do brzegu; **-age** (*mū'rɛdż*) *rz.* cumowanie, umocowanie statku w przystani; **-ing** (*-riŋ*) *rz.* miejsce cumowania statków; cumy.
moose (*mu's*) *rz.* **-deer,** łoś, jeleń (amerykański).
moot (*mū't*) *rz.* zgromadzenie ludu; rozprawa; ~, *cz.* debatować; **-case, -point** *rz.* punkt sporny.
mop (*mo'p*) *rz.* wiecheć; kwacz; ~, *cz.* obcierać; osuszać; **-s and mows,** grymasy, fochy.
mope (*mou'p*) *rz.* nudy; ~, *cz.* osowieć; zamyślić się, nudzić się.
moraine (*morej'n*) *rz.* morena.
moral (*mo'rɛl*) *rz.* morał, nauka, (moralna); ~, *pm.* moralny, przykładny, obyczajny; duchowy; **-ist, -izer** (*mo'rəlist, -lajzə*) *rz.* moralista; **-ity** (*moræ'liti*) *rz.* moralność, obyczajność; **-ize** (*mo'rəlajz*) *cz.* moralizować, nauczać; uobyczajać; **-ities** *rz. lmn.* moralitety; **-s** *rz. lmn.* nauki moralne, moralność; etyka; obyczaje.
morass (*moræ's*) *rz.* bagno, trzęsawica; **-y** (*-i*) *pm.* bagnisty.
morbi-d (*mō'bid*) *pm.* chorobliwy; słaby; **-dity, -dness** (*mōbi'diti, mō'bidnəs*) *rz.* chorowitość; **-fic(al)** (*mōbi'fik-ɛl*) *pm.* wywołujący chorobę.
morda-cious (*mōdej'szəs*) *pm.* uszczypliwy; gryzący, zgryźliwy; **-city** (*mōdæ'siti*) *rz.* zgryźliwość; własność wygryzająca (*chem.*).; **-ant** (*mō'dɛnt*) *rz.* bejca; **-ant, -icant** (*-ikənt*) *pm.* kostyczny; gryzący, szczypiący.
more (*mō'ə*) *pm.* większy, dodatkowy; stopień wyższy od **much**; ~, *ps.* więcej, dodatkowo; nadto; ponadto; **dalej,** znowu; much ~, o wiele więcej; many ~, znacznie więcej; give me some ~, daj mi jeszcze; the ~..., the worse, im bardziej, tem gorzej; ~ and ~, coraz więcej; ~ or less, mniej więcej.
moreen (*morī'n*) *rz.* mora (materjał).
morel (*mo'rəl*) *rz.* smardz (grzyb); psianka, cień nocny (*bot.*).
moreover (*mōrou'wə*) *ps.* ponadto, przytem, nadto, prócz tego.
Moresque (*more'sk*) *pm.* maurytański.
morganatic (*mōgœnæ'tik*) *rz.* morganatyczny.
morgue (*mō'g*) *rz.* morga, trupiarnia.
moribund (*mo'ribənd*) *pm.* umierający.
morion (*mo'riən*) *rz.* misiurka.
Morisco (*mori'skou*), **Morisk** (*mō'risk*) *rz.* Maur; taniec Maurów ~, *pm.* maurytański.
Mormon (*mō'mɛn*) *rz.* Mormon; **-ism** (*mo'mənizɛm*) *rz.* mormonizm.
morn (*mō'n*) *rz.* dzionek, poranek; ranek (w poezji); **-ing** (*-iŋ*) *rz.* ranek; ~, *pm.* wczesny, ranny, poranny; in the ~, rankiem, z rana; **-ing-gown** *rz.* szlafrok; **-ing-star** *rz.* jutrzenka, gwiazda poranna.
morocco (*moro'kou*) *rz.* safjan; **-leather** *rz.* wyroby skórzane.
moros-e (*morou's*) *pm.* posępny, zasępiony, zrzędny; **-eness, -ity** (*-nəs, -iti*) *rz.* posępność, zasępienie, tetryczność, zgryźliwość.
morphi-a (*mō'fiə*), **-ne** (*mō'fin*) *rz.* morfina; **-nism** (*-izɛm*) *rz.* morfinomanja.
morphology (*mōfo'lodżi*) *rz.* morfologja.
Morris-dance (*mo'ris-dā'ns*) *rz.* taniec groteskowy.
morrow (*morou'*) *rz.* dzień następny; on the ~, nazajutrz.
Morse (*mō'ɛs*) *rz.*, ~ **alphabet,** *rz.* alfabet Morse'go.
morse (*mō's*) *rz.* mors.
morsel (*mō'sɛl*) *rz.* kęsek, kawałek; kęs.
mort (*mō't*) *rz.* (*myśl.*) zatrąbienie na upad.
mortal (*mō'tɛl*) *rz.* śmiertelnik; ~, *pm.* śmiertelny; **-ity** (*motæ'liti*) *rz.* śmiertelność; pomór.
mortar (*mō'tə*) *rz.* moździerz (*aptek.*); moździerz (armata); zaprawa wapienna; **-board** *rz.* deska na wapno; czapka studencka z płaskim wierzchem

mortgage (*mō'gedż*) *rz.* hipoteczne zabezpieczenie, zastaw; hipoteka; ~, *cz.* zastawić (dobra), zahipotekować; zabezpieczyć; **-e** (*mōgedżī'*) *rz.* wierzyciel hipoteczny; **-r** (*mō'gedżə*) *rz.* dłużnik hipoteczny.

morti-ferous (*moti'fərəs*) *pm.* śmiertelny, zgubny; **-fication** (*mōtifikej'szεn*) *rz.* umartwienie, udręczenie; zgorzelina; gangrena (*med.*); **-fy** (*mō'tifaj*) *cz.* umartwiać, męczyć; zniszczyć (siły żywotne); dostać gangreny.

mortise, mortice (*mō'tis*) *rz.* łoże; wpust, fuga; wypust; ~, *cz.* czopować; łączyć wpustem; fugować; spoić; ~joint, połączenie na czopach, tenon and ~, czop i wpust.

mortmain (*mō'tmejn*) *rz.* (w prawie) dobra martwej ręki; dobra nie mogące być alienowane.

mortuary (*mō'czjuəri*) *pm.* pogrzebowy; ~, *rz.* kaplica przedpogrzebowa; trupiarnia.

Mosaic (*mozej'ik*), **-al** (*-εl*) *pm.* mojżeszowy.

mosaic (*mozej'ik*) *pm.* mozaikowy; **-work** *rz.* mozaika, mozaikowa robota.

moschatel (*moskəte'l*) *rz.* piżmowe ziele.

moslem (*mo'sləm, mo'zləm*) *pm.* moslem, mahometański.

mosque, mosk (*mō'sk*) *rz.* meczet.

mosquito (*moskī'tou*) *rz.* moskit, komar; **-net** (*-nət*) *rz.* moskitjera.

moss (*mo's*) *rz.* mech, trzęsawisko; ~, *cz.* okryć mchem; **-berry** *rz.* (*bot.*) borowka, żórawina; **-grown** *pm.* porosły mchem; **-iness** (*-inəs*) *rz.* mszystość; **-y** (*-i*) *pm.* mszysty.

most (*mou'st*) *rz.* większość; ~, *pm.* i *ps.* najwięcej, najbardziej, nadzwyczaj; at the ~, co najwięcej; co najwyżej; make the ~ of, robić co można; najlepiej wyzyskać; **-ly** (*-li*) *ps.* najwięcej, po największej części; przeważnie.

mote (*mou't*) *rz.* pyłek; atom.

motet (*mo'tət*) *rz.* (*muz.*) motet.

moth (*mo'ϑ*) *rz.* mól; ćma; **-eaten** *pm.* zniszczony przez mole; **-y** (*-i*) *pm.* obfitujący w mole.

mother (*mă'ðə*) *rz.* matka, macierz; ~, *rz.* lagier winny, octowy; ~ of pearl, perłowa macica; **-church** *rz.* kościół główny; **-hood** *rz.* macierzyństwo; **-ly** (*-li*) *pm.* macierzyński, matczyn; **-tongue** *rz.* język ojczysty; **-wit** *rz.* dowcip wrodzony; rozsądek; **-y** (*-ri*) *pm.* lagrowy; mętny.

motion (*mou'szεn*) *rz.* wniosek, projekt; gest; poruszenie; popęd; in ~, w ruchu; ~, *cz.* zrobić ruch ręką; przywołać ręką; postawić wniosek; proponować; **-less** *pm.* bez ruchu; nieruchomy, nieporuszony.

motiv-e (*mou'tiw*) *rz.* pobudka, motyw; powód; ~, *pm.* poruszający; pobudzający ruch; **-ity** (*moti'witi*), **-e-power** *rz.* energja, siła pobudzająca, poruszająca.

motley (*mo'tli*) *pm.* pstry; różnolity, różnorodny; ~, *rz.* błazen; mieszanina.

motor (*mou'tə*) *rz.* motor, silnik; sprawca; ~, *cz.* motorować, używać motoru; **-ial, -y** (*moto'riεl, mou'təri*) *pm.* wywołujący ruch; **-boat** *rz.* motorówka; **-bus** *rz.* autobus; **-car** *rz.* samochód; **-ist** (*-rist*) *rz.* automobilista.

mottle (*mo'tεl*) *cz.* kropkować, cętkować; **-d** (*-d*) *pm.* cętkowany, kropkowany, w plamki.

motto (*mo'tou*) *rz.* motto, godło; dewiza.

mould (*mou'ld*) *rz.* forma odlewnicza; kształt, postać; ~, *cz.* odlewać w formy; kształtować; urabiać, formować; **-er** (*-ə*) *rz.* odlewacz, fiserz, ludwisarz; formierz; **-ing** (*-iŋ*) *rz.* kształtowanie, odlewanie; gzyms; sztukaterja.

mould (*mou'ld*) *rz.* czarnoziem, ziemia roślinna; pleśń, rdza (na roślinach, drzewie); plama (rdzawa); stęchłość, zbutwiałość, zgnilizna; ~, *cz.* pleśnieć, butwieć; **-er** (*-ə*) *cz.* w proch się zamieniać, skruszyć; gnić, spróchnieć; zbutwieć; **-y** (*-i*) *pm.* zbutwiały, spleśniały, zgniły, stęchły.

moult (*mou'lt*) *cz.* linieć, pierzyć się.

mound (*mau'nd*) *rz.* kopiec.

mount (*mau'nt*) *rz.* góra; oprawa; ~, *cz.* wznosić (się); iść pod górę; siadać na konia; oprawić, osadzić, dać podstawę; podnieść; wsadzić na konia; wstąpić; wynosić; ~ the guard, stać na warcie, ~ the breach, iść do szturmu, szturmować do; ~ a cannon, osadzić działo na lawecie; **-ed** (*-ɛd*) *pm.* konny.

mountain (*mau'ntɛn*) *rz.* góra; ~, *pm.* górski, górzysty; na górach; **-eer** (*mauntɛnī'ə*) *rz.* góral; alpinista; **-eering** *rz.* spinaczka; **-ous** (*-əs*) *pm.* górzysty; górski.

mountebank (*mau'ntibæŋk*) *rz.* szarlatan.

mourn (*mō'n*) *rz.* opłakiwać, żałować, chodzić w żałobie; **-er** (*-ə*) *rz.* opłakujący, żałobnik, płaczka; **-ful** (*-ful*) *pm.* żałobny; smutny; **-fulness** (*-fulnəs*) *rz.* żałoba, smutek; **-ing** (*-iŋ*) *rz.* opłakiwanie, żałoba; deep ~, gruba żałoba; go into ~ for someone, wdziać żałobę po kimś.

mouse (*mau's*) *rz. lmn.* **mice** (*maj's*) mysz; ~, *cz.* łapać myszy; szperać; **-r** (*-ə*) *rz.* kot łowny; **-trap** *rz.* pułapka na myszy.

mousse (*mū's*) *rz.* pianka, bita śmietana, krem.

moustache (*mustā'sz*) *rz.* wąs.

mouth (*mau'þ*) *rz.* usta; pysk; otwór, czeluść; wylot armaty; ujście rzeki; down in the ~, przybity; przygnębiony; ~, *cz.* chwytać ustami, pyskiem; łajać; ~ out, zawołać; **-ful** *pm.* kęs, łyk; **-less** *pm.* bez otworu, zatkany; nie posiadający ust, ujścia, wyjścia i t. p.; **-organ** *rz.* harmonijka; **-piece** *rz.* ustnik; wyraziciel; przemawiający w imieniu czyjemś.

mov-able (*mū'wəbɛl*) *pm.* ruchomy; **-ableness** (*-nəs*) *rz.* ruchomość; **-ables** *rz. lmn.* ruchomości; **-e** (*mū'w*) *rz.* ruch; posunięcie; wniosek; **-e** *cz.* poruszać (się); posuwać, zrobić posunięcie; przenosić się; stawiać wniosek; rozczulić; rozrzewnić; spowodować; pobudzać; **-ement** (*-mənt*) *rz.* poruszenie, ruch; **-er** (*-ə*) *rz.* poruszający, pobudziciel; wnioskodawca; motor; sprawca; podnieta; **-ing** (*-iŋ*) *rz.* poruszenie, wzruszenie; ~, *pm.* poruszający, wzruszający; rozczulający; **-ies** (*mū'wiz*) *lmn.* kino.

mow (*mou'*) *rz.* sterta siana lub zboża; *~, *cz.* żąć, ciąć; kosić; ~ off, skosić; **-burnt** zagrzany (o zbożu); **-er** (*-ə*) *rz.* żniwiarz, żniwiarka; kosiarz; **-ing** *rz.* koszenie, kośba; **-n** (*-n*) *im. cz.* od **mow**; skoszony.

Mr. (*mi'stə*) pan, **Mrs.** (*mi'sɛz*) pani.

much (*mă'cz*) *pm.* i *ps.* wiele, dużo, bardzo, nader; wielce; ~, *rz.* mnogość; mnóstwo; ~ more, o wiele więcej; so ~ the better, tem lepiej; by ~, o wiele; as ~ as, tyle..., ile; ~ the same, bardzo podobny; make ~ of, wiele sobie z czego robić; not ~ of a scholar, niewielki uczony.

mucila-ge (*mjū'silɛdż*) *rz.* klej roślinny; **-ginous** (*mjusilæ'dżines*) *pm.* kleisty.

muck (*mă'k*) *rz.* gnój; plugastwo; ~, *cz.* zaśmiecić; (gwar.) spartaczyć, sklecić; **-worm** *rz.* żuk gnojownik; żuk pospolity; (*fig.*) sknera, kutwa; **-y** (*-i*) *pm.* gnojowy, plugawy.

muc-ous (*mjū'kəs*) *pm.* śluzowy; **-us** (*mjū'kəs*) *rz.* śluz, flegma.

mucronated (*mjū'cronejted*) *pm.* spiczasty.

mud (*mă'd*) *rz.* błoto, szlam; muł; throw ~ at, obrzucać błotem; **-dy** (*-i*) *pm.* błotnisty, plugawy; mętny; zabłocony; **-guard** (*-gā'd*) *rz.* błotnik; **-pie** (*-paj*) *rz.* placki z błota.

muddle (*mă'dɛl*) *rz.* stan odurzenia, zamroczenia; plątanina, durna robota; ~, *cz.* upoić, odurzyć; partaczyć; powikłać; pogmatwać; ~ on, brnąć; ~ through, przebrnąć; **-d** *pm.* podchmielony.

muezzin (*mjue'zin*) *rz.* muezin (duchowny mahomet.).

muff (*mă'f*) *rz.* mufka, zarękawek; niezdara; fuszer; ~, *cz.* fuszerować.

muffin (*mă'fin*) *rz.* grzanka do [herbaty.

muffle (*mă'fɛl*) *rz.* skórzana rękawica; ~, *cz.* owinąć, zakutać, zasłonić; przytłumić; stłumić; **-r** (*-ə*) *rz.* zawój; tłumik; wszystko, co służy do przytłumienia.

mufti (*mă'fti*) *rz.* mufti, turecki kapłan; in ~, w cywilnem ubraniu.
mug (*mă'g*) *rz.* kufel, dzbanek; gęba (w gwarze).
mugger (*mă'gə*) *rz.* krokodyl indyjski.
muggish (*mă'gisz*), **-gy** (*-gi*) *pm.* parny; wilgotny, zatęchły.
mulatto (*mjulæ'tou*) *rz.* mulat.
mulberry (*mă'lbəri*) *rz.* (*bot.*) morwa.
mulch (*mă'lcz*) *rz.* chochoł.
mulct (*mă'lkt*) *rz.* kara pieniężna, grzywna; ~, *cz.* skazać na grzywnę; nałożyć karę pieniężną.
mule (*mjū'l*) *rz.* muł (pociągowy); maszyna przędzalnicza; **-driver, -teer** (*-mjulətī'ə*) *rz.* poganiacz mułów; mulnik.
mulish (*mjū'lisz*) *pm.* uparty
mull (*mă'l*) *cz.* zaprawiać wino; **-ed** wine, wino grzane; ~, *cz.* powikłać, pogmatwać.
mullein (*mă'lejn*) *rz.* dziewanna (*bot.*).
mullet (*mă'lət*) *rz.* barwena.
mullion (*mă'ljen*) *rz.* pionowa przedziałka okna; **-ed window** okno kwaterowe.
multangular (*măltæ'ngjulə*) *pm.* wielokątny.
multi-farious (*măltifē'riəs*) *pm.* różnorodny, wieloraki; **-fid** (*mă'ltifid*) *pm.* rozpęknięty na wiele części; **-form** (*-fōm*) *pm.* różnokształtny; **-formity** (*-fō'miti*) *rz.* różnokształtność, rozmaitość form; **-lateral** (*-læ'tərel*) *pm.* wieloboczny; **-nominal** (*-no'minel*) *pm.* wieloimienny; **-parous** (*mălti'pərəs*) *pm.* rodzący kilkoro potomstwa; **-partite** (*-pā'tajt*) *pm.* podzielony na wiele części; **-ple** (*mă'ltipel*) *pm.* wielokrotny; ~, liczba wielokrotna; **-pliable** (*mă'ltiplajəbel*), **-plicable** (*mă'ltiplikəbel*) *pm.* mnożny; do rozmnożenia; **-plicand** (*măltiplikæ'nd*) *rz.* (*arytm.*) liczba mnożna; **-plication** (*-plikej'szen*) *rz.* mnożenie, rozmnażanie; **-plicator** (*-plikej'tə*) *rz.* mnożnik; **-plicity** (*-pli'siti*) *rz.* różnorodność, wielorakość; rozmaitość; **-plier** (*mă'ltiplajə*) *rz.* mnożnik **-ply** (*-laj*) *cz.* mnożyć, pomnażać (się); powiększać się; rozmnożyć się; **-tude** (*mă'ltitjūd*) *rz.* mnóstwo, tłum, mnogość; motłoch; gmin, pospólstwo; **-tudinous** (*-tjū'dinəs*) *pm.* tłumny, mnogi, rozliczny; liczny; **-valve, valvular** (*mă'ltiwalw, -wæ'lwjulə*) *pm.* wieloprzedziałowy [oki.
multocular (*mălto'kjulə*) *pm.* wielo-
mum (*mă'm*) *rz.* mocne piwo; ~, *w.* cicho! sza!
mum, mumm (*mă'm*) *cz.* grać w pantominie; **-ery** *rz.* maskarada.
mumble (*mă'mbel*) *rz.* mruczenie przez zęby; ~, *cz.* mruczeć (przez zęby); przez zęby cedzić; żuć dziąsłami bezzębnemi.
mumm-ify (*mă'mifaj*) *cz.* mumifikować, **-y** (*mă'mi*) *rz.* mumja, miazga; beat to a ~, (w gwarze) zbić na kwaśne jabłko.
mummy (*mă'mi*) *rz.* mamusia.
mump (*mă'mp*) *cz.* mruczeć; dąsać się; żebrać; **-er** (*-ə*) *rz.* żebrak; **-ish** (*-isz*) *pm.* mrukliwy, zrzędny; **-ishness** (*-nəs*) *rz.* mrukliwość; **-s** *rz. lmn.* (*med.*) mumps; zły humor.
munch (*ma'ncz*) *cz.* chrupać; zajadać.
mundane (*mă'ndejn*) *pm.* światowy, doczesny.
mundungus (*məndă'ŋgəs*) *rz.* śmierdzący tytoń.
municipal (*mjuni'sipel*) *pm.* municypalny; miejski; **-ity** (*mjūnisipæ'liti*) *rz.* municypalność, magistrat.
munificen-ce (*mjuni'fisəns*) *rz.* szczodrość, szczodrobliwość; **-t** *pm.* szczodry, szczodrobliwy, hojny.
muniment (*mjū'nimənt*) *rz.* (w prawie) dokument udowadniający pewne prawa.
munition (*mjuni'szen*) *rz.* amunicja; zapasy (wojenne).
mural (*mjū'rel*) *pm.* ścienny.
murder (*mə̄'də*) *rz.* mord; morderstwo; ~, *cz.* zamordować, zabić; **-er** (*-rə*) *rz.* zabójca, morderca; **-ess** (*-rəs*) *rz.* zabójczyni, morderczyni; **-ous** (*-dərəs*) *pm.* zabójczy, morderczy.
mure (*mjū'ə*) *cz.* uwięzić; ~ up, zamurować.
murex (*mjū'reks*) *rz.* rozkolec.
muriat-e (*mjū'rjejt*) *rz.* chlorek; **-ic** (*mjuriæ'tik*) *pm.* solny.

murk (*mə'k*), **-y** (*-i*) *pm.* mroczny.
murmur (*mə'mə*) *rz.* szmer; mruk, gwar; mruczenie; ~, *cz.* szemrać; szeleścić; mruczeć.
murrain (*mă'rɛn*) *rz.* pomór, zaraza bydła.
murrey (*mă'ri*) *pm.* ciemnopurpurowy.
musca-dine (*mă'skədin*), **-tel** (*mă'skətel*) *rz.* muszkatel; muszkat; winogrona muszkatowe.
muscle (*mă'sɛl*) *rz.* muskuł, mięsień.
muscovado (*măskowā'dou*) *rz.* nieoczyszczony cukier trzcinowy.
muscular (*mă'skjulə*, **-ous** (*-əs*) *pm.* mięśniowy, muskularny; **-arity** (*măskjulæ'riti*) *rz.* muskularność; **-ature** (*mă'skjuləczə*) *rz.* muskulatura, mięśnie.
muse (*mjū'z*) *rz.* muza; zadumanie, marzenie; rozmyślanie; ~, *cz.* zastanawiać się, rozmyślać, dumać.
musette (*mjūze't*) *rz.* piszczałka.
museum (*mjuzī'əm*) *rz.* muzeum.
mushroom (*mă'szrum*, *-rūm*) *rz.* grzyb (jadalny).
music (*mjū'zik*) *rz.* muzyka; **-al** (*-ɛl*) *pm.* muzyczny, muzykalny; **-alness** (*-ɛlnes*) *rz.* muzykalność, harmonijność; **-book** *rz.* nuty; **-ian** (*mjuzi'szɛn*) *rz.* muzyk; **-paper** *rz.* papier na nuty; **-stand** *rz.* pulpit.
musk (*mă'sk*) *rz.* piżmo; **-deer** *rz.* piżmowiec; **-rat** *rz.* piżmoszczur; **-rose** *rz.* piżmowa róża; **-y** (*-i*) *pm.* piżmowy.
musket (*mă'skət*) *rz.* rusznica; muszkiet; strzelba; **-eer** (*măskətī'ə*) *rz.* muszkieter; **-ry** (*-ri*) *rz.* muszkietery; musztra; ogień muszkietowy; **-shot** *rz.* wystrzał.
muslin (*mă'zlin*) *rz.* muślin.
mussel (*mă'səl*) *rz.* mięczak.
mussulman (*mă'səlmæn*) *rz.* muzułmanin, mahometanin.
must (*mă'st*) *rz.* moszcz winnego grona; wino młode; pleśń; **-iness** (*-inəs*) *rz.* zbutwiałość; pleśń; **-y** (*-i*) *pm.* spleśniały; stęchły, zepsuty; zmurszały, podstarzały.
must* (*mă'st*) *cz.* musieć.
musta-che, moustache, -chio (*mə'stā'sz*) *rz.* wąs, wąsy.
mustang (*mă'stæŋ*) *rz.* mustang.
mustard (*mă'stəd*) *rz* musztarda; **-seed** *rz.* ziarno gorczyczne.
muster (*mă'stə*) *rz.* przegląd; zgromadzenie; lustracja; ~, *cz.* gromadzić, zebrać; **-book, -roll** *rz.* (*mil.*) lista, spis żołnierzy; rejestr.
muta-bility (*mjūtəbi'liti*), **-bleness** (*-mjū'təblnəs*) *rz.* zmienność, niestałość; niestateczność; **-able** (*mjū'təbɛl*) *pm.* zmienny, odmienny, niestały; niestateczny; **-te** (*mjūtej't*) *cz.* zmieniać (się); **-tion** (*mjūtej'szɛn*) *rz* zmiana, odmiana, mutacja.
mute (*mjū't*) *rz.* niemowa; tłumik; statysta w pantominie; głoska niema; ~, *cz*, tłumić; ~, *pm.* niemy; **-ness** (*-nəs*) *rz.* niemota; milczenie.
mute (*mjū't*) *cz.* paskudzić (o ptakach).
mutila-te (*mjū'tilejt*) *cz.* okaleczyć; skaleczyć; **-tion** (*mjūtilej'szɛn*) *rz.* okaleczenie, kalectwo; skaleczenie.
mutin-eer (*mjūtinī'ə*) *rz.* buntownik, rokoszanin; **-ous** (*mjū'tinəs*) *pm.* buntowniczy; burzliwy; **-ousness** (*-nəs*) *rz.* skłonność do buntu, buntowniczość; **-y** (*mjū'tini*) *rz.* bunt, powstanie, rokosz; **-y** *cz.* zbuntować się.
mutism (*mju'tizɛm*) *rz.* niemota, milczenie.
mutter (*mă'tə*) *rz.* mamrotanie, szemranie; ~, *cz.* mruczeć, szemrać, mamrotać; burczeć.
mutton (*mă'tn*) *rz.* baranina; skopowina; **-chop** *rz.* kotlet skopowy, barani.
mutual (*mjū'czuəl*) *pm.* wzajemny, wspólny, obopólny; **-ity** (*mjūczuæ'liti*) *rz.* wzajemność; obopólność.
muzzle (*mă'zɛl*) *rz.* morda, pysk; kaganiec; otwór lufy; wylot (działa, strzelby); ~, *cz.* nałożyć kaganiec.
muzzy (*mă'zi*) *pm.* bezmyślny, tępy; nieprzytomny.
my (*maj'*) *z.* mój, moja, moje; ~ own, mój własny.
myology (*majo'lodżi*) *rz.* nauka o muskułach.
myop-e, -s (*maj'oup*, *-s*) *rz.* miop, krótkowidz; **-ia, -y** (*majou'pjə*, *maj'opi*) *rz.* miopja; krótki wzrok, krótkowzroczność.

myriad (*mi'riæd*) *rz.* mirjad, mirjada, dziesięć tysięcy.
myrmidon (*mə'midən*) *rz.* zbir, siepacz.
myrrh (*mə̄'*) *rz.* mirra.
myrtle (*mə̄'tɛl*) *rz.* mirt.
myself (*majse'lf*) *z.* się, siebie, sobie; sam; samego, samemu.
mystagogue (*mi'stəgog*) *rz.* mistyk.
myster-ious (*mistī'riəs*) *pm.* tajemniczy; tajny; skryty; **-iousness** (*-nəs*) *rz.* tajemniczość; tajność; **-y** (*mi'stəri*) *rz* tajemnica, sekret; kunszt, rzemiosło.
mystic, -al (*mi'stik, -ɛl*) *pm.* mistyczny; tajemniczy; ~, *rz.* mistyk; **-alness** (*mi'stikəlnəs*) *rz.* mistyczność; **-ism** (*mi'stisizɛm*) *rz.* mistycyzm.
mistif-ication (*mistifikej'szɛn*) *rz.* mistyfikacja, obałamucenie, oszukaństwo; **-y** (*mi'stifaj*) *cz.* mistyfikować, oszukać, drwić.
myth (*mi'ϑ*) *rz.* mit; **-ic(al)** (*-ik-ɛl*) *pm.* mityczny, bajeczny; **-ologic(al)** (*miϑolo'dżik-ɛl*) *pm.* mitologiczny; **-ologist** (*miϑo'lodżist*) mitolog; **-ology** (*miϑo'lodżi*) *rz.* mitologja.

N

nab (*næ'b*) *cz.* chwycić, przycapnąć (gwara).
nabob (*nej'bəb*) *rz.* nabab; bogacz.
nacre (*nej'kə*) *rz.* perłowa macica.
nadir (*nej'də*) *rz.* nadir (*astr.*).
nag (*næ'g*) *rz.* podjezdek, konik; ~, *cz.* (ciągle) łajać; dokuczać.
naiad (*naj'æd*) *rz.* najada, rusałka.
nail (*nej'l*) *rz.* paznogieć; pazur; gwóźdź; ~, *cz.* przybić gwoździami; chwycić; on the ~, odrazu, zaraz, natychmiast; ~ up, zabić gwoźdźmi; hit the ~ on the head, trafić w sedno; **-er** (*-ə*) *rz.* gwoździarz; **-ery** (*-əri*) *rz.* gwoździarnia, ćwiekarnia; **-head** *rz.* główka gwoździa; **-smith** *rz.* gwoździarz.
naive (*naī'w*) *pm.* naiwny.
naked (*nej'kɛd*) *pm.* nagi, goły; obnażony, prosty; stark ~, goluteńki; strip ~, ogołocić, obnażyć; **-ness** (*-nəs*) *rz.* nagość, golizna.
namby-pamby (*næ'mbi-pæ'mbi*) *pm.* sentymentalny; lalkowaty.
name (*nej'm*) *rz.* nazwisko, nazwa; przezwisko; (*fig.*) sława; christian ~, imię chrzestne; in the ~ of, w imię; call -s, przezywać; go by the ~ of, nazywać się; ~, *cz.* nazwać, wymienić, oznaczyć; mianować, wzmiankować; **-day** *rz.* imieniny; **-d** (*-d*) *pm.* zwany; above ~, powyżej wymieniony; **-less** *pm.* bezimienny; bez imienia; **-ly** (*-li*) *ps.* mianowicie, t. j. (to jest); **-r** (*-ə*) *rz.* nadający nazwisko, nazywający; **-plate** *rz.* tabliczka na drzwiach; **-sake** *rz.* imiennik.
nankeen, nankin (*nænkī'n*) *rz.* nankin; (materja bawełniana); ~, *pm.* nankinowy.
nap (*næ'p*) *rz.* drzemka; włos (tkaniny) ~, *cz.* drzemać, zdrzemnąć się; kutnerować sukno; **-less** *pm.* wytarty, wyszarzały; **-y** (*-i*) *pm.* kosmaty, puszysty, musujący.
nape (*nej'p*) *rz.* kark.
napery (*nej'pəri*) *rz.* bielizna stołowa.
naphtha (*næ'fϑə*) *rz.* smoła.
napkin (*næ'pkin*) *rz.* serwetka; chustka; **-ring** *rz.* kółko do serwetki.
napoo (*nəpū'*) *w.* (gwara wojsk.) znikł; skończony; już!
narcissus (*nāsi'sɛs*) *rz. lmn.* **-es** lub **narcissi** (*-ez, -saj*), narcyz (*bot.*).
narco-sis (*nāko'sis*) *rz* narkoza; **-tic** (*nāko'tik*) *rz.* narkotyk; **-al** (*-ɛl*) *pm.* narkotyczny, usypiający.
nard (*nā'd*) patrz **spikenard.**
narra-te (*nərej't*) *cz.* opowiadać; **-tion** (*nærej'szɛn*) *rz.* opowiadanie, opowieść; **-tive** (*næ'rətiw*) *rz.* opowieść; powieść; ~, *pm.* opowiadający, powieściowy; **-tor** (*nærej'tə*) *rz.* opowiadający.

narrow (*nœ'rou*) *rz. lmn.* przesmyk, cieśnina; ~, *pm.* wąski, ciasny; ograniczony, tępy; ścisły, dokładny; ~, *cz.* zwęzić, ścieśnić, skurczyć się; ograniczyć; **-minded** *pm.* ciasny (w poglądach); **-ness** (*-nəs*) *rz.* wąskość, szczupłość; ciasnota, ograniczenie.
narwhal (*nā'uəl*) *rz.* narwal, gatunek wieloryba.
nasal (*nej'zεl*) *pm.* nosowy; **-ize** (*nej'zəlajz*) *cz.* mówić przez nos.
nascent (*nœ'sεnt*) *pm.* rodzący się, powstający.
nast-iness (*nā'stinəs*) *rz.* paskudztwo, brud, brzydota; (*fig.*) nieprzyzwoitość; **-y** (*-i*) *pm.* niemiły, paskudny, brudny; obmierzły; nieprzyzwoity; plugawy; przykry.
nasturtium (*nœstə̄'szεm*) *rz.* nasturcja (*bot.*).
natal (*nej'təl*) *pm.* rodzinny; rodzony, ojczysty; urodzinowy; **-ity** (*nətœ'liti*) *rz.* urodziny.
nata-tion (*nətej'szεn*) *rz.* pływanie; **-tory** (*nej'tətəri*) *pm.* pływacki.
nathless *ps.* = **nevertheless.**
nation (*nej'szεn*) *rz.* naród; **-al** (*nœ'szənεl*) *pm.* narodowy; **-alism** (*nœ'szənəlizεm*) *rz.* nacjonalizm; **-ality** (*nœszənœ'liti*) *rz.* narodowość; **-alize** (*nœ'szənəlajz*) *cz.* unarodowić.
nativ-e (*nej'tiw*) *rz.* krajowiec, tubylec; ~, *pm.* rodzinny, ojczysty, krajowy, przyrodzony; rodzimy; **-ity** (*nəti'witi*) *rz.* narodzenie (Chrystusa).
natron (*nej'trən*) *rz.* (*chem.*) natron.
natty (*nœ'ti*) *pm.* czysty, schludny.
natural (*nœ'czərεl*) *pm.* naturalny, przyrodzony; nieślubny; prawdziwy, nie sfałszowany; nieprzymuszony, swobodny; ~ science, nauki przyrodnicze; ~, *rz.* idjota; **-ism** (*-izεm*) *rz.* naturalizm; **-ist** (*-ist*) *rz.* przyrodnik; naturalista; **-ization** (*-ajzej'szεn*) *rz.* naturalizacja, indygenat; **-ize** (*-ajz*) *cz.* naturalizować, nadać, pozyskać obywatelstwo; **-ly** (*nœ'czərεli*) *ps.* naturalnie; **-ness** (*-nəs*) *rz.* naturalność, niewymuszoność; prostota.
nature (*nej'czə*) *rz.* natura; przyroda; rodzaj; właściwość; charakter, temperament; by ~ z natury.
naught (*nō't*) *rz.* nic; zero; set at ~, mieć coś sobie za nic, lekceważyć, nie zwracać uwagi.
naught-iness (*nō'tinəs*) *rz.* niegrzeczność; psotność, zbytki; niegodziwość; **-y** (*-i*) *pm.* psotny, niedobry, niegrzeczny.
nause-a (*nō'zjə*) *rz.* nudność; mdłość; obrzydzenie; ckliwość; **-ate** (*-ejt*) *cz.* wywoływać (mieć) mdłości, obrzydzenie; brzydzić się; **-ous** (*nō'sjəs*) *pm.* wstrętny, ckliwy, obrzydliwy; **-ousness** *rz.* ckliwość, nudność, obrzydliwość.
nautical (*nō'tikεl*) *pm.* marynarski, morski; żeglarski.
nautilus (*nō'tilεs*) *rz.* żeglarzyk (muszla).
naval (*nej'wεl*) *pm.* morski, okrętowy; żeglarski.
nave (*nej'w*) *rz.* piasta koła; ~, *rz.* nawa kościoła.
navel (*nej'wεl*) *rz.* pępek; środek, centrum; **-orange** *rz.* gatunek pomarańczy; **-string** *rz.* sznurek pępkowy.
navicular (*nəwi'kjulə*) *pm.* czółenkowaty.
naviga-ble (*nœ'wigəbεl*) *pm.* spławny; żeglowny; **-bility** (*-bi'liti*) *rz.* spławność; **-te** (*nœ'wigejt*) *cz.* żeglować, pływać, sterować; **-tion** (*nœwigej'szεn*) *rz.* nawigacja, żegluga; **-tor** (*nœ'wigejtə*) *rz.* żeglarz.
navvy (*nœ'wi*) *rz.* robociarz.
navy (*nej'wi*) *rz.* flota, marynarka; siła morska.
nay (*nej'*) *ps.* nie; ba; nadto.
nazarene (*nœzərī'n*) *pm.* nazareński.
naze (*nej'z*) *rz.* przylądek, cypel.
neap (*nī'p*) *pm.* opadający; **-tide** niski stan przypływu.
near (*nī'ə*) *pm.* bliski, pokrewny; (o zwierzętach); lewy; skąpy; ~, *cz.* zbliżać się, nadchodzić; ~, **-ly** *ps.* blisko; prawie, niemal, omal; not ~ so good, ani w przybliżeniu tak dobry; **-by** obok, wpobliżu; **-est** (*-rəst*) *pm.* najbliższy; **-ness** (*-nəs*) *rz.* bliskość; pokrewieństwo; skąpstwo; **-sighted** (*-sajtεd*) *pm.* krótkowzroczny.

neat (*nī't*) *pm.* czysty (nie rozcieńczony); schludny, zgrabny, zręczny; dosadny; **-ness** (*-nəs*) *rz.* czystość, schludność, zręczność; kształtność; dosadność.
neat (*nī't*) *rz.* **-cattle** bydło rogate; ~'s-foot, cielęce nóżki (potrawa).
neb (*ne'b*) *rz.* dziób; pysk.
nebul-a (*ne'bjulə*) *rz.* mgławica; (*med.*) skórka, błonka (na oku); **-ar** (*-ə*) *pm.* mgławicowy; **-osity** (*nebjulo'siti*), *rz.* mglistość; zachmurzenie; **-ous** (*-s*) *pm.* zachmurzony, mglisty, zamglony.
necess-aries (*ne'səsəriz*) *rz. lmn.*; konieczności, potrzeby (życia); **-ary** *pm.* potrzebny, konieczny; if ~, w razie potrzeby; **-itate** (*nese'sitejt*) *cz.* wymagać; czynić niezbędnem, pociągać za sobą; przymuszać; **-itous** (*nəse'sitəs*) *pm.* biedny, w potrzebie (będący); znoszący niedostatek; **-ity** (*nəse'siti*) *rz.* potrzeba, konieczność; niedostatek; bieda; of ~, z konieczności; be under the ~, być zmuszonym.
neck (*ne'k*) *rz.* szyja, kark; szyjka (butelki); przesmyk; **-band** *rz.* kołnierz (koszuli); **-cloth, -kerchief** *rz.* chustka na szyję; **-lace** (*-ləs*) *rz.* naszyjnik; **-tie** (*-taj*) *rz.* krawat.
necrology (*nəkro'lodżi*) *rz.* lista zmarłych; nekrolog.
necroman-cer (*ne'kromænsə*) *rz.* czarnoksiężnik; **-cy** (*ne'kromænsi*) *rz.* czarna magja, czarnoksięstwo.
necrosis (*nekrou'sis*) *rz.* zgorzel, gangrena, nekroza.
nectar (*ne'ktə*) *rz.* nektar; **-eous** (*nektē'riəs*) *pm.* słodki jak nektar; **-ine** (*ne'ktərin*) *rz.* gatunek brzoskwiń; **-y** (*-ri*) *rz.* miodnik (*bot.*).
neddy (*ne'di*) *rz.* osioł.
need (*nī'd*) *rz.* potrzeba, konieczność, brak, niedostatek; if ~ be, in case of ~, w razie potrzeby; ~, *cz.* potrzebować, odczuwać potrzebę, brak; być w potrzebie; cierpieć niedostatek; **-ful** (*-ful*) *pm.* potrzebny, konieczny; **-fulness** (*-fulnəs*) *rz.* potrzeba, konieczność; **-iness** (*-inəs*) *rz.* niedostatek, bieda, nędza; **-less** *pm.* niepotrzebny; zbędny; **-s** *ps.* koniecznie; **-y** (*-i*) *pm.* potrzebujący, będący w niedostatku.
needle (*nī'dɛl*) *rz.* igła, iglica, drut do robienia pończoch; igiełka (magnesowa); **-case** *rz.* igielnik; **-fish** *rz.* iglica; **-gun** *rz.* iglicówka; **-woman** *rz.* szwaczka; **-work** *rz.* robótka (damska).
ne'er (*ne'ə*) skrót od **never**.
nefarious (*nəfē'riəs*) *pm.* zły, szkodliwy, bezbożny, niegodziwy.
negat-ion (*nəgej'szen*), **-ive** (*ne'gətiw*) *rz.* zaprzeczenie, odmowa, negacja; przeczenie, negatyw; **-ive** *pm.* przeczący, odmowny, ujemny; **-ive** *cz.* odrzucać, zaprzeczyć, odmówić; przeciwdziałać.
neglect (*nɛgle'kt*) *rz.* zaniedbanie, pominięcie, zlekceważenie; zaniechanie; ~, *cz.* lekceważyć, zaniedbać, nie skorzystać; zaniechać; **-ful** (*-ful*) *pm.* niedbały, niestaranny, nieuważny; opieszały.
negligé (*ne'gliżej*) *rz.* negliż.
neglig-eable, -ible (*ne'glidżəbɛl*) *pm.* małoznaczny, marny, nic nie znaczący.
negligen-ce (*ne'glidżɛns*) *rz.* niedbalstwo, opieszałość; zaniedbanie; **-t** (*ne'glidżənt*) *pm.* niedbały, opieszały.
nego-tiable (*nəgou'szəbɛl*) *pm.* dający się spieniężyć, **-tiant** *rz.* patrz **negotiator**; **-tiate** (*nəgou'szjejt*), *cz.* pertraktować, załatwić tranzakcję, spieniężyć; zwalczyć, pokonać; **-tiation** (*negouszjej'szɛn*) *rz.* układy, pertraktacja; **-tiator** (*nəgou'sziətə*) *rz.* prowadzący układy, negocjator.
negr-ess (*nī'grəs*) *rz.* murzynka; **-o** (*nī'grou*) *rz.* murzyn.
negus (*nī'gɛs*) *rz.* rodzaj ponczu z wina.
neigh (*nej'*) *cz.* rżeć; ~, *rz.* **-ing** (*-iŋ*) *rz.* rżenie.
neighbour (*nej'bə*) *rz.* sąsiad; sąsiadka, bliźni; ~, *pm.* sąsiedni; ~, *cz.* sąsiadować; graniczyć; **-hood** *rz.* sąsiedztwo; okolica; **-ing** (*-riŋ*) *pm.* sąsiedni; ościenny, bliski; **-liness** (*nej'bəlinəs*) *rz.*

dobre sąsiedzkie stosunki; **-ly** (*-li*) *pm.* sąsiedzki, usłużny.
neither (*naj'ðə, nī'ðə*) *pm.* żaden, ani ten, ani tamten; ani jeden ani drugi; ~, *spój.* również nie, też nie; ~... nor, ani, ani.
nemesis (*ne'məsis*) *rz.* nemezis.
nenuphar (*ne'njufā*) *rz.* nenufar, grzybień (*bot.*).
neo-lithic (*neoli'ßik*) *pm.* neolityczny; **-logism** (*neo'lodžizεm*) *rz.* neologizm; **-phyte** (*ne'ofajt*) *rz.* neofita; **-teric(al)** (*nīote'rik*) *pm.* nowy, nowoczesny.
nepenthe, -s (*nipe'nßi, -z*) *rz.* napój powodujący zapomnienie.
nephew (*ne'wju*) *rz.* siostrzeniec, bratanek.
nephriti-c (*nefri'tik*), *pm.* (*med.*) nerkowy; **-s** (*nefraj'tis*) *rz.* zapalenie nerek.
nepotism (*ne'potizεm*) *rz.* nepotyzm.
nereid (*nī'rəid*) *rz.* nereida.
nerv-e (*nə̄'w*) *rz.* nerw; mięsień; (*bot.*) żyłka, moc (charakteru); tupet; ~, *cz.* dodać sił, otuchy; zbierać siły; **-ine** (*nə̄'wajn*) *rz.* lekarstwo na nerwy; **-ousness** (*nə̄'wəsnəs*) *rz.* nerwowość; moc; **-ous** (*nə̄'wəs*), **-y** (*-i*) *pm.* nerwowy; silny, czelny. [wiedza.
nescience (*ne'sziəns*) *rz.* nie-
ness (*ne's*) *rz.* przylądek, cypel.
nest (*ne'st*) *rz.* gniazdo; szuflada; kryjówka; jaskinia; ~, *cz.* budować gniazdo; gnieździć się; **-egg** *rz.* pokładka w gnieździe; zaczątek; **-le** (*ne'sel*) *cz.* przytulić (się); stulić się; **-ling** (*-liŋ*) *rz.* pisklę.
net (*net*) *pm.* netto, na czysto.
net (*ne't*) *rz.* sieć, siatka, sidła; ~, *cz.* siecią łowić; **-ting** (*-iŋ*) *rz.* robienie sieci; sieć; **-work** *rz.* siatkowa robota.
nether (*ne'ðə*) *pm.* spodni; dolny; **-world,** piekło; **-most** *pm.* najniższy.
nettle (*ne'tεl*) *rz.* pokrzywa; ~, *cz.* parzyć pokrzywą, dotknąć, zirytować; dojąć; **-rash** (*-ræsz*) *rz.* pokrzywka (*med.*).
neu-ralgia (*njuræ'ldžiə*) *rz.* newralgja, nerwoból; **-ralgic** (*-æl'džik*) *pm.* newralgiczny; **-rasthenia** (*njuræßī'njə*) *rz.* neurastenja, rozstrój nerwowy; **-rology** (*-ro'lodži*) *rz.* neurologja; **-rotic** (*-ro'tik*) *pm.* nerwowy, wzmacniający nerwy.
neuter (*njū'tə*) *pm.* rodzaju nijakiego, nieprzechodni (o czasownikach); (*bot.*) bezpłciowy.
neutral (*njū'trεl*) *pm.* neutralny; bezstronny; obojętny; (*chem.*) **-ity** (*njutræ'liti*) *rz.* neutralność; **-ize** (*-ajz*) *cz.* neutralizować; zobojętniać.
never (*ne'wə*) *ps.* nigdy, nawet nie; bynajmniej; ~ **fear,** nie bój się; ~ **mind,** nic sobie z tego nie rób; **-ceasing** *pm.* nieustanny; **-theless** (*-ðəles*) *ps.* niemniej jednak, jednakowoż, przecież.
new (*njū'*) *pm.* nowy, świeży; niezwykły; nowoczesny; ~, *ps.* na nowo, dopiero co; (w złożonych)nowo—,świeżo—; **-fangled** *pm.* nowomodny; nowowymyślony; **-ly** *ps.* świeżo, niedawno, ostatnio; **-ness** (*-nəs*) *rz.* nowość; (*fig.*) niedoświadczenie; **-Year** *rz.* ~ **'s day,** nowy rok.
newel (*njū'əl*) *rz.* słup, około którego ustawione są schody kręte.
news (*njū'z*) *rz.* wiadomość, nowina; **-boy, -man, -vendor** *rz.* sprzedawca gazet; **-monger** *rz.* nowinkarz; **-paper** *rz.* gazeta, dziennik, czasopismo.
next (*ne'kst*) *pm.* najbliższy; sąsiedni, następny; ~ **to,** blisko, niemal; ~, *ps.* następnie, następnym razem; w najbliższym czasie; tuż przy, zaraz po; obok; ~ **day** nazajutrz, na drugi dzień; **-door,** obok.
nib (*ni'b*) *rz.* stalówka; ostrze, szpic; ~, *cz.* zaopatrzyć w szpic; **-bed** (*-d*) *pm.* z dziobem, zatemperowany.
nibble (*ni'bεl*) *cz.* ogryzać, przygryzać, brać (o rybach); krytykować.
nice (*naj's*) *pm.* miły, uprzejmy, sympatyczny, przebierający, wybredny; ścisły, drobiazgowy; subtelny, delikatny, ładny; **-ness** (*nəs*) *rz.* uprzejmość, subtelność, piękność; delikatność; **-ty** *rz.* subtelność, skrupulatność; drobiazgowość.
niche (*nī'cz*) *rz.* nisza, zagłębienie, framuga.

nick (*ni'k*) *rz.* szczerba; właściwa chwila; ~, *cz.* robić karby, nacięcia, szczerby; trafić (szczęśliwie); naciąć.
nickel (*ni'kɛl*) *rz.* nikiel; 5 centów (moneta amerykańska).
nicknack (*ni'knæk*) patrz **knicknack.**
nickname (*ni'knejm*) *rz.* przezwisko, przydomek; ~, *cz.* przezwać.
nicotine (*ni'kotīn*) *rz.* nikotyna.
nict-ate, -itate (*ni'ktejt, ni'ktitejt*) *cz.* mrugać (oczami); **-ation, -itation** (*niktitej'szɛn*) *rz.* mruganie.
niddle-noddle (*ni'dɛl-no'dɛl*) *pm.* chwiejny. [tów).
nide (*naj'd*) *rz.* gniazdo (bażan-
nidification (*nidifikej'szɛn*) *rz.* budowanie gniazd; ląg.
niece (*nī's*) *rz.* siostrzenica, bratanica.
niggard, -ly (*ni'gəd, -li*) *pm.* skąpy; ~, *rz.* skąpiec, sknera; kutwa; **-liness, -ness** (*-linəs, -nəs*) *rz.* sknerstwo, skąpstwo.
nigger (*ni'gə*) *rz.* negr, murzyn.
niggl-e (*ni'gɛl*) *cz.* ślęczeć nad drobiazgami; **-ing** *pm.* drobiazgowy; małostkowy.
nigh (*naj'*) *pm.* bliski, pobliski; ~, *ps.* blisko, prawie; niemal.
night (*naj't*) *rz.* noc; at ~, wieczorem; in the dead of ~, późną nocą; **-cap** *rz.* szlafmyca; trunek na sen; **-fall** *rz.* zmrok; **-gown** *rz.* szlafrok; **-hawk** *rz.* ptak nocny, złodziej; **-long** całonocny; **-ly** (*-li*) *pm.* nocny; ~, *ps.* co noc; **-mare** *rz.* mara nocna; **-shade** *rz* jagoda nocna; **-shirt** *rz.* koszula nocna; **-'s-lodging** nocleg; **-watch** *rz.* nocna warta.
nightingale (*naj'tiŋgejl*) *rz.* słowik. [niawy.
nigrescent (*najgre'sənt*) *pm.* czar-
nihil-ism (*naj'hilizɛm*) *rz.* nihilizm; **-ist** (*-ist*) *rz.* nihilista; **-ty** (*najhi'liti*) *rz.* nicość.
nil (*ni'l*) *rz.* nicość; nic; zero.
nill (*nil*) *cz.* nie chcieć; will he ~ he, rad nie rad.
nimble (*ni'mbɛl*) *pm.* zwinny, zręczny, pojętny; **-fingered** *pm.* zręczny; **-footed** *pm.* lekkonogi; **-ness** (*-nəs*) *rz.* zwinność; żwawość, chyżość.
nimbus (*ni'mbəs*) *rz.* nimb (*mitol.*); aureola.
nincompoop (*ni'nkəmpūp*) *rz.* dureń, półgłówek.
nine (*naj'n*) *licz.* dziewięć, dziewięcioro; ~, *rz.* dziewiątka; to -s, bez zarzutu; jak z igiełki; **-fold** *pm.* dziewięciokrotny, dziewięcioraki; **-pins** (*naj'npins*) *rz.* kręgle; **-teen** (*najntī'n*) *licz.* dziewiętnaście; **-teenth** (*najntī'nþ*) *pm.* dziewiętnasty; **-tieth** (*naj'ntiɛþ*) *pm. rz.* dziewięćdziesiąty; ~, *rz.* jedna dziewięćdziesiąta; **-ty** (*naj'nti*) *licz.* dziewięćdziesiąt.
ninny (*ni'ni*) *rz.* głupiec; ciapa.
ninth (*naj'nþ*) *pm.* dziewiąty; ~, *rz.* jedna dziewiąta.
nip (*ni'p*) *rz.* uszczypnięcie, przymrozek; przycinek; ~, *cz.* uszczypnąć, odciąć; zwarzyć rośliny zimnem; dociąć, dokuczyć; ~ in the bud, stłumić w zarodku; **-per** (*-ə*) *rz.* ząb przedni konia; **-pers** *rz. lmn.* szczypce.
nipple (*ni'pɛl*) *rz.* sutka, cycek; brodawka (na piersiach); **-wort** *rz.* (*bot.*) mlecz.
nit (*ni't*) *rz.* gnida.
nitr-ate (*naj'trət*) *rz.* saletrzan, potassium ~, saletrzan potasu; **-e** (*naj'tə*) *rz.* saletra, saletrzan potasu lub sodu; **-ic** (*naj'trik*) *pm.* azotowy; **-ogen** (*naj'trodżɛn*) (*chem.*) azot; **-oglycerine** (*najtrogli'sərin*) *rz.* nitrogliceryna; **-ous** (*naj'trəs*) *pm.* saletrzany; saletrowy.
nix (*ni'ks*) *w.* (gwara) uwaga; ~, *sp.* nic.
nixie (*ni'ksi*) *rz.* rusałka.
no (*nou'*) *ps.* nie; bynajmniej; ~, *pm.* żaden; whether or ~, czy tak czy nie; in ~ time migiem; ~ man, ~ one, nikt; ~ more, więcej nie, już nie; ~ sooner, nieledwie.
nob (*no'b*) *rz.* (gwara) łeb; ważna osoba; **-by** (*-i*) *pm.* elegancki.
nobilit-ate (*nobi'litejt*) *rz.* nobilitować, uszlachcić, nadać szlachectwo; **-y** *rz.* szlachta, arystokracja; parowie Anglji; szlachetność.
noble (*nou'bɛl*) *pm.* szlachecki, arystokratyczny; sławny, zna-

mienity; wspaniały; szlachetny, wielkoduszny; **-man** *rz.* szlachcic; par Anglji; **-ness** (*-nəs*) *rz.* wysokie urodzenie, szlachetność; **-woman** *rz.* pani zacnego rodu.
nobody (*nou'bodi*) *z.* nikt.
nock (*no'k*) *rz.* karb, nacięcie.
noctambulant (*noktæ'mbjulənt*) *pm.* lunatyczny.
noctivagant (*nokti'wəgənt*) *pm.* chodzący po nocy.
noctu-rnal (*noktə̄nɛl*) *pm.* nocny; **-rne** (*no'ktə̄n*) *rz.* nokturn (*muz.*).
nod (*no'd*) *rz.* pochylenie się, skinienie; kiwnięcie głową; ukłon; ~, *cz.* pochylić się; skinąć głową; kiwnąć.
noddle (*no'dɛl*) *rz.* głowa, łepetyna; łeb.
noddy (*no'di*) *rz.* głupiec; gamoń.
nod-e (*nou'd*) *rz.* węzeł; guz, kolanko (rośliny); **-ose** (*nodou's*) *pm.* węzłowaty; guzowaty; z kolankami; **-osity** (*nodo'siti*) *rz.* węzły, guzy; kolanka; sękowatość; **-ular** (*no'dżjulə*) *pm.* węzłowaty, sękowaty, guzowaty; **-ule** (*no'dżjul*) *rz.* węzełek, guzełek, kolanko; **-us** (*nou'dəs*) *rz.* sęk.
nog (*no'g*) *rz.* kołek; ~, *cz.* zakołkować.
noggin (*no'gin*) *rz.* kubek, kufel.
nohow (*nou'hau*) *ps.* nijak, żadnym sposobem.
noil (*noj'l*) *rz.* wyczesek, wyczeski.
nois-e (*noj'z*) *rz.* hałas, wrzawa, krzyk; harmider; zgiełk; ~, *cz.* robić hałas; rozgłosić, roztrąbić (abroad); **-e in the ear**, dzwonienie w uchu; **-eless** *pm.* cichy, spokojny; **-iness** (*-inəs*) *rz.* hałaśliwość; **-y** (*-i*) *pm.* huczny, szumny, hałaśliwy, krzykliwy.
noisome (*noj'səm*) *pm.* szkodliwy, niezdrowy; śmierdzący; **-ness** *rz.* szkodliwość, przykrość, fetor.
noll (*no'l*) *rz.* ciemię.
nomad (*no'məd*) *rz.* nomada, koczownik; ~, **-ic** (*nomæ'dik*) *pm.* koczowniczy; koczujący, wędrujący; **-ism** (*-izɛm*) *rz.* koczowniczość.
nomenclature (*no'mənklejczə*) *rz.* nomenklatura, spis; katalog.
nomin-al (*no'minɛl*) *pm.* nominalny, imienny; tytularny; **-ate** (*no'minejt*) *cz.* mianować; nazwać; **-ation** (*nominej'szɛn*) *rz.* nominacja; zamianowanie; postawienie kandydatury; **-ative** (*no'minətiw*) *pm.* nominacyjny, mianujący; ~, **~case** *rz.* (*gram.*) przypadek pierwszy, mianownik; **-ator** (*no'minejtə*) *rz.* mianujący; **-ee** (*nominī'*) *rz.* nominat, kandydat.
non (*no'n*) przedrostek wyrażający przeczenie; nie-; **-acceptance** (*nonækse'ptɛns*) *rz.* nieprzyjęcie; **-admission** (*-ədmi'szɛn*) *rz.* niedopuszczenie; **-age** (*no'nɛdż*) *rz.* niepełnoletność; małoletność; **-appearance** (*-əpī'rɛns*) *rz.* niestawienie się; **-attendance** (*-əte'ndəns*) *rz.* nieobecność; **-commissioned officer** (*-komi'szɛnd-o'fisə*) *rz.* podoficer; **-compliance** (*-komplaj'əns*) *rz.* niestosowanie się, wzbranianie się; **-conductor** (*kondă'ktə*) *rz.* zły przewodnik (ciepła, elektr.); **-conformity** *rz.* nonkonformizm; **-contagious** (*-kontej'dżəs*) *pm.* niezaraźliwy.
nonce (*no'ns*) *rz.* **for the** ~, na ten jeden raz.
nonchalant (*no'nszələnt*) *pm.* niedbały, obojętny.
nondescript (*no'ndeskript*) *pm.* nieopisany.
none (*nă'n*) *z.* żaden, ani jeden, nikt; ~, *ps.* bynajmniej, wcale nie; ~**the less**, niemniej jednak.
non-entity, -existence (*none'ntiti -ɛgzi'stɛns*) *rz.* nieistnienie; rzecz nieistniejąca, nicość; zero.
nonesuch (*nă'nsă'cz*) *rz.* ideał; szczyt.
nonessential (*nonese'nszɛl*) *pm.* nieistotny.
nonfulfilment (*nonfulfi'lmənt*) *rz.* niespełnienie.
non-pareil (*nonpəre'l*) *rz.* czcionki nonparel; gatunek jabłek; **-payment** (*-pej'mənt*) *rz.* niezapłacenie; **-performance** (*-pəfō'məns*) *rz.* niedopełnienie; **-plus** (*nonplă's*) *rz.* kłopot, zmieszanie; ~, *cz.* zakłopotać.
non-resident (*nonre'zidənt*) *pm.* dojeżdżający; **-resistance** (*-rəzi'stəns*) *rz.* niestawianie oporu, powolność.

non-sense (*no'nsəns*) *rz.* nonsens; absurd; drobnostka; bzdury; **-sensical** (*-se'nsikɛl*) *pm.* bezsensowny; niedorzeczny; **-solution** (*-soljū'szɛn*) *rz.* nierozwiązanie; **-solvence, -solvency** (*-so'lwəns-i*) *rz.* niewypłacalność; **-solvent** (*-so'lwənt*) *pm.* niewypłacalny; ~, *rz.* bankrut; **-such** patrz **nonesuch**; **-suit** (*no'nsjūt*) *rz.* odsądzenie; **-suit** *cz.* odsądzić.

noodle (*nū'dɛl*) *rz.* dureń; głupiec.

nook (*nū'k*) *rz.* kąt, zakątek; kącik.

noon, -day, -tide (*nū'n*) *rz.* południe.

noose (*nū'z*) *rz.* pętla, pętlica; (*fig.*) sidło; ~, *cz.* usidlić.

nor (*nō'ə*) *spój.* ani też, i nie; neither... nor..., ani... ani.

norm (*nō'm*) *rz.* norma, zasada; **-al** (*-ɛl*) *rz.* prostopadła (*mat.*); ~, *pm.* normalny, prawidłowy; prostopadły; **-school** seminarjum nauczycielskie.

Norman (*nō'mən*) *rz.* Normandczyk; ~, *pm.* normandzki.

Norse (*nō's*) *pm.* staronorweski.

north (*nō'ꝥ*) *rz.* północ; strona północna; wiatr północny; ~, *pm.* północny; ~, *ps.* ku północy, na północ; **-east** (*noꝥī'st*) *rz.* północny wschód; **-eastern** (*noꝥī'stən*) *pm.* północnowschodni; **-easterly** *pm.* północnowschodni; **-er** (*-ə*) *rz.* wiatr z północy; **-erly, -ern** (*nō'ꝥəli, nō'ꝥən*) *pm.* północny; **-erly** *ps.* ku północy, z północy; **-erner** (*-nō'ꝥənə*) *rz.* mieszkaniec północy; **-ern lights** *rz. lmn.* zorza północna; **-ernmost** *pm.* najbardziej na północ wysunięty; **-ward, -wards** (*-uəd*) *ps.* ku północy, w kierunku północnym; **-west** (*nōꝥuɛ'st*) *rz.* północo-zachód; ~, *pm.* północnozachodni; **-western** *pm.* północnozachodni.

Norwegian (*nōuī'dżɛn*) *rz.* Norwegczyk; ~, *pm.* norweski.

nose (*nou'z*) *rz.* nos; węch; zapach; dziób (okrętu); make a long ~, zrobić kwaśną minę; bite (snap) one's ~ off, dać komuś po nosie; ~, *cz.* wsadzać nos; węszyć; **-bag** *rz.* worek na obrok; **-bleed** *rz.* krwawienie z nosa; **-gay** (*-gej*) *rz.* bukiet; **-less** *pm.* bez nosa, nie mający nosa; **-r** *rz.* wiatr ztyłu.

nosology (*noso'lodżi*) *rz.* naukowa klasyfikacja chorób.

nostalgia (*nostæ'ldżiə*) *rz.* tęsknota (za krajem), nostalgja.

nostril (*no'stril*) *rz.* dziurka w nosie, nozdrze.

nostrum (*no'strəm*) *rz.* zachwalany środek (leczniczy).

nosy (*nou'zi*) *pm.* długonosy; niepachnący; zaprzały.

not (*no't*) *ps.* nie; ~ at all, wcale nie; bynajmniej; ~ that I know of, o ile ja wiem to nie; ~**yet** jeszcze nie; ~**till**, nie wprzódy aż; ~ so much as, ani nawet.

notab-ility (*noutəbi'liti*) *rz.* znakomitość; rzecz godna uwagi; **-le** (*nou'təbɛl*) *pm.* zasługujący na uwagę, znakomity, wyróżniający się; znaczny; **-le** (*no'təbɛ'*) *pm.* ruchliwa, gospodarna (kobieta); **-les** *rz. lmn.* (*hist.*) magnaterja.

nota-rial (*notē'riəl*) *pm.* notarjalny; **-ry** (*nou'təri*) *rz.* notarjusz, rejent; ~ public, rejent.

notation (*notej'szɛn*) *rz.* notacja, oznaczanie.

notch (*no'cz*) *rz.* nacięcie, karb, znak; rowek, szczerba; wcięcie; ~, *cz.* karbować, robić znaki, nacięcia.

note (*nou't*) *rz.* nota, zapisek; adnotacja; notatka; bilecik; nota (dyplomatyczna); (*muz.*) nuta, nuty; znamię; uwaga; stopień; rachunek; weksel; znaczenie; reputacja; ton, głos; cecha; take ~ of, zanotować sobie, zapisać; promissory ~, weksel; bank ~, banknot; ~ paper, papier listowy; ~ of exclamation, wykrzyknik; ~, *cz.* notować, zaznaczyć, napisać; zauważyć; zanotować; oznaczyć; uważać; **-book** *rz.* notatnik; **-d** (*-ɛd*) *pm.* znany, sławny, głośny; **-worthy** (*-uə'ði*) *pm.* godny uwagi.

nothing (*nă'ꝥiŋ*) *z.* nic; ~, *rz.* drobnostka, nic; ~, *ps.* wcale nie, bynajmniej, żadną miarą; ~ doing, (gwara) nic z tego; make ~ of, nic sobie nie robić z; nie rozumieć; have ~ to do with, nie mieć nic wspólnego z; come

to ~, nie udać się, spełznąć na niczem; **-ness** (*-nəs*) *rz.* nicość.
noti-ce (*nou'tis*) *rz.* uwaga; zawiadomienie, ostrzeżenie; wypowiedzenie (warunku, umowy); spostrzeżenie; doniesienie; give ~, zawiadomić, wypowiedzieć; at short ~, w krótkim terminie; take ~, zważać; **-ce** *cz.* zauważyć; spostrzec; **-ceable** (*nou'tisəbɛl*) *pm.* zasługujący na uwagę, znaczny, spostrzegalny; **-fication** (*noutifikej'szɛn*) *rz.* zawiadomienie (urzędowe); obwieszczenie; oświadczenie; **-fy** (*nou'tifaj*) *cz.* zawiadomić, obwieścić; ogłosić; meldować.
notion (*nou'szɛn*) *rz.* myśl, pojęcie, wyobrażenie; zdanie; **-al** (*nou'szənɛl*) *pm.* spekulacyjny; urojony.
notori-ety (*noutəraj'əti*) *rz.* rozgłos; **-ous** (*notō'riəs*) *pm.* powszechnie znany, osławiony; notoryczny.
notwithstanding (*notuiðstæ'ndiŋ*) *ps.* i *sp.* niemniej jednak, jednakowoż; pomimo, chociaż; wszelako.
nought (*nō't*) *rz.* nic, zero; come to ~, spełznąć na niczem; bring to ~, zrujnować; set at ~, lekceważyć, wyśmiać.
noun (*nau'n*) *rz.* (*gram.*) rzeczownik, imię.
nourish (*nă'risz*) *cz.* karmić, żywić, utrzymywać (rodzinę); **-ing** (*-iŋ*) *pm.* pożywny; **-ment** *rz.* pożywienie, pokarm; posiłek; karmienie.
nous (*nau's*) *rz.* rozum.
novel (*no'wɛl*) *rz.* powieść; ~, *pm.* nowy, niezwykły; nowo zaprowadzony; **-ist** (*-ist*) *rz.* powieściopisarz; **-istic** (*nowəli'stik*) *pm.* powieściowy; **-ty** (*-ti*) *rz.* nowość.
November (*nowe'mbə*) *rz.* listopad.
novercal (*nowā'kɛl*) *pm.* macoszy.
novi-ce (*no'wis*) *rz.* nowicjusz, nowicjuszka; **-ciate, -tiate** (*nowi'sziɛt*) *rz.* nowicjat.
now (*nau'*) *ps.* i *sp.* teraz, obecnie; a więc; a gdy, a ponieważ; tedy; dopiero; otóż; owóż; even ~, właśnie, teraz; till ~, dotąd, do chwili obecnej; just ~, w tej chwili, właśnie, dopiero co; before ~, już przedtem; ~ and then, od czasu do czasu; **-adays**, w obecnych czasach.
no-way(s) (*nou'uej-z*), **-wise** (*-uajz*) *ps.* w żaden sposób, wcale nie; żadną miarą, bynajmniej; **-where** (*-uē'ə*) *ps.* nigdzie; ~~ near, ani trochę.
noxious (*no'kszəs*) *pm.* szkodliwy, zgubny; **-ness** (*-nəs*) *rz* szkodliwość, zgubność.
nozzle (*no'zɛl*) *rz.* pysk, ryjek; wylot.
[odcień.
nuance (*njū'əns, njua'ns*) *rz.*
nubile (*njū'bil*) *pm.* na wydaniu.
nucleus (*njū'kliəs*) *rz.* jądro, zarodek; zawiązek.
nude (*njū'd*) *pm.* nagi; goły; cielisty; (w prawie) gołosłowny; ~, *rz.* (*mal.*) akt; in the ~, nago.
nudity (*njū'diti*) *rz.* nagość; cielistość.
nudge (*nă'dż*) *cz.* trącić łokciem; ~, *rz.* trącenie łokciem.
nugatory (*njū'gətəri*) *pm.* czczy, błahy; nieskuteczny; nieważny.
nugget (*nă'gət*) *rz.* bryłka, grudka (złota lub srebra).
nuisance (*njū'sɛns*) *rz.* szkodliwość; rzecz przykra, niedogodna, nudna; nudziarstwo; nudziarz; szkodnik; nieczystość.
null (*nă'l*) *pm.* nieważny; nieobowiązujący; nieistniejący; **-ify** (*nă'lifaj*) *cz.* unieważnić; znieść, skasować; **-ity** (*nă'liti*) *rz.* nieważność, nicość.
numb (*nă'm*) *pm.* zdrętwiały, ścierpły; ~, *cz.* zdrętwić; **-ness** (*-nəs*) *rz.* zdrętwienie.
number (*nă'mbə*) *rz.* liczba; cyfra; numer (kolejny); szereg (w znaczeniu liczby); poszyt; ~, *cz.* liczyć, wyliczać, policzyć, rachować, numerować; wliczyć; **-less** *pm.* niezliczony; **-s** *rz. lmn.* liczebność; stopa wiersza.
numer-able (*njū'mərəbɛl*) *pm.* obliczalny; **-al** (*njū'mərɛl*) *rz.* cyfra; liczebnik; ~, *pm.* liczbowy, cyfrowy; liczebny; **-ation** (*njumerej'szɛn*) *rz.* obliczanie, wyliczanie, numeracja; **-ator** (*njū'mərejtə*) *rz.* licznik (ułamka); obliczający; **-ical** (*njume'rikɛl*) *pm.* cyfrowy, liczbowy; **-ous** (*njū'mərəs*) *pm.* liczny, mnogi, harmonijny, rytmiczny.

numismatic, -al (*njumizmæ'tik, -ɛl*) *pm.* numizmatyczny; **-s** *rz. lmn.* numizmatyka; nauka o monetach.
nummary (*nă'məri*) *pm.* pieniężny.
numskull (*nă'mskăl*) *rz.* bałwan, tępa głowa, głupiec.
nun (*nă'n*) *rz.* zakonnica; **-nery** (*nă'nəri*) *rz.* klasztor żeński.
nunci-ature (*nă'nsziəczə*) *rz.* nuncjatura; **-o** (*nă'nsziou*) *rz.* nuncjusz.
nuncupat-ive, -ory (*nănkjū'pətiw, -təri*) *pm.* ustny (o testamencie).
nuptial (*nă'psɛɛl*) *pm* ślubny, weselny; małżeński; **-s** *rz. lmn.* wesele, ceremonja ślubna, ślub.
nurse (*nə̄'s*) *rz.* mamka, niańka; pielęgniarka; ~, *cz.* karmić piersią, niańczyć; opiekować się, wychowywać, wyhodować; pielęgnować; pieścić; wet ~, mamka; dry ~, niańka; put to ~, oddać na mamki; **-ry** (*-əri*) *rz.* izba dziecinna; szkółka drzewek, roślin; rozsadnik; hodowla; **-ry-maid** *rz.* niańka; **-ry-man** *rz.* hodowca; **-ling, nursling** (*nə̄'sliŋ*) *rz.* osesek, wychowanek, ulubieniec.
nurture (*nə̄'czə*) *rz.* żywienie; wychowanie; ~, *cz.* karmić, żywić; wychowywać, pielęgnować.
nut (*nă't*) *rz.* orzech; muterka; (gwara) głowa, rozum; for -s, za nic; **-brown** *pm.* bronzowy, orzechowy; **-cracker** *rz.* dziadek do orzechów; **-gall** *rz.* galasówka; **-hatch, -pecker,** sójka orzechówka (*orn.*); **-oil** *rz.* olej orzechowy; **-shell** *rz.* łupina orzecha; in a ~~, w kilku słowach; **-ting** (*-iŋ*) *rz.* zbieranie orzechów; **-tree** *rz.* orzech (drzewo).
nutation (*njutej'szɛn*) *rz.* skinienie głową; kiwnięcie.
nutmeg (*nə̄'tmeg*) *rz.* gałka muszkatowa; ~**-tree** *rz.* muszkat.
nutri-ent, -mental (*njū'triənt, njutrime'ntɛl*), **-tious** (*njutri'szəs*), **-tive** (*njū'tritiw*) *pm.* pożywny; posilny; **-ment, -tion** (*njū'trimənt, njutri'szɛn*) *rz.* pożywienie, pokarm; **-tiousness** (*-nəs*) *rz.* pożywność.
nuzzle (*nă'zɛl*) *cz.* ryć; przytulić [się.
nyctalops (*ni'ktəlops*) *rz.* widzący lepiej w nocy, niż we dnie.
nymph (*ni'mf*) *rz.* nimfa; **-ean** *ni'mfiən*) *pm.* zamieszkany przez nimfy; **-like** (*-lajk*) *pm.* podobna do nimfy.

O

o' (*ou*) skrót od **of,** lub **on**; przystawka irlandzka przy nazwiskach, oznaczająca pochodzenie rodowe.
oaf (*ou'f*) *rz.* bękart, idjota; niedołęga.
oak (*ou'k*), **-tree** *rz.* dąb; **-apple** *rz.* galas; **-bark** *rz.* kora dębowa; **-en** (*-n*) *pm.* dębowy; **-ling** (*-liŋ*) *rz.* dębczak.
oakum (*ou'kɛm*) *rz.* pakuły, kłaki.
oar (*ō'ə*) *rz.* wiosło; wioślarz; ~, *cz.* wiosłować, **-sman** (*ō'zmæn*) *rz.* wioślarz; **-y** (*ō'ri*) *pm.* wiosłowaty.
oasis (*ouej'sis*) *rz.* oaza.
oast (*ou'st*) *rz.* suszarnia (chmielu).
oats (*ou'ts*), *lmn. rz.* owies; sow one's wild ~, wyszumieć (o młodzieży); **-en** (*ou'tn*) *pm.* owsiany; **-meal** (*ou'tmīl*) *rz.* owsianka, mąka owsiana.
oath (*ou'þ*) *rz.* przysięga; przekleństwo; take one's ~, składać przysięgę; on ~, zaprzysiężony.
obdura-cy (*o'bdjurəsi*) *rz.* zatwardziałość (w złem); upór; **-te** (*-rət*) *pm.* zatwardziały, uparty.
obedien-ce (*obī'djəns*) *rz.* posłuszeństwo; **-t** (*-ənt*) *pm.* posłuszny.
obeisance (*obej'sɛns*) *rz.* ukłon; dyg.
obelisk (*o'bəlisk*) *rz.* obelisk.
obes-e (*obī's*) *pm.* otyły, tęgi; **-ity** (*obe'siti*) *rz.* otyłość.
obey (*obej'*) *cz.* być posłusznym, słuchać; usłuchać.

obfuscat-e (*o'bfăskejt*) *cz.* zaćmić; **-ion** (*obfăskej'szen*) *rz.* zaciemnienie.

obit (*o'bit*) *rz.* nabożeństwo żałobne; śmierć; **-uary** (*obi'tjuəri*) *rz.* zawiadomienie o śmierci; nekrolog; ~, *pm.* pośmiertny.

object (*o'bdżəkt*) *rz.* przedmiot, rzecz, objekt; cel; (*gram.*) przedmiot, dopełnienie; — no ~, — nie odgrywa roli; ~, (*obdże'kt*) *cz.* czynić zarzuty; oponować, sprzeciwiać się; ~ glass, szkiełko przedmiotowe (w mikroskopie); **-ion** (*obdże'kszen*) *rz.* sprzeciw, zarzut; if you have no ~, jeżeli Pan nic nie ma przeciwko temu; **-ionable** (*-əbel*) *pm.* niepożądany, niemiły, niesympatyczny; **-ive** (*obdże'ktiw*) *pm.* przedmiotowy, objektywny; ~, *rz.* (*gram.*) czwarty przypadek, biernik; **-iveness** (*-nəs*) *rz.* objektywność, przedmiotowość; **-ivism** (*-izem*) *rz.* objektywizm; **-or** (*obdże'ktə*) *rz.* przeciwnik, oponent; sprzeciwiający się.

objurga-te (*o'bdżəgejt*) *cz.* strofować, łajać; zgromić; **-tion** (*obdżəgej'szen*) *rz.* strofowanie; wyłajanie; zgromienie; **-tory** (*obżə'gətəri*) *pm.* strofujący, gromiący.

oblate (*o'blejt, oblej't*) *pm.* spłaszczony (przy biegunach).

oblation (*oblej'szen*) *rz.* obiata, ofiara.

oblig-ate (*o'bligejt*) *cz.* obowiązywać; **-ation** (*obligej'szen*) *rz.* zobowiązanie; obligacja; powinność; obowiązek; **-atory** (*o'bligətəri*) *pm.* obowiązkowy, obowiązujący; **-e** (*oblaj'dż*) *cz.* zobowiązać; zmusić, obowiązywać; nałożyć obowiązek; zniewolić; przysłużyć się; **-ee** (*oblidżī'*) *rz.* zobowiązany; **-ing** (*-iŋ*) *pm.* grzeczny, uprzejmy; **-or** (*o'bligōə*) *rz.* (w prawie) związany.

obliqu-e (*oblī'k*) *pm.* ukośny, skośny; pochyły; ~ angle, kąt ostry lub rozwarty; **-ely** (*-li*) *ps.* ukośnie; **-ity** (*obli'kuiti*) *rz.* ukośność.

oblitera-te (*obli'tərejt*) *cz.* wymazać, zmazać, zatrzeć; **-tion** (*oblitərej'szen*) *rz.* wymazanie, usunięcie, zatarcie.

oblivi-on (*obli'wiən*) *rz.* zapomnienie, niepamięć; act of ~, amnestja; **-ous** (*obli'wiəs*) *pm.* nie pamiętający; **-ousness** (*-nəs*) *rz.* zapominanie.

oblong (*o'bloŋ*) *pm.* podłużny; pociągły, podługowaty.

obloquy (*o'blokui*) *rz.* obmowa, zarzut, zła fama.

obnoxious (*obno'kszəs*) *pm.* szkodliwy; nieprzyjemny; **-ness** (*nəs*) *rz.* szkodliwość.

oboe (*ou'boi*) *rz.* oboj (*muz.*).

obol (*o'bol*) *rz.* obol, pieniądz grecki.

obscen-e (*obsī'n*) *pm.* plugawy, sprośny; **-ity** (*obse'niti*) *rz.* sprośność, bezwstyd; wszeteczność.

obscur-ant, **-antist** (*obskjū'rənt, -ist*) *rz.* obskurant; **-e** (*obskjū'ə*) *pm.* ciemny, niejasny, niezrozumiały; nieznany; zapoznany, skromny; **-e** *cz.* zaciemnić, przyciemnić, zaćmić; **-ity** (*obskjū'riti*) *rz.* ciemność, niezrozumiałość, zawiłość, ukrycie.

obsecration (*obsəkrej'szen*) *rz.* zaklinanie, prośby, błaganie.

obsequies (*o'bsəkuiz*) *rz. lmn.* pogrzeb; egzekwje.

obsequious (*obsī'kuiəs*) *pm.* uprzedzający, służalczy; **-ness** *rz.* płaszczenie się, służalczość.

observ-able (*obsə̄'wəbel*) *pm.* dostrzegalny; godny uwagi; **-ance** (*obsə̄'wens*) *rz.* przestrzeganie (praw); obrządek kościelny; obchodzenie (święta); wzgląd; uszanowanie; **-ant** (*-went*) *pm.* uważający, przestrzegający; **-ation** (*obsə̄wej'szen*) *rz.* zachowywanie, przestrzeganie, spostrzeżenie; uwaga; obserwacja; **-atory** (*obsə̄'wətəri*) *rz.* obserwatorjum; **-e** (*obz'ə̄w*) *cz.* zachowywać, przestrzegać; obchodzić (święto); stosować się do; obserwować; zauważyć; **-er** (*-ə*) *rz.* obserwator, przestrzegacz.

obsession (*obse'szen*) *rz.* opętanie, natręctwo, natarczywość, obsesja.

obsole-scence (*obsole'sens*) *rz.* wychodzenie z użycia; **-scent** *pm.* wychodzący z użycia; **-te** (*o'bsolīt*) *pm.* przestarzały.

obstacle (*o'bstəkel*) *rz.* przeszkoda, zawada.

obstetric, -al (*obste'trik-εl*) *pm.* akuszeryjny; **-s** *rz. lmn.* akuszerja.
obstina-cy (*o'bstinəsi*) *rz.* upór, uporczywość, wytrwałość; **-te** (*-nət*) *pm.* uparty, uporczywy, wytrwały; zacięty.
obstreperous (*obstre'pərəs*) *pm.* krzykliwy, wrzaskliwy, niesforny; hałaśliwy; huczny.
obstru-ct (*obstră'kt*) *cz.* tamować stać na przeszkodzie, zatrzymywać; zawadzać; **-ction** (*obstră'kszεn*) *rz.* zapchanie; zawada; zatamowanie; obstrukcja; przeszkoda; **-ctionist** (*-szənist*) *rz.* obstrukcjonista; **-ctive** (*-iw*) *pm.* tamujący, obstrukcyjny; **-ctive** *rz.* przeszkoda, zawada.
obtain (*obtej'n*) *cz.* uzyskać, dostać, osiągnąć, dostąpić; dopiąć; **-able** (*-abεl*) *pm.* osiągalny; **-ment** (*-mənt*) *rz.* osiągnięcie; uzyskanie, dostąpienie.
obtest (*obte'st*) *cz.* błagać, zaklinać.
obtru-de (*obtrū'd*) *cz.* narzucać co komu; **-sion** (*obtrū'żεn*) *rz.* natrętność; **-sive** (*-siw*) *pm.* natrętny.
obtund (*obtă'nd*) *cz.* stępić, przytępić.
obtuse (*obtjū's*) *pm.* tępy, przytępiony; rozwarty (kąt); **-ness** (*-nəs*) *rz.* tępość, stępienie; rozwartość (kąta).
obver-se (*o'bwəs*) *rz.* licowa strona; ~, *pm.* zwężający się ku górze; **-t** (*obwə̄'t*) *cz.* odwrócić.
obviate (*o'bwiejt*) *cz.* zapobiec; zaradzić; usunąć.
obvious (*o'bwiəs*) *pm.* oczywisty, jasny, rzucający się w oczy; **-ness** (*-nəs*) *rz.* oczywistość.
ocarina (*okərī'nə*) *rz.* okaryna, (instr. muz.).
occasion (*okej'żεn*) *rz.* stosowna pora, sposobność; wydarzenie, zdarzenie; okazja; przyczyna; **-s** *lmn.* sprawy, zajęcia; ~, *cz.* spowodować, wywołać; sprawić, zrządzić; **-al** (*-εl*) *pm.* przypadkowy; okolicznościowy.
occident (*o'ksidənt*) *rz.* zachód, kraje zachodu; **-al** (*okside'ntεl*) *pm.* zachodni.
occiput (*o'ksipεt*) *rz.* tył głowy.
occlusion (*oklū'żεn*) *rz.* zatkanie.
occult (*okă'lt*) *pm.* tajemny, tajemniczy; tajny; **-ation** (*okăltej'szεn*) *rz.* zakrycie gwiazdy (*astr.*); **-ism** (*okă'ltizεm*) *rz.* okultyzm; **-ness** (*-nəs*) *rz.* tajemniczość.
occup-ancy (*o'kjupənsi*) *rz.* zajęcie, objęcie w posiadanie, okupacja; **-ant** (*-pənt*) *rz.* okupant; posiadacz; **-ate** (*-pejt*) *cz.* objąć w posiadanie; posiadać; **-ation** (*okjupej'szεn*) *rz.* zajęcie; okupacja; **-ier** (*-pajə*) *rz.* posiadacz; **-y** (*o'kjupaj*) *cz.* zająć, objąć w posiadanie, zatrudniać.
occur (*okə̄'*) *cz.* wydarzyć się; przyjść na myśl; nawinąć się; przytrafić się; **-rence** (*okă'rεns*) *rz.* wydarzenie, traf; zdarzenie.
ocean (*ou'szεn*) *rz.* ocean; **-ic** (*ousziæ'nik*) *pm.* oceaniczny.
ochre (*ou'kə̄*) *rz.* ochra (*min.*); **-ous** (*ou'kriəs*) *pm.* zawierający ochrę, żółty jak ochra.
o'clock (*oklo'k*) na zegarze; 6 ~, 6-ta godzina.
octagon (*o'ktəgon*) *rz.* ośmiokąt; **-al** (*oktæ'gənεl*), *pm.* ośmiokątny.
octant (*o'ktənt*) *rz.* oktant.
octahedr-al (*oktəhī'drεl*) *pm.* ośmioboczny; **-on** (*-drən*) *rz.* ośmiościan.
octav-e (*o'ktejw*) *rz.* oktawa (święta); oktawa (*muz.*); **-o** (*oktej'wou*) *rz.* format in octavo.
octennial (*okte'niεl*) *pm.* powtarzający się co osiem lat; trwający osiem lat.
October (*oktou'bə*) *rz.* październik.
octo-genarian (*oktodżəne'riən*) *pm.* ośmdziesięcioletni starzec; **-pus** (*oktou'pεs*) *rz.* ośmionóg.
octuple (*o'ktjupεl*) *pm.* ośmiokrotny.
ocul-ar (*o'kjulə*) *pm.* oczny, naoczny; **-ist** (*-list*) *rz.* okulista.
odalisque, odalisk (*ou'dəlisk*) *rz.* odaliska.
odd (*o'd*) *pm.* nieparzysty; z okładem; dziwny; dziwaczny, nierówny; przypadkowy; oddzielny; ~ money, reszta; twenty ~, dwadzieścia kilka; **-ity** (*o'diti*), **-ness** (*-nəs*) *rz.* dziwaczność, rzecz dziwna; nieparzystość; oryginał (osoba); **-s** (*o'dz*) *rz. lmn.* nierówne szanse; spór,

kłótnia, nierówność; różnica, przewaga; fory; korzyść; set at ~, poróżnić; -s and ends, resztki, odpadki.
ode (*ou'd*) *rz.* oda.
odeum (*odī'εm*) *rz.* odeon (*teatr*).
odi-ous (*ou'djəs*) *pm.* nienawistny, wstrętny; ohydny; obrzydły; **-ousness** (*-nəs*) *rz.* obmierzłość, ohydą; wstręt; **-um** (*ou'djəm*) *rz.* ohyda, sromota.
odor-iferous (*oudəri'fərəs*), **-ous** (*ou'dərəs*) *pm.* wonny, pachnący, woniejący.
odour (*ou'də*) *rz.* zapach; woń; ślad; be in bad ~, być źle widzianym; **-less** *pm.* bezwonny, bez zapachu.
oecumenical (*īkjume'nikεl*) *pm.* ekumeniczny, powszechny.
o'er (*ō'ə*) skrót od **over**.
oedema (*īdī'mə*) *rz.* wodna puchlina; **-tic** (*īdimæ'tik*), **-tous** (*īde'mətəs*) *pm.* puchlinowy.
oesophagus (*īso'fəgəs*) *rz.* przetyk.
of (*o'w*) *pi.* służy do tworzenia drugiego przypadku; przez, dla; z; o; od; nad; w; ze strony; ~ old, dawniej; ~ a sudden, nagle, raptem; ~ late, w ostatnim czasie; ~ an evening, wieczorami; ~ itself, samo przez się.
off (*o'f*) *pi. w. spój.* oznacza oddalanie się; precz; zdala, opodal, wara; be ~, odejść; hats ~! zdjąć czapki; two per cent ~, potrącając dwa procent; well ~, zamożny; ~ and on, z przerwami, ~ shore, w pobliżu lądu; hands ~! ręce przy sobie! ~ duty, po służbie, wolny; **-hand** *ps.* bez namysłu; od ręki; **-side** *rz.* poza obrębem przepisowym.
offal (*o'fεl*) *rz.* resztki; okruszyny; odpadki.
offen-ce (*ofe'ns*) *rz.* obraza, zgorszenie; przykrość; przekroczenie; take ~, czuć się dotkniętym, obrazić się; **-ceful** (*-ful*) *pm.* obraźliwy; **-celess** *pm.* niewinny; nieobrażający, nieszkodliwy; **-d** (*ofe'nd*) *cz.* obrażać, zgorszyć; wykroczyć przeciwko czemu; przewinić, urazić; **-der** *rz.* winowajca, napastnik; przestępca; **-sive** (*ofe'nsiw*) *pm.* obrażający; przykry; zaczepny; napastniczy; szkodliwy; ~, *rz.* ofensywa; take the ~, przejść do ofensywy, wystąpić zaczepnie; **-siveness** (*-nəs*) *rz.* zaczepność; obraza.
offer (*o'fə*) *rz.* oferta, propozycja, ofiara; ~, *cz.* ofiarować, dawać, proponować; nastręczyć (się); próbować, nadarzyć się; poświęcić; przedstawić; **-ing** (*-riŋ*) *rz.* ofiara; **-tory** (*o'fətəri*) *rz.* ofertorjum.
office (*o'fis*) *rz.* przysługa; obowiązek; stanowisko, urząd; biuro; służba; nabożeństwo; funkcja; be in ~, sprawować urząd; good **-s**, wpływy, wstawiennictwo; starania; **-r** (*-ə*) *rz.* oficer; *lmn.* władze; członek prezydjum; komisarz (*polic.*).
offici-al (*ofi'szεl*) *rz.* urzędnik; oficjał; ~, *pm.* urzędowy; oficjalny; **-ialism** (*ofi'szəlizεm*) *rz.* biurokratyzm; **-ally** (*-li*) *ps.* oficjalnie, urzędowo; **-ate** (*ofi'szjejt*) *cz.* sprawować urząd; odprawiać (nabożeństwo).
officinal (*ofi'sinεl*) *pm.* apteczny; leczniczy.
officious (*ofi'szəs*) *pm.* nieurzędowy; usłużny; natrętny; **-ness** (*-nes*) *rz.* natrętność.
off-ing (*o'fiŋ*) *rz.* pełne morze; in the ~, w dali; **-ish** (*-o'fisz*) *pm.* sztywny (w obejściu); **-scourings** (*o'fskoriŋz*) *rz.* wyrzutki, odpadki, męty; **-set** (*o'fset*) *rz.* odrośl, kompensata; początek (przest.); **-shoot** (*o'fszūt*) *rz.* latorośl; **-spring** (*o'fspriŋ*) *rz.* potomek; latorośl; potomstwo; skutek.
oft, -en, oftentimes, ofttimes (*o'ft, o'fn, -tajmz*) *ps.* często; nieraz, częstokroć.
ogee (*odżī'*) *rz.* dwułuk (*archit.*).
ogive (*ou'dżajw*) *rz.* ostrołuk.
ogle (*ou'gεl*) *rz.* oczkowanie; ~, *cz.* oczkować, strzelać oczami.
ogre (*ou'gə*) *rz.* olbrzym z **bajek**, pożerający ludzi.
oh (*ou'*) *w.* och, ach; ~ me! biada mi!
ohm (*ou'm*) *rz.* om (*elektr.*).
oil (*oj'l*) *rz.* oliwa, olej; olejek; ropa, nafta; castor ~, rycynus;

olive ~, oliwa; ~, *cz.* nasmarować; namaścić, naoliwić; **-cake,** makuchy; **-can** *rz.* oliwiarka; **-cloth** *rz.* cerata; **-colour** *rz.* farba olejna; ~ **field** *rz.* tereny naftowe; **-iness** *rz.* oleistość; **-man** *rz.* olejnik; **-mill** *rz.* olejarnia; **-painting** *rz.* malowanie olejnemi farbami; obraz olejny; **-skins** *rz. lmn.* nieprzemakalne spodnie i kaftan; **-y** (*-i*) *pm.* oleisty, zatłuszczony.

ointment (*oj'ntmənt*) *rz.* maść.

old (*ou'ld*) *pm.* stary, wiekowy; dawny, starodawny; be X years ~, mieć X lat; grow ~, zestarzeć się; ~ England, kochana Anglja; of ~, dawniej; ~ maid, stara panna; ~ **age** *rz.* starość; **-clothes-man** *rz.* tandeciarz; **-en** (*-n*) *pm.* stary, starodawny; dawny; **-fashioned** *pm.* staromodny; **-ish** (*-isz*) *pm.* podstarzały.

oleaginous (*ouliæ'dżinəs*) *pm.* oleisty.

oleander (*ouliæn'də*) *rz.* oleander.

oleaster (*ouliæ'stə*) *rz.* dzika oliwka (*bot.*).

oleomargarine (*ouliomā'gərīn, -rin*) *rz.* oleomargaryna.

olfactory (*olfæ'ktəri*) *pm.* węchowy.

olid (*o'lid*) *pm.* śmierdzący, slęchły.

oligarch (*o'ligāk*) *rz.* oligarcha, możnowładca; **-ic (al)** (*oligā'kik-el*) *pm.* oligarchiczny; **-y** (*o'ligāki*) *rz.* oligarchja.

olio (*ou'liou*) *rz.* mieszanina, bigos.

oliv-aceous (*oliwej'szəs*) *pm.* oliwkowy; **-ary** (*o'liwəri*) *pm.* owalny; **-e** (*o'liw*) *rz.* oliwka, drzewo oliwne; **-e** *pm.* oliwkowy.

olymp-iad (*oli'mpjəd*) *rz.* olimpjada; **-ian, -ic** (*oli'mpiən-ik*) *pm.* olimpijski; **-us** (*oli'mpεs*) *rz.* olimp.

omega (*ou'məgə*) *rz.* omega.

omelet (*o'mlet*) *rz.* omlet.

om-en (*ou'mən*) *rz.* znak; wróżba, prognostyk; omen; ~, *cz.* wróżyć, przepowiadać; **-inous** (*o'minəs*) *pm.* złowróżbny.

omentum (*oume'ntεm*) *rz.* błona kiszkowa (*anat.*).

omi-ssion (*omi'szεn*) *rz.* pominięcie; opuszczenie; **-it** (*omi't*) *cz.* pominąć; zaniedbać; omieszkać.

omnibus (*o'mnibəs*) *rz.* omnibus.

omni-farious (*omnifē'riəs*) *pm.* najrozmaitszy; wszelaki; **-fic** (*omni'fik*) *pm.* wszystkotwórczy.

omnigenous (*omni'dżənəs*) *pm.* wszelkiego rodzaju.

omni-potence (*omni'potəns*) *rz.* wszechmoc; **-potent** (*-tεnt*) *pm.* wszechmocny; **-presence** (*omnipre'zəns*) *rz.* wszechobecność; **-present** (*-nt*) *pm.* wszechobecny.

omni-science (*omni'szjəns*) *rz.* wszechwiedza; **-scient** (*-ənt*) *pm.* wszechwiedzący.

omniumgatherum (*o'mniεmgæ'-ðərem*) *rz.* zbieranina.

omnivorous (*omni'worəs*) *pm.* wszystkożerny.

omoplate (*o'mouplejt*) *rz.* łopatka (*anat.*).

on (*o'n*) *pi. w.* i *ps.* na; przy; po; pod; nad; dalej; z; dalej! żwawo! ciągle; po czasown. oznacza posuwanie się naprzód lub kontynuowanie czegoś: go ~, iść dalej; read ~, czytać dalej; ~ purpose, celowo, umyślnie; he had a cap ~, miał czapkę na głowie; and so ~, i tak dalej; get ~, robić postępy; ~ and ~, ustawicznie, wciąż; ~ and off, z przerwami.

onager (*o'nadżə*) *rz.* dziki osieł.

onanism (*o'nənizεm*) *rz.* onanizm.

once (*uă'ns*) *ps.* raz, pewnego razu; przedtem, dawniej; niegdyś; kiedyś; ~ upon a time, pewnego razu, kiedyś, dawno temu; at ~, natychmiast; all at ~, raptem, nagle; this ~, tym razem, na ten raz; ~ for all, raz na zawsze; ~ in a while, zrzadka.

one (*uă'n*) *z.* i *pm.* jeden, pewien, niejaki; ~, *z. osob.*, wyraża się po polsku formą nieosobową czasownikow np.: ~ newer knows, nigdy się nie wie; ~ by ~, jeden za drugim, pokolei; ~ and all, wszyscy co do jednego; such a ~ taki to; we are at ~, jesteśmy zgodni że...; **-eyed** *pm.* jednooki; **-fold** *pm.* pojedynczy; **-ness** *rz.* jedność; **-sided** *pm.* jednostronny; **-step** *rz.* one step (taniec).

onerous (*on'ərəs*) *pm.* uciążliwy, obarczający. [sobie.

oneself (*uănsε'lf*) *z.* się, siebie,

onion (*ă'njən*) *rz.* cebula.
only (*ou'nli*) *ps.* tylko, jedynie; jeno; ~, *pm.* jedyny.
onomatopoeic (*onomætopī'ik*) *pm.* onomatopeiczny.
on-set, -slaught (*o'nset, o'nslōt*) *rz.* atak, szturm, napaść; uderzenie.
onto (*ontū'*) *pi.* do, ku, na, przy.
ontology (*onto'lodżi*) *rz.* antologja.
onus (*ou'nəs*) *rz.* ciężar.
onward (*o'nuəd*), **-s** *ps.* naprzód, dalej.
onyx (*o'niks*) *rz.* onyks.
ooze (*ū'z*) *rz.* szlam, odpływ; dębnik (do garbowania); ~, *cz.* sączyć się, ciec.
opa-city (*opæ'siti*) *rz.* nieprzezroczystość, ciemność; **-que** (*opej'k*) *pm.* nieprzezroczysty, ciemny, mętny.
opal (*oupɛl*) *rz.* opal; **-escence** (*opəle'səns*) *rz.* opalizacja; **-escent, -ine** (*ou'pəlajn*) *pm.* opalowy, opalizujący.
ope (*ou'p*) *pm.* (poetyczn.) = **open.**
open (*ou'pn*) *pm.* otwarty; nieosłonięty; jawny, publiczny; ~, *cz.* odemknąć, otwierać (się); odkryć; rozpoczynać; rozkwitnąć; przeciąć (wrzód); rozwinąć się; ~ air, świeże powietrze; **-eyed** *pm.* baczny, czujny; **-handed** *pm.* hojny; szczodry; **-hearted** *pm.* szczery; **-ing** (*-iŋ*) *rz.* otwór, rozpoczęcie, otwarcie; możliwość (karjery, powodzenia); **-minded** *pm.* z otwartą głową; **-ness** (*-nəs*) *rz.* otwartość.
opera (*o'pərə*) *rz.* opera; **-glass** *rz.* lornetka; **-hat** *rz.* cylinder składany, klak.
opera-te (*o'pərejt*) *cz.* działać, prowadzić; wykonywać, operować (*chir.*); **-tion** (*opərej'szεn*) *rz.* operacja, działanie, czynność; **-tive** (*o'pərətiw*) *rz.* robotnik; ~, *pm.* działający, czynny; operacyjny; skutkujący.
operculum (*opə̄'kjulεm*) *rz.* przykrywka (*bot.*).
operose (*o'pərəs*) *pm.* pracowity.
ophidian (*ofi'diən*) *pm.* wężowy.
ophite (*ou'fajt*) *rz.* wężownik.
ophthalm-ia (*ofþæ'lmiə*) *rz.* zapalenie oczu; **-ic** (*-ik*) *pm.* oftalmiczny; oczny; **-ology** (*ofþəlmo'lodżi*) *rz.* oftalmologja.
opiate (*ou'piət*) *rz.* opjat; lekarstwo usypiające; ~, *pm.* narkotyczny, nasenny.
opin-e (*opaj'n*) *cz.* sądzić, wyrażać opinję; być zdania; **-ion** (*opi'njən*) *rz.* mniemanie, sąd, opinja; pogląd; zdanie; **-ionated, -ionative** (*opin'jənejtεd, opi'niənətiw*) *pm.* uparty.
opium (*ou'piəm*) *rz.* opjum.
opodeldoc (*opode'ldək*) *rz.* olejek kamforowy.
opossum (*opo'sεm*) *rz.* dydelf (*zool.*).
oppidan (*o'pidən*) *rz.* mieszczanin; eksternista (w Eton).
oppilation (*opilej'szεn*) *rz.* zapchanie, zatkanie; obstrukcja.
opponent (*opou'nənt*) *rz.* oponent, przeciwnik; ~, *pm.* przeciwny.
opportun-e (*o'potjūn*) *pm.* dogodny, odpowiedni; stosowny; właściwy; **-ity** (*opotjū'niti*) *rz.* dogodna pora; sposobność, okazja; **-ism** (*opotjū'nizεm*) *rz.* oportunizm; **-ist** (*-ist*) *rz.* oportunista.
oppos-e (*opou'z*) *cz.* przeciwstawiać; sprzeciwiać się, zwalczać; **-ed** (*opou'zd*) *pm.* przeciwny; **-ite** (*o'pozit*) *pm.* przeciwległy, przeciwny; inny; ~, *rz.* przeciwieństwo; **-iteness** (*o'pozitnəs*) *rz.* przeciwieństwo; **-ition** (*opozi'szεn*) *rz.* przeciwieństwo, opór, opozycja; sprzeczność; **-itionist** (*opozi'szənist*) *rz.* opozycjonista; **-itive** (*opo'zitiw*) *pm.* opozycyjny.
oppress (*opre's*) *cz.* ciemiężyć, gnębić; **-ion** (*opre'szεn*) *rz.* ciemiężenie, ucisk; **-ive** (*-iw*) *pm.* dotkliwy, gnębiący; uciążliwy; **-iveness** (*-iwnəs*) *rz.* ciemiężenie, dotkliwość; **-or** (*-ə*) *rz.* ciemięzca.
opprobri-ous (*oprou'briəs*) *pm.* sromotny, niecny, haniebny; **-ousness** (*-nəs*) *rz.* haniebność; sromota; **-um** (*-briəm*) *rz.* hańba, sromota.
oppugn (*opjū'n*) *cz.* zwalczać; zbijać; **-ancy** (*opă'gnənsi*) *rz.* opieranie się; zbijanie; **-ant** (*opă'gnənt*) *pm.* zwalczający; **-er** (*opă'gnə*) *rz.* zwalczający, przeciwnik.
optative (*o'ptətiw*) *pm.* życzący.
optic, -al (*o'ptik -εl*) *pm.* optyczny; **-ian** (*opti'szεn*) *rz.* optyk; **-s** *rz. lmn.* optyka.

optim-ism (*o'ptimizem*) *rz.* optymizm; **-ist** (*-ist*) *rz.* optymista; **-istic** (*optimi'stik*) *pm.* optymistyczny.
option (*o'pszen*) *rz.* prawo wyboru, (wolny) wybór; opcja; **-al** (*o'pszenel*) *pm.* pozostawiony do wyboru; dowolny.
opulen-ce, -cy (*o'pjulens, -si*) *rz.* dostatki, zamożność; bogactwo; **-t** (*-ent*) *pm.* dostatni, zamożny; bogaty.
opuscule (*opă'skjūl*) *rz.* dziełko, drobny utwór.
or (*ō'e*) *sp.* lub, albo; *pi.* i *ps.* nim, przedtem; **~ever, ~ere** przedtem, zanim (przest.); either ..., ~ ..., albo, albo; **~else,** inaczej; w przeciwnym razie; ~, *rz.* (*herald.*) złoty kolor.
orac-le (*o'rekel*) *rz.* wyrocznia; **-ular** (*orak'jule*) *pm.* wyroczny; wyrokujący. [ustnie.
oral (*ō'rel*) *pm.* ustny; **-ly** *ps.*
orange (*o'rendż*) *rz.* pomarańcza; **-coloured** *pm.* pomarańczowy; **-ry** (*o'rendżri*) *rz.* oranżerja.
orangeman (*o'rendżmen*) *rz.* członek stowarzyszenia dla popierania protestantyzmu w Irlandji.
orang-outang, -utan (*ora'ngūtæ'ng*) *rz.* orangutang (*zool.*).
orat-ion (*orej'szen*) *rz.* uroczysta przemowa; oracja; **-or** (*o'rete*) *rz.* mówca; **-orical** (*oreto'rikel*) *pm.* oratorski; krasomówczy; **-orio** (*oretō'riou*) *rz.* (*muz.*) oratorjum; **-ory** (*o'reteri*) *rz.* krasomówstwo; swada; kaplica.
orb (*ō'b*) *rz.* krąg, kula, ciało niebieskie; koło; orbita; **-icular** (*obikju'le*) *pm.* kulisty, okrągły, sferyczny; **-iculate** (*ōbi'kjulet*) *pm.* zaokrąglony, kolisty; **-it** (*-it*) *rz.* orbita; oczodół (*anat.*).
orchard (*ō'czed*) *rz.* sad (owocowy).
orchestra (*ō'kestre*) *rz.* orkiestra; **-l** (*orke'strel*) *pm.* orkiestralny.
orchid, orchis (*ō'kid, ō'kis*) *rz.* or-orchideja, storczyk (*bot.*); **-aceous** (*ōkidej'szes*) *pm.* storczykowaty.
ordain (*ōdej'n*) *cz.* wyświęcać (na (księdza), zrządzić; **-ment** (*-ment*) *rz.* zarządzenie.
ordeal (*ō'dīl*) *rz.* próba, doświadczenie; fire ~, water ~, próba ognia, wody.
order (*ō'de*) *rz.* porządek; szyk; rząd; zakon; order; klasa społeczna; stan; ranga; rodzina (w naukach przyrodn.); rozkaz, zlecenie; przekaz; przepis, regulamin; in ~ to, aby, celem; to ~, na zamówienie; by ~, z polecenia; in ~, w porządku; out of ~, in bad ~, nie w porządku, zepsuty; **-s** *rz. lmn.* święcenia; ~, *cz.* uporządkować, uszykować; rozkazać; kazać; zamówić; **-less** *pm.* nieporządny, bezładny; **-lessness** *rz.* nieład; **-liness** (*-lines*) *rz.* ład, stateczność; porządek; **-ly** (*-li*) *rz.* dyżurny; **-ly** *pm.* porządny, stateczny; **~-bin** kosz na odpadki.
ordin-al (*ō'dinel*) *pm.* porządkowy; **-ance** (*-nens*) *rz.* przepis, reguła; **-arily** (*ō'dinerili*) *ps.* zwykle, zwyczajnie; porządnie; pospolicie; **-ary** (*-neri*) *rz.* sędzia duchowny, biskup; obiad urzędowy; ~, *pm.* zwykły, zwyczajny, regularny; pospolity, prosty; in ~, stały; zakładowy (lekarz); **-ate** (*ō'dinet*) *rz.* ordynata (*geom.*); **-ation** (*ōdinej'szen*) *rz.* wyświęcanie; ustanowienie; porządek.
ordnance (*ō'dnens*) *rz.* amunicja; artylerja; intendentura.
ordure (*ō'dże, ō'djūe*) *rz.* brudy, nieczystości; sprośność.
ore (*ō'e*) *rz.* ruda.
organ (*ō'gen*) *rz.* organy, organ; przyrząd; barrel ~, street ~, katarynka; mouth ~, harmonijka; **-blower** *rz.* kataryniarz; **-ist** (*-enist*) *rz.* organista; **-loft** *rz.* chór; **-pipe** *rz.* piszczałka (organowa).
organ-ic (*ōgæ'nik*) *pm.* organiczny; **-ism** (*ō'genizem*) *rz.* organizm, ustrój; **-ization** (*ōgenizej'szen*) *rz.* organizacja; **-ize** (*-ajz*) *cz.* organizować; urządzić.
organzine (*ō'genzīn*) *rz.* jedwab skręcony.
orgasm (*ō'gezem*) *rz.* wzburzenie krwi (*med.*).
orgeat (*ō'dżeæt*) *rz.* orszada (napój).
orgy (*ō'dżi*) *rz.* orgja.
oriel (*ō'riel*) *rz.* wykusz (*archit.*).
orient (*ō'rient*) *rz.* wschód; ~, *pm.* wschodni; ~, *cz.* orjentować; zwracać ku wschodowi; **-al**

(*ōrie'ntɛl*) *rz.* mieszkaniec wschodu; **-al** *pm.* wschodni; **-alism** (*-əlizɛm*) *rz.* orjentalizm; **-alist** (*-əlist*) *rz.* orjentalista; **-ate** (*o'riəntejt*) *cz.* zwracać ku wschodowi, orjentować; **-ation** (*oriəntej'szɛn*) *rz.* skierowanie ku wschodowi, orjentacja, położenie.

orifice (*o'rifis*) *rz.* otwór, ujście.

origin (*o'ridżin*) *rz.* początek, źródło, pochodzenie; **-al** (*ori'dżinɛl*) *rz.* oryginał, pierwowzór; oryginał (osoba); źródło, pochodzenie; ~, *pm.* początkowy, pierwotny; oryginalny; ~ sin, grzech pierworodny; **-ality** (*oridżinæ'liti*) *rz.* oryginalność; **-ate** (*ori'dżinejt*) *cz.* zapoczątkować, dać początek; pochodzić, wynikać; **-ation** (*oridżinej'szɛn*) *rz.* początek; powstanie, pochodzenie; **-ator** (*ori'dżinejtə*) *rz.* rodzic, sprawca.

orion (*oraj'ən*) *rz.* gwiazdozbiór Orjon.

orison (*o'rizɛn*) *rz.* modlitwa.

orlop (*ō'ləp*) *rz.* najniższy pomost.

ormolu (*ō'molū*) *rz.* złocenie, pozłota, bronz dekoratywny.

ornament (*ō'nəmənt*) *rz.* ozdoba, dekoracja; ornamentacja; szaty liturgiczne, ornat; ~ (*ōnəme'nt*) *cz.* ozdobić, przystroić; **-al** (*ōnəme'ntɛl*) *pm.* ozdobny, zdobniczy; ornamentacyjny; **-ation** (*ōnəməntej'szɛn*) *rz.* ozdobienie, upiększenie, ornamentacja.

ornate (*ō'nejt, ō'nət*) *pm.* ozdobny, wykwintny; **-ness** (*-nəs*) *rz.* ozdobność.

ornitholog-ical (*ōni-, onajþolo'dżikɛl*) *pm.* ornitologiczny; **-ist** (*ōniþo'lodżist*) *rz.* ornitolog; **-y** (*ōniþo'lodżi*) *rz.* ornitologja, nauka o ptakach.

ornithorhyncus (*ōniþori'ŋkɛs, ornaj-*) *rz.* kaczodziób (*zool.*).

orography (*oro'grəfi*) *rz.* orografja.

orotund (*o'rotənd*) *pm.* górnolotny, bombastyczny.

orphan (*ō'fɛn*) *rz.* sierota; ~, *pm.* sierocy; **-age** (*o'fənɛdż*) *rz.* sieroctwo, sierociniec; **-hood** *rz.* sieroctwo.

orphic (*ō'fik*) *pm.* orficzny.

orpiment (*ō'pimənt*) *rz.* aurypigment, żółty arszenik; złotołusk (*chem.*).

orpine (*ō'pin*) *rz.* rozchodnik (*bot.*).

orrery (*o'rəri*) *rz.* przyrząd ilustrujący obrót planet.

orris (*o'ris*) *rz.* irys florencki (*bot.*); **-root** (*-rū't*) *rz.* korzeń fiołkowy (*bot.*).

ortho-dox (*ō'þədoks*) *pm.* prawowierny; prawosławny; **-doxy** (*-i*) *rz.* prawowierność; **-epy** (*oþou'ɛpi*) *rz.* nauka o prawidłowej wymowie; **-gonal** (*ōþo'gonɛl*) *pm.* prostokątny (*geom.*); **-graphic(al)** (*ōþəgræ'fik-ɛl*) *pm.* ortograficzny; **-graphy** (*oþō'grəfi*) *rz.* ortografja; **-paedic** (*ōþopī'dik*) *pm.* ortopedyczny; **-paedy** (*ō'þopīdi*) *rz.* ortopedja (*med.*).

ortolan (*ō'tolən*) *rz.* poświerka (*orn.*).

orts (*ō'ts*) *rz. lmn.* resztki, obrzynki, szczątki.

oscilla-te (*o'silejt*) *cz.* wahać się; **-tion** (*osilej'szɛn*) *rz.* wahanie, oscylacja; ruch wahadłowy; **-atory** (*o'silətəri*) *pm.* oscylacyjny, wahadłowy.

osculate (*o'skjulejt*) *cz.* całować; stykać się.

osier (*ou'żə*) *rz.* łozina.

osmanli (*o'smænli*) *rz.* osmanlis, turek.

ospray, osprey (*o'sprej*) *rz.* orzeł morski.

oss-eous (*o'səɛs*) *pm.* kostny; kościsty; **-icle** (*o'sikɛl*) *rz.* kostka; **-ification** (*osifikej'szɛn*) *rz.* skostnienie; **-ifrage** (*o'sifrɛdż*) *rz.* orzeł morski; **-ify** (*o'sifaj*) *cz.* skostnieć; **-uary** (*o'szuəri*) *rz.* kostnica.

ostensible (*oste'nsibɛl*) *pm.* okazowy; pozorny; os entacyjny.

ostensory (*oste'nsori*) *rz.* monstrancja.

ostenta-tion (*ostəntej'szɛn*) *rz.* ostentacja; okazałość; **-tious** (*ostəntej'szəs*) *pm.* ostentacyjny; okazały.

osteology (*ostio'lodżi*) *rz.* osteologja, nauka o kościach.

ostler (*o'slə*) *rz.* stajenny.

ostraci-sm (*o'strəsizɛm*) *rz.* ostracyzm; **-ze** (*-ajz*) *cz.* wygnać.

ostrich (*o'stricz*) *rz.* struś.

other (*ă'ðə*) *pm.* inny; drugi; the ~ day, onegdaj; some day or ~,

któregoś dnia; every ~ day, co drugi dzień; each ~, wzajemnie; some one or ~, ktokolwiek; **-s** *pl.* inni; **-wise** (*-uajz*) *ps.* inaczej; **-where** (*-uēə*) *ps.* gdzieindziej; **-while** (*-uajl*) *ps.* kiedyindziej.
otter (*o'tə*) *rz.* wydra.
ottoman (*o'tomæn*) *pm.* otomański; ~, *rz.* turek; ~, *rz.* otomanka (mebel).
ouch (*au'cz*) *rz.* brosza, klejnot.
ought (*ō't*) *cz.* powinien.
ought (*ō't*) patrz **aught.**
ounce (*au'ns*) *rz.* uncja = $^1/_{16}$ funta, w wagach apt. = $^1/_{12}$ funta; ~, *rz.* lampart, ryś (*zool.*).
our (*au'ə*) *pm.* nasz; nasza; nasze, nasi; **-s** (*au'əz*) *z.* nasz, -a, -e; **-self, -selves** (*auəse'lf, wz*) *z.* my, nas, się.
ousel patrz **ouzel.**
oust (*au'st*) *cz.* wyrugować, wyrzucić, wygnać.
out (*au't*) jako przedrostek oznacza przewyższenie, prześcignienie, odpowiada polskiemu prze-, wy-; *pi.* i *ps.* nazewnątrz, poza; poza domem; nie w domu, na dworze; poza (danym) obrębem; ~ of print, wyczerpany; go ~, wyjść; (o ogniu, świetle) zgasnąć; nie palić się; put ~, zgasić; the book is just ~, właśnie wyszła książka; be ~ for, poszukiwać, dążyć do; you are quite ~, jest Pan w błędzie; ~ and ~, całkowicie, gruntownie; hear ~, wysłuchać; ~ of place; nie na miejscu, niestosowny; niewłaściwie; will ~, wyjdzie najaw; wyda się; ~ **of** *pi.* bez, dla, przez, z przyczyny, z pośród.
out-balance (*autbæ'ləns*) *cz.* przeważyć; **-bid** (*-bi'd*) *cz.* przelicytować; **-brave** (*aut'brejw*) *cz.* przewyższyć odwagą; onieśmielić; **-break** (*au'tbrejk*) *rz.* wybuch (np. rewolucji); **-building** (*au'tbildiŋ*) *rz.* dobudówka; **burst** (*aut'bəst*) wybuch, eksplozja; wybuch płaczu.
out-cast (*autkā'st*) *rz.* wygnaniec, włóczęga; wyrzutek; ~, *pm.* wyrzucony, wygnany; **-come** (*au't-kăm*) *rz.* wynik, rezultat; **-crop** (*-krop*) *rz.* wynurzenie się warstwy geologicznej na powierzchnię; **-cry** (*-kraj*) *rz.* wykrzyk, okrzyk; hałas, wrzawa.
out-distance (*autdi'stəns*) *cz.* prześcignąć; **-do** (*autdū'*) *cz.* przewyższać; **-door** (*au'tdōə*) *pm.* pozadomowy; ~, *ps.* poza domem; **-doors** (*-dōəz*) *ps.* poza domem, na wolnem powietrzu, na polu.
outer (*au'tə*) *pm.* zewnętrzny; **-most** (*-moust*) *pm.* najdalszy (od środka).
out-face (*autfej's*) *cz.* onieśmielić; **-field** (*au'tfīld*) *rz.* pole zewnętrzne; miejsce poza obrębem przepisowym; **-fit** (*-fit*) *rz.* komplet, garnitur; wyposażenie, wyprawa; uzbrojenie (okrętu); ~, *cz.* zaopatrzyć, uzbroić; **-fitter** *rz.* dostawca, kupiec; **-flank** (*-flæŋk*) *cz.* oskrzydlić.
out-go (*autgou'*), **-goings** *rz.* wydatki; ~, *cz.* wyjść, wychodzić, przewyższać; **-grow** (*-grou'*) *cz.* przerastać; **-growth** (*au'tgrouþ*) *rz.* przerost, narośl.
outhouse (*au'thaus*) *rz.* przybudówka.
outing (*au'tiŋ*) *rz.* wycieczka.
out-landish (*autlæ'ndisz*) *pm.* cudzoziemski, obcy; zagraniczny; **-last** (*-lā'st*) *cz.* przetrwać; przeżyć; **-law** (*au'tlō*) *rz.* wyjęty z pod prawa; banita; zbrodniarz; ~, *cz.* wyjąć z pod prawa, wygnać z kraju; **-lawry** (*au'tlōri*) *rz.* wyjęcie z pod prawa; banicja; **-lay** (*au'tlej*) *rz.* nakład, wydatek; **-let** (*au'tlet*) *rz.* ujście, wyjście; **-line** (*au'tlajn*) *rz.* szkic, kontur, zarys; rys; ~, *cz.* szkicować; **-live** (*-li'w*) *cz.* przeżyć; **-look** (*au'tluk*) *rz.* perspektywa, widok; **-lying** (*au't-lajiŋ*) *pm.* zewnętrzny.
out-manoeuvre (*mənū'wə*) *cz.* podejść, oszukać, okpić; **-march** (*autmā'cz*) *cz.* wyprzedzić; **-most** (*-moust*) *pm.* najdalszy; **-number** (*-nă'mbə*) *cz.* przewyższyć liczebnie.
out-pace (*autpej's*) *cz.* wyprzedzić; **-post** (*au'tpoust*) *rz.* placówka; **-pour** (*au'tpōə*) *rz.* wylew; **-put** (*au'tput*) *rz.* wytwórczość; produkcja.
outrage (*au'tredż*) *rz.* krzywda, zniewaga; hańba; gwałt; ~, *cz.* znieważyć; gwałcić; **-ous** (*aut-*

rej'dżəs) *pm.* znieważający, obelżywy; wyuzdany; oburzający.

out-ride (*autraj'd*) *cz.* prześcignąć (na koniu); **-rider** (*-raj'də*) *rz.* foryś; **-rigger** (*au'trigə*) *rz.* belka, deska, reja wystająca nazewnątrz; **-right** (*-raj't*) *pm.* bezpośredni, cały; skończony; ~, *ps.* zaraz, odrazu, na miejscu, całkowicie; zupełnie; bez ceremonji; **-rival** *cz.* prześcignąć; **-root** (*autrū't*) *cz.* wykorzenić, wytępić; **-run** (*-ră'n*) *cz.* prześcignąć; **-runner** (*-ră'nə*) *rz.* laufer, biegacz.

out-set (*au'tset*) *rz.* początek, zaranie; **-shine** (*-szaj'n*) *cz.* zaćmić; **-side** (*au'tsajd*) *rz.* strona zewnętrzna, wierzch, powierzchowność; at the ~, co najwyżej; ~, *pm.* zewnętrzny; ~, *ps.* nazewnątrz, poza; **-sider** (*-sajdə*) *rz.* osoba obca; **-skirt** (*au'tskət*) *rz.* krawędź, brzeg; peryferje; **-spoken** *pm.* otwarty, szczery; **-spread** (*au'tspred*) *cz.* rozciągnąć, rozpostrzeć; **-standing** (*autstæ'ndiŋ*) *pm.* wystający; wybitny; **-stay** (*-stej'*) *cz.* dłużej bawić; **-stretch** (*autstre'cz*) *cz.* rozciągnąć; wyciągnąć; **-strip** (*autstri'p*) *cz.* prześcignąć, wyprzedzić; **-talk** (*-tō'k*) *cz.* przegadać.

out-value (*autwæ'lju*) *cz.* przewyższać; **-vie** (*-waj'*) *cz.* przewyższyć, prześcignąć; **-voice** (*-woj's*) *cz.* zagłuszyć; **-vote** (*autwou't*) *cz.* przegłosować; **-ward, -wards** (*au'tuəd, -z*) *ps.* zewnętrznie, nazewnątrz; ~, *rz.* zewnętrzność; powierzchowność; ~, *pm.* powierzchowny, zewnętrzny; **-wardly** (*-li*) *ps.* zewnętrznie; **-wear** (*autuē'ə*) *cz.* przetrwać, wytrzymać; **-weigh** (*autuej'*) *cz.* przeważać; **-wit** (*-ui't*) *cz.* wyprowadzić, okpić; **-work** (*-uə'k*) *cz.* prześcignąć w pracy; **-worn** (*au'tuōn*) *cz.* od **outwear**; zużyty, wytarty, wynoszony.

ova-l, -te (*ou'wel, ou'wejt*) *pm.* owalny; **-l** *rz.* owal; **-rian, -ry** (*ou'wəri*) *rz.* jajnik (*anat.*).

ovation (*owej'szen*) *rz.* owacja.

oven (*ă'wen*) *rz.* piec; Dutch ~, szabaśnik.

over (*ou'wə*) *pi.* wyżej, na, nad, ponad, przez, poprzez; na drugą stronę; po, zanadto; z okładem; więcej, zgórą; po przeciwnej stronie; ~ again, jeszcze raz, ponownie; ~ against, naprzeciwko; ~ and ~, wciąż; ~ and above, ponadto, w dodatku; is ~, jest skończony.

over- (*ou'wə*) jako przedrostek oznacza przewyżkę, zbytek, przezwyciężenie, pokrycie, zasłonienie, zalanie; odpowiada polskiemu prze-, wy-, za-; **-abundance** (*abă'ndəns*) *rz.* nadmiar; **-act** (*ouwəræ'kt*) *cz.* przesadzać; ~**-alls** (*ou'wərōls*) *rz.* *lmn.* drelichy; **-arch** (*ouwəră'cz*) *cz.* osklepić; zasklepić; **-awe** (*ouwərō'*) *cz.* napełnić grozą, czcią; onieśmielić; przerazić; **-balance** (*-bæ'ləns*) *cz.* przeważyć; ~, *rz.* przewaga; **-bear** (*-bē'ə*) *cz.* przytłoczyć, przemóc; **-bearing** (*-bē'riŋ*) *pm.* wyniosły, dumny, hardy; **-bid** (*-bi'd*) *cz.* przelicytować; **-blown** (*-blou'n*) *pm.* przekwitły; **-board** (*ouwəbō'd*) *ps.* za burtę; w morze; do wody; **-bold** (*-bou'ld*) *pm.* zanadto śmiały; **-build** (*-bi'ld*) *cz.* przebudować; **-burden** (*-bə'dn*) *cz.* przeładować; **-busy** (*-bi'zi*) *pm.* przepracowany; **-buy** (*-baj'*) *cz.* za dużo nakupić.

over-cast (*ouwəkā'st*) *pm.* posępny, zachmurzony, pochmurny; ~, *cz.* zachmurzyć; obrębić; **-cautious** (*-kō'szəs*) *pm.* zbyt ostrożny; **-charge** (*-czā'dż*) *cz.* przeciążyć, zedrzeć (o pieniądzach); przesadzać; **-cloud** (*-klau'd*) *cz.* zasłonić, zachmurzyć; **-cloy** (*-kloj'*) *cz.* przesycić; **-coat** (*ou'wəkout*) *rz.* zarzutka, palto; **-come** (*-kă'm*) *cz.* pokonać; przezwyciężyć; be ~~ with (rage etc.), nie posiadać się z; **-confidence** (*-ko'nfidəns*) *rz.* zarozumiałość, dufność; **-confident** *pm.* dufny, zarozumiały; **-count** (*-kau'nt*) *cz.* przeceniać; **-crowd** (*-krau'd*) *cz.* przepełnić.

over-do (*ouwədū'*) *cz.* przesadzać, przesmażyć; zmęczyć; **-draw** (*-drō'*) *cz.* przesadzać; przekroczyć (kredyt, rachunek); **-drink** (*-dri'ŋk*) ~ oneself *cz.* przepić się; **-drive** (*-draj'w*) *cz.* zgonić; **-due** (*-dju'*) *pm.* zaległy, opóźniony.

over-eat (*ouwərī't*) *cz.* objeść się; **-estimate** (*-e'stimejt*) *cz.* przecenić; **-fill** (*-fi'l*) *cz.* przepełnić; **-flow** (*ou'wəflou*) *rz.* nadmiar; ~ (*-flou'*) *cz.* zatopić, wezbrać; opływać w co; **-flowing** (*-flou'iŋ*) *pm.* obfitujący, nadmierny; rozlany; ~, *rz.* wylew, opływanie w co; **-flowingly** (*-li*) *ps.* nad miarę; **-fond** (*ou'wəfond*) *pm.* nad miarę kochający, zaślepiony w kimś; **-full** (*ou'wəful*) *pm.* przepełniony; **-grow** (*grou'*) *cz.* przerastać; wybujać; **-growth** (*-grou'ʃ*) *rz.* zbytni rozrost, wybujałość.

over-hang (*ouwəhæ'ŋ*) *cz.* zwisać; **-hasty** (*-hej'sti*) *pm.* porywczy, przedwczesny; **-haul** (*-hō'l*) *cz.* zbadać; (*mar.*) doganiać; **-head** (*-he'd*) *pm. i ps.* nad głową; w górze; **-hear** (*-hī'ə*) *cz.* podsłuchać; **-indulgence** (*-indă'ldżens*) *rz.* nadużycie; **-issue** (*-i'szju*) *rz.* nadmierna emisja; **-joy** (*ou'wədżoj*) *rz.* zachwyt, uniesienie.

over-labour (*ouwəlej'bə*) *cz.* spracować się; **-lade** (*-lej'd*), **-load** (*-lou'd*) *cz.* przeładować; **-land** (*ou'welænd*) *pm.* lądowy; ~, *ps.* lądem; **-lap** (*-læ'p*) *cz.* zachodzić za (na); **-lay** (*-lej'*) *cz.* pokryć, przykryć; **-leap** (*-līp*) *cz.* przeskoczyć; **-live** (*-li'w*) *cz.* przeżyć kogoś; **-long** (*ouwəlo'ŋ*) *pm.* za długi; **-look** (*-lu'k*) *cz.* przeoczyć; doglądać; nie zwrócić uwagi na; przez szpary patrzeć; górować.

over-master (*ouwəmā'stə*), **-match** (*-mæ'cz*) *cz.* pokonać, przemóc; ~, *pm.*; **-measure** (*ou'wəme'żə*) *cz.* naddatek; **-much** (*-mă'cz*) *ps.* za wiele, zbytnio; ~, *pm.* za duży, za wielki; **-night** (*ou'wənajt*) *pm.* przez noc, w ciągu (jednej) nocy.

over-pass (*ouwəpā's*) *cz.* pominąć; przekroczyć; **-pay** (*-pej*) *cz.* przepłacić; **-peopled** (*ou'wəpī'peld*) *pm.* przeludniony; **-plus** (*ou'wəplăs*) *rz.* nadwyżka; **-poise** (*ou'wəpojz*) *rz.* przewaga; **-power** (*-pau'ə*) *cz.* przemóc, wzruszyć głęboko; **-production** (*ou'wəprodă'ksz̄en*) *rz.* nadprodukcja.

over-rate (*ouwərej't*) *cz.* przeceniać; **-reach** (*-rī'cz*) *cz.* okpić, podejść; **-ride** (*-raj'd*) *cz.* najechać; zajeździć (konia); **-ripe** (*ou'wəraj'p*) *pm.* przejrzały; **-rule** (*-rū'l*) *cz.* skasować; uchylić; **-run** (*-ră'n*) *cz.* rozlać się na, zalać, zająć.

over-sea (*ouwəsī'*) *pm.* zamorski; **-seas** *ps.* za morzem, zagranicą; **-see** (*-sī'*) *cz.* doglądać; **-shadow** (*-szæ'dou*) *cz.* ocieniać; przyćmić; **-shoe** (*-ou'wəszū*) *rz.* kalosz; **-shoot** (*-szū't*) *cz.* przenosić (o broni); **-shot wheel** (*ou'wəszotuīl*) *rz.* koło nadsiębierne; **-shight** (*ou'wəsajt*) *rz.* przeoczenie; niedopatrzenie; **-sleep** oneself, zaspać; **-spent** (*-spe'nt*) *pm.* znużony; **-spread** (*-spre'd*) *cz.* zasłać; **-state** (*-stej't*) *cz.* przesadzać; **-stay** (*-stej'*) *cz.* zasiedzieć się; **-step** (*-ste'p*) *cz.* przekroczyć; **-stock** (*-sto'k*) *cz.* przepełnić; **-strain** (*-strej'n*) *cz.* sforsować; nadwyrężyć; **-swell** (*-sue'l*) *cz.* wezbrać.

overt (*ou'wət*) *pm.* jawny, publiczny, otwarty.

over-take (*ouwətej'k*) *cz.* zaskoczyć; przychwycić, dogonić; **-task** (*-tā'sk*) *cz.* przeciążać (pracą); **-throw** (*-ʃrou'*) *cz.* zburzyć, obalić; **-time** (*ou'wətajm*) *rz.* godziny nadobowiązkowe; **-top** (*-to'p*) *cz.* przewyższać; **-trip** (*-tri'p*) *cz.* przekroczyć.

overture (*ou'wəczə, ou'wətjūə*) *rz.* propozycja; uwertura (*muz.*).

over-turn (*ouwətō'n*) *cz.* obalić; ~, *rz.* przewrót; **-value** (*-wæ'lju*) *cz.* przecenić; **-weight** (*ou'wəuejt*) *rz.* przewaga; **-whelm** (*-ue'lm*) *cz.* przywalić; przytłoczyć; obarczyć; obsypać; przejąć; **-whelming** (*-u'elmiŋ*) *pm.* przytłaczający, nieodparty; **-wise** (*ou'wəuajz*) *pm.* przemądrzały; **-work** (*-ou'wəuōk*) *rz.* nadmierna praca; ~ (*-uō'k*) *cz.* przeciążać pracą; **-wrought** (*ouwərō't*) *pm.* wzburzony; przesadzony

ovi-form (*ou'wifōm*) *pm.* jajkowaty; **-parous** (*owi'pərəs*) *pm.* jajorodny.

ovine (*ou'wajn*) *pm.* owczy.

ovoid (*ou'wojd*) *pm.* jajowaty.

owe (*ou'*) *cz.* być dłużnym (winnym), zawdzięczać co komuś lub czemuś.

owing (*ou'iŋ*) *pm.* dłużny, winien, winny, należny; ~, *ps.* zawdzięczając, dzięki; ~ to, dzięki (temu); be ~ to, zawdzięczać co komu lub czemu.
owl (*au'l*) *rz.* sowa (*orn.*); barn ~, puhacz; **-et** (*au'let*) *rz.* młoda sowa; **-ish, -like** (*-isz, -lajk*) *pm.* sowi; **-light** (*-lajt*) *rz.* zmierzch.
own (*ou'n*) *pm.* własny; for my ~ self, dla mnie samego; ~, *cz.* uznać za swoje; posiadać; wyznać; ~, ~ up, przyznać (się); **-er** (*-ə*) *rz.* właściciel; **ership** *rz.* własność, prawo własności.
ox (*o'ks*) *rz. lmn.* **oxen** (*o'ksn*) wół; **-eye** *rz.* złocień pospolity (*bot.*); **-lip** *rz.* pierwiosnek (*bot.*).
oxalic (*oksæ'lik*) *pm.* szczawiowy.
oxid-ize (*o'ksidajz*) *cz.* utlenić; oksydować; **-ation** (*oksidej'szεn*) *rz.* utlenienie; oksydacja; **-e** (*o'ksajd*) *rz.* tlenek.
oxonian (*oksou'niən*) *rz.* student w Oxfordzie; ~, *pm.* oksfordzki.
oxygen (*o'ksidżεn*) *rz.* tlen (*chem.*); **-ate** (*oksi'dżenejt*) *cz.* utlenić.
oxymel (*o'ksimel*) *rz.* miód zmieszany z octem.
oyer (*oujə, oj'ə*) *rz.* przesłuchanie; court of ~ and terminer, sąd koronny (*hist.*).
oyez (*ou'jəs*) *w.* cicho! słuchajcie!
oyster (*oj'stə*) *rz.* ostryga; **-bed** *rz.* ławica ostryg.
ozon-e (*ou'zoun*) *rz.* ozon (*chem.*); **-ic** (*ozo'nik*) *pm.* ozoniczny.

P

pa (*pā'*) *rz.* skrót od **papa**; tatuś, ojciec.
pabulum (*pæ'bjulem*) *rz.* pokarm, strawa.
pace (*pej's*) *rz.* szybkość; chód; tempo; krok; keep ~ with, dotrzymać komuś kroku; ~, *cz.* odmierzać kroki; stąpać.
pacha patrz **pasha**.
pachyderm (*pækidə'm*) *rz.* zwierzę gruboskórne; **-atous** (*pækidə'mətəs*) *pm.* gruboskórny.
pacif-ic (*pəsi'fik*) *pm.* pokojowy, spokojny; **-ication** (*pæsifikej'szεn*) *rz.* uspokojenie; zawarcie pokoju; **-ist** (*-'fist*) *rz.* pacyfista; **-y** (*pæ'sifaj*) *cz.* uspokoić, uśmierzyć.
pack (*pæ'k*) *rz.* tłumok, masa; szajka; stado (np. wilków); sfora; talja kart; ~, *cz.* pakować; tasować (karty); ~ **off,** odesłać; odprawić kogoś; **-age** (*pæ'kεdż*) *rz.* pakunek, opakowanie; **-er** (*-ə*) *rz.* pakujący; **-et** (*-εt*) *rz.* paczka; węzełek; **-et-boat** *rz.* statek pocztowy; **-horse** *rz.* koń juczny; **-ing** (*-iŋ*) *rz.* pakowanie; opakowanie; **-ing-needle** *rz.* igła do obszywania pakunków; **-man** *rz.* kupiec wędrowny; **-saddle** *rz.* juki; **-thread** *rz.* sznurek, szpagat.
pact (*pæ'kt*) *rz.* układ; pakt.
pad (*pæ'd*) *rz.* poduszeczka, materac; siodło damskie; ochraniacz; bloczek; blotting ~, suszka; bibularz; ~, *cz.* wędrować; wyścielać, watować; **-ding** (*-iŋ*) *rz.* wyścielanie.
paddle (*pæ'dεl*) *rz.* łopatka; kopystka; wiosło; ~, *cz.* wiosłować; ~one's own canoe, dawać sobie radę samemu; **-wheel** *rz.* koło z łopatkami. [stadnina.
paddock (*pæ'dək*) *rz.* zagrodzenie,
paddy (*pæ'di*) *pm.* niełuskany ryż; ryż (na pniu).
Paddy (*pæ'di*) *rz.* przezwisko Irlandczyków.
padlock (*pæ'dlok*) *rz.* kłódka; ~, *cz.* zamknąć na kłódkę.
paean, pean (*pī'ən*) *rz.* pean, pieśń pochwalna.
pagan (*pej'gεn*) *rz.* poganin; ~, *pm.* pogański; **-ish** (*-ənisz*) *pm.* pogański; **-ism** (*-izεm*) *rz.* poganizm, pogaństwo.
page (*pej'dż*) *rz.* pacholę, paź, chłopiec do posyłek; ~, *rz.* strona, karta, stronnica; pagina; ~, *cz.* paginować.
pageant (*pæ'dżεnt*) *rz.* widowisko, pompa; przepych; **-ry** (*-ri*) *rz.* parada.
pagoda (*pəgou'də*) *rz.* pagoda.

paid (*pej'd*) *cz.* od **pay.**
pail (*pej'l*) *rz.* wiadro, ceber; **-ful** (*-ful*) *rz.* wiadro.
pain (*pej'n*) *rz.* kara; ból; bóle porodowe; troska; mozoły; on ~ of, under ~ of, pod karą; ~, *cz.* sprawiać ból, dokuczać; **-s** *rz. lmn.* trud; take **-s**, dokładać starań; **-ful** (*-ful*) *pm.* bolesny; **-less** *pm.* bezbolesny; **-staking** *pm.* pracowity, staranny.
paint (*pej'nt*) *rz.* farba; barwiczka; róż; ~, *cz.* malować; **-er** (*-ə*) *rz.* malarz; **-ing** (*-iŋ*) *rz.* malowanie; malowidło, obraz; malarstwo; **-ress** (*-rəs*) *rz.* malarka.
painter (*pejn'tə*) *rz.* (*mar.*) cuma.
pair (*pē'ə*) *rz.* para, dwoje, stadło; ~, *cz.* łączyć (się) w pary; kojarzyć (się); ~ of stairs, kondygnacja schodów; a carriage and ~, powóz dwukonny.
pajamas (*padża'məz*) *rz.* pyjama.
pal (*pæ'l*) *rz.* towarzysz, przyjaciel.
palace (*pæ'ləs*) *rz.* pałac.
paladin (*pæ'lədin*) *rz.* paladyn.
palaeo- patrz **paleo-.**
palanquin (*pǣ'lənkīn*) *rz.* palankin, lektyka (w Indjach).
palat-able (*pæ'lətəbel*) *pm.* smaczny, przyjemny, w smak, do (według) gustu; **-al** (*-tεl*) *pm.* podniebieniowy; **-e** (*pæ'lət*) *rz.* podniebienie, smak.
palatial (*pəlej'szεl*) *pm.* pałacowy.
palatin-ate (*pəlæ'tinət*) *rz.* palatynat; **-e** (*pæ'lətin, -tajn*) *rz.* palatyn; wojewoda.
palaver (*pəlā'wə*) *rz.* gwar; gadanina; ~, *cz.* toczyć rozmowy, pertraktacje.
pale (*pej'l*) *pm.* blady; wyblakły; ~, *cz.* zblednąć; **-ness** (*-nəs*) *rz.* bladość.
pal-e (*pej'l*) *rz.* pal; ogrodzenie; zagroda; okręg; (*her.*) podłużny pasek w tarczy; ~, *cz.* otoczyć palami; ogrodzić, opasać.
paleo-grapher (*pejlio'grəfə*) *rz.* paleograf; **-graphy** (*-grəfi*) *rz.* paleografja; **-ntologist** (*pejliontolodżist*) *rz.* paleontolog; **-ntology** (*-lodżi*) *rz.* paleontologja.
paletot (*pæ'lətou*) *rz.* palto, paltot.
palette (*pæ'let*) *rz.* paleta.
palfrey (*pō'lfri, pæ'lfri*) *rz.* koń wierzchowy.
palimpsest (*pæ'limpsest*) *rz.* palimpsest.
palindrome (*pæ'lindroum*) *rz.* palindrom.
pali-ng (*pej'liŋ*) *rz.* ogrodzenie, pale; opalowanie; **-sade** (*pælisej'd*) *rz.* palisada, częstokół, ostrokół.
palish (*pej'lisz*) *pm.* bladawy; blady.
pall (*pō'l*) *rz.* kir; okrycie; paljusz; ~, *cz.* obrzydzić.
palladium (*pəlej'diεm*) *rz.* paladjum, tarcza; (metal) palad.
pallet (*pæ'lεt*) *rz.* paleta; ~, *rz.* siennik.
pallia-te (*pæ'liejt*) *cz.* wytłumaczyć (kogoś); uśmierzyć, osłabić; **-tion** (*pæliej'szεn*) *rz.* uśmierzenie, wymówka; **-ive** (*pæ'liətiw*) *pm.* paljatywa, półśrodek.
pall-id (*pæ'lid*) *pm.* blady, wybladły; **-idness** (*-nəs*), **-or** (*pæ'lə*) *rz.* bladość.
pall-mall (*pe'lme'l*) *ps.* bezładnie.
palm (*pā'm*) *rz.* dłoń; piędź; palma (*bot.*); zwycięstwo; ~ Sunday, niedziela palmowa; ~, *cz.* ukryć w dłoni; szachrować; ~ off upon one, nabrać kogoś; **-ar** (*pæ'lmə*) *pm.* ręczny; **-er** (*-ə*) *rz.* pielgrzym z ziemi świętej; gąsienica; **-etto** (*pælme'tou*) *rz.* palma; **-iped, -ipede** (*pæ'lmiped*) *pm.* pletwonogi; **-istry** (*pā'mistri*) *rz.* chiromancja; **-oil** *rz.* olejek palmowy; **-y** (*-i*) *pm.* palmowy, zwycięski.
palp, -us (*pæ'lp, -εs*) *rz. lmn.* **palpi** (*pæ'lpaj*) macka (owadów); **-ability, -ableness** (*pælpəbi'liti, pæ'lpəblnəs*) *rz.* dotykalność; namacalność; **-able** (*pæ'lpəbεl*) *pm.* dotykalny; **-ate** (*pæ'lpejt*) *cz.* dotykać palcami; macać.
palpita-te (*pæ'lpitejt*) *cz.* bić (o sercu); pulsować; drgać; **-tion** (*pælpitej'szεn*) *rz.* palpitacja.
palsgrave (*pō'lzgrεjw*) *rz.* falcgraf.
palsy (*pō'lzi*) *rz.* paraliż.
palter (*pō'ltə*) *cz.* szukać wykrętów, sprzeczać się.
paltriness (*pō'ltrinəs*) *rz.* lichota, mizerota, charłactwo; **-ry** (*pō'ltri*) *pm.* lichy, nędzny.
paludal (*pəlju'dεl, pæ'ljudεl*) *pm.* błotny.

pampas (*pæ'mpəz*) *rz.* pampasy, step.

pamper (*pæ'mpə*) *cz.* opychać, rozpieszczać.

pamphlet (*pæ'mflət*) *rz.* broszura; ulotka; **-eer** (*pæmflətī'ə*) *rz.* pamflecista.

pan (*pæ'n*) *rz.* patelnia; brytwanna; panewka (strzelby); czaszka; flash in the ~, spalić na panewce; ~, *cz.* ~ off, płókać (złoto); ~ out, wydać; udać się; **-cake** *rz.* naleśnik.

panacea (*pænəsī'*) *rz.* panaceum.

panada (*pənā'də*) *rz.* zupa z chleba.

pancre-as (*pæ'nkriəs*) *rz.* trzustka (*anat.*); **-atic** (*pænkriæ'tik*) *pm.* trzustkowy.

pandects (*pæ'ndəkts*) *rz.* pandekta.

pandemic (*pənde'mik*) *pm.* pandemiczny, powszechny.

pandemonium (*pændemou'niεm*) *rz.* pandemonjum.

pander (*pæ'ndə*) *rz.* rajfur, stręczyciel; ~, *cz.* rajfurować.

pane (*pej'n*) *rz.* szyba (okienna); kwadracik.

panegyri-c (*pænədżi'rik*) *rz.* panegiryk; **-c, -cal** (*-εl*) *pm.* panegiryczny, pochwalny; **-st** (*-ist*) *rz.* panegirysta; **-ize** (*pæ'nədżirajz*) *cz.* wychwalać, chwalić.

panel (*pæ'nεl*) *rz.* podkład pod siodło; siodło na osła; spis przysięgłych; sąd przysięgłych; tafla, płyta; klin, wstawka; kwaterka.

pang (*pæ'ŋ*) *rz.* ból, kłucie; męczarnia, katusza; ~s of conscience, wyrzuty sumienia.

panic (*pæ'nik*) *rz.* panika, popłoch; trwoga; ~, *pm.* paniczny; ~**-monger** *rz.* człowiek siejący popłoch.

pannier (*pæ'niə*) *rz.* kosz; juki.

pannikin (*pæ'nikin*) *rz.* kubek.

panoply (*pæ'noəli*) *rz.* pełna zbroja.

panoram-a (*pænərā'mə*) *rz.* panorama, widok; **-ic** (*pænoræ'mik*) *pm.* panoramiczny.

pansy (*pæ'nzi*) *rz.* bratek (*bot.*).

pant (*pæ'nt*) *rz.* bicie serca; drganie; ~, *cz.* dyszeć, ziajać; tłuc się (o sercu); pragnąć; ~ **for fear**, drżeć ze strachu; ~ **for breath**, chwytać powietrze.

pantalets, pantalettes *rz. lmn.* (*pæ'ntələts*) majtki damskie.

pantaloons (*pæntəlū'nz*) *rz. lmn.* spodnie, rajtuzy.

pantechnicon (*pænte'knikon*) *rz.* dom meblowy.

panthe-ism (*pæ'nþeizεm*) *rz.* panteizm; **-istic(al)** (*pænþei'stik-εl*) *pm.* panteistyczny.

pantheon (*pænþi'ən, pæ'nþiən*) *rz.* panteon.

panther (*pæ'nþə*) *rz.* pantera; lampart; **-ess** (*-rəs*) *rz.* lamparcica.

pantile (*pæ'ntajl*) *rz.* dachówka (wygięta w kształt litery S); gąsior.

pantomim-e (*pæ'ntəmajm*) *rz.* pantomina; migi; **-ic** (*-mi'mik*) *pm.* pantominowy.

pantry (*pæ'ntri*) *rz.* śpiżarnia.

pants (*pæ'nts*) *rz. lmn.* (wulg.) spodnie; kalesony.

pap (*pæ'p*) *rz.* brodawka (u piersi); papka (dla dzieci); miąższ owoców.

papa (*pəpā'*) *rz.* tatuś, ojciec.

pap-acy (*pej'pəsi*), **-istry** (*pæ'pistri*) *rz.* papiestwo; **-al** (*pej'pεl*), **-istic(al)** (*pəpi'stikεl*) *pm.* papieski; **-ist** (*pej'pist*) *rz.* papista.

papaver-aceous, -ous (*pəpæwərej'szəs, pəpæ'wərəs*) *pm.* makowy, podobny do maku.

paper (*pej'pə*) *rz.* papier; tapeta; gazeta; dziennik; ~, *pm.* papierowy; ~ **currency** *rz.* pieniądze papierowe; **-knife** *rz.* nóż do rozcinania papieru; **-hanger** *rz.* tapicer; **-hangings** *rz. lmn.* tapety; **-mill** *rz.* papiernia; **-s** *rz. lmn.* papiery, akta; papiloty; ~**-weight** *rz.* przycisk.

papilionaceous (*pəpilionej'szəs*) *pm.* motylkowy (*bot.*).

papill-a (*pəpi'lə*) *rz. lmn.* **papillae** brodawka; **-ary** (*pæ'piləri*), **-ose** (*pəpi'ləs*) *pm.* brodawkowy.

papoose (*pəpū's*) *rz.* dziecko Indjan półn. Ameryki.

papyrus (*pəpaj'rεs*) *rz.* papirus.

par (*pā'*) *rz.* parytet; at ~, al pari; on a ~, narówni; above ~, z zyskiem; powyżej parytetu; below ~, ze stratą; poniżej parytetu; ~, *rz.* = **paragraph.**

para-ble (*pæ'rəbɛl*) *rz.* przypowieść; parabola; **-bola** (*pəræ'bolə*) *rz.* parabola (*geom.*); **-bolic(al)** (*pəræbo'lik-ɛl*) *pm.* paraboliczny; alegoryczny.

para-chute (*pæ'rəszūt*) *rz.* spadochron; **-clete** (*pæ'riklīt*) *rz.* paraklet.

parade (*pərej'd*) *rz.* parada, okazałość; rewja (wojsk.); ~, *cz.* paradować; defilować (*mil.*).

paradigm (*pæ'rədim, pa'rədajm*) *rz.* wzór, przykład.

paradi-se (*pæ'rədajz*) *rz.* raj; bring one into a fool's ~, obiecywać komuś złote góry; **-siacal** (*pærədizε'ikɛl*) *pm.* rajski.

paradox (*pæ'rədoks*) *rz.* paradoks; **-ical** (*pærədo'ksikɛl*) *pm.* paradoksalny; sprzeczny; **-icality** *rz.* paradoksalność.

paraffine (*pæ'rəfin*) *rz.* parafina.

paragon (*pæ'rəgən*) *rz.* wzór doskonałości; przykład.

paragraph (*pæ'rəgrāf*) *rz.* paragraf; rozdział; artykuł.

paralla-ctic(al) (*pærəlæ'ktik-ɛl*) *pm.* paralaktyczny (*astr.*); **-x** (*pæ'rəlæks*) *rz.* paralaksa (*astr.*).

parallel (*pæ'rəlel*) *rz.* paralela; porównanie; odpowiednik; ~ of latitude, równoleżnik; ~, *pm.* równoległy; odpowiadający; ~, *cz.* porównać; dorównać; **-ism** (*-izɛm*) *rz.* paralelizm; **-ogram** (*pærəle'logræm*) *pm.* równoległobok; **-epiped** (*-ləle'piped*) *rz.* równoległościan.

paralogize (*pəræ'logajz*) *cz.* fałszywie rozumować.

paraly-se, -ze (*pæ'rəlajz*) *cz.* paraliżować, porazić; zniweczyć; psuć szyki; **-sis** (*pəræ'lisis*) *rz.* paraliż, porażenie (*med.*); **-tic(al)** (*pærəli'tik-ɛl*) *pm.* paralityczny; **-tic** *rz.* paralityk.

paramount (*pæ'rəmaunt*) *pm.* główny, najważniejszy.

paramour (*pæ'rəmūə*) *rz.* kochanek, kochanka. [syp.

parapet (*pæ'rəpət*) *rz.* parapet, na-

paraph (*pæ'ræf*) *rz.* zakrętas.

paraphernalia (*pærəfənej'liə*) *rz.* *lmn.* ruchomości; przynależności.

paraphras-e (*pæ'rəfrejz*) *rz.* parafraza, wolne tłumaczenie; ~, *cz.* parafrazować.

paraplegia (*pærəplī'dżiə*) *rz.* paraliż nóg, paraplegja.

para-site (*pæ'rəsajt*) *rz.* pasorzyt; **-sitic(al)** (*pærəsi'tik-ɛl*) *pm.* pasorzytniczy; **-sitism** *rz.* pasorzytnictwo.

parboil (*pā'bojl*) *cz.* zagrzać; na pół ugotować.

parbucle (*pā'băkɛl*) *rz.* urządzenie linowe do dźwigania beczek.

parcel (*pā'sɛl*) *rz.* pakunek, zawiniątko; partja; parcela; stek; zgraja; ~, *cz.* dzielić; parcelować.

parcen-ary (*pā'sənəri*) *rz.* wspólne dziedzictwo; wspólny majątek; **-er** (*pā'sənə*) *rz.* współdziedzic.

parch (*pā'cz*) *cz.* spiekać, przypiekać; prażyć; wysuszać.

parchment (*pā'czmənt*) *rz.* pergamin.

pardon (*pā'dn*) *rz.* przebaczenie, odpuszczenie; ~, *cz.* wybaczyć; darować; odpuścić winę; **-able** (*-əbɛl*) *pm.* przebaczalny.

par-e (*pē'ə*) *cz.* obierać, obłupywać, okrajać, obstrugać; **-ing** (*pē'riŋ*) *rz.* obieranie, okrawanie; **-ings** *lmn.* obierzyny.

paregoric (*pærəgo'rik*) *pm.* łagodzący, uśmierzający.

parenchyma (*pəre'nkimə*) *rz.* rdzeń.

parent (*pē'rɛnt*) *rz.* rodzic; ojciec lub matka; **-s** *rz.* *lmn.* rodzice; **-age** (*-ɛdż*) *rz.* ród; **-al** (*pəre'ntɛl*) *pm.* rodzicielski.

parenthe-sis (*pære'nþəsis*) *rz.* nawias; **-tic(al)** (*pærənþe'tik-ɛl*) *pm.* nawiasowy.

parget (*pā'dżət*) *cz.* tynkować.

parhelion (*pāhī'liən*) *rz.* parheljon; pozorne słońce.

pariah (*pə'riə*) *rz.* parjas.

parietal (*pəraj'ətɛl*) *pm.* skroniowy, boczny.

parish (*pæ'risz*) *rz.* parafja (kościelna lub jako podział terytorjalny Anglji); ~, *pm.* parafjalny; **-clerc** *rz.* kościelny, zakrystjan; **-ioner** (*pəri'szənə*) *rz.* parafjanin.

Parisian (*pæri'żən*) *rz.* paryżanin; ~, *pm.* paryski.

parity (*pæ'riti*) *rz.* równość, parytet.

park (*pā'k*) *rz.* park; zwierzyniec; postój (samochodów); (*mil.*) park (np. artyleryjski); ~, *cz.* zatrzymać (wóz na postoju); ogrodzić.

parl-ance (*pā'ləns*) *rz.* sposób wyrażania się; język; **-ey** (*pā'li*) *rz.* układy; ~, *cz.* parlamentować.

parliament (*pā'ləmənt*) *rz.* parlament; piernik; **-arian** (*pāləmentē'riən*) *rz.* parlamentarzysta; **-ary** (*pāləme'ntəri*) *pm.* parlamentarny.

parlour (*pā'lə*) *rz.* salon.

parochial (*pərou'kiəl*) *pm.* parafjalny.

parody (*pæ'rədi*) *rz.* parodja; ~, *cz.* parodjować.

parole (*pərou'l*) *rz.* słowo honoru; (*mil.*) hasło.

parotitis (*pərotaj'tis*) *rz.* (*med.*) nabrzmienie gruczołów ślinowych.

paroxysm (*pæ'rəksizεm*) *rz.* paroksyzm, atak.

parquet (*pāke't*), **-ry** (*pā'kətri*) *rz.* posadzka.

parricid-al (*pærisaj'dεl*) *pm.* ojcobójczy, matkobójczy; **-e** (*pæ'risajd*) *rz.* ojcobójstwo; matkobójstwo, ojcobójca, matkobójca.

parrot (*pæ'rət*) *rz.* papuga; ~, *cz.* mówić jak papuga, powtarzać mechanicznie.

parry (*pæ'ri*) *cz.* odparować, odeprzeć, unikać; odbijać; parować (cięcie).

parse (*pā's*) *cz.* robić rozbiór gramatyczny zdania.

parsimon-ious (*pāsimou'niəs*) *pm.* skąpy, oszczędny; **-iousness, -y** (*-nəs, pā'simәni*) *rz.* oszczędność.

parsley (*pā'sli*) *rz.* pietruszka.

parsnip (*pā'snip*) *rz.* pasternak.

parson (*pā'sεn*) *rz.* pastor, proboszcz; **-age** (*pā'sənεdż*) *rz.* probostwo; plebanja.

part (*pā't*) *rz.* część, dział; rola; partja muzyczna; udział; powinność; in ~, częściowo; for the most ~, po największej części; for my ~, co do mnie; **-s** *lmn.* okolica, strona; talent; ~, *cz.* rozdzielić, rozbierać, dzielić się; rozstawać się; rozchodzić się; oddzielać; odjeżdżać; ~ with, ~ company, rozłączyć się, pożegnać się; **-ly** (*-li*) *ps.* częściowo.

partake (*pātej'k*) *cz.* (of) uczestniczyć; należeć; spożywać; zakrawać na co; brać udział.

parterre (*pāte'ə*) *rz.* parter w teatrze; klomb (kwiatów).

partial (*pā'szεl*) *pm.* częściowy; stronniczy; be ~ to, mieć do czegoś słabość; **-ity** (*pāszjæ'liti*) *rz.* stronniczość; słabość do.

partible (*pā'tibεl*) *pm.* rozdzielny.

particip-ant (*pāti'sipənt*) *pm.* uczestniczący; **-ant, -ator** (*pati'sipejtə*) *rz.* uczestnik; **-ate** (*pāti'sipejt*) *cz.* brać w czem udział, uczestniczyć; **-ation** (*pātisipej'szεn*) *rz.* udział, uczestnictwo; współudział.

particip-ial (*pātisi'piεl*) *pm.* imiesłowowy; **-le** (*pā'tisipεl*) *rz.* imiesłów.

particle (*pā'tikεl*) *rz.* cząsteczka; atom; (*gram.*) cząstka.

particoloured (*pātikā'ləd*) *pm.* różnokolorowy, łaciaty.

particular (*pati'kjulə*) *pm.* szczególny, osobliwy; wymagający, drażliwy; dbały; dokładny; ~, *rz.* szczegół; *lmn.* informacja; in ~, w szczególności; **-ism** (*-izεm*) *rz.* partykularyzm; **-ity** (*patikjulæ'riti*) *rz.* szczególność; szczegół, osobliwość; **-ize** (*-rajz*) *cz.* wyodrębnić; wyszczególnić.

parting (*pā'tiŋ*) *rz.* odjazd, pożegnanie; oddzielanie; rozłączenie; rozstanie; przedział (na głowie); ~, *pm.* odjeżdżający, umierający; pożegnalny; dzielący, oddzielający.

partisan (*pā'tizεn*) *rz.* berdysz; ~, **partizan** *rz.* stronnik, partyzant.

partit-e (*pā'tajt*) *pm.* podzielony; **-ion** (*pāti'szεn*) *rz.* podział, przepierzenie, przegroda; ~, *cz.* dzielić, przedzielić; oddzielić; **-ive** (*pā'titiw*) *pm.* dzielący.

partner (*pā'tnə*), *rz.* wspólnik, towarzysz; partner (w tańcu); sleeping ~, cichy wspólnik; **-ship** *rz.* spółka.

partook (*pātū'k*) *cz.* od **partake.**

partridge (*pā'tridż*) *rz.* kuropatwa (*orn.*).

parturi-ent (*pātjū'riənt*) *pm.* rodzący; w połogu; **-tion** (*pāczjuri'szən*) *rz.* poród.

party (*pā'ti*) *rz.* strona (działająca w procesie); partja; stronnictwo; oddział; zabawa; zebranie; **-coloured** *pm.* różnokolorowy; ~ **spirit** *rz.* duch partyjny; ~ **wall** *rz.* wspólna ściana.
parvenu (*pāwənju*) *rz.* parwenjusz.
paschal (*pæ'skɛl*) *pm.* wielkanocny.
pasha (*pəszā', pā'sza*) *rz.* basza; **-lic** (*pəsza'lik*) *rz.* paszalik.
pasquinade (*pæ'skuinejd*) *rz.* paszkwil.
pass (*pā's*) *rz.* przesmyk, przejście; przełęcz; przepustka; ruch kuglarski; ruch mesmeryczny; (np. szpadą); ~, *cz.* przebyć, przejechać, przejść; minąć; przeprawiać się; pomijać milczeniem; wydawać (wyroki); wydarzyć się; podawać z rąk do rąk; pasować (w kartach); zdać egzamin; spędzić, przepędzać (czas); opuścić; pominąć; uchwalić; przewyższać; zdarzyć się; zajść; zachodzić; ~ away, przeminąć; umrzeć; ~ for, uchodzić za kogo lub co; ~ a remark, wypowiedzieć uwagę; come to ~, zdarzyć się; **-able** (*pā'səbɛl*) *pm.* znośny, możliwy do przebycia; **-age** (*pæ'sɛdż*) *rz.* przejście, przebycie, przeprawa; pasaż (*muz.*); ustęp, wyjątek; wyjście; podróż (morska); kanał; rura; ~ of (at) arms, potyczka; **-ant** (*pæ'sənt*) *pm.* (*her.*) idący, kroczący (o lwie w tarczy); **-book** *rz.* książeczka wkładkowa; **-enger** (*pæ'səndżə*) *rz.* pasażer; **-enger train** pociąg osobowy; **-er-by** (*pā'səbaj*) *rz.* przechodzień; **-ibility** (*pæsibi'liti*) *rz.* wrażliwość; **-ible** (*pæ'sibɛl*) *pm.* wrażliwy; **-ing** (*pā'siŋ*) *rz.* przejście, przejazd; przechodzenie; ~~, *pm.* przemijający; przechodzący; ~~, *ps.* niezmiernie; nader; **-key** *rz.* klucz uniwersalny; **-word** *rz.* (*mil.*) hasło.
passim (*pæ'sim*) *ps.* wszędzie, w rozmaitych miejscach.
passion (*pæ'szɛn*) *rz.* namiętność; zapalczywość, uniesienie; gniew; pasja; złość; Męka Pańska; **-ate** (*pæ'szənət*) *pm.* namiętny; porywczy; **-ateness** (*-nəs*) *rz.* zapalczywość; porywczość; **-flower** *rz.* męczennica (*bot.*); **-less** *pm.* beznamiętny, zimny; spokojny.
passive (*pæ'siw*) *pm.* bierny; **-ness, passivity** (*-nəs, pæsi'witi*) *rz.* bierność.
passover (*pā'souwə*) *rz.* święto paschy u żydów.
passport (*pā'spōt*) *rz.* paszport.
past (*pā'st*) *rz.* przeszłość; czas przeszły; ~, *pm.* przeszły, ubiegły; ~, *ps.* i *pi.* przeszło, więcej niż, ponad; po, poza; mimo, obok; ~ remedy, beznadziejny.
paste (*pej'st*) *rz.* ciasto; pasta; ~, *cz.* kleić; przyKleić; **-board** *rz.* tektura.
pastel (*pæ'stəl*) *rz.* pastel.
pastern (*pæ'stən*) *rz.* pęcina.
pasteurize (*pa'stərajz*), *cz.* pasteryzować.
pastil, -le (*pæ'stil, pæstī'l*) *rz.* pastylka aromatyczna.
pastime (*pā'stajm*) *rz.* rozrywka, zabawka.
pastor (*pā'stə*) *rz.* pastor; proboszcz; **-al** (*pā'stərɛl*) *rz.* sielanka; list pasterski; pastorał; ~, *pm.* pasterski; sielankowy; **-ate** (*pā'stəret*) *rz.* pastorstwo.
pastry (*pej'stri*) *rz.* pasztet; torty; ciastka; wyroby cukiernicze; **-cook** *rz.* cukiernik.
pastur-able (*pā'sczərəbɛl*) *pm.* pastewny; **-age** (*pā'sczərɛdż*) *rz.* pastwisko, wygon, pasienie (się).
pasture (*pā'sczə*) *rz.* pastwisko; pasza; **-ground** pastwisko, wygon; ~, *cz.* paść (się).
pasty (*pej'sti*) *rz.* pasztet; ~, *pm.* podobny do ciasta.
pat (*pæ't*) *rz.* klepanie; ~, *pm.* stosowny, odpowiedni; ~, *ps.* odpowiednio; w właściwej chwili; ~, *cz.* klepać, stuknąć.
patch (*pæ'cz*) *rz.* łata; muszka (na twarzy); płatek, sztuka; kawałek gruntu; ~, *cz.* łatać, sztukować; ~ up, załatać, sklecić; **-er** (*-ə*) *rz.* łatacz; naprawiacz; partacz; **-ery** (*-əri*), **-work** *rz.* łatanina; partactwo; **-y** (*-i*) *pm.* łatany.
pate (*pej't*) *rz.* głowa, łepetyna· czaszka, łeb.
patella (*pəte'lə*) *rz.* rzepka (*anat.*)
paten (*pæ'tɛn*) *rz.* patyna (*kość.*).

patent (*pej'tent, pæ'tent*) *rz.* patent, dyplom; przywilej; list żelazny; ~, *pm.* patentowany; publiczny; uprzywilejowany; letters ~, list żelazny; **-ee** (*pejtəntī', pæt-*) właściciel patentu.

patern-al (*pətə̄'nel*) *pm.* ojcowski; **-ity** (*pətə̄'niti*) *rz.* ojcostwo.

path (*pā'þ*) *rz. lmn.* **paths** (*pā'ðz*), **-way** ścieżka, drożyna; droga; **-less** *pm.* bezdrożny.

pathetic, -al (*peþe'tik, -el*) *pm.* patetyczny, wzruszający.

patholog-ical (*pæþolo'dżikel*) *pm.* patologiczny; **-y** (*peþo'lodżi*) *rz.* patologja.

pathos (*pej'þəs, pæ'-*) *rz.* patos.

patien-ce (*pej'szens*) *rz.* cierpliwość; **-t** (*-szent*) *rz.* pacjent; chory; ~, *pm.* cierpliwy; wytrzymały.

patina (*pæ'tinə*) *rz.* patyna.

patois (*pætuā'*) *rz.* dialekt, narzecze.

patriarch (*pej'triāk*) *rz.* patrjarcha; **-al** (*pejtriā'kel*) *pm.* patrjarchalny; **-ate, -y** (*pej'triākət, -i*) *rz.* patrjarchat.

patricia-n (*pətri'szen*) *rz.* patrycjusz; ~, *pm.* patrycjuszowski; **-te** (*pətri'sziet*) *rz.* patrycjat.

patrimon-ial (*pætrimou'niel*) *pm.* patrymonjalny, ojcowski; **-y** (*pæ'trimoni*) *rz.* dziedzictwo, ojcowizna.

patriot (*pæ'triət, pej'triət*) *rz.* patrjota; **-ic** (*pætrio'tik, pej'-*) *pm.* patrjotyczny; **-ism** (*pæ'triətizem, pej't-*) *rz.* patrjotyzm.

patristic (*pətri'stik*) *pm.* ojców kościoła.

patrol (*pətrou'l*) *rz.* patrol; ~, *cz.* patrolować.

patron (*pej'trən*) *rz.* opiekun, patron, dobrodziej; kolator; **-age** (*-edż*) *rz.* opieka; patronat; **-ess** (*-əs*) *rz.* opiekunka, patronka; **-ize** (*-ajz*) *cz.* patronować, opiekować się; popierać; **-al** (*-el*) *pm.* patrona.

patten (*pæ'ten*) *rz.* chodak.

patter (*pæ'tə*) *rz.* gwara; żargon; ~, *cz.* klepać pacierze; paplać, trzepotać.

pattern (*pæ'tən*) *rz.* wzór, model; próbka; deseń, rysunek; take ~ by, wzorować się na czemś, na kimś; ~, *cz.* wzorować, kopjować.

patty (*pæ'ti*) *rz.* placek.

patulous (*pæ'tjuləs*) *pm.* szeroki; rozłożysty.

paucity (*pō'siti*) *rz.* mała liczba, szczupłość.

Paul Pry (*pō'lpraj*) wścibski, ciekawski.

paunch (*pō'ncz, pā'ncz*) *rz.* brzuch, żołądek; ~, *cz.* wypatroszyć.

pauper (*pō'pə*) *rz.* biedak, ubogi; żebrak; **-ism** (*-rizem*) *rz.* pauperyzm, nędza; **-ize** (*-rajz*) *cz.* doprowadzić do ubóstwa.

pause (*pō'z*) *rz.* przerwa, pauza, zastanowienie się; wahanie się; ~, *cz.* zatrzymać się.

pave (*pej'w*) *cz.* brukować, torować (wyłożyć) drogę; **-ment** (*-mənt*) *rz.* bruk; chodnik; **-r** (*-ə*) *rz.* brukarz.

pavilion (*pəwi'ljən*) *rz.* namiot, pawilon.

paving (*pej'wiŋ*) *rz.* brukowanie.

paw (*pō'*) *rz.* łapa; ~, *cz.* uderzyć łapą; grzebać nogą (o koniu).

pawl (*pō'l*) *rz.* chwyt koła zębatego, zatyczka.

pawn (*pō'n*) *rz.* zastaw; fant; pion; pionek; ~, *cz.* zastawić; **-broker** lombardnik; **-ee** (*pōnī'*) *rz.* biorący zastaw; **-shop** *rz.* lombard.

pay (*pej'*) *rz.* zapłata, płaca; wynagrodzenie; pensja; żołd; wypłata; *~, *cz.* płacić, wynagrodzić; spłacić; oddawać; opłacać się; przypłacić; złożyć; oddać; odpokutować (for, za co); ~ respects, pozdrowić; ~ a visit, złożyć wizytę; ~ one's addresses, zalecać się; ~ down, płacić gotówką; ~ off, wypłacić; skwitować; **-able** (*pej'əbel*) *pm.* płatny; wypłacalny; **-day** *rz.* dzień wypłat; **-er** (*-ə*) *rz.* **-master** *rz.* płatnik; **-ment** (*-mənt*) *rz.* zapłata; wpłata; kwota; **-office** *rz.* kasa.

pea (*pī'*) *rz. lmn.* **peas, pease** (*pī'z*) groch; groszek; **-chick** *rz.* pawię, pawiątko; **-cock** (*pī'kok*) *rz.* paw; **-hen** (*-hen*) *rz.* pawica; **-soup** *rz.* grochówka; **-soupy** *pm.* (o mgle) gęsta, żółtawa.

peace (*pī's*) *rz.* spokój, pokój, cisza; hold one's ~, milczeć; cicho siedzieć; **-able, -ful** (*-əbɛl, -ful*) *pm.* zgodny, spokojny; cichy; łagodny; **-ableness, -fulness** (*-əblnəs, -fulnəs*) *rz.* pojednawczość; spokój; **-maker** *rz.* pojednawca; **-offering** *rz.* ofiara pojednania.

peach (*pī'cz*) *rz.* brzoskwinia; ~, *cz.* donosić, donieść.

pea-cock (*pī'kok*) *rz.* paw; **-hen** *rz.* pawica.

pea-jacket (*pī'dżœkit*) *rz.* kaftan.

peak (*pī'k*) *rz.* szczyt, wierzchołek, szpic; ~, *cz.* stawiać pionowo; ~ **and pine,** schnąć (np. z tęsknoty).

peal (*pī'l*) *rz.* odgłos; huk; łoskot (pioruna); bicie dzwonów; trzask; ~ of laughter, salwa śmiechu; ~, *cz.* huczeć, brzmieć, rozlegać się; grzmieć.

pear (*pā'ə*) *rz.* gruszka; **-tree** *rz.* grusza.

pearl (*pā'l*) *rz.* perła; perłowa macica; perl (*druk.*); ~, *cz.* perlić; **-barley** *rz.* krupy perłowe; **-diver** *rz.* poławiacz pereł; **-ed** (*-d*) *pm.* wysadzany perłami; **-y** (*-i*) *pm.* perłowy.

peasant (*pe'zɛnt*) *rz.* chłop; wieśniak; **-ry** (*-ri*) *rz.* włościanie, włościaństwo, chłopstwo.

pease (*pī'z*) *rz. lmn.* od **pea.**

peat (*pī't*) *rz.* torf; ~, *rz.* dziewczyna; **-soil** *rz.* torfowisko; **-y** (*-i*) *pm.* torfowy, torfiasty.

pebble, -stone (*pe'bɛl, -stoun*) *rz.* kamyk; **-y** (*-i*) *pm.* żwirowaty.

pecca-bility, -ncy (*pekəbi'liti, pe'kənsi*) *rz.* wina; grzeszność; **-ble** (*pe'kəbɛl*) *pm.* grzeszny; **-dillo** (*pe'kədi'lou*) *rz.* grzeszek; **-nt** (*pe'kent*) *pm.* grzeszny, chorobliwy.

peccary (*pe'kəri*) *rz.* piżmoświń (*zool.*).

peck (*pe'k*) *rz.* miara płynów = 8 kwart; garniec; mnóstwo; masa; ~, *rz.* dziobanie, kłucie; ~, *cz.* dziobać, kłuć; kopać; **-er** (*-ə*) *rz.* motyka; wood ~, dzięcioł.

pectinat-e, -ed (*pe'ktinət, -ɛd*) *pm.* grzebieniasty.

pectoral (*pe'ktərɛl*) *pm.* piersiowy.

pecula-te (*pe'kjulejt*) *cz.* sprzeniewierzać; **-tion** (*'szɛn*) *rz.* sprzeniewierzenie; **-or** (*pe'kjulejtə*) *rz.* sprzeniewierca.

peculiar (*pekjū'liə*) *pm.* szczególny, osobliwy; właściwy; **-ity** (*pekjūliœ'riti*) *rz.* właściwość, szczegół; przymiot, cecha.

pecuniary (*pekjū'niəri*) *pm.* pieniężny.

pedagog-ic(al) (*pedəgo'dżikɛl*) *pm.* pedagogiczny; **-ics, -y** (*pedəgo'dżiks*) *rz.* pedagogja; **-ue** (*pe'dəgog*) *rz.* pedagog.

pedal (*pe'dɛl*) *rz.* pedał; ~, *pm.* nożny.

pedant (*pe'dɛnt*) *rz.* pedant; **-ic(al)** (*pedœ'ntik-ɛl*) *pm.* pedantyczny; **-ry** (*pe'dəntri*) *rz.* pedanterja, pedantyzm.

peddle (*pe'dɛl*) *cz.* kramarzyć; zajmować się drobnostkami.

pedest-al (*pe'dəstɛl*) *rz.* piedestał; postument; **-rian** (*pəde'striən*) *rz.* piechur; pieszy; ~, *pm.* pieszy.

ped-icel, -icle (*pe'disɛl, pe'dikɛl*) *rz.* ogonek, korzonek, szypułka.

pedicul-ar, -ous (*pədi'kjulə*) *pm.* wszawy.

pedigree (*pe'digrī*) *rz.* rodowód, genealogja.

pediment (*pe'dimənt*) *rz.* fronton.

pedlar (*pe'dlə*) *rz.* przekupień, kramarz.

pedometer (*pɛdo'mitə*) *rz.* pedometr, krokomierz.

pedunc-le (*pədă'nkɛl*) *rz.* szypułka; **-ular** (*pədă'nkjulə*) *pm.* szypułkowy.

peek (*pī'k*) *rz.* spojrzenie; ~, *cz.* zerkać, zerknąć.

peel (*pī'l*) *rz.* łopata piekarska; ~, *rz.* skórka; ~, *cz.* obierać, tracić korę; łuszczyć się; obłazić; **-ings** (*-iŋs*) *rz. lmn.* obierzyny.

peep (*pī'p*) *rz.* piszczenie, świergotanie; zerknięcie; rzut oka; świt; brzask; ~, *cz.* zaglądać; zerknąć; wynurzać się; zjawiać się; dnieć; świtać; piszczeć; **-hole** *rz.* dziurka, otwór.

peer (*pī'ə*) *rz.* równy; par (Anglji); ~, *cz.* wynurzać się; ~ at, przypatrywać się; ~ into, wglądnąć w; **-age** (*-rɛdż*) *rz.* parowie (zbiorowo); **-ess** (*-rəs*) *rz.* żona para; **-less** *pm.* niezrównany; jedyny; **-lessness** *rz.* niezrównaność.

peeved (*pī'wd*) *pm.* (gwara) zgniewany, zły.
peevish (*pī'wisz*) *pm.* zrzędny, zły, gniewliwy; obraźliwy; **-ness** (*-nəs*) *rz.* tetryczność, zły humor.
peg (*pe'g*) *rz.* kołek, czop; come down a ~, spuścić z tonu; ~, *cz.* przybić, przytwierdzić, wyznaczyć kołkami.
pejorative (*pī'dżorətiw, pidżo'-*) *pm.* wyrażający lekceważenie.
pekoe (*pe'kou*) *rz.* czarna herbata.
pelargonium (*pelāgou'niεm*) *rz.* pelargonja.
pelf (*pe'lf*) *rz.* bogactwo.
pelican (*pe'likεn*) *rz.* pelikan.
pelisse (*pəlī's*) *rz.* futro.
pellet (*pe'lεt*) *rz.* kulka, kłębek.
pellicle (*pe'likεl*) *rz.* błona.
pellitory (*pe'litəri*) *rz. bot.*) pomurnik.
pell-mell (*pe'l-me'l*) *ps.* bezładnie.
pellucid (*pel[j]ū'sid*) *pm.* przezroczysty, jasny; **-ness** (*-nəs*), **-ity** (*pel[j]usi'diti*) *rz.* przezroczystość, jasność.
pelt (*pe'lt*) *rz.* skóra; futro; grad (pocisków i t. p.); ~, *cz.* zasypać; uderzać; razić pociskami; miotać; **-ry** (*-ri*) *rz.* skóry; futra.
pelvis (*pe'lwis*) *rz.* (*anat.*) miednica.
pemmican (*pe'mikən*) *rz.* kostki odżyweze.
pen (*pe'n*) *rz.* pióro, stalówka; ~, *rz.* zagrodzenie, zagroda, hurt (zagroda); ~, *rz.* łabędź (samica); ~, *cz.* pisać, redagować; opisać; ~, *cz.* zamknąć; **-name** *rz.* pseudonim (pisarski); **-case** *rz.* piórnik; **-holder** *rz.* obsadka; **-knife** *rz.* scyzoryk; **-man** *rz.* pisarz; **-manship** *rz.* piśmiennictwo.
pen-al (*pī'nεl*) *pm.* karny; **-alize** *cz.* ukarać; **-alty** (*pe'nεlti*) *rz.* kara; grzywna; **-ance** (*pe'nəns*) *rz.* pokuta; ~, *cz.* nałożyć pokutę, ukarać.
pence (*pe'ns*) *rz. lmn.* od **penny.**
pencil (*pe'nsil*) *rz.* ołówek; pendzel; ~, *cz.* szkicować, rysować; kreślić; **-case** *rz.* futeralik na ołówek.
pend-ant (*pe'ndənt*) *rz.* pendant; dewizka (u zegarka); chorągiewka na okręcie; **-ent** (*pe'ndənt*) *pm.* zawieszony; nierozstrzygnięty; niezdecydowany; **-ing** (*-iŋ*) *pi.* w czasie, podczas, w toku; ~, *pm.* nierozstrzygnięty (w prawie); **-ulous** (*pe'ndjuləs*) *pm.* zwisający, wiszący; **-ulum** (*pe'ndjulεm*) *rz.* wahadło.
penetra-bility (*penətrəbi'titi*) *rz.* przepuszczalność; przenikliwość; **-ble** (*pe'nətrəbεl*) *pm.* przepuszczalny; przenikliwy; **-lia** (*penətræ'liə*) *rz. lmn.* tajniki; **-tive** (*pe'nətrətiw*) *pm.* bystry; przenikliwy; **-te** (*pe'nətrejt*) *cz.* przenikać; przejąć; przedrzeć się; przechodzić, przeszyć; zgłębić, odgadnąć; **-tion** (*penətrej'szεn*) *rz.* przenikliwość; bystrość umysłu.
penguin (*pe'ŋguin*) *rz.* pingwin.
peninsula (*pəni'nsjulə*) *rz.* półwysep; **-r** *pm.* półwyspowaty.
penis (*pī'nis*) *rz.* (*anat.*) penis.
peniten-ce (*pe'nitεns*) *rz.* skrucha, żal za grzechy; pokuta; **-t** (*-tεnt*) *rz.* penitent; pokutnik; ~, *pm.* pokutujący; skruszony; **-tial** (*penite'nszεl*) *pm.* pokutny; **-tiary** (*penite'nszəri*) *rz.* zakład karny; dom poprawy; penitencjarjusz; ~, *pm.* pokutny; karny.
pennant (*pe'nənt*) *rz.* chorągiewka (na maszcie).
penniless (*pe'niləs*) *pm.* bez grosza, ubogi.
pennon (*pe'nεn*) *rz.* chorągiewka.
penny (*pe'ni*) *rz. lmn.* **pennies** lub **pence** (*pe'niz, pe'nis*) pens = $^1/_{12}$ szylinga; pieniądze; **-royal** *rz.* babka, pleśnik (*bot.*); **-weight** *rz.* waga, = 1,55 *g*; ~, wise pound foolish *pm.* oszczędny w drobnych wydatkach; **-wort** *rz.* (*bot.*) tojeść pieniążek; **-worth** (*-ueþ, pe'nəþ*) *rz.* (towar) za jednego pensa.
pensile (*pe'nsil*) *pm.* wiszący, zwisający.
pension (*pe'nszεn*) *rz.* pensja, emerytura; pensjonat; ~, *cz.* spensjonować; **-ary** (*-əri*), **-er** (*pe'nszenə*) *rz.* emeryt; jurgieltnik; ~, *pm.* emerytalny; pensyjny.
pensive (*pe'nsiw*) *pm.* zamyślony; zadumany; **-ness** (*-nəs*) *rz.* zamyślenie; zadumanie; melancholja.

penstock (*pe'nstok*) *rz.* szluza.
pent (*pe'nt*) *pm.* zamknięty.
penta-capsular (*pentəkæ'psjulə*) *pm.* pięciokomórkowy; **-gon** (*pe'ntəgən*) *rz.* pięciobok; **-gonal** (*pəntæ'gənɛl*) *pm.* pięcioboczny; **-ngular** (*pəntæ'ŋgjulə*) *pm.* pięciokątny; **-petalous** (*pentəpe'tələs*) *pm.* pięciolistkowy (*bot.*); **-teuch** (*pe'ntətjūk*) *rz.* pentateuch; pięcioksiąg Mojżesza.
Pentecost (*pe'ntəkost*) *rz.* Zielone Świątki.
penthouse (*pe'nthaus*), **-ice** (*pe'ntis*) *rz.* dobudówka; podstrzesze.
pentile (*pe'ntajl*) *rz.* dachówka żłobkowana.
penult (*pən'ʌ'lt*), **-imate** (*pənʌ̆'ltimet*) *pm.* przedostatni.
penumbra (*pinʌ̆'mbrə*) *rz.* półcień.
penur-ious (*pənju'riəs*) *pm.* biedny, skąpy; **-iousness** (*-nəs*), **-y** (*pe'njuri*) *rz.* brak, niedostatek; bieda.
peon (*pī'ən* *rz.* żołnierz indyjski, policjant.
peony (*pī'oni*) *rz.* piwonja.
people (*pī'pɛl*) *rz.* ludzie, lud, naród; gmin; ~, *cz.* zaludnić.
pepper (*pe'pə*) *rz.* pieprz; ~, *cz.* pieprzyć; **-and salt** *pm.* w białe i czarne kropki; **-box** *rz.* pieprzniczka; **-corn** *rz.* ziarnko pieprzu; **-y** (*-ri*) *pm.* pieprzny; zgryźliwy; **-mint** (*-mint*) *rz.* mięta.
pep-sin (*pe'psin*) *rz.* pepsyna; **-tic** (*-tik*) *pm.* strawny; **-tone** (*-toun*) *rz.* pepton.
per (*pə̄'*) *pi.* przez, od; ~ cent, procent.
peradventure (*perədwe'nczə*) *rz.* *ps.* być może, przypadkiem.
perambulate (*pəræ'mbjulejt*) *cz.* obchodzić; zwiedzać; przechadzać się; **-ion** (*pəræmbjulej'szɛn*) *rz.* obchodzenie; wędrówka; zwiedzanie; **-or** (*-ə*) *rz.* wózek dziecinny.
perceiv-able (*pəsī'wəbɛl*) *pm.* dostrzegalny; wyraźny; **-e** (*pəsī'w*) *cz.* dostrzegać; zobaczyć.
percentage (*pəse'ntɛdż*) *rz.* odsetki, procent.
percept-ibility (*pəseptibi'liti*) *rz.* dostrzegalność; wyraźność; czucie; **-ible** (*pəse'ptibɛl*) *pm.* dostrzegalny; wyraźny; dobitny; **-ion** (*pəse'pszɛn*) *rz.* percepcja; spostrzeganie; **-ive** (*-tiw*) *pm.* postrzegawczy; pojmujący.
perch (*pə̄'cz*) *rz.* okuń (ryba); tyczka, grzęda; pręt mierniczy; żerdź; miejsce wysokie; ~, *cz.* siadać (na grzędzie).
perchance (*pəczā'ns*) *ps.* być może; przypadkiem.
percheron (*pə̄'szərən*) *rz.* koń perszeron.
percipien-ce (*pəsi'piəns*) *rz.* wrażliwość, czucie; **-t** (*-t*) *pm.* wrażliwy.
percola-te (*pə̄'kəlejt*) *cz.* przecedzać, filtrować; cedzić; **-tion** (*pəkəlej'szɛn*) *rz.* filtrowanie; cedzenie.
percuss (*pəkʌ̆'s*) *cz.* opukać; **-ion** (*pəkʌ̆'szɛn*) *rz.* opukiwanie; perkusja, wstrząśnienie; ~~ cap, zapalnik.
perdition (*pədi'szɛn*) *rz.* zatracenie; zguba; wieczne potępienie.
perdu, -e (*pədjū'*) *pm.* czatujący.
perdura-ble (*pə̄'djurəbɛl*) *pm.* trwały, wieczny; **-tion** (*pədjurej'szɛn*) *rz.* trwałość, trwanie.
peregrina-te (*pe'rəgrinejt*) *cz.* wędrować; **-tion** (*perəgrinej'szɛn*) *rz.* peregrynacja; wędrówka.
peregrine (*pe'rəgrin*) *pm.* zagraniczny.
peremptor-iness (*pe'rəmptərinəs*) *rz.* stanowczość; nieodwołalność; **-y** (*pe'rəmtəri*) *pm.* decydujący, stanowczy.
perennial (*pəre'niəl*) *pm.* trwały, odwieczny.
perfect (*pə̄'fəkt*) *pm.* doskonały, zupełny; kompletny; ~ **tense** *rz.* (*gram.*) czas przeszły dokonany; ~, *cz.* wykończyć, udoskonalić; przeprowadzić; **-ible** (*pə̄fe'ktibɛl*) *pm.* dający się udoskonalić; **-ion** (*pə̄fe'kszɛn*) *rz.* wydoskonalenie; doskonałość; **-ionist** (*-ist*) *rz.* perfekcjonista; **-ness** (*-nəs*) *rz.* doskonałość.
perfidious (*pəfi'diəs*) *pm.* wiarołomny, zdradliwy; perfidny; zdradziecki; **-ness, perfidy** (*-nəs, pə̄'fidi*) *rz.* perfidja, przewrotność; wiarołomność.
perfora-te (*pə̄'fərejt*) *cz.* przedziurkować; prześwidrować; **-tion** (*pə̄fərej'szɛn*) *rz.* przedziurawienie, otwór; **-tor** (*pə̄fərej'tə*) *rz.* dziurnik.

perforce (*pəfō's*) *ps.* z konieczności.
perform (*pəfō'm*) *cz.* spełniać, wykonać; grać rolę (w teatrze); uskutecznić; **-able** (*-əbɛl*) *pm.* wykonalny; **-ance** (*-əns*) *rz.* wykonanie; spełnienie; odegranie (roli); czyn; przedstawienie (teatr. lub kinowe); **-er** (*-ə*) *rz.* wykonawca.
perfume (*pə̄'fjum*) *rz.* woń, aromat; perfumy; zapach; ~ (*pəfjū'm*) *cz.* napełniać zapachem, perfumować; **-r** (*-ə*) *rz.* perfumiarz; **-ry** (*-əri*) *rz.* perfumerja.
perfunctory (*pəfă'ŋktəri*) *pm.* mechaniczny, powierzchowny.
perfuse (*pəfju'z*) *cz.* oblać.
perhaps (*pəhæ'ps*) *ps.* być może, może; podobno.
pericardium (*perikā'diɛm*) *rz.* osierdzie (*anat.*).
paricarp (*perikā'p*) *rz.* torebka nasienna (*bot.*).
peri-gee, perigeum (*pe'ridżī, peridżī'ɛm*) *rz.* (*astr.*) perygeum; **-helion** (*perihī'liən*) *rz.* (*astr.*) peryheljum.
peril (*pe'ril*) *rz.* niebezpieczeństwo; ryzyko; **-ous** (*-əs*) *pm.* niebezpieczny; ryzykowny.
perimeter (*pəri'mitə*) *rz.* obwód, perymetr.
period (*pī'riəd*) *rz.* okres, perjod; cykl; kropka (punktacja); epoka; (*astr.*) obieg; **-ic** (*pīrio'dik*) *pm.* perjodyczny, okresowy; **-ical** (*-ɛl*) *rz.* czasopismo; ~, *pm.* perjodyczny.
periosteum (*perio'stiɛm*) *rz.* okostna (*anat.*).
peri-patetic (*pɛripəte'tik*) *pm.* perypatetyczny; **-phery** (*pəri'fəri*) peryferja, obwód, okrąg; **-phrasis** (*pəri'frəsiz*) *rz.* omówienie, peryfraza.
periscope (*pe'riskoup*) *rz.* peryskop.
perish (*pe'risz*) *cz.* zginąć, przepaść; **-able** (*-əbɛl*) *pm.* łatwo się psujący (o towarach).
peristyle (*pe'ristajl*) *rz.* perystyl.
periton-eum (*peritonī'ɛm*) *rz.* otrzewna (*anat.*); **-itis** (*peritonaj'tis*) *rz.* zapalenie otrzewnej.
periwig (*pe'riuig*) *rz.* peruka.
periwinkle (*pe'riuiŋkɛl*) *rz.* ślimak.
perjur-e (*pə̄'dżə*) *cz.* krzywoprzysięgać; **-er** (*-rə*) *rz.* krzywoprzysiężca; **-y** (*-ri*) *rz.* krzywoprzysięstwo.
perk (*pə̄'k*) *cz.* zadzierać nosa.
permanenc-e (*pə̄'mənəns, -i*) *rz.* stałość, nieustanność; (*-ənt*) *pm.* stały, trwały, nieustający.
permea-bility (*pəmiəbi'liti*) *rz.* przenikliwość, przepuszczalność; **-ble** (*pə̄'miəbɛl*) *pm.* przepuszczalny; przemakalny; **-te** (*pə̄'miejt*) *cz.* przenikać, przesiąkać; **-tion** (*pəmiej'szɛn*) *rz.* przenikanie, przesiąkanie.
permiss-ible (*pəmi'sibɛl*) *pm.* dozwolony; dopuszczalny; **-ion** (*pəmi'szɛn*) *rz.* pozwolenie; **-ive** (*pəmi'siw*) *pm.* zezwalający.
permit (*pəmi't*) *cz.* pozwolić; ~, *rz.* pozwolenie; przepustka.
permut-ation (*pə̄mjutej'szɛn*) *rz.* przestawianie; zamiana; **-e** (*pəmjū't*) *cz.* zamieniać.
pernicious (*pəni'szəs*) *pm.* zgubny; szkodliwy; **-ness** (*-nəs*) *rz.* szkodliwość.
peroration (*perorej'szɛn*) *rz.* przemowa, perora.
perpend (*pəpə'nd*) *cz.* rozważać.
perpendicular (*pə̄pəndi'kjulə*) *pm.* pionowy; prostopadły; ~, *rz.* linja prostopadła; **-ity** (*-læ'riti*) *rz.* pionowość; prostopadły kierunek.
perpetra-te (*pə̄'pətrejt*) *cz.* spełnić, dopuścić się (złego czynu); popełnić; **-tion** (*pə̄pətrej'szɛn*) *rz.* spełnienie; popełnienie (złego czynu); **-tor** (*-ə*) *rz.* przestępca; sprawca.
perpetu-al (*pəpə'tjuəl, -czjuəl*) *pm.* wieczny, nieustanny; **-ate** (*-juəjt*) *cz.* uwiecznić; **-ation** (*pəpətjuej'szɛn*) *rz.* uwiecznienie; **-ity** (*pə̄pətjū'iti*) *rz.* wieczność.
perplex (*pəple'ks*) *cz.* wprawić w zakłopotanie, zmieszać; pogmatwać; **-ed** (*-t*) *pm.* zmieszany, zawiły; **-ity** (*-iti*) *rz.* zmieszanie; zakłopotanie, zawikłanie.
perquisite (*pə̄'kuizit*) *rz.* dochód przygodny; obrywka.
perry (*pe'ri*) *rz.* gruszecznik.
persecu-te (*pə̄'səkjūt*) *cz.* prześladować; **-tion** (*pə̄səkjū'szɛn*) *rz.* prześladowanie; **-tor** (*pə̄'səkjūtə*) *rz.* prześladowca.

persever-ance (*pəsəwī'rens*) *rz.* wytrwałość; **-ant** (*-rənt*) *pm.* wytrwały, wytrzymały; **-e** (*pəsəwī'ə*) *cz.* trwać, wytrwać.
persist (*pəsi'st*) *cz.* obstawać przy czem; trwać w; wytrwać; **-ence, -ency** (*-ens, -ensi*) *rz.* obstawanie, upór, zawziętość; **-ent** *pm.* trwały, uparty; stały.
person (*pə̄'sen*) *rz.* osoba; rola; charakter; in ~, osobiście; **-able** (*pə̄'sənəbel*) *pm.* przystojny; **-age** (*-edż*) *rz.* osobistość; (ważna) osoba; rola; **-al** (*-el*) *pm.* osobisty; **-ality** (*pə̄sənæ'liti*) *rz.* osobistość; osobowość; **-alty** *rz.* majątek; **-ate** (*pə̄'sənejt*) *cz.* uosabiać; grać rolę; **-ation** (*pə̄sonej'szen*) *rz.* uosobienie; naśladowanie; **-ification** (*pəsonifikej'szen*) *rz.* uosobienie; **-ify** (*pəso'nifaj*) *cz.* uosabiać.
personnel (*pə̄sone'l*) *rz.* personel.
perspective (*pəspe'ktiw*) *rz.* perspektywa; ~, *pm.* perspektywiczny.
perspicaci-ous (*pə̄spikej'szəs*) *pm.* bystry; przezorny; **-ty** (*pəspi'kæ'siti*) *rz.* bystrość, przezorność.
perspicu-ous (*pəspi'kjuəs*) *pm.* jasny; zrozumiały; **-ousness** (*-nəs*), **-ity** (*pə̄spikjū'iti*) *rz.* jasność.
perspir-able (*pəspi'rəbel*) *pm.* wypacalny; **-ation** (*pə̄spirej'szen*) *rz.* pocenie się; poty; **-e** (*pəspaj'ə*) *cz.* pocić się, wypacać.
persua-de (*pəsuej'd*) *cz.* przekonywać; wmówić; **-sible** (*pəsuej'sibel*) *pm.* dający się przekonać, namówić; **-sion** (*pəsuej'żen*) *rz.* przekonanie; namowa; perswazja; przeświadczenie; wiara; **-sive** (*pəsuej'siw*) *pm.* przekonywujący; **-siveness** (*-nəs*) *rz.* zdolność przekonywania, argumenty, siła.
pert (*pə̄'t*) *pm.* zuchwały, dziarski, śmiały; **-ness** (*-nəs*) *rz.* zuchwałość.
pertain (*pətej'n*) *cz.* należeć, odnosić się do czegoś; być w związku; tyczyć się czegoś.
pertinacious (*pə̄tinej'szəs*) *pm.* uporczywy, uparty; zacięty; wytrwały; **-ness** (*-nes*), **pertinacity** (*pə̄tinæ'siti*), *rz.* uporczywość, zaciętość; wytrwałość
pertinen-ce, -cy (*pə̄'tinəns, -i*) *rz.* przynależność, stosowność; przyzwoitość; **-t** *pm.* przynależny; stosowny; właściwy; przyzwoity, trafny.
perturb (*pətə̄'b*) *cz.* zakłócać; zmieszać, zaniepokoić; **-ation** (*pə̄tebej'szen*) *rz.* zakłócenie; zamieszanie, nieład, nieporządek.
peruke (*pərū'k*) *rz.* peruka.
perus-al (*pərū'zel*) *rz.* przeczytanie; **-e** (*pərū'z*) *cz.* przeczytać; przejrzeć, zbadać.
Peruvian (*pərū'wjən*) *rz.* Peruwjańczyk; ~, *pm.* peruwjański; **-bark** *rz.* china.
perva-de (*pəwej'd*) *cz.* przenikać, przejmować; przesiąkać; **-sion** (*pəwej'żen*) *rz.* przenikanie, przesiąkanie; **-sive** (*pəwej'siw*) *pm.* przenikający.
perverse (*pəwə̄'s*) *pm.* przewrotny; złośliwy; zepsuty; **-ness, perversity** (*-nəs, pəwə̄'siti*) *rz.* przewrotność, zepsucie.
pervert (*pəwə̄'t*) *cz.* skazić, popsuć, przekręcić; przewrócić; zepsuć; namówić na złe.
pervious (*pə̄'wiəs*) *pm.* przepuszczalny; **-ness** (*-nəs*) *rz.* przepuszczalność.
pessary (*pe'səri*) *rz.* wianek maciczny (*med.*).
pessim-ism (*pe'simizem*) *rz.* pesymizm; **-ist** (*-ist*) *rz.* pesymista; **-istic** (*pesimi'stik*) *pm.* pesymistyczny.
pest (*pe'st*) *rz.* zaraza; mór; morowe powietrze; **-er** (*-ə*) *cz.* trapić, dokuczać; dręczyć; naprzykrzać się; **-house** *rz.* szpital chorób zakaźnych; **-iferous** (*pəsti'fərəs*) *pm.* zapowietrzony; **-ilence** (*-ilens*) *rz.* zaraza, morowe powietrze; **-ilent, -ilential** (*-ilent, pestile'nszəl*) *pm.* morowy, zapowietrzony.
pestle (*pe'sel*) *rz.* tłuczek (moździerzowy); ~, *cz.* tłuc.
pet (*pe't*) *rz.* pieszczoch, ulubieniec; gniew, nadąsanie się; take the ~, obrazić się; ~, *cz.* pieścić.
petal (*pe'tel*) *rz.* płatek (kwiatu); **-led** (*pe'təld*) *pm.* płatkowaty; (*bot.*).
petard (*pətā'd*) *rz.* petarda.
peter (*pī'tə*) *cz.* ~ out, skończyć się, wyczerpać się.

Peter(s)penny (*pī'təpeni*) *rz. lmn.* Peterpence, świętopietrze.

petiol-ar, -ary (*pe'tiolə*) *pm.* szypułkowy; **-e** (*pe'tiəl*) *rz.* szypułka liścia, ogonek.

petition (*pəti'szen*) *rz.* petycja; prośba; modlitwa; ~, *cz.* zanieść prośbę; podać-petycję, prosić; **-ary** (*pəti'szənəri*) *pm.* błagalny; **-er** (*-ə*) *rz.* petent, suplikant.

petrel (*pe'trel*) *rz.* petrel (*orn.*).

petri-faction (*petrifæ'kszen*) *rz.* skamieniałość; skamienienie; **-fy** (*pe'trifaj*) *cz.* skamienić.

petrol (*pe'troul*) *rz.* benzyna; **-eum** (*pətrou'liəm*) *rz.* nafta; **-ogy** (*pətro'lodżi*) *rz.* nauka o skałach, petrologja.

petrous (*pe'trəs, pī'trəs*) *pm.* kamienisty, kamienny, twardy.

petticoat (*pe'tikout*) *rz.* spódnica; ~ **governement** rządy kobiece.

pettifog (*pe'tifog*) *cz.* szykanować; **-ger** (*pe'tifogə*) *rz.* podrzędny adwokat; pokątny doradca sądowy; **-gery** (*-ri*) *rz.* szykany.

pett-iness (*pe'tinəs*) *rz.* małość; **-y** (*pe'ti*) *pm.* drobny, mały.

pettish (*pe'tisz*) *pm.* drażliwy; opryskliwy, tetryczny; **-ness** (*-nəs*) *rz.* opryskliwość; zrzędność, drażliwość.

petitoes (*pe'titouz*) *rz. lmn.* nóżki świńskie (potrawa).

petulan-ce, -cy (*pe'tjuləns, -i*) *rz.* drażliwość; **-t** (*-lent*) *pm.* drażliwy; gniewliwy.

pew (*pjū'*) *rz.* ława (kościelna).

pew(e)et (*pī'uit, pju'it*) *rz.* czajka.

pewter (*pjū'tə*) *rz.* cyna; cynowe naczynia; dzban.

phaeton (*fej'tən*) *rz.* faeton (powozik).

phalanx (*fej'læŋks*) *rz.* falanga; członek palca.

phantasm (*fæ'ntəzem*) *rz.* fantazm, przywidzenie; urojenie; **-agoria** (*fæntəzməgo'riə*) *rz.* fantasmagorja, widziadła; **-agoric** (*fæntəzməgo'rik*) *pm.* fantasmagoryczny.

phantasy (*fæ'ntəzi*) *rz.* fantazja, imaginacja.

phantom (*fæ'ntəm*) *rz.* widziadło, przywidzenie, widmo, upiór.

pharis-aic(-al) (*færisej'ik-el*) *pm.* faryzeuszowski; **-aism** (*fæ'risejizem*) *rz.* faryzeizm; **-ee** (*fæ'risī*) *rz.* faryzeusz.

pharmac-eutical (*fāməsū'tikel*) *pm.* farmaceutyczny; **-eutics** (*fāməsjū'tiks*), **-y** (*fā'məsi*) *rz.* farmaceutyka; aptekarstwo; apteka; **-ologist** (*fāməko'lodżist*) *rz.* farmakolog; **-ology** (*-ko'lodżi*) *rz.* farmakologja; **-opoeia** (*fāməkopi'jə*) *rz.* farmakopea; książka aptekarska.

pharos (*fē'rəs*) *rz.* latarnia morska.

pharyn-geal (*fəri'ndżiəl*) *pm.* krtaniowy; **-x** (*fæ'riŋks*) *rz.* krtań.

phase (*fej'z*) *rz.* okres, faza.

pheasant (*fe'zent*) *rz.* bażant.

phenol (*fī'nol*) *rz.* fenol, kwas karbolowy.

phenomen-al (*fəno'menel*) *pm.* fenomenalny; **-on** (*fəno'mənən*) *rz. lmn.* **phenomena** (*fəno'menə*) fenomen, zjawisko.

phial (*faj'əl*) *rz.* flakonik.

philander (*filæ'ndə*) *cz.* podkochiwać się, flirtować.

philanthrop-ic(al) (*filənþro'pik-el*) *pm.* filantropijny; **-ist** (*filæ'nþropist*) *rz.* dobroczyńca; filantrop; **-y** (*filæ'nþrəpi*) *rz.* filantropja, dobroczynność.

philatelist (*filæ'təlist*) *rz.* filatelista.

philharmonic (*filhamo'nik*) *pm.* filharmonijny, zamiłowany w muzyce.

philippic (*fili'pik*) *rz.* filipika.

philistine (*fi'listajn, -tin*) *rz.* filistyn; wróg; ~, *pm.* filisterski.

philolog-er, -ist (*filo'lədżə, -ist*) *rz.* filolog; **-ic(al)** (*filəlo'dżik-el*) *pm.* filologiczny; **-y** (*filo'lədżi*) *rz.* filologja, językoznawstwo.

philomel (*fi'lomel*) *rz.* słowik (*poet.*).

philosoph-er (*filo'sofə*) *rz.* filozof; **-er's stone** *rz.* kamień filozoficzny alchemików; **-ic(al)** (*filəso'fik-el*) *pm.* filozoficzny; **-ize** (*filo'sofajz*) *cz.* filozofować, rozumować; **-sophy** (*filo'səfi*) *rz.* filozofja.

philter, philtre (*fi'ltə*) *rz.* lubystek, napój miłosny.

phiz (*fi'z*) *rz.* (potoczn.) fizjognomja.

phlebotomize (*flabo'tommajz*) *cz.* puszczać krew; **-y** (*flabo'tomi*) *rz.* przecięcie żyły, puszczenie krwi.
phlegm (*fle'm*) *rz.* flegma; śluz; ociężałość; **-atic** (*flegmæ'tik*) *pm.* flegmatyczny, powolny; śluzowy; **-on** (*fle'gmon*) *rz.* wrzód.
phlogiston (*flo'dziston*) *rz.* flogiston (*chem.*).
phlox (*flo'ks*) *rz.* floks (*bot.*).
phoenix (*fī'niks*) *rz.* feniks.
phonetic (*fone'tik*) *pm.* fonetyczny; **-s** *rz. lmn.* fonetyka.
phonic (*fo'nik, fou'nik*) *pm.* głosowy, dźwiękowy.
phonograph (*fou'nagrāf*) *rz.* fonograf; **-ic(al)** (*fonagrā'fik-ɛl*) *pm.* fonograficzny; **-y** (*fono'grafi*) *rz.* fonografja; pisownia fonetyczna.
phosgene (*fo'sdżin*) *rz.* fosgen.
phosphate (*fo'sfejt*) *rz.* fosfat.
phosphor-escence (*fosfare'sɛns*) *rz.* fosforescencja, promieniowanie świetlne; **-escent** (*-sant*) *pm.* fosforyzujący; **-ous** (*fo'sfaras*) *pm.* fosforyczny; **-us** (*fo'sfaras*) *rz.* fosfor.
photo (*fou'tou*) *rz.* fotografja; **-graph** (*fou'tográf*) *rz.* fotografja; ~, *cz.* fotografować; **-grapher** (*foto'grafa*) *rz.* fotograf; **-graphic(al)** (*fotagræ'fik-ɛl*) *pm.* fotograficzny; **-graphy** (*foto'grafi*) *rz.* fotografowanie, fotografja; **-gravure** (*fou'tograwjūa*) *rz.* fotograwjura; **-litograph** (*fou'to-li'-θográf*) *rz.* fotolitografja; **-meter** (*foto'mita*) *rz.* fotometr (*fiz.*).
phrase (*frej'z*) *rz.* wyrażenie, zwrot mowy; frazes; ~, *cz.* wyrażać, mianować; **-ology** (*frejzio'lodżi*) *rz.* frazeologja.
phrenetic (*frane'tik*) *pm.* frenetyczny, szalony.
phrenolog-ist (*frano'lodżist*) *rz.* frenolog; **-y** (*frano'lodżi*) *rz.* frenologja.
phthis-ical (*fti'zikɛl*) *pm.* suchotniczy, gruźliczy; **-is** (*ftaj'sis*) *rz.* suchoty; gruźlica.
phylactery (*filæ'ktari*) *rz.* filakterja (*relig.*).
phylloxera (*filoksē'ra*) *rz.* filoksera (owad).
physic (*fi'zik*) *rz.* leczenie; medycyna; lekarstwo; ~, *cz.* leczyć kurować; **-al** (*-ɛl*) *pm.* fizyczny; **-ian** (*fizi'szɛn*) *rz.* lekarz; **-s** *rz. lmn.* fizyka.
physiognom-ist (*fizio'gnomist*) *rz.* fizjognomista; **-y** (*fizio'[g]nomi*) *rz.* fizjognomja, wyraz twarzy.
physiolog- c(al) (*fiziolo'dżik-ɛl*) *pm.* fizjologiczny; **-ist** (*fizio'lodżist*) *rz.* fizjolog; **-y** (*fizio'lodżi*) *rz.* fizjologja.
physique (*fizī'k*) *rz.* budowa ciała, konstytucja fizyczna.
pia mater (*paj'amej'ta*) *rz.* błona mózgowa.
pian-issimo (*pīani'simou*) *ps.* delikatnie (*muz.*); **-ist** (*pī'anist, piæ'nist*) *rz.* pianista; **-o** (*piæ'nou*) *ps.* fortepian, pianino; cottage ~ upright ~, pianino; grand ~, fortepian koncertowy; **-forte** (*piæ'noufō'ti*) *rz.* fortepian.
piaster (*piæ'sta*) *rz.* piastr.
piazza (*piæ'za, pja'tsa*) *rz.* plac.
pibroch (*pī'brocz*) *rz.* melodje (wojenne) do szkockiej kobzy.
picaroon (*pikarū'n*) *rz.* pirata, korsarz.
pick (*pi'k*) *rz.* kilof; ~, *rz.* wybór, (*fig.*) kwiat; ~, *cz.* dziobać, wyrywać; okradać; kluć; dłubać; skubać; obierać, wybrać, ogryzać; przebierać; zbierać, zrywać (kwiaty); ~ a lock, otworzyć wytrychem; ~ a quarrel with, szukać zwady; ~ pockets, kraść, wyciągać z cudzej kieszeni; ~ up, podjąć z ziemi; zabierać (np. o pociągu); poprawiać się na zdrowiu; odnaleźć humor; ~ and steal, popełniać drobne kradzieże; **-lock** *rz.* wytrych; **-pocket** *rz.* rzezimieszek; **-thank** *rz.* pochlebca.
pickaback (*pi'kabæk*) *ps.* na barach, na barana.
pickax, -e (*pi'kæks*) *rz.* kilof.
picker (*pi'ka*) *rz.* zbieracz.
pickerel (*pi'karal*) *rz.* (młody) szczupak.
picket (*pi'kɛt*) *rz.* kół, pal; pikieta (wojsk.); ~, *cz.* opalować, palisadować; wystawić pikietę.
pickings (*pi'kiŋz*) *rz. lmn.* resztki, obrywki.
pickle (*pi'kɛl*) *rz.* pikle; marynata; solówka; łobuz; ~, *cz.* marynować; solić; zakisić.

picnic (*pi'knik*) *rz.* piknik, majówka.
pict-orial (*piktō'riəl*) *pm.* obrazowy, malowniczy; ilustrowany; **-ure** (*pi'kczə*) *rz.* obraz, uosobienie; wizerunek; ~ palace, kino; ~, *cz.* malować, opisywać; przedstawiać, wyobrażać (sobie); **-uresque** (*pikczəre'sk*) *pm.* malowniczy; **-uresqueness** (*-nəs*) *rz.* malowniczość.
piddle (*pi'dɛl*) *cz.* bawić się.
pie (*paj'*) *rz.* (*zool.*) sroka; ~, *rz.* (*druk., fig.*) bigos; ~, *rz.* placek;
piebald (*paj'bōld*) *pm.* srokaty; pstry.
piece (*pī's*) *rz.* część; kawałek; sztuka (płótna); figura (w szachach); armata, strzelba, działo; sztuka teatralna; ~ of furniture, mebel; of a ~, zgodny; ~ goods, towary łokciowe; ~, *cz.* sztukować; łatać; **-meal** *ps.* po kawałku; ~, *pm.* częściowy; **-work** *rz.* praca płatna od sztuki.
pier (*pī'ə*) *rz.* filar (mostu); molo; **-age** (*-rɛdż*) *rz.* myto; **-glass** *rz.* duże zwierciadło; tremo.
pierc-e (*pī'əs*) *cz.* przebić, przeniknąć, przedziurawić; odszpuntować; wzruszyć (*fig.*); ukłuć; przeszyć; **-ing** (*-iŋ*) *pm.* przeszywający, kolący, ostry, uszczypliwy.
piet-ism (*paj'ətizɛm*) *rz.* pietyzm; **-ist** (*paj'ətist*) *rz.* pobożniś; **-y** (*paj'əti*) *rz.* pobożność.
pig (*pi'g*) *rz.* prosiak, prosię; wieprz, świnia; ~ iron, surówka; buy a ~ in a poke, kupić kota w worku; **-gish** (*-isz*) *pm.* chciwy, uparty; brudny; **-headed** *pm.* uparty; **-sty** (*-staj*) *rz.* chlew.
pigeon (*pi'dżɛn*) *rz.* gołąb; gołębica; ~ carrier, gołąb pocztowy; **-cove, -house** *rz.* gołębnik; **-hole** *rz.* przegródka; skrytka.
piggery (*pi'geri*) *rz.* chlew.
pigment (*pi'gmənt*) *rz.* barwnik, pigment.
pigmy (*pi'gmi*) *rz.* pigmejczyk.
pigtail (*pi'gtejl*) *rz.* tytoń w rolkach; warkocz.
pike (*paj'k*) *rz.* lanca; drzewce; ~, *rz.* (*zool.*) szczupak; patrz turnpike; ~, *cz.* przeszyć, zakłuć; **-staff** *rz.* drzewce kopji, piki.
pilaster (*pilæ'stə*) *rz.* pilastr.
pilchard (*pi'lczād*) *rz.* sardela.
pile (*paj'l*) *rz.* kupa, stos; baterja elektryczna; kół; pal; strona wizerunkowa monety; kosmacizna; włos; ~, *cz.* zrzucać na kupę, sypać stos; narzucać; gromadzić; **-s** *rz. lmn.* hemoroidy; **-wort** *rz.* trędownik (*bot.*).
pilfer (*pi'lfə*) *rz.* zwędzić, ukraść; **-er** (*-rə*) *rz.* złodziejaszek; **-ing** (*-riŋ*), **-y** (*-i*) *rz.* drobna kradzież.
pilgarlic (*pilgā'lik*) *rz.* łysek; biedaczysko (przest.).
pilgrim (*pi'lgrim*) *rz.* pielgrzym; **-age** (*-ɛdż*) *rz.* pielgrzymka.
pill (*pi'l*) *rz.* pigułka; ~, *cz.* grabić, łupić (przest.); **-age** (*pi'lɛdż*) *rz.* grabież, rabunek; łupiestwo.
pillar (*pi'lə*) *rz.* podpora; filar.
pillion (*pi'ljən*) *rz.* poduszka; tylne siodło.
pillory (*pi'ləri*) *rz.* pręgierz; ~, *cz.* stawić pod pręgierz.
pillow (*pi'lou*) *rz.* poduszka.
pilos-e (*paj'ləs*) *pm.* włochaty; **-ity** (*pilo'siti*) *rz.* włochatość; kosmacizna.
pilot (*paj'lot*) *rz.* sternik, pilot; przewodnik; ~, *cz.* sterować; **-age** (*-ɛdż*) *rz.* pilotowanie; sterownictwo.
pilous (*paj'ləs*) *pm.* włosiany.
pimento (*pime'ntou*) *rz.* piment.
pimp (*pi'mp*) *rz.* rajfur; ~, *cz.* rajfurować.
pimpernel (*pi'mpənəl*) *rz.* biedrzeniec (*bot.*).
pimping (*pi'mpiŋ*) *pm.* drobny, lichy; mizerny.
pimple (*pi'mpɛl*) *rz.* pryszcz; **-d** *pm.* pryszczowaty.
pin (*pi'n*) *rz.* kołek; szpilka; kręgiel; sztyft; klin; iglica (u broni palnej); rolling ~, wałek do ciasta; ~, *cz.* przypiąć; przymocować; ~ up a gown, podpiąć suknię; **-case** *rz.* igielnik; **-cushion** *rz.* poduszeczka; ~ **feather,** puch; ~ **money,** pieniądze na szpilki (*fig.*).
pinafore (*pi'nəfoə*) *rz.* fartuszek.
pinaster (*pajnæ'stə*) *rz.* gatunek sosny.

pincers (*pi'nsəz*) *rz. lmn.* kleszcze; szczypce, obcążki.
pinch (*pi'ncz*) *rz.* szczypta; uszczypnięcie; ucisk; in a ~, w razie czego; ~, *cz.* uszczypnąć; szczypać; cisnąć, dokuczać; skąpić; (gwar.) ukraść.
pinchbeck (*pi'nczbek*) *rz.* tombak; sztuczne złoto.
pine (*paj'n*) *rz.* sosna; ~, *cz.* usychać; więdnąć; trapić się; ~ for, after, tęsknić do, za; **-apple** *rz.* ananas; **-ry** (*-ri*) *rz.* plantacja ananasów.
pineal gland (*paj'niəl glæ'nd*) *rz.* wyrostek szyszkowy mózgu.
pin-feather (*pi'nfəðə*) *rz.* wyrastające pióro.
pinion (*pi'njən*) *rz.* kółko zębate, skrzydło; pióra; ~, *cz.* podcinać skrzydła, skrępować.
pink (*pi'ŋk*) *rz.* gwoździk (*bot.*); szczyt (doskonałości); różowy kolor; młody łosoś (*zool.*); rodzaj statku; ~, *pm.* różowy; ~, *cz.* przekłuć; dziurkować; ozdobić; **-eye** *rz.* zapalenie oczu.
pinnace (*pi'nejs*) *rz.* mały okręt, szalupa (statku wojennego).
pinnacle (*pi'nəkεl*) *rz.* pinakl, wieżyczka.
pinnate, -d (*pi'nət, pi'nejtεd*) *pm.* pierzasty (*bot.*).
pinner (*pi'nə*) *rz.* czapka z nausznikami.
pinny (*pi'ni*) *rz.* fartuszek.
pint (*paj'nt*) *rz.* pół kwarty.
pintle (*pi'ntεl*) *rz.* czop.
piny (*paj'ni*) *pm.* sosnowy.
pioneer (*pajənī'ə*) *rz.* pionier; (*mil.*) saper.
pious (*paj'əs*) *rz.* pobożny.
pip (*pi'p*) *rz.* ziarnko (jabłka), nasienie; oczko (w kartach); pypeć (u kur); ~, *cz.* (potoczn.) pobić.
pipe (*paj'p*) *rz.* rura; cybuch; dudka; piszczałka, świstawka; duża beczka (na wino); kobza; przewód; ~, *cz.* grać na piszczałce; gwizdać; piszczeć; wrzeszczeć; **-clay** *rz.* wyborowa glina; **-r** (*-ə*) *rz.* kobziarz.
pipette (*pipe't*) *rz.* pipeta.
piping (*paj'piŋ*) *pm.* spokojny, wesoły, beztroski.
pipkin (*pi'pkin*) *rz.* garnuszek.
pippin (*pi'pin*) *rz.* gatunek jabłek.
piquan-cy (*pī'kεnsi*) *rz.* ostrość, pikantność; **-t** (*-εnt*) *pm.* ostry, pikantny.
pique (*pī'k*) *rz.* uraza, gniew; niezadowolenie; ~, *cz.* obrazić; ubóść, dotknąć; pobudzić, zaostrzyć (ciekawość); ~ oneself, chełpić się; **-t** (*pi'kət*) *rz.* pikieta (gra w karty).
pira-cy (*paj'rəsi*) *rz.* korsarstwo; rozbój na morzach; kradzież literacka; **-te** (*paj'rət*) *rz.* pirat, korsarz; **-te** (*paj'rejt*) *cz.* rozbijać po morzu; uprawiać korsarstwo; **-tical** (*pajræ'tikεl*) *pm.* piracki, rozbójniczy.
pirogue (*pirou'g*) *rz.* łódka; piroga.
pirouette (*pirūe't*) *rz.* piruet, wykrętas w tańcu.
pisc-ary (*pi'skəri*) *rz.* prawo połowu ryb; **-atorial, -atory** (*piskəto'riəl, pi'skətəri*) *pm.* rybny, rybacki; **-iculture** (*pisikă'lczə*) *rz.* hodowla ryb; **-ine** (*pi'sajn*) *pm.* rybny; **-ivorous** (*pisi'wərəs*) *pm.* rybożerny.
Pisces (*pi'sīz*) *rz. lmn.* Ryby (*astr.*).
pish (*pi'sz*) *w.* pfe! pfuj! tfu! ~, *cz.* wyrazić wzgardę.
pismire (*pi'smajə*) *rz.* mrówka.
piss (*pi's*) *rz.* (wulg.) uryna; ~, *cz.* oddawać urynę.
pistachio (*pistej'sziou, -ta'sziou, -ta'szou*) *rz.* pistacja; kłokocina włoska.
pistil (*pi'stil*) *rz.* słupek (*bot.*).
pistol (*pi'stεl*) *rz.* pistolet; ~, *cz.* strzelać z pistoletu; **-shot** *rz.* wystrzał z pistoletu.
pistole (*pistou'l*) *rz.* pistol; dukat hiszpański.
piston (*pi'stεn*) *rz.* tłok; piston; **-rod** *rz.* pręt tłoku.
pit (*pi't*) *rz.* jama; dół, dołek; otchłań; ławy parterowe w teatrze; (*górn.*) szyb; (*anat.*) dołek; ~, *cz.* kłaść w dół; zapadać się; wklęsnąć; **-fall** *rz.* wilczy dół; pułapka.
pit-a-pat (*pi'təpæ't*) *rz.* drżenie serca.
pitch (*pi'cz*) *rz.* smoła; ~, *rz.* rzut; szczyt; stopień; ~, *cz.* osmolić, zasmolić; ~, *cz.* ustawić (rozbić) namiot; szykować (do bitwy); nastrajać (ton); rzucać; podrzu-

cać; ~ into, rzucić się na; a **-ed** battle, bitwa regularna, uplanowana; **-dark** *ps.* ciemno choć oko wykol.

pitcher (*pi'czə*) *rz.* dzban; **-ful** (*-ful*) *rz.* pełny dzban.

pitchfork (*pi'czfōk*) *rz.* widły.

pitchy (*pi'czi*) *pm.* smolny, smolisty, zasmolony.

piteous (*pi'tjəs*) *pm.* żałosny, nieszczęsny, smutny; pożałowania godny; **-ness** (*-nəs*) *rz.* żałość; stan pożałowania godny.

pith (*pi'ϸ*) *rz.* rdzeń; szpik; siła, moc; treść; jędrność; dobitność; **-y** (*-ι*) *pm.* dobitny, jędrny; mocny.

piti-able (*pi'tiəbεl*) *pm.* nędzny; godny politowania; **-ful** (*pi'tiful*) *pm.* litościwy; miłosierny; nędzny, podły; żałosny; **-fulness** *rz.* litość, miłosierdzie; mizerota; lichość; **-less** *pm.* bezlitośny, bez miłosierdzia; nielitościwy; **-lessness** *rz.* nielitościwość.

pitman (*pi'tmæn*) *rz.* górnik.

pittance (*pi'tεns*) *rz.* jałmużna, drobna zapomoga; okruch; odczepne.

pitted (*pi'tεd*) *pm.* ospowaty, poryty.

pituit-ary, -ous (*pitjū'itəri, pitjū'itəs*) *pm.* śluzowy.

pity (*pi'ti*) *rz.* litość, politowanie; żal, współczucie; zmiłowanie; it is a ~! szkoda! ~, *cz.* żałować, współczuć, litować się.

pivot (*pi'wət*) *rz.* czop; oś; (*fig.*) sprężyna; **-al** (*-εl*) *pm.* czopowy.

pixie, pixy (*pi'ksi*) *rz.* wróżka.

pizzle (*pi'zεl*) *rz.* bykowiec, bicz.

placable (*plæ'kəbεl, plej'-*) *pm.* wyrozumiały.

placard (*plæ'kad*) *rz.* plakat; ~, *cz.* plakatować, rozplakatować, obwieszczać.

placate (*plej'kejt, plækej't*) *cz.* ułagodzić, przekupić.

place (*plej's*) *rz.* miejsce; miejscowość, lokal, dom, mieszkanie, pokój; funkcja; stanowisko; take ~, have ~, zajść, odbyć się; in (the) ~ of, zamiast, w miejsce; out of ~, niewłaściwy; supply (take) the ~ of, zastąpić, wyręczyć; in the first ~, po pierwsze, przedewszystkiem; give ~, ustąpić; ~, *cz.* umieścić; położyć; ulokować; **-man** *rz.* urzędnik.

placenta (*plæsε'ntə*) *rz.* (*anat.*) łożysko.

placer (*plæ'sə*) *rz.* pokład (*geol.*).

placid (*plæ'sid*) *pm.* spokojny, łagodny; cichy; **-ity, -ness** (*plæsi'diti, plæ'sidnəs*) *rz.* spokój.

placket (*plæ'kεt*) *rz.* kieszonka.

plagiar-ism (*plej'dżiərizεm*), **-y** *rz.* plagjat; **-ist, -y** (*plej'dżiərist, -ri*) *rz.* plagjator.

plague (*plej'g*) *rz.* plaga, karanie boskie; utrapienie; ~, *cz.* dotknąć zarazą, nieszczęściem; dręczyć, trapić.

plaguy (*plej'gi*) *pm.* nieznośny.

plaice (*plej's*) *rz.* flądra, płaszczka (ryba).

plaid (*plæ'd, plej'd*) *rz.* pled; płaszcz szkockich górali (z sukna w kratkę).

plain (*plej'n*) *rz.* równina; płaszczyzna; ~, *pm.* płaski; otwarty; jasny; brzydki; niełądny, oczywisty; prosty, nieozdobny; pojedynczy; niewyszukany; gładki (o wzorach, kolorach, materjałach); ~, *ps.* jasno; poprostu, zrozumiale; ~ **clothes** ubranie cywilne, strój spacerowy; ~ **dealing** (*-dīliŋ*) *rz.* proste, uczciwe postępowanie; prawość; **-ness** (*-nəs*) *rz.* prostota, jasność; otwartość; szczerość; **-sman** *rz.* mieszkaniec doliny; **-spoken** *pm.* szczery, otwarty.

plaint (*plej'nt*) *rz.* skarga, zażalenie; lament; **-iff** (*-if*) *rz.* powód, strona skarżąca; **-ive** (*-iw*) *pm.* płaczliwy, żałosny, melancholijny.

plait (*plæ't*) *rz.* fałda, splot włosów; ~, *cz.* splatać, zapleść.

plan (*plæ'n*) *rz.* plan, projekt, rysunek; sposób; ~, *cz.* planować; projektować.

plane (*plej'n*) *rz.* jawor; ~, *rz.* hebel; ~, *rz.* poziom, płaszczyzna; równia; ~, *pm.* płaski; ~, *cz.* heblować; wyrównywać, gładzić.

planet (*plæ'nət*) *rz.* planeta; **-ary** (*plæ'nətəri*) *pm.* planetarny; **-struck** *pm.* przerażony.

planimetry (*pləni'mətri*) *rz.* planimetrja.

planish (*plæ'nisz*) *cz.* spłaszczyć; gładzić.
planisphere (*plæ'nisfīə*) *rz.* projekcja ciał niebieskich.
plank (*plæ'ŋk*) *rz.* deska; bal, tarcica, dyl; ~, *cz.* dylować.
plano-concave (*plej'no-ko'nkejw*) *pm.* płaskowklęsły.
plant (*plā'nt*) *rz.* roślina; fabryka; objekt przemysłowy; ~, *cz.* zasadzić, osadzić, wkopać; ustanowić, założyć; rozkrzewić; ~ out, rozsadzić.
plant-ain (*plæ'ntin*) *rz.* babka (*bot.*); **-ation** (*pləntej'szen*) *rz.* plantacja; osada; **-er** (*-ə*) *rz.* kolonista, plantator; **-louse** *rz.* mszyca.
plaque (*plā'k*) *rz.* blaszka, wykładka, odznaka.
plash (*plæ'sz*) *rz.* kałuża; błoto; plusk (wody); ~, *cz.* pleść żywopłot; chlapać się; pluskać.
plasm (*plæ'zem*) *rz.* plazma; **-a** (*plæ'zmə*) *rz.* plazma; (*min.*) plasma.
plaster (*plā'stə*) *rz.* plaster (*med.*); zaprawa wapienna; tynk; gips; ~ of Paris, gips; stiuk; ~, *cz.* tynkować; **-er** (*-rə*) *rz.* tynkownik, gipsiarz; sztukator.
plastic (*plæ'stik*) *pm.* plastyczny; ~ **arts** sztuka plastyczna, plastyka; **-ine** (*plæ'stisin*) *rz.* plastelina; **-ity** (*plæsti'siti*) *rz.* plastyczność.
plastron (*plæ'strən*) *rz.* plastron; napierśnik.
plat (*plæ't*) *rz.* splot, warkocz; płat; płaszczyzna.
platan (*plæ'tan*) *rz.* platan.
plate (*plej't*) *rz.* talerz; płyta metalowa; płyta fotograficzna; srebro stołowe; ~, *cz.* platerować; srebrzyć; pozłacać; **-d** *pm.* posrebrzany; pozłacany, platerowany; **-ful** (*-ful*) *rz.* pełny talerz; **-glass** *rz.* szkło lustrzane; **-layer** *rz.* robotnik kolejowy; **-n** *rz.* blat (w prasie drukarskiej).
plateau (*plətou'*) *rz.* płaskowzgórze.
platform (*plæ'tfom*) *rz.* platforma; estrada; (*kolej.*) peron; taras.
platinum (*plæ'tinəm*) *rz.* platyna.
platitude (*plæ'titjūd*) *rz.* komunał, banalność, rzecz oklepana, płaska.
Platonic (*plæto'nik*) *pm.* platoniczny.
platoon (*plətū'n*) *rz.* pluton.
platter (*plæ'tə*) *rz.* półmisek.
platting (*plæ'tiŋ*) *rz.* plecionka.
plaudit (*plō'dit*) *rz.* aplauz; poklask; oklask.
plausi-bility (*plōzibi'liti*) *rz.* słuszność, prawdopodobieństwo; **-ble** (*plō'zibel*) *pm.* słuszny, prawdopodobny; możliwy.
play (*plej'*) *rz.* gra; zabawa; ruch (maszyny); działanie; swoboda (imaginacji); sztuka teatralna; widowisko; **fair** ~, rzetelność, uczciwość; ~, *cz.* grać, bawić się; igrać; postępować; działać; ~ a trick upon one, spłatać komuś figla; ~ truant, absentować się, opuścić; **-bill** *rz.* afisz teatralny; **-debt** *rz.* dług karciany; **-er** *rz.* aktor, gracz, muzyk; **-fellow, -mate** *rz.* towarzysz zabaw; **-ful** (*-ful*) *pm.* zabawny, swawolny, żartobliwy; figlarny; wesoły; **-ground** *rz.* plac zabaw; **-house** *rz.* teatr; **-thing** *rz.* zabawka; cacko; bawidełko; **-time** *rz.* czas zabawy; **-wright** *rz.* dramaturg.
plea (*plī'*) *rz.* sprawa sądowa, tłumaczenie; argument; wymówka, uzasadnienie, zasada, podstawa, obrona.
pleach (*plī cz*) *cz.* przeplatać; wpleść.
plead (*plī'd*) *cz.* prosić, błagać; bronić sprawy; usprawiedliwiać się; przytaczać na swe usprawiedliwienie; ~ guilty, przyznawać się do winy; **-able** (*-əbel*) *pm.* usprawiedliwiający słuszny; **-er** (*-ə*) *rz.* adwokat obrońca, rzecznik; **-ing** *rz.* obrona sądowa.
pleasant (*ple'zent*) *pm.* miły, przyjemny; **-ness, -ry** *rz.* przyjemność; wesołość.
pleas-e (*plī'z*) *cz.* podobać się; życzyć sobie; sprawić przyjemność; zadowolnić; raczyć; ~, if you ~, proszę; **-ed** (*-d*) *pm.* zadowolony, rad; **-ing** (*-iŋ*) *pm.* przyjemny, miły; **-ingness** *rz.* przyjemność, powab.

pleasurable (*ple'żərəbɛl*) *pm.* wesoły; przyjemny; rozkoszny; **-ness** (*-nəs*) *rz.* zadowolenie.
pleasure (*ple'żə*) *rz.* przyjemność, uciecha; życzenie, chęć; upodobanie; at ~, według chęci; na życzenie; jak się podoba; what is your ~, czego Pan(i) sobie życzy? ~, *cz.* sprawić przyjemność, mieć zadowolenie; **-ground** *rz.* park. [kocz.
pleat (*plī't*) *rz.* fałda, splot, war-
plebeian (*pləbī'jən*) *rz.* plebejusz; ~, *pm.* plebejski.
plebiscite (*ple'bisit*) *rz.* plebiscyt.
pledge (*ple'dż*) *rz.* zastaw; poręka; rękojmia; toast; przysięga; zobowiązanie; ~, *cz.* zastawić; wnieść toast.
pledget (*ple'dżət*) *rz.* okład.
pleiad (*plaj'ed*), **-es** (*plaj'adīz*) *rz.* plejada.
plenary (*plī'nəri*) *pm.* plenarny, pełny, całkowity.
plenipotentiary (*plenipote'nszjəri*) *rz.* plenipotencjarjusz; ~, *pm.* pełnomocny.
plenitude (*ple'nitjūd*) *rz.* pełność; obfitość.
plent-eous (*ple'ntjəs*), **-iful** (*ple'ntiful*) *pm.* obfitujący, bogaty; dostatni; żyzny; **-eousness, -ifulness** *rz.* obfitość, plenność; dostatek; **-y** (*ple'nti*) *rz.* mnóstwo, obfitość; dostatek.
pleonas-m (*plī'ənæzɛm*) *rz.* pleonazm; **-tic** (*-næ'stik*) *pm.* pleonastyczny.
plethor-a (*ple'fəra*) *rz.* krwistość; pletora; **-ic, -itic** (*pləfo'rik*) *pm.* krwisty (*med.*); nadmierny.
pleur-a (*plū'rə*) *rz.*, *lmn.* **plurae** *rz.* opłucna (*anat.*); **-isy** (*plū'rɛsi*) *rz.* zapalenie opłucnej; **-itic** (*-'tik*) *pm.* pleurytyczny.
plia-bility (*plajəbi'liti*), **-ncy** (*plaj'ənsi*) *rz.* giętkość; **-ble** (*plaj'əbɛl*), **-nt** (*-ənt*) *pm.* giętki, gibki; układny.
plica (*plaj'kə*) *rz.* kołtun (*med.*).
plica-te, -ted (*plaj'kət, -ɛd*) *pm.* składany; **-tion** (*plikej'szɛn*) *rz.* fałdowanie; fałd.
pliers (*plaj'əz*) *rz. lmn.* cążki.
plight (*plaj't*) *rz.* położenie, sytuacja; stan; zastaw, zakład; zobowiązanie, ~, *cz.* zobowiązać, zaangażować (się).
Plimsoll's mark (*pli'msolz māk*) *rz.* linja normalnego zanurzenia okrętu.
plinth (*pli'nf*) *rz.* (*archit.*) podstawa.
pliocene (*pli'osīn*) *rz.* pliocen; ~, *pm.* plioceniczny.
plod (*plo'd*) *rz.* ciężka praca; ciężkie kroki; ~, *cz.* pracować ciężko; harować; wlec się.
plop (*plo'p*) *cz.* plusnąć.
plot (*plo't*) *rz.* parcela; akcja (sztuki, powieści); sprzysiężenie, spisek; ~, *cz.* obmyślać, knuć, planować, spiskować; **-ter** (*-ə*) *rz.* konspirator, spiskowiec.
plough (*plau*) *rz.* pług, socha; ~, *cz.* orać; radlić; pruć fale; **-land** *rz.* rola; **-share** *rz.* lemiesz, radło.
Plough-Monday (*plau'mă'ndi*) *rz.* pierwszy poniedziałek po Trzech Królach.
plover (*plă'wə*) *rz.* siewka (ptak).
pluck (*plă'k*) *rz.* zrywanie, skubnięcie, szarpnięcie; odwaga; śmiałość; męstwo; dróbka (potrawa); ~, *cz.* spalić przy egzaminie; skubać, rwać; pociągnąć.
plug (*plă'g*) *rz.* kołek, szpunt, zatyczka; pałeczka prasowanego tytoniu; ~, *cz.* zaszpuntować, zatkać.
plum (*plă'm*) *rz.* śliwka; rodzynek; główna wygrana; **~pudding** (*-pu'diŋ*) *rz.* plumpuding (potrawa); **-tree** *rz.* śliwa.
plumage (*plū'mɛdż*) *rz.* upierzenie; pióra, pierze.
plumb (*plă'm*) *rz.* ołowianka, pion; out of ~, off ~, nie pionowy; ~, *pm.* pionowy; ~, *ps.* pionowo; ~, *cz.* sondować; pionować; **-rule** *rz.* pion.
plumb-aginous (*pləmbej'dżinəs*) *rz.* grafitowy; **-ago** (*-ej'gou*) *rz.* grafit; **-eous** (*-əs*) *pm.* ołowiany; **-er** (*plă'mə*) *rz.* instalator, blacharz; **-ery** (*plă'məri*) *rz.* instalacja.
plume (*plū'm*) *rz.* pióro; kita z piór; ~, *cz.* stroić się; ~ oneself upon, chełpić się, pysznić się czegoś.
plummet (*plă'mɛt*) *rz.* ołowianka; pion; (*fig.*) ciężar.
plum-my (*plă'mi*), **-ose** (*plumou'z*) *pm.* opierzony, pierzasty.

plump (*pl·'mp*) *rz.* grupka; ~, *pm.* pulchny, tłusty; ~, *pm.* bez ogródki; ~, *cz.* tuczyć; upaść; buchnąć; runąć; **-ness** (*-nəs*) *rz.* pulchność.

plumy (*plū'mi*) *pm.* opierzony, [pierzasty.

plunder (*plă'ndə*) *rz.* grabież, rabunek; ~, *cz.* łupić, rabować, grabić; plondrować; **-er** (*-rə*) *rz.* łupieżca, grabieżca; rabuś.

plunge (*plă'ndż*) *rz.* zanurzenie (się); pogrążenie się; nurkowanie; ~, *cz.* zanurzyć (się), pogrążyć; **-r** (*-ə*) *rz.* nurek; tłok.

pluperfect (*plū'pəfəkt*) *rz.* czas zaprzeszły.

plural (*plū'rεl*) *rz.* liczba mnoga; **-ism** (*-əlizεm*) pluralizm; **-ity** (*pluræ'liti*) *rz.* mnogość.

plus (*plă's*) *rz.* plus, znak dodawania (*arytm.*).

plush (*pl·'sz*) *rz.* plusz.

plutocra-cy (*plūto'krəsi*) *rz.* plutokracja; **-t** (*plū'tokræt*) *rz.* plutokrata; **-tic** (*plutokræ'tik*) *pm.* plutokratyczny.

pluvi-al, -ous (*plū'wiəl, -əs*) *pm.* deszczowy, dżdżysty; **-ometer** (*plūwio'mitə*) *rz.* deszczomierz.

ply (*plaj'*) *rz.* fałda, skręt; zwój; skłonność; ~, *cz.* pracować (robić) czem, nalegać; ~ a needle, pracować igłą; kursować.

pneumatic (*numæ'tik*) *pm.* pneumatyczny; **-s** *rz. lmn.* pneumatyka.

pneum-onia (*numou'niə*) *rz.* pneumonja, zapalenie płuc; **-onic** (*-nik*) *pm.* płucny.

poach (*pou'cz*) *cz.* wetknąć; potratować; uprawiać kłusownictwo; **-ed eggs,** jajka sadzone; **-er** (*-ə*) *rz.* kłusownik.

pock (*po'k*) *rz.* dziób po ospie.

pocket (*po'kεt*) *rz.* kieszeń; kieska; zagłębienie; łuza bilardowa; be in ~, być przy pieniądzach; ~, *cz.* schować do kieszeni, wpędzić kulę bilardową do łuzy; **-book** *rz.* portfel; **-handkerchief** *rz.* chustka; **-knife** *rz.* scyzoryk; **-money** *rz.* pieniądze kieszonkowe.

pod (*po'd*) *rz.* stadko; strączek; łupina; ~ of silk, kokon.

podagr-a (*po'dəgrə, podæ'grə*) *rz.* podagra; **-ic(al)** (*podæ'grik-εl*) *pm.* podagryczny.

podge (*po'dż*) *rz.* osoba krótka a gruba.

po-em (*pou'əm*) *rz.* poemat; **-sy** (*pou'əsi*) *rz.* poezja; **-t** (*pou'əl*) *rz.* poeta; **-aster** (*pou'ətæstə*) *rz.* wierszokleta; **-tess** (*-əs*) *rz.* poetka; **-tic(al)** (*poue'tik-εl*) *pm.* poetyczny; **-try** (*pou'ətri*) *rz.* poezja; wiersze.

poignan-cy (*poj'nənsi*) *rz.* dotkliwość, ostrość (smaku); pikanterja; uszczypliwość; cierpkość; **-t** (*-nənt*) *pm.* przenikliwy; ostry; chwytający za serce.

point (*poj'nt*) *rz.* ostrze, cypel, szpic, chwila, kropka; punkcik; punkt (umowy); znak; rzecz; sprawa, przedmiot; stopień; oczko (w kartach, w kościach); trafność; be on the ~ of, mieć (coś zrobić); cardinal -s, strony świata; -s of the compass, podziałki kompasu; that is the ~, o to chodzi; in ~ of fact, istotnie; carry the ~, przeprowadzić swoje; postawić na swojem; make a ~ of, dbać o to, by; ~ of view, punkt widzenia; ~, *cz.* kropkować, zaostrzyć, wskazywać; celować, wymierzyć do; wskazać palcem; ~ out, zwracać uwagę na coś; stać, stawać (o wyżle); **-blank** *ps.* wprost, bez ogródek; ~, *pm.* wymierzony wprost do celu; **-ed** (*-εd*) *pm.* zaostrzony; ostry; dowcipny; uszczypliwy; **-edness** (*-εdnəs*) *rz.* ostrze; uszczypliwość; trafność; **-er** (*-ə*) *rz.* wskazówka (zegara); wyżeł; **-ing** (*-iŋ*) *rz.* znaki pisarskie; **-sman** *rz.* zwrotniczy.

poise (*poj'z*) *rz.* równowaga, unoszenie się; postawa; waga; ~, *cz.* trzymać się w równowadze; zrównoważyć; unosić się w powietrzu; zachowywać (trzymać) się; well -d, dobrze ustawiony, mocno stojący; zrównoważony.

poison (*poj'zn*) *rz.* trucizna; jad; ~, *cz.* zatruć, otruć; **-er** (*poj'zənə*) *rz.* truciciel; **-ous** (*poj'zənəs*) *pm.* trujący, jadowity; zatruty; **-ousness** *rz.* jadowitość.

poke (*pou'k*) *rz.* worek, torba; pchnięcie; ~, *cz.* dźgać, szturchać; wtrącać; pchnąć; **-r** (*-ə*) *rz.*

pogrzebacz, ożóg; poker (w kartach).
poky (*pou'ki*) *pm.* ciasny, ubogi, nędzny.
polar (*pou'lə*) *pm.* biegunowy; polarny.
polar-ity (*po'læ'riti*) *rz.* biegunowość; polarność; **-ize** (*-ajz*) *cz.* polaryzować.
pole (*pou'l*) *rz.* biegun; ~, *rz.* tyka; słup; dyszel; pręt mierniczy; P~, *rz.* Polak.
pole-ax, -axe (*pou'læks*) *rz.* berdysz.
polecat (*pou'lkæt*) *rz.* tchórz; kuna.
polemic (*pole'mik*) *rz.* polemika; **-al** *pm.* polemiczny; sporny.
police (*polī's*) *rz.* policja; **-court** *rz.* sąd policyjny; **-man** *rz.* policjant, posterunkowy.
policy (*po'lisi*) *rz.* sposób postępowania, kierunek, polityka; taktyka; przebiegłość; ~, *rz.* polisa.
polish (*po'lisz*) *rz.* blask; politura; ogłada; pasta; ~, *cz.* polerować, gładzić, czyścić, pucować; błyszczeć; lśnić się; **-er** (*-ə*) *rz.* polerownik, narzędzie do gładzenia, polerowania.
Polish (*pou'lisz*) *pm.* polski.
polite (*polaj't*) *pm.* grzeczny, uprzejmy; **-ness** (*-nəs*) *rz.* grzeczność, uprzejmość; ogłada.
politic (*po'litik*) *pm.* polityczny; przewidujący; rozumny; przemyślny; body ~, państwo; **-al** (*politi'kel*) *pm.* polityczny; **-ian** (*politi'szən*) *rz.* polityk; **-s** *rz. lmn.* polityka.
polity (*po'liti*) *rz.* konstytucja; organizacja, rząd konstytucyjny; państwo.
polk (*pou'lk*) *cz.* tańczyć polkę; **-a** (*pou'lkə*) *rz.* polka (taniec).
poll (*pou'l*) *rz.* czaszka (przest.); balotowanie; głosowanie; ~, *rz.* papuga; ~, *cz.* strzyc; głosować, zbierać głosy; ~ ox, gatunek wołów bez rogów.
poll-ack, -ock (*po'lək*) *rz.* głowacz (ryba).
pollard (*po'ləd*) *rz.* zwierzę z obciętemi rogami; drzewo z obciętemi gałęziami; mąka z otrębami; ~, *cz.* ścinać koronę drzewa.
poll-en (*po'lən*) *rz.* pyłek (kwiatowy); **-inate** (*po'linejt*) *cz.* zapylić.
pollock (*po'lək*) *rz.* patrz **pollack**.
pollut-e (*pol[j]ū't*) *cz.* skazić, splamić, splugawić; **-ion** (*pol[j]ū'szen*) *rz.* skażenie, splamienie; pokalanie.
polo (*pou'lou*) *rz.* polo.
polonaise (*poulonej'z*) *rz.* polonez.
polony (*polou'ni*) *rz.* kiełbaska.
poltroon (*poltrū'n*) *rz.* tchórz; **-ery** (*-əri*) *rz.* tchórzostwo.
poly-anthus (*poliæ'nθes*) *rz.* odmiana narcyza; **-gamist** (*poli'gəmist*) *rz.* poligamista, wielożeniec; **-gamous** (*poli'gəməs*) *pm.* poligamiczny; **-gamy** (*poli'gəmi*) *rz.* poligamja, wielożeństwo; **-glot** (*po'liglot*) *rz.* poliglota; **-gon** (*po'ligon*) *rz.* poligon, wielobok; wielokąt; **-gonal** (*poli'gonel*) *pm.* wieloboczny, wielokątny; **-hedrial, -hedrical** (*polihī'drel, -hī'drikel*) *pm.* wielościenny; **-hedron** (*polihī'drən*) *rz.* wielościan; **-morphous** (*polimō'fəs*) *pm.* wielokształtny, polimorficzny.
polyp, -e, -us (*po'lip, po'lipəs*) *rz.* polip.
poly-petalous (*polipe'tələs*) *pm.* wielolistkowy (*bot.*); **-pody** (*poli'podi*) *rz.* paproć; **-technic** (*-te'knik*) *pm.* politechniczny; **-theism** (*po'liθiizm*) *rz.* politeizm; **-theist** (*-ist*) *rz.* politeista.
pomace (*pă'məs*) *rz.* wytłoczyny, miąższ.
poma-de (*pomej'd, pomā'd*), **-tum** (*pomej'təm*) *rz.* pomada.
pomegranate (*pomgræ'nət, pă'm-, po'mgrænət*) *rz.* granat (owoc).
Pomeranian (*pomərej'niən*) *pm.* pomorski.
pomiferous (*pomi'fərəs*) *pm.* jabłkorodny.
pommel (*pă'mel*) *rz.* głowica (szabli); kula (u siodła); ~, *cz.* bić kułakami.
pomolog-ist (*poumo'lodżist*) *rz.* pomolog; **-y** (*poumo'lodżi*) *rz.* pomologja, hodowla drzew owocowych.
pomp (*po'mp*) *rz.* wystawność, pompa, wspaniałość; okazałość; przepych; **-osity** (*pompo'siti*), **-ousness** (*-əsnəs*) *rz.* pompatyczność, wspaniałość; napuszystość; **-ous** (*-əs*) *pm.* wspaniały, okazały; pompatyczny.
pompon (*po'mpən*) *rz.* pompon.

pond (*pond*) *rz.* staw; **-weed** *rz.* rdestnica (*bot.*).
ponder (*po'ndə*) *cz.* rozważać; dumać, przemyśliwać; zastanawiać się; **-ation** (*pondərej'szɛn*) *rz.* ważenie; **-ous** (*-rəs*) *pm.* ważki; ważny; ciężki.
pongo (*po'ngou*) *rz.* pongo (małpa).
poniard (*po'njəd*) *rz.* sztylet.
ponti-ff (*po'ntif*) *rz.* arcykapłan, biskup; papież; **-fical** (*ponti'fikɛl*) *pm.* pontyfikalny; **-ficals** *rz. lmn.* szaty pontyfikalne; **-ficate** (*ponti'fikət*) *rz.* papiestwo, pontyfikat.
pontoon (*pontū'n*) *rz.* ponton.
pony (*pou'ni*) *rz.* konik; (gwar.) 25 funtów szt.
pood (*pū'd*) *rz.* pud (waga rosyjska).
poodle (*pū'dɛl*) *rz.* pudel (pies).
pooh (*pu'*) *w.* ba! **-pooh** (*pūpū'*) *cz.* wyśmiać, ośmieszyć.
pool (*pū'l*) *rz.* kałuża; pula (w kartach); fuzja (w handlu); wspólny fundusz; ~, *cz.* utworzyć wspólny fundusz.
poop (*pū'p*) *rz.* tył okrętu, rufa.
poor (*pū'ə*) *pm.* biedny, lichy; kiepski; ubogi; mizerny; czczy; **-ly** (*-li*) *ps.* mizernie, licho; **-ness** (*-nəs*) *rz.* ubóstwo, lichota; nędza; mizerota; **-spirited** *pm.* tchórzliwy.
pop (*po'p*) *rz.* puk; trzask; ~, *ps.* nagle; ~, *cz.* pęknąć; strzelić; trzasnąć, hukać; puknąć; ~ the question, wystrzelić z propozycją (małżeństwa); ~ up, wyskoczyć; **-gun** *rz.* pukawka.
pope (*pou'p*) *rz.* papież; **-dom** (*-dəm*) *rz.* papiestwo; **-ry** (*-əri*) *rz.* papiestwo (obelżywie); papizm; **-s-eye** *rz.* smaczny kąsek.
popinjay (*po'pindżej*) *rz.* papuga (przest.); cel (do strzelania); dzięcioł zielony.
popish (*pou'pisz*) *pm.* papieski.
poplar (*po'plə*) *rz.* topola.
poplin (*po'plin*) *rz.* popelina.
poppy (*po'pi*) *rz.* mak.
populace (*po'pjuləs*) *rz.* motłoch, pospólstwo, gmin.
popul-ar (*po'pjulə*) *pm.* ludowy; popularny; dostępny; **-arity** (*popjurœ'riti*) *rz.* popularność; **-arize** (*po'pjulərajz*) *cz.* popularyzować; **-ate** (*po'pjulejt*) *cz.* zaludnić; **-ation** (*popjulej'szɛn*) *rz.* ludność; **-ous** (*po'pjuləs*) *pm.* ludny, gęsto zaludniony.
porcelain (*pō'slən, -səlejn*) *rz.* porcelana.
porch (*pō'cz*) *rz.* przedsionek, portyk.
porcine (*pō'sajn*) *pm.* prosięcy, świński.
porcupine (*pō'kjupajn*) *rz.* jeżozwierz; wałek iglasty.
por-e (*pō'ə*) *rz.* por; **-ous** (*pō'rəs*) *pm.* porowaty; **-ousness, -osity** (*-nəs, poro'siti*) *rz.* porowatość.
pore (*po'ə*) *cz.* ślęczeć (nad); dumać; ~ one's eyes out, oczy wypatrywać.
pork (*pō'k*) *rz.* wieprzowina; **-er** (*-ə*) *rz.* utuczony wieprzak; **-ling** (*-liŋ*) *rz.* prosię.
pornography (*pōno'grəfi*) *rz.* pornografja.
porphyry (*pō'firi*) *rz.* porfir.
porpoise (*pō'pəs*) *rz.* świnia morska.
porraceous (*porœ'szəs*) *pm.* zielonkawy.
porridge (*po'ridż*) *rz.* kaszka owsiana.
porringer (*po'rindżə*) *rz.* miska.
port (*pō't*) *rz.* port; ~, *rz.* portwejn, czerwone wino; ~, *rz.* lewa strona okrętu; ~, *rz.* brama, wrota; otwór w bokach okrętu; otwór dla przepuszczania gazu, powietrza; ~, *rz.* postawa, ułożenie; zachowanie się; niesienie, trzymanie broni (przez żołnierzy); **-able** (*-əbɛl*) *pm.* przenośny; **-ability** (*pōtəbi'liti*) *rz.* nośność; **-age** (*-ɛdż*) *rz.* przewóz, transport; **-ative** (*pō'tətiw*) *pm.* do noszenia.
portcullis (*pōtkă'lis*) *rz.* krata w bramie twierdzy.
porter (*pō'tə*) *rz.* bagażowy, odźwierny; porter (piwo).
portfolio (*pōtfou'liou*) *rz.* teka; portfel (ministerjalny).
porthole (*pō'thoul*) *rz.* okienko w bokach okrętu, otwór.
portreeve (*pō'trīw*) *rz.* burmistrz.
portend (*pōte'nd*) *cz.* wróżyć, oznaczać.
portent (*pō'tənt*) *rz.* znak, dziw; wróżba; **-ous** (*pōte'ntəs*) *pm.* złowieszczy, złowróżbny; dziwny, okropny.

portico (*pō'tikou*) *rz.* portyk, kolumnada; krużganek.
portion (*pō'szεn*) *rz.* część; dział, udział; porcja; posag; ~, *cz.* wydzielić, rozdzielić.
port-liness (*pō'tlinəs*) *rz.* korpulentność; okazała postawa; godność; **-ly** (*-li*) *pm.* godny, korpulentny; postawny.
portmanteau (*pōtmæ'ntou*) *rz.* walizka.
portrait (*pō'trət*) *rz.* portret; **-ure** (*pō'trəczə*) *rz.* portretowanie.
portray (*pōtrej'*) *cz.* portretować, malować, przedstawiać; opisywać; **-al** (*pōtrəj'əl*) *rz.* opis.
Portuguese (*pōczugī'z*) *rz.* Portugalczyk; ~, *pm.* portugalski.
pose (*pou'z*) *rz.* poza; ~, *cz.* zaskoczyć pytaniem; ustawić, pozować.
position (*pozi'szεn*) *rz.* pozycja, stanowisko; położenie; założenie.
posit-ive (*po'zitiw*) *pm.* określony, stanowczy; pewny, pozytywny; realny, istotny; dodatni; twierdzący; ~, *rz.* (*gram.*) stopień równy; ~ electricity, elektryczność dodatnia; **-iveness, -ivity** (*-nəs, poziti'witi*) *rz.* istotność; dodatniość; rzeczywistość; pewność; niezawodność; stanowczość, upór; **-ivism** (*po'zitiwizεm*) *rz.* pozytywizm; **-ivist** (*-ist*) *rz.* pozytywista.
posse comitatus (*po'sikomitej'tās*) *rz.* pospolite ruszenie.
possess (*poze's*) *cz.* posiadać, władać, zająć; napełniać, panować; **-ed** (*-t*) *pm.* opętany, owładnięty; posiadany, obdarzony; **-ion** (*poze'szεn*) *rz.* posiadanie, władanie; posiadłość, majątek; opętanie; własność, posiadłość; **-ive** (*poze'siw*) *pm.* posiadający, dzierżawczy; ~ case, *rz.* drugi przypadek (*gram.*); **-or** (*poze'sə*) *rz.* posiadacz, właściciel; pan; **-ory** (*poze'səri*) *pm.* własnościowy; posesoryjny; posiadający.
posset (*po'sεt*) *rz.* napój z mleka i wina zaprawionego korzeniami.
possib-ility (*posibi'liti*) *rz.* możliwość; podobieństwo, możność; możebność; **-le** (*po'sibεl*) *pm.* możliwy, możebny.
post (*pou'st*) *rz.* stanowisko, urząd; warta, stacja; słup; ~, *cz.* postawić na stanowisku; ustawić; plakatować.
post (*pou'st*) *rz.* poczta; posłaniec pocztowy; ~, *cz.* wysyłać pocztą, podróżować pocztą; zaciągać pozycję w księgach; **-age** (*-εdż*) *rz.* porto; **-al** (*-εl*) *pm.* pocztowy; ~ order, przekaz pocztowy; **-boy** *rz.* pocztyljon; **-card** *rz.* pocztówka; **-er** (*-ə*) *rz.* kurjer; plakat; **-haste** *rz.* pośpiech (w podróży) (przest.); ~, *ps.* pośpiesznie; co tchu; **-man** *rz.* listonosz; **-mark** *rz.* stempel pocztowy; **-master** *rz.* naczelnik poczty; **-office** *rz.* urząd pocztowy; **-paid** *pm.* ofrankowany; **-stamp** *rz.* znaczek pocztowy; **-road** *rz.* trakt pocztowy; **-stage** *rz.* stacja pocztowa.
postdate (*poustdej't*) *cz.* postdatować; ~ (*pou'stdejt*) *rz.* data późniejsza.
postdiluvian (*postdilu'wiən*) *pm.* popotopowy.
posterior (*postī'riə*) *pm.* późniejszy, tylny; **-ity** (*postīrio'riti*) *rz.* potomność; późniejszy czas; **-s** *rz. lmn.* zad; części tylne.
postern (*pou'stən*) *rz.* tylne drzwi, furtka.
postfix (*pou'stfiks*) *cz.* dodawać, dostawiać.
posthumous (*po'stjuməs*) *pm.* pośmiertny.
postil (*pou'stil*) *rz.* przypisek.
postillion (*posti'ljən*) *rz.* pocztyljon.
postliminy (*pou'stlimini*) *rz.* powrót, zwrot.
post mortem examination *rz.* oględziny pośmiertne.
postpone (*poustpou'n*) *cz.* odkładać, zwlekać; odwlec; lekceważyć; **-ment** (*-mənt*) *rz.* odkładanie, zwlekanie; zwłoka; odroczenie.
postscript (*pou'stskript*) *rz.* przypisek, postskryptum.
postula-nt (*po'stjulənt*) *rz.* suplikant, kandydat; **-ate** (*po'stjulejt, po'sczjulejt*) *cz.* żądać; prosić; domagać się; ~(*po'stjulət*) *rz.* postulat, żądanie; **-tion** (*postjulej'szεn*) *rz.* prośba, żądanie.

posture (*po'scze*) *rz.* postawa, stan; poza; położenie; ~, *cz.* ustawić, pozowac; nadawać postawę.
posy (*pou'zi*) *rz.* motto; dewiza.
pot (*po't*) *rz.* garnek, dzbanek; ~, *cz.* włożyć do garnka; **-hook** *rz.* hak do zawieszania garnków nad ogniem; **-herb** *rz.* warzywo, jarzyna; take ~ **luck** *rz.* przyjąć to, czem chata bogata.
potable (*pou'təbel*) *pm.* nadający się do picia.
pota-sh, -ss (*po'təsz*) *rz.* potaż.
potassium (*potæ'siem*) *rz.* potas.
potation (*potej'szen*) *rz.* napój, picie, pijatyka.
potato (*potej'tou*) *rz.* kartofel, ziemniak; **-flour** *rz.* mączka kartoflana.
poten-ce, -cy (*pou'təns, -i*) *rz.* potęga, siła, możność; władza; moc; **-t** (*-tənt*) *pm.* potężny, mocny; **-tate** (*-təntejt*) *rz.* potentat, władca; **-tial** (*pote'nszel*) *pm.* potencjalny, ukryty; ~ mode, tryb wyrażający możliwość; **-tiality, -ialness** (*poutənszíæ'liti, poute'nszəlnəs*) *rz.* potencjonalność; moc, możność.
pother (*po'ðə*) *rz.* duszący dym; wrzawa; awantura; hałas; ~, *cz.* hałasować; awanturować się.
potion (*pou'szen*) *rz.* napój, lekarstwo, lek.
potsherd (*po'tszə̄d*) *rz.* odłamek garnka.
pottage (*po'tedż*) *rz.* strawa.
potter (*po'tə*) *rz.* garncarz; zdun; **-'s -wheel** *rz.* koło garncarskie; **-y** (*-ri*) *rz.* wyroby garncarskie; garncarstwo.
pottle (*po'tel*) *rz.* miara = 2 kwartom; garnuszek; koszyczek.
potty (*po'ti*) *pm.* mały, nędzny, mizerny (gwar.).
pouch (*pau'cz*) *rz.* sakwa, sakiewka; woreczek; kieszeń; ~, *cz.* kłaść do kieszeni, do worka.
poult (*pou'lt*) *rz.* młody drób; kurczę, kurczak; młody indyk; **-erer** (*-ərə*) *rz.* hodowca drobiu; **-ry** (*-ri*) *rz.* drób.
poultice (*pou'ltis*) *rz.* kataplazm, okład.
pounce (*pau'ns*) *rz.* proszek pumeksowy; proszek węglany; szpon, pazur (ptaka drapieżnego); wyskoczenie, skok; ~, *cz.* chwycić w szpony, spaść na upatrzoną ofiarę; skoczyć; pumeksować.
pouncet-box (*pau'nsetboks*) *rz.* kadzielniczka.
pound (*pau'nd*) *rz.* funt; funt szterling = 20 szylingom; avoirdupois ~, = 16 uncyj; ~, *cz.* zagroda na bydło zajęte; ~, *cz.* rozcierać; tłuc; ~, *cz.* zamknąć do zagrody; **-age** (*-edż*) *rz.* prowizja; a twelve **-er** działo na pociski dwunastofuntowe.
pour (*pō'ə*) *rz.* ulewa ~, *cz.* wylewać, przelewać; lać (się); sypać (się); it **-s** ulewny deszcz pada.
pout (*pau't*) *rz.* fochy; dąsy; odęcie warg; minog (*zool.*); ~, *cz* odąć wargi; dąsać się.
poverty (*po'uəti*) *rz.* bieda, niedostatek, ubóstwo.
powder (*pau'də*) *rz.* proszek, proch; puder; pył; ~, *cz.* pudrować (się); sproszkować, solić; posypać; **-flask, -horn** *rz.* prochownica; **-y** (*-ri*) *pm.* sproszkowany, miałki, sypki; zakurzony, zapylony.
power (*pau'ə*) *rz.* władza, siła; potęga; mocarstwo; (*mat.*) potęga; in ~, u władzy; **-ful** (*-ful*) *pm.* potężny, silny; mocny; **-less** *pm.* bezsilny, słaby; wątły; **-lessness** *rz.* bezsilność; **-loom** *rz.* mechaniczny warsztat tkacki; **-plant, -station** *rz.* elektrownia.
powwow (*pou'uou*) *rz.* magik.
pox (*po'ks*) *rz.* krosty na ciele; syfilis; ~, small ~, *rz.* ospa.
practic-ability, -ableness (*præktikəbi'liti, præ'ktikəbelnəs*) *rz.* wykonalność; **-able** (*præ'ktikəbel*) *pm.* wykonalny, możliwy, snadny, dający się zastosować; **-al** (*præ'ktikel*) *pm.* praktyczny, możliwy, realny; rzeczywisty, pożyteczny; doświadczalny; **-ally** *ps.* praktycznie, możliwie, prawie, omal, właściwie, ściśle mówiąc; **-alness** *rz.* praktyczność; **-e** (*præ'ktis*) *rz.* praktyka; doświadczenie, wprawa; zwyczaj.
practi-se (*præ'ktis*) *cz.* ćwiczyć; uprawiać (sporty); wykonywać:

praktykować; mieć zwyczaj; **-sed** *pm.* wyćwiczony, wypraktykowany; doświadczony; **-sing** (*prə'ktisiŋ*) *pm.* praktykujący; **-tioner** (*prækti'szənə*) *rz.* specjalista; praktyk; general ~, doktor wszech nauk lekarskich.
pragmatic (*prægmæ'tik*), **-al** (*-ɛl*) *pm.* pragmatyczny; naprzykrzony, wścibski.
prairie (*prē'ri*) *rz.* prerja, step; **-chicken** *rz.* cietrzew amerykański; **-dog** *rz.* świszcz preryj, **-wolf** *rz.* kujot (*zool.*).
praise (*prej'z*) *rz.* pochwała; sława; ~, *cz.* chwalić, wychwalać; wysławiać; **-ful** *pm.* pochwalny; **-worthy** *pm.* chwalebny; godny pochwały.
pralin (*prā'līn*) *rz.* pralina.
pram (*præ'm*) *rz.* wózek dziecinny.
prance (*prā'ns*) *rz.* sus; ~, *cz.* wspinać się, iść w podskokach (o koniu); chełpić się; brykać.
prank (*præ'ŋk*) *rz.* wybryk, figiel; psikus; sztuczka; ~, *cz.* stroić się, wystrajać; przyozdobić.
prate (*prej't*) *rz.* gadanina, paplanina; plotki, gadulstwo; ~, *cz.* gadać, paplać.
pratique (*prætīk'*) *rz.* wolność lądowania.
prattle (*præ'tɛl*) *rz.* paplanina, szczebiot; ~, *cz.* paplać, szczebiotać; **-r** (*-ə*) *rz.* gawędziarz.
pravity (*præ'witi*) *rz.* skażenie, zepsucie (przest.).
prawn (*prō'n*) *rz.* raczek morski.
praxis (*præ'ksis*) *rz.* przyjęty zwyczaj.
pray (*prej'*) *cz.* prosić, błagać; modlić się; upraszać; **-er** (*prē'ə*) *rz.* prośba, błaganie, modlitwa; the Lord's ~, *rz.* modlitwa pańska, Ojcze Nasz; **-er-book** *rz.* książka do nabożeństwa.
preach (*prī'cz*) *cz.* kazać, wygłaszać kazanie; nauczać; głosić (ewangelję); **-er** (*-ə*) *rz.* kaznodzieja, pastor; **-ing** (*-iŋ*) *rz.* kazanie, nauka; **-ment** (*-mənt*) *rz.* kazanie (ironicznie).
preamble (*prīæ'mbɛl*) *rz.* wstęp, przedmowa, słowo wstępne.
pre-appoint (*prīæpoj'nt*) *cz.* wyznaczać, mianować zgóry; **-apprehension** (*-æprihe'nszɛn*) *rz.* powzięte naprzód mniemanie, uprzedzenie.
prebend (*pre'bənd*) *rz.* prebenda; **-al** (*prəbe'ndɛl*) *pm.* należący do prebendy; **-ary** (*-əri*) *pm.* prebendarjusz; prebendarz.
precarious (*prəkā'riəs*) *pm.* niepewny, wątpliwy; **-ness** (*-nəs*) *rz.* niepewność, zależność.
precaution (*prəkō'szɛn*) *rz.* środek ostrożności; **-ary** (*prəkō'szənəri*) *pm.* ostrożny.
precede (*prisī'd*) *cz.* iść przodem, poprzedzać; mieć pierwszeństwo; **-nce, -ncy** (*-ɛns, -ɛnsi*) *rz.* pierwszeństwo; poprzedzanie; **-nt** (*pre'sədɛnt*) *rz.* precedens, wzór; **-nt** (*prisī'dɛnt*) *pm.* poprzedzający; uprzedni.
precentor (*prəse'ntə*) *rz.* kantor.
precept (*prī'sept*) *rz.* przepis, przykazanie; rozkaz; **-ive** (*-iw*) *pm.* pouczający; przepisujący; **-er, -or** (*prise'ptə*) *rz.* preceptor, nauczyciel; **-orial** (*prīsəptō'riɛl*) *pm.* preceptorski, pouczający; **-ory** (*prəse'ptəri*) *rz.* posiadłości Templarjuszów.
precession (*prəse'szɛn*) *rz.* precesja (*astr.*).
precinct (*prī'siŋkt*) *rz.* obręb; granica; obwód; **-s** *rz.* okolica.
precious (*pre'szəs*) *pm.* drogocenny, kosztowny, wyszukany; cenny; ~, *ps.* (potoczn.) bardzo; **-ness** (*-nəs*) *rz.* kosztowność, drogocenność.
precipi-ce (*pre'sipis*) *rz.* przepaść; otchłań; **-tance, -tancy** (*prəsi'pitɛns, -i*) *rz.* pośpiech; upadek; skwapliwość; popędliwość; **-tate** (*prəsi'pitejt*) *cz.* rzucić, strącić, zepchnąć (w przepaść); przyśpieszać; strącić (*chem.*); ~ (*prəsi'pitət*) *rz.* osad; ~, *pm.* nagły, pośpieszny; nierozważny; stromy; spadzisty; porywczy; **-tation** (*prəsipitej'szɛn*) *rz.* pośpiech, przyśpieszanie; obsunięcie się, skwapliwość; zepchnięcie, pogrążenie; strącenie (*chem.*); **-tous** (*prəsi'pitəs*) *pm.* stromy, urwisty; przepaścisty; skwapliwy; pośpieszny, nagły, popędliwy; **-tousness** *rz.* urwistość. [szczenie.
precis (*prej'sī*) *rz.* skrót, stre-
preci-se (*prisaj'z*) *pm.* ścisły, do-

kładny; skrupulatny; **-seness, -sion** (*-nəs, presi'żen*) *rz.* ścisłość, dokładność, akuratność; precyzja; **-sian** (*presi'żən*) *rz.* skrupulat, rygorysta.

preclu-de (*priklū'd*) *cz.* wyłączyć, uniemożliwić; **-sion** (*priklū'żen*) *rz.* wykluczenie, wyłączenie; **-sive** (*-siw*) *pm.* wykluczający, prekluzyjny.

precocious (*prəkou'szəs*) *pm.* przedwczesny, przedwcześnie rozwinięty, dojrzały; ranny; rychły; **-ness, precocity** (*-nəs, prəko'siti*) *rz.* przedwczesność.

precognition (*prəkogni'szen*) *rz.* przewidywanie; rozmysł; rozwaga; uprzednia wiadomość.

precon-ception (*prīkənse'pszen*) *rz.* sąd zgóry powzięty; uprzedzenie, przesąd; **-ceited** *pm.* wprzód powzięty; uprzedzony; **-ceive** (*prīkənsī'w*) *cz.* utworzyć sobie zdanie zgóry; przewidzieć.

preconcert (*prīkənsə̄'t*) *cz.* ułożyć coś zgóry.

precontract (*prikəntræ'kt*) *cz.* zakontraktować zgóry, umówić się.

precursor (*prikə̄'sə*) *rz.* poprzednik, zwiastun; **-y** (*prikə̄'səri*) *pm.* zwiastujący, poprzedzający.

preda-cious, -tory (*pridej'szəs, pre'dətəri*) *pm.* grabieżczy, rozbójniczy, łupieżczy.

pre-deceased (*prīdisī'zd*) *pm.* wprzód zmarły; **-decessor** (*prīdise'sə*) *rz.* poprzednik; **-design** (*prī'dizajn*) *cz.* naprzód postanowić, projektować; **-destinarian** (*prədestinē'riən*) *rz.* wierzący w przeznaczenie; **-destinate, destine** (*prəde'stinejt, prəde'stin*) *cz.* przeznaczyć zgóry; wybrać; **-destination** (*prədestinej'szen*) *rz.* przeznaczenie, predestynacja; **-determinate** (*prīditə̄'minət*) *pm.* wyznaczony zgóry; **-determination** (*prīditəminej'szen*) *rz.* przeznaczenie, oznaczenie naprzód; **-determine** (*prīditə̄'min*) *cz.* zgóry zdecydować; przeznaczyć; wprzód postanowić.

pre-dial (*prī'diel*) *pm.* ziemski, gruntowy; **-dicament** (*prədi'kəmənt*) *rz.* przykre położenie, kategorja (w logice); **-dicant** (*pre'dikənt*) *rz.* kaznodzieja; **-dicate** (*pre'dikət*) *rz.* orzeczenie (*gram.*); ~ (*pre'dikejt*) *cz.* głosić, orzekać, twierdzić; **-dication** (*prədikej'szen*) *rz.* twierdzenie, orzeczenie; **-dicatory** (*pre'dikətəri*) *pm.* kaznodziejski; **-dict** (*prədi'kt*) *rz.* przepowiadać; prorokować; **-diction** (*prədi'kszen*) *rz.* przepowiednia; znak; **-dictive** (*-di'ktiw*) *pm.* przepowiadający; **-er, -or** (*-di'ktə*) *rz.* przepowiadacz; wieszcz; **-dilection** (*prīdile'kszen*) *rz.* szczególne upodobanie, predylekcja; **-dispose** (*prīdispou'z*) *cz.* uprzednio nastroić, usposobić; nadać pewien kierunek; przygotować, uprzedzić; **-disposition** (*prīdispozi'szen*) *rz.* usposobienie, predyspozycja; przygotowanie, uprzedzenie; skłonność.

predomin-ance (*prədo'minəns*) *rz.* przewaga; panowanie, górowanie; wyższość; **-ant** (*-nənt*) *pm.* wybitny, górujący, przeważający; wyższy; panujący; **-ate** (*prədo'minejt*) *cz.* przeważać; panować; górować.

pre-elect (*prīəle'kt*) *cz.* wybrać zgóry; **-election** (*-əle'kszen*) *rz.* uprzedni wybór; **-eminence** (*prīe'minəns*) *rz.* pierwszeństwo, wyższość; **-eminent** (*-nənt*) *pm.* wybitny, celujący; przedni; **-empt** (*prīe'm[p]t*) *cz.* kupić prawem pierwokupu; **-emption** (*-e'm[p]szen*) *rz.* prawo pierwokupu.

preen (*prī'n*) *cz.* gładzić dziobem pióra, muskać (się).

pre-engage (*prīengej'dż*) *cz.* zobowiązać naprzód; zamówić; **-establish** (*prīstæ'blisz*) *cz.* ustalić naprzód, zgóry; naprzód ustanowić; **-exist** (*prīəgzi'st*) *cz.* istnieć przed czem; preegzystować; **-existent** (*-əgzi'stənt*) *pm.* przedwieczny, wprzód istniejący.

pre-face (*pre'fəs*) *rz.* przedmowa, słowo wstępne, wstęp; ~, *cz.* napisać, dać przedmowę; poprzedzić; **-fatory** (*pre'fətəri*) *pm.* wstępny; przedwstępny; tymczasowy; **-fect** (*prī'fekt*) *rz.* prefekt, przełożony; namiestnik; **-fecture** (*prī'fəkcə*) *rz.* prefektura, komisarjat.

prefer (*prifə'*) *cz.* woleć; przekładać, przedkładać, promować; podnieść na wyższe stanowisko; **-able** (*pre'fərəbɛl*) *pm.* lepszy, bardziej pożądany; **-ence** (*pre'fərəns*) *rz.* wybór, pierwszeństwo; **-ential** (*prefərē'nszəl*) *pm.* różniczkowy; **-ment** (*-mənt*) *rz.* awans, promocja; urząd, posada.

pre-figuration (*prīfigjurej'szɛn*) *rz.* przedstawianie, wyobrażenie; **-figure** (*prifi'gə*) *cz.* wyobrażać sobie, przedstawiać sobie; **-figurement, -figuration** (*prifi'gjurejszɛn*) *rz.* wyobrażenie; **-fix** (*prī'fiks*) *rz.* (*gram.*) przedrostek; ~ (*prifi'ks*) *cz.* dodać, poprzedzić.

pregnable (*pre'gnəbɛl*) *pm.* do zdobycia.

pregnan-cy (*pre'gnənsi*) *rz.* brzemienność, płodność; ciąża; obfitość; **-t** (*pre'gnənt*) *pm.* brzemienny, obfitujący w skutki; ciężarny; płodny.

prehens-ile (*prihe'nsil*) *pm.* chwytliwy; **-ion** (*prihe'nszɛn*) *rz.* ujęcie, objęcie; pojętność, zrozumienie.

prehistoric (*prīhisto'rik*) *pm.* przedhistoryczny.

prejud-ge (*prīdżă'ż*) *cz.* osądzać zgóry; przesądzać; **-ice** (*pre'dżədis*) *rz.* krzywda; przesąd; uprzedzenie do; ujma; szkoda; ~, *cz.* wyrządzić krzywdę; **-icial** (*predżudi'szɛl*) *pm.* krzywdzący; szkodliwy.

prela-cy (*pre'ləsi*), **-teship, -ture** (*pre'ləczə*) *rz.* prałatura; **-te** (*pre'lət*) *rz.* prałat; **-tical** (*prəlæ'tikɛl*) *pm.* prałacki.

pre-lect (*prəle'kt*) *cz.* wykładać; **-lection** (*prəle'kszɛn*) *rz.* prelekcja, wykład; **-liminaries** (*prəli'minəriz*) *rz. lmn.* przedwstępne układy; preliminarja; **-liminary** (*prəli'minəri*) *pm.* przedwstępny, uprzedni; tymczasowy; **-lude** (*pre'l[j]ūd*) *rz.* preludjum; ~ (*prəl[j]ū'd*) *cz.* zapowiadać; zagaić, zacząć; **-ludious, -lusive, -lusory** (*prəl[j]ū'djəs, -siw, sori*) *pm.* przedwstępny, zapowiadający, początkowy; wstępny; **-mature** (*prīmətjū'ə, pre'mə-*) *pm.* przedwczesny; zawczesny; **-matureness, -maturity** (*prīmətjū'riti*) *rz.* przedwczesność; przedwczesna dojrzałość; **-meditate** (*prime'ditejt*) *cz.* obmyślać, premedytować; umyślić; **-meditation** (*primeditej'szɛn*) *rz.* premedytacja, uplanowanie zgóry; rozmysł.

premier (*prī'miə*) *rz.* prezes rady ministrów; ~, *pm.* pierwszy, najwcześniejszy; **-ship** *rz.* premjerostwo.

premise, premiss (*pre'mis*) *rz.* premisa, przesłanka; ~ (*primaj'z*) *cz.* powiedzieć na wstępie; **-s** *rz. lmn.* zabudowania, grunta, teren, własność, realność.

premium (*prī'miəm*) *rz.* nagroda, premjum; premja; at a ~, powyżej pari.

premoni-tion (*prīmoni'szɛn*) *rz.* ostrzeżenie; **-tory** (*prīmo'nitəri*) *pm.* ostrzegawczy.

prentice patrz **apprentice.**

preoccup-ation (*prīokjupej'szɛn*) *rz.* przesąd; uprzedzenie; zaabsorbowanie; **-y** (*prio'kjupaj*) *cz.* zajmować uprzednio; absorbować.

preor-dain (*prīodej'n*) *cz.* przeznaczać zgóry, wyrokować; decydować naprzód; **-dination** (*prīodinej'szɛn*) *rz.* zawyrokowanie naprzód, wyroki boże.

prepar-ation (*prepərej'szɛn*) *rz.* przygotowanie, przyszykowanie; preparat; przysposobienie; **-ative, -atory** (*prəpæ'rətiw, prəpæ'rətəri*) *pm.* przygotowawczy; **-ative** *rz.* przygotowanie, przyrządzenie; **-e** (*pripē'ə*) *cz.* przygotować (się); zabierać się; **-edness** *rz.* gotowość.

prepay (*pripej'*) *cz.* przedpłacić, **-ment** (*-mənt*) *rz.* przedpłata.

prepense (*pripe'ns*) *pm.* umyślny.

preponder-ance (*pripo'ndərəns*) *rz.* przewaga, wyższość; **-ant** (*-rənt*) *pm.* przeważający; **-ate** (*pripo'ndərejt*) *cz.* przeważać, mieć przewagę.

preposition (*prepəzi'szɛn*) *rz.* przyimek (*gram.*); **-al** (*-ɛl*) *pm.* przyimkowy.

prepositive (*prepo'zitiw*) *pm.* przedrostkowy.

prepossess (*prīpoze's*) *cz.* zaj-

mować; dobrze usposabiać; uprzedzić; ująć; **-ing** (*-iŋ*) *pm.* dobrze usposabiający, ujmujący; **-ion** (*prīpozę'szɛn*) *rz.* życzliwość.
preposterous (*prəpo'stərəs*) *pm.* niedorzeczny; śmieszny; **-ness** (*-nəs*) *rz.* niedorzeczność; absurdalność; śmieszność.
prepotency (*pripo'tənsi*) *rz.* przewaga.
prepuce (*prī'pjus*) *rz.* obrzezek, napletek (*anat.*).
prerequisite (*prere'kuizit*) *pm.* wymagany jako warunek uprzedni.
prerogative (*prəro'gətiw*) *rz.* prerogatywa, prawo, przywilej.
presage (*pre'sɛdż*) *rz.* przepowiednia, wróżba, zwiastun, prognostyk, omen; ~ (*prisej'dż*) *cz.* przepowiadać, zwiastować; rokować.
presbyter (*pre'zbitə, pre's-*) *rz.* prezbiter; **-ial** (*presbitī'riəl*) *pm.* prezbiterjański; **-an** *rz.* prezbiterjanin; **-ian'sm** (*-izɛm*) *rz.* prezbiterjanizm; **-y** (*pre'zbitəri*) *rz.* prezbiterjum (kościoła); kapituła.
prescien-ce (*prī'sziəns*) *rz.* przedwiedza; przewidywanie; **-t** (*-ənt*) *pm.* przeczuwający, przewidujący.
prescind (*prisi'nd*) *cz.* odciąć, odłączyć.
prescribe (*priskraj'b*) *cz.* przepisywać, rozkazać.
prescript (*prī'skript*) *rz.* przepis, zlecenie; prawidło, recepta; **-ion** (*prəskri'pszɛn*) *rz.* przepis, zlecenie; recepta; **-ive** (*prəskri'ptiw*) *pm.* preskrypcyjny.
presence (*pre'zɛns*) *rz.* obecność, przytomność; audjencja; postawa; powierzchowność; **-chamber** *rz.* sala recepcyjna.
present (*pre'zɛnt*) *rz.* czas obecny; teraźniejszość, podarunek; dar, prezent; (*gram.*) czas teraźniejszy; ~, *pm.* obecny; teraźniejszy; niniejszy; natychmiastowy; pilny; przytomny, at ~, obecnie; ~ (*prize'nt*) *cz.* prezentować, ofiarować; obdarzyć; doręczyć; przedstawiać; okazać; pokazać; ~! *w* (*mil.*) prezentuj broń; **-able** (*prize'ntəbɛl*) *pm.* dobrze się przedstawiający; **-ation** (*prezəntej'szɛn*) *rz.* ofiarowanie; okazanie; doręczenie; **-ee** (*prizɛntī'*) *rz.* kandydat; **-ly** *ps.* niebawem, wkrótce; **-ment** (*prize'ntmənt*) *rz.* prezentacja; przedstawienie; przedłożenie.
presentiment (*prise'ntimənt*) *rz.* przeczucie.
preserv-ation (*prezəwej'szɛn*) *rz.* zachowanie; przechowanie; utrzymanie; **-ative** (*prizə'wətiw*) *rz.* zabezpieczenie; ~, *pm.* zapobiegający, zachowujący od; zabezpieczający; **-e** (*prizə'w*) *rz.* rezerwat; konserwa; smażone owoce, konfitury; ~, *cz.* zachować; marynować; konserwować; smażyć w cukrze; utrzymywać; zaprawiać; przechowywać; przyprawiać; **-es** *rz. lmn.* konserwy, konfitury.
preside (*prizaj'd*) *cz.* prezydować; przewodniczyć (at, over, czemu); **-nce, -ncy, -ntship** (*pre'zidəns-i*) *rz.* przewodniczenie; przewodnictwo; okręg; **-nt** (*pre'zidɛnt*) *rz.* prezydent, przewodniczący; prezes; **-ntial** (*prezide'nszɛl*) *pm.* prezydjalny.
presignify (*prəsi'gnifaj*) *cz.* oznaczyć, oznajmić naprzód.
press (*pre's*) *rz.* tłum, tłok, ścisk; natłok interesów; prasa (drukarska); tłocznia; prasa (dzienniki); werbunek przymusowy; in the ~, w druku; ~, *cz.* uciskać; prasować; tłoczyć; naciskać, nalegać; przynaglać; przymuszać; ściśle przystawać; cisnąć; werbować do wojska, do marynarki; **-ing** (*-iŋ*) *pm.* pilny; ~ iron, żelazko do prasowania; **-man** *rz.* dziennikarz; **-ure** (*pre'szə*) *rz.* ciśnienie, uciskanie; dolegliwość, ciężar; wyciskanie, tłoczenie; presja.
prestidigitator (*prestidi'dżitejtə*) *rz.* kuglarz; magik.
prestige (*prestī'ż*) *rz.* prestiż, wpływ, znaczenie.
presum-able (*prizjū'məbɛl*) *pm.* przypuszczalny; domniemany; **-e** (*prizjū'm*) *cz.* sądzić; przypuszczać; pozwolić sobie; **-edly** *ps.* przypuszczalnie, samowolnie; **-ption** (*prizā'm[p]szɛn*) *rz.* dufność w siebie; zarozumiałość; przypuszczenie; **-ptive** (*prizā'm[p]tiw*) *pm.* przypusz-

czalny, domyślny; domniemany; **-ptuous** (*prizš'mczuəs*) *pm.* zarozumiały, próżny, arogancki.

presuppos-al, -ition (*prīsəpou'zɛl, prīsăpəzi'szɛn*) *rz.* uprzednie mniemanie; **-e** (*prīsəpou'z*) *cz.* przypuszczać, mniemać.

preten-ce (*prite'ns*) *rz.* pretensja; pozory, udawanie, pretekst; wykręt; **-d** (*prəte'nd*) *cz.* utrzymywać, twierdzić; sądzić, udawać; symulować; ośmielać się; rościć sobie prawa; pretendować; zmierzać do czegoś; mieć na celu; **-ded** (*-ɛd*) *pm.* fałszywy, kłamliwy, udany; **-der** (*-ə*) *rz.* pretendent (do tronu); roszczący prawo; **-ding** (*-iŋ*) *pm.* pretensjonalny; **-sion** (*prite'nszɛn*) *rz.* pretensja, uroszczenie (niesłuszne); **-tious** (*prite'nszəs*) *pm.* chełpliwy; pretensjonalny.

preterit, -e (*pre'tərit*) *pm.* przeszły; miniony; **~tense** *rz.* (*gram.*) czas przeszły; **-ion** (*-i'szɛn*) *rz.* pominięcie.

pretermi-ssion (*prītəmi'szɛn*) *rz.* opuszczenie, zamilczenie, zaniechanie; **-t** (*prītəmi't*) *cz.* opuścić, nie uwzględnić.

preternatural (*prītənæ'czərɛl*) *pm.* nadprzyrodzony.

pretext (*prī'tekst*) *rz.* pretekst, wymówka, pozór.

pretor (*pre'tə*) *rz.* pretor; **-ian** (*prəto'riən*) *pm.* pretorjański.

prett-iness (*pri'tinəs*) *rz.* piękność; **-y** (*-i*) *pm.* piękny, ładny; śliczny; schludny; a ~ penny, ładna suma; **-y** *ps.* nieco; dość.

prev-ail (*priwej'l*) *cz.* przeważać, przemagać, zwyciężać, panować; ~ with (upon) one, skłonić, namówić kogoś; wymóc coś od kogoś; **-ailing** (*-iŋ*) *pm.* przeważny, panujący, powszechny; górujący; **-alence** (*pre'wələns*) *rz.* przewaga, panowanie, wyższość; wpływ; pierwszeństwo; **-alent** (*-ənt*) *pm.* przeważający, powszechny, ogólnie przyjęty; panujący.

prevarica-te (*priwæ'rikejt*) *cz.* szachrować; używać wybiegów; wykręcać się; **-tion** (*priwærikej'szɛn*) *rz.* wybieg, wykręt; szachrajstwo; **-or** (*priwæ'rikejtə*) *rz.* krętacz, intrygant.

prevenient (*prəwī'njənt*) *pm.* uprzedni; zapobiegawczy.

prevent (*priwe'nt*) *cz.* uprzedzić, uniemożliwić; zapobiegać; **-ion** (*priwe'nszɛn*) *rz.* zapobieżenie; przeszkoda; **-ive** (*-iw*), **-ative** (*-ətiw*) *pm.* zapobiegający, zapobiegawczy, prewencyjny; zaradczy; **-ive** *rz.* środek zaradczy.

previous (*prī'wiəs*) *pm.* uprzedni, poprzedni; dawniejszy; poprzedzający.

previ-se (*priwaj'z*) *cz.* przewidywać; **-sion** (*prəwi'żɛn*) *rz.* przewidywanie, odgadywanie.

prey (*prej'*) *rz.* zdobycz, łup, ofiara; żer; pastwa; bird of ~, ptak drapieżny; ~, *cz.* żerować; polować na.

price (*praj's*) *rz.* cena, wartość; **-current, -list** *rz.* cennik; **-less** *pm.* bezcenny, nieoceniony.

prick (*pri'k*) *rz.* kolec; ostrze; ukłucie; wyrzut (sumienia); bodziec; ~, *cz.* kłuć; przedziurawić; punktować; pobudzać, popędzać; bóść; pędzić; ~ one's ears, nastroszyć uszy; **-er** (*-ə*) *rz.* szydło; **-et** (*pri'kɛt*) *rz.* śpiczak (jeleń); **-le** (*pri'kɛl*) *rz.* cierń, małe ostrze; bodziec; ~, *cz.* kłuć, ukłuć; **-liness** (*-linəs*) *rz.* ciernistość; kolczastość; **-ly** (*-li*) *pm.* ciernisty; kolący.

pride (*praj'd*) *rz.* duma, pycha; ozdoba, chluba; przepych; ~, *cz.* być dumnym, chełpić się; ~ oneself, chełpić się; take ~ in, chlubić się czem; **-ful** (*-ful*) *pm.* pyszny, dumny.

priest (*prī'st*) *rz.* ksiądz; duchowny, kapłan; **-craft** *rz.* polityka, wybiegi księży; **-ess** (*-əs*) *rz.* kapłanka; **-hood** *rz.* kapłaństwo; **-like, -ly** (*-li*) *pm.* księży; kapłański.

prig (*pri'g*) *rz.* pedant; (gwar.) złodziej; **-gish** (*-isz*) *pm.* pedantyczny, przesadny.

prim (*pri'm*) *pm.* wyszukany, przesadny; wystrojony, wymuskany; **-ness** (*-nəs*) *rz.* krygowanie się, wymuszoność.

primacy (*praj'məsi*), **primateship** (*praj'mətship*) *rz.* pierwszeństwo, prymasostwo.

prima donna (*prī'mə do'nə*) *rz.* primadonna.
primage (*praj'mεdż*) *rz.* opłata za wyładowanie towarów.
primal (*praj'mεl*) *pm.* pierwotny; pierwszy.
primar-ily (*praj'mərili*) *ps.* naprzód, początkowo; pierwiastkowo; głównie; zwłaszcza; **-iness** (*praj'mərinəs*) *rz.* pierwszeństwo; **-y** (*praj'məri*) *pm.* początkowy, pierwiastkowy; pierwszy, główny, walny.
primate (*praj'mət*) *rz.* prymas.
prime (*praj'm*) *rz.* początek (rozwoju); szczyt; rozkwit; wybór; kwiat; zaród; wiosna; poranek (życia); ~, *pm.* pierwszy, wyborowy; pierwotny (*mat.*); początkowy, najcelniejszy; najgłówniejszy; ~, *cz.* przyszykować; zwilżyć; upoić; zagruntować (pod malowanie); **-ly** (*-li*) *ps.* naprzód, początkowo; **-ness** (*-nəs*) *rz.* pierwszeństwo, wyborność; **-r** (*pri'mə*) *rz.* elementarz; **-ro** (*prajme'rou*) *rz.* gra w karty.
primeval (*prajmī'wεl*) *pm.* pierwotny; pradawny; początkowy.
priming (*praj'miŋ*) *rz.* prymowanie, pierwszeństwo; podpał (armat, rakiet i t. p.).
primitive (*pri'mitiw*) *rz.* człowiek pierwotny; ~, *pm.* pierwotny, staromodny; początkowy; pierwiastkowy; niepochodny; **-ness** (*-nəs*) *rz.* pierwotność, pierwiastkowość.
primogen-ital (*prajmodże'nitəl*) *pm.* pierworodny; **-itor** (*prajmodże'nitə*) *rz.* daleki przodek; **-iture** (*prajmoudże'niczə*) *rz.* pierworodztwo; pierworodność, starszeństwo.
primordial (*prajmō'diəl*) *pm.* pierwiastkowy, pierwotny; początkowy zasadniczy. [snek.
primrose (*pri'mrouz*) *rz.* pierwiosnek.
prince (*pri'ns*) *rz.* książę; **-dom** (*-dəm*) *rz.* księstwo; **-like** (*-lajk*), **-ly** (*-li*) *pm.* książęcy; **-ss** (*prinse's*) *rz.* księżna; ~ royal, najstarsza córka króla angielskiego.
principal (*pri'nsipεl*) *pm.* główny, naczelny; najprzedniejszy; ~, *rz.* osoba główna, naczelnik; pryncypał; kapitał; **-ity** (*prinsipæ'liti*) *rz.* księstwo.
principle (*pri'nsipεl*) *rz.* zasada, element; podstawa; maksyma; pierwiastek; prawo; on ~, z zasady; **-d** *pm.* z zasadami.
prink (*pri'nk*) *cz.* stroić (się); wymuskać.
print (*pri'nt*) *rz.* druk; odcisk; odbicie, odbitka; perkalik, materja drukowana; in ~, w druku; ~, *cz.* drukować, opublikować, odciskać; **-er** (*-ə*) *rz.* drukarz; **-ing** (*-iŋ*) *rz.* drukowanie; druk; ~-house, ~-office, drukarnia; ~~ ink, farba drukarska; ~~ types, czcionki drukarskie.
prior (*praj'ə*) *rz.* przeor; ~, *pm.* poprzedni, wcześniejszy; wyższy (rangą); **-ess** (*-rəs*) *rz.* przeorysza; **-ity** (*prajo'riti*) *rz.* pierwszeństwo; starszeństwo; **-y** (*praj'əri*) *rz.* klasztor.
prise (*praj'z*) *cz.* wyważyć.
prism (*pri'zεm*) *rz.* graniastosłup, pryzmat; **-atic(al)** (*prizmæ'tik-εl*) *pm.* pryzmatyczny.
prison (*pri'zεn*) ~ house, *rz.* więzienie; ~ editor, redaktor odpowiedzialny; ~, *cz.* uwięzić; **-er** (*pri'zənə*) *rz.* więzień, aresztant; ~~ of war, jeniec wojenny.
pristine (*pri'stin*) *pm.* dawny; pierwotny.
prithee (*pri'ði*) *w.* proszę! (przest.).
priva-cy (*pri'wesi, prajw'-*) *rz.* zacisze domowe, zamknięcie się w sobie; odosobnienie; skrytość; ukrycie; **-te** (*praj'wət*) *pm.* prywatny, osobisty, domowy; zaciszny; osobny, samotny; cywilny; poufały; in ~, poufnie; prywatnie; ~ (soldier), żołnierz, szeregowiec; **-teer** (*prajwetī'ə*) *rz.* okręt, mający prawo niepokojenia okrętów nieprzyjacielskich; **-teness** (*-nəs*) *rz.* patrz **privacy**; **-te-room** *rz.* gabinet; **-tion** (*prajwej'szεn*) *rz.* pozbawienie; brak, niedostatek; prywacja; **-tive** (*pri'wətiw*) *pm.* pozbawiający, zaprzeczający; odejmujący.
privet (*pri'wεt*) *rz.* ligustr (*bot.*).
privilege (*pri'wilεdż*) *rz.* przywilej, uprzywilejowanie; zaszczyt, swoboda; wolność; ~, *cz.* uprzywilejować.

privi-ly (*pri'wili*) *ps.* tajemnie, skrycie, pokryjomu; **-ty** (*pri'witi*) *rz.* stosunek; tajemnica, sekret.
privy (*pri'wy*) *pm.* tajny; skryty; ~ to, wtajemniczony; zaufany; ~, *rz.* klozet, ustęp; ~ **council** *rz.* rada tajna; ~ **councillor**, ~ **counsellor** *rz.* tajny radca; ~ **seal** *rz.* mała pieczęć.
prize (*praj'z*) *rz.* nagroda; zdobycz; premja, wygrana; ~, *cz.* cenić; zdobyć; wyważyć; **-fighting** *rz.* zapasy o nagrodę; **-fighter** *rz.* bokser, zapaśnik; **-match** *rz.* konkurs z nagrodami; **-money** *rz.* nagroda za zdobycie nieprzyjacielskiego statku (*hist.*).
pro (*prou'*) *ps.* pro, za; ~ and con, za i przeciw, dobre i złe strony.
proba-bility (*probəbi'liti*) *rz.* prawdopodobieństwo; **-ble** (*pro'bəbεl*) *pm.* prawdopodobny.
proba-te (*prou'bət*) *rz.* urzędowe stwierdzenie; autentyczność testamentu; **-tion** (*probej'szεn*) *rz.* próba; doświadczenie; nowicjat; **-tional, -tionary** (*probej'szənεl, probej'szənəri*) *pm.* próbny; **-tive** (*-tiw*) *pm.* dowodny; **-tioner** (*probej'szonə*) *rz.* nowicjusz.
probe (*prou'b*) *rz.* sonda; ~, *cz.* zgłębiać, sondować.
probity (*pro'biti*) *rz.* uczciwość, rzetelność; prawość.
problem (*pro'bləm*) *rz.* zagadnienie, zadanie, problemat; **-atic (al)** (*probləmæ'tik-εl*) *pm.* wątpliwy, problematyczny; zagadkowy.
proboscis (*probo'sis*) *rz.* trąba słonia.
procedure (*prosī'dżə*) *rz.* procedura, postępowanie (sądowe); działanie.
proceed (*prosī'd*) *cz.* postępować, posuwać się naprzód, przystąpić do; udać się; wynikać; pochodzić; ciągnąć; prowadzić (proces); kontynuować; **-ing** (*-iŋ*) *rz.* postępowanie; przystąpienie do czegoś; wydarzenie; czynność, działanie; **-ings** *rz. lmn.* sprawozdanie, wydarzenia; procedura; prawne postępowanie; **-s** (*prou'sīdz*) *rz. lmn.* dochód, suma uzyskana ze sprzedaży.
process (*prou'ses, pro'-*) *rz.* posuwanie się naprzód; proces, przebieg; sprawa (sądowa); tok; postąpienie; postęp, przeciąg czasu; bieg.
procession (*prose'szεn*) *rz.* pochód, procesja; **-al** (*prosze'sənεl*), **-ary** (*prose'szənəri*) *pm.* procesjonalny.
proclaim (*prok'ej'm*) *cz.* ogłosić, obwołać; obwieścić.
proclamation (*prokləmej'szεn*) *rz.* obwieszczenie, ogłoszenie, proklamowanie, odezwa; obwołanie, okrzyknienie.
proclivity (*prokli'witi*) *rz.* skłonność, tendencja.
proconsul (*proukon'săl*) *rz.* prokonsul; **-ar, -ary** (*prouko'nsjulə, -ri*) *pm.* prokonsularny.
procrastina-te (*prokræ'stinejt*) *cz.* zwlekać, odkładać na później; **-tion** (*prokræstinej'szεn*) *rz.* odwlekanie, zwłoka.
procrea-nt (*prou'kriənt*) *pm.* rodzący; płodzący; **-te** (*prou'kriejt*) *cz.* rodzić, wytwarzać; tworzyć; **-tion** (*proukriej'szεn*) *rz.* rodzenie, wytwarzanie; spłodzenie, zrodzenie; **-tive** (*prou'kriejtiw*) *pm.* tworzący; płodny; rodzący; **-tiveness** *rz.* płodność, twórczość; **-tor** (*prou'kriejtə*) *rz.* twórca; rodzic.
Procrustean (*prokră'stiən*) *pm.* prokrustowy.
proctor (*pro'ktə*) *rz.* student mający pieczę nad porządkiem i moralnością w kolegjach; pełnomocnik, adwokat (w sądach duchownych).
procumbent (*prou'kămbənt*) *pm.* pochylony ku przodowi; ścielący się (*bot.*).
procura-ble (*proukjū'rəbεl*) *pm.* do nabycia; **-tion** (*prokjurej'szεn*) *rz.* nabycie; pełnomocnictwo; zastępstwo; **-tor** (*pro'kjurejtə*) *rz.* ajent, inspektor, rzecznik; prokurator; plenipotent; **-tory** (*prokjū'rətəri*) *rz.* pełnomocnictwo.
procure (*prokjū'ə*) *cz.* dostać, nabyć; uzyskać; nastręczyć; naraić; **-r** (*prokjū'rə*) *rz.* raiciel, stręczyciel, rajfar; **-ss** (*-əs*) *rz.* rajfurka.

prodigal (*pro'digəl*) *pm.* rozrzutny, marnotrawny; ~, *rz.* rozrzutnik, marnotrawca; **-ity** (*prodigæ'liti*) *rz.* rozrzutność, marnotrawstwo; hojność.

prodig-ious (*prodi'dżəs*) *pm.* zadziwiający, nadzwyczajny; niezmierny, ogromny; potworny; **-iousness** (*-nəs*) *rz.* nadzwyczajność; ogrom; potworność; straszność; **-y** (*pro'didżi*) *rz.* dziwo, cudo; potworność, dziwoląg.

produc-e (*prodjū's*) *cz.* wytwarzać, produkować; fabrykować; dawać (owoce); przynosić (zyski); wykazać, przedstawić; sprawić, być przyczyną; **-e** (*pro'djūs*) *rz.* wytwór, produkt; wyrób; dochód; zysk; raw ~, surowce; **-er** (*prodjū'sə*) *rz.* wytwórca, producent; fabrykant; **-ibleness** (*-nəs*) *rz.* wytwórczość; możność produkowania.

product (*pro'dəkt*) *rz.* produkt, wytwór; iloczyn (*mat.*); płód, rezultat; **-ion** (*prodă'kszen*) *rz.* wytwarzanie, wytwórczość, produkcja; wytwór, utwór literacki; dzieło; **-ive** (*prodă'ktiw*) *pm.* wytwarzający, produkcyjny; zyskowny; twórczy; płodny; be ~ of, wytwarzać; **-iveness** (*-nəs*), **-ivity** (*proudəkti'witi*) *rz.* wytwórczość, produktywność.

proem (*prou'əm*) *rz.* wstęp, przedmowa; **-ial** (*proī'miel*) *pm.* przedwstępny.

profan-ation (*profənej'szen*) *rz.* zbezczeszczenie, profanacja; **-e** (*pro'fejn*) *pm.* świecki, niewtajemniczony, bezczeszczący, profanatorski; **-e** *cz.* profanować; zbezcześcić; **-eness, -ity** (*-nəs, profæ'niti*) *rz.* profanacja, bluźnierstwo; świeckość.

profess (*profe's*) *cz.* wyznawać; głosić; podawać się za; uprawiać zawód; pretendować; uczyć; **-edly** *ps.* jawnie, otwarcie; **-ion** (*profe'szen*) *rz.* wyznanie; oświadczenie; profesja; zatrudnienie, zawód; stan; **-ional** (*-fe'senel*) *pm.* zawodowy; ~**-man** człowiek wolnego zawodu; **-or** (*-fe'sə*) *rz.* profesor, wykładający; wyznawca; **-orial** (*profəso'riel*) *pm.* profesorski; **-orship** *rz.* profesura.

proffer (*pro'fə*) *cz.* zaofiarować; proponować; ~, *rz.* propozycja.

proficien-cy (*profi'szensi*) *r.* znajomość rzeczy; biegłość; doskonałość; postęp; **-t** (*-fi'szent*) *pm.* biegły; znający się na rzeczy.

profile (*prou'fajl, prou'fīl*) *rz.* profil; kontur; przecięcie; in ~, z profilu.

profit (*pro'fit*) *rz.* zysk; korzyść; pożytek; ~, *cz.* zyskiwać; odnosić pożytek, korzystać; przynosić korzyść; **-able** (*-əbel*) *pm.* zyskowny; korzystny; **-ableness** (*-əbelnəs*) *rz.* zyskowność; **-eer** (*-ī'ə*) *rz.* paskarz; **-eering** *rz.* paskarstwo; **-less** *pm.* niekorzystny; niezyskowny.

profliga-cy, -teness (*pro'fligəsi, pro'fligətnəs*) *rz.* rozwiązłość; rozrzutność; **-te** (*-gət*) *pm.* rozwiązły; rozpustny; marnotrawny; ~, *rz.* niegodziwiec; marnotrawca.

profound (*profau'nd*) *rz.* głębia; przepaść; ~, *pm.* głęboki; niski; gruntowny; **-ness, profundity** (*-nəs, profă'nditi*) *rz.* głębokość; głęboka nauka; gruntowność.

profuse (*profjū's*) *pm.* hojny; obfity; bujny; **-ness, profusion** (*-nəs, -fjū'żen*) *rz.* hojność, obfitość; bujność; mnóstwo; zbytek.

prog (*pro'g*) *rz.* (gwara) jedzenie; (*uniw.*) wykładowca.

progen-itor (*prodże'nitə*) *rz.* rodzic; przodek; pradziad; **-y** (*pro'dżəni*) *rz.* potomstwo; ród; plemię; wynik.

prognathous (*pro'gnəθəs*) *pm.* z wystającemi szczękami.

prognos-is (*prognou'sis*) *rz.* prognoza (*med.*); **-tic** (*progno'stik*) *rz.* znak; prognostyk, wróżba; ~, *pm.* prorokujący; przepowiadający; **-ticate** (*progno'stikejt*) *cz.* przepowiadać; **-tication** (*-nostikej'szen*) *rz.* przepowiadanie; przepowiednia; **-ticator** (*progno'stikejtə*) *rz.* wróżbita.

program, -me (*prou'græm*) *rz.* program.

progress (*pro'gres, prou'~*) *rz.* postęp; bieg; posuwanie się;

tok; objazd (przest.); ~ (*progre's, prou-*) *cz.* robić postępy; postępować naprzód; posuwać się dalej; **-ion** (*progre'szen*) *rz.* posuwanie się naprzód (czasu); progresja; **-ional** (*-szənɛl*), **-ive** (*-iw*) *pm.* postępujący naprzód, progresywny; postępowy; ~, *rz.* postępowiec (*polit.*); **-iveness** (*-iwnəs*) *rz.* stopniowy postęp; progresywność.

prohibit (*prohi'bit*) *cz.* zakazywać; zabronić; **-ion** (*prouhibi'szen*) *rz.* zabronienie; zakaz; prohibicja; **-ionist** (*-szənist*) *rz.* prohibicjonista; **-ive, -ory** (*prohi'bitiw, prohi'bitəri*) *pm.* zakazujący; ochronny.

project (*pro'dżekt*) *rz.* projekt; plan; zamysł; przedsięwzięcie; ~ (*proudże'kt*), *cz.* planować; projektować; zdejmować projekcję (*geom.*); sterczeć; występować; wysuwać naprzód; wyrzucać; wyświetlać; rzucać (cień); **-ile** (*prodże'ktil, -tajl*) *pm.* pociskowy; wyrzutowy; ~, *rz.* pocisk; **-ion** (*prədże'kszen*) *rz.* wyrzucanie; rzut; wystawanie; występ; projekcja (*geom.*); projekt; plan; wyświetlony obraz; **-or** (*prodże'ktə*) *rz.* projektujący; projektodawca; reflektor; **-ure** (*prodże'kczə*) *rz.* sterczenie; występ.

prolapse (*prolæ'ps*) *cz.* wysunąć się.

proletar-ian (*proulətē'riən*) *rz.* proletarjusz; ~, **-y** (*pro'lətəri*) *pm.* proletarjacki; **-iat(e)** (*-riət*) *rz.* proletarjat.

prolific (*proli'fik*) *pm.* płodny, urodzajny; **-acy** (*-əsi*), **-ness** (*-nəs*) *rz.* płodność.

prolix (*prou'liks, pro-'*) *pm.* rozwlekły; obszerny; **-ness, -ity** (*-nəs, prəli'ksiti*) *rz.* rozwlekłość.

prolo-cutor (*prolo'kjutə, pro'lokjutə*) *rz.* przewodniczący; **-gue** (*prou'log, pro'log*) *rz.* prolog.

prolong (*prolo'ŋ*) *cz.* przedłużać; przewlekać; **-ation** (*prouloŋgej'szen*) *rz.* przedłużenie.

promenade (*promənā'd, promənej'd*) *rz.* promenada; spacer; przechadzka; ~, *cz.* spacerować.

Promethean (*promī'fiən*) *pm.* prometejski.

prominen-ce, -cy (*pro'minəns, -i*) *rz.* wybitność; wydatność; część wystająca; wzniesienie; **-t** (*-nənt*) *pm.* wybitny; wystający; sterczący, wydatny.

promiscu-ity (*promiskjū'iti*) *rz.* pomieszanie; bezład, mieszanina; **-ous** (*promi'skjuəs*) *pm.* mieszany; pomieszany; bezładny, gromadny; przypadkowy.

promis-e (*pro'mis*) *rz.* obietnica, przyrzeczenie, nadzieja; **-e** *cz.* obiecać, przyrzekać; zapowiadać (się); zapewniać; zobowiązać się; **-ing, -sory** (*-iŋ, -əri*) *pm.* obiecujący; ~ note, sola weksel.

promontory (*pro'montəri*) *rz.* cypel, przylądek.

promo-te (*promou't*) *cz.* promować, awansować, popierać; posuwać; zachęcać; **-ter** (*-ə*) *rz.* promotor, inicjator; **-tion** (*promou'szen*) *rz.* poparcie; awans, promocja, podźwignienie, podwyższenie; **-tive** (*-iw*) *pm.* popierający.

prompt (*pro'm[p]t*) *pm.* śpieszny, szybki; punktualny; bezzwłoczny; natychmiastowy; ~, *cz.* przyśpieszać; przynaglać; pobudzać, skłonić; powodować; podpowiadać; **-er** (*-ə*) *rz.* sufler; podpowiadacz; **-itude, -ness** (*-itjūd, -nəs*) *rz.* pośpiech; skorość; gotowość.

promulg-ate (*pro'məlgejt*) **-e** (*promă'ldż*) *cz.* obwieścić; opublikować; obwołać; **-ation** (*proməlgej'szen*) *rz.* ogłoszenie, obwieszczenie; opublikowanie; obwołanie.

prone (*prou'n*) *pm.* skłonny, pochopny; twarzą na ziemi rozciągnięty; pochyły; **-ness** (*-nəs*) *rz.* pochyłość; skłonność.

prong (*pro'ŋ*) *rz.* ząb (wideł); kolec; ~, *cz.* kłuć, dźgać; **-ed** (*pro'ŋgd*) *pm.* zębaty (o widłach i t. p.); **-horn** *rz.* gatunek antylopy.

pronominal (*prono'minɛl*) *pm.* zaimkowy.

pronoun (*prou'naun*) *rz.* zaimek (*gram.*).

pronounce (*pronau'ns*) *cz.* wymawiać; wymienić, wygłosić, orzekać; osądzić; wydać (wyrok); **-d** (*prənau'nst*) *pm.* wyraźny; **-ment** (*-mənt*) *rz.* ogłoszenie, orzeczenie; zdanie.

pronunciation (*pronănsjej'szen*) *rz.* wymowa, wymawianie.

proof (*prū'f*) *rz.* dowód; próba; doświadczenie; przekonanie; korekta; stopień; świadectwo; ~, *pm.* pewny; zabezpieczony od; wypróbowany; zabezpieczający; nieprzepuszczający; **~sheet** korekta; **-less** *pm.* niedowiedziony.

prop (*pro'p*) *rz.* podpora; ~, *cz.* podpierać.

propaga-nda (*propəgæ'ndə*) *rz.* propaganda; **-ndist** (*-ist*) *rz.* propagandysta; **-te** (*pro'pəgejt*) *cz.* krzewić; rozsiewać, propagować; mnożyć; **-tion** (*propəġej'szen*) *rz.* krzewienie; propagowanie; rozpłodzenie; **-tor** (*propəgej'tə*) *rz.* propagator, krzewiciel.

propel (*prope'l*) *cz.* popędzać, wprawiać w ruch; pchać naprzód; popychać; **-lent** (*-ənt*) *pm.* popędzający, poruszający; **-ler** (*-ə*) *rz.* śruba (okrętowa); śmiga.

propensity (*prope'nsiti*) *rz.* skłonność; popęd.

proper (*pro'pə*) *pm.* własny; właściwy; odpowiedni; należyty, słuszny; ścisły; dokładny, gruntowny; in ~ **terms**, należycie; **-ty** (*-ti*) *rz.* własność; właściwość; posiadłość; **real** ~, nieruchomość; **-ties** *rz. lmn.* rekwizyta teatralne.

prophe-cy (*pro'fəsi*) *rz.* proroctwo; przepowiednia; **-sy** (*pro'fəsaj*), **-tise** (*pro'fetajz*) *cz.* prorokować; **-t** (*pro'fət*) *rz.* prorok; **-tess** (*pro'fətəs*) *rz.* prorokini; **-tic** (*profe'tik*) *pm.* proroczy.

prophylactic (*profilæ'ktik*) *pm.* profilaktyczny, zapobiegawczy.

propinquity (*propi'ŋkuiti*) *rz.* bliskość, pokrewieństwo; powinowactwo.

propitia-te (*propi'szjejt*) *cz.* ubłagać, przebłagać, ułagodzić; przejednać; **-tion** (*propiszjej'szen*) *rz.* ułagodzenie, przebłaganie, przejednanie; ofiara błagalna; **-tory** (*propi'szjətəri*) *pm.* łagodzący; błagalny.

propitious (*propi'szəs*) *pm.* dobrze usposobiony; pomyślny; sprzyjający; życzliwy.

propolis (*pro'polis*) *rz.* pierzga.

proponent (*propou'nənt*) *pm.* proponent; wnioskodawca.

proportion (*propō'szen*) *rz.* proporcja; pomierność (*arytm.*) stosunek; współmierność; odsetek; procent; ~, *cz.* ustosunkować, obdzielić; stosunkowo odmierzyć; stosować do czego; **-s** *rz. lmn.* wymiary; **-able, -al** (*-əbel, propō'szənel*) *pm.* stosunkowy, proporcjonalny; **-ality** (*prəpōszənæ'liti*) *rz.* stosunkowość; proporcjonalność; **-ate** (*-ət*) *pm.* proporcjonalny; stosunkowy, stosowny.

propos-al (*propou'zel*) *rz.* propozycja; wniosek; oświadczyny; **-e** (*propou'z*) *cz.* przedstawić; zamierzać; proponować, wnieść; oświadczyć się (o rękę); **-ition** (*propəzi'szen*) *rz.* przedstawienie, propozycja; wniosek; (*gram.*) zdanie; przedsięwzięcie, zadanie, sprawa.

propound (*propau'nd*) *cz.* przedłożyć; przedstawić; zadać (do rozwiązania).

propriet-ary, -or (*propraj'etəri, -ətə*) *rz.* właściciel; właściciele (zbiorowo); posiadacz; **-ary** *pm.* własny, własnościowy; **-ress** (*-rəs*) *rz.* właścicielka; **-y** (*-əti*) *rz.* cecha, właściwość; stosowność; przyzwoitość; **-ies** *rz. lmn.* konwenanse.

propuls-ion (*propă'lszen*) *rz.* siła popędzająca; **-ive** (*-siw*) *pm.* popędzający naprzód.

proro-gation (*prorogej'szen*) *rz.* odroczenie; **-gue** (*prorou'g*) *cz.* odroczyć (zebranie); zawiesić na pewien czas.

prosai-c (*prozei'k*) *pm.* prozaiczny; **-st** *rz.* prozaik.

proscenium (*prosī'niem*) *rz.* proscenjum.

proscri-be (*proskraj'b*) *cz.* skazać na banicję, wygnać; odrzucić; potępiać; **-ption** (*-skri'pszen*) *rz.* banicja; proskrypcja; wygnanie; potępienie; **-ptive** (*-tiw*) *pm.* proskrypcyjny.

prose (*prou'z*) *rz.* proza; ~, *pm.* prozaiczny; ~, *cz.* pisać prozą.

prosecu-te (*pro'səkjut*) *cz.* karać; zaskarżyć (*sąd.*); zajmować się czemś; prowadzić (pracę); **-ting attorney**, prokurator; **-tion** (*pro'səkjū'szen*) *rz.* prowadzenie (pracy); oskarżenie; pociągnięcie do odpowiedzialności; pozywanie; powództwo; **-tor** (*-ə*) *rz.* oskarżający, oskarżyciel; prokurator.

prosely-te (*pro'səlajt*) *rz.* prozelita, nowonawrócony; **-ism** (*pro'səlitizem*) *rz.* prozelityzm, nawracanie; **-tize** (*pro'səlitajz*) *cz.* nawracać.

prosod-ic (*proso'dik*) *pm.* prozodyczny; **-y** (*pro'sodi*) *rz.* prozodja.

prosopopeia (*prosəpəpī'ə*) *rz.* prozopopea (*retor.*).

prospect (*pro'spekt*) *rz.* widok; oczekiwanie; perspektywa; prospekt; ~ (*prospe'kt*), *cz.* przeglądać, badać, rozpatrywać; **-ive** (*prospe'ktiw*) *pm.* przyszły; **-us** (*prospe'ktəs*) *rz.* prospekt, ulotka, plan.

prosper (*pro'spə*) *cz.* mieć powodzenie, powodzić się, prosperować; rozwijać się; błogosławić; sprzyjać; **-ity** (*prospe'riti*) *rz.* pomyślność, powodzenie; szczęście; dobrobyt; **-ous** (*-rəs*) *pm.* pomyślny, szczęśliwy; dobrze się rozwijający; sprzyjający; kwitnący.

prostate (*pro'stejt*) *rz.* prostata, gruczoł krokowy (*anat.*).

prosthesis (*pro'sþesiz*) *rz.* proteza.

prostitut-e (*pro'stitjūt*) *rz.* prostytutka, nierządnica; ~, *cz.* uprawiać nierząd; używać na złe; hańbić (się); **-ion** (*prostitjū'szen*) *rz.* prostytucja; pohańbienie; nierząd.

prostrat-e (*pro'strət*) *pm.* rozciągnięty na ziemi; błagający; czołobitny; wyczerpany; ~, (*pro'strejt*), *cz.* rozciągnąć na ziemi, rzucić się na ziemię; obalić; powalić; wyczerpać; **-ion** (*prostrej'szen*) *rz.* prostracja, powalenie; wyczerpanie; czołobitność.

prosy (*prou'zi*) *pm.* prozaiczny, nudny.

protagonist (*protæ'gonist*) *rz.* protagonista; prowodyr; kierownik walki.

protean (*prou'tiən*) *pm.* proteuszowy, zmienny.

protect (*prote'kt*) *cz.* osłaniać, ochraniać, bronić; honorować (weksel); zabezpieczyć; **-ion** (*-te'kszen*) *rz.* opieka, ochrona, poparcie; glejt; protekcja; **-ionism** (*-te'kszənizem*) *rz.* protekcjonizm, ochrona celna; **-ionist** (*-te'kszənist*) *rz.* protekcjonista; **-ive** (*-iw*) *pm.* protekcyjny; ochronny; **-or** (*-ə*) *rz.* opiekun, protektor; obrońca; the Lord ~, tytuł Cromwella; **-ress** (*-rəs*) *rz.* opiekunka, protektorka; **-orate** (*-orət*) *rz.* protektorat; **-ory** *rz.* dom poprawy; ochronka.

protegé (*pro'teżej*) *rz.* protegowany; **-e** *rz.* protegowana.

protein (*prou'tein*) *rz.* proteina.

protest (*prou'test*) *rz.* protest; sprzeciw; ~, (*prote'st*) *cz.* protestować; założyć protest; zaprotestować (weksel); **-ant** (*pro'təstənt*) *rz.* protestant; ~, *pm.* protestancki; **-antism** (*-izem*) *rz.* protestantyzm; **-ation** (*protəstej'szen*) *rz.* zaprotestowanie, protest; zaklinanie się.

prothonotary (*proþo'notəri*) *rz.* protonotarjusz (*kość.*).

protocol (*prou'tokol*) *rz.* protokół; ~, *cz.* protokółować.

protomartyr (*prou'tomātə*) *rz.* pierwszy męczennik.

protopla-sm (*prou'toplæzem*) *rz.* protoplazma; **-st** (*pro'toplæst*) *rz.* pierwowzór, protoplasta.

prototype (*prou'totajp*) *rz.* pierwowzór, prototyp.

protract (*protræ'kt*) *cz.* przedłużać; wydłużać; **-er**, **-or** (*-ə*) *rz.* (*mat.*) przenośnik; **-ion** (*protræ'kszen*) *rz.* przedłużanie; przewlekanie.

protru-de (*protrū'd*) *cz.* wysuwać; sterczeć; wytknąć; **-sion** (*-trū'żen*) *rz.* wysunięcie naprzód; sterczenie; guz; wzniesienie; **-sive** (*-siw*) *pm.* wysuwający się; wysunięty; wysuwalny.

protuber-ance (*protjū'bərəns*) *rz.* wypukłość; guz; **-ant** (*-tjū'bərənt*) *pm.* wypukły, wystający; nabrzmiały; wydatny.

proud (*prau'd*) *pm.* dumny, pyszny; wspaniały; ~ **flesh** *rz.* dzikie mięso.

prove (*prū'w*) *cz.* dowodzić, udowodnić; stwierdzić; próbować; doświadczyć; sprawdzić; okazać się (czemś); wyjść najaw; **-n** (*prū'wen*) *pm.* udowodniony.

proved-itor, -ore (*prowe'ditoə*) *rz.* dostawca.

provenance (*pro'wənəns*) *rz.* pochodzenie.

provender (*pro'wəndə*) *rz.* pasza; obrok; żywność.

provenience (*prowī'njəns*) *rz.* pochodzenie.

proverb (*pro'wəb*) *rz.* przysłowie; **-ial** (*prowə̄'biəl*) *pm.* przysłowiowy.

proviant (*pro'wjənt*) *rz.* dostawa żywności.

provide (*prowaj'd*) *cz.* dostarczać, zaopatrzyć (się), zabezpieczyć (przed czemś); zawarować; zastrzec; dostarczać środków utrzymania, mieć na swojej opiece; **-d** (that) *sp.* z zastrzeżeniem; pod warunkiem; byle tylko; **-nce** (*pro'widəns*) *rz.* przezorność; opatrzność; skrzętność; **-nt** (*pro'widεnt*) *pm.* przezorny; skrzętny; **-ntial** (*-de'nszəl*) *pm.* opatrznościowy; szczęśliwy; **-r** (*prowaj'də*) *rz.* dostawca.

provin-ce (*pro'wins*) *rz.* prowincja; sfera; gałąź (wiedzy); wydział; zawód; **-cial** (*-'szεl*) *pm.* prowincjonalny, zaściankowy; **-cialism** (*prowi'nszəlizεm*) *rz.* prowincjonalizm, zaściankowość.

provis-ion (*prowi'żεn*) *rz.* przewidywanie, zastrzeżenie; rozporządzenie; środek ostrożności; zapasy (żywności), prowizja; ~, *cz.* zaopatrzyć (w żywność); **-ional** (*-εl*) *pm.* tymczasowy; **-o** (*prowaj'zou*) *rz.* zastrzeżenie; **-ory** (*prowaj'zəri*) *pm.* zastrzegający; tymczasowy; warunkowy.

provoca-tion (*prowokej'szεn*) *rz.* wyzwanie, prowokacja; zaczepka; **-tive** (*prowo'kətiw*) *pm.* wyzywający, prowokujący; drażniący; ~, *rz.* środek pobudzający.

provok-e (*prowou'k*) *cz.* wyzywać, prowokować; pobudzać; drażnić; rozjątrzyć; oburzyć; wyprowadzić z cierpliwości; **-ingly** (*prowou'kiŋli*) *ps.* prowokująco; prowokacyjnie; wyzywająco; w sposób oburzający.

provost (*pro'wost*) *rz.* przełożony (klasztoru); dozorujący porządku; burmistrz; **-marshal** (*milit.*, *prowou'*) *rz.* żandarm (naczelny).

prow (*prau'*) *rz.* przód okrętu.

prowess (*prau'əs*) *rz.* dzielność, waleczność; męstwo.

prowl (*prau'l*) *rz.* grabież; ~, *cz.* grasować; polować na grabież; grabić.

proxim-ate (*pro'ksimət*) *pm.* najbliższy; **-ity** (*proksi'miti*) *rz.* bliskość; **-o** (*pro'ksimou*) *ps.* w nadchodzącym miesiącu (skrót prox.).

proxy (*pro'ksi*) *rz.* pośrednictwo; pełnomocnictwo; prokura; pełnomocnik; zastępca; prokurent.

prude (*prū'd*) *rz.* kobieta przesadnie skromna; **-ry** (*prū'dəri*) *rz.* pruderja.

prud-ence (*prū'dεns*) *rz.* roztropność, rozwaga; **-ent** (*-nt*) *pm.* roztropny, rozważny; ostrożny; **-ential** (*prude'nszəl*) *pm.* roztropny, rozsądny.

prune (*prū'n*) *rz.* śliwka (suszona); ~, *cz.* obcinać gałęzie; oczyszczać (drzewo); **-ing knife, -hook** *rz.* nóż ogrodniczy.

prunella (*prune'la*) *rz.* prunela (tkanina).

prunello (*prūne'lou*) *rz.* śliwka suszona.

prurie-nce, -ncy (*prū'riəns, -i*) *rz.* chuć; żądza; **-nt** (*-ənt*) *pm.* lubieżny; pożądliwy.

Pruss-ian (*pră'szən*) *rz.* prusak; ~, *pm.* pruski; ~ **blue** *rz.* farbka; **-ic acid** *rz.* kwas pruski (*chem.*).

pry (*praj'*) *cz.* wypatrywać, węszyć, wsadzać nos; wścibiać; **-ing** *pm.* wścibski, ciekawski.

psalm (*sā'm*) *rz.* psalm; **-ist** (*sā'mist*) *rz.* psalmista; **-ody** (*sa'modi, sæ'lmədi*) *rz.* psalmodja.

psalter (*sō'ltə*) *rz.* psałterz; **-y** (*-ri*) *rz.* psałterjon (instr. muz.).

pseudonym (*sjū'dənim*) *rz.* pseudonim; **-ous** (*sjūdo'niməs*) *pm.* pseudonimowy.

pshaw (*szō', pszō'*) *w.* ba!

psoriasis (*soraj'əsis*) *rz.* psora (*med.*).
psych-e (*saj'ki, psaj'ki*) *rz.* psyche, dusza; **-ic** (*psaj'kik*) *pm.* psychiczny.
psycholog-ical (*sajkolo'dżikɛl*) *pm.* psychologiczny; **-ist** (*sajko'lodżist*) *rz.* psycholog; **-y** (*sajko'lodżi*) *rz.* psychologja.
psychosis (*sajkou'sis, psaj-*) *rz.* psychoza.
ptarmigan (*tā'migən*) *rz.* gęś śnieżna (*orn.*).
ptisan (*ti'zən, tizæ'n*) *rz.* tyzanna, wywar (*med.*).
ptomain(e) (*tou'majn*) *rz.* ptomaina.
ptosis (*ptou'sis*) *rz.* opadnięcie powieki.
pub-erty (*pjū'bəti*) *rz.* dojrzałość płciowa; **-escent** (*pjube'sɛnt*) *pm.* dojrzewający.
public (*pă'blik*) *rz.* ogół; publiczność; in ~, publicznie; ~, *pm.* publiczny, powszechny; powszechnie wiadomy; **-house** *rz.* piwiarnia; karczma; oberża; **-an** (*-ɛn*) *rz.* karczmarz; **-ation** (*păblikej'szɛn*) *rz.* publikacja; opublikowanie; wydanie drukiem; **-ity** (*pəbli'siti*) *rz.* reklama; jawność, rozgłos; **-ist** (*pă'blisist*) *rz.* publicysta.
publish (*pă'blisz*) *cz.* ogłaszać, publikować, rozgłosić; wydawać (drukiem); **-er** (*-ə*) *rz.* wydawca, firma wydawnicza.
puce, -coloured (*pjū's*) *pm.* ciemno-brunatny.
puck (*pă'k*) *rz.* djabełek.
pucker (*pă'kə*) *rz.* zmarszczka, fałda; ~, *cz.* fałdować; zbierać w fałdy; miąć; marszczyć (się).
pudding (*pu'diŋ*) *rz.* kiszka (potrawa); budyń.
pudd-le (*pă'dɛl*) *rz.* kałuża; ~, *cz.* pudlingować (żelazo); taplać się; zamulić; babrać (się w błocie); **-ly** *pm.* błotnisty, mulisty.
pudency (*pjū'dənsi*) *rz.* wstydliwość, skromność.
pudgy (*pă'dżi*) *pm.* krępy.
pueril-e (*pjū'ərajl*) *pm.* dziecinny; **-ity** (*pjūəri'liti*) *rz.* dziecinność.
puerperal (*pjuə'pərɛl*) *pm.* połogowy.
puff (*pă'f*) *rz.* dmuchnięcie; podmuch; ciastko; puf (do pudru); lok włosów; falbana; (*fig.*) hałas, krzyk; ~, *cz.* dyszeć; dmuchać; zadyszeć się; dymić; wychwalać; nadąć (się); rozdymać (się); ~ and blow, sapać; ~ up, out, wydąć, rozdąć; **-ball** *rz.* (*bot.*) purchawka; **-box** puderniczka; **-er** (*-ə*) *rz.* dmuchający; chełpiciel; wychwalacz; **-ery** (*-əri*) *rz.* wychwalanie; rozdymanie; **-iness** (*-inəs*) *rz.* puszystość; lekkość; **-y** (*-i*) *pm.* dychawiczny; nadęty.
pug (*pă'g*) *rz.* **-dog** *rz.* mops; ~, *cz.* mieszać glinę; zatykać; **-nose** *rz.* perkaty nos.
pugil-ism (*pjū'dżilizɛm*) *rz.* pięściarstwo; boks; **-ist** (*-ist*) *rz.* bokser; zapaśnik; **-istic** (*pjūdżili'stik*) *pm.* zapaśniczy.
pugnaci-ous (*păgnej'szəns*) *pm.* wojowniczy; **-ty** (*pəgnæ'siti*) *rz.* wojowniczość.
puisne (*pjū'ni*) *pm.* młodszy (rangą); późniejszy.
puissant (*pjū'isɛnt*) *pm.* potężny, mocny, silny.
puke (*pjū'k*) *cz.* wymiotować.
pule (*pjū'l*) *cz.* kwilić, skomleć.
pull (*pu'l*) *rz.* ciągnienie; pociągnięcie; targnienie; rączka; wysiłek; łyk; przewaga; ~, *cz.* ciągnąć; szarpnąć; wiosłować; drukować, zrobić odbitkę; ~ about, potrząsać kimś; ~ down, ściągnąć wdół; zerwać; zburzyć, rozebrać (dom); ~ in a horse, powściągnąć konia; ~ up, stanąć; ~ oneself together, przyjść do siebie; ~ together (*fig.*) współpracować; **-back** *rz.* przeszkoda, zawada.
pullet (*pu'lət*) *rz.* kurczę.
pulley (*pu'li*) *rz.* blok; koło transmisyjne.
Pullman car (*pu'lmən ka'*) *rz.* wagon pulmanowski.
pullulate (*pă'lulejt*) *cz.* krzewić się; mnożyć się; wyrastać.
pulmon-ary, -ic (*pă'lmənəri, pəlmo'nik*) *pm.* płucny; suchotniczy.
pulp (*pă'lp*) *rz.* miazga; masa; miękisz; miąższ; papka; **-ous, -y** (*pă'lpəs, -i*) *pm.* papkowaty; **-ousness** *rz.* papkowatość.

pulpit (*pu'lpit*) *rz.* kazalnica; ambona; katedra; kaznodziejstwo.
pulsat-e (*pă'lsejt*) *cz.* pulsować; drgać; **-ile** (*pă'lsətil*) *pm.* pulsujący; **-ion** (*pălsej'szen*) *rz.* pulsacja; bicie, drganie (serca); **-ory** (*pă'lsətəri*) *pm.* pulsacyjny.
pulse (*pă'ls*) *rz.* tętno; puls; feel the ~, badać puls; ~, *rz.* roślina strączkowa; jarzyna.
pulveriz-ation (*pălwərizej'szen*) *rz.* sproszkowanie; **-e** (*pă'lwərajz*) *cz.* sproszkować; zetrzeć na proch.
pulverulent (*pălwe'rulənt*) *pm.* kruchy; sproszkowany.
puma (*pjū'mə*) *rz.* puma (*zool.*).
pumice (*pă'mis*) **~-stone** *rz.* pumeks; ~, *cz.* czyścić pumeksem; **-ous** (*pjumi'szəs*) *pm.* pumeksowy.
pummel (*pă'mel*) *cz.* tłuc pięścią; bębnić.
pump (*pă'mp*) *rz.* pompa (narzędzie); trzewiczek (balowy); ~, *cz.* pompować; **~out** (*fig.*) wymacać, wybadać.
pumpkin (*pă'mpkin*) *rz.* dynia.
pun (*pă'n*) *rz.* gra słów; kalambur; dwuznacznik; ~, *cz.* żartować; dowcipkować; mówić dwuznacznikami.
punch (*pă'ncz*) *rz.* uderzenie pięścią; poncz; dziurnik; błazen; garbusek; wesołek z teatru marjonetek; ~, *cz.* uderzyć pięścią; dziurkować; przekłuć; wycisnąć; **-eon** (*-εm*) *rz.* słup;
punchinello (*pănczine'lou*) *rz.* poliszynel.
punctil-io (*păŋkti'lio*) *rz.* ważny drobiazg konwenansowy; **-ous** (*păŋkti'liəs*) *pm.* drobiazgowy, skrupulatny; **-ousness** (*-nəs*) *rz.* drobiazgowość, skrupulatność.
punctual (*pă'ŋkczuəl*) *pm.* punktualny; ścisły; **-ity** (*păŋkczuæ'liti*), **-ness** (*-nəs*) *rz.* punktualność; akuratność.
punctua-te (*pă'ŋkczuejt*) *cz.* stawiać znaki pisarskie; punktować; **-tion** (*păŋkczuej'szen*) *rz.* interpunkcja.
puncture (*pă'ŋkczə*) *rz.* przekłucie (opony gumowej); punktura (*med.*); ~, *cz.* przekłuć.
pundit (*pă'ndit*) *rz.* uczony hinduski.
pungen-cy (*pă'ndżensi*) *rz.* ostrość; zgryźliwość; uszczypliwość; **-t** (*-ent*) *pm.* ostry; dotkliwy; gryzący; uszczypliwy.
punish (*pă'nisz*) *cz.* karać; **-able** (*-əbel*) *pm.* karalny; karygodny; **-er** (*-ə*) *rz.* karzący; **-ment** (*pă'niszmənt*) *rz.* kara.
punit-ive, -ory (*pjū'nitiw, pjū'nitəri*) *pm.* karzący, karny.
punk (*pă'ŋk*) *rz.* próchno.
punka, punkah (*pă'ŋkə*) *rz.* wachlarz.
punnet (*pă'net*) *rz.* kobiałka.
punster (*pă'nstə*) *rz.* kalamburzysta.
punt (*pă'nt*) *rz.* galar; ~, *cz.* popychać łódź żerdziami; ~, *cz.* kopać.
puny (*pjū'ni*) *pm.* drobny, nieznaczny; słabiutki.
pup (*pă'p*) *rz.* szczenię; in ~, szczenna; ~, *cz.* szczenić się.
pupa (*pjū'pə*) *rz.* poczwarka.
pupil (*pjū'pil*) *rz.* uczeń, uczenica; wychowanek; wychowanica; (*anat.*) źrenica; **-age** (*pjū'piledż*) *rz.* małoletność; **-ary** (*pjū'piləri*) *pm.* uczniowski; wychowawczy.
puppet (*pă'pet*) *rz.* lalka; marjonetka; **-show** *rz.* teatr marjonetek.
puppy (*pă'pi*) *rz.* szczeniak; (*fig.*) młokos; fircyk.
purblind (*pə'blajnd*) *pm.* niedowidzący; tępy: **-ness** (*-nəs*) *rz.* niedowidzenie; tępota (wzroku i i.).
purchas-able (*pə'czəsəbel*) *pm.* do nabycia; **-e** (*pə'czəs*) *rz.* nabycie; zakup; kupno; sprawunek; (*mar.*) dźwig; lina; **-e** *cz.* nabyć; kupić; pozyskać; sprawić; odkupić; **-e-money** *rz.* cena kupna; **-er** (*-ə*) *rz.* kupujący; nabywca.
pur-e (*pjū'ə*) *pm.* czysty; niesfałszowany; niewinny; niepokalany; **-ely** (*-li*) *ps.* jedynie, tylko; całkowicie; **-eness** (*-nəs*), **-ity** (*pjū'riti*) *rz.* czystość; nieskazitelność; **-ification** (*pjūrifikej'szen*) *rz.* oczyszczenie; **-ificatory** (*pjū'rifikətiw, -təri*) *pm.* oczyszczający; **-ifier** (*pjū'rifajə*) *rz.* o-

czyszczający; **-ify** (*pjū'rifaj*) *cz.* oczyszczać; **-ism** (*pjū'rizεm*) *rz.* puryzm, czystość języka; **-itan** (*pjū'ritən*) *rz.* purytanin; ~, *pm.* purytański; **-tanic(al)** (*pjūritæ'nik-εl*) *pm.* purytański; **-tanism** (*pjū'ritænizεm*) *rz.* purytanizm; **-ty** (*pjū'riti*) *rz.* czystość; niewinność; nieskazitelność.

purfle (*pə̄'fεl*) *rz.* obramowanie.

purg-ation (*pəgej'szεn*) *rz.* przeczyszczenie; czyszczenie; **-ative** (*pə̄'gətiw*) *rz.* środek przeczyszczający; ~, *pm.* przeczyszczający; **-atorial** (*pəgəto'riεl*) *pm.* czyśćcowy, oczyszczający; **-atory** (*pə̄'gətəri*) *rz.* czyściec; **-e** (*pə̄'dż*) *rz.* czyszczenie; środek przeczyszczający; **-e** *cz.* czyścić, przeczyszczać.

purl (*pə̄'l*) *rz.* (napój) piwo grzane zaprawiane korzeniami; (u ubrania) haft; galon; plusk (wody); ~, *cz.* wirować; pluskać; wywrócić.

purlieu (*pə̄'ljū*) *rz.* przedmieście; kraniec; pobrzeże; skraj lasu.

purlin, -e (*pə̄'lin*) *rz.* belka (*archit.*); podciąg.

purloin (*pəloj'n*) *cz.* ukraść, ściągnąć; **-er** (*-ə*) *rz.* złodziej.

purple (*pə̄'pεl*) *rz.* purpura; ~, *pm.* purpurowy; ~, *cz.* barwić na kolor purpurowy; **-s** *rz.* (*lmn.*) szkarlatyna; (*bot.*) sporysz.

purplish (*pə̄'plisz*) *pm.* wpadający w purpurę.

purport (*pə̄'pōt*) *rz.* znaczenie, brzmienie, cel; ~ (*pəpō't*) *cz.* oznaczać; wyrażać; opiewać; zawierać w sobie.

purpose (*pə̄'pəs*) *rz.* cel, zamiar; zamysł; myśl; treść; on ~, celowo, naumyślnie; speak to the ~, mówić do rzeczy; to little ~, z niewielkim skutkiem; to no ~, bezskutecznie; bez celu; daremnie; ~, *cz.* mieć na celu; zamierzać; zamyślać; **-less** *pm.* bezcelowy; próżny; daremny; **-ly** (*-li*) *ps.* umyślnie, celowo.

purr (*pə̄*) *rz.* mruczenie; ~, *cz.* mruczeć.

purse (*pə̄'s*) *rz.* sakiewka; portmonetka; worek; nagroda; ~, *cz.* zacisnąć usta; zmarszczyć; ~ up, schować do portmonetki; **-proud** *pm.* dumny z bogactwa; **-r** (*-ə*) *rz.* kasjer (na okrętach), płatnik.

pursiness (*pə̄'sinəs*) *rz.* dychawiczność, otyłość.

purslain (*pə̄'slin*) *rz.* portulaka (*bot.*).

pursua-nce (*pəsjū'əns*) *rz.* wykonanie, kontynuowanie; dalszy ciąg; skutek; następstwo; in ~ of, na skutek, zgodnie z; **-nt** (*-ənt*) *pm.* zgodny; stanowiący (będący) dalszy(m) ciąg(iem); **-ant, antly** *ps.* zgodnie, stosownie (do).

pursue (*pəsjū'*) *cz.* gonić, ścigać, dążyć do, kontynuować, dalej rzecz prowadzić; chodzić koło czego; piastować; trudnić się czem; **-r** (*pəsjū'ə*) *rz.* ścigający, goniący.

pursuit (*pəsjū't*) *rz.* gonienie, ściganie, pościg, pogoń; dążenie; zajęcie, zatrudnienie.

pursuivant (*pə̄'suiwənt*) *rz.* kurjer rządowy; asystent.

pursy (*pə̄'si*) *pm.* dychawiczny, otyły.

purtenance (*pə̄'tənəns*) *rz.* podróbki; serce i wątróbka zwierząt (jako potrawa).

purulen-ce (*pjū'ruləns*) *rz.* ropienie; **-t** (*-nt*) *pm.* ropiejący; ropny.

purvey (*pəwej'*) *cz.* dostarczyć; prowiantować, zaopatrzyć (w żywność); **-ance** (*pəwej'əns*) *rz.* dostarczanie, dostawa; zaopatrzenie; zapasy żywności; **-er** (*-ə*) *rz.* dostawca.

purview (*pə̄'wjū*) *rz.* treść ustawy; tendencja; cel; zasięg wzroku.

pus (*pă's*) *rz.* ropa, materja (*med.*); **-sy** (*pă'si*) *pm.* ropny.

push (*pu'sz*) *rz.* pchnięcie; atak; zabiegi; przedsiębiorczość; ~, *cz.* pchnąć; nalegać; popierać; pospieszać; posunąć (się); zabiegać; forsować; atakować; ~ one's fortune, robić karjerę; I am -ed for money, brak mi pieniędzy; ~ off, odepchnąć; **-ing** (*-iŋ*) *pm.* pilny, obrotny; przedsiębiorczy.

pusillanim-ity (*pjūsilənì'miti*) *rz.* małoduszność; trwożliwość; **-ous** (*pjūsilæ'niməs*) *pm.* małoduszny; tchórzliwy; bojaźliwy.

puss, -y (*pu's, -i*) *rz.* kotek; zajączek; kizia; kotki wierzby.
pustul-ate (*pă'sczulejt, -stju*) *cz.* ochrościeć; **-ate** (*-ət*) *pm.* ochrościały; **-e** (*pă'stjul, pă'sczul*) *rz.* chrosta; pryszcz; **-ous** (*pă'sczuləs, -stju-*) *pm.* chrostawy; pryszczowaty.
put (*pu't*) *rz.* rzut; (golf) uderzenie; (*przest.*) głupiec, mazgaj; *~, *cz.* umieścić; kłaść, położyć, postawić; przedłożyć, przedstawić; ~ in repair, odrestaurować; ~ to death, skazać na śmierć; ~ to vote, oddać pod głosowanie; ~ about, zmienić kierunek; zakłopotać; ~ aside, ~ by, odłożyć, oszczędzić; ~ down, położyć; określić; ~ forth, wyłożyć; wypuścić; wydać; ~ in mind, przypomnieć; ~ off, odłożyć, odroczyć; zdjąć; ~ on, wdziać, nałożyć; ~ out, wywichnąć; zaambarasować; ~ out the lamp (fire), zgasić lampę (ogień); ~ up, zatrzymać się; zamieszkać; przenocować; ~ up a notice, wywiesić ogłoszenie; ~ up with, pogodzić się czem, znosić; ~ up for, postawić kandydaturę; ~ to sea, odpłynąć; ~ upon one, ~ it over (on) one, oszukać kogoś; ~ to pain, sprawiać ból.
putative (*pjū'tətiw*) *pm.* przypuszczalny, domniemany.
putlog (*pu'tlog*) *rz.* podpora rusztowania.
put-off (*pu'tof*) *rz.* wybieg, wykręt.
putref-action (*pjutrəfæ'kszεn*) *rz.* gnicie, zgnilizna; **-active** (*-fæ'ktiw*) *pm.* gnilny; **-y** (*pjū'trəfaj*) *cz.* gnić.
putrescen-ce (*pjūtre'səns*) *rz.* gnicie; **-t** (*pjūtre'sənt*) *pm.* gnijący.
putrid (*pjū'trid*) *pm.* zgniły; **-ity -ness** (*pjutri'diti, pjū'tridnəs*) *rz.* zgnilizna.
putter (*pu'tə*) *rz.* kładący, stawiający.
putty (*pă'ti*) *rz.* kit (szklarski); ~, *cz.* kitować.
puzzle (*pă'zεl*) *rz.* zagadka; ambaras; kłopot; ~, *cz.* intrygować; zdziwić; zmieszać; zakłopotać.
pyaemia (*pajī'miə*) *rz.* piemja, zatrucie krwi (*med.*).
pygm-ean, -y (*pigmi'ən, pigmi*) *pm.* pigmejski; **-y** *rz.* pigmejczyk.
pyjamas (*pεdżā'məz*) *rz.* (*lmn.*) piżamy.
pylorus (*pilō'rεs*) *rz.* otwór trzewiowy żołądka (*anat.*).
pyramid (*pi'rəmid*) *rz.* piramida; ostrosłup; **-al** (*piræ'midεl*) *pm.* piramidalny; ostrosłupowy.
pyre (*paj'ə*) *rz.* stos (całopalny).
pyretic (*pajre'tik*) *pm.* gorączkowy.
pyriform (*pi'rifōm*) *pm.* mający kształt gruszki.
pyrites (*piraj'tīz*) *rz.* piryt.
pyro-mancy (*paj'romənsi*) *rz.* wróżenie z ognia; **-technic** (*pajrote'knik*) *pm.* pirotechniczny; **-technics,** *rz.* pirotechnika; **-technist** (*-te'knist*) *rz.* pirotechnik.
pyroxilin, -e (*pajro'ksilin*) *rz.* piroksylina.
pyrrhonian (*pirou'niən*) *pm.* pyrroniczny.
pythagorean (*piþəgorī'ən*) *pm.* pitagorejski.
python (*paj'þən*) *rz.* pyton (wąż); **-ess** (*-əs*) *rz.* pytonissa.
pyx (*pi'ks*) *rz.* puszka z Najśw. Sakramentem.
pyxidium (*piksi'diεm*) *rz.* torebka (*bot.*).

Q

quack (*kuæ'k*), **-salver** *rz.* szarlatan; ~, *rz.* kwakanie; ~, *cz.* kwakać (o kaczkach); zachwalać swą sztukę; szarlatanić; **-ery** (*-əri*) *rz.* szarlatańtwo; **-ish** (*-isz*) *pm.* szalbierski.
quadra-gesima (*kuodrədże'simə*) *rz.* pierwsza niedziela wielkiego postu; **-gesimal** (*-dże'simεl*) *pm.* czterdziestodniowy; wielkopostny; **-ngle** (*kuo'dræŋgεl*) *rz.* czworokąt; czworobok; **-ngular**

(*kuodrœ'ngju'ə*) *pm.* czworokątny; **-nt** (*kuo'drœnt*) *rz.* kwadrant.
quadrat (*kuo'drət*) *rz.* kwadrat (zecerski); **-e** *rz.* kwadrat; **-e** *pm.* kwadratowy, czworoboczny; stosowny; **-e** *cz.* kwadrować; stosować; robić kwadratowym; **-ic** (*kuodrœ'tik*) *pm.* kwadratowy; ~ **equation,** równanie drugiego stopnia; **-ure** (*kuo'drəczə*) *rz.* kwadratura; (*astr.*) kwadra.
quadr-ennial (*kuodre'niəl*) *pm.* powtarzający się co cztery lata; czteroletni; **-ilateral** (*kuodri'œ'-tərɛl*) *pm.* czteroboczny; **-ille** (*kadri'l, kuodri'l*) *rz.* kadryl (taniec); **-illon** (*kuodri'ljɛn*) *rz.* kwadryljon.
quadroon (*kuodrū'n*) *rz.* kwarteron, kwarteronka (mieszaniec).
quadru-manous (*kuodrū'mənəs*) *pm.* czwororęki; **-ped** (*kuo'drupɛd*) *rz.* czworonóg; zwierzę czworonożne; ~, *pm.* czworonożny; **-le** (*kuo'drūpɛl*) *pm.* poczwórny; czterokrotny; czworaki; ~, *ps.* poczwórnie, czterokrotnie; **-plex** (*-pleks*) *pm.* poczwórny; **-licate** (*kuodrū'plikejt*) *cz.* powiększyć czterokrotnie; **-ly** (*kuo'drupli*) *ps.* w czwórnasób, poczwórnie.
quaff (*kuā'f*) *cz.* pić; żłopać; ~ off, wychłysnąć.
quag, -mire (*kuœ'gmajə*) *rz.* trzęsawisko; bagno; **-gy** (*kuœ'gi*) *pm.* grząski, bagnisty.
quail (*kuej'l*) *rz.* przepiórka (*orn.*); ~, *cz.* tracić odwagę; ustępować, wzdrygać się.
quaint (*kuej'nt*) *pm.* osobliwy niezwykły, ciekawy, szczególny; **-ness** (*-nəs*) *rz.* osobliwość, niezwykłość, dziwaczność.
quake (*kuej'k*) *cz.* drżeć; trząść się; ~, *rz.* drżenie, trzęsienie; wstrząśnienie; **-r** (*-ə*) *rz.* kwakier; **-rish** (*-ərisz*) *pm.* kwakierski.
quaking (*kuej'kiŋ*) *rz.* drżenie; **-grass** *rz.* (*bot.*) drżączka.
quali-fication (*kuolifikej'szɛn*) *rz.* kwalifikacja, zdatność, uzdolnienie; określenie; przymiot; ograniczenie; umiarkowanie, złagodzenie; wymaganie; **-fied** (*kuo'lifajd*) *pm.* zdolny, zdatny, przydatny; **-fy** (*kuo'lifaj*) *cz.* kwalifikować, określać (warunki); modyfikować; przysposabiać (się); kandydować; być odpowiednim; uzdolnić; upoważnić; złagodzić, neutralizować; **-tative** (*-tətiw*) *pm.* jakościowy; **-ty** (*kuo'liti*) *rz.* jakość, gatunek; zaleta, przymiot; (*gwar.*) wyższy świat.
qualm (*kuō'm*) *rz.* mdłość, ckliwość; nudność; skrupuł; **-ish** (*-isz*) *pm.* ckliwy, tkliwy.
quandary (*kuo'ndəri, -dē'ri*) *rz.* dylemat, kłopotliwa sytuacja.
quant-itative, -itive (*kuo'ntitətiw, kuo'ntitiw*) *pm.* ilościowy; **-ity** (*kuo'ntiti*) *rz.* ilość; liczba; mnóstwo; część; iloczas; **-um** (*kuo'ntəm*) *rz.* kwantum, kwota; suma.
quarantine (*kuo'rəntīn*) *rz.* kwarantanna.
quarrel (*kuo'rɛl*) *rz.* spór; sprzeczka; kłótnia; waśń; (*hist.*) strzała; ~, *cz.* kłócić się, sprzeczać się; wadzić się; **-ler** (*-ə*) *rz.* kłótnik; warchoł; **-lous, -some** (*-kuo'rə'əs, kuo'rəlsəm*) *pm.* kłótliwy, swarliwy.
quarry (*kuo'ri*) *rz.* kamieniołom; ~, *rz.* ofiara; zdobycz, pastwa; ~, *cz.* łamać, kopać (w kamieniołomie); **-man** *rz.* kamieniarz.
quart (*kuō't*) *rz.* kwarta, = 1/4 galona; **-an** (*kuō'tən*) *rz.* gorączka czwartaczka (*med.*); ~, *pm.* powrotny.
quartation (*kuortej'szɛn*) *rz.* (*chem.*) sposób czyszczenia złota.
quarter (*kuō'tə*) *rz.* ćwiartka, ćwierć; kwartał; kwadra; ćwiartka (zwierzęcia); strona (świata), kierunek; litość; pardon (względem pokonanego); dzielnica (miasta); kwatera; mieszkanie; miara zboża (3 korce); **-s** *lmn.* kwatery wojskowe; ~, *cz.* podzielić na cztery części; ćwiartować; darować życie pokonanemu; rozkwaterować; mieszkać; mieć w herbie; ~ of an hour, kwadrans; **-age** (*-rɛdż*) *rz.* pensja kwartalna; **-day** (*-dej*) *rz.* pierwszy dzień kwartału, kiedy płaci się komorne; **-deck** (*-dek*) *rz.* część pokładu, przezna-

czona dla oficerów; **-ly** (*-li*) *pm.* kwartalny; **-master** (*-mästə*) *rz.* kwatermistrz; (*mar.*) młodszy oficer dozorujący steru, kompasu i t.p.; **-n** *rz.* bochenek 4-ofuntowy; **-sessions** *rz. lmn.* kwartalne sesje sądowe; **-staff** *rz.* pałka (dawna broń).

quartet, -te (*kuōte't*) *rz.* kwartet (*muz.*).

quarto (*kuō'tou*) *rz.* format papieru in quarto; format ćwiartkowy.

quartz (*kuō'ts*) *rz.* kwarc.

quash (*kuo'sz*) *cz.* ukrócić; zgnieść, zdruzgotać.

quasi (*kuej'saj*) *sp.* jak gdyby; niby.

quassia (*kuo'szia*) *rz.* kwasja (*bot.*).

quaternary (*kuo'tənəry*) *pm.* czwartorzędowy (*geol.*).

quatrain (*kuo'trejn*) *rz.* strofa czterowierszowa.

quatrefoil (*kæ'təfojl*) *rz.* ozdoby w gwiazdki (*archit.*).

quaver (*kuej'wə*) *rz.* drżenie głosu; trel; ~, *cz.* drżeć; wywodzić trele; nucić.

quay (*kī'*) *rz.* molo, wał (nabrzeżny).

quean (*kuī'n*) *rz.* zuchwała kobieta.

queas-iness (*kuī'zinəs*) *rz.* ckliwość; nudność; **-y** (*kuī'zi*) *pm.* ckliwy.

queen (*kuī'n*) *rz.* królowa (*lit. i fig.*); królowa pszczół; królowa w szachach; ~, *cz.* ukoronować; panować; **-apple** *rz.* reneta (jabłko); **-bee** *rz.* królowa; **-consort** *rz.* małżonka panującego króla; **-dowager** *rz.* królowa wdowa; **-ly** *pm.* królewski; **-post** (*kuī'npou'st*) *rz.* stołec (*archit.*); **-regent** *rz.* królowa regentka.

queer (*kuī'ə*) *pm.* ckliwy; szczególny, dziwny; cudaczny; in Q~ street, w kłopocie; ~, *cz.* zepsuć; **-ness** (*-nəs*) *rz.* cudactwo, dziwactwo.

quell (*kue'l*) *cz.* stłumić, zgnębić; zgnieść, ujarzmić.

quench (*kue'ncz*) *cz.* gasić; ugasić (pragnienie); uspokoić; uciszyć; uśmierzyć; **-less** *pm.* nieugaszony.

querist (*kue'rist*) *rz.* pytający, dociekający.

quern (*kuə'n*) *rz.* żarna.

querulous (*kue'ruləs*) *pm.* kłótliwy; utyskujący; **-ness** (*-nəs*) *rz.* kłótliwość, narzekanie, utyskiwanie.

query (*kuī'ri*) *rz.* kwestja, pytanie; wątpliwość; ~, *cz.* zapytywać; rozpytywać się.

quest (*kue'st*) *rz.* poszukiwanie; śledztwo; in ~ of, w poszukiwaniu czegoś; ~, *cz.* poszukiwać; węszyć (o psie), tropić; be in ~ of, go in ~ of, szukać, poszukiwać.

question (*kue'sczen*) *rz.* kwestja; pytanie, wątpliwość; zagadnienie; badanie; kwestjonowanie; open ~, kwestja nierozstrzygnięta; the matter in ~, sprawa, o której mowa; be out of the ~, być wykluczonym, niemożliwym; call in ~, podać w wątpliwość; ~, *cz.* kwestjonować; zapytywać, wypytywać; wątpić; powątpiewać; zaprzeczać; **-able** (*kue'sczənəbel*) *pm.* niepewny; wątpliwy; sporny; **-ableness** (*-nəs*) *rz.* wątpliwość; **-aire** (*-ē'ə*), **-ary** (*-nəri*) *rz.* kwestjonarjusz; **-ingly** *pm.* pytająco; **-less** *pm.* nie ulegający kwestji; niekwestjonowany; ~, *ps.* bez wątpienia.

queue (*kjū'*) *rz.* warkocz; szereg, ogonek.

quibble (*kui'bel*) *rz.* wykręt; kalambur; gra słów; ~, *cz.* wykręcać się; używać wybiegów; dowcipkować; **-r** (*-ə*) *rz.* dowcipniś.

quick (*kui'k*) *pm.* prędki, bystry, szybki, żwawy, żywy; pojętny; be ~, spiesz się; the ~ and the dead, żywi i umarli; cut to the ~, dotknięty do żywego; **-lime** *rz.* wapno niegaszone; **-sands**, lotne piaski; **-en** (*kui'ken*) *cz.* ożywić (się); przyspieszyć; orzeźwić; zachęcić; pobudzić; poruszać się w łonie matki; **-ness** (*-nəs*) *rz.* żywość, pośpiech; bystrość; prędkość; szybkość; ~ **set hedge**, żywopłot; ~ **silver** *rz.* rtęć, żywe srebro; **-sighted** *pm.* bystrooki; **-step** *rz.* marsz przyspieszony; **-witted** *pm.* bystry; dowcipny.

quid (*kui'd*) *rz.* funt szterling, (gwar); tytoń do żucia.
quiddity (*kui'diti*) *rz.* sedno rzeczy; istota; treść; wykręt.
quidnunc (*kui'dnănk*) *rz.* plotkarz.
quiesce-nce, -ncy (*kuaje'sɛns, -i*) *rz.* bezruch; spokój; spoczynek; **-nt** (*-ɛnt*) *pm.* spokojny, spoczywający, nieruchomy.
quiet (*kuaj'ət*) *rz.* spokój, cisza; spoczynek; ~, *pm.* spokojny, cichy; ~, **-en** *cz.* uspokoić (się); uciszyć (się); ukoić; utulić; **-ism** (*-izɛm*) *rz.* kwietyzm (*filozof.*) **-ist** (*-ist*) *rz.* kwietysta; **-ness, -ude** (*-nəs, -jūd*) *rz.* spokój, cisza; **-some** (*-səm*) *pm.* spokojny, cichy; **-us** (*kuajī'təs*) *rz.* uspokojenie, spokój (śmierci); kwit.
quill (*kui'l*) *rz.* cewka; pióro gęsie (do pisania); kolec jeża; szpulka; ~, *cz.* fałdować, marszczyć; **-driver** *rz.* gryzipiórek; pismak; **-ing** (*-iŋ*) *rz.* marszczona wstążka; koronka.
quillet (*kui'lɛt*) *rz.* wykręt.
quilt (*kui'lt*) *rz.* kołdra (pikowana); pierzyna; ~, *cz.* pikować; stebnować; wyściełać; kompilować.
quinary (*kuaj'nəri*) *pm.* pięcioraki; pięciokrotny.
quince (*kui'ns*) *rz.* pigwa (*bot.*).
quin-cunx (*kui'nkăŋks*) *rz.* kwinkuns; **-decagon** (*kuinde'kəgən*) *rz.* (*mat.*) piętnastobok, piętnastokąt.
quinine (*kuinī'n,-aj'n*) *rz.* chinina.
quin-quagenerian (*kui'nkuədżine'riən*) *pm.* pięćdziesięcioletni; **-quagesima** (*kui'nkuədże'simə*) *rz.* niedziela przed wielkim postem; **-quennial** (*kuinkue'niəl*) *pm.* pięcioletni; powtarzający się co pięć lat.
quinquina (*kui'nkuinə*) *rz.* china; chinowiec.
quinsy (*kui'nzi*) *rz.* zapalenie gardła; ślinogórz.
quint (*kui'nt*) *rz.* kwinta; piątka; **-al** (*kui'ntɛl*) *rz.* kwintal, 100 kg. centnar.
quintessence (*kuinte'sɛns*) *rz.* kwintesencja, treść.
quintet, -te (*kuinte't*) *rz.* kwintet.
quintuple (*kui'ntjupɛl*) *pm.* pięciokrotny.
quip (*kui'p*) *rz.* żart, docinek; drwinki, przycinki.
quire (*kuaj'ə*) *rz.* libra (papieru).
quire = **choir.**
quirk (*kuə'k*) *rz.* wykrętas; wykręt, wybieg; żart.
quit (*kui't*) *pm.* zwolniony, wolny, skwitowany, kwita; ~, *cz.* kwitować, zwalniać; spłacić; wywiązać się z czegoś; opuścić, porzucić; odejść, odjechać; give notice to ~, wymówić mieszkanie; ~ the scores, skwitować się; **-claim** *cz.* zrzec się praw; ~, *rz.* zrzeczenie się praw; **-rent** *rz.* dzierżawa.
quite (*kuaj't*) *ps.* całkiem, zupełnie, całkowicie, zgoła; wcale; właśnie; prawdziwy; pokaźny.
quits (*kui'ts*) *pm.* skwitowany, wyrównany; ~, *w.* kwita.
quittance (*kui'tɛns*) *rz.* kwit, pokwitowanie, nagroda, odwet, zapłata, uwolnienie od (czegoś).
quiver (*kui'wə*) *rz.* drżenie; ~, *rz.* kołczan; ~, *cz.* drżeć.
qui vive (*ki wi'w*) *w.* (*wojsk.*) kto idzie?; be on the ~, być w pogotowiu; trzymać się na baczności.
quixot-ic (*kuikso'tik*) *pm.* donkiszocki; **-ism** (*kui'ksotizɛm*) *rz.* donkiszoterja.
quiz (*kui'z*) *rz.* dziwak; kpiarz; ~, *cz.* naciągać kogoś, nabierać; wyśmiewać; **-zical** (*kui'zikɛl*) *pm.* kpiący, dziwaczny; **-zer** (*-ə*) *rz.* kpiarz.
quod (*kuo'd*) *rz.* (gwar.) więzienie; ciupa.
quoin (*koj'n, kuoj'n*) *rz.* węgieł; kąt; róg; klin; ~, *cz.* zaklinować.
quoit (*kuoj't*) *rz.* krążek; ~, *cz.* rzucać krążkiem.
quondam (*kuo'ndæm*) *pm.* były, dawny.
quorum (*kuō'rəm*) *rz.* przepisana liczba; (prawny) komplet.
quota (*kuou'tə*) *rz.* udział, przypadająca część; kwota, kontyngens.

quot-ation (*kuotej'szen*) *rz.* przytoczenie; cytat; notowanie; kurs; cena; ~ mark, cudzysłów; **-e** (*kuou't*) *cz.* cytować, przytaczać; wymieniać; oznaczać cenę; oferować; notować (na giełdzie).

quoth (*kuou'ϑ*) *cz.* rzekłem, rzekł; ~ **he,** rzecze.

quotidian (*kuoti'dian*) *pm.* codzienny; ~, *rz.* febra codzienna (*med.*).

quotient (*kuou'szent*) *rz.* iloraz (*arytm.*).

R

rabbet (*ræ'bet*) *rz.* wyżłobienie, rowek; fuga; ~, *cz.* fugować.

rabbi (*ræ'baj*) *rz.*, **-n** (*ræ'bin*) *rz.* rabin.

rabbit (*ræ'bit*) *rz.* królik; buck ~, królik samiec; doe ~, królica; **-ry, -warren** (*-ri, -uo'ren*) *rz.* królikarnia.

rabble (*ræ'bel*) *rz.* motłoch, hałastra; pospólstwo; **-ment** (*-mənt*) *rz.* zbiegowisko; zgiełk.

rabble (*ræ'bel*) *rz.* drąg żelazny.

rabid (*ræ'bid*) *pm.* wściekły, rozjuszony, zajadły; **-ness** (*-nəs*) *rz.* wściekłość, rozjuszenie.

rabies (*rej'biiz*) *rz. lmn.* wścieklizna.

race (*rej's*) *rz.* korzeń.

race (*rej's*) *rz.* bieg; wyścigi; gonitwa; łożysko; ~, *rz.* rasa, ród; pokolenie; rodzaj; plemię; ~, *cz.* ścigać się, biec; **-s, horse -s,** wyścigi konne; ~ **course,** pole wyścigowe; **-r** (*-ə*) *rz.* wyścigowiec; łódź wyścigowa.

racem-e (*rəsi'm*) *rz.* kiść (*bot.*); **-ose** (*ræ'səmous*) *pm.* kiściasty.

rachit-ic (*rəki'tik*) *pm.* rachityczny; **-is** (*rəkaj'tis*) *rz.* rachityzm.

racial (*rej'szel*) *pm.* rasowy.

raciness (*rej'sinəs*) *rz.* rasowość; wyborność.

racing (*rej'siŋ*) *rz.* wyścigi; gonitwa.

rack (*ræ'k*) *rz.* zniszczenie; obłoczki; drabki (w stajni); drabina (wozu); wieszadło; półka; koło (do tortur); katusze (moralne); ~, *cz.* torturować, dręczyć; rozciągać; wyprężać; zlewać (wino); być pędzonym przez wiatr; ~, up a horse, dać koniowi siana; ~ one's brain, łamać sobie nad czemś głowę; ~ **railway** *rz.* kolej zębata; **-rent,** wygórowany czynsz.

rack = **arrack.**

racket (*ræ'ket*) *rz.* hałas, wrzawa; rakieta tenisowa; palant; raki (śniegowe); ~, *cz.* hałasować; **-y** (*-i*) *pm.* hałaśliwy.

racoon (*rəkū'n*) *rz.* szop (*zool.*).

racy (*rej'si*) *pm.* rasowy, wyborny.

raddle (*ræ'del*) *rz.* ochra.

radia-l (*rej'diəl*) *pm.* promieniowy; **-nce, -ncy** (*rej'diəns, -i*) *rz.* promieniowanie, promienistość; blask; jasność; **-nt** (*-iənt*) *pm.* promienisty, promienny; jaśniejący; **-te** (*-iejt*) *cz.* promieniować, jaśnieć; **-te -ted** (*-ət, -əted*) *pm.* jaśniejący; **-tion** (*rejdiej'szen*) *rz.* promieniowanie; **-tor** (*rejdiej'tə*) *rz.* kaloryfer; grzejnik.

radical (*ræ'dikel*) *rz.* radykał; pierwiastek (*mat.*); źródłosłów; korzeń; ~, *pm.* radykalny, źródłowy; zasadniczy; gruntowny; pierwiastkowy (*mat.*); korzonkowy; korzeniowy; **-ism** (*-izem*) *rz.* radykalizm.

radicle (*ræ'dikel*) *rz.* korzonek.

radio (*rej'diou*) *rz.* radjo; **-active** (*rejdiouæ'ktiw*) *pm.* radjoaktywny; **-graph** (*rej'diogræf*) *rz.* zdjęcie Roentgenowskie; **-graphy** (*rejdio'grəfi*) *rz.* radjografja.

radish (*ræ'disz*) *rz.* rzodkiewka.

radium (*rej'diəm*) *rz.* rad.

radius (*rej'diəs*) *rz.* (*lmn.*) **radii** (*rej'diaj*) promień (koła); kość przedramieniowa.

radix (*rej'diks*) *rz.* podstawa matematycznych wyliczeń.

raff (*ræ'f*) *rz.* = **riff-raff.**

raffia (*ræ'fjə*) *rz.* rafja.

raffish (*ræ'fisz*) *pm.* rozpustny.

raffle (*ræ'fel*) *rz.* loterja; ~, *cz.* sprzedać na loterji.

raft (*rā'ft*) *rz.* tratwa; ~, *cz.* spławiać tratwą; **-er, -sman** *rz.* oryl, flisak.
rafter (*rā'ftə*) *rz.* krokiew; ~, *cz.* orać.
rag (*ræ'g*) *rz.* gałgan; szmata; strzęp; (*fig.*) hołota; boil to **-s,** rozgotować; **-amuffin** (*rægəmă'-fin*) *rz.* obszarpaniec, obdartus; ~ **baby** *rz.* lalka szmaciana; **-ged** (*ræ'gɛd*) *pm.* poszarpany; porwany; w łachmanach; nierówny; chropowaty; dziki (o górach); **-ged school,** szkółka ubogich; **-gedness** (*-nəs*) *rz.* chropawość; łachmany; dzikość gór; **-man** (*ræ'gmæn*) *rz.*, **-picker** (*-pi'kə*) *rz.* gałganiarz; **-tag** *rz.* hołota.
rage (*rej'dż*) *rz.* wściekłość; pasja; be the ~, robić furorę; ~, *cz.* szaleć, wściekać się; grasować (o chorobach).
ragingly (*rej'dżiŋli*) *ps.* wściekle, szalenie.
ragout (*rəgū'*) *rz.* gulasz.
ragwheel (*ræ'guīl*) *rz.* koło zębate.
raid (*rej'd*) *rz.* najazd; atak (powietrzny); wtargnięcie; obława (policyjna); ~, *cz.* zrobić najazd; **-er** (*-ə*) *rz.* najeźdźca.
rail (*rej'l*) *rz.* balustrada; ogrodzenie; poręcz; szyna (kolejowa); krata; sztacheta; (*orn.*) derkacz; by ~, koleją; ~, *cz.* ogrodzić; zakratować; przewozić koleją; ~, *cz.* lżyć, łajać, wymyślać komu; **-er** (*-ə*) *rz.* lżyciel; **-ing** (*-iŋ*) *rz.* sztachety; poręcz; **-lery** (*-əri*) *rz.* drwiny; kpiny; szyderstwo; **-road, -way** (*-roud, -uej*) *rz.* kolej żelazna.
raiment (*rej'mənt*) *rz.* ubiór, odzież.
rain (*rej'n*) **-fall** *rz.* deszcz; pouring ~, ulewa; ~, *cz.* padać (o deszczu); it -s, deszcz pada; **-bow** (*rej'nlou*) *rz.* tęcza; **-coat** *rz.* płaszcz nieprzemakalny; **-drop** *rz.* kropla deszczu; **-iness** (*-inəs*) *rz.* dżdżystość; słota; dżdżysty czas; **-water** *rz.* woda deszczowa; **-y** (*-i*) *pm.* deszczowy, dżdżysty; słotny.
raise (*rej'z*) *cz.* podnosić, wznosić; budzić; postawić; wskrzesić; zbierać (pieniądze); hodować; wywołać; sprawić; wznosić się; podnosić się; róść; wynieść (na godność); wzniecić; podźwignąć; zbliżać się; (*mar.*) ~ recruits, werbować ludzi; ~ a siege, znieść oblężenie; ~ taxes, zbierać podatki.
raisin (*rej'zin*) *rz.* rodzynek.
rajah (*rā'dża*) *rz.* radża indyjski.
rake (*rej'k*) *rz.* pochylenie (okrętu); ~, *rz.* grabie; ~, *rz.* rozpustnik; hulaka; ~, *cz.* (*mar.*); przechylać się; ~, *cz.* hulać; ~, *cz.* przetrząsać; grabić (siano); grzebać; ostrzeliwać wzdłuż; **-hell** (*-hel*) *rz.* rozpustnik; **-ish** (*-isz*) *pm.* (*mar.*) bystry; rozpustny; hulaszczy; łajdacki; **-ishness** (*-isznəs*) *rz.* rozpusta; łajdactwo.
rally (*ræ'li*) *rz.* gromadzenie, skupianie; zbiórka; ~, *cz.* zebrać; gromadzić (się); skupiać (się); ożywiać; ~, *cz.* wydrwiwać; docinać; naśmiewać się.
ram (*ræ'm*) *rz.* baran; tryk; taran; kafar; tłok pompy; (*astr.*) baran; ~, *cz.* uderzać taranem; tłuc; przybić; wbijać; ~ **home,** wtłoczyć; **-mer** (*-ə*) *rz.* taran, kafar; **-rod** *rz.* stempel (do strzelby).
ramble (*ræ'mbɛl*) *rz.* wędrówka; włóczęga (dla przyjemności); ~, *cz.* włóczyć się; wędrować; (*fig.*) zboczyć; oddalić się od swego przedmiotu; **-r** (*-ə*) *rz.* wędrownik; pnąca róża.
rambling (*rā'mbliŋ*) *pm.* pnący (*bot.*); rozstrzelony; pobieżny.
rami-fication (*ræmifikej'szɛn*) *rz.* rozgałęzienie; **-fy** (*ræ'mifaj*) *cz.* rozgałęzić (się); rozchodzić się (o drogach).
rammish (*ræ'misz*) *pm.* stęchły.
ramose (*rəmou's*) *pm.* gałęzisty, rozgałęziony.
ramp (*ræ'mp*) *cz.* podnosić się na tylnych łapach; wspinać się; grozić; ~, *rz.* wyzyskiwać; ~, *rz.* nachylenie; ~, *rz.* wyzysk; **-age** (*ræmpej'dż*) *rz.* gwałtowność, podniecenie; **-ancy** (*ræ'mpɛnsi*) *rz.* wspinanie się; wybujałość; **-ant** (*-ɛnt*) *pm.* grasujący; groźny; wspinający się (*herald.*); w postawie stojącej; bujny; wybujały; obfity.

rampart (*ræ'mpāt*) *rz.* wał, przedmurze, osłona; parapet.
rampion (*ræ'mpien*) *rz.* roszponka (*bot.*).
ramshackle (*ræ'mszækel*) *pm.* chwiejący się; walący się.
ramson (*ræ'msen*) *rz.* gatunek czosnku.
ran (*ræ'n*) *cz.* od **run.**
ranch (*rā'ncz*) *rz.* gospodarstwo hodowlane.
rancid (*ræ'nsid*) *pm.* zjełczały; stęchły; **-ity, -ness** (*rænsi'diti, ræ'nsidnəs*) *rz.* zjełczałość (masła); stęchłość.
ranc-orous (*ræ'ŋkərəs*) *pm.* zawzięty; zażarty; zajadły; nienawistny; **-our** (*ræ'nkə*) *rz.* uraza; zawziętość; nienawiść.
randan (*ræ'nden*) *rz.* zabawa; hulanie.
random (*ræ'ndem*) *pm.* pierwszy lepszy; bez wyboru; przypadkowy; **at ~,** na chybił trafił; przypadkowo; bez określonego celu; na wyrywki.
range (*rej'ndż*) *rz.* szereg; rząd; linja; strefa; zakres; polowanie; pastwisko; kręg, zasięg, doniosłość (głosu, strzału itp.); piec, ruszt, kuchenka; ~, *cz.* uszeregować, uporządkować, ustawić; przebiegać kraj; kierować się; mieć doniosłość w pewnych granicach; nieść (o broni palnej); sięgać; włóczyć się; bujać po świecie; **-r** (*-ə*) *rz.* leśniczy; podróżnik; kawalerzysta; **~ finder** *rz.* dalekomierz.
rank (*ræ'ŋk*) *rz.* szereg; ranga; klasa, stopień; szyk; **~ and file,** szeregi, szary tłum; **rise from the -s,** wyjść z szeregów (awansować); ~, *pm.* bujny, wybujały; zaśmierdły; zjełczały, stęchły; ordynarny; jadowity; zacięty; wierutny; podły; ~, *cz.* uszykować (się); szeregować; należeć do pewnej klasy, zaliczać się do; **~ high,** stać wysoko; mieć znaczenie; **-er** (*-ə*) *rz.* szeregowiec; **-le** (*ræ'ŋkel*) *cz.* jątrzyć się; ropieć; boleć; **-ness** (*-nəs*) *rz.* wybujałość; bujność (wzrostu); żyzność; zgorzknienie; stęchlizna; jadowitość, podłość.
ransack (*ræ'nsæk*) *cz.* przetrząsać, przeszukiwać; zrabować; plondrować.
ransom (*ræ'nsəm*) *rz.* wykup, okup; ~, *cz.* wykupić; wyzwolić; okupić; wybawić; **-less** *pm.* bez wykupu.
rant (*ræ'nt, rā'nt*) *rz.* tyrada; gardłowanie; deklamowanie, bombastyczna mowa; ~, *cz.* deklamować; wygadywać; gardłować.
ranunculus (*rænă'ŋkjuləs*) *rz.* żabiniec (*bot.*).
rap (*ræ'p*) *rz.* stuk; pukanie; klaps; odrobina; ~, *cz.* uderzać, stukać; palnąć; kołatać; **-per** (*-ə*) *rz.* kołatka u drzwi.
rapa-cious (*ræpej'szəs*) *pm.* łupieżczy, drapieżny; chciwy; **-ciousness, -city** (*-nəs, rəpæ'siti*) *rz.* chciwość; drapieżność.
rape (*rej'p*) *rz.* (*bot.*) rzepak; rzepa; wytłoczyny winogron; ~, *rz.* porywanie, gwałt; łup, grabież; ~, *cz.* porywać, gwałcić; **-oil, -seed** *rz.* olej rzepakowy.
rapid (*ræ'pid*) *rz.* bystry nurt; ~, *pm.* bystry; szybki; stromy gwałtowny (spadek); **~ firing,** szybkostrzelny; **-ity** (*rəpi'diti*) *rz.* bystrość; szybkość.
rapier (*rej'piə*) *rz.* rapier; floret.
rapine (*ræ'pin*) *rz.* grabież, łupiestwo.
rappee (*ræpī'*) *rz.* tabaka gorszego gatunku.
rapscallion (*rapskæ'jen*) *rz.* łotr.
rapt (*ræ'pt*) *pm.* porwany; uniesiony; zachwycony; zatopiony (w myślach).
raptorial (*rəpto'riel*) *pm.* drapieżny (o ptakach).
raptur-e (*ræ'pczə*) *rz.* porwanie; uniesienie, zachwyt; **-ed** (*ræ'pczəd*) *pm.* zachwycony; **-ous** (*ræ'pczərəs*) *pm.* zachwycający, porywający; zachwycony.
rare (*re'ə*) *pm.* rzadki, cienki; niezwykły; **-e-show** (*rē'riszou*) *rz.* skrzynka osobliwości; nędzne przedstawienie; **-faction** (*rērifæ'kszen*) *rz.* rozrzedzenie; **-fy** (*rē'rifaj*) *cz.* rozrzedzić; **-ness** (*-nəs*) *rz.* rzadkość.
rarity (*ræ'riti*) *rz.* rzadkość, osobliwość.

rascal (*rā'skεl*) *rz.* łotr, szelma; łajdak; ~, *pm.* marny; łotrowski; **-ity** (*ræskæ'liti*) *rz.* szelmostwo; **-ly** (*-li*) *pm.* łajdacki; łotrowski.
rase (*rej'z*) *cz.* zrównać z ziemią; znieść.
rash (*ræ'sz*) *rz.* wysypka (*med.*); ~, *pm.* pośpieszny; nierozważny, prędki; popędliwy; niebaczny; **-ness** (*-nəs*) *rz.* porywczość, nierozwaga; popędliwość.
rasher (*ræ'szə*) *rz.* płatek.
rasp (*rā'sp*) *rz.* tarka, tarnik; raszpla; ~, *cz.* skrobać, piłować; zgrzytać; drażnić; **-atory** (*ræ'spətəri*) *rz.* pilnik chirurgiczny; **-ings** (*-iηz*) *rz. lmn.* opiłki.
raspberry (*rā'zbəri*) *rz.* malina.
rat (*ræ't*) *rz.* szczur; fałszywy przyjaciel; łamistrajk; smell a ~, przewąchać co; podejrzewać; **-sbane**, trucizna na szczury; **~s!** *w.* głupstwo!
ratable (*rej'təbεl*) *pm.* podległy opodatkowaniu.
ratafia, ratafee (*rætəfī'ə, -fī*) *rz.* ratafja, nalewka owocowa.
ratal (*rej'təl*) *rz.* podstawa obliczenia podatku.
ratch, -et (*ræ'cz, -et*) *rz.* zapadka (*mech.*); zęby (koła zębatego); ~ wheel, koło zębate z zapadką.
rate (*rej't*) *rz.* ocena, miara; proporcja; stosunek; stopa procentowa; stawka podatkowa; podatek; tempo; at any ~, w każdym razie; ~ of interest, stopa procentowa; at a great ~, z wielką szybkością; poor -s, podatek na ubogich; first ~, w najlepszym gatunku, wyborny; ~, *cz.* cenić, szacować; obliczać; klasyfikować; zaliczać się (do); ~, *cz.* zwymyślać, wyłajać; **-payer** *rz.* podatnik.
rathe (*rej'δ*) *pm.* wczesny (*przest.*).
rather (*rā'δə*) *ps.* właściwie, prawdziwie; raczej; dość; wcale; I had ~, I would ~, wolałbym.
ratif-ication (*rætifikej'szεn*) *rz.* ratyfikacja; sankcja; **-y** (*ræ'tifaj*) *cz.* ratyfikować, zatwierdzić.
ratio (*rej'sziou*) *rz.* stosunek; proporcja.
ratiocinat-e (*ræszio'sinejt*) *cz.* rozumować; **-ive** (*ræszio'sinejtiw*) *pm.* rozumowany.
ration (*rej'szεn, ræ'szεn*) *rz.* porcja, strawne, racja (żołnierska).
rational (*ræ'szənεl*) *pm.* rozumowy, słuszny; racjonalny; **-e** (*ræszənej'li*) *rz.* wywód rozumowy; uzasadnienie rozumowe; **-ism** (*ræ'szənəlizεm*) *rz.* racjonalizm; **-ist** (*ræ'szənəlist*) *rz.* racjonalista; **-istic** (*ræszənəli'stik*) *pm.* racjonalistyczny; **-ity, -ness** (*ræszənæ'liti, ræ'szənəlnəs*) *rz.* racjonalność; słuszność, logiczność.
ratlines, ratlins (*ræ'tlinz*) *rz. lmn.* linki (okrętowe).
rat(t)oon (*rætū'n*) *rz.* źdźbło trzciny cukrowej.
rattan (*rætæ'n*) *rz.* trzcina, laska.
ratten (*ræ'tn*) *cz.* sabotować.
rattle (*ræ'tεl*) *rz.* grzechot; gadanina; grzechotka; rzężenie przedśmiertne; turkot; ~, *cz.* grzechotać; klekotać, turkotać; łoskotać, klepać, trzepać (lekcję); **-headed** *pm.* roztrzepany, nierozsądny; **-r** *rz.* okaz; **-snake** *rz.* grzechotnik (wąż).
ratty (*ræ'ti*) *pm.* drażliwy, gniewliwy.
raucous, rauque (*rō'kəs*) *pm.* ochrypły chrypliwy.
ravage (*ræ'wεdż*) *rz.* spustoszenie; zniszczenie; rabunek; ~, *cz.* pustoszyć; niszczyć; łupić.
rave (*rej'w*) *rz.* szaleństwo; ~, *cz.* bredzić, odchodzić od zmysłów; szaleć.
ravel (*ræ'wεl*) *rz.* zawikłanie; węzeł; ~, *cz.* zaplątać (się); zawikłać, rozplątywać.
ravelin (*ræ'wlin*) *rz.* bastjon; przyszaniec (*fort.*).
raven (*rej'wεn*) *rz.* kruk; ~, *pm.* kruczy; ~, *cz.* pożerać; grabić, plondrować, grasować; **-ous** (*ræ'wənəs*) *pm.* żarłoczny; drapieżny, chciwy; **-ousness** (*-nəs*) *rz.* żarłoczność, drapieżność, chciwość.
ravin (*ræ'win*) *rz.* pastwa, łup.
ravine (*rəwī'n*) *rz.* wądół; wąwóz.
raving (*rej'wiη*) *pm.* szalejący, bredzący.
ravish (*ræ'wisz*) *cz.* porwać; unieść; uprowadzić; zgwałcić; oczarować; zachwycać; **-er** (*-ə*) *rz.* łupieżca, drapieżca; gwałciciel; **-ment** (*-mənt*) *rz.* po-

rwanie, zachwyt; grabież; zgwałcenie; uniesienie.
raw (*rō'*) *pm.* surowy; niewypieczony; nieprzerobiony; naturalny; świeży; niewyrobiony; niedoświadczony; niedojrzały (owoc i t. p.); nieobrobiony, przykry, słotny (o powietrzu); **-bone, -boned** *pm.* wychudły; chuderlawy; **-head** *rz.* straszydło; **-hide** *rz.* skóra niewyprawiona, bykowiec; ~ **material** surowiec; **-ness** (*-nəs*) *rz.* surowość, niedoświadczenie, bolączka.
ray (*rej'*) *rz.* promyk, promień (słońca, światła); ~, *cz.* promieniować, przenikać.
raze (*rej'z*) *cz.* zaciąć, skaleczyć; wymazać, wyskrobać; zburzyć; zgładzić.
razor (*rej'zə*) *rz.* brzytwa; **-strop** *rz.* pasek do brzytwy.
razzia (*ræ'ziə*) *rz.* najazd łupieżczy.
re (*ri*) *ps.* co do, w sprawie.
reach (*rī'cz*) *rz.* zasięg, osiągnięcie; dosiągłość; możność; przestrzeń; przeciąg; odległość, pojmowanie; okrąg; władza; zdolność; ~, *cz.* sięgać; dosięgać; podawać (rękę); dójść do (rąk, uszu, celu); osiągnąć; trafić; dojechać, zajechać, zajść, dotrzeć; **-less** *pm.* niedościgły.
react (*riæ'kt*) *cz.* reagować, oddziaływać; **-ion** (*riæ'kszen*) *rz.* reakcja; oddziaływanie; **-ionary** (*riæ'kszənəri*) *pm.* reakcyjny; ~, *rz.* reakcjonista; **-ive** (*-iw*) *pm.* oddziaływujący, reakcyjny.
read* (*rī'd*) *cz.* czytać, brzmieć; wykładać; well ~ (*uel-red*) *pm.* oczytany; **-able** (*-əbel*) *pm.* dający się odczytać; zasługujący na przeczytanie; **-er** (*-ə*) *rz.* czytelnik; lektor; czytanka (dla dzieci); **-ing** (*rī'diŋ*) *rz.* czytanie; treść; nauka; wersja; lektura; oczytanie; odczyt; czytelnictwo; ~**-book**, wypisy; ~**-desk** pulpit; ~**-room** *rz.* czytelnia.
read-ily (*re'dili*) *ps.* chętnie, z gotowością; ochoczo; łatwo; **-iness** (*-inəs*) *rz.* gotowość; ochoczość; pogotowie; łatwość; wprawa; **-y** (*re'di*) *pm.* gotów, gotowy; zrobiony; sporządzony; chętny; ochoczy; łatwy; wprawny; ~ money, gotówka; a ~ way, jasna droga; ~ to, o mało że nie . . .; **-made** (*re'di-mej'd*) (clothes), gotowe (ubranie).
readjust (*rīədżă'st*) *cz.* ponownie uporządkować; przystosować, dopasować; (*typ.*) przestawić kolumnę.
readmit (*rīədmi't*) *cz.* ponownie przyjąć, dopuścić.
reagent (*riej'dżənt*) *rz.* reaktyw, odczynnik (*chem.*).
real (*rī'əl*) *pm.* realny, istotny; rzeczywisty; gruntowy; ~ estate, ~ property, realność, posiadłość; **-ism** (*-izem*) *rz.* realizm; **-ist** (*-ist*) *rz.* realista; **-istic** (*rīəli'stik*) *pm.* realistyczny; **-ity** (*riæ'liti*) *rz.* rzeczywistość; **-izable** (*rī'əlajzəbel*) *pm.* wykonalny; **-ization** (*rīəlajzej'szen*) *rz.* realizacja, urzeczywistnienie; **-ize** (*rī'əlajz*) *cz.* realizować; urzeczywistnić; zdawać sobie z czegoś sprawę; zrozumieć; osiągnąć; spieniężyć; uskutecznić; **-ly** (*-i*) *ps.* istotnie, rzeczywiście, prawdziwie; faktycznie; **-ty** (*rī'əlti*) *rz.* nieruchomość.
realgar (*rīæ'lgə*) *rz.* realgar (minerał).
realm (*re'lm*) *rz.* królestwo, dziedzina.
ream (*rī'm*) *rz.* ryza papieru = 480—500 arkuszy; ~, *cz.* poszerzyć otwór; **-er** (*-ə*) *rz.* wiertnik (*mech.*).
reanimate (*rīæ'nimejt*) *cz.* na nowo ożywić.
reap (*rī'p*) *cz.* żąć, sprzątać z pola, zbierać (plony, korzyść, owoce); **-er** (*-ə*) *rz.* żeniec, żniwiarz; żniwiarka; **-ing-hook** *rz.* sierp; **-ing-machine** *rz.* żniwiarka; **-ing-time** *rz.* żniwa.
reappear (*rīəpī'ə*) *cz.* pojawić się znowu; znowu się okazać; **-ance** (*rīəpī'rens*) *rz.* ponowne zjawienie się, powrót.
reappoint (*rīəpoj'nt*) *cz.* ponownie wyznaczać; mianować.
rear (*rī'ə*) *rz.* tył; pozycja tylna; tyły; ~, **-most** *pm.* tylny; ostatni; ~, *cz.* wznosić, podnosić;

stawiać; hodować; chować; ~ up, wspinać się, stawać dęba (o koniu); bring up the ~, zamykać pochód; **-admiral** (*rīræ'dmirel*) *rz.* kontradmirał; **-guard** (*-gād*) *rz.* straż tylna; **-ward** (*rī'əuə̄d*) *ps.* ku tyłowi.
reascend (*rīəse'nd*) *pm.* ponownie wejść na górę.
reason (*rī'zen*) *rz.* racja; motyw; powód; rozum; rozsądek, słuszność; bring to ~, przemówić do rozumu; it stands to ~, rozumie się; ~, *cz.* dowodzić, rozumować; rozprawiać, uzasadniać; rezonować; **-able** (*rī'zənəbel*) *pm.* rozsądny; rozumny, słuszny; umiarkowany; **-ableness** (*-nəs*) *rz.* rozumność, rozsądek, słuszność, umiarkowanie.
reassemble (*rīəse'mbel*) *cz.* ponownie zgromadzić.
reassert (*rīəsə̄'t*) *cz.* ponownie twierdzić.
reassume (*rīæsjū'm*) *cz.* reasumować; ponownie podjąć, wznowić.
reassur-ance (*rīəszū'rens*) *rz.* uspokojenie; powtórne ubezpieczenie; **-e** (*-szū'ə*) *cz.* upewnić, uspokajać; ubezpieczyć na nowo; reasekurować.
reave* (*rī'w*) *cz.* pustoszyć, pozbawić; porwać.
rebate (*ribej't*) *cz.* potrącić, obniżyć; stępić; ~, *rz.* potrącenie; rabat.
rebel (*re'bel*) *rz.* buntownik; ~, *pm.* buntowniczy; zbuntowany; ~, (*rebe'l*) *cz.* buntować się; **-ler** (*ribe'lə*) *rz.* buntownik; **-lion** (*ribe'ljən*) *rz.* bunt, rokosz; **-lious** (*ribe'ljəs*) *pm.* buntowniczy; **-liousness** (*-nəs*) *rz.* duch buntowniczy, burzenie się.
rebound (*ribau'nd*) *rz.* odskok; odbicie się; ~, *cz.* odskakiwać; odbijać się.
rebuff (*ribă'f*) *rz.* odprawa; odmowa, odepchnięcie; odtrącenie; ~, *cz.* odeprzeć; odmówić; odprawić; odtrącić; odepchnąć.
rebuild* (*rībi'ld*) *cz.* odbudować.
rebuilt (*rībi'lt*) *cz.* od **rebuild.**
rebuk-able (*ribjū'kəbel*) *pm.* naganny; **-e** (*ribjū'k*) *rz.* nagana, zgromienie; bura; strofowanie; ~, *cz.* zganić, zgromić; łajać.
rebus (*rī'bəs*) *rz.* rebus.
rebut (*ribă't*) *cz.* odrzucać, powstrzymać; odpierać (zarzuty); replikować; odbić; **-tal** (*ribă'tel*) *rz.* odparcie, replika.
recalcitran-ce (*rikæ'lsitrəns*) *rz.* opór, oporność; **-t** *pm.* oporny.
recall (*rikō'l*) *cz.* wzywać; odwoływać; wspominać; przypominać sobie; ~, *rz.* odwołanie; beyond ~, nieodwołalnie.
recant (*rikæ'nt*) *cz.* odwołać; wypierać się; cofnąć (dane słowo); **-ation** (*rikəntej'szen*) *rz.* odwołanie, odszczekanie.
recapitulat-e (*rikəpi'tjulejt*) *cz.* streszczać (się); pokrótce powtórzyć; **-ion** (*rīkəpitjulej'szen*) *rz.* streszczenie.
recapture (*rikæ'pczə*) *rz.* odzyskanie; powtórne wzięcie, zabranie.
recast* (*rikā'st*) *cz.* przetapiać; przerabiać; ponownie modelować; kształtować.
recede (*risī'd*) *cz.* cofnąć się, upadać; spadać; ustępować.
receipt (*risī't*) *rz.* przepis; recepta; otrzymanie; pokwitowanie, kwit; **-s** *rz. lmn.* dochody, przychód; gross ~, dochód brutto; I am in ~ of, otrzymałem, jestem w posiadaniu.
receive (*risī'w*) *cz.* otrzymać, przyjąć, dostać; przyjmować (gości); odebrać; **-r** (*-ə*) *rz.* odbiorca; adresat; zbiornik; depozytarjusz; komunikant; paser; słuchawka (telef.).
recen-cy, -tness (*rī'sənsi, rī'səntnəs*) *rz.* świeżość, nowość; **-t** (*rī'sənt*) *pm.* świeży, niedawny, nowoczesny; nowożytny; nowy; **-tly** *ps.* ostatnio, w ostatnich czasach.
recension (*rise'nszen*) *rz.* zrewidowanie; przegląd, przejrzenie.
recept-acle (*rise'ptəkel*) *rz.* zbiornik; naczynie, jama (*bot.*); kolba; **-ible** (*rise'ptibel*) *pm.* pomieszczający; **-ion** (*rise'pszen*) *rz.* otrzymanie; przyjęcie; powitanie; przyjęty zwyczaj; przyjęte znaczenie; **-ive** (*-tiw*) *pm.* mogący pomieścić, przyjąć; chłonny; wrażliwy; czuły;

-ivity (*risepti'witi*) *rz.* zdolność do przyjęcia, chłonność.
recess (*rise's*) *rz.* ferje; przerwa; odroczenie; schronienie; wygłębienie; alkowa; tajnik; zakąt; **-ion** (*rise'szen*) *rz.* odstąpienie, cofnięcie się; ustępowanie; **-ive** (*-iw*) *pm.* cofnięty.
recharge (*rīczā'dż*) *rz.* ponownie naładować; przeciwoskarżyć.
recidivist (*rəsi'diwist*) *rz.* recydywista.
recip-e (*re'sipī*) *rz.* recepta; **-iency** (*rəsi'piənsi*) patrz **receptiveness; -ient** (*rəsi'piənt*) *rz.* odbiorca; zbiornik (*chem.*); odbieralnik, kolba; ~, *pm.* przyjmujący.
reciproc-al (*rəsi'prokel*) *pm.* wzajemny, obustronny; obopólny; **-ity** (*rəsipro'siti*) *rz.* wzajemność; obopólność; **-ate** (*-'prokejt*) *cz.* odwzajemniać się; wypłacać się wzajemnością; **-ation** (*rəsiprokej'szen*) *rz.* odwzajemnianie się, kolejność; wzajemność; **-ating engine,** maszyna tłokowa.
recit-al (*risaj'tel*) **-ation** (*resitej'szen*) *rz.* deklamacja; opowiadanie; recital, solowy występ muzyczny; powtórzenie; **-ative** (*resitətī'w*) *rz.* deklamacja z akompanjamentem muzyki; **-e** (*risaj't*) *cz.* deklamować, powtarzać (z pamięci); opowiadać, odmówić; recytować.
reck (*re'k*) *cz.* dbać; troszczyć się; zważać; **-less** *pm.* zuchowaty, junacki, nieustraszony; niebaczny; **-lessness** *rz.* niebaczność, zuchwalstwo.
reckon (*re'ken*) *cz.* rachować, liczyć; przypisywać; sądzić; mieć za; mniemać; ~ on, liczyć na kogo, na co; **-er** (*re'kənə*) *rz.* rachmistrz; **-ing** (*re'kəniŋ*) *rz.* kalkulacja; obrachunek; rachowanie; ~**-book** *rz.* książka rachunkowa.
reclaim (*riklej'm*) *cz.* odzyskać; uratować (od); nawrócić; meljorować; reklamować; **-able** (*-əbel*) *pm.* możliwy do odzyskania; mogący być nawróconym, poprawionym.
reclamation (*rekləmej'szen*) *rz.* upomnienie się, reklamacja.
recline (*riklaj'n*) *cz.* opierać (się) o co, spoczywać; polegać na (kimś, czemś).
reclus-e (*reklū's*) *rz.* samotnik; pustelnik; ~, *pm.* samotny; zamknięty (za klauzurą), pustelniczy; **-ion** (*riklū'żen*) *rz.* samotność, odosobnienie.
recogni-tion (*rekogni'szen*) *rz.* rozpoznanie, uznanie; **-zable** (*re'kognajzəbel*) *pm.* do poznania; **-zance** (*rəko'gnizens*) *rz.* zobowiązanie; oblig; kaucja; **-ze** (*re'kognajz*) *cz.* uznać, przyznać; rozpoznać.
recoil (*rekoj'l*) *cz.* żachnąć się; wzdrygnąć się; odskoczyć; cofnąć się; ~, *rz.* cofnięcie się, odskok; wstręt.
recoin (*rikoj'n*) *cz.* przebijać (nanowo pieniądze).
recollect (*rekole'kt*) *cz.* pamiętać; przypominać sobie; **-ion** (*rekole'kszen*) *rz.* wspomnienie; pamięć; przypominanie (sobie); **-ive** (*-tiw*) *pm.* przypominający.
recomfort (*rekā'mfət*) *cz.* pocieszyć, dodać serca, otuchy.
recommence (*rekome'ns*) *cz.* rozpocząć nanowo, wznowić.
recommend (*rikome'nd*) *cz.* zalecać, polecić; **-able** (*-əbel*) *pm.* godny zalecenia; **-ation** (*-ej'szen*) *rz.* zalecenie, rekomendacja; letter of ~, list polecający; **-atory** (*-ətəri*) *pm.* rekomendacyjny, polecający.
recommit (*rikomi't*) *cz.* wyznaczyć ponownie; nanowo uwięzić; **-tal** (*-el*) *rz.* ponowne rozpatrzenie.
recompense (*re'kompəns*) *rz.* wynagrodzenie, nagroda; rekompensata; ~, *cz.* wynagrodzić; nagrodzić; rekompensować.
recompose (*rī'kompouz*) *cz.* sharmonizować; uspokoić; nanowo ułożyć, złożyć.
reconcil-able (*re'konsajləbel*) *pm.* pojednalny; zgodny; **-e** (*re'konsajl*) *cz.* pogodzić, uzgodnić; uspokoić; załagodzić; pojednać (się); pogodzić się z czemś; przyzwyczaić się do; **-ement, -iation** (*-mənt, rekonsiljej'szən*) *rz.* ułagodzenie; pojednanie; zgoda.

recondite (*re'kəndajt, rəko'ndit*) *pm.* tajemny; skryty; zapoznany.
reconduct (*rīkəndă'kt*) *cz.* odprowadzić.
reconnaissance (*rεko'nisəns*) *rz.* wywiad, rekonesans.
reconnoitre (*rəkonoj'tə*) *cz.* wysyłać na zwiady, zrobić wywiad; rekognoskować; badać.
reconquer (*riko'ŋkə*) *cz.* odzyskać; nanowo podbić, zdobyć.
reconsider (*rikonsi'də*) *cz.* ponownie rozważyć; rozpatrzeć.
reconstruct (*rikonstră'kt*) *cz.* odbudować; **-on** (*rikonstră'kszεn*) *rz.* odbudowanie, odbudowa; **-ive** (*-iw*) *pm.* odnawiający, sanacyjny.
reconvey (*rīkonwej'*) *cz.* odwieźć, odesłać.
record (*rεkō'd*) *cz.* notować; zapisywać (do kroniki); zaprotokółować, wspominać; opiewać; opowiadać; ~, (*re'kōd*) *rz.* notatka; rejestrowanie; protokół; zapiska; spis; rejestr; akta; metryka; archiwum; dokument; płyta gramofonowa; rekord; **it is on ~,** jest to fakt, faktem jest że; **-s** *rz. lmn.* archiwum; kronika; dzieje; **-er** (*-ə*) *rz.* archiwista; registrator; instrument autograficzny; metrykant; pisarz miejski; (przest.) piszczałka.
recount (*rikau'nt*) *cz.* przeliczać; ponownie opowiadać, powtarzać.
recoup (*rekū'p*) *cz.* potrącać; wynagradzać straty.
recourse (*rikō's*) *rz.* odwołanie się do; rekurs; ucieczka; udanie się; **have ~ to,** udać się, uciekać się; posługiwać się.
recover (*rikă'wə*) *cz.* odzyskać; odebrać, odbić; powrócić do zdrowia; przyjść do siebie (po chorobie); ochłonąć (ze strachu); cucić; **-able** (*-rəbεl*) *pm.* dający się odzyskać; **-y** (*-ri*) *rz.* odzyskanie; powrót do (poprzedniego stanu, pozycji, do zdrowia); ochłonięcie (z przestrachu); wyzdrowienie; **past ~,** chory beznadziejnie.
recrean-cy (*re'kriənsi*) *rz.* odstępstwo, nikczemność; **-t** (*re'kriənt*) *pm.* podły, tchórzliwy; odstępczy; ~, *rz.* tchórz; odstępca.
recreat-e (*re'kriejt*) *cz.* tworzyć nanowo; ożywiać; przynosić rozrywkę; pokrzepić (się); zabawić (się); rozweselić (się); **-ion** (*rekriej'szεn*) *rz.* odtwarzanie, ożywienie; rozrywka, wytchnienie; rekreacja; **-ive** (*re'kriejtiw*) *pm.* ożywczy, rekreacyjny; orzeźwiający.
recrement (*re'krεmənt*) *rz.* odpadki, odchód; **-itious** (*-ti'szəs*) *pm.* zbyteczny, odchodowy.
recriminat-e (*rikri'minejt*) *cz.* wzajemnie (się) oskarżać, obwiniać; **-ion** (*rikriminej'szεn*) *rz.* rekryminacja; wzajemne oskarżanie się; **-ive** (*-iw*) **-ory** (*rəkri'minətori*) *pm.* rekryminacyjny, oskarżający.
recrudescent (*rīkrude'sεnt*) *pm.* odnawiający się (o ranach).
recruit (*rεkrū't*) *rz.* rekrut; nowozaciężny; ~, *cz.* rekrutować; posilić; wzmocnić; odzyskać siły; odnowić; **-ment** (*-mənt*) *rz.* rekrutowanie; werbowanie.
rectang-le (*re'ktaŋgεl*) *rz.* prostokąt; **-ular** (*rektæ'ŋgjulə*) *pm.* prostokątny.
recti-fiable (*re'ktifajəbεl*) *pm.* dający się sprostować; **-fication** (*rektifikej'szεn*) *rz.* sprostowanie, poprawienie; rektyfikacja (spirytusu); (*chem.*) oczyszcznie; **-fy** (*re'ktifaj*) *cz.* prostować, oczyszczać, rektyfikować; poprawić; (*chem.*) oczyścić; **-lineal, -linear** (*rektili'niεl, -niə*) *pm.* prostolinijny; **-tude** (*re'ktitjūd*) *rz.* prawość, rzetelność.
recto (*re'ktou*) *rz.* strona przednia (kartki arkuszu).
rector (*re'ktə*) *rz.* rektor uniwersytetu; dyrektor szkoły; naczelnik; pastor; proboszcz; **-ate, -ship** (*-rət, -szip*) *rz.* rektorat; probostwo; **-ial** (*rəkto'riεl*) *pm.* rektorski; **-y** (*-ri*) *rz.* plebanja; probostwo.
rectum (*re'ktəm*) *rz.* kiszka odchodowa (*anat.*).
recumben-ce, -cy (*rεkă'mbεns, -i*) *rz.* leżenie; pozycja leżąca; **-t** (*rεkă'mbεnt*) *pm.* oparty; leżący.

recuperat-e (*rəkjū'pərejt*) *cz.* przywracać do zdrowia; odzyskiwać (siły); **-ion** (*rəkjupərej'szεn*) *rz.* odzyskanie; **-ive** (*rəkjū'pərətiw*) *pm.* przywracający, odzyskujący; uzdrawiający.
recur (*rεkə̄'*) *cz.* powracać; ponawiać się; powracać na myśl; **-rence** (*-rεns*) *rz.* powrót, powtarzanie się; przyjście na myśl; ponowienie; **-rent** (*-rεnt*) **-ring** (*-riŋ*) *pm.* powracający, powrotny; powtarzający się.
recurvat-e (*rεkə̄'wət*) *pm.* zakrzywiony; odgięty; **-ure** (*rεkə̄'wəczə̄*) *rz.* skrzywienie, odgięcie.
recurve (*rεkə̄'w*) *cz.* zakrzywiać (się); odgiąć.
recusant (*rεkjū'zənt*) *rz.* dysydent (angielski); ~, *pm.* dysydent; odmawiający posłuszeństwa.
red (*re'd*) *rz.* kolor czerwony; ~, *pm.* czerwony; ~**book** *rz.* czerwona księga; **-breast** *rz.* (*orn.*) czerwonogardł; **-coat** *rz.* żołnierz angielski; ~**deer** *rz.* płowa zwierzyna; **-den** (*re'dn*) *cz.* czerwienić (się); pomalować na czerwono; poczerwienić; **-dish** (*re'disz*) *pm.* czerwonawy; ryży; czerwieniejący; ~**gum** wysypka potowa; **-handed** *pm.* na gorącym uczynku; **-haired** *pm.* rudowłosy; ~**herring** *rz.* śledź wędzony; **-hot** *pm.* rozpalony do czerwoności; roznamiętniony; ~**lead** *rz.* tlenek ołowiu; minja; **-letter-day** dzień świąteczny (w kalendarzu); dzień szczęśliwy; **-ness** (*-nəs*) *rz.* czerwoność; **-nosed** *pm.* z czerwonym nosem; ~**plague** *rz.* róża (choroba); **-tape** *rz.* biurokratyzm, formalności; **-wing** *rz.* kos (*orn.*).
redact (*rεdæ'kt*) *cz.* redagować; **-ion** (*rεdæ'kszεn*) *rz.* rewizja wydania.
redan (*rεdæ'n*) *rz.* wystający mur fortyfikacyjny.
redd (*red*) *cz.* uporządkować; ~, *rz.* tarlisko.
reddle (*re'dεl*) *rz.* ochra.
rede (*rī'd*) *rz.* rada, plan; opowieść; ~, *cz.* doradzać (przest.).
redeem (*rεdī'm*) *cz.* odkupić, odzyskać; odpokutować za grzech; wyzwolić (z grzechu); dotrzymać obietnicy; powetować; wynagrodzić; **-able** (*-əbεl*) *pm.* odkupny; przebaczalny; **-er** (*-ə*) *rz.* Odkupiciel (Chrystus); Zbawca.
redempt-ion (*rεde'mpszεn*) *rz.* zbawienie, odkupienie; wykup; wyzwolenie; **-ive** (*-tiw*) *pm.* odkupny; zbawczy.
redintegrate (*rεdi'ntəgrejt*) *cz.* wznowić, odnowić.
redistribution (*rεdistribjū'szεn*) *rz.* ponowny podział.
redolen-ce (*re'dołəns*) *rz.* woń; miły zapach; **-t** (*re'dolənt*) *pm.* pachnący; wonny.
redouble (*rεdă'bεl*) *cz.* podwajać, zdwajać, powiększyć (się) w dwójnasób.
redoubt (*rεdau't*) *rz.* reduta; szaniec; **-able** (*-əbεl*) *pm.* groźny; **-ed** (*-εd*) *pm.* groźny, straszny.
redound (*rεdau'nd*) *cz.* odbić się; wyjść na dobre lub złe; skutkować; it -s to his honour, przynosi mu to zaszczyt.
redress (*rεdre's*) *rz.* wynagrodzenie; naprawa; odwet; ~, *cz.* wyrównać; naprawić; wynagrodzić (krzywdę).
reduc-e (*rεdjū's*) *cz.* przywrócić; doprowadzić, sprowadzić do; przywieść do czego; skracać ułamki; zamieniać liczby mianowane; uszczuplić; redukować; zmniejszać; degradować; ujarzmić; wziąć szturmem; podzielić; **-tion** (*rεdă'kszεn*) *rz.* doprowadzenie, przywiedzenie; skrócenie; redukcja; zmniejszenie; zamiana; ujarzmienie; sprowadzenie do wspólnego mianownika.
redundan-ce, -cy (*rεdă'ndεns, -i*) *rz.* obfitość, nadmiar (słów); rozwlekłość; **-t** (*-dεnt*) *pm.* nadmierny; obfity; rozwlekły, bombastyczny.
reduplica-te (*rεdu'plikejt*) *cz.* zdwajać, powtarzać; podwoić; **-tion** (*rεdu'plikejszεn*) *rz.* powtarzanie; podwojenie; **-tive** (*rεdu'plikətiw*) *pm.* podwajający.
re-echo (*rīe'kou*) *rz.* odgłos; ~, *cz.* odbijać echo, odzywać się echem; rozlegać się.

reed (*rī'd*) *rz.* trzcina; bambus; piszczałka; płocha tkacka; strzecha; **-ed** *pm.* porosły trzciną; **-grass** *rz.* turzyca (*bot.*); **-iness** (*-inəs*) *rz.* obfitość trzcin; **-y** (*-i*) *pm.* porosły trzciną; trzcinowy, podobny do trzciny.
re-edify (*rīe'difaj*) *cz.* odbudować, przebudować.
re-edit (*rīe'dit*) *cz.* ponownie wydać (dzieło).
reef (*rī'f*) *rz.* rafa, skała podwodna; ~, *cz.* (*mar.*) skrócić żagle.
reek (*rī'k*) *rz.* dym; smród; opar; ~, *cz.* kurzyć się; dymić się; parować; unosić się (nad); śmierdzieć; **-y** (*-i*) *pm.* parujący; zakopcony; kurzący się; dymiący się; śmierdzący.
reel (*rī'l*) *rz.* taniec szkocki; motowidło; szpulka; ~, *rz.* zataczanie się; chwiejny krok; ~, *cz.* nawijać; kręcić się wkółko; ~, *cz.* zachwiać się; zataczać się.
re-elect (*rīεle'kt*) *cz.* ponownie wybrać; **-ion** (*-εle'kszεn*) *rz.* ponowny wybór.
re-eligible (*rī-e'lidżibεl*) *pm.* wybieralny (ponownie).
re-enact (*rīənæ'kt*) *cz.* uchwalić, wznowić.
re-enforce (*rīənfō's*) *cz.* wzmocnić.
re-engage (*rīəngej'dż*) *cz.* angażować ponownie.
re-enter (*rīe'ntə*) *cz.* wkraczać, wejść, wstąpić ponownie.
re-establish (*rīəstæ'b'isz*) *cz.* przywrócić; ponownie ustanowić; odbudować; **-ment** (*-mənt*) *rz.* odbudowa; przywrócenie.
reeve (*rī'w*) *rz.* sołtys, rządca (*hist. ang.*); ~, *cz.* przymocować linę; przesunąć linę przez otwór bloku.
re-examine (*rīεgzæ'min*) *cz.* ponownie rozważyć; zrewidować.
re-export (*rīəkspō't*) *cz.* wywozić towary importowane.
refashion (*rīfæ'szən*) *cz.* przerobić.
refec-tion (*rife'kszεn*) *rz.* posiłek; pokrzepienie; **-tive** (*-iw*) *pm.* pokrzepiający; **-tory** (*rife'ktəri*) *rz.* refektarz.
refer (*rifə̄'*) *cz.* odnosić; odsyłać; odnosić się do; dotyczyć; powoływać się na; odwołać się do; tyczyć się; zdać co komu; poruczyć; **-able** (*re'fərə'εl*) *pm.* odnośny; **-ee** (*refərī'*) *rz.* arbiter; sędzia (polubowny); **-ence** (*re'fərəns*) *rz.* wzgląd; powołanie się na źródło (np. informacji); referencja; wzmianka; odesłanie; odsyłacz; wykaz; stosunek; styczność, związek; in ~ to, względem, co się tyczy; **-endary** (*refəre'ndəri*) *rz.* referendarz; **-endum** (*refəre'ndəm*) *rz.* (*lmn.* referenda) referendum.
refill (*rīfi'l*) *cz.* ponownie napełnić.
refine (*rifaj'n*) *cz.* rafinować; polerować; wysubtelnić; oczyszczać (się); ogładzić (się); nadać polor, nabrać poloru; **-d** (*-d*) *pm.* oczyszczony; ogładzony; z polorem; **-ment** (*-mənt*) *rz.* oczyszczenie; rafinowanie; ogłada; polor; subtelność; wyrafinowanie; **-r** (*-ə*) *rz.* rafinator; **-ry** (*-əri*) *rz.* rafinerja.
refit (*rīfi't*) *cz.* dopasować, narządzić, naprawić.
reflect (*rεfle'kt*) *cz.* odbijać; być odbiciem czegoś; odzwierciedlać; przynosić zaszczyt lub ujmę; rozważać; namyślać się; załamywać się (o świetle); ~ upon, rozmyślać o czem; ganić; ~ credit on one, dobrze o kimś świadczyć; **-ion** (*rεfle'kszεn*) *rz.* odbicie; załamywanie światła; odblask; refleksja; rozmyślanie; namysł; ujma; rozwaga; uwaga; obmowa; **-ive** (*-iw*) *pm.* odbijający; odbity; zastanawiający się; rozważny; refleksyjny; (*gram.*) zaimkowy, zwrotny; **-or** (*-ə*) *rz.* reflektor.
reflex (*rī'fleks*) *rz.* refleks, odbicie; odruch; ~, *pm.* odbity; refleksyjny; odruchowy; odbijający się; odgięty; **-ibility** (*rεfleksibi'liti*) *rz.* własność (możliwość) odbijania się; **-ible** (*rifle'ksibεl*) *pm.* odbijający się; łamiący się; **-ion** (*rεfle'kszεn*) *rz.* patrz **reflection**; **-ive** (*-iw*) *pm.* odruchowy; odbijający się; (*gram.*) zwrotny.

refluen-ce (*re'fluəns*) *rz.* napływ powrotny; **-t** (*re'fluənt*) *pm.* ponownie napływający; odpływający wstecz.
reflux (*rī'flăks*) *rz.* odpływ.
reform (*rɛfō'm*) *rz.* reforma, przekształcenie; naprawa; ~, *cz.* reformować, poprawić, ulepszyć; naprawiać; przekształcać; **-ation** (*refōmej'szɛn*) *rz.* naprawa, ulepszenie; reformacja; przekształcanie; **-ative, -atory** (*rifō'mətiw, -təri*) *pm.* naprawiający, ulepszający; **-atory** *rz.* zakład poprawczy; **-ed** (*-d*) *pm.* zreformowany, naprawiony; reformowany (kościół); **-er** (*-ə*) *rz.* reformator, poprawca.
refound (*rɛfau'nd*) *cz.* przetopić.
refract (*rɛfræ'kt*) *cz.* załamywać (promienie świetlne); **-ion** (*rifræ'kszɛn*) *rz.* załamanie się promieni światła; refrakcja; **-ive** (*-iw*) *pm.* przełamujący, załamujący promienie; **-or** (*-ə*) *rz.* refraktor.
refracor-iness (*refræ'ktorinəs*) *rz.* oporność, krnąbrność; opór; **-y** (*-əri*) *pm.* oporny, krnąbrny; nieposłuszny.
refrain (*rɛfrej'n*) *rz.* refren; ~, *cz.* wstrzymywać (się); zaniechać; powściągać (się); pohamować.
refrangib-ility (*refrændżibi'liti*) *rz.* łamliwość; **-le** (*refræ'ndżibɛl*) *pm.* załamujący się; łamiący się (o świetle).
refresh (*rifre'sz*) *cz.* odświeżyć (się); ożywić (się); odnowić; pokrzepić; **-ment** (*-mənt*) *rz.* odświeżenie; pokrzepienie; zakąska; posiłek.
refrigera-nt (*rɛfri'dżərənt*) *pm.* chłodzący; mrożący; ~, *rz.* środek (napój) chłodzący; **-te** (*rɛfri'dżərejt*) *cz.* ochłodzić; zamrozić; **-tion** (*rɛfridżərej'szɛn*) *rz.* ochłodzenie; zamrażanie; **-tive** (*-tiw*) *pm.* mrożący; chłodzący; **-tor** (*-ə*) *rz.* lodownia, chłodnica; **-tory** (*-təri*) *pm.* chłodzący.
reft (*re'ft*) *cz.* od **reave.**
refuge (*re'fjūdż*) *rz.* schronienie; przytułek, ucieczka; **-e** (*refjudżī'*) *rz.* emigrant, zbieg; uciekinier.
refulgen-ce (*rɛfă'ldżəns*) *rz.* blask, odblask, jasność; **-t** (*rifă'ldżənt*) *pm.* błyszczący, świecący; jaśniejący.
refund (*rīfă'nd*) *cz.* zwrócić (pieniądze), spłacić; odpłacić; **-ment** *rz.* zwrot.
refus-al (*rɛfju'zɛl*) *rz.* odmowa; opcja; **-e** (*rɛfjū'z*) *cz.* odmówić, nie dopuścić, nie zgodzić się; odrzucić; **-er** (*-ə*) *rz.* odmawiający.
refuse (*re'fjūz*) *rz.* wybiorki, wyrzutki; śmiecie; ~, *pm.* odrzucony; podły, bez wartości.
refut-able (*rɛfjū'təbɛl*) *pm.* dający się zbić, odeprzeć; **-al, -ation** (*rɛfjū'tɛl, refjutej'szɛn*) *rz.* odparcie, zbicie (dowodów, zarzutów); **-e** (*rɛfjū't*) *cz.* odeprzeć (dowody); zwalczać (zarzuty); zbijać (dowody).
regain (*rīgej'n*) *cz.* odzyskać, zdobyć ponownie.
regal (*rī'gɛl*) *pm.* królewski.
regale (*rɛgej'l*) *cz.* podejmować ucztą, poczęstować; uraczyć; **-ment** *rz.* uczta, biesiada.
regal-ia (*rigej'liə*) *rz. lmn.* regalja, odznaki królewskości; **-ity** (*rigæ'liti*) *rz.* królewskość.
regard (*rɛgā'd*) *rz.* spojrzenie; wzgląd; poważanie, baczenie; zważanie; stosunek; out of ~ to, przez wzgląd na; with ~ to, odnośnie; co do; względem; **-s** *lmn.* ukłony; uszanowanie; ~, *cz.* spoglądać, spozierać; dotyczyć; zwracać uwagę; uważać; mieć wzgląd; szanować, tyczyć się; odnosić się do; **-ful** (*-ful*) *pm.* uważający; szanujący; baczny; mający wzgląd; **-less** *pm.* niebaczny; nieuważny; uchybiający; bez względu na; **-lessness** *rz.* lekceważenie; nieuwaga, niebaczność.
regatta (*rigæ'tə*) *rz.* regaty.
regen-cy (*rī'dżɛnsi*) *rz.* regencja; rządzenie; **-t** (*rī'dżɛnt*) *rz.* regent.
regenera-cy (*rɛdże'nərəsi*) *rz.* odrodzenie; **-te** (*rɛdże'nərət*) *pm.* odrodzony; **-te** (*-ejt*) *cz.* odro-

dzić (się); rozpocząć nowe życie; **-tion** (*ridżenərej'szεn*) *rz.* odrodzenie; nowe życie; **-tive** (*-tiw*) *pm.* odradzający; **-tor** (*-ə*) *rz.* regenerator (w wielkich piecach).

regicide (*re'dżisajd*) *rz.* królobójca; królobójstwo.

régime (*rejżī'm*) *rz.* rządy; system rządów; reżym.

regimen (*re'dżimən*) *rz.* rządy; (*med.*) djeta.

regiment (*re'dżimənt*) *cz.* szykować; organizować; ~, *rz.* pułk; władza; **-al** (*redżime'ntεl*) *pm.* pułkowy; **-als** *rz. lmn.* mundur i oznaki pułkowe.

region (*rī'dżεn*) *rz.* kraj, kraina; strefa; strona, okolica; **-al** (*rī'dżənεl*) *pm.* regjonalny, dzielnicowy; strefowy.

regist-er (*re'dżistə*) *rz.* spis, wykaz, rejestr; (w piecu) regulator; ~, *cz.* zapisywać, wpisywać, rejestrować; nadać (list) jako polecony; nadać (bagaż); **-ered** (*-d*) *pm.* zarejestrowany, zapisany w wykazie; polecony (list); **-rar** (*re'dżistrā*) *rz.* sekretarz, registrator; **-ration** (*redżistrej'szεn*) *rz.* rejestracja; wpis; wciąganie (do aktów); **-ry** (*re'dżistri*) *rz.* rejestracja; rejestr; rejestratura; sekretarjat.

regnant (*re'gnənt*) *pm.* panujący, rządzący; przeważający.

regorge (*rigō'dż*) *cz.* zrzucać, womitować; wypluwać; pochłonąć.

regrat-e (*rigrej't*) *cz.* zakupić; spekulować; **-er** (*-ə*) *rz.* przekupień; paskarz.

regreet (*rigrī't*) *cz.* znowu powitać; ~, *rz.* wzajemny ukłon.

regress, -ion (*rī'gres, rεgre'szεn*) *rz.* regres, regresja, cofanie się; powrót; odstąpienie; ~, (*rigre's*) *cz.* cofać się; powracać; **-ive** (*rεgre'siw*) *pm.* regresyjny; powrotny.

regret (*rεgre't*) *rz.* żal, przykrość; smutek; wyraz żalu; ~, *cz.* żałować; pożałować; I ~ to inform, z przykrością zawiadamiam; **-ful** (*-ful*) *pm.* żałujący (czego); **-table** (*-əbεl*) *pm.* godny pożałowania.

regular (*re'gjulə*) *rz.* zakonnik regularny; żołnierz (w służbie czynnej, zawodowy); ~, *pm.* regularny; prawidłowy, metodyczny; przepisowy; punktualny, porządny; zupełny; prawdziwy, formalny; stały; **-ity** (*regjulæ'riti*) *rz.* prawidłowość; regularność; **-s** *rz. lmn.* wojsko stałe.

regula-te (*re'gjulejt*) *cz.* regulować, porządkować; urządzić; **-tion** (*regjulej'szεn*) *rz.* regulacja; przepis; uporządkowanie; uregulowanie; **-tor** (*-ə*) *rz.* regulator (przyrząd); kierownik.

regurgitate (*rεgə'dżitejt*) *cz.* wyrzucać; wyrzygać.

rehabilita-te (*rīhæbi'litejt*) *cz.* rehabilitować, przywrócić (cześć); **-tion** (*-ej'szεn*) *rz.* rehabilitacja.

rehears-al (*rεhə'sεl*) *rz.* powtórka; recytowanie; wyliczanie; próba (przedstawienia, koncertu); **-e** (*rihə's*) *cz.* powtórzyć, recytować; wyliczyć; robić próbę.

reify (*rī'ifaj*) *cz.* urzeczywistnieć; zmaterjalizować.

reign (*rej'n*) *rz.* panowanie, rządy; in the ~ of, za (rządów); ~, *cz.* panować; rządzić, królować; władać.

reimburse (*riimbə's*) *cz.* zwrócić (pokryć) koszty, wynagrodzić; odszkodować; **-ment** (*-mənt*) *rz.* zwrot kosztów; odszkodowanie; zapłata.

reimport (*rī-impō't*) *cz.* ponownie przywozić.

reimpression (*rī-mpre'szεn*) *rz.* nowe wydanie; przedruk.

rein (*rej'n*) *rz.* cugiel; lejc; (*fig.*) ster (np. rządu); ~, *cz.* ściągać, wstrzymywać; ująć w kluby; (*fig.*) rządzić, być u steru; ~ in, wstrzymać cuglami.

reincarnation (*riinkānej'szεn*) *rz.* reinkarnacja.

reindeer (*rej'ndīə*) *rz.* renifer [(*zool.*)

reinforce (*riinfō's*) *cz.* wzmocnić; **-d** concrete, żelazo-beton; **-ment** (*-mənt*) *rz.* wzmocnienie; posiłki (*mil.*).

reins (*rej'nz*) *rz. lmn.* nerki (*przest.*).

rein-sert (*riinsə't*) *cz.* ponownie umieścić; **-state** (*rī-instej't*) *cz.* przywrócić do posiadłości, do stanowiska; przywrócić zdrowie; **-surance** (*-inszū'rεns*) *rz.* reasekuracja.

reissue (*rīiszjū'*) *cz.* ponownie wydać, wypuścić.
reiterat-e (*rīi'terejt*) *cz.* powtórzyć, ponowić; **-ion** (*rīiterej'szεn*) *rz.* powtórzenie, ponowienie.
reject (*rεdże'kt*) *cz.* odrzucić, nieprzyjąć, uchylić; **-able** (*-əbεl*) *pm.* zasługujący na odrzucenie; **-ion** (*rεdże'kszεn*) *rz.* odrzucenie, nieprzyjęcie, uchylenie.
rejoice (*rεdżoj's*) *cz.* uradować (się); cieszyć (się), rozweselić.
rejoin (*rεdżoj'n*) *cz.* znowu połączyć; powrócić; odrzec; odeprzeć; **-der** (*-də*) *rz.* odpowiedź; replika.
rejuven-ate (*rεdżū'wenejt*) *cz.* odmłodzić; **-escence** (*-dżūwəne'səns*) *rz.* odmłodzenie.
rekindle (*rεki'ndεl*) *cz.* zapalić nanowo.
relapse (*rεlæ'ps*) *rz.* recydywa; powrót; powtórne zapadnięcie na zdrowiu; powrót do dawnych błędów; ~, *cz.* ponownie zachorować; powrócić do (swoich błędów, do nałogu).
rela-te (*rεlej't*) *cz.* opowiadać, zdawać sprawę; ściągać się do; odnosić się; spokrewnić; zostawać z czemś w stosunku; **-ted** (*-εd*) *pm.* opowiedziany; spokrewniony; krewny; powiązany, odnoszący się do; **-tion** (*rεlej'szεn*) *rz.* opowiadanie, relacja; związek; stosunek; krewny, krewna; pokrewieństwo; powinowactwo; with ~ to, co się tyczy; in ~ to, w stosunku do, co do; **-tional** (*rεlej'szənεl*) *pm.* stosunkowy; pokrewny; **-tionship** *rz.* pokrewieństwo, powinowactwo; **-tive** (*re'lətiw*) *rz.* krewny; krewna; zaimek względny (*gram.*); ~, *pm.* względny, odnoszący się do; odnośny; stosunkowy; związany (z); **-tivity** *rz.* względność; wzgląd, stosunek.
relax (*rεlæ'ks*) *cz.* zwolnić, popuścić, osłabić; dać wytchnienie; pofolgować; słabnąć, zwolnić (mięśnie); odprężyć (się); złagodzić; **-ation** (*rεləksej'szεn*) *rz.* zwolnienie, osłabienie; folga, rozprzężenie; ulga; odetchnienie.
relay (*rεlej'*) *rz.* konie zapasowe, rozstawne; przeprząg; zluzowanie; szychta; retransmisja (radjowa); ~ race, bieg sztafetowy.
release (*rεlī's*) *rz.* uwolnienie, zwolnienie; odstąpienie od swych praw; wyzwolenie; ~, *cz.* uwolnić, zwolnić; popuścić; wypuścić; złagodzić.
relegat-e (*re'ləgejt*) *cz.* zesłać; wydalić; zdegradować; relegować; **-ion** (*reləgej'szεn*) *rz.* relegacja, zesłanie; wydalenie.
relent (*rεle'nt*) *cz.* złagodnieć; zmiękczyć się; popuścić; wzruszyć się; zlitować się; **-less** *pm.* nieustępliwy, nieugięty; nielitościwy; srogi, okrutny; **-lessness** *rz.* nieugiętość, nielitościwość.
relevan-ce, -cy (*re'ləwəns, -i*) *rz.* związek, stosowność, odpowiedniość; **-t** (*re'ləwənt*) *pm.* związany, odnoszący się do, stosowny.
relia-bility, -bleness (*rεlajəbi'liti, rεlaj'əblnəs*) *rz.* solidność; rzetelność, niezawodność; **-ble** (*rεlaj'əbεl*) *pm.* pewny, niezawodny; na czem (którym) można polegać; polecenia godny; solidny; **-nce** (*rilaj'əns*) *rz.* ufność; zaufanie; **-nt** (*-ənt*) *pm.* polegający, ufny, pokładający swą nadzieję.
relic (*re'lik*) *rz.* pamiątka; relikwja; zabytek; pozostałość.
relict (*re'likt*) *rz.* wdowa, wdowiec.
relief (*rεlī'f*) *rz.* pomoc, zapomoga, wsparcie, ulga; zwolnienie, zluzowanie; uwolnienie się; ~, *rz.* płaskorzeźba; uwypuklenie.
relieve (*rεlī'w*) *cz.* usuwać, łagodzić (ból); ulżyć, pofolgować; dopomagać, wspomagać; zluzować (wartę); uwolnić od; przybyć na odsiecz; wesprzeć; uwypuklić.
relievo (*rεlī'wou*) *rz.* płaskorzeźba.
religion (*rəli'dżεn*) *rz.* religja; **-ism** (*rəli'dżənizεm*) *rz.* afektacja religijności; **-ist** (*-ist*) *rz.* fanatyk religijny.

religious (*rəli'dżəs*) *pm.* religijny, zakonny; pobożny; **-ness** (*-nəs*) *rz.* religijność, pobożność.
relinquish (*rəli'ŋkuisz*) *cz.* zaniechać, poniechać, porzucić, rezygnować z czegoś; zostawić; odstąpić; **-ment** (*-mənt*) *rz.* porzucenie, zaniechanie, zrezygnowanie; odstąpienie; opuszczenie.
reli-quary (*re'likuɛri*) *rz.* relikwjarz; **-quiae** (*rili'kuī*) *rz. lmn.* relikwje.
relish (*re'lisz*) *rz.* posmak, przyjemny smak; gust, upodobanie; przedsmak; przyjemność; ~, *cz.* dodawać przyprawy; smakować; mieć posmak czegoś; gustować; jeść ze smakiem; lubić; mieć w czemś upodobanie.
reluct (*rɛlă'kt*) *cz.* mieć wstręt do; **-ance** (*rilă'ktɛns*) *rz.* wstręt, odraza, niechęć; **-ant** (*-ənt*) *pm.* niechętny; mający wstręt, odrazę.
relume (*rɛljū'm*) *cz.* ponownie zapalić, zaświecić; dodać blasku.
rely (*rɛlaj'*) *cz.* polegać na, mieć ufność (on); spuścić się na co, lub na kogo.
remain (*rɛmej'n*) *cz.* pozostawać; zabawić (gdzieś); **-der** (*-də*) *rz.* pozostałość, reszta; szczątek; ostatek; **-ing** (*-iŋ*) *pm.* pozostały; **-ings, -s** *rz. lmn.* zwłoki; pisma pośmiertne; prochy, resztki, szczątki; ostatki; pozostałość.
remake (*rɛmej'k*) *cz.* przerobić.
remand (*rɛmæ'nd*) *cz.* odesłać.
remanent, remanet (*re'mənɛ(n)t*) *rz.* pozostałość.
remark (*rɛmā'k*) *rz.* uwaga, obserwacja; notatka; spostrzeżenie; ~, *cz.* zauważyć, spostrzec; zrobić uwagę; napomknąć; **-able** (*-əbɛl*) *pm.* godny uwagi, szczególny; wyróżniający się; znaczny, uderzający; znakomity; osobliwy.
reme-diable (*rɛmī'diəbɛl*) *pm.* uleczalny; do poratowania, dający się poprawić; **-diless** (*re'mədiləs*) *pm.* nieuleczalny, bezpowrotny; bez możliwości ratunku; **-dy** (*re'mədi*) *rz.* środek, sposób, lekarstwo; past ~, beznadziejny, nieuleczalny; **-dy** *cz.* zapobiec; leczyć; kurować; zaradzić.
rememb-er (*rɛme'mbə*) *cz.* pamiętać, wspominać; przypominać (komuś, sobie); **-rance** (*-brəns*) *rz.* wspomnienie, pamięć; pamiątka; przypomnienie; call to ~, przywieść na pamięć; przypomnieć; in ~ of, na pamiątkę; **-rancer** (*rɛme'mbrənsə*) *rz.* przypominacz; king's, queen's ~, skarbnik koronny.
remind (*rɛmaj'nd*) *cz.* przypomnieć (co komu); **-er** (*-ə*) *rz.* przypomnienie, przestroga.
reminiscen-ce (*rəmini'sɛns*) *rz.* wspomnienie, przypomnienie, reminiscencja; **-t** *pm.* pamiętny, przypominający.
remise (*rimaj'z*) *cz.* oddać, odstąpić swego prawa.
remiss (*rɛmi's*) *pm.* niedbały, opieszały; **-ness** (*-nəs*) *rz.* niedbalstwo; opieszałość.
remiss-ible (*remi'sibɛl*) *pm.* odpuszczalny; do odpuszczenia, do darowania; **-ion** (*rɛmi'szɛn*) *rz.* odpuszczenie; zwolnienie (energji, siły); ulga (w chorobie); **-ive** (*-iw*) *pm.* pomniejszający, zmniejszający (np. siłę).
remit (*rɛmi't*) *cz.* odpuścić, przebaczyć, darować winę; odesłać, przekazać władzy do osądzenia; odroczyć; przekazać, uiścić (pieniądze); odesłać do więzienia; ulżyć; zaprzestać; **-tal** (*rəmi'tɛl*) *rz.* przebaczenie; przekaz; odesłanie; darowanie; **-tance** (*-ɛns*) *rz.* pokrycie, należytość (przesłana); rimesa; **-tent fever**, gorączka powrotna.
remnant (*re'mnənt*) *rz.* pozostałość, reszta; ostatek; szczątek.
remodel (*rīmo'dɛl*) *cz.*, **remold, remould** (*rīmou'ld*) przerobić; przekształcić.
remonstr-ance (*rɛmo'nstrəns*) *rz.* napomnienie, zarzut; przedstawienie, przestroga; **-ant** (*-ənt*) *pm.* upominający; stawiający zarzuty; **-ate** (*-strejt*) *cz.* zarzucać; stawiać zarzuty; przekładać; przedstawiać.

remora (*re'morə*) *rz.* trzymonaw (ryba); zawada; przeszkoda.
remorse (*rεmō's*) *rz.* zgryzota, wyrzut sumienia; litość; żal; **-ful** (*-ful*) *pm.* skruszony; żałujący; **-less** *pm.* nieżałujący; bezlitośny; okrutny.
remote (*rεmou't*) *pm.* odległy, oddalony, daleki; obcy; **-ness** (*-nəs*) *rz.* oddalenie; odległość, dal, dalekie pokrewieństwo; dalekie podobieństwo.
remount (*rīmau'nt*) *cz.* ponownie wznieść się; ponownie siadać na koń.
remov-able (*rεmū'wəbεl*) *pm.* usuwalny; odwołalny; **-ability** (*-bi'liti*) *rz.* usuwalność; **-al** (*rimū'wεl*) *rz.* usunięcie; oddalenie, przeprowadzka; odwołanie; odsunięcie; przeniesienie; złożenie z urzędu; **-e** (*rεmū'w*) *cz.* usunąć; przenieść (się); zwolnić z obowiązków; oddalić (się); odwołać; ~ the cloth, sprzątnąć ze stołu; **-e** *rz.* danie (posiłku); przeniesienie; zmiana miejsca; stopień (pokrewieństwa).
remunera-ble (*rəmjū'nərəbεl*) *pm.* godny nagrody; **-te** (*rəmjū'nərejt*) *cz.* wynagrodzić, zapłacić; **-tion** (*rəmjūnərej'szεn*) *rz.* zapłata, wynagrodzenie, remuneracja; nagroda; **-tive** (*-iw*) *pm.* korzystny, zyskowny; opłacający się; nagradzający.
renaissance (*rənej'sεns, renəsā'ns*) *rz.* odrodzenie.
renal (*rī'nεl*) *pm.* nerkowy.
renascen-ce (*rεnæ'səns*) *rz.* odrodzenie; **-t** (*-ənt*) *pm.* odradzający się.
rencontre, rencounter (*renko'ntə, -kau'-*) *rz.* spotkanie się; bitwa; potyczka; utarczka.
rend* (*re'nd*) *cz.* rozerwać (się), rozszarpać; wyrwać (z rąk); drzeć, podrzeć; ~ the air, przeszyć powietrze.
render (*re'ndə*) *cz.* zwracać; oddawać; wyrazić; odwzajemnić się; wyświadczyć; zdać rachunek; okazać; tłumaczyć; uczynić; ~ assistance, dać pomoc, przyjść z pomocą.
rendezvous (*rā'ndəwū*) *rz.* schadzka, spotkanie; punkt zborny; ~, *cz.* zejść się, spotkać się.
rendition (*rendi'szεn*) *rz.* poddanie się; wyrażenie; oddanie (utworu).
renegad-e, -o (*re'nəgejd, -gā'dou*) *rz.* renegat, odstępca.
renew (*rinjū'*) *cz.* odnowić, wznowić, odświeżyć; powtórzyć; ponowić; **-al** (*-əl*) *rz.* odnowienie, wznowienie; ponowienie.
reniform (*rī'nifōm*) *pm.* nerkowaty.
rennet (*re'nεt*) *rz.* reneta (jabłko); kwasidło.
renounce (*rεnau'ns*) *rz.* wyrzec się, zaprzeć się; zrzec się; ~, *rz.* renons (w kartach); **-ment** (*-mənt*) *rz.* wyrzeczenie się, odstąpienie od czego; zrzeczenie się.
renova-te (*re'nowejt*) *cz.* odświeżyć, odnowić; **-tion** (*renowej'szεn*) *rz.* odświeżenie; odnowienie; **-tor** (*-ə*) *rz.* odnowiciel.
renown (*rεnau'n*) *rz.* sława; **-ed** (*-d*) *pm.* znakomity, sławny.
rent (*re'nt*) *cz.* od **rend.**
rent (*re'nt*) *rz.* rozdarcie; rysa; ~, *rz.* czynsz, komorne; najem; dzierżawa, renta; ~, *cz.* dzierżawić; wynajmować; **-al, -roll** (*re'ntεl*) *rz.* dzierżawa, czynsz; księga czynszowa; **-er** (*-ə*) *rz.* dzierżawca; czynszownik; arendarz.
renunciation (*rεnănsjej'szεn*) *rz.* wyrzeczenie się; zrzeczenie się.
reorganisation (*rīogənajzej'szεn*) *rz.* reorganizacja; przekształcenie; **-e** (*rīo'gənajz*) *cz.* reorganizować; przekształcić.
rep (*re'p*) *rz.* reps.
repair (*rεpē'ə*) *cz.* reparować; odnawiać; naprawiać; wynagrodzić stratę; ~, *cz.* uciekać się do czegoś; odwiedzać; udać się (gdzie); ~, *rz.* reparacja; naprawa; stan; in ~, w dobrym stanie; out of ~, uszkodzony; w złym stanie; under ~, w remoncie, w naprawie.
repara-ble (*re'pərəbεl*) *pm.* dający się naprawić; do powetowania: **-tion** (*repərej'szεn*) *rz.* naprawienie; reparacja; zadośćuczy-

nienie; wynagrodzenie (strat); odszkodowanie; **-tive** (*rεpæ'rətiw*) *pm.* reparacyjny; wynagradzający.

repartee (*repātī'*) *rz.* riposta; cięta odpowiedź.

repartition (*rīpāti'szεn*) *rz.* podział, repartycja.

repass (*rīpā's*) *cz.* powracać (tą samą drogą); przechodzić, przejeżdżać; przeprawić się ponownie.

repast (*rεpā'st*) *rz.* posiłek; uczta; strawa.

repay (*rεpej'*) *cz.* zapłacić czem za coś; odwdzięczyć się; wywzajemnić się; oddać wet za wet; **-ment** (*-mənt*) *rz.* odpłata, zapłata; odwzajemnienie.

repeal (*rεpī'l*) *rz.* zniesienie, uchylenie, odwołanie; skasowanie; ~, *cz.* odwołać; uchylić; znieść; **-able** (*-əbεl*) *pm.* odwołalny.

repeat (*rεpī't*) *rz.* powtórzenie; ~, *cz.* powtórzyć; **-edly** (*-ədli*) *ps.* niejednokrotnie, wielokrotnie, wciąż; **-er** (*-ə*) *rz.* broń automatyczna.

repel (*rεpe'l*) *cz.* odeprzeć; odpychać; odrzucić; odtrącić; **-lent** (*-ənt*) *pm.* odpychający; wstrętny; odtrącający.

repent (*rεpe'nt*) *cz.* żałować; **-ance** (*-εns*) *rz.* żal, skrucha; **-ant** (*-εnt*) *pm.* żałujący, skruszony.

repeople (*rīpī'pεl*) *cz.* zaludnić ponownie.

repercussion (*rīpəkă'szεn*) *rz.* odbicie, perkusja; odskok; powtarzanie dźwięków.

repertoire (*repətuā'*) *rz.* repertuar.

repertory (*re'pətori*) *rz.* repertorjum; magazyn, skład; skarbiec; wykaz; rejestr.

repet-end (*repəte'nd*) *rz.* powtarzająca się część ułamka dziesiętnego; **-ition** (*repəti'szεn*) *rz.* powtórzenie.

repine (*rεpaj'n*) *cz.* skarżyć się, szemrać; sarkać.

replace (*rεplej's*) *cz.* zastąpić; zamienić; odstawić na stare miejsce; zwrócić, przywrócić; przenieść (na inną posadę); **-ment** (*-mənt*) *rz.* postawienie na dawne miejsce, przywrócenie; zastąpienie.

replant (*rεplā'nt*) *cz.* ponownie zasadzić.

replenish (*rεple'nisz*) *cz.* ponownie napełnić; zaopatrzyć; **-ment** (*-ment*) *rz.* ponowne napełnienie, dostarczenie, zaopatrzenie.

reple-te (*rεplī't*) *pm.* obfitujący, pełny; napełniony, przepełniony; **-tion** (*rεplī'szεn*) *rz.* przepełnienie; napełnienie.

replev-in, -y (*rεple'win riple'wi*) *rz.* zwrot skonfiskowanego majątku z warunkiem poddania się ponownej decyzji sądowej; zdjęcie aresztu z ruchomości; ~, *cz.* zwrócić majątek z warunkiem jak wyżej.

replica (*re'plikə*) *rz.* kopja dzieła sztuki (robiona przez autora); **-tion** (*replikej'szεn*) *rz.* odpowiedź; replika (sądowa).

reply (*rεplaj'*) *rz.* odpowiedź; ~, *cz.* odpowiadać.

repolish (*rεpo'lisz*) *cz.* wypolerować ponownie, odpolerować.

report (*rεpō't*) *rz.* wieść, pogłoska; relacja; sprawozdanie, raport; huk; odgłos; ~, *cz.* składać raport; meldować (się); zawiadomić; donosić; oznajmić; it is **-ed**, mówią że; opowiadają; **-er** (*-ə*) *rz.* sprawozdawca (gazetowy).

repos-al (*rεpou'zel*) *rz.* złożenie; poleganie na kim; spoczywanie; **-e** (*rεpou'z*) *rz.* spoczywanie; spokój, spoczynek; **-e** *cz.* pomieścić, złożyć; pochować; spoczywać; **-itory** (*rεpo'zitory*) *rz.* skład; miejsce schowania; powiernik.

repossess (*rīpoze's*) *cz.* odzyskać.

reprehen-d (*reprεhe'nd*) *cz.* ganić, strofować, karcić; **-sible** (*reprεhe'nsibεl*) *pm.* naganny; karygodny; **-sion** (*reprεhe'nszεn*) *rz.* nagana, skarcenie; strofowanie, zgromienie.

represent (*reprεze'nt*) *cz.* przedstawiać, przedkładać; skreślać, opisywać; wyobrażać; zastępować; **-ation** (*reprəzəntej'szεn*) *rz.* przedstawienie, przedłożenie; reprezentacja, przedstawicielstwo; zastępstwo; **-ative** (*reprəze'ntətiw*) *rz.* reprezentant, za-

stępca, przedstawiciel, poseł (sejmowy); ~, *pm.* przedstawiający, reprezentacyjny; przedstawicielski, typowy; zastępujący.
repress (*rεpre's*) *cz.* stłumić, poskromić; powstrzymać, pohamować; ukrócić; **-ion** (*rεpre'szεn*) *rz.* stłumienie, poskromienie, represja; przytłumienie; powściągnienie, ukrócenie; **-ive** (*-iw*) *pm.* tłumiący; poskramiający; tamujący; powściągający; ~~ measures, środki represyjne.
reprieve (*rεprī'w*) *cz.* odroczyć, dać wytchnienie; zawiesić wykonanie wyroku; ~, *rz.* zawieszenie wykonania wyroku; odroczenie (w prawie); wytchnienie.
reprimand (*re'primānd*) *rz.* reprymenda; nagana; ~, *cz.* zganić, skarcić; strofować.
reprint (*rīpri'nt*) *rz.* przedruk; ~, *cz.* przedrukować.
repris-als (*ripraj'zəlz*) *rz. lmn.* represalja; **-e** (*ripraj'z*) *rz.* dzierżawa.
reproach (*rεprou'cz*) *rz.* wyrzut, wymówka; zarzut, nagana; ~, *cz.* wymawiać; wyrzucać co komu; obwiniać; **-able** (*-əbεl*) *pm.* naganny; karygodny; **-ful** (*-ful*) *pm.* zawierający wyrzut; z wyrzutem; strofujący; **-less** *pm.* nienaganny, bez zarzutu.
reprobat-e (*re'probət*) *pm.* potępiony; niecnota; niegodziwy, bezbożny; ~, *rz.* niegodziwiec, potępieniec; **-e** (*re'probejt*) *cz.* skazać na potępienie; potępić; **-ion** (*reprobej'szen*) *rz.* potępienie.
reproduc-e (*reprodjū's*) *cz.* reprodukować; odtworzyć; hodować; **-tion** (*rīprodă'kszεn*) *rz.* reprodukcja, odtworzenie; **-tive** (*-tiw*) *pm.* reprodukcyjny; odtwarzający.
reproof (*rεprū'f*) *rz.* wyrzut, wymówka; zarzut.
reprov-e (*rεprū'w*) *cz.* zganić, strofować, gromić; **-ingly** *ps.* z wyrzutem.
reptant (*re'ptənt*) *pm.* czołgający, pełzający.
reptil-e (*re'ptil, -tajl*) **-ian** (*repti'ljən*) *rz.* płaz, gad; ~, *pm.* pełzający, czołgający; właściwy płazowi.
republic (*ripă'blik*) *rz.* rzeczpospolita, republika; **-an** (*-εn*) *rz.* republikanin; ~, *pm.* republikański.
republish (*ripă'blisz*) *cz.* ogłaszać ponownie, opublikować ponownie.
repudia-te (*repjū'diejt*) *cz.* odrzucić; zaprzeć się; porzucić żonę; rozwieść się; **-tion** (*repjūdjej'szen*) *rz.* odrzucenie, porzucenie; zaparcie się; rozwód.
repugn (*rεpjū'n*) *cz.* mieć wstręt; sprzeciwiać się czemu; **-ance** (*ripă'gnəns*) *rz.* niezgodność; odraza, wstręt; sprzeczność; niechęć; **-ant** (*-nənt*) *pm.* niezgodny; sprzeczny, wrogi; wstrętny; odpychający.
repuls-e (*rεpă'ls*) *rz.* odparcie, odmowa; odprawa z niczem; ~, *cz.* odtrącić, odbić; odepchnąć; odpędzić; **-ion** (*rεpă'lszεn*) *rz.* odpychanie; odparcie; wstręt; **-ive** (*-iw*) *pm.* odpierający; odpychający; wstrętny; odpędzający; **-iveness** (*-iwnes*) *rz.* wstręt.
repurchase (*rīpə'czεs*) *rz.* odkupienie; ~, *cz.* odkupić.
reput-able (*re'pjutəbεl*) *pm.* szanowny; chlubny; zaszczytny; **-ation** (*repjutej'szεn*), **-e** (*rεpjū't*) *rz.* sława, reputacja; dobre imię; **-e** *cz.* poczytywać, sądzić; uważać za; **-ed** (*-εd*) *pm.* uważany za, uchodzący za; domniemany; **-edly** (*ripjū'tεdli*) *ps.* według opinji.
request (*rεkue'st*) *rz.* prośba; pobyt; potrzebowanie; ~, *cz.* prosić (o); upraszać.
requiem (*re'kuiəm*) *rz.* msza żałobna; (*muz.*) rekwjem.
requir-able (*rikuaj'rəbε'*) *pm.* wymagalny, potrzebny; **-e** (*rεkuaj'e*) *cz.* żądać, wymagać; potrzebować; **-ement** (*-mənt*) *rz.* żądanie, wymaganie, potrzeba.
requisit-e (*re'kuizit*) *rz.* rzecz konieczna, wymagana, niezbędna; *lmn.* rekwizyty; ~, *pm.* potrzebny, wymagany, ko-

nieczny; **-ion** (*rekuizi'szen*) *rz.* żądanie, wymaganie, rekwizycja; **-ion** *cz.* rekwirować.
requit-al (*rikuaj'tel*) *rz.* odpłata, odwet; wynagrodzenie; **-e** (*rekuaj't*) *cz.* wynagrodzić stratę; odpłacić; odwzajemnić; zemścić się.
reredos (*rīri'dos*) *rz.* tło ołtarza.
resci-nd (*rəsi'nd*) *cz.* odwołać, znieść, obalić; unieważnić; **-ssion** (*rəsi'żen*) *rz.* skasowanie; obalenie; zniesienie.
rescript (*rī'skript*) *rz.* reskrypt; rozporządzenie.
rescue (*re'skjū*) *rz.* wybawienie; ratunek; uwolnienie; ~, *cz.* wybawić, uratować; uwolnić; **-r** (*-ə*) *rz.* wybawca, oswobodziciel.
research (*resə̄'cz*) *rz.* poszukiwanie, dociekanie, badanie; ~, *cz.* badać; poszukiwać; dociekać; **-er** (*-ə*) *rz.* poszukiwacz, badacz. [sadzić.
reseat (*resī't*) *cz.* ponownie po-
reseda (*resi'da*) *rz.* rezeda (*bot.*).
reseize (*resī'z*) *cz.* ponownie ująć, zabrać.
resell (*rise'l*) *cz.* sprzedawać znowu, odsprzedać.
resembl-ance (*reze'mbləns*) *rz.* podobieństwo; wizerunek; bear ~ to; **-e** (*reze'mbel*) *cz.* być podobnym do.
resent (*reze'nt*) *cz.* oburzyć się, mieć pretensję; wziąć za złe; **-ful** (*-ful*) *pm.* oburzony; obrażony; zawzięty; **-ment** (*-mənt*) *rz.* oburzenie; pretensja.
reserv-ation (*rezəwej'szen*) *rz.* zatrzymanie dla siebie; zastrzeżenie; rezerwat; przechowanie; mental ~, niedomówienie; **-e** (*rezə̄'w*) *rz.* zapas; rezerwa; fundusz rezerwowy; zastrzeżenie, powściągliwość; wyjątek; zachowanie; **-e** *cz.* zachować, zatrzymać dla siebie; zastrzegać sobie; zarezerwować; zawarować; **-ed** (*-d*) *pm.* powściągliwy; małomówny, ostrożny; **-ist** (*-ist*) *rz.* rezerwista; **-oir** (*re'zəwuā*) *rz.* rezerwuar, zbiornik.
reset (*rīse't*) *cz.* ponownie obsadzić, ułożyć, rozłożyć; przechować kradzione rzeczy.
resettle (*rese'tel*) *cz.* przywrócić, nanowo ustanowić; nanowo uspokoić.
resid-e (*rezaj'd*) *cz.* przebywać stale, rezydować; mieścić się, tkwić w czem; **-ence** (*re'zidens*) *rz.* rezydencja; miejsce pobytu, pobyt; **-ent** (*re'zident*) **-entiary** (*rezide'nsziəri*) *rz.* stały mieszkaniec, rezydent; poseł dyplomatyczny; ~, *pm.* przebywający, obecny; tkwiący w czem; mieszkający, rezydujący; **-ual** (*rəzi'djuəl*) *rz.* różnica (liczb); **-ual, -uary** (*-juəri*) *pm.* pozostały, resztujący; **-ue, -uum** (*re'zidjuə, rezi'dżjuem*) *rz.* *lmn.* **residua** (*rezi'dżjuə*), pozostałość, osad, reszta.
resign (*rezaj'n*) *rz.* złożyć urząd; zrzec się, zrezygnować; ustąpić; poddać się; **-ation** (*rezignej'szen*) *rz.* rezygnacja; ustąpienie, poddanie się (losowi, woli Bożej); złożenie urzędu; **-ed** (*-'nd*) *pm.* zrezygnowany; **-edly** *ps.* z rezygnacją.
resilien-ce, -cy (*rizi'liəns, -i*) *rz.* elastyczność; odprężność; odskok; **-t** (*-ənt*) *pm.* elastyczny; odprężny.
resin (*re'zin*) *rz.* żywica; **-ous** (*-əs*) *pm.* żywiczny, smolny.
resipiscence (*resipi'səns*) *rz.* uznanie błędu.
resist (*rəzi'st*) *cz.* sprzeciwiać się, opierać się; stawiać opór; ostać się; **-ance** (*-ens*) *rz.* sprzeciwianie się, opór; **-ant** (*-ent*) *pm.* sprzeciwiający się, opierający się; oporny; **-ibility** (*rəzistibi'liti*) *rz.* odporność; **-ible** (*rəzi'stibel*) *pm.* odporny; **-less** *pm.* nieodparty; nieodporny.
resoluble (*re'zolu'el*) *pm.* rozpuszczalny.
resolut-e (*re'zolūt*) *pm.* zdecydowany, stanowczy, śmiały; rezolutny; odważny; **-ion** (*rezol[j]ū'szen*) *rz.* decyzja, postanowienie, uchwała; rezolutność, stanowczość, śmiałość; rozwiązanie, rozpuszczenie, rozkład; **-ive** (*-iw*) *pm.* rozpuszczający, rozwiązujący.
resolv-able (*rezo'lwəbel*) *pm.* rozwiązalny; rozpuszczalny; **-e**

(*rɛzo'lu*) *rz.* rezolucja; decyzja; postanowienie; -e *cz.* rozpuścić się; rozwiązać, wyjaśnić; postanowić; zdecydować; rozstrzygnąć; roztopić; rozłożyć; ~ upon something, postanowić coś; zdecydować się na coś; -ed (-*d*) *pm.* zdecydowany; zdeterminowany; -ent (-*ənt*) roztworzyciel (*chem.* i *med.*); ~, *pm.* rozpuszczający.

resonan-ce (*re'zonəns*) *rz.* odgłos, rezonans; oddźwięk; -t (-*ənt*) *pm.* rezonansowy; głośny; odbijający się, brzmiący, rozlegający się.

resor-bent (*rɛsō'bənt*) *pm.* pochłaniający; -ption (*rɛsō'pszɛn*) *rz.* rezorpcja, chłonienie.

resort (*rɛzō't*) *rz.* ucieczka; letnisko, uzdrowisko; ~, *cz.* udawać się, uciekać się do; odwiedzać; uczęszczać; zbierać się; gromadzić się; -ed to, odwiedzany, uczęszczany.

resound (*rɛzau'nd*) *cz.* odbijać głos; rozbrzmiewać; odbijać się echem; głosić, sławić; rozlegać się.

resource (*rɛsō's*) *rz.* źródło, pomysłowość; ratunek; pomoc; ucieczka; sposób; środek; -s, *rz. lmn.* fundusze; bogactwa, zasoby; -ful (-*ful*) *pm.* bogaty, zasobny; pomysłowy.

respect (*rɛspe'kt*) *rz.* poważanie, poszanowanie; wzgląd; ~, *cz.* poważać, szanować; dotyczyć; mieć wzgląd dla; in ~ of, co do, co się tyczy; in all -s, in every ~, pod każdym względem; with ~ to, ze względu na; -ability (-*əbi'liti*) *rz.* zacność; -able (*rɛspe'ktəbɛl*) *pm.* poważany, zacny, szanowny, czcigodny; -ful (-*ful*) *pm.* pełen uszanowania; uniżony, grzeczny; -fulness *rz.* poszanowanie, szacunek; -ing *ps.* odnośnie; co się tyczy, względem, zważywszy; -ive (-*iw*) *pm.* poszczególny; dotyczący; odnośny; względny; odpowiedni.

respell (*rɛspe'l*) *cz.* sylabizować ponownie.

respir-ation (*respirej'szɛn*) *rz.* oddech; oddychanie; -ator (*respirej'tə*) *rz.* respirator; maska gazowa; -atory (*re'spirətori*) *pm.* oddechowy; -e (*rɛspaj'ə*) *cz.* oddychać; odetchnąć.

respite (*re'spit*) *rz.* zawieszenie, odroczenie; wytchnienie; odetchnienie; ~, *cz.* odroczyć; pozwolić wytchnąć; zawiesić wyrok (śmierci).

resplenden-ce, cy (*rɪsple'ndəns -i*) *rz.* blask, jasność; świetność; -t (-*ənt*) *pm.* jaśniejący, świetny; błyszczący.

respon-d (*rɛspo'nd*) *cz.* odpowiadać; zastosować się do (życzenia); reagować na; -dence (*rɛspo'ndəns*) *rz.* odpowiedź; reakcja; -dent (-*ənt*) *pm.* odpowiadający; -se (*rɛspo'ns*) *rz.* odpowiedź, echo, odgłos; reakcja; -sibility (*rɛsponsibi'liti*) *rz.* odpowiedzialność; -sible (*rɛspo'nsibɛl*) *pm.* odpowiedzialny; pewny; solidny; -sive (-*iw*) *pm.* odpowiadający; czuły; odpowiedni; stosujący się; -sory (*rɛspo'nsəri*) *rz.* responsorja (*kościelne*).

rest (*re'st*) *rz.* spoczynek; odpoczynek; wytchnienie; spokój; reszta; miejsce (punkt) oparcia; pauza; podpora; tok (kopji); ~, *cz.* spoczywać; odpoczywać; polegać; zaufać; uspokoić się; pozostawać; wytchnąć; wspierać się; gruntować (się); -ful (-*ful*) *pm.* spokojny; kojący; odpoczywający; -less *pm.* niespokojny; -lessness *rz.* niepokój.

restaur-ant (*re'storənt*) *rz.* restauracja, jadłodajnia; -ateur (*rɛstorətə'*) *rz.* restaurator.

restiff patrz **restive.**

restitution (*restitjū'szɛn*) *rz.* restytucja; zwrot, przywrócenie.

restive (*re'stiw*) *pm.* oporny; krnąbrny; narowisty (koń); -ness (-*nəs*) *rz.* narowistość (konia); upór; znarowienie; krnąbrność.

restor-ation (*restorej'szɛn*) *rz.* zwrócenie, przywrócenie; odnowienie; restaurowanie; -ative (*rɛsto'rətiw*) *pm.* odnawiający; przywracający; wzmacniający; ~, *rz.* pokrzepienie; lekarstwo wzmacniające; -e (*ristō'ə*) *cz.* zwrócić, przywrócić (do poprzedniego stanu); odnowić, restaurować; wzmocnić, krzepić.

restrain (*rɛstrej'n*) *cz.* wstrzymywać, ograniczać; powściągnąć; ukrócić; uskromić; trzymać w ryzach; **-able** (*-əbɛl*) *pm.* powściągliwy; **-edly** (*-ədli*) *ps.* powściągliwie; **-t** (*rɛstrej'nt*) *rz.* powściągliwość; rezerwa; zakaz, hamulec; karby; tamowanie.

restrict (*rɛstri'kt*) *cz.* ograniczać; ścieśnić; **-ion** (*rəstri'kszɛn*) *rz.* ograniczenie, restrykcja; ścieśnienie; **-ive** (*-iw*) *pm.* restrykcyjny; ograniczający; ściągający (*med.*).

result (*rɛză'lt*) *rz.* wynik, skutek; rezultat; ~, *cz.* wynikać, kończyć się czem; wypływać; pochodzić; **-ant** (*-ənt*) *rz.* wynik, skutek; ~, *pm.* wynikający.

resum-e (*rɛzjū'm*) *cz.* podjąć na nowo; dalej prowadzić; powrócić do; odebrać; streścić; **-ption** (*rɛză'mpszɛn*) *rz.* podjęcie nanowo, rozpoczęcie nanowo; odebranie.

résumé (*re'zjumej*) *rz.* streszczenie.

resurrection (*rezəre'kszɛn*) *rz.* zmartwychwstanie; **-ist** (*-'kszənist*) *rz.* rezurekcjonista.

resuscita-te (*rɛsă'sitejt*) *cz.* wskrzesić; wzniecić; ocucić; **-tion** (*rɛsăsitej'szɛn*) *rz.* obudzenie, wskrzeszenie; ocucenie.

ret (*re't*) *cz.* moczyć len.

retail (*rī'tejl*) *rz.* detal; drobny handel; ~, *pm.* detaliczny; ~, (*rɛtej'l*) *cz.* sprzedawać detalicznie; powtarzać szczegółowo; opowiadać ze szczegółami; **-er** (*rɛtej'lə*) *rz.* detalista.

retain (*rɛtej'n*) *cz.* zatrzymywać, utrzymywać; zachować; wstrzymać; **-er** (*-ə*) *rz.* dependent; stary sługa; zwolennik; (*prawn.*) zatrzymanie; honorarjum adwokata.

retake (*rītej'k*) *cz.* zabrać, odebrać.

retaliat-e (*rɛtæ'ljejt*) *cz.* odwzajemnić się, odpłacić; oddać wet za wet, zemścić się; **-ion** (*-ej'szɛn*) *rz.* odwzajemnienie się, odpłata; odwet; zemsta; **-ive** (*rɛtæ'liətiw*), **-ory** (*-təri*) *pm.* odwetowy.

retard (*rɛtā'd*) *cz.* opóźniać; wstrzymywać; hamować; **-ation** (*rɛtādej'szɛn*) **-ment** (*-mənt*) *rz.* opóźnienie.

retch (*rī'cz*) *cz.* zbierać (się) na wymioty.

reten-tion (*rɛte'nszɛn*) *rz.* zatrzymanie; przywłaszczenie; pamięć; **-tive** (*rɛte'ntiw*) *pm.* zatrzymujący; pamiętny; wierny (o pamięci).

retiary (*rī'szieri*) *pm.* sieciowy.

reticen-ce (*re'tisɛns*) *rz.* małomówność, powściągliwość; **-t** (*-sɛnt*) *pm.* małomówny; powściągliwy.

reti-cle (*re'tikɛl*) *rz.* siatka (*opt.*); **-culate** (*rɛti'kjulət*) *pm.* siatkowy; **-culation** (*-ej'szɛn*) *rz.* układ siatkowy.

reticule (*re'tikjul*) *rz.* torebka; woreczek na robótki.

reticulum (*reti'kiuləm*) *rz.* drugi żołądek przeżuwaczy.

retina (*re'tinə*) *rz.* siatkówka (oka); **-l** (*re'tinɛl*) *pm.* siatkówkowy.

retinue (*re'tinjū*) *rz.* czeladź, orszak, świta; poczet.

retire (*rɛtaj'ə*) *cz.* cofnąć (się); wycofać; odejść, ustąpić; udać się na spoczynek; wycofać z obiegu (weksel); **-d** (*-d*) *pm.* samotny; wycofany (z kursu); dymisjonowany; usunięty; ustronny, zaciszny; **-dness** *rz.* ustronność, zacisze; **-ment** (*-mənt*) *rz.* cofnięcie, usunięcie (się); schronienie; zacisze, samotność.

retiring (*ritaj'riŋ*) *pm.* skromny, cofający się; bojaźliwy.

retort (*rɛtō't*) *rz.* odcięcie się; riposta; kolba; retorta (*chem.*); ~, *cz.* odpowiedzieć, odpłacić; odrzucić; przeciwstawić zarzut; **-ion** (*rɛtō'szɛn*) *rz.* odparcie zarzutu.

retouch (*rītă'cz*) *cz.* dotknąć się ponownie; poprawiać; retuszować.

retrace (*rɛtrej's*) *cz.* przerysować; kreślić kontury; odtworzyć; ~ one's steps, wrócić tą samą drogą.

retract (*rɛtræ'kt*) *cz.* wycofać; skurczyć (się); cofnąć, odwołać (słowo); wyrzekać się; **-ation -ion** (*rītrækte j'szɛn*) *rz.* odwołanie słów; skurczenie się; wycofanie; cofnięcie; **-ive** (*-tiw*) *pm.* odwołujący.
retreat (*rɛtrī't*) *rz.* odwrót, ustronie; schronienie, zacisze; rejterada; ~, *cz.* odstępować, cofać (się); ustępować; usunąć się (od czego).
retrench (*rɛtre'ncz*) *cz.* obcinać, redukować; ograniczyć (się); ukrócić; ująć; oszańcować; okopać; **-ment** (*-mənt*) *rz.* redukcja; uszczuplenie; ograniczenie (rozchodów); szaniec, okop.
retribu-tion (*retribjū'szɛn*) *rz.* odpłata, wynagrodzenie; kara; zapłata; **-tive, -tory** (*rətrī'bjutiw, -təri*) *pm.* odpłacający; nagrodzący.
retriev-able (*rɛtrī'wəbɛl*) *pm.* odzyskalny; do powetowania; **-e** (*rɛtrī'w*) *cz.* odnaleźć, odzyskać; wynagrodzić straty.
retroact (*rītroæ'kt*) *cz.* działać wstecz; **-ion** (*rītroæ'kszɛn*) *rz.* działanie wstecz; **-ive** (*-tiw*) *pm.* działający wstecz.
retroce-de (*rītrosī'd*) *cz.* cofać się, ustępować; odstąpić; **-cession** (*-se'szɛn*) *rz.* odstąpienie; cofanie się.
retrograd-ation (*rītrogrədej'szɛn*) *rz.* cofanie się; wsteczny ruch; **-e** (*re'trogrejd*) *pm.* wsteczny; **-e** *cz.* cofać się.
retrogression (*rītrogre'szɛn*) *rz.* cofnięcie się, retrogresja; wsteczny ruch; upadek.
retrospec-tion (*retrospe'kszɛn*) *rz.* rzut oka wtył, wstecz; ~, (*retrospe'kt*) *cz.* spoglądać wstecz; **-tive** (*-spe'ktiw*) *pm.* retrospektywny.
return (*rɛtə̄'n*) *cz.* wracać, powracać; odpowiadać; odwracać się; cofać; odzyskać, zwracać; oddać; odesłać; przynosić, dawać (zyski i t.p.); ~ thanks, składać podziękowania; ~, *rz.* powrót; powtórzenie się; zakręt; zwrot; nagroda; zysk; by ~ mail, odwrotną pocztą; in ~, wzamian; the **-s**, dochód, rezultaty finansowe; **-able** (*-əbɛl*) *pm.* zwrotny; powrotny; **-ing** (*-iŋ*) *rz.* powrót; ~ **ticket**, *rz.* bilet powrotny.
reuni-on (*rijū'niən*) *rz.* ponowne połączenie (się), spotkanie; zebranie; **-te** (*rījunaj't*) *cz.* połączyć (się) znowu; pojednać.
reveal (*rɛwī'l*) *cz.* wyjawić; odkryć; objawić; **-ment** (*-mənt*) *rz.* wyjawienie, objawienie.
reveille (*rɛwe'li*) *rz.* pobudka (wojsk).
revel (*re'wɛl*) *rz.* hulanka; biesiada; ~, *cz.* hulać, ucztować; rozkoszować się (czemś); **-er, -ler** (*-re'wə'ə*) *rz.* hulaka; biesiadnik; **-ry** (*-ri*) *rz.* biesiadowanie, ucztowanie; bankietowanie.
revelation (*rewəlej'szɛn*) *rz.* objawienie, wykrycie.
revendicate (*rɛwe'ndikejt*) *cz.* żądać zwrotu, rewindykować.
revenge (*rɛwe'ndż*) *rz.* odwet; zemsta, mściwość; rewanż; ~, *cz.* pomścić, zemścić się, mścić się; **-ful** (*-ful*) *pm.* mściwy; **-fulness** *rz.* mściwość.
revenue (*re'wənjū*) *rz.* dochód, wpływ; urząd skarbowy; ~**cutter** *rz.* statek straży celnej.
reverbera-nt (*rɛwə̄'bərənt*) *pm.* odbijający; **-te** (*rɛwə̄'bərejt*) *cz.* odbijać, dawać odgłos; odbijać się (o promieniach, o głosie); **-tion** (*rɛwə̄'ərej'szɛn*) *rz.* odbicie głosu, echo; odbicie promieni świetlnych; **-tory** (*rɛwə̄'bərətəri*) *pm.* odbijający.
rever-e (*rɛwī'ə*) *cz.* poważać, czcić; **-ence** (*re'wərəns*) *rz.* cześć, poważanie; His ~, Jego Wielebność; ~, *cz.* czcić, szanować; **-end** (*re'werənd*) *pm.* wielebny; **-ential** (*rewəre'nszəl*) *pm.* pełen uszanowania, uniżony.
reverie (*re'wəri*) *rz.* marzenie, rojenie; zamyślenie.
revers-al (*rɛwə̄'sɛl*) *rz.* odmiana (zdania, wyroku); odwrócenie; skasowanie, obalenie (wyroku); **-e** (*rɛwə̄'s*) *rz.* strona odwrotna, przeciwna; przeciwieństwo; ~, *pm.* odwrócony; odmienny, zmieniony; **-e** *cz.* odwrócić; przewrócić; skasować, obalić; **-ible** (*rɛwə̄'sibɛl*) *pm.* dający się odwrócić, przenicować; mo-

gący być obalonym, skasowanym; **-ion** (*rɛwə̄'szɛn*) *rz.* odwrócenie, przywrócenie majątku; powrót do poprzedniego stanu; sukcesja; prawo objęcia po kimś urzędu; **-ionary** (*rɛwə̄'szənəri*) *pm.* spadkowy; przywracający.
revert (*rɛwə̄'t*) *cz.* odwrócić (się); przypaść; przywrócić, powrócić; **-ible** (*-ibɛl*) *pm.* powrotny.
review (*rɛwjū'*) *rz.* przegląd; rewja; krytyka, recenzja; rewizja; ~, *cz.* przeglądać; robić przegląd; badać, rozpatrywać; napisać recenzję; **-er** (*-ə*) *rz.* recenzent; krytyk; inspektor.
revile (*rɛwaj'l*) *cz.* zniesławiać, lżyć; znieważać; szkalować; **-r** (*-ə*) *rz* lżyciel.
revis-al (*rɛwaj'zɛl*), **-e** (*rɛwaj'z*) *rz.* rewizja, przejrzenie, korekta; **-e** *cz.* przeglądać, robić rewizję, korektę; przejrzeć; poprawić; **-er** (*-ə*) *rz.* rewident; **-ion** (*rəwi'żɛn*) *rz.* rewidowanie; rewizja; korekta; przejrzenie.
revisit (*rīwi'zit*) *cz.* rewizytować; odwiedzić ponownie.
reviv-al (*rɛwaj'wɛl*) *rz.* odrodzenie, wznowienie; wskrzeszenie; odżycie; **-alist** (*rɛwaj'wəlist*) *rz.* zwolennik odrodzenia religijnego; **-e** (*rɛwaj'w*) *cz.* odżyć; odzyskać siłę, życie; ożywić się; ożywiać; wskrzesić; ocucić; **-er** (*-ə*) *rz.* ożywiciel, wskrzesiciel.
revivif-ication (*rewiwifikej'szɛn*) *rz.* przywrócenie do życia; ożywienie; **-y** (*rəwi'wifaj*) *cz.* przywrócić do życia, ożywić; ożyć; obudzić się do nowego życia.
revo-cable (*re'wokəbɛl*) *pm.* odwołalny; **-cation** (*rɛwokej'szɛn*) *rz.* odwołanie; **-atory** (*re'wokətəri*) *pm.* odwoławczy; **-ke** (*rɛwou'k*) *cz.* odwołać; skasować.
revolt (*rɛwo'lt*) *rz.* bunt; powstanie; ~, *cz.* oburzać się; zbuntować (się); **-ing** *pm.* oburzający.
revolution (*rewolū'szɛn*) *rz.* obrót (naokoło osi); przewrót; rewolucja; **-ary** (*rewolū'szənəri*) *pm.* rewolucyjny; przewrotowy; **-ist** (*-ist*) *rz.* rewolucjonista; wywrotowiec; **-ize** (*-ajz*) *cz.* rewolucjonizować; wywołać przewrót.
revolve (*rɛwo'lw*) *cz.* obracać się; toczyć się; krążyć; **-r** (*-ə*) *rz.* rewolwer.
revul-sion (*rɛwă'lszɛn*) *rz.* przewrót; nagła reakcja; odmiana; oderwanie; **-sive** (*-siw*) *pm.* wywołujący nagłą reakcję.
reward (*rɛuō'd*) *rz.* nagroda; zapłata; wynagrodzenie; ~, *cz.* nagradzać; wynagradzać; zapłacić.
rewrite (*rīraj't*) *cz.* przepisać.
rhapsod-ical (*ræpso'dikɛl*) *pm.* urywkowy; rapsodyczny; **-ist** (*ræ'psədist*) *rz.* rapsodysta; **-y** (*ræ'psədi*) *rz.* rapsod; (*muz.*) rapsodja.
rhea (*rī'ə*) *rz.* struś południowoamerykański.
rhenish (*re'nisz*) *pm.* reński; ~, *rz.* wino reńskie.
rheo-meter (*rɛo'mitə*) *rz.* reometr; **-scope** (*rī'oskoup*) *rz.* galwanoskop; **-stat** (*rī'ostət*) *rz.* reostat.
rhetor (*re'tə*) *rz.* retor; **-ic** (*re'tərik*) *rz.* retoryka; krasomówstwo; **-ical** (*rəto'rikɛl*) *pm.* retoryczny; **-ician** (*retəri'szɛn*) *rz.* krasomówca; retor.
rheum (*rū'm*) *rz.* (*przest.*) katar; wydzielina śluzowata; **-atic** (*rumæ'tik*) *pm.* reumatyczny; **-atism** (*rū'mətizɛm*) *rz.* reumatyka; reumatyzm, gościec; **-y** (*rū'mi*) *pm.* ciekący; kataralny.
rhinoceros (*rajno'sərəs*) *rz.* nosorożec (*zool.*).
rhododendron (*roudode'ndrən*) *rz.* rododendron.
rhomb (*ro'm, -b*), **-us** (*ro'mbəs*) *rz.* romb (*geom.*); **-ic** (*ro'mbik*) *pm.* rombowy; **-oid** (*-ojd*) *rz.* romboid, równoległobok pochylony o bokach nierównych; **-oid, -oidal** (*-ojd, -ojdɛl*) *pm.* romboidalny.
rhubarb (*rū'lāb*) *rz.* rumbarbarum (*bot.*)
rhumb (*ră'm, -b*) *rz.* rumb.
rhyme (*raj'm*) *rz.* rym; without ~ or reason, ni stąd ni zowąd; ni w pięć, ni w dziesięć; ~, *cz.* rymować; **-er, -ster** (*raj'mə, -stə*) *rz.* wierszokleta.

rhythm (*ri'ðεm*) *rz.* rytm; wiersz; miarowość; **-ic, -ical** (*ri'ðmikεl, ri'ð-*) *pm.* rytmiczny, miarowy.
rib (*ri'b*) *rz.* żebro; żeberko; **-bed** (*-'bd*) *pm.* żebrowaty; **-wort** (*-uōt*) *rz.* (*bot.*) babka.
riba'd (*ri'bεld*) *pm.* rubaszny, hultajski, rozpustny; ~, *rz.* rozpustnik; **-ry** (*ri'bəldri*) *rz.* hultajstwo, rozpusta; rubaszność.
riband, ribbon (*ri'bεnd, ri'bεn*) *rz.* wstążka; wstęga; lamówka; **-s** *lmn.* cugle.
rice (*raj's*) *rz.* ryż; ~ paper, papier atłasowy.
rich (*ri'cz*) *pm.* bogaty, obfity; żyzny; żywy, soczysty (o kolorach); jasny; the ~ and the poor, bogaci i ubodzy; **-es** (*-iz*) *rz. lmn.* bogactwo; skarby; **-ness** (*-nəs*) *rz.* obfitość, bogactwo; przepych.
rick (*ri'k*) *rz.* stóg, bróg, sterta.
ricket-s (*ri'kəts*) *rz. lmn.* krzywica, angielska choroba; **-y** (*ri'kəti*) *pm.* rachityczny; wykrzywiony; koślawy; rozklekotany.
ricochet (*ri'koszej, -szet*) *rz.* rykoszet.
rid (*ri'd*) *cz.* usunąć, uwolnić; uprzątnąć; ~, *pm.* uwolniony; wolny; get ~ of, pozbyć się; **-dance** (*-εns*) *rz.* usunięcie, uwolnienie (się); zbycie; pozbycie się.
ridden (*ri'dεn*) *pm.* od **ride.**
riddle (*ri'dεl*) *rz.* rzeszoto; sito; zagadka; ~, *cz.* odgadnąć zagadkę; dać do odgadnienia; mówić zagadkowo; przesiewać; dziurkować.
ride (*raj'd*) *rz.* jazda, przejażdżka; aleja dla konnej jazdy; *~, *cz.* jechać (konno, powozem); przejechać; jeździć; płynąć (o okręcie); tyranizować, znęcać się; ~ at anchor, stać na kotwicy; **-r** (*-ə*) *rz.* jeździec, klauzula; ciężarek przesuwany.
ridge (*ri'dż*) *rz.* grzbiet; szczyt; brózda; pasmo gór; miedza; linja podziału wód; **-d** (*-d*) *pm.* w prążki, w paski; wyniosły; **-tile** *rz.* koszówka (dachówka).
ridicul-e (*ri'dikjūl*) *rz.* śmieszność; pośmiewisko; turn into ~, **-e** *cz.* ośmieszyć, wyśmiać; **-ous** (*ridi'kjuləs*) *pm.* śmieszny; dziwaczny; **-ousness** (*-nəs*) *rz.* śmieszność; dziwaczność.
riding (*raj'diŋ*) *rz.* jazda (konna); obwód, okręg; powiat; ~ habit, amazonka; litte red ~ Hood, czerwony kapturek; **-coat** *rz.* ubranie do jazdy; **-school** *rz.* szkoła konnej jazdy; **maneż**; **-whip** *rz.* szpicruta.
rife (*raj'f*) *pm.* panujący, powszechnie przyjęty; grasujący; liczny; **-ness** (*-nəs*) *rz.* obfitość.
riffraff (*ri'fræf*) *rz.* motłoch, hałastra; hołota.
rifle (*raj'fεl*) *rz.* karabin; muszkiet; gwint (w karabinie); ~, *cz.* porwać, zabrać, ograbić; gwintować broń; **~-brigade** *rz.* strzelcy; **-man** *rz.* strzelec; ~ **shot** pole ognia.
rift (*ri'ft*) *rz.* szczelina, szpara; rozpadlina; ~, *cz.* rozszczepiać (się); rozłupać.
rig (*ri'g*) *rz.* takelunek; szachrajstwo; ~, *cz.* wyekwipować; wysztafirować; szachrować; **-ging** (*-giŋ*) *rz.* takelunek (*mar.*).
right (*raj't*) *rz.* prawo, słuszność; sprawiedliwość; prawa strona; prawica; należytość; racja; prawda; ~, *pm.* słuszny, sprawiedliwy; właściwy; prawy; należyty; uczciwy; prawdziwy; czysty; przyzwoity; serves him ~, dobrze mu tak; to be ~, mieć słuszność; the ~ reverend, przewielebny; ~ honorable, wielce szanowny; jaśnie wielmożny; ~, *ps.* słusznie; właściwie; należycie; nader; prawdziwie; wprost; istotnie; ~, *cz.* wymierzyć sprawiedliwość; naprostować; sprostować; wyprostować się; **-about** *rz.* zwrot wtył; **-angled** *pm.* prostokątny; **-handed** *pm.* zadany ręką prawą; używający ręki prawej; **-eous** (*raj'czəs*) *pm.* sprawiedliwy; prawy; cnotliwy; poczciwy; **-eousness** (*raj'czəsnəs*) *rz.* sprawiedliwość, prawość; bogobojność; **-ful** (*-ful*) *pm.* sprawiedliwy; prawny; prawy; słuszny; **-fulness** *rz.*

prawność; sprawiedliwość; **-ness** (*-nəs*) *rz.* słuszność; prawda; sprawiedliwość.

rigid (*ri'dżid*) *pm.* sztywny; surowy; nieugięty; ostry; cierpki; **-ity** (*ridżi'diti*) *rz.* sztywność, nieugiętość; surowość; ostrość.

rigmarole (*ri'gməroul*) *rz.* gadanina bez sensu.

rig-orous (*ri'gərəs*) *pm.* surowy; srogi; ścisły; twardy; nieugięty; ostry; dokładny; **-our** (*ri'gə*) *rz.* rygor; surowość; twardość; nieugiętość; **-orist** (*-rist*) *rz.* rygorysta.

rile (*raj'l*) *cz.* (gwar.) zgniewać, zezłościć.

rill (*ri'l*) *rz.* strumyk; ~, *cz.* płynąć, szumieć (o strumyku); **-et** (*ri'lɛt*) *rz.* strumyczek.

rim (*ri'm*) *rz.* obwódka; brzeg, krawędź; obramowanie; obręcz; oprawa (okularów).

rime (*raj'm*) *rz.* szron; rym; ~, *cz.* okrywać się szronem; rymować. [pękany.

rimo-se, -us (*raj'məs*) *pm.* po-

rimy (*raj'mi*) *pm.* okryty szronem.

rind (*raj'nd*) *rz.* kora; łupina; skórka.

rinderpest (*ri'ndəpest*) *rz.* zaraza bydlęca, księgosusz.

ring (*ri'ŋ*) *rz.* odgłos (dzwonka); dzwonienie; ton szczególny; ~, *rz.* obrączka, pierścionek; obręcz; tor (wyścigowy); arena, koło; have -s round the eyes, mieć podkrążone oczy; *~, *cz.* dzwonić, rozbrzmiewać; brzmieć, rozlegać się; brzękać; ~, *cz.* otoczyć kołem; opatrzyć w obręcze; the ears ~, w uszach szumi; ~ a bell, zadzwonić; **-bolt** (*ri'ŋboult*) *rz.* śruba z kółeczkiem; **-dove** (*-dʌw*) *rz.* gołąb grzywacz; **-ed** (*ri'ŋd*) *pm.* otoczony; tworzący koło; kolisty; noszący obrączkę (pierścionki); **-er** (*ri'ŋə*) *rz.* dzwonnik; **-finger** *rz.* palec serdeczny; **-leader** *rz.* prowodyr, herszt; **-let** (*-lɛt*) *rz.* pierścioneczek; loczek; kędzior.

rinse (*ri'ns*) *rz.* płókanie; ~, *cz.* przepłókiwać; płókać; wypłókać.

riot (*raj'-ət*) **-ousness** (*raj'-ətəsnəs*) *rz.* bunt, rokosz, rozruch; (*lit. & fig.*) orgja; run ~, szaleć; ~ of colour, orgja barw; ~, *cz.* hulać; wszczynać rozruch; wichrzyć; wyrabiać brewerje; buntować się; **~-act** *rz.* prawo przeciwko rozruchom; **-er** (*-ə*) *rz.* hulaka; wichrzyciel; buntownik; **-ous** (*-əs*) *pm.* hulaszczy; awanturniczy; szumny, huczny; hałasujący; burzliwy; buntowniczy.

rip (*ri'p*) *rz.* rozdarcie, rozprucie; ~, *rz.* szkapa; ~, *cz.* pruć (up); rozpruć; rozciąć; rozedrzeć (się); pęknąć.

riparian (*rajpe'riən*) *pm.* nadbrzeżny.

ripe (*raj'p*) *pm.* dojrzały; **-n** (*raj'pɛn*) *cz.* dojrzewać, hodować; **-ness** (*-nəs*) *rz.* dojrzałość.

ripple (*ri'pɛl*) *rz.* marszczenie się powierzchni wody; falowanie (zboża); szmer (wody); plusk; ~, *cz.* czochrać, czesać konopie; pluskać, szumieć (jak strumyk); marszczyć się (o powierzchni wody); falować (jak zboże).

rise (*raj'z*) *rz.* wschód; podnoszenie się; wznoszenie; źródło; podwyżka; wzrost ceny; powstanie; *~, *cz.* wznosić się; podnosić się; powstać; wschodzić; ukazywać się oku; powstawać przeciw komu; wzbierać; nabrzmieć; ~ up in arms, chwytać za broń; powstawać; **-n** (*ri'zɛŋ*) *cz.* od **rise.**

risib-ility (*rizibi'liti*) *rz.* zdolność (skłonność) do śmiechu; **-le** (*ri'zibɛl*) *pm.* śmieszny; skłonny do śmiechu.

rising (*raj'ziŋ*) *rz.* powstanie; rokosz, bunt; wschód; zmartwychwstanie.

risk (*ri'sk*) *rz.* ryzyko, niebezpieczeństwo; hazardowność; run the ~, narażać się na (niebezpieczeństwo), hazardować; ~, *cz.* ryzykować; ponosić ryzyko; **-y** (*-i*) *pm.* ryzykowny, hazardowny.

rite (*raj't*) *rz.* obrządek; rytuał; obyczaj.

ritual (*ri'tjuəl*) *rz.* rytuał, obrządek; ~, *pm.* rytualny, obrządkowy; **-ist** (*-ist*) *rz.* rytualista.

rival (*raj'wɛl*) *rz.* rywal; konkurent; współzawodnik; ~, *pm.* współzawodniczący; rywalizujący; ~, *cz.* współzawodniczyć; współubiegać się o; rywalizować; walczyć; **-ry, -ship** (*raj'wəlri*) *rz.* współzawodnictwo, rywalizacja.

rive (*raj'w*) *cz.* rozłupać (się); pęknąć; rozedrzeć; rozciąć.

rivel (*ri'wɛl*) *cz.* (przest.) marszczyć (się).

river (*ri'wə*) *rz.* rzeka; **-horse** *rz.* hipopotam (*zool.*); **-head** *rz.* źródło rzeki; **-ine** (*-ajn*) *pm.* rzeczny.

rivet (*ri'wet*) *rz.* nit; ~, *cz.* nitować; przymocować; zacieśnić; utkwić (oczy).

rivulet (*ri'wjulet*) *rz.* strumyczek.

rix-dollar (*ri'ks-do'lə*) *rz.* srebrna moneta wartości około 1 dolara.

roach (*rou'cz*) *rz.* raja, płoć (ryba).

road (*rou'd*) *rz.* droga, trakt; gościniec; (*fig.*) podróż; ~ **hog** *rz.* niebezpieczny motocyklista; **-less** *pm.* bezdrożny; **-ster** (*-stə*) *rz.* koń; samochód, rower spacerowy; **-way** *rz.* jezdnia.

roam (*rou'm*) *cz.* włóczyć się; wałęsać się; wędrować; **-er** (*-ə*) *rz.* włóczęga; łazęga.

roan (*rou'n*) *rz.* deresz; ~, *pm.* dereszowaty (koń).

roar (*rō'ə*) *rz.* ryk, szum, wrzawa; wrzask; trzask; łoskot; hałas; ~, *cz.* ryczeć; wrzeszczeć; krzyczeć; szumieć; czynić łoskot; **-ing** *pm.* hałaśliwy, wrzaskliwy, ogłuszający.

roast (*rou'st*) *rz.* pieczeń; ~, **-ed** (*-ɛd*) *pm.* pieczony; smażony; ~, *cz.* piec; smażyć; przypiekać; **-beaf, -meat** *rz.* rostbif; pieczeń; **-er** *rz.* szabaśnik.

rob (*ro'b*) *cz.* ograbić; okraść kogo; pozbawić, ogołocić; **-ber** (*-ə*) *rz.* złodziej; zbój; **-bery** (*-əri*) *rz.* kradzież, grabież; rozbój.

robe (*rou'b*) *rz.* suknia, szata; toga; ~, *cz.* odziać (się); ubrać się; przyoblec.

robin (*ro'bin*) *rz.* **-redbreast** czerwonogardł (*orn.*).

roborant (*rou'bərənt*) *pm.* wzmacniający, pokrzepiający.

robot (*rou'bot*) *rz.* robot; automat.

robust (*rob'st*) *pm.* krzepki; zdrowy; silny, mocny; **-ious** (*robă'sczəs*) *pm.* hałaśliwy; pewny siebie, machalny; **-ness** (*-nəs*) *rz.* krzepkość; moc.

rochet (*ro'czət*) *rz.* alba biskupia.

rock (*ro'k*) *rz.* skała, opoka; urwisko; wieża (w szachach); przęślica; kądziel; ~, *cz.* bujać (się), kołysać (się); trząść; roszować (w szachach); **-crystal** *rz.* kryształ górski; **-er** (*-ə*) *rz.* biegun (kołyski); fotel bujający; koń na biegunach; **-et** (*-ɛt*) *rz.* rakieta (ognie sztuczne); rezeda, rukiew (*bot.*); **-ing chair,** = **rocker**; **-oil** *rz.* ropa (surowa nafta); **-salt** *rz.* sól kopalna; **-work** *rz.* skały sztuczne; **-y** (*-i*) *pm.* skalisty.

rod (*ro'd*) *rz.* rózga; berło; pręt (mierniczy); tyka; kij; szpicruta; wędka; connecting ~, wał łączący (*mech.*).

rode (*rou'd*) *cz.* od **ride.**

rodent (*rou'dɛnt*) *rz.* gryzoń (*zool.*), ~, *pm.* gryzący.

rodomontade (*rodomontej'd*) *rz.* fanfaronada; samochwalstwo; ~, *cz.* przechwalać, chełpić się.

roe (*rou'*) *rz.* sarna; łania (*zool.*); ikra; soft ~, mlecz (ryby); **-buck** *rz.* kozieł, rogacz (*zool.*).

rogation (*rogej'szɛn*) *rz.* suplikacja; ~ **week** *rz.* dni krzyżowe; tydzień przed Wniebowstąpieniem.

rogu-e (*rou'g*) *rz.* łotr; szelma; psotnik; play the ~, żarty stroić; ~ elephant, słoń samotnik; **-ery** (*rou'gəri*) **-ishness** *rz.* łotrostwo; **-ish** (*-isz*) *pm.* łotrowski; hultajski; figlarny.

roister (*roj'stə*) *cz.* dokazywać; wyrabiać brewerje; **-er** (*-rə*) *rz.* awanturnik; zawadjaka.

role (*rou'l*) *rz.* rola.

roll (*rou'l*) *rz.* toczenie się; kołysanie się (okrętu); bicie w bębny; zwój, zwitek; rejestr; spis; katalog; lista; zwał; wałek; bułka; a ~ of thunder, grzmot; ~, *cz.* toczyć; zwijać (w kłębek); zawinąć; bić w bęben; chybotać się; chwiać się; toczyć wody, fale; zwijać się; wałkować;

przewracać; kręcić (się); kołysać się (o okręcie); ~ up a parcel, zawinąć węzełek; ~ up, nawinąć; obwinąć w trąbkę; ~ in riches, opływać w bogactwa; **-call** *rz.* (*mil.*) apel; **-er** (*-ə*) *rz.* wałek, walec; powijak; bandaż; **-ing pin** *rz.* wałek do ciasta; **~-ing stock** *rz.* tabor kolejowy.

rollick (*ro'lik*) *cz.* hulać.

romaic (*rome'ik*) *rz.* nowożytny język grecki.

Roman (*rou'mən*) *rz.* Rzymianin; ~, *pm.* rzymski; ~ Catholic, *pm.* rzymsko-katolicki.

roman-ce (*roumæ'ns*) *rz.* romans; opowieść; romantyczność; języki romańskie; **-ce** *cz.* układać opowieści; zmyślać; **-cer** (*-ə*) *rz.* romansopisarz; **-tic** (*-tik*) *pm.* romantyczny; **-y** *rz.* cygan; ~~, *pm.* cygański.

romish (*rou'misz*) *pm.* rzymsko-katolicki; papieski.

romp (*ro'mp*) *rz.* hultaj, wisus; zabawa; dokazywanie ~, *cz.* bawić się hałaśliwie; baraszkować; **-ish** (*-isz*) *pm.* hałaśliwy; swawolny.

Röntgen, -rays (*re'ntgən rej'z*) *rz.* promienie Röntgena.

rood (*rū'd*) *rz.* miara powierzchni (pół morgi); krucyfiks; ~ **arch** *rz.* tęcza (w kościele).

roof (*rū'f*) *rz.* dach; strzecha; pułap; ~ of the mouth, podniebienie; ~, *cz.* pokrywać dachem; kryć; schronić pod dach; **-ing** (*-iŋ*) *rz.* dach; pokrycie dachu; **-less** *pm.* bez dachu, bezdomny; **-tile** *rz.* dachówka.

rook (*ru'k*) *rz.* gawron, wrona (*orn.*); wieża (w szachach); oszust, oszustka; ~, *cz.* oszukiwać, oszukać (w grze); roszować; **-ery** (*-əri*) *rz.* miejsce obfitujące w gniazda gawronie; rudera; **-y** (*-i*) *pm.* obfitujący w gawrony.

room (*rū'm*) *rz.* miejsce, przestrzeń; pokój, izba; sposobność, okazja; elbow ~, przestrzeń, miejsce; **-age** (*-edż*) *rz.* **-iness** (*-inəs*) *rz.* przestrzeń, przestronność; obszerność; **-y** (*-i*) *pm.* obszerny, przestronny.

roost (*rū'st*) *rz.* grzęda; ~, *cz.* siedzieć na grzędzie; nocować (o ptactwie); **-er** (*-e*) *rz.* kogut.

root (*rū't*) *rz.* korzeń; pierwiastek (*etym.* i *mat.*); źródło; podstawa; dno; take ~, puścić korzenie, zakorzenić się; square ~, pierwiastek kwadratowy; ~, *cz.* sadzić; zakorzenić się; ~ out, ~ up, wykorzenić, wytępić; wyplenić; **-bound, -ed** (*-ed*) *pm.* zakorzeniony; **-let** (*-lət*) *rz.* korzonek; **-y** (*-i*) *pm.* korzenisty; (gwara wojsk.) chleb.

root, rout (*rau't*) *cz.* ryć (o świni i t. p.).

rope (*rou'p*) *rz.* lina, sznur, powróz; stryczek; *lmn.* arkana; kleistość (płynów); ~, *cz.* wiązać; wiązać się linami (przy spinaczce); ciągnąć się (o płynach); **-dancer** *rz.* linoskok; **-ladder** *rz.* drabinka sznurowa; **-maker, -r** (*rou'pə*) *rz.* powroźnik; **-ry, -walk** (*-ri*) *rz.* powroźnia.

roquet (*roukej'*) *cz.* uderzać cudzą kulę (w krokiecie).

rorty (*rō'əti*) *pm.* (gwar.) wspaniały, bajeczny.

rosary (*rou'zəri*) *rz.* różaniec.

rose (*rou'z*) *rz.* róża; rozetka; under the ~, pod sekretem; **-ate** (*rou'zjət*) *pm.* różany; różowy; **-bay** (*rou'zbej*) *rz.* rododendron, oleander; **-bud** (*-băd*) *rz.* pączek róży; **-bush** (*-busz*) *rz.* krzak róży; **-ola** (*rozī'olə*) *rz.* róża (*med.*); **-mary** (*rou'zməri*) *rz.* rozmaryn (*bot.*); **-tte** (*roze't*) *rz.* rozeta; **-water** *rz.* woda różana; **-wood** *rz.* różane drzewo.

rose (*rou'z*) *cz.* od **rise.**

rosin (*ro'zin*) *rz.* żywica, kalafonja; **-y** (*-i*) *pm.* żywiczny, smolny.

rosiness (*rou'zinəs*) *rz.* różaność, różowy kolor.

roster (*ro'stə*) *rz.* (*mil.*) wykaz dyżurów.

rostr-al (*ro'strel*) *pm.* nosowy; dziobaty; **-ate, -ated** (*ro'strət*) *pm.* dziobaty; **-um** (*ro'strəm*) *rz.* dziób (galery wojennej lub ptaka); katedra, mównica; rura alembikowa.

rosy (*rou'zi*) *pm.* różowy.

rot (*ro't*) *rz.* gnicie, zgnilizna; próchnienie; motylica (choroba owiec); głupstwo; nonsens; ~, *cz.* gnić, próchnieć; psuć; **-ten** (*ro'tn*) *pm.* zgniły; zepsuty; spróchniały; robaczywy; paskudny; **-tenness** *rz.* zgniłość, zgnilizna; spróchniałość.

rota-ry (*rou'təri*) *pm.* obrotowy; kołowy; ~ club, nazwa pewnej instytucji humanitarnej; **-te** (*rou'tət*) *pm.* kołowaty; **-te** (*routej't*) *cz.* obracać się wkółko; zmieniać się kolejno; **-tion** (*rotej'szen*) *rz.* obracanie; kolejne następstwo; płodozmian; obrót; ruch kołowy; obieg; by ~, na przemiany, kolejno, zkolei; **-tive** (*rou'tətiw*) *pm.* obracający w koło; **-tory** (*rou'tətori*) *pm.* kołujący, obrotowy.

rote (*rou't*) *rz.* rutyna; wprawa; by ~, mechanicznie, z pamięci.

rotund (*rotă'nd*) *pm.* okrągły; zaokrąglony; **-a** (*rotă'ndə*) *rz.* rotunda, hala okrągła, sklepiona; **-ifolious** (*rotăndifou'liəs*) *pm.* mający okrągłe liście; **-ity** (*rotă'nditi*) *rz.* okrągłość, zaokrąglenie; **-o** (*rotă'ndou*) *rz.* rotunda.

rouge (*rū'ż*) *rz.* róż; barwiczka; ~, *pm.* czerwony; ~, *cz.* malować się, różować się.

rough (*ră'f*) *pm.* chropowaty; nierówny; wyboisty; nieokrzesany; chrapliwy; wzburzony; burzliwy; surowy; nieobrobiony; mniej więcej, w przybliżeniu; szorstki; niedelikatny; cierpki; grubjański; in the ~, w surowym stanie; ~, *cz.* ~ it, radzić sobie z trudnościami; żyć bez wygód; ~, *ps.* chropowato; ostro; surowo; zgrubsza; **-cast** *rz.* zarys; ~, *cz.* sklecić; otynkować; **-en** (*-n*) *cz.* stawać się, l. robić chropawym, ostrym, nierównym; zdziczeć; **-hew** (*-hjū*) *cz.* (zgrubsza) ociosać; **-ness** (*-nəs*) *rz.* chropowatość; ostrość, surowość, burzliwość; szorstkość; grubjaństwo; **-rider** *rz.* ujeżdżacz koni; **-shod** *pm.* ostro kuty.

roul-eau (*rūlou'*) *rz.* rulon, rulonik; **-ette** (*rule't*) *rz.* ruleta.

round (*rau'nd*) *rz.* krąg, koło; ront; bieg (okrężny); cykl; spacer; droga tam i zpowrotem; obieg; patrol; straż nocna; kromka, płatek; salwa; ~, *pm.* okrągły; zaokrąglony; wykończony; okrężny; swobodny; nieskrępowany; szczery; otwarty; prędki; skory; ~ hand, pismo rondowe; ~, *ps.* okrągło, całkowicie; dokoła; naokoło; all the year ~, przez cały rok; ~, *cz.* zaokrąglić (się); szeptać do ucha (przest.); otoczyć, okrążyć; zakończyć; minąć; kręcić się wkoło; obracać; ~ off, omijać, okrążać; **-about** (*-əbaut*) *pm.* okólny, okrążający; **~-s,** karuzela; **-head** *rz.* okrągło ostrzyżony; (*hist.*) stronnik parlamentu; **-house** *rz.* (*mar.*) kabina z tyłu kwaternu; **-ish** (*-isz*) *pm.* okrągławy; **-ness** (*-nəs*) *rz.* okrągłość; otwartość; szczerość.

roundelay (*rau'ndεlej*) *rz.* piosenka.

rouse (*rau'z*) *cz.* obudzić; wzbudzić; pobudzić (do czynu); otrząsnąć się; wzniecać; ruszyć (zwierza); wypłoszyć; ~, *rz.* (przest.) haust; hulanka.

rout (*rau't*) *rz.* krzyk, hałas; bunt; rozruchy; zbiegowisko; raut; zabawa (przest.); rozproszenie się; ~, *cz.* rozbić; pobić (nieprzyjaciela); ~, *cz.* ryć.

route (*rū't*) *rz.* trakt; podróż; (*mil.* *rau't*) marszruta.

routine (*rutī'n*) *rz.* rutyna; wprawa.

rove (*rou'w*) *rz.* wałęsanie się, wędrówka; ~, *cz.* wędrować, błąkać się; włóczyć się; **-r** (*-ə*) *rz.* włóczęga, korsarz.

rove (*rou'w*) *rz.* niedoprzęd; ~, *cz.* prząść.

row (*rou'*) *rz.* szereg, rząd; ~, *rz.* wiosłowanie; wycieczka łodzią; ~, *cz.* wiosłować; **-er** (*-ə*) *rz.* wioślarz; **-lock** (*rou'lək* i *ră'lεk*) *rz.* dulka (łódki).

row (*rau'*) *rz.* zgiełk, burda; awantura, bitka; ~, *cz.* zrobić awanturę, wywołać burdę; **-dy** (*-di*) *rz.* awanturnik; **-dyish** (*rau'diisz*) *pm.* awanturniczy.

rowel (*rau'əl*) *rz.* kółko ostrogi; zawłoka (dla koni); ~, *cz.* zawlec zawłokę.
royal (*roj'əl*) *pm.* królewski; ~ sail, mały żagiel na szczycie masztu; ~ paper, format papieru 29 × 19 (cali, wzgl. 25 × 20); **-ism** (*-izεm*) *rz.* rojalizm; **-ist** (*-ist*) *rz.* rojalista; **-ty** (*-ti*) *rz.* przywilej króla; członkowie rodziny królewskiej; władza królewska; prawa górnicze; honorarjum autorskie.
rub (*ră'b*) *rz.* potarcie, nacieranie; trudność; przeszkoda; ~, *cz.* trzeć, wycierać; skrobać; przecierać; zacierać (ręce); **-ber** (*-ə*) *rz.* rober (w kartach); guma; nacieracz; skrobaczka; ścierka; raszpla; India ~, guma, kauczuk; **-bers** (*-əz*) *rz. lmn.* kalosze gumowe.
rub-bish (*ră'bisz*) *rz.* śmiecie; gruz, rumowisko; **-ble** (*ră'bεl*) *rz.* rumowisko.
rub-icund (*rū'bikənd*) *pm.* rumiany, czerwony; **-ied** (*rū'bεd*) *pm.* rubinowy; **-ify** (*rū'bifaj*) *cz.* barwić na czerwono.
rubric (*rū'brik*) *rz.* rubryka; ~, **-al** (*-εl*) *pm.* drukowany czerwono; rubrykowany; **-ate** (*rū'brikejt*) *cz.* drukować czerwono; rubrykować.
ruby (*rū'bi*) *rz.* rubin (*min.*); ~, *pm.* rubinowy.
ruck (*ră'k*) *rz.* fałda, zmarszczka; ~, *cz.* marszczyć się.
ruckle (*ră'kεl*) *cz.* rzężeć.
rudder (*ră'də*) *rz.* ster; rudel; **-less** *pm.* bez steru.
rudd-iness (*ră'dinəs*) *rz.* rumianość, czerstwość twarzy; **-le** (*ră'dεl*) *rz.* ochra; **-y** (*ră'di*) *pm.* czerwony, rumiany; czerstwy; rudawy.
rude (*rū'd*) *pm.* szorstki, niegrzeczny; brutalny; surowy; nieokrzesany, gwałtowny; popędliwy; **-ness** (*-nəs*) *rz.* szorstkość, niegrzeczność; surowość; nieokrzesanie; ostrość (klimatu).
rudiment (*rū'dimənt*) *rz.* początek; podstawa; fundament; rudymenta; (*biol.*); szczątek; **-al** (*rūdime'ntεl*), **-ary** (*-təri*) *pm.* początkowy; szczątkowy, elementarny.
rue (*rū'*) *rz.* ruta (*bot.*); ~, *cz.* żałować; przeklinać; **-ful** (*-ful*) *pm.* smutny, żałosny; płaczliwy; **-fulness** *rz.* smutek; żałość, strapienie.
ruff (*ră'f*) *rz.* kryza; ~, *cz.* bić atutem.
ruffian (*ră'fjən*) *rz.* łotr; brutal; łajdak; szelma; rakarz; ~, *pm.* zbójecki, dziki, brutalny.
ruffle (*ră'fεl*) *rz.* mankiet z kryzą; marszczona koronka; zaniepokojenie; irytacja; zamieszanie; hałas; ~, *cz.* fałdować; zmiąć; marszczyć (się, jak powierzchnia wody); rozczochrać; swarzyć (się).
rufous (*rū'fəs*) *pm.* rumiany, śniady.
rug (*ră'g*) *rz.* dywan, kilim; pled; deka.
rugged (*ră'gεd*) *pm.* szorstki, chropowaty, nierówny; surowy; urwisty; dziki; **-ness** (*-nəs*) *rz.* szorstkość, chropowatość; urwistość; dzikość (np. gór).
rugby (*ră'gbi*) *rz.* gra w piłkę.
rugos-e (*rū'gəs*) *pm.* zmarszczony; **-ity** (*-iti*) *rz.* fałdzistość, zmarszczki.
ruin (*rū'in*) *rz.* ruina; zniszczenie, zguba; zburzenie; ~, *cz.* zniszczyć, rujnować; zgubić; zniweczyć; **-ation** (*-ej'szεn*) *rz.* zniszczenie; **-ous** (*rū'inəs*) *pm.* zgubny; niszczący; zrujnowany.
rule (*rū'l*) *rz.* prawidło; reguła; zakon; prawo; władza; rządy; panowanie; linja; linjał; wzór; porządek; as a ~, zazwyczaj; ~, *cz.* linjować; rządzić; panować; **-r** (*-ə*) *rz.* władca; linjał; linja.
rum (*ră'm*) *rz.* rum; ~, *pm.* dziwaczny, dziwny.
rumble (*ră'mbεl*) *rz.* dudnienie; turkot; grzmot; głuchy odgłos; miejsce dla lokaja na powozie; ~, *cz.* dudnieć; turkotać; grzmieć.
rumbustious (*rəmbă'stjəs*) *pm.* hałaśliwy; wrzaskliwy.
rumen (*rū'mən*) *rz.* pierwszy żołądek przeżuwaczy.
rumina-nt (*rū'minənt*) *pm.* przeżuwacz; **-te** (*-ejt*) *cz.* przeżuwać; (*fig.*) rozmyślać; rozważać; dumać (upon, nad czem); **-tion**

(*rūminej'szεn*) *rz.* przeżuwanie; rozmyślanie; dumanie.
rummage (*rū'mεdż*) *cz.* szperać; przetrząsać kąty; przeszukiwać; przewracać; ~, *rz.* przetrząsanie; zbieranina, graty.
rummer (*rā'mə*) *rz.* puhar.
rumour (*rū'mə*) *rz.* wieść, pogłoska; ~, *cz.* głosić wieści; puszczać pogłoski, rozgłosić.
rump (*rā'mp*) *rz.* zad; krzyż; część tylna; **-steak** *rz.* cąber.
rumple (*rā'mpεl*) *rz.* fałda, zmarszczka; karbek; ~, *cz.* marszczyć; fałdować; pomiąć, zmiętosić. [(gwar.).
rumpus (*rā'mpəs*) *rz.* zaburzenie
run (*rā'n*) *rz.* bieg, okres, tok; strumyk; ciąg; zagroda; długość; wycieczka; pęd; typ (przeciętny); run (*bank.*); *~, *cz.* biec; kursować; ubiegać się o; działać; obracać się; płynąć; ciec; brzmieć; wpaść; stawać się; zapędzić; ścigać; przeszyć, przebić; zapędzić; prowadzić; ~ away, uciekać, pierzchnąć; ~ mad, wściec się, zwarjować; ~ aground, wpaść na mieliznę; ~ foul of each other, wpaść na siebie; ~ out, upływać; wyczerpać się; ukończyć; ~ over, przejechać; ~ a horse, pędzić cwałem; ~ up, wychwalać; ~ oneself out, zniszczyć się, roztrwonić majątek; **-away** (*rā'nəuəj*) *rz.* zbieg, uciekinier.
run-e (*rū'n*) *rz.* znak runiczny; **-ic** *pm.* runiczny.
rung (*rā'η*) *cz.* od **ring**; ~, *rz.* szczebel.
runlet (*rā'nlət*) *rz.* strumyk; (przest.) beczułka.
runn-er (*rā'nə*) *rz.* biegacz; koń wyścigowy; goniec; posłaniec; odnoga; kamień młyński; płoza; **-et** (*-et*) *rz.* żołądek cielęcy; trawieniec cielęcia; **-ing** (*-iη*) *rz.* bieg; cieczenie; bieganie; ~, *pm.* biegnący; nieprzerwany; płynący; ciekący; ~~ knot, pętelka; three days ~~, trzy dni z rzędu; ~~ fight, bój w odwrocie.
runt (*rā'nt*) *rz.* drobna rasa bydła rogatego.

rupee (*rūpī'*) *rz.* rupja.
rupture (*rā'pczə*) *rz.* zerwanie, pęknięcie, poróżnienie; ruptura; przepuklina (*med.*); ~, *cz.* pęknąć; przerwać; rozerwać.
rural (*rū'rεl*) *pm.* wiejski; **-ity** (*ruræ'liti*) *rz.* wiejskość.
ruse (*rū'z*) *rz.* podstęp; fortel.
rush (*rā'sz*) *rz.* sitowie; rogozina; drobnostka; fraszka; **~-light** *rz.* światełko; **-y** (*-i*) *pm.* porosły sitowiem; pleciony z sitowia.
rush (*rā'sz*) *rz.* pęd, impet; tłok; ~, *cz.* rzucić się naprzód, wpaść, wlecieć; skoczyć; naglić; tłoczyć; pędzić.
rusk (*rā'sk*) *rz.* sucharek, suchar.
russet (*rā'sət*) *rz.* siermięga; ~, *pm.* rdzawy (kolor); chłopski, domowy, samodziałowy.
Russian (*rā'szən*) *pm.* rosyjski; ~, *rz.* Rosjanin.
rust (*rā'st*) *rz.* rdza (na żelazie, na zbożu); pleśń; ~, *cz.* rdzewieć, pleśnieć; **-iness** (*-inəs*) *rz.* zardzewiałość; **-y** (*-i*) *pm.* zardzewiały.
rustic (*rā'stik*) *rz.* wieśniak; prostak; ~, **-al** (*-εl*) *pm.* wiejski, nieokrzesany; prostacki; **-ate** (*-ejt*) *cz.* mieszkać na wsi; relegować (za karę) ze szkół; **-ation** (*rāstikej'szεn*) *rz.* pobyt na wsi; życie wiejskie; wydalenie, relegacja; **-ity** (*rāsti'siti*) *rz.* wiejskość; wiejskie życie; nieokrzesanie; prostactwo.
rustle (*rās'εl*) *rz.* szelest; ~, *cz.* szumieć (jak liście); szeleścieć.
rut (*rā't*) *rz.* bekowisko; ruja; ~, *rz.* koleina; wyżłobienie; ~, *cz.* bekać się; **-tish** (*-isz*) *pm.* bekający się, lubieżny.
ruth (*rū'þ*) *rz.* (przest.) żal, współczucie; **-ful** (*-ful*) *pm.* litościwy, żałujący; miłosierny; **-less** *pm.* niemiłosierny, bezlitośny; okrutny; srogi; **-lessness** *rz.* bezlitośność; dzikość, okrucieństwo.
rye (*raj'*) *rz.* żyto; **-grass** *rz.* kąkol trwały, rajgras (*bot.*).
ryot (*raj'ət*) *rz.* wieśniak Indyjski.

S

sabaoth (*sæ'bejoþ*) Lord of ~, Pan Zastępów.
sabbath (*sæ'bəþ*) *rz.* dzień wypoczynku, sabat; **-breaker** *rz.* gwałciciel sabatu.
sabre (*sej'bə*) *rz.* szabla; ~, *cz.* rozciąć szablą, zarąbać.
sable (*sej'bel*) *rz.* soból (*zool.*); ~, *rz.* kolor żałobny, czarny; ~, *pm.* czarny.
sabot (*səbou'*) *rz.* sabot; **-age** (*sæ'botedż*) *rz.* sabotaż.
sabulous (*sæ'bjuləs*) *pm.* piaszczysty. [i roślin).
sac (*sæ'k*) *rz.* worek (u zwierząt
sacchar-iferous (*sækəri'fərəs*) *pm.* cukrowy; **-in(e)** (*sæ'kərin*) *rz.* sacharyna; ~, *pm.* cukrowaty.
sacerdotal (*sæ'sədoutel*) *pm.* kapłański, duchowny.
sachem (*sej'czəm*) *rz.* wódz (u Indjan).
sachet (*səszej'*) *rz.* woreczek z pachnidłem.
sack (*sæ'k*) *rz.* wino słodkie; ~, *rz.* worek, wór; zwolnienie (z posady); ~, *rz.* złupienie; plondrowanie; rabunek; zburzenie; ~, *cz.* zwolnić (z posady); ~, *cz.* nasypać do worka; ~, *cz.* splondrować, zrabować; **-cloth** *rz.* materjał na worki; ubiór pokutny.
sacrament (*sæ'krəmənt*) *rz.* sakrament; **-al** (*sækrəmə'ntel*) *pm.* sakramentalny.
sacred (*sej'kred*) *pm.* poświęcony, święty; nienaruszony; **-ness** (*-nəs*) *rz.* świętość.
sacri-fice (*sæ'krifajs*) *rz.* poświęcenie, ofiara; ~, *cz* poświęcić, składać (w ofierze); ofiarować; **-ficial** (*fi'szel*) *pm.* ofiarny; **-lege** (*-ledż*) *rz.* świętokradztwo; **-legious** (*sækrilī'dżəs*) *pm.* świętokradzki.
sacring (*sej'kriŋ*) *rz.* poświęcenie, pomazanie; ~, *pm.* poświęcający.
sacri-stan (*sæ'kristen*) *rz.* zakrystjan; **-sty** (*sæ'kristi*) *rz.* zakrystja.
sacrum (*sej'krəm*) *rz.* kość krzyżowa.
sad (*sæ'd*) *pm.* smutny; posępny; przykry, lichy; nędzny; mizerny; **-den** (*-n*) *cz.* smucić się, zasmucać; posępnieć; zaciemnić; **-ness** (*-nəs*) *rz.* smutek, posępność; frasunek.
saddle (*sæ'del*) *rz.* siodło, siodełko; kulbaka; a ~ of mutton, zad barani; ~, *cz.* siodłać, osiodłać; kulbaczyć; obciążyć (czem); **-backed** (*-bæ'kt*) *pm.* siodłaty; **-bags** *rz.* *lmn.* torby przytroczone do siodła; **-bow** *rz.* łęk siodła; **-cloth** *rz.* derka pod siodło; **-girth** *rz.* popręg (siodła); **-horse** *rz.* koń wierzchowy; **-maker, -r** (*-ə*) *rz.* siodlarz; **-tree** *rz.* drewniany kadłub siodła.
sadducee (*sæ'd[ż]jusī*) *rz.* saduceusz.
sadism (*sā'dizem*) *rz.* sadyzm.
safe (*sej'f*) *rz.* kasa ogniotrwała, schowek; lodownia; ~, *pm.* bezpieczny, pewny; cały (i zdrów); ocalony, wierny; nienaruszony; **-conduct, -guard** *rz.* list żelazny, glejt; eskorta; osłona; ~, *cz.* dawać bezpieczną opiekę, zabezpieczyć; **-keeping** *rz.* przechowanie; **-ness** (*-nəs*) *rz.* bezpieczeństwo, pewność; **-ty** (*-ti*) *rz.* bezpieczeństwo, schronienie; całość; straż; uwięzienie; **-ty-belt** *rz.* pas bezpieczeństwa; **-ty-lamp** *rz.* lampa bezpieczeństwa (górników); **-ty-matches** *rz.* zapałki szwedzkie; **-ty-valve** *rz.* klapa bezpieczeństwa.
saffian (*sæ'fjən*) *rz.* safjan.
safflower (*sæ'flauə*) *rz.* krokosz (*bot.*).
saffron (*sæ'frən*) *rz.* szafran; ~, *pm.* szafranowy.
sag (*sæ'g*) *rz.* zwisanie, opadanie (liny); ~, *cz.* obwisać, opadać; być skrzywionym, wygiętym; zbaczać.
saga (*sā'ga*) *rz.* saga.
saga-cious (*səgej'szəs*) *pm.* sprytny; pojętny; mądry; trafny; bystry; **-city** (*səgæ'siti*) *rz.* bystrość, pojętność; mądrość; trafność.

sage (*sej'dż*) *rz.* szałwja; (*bot.*); ~, *rz.* mędrzec; ~, *pm.* mądry, roztropny, doświadczony; **-ness** (*-nəs*) *rz.* mądrość, rozum, roztropność.

saggy (*sæ'gi*) *pm.* obwisły; wykrzywiony.

sagit-tated (*sæ'dżitɛd*) *pm.* strzelisty; strzałowy; **-tarius** (*-tɛ̄'riəs*) *rz.* łucznik (*astr.*).

sago (*sej'gou*) *rz.* sago.

sahib, saheb (*sæ'hib*) *rz.* (w Indjach — tytuł) „pan".

said (*se'd*) *cz.* od **say.**

sail (*sej'l*) *rz.* żagiel; okręt; śmiga wiatraka; przejażdżka po morzu; set ~, odpłynąć; crowd ~, rozpinać żagle; strike ~, zwijać żagle; ~, *cz.* żaglować; płynąć; ~ from, wypłynąć; **-or** *rz.* marynarz; żeglarz; **-cloth** *rz.* płótno żaglowe; **-er** (*-ə*) *rz.* okręt żaglowy; drąg, reja.

sainfoin (*sej'nfojn*) *rz.* esparceta (*bot.*).

saint (*sej'nt*) *rz.* święty; ~ Anthony's fire, róża (*med.*); ~, *cz.* zaliczyć w poczet świętych; kanonizować; **-like, -ly** *pm.* święty; świętobliwy; **-ness** (*-nes*) **-ship** *rz.* świętość.

sake (*sej'k*) *rz.* for the ~ of . . ., dla, w imię; przez wzgląd na; przez miłość dla; for goodness' ~! na miłość Boską!

salable (*sej'ləbɛl*) *pm.* sprzedażny; **-ness** *rz.* łatwy zbyt, pokupność.

salaci-ous (*səlej'szəs*) *pm.* lubieżny; **-ty** (*səlæ'siti*) *rz.* lubieżność.

salad (*sæ'ləd*) *rz.* sałata; ~ days, lata młodzieńcze.

salamand-er (*sæ'ləmændə*) *rz.* salamandra; **-rine** (*-mæ'ndrin*) *pm.* salamandrowy.

salary (*sæ'ləri*) *rz.* pensja; wynagrodzenie; płaca.

sale (*sej'l*) *rz.* sprzedaż; wyprzedaż, licytacja; odbyt; **-sman** (*sej'lzmæn*) *rz.* subjekt; sprzedawca; **-smanship** *rz.* sztuka sprzedawania; sztuka przekonywania ludzi.

salep (*sæ'lep*) *rz.* salep.

saleratus (*sæləręj'təs*) *rz.* soda kuchenna.

salic (*sæ'lik*) *pm.* salicki.

salic-yl (*sæ'lisil*) *rz.* salicyl; **-in** *rz.* salicyna; **-ylous** *pm.* salicylowy.

salient (*sej'liənt*) *pm.* wystający, rzucający się w oczy; wydatny.

sali-ferous (*səli'fərəs*) *pm.* solodajny, solonośny; **-ne** (*sej'lajn*) *pm.* solny; ~~, *rz.* żupa solna; sól (*chem.*).

saliva (*səlaj'wə*) *rz.* ślina; **-ry** (*sæ'liwəri*) *pm.*. ślinowy; **-te** (*sæ'liwəjt*) *cz.* ślinić (się); **-tion** (*sæliwəj'szɛn*) *rz.* ślinotok.

sallow (*sæ'lou*) *rz.* wierzba witkowata; ~, *pm.* blady, żółtawy; ziemisty; **-ness** (*-nəs*) *rz.* bladość.

sally (*sæ'li*) *rz.* wypad (oblężonych); żart, docinek; wybryk; ~, *cz.* robić wypad z twierdzy; rzucić się.

salmon (*sæ'mən*) *rz.* łosoś; **-trout** *rz.* łososio-pstrąg.

salon (*səlo'n*) *rz.* salon; wystawa.

saloon (*səlū'n*) *rz.* sala; bar; zakład (np. fryzjerski); eating ~, sala jadalna; ~ car, wagon salonowy, salonówka.

saloop (*səlū'p*) *rz.* salep.

salsify (*sæ'lsifi*) *rz.* wężymord dziki (*bot.*).

salt (*sō'lt*) *rz.* sól; (*fig.*) smak, dowcip; ~, *pm.* słony; solny; lubieżny; ~, *cz.* solić; **-cellar** *rz.* solniczka; **-ed** *pm.* solony; **-er** (*-ə*) *rz.* solarz; **-ern** (*-ɛn*) *rz.* warzelnia soli; **-ish** (*-isz*) *pm.* słonawy; **-ishness, -ness** (*-iszn̄əs, -nəs*) *rz.* słoność; **-less** *pm.* niesolony; mdły; **-mine, -pit, -works,** warzelnia (kopalnia) soli; salina; **-spring** *rz.* źródło słone; **-y** (*-i*) *pm.* słonawy.

salta-tion (*səltej'szɛn*) *rz.* skakanie; **-tory** (*sæ'ltətəri*) *pm.* skaczący, skoczny.

saltpetre (*sōltpī'tə*) *rz.* saletra.

salubri-ous (*səlū'briəs*) *pm.* zdrowotny, zdrowy; zbawienny; **-ty** (*-briti*) *rz.* zdrowość.

salutary (*sæ'lutəri*) *pm.* zbawienny; uzdrawiający.

salut-ation (*sæljutej'szɛn*) *rz.* pozdrowienie, przywitanie; **-atory** (*səlū'tətori*) *pm.* powitalny; **-e** (*səlū't*) *rz.* pozdrowienie, powitanie; salutowanie; salwa; **-e** *cz.* pozdrawiać, witać; oddać ukłon, salutować.

salva-ge (*sæ'lwédż*) *rz.* ocalenie okrętu lub towarów; nagroda za ocalenie; towary ocalone w czasie pożaru; **-tion** (*səlwej'szεn*) *rz.* ocalenie; wybawienie; zbawienie.
salve (*sæ'lw*) *rz.* maść; ~, (*sæ'lwi*) *w.* salve! ~, *cz.* salwować, ratować; ocalić (towary, okręt); namaścić; natrzeć maścią;
salver (*sæ'lwə*) *rz.* tacka.
salvo (*sæ'lwou*) *rz.* salwa; ~, *rz.* zastrzeżenie; warunek, wykręt; wymówka.
sal volatile (*sæ'l wolæ'tilī*) *rz.* sole orzeźwiające.
sambo (*sæ'mbou*) *rz.* mieszaniec.
same (*sej'm*) *pm.* jednostajny; tenże, ten sam; the very ~, właśnie ten; ten sam (we własnej osobie); much the ~, bardzo podobny; at the ~ time, równocześnie; the ~ as, taki sam; all the ~, wszystko jedno; jedno i to samo; **-ness** (*-nəs*) *rz.* identyczność; jednostajność.
samlet (*sæ'mlət*) *rz.* młody łosoś.
samphire (*sæ'mfajə*) *rz.* koper morski (*bot.*).
sample (*sā'mpεl*) *rz.* próbka, przykład; wzór, okaz; ~, *cz.* dobierać próbek, pokazywać wzór; dawać próbki; **-r** (*-ə*) *rz.* wzór, wzorek, model.
sana-tion (*sənej'szεn*) *rz.* leczenie, kuracja; **-tive, -tory** (*sæ'nətiw, sæ'nətəri*) *rz.* uzdrawiający; **-torium** (*sænətō'rjəm*) *rz.* sanatorjum.
sancti-fication (*sæŋktifikej'szεn*) *rz.* uświęcenie; święcenie; **-fy** (*sæ'ŋktifaj*) *cz.* uświęcać; poświęcać; święcić; **-monious** (*-mou'niəs*) *pm.* świętoszkowy; **-moniousness** (*-nəs*), **-mony** (*sæ'ŋktiməni*) *rz.* świętoszkostwo.
sanction (*sæ'ŋkszεn*) *rz.* sankcja; uprawomocnienie; zatwierdzenie; ~, *cz.* sankcjonować, zatwierdzić.
sanctu-ary (*sæ'ŋkczuəri*) *rz.* sanktuarjum; świątynia; schronienie; take ~, schronić się; **-um** (*sæ'ŋktəm*) *rz.* miejsce uświęcone.
sand (*sæ'nd*) *rz.* piasek; my -s are running out, mój czas kończy się; moje dni (lata, godziny) są policzone; **-bag** *rz.* wór z piaskiem; **-bank** *rz.* ławica piasku; **-bath** *rz.* kąpiel piaskowa (*chem.*); **-blind** *pm.* półślepy; **-box** *rz.* piaseczniczka; **-ed** *pm.* piaszczysty, piaskowy; pstry, nakrapiany; **-eel** (*sæ'ndīl*) *rz.* węgorzyca (*zool.*); **-glass** *rz.* klepsydra; **-iness** (*-inəs*) *rz.* piaszczystość; **-ish** (*-isz*) *pm.* piaskowy; **-paper** *rz.* szklak, glaspapier; **-piper** *rz* słomka (*orn.*); **-pit** *rz.* piaskowisko; dół piaskowy; **-stone** *rz.* piaskowiec; **-y** (*-i*) *pm.* piaszczysty, piaskowy.
sandal (*sæ'ndεl*) *rz.* sandał; **-wood** *rz.* drzewo sandałowe.
sandarac (*sæ'ndəræk*) *rz.* sandarak (żywica).
sandwich (*sæ'nduicz*) *rz.* bułka z mięsem, serem i t. p.; kanapka; **-man** *rz.* człowiek-reklama z plakatami na piersiach i na plecach.
sane (*sej'n*) *pm.* zdrów; rozumny; rozsądny; **-ness** (*-nəs*) *rz.* zdrowy rozsądek, zdrowość.
sang (*sæ'ŋ*) *cz.* od **sing.**
sangui-nary (*sæ'ŋguinəri*) *pm.* okrutny, żądny krwi; krwiożerczy; **-ne** (*sæ'ŋguin*) *pm.* krwisty, sangwiniczny; optymistyczny; krewki; łatwowierny; **-neness** (*-nəs*) *rz.* krwistość, temperament; ufność; optymizm; **-neous** (*sæ'ŋguiniəs*) *pm.* krwisty.
sanhedrim (*sæ'nidrim*) *rz.* sanhedrin.
sanicle (*sæ'nikεl*) *rz.* zankiel (*bot.*).
sanit-ary (*sæ'nitəri*) *pm.* zdrowotny; sanitarny; **-ation** *rz.* uzdrowienie, sanacja; **-y** (*sæ'niti*) *rz.* zdrowy rozsądek, zdrowie, rozum.
sank (*sæ'ŋk*) *cz.* od **sink.**
Sanscrit, -skrit (*sæ'nskrit*) *rz.* sanskryt.
Santa Claus (*sæ'ntə klō'z*) [Mikołaj] Święty.
sap (*sæ'p*) *rz.* podkop; siła; ~, *rz.* soki (drzew, roślin); biel (drzewa); ~, *cz.* podkopywać (się); podminować; podmywać; **-less** (*-ləs*) *pm.* suchy, oschły; bez soków; **-ling** (*-liŋ*) *rz.* młode drzewko; drzewina; młodzieniec; **-piness** (*sæ'pinəs*) *rz.* soczystość; **-py** (*-li*) *pm.* soczysty.

sapid (*sæ'pid*) *pm.* smaczny, soczysty; **-ity** (*sæpi'diti*) *rz.* dobry smak; soczystość.
sapien-ce (*sej'piəns*) *rz.* przemądrzałość; rozum; **-t** (*-ənt*) *pm.* przemądrzały; rozumny.
sapon-aceous (*sæponej'szəs*) *pm.* mydlasty; **-ification** (*sæponifikej'szεn*) *rz.* zmydlanie; saponifikacja.
sapor (*sej'pə*) *rz.* smak.
sapper (*sæ'pə*) *rz.* saper (*mil.*).
Sapphic (*sæ'fik*) *pm.* saficki, saficzny.
sapphir-e (*sæ'fajə*) *rz.* szafir (*min.*); **-ine** (*sæ'firın*) *pm.* szafirowy.
saraband (*sæ'rəbænd*) *rz.* sarabanda.
saracen (*sæ'rəsən*) *rz.* saracen; **-ic** (*særəse'nik*) *pm.* saraceński.
sarcas-m (*sā'kæzεm*) *rz.* sarkazm, przycinek; **-tic** (*sakæ'stik*) *pm.* sarkastyczny.
sarcophagus (*sako'fəgəs*) *rz. lmn.* **sarcofagi** (*-dżaj*) sarkofag.
sard-el (*sā'dəl*) *rz.* sardela; **-ine** (*sādī'n*) *rz.* sardynka.
sardon c (*sādo'nik*) *pm.* sardoniczny.
sardonix (*sā'doniks*) *rz.* sardoniks (*min.*).
sarment-ous, -ose (*sāme'ntəs*) *pm.* wiciowaty (*bot.*).
sarsaparilla (*sāsəpəri'lə*) *rz.* sarsaparyl (*bot.*).
sartorial (*sātō'riεl*) *pm.* krawiecki.
sash (*sæ'sz*) *rz.* ramą okienna; ~, *rz.* szarfa; ~ window, ślizgające się, wysuwane, okno.
sassafras (*sæ'səfræs*) *rz.* sasafrzan (*bot.*).
sat (*sæ't*) *cz.* od **sit**.
satan (*sej'tεn*) *rz.* szatan; **-ic(al)** (*setæ'nik-εl*) *pm.* szatański.
satchel (*sæ'czεl*) *rz.* torba; tornister (szkolny).
sate (*sej't*) patrz **satiate.**
sateen (*sətī'n*) *rz.* satyna.
satellite (*sæ'təlajt*) *rz.* satelita, stronnik.
sati-ate (*sej'sziət*) *pm.* nasycony; przesycony; ~ (*-ejt*) *cz.* nasycić się, przesycić się; **-tion, -ety** (*sejszjej'szεn, sətaj'əti*) *rz.* nasycenie, przesycenie.
satin (*sæ'tin*) *rz.* atłas; **-et(te)** (*sæ'tinət*) *rz.* satyneta.
satir-e (*sæ'tajə*) *rz.* satyra; **-ic(al)** (*seti'rik-εl*) *pm.* satyryczny; **-ist** (*sæ'tirist*) *rz.* satyryk; **-ize** (*sæ'tirajz*) *cz.* satyryzować; ośmieszać.
satis-faction (*sætisfæ'kszεn*) *rz.* zadowolenie, zadośćuczynienie; satysfakcja; zaspokojenie; **-factory** (*-ktəri*) *pm.* zadowalający, dostateczny; **-fy** (*sæ'tisfaj*) *cz.* zadowolić, zadowolnić; zaspokoić, zadośćuczynić; ~ oneself, przekonać się (o czemś).
satrap (*sej'trəp, sæ'trəp*) *rz.* satrapa; **-y** (*-i*) *rz.* satrapja.
satura-ble (*sæ'tjurəbεl, -czurəbεl*) *pm.* nasycalny; **-te** (*-rejt*) *cz.* nasycać; **-tion** (*-ej'szεn*), **saturity** (*sətju'riti*) *rz.* nasycenie.
Saturday (*sæ'tədi*) *rz.* sobota.
Saturn (*sæ'tən*) *rz.* Saturn; **-alia** (*sætənej'ljə*) *rz. lmn.* saturnalja; **-ian** (*sətā'niən*) *pm.* saturniczy (wiersz); **-ism** *rz.* saturnizm; **-ine** (*sæ'tənajn*) *pm.* ciężki; ołowiany; ponury.
satyr (*sæ'tə*) *rz.* satyr, bożek leśny.
sauce (*sō's*) *rz.* sos; zuchwalstwo; ~, *cz.* zaprawić sosem; **-box** *rz.* zuchwalec; **-r** (*-ə*) *rz.* spodek; **-pan** *rz.* patelnia.
sauc-iness (*so'sinəs*) *rz.* zuchwalstwo; **-y** (*-i*) *pm.* zuchwały, chwacki.
sauerkraut (*sau'əkraut*) *rz.* kwaśna kapusta.
saunter (*sō'ntə*) *cz.* wałęsać się; łazić; **-er** (*-rə*) *rz.* człowiek włóczący się bezcelowo; szlifibruk.
saurian (*sō'riən*) *pm.* jaszczurczy; ~, *rz.* płaz, gad.
sausage (*so'sεdż*) *rz.* kiełbasa, sosiska.
savage (*sæ'wεdż*) *rz.* dzikus; ~, *pm.* dziki, wściekły (*fig.*); barbarzyński; **-ness** (*-nəs*) *rz.*; **-ry** (*sæ'wεdżri*) *rz.* dzikość, okrucieństwo; barbarzyństwo.
savannah (*səwæ'nə*) *rz.* step, sawana.
sav-e (*sej'w*) *pi.* i *łącz.* wyjąwszy, z wyjątkiem, oprócz; chybą, że; ~, *cz.* ocalić; zbawić; ratować; odłożyć; oszczędzać; uchronić; uwolnić; zastrzec; ~ up, oszczędzać; **-er** (*-ə*) *rz.*

ocalający; oszczędzający; zbawca; ochraniacz.
saving (*sej'wiŋ*) *rz.* oszczędzanie; zastrzeżenie; ratunek; wyjątek; *lmn.* oszczędności; ~, *pm.* ocalający; zbawczy.
savin (*sæ'win*) *rz.* jałowiec (*bot.*).
saviour (*sej'wjə*) *rz.* zbawca; Zbawiciel.
savory (*sej'wəri*) *rz.* cząber ogrodowy (*bot.*).
savour (*sej'wə*) *rz.* smak; zapach; ~, *cz.* smakować, trącić czem; mieć smak, zapach; mieć w czem upodobanie; **-less** *pm.* bez smaku; **-y** (*-i*) *pm.* smaczny, smakowity; pachnący.
savoy (*səwoj'*) *rz.* sabaudzka kapusta; **-ard** (*səwoj'ād*) *rz.* Sabaudczyk.
saw (*sō'*) *cz.* od **see**; ~, *rz.* przypowieść; maksyma; ~, *rz.* piła; ~, *cz.* piłować; **-blade** *rz.* taśma piły; **-dust** *rz.* opiłki, trociny; **-fish** *rz.* piła, miecznik (ryba); **-horse** *rz.* kozieł do piłowania drzewa; **-mill** *rz.* tartak; **-yer** (*-je*) *rz.* tracz.
saxifrage (*sæ'ksifrejdż*) *rz.* ciemiężyk (*bot.*).
Saxon (*sæ'ksεn*) *rz.* Sakson; saksoński język; ~, *pm.* saksoński.
saxophone (*sæ'ksofoun*) *rz.* saksofon.
say* (*sej'*) *cz.* mówić, powiedzieć, rzec; odmawiać (modlitwę); recytować lekcję; that is to ~, to znaczy; **-ing** (*-iŋ*) *rz.* powiedzenie; przypowieść; przysłowie; as the ~ is, jak to mówią.
scab (*skæ'b*) *rz.* strup; świerzb; łamistrajk; parszywiec; parch; **-bed, -by** (*-d, -i*) *pm.* strupiasty; parszywy; parchaty; **-bedness, -iness** (*-ednəs, -inəs*) *rz.* parszywość; **-ies** (*skej'biīz*) *rz.* świerzb; **-ious** (*skæ'biəs*) *pm.* parszywy; krostowaty; ~, *rz.* świerzbnica siarczysta (*bot.*).
scabbard (*skæ'bəd*) *rz.* pochwa.
scabrous (*skej'brəs*) *pm.* chropawy, szorstki; drapiący; delikatny (np. temat); **-ness** (*-nəs*) *rz.* chropowatość.
scaffold (*skæ'fold*) *rz.* rusztowanie; szafot; ~, *cz.* wznosić, budować rusztowanie; **-ing** (*skæ'fəldiŋ*) *rz.* rusztowanie.
scald (*skō'ld*) *rz.* oparzenie; ~, *rz.* skald, bard skandynawski; ~, *cz.* oparzyć.
scale (*skej'l*) *rz.* łuska; ~ *rz.* szalka; *lmn.* waga; ~, *rz.* skala; drabina; działka; stopniowanie; gama; sliding ~, skala ruchoma; ~, *cz.* łuskać (się); ~, *cz.* stopniować; wdzierać się (na wały po drabinach); szturmować; **-d** (*-d*) *pm.* łuszczasty; łuskowaty; ~ **winged** *pm.* łuskoskrzydły.
scalene (*skəlī'n*) *rz.* trójkąt różnoboczny.
scall (*skō'l*) *rz.* parchy (przest.).
scallop (*skæ'ləp, sko'ləp*) *rz.* mięczak; muszla; ~, *cz.* wycinać w ząbki.
scalp (*skæ'lp*) *rz.* skalp; (*topogr.*) gołoborze; ~, *cz.* oskalpować; **-el** (*-εl*) *rz.* skalpel; **-er** (*-ə*) *rz.* grafka.
scammony (*skæ'məni*) *rz.* wilec (*bot.*).
scamp (*skæ'mp*) *rz.* gałgan, nygus; ~, *cz.* fuszerować; **-ish** (*-isz*) *pm.* gałgański.
scamper (*skæ'mpə*) *rz.* ucieczka; eskapada; ~, *cz.* uciekać; zmykać; ~ through, przelecieć przez.
scan (*skæ'n*) *cz.* badać, pilnie przypatrywać się; skandować.
scandal (*skæ'ndεl*) *rz.* skandal; awantura; zgorszenie; obmowa; **-ize** (*-ajz*) *cz.* gorszyć; ~, *cz.* zwijać (żagle); **-ous** (*skæ'ndələs*) *pm.* skandaliczny; gorszący; haniebny; sromotny; potwarczy; **-ousness** (*-nəs*) *rz.* skandaliczność; zdrożność, zgroza; **-um magnatum** (*skæ'ndələm məgnəj'təm*) *rz.* spotwarzenie dygnitarza.
scansion (*skæ'nszεn*) *rz.* skandowanie.
scansorial (*skənso'riεl*) *pm.* łażący (ptak).
scant (*skæ'nt*) *pm.* szczupły; skąpy; ciasny; przykrótki; ~, *cz.* skąpić; żałować; **-iness** (*-inəs*) *rz.* szczupłość; niedostateczność; skąpość; **-ling** (*-liŋ*) *rz.* trochę, odrobina; miara (długości); **-y** (*-i*) *pm.* szczupły, niedostateczny; skąpy, ciasny.

scape (*skej'p*) *rz.* (przest.) eskapada; łodyga; podstawa.
scapegoat (*skej'pgout*) *rz.* kozieł ofiarny.
scapegrace (*skej'pgrejs*) *rz.* nicpoń; ofiara.
scapula (*skæ'pjulə*) *rz.* łopatka (*anat.*); **-r** *pm.* łopatkowy; **-r** *rz.* szkaplerz.
scar (*skā'*) *rz.* blizna; szrama; ~, *rz.* turnia; ~, *cz.* zasklepić ranę; zasklepić się; zabliźnić się.
scarab (*skæ'rəb*) *rz.* skarabeusz.
scaramouch (*skæ'rəmaucz*) *rz.* chełpliwy tchórz (przest.).
scarce (*skə̄'əs*) *pm.* niedostateczny; rzadki, skąpy; nieczęsty; ~, **-ly** (*-li*) *ps.* ledwie, zaledwie; z trudnością; chyba nie; **-ness, scarcity** (*-iti*) *rz.* rzadkość, skąpość; niedostatek, brak.
scare (*skə̄'ə*) *rz.* strach; ~, *cz.* przestraszyć; nastraszyć; płoszyć; **-crow** *rz.* strach na wróble; straszydło.
scarf (*skā'f*) *rz.* szarfa, przepaska; kokarda; (stol.) fuga; ~, *cz.* łączyć na nakładkę; **-skin** *rz.* naskórek.
scarif-ication (*skærifikej'szεn*) *rz.* skaryfikacja; **-ier** (*skæ'rifajə*) *rz.* skaryfikator; **-y** (*skæ'rifaj*) *cz.* skaryfikować.
scarlatina (*skāləti'nə*) *rz.* szkarlatyna.
scarlet (*skā'lət*) *rz.* szkarłat; ~, *pm.* szkarłatny; ~ woman, nierządnica; **-fever** *rz.* szkarlatyna.
scarp (*skā'p*) *rz.* skarpa; spadzistość.
scathe (*skej'δ*) *rz.* ujma; szkoda; uszczerbek; ~, *cz.* uszkodzić.
scatter (*skæ'tə*) *cz.* rozrzucać; rozsypać; rozproszyć (się); rozpędzić (się); marnotrawić; rozwiać (nadzieję); pójść w rozsypkę; **-brain** *rz.* roztargniony; **-ingly** (*-riŋli*) *ps.* tu i ówdzie.
scaur (*skā'*) *rz.* turnia.
scavenge (*skæ'wεndż*) *cz.* zamiatać, czyścić ulice; **-r** (*-ə*) *rz.* zamiatacz (ulic); gnojarz.
scen-e (*sī'n*) *rz.* scena; widowisko; widok; widownia; behind the ~s, za kulisami; **-ery** (*-əri*) *rz.* krajobraz; widok; wystawa (teatr.); **-ic(al)** (*sī'nik-εl*) *pm.* sceniczny; **-ographic** (*sīnogræfik*) *pm.* perspektywiczny; **-ography** (*sīno'grəfi*) *rz.* perspektywa, malarstwo perspektywiczne.
scent (*se'nt*) *rz.* zapach, perfuma; ślad, trop; węch; powonienie; take the ~, zwietrzyć; ~, *cz.* wąchać, wietrzyć; poczuć; napełniać zapachem; tropić; **-bottle** *rz.* flakonik z perfumami; **-less** *pm.* bez węchu; bezwonny.
sceptic (*ske'ptik*) *rz.* sceptyk; niedowiarek; ~, **-al** (*-εl*) *pm.* sceptyczny; **-ism** (*-tisizεm*) *rz.* sceptycyzm.
sceptre (*se'ptə*) *rz.* berło; **-d** (*-d*) *pm.* berłowładny.
schedule (*sze'djūl*) *rz.* ceduła; rozkład (godzin); spis; inwentarz.
scheik patrz **sheik.**
scheme (*skī'm*) *rz.* plan, projekt; schemat; nakreślenie; zamysł, zamiar; ~ of colours, dobór kolorów; ~, *cz.* planować, zamierzać; robić plany.
schism (*si'zεm*) *rz.* schyzma; **-atic(al)** (*sizmætik-εl*) *pm.* schyzmatyczny; **-atic** *rz.* odszczepieniec, schyzmatyk.
schist (*szi'st*) *rz.* łupek.
scholar (*sko'lə*) *rz.* uczeń, uczenica; student; uczony; **-ship** *rz.* uczoność; stypendjum.
scholastic (*skolæ'stik*) *pm.* scholastyczny; szkolny, pedantyczny; **-ism** (*skolæ'stisizεm*) *rz.* scholastycyzm; scholastyka.
scholi-ast (*skou'liəst*) *rz.* scholjasta; komentator; **-um** (*-skou'liəm*) *rz.* scholja; przypisek.
school (*skū'l*) *rz.* szkoła; uczelnia; wydział (*uniw.*); *lmn.* egzamin (*uniw.*); ~, *cz.* uczyć, nauczać; kształcić; **-boy** *rz.* uczeń; **-fellow** *rz.* kolega szkolny; **-girl** *rz.* uczenica; **-ing** (*-iŋ*) *rz.* nauka, szkolenie, wprawa; nauczanie; opłata szkolna; **-man** *rz.* uczony; nauczyciel szkolny; humanista; **-master, -mistress** *rz.* nauczyciel.
schooner (*skū'nə*) *rz.* skuner (statek dwumasztowy).

schorl (*szō'l*) *rz.* skoryl, turmalin (*miñ.*).
sciatic (*sajœ'tik*) *pm.* kulszowy; **-a** (*siœ'tikə*) *rz.* ischjas, ból kulszowy.
scien-ce (*saj'əns*) *rz.* wiedza, nauka, umiejętność; **-tific** (*sajənti'fik*) *pm.* naukowy; uczony; **-tist** (*saj'əntist*) *rz.* uczony.
scimitar (*si'mitə*) *rz.* bułat; szabla (turecka).
scintilla-nt (*si'ntilənt*) *pm.* iskrzący się; błyskający; **-te** (*si'ntilejt*) *cz.* iskrzyć się; błyszczeć; **-tion** (*sintilej'szεn*) *rz.* iskrzenie się.
sciol-ism (*saj'olizεm*) *rz.* półuczoność; powierzchowna uczoność; **-ist** (*-ist*) *rz.* półuczony.
scion (*saj'ən*) *rz.* latorośl, pęd (*bot.*); potomek.
scirr-hosity (*skiro'siti, si-*) *rz.* nowotwór (*med.*); **-hous** (*ski'rəs*) *pm.* stwardniały (o wrzodach).
sciss-ion (*si'szεn*) *rz.* przecięcie; rozłam, scysja; **-or** (*si'zə*) *cz.* odciąć (nożycami); **-ors** (*-z*) *rz. lmn.* nożyce, nożyczki.
sclero-sis (*sklεrou'sis*) *rz.* skleroza; **-tic** (*sklεro'tik*) *pm.* sklerotyczny.
scobs (*sko'bz*) *rz. lmn.* opiłki; trociny.
scoff (*sko'f*) *rz.* szyderstwo; urąganie; pośmiewisko; ~, *cz.* szydzić, wyśmiewać się, drwić; **-er** (*-ə*) *rz.* szyderca; **-ingly** (*-iŋli*) *ps.* szyderczo; urągliwie.
scold (*skou'ld*) *rz.* sekutnica; ~, *cz.* łajać, strofować, robić wymówki, zbesztać.
scolopendr-a (*skolope'ndra*) *rz.* stonoga; **-ine** *pm.* stonogi.
sconce (*sko'ns*) *rz.* (przest.) zasłona; łeb; (*uniw.*) kara; ~, *cz.* (*uniw.*) karać.
scoop (*skū'p*) *rz.* szufelka; wklęsłość; łyżka; czerpak; ~, *cz.* czerpać.
scoot (*skū't*) *cz.* drapnąć (gwar.); **-er** *rz.* hulaj-noga.
scope (*skou'p*) *rz.* horyzont; obszar; meta, dystans; zakres; przestrzeń; pole (do działania).
scorbutic (*skōbjū'tik*) *pm.* szkorbutyczny.
scorch (*skō'cz*) *cz.* spiekać, przypiekać, dopiekać; przypalić; **-ing** (*-iŋ*) *pm.* dopiekający; upalny.
score (*skō'ə*) *rz.* karb, rachunek (zakarbowany); przyczyna; powód; dwadzieścia; dwudziestka; linja startowania (wyścigów); punktacja, wynik gry; *lmn.* mnóstwo; quit ~s, skwitować się; ~, *cz.* karbować; zakarbować na rachunku; zdobyć, zyskać; zanotować; kłaść na karb lub rachunek; **-r** (*skō'rə*) *rz.* markier.
scori-a (*sko'riə*) *rz.* żużel; **-aceous** (*skoriej'szεs*) *pm.* żużlowy; **-fy** (*sko'rifaj*) *cz.* żużlować.
scorn (*skō'n*) *rz.* pogarda, lekceważenie; przedmiot wzgardy; laugh to ~, wyśmiać, wyszydzić; ~, *cz.* lekceważyć, gardzić; **-er** (*-ə*) *rz.* szyderca; **-ful** (*-ful*) *pm.* wzgardliwy; szyderski; **-fulness** *rz.* wzgardliwość, lekceważenie.
scorpion (*skō'piən*) *rz.* skorpion.
scorzonera (*skōzonī'ra*) *rz.* wężymord (*bot.*).
scot (*sko't*) *rz.* (*hist.*) podatek; pay ~ and lot, opłacić rozmaite podatki; **-free** *pm. ps.* bez opłaty; bez szwanku; bezkarnie; **S~**, *rz.* Szkot.
scotch (*sko'cz*) *rz.* nacięcie; **S~**, *rz.* szkocki język; the ~, Szkoci; **S~**, *pm.* szkocki; ~, *cz.* podeprzeć, umocnić; klinem; (przest.) ranić; -land Yard, sztab policji wywiadowczej w Londynie; **-man** *rz.* Szkot; the fliyng ~~, pociąg błyskawiczny Londyn—Edinburg.
Scot-tish (*sko'tisz*) *pm.* szkocki; **-sman** *rz.* Szkot.
scoundrel (*skau'ndrəl*) *rz.* łajdak, łotr; szelma, gałgan; **-ism** (*-izεm*) *rz.* łotrostwo.
scour (*skau'ə*) *cz.* przebiegać; przeszukiwać; ~, *cz.* czyścić; szorować; dać na przeczyszczenie; ~, *rz.* **-er** (*skau'rə*) *rz.* środek przeczyszczający.
scourge (*skə'dż*) *rz.* bicz; plaga; dopust, kara (boska); ~, *cz.* ukarać; biczować.
scout (*skau't*) *rz.* zwiady (*mil.*); służący (Oxford); skaut, harcerz; ~, *cz.* odrzucać z pogardą;

~, *cz.* szpiegować; pójść na rekonesans.
scow (*skau'*) *rz.* łódź płaskodenna.
scowl (*skau'l*) *rz.* nachmurzenie się; gniewne, posępne spojrzenie; ~, *cz.* nachmurzyć się; spoglądać z podełba, gniewnie, groźnie; zasępić się, nadąsać się; **-ingly** *ps.* ponuro, pochmurnie, posępnie.
scrabble (*skræ'bɛl*) *cz.* bazgrać; iść (szukać) poomacku.
scrag (*skræ'g*) *rz.* chudzina; chudziak; szyja; ~, *pm.* chudy; **-ged, -y** (*-d, -i*) *pm.* chudy, wychudły; suchy; **-giness** (*-inəs*) *rz.* chudość.
scramble (*skræ'mbɛl*) *cz.* gramolić się; ubiegać się; walczyć o coś; wyrywać sobie co; ~, *rz.* walka; ubieganie się o co; rozchwycenie; ubijanie się; -d eggs, jajecznica.
scrannel (*skræ'nɛl*) *pm.* (przest.) słaby.
scrap (*skræ'p*) *rz.* resztka, kawałek; świstek; urywek; wycinek; potyczka; ~, *cz.* zdemolować; przeznaczyć (wyrzucić) na szmelc; **-iron, -metal,** szmelc; **-book** *rz.* album wycinków.
scrape (*skrej'p*) *rz.* skrobanie; drapanie; kłopot; szurgnięcie nogą; niezgrabny ukłon; ~, *cz.* skrobać; drapać; gromadzić pomału; szurgać nogami; ~ acquaintance (with), narzucać się komuś; ~ through, wylizać się z czegoś; **-penny** *rz.* kutwa, sknera; **-r** (*-ə*) *rz.* sknera; drapacz; skrobaczka.
scratch (*skræ'cz*) *rz.* zadraśnięcie; start; ~ of the pen, pociągnięcie pióra; ~, *cz.* zadrasnąć; drapać (się); nabazgrać; przekreślić; zbierać mozolnie; ~, *pm.* przypadkowy; **-y** *pm.* drapiący; nieudolny; przypadkowy.
scrawl (*skrō'l*) *rz.* bazgranina, gryzmoły; ~, *cz.* bazgrać, gryzmolić; **-er** (*-ə*) *rz.* bazgracz; gryzmoła.
scream (*skrī'm*) *rz.* krzyk, wrzask; ~, *cz.* wrzeszczeć; krzyczeć.
scree (*skrī'*) *rz.* piarg.
screech (*skrī'cz*) *rz.* wrzask, pisk; ~, *cz.* wrzeszczeć, piszczeć, **-owl,** puszczyk, puhacz (*orn.*).
screed (*skrī'd*) *rz.* tyrada; paseczek.
screen (*skrī'n*) *rz.* zasłona; parawan; ekran; przesiewnik; abażur; ochrona; ~, *cz.* osłonić, ukryć; przesiewać; wyświetlać; zastawiać; **-ings** (*-iŋz*) *rz. lmn.* plewy.
screeve (*skrī'w*) *rz.* (gwar.) artysta brukowy.
screw (*skrū'*) *rz.* śruba; external (male) ~, śruba właściwa, wkrętka; internal (female) ~, otwór gwintowany dla śruby; ~, *cz.* śrubować; przyśrubować; wycisnąć; podciągnąć (kogoś); przycisnąć; zżymać się; wyciągać, wydusić; **-driver** *rz.* śrubociąg; **-ed** (*skrū'd*) *pm.* gwintowany; (gwar.) pod dobrą datą; **-jack** *rz.* lewar; **-steamer** *rz.* śrubowy statek, śrubowiec; **-vice** *rz.* śrubsztak, imadło.
scribble (*skri'bɛl*) *rz.* gryzmolenie; bazgranina; gryzmoły; ~, *cz.* gryzmolić; bazgrać; ~, *cz.* czesać wełnę; **-r** (*-ə*) *rz.* gryzmoła; bazgracz.
scribe (*skraj'b*) *rz.* pisarek; przepisywacz; ~, *cz.* znaczyć, linjować.
scrimmage (*skri'mɛdź*) *rz.* bijatyka.
scrimp (*skr'imp*) *cz.* niedociągnąć; skąpić.
scrip (*skri'p*) *rz.* świadectwo tymczasowe; (przest.) torba.
script (*skri'pt*) *rz.* skrypt; kursywa; **-ural** (*skri'pczərɛl*) *pm.* biblijny; **-ure** (*skri'pczə*) *rz.* biblja, pismo święte.
scrivener (*skri'wənə*) *rz.* pisarz wypisujący akty, podania.
scroful-a (*skro'fjulə*) *rz.* skrofuły; **-ous** (*skro'fjuləs*) *pm.* skrofuliczny.
scroll (*skrou'l*) *rz.* zwitek, zwój (pergaminu); ślimacznica; ~, *cz.* zwijać się.
scroop (*skrū'p*) *cz.* drapać (o dźwięku); skrzeczeć.
scrotum (*skrou'təm*) *rz.* moszna, worek jądrowy; (*anat.*).
scrub (*skrɐ'b*) *rz.* lasek; chróst; ~, *rz.* szorowanie; ~, *cz.* szoro-

wać; **-bed, -by** (*-d, -i*) *pm.* niewyrosły, karłowaty.
scruff (*skră'f*) *rz.* kark.
scrummage (*skră'mεdż*) patrz **scrimmage.**
scrunch (*skră'ncz*) *cz.* chrupać.
scruple (*skrū'pεl*) *rz.* skrupuł (waga aptekarska); skrupuł (sumienia); wątpliwość; (przest.) krzta; ~, *cz.* mieć skrupuły; wahać się; ~ at nothing, z niczego nie robić sobie skrupułów.
scrupul-osity, -ousness (*skrūpjulo'siti, skrū'pjuləsnəs*) *rz.* skrupulatność, sumienność; **-ous** (*skrū'pju'əs*) *pm.* skrupulatny; sumienny.
scrut-ator (*skrutej'tə*), **-ineer** (*skrūtinī'ə*) *rz.* badacz; skrutator; **-inize** (*skrū'tinajz*) *cz.* badać; poszukiwać; dociekać; **-iny** (*-tini*) *rz.* dociekanie; poszukiwanie; rozpatrzenie; skrutynjum.
scud (*skă'd*) *rz.* pęd; lekkie obłoczki; ~, *cz.* mknąć; płynąć z wiatrem.
scuff (*skă'f*) *cz.* wlec nogi.
scuffle (*skă'fεl*) *rz.* bijatyka, burda; ~, *cz.* szarpać się; wodzić za łby; bić kułakami.
scull (*skă'l*) *rz.* krótkie wiosło; ~, *cz.* popychać jednem wiosłem.
scull-ery (*-əri*) *rz.* pomywalnia; ~~ maid, pomywaczka; **-ion** (*-jən*) *rz.* kuchcik.
sculpt-or (*skă'lptə*) *rz.* rzeźbiarz; **-ural** (*skă'lczərεl*) *pm.* rzeźbiarski; **-ure** (*skă'lpczə*) *rz.* rzeźba, skulptura; snycerstwo; ~, *cz.* rzeźbić.
scum (*skă'm*) *rz.* szumowiny (*lit. & fig.*); ~, *cz.* zdejmować szumowiny; szumować.
scupper (*skă'pə*) *rz.* (*mar.*) luka odpływowa; (gwar.) wyrznąć.
scurf (*skə'f*) *rz.* łuska; łupież (na głowie); **-y** (*-i*) *pm.* parszywy, strupiasty; pokryty łupieżem.
scurril, -e, -ous (*skă'ril, -əs*) *pm.* ordynarny, karczemny; **-ity** (*skəri'liti*) *rz.* ordynarność; karczemne wyrażenia.
scurry (*skă'ri*) *cz.* dreptać; zmykać.
scurv-y (*skə'wi*) *rz.* szkorbut, gnilec; ~, *pm.* nędzny, parszywy; szkorbutyczny; gnilcowy; **-grass** *rz.* chrzan północny, leczący szkorbut.
scut (*skă't*) *rz.* ogonek (zająca, królika i t. p.).
scutch (*skă'cz*) *cz.* trzepać; międlić (len, konopie); **-er** (*-ə*) *rz.* trzeparka.
scutcheon (*skă'czεn*) *rz.* patrz **escutcheon.**
scutell-ate (*skjute'lət*) *pm.* talerzowy, płaski; **-um** *rz.* łuska.
scuttle (*skă'tεl*) *rz.* otwór; balijka; wiadro na węgle; ~, *rz.* umykanie; szybki krok; ~, *cz.* biec szybko, umykać; ~, *cz.* dziurawić dno okrętu celem zatopienia.
scythe (*saj'δ*) *rz.* kosa; ~, *cz.* kosić.
Scythian (*si'θiən*) *rz.* Scyt; ~, *pm.* scytyjski.
sea (*sī'*) *rz.* morze, ocean (*fig.*) ogrom, mnóstwo; at ~, na morzu; (*fig.*) bez oparcia; on the high **-s,** na pełnem morzu; main ~, otwarte morze; heavy ~, morze wzburzone; ~ bread, suchary; put to ~, wypłynąć na morze; **-board** *rz.* brzeg morski; **-boat** *rz.* statek morski; **-breeze** *rz.* wiaterek morski; **-calf** *rz.* foka, cielę morskie (*zool.*); **-coal** *rz.* węgiel ziemny; **-coast** *rz.* brzeg morski; **-cow** *rz.* krowa morska; brzegowiec; (*zool.*); **-dog** *rz.* foka (*zool.*); wilk morski; **-elephant** *rz.* wielka foka; **-farer** *rz.* żeglarz, marynarz; **-faring** *rz.* żeglarstwo; **-fight** *rz.* bitwa morska; **-fowl** *rz.* ptactwo morskie, ptak morski; **-green** *pm.* morski (kolor); **-gull** *rz.* mewa; **-hedgehog** *rz.* jeż morski; **-hog** *rz.* delfin; **-horse** *rz.* koń morski; **-level** *rz.* poziom morza; **-lion** *rz.* lew morski; **-manship** *rz.* sztuka żeglarska; **-man** *rz.* żeglarz, marynarz; **-mark** *rz.* znak żeglarski; **-mew** *rz.* mewa; **-plane** *rz.* hydroplan; **-piece, -scape** *rz.* pejzaż morski; ~ **serpent** *rz.* wąż morski (bajeczny); **-service** *rz.* służba na

morzu; **-shore, -side** *rz.* brzeg morski, wybrzeże, miejscowość kąpielowa nad morzem; on the ~~, nad morzem; **-sick** *pm.* chory na morską chorobę; **-sickness** *rz.* choroba morska; **-wall** *rz.* osłona brzegów; **-ward, -wards** *ps.* ku morzu; **-weed** *rz.* wodorost; **-worthy** *pm.* zdatny do żeglugi.

seal (*sī'l*) *rz.* foka; ~, *rz.* pieczęć; pieczątka; ~ of confession, tajemnica spowiedzi; under the ~ of confidence, w zaufaniu; ~, *cz.* pieczętować; przypieczętować; zatwierdzić; privy ~, pieczęć mała; his fate is **-ed**, jego los jest zdecydowany; **-er** (*-ə*) *rz.* marynarz (lub okręt) polujący na foki; **-ing-wax** *rz.* lak; **-ring** *rz.* sygnet; **-skin** *rz.* skóra foki; selskin.

seam (*sī'm*) *rz.* szew; blizna; rozdział; ~, *cz.* zszyć; fastrygować; **-less** *pm.* bez szwu; niezszywany; **-stress, sempstress** (*sī'mstrəs*) *rz.* szwaczka; **-y** (*-i*) *pm.* ze szwem.

seance (*sej'əns*) *rz.* seans.

sear (*sī'ə*) *pm.* zwiędły, suchy; wyschły; zasuszony; ~, *cz.* wysuszać; przypalać; osmalić; piętno wypalić, napiętnować; znieczulić.

search (*sə̄'cz*) *rz.* badanie; przeszukiwanie; rewizja; szukanie; ~, *cz.* przeszukiwać; poszukiwać; przeglądać; badać; śledzić; rewidować; ~ into, badać, dociekać; **-er** (*-ə*) *rz.* poszukiwacz, badacz; rewizor; **~light** *rz.* reflektor.

season (*sī'zn*) *rz.* sezon; czas; pora (roku); właściwa pora; okres; in ~, na czasie, w porę; ~, *cz.* przyprawiać, zaprawiać; przyuczać; przyszykować do użytku; usposobić; **-able** (*-əbl*) *pm.* stosowny; właściwy; na czasie; wczesny; **-ing** (*-iŋ*) *rz.* przyprawa.

seat (*sī't*) *rz.* siedzenie; siedlisko; miejsce pobytu; rezydencja; mieszkanie; dwór; miejsce (w pociągu, tramwaju i t. d.), krzesło, fotel; ~ of war, teatr wojny; ~, *cz.* posadzić; pomieścić; osadzić na urzędzie; ~ oneself, usiąść; be **-ed**, siedzieć; usiąść.

sebaceous (*sɛej'szəs*) *pm.* łojowy.

secant (*sī'kənt*) *rz.* sieczna (*geom.* i *trygon.*).

secede (*səsī'd*) *cz.* odstąpić; odłączyć się; **-r** (*-ə*) *rz.* secesjonista; odstępca.

secernent (*sisə̄'nənt*) *pm.* oddzielający, wydzielający.

secession (*səse'szɛn*) *rz.* odłączenie się, secesja.

seclu-de (*səklū'd*) *cz.* odosobnić (się); odsunąć (from, od czego); **-sion** (*səklū'żɛn*) *rz.* odosobnienie; samotne ustronie.

second (*se'kɛnd*) *rz.* sekundant; zastępca; sekunda; ~, *pm.* drugi; wtórny; powtórny; następny; najbliższy, zastępczy; on ~ thoughts, po namyśle; ~, *cz.* popierać; sekundować; pomagać; **-ariness** (*-ərinəs*) *rz.* pośledniość, drugorzędność; **-ary** (*-əri*) *pm.* podrzędny; poboczny; dodatkowy; ~~ education, średnie wykształcenie; ~, *rz.* delegat; trabant; pomocnik; **~-class** *pm.* drugorzędny, gorszego gatunku; **~-hand** *pm.* używany, antykwarski; **-ly** (*-li*) *ps.* po drugie; powtóre; **~-rate** *pm.* gorszego gatunku; pośledni; drugorzędny.

secre-cy (*sī'krəsi*) *rz.* tajemniczość, skrytość, sekret; tajemnica; odosobnienie się; dotrzymanie sekretu; **-t** (*sī'krət*) *rz.* tajemnica, sekret; in ~, w tajemnicy, skrycie, w skrytości; be in the ~, być wtajemniczonym; let one into the ~, wtajemniczyć; ~, *pm.* tajemniczy, skryty; tajny, sekretny; **-tariat, -tariate** (*sekrətē'riət*) *rz.* sekretarjat; **-taryship** (*se'krətəriszip*) *rz.* sekretarstwo; **-tary** (*se'krətəri*) *rz.* sekretarz; biurko; **-te** (*sɛkrī't*) *cz.* ukrywać; wydzielać (*anat.*); **-tion** (*sɛkrī'szɛn*) *rz.* ukrywanie; wydzielanie, wydzielina; sekrecja; **-tive** (*sī'krɛtiw*) *pm.* tajemny, tajemniczy; skryty (człowiek); **-iveness** *rz.* tajność; **-tory** (*sikrī'təri*) *pm.* wydzielający; wydzielinowy.

sect (*se'kt*) *rz.* sekta; **-arian** (*sektǝriǝn*); **-ary** (*se'ktǝri*) *rz.* sekciarz; ~, *pm.* sekciarski; **-arianism** (*-izεm*) *rz.* sekciarstwo.
sect-ile (*se'ktil*) *pm.* dający się ciąć; **-ion** (*se'kszεn*) *rz.* rozcięcie, przecięcie; sekcja; oddział; dział; **-ional** (*se'kszǝnεl*) *pm.* sekcyjny; działowy; **-ionalism** (*-ǝlizεm*) *rz.* sekcjonalizm, prowincjonalizm; **-or** (*-ǝ*) *rz.* sektor; wycinek (koła, kuli); (*mil.*) odcinek (frontu).
secular (*se'kjūlǝ*) *pm.* stuletni; odwieczny; świecki; **-ity** (*sekjulæ'riti*) *rz.* świeckość; odwieczność; świecki stan; **-ist** (*-rist*) *rz.* sekularysta; **-ization** (*sekjulǝrajzej'szεn*) *rz.* sekularyzacja; **-ize** (*se'kjulǝrajz*) *cz.* sekularyzować.
secur-e (*sεkjū'ǝ*) *pm.* bezpieczny; pewny; upewniony; wolny od; ~, *cz.* zapewnić, upewnić; zabezpieczyć; umocować; przytwierdzić; zdobyć; pojmać, przytrzymać, uwięzić; ~ the door, zatarasować (sobą) drzwi; **-ity** (*sǝkjū'riti*) *rz.* pewność, bezpieczeństwo; zabezpieczenie; poręczenie, zastaw; ufność, otucha; rękojmia; poręczyciel; zakład; **-ities** (*-z*) *rz. lmn.* obligacje; papiery wartościowe. [tyka.
sedan (*sedæ'n*) ~ chair *rz.* lek-
sedate (*sǝdej't*) *pm.* spokojny, stateczny; cichy; **-ness** (*-nǝs*) *rz.* spokój, stateczność; cichość.
sedative (*se'dǝtiw*) *pm.* uspokajający (ból); uśmierzający.
sedenta-riness (*se'dǝntǝrinǝs*) *rz.* siedzące życie; **-ry** (*se'dǝntǝri*) *pm.* siedzący w domu; nie wychodzący z domu; miejscowy; domowy
sedg-e (*se'dż*) *rz.* turzyca (*bot.*); **-y** (*-i*) *pm.* trawiasty; zarosły sitowiem.
sediment (*se'dimǝnt*) *rz.* osad; fusy; **-ary** (*sedime'ntǝri*) *pm.* osadowy.
sedi-tion (*sǝdi'szεn*) *rz.* bunt, rokosz; **-tionary** (*-szǝnǝri*) *pm.* buntowniczy; ~, *rz.* buntownik; rokoszanin; **-tious** (*-szǝs*) *pm.* buntowniczy; **-tiousness** (*sǝdi'szǝsnǝs*) *rz.* buntowniczość
seduc-e (*sǝdjū's*) *cz.* uwieść; zbałamucić; **-ement** (*-mǝnt*) **-tion** (*sǝdă'kszεn*) *rz.* uwodzenie, bałamucenie; zwodzenie; **-er** (*-ǝ*) *rz.* uwodziciel; bałamut; uwodzicielka; **-tive** (*sǝdă'ktiw*) *pm.* bałamucący; zwodniczy; kuszący; zwodzący.
sedul-ity, -ousness (*sǝdjū'liti, se'dljulǝsnǝs*) *rz.* pilność, skrzętność; pracowitość; **-ous** (*se'djulǝs*) *pm.* pilny, skrzętny, pracowity.
see (*sī'*) *rz.* biskupstwo, djecezja; stolec; stolica (biskupia); Holy ~, stolica papieska; *~, *cz.* widzieć, patrzeć; dostrzegać; spostrzegać; uważać; rozumieć; dopilnować; doprowadzić; postarać się; ~ friends, odwiedzać przyjaciół; ~ out, ~ off, odprowadzić; ~ in, rozpatrzeć, zbadać; ~ into, wejrzeć w co; zbadać, dociekać; ~ through, przejrzeć; ~ to, przypilnować czego; ~ one's way to, być w stanie.
seed (*sī'd*) *rz.* nasienie, ziarnko; posiew; plemię; potomstwo; ~, *cz.* iść w ziarno; róść w nasienie; **-cake** *rz.* ciastko z anyżem; **-case, -corn** torebka nasienna; **-corn** *rz.* ziarno na siew; **-er** (*-ǝ*) *rz.* siewca **-ling** (*-liŋ*) *rz.* roślina wyrosła z ziarnka, nasienia; **-plot** *rz.* szkółka; (*fig.*) rozsadnik; **-time** *rz.* czas siewu, siejba; **-y** (*-i*) *pm.* nasienny; pełen nasienia; zmęczony, znużony; nie w humorze.
seeing (*sī'iŋ*) *łącz.* ~ that, ponieważ, skoro; gdy, kiedy, wobec; zważywszy, że.
seek* (*sī'k*) *cz.* poszukiwać, szukać; dopytywać się; usiłować; starać się o; ~ a person's life, czyhać na czyjeś życie; ~ after, poszukiwać czego; **-er** (*-ǝ*) *rz.* poszukiwacz.
seel (*sī'l*) *cz.* (przest.) zaszyć oczy sokołowi.
seem (*sī'm*) *cz.* wydawać się, zdawać się; wyglądać; **-ing** (*-iŋ*) *pm.* pozorny; widoczny; **-ingness** *rz.* pozór; **-liness** (*-linǝs*) *rz.* przyzwoitość; przystojność; dorzeczność; **-ly** (*-li*)

pm. odpowiedni, właściwy; przyzwoity; przystojny.
seen (*sī'n*) *cz.* od **see.**
seer (*sī'ə*) *rz.* jasnowidzący, prorok; wieszcz.
seesaw (*sī'sō*) *rz.* huśtawka; ~, *cz.* huśtać (się).
seethe (*sī'δ*) *cz.* warzyć; wrzeć; kipieć.
segment (*se'gmənt*) *rz.* odcinek (*geom.*); kawałek odcięty; ~, *cz.* odcinać, dzielić na odcinki.
segrega-te (*se'grəgət*) *pm.* oddzielony; **-te** (*-ejt*) *cz.* oddzielić, wybierać; odłączyć (się); **-tion** (*segrəgej'szεn*) *rz.* oddzielanie, wybieranie, segregacja.
seign-ior, -eur (*se'njə*) *rz.* pan lenny; **-iorial** (*senjo'rjεl*) *pm.* wielkopański; **-iory** (*se'njəri*) *rz.* władza (pana); majątek.
seine (*sej'n, sīn*) *rz.* sieć, niewód.
seism-ic (*saj'zmik*) *pm.* seismiczny; **-ograph** (*saj'zmogrāf*) *rz.* seismograf.
seiz-able (*sī'zəbεl*) *pm.* pochwytny; dający się chwycić, skonfiskować; **-e** (*sī'z*) *cz.* zabrać, zająć, zdobyć; zrozumieć, uchwycić; przyaresztować; skonfiskować; przywiązać (*mar.*); be -ed of a thing, być w posiadaniu czegoś; **-in, seazin** (*sī'ziŋ*) *rz.* zajęcie; konfiskata; **-ure** (*sī'żə*) *rz.* schwycenie, wzięcie, atak (choroby); przyaresztowanie; konfiskata; zabór.
seldom (*se'ldəm*) *ps.* rzadko.
select (*səle'kt*) *pm.* dobrany, wybrany, doborowy; wyborny; ~, *cz.* dobierać; wybierać; **-ion** (*səle'kszεn*) *rz.* dobór, wybór; dobranie; selekcja; **-ness** (*-nəs*) *rz.* doborowość; wyborność; **-or** (*-ə*) *rz.* wybierający.
selenite (*se'lənajt*) *rz.* selenit (*min.*).
self (*se'lf*) *rz. lmn.* (**selves** *se'lwz*) jaźń; osoba; ja; ~, *pm.* tenże sam; własny; ~, *rz.* sam; samo..., siebie...; własny...; my other ~, mój sobowtór; **-abasement** *rz.* samoupodlenie; **-abuse** *rz.* samogwałt; **-acting** *pm.* automatyczny; **-admiration** *rz.* samopodziw; **-applause** *rz.* przyklaskiwanie samemu sobie; **-assured** *pm.* pewny siebie; **-command** *rz.* panowanie nad sobą; **-complacency** *rz.* zadowolenie ze siebie; **-conceit** *rz.* zarozumiałość; **-conceited** *pm.* zarozumiały; **-confidence** *rz.* wiara w siebie; **-conscious** *pm.* świadomy siebie; zakłopotany; **-consistent** *pm.* logiczny; **-contradiction** *rz.* niezgodność z samym sobą; **-contradictory** *pm.* sprzeczny z samym sobą; **-control** *rz.* panowanie nad sobą; **-deceit, -deception** *rz.* łudzenie się; **-defence** *rz.* samoobrona; **-delusion** *rz.* złudzenie, łudzenie samego siebie; **-denial** *rz.* samozaparcie; **-dependence** *rz.* niezależność, samoistność; **-destruction** *rz.* samobójstwo; **-educated** *pm.* samouk; **-education** *rz.* samouctwo; **-esteem** *rz.* szacunek dla samego siebie; poczucie własnej godności; **-evidence** *rz.* oczywistość; **-evident, -explanatory** *pm.* oczywisty; **-government** *rz.* samorząd; **-help** *rz.* samopomoc; **-identity** *rz.* tożsamość; **-importance** *rz.* przecenianie swej wartości; **-indulgence** *rz.* pobłażanie samemu sobie; dogadzanie sobie; **-interest** *rz.* interesowność; **-interesed** *pm.* interesowny; **-ish** (*se'lfisz*) *pm.* samolubny; egoistyczny; interesowny; **-ishness** (*-nəs*) *rz.* egoizm, samolubstwo; **-knowledge** *rz.* poznanie samego siebie; **-love** *rz.* miłość własna, egoizm; **-made man,** człowiek, który się wzbił (dorobił) własnemi siłami; **-murder** *rz.* samobójstwo; **-opinioned** *pm.* uparty; **-possession** *rz.* panowanie nad sobą; **-possessed** *pm.* opanowany; **-praise** *rz.* samochwalstwo; **-preservation** *rz.* samoobrona; **-reliance** *rz.* poleganie na sobie; **-reproach** *rz.* wyrzut sumienia; **-respect,** poczucie własnej godności; **-righteous** *pm.* kierujący się własnem sumieniem; **-same** (*se'lfsejm*) *pm.* tenże sam, identyczny; **-satisfied** *pm.* zadowo-

lony z siebie; **-seeking** *pm.* egoistyczny; **-sufficience, -sufficiency** *rz.* samowystarczalność; zarozumiałość; **-will** *rz.* samowola; upór; **-willed** *pm.* samowolny; uparty.

sell* (*sel'*) *cz.* sprzedawać; mieć zbyt; ~ up, zlicytować (dłużnika); **-er** (*-ə*) *rz.* sprzedawca; sprzedający.

Seltzer (*se'ltsə*) ~ water *rz.* woda selterska.

selv-age, -edge (*se'lwedż*) *rz.* brzeg (materjału), krajka, szlak.

semaphor-e (*se'məfoə*) *rz.* semafor; **-ic** (*seməfo'rik*) *pm.* sygnałowy.

sembl-able (*se'mbləbel*) *pm.* podobny (przest.); **-ance** (*se'mbləns*) *rz.* pozór, podobieństwo.

semen (*sī'mən*) *rz.* nasienie (*anat.*).

semester (*seme'stə*) *rz.* semestr, półrocze.

semi-annual (*semiæ'ujuəl*) *pm.* półroczny; **-breve, -brief** (*muz.*) pół tonu; **-circle** *rz.* półokrąg, półkole; **-circular** *pm.* półokrągły; półkolisty; **-colon** *rz.* średnik (znak pisowni); **-diameter** *rz.* półśrednicy, promień; **-fluid** *pm.* napół płynny; **-lunar, -lunate** *pm.* półksiężycowy; **-metal** *rz.* półmetal, półkruszec; **-monthly** *pm.* dwutygodniowy; **-official** *pm.* półurzędowy; **-quaver** *rz.* (nuta) szesnastka; **-spherical** *pm.* półkulisty; **-weekly** *pm.* i *ps.* powtarzający (ukazujący) się dwa razy na tydzień.

semin-al (*se'minel*) *pm.* nasienny; **-ation** (*seminej'szen*) *rz.* zapłodnienie; zasianie.

seminar (*seminā'*) *rz.* seminarjum (*uniw.*); **-ist** (*se'minərist*) *rz.* seminarzysta; **-y** (*se'minəri*) *rz.* seminarjum.

Semit-e (*se'majt*) *rz.* semita; **-ic** (*səmi'tik*) *pm.* semicki.

sempiternal (*sempitə̄'nel*) *pm.* wieczny, wiekuisty.

sempstress (*se'mpstrəs*) *rz.* szwaczka = **seamstress.**

senary (*sī'nəri*) *pm.* szóstkowy.

senat-e (*se'nət*) *rz.* senat; **-or** *rz.* senator; **-orial, -orian** (*senətō'riəl, -n*) *pm.* senatorski; **-orship** *rz.* senatorstwo.

send* (*se'nd*) *cz.* posyłać, wysyłać; przesłać; wyrzucić; zesłać; ~ word, uwiadomić; ~ one about his business, odprawić kogoś; **-er** (*-ə*) *rz.* posyłający; nadawca.

senescen-ce (*səne'sens*) *rz.* starzenie się; wiek starczy; **-t** (*-ənt*) *pm.* starzejący się.

seneschal (*se'nəszel*) *rz.* majordom; marszałek dworu.

senil-e (*sī'najl*) *pm.* starczy; **-ity** (*seni'liti*) *rz.* wiek starczy; starczość.

senior (*sī'niə*) *rz.* senjor; pryncypał; starzec; ~, *pm.* starszy (wiekiem lub godnością); **-ity** (*-riti*) *rz.* pierworodztwo; pierwszeństwo; starszyzna.

senna (*se'nə*) *rz.* senes (*bot.*).

sennight (*se'najt*) *rz.* tydzień (przest.).

sensation (*sensej'szen*) *rz.* uczucie, wrażenie, sensacja; **-al** (*-ənel*) *pm.* uczuciowy; sensacyjny.

sense (*se'ns*) *rz.* sens; znaczenie; odczucie; poczucie, rozsądek; zmysł; rozum, wyobrażenie; common ~, zdrowy rozsądek; speak good ~, mówić rozsądnie; **-less** *pm.* bez czucia; nieżywy; bezsensowny; ~, *cz.* dostrzec; odczuć.

sensi-bility (*sensibi'liti*) *rz.* wrażliwość; czułość; tkliwość; **-ble** (*se'nsibel*) *pm.* rozsądny, rozumny; wrażliwy; świadom; dotykalny; namacalny; zmysłowy; znaczny; **-bleness** (*-nəs*) *rz.* wrażliwość; rozsądek; czułość, czucie; **-tive** (*se'nsitiw*) *pm.* wrażliwy, czuły (na); ~ plant, *rz.* czułek; mimoza (*bot.*); **-tiveness** (*-nəs*) *rz.* wrażliwość, czułość na; tkliwość.

sensor-ial (*sənso'riəl*) **-y** *pm.* czuciowy (o nerwach); **-ium** (*sənso'riəm*) *rz.* sensorjum; mózg.

sensual (*sə'nszúəl*), **sensuous** (*se'nszuəs*) *pm.* zmysłowy; lubieżny; **-ism** (*-izem*) *rz.* sensualizm; zmysłowość; **-ist** (*-ist*) *rz.* sensualista; **-ity** (*senszuæ'liti*) *rz.* zmysłowość; lubieżność; **-ize** (*se'nszuəlajz*) *cz.* uzmysłowić.

sent (*se'nt*) *cz.* od **send.**

senten-ce (*se'ntəns*) *rz.* orzeczenie, wyrok; zdanie; opinja; sąd; zdanie (*gram.*); sentencja; ~, *cz.* orzec, wyrokować; zasądzić; skazać (to, na co); **-tial** (*sente'nszəl*) *pm.* orzekający, decydujący; wyrokujący; **-tious** (*sente'nszəs*) *pm.* sentencjonalny; zwięzły (przest.); **-tiousness** (*-nəs*) *rz.* sentencjonalność; (przest.) zwięzłość.

sentient (*se'nszənt*) *pm.* czujący.

sentiment (*se'ntimənt*) *rz.* (przest.) uczuciowość; uczucie; sentyment; poczucie; opinja; zdanie; toast; **-al** (*sentime'ntεl*) *pm.* uczuciowy; sentymentalny; **-ality, -alism** (*sentiməntæ'liti, sentime'ntəlizεm*) *rz.* czułostkowość, sentymentalizm; uczuciowość, sentymentalność; **-alist** (*sentime'ntəlist*) *rz.* sentymentalista.

sent-inel -ry (*se'ntinεl, se'ntri*) *rz.* warta, żołnierz na warcie; straż; **-ry box** *rz.* budka strażnicza.

separa-bility, -bleness (*seperəbi'liti, se'pərəblnəs*) *rz.* odłączność; rozdzielczość; **-ble** (*se'pərəbεl*) *pm.* odłączny, oddzielny; rozłączny; **-te** (*se'pərət*) *pm.* oddzielny, odrębny; osobny; **-te** (*se'pərejt*) *cz.* oddzielić, rozłączyć się; odłączyć (się); rozdzielić; rozejść się; **-teness** (*se'pərətnəs*) *rz.* oddzielność; odrębność; **-tion** (*seperej'szεn*) *rz.* oddzielenie, rozłączenie; rozłąka; separacja; **-tism** (*se'pərətizεm*) *rz.* separatyzm; **-tist** (*-ist*) *rz.* separatysta; odłączający się; **-tor** (*se'pərejtə*) *rz.* separator.

sepia (*sī'piə*) *rz.* sepja (ryba i farba).

sepoy (*sī'poj*) *rz.* sipoj, żołnierz indyjski na żołdzie angielskim.

sepsis (*se'psis*) *rz.* zatrucie wewnętrzne tkanek.

sept (*se'pt*) *rz.* ród (w Irlandji).

septan-gle (*septæ'ngεl*) *rz.* siedmiokąt; **-gular** (*septæ'ngju'ə*) *pm.* siedmiokątny.

September (*septe'mbə*) *rz.* wrzesień.

septennial (*septe'niəl*) *pm.* siedmioletni.

septic (*se'ptik*) *rz.* septon (*med.*); ~, **-al** (-ε') *pm.* septyczny, gnilny.

septua-genarian (*septjuədżənē'riən*) *rz.* człowiek siedmdziesięcioletni; **-genary** (*-æ'dżənəri*) *pm.* siedmdziesięciołetni; **-gesima** (*septjuədże'simə*) trzecia niedziela przed Wielkim Postem; **-gint** (*-dżint*) *rz.* septuginta.

septum (*se'ptəm*) *rz.* przedział, ścianka.

sepulchr-al (*səpă'lkrəl*) *pm.* grobowy; **-e** (*se'pəlkə*) *rz.* grobowiec; grób; ~, *cz.* pogrzebać; pochować.

sepulture (*se'pəlczə*) *rz.* pogrzeb.

sequaci-ous (*səkuej'szəs*) *pm.* wynikający; naśladujący; **-ty** (*sekuæ'sity*) *rz.* powolność.

sequel (*sī'kuəl*) *rz.* następstwo, wynik, skutek; dalszy ciąg.

sequen-ce (*sī'kuəns*) *rz.* następstwo, skutek, wynik; porządek; kolejność; sekwens; **-t** *pm.* następny, wynikający; następujący.

sequest-er (*səkue'stə*) *cz.* oddzielić, odosobnić (się); **-rate** (*səkue'strejt*) *cz.* sekwestrować; nałożyć sekwestr; **-rable** (*sekue'strəbεl*) *pm.* ulegający sekwestrowi; **-ration** (*-ej'szεn*) *rz.* sekwestr; odłączenie się; wyjęcie; odosobnienie; **-rator** (*se'kuəstrejtə*) *rz.* sekwestrator.

sequin (*sī'kuin*) *rz.* cekin.

seraglio (*sera'ljou*) *rz.* pałac sułtana; seraj.

seraph (*se'rəf*) *rz.* (*lmn.* serafin); seraf; **-ic** (*seræ'fik*) *pm.* seraficzny.

Serb (*sə̄'b*) *rz.* Serb; **-ian** (*-iən*) *pm.* serbski.

sere (*si'ə*) *pm.* zwiędły, wyschły; suchy, zeschły; zwiędnięty.

serenade (*serənej'd*) *rz.* serenada; ~, *cz.* urządzać serenadę.

seren-e (*sirī'n*) *pm.* jasny, pogodny; niezachmurzony; Most ~, Jaśnie Oświecony; **-ity** (*səre'niti*) *rz.* jasność, pogoda (ducha); tytuł książąt panujących.

serf (*sə̄'f*) *rz.* poddany; **-age, -dom** (*-εdż, -dəm*) *rz.* niewola, poddaństwo. [niana.

serge (*sə̄'uż*) *rz.* materja weł-

sergeant (*sā'dżent*) *rz.* sierżant; komisarz policji; (*hist.*) prawnik; **-at law** prawnik, mecenas; **-at arms** mistrz ceremonij.

seri-al (*se'riəl*) *pm.* seryjny; **-atim** (*seriej'tim*) *ps.* kolejno; serjami; **-es** (*sī'rīz*) *rz.* serja, rząd, szereg.

seri-ceous (*seri'szəs*) *pm.* jedwabny; **-culture** (*serikă'lczə*) *rz.* jedwabnictwo.

serin (*se'rin*) *rz.* czyżyk (*orn.*).

serious (*sī'riəs*) *pm.* poważny, ważny; **-ness** (*-nəs*) *rz.* powaga.

sermon (*sə'mεn*) *rz.* kazanie; **-ize** (*sə'mənajz*) *cz.* nauczać, kazać.

ser-osity (*səro'siti*) *rz.* serum; **-ous** (*sī'rəs*) *pm.* wodnisty.

serpent (*sə'pεnt*) *rz.* wąż; (*muz.*) serpent; **-ine** (*-ajn, -in*) *rz.* serpentyna; serpentyn (*min.*); wężownik (*bot.*) ~, *pm.* wężowaty; kręty.

serpiginous (*səpi'dżines*) *pm.* liszajowaty.

serrate (*se'rət*) *pm.* ząbkowany, zębaty.

serried (*se'rid*) *pm.* zwarty (szereg).

serum (*sī'rəm*) *rz.* serum.

serv-ant (*sə'wεnt*) *rz.* służący, służąca, sługa; **-maid** panna służąca, pokojówka.

serve (*sə'w*) *cz.* usługiwać; służyć; służyć (do czego); traktować, obejść się z kim; zaspokoić; wygodzić; przysłużyć się; wystarczyć; uspokoić; it -es him right, dobrze mu tak; ~ out, wysłużyć; obdzielić; ~ up, podać na stół; ~ one's turn, przydać się.

serv-ice (*sē'wis*) *rz.* usługa, przysługa; służba, nabożeństwo; obrządek; danie; serwis, posługa; pożytek; potrawa; (tenis) serwowanie; render ~, przysłużyć się, wyświadczyć przysługę; ~, **-ice-berry tree** *rz.* jarzębina (*bot.*); **-iceable** (*sə'wisəbεl*) *pm.* usłużny, pomocny, pożyteczny; skuteczny; przydatny; **-ile** (*sə'wil, -wajl*) *pm.* służalczy; podły; niewolniczy; **-ility** (*səwi'liti*) *rz.* służalczość; podłość; niewolniczość; **-ing-maid** *rz.* służąca; **-itor** (*sə'witə*) *rz.* sługa, famulus (*hist.*); **-itude** (*sə'witjūd*) *rz.* poddaństwo, służba; niewola.

sesame (*se'səmi*) *rz.* sezam.

sess patrz **cess.**

sessile (*se'sil*) *pm.* przysadkowy (*bot.*).

session (*se'szεn*) *rz.* posiedzenie, sesja; **-al** (*se'szenεl*) *pm.* posiedzeniowy, sesjonalny.

sesterce (*se'stəs*) *rz.* sestercja.

set (*se't*) *rz.* (= **sunset**) zachód; grupa; serja, partja (w grach); bieg, tok; kierunek; układ; garnitur, dobór; zbiór, komplet; kupa; banda; zgraja; serwis; latorośl; płonka; ~, *pm.* ustalony; postawiony; przygotowany; porządny, regularny; postanowiony; przepisany; stały; krępy; przysadkowaty; srogi (wyraz); on ~ purpose, umyślnie, z namysłu; be ~ on, być zdecydowanym; ~, *cz.* umieścić; stawić, ustawić; położyć; przyłożyć; posadzić (kurę); przystosować; urządzić; uporządkować; nastawić (zwichnięcie); zachodzić (o słońcu); twardnieć, ścinać się; ustalić; naznaczyć; sadzić; namówić; szczuć; przeciągnąć (brzytwę); wziąć się, jąć się czegoś; osiąść; stawać o wyżłach); zawiązać w owoc; ~ eyes on, spojrzeć, widzieć; ~ about, wziąć się do, jąć się czegoś; ~ abroad, rozpuścić wieść, rozgłosić; ~ down, zapisać, postanowić; wysadzić na ląd; ~ down for, brać za kogoś; ~ forth, ogłosić, oświadczyć; ~ on, upon, podburzać przeciwko komuś; ~ to, przymocować; ~ to music, przełożyć na muzykę, dorobić muzykę; ~ up, urządzić; ~ in, zaczynać się, nastawać; ~ up for, udawać kogoś; ~ out, wysadzić; ustroić; wyszykować; odjechać; ~ right, naprawić.

setaceous (*sətej'szəs*), **setigerous** (*səti'dżərəs*) *pm.* najeżony.

set-off (*seto'f*) *rz.* ozdoba; przeciwwaga.

seton (*sī'tεn*) *rz.* zawłoka (*chir.*).

setose (*sətou'z*) *pm.* najeżony.

settee (*setī'*) *rz.* kanapa, sofka. **setter** (*se'tə*) *rz.* wyżeł, seter; ~ on, podżegacz. **setting** (*se'tiŋ*) *rz.* od **set**; stawianie (i t. d.); (*teatr.*) wystawa. **settle** (*se'tɛl*) *rz.* ławka; ~, *cz.* załatwić; ustanowić; ustalić (się); rozstrzygnąć; uregulować rachunek; ustać się; osiąść; kolonizować; usiąść (o ptakach); obsuwać się; przymocowywać; osadzić się (o płynie); uśmierzyć; wyznaczyć; przeznaczyć; zapisać (pensję, posag); uspokoić (się); **-ment** (*-mənt*) *rz.* załatwienie; układ; osada; kolonja; osiedlenie; kolonizacja; fundacja; ustanowienie; uregulowanie; urządzenie; załagodzenie sporu; osad; osadzanie; dożywocie; oprawa; zapis; usadowienie się; **-r** (*-ə*) *rz.* kolonista, osadnik.

seven (*se'wɛn*) *liczb.* siedem; **-fold** (*-fold*) *ps.* siedemkroć; ~, *pm.* siedmiokrotny, siedmioraki; **-teen** (*-tī'n*) *licz.* siedemnaście; **-teenth** (*-tī'nϑ*) *pm.* siedemnasty; **-th** (*se'wnϑ*) *pm.* siódmy; **-tieth** (*se'wntiɛϑ*) *pm.* siedemdziesiąty; **-ty** (*se'wɛnti*) *liczb.* siedemdziesiąt.

sever (*se'wə*) *cz.* oddzielić; oderwać; odłączyć (się); odciąć; zerwać.

several (*se'wərɛl*) *pm.* kilka, kilkoro; różny, rozmaity, poszczególny; oddzielny; pojedynczy; **-ty** (*se'wərəlti*) *rz.* posiadanie.

severance (*se'wərɛns*) *rz.* oddzielenie, rozłączenie; zerwanie.

sever-e (*siwī'ə*) *pm.* ostry, surowy; srogi, okrutny; bolesny; **-ity** (*səwe'riti*) *rz.* surowość; srogość, ostrość; okrucieństwo.

sew* (*sou'*) *cz.* szyć; ~ up, przyszyć; zaszyć; ~ on a button, przyszyć guzik; **-ing** (*sou'iŋ*) *rz.* szycie; zszycie; ~ **machine** *rz.* maszyna do szycia; **-n** (*sou'n*) *cz.* od **sew**.

sew-age (*sjū'ɛdż*) *rz.* kanały; kanalizacja; nieczystości; **-er** (*sjū'ə*) *rz.* podczaszy; ~, *rz.* kanał ściekowy; **-erage** (*sjū'ərɛdż*) *rz.* nieczystości.

sex (*se'ks*) *rz.* płeć; **-ual** (*se'kszuəl*) *pm.* płciowy; **-uality** (*sekszuæ'liti*) *rz.* płciowość.

sex-agenarian (*seksədżənē'riən*) *rz.* człowiek sześćdziesięcioletni; **-agenary** (*seksədże'nəri*) *pm.* sześćdziesięcioletni; **-angle** (*seksæ'ngɛl*) *rz.* sześciokąt (*geom.*); **-angular** (*seksæ'ngjulə*) *pm.* sześciokątny; **-ennial** (*sekse'niəl*) *pm.* sześcioletni; **-tant** (*se'kstənt*) *rz.* sekstant; **-todecimo** (*sekstode'simou*) *rz.* format szesnastki; **-tuple** (*se'kstjūpɛl*) *pm.* sześciokrotny.

sexton (*se'kstɛn*) *rz.* sługa kościelny, zakrystjan.

shab-biness (*szæ'binəs*) *rz.* obszarpanie, lichość, marność; nikczemność, podłość; **-by** (*-bi*) *pm.* obszarpany; wytarty, lichy; nikczemny; nędzny, podły.

shackles (*szæ'kɛlz*) *rz. lmn.* kajdany, pęta; okowy; więzy; ~, *cz.* nałożyć kajdany, pętać, okuć.

shad (*szæ'd*) *rz.* złotośledź; koza (ryba).

shaddock (*szæ'dək*) *rz.* gatunek pomarańczy.

shad-e (*szej'd*) *rz.* cień, odcień; mroczność; abażur; zasłona; daszek; tarcza; **-e** *cz.* rzucać; cień; cieniować; ocienić; osłaniać; **-es** (*-z*) *rz. lmn.* cienie; hades; **-iness** (*-inəs*) *rz.* cienistość; **-y** (*szej'di*) *pm.* ocieniony, ciemny; wątpliwy.

shadow (*szæ'dou*) *rz.* cień; osłona; cienie zmarłych; tarcza, pozór; ~, *cz.* ocienić; zacienić, cieniować; **-y** (*szæ'doui*) *pm.* cienisty, ciemny; niewyraźny; mglisty, niematerjalny.

shaft (*szā'ft*) *rz.* drzewce, łodyga; walec; drążek; trzon; dyszel; szyb (w kopalni); otwór; kanał; **-s** of light, promienie światła; **-ing** (*-iŋ*) *rz.* pędnia, transmisja.

shag (*szæ'g*) *rz.* kudły, kłaki, włochatość; gatunek tytoniu; **-ged, -gy** (*-ɛd, -i*) *pm.* włochaty, kosmaty; kudłaty; **-gedness, -giness** (*-ɛdnəs, -inəs*) *rz.* włochatość; kudłatość.

shagreen (*szəgrī'n*) *rz.* skóra szagrynowa.

shah (*szā'*) *rz.* szah (perski).
shak-e (*szej'k*) *rz.* wstrząśnienie; trzęsienie; potrząśnięcie; pęknięcie (drzewa); rysa; trel; uścisk dłoni; **-e*** *cz.* wstrząsać; trząść (się); chwiać; zachwiać; drżeć; uścisnąć (rękę); trele wywodzić; ~ down, ~ off, strząsnąć; ~ out, wytrząść; **-e-down** *rz.* posłanie na ziemi; **-en** (*-n*) *cz.* od **shake**; **-er** (*-ə*) *rz.* członek sekty szekerów; trzęsący; drżący, **-y** (*-i*) *pm.* chwiejny, drżący; trzęsący się; niepewny.
shako (*szæ'kou*) *rz.* czako.
shall (*szæ'l*) *cz.* posiłkowy służący do uformowania czasu przyszł.; I ~ do it, zrobię to.
shalloon (*szælū'n*) *rz.* cienki materjał wełniany.
shallop (*szæ'lop*) *rz* szalupa.
shallot (*szælo't*) *rz.* gatunek cebuli.
shallow (*szæ'lou*) *rz.* mielizna; odmiał; ~, *pm.* płytki, ograniczony; powierzchowny; **-ness** (*-nəs*) *rz.* płytkość.
sham (*szæ'm*) *rz.* udanie, symulowanie; oszukaństwo, kłamstwo; ~, *pm.* fałszywy; udany; podstawiony; oszukańczy; przyprawiony; ~, *cz.* oszukać, okłamać; zwieść; otumanić.
shamble (*szæ'mbel*) *cz.* niezgrabnie się poruszać, posuwać.
shambles (*szā'mbelz*) *rz. lmn.* jatki, rzeźnia.
shame (*szej'm*) *rz.* wstyd, hańba; for ~! wstyd! ~, *cz.* zawstydzać; hańbić; zarumienić się; **-faced** *pm.* wstydliwy; nieśmiały; **-facedness** *rz.* wstydliwość; **-ful** (*-ful*) *pm.* haniebny; sromotny; **-fulness** *rz.* haniebność; sromota; hańba; **-less** *pm.* bezwstydny; **-lessness** *rz.* bezwstydność; bezwstyd.
shammer (*szæ'mə*) *rz.* oszust, łgarz, udawacz.
shammy, -oy (*szæ'mi, szəmoj'*) *rz.* giemza, zamszowa skóra, zamsz.
shampoo (*szæmpū'*) *rz.* mycie głowy; szampon; ~, *cz.* myć głowę szamponem.
shamrock (*szæ'mrok*) *rz.* koniczyna, trójlistek, godło irlandzkie.
shank (*szæ'ŋk*) *rz.* goleń, piszczel; wrzeciono (kotwicy); łodyga; słup.
shan't (*szā'nt*) skrót od **shall not**.
shanty (*szæ'nti*) *rz.* chata.
shape (*szej'p*) *rz.* postać, kształt; forma; fason (kapelusza); rodzaj; put in ~, nadać kształt; get into ~, uporządkować; ~, *cz.* formować; kształtować; nadawać kształt; przybrać postać; tworzyć; skierowywać; dostosować (się); **-lessness** *rz.* niekształtność, nieforemność; **-less** *pm.* bezkształtny; nieforemny; **-ly** (*-li*) *pm.* kształtny, ładny; symetryczny.
shard (*szā'd*) *rz.* skorupa; czerep.
share (*szē'ə*) *rz.* lemiesz (pługa); ~, *rz.* część, dział; udział; akcja; uczestnictwo; go ~s with, dzielić się z kimś; transferable ~, akcja na okaziciela; bonus ~, akcja uprzywilejowana; ~, *cz.* dzielić (się) z kim; podzielić; mieć udział; rozdać; **-r** (*szē'rə*) *rz.* udziałowiec, współuczestnik; **-holder** *rz.* akcjonarjusz.
shark (*szā'k*) *rz.* rekin; oszust; ~, *cz.* oszukiwać; żyć z oszustwa, szwindlu.
sharp (*szā'p*) *rz.* (*muz.*) krzyżyk; ~, *pm.* ostry, zaostrzony, spiczasty; dotkliwy, przykry; dojmujący; bystry; przenikliwy; surowy; bolesny; uszczypliwy; dowcipny; chytry; **-cut** *pm.* ostro ścięty; wyraźny; **-en** (*-n*) *cz.* zaostrzyć (się); wzburzyć, podniecić; ożywić; **-er** (*-ə*) *rz.* oszust, szalbierz; **-eyed, -sighted** *pm.* bystrooki; **-ness** (*-nəs*) *rz.* ostrość, dotkliwość; przenikliwość; kończastość; surowość; ból; dolegliwość; uszczypliwość; bystrość (dowcipu); **-shooter** *rz.* celny strzelec; **-witted** *pm.* bystry; przenikliwy.
shatter (*szæ'tə*) *cz.* rozbić, stłuc; zrujnować; pogruchotać; roztrzaskać.
shav-e (*szej'w*) *rz.* golenie; muśnięcie; strugacz; ~, *cz.* golić; heblować; strugać; musnąć;

skrobać; strzyc; kosić; **-eling** (*-liŋ*) *rz.* wygolony; mnich; **-en** (*-n*) *pm.* ogolony; **-er** (*-ə*) *rz.* golarz; młodzieniec; **-ing** (*-iŋ*) *rz.* golenie; strzyżenie; ~~ **brush** *rz.* pędzel do golenia; ~~ **stick** *rz.* mydło do golenia; **-ings** *rz. lmn.* wióry, strużki; heblowiny.

shawl (*szō'l*) *rz.* szal.

she (*szī'*) *z.* ona; w wyr. złoż. oznacza samicę; kobieta (w gwarze); ~**-ass** *rz.* oślica; ~ **-bear** *rz.* niedźwiedzica; ~**-cat** *rz.* kotka; ~**-goat** *rz.* koza.

sheaf (*szī'f*) *rz.* (*lmn.* **sheaves** *szī'wz*) snop; wiązka; ~, *cz.* wiązać w snopy.

shear* (*szī'ə*) *cz.* strzyc; **-er** (*szī'rə*) *rz.* postrzygacz owiec; **-s** *rz. lmn.* nożyce; **-steel** *rz.* stal wyborowa.

sheat-fish (*szī'tfisz*) *rz.* sum.

sheath (*szī'þ*) *rz.* pochwa; torebka; ~, **-e** (*szī'δ*) *cz.* wkładać do pochwy; powlec, okryć; **-ing** (*-iŋ*) *rz.* chowanie do pochwy; pochwa.

sheave (*szī'w*) *rz.* krążek bloku; ~, *cz.* wiązać w snopy.

shed (*sze'd*) *rz.* szopa, buda; szałas; *~, *cz.* rozlewać; przelewać; lać; ronić; lenieć, tracić liście, pióra, skórę; rozsypywać; sypać; nasypywać.

sheen (*szī'n*) *rz.* blask, jasność; wspaniałość; **-y** (*-i*) *pm.* jasny; wspaniały; jaśniejący.

sheep (*szī'p*) *rz.* owca; skóra barania; **-cote, -fold** *rz.* owczarnia; **-hook** *rz.* kij pasterski; **-ish** (*-isz*) *pm.* owczy, barani; nieśmiały; **-ishness** (*-isznəs*) *rz.* nieśmiałość, wstydliwość; **-skin** *rz.* skóra barania; futro baranie; **-run, -walk** *rz.* pastwisko.

sheer (*szī'ə*) *rz.* odchylenie (z drogi); ~, *pm.* zwyczajny; prosty; czysty; pionowy; przeźroczysty; ~, *ps.* pionowo; wprost, całkiem, zupełnie; **-legs,** rozkraczny słup, dźwig.

sheet (*szī't*) *rz.* prześcieradło; płyta, arkusz (papieru); szmat; szmata; zwierciadło wody; ~, *cz.* okryć; rozścielić; **-anchor** *rz.* wielka kotwica; (*fig.*) nadzieja; **-copper** *rz.* blacha miedziana; **-glass** *rz.* szkło lustrzane; **-iron** *rz.* blacha żelazna.

sheik (*szī'k, szej'k*) *rz.* szeik.

shekel (*sze'kεl*) *rz.* sykl (pieniądz).

sheldrake (*sze'ldrejk*) *rz.* gatunek kaczki.

shelf (*sze'lf*) *rz.* (*lmn.* **shelves** *sze'lwz*) półka; ławica piaskowa; skała podwodna; gzyms.

shell (*sze'l*) *rz.* łupina orzecha; strąk; skorupa; muszla; granat; ~, *cz.* obłupić; łuszczyć (się); bombardować; **-fish** *rz.* skorupiak; **-proof** *pm.* pancerny; **-shock** *rz.* kontuzja; **-y** (*-i*) *pm.* skorupiasty.

shellac (*szəlæ'k*) *rz.* szelak.

shelter (*sze'ltə*) *rz.* ochrona, osłona; schronienie; ~, *cz.* osłaniać; chronić się; dać przytułek; **-less** *pm.* bez schronienia; nieochroniony.

shelt-ie, -y (*sze'lti*) *rz.* konik (szkocki); ~, *rz.* chata, szałas.

shelv-e (*sze'lw*) *cz.* przechylać się; iść pochyło, spadzisto; zaopatrzyć w półki, złożyć na półkę; odłożyć; zwolnić; **-ing** (*-iŋ*) *pm.* spadzisty; **-y** (*-i*) *pm.* pochyły.

shepherd (*sze'pəd*) *rz.* pasterz, pastuch; ~, *cz.* paść bydło; **-ess** (*-əs*) *rz.* pasterka, pastuszka; ~**'s needle,** grzebienica, żórawie noski (*bot.*); ~**'s weather-glass** *rz.* kurzyślep (*bot.*).

sherbet (*szə̄'bət*) *rz.* sorbet, chłodnik.

sherd (*szə̄'d*) *rz.* czerep.

sheriff (*sze'rif*) *rz.* szeryf (urzędnik państw.); **-alty, -ship** (*sze'rifəlti*) *rz.* szeryfostwo.

sherry (*sze'ri*) *rz.* wino hiszpańskie, kseres.

shew (*szou'*) = **show**; **-bread** *rz.* chleb pokładny (starożyt. żyd.).

shibboleth (*szy'boleþ*) *rz.* znak, hasło, sprawdzian.

shield (*szī'ld*) *rz.* tarcza; obrona, zasłona; puklerz; ~, *cz.* osłaniać tarczą; bronić.

shift (*szi'ft*) *rz.* wybieg; wykręt; sposób; odmiana; zmiana (bielizny); szychta (robotników); wyjście, ratunek; ~, *cz.* przekładać, przesuwać; (po)ruszać; krzątać się; odmienić (się);

przebrać (się); przenieść (się); ustępować; wykręcać się; ~ off, uwolnić się; ~ upon one, zwalić (winę) na kogoś; **-er** (*-ə*) *rz.* wykrętacz; **-ing** (*-iŋ*) *pm.* chytry, przebiegły; **-less** *pm.* nieporadny; nieobrotny; bez środków.

shilling (*szi'liŋ*) *rz.* szyling.

shilly-shally (*szi'liszæ'li*) *rz.* niezdecydowanie; chwiejność; ~, *cz.* wahać się.

shim (*szi'm*) *rz.* klinek.

shimmer (*szi'mə*) *cz.* skrzyć się.

shin (*szi'n*) *rz.* goleń (*anat.*); ~, *cz.* włazić; spinać się.

shindy (*szi'ndi*) *rz.* wrzawa, bijatyka.

shine (*szaj'n*) *rz.* blask; jasność; piękna pogoda; ~, *cz.* świecić, jaśnieć; błyszczeć.

shingle (*szi'ŋgɛl*) *rz.* żwir; gonta; garsonka (uczesanie); **-s** (*-z*) *rz. lmn.* herpes (*med.*).

ship (*szi'p*) *rz.* okręt, statek; take ~, odpłynąć; ~, *cz.* naładować na statek; wysłać (lądem lub morzem); **-búilding** *rz.* budowanie okrętów; **-carriage** *rz.* transport; **-load** *rz.* ładunek okrętu; **-mate** *rz.* majtek okrętowy; **-ment** (*-mənt*) *rz.* wysłanie; załadowanie towarów na statek; transport, przewóz; **-money** *rz.* podatek na budowę okrętów (*hist.*); **-per** (*-ə*) *rz.* szyper; **-ping** (*-iŋ*) *rz.* wysyłanie; ładowanie towarów na okręt; żegluga; przewóz; flota; **-shape** *pm.* w zupełnym porządku; **-wreck** *rz.* rozbicie statku; rozbity okręt; ~~, *cz.* rozbić się (o okręcie); **-wright** *rz.* cieśla okrętowy; **-yard** *rz.* stocznia.

shire (*szaj'ə*) *rz.* okręg, hrabstwo.

shirk (*szə̄'k*) *cz.* nie spełniać obowiązku, wymawiać się; unikać; wykręcać się.

shirt (*szə̄'t*) *rz.* koszula (męska); **-ing** (*-iŋ*) *rz.* materjał na koszule; in one's ~sleeves, bez marynarki; **-front** *rz.* gors.

shiver (*szi'wə*) *rz.* odłamek, drzazga; ~, *rz.* dreszcz; ~, *cz.* roztłuc (się); ~, *cz.* drżeć; mieć dreszcze; trząść się.

shoal (*szou'l*) *rz.* rój; mnóstwo; ławica; mielizna, rafa; **-y** (*-i*) *pm.* miałki, płytki; ~, *cz.* roić się; być miałkim; **-iness** (*-inəs*) *rz.* płytkość.

shock (*szo'k*) *rz.* kopica; ~, *rz.* uderzenie, raz, wstrząs (nerwowy); napad; ~ troops, oddziały szturmowe; ~, *cz.* kudły; ~, *cz.* uderzyć; gorszyć; urazić, obrazić (wstydliwość); sprawić odrazę; ~, *cz.* układać (snopy) w kopy; **-ing** (*-iŋ*) *pm.* odrażający; skandaliczny, gorszący; ohydny.

shod (*szo'd*) *pm.* obuty.

shoddy (*szo'di*) *rz.* wełna sztuczna; paskudztwo; tandeta; ~, *pm.* lichy, podlejszego gatunku.

shoe (*szū'*) *rz.* but, trzewik; podkowa; ~, *cz.* obuć; okuć (konia); **-black** *rz.* czyścibut; **-brush** *rz.* szczotka do butów; **-horn** *rz.* łyżka (do wzuwania butów); **-maker** *rz.* szewc; **-strap, -string** *rz.* sznurowadło.

shone (*szo'n*) *cz.* od **shine.**

shoo (*szū'*) *w.* szu!; ~, *cz.* ~ away, spłoszyć.

shook (*szu'k*) *cz.* od **shake**; ~, *rz.* komplet klepek na beczkę.

shoot (*szū't*) *rz.* kiełkowanie; nowy kiełek rośliny; odrośl; wystrzał; *~, *cz.* strzelać, wystrzelić; zastrzelić; wystawać; wypuszczać (pąki); przelecieć; rwać; kłuć; błysnąć; mignąć się; **-er** (*-ə*) *rz.* strzelec; **-ing star** *rz.* meteor; gwiazda spadająca; ~~ **range** *rz.* strzelnica.

shop (*szo'p*) *rz.* sklep; warsztat; magazyn; shut up ~, zwinąć interes; talk ~, mówić o interesach; ~, *cz.* kupować, robić sprawunki; **-girl** *rz.* panna sklepowa; **-keeper, -man** *rz.* kupiec; sklepikarz; **-lifter** *rz.* złodziej sklepowy; **-ping** (*-piŋ*) *rz.* sprawunki; ~ **window,** wystawa sklepowa.

shore (*szō'ə*) *rz.* podpórka; ~, *rz.* brzeg (morza, jeziora, rzeki); ~, *cz.* podpierać; ~, *cz.* od **shear**; **-less** *pm.* bezbrzeżny.

shorn (*szo'ən*) *cz.* od **shear.**

short (*szō't*) *pm.* krótki; niski (wzrostem); niewystarczający;

niedostateczny; za mały; zwięzły; węzłowaty; ograniczony; ~, rz. skrócenie; ~, ps. krótko, niedługo; be ~ of, nie mieć, brakować; fall ~ of, niedopisać; niewystarczać; nothing ~ of chyba tylko; I have run ~ of money, zabrakło mi pieniędzy; stop ~ urwać (np. mowę); the long and the ~ of it, w kilku słowach; for ~, w skróceniu; **-age** (sz'ōtedż) rz. brak; **breathed** pm. dychawiczny; **-comings** rz. lmn. braki; wady; **-cut** rz. skrót; **-en** (-n) cz. skracać; kurczyć się; ukrócić; uciąć; **-ening** (szō'tniŋ) rz. skracanie; **-hand** rz. stenografja; ~~, cz. stenografować; **-lived** pm. krótkotrwały; **-ly** ps. wkrótce, niebawem; w kilku słowach; **-ness** (-nəs) rz. krótkość, zwięzłość; niedostateczność, brak; **-s** rz. lmn. braki; krótkie majtki; **-sight** rz. krótkowzroczność; **-sighted** pm. krótkowzroczny; nieprzewidujący; **-spoken** pm. zwięzły; **-winded** pm. dychawiczny.

shot (szo't) cz. od **shoot**; ~ silk, mieniący się jedwab; ~, rz. nabój, pocisk; donośność; zasiąg; strzelec; make a good ~, trafić; ~, rz. rachunek; small ~, śrut; **-gun** rz. dubeltówka.

should (szu'd) cz. (słowo posiłkowe służące do tworzenia trybu warunkowego); powinien; he ~ work, powinien pracować.

shoulder (szou'ldə) rz. bark, ramię, plecy; (u zwierząt) łopatki; ~ of mutton, ćwiartka cielęciny; put one's ~ to the wheel, dopomóc; zrobić wysiłek; give one the cold ~, przyjąć kogoś ozięble; ~, cz. wziąć na plecy; podpierać ramieniem, pchać; brać na siebie; **-belt** rz. bandolet; **-blade, -bone** rz. łopatka (anat.); **-knot** rz., **-strap** rz. naramiennik; broad ~ **ed**, barczysty.

shout (szau't) rz. krzyk, wykrzyk; okrzyk; ~, cz. wykrzykiwać; krzyczeć.

shove (szə'w) rz. pchnięcie; posunięcie; ~, cz. pchnąć; pchać się; posuwać (się); ~ off, odsunąć, odepchnąć.

shovel (szə'wel) rz. szufla; łopatka; ~, cz. szuflować, rzucać (zbierać, przerzucać) łopatą.

show (szou') rz. okazanie, widok, wystawa; przepych; udanie; pokaz; pozór; (gwar.) interes; ~, cz. pokazywać, wskazywać; pokazać drogę; wydawać się; okazywać się; mieć pozór; dowieść; zjawić się; ~ off, paradować; **-bread** rz. chleb pokładny (żydów); **-case** rz. gablotka; **-iness** (-ines) rz. przepych, okazałość; **-window** rz. wystawa; witryna; **-ish** (-isz) **-y** (-i) pm. wystawny; okazały; ostentacyjny, wspaniały; jaskrawy; pyszny, wytworny.

shower (szau'ə) rz. deszczyk; grad (kul, pocisków); obfitość; ~, cz. zlać deszczem; padać; sypać; obdarzyć; **-bath** rz. tusz; **-y** (-ri) pm. dżdżysty; ulewny; mokry.

shown (szou'n) cz. od **show.**

shrammed (szræ'md) pm. zdrętwiały.

shrank (szræ'ŋk) cz. od **shrink.**

shrapnel (szræ'pnel) rz. szrapnel.

shred (szre'd) rz. pas (czegoś), obrzynek, skrawek; strzęp; ~, cz. strzępić.

shrew (szrū') rz. sekutnica, złośnica; ~, cz. przeklinać; **-ish** (-isz) pm. dokuczliwy; kłótliwy; **-ishness** rz. kłótliwość, zrzędność.

shrewd (szrū'd) pm. bystry; przemyślny; przebiegły; przenikliwy (o powietrzu); **-ness** (-nəs) rz. bystrość.

shrew-mouse (szrū'maus) rz. ostronosa mysz.

shriek (szrī'k) rz. krzyk; wrzaśnięcie; pisk; ~, cz. krzyczeć; wrzasnąć; piszczeć.

shrievalty (szrī'wəlti) rz. szeryfostwo.

shrift (szri'ft) rz. spowiedź przedśmiertna; ostatnie chwile (skazanego).

shrill (szri'l) pm. przenikliwy, ostry (głos); piskliwy; ~, ps. przenikliwie; przeraźliwie; ~, cz. wydawać dźwięk ostry; przeraźliwy; piszczeć: dzwo-

nić; **-ness** (*-nəs*) *rz.* przenikliwość (głosu); przeraźliwość, **-y** (*-i*) *ps.* głosem ostrym, przeraźliwym, piskliwie.
shrimp (*szri'mp*) *rz.* krewetka; (*fig.*) raczek; człeczek.
shrine (*szraj'n*) *rz.* relikwjarz; świątynia; kaplic(zk)a; ~, *cz.* oprawić (jak relikwje).
shrink (*szri'ŋk*) *cz.* kurczyć (się); marszczyć (się); wzdrygać się; bać się; lękać się; usunąć się; **-age** (*-edż*) *rz.* kurczenie (się); cofanie się przed czem.
shrive* (*szraj'w*) *cz.* spowiadać (się).
shrivel (*szri'wel*) *cz.* kurczyć się, marszczyć się; zsychać.
shroud (*szrau'd*) *rz.* całun; (*fig.*) zasłona (tajemnicy); ~, *cz.* okryć całunem; zasłonić; (*mar.*) olinowanie.
shrove (*szrou'w*) *cz.* od **shrive**; ~ Tuesday, *rz.* tłusty wtorek.
shrub (*szrǎ'b*) *rz.* krzew; krzak; ~, *rz.* napój owocowy; **-bery** (*-əri*) *rz.* zagajnik; krzaki; **-by** (*-i*) *pm.* porosły krzakami; krzewiasty.
shrug (*szrǎ'g*) *rz.* wzruszenie ramionami; ~, *cz.* wzruszać (ramionami).
shrunk (*szrǎ'ŋk*) **-en** (*szrǎ'ŋken*) *cz.* od **shrink**. [obłupić.
shuck (*szǎ'k*) *rz.* łupina; ~, *cz.*
shudder (*szǎ'də*) *rz.* dreszcz, mrowie; wzdryganie się; ~, *cz.* drżeć, wzdrygać się.
shuffle (*szǎ'fel*) *rz.* wybieg; tasowanie kart; szurganie; ~, *cz.* tasować (karty); mieszać; szurgać nogami; używać wybiegów; kręcić; zbyć; zwalać (na innych); ~ along, wlec się; **-r** (*-ə*) *rz.* człowiek niezdecydowany, krętacz.
shun (*szǎ'n*) *cz.* unikać, wystrzegać się; obawiać się.
shunt (*szǎ'nt*) *cz.* przesunąć na bok, odłożyć; wekslować, przetaczać wozy.
shut* (*szǎ't*) *cz.* zamykać; zaprzeć; ~ up, zamknąć (więźnia); ~ up, milcz! ~ out, wykluczyć; ~ one's ears to, puścić mimo uszu; ~ down, zasunąć; spuścić; **-ters** (*-əz*) *rz.* okiennice, żaluzje.
shuttle (*szǎ'tel*) *rz.* czółenko tkackie; **-cock** *rz.* korek z piórkami; wolant (gra).
shy (*szaj'*) *pm.* nieśmiały, bojaźliwy; trwożliwy; unikający; nieufny; płochliwy; ~, *cz.* rzucić się wbok (o koniu); **-ness** (*-nəs*) *rz.* nieśmiałość; bojaźliwość.
sibilant (*si'bilent*) *pm.* syczący.
sibyl (*si'bil*) *rz.* sybilla; **-line** (*si'bilajn*) *pm.* sybiliński.
siccative (*si'kətiw*) *pm.* osuszający.
sick (*si'k*) *pm.* słaby; chory; stęskniony; znudzony czem; I am ~, nudzi mnie; I am ~ of it, mam dość tego; **-en** (*-n*) *cz.* przyprawiać o mdłości; czuć się źle, zasłabnąć; **-ish** (*-isz*) *pm.* niezdrów, czujący się niedobrze; **-liness** (*-linəs*) *rz.* chorowitość, słabowitość; **-ly** (*-li*) *pm.* chorowity; **-ness** (*-nəs*) *rz.* choroba, słabość; nudności.
sickle (*si'kel*) *rz.* sierp; **-bill** *rz.* ptak z zakrzywionym dziobem; **-wort** *rz.* gądziel (*bot.*).
side (*saj'd*) *rz.* bok; strona (prawa lub lewa); stok góry; stronnictwo; partja; ~ by ~, obok siebie, ramię przy ramieniu; ~, *pm.* boczny; częściowy; poboczny; zboku położony; ~, *cz.* przechylać się na czyjąś stronę; stronić z kimś; popierać; **-arms** *rz. lmn.* broń sieczna; **-board** *rz.* kredens; **-box** *rz.* loża boczna; **-light** *rz.* latarnia u boku okrętu; **-ling** *ps.* zboku, podłużnie; **-long** *ps.* wbok, naukos; ~, *pm.* uboczny; ukośny; **-saddle** *rz.* siodło damskie; **-track** *rz.* bocznica; ~~, *cz.* (*fig.*) zagwoździć; **-walk** *rz.* chodnik; **-wise**, **-ways** *ps.* na bok; bokiem.
sidereal (*sajdī'riəl*) *pm.* gwiazdowy, niebieski.
siding (*saj'diŋ*) *rz.* bocznica (kolejowa).
sidle (*saj'del*) *cz.* posuwać się bokiem; boczyć się.
siege (*sī'dż*) *rz.* oblężenie; lay ~ to, oblęgać.
siesta (*sie'stə*) *rz.* siesta.
sieve (*si'w*) *rz.* sito, rzeszoto; ~, *cz.* przesiewać; **-maker** *rz.* sitarz.

sift (*si'ft*) *cz.* przesiewać, wybierać; **-er** (*-ə*) *rz.* przesiewacz.
sigh (*saj'*) *rz.* westchnienie; ~, *cz.* wzdychać, westchnąć.
sight (*saj't*) *rz.* wzrok; spojrzenie; widok, widowisko; wgląd; cel na strzelbie; *lmn.* osobliwości (miasta); at ~, za okazaniem; by ~, z widzenia; at first ~ na pierwszy rzut oka; in ~, na widoku, widoczny; out of ~, ukryty; ~, *cz.* dojrzeć, zobaczyć; wypatrywać; wziąć na cel; **-less** *pm.* ślepy; **-ly** (*-li*) *pm.* niebrzydki; **-worthy** *pm.* godny zobaczenia.
sign (*saj'n*) *rz.* znak, oznaka; napis, szyld; podpis, godło; ~, *cz.* oznaczać znakiem; zaznaczyć; podpisać; naznaczyć; wskazać; dać znak, skinąć; **-board** *rz.* szyld; **-er** (*-ə*) *rz.* podpisany, podpisujący; **-manual** *rz.* podpis własnoręczny; **-painter** *rz.* malarz szyldów; **-post** *rz.* drogowskaz.
signal (*si'gnel*) *rz.* sygnał, hasło; znak; cecha; ~, *pm.* świetny, znakomity; walny; **-ize** (*si'gnəlajz*) *cz.* uświetnić, odznaczyć; **-light** *rz.* sygnał świetlny.
signat-ory (*si'gnətəri*) *pm.* podpisujący, podpisany; ~~, *rz.* sygnatarjusz; **-ure** (*si'gnəczə*) *rz.* podpis; cecha.
signet (*si'gnət*) *rz.* sygnet, pieczątka.
signif-icance (*signi'fikens*) *rz.* znaczenie; myśl, ważność; doniosłość; **-icant** (*-kent*), **-icative** (*signi'fikejtiw*) *pm.* oznaczający, świadczący o; znaczący, doniosły; dosadny; **-ication** (*signifikej'szen*) *rz.* zawiadomienie; znaczenie; myśl; rozumienie; **-y** (*si'gnifaj*) *cz.* wskazywać; oznaczać; znaczyć; wyrażać; znamionować; zaznaczyć.
silen-ce (*saj'lens*) *rz.* cisza; (za)milczenie; ~~, *cz.* uciszyć; uspokoić; odebrać mowę (*fig.*); ~~, *w.* cicho!; **-cer** *rz.* tłumik; **-t** (*saj'lent*) *pm.* milczący; cichy, spokojny.
Silesian (*sajlī'żjen*) *rz.* Ślązak; ~~, *pm.* śląski.
silhouette (*silue't*) *rz.* sylwetka.
sili-ca (*si'likə*) *rz.* krzemionka (*min.*); **-ceous, -cious** (*sili'szəs*) *pm.* krzemionkowy; krzemienny; **-cic** (*sili'sik*) *pm.* krzemny; **-cium** (*sili'sziəm*) *rz.* krzem.
sili-quous, -quose (*si'likuəs*) *pm.* strączkowy; **-qua** (*si'likuə*), **-que** (*si'lik*) *rz.* strączek.
silk (*si'lk*) *rz.* jedwab; ~, **-en** (*-en*), **-y** (*-i*) *pm.* jedwabny, jedwabisty; **-iness** (*-inəs*) *rz.* jedwabistość; **-mill, -spinning mill** *rz.* przędzalnia jedwabiu; **-twinning** *rz.* skręcanie jedwabiu; **-weaver** *rz.* tkacz; **-worm** *rz.* jedwabnik.
sill (*si'l*) *rz.* próg; parapet okna.
sill-iness (*si'linəs*) *rz.* głupota; naiwność; **-y** (*-i*) *pm.* niemądry, głupi; głupkowaty.
silo (*saj'lou*) *rz.* dół do przechowywania paszy.
silt (*si'lt*) *rz.* muł, ił; ~, *cz.* zamulać.
silvan (*si'lwən*) *pm.* leśny.
silver (*si'lwə*) *rz.* srebro; ~, *pm.* srebrny; srebrzysty; ~, *cz.* posrebrzać; srebrzyć się; **-ing** (*-iŋ*) *rz.* posrebrzanie; **-leaf** *rz.* srebro w arkuszach; **-plate** *rz.* srebro stołowe; **-smith** *rz.* złotnik; **-thistle, -weed** *rz.* srebrnik, białawiec (*bot.*); **-y** (*-ri*) *pm.* srebrzysty; srebrny.
simian (*si'miən*) *pm.* małpi.
simil-ar (*si'milə*) *pm.* podobny; jednakowy; **-arity** (*similæ'riti*); **-itude** (*simi'litjūd*) *rz.* podobieństwo; przyrównanie, przypowieść; **-e** (*si'mili*) *rz.* porównanie.
simmer (*si'mə*) *cz.* kipieć; wrzeć; gotować się.
simony (*si'moni*) *rz.* symonja, świętokupstwo.
simoom (*simū'm*) *rz.* samum (wiatr).
simper (*si'mpə*) *rz.* uśmiech afektacyjny; ~, *cz.* uśmiechać się przesadnie; wdzięczyć się; **-ingly** *ps.* uśmiechając się z afektacją.
simpl-e (*si'mpel*) *pm.* prosty, niewinny; głupiutki; naiwny; naturalny; skromny; pojedyńczy; ~, *rz.* ziele (lekarskie); **-eness, -icity** (*-nes, simpli'-*

siti) *rz.* prostota, naturalność, naiwność; głupkowatość; **-eton** (*-tɛn*) *rz.* głuptas; prostak; **-ification** (*simplifikej'szɛn*) *rz.* uproszczenie; **-ify** (*si'mplifaj*) *cz.* uprosić; **-y** (*-i*) *ps.* tylko, poprostu; naiwnie; głupio.

simula-crum (*simjulej'krəm*) *rz.* upozorowanie, pozór; **-te** (*-'mjuejt*) *cz.* udawać, symulować, pozorować; **-tion** (*simjulej'szɛn*) *rz.* udanie, pozorowanie, symulacja; obłuda.

simultaneous (*siməltej'niəs*) *pm.* jednoczesny, równoczesny; **-ness** (*-nəs*) *rz.* jednoczesność.

sin (*si'n*) *rz.* grzech; ~, *cz.* grzeszyć, popełniać grzech; ~ against, obrażać; **-ful** (*-ful*) *pm.* grzeszny; **-fulness** *rz.* grzeszność; **-less** *pm.* bezgrzeszny; **-lessness** *rz.* bezgrzeszność; **-ner** (*-ə*) *rz.* grzesznik.

sinapism (*si'napizɛm*) *rz.* synapism, kataplazm.

since (*si'ns*) *ps. pi.* i *łącz.* od (pewnego czasu); już (pewien czas) temu; ponieważ; wobec tego, że; skoro; od, odkąd; gdy; ever ~, odkąd, od chwili gdy; już zawsze; long ~, dawno temu.

sincer-e (*sinsī'ə*) *pm.* szczery; **-ity** (*sinse'riti*) *rz.* szczerość.

sinciput (*si'nsipăt*) *rz.* przód głowy.

sine (*saj'n*) *rz.* sinus (*mat.*).

sinecure (*saj'nəkjūə, si'-*) *rz.* synekura; **-ist** *rz.* synekurzysta.

sinew (*si'njū*) *rz.* ścięgno; mięsień, **-y** (*-i*) *pm.* żylasty, krzepki; silny, mocny; **-less** *pm.* bez siły, słaby, bez energji.

sing* (*si'ŋ*) *cz.* śpiewać, wyśpiewywać, sławić; ~ a baby to sleep, śpiewać dziecku do snu; **-er** (*-ə*) *rz.* śpiewak, śpiewaczka; **-ing** (*-iŋ*) *rz.* śpiewanie, śpiew.

singe (*si'ndż*) *cz.* osmalić; przypalać; przypiekać.

single (*si'ŋgɛl*) *pm.* jeden, sam jeden; oddzielny, samotny; wykonywany przez jedną osobę; szczery; pojedyńczy; prosty; nieżonaty; kawaler; ~, *cz.* wyróżnić; **-breasted** *pm.* jednorzędowa marynarka; **-handed** *pm.* jednoręki; wykonany jedną ręką lub bez obcej pomocy; **-hearted** *pm.* czystego serca; szczery; serdeczny; **-surfaced** *pm.* jednopłatowy (aeroplan); **-ton** (*si'ŋgɛltən*) *rz.* syngelton (w kartach); samotnik.

singly (*si'ŋgli*) *ps.* oddzielnie, pojedyńczo, na własną rękę; samemu; szczerze.

singsong (*si'ŋsoŋ*) *rz.* śpiewka monotonna.

singular (*si'ŋgulə*) *rz.* liczba pojedyńcza (*gram.*); ~, *pm.* pojedyńczy, jednostkowy; szczególny, dziwny; osobliwy; **-ity** (*siŋgjulæ'riti*) *rz.* własność, osobliwość; dziwaczność.

sinister (*si'nistə*) *pm.* złowrogi; złowieszczy; nieszczęsny; zgubny; lewy (herald).

sink (*si'ŋk*) *rz.* ściek; zlew; rów; zapadłość gruntu; *~, *cz.* spuszczać nadół, upaść; spaść, spadać; zniżyć; zatopić; zanurzyć; wykopać (studnię); obniżać (się); zaklęsnąć się; zapaść się; wsiąkać; tonąć; ginąć; przepaść; pogłębiać; ~ under, ulec; podupaść; ~~, *pm.* **-ing-fund** *rz.* fundusz amortyzacyjny.

Sinn Fein (*szin fejn*) ruch wyzwoleniowy w Irlandji.

sinu-ate (*si'njuət*) *pm.* kręty; falowany; falujący; **-ation** (*sinjuej'szɛn*) *rz.* zakręt; falowanie; **-osity** (*sinjuo'siti*) *rz.* zakręt; załom; **-ous** (*si'njuəs*) *pm.* kręty, wężykowaty.

sinus (*saj'nəs*) *rz.* kanalik, fistuła.

sip (*si'p*) *cz.* popijać, pić małemi łykami; ~, *rz.* łyk.

siphon (*saj'fən*) *rz.* syfon; rurka zgięta; lejek; **-bottle** *rz.* syfon.

sippet (*si'pet*) *rz.* maczanka.

Sir (*sə̄'*) *rz.* Pan, łaskawy Pan; dear ~, Szanowny Panie; Wielmożny Panie; **-e** (*saj'ə*) *rz.* Najjaśniejszy Panie!; rodzic, przodek; antenat.

sirdar (*sə̄'dā*) *rz.* (główno)dowodzący armji (w Egipcie).

siren (*saj'rən*) *rz.* syrena; ~, *pm.* syreni.

siriasis (*siraj'əsɛs*) *rz.* porażenie słoneczne; kąpiele słoneczne.

sirloin (*sə̄'lojn*) *rz.* krzyżówka; polędwica.

sirocco (*siro'kou*) *rz.* sirokko.

sirrah (*sə̄'rā*) *rz.* waćpan.
sirup (*si'rəp*) *rz.* syrop; **-y** (*-i*) *pm.* syropowy.
siskin (*si'skin*) *rz.* czyżyk (*orn.*).
sister (*si'stə*) *rz.* siostra; **-hood** *rz.* siostrzeństwo; ~ in-law, bratowa, szwagierka, szwagrowa; **-ly** (*-li*) *pm.* siostrzany.
sit (*si't*) *cz.* siedzieć; zasiadać; pozować; spoczywać; siedzieć na jajach; przystawać; pasować; dobrze leżeć (o ubraniu); ~ up, czuwać; siedzieć prosto; **-ting** (*-iŋ*) *rz.* siedzenie, posiedzenie; siedzenie na jajach; pozowanie; ~ room, pokój bawialny.
site (*saj't*) *rz.* położenie, miejscowość; sytuacja; okolica.
situa-te, -ted (*si'czuət, -ejtɛd*) *pm.* położony; leżący; **-tion** (*siczuej'szɛn*) *rz.* położenie, sytuacja; miejsce, posada.
six (*si'ks*) *liczb.* sześć; ~, *rz.* szóstka, sześcioro; **-fold** *pm.* sześciokrotny; sześcioraki; ~, *ps.* sześciokrotnie; **-pence** *rz.* sześć pensów; **-teen** (*sikstī'n*) *liczb.* szesnaście; **-teenth** (*-tī'nþ*) *pm.* szesnasty; ~, *rz.* jedna szesnasta; **-th** (*si'ksþ*) *pm.* szósty; **-tieth** (*si'kstiəþ*) *pm.* sześćdziesiąty; **-ty** (*si'ksli*) *liczb.* sześćdziesiąt.
siz-able (*saj'zəbɛl*) *pm.* obszerny; słuszny, wysokiego wzrostu; **-e** (*saj'z*) *rz.* wielkość; objętość; miara; format; kaliber; porcja; ~, *rz.* klajster; ~, *cz.* ustalić wymiary; odmierzyć; ocenić; ~, *cz.* klajstrować; **-y** (*-i*) *pm.* klajstrowaty; lepki.
sizar (*saj'zə*) *rz.* student w Cambridge zwolniony od opłat.
sizzle (*si'zɛl*) *cz.* syczeć (na ogniu).
skate (*skej't*) *rz.* łyżwa; ~, *rz.* raja (ryba); ~, *cz.* ślizgać się; łyżwować; **-r** (*-ə*) *rz.* łyżwiarz.
skean, skein (*skī'n*) *rz.* sztylet.
skee, ski (*skī'*) *rz.* narta, ski.
skedaddle (*skidæ'dɛl*) *cz.* uciekać, pierzchać.
skein (*skej'n*) *rz.* motek; (*fig.*) zawikłanie, nielad.
skelet-al (*ske'lətɛl*) *pm.* szkieletowy; **-on** (*ske'lətɛn*) *rz.* szkielet; kościotrup; ~ **key** *rz.* wytrych.
skeptic (*ske'ptik*) patrz **sceptic**.
sketch (*ske'cz*) *rz.* szkic, zarys; ~, *cz.* szkicować; nakreślić; **-book** *rz.* szkicownik; **-y** (*-i*) *pm.* naszkicowany; szkicowy.
skew (*skjū'*) *pm.* krzywy, ukośny; ~, *ps.* krzywo, ukośnie; naukos; ~, *cz.* chodzić lub patrzeć krzywo; **-er** (*skjū'ə*) *rz.* szpikulec do mięsa.
ski (*ski'*) *rz.* narta, ski; **-er** (*ski'ə*) *rz.* narciarz; **-ing** *rz.* narciarstwo.
skid (*ski'd*) *rz.* hamulec; ~, *cz.* poślizgnąć się, ślizgać.
skies (*skaj'z*) *lmn.* od **sky**.
skiff (*ski'f*) *rz.* łódka, skif.
skil-ful (*ski'lful*) *pm.* biegły, zręczny, wprawny; umiejętny; (at, in, w czemś); **-fulness, -l** (*ski'l*) *rz.* zręczność, biegłość; wprawa; **-led** (*-d*) *pm.* biegły, znający się na; wykwalifikowany; **-less** *pm.* niezręczny, niedoświadczony.
skillet (*ski'lət*) *rz.* rynka.
skilly (*ski'li*) *rz.* polewka.
skim (*ski'm*) *cz.* zbierać (śmietanę, pianę); muskać; ślizgać; **-mer** (*-ə*) *rz.* warzęcha; ~**milk** *rz.* zebrane mleko.
skimp (*ski'mp*) *cz.* żałować komuś czegoś; skąpić.
skin (*ski'n*) *rz.* skóra, cera; łupina; skórka; ~, *cz.* obdzierać ze skóry; złupić skórę; zasklepić się (o ranie); **-deep** *pm.* powierzchowny; niegłęboki; **-flint** *rz.* sknera; skąpiec; **-ned** (*-d*) *pm.* zasklepiony, zagojony, skórkowaty; **-ner** (*-ə*) *rz.* obdzierający ze skóry; rakarz; kuśnierz; **-ny** (*-i*) *pm.* wychudły; chudy.
skip (*ski'p*) *rz.* skok, sus; ~, *cz.* skakać, podskakiwać; brykać; przeskakiwać; opuścić; **-ping-rope** *rz.* skakanka.
skipper (*ski'pə*) *rz.* (*mar.*) kapitan; (*zool.*) sprężyk.
skirmish (*skə̄'misz*) *rz.* potyczka, utarczka; bójka; ~, *cz.* harcować; ucierać się; **-er** (*-ə*) *rz.* harcownik.
skirt (*skə̄'t*) *rz.* poła (surduta); spódnica; brzeg; kraniec; ~, *cz.* iść brzegiem; znajdywać się na brzegu.
skit (*ski't*) *rz.* paszkwil; **-ter** (*ski'tə*) *cz.* trzepotać; **-tish** (*-isz*)

pm. lekki, żywy; płochliwy, lekkomyślny; niestały; narowny; pierzchający; **-tishness** *rz.* płochliwość, lękliwość; **-tle ground** *rz.* kręgielnia; **-tles** (*ski'tslz*) *rz. lmn.* kręgle; kręgielki (w bilardzie).

skive (*skaj'w*) *cz.* skrobać; **-r** (*skaj'wə*) *rz.* skrobacz.

skulk (*skă'lk*) *cz.* kryć się; tchórzyć.

skull (*skă'l*) *rz.* czaszka; **-cap** *rz.* mycka, jarmułka.

skunk (*skă'ŋk*) *rz.* skunks (*zool.*).

sky (*skaj'*) *rz.* niebo; pogoda; *lmn.* niebiosa; **-blue** *pm.* szafirowy; **-coloured** *pm.* lazurowy; niebieski; **-high** *pm.* niebosiężny; **-lark** *rz.* skowronek; **-larking** *rz.* wspinanie się na maszty (zabawa majtków); **-light** *rz.* okienko, lufcik; **-rocket** *rz.* rakieta; **-sail** *rz.* żagiel szczytowy; **-scraper** *rz.* drapacz chmur; **-ward, -wards** (*skaj'uəd, -z*) *ps.* wzwyż.

slab (*slæ'b*) *rz.* płyta, tafla; ~, *pm.* lepki (przest.).

slack (*slæ'k*) *pm.* luźny; wolny; leniwy; opieszały; obwisły; opadły; słaby (ruch); martwy (sezon); ~, **-en** (*-n*) *cz.* zwolnić (kroku); popuścić (linę); osłabić; osłabnąć; gasić (wapno); ulżyć; zelżeć; **-ness** (*-nes*) *rz.* opieszałość; obwisłość; lenistwo; osłabnięcie.

slag (*slæ'g*) *rz.* żużel; **-gy** *pm.* żużlowaty, żużlisty.

slain (*slej'n*) *cz.* od **slay**.

slake (*slej'k*) *cz.* złagodzić, uśmierzyć (się); ugasić (pragnienie); gasić wapno.

slam (*slæ'm*) *rz.* zatrzaśnięcie; uderzenie; szlem (w kartach); ~, *cz.* zatrzasnąć (się); wygrać (dostać) szlema.

slander (*slæ'ndə*) *rz.* obmowa; potwarz; oszczerstwo; **-er** (*-rə*) *rz.* oszczerca; **-ous** (*-rəs*) *pm.* potwarczy; oszczerczy; **-ousness** (*-rəsnəs*) *rz.* obmowa; oszczerczość.

slang (*slæ'ŋ*) *rz.* żargon, gwara, narzecze; ~, *cz.* od **sling**; **-y** (*-gi*) *pm.* żargonowy.

slank (*slæ'ŋk*) *cz.* od **slink**.

slant (*slæ'nt, slā'nt*) *rz.* pochyłość, skośność; ~, **-ing** (*-iŋ*) *pm.* ukośny; pochyły; skośny; ~, *cz.* pochylać się; **-ingly, -wise** (*-iŋli, -uajz*) *ps.* pochyło, ukośnie; naukos.

slap (*slæ'p*) *rz.* kłaps; placek; ~, *ps.* raptem, odrazu; ~, *w.* bęc, plask; ~, *cz.* klapsnąć, klepać (po ramieniu); **-dash** (*slæ'pdæ'sz*) *pm.* porywczy; raptowny.

slash (*slæ'sz*) *rz.* rozpłatanie; kresa; cięcie; ~, *cz.* ciąć, zaciąć; rąbać; siekać; uderzyć biczem.

slat (*slæ't*) *cz.* łoskotać, trzepotać.

slate (*slej't*) *rz.* łupek; tabliczka łupkowa; ~, *cz.* pokrywać łupkiem; ~, *cz.* ostro skrytykować; **-board** *rz.* tabliczka łupkowa; **pencil** *rz.* szyfer; **-quarry** *rz.* kopalnia łupku; **-y** (*-ti*) *pm.* łupkowy.

slattern (*slæ'tən*) *rz.* brudas; niechluj; **-ly** (*-nli*) *pm.* brudny, niedbały, niechlujny.

slaughter (*slō'tə*) *rz.* rzeź; mord; ~, *cz.* bić (bydło); sprawić rzeź; masakrować, wymordować; **-er** (*-rə*) **-man** *rz.* rzeźnik; zbójca; **-house** *rz.* rzeźnia; jatki; **-ous** (*-rəs*) *pm.* morderczy, zabójczy.

Slav (*slā'w*) *rz.* Słowianin.

slave (*slej'w*) *rz.* niewolnik; ~, *cz.* harować; **-driver** *rz.* poganiacz niewolników; **-holder** *rz.* właściciel niewolników; **-r, -ship** *rz.* okręt przewożący niewolników; **-ry** (*-əri*) *rz.* niewolnictwo.

slavish (*slej'wisz*) *pm.* niewolniczy; **-ness** (*-isznəs*) *rz.* niewolniczość; niewolnicze naśladowanie.

slaver (*slæ'wə*) *rz.* ślina; ~, *cz.* ślinić (się); zaślinić.

Slav-ic, -onik (*slā'wik, -onik*) *pm.* słowiański.

slay (*slej'*) *cz.* zabić, zamordować; położyć trupem; **-er** (*-ə*) *rz.* zabójca; morderca.

sleazy (*slī'zi*) *pm.* słaby (o tkaninach).

sled (*sle'd*) **sledge** (*sle'dż*) *rz.* saneczki; sanki; ~, *cz.* saneczkować.

sledge-hammer (*sle'dżhæ'mə*) *rz.* młot kowalski.

sleek (*slī'k*) *pm.* gładki; lśniący; ~, *cz.* wymuskać, lśnić, wygładzić; **-ness** (*-nəs*) *rz.* gładkość; lśnienie.

sleep (*slī'p*) *rz.* sen; spoczynek; ~, *cz.* spać, spoczywać; ~ away the hours, przespać godziny; zaspać; **-er** (*-ə*) *rz.* śpiący, śpioch; wagon sypialny; próg, podkład (kolejowy); **-iness** (*-inəs*) *rz.* senność; ospałość; **-ing** (*-iŋ*) *pm.* śpiący, senny; sypialny; ~, *rz.* spanie; ~~ **-bag** *rz.* śpiwór; ~~**car,** wagon sypialny; ~~ **partner,** cichy wspólnik; ~~ **sickness** *rz.* śpiączka; **-less** *pm.* bezsenny; **-lessness** *rz.* bezsenność; **-walker** *rz.* lunatyk, somnambulista; **-y** (*-i*) *pm.* senny; śpiący.

sleet (*slī't*) *rz.* śnieg z deszczem; ~, *cz.* padać (o deszczu ze śniegiem).

sleeve (*slī'w*) *rz.* rękaw; laugh in one's ~, śmiać się pod wąsem; **-ed** (*-d*) *pm.* z rękawami; ~ **fish** *rz.* czernica (ryba); **-less** *pm.* bez rękawów.

sleigh (*slej'*) *rz.* sanie; **-ing** (*-iŋ*) *rz.* jazda saniami.

sleight (*slaj't*) *rz.* zręczność; fortel; chytrość; podstęp; ~ of hand, kuglarstwo; ruch magiczny, hokus pokus; **-ful, -y** (*-ful, -y*) *pm.* chytry, przebiegły.

slender (*sle'ndə*) *pm.* wysmukły, wiotki, szczupły; mały, nieznaczny; mierny; nędzny, lichy; **-ness** (*-nes*) *rz.* wysmukłość, szczupłość, mierność; nędza, lichota, błahość.

slept (*sle'pt*) *cz.* od **sleep.**

sleuth-hound (*slūδhau'nd*) *rz.* ogar, pies gończy; detektyw.

slew (*slū'*) *cz.* od **slay.**

slice (*slaj's*) *rz.* płatek, płat; szpachla; łopatka; ~, *cz.* rozłupać; krajać.

slick (*sli'k*) *pm.* zgrabny; zwykły; czyściutki; ~, *ps.* zgrabnie, czyściutko, wprost, zwyczajnie.

slid (*sli'd*) *cz.* **-den** (*-dn*) *cz.* od **slide.**

slide (*slaj'd*) *rz.* ślizganie (się), sunięcie; ślizgawka, ślizgawica; *~, *cz.* poślizgnąć się; ślizgać się; sunąć (się); wślizgnąć się; przemknąć się; **sliding door,** drzwi zsuwane; ~~ scale *rz.* skala ruchoma; **-r** (*-ə*) *rz.* ślizgający się; ślizgacz.

slight (*slaj't*) *rz.* pominięcie; lekceważenie; zniewaga; ~, *pm.* mały, drobny, nieznaczny, słaby; lekki; ~, *cz.* zlekceważyć, zaniedbać; poniewierać; **-ness** (*-nəs*) *rz.* drobność; słabość.

slily (*slaj'li*) patrz **slyly.**

slim (*sli'm*) *pm.* szczupły, wątły, cienki; chytry; bez skrupułów; **-ness** (*-nəs*) *rz.* wysmukłość, szczupłość; wątłość; chytrość.

slim-e (*slaj'm*) *rz.* szlam, muł; lepka wydzielina; **-iness** (*-inəs*) *rz.* mułowatość; szlamowatość; **-y** (*-i*) *pm.* szlamowaty; mulisty; śluzowaty, śliski.

sling (*sli'ŋ*) *rz.* proca; temblak; *~, *cz.* ciskać z procy; rzucać; ciągnąć na linkach; zawiesić.

slink (*sli'ŋk*) *rz.* poronione zwierzę; *~, *cz.* skradać się; ukradkiem iść; poronić (o zwierzętach).

slip (*sli'p*) *rz.* poślizgnięcie się; lapsus, błąd; fartuszek; powłoczka; stocznia; sznurek; paseczek; listwa (drzewa); świstek papieru; szczepionka, latorośl; give the ~, uciec, wymknąć się; ~, *cz.* poślizgnąć się; sunąć; stoczyć się; pobłądzić; usunąć się nieznacznie, wymknąć się; zsunąć; wetknąć; wypuścić, opuścić; wypsnąć się; umknąć; umykać; **-board** *rz.* deska; blat wysuwany; **-knot** *rz.* pętlica, pętelka; pętla ślizgająca się po linie; **-pery** (*-əri*) *pm.* śliski; niepewny, nieczysty; **-py** (*-i*) *pm.* śliski; **-shod** (*-szod*) *pm.* w przydeptanych trzewikach; niedbały; **-slop** (*-slop*) *rz.* lura (o winie); **-way** *rz.* rampa; kładka.

slipper (*sli'pə*) *rz.* pantofel.

slit (*sli't*) *rz.* rysa; szpara; rozcięcie, rozporek; *~, *cz.* rozciąć; rozpłatać; rozpruć (się); pęknąć.

sliver (*sli'wə*) *rz.* drzazga; (*slaj'wə*) płatek, kawałek, przynęta; ~, *cz.* rozcinać, rozłupywać.

slobber (*slo'bə*) *rz.* ślina; poślinienie; tkliwość; ~, *cz.* ślinić się; poślinić.

sloe (*slou'*) **-tree** *rz.* tarn; tarnośliwa.
slog (*slo'g*) *rz.* uderzyć; walić.
slogan (*slou'gən*) *rz.* hasło; nawoływanie do bitwy.
sloop (*slū'p*) *rz.* szalupa.
slop (*slo'p*) *rz.* pomyje; lura; ~, *rz.* (gwara) policjant; ~, *rz.* (przest.) spodnie (majtków); ~, *cz.* zabrudzić, poplamić; **-py** (*-i*) *pm.* mokry; brudny; niechlujny.
slop-e (*slou'p*) *rz.* pochyłość; pochylenie; ~, *cz.* pochylać (się); nachylić (się); **-ing** *pm.* pochyły.
slop-shop (*slo'pszop*) *rz.* skład gotowych ubrań.
slot (*slo't*) *rz.* otwór; szczelina; ~, *rz.* ślad, trop (zwierzyny); **-machine** *rz.* automat.
sloth (*slou'ß*), **-fulness** *rz.* gnuśność, lenistwo; (*zool.*) leniwiec; **-ful** (*-ful*) *pm.* gnuśny, leniwy.
slouch (*slau'cz*) *rz.* niedbałe ruchy; odgięcie wdół; niezgraba; ~, *cz.* zwiesić głowę; poruszać się niezgrabnie; obwisnąć.
slough (*slau*) *rz.* bagno, trzęsawisko; bagnisko; ~, (*slă'f*) *rz.* wylina; skorupa; łuska (na wrzodzie, ranie); ~, (*slă'f*) *cz.* linieć; **-y** (*slau'i*) *pm.* bagnisty, plugawy.
sloven (*slă'wen*) *rz.* brudas, niechluj; **-liness, -ry** (*linəs, -ri*) *rz.* niechlujstwo; plugastwo; **-ly** (*-li*) *pm.* niechlujny; brudny.
slow (*slou'*) *pm.* powolny, nieruchliwy; ociągający się; spóźniony; tępy, mało wrażliwy, nudny; **-ness** (*-nəs*) *rz.* powolność, ociąganie się; **-witted** *pm.* tępy; **-worm** *rz.* padalec.
sloyd (*sloj'd*) *rz.* sloyd.
slubber (*slă'bə*) *cz.* partaczyć; robić byle jak; ślinić się.
sludg-e (*slă'dż*) *rz.* szlam; **-y** *pm.* szlamisty.
slug (*slă'g*) *rz.* ślimak; bryła, kawał; **-abed** *rz.* (przest.) ospalec; **-gard** (*-əd*) *rz.* leń; próżniak; ospalec; **-gish** (*-isz*) *pm.* leniwy; ślamazarny; ospały; gnuśny; **-ishness** *rz.* lenistwo; ospałość.
sluice (*slū's*), **-gate** *rz.* śluza, upust; ~, *cz.* wypuszczać; wylać (się); zalać, spłókać; **-way** *rz.* kanał, śluza.
slum (*slă'm*) *rz.* zaułek; **-s** *rz.* *lmn.* dzielnica uboga.
slumber (*slăm'bə*) *rz.* drzemka; sen; ~, *cz.* drzemać; spać; **-ous** (*-rəs*) *pm.* drzemiący; senny; rozespany.
slummock (*slă'mək*) *cz.* żreć, łykać (potoczne).
slump (*slă'mp*) *rz.* krach, nagły spadek cen; kryzys; ~, *cz.* spaść, obniżyć się nagle.
slung (*slă'ŋ*) *cz.* od **sling**.
slunk (*slă'ŋk*) *cz.* od **slink**.
slur (*slə'*) *rz.* plama; hańba; zła nota; ~, *cz.* pomijać; nie zważać; wymawiać niewyraźnie; zlewać.
slush (*slă'sz*) *rz.* napół roztajały śnieg, błoto.
slut (*slă't*) *rz.* flądra; niechluj; **-tery** (*-əri*), **-ishness** (*-isznəs*) *rz.* niechlujstwo; **-tish** (*-isz*) *pm.* niechlujny.
sly (*slaj'*) *pm.* przebiegły; chytry; łobuzerski; **~blade** *rz.* szczwany lis; **~boots** *rz.* chytrek; **-ness** (*-nəs*) *rz.* przebiegłość; chytrość.
smack (*smæ'k*) *rz.* smak; kapka; cmoknięcie; uderzenie; głośny całus; ~, *rz.* statek rybacki; ~, *cz.* smakować, mieć posmak; cmoknąć; mlaskać; trzasnąć; pocałować.
small (*smō'l*) *pm.* mały; drobny; bez znaczenia; słaby; ~ fry, drobiazg (dzieci); ~ hours, wczesne godziny; in a ~ way, skromnie; **-clothes** *rz.* *lmn.* krótkie spodnie; **-ness** (*-nəs*) *rz.* małość, drobność; **-pox** *rz.* ospa.
smallage (*smō'ledż*) *rz.* dziki [celer (*bot.*).
smalt (*smō'lt*) *rz.* szkło kobaltowe;
smart (*smā't*) *rz.* dolegliwość, ból; szczypanie; ~, *pm.* bolesny; dolegliwy; ostry; szczypiący; dowcipny; bystry; żywy; zręczny; elegancki; wymuskany; ~, *cz.* boleć; szczypać, dokuczać; dolegać; przypłacić; swędzić; **-money** *rz.* basarunek; wynagrodzenie; kompensata; **-ness** (*-nəs*) *rz.* dolegliwość, ból, zręczność, dziarskość; strojność.

smash (*smæ'sz*) *rz.* rozbicie (się); kolizja; bankructwo; napój (alkoholiczny); ~, *cz.* rozbić; roztłuc (się); wpaść na; najechać.
smattering (*smæ'teriŋ*) *rz.* powierzchowna znajomość.
smear (*smī'ə*) *rz.* plama; maź; ~, *cz.* zawalać; smarować; **-y** (*-rī*) *pm.* tłusty; zasmarowany; brudny.
smeech (*smī'cz*) *rz.* swąd.
smell (*sme'l*) *rz.* zapach; powonienie; węch; *~, *cz.* wąchać; mieć zapach; pachnąć; wietrzyć (of = jak, czem); **-feast** *rz.* pieczeniarz.
smelt (*sme'lt*) *cz.* od **smell**; ~, *rz.* stynka (ryba); ~, *cz.* topić (kruszce); **-er** (*-ə*) *rz.* szmelcarz; **-ing furnace** *rz.* huta; wysoki piec; **-ing house** *rz.* huta; szmelcarnia.
smew (*smiū'*) *rz.* nurogęś (*orn.*).
smil-e (*smāj'l*) *rz.* uśmiech; **-e** *cz.* uśmiechać się (at = na co; upon, on = do kogoś); **-ing** *pm.* uśmiechnięty.
smirch (*smə̄'cz*) *cz.* zawalać, zabrudzić; poplamić; ~, *rz.* plama.
smirk (*smə̄'k*) *rz.* uśmiech wymuszony, afektacyjny; ~, *cz.* wdzięczyć się; uśmiechać się.
smite (*smaj't*) *cz.* razić, porazić; karać; uderzać (się); dotknąć; ~, *rz.* uderzenie; raz.
smitten (*smi'tɛn*) *cz.* od **smite.**
smith (*smi'f*) *rz.* kowal; **-ereens, -ers** (*smiðərī'nz, -əz*) *pl.* drobne kawałki; **-ery** (*smi'ðəri*) *rz.* **-y** (*smi'ði*) *pm.* kuźnia.
smock (*smo'k*) *rz.* koszula kobieca; kaftanik; **-faced** *pm.* niewieści; babski; **-frock** *rz.* bluza; kitel.
smok-e (*smou'k*) *rz.* dym; para; kopeć; end in -e, rozwiać się z dymem; **-e** *cz.* dymić; palić (tytoń); wędzić; zakopcić; kurzyć; ~ dry, wędzić; ~ out, wykurzyć; **-eless** *pm.* bezdymny; **-er** (*-ə*) *rz.* palacz; **-iness** (*-inəs*) *rz.* okopciałość; **-ing** (*-iŋ*) *rz.* palenie; wędzenie; ~~ jacket, smoking; ~~ room, palarnia; ~~ compartement, przedział dla palących; **-y** (*-i*) *pm.* zakopcony; dymiący się.
smooth (*smū'ð*) *pm.* gładki, spokojny, łagodny; przyjemny; ~, *cz.* gładzić, łagodzić; uśmierzyć, podchlebiać; **-en** (*-n*) *cz.* równać, łagodzić; łagodnieć; **-ness** (*-nəs*) *rz.* gładkość; łagodność, słodycz.
smote (*smou't*) *cz.* od **smite.**
smother (*smă'ðə*) *rz.* mgła; wygasające węgle; ~, *cz.* tłumić, przytłumić; zgasić (ogień); dusić (się); ~ with kisses, gifts etc., obsypać pocałunkami, darami i t. d.
smoulder (*smou'ldə*) *cz.* tlić się.
smudge (*smă'dż*) *rz.* gęsty dym; plama; ~, *cz.* poplamić; zabrudzić, splugawić.
smug (*smă'g*) *pm.* wymuskany, lalkowaty.
smuggle (*smă'gɛl*) *cz.* przemycać; **-r** (*-ə*) *rz.* przemytnik.
smut (*smă't*) *rz.* sadze; śnieć, rdza (na zbożu); sprośność; ~, *cz.* zabrudzić; dostać śnieci; **-ty** (*-i*) *pm.* zawalany; okryty rdzą.
smutch (*smă'cz*) *cz.* (przest.) patrz **smudge.**
snack (*snæ'k*) *rz.* zakąska; have a ~, przekąsić coś; go -s, podzielić między sobą.
snaffle (*snæ'fɛl*) *rz.* uzdeczka, tręzla; ~, *cz.* prowadzić na tręzli.
snag (*snæ'g*) *rz.* sęk; kikut; wyłamany lub krzywy ząb; przeszkoda; **-ged, -gy** (*-d, -i*) *pm.* sękaty.
snail (*snej'l*) *rz.* ślimak; **-like** *pm.* **-paced** *pm.* ślimaczy.
snake (*snej'k*) *rz.* wąż; **-weed** *rz.* rdest wężownik (*bot.*).
snaky (*snej'ki*) *pm.* wężowy; wężowaty.
snap (*snæ'p*) *rz.* schwycenie, chapnięcie; złamanie (się); ostrość; przymrozek; trzask; przytyczek; klask; (*fot.*) zdjęcie migawkowe; make a ~ at, odezwać się uszczypliwie; ofukać; a merry ~, śmieszek, żartowniś; ~, *cz.* pochwycić; chapnąć; ukąsić; złamać; trzasnąć, trzaskać; pęknąć; przytyknąć; urwać; **-dragon** *rz.* wyżlin (*bot.*); **-pish, -py** (*-isz, -i*) *pm.* ostry, burkliwy; uszczypliwy.
snare (*snē'ə*) *rz.* sidła, pułapka; ~, *cz.* łapać w sidła, w sieci.

snarl (*snā'l*) *rz.* warczenie; ~, *cz.* warczeć; burczeć; (przest.) uwikłać.
snatch (*snæ'cz*) *rz.* schwytanie, porwanie; urywek; ~, *cz.* schwycić; porwać; wyrwać, urwać; **-ingly** (*-iŋli*) *ps.* dorywczo, łapczywie.
sneak (*snī'k*) *rz.* pochlebca; ~, *cz.* czołgać się, upadlać się; skradać się; iść chyłkiem; **-er** (*-ə*) *rz.* lizus; skarżypyta.
sneer (*snī'ə*) *rz.* szyderski uśmiech; szyderstwo; ~, *cz.* drwić; szydzić; przycinać (komu); **-er** (*-rə*) *rz.* szyderca; **-ingly** (*-iŋli*) *ps.* szydersko.
sneeze (*snī'z*) *rz.* kichanie, kichnięcie; ~, *cz.* kichać, kichnąć; not to be ~d at, nie do pogardzenia.
snicker (*sni'kə*) *cz.* prychać, parskać, rżeć.
sniff (*sni'f*) *cz.* pociągać nosem; wąchać; fyrkać.
snigger (*sni'gə*) *rz.* chichot; ~, *cz.* chichotać.
sniggle (*sni'gɛl*) *cz.* łapać węgorze.
snip (*sni'p*) *rz.* odrzynek; odcięcie; ~, *cz.* odciąć.
snipe (*snaj'p*) *rz.* bekas (*orn.*).
snivel (*sni'wɛl*) *rz.* smark; ~, *cz.* smarkać; chlipać; pociągać nosem; **-ler** (*-ə*) *rz.* płaksa.
snob (*sno'b*) *rz.* snob; **-bish** (*-isz*) *pm.* pretensjonalny; **-bishness** (*-isznəs*) *rz.* pretensjonalność; snobizm.
snood (*snū'd*) *rz.* siatka na włosy.
snooze (*snū'z*) *rz.* drzemka.
snore (*snō'ə*) *rz.* chrapanie; ~, *cz.* chrapać.
snort (*snō't*) *cz.* parskać (o koniu); chrapać.
snot (*sno't*) *rz.* smark; **-ty** (*-ti*) *pm.* zasmarkany.
snout (*snau't*) *rz.* pysk, ryj, morda.
snow (*snou'*) *rz.* śnieg; ~, *cz.* padać (o śniegu); **-ball** *rz.* kula śnieżna; **-bird** *rz.* śnieguła (*orn.*); **-blind** *pm.* oślepły wskutek odblasku śniegu; **-bound** *pm.* zasypany śniegiem; **-drift** *rz.* śnieżyca; zamieć śnieżna; **-drop** *rz.* pierwiosnek (*bot.*); **-flake** *rz.* płatek śniegu; **-line** *rz.* linja śnieżna; **~-man** *rz.* bałwan; **-plough** *rz.* pług do torowania drogi w śniegu; **-shoe** *rz.* narta; rak; **-slip** *rz.* lawina; **-storm** *rz.* zawieja; **-white** *pm.* śnieżnobiały; **-y** (*-i*) *pm.* śnieżny; biały, jak śnieg; śnieżysty.
snub (*snă'b*) *rz.* zatrzymanie; zburczenie; ~, *cz.* zburczeć; traktować lekceważąco; zatrzymać; **-nose** *pm.* zadarty nos; **-nosed** *pm.* perkaty.
snuff (*snă'f*) *rz.* niuchanie; węch; tabaka; niuch tabaki; ogarek; ~, *cz.* utrzeć świecę; wąchać, niuchać; **-box** *rz.* tabakierka; **-ers** *rz. lmn.* szczypce do ucierania świec; **-le** (*snă'fɛl*) *rz.* mówienie przez nos; ~, *cz.* mówić przez nos; sapać przez nos; **-ler** (*-lə*) *rz.* mówiący przez nos; **-y** (*-i*) *pm.* zatabaczony; tabaczkowy.
snug (*snă'g*) *pm.* przytulny; wygodny; zaciszny; ~, **-le** (*-ɛl*) *cz.* przytulić się; gnieździć się; skulić się; **-ness** (*-nəs*) *rz.* przytulność, wygoda; zacisze.
so (*sou'*) *ps.* i *łącz.* tak, w ten sposób; tak więc, tedy; niech tak będzie; jeżeli, byle tylko; zatem; ~ long, do widzenia narazie; ~ much, tyle; ~-~, jako tako; ~ far, dotąd; and ~ on, i tak dalej; Mr. ~ and ~, pan taki a taki; a week or ~, tydzień mniej więcej; ~, *w.* dosyć! stój!
soak (*sou'k*) *cz.* namoczyć, rozmoczyć; wsiąkać; przesiąknąć; upijać się; be -ed, zmoknąć; **-age** (*-ɛdż*) *rz.* przemoczenie; wsiąkanie płynu; **-er** (*-ə*) *rz.* opój.
soap (*sou'p*) *rz.* mydło; cake of ~, mydełko; ~, *cz.* mydlić; **-boiler,** fabryka mydła; **-bubble** *rz.* bańka mydlana; **-ery, -house** *rz.* mydlarnia; **-stone** *rz.* steatyt; **-suds** *rz. lmn.* mydliny; **-y** (*-i*) *pm.* namydlony, mydlasty; mydlany.
soar (*sō'ə*) *rz.* wzlot; ~, *cz.* wznosić się wgórę; krążyć (w powietrzu); wzbijać się; **-ing** *pm.* górnolotny; bujający; wznoszący się.
sob (*so'b*) *rz.* szloch; *lmn.* łkanie; ~, *cz.* szlochać, łkać.

sober (*sou'bə*) *pm.* trzeźwy, umiarkowany; spokojny; z zimną krwią; roztropny; ~, *cz.* uspokoić (się); **-minded** *pm.* rozważny, trzeźwy.
sobriety (*sobraj'əti*) *rz.* trzeźwość, rozwaga; umiarkowanie; zimna krew.
sobriquet (*soubrikej'*) *rz.* przydomek.
soc(c)age (*sou'kεdż*) *rz.* pańszczyzna (*hist.*).
soci-ability (*souszəbi'liti*) *rz.* towarzyskość; **-able** (*sou'szəbεl*) *pm.* towarzyski; przyjacielski; **-al** (*sou'szεl*) *pm.* społeczny; towarzyski; socjalny; gromadny; **-ality** (*souszjæ'liti*) *rz.* towarzyskość; **-alism** (*-izεm*) *rz.* socjalizm; **-alist** (*-ist*) *rz.* socjalista; **-istic** (*souszəli'stik*) *pm.* socjalistyczny; **-ize** (*szou'szəlajz*) *cz.* socjalizować, uspołecznić; **-ety** (*sosaj'əti*) *rz.* towarzystwo; społeczeństwo; spółka.
socinian (*sosi'niən*) *rz.* socynjanin; **-ism** (*-izεm*) *rz.* socynjanizm.
sociology (*souszjo'lodżi*) *rz.* socjologja.
sock (*so'k*) *rz.* skarpetka.
socket (*so'kεt*) *rz.* wklęsłość; komora; otwór; łożysko.
socker (*so'kə*) *rz.* piłka nożna.
socle (*so'kεl*) *rz.* cokół; postument.
sod (*sod*) *rz.* murawa; ziemia.
soda (*sou'də*) *rz.* soda; washing ~, węglan sodu; baking ~, cooking ~, dwuwęglan sodu; caustic ~, tlenek sodu; **-water** *rz.* woda sodowa.
sodality (*sodæ'liti*) *rz.* sodalicja.
sodden (*so'dn*) *cz.* od **seethe**; przemoczony; niewypieczony; opiły.
sodium (*sou'diəm*) *rz.* sod.
sodomite (*so'domajt*) *rz.* sodomita.
sofa (*sou'fə*) *rz.* sofa.
soffit (*so'fit*) *rz.* spód sklepienia, pułapu.
soft (*so'ft*) *pm.* miękki; delikatny; łagodny; cichy; rozpieszczony; słodki; czuły; ~ goods, tekstylja; ~ drinks, napoje bez alkoholu; ~, *w.* cicho! wolno! stój! **-en** (*so'fεn*) *cz.* zmiękczyć; łagodzić; uspokoić; mięknąć; łagodnieć; uśmierzyć; **-ness** (*-nəs*) *rz.* delikatność, łagodność; miękkość; pulchność; cichość; tkliwość.
soggy (*so'gi*) *pm.* przemoczony, mokry.
soil (*soj'l*) *rz.* gleba, ziemia; kraj; rola; grunt; ~, *rz.* plama; ~, *cz.* walać; zbrukać, plamić (się); *cz.* karmić bydło paszą.
soirée (*suarej'*) *rz.* wieczorek (towarzyski).
sojourn (*so'dżεn, sə'-*) *rz.* pobyt; ~, *cz.* przebywać; zamieszkiwać; **-er** *rz.* gość.
solace (*so'ləs*) *rz.* pocieszenie, pociecha; ulga; ~, *cz.* pocieszać, uspokajać.
solar (*sou'lə*) *pm.* słoneczny.
sold (*sou'ld*) *cz.* od **sell.**
solder (*so'ldə*) *rz.* lut; ~, *cz.* spawać, lutować.
soldier (*sou'ldżə*) *rz.* żołnierz; **-like** (*-lajk*), **-ly** (*-li*) *ps.* po żołniersku; ~, *pm.* żołnierski; **-ship** *rz.* żołnierka, wojowniczość; **-y** (*-ri*) *rz.* żołnierstwo; a wild ~~, dzikie żołdactwo.
sole (*sou'l*) *rz.* flądra, sola (ryba); ~, *rz.* stopa, podeszwa; kopyto; podstawa; ~, *pm.* jedyny; samotny; sam; niezamężna; ~, *cz.* podzelować; **-trader** *rz.* kobieta zamężna, prowadząca interes handlowy na własny rachunek.
solecism (*so'ləsizεm*) *rz.* solecyzm.
solemn (*so'ləm*) *pm.* uroczysty; solenny; poważny; **-ity** (*sole'mniti*), **-ness** (*-nəs*) *rz.* uroczystość; solenność; **-ization** (*soləmnizej'szεn*) *rz.* uroczysty obchód; **-ize** (*so'ləmnajz*) *cz.* uroczyście obchodzić, celebrować; święcić.
solicit (*soli'sit*) *cz.* upraszać; naprzykrzać się; **-ation** (*solisitej'szεn*) *rz.* prośba, domaganie się; nastawanie; **-or** (*-ə*) *rz.* adwokat, obrońca sądowy; ~ general, prokurator.
solicit-ous (*soli'sitəs*) *pm.* pieczołowity; troskliwy; staranny; **-ude** (*-jūd*) *rz.* troskliwość, staranność; pieczołowitość.
solid (*so'lid*) *pm.* stały; trwały; twardy; mocny; masywny; solidny; gruntowny; rzetelny; rzeczywisty; nieprzerwany; ~, *rz.* ciało stałe; **-ity** (*soli'diti*) *rz.* masywność, trwałość; twardość; rzetelność; moc.

solidarity (*solidæ'riti*) *rz.* solidarność; zależność wzajemna.
solidify (*soli'difaj*) *cz.* utrwalać; zamieniać w ciało stałe.
solilo-quize (*soli'lokuajz*) *cz.* mówić do siebie; **-quy** (*soli'lokui*) *rz.* monolog.
soliped (*so'lipəd*) *pm.* jednokopytny.
solitaire (*solite'ə*) *rz.* samotnik.
solitar-iness (*so'litərinəs*) *rz.* samotność; **-y** (*so'litəri*) *pm.* samotny; osamotniony; odludny; ~~, *rz.* samotnik, pustelnik.
solitude (*so'litjūd*) *rz.* samotność; odludność.
solo (*sou'lou*) *rz.* (*muz.*) solo; **-ist** (*-ist*) *rz.* solista.
solstice (*so'lstis*) *rz.* przesilenie dnia z nocą.
solub-ility (*soljubi'liti*) *rz.* rozpuszczalność; rozwiązalność; **-le** (*so'ljubεl*) *pm.* rozpuszczalny; do rozwiązania.
solution (*soljū'szεn*) *rz.* rozwiązanie; rozpuszczenie; roztwór.
solv-ability (*solwəbi'liti*) *rz.* rozpuszczalność; wypłacalność; **-able** (*so'lwəbεl*) *pm.* rozpuszczalny; łatwy do rozwiązania; wypłacalny; **-e** (*so'lw*) *cz.* rozwiązać; rozstrzygnąć (pytanie, zagadnienie); rozłożyć; **-ency** (*-ənsi*) *rz.* wypłacalność; **-ent** (*-ənt*) *rz.* środek rozpuszczający; roztwarzacz; ~, *pm.* wypłacalny; rozwiązujący; rozpuszczający.
sombr-e (*so'mbə*), **-ous** (*so'mbrəs*) *pm.* ciemny, chmurny, posępny.
sombrero (*sombrē'ro*) *rz.* kapelusz z szerokiem rondem.
some (*să'm*) *z.* pewien, jakiś; trochę; nieco; kilka; cokolwiek; niektórzy; około; nielada; **-body** (*să'mbodi*) *z.* ktoś, ktokolwiek; ~ else, ktoś inny; **-how** (*-hau*) *ps.* jakoś; w jakikolwiek sposób; **-one** (*-uən*) *z.* ktoś; **-thing** (*să'mθiŋ*), coś; nieco; poczęści; **-time** (*-tajm*) *ps.* niegdyś, kiedyś; **-times** *ps.* niekiedy; czasami; czasem; częstokroć; **-what** (*-uot*) *ps.* trochę, nieco; **-where** (*-uē'ə*) *ps.* gdzieś, gdziekolwiek; **-where else,** gdzie indziej; **-while** *ps.* przez pewien czas.
somer-sault, -set (*să'məsolt, -set*) *rz.* skok, koziołek; ~, *cz.* wywinąć koziołka.
somn-ambulism (*somnæ'mbjulizεm*) *rz.* somnambulizm; **-ambulist** (*-ist*) *rz.* lunatyk, lunatyczka; **-iferous** (*somni'fərəs*) *pm.* usypiający; nasenny; **-iloquist** (*somni'lokuist*) *rz.* mówiący przez sen; **-olence, olency** (*so'mnələns, -i*) *rz.* senność; śpiączka, ospałość; **-olent** (*-ənt*) *pm.* senny, drzemiący.
son (*să'n*) *rz.* syn; potómek; ~ in-law, zięć; **-ship** *rz.* synostwo.
sonant (*sou'nənt*) *pm.* dźwięczący; głośny.
sonata (*sonā'tə*) *rz.* sonata.
song (*so'ŋ*) *rz.* pieśń; śpiew; wiersz; piosnka; for a ~ za pół darmo; **-ster** (*so'ŋstə*) *rz.* śpiewak; piewca; **-stress** (*-strəs*) *rz.* śpiewaczka.
soniferous (*soni'fərəs*) *pm.* brzmiący, dzwoniący.
sonnet (*so'net*) *rz.* sonet.
sonny (*să'ni*) *rz.* synku; chłopcze.
sonor-ific (*sonəri'fik*) *pm.* brzmiący, dzwoniący; **-ity** (*sono'riti*) **-ousness** (*-nəs*) *rz* dźwięczność; donośność (głosu); **-ous** (*sonō'rəs*) *pm.* dźwięczny, donośny (głos).
soon (*sū'n*) *ps.* wkrótce; niezadługo; niebawem; rychło; zaraz; wnet; as ~ as, skoro tylko; I had -er, wolałbym; at the -est, jak najrychlej; too ~, za wcześnie.
soot (*su't*) *rz.* sadze; ~, *cz.* okrywać sadzami; **-ed, -y** (*εd, -i*) *pm.* okryty, zawalany sadzą; czarny.
sooth (*sū'θ*) *rz.* (przest.) prawda; for ~, in ~, zaprawdę.
sooth-e (*sū'ð*) *cz.* łagodzić, uśmierzać, koić; **-er** (*sū'ðə*) *rz.* koiciel; **-ing** *pm.* kojący; **-ingly** *ps.* kojąco.
soothsay (*sū'θsej*) *cz.* przepowiadać; **-er** (*-sejə*) *rz.* wieszczek; wróżbiarz.
sop (*so'p*) *rz.* maczanka; ~, *cz.* przemoczyć; umoczyć.
soph-ism (*so'fizεm*) *rz.* sofizmat; **-ist** (*-ist*) *rz.* sofista; **-istic(al)** (*sofi'stik-εl*) *pm.* sofistyczny; wykrętny; **-isticate** (*sofi'stikejt*) *cz.* mówić sofistycznie; operować

sofizmatami; **-istication** (*sofistikej'szɛn*) *rz.* sofistyka; **-istry** (*so'fistri*) *rz.* sofisterja.

sophomore (*so'fomoə*) *rz.* student na drugim roku (w St. Zjedn.).

soporif-erous (*sopori'fərəs*), **-ic** (*sopori'fik*) *pm.* nasenny; usypiający; **-ic** *rz.* środek nasenny.

soprano (*souprā'nou*) *rz.* sopran.

sorb (*sō'b*) *rz.* jarzębina.

sorcer-er (*sō'sərə*) *rz.* czarodziej, czarownik; **-ess** (*-əs*) *rz.* czarodziejka, czarownica; **-y** (*-i*) *rz.* czary, czarodziejstwo.

sordid (*sō'did*) *pm.* nędzny; plugawy; skąpy; podły; **-ness** (*-nəs*) *rz.* plugawość, podłość; sknerstwo.

sordine (*sō'dīn*) *rz.* tłumik; surdyna.

sore (*sō'ə*) *rz.* rana; bolące miejsce; ~, *pm.* bolesny; dotkliwy; drażliwy; ciężki; make ~, rozdrażnić; rozranić, rozjątrzyć; **-ly** *ps.* dotkliwie; **-ness** (*-nəs*) *rz.* bolesność; dolegliwość; drażliwość.

sorrel (*so'rɛl*) *rz.* (*zool.*) jeleń dwulatek; ~, *rz.* (*bot.*) szczaw; ~, *pm.* brunatny; gniady.

sorghum (*sō'gəm*) *rz.* sorgo.

sorr-iness (*so'rinəs*) *rz.* lichota, nędza; mizerota; **-y** (*so'ri*) *pm.* smutny; żałujący; zmartwiony; nędzny; kiepski; marny; lichy; I am ~, przepraszam, żałuję.

sorrow (*so'rou*) *rz.* smutek, ból; strapienie; troska; żal; zmartwienie; ~, *cz.* smucić się; martwić się; **-ful** (*-ful*) *pm.* smutny; bolesny; **-fulness** *rz.* smutek; **~ stricken** *pm* zasmucony.

sort (*sō't*) *rz.* gatunek, rodzaj; klasa, pokrój; stan; a good ~, poczciwy człowiek; (potoczn.) porządny chłop; out of -s, w złym humorze; in some ~, w pewnej mierze, poniekąd; nothing of the ~, nic podobnego; ~, *cz.* wybierać, rozróżniać; sortować; dobierać; pasować; zgadzać się; **-able** (*-əbɛl*) *pm.* pasujący; odpowiedni.

sortie (*sō'ti*) *rz.* wycieczka (oblężonych).

sortilege (*sō'tilɛdż*) *rz.* wróżenie; rzucanie losów.

so-so (*sou' sou'*) *pm.* niezły; taki sobie; średni.

sot (*so't*) *rz.* pijak, opój; ~, *cz.* upijać się nałogowo; **-tish** (*-isz*) *pm.* głupi; pijacki; **-ishness** (*-isznəs*) *rz.* pijackość; głupota.

souchong (*su'szoŋ*) *rz.* czarna herbata.

sough (*sau', s?'f, sū'cz*) *rz.* poświst.

sought (*sō't*) *cz.* od **seek.**

soul (*sou'l*) *rz.* dusza, duch; not a ~, ani żywej duszy; poor ~, biedaczysko; upon my ~, na sumienie; **-less** *pm.* bezduszny.

sound (*sau'nd*) *rz.* cieśnina; pęcherz ryby; ~, *rz.* sonda (*chir.*); ~, *rz.* dźwięk, głos; brzmienie; ton; ~, *pm.* zdrowy; krzepki; tęgi; dobrze prowadzony; zdrowo myślący; pewny; cały; nienaruszony; trafny; ~, *cz.* zgłębiać; mierzyć głębokość; sondować; ~, *cz.* wydawać dźwięk; brzmieć; wywoływać dźwięk; rozgłaszać; rozlegać się; **-ing-board** *rz.* rezonans; pułap (w teatrze); **-lead** *rz.* ołowianka; **-ings** *rz.* *lmn.* głębokość (zmierzona); zgłębienie; **-less** *pm.* bezdźwięczny; niezgłębiony; **-ness** (*-nəs*) *rz.* zdrowie; krzepkość; trafność; całość.

soup (*sū'p*) *rz.* zupa; rosół.

sour (*sau'ə*) *pm.* kwaśny, cierpki; ~, *cz.* zakwasić; skwaśnieć; kisnąć.

source (*sō's*) *rz.* źródło; początek.

sourdine (*suədī'n*) *rz.* surdyna, tłumik.

souse (*sau's*) *rz.* marynata; pekeflejsz; zanurzenie; ~, *cz.* marynować; zanurzać w płynie; ~, *ps.* niespodziewanie, raptem.

soutane (*sutā'n*) *rz.* sutanna.

south (*sau'þ*) *rz.* południe; ~, *pm.* południowy; ~, *ps.* ku południowi; na południe; **-down** *rz.* rasa baranów; **-east** *rz.* południo-wschód; **-east, -easter, -easterly** *pm.* południowo-wschodni; **-er** (*sā'ðə*) *rz.* wiatr południowy; **-erly, -ern** (*sā'ðəli, sā'ðɛn*) *pm.* południowy; **-erner** (*sā'ðənə*) *rz.* południowiec; **-ing** (*sau'ðiŋ*) *rz.* oddalenie się ku południowi; pochylenie na południe; **-ward, wards** (*sau'þuəd, -z*) *ps.* ku południowi; **-west**

(*sau'fʌe'st*) *rz.* południowo-zachód; **-west, -westerly, -western** *pm.* południowo-zachodni; **-wester** *rz.* silny wiatr południowo-zachodni; kapelusz nieprzemakalny.

souvenir (*sū'wənīə*) *rz.* pamiątka.

sovereign (*so'wrɛn*) *rz.* monarcha, monarchini; władca; funt szterl.; ~, *pm.* suwerenny; panujący; samowładny; wszechwładny; **-ty** (*-ti*) *rz.* suwerenność; wszechwładność.

sow (*sau'*) *rz.* świnia; maciora; kanał odprowadzający surówkę; surówka; *~, (*sou'*) *cz.* siać; zasiewać; ~ wild oats, *fig.* wyszumieć; **-er** (*sou'ə*) *rz.* rozsiewacz; **-ing machine** *rz.* siewnik.

spac-e (*spej's*) *rz.* przestrzeń; okres; przeciąg czasu; rozłóg; obszar; (*druk.*) spacja; ~, *cz.* (*druk.*) spacjować; **-ious** (*spej'szəs*) *pm.* obszerny; przestronny; rozległy; **-iousness** (*-nəs*) *rz.* przestronność; rozległość.

spade (*spej'd*) *rz.* łopata; *lmn.* (w kartach) piki.

spah-i, -ee (*spa'hī*) *rz.* spahi, kawalerzysta.

spake (*spej'k*) *cz.* (przest.) od **speak**.

span (*spæ'n*) *rz.* piędź (= 9 cali ang.); odległość czasu; okres; rozpięcie; zaprząg; ~, *cz.* mierzyć na piędzie; sięgać od brzegu do brzegu; być przerzuconym (o moście).

spangle (*spæ'ŋgɛl*) *rz.* błyskotka; ~, *cz.* pobłyskiwać; ozdabiać.

spaniel (*spæ'njəl*) *rz.* wyżeł; pochlebca.

Spanish (*spæ'nisz*) *pm.* hiszpański; **~fly** *rz.* mucha hiszpańska; kantaryda; **~main** *rz.* północne brzegi Ameryki Południ.; morze w tych okolicach.

spank (*spæ'ŋk*) *rz.* klaps; ~, *cz.* dać klapsa; sunąć; **-er** (*-ə*) *rz.* szybki koń; czworokątny żagiel.

spanner (*spæ'nə*) *rz.* klucz płaski do kręcenia śrub.

spar (*spā'*) *rz.* drąg; reja; maszt; szkło kamienne (*min.*); ~, *cz.* zaopatrzyć okręt w reje; bić ostrogami (o kogutach); zagrozić kułakiem; skakać sobie do oczu.

sparable (*spæ'rəbɛl*) *rz.* sztyft; ćwieczek.

spar-e (*spə'ə*) *pm.* szczupły, drobny, chudy; zbywający; zapasowy; wolny; ~, *cz.* oszczędzać, zachować, szanować; obchodzić się bez czegoś; odmawiać sobie; rozporządzać czem; mieć na zbyciu; **-eness** (*-nes*) *rz.* szczupłość, chudość; **-e-rib** *rz.* schab; **-ingness** *rz.* oszczędność; umiarkowanie.

spark (*spā'k*) *rz.* iskra; iskierka; strojniś; fircyk; ~, *cz.* rzucać iskry; **-arrester** *rz.* siatka zatrzymująca iskry; **-ish** (*-isz*) *pm.* dziarski, fertyczny; wymuskany; **-le** (*spā'kɛl*) *rz.* iskra; iskierka; ~~, *cz.* iskrzyć się; błyszczeć; musować; **-ling** (*-liŋ*) *pm.* isk zący się; błyszczący; musujący.

sparrow (*spæ'rou*) *rz.* wróbel; **-hawk** (*-hōk*) *rz.* jastrząb; **-grass** *rz.* (*wulg.*) szparag.

sparse (*spā's*) *pm.* rzadki; rzadko rozsiany.

Spartan (*spā'tən*) *pm.* spartański.

spasm (*spæ'zɛm*) *rz.* spazm; kurcz; **-odic** (*spæzmo'dik*) *pm.* spazmatyczny; kurczowy.

spat (*spæ't*) *cz.* od **spit**; ~, *rz.* kamasz; ~, *rz.* ikra.

spate (*spejt*) *rz.* wylew (rzeki).

spathe (*spej'δ*) *rz.* pochewka (*bot.*).

spatial (*spej'szəl*) *pm.* przestrzenny; przestronny.

spatter (*spæ'tə*) *rz.* bryzganie; ~, *cz.* obryzgać; pryskać; oczernić; osławić; **-dashes** *rz. lmn.* getry; kamasze.

spat-tle (*spæ'tɛl*), **-ula** (*spæ'czjulə*) *rz.* szpachla.

spavin (*spæ'win*) *rz.* guz na tylnej nodze konia; **-ed** (*-d*) *pm.* ochwatny.

spawn (*spō'n*) *rz.* ikra; płód; (*fig.*) nasienie; ~, *cz.* trzeć się; złożyć ikrę.

spay (*spej'*) *cz.* kastrować.

speak* (*spī'k*) *cz.* mówić; przemawiać; rozmawiać; oznajmić; (to, with = do kogo, z kim; of = o czem); so to ~, że tak powiem; jakgdyby; ~ for one, przemawiać za kimś; ~ out, wypowiedzieć się; nothing to ~ of, niewarte wzmianki; **-er**

(-ə) *rz.* mówca; przewodniczący; **-ing likeness** żywe podobieństwo; **-ing-trumpet** *rz.* megafon.
spear (*spī'ə*) *rz.* włócznia, dzida; ~, *cz.* zakłuć; przebić; on the ~ side, po mieczu; **-man** *rz.* włócznik; **-mint** *rz.* mięta.
special (*spe'szəl*) *pm.* specjalny, szczególny; osobliwy; umyślny; nadzwyczajny; in ~, w szczególności; **-ist** (*-ist*) *rz.* specjalista; **-ity** (*speszjæ'liti*) **-ty** (*spe'szəlti*) *rz.* specjalność; szczegółowość; osobliwość; **-ize** *cz.* rozróżnić.
specie (*spī'szī*) *rz.* pieniądz, brzęcząca moneta.
species (*spī'sziīz*) *rz. pl.* i *lmn.* gatunek, rodzaj (ludzki).
speci-fic (*spəsi'fik*) *pm.* specyficzny; właściwy; szczególny; gatunkowy; **-ficness** (*spəsi'fiknəs*) *rz.* specyficzność; **-ficate, -fy** (*spəsi'fikejt, spe'sifaj*) *cz.* wyszczególnić; wymienić; **-fication** (*spəsifikej'szen*) *rz.* wyszczególnienie; specyfikacja; spis.
specimen (*spə'simən*) *rz.* wzór, okaz, próbka.
specious (*spī'szəs*) *pm.* słuszny.
speck (*spe'k*) *rz.* plamka; skaza; punkcik; **-le** (*spe'kel*) *rz.* plamka, cętka; **-le** *cz.* plamić, cętkować; pstrzyć.
spectac-le (*spe'ktəkel*) *rz.* widowisko; widok; **-led** *pm.* w okularach; **-les** (*-z*) *rz. lmn.* okulary; **-ular** (*spektæ'kjulə*) *pm.* widowiskowy.
spectat-or (*spektej'tə*) *rz.* widz; **-ress** (*-rəs*) *rz.* spektatorka.
spect-ral (*spe'ktrel*) *pm.* upiorny; **-re** (*spe'ktə*) *rz.* widmo, upiór; **-roscope** (*spe'ktroskoup*) *rz.* spektroskop; **-rum** (*spe'ktrəm*) *rz.* widmo świetlne.
specular (*spe'kjulə*) *pm.* zwierciadlany; wziernikowy.
specula-te (*spe'kjulejt*) *cz.* spekulować; rozważać; przemyśliwać; **-tion** (*spekjulej'szen*) *rz.* rozważanie; rozmyślanie; spekulacja; wyrachowanie; **-tive** (*spe'kjulətiv*) *pm.* spekulacyjny; filozoficzny; **-tor** (*spe'kjulejtə*) *rz.* spekulant.
speculum (*spe'kjuləm*) *rz.* spekulum; wziernik (*med.*); zwierciadło.
sped (*spe'd*) *cz.* od **speed.**
speech (*spī'cz*) *rz.* mowa; przemówienie; język; deliver a ~, make a ~, wygłosić przemówienie; ~ from the throne, mowa tronowa; **-less** *pm.* niemy.
speed (*spī'd*) *rz.* pośpiech; szybkość; powodzenie; (at) full ~, całym pędem, całą parą, w pełnym biegu; ~, *cz.* pośpieszać; przyśpieszać; poszczęścić; **-iness** (*-inəs*) *rz.* pośpiech; **-well** *rz.* przetacznik (*bot.*); **-y** (*-i*) *pm.* szybki; prędki; bezzwłoczny.
spell (*spe'l*) *rz.* czar; urok; słowa magiczne; break the ~, zdjąć urok; odczarować; ~, *rz.* okres; kolej, zmiana; ~, *cz.* oczarować; ~, *cz.* sylabizować; pisać ortograficznie; ~, *cz.* luzować; **-bound** *pm.* oczarowany; zaczarowany; **-ing** (*-iŋ*) *rz.* pisownia.
spelt (*spe'lt*) *cz.* od **spell**; ~, *rz.* gatunek pszenicy; **-er** (*-ə*) *rz.* cynk (w handlu).
spencer (*spe'nsə*) *rz.* spencerek; ubranko.
spend* (*spe'nd*) *cz.* spędzać (czas i pieniądze); zużywać (się); wydawać; wyczerpać, znużyć; **-er** (*-ə*) **-thrift** (*-ßrift*) *rz.* rozrzutnik; marnotrawca.
spent (*spe'nt*) *cz.* od **spend**; ~, *pm.* wyczerpany, zużyty; wydany; miniony.
sperm (*spə'm*) *rz.* sperma; nasienie; olbrot; **-atic** (*spəmæ'tik*) *pm.* nasienny; **-whale** *rz.* olbrot (*zool.*).
spew (*spjū'*) *cz.* womitować, wymiotować.
sphacelate (*sfæ'səlejt*) *cz.* zgangrenować.
sphenoid, -al (*sfenoj'del*) *pm.* klinowy.
spher-e (*sfī'ə*) *rz.* sfera; zakres; gałka; krąg; kula; glob ziemski; ciało niebieskie; **-e** *cz.* zaokrąglić; otoczyć; **-ic(al)** (*sfe'rik-el*) *pm.* sferyczny; kulisty; **-icity** (*sferi'siti*) *rz.* kulistość; sferyczność; **-oid** (*sfi'rojd*) *rz.* sferoid; **-oidal** (*sfiroj'del*) *pm.* sferoidalny; **-ule** (*sfe'rul*) *rz.* kulka.

sphinx (*sfi'ŋks*) *rz.* sfinks.
spica (*spaj'ka*) *rz.* skupieniec(*bot.*).
spic-e (*spaj's*) *rz.* przyprawa; korzenie (wonne); (*fig.*) pikantność, pieprzyk; posmak; ~, *cz.* przyprawić (korzeniami); **-ery** (*-əri*) *rz.* korzenie; towary korzenne; **-y** (*-i*) *pm.* zaprawiony korzeniami; ostry (w smaku); (*fig.*) pikantny, pieprzny.
spick-and-span (-new) (*spi'kənspæ'n*) *pm.* nowiuteńki.
spicul-e (*spi'kjul*) *rz.* kolec; **-ate** (*-ət*) *pm.* iglasty.
spider (*spaj'də*) *rz.* pająk; **-like, -y** *pm.* pająkowaty; **-web** *rz.* pajęczyna; **-wort** *rz.* (*bot.*) pajęcznica.
spied (*spaj'd*) *cz.* od **spy**.
spiegeleisen (*spī'gelajzen*) *rz.* spiegeleisen (gatunek żelaza).
spigot (*spi'gət*) *rz.* czop; kurek (beczki).
spike (*spaj'k*) *rz.* gwóźdź; ćwiek; (*bot.*) skupieniec; lawenda; ~, *cz.* wbić gwoździe, zagwoździć (działo); **-enard** (*spaj'knəd*) *rz.* spikanard; **-y** (*spaj'ki*) *pm.* śpiczasty; kształt gwoździa.
spile (*spaj'l*) *rz.* zatyczka; czop.
spill* (*spi'l*) *cz.* rozsypać; wylewać; wysypać; (*mar.*) uwolnić żagiel.
spilt (*spi'lt*) *cz.* od **spill.**
spin* (*spi'n*) *cz.* prząść, snuć; kręcić (się); wirować; szybko się posuwać; ~ yarns, opowiadać historje; bajdurzyć; ~, *rz.* wirowanie; pęd; **-ner** (*-ə*) *rz.* prządka; **-ing-frame** *rz.* przędzarka, prząśnica; **-ing-mill** *rz.* przędzalnia; **-ing-wheel** *rz.* kołowrotek.
spina-ch, -ge (*spi'nədż*) *rz.* szpinak.
spinal (*spaj'nel*) *pm.* pacierzowy; ~**column** *rz.* stos pacierzowy.
spindle (*spi'ndel*) *rz.* wrzeciono; **-legged, -shanked** *pm.*, **-shnaks** *rz.* cienkonogi.
spindrift (*spi'ndrift*) *rz.* pył wodny.
spin-e (*spaj'n*) *rz.* kręgosłup, stos pacierzowy; grzbiet; **-ose** (*spaj'nəs*) *pm.* grzbietowy; **-eless** *pm.* bez kręgosłupa; wiotki; słaby.
spinel (*spaj'nəl*) *rz.* rodzaj rubinu.
spinet (*spi'nət, spine't*) *rz.* klawikord; szpinet.
spinney (*spi'ni*) *rz.* zarośla.
spinster (*spi'nstə*) *rz.* stara panna.
spiny (*spaj'ni*) *pm.* kolczasty, ciernisty; (*fig.*) drażliwy.
spiracle (*spaj'rəkel*) *rz.* nozdrza (wieloryba).
spir-al (*spaj'rel*) *pm.* spiralny; ślimakowaty; wężykowaty; kręty; **-e** (*spaj'ə*) *rz.* szpic (wieży); **-e** *cz.* strzelić wgórę.
spirit (*spi'rit*) *rz.* duch; dusza; natchnienie; uczucie; energja; charakter; Holy S~, the S~, Duch Święty; ~ **up** *cz.* rozweselić; ożywić; **-ed** (*-ed*) *pm.* ożywiony; żywy; śmiały; **-edness** (*-ednəs*) *rz.* ożywienie, żywość, temperament; **-less** *pm.* bezduszny; bez życia; małego serca; **-s** *rz. lmn.* spirytus; usposobienie; in high ~, podochocony; in low ~, smutny, przygnębiony; **-ual** (*spi'riczuəl*) *pm.* duchowy; duchowny; **-ual court** *rz.* konsystorz; **-ualism** (*-izem*) *rz.* spirytualizm; **-uality** (*spiritjuæ'liti*) *rz.* duchowość; **-ualization** (*-lajzej'szen*) *rz.* uduchowienie; **-ualize** (*-ajz*) *cz.* uduchowić; **-uous** (*spi'riczuəs*) *pm.* wyskokowy, alkoholowy, spirytusowy.
spirometer (*spajro'mətə*) *rz.* spirometr.
spirt (*spə̄'t*) *cz.* pryskać; wytryskać.
spiry (*spaj'ri*) *pm.* spiralny; strzelisty; śpiczasty.
spit (*spi't*) *rz.* cypel (ziemi); szpikulec rożna; ~, *rz.* szerokość łopatki; ~, *cz.* przekłuć.
spit (*spi't*) *rz.* ślina; (*fig.*) odbicie; *~, *cz.* spluwać, pluć.
spitchcock (*spi'czkok*) *rz.* węgorz smażony ~, *cz.* smażyć rybę.
spite (*spaj't*) *rz.* złość, przekora; zawiść; in ~ of, pomimo, wbrew; ~, *cz.* dokuczać, robić naprzekór; **-ful** (*-ful*) *pm.* złośliwy, mściwy; zawistny; **-fulness** *rz.* złośliwość, mściwość.
spitfire (*spi'tfajə*) *rz.* raptus, człowiek w gorącej wodzie kąpany.
spitt-le (*spi'tel*) *rz.* ślina, plwocina; **-oon** (*spitū'n*) *rz.* spluwaczka.

spitz, -dog (*spi'ts-dog*) *rz.* szpic.
splash (*splæ'sz*) *rz.* plusk, plama, puder; ~, *cz.* obryzgać; chlusnąć; pluskać; **-board** *rz.* błotnik; **-y** *pm.* bryzgający.
splatter (*splæ'tə*) *cz.* pluskać; mamrotać.
splay (*splej'*) *cz.* wywichnąć; **-foot** (*'fut*) *rz.* stopa rozpłaszczona; **-mouth** *rz.* gęba wykrzywiona.
spleen (*splī'n*) *rz.* śledziona; zły humor; złość; **-ful, -y** (*-ful, -i*) *pm.* śledzienniczy, zły; **-wort** *rz.* (*bot.*) śledzienica.
splend-ent (*sple'ndənt*) *pm.* świecący, błyszczący; **-id** (*sple'ndid*) *pm.* wspaniały, okazały; znakomity; **-our** (*sple'ndə*) *rz.* splendor, wspaniałość; okazałość.
splen-etic (*spləne'tik*) *pm.* śledzienniczy; hipochondryczny; zły; **-ic** *pm.* śledziony.
splice (*splaj's*) *cz.* połączyć; skojarzyć; (*mar.*) spleść końce liny.
splint (*spli'nt*) *rz.* łupki; (*anat.*) kostka; **-er** (*-ə*) *rz.* szczepka; drzazga; **-er** *cz.* rozszczepić (się); rozłupać (się).
split (*spli't*) *rz.* rozszczepienie; rozłam; rysa; szpara; szczelina; *~, *cz.* rozszczepić; rozłupać (się); rozpłatać; porysować (się); ~ the difference, przepołowić różnicę; ~ hairs, spierać się o drobiazgi; **-ting** headache, rozsadzający ból głowy.
splotch, splodge (*splo'cz, -dż*) *rz.* plama, bazgranie.
splurge (*splə̄'dż*) *rz.* ostentacja; szumność.
splutter (*splʌ'tə*) *rz.* bełkot; hałas; ~, *cz.* bełkotać.
spoil (*spoj'l*) *cz.* ograbić; pustoszyć; zepsuć; ~, *rz.* łup, zdobycz; **-s system**, system polit., przy kt. stronnicy partji rządzącej otrzymują wysokie stanowiska; **-age** (*-ɛdż*) *rz.* makulatura; **-er** (*-ə*) *rz.* łupieżca; psuja; **-sman** *rz.* stronnik systemu „spoils system".
spoke (*spou'k*) *rz.* szprycha (koła); szczebel; ~, **-n** (*spou'kn*) *cz.* od **speak**; **-shave** (*spou'kszej'w*) *rz.* hebel z podwójną rączką.
spokesman (*spou'ksmæn*) *rz.* orędownik.
spolia-tion (*spouljej'szɛn*) *rz.* grabież, złupienie; zrabowanie; (*prawn.*) uszkodzenie (dokumentu); **-tor** (*spou'liejtə*) *rz.* grabieżca.
spondaic (*spondej'k*) *pm.* spondaiczny.
spong-e (*spʌ'ndż*) *rz.* gąbka; **-e**, *cz.* wycierać gąbką; absorbować; wciągać w siebie; **-er** (*-ə*) *rz.* wchłaniacz; pieczeniarz; **-iness** (*-inəs*) *rz.* gąbczastość; **-y** (*-i*) *pm.* gąbczasty.
spons-ion (*spo'nszɛn*) *rz.* poręczenie; **-or** (*spo'nsə*) *rz.* poręczyciel; ojciec chrzestny, matka chrzestna.
spontan-eity, -eousness (*spontənī'iti, -ej'niəsnəs*) *rz.* spontaniczność; **-eous** (*spontej'niəs*) *pm.* dobrowolny, spontaniczny.
spook (*spū'k*) *rz.* duch, zjawa.
spool (*spū'l*) *rz.* szpulka, cewka; ~, *cz.* nawijać.
spoon (*spū'n*) *rz.* łyżka; ~, *rz.* zakochany; ~, *cz.* adorować; **-bill** *rz.* ptak podobny do ibisa; **-ful** (*-ful*) *pm.* łyżka (= zawartość łyżki); **-wort** *rz.* warzęcha (*bot.*); **-y** (*-i*) *pm.* zakochany; głupi.
spoor (*spū'ə*) *rz.* ślad, trop (dzikiego zwierza); ~, *cz.* tropić.
sporadic (*sporæ'dik*) *pm.* sporadyczny.
spore (*spo'ə*) *rz.* spor, zarodnik (*bot.*).
sport (*spō't*) *rz.* zabawa; sport; igraszka; kompan; towarzysz; **in** ~, żartem; ~, *cz.* bawić się; uprawiać sport; igrać; **-ive** (*-iw*) *pm.* wesoły; krotochwilny; żartobliwy; **-iveness** (*-iwnəs*) *rz.* wesołość; żartobliwość; **-sman** (*-smæn*) *rz.* sportsman; **-smanship** *rz.* sportsmeństwo; (*fig.*) rzetelność.
spot (*spo't*) *rz.* plamka; punkcik; miejscowość; miejsce; on the ~, natychmiast; na miejscu; ~, *cz.* cętkować, nakrapiać; plamić; ~ out, poznać, wyślepić; **-less** *pm.* bez skazy; nieskazitelny; **-lessness** *rz.* nieskazitelność; **-ted** (*-ɛd*), **-ty** (*-i*) *pm.* w plamki; cętkowany; nakrapiany, splamiony.

spouse (*spau'z*) *rz.* małżonka, małżonek.
spout (*spau't*) *rz.* szyjka (butelki); dziób (dzbanka i t. p.) rynna; (*fig.*) lombard; ~, *cz.* tryskać, sikać; chlustać; deklamować; (gwara) zakładać w lombardzie.
sprain (*sprej'n*) *rz.* zwichnięcie; ~, *cz.* zwichnąć.
sprang (*spræ'ŋ*) *cz.* od **spring.**
sprat (*spræ't*) *rz.* szprotka (ryba); maleństwo (dziecko).
sprawl (*sprō'l*) *cz.* rozciągnąć się.
spray (*sprej'*) *rz.* gałązka, gałązeczka; ~, *rz.* pył (wodny); ~, *cz.* rozpylać; **-er** *rz.* zapylacz; **-ey** (*sprej'i*) *pm.* bryzgający, rozpylony.
spread (*spre'd*) *rz.* rozpowszechnienie, rozpostarcie; szerokość; *~, *cz.* rozpościerać (się); rozpowszechniać (się); rozszerzyć (się), rozwinąć (się); rozciągać (się); powlec; **-er** (*-ə*) *rz.* rozgłosiciel, rozszerzający, rozpowszechniający.
spree (*sprī'*) *rz.* zabawa, hulanka.
sprig (*spri'g*) *rz.* gałązka; szczep; **-tail** *rz.* rodzaj dzikiej kaczki.
spright-ly (*spraj'tli*) *pm.* żywy, rześki, wesoły; **-liness** (*spraj't-linəs*) *rz.* żywość, rześkość; wesołość.
spring (*spri'ŋ*) *rz.* skok; odskok; początek; źródło; przyczyna; sprężyna; wiosna; ~, *cz.* skakać; wyskoczyć; zjawić się; strzelać wgórę (jak wieża); wschodzić; powstawać skądś; wytrysnąć; brać początek; wynikać; ruszyć (zwierza lub ptaka); **-balance** *rz.* wagi sprężynowe; **-board** *rz.* trampolina; **-bok** *rz.* gazela (*zool.*); **-carriage** *rz.* powóz na resorach; **-er** *rz.* skoczek; **-head** *rz.* źródło; ~**water** *rz.* woda źródlana; **-y** (*-i*) *pm.* prężny, elastyczny.
springe (*spri'ndż*) *rz.* potrzask, sidła.
sprinkle (*spri'ŋkel*) *rz.* deszczyk; ~, *cz.* kropić; pokrapiać, skrapiać.
sprint (*spri'nt*) *cz.* biec pędem; sprintować.
sprit (*spri't*) *rz.* drąg przy maszcie zawieszony po przekątnej żagla.
sprite (*spraj't*) *rz.* elf, krasnoludek.
sprocket (*spro'kət*) *rz.* ząb (koła zębatego).
sprout (*sprau't*) *rz.* kiełek, odrośl; ~, *cz.* kiełkować; wyrastać; Brussels ~s, brukselka.
spruce (*sprū's*) *rz.*, **-fir** *rz.* jodła; ~**-beer** *rz.* piwo jodłowe; ~, *pm.* czyściutki; schludny; wymuskany; **-ness** (*-nəs*) *rz.* schludność, chędogość.
sprung (*spră'ŋ*) *cz.* od **spring.**
spry (*spraj'*) *pm.* rześki; żwawy.
spud (*spă'd*) *rz.* szpadel; (pot.) ziemniak; ~, *cz.* rydlować.
spum-e (*spjū'm*) *rz.* piana; **-e** *cz.* pienić się; **-ous, -y** (*-əs, -i*) *pm.* spieniony; pienisty.
spun (*spă'n*) *cz.* od **spin.**
spunge (*spă'ndż*) *rz.* gąbka (przest. forma od **sponge**).
spunk (*spă'ŋk*) *rz.* zapał; odwaga; gniew.
spur (*spə'*) *rz.* ostroga, bodziec; zachęta; on the ~ of the moment, bez namysłu; ~, *cz.* spinać ostrogami; podniecać, pobudzać; **-wheel** *rz.* koło zębate.
spurge (*spə'dż*) *rz.* sporysz mleczny (*bot.*).
spurious (*spjū'riəs*) *pm.* podrobiony; nieprawdziwy; pozorny.
spurn (*spə'n*) *rz.* pogarda; ~, *cz.* odtrącić; wzgardzić; pomiatać.
spurry (*spə'ri*) *rz.* sporek pastewny, czerwiec (*bot.*).
spurt (*spə't*) *rz.* wysiłek; ~, *cz.* wysilić się.
sputter (*spă'tə*) *rz.* bełkot; ~, *cz.* pryskać; bełkotać.
sputum (*spjū'təm*) *rz.* plwocina.
spy (*spaj'*) *rz.* szpieg; ~, *cz.* szpiegować; węszyć; wyśledzić, wypatrzyć; ~ into, wglądać, dociekać; **-glass** *rz.* lorneta; **-hole** *rz.* judasz (okienko).
squab (*skuo'b*) *rz.* ptak nieopierzony; tłuścioch; poduszka; sofa; ~, *pm.* krępy, przysadkowaty; ~, *w.* bęc!
squabble (*skuo'bel*) *rz.* sprzeczka, waśń; ~, *cz.* swarzyć się; waśnić się; **-r** (*-ə*) *rz.* kłótnik.
squad (*skuo'd*) *rz.* oddział, hufiec; **-ron** (*-rən*) *rz.* szwadron, eskadra; **-droned** (*-drənd*) *pm.* uszykowany w szwadron, w eskadrę.

squalid (*skuo'lid*) *pm.* brudny, ubogi; podły; nędzny; **-ity, -ness** (*skuoli'diti, -nəs*) *rz.* brud, paskudztwo, nędza.
squall (*skuō'l*) *rz.* szkwał, wicher z deszczem l. śniegiem; wrzask; ~, *cz.* wrzeszczeć; **-er** (*-ə*) *rz.* krzykała; **-y** (*-i*) *pm.* burzliwy, wietrzny.
squamo-se, -ous (*skuej'məs*) *pm.* łuszczasty, łuskowaty.
squander (*skuo'ndə*) *cz.* rozrzucać; trwonić; **-er** (*-rə*) *rz.* rozrzutnik.
square (*skuē'ə*) *rz.* kwadrat, czworobok; plac, skwer; ~, *pm.* kwadratowy, prostokątny; słuszny; uczciwy; wyraźny; rzetelny; dokładny; skwitowany; ~, *cz.* tworzyć kąty proste; mierzyć ką y, powierzchnię; dopasowywać, równać się; wyrównywać; porządkować; podnosić do drugiej potęgi; zgadzać się; stosować się; **-built, -shouldered** *pm.* barczysty; **-ness** (*-nəs*) *rz.* kwadratowość; dokładność; kwadratura; rzetelność; **-rigged** *pm.* z żaglami rozwiniętemi na rejach zawieszonych poziomo; **-root** *rz.* kwadrat; **-toes** *rz. lmn.* pedant.
squash (*skuo'sz*) *cz.* zgnieść.
squat (*skuo't*) *rz.* przycupnienie; kucnięcie; ~, *pm.* przycupnięty; krępy; przysadkowaty; ~, *cz.* kucnąć; przycupnąć; **-ter** (*-ə*) *rz.* osadnik.
squaw (*skuō'*) *rz.* żona (u Indjan).
squawk (*skuō'k*) *cz.* odzywać się (o ptakach).
squeak (*skuī'd*), **squeal** (*skuī'l*) *rz.* kwik, pisk; ~, *cz.* kwiczeć, piszczeć.
squeamish (*skuī'misz*) *pm.* ckliwy; pedantyczny; **-ness** (*-nəs*) *rz.* ckliwość, wybredność; pedantyczność.
squeeze (*skuī'z*) *rz.* ścisk, tłoczenie; uściśnienie (*np.* ręki); tłok; ~, *cz.* wycisnąć; wymuszać; wygnieść; **-r** (*-ə*) *rz.* wyżymaczka.
squelch (*skue'lcz*) *rz.* chlupanie; ~, *cz.* chlupać (się); stłamsić; zgnieść.
squib (*skui'b*) *rz.* szmermel; paszkwil; ~, *cz.* atakować, oczerniać.
squiffy (*skui'fi*) *pm.* podochocony.
squill (*skui'l*) *rz.* cebula morska (*bot.*).
squint (*skui'nt*) *rz.* zez, zezowanie; ~, *cz.* zezować; patrzeć zukosa; przymrużać oczy; ~, **-eyed** *pm.* zezowaty; złośliwy.
squire (*skuaj'ə*) *rz.* giermek (*hist.*); dziedzic; country ~, właściciel ziemski.
squirm (*skuə'm*) *rz.* wicie, kręcenie się; ~, *cz.* wić się, kręcić się.
squirrel (*skui'rεl*) *rz.* wiewiórka.
squirt (*skuə't*) *rz.* wytrysk; strumień wody; ~, *cz.* tryskać; sikać.
stab (*stæ'b*) *rz.* pchnięcie, rana; ~, *cz.* pchnąć nożem; zasztyletować; zakłuć; **-ber** (*-ə*) *rz.* morderca.
stabil-ity (*stəbi'liti*) *rz.* stałość, trwałość; **-ize** (*stej'bilajz, stæ'bi lajz*) *cz.* ustalić, stabilizować.
stable (*stejb'εl*) *rz.* stajnia; **~-boy,** stajenny; ~, *pm.* trwały; stały; mocny.
stack (*stæ'k*) *rz.* stóg, sterta, bróg; komin; ~, *cz.* ułożyć w stogi.
stadium (*stej'diəm*) *rz.* stadjon; (*med.*) stadjum.
staff (*stā'f*) *rz. lmn.* **staves,** l. **staffs** (*stej'wz, stā'fs*), kij, podpora; pastorał; pałka; berło; batuta; drzewce; laska; (*muz.*) strofa; personel; (*mil.*) sztab; **-officer** oficer sztabowy.
stag (*stæ'g*) *rz.* jeleń; wołek; **-beetle** *rz.* jelonek.
stage (*stej'dż*) *rz.* scena; platforma; stacja pocztowa; karetka pocztowa; stadjum; stopień; okres; ~, *cz.* wystawić, inscenizować; **-coach** *rz.* karetka pocztowa; dyliżans; **-driver** *rz.* pocztyljon; ~ **fright** *rz.* trema; **-horse** *rz.* koń pocztowy; **-player** *rz.* aktor.
staggard (*stæ'gəd*) *rz.* jeleń czteroletni.
stagg-er (*stæ'gə*) *cz.* chwiać się, wahać się; zatoczyć się; słaniać się; **-s** (*-z*) *rz. lmn.* zawrót głowy.
stagna-ncy (*stæ'gnənsi*), **-tion** (*stəgnej'szεn*) *rz.* zastój, stagnacja; **-nt** (*-ənt*) *pm.* stojący; **-te** (*-nejt*) *cz.* być w zastoju; nie ruszać się; leniwieć.

stagy (*stej'dži*) *pm.* teatralny.
staid (*stej'd*) *pm.* stateczny, poważny; ~, *cz.* od **stay.**
stain (*stej'n*) *rz.* plama; ~, *cz.* splamić; zbrukać; skalać (się); powalać; **-less** *pm.* nienaganny; nieskazitelny; niepokalany.
stair (*stē'ə*) *rz.* schód; stopień; **-case, -way** *rz.* schody, klatka schodowa.
stake (*stej'k*) *rz.* kołek, pal; słup; żerdź; kłonica; stawka; ryzyko; stos (ofiarny); ~, *cz.* ogrodzić (kołkami, palami); przywiązać do pala; zakładać się o co; ryzykować; be at ~, być w niebezpieczeństwie; chodzić o co; być na szali; wchodzić w grę; my honour is at ~, chodzi o mój honor; mój honor jest zaangażowany; **-holder** *rz.* stawiający zakład.
stala-ctic, -ctitic (*stəlæ'ktik, stæləkti'tik*) *pm.* stalaktyczny; **-ctite** (*stəlæ'ktajt*) *rz.* stalaktyt; **-gmite** (*stalæ'gmajt*) *rz.* stalagmit.
stale (*stej'l*) *rz.* uryna bydlęca; ~, *pm.* zwietrzały; czerstwy; przestarzały; ~, *cz.* lać urynę (o bydle); **-mate** *rz.* pat (w szachach); **-ness** (*-nəs*) *rz.* zwietrzałość, przestarzałość, stęchłość.
stalk (*stō'k*) *rz.* łodyga; badyl; stąpanie; kroczenie; ~, *cz.* stąpać; kroczyć pysznie; skradać się; **-ing-horse** *rz.* pokrywka, pozór.
stall (*stō'l*) *rz.* stajnia; przegroda (w stajni); kram, buda; stragan; stala (w kościele); ~, *cz.* postawić w stajni; **-age** (*-edž*) *rz.* prawo trzymania straganu.
stallion (*stæ'ljən*) *rz.* ogier.
stalwart (*stō'lwət*) *pm.* dzielny, mężny, odważny; silny.
stam-en (*stej'mən*) *rz.* *lmn.* **stamens** (*stej'mənz*) pręcik (rośliny) z pylnikiem; *lmn.* **stamina** (*stæ'minə*) nitki pręcikowe (*lot.*); siła życiowa; żywotność, wytrwałość; **-inal, -ineal** (*stæ'minel*) *pm.* pręcikowy (*bot.*); żywotny; **-ineous** (*stæmi'niəs*) *pm.* pręcikowy; włóknisty; mający nitki pylnikowe.
stammer (*stæ'mə*) *rz.* jąkanie się; ~, *cz.* jąkać się; wyjąkać; **-er** (*-rə*) *rz.* jąkała.
stamp (*stæ'mp*) *rz.* znaczek (pocztowy); stempel; pieczęć; odbitka; odcisk; piętno; rodzaj, gatunek; ~, *cz.* zgnieść, sproszkować; pieczętować; ostemplować; tupnąć; **-er** (*-ə*) *rz.* pieczętujący; sztanca; tłuczek; **ing-mill** *rz.* tłuczka.
stampede (*stæmpī'd*) *rz.* popłoch; ~, *cz.* uciekać w popłochu.
stanch (*stō'ncz, stā'ncz*) *cz.* zatamować upływ krwi; patrz **staunch.**
stanchion (*stæ'nszen*) *rz.* stojak, podpora, pieniek; ~, *cz.* przegrodzić.
stand (*stæ'nd*) *rz.* stanowisko; postój; stolik; podstawa; półka; stojak; trybuna; come to a ~, zatrzymać się; bring to a ~, zatrzymać; make a ~ (against), stawiać opór (komuś); *~, *cz.* stanąć, stać; zatrzymać się; znosić; płacić, zafundować; stać przy czem, obstawać; wytrwać; wytrzymać; stawić czoło; znajdywać się; przedstawiać się; odpowiadać za co; it -s to reason, to jest zrozumiałe; ~ by, stać obok; ~ back, cofnąć się; ~ good, obowiązywać, odnosić się; ~ up for, ujmować się za kimś; ~ up to, stawić czoło; ~ trial, wytrzymać próbę, wyjść zwycięsko z próby; ~ on end, najeżyć się, stać dębem; ~ for, zastępować, znaczyć; ~ fair for, mieć nadzieję; ~ in, kosztować; **-offish** *pm.* zimny, oziębły; come to a ~**-still** zatrzymać się.
standard (*stæ'ndəd*) *rz.* sztandar; poziom; wzór; parytet; stopa; drzewo rozrosłe; wskazówka; **-bearer** *rz.* chorąży; **-ize** (*-ajz*) *cz.* regulować; standardyzować.
standing (*stæ'ndiŋ*) *rz.* miejsce stojące; pozycja; reputacja; stanie; trwanie; trwałość; urząd; godność; of long ~, oddawna istniejący; ~, *pm.* stały; obowiązujący; ~ army, armja stała; ~-corn, zboże na pniu.
standish (*stæ'ndisz*) *rz.* (przest.) kałamarz.
standpoint (*stæ'ndpojnt*) *rz.* punkt widzenia; stanowisko.
stanhope (*stæ'nhoup*) *rz.* powozik.
stank (*stæ'ŋk*) *cz.* od **stink.**

stann-ary (*stæ'nəri*) *rz.* kopalnia cyny; **-ic** (*stæ'nik*) *pm.* cynowy; **-um** (*stæ'nəm*) *rz.* (*chem.*) cyna.
stanza (*stæ'nzə*) *rz.* strofa.
staple (*staj'pɛl*) *rz.* główny przedmiot (handlu); surowiec; gatunek wzorowy (towarów); skobel, klamra żelazna; ~, *cz.* sortować, gatunkować.
star (*stā'*) *rz.* gwiazda; odsyłacz; strzałka na łbie końskim; **-s and stripes, -(be)spangled, -bestudded banner,** chorągiew (gwiaździsta) Stanów Zjedn.; **-fish** *rz.* gwiazda morska; **-less** *pm.* bezgwiezdny; **-light** *rz.* światło gwiazd; **-lit** *pm.* gwiaździsty; shooting ~, gwiazda spadająca; **-wort** (*bot.*) gwiazdownica.
starboard (*stā'bōd*) *rz.* ~ side, prawa strona (okrętu).
starch (*stā'cz*) *rz.* krochmal; (*fig.*) sztywność; ~, *cz.* krochmalić; nakrochmalić; **-ed** (*-t*) *pm.* nakrochmalony, sztywny; **-iness, -ness** *rz.* sztywność; wymuszenie; **-y** (*-i*) *pm.* nakrochmalony, krochmalny; sztywny.
star-e (*stē'ə*) *rz.* zagapienie (się), wlepiony wzrok; ~, *cz.* wpatrywać się, wlepić wzrok; gapić się; **-ing** *pm.* zagapiony; rażący.
stark (*stā'k*) *pm.* sztywny, twardy; zupełny; mocny; **-blind** *pm.* ślepiuteńki; **-naked** *pm.* golusieńki.
starling (*stā'liṅ*) *rz.* szpak (*orn.*).
start (*stā't*) *rz.* wyruszenie; początek; ruch naprzód; spłoszenie; przewaga; szarpnięcie; start; wstrząśnienie; dreszcz; by fits and **-s,** dorywczo; ~, *cz.* zacząć; wyruszyć; ruszyć naprzód; spłoszyć; napocząć; startować; wzdrygnąć się.
startle (*stā'tɛl*) *cz.* spłoszyć, przestraszyć, zadziwić, wstrząsnąć.
starv-ation (*stāwej'szɛn*), **-ing** (*stā'wiṅ*) *rz.* głód; wygłodzenie; **-e** (*stā'w*) *cz.* głodować; skazać na głód; morzyć głodem; przymierać (umrzeć) z głodu; **-eling** (*stā'wliṅ*) *rz.* głodomór.
state (*stej't*) *rz.* stan; ranga; pozycja; godność; powaga; (*polit.*) państwo; kraj; Secretary of ~, (w Anglji) minister, (w Ameryce) minister spraw wewnętrznych; ~ **affairs,** sprawy państwowe; ~, *cz.* oznajmić; oświadczyć, wyłuszczyć; stanowić; **-ment** (*-mənt*) *rz.* oznajmienie, oświadczenie; twierdzenie; **-sman** (*-smən*) *rz.* mąż stanu; **-smanship** *rz.* zmysł polityczny.
state-liness (*stej'tlinəs*) *rz.* wspaniałość, okazałość; wyniosłość; **-ly** (*-li*) *pm.* wspaniały, okazały; wyniosły.
static(al) (*stæ'tik-ɛl*) *pm.* statyczny; **-s** (*-s*) *rz. lmn.* statyka.
station (*stej'szɛn*) *rz.* dworzec; stacja, pozycja, stanowisko; urząd; stan; ~, *cz.* stawić, postawić na stanowisku (żołnierza i t. p.); stacjonować; **-ary** (*-əri*) *pm.* niezmienny; stały; miejscowy; zatamowany; przytwierdzony; **-master** *rz.* naczelnik stacji.
stationer (*stej'szənə*) *rz.* kupiec towarów piśmiennych; **-ery** (*-əri*) *rz.* skład towarów piśmiennych; materjały piśmienne.
statistic(al) (*stəti'stikɛl*) *pm.* statystyczny; **-s** (*stəti'stiks*) *rz. lmn.* statystyka.
statu-ary (*stæ'tjuəri, stæ'cz-*) *rz.* rzeźbiarz; snycerz; rzeźba; snycerstwo; **-e** (*stæ'tjū*) *rz.* statua; pomnik, posąg; **-ette** (*stætjue't*) *rz.* statuetka, posążek; **-esque** (*stæ'czjuəsk, stæ'tju-*) *pm.* posągowy.
stature (*stæ'czə*) *rz.* wzrost, postawa.
statu-s (*stej'təs*) *rz.* stan; **-table** (*stæ'tjutəbɛl, stæ'czu-*) *pm.* statutowy; **-te** (*stæ'tjūt, -czūt*) *rz.* statut, prawo; kodeks; **-tory** (*-əri*) *pm.* statutowy, ustawowy.
staunch (*stā'ncz, sta'ncz*) *pm.* wierny, mocny, lojalny; dzielny.
stave (*stej'w*) *rz.* klepka; szczebel; zwrotka (psalmu); ~, *cz.* wybić dno; obić klepkami; rozbić; ~ off, odsunąć; uniknąć; **-s** *rz. lmn.* od **staff** i **stave.**
stay (*stej'*) *rz.* przerwa; pobyt; podpórka; wytrzymałość; lina okrętowa; *~, *cz.* zabawić; pozostać; podpierać, podtrzymywać; znosić; zatrzymać; czekać; zatamować; uspokoić; **-lace** *rz.* tasiemka do sznurowania; **-s** *lmn.* gorset; sznurówka; **-sail** (*stej'sejl*) *rz.* sztaksel (*mar.*).

stead (*ste'd*) *rz.* miejsce; pożytek; **-fast** (*-fəst*) *pm.* trwały; mocny; pewny; **-iness** (*-inəs*) *rz.* stałość, pewność; stateczność; **-y** (*ste'di*) *pm.* stały, trwały, zrównoważony, równy; miarowy; regularny; niezmienny, niezłomny; **-y** *cz.* ustalić, wyrównać; zrównoważyć; umocnić; **-y!** *w.* spokojnie! zachowaj zimną krew!

steak (*stej'k*) *rz.* zraz mięsa; befsztyk.

steal* (*stī'l*) *cz.* kraść, ukraść; porwać; wymknąć się; zakradać się; skradać się; ~ a glance; spojrzeć ukradkiem; **-er** (*-ə*) *rz.* złodziej; **-ingly** (*-ŋli*) *ps.* ukradkiem, w tajemnicy, cichaczem; **-th** (*ste'lþ*) *rz.* kradzież; by ~, ukradkiem; **-thiness** (*-inəs*) *rz.* tajemnica; **-y** (*-i*) *pm.* ukradkowy; tajemny; skryty.

steam (*stī'm*) *rz.* para; get up the ~, (*fig.*) zebrać siły; put the ~ on, puścić parę; ~, *cz.* prażyć; parować, unosić się parą; **-bath** *rz.* kąpiel parowa; **-er** (*-ə*) **-ship** *rz.* parowiec; **-boiler** *rz.* kocioł parowy; **-hammer** *rz.* młot parowy; **-mill** *rz.* młyn parowy; **-packet** *rz.* parowiec (pocztowy); **-power** *rz.* siła pary; **-tug** *rz.* holownik; **-valve** *rz.* klapa do wypuszczania pary; **-y** (*-i*) *pm.* parowy.

stearine (*stī'ərin*) *rz.* stearyna.

steatite (*stī'ətajt*) *rz.* steatyt, słoniniec (kamień).

steed (*stī'd*) *rz.* rumak.

steel (*stī'l*) *rz.* stal; tęgość; ~, *cz.* hartować; ~ engraving, staloryt; **-y** (*-i*) *pm.* stalowy; zahartowany; **-yard** (*-jād*) *rz.* bezmian (waga).

steening (*stī'niŋ*) *rz.* ocembrowanie.

steep (*stīp*) *cz.* zamoczyć; moczyć; naparzać.

steep (*stī'p*) *rz.* urwisko, przepaść; ~, *pm.* stromy; urwisty; **-ness** (*-nəs*) *rz.* stromość, urwistość; przepaścistość; **-y** (*-i*) *pm.* stromy, urwisty.

steeple (*stī'pɛl*) *rz.* dzwonnica; wieża kościelna; **-chase** (*stī'pɛlczejs*) *rz.* wyścigi z przeszkodami.

steer (*stī'ə*) *rz.* wół; wałach.

steer (*stī'ə*) *rz.* ster; ~, *cz.* sterować; rządzić; **-age** (*-ɛdż*) *rz.* sterowanie; tył okrętu; **-sman, -smate** *rz.* sternik

steeve (*stī'w*) *rz.* dźwig do ładowania okrętu; ~, *cz.* ładować statek.

stell-ar, -ary (*stə'lə, -ri*) *pm.* gwiaździsty, gwiezdny; **-iferous** (*steli'fərəs*), **-ular** (*ste'ljulə*) *pm.* gwiaździsty.

stem (*ste'm*) *rz.* pień, łodyga, gałąź, szypułka; cybuch; przód okrętu; pierwiastek wyrazu; ród; ~, *cz.* tamować, zatrzymać; płynąć pod wodę; opierać się; **-winder** *rz.* zegarek do nakręcania gałką (nie kluczykiem).

stench (*ste'ncz*) *rz.* smród; fetor.

stencil (*ste'nsil*) *rz.* patron (do drukowania); matryca (do powielania).

stenograph (*ste'nəgrāf*) *rz.* stenogram; **-er, -ist** (*stəno'grəfə, -fist*) *rz.* stenograf, -fistka; **-y** (*stəno'grəfi*) *rz.* stenografja. [rowy.

stentorian (*stento'rjən*) *pm.* stentorowy.

step (*stə'p*) *rz.* krok; schód; szczebel; stąpienie; ~ by ~, stopniowo; keep ~ with, dotrzymać kroku; ~, *cz.* kroczyć; chodzić, iść; stąpać.

step-brother (*stə'pbrăðə*) *rz.* brat przyrodni; **-child** *rz.* pasierb, -ica; **-daughter** *rz.* pasierbica; **-father** *rz.* ojczym; **-mother** *rz.* macocha; **-motherly** *pm.* macoszy; **-sister** *rz.* siostra przyrodnia; **-son** *rz.* pasierb.

stercoraceous (*stəkorej'szəs*) *pm.* kałowy.

stereo-graphy (*sterɛo'grəfi*) *rz* stereografja; **-scope** (*ste'rɛoskoup*) *rz.* stereoskop; **-type** (*ste'rɛotajp*) *rz.* stereotyp; ~, *cz.* odlewać, odbijać, stereotypować.

steril-e (*ste'ril, -rajl*) *pm.* bezpłodny, jałowy; **-ity** (*steri'liti*) *rz.* jałowość; niepłodność; **-ize** (*ste'rilajz*) *cz.* sterylizować.

sterling (*stə'liŋ*) *pm* pełnowartościowy, czysty, prawdziwy; ~, *rz.* pound ~, funt szterling.

stern (*stə'n*) *pm.* surowy; ostry; srogi; **-ness** (*-nəs*) *rz.* surowość, ostrość, srogość.

stern (*stə̄'n*) *rz.* tył okrętu; rufa; **-chase** *rz.* pościg okrętu; **-post** *rz.* belka do przymocowania steru; **-way** *rz.* ruch okrętu wtył.
sternum (*stə̄'nəm*) *rz.* mostek (*anat.*).
sternutation (*stənjutej'szɛn*) *rz.* kichanie.
stertorous (*stə̄'torəs*) *pm.* chrapiący, chrapliwy.
stethoscope (*stə'θəskoup*) *rz.* stetoskop, słuchawka.
stevedore (*stī'wɛdōə*) *rz.* ładownik okrętowy.
stew (*stjū'*) *rz.* duszone mięso; ~, *rz.* sadzawka; ~, *cz.* dusić (mięso); **-pan** *rz.* rynka.
steward (*stjū'əd*) *rz.* rządca, ekonom; kelner okrętowy; marszałek dworu; **-ess** *rz.* kelnerka okrętowa.
stick (*sti'k*) *rz.* kij, laska, pręt; ~, *cz.* wetknąć; przebić, przeszyć; wsunąć; nakłuwać; przylepić (się); trwać przy; wytrzymać; (przy)lgnąć; tkwić; uwięznąć; ugrząść; ~ up for, wziąć w obronę, walczyć o; meat that ~s to the stomach, potrawa niestrawna; **-iness** (*-inəs*) *rz.* lepkość; **-ing-plaster** *rz.* lepki plaster; **-y** (*-i*) *pm.* lepki; lgnący.
stickleback (*sti'kɛlbæk*) *rz.* jazica (ryba).
stickler (*sti'klə*) *rz.* stronnik, zwolennik; pedant.
stiff (*sti'f*) *pm.* sztywny; stężały; naprężony; zdrętwiały; skostniały; ostry, mocny; tęgi; **-en** (*sti'fɛn*) *cz.* sztywnieć; tężeć; zdrętwieć; skostnieć; **-ness** (*-nəs*) *rz.* sztywność; zdrętwiałość; nieugiętość.
stifle (*staj'fɛl*) *rz.* kolano tylnej nogi konia, psa; ~, *cz.* dusić; zgasić; tłumić.
stigma (*sti'gmə*) *rz.* (*lmn.* **-s** i **stigmata**) stygmat; piętno, plama; hańba; **-tic(al)** (*stigmæ'tik-ɛl*) *pm.* stygmatyczny; **-tize** (*-tajz*) *cz.* piętnować; nacechować.
stile (*staj'l*) *rz.* przełaz.
stiletto (*stile'tou*) *rz.* sztylet.
still (*sti'l*) *rz.* alembik; ~, *pm.* cichy, nieruchomy, spokojny; ~, *ps.* ciągle, wciąż, jeszcze; jednak, wszelako; atoli; cicho; spokojnie; ~, *cz.* uciszyć, uspokoić; dystylować; **-born** *pm.* martwo urodzony; **-ness** (*-nəs*) *rz.* spokój; cisza; **-room** *rz.* dystylarnia.
stilt (*sti'lt*) *rz.* szczudło; **-ed** (*-ɛd*) *pm.* na szczudłach; pyszny; bombastyczny.
stimul-ant (*sti'mjulənt*) *rz.* bodziec; środek pobudzający; ~, *pm.* pobudzający; **-ate** (*-lejt*) *cz.* pobudzać, podniecać; ożywiać; **-ation** (*-ej'szɛn*) *rz.* podniecenie, pobudzanie; bodziec; **-ative** (*-lətiw*) *pm.* podniecający; **-us** (*-ləs*) *rz.* podnieta, bodziec.
sting (*sti'ŋ*) *rz.* żądło, (u)kłucie; sparzenie (pokrzywą); ukąszenie; ~, *cz.* ukłuć (żądłem); zranić; sparzyć pokrzywą; dogryzać; **-er** (*sti'ŋə*) *rz.* owad kłujący, roślina parząca; **-less** (*-ləs*) *pm.* bez żądła.
stingy (*st'indżi*) *pm.* skąpy, sknerski.
stink (*sti'ŋk*) *rz.* smród; fetor; *~, *cz.* śmierdzieć, cuchnąć; **-ard** (*-əd*), **-er** (*-ə*) *rz.* śmierdziel.
stint (*sti'nt*) *rz.* ograniczenie; poskąpienie; ~, *cz.* ograniczać, skąpić.
stipe (*staj'p*) *rz.* noga (grzyba).
stipend (*staj'pend*) *rz.* wynagrodzenie, zapłata; **-iary** (*stajpe'ndjəri*) *pm.* opłacany, płatny.
stipple (*sti'pɛl*) *cz.* kropkować.
stipula-te (*sti'pjulejt*) *cz.* zastrzegać sobie; wymagać; warować; **-tion** (*stipjulej'szɛn*) *rz.* układ, klauzula, zastrzeżenie; warunek kontraktu.
stipule (*sti'pjūl*) *rz.* listek u nasady szypułki.
stir (*stə̄'*) *rz.* poruszenie, ruch, sensacja; ~, *cz.* poruszać (się); mącić; pobudzać, agitować; wzburzyć; podniecić; krzątać się; mieszać, bełtać.
stirps (*stə̄'ps*) *rz.* przodek.
stirrup (*sti'rəp*) *rz.* strzemię; **-cup** *rz.* strzemienne.
stitch (*sti'cz*) *rz.* kłucie; ścieg, szew; ~, *cz.* szyć, robić ściegi.
stithy (*sti'ði*) *rz.* kuźnia (przest.).
stoat (*stou't*) *rz.* gronostaj; ~, *cz.* zacerować.

stock (*sto'k*) *rz.* pień; rączka, obsada (hebla i t. p.); ród; plemię; skład; zapas; zasób; inwentarz; kapitał zakładowy, akcyjny; *lmn.* dyby; take in a ~, robić zapas; take ~, spisywać inwentarz; ~ in hand, rozporządzalne zapasy; live ~, inwentarz żywy; Government ~, pożyczki rządowe; a laughing ~, pośmiewisko; ~, *cz.* gromadzić; zrobić zapas; trzymać na składzie; wsadzić w dyby; **-broker** *rz.* makler giełdowy; **-company** *rz.* towarzystwo akcyjne; **-exchange** *rz.* giełda; **-fish** *rz.* sztokfisz; **-gilliflower** *rz.* (*bot.*) lewkonja; **-holder** *rz.* akcjonarjusz; **-in-trade,** zapas (*lit.* i *fig.*); **-jobber** *rz.* spekulant giełdowy; **-market** *rz.* giełda papierów wartościowych; **-still** *pm.* nieruchomy; **-taking** *rz.* inwentura; **-y** (*-i*) *pm.* pieńkowaty; **-yard** *rz.* zagroda na bydło.

stockade (*stokej'd*) *rz.* palisada, opalowanie.

stocking (*sto'kiŋ*) *rz.* pończocha; elastic ~, pończocha gumowa; **~frame** *rz.* maszyna do robienia pończoch.

stodgy (*sto'dżi*) *pm.* ciężki, niestrawny.

stoic (*sto'ik*) *rz.* stoik; **-(al)** *pm.* stoicki; **-ism** (*sto'isizεm*) *rz.* stoicyzm.

stoke (*stou'k*) *cz.* palić (w lokomotywie i t. p.); **-r** (*-ə*) *rz.* palacz.

stole (*stou'l*) *rz.* stuła.

stole, -n (*stou'l*) *cz.* od **steal.**

stolid (*sto'lid*) *pm.* nieczuły, zimny, flegmatyczny, tępy; **-ity** (*stoli'diti*) *rz.* flegma, nieczułość.

stomach (*stă'mək*) *rz.* żołądek; apetyt; usposobienie; ~, *cz.* jeść; znosić; **-er** (*-ə*) *rz.* gorset, stanik; **-ic(al)** (*stomæ'kik-εl*) *pm.* żołądkowy; **-ic** *rz.* lekarstwo na żołądek.

stone (*stou'n*) *rz.* kamień; (*bot.*) pestka; kamień jako miara wagi = 14 funtów ang.; ~, *pm.* kamienny; ~, *cz.* ukamienować; dryłować (owoce); **-blind** *pm.* zupełnie ślepy; **-break** *rz.* ciemiężyk (*bot.*); **-coal** *rz.* węgiel kamienny; **-deaf** *pm.* głuchy jak pień; **-fern** *rz.* paprotnik; **-fruit** *rz.* pestkowiec; **-horse** *rz.* ogier, koń rozpłodowy; **-mason** *rz.* kamieniarz; **-quarry, -pit** *rz.* kamieniołom; **-pitch** *rz.* twarda smoła; **-work** *rz.* murowanie, mur, podmurówka.

stony (*stou'ni*) *pm.* kamienny, skamieniały, kamienisty; **-broke** (gwar.) spłókany, bez grosza.

stood (*stu'd*) *cz.* od **stand.**

stool (*stū'l*) *rz.* stołek; stolec; taburet; ~ pigeon, gołąb przywiązany na przynętę.

stoop (*stū'p*) *rz.* przygarbienie; ~, *cz.* schylać się, zgarbić się; zniżyć się do; porywać.

stop (*sto'p*) *rz.* zatrzymanie (się); pauza; koniec; przeszkoda; kropka; przestanek; pedal; ~ *cz.* zatrzymać (się); przestać; zatamować; zatkać; zamknąć; zapchać; przeszkodzić; zawadzać; **-cock** *rz.* kurek; kran; **-gap** *rz.* zatykadło; tampon; chwilowe wyjście z sytuacji; tymczasowa wyręka; **-page** (*sto'pedż*) *rz.* zatamowanie; zatrzymanie (się); zatkanie; przerwa; zawieszenie; **-per** (*-ə*) *rz.* kurek, zatyczka, korek, szpunt; **-ple** (*sto'pεl*) *rz.* zatykadło, czopek; zatyczka; korek, szpunt; ~, *cz.* zatkać; **-watch** *rz.* stoper.

storage (*stō'rεdż*) *rz.* skład; **-battery** *rz.* baterja elektryczna.

store (*stō'ə*) *rz.* zapas, skład; dostatek; obfitość; magazyn; in ~, przeznaczony; set ~ by, cenić; przywiązywać wagę do; ~, *cz.* gromadzić; magazynować; napełnić; zaopatrzyć (się); **-house** *rz.* skład; **-keeper** *rz.* kupiec; **-room** *rz.* skład.

stor-ey, -y (*sto'ri*) *rz.* piętro; **-ied** (*stō'rid*) *pm.* piętrowy, o x piętrach; ~, *pm.* słynny.

stork (*stō'k*) *rz.* bocian; **-s-bill** *rz.* pelargonja, geranjum.

storm (*stō'm*) *rz.* burza, nawałnica; szturm; ~, *cz.* szturmować, brać szturmem; (o burzy) szaleć; huczeć; (o człowieku) robić hałas, awanturować się, pieklić się; **-y** (*-i*) *pm.* burzliwy; gwałtowny.

story (*stō'ri*) *rz.* opowieść; historja; opowiadanie; powiast-

ka; pogłoska; idle ~, bajka; ~, *rz.* piętro; **-teller** *rz.* gawędziarz.
stoup (*stū'p*) *rz.* kropielnica; dzban.
stout (*stau't*) *pm.* dzielny, śmiały, mężny; wytrwały; mocny; krzepki; gruby; ~, *rz.* porter, piwo ciemne; **-ness** (*-nəs*) *rz.* dzielność, wytrwałość, męstwo, krzepkość; tęgość; tusza.
stove (*stou'w*) *rz.* piec; cieplarnia; ~, *cz.* od **stave.**
stow (*stou'*) *rz.* pakować (towary); ładować; wetknąć; **-ag** (*stou'edż*) *rz.* pakowanie; **-away** (*stou'əuej*) *rz.* pasażer jadący na gapę.
strabismus (*stræbi'zməs*) *rz.* strabizm, zezowanie.
straddle (*stræ'dεl*) *rz.* siąść (siedzieć) okrakiem; dosiąść konia; rozkraczyć nogi.
strafe (*strā'f*) *cz.* (gwar.) bombardować; dokuczać.
straggle (*stræ'gεl*) *cz.* rozchodzić się; być porozrzucanym; odłączyć się; chodzić samopas; **-r** (*-ə*) *rz.* zbłąkany; (*mil.*) włóczęga, maruder.
straight (*strej't*) *pm.* prosty, wyprostowany; prawy, sprawiedliwy, bezpośredni; ~, *ps.* wprost (przed siebie); natychmiast; **-en** (*-n*) *cz.* wyprostować; prostować; **-forward** *pm.* prostolinijny, uczciwy; prawy; **-ness** (*-nəs*) *rz.* prostość, bezpośredniość; prawość; ciasnota; ~ **off** *ps.* bez namysłu, odrazu; **-way(s)** *ps.* natychmiast, zaraz, w te pędy.
strain (*strej'n*) *rz.* naprężenie; wysiłek; skłonność; rasa; wyrażenie; melodja; ~, *cz.* naprężyć; przemęczyć; zwichnąć; wyciskać, cedzić; natężyć; przesadzić; wysilać się; ~ **ed relations,** naprężone stosunki; **-er** (*-ə*) *rz.* sito; cedzidło.
strait (*strej't*) *rz.* przesmyk; cieśnina; kłopoty pieniężne; trudne położenie; ~, *pm.* wąski, ciasny; ograniczony; skrupulatny; trudny; dokładny; **-jacket, -waistcoat** kaftan bezpieczeństwa; **-en** (*-n*) *cz.* zwęzić; ograniczyć; zakłopotać; **-ness** (*-nəs*) *rz.* wąskość, ciasnota; kłopot.
stramineous (*strəmi'niəs*) *pm.* słomiany (przest.).
strand (*stæ'nd*) *rz.* pasmo liny; brzeg; ~, *cz.* osiąść na mieliźnie (*lit.* & *fig.*); rozbić się.
strange (*strej'ndż*) *pm.* obcy; niezwykły; dziwny; osobliwy; **-ness** (*-nəs*) *rz.* dziwaczność; osobliwość; nowość; **-r** (*-ə*) *rz.* człowiek obcy; obcokrajowiec; be a ~ to a thing, nie znać; nie znać się na czemś.
strangle (*stræ'ŋgεl*) *cz.* dusić (się); zdławić; stłumić; **-hold** *rz.* (*fig.*) szpony; chwyt; **-s** (*-z*) *rz. lmn.* zołzy.
strangulation (*stræŋgjulej'szεn*) *rz.* duszenie, dławienie.
strangury (*stræ'ŋgjuri*) *rz.* zwężenie cewki moczowej.
strap (*stræ'p*) *rz.* rzemień, pas; pasek; naramiennik; ~, *cz.* bić paskiem; ostrzyć brzytwę na pasku; przytroczyć; **-pado** (*strəpej'dou*) *rz.* chłosta.
strat-agem (*stræ'tədżəm*) *rz.* podstęp; fortel, podejście; **-egic** (*strətε'dżik*) *pm.* strategiczny; **-egy** (*stræ'tədżi*) *rz.* strategja.
strat-ification (*strætifikej'szεn*) *rz.* uwarstwowienie; **-ify** (*stræ'tifaj*) *cz.* układać warstwami; **-um** (*strəj'təm*) *rz. lmn.* **strata** (*strej'tə*) warstwa.
straw (*strō'*) *rz.* słoma; **-bed** *rz.* siennik; **-berry** *rz.* truskawka; poziomka; **-cutter** *rz.* sieczkarnia; **-y** (*-i*) *pm.* słomiany.
stray (*strej'*) *rz.* zabłąkane bydło; ~, *pm.* zbłąkany, przypadkowy; błędny; ~, *cz.* zabłądzić; wędrować; błąkać się.
streak (*strī'k*) *rz.* pręga, smuga; pasek; ~, *cz.* robić pasma, pręgi, smugi; **-y** (*-i*) *pm.* prążkowany; w pasy.
stream (*strī'm*) *rz.* potok, strumień; bieg wypadków; nurt wody; ~, *cz.* płynąć; unosić się w powietrzu; **-er** (*-ə*) *rz.* chorągiewka; **-let** (*-let*) *rz.* strumyk; **-y** (*-i*) *pm.* spływający; potoczysty.
street (*strī't*) *rz.* ulica; the man in the ~, przeciętny człowiek, zwykły śmiertelnik; **-door** *rz.* drzwi frontowe; **-walker** *rz.* ulicznica, prostytutka.

strength (*stre'nþ*) *rz.* siła, moc; **-en** (*-n*) *cz.* wzmocnić (się); pokrzepić; zasilić.
strenuous (*stre'njuəs*) *pm.* wytężony, wytrwały; **-ness** (*-nəs*) *rz.* wytężenie; zapał; wytrwałość.
stress (*stre's*) *rz.* nacisk; dobitność, dosadność; naleganie; akcent; lay ~ upon, kłaść nacisk na, podkreślać; **-ed** *pm.* akcentowany.
stretch (*stre'cz*) *rz.* przestrzeń; pas; ciąg; wyciągnięcie; at a ~, bez przerwy, jednym ciągiem; ~, *cz.* rozciągać (się); wyciągać; rozpostrzec; rozłożyć; wyprężyć; wysilić się; **-er** (*-ə*) *rz.* rozciągacz; **-ers** (*-əz*) *rz. lmn.* mary; nosze; podnóżek (*wiośl.*).
strew* (*strū'*) *cz.* rozrzucać, rozsiewać; usłać.
stria (*straj'ə*) *rz.* żłobek; prążek, pasemko; **-te, -ted** (*striej't-əd*) *pm.* prążkowany.
stricken (*stri'kεn*) *cz.* od **strike**; rażony; dotknięty; well ~ in age, podeszły w latach.
strickle (*stri'kεl*) *rz.* strychulec.
strict (*stri'kt*) *pm.* ścisły, dokładny, akuratny; surowy; naprężony; **-ness** (*-nəs*) *rz.* ścisłość, dokładność; akuratność; surowość; naprężenie; **-ure** (*stri'kczə*) *rz.* krytyka.
stride (*straj'd*) *rz.* posuwisty krok; *~, *cz.* posuwać się; przekroczyć; chodzić wielkiemi krokami.
strid-ent (*straj'dənt*) *pm.* przeraźliwy, piskliwy; **-ulant** (*stri'djulənt*) *pm.* skrzypiący; piskliwy.
strife (*straj'f*) *rz.* walka, zapasy.
strik-e (*straj'k*) *rz.* strychulec; strajk; *~, *cz.* uderzyć (się) o; wpaść na; trafić; bić (monetę); wbijać; bić (o zegarze); odbić; spuścić (chorągiew); skreślić; strajkować; dobić (targu); krzesać; zawrzeć; brzmieć; rozlegać się; ~ in with, stanąć po czyjejś stronie; zastosować się do; ~ off, odciąć, odrąbać; ~ out, wykreślić; ~ a balance, saldować; ~ root, zapuścić korzenie; **-ing** *pm.* uderzający; zadziwiający.
string (*stri'η*) *rz.* sznurek, sznur (*np.* pe eł); struna (instrumentu, serca); włókno; cięciwa; żyłka; pasmo, szereg; *~, *cz.* nawlec na sznurek; powiązać; nastroić do czegoś; naprężyć; wzmocnić; **-ed-instrument**, instrument strunny; **-halt** *rz.* (choroba końska) drżączka nóg; **-y** (*stri'ηi*) *pm.* włóknisty, żylasty; lepki.
stringen-cy (*stri'ndżənsi*) *rz.* surowość; ciasnota pieniężna, brak pieniędzy; **-t** (*-ənt*) *pm.* ostry, surowy; (*fin.*) ciasny, ubogi, wyczerpany.
strip (*stri'p*) *rz.* pasek; szlak; ~, *cz.* obnażyć; obedrzeć; rozbierać (się); wyzuć z czego, obrać z (łupiny); zrabować.
stripe (*straj'p*) *rz.* pas, pręga; (*mil.*) lampas; szarża; **-d** (*-t*) *pm.* w paski; prążkowany.
stripling (*stri'pliη*) *rz.* młodzieniec, wyrostek.
strive* (*straj'w*) *cz.* usiłować, starać się; walczyć; ubiegać się; **-n** (*stri'wεn*) *cz.* od **strive.**
strobile (*stro'bil*) *rz.* szyszka.
strode (*strou'd*) *cz.* od **stride.**
stroke (*strou'k*) *rz.* uderzenie, raz; przystęp, napad; porażenie; pociągnięcie; ~, *cz.* gładzić; głaskać; **-sman** *rz.* szlakowy, wioślarz.
stroll (*strou'l*) *rz.* przechadzka, spacer; ~, *cz.* przechadzać się; spacerować.
strong (*stro'η*) *pm.* mocny, silny; dosadny; (*gram.*) nieprawidłowy; ~ drink, napój alkoholowy; ~ cheese, ostry ser; ~ measures, środki drastyczne; **-box** *rz.* kasa; **-hold** *rz.* twierdza; warownia.
strop (*stro'p*) *rz.* pasek; rzemień; ~, *cz.* ostrzyć na pasku.
strophe (*strou'fi*) *rz.* strofa.
strove (*strou'w*) *cz.* od **strive.**
struck (*stră'k*) *cz.* od **strike.**
structur-al (*stră'kczərεl*) *pm.* budowlany; strukturalny; **-e** (*stră'kczə*) *rz.* budowa; układ.
struggle (*stră'gεl*) *rz.* walka, bój; usiłowania; zapasy; ~, *cz.* walczyć; usiłować; szamotać się; borykać się.
strum (*stră'm*) *cz.* brzdąkać.

strum-a (*strū'mə*) *rz.* (*med.*) wole, struma; **-ose, -ous** (*strū'məs*) *pm.* wolaty.
strumpet (*strä'mpet*) *rz.* prostytutka.
strung (*strä'ŋ*) *cz.* od **string.**
strut (*strä't*), **-ing** (*-iŋ*) *rz.* (pyszny) chód; ~, *cz.* kroczyć, stąpać; pysznić się.
strychni-a, -n(e) (*stri'kniə, -nin*) *rz.* strychnina.
stub (*stä'b*) *rz.* pień, kloc; koniec (ołówka i t. p.); ogarek; talon (książeczki czekowej); gatunek gwoździ; ~, *cz.* karczować; **-by** *pm.* krótki; krępy; ścięty.
stubble (*stä'bel*) *rz.* ścierń; **-field** *rz.* ściernisko, rżysko.
stubborn (*stä'bən*) *pm.* uparty, uporczywy, nieugięty; zacięty; **-ness** (*-nəs*) *rz.* uporczywość, nieugiętość; upór; zaciętość.
stucco (*stä'kou*) *rz.* stiuk, sztukaterja.
stuck (*stä'k*) *cz.* od **stick**; **~-up** *pm.* nadęty; (*fig.*) zarozumiały.
stud (*stä'd*) *rz.* stadnina; ~, *rz.* spinka; ćwiek; wystająca belka; ~, *cz.* podpierać; wysadzić, nabijać (gwoździami lub ozdobami); **-book** *rz.* książka hodowlana koni; **-ding sail** (*stä'nsel*) *rz.* żagiel dodatkowy; **-horse** *rz.* koń rozpłodowy.
stud-ent (*stjū'dent*) *rz.* akademik, słuchacz, student; badacz; **-ied** (*stä'did*) *pm.* wystudjowany, zbadany; umyślny; wyszukany; **-io** (*stū'diou*) *rz.* pracownia (artysty); **-ious** (*stjū'djəs*) *pm.* pilny, uważny; **-iousness** (*-nəs*) *rz.* pilność; **-y** (*stä'di*) *rz.* nauka; praca badawcza; studjowanie; usiłowanie; studjum; przedmiot badań; gabinet; pracownia; ~, *cz.* studjować, rozmyślać; badać; przypatrywać się, rozpatrywać (badawczo); zastanawiać się.
stuff (*stä'f*) *rz.* materja(ł); tkanina; bzdura; głupstwo; household ~ sprzęty; food ~s, żywność; doctor's ~, lekarstwo; good ~, coś dobrego; bad ~, coś bezwartościowego; he has good ~, in him, on ma zalety; ~, *cz.* wypychać; faszerować; nadziać; zatkać; **-ing** *rz.* nadzienie; faszerowanie, nadziewka.
stuff-iness (*stä'finəs*) *rz.* zaduch; **-y** (*-i*) *pm.* duszny; zły; ciężki (o powietrzu).
stultify (*stä'ltifaj*) *cz.* zneutralizować; ośmieszyć.
stum (*stä'm*) *rz.* moszcz winny.
stumble (*stä'mbel*) *rz.* potknięcie się, omyłka; usterka; ~, *cz.* potknąć się; natknąć się na; utknąć; **-block, -stone** *rz.* kamień obrazy; zawada, przeszkoda.
stump (*stä'mp*) *rz.* resztka; pień; kikut; ogarek; ~, *cz.* chodzić sztywno; chromać, utykać; (w krikiecie i *fig.*) wytrącić z gry; **-y** (*-i*) *pm* krępy.
stun (*stä'n*) *cz.* ogłuszyć, oszołomić.
stung (*stä'ŋ*) *cz.* od **sting.**
stunk (*stä'ŋk*) *cz.* od **stink.**
stunt (*stä'nt*) *cz.* zatrzymywać wzrost; ~, *rz.* (gwar.) sztuka, kawał, pomysł.
stupe (*stjū'p*) *rz.* okład (gorący); ~, *cz.* przyłożyć okład.
stupe-faction (*stjūpəfæ'ksæn*) *rz.* ogłupienie, osłupienie; **-factive** (*-tiw*) *pm.* ogłupiający; **-fy** (*stjū'pəfaj*) *cz.* ogłupić, zadziwić, odurzyć.
stupendous (*stjupe'ndəs*) *pm.* zdumiewający, niesłychany, ogromny; okropny.
stupid (*stjū'pid*) *pm.* głupi, niemądry; bezsensowny; **-ity** (*stjupi'diti*) *rz.* głupota.
stupor (*stjū'pə*) *rz.* odrętwienie, osłupienie.
sturd-iness (*stə'dines*) *rz.* siła, krzepkość; **-y** (*-i*) *pm.* krzepki; mocny; dzielny; ~, *rz.* (u owiec) motylica.
sturgeon (*stə'dżen*) *rz.* jesiotr.
stutter (*stä'tə*) *cz.* jąkać się, zacinać się; ~ out, wyjąkać; **-er** (*-rə*) *rz.* jąkała.
sty (*stäj'*) *rz.* chlew.
sty(e) (*staj'*) *rz.* jęczmień na oku.
stygian (*sti'dżiən*) *pm.* stygijski.
styl-e (*staj'l*) *rz.* rylec, grafjon; styl; sposób; gust, dystynkcja; szyk; tytuł; proceder; old ~, kalendarz Juljański, stary styl; in great ~, wspaniale; under the ~ of, pod firmą;

~, *cz.* nazywać, mianować, tytułować; **-ish** (*-isz*) *pm.* stylowy; **-ist** (*-ist*) *rz.* stylista.
stylograph (*staj'logrāf*) *rz.* stylograf.
styptic (*sti'ptik*) *rz.* środek ściągający, tamujący krew.
suable (*sjū'əbɛl*) *pm.* zaskarżalny.
suasion (*suej'żɛn*) *rz.* prze konywanie; moralne oddziaływanie.
suav-e (*suej'w*) *pm.* łagodny, uprzejmy, łaskawy; **-ity** (*suæ'witi*) *rz.* łaskawość, słodycz, łagodność.
sub (*să'b*) przedrostek odpowiadający polskiemu pod-; ~ **rosa** (*săb'rouzə*) w tajemnicy; **-acid** (*-a'sid*) *pm.* kwaskowaty; **-altern** (*să'bəltən*) *rz.* subaltern, podwładny; ~, *pm.* podległy; podwładny; **-aqueous** (*săbej'kuiəs*) *pm.* podwodny; **-clavian** (*səbklæ'wiən*) *pm.* podłopatkowy (*anat.*); **-committee** (*-komi'tī*) *rz.* podkomitet; **-cutaneous** (*-kjūtej'niəs*) *pm.* podskórny; **-divide** (*-diwaj'd*) *cz.* dzielić na dalsze kategorje; **-division** (*-diwi'żɛn*) *rz.* pododdział, poddział; **-duct** (*-dă'kt*) *cz.* odejmować, odprowadzać; **-duction** (*-dă'kszɛn*) *rz.* odprowadzenie, odjęcie; **-due** (*-djū'*) *cz.* podbić, pokonać; opanować; przekonać; przyciszyć; przytłumić; uśmierzyć; **-duer** (*-djū'ə*) *rz.* zwycięzca, pogromca.
suberic (*sjube'rik*) *pm.* korkowy.
sub-jacent (*sădżej'sənt*) *pm.* leżący poniżej; spodni; **-ject** (*să'bdżekt*) *rz.* poddany; (subject-matter) przedmiot, rzecz; (*gram.*) podmiot; ~, *pm.* podległy; wystawiony na; ~, (*săbdże'kt*) *cz.* podbić, ujarzmić; poddać czemu; wystawić (na co); **-jection** (*săbdże'kszɛn*) *rz.* podległość; podbój; **-jective** (*săbdże'ktiw*) *pm.* subjektywny; podmiotowy; **-jectiveness, -jectivity** (*-dże'ktiwnəs, -ti'witi*) *rz.* subjektywność, podległość; **-join** (*săbdżoj'n*) *cz.* dołączać dodatkowo; **-jugate** (*să'bdżəgejt*) *cz.* ujarzmić; **-jugation** (*-ej'szɛn*) *rz.* ujarzmienie; **-junction** (*-dżă'ŋkszɛn*) *rz.* dołączenie, przyłączenie; **-junctive** (*səbdżă'ŋktiw*) *pm.* dołaczający; przyłączony; ~~ **mood** *rz.* (*gram.*) tryb łączący.
sublet (*săble't*) *cz.* podnająć.
sublima-te (*să'blimət*) *pm.* sublimowany; rafinowany; ~, *rz.* sublimat (*chem.*); **-tion** (*-limej'szɛn*) *rz.* sublimowanie, sublimacja.
sublime (*səblaj'm*) *pm.* wzniosły, szczytny, podniosły; górny; ~~, *rz.* górność; wzniosłość, szczytność; ~~, *cz.* oczyszczać, sublimować; wznieść; **-ness, sublimity** (*săblaj'mnəs, -li'miti*) *rz.* wzniosłość, szczytność; górność.
sub-lingual (*săbli'ŋguəl*) *pm.* podjęzyczny; **-lunar(y)** (*-lū'nəri*) *pm.* podksiężycowy.
sub-marine (*săbmərī'n*) *pm.* podmorski; podwodny, ~~, *rz.* łódź podwodna; **-merge** (*-mə̄'dż*), **-merse** (*mə̄'s*) *cz.* zatopić; zalać; zanurzyć (się); **-mergence** (*səbmə̄'dżəns*) *rz.* zanurzenie (się); **-mersed** (*səbmə̄'st*) *pm.* zanurzony; **-mersion** (*səbmə̄'szɛn*) *rz.* zanurzenie, zatopienie, zalew; **-mission** (*səbmi'szɛn*) *rz.* podległość, uległość; **-missive** (*səbmi'siw*) *pm.* uległy, pokorny, podległy; **-missiveness** (*-nəs*) *rz.* uległość, pokorność; **-mit** (*səbmi't*) *cz.* ulec, poddać się; przedłożyć; odwołać się do; znosić; **-multiple** (*săbmă'ltipɛl*) *rz.* liczba podzielna bez reszty.
sub-ordinate (*səbō'dinət*) *pm.* zależny, podległy; podrzędny; podwładny; **-ordinate** (*-nejt*) *cz.* podporządkowywać; **-ordination** (*səbōdinej'szɛn*) *rz.* podległość, podporządkowanie; podrzędność; subordynacja.
suborn (*səbō'n*) *cz.* przekupić (świadka); podmawiać; **-ation** (*səbōnej'szɛn*) *rz.* przekupienie świadka; podmówienie; namowa.
subpoena (*săbpī'nə*) *rz.* pozew; wezwanie do sądu pod karą; ~, *cz.* wzywać do sądu.
subreption (*səbre'pszɛn*) *rz.* wyciąganie, wyłudzenie.
sub-scribe (*səbskraj'b*) *cz.* podpisywać (się); prenumerować; abonować; zgadzać się; zezwalać; **-scriber** (*-ə*) *rz.* abo-

nent, prenumerator; podpisujący; **-script** (*sa'bskript*) *pm.* dopisany poniżej; **-scription** (*-skri'pszen*) *rz.* abonowanie, prenumerata, przedpłata; podpis; **-section** (*səbse'kszen*) *rz.* poddział; **-secutive, -sequent** (*səbse'kjutiw, să'bsəkuənt*) *pm.* wynikający; wynikły; następny; **-sequence** (*să'bsəkuəns*) *rz.* następczość; **-sequently** (*-li*) *ps.* następnie; **-serve** (*səbsə'w*) *cz.* dopomagać; **-servience** (*səbsə'wiəns*) *rz.* pomoc; służalczość; **-servient** (*-sə'wiənt*) *pm.* pomocniczy, służalczy; **-side** (*səbaj'd*) *cz.* opadać, ubywać; uciszyć się; ustawać; wolnieć; zelżeć; opaść (ze zmęczenia *np.* na krzesło); **-sidence** (*să'bsidəns, săbsaj'dəns*) *rz.* ubywanie, opadanie; zwolnienie, zmniejszenie się, ulga; **-sidiary** (*səbsi'djəri*) *rz.* pomocnik; ~, *pm.* posiłkowy, pomocniczy; **-sidiaries** *rz. lmn.* posiłki (wojska); **-ize** (*să'bsidajz*) *cz.* subsydjować, pomagać; **-sidy** (*să'bsidi*) *rz.* subsydjum, zasiłek; zapomoga; **-sist** (*səbsi'st*) *cz.* istnieć, trwać; żywić; **-sistence** (*səbsi'stens*) *rz.* istnienie, egzystencja; środki utrzymania; wyżywienie; **-sistent** (*-si'stent*) *pm.* istniejący; trwający; **-soil** (*să'bsojl*) *rz.* podglebie; **-species** (*săbspī'szīz, -szīz*) *rz.* podgatunek, odmiana.

substan-ce (*să'bstens*) *rz.* substancja, ciało, pierwiastek; istota, treść; środki; zasób; **-tial** (*səbstæ'nszel*) *pm.* istotny, konkretny; treściwy; pożywny; cielesny; znaczny; zasobny; zamożny; **-tiality** (*səbstænsziæ'liti*) *rz.* cielesność, materjalność; istota; rzeczywistość, pożywność, zamożność; **-tiate** (*səbstæ'nsziejt*) *cz.* konkretyzować; realizować; dowieść; **-tive** (*să'bstəntiw*) *rz.* (*gram.*) rzeczownik; ~, *pm.* istotny, rzeczowy, zasadniczy.

sub-stitute (*să'bstitjūt*) *rz.* zastępca; wyręczyciel; surogat; ~, *cz.* zastępować; podstawić; **-stratum** (*săbstrej'təm*) *rz.* substrat, podłoże; **-struction, structure** (*săbstră'kszen, -kczə*) *rz.* podłoże, fundament, podwalina.

sub-terfuge (*să'btəfjūdż*) *rz.* wybieg, wykręt; **-terranean** (*săbtərej'niən*) *pm.* podziemny.

sub-til(e), -tle (*să'tel*) *pm.* delikatny; subtelny; lotny, nikły; przebiegły; **-tility, -tlety** (*săbti'lity, să'tlnəs*) *rz.* subtelność; delikatność; zręczność.

subtract (*săbtræ'kt*) *cz.* odejmować; **-traction** (*-træ'kszen*) *rz.* odejmowanie; potrącenie; **-tractive** (*-træ'ktiw*) *pm.* odejmujący, odejmowany; **-trahend** (*să'btrəhənd*) *rz.* odjemnik (*mat.*); **-treasury** (*-tre'żəri*) *rz.* oddział skarbu państwa.

suburb (*să'bəb*) *rz.* przedmieście; **-an** (*səbə'ben*) *pm.* podmiejski, przedmiejski.

sub-vention (*səbwe'nszen*) *rz.* subwencja, zasiłek; **-vert** (*-wə't*) *cz.* wywrócić, obalić; **-version** (*-wə'szen*) *rz.* wywrócenie, obalenie, zburzenie; **-versive** (*-wə'siw*) *pm.* burzący, wywrotowy; obalający.

subway (*să'buej*) *rz.* przejście podziemne; kolej podziemna.

succedaneum (*săksidej'niəm*) *rz.* środek zastępczy, namiastka.

succeed (*să'ksīd*) *cz.* mieć powodzenie, powodzić się; udać się; poszczęścić się; następować; **-ing** (*-iŋ*) *pm.* następujący; przyszły; pomyślny.

success (*săkse's*) *rz.* powodzenie, szczęście; pomyślność; dobry rezultat; **-ful** (*-ful*) *pm.* pomyślny, szczęśliwy, udany; **-ion** (*səkse'szen*) *rz.* następstwo; następowanie; szereg; sukcesja; **-ive** (*səkse'siw*) *pm.* następujący; kolejny; nieprzerwany; **-iveness** (*-nəs*) *rz.* kolejność; **-or** (*səkse'sə*) *rz.* dziedzic, sukcesor; następca.

succinct (*səksi'nt*) *pm.* zwięzły, treściwy; **-ness** (*-nəs*) *rz.* zwięzłość, treściwość.

succory (*să'kəri*) *rz.* cykorja.

succour (*să'kə*) *rz.* pomoc; ~, *cz.* dopomagać; przyjść z pomocą.

succulen-ce (*să'kjuləns*) *rz.* soczystość; **-t** (*-ənt*) *pm.* soczysty.

succumb (*sakă'm*) *cz.* ulec, upadać pod czemś.
such (*să'cz*) *pm.* & *z.* taki; podobny, tego rodzaju; ten, który; ~ a one, taki to; ~ like, tym podobni; ~ and ~, taki a taki.
suck (*să'k*) *rz.* ssanie; ~, *cz.* ssać; **-er** (*-ə*) *rz.* niemowlę, ssak; narząd ssawczy; latorośl, pęd; **-le** (*să'kel*) *cz.* karmić piersią; **-ling** (*-liŋ*) *rz.* niemowlę przy piersi; mleczak.
suc-tion (*să'kszen*) *rz.* ssanie; **-torial** (*săkto'riəl*) *pm.* ssący.
sudatory (*sjū'dətori*) *pm.* napotny.
sudden (*să'den*) *pm.* nagły, raptowny; szybki; of a ~, on a~, nagle, nieoczekiwanie; raptem; **-ness** (*-nəs*) *rz.* nagłość, raptowność.
suderif-erous (*sjudori'fərəs*) *pm.* potowy; **-ic** (*sjudori'fik*) *rz.* środek napotny.
suds (*să'dz*) *rz.* *lmn.* mydliny.
sue (*sū'*) *cz.* skarżyć (sądownie); błagać.
suet (*sū'it*) *rz.* sadło; smalec; **-y** (*-i*) *pm.* tłusty.
suffer (*să'fə*) *cz.* cierpieć; znosić; doświadczyć; pozwolić; ponosić stratę, karę; **-able** (*-rəbel*) *pm.* znośny; dozwolony; **-ance** (*-rəns*) *rz.* (przest.) znoszenie; pozwalanie; **-er** (*-rə*) *rz.* cierpiący; stratny, poszkodowany; **-ing** (*-riŋ*) *rz.* cierpienie, ból.
suffi-ce (*səfaj's*) *cz.* wystarczać; zadośćuczynić; zaspokoić; **-ciency** (*səfi'szənsi*) *rz.* wystarczalność; dostateczność; zdatność; **-cient** (*-ənt*) *pm.* wystarczający, dostateczny; odpowiedni; zdolny, zdatny.
suffix (*să'fiks*) *rz.* przyrostek.
suffoca-te (*să'fəkejt*) *cz.* dusić, tłumić; udusić (się); **-tion** (*săfəkej'szen*) *rz.* uduszenie; zaduszenie.
suffragan (*să'frəgən*) *rz.* sufragan.
suffrage (*să'fredż*) *rz.* głos; głosowanie; prawo wyborcze; **-tte** (*săfredże't*) *rz.* sufrażystka.
suffus-e (*səfjū'z*) *cz.* oblać, napełnić; **-ion** (*səfjū'żen*) *rz.* napełnienie; oblanie się (rumieńcem).
sugar (*szu'gə*) *rz.* cukier; ~, *cz.* słodzić, cukrzyć; cane ~, cukier trzcinowy; brown ~, cukier brunatny; loaf ~, cukier w głowach; ~ of milk, laktoza; **-basin, -box** *rz.* cukierniczka; **-beet** *rz.* burak cukrowy; **-candy** *rz.* kandyz; **-cane** *rz.* trzcina cukrowa; **-loaf** *rz.* głowa cukru; **-maple** *rz.* klon cukrowy; **~-mill** *rz.* cukrownia; **-plum** *rz.* cukierek; **-refiner** *rz.* rafinator cukru; **-tongs** *rz.* *lmn.* szczypczyki do cukru; **-y** (*-ri*) *pm.* ocukrzony; słodki.
suggest (*sədże'st*) *cz.* podsuwać, poddać myśl; sugerować; podszepnąć; skusić; **-ion** (*sədże'szczen*) *rz.* myśl (poddana); sugestja; namowa; **-ive** (*-iw*) *pm.* sugestyjny, sugestywny; nasuwający myśl; przypominający.
suicid-al (*sūisaj'dəl*) *pm.* samobójczy; **-e** (*sū'isajd*) *rz.* samobójca; samobójstwo.
suit (*sū't*) *rz.* staranie się (o rękę); konkury; świta; komplet; garnitur (ubrania), ubranie; maść (w kartach); proces sądowy; szereg; follow ~, dostroić się do; dostosować się; ~, *cz.* służyć; odpowiadać; dostosować; pasować; nadawać się; być do twarzy; zgadzać się; przystawać; leżeć dobrze; przypadać; ~ oneself, zrobić (postąpić) według swego uznania; **-able** (*-əbel*) *pm.* odpowiedni, właściwy; stosowny; zgodny; **-ableness** (*-əbelnəs*) *rz.* odpowiedniość; stosowność; zgodność; **-e** (*sui't*) *rz.* świta, orszak; rząd, szereg; **-er, -or** (*sjū'tə*) *rz.* konkurent; strona pozywająca; suplikant.
sulcate (*să'lkejt*) *pm.* bróżdowaty.
sulk (*să'lk*) *cz.* dąsać się; być zasępionym; **-iness** (*-inəs*) *rz.* kwaśny humor; dąsy; **-y** (*-i*) *pm.* nadąsany; markotny.
sullage (*să'ledż*) *rz.* śmiecie, brud.
sullen (*să'len*) *pm.* niechętny, posępny, milczący; nadęty; markotny; **-ness** (*-nəs*) *rz.* posępność; zły humor; kwasy.

sully (*să'li*) *cz.* brudzić, splamić.

sulph-ate (*să'lfejt*) *rz.* siarczan; ~ of soda, sól glauberska; **-onal** (*să'lfonel*) *rz.* sulfonal; **-ur** (*să'lfə*) *rz.* siarka; **urate** (*să'lfjurejt*) *cz.* siarkować; **-ureous, -ic** (*sălfju'reəs, -'rik*), **-y** (*să'lfəri*) *pm.* siarczany, siarkowy.

sultan (*să'ltən*) *rz.* sułtan; **-a** (*săltā'nə*), **-ess** (*să'ltənəs*) *rz.* sułtanka.

sultr-iness (*să'ltrinəs*) *rz.* parność; duszność; **-y** (*să'ltri*) *pm.* parny, duszny.

sum (*să'm*) *rz.* suma; całość; kwota (pieniężna); ~ total, ogółem; ~, *cz.* sumować, dodawać; streszczać (się); **-marily** (*să'mərili*) *ps.* sumarycznie; **-mariness** (*să'mərinəs*) *rz.* sumaryczność; **-marize** (*să'mərajz*) *cz.* sumować, streszczać; **-mary** (*să'məri*) *rz.* streszczenie, skrót, wyciąg; kompendjum; ~, *pm.* sumaryczny; skrócony.

sumac, -h, -k (*sjū'mək, sū'mək*) *rz.* sumak (drzewo).

summer (*să'mə*) *rz.* lato; **~dress** *rz.* letnie ubranie; **~-house** *rz.* altana.

summer-sault, -set, patrz **somerset.**

summit (*să'mit*) *rz.* wierzchołek, szczyt.

summon (*să'men*) *cz.* wzywać, pozywać; zawezwać; zapozwać; ~ up courage, zebrać się na odwagę; **-s** (*să'menz*) *rz.* (*lmn.* **summonses**) wezwanie, pozew.

sump (*să'mp*) *rz.* zbiornik; dół; kloaka.

sumpter (*să'mptə*) *rz.* koń juczny (przest.).

sumptu-ary (*să'mczuəri*) *pm.* dotyczący wydatków; wydatkowy; **-osity** (*sămczuo'siti*), **-ousness** (*-nəs*) *rz.* zbytki; wystawność; okazałość; przepych; **-ous** (*să'mczuəs*) *pm.* zbytkowny, wystawny.

sun (*să'n*) *rz.* słońce; in the ~, w (na) słońcu; from ~ to ~, od wschodu do zachodu słońca; ~, *cz.* wystawić na słońce; ~ **bath** kąpiel słoneczna; **-beam** *rz.* promień słońca; **-burnt** *pm.* opalony.

Sunday (*să'ndi*) *rz.* niedziela; **-school** *rz.* niedzielna nauka religji.

sunder (*săn'də*) *cz.* rozdzielić, rozszczepić.

sundries (*să'ndriz*) *rz. lmn.* rozmaitości; **-ry** (*să'ndri*) *pm.* rozmaity, różny.

sun-dew (*să'ndju*) *rz.* rosiczka (*bot.*); **-dial** (*să'ndajəl*) *rz.* zegar słoneczny; **-down** (*-daun*) *rz.* zachód słońca; **-flower** *rz.* słonecznik (*bot.*); **-less** *pm.* bezsłoneczny; bez słońca; **-light** *rz.* światło słoneczne; **-like, -ny** (*să'ni*) *pm.* słoneczny; **-rise** *rz.* wschód słońca; **-set** *rz.* zachód słońca; **-shade** *rz.* parasolka; **-shine** *rz.* światło słoneczne; **-stroke** *rz.* udar słoneczny; **-struck** *pm.* porażony udarem słonecznym; **-ward, -wards** *ps.* ku słońcu.

sung (*să'ŋ*) *cz.* od **sing.**

sunk (*să'ŋk*) *cz.* od **sink**; **-en** (*-n*) *pm.* zapadły (o oczach, policzkach); pogrążony, leżący na dnie.

sup (*să'p*) *rz.* łyk, haust; ~, *cz.* pić małymi łykami; jeść kolację.

super (*sjū'pə*) *pm.* wyborny; nadliczbowy.

superable (*sū'pərəbel*) *pm.* przezwyciężalny; pokonalny.

super-abound (*sūpərə'baund*) *cz.* obfitować; **-abundance** (*sūpərəbă'ndens*) *rz.* zbytnia obfitość; **-abundant** (*-əbă'ndent*) *pm.* zbyt obfity; **-add** (*sūpəræ'd*) *cz.* dołożyć; **-addition** (*-ədi'szen*) *rz.* naddatek; **-annuate** (*-æ'njuejt*) *rz.* spensjonować.

superb (*supə̄'b*) *pm.* pyszny, wspaniały; wzniosły.

super-cargo (*sūpəkā'gou*) *rz.* przełożony nad ładunkiem okrętu; **-ciliary** (*-si'ljəri*) *pm.* brwiowy; **-cilious** (*-si'liəs*) *pm.* dumny; hardy, pyszny, butny; **-ciliousness** (*-si'liəsnəs*) *rz.* pyszność; buta, duma, zarozumiałość.

super-eminent (*sūpəre'minənt*) *pm.* wybitny, znamienity; **-erogatory** *pm.* ponadobowiązkowy.

super-ficial (*sūpəfi'szel*) *pm.* powierzchowny; zewnętrzny; **-ficiality** (*-fiszjæ'liti*) *rz.* powierzchowność; **-ficies** (*-fi'szīz*) *rz.*

powierzchnia; **-fine** (*sū'pəfājn*) *pm.* przepiękny; wyborny; **-fluous** (*supə̄'fluəs*) *pm.* zbyteczny; nadmierny.
superhuman (*supəhjū'mɛn*) *pm.* nadludzki.
super-impose (*sūpərimpou'z*) *cz.* przełożyć; **-incumbent** (*sūpərinkă'mbənt*) *pm.* leżący na czemś; **-induce** (*-indjū's*) *cz.* wprowadzić dodatkowo; **-intend** (*sūpərintə'nd*) *cz.* nadzorować; dozierać, doglądać; **-intendence** (*-ɛns*) *rz.* nadzór; **-intendent** (*-ɛnt*) *pm.* inspektor; nadzorca; dozorca; **-ior** (*supī'riə*) *rz.* zwierzchnik, przełożony; ~, *pm.* wyższy; **-iority** (*supīrio'riti*) *rz.* wyższość; przewaga.
super-lative (*supə̄'lətiw*), **~-degree** (*gram.*) stopień najwyższy.
superman (*sū'pəmæn*) *rz.* nadczłowiek.
super-natant (*supənej'tənt*) *pm.* unoszący się na wodzie; **-natural** (*sūpənæ'czərɛl*) *pm.* nadprzyrodzony; **-numerary** (*-njū'mərəri*) *pm.* nadliczbowy; nadetatowy.
super-script (*sūpəskri'pt*) *pm.* dopisany u góry; **-scription** (*sūpəskri'pszɛn*) *rz.* napis; **-sede** (*-sī'd*) *cz.* wyrugować, zastąpić; wyprzeć; **-session** (*-se'szɛn*) *rz.* usunięcie, wyrugowanie, zastąpienie; **-stition** (*-sti'szɛn*) *rz.* przesąd; zabobon; **-stitious** (*-sti'szəs*) *pm.* przesądny; zabobonny; **-stratum** (*-strəj'təm*) *rz.* warstwa górna; **-struction, -structure** (*-stră'kszɛn, -stră'kczə*) *rz.* nadbudowa.
supertax (*sū'pətæks*) *rz.* dodatkowy podatek, dodatek.
super-vene (*supəwī'n*) *cz.* dojść do czegoś; wydarzyć się; **-vention** (*-we'nszɛn*) *rz.* dołączenie się, wydarzenie; **-vise** (*-waj'z*) *cz.* dozorować; doglądać; **-visor** (*-waj'zə*) *rz.* nadzorca; inspektor; **-visory** (*-waj'zəri*) *pm.* nadzorczy.
supine (*sjū'pajn*) *pm.* leżący na wznak; leniwy; opieszały.
supper (*să'pə*) *rz.* kolacja, wieczerza.
supplant (*səplā'nt*) *cz.* wyrugować, usunąć, wyprzeć, zająć czyjeś miejsce.
supple (*să'pɛl*) *pm.* giętki, uległy.
supplement (*să'pləmənt*) *rz.* dodatek, uzupełnienie; **-al, -ary** (*-'ntɛl, -'ntəri*) *pm.* dodatkowy, uzupełniający, dopełniający.
suppli-ant (*să'pliənt*) *pm.* błagalny; ~, *rz.* suplikant; **-cate** (*să'plikejt*) *cz.* prosić; błagać; **-cation** (*săplikej'szɛn*) *rz.* prośba, suplika, błaganie; **-catory** (*să'plikətəri*) *pm.* proszący, błagalny.
supply (*səplaj'*) *rz.* dostawa; zapas; zasiłek; podaż; zaopatrzenie; ~, *cz.* dostarczyć, zaopatrzyć (with, w coś); zastępować (kogo); uzupełnić.
support (*səpō't*) *rz.* poparcie; in ~ of, na rzecz; na poparcie; ~, *cz.* podtrzymywać; znosić; tolerować; wspierać; utrzymywać (rodzinę); bronić; twierdzić; **-able** (*-əbɛl*) *pm.* znośny; nienajgorszy; **-er** (*-ə*) *rz.* poplecznik; opiekun, obrońca; podpora.
suppos-able (*səpou'zəbɛl*) *pm.* przypuszczalny; **-al, -ition** (*səpou'zɛl, săpəzi'szɛn*) *rz.* przypuszczenie; **-e** (*səpou'z*) *cz.* przypuszczać; sądzić, mniemać; **-ed, -itional** (*săpəzi'szənɛl*) *pm.* przypuszczalny; mniemany; **-ititious** (*səpoziti'szɛs*) *pm.* fałszywy, podrobiony; **-ititiousness** (*-nəs*) *rz.* fałszywość; nieprawdziwość; **-itory** (*səpo'zitəri*) *rz.* czopek (*med.*).
suppress (*səpre's*) *cz.* usunąć; skasować; zgnębić; stłumić, powstrzymać; ukryć; zataić; **-ion** (*səpre'szɛn*) *rz.* stłumienie; powstrzymanie; pokonanie; skasowanie; utajenie.
suppura-te (*să'pjurəjt*) *cz.* ropieć; jątrzyć (się); **-tion** (*săpjurej'szɛn*) *rz.* ropienie; jątrzenie się (rany); **-tive** (*să'pjurətiw*) *pm.* ropny; jątrzący.
supramundane (*suprəmă'ndejn*) *pm.* nadziemski.
suprem-acy (*supre'məsi*) *rz.* zwierzchnictwo, przewaga; **-e** (*suprī'm*) *pm.* najwyższy, panujący, dominujący.
surcease (*səsī'z*) *cz.* zaprzestać (przest.).

surcharge (*səczā'dż*) *cz.* dodatkowo obciążyć; przeciążyć; ~, *rz.* przeładowanie, przeciążenie; zbytni ciężar; dodatek.
surcingle (*səsı'ŋgɛl*) *rz.* popręg; pas (do sutanny); ~, *cz.* umacniać popręgiem.
surcoat (*sə̄'kout*) *rz.* płaszcz (rycerzy).
surd (*sə̄'d*) *rz.* liczba (wielkość) irracjonalna.
sure (*szū'ə*) *pm.* pewny, bezpieczny; niewątpliwy; make ~, upewnić się; he is ~ to do it, on to napewno zrobi; ~, *ps.* to be ~, pewno, napewno; **-footed** *pm.* kroczący pewną nogą; **-ness** (*-nəs*) *rz.* pewność; poręczenie, poręka; **-ty** (*-ti*), **-tyship** (*-tiszip*) *rz.* zabezpieczenie, poręka; rękojmia; stand -ty, ręczyć.
surf (*sə̄'f*) *rz.* bałwan morski; piana morska.
surface (*sə̄'fəs*) *rz.* powierzchnia.
surfeit (*sə̄'fit*) *rz.* przesyt; niepomiarkowanie; ~, *cz.* przesycić (się); objeść się.
surge (*sə̄'dż*) *rz.* fale; ruch fal; ~, *cz.* bałwanić się; falować; miotać (czemś); wznosić się; wzbijać się wgórę (o falach); (*mar.*) zwalniać, luzować (linę).
surg-eon (*sə̄'dżɛn*) *rz.* chirurg; **-ery** (*sə̄'dżəri*) *rz.* chirurgja; sala operacyjna; **-ical** (*sə̄'dżikɛl*) *pm.* chirurgiczny.
surl-iness (*sə̄'linəs*) *rz.* cierpkość, zgryźliwość; mrukliwość; **-y** (*sə̄'li*) *pm.* niegrzeczny; cierpki; zgryźliwy.
surloin (*sə̄'lojn*) patrz **sirloin.**
surmise (*səmaj'z*) *rz.* domysł, przypuszczenie; ~, *cz.* domyślać się; przypuszczać; podejrzewać.
surmount (*səmau'nt*) *cz* przemóc, opanować, przezwyciężyć; pokonać; nakryć.
surname (*sə̄'nejm*) *rz.* przydomek; przezwisko; ~, *cz.* przezwać.
surpass (*səpā's*) *cz.* przewyższać; prześcignąć.
surplice (*sə̄'plis*) *rz.* komża.
surplus (*sə̄'plăs*) *rz.* nadwyżka; pozostałość; reszta.
surpris-al (*səpraj'zɛl*), **-e** (*səpraj'z*) *rz.* niespodzianka; zaskoczenie; **-e** *cz.* zadziwić; zdziwić; zaskoczyć; napaść znienacka; **-ing** (*-iŋ*) *pm.* zadziwiający.
surrender (*səre'ndə*) *rz.* poddanie (się); zrzeczenie się; ustąpienie; ~, *cz.* wyrzec się; poddać (się); ustąpić; złożyć broń; zrzec się.
surreptitious (*sərəpti'szəs*) *pm.* potajemny, podstępny.
surrogate (*să'rəget*) *rz.* zastępca.
surround (*sərau'nd*) *cz.* otoczyć, okrążyć, opasać; **-ings** (*-iŋz*) *rz. lmn.* otoczenie; okolica.
surtax (*sə̄'tæks*) *rz.* dodatkowa opłata, dodatek.
surtout (*sətū'*) *rz.* surdut.
surve-illance (*səwej'ljəns, -'ləns*) *rz.* nadzór; **-y** (*sə̄'wej*) *rz.* przegląd; pomiar (gruntów); miernictwo; **-y** (*səwej'*) *cz.* oglądać; obserwować; przeglądać; robić pomiary; **-or** (*səwəj'ə*) *rz.* geometra; inspektor.
surviv-al (*səwaj'wɛl*) *rz.* przeżycie; utrzymanie się przy życiu; **-e** (*səwaj'w*) *cz.* przeżyć; **-er, -or** (*səwaj'wə*) *rz.* pozostały przy życiu.
suscepti-bility (*səseptibi'liti*) *rz.* wrażliwość; podatność; **-ble** (*səse'pti'ɛl*) **-ve** (*səse'ptiw*) *pm.* wrażliwy; podatny; czuły na.
suspect (*səspe'kt*) *cz.* podejrzewać; niedowierzać; obawiać się; ~, *pm.* podejrzany.
suspend (*səspe'nd*) *cz.* zawiesić; zawiesić w czynnościach; przerwać; odłożyć; odroczyć; **-ers** (*-əz*) *rz. lmn.* szelki; **-se** (*səspe'ns*) *rz.* zawieszenie; niepewność; **-sion** (*səspe'nszɛn*) *rz.* zawieszenie, odroczenie; **-sion-bridge** *rz.* most wiszący; **-sive** (*səspe'nsiw*) *pm.* wątpliwy, niepewny; chwilowy.
suspi-cion (*səspi'szɛn*) *rz.* podejrzenie, niedowierzanie; nieufność; **-cious** (*səspi'szəs*) *pm.* podejrzliwy; nieufny; **-ciousness** (*-nəs*) *rz.* podejrzliwość.
suspir-ation (*săspirej'szɛn*) *rz.* westchnienie; **-e** (*săspaj'ə*) *cz.* wzdychać.
sustain (*səstej'n*) *cz.* podtrzymywać, utrzymywać; doznać; do-

świadczyć czego; wytrzymać; dźwigać.
susten-ace, -tation (*să'stenəns, săstəntej'szən*) *rz*. utrzymanie; wyżywienie; podtrzymanie.
sutler (*să'tlə*) *rz*. markietan.
suture (*sjū'czə*) *rz*. szew (*chir.*).
suzerain (*sju'zrən*) *rz*. suzeren; **-ty** (*sjū'zrənti*) *rz*. zwierzchnictwo.
swab (*suo'b*) *rz*. kwacz; tampon.
swaddl-e (*suo'dεl*) *cz*. powijać; zawinąć; **-ing bands, -ing clothes**, powijaki.
swag (*suæ'g*) *rz*. łup.
swage (*suej'dż*) *rz*. forma; sztanca.
swagger (*suæ'gə*) *rz*. pysznienie się; fanfaronada; przechwalanie się; ~, *cz*. cheplić się; przechwalać się; **-er** (*-rə*) *rz*. fanfaron, samochwał.
swain (*suej'n*) *rz*. parobczak; chłopak zakochany.
swallow (*suo'lou*) *rz*. jaskółka (*orn.*); ~, *rz*. połykanie; gardziel, łyk; ~, *cz*. połykać; pochłonąć; ~ up, połknąć; pochłonąć; **-tail** *rz*. jaskółczy ogon; poła fraka lub żakietu.
swam (*suæ'm*) *cz*. od **swim**.
swamp (*suo'mp*) *rz*. bagno; moczary; ~, *cz*. zabrnąć, zabagnić (się); zalać; **-y** (*-i*) *pm*. bagnisty, grząski.
swan (*suo'n*) *rz*. łabędź; **-skin** *rz*. baja łabędziowa (materja).
swank (*suæ'ŋk*) *cz*. (gwar.) zadzierać nosa; pysznić się.
swap (*suo'p*) *cz*. frymarczyć; wymieniać.
sward (*suō'd*) *rz*. murawa, trawnik.
swarm (*suō'm*) *rz*. rój, mnóstwo; ~, *cz*. roić się; mrowić się; ~ up, wdrapać się.
swar-t, -thy (*suō't, suō'δi*) *pm*. śniady; ciemny; **-thiness** (*-nəs*) *rz*. śniadość.
swash (*suō'sz*) *rz*. chlupanie; ~, *cz*. chlupać; **-buckler** (*-băklə*) *rz*. zawadjaka.
swath (*sō'þ*) *rz*. pokos.
swathe (*suej'δ*) *cz*. powijać, odwijać; ~, *rz*. powijak.
sway (*suej'*) *rz*. władza; kołysanie się; ~, *cz*. chwiać się; kołysać się; rządzić; władać (czemś), kierować; wywierać wpływ.
swear* (*suē'ə*) *cz*. przysięgać; kląć; zaklinać (się); odebrać przysięgę; ~ by, uznawać tylko; **-er** (*suē'ərə*) *rz*. przeklinacz, bluźnierca.
sweat (*suə't*) *rz*. pot; poty; in a ~, spocony; by the ~ of one's brow, w pocie czo'a; ~, *cz*. pocić się; wyzyskiwać; **-er** (*-ə*) *rz*. sweter; **-y** (*-i*) *pm*. spocony; potny; napotny.
Swed-e (*suī'd*) *rz*. Szwed; **-ish** (*-disz*) *rz*. język szwedzki; ~, *pm*. szwedzki.
sweep (*suī'p*) *rz*. zamiatanie; czystka; ruch zamaszysty; obszar; zakręt; zagarnięcie; zburzenie; kominiarz; *~, *cz*. zamiatać; obejmować (*np.* okiem), ogarnąć; pędzić; przelecieć; zagarnąć; unieść; płynąć; **-ing** *pm*. szeroki; uogólniający; **-ings** (*-iŋz*) *rz. lmn.* śmiecie; **-ing-net** *rz*. niewód; **-stake** *rz*. totalizator.
sweet (*suī't*) *rz*. słodycz; deser; cukierek; kochanek; ~, *pm*. słodki; świeża (woda); **-bread** *rz*. mleczko cielęce; **-brier** *rz*. róża polna; **-en** (*suī'tn*) *cz*. osłodzić; uśmierzyć; ukoić; **-heart** *rz*. kochanek, luby; luba; **-ing** (*-iŋ*) *rz*. słodkie jabłko; **-ish** (*-isz*) *pm*. słodkawy; **-meats** *rz. lmn.* cukry; słodycze; **-ness** (*-nəs*) *rz*. słodycz; **-pea** *rz*. groszek słodki; **-scented** *pm*. wonny, pachnący; **-tooth** *pm*. smakosz; ~ **william** *rz*. goździk dziki (*bot.*).
swell (*sue'l*) *rz*. wzmaganie się; (potoczn.) gruba ryba; *~, *cz*. pęcznieć; puchnąć; obrzmiewać; wzdymać się; wzmagać się; wezbrać; **-ing** (*-iŋ*) *rz*. nabrzmiałość; obrzękłość; puchlina; ~ sea, rozkołysane morze.
swelter (*suəl'tə*) *rz*. upał; ~, *cz*. omdlewać; pocić się; prażyć; dopiekać; **-ing** (*-riŋ*) *pm*. duszny; parny, spiekły.
swept (*sue'pt*) *cz*. od **sweep**.
swerve (*suō'w*) *cz*. odchylić się; zboczyć; oddalić się.

swift (*sui'ft*) *rz.* jerzyk (*orn.*); szpulka; ~, *pm.* szybki, rączy; chyży; prędki; **-ness** (*-nəs*) *rz.* szybkość, chyżość; prędkość.
swig (*sui'g*) *cz.* (gwar.) chłać.
swill (*sui'l*) *rz.* pomyje; płókanie; haust; ~, *cz.* pić chciwie, żłopać; opłókiwać; pomyć; **-er** (*-ə*) *rz.* opój.
swim (*sui'm*) *rz.* zawrót głowy; kąpiel; *~, *cz.* pływać; kręcić się przed oczami; **-mer** (*-ə*) *rz.* pływak; **-mingly** (*-iŋli*) *ps.* płynnie; gładko.
swindle (*sui'ndεl*) *cz.* okpić, oszukać; szachrować; **-r** (*-ə*) *rz.* oszust, szalbierz, szachraj.
swine (*suaj'n*) *rz.* (*lmn.* i *lp.*) świnia, świnie; wieprz; **-herd** *rz.* świniarek.
swinish (*suaj'nisz*) *pm.* świński.
swing (*sui'ŋ*) *rz.* huśtawka; kołysanie (się); wahanie się, ruch wahadłowy; polot; pęd; the work is in full ~, praca wre; *~, *cz.* kołysać się; wahać się; obracać się; zawiesić; **-boat** *rz.* huśtawka.
swinge (*sui'ndż*) *cz.* bić; smagać; walić. [przygniatający.
swingeing (*sui'ndżiŋ*) *pm.* mocny;
swingle (*sui'ŋgεl*) *rz.* gręplarka; bijak (cepów).
swipe (*suaj'p*) *rz.* cios, raz.
swipes (*suaj'ps*) *rz. lmn.* podpiwek.
swirl (*suə̄'l*) *rz.* wir, wirowanie; ~, *cz.* wirować.
swish (*sui'sz*) *cz.* świszczeć.
switch (*sui'cz*) *rz.* witka; pręt; lok przyprawny; zwrotnica kolejowa; ~, *cz.* chłostać; przekładać zwrotnicę; obrócić; obrócić się na pięcie; ~ the light on, zapalić światło (elektr.); **-man** *rz.* zwrotniczy.
swivel (*sui'wεl*) *rz.* kółko, krążek.
swobber patrz **swabber**.
swollen, swoln (*suo'lεn*) *cz.* od **swell**.
swoon (*suū'n*) *rz.* zemdlenie; ~ **away** *cz.* zemdleć; **-ingly** (*-iŋli*) *ps.* omdlewająco.
swoop (*suū'p*) *rz.* uderzenie (*np.* ptaka na zdobycz); ~, *cz.* spaść; porwać, chwycić; uderzyć (na coś).
sword (*sō'd*) *rz.* szabla; miecz; **-fish** *rz.* mieczyk; **-knot** *rz.* temblak (u szabli); **-law** *rz.* prawo miecza; **-sman** *rz.* fechtmistrz.
swore, sworn (*suo'ə, suo'ən*) *cz.* od **swear**.
swot (*suo't*) *cz.* ~ **up**, wkuwać się (*gwara szkolna*).
swum (*suă'm*) *cz.* od **swim**.
swung (*suă'ŋ*) *cz.* od **swing**.
Sybarit-e (*si'bərajt*) *rz.* sybaryta; **-ic** (*sibəri'tik*) *pm.* sybarycki.
sycamore (*si'kəmoə*) *rz.* gatunek klonu.
sycophant (*si'kofænt*) *rz.* sykofant, pochlebca, pasożyt.
syllab-ic (*silæ'bik*) *pm.* zgłoskowy; **-icate, -ify** (*silæ'bikejt, -bifaj*) *cz.* sylabizować; **-ication, -ification** (*-fikej'szεn*) *rz.* sylabizacja; **-le** (*si'ləbεl*) *rz.* zgłoska, sylaba; **-le** *cz.* zgłoskować, sylabizować; **-us** (*si'ləbəs*) *rz.* konspekt, skrót; wyciąg.
syllogis-m (*si'lodżizεm*) *rz.* sylogizm, wniosek rozumowy; **-e** (*si'lodżajz*) *cz.* dowodzić wnioskami; **-tic** (*silodżi'stik*) *pm.* sylogistyczny.
sylph (*si'lf*) *rz.* sylf; sylfida.
sylvan (*si'lwεn*) *pm.* leśny.
symbol (*si'mbεl*) *rz.* symbol, godło, znak; hasło; **-ic(al)** (*simbo'likεl*) *pm.* symboliczny; **-ization** (*-ajzej'szεn*) *rz.* uzmysłowienie; **-ize** (*si'mbəlajz*) *cz.* symbolizować; uzmysłowić; **-ogy** (*simbo'lodżi*) *rz.* symbolika.
symmetr-ical (*sime'trikεl*) *pm.* symetryczny; **-y** (*si'mətri*) *rz.* symetrja.
sympath-etic(al) (*simpəþe'tik-εl*) *pm.* sympatyczny; współczujący; **-ize** (*si'mpəþajz*) *cz.* sympatyzować; współczuć; ubolewać; **-izer** *rz.* sympatyk; **-y** (*si'mpəþi*) *rz.* sympatja; współczucie; ubolewanie.
symphon-ic (*simfo'nik*) *pm.* symfoniczny; **-y** (*si'mfoni*) *rz.* symfonja; harmonja.
symposium (*simpou'ziəm*) *rz.* sympozjon; zdania z różnych źródeł o jednej sprawie.
symptom (*si'mtəm*) *rz.* znak, symptom; objaw, oznaka; **-atic** (*simptomæ'tik*) *pm.* symptomatyczny.

synagogue (*si'nəgog*) rz. synagoga, bóżnica.
synchron-ous (*si'ŋkronɛs*) pm. synchroniczny, jednoczesny; **-ization** (*-izej'szɛn*) rz. synchronizacja; **-ism** (*si'ŋkronizɛm*) rz. synchronizm, jednoczesność.
syncope (*si'ŋkopi*) rz. wyrzutnia; (*med.*) zemdlenie.
syndic (*si'ndik*) rz. syndyk; urzędnik miejski; **-ate** (*si'ndikət*) rz. syndykat.
synecdoche (*sine'kdoki*) rz. synekdocha.
synod (*si'nəd*) rz. synod; **-al, -ic(al)** (*si'nədɛl, -'dik-ɛl*) pm. synodowy, synodyczny.
synonym (*si'nənim*) rz. synonim; **-ous** (*sino'niməs*) pm. synonimowy; jednoznaczny; **-y** (*sino'nimi*) rz. synonimika.
synop-sis (*sino'psis*) rz. przegląd, zestawienie, konspekt; **-tic** (*sino'ptik*) pm. synoptyczny.
synt-actic (*sintæ'ktik*) pm. składniowy; **-ax** (*si'ntæks*) rz. składnia (wyrazów).
synthe-sis (*si'nβəsiz*) rz. synteza; **-tic(al)** (*sinβe'tik-ɛl*) pm. syntetyczny; (*chem.*) sztuczny.
syphilis (*si'filis*) rz. syfilis, kiła.
syphon patrz **siphon.**
syringa (*siri'ŋgə*) rz. bez włoski (*bot.*).
syringe (*si'rindż*) rz. strzykawka; ~, cz. zastrzyknąć.
syrup, sirup (*si'rəp*) rz. syrop; sok.
system (*si'stəm*) rz. system; układ; systemat; sieć; **railway** ~, sieć kolejowa; **-atic** (*sistəmæ'tik*) pm. systematyczny; metodyczny; **-atize** (*si'stemətajz*) cz. usystematyzować.
systole (*si'stoli*) rz. skurcz serca.

T

tab (*tæ'b*) rz. patka; klapa.
tabard (*tæ'bəd*) rz. kaftan; płaszcz.
tabby (*tæ'bi*) rz. kot; plotkarka; bajczarka; kitaj (tkanina).
tabefaction (*tæbəfæ'kszen*) rz. wycieńczenie.
tabernacle (*tæ'bənækɛl*) rz. przybytek; tabernakulum, świątynia.
tabe-s (*tej'bīz*) rz. tabes; **-scence** (*təbe'səns*) rz. uwiąd; **-tic** rz. tabetyk.
tabid (*tæ'bid*) pm. wyniszczony.
table (*tej'bɛl*) rz. stół; tabela; stołowanie (się); the -s are turned, szanse się odwróciły; **~-book** rz. notatnik; **~-cloth** rz. obrus; **~-linen** rz. bielizna stołowa; **~-spoon** rz. łyżka stołowa.
table d'hôte (*tabl dou't*) rz. wspólny stół (=jedzenie).
tablet (*tæ'blət*) rz. tabliczka.
tabloid (*tæ'blojd*) rz. tabletka; pastylka.
taboo (*təbū'*) pm. zakazany.
tabor (*tej'bə*) rz. bęben.
tabouret (*tæ'borət*) rz. taboret; krosenka.
tabul-ar (*tæ'bjulə*) pm. tabelaryczny; równy; **-ate** (*tæ'bjulejt*) cz. równać; ułożyć w tablice; sporządzać tabele.
tachygraphy (*taki'grəfi*) rz. stenografja starożytna.
tacit (*tæ'sit*) pm. cichy; milczący; **-urn** (*-ə̄n*) pm. milczący, nierozmowny; **-urnity** (*tæsitə̄'niti*) rz. milczenie; milczące usposobienie.
tack (*tæ'k*) rz. ćwiek; pluskiewka; (*mar.*) kierunek biegu okrętu; lina dolnego żagla; *lmn.* fastryga; (*fig.*) polityka; ~, cz. umacniać linami, przywiązywać; lawirować; fastrygować.
tackl-e (*tæ'kɛl*) **-ing,** (*-iŋ*) rz. liny i bloki; takelunek; sprzęty, narzędzia okrętowe; **-e** cz. obchodzić się z (kimś, czemś); zabrać się do (przeciwnika); dać sobie radę z (kimś, czemś); przywiązać.
tact (*tæ'kt*) rz. takt; czucie; **-ful** (*-ful*) pm. taktowny.

tactic-al (*tæ'ktikɛl*) *pm.* taktyczny; **-ian** (*tækti'szɛn*) *rz.* taktyk; **-s** (*tæ'ktiks*) *rz. lmn. & lp.* taktyka.
tactile (*tæ'ktil*) *pm.* dotykowy; realny.
tadpole (*tæ'dpoul*) *rz.* kijanka.
taffet-a, -y (*tæ'fətə*) *rz.* tafta.
taffrail (*tæ'frejl*) *rz.* poręcz okrętowa.
Taffy (*tæ'fi*) *rz.* (potoczn.) walijczyk.
tag (*tæ'g*) *rz.* zabawa w berka; języczek; etykietka; kawałek sukna, płótna; ~, *cz.* robić berka; przyczepić; związać; zczepić; nagabywać; **-rag** *rz.* pospólstwo, motłoch.
tail (*tej'l*) *rz.* ogon; koniec; poła (surduta); ograniczenie prawne, zastrzeżenie; heads or -s, orzeł czy reszka; ~, *cz.* dorobić ogon; iść krok w krok; **-coat** *rz.* żakiet; **-light** *rz.* tylne światło.
tailor (*tej'lə*) *rz.* krawiec; ~, *cz.* szyć; **-bird** *rz.* krawczyk (ptak); **-ess** (*-rəs*) *rz.* krawcowa; **~-made dress,** kostjum.
taint (*tej'nt*) *rz.* plama; zepsucie; ślad; ~, *cz.* splamić; zepsuć (się); zarazić (się); splugawić; **-less** *pm.* nieskażony; nieskazitelny; niepokalany; bez plamy.
take* (*tej'k*) *cz.* brać, wziąć, zabrać, odebrać; zaprowadzić; zawieźć; zjeść, wypić; zażywać (lekarstwo); zająć, nająć; używać; skorzystać; przedsiębrać; mieć za coś; poczytywać; pójść pomyślnie; udać się; ~ hold of, ująć, uchwycić; ~ to pieces, rozebrać na części; ~ advantage of, skorzystać z czegoś; ~ aim, wycelować; ~ after, udać się w kogoś; ~ cold, przeziębić się; ~ exception at, oponować (czemuś); ~ the field, wyruszyć w pole; ~ the floor, wystąpić z mową, z projektem; ~ leave, pożegnać się; ~ an oath, składać przysięgę; ~ root, puścić korzenie; ~ ship, siąść na okręt; ~ stock, spisywać inwentarz; ~ along, zabrać z sobą; ~ down, zanotować, zapisać; ~ in, objąć, zawierać; okpić, zwieść; ~ on, przedsięwziąć; ~ round, oprowadzić (po); ~ up with, obcować z kimś; ~ heed, uważać, strzec się; ~ to, przykładać się do czegoś; udać się (gdzie); ~ law of one, zapozwać kogoś; ~ wing, odlecieć; ~ in the sails, spuścić żagle; ~ up, zająć; podjąć; ~ upon trust, brać na kredyt; **~-down** *pm.* składany, do rozbierania; **~-in** *rz.* oszustwo; **-n** (*tej'kɛn*) *cz.* od **take**; be ~~ with, być porwanym, przejętym; ~ **-off** (*tejko'f*) *rz.* karykatura, rysunek.
taking (*tej'kiŋ*) *rz.* dochód; zaniepokojenie; ~, *pm.* ujmujący; zaraźliwy.
talc (*tæ'lk*) *rz.* talk (*min.*); **-ose, -ous** (*tæ'lkəs*) *pm.* talkowy.
tale (*tej'l*) *rz.* opowiadanie; powiastka; bajka; doniesienie; plotka; **-bearer, -teller** *rz.* plotkarz; donosiciel; skarżypyta.
talent (*tæ'lənt*) *rz.* talent, zdolność; dar; **-ed** (*-ɛd*) *pm.* utalentowany.
talesman (*tej'lzmæn*) *rz.* sędzia przysięgły.
talisman (*tæ'lizmæn*) *rz.* talizman.
talk (*tō'k*) *rz.* rozmowa, gadanina; temat; plotki; ~, *cz.* powiedzieć; omówić; mówić o czem; rozmawiać; pleść; ~ back, odpowiadać (przełożonemu); ~ down, przegadać; onieśmielić; **-ative** (*tōk'ətiw*) *pm.* rozmowny, gadatliwy; **-ativeness** (*-nəs*) *rz.* gadatliwość, wielomówność; **-er** (*-ə*) *rz.* gaduła; **-ies** (*tō'kiz*) *rz. lmn.* (gwar.) film mówiony.
tall (*tō'l*) *pm.* wysoki (wzrostem); słuszny; rosły; **-boy** *rz.* wysoka komoda; **-ness** (*-nəs*) *rz.* wysokość, wysoki wzrost.
tallow (*tæ'lou*) *rz.* łój; **-chandler** *rz.* świecarz; **~-face,** blady; **-ish** (*-isz*), **-y** (*tæ'louisz, -i*) *pm.* łojowy, łoisty.
tally (*tæ'li*) *rz.* kij karbowany; karb rachunkowy; napis; znak rozpoznawczy; zgodność; okrągła liczba; ~, *cz.* karbować, znaczyć; odpowiadać, zgadzać się z czem.
tally-ho (*tæ'li-hou*) *rz.* krzyk myśliwych.

talmud (*tæ'lmud*) *rz.* talmud; **-ic(al)** (*tælmă'dik-εl*) *pm.* talmudyczny; **-ist** (*tæ'lmədist*) *rz.* talmudysta.

talon (*tæ'lən*) *rz.* szpon, pazur (ptaka drapieżnego).

talus (*tej'ləs*) *rz.* kostka (nogi).

tamable (*tej'məbεl*) *pm.* dający się oswoić.

tamari-nd (*tæ'mərind*) *rz.* tamarynda; **-sk** (*tæ'mərisk*) *rz.* tamaryszek, września (*bot.*).

tambour (*tæ'mbūə*) *rz.* bęben; krosna; ~, *cz.* haftować; **-ine** (*tæmburī'n*) *rz.* tamburino.

tame (*tej'm*) *rz.* oswojony, obłaskawiony; łagodny; uległy; ~, *cz.* obłaskawić; poskromić; ukrócić; **-less** *pm.* dziki; nieugłaskany; rozhukany; **-ness** (*-nəs*) *rz.* łagodność, obłaskawienie, uległość; **-r** (*-ə*) *rz.* pogromca (zwierząt).

tam-o-shanter (*tæmoszæ'ntə*) *rz.* berecik szkocki.

tamp (*tæ'mp*) *cz.* ubić ziemię.

tamper (*tæ'mpə*) *cz.* wtrącać się; przekupić.

tampion (*tæ'mpiεn*) *rz.* zatyczka, szpunt.

tampon (*tæ'mpən*) *rz.* tampon (*chir.*).

tan (*tæ'n*) *rz.* kora; dębnik (garbarski); ~, *pm.* opalony; śniady; ~, *cz.* garbować; opalać się; **-bark** *rz.* kora zawierająca taninę; **-nery** (*-eri*), **-yard** *rz.* garbarnia; **-ner** (*-ə*) *rz.* garbarz.

tandem (*tæ'ndəm*) *rz.* zaprząg, w którym konie znajdują się jeden za drugim; ~, *pm.* jeden za drugim.

tang (*tæ'ŋ*) *rz.* obsada noża; ~, *cz.* brzęk; posmak; **-y** (*tæn'gi*) *pm.* o silnym smaku.

tang-ency (*tæ'ndżənsi*) *rz.* styczność; **-ent** (*tæ'ndżənt*) *rz.* styczna; **-ential** (*-e'nszəl*) *pm.* styczny; **-ibility** (*tændżibi'liti*) *rz.* namacalność; **-ible** (*tæ'ndżibεl*) *pm.* dotykalny, namacalny.

tangle (*tæ'ŋgεl*) *rz.* węzeł; plątanina; powikłanie; ~, *cz.* zaplątać, splątać.

tango (*tæŋ'gou*) *rz.* tango.

tank (*tæ'ŋk*) *rz.* zbiornik (wody); czołg, (*mil.*) tank.

tankard (*tæ'ŋkəd*) *rz.* dzban.

tanner (*tæ'nə*) *rz.* 6 pensów (gwar.).

tann-er (*tæ'nə*) *rz.* garbarz; **-ic** (*tæ'nik*) *pm.* taninowy; **-in** (*tæ'nin*) *rz.* tanina.

tansy (*tæ'nzi*) *rz.* wrotycz pospolity (*bot.*).

tantaliz-ation (*tæntəlizej'szεn*) *rz.* męki Tantala; męczarnie; **-e** (*tæ'ntəlajz*) *cz.* dręczyć, zwodzić.

tantamount (*tæ'ntəmaunt*) *pm.* równoznaczny; równy; równoważny.

tantivy (*tænti'wi*) *pm.* (przest.) bystry; ~, *ps.* całym pędem; w lot; z kopyta.

tantrum (*tæ'ntrəm*) *rz.* napad złego humoru.

tap (*tæ'p*) *rz.* kurek; szpunt; gatunek (wina, piwa i t.p.) ~, *rz.* klaps; lekkie uderzenie; ~, *cz.* odszpuntować; napocząć beczkę; ~, *cz.* klepać; pukać; stukać; przechwycić (telegram); **-room** *rz.* szynk, bar.

tape (*tej'p*) *rz.* taśma; tasiemka; centymetr (krawiecki); ~, *cz.* wiązać tasiemką; **-line** *rz.* miarka; **-measure** *rz.* centymetr (krawiecki); **-worm** *rz.* tasiemiec, soliter.

taper (*tej'pə*) *rz.* świeczka (woskowa); ~, *cz.* zwężać się (ku końcowi); spiczasto się kończyć.

tapestry (*tæ'pəstri*) *rz.* obicie.

tapioca (*tæpiou'kə*) *rz.* tapjoka.

tapir (*tej'pə*) *rz.* tapir (*zool.*).

tappet (*tæ'pət*) *rz.* dźwig.

tapster (*tæ'pstə*) *rz.* szynkarz; szynkarka.

tar (*tā'*) *rz.* dziegieć, smoła; majtek; ~, *cz.* pomazać dziegciem; pokryć smołą.

tarantula (*təræ'nczule*) *rz.* tarantula (pająk).

tard-iness (*tā'dinəs*) *rz.* powolność; zwłoka; **-y** (*tā'di*) *pm.* późny; spóźniony; opieszały; powolny; leniwy.

tare (*tē'ə*) *rz.* tara.

target (*tā'gət*) *rz.* tarcza; cel.

tariff (*tæ'rif*) *rz.* taryfa; stawka taryfowa; cło; ~, *cz.* nałożyć cło.

tarnish (*tā'nisz*) *pm.* splamić; utracić połysk; zaćmić (się); ściemnieć; spłowieć.

tarpaulin (*tāpō'lin*) *rz.* płótno nieprzemakalne; ubranie z płótna nieprzemakalnego.

tarragon (*tæ'rəgən*) *rz.* draganek (*bot.*).
tarry (*tā'ri*) *pm.* smolisty; zasmolony.
tarry (*tæ'ri*) *cz.* zatrzymać się; zwlekać; guzdrać się; zabawić.
tarsus (*tā'səs*) *rz.* kostka (u nogi).
tart (*tā't*) *rz.* tort; ciasto; ~, *pm.* cierpki, kwaśny; ostry; gryzący; zgryźliwy; **-ness** (*-nəs*) *rz.* cierpkość; zgryźliwość.
tartan (*tā'tεn*) *rz.* żaglowiec; ~, *rz.* tartan (materjał szkocki w kratkę).
tartar (*tā'tə*) *rz.* winian potasu; winnik; ~, (*tā'tə*) *rz.* Tatar; człowiek nieużyty; **-ean, -eous, -ic** *pm.* piekielny; **-us** (*tā'tərəs*) *rz.* najniższe piekło, Hades.
tartlet (*tā'tlət*) *rz.* torcik.
task (*tā'sk*) *rz.* zadanie; praca; take to ~, strofować, zarzucić; ~, *cz.* dać do spełnienia, wyznaczyć robotę; wysilać (*np.* mózg); **-master** *rz.* dozorca.
tassel (*tæ'sεl*) *rz.* chwast (ozdoba).
tast-e (*tej'st*) *rz.* smak; upodobanie; gust; **-e** *cz.* smakować; doświadczać; kosztować; **-eful** (*-ful*) *pm.* gustowny; smaczny; **-efulness** *rz.* dobry smak; dobry gust; **-eless** *pm.* niesmaczny; bez smaku; **-y** (*-i*) *pm.* smaczny; smakowity.
tatter (*tæ'tə*) *rz.* łachman; gałgan; szmata; **-demalion** (*-dimej'-liən*) *rz.* obdartus.
tattle (*tæ'tεl*) *rz.* plotkowanie; gadulstwo; ~, *cz.* paplać; gawędzić; pleść; **-r** (*-ə*) *rz.* plotkarz; gaduła.
tattoo (*tətū'*) *rz.* tatuowanie; (*mil.*) capstrzyk; ~, *cz.* tatuować.
taught (*tō't*) *cz.* od **teach.**
taunt (*tō'nt*) *rz.* wyrzuty; szyderstwo; drwinki; przycinki; ~, *pm.* (*mar.*) wysoki; ~, *cz.* czynić wyrzuty; drwić; szydzić z kogoś.
taur-ine (*tō'rajn*) *pm.* byczy; **-us** (*tō'rəs*) *rz.* konstelacja byka (*astr.*).
taut (*tō't*) *pm.* napięty, wyprężony; **-en** (*tō'tn*) *cz.* naciągnąć; wyprężyć (się).
tautolog-ical (*tōtolo'dżikεl*) *pm.* tautologiczny; **-y** (*tōto'lodżi*) *rz.* tautologja.
tavern (*tæ'wən*) *rz.* karczma; szynk; oberża; **-keeper** *rz.* szynkarz, karczmarz.
taw (*tō'*) *rz.* kulka kamienna (do gry); ~, *cz.* wyprawiać skóry.
tawdr-iness (*tō'drinəs*) *rz.* błyskotliwość; bezwartościowość, jaskrawość; **-ry** (*tō'dri*) *pm.* błyskotliwy; jaskrawy; bezwartościowy.
tawny (*tō'ni*) *pm.* śniady, opalony, ogorzały.
tax (*tæ'ks*) *rz.* podatek; dań; wysiłek; ciężar; próba; ~, *cz.* nałożyć podatek; opodatkować; oceniać; taksować; wysilać; wymagać (wysiłku); ~ with, zarzucać komuś coś; **-able** (*-əbεl*) *pm.* podlegający opodatkowaniu; **-ation** (*tæksej'szεn*) *rz.* opodatkowanie; **-collector** *rz.*, **-gatherer** *rz.* poborca (podatkowy); **-payer** *rz.* podatnik.
taxi (*tæ'ksi*) *rz.* **-cab** *rz.* dorożka samochodowa, taksówka; **-meter** (*tæksi'mεtə*) *rz.* taksomierz; zegar.
tea (*tī'*) *rz.* herbata; herbatka; podwieczorek; **-board** *rz.* taca; **-caddy** *rz.* puszka do herbaty; **-chest** *rz.* skrzynia do przewozu herbaty; **-pot** *rz.* czajnik, imbryk; **-set** *rz.* zastawa do herbaty; **-spoon** *rz.* łyżeczka.
teach* (*tī'cz*) *cz.* nauczać; **-able** (*-əbεl*) *pm.* pojętny; **-er** *rz.* nauczyciel; **-ing** (*-iŋ*) *rz.* nauka, nauczanie.
teak (*tī'k*) *rz.* drzewo tikowe.
teal (*tī'l*) *rz.* cyranka (ptak).
team (*tī'm*) *rz.* zaprzęg; drużyna; **-ster** (*-stə*) *rz.* poganiacz; **-work** *rz.* współpraca, praca zespołowa.
tear (*tī'ə*) *rz.* łza; shed -s, wylewać łzy; all in -s, zapłakany; **-ful** (*-ful*) *pm.* płaczący, smętny.
tear* (*tē'ə*) *cz.* (roze)rwać; rozdzierać; rozszarpać; drzeć; targać; pędzić; ~ away, odrywać; ~, *rz.* rozdarcie, dziura; wear and ~, zużycie.
tease (*tī'z*) *cz.* dokuczać; gręplować; czesać; czochrać (wełnę); **-l** (*-εl*) *rz.* (*bot.*) oset.
teat (*tī't*) *rz.* cycek.
techn-ic(al) (*te'knik-εl*) *pm.* techniczny; **-icality, -icalness** (*teknikæ'liti, te'knikəlnəs*) *rz.* **-ics**

rz. lmn. technika; **-ique** (*tekni'k*) *rz.* technika (wykonania); **-ological** (*teknolo'dżikel*) *pm.* technologiczny; **-ologist** (*tekno'lodżist*) *rz.* technolog; **-ology** (*tekno'lodżi*) *rz.* technologja.
techy (*te'czi*) *pm.* opryskliwy.
tectonic (*tekto'nik*) *pm.* konstrukcyjny; tektoniczny.
ted (*tə'd*) *cz.* rozrzucać (trawę do suszenia).
tedious (*ti'dies*) *pm.* nudny; **-ness** (*-nəs*), **tedium** (*ti'diəm*) *rz.* nuda.
teem (*ti'm*) *cz.* obfitować, roić się; porodzić; ~, *cz.* wypróżnić.
teen (*ti'n*) *rz.* (przest.) smutek, zmartwienie.
teens (*ti'nz*) *rz.* lata młodzieńcze, wiek od 13 do 19 lat.
teeth (*ti'ʃ*) *rz. lmn.* od **tooth**; **-e** (*ti'ð*) *cz.* ząbkować; **-ing** (*ti'ðiŋ*) *rz.* ząbkowanie.
teetotaller (*titou'tələ*) *rz.* abstynent.
teetotum (*titou'tem*) *rz.* bąk (zabawka).
teg (*te'g*) *rz.* baranek, owieczka dwulatka.
tegu-lar (*te'gjulə*) *pm.* dachówkowy; **-ment** (*te'gjumənt*) *rz.* powłoka.
tehee (*tihi'*) *rz.* chichot, chichotanie.
tele-gram (*te'legrəm*) *rz.* telegram, depesza; **-graph** (*te'legrāf*) *rz.* telegraf; ~, *cz.* telegrafować; **-grapher, -graphist** (*tele'grəfə, -fist*) *rz.* telegrafista; **-graphic** (*telegræ'fik*) *pm.* telegraficzny; **-graphy** (*təle'grəfi*) *rz.* telegrafja; **-pathic** (*telepæ'ʃik*) *pm.* telepatyczny; **-pathy** (*təle'pəʃi*) *rz.* telepatja; **-phone** (*te'ləfoun*) *rz.* telefon; ~, *cz.* telefonować; **-phonic** (*telefo'nik*) *pm.* telefoniczny; **-scope** (*te'leskoup*) *rz.* teleskop; **-scopic** (*teleskou'pik*) *pm.* teleskopowy; **-vision** (*-wi'żen*) *rz.* telewizja.
tell* (*te'l*) *cz.* mówić; powiedzieć; wyliczać; opowiadać; kazać; rozpoznać; odróżnić; ~ off, odliczać; **-er** (*-ə*) *rz.* kasjer; opowiadacz; **-tale** (*te'ltejl*) *rz.* donosiciel; wskazówka; ~ ~, *pm.* zdradliwy.

tellur-ic (*telū'rik*) *pm.* telluryczny; ziemski; **-ium** (*telū'riem*) *rz.* tellur (*chem.*).
temer-arious (*temərе'riəs*) *pm.* zuchwały; **-ity** (*təme'riti*) *rz.* zuchwalstwo.
temper (*te'mpə*) *rz.* temperament, usposobienie; skłonność; złość; mieszanina; hart kruszców; ~, *cz.* miarkować; łagodzić; regulować; hartować (stal); mieszać; zmiękczyć; **-ament** (*-rəmənt*) *rz.* temperament; usposobienie; **-amental** (*temperəme'ntel*) *pm.* z temperamentem; usposobienia.
temperance (*te'mperəns*) *rz.* wstrzemięźliwość; umiarkowanie; abstynencja; **-ate** (*te'mpərət*) *pm.* umiarkowany; łagodny; **-ateness** (*-nəs*) *rz.* umiarkowanie.
temperature (*te'mpərəczə*) *rz.* temperatura.
tempest (*te'mpəst*) *rz.* burza, nawałnica; **-uous** (*tempe'stjuəs, -czuəs*) *pm.* burzliwy; **-uousness** *rz.* burzliwość.
templ-ar (*te'mplə*) *rz.* templarjusz; student prawa (w Londynie); **-ate** (*te'mplejt*), **-et** (*te'mplət*) *rz.* wzór; miara; oparcie kilu okrętu; **-e** (*te'mpel*) *rz.* świątynia; ~, *rz.* (*anat.*) skroń.
tempo-ral (*te'mpərel*) *pm.* doczesny, świecki; czasowy; ziemski; (*anat.*) skroniowy; **-rality** (*temporæ'liti*) *rz.* doczesność; **-rary** (*te'mpərəri*) *pm.* czasowy; chwilowy; **-rariness** (*te'mpərərinəs*) *rz.* tymczasowość; **-ize** (*te'mpərajz*) *cz.* zyskiwać na czasie; odwlekać, odkładać decyzję; stosować się do okoliczności.
tempt (*te'm[p]t*) *cz.* kusić; namówić do złego; **-ation** (*temtej'szen*) *rz.* pokusa; **-er** *rz.* kusiciel; uwodziciel; **-ing** (*-iŋ*) *pm.* kuszący; nęcący; **-ress** *rz.* kusicielka.
ten (*te'n*) *licz.* dziesięć; ~, *rz.* dziesięcioro; dziesiątka; **-fold** *pm.* dziesięciokrotny; **-th** (*ten'ʃ*) *rz.* dziesiąta część; ~, *pm.* dziesiąty.
tena-ble (*te'nəbel*) *pm.* obronny; **-cious** (*tənej'szəs*) *pm.* spoisty;

przylegający; wytrwały; wierny (o pamięci); **-ciousness, -city** (*-nəs, tenæ'siti*) *rz.* spoistość; moc; przyleganie; wytrwałość.
tenan-cy (*te'nənsi*) *rz.* dzierżawa; **-t** (*te'nənt*) *rz.* dzierżawca; lokator; czynszownik; **-t** *cz.* dzierżawić; mieszkać; **-table** (*-əbɛl*) *pm.* dzierżawny; **-try** *rz.* czynszownicy.
tench (*tə'ncz*) *rz.* lin (ryba).
tend (*te'nd*) *cz.* opiekować się; pilnować; paść; pielęgnować; służyć; stać w pogotowiu; ~, *cz.* zmierzać, dążyć do; prowadzić do; **-ance** (*te'ndɛns*) *rz.* opieka; **-entious** *pm.* tendencyjny; **-ency** (*te'ndɛnsi*) *rz.* tendencja, dążność; **-er** *rz.* statek dowożący węgiel; tender kolejowy.
tender *pm.* kruchy, delikatny; słaby; czuły; miękki; pulchny; młody; ~, *cz.* ofiarować; przedłożyć; złożyć; **-hearted** *pm.* czuły; **-ness** *rz.* czułość; tkliwość; troskliwość.
tend-inous (*te'ndinəs*) *pm.* ścięgniowy; **-on** (*te'ndɛn*) *rz.* ścięgno (*anat.*).
tenement (*te'nəmənt*) *rz.* posiadłość; mieszkanie.
tenet (*te'nət*) *rz.* zasada.
tennis (*te'nis*) *rz.* tenis.
tenon (*te'nɛn*) *rz.* czop (*stol.*).
tenor (*te'nə*) *rz.* treść, brzmienie; osnowa; (*muz.*) tenor.
tense (*tə'ns*) *rz.* czas (*gram.*).
tens-e (*te'ns*) *pm.* naprężony; napięty; emocjonujący; **-eness** (*-nəs*), **-ion** (*te'nszɛn*) *rz.* napięcie, natężenie; wytężenie; **-ile** (*-il*) *pm.* rozciągły; ~~ force, siła napięcia.
tent (*te'nt*) *rz.* namiot; ~, *cz.* [obozować.
tentac-le (*te'ntəkɛl*) *rz.* czułek (*zool.*); **-ular** (*təntæ'kjulə*) *pm.* czułkowy.
tentative (*te'ntətiw*) *pm.* próbny, doświadczalny.
tenter (*te'ntə*) *rz.* dozorca (maszyn); ~, *rz.* rozciągadło; be on the -s, be on **-hooks,** być na torturach.
tenu-ity (*tənju'iti*) *rz.* rzadkość; **-ous** (*te'njuəs*) *pm.* rzadki (o powietrzu); prosty (styl); subtelny.
tenure (*te'njuə*) *rz.* (czasowe) posiadanie; dzierżawa.
tepe-faction (*tepefæ'kszɛn*) *rz.* ocieplenie; **-y** (*te'pəfaj*) *cz.* ocieplić.
tepid (*te'pid*) *pm.* letni; ciepławy; **-ity, -ness** (*tepi'diti, te'pidnəs*) *rz.* letniość.
tercet (*tə̄'set*) *rz.* tercja (*muz.*).
terebinth (*te'rəbinþ*) *rz.* terpentynowiec (*bot.*); **-ine** (*terəbi'nþin*) *pm.* terpentynowy.
tergiversate (*tə̄'dżiwəsejt*) *cz.* przekabacić się.
term (*tə̄'m*) *rz.* kraniec; kres; czas; termin; trymestr, kwartał; okres; określenie; kadencja; *lmn.* słowa; warunki; stosunek (wzajemny); be on good -s, być w przyjaźni; be on familiar -s, żyć na stopie (wielkiej) zażyłości; ~, *cz.* nazwać; **-day** *rz.* termin płatności (komornego).
termagan-cy (*tə̄'məgənsi*) *rz.* kłótliwość, swarliwość; **-t** (*tə̄'məgənt*) *pm.* kłótliwy; ~~, *rz.* jędza.
termin-al (*tə̄'minɛl*) *pm.* graniczny, końcowy; **-ate** (*tə̄'minejt*) *cz.* zakończyć; skończyć (się); **-ation** (*-ej'szɛn*) *rz.* końcówka (*gram.*); koniec; zakończenie; **-ative** (*-iw*) *pm.* końcowy; **-us** (*tə̄'minɛs*) *rz.* końcowa stacja.
terminology (*tə̄mino'lodżi*) *rz.* terminologja.
termite (*tə̄'majt*) *rz* termit, biała mrówka.
tern (*tə̄'n*) *rz.* mewa; ~, *rz.* terno; **-ary** (*tə̄'nəri*) *pm.* potrójny.
terrace (*te'rəs*) *rz.* taras.
terracotta (*tərəkou'tə*) *rz.* terakota.
terrapin (*te'rəpin*) *rz.* żółw jadalny.
terrene (*terī'n*) *pm.* ziemski, ziemny.
terrestrial (*təre'striəl*) *pm.* ziemski, doczesny; ~, *rz.* mieszkaniec ziemi.
terrible (*te'ribɛl*) *pm.* straszny, okropny; srogi; straszliwy.
terrier (*te'riə*) *rz.* foksterjer.
terri-fic (*təri'fik*) *pm.* przerażający; okropny; straszliwy; **-fy** (*te'rifaj*) *cz.* przerazić; przestraszyć (with, czem).

territor-ial (*teritō'riəl*) *rz.* żołnierz obrony krajowej; ~, *pm.* terytorjalny, ziemski, powiatowy; **-y** (*te'ritori*) *rz.* obszar; terytorjum.
terror (*te'rə̄*) *rz.* przerażenie; strach; **-ism** (*tə'rorizem*) *rz.* teror; **-ize** (*te'rorajz*) *cz.* teroryzować, przerazić.
terse (*tə̄'s*) *pm.* zwięzły; gładki; czysty; **-ness** (*-nəs*) *rz.* zwięzłość; gładkość.
tert an (*tə̄'szəŋ*) *pm.* powtarzający się co drugi dzień.
tertiary (*tə̄'szjəri*) *pm.* trzeciorzędowy.
tesselated (*te'səlejtɛd*) *pm.* w kostki; w kratki.
test (*te'st*) *rz.* skorupa; ~, *rz.* próba; doświadczenie; wzór; probierca; (w prawie) przysięga na wierność; ~, *cz.* doświadczać, próbować. [rupiasty.
testaceous (*testej'szəs*) *pm.* sko-
testa-ment (*te'stəmənt*) *rz.* pismo święte; testament; **-mentary** (*testəme'ntəri*) *pm.* testamentowy; **-te** (*te'stejt*), **-tor** (*testej'tə*) *rz.* spadkodawca; **-atrix** (*-riks*) *rz.* spadkodawczyni.
tester (*te'stə̄*) *rz.* kotara (nad łożem).
testicles (*te'stikɛlz*) *rz. lmn.* jądra.
testify (*te'stifaj*) *cz.* zeznawać; zaświadczyć, świadczyć o.
testimon-ial (*testimou'niel*) *rz.* świadectwo, zaświadczenie, dowód; **-y** (*te'stiməni*) *rz.* świadectwo; zeznanie; dowody; bear ~, świadczyć, składać świadectwo, że...; in ~ of, w dowód (czegoś).
test-iness (*te'stinəs*) *rz.* gniewliwość; **-y** (*te'sti*) *pm.* gniewliwy; drażliwy; opryskliwy.
testudinal (*testū'dinɛl*) *pm.* skorupiasty.
tetanus (*te'tənəs*) *rz.* tetanos; szczękościsk.
tetchy (*te'czi*) *pm.* opryskliwy.
tether (*te'ðə*) *rz.* pęta; ~, *cz.* spętać.
tetra-gon (*te'trəgon*) *rz.* czworokąt; **-gonal** *pm.* czworokątny; **-hedral** (*tetrehī'drɛl*) *pm.* czworoboczny; **-hedron** (*-hī'dron*) *rz.* czworobok; **-merous** (*tetræ'mirəs*) *pm.* czworaki.
tetrarch (*tī'trāk*) *rz.* tetrarcha; **-ate, -y** (*-kejt, te'trāki*) *rz.* tetrarchat.
tetter (*tə'tə*) *rz.* wyrzuty na skórze; liszaj.
Teutonic (*tjuto'nɪk*) *pm.* teutoński, germański.
text (*te'kst*) *rz.* tekst; **-book** *rz.* podręcznik.
text-ile (*te'kstil, -tajl*) *rz.* tkanina; materja; ~, *pm.* tekstylny; tkany, tkacki; **-ure** (*te'ksczə, -tjuə*) *rz.* tkanina; materja.
textual (*te'kstjuəl, -czuəl*) *pm.* dosłowny; zgodny z tekstem.
than (*ðæ'n*) *łączn.* niż, aniżeli, od.
thane (*þej'n*) *rz.* szlachcic (*hist.*).
thank (*þæ'ŋk*) *cz.* dziękować; składać dzięki; **-ful** (*-ful*) *pm.* wdzięczny; zobowiązany; **-fulness** *rz.* wdzięczność; **-less** *pm.* niewdzięczny; **-offering** *rz.* ofiara dziękczynna; **-s** *rz. lmn.* podziękowanie; dzięki; ~ to, dzięki czemuś; **-sgiving** *rz.* dziękczynienie; **-worthy** *pm.* godny wdzięczności.
that (*ðæ't*) *z.* ten, ta, to; tamten, tamta, tamto; ten, który; ta, która; to, które; ~, *łącz.* aż; że; aby, żeby; ażeby; by; so ~, in so much ~, tak, iż; ~ far, aż tak daleko:
thatch (*þæ'cz*) *rz.* strzecha; ~, *cz.* kryć słomą.
thaumaturg-ical(al) (*þōmətə̄'dżikɛl*) *pm.* cudotwórczy; magiczny; **-y** (*þō'mətə̄dżi*) *rz.* magja.
thaw (*þō*) *rz.* odwilż; ~, *cz.* tajać; topnieć, odmarzać.
the (*ðə', ði', ðī'*) *rodzajnik określony;* ten, ta, to; te; ów, owa, owo; owe; ~, *ps.* the... the..., im... tem; ~ sooner, ~ better, im wcześniej, tem lepiej.
theatr-e (*þī'ətə*) *rz.* teatr; widownia; teren; sala; **-ical** (*þiæ'trikɛl*) *pm.* teatralny; **-icals** *rz. lmn.* przedstawienia (amatorskie).
thee (*ðī'*) *z.* ciebie, tobie.
theft (*þe'ft*) *rz.* kradzież; złodziejstwo.
their (*þə̄'ə*), **-s** (*þə̄'əz*) *z.* ich, swój, swoje; swoich.
thei-sm (*þī'izɛm*) *rz.* teizm; **-st** (*þī'ist*) *rz.* teista; **-stic(al)** (*þīi'stik-ɛl*) *pm.* teistyczny.

them (*δe'm*) *z. 3 os.* ich; je; one; im; **-selves** (*δemse'lwz*) *z.* się; ich (samych), (sami) siebie; (same) siebie.
theme (*ƀī'm*) *rz.* temat; przedmiot; zadanie.
then (*δe'n*) *pm.* ówczesny; ~, *ps.* wtedy, potem; później; wówczas; podówczas; poczem; ~, *łącz.* w takim razie, tedy, przeto; więc; by ~, do tego czasu.
thence (*δe'ns*) *ps.* od tego miejsca, stąd; od tego czasu, odtąd; stamtąd; z tego powodu; **-forth** (*δe'nsfōƀ*) *ps.* nadal; od owego czasu; **-forward** (*δe'nsfō'uəd*) *ps.* dalej, nadal; na przyszłość; od owego czasu.
theocra-cy (*ƀio'krəsi*) *rz.* teokracja; **-tic** (*ƀiokræ'tik*) *pm.* teokratyczny.
theodolite (*ƀio'dolajt*) *rz.* teodolit.
theolog-ian (*ƀεolo'dżiən*) *rz.* teolog; **-ical** (*ƀiolo'dżikεl*) *pm.* teologiczny; **-ist** (*ƀio'lodżist*) *rz.* teolog; **-y** (*ƀio'lodżi*) *rz.* teologja.
theorbo (*ƀiō'bou*) *rz.* teorban.
theorem (*ƀī'ərəm*) *rz.* teoremat, twierdzenie (*mat.*).
theor-etical (*ƀīəre'tikεl*) *pm.* teoretyczny; **-ist** (*ƀī'ərist*) *rz.* teoretyk; **-ize** (*ƀī'ərajz*) *cz.* teoryzować; **-y** (*ƀī'əri*) *rz.* teorja.
theosoph-ical (*ƀīōso'fikεl*) *pm.* teozoficzny; **-ist** (*ƀio'sofist*) *rz.* teozof; **-y** (*ƀio'sofi*) *rz.* teozofja.
therapeutic(al) (*ƀerəpjū'tik-εl*) *pm.* terapeutyczny, leczniczy; **-s** *rz. lmn.* terapja.
there (*δe'ə*) *ps.* tam; dotąd; ~, *w.* oto! masz!; ~ are, są, istnieją; ~ is, jest, istnieje; ~ he is, oto jest; **-about, -abouts** *ps.* tam gdzieś, w tamtej okolicy; mniej więcej, około tego; **-after** *ps.* potem, podług tego; **-at** *ps.* przytem, wtem, jednocześnie; do tego, na tem; koło tego; **-by** *ps.* w ten sposób; przytem; w związku z tem; blisko, około tego; przez to; **-for** *ps.* dlatego, w tym celu; **-fore** *ps.* i *łącz.* dlatego to, przez to, więc; przeto; zatem; **-from** *ps.* stąd, z tego; **-in** *ps.* tam; w tym; **-into** *ps.* tam; do tego; **-of** *ps.* tego, z tego; **-on** *ps.* na tem; na to; **-out** *ps.* z tego; stąd; **-to, -unto** *ps.* dotąd, do tego; **-upon** *ps.* poczem; potem; nadto; **-with** *ps.* z tem, jednocześnie; przy tem; **-withal** *ps.* nadto, prócz tego; z tem wszystkiem; zarazem; razem.
therm-al, -ic (*ƀə'mεl*) *pm.* termalny, cieplny; **-ometer** (*ƀəmo'mətə*) *rz.* termometr, ciepłomierz; **-ometric(al)** (*ƀəmome'trik-εl*) *pm.* termometryczny; **-os** *rz.* termos.
thesaurus (*ƀεsō'rəs*) *rz.* słownik.
these (*δī'z*) *lmn.* od **this**.
thesis (*ƀī'sis*) *rz.* (*lmn.* **theses**) teza.
thews (*ƀjū'z*) *rz. lmn.* mięśnie muskuły.
they (*δej'*) *z.* oni, one; ci, którzy.
thick (*ƀi'k*) *pm.* gruby; gęsty; mglisty; niewyraźny; rzęsisty; skupiony; mętny; szczelny; częsty; tępy; ~, *rz.* gęstość; gęstwina; gąszcz; in the ~ of the fight, w największym wirze walki; through ~ and thin, w doli i niedoli; **-en** (*-ə*) *cz.* pogrubiać; gęstnieć; **-ening** (*ƀi'kniŋ*) *rz.* zgęstnienie; zgrubienie; **-et** (*ƀi'kεt*) *rz.* gęstwina; zarośla; gąszcz; **-ness** *rz.* grubość; gęstość; szczelność; tępota; **-set** (*-sət*) *pm.* gęsty; przysadkowaty; krępy.
thie-f (*ƀī'f*) *rz.* złodziej, -ka; **-ve** (*ƀī'w*) *cz.* kraść, okradać; **-very** (*ƀī'wəri*) *rz.* złodziejstwo; kradzież; **-vish** (*ƀī'wisz*) *pm.* złodziejski; **-vishness** *rz.* żyłka złodziejska.
thigh (*ƀaj'*) *rz.* udo.
thill (*ƀi'l*) *rz.* dyszel.
thimble (*ƀi'mbεl*) *rz.* naparstek.
thime patrz **thyme.**
thin (*ƀi'n*) *pm.* cienki, wąski; rozrzedzony; rzadki; marny; chudy; lichy; nieliczny; ~, *cz.* rozcieńczyć; rozrzedzić; wycieńczyć, przerzedzić; **-ness** *rz.* cienkość; rzadkość.
thine (*δaj'n*) *z.* twój, twoja; twoje.
thing (*ƀi'ŋ*) *rz.* rzecz; wydarzenie; istota; przedmiot; stworzenie; quite another ~, całkiem co innego.
think* (*ƀi'ŋk*) *cz.* myśleć, mniemać; mieć na myśli; uważać;

poczytywać; **-er** (-ə) *rz.* myśliciel; free ~, wolnomyślny.
third (*ƀə'd*) *pm.* trzeci; ~, *rz.* jedna trzecia; every ~, co trzeci.
thirst (*ƀə't*) *rz.* pragnienie; (*fig.*) żądza; ~, *cz.* pragnąć; pożądać; **-y** *pm.* spragniony, pragnący.
thirt-een (*ƀətī'n*) *rz.* trzynastka; ~, *licz.* trzynaście; **-eenth** (*ƀətī'nƀ*) *pm.* trzynasty; **-ieth** (*ƀə'tiəƀ*) *pm.* trzydziesty; **-y** (*ƀə'ti*) *licz.* trzydzieści.
this (*ði's*) *z.* ten, ta, to; ~ day week, od dziś za tydzień.
thistle (*ƀi'sel*) *rz.* oset.
thither (*ði'ðə*) *ps.* tam, do tamtego miejsca; **-to** *ps.* aż do tamtego miejsca; aż do tego stopnia, tak dalece; **-ward** (-*uəd*) *ps.* ku tamtemu miejscu, tam, w tamtym kierunku.
thole (*ƀou'l*) *rz.* dulka (łódki).
thong (*ƀo'ŋ*) *rz.* rzemień, pasek.
thorax (*ƀo'ræks*) *rz.* tors (*anat.*).
thorn (*ƀō'n*) *rz.* cierń; kolec; be a ~ in one's side, być komuś solą w oku; sit on -s, siedzieć jak na szpilkach; **-back** *rz.* ciernik (ryba); **-y** *pm.* cierniowy, ciernisty.
thorough (*ƀă'rə*) *pm.* dokładny; całkowity; zupełny; gruntowny; ~, *pi.* przez; **-bred** *pm* rasowy; **-fare** *rz.* przejście; przejazd; arterja; ulica; **-going** *pm.* dokładny, gruntowny; **-paced** *pm.* dobrze ujeżdżony (o koniu).
thorp(e) (*ƀō'p*) *rz.* wioska.
those (*ðou'z*) *lmn.* od **that.**
thou (*ðau'*) *z.* ty.
though (*ðou'*) *ps.* jakkolwiek; chociaż; aczkolwiek; gdyby nawet; jednakże; lubo; jednak; wszelako; as ~, jak gdyby; ~ it were, choćby tylko.
thought (*ƀō't*) *cz.* od **think**; ~, *rz.* myśl; wyobrażenie; namysł; troska; krzta; **-ful** (-*ful*) *pm.* myślący; zadumany; dbały; troskliwy; **-fulness** *rz.* zamyślenie; troska; dbałość; **-less** *pm.* bezmyślny; lekkomyślny; niedbały; **-lessness** *rz.* lekkomyślność, roztrzepanie, bezmyślność, niedbalstwo.
thousand (*ƀau'zend*) *licz.* tysiąc; **-fold** *pm.* tysiąckrotny; **-th** (-*ƀ*) *pm.* tysiączny.
thral-dom (*ƀrō'ldem*) *rz.* niewola; **-l** (*ƀrō'l*) *rz.* niewolnik; niewola.
thrash (*ƀræ'sz*) *cz.* młócić; wymłócić; (*fig.*) sprać; **-er** (-ə) *rz.* młockarnia; młocarz; **-ing** (-*ŋ*) *rz.* młócenie; (*fig.*) lanie; **-ing-floor** *rz.* klepisko; **-ing-machine** *rz.* młockarnia.
thread (*ƀre'd*) *rz.* nitka, nić; wątek; ~, *cz.* nawlekać igłę; nizać; przewijać się; hang by a ~, wisieć na nitce; **-bare** *pm.* wytarty; **-y** *pm.* niciany; cienki.
threat (*ƀre't*) *rz.* groźba; pogróżka; **-en** *cz.* zagrozić; zagrażać; odgrażać się (with, czem); **-ful** (-*ful*) *pm.* groźny.
three (*ƀrī'*) *licz.* trzy, troje; **-cornered** *pm.* trójkątny; **-fold** *pm.* potrójny; ~, *ps.* potrójnie; **-pence** (*ƀru'pens*) *rz.* trzy pensy; **-penny** (*ƀru'pni*) *pm.* trzypensowy; **-score** (*ƀrī'skoə*) *rz.* sześćdziesiąt.
thresh patrz **thrash.**
threshold (*ƀre'szould*) *rz.* próg.
threw (*ƀrū'*) *cz.* od **throw.**
thrice (*ƀraj's*) *ps.* trzykrotnie, trzy razy.
thrid (*ƀri'd*) patrz **thread.**
thrift (*ƀrift*), **-iness** (-*inəs*) *rz.* gospodarność, zapobiegliwość; oszczędność; **-less** *pm.* rozrzutny; **-y** *pm.* gospodarny, zapobiegliwy; oszczędny.
thrill (*ƀri'l*) *rz.* dreszcz; ~, *cz.* przejąć, przenikać; wstrząsnąć; drżeć (z radości).
thriv-e* (*ƀraj'w*) *cz.* prosperować, rozwijać się; kwitnąć; powodzić się; chować się dobrze; **-ingness** *rz.* pomyślność, powodzenie; dobry byt.
throat (*ƀrou't*) *rz.* gardło; krtań; gardziel; force (thrust) down one's ~, zmusić do wysłuchania.
throb (*ƀro'b*) *rz.* pulsowanie, drganie; ~, *cz.* drgać; pulsować; uderzać (o sercu).
throe (*ƀrou'*) *cz.* męczyć się; **-s** *rz. lmn.* bóle (porodowe).
thrombosis (*ƀrombou'*[illegible]) *rz.* skrzep (*med.*).

throne (*ƀrou'n*) *rz.* tron; stolec; ~, *cz.* osadzić na tronie.
throng (*ƀro'ŋ*) *rz.* tłum; ciżba; ścisk; natłok; ~, *cz.* gromadzić się tłumnie; cisnąć się; tłoczyć się.
throstle (*ƀro'sɛl*) *rz.* drozd (*orn.*).
throttle (*ƀro'tɛl*) *rz.* gardziel; krtań; gardło; ~, *cz.* udusić; zadusić; zdławić; ~ **valve** *rz.* klapa regulująca dopływ.
through (*ƀrū'*) *pm.* bezpośredni; be ~ with something, skończyć coś; ~, *ps.* i *pi.* wskroś; przez; podczas; nawylot; od końca do końca; od początku do końca; **-out** (*-au't*) *ps.* i *pi.* nawskroś; poprzez; wszędzie; nawylot; całkowicie; zupełnie; **~train** *rz.* pociąg bezpośredni.
throve (*ƀrou'w*) *cz.* od **thrive**.
throw (*ƀrou'*) *rz.* rzut; *~, *cz.* rzucać, ciskać; odrzucać; skręcać (nitki); lepić z gliny na kole garncarskiem; powalić; kostki rzucać (o co); miotać; ~ away, wyrzucać; marnować; ~ by, rzucić, porzucić; ~ off, zdejmować (*np.* płaszcz); zrzucić; ~ up, zrzucić, womitować; podrzucać wgórę; porzucić; ~ up the sponge, dać za wygraną; ~ into the shade, zaćmić; **-ster** (*-stə*) *rz.* zwijacz.
thrum (*ƀră'm*) *rz.* brzdąkanie; ~, *cz.* rzępolić; brzdąkać.
thrush (*ƀră'sz*) *rz.* grzebienica (*med.*); drozd (*orn.*).
thrust (*ƀră'st*) *rz.* pchnięcie; napad; natarcie; *~, *cz.* pchnąć, dźgać; kłuć; szturchnąć; wsunąć; przecisnąć (się); ~ out, wypchnąć, wyprzeć, wytrącić.
thud (*ƀă'd*) *rz.* głuchy odgłos.
thumb (*ƀă'm*) *rz.* kciuk, duży palec (ręki); (*fig.*) władza; ~, *cz.* powalać palcami; **-screw** *rz.* śruba do wykręcania palców; **-stall** *rz.* paluch.
thump (*ƀă'mp*) *rz.* uderzenie; ~, *cz.* grzmotnąć; walnąć.
thunder (*ƀă'ndə*) *rz.* grzmot; grom; piorun; ~, *cz.* grzmieć; ciskać pioruny; piorunować; **-bolt** *rz.* piorun; **-clap** *rz.* uderzenie pioruna; grzmot; **-ous** (*-rəs*) *pm.* piorunowy; grzmiący; **~storm** *rz.* burza z piorunami; **-stroke** *rz.* uderzenie pioruna; ~ **struck** *pm.* rażony piorunem.
Thursday (*ƀə'zdi*) *rz.* czwartek.
thus (*ðă's*) *ps.* tak, w ten sposób, przeto, tym sposobem.
thwack (*ƀuæ'k*) *rz.* grzmotnienie; uderzenie; ~, *cz.* grzmotnąć; gruchnąć.
thwart (*ƀuō't*) *ps.* wpoprzek; ~, *cz.* udaremnić, pokrzyżować (plany); popsuć (szyki).
thy (*ðaj'*) *z.* twój, twoja, twoje; **-self** *z.* ty, ciebie; się, siebie, sobie.
thym-e (*taj'm*) *rz.* tymian; macierzanka (*bot.*); **-y** *pm.* macierzankowy, pachnący.
thymol (*ƀaj'mol*) *rz.* tymol.
tiara (*tiā'rə*) *rz.* tjara.
tibia (*ti'biə*) *rz.* goleń; kość goleniowa; **-l** *pm.* goleniowy.
tic (*ti'k*) *rz.* tik (nerwowy).
tick (*ti'k*) *rz.* poszewka, powłoczka; ~, *rz.* borg; kredyt; ~, *rz.* kleszcz (owad); ~, *rz.* tykanie (żegara); ~, *cz.* tykać; ~, *cz.* brać na borg, na kredyt; **-ing** (*-iŋ*) *rz.* cwelich, materjał na powłoczki.
ticket (*ti'kɛt*) *rz.* bilet; **-office** *rz.* kasa biletowa; ~ of leave, urlop (więźnia); ~ night, benefis.
tickl-e (*ti'kɛl*) *rz.* łaskotki; **-e** *cz.* łechtać, łaskotać; podobać się; zabawić; **-ish** (*-isz*) *pm.* łaskotliwy; **-ishness** *rz.* łaskotliwość.
ticktack (*ti'ktæ'k*) *rz.* tykanie.
tidal (*taj'dɛl*) *pm.* przypływowy; odpływowy.
tide (*taj'd*) *rz.* odpływ; przypływ; okres, czas, pora; ~, *cz.* przypływać i odpływać; znosić (o wodzie); spławiać za przybraniem morza; ~ over, zapomnieć o (kłopocie); **-gate** *rz.* szluza, upust; **-waiter** *rz.* urzędnik komory celnej (nadbrzeżnej).
tid-iness (*taj'dinəs*) *rz.* schludność; **-y** (*taj'di*) *cz.* zrobić porządek, uprzątnąć; ~, *pm.* porządny; czysty; schludny.
tidings (*taj'diŋz*) *rz. lmn.* wiadomość, nowina.
tie (*taj'*) *rz.* węzeł; krawat; podkład kolejowy; nierozegrana partja; ~, *cz.* zawiązać; połączyć; uwiązać; **-wig** *rz.* peruka ztyłu zawiązana.

tier (*tī'ə*) *rz.* rząd, szereg; warstwa.
tierce (*tī'əs*) *rz.* (*muz.*) tercja; beczka = 42 galonom; sztych floretem.
tiff (*ti'f*) *rz.* zwada; napad (złego humoru); ~, *cz.* gniewać się.
tiffany (*ti'fəni*) *rz.* gaza.
tiffin (*ti'fin*) *rz.* przekąska.
tiger (*taj'gə*) *rz.* tygrys; ~**cat**, dziki kot; ~**lily**, lilja chińska nakrapiana.
tigress (*taj'grəs*) *rz.* tygrysica.
tight (*taj't*) *pm.* obcisły, opięty; szczelny; wyprężony; naciągnięty; skrępowany; zamknięty; mocny; **-en** (*taj'ten*) *cz.* ściągać, spinać; cisnąć; ściskać; zacieśnić; skrępować; zasznurować; **-fisted** *pm.* skąpy; **-ness** *rz.* obcisłość; szczelność; spójność; opiętość; **-s** *rz. lmn.* trykoty.
tike (*taj'k*) *rz.* pies.
tilbury (*ti'lbəri*) *rz.* powozik dwukołowy.
tile (*taj'l*) *rz.* dachówka; ~, *cz.* kryć dachówką; pokrywać dach; **-kiln** *rz.* cegielnia; **-r** *rz.* dekarz; dachówkarz.
tiling (*taj'liŋ*) *rz.* dachówka (zbiorowo).
till (*ti'l*) *ps.* i *pi.* aż do, do, dopóki; póki; aż po; ~, *rz.* kasa, szufladka (na pieniądze); ~, *cz.* orać, uprawiać rolę; **-able** (*-əbel*) *pm.* uprawny; orny; **-age** (*-edż*) *rz.* uprawa roli; orka; **-er** *rz.* rolnik; ~, *rz.* dźwig steru; rudel (u czółna); odrośl.
tilt (*ti'lt*) *rz.* natarcie; pochylenie kopji; uderzenie; full ~, cwałem; ~, *rz.* przykrycie, brezent; ~, *cz.* nachylać (się); przechylić (się); uderzać (kopją); kruszyć kopję; **-hammer** *rz.* młot mechaniczny.
tilth (*ti'lþ*) *rz.* uprawa, ziemia uprawna.
timber (*ti'mbə*) *rz.* drzewo; budulec; **-yard** *rz.* skład drzewa.
timbrel (*ti'mbrəl*) *rz.* tamburino.
time (*taj'm*) *rz.* czas; pora; takt; raz; in course of ~, zczasem; for the ~ being, narazie; at -s, czasami; in the nick of ~, w najodpowiedniejszej chwili; what ~ is it? która godzina; the first ~, pierwszy raz; every ~, za każdym razem; many a ~, niejednokrotnie, behind ~, zapóźno; once upon a ~, dawno temu; pewnego razu; in ~, zczasem, na czas; high ~, najwyższy czas; ~, *cz.* odmierzać czas; wybijać takt; naregulować (zegarek); wybrać chwilę; czynić w właściwym czasie, w porę; **-less** *pm.* niewczesny; **-keeper, -piece** *rz.* czasomierz; zegarek; **-liness** (*-linəs*) *rz.* odpowiednia pora; **-ly** (*-li*) *pm.* właściwy (o czasie); stosowny; **-server** *rz.* oportunista; **-serving** *pm.* oportunistyczny; **-table** *rz.* rozkład jazdy; podział godzin.
timid (*ti'mid*), **timorous** (*ti'mərəs*) *pm.* nieśmiały, bojaźliwy; **-ity** (*timi'diti*), **-ness** (*-nəs*) *rz.* bojaźliwość, nieśmiałość.
timothy (*ti'moþi*), ~ **grass** *rz.* tymianek.
tin (*ti'n*) *rz.* cyna; ~, *cz.* pobielać cyną; **-foil** *rz.* cynfolja, blaszka cynowa; **-man, -ner, -smith** *rz.* blacharz; **-ny** (*-i*) *pm.* cynowy; zawierający cynę; **-ware** *rz.* cynowe naczynia.
tincal (*ti'ŋkəl*) *rz.* boraks nieczyszczony.
tincture (*ti'ŋkczə*) *rz.* tynktura, roztwór; ~, *cz.* pofarbować; zabarwić.
tinder (*ti'ndə*) *rz.* hubka; ~ **box** *rz.* skrzyneczka z hubką i krzesiwkiem.
tine (*taj'n*) *rz.* rosocha (rogów jelenich).
tinge (*ti'ndż*) *rz.* odcień, zabarwienie; smak; ~, *cz.* zabarwiać; zafarbować.
tingle (*ti'ŋgel*) *cz.* szczypać (o mrozie); my ears ~, w uszach mi dzwoni.
tinker (*ti'ŋkə*) *rz.* pobielacz kotłów; partacz; ~, *cz.* pobielać rondle; łatać.
tinkle (*ti'ŋkel*) *rz.* dźwięk, dzwonienie; ~, *cz.* dźwięczeć, dzwonić; brzmieć; brzęczeć.
tinsel (*ti'nsel*) *rz.* blichtr; błyskotka; świecidło; ~, *pm.* błyskotliwy; świecący; ~, *cz.* ozdabiać błyskotkami.
tint (*ti'nt*) *rz.* odcień; kolor, barwa.

tiny (*taj'ni*) *pm.* maluchny; malutki.
tip (*ti'p*) *rz.* trącenie; napiwek; koniuszek; szpic; rada; ~, *cz.* dotknąć; trącić lekko; przechylać się; dać napiwek; okuć ostrze; ~ one a wink, mrugnąć; **-cart** *rz.* wóz do wywrócenia; **-pet** (*ti'pət*) *rz.* szal; peleryna; **-staff** *rz.* buława (władzy); **-toe** *rz.* koniec palców; ~, *ps.* na palcach (iść).
tipple (*ti'pɛl*) *rz.* trunek; ~, *cz.* upijać się; **-r** *rz.* pijak.
tips-iness (*ti'psinəs*) *rz.* podchmielenie; **-y** *pm.* podchmielony; pijany.
tirade (*tirej'd*) *rz.* tyrada.
tire (*taj'ə*) *rz.* ubiór głowy (przest.); opona (auta); ~, *cz.* zmęczyć; znużyć; nakryć głowę; **-d** (*taj'əd*) *pm.* zmęczony; znużony; **-dness** *rz.* zmęczenie; znużenie; **-some** (*-səm*) *pm.* męczący, nudny; nużący; **-someness** *rz.* nuda, umęczenie.
'tis (*ti's*) = **it is.**
tissue (*ti'szu*) *rz.* tkanina; pasmo, szereg; tkanka; ~, *cz.* tkać, przetykać; **-paper** *rz.* bibułka.
tit (*ti't*) *rz.* maleństwo; (*orn.*) sikora; ~ for tat, piękne za nadobne.
titbit (*ti'tbit*) *rz.* łakoć, smakołyk; przysmaczek.
titanic (*taj'tænik*) *pm.* tytaniczny.
tith-able (*taj'ðəbɛl*) *pm.* podlegający dziesięcinie; **-e** (*taj'ð*) *rz.* dziesięcina (kościelna); **-e** *cz.* nakładać dziesięcinę.
titilla-te (*ti'tilejt*) *cz.* łaskotać; łechtać; **-tion** (*-ej'szɛn*) *rz.* łaskotanie; łechtanie.
titlark (*ti'tlāk*) *rz.* skowronek łąkowy.
title (*taj'tɛl*) *rz.* tytuł; napis; nazwa; prawo; pretensja; ~, *cz.* tytułować; dawać nazwę; uprawnić; **-d** *pm.* utytułowany; ~ **deed** *rz.* dowód własności; **-less** *pm.* bez tytułu; ~ **page** *rz.* karta tytułowa.
titmouse (*ti'tmaus*) *rz.* sikora.
titter (*ti'tə*) *rz.* chichot; ~, *cz.* chichotać.
tittle (*ti'tɛl*) *rz.* kropka; krzta.
tittle-tattle (*ti'tɛltætɛl*) *rz.* plotki; ~, *cz.* gawędzić, plotkować.
titubation (*titjubej'szɛn*) *rz.* zdenerwowanie, niepokój.
titular (*ti'tjulə*) *pm.* tytularny; honorowy.
to (*tu'*) *pi.* na, w, w porównaniu; do, ku; dla; względem; ~, *ps.* naprzód, dalej; *oznaka trzeciego przypadku:* given ~ me, oddany mi; ~ and fro, tu i tam; as ~ that, co do tego; ~ a man, wszyscy co do jednego.
toad (*tou'd*) *rz.* ropucha; **-eater** *rz.* pochlebca; **-fish** *rz.* żaboryb; **-stone** *rz.* żabi kamień; **-stool** *rz.* muchomór.
toast (*tou'st*) *rz.* grzanka; osoba, na której cześć wzniesiony jest toast; toast; ~, *cz.* przypiekać; wznosić toast; **-ing-fork** *rz.* widelec do robienia grzanek; **-master** *rz.* mistrz ceremonji.
tobacco (*təbæ'kou*) *rz.* tytoń; **-nist** (*təbæ'kənist*) *rz.* właściciel trafiki; **-pipe** *rz.* fajka; **-pouch** *rz.* worek na tytoń.
toboggan (*tobo'gən*) *rz.* saneczki; ~ **shoot,** ~ **slide** *rz.* tor saneczkowy.
tocsin (*to'ksin*) *rz.* dzwon alarmowy, alarm.
tod (*to'd*) *rz.* krzak; lis; 28 funtów wełny.
to(-)day (*tudej'*) *ps.* dziś, obecnie.
toddle (*to'dɛl*) *rz.* dziecko; ~, *cz.* dreptać; iść niepewnym krokiem.
toddy (*to'di*) *rz.* wino palmowe; poncz szkocki.
to-do (*tudu'*) *rz.* poruszenie, hałas.
toe (*tou'*) *cz.* ~ the line, stać na (samej) granicy; ~, *rz.* palec u nogi; from top to ~, od stóp do głów; tread on one's -s, włazić komuś na nagniotki (*fig.*).
toff (*to'f*) *rz.* (gwar.) elegant.
toft (*to'ft*) *rz.* zagroda.
toga (*tou'gə*) *rz.* toga.
together (*tuge'ðə*) *ps.* razem; wspólnie; zrzędu; ~ with, wraz z; for hours ~, całemi godzinami.
toggle (*to'gɛl*) *cz.* umocować.

toil (*toj'l*) *rz.* znój; trudy; mozół; *lmn.* sieć (na ptaki), sidło; ~, *cz.* trudzić się; mozolić się; ciężko pracować; harować, **-some** (*-səm*) *pm.* pracowity, mozolny; **-someness** *rz.* mozół; trud.
toilet (*toj'lət*) *rz.* tualeta; ~ **paper** *rz.* papier klozetowy.
Tokay (*tokej'*) *rz.* tokaj.
token (*tou'kεn*) *rz.* znak, dowód; pamiątka; upominek.
told (*tou'ld*) *cz.* od **tell**; I was ~, mówiono mi, powiedziano mi.
toledo (*tolī'dou*) *rz.* klinga, szpada (z Toledo).
toler-able (*to'lərəbεl*) *pm.* znośny; niezgorszy; **-ableness** (*-nəs*) *rz.* znośność; **-ance** (*to'lərəns*) *rz.* tolerancja; pobłażanie; **-ant** (*-ənt*) *pm.* tolerancyjny, pobłażliwy; **-ate** (*-ejt*) *cz.* znosić, tolerować; pobłażać; cierpieć; **-ation** (*tələrej'szεn*) *rz.* znoszenie; pobłażanie, tolerancja; tolerowanie.
toll (*tou'l*) *rz.* dzwon; dzwonienie; ~, *rz.* cło; myto; ~, *cz.* dzwonić; rozlegać się (o dzwonach); ~, *cz.* pobierać cło, myto; płacić cło, myto; **-bar** *rz.* rogatka; **-gatherer** *rz.* celnik.
tom (*to'm*), **-boy** *rz.* trzpiot; **-cat** *rz.* kocur; **-thumb** *rz.* Tomcio paluch; **-tit** *rz.* sikorka.
tomahawk (*to'məhōk*) *rz.* tomahawk, toporek indyjski.
tomato (*tomā'tou*) *rz.* pomidor.
tomb (*tū'm*) *rz.* grób, mogiła; grobowiec; nagrobek; ~, *cz.* pogrzebać; pochować; **-less** *pm.* bez grobu, niepogrzebany; **-stone** *rz.* nagrobek.
tombac (*to'mbæk*) *rz.* tombak, stop miedzi i cynku.
tome (*tou'm*) *rz.* tom, księga.
toment-ose, -ous (*tome'ntəs*) *pm.* puszysty.
tomfoolery (*to'mfū'ləri*) *rz.* błazeństwo, niedorzeczność.
Tommy Atkins (*to'mi æ'tkinz*) żołnierz angielski.
to(-)morrow (*tumo'rou*) *ps.* jutro; the day after ~, pojutrze.
ton (*tă'n*) *rz.* tonna.
tone (*tou'n*) *rz.* ton; dźwięk; koloryt; tonowanie; brzmienie, akcent; (*med*). zdrowy stan; ~, *cz.* stonować.
tongs (*tă'ŋz*) *rz. lmn.* szczypce, cęgi; kleszcze; hammer and ~, z całych sił.
tongue (*tăŋ*) *rz.* język; mowa; serce dzwonu; języczek; **ill-ed** oszczerczy; **-less** *pm.* niemy; **-tied** *pm.* bełkoczący.
tonic (*to'nik*) *rz.* środek pokrzepiający; (*muz.*) tonika; ~, *pm.* wzmacniający; toniczny.
to-night (*tunaj't*) *ps.* (dziś) wieczorem; tej nocy.
tonnage (*tă'nεdż*) *rz.* tonaż; ~ and poundage, cło (*hist.*).
tonsil (*to'nsεl*) *rz.* migdałek; **-itis** (*tonsilaj'tis*) *pm.* zapalenie migdałków (*med.*).
tons-orial (*tonso'riəl*) *pm.* fryzjerski; **-ure** (*to'nszə*) *rz.* tonsura.
tontine (*tontī'n*) *rz.* tontyna.
too (*tū'*) *ps.* i *łącz.* zbyt; za; za dużo; również; także, w dodatku.
took (*tū'k*) *cz.* od **take.**
tool (*tū'l*) *rz.* narzędzie; sprzęt; instrument; ~, *cz.* dłótować; **-er** *rz.* dłóto.
toot (*tū't*) *cz.* trąbić.
tooth (*tū'þ*) *rz.* ząb; ~ and nail, z całych sił; in the teeth of, na złość, wbrew; set the teeth on edge, korcić; sweet ~, smakosz; **-ache** *rz.* ból zębów; **-brush** *rz.* szczoteczka do zębów; **-y** *pm.* zębaty; **-less** *pm.* bezzębny; **-pick** *rz.* wykałaczka do zębów; **-powder** *rz.* proszek do zębów; **-some** *pm.* smaczny.
top (*to'p*) *rz.* wierzchołek; szczyt; przykrywka; ciemię; główka; wierzch; czub; bąk (zabawka); on ~, na wierzchu; ponad; at the ~ of his voice, na całe gardło; ~, *pm.* najwyższy; szczytowy; główny; wierzchołkowy; ~, *cz.* przenosić; górować; przewyższać; wieńczyć; wznosić się; nakryć wierzch; fore ~, bocianie gniazdo na przednim maszcie; main ~, bocianie gniazdo na środkowym maszcie; **-boots** *rz. lmn.* buty z cholewami; **-coat** *rz.* paltot; **-ful** (*-ful*) *pm.* nalany pod wierzch, pełniuteńki; **-gallant** (*topgæ'lənt, tə-*

gæ'lənt) *pm.* bram (*mar.*); **-heavy** *pm.* zbyt ciężki u góry; **-knot** *rz.* węzeł zawiązany na czubku głowy; **-mast** *rz.* stenga, nadstawiony drąg masztu; **-most** *pm.* wierzchołkowy, najwyższy; **-ping** (*-iŋ*) *pm.* najwyższy, wierzchołkowy; (gwar.) pyszny; **-sail** (*to'psɛl*) *rz.* topsel, najwyższy żagiel.

topaz (*tou'pəz*) *rz.* topaz.

tope (*tou'p*) *cz.* upijać się; **-r** (*-ə*) *rz.* pijak; opój.

topiary (*to'piəri*) *pm.* ~ art, sztuka ozdobnego strzyżenia drzew.

topic (*to'pik*) *rz.* przedmiot, temat; **-al** (*-ɛl*) *pm.* przedmiotowy, miejscowy.

topographer (*topo'grəfə*) *rz.* topograf; **-ic(al)** (*-æ'fik-ɛl*) *pm.* topograficzny; **-y** (*topo'grəfi*) *rz.* topografja.

topple (*to'pɛl*) *cz.* runąć; zwalić się; zepchnąć (nadół).

topsyturvy (*topsytə̄'wi*) *pm.* i *ps.* do góry nogami; bez ładu, bezładnie.

torch (*tō'cz*) *rz.* pochodnia.

tore (*tō'ə*) *cz.* od **tear.**

torment (*tō'ment*) *rz.* męka, męczarnia; udręczenie; ~, *cz.* dręczyć, trapić, męczyć; **-er, -or** (*tōme'ntə*) *rz.* kat, dręczyciel.

tormentil (*tō'məntil*) *rz.* kurze ziele (*bot.*).

tormina (*tō'minə*) *rz. lmn.* kolka; [kłucie.

torn (*tō'n*) *cz.* od **tear.**

tornado (*tōnej'dou*) *rz.* orkan, tornado.

torpedo (*tōpī'dou*) *rz.* drętwa (ryba); torpeda (pocisk); **-boat** *rz.* torpedowiec.

torpid (*tō'pid*) *pm.* zdrętwiały; nieruchomy; tępy; obojętny; **-idity, -ness** (*tōpi'diti, tō'pidnəs*) *rz.* nieruchomość; tępota.

torpor (*tō'pə*) *rz.* odrętwienie, zdrętwienie.

torref-action (*torəfæ'kszɛn*) *rz.* prażenie, suszenie, wypalanie; **-y** (*to'rəfaj*) *cz.* prażyć, suszyć, wypalać.

torrent (*to'rɛnt*) *rz.* potok; ulewa; **-ial** (*tore'nszəl*) *pm.* ulewny.

torrid (*to'rid*) *pm.* spiekły, wyschły; skwarny.

tors-el (*tō'sɛl*) *rz.* kręcona ozdoba; **-ion** (*tō'szɛn*) *rz.* skręcanie; **-so** *rz.* tors, tułów.

tortile (*tō'til*) *pm.* kręcony, skręcany.

tortoise (*tō'təs, tō'tojz*) *rz.* żółw; **-shell** *rz.* szyldkret.

turtu-osity (*tōczuō'siti*) *rz.* krętość; **-ous** (*tō'czuəs*) *pm.* kręty.

torture (*tō'czə*) *rz.* tortura; męki, katusze; ~, *cz.* męczyć, katować; torturować; wykręcać; **-r** (*rə*) *rz.* dręczyciel, kat.

torus (*to'rəs*) *rz.* spód.

tory (*tō'ri*) *rz.* torys, konserwatysta; **-ism** (*-izɛm*) *rz.* konserwatyzm. torysowski.

toss (*to's*) *rz.* rzut, podrzucanie; ~, *cz.* rzucić; podrzucić wgórę; miotać (się); kołatać; ciskać (się); ~ off, wypić duszkiem; szybko załatwić; ~ **up** *rz.* pytanie.

tost (*to'st*) *cz.* od **toss.**

tot (*to't*) *rz.* drobiazg.

total (*tou'tɛl*) *rz.* suma; ogół; ~, *cz.* zesumować; wynieść w sumie; ~, *pm.* całkowity, cały; **-ity** (*toutæ'liti*) *rz.* całość, ogół; suma; **-izer, -izator** *rz.* totalizator.

tote (*tou't*) *cz.* przenosić; przewozić.

totem (*tou'təm*) *rz.* totem, znak rodowy Indjan.

totter (*to'tə*) *cz.* przewracać się; (za)chwiać się, iść chwiejnym krokiem.

toucan (*tūkā'n, tū'kən*) *rz.* tukan (ptak).

touch (*tă'cz*) *rz.* dotyk, (do)tknięcie; zetknięcie się; pociągnięcie (pióra, pędzla); próba; **rys**; doświadczenie; odrobina; kontakt; be in ~ with, być w kontakcie z; ~, *cz.* dotykać; tknąć; dotknąć; osiągnąć; dojść do; dotyczyć; wzruszyć; poruszyć; stykać się; grać (na fortepianie i t. p.); wzmiankować; **-able** (*-əbɛl*) *pm.* dotykalny; **-hole** *rz.* zapał (armaty, strzelby); **-iness** (*-inəs*) *rz.* wrażliwość, obraźliwość; **-ing** (*-iŋ*) *pm.* wzruszający, rozrzewniający; ~~, *ps.* co się tyczy, względem; odnośnie do; **-me-not** *rz.* balsam ogrodowy (*bot.*); **-pan** *rz.* panowka (broni palnej); **-stone** *rz.* kamień probierczy; **-wood** *rz.* próchno; **-y** (*-i*) *pm.* drażliwy, opryskliwy; obraźliwy.

tough (*tă'f*) *pm.* twardy, mocny, wytrzymały; żyłowaty; uparty; ciężki, oporny; **-en** (*-n*) *cz.* robić twardym, mocnym, wytrzymałym; zahartować; stwardnieć; **-ness** (*-nəs*) *rz.* wytrzymałość, krzepkość; twardość.

toupee (*tūpī'*) *rz.* przyprawiane włosy.

tour (*tū'ə*) *rz.* podróż (okrężna); wycieczka; kolej (przypadająca na kogoś); **-ing-car** *rz.* autobus wycieczkowy; **-ist** (*tū'rist*) *rz.* turysta.

tourmalin(e) (*tū'məlin*) *rz.* turmalin (*min.*).

tourn-ament, -ey (*tū'nəmənt, tə̄'nɛ-*) *rz.* turniej; **-ey** *cz.* kruszyć kopje.

tourniquet (*tū'niket*) *rz.* turnikiet (*chir.*).

tous-le (*tau'zɛl*) *cz.* rozczochrać, targać, szarpać; **-y** (*tau'zi*) *pm.* rozczochrany.

tout (*tau't*) *cz.* nagabywać; wywiedzieć się o tajemnicach koni stających do wyścigu.

tow (*tou'*) *rz.* pakuła, zgrzebie; ~, *rz.* holowanie; lina; take in ~, zaholować; take a ~, dać się holować; ~, *cz.* ciągnąć na linie, holować; **-age** (*-edž*) *rz.* holowanie, opłata za holowanie.

toward (*touō'd, tō'əd*) *pm.* usłużny; powolny (przest.); ~, **-s** *pi.* ku, w kierunku do; koło; blisko; około; względem; **-ness** (*tō'ədnəs*) *rz.* (przest.) powolność, uległość; **-ly** (*-li*) *pm.* uległy.

towel (*tau'əl*) *rz.* ręcznik.

tower (*tau'ə*) *rz.* wieża, baszta; twierdza; ~, *cz.* górować nad; wznosić się nad; wzbić się; wzlecieć; **-ed, -y** (*-d, -ri*) *pm.* z wieżami; **-ing** (*-riŋ*) *pm.* wznoszący się wgórę; wielki.

town (*tau'n*) *rz.* miasto; he is out of ~, wyjechał; **-clerc** *rz.* pisarz miejski; **-council** *rz.* rada miejska; **-hall** *rz.* ratusz; **-sfolk, -speople** *rz.* mieszczanie; **-ship** *rz.* mieszczanie; **-sman** *rz.* mieszczanin.

toxic-al (*to'ksikɛl*) *pm.* jadowity; **-ology** (*toksiko'lodži*) *rz.* toksykologja.

toxin (*to'ksin*) *rz.* toksyna.

toy (*toj'*) *rz.* zabawka; cacko; igraszka; ~, *cz.* bawić się; pieścić się; **-ingly** *ps.* żartobliwie; **-shop** *rz.* sklep zabawek.

trace (*trej's*) *rz.* ślad; trop; znak; poszlaka; zabytek; ~, *rz.* szleja; in the -s, zaprzągnięty; kick over the -s, (*fig.*) zbuntować się; ~, *cz.* rysować kreślić; kalkować; iść śladem; naśladować; (wy)śledzić; tropić; ~ **out** zakreślić, nakreślić **-r** (*-ə*) *rz.* śledzący; **-ry** (*-əri*) *rz;* ozdoby (*archit.*).

trache-a (*tejki'ə, trəkī'ə*) *rz.* tchawica; **-otomy** (*trejkio'tomi*) *rz.* tracheotomja.

trachoma (*trəkou'mə*) *rz.* trachoma, jaglica.

track (*træ'k*) *rz.* ślad; trop; droga; trakt; tor; ścieżka; ~, *cz.* śledzić, tropić, wyśledzić, odnaleźć; **-age** (*-edž*) *rz.* holowanie; tor kolejowy; **-less** *pm.* bezdrożny.

tract (*træ'kt*) *rz.* traktat; rozprawa; obszar; przestrzeń; przeciąg (czasu); **-able** (*-əbɛl*) *pm.* ustępliwy, zgodliwy; uległy; **-ability, -ableness** (*træktəbi'liti, træ'ktəblnəs*) *rz.* zgodliwość; uległość; **-ate** (*træ'ktət*) *rz.* traktat, rozprawa.

traction (*træ'kssɛn*) *rz.* siła pociągowa; ciągnienie; trakcja; ~ engine, lokomotywa; traktor.

trade (*trej'd*) *rz.* fach, zawód; branża; obrót handlowy; handel; cech; ~, *cz.* handlować; mieć stosunki; ~ on, korzystać z czego; **-mark** *rz.* znak fabryczny; **-r** (*-ə*) *rz.* kupiec; okręt (kupiecki); **-sman** *rz.* kupiec; rzemieślnik; **-union** *rz.* związek zawodowy; **-wind** *rz.* wiatr stały, równikowy.

tradition (*trədi'szɛn*) *rz.* tradycja, podanie; **-al, -ary** (*trədi'szənɛl, -əri*) *pm.* tradycyjny.

traduce (*trədjū's*) *cz.* przedstawiać opacznie; oczernić, obmówić.

traffic (*træ'fik*) *rz.* ruch (uliczny); komunikacja; handel; ~, *cz.*

handlować; kupczyć; frymarczyć. [gakant, guma.
tragacanth (*træ'gəkænþ*) *rz.* tra-
trag-edian (*trɛdīī'diən*) *rz.* tragik; **-edy** (*træ'dżədi*) *rz.* tragedja; **-ic(al)** (*træ'dżik-ɛl*) *pm.* tragiczny; **-icalness** *rz.* tragiczność; **-icomedy** *rz.* tragikomedja; **-comical** *pm.* tragikomiczny.
trail (*trej'l*) *rz.* ślad; ogon (sukni, komety); trop; ~, *cz.* ciągnąć (się) po ziemi; wlec za sobą; wlec się; słać się po ziemi; **-er** (*-ə*) *rz.* roślina ścieląca się po ziemi; doczepka.
train (*trej'n*) *rz.* tren; ogon (sukni); pociąg; pasmo; szereg, orszak, a ~ of thoughts, bieg myśli; ~, *cz.* ciągnąć; wlec; ćwiczyć (się); tresować; hodować; **-band** *rz.* milicja; **-er** (*-ə*) *rz.* trener; instruktor; **-ing** (*-iŋ*) *rz.* ćwiczenie; trening; **~-school** seminarjum nauczycielskie; **~-ship** okręt szkolny.
train-oil (*trej'nojl*) *rz.* tran wielorybi.
trait (*trej't*) *rz.* rys.
trait-or (*trej'tə*) *rz.* zdrajca; **-ress** (*-trəs*) *rz.* zdrajczyni; **-orous** (*-rəs*) *pm.* zdradziecki.
trajectory (*trədże'ktəri*) *rz.* tor pocisku.
tram (*træ'm*) *rz.* tramwaj; wagonik (w kopalniach); nić jedwabna (w wyrobie pluszu).
trammel (*træ'məl*) *rz.* sieć, niewód; opętać; *lmn.* więzy, okowy; ~, *cz.* usidlić; krępować.
tramontane (*trəmo'ntən*) *pm.* poza-alpejski; obcy, barbarzyński.
tramp (*træ'mp*) *rz.* wycieczka piesza; włóczęga; tupot; ~, *cz.* stąpać; włóczyć się.
trample (*træ'mpɛ'*) *cz.* deptać; tupać; potratować.
tramway (*træ'muej*) *rz.* tramwaj.
trance (*trā'ns*) *rz.* zachwyt; uniesienie; ekstaza; odrętwienie; trans; **-d** (*-t*) *pm.* zachwycony.
tranquil (*træ'ŋkuil*) *pm.* cichy, spokojny; **-lity, -ness** (*-træŋ'kui'liti, -nəs*) *rz.* spokój, cisza; **-lize** (*-ajz*) *cz.* uspokoić (się).
trans-act (*trænzæ'kt*) *cz.* wykonać, przeprowadzić; załatwić; pertraktować; **-action** (*-æ'kszɛn*) *rz.* sprawa; interes; transakcja; uskutecznienie; **-actions** *rz. lmn.* sprawozdanie.
transatlantic (*trænsətlæ'ntik*) *pm.* transatlantycki.
trans-cend (*trænse'nd*) *cz.* przewyższać, prześcignąć; **-cendence, -cendency** (*-əns, -ənsi*) *rz.* wyższość; przewaga; **-cendent** (*-ənt*) *pm.* przewyższający, nadzmysłowy; najwyższy; **-cendental** (*trænsənde'ntɛl*) *pm.* transcendentalny; **-cribe** (*trænskraj'b*) *cz.* przepisać, kopjować; **-cript** (*træ'nskript*) *rz.* kopja; **-cription** (*-i'pszɛn*) *rz.* przepisanie, kopja.
trans-fer (*træ'nsfə*) *rz.* przeniesienie; przekaz; ~, (*trænsfə'*) *cz.* przenosić; przekazać; przeprowadzić; **-ferable** (*træ'nsfərəbɛl*) *pm.* przenośny; **-ference** (*træ'nsfərəns*) *rz.* przeniesienie, przekazanie; **-figuration** (*trænsfigjurej'szɛn*) *rz.* przeobrażenie; Przemienienie Pańskie; przekształcenie; **-figure** (*-fi'gə*) *cz.* przeobrazić, przekształcić; **-fix** (*trænsfi'ks*) *cz.* przeszyć, przebić; przekłuć; **-form** (*trænsfō'm*) *cz.* przekształcić (się); przeobrazić (się); przerobić; **-formation** (*-fōmej'szən*) *rz.* przekształcenie; przeobrażenie; **-former** (*-fō'mə*) *rz.* transformator; **-fuse** (*trænsfjū'z*) *cz.* przelewać; robić transfuzję krwi.
transgress (*trænzgre's*) *cz.* przekroczyć; naruszyć (np. prawo); **-ion** (*-gre'szɛn*) *rz.* wykroczenie, przekroczenie, występek; **-ive** (*-gre'siw*) *pm.* wykraczający, występny; **-or** (*-gre'sə*) *rz.* winowajca; przestępca.
transient (*træ'nżənt*) *pm.* przechodni, chwilowy; przemijający; **-ness** (*-nəs*) *rz.* chwilowość; znikomość.
transit (*træ'nzit*) *rz.* tranzyto; **-ion** (*trænzi'szɛn*) *rz.* przejście, przebycie; zmiana; **-ional** (*-zi'szənɛl*) *pm.* przechodni, przemijający; **-ive** (*træ'nzitiw*) *pm.* przechodni (*gram.*); przechodzący; **-oriness** (*træ'nzitərinəs*) *rz.* przemijalność, chwilowość; **-ory** (*trænzitəri*) *pm.* przemijający; przechodni; chwilowy.

trans-late (*trænslej't*) *cz.* przetłumaczyć; przełożyć; przenieść; **-lation** (*-ej'szεn*) *rz.* przeniesienie; (prze)tłumaczenie; przekład; **-lator** (*-lej'tə*) *rz.* tłumacz; **-lucence, -lucency** (*-lū'səns, -i*) *rz.* przeświecanie; przezroczystość; **-lucent, -lucid** (*-lū'sεnt, -lū'sid*) *pm.* przeświecający; przezroczysty.

trans-marine (*trænsmərī'n*) *pm.* zamorski; **-migrant** (*træ'nsmigrənt*) *pm.* wędrujący; odlatujący; ~~, *rz.* wychodźca; **-migrate** (*trænsmigrej't*) *cz.* emigrować; przesiedlać się; **-mission** (*trænsmi'szεn*) *rz.* przesyłanie; przeniesienie na potomków; **-mit** (*trænsmi't*) *cz.* przesyłać; przepuszczać; **-mitter** (*-mi'tə*) *rz.* przesyłający; **-mutable** (*trænsmjū'tə'bεl*) *pm.* przemienny, zmienny; **-mutation** (*-mjutej'szεn*) *rz.* przemiana, przeobrażenie; **-mute** (*-mjū't*) *cz.* przemienić; przekształcić, przeobrazić.

transom (*træ'nsεm*) *rz.* belka poprzeczna; poprzecznica; nadproże; ~ window, okno podzielone węgarem poziomym ponad drzwiami.

trans-parency (*trænspē'rεnsi*), **-parentness** (*-pē'rεntnəs*) *rz.* przezroczystość; **-parent** (*-pē'rεnt*) *pm.* przezroczysty; **-pierce** (*-pī'əs*) *cz.* przebić, przeszyć (nawylot); **-piration** (*-pirej'szεn*) *rz.* wyziew, parowanie; poty; **-pire** (*-paj'ə*) *cz.* pocić się; parować, przesączać się; wyjść najaw; **-place** (*-plej's*) *cz.* przenieść; **-plant** (*-plā'nt*) *cz.* przesadzić; **-plantation** (*-plāntej'szεn*) *rz.* przesadzenie; **-port** (*træ'nspōt*) *rz.* przewóz; wysyłka, okręt transportowy; zesłaniec; uniesienie, zachwyt; transport; ~, (*trænspō't*) *cz.* przewozić, transportować; porywać, zachwycać; zesłać (zbrodniarza); **-portation** (*-pōtej'szεn*) *rz.* zesłanie (zbrodniarza); przewóz, transport; przeniesienie; **-posal** (*-pou'zεl*) *rz.* przełożenie; przestawienie; **-pose** (*-pou'z*) *cz.* przełożyć, zmienić porządek kolejny; (*alg.*) przenieść z jednej strony na drugą, ze zmianą znaku; **-position** (*-pozi'szεn*) *rz.* transpozycja; przełożenie; przestawienie.

trans-ship (*træns-szi'p*) *cz.* przeładować; **-ubstantiate** (*-səbstæ'nsziejt*) *cz.* przeistoczyć; **-ubstantiation** (*-ej'szεn*) *rz.* transsubstancja; **-ude** (*-jū'd*) *cz.* przepacać się; przechodzić przez tkanki.

trans-versal, -verse (*trænswə'sεl, -træ'nswəs, -wə's*) *pm.* poprzeczny.

trap (*træ'p*) *rz.* pułapka, zasadzka; podstęp; ~, *cz.* przyozdobić konia; usidlić; **-an** (*trəpæ'n*) *rz.* patrz **trepan**; **-door** *rz.* drzwi zapadające się (w suficie, podłodze); **-per** (*-ə*) *rz.* myśliwy; **-pings** (*-iŋz*) *rz. lmn.* rząd na konia; **-py** *pm.* oszukańczy.

trapes (*trej'ps*) *rz.* flądra, niechluj.

trapez-e (*trəpī'z*) *rz.* trapez; ~, **-ium** (*trəpī'ziεm*) *rz.* (*geom.*) trapez, czworokąt; **-oid** (*træ'pəzoid*) *rz.* trapezoid.

trash (*træ'sz*) *rz.* rupiecie; odpadki, śmiecie; ~, *cz.* obcinać, obrzynać; **-y** (*-i*) *pm.* bezwartościowy, lichy.

travail (*træ'wejl*) *rz.* (*przest.*) poród; męka; ciężka praca.

travel (*træ'wεl*) *rz.* podróż; podróżowanie; chód tłoka; ~, *cz.* podróżować; chodzić (jak tłok); **-er, -ler** (*træ'wələ*) *rz.* podróżnik; ajent podróżujący; **-ling-bag** *rz.* torba podróżna; **-ling-bird** *rz.* ptak przelotny.

traverse (*træ'wəs*) *rz.* trawers; poprzeczka; ~, *pm.* poprzeczny; ~, *cz.* krzyżować (się); przejść; przejechać.

travesty (*træ'wəsti*) *rz.* trawestacja, parodja; ~, *cz.* trawestować, parodjować.

trawl (*trō'l*) *rz.* sieć, niewód; **-er** (*-ə*) *rz.* okręt rybacki; **-net** *rz.* sieć, niewód.

tray (*trej'*) *rz.* taca, tacka.

treacher-ous (*tre'czərəs*) *pm.* zdradliwy, zdradziecki; **-ousness** (*-nəs*) *rz.* zdradzieckość **-y** (*tre'czəri*) *rz.* zdrada.

treacle (*trī'kεl*) *rz.* melasa; syrop.

tread (*tre'd*) *rz.* krok, chód; stopień; *~, *cz.* stąpać; kroczyć; tratować; deptać; **-le** (*-εl*) *rz.* pedał; **-mill** *rz.* deptak (narzędzie).

treason (*trī'zεn*) *rz.* zdrada; high ~, zdrada stanu; **-ous** (*-εs*) *pm.* zdradziecki.

treasure (*tre'żə*) *rz.* skarb; ~ trove, znaleziony skarb; ~, *cz.* gromadzić skarby; chować w sercu, w pamięci; strzec jak skarbu (up); **-r** (*-rə*) *rz.* skarbnik.

treasury (*tre'żəri*) *rz.* skarb państwa; skarbiec; **~-note** *rz.* asygnata państwowa.

treat (*trī't*) *rz.* poczęstunek; potraktowanie; uraczenie; uczta; ~, *cz.* traktować; obchodzić się z kim; działać na; leczyć; częstować; uraczyć czem; przyjąć; rozprawiać o czem; umawiać się; **-ise** (*-iz*) *rz.* rozprawa; **-ment** (*-ment*) *rz.* traktowanie; obejście się z kimś; leczenie; częstowanie; **-y** (*-i*) *rz.* traktat, umowa.

treble (*tre'bεl*) *rz.* sopran; dyszkant; ~, *pm.* potrójny; ~, *cz.* potroić (się).

tree (*trī'*) *rz.* drzewo; oś (wozu); **-nail** (*trī'nεl, tre'nεl*) *rz.* czop (stolarski); forma (do bucików).

trefoil (*trī'fojl, tre'-*) *rz.* koniczyna.

trellis (*tre'lis*) *rz.* kratowanie; altanka; **-work** *rz.* okratowanie; krata.

trem-ble (*tre'mbεl*) *cz.* drżeć; trząść się; (~ with, od czego).

tremendous (*trəme'ndəs*) *pm.* ogromny; potężny; straszliwy.

trem-or (*tre'mə*) *rz.* drżenie; dreszcz; **-ulous** (*tre'mjuləs*) *pm.* drżący; **-ulousness** (*-nəs*) *rz.* drżenie.

trench (*tre'ncz*) *rz.* rów, okop; brózda; przekop; ~, *cz.* kopać rowy; okopać (się); oszańcować; **-ant** (*tre'nczεnt*) *pm.* ostry; decydujący; tnący; **-er** (*-ə*) *rz.* deska do siekania mięsa; jedzenie, przyjemności stołu (przest.); **-erman** *rz.* pasibrzuch.

trend (*tre'nd*) *rz.* kierunek, dążność; ~, *cz.* dążyć do, skręcać ku.

trepan (*trəpæ'n*) *rz.* trepan (*chir.*); ~, *cz.* trepanować; ~, *cz.* usidlić; podejść, oszukać; **-ation** (*-ej'szεn*) *rz.* trepanacja.

trepidation (*trepidej'szεn*) *rz.* drżenie, przestrach.

trespass (*tre'spəs*) *rz.* wykroczenie, występek; grzech; wina; szkoda; ~, *cz.* wykraczać; przekraczać; znajdywać się (być) na cudzym (prywatnym) gruncie; wkraczać w cudze prawa; zgrzeszyć; szkodę wyrządzić; ~ on, wkraczać w cudze prawa, nadużywać; **-er** (*-ə*) *rz.* przekraczający.

tress (*tre's*) *rz.* lok; pukiel; warkocz; **-ed** (*-t*) *pm.* skręcony; spleciony.

trestle (*tre'sεl*) *rz.* kozieł, kozły; szaragi, wiązanie; **-work** *rz.* filary podtrzymujące (np. most).

tret (*tre't*) *rz.* naddatek.

trevet (*tre'wεt*) *rz.* trójnóg.

trews (*trū'z*) *rz.* *lmn.* spodenki górali szkockich.

trey (*trej'*) *rz.* trójka (w kartach, w grze w kości i t. p.).

triad (*traj'əd*) *rz.* triada.

trial (*traj'εl*) *pm.* próbny; ~, *rz.* próba; doświadczenie; rozprawa (sądowa); sądzenie; inkwizycja.

triandrous (*trajæ'ndrəs*) *pm.* trójpręcikowy (*bot.*).

triang-le (*trajæ'ŋgεl*) *rz.* trójkąt; **-ular** (*trajæ'ŋgjulə*) *pm.* trójkątny; **-ulate** (*-ejt*) *cz.* odmierzać trójkąty; **-ulation** (*-lej'szεn*) *rz.* triangulacja.

trib-al (*traj'bεl*) *pm.* plemienny; **-e** (*traj'b*) *rz.* plemię.

tribulation (*tribjulej'szεn*) *rz.* (ciężka) próba; strapienie.

tribun-al (*trajbjū'nεl, tri-*) *rz.* sąd, trybunał; **-e** (*tri'bjūn*) *rz.* trybun; ~, *rz.* trybuna; **-itial, -itious** (*tribjuni'szəl, -'szεs*) *pm.* trybuński.

tribut-ary (*tri'bjutəri*) *pm.* hołdowniczy, danniczy; dopływający; ~, *rz.* hołdownik; dopływ (rzeki); **-e** (*tri'bjut*) *rz.* danina; hołd; haracz.

trice (*traj's*) *rz.* moment; okamgnienie; ~, *cz.* podnosić; ~ up, podwiązać.
trichin-a (*triki'na*) *rz.* trychina; **-osis** (*trikinou'sis*) *rz.* trychinoza; **-ous** (*traj'kinəs*) *pm.* trychinowy.
trick (*tri'k*) *rz.* psota; sztuka; sztuczka, tryk, oszukaństwo; play a ~, wyrządzić psotę; ~, *cz.* oszukać; okpić; wystrychnąć na dudka; ustroić; przyozdobić; **-ish** (*-isz*) *pm.* psotny, oszukańczy, przebiegły; podstępny; **-ster** (*-stə*) *rz.* oszust; **-y** (*-i*) *pm.* oszukańczy; psotny.
trickle (*tri'kɛl*) *cz.* ciec; ~through, kapać; przeciekać.
tricksy (*tri'ksi*) *pm.* śliczny; figlarny.
tricolor (*traj'kălə*) *rz.* trójbarwna flaga; **-ed** (*-d*) *pm.* trójbarwny.
tricot (*trī'kou*) *rz.* trykot.
tricycle (*traj'sikɛl*) *rz.* trycykl.
trident (*traj'dənt*) *rz.* trójząb.
tried (*traj'd*) *pm.* wypróbowany.
triennial (*traje'niəl*) *pm.* trzyletni.
trifid (*traj'fid*) *pm.* trójpodzielny, (*bot.*) rozłupany na trzy części.
trifl-e (*traj'fɛl*) *rz.* drobiazg, drobnostka, fraszka; **-e** *cz.* żartować, bagatelizować; lekceważyć; ~ **away** trwonić; **-er** (*-ə*) *rz.* żartowniś, bałamut; igracz; **-ing** (*-iŋ*) *rz.* żartowanie; ~, *pm.* drobny, małoznaczny, błahy; dziecinny.
trig (*tri'g*) *rz.* hamulec; ~, *pm.* schludny; ~, *cz.* wystroić; hamować.
trigger (*tri'gə*) *rz.* cyngiel.
trigon (*traj'gən*) *rz.* trójkąt; **-al** (*tri'gonɛl*) *pm.* trójkątny; **-ometric(al)** (*trigonome'trik-ɛl*) *pm.* trygonometryczny; **-ometry** (*trigono'mətri*) *rz.* trygonometrja.
tri-hedral (*trajhī'drɛl*), **-lateral** (*-læ'tərɛl*) *pm.* trójboczny.
trilby (*tri'lbi*) *rz.* kapelusz filcowy.
trill (*tri'l*) *rz.* trel; ~, *cz.* wywodzić trele.
trillion (*tri'ljən*) *rz.* tryljon.
trilogy (*tri'lodži*) *rz.* trylogja.
trim (*tri'm*) *rz.* dobry stan; gotowość; porządek; ~, *pm.* schludny, gotowy; w dobrym stanie; ~, *cz.* wyszykować; przybrać; garnirować; oporządzić; zdobić; ubierać; zbesztać; **-ming** (*-iŋ*) *rz.* uporządkowanie, sporządzenie; obszycie; garnirunek; szlarka; ~, *rz. lmn.* ozdoby; dodatki; **-ness** (*-nəs*) *rz.* schludność, dobry stan, porządek.
trin-al, -e (*traj'nɛl, traj'n*) *pm.* potrójny; **-itarian** (*trinitē'riən*) *pm.* trynitarski; **-ity** (*tri'niti*) *rz.* trójca.
tringle (*tri'ŋgɛl*) *rz.* karnisz.
trinket (*tri'ŋkət*) *rz.* błyskotka, świecidełko.
trio (*trī'ou, traj'ou*) *rz.* trio.
trip (*tri'p*) *rz.* podróż, wycieczka; przejażdżka; potknięcie się; podstawienie nogi; ~, *cz.* iść lekkim krokiem, potknąć się; podstawić nogę; przewrócić; podnieść kotwicę; szachrować; puścić (mechanizm).
tripartite (*trajpā'tajt, tri'-*) *pm.* trójdzielny; potrójny.
tripe (*traj'p*) *rz.* flaki (potrawa).
tripetalous (*tripe'tələs*) *pm.* trzypłatkowy, trójlistny (*bot.*).
trip-hammer (*tri'phæ'mə*) *rz.* młot mechaniczny.
tripl-e (*tri'pɛl*) *pm.* potrójny, trojaki; **-e** *cz.* potroić; **-et** (*tri'plət*) *rz.* trójka; **-icate** (*tri'plikət*) *rz.* tryplikat; ~, *pm.* potrójny; ~, *cz.* potroić; **-ication** (*triplikej'szɛn*) *rz.* potrajanie; **-icity** (*tripli'siti*) *rz.* potrójność, troistość.
tripod (*traj'pod*) *rz.* trójnóg; statyw.
tripoli (*tri'poli*) *rz.* trypela, trypla (glinka).
tripping (*tri'piŋ*) *rz.* potknienie; usterka; dreptanie; ~, *pm.* zwinny; drepcący; lekki; szachrujący.
triptych (*tri'ptik*) *rz.* tryptyk.
trireme (*traj'rīm*) *rz.* tryrema (galera).
tri-section (*trajse'kszɛn*) *rz.* podzielenie na trzy części; **-syllabic(al)** (*trisilæ'bik-ɛl*) *pm.* trzyzgłoskowy.
trite (*traj't*) *pm.* banalny, oklepany; **-ness** (*-nɛs*) *rz.* banalność; zużycie się.
Triton (*traj'ton*) *rz.* tryton (*mit.*).

triturate (*tri'czurejt*) *cz.* rozcierać na proszek.
triumph (*traj'əmf*) *rz.* triumf; zwycięstwo; ~, *cz.* triumfować, zwyciężyć (over, nad); **-al** (*trajă'mfεl*) *pm.* triumfalny, zwycięski; **-ant** (*trajă'mfεnt*) *pm.* triumfujący, zwycięski.
triumvir (*trajă'mwiə*) *rz.* triumwir; **-ate** (*trajă'mwirεt*) *rz.* triumwirat.
triun-e (*traj'ūn*) *pm.* trójjedyny; **-ity** (*-jū'niti*) *rz.* jedność w Trójcy.
trivet (*tri'wet*) *rz.* trójnóg; dynarek.
trivial (*tri'wjəl*) *pm.* trywjalny, pospolity, małoważny; **-ity, -ness** (*-æ'liti, tri'wjəlnes*) *rz.* trywjalność, płaskość.
trocar (*tou'kā*) *rz.* trokar (*chir.*).
troch-aic (*trokej'ik*) *pm.* trochejowy; **-ee** (*trou'kī*) *rz.* trochej.
troche (*trou'kī*) *rz.* pastylka.
trod, -den (*tro'd, -n*) *cz.* od **tread**.
troglodyte (*tro'glodajt*) *rz.* troglodyta, jaskiniowiec.
troll (*trou'l*) *cz.* śpiewać kolejno.
troll-ey, -y (*tro'li*) *rz.* wózek; tramwaj.
trollop (*tro'ləp*) *rz.* brudna kobieta; flądra; prostytutka.
trombone (*tro'mboun*) *rz.* trombon.
troop (*trū'p*) *rz.* gromada; oddział; *lmn.* wojsko; ~, *cz.* gromadzić się; maszerować; **-er** (*-ə*) *rz.* kawalerzysta, jeździec; **-horse** *rz.* koń kawaleryjski.
trope (*trou'p*) *rz.* przenośnia.
trophy, -y (*trou'fi*) *rz.* trofeum.
tropic (*tro'pik*) *rz.* zwrotnik; the ~ of Capricorn, zwrotnik Koziorożca; ~, **-al** (*-εl*) *pm.* zwrotnikowy; (*fig.*) gorący.
trot (*tro't*) *rz.* kłus; ~, *cz.* kłusować; przebiegać; śpieszyć; (*fig.*) zaprodukować.
troth (*tro'þ*) *rz.* prawda; plight one's ~, zaręczyć się; przyrzec wierność.
trouble (*tră'bεl*) *rz.* kłopot, zamieszanie; troska; fatyga; niedola; cierpienie; bieda; take the ~ to, zadać sobie trud; ~, *cz.* kłopotać (się); przeszkadzać; fatygować się; niepokoić; martwić się; **-some** (*-səm*) *pm.* kłopotliwy; niepokojący; nudny; uciążliwy.
trough (*tră'f*) *rz.* korytko.
trounce (*trau'ns*) *cz.* wychłostać; srogo ukarać.
trousers (*trau'zəz*) *rz. lmn.* spodnie.
trousseau (*trusou'*) *rz.* wyprawa (narzeczonej).
trout (*trau't*) *rz.* pstrąg.
trove (*trou'w*) *rz.* skarb (znaleziony).
trover (*trou'wə*) *rz.* prawne odzyskanie straconej własności.
trow (*trau'*) *cz.* sądzić.
trowel (*trau'əl*) *rz.* kielnia.
troy, troy weight (*troj'uej't*) *rz.* systemem wag dla drogich kamieni i cennych metali.
truan-cy (*trū'ənsi*) *rz.* absentowanie się; **-t** (*trū'ənt*) *pm.* próżniak; ~ school, zakład poprawczy; play ~, absentować się; nie stawić się, unikać.
truce (*trū's*) *rz.* zawieszenie broni; rozejm.
truck (*tră'k*) *rz.* wózek, wagonik; handel zamienny, wypłata w naturaljach; głupstwo; ~, *cz.* przewozić; **-age** (*-εdż*) *rz.* przewóz, opłata za przewóz.
truckle (*tră'kεl*) *rz.* łóżko składane; ~, *cz.* płaszczyć się.
truculen-ce, -cy (*tră'kjuləns, trū'-*) *rz.* wojowniczość, srogość; **-t** (*-ənt*) *pm.* srogi; wojowniczy.
trudge (*tră'dż*) *rz.* ciężki chód; uciążliwa droga; ~, *cz.* wlec się.
true (*trū'*) *rz.* prawda; ~, *pm.* wierny, lojalny, uczciwy; prawdziwy; szczery; rzetelny; **-born** *pm.* zacnie urodzony; prawdziwy; **-bred** *pm.* czystej krwi; **-hearted** *pm.* szczerego serca; otwarty; **-ness** (*-nəs*) *rz.* wierność, szczerość; prawdziwość; rzetelność; **-penny** *rz.* dobra dusza.
truffle (*tră'fεl, trū'fεl*) *rz.* trufla.
truism (*trū'izεm*) *rz.* truizm; pewnik; komunał.
truly (*trū'li*) *ps.* wiernie, szczerze, prawdziwie.
trump (*tră'mp*) *rz.* atut (w kartach); (*fig.*) zuch; trąba; ~, *cz.* atutować, bić atutem; ~ **up** zmyślić, wynaleźć, sfałszować;

-ery (*-əri*) *rz.* oszukaństwo; brednie; **-et** (*-ət*) *rz.* trąba, trąbka; trębacz; sound the ~, *cz.* trąbić, rozgłosić; **-eter** (*-ətə*) *rz.* trębacz.
trunca-te (*tră'ŋkejt*) *cz.* ściąć; **-ted** *pm.* z ściętym wierzchołkiem; **-tion** (*-ej'szɛn*) *rz.* ścięcie.
truncheon (*tră'nczɛn*) *rz.* pałka (policjanta); buława; maczuga.
trundle (*tră'ndɛl*) *rz.* kółko, wałek; wózek na kółkach; posuwanie się (na kółkach); ~, *cz.* jechać, posuwać się (na kółkach); **-bed** *rz.* łóżko (składane) na kółkach.
trunk (*tră'nk*) *rz.* pień; tułów, kadłub; waliza; kufer; (*mech.*) tłok; ~, *pm.* główny; **-hose, -s** *rz. lmn.* spodenki. [maty).
trunnion (*tră'njɛn*) *rz.* ucho (ar-
truss (*tră's*) *rz.* tłumok; wiązka (siana); podstawa, oparcie; ~, *cz.* zwinąć (w tłumok); związać; podpierać.
trust (*tră'st*) *rz.* ufność; zaufanie; pewność; ostoja; kredyt; trust; koncern; powierzenie, depozyt; ~, *cz.* ufać, mieć zaufanie; oczekiwać; deponować, powierzyć; spuścić się na kogoś; kredytować; ~ in one, wierzyć komuś; **-ee** (*trăstī'*) *rz.* opiekun, kurator; depozytarjusz; **-ful** (*-ful*) *pm.* ufny; **-ingly** *ps.* ufnie, z całem zaufaniem; **-worthiness** (*tră'stuə̄ðinəs*) *rz.* wiarogodność; uczciwość; **-worthy** *pm.* zasługujący na zaufanie, pewny; niezawodny.
truth (*trū'þ*) *rz.* prawda; wierność; uczciwość, prawdziwość; rzetelność; rzeczywistość; in ~, istotnie, faktycznie; of a ~, zaprawdę, zaiste; **-ful** (*-ful*) *pm.* prawdomówny; prawdziwy; **-fulness** *rz.* prawdomówność; prawdziwość; **-less** *pm.* nieprawdziwy, fałszywy.
try (*traj'*) *cz.* próbować, doświadczać, wypróbować; badać; sądzić (sprawę, kogoś); przesłuchiwać (na sądzie); usiłować; kusić się o co; chcieć; ~ on, przymierzać (np. ubranie); ~, *rz.* (*potoczn.*) have a ~, spróbować; **-ing** (*-iŋ*) *pm.* przykry; bolesny.
tryst (*try'st*) *rz.* schadzka.
tsetse, tzetze (*tse'tse*) *rz.* mucha tse-tse.
tub (*tă'b*) *rz.* kadź, balja; wanna; kąpiel; **-by** (*tă'bi*) *pm.* przysadkowaty.
tube (*tjū'b*) *rz.* rura, kanał; kolej podziemna.
tuber (*tjū'bə*) *rz.* narośl (na korzeniach roślin).
tuberc-le (*tjū'bəkɛl*) *rz.* gruzełek, tuberkuła; **-ular** (*tjubə̄'kjulə*), **-ulous** (*tjubə̄'kjuləs*) *pm.* gruźliczy; gruzełkowy; **-ulosis** (*tjūbə̄kjulou'sis*) *rz.* gruźlica, suchoty.
tuberose (*tjū'bərous, tju'bərouz*) *rz.* tuberoza (*bot.*); ~, *pm.* sękaty; **-osity, -ousness** (*tjubə̄ro'siti, tjū'bərousnəs*) *rz.* gruzowatość, sękatość.
tubul-ar (*tjū'bjulə*) *pm.* rurkowaty; **-ous** (*tjū'bjuləs*) *pm.* rurkowy; **-e** (*tjū'bəl*) *rz.* rurka.
tuck (*tă'k*) *rz.* fałda; zatrąbienie, uderzenie w trąby (*przest.*); (*potoczn.*) cukierki, słodycze; ~, *cz.* podgarnąć, zakasać; opatulić; otkać; **-er** (*-ə*) *rz.* chustka na szyję.
Tuesday (*tjū'zdi*) *rz.* wtorek.
tuft (*tă'ft*) *rz.* czub, pęk, kita; klomb (kwiatów); **-ed** (*-əd*) *pm.* krzewisty, gronisty, czubaty; **-hunter** *rz.* pochlebca, sykofant; **-y** (*-i*) *pm.* krzaczasty, czubaty.
tug (*tă'g*) *rz.* ciągnienie, szarpnięcie; statek holowniczy; ~ of war, zabawa w przeciąganie liny; ~, *cz.* ciągnąć; szarpać; holować.
tuition (*tjui'szɛn*) *rz.* nauczanie; opłata za naukę; **-al, -ary** (*tjui'szənəri*) *pm.* wychowawczy.
tulip (*tjū'lip*) *rz.* tulipan; **-tree** *rz.* tulipanowiec.
tulle (*tjū'l*) *rz.* tiul.
tumble (*tă'mbɛl*) *rz.* upadek, runięcie; koziołek; nieład; ~, *cz.* potoczyć się; runąć; wywracać koziołki; rozrzucić, przewracać; upaść; runąć; **-down** *pm.* walący się; **-r** (*-ə*) *rz.* akrobata; rodzaj gołębia; puhar; kielich.
tumbling-barrel, -box (*tămbliŋbæ'rəl, -boks*) *rz.* bęben (*mech.*).

tumbr-el, -il (*tă'mbrəl*) *rz.* furgon.
tum-efaction (*tjūməfæ'kszεn*) *rz.* nabrzmiałość, puchlina; **-efy** (*tjū'məfaj*) *cz.* nabrzmiewać, puchnąć; **-id** (*tjū'mid*) *pm.* obrzękły, spuchły; (*fig.*) bombastyczny; **-idity, -idness** (*tjūmi'diti, tjū'midnəs*) *rz.* nabrzmiałość; **-our** (*tjū'mə*) *rz.* wrzód; guz; nabrzękłość.
tumult (*tjū'mălt*) *rz.* zgiełk, wrzawa, tumult; **-uary** (*tjumă'lczuəri*) *pm.* burzliwy, gwałtowny, buntowniczy; **-uous** (*-əs*) *pm.* zgiełkliwy.
tumulus (*tjū'mjuləs*) *rz.* kopiec.
tun (*tă'n*) *rz.* beczka, kadź; ~, *cz.* zlewać do beczki.
tun-able, -eful (*tjū'nəbεl, -ful*) *pm.* melodyjny; dźwięczny; **-e** (*tjū'n*) *rz.* ton, melodja; harmonja, głos; out of ~~, rozstrojony; **-e** *cz.* stroić; dostrajać; zaśpiewać; brzmieć zgodnie; **-eless** *pm.* nieharmonijny; **-er** (*-ə*) *rz.* stroiciel; **ing** (*-iŋ*) *rz.* strojenie; ~~ **fork** *rz.* strojnik, kamerton.
tungsten (*tă'ngsten*) *rz.* tungsten (*metal.*).
tunic (*tjū'nik*) *rz.* tunika; mundur; **-le** (*-εl*) *rz.* plewka; powłoka.
tunnage (*tă'nεdż*) *rz.* patrz **tonnage.**
tunnel (*tă'nεl*) *rz.* tunel, przekop; lej; przewód dymny.
tunny (*tă'ni*) *rz.* tuńczyk (ryba).
tup (*tă'p*) *rz.* baran.
turban (*tə'bεn*) *rz.* turban, zawój; **-ed** (*-d*) *pm.* w zawoju.
turbary (*tə'bəri*) *rz.* prawo kopania torfu na cudzym gruncie; torfowisko.
turbid (*tə'bid*) *pm.* mętny; gęsty, bezładny; **-ness** (*-nəs*) *rz.* mętność.
turbinate (*tə'binət*) *pm.* w kształcie odwróconego stożka.
turbine (*tə'bin, tə'bajn*) *rz.* turbina, wirówka.
turbot (*tə'bot*) *rz.* turbot (ryba).
turbulen-ce, -cy (*tə'bjuləns, -i*) *rz.* rozruch; bunt; **-t** (*-ənt*) *pm.* niespokojny; burzliwy, buntowniczy.
turd (*tə'd*) *rz.* łajno.
tureen (*tjurī'n*) *rz.* waza (do zupy).
turf (*tə'f*) *rz.* murawa; darń; the ~, plac wyścigowy; **-iness** (*-inəs*) *rz.* darnistość, obfitość trawy; **-man** *rz.* człowiek interesujący się wyścigami; **-y** (*-i*) *pm.* darniowy; okryty darniną; wyścigowy.
turg-escence (*tədże'səns*) *rz.* nabrzmiałość; napuszystość; **-id** (*tə'dżid*) *pm.* nabrzmiały, wzdęty; napuszony; **-idity, -idness** (*tədżi'diti, tə'dżidnəs*) *rz.* nabrzmiałość; napuszoność.
Turk (*tə'k*) *rz.* Turek; **~s cap** *rz.* lilja zawojek (*bot.*); **-ish** (*-tə'kisz*) *pm.* turecki.
turkey (*tə'ki*) *rz.* indyk; **-hen** *rz.* indyczka; **~buzzard** *rz.* sęp.
turmeric (*tə'merik*) *rz.* kurkuma, żółcień (*bot.*).
turmoil (*tə'mojl*) *rz.* niepokój, zaburzenie; rozruch, zgiełk; ~, *cz.* wzburzyć, (za)niepokoić.
turn (*tə'n*) *rz.* skręt, obrót; zwrot; kolej (= kolejne następstwo); partja; przechadzka; odwet; figiel; forma; kształt; bieg; tok; zamiłowanie, usposobienie; a good ~, przysługa; in ~, by ~, naprzemian, kolejno; ~ for ~, wet za wet; ~, *cz.* obracać (się); kręcić (się); toczyć (na tokarni); wywrócić; przemienić (się); stać się, zostać; ścinać się (np. o mleku); przetłumaczyć; puszczać w ruch; zaokrąglać; przenicować; obrócić na drugą stronę; wyjść na co; ~ one's hand to, zabrać się do; ~ the tables upon one, odpłacić się komuś równą monetą; ~ off, ~ on, odkręcić; ~ the scales, przeważyć szalę; ~ turtle (*mar.*), wywrócić się; ~ over a new leaf, (*fig.*) rozpocząć nowe życie; ~ on the water, odkręcić kurek; ~ in, zagiąć, wygiąć; ~ out, wyrzucić, wypędzić; ~ round, obracać się; odwrócić się; ~ up, do góry zagiąć; nadarzyć się; ~ upon, nakierować na co; zależeć od czegoś; **-buckle** *rz.* sprzęgło śrubowe; **-coat** *rz.* dezerter; odstępca; **-er** (*-ə*) *rz.* tokarz; **-ery** (*-əri*) *rz.* tokarstwo;

-ing (-*iŋ*) *rz.* skręt, zakręt; toczenie; róg; ~-lathe *rz.* tokarnia; -key *rz.* klucznik, stróż; -out *rz.* wydajność; -over *rz.* obrót (kupiecki); ~~, *pm.* dający się przenicować; -pike *rz.* myto, rogatka; -sole *rz.* kwiat obracający sie do słońca; -spit *rz.* jamnik; -stile *rz.* kołowrót; -table *rz.* obrotnica.

turnip (*tə'nip*) *rz.* rzepa.

turpentine (*tə'pəntajn*) *rz.* terpentyna.

turpitude (*tə'pitjūd*) *rz.* sromotność, podłość, znieprawienie, bezecność.

turquoise (*tə'k[u]ojz*) *rz.* turkus.

turret (*tă'rɛt*) *rz.* wieżyczka; wieża strzelnicza; -ed *pm.* opatrzony w wieżyczki.

turtle (*tə'tɛl*) *rz.* żółw (morski); -dove *rz.* turkawka; -shell *rz.* szyldkret.

tush, tusk (*tă'sz, tă'sk*) *rz.* kieł; -ed, -y (*-t, -i*) *pm.* uzbrojony w kły.

tussive (*tă'siw*) *pm.* kaszlowy.

tussle (*tă'sɛl*) *rz.* walka; ~, *cz.* borykać się.

tussock (*tă'sək*) *rz.* kępa trawy.

tutel-age (*tjū'təlɛdż*) *rz.* opieka, opiekuństwo; -ar, -ary (*tjū'tələ, -ri*) *pm.* opiekunczy.

tutor (*tjū'tə*) *rz.* opiekun, guwerner; wychowawca; ~, *cz.* opiekować się; wychowywać; pouczać; -age (*-rɛdż*) *rz.* opiekuństwo, wychowawstwo; -ess (*-rəs*) tutress *rz.* opiekunka; ochmistrzyni; -ial (*tjuto'riɛl*) *pm.* opiekuńczy, wychowawczy.

tutsan (*tă'tsən*) *rz.* ziele świętojańskie.

twaddle (*tuo'dɛl*) *rz.* gadanina; ~, *cz.* bredzić, paplać.

twain (*tue'jn*) *pm.* dwa, dwoje, obaj, oboje.

twang (*tuæ'ŋ*) *rz.* dźwięk nosowy; brzdąkanie; brzęk; ~, *cz.* mówić przez nos, brzęknąć, brzdąkać; -le (*tuæ'ŋɛl*) *cz.* brzdąkać, rzępolić; -ling (*-liŋ*) *pm.* brzdąkający.

'twas (*tuo'z*) = it was.

tweak (*tuī'k*) *cz.* szarpać, rwać; szczypać; ~, *rz.* uszczypnięcie, szarpnięcie; (*fig.*) kruczek.

tweed (*tuī'd*) *rz.* gatunek materji.

tweedle (*tuī'dɛl*) *rz.* rzępolenie; ~ dum and ~ deedee to samo, lecz z inną nazwą.

tween (*tuī'n*) skrót od between.

tweet (*tuī't*) *rz.* ćwierkanie.

tweezers (*tuī'zəz*) *rz. lmn.* szczypczyki.

twel-fth (*tue'lfþ*) *pm.* dwunasty; ~-day, ~-tide *rz.* święto Trzech Króli; -ve (*tue'lw*) *licz.* dwanaście; -month *rz.* rok; -pence *rz.* szyling.

twent-ieth (*tue'ntiəþ*) *pm.* dwudziesty; -y (*tue'nti*) *licz.* dwadzieścia.

twice (*tuaj's*) *ps.* dwukrotnie; dwa razy; dwakroć.

twiddle (*tui'dɛl*) *rz.* obracać.

twig (*tui'g*) *rz.* gałązka, pręt; latorośl; ~, *cz.* (*potoczn.*) rozumieć; dostrzec.

twilight (*tuaj'lajt*) *rz.* półmrok; zmrok; brzask; świt; ~ sleep, usypianie do porodu; ~, *pm.* mroczny, szary.

twill (*tui'l*) *rz.* płótno w krzyżyki; ~, *cz.* tkać w krzyżyki.

'twill = it will.

twin (*tui'n*) *rz.* bliźniak; ~, *pm.* bliźniaczy.

twine (*tuaj'n*) *rz.* szpagat; splot liny i. t. p.; ~, *cz.* skręcać (się); owijać; spleść.

twinge (*tui'ndż*) *rz.* ból, ukłucie; ~, *cz.* szczypać; kłuć.

twink-le (*tui'ŋkɛl*) *rz.* mruganie (oczu); migotanie (światła, gwiazd); -le *cz.* mrugać, migotać; -ing (*-liŋ*) *rz.* mruganie; migotanie; okamgnienie.

twinling (*tui'nliŋ*) *rz.* jagnię, bliźniak.

twirl (*tuə'l*) *rz.* wir; kręcenie (się); piruet; ~, *cz.* kręcić (się); wirować.

twist (*tui'st*) *rz.* skręt; szpagat; sznurek; plecionka; splot; zdolność; ~, *cz.* skręcać nici; spleść; owijać; wić (się); uwikłać (się).

twit (*tui't*) *cz.* wymawiać co komu, zarzucać; wytykać.

twitch (*tui'cz*) *rz.* szarpanie; skurcz; drganie; tik (nerwowy); ~, *cz.* szarpać; drgać.

twitter (*tui'tə*) *rz.* świegot; ~, *cz.* świegotać.
'twixt (*tui'kst*) = **betwixt.**
two (*tu'*) *licz.* dwa, dwie, dwójka; dwoje; in ~, na dwoje, na połowę; ~ and ~, po dwa, parami; **-edged** *pm.* dwusieczny, obosieczny; **-fold** *pm.* podwójny, dwojaki; ~, *ps.* podwójnie, dwojako; **-handed** *pm.* dwuręki; dla dwóch; **-pence** (*tă'pəns*) *rz.* dwa pensy; **-penny** (*tă'pəni*) *pm.* dwupensowy; **-sided** *pm.* dwustronny; **-tongued** *pm.* dwujęzyczny.
'twould (*tuū'd*) = **it would.**
tying *cz.* od **tie.**
tyke (*taj'k*) patrz **tike.**
tym-pan (*ti'mpən*) *rz.* otoczyna; skóra na bębnie; deka pergaminowa; **-panum** (*-əm*) *rz.* bębenek w uchu; błona bębenkowa; diafragma telefonu.
type (*tāj'p*) *cz.* pisać na maszynie; ~, *rz.* wzór, typ; piętno, znamię, znak; czcionka, pismo (*druk.*); próbka (towaru); **-setter** *rz.* zecer; **-writer** *rz.* maszyna do pisania.
typh-oid (*taj'fojd*) *pm.* tyfusowy; **-us** (*taj'fəs*) *rz.* tyfus.
typhoon (*tajfū'n*) *rz.* tyfon, tajfun.
typ-ic(al) (*ti'pik-ɛl*) *pm.* typowy; symboliczny; **-icalness** (*ti'pikəlnəs*) *rz.* typowość; **-ify** (*ti'pifaj*) *cz.* uzmysłowić, uosabiać.
typist (*taj'pist*) *rz.* piszący na maszynie; stenotypistka.
typograph-er (*tajpo'grəfə, tip-*) *rz.* typograf; **-ic(al)** (*tajpogræ'fik-əl, tipo-*) *pm.* typograficzny; **-y** (*tajpo'grəfi, tip-*) *rz.* typografja.
tyrann-ic(al) (*tajræ'nik-ɛl, ti-*); **-ous** (*ti'rənəs*) *pm.* tyrański; okrutny; **-icide** (*-ioajd*) *rz.* zabójstwo tyrana; **-ize** (*ti'rənajz*) *cz.* tyranizować; dręczyć; **-y** (*ti'rəni*) *rz.* tyranja.
tyrant (*taj'rənt*) *rz.* tyran.
tyre (*taj'ə*) *rz.* opona.
tyro (*taj'rou*) *rz.* nowicjusz, uczeń.
tyrol-ese, -ian (*tirolī'z*) *rz.* Tyrolczyk, Tyrolka; ~, *pm.* tyrolski.
tzar patrz **czar.**
tzetze patrz **tsetse.**

U

ubiquit-ous (*jubi'kuitəs*) *pm.* wszechobecny; **-y** (*jubi'kuiti*) *rz.* wszechobecność.
udder (*ă'də*) *rz.* wymię.
udometer (*jūdo'mitə*) *rz.* deszczomierz.
ugl-iness (*ă'glinəs*) *rz.* brzydota; **-y** (*ă'gli*) *pm.* brzydki, szpetny.
uhlan, ulan (*u'lən, jū'lən*) *rz.* ułan.
ukase (*jūkej's*) *rz.* ukaz.
ulcer (*ă'lsə*) *rz.* rana; **-ate** (*-rejt*) *cz.* jątrzyć, ropić się; pokrywać się ranami; **-ation** (*-ej'szen*) *rz.* ropienie się; **-ous** (*-rəs*) *pm.* ropiący się.
uliginose (*juli'dżinəs*) *pm.* szlamowaty, iłowaty.
ullage (*ă'ledż*) *rz.* wyciek (z beczki).
ulna (*ă'lnə*) *rz.* kość przedramieniowa (*anat.*).
ulster (*ă'lstə*) *rz.* płaszcz, raglan.
ult. patrz **ultimo.**
ulterior (*ăltī'riə*) *pm.* dalszy, późniejszy.
ultim-ate (*ă'ltimət*) *pm.* ostateczny, najdalszy; najwyższy; **-atum** (*ăltimej'təm*) *rz.* ultimatum; **-o** (*ă'ltimou*) *ps.* ubiegłego miesiąca.
ultra (*ă'ltrə*) *pm.* skrajny; ~, *rz.* radykał; **-ism** (*ă'ltrəizəm*) *rz.* skrajność; **-marine** (*ăltrəmarī'n*) *rz.* ultramaryna; błękit; ~, *pm.* zamorski; **-montane** (*-mo'ntejn*) *rz.* ultramontanin; ~, *pm.* ultramontański; **-mundane** (*-mă'ndejn*) *pm.* pozaświatowy, nieziemski; **-violet** (*-waj'olet*) *pm.* pozafioletowy.
ulula-te (*ă'lulejt, jū'-*) *cz.* wyć; **-tion** (*-ej'szɛn*) *rz.* wycie.
umbel (*ă'mbɛl*) *rz.* baldaszek (*bot.*); **-lar, -late** (*ămbe'lə, -ejt*) *pm.* baldaszkowy.
umber (*ă'mbə*) *rz.* umbra (farba); (*orn.*) gatunek czapli.
umbilic-al (*ămbi'lik-ɛl*) *pm.* pępkowy; po kądzieli; **-us** (*ămbilaj'kəs*) *rz.* pępek.

umbr-age (*ă'mbredż*) *rz.* cienistość; obraza; **-ageous** (*ămbrej'dżəs*) *pm.* cienisty; obraźliwy; **-iferous** (*ămbri'fərəs*) *pm.* cienisty.
umbrella (*ămbre'lə*) *rz.* parasol.
umpi-rage (*ă'mpajredż*) *rz.* sąd polubowny; **-re** (*ă'mpajə*) *rz.* sędzia polubowny, arbiter; **-reship** *rz.* sąd; sędziostwo.
un- (*ă'n*) przedrostek wyrażający negację, odpowiada polskim przedrostkom nie-, lub bez-; wyrazów na un- nie podanych poniżej należy szukać tam, gdzie figurują bez tego przedrostka a w tłumaczeniu dodać jeden z powyższych przedrostków polskich; **-abashed** (*ănəbæ'szt*) *pm.* niezmieszany; **-abated** (*ănəbej'ted*) *pm.* niezmniejszony; **-able** (*ănej'bel*) *pm.* niezdolny; **-abridged** (*ănəbri'dżd*) *pm.* nieskrócony; **-accented** (*ănækse'nted*) *pm.* nieakcentowany; **-acceptable** (*ănækse'ptəbel*) *pm.* nie do przyjęcia; **-accomplished** (*ănəko'mpliszt*) *pm.* niewykończony; niewykształcony; **-accountable** (*ănəkau'ntəbel*) *pm.* niewytłumaczony; niepojęty; **-accurate** (*ănæ'kjurət*) *pm.* niedokładny; **-accustomed** (*ănəkă'stəmd*) *pm.* nieprzyzwyczajony; **-achievable** (*ănəczī'wəbel*) *pm.* niewykonalny; **-acknowledged** (*ănəkno'ledżd*) *pm.* nieuznany; **-acquainted** (*-ækuej'nted*) *pm.* nieobznajomiony; **-acquirable** (*ănəkuaj'ərəbel*) *pm.* nie do nabycia; **-aquitted** (*ănəkui'ted*) *pm.* nieuwolniony; niezapłacony (dług); **-admonished** (*ănədmo'niszt*) *pm.* niestrofowany; **-adulterated** (*ănədă'ltərəted*) *pm.* niesfałszowany; **-advisable** (*ănədwaj'zəbel*) *pm.* nierozsądny; **-advised** (*ănədwaj'zd*) *pm.* nieroztropny; nierozważny; **-affected** (*ănəfe'kted*) *pm.* nieprzymuszony; naturalny; **-affecting** (*-əfe'ktiŋ*) *pm.* niewzruszający; **-affectionate** (*-əfe'kszenət*) *pm.* obojętny; oziębły; **-aided** (*-ej'ded*) *pm.* bez pomocy; **-alloyed** (*ănəloj'd*) *pm.* bez domieszki; **-alterable** (*ănō'ltərəbel*) *pm.* niezmienny; **-amiable** (*ănej'miəbel*) *pm.* niemiły, nieuczynny.

unanim-ity (*junəni'miti*) *rz.* jednomyślność; **-ous** (*junæ'niməs*) *pm.* jednomyślny.
un-announced (*ănənau'nst*) *pm.* niezapowiedziany; **-answered** (*ănā'nsəd*) *pm.* bez odpowiedzi; **-appalled** (*ănəpō'ld*) *pm.* nieustraszony; **-appeasable** (*ănəpī'zəbel*) *pm.* nieukojony; **-apprehensive** (*-æprihe'nsiw*) *pm.* niepojęty; bezmyślny; **-approachable** (*-əprou'czəbel*) *pm.* niedostępny, niedościgły; **-approved** (*-əprū'wd*) *pm.* niezatwierdzony; **-apt** (*ănæ'pt*) *pm.* niezdatny; niestosowny; **-arm** (*ănā'm*) *cz.* rozbrajać; **-armed** (*ănā'md*) *pm.* nieuzbrojony; bezbronny; **-arrayed** (*-ərej'd*) *pm.* nieuszykowany; **-artful** (*ănā'tfu'*) *pm.* niekunsztowny; **-artificial** (*-ātifi'szel*) *pm.* niesztuczny; **-asked** (*ănā'skt*) *pm.* nieproszony, niepytany; **-aspiring** (*-əspaj'əriŋ*) *pm.* nieambitny; **-assailable** (*ănəsej'ləbel*) *pm.* niezdobyty; **-assisted** (*ănəsi'sted*) *pm.* bez pomocy; **-assuming** (*ănəsjū'miŋ*) *pm.* skromny, bez pretensyj; **-assured** (*-szū'əd*) *pm.* niepewny; **-atoned** (*-tou'nd*) *pm.* nieodpokutowany; **-attainable** (*ănətej'nəbel*) *pm.* nieosiągalny, niedostępny; **-attempted** (*-əte'mted*) *pm.* niepróbowany; **-attended** (*ănəte'nded*) *pm.* bez towarzystwa, samopas; ~~ to, pominięty; nie załatwiony; **-attested** (*ănəte'sted*) *pm.* niepoświadczony; **-authorized** (*ănō'ϑərajzd*) *pm.* nieuprawniony; **-available, -availing** (*ănəwej'ləbel, -iŋ*) *pm.* daremny; **-avoidable** (*ănəwoj'debel*) *pm.* nieunikniony; **-aware** (*ănəuē'ə*) *pm.* niebaczny; **-awares** (*-z*) *ps.* niespodzianie, znienacka; **-awed** (*ănō'd*) *pm.* nieustraszony.
un-backed (*ănbæ'kt*) *pm.* nieujeżdżony; niewsparty; **-balanced** (*ănbæ'lənst*) *pm.* niezrównoważony; **-ballast** (*-bæ'ləst*) *cz.* pozbawić balastu; **-bar** (*ănbā'*) *cz.* odemknąć zasuwkę; odryglować zaporę; **-bearable** (*ănbē'rəbel*) *pm.* nieznośny; **-becoming** (*-bikă'miŋ*), **-befitting** (*-bifi'tiŋ*) *pm.* niestosowny, nieprzyzwoity; **-be-**

lief (*-bilī'f*) *rz.* niewiara, niedowierzanie; **-believer** (*-bilī'wə*) *rz.* niedowiarek; **-bend** (*ănbe'nd*) *cz.* rozprostować(się); ulżyć; **-bending** (*-be'ndiŋ*) *pm.* nieugięty; **-benevolent** (*-bəne'wolənt*) *pm.* nieprzychylny; **-beseeming** (*-bisī'miŋ*) *pm.* niewłaściwy; nieprzyzwoity; **-besought** (*-bisō't*) *pm.* nieproszony; **-bewailed** (*-biuej'ld*) *pm.* nieopłakany; **-biassed** (*-baj'əst*) *pm.* nieuprzedzony; bez uprzedzeń; **-bid, -bidden** (*ănbi'd, -n*) *pm.* nieproszony; **-bind** (*ăn aj'nd*) *cz.* rozwiązać; **-bit, -bitted** (*-bi'tεd*) *pm.* rozkiełznany; **-blamable** (*-blej'məbεl*) *pm.* nienaganny; **-bleached** (*-blī'czt*) *pm.* niebielony; **-blemished** (*-ble'miszt*) *pm.* nieskazitelny; bez skazy; **-blighted** (*-błaj'tεd*) *pm.* niezepsuty, czysty; **-blotted** (*-blo'tεd*) *pm.* niesplamiony; **-blown** (*-blou'n*) *pm.* nierozkwitły; **-blunted** (*-blă'ntεd*) *pm.* niestępiony; **-bolt** (*-bou'lt*) *cz.* odryglować; **-booted** (*-bū'tεd*) *pm.* nieobuty; **-born** (*-bō'n*) *pm.* nieurodzony; **-borrowed** (*-bo'roud*) *pm.* niepożyczony; własny; **-bosom** (*-bu'zεm*) *cz.* wywnętrzyć się; wynurzyć; **-bounded** (*-bau'ndεd*) *pm.* bezgraniczny; **-bowel** (*-bau'əl*) *cz.* wywnętrzyć; wypatroszyć; **-brace** (*-brej's*) *cz.* rozwiązać, rozpiąć, popuścić; **-bred** (*-bre'd*) *pm.* nie wychowany; **-bribed** (*-braj'bd*) *pm.* nieprzekupiony; **-bridle** (*-braj'dεl*) *cz.* rozkiełznać; **-bridled** (*-d*) *pm.* wyuzdany; **-broken** (*-brou'kn*) *pm.* niezłomny; **-brotherlike, -brotherly** (*-bră'ðəlajk, -li*) *pm.* niebraterski; **-buckle** (*-bă'kεl*) *cz.* rozpiąć (sprzączkę); **-burden** (*-bə'dεn*) *cz.* zdjąć ciężar; **-buried** (*-be'rid*) *pm.* niepogrzebany; **-burnt** (*-bə'nt*) *pm.* niespalony; **-busied** (*-bi'zid*) *pm.* bez zajęcia; **-button** (*-bă'tn*) rozpiąć (guziki); odpiąć.

un-called (*ănkō'ld*) ~ for, *pm.* niepowołany; nieproszony; **-candid** (*-kæ'ndid*) *pm.* nieszczery; **-cared for** (*-kē'əd*) *pm.* zaniedbany; **-case** (*ănkej's*) *cz.* wyjąć z futerału; **-caught** (*-kō't*) *pm.* niezłapany; **-ceasing** (*-sī'siŋ*) *pm.* nieustający, bezustanny; **-certain** (*-sə'tεn*) *pm.* niepewny; **-certainty** (*-sə'tənti*) *rz.* niepewność; **-chain** (*-czej'n*) *cz.* rozpętać; **-changeable** (*-czej'ndżəbεl*) *pm.* niezmienny; **-charitable** (*-czæ'ritəbεl*) *pm.* niemiłosierny; **-charm** (*-czā'm*) *cz.* odczarować, **-chaste** (*-czej'st*) *pm.* nieczysty; **-checked** (*-cze'kt*) *pm.* niewstrzymany; **-cheerful** (*-czī'əful*) *pm.* niewesoły; **-christian** (*-kri'sczən*) *pm.* niechrześcijański.

uncial (*ă'nszəl*) *pm.* uncjalny.

uncircum-cised (*ănsə'kjumsajzd*) *pm.* nieobrzezany; **-scribed** (*-sə'kəmskrajbd*) *pm.* nieokreślony; **-spect** (*ănsə'kjumspekt*) *pm.* nieprzezorny; **-stancial** (*-stæ'nszəl*) *pm.* nie wchodzący w szczegóły.

un-civil (*ănsi'wil*) *pm.* niegrzeczny; **-civilized** (*-ajzd*) *pm.* niecywilizowany; **-clad** (*-klæ'd*) *pm.* nieodziany; **-clasp** (*-klā'sp*) *cz.* rozpiąć haftkę; **-classic(al)** (*-klæ'sik, -εl*) *pm.* nieklasyczny.

uncle (*ă'ŋkεl*) *rz.* wuj, stryj.

un-clean (*ăn'lī'n*) *pm.* nieczysty; **-cleanliness** (*-kle'nlinəs*) *rz.*, **-cleanness** *rz.* nieczystość; **-cleansed** (*-klī'nzd*) *pm.* nieoczyszczony; **-clew** (*-klū'*) *cz.* odmotać, rozplątać; **-clipped** (*-kli'pt*) *pm.* nie obcięty; **-close** (*-klou'z*) *cz.* otworzyć; **-clothe** (*-klou'ð*) *cz.* rozebrać; **-clouded** (*-klau'dεd*), **-cloudy** (*-klau'di*) *pm.* bezchmurny; **-cock** (*-ko'k*) *cz.* spuścić kurek; **-coil** (*-kōj'l*) *cz.* rozplatać; **-collected** (*-ko'e'ktεd*) *pm.* niezebrany; **-coloured** (*-kă'ləd*) *pm.* bezbarwny, niefarbowany; **-combed** (*-kou'md*) *pm.* nieczesany; **-comely** (*-kă'mlı*) *pm.* niepowabny, nieprzystojny; **-comfortable** (*-kă'mfətəbεl*) *pm.* niewygodny; **-commanded** (*-komā'ndεd*) *pm.* bez dowódcy; nienakazany; **-common** (*-ko'mεn*) *pm.* niezwykły; **-compact** (*-ko'mpækt*) *pm.* niespójny; **-compassionate** (*-kompæ'szənət*) *pm.* nie współczujący, bezlitośny; **-complaisant** (*-kompləzā'nt*) *pm.* nieuczynny; **-compounded** (*-kompau'ndεd*) *pm.* niezłożony; **-comprehensive** (*-komprehe'nsiw*) *pm.* niepojęty; **-compromising** (*-ko'mpromajziŋ*) *pm.* bezwzględny; **-conceivable** (*-konsī'wəbel*) *pm.* niepojęty; **-concern** (*-kon-sə'n*) *rz.* obojętność; **-conclusive** (*-konklū'siw*) *pm.* nic nie dowodzący; **-condemned** (*-konde'md*) *pm.* nie skazany; **-conditional** (*-kəndi'szənel*) *pm.* bezwarunkowy; **-confined** (*-konfaj'nd*) *pm.* nieograniczony; nieskrępowany; **-conformable** (*-konfo'məbel*) *pm.* niezgadzający się; niestosowny; **-conformity** (*-konfō'miti*) *rz.* niezgodność; **-confused** (*-kənfjū'zd*) *pm.* niepomieszany; **-futable** (*-konfjū'təbel*) *pm.* niezbity; **-congenial** (*-kəndżī'njəl*) *pm.* niezgodny; **-connected** (*-kone'kted*) *pm.* niezwiązany, luźny; **-conquerable** (*-ko'ŋkərəbel*) *pm.* **-conquered** (*-ko'ŋkəd*) *pm.* nieprzezwyciężony; **-conscionable** (*-ko'nszənəbel*) *pm.* nadmierny; **-conscious** (*-ko'nszəs*) *pm.* nieświadomy; nieprzytomny; **-conscientious** (*-konszje'nszəs*) *pm.* niesumienny; **-consecrated** (*-ko'nsəkrejted*) *pm.* niepoświęcony; **-considered** (*-konsi'dəd*) *pm.* nierozważony; **-stitutional** (*-konstitjū'szənel*) *pm.* niekonstytucyjny; **-constrainable** (*-kənstrej'nəbel*) *pm.* nieugięty, niepowściągniony; **-constrained** (*-kənstrej'nd*) *pm.* nieprzymuszony; **-consumed** (*-kənsjū'md*) *pm.* niewyczerpany; **-contended, -contested** (*-kənte'nted, -kənte'sted*), **-testable** (*-kənte'stəbel*) *pm.* niezaprzeczony; **-controlled** (*-kəntrou'ld*) *pm.* niekontrolowany; nieograniczony, nieposkromiony; **-controverted** (*-kəntrəwə'ted*) *pm.* niezaprzeczony; **-convinced** (*-kənwi'nst*) *pm.* nieprzekonany; **-cord** (*ăn-kō'd*) *cz.* rozwiązać; rozplatać sznurek; **-cork** (*-kō'k*) *cz.* odkorkować; **-corrected** (*-kore'kted*) *pm.* niepoprawiony; **-corrupted** patrz **incorrupt** i t. d.; **-countable** (*-kau'ntəbel*) *pm.* niezliczony; **-couple** (*-kă'pel*) rozłączyć; **-courteous** (*kə'tjəs, -czəs, kō'-*) *pm.* niegrzeczny; **-couth** (*-kū'ð*) *pm.* nieokrzesany; **-cover** (*-kă'wə*) *cz.* odkryć, odsłonić; **-created** (*-kriej'ted*) *pm.* niestworzony; **-credible** (*-kre'dibel*) *pm.* nie do uwierzenia; **-creditable** (*-kre'ditəbel*) *pm.* niezaszczytny.

unct-ion (*ă'ŋkszen*) *rz.* namaszczenie; pomazanie; extreme ~, ostatnie namaszczenie; oleje św.; **-uosity** (*ăŋktjuo'siti, -czuo'siti*), **-uousness** (*ă'ŋktjuəsnəs, -czuəsnəs*) *rz.* tłustość, oleistość; **-uous** (*ă'ŋktjuəs, -czuəs*) *pm.* namaszczony; oleisty.

un-culled (*ănkă'ld*) *pm.* niewybrany, niewyszukany; **-cultivable** (*ănkă'ltiwebel*) *pm.* nieuprawny; **-cultivated** (*-kă'ltiwejted*) *pm.* niewykształcony; nieuprawny; **-curable** (*-kjū'rəbel*) *pm.* niewyleczalny; **-cured** (*-kjū'd*) *pm.* niewyleczony; **-curbed** (*-kə'bd*) *pm.* nieukrócony, niepohamowany; **-curl** (*-kə'l*) *cz.* rozwijać; odkręcać; **-curtailed** (*-kətej'ld*) *pm.* nieobcięty, nieskrócony; **-customable** (*-kă'stəməbel*), **-customary** (*-kă'stəməri*) *pm.* niezwykły; **-cut** (*-kă't*) *pm.* nie ścięty; nie przecięty; nie rżnięty.

un-damaged (*ăndæ'medżd*) *pm.* nieuszkodzony; **-dated** (*-dej'ted*) *pm.* niedatowany; **-daunted** (*dā'nted, -dō'*) *pm.* nieustraszony, nieposkromiony; **-decagon** (*-de'kəgon*) *rz.* jedenastokąt (*geom.*); **-decayed** (*-dikej'd*) *pm.* nieuszkodzony; **-deceive** (*-disī'w*) *cz.* wyprowadzić z błędu; **-decided** (*-disaj'ded*) *pm.* nierozstrzygnięty, niezdecydowany; **-deck** (*-de'k*) *cz.* pozbawić ozdoby; **-defaced** (*-difej'st*) *pm.* niezeszpecony; **-defended** (*-dife'nded*) *pm.* niebroniony; bezbronny; **-defiled** (*-difaj'ld*) *pm.* niepokalany; niesplamiony; **-defined** (*-difaj'nd*) *pm.* nieokreślony; **-demonstrable** (*-de'monstrəbel*) *pm.* niedowiedziony; **-deniable** (*-dinaj'əbel*) *pm.* niezaprzeczony; bezsprzeczny; **-depending** (*-dipe'ndiŋ*) *pm.* niezależny; **-deplored** (*diplō'əd*) *pm.* nieopłakany; **-depraved** (*-diprej'wd*) *pm.* niezepsuty.

under (*ă'ndə*) *ps.* i *łącz.* pod; niżej; bring ~, podbić; ~ colour, pod pozorem; ~ favour, za pozwoleniem, przez łaskę; ~ **age** (*ăndə-ej'dż*) *rz.* małoletność; **-bid** (*ăndəbi'd*) *p.* ofiarować za nisk (lub niższą) cenę; **-brush** (*ă'ndəbrăsz*) *rz.* podszycie (lasu); **-clerc** (*ă'ndəklā'k*) *rz.* podpisarz; **-current** (*ăndəkă'-rent*) *rz.* prąd (dolny); **-done** (*ăndədă'n*) *pm.* niedopieczony, niedogotowany; niedosmażony; **-filling** (*-fi'liŋ*) *rz.* niższa część budynku; **-gird** (*-gə'd*) *cz.* podpasać; **-go*** (*ăndəgou'*) *cz.* doświadczyć; doznać czegoś; ulegać; poddać się czemu; przechodzić (np. kryzys); **-graduate** (*ăndəgræ'djuət*) *rz.* student; **-ground** (*ă'ndəgraund*) *pm.* podziemny; ~, *ps.* pod ziemią, w grobie; **-growth** (*-grou'þ*) *rz.* gęstwina; podszycie (lasu); **-hand** (*ăndəhæ'nd*) *ps.* skrycie, potajemnie; **-handed** (*-ed*) *pm.* tajemny, pokątny; podły; **-jaw** (*ă'ndədżō*) *rz.* szczęka dolna; **-lay** (*-lej'*) *cz.* podłożyć; **-lease** (*-lī's*) *rz.* poddzierżawa; **-let** (*-le't*) *cz.* dzierżawić; podnająć; **-lie** (*-laj'*) *cz.* leżeć u spodu; stanowić fundament; znajdywać się pod; **-line** (*-laj'n*) *cz.* podkreślać; **-ling** (*ă'ndəliŋ*) *rz.* podwładny; **-lip** (*ă'ndəlip*) *rz.* warga dolna; **-mine** (*-maj'n*) *cz.* podkopywać; **-most** (*ă'ndəmoust*) *pm.* najniższy; **-neath** (*ăndənī'þ*) *ps.* na dole, na spodzie; pod; niżej; pod spodem; **-pay** (*ăndəpej'*) *cz.* niedopłacać, płacić za mało; **-part** (*ă'ndəpāt*) *rz.* rola podrzędna; **-pin** (*-pi'n*) *cz.* podeprzeć; podbudować; **-plot** (*ă'ndəplot*) *rz.* epizod; **-prize** (*-praj'z*) *cz.* za nisko szacować; niedoceniać; **-prop** (*-pro'p*) *cz.* podeprzeć; **-rate** (*ăndərej't*) *cz.* niedoceniać; **-score** (*-skō'ə*) *cz.* podkreślić; **-sell** (*-se'l*) *cz.* sprzedawać po niższych cenach; **-set** (*-se't*) *cz.* podeprzeć; **-setter** (*-se'tə*) *rz.* podpora, postument; **-setting** (*-se'tiŋ*) *rz.* podpórka; **-sheriff** (*ă'ndəszé'rif*) *rz.* podszeryf; **-shot** (*ă'ndəszot*) *pm.* podsiębierny; **-sign** (*-saj'n*) *cz.* podpisać; **-sized** (*-saj'zd*) *pm.* za mały; **-stand*** (*ăndəstæ'nd*) *cz.* rozumieć; dowiedzieć się; **-standing** (*-stæ'ndiŋ*) *rz.* rozum; zrozumienie, porozumienie (się); **-state** (*-stej't*) *cz.* niedoceniać; **-stood** (*-stū'd*) *pm.* zrozumiany; **-strapper** (*ă'ndəstræpə*) *rz.* podagent; **-take*** (*-tej'k*) *cz.* przedsiębrać; podejmować się; ręczyć; **-taker** (*-tej'kə*) *rz.* właściciel zakładu pogrzebowego; **-taking** (*-tej'kiŋ*) *rz.* przedsięwzięcie; ~~, *pm.* przedsiębiorczy; **-tone** (*ă'ndətoun*) *rz.* ton niższy; **-valuation** (*-wæljuej'szen*) *rz.* niedocenianie; lekceważenie, poniżenie; **-value** (*-wæ'lju*) *cz.* niedoceniać, lekceważyć; **-went** (*-we'nt*) *cz.* od **undergo**; **-wood** (*ă'ndəuud*) *rz.* podszycie (lasu); gęstwina; krzaki; **-world** (*-uəld*) *rz.* męty społeczne; świat podziemi; **-write*** (*-raj't*) *cz.* podpisywać; **-writer** (*-raj'tə*) *rz.* (w marynarce) ajent asekuracyjny; **-wrought** (*-rō't*) *pm.* niewykończony; niewypracowany; podkopany.

unde-scribed (*ăndiskraj'bd*) *pm.* nieopisany; **-scried** (*diskraj'd*) *pm.* niepostrzeżony, nieodkryty; **-served** (*-dizə'wd*) *pm.* niezasłużony; **-serving** (*-dizə'wiŋ*) *pm.* niezasługujący; **-signed** (*-dizaj'nd*) *pm.* nieumyślny; mimowolny; **-sirable** (*-dizaj'rəbel*) **-sired** (*-disaj'əd*) *pm.* niepożądany; **-tected** (*-dite'kted*) *pm.* nieodkryty; nie spostrzeżony; **-terminable** (*-ditə'minəbel*) *pm.* nieokreślony.

un-did (*ă'ndid*) *cz.* od **undo**; **-diminished** (*-dimi'niszt*) *pm.* niezmniejszony; nieuszczuplony; **-discernible** (*-disə'nibel*) *pm.* niepostrzegalny; **-discerned** (*-disə'nd*) *pm.* niewidziany; niedostrzeżony; **-discerning** (*-disə'niŋ*) *pm.* nierozróżniający; nierozsądny; **-disciplined** (*-di'siplind*) *pm.* niekarny, niesforny; **-discovered** (*-diskă'wəd*) *pm.* nieodkryty; **-disguised** (*-dizgaj'zd*) *pm.* nieprzebrany, szczery; **-dismayed** (*-dismej'd*) *pm.* nieustraszony; **-disputed** (*-dispju'ted*) *pm.* niezaprzeczony; **-dissembled** (*-dise'mbeld*) *pm.* nieudany, szczery; **-dissolvable** (*-dizo'lwə-*

bεl) pm. nierozwiązany, nierozpuszczalny; **-distinguished** *(-distiŋ'guiszt)* pm. nieodróżniony; **-distinguishing** *(-disti'ŋguiszíŋ)* pm. nieodróżniający; bez różnicy; **-distracted** *(-distræ'ktεd)* pm. uważny; **-disturbed** *(-distə̄'bd)* pm. niezakłócony, spokojny; **-dividable** *(-diwaj'dəbεl)* pm. **-divided** *(-diwaj'dεd)* pm. niepodzielony, niepodzielny; **-do** *(ăndū')* cz. rozwiązać, rozpiąć; otworzyć; skasować; znieść; **-doing** *(-dū'iŋ)* rz. odrobienie; rozwiązanie; zniszczenie; **-doubted** *(-dau'tεd)* pm. niewątpliwy; **-dreamed** *(drī'md)* pm. o czem się nie śniło; nie do pomyślenia; **-dress** *(ă'ndrəs)* rz. negliż; ubiór domowy; ~, *(ăndre's)* cz. rozebrać; **-due** *(-djū')* pm. nienależny, niewłaściwy.

un-dulate *(ă'ndjulejt, -dżu-)* cz. falować, ondulować; ~, *(ă'ndjulət, -dżu-)* pm. falisty; **-dulation** *(ăndjulej'szεn, -dżu-)* rz. falowanie, falistość; **-dulatory** *(ă'ndjulətori, -dżu-)* pm. falujący, falisty.

un-duly *(ăndju'li)* pm. niepotrzebnie; nienależycie; niewłaściwie; **-duteous, -dutiful** *(-djū'tiəs, -djū'tiful)* pm. nieposłuszny, nieobowiązkowy; nieszanujący; **-dying** *(-daj'iŋ)* pm. nieśmiertelny.

un-earned *(ănə̄'nd)* pm. niezasłużony; **-earth** *(ănə̄'þ)* cz. odgrzebać; **-earthly** *(-li)* pm. nieziemski; **-easiness** *(ănī'zinəs)* rz. niepokój; niewygoda; dolegliwość; **-easy** *(-ī'zi)* pm. niespokojny; przykry; niemiły; **-educated** *(ăne'djukejtεd)* pm. niewykształcony; źle wychowany; **-eligible** *(-e'lidżibεl)* pm. niewybieralny; **-embarassed** *(-εmbæ'rəst)* pm. nieskrępowany; **-employed** *(ănεmploj'd)* pm. niezatrudniony; bezrobotny; **-employement** *(-εmploj'mənt)* rz. bezrobocie; **-ending** *(-e'ndiŋ)* pm. nieskończony; **-endowed** *(-εndau'd)* pm. niewyposażony; nienadany; **-engaged** *(-εngej'dżd)* pm. niezobowiązany; wolny, niezatrudniony; **-enlightened** *(-εnlaj'tεnd)* pm. nieoświecony; **-entertaining** *(-əntətej'niŋ)* pm. niezabawny, nudny; **-envied** *(-e'nwid)* pm. nie do pozazdroszczenia; **-envious** *(-e'nwiəs)* pm. niezazdrosny; **-equal** *(ănī'kuəl)* pm. nierówny; **-equalled** *(-d)* niezrównany; **-equitable** *(-e'kuitəbεl)* pm. niesprawiedliwy; **-equivocal** *(-əkui'wokεl)* pm. niedwuznaczny; **-erring** *(-ə̄'riŋ)* pm. nieomylny; **-essential** *(-εse'nszεl)* pm. nieistotny, małoważny; **-established** *(-εstæ'bliszt)* pm. nieustalony; **-even** *(-ī'wn)* pm. nierówny; chropowaty; **-exampled** *(-εgzā'mpεld)* pm. bezprzykładny; **-exceptionable** *(-εkse'pszənəbεl)* pm. bezsporny; nieposzlakowany; **-exempt** *(-εgze'mpt)* pm. niewyjęty (z pod), niewolny (od); **-exercised** *(-e'ksəsajzd)* pm. niewyćwiczony; niewprawny; **-exhausted** *(-igzō'stεd)* pm. niewyczerpany; **-existent, -existing** *(-εgzi'stənt, -εgzi'stiŋ)* pm. nieistniejący; **-expected** *(-εkspe'ktεd)* pm. niespodziewany; **-expedient** *(ănεkspī'diənt, -eks-)* pm. patrz **inexpedient**; **-expensive** *(-εskpe'nsiw, -ek-)* pm. niekosztowny; **-experienced** *(ănεkspī'riənst -ănek-)* pm. niedoświadczony; **-expert** *(ănεkspə̄'t, -ek-)* pm. niewprawny, niedoświadczony; **-explainable** *(ănεksplej'nəbεl)* pm. niewytłumaczalny; **-explained** *(ănεksplej'nd)* pm. niewytłumaczony; **-explored** *(ănεksplō'əd)* pm. niezbadany; **-expressive** *(ănεkspre'siw)* pm. niewyrazisty; **-extinguishable** *(-εksti'ŋguiszəbεl)* pm. niezgasły; **-extinguished** *(-εksti'ŋguiszt)* pm. niezgaszony.

un-faded *(ănfej'dεd)* pm. niezwiędły; **-fading** *(-fej'diŋ)* pm. niewiędnący; **-failing** *(-fej'liŋ)* pm. nieomylny, niechybny; **-fair** *(-fē'ə)* pm. nieuczciwy; niesłuszny; niesprawiedliwy; **-faithful** *(-fej'þful)* pm. niewierny, zdradziecki; **-familiar** *(-fəmi'liə)* pm. nieznany; nieprzyzwyczajony (do); nieobeznany (z); **-fashionable** *(-fæ'szənəbεl)* pm. niemodny; nieprzyjęty; **-fasten** *(-fā'sεn)* cz. odwiązać, rozwiązać; odemknąć; **-fathomable** *(-fæ'ðəməbεl)* pm. niezgłębiony; **-fa-**

vourable (*-fej'wərəbɛl*) *pm.* niepomyślny, niesprzyjający; przeciwny; nieżyczliwy; **-feared** (*-fī'əd*) *pm.* nie groźny; **-feasible** (*-fī'zibɛl*) *pm.* niewykonalny; **-feathered** (*-fe'ðəd*) *pm.* nieopierzony; **-featured** (*-fī'czəd*) *pm.* szpetny, brzydki; **-feeling** (*-fī'liŋ*) *pm.* nieczuły; **-feigned** (*-fej'nd*) *pm.* nieudany; **-felt** (*-fe'lt*) *pm.* niedoznany; **-fenced** (*-fe'nst*) *pm.* nieotoczony, nieobwarowany; **-fetter** (*-fe'tə*) *cz.* rozpętać, zdjąć pęta; **-filial** (*-fi'ljəl*) *pm.* nie synowski; **-filled** (*-fi'ld*) *pm.* niezapełniony; wakujący; **-finished** (*-fi'niszt*) *pm.* niedokończony; **-fit** (*-fi't*) *pm.* niezdatny; ~~, *cz.* uczynić niezdolnym; **-fitness** *rz.* niezdolność; **-fitting** (*-fi'tiŋ*) *pm.* nieprzystojny, nieprzyzwoity; niewłaściwy; **-fix** (*-fi'ks*) *cz.* obruszyć, podważyć; rozwiązać; **-fixed** (*-t*) *pm.* nieprzymocowany; chwiejący się; luźny; obruszony; niestały; **-flattering** (*-flæ'təriŋ*) *pm.* niepochlebny; **-fledged** (*-fle'dżd*) *pm.* nieopierzony; młody, niedoświadczony; **-foiled** (*-foj'ld*) *pm.* niepokonany, nieosłabiony; **-fold** (*-fou'ld*) *cz.* rozwinąć, rozpostrzeć; roztoczyć (się) (przed oczami); wyjawić; **-forbid(den)** (*-fəbi'd, -n*) *pm.* niezabroniony; **-forced** (*-fō'st*) *pm.* nieprzymuszony; **-foreseen** (*-fōsī'n*) *pm.* nieprzewidziany; **-forgiving** (*-fəgi'wiŋ*) *pm.* nieprzejednany; **-forgot(ten)** (*-fəgo't-n*) *pm.* niezapomniany; **-formed** (*-fō'md*) *pm.* nieuformowany; **-fortified** (*-fō'tifajd*) *pm.* nieumocniony; **-fortunate** (*-fō'czənət*) *pm.* nieszczęśliwy, niepomyślny; **-founded** (*-fau'ndɛd*) *pm.* nieuzasadniony; **-free** (*-frī'*) *pm.* niewolny, nie swobodny; **-frequent** (*-frī'kuənt*) *pm.* nieczęsty; **-frequented** (*-frikue'ntɛd*) *pm.* nieuczęszczany, odludny; **-friendliness** (*-fre'ndlinəs*) *rz.* niechęć; **-friendly** (*-'ndli*) *pm.* nieprzyjazny; niesprzyjający; **-frozen** (*-frou'zn*) *pm.* niezamarzły; **-fruitful** (*-frū'tful*) *pm.* nieurodzajny, bezowocny; daremny; **-fruitfulness** *rz.* bezowocność; **-fulfilled** (*-fulfi'ld*) *pm.* nieuskuteczniony; niewypełniony; niewykonany; **-funded** (*-fa'ndɛd*) *pm.* niezabezpieczony; **-furl** (*-fə'l*) *cz.* rozwinąć (chorągiew); **-furnish** (*-fə'nisz*) *cz.* ogołocić; rozebrać; **-furnished** (*-fə'niszt*) *pm.* nieumeblowany.

ungain-ly (*ăngej'nli*) *pm.* niezgrabny; niekształtny; **-liness** (*-gej'nlinəs*) *rz.* niezgrabność.

un-galled (*ăngō'ld*) *pm.* niedotknięty; **-generous** (*-dże'nərəs*) *pm.* nieszlachetny, niehojny; **-genial** (*-dżī'niəl*) *pm.* nieprzyjemny, przykry; **-gentle** (*-dże'ntɛl*) *pm.* ostry, przykry; burowy; **-gentlemanlike, -gentlemanly** (*-dże'ntɛlmænlajk, -mənli*) *pm.* nieszlachetny; nieokrzesany; **-gentleness** *rz.* niegrzeczność; rubaszność; **-gifted** (*-gi'ftɛd*) *pm.* nieobdarzony; nieutalentowany; **-gilded** (*-gi'ldɛd*) *pm.* niepozłacany; **-gird** (*-gə'd*) *cz.* odpasać; **-girt** (*-gə't*) *pm* odpasany, rozpasany; **-giving** (*-gi'wiŋ*) *pm.* niehojny; **-glazed** (*-glej'zd*) *pm.* bez polewy; bez szyb; **-glue** (*-glū'*) *cz.* odkleić, rozkleić; **-godliness** (*-go'dlinəs*) *rz.* bezbożność; **-godly** (*-go'dli*) *pm.* bezbożny; **-gored** (*-gō'əd*) *pm.* niezraniony, nieuszkodzony; **-got(ten)** (*-go't-n*) *pm.* niezrodzony, nienabyty; **-governable** (*-gă'wənəbɛl*) *pm.* niekarny, niesforny; nieugięty; rozwiązły; **-governed** (*-gă'wənd*) *pm.* nie rządzony; niesforny; **-graced** (*-grej'st*) *pm.* nieupiększony, **-graceful** (*-grej's-ful*) *pm.* bez gracji, bez wdzięku; niezgrabny; niewytworny; **-gracious** (*-grej'szəs*) *pm.* nieprzychylny; **-grammatical** (*-grəmæ'tikɛl*) *pm.* niegramatyczny; **-granted** (*-grā'ntɛd*) *pm.* nie udzielony; odmówiony; **-grapple** (*-græ'pɛl*) *cz.* odczepić, zdjąć; **-grateful** (*-grej'tful*) *pm.* niewdzięczny; **-gratefulness** *rz.* niewdzięczność; **-grounded** (*-grau'ndəd*) *pm.* bezpodstawny.

ungu-al (*ă'ŋgjuɛl*) *pm.* pazurzysty; **-la** (*-a'ŋgjulə*) *rz.* kopyto; pazur.

unguarded (*ăngā'dɛd*) *pm.* niestrzeżony; niebaczny.

unguent (*ă'ŋgiuənt*) rz. maść.
un-guided (*ăngaj'dəd*) pm. niekierowany; **-guiltiness** (*-gi'ltinəs*) rz. niewinność; **-guilty** (*-gi'lti*) pm. niewinny.
un-hallow (*ănhæ'lou*) cz. zbezcześcić, sprofanować; **-hand** (*-hæ'nd*) cz. wypuścić z rąk; **-handiness** (*-hæ'ndinəs*) rz. niezgrabność, nieporęczność; **-handsome** (*-hæ'nsəm*) pm. nieładny; szpetny; **-handy** (*-hæ'ndi*) pm. nieporęczny, niezręczny; **-hanged** (*-hæ'ŋd*) pm. niepowieszony; **-happiness** (*-hæ'pinəs*) rz. nieszczęście, niedola; **-happy** (*-hæ'pi*) pm. nieszczęśliwy, nieszczęsny, niepomyślny; **-hardy** (*-hā'di*) pm. niezahartowany, bojaźliwy; **-harmed** (*-hā'md*) pm. nieuszkodzony; bez szwanku, nietknięty; **-harmful** (*-hā'mful*) pm. nieszkodliwy; **-harmonious** (*-hāmou'niəs*) pm. nieharmonijny; **-harness** (*-hā'nəs*) cz. wyprząc; odprząc; **-haunted** (*-hō'nted*) pm. nie odwiedzany; **-healed** (*-hī'ld*) pm. nieuleczony; **-healthful** (*-he'lþful*) pm. **-healthy** (*-he'lþi*) pm. niezdrowy; **-heard** (*-hə̄'d*) pm. niesłychany; nieznany; **-heated** (*-hī'təd*) pm. nieogrzany; **-heeded** (*-hī'dəd*) pm. niezauważony; **-heedful, -heeding** (*-hī'dful, -hī'diŋ*) pm. niebaczny; niedbający; **-helped** (*-he'lpt*) pm. bez pomocy; **-helpful** (*-he'lpful*) pm. bezpomocny; **-hesitating** (*-he'zitejtiŋ*) pm. nie wahający się; **-hesitatingly** ps. bez wahania; niezwłocznie; **-hewed, -hewn** (*-hjū'd, -hjū'n*) pm. nieociosany, nieokrzesany; **-hinge** (*-hindż*) cz. wyjąć z zawias; **-holiness** (*-hou'linəs*) rz. bezbożność; **-honoured** (*-o'nəd*) pm. nieuczczony, nieuszanowany; **-hook** (*-hu'k*) cz. zdjąć z haka; **-hoop** (*-hū'p*) cz. zdjąć obręcze; **-hoped for** (*-hou'pt*) pm. nieoczekiwany, niespodziany; **-horse** (*-hō's*) cz. zsadzić z konia; **-hostile** (*-ho'stil, -tajl*) pm. niewrogi; **-house** (*-hau'z*) cz. wypędzić z domu; **-houseled** (*-hau'zəld*) pm. nieopatrzony najśw. sakramentem; **-humbled** (*-h.'mbeld*) pm. nieupokorzony; **-hurt** (*-hə̄'t*) pm. nieuszkodzony; **-hurtful** (*-hə̄'tful*), **-hurting** (*-hə̄'tiŋ*) pm. nieszkodliwy; **-husk** (*-hă'sk*) cz. obierać z łupiny. [żec.
unicorn (*jū'nikōn*) rz. jednoro-
uniform (*jū'nifōm*) rz. uniform; mundur; ~, pm. jednostajny, jednolity; **-ity** (*jūnifō'miti*) rz. jednostajność, jednolitość.
unif-ication (*junifikej'szen*) rz. zjednoczenie, złączenie; **-y** (*jū'nifaj*) cz. złączyć, zjednoczyć.
un-imaginable (*ănimæ'dżinəbel*) pm. nie do pomyślenia; **-imagined** (*-imæ'dżind*) pm. niepojęty; **-impaired** (*-impē'əd*) pm. nieuszkodzony; nienaruszony; **-impassioned** (*-impæ'szend*) pm. beznamiętny, spokojny; **-impeachable** (*-impī'czəbel*) pm. **-impeached** (*-impī'czt*) pm. nieskazitelny; **-impeded** (*-impī'dəd*) pm. nie hamowany; **-important** (*-impō'tent*) pm. nieznaczny; małoważny; **-improvable** (*-imprū'vəbel*) pm. nie dający się ulepszyć, poprawić; **-improved** (*-imprū'vd*) pm. nieulepszony; nieudoskonalony; **-indebted** (*-inde'təd*) pm. niezadłużony; **-inflammable** (*-inflæ'məbel*) pm. niezapalny; **-influenced** (*-i'nfluənst*) pm. nie powodowany, nie pobudzony, nie ulegający wpływowi; samodzielny; **-informed** (*-infō'md*) pm. niepoinformowany; niewiedzący; **-inhabitable** (*-inhæ'bitəbel*) pm. niezdatny do mieszkania; **-inhabited** (*-inhæ'bited*) pm. niezamieszkany; bezludny; **-injured** (*-i'ndżəd*) pm. nieuszkodzony; **-instructed** (*-instră'ktəd*) pm. niewykształcony; **-intelligent** (*-inte'lidżənt*) pm. nierozumny; **-intelligibility** (*-intelidżibi'liti*), **-telligibleness** (*-inte'lidżibelnəs*) rz. niezrozumiałość; **-intended** (*-inte'ndəd*) pm. nieumyślny; **-intentional** (*-inte'nszənel*) pm. nieumyślny, niechcący; **-interested** (*-i'ntərəstəd*) pm. bezinteresowny, bezstronny; **-interesting** (*-i'ntərəstiŋ*) pm. nieinteresujący, nieciekawy; **-intermitted** (*-intəmi'təd*) pm. nieustanny, nieprzerwany; **-interrupted** (*-intəră'ptəd*) pm. nieprzerwany, bez prze-

rwy; **-intrenched** (*-intre'nczt*) *pm.* nieokopany; **-investigable** (*-inwe'stigəbel*) *pm.* niezgłębiony; **-invited** (*-inwaj'ted*) *pm.* nieproszony

union (*jū'njən*) *rz.* zjednoczenie, związek, zgoda; jedność; **~flag, ~jack** *rz.* flaga angielska; **-ist** (*-ist*) *rz.* unionista.

uni-que (*junī'k*) *pm.* jedyny, niezrównany; **-son** (*jū'nisen, -zen*) *rz.* harmonja, zgodność; jednogłośność; in ~, unisono; **-t** (*jū'nit*) *rz.* jednostka; **-tarian** (*jūnitē'rjən*) *rz.* unitarjusz; ~, *pm.* unitarjański; **-te** (*junaj't*) *cz.* jednoczyć, połączyć (się); **-ted** (*junaj'ted*) *pm.* zjednoczony, połączony; **-ty** (*jū'niti*) *rz.* jedność, jednostka; **-valve** (*jū'niwælw*) *pm.* jednotorebkowy, jednoskorupny.

univers-al (*juniwə'sel*) *pm.* powszechny, uniwersalny; **-ality** (*juniwəsæ'liti*) *rz.* powszechność, uniwersalność; **-e** (*jū'niwəs*) *rz.* wszechświat; **-ity** (*jūniwə'siti*) *rz.* uniwersytet, wszechnica.

un-joyous (*ăndżŏj'əs*) *pm.* nieradosny; **-just** (*-dżă'st*) *pm.* niesprawiedliwy; **-justifiable** (*-dżăstifaj'əbel*) *pm.* nieusprawiedliwiony, nieuzasadniony.

un-kempt (*ănke'm(p)t*) *pm.* nieczesany; rozwichrzony; nieporządny; niechlujny; **-kind** (*-kaj'nd*) *pm.* niegrzeczny; nieprzychylny; **-kindness** (*-kaj'ndnəs*) *rz.* niegrzeczność, nieprzychylność; **-knot** (*-no't*) *cz.* rozwiązać węzeł; **-knowing** (*-nou'iŋ*) *pm.* niewiedzący, nieświadomy; **-known** (*-nou'n*) *pm.* nieznany, obcy.

un-laboured (*ănlej'bəd*) *pm.* niewypracowany; naturalny (styl); **-lace** (*-lej's*) *cz.* rozsznurować; **-lade** (*-lej'd*) *cz.* wyładować; **-lamented** (*-ləme'nted*) *pm.* nieopłakiwany; nieżałowany; **-latch** (*-læ'cz*) *cz.* odemknąć; otworzyć klamkę; **-lawful** (*-lō'ful*) *pm.* nieprawny; **-lawfulness** *rz.* nieprawność; **-learn** (*-lə̄'n*) *cz.* oduczyć się, zapomnieć; **-leavened** (*-le'wənd*) *pm.* niekwaszony; przaśny. [chyba że.

unless (*ănle's*) *łącz.* jeżeli nie,

un-lettered (*ănle'təd*) *pm.* niewykształcony; nieuczony; **-levelled** (*-le'wəld*) *pm.* niewyrównany; **-licensed** (*-laj'sənst*) *pm.* nieupoważniony, bez pozwolenia; **-licked** (*-li'kt*) *pm.* nieobłizany, nieokrzesany; **-like** (*-nlaj'k*) *pm.* niepodobny; **-likelihood** (*-laj'klihud*), **-likeliness** (*-laj'klinəs*) *rz.* nieprawdopodobieństwo; **-likeness** (*-laj'knəs*) *rz.* niepodobieństwo; **-limitable** (*-li'mitəbel*) *pm.* nieograniony, bezmierny; **-limited** (*-li'mited*) *pm.* nieograniczony; **-lineal** (*-li'niəl*) *pm.* nie w prostej linji; **-link** (*-li'ŋk*) *cz.* rozłączać, zerwać ogniwo; rozwiązać; **-liquified** (*-li'kuifajd*) *pm.* nieroztopiony; **-lively** (*-laj'wli*) *pm.* nieruchliwy; **-load** (*-lou'd*) *cz.* wyładować; rozładować; **-lock** (*-lo'k*) *cz.* otworzyć, odemknąć; **-looked for** (*-lu'kt*) *pm.* niespodziewany, nieprzewidziany; **-loose** (*-lū's*) *cz.* rozwiązać; rozluźnić; **-lovely** (*-lă'wli*) *pm.* niemiły, nieprzyjemny; **-lucky** (*-lă'ki*) *pm.* nieszczęśliwy.

un-made (*ănmej'd*) *pm.* niezrobiony; **-maidenly** (*-mej'denli*) *pm.* niedziewiczy, niepanieński; **-makable** (*-mej'kəbel*) *pm.* niewykonalny; **-man** (*ănmæ'n*) *cz.* pozbawić odwagi; pozbawić załogi; **-manageable** (*-mæ'nədżəbel*) *pm.* niesforny; krnąbrny; **-manly** (*-mæ'nli*) *pm.* niemęski; nieszlachetny; nieludzki; **-mannered, -mannerly** (*-mæ'nəd, -mæ'nəli*) *pm.* źle wychowany; nieobyczajny, niegrzeczny; **-marked** (*-mā'kt*) *pm.* niepostrzeżony; nieznaczony; **-marred** (*ănmā'd*) *pm.* niepopsuty, nieuszkodzony; **-married** (*-mæ'rid*) *pm.* niezamężna; bezżenny; **-mask** (*-mās'k*) *cz.* zdemaskować; **-mastered** (*-mā'stəd*) *pm.* nieposkromiony; **-matchable** (*-mæ'czəbel*), **-matched** (*-mæ'czt*) *pm.* niezrównany; **-meaning** (*-mī'niŋ*) *pm.* bezmyślny, nie mający znaczenia; **-meant** (*-me'nt*) *pm.* nieumyślny; **-measurable** (*-me'żərəbel*) *pm.* niezmierzony; **-meet** (*-mī't*) *pm.* nie stosowny; nieprzyzwoity; **-mellowed** (*-me'loud*) *pm.* niedojrzały; **-mentioned** (*-me'nszənd*) *pm.* niewzmiankowany; niewspomniany; **-merchantable** (*-mə̄'czəntəbɛl*) *pm.* nieprzedażny; **-merciful** (*-mə̄'siful*) *pm.* nielitościwy, niemiłosierny; **-merited** (*-me'ritɛd*) *pm.* niezasłużony; **-milked** (*-mi'lkt*) *pm.* niewydojony; **-minded, -mindful** (*-maj'ndɛd, maj'ndful*) *pm.* niepamiętny, niebaczny; **-mingled, -mixed** (*-mi'ŋgɛld, -mikst*) *pm.* niezmieszany, czysty; **-mistakable** (*-mistej'kəbɛl*) *pm.* oczywisty, wyraźny; **-mitigable** (*-mi'tigəbɛl*) *pm.* nieposkromiony; nie dający się ułagodzić; **-moaned** (*-mou'nd*) *pm.* nieopłakany; **-molested** (*-mole'stɛd*) *pm.* bez przeszkód; nienagabywany; **-moist, -moistened** (*-moj'st, -moj'sɛnd*) *pm.* niezwilżony; niemokry; **-moor** (*-mū'ə*) *cz.* odcumować; **-motherly** (*-mădəli*) *pm.* nie macierzyński; **-moveable** (*-mū'wəbɛl*) *pm.* nieruchomy; **-moved** (*-mū'wd*) *pm.* niewzruszony; niezachwiany; **-moving** (*-mū'wiŋ*) *pm.* niewzruszający; **-muffle** (*-mă'fɛl*) *cz.* odsłonić; **-musical** (*-mjū'zikɛl*) *pm.* niemuzykalny; **-muzzle** (*-mă'zɛl*) *cz.* zdjąć kaganiec.

un-named (*ănnej'md*) *pm.* nienazwany, niewymieniony; **-natural** (*-næ'czərɛl*) *pm.* nienaturalny; **-navigable** (*-næ'wigəbɛl*) *pm.* nieżeglowny; **-necessary, -needful** (*-ne'səsəri, -nī'dful*) *pm.* niepotrzebny, zbyteczny; **-neighbourly** (*-nej'bəli*) *pm.* niesąsiedzki; **-nerve** (*-nnə̄'w*) *cz.* pozbawić siły, odwagi; **-noticed** (*-nou'tist*) *pm.* niepostrzeżony; **-numbered** (*-nă'mbəd*) *pm.* niezliczony.

un-objectionable (*ănobdżĕ'kszənəbɛl*) *pm.* bez zarzutu, nienaganny; **-observable** (*-obzə̄'wəbɛl*) *pm.* nie spostrzeżony; **-observant** (*-obzə̄'wɛnt*) *pm.* nieuważny, niebaczny; **-observed** (*-obsə̄'wd*) *pm.* niezauważony; niedostrzeżony; **-obtrusive** (*-obtrū'siw*) *pm.* nie narzucający się; **-occupied** (*-o'kjupajd*) *pm.* niezajęty; **-offending** (*-ofe'ndiŋ*) *pm.* nieszkodliwy, nieobrażający; **-official** (*-ofi'szəl*) *pm.* nieurzędowy; **-opposed** (*-opou'zd*) *pm.* bez oporu; **-organised** (*-ō'gənajzd*) *pm.* niezorganizowany; **-ostentatious** (*-ostəntej'szəs*) *pm.* bez ostentacji, prosty; **-owed** (*-o'ud*) *pm.* nienależny, niedłużny; **-owned** (*-ou'nd*) *pm.* bezpański.

un-pacified (*ănpæ'sifajd*) *pm.* nie uspokojony; **-pack** (*-pæ'k*) *cz.* rozpakować; **-paid** (*-pej'd*) *pm.* niezapłacony, niewypłacony; **-palatable** (*-pæ'lətəbɛl*) *pm.* niesmaczny, przykry; **-paragoned** (*-pæ'rəgond*) *pm.* nie mający sobie równego, niezrównany; **-paralleled** (*-pæ'rəleld*) *pm.* bezprzykładny; **-pardonable** (*-pā'donəbɛl*) *pm.* nie do wybaczenia, nie do darowania; **-parliamentary** (*-pāləme'ntəri*) *pm.* nieparlamentarny; **-parted** (*-pā'tɛd*) *pm.* nierozdzielony, nierozłączny; **-passionate** (*-pæ'szənət*) *pm.* beznamiętny; **-paved** (*-pej'wd*) *pm.* niebrukowany; **-pawned** (*-po'nd*) *pm.* niezastawiony; **-people** (*-pī'pɛl*) *cz.* wyludnić; **-perceivable** (*-pəsī'wəbɛl*) *pm.* niepostrzegalny; **-perceived** (*-pəsī'wd*) *pm.* niepostrzeżony; **-performed** (*-pəfō'md*) *pm.* niespełniony, niewykonany; **-permitted** (*-pəmi'tɛd*) *pm.* niedozwolony; **-pin** (*-pi'n*) *cz.* odpiąć; **-pitied** (*-pi'tid*) *pm.* nieżałowany; **-pitiful, -pitying** (*-pi'tiful, -pi'tiiŋ*) *pm.* nielitosny; **-plait** (*-plæ't*) *cz.* rozpleść; **-pleasant** (*-ple'zɛnt*) *pm.* nieprzyjemny, niemiły; **-pleasantness** *rz.* nieprzyjemność; **-pleased** (*-plī'zd*) *pm.* niezadowolony; **-pliant** (*-plaj'ənt*) *pm.* niegiętki; **-ploughed** (*-plau'd*) *pm.* nieorany; **-plume** (*-plū'm*) *cz.* upokorzyć; **-polished** (*-po'liszt*) *pm.* niepolerowany, nieogładzony; **-polluted** (*-polјū'tɛd*) *pm.* nieskażony; niepokalany; niesplamiony; **-popular** (*-po'pjulə*) *pm.* niepopularny; **-practical** (*-præ'ktikɛl*) *pm.* niepraktyczny, nieużyteczny; **-practised** (*-præ'ktist*) *pm.* niewprawny, niebiegły; **-praised** (*-prej'zd*) *pm.* niechwalony; **-precedented**

(*-pre'sədentɛd*) *pm.* bezprzykładny; **-prejudiced** (*-pre'dżudist*) *pm.* bezstronny; nieuprzedzony; **-premeditated** (*-prīme'ditejtɛd*) *pm.* nierozmyślny; bez rozmysłu; **-prepared** (*-pripē'əd*) *pm.* nieprzygotowany; **-prepossessed** (*-prīpoze'st*) *pm.* nieuprzedzony; **-pretending** (*-prite'ndiŋ*) *pm.* niepretensjonalny; **-prevented** (*-priwe'ntɛd*) *pm.* niezabroniony; bez przeszkody; **-princely** (*-pri'nslì*) *pm.* niegodny księcia; **-principled** (*-pri'nsipɛld*) *pm.* niegodziwy; **-prisoned** (*-pri'zɛnd*) *pm.* uwolniony z więzienia; **-productive** (*-prodă'ktiw*) *pm.* nieproduktcyjny; **-profitable** (*-pro'fitəbɛl*) *pm.* niekorzystny; **-profitableness** *rz.* niezyskowność; **-prohibited** (*-prohi'bitɛd*) *pm.* niezabroniony; **-prolific** (*-proli'fik*) *pm.* niepłodny; **-promising** (*-pro'misiŋ*) *pm.* nie obiecujący; **-pronounced** (*-prənau'nst*) *pm.* niewypowiedziany; **-propitious** (*-propi'szəs*) *pm.* niesprzyjający; **-proportionable** (*-propō'szənəbɛl*), **-proportionate** (*-propō'szənət*) *pm.* nieproporcjonalny; **-propped** (*-pro'pt*) *pm.* niepodparty; **-prosperous** (*-pro'spərəs*) *pm.* nieszczęśliwy; bez powodzenia; **-protected** (*-prote'ktɛd*) *pm.* nieosłonięty; niepoparty; **-proved** (*-prū'wd*) *pm.* niedowiedziony; **-provided** (*-ɛd*) *pm.* niezaopatrzony; niewyposażony; **-provoked** (*-prowou'kt*) *pm.* niewyzwany; nieobrażony; niesprowokowany; **-pruned** (*-prū'nd*) *pm.* nieobcięty (o drzewach); **-published** (*-pă'bliszt*) *pm.* nieogłoszony; niewydany; **-punctual** (*-pă'ŋkczuəl*) *pm.* niepunktualny; **-punished** (*-p·'niszt*) *pm.* bezkarny.

un-qualified (*ănkuo'lifajd*) *pm.* niezdatny; nie kwalifikujący się; **-quenchable** (*-kue'nczəbɛl*), **-quenched** (*-kue'nczt*) *pm.* nieugaszony; **-questionable** (*-kue'szczənəbɛl*) *pm.* nieulegający kwestji, niewątpliwy; niezaprzeczony; **-questioned** (*-kue'szczənd*) *pm.* niekwestjonowany; niewątpliwy; **-quiet** (*-kuaj'ət*) *pm.* niespokojny.

un-ransomed (*ănræ'nsəmd*) *pm.* niewykupiony; **-ravel** (*-ræ'wɛl*) *cz.* rozwikłać, rozplątać; **-reached** (*-rī'czt*) *pm.* nieosiągnięty; **-read** (*-r-'-*) *pm.* nieczytany; **-readiness** (*-re'dinəs*) *rz.* niegotowość, nieprzygotowanie; niechęć; **-ready** (*-re'di*) *pm.* nieprzygotowany; nieskory; nieochoczy; **-real** (*-rī'əl*) *pm.* nieistotny, pozorny; **-reasonable** (*-rī'sənəbɛl*) *pm.* nierozsądny, niesłuszny; nieumiarkowany; **-reeve** (*-rī'w*) *cz.* odwiązać, rozkręcić; **-reckoned** (*-re'kɛnd*) *pm.* nieliczony; **-reclaimed** (*-riklej'md*) *pm.* nieodwołany; **-recompensed** (*-re'kompənst*) *pm.* niewynagrodzony; **-reconcilable** (*-rekənsaj'ləbɛl*) nieubłagany; **-reconciled** (*-re'kənsajld*) *pm.* niepogodzony; **-redeemed** (*-rɛdī'md*) *pm.* nieodkupiony; **-refined** (*-rifaj'nd*) *pm.* nieoczyszczony; nieklarowany; **-regarded** (*-rɛgā'dɛd*) *pm* nieuwzględniony; **-reformed** (*-rɛfō'md*) *pm.* niepoprawny, niezreformowany; **-regardful** (*-rɛgā'dful*) *pm.* niezważający na...; **-registered** (*-re'dżistəd*) *pm.* niezarejestrowany; niepolecony; **-reined** (*-rej'nd*) *pm.* rozuzdany; **-related** (*-rɛlej'tɛd*) *pm.* bez związku z; **-relenting** (*-rile'ntiŋ*) *pm.* nieosłabiony; nieubłagany; **-reliable** (*-rɛlaj'ebɛl*) *pm.* niepewny; **-relieved** (*-rɛlī'wd*) *pm.* nieuśmierzony; nie zastąpiony; **-remediable** (*-rɛmī'diəbɛl*) *pm.* nieuleczalny; **-remedied** (*-re'medid*) *pm.* niewyleczony; niezapobieżony; **-remitting** (*-rimi'tiŋ*) *pm.* nieprzerwany; **-remembered** (*-rime'mbəd*) *pm.* zapomniany; **-removable** (*-rimū'wəbɛl*) *pm.* nieruchomy; **-removed** (*-rimū'wd*) *pm.* nieruszony; **-repealable** (*-ripī'ləbɛl*) *pm.* nieodwołalny; **-repealed** (*-ripī'ld*) *pm.* nieodwołany; nieuchylony; **-repentant, -repenting** (*-ripe'ntɛnt, -'ntiŋ*) *pm.* nie żałujący; **-repented** (*-ripe'ntɛd*) *pm.* nieżałowany; **-repining** (*-ripaj'niŋ*) *pm.* nieszemrający; **-repiningly** *pm.* bez szemrania; **-replenished** (*-riple'niszt*) *pm.* nienapełniony; **-reproached** (*-riprou'czt*), **-reproved** (*-riprū'wd*) *pm.* niestrofowany; **-requested** (*-rikue'stɛd*) *pm.* nieproszony; **-requited** (*-rikuaj'tɛd*) *pm.* niewynagrodzony; **-reserved** (*-rizə'wd*) *pm.* niezastrzeżony, otwarty; **-reservedness** *rz.* szczerość; **-resisted** (*-rəzi'stɛd*) *pm.* nie doznając oporu, nieodparty; **-resisting** (*-rəzi'stiŋ*) *pm.* nie stawiając oporu; **-resolvable** (*-rizo'lwebɛl*) *pm.* nierozpuszczalny; nierozwiązalny; **-resolved** (*-rizo'lwd*) *pm.* nierozpuszczony, nierozwiązany; niezdeterminowany; **-respectful** (*-rispe'ktful*) *pm.* bez szacunku; nieszanujący; **-rest** (*-re'st*) *rz.* niepokój; **-restrained** (*-ristrej'nd*) *pm.* niepohamowany; **-revenged** (*-riwe'ndżd*) *pm.* niepomszczony; **-revered** (*-riwī'əd*) *pm.* nieszanowany; **-versed** (*-riwə'st*) *pm.* nieodwołany, nieuchylony; **-revoked** (*-riwou'kt*) *pm.* nieodwołany; **-rewarded** (*-riuō'dɛd*) *pm.* niewynagrodzony; **-rig** (*-ri'g*) *cz.* zdjąć liny (z okrętu); **-righteous** (*-raj'czəs*) *pm.* nieprawy, grzeszny; bezbożny; **-righteousness** *rz.* nieprawość, grzeszność, bezbożność; **-rightful** (*-raj'tful*) *pm.* nieprawny; **-ripe** (*-raj'p*), **-ripened** (*-raj'pənd*) *pm.* niedojrzały; **-rivalled** (*-raj'wɛld*) *pm.* niezrównany; **-rivet** (*-ri'wət*) *cz.* odnitować; **-robe** (*-rou'b*) *cz.* obnażyć; rozebrać; odsłonić; **-roll** (*-rou'l*) *cz.* rozwinąć; **-roof** (*-rū'f*) *cz.* zdjąć dach, odkryć; **-root** (*-rū't*) *cz.* wykorzenić; **-royal** (*-roj'əl*) *pm.* niekrólewski; **-ruffled** (*-ră'fɛld*) *pm.* niezmarszczony, gładki; **-ruled** (*-rū'ld*) *pm.* nierządzony; **-ruliness** (*-rū'linəs*) *rz.* niesforność, krnąbrność; **-ruly** (*-rū'li*) *pm.* rozkiełznany; niekarny; buntowniczy.

un-saddle (*ănsæ'dɛl*) *cz.* rozkulbaczyć; **-safe** (*-sej'f*) *pm.* niebezpieczny, niepewny; **-said** (*-se'd*) *pm.* niepowiedziany; **-sailable** (*-sej'ləbɛl*) *pm.* nieżeglowny; **-saleable** (*-sej'ləbɛl*) *pm.* niesprzedażny; **-salted** (*-sō'ltɛd*) *pm.* niesolony; **-sanctified** (*-sæ'ŋktifajd*) *pm.* nieuświęcony; **-satisfactoriness** (*-sætisfæ'ktərinəs*) *rz.* niezadowolenie; **-satisfactory** (*-sætisfæ'ktəri*) *pm.* niezadawalniający, niedostateczny; **-satisfied** (*-sæ'tisfajd*) *pm.* niezaspokojony, niezadowolony; **-savoury** (*-sej'wəri*) *pm.* niesmaczny; **-say** (*-sej'*) *cz.* odwołać; zaprzeczyć; **-schooled** (*-skū'ld*) *pm.* nieuczony, nieokrzesany; **-scientific** (*-sajənti'fik*) *pm.* nie naukowy; **-scoured** (*-skau'əd*) *pm.* niewyszorowany; **-screened** (*-skrī'nd*) *pm.* niezasłonięty, niezakryty; **-screw** (*-skrū'*) *cz.* odśrubować; **-scriptural** (*-skri'pczərɛl*) *pm.* niebiblijny; **-scrupulous** (*-skrū'pjuləs*) *pm.* bez skrupułów; nieuczciwy; **-seal** (*-sī'l*) *cz.* odpieczętować; rozpieczętować; **-seam** (*-sī'm*) *cz.* odpruć, rozpruć; **-searchable** (*-sə'czəbɛl*) *pm.* niezbadany, niezgłębiony; **-seasonable** (*-sī'zənəbɛl*) *pm.* niewczesny, niestosowny; **-seasoned** *pm.* nieprzyprawiony; **-seat** (*-sī't*) *cz.* zesadzić (z konia); usunąć; **-seaworthy** (*-sī'uəði*) *pm.* niezdatny do żeglugi morskiej; **-secure** (*-sɛkjū'ə*) *pm.* niepewny; **-seeing** (*-sī'iŋ*) *pm.* niewidzący; **-seen** (*-sī'ŋ*) *pm.* niewidziany; **-seemly** (*-sī'mli*) *pm.* niewłaściwy; nieprzyzwoity; **-selfish** (*-se'lfisz*) *pm.* nieegoistyczny; **-sent** (*-se'nt*) *pm.* niewysłany, nieposłany; ~~ for, niewołany; **-separated** (*-se'pərejtɛd*) *pm.* nierozłączony; **-serviceable** (*-sə'wisəbɛl*) *pm.* nieprzydatny; **-set** (*-se't*) *pm.* nieposadzony; **-settle** (*-se'tɛl*) *cz.* zaburzyć; zamieszać; przewrócić porządek; **-settled** (*-d*) *pm.* nieustalony; niestały; zmienny; **-severed** (*-se'wəd*) *pm.* nierozdzielony, nieodłączony; **-sew** (*-sou'*) *cz.* rozpruwać; **-shackle** (*-szæ'kɛl*) *cz.* zdjąć okowy, rozkuć; **-shaded, -shadowed** (*-szej'dɛd, -szæ'doud*) *pm.* nieocieniony; **-shaken** (*-szej'kɛn*) *pm.* niezmienny, niezachwiany; **-shamed** (*-szej'md*) *pm.* niezawstydzony, bezwstydny; **-shapen** (*-szej'pɛn*) *pm.* niekształtny; **-shared** (*-szē'əd*) *pm.* niepodzielony; **-shaved** (*-szej'wd*), **-shaven**

(*-szej'wɛn*) *pm.* nieogolony; **-sheathe** (*-szī'δ*) *cz.* wydobyć z pochwy; obnażyć; **-shed** (*-sze'd*) *pm.* nierozlany; **-sheltered** (*-sze'ltəd*) *pm.* nieochroniony; **-ship** (*-szi'p*) *cz.* wyładować z okrętu; **-shod** (*-szo'd*) *pm.* niepodkuty; nieobuty; **-shoe** (*-szū'*) *cz.* rozzuć; rozkuć (konia); **-shorn** (*-szō'n*) *pm.* niestrzyżony, nieobcięty; **-shot** (*-szo't*) *pm.* nie trafiony; niewystrzelony (nabój); **-shrinking** (*-szri'ŋkiŋ*) *pm.* niecofający się, niewzdrygający się; **-shunned** (*-szā'nd*) *pm.* nieuniknony; **-sightly** (*-saj'tli*) *pm.* brzydki, odrażający; **-silvered** (*-si'lwəd*) *pm.* nieposrebrzany; **-sinew** (*-sin'jūd*) *cz.* pozbawić mocy, osłabić; **-skilful** (*-ski'l-fu'*) *pm.* niezręczny; **-slaked** (*-slej'kt*) *pm.* niegaszone (wapno); **-smoked** (*-smou'kt*) *pm.* niewędzony; **-sociability** (*-sousəbi'li-ti*), **-sociableness** (*-sou'szəbɛlnəs*) *rz.* nietowarzyskość; **-sociable** (*-sou'szəbɛl*) *pm.* nietowarzyski, odludek; **-soiled** (*-soj'ld*) *pm.* niesplamiony; **-solicitous** (*-so'-lisitəs*) *pm.* nie troszczący się, niedbały; **-solid** (*-so'lid*) *pm.* nietęgi, nietwardy; niestały (płynny); **-sold** (*-sou'ld*) *pm.* niesprzedany; **-solder** (*-sol'də*) *cz.* odlutować; **-soldierlike** (*-sou'ldżəlajk*) *pm.* nieżołnierski; **-solved** (*-so'lwd*) *pm.* nierozwiązany; **-sought** (*-sō't*) *pm.* nieszukany; **-sound** (*-sau'nd*) *pm.* niegruntowny, niezdrowy; szkodliwy; **-soured** (*-sau'əd*) *pm.* nieskwaśniały; niekwaszony; **-sown** (*-sou'n*) *pm.* niezasiany; **-spared** (*-spē'əd*) *pm.* nieoszczędzony; **-sparing** (*-spē'riŋ*) *pm.* nieoszczędzający; srogi; **-speakable** (*-spī'kəbɛl*) *pm.* niewypowiedziany; niewymowny; **-specified** (*-spe'sifajd*) *pm.* niewyszczególniony; **-spent** (*-spe'nt*) *pm.* niewydany; niewypotrzebowany; nieosłabiony; **-spoken** (*-spou'kɛn*) *pm.* niewysłowiony; ~~ of, niewzmiankowany; **-spotted** (*-spo'tɛd*) *pm.* niesplamiony; niepokalany; **-staid** (*-ste'jd*) *pm.* niestały, płochy; **-stained** (*-stēj'nd*) *pm.* niesplamiony; **-stamped** (*-stæ'mpt*) *pm.* niestemplowany; **-stanched** (*-stā'nczt*) *pm.* nie(za)tamowany; **-steadfast** (*-ste'dfəst*) *pm.* niemocny; niestały, zmienny; **-steadiness** (*-ste'dinəs*) *rz.* niestałość; zmienność; **-steady** (*-ste'di*) *pm.* niestały, zmienny; **-steeped** (*-stī'pt*) *pm.* nieumoczony; **-stirred** (*-stə'd*) *pm.* nieruszany, niezakłócony; **-stitch** (*-sti'cz*) *cz.* rozpruć; **-stooping** (*-stū'piŋ*) *pm.* nieuginający się; nie zniżający się; **-stop** (*-sto'p*) *cz.* odszpuntować, otworzyć; odetkać; **-strained** (*-strej'nd*) *pm.* niewymuszony, naturalny; **-straitened** (*-strej'tnd*) *pm.* niezwężony; **-string** (*-stri'ŋ*) *cz.* popuścić; odsznurować; **-strung** (*-strā'ŋ*) *pm.* popuszczony; odwiązany; rozluźniony; **-struck** (*-strā'k*) *pm.* nie uderzony, nie dotknięty; **-studied** (*-stā'did*) *pm.* nie studjowany, naturalny; **-stuffed** (*-stā'ft*) *pm.* nienadziany; **-subdued** (*-sābd-jū'd*) *pm.* niepokonany; **-submitting** (*-səbmi'tiŋ*) *pm.* nieuległy; **-substantial** (*-səbstæ'n-szɛl*) *pm.* nieistotny; **-successful** (*-səkse'sful*) *pm.* niepomyślny, nieszczęśliwy; nieudały; **-sufferable** (*-sā'fərəbɛl*) *pm.* nie do zniesienia, nieznośny; **-suitable** (*-sjū'təbɛl*) *pm.* niestosowny; niewłaściwy; **-sullied** (*-sā'lid*) *pm.* nieskalany; **-sung** (*-sā'ŋ*) *pm.* nieśpiewany, nieopiewany; **-supported** (*-səpō'-tɛd*) *pm.* niepoparty; **-sure** (*-szū'ə*) *pm.* niepewny; **-susceptible** (*-səse'ptibɛl*) *pm.* niewrażliwy; **-suspected** (*-səspe'ktɛd*) *pm.* niepodejrzany; **-suspecting** (*-səspe'ktiŋ*) nic nie podejrzewając; **-suspicious** (*-səspi'szəs*) *pm.* niepodejrzliwy; **-sustained** (*-səstej'nd*) *pm.* niewsparty; **-swathe** (*-suej'δ*) *cz.* odwinąć; **-swayed** (*-suej'd*) *pm.* nierządzony, nieulegający wpływom; samodzielny; **-swear** (*-suē'ə*) *cz.* odwołać przysięgę, odprzysiąc się; **-sworn** (*-suō'n*) *pm.* nieprzysięgły.

un-tainted (*ăntej'ntɛd*) *pm.* niesplamiony, nieskażony; **-taken** (*-tej'ken*) *pm.* niewzięty, nieujęty; **-talked** (*-tō'kt*) *pm.* niemówiony; ~~ of, niewzmiankowany; **-tamed** (*-tej'md*) *pm.* nieoswojony; nieposkromiony; **-tangle** (*-tæ'ŋgel*) *cz.* rozwikłać, rozplątać; **-tasting** (*-tej'stiŋ*) *pm.* niesmaczny; **-taught** (*-tō't*) *pm.* nieuczony, nieoświecony; **-teach** (*-tī'cz*) *cz.* oduczyć; **-teachable** (*-tī'czəbel*) *pm.* niepojętny; **-tempered** (*-te'mpə̄d*) *pm.* nieumiarkowany; **-tempted** (*-te'mted*) *pm.* niekuszony; **-tenable** (*-te'nəbel*) *pm.* nie do utrzymania; **-tenanted** (*-te'nənted*) *pm.* niewydzierżawiony; niezamieszkały; **-terrified** (*-te'rifajd*) *pm.* niezastraszony; **-thanked** (*-ƀæ'ŋkt*) *pm.* niepodziękowany; **-thankful** (*-ƀæ'ŋkful*) *pm.* niewdzięczny; **-thinking** (*-ƀi'ŋkiŋ*) *pm.* bezmyślny, niebaczny; **-thought** (*-ƀō't*) *pm.* ~~ of, niespodziewany; zapomniany; **-thrifty** (*-ƀri'fti*) *pm.* nieoszczędny; **-thriving** (*-ƀraj'wiŋ*) *pm.* niepomyślny; bez powodzenia; **-tidiness** (*-taj'dinəs*) *rz.* nieporządek; **-tidy** (*-taj'di*) *pm.* nieschludny, nieporządny; **-tie** (*-taj'*) *cz.* rozwiązać; odwiązać.

until (*ănti'l*) *pi.* i *łącz.* aż, póki; dopóki; zanim; not~, nie wprzódy, nim ...; dopiero wtedy, gdy.

un-timely (*ăntaj'mli*) *pm.* niewczesny; przedwczesny; **-tinged** (*-ti'ndżd*) *pm.* niepomalowany, **-tired** (*-taj'əd*) *pm.* nieznużony; **-titled** (*-taj'teld*) *pm.* nieutytułowany; niemający tytułu do.

unto (*ă'ntu*) *pi.* do.

un-told (*ăntou'ld*) *pm.* niewypowiedziany; nieobjawiony; **-touchable** (*-tă'czəbel*) *pm.* niedotykalny; **-touched** (*-tă'czt*) *pm.* nietknięty; niewzruszony; **-toward** (*-tō'əd*) *pm.* uparty, przewrotny; przykry; zły; przeciwny; **-traced** (*-trej'st*) *pm.* nieutorowany, niewydeptany; nieubity; **-tracked** (*-træ'kt*) *pm.* nieśledzony; **-tractable** (*-træ'ktəbel*) *pm.* niekarny, niesforny; **-trained** (*-traj'nd*) *pm,* niewyćwiczony, niewprawny; **-transferable** (*-trā'nsfərə'bel*) *pm.* nie przenośny; **-translatable** (*-trænslej'təbel*) *pm.* nie do przetłumaczenia; **-transparent** (*-trænspē'rent*) *pm.* nieprzezroczysty; **-travelled** (*-træ'weld*) *pm.* zaściankowy; nie zwiedzany; **-tried** (*-traj'd*) *pm.* niepróbowany; **-trod(den)** (*-tro'dn*) *pm.* nieudeptany; dziewiczy, nietknięty; **-troubled** (*-tră'beld*) *pm.* niezamącony, niezakłócony; **-true** (*-trū'*) *pm.* nieprawdziwy; **-truth** (*-trū'ƀ*) *rz.* nieprawda; fałsz; **-trusty** (*-tră'sti*) *pm.* niewierny, niepewny; **-tune** (*-tjū'n*) *cz.* rozstroić; **-turned** (*-tə̄'nd*) *pm.* nieprzewrócony; **-tutored** (*-tjū'tə̄d*) *pm.* nieuczony; **-twine** (*-tuaj'n*) *cz.* rozwić, rozpleść; **-twist** (*-tui'st*) *cz.* rozpleść; **-used** (*-jū'zd*) *pm.* nieprzyzwyczajony; **-usual** (*-jū'żuəl*) *pm.* niezwykły; **-utterable** (*-ă'tərəbel*) *pm.* niewypowiedziany, niewysłowiony.

un-valuable (*ănwæ'ljuəbel*) *pm.* **-valued** (*-wæ'ljud*) *pm.* nieoceniony; **-vanquishable** (*-wæ'ŋkuiszəbel*) *pm.* niepokonalny; **-vanquished** (*-wæ'ŋkuiszt*) *pm.* niezwyciężony; **-variable** (*-wē'riəbel*) *pm.* nieodmienny, niechybny; **-varnished** (*-wā'niszt*) *pm.* niepokostowany; **-veil** (*-wej'l*) *cz.* odsłonić; **-ventilated** (*-we'ntilejted*) *pm.* nieprzewietrzony; **-versed** (*-wə̄'st*) *pm.* niebiegły; **-vexed** (*-we'kst*) *pm.* niezakłócony; niedręczony; **-violated** (*-waj'əlejted*) *pm.* nienaruszony; **-virtuous** (*-wə̄'czues*) *pm.* niecnotliwy; **-visited** (*-wi'zited*) *pm.* nieodwiedzony; **-vulnerable** (*-wă'lnərəbel*) *pm.* nie ulegający zranieniu, bezpieczny.

un-wakened (*ănuej'kend*) *pm.* nieprzebudzony; **-wariness** (*-uē'rinəs*) *rz.* nieostrożność; **-warlike** (*-uō'lajk*) *pm.* nieżołnierski, niewojowniczy), niewojenny; **-warned** (*-uō'nd*) *pm.* nieostrzeżony; **-warrantable** (*-uo'rantəbel*) *pm.* nieuzasadniony; **-warranted** (*-uō'ranted*) *pm.* nieporęczony; niepewny; **-wary** (*-uē'ri*) *pm.* nieostrożny; **-wasted** (*-uej'sted*) *pm.* niezniszczony; **-watered**

(*-uō'tәd*) *pm.* niezroszony; niepojony; **-wavering** (*-uej'wәriŋ*) *pm.* niezachwiany; **-weakened** (*-uī'kεnd*) *pm.* nieosłabiony; **-weaponed** (*-ue'pεnd*) *pm.* nieuzbrojony; **-wearied** (*-uī'rid*) *pm.* nieznużony; niezmordowany; **-weave** (*-uī'w*) *cz.* rozplątać, rozwić; **-wed(ed)** (*-ue'd-εd*) *pm.* nieżonaty; **-weeded** (*-uī'dεd*) *pm.* niepielony; **-weighted** (*-uej'-tεd*) *pm.* nieważony; nierozważny; **-welcome** (*-ue'lkăm*) *pm.* niepożądany, niemile widziany; **-well** (*-ue'l*) *pm.* słaby, niezdrów; **-wept** (*-ue'pt*) *pm.* nieopłakany; **-whipt** (*-ui'pt*) *pm.* niechłostany; **-wholesome** (*-hou'lsәm*) *pm.* niezdrowy, zepsuty, skażony; **-wieldy** (*-uī'ldi*) *pm.* nieuległy, ociężały; nieruchawy; **-willing** (*-ui'liŋ*) *pm.* niechętny; **-willingness** *rz.* niechęć; **-wind** (*-uaj'nd*) *cz.* odmotać, rozwinąć (się); **-wiped** (*-uaj'pt*) *pm.* nieotarty; **-wise** (*-uaj'z*) *pm.* niemądry; **-wished** (*-ui'szt*) *pm.* ~~ for, niepożądany; **-withered** (*-ui'ðәd*) *pm.* niezwiędły; **-withering** (*-ui'dәriŋ*) *pm.* niewiędnący; **-withstood** (*-uiðstū'd*) *pm.* nieodporny; **-witnessed** (*-ui'tnәst*) *pm.* bez świadków; niewidziany, niebywały; **-witting** (*-ui'tiŋ*) *pm.* nieświadomy; **-witty** (*-ui'ti*) *pm.* niedowcipny; **-wived** (*-uaj'wd*) *pm.* nieżonaty; **-wonted** (*-uou'n-tεd*) *pm.* nienawykły, nieprzyzwyczajony; niezwykły; **-worn** (*-uō'n*) *pm.* nienoszony; **-worshipped** (*-uә̄'szipt*) *pm.* nieczczony; **-worthiness** (*-uә̄'ðinәs*) *rz.* niegodziwość; **-worthy** (*-uә̄'-ði*) *pm.* niegodny, niegodziwy; **-wound** (*-uau'nd*) od **unwind**; **-wounded** (*-uū'ndεd*) *pm.* niezraniony; **-woven** (*-uo'uwεn*) *pm.* nietkany, rozstrzępiony; **-wrap** (*-ræ'p*) *cz.* rozwinąć; odwinąć; **-wreathe** (*-rī'ð*) *cz.* rozpleść; **-wrinkled** (*-ri'ŋkεld*) *pm.* wygładzony; **-written** (*-ri'tεn*) *pm.* nienapisany, niepisany; **-wrought** (*-rō't*) *pm.* nierobiony, nieobrobiony.

un-yielded (*ănjī'ldεd*) *pm.* nieustąpiony, nieodstąpiony; **-yielding** (*-jī'ldiŋ*) *pm.* nieustępujący; uparty; **-yoke** (*-jou'k*) *cz.* zdjąć jarzmo.

up (*ă'p*) *pi.* i *ps.* na, w górze, ku górze, do góry; wysoko; pod górę; be ~, być na nogach; hard ~, bez pieniędzy; keep ~ with, dotrzymać kroku; ~ stairs, na górze, na piętrze; sit ~, czuwać; czekać; siedzieć prosto; ~ to, aż do ...; ~ the river, wgórę rzeki; ~ to date, nowoczesny, be ~ to something, wyprawiać; the ~s and downs, koleje losu; what is ~? co się stało?; cheer ~, nie trać odwagi; bądź dobrej myśli; **-bear** (*ăpbē'ә*) *cz.* podpierać; dźwigać; **-bore, -borne** *cz.* od **upbear**; **-braid** (*-brej'd*) *cz.* wymawiać, zarzucać co komu; **-bringing** *rz.* wychowanie; **-cast** (*ăpkā'st*) *pm.* wyrzucony wgórę; **-growth** (*-grou'ð*) *rz.* rozwój; **-heaval** (*-hī'wεl*) *rz.* podniesienie; wzniesienie; (*fig.*) przewrót; **-heave** (*-hī'w*) *cz.* podnieść (się) ku górze; **-held** (*-he'ld*) *cz.* od **uphold**; **-hill** (*-hi'l*) *ps.* pod górę; wgórę; ~, *pm.* uciążliwy; wznoszący się; **-hold** (*-hou'ld*) *cz.* podpierać; dźwigać; podtrzymywać; bronić; **-holder** (*-hou'l-dә*) *rz.* podpora; obrońca; **-holsterer** (*-hou'lstәrә*) *rz.* tapicer; **-holstery** (*-hou'lstәri*) *rz.* tapety; meble; tapicerstwo; obicie; okrycie; wyścielanie; **-land** (*ă'plænd*) *rz.* wyżyna; **-lander** (*-ә*) *rz.* góral; **-landish** (*-lændisz*) *pm.* górzysty, górski; **-lift** (*-li'ft*) podnieść; dodać otuchy; **-most** (*ă'pmoust*) *pm.* najwyższy; wierzchni.

upon (*әpo'n*) *pi.* na, nad; pod; za; w; od; przy; po; ~ the whole, ogółem, naogół; ~ inquiry, po zbadaniu; ~ the pain of death, pod karą śmierci.

upper (*ă'pә*) *pm.* wierzchni, górny, wyższy; ~ hand, przewaga; pierwszeństwo, prym; ~ House, izba wyższa; ~ lip, górna warga; ~ story, górne piętro; **-most** (*ă'pәmoust*) *pm.* najwyższy, przeważający.

uppish (*ă'p sz*) *pm.* butny, pyszny; hardy; **-ness** (*-nәs*) *rz.* buta, pycha.

up-raise (*ǔprej'z*) *cz.* wznosić, podnosić wgórę; podwyższyć; **-right** (*ǎ'prajt*) *pm.* prawy; zacny; rzetelny; prosty; wyprostowany; **-rightness** *rz.* prawość, rzetelność; zacność; **-rise*** (*-raj'z*) *cz.* powstać; wznieść się; wschodzić; okazać się; **-rise, rising** (*ǎ'prajz, -raj'ziŋ*) *rz.* powstanie; wschód; **-roar** (*ǎ'prō̄ə*) *rz.* zgiełk, wrzawa; rozruch; **-roarious** (*-rō'riəs*) *pm.* wrzaskliwy; **-root** (*-rū't*) *cz.* wykorzenić, wyrwać z korzeniem; **-rose** (*-rou'z*) *cz.* od **uprise**; **-rouse** (*-rau'z*) *cz.* obudzić; poruszyć; podburzyć; **-set** (*-se't*) *cz.* przewrócić; wywrócić (się); niepokoić; **-shot** (*ǎ'pszot*) *rz.* wynik, rezultat; konkluzja; **-side** (*ǎ'psajd*) *rz.* górna strona, góra; **-side-down** *ps.* do góry nogami, do góry dnem; w nieładzie; **-stairs** (*ǎpstē'əz*) *ps.* na górze; na górę (po schodach); **-start** (*ǎ'pstāt*) *rz.* parwenjusz; ~, *pm.* powstały z niczego; ~ (*ǎpstā't*) *cz.* powstać; wyróść; wyskoczyć; **-turn** (*-tə̄'n*) *cz.* przewrócić; poorać; **-ward** (*ǎ'pwəd, -z*) *pm.* podniesiony do góry; sterczący, zwrócony do góry; ~~, ~-s *ps.* wyżej; ponad; wgórę; z górą; do góry.

uran-ium (*jurej'niɛm*) *rz.* uran; **-ography** (*jurəno'grəfy*) *rz.* uranografja.

urban (*ə̄'bɛn*) *pm.* wielkomiejski; miejski; **-e** (*əbej'n*) *pm.* dworny, gładki; **-ity** (*əbæ'niti*) *rz.* uprzejmość; ogłada.

urchin (*ə̄'czin*) *rz.* łobuz, urwisz; (*zool.*) jeż.

ure-ter (*jū'ritə*) *rz.* kanał moczowy; **-thra** (*jurī'þrə*) *rz.* cewka moczowa.

urge (*ə̄'dż*) *cz.* napędzać; przymuszać do; przynaglać; nalegać; zachęcać; pobudzać; **-ncy** (*-ɛnsi*) *rz.* potrzeba; nagłość, pilność; usilna prośba; **-nt** (*-ɛnt*) *pm.* pilny, nagły, naglący, usilny.

uric (*jū'rik*) *pm.* moczowy.

urin-al (*jū'rinɛl*) *rz.* urynał; **-ary** (*jū'rinəri*) *pm.* moczowy; **-e** (*jū'rin*) *rz.* uryna; mocz; ~, *cz.* oddawać mocz.

urn (*ə̄'n*) *rz.* urna; popielnica.

Ursa (*ə̄'sə*) *rz.* niedźwiedzica (astr.) ~ Major, wielka niedźwiedzica; ~ Minor, mała niedźwiedzica.

urticate (*ə̄'tikejt*) *cz.* smagać pokrzywą; parzyć (o pokrzywie).

urus (*jū'rɛs*) *rz.* żubr; bawół.

us (*ǎ's*) *z.* nam, nas; od **we.**

us-able (*jū'zəbɛl*) *pm.* zdatny do użycia; przydatny; **-age** (*jū'zɛdż*) *rz.* zwyczaj, traktowanie; obyczaj; użytek; **-ance** (*jū'zɛns*) *rz.* uzus; przyjęty zwyczaj; zwyczaj handlowy; **-e** (*jū's*) *rz.* użytek, używanie; pożytek; używalność; zwyczaj, obyczaj; wprawa; traktowanie; **of** ~, pożyteczny; make ~ **of,** put ~ to, zrobić użytek z czego; it is no ~, na nic się nie przyda; to daremne; ~, (*jū'z*) *cz.* używać; traktować; przyzwyczajać; zażywać; mieć zwyczaj (coś robić); ~ up, zużyć; be ~-ed to, być przyzwyczajonym do; **-ful** (*-ful*) *pm.* pożyteczny, korzystny; **-fulness** *rz.* pożyteczność; **-less** *pm.* zbyteczny; daremny; bezużyteczny; **lessness** *rz.* bezużyteczność.

usher (*ǎ'szə*) *rz.* odźwierny; młodszy nauczyciel; mistrz ceremonji; ~, *cz.* wprowadzić.

usual (*jū'żuəl*) *pm.* zwyczajny, utarty; zwykły; as ~, jak zwykle; **-ly** (*-li*) *ps.* zazwyczaj.

usufruct (*jū'zufrǎkt*) *rz.* prawo korzystania, używalność, korzystanie.

usur-er (*jū'żərə*) *rz.* lichwiarz; **-ious** (*jużū'riəs*) *pm.* lichwiarski; **-y** (*jū'żəri*) *rz.* lichwa.

usurp (*juzə̄'p*) *cz.* uzurpować (sobie); przywłaszczać sobie; **-ation** (*juzəpej'szɛn*) *rz.* uzurpacja; **-er** (*-ə*) *rz.* uzurpator.

utensil (*jute'nsil*) *rz.* sprzęt, naczynie.

uter-ine (*jū'tərin*) *pm.* maciczny; **-us** (*jū'tərɛs*) *rz.* macica (*anat.*).

utili-tarian (*jūtilitē'riən*) *rz.* utylitarysta; ~, *pm.* utylitarny; **-tarianism** (*-izɛm*) *rz.* utylitaryzm; **-ty** (*juti'liti*) *rz.* pożytek, **-zation** (*jūtilizej'szɛn*) *rz.* użytek; zużytkowanie; **-ze** (*jū'tilajz*) *cz.* zużytkować, użyć.

utmost (*ă'tmoust*) *pm.* najwyższy, ostateczny, krańcowy; największy; ostatni; at the ~, co najwyżej; I do my ~, robię co mogę.

utopia (*jutou'piə*) *rz.* utopja; **-n** (*jutou'piən*) *pm.* utopijny, urojony.

utricle (*jū'trikel*) *rz.* woreczek; pęcherzyk.

utter (*ă'tə*) *pm.* zupełny, całkowity, krancowy; ostatni.

utter (*ă'tə*) *cz.* wygłosić, przemówić; rzec; wydać (dźwięk); pisnąć; **-ance** (*-rəns*) *rz.* wygłoszenie, wyrażenie, wypowiedzenie; fight to the ~, walczyć do samego końca, do ostatniego tchu; **-most** (*-moust*) *pm.* patrz **utmost.**

uvula (*jū'wjulə*) *rz.* języczek (*anat.*).

uxorious (*ăkso'riəs, ăgzo'-*) *pm.* zaślepiony w żonie.

V

vaca-ncy (*wej'kənsi*) *rz.* próżnia; wolne miejsce; wakans; bezmyślność; brak myśli; **-nt** (*wej'kent*) *pm.* próżny, pusty, niezajęty; wakujący; bezczynny, bezmyślny; **-te** (*wəkej't*) *cz.* opróżnić; wakować; unieważnić; **-tion** (*wəkej'szen*) *rz.* opróżnienie, opuszczenie; urlop; wakacje; ferje; wakowanie; zniesienie; skasowanie.

vaccin-ate (*wæ'ksinejt*) *cz.* szczepić; **-ation** (*wæksinej'szen*) *rz.* szczepienie (ospy); **-e** (*wæ'ksin*) *rz.* szczepionka.

vacilla-te (*wæ'silejt*) *cz.* chwiać się, wahać się (w wyborze); **-tion** (*wæsilej'szen*) *rz.* chwianie się, wahanie się.

vacu-ity (*wəkjū'iti*) *rz.* pustka; nicość; **-ous** (*wæ'kjuəs*) *pm.* próżny; bezmyślny; bez wyrazu; **-um** (*wæ'kjuəm*) *rz.* próżnia (*fiz.*); czczość; ~~ **cleaner** odkurzacz elektryczny.

vade-mecum (*wej'di-mī'kăm*) *rz.* vademecum, książka podręczna.

vagabond (*wæ'gəbond*) *rz.* włóczęga; ~, *pm.* włóczęgowski; **-age, -ism** (*-edż, -izem*) *rz.* włóczęgostwo.

vagary (*wəgē'ri*) *rz.* psota, figiel, dziwactwo; kaprys.

vagina (*wədżaj'nə*) *rz.* pochwa, macica (*anat.*); **-l** (*wədżaj'nel*) *pm.* pochwowy, maciczny (*anat.*).

vagran-cy (*wej'grənsi*) *rz.* wędrówka, włóczęgostwo; **-t** (*-ənt*) *pm.* wędrowny; włóczący się.

vague (*wej'g*) *pm.* luźny, nieokreślony, niewyraźny; nieuchwytny; wymijający; **-ness** (*-nəs*) *rz.* niewyraźność; niepewność.

vail (*wej'l*) *cz.* (przest.) zdjąć; spuścić; zniżyć; **-s** *rz. lmn.* napiwek; kuban.

vain (*wej'n*) *pm.* próżny, czczy; daremny; pusty; pyszny; chełpliwy; in ~, napróżno; **-glorious** (*wejnglō'riəs*) *pm.* chełpliwy; **-glory** (*-glō'ri*) *rz.* chełpliwość; **-ness** *rz.* próżność, czczość.

valance (*wæ'ləns*) *rz.* lambrekin; frendzle.

vale (*wej'l*) *rz.* dolina; padół.

valedic-tion (*wælədi'kszen*) *rz.* pożegnanie; **-tory** (*-di'ktəri*) *pm.* pożegnalny.

valentine (*wæ'ləntajn*) *rz.* wybraniec (wybranka) serca; list miłosny.

valerian (*wəlī'riən*) *rz.* kozłek, (*bot.*).

valet (*wæ'lɛt, wæ'lej*) *rz.* służący; kamerdyner.

valetudinar-ian (*wælətjūdinē'riən*) *rz.* kuracjusz; cherlak; **-y** (*-tjū'dinəri*) *pm.* chorowity, słabowity.

valiant (*wæ'ljənt*) *pm.* dzielny, mężny, odważny; **-ness** *rz.* dzielność, męstwo, odwaga.

valid (*wæ'lid*) *pm.* ważny, prawny; silny; dowodny; przekonywujący; **-ate** (*wæ'lidejt*) *cz.* uprawomocnić; zatwierdzić; **-ity, -ness** (*wəli'diti, wæ'lidnəs*) *rz.* ważność, moc.

valise (*wəlī's*) *rz.* waliza; (*mil.*) tornister.
valley (*wæ'li*) *rz.* dolina; rowek dachu.
val-orous (*wæ'lərəs*) *pm.* dzielny, odważny; **-our** (*wæ'lə*) *rz.* dzielność, męstwo, odwaga.
valu-able (*wæ'ljuəbɛl*) *pm.* cenny, drogi, wartościowy; **-ation** (*wæljuej'szɛn*) *rz.* ocena, wartość.
value (*wæ'lju*) *rz.* wartość, cena; znaczenie; walor; ~, *cz.* oceniać, cenić wysoko; szacować; poważać; **-less** *pm.* bezwartościowy; **-r** (-ə) *rz.* taksator.
valve (*wæ'lw*) *rz.* klapa; zastawka (*anat.*); lampa (*radjo*); plewka, skrzydło (drzwi); **-set** (*radjo*) aparat lampowy.
vamp (*wæ'mp*) *rz.* przyszwa (bucika); łatka; ~, *rz.* półświatek; ~, *cz.* łatać; **-er** (-ə) *rz.* łatacz.
vampire (*wæ'mpajə*) *rz.* wampir.
van (*wæ'n*) *rz.* awangarda, przednia straż; wachlarz; wóz (meblowy i t. p.); (*kol.*) wóz bagażowy; wagon konduktorski; **-guard** (*wæ'ngād*) *rz.* przednia straż, awangarda.
vandal, -ic (*wæ'ndɛl, wəndæ'lik*) *rz.* wandal; ~, *pm.* wandalski; **-ism** (*wæ'ndəlizɛm*) *rz.* wandalizm.
vane (*wej'n*) *rz.* chorągiewka na dachu.
vanilla (*wəni'lə*) *rz.* wanilja (*bot.*).
vanish (*wæ'nisz*) *cz.* niknąć; ginąć.
vanity (*wæ'niti*) *rz.* próżność; czczość; ~ bag, woreczek z puderniczką.
vanquish (*wæ'ŋkuisz*) *cz.* zwyciężyć, pokonać; **-er** (-ə) *rz.* zwycięzca.
vantage (*wā'ntɛdż, wæ'n-*) *rz.* korzyść; **-ground** *rz.* korzyść; przewaga.
vapid (*wæ'pid*) *pm.* zwietrzały, czczy; **-ity, -ness** (*wəpi'diti, wæ'pidnəs*) *rz.* zwietrzałość, czczość.
vap-orate, -orize (*wæ'porejt, wej'pərajz*) *cz.* parować; **-oration** (*wæporej'szɛn*) *rz.* parowanie; **-orific** (*wæpori'fik*) *pm.* parujący; **-orous** (*wej'porəs*) *pm.* parujący, mglisty; **-our** (*wej'pə*) *rz.* para, opar, mgła; *lmn.* przygnębienie (*przest.*) ~, *rz.* parować, wyziewać; wyparować; (*fig.*) chełpić się, junaczyć.
vari-ability, -ableness (*wēriəbi'liti, wē'riəbɛlnəs*) *rz.* zmienność; niestałość; **-able** (*wē'riəbɛl*) *pm.* zmienny; niestały; **-ance** (*wē'riəns*) *rz.* zmiana, spór, niezgoda, sprzeczność; be at ~ with, nie zgadzać się z; **-ant** (*wē'riənt*) *rz.* warjant, odmiana; **-ation** (*wēriej'szɛn*) *rz.* odmiana; warjant (*w muz.*); **-ed** (*wē'rid*) *pm.* różnorodny; **-egate** (*wē'riəgejt*) *cz.* urozmaicać, upstrzyć; **-egated** (-ɛd) *pm.* pstry, upstrzony; **-egation** (*wēriəgej'szɛn*) *rz.* urozmaicenie; pstrocizna; **-ety** (*wəraj'əti*) *rz.* odmiana, rozmaitość; różnorodność; **-ous** (*wē'riəs*) *pm.* rozmaity, odmienny, zmienny; różny.
vari-cose (*wæ'rikəs*) *pm.* żylakowy; **-vein,** żylak; **-x** (*weriks*) *rz.* żylak.
variolous (*wəraj'oləs*) *pm.* ospowaty.
varlet (*wā'lət*) *rz.* pachołek; łotr.
varnish (*wā'nisz*) *cz.* lakierować, nadać połysk; ~, *rz* połysk; lakier; (*fig.*) pozor, barwa; **-er** (-ə) *rz.* lakiernik.
varsity (*wā'siti*) *rz.* (*potoczn.*) uniwersytet.
vary (*wē'ri*) *cz.* urozmaicać; zmieniać (się); odmieniać (się); różnić się; **-ing** (-*iŋ*) *pm.* zmienny; odmienny.
vascular (*wæ'skulə*) *pm.* naczyniowy; (*anat.*); włóknisty (*bot.*).
vase (*wā'z*) *rz.* flakon, wazon.
vaseline (*wæ'səlin*) *rz.* wazelina.
vassal (*wæ'sɛl*) *rz.* wasal, lennik; **-age** (*wæ'sɛlɛdż*) *rz.* wasalstwo.
vast (*wā'st*) *pm.* rozległy, obszerny, przestronny; ogromny; **-ness** *rz.* rozległość, ogrom, przestronność; przestwór.
vat (*wæ't*) *rz.* cysterna; stągiew; kadź.
vatican (*wæ'tikən*) *rz.* watykan.
vatici-nate (*wəti'sinejt*) *cz.* prorokować; **-nation** (-*ej'sɛn*) *rz.* prorokowanie; proroctwo.
vaudeville (*wō'dwil*) *rz.* wodewil.
vault (*wō'lt*) *rz.* sklepienie; piwnica; skok; ~, *cz.* osklepić; skakać.
vaunt (*wō'nt*) *cz.* chełpić się; ~, *rz.* przechwałka; **-er** (-ə) *rz.* chełpliwiec, samochwał.

veal (*wī'l*) *rz.* cielęcina.
vedete (*wade't*) *rz.* wedeta; szpica.
veer (*wī'ə*) *cz.* obracać (się); zmienić kierunek; skręcić (się).
vegeta-ble (*we'dżətəbɛl*) *rz.* warzywo; jarzyna; ~, *pm.* roślinny; **-bles** *rz. lmn.* jarzyny, warzywo; **-rian** (*wedżəte'riən*) *rz.* wegetarjanin; **-rianism** (*-e'riənizɛm*) *rz.* wegetarjanizm; **-te** (*we'dżetejt*) *cz.* rosnąć, wegetować; **-tion** (*-ej'szɛn*) *rz.* roślinność, wegetacja; roślinne życie; **-tive** (*we'dżətətiw*) *pm.* roślinny, wegetacyjny.
vehemen-ce (*wī'həməns*) *rz.* gwałtowność, siła; **-t** (*-ənt*) *pm.* gwałtowny, popędliwy; zapalczywy.
vehic-le (*wī'hikɛl*) *rz.* wehikuł; środek lokomocji; (*fig.*) środek, sposób; **-cular** (*wihī'kjulə*) *pm.* pojazdowy; kołowy.
veil (*wej'l*) *rz.* welon, zasłona; draw a ~ over, spuścić zasłonę na; take the ~, wstąpić do zakonu; ~, *cz.* osłaniać; zakryć, ukryć.
vein (*wej'n*) *rz.* żyła; żyłka; słój; skłonność; **-ed, -y** (*-d, -i*) *pm.* żyłkowany; w prążki; żyłowaty, żylasty; słojowaty.
velleity (*wəle'iti*) *rz.* chętka.
vellica-te (*we'likejt*) *cz.* drgać; **-tion** (*-ej'szɛn*) *rz.* drganie.
vellum (*we'ləm*) *rz.* welin; ~, **-paper** *rz.* papier welinowy.
veloci-pede (*wəlo'sipīd*) *rz.* welocyped; rower; **-ty** (*wəlo'siti*) *rz.* szybkość; chyżość; bystrość.
velum (*wī'ləm*) *rz.* błonka.
velvet (*we'lwət*) *rz.* aksamit; **-y** (*-i*) *pm.* aksamitny; **-een** (*welwətī'n*) *rz.* aksamit sztuczny.
venal (*wī'nɛl*) *pm.* przekupny, przedajny; **-ity** (*wənæ'liti*) *rz.* sprzedajność, przekupność.
venation (*winej'szɛn*) *rz.* układ żył; usłojenie.
vend (*we'nd*) *cz.* sprzedawać; kupczyć; **-ee** (*wendī*) *rz.* kupujący; **-er, -or** (*-ə*) *rz.* sprzedawca; **-ibility, -ibleness** (*wendibi'liti, we'ndibɛlnəs*) *rz.* sprzedażność, zbyt; **-ible** (*we'ndibɛl*) *pm.* sprzedażny; **-ition** (*wendi'szɛn*) *rz.* sprzedaż.
veneer (*wənī'ə*) *rz.* fornir, połysk, glanc; ~, *cz.* wykładać fornirem; glancować.
venera-ble (*we'nərəbɛl*) *pm.* czcigodny; zacny; sędziwy; **-bleness** *rz.* czcigodność; **-te** (*we'nərejt*) *cz.* czcić, szanować; poważać; **-tion** (*wenərɛj'szɛn*) *rz.* poważanie, cześć; **-tor** (*we'nərejtə*) *rz.* wielbiciel; czciciel.
vener-eal (*wənī'riəl*) *pm.* weneryczny; płciowy; **-y** (*we'nəri*) *rz.* lubieżność; łowiectwo (przest.).
venesection (*wenese'kszɛn*) *rz.* rozcięcie żyły.
Venetian (*wəni'szən*) *pm.* wenecki; ~ blinds, żaluzje.
venge-ance (*we'ndżɛns*) *rz.* zemsta; with a ~, z okładem; **-ful** (*-ful*) *pm.* mściwy.
venial (*wī'niəl*) *pm.* przebaczalny, powszedni.
venison (*we'nizɛn*) *rz.* dziczyzna.
venom (*we'nəm*) *rz.* jad; trucizna; ~, *cz.* zatruć; **-ous** (*-əs*) *pm.* jadowity.
venose (*wīnɛs*) *pm.* żyłowy; żyłkowaty.
vent (*we'nt*) *rz.* otwór; ujście, folga; odpływ; upust; ~, *cz.* wypuścić; dać folgę; dać upust (np. uczuciom); **-age** (*we'ntɛdż*) *rz.* otwór; **-iduct** (*we'ntidăkt*) *rz.* otwór do wietrzenia; **-ilate** (*we'ntilejt*) *cz.* przewietrzyć, wentylować; **-ilation** (*wentilej'szɛn*) *rz.* przewietrzenie, wentylacja; **-ilator** (*we'ntilejtə*) *rz.* wentylator.
ventral (*we'ntrɛl*) *pm.* brzuszny.
ventricle (*we'ntrikɛl*) *rz.* komora (np. serca); wydrążenie.
ventrilo-quism (*wentri'lokuizɛm*) *rz.* brzuchomówstwo; **-quist** *rz.* brzuchomówca.
venture (*we'nczə*) *rz.* przedsięwzięcie, ryzyko; spekulacja; odważenie się; hazard; stawka; ~, *cz.* przedsiębrać, ryzykować, spekulować; odważyć się; **-r** (*-rə*) *rz.* śmiałek; **-some, venturous** (*we'nczəsəm, -rəs*) *pm.* ryzykowny, hazardowny, przedsiębiorczy, śmiały.
venue (*we'njū*) *rz.* miejsce sądu.
vera-cious (*wərej'szəs*) *pm.* prawdomówny; **-city** (*wəræ'siti*) *rz.* prawdomówność; wiarygodność.
veranda(h) (*wəræ'ndə*) *rz.* weranda.

verb (*wə'b*) *rz.* czasownik; **-al** (*wə'bel*) *pm.* słowny, dosłowny; ustny; czasownikowy (*gram.*); **-atim** (*wəbej'tim*) *ps.* dosłownie; **-iage, -osity** (*wə'biedż, wəbo'siti*) *rz.* potok słów; swada; **-ose** (*wəbou's*) *pm.* gadatliwy.

verd-ancy (*wə'densi*) *rz.* zieleń; **-ant** (*wə'dent*) *pm.* zieleniejący, kwitnący; **-ure** (*wə'dżə*) *rz.* zieleń, murawa.

verdict (*wə'dikt*) *rz.* werdykt, wyrok.

verdigris (*wə'digris*) *rz.* grynszpan.

verge (*wə'dż*) *rz.* krawędź; brzeg, skraj; buława; ~, *cz.* graniczyć; być na krawędzi, chylić się ku; nachylać się; zmierzać.

verger (*wə'dżə*) *rz.* bedel; szwajcar.

veri-dical (*wəri'dikel*) *pm.* prawdomówny; **-fication** (*-fikej'szen*) *rz.* sprawdzenie; dowód; poświadczenie, udowodnienie; **-fy** (*we'rifaj*) *cz.* sprawdzić (się); poświadczyć; udowodnić; skontrolować; **-ly** (*we'rili*) *ps.* prawdziwie, zaprawdę; zaiste; zupełnie; **-similar** (*werisi'milə*) *pm.* prawdopodobny; **-similitude** (*-simi'litjūd*) *rz.* prawdopodobieństwo; **-table** (*we'ritəbel*) *pm.* prawdziwy, istotny; **-ty** (*we'riti*) *rz.* prawdziwość; prawda.

verjuice (*wə'dżūs*) *rz.* sok kwaśnych jabłek lub winogron.

vermi-celli (*wəmise'li*) *rz.* makaron (włoski); **-cular** (*wə'mikjulə*) *pm.* robaczkowy; robakokształtny; **-cule** (*wə'mikjul*) *rz.* robaczek; **-form** (*wə'mifōm*) *pm.* robaczkowy; **-fuge** (*wə'mifjudż*) *rz.* lekarstwo na robaki.

vermilion (*wəmi'ljən*) *rz.* cynober, karmazyn; ~, *pm.* karmazynowy; ~, *cz.* zaczerwienić.

vermin (*wə'min*) *rz.* robactwo, szkodniki; **-ous** (*wə'minəs*) *pm.* pełen robactwa.

vernacular (*wənæ'kjulə*) *rz.* język ojczysty, krajowy; ~, *pm.* krajowy, miejscowy, ojczysty.

vernal (*wə'nel*) *pm.* wiosenny.

vernier (*wə'niə*) *rz.* wernier, nonjusz.

versa-tile (*wə'sətajl*) *pm.* obrotny, ruchliwy; giętki, zmienny; wszechstronny; **-tility** (*wəsəti'liti*) *rz.* zmienność, obrotność; giętkość; wszechstronność.

verse (*wə's*) *rz.* wiersz; werset.

versed (*wəst*) *pm.* (in) obznajomiony, biegły (w).

versicolour (*wə'sikălə*) *pm.* różnokolorowy.

versi-fication (*wəsifikej'szen*) *rz.* wierszowanie, wersyfikacja; **-ficator, -fier** (*-ej'tə, wə'sifajə*) *rz.* rymotwórca; wierszopis; **-fy** (*wə'sifaj*) *cz.* rymować, wiersze pisać.

version (*wə'szen*) *rz.* wersja; przekład.

verst (*wə'st*) *rz.* wiorsta.

versus (*wə'ses*) *ps.* przeciw, przeciwko.

vert (*wə't*) *rz.* zieleń; (*hist.*) prawo wycinania gałęzi w lesie; ~, *pm.* zielony (*herald.*).

vertebra (*wə'təbrə*) *rz.* kręg (*anat.*); **-l** (*wə'təbrel*) *pm.* pacierzowy; kręgowy; **-te** (*wə'tebrət*) *rz.* kręgowiec; **-ted** (*wə'təbrejted*) *pm.* kręgowy.

vert-ex (*wə'teks*) *rz.* wierzchołek; szczyt; **-ical** (*wə'tikel*) *pm.* pionowy; prostopadły; **-icalness, -icality** (*wətikæ'liti*) *rz.* pionowość, prostopadłość.

vertig-inous (*wəti'dżinəs*) *pm.* zawrotny; wirowaty; **-o** (*wə'tigou, wətaj'gou*) *rz.* zawrót głowy.

vervain (*wə'wejn*) *rz.* werwena, koszysko lekarskie (*bot.*).

verve (*wə'w*) *rz.* werwa, zapał.

very (*we'ri*) *pm.* prawdziwy, istotny, rzeczywisty; sam; ten sam; wierutny; istny; ~, *ps.* bardzo; nader, wielce.

vesica-nt (*we'sikənt*), **-tory** (*-tori*) *rz.* wezykatorja; **-te** (*-kejt*) *cz.* postawić wezykatorję.

vesic-le (*we'sikel*) *rz.* pęcherzyk; **-ular, -ulate** (*wesi'kju'ə, -lət*) *pm.* pęcherzykowy.

vesper (*we'spə*) *rz.* gwiazda wieczorna; wieczór; **-s** (*-z*) *rz. lmn.* nieszpory.

vessel (*we'sel*) *rz.* naczynie; okręt, statek.

vest (*we'st*) *rz.* odzież; front bluzki; kamizelka; ~, *cz.* odziewać, nadawać władzę; ubrać; udzielić; obdarzyć (urzędem); **-ed** (*-ed*) *pm.* ~ interests, prawa

uznane, niezaprzeczalne; prawo całkowite; **-ment** (*-ment*) *rz.* szata; odzież; ornat; **-ure** (*we's-czə*) *rz.* odzież.
vestal (*we'stel*) *rz.* westalka; ~, *pm.* panieński, westalski.
vestibule (*we'stibjūl*) *rz.* przedsionek, westybul.
vestige (*we'stidż*) *rz.* ślad, znak.
vestry (*we'stri*) *rz.* zakrystja; zgromadzenie opiekunów kościoła; **-man** *rz.* opiekun kościoła; **-keeper** *rz.* zakrystjan.
vetch (*we'cz*) *rz.* wyka (*bot.*); **-y** *pm.* wykowy.
veteran (*we'terən*) *rz.* weteran; ~, *pm.* wytrawny, wysłużony.
veterinar-ian (*wetərine'riən*) *rz.* weterynarz; **-y** (*we'tərinəri*) *pm.* weterynarski.
veto (*wī'tou*) *rz.* veto, zakaz; ~, *cz.* stawiać veto.
vex (*we'ks*) *cz.* zniecierpliwić; zezłościć; dręczyć (się); dokuczać; **-ation** (*weksej'szən*) *rz.* złość; utrapienie; dręczenie; **-atious** (*weksej'szəs*) *pm.* dręczący; dokuczliwy; trapiący; **-atiousness** *rz.* dokuczliwość.
via (*waj'ə*) *pi.* przez; drogą na; **-duct** (*waj'ədăkt*) *rz.* wiadukt.
vial (*waj'əl*) *rz.* flakonik; ampułka.
viand (*waj'ənd*) *rz.* mięsiwo; **-s** *rz. lmn.* potrawy.
viaticum (*wajæ'tikem*) *rz.* wiatyk; strawne.
vibrat-e (*waj'brejt*) *cz.* wibrować; chodzić ruchem wahadłowym; **-ion** (*wajbrej'szən*) *rz.* drżenie, drganie; wibracja; **-ory** (*wi'brətori*) *pm.* drgający.
vicar (*wi'kə*) *rz.* proboszcz; namiestnik; zastępca; apostolic ~, delegat apostolski; **-age** (*-redż*), **-ship** *rz.* probostwo; wikarjat; **-ial** (*wajke'riel*) *pm.* proboski; wikarjalny; **-ious** (*wikē'riəs, waj-*) *pm.* zastępczy.
vice (*waj's*) *rz.* nałóg; występek; wada; ~, *rz.* śrubsztak, imadło.
vice- (*waj's*) *pm.* w wyrazach złożonych odpowiada polskiemu wice..., lub pod...; **-admiral** (*waj'sædmirel*) *rz.* wiceadmirał; **-chancellor** (*wajsczā'nsələ*) *rz.* wicekanclerz; **-gerency** (*wajsdże'rensi*) *rz.* zastępstwo; namiestnictwo; **-roy** (*waj'sroj*) *rz.* wicekról; **-regal** (*-rī'gel*) *pm.* wicekrólewski; **~versa** (*waj'siwə̄'sə*) *ps.* naodwrót, wicewersa.
vicin-age, -ity (*wi'sinedż. wisi'niti*) *rz.* sąsiedztwo; okolica.
vicious (*wi'szəs*) *pm.* złośliwy, ze psuty; występny; wadliwy; krnąbrny; **-ness** *rz.* złośliwość; występność, nieprawość.
vicissitude (*wisi'sitjūd, waj's-*) *rz.* odmiana, obrót, kolej losu.
victim (*wi'ktim*) *rz.* ofiara; **-ize** (*-ajz*) *cz.* zrobić z kogoś ofiarę; poświęcić.
victor (*wi'ktə*) *rz.* zwycięzca; **-ious** (*wiktō'riəs*) *pm.* zwycięski; **-y** (*wi'ktəri*) *rz.* zwycięstwo.
victoria (*wiktō'riə*) *rz.* lilja wodna.
victress (*wi'ktrəs*) *rz.* zwyciężczyni.
victual (*wi'tel*) *cz.* zaopatrzyć w żywność; **-er, -ist** (*wi'tlə, -ist*) *rz.* dostawca żywności; oberżysta; karczmarz; **-s** (*-z*) *rz. lmn.* wiktuały; żywność.
vide (*waj'dī*) patrz, zobacz; **-licet** (*widī'liset*) *ps.* (w skróc. viz.) jako to; mianowicie; to jest.
vie (*waj'*) *cz.* współzawodniczyć, iść w zapasy.
view (*wjū'*) *rz.* widok, przegląd; pogląd; perspektywa; wejrzenie; rzut oka; in ~ of, wobec; have in ~, mieć na myśli, w zamiarze; in full ~, widoczny; with a ~ to, w celu; in ~, na oczach czyichś; point of ~, pogląd; take a ~ of, oglądać; obejrzeć; ~, *cz.* widzieć, oglądać; rozpatrywać, przyglądać się; patrzeć; **-less** *pm.* niewidzialny, niewidoczny; **-point** *rz.* punkt widzenia.
vigil (*wi'dżil*) *rz.* czuwanie (nocne); wigilja; **-ance, -ancy** (*wi'dżilens, -i*) *rz.* czujność; uwaga; **-ant** (*-ent*) *pm.* czujny, baczny.
vignette (*wi'njət*) *rz.* winjeta, ozdoba.
vigorous (*wi'gərəs*) *pm.* silny, dzielny; krzepki; **-ness, vigour** (*wi'gə*) *rz.* krzepkość; siła; moc.
viking (*waj'kiŋ*) *rz.* wiking.
vile (*waj'l*) *pm.* nikczemny, podły; nędzny; niegodziwy; **-ness** *rz.* nikczemność; podłość.

vili-fication (*wilifikej'szen*) *rz.* spodlenie, obmowa, kalumnja; **-fier** (*wi'lifajə*) *rz.* obmówca; **-fy** (*wi'lifaj*) *cz.* obmawiać, osławiać; spodlić.
villa (*wi'lə*) *rz.* willa.
village (*wi'lɛdż*) *rz.* wieś; **-r** (*-ə*) *rz.* wieśniak.
villain (*wi'lɛn*) *rz.* poddany (*hist.*); łajdak; złoczyńca; czarny charakter (*teatr.*); **-ous** (*wi'lənə*) *pm.* nędzny; nikczemny, podły; **-ousness, -y** (*wi'lɛni*) *rz.* nikczemność; szelmostwo; podłość.
vill-i (*wi'laj*) *rz. lmn.* meszek; włoski; **-ose, -ous, -us** (*wi'ləs*) *pm.* włochaty, puszysty.
vimineous (*wimi'niɛs*) *pm.* zrobiony z witek.
vinaceous (*wajnej'szəs*) *pm.* winny, winogronowy.
vindica-te (*wi'ndikejt*) *cz.* bronić (swych praw), rościć prawo do czego; udowodnić; dowieść; **-tion** (*-ej'szɛn*) *rz.* obrona, dochodzenie swego; **-tor** (*wi'ndikejtə*) *rz.* obrońca.
vindictive (*windi'ktiw*) *pm.* mściwy; **-ness** *rz.* mściwość.
vine (*waj'n*) *rz.* winograd, winorośl; **-dresser** *rz.* winogrodnik; **-ry** (*-əri*) *rz.* cieplarnia dla hodowania winnych latorośli; **-yard** (*wi'njād*) *rz.* winnica.
vinegar (*wi'nəgə*) *rz.* ocet.
vin-osity (*wino'siti*) *rz.* smak, zapach wina; **-ous**. (*waj'nəs*) *pm.* winny; **-tage** (*wi'ntɛdż*) *rz.* winobranie; **-tager** (*-ə*) *rz.* winobraniec; **-tner** (*wi'ntnə*) *rz.* winiarz.
viol (*waj'əl*) *rz.* wiola.
viola-ble (*waj'ələbɛl*) *pm.* naruszalny; skazitelny; **-te** (*waj'əlejt*) *cz.* naruszyć; gwałcić; złamać (słowo); **-tion** (*wajəlej'szɛn*) *rz.* pogwałcenie; naruszenie; niedotrzymanie (obietnicy); **-tor** (*waj'əlejtə*) *rz.* gwałciciel.
violaceous (*wajolej'szəs*) *pm.* fiołkowy.
violen-ce (*waj'ələns*) *rz.* gwałt, przemoc; gwałtowność; **-t** (*-ənt*) *pm.* gwałtowny, nagły; potężny.
violet (*waj'ələt*) *rz.* fiołek; ~, *pm.* ~ **blue** *pm.* fioletowy.
viol-in (*wajəli'n*) *rz.* skrzypce; **-inist** (*-'nist*) *rz.* skrzypek; **-oncello** (*-cze'lou*) *rz.* wiolonczela.

viper (*waj'pə*) *rz.* żmija; **-ine** (*waj'pərin*); **-ous** (*waj'pərəs*) *pm.* żmijowy, jadowity.
virago (*wirej'gou*) *rz.* jędza.
virgin (*wə'dżin*) *rz.* dziewica, panna; the ~ Mary, Najświętsza Panna; ~, **-al** (*-ɛl*) *pm.* dziewiczy; nietknięty; **-ia creeper** *rz.* dzikie wino; **-ity** (*wədżi'niti*) *rz.* dziewiczość, panieństwo; dziewictwo.
virid-escent (*wiride'sənt*) *pm.* zieleniejący; **-ity** (*wiri'diti*) *rz.* zieloność.
viril-e (*wi'ril, waj'-*) *pm.* męski; dojrzały; **-ity** (*wiri'liti*) *rz.* męskość; wiek męski.
virose (*waj'rəs*) *pm.* jadowity.
virtu (*wətū'*) *rz.* sztuka; articles of ~, przedmioty sztuki.
virtual (*wə'czuəl*) *pm.* istotny, faktyczny, właściwy, prawdziwy.
virtue (*wə'czū*) *rz.* cnota; zaleta; własność, moc; **-less** *pm.* niecnotliwy, nieskuteczny.
virtuous (*wə'czuəs*) *pm.* cnotliwy, skuteczny, silny.
virtuosity (*wətjuo'siti*) *rz.* mistrzostwo.
virtuoso (*wətjuou'sou*) *rz.* wirtuoz; **-ship** (*wətjuou'souszip*) wirtuozostwo.
virulen-ce (*wi'rulәns*) *rz.* jadowitość, zjadliwość; **-t** (*-ent*) *pm.* jadowity, zjadliwy; złośliwy.
virus (*waj'rəs*) *rz.* jad, zarazek.
visa (*wī'zej*) *rz.* wiza; ~, *cz.* wizować.
visage (*wi'zɛdż*) *rz.* twarz, oblicze.
visceral (*wi'sərɛl*) *pm.* trzewiowy; **-te** (*wi'sərejt*) *cz.* patroszyć, wypatroszyć.
visc-id, -ous (*wi'sid, wi'skəs*) *pm.* lepki; gęsty; śluzowaty; **-idity, -osity** (*wisi'diti, wisko'siti*) *rz.* lepkość; śluzowość.
viscount (*waj'skaunt*) *rz.* wicehrabia; **-ess** (*-es*) *rz.* wicehrabina.
visé (*wī'zej*) *rz.* wiza.
visib-ility, -leness (*wizibi'liti, wi'zibɛlnəs*) *rz.* widzialność; **-le** (*wi'zibɛl*) *pm.* widoczny, widzialny.
vision (*wi'żɛn*) *rz.* wzrok; widziadło; duch; wizja; (*fig.*) intuicja; **-al, ary** (*wi'żənɛl, wi'żənəri*) *pm.* wizjonerski; urojony; **-ary** *rz.* marzyciel, wizjoner.
visit (*wi'zit*) *rz.* odwiedziny; wizyta; pay a ~, odwiedzić, zło-

żyć wizytę; ~, *cz.* odwiedzać; doświadczać czem; nawiedzić; we are on -ing terms, bywamy u siebie; **-ant** (*-ent*), **-ation** (*wisitej'szen*) *rz.* odwiedzenie; dopust; zrządzenie; rewizja; nawiedzenie; **-er, -or** (*-ə*) *rz.* gość, odwiedzający; rewizor; **-ing-card** *rz.* bilet wizytowy.
visor, vizor (*waj'zə*) *rz.* misiurka (u zbroi); daszek (czapki).
vista (*wi'stə*) *rz.* perspektywa; widok, prospekt.
visual (*wi'żuəl*) *pm.* wzrokowy.
vita (*waj'tə*) **glass**, szkło przepuszczające promienie ultrafioletowe.
vital (*waj'tel*) *pm.* żywotny; **-ity** (*wajtæ'liti*) *rz.* żywotność; **-ize** (*-ajz*) *cz.* obdarzyć życiem; **-s** (*waj'təlz*) *rz. lmn.* organa życiowe.
vitamins (*wi'təminz, waj'-*) *rz. lmn.* witaminy.
viti-ate (*wi'sziejt*) *cz.* zepsuć, skazić; **-ation** (*wisziej'szen*) *rz.* skażenie, zepsucie.
vitreous (*wi'triəs*) *pm.* szklany; szklisty; **-ness** *rz.* szklistość
vitr-ifaction (*witrifæ'kszen*) *rz.* witryfikacja; **-fy** (*wi'trifaj*) *cz.* przemienić w szkło; zeszklić się; **-ification** (*witrifikej'szen*) *rz.* zeszklenie.
vitriol (*wi'triol*) *rz.* witrjol; kwas siarczany; blue ~, siarczan miedzi; green ~, siarczan żelaza; white ~, siarczan cynku; **-ic** (*witrio'lik*) *pm.* witrjolowy, gryzący; **-ize** *cz.* oblać witrjolem.
vitupera-ble (*wajtjū'pərəbel*) *pm.* naganny; **-te** (*wajtjū'pərejt*) *cz.* lżyć komuś; ganić; **-tion** (*wajtjūpərej'szen*) *rz.* obelga, lżenie; **-tive** (*wajtjū'pərətiw*) *pm.* obelżywy, ganiący.
vivacious (*wajwej'szəs*) *pm.* żywy, ożywiony; rześki.
vivacity (*wajwæ'siti, wiw-*) *rz.* żywość, ożywienie; rześkość.
vivid (*wi'wid*) *pm.* żywy, jasny (kolor); silny; **-ness** *rz.* żywość; jasność (kolorów).
vivif-y (*wi'wifaj*) *cz.* ożywić; **-ication** (*-fikej'szen*) *rz.* ożywienie.
vivi-parous (*wajwi'pərəs*) *pm.* żyworodny; **-section** (*wiwise'kszen*) *rz.* wiwisekcja.
vixen (*wi'ksen*) *rz.* lisica; sekutnica; jędza; **-ish, -ly** *pm.* zły. sekutny.
viz = **videlicet**, mianowicie.
vizard (*wi'zəd*), **vizor** (*waj'zə*) *rz.* daszek czapki.
vizier (*wi'ziə*) *rz.* wezyr (turecki).
voca-ble (*wou'kəbel*) *rz.* wyraz, słowo; **-bulary** (*wokæ'bjuləri*) *rz.* słownik; słownictwo; **-l** (*wou'kel*) *pm.* głosowy, głośny, dźwięczny; samogłoskowy; wokalny; ustny; ~ cords, struny głosowe; **-list** (*wou'kəlist*) *rz.* śpiewak; **-lity** (*woukæ'liti*) *rz.* dźwięczność; **-lization** (*-kælizej'szen*) *rz.* wokalizacja; **-lize** (*wou'kəlajz*) *cz.* wokalizować; wymawiać.
voca-tion (*wokej'szen*) *rz.* powołanie; zawód; **-tional** (*woukej'szənel*) *pm.* dotyczący powołania, zawodowy; **-tive** (*wo'kətiw*), ~~**case** *rz.* (*gram.*) piąty przypadek, wołacz.
vocifer-ate (*wosi'fərejt*) *cz.* krzyczeć, wrzeszczeć, wołać; **-ation** (*wosifərej'szen*) *rz.* krzyk, wrzaski; **-ous** (*wosi'fərəs*) *pm.* głośny, wrzaskliwy.
vogue (*wou'g*) *rz.* wziętość; sława; moda; in ~, w modzie; modny.
voice (*woj's*) *rz.* głos, dźwięk; mowa; ~, *cz.* wyrazić; wokalizować; wymówić; with one ~, jednogłośnie; the active and passive ~, strona czynna i bierna (*gram.*); **-less** *pm.* niemy.
void (*woj'd*) *pm.* pusty, próżny, wakujący; nieważny; czczy; daremny; ~ of, pozbawiony; ~, *cz.* opuścić; skasować, znieść; wypróżnić, wyprzątnąć; ~, *rz.* próżnia; **-able** (*-əbel*) *pm.* mogący być wypróżnionym; zniesionym; skasowanym; **-ance** (*-ens*) *rz.* opróżnianie, wakans; **-ness** *rz.* próżnia; daremność; brak; nieważność.
vola-nt (*wou'lənt*) *pm.* latający; **-tile** (*wo'lətajl*) *pm.* (*chem.*) ulotny; lotny, ulatniający się; lekkomyślny; płochy; **-tileness, -tility** (*wolati'liti*) *rz.* lot (gazów); płochość; **-tilization** (*-ej'szen*) *rz.* ulotnienie; ulatnianie się; **-tilize** (*wo'lətilajz*) *cz.* ulatniać się.
volcan-ic (*wolkæ'nik*) *pm.* wulkaniczny; **-o** (*wolkej'nou*) *rz.* wulkan.

voli-tion (*woli'szen*) *rz.* wola; **-tive** (*wo'litiw*) *pm.* chcący, mający wolę.
volley (*wo'li*) *rz.* grad (strzał); potok (słów); lot (piłki); grzmot (oklasków); salwa; ~ **ball**, siatkówka (gra); ~, *cz.* wystrzelić salwę; wyrzucić.
volt (*wou'lt*) *rz.* wolta, wolt, (*elektr.*).
volub-ility (*woljubi'liti*) *rz.* obfitość słów, gładkość mowy; potoczystość; **-le** (*wo'ljubel*) *pm.* wartki, potoczysty.
volum-e (*wo'ljum*) *rz.* książka; tom; objętość; masa; zwitek; **-inous** (*woljū'minəs*) *pm.* obszerny, gruby; **-inousness** *rz.* duża objętość; obszerność (dzieła).
voluntary (*wo'ləntəri*) *rz.* improwizacja; ~, *pm.* dobrowolny.
volunteer (*wolontī'ə*) *rz.* woluntarjusz, ochotnik; ~, *cz.* zaofiarować (się); wstąpić dobrowolnie do służby (wojskowej).
voluptu-ary (*wolă'pczuəri*) *pm.* lubieżny; ~, *rz.* lubieżnik; rozkosznik; **-ous** (*wolă'pczuəs*) *pm.* lubieżny; rozpustny; **-ousness** *rz.* rozkosz, rozpusta; lubieżność.
volute (*woljū't*) *rz.* zwój.
vomit (*wo'mit*) *rz.* wymioty; ~, *cz.* womitować, rzygać; wyrzucać ze siebie; **-ion** (*womi'szen*) *rz.* wymioty; **-ive** (*wo'mitiw*) *rz.* środek wymiotny, emetyk.
voodoo (*wū'dū*) *rz.* czarnoksiężnik.
voracious (*worej'szəs*) *pm.* żarłoczny; **-ness, -voracity** (*woræ'siti*) *rz.* żarłoczność.
vort-ex (*wō'teks*) *rz. lmn.* wir; **-ical** (*wō'tikel*) *pm.* wirujący; wirowy.
votar-ess (*wou'tərəs*) *rz.* czcicielka, zwolenniczka; **-y** (*-ri*) *rz.* czciciel, zwolennik; **-y** *pm.* ślubowany.
vote (*wou't*) *rz.* głosowanie, głos; uchwała; wotum; put to ~, oddać pod głosowanie; ~, *cz.* głosować; uchwalić; ~ **down**, odrzucić (projekt uchwałą); **-er** (*-ə*) *rz.* głosujący, wyborca.
votive (*wou'tiw*) *pm.* ślubowany, poświęcony w ofierze; ~, *rz.* wotywa.
vouch (*wau'cz*) *cz.* ręczyć; zaświadczać; zapewnić; **-er** (*-ə*) *rz.* dowód kasowy; świadectwo; poręka; świadek.
vouchsafe (*wauczsej'f*) *cz.* raczyć.
vow (*wau'*) *rz.* ślubowanie; przysięga; make, take a ~, złożyć ślubowanie, ślubować; ~, *cz.* ślubować, zaprzysiąc.
vowel (*wau'əl*) *rz.* samogłoska.
voyage (*woj'edż*) *rz.* podróż (morzem); ~, *cz.* podróżować; odbywać podróż morzem; **-r** (*-ə*) *rz.* podróżnik, żeglarz.
vulkan-ite (*wă'lkənajt*) *rz.* guma wulkanizowana; **-ize** (*wă'lkənajz*) *cz.* wulkanizować.
vulgar (*wă'lgə*) *pm.* pospolity; ordynarny; ~, *rz.* gmin, pospólstwo; ~ **fraction** ułamek zwykły; **-ism** (*-rizəm*) *rz.* ordynarność; wyrażenie gminne; **-ity** (*wălgæ'riti*) *rz.* pospolitość, prostackość; ordynarność.
vulgate (*wă'lgət*) *rz.* wulgata.
vulnerability, -bleness (*wălnərəbi'liti, wă'lnərəbəlnəs*) *rz.* uleganie zranieniu; **-able** (*wă'lnərəbel*) *pm.* mogący być zranionym, mający słabe miejsce; nieobronny; **-ry** (*wă'lnərəri*) *rz.* środek leczący rany.
vulpine (*wă'lpajn, -pin*) *pm.* lisi; chytry.
vultur-e (*wălczə*) *rz.* sęp; **-ine** (*wă'lczərajn*), **-ous** (*-rəs*) *pm.* sępi.
vulva (*wălwə*) *rz.* pochwa macicznа (*anat.*).
vying (*waj'iŋ*) od **vie.**

W

wabble (*uo'bel*) *cz.* chwiać się.
wacke (*uæ'ki*) *rz.* waka, szarogłaz (*min.*).
wad (*uo'd*) *rz.* tampon; zatyczka; pakuł; flejtuch; ~, *cz.* zatykać; wyścielać; podłożyć; **-ding** (*-iŋ*) *rz.* watowanie; podkład; wyściółka.

waddle (*uo'dɛl*) *cz.* kiwać się jak kaczka.
wade (*uej'a*) *cz.* brnąć; brodzić; torować sobie drogę; ~through, przebrnąć, przebyć (rzekę); **-r, wading bird** ptak brodzący.
wafer (*uej'fə*) *rz.* opłatek.
waffle (*uo'fɛl*) *rz.* wafel.
waft (*uo'ft*) *rz.* unoszenie się; powiew; sygnał; ~, *cz.* unosić (się); pędzić.
wag (*uæ'g*) *rz.* poruszenie, ruch; ~, *rz.* żartowniś; ~, *cz.* kiwać (się); trząść; poruszać, merdać (ogonem); **-gery** (*-əri*) *rz.* żarty; **-gish** (*-isz*) *pm.* żartobliwy; **-gishness** *rz.* żartobliwość.
wage (*uej'dż*) *rz.* zapłata; płaca.
wage war (*uej'dż*) toczyć wojnę.
wager (*uej'dżə*) *cz.* założyć się.
waggle (*uæ'gɛl*) *cz.* chwiać (się), kiwać (się).
wag(g)on (*uæ'gɛn*) *rz.* fura; wóz; wagon, platforma (kolejowa); **-er** (*uæ'gənə*) *rz.* woźnica; **-ette** (*uægəne't*) *rz.* karetka, powóz.
wagtail (*uæ'gtejl*) *rz.* pliszka (*orn.*).
waif (*uej'f*) *rz.* rzeczy bezpańskie; podrzutek.
wail (*uej'l*) *rz.* płacz, lament; ~, *cz.* opłakiwać, lamentować; zawodzić; **-ful** (*-ful*) *pm.* płaczliwy, żałosny.
wain (*uej'n*) *rz.* wóz; Charles's ~, wóz wielkiej niedźwiedzicy.
wainscot, -ing (*uej'nskot, -iŋ*) *rz.* buazerja.
waist (*uej'st*) *rz.* (*anat.*) pas, kibić; stanik; środkowa część okrętu; ~ deep, po pas; **-band** *rz.* pas, pasek, szarfa; **-coat** (*ue'skət*) *rz.* kamizelka.
wait (*uej't*) *rz.* oczekiwanie, zasadzka; *lmn.* kolędnicy; ~, *cz.* oczekiwać; czekać, pozostawać; czyhać; dybać; ~ at table, usługiwać przy stole; ~ on, upon, obsłużyć kogoś, usługiwać komuś; **-er** (*-ə*) *rz.* kelner; sługa; lord in **-ing** (*-in*) pan w służbie osobistej króla; officer in ~~, oficer dyżurny; **-ing boy** *rz.* chłopak do posług; **-ing maid** *rz.* panna służąca; **-ing man** *rz.* służący; lokaj; **-ing room** *rz.* poczekalnia; **-ress** (*-rəs*) *rz.* kelnerka.
waive (*uej'w*) *cz.* odchylić, porzucić; zaniechać.
wake (*uej'k*) *rz.* ślad (okrętu na wodzie); kiermasz; odpust kościelny; czuwanie przy zmarłym; *~, *cz.* czuwać; obudzić; ocknąć się; **-ful** (*-ful*) *pm.* czuwający; przebudzony, czujny; **-fulness** *rz.* czujność; bezsenność; **-n** (*uej'kɛn*) *cz.* budzić się; obudzić.
wale (*uej'l*) *rz.* pręga.
walk (*uō'k*) *rz.* chodzenie, chód; spacer; przechadzka; zawód; miejsce spacerowe; ~, *cz.* chodzić, iść; przechadzać się; zachowywać się; ~ in, wejść; ~ off, odejść; ~ out, wyjść; **-er** (*-ə*) *rz.* spacerowicz; piechur; przechodzień; **-ing-stick** *rz.* laska.
wall (*uō'l*) *rz.* ściana, mur; go to the ~, zostać pokonanym; drive, push to the ~, przyprzeć do muru; ~, *cz.* obmurować; zamurować; **-creeper** *rz.* (*orn.*) kowalik murowy; **-flower** *rz.* (*bot.*) gwoździk żółty; **-fruit** *rz.* owoc szpalerowy; **-paper** *rz.* tapety; **-tree** *rz.* drzewo szpalerowe.
wallet (*uo'lət*) *rz.* torba; portfel; sakwa.
wall-eye (*uō'laj'*) *rz.* bielmo (na oku).
wallop (*uo'lɛp*) *cz.* (gwara) wygrzmocić.
wallow (*uo'lou*) *rz.* kąpielisko (zwierząt); ~, *cz.* tarzać się (w błocie); mieć w bród (*np.* pieniędzy).
walnut (*uō'lnăt*) *rz.* orzech włoski.
walrus (*uō'lrəs*) *rz.* koń morski, mors (*zool.*).
waltz (*uo'lts*) *rz.* walc; ~, *cz.* tańczyć walca.
wampum (*uo'mpəm*) *rz.* korale z muszli (u Indjan).
wan (*uo'n*) *pm.* blady; wynędzniały, ciemny; **-ness** (*uo'nnəs*) *rz.* bladość; nędzny wygląd.
wand (*uo'nd*) *rz.* pałeczka; różdżka (czarodzieja).
wander (*uo'ndə*) *cz.* wędrować; włóczyć się; błądzić; odbiegać od przedmiotu; tułać się; **-er** (*-rə*) *rz.* wędrownik; tułacz.
wane (*uej'n*) *rz.* zmniejszanie się; ubywanie; zwiędnięcie; on the ~ na schyłku; ~, *cz.* zmniejszać się, ubywać, słabnąć; więdnąć.

want (*uo'nt*) *rz.* potrzeba; brak, niedostatek; be in ~ of, potrzebować, odczuwać brak, potrzebę; for ~ of, z braku; ~, *cz.* chcieć; potrzebować, czuć brak; brakować; be -ing, brakować; **-ing** *pm.* bez, mniej.
wanton (*uo'ntən*) *rz.* rozpustnik; figlarz (o dziecku); ~, *pm.* swawolny, rozpustny; bezcelowy; próżny; figlarny; płochy; rozwiązły; wyuzdany; ~, *cz.* swawolić; baraszkować; **-ness** (*-nəs*) *rz.* swawola, wesołość; rozpusta; pustota; rozwiązłość.
war (*uō'*) *rz.* wojna; civil ~, wojna domowa; ~ to the knife, wojna na noże; be at ~, być na stopie wojennej; ~, *cz.* wojować; **-cry** *rz.* okrzyk wojenny; **-department** *rz.* ministerstwo wojny; **-fare** *rz.* wojna; **-like** *pm.* wojowniczy; **-ship** *rz.* okręt wojenny.
warble (*uō'bɛl*) *rz.* świergot, szczebiot, śpiew; ~, *cz.* ćwierkać, szczebiotać; **-r** (*-ə*) *rz.* ptak świergotliwy.
ward (*uō'd*) *rz.* stróż, opiekun (przest.); opieka, dozór; więzienie; wychowanie; wychowaniec; komisarjat; obwód; sala (w szpitalu); ~, *cz.* mieć w swej opiece; strzec; bronić (się); ~ off, odeprzeć (cios); **-en** (*-ɛn*) *rz.* opiekun, dozorca (więzienny); przełożony (klasztorny); dyrektor; ~~, *rz.* (*bot.*) gdula (gruszka); **-enry, -enship** (*uō'dɛnri*) *rz.* opiekuństwo; **-room** *rz.* pokój oficerski (*mar.*).
wardrobe (*uō'droub*) *rz.* garderoba; szafa.
ware (*uē'ə*) *rz.* towar; wyrób; ~, *pm.* świadom, baczny; ~, *cz.* mieć się na baczności; **-house** *rz.* skład, magazyn; ~~, *cz.* składać; **-houseman** *rz.* magazynier.
warfare (*uō'fɛə*) *rz.* wojna; walka.
wari-ly (*uē'rili*) *ps.* ostrożnie, przezornie, oględnie; **-ness** (*uē'rinəs*) *rz.* ostrożność, oględność.
warm (*uō'm*) *pm.* ciepły, świeży; grzany; pałający; żywy; serdeczny; I am ~, jest mi ciepło; ~, *cz.* rozgrzać (się); grzać; **-hearted** *pm.* serdeczny; **-ing-pan** *rz.* szkandela; **-ing-stone** *rz.* kamień do ogrzewania; **-ness, -th** (*-nəs, uō'mþ*) *rz.* ciepło; gorliwość; serdeczność, zapał.
warn (*uō'n*) *cz.* ostrzegać, przestrzegać; uprzedzić (o czem); **-ing** (*-iŋ*) *rz.* ostrzeżenie; przestroga; zawiadomienie.
warp (*uō'p*) *rz.* osnowa tkacka; ~, *cz.* paczyć się; wykręcać; skrzywić; **-ed** (*uō'pt*) wypaczony; spaczony.
warrant (*uo'rɛnt*) *rz.* nakaz aresztowania; upoważnienie; pełnomocnictwo; ~, *cz.* gwarantować; umocować; uzasadnić; usprawiedliwiać; **-ee** (*uorəntī'*) *rz.* osoba przyjmująca zabezpieczenie; **-er, -or** (*-ə*) *rz.* poręczyciel; **-y** (*-i*) *rz.* rękojmia, upoważnienie; usprawiedliwienie.
warren (*uo'rɛn*) *rz.* królikarnia.
warrior (*uō'rjə*) *rz.* wojownik, żołnierz.
warship (*uō'əszip*) *rz.* okręt wojenny.
wart (*uō't*) *rz.* brodawka; **-hog** *rz.* dzik afrykański; **-wort** *rz.* brodawnik (*bot.*); **-y** (*-i*) *pm.* brodawkowaty.
wary (*uē'ri*) *pm.* ostrożny, oględny.
was (*uo'z*) od **be**.
wash (*uo'sz*) *rz.* mycie; (*med.*) przepłókiwanie; pomyje; pranie; namuł; ~, *cz.* myć; prać, obmywać, pociągnąć (cienką warstwą); płókać; podmywać (brzegi); porwać; **-board** *rz.* pralka; **-erman** *rz.* pracz; **-erwoman** *rz.* praczka; **-handstand, -stand** *rz.* umywalka; **-house** *rz.* pralnia; **-leather** *rz.* zamsz; **-y** (*-i*) *pm.* wodnisty, mokry, słaby, rzadki.
wasp (*uo'sp*) *rz.* osa; **-ish** (*-isz*) *pm.* zły jak osa.
wassail (*uo'sɛl, uæ'sɛl*) *rz.* pijatyka; hulanka; ~, *cz.* hulać, fetować.
waste (*uej'st*) *rz.* pustynia; przestrzeń, obszar; pustkowie; ogrom; odpadki; spustoszenie; zmarnowanie; strata; ubytek; ~, *pm.* pusty, bezludny, opuszczony, nieuprawny; spustoszony; stracony; niezużytkowany; lay ~, spustoszyć; ~, *cz.* pustoszyć; niszczyć; zużywać; trwonić, marnować; pustoszeć; niknąć; pożerać; ~ away, mizernieć; marnieć; **-book** *rz.* bru-

lion; **-ful** (*-ful*) *pm.* rozrzutny; **-fulness** *rz.* rozrzutność; ~ **paper** *rz.* makulatura; papier rzucony do kosza; **-r** (*-ə*) *rz.* niszczyciel; rozrzutnik.

watch (*uo'cz*) *rz.* zegarek; pilnowanie; czuwanie; wachta; straż; warta; uwaga; be on the ~, mieć się na ostrożności; by my ~, według mojego zegarka; ~, *cz.* pilnować, czuwać, czekać; śledzić; uważać na; strzec; **-case** *rz.* koperta zegarka; **-dog** *rz.* stróż (pies); **-ful** (*-ful*) *pm.* czujny, ostrożny; **-fulness** *rz.* czujność; ostrożność; **-maker** *rz.* zegarmistrz; **-man** *rz.* stróż nocny; dozorca; **-tower** *rz.* strażnica; **-word** *rz.* hasło.

water (*uō'tə*) *rz.* woda; mocz; in deep ~, w kłopotach; ~, *cz.* polewać wodą; rozwadniać; pić; skrapiać; poić; rosić; moczyć; odwilżać; nabrać zapas wody; **-age** (*-rεdż*) *rz.* spławne (opłata); **-closet** *rz.* ustęp; **-colours** *rz. lmn.* wodne farby; akwarele; **-course** *rz.* strumień; **-cress** *rz.* rzeżucha wodna (*bot.*); **-cure** *rz.* hydropatja; **-fall** *rz.* wodospad, **-fowl** *rz.* ptactwo wodne; **-gruel** *rz.* kleik owsiany; **-gauge** *rz.* wodowskaz; **-iness** (*-rinəs*) *rz.* wodnistość, wilgotność; **-ing-place** *rz.* miejscowość kąpielowa; **-ing-pot** *rz.* polewaczka; **-ish** (*-risz*) *pm.* wodnisty, mokry; **-level** *rz.* zwierciadło (wód); **-line** *rz.* linja, do której zanurza się okręt; **-logged** *pm.* przepojony wodą; **-man** *rz.* przewoźnik; **-mark** *rz.* znak zasięgu wezbranych wód; znak wodny; **-melon** *rz.* arbuz (*bot.*); **-power** *rz.* siła wodna; **-proof** *pm.* nieprzemakalny; ~~, *rz.* płaszcz nieprzemakalny; **-shed** *rz.* rozdział wód; **-spout** *rz.* trąba wodna; **-s** (*-z*) *rz. lmn.* wody (mineralne); **-tight** *pm.* szczelny; nieprzemakalny; **-tower** *rz.* wieża wodna; **-y** (*-ri*) *pm.* wodny, wodnisty.

watt (*uo't*) *rz.* wat (*elektr.*).

wattle (*uo'tεl*) *rz.* pręt; witka; plecionka; grzebień (koguta); korale (indyka); ~, *cz.* pleść (pręty, wicinę).

wave (*uej'w*) *rz.* fala, bałwan morski; skinienie; pochylenie; ~, *cz.* falować; dać znak ręką; machać; odrzucić; **-length** *rz.* długość fali; **-let** *rz.* drobna fala.

waver (*uej'wə*) *cz.* wahać się; być niezdecydowanym; **-er** (*-ərə*) *rz.* człowiek chwiejny; **-ing** (*-əriŋ*) *rz.* wahanie się; chwiejność.

wavy (*uej'wi*) *pm.* falisty, falujący; powiewny.

wax (*uæ'ks*) *rz.* wosk; sealing ~, lak, wosk; mineral ~, wosk ziemny, ozokeryt; ~, *cz.* rosnąć, przybywać; stawać się; woskować; **candle** *rz.* świeca woskowa; **-chandler** *rz.* fabrykant świec; **-en** (*-εn*), **-y** (*-i*) *pm.* woskowy; nawoskowany.

way (*uej'*) *rz.* droga; sposób; środek; odległość; kierunek; the ~ in, wejście; high ~, gościniec; by ~ of, przez; jako; by the ~, mimochodem, à propos; in a ~, poniekąd; give ~, ustąpić; over the ~, po drugiej stronie ulicy (drogi); make ~, posuwać się naprzód; płynąć; make one's ~, torować sobie drogę; be in the ~, przeszkadzać, zawadzać; no ~, żadnym sposobem; **-farer** (*-fε'rə*) *rz.* podróżnik (pieszy); **-faring** *rz.* podróż; **-going** *pm.* odchodzący; **-laid** *cz.* od waylay; **-lay** (*uej'lej*) *cz.* czyhać; napaść; **-layer** *rz.* czyhający na; rozbójnik; **-less** *pm.* bezdrożny; **-mark** *rz.* drogowskaz; **-side** *rz.* brzeg drogi; ~~, *pm.* przydrożny; **-ward** (*-uəd*) *pm.* samowolny, chwiejny; niepewny; kapryśny.

we (*uī'*) *z.* my.

weak (*uī'k*) *pm.* słaby, wątły; (*gram.*) nieprawidłowy; nieakcentowany; **-en** (*-εn*) *cz.* osłabić, słabnąć; nadwyrężyć; **-ling** *rz.* człowiek słabowity; **-ly** (*-li*) *pm.* wątły; słabowity; **-ness** *rz.* słabość, wątłość; bezsilność.

weal (*uī'l*) *rz.* dobro, pomyślność; siniak; pręga.

weald (*uīld*) *rz.* geologiczna strefa południ. Anglji.

wealth (*ue'lþ*) *rz.* bogactwo; dodatki; common ~, rzeczpospolita; **-iness** (*-inəs*) *rz.* zamożność;

zasobność; -y (-i) pm. zamożny, zasobny.

wean (*uī'n*) cz. odłączyć od piersi; odzwyczaić; **-ling** (*-liŋ*) rz. dziecko odstawione od piersi.

weapon (*ue'pεn*) rz. broń; oręż; **-ed** (*-d*) pm. uzbrojony; **-less** pm. bezbronny, nieuzbrojony.

wear (*uē'ə*) rz. noszenie; odzienie, ubiór; użycie; ~, ~ and tear, zużycie; *~, cz. nosić (na sobie); nosić się; zużywać; niszczyć; znosić się; wyszarzać; obrócić okręt; ~ on, ciągnąć się; ~ off, zetrzeć się; **-er** (*-rə*) rz. noszący, niszczący; **-ing** (*-riŋ*) rz. noszenie, odzież; **-ing-apparel** rz. odzienie.

wear-ied (*uī'rid*) pm. znużony, strudzony; **-iness** (*uī'rinəs*) rz. znużenie; nudność; uprzykrzenie; **-isome** (*uī'risəm*) pm. męczący, nużący; nudny; **-y** (*uī'ri*) pm. znużony, zmordowany; uprzykrzony; przygnębiony; ciężkie (serce); ~, cz. znużyć; zmordować.

weasand (*uī'zənd*) rz. kanał oddechowy.

weasel (*uī'zεl*) rz. łasica (*zool.*).

weather (*ue'ðə*) rz. pogoda; ~, cz. wystawić na działanie powietrza; przewietrzeć; zwietrzeć; przetrwać; stawiać czoło (burzy, nawałnicy); **-rail** nawietrzna burta; **-beaten, -worn** pm. zmurszały; skołatany niepogodą; **-boards** rz. deski chroniące przed deszczem; **-bound** pm. zatrzymany przez niepogodę; **-cock** rz. chorągiewka na dachu; **-glass** rz. barometr; **-proof** pm. wytrzymały na burze; **-wise** pm. przewidujący stan pogody.

weave* (*uī'w*) cz. tkać; splatać; wić; **-r** (*-ə*) rz. tkacz; **-r bird** rz. tkacz (ptak).

web (*ue'b*) rz. tkanina; płótno; pajęczyna; tkanka; płetwa; błonka; ~, cz. splatać, oplatać; **-bed** (*-d*) pm. płetwisty; **-bing** (*-iŋ*) rz. taśma; **-footed** pm. płetwonogi.

we'd (*uī'εd*) = **we had, we would.**

wed (*ue'd*) cz. poślubić; żenić się; wyjść zamąż; oddawać za żonę; poślubić (sprawę); **-ded** (*-εd*) pm. ożeniony, zamężna (to, z); (*fig.*) ślepo przywiązany; **-ding** (*-iŋ*) rz. ślub, wesele; **-ding-ring** rz. obrączka ślubna.

wedge (*ue'dž*) rz. klin; ~, cz. rozłupywać klinem; zaklinować; ~ in, wbić, wcisnąć; **-wise** pm. klinowaty.

wedlock (*ue'dlok*) rz. małżeństwo, stan, węzeł małżeński; born in ~, prawego łoża; urodzony z małżeństwa.

Wednesday (*ue'nzdi*) rz. środa.

wee (*uī'*) pm. malusieńki.

weed (*uī'd*) rz. ziele, zielsko; chwast; cygaro; tytoń; ~, cz. wyplenić; wykorzenić; **-er** (*-ə*) rz. plewiarz; **-ing** (*-iŋ*) rz. pielenie; **-ing-hook** rz. graca; **-y** (*-i*) pm. zachwaszczony.

weeds (*uī'dz*) rz. lmn. welon żałobny (wdowi).

week (*uī'k*) rz. tydzień; by the ~, tygodniowo; this day ~, od dziś za tydzień; ~ in ~ out, jak tydzień długi; last ~, w przeszłym tygodniu; **-day** rz. dzień powszedni; **-ly** rz. tygodnik; ~, pm. tygodniowy; ~, ps. tygodniowo.

ween (*uī'n*) cz. sądzić, mniemać.

weep* (*uī'p*) cz. płakać, szlochać; **-er** (*-ə*) rz. płaczka; płaczek; **-ing willow** wierzba płacząca.

weevil (*uī'wεl*) rz. wołek zbożowy (owad).

weft (*ue'ft*) rz. wątek (tkacki).

weigh (*uej'*) cz. ważyć; ciążyć; ocenić; oszacować; ~ anchor, podnieść kotwicę; under ~, w drodze; w toku; ~ down, przeważyć; **-t** (*-t*) rz. ciężar; waga; znaczenie; ~, cz. obciążyć; **-tiness** rz. waga; ważkość; **-tless** pm. lekki; **-ty** (*-i*) pm. ciężki, ważki, ważny.

weir (*uī'ə*) rz. jaz; tama.

weird (*uī'd*) rz. przeznaczenie; los; ~, pm. nieludzki, niesamowity, dziwny; ~ **sisters** jędze piekielne.

welch patrz **welsh.**

welcome (*ue'lkəm*) rz. powitanie; ~, pm. pożądany; miły; mile widziany; ~!, ps. witamy!; witajcie!; ~, cz. przywitać; powitać; bid ~, powitać.

weld (*ue'ld*) cz. zwarzyć (żelazo); (*fig.*) spoić; ~, rz. rezeda żółta (*bot.*).

welfare (*ue'lfēə*) *rz.* pomyślność; dobrobyt; szczęście; ~ **work** praca społeczna, dobroczynna.
welk (*ue'lk*) *rz.* zeschnąć; zwiędnąć.
welkin (*ue'lkin*) *rz.* niebo.
we'll (*uī'ɛl*) = **we will.**
well (*ue'l*) *rz.* źródło, studnia; krynica; (w sądzie) miejsce za balustradą.
well *ps.* dobrze, pomyślnie; znacznie; nader; jak należy; dostatecznie; dokładnie; otóż, zatem, no; be ~, być w dobrem zdrowiu; ~ **off,** dobrze sytuowany; ~ **aday,** ~ **away,** *w.* niestety; as ~ **as,** równie jak; oraz, tak jak; **-being** *rz.* dobrobyt; **-beloved** *pm.* ukochany; **-bred** *pm.* dobrze wychowany; **-disposed** *pm.* dobrze usposobiony; **-doer** *rz.* dobroczyńca; ~**done** *w.* **brawo!**; **-educated** *pm.* wykształcony; **-favoured** *pm.* przystojny; **-grounded** *pm.* dobrze uzasadniony; **-intentioned** *pm.* mający dobre zamiary; **-known** *pm.* znany; wiadomy; **-meaning, minded** *pm.* z dobrymi zamiarami; **-met!** *w.* witaj!; **-natured** *pm.* dobroduszny; **-nigh** *ps.* prawie, nieledwie; **-spoken** *pm.* wytworny w mowie; **-to-do** *pm.* zamożny.
Welsh (*ue'lsz*) *pm.* walijski; ~, **welch** *cz.* czmychnąć nie zapłaciwszy; okpić; oszwabić.
welt (*ue'lt*) *rz.* obwódka; lamówka; ~, *cz.* obszyć, lamować.
welter (*ue'ltə*) *rz.* plątanina, wir, kotłowanie się; ~, *cz.* tarzać się, nurzać się; kotłować się; **-weight** *rz.* (w wyścigach) ciężka waga; waga dodatkowa.
wen (*ue'n*) *rz.* narośl, guz; opuchlizna.
wench (*ue'ncz*) *rz.* dziewoja, dziewucha; baba.
wend (*ue'nd*) *cz.* kierować (się); ~ one's way, pójść, skierować swe kroki (ku).
went (*ue'nt*) *cz.* od **go.**
wept (*ue'pt*) *cz.* od **weep.**
were (*uə̄'*) *cz.* od **be**; ~ it but for that, gdyby tylko o to chodziło.
werewolf (*uə̄'uu'lf*) *rz.* wilkołak.
wert (*ue't*) *cz.* od **be.**
west (*ue'st*) *rz.* zachód; ~, *pm.* zachodni; ~, *ps.* na zachód; ku zachodowi; **-erly, -ern** (*-əli, -ən*) *pm.* zachodni; **-erner** (*-ənə*) *rz.* mieszkaniec zachodu; **-ward, -wardly** (*-uəd, -li*) *pm.* zachodni; ~~, *ps.* **ku zachodowi, na zachód.**
wet (*ue't*) *pm.* mokry, wilgotny; ~**blanket,** osoba lub rzecz psująca zapał lub radość; ~, *rz.* przeciwnik prohibicji (ameryk.); ~, *rz.* wilgoć; ~, *cz.* zwilżyć; zmoczyć; **-ness** (*-nəs*) *rz.* wilgoć; deszcz; **-nurse,** mamka; **-tish** (*-isz*) *pm.* wilgotnawy.
wether (*ue'ðə*) *rz.* baran, skop.
wey (*uej'*) *rz.* miara = 2, wzgl 3 hundredweight.
whack (*uæ'k*) *rz.* uderzenie, pacnięcie; **-ing** *pm.* (gwar.) duży.
whale (*uej'l*) *rz.* wieloryb; **-bone** *rz.* fiszbin; **-r** (*-ə*) *rz.* wielorybnik.
wharf (*uō'f*) *rz.* przystań (w porcie); nadbrzeże; **-age** (*-ɛdż*) *rz.* opłata za korzystanie z przystani; **-inger** (*-indżə*) *rz.* właściciel (lub dozorca) przystani.
what (*uo't*) *zaim.* co, jaki, co za; ~ of it, no i cóż?; know ~'s ~, znać się na rzeczy; ~, *w.* cóż; jakto; ~ if..., a jeżeli, a gdyby; **-ever** (*uote'wə*) *z.* jakikolwiek, cokolwiek; **-not,** i czego tylko nie; i Bóg wie co i t. p.; ~ with this ~ with that, a to, a tamto; dzięki (czemuś); zważywszy; **-soever** (*uotsoue'wə*) *z.* i *pm.* jakikolwiek bądź, cokolwiek bądź.
wheat (*uī't*) *rz.* pszenica; **-en** (*-ɛn*) *pm.* pszeniczny, pszenny.
wheedle (*uī'dɛl*) *cz.* przymilać się, przypochlebiać; ~ into, przymileniem nakłonić do; ~ out of, wyłudzić; przez przymilenie wydostać od; **-r** (*-ə*) *rz.* pochlebca.
wheel (*uī'l*) *rz.* koło; (u auta) kierownica; kołowrotek (do przędzenia); ~ horse, koń dyszlowy; ~, *cz.* obrócić; odwrócić (się); toczyć; przewozić; ~ about, zawrócić; **-barrow** (*-bæ'rou*) *rz.* taczka; **-ed** *pm.* na kołach; mający koła; **-er** (*-ə*) *rz.* stelmach; kołodziej; koń dyszlowy; **-wright** *rz.* kołodziej

wheeze (*ui'z*) *cz.* sapać; **-y** (*-i*) *pm.* sapiący.
whelk (*ue'lk*) *rz.* tania małża jadalna.
whelm (*ue'lm*) *rz.* zalać; przygnieść; zatopić.
whelp (*ue'lp*) *rz.* szczenię; szczeniak, bachor; ~, *cz.* oszczenić się.
when (*ue'n*) *ps.* kiedy; gdy; till ~, dokąd; from ~, odkąd; the ~ and the wnere, wskazówki co do czasu i miejsca; ~ as, kiedy, wtedy, .gdy; **-ever, -soever** (*uene'wə, uensoue'wə*) *ps.* i *łącz.* kiedy tylko; kiedy bądź; kiedykolwiek.
whence (*ue'ns*) *ps.* skąd; dlaczego; odkąd; **-soever** *ps.* skąd bądź.
where (*uē'ə*) *ps.* gdzie, dokąd; ~, *łącz.* ponieważ; **-about(s)** (*uērə-bau't(s)* *rz.* miejsce przebywania; ~, *ps.* gdzie; **-as** (*uēræ'z*) *łącz.* ponieważ, wobec tego, że; zważywszy; gdy tymczasem; **-at** (*ueræ't*) *ps.* poczem, na co, czem; na to; **-by** (*uēbaj'*) *ps.* przez co; przez to; **-fore** (*uē'fōə*) *ps.* i *łącz.* poco, naco; w jakim celu; dlatego, dlaczego, naco; czemu; **-from** (*-fro'm*) *ps.* skąd; **-in** (*ueri'n*) *ps.* gdzie; pod jakim względem; w tem, w czem; **-into** (*-intū'*) *ps.* dokąd; tam, gdzie; w co; **-of** (*uērō'f*) *ps.* czego, którego; skąd; z czego; **-on** (*uē'ron*) *ps.* na czem; na którym; na co; po czem; **-soever, -ver** (*uēsoue'wə, uēre'wə*) *ps.* gdziekolwiek, skądkolwiek; gdzie bądź; dokądkolwiek bądź; **-to** (*-tū'*) *ps.* dokąd, do czego; dotąd; **-upon** (*uē'rəpo'n*) *ps.* poczem; na czem; na co; tymczasem; za czem; **-with, -withal** (*uēui'ð, uēuiðō'l*) *ps.* czem, przez co; tem, przez co; z czego.
wherry (*ue'ri*) *rz.* łódka, czółno.
whet (*uə't*) *rz.* ostrzenie; ostrze; bodziec; ~, *cz.* ostrzyć, podniecać; **-stone** *rz.* osełka.
whether (*ue'ðə*) *z.* i *pm.* które (z dwojga); ~, *łącz.* czy, czyli; ~... or..., czy..., czy też...
whey (*uej'*) *rz.* serwatka.
which (*uicz*) *z.* i *pm.* który, jaki; co; która; **-ever, -soever** (*uicze'wə, uiczsoue'wə*) *z.* i *pm.* który bądź, którykolwiek; jaki bądź, jakikolwiek.
whiff (*ui'f*) *rz.* dech, podmuch; kłębek dymu (z cygara, papierosa); małe cygaro; ~, *cz.* dmuchać; puszczać kłębki dymu z cygara i t. p.; **-le** (*-εl*) *cz.* uderzać (o wietrze); dmuchać, poruszać (się); drgać.
whig (*ui'g*) *rz.* liberał angielski; **-gish** (*-isz*) *pm.* wigowski; liberalny; **-gism, -gery** (*ui'gizεm, ui'gəri*) *rz.* zasady partji wigów.
while (*uaj'l*) *rz.* chwila; the ~, tymczasem; once in a ~, od czasu do czasu; all the ~ przez cały ten czas; równocześnie; ~, *łącz.* podczas gdy; w czasie; chociaż; worth ~, warto; ~, *cz.* przepędzać czas, skracać (sobie) czas.
whilst (*uaj'lst*) *ps.* i *łącz.* podczas gdy, chociaż; gdy; póki.
whiles (*uaj'lz*) *ps.* i *łącz.* podczas gdy; = **while.**
whilom (*uaj'lεm*) *pm.* dawniejszy; ~, *ps.* niegdyś.
whim (*ui'm*), **-sy** (*-ui'mzi*) *rz.* wymysł; kaprys; kabestan; **-sical** (*-zikεl*) *pm.* kapryśny; oudaczny; fantastyczny.
whimper (*ui'mpə*) *rz.* cichy płacz, kwilenie; ~, *cz.* skwierczeć; zcicha płakać; kwilić.
whin (*ui'n*) *rz.* janowiec ciernisty (*bot.*); **-stone** (*ui'nstoun*) *rz.* piaskowiec.
whine (*uaj'n*) *rz.* skomlenie; skowyczenie; ~, *cz.* skomleć; skowyczeć.
whinny (*ui'ni*) *rz.* rżenie; ~, *cz.* rżeć.
whip (*ui'p*) *rz.* bicz, bat; ~, *cz.* biczować; popędzać; czmychnąć; ubijać (pianę); powiązać; ~ out, wyciągnąć szybkim ruchem; ~ and spur, wyciągniętym galopem; **-ping** (*-iŋ*) *rz.* biczowanie, chłosta; **-post** *rz.* pręgierz.
whir (*uə'*) *rz.* turkotać.
whirl (*uə'l*) *rz.* kręcenie się; wir; ~, *cz.* kręcić (się); wirować; **-pool** *rz.* wir (wody); **-wind** *rz.* huragan, trąba powietrzna.
whisk (*ui'sk*) *rz.* wiechetek; miotełka; trzepaczka; packa;

warząchew do ubijania piany; ~, *cz.* zmiatać; strzepywać; ubijać (jajka); ~ away, zniknąć.
whisk-ered (*ui'skəd*) *pm.* z bokobrodami, wąsaty, brodaty; **-ers** (*-əz*) *rz. lmn.* bokobrody, broda; wąsy.
whisky (*hui'ski*) *rz.* wiski, wódka; ~, *rz.* karjolka dwukołowa.
whisper (*ui'spə*) *rz.* szmer, szept; poszept; ~, *cz.* szeptać, podszepnąć; **-er** (*-rə*) *rz.* podszeptywacz, zausznik.
whist (*ui'st*) *rz.* wist (gra w karty); ~, *pm.* milczący; ~, *w.* cicho!; sza!
whistle (*ui'səl*) *rz.* gwizd, świst; gwizdek; ~, *cz.* gwizdać, świstać, świszczeć; **-r** (*-lə*) *rz.* świszcz, świstak (*zool.*).
whit (*ui't*) *rz.* krzta, odrobina; not a ~, ani troszkę; W ~ Monday, poniedziałek Zielonych Świąt.
white (*uajt*) *rz.* biały kolor; biel; białko jajka, oka; spacja; ~, *pm.* biały; niezapisany, czysty; turn ~, osiwieć; zblednąć; show the ~ feather, okazać się tchórzem; ~, *cz.* bielić, wybielić; **-bait** *rz.* rodzaj płotki (ryby); **-hot** *pm.* rozpalony do białości; **-ing** (*uaj'tiŋ*) *cz.* biel; bielenie, białoryb, kleń (ryba); **-ish** (*-isz*) *pm.* białawy; **-meat** *rz.* mięso białe; **-n** (*-uaj'tən*) *cz.* bielić, pobielać; **-ness** (*-nəs*) *rz.* białość; **-wash** *rz.* bielidło, wapno; ~, *cz.* bielić (ściany).
whither (*ui'ðə*) *ps.* dokąd; **-soever** (*-soue'wə*) *ps.* dokądkolwiek; gdziekolwiek bądź.
whitleather (*ui'tleðə*) *rz.* biała skóra.
whitlow (*ui'tlou*) *rz.* zanokcica (*med.*).
Whitsun-day (*uitsă'ndi*) *rz.* Niedziela Zielonych Świąt; **-tide** (*ui'tsəntajd*) *rz.* Zielone Świątki.
whittle (*ui'təl*) *rz.* róż; kozik; ~, *cz.* strugać; krajać.
whiz (*ui'z*) *cz.* świszczeć, warknąć.
who (*hū'*) *z.* kto; który, jaki; **-ever** (*hūe'wə*) *z.* ktokolwiek, każdy co; kto tylko.
whole (*hou'l*) *rz.* całość; całkowitość; ogół; wszystko; ~, *pm.* cały, nienaruszony; wszystek; as a ~, w całości; on the ~, naogół; **-blood** *pm.* pełnokrwisty; **-ness** (*-nəs*) *rz.* całość, nienaruszoność; **-hearted** *pm.* serdeczny; szczery; **-sale** (*hou'lsejl*) *pm.* hurtowny; ~, *rz.* hurt.
wholesome (*hou'lsəm*) *pm.* zdrowótny, zdrowy; zbawienny; **-ness** *rz.* zdrowość; zbawienność.
wholly (*hou'lli*) *ps.* całkowicie, w zupełności.
whom (*hū'm*) *z.* od **who**; kogo.
whoop patrz **hoop**.
whop (*uo'p*) *cz.* (gwara) pobić.
whore (*hō'ə*) *rz.* nierządnica; ~, *cz.* uprawiać nierząd.
whorl (*huō'əl*) *rz.* obrót; korona.
whortleberry (*uə'təlbəri*) *rz.* borówka.
whose (*hū'z*) *z.* *2-gi przypadek od* **who**; kogo, czyj; którego, której; których; **-o** (*hū'sou*), **-oever** (*hūsoue'wə*) *z.* kogokolwiek, czyjkolwiek; któregokolwiek; którejkolwiek.
why (*uaj*) *w. ps.* dlaczego, poco, naco; czemu; więc; otóż; wszakże.
wick (*ui'k*) *rz.* knot; (*chir.*) tampon.
wicked (*ui'ked*) *pm.* zły; grzeszny; bezbożny; niegodziwy; **-ness** (*-nəs*) *rz.* zepsucie, grzech; bezbożność; niegodziwość.
wicker (*ui'kə*) *rz.* wiklina; łozina; ~, *pm.* pleciony; wiklinowy; **-work** *rz.* plecionka.
wicket (*ui'ket*) *rz.* furtka, drzwiczki; (w krikiecie) cel.
wide (*uaj'd*) *pm.* szeroki, obszerny; rozległy; daleki; odległy; ~, *ps.* szeroko; daleko; **-awake** *pm.* baczny; bystry; rozgarnięty; ~~, *rz.* kapelusz filcowy; **-n** (*-uaj'dən*) *cz.* rozszerzać (się); rozciągać (się); rozprzestrzenić; rozlegać się; **-ness** (*-nəs*) *rz.* szerokość, obszerność; rozciągłość; rozległość; **-spread** *pm.* szeroko rozpowszechniony.
widgeon (*ui'dżen*) *rz.* dzika kaczka.

widow (*ui'dou*) *rz.* wdowa; ~, *cz.* owdowieć; **-er** (*-ə*) *rz.* wdowiec; **-hood** *rz.* wdowieństwo.
width (*ui'dþ*) *rz.* szerokość, obszerność.
wield (*uī'ld*) *cz.* władać; dzierżyć; sprawować; rządzić; posługiwać się.
wife (*uaj'f*) *rz.* żona, małżonka; kobieta; **-hood** *rz.* stan małżeński.
wig (*ui'g*) *rz.* peruka; **-ged** (*-d*) *pm.* w peruce; **-maker** *rz.* perukarz.
wight (*uaj't*) *rz.* istota; człek.
wigwam (*ui'guōm, ui'guæm*) *rz.* wigwam; namiot.
wild (*uaj'ld*) *rz.* pustynia; step; puszcza; ~, *pm.* dziki, szalony; rozjuszony; drive one ~, doprowadzić kogoś do szaleństwa; ~**boar** dzik; ~**brier** *rz.* psia róża; **-fire** *rz.* ogień grecki; (*med.*) róża; like ~~, błyskawicznie; **-goose** *rz.* dzika gęś; a ~~ chase, beznadziejna sprawa; **-ing** (*-iŋ*) *rz.* dziczka (*bot.*). **-ness** (*-nəs*) *rz.* dzikość; puszcza.
wilder (*ui'ldə*) patrz **bewilder.**
wilderness (*wi'ldənes*) *rz.* pustynia.
wile (*uaj'l*) *rz.* podstęp; ~, *cz.* znęcić podstępem.
wilful (*ui'lful*) *pm.* rozmyślny; samowolny; uparty; **-ness** *rz.* rozmysł; samowolność; upór; zaciętość.
will (*ui'l*) *rz.* wola; chęć; dowolność; testament; at ~, dowoli, dowolnie; ~, *cz.* zechcieć, pragnąć; słowo posiłkowe dla utworzenia czasu przyszłego; **-ed** (*-d*) *pm.* mający silną wolę; **-ing** (*-iŋ*) *pm.* chętny; ochoczy, rad; gotowy; **-ingness** *rz.* chęć; ochota; gotowość; **-o'-the-wisp** (*ui'l-o-ðə-ui'sp*) *rz.* ognik błędny.
willow (*ui'lou*) *rz.* wierzba; wierzbina; **-y** (*-i*) *pm.* porosły wierzbiną, giętki.
willynilly (*ui'lini'li*) *ps.* chcąc niechcąc.
wilt (*ui'lt*) *cz.* niknąć, opadać; więdnąć.
wily (*uaj'li*) *pm.* podstępny; przebiegły.
wimple (*ui'mpel*) *rz.* zasłona, welon; ~, *cz.* marszczyć (się); wić się.
win* (*ui'n*) *cz.* zwyciężyć; wygrać; zdobyć; pozyskać; ująć sobie; zjednać; **-ner** (*-ə*) *rz.* zwycięzca; **-ning-post** *rz.* meta; **-nings** (*lmn.*) wygrane punkty.
wince (*ui'ns*) *cz.* cofnąć się; drgnąć; stracić odwagę; stracić panowanie nad sobą.
winch (*ui'ncz*) *rz.* korba, rączka.
wind (*ui'nd*) (w poezji *uaj'nd*) *rz.* wiatr; oddech, dech; wzdęcie, wiatry; high ~, mocny wiatr; trade -s, pasaty; have the ~ of, być na tropie; sail close to the ~, płynąć wprost pod wiatr; gospodarować bardzo oszczędnie; fair ~, pomyślny wiatr; ~, *cz.* przewietrzyć, wietrzyć, zwietrzyć; **-bound** *pm.* zatrzymany przez niesprzyjający wiatr; **-broken** (*ui'ndbrou'kən*) *pm.* dychawiczny; **-egg** (*ui'nde'g*) *rz.* jajo bezpłodne; **-fall** (*-ui'ndfōl*) *rz.* owoc strącony przez wiatr; gratka; nieoczekiwany nabytek; **-flower** *rz.* anemon, sasanka (*bot.*); **-iness** (*ui'ndinəs*) *rz.* wietrzność, wystawienie na wiatr; **-instrument** *rz.* instrument dęty; **-mill** (*ui'ndmil*) *rz.* wiatrak; **-pipe** (*ui'ndpajp*) *rz.* kanał oddechowy; **-ward** (*ui'nduəd*) *pm.* nawietrzny; ~~, *ps.* pod wiatr; w stronę wiatru; **-y** (*ui'ndi*) *pm.* wietrzny; wystawiony na wiatry.
wind* (*uaj'nd*) *cz.* obwijać; wić; zmieniać kierunek; wkręcać się (w łaski); skręcać (się); paczyć się; trąbić; zakręcić (się); motać; obrócić; ~ up, nawijać; nakręcić (zegar); zwijać (linę); zlikwidować; wyśrubować.
winder (*uaj'ndə*) *rz.* kręcący; motający; motowidło; wijąca się roślina.
winding (*uaj'ndiŋ*) *rz.* zakręt, skręty; trąbienie; wicie się; ~, *pm.* kręty; wijący się.
wind(ing)-sheet (*uaj'nd[iŋ]szīt*) *rz.* koszula śmiertelna.
windup (*uaj'ndăp*) *rz.* likwidacja.
windlass (*ui'ndləs*) *rz.* kabestan; kołowrót.

window (*ui'ndou*) *rz.* okno; wystawa sklepowa; bay ~, bow ~, wykusz; okno wystające; French ~, oszklone drzwi; okno na zawiasach; sash ~, okno suwane; **-blind** (*-blajnd*) *rz.* stora; roleta; **-dressing** sztuka robienia wystaw sklepowych; **-frame** *rz.* rama okienna, framuga okna; **-shutter** *rz.* okiennica.

wine (*uaj'n*) *rz.* wino; in ~, podchmielony; spirit of ~, alkohol; **-bibber** *rz.* pijak; **-glass** *rz.* szklanka; **-merchant** *rz.* winiarz.

wing (*ui'η*) *rz.* skrzydło (ptaka lub drzwi); lot; polot; on the ~, w ruchu; ~, *cz.* przyprawić skrzydła; lecieć; -ing its flight, szybując; **-ed, -y** (*ui'ηd, ui'ηi*) *pm.* skrzydlaty; szybki; **-less** *pm.* bezskrzydły; **-let** (*-lət*) *rz.* skrzydełko.

wink (*ui'ηk*) *rz.* mrugnienie; mig; in a ~, migiem; ~, *cz.* mrugać; patrzeć przez palce.

winner patrz **win.**

winnow (*ui'nou*) *cz.* wiać; przesiewać; oczyścić; uderzać skrzydłami; **-ing-machine** *rz.* wialnia.

winsome (*ui'nsəm*) *pm.* ujmujący.

winter (*ui'ntə*) *rz.* zima; ~, *cz.* zimować, przezimować; **-cherry** *rz.* żórawina (*bot.*); **-ly, wintry** (*-li, ui'ntri*) *pm.* zimowy, zimny; **-tide, -time** (*-tajd, -tajm*) *rz.* pora zimowa.

winy (*uaj'ni*) *pm.* winny; winiasty.

wipe (*uaj'p*) *pm.* otarcie; zamachnięcie; cios; ~, *cz.* wytrzeć, zetrzeć; zamachnąć się; ~ away, wymazać.

wire (*uaj'ə*) *rz.* drut; depesza; by ~, telegraficznie; pull the -s użyć wpływów; ~, *cz.* odrutować; drutować; telegrafować; **-draw** *cz.* wyciągać drut; **-drawer** *rz.* drutownik; **-less** *rz.* radjo; ~, *pm.* bez drutu; radjowy; **-puller** *rz.* polityk; intrygant; **-rope** *rz.* lina druciana; **-work** *rz.* siatka druciana.

wiry (*uaj'ri*) *pm.* druciany; niespożyty.

wisdom (*ui'zdəm*) *rz.* mądrość; rozum.

wise (*uaj'z*) *rz.* sposób; tryb; miara; ~, *pm.* mądry; rozumny; powiadomiony; **-acre** (*uaj'zejkə*) *rz.* mądrala, mędrek.

wish (*ui'sz*) *rz.* życzenie; ~, *cz.* życzyć (sobie); pragnąć; chcieć; ~ for, pragnąć, tęsknić za czem; **-ful** (*-ful*) *pm.* pragnący.

wishy-washy (*ui'sziuoszi*) *rz.* lura.

wisp (*ui'sp*) *rz.* wiązka; garść.

wist (*ui'st*) *cz.* od **wit**; **-ful** (*-ful*) *pm.* tęskny; baczny.

wit (*ui't*) *rz.* rozum; dowcip; człowiek dowcipny; ready ~, bystry umysł, dowcip; be out of one's -s, stracić rozum; at ~'s end, w ciężkim kłopocie; to ~, mianowicie; **-s** *lmn.* rozum; ~, *cz.* wiedzieć (przest.).

witch (*ui'cz*) *rz.* czarownica; ~, *cz.* czarować; **-broom** *rz.* miotła czarownicy; **-craft, -ery** (*-ui'czəri*) *rz.* czarodziejstwo; gusła, czary.

with (*ui'δ*) *łącz.* z, ze, wraz z; wyraża 6 przypadek; ~ all my heart, z całego serca; ~ child, brzemienna; **-all** (*uiδō'l*) *ps.* przytem, a do tego, oraz, równocześnie.

withdraw* (*uiδdrō'*) *cz.* cofnąć; odwołać; wycofać (się); odejść; odciągnąć; ująć; udać się na spoczynek; **-al, -ing** (*uiδdrō'əl, -iη*) *rz.* odejście, cofnięcie (się); wycofanie (się); **-n** (*-drō'n*) *cz.* od **withdraw.**

withdrew (*uiδdrū'*) *cz.* od **withdraw.**

withe (*ui'δ, ui'δi*) *rz.* pręt, łozina; wicina.

wither (*ui'δə*) *cz.* suszyć, schnąć; zwiędnąć; wycieńczyć; **-ed** (*ui'δəd*) *pm.* zwiędły, uschły; **-edness** *rz.* zwiędłość; wyniszczenie.

withers (*ui'δəz*) *rz. lmn.* kłęby (konia).

withhold* (*uiδhou'ld*) *cz.* wstrzymać, zatrzymać; zaniechać; odmówić.

within (*uiδi'n*) *ps.* i *pi.* wewnątrz, w domu; w środku; w granicach; w ciągu; w obrębach; w okręgu; w przeciągu; w terminie; ~ an hour, w godzinę; ~ doors, w domu.

without (*uiðau't*) *ps.* i *pi.* bez; zewnątrz; nazewnątrz; zewnętrznie; poza domem; poza granicami.
withstand* (*uiðstæ'nd*) *cz.* opierać się; wytrzymać; sprzeciwiać się; wzbraniać się.
withy (*ui'ði*) *rz.* pręt.
witless (*ui'tləs*) *pm.* pozbawiony rozumu.
witness (*ui'tnəs*) *rz.* świadek; świadectwo; zeznanie; **~**, *cz.* być świadkiem; świadczyć; **bear ~**, świadczyć; zaświadczyć; być naocznym świadkiem; **-box** *rz.* ława świadków.
witt-ed (*ui'təd*) *pm.* dowcipny, rozumny; **-icism** (*ui'tisizəm*) *rz.* dowcip; koncept; **-iness** (*ui'tinəs*) *rz.* dowcip; **-y** (*ui'ti*) *pm.* dowcipny.
wive (*uaj'w*) *cz.* pojąć za żonę; ożenić; **-s** (*uaj'wz*) *lmn.* od **wife.**
wivern (*uaj'wən*) *rz.* (*herald.*) jaszczurka latająca.
wizard (*ui'zəd*) *rz.* magik; czarnoksiężnik; **~**, *pm.* czarodziejski, czarnoksięski.
wizen (*uizən*) *pm.* wychudły; wyschnięty; zwiędły.
woad (*uou'd*) *rz.* urzet farbiarski, farbownik (*bot.*).
woe (*uou'*) *rz.* biada, nieszczęście; niedola; ból; **~ to me, ~ is me,** biada mi; **-begone** (*uou'bigon*) *pm.* przybity niedolą, nieszczęsny; stroskany; **-ful, woful** (*uou'ful*) *pm.* nieszczęsny, smutny; żałosny; **-fulness** *rz.* smutek; niedola.
wold (*uou'ld*) *rz.* nieużytek.
wolf (*uul'f*) *rz.* wilk; **she ~**, wilczyca; **-ish, wolvish** (*-isz*) *pm.* wilczy; **-ishness** *rz.* wilcza natura; **-'s bane** *rz.* akonit, tojad (*bot.*); **-'s milk** *rz.* mlecz wilczy (*bot.*).
woman (*uu'mən*) *rz.* (*lmn.* **women** *ui'mən*) kobieta, niewiasta; **-hood** *rz.* kobiecość; **-ish** (*-isz*) *pm.* kobiecy, niewieści; **-kind** (*-kajnd*) *rz.* ród kobiet, płeć żeńska; **-like, -ly** (*-lajk, -li*) *pm.* kobiecy, niewieści; żeński; **-liness** (*-linəs*) *rz.* kobieca natura, kobiecość.
womb (*uū'm*) *rz.* łono; macica.
won (*uă'n*) *cz.* od **win.**
wonder (*uă'ndə*) *rz.* dziw; cud; zdziwienie; do **-s**, dokazać cudów; **~**, *cz.* dziwić się; podziwiać; wątpić; być ciekawym, czy; **~ at**, dziwić się czemuś; podziwiać; **I ~ whether**, ciekaw jestem, czy; **-ful** (*-ful*) *pm.* zadziwiający; cudowny; **-land** *rz.* kraina cudów; zaczarowana kraina; **-ment** (*-mənt*) *rz.* zadziwienie, podziw; **-struck** *pm.* osłupiały ze zdziwienia.
wondrous (*uă'ndrəs*) *pm.* cudowny.
won't (*uou'nt*) skrót. od **will not.**
wont (*uou'nt*) *rz.* zwyczaj; przyzwyczajenie; **~**, *pm.* nawykły; przyzwyczajony; **-ed** (*uou'ntəd*) *pm.* zwyczajny.
woo (*uū'*) *cz.* zalecać się; umizgać się; **-er** (*-ə*) *rz.* zalotnik.
wood (*uu'd*) *rz.* drzewo; las; lasek; **-bind, -bine** *rz.* wiciokrzew, kozia broda, powój wonny (*bot.*); **-cleaver** *rz.* drwal; **-cock** *rz.* słomka (*orn.*); **-craft** *rz.* znajomość leśnictwa; **-cut** *rz.* drzeworyt; **-cutter, -carver, -engraver** *rz.* drzeworytnik; **-ed** (*uu'dəd*) *pm.* lesisty, zalesiony; **-en** (*-ən*) *pm.* drewniany; **-engraving, -cut** *rz.* snycerstwo; **-fretter** *rz.* czerw drzewny, świdryk (*zool.*); **-hole, -house** *rz.* drwalnia; szopa; **-land** *rz.* kraj lesisty; **-lark** *rz.* skowronek leśny; **-man** *rz.* leśnik; **-pecker** *rz.* dzięcioł zielony; **-pigeon** *rz.* grzywacz; dziki gołąb; **-ruff** (*bot.*) marzanka (farbierska); **-ward** *pm.* leśniczy; **-work** *rz.* wyroby z drzewa; **-y** (*-i*) *pm.* lesisty; drzewny; leśny.
woof (*uū'f*) *rz.* wątek tkacki.
wool (*uu'l*) *rz.* wełna; runo; **all ~**, z czystej wełny; **~ in grease**, wełna niemyta; **-comber** *rz.* gręplarz (wełny); **-dyer** *rz.* farbiarz wełny; **-fell** *rz.* skóra z wełną; **-gathering** *rz.* roztargnienie; **-len** (*uu'lən*) *pm.* wełniany; **-lens** *rz. lmn.* tkanina wełniana; **-liness** (*-inəs*) *rz.* wełnistość; **-ly** (*-i*) *pm.* wełnisty; **-pack** *rz.* wańtuch wełny; **-sack** *rz.* poduszka wełniana znajdująca się na krześle lorda kanclerza w Izbie lordów.

word (*uə'd*) *rz.* słowo; wyraz; wiadomość; hasło; **have a ~ with**, zamienić parę słów; **~ by ~**, słowo w słowo; **send ~**, zawiadomić, dać znać; **upon my ~**, słowo daję; **take one at his ~**, trzymać kogoś za słowo; **by ~ of mouth**, ustnie; **as good as one's ~**, solidny; dotrzymujący słowa; **~**, *cz.* wyrazić słowami, opisać; **-iness** (*-inəs*) *rz.* obfitość słów; **-ing** (*-iŋ*) *rz.* brzmienie, osnowa; **-play** *rz.* gra słów; **-y** (*-i*) *pm.* obszerny; gadatliwy.

wore (*uō'ə*) *cz.* od **wear.**

work (*uə'k*) *rz.* praca, robota; dzieło; mechanizm; czyn, uczynek; *lmn.* fabryka; **~**, *cz.* pracować; robić; działać; sprawić; wyszywać; wymagać (od podwładnych); **~ at**, pracować nad czemś; **~ on, upon**, działać na; **~ iron**, obrabiać żelazo; **~ a mine**, eksploatować kopalnię; **~ one's way**, torować sobie drogę, przebić się; **~ up**, podburzyć, podniecić; **-aday** *pm.* powszedni, codzienny; **-able** *pm.* możliwy, wykonalny; **-day** *rz.* dzień powszedni; **-er** (*-ə*) *rz.* robotnik; pracownik; **-house** *rz.* przytułek; **-ing** *pm.* roboczy; **~**, *rz.* robota, działanie; **-man** (*-mən*) *rz.* robotnik; **-manlike, -manly** *pm.* biegły w robocie; zręczny; **~**, *ps.* biegle; **-manship** *rz.* wykonanie, robota; **-master** *rz.* majster; **-shop** *rz.* warsztat; **-woman** *rz.* robotnica.

world (*uə'ld*) *rz.* świat; ogrom; **the learned ~**, świat uczonych; **for all the ~**, za nic w świecie; za cały świat; **-liness** *rz.* światowość; **-ling** (*-liŋ*) *rz.* światowiec; **-ly** (*-li*) *pm.* światowy; ziemski; **-minded** *pm.* przywiązany do świata; **-weary** *pm.* znudzony życiem; **-wide** *pm.* (wszech)światowy.

worm (*uə'm*) *rz.* robak; czerw; **~**, *cz.* toczyć; pełzać; **~ oneself into**, wkraść się; **~ out a secret**, wydobyć tajemnicę; **-eaten** *pm.* stoczony przez robaki; **-gearing** *rz.* połączenie ślimakowe; **-powder** *rz.* proszek na robaki; **-y** (*-i*) *pm.* robaczywy.

worn (*uō'n*) *cz.* od **wear**; **~ out**, *pm.* wyczerpany, wytarty; zużyty.

worr-ied (*uo'rid*) *pm.* udręczony; **-y** (*uo'ri*) *rz.* udręka; **~**, *cz.* dręczyć; dokuczyć; męczyć; rozszarpać.

worse (*uə's*) *pm.* od **bad**; gorszy; **get ~**, pogorszyć się; **he is ~** pogorszyło mu się; **the ~ for...**, odczuwając (złe) skutki (czegoś); **be ~ off**, źle na czemś wyjść; **~**, *ps.* gorzej; **all the ~, so much the ~**, tem gorzej; **~ and ~**, coraz gorzej; **for the ~**, na gorsze; **be ~ off**, zbiednieć; gorzej na czemś wyjść.

worship (*uə'ʃip*) *rz.* cześć; tytuł „Wasza Miłość"; nabożeństwo; **~**, *cz.* czcić; uwielbiać; **-ful** (*-ful*) *pm.* czcigodny, dostojny; pełen czci; **-per** (*-ə*) *rz.* czciciel; wielbiciel.

worst (*uə'st*) *pm.* od **bad**; najgorszy; **~**, *ps.* najgorzej; **at the ~**, w najgorszym razie; **the ~**, *rz.* najgorsze; **if the ~ comes to the ~**, w najgorszym wypadku; **at one's ~**, w najgorszym stanie; w najgorszych warunkach; **~**, *cz.* zwyciężyć, pobić.

worsted (*uu'stεd*) *rz.* przędza wełniana; włóczka.

wort (*uə't*) *rz.* zielę; brzeczka (do wyrobu piwa).

worth (*uə'θ*) *pm.* wart; zasługujący; godny; **it is ~ while**, warto; **~**, *rz.* wartość; **a shilling's ~**, za jednego szylinga (towaru); **-iness** (*uə'ðinəs*) *rz.* godność, wartość; **-less** (*uə'θləs*) *pm.* bez wartości; niegodziwy; **-y** *pm.* godny, zacny, zasłużony; szanowny.

wot (*uo't*) od **wit.**

would (*uu'd*) *cz.* posiłkowy dla tworzenia trybu warunkowego, wyraża też częstotliwość w czasie przeszłym; **~ to God**, dałby Bóg; oby; **-be** (*uu'dbī*) *pm.* udany, rzekomy.

wound (*uū'nd*) *rz.* rana; **~**, *cz.* ranić; obrazić; dotknąć; **~**, (*uau'nd*) *cz.* od **wind.**

wove (*uou'v*), **-n** (*-εn*) *cz.* od **weave**; **-paper** *rz.* papier welinowy.

wrack (*ræ'k*) *rz.* wodorosty wyrzucone na brzeg; wrak; ruina; patrz **rack.**

wrangle (*ræ'ŋgəl*) *rz.* kłótnia; waśń; spór; ~, *cz.* swarzyć się; kłócić się; sprzeczać się; **-r** (*-ə*) *rz.* tytuł na uniwersytecie w Cambridge; kłótnik; warchoł.
wrap (*ræ'p*) *cz.* obwijać; otulić; zawinąć; osłonić; **-ped** up, (*fig.*) zakochany, zaślepiony w; **-per** (*-ə*) *rz.* okładka, okrywka; **-pingpaper** *rz.* papier do pakowania.
wrath (*rō'þ*) *rz.* gniew, oburzenie; **-ful** (*-ful*) *pm.* gniewny.
wreak (*rī'k*) *cz.* wywrzeć (zemstę); wylać (*np.* wściekłość na kogoś).
wreath (*rī'þ*) *rz.* wieniec, girlanda; kędzior; kłąb dymu; **-e** (*rī'δ*) *cz.* wić (się); otoczyć; objąć; spleść; splątać; uwieńczyć; **-ed, -en** (*rī'δd, rī'δen*) *pm.* uwity, spleciony.
wreck (*re'k*), **-age** (*-edź*) *rz.* ruina; wrak, szczątki rozbitego okrętu; rozbitki; rozbicie; zniszczenie; ~, *cz.* rozbić się (o okręcie i i.); zrujnować; zniweczyć; zaprzepaścić; go to ~, zrujnować się; **-ful** (*-ful*) *pm.* zgubny.
wren (*re'n*) *rz.* mysikrólik (*orn.*).
wrench (*re'ncz*) *rz.* wykręcenie, wywichnięcie; klucz francuski, śrubsztak; szarpnięcie; zwichnienie; ~, *cz.* wydrzeć, wyrwać; wywichnąć.
wrest (*re'st*) *rz.* wykręcenie, wywichnienie; wydarcie; ~, *cz.* wyrwać; wydrzeć, przekręcać; **-le** (*re'sel*) *rz.* walka, zapasy, mocowanie się; ~, *cz.* walczyć, mocować się; szamotać się; **-ler** (*re'slə*) *rz.* zapaśnik.
wretch (*re'cz*) *rz.* nędznik; łotr; hultaj; **-ed** (*re'czed*) *pm.* nieszczęsny, nędzny; nikczemny; **-edness** *rz.* niedola; nędza; nikczemność.
wriggle (*ri'gel*) *cz.* wić (się); kręcić (się); ~ out of, wykręcić się.
wright (*raj't*) *rz.* rzemieślnik.
wring* (*ri'ŋ*) *cz.* wykręcać; wyciskać; udręczyć; wymuszać; załamywać (ręce); wić się; dolegać; trapić; **-er** (*ri'ŋə*) *rz.* wyżymaczka.
wrinkl-e (*ri'ŋkel*) *rz.* zmarszczka; rada, porada; ~, *cz.* marszczyć (się); **-y** (*-i*) *pm.* pomarszczony.
wrist (*ri'st*) *rz.* przegub (ręki); **-band** *rz.* mankiet; ~ **watch** *rz.* zegarek na rękę.
writ (*ri't*) *rz.* pismo; rozkaz; reskrypt.
write* (*raj't*) *cz.* pisać; napisać; ~ down, spisać, napisać; ~ off, odpisać; **-er** *rz.* pisarz, autor.
writing (*raj'tiŋ*) *rz.* pisanie; charakter pisma; utwór literacki; in ~, na piśmie; **-book** *rz.* zeszyt; **-case** *rz.* teka (na papiery); **-clerc** *rz.* pisarek; **-desk** *rz.* pulpit, biurko; **-paper** *rz.* papier do pisania.
written (*ri'tən*) *cz.* od **write,** napisany.
writhe (*raj'δ*) *cz.* wić (się); zżymać; kurczyć się (z bólu).
wrong (*ro'ŋ*) *rz.* niesprawiedliwość; krzywda; wykroczenie; złe; grzech; bezprawie; błąd; ~, *pm.* niesłuszny; mylny; zły; opaczny; fałszywy; błędny; go ~, zejść na złą drogę; what is ~ with him, co mu brakuje; be in the ~, nie mieć racji; zawinić; ~, *cz.* krzywdzić, obrazić; **-ful** (*-ful*) *pm.* grzeszny; krzywdzący, niesprawiedliwy; **-headed** *pm.* przewrotny; uparty; **-ness** (*-nəs*) *rz.* niesłuszność, mylność.
wrote (*rou't*) *cz.* od **write.**
wroth (*ro'þ*) *pm.* zagniewany; rozdrażniony.
wrought (*rō't*) *cz.* od **work;** **-iron** (*rō'tajən*) kute żelazo.
wrung (*ră'ŋ*) *cz.* od **wring.**
wry (*raj'*) *pm.* krzywy; skrzywiony; ~ face, kwaśna mina; **-ness** (*-nəs*) *rz.* kwaśna mina; krzywość.
wye (*uaj'*) *rz.* litera y.

X

xanthic (*zæ'nþik*) *pm.* żółty.
xebec (*zī'bek*) *rz.* statek trzymasztowy.
xiphoid (*zi'fojd*) *pm.* mieczykowaty.
x-rays (*e'ksrejz*) *rz.* promienie x, Roentgena.
xylo-balsamum (*zajlobæ'lsəməm*) *rz.* drzewo balsamowe; **-graph** (*zaj'ləgrəf*) *rz.* drzeworyt; **-phone** (*zaj'lofoun*) *rz.* ksylofon (*muz.*).
xyster (*zi'stə*) *rz.* sklapel (*chir.*).

Y

yacht (*jo't*) *rz.* jacht; ~, *cz.* żeglować; podróżować na jachcie; **-sman** (*jo'tsmæn*) *rz.* żeglarz.
yak (*jæ'k*) *rz.* jak, byk tybotański.
yam (*jæ'm*) *rz.* jam (korzeń jadalny).
yankee (*jæ'ŋki*) *rz.* jankes.
yap (*jæ'p*) *rz.* psinka; ~, *cz.* szczekać.
yard (*jā'd*) *rz.* jard (*m* 0,9144); drąg; reja; ~, *rz.* podwórze; dziedziniec; **-arm** *rz.* koniec rei okrętowej; **stick, -wand** *rz.* pręt mierniczy, długości 1 jarda.
yarn (*jā'n*) *rz.* przędziwo; przędza; bajka, duby smalone.
yarrow (*jæ'rou*) *rz.* krwawnik, złocień (*bot.*).
yataghan (*jæ'təgən*) *rz.* jatagan.
yaw (*jō'*) *cz.* zbaczać (*mar.*); ~, *rz.* zboczenie (z drogi).
yawl (*jō'l*) *rz.* łódka; ~, *cz.* wrzeszczeć.
yawn (*jō'n*) *rz.* ziewanie; otwór, paszcza, przepaść; ~, *cz.* ziewać; ziać, stać otworem.
yaws (*jō'z*) *rz.* choroba skórna murzynów.
ye (*jī'*) *z.* dawna forma zaimka **you**.
yea (*jej'*) *w.* tak, zaiste.
yean (*jī'n*) *cz.* okocić się (o owcach); **-ling** (*-liŋ*) *rz.* jagnię.
year (*jī'ə*) *rz.* rok; ~ by ~, rok za rokiem; in ~s, podeszły wiekiem; **-book** *rz.* rocznik; **-ling** (*-liŋ*) *rz.* zwierzę jednoroczne; ~, *pm.* roczny; **-ly** (*-li*) *pm.* roczny; doroczny; ~, *ps.* co rok, na rok.
yearn (*jə'n*) *cz.* tęsknić; boleć; **-ing** (*-iŋ*) *rz.* tęsknota, żal.
yeast (*jī'st*) *rz.* drożdże; **-y** (*-i*) *pm.* drożdżowy; pienisty; fermentujący.
yelk (*je'lk*) *rz.* patrz **yolk.**
yell (*je'l*) *rz.* krzyk; wrzask; wycie; ~, *cz.* wrzeszczeć; krzyczeć; wyć.
yellow (*je'lou*) *rz.* żółty kolor; ~, *pm.* żółty; **-amber** *rz.* bursztyn; **-bird** *rz.* szczygieł ameryk. (*orn.*); **-boy** *rz.* (gwara) złota moneta; **-hammer** *rz.* dzwoniec (*orn.*); **-ish** (*-isz*) *pm.* żółtawy; **-jack** *rz.* żółta febra, flaga kwarantanny; **-jacket** *rz.* osa; **-journals** *rz.* pisma sensacyjne; **-ness** (*-nəs*) *rz.* zazdrość; żółtość; **-s** *rz. lmn.* żółtaczka.
yelp (*je'lp*) *cz.* szczekać; ujadać.
yen (*jen*) *rz.* jena (pieniądz japoński).
yeoman (*jou'mæn*) *rz.* szlachcic; ziemianin; **-ry** (*-ri*) *rz.* drobna szlachta; ziemianie; milicja.
yes (*je's*) *ps.* tak.
yester (*je'stə*) *pm.* wczorajszy, przeszły, ubiegły; **-day** (*-di, -dej*) *ps.* wczoraj; the day before ~, przedwczoraj.
yet (*je't*) *ps.* i *łącz.* jeszcze; jednakże; atoli; dotąd; wszelako; as ~, jak dotąd, dotychczas; not ~, jeszcze nie.
yew (*jū'*), **~-tree** *rz.* cis; **-en** (*-en*) *pm.* cisowy.
Yiddish (*ji'disz*) *rz.* żargon żydowski.
yield (*jī'ld*) *rz.* plon, wydajność; wydatek; omłot (o zbożu); ~, *cz.* rodzić; przynosić; dawać (plon); ustąpić; poddać się; ~ up the ghost, wyzionąć ducha; **-ing** (*-iŋ*) *pm.* ustępliwy; giętki; uległy; intratny; **-ing-**

ness *rz.* wydajność; ustępowanie; pobłażliwość.
yodel (*jou'dɛl*) *cz.* jodlować; śpiewać.
yoga (*jou'gə*) *rz.* joga.
yoke (*jou'k*) *rz.* jarzmo; sprzężaj; ~, *cz.* ujarzmić.
yokel (*jou'kɛl*) *rz.* rataj, chłop.
yolk (*jou'k*) *rz.* żółtko (jajka).
yon, -der (*jo'n, jo'ndə*) *pm.* tamten; tamta, tamto, tamci, tamte.
yore (*jō'ə*) *ps.* drzewiej; of ~, za dawnych czasów.
you (*jū'*) *z.* Wy; Ty; Pan, Pani; Państwo; Wam; Was.
you'd, you'll (*jū'd, jū'l*) skrót od = **you would, you will.**
young (*jă'ŋ*) *rz.* młode; ~, *pm.* młody; a ~ lady, panienka; ~ ones, młode (o zwierzętach); dzieci; **-ling** (*-liŋ*) *rz.* młode zwierzę, młode drzewko; młodzik; **-ster** (*jă'ŋgstə*), **younker** (*jă'ŋkə*) *rz.* młodzian.
your-s (*jū'əz*) *z.* Twój; Pański; Wasz; **-self** (*jūəse'lf*), **-selves** (*-se'lwz*) *lmn.* się; sami; sam; siebie samego; siebie samych i t. d.
youth (*jū'þ*) *rz.* młodość; młodzieniec; młodzież; **-ful** (*-ful*) *pm.* młody, młodzieńczy; młodociany; **-fulness** *rz.* młodzieńczość.
yowl patrz **yawl.**
yule (*jū'l*) Boże Narodzenie; gwiazdka; **-tide** okres świąt Bożego Narodzenia; gwiazdka.

Z

zaffre (*zæ'fə*) *rz.* (*chem.*) saflor.
zany (*zej'ni*) *rz.* błazen; ~, *cz.* błaznować.
zeal (*zī'l*) *rz.* gorliwość, zapał; **-ot** (*ze'lət*) *rz.* fanatyk; zagorzalec; **-ous** (*ze'ləs*) *pm.* gorliwy; żarliwy.
zebra (*zī'brə*) *rz.* zebra (*zool.*).
zebu (*zī'bjū*) *rz.* zebu (*zool.*).
zed (*ze'd*) głoska z.
zedoary (*ze'doɛri*) *rz.* cytwar.
zenana (*zənæ'nə*) *rz.* część domu przeznaczona dla kobiet (w Indjach).
zenith (*ze'niþ*) *rz.* zenit; szczyt.
zephyr (*ze'fə*) *rz.* zefir, wiaterek.
zero (*zī'rou*) *rz.* zero.
zest (*ze'st*) *rz.* smak; zapach; zamiłowanie; ochota.
zibet (*zi'bet*) *rz.* zybeta (*zool.*).
zigzag (*zi'gzæg*) *rz.* zygzak.
zinc (*zi'ŋk*) *rz.* cynk; ~, *cz.* cynkować; **-ographer** (*ziŋko'grəfə*) *rz.* cynkograf; **-ography** (*ziŋko'grəfi*) *rz.* cynkografja; **-ous** (*zi'ŋkəs*) *pm.* cynkowy; **-y** (*zi'ŋki*) *pm.* zawierający cynk.
zircon (*zə'kən*) *rz.* krzemian cyrklonu; **-ium** (*zəkou'niəm*) *rz.* cyrklon (*chem.*).
zither (*zi'ðə*), **-n** (*-n*) *rz.* cytra.
zodiac (*zou'diæk*) *rz.* zodjak (*astr.*); **-al** (*zoudaj'əkɛl*) *pm.* zodjakalny, zodjakowy.
zone (*zou'n*) *rz.* strefa; pas; przepaska.
zoograph-er (*zoo'grəfə*) *rz.* zoograf; **-y** (*zoo'grəfi*) *rz.* zoografja.
zoolog-ical (*zoolo'dżikɛl*) *pm.* zoologiczny; **-ist** (*zoo'lodżist*) *rz.* zoolog; **-y** (*zoo'lodżi*) *rz.* zoologja.
zoophyt-e (*zou'ofajt*) *rz.* zwierzokrzew; **-ic(al)** (*zoofi'tik-ɛl*) *pm.* zoofityczny.
zootomy (*zoo'tomi*) *rz.* zootomja.
zounds (*zau'ndz*) *w.* do djabła, do licha.
zymosis (*zajmo'sis*) *rz.* fermentacja.

Czasowniki nieprawidłowe

abide	abode	abode
arise	arose	arisen
awake	awoke	awoke, awakened
be (I am)	was	been
bear	bore	born, borne
beat	beat	beaten
become	became	become
befall	befell	befallen
beget	begot	begot, -ten
begin	began	begun
behold	beheld	beheld
bend	bent	bent
bereave	bereft	bereft
beseech	besought	besought
bestride	bestrode	bestridden
betake	betook	betaken
bid	bid, bade	bidden
bind	bound	bound
bite	bit	bitten
bleed	bled	bled
blow	blew	blown
break	broke	broken
breed	bred	bred
bring	brought	brought
build	built	built
burn	burnt	burnt
burst	burst	burst
buy	bought	bought
can	could	
cast	cast	cast
catch	caught	caught
chide	chid	chid, -den
choose	chose	chosen
cleave	cleft, clove, cleaved	cloven
cling	clung	clung
clothe	clad, clothed	clad, clothed
come	came	come
cost	cost	cost
creep	crept, creeped	crept, creeped
cut	cut	cut

dare	durst, dared	dared
deal	dealt	dealt
die	died	died
dig	dug	dug
dip	dipped, dipt	dipped, dipt
do	did	done
draw	drew	drawn
dream	dreamt, dreamed	dreamt, dreamed
drink	drank	drunk
drive	drove	driven
dwell	dwelt	dwelt
eat	ate	eaten
fall	fell	fallen
feed	fed	fed
feel	felt	felt
fight	fought	fought
find	found	found
flee	fled	fled
fling	flung	flung
fly	flew	flown
forbear	forbore	forborne
forbid	forbade	forbidden
forsee	foresaw	foreseen
foretell	foretold	foretold
forget	forgot	forgotten
forgive	forgave	forgiven
forsake	forsook	forsaken
freeze	froze	frozen
get	got	got, gotten
gild	gilt	gilt
gird	girt	girt
give	gave	given
go	went	gone
grave	graved	graven
grind	ground	ground
grow	grew	grown
hang	hun, hanged	hung, hanged
have	had	had
hear	heard	heard
heave	heaved, hove	heaved, hove
hew	hewed	hewn, hewed
hide	hid	hidden
hit	hit	hit
hold	held	held
hurt	hurt	hurt

keep	**kept**	**kept**
kneel	**knelt**	**knelt**
knit	**knit, knitted**	**knit, -ted**
know	**knew**	**known**
lay	**laid**	**laid**
lead	**led**	**led**
lean	**leant, leaned**	**leant, leaned**
leap	**leapt**	**leapt**
learn	**learnt**	**learnt**
leave	**left**	**left**
lend	**lent**	**lent**
let	**let**	**let**
lie	**lay**	**lain**
light	**lit, lighted**	**lit, lighted**
lose	**lost**	**lost**
make	**made**	**made**
mean	**meant**	**meant**
meet	**met**	**met**
melt	**melted**	**melted, molten**
mow	**mowed**	**mown**
partake	**partook**	**partaken**
pay	**paid**	**paid**
put	**put**	**put**
read	**read**	**read**
rend	**rent**	**rent**
rid	**rid**	**rid**
ride	**rode**	**ridden**
ring	**rang**	**rung**
rise	**rose**	**risen**
rive	**rived**	**riven, rived**
rot	**rotted**	**rotten**
run	**ran**	**run**
say	**said**	**said**
see	**saw**	**seen**
seek	**sought**	**sought**
sell	**sold**	**sold**
send	**sent**	**sent**
set	**set**	**set**
sew	**sewed**	**sewn, sowed**
shake	**shook**	**shaken**
shear	**shore**	**shorn**
shed	**shed**	**shed**
shine	**shone**	**shone**
shoe	**shod**	**shod**
shoot	**shot**	**shot**

show	**showed**	**shown, showed**
shred	**shred**	**shred**
shrink	**shrank**	**shrunk**
shrive	**shrove**	**shriven**
shut	**shut**	**shut**
sing	**sang**	**sung**
sink	**sank, sunk**	**sunk**
sit	**sat**	**sat**
slay	**slew**	**slain**
sleep	**slept**	**slept**
slide	**slid**	**slid**
sling	**slung**	**slung**
slink	**slunk**	**slunk**
slit	**slit**	**slit**
smell	**smelt**	**smelt**
smite	**smote**	**smitten**
sow	**sowed**	**sown**
speak	**spoke**	**spoken**
speed	**sped**	**sped**
spell	**spelt**	**spelt**
spend	**spent**	**spent**
spill	**spilt, spilled**	**spilt, spilled**
spin	**spun, span**	**spun**
spit	**spat, spitted**	**spat, spitted**
split	**split**	**split**
spoil	**spoilt, spoiled**	**spoilt, spoiled**
spread	**spread**	**spread**
spring	**sprang, sprung**	**sprung**
stand	**stood**	**stood**
steal	**stole**	**stolen**
stick	**stuck**	**stuck**
sting	**stung**	**stung**
stink	**stank, stunk**	**stunk**
strew	**srewed**	**strewn**
stride	**strode**	**stridden**
strike	**struck**	**struck**
string	**strung**	**strung**
strive	**strove**	**striven**
swear	**swore**	**sworn**
sweep	**swept**	**swept**
swell	**swelled**	**swollen**
swim	**swam**	**swum**
swing	**swung**	**swung**
take	**took**	**taken**
teach	**taught**	**taught**
tear	**tore**	**torn**
tell	**told**	**told**
think	**thought**	**thought**
thrive	**throve**	**thriven**

throw	threw	thrown
thrust	thrust	thrust
tread	trod	trod, -den
understand	understood	understood
undertake	undertook	undertaken
undo	undid	undone
uphold	upheld	upheld
upset	upset	upset
wake	woke	woke
waylay	waylaid	waylaid
wear	wore	worn
weave	wove	woven
weep	wept	wept
win	won	won
wind	wound	wound
withdraw	withdrew	withdrawn
withstand	withstood	withstood
work	worked, wrought	worked, wrought
wring	wrung	wrung
write	wrote	written

McKAY'S

ENGLISH POLISH

DICTIONARY

POLISH ENGLISH

J. STANISLAWSKI

POLISH – ENGLISH

RANDOM HOUSE
New York

McKAY'S

ANGIELSKO
POLSKI

SŁOWNIK

POLSKO
ANGIELSKI

J. STANISŁAWSKI

POLSKO – ANGIELSKI

RANDOM HOUSE
New York

A

A *c.* and, but; then; ~ jednak, and yet, nevertheless; nic ~ nic, nothing whatever.
abażur *m.* lamp-shade.
abdyk-acja *f.* abdication; **-acyjny** *a.* (of) abdication; **-ować** *v.* abdicate (the crown).
abecadło *n.* alphabet; **-wy** *a.* alphabetical.
aberacja *f.* aberration.
abiturjent *m.* person with secondary education.
abominacja *f.* abomination, disgust.
abon-ament *m.* (*pisma*) subscription; (*teatralny*) season ticket; **-ent** *m.*, **-entka** *f.* subscriber; **-ować** *v.* subscribe (to); take a season ticket.
absolucja *f.* absolution.
absolut-ny *a.* absolute; unlimited; arbitrary; **-orjum** *n.* graduation; mieć ~~, be a graduate (of); **-yzm** *m.* absolute power.
absorb-cja *f.* absorption; **-cyjny** *a.* absorptive; **-ować** *v.* absorb; imbibe; (*zająć*) engross.
abstra-hować *v.* abstract, deduct, omit, pass over; **-hując** let alone; **-kcja** *f.* abstraction; abstract idea (term); **-kcyjność** *f.* abstractness; **-kcyjny** *a.* abstract.
abstynencja *f* temperance; abstinence; **-t** *m.* abstainer, teetotaller.
absurd *m.* nonsense, absurdity; sprowadzić do -u, ridicule, demonstrate the absurdity; **-alny** *a.* absurd; nonsensical.
absyda *f.* (*archit.*) apse.
absynt *m.* absinth.
aby *c.* to, in order to; in order that; that; but that; for the sake of; -m wiedział, that I may (might) know; ~ nie, lest.
acetylen *m.* acetylene.
achromatyczny *a.* achromatic.
achtel *m.* eigth part of a cask.
acz, -kolwiek *c.* although, though, notwithstanding that, albeit.
adamasz-ek *m.* damask; **-kowy** *a.* (of) damask.
adept *m.* adept, follower.
adjunkt *m.* adjunct, assistant.
adjutant *m.* aide-de-camp.
administr-acja *f.* administration; direction; management; **-acyjny** *a.* administrative; **-ator** *m.* manager; administrator; **-ować** *v.* administer; manage (affairs).
admira-licja *f.* admiralty; **-lski** *a.* admiral's; ~ okręt, flagship; **-lstwo** *n.* admiralship; **-ł** *m.* admiral; (*zool.*) admiral (butterfly).
admonicja *f.* admonition; reproof.
adop-cja *f.* adoption; **-tować** *v.* adopt.
ador-acja *f.* adoration; worship; **-ator** *m.* admirer; worshipper; courter; **-ować** *v.* adore, worship.
adres *m.* address; pod -em, to the address of; wysłane pod -em, consigned (forwarded) to; **-at** *m.* addressee, consignee; **-ować** *v.* address; forward; direct; księga -owa, directory.
adrjatycki *a.* Adriatic.
adwent *m.* Advent; **-owy** *a.* of Advent.
adwoka-cki *a.* lawyer's; **-ctwo** *n.*, **-tura** *f.* the bar, advocateship, advocacy; **-t** *m.* lawyer; barrister; advocate, sollicitor; **-tować** *v.* ~~ komu, advocate for, plead in favour of.
aero-lit *m.* aerolite; **-nautyka** *f.* aeronautics; **-plan** *m.* aeroplane; **-stat** *m.* aerostat; balloon; **-statyka** *f.* aerostatics.

afekt *m.* affection; love.
afektacja *f.* affectedness; **-owany** *a.* affected.
afe-ra *f.* affair, business; **-rzysta** *m.* swindler.
afisz *m.* poster; bill; **-ować** *v.* placard, bill, advertise, announce by posters; make a show of; ~ **się** *v.* show off.
aforyzm *m.* aphorism.
afront *m.* insult, affront; zrobić komu ~, affront, insult, snub, cut one.
Afryka-nin *m.* African; **-ński** *a.* African.
agat *m.* (*min.*) agate.
agen-cja *f.* agency; **-t** *m.* agent, factor.
agit-acja *f.* agitation, commotion; propaganda; **-ator** *m.* agitator; **-ować** *v.* agitate (for); incite (to); canvass (for).
aglomerat *m.* agglomerate.
agnostyk *m.* agnostic.
agonja *f.* agony.
agraf-a *f.* clasp; **-ka** *f.* safety pin.
agrar-jusz *m.* agrarian, landlord; **-ny** *a.* agrarian.
agrest *m.* gooseberry.
agresywny *a.* aggressive.
agronom *m.* agronomist; **-iczny** *a.* agronimic; **-ja** *f.* agronomy.
ajen-cja *f.* agency; **-t** *m.* agent; factor; middleman; ~~ giełdowy, stock broker; **-ura** *f.* agency.
ajer *m.* (*bot.*) sweet-flag, calamus.
ajuści *adv.* forsooth, indeed.
akacja *f.* acacia.
akadem-icki *a.* academical; (of) university; of university grade; **-ik** *m.* student; academician; **-ja** *f.* academy.
akcent *m.* accent; accentuation; **-ować** *v.* accentuate; accent; **-owanie** *n.* accentuation, stress.
akcept *m.*, **-acja** *f.* acceptance; accepted draft; **-ant** *m.* accepter; **-ować** *v.* accept.
akces *m.* access.
akcesorja *n. pl.* accessories.
akc-ja *f.* (*działanie*) action, activity; ~ przedsiębiorstwa, share; (*w dramacie*) action; plot; **-jonarjusz** *m.* shareholder, stockholder; **-yjne** towarzystwo, Joint Stock Company; kapitał **-yjny**, joint stock.
akcydensy *pl.* emoluments, by-profits.
akcyz-a *f.* toll; excise; **-nik** *m.* exciseman.
aklamacja *f.* acclamation, applause.
aklimatyz-acja *f.* acclimatization; **-ować** *v.* acclimatize.
akomodac-ja *f.* accomodation: adjustment.
akompanj-ament *m.* accompaniment; **-ator** *m.* accompanist; **-ować** *v.* (komu) accompany (one).
akord *m.* accord; agreement; tune (*muz.*); na ~, by the job.
akredyt-ować *v.* accredit; **-ywa** *f.* letter of credit.
akrobat-a *m.* acrobat; **-yczny** *a.* acrobatic.
aksamit *m.* velvet; ~ strzyżony, cut velvet; **-ka** *f.* velvet ribbon; (*bot.*) darnel; **-ny** *a.* (of) velvet, velvety.
aksjomat *m.* axiom.
akt *m.* (*teatr.*) act; (*prawn.*) document; deed; (*w sztuce*) nude; ~ śmierci, certificate of death; **-a** *pl.* records; archives; **-or** *m.* actor; **-orka** *f.* actress; **-orski** *a.* theatrical, histrionic.
aktual-nie *adv.* actually, really; opportunely; **-ność** *f.* actuality; reality; timeliness; **-ny** *a.* actual; current; of the day; of interest; real; timely.
aktuarjusz *m.* actuary, clerk.
aktywa *pl.* assets; ~ i pasywa, assets and liabilities.
akumulator *m.* accumulator, storage-battery.
akurat-nie *adv.* accurately, punctually, exactly; **-ność** *f.* accuracy, precision; exactness; punctuality; **-ny** *a.* accurate, strict, punctual, precise; exact.
akusty-czny *a.* acoustical; **-ka** *f.* acoustics.
akuszer *m.* obstetrician; **-ka** *f.* midwife; **-ski** *a.* obstetrical; **-stwo** *n.* obstetrics, midwifery.
akwa-forta *f.* etching; **-maryna** *f.* aquamarine; **-rela** *f.* aquarelle, water-colour; **-rjum** *n.* aquarium.
akwedukt *m.* aqueduct.
akwizy-cja *f.* acquisition, purchase; **-tor** *m.* agent, traveller.

alabast-er *m.* alabaster; **-rowy** *a.* (of) alabaster, alabastrine.
alarm *m.* alarm, alarum; disturbance; **-ować** *v.* alarm; disturb; **-owy** *a.* alarming, (of) alarm.
alba *f.* surplice, alb.
albatros *m.* albatross.
albo *c.* or, else; ~ ... ~ ..., either ... or ...; ~ co? what then?
albowiem *c.* because, since, as; for.
album *m.* album.
albumin *m.* albumen.
alchem-ik *m.* alchemist; **-ja** *f.* alchemy.
ale *c.* but, however, still; yet; ~, *i.* oh!; indeed; nie bez ~, not without drawbacks.
alegat *m.* annex, voucher.
alegor-ja *f.* allegory; **-yczny** *a.* allegorical.
aleja *f.* alley, avenue.
aleksandryn *m.* Alexandrine verse.
aleluja *n.* alleluia, Halleluiah.
alembik *m.* alembic.
ależ *adv.* why; ~ tak, certainly, by all means.
alfa *f.* ~ i omega, alpha and omega; **-bet** *m.* alphabet; **-betyczny** *a.* alphabetical.
alga *f.* alga.
algebra *f.* algebra; **-iczny** *a.* algebraical.
alibi *n.* alibi; wykazać swoje ~, plead alibi.
alidada *f.* alidad.
aliści *adv.* lo, behold.
alimenta *pl.* alimony.
alizaryna *f.* alizarin.
aljan-s *m.* alliance; **-t** *m.* ally.
aljaż *m.* alloy; ~ ołowiu, hard lead.
aljenacja *f.* alienation; ~ umysłowa, mental alienation.
alkal-i *n.* (*chem.*) alkali (*lmn.* alkalis, alkalies); **-iczny** *m.* alkaline; **-oid** *m.* alkaloid.
alkiermes *m.* kermes (*zool.*).
alkierz *m.*, **alkowa** *f.* alcove.
alkohol *m.* alcohol; **-iczny** *m.* alcoholic; **-ik** *m.* habitual drunkard; **-izm** *m.* alcoholizm.
almanach *m.* almanac.
aloes *m.* aloe (*bot.*); **-owy** *a.* aloetic.
alonż *m.* rider (to bill).
alopatja *f.* allopathy.
alpaga *f.* alpaca.
alpejski *a.* Alpine.
alt *m.* (*muz.*) alt; **-ówka** *f.* viola.
altan-a *f.* bower; **-ka** *f.* summerhouse.
alternatywa *f.* alternative, choice.
altrui-sta *m.* altruist; **-izm** *m.* altruism.
aluminj-owy *a.* (of) aluminium; **-um** *n.* aluminium.
alumn *m.* alumnus (*lmn.* -ni).
aluw-jalny *m.* alluvial; **-jum** *n.* alluvium.
aluzja *f.* allusion, hint.
ałun *m.* alum; **-owy** *a.* alumnous.
amalgam-acja *f.* amalgamation; **-at** *m.* amalgam.
amant *m.* lover; sweetheart, **-ka** *f.* sweetheart, lover, mistress.
amarant *m.* amaranth; **-owy** *a.* amaranthine.
amator *m.*, **-ka** *f.* amateur, lover, fancier; **-ski** *a.* amateurish; **-stwo** *n.* amateurishness, fancy.
amazonka *f.* amazon; riding habit.
ambaras *m.* embarrassment; trouble; perplexity; **-ować** *v.* embarrass, trouble, perplex, disconcert; puzzle.
ambasa-da *f.* embassy; **-dor** *m.* ambassador; **-dorstwo** *n.* embassy.
ambi-cja *f.* ambition; pride; wziąć na -t, make it a point of honour; **-tny** *a.* ambitious.
ambona *f.* pulpit.
ambra *f.* amber.
ambrozj-a *f.* ambrosia; **-owy** *a.* ambrosial.
ambulans *m.* ambulance; **-owy** *a.* (of) ambulance.
ambulatorjum *n.* infirmary.
ameljoracja *f.* amelioration, improvement.
amen *n.* amen; end; jak ~ w pacierzu, a dead certainty.
ameryka-nin *m.* American; **-ński** *a.* American.
ametyst *m.* amethyst.
amfiteatr *m.* amphitheatre; **-alny** *a.* amphitheatrical.
amnestja *f.* amnesty.

amon *m.* ammonia; chlorek -u, chloride of ammonia; siarczan -u, sulphate of ammonia; **-jak** *m.* ammoniac; **-jakalny** *a.* ammoniacal.
amorek *m.* Cupid.
amortyz-acja *f.* amortisation; **fundusz -acyjny** *a.* sinking-fund; **-ować** *v.* amortise; ~~ się, be amortised.
amory *pl.* courting, wooing.
amper *m.* ampere.
ampułka *f.* cruet.
amput-acja *f.* amputation; **-ować** *v.* amputate.
amulet *m.* amulet.
amunic-ja *f.* ammunition; **-yjny** *a.* (of) ammunition.
anachoreta *m.* hermit.
anachronizm *m.* anachronism.
analfabeta *m.* illiterate.
anali-tyczny *a.* analytic; **-tyk** *m.* analyst; **-za** *f.* analysis; **-zować** *v.* analyse.
analog-iczny *a.* analogical; analogous; **-ja** *f.* analogy, similarity (to).
ananas *m.* pine-apple.
anarch-iczny *a.* anarchical; **-ista** *m.* anarchist; **-ja** *f.* anarchy.
anatema *f.* anathema.
anatom *m.* anatomist; **-iczny** *a.* anatomical; **-izować** *v.* anatomize, dissect; **-ja** *f.* anatomy.
androny *pl.* idle talk.
andrus *m.* urchin, street-boy.
andrut *m.* wafer.
anegdo-ta *f.* anecdote; **-tyczny** *a.* anecdotical; anecdotal.
anek-s *m.* annex, enclosure; **-sja** *f.* annexation; **-tować** *v.* annex.
anemiczny *a.* anaemic; **-ja** *f.* anaemia.
anemometr *m.* anemometer.
aneroid *m.* aneroid.
anestezja *f.* anaesthesia.
angażować *v.* engage; ~ się, embark(upon); undertake, promise.
angielsk-i *a.* English; plasterek ~, court plaster; choroba -a, rickets, rachitis.
angina *f.* angina.
Ang-lik *m.* Englishman; **-likanin** *m.* Anglican; **-licy** *pl.* the English; **-lizować** konia, dock a horse's tail.
angora *f.* Angora cat.
ani *c.* not even, neither; nor; not so much as; not a bit; ~ jeden ~ drugi, neither; ~... ~, neither ... nor.
anielski *a.* angelic(al).
anilina *f.* aniline.
anim-usz *m.* courage, animation; **-ozja** *f.* animosity (against).
anioł *m.* angel; ~ stróż, guardian angel; ~ pański, Angelus.
aniżeli *c.* than.
ankier *m.* anchor-watch.
ankieta *f.* enquiry (into); investigation.
ankr-a *f.* crampon, stay-bar; **-ować** *v.* grapple with stay-rods.
anodynowy *a.* anodyne.
anomalja *f.* anomaly.
anonim *m.* anonym; **-owy** *a.* anonymous.
anons *m.* advertisement, announcement, notice; **-ować** *v.* advertise, announce.
anormaln-ość *f.* abnormality; **-y** *a.* abnormal.
ansa *f.* rancour.
antaba *f.* handle; ear; loop (of a jar); haft.
antagon-ista *m.* antagonist, opponent; **-izm** *m.* antagonism.
antał, -ek *m.* barrel, cask.
antena *f.* aerial, antenna (*lmn.* -nae).
antenat *m.* ancestor, forefather.
antologja *f.* anthology.
antra-cen *m.* anthracene; **-cyt** *m.* anthracite.
antrakt *m.* entr'acte; interval.
antropo-fag *m.* cannibal; **-log** *m.* anthropologist; **-iczny** *a.* anthropological; **-ja** *f.* anthropology.
antychryst *m.* antichrist.
antycypować *v.* anticipate, forestall.
antydot *m.* antidote (against).
antyfebryna *f.* antifebrine.
antyfona *f.* antiphony.
antyk *m.* antique; **-warjat** *m.* antiquarian; **-warnia** *f.* antiquary's shop; **-warski** *a.* antiquarian.
antylopa *f.* (*zool.*) antelope.
antypat-ja *f.* antipathy, aversion; **-yczny** *a.* repugnant, antipathetic.
antypiryna *f.* antipyrin.
antypody *m. pl.* antipodes.

antysemi-cki *a.* anti-Semitic; **-ta** *m.* anti-Semite; **-yzm** *m.* anti-Semitism.
antyseptyczny *a.* antiseptic.
antyteza *f.* antithesis.
anyż *m.* (*bot.*) anise; aniseed; **-ek, -ówka** *f.* anisette.
aorta *f.* (*anat.*) aorta.
apanaże *pl.* ap(p)anage.
aparat *m.* apparatus (*pl.* -es); ~ fotograficzny, camera; ~ telefoniczny, (telephone-)receiver.
apartament *m.* apartment, set of rooms.
apat-ja *f.* apathy; **-yczny** *a.* apathetic.
apel *m.* call; roll-call; **-acja** *f.* appeal; wnieść -ację, appeal; Sąd -acyjny, Court of Appeal; **-ować** *v.* appeal.
apety-czny *a.* appetizing, tempting; **-t** *m.* appetite.
aplik-acja *f.* application, diligence; apprenticeship; **-ant** *m.* applicant; candidate; **-ować się** (do) *v.* apply oneself (to).
apercepcja *f.* apperception.
aplomb *m.* self-possession, impudence.
apodyktyczny *a.* apodictic; peremptory.
apokalip-sa *f.* apocalypse; **-tyczny** *a.* apocalyptical.
apokryf *m.* apocrypha; **-iczny** *a.* apocryphal.
apologetyka *f.* apologetics.
apoplek-sja *f.* apoplexy; **-tyczny** *a.* apoplectic.
aportować *v.* fetch.
aposta-ta *m.* apostate; **-zja** *f.* apostasy.
aposto-lski *a.* apostolical; stolica -lska, the Holy See; **-lstwo** *n.* apostleship; **-ł** *m.* apostle; **-łować** *v.* preach.
apostrof *m.* (*gram.*) apostrophe; **-a** *f.* (*ret.*) apostrophe.
apoteoz-a *f.* apotheosis; **-ować** *v.* apotheosize.
apozycja *f.* apposition.
a priori *a. adv.* a priori.
aprob-acja, -ata *f.* approbation, approval; **-ować** *v.* approve.
aprowizacja *f.* (food-)supply, provision(s).
apte-czka *f.* medicine-box; **-czny, -karski** *a.* pharmaceutical; towary -czne, drugs; **-ka** *f.* drug-store, chemist's shop, pharmacy; **-karstwo** *n.* pharmaceutics; **-karz** *m.* dispensing chemist.
arabesk-i *pl.* arabesques; **-owy** *a.* arabesque.
arabski *a.* Arabian.
arak *m.* arrack.
arbit-er *m.* arbitrator, arbiter; **-ralność** *f.* arbitrariness; **-ralny** *a.* arbitrary; **-raż** *m.* arbitrage.
arbuz *m.* water-melon.
archai-czny *a.* archaic; **-zm** *m.* archaism.
archani-elski *a.* archangelic; **-oł** *m.* archangel.
archeolog *m.* archeologist; **-ja** *f.* archeology.
archidjakon *m.* archdeacon; **-mandryta** *m.* archimandrite.
archipelag *m.* archipelago.
architekt *m.* architect; **-oniczny** *a.* architectural; architectonical; **-ura** *f.* architecture.
archiw-ista *m.* archivist; **-um** *n.* archives, records.
arcy- in comb. form. = arch-, arrant; **-biskup** *m.* archbishop; **-biskupi** *a.* archiepiscopal; **-biskupstwo** *n.* archbishopric; **-dzieło** *n.* masterpiece; **-kapłan** *m.* high priest; **-książę** *m.* archduke.
arena *f.* lists; arena; wystąpić na -ę, enter the lists.
arend-a *f.* lease, puścić w -ę, let on lease; **-arz** *m.* lease-holder; innkeeper; **-ować** *v.* lease.
areopag *m.* Areopagus.
areszt *m.* arrest; seizure, confinement; **-ant** *m.* convict; prisoner; **-ować** *v.* arrest; seize.
arf-a *f.* harp; winnower, gravel-screen; **-iarka** *f.* **-iarz** *m.* harper.
argument *m.* argument; proof; **-acja** *f.* argumentation; **-ować** *v.* argue.
argusow-y *a.* -e oczy, Argus-eyes.
arja *f.* melody, air, aria.
arka *f.* ark.
arkada *f.* arcade, archway.
arkan *m.* lasso.
arkana *pl.* arcana; secrets.
arktyczny *a.* arctic.
arkusz *m.* sheet; **-owy** *a.* sheet; sheeted.

arlekin *m.* harlequin; **-ada** *f.* buffoonery.
armata *f.* cannon, gun; kula -nia, cannon ball.
armatura *f.* fittings.
armja *f.* army.
arnika *f.* arnica.
arogan-cja *f.* arrogance; **-cki** *a.* arrogant; **-t** *m.* arrogant person.
aromat *m.* aroma, fragrance; **-yczny** *a.* aromatic, fragrant.
arras *m.* arras.
arsenał *m.* arsenal.
arszenik *m.* arsenic.
arterja *f.* artery.
artezyjski *a.* artesian.
artre-tyzm *m.* arthritis; **-tyczny** *a.* arthritic.
artykuł *m.* article; -y spożywcze, food-stuffs, grocery, comestibles; wstępny ~, leading article.
artyle-rja *f.* artillery; **-ryjski** *a.* (of) artillery; **-rzysta** *m.* gunner, artilleryman.
artyst-a *m.*, **-ka** *f.* artist; **-yczny** *a.* artistic.
artyzm *m.* art, skill.
arystokra-cja *f.* aristocracy; **-ta** *m.* aristocrat; **-tyczny** *a.* aristocratic.
arytmety-czny *a.* arithmetical; **-ka** *f.* arithmetic.
as *m.* ace.
asafetyda *f.* asafoetida.
asceta *m.* ascetic; **-yczny** *a.* ascetic; **-yzm** *m.* ascetism.
asekur-acja *f.* insurance; **-acyjny** *a.* (of) insurance; **-ować** *v.* insure.
asenizacja *f.* sanitation.
asenterunek *m.* conscription.
asesor *m.* assessor.
asfalt *m.* asphalt; **-owy** *a.* (of) asphalt; asphaltic.
asocjac-ja *f.* association, connexion; **-yjny** *a.* associative.
asort-ować *v.* assort; **-yment** *m.* assortment.
aspir-acja *f.* aspiration, desire; **-ant** *m.* claimant, candidate; **-ować** *v.* aspire (after).
aspiryna *f.* aspirin.
aster *m.* aster, starwort (*bot.*).
astma *f.* asthma; **-tyczny** *a.* asthmatic; **-tyk** *m.* asthmatic.
astr-alny *a.* astral; **-olog** *m.* astrologer; **-ologiczny** *a.* astrological; **-ologja** *f.* astrology.
astronom *m.* astronomer; **-iczny** *a.* astronomical; **-ja** *f.* astronomy.
asumpt *m.* pretext, impulse.
asygn-acja *f.* assignation, asignment; **-ata** *f.* bank-note; **-ować** *v.* assign, allot.
asymil-acja *f.* assimilation; **-ować** *v.* assimilate.
asyst-a, -encja *f.* attendance, train, retinue; **-ent** *m.* attendant, assistant; follower; **-ować** *v.* attend, accompany, follow; court (a lady).
at *i.* ~ sobie, so-so.
atak *m.* attack, charge, assault; **-ować** *v.* attack, assault; charge.
ataman *m.* ataman, Cossack chief.
atawizm *m.* atavism.
ate-ista, -usz *m.* atheist; **-istyczny, -uszowski** *a.* atheistic; **-izm** *m.* atheism.
atencja *f.* attention.
ateński *a.* Attic.
atestat *m.* certificate, testimonial.
atlas *m.* atlas.
atleta *m.* athlete.
atłas *m.* satin; **-owy** *a.* satiny; (of) satin.
atmosfer-a *f.* atmosphere; **-yczny** *a.* atmospheric.
atoli *c.* yet, however, nevertheless.
atom *m.* atom; **-owy** *a.* atomic.
atrakc-ja *f.* attraction; **-yjny** *a.* attractive.
atrament *m.* ink.
atropina *f.* atropine.
atrofja *f.* atrophy.
atrybu-cja *f.* attribution, attribute; **-t** *m.* attribute, quality.
atut *m.* trump; **-tować** *v.* play trumps; **-towy** *a.* of trumps.
atycka *a.* ~ sól, attic salt (wit).
audjencja *f.* audience, hearing, interview.
audycja *f.* broadcast, programme.
audytor *m.* hearer; **-jum** *n.* auditorium, audience.
augjaszowy *a.* Augean.
augustjanin *m.* Austin friar, Augustine.
aukcja *f.* auction.
aula *f.* auditory.
aura *f.* weather.

aureola *f.* aureole.
auskultować *v.* examine (by auscultation).
auspicja *pl.* auspices.
austerja *f.* hostelry; inn.
austrjacki *a.* Austrian.
autentycz-ność *f.* authenticity; **-ny** *a.* authentic.
auto patrz **automobil**; **-bus** *m.* motor-bus; **-graf** *m.* authography; **-mat** *m.* automaton; **-matyczny** *a.* automatic, self-acting; **-mobil** *m.* motor-car; **-mobilista,** -motorist; **-nomiczny** *a.* autonomous, self-governing; **-nomja** *f.* autonomy, self-government.
autopsja *f.* autopsy.
autor *m.* author; **-ka** *f.* authoress; **-ski** *a.* author's; **-stwo** *n.* authorship.
autorytet *m.* authority.
awangarda *f.* vanguard.
awans *m.* advancement, promotion; **-ować** *v.* advance; promote; be promoted.
awantur-a *f.* broil, brawl, scandal; *pl.* commotion, disturbance; **-nica** *f.* adventuress; **-niczy** *a.* rowdyish, adventurous; **-nik** *m.* adventurer; brawler, bully, rowdy; **-ować się** *v.* make a row; seek adventures.
awarja *f.* damage; average.
awiz *m.* advice; **-ować** *v.* advise; notify.
azalja *f.* azalea.
azbest *m.* asbestos; **-owy** *a.* asbestic, (of) asbestos.
azot *m.* azote, nitrogen; **-owy** *a.* azotic, nitrogenous; **-an** *m.* ~ sodu, nitrate of soda.
aż *c. adv.* till, until, as far as; even to, so far as, up to.
ażeby *c.* that, in order that, in order to; so that.
ażjo *n.* agio; **-taż** *m.* agiotage.
ażur *m.* openwork, tracery; **-owy** *a.* openwork, transparent, light, delicate.

B

ba *adv. i.* indeed, even; nay.
bab-a *f.* woman; hag; Easter cake; rammer; **-cia, -ka, -unia** *f.* grand-mother; granny; **-i** *a.* womanly, haggish; -ie lato, Indian summer; gossamer; **-ski** *a.* womanish; **-sko** *n.*, **-sztyl** *m.* crone.
babczany *pl.* leopard's bane (*bot.*).
babrać *v.* (*bazgrać*) daub; (*chlapać się*) dabble, flounder; ~ się, loiter.
bach-analja *f.* bacchanalia; **-iczny** *a.* bacchic.
bachmat *m.* Podolian horse.
bachor *m.* child, chit; kid.
bacz-enie *n.* attention, heed; caution, care; mieć ~, pay attention; give heed; **-ność** *f.* heedfulness; watchfulness; mindfulness, alertness; ~!, attention (*mil.*); mieć się na -i, be on one's guard; **-ny** *a.* heedful, attentive, careful; **-yć** *v.* heed, take heed; mind; be attentive; take care.
bać się *v.* fear, be afraid (of); dread.
bada-cz *m.* investigator, inquirer, scientist; **-ć** *v.* inquire, investigate, examine, scrutinize; **-nie** *n.* research; investigation, examination, trial; **-wczy** *a.* examining; searching.
badyl *m.* stalk, stem.
bagatel-a *f.* trifle; **-izować** *v.* trifle (with); neglect; slight; **-ny** *a.* trifling.
bagaż *m.* baggage, luggage; **-owy** *m.* porter; **-owy** *a.* kwit ~, luggage ticket.
bagnet *m.* bayonet.
bagn-iówka *f.* (*bot.*) black crowberry; **-isko, -o** *n.* marsh, swamp, bog; **-isty** *a.* marshy, swampy, boggy.
baja *f.* baize.
bajdurzyć *v.* prate, spin yarns; **-nie** *n.* prate; yarns.
bajecz-ka *f.* story; nursery-tale; **-ność** *f.* fabulousness; **-ny** *a.* fabulous.

bajk-a *f.* fable, fairy-tale; **-i** *pl.* gossip; **-opis, -opisarz** *m.* fabulist.
bajor *m.*, **bajura** *f.* muddle, pool, slough.
baka *f.* light-house; świecić -ę, flatter.
bakałarz *m.* abecedarian; schoolmaster.
bakara *f.* baccarat.
bakier, na ~, acock, aslant.
bakterj-a *pl.* bacteria; **-olog** *m.* bacteriologist; **-ologja** *f.* bacteriology.
bal *m.* (*belka*) beam, log; (*zabawa*) ball; dance.
balada *f.* ballade.
balast *m.* ballast.
balda-chim *m.* canopy, dais; **-szek** *m.* (*bot.*) umbel; **-szkowaty** *a.* umbelliferous.
baldrjan *m.* (*bot.*) valerian.
balet *m.* ballet; **-nica** *f.* (ballet-) dancer.
balja *f.* wash-tub.
balkon *m.* balcony.
balon *m.* balloon; (*gąsior*) demijohn.
balotowa-ć *v.* ballot; **-nie** *n.* balloting, ballot.
balow-ać *v.* dance, lead a merry life; -y strój, ball-dress.
balsam *m.* balm; balsam; **-iczny** *a.* balmy; **-ina** *f.* (*bot.*) balsam; **-orodny** *a.* balsamiferous; **-ować** *v.* embalm; **-owy** *a.* balsamic.
balustrada *f.* balustrade.
balwierz *m.* barber.
bałagan *m.* mess, disorder.
bałamu-cić *v.* wheedle, cajole; talk idly; talk at random; embroil; ~ czas, trifle time away; ~ się, loiter; **-ctwo** *n.* idle talk; confusion; **-t** *m.*, **-tka** *f.* flirt, wheedler, seducer; **-tny** *a.* foolish, misleading.
bałuszyć *v.* ~ oczy, stare.
bałwan *m.* idol; blockhead; snow-man; (*morski*) wave, billow; **-ić się** *v.* reek; **-owaty** *a.* awkward, clumsy.
bałwochwal-ca *m.* idolater; **-czy** *a.* idolatrous; **-stwo** *n.* idolatry.
bambus *m.* bamboo.
banalny *a.* trite, commonplace.
banan *m.* banana.
banda *f.* gang, band.
bandaż *m.* bandage; **-ować** *v.* bandage, bind up.
bander-a *f.* flag, banner; **-ola** *f.* excise band; (*na maszcie*) pennon.
bandolet *m.* sword-belt.
bandos *m.* hired harvester.
bandura *f.* mandola.
bandy-cki *a.* bandit's; **-ta** *m.* bandit, robber.
bania *f.* flask; dome, cupola; (*bot.*) gourd; ~ lampy, lampshade; **-sty** *a.* big-bellied.
banialuki *pl.* stuff and nonsence.
bani-cja *f.* banishment, proscription; **-ta** *m.* outlaw.
bank *m.* bank; **-ier** *m.* banker; **-ierski** *a.* banker's; **-not** *m.* bank-note; **-owość** *f.* banking; **-owy** *a.* (of) bank.
bankiet *m.* banquet; **-ować** *v.* banquet, feast; **-owy** *a.* banqueting.
bankru-ctwo *n.* bankruptcy; **-t** *m.* bankrupt; **-tować** *v.* bankrupt, fail.
bańk-a *f.* (*mydlana*) bubble; (*szklana*) vial; cupping-glass; -i stawiać, cup.
bar *m.* (*chem.*) barium.
barak *m.* barrack.
baran *m.* (*zool.*) ram; (*taran*) battering ram, rammer; wziąć kogo na -a, take one upon one's shoulders; **-ek** *m.* lamb; **-ek** Boży, Agnus Dei; **-i** *a.* ram's; sheep's; -ie futro, sheepskin; **-ina** *f.* mutton; **-ki** *pl.* (*chmurki*) cirri, woolly clouds.
baraszkować *v.* frolic; trifle.
barbakan *m.* barbican.
barba-ryzm *m.* barbarism; **-rzyńca** *m.* barbarian; **-rzyński** *a.* barbarous, barbaric; **-rzyństwo** *n.* barbarity.
barchan *m.* fustian.
barć *f.* beehive.
barczyst-ość *f.* breadth of shoulders; **-y** *a.* broad-shouldered.
bard *m.* bard, minstrel.
bardzo *adv.* very; much; very much.
barjera *f.* barrier, rail, enclosure.
barka *f.* bark, barque.
bark-i *pl.* shoulders; **-owy** *a.* (*anat.*) humeral.

barłóg *m.* litter.
barok *m.* baroque; **-owy** *a.* baroque.
barometr *m.* barometer.
baron *m.* baron; **-et** *m.* baronet; **-owa** *f.* baroness; **-ostwo** *n.* barony.
barszcz *m.* beet soup; (*bot.*) hog-weed.
bartni-ctwo *n.* bee-keeping; **-k** *m.* apiarist; bee-master; (*zool.*) common bear.
barw-a *f.* colour, hue, dye; livery; (*fig.*) pretence, pretext; **-ena** *f.* (*zool.*) gurnard; **-iczka** *f.* paint, rouge; **-ić** *v.* colour, dye; rouge; **-inek** *m.* (*bot.*) periwinkle; **-isty** *a.* coloured, vivid; **-nik** *m.* pigment; **-ny** *a.* many-coloured, variegated.
bary *pl.* shoulders; wziąć (się) za ~, grapple (together, with).
barykad-a *f.* barricade; **-ować** *v.* barricade, block.
barył-a, -ka *f.* barrel; cask.
baryton *m.* baritone; **-owy** *a.* baritone.
bas *m.* bass, bass-voice; **-owy** *a.* bass; dać komu -y, cudgel one.
basałyk *m.* dolt; **-owaty** *a.* doltish.
basen *m.* basin; reservoir, pool.
basetla *f.* bass-viol.
basista *m.* bass.
basować *v.* flatter, applaud.
basta *i.* enough!; that will do! there's an end.
bastard *m.* bastard.
bastjon *m.* bastion (*fort.*).
basza *m.* pasha.
baszta *f.* tower.
baśń *f.* fable, story, fairy-tale.
bat (*gen.* **-u**) *m.* boat; ~, (*gen.* **-a**) *m.* whip, lash; **-og** *m.* whip; **-ożyć** *v.* whip, lash, cudgel; **-y** *pl.* thrashing.
batal-ja *f.* battle; **-jon** *m.* battalion.
baterja *f.* battery.
batuta *f.* stick; pod -ą, under the direction (of).
batyst *m.* batist(e); **-owy** *a.* (of) batist.
bawełn-a *f.* cotton; obwijać w -ę, mince matters; **-iany** *a.* (of) cotton; przędza -iana cotton yarn.
bawi-alnia *f.*, **-alny** *a.* ~ pokój, drawing-room, parlour; **-ć** *v.* amuse, entertain, divert, stay; remain; linger; ~ się, amuse oneself; enjoy oneself; **-dło** **-dełko** *n.* toy; **-enie** *n.* stay; ~ się, amusement, entertainment.
baw-oli *a.* buffalo's; **-ół** *m.* buffalo.
baza *f.* basis; military base.
bazalt *m.* (*min.*) basalt; **-owy** *a.* (of) basalt.
bazar *m.* bazaar.
bazgra-cz *m.* scrawler, scribbler; (*mal.*) daubster; **-ć** *v.* scrawl, scribble; daub; **-nina** *f.* scribble, scrawl; (*mal.*) daub.
bazylik *m.* (*bot.*) basil; **-a** *f.* basilica.
bazylisz-ek *m.* basilisk; **-kowy** *a.* of the basilisk.
bażant *m.* pheasant; **-arnia** *f.* pheasantry.
bąbel *m.* blister.
bądź *v.* (*inf.*) **być**; be; ~, *c.* or; ~ to, ~ tamto, either this or that; ~ co, anything; ~ co ~, at any rate.
bąk *m.* (*orn.*) bittern; (*owad*) horse-fly; (*zabawka*) top; mistake; ~ grający, humming-top; strzelić -a, make a blunder; zbijać -i, idle away; **-ać, -nąć** *v.* gabble.
be, ani ~ ani me, nothing at all.
beatyfikacja *f.* beatification.
bebechy *pl.* guts.
bech *m.* urchin, chit.
bechtać *v.* excite, entice, incite.
beczeć *v.* bleat, blubber; cry; owce -ą, the sheep are bleating.
becz-ka *f.* cask, tun, barrel; ~ cukru, hogshead of sugar; ~ śledzi, keg of herrings; **-kowy** *a.* in cask; **-ułka** *f.* keg, firkin.
bedłka *f.* (*bot.*) fungus; (*med.*) thrush.
bednar-ski *a.* cooper's; **-ska robota, -stwo** *n.* cooperage; **-z** *m.* cooper.
befsztyk *m.* beefsteak.
begonja *f.* begonia.
bejc-a *f.* varnish; corrosive; **-ować** *v.* varnish; corrode.
bek *m.* bleating; blubber; **-nąć** *v.* bleat; blubber; **-sa** *m.* & *f.* blubberer.

bekas *m.* (*orn.*) snipe; **-i** *a.* snipe's.
bekiesza *f.* (Hungarian) fur-coat.
bekowisko *n.* rutting.
bela *f.* bale; (*papieru*) ten reams.
belestryst-a *m.* belletrist; **-yczny** *a.* belletristic; **-yka** *f.* fiction, belles-lettres.
belfer *m.* teacher, school master.
belk-a *f.* beam, pole, rafter; **-owanie** *n.* carpentry.
belladonna *f.* belladonna, deadly nightshade.
bełkot *m.* stammering; **-ać** *v.* stammer; **-liwy** *a.* stammering.
bełt *m.* arrow.
bemol *m.*, *a.* (*muz.*) flat.
benefi-cjum *n.* benefice; **-s** *m.* benefit; **-sant** *m.* **-santka** *f.* beneficiary.
bengalski *a.* Bengalee; ogień ~, Bengal light.
benjaminek *m.* favourite.
benzoes *m.* benzoin.
benzyn-a benzine; (*automobilowa*) petrol.
ber *m.* bere, barley; **-a** *f.* (a variety of) pear.
berbeć *m.* chit; bratling.
berberys *m.* barber(r)y; **-owy** *a.* (of) barberry.
berdysz *m.* battle-axe.
bergamota *f.* bergamot.
berlacz *m.* fur-boot.
berlinka *f.* barge.
berło *n.* sceptre; hawk's pole.
bernardyn *m.* Bernardine (monk); **-ński** *a.* Bernardine('s).
beryl *m.* beryl.
best-ja *f.* beast; brute; **-jalizm** *m.*, **-jalstwo** *n.* beastliness; brutishness; **-jalski** *a.* beastly; brutish; **-wić** *v.* brutalize; ~ się, brutify, run wild, grow savage.
besztać *v.* reprove, rebuke, revile.
bet *m.*, **-y** *pl.* bedding; feather bed.
beton *m.* concrete; **-owy** *a.* (of) concrete.
bez *pr.* without; ~, *m.* (*bot.*) elder, lilac.
bezbarwny *a.* colourless, pale, indifferent.
bezbolesny *a.* painless.
bezbożn-ik *m.* godless, impious man; **-ość** *f.* godlessness; wickedness; **-y** *a.* impious, wicked, godless.
bezbronn-ie *a.* without arms; **-ość** *f.* defencelessness; **-y** *a.* unarmed, defenceless.
bezbrzeżny *a.* boundless; unlimited.
bezcelow-o *a.* aimlessly; **-y** *a.* aimless; of no avail.
bezcen, za ~, dirt-cheap; **-ny** *a.* priceless.
bezceremonjaln-ość *f.* unceremoniousness; **-y** *a.* unceremonious.
bezchmurny *a.* cloudless.
bezcielesny *a.* immaterial, bodiless.
bezczeln-ość *f.* shamelessness, impudence, insolence; **-y** *a.* impudent, shameless, brazen.
bezcześ-cić *v.* profane, violate; **-ć** *f.* infamy, dishonour.
bezczynn-ość *f.* inactivity, idleness; **-y** *a.* inactive, idle.
bezdenn-ość, bezdeń *f.* unfathomableness; abyss; gulf; **-y** *a.* unfathomable, bottomless.
bezdomny *a.* homeless, roofless.
bezdroż-e *n.* tracklessness; wrong path; **-iść** na **-a**, go astray; **-ny** *a.* pathless, untrodden.
bezdrzewny *a.* treeless; ~ papier, rag-paper.
bezduszność *f.* inanimation; dullness; **-y** *a.* inanimate, lifeless; dull.
bezdymny *a.* smokeless.
bezdzietn-ie *a.* childless; **-ość** *f.* childlessness; **-y** *a.* without offspring; childless.
bezdźwięczny *a.* soundless; mute; voiceless.
bezec-eństwo *n.*, **-ność** *f.* infamy; turpitude; **-ny** *a.* abominable, ignominious; foul.
bez-gorączkowy *a.* feverless; **-graniczny** *a.* illimitable; **-grzeszność** *f.* sinlessness, impeccability; **-grzeszny** *a.* sinless; **-gwiazdy** *a.* starless.
bez-imienność *f.* anonymousness; **-imienny** *a.* anonymous; **-interesowność** *f.* disinterestedness; **-interesowny** *a.* disinterested, unselfish, gratui-

tous; **-istotny** *a.* unsubstantial, unessential.

bez-karnie *adv.* with impunity; **-karność** *f.* want of discipline; **-karny** *a.* unpunished; **-kostny** *a.* boneless; **-kres** *m.* boundlessness; **-królewie** *n.* interregnum; **-krwawo** *adv.* bloodlessly; **-krwawy** *a.* bloodless; **-krwistość** *f.* anaemia; **-krwisty** *a.* anaemic; **-krytyczny** *a.* indiscriminate, undiscerning; **-kształtny** *a.* shapeless, difform; **-księżycowy** *a.* moonless.

bez-leśny *a.* treeless; woodless; **-liku** innumerable; **-listny** *a.* leafless; **-litosny** *a.* merciless, pitiless; ruthless; **-ludny** *a.* uninhabited, desolate, desert; **-ludzie** *n.* waste.

bezład *m.* disorder; confusion; **-ny** *a.* disoderly, confused; **-nie** *adv.* helter-skelter.

bez-mała *adv.* almost, nearly, short of; **-miar** *m.* immensity; **-mierny** *a.* immeasurable; **-myślność** *f.* thoughtlessness, giddiness; **-myślny** *a.* thoughtless; giddy.

bez-nadziejnie *adv.* hopelessly; **-nadziejność** *f.* hopelessness; **-nadziejny** *a.* desperate, hopeless; **-naganny** *a.* irreproachable.

bez-okolicznik *m.*, **-okoliczny** *a.* infinitive; **-obłoczny** *a.* cloudless; **-owocność** *f.* uselessness; **-owocny** *a.* fruitless, vain, useless.

bez-pański *a.* ownerless; **-pieczeństwo** *n.*, **-pieczność** *f.* safety, security; **-pieczny** *a.* safe, secure; miejsce -pieczne, place of safety; **-piecznik** *m.* safety-bolt; **-pieniężny** *a.* penniless; **-pierzysty, -pióry** *a.* callow, fledgeless; **-planowy** *a.* planless; **-płatnie** *adv.* gratis, free (of charge); **-płatny** *a.* gratuitous, free; **-płciowość** *f.* sexlessness; **-płciowy** *a.* sexless; **-płodność** *f.* sterility, aridity; fruitlessness; **-płodny** *a.* sterile, unproductive, bare; fruitless; **-podstawność** *f.* groundlessness; **-podstawny** *a.* groundless; **-posażny** *a.* without dowry; **-pośredni** *a.* immediate, direct; pociąg ~~, through train; **-pośrednio** *adv.* immediately, directly; **-potomny** *a.* destitute of offspring, childless; issueless; **-powrotny** *a.* past; irreparable, irretrievable; **-prawie** *n.* lawlessness, injustice; wrong; **-prawny** *a.* lawless, illegal, unjust; **-pretensjonalny** *a.* unpretentious; **-procentowy** *a.* without interest; **-przestanny** *a.* incessant, unintermitted, continual; **-przykładny** *a.* unprecedented, unparalleled; **-przytomny** *a.* haggard; absentminded.

bez-radność *f.* helplessness; **-radny** *a.* helpless; **-robocie** *n.* unemployement; **-roboczy, -robotny** *a.* unemployed; **-rogi** *a.* hornless; **-rolny** *a.* landless; **-rozumny** *a.* irrational, absurd; unreasonable; **-rząd** *m.* anarchy; **-rządny** *a.* anarchic(al).

bez-senność *f.* insomnia, sleeplessness; **-senny** *a.* sleepless, wakeful; **-sensowność** *f.* nonsense, absurdity, incongruity; **-sensowny** *a.* nonsensical, incongruous; **-silność** *f.* impotence; weakness; **-silny** *a.* impotent, weak; powerless; **-skrzydły** *a.* wingless, apterous; **-skuteczność** *f.* inefficiency; **-skuteczny** *a.* inefficient, ineffective; **-sporny** *a.* incontestable; **-sprzeczny** *a.* indisputable; **-stronnie** *adv.* impartially; **-stronność** *f.* impartiality; **-stronny** *a.* impartial, fair; **-śnieżny** *a.* snowless.

bez-taktowny *a.* tactless; **-treściwy** *a.* empty, hollow, unsubstantial; **-troski** *a.* care-free, light-hearted.

bez-ustanny *a.* incessant, uninterrupted; **-użyteczny** *a.* useless.

bez-wartościowy *a.* worthless; without value; **-warunkowy** *a.* absolute, unconditional; ~ **wątpienia** *adv.* no doubt, doubtless; **-wiedny** *a.* unconscious; **-władność** *f.* inertness; inactivity; (*fiz.*) inertia; impotency; **-władny** *a.* inert, inactive, impotent; **-włosy** *a.* hairless; **-wodny** *a.*

anhydrous; waterless; **-wonny** *a.* inodorous; **-wstyd** *m.* shamelessness, impudence; **-wstydnik** *m.* impudent, shameless fellow; **-wyznaniowość** *f.* irreligion; **-wyznaniowiec** *m.* irreligionist; **-wyznaniowy** *a.* undenominational; **-wzajemny** *a.* unrequited; **-względność** *f.* ruthlessness; inconsiderateness; **-względny** *a.* ruthless, inconsiderate.

bez-zasadność *f.* groundlessness; **-zasadny** *a.* groundless, unfounded; **-zębny** *a.* toothless; **-zwłoczny** *a.* immediate; **-zwłocznie** *adv.* immediately, instantly; **-żenny** *a.* unmarried; **-żeństwo** *n.* celibacy, bachelorship; maidenhood.

bęb-en *m.* drum; **-enek** *m.* (*anat.*) tympanum; **-nić** *v.* drum.

bęc *i.* plump, bang; **-nąć** *v.* tumble.

bęcwał *m.* dullard.

będę *v.* *future of* **być.**

bękart *m.* bastard.

biada *i.* woe, ah me!; **-ć** *v.* lament, mourn; (be)wail; **-nie** *n.* lamentation, wailing.

biał-awy *a.* whitish; **-o** *adv.* white, in white; **-ość** *f.* whiteness.

białko *n.* the white of an egg; (*med.*) albumen; **-waty** *a.* albuminous.

biało-drzew *m.* abele; **-głowa** *f.* woman; **-głowski** *a.* womanly; feminine; **-ryb** *m.* whiting; **-skórnictwo** *n.* tannery; tawery; **-skórnik** *m.* tanner; tawer; **-skrzydły** *a.* white-winged; **-włosy** *a.* white-haired, hoary; **-ozor** *m.* (*orn.*) gerfalcon.

biał-y *a.* white, blank, clean; w ~ dzień, in broad day-light; -a płeć, the fair sex; -a broń, side-arms; do -ego dnia, until dawn.

biba *f.* carouse, tippling; feast.

bibl-ijny *a.* biblical; **-ja** *f.* Bible; **-jografja** *f.* bibliography.

bibljote-czny, -karski *a.* (of a) library; **-ka** *f.* library; **-karz** *m.* librarian.

bibosz *m.* tippler, drunkard.

bibu-lasty *a.* spongy; **-ła** *f.* blotting-paper; **-łka** *f.* tissue-paper.

bicie *n.* beating, striking; ~ bydła, slaughtering of cattle; ~ pulsu, pulsation; ~ w dzwony, bell ringing; ~ monety, coinage; ~ serca, palpitation; ~ z dział, gun-fire.

bicykl *m.* bicycle; **-ista** *m.* bicyclist.

bicz *m.* whip; jak z -a, off the bat; **-ować** *v.* whip, scourge, lash; **-ysko** *n.* whip-handle.

bić *v.* beat, strike, smite; defeat; ~ w bębny, beat the drum; ~ bydło, slaughter cattle; ~ w dzwony, ring the bells; ~ kamienie, break stones; ~ pale w ziemię, drive piles in the ground; ~ pieniądze, coin, mint money; ~ takt, beat time; ~ po twarzy, slap in the face; ~ czołem, bow (to), prostrate oneself; pioruny biją, it thunders; zegar bije, the clock strikes; krew bije do głowy, one's face flushes; to bije z oczu, it is obvious; ~ z działa, fire the gun; ~ się, fight.

biec *v.* run; ~ (po), run (for); ~ komu na ratunek, hasten to someone's help; see **biegać.**

bied-a *f.* misery, need, wretchedness; embarrassment; -ę klepać, suffer want; od -y, hardly; as a makeshift; pół -y, passably, tolerably; **-actwo** *n.* poor soul; **-aczek** *m.*, **-aczysko** *n.*, **-ak** *m.*, **-aczka** *f.* poor wretch; **-ny** *a.* poor, miserable, pitiful; sorry; **-ota** *f.* the poor.

biedronka *f.* lady-bird, lady-bug.

biedrzeniec *m.* (*bot.*) pimpernel.

biedzić się *v.* take pains; put oneself to trouble; ~ z kim, have trouble with one.

bieg *m.* course, race, career; ~ interesów, the run of business; **-acz** *m.* runner; **-ać** *v.* run; **-anina** *f.* ado, stir, bustle.

bieg-le *adv.* skilfully, fluently; **-łość** *f.* skill, ability; proficiency; **-ły** *a.* skilled, able, proficient.

biegun *m.* (*fiz.*) pole; (*koń*) race-horse; na -ach rocking (horse); **-owo** *adv.* diametrically; **-owy** *a.* polar.

biegunka *f.* diarrhoea.

biel *f.* white; ~ barytowa, white lead; **-ak** *m.* white hare; **-arz** *m.* bleacher; **-eć** *v.* whiten; **-enie** *n.* bleaching, whitening; whitewashing; **-ić** *v.* bleach, whiten, grow white; whitewash; blanch, tin; **-idło** *n.* white paint; white powder; **-ony** *a.* bleached, whitened; whitewashed; **-szy** *a.* whiter.

bieli-zna *f.* linen; ~ stołowa, napery; **-źniany** *a.* linen; **-źniarka** *f.* chest of drawers.

bielmo *n.* (*med.*) wall-eye; cataract, zdjąć ~, couch an eye.

bieluń *m.* henbane (*bot.*).

biern-ik *m.* accusative case; **-ość** *f.* passiveness; **-y** *a.* passive; indifferent; inert; -a strona, the debit side.

bierwiono *n.* log.

bierzmowa-ć *v.* confirm; **-nie** *n.* confirmation.

bies *m.* devil.

biesiad-a *f.* banquet, feast, revel; **-niczy** *a.* festive; **-nik** *m.* banqueter, reveller, feaster; guest; **-ować** *v.* banquet, feast, revel.

bieżący *a.* (*o czasie*) current; instant; (*o płynach*) flowing; numer ~, current number.

bifsztyk *m.* beefsteak.

bigamja *f.* bigamy.

bigos *m.* hashed meat and cabbage; narobić -u, entangle, embroil matters.

bigot *m.*, **-ka** *f.* bigot; devotee; **-erja** *f.* bigotry, cant.

bija-k *m.* beater; **-tyka** *f.* fight, scuffle.

bijący w oczy, striking, obvious.

bila *f.* billiard ball.

bilans *m.* balance-sheet, balance.

bilard *m.* billiard table, billiards.

bile-cik *m.* note; **-t** *m.* note, letter; ~ kolejowy, ~ do teatru, ticket; ~ wizytowy, visiting card; ~ na loterję, lottery ticket.

biljon *m.* billion.

bilon *m.* (small) change.

bimetalizm *m.* bimetalism.

binda *f.* fillet, scarf.

binokle *pl.* eye-glasses.

biodro *n.* haunch, hip; **-wy** *a.* of the hip.

biograf *m.* biographer; **-iczny** *a.* biographic(al); **-ja** *f.* biography.

biolog *m.* biologist; **-iczny** *a.* biological; **-ja** *f.* biology.

birbant *m.* rake; reveller; **-ować** *v.* revel, carouse.

biret *m.* biretta.

birkut *m.* golden eagle (*zool.*).

bis *i.* bis, encore.

bisior *m.* brocade.

biskup *m.* bishop; **-i** *a.* episcopal; **-stwo** *n.* bishopric.

bisować *v.* encore.

bisurman, -in *m.* infidel; **-nić się** *v.* dissipate.

biszkopt *m.* biscuit.

bit-ka *f.* scuffle, fight; **-ność** *f.* valour, bravery; **-ny** *a.* valiant; brave.

bitwa *f.* battle, fight; walna ~, pitched battle; wydać (stoczyć) bitwę, give battle; przegrać bitwę, be defeated, lose the day.

bit-y *a.* beaten; coined; ~ gościniec, high road; **-e** pismo, close writing.

biuletyn *m.* bulletin, report.

biur-ko *n.* desk; **-o** *n.* office; **-okracja** *f.*, **-okratyzm** *m.* bureaucracy, red-tapery; **-owy** *a.* office.

biust *m.* bust.

biwak *m.* bivouac; **-ować** *v.* bivouac.

bizmut *m.* bismuth.

bizon *m.* (*zool.*) bison.

bizun *m.* whip, lash; scourge.

biżuter-ja *f.* jewellery; jewels.

blach-a *f.* sheet-metal; tin plate; plate; ~ kotłowa, boiler plate; **-arnia** *f.* sheet-iron forge; **-arski** *a.* plumber's; tinker's; **-arz** *m.* plumber; tinker; **-ownia** *n.* sheet-iron works.

blad-aczka *f.* see **blednica**; **-awy** *a.* wan, palish; **-obłękitny,** bluish; **-ość** *f.* paleness, wanness; **-ożółty** *a.* yellowish; **-y** *a.* pale, wan, colourless.

blag-a *f.*, **-ierstwo, -owanie** *n.* humbug, sham; **-ier** *m.* humbug, fraud, imposter; **-ować** *v.* humbug, fudge.

blaknąć *v.* fade, lose colour.

blamować (się) *v.* compromise (oneself).

blanki *pl.* turrets, crenelles.
blankiet *m.* blank, form.
blanko, in ~, in blank.
blask *m.* brightness, lustre, splendour; ~ księżyca, moonlight.
blasz-anka *f.* tin-box, canister; **-any** *a.* (of) tin; **-ka** *f.* plate, spangle.
blat *m.* table-plate; plate.
blech *m.* bleaching; **-arz** *m.* bleacher; bleaching-ground; **-ować** *v.* bleach.
bledn-ąć, -ieć *v.* turn pale; **-ica** *f.* chlorosis; green sickness.
bledziuchny *a.* pale, wan.
blejtram *m.* drawing-board.
blejwas *m.* white-lead.
blekot *m.* (*bot.*) madwort.
blichtr *m.* delusion; sham.
blisk-i *a.* near, imminent; impendent; related; **-o** *adv.* near, nearby, nearly; **-ość** *f.* nearness, proximity; **-oznaczny** *a.* synonimous.
blizna *f.* scar, cicatrice.
bliźni *m.* neighbour, fellow creature; **-aczka** *f.* twin-sister; **-aczy** *a.* twin, twin-born; **-ak** *m.* twin-brother; **-ęta** *pl.* twins.
bliższ-ość *f.* greater nearness; prior right; **-y** *a.* nearer.
bloczek *m.* note-book, pad.
blok *m.* block, log; pulley; pad; **-ada** *f.* blockade; **-ować** *v.* blockade, block up; **-uz** *m.* block-house.
blond *m.* fair, blond; ~ włosy, fair hair; **-yn, -ynka** *f.* blond, fair haired (man, woman).
bluszcz *m.* ivy.
bluza, bluzka *f.* blouse, bodice.
bluzgać *v.* gush; babble.
bluźni-ć *v.* blaspheme; revile; ~ przeciwko rozumowi, talk nonsense; **-erca** *m.* blasphemer; **-erczy** *a.* blasphemous; **-erstwo** blasphemy.
błaga-ć *v.* implore, beseech; **-lny** *a.* supplicatory; **-nie** *n.* supplication.
błah-ość *f.* insignificance; unimportance; **-y** *a.* trifling, unimportant, insignificant.
bławat, -ek *m.* (*bot.*) bluebottle; **-ny** *a.* silken; -ne towary, mercery, drapery.
błaz-en *m.* fool; buffoon; **-eński** *a.* buffoonish; foolish; droll, farcical; **-eństwo** *n.* buffoonery, foolery; drollery; **-nować** *v.* play the fool; (z kogo) make a fool (of one).
błąd *m.* error, mistake, blunder; być w błędzie, be wrong, mistaken; wprowadzić w ~, lead into error; **-zić** *v.* err, go astray, commit a fault.
błąkać się *v.* wander, stray.
błędnik *m.* labyrinth, maze.
błędn-ość *f.* erroneousness, incorrectness; **-y** *a.* erroneous, wrong, faulty; wandering; ~ rycerz, errant knight; **-e** koło, vicious circle; ~ ognik, jack-o'lantern, will-o'-the wisp.
błękit *m.* blue; azure; **-nawy** *a.* bluish; **-ny** *a.* blue, sky-blue.
błoc-ić *v.* soil, dirty, stain with mud; **-ko** *n.* mud.
błog-i *a.* blissful, happy, lovely; **-ość** *f.* blissfulness, bliss.
błogosławi-ć *v.* bless; praise; **-enie** *n.* blessing; **-eństwo** *n.* blessing, benediction, bliss; **-ony** *a.* blessed.
błon-a *f.* membrane, pellicle, film; ~ brzuszna, peritoneum; ~ mózgowa, meninges; ~ sercowa, pericardium; ~ siatkowa (oka), retina; **-ica** *f.* croup; **-owy** *adj.* membraneous.
błonie *n.* common, pasture ground; meadow.
błonk-a *f.* see **błona**; **-oskrzydły** *a.* hymenopterous.
błot-niak *m.* (*orn.*) moor-buzzard; **-ik, -ica** *f.* mudguard; **-niczka** *f.* (*orn.*) marsh titmouse; **-nisty, -ny** *a.* marshy, boggy, swampy; muddy; **-o** *n.* (*bagno*) marsh; bog, swamp; (*ziemia z wodą*) mud.
błysk *m.* gleam, glimpse; flasz; **-ać** see **błyszczeć**; **-ać się** *v.* flash, lighten; -a się, it lightens; **-awica** *f.* lightning, flash of lightning; **-awiczny** *a.* like lightning.
błyskot-ka *f.* tinsel; **-liwy** *a.* glittering, showy, shining, flashy.
błysnąć *v.* shine, glitter, sparkle; flash.

błyszcz-ący *a.* shining, glittering, brilliant; **-eć** *v.* shine; glimmer, glitter.
błyśnięcie, -enie *n.* flash, glitter, sparkle.
bo, -wiem *c.* for, because, as, since.
boa *m.* boa (-constrictor); throat-wrap.
bobak *m.* (*zool.*) marmot.
bob-ek *m.* (*bot.*) bay-berry; laurel; **-ki** *pl.* sheep's dung; **-kowy** *a.* (of) bay.
bobik *m.* bean.
bobo *n.* baby; chubby child.
bobiasty, -owy *a.* bean-like.
bobownik *m.* (*bot.*) brook lime.
bobrek *m.* (*bot.*) buckbean.
bobroszczur *m.* musk shrew (*zool.*).
bobrow-ać *v.* ferret; search; **-y** *a.* (of) beaver; krople -e, castoreum.
bochen, -ek *m.* loaf (of bread).
bocian *m.* (*orn.*) stork; **-i** *a.* stork's; -ie gniazdo, crow's-nest; **-owaty** *a.* storklike.
bocz-kiem *adv.* sideways; **-nica** *f.* siding; **-ny** *a.* lateral, side-; **-yć się**, look askance (at).
boćwina *f.* (*bot.*) beet, beet-leaves.
bodaj! -że! *i.* would that; -byś był, may you...
bodziec *m.* stimulus, incentive; dodać bodźca, stimulate, encourage.
bodziszek *m.* (*bot.*) stork's bill.
boga-cenie *n.* enrichment; **-cić** *v.* enrich; ~~ się, grow rich; **-two** *n.* riches, opulence; wealth; **-ctwa**, resources; **-cz** *a.* rich man; **-ty** *a.* rich, wealthy, costly; abounding (in, with).
Bogarodzica *f.* Our Lady, the Virgin Mary.
bogdaj see **bodaj**
bogini *f.* goddess.
bogobojn-ość *f.* fear of God, piety; **-y** *a.* pious, religious.
bohater *m.* hero; **-ka** *f.* heroine; **-ski** *a.* heroic(al); po -sku, heroically; **-stwo** *n.* heroism.
bohomaz *n.* daub.
boisko *n.* (*klepisko*) threshing-floor; (*sport.*) athletic field.
bojar *m.* Russian nobleman.
bojaźli-wość *f.* fearfulness, timidity; timorousness; **-y** *a.* fearful, timid, timorous.
bojaźń *f.* fear, dread.
boje *pl.* buoys.
bojkot *m.*, **-owanie** *n.* boycott; **-ować** *v.* boycott.
bojow-ać *v.* war, wage war; **-nik** *m.* warrior; **-y** *a.* (of a) battle; (of) war; krzyk -y, warcry.
bok *m.* side, flank; pod -iem, hard by, near at hand; odłożyć na ~, put aside; wziąć na ~, take aside; nabok! clear the way!; z -u, aloof, on the side; wziąć się pod -i, stand (with arms) akimbo; **-iem** *adv.* sideways.
bokobrody *pl.* whiskers.
boks *m.* boxing; **er** *m.* boxer.
bolą-cy *a.* aching, sore; **-czka** *f.* sore; (*fig.*) weak point.
bole-ć *v.* ail, ache, grieve, be sorry; ~ nad, grieve for; boli mnie głowa, I have a headache; niech cię głowa o to nie boli, never mind about that; **-sny** *a.* painful; **-ść** *f.* pain, grief, sorrow; od siedmiu -ści, tolerable, mediocre.
bomba *f.* bomb; jak ~, like a whirlwind; **-rdować** *v.* bombard; **-rdowanie** *n.* bombardment.
bombastyczn-ość *f.* bombast; **-y** *a.* bombastic, inflated.
bonifik-acja *f.* compensation; indemnification; **-ować** *v.* indemnify; credit.
boraks *m.* borax.
bordjura *f.* border, edge.
borowik *m.* (kind of) mushroom.
borowy *m.* forester; ~, *a.* kwas ~, boric acid.
borówka *f.* (*bot.*) bilberry.
borsuk *m.* (*zool.*) badger.
bort *m.* (*okrętu*) gunwale; side-board; za -em, overboard.
boryk-ać się *v.* struggle, grapple; **-anie się** *n.* struggle.
bosak *m.* (*osęk*) fire-hook; (*boso chodzący*) barefooted man; na -a, barefoot(ed).
bość *v.* gore, toss; butt, goad; (*fig.*) stimulate; spur.
bosk-i *a.* godlike, divine; **-ość** *f.* divinity.
bosman *m.* boatswain.

bos-o *adv.* barefoot; **-y** *a.* barefooted.
botani-czny *a.* botanical; **-k** *m.* botanist; **-ka** *f.* botany.
bowiem *c.* for, because, as.
boży *a.* God's; -e Narodzenie, Christmas; cały -y dzień, the whole day long; -e Ciało, Corpus-Christy-day; -a krówka, lady bird; **-szcze** *n.* idol.
bób *m.* beans; dać bobu, give one beans.
bóbr *m.* (*zool.*) beaver, castor; płakać jak ~, shed bitter tears.
Bóg *m.* God; uchowaj, broń Boże, God forbid; daj Boże!, would to God! God grant it!; idź z Bogiem, God be with you!; dla -a, for God's sake! chwała -u, thank heaven; ~ zapłać, God repay you!; Szczęść Boże! God speed!
bój *m.* fight, combat; battle.
ból *m.* ache, pain; ~ głowy, headache; ~ gardła, sore throat; **-e** (połogowe) throes, pain in labour.
bór *m.* wood; pine forest.
bóstwo *n.* deity, divinity; godhead.
bóść see **bość.**
bóżnica *f.* synagogue.
brac-ia *pl.* brethren; (*relig.*) friars; **-iszek** *m.* little brother; (*relig.*) lay brother; **-ki** *a.* fraternal; **-two** *n.* confraternity; brotherhood.
brać *v.* take; (o rybach) nibble; ~ za złe, take amiss; mróz bierze, it is freezing; ~ się do czego, undertake; ~ ślub, be married; ~ na uwagę, take into consideration; ~ na torturę, put to the rack; ~, *f.* fraternity.
brak *m.* lack, need, want, scarcity; dla -u, for want of; czuć ~ kogoś, miss one; w braku..., in default of; **-i** *pl.* imperfections, shortcomings; disadvantages; **-nąć, -ować** *v.* be lacking, be wanting; be missing; be short (of); garble.
bram-a *f.* gate; ~ triumfalna, triumphal arch; **-ka** *f.* (*football*) gaol; **-karz** *m.* gaol-keeper; **-ować** *v.* border, garnish; **-owanie** *n.* border, garnishing; embroidery.
bran-ie *n.* taking; **-iec** *m.* prisoner of war; captive; **-ka** *f.* woman prisoner; (*pobór*) conscription, recruiting.
brankard *m.* stretchers.
bransoleta *f.* bracelet.
branża *f.* line (of business); speciality.
brat *m.* brother; ~ cioteczny; cousin; ~ przyrodni, step-brother; za pan ~, cater-cousins; **-ać** *v.* unite closely; ~ się, fraternize; **-anek** *m.* nephew; **-anie się** *n.* fraternizing; **-anka** *f.* niece; **-ek** *m.* (*bot.*) pansy; **-erski** *a.* brotherly, fraternal; **-erskość** *f.* brotherliness; **-erstwo** *n.* a brother and his wife; brotherliness; brotherhood; **-ni** *a.* brotherly, fraternal; **-obójczy** *a.* fratricidal; **-obójstwo** *n.* fratricide; **-owa** *f.* sister-in-law.
braw-o *i.* bravo!, well done!; **-ura** *f.* bravery, courage.
bre-dnie *pl.* nonsense, trash; **-dzenie** *n.* foolish talk; **-dzić** *v.* (w gorączce) ramble; rave; twaddle; talk through one's hat.
brek *m.* break.
brelok *m.* trinket.
bretnal *m.* nail.
brew *f.* eyebrow.
brewerje *pl.* riot; brawl; wyrabiać ~, riot, brawl.
brewjarz *m.* breviary.
brezent *m.* awning, tilt.
brnąć *v.* wade; ford; (*fig.*) flounder, be swamped, mudde through.
broczyć *v.* imbrue; ~ krwią, drip with blood.
broda *f.* beard; chin; zapuścić -ę, grow a beard; **-ty** *a.* bearded; **-wka** *f.* wart; ~~ cyckowa, nipple; **-wnik** *m.* (*bot.*) dandelion.
brodz-ący *a.* wading; **-ić** *v.* wade; ford; ~~ we krwi imbrue in blood.
broiciel *m.* mischief-maker; **-ć** *v.* make mischief.
brokat *m.*, **-ela** *f.* brocade.
brom *m.* bromine; **-ek** *m.* bromide.
bron-a *f.* harrow; **-ować** *v.* harrow.

bro-nić *v.* defend, protect, shield; (*zabraniać*) forbid, interdict; broń Boże!, God forbid! ~ **sprawy**, plead a cause; ~ się, defend oneself; guard (against); **-nienie się** *n.* defense, justification.
bronz *m.* bronze; **-owy** *a.* (of) bronze, bronzy; (*brunatny*) brown.
broń *f.* weapon, arm; ~ ręczna, ~ sieczna, side-arm; ~ palna, firearm; towarzysz -i, companion in arms; stać pod bronią, be up in arms; do broni!, to arms!; złożyć ~! lay down arms!, zawieszenie -i, armistice.
brosz-a, -ka *f.* brooch.
broszur-a, -ka *f.* pamphlet; **-owany** *a.* in pamphlet form.
browar *m.* brewery.
brożek *m.* stack, rick; (hen-) coop.
bród *m.* ford; przejść rzekę w ~, ford a river; w ~, plenty, in profusion.
bródka *f.* little beard; goatee.
bróg *m.* stack, rick.
bróz-da *f.* furrow; **-dować** *v.* furrow; **-ździć** *v.* hamper; make mischief.
brud *m.* dirt, filth; **-as** *m.* sloven; **-ny** *a.* dirty, filthy; pisać na -no, make a rough draft; **-zić** *v.* dirty, soil.
bruk *m.* pavement; zbijać -i, saunter, idle; **-ać** *v.* see **brudzić**; **-arz** *m.* paver; **-ować** *v.* pave; **-owe** *n.* toll; **-owy** *a.* paving-; **-owe** pismo, gutter paper.
brukiew *f.* turnip.
brukselka *f.* Brussels sprouts.
bruljon *m.* rough copy; scribble; scribbling-book.
brunatn-ić *v.*, **-ieć** *v.* brown; **-y** *a.* brown; węgiel -y, peat.
brunet *m.*, **-ka** *f.* dark complexioned, brown, black-haired.
brutal *m.* brute; **-ność** *f.* brutality; **-ny** *a.* brutal, rough.
brutto, waga ~, gross weight; dochody ~, gross receipts.
brwi *pl.* eyebrows.
bryczka *f.* carriage, four-wheeler.
bryg *m.* (*mar.*) brig.
brygad-a *f.* brigade; ~ kolejowa, gang; **-jer** *m.* brigadier-general.
brykać *v.* frisk, gambol, jib.
brykiet *m.* briquette.
brykla *f.* busk.
brylant *m.* diamond; **-owy** *a.* (of) diamond.
brylantyna *f.* brilliantine.
brylasty *a.* lumpy.
brylować *v.* shine.
brył-a *f.* lump; mass; clod (of earth); ingot; **-owaty** *a.* solid, massive, lumpy.
bryndza *f.* kind of cheese made of ewe's milk.
bryt *m.* breadth.
bryś, brytan *m.* mastiff.
brytfanna *f.* frying pan.
bryzg *m.* squirt; jet; **-ać** *v.* **bryznąć** *v.* spout, squirt, splash.
brzask *m.* day-break, dawn.
brząk-ać, -nąć *v.* strum, jingle, clink.
brzdęk *i.* flop, plump; **-nąć** *v.* plump down.
brzeg *m.* edge, brink, verge; (*morza*) coast, shore; (*rzeki*) bank; (*książki*) margin; (*lasu*) skirt; pełny po -i, brim-full; **-ówka** *f.* (*orn.*) sand martin.
brzemi-enność *f.* pregnancy; **-enna** *f.* pregnant; **-enny** *a.* pregnant; **-ę** *n.* burden, load.
brzeszczot *m.* sword-blade.
brzezina *f.* birch-wood.
brzeżek *m.* border, edge.
brzeżyca *f.* (*bot.*) shore-weed.
brzęcz-ący *a.* tinkling; humming; -ąca moneta, cash; **-eć** *v.* (*o metalu*) tinkle, cling; (*o owadach*) hum; buzz.
brzęk *m.* clash, clink, jingle; **-adło** *n.* tinkle, rattle; **-ać** *v.* clash, tinkle; **-liwy** *a.* clinking, jingling.
brzmi-ący *a.* resounding, sonorous, ringing; **-eć** *v.* sound, ring; (*o tekście*) read; **-enie** *n.* sound; tenor, contents; import; text.
brzoskwini-a *f.* peach, peach-tree; **-owy** *a.* (of the) peach.
brzost *m.* (*bot.*) elm; **-owy** *a.* (of the) elm.
brzoz-a *f.* birch, birch-tree; **-owy** *a.* birchen, (of the) birch.
brzuch *m.* belly, abdomen; **-acz, -al** *m.*, **-aty** *a.* big-bellied; **-omówca** *m.* ventriloquist.
brzu-siec *m.* convexity, protuberance; **-szny** *a.* abdominal.

brzyd-ki *a.* ugly; nasty; **-ko** wyglądać, look badly; **-nąć** *v.* become ugly; **-ota** *f.* ugliness.
brzydz-enie się *n.* abhorrence, abomination, disgust; **-ić się** *v.* loathe, abhor.
brzytwa *f.* razor.
buazerja *f.* wainscoting.
buch *i.* plump! bang!; **-ać** *v.* gush; spout out, squirt.
buchalter *m.* book-keeper; **-ja** *f.* book-keeping; podwójna ~, book-keeping by double entry.
buchnąć (*upaść*) *v.* plump, fall heavily.
buchta *f.* (*geogr.*) bay, creek.
bucik *m.* boot, shoe.
buczyna *f.* beech-wood, beech-tree.
bud-a *f.* booth, shed, stall; ~ jarmarczna, market-stall; psia ~, kennel; ~ u powozu, tilt; **-ka** *f.* shed; ~ strażnicza, sentry-box; ~ suflerska, prompter's box; **-nik** *m.* railway guard.
budowa *f.* building, structure, construction, architecture; (*ciała*) constitution; **-ć** *v.* build, construct; edify; ~~ zamki na lodzie, build castles in the air; na czemś ~~, rely on something.
budow-la *f.* building, edifice; construction; **-lany** *a.* building; drzewo -lane, timber; **-nictwo** *n.* architecture.
buduar *m.* boudoir, lady's private room.
budu-jący *a.* edifying; **-lec** *m.* timber.
budynek *m.* building. edifice; structure.
budyń *m.* pudding.
budz-enie *n.* awakening, arousing; **-ić** *v.* awake, arouse; ~ nienawiść, arouse (excite) hatred; ~~ się, awake; **-ik** *m.* alarum-clock.
budżet *m.* budget.
bufet *m.* sideboard; ~ kolejowy, refreshment room; **-owa** *f.* barmaid.
buf-iasty *a.* puffed; **-on** *m.* buffoon, boaster; **-onada** *f.* buffoonery.
bufor *m.* buffer.
buhaj *m.* bull.
buj-ać *v.* buoy, soar, tower; revel; ~ po świecie, roam about the world; ~ się, rock, swing; pozwolić ~ swej imaginacji, give the reins to the imagination.
bujn-ość *f.* exuberance; rankness; luxuriance; **-y** *a.* exuberant, abundant; rank; luxuriant.
buk *m.*, **-owina** *f.* beech, beech-wood; **-iew** *f.* beech-nut; **-owy** *a.* beech(en).
bukiet *m.* bouquet, nosegay.
bukłak *m.* leather bottle.
bukszpan *m.* box-tree; box; **-owy** *a.* box(en).
bukszpryt *m.* bowsprit (*mar.*).
bukwica *f.* (*bot.*) betony.
buldeneż *f.* snow-ball tree.
bulgotać *v.* bubble, gurgle.
buljon *m.* broth.
bulla *f.* (*papieska*) bull.
bulw-a *f.* bulb, tuber; **-iasty** *a.* bulby; tuberiferous.
bulwar *m.* boulevard, avenue.
bułany *a.* dun-coloured.
bułat *m.* scimetar.
buława *f.* truncheon, staff.
buł-eczka, -ka *f.* roll.
bunt *m.* sedition, mutiny, revolt; **-ować** *v.* instigate, stir up (against); ~~ się, rebel, revolt; **-owniczy** *a.* rebellious, seditious, mutinous; **-ownik** *m.* rebel, rioter.
buńczu-czny *a.* blusterous; ~, *m.* standard-bearer; **-czyć się** *v.* bluster, grow proud; **-k** *m.* Turkish standard.
bura *f.* rebuke; reprimand.
bura-czany, -kowy *a.* (of) beet; **-k** *m.* beet, beetroot; ~ pastewny, mangold.
burcze-ć *v.* rebuke, reprimand; grumble; growl; **-nie** w brzuchu (potoczn.) collywobbles.
burda *f.* brawl, scuffle, row.
burdel *m.* brothel.
burgund *m.* Burgundy (wine).
burka *f.* felt coat, rain-cloak.
burknąć *v.* see **burczeć**.
burmistrz *m.* mayor; **-owski** *a.* mayoral, mayor's.
burnus *m.* burnouse.
bursa *f.* boarding-school.
bursztyn *m.* amber; **-owy** *a.* (of) amber.
burt *m.* gunwale, board; border, galloon; **-a** *f.* gunwale, board.
bury *a.* dark-grey.

burz-a *f.* storm, tempest; **-enie** *n.* agitation, fermentation; (*zburzenie*) destruction, pulling down; **-liwość** *f.* boisterousness, turbulence; **-liwy** *a.* stormy, boisterous; **-yć** *v.* ferment, instigate; (*zburzyć*) pull down, destroy; ~~ **się** *v.* ferment; rage; **-yciel** *m* instigator; destroyer.

burżuaz-ja *f.* bourgeoisie, the rich (class); **-yjny** *a.* bourgeois; capitalistic.

busola *f.* compass.

buszować *v.* behave wildly; bestir oneself; turn things upside-down.

but *m.* boot, shoe; -y z cholewami, top-boots.

buta *f.* arrogance, pride.

butel-czyna, -eczka *f.* little bottle; **-ka** *f.* bottle; **-kować** *v.* bottle, store in bottles; **-kowy** *a.* bottled.

butla *f.* jar, bottle.

butn-ość *f.* haughtiness, pride; **-y** *a.* haughty, proud; arrogant.

butonierka *f.* buttonhole.

butwieć *v.* moulder, rot.

buzia *f.*, **-czek, -k** *m.* mouth, lips; face; kiss; dać buzi, give a kiss.

buzować *v.* snub, rebuke; (*o ogniu*) crackle.

by *c.* to, so that, for, in order to; even, as though.

być *v.* be; co ci jest? what is the matter with you?; ~ może, perhaps, maybe.

bycz-ek *m.* bullock; **-y** *a.* ox's, bullock's.

byd-lak *m.*, **-lę** *n.* beast, brute; **-lątko** *n.* little animal; **-lęcość** *f.* beastliness; **-lęcieć** *v.* brutify; **-lęcy** *a.* brutish, bestial; **-ło** *n.* cattle; neat; ~ rogate, horned cattle.

byk *m.* bull; **-owiec** *m.* pizzle.

byle, -by, ~ **tylko** *c.* provided that...; as long as; ~ co, anything (whatever); ~ jaki, anyone, of any kind; ~ jak, anyhow.

bylica *f.* (*bot.*) mugwort, artemisia.

były *a.* former; late; one-time; ex-.

bynajmniej *adv.* by no means, in no wise; not at all.

bystr-ość *f.* swiftness, quickness, rapidity; (~ *umysłu*) shrewdness; **-y** *a.* swift, rapid, clever, shrewd; quick-sighted; ~ wzrok, sharp sight; keen look.

byt *m.* existence, state; dobry ~, welfare, prosperity; **-ność** *f.* stay, sojourn; **-ować** *v.* exist, be, stay.

bywa-ć *v.* frequent, haunt; happen; **-j zdrów!** farewell!; **-lec** *m.* frequenter, old stager; **-ły** *a.* experienced.

bzdu-ra *f.* stuff, fiddle-faddle; trash; **-rny** *a.* trifling; **-rstwo** *n.* nonsense; **-rzyć** *v.* talk nonsense.

bzik *m.* craze, craziness; mieć -a, be crack-brained, be crazy.

bzykać *v.* hum, buzz.

bździć *v.* fart, stink.

C

caca *i.*, **-ny** *a.* pretty, lovely.

cackać się *v.* ~ fondle, caress; make much (of); fuss with oneself.

cacko *n.* toy, gewgaw.

cal *m.* inch; **-ówka** *f.* deal; **-owy** *a.* one inch (thick, or long or in diameter).

calu-chny, -sieńki, -tki, -teńki *a.* all, whole; entire, undamaged; ~ dzień, all day long.

całk-iem, -owicie *adv.* wholly, entirely, completely, quite; **-ować** *v.* (*mat.*) integrate; **-owitość** *f.* totality, the whole; **-owity** *a.* whole, complete, total; **-owy** *a.* (*mat.*) integral.

cało *adv.* safely, safe and sound; entirely, wholly; **-dziennie** *adv.* all day long; **-dzienny** *a.* (a) full day's; **-kształt** *m.* the whole; complex; **-nocny** *a.* (a) full night's; **-palenie** *n.* burnt offering, holocaust; **-roczny** *a.* twelvemonth; ~~ procent, full year interest; **-ść** *f.* the sum, whole, totality; safety; **-tygodniowy** *a.* (a) full week's.

cał-ować *v.* kiss, embrace; ~ w rękę, kiss one's hand; -ować się, kiss (one another); **-us** *m.* kiss; **-usek** *m.* kiss *(cake).*
całun *m.* shroud, pall.
cały *a.* whole, all, entire, total; safe.
cap, ~ łap *i.* snap! ~, *m.* he-goat; sluggard; **-ać, -nąć** *v.* snap, grasp.
capstrzyk *m.* tattoo.
car *m.* czar; **-ewicz** *m.* czarevitch; **-owa** *f.* czarina; **-ski** *a.* czar's; **-stwo** *n.* empire.
cąber *m.* rump, fillet, buttock.
cążki *pl.* pincers, nippers, tongs.
ceb-er *m.* pail, bucket; leje jak z -ra, it is raining cats and dogs; **-rzyk** *m.* little bucket.
cebul-a *f.* onion; **-ka** *f.* bulb; **-asty, -kowaty** *a.* bulbous, bulbaceous; **-kowy** *a.* (of) onion.
cech *m.* guild, corporation, association; **-mistrz** *m.* master of a corporation; **-owy** *a.* guild's.
cech-a *f.* feature, mark, sign, stamp, token, characteristic; trait; indication; ~ fabryczna, trade mark; **-ować** *v.* characterize; distinguish; mark, stamp; **-owany** *a.* marked, stamped; noted.
cedować *v.* transfer, endorse; cede; **-anie** *n.* endorsement; cession.
cedr *m.* cedar; **-owy** *a.* (of) cedar.
ceduła *f.* shedule; list; bill; ~ giełdowa, chart, list of quotations.
cedz-enie *n.* filtration, straining; **-ić** *v.* filter, filtrate, strain; ~ przez zęby słowa, drawl; **-idło** *n.* strainer, colander; **-iny** *pl.* sediment, dregs, lees.
ceg-ielnia *f.* brick-kiln; **-ielniany** *a.* piec ~, brick furnace; **-iełka** *f.* brick, block; **-lany** *a.* (of) brick; **-lasty** *a.* bricky; **-ła** *f.* brick; ~ ogniotrwała, fire-brick; ~ dęta, hollow brick.
cel *m.* aim, scope, design; end; view; object; target; ~ pośmiewiska, laughing stock; brać na ~, take aim; trafić do -u, hit the mark; bez -u, aimlessly; w -u, for the purpose; for the sake; to the end; **-em** *adv.* in order to; **-nie** *adv.* exactly, right; excellently; ~ strzelać, be a good shot; **-ność** *f.* precision, accuracy; correctness; eminence; **-ny** *a.* pertinent, eminent; to the point; *(cła)* (of) customs-house; ~ strzelec, good shot, marksman; **-ować** *v.* *(do czegoś)* aim at; *(w czemś)* excel(in); *(nad czemś)* surpass, outdo; **-ica** *f.* diopter; **-ownik** *m.* *(gram.)* dative; **-owość** *f.* suitableness; pertinency, appropriateness; **-owy** *a.* appropriate, suitable; **-ujący** *a.* excellent.
cel-a *f.* cell; **-ka** *f.* small cell; cellule; **-kowy** *a.* cellular.
celebr-ant *m.* celebrant; **-ować** *v.* celebrate.
celibat *m.* celibacy.
celn-ik *m.* customs-house officer; **-y** *a.* (of) customs-house, taryfa -a, customs tariff; komora -a, customs-house.
celulo-id *m.* celluloid; **-idowy** *a.* (of) celluloid; **-za** *f.* cellulose.
cembr-ować *v.* frame; **-owanie** *n.* framing.
cement *m.* cement; concrete; **-ować** *v.* cement; **-owy** *a.* (of) cement.
cen-a *f.* price, value, cost; rate; za wszelką -ę, at any cost; **-ić** *v.* prise, value, estimate, esteem; tax; **-ienie** *n.* evaluation; **-nik** *m.* price-list, price-current; **-ność** *f.* high price, value; preciosity; **-ny** *a.* precious, valuable.
cent *m.* cent.
Centaur *m.* Centaur.
centnar *m.* hundredweight, quintal.
central-a *f.* head-office, chief office; **-ista** *m.* centralist; **-izacja** *f.* centralization; **-ny** *a.* central.
centrum *m.* centre, center.
centryfuga *f.* cream-separator; **-lny** *a.* centrifugal.
centurja *f.* centaury *(bot.).*
centy-gram *m.* centigramme; **-m** *m.* centime; **-metr** *m.* centimetre; *(tasiemka metrowa)* tape-measure.
cenz-or *m.* censor; **-orski** *a.* censorial; **-ura** *f.* school report, censure; blame, censorship; **-uralny** *a.* censurable; **-urować** *v.* censure, criticize.

cep *m.* flail; **-ak** *m.*, **-isko** *n.* flail-staff.
cera *f.* complexion; (*w tkaninie*) darn.
cerami-czny *a.* ceramic; **-ka** *f.* pottery.
cerata *f.* oil-cloth.
ceregiel-e *pl.* fuss, ceremony, ado; ceremoniousness; **-ować się** *v.* fuss; stand upon ceremony.
ceremonj-a *f.* ceremony; **-alność** *f.* ceremoniousness; **-alny** *a.* ceremonial, ceremonious; **-ał** *m.* ceremonial.
cerkiew *f.* (Orthodox) church.
cerować *v.* darn; **-nie** *n.* darning.
certować się *v.* contend, dispute; contest.
cesa-rski *a.* imperial; -rskie cięcie, caesarean operation; **-rstwo** *n.* empire; **-rz** *m.* emperor.
cesja *f.* cession.
cetnar *m.* hundredweight, quintal.
cetno *n.* even number; ~ i licho, even and odd.
cewka *f.* bobbin, spool; pipe.
cęt-ka *f.* dot, spot, speckle; w -ki, speckled; **-kować** *v.* spot, speckle.
chaber *m.* (*bot.*) bluebottle.
chadzać *v.* *repetitive form of* **chodzić.**
chała-ciarz *m.* Orthodox Jew; **-t** *m.* Jew's gaberdine.
chałastra *f.* mob, rabble, populace.
chałup-a, -ka, -eczka, -ina *f.* hut, house, cabin, cot.
cham *m.* churl; yokel; peasant; **-ski** *a* rustic, churlish, uncouth.
chao-s *m.* chaos; **-tyczny** *a.* chaotic, confused.
chap-ać, -nąć *v.* grasp, snap.
charakter *m.* character, temper, disposition, reputation; handwriting; mark, sign; capacity; **-ystyczny** *a.* characteristic; **-ystyka** *f.* characteristic, trait; **-yzować** *v.* characterize; **-yzacja** *f.* make-up.
char-ci *a.* greyhound's; **-cica** *f.* greyhound-bitch; **-t** *m.* greyhound.
char-czeć, -kać, -knąć *v.* hawk; snore, snort, belch; **-kot** *m.* belching, rattling (in the throat).
charłak *m.* sickly (decrepit) man.
chat-a *f.*, **-ka** *f.* hut, hovel, cabin.
chc-enie *n.* volition, mind, desire; inclination; **-ieć** *v.* want; desire, intend, try; **chce mi się,** I feel like; I **have a mind (to)**; chciałbym, I **should like (to)**; czego chcesz? what would you have?; chcąc nie chcąc, willy-nilly; **-iwie** *adv.* eagerly, greedily; voraciously; **-iwiec** *m.* niggard; miser; **-iwość** *f.* greediness, covetousness, avidity; eagerness; **-iwy** *a.* greedy, covetous, voracious.
cheder *m.* Jewish primary school.
chełbotać *v.* agitate, shake; stir.
chełp-ić się *v.* boast (of), brag, vaunt; **-iciel** *m.* **-ielka** *f.* boaster, braggart; **-liwość** *f.* boastfulness, brag; **-liwy** *a.* boastful.
chem-iczny *a.* chemical; związek ~, chemical combination, compound; przetwory -iczne, chemical products; **-ik** *m.* chemist; **-ikalja** *pl.* chemicals; **-ja** *f.* chemistry.
cherl-ać *v.* be sickly; droop, faint, decline; **-ak** *m.* sickly person, valetudinarian; invalid; **-awy** *a.* sickly, healthless, decrepit, drooping.
cherub *m.* cherub.
chę-ć *f.* wish, mind, desire, disposition; z miłą -cią, with pleasure, gladly; **-tka** *f.* fancy, mind; **-tnie** *adv.* willingly; **-tny** *a.* willing, fain, ready.
chędo-gi *a.* neat, clean; **-gość** *f.* cleanliness, neatness.
chichot *m.*, **chichy** *pl.* giggle, titter, chuckle; **-ać, -ać się** *v.* giggle, titter, chuckle.
chimer-a *f.* chimera, whim; freak; **-yczny** *a.* chimerical, whimsical.
chin-a *f.* cinchona; **-ina** *f.* quinine.
chiński *a.* Chinese.
chiroman-cja *f.* chiromancy, palmistry.
chirurg *m.* surgeon; **-iczny** *a.* surgical; **-ja** *f.* surgery.
chlać *v.* tope.

chlapa-ć *v.* splash, bespatter; **-nina** *f.* splashing; (*słota*) foul weather.
chlas-nąć, -tać *v.* whack, bang; (*błotem*) splash.
chleb *m.* bread; (*fig.*) livelihood; ~ razowy, brown bread; ~ z masłem, bread and butter; ~ łaskawy, charity; ~ pszenny, wheat bread; **-odawca** *m.* employer; fosterer.
chlew *m.* pigsty.
chlipać *v.* lap, quaff; whimper.
chlor *m.* chlorine; **-al** *m.* chloral; **-an** *m.* chlorate; **-ek** *m.* chlorure; ~ magnezu, hypochloride of magnesium; **-oform** *m.* chloroform; **-oformować** *v.* chloroform.
chlub-a *f.* honour, pride; credit; **-ić się** *v.* glory (in); take pride (in); boast (of); **-nie** *adv.* honourably, laudably, creditably; **-ny** *a.* honourable, creditable, laudable.
chlu-botać, -potać, -pać *v.* gurgle; **-potanie** *n.* gurgling.
chlus-nąć, -tać *v.* splash, squirt.
chłeptać *v.* lap, quaff.
chłod-ek *m.* cool, freshness; **-nawo** *adv.* cool(ly), fresh(ly); **-nawy** *a.* cool, fresh; **-nąć, -nieć** *v.* freshen; cool; grow cold; **-nik** *m.* bower; (*napój*) refreshing beverage; (*zupa*) (kind of) cold soup; **-no** *adv.* coolly, freshly; jest ~, it is cool; **-ny** *a.* cool, fresh.
chłodz-ący *a.* refreshing, cooling; **-ić** *v.* cool, refresh.
chłon-ąć *v.* absorb; suck up; imbibe; devour; **-ienie, -ięcie** *n.* absorption.
chłop *m.* yokel, peasant; boor; ~ w -a, the pick (of); to dobry ~, he is a brick; **-aczek, -ak, -czyk, -czyna** *m.* little boy, lad, boy, stripling; **-czysko** *n.* urchin; **-iec** *m.*, **-ię** *n.* boy; lad, child; **-ięctwo** *n.* boyhood; **-ięcy** *a.* boyish; childish; **-isko** *n.* boor, churl; **-ka** *f.* countrywoman; **-ski** *a.* peasant, rustic, churlish; ~~ rozum, common sense; **-stwo** *n.* peasantry.
chłosta *f.* whipping, flogging; **-ć** *v.* whip, lash; flog.
chłód *m.* cool, coolness, freshness.
chłystek *m.* hobbledehoy; noodle; wretch.
chmara *f.* swarm, crowd, multitude, mass.
chmiel *m.* hop; **-arnia** *f.*, **-nik** *m.* hop-garden; **-arz** *m.* hop-picker; **-ić** *v.* hop.
chmu-ra, -rka *f.* cloud; **-rny** *a.* cloudy, gloomy, overcast; **-rzyć** *v.* overcast, cloud; ~ **się** *v.* grow cloudy; grow overcast; ~~ na kogoś, frown on one.
chochla *f.* ladle.
chochlik *m.* gnome.
chochoł *m.* mulch.
cho-ciaż, -ć *c.* though, although, albeit; **-ć** *adv.* at least; ~~ trochę, at least a trifle; ever so little; -ćby nawet, even though; -ciażby tylko, even if, if only.
choda-czkowy *a.* poor; szlachta -czkowa, petty freeholders; **-k** *m.* clog (shoe).
chod-nik *m.* pavement, footwalk; (*na podłodze*) rug; **-zić** *v.* walk, go; (*o pociągu i t. p.*) run; (*o zegarze*) go; (*o pogłosce*) be abroad; ~ do szkoły, frequent school, go to school; ~ na, (*studjować*) study; ~ za swemi interesami, look after one's business; ~ koło, tend, take care (of); o co chodzi?, what is the matter?; chodzi o jego życie, his life is at stake; chodzi mi o to, I am intent on it.
choin-a *f.* fir, spruce; **-ka** *f.* Christmas tree.
choler-a *f.* cholera; **-yczny** *a.* choleric; irascible, billious.
cholew-a, -ka *f.* boot leg; **-ki** smalić, court, woo.
chomąto *n.* (horse's) collar.
chomik *m.* (*zool.*) hamster.
chorągiew *f.* standard, ensign, flag; banner; (*żołnierze*) squadron; **-ka** *f.* pennon, streamer; (*na dachu*) vane, weathercock.
chorał *m.* choral(e); church music.
chorąży *m.* standard-bearer, ensign.
choreografja *f.* choreography.
choro-ba *f.* sickness, disease, illness; complaint; ~ morska, seasickness; ~ umysłowa, insanity, mental alienation; -bą złożony, bedridden; idź do -by,

be hanged; **-bliwość** *f.* sickliness; **-bliwy** *a.* morbid, sickly, unhealthy; **-wać** *v.* be ill; suffer (from); be sick; ~ na oczy, have sore eyes; **-witość** sickliness; **-wity** *a.* sickly.
chory *a.* sick, diseased, ill; ~, *m.* patient.
chowa-ć *v.* keep; hide, conceal; (*umarłego*) bury; (*hodować*) breed, rear; ~ do kieszeni, put in one's pocket; ~ dzieci, bring up children; ~ się, hide oneself, be brought up; **-ny** *a.* domestic; tame; grać w -nego, play (at) hide-and-seek.
chód *m.* walk, gait, pace.
chór *m.* choir, chorus; **-alny** *a.* choral.
chów *m.* breeding; rearing (of cattle).
chrabąszcz *m.* beetle.
chrap *m.* nostril; **-ać** *v.* snore, snort; **-ka** *f.* grudge; mieć na kogoś -kę, bear a person a grudge; **-liwość** *f.* hoarseness; **-liwy** *a.* hoarse, husky; **-y** *pl.* nostrils.
chrobot *m.*, **-anie** *n.* grating, rattling, jar, rustle; **-ać** *v.* grate, jar, rattle.
chrobry *pm.* brave, valiant.
chrom *m.* chrome; **-ać** *v.* limp, hobble; **-anie** *n.* hobble; **-y** *a.* lame; limping.
chromatyczny *a.* chromatic.
chromolitograf-iczny *a.* chromolithographic; **-ja** *f.* chromo.
chromow-y *a.*, farby -e, chrome paints.
chroniczny *a.* chronic.
chronić *v.* shelter; screen, shield, protect; ~ się, seek shelter.
chronolog-iczny *a.* chronological; **-ja** *f.* chronology.
chronometr *m.* chronometer, time-piece.
chropowa-cieć *v.* grow rugged; **-tość** *f.* ruggedness, roughness; **-ty** *a.* rough, rugged, harsh.
chróst *m.* dry wood.
chrup-ać, -nąć *v.* crunch.
chryja *f.* scandal.
chryp-ka *f.* hoarseness; mieć -kę, be hoarse; **-liwy** *a.* hoarse.
Chrystus *m.* Christ.
chryzantema *f.* chrysanthemum.
chrzan *m.* horse-radish.
chrząk-ać, -nąć *v.* hem, cough; (*o świni*) grunt.
chrząst-ka *f.* cartilage, gristle; **-owaty** *a.* gristly, cartilaginous.
chrząszcz *m.* beetle; may-bug; scarabee.
chrzci-ciel *m.*, św. Jan ~, St. John the Baptist; **-ć** *v.* baptize, christen; **-elnica** *f.* font; **-ny** *pl.* christening.
chrzczony *a.* baptized.
chrzest *m.* baptism; trzymać do chrztu, stand godfather (to); matka -na, godmother; syn -ny, godson.
chrześcija-nin *m.*, **-nka** *f.*, **-ński** *a.* Christian; **-ństwo** *n.* Christianity, Christendom.
chrześnia-czka *f.* goddaughter; **-k** *m.* godson.
chrzę-st *m.* clash, clang; rattle, clatter; **-ścić** *v.* clink, clatter, rattle, clash.
chuch-ać, -nąć *v.* breathe, blow; **-rak** *m.* gaunt, sickly man; **-ro** *n.* (*ryby*) soft roe; (*fig.*) weakling.
chuć *f.* lust, concupiscence.
chud-erlawy *a.* meager, lean; **-nąć** *v.* loose weight, grow lean, meagre; **-oba** *f.* modest property; **-ość** *f.* leanness, meagreness; **-y** *a.* lean, meagre, lank; gaunt.
chudzi-ątko *n.*, **-na** *f.* poor wretch; **-uchny** *a.* lean, lank.
chust-a *f.* kerchief; neckerchief; **-eczka, -ka** *f.* handkerchief.
chwacki *a.* valorous, brave.
chwalca *m.* praiser, eulogist.
chwal-ebność *f.* laudableness, praiseworthiness; **-ebny** *a.* praiseworthy, laudable, commendable; **-enie** *n.* praise; **-enie się** *n.* self-praise; **-ić** *v.* praise, commend; ~ się, boast (of).
chwała *f.* praise, glory; renown; worship; ~ Bogu! thank God!; oddać -ę, bestow praise.
chwa-st *m.* weed; **-ścisty** *a.* weedy.
chwat *m.* brisk, gallant fellow.
chwiać *v.* shake, wave; balance; ~ się, shake, stagger, waver, totter.

chwiej-ący się *a.* shaky, wavering; **-ność** *f.* irresolution, hesitation; unsteadiness; **-ny** *a.* wavering, unsteady, fluctuating.
chwil-a, -ka *f.* while, moment; w tej -i, immediately; w -i, gdy, as; while; co ~, every now and again; z -ą, on; upon; za -ę, in a moment; **-owo** *adv.* temporarily; for the time being; **-owy** *a.* temporary, momentary.
chwoszczka *f.* shavegrass (*bot.*).
chwy-cić *v.* lay hold of, grasp, catch; **-t** *m.* grasp; **-tać** *v.* seize, catch, gripe; ~ **się** czego, have recourse to, resort to.
chyba *c.* i *adv.* unless; save that; (*prawdopodobnie*) probably; ~ **że**, provided (that).
chyb-ać, -otać *v.* wave, reel, swing to and fro; **-anie** łodzi, the rocking of a boat.
chybi-ać, -ć *v.* miss, fail, miscarry; na **-ł** trafił, at random.
chybk-i *a.* swift, nimble; **-ość** *f.* swiftness, nimbleness.
chychot see **chichot**.
chylić *v.* bend, bow; ~ się, bend; stoop; ~ się do upadku, be on the decline, decay.
chyłkiem *adv.* sneakingly, furtively; wymknąć się ~, sneak away.
chyt-ro, -rze *adv.* cunningly, slyly, craftily; **-ry** *a.* cunning, crafty, sly, artful.
chyż-o *adv.* swiftly, nimbly; **-ość** *f.* swiftness, nimbleness; **-y** *a.* swift, nimble, fleet.
ci *dative of* **ty**.
ciach-ać, -nąć *v.* cut, chop, hack, hew.
ciał-ko *n.* corpuscle; **-o** *n.* body; (*fiz.*) substance.
ciapa *f.* ninny, sluggard.
ciarki *pl.* chill, shudder; ~ mnie przechodzą, my flesh creeps.
ciasn-ość, -ota *f.* narrowness, lack of space; (*umystu*) narrow-mindedness; **-y** *a.* narrow, strait, tight.
ciast-ko, -eczko *n.* cake, pastry; **-o** *n.* dough, paste; **-owaty** *a.* doughy, pasty.
ciąć *v.* cut, hew, strike; ~ drzewa, fell wood.
ciąg *m.* draught; course, space of time; interval; ~ dalszy, continuation; jednym -iem, at a stretch; ~ ptaków, the passage of birds; **-le** *adv.* continually; **-liwość** *f.* ductility, tenacity; **-liwy** *a.* ductile; **-łość** *f.* continuity; tenacity; **-ły** *a.* continual, incessant; **-nąć** *v.* draw, pull, extend; march; ~~ dalej, go on, continue; ~~ korzyść, derive profit (from); ~~ się, extend, reach; dilate; **-nienie, -nięcie** *n.* draught, pull; drawing.
ciąż-a *f.* pregnancy; zajść w -ę, become pregnant.
ciąż-enie *n.* gravitation, pressure; **-yć** *v.* weigh; gravitate.
cich-aczem *adv.* quietly, silently; stealthily; **-nąć** *v.* quiet down, abate; **-o** *adv.* quietly, gently; in a low voice; bądź ~~! be quiet!; **-ość** *f.* quietness, stillness, silence; **-y** *a.* still, quiet; ~~ wspólnik, silent partner.
ciec *v.* run, leak; krew mu ciecze, he is bleeding; pot ciecze mu z czoła, he is sweating.
cieciorka *f.* (*orn.*) heath-hen.
ciecz *f.* liquid, fluid.
ciekaw *a.* curious, inquisitive; **-ość** *f.* curiosity, inquisitiveness; **-y** *a.* curious, inquisitive, interesting.
ciekł-ość *f.* fluidity; **-y** *a.* fluid, liquid.
ciel-ak *m.*, **-ątko, -ę** *n.* calf; (*fig.*) simpleton; **-ec** *m.* idol; **-ęcina** *f.* veal; **-ęcy** *a.* calf's; (of) veal; **-ica** *f.* heifer; **-ić się** *v.* calve; **-na** *a.* with calf.
cielistość *f.* corpulence; flesh-colour; **-isty** *a.* flesh-coloured, fleshy, plump.
ciele-sność *f* corporality, carnality; lust; **-sny** *a.* corporal, carnal; lustful.
cielsko *n.* miserable body.
ciemi-eniowy *a.* parietal; **-ę** *n.* (*anat.*) sinciput; nie w ~ bity, wide awake; **-ęga** *m.* dullard.
ciemię-żenie *n.* oppression; **-zca** *m.*, **-życiel** *m.* oppressor; **-żyć** *v.* oppress.
ciemierzyca (*bot.*) *f.* hellebore.

ciemn-awy *a.* duskish, darkish; **-ia** *f.* darkness, obscurity; ~ optyczna, dark room, camera obscura; **-ica** *f.* dungeon; **-ić** *v.* darken; **-ieć** *v.* grow dusky, dark; tarnish; grow dull; lose one's sight; -ieje, it is getting dark; **-o** *adv.* darkly, obscurely; dimly; **-obarwny** *a.* dark; **-obłękitny** *a.* dark-blue; **-obrunatny** *a.* dark-brown; **-oczerwony** *a.* dark-red; **-ooki** *a.* dark-eyed; **-ość** *f.* darkness, obscurity; **-ota** *f.* darkness; ignorance; **-owłosy** *a.* dark-haired; **-ozielony** *a.* dark-green; **-ożółty** *a.* dark-yellow; **-y** *a.* dark, dim, obscure; ignorant; blind.

cieni-ować *v.* shade, shadow; **-stość** *f.* shadiness; **-sty** *a.* shadowy; shady.

cien-iuchny, -iutki, -ki *a.* thin, slender, fine; scanty; **-kość** *f.* thinness; fineness; **-kusz** *m.* small beer, table beer.

cień *m.* shade, shadow; ghost; phantom; ~, **cienie** (*zmarłych*) shades.

ciepl-arnia *f.* greenhouse; hothouse; **-ić** *v.* warm, heat; **-ik** *m.* calorie.

ciepł-awość *f.* lukewarmness, tepidity; **-awy** *a.* lukewarm, tepid; **-o** *n.*, **-ota** *f.* warmth; heat; temperature; ~, *adv.* warmly; **-orodny** *a.* calorific; **-y** *a.* warm.

cierlica *f.* (flax-)brake.

cierni-e *pl.* thorn-bush, bramble; **-k** *m.* thornback (*zool.*); **-oróg** *m.* hornback (*zool.*); **-owy** *a.* thorny; -owa korona, crown of thorns; **-sty** *a.* thorny, vexatious.

cierń *m.* (*bot.*) thorn.

cierpi-ący *a.* unwell, ailing; suffering; **-eć** *v.* suffer, endure; bear; sustain; **-enie** *n.* suffering, pain.

cierpk-awy *a.*, **-i** *a.* tart, acid, sourish; (*o osobach*) harsh; surly, peevish; **-ość** *f.* sourness, harshness; surliness.

cierpliw-ość *f.* patience, endurance; forbearance; **-y** *a.* patient, enduring, indulgent.

cierpn-ąć *v.* get numb; grow stiff; **-ięcie** *n.* numbness, stiffness.

ciesiel-ski *a.* carpenter's; **-stwo** *n.* carpentry.

cieszyć *v.* cheer, comfort; console; ~ się, rejoice, be glad.

cieśla *m.* carpenter.

cieśnina *f.* straits.

cietrzew *m.* (*orn.*) black-cock, heath-cock.

cięcie *n.* cut, stroke, blow.

cięciwa *f.* string; (*mat.*) chord.

cięga *f.* lash, stroke; dostać -i, be thrashed, be whipped.

cięt-ość *f.* acuteness; **-y** *a.* cute, smart; -a odpowiedź, repartee.

ciężar *m.* weight, burden, load; charge; na ~ **rachunku**, to the debit of an account; ~ gatunkowy, specific weight; **-ek** *m.* weight; **-ny** *a.* pregnant; **-ność** *f.* pregnancy; **-owy** *a.* freight; wóz ~~, **truck**; auto -owe, lorry.

cięż-ki *a.* heavy, ponderous; (*trudny*) hard; difficult; (*umysł.*) dull; (*niebezp.*) grievious; **-ko** *adv.* heavily; hard; dangerously; ~~ przewinić, commit a grave sin (offence); **-kość** *f.* heaviness; weight; difficulty; dul(l)ness; **-yć** *v.* encumber; see **ciążyć.**

ciocia *f.* auntie.

ciołek *m.* calf.

cios *m.* stroke, blow; **-ać** *v.* hew, carpenter; **-any** *a.* cut, hewn.

cioteczn-y brat, -a siostra, cousin.

ciotka *f.* aunt.

cis *m.* yew, yew-tree.

cisawy *a.* chestnut (-coloured).

cis-kać, -nąć *v.* cast; fling; hurl; squeeze; buty mnie cisną, my shoes are too tight; ~ się, throng, flock; ~ się **ze** złości, fret and fume.

cisz-a *f.* stillness, calm, quiet; **-ej** *adv. comp. of* **cicho.**

ciśni-enie *n.* pressure; **-ęcie** *n.* throw, hurl.

ciuciubabka *f.* blindman's buff.

ciułać *v.* scrape together, lay by, store, hoard.

ciup-a, -ka *f.* hovel, hole.

ciura *m.* straggler (*mil.*); simpleton.

ciur-kiem *adv.* in a jet; **-czeć** *v.* gush, stream.

ciwun *m.* bailiff.

ciżba *f.* throng, crowd.

ckliw-ość *f.* nausea, qualm; squeamishness; **-y** *adv.* nauseous, qualmish, squeamish.
clić *v.* pay customs-duty, clear.
cło *n.* (*opłata*) customs-duty; (*urząd*) customs-house; ~ od czego, the duty on; ~ wywozowe, export duty.
cmentarz *m.* cemetery; churchyard.
cmok *i.* smack; **-ać, -nąć** *v.* smack.
cnot-a *f.* virtue; **-liwość** *f.* virtuousness; **-liwy** *a.* virtuous.
co *z.* what; ten ~, he that; who; ~ ci do tego? what is that to you? ~ najwyżej, at the most; ~ sił, with all one's might; ~dzień, every day; ~ do tego (*w tej sprawie*), on this score; as to that; ~ tylko, just; scarcely; hardly, no sooner; tylko ~, nearly, well nigh; ~ tchu, in all haste.
codzienny *a.* daily; w życiu -em, in everyday life.
cof-ać, -nąć *v.* withdraw, retire, retract; ~ się, withdraw, retire, retreat; recede (from); **-anie, -nięcie** *n.* withdrawal, revocation; retractation; ~ się, retreat, withdrawal.
cokolwiek *adv. z.* some, a little; somewhat; ~ bądź, whatever, anything.
cokół *m.* socle.
coraz *adv.* ever, always; still; ~ więcej, more and more; ~ większy, larger and larger.
coś *z.* something.
cór-a, -ka *f.* daughter.
cóż *z. adv.* what, why; no i ~? what now? what about it.
cuchn-ąć *v.* smell, stink (of); **-ący** *a.* fetid, foul, mouldy, putrid; **-ienie** *n.* foul smell, stench, fetor, stink.
cucić *v.* revive, resuscitate, bring back to consciousness.
cud *m.*, **-o** *n.* miracle, prodigy; wonder; **-acki, -aczny** *a.* odd, queer, fantastical, quaint; eccentric; singular; **-actwo** *n.* oddness, queerness; eccentricity; **-ak** *m.* odd person, whimsical man; **-em** *adv.* by miracle.
cud-ny, -owny *a.* wonderful, marvellous; **-otwórca** *m.* performer of miracles; **-otwórczy** *a.* miraculous, wonderful.
cudzo-łożnica *f.* adulteress; **-łożnik** *m.* adulterer; **-łożny** *a.* adulterous; adulterate; **-łożyć** *v.* commit adultery; **-łóstwo** *n.* adultery.
cudzoziem-czyzna, -szczyzna *f.* foreign manners; **-iec** *m.*, **-ka** *f.* foreigner, alien; **-skość** *f.* foreignness; outlandishness; **-ski** *a.* foreign, alien, outlandish.
cudz-y *a.* (an)other's, foreign; other people's; strange, neighbour's; **-ysłów** *m.* inverted commas.
cug *m.* team (of horses); (*w szachach*) move; **-iel** *m.*, **-le** *pl.* reins; popuścić -li, -le, give reins.
cukier *m.* sugar; ~ lodowaty, sugar candy; **-ki** *pl.* sweets; **-nia** *f.* confectioner's (shop); **-niczka** *f.* sugar-basin; wyroby **-nicze**, confectionery; **-nik** *m.* confectioner, pastry-cook.
cukr-ować *v.* put sugar (in, on); sweeten; candy; **-ownia** *f.* sugar factory; **-ownictwo** *n.* sugar industry; **-owy** *a.* sugary; trzcina -owa, sugar cane; choroba -owa, diabetes; **-y** *pl.* sweetmeats.
cum-a *f.* hawser; **-ować** *v.* (*mar.*) moor.
cwał *m.* full gallop; -em, w ~, at a gallop; **-ować** *v.* gallop.
cwelich *m.* ticking.
cyborjum *m.* ciborium.
cybuch *m.* (pipe-)stem.
cyc *m.* chintz; **-owy** *a.* (of) chintz.
cyc, -ek *m.* nipple, teat; **-kowy** *a.* mammilary; **-owaty** *a.* mammiform.
cyferblat *m.* dial, dial-plate.
cyfr-a *f.* figure, number, cipher; **-ować** *v.* number; cipher; **-owe pismo,** cipher.
cyga-n *m.*, **-nka** *f.* gipsy; (*fig.*) fibber; cheat; **-nerja** *f.* Bohemian life; **-nić** *v.* fib, cheat, bamboozle; **-ństwo** *n.* bamboozlement; cheat.
cygar-nica *f.* cigar-case; **-niczka** *f.* cigarette-holder; **-o** *n.* cigar.
cykata *f.* candied lemon-peel.
cykl *m.* cycle.
cyklista *m.* cyclist.
cyklon *m.* cyclone.
cyklop *m.* cyclop; **-ejski** *a.* cyclopean.

cykorja *f.* chicory.
cykuta *f.* (*bot.*) hemloc.
cylind-er *m.* cylinder; (*kapelusz*) top hat; **-rowy, -ryczny** *a.* cylindrical.
cymba-lista *m.* cymbalist; **-ł** *m.* booby, simpleton; **-ły** *pl.* cymbals.
cyn-a *f.* tin; **-owy** *a.* (of) tin; -owe naczynia, pewter.
cynadry *pl.* kidneys.
cynamon *m.* cinnamon; **-owy** *a.* (of) cinnamon.
cynfolja *f.* (tin-)foil.
cyngiel *m.* trigger.
cyn-iczność *f.*, **-izm** *m.* cynicism; **-iczny** *a.* cynical; **-ik** *m.* cynic.
cynk *m.* zinc; **-owy** *a.* (of) zinc; **-ografja** *f.* zincography.
cynober *m.* vermillion, cinnabar.
cypel *m.* tip; (*geogr.*) cape, promontory.
cyprys *m.* cypress(-tree); **-owy** *a.* (of) cypress.
cyranka *f.* (*orn.*) teal.
cyrk *m.* circus; cirque; **-owiec** *m.* circus actor.
cyrkiel *m.* compasses.
cyrkul-acja *f.* circulation; **-arz** *m.* circular.
cyrograf *m.* chirograph, bond.
cyrul-icki, -iczny *a.* barber's; **-ik** *m.* barber.
cysterna *f.* cistern.
cytadela *f.* citadel.
cyt-ata *f.* quotation, citation; **-ować** *v.* quote, cite.
cytra *f.* cittern.
cytryn-a *f.* lemon; **-owy** *a.* (of) lemon.
cytwar *m.* zedoary; **-owy** *a.* (of) zedoary.
cywil *m.* civilian; **-izacja** *f.* civilization; **-izować** *v.* civilize; **-izowany** *a.* civilized; **-ny** *a.* lay; civil; prawo -ne, civil law.
cyzel-er *m.* engraver; **-ować** *f.* chisel, engrave.
czad *m.* poisonous gas.
czaić się *v.* lurk, lie in wait.
czajnik *m.* tea-pot.
czajka *f.* (*orn.*) lapwing; (*łódź*) boat.
czambuł *m.* w ~, without exception, in a lump.
czap-eczka, -ka *f.* cap; z -ą w ręku, cap in hand; **-kować** *v.* cringe, cap.
czapl-a *f.* (*orn.*) heron, hern; **-i** *a.* heron's.
czaprak *m.* saddle-cloth.
czar *m.* charm, spell, fascination; **-odziej** *m.* sorcerer, wizard; **-odziejka** *f.* sorceress; witch; **-odziejstwo** *n.* enchantment, witchcraft; **-ować** *v.* charm, enchant, bewitch, fascinate; **-ownica** *f.* witch; **-ownik** *m.* sorcerer, magician; **-owny** *a.* charming, wondrous; **-ujący** *a.* charming, fascinating; **-y** *pl.* spell, charms; philter.
czar-a *f.* cup; **-ka** *f.* cup, goblet.
czarci *a.* devil's, devilish.
czarn-iawy *a.* blackish; **-o** *adv.* in black; black; ~ na białem, in writing; black on white; **-oksiężnik** *m.* sorcerer, conjurer; **-oksięski** *a.* conjuring; **-ooki** *a.* dark-eyed; **-owłosy** *a.* black-, dark-haired; **-oziem** *m.* humus, soil; **-y** *a.* black; ~ charakter, villain; -a księga, black list; -a magja, black art.
czas *m.* time; (*okres*) term; (*pogoda*) weather; (*gram.*) tense; jakiś ~, for a time; do -u, till; na -ie, timely; na ~, in good time; od -u, since; od tego -u nadal, henceforth; od -u do -u, from time to time; now and then; po wszystkie -y, for ever; po -ie, too late; przed -em, before time, prior to; w sam ~, just in time, in the nick of time; wielki już ~, it is high time (to); w krótkim -ie, soon, shortly; za -ów, at the time (of); ciężkie -y, hard times; wolnym -em, in leasure hours; gdybyś -em, if you chance (to); dawnemi -y, in olden times; **-ami, -em** *adv.* sometimes, now and then; **-opis, -opisarz** *m.* chronologer; **-opisarstwo** *n.* chronology; **-opismo** *n.* periodical, magazine; **-ować** *v.* (*gram.*) conjugate; **-ownik** *m.* verb; **-owo** *adv.* temporarily; for the time being; **-owość** *f.* see **doczesność**; **-owy** *a.* temporary, transitory; fleeting.
czasz-a *f.* cup, bowl; **-ka** *f.* (*anat.*) skull, cranium.
czat-a *f.* watch; **-ować** *v.* lie in wait, lurk; **-ownia** *f.* watch-to-

wer; **-ownik** *m.* lurker; **-y** *pl.* (*mil.*) out guard; lookout, watch; rozstawić -y, set a guard.
cząstk-a *f.* particle; (*udział*) share; **-owo** *adv.* partly; **-owy** *a.* partial, fragmentary.
czci-ciel *m.* worshipper; adorer; **-ć** *v.* (*uwielbiać*) worship; (*szanować*) reverence; **-godny** *a.* respectable, honourable.
czcionka *f.* type.
czcz-ość *f.* emptiness, insipidity; void; **-y** *a.* empty, void; vain; insipid.
czechosłowacki *a.* Czechoslovak.
czeczotka *f.* linnet, flax-finch (*orn.*).
czego *gen. of* **co**; wherefore? why?
czek *m.* cheque; check.
czeka-ć *v.* wait (for); expect; await; have (or be) in prospect; **-j! -jno!** hark ye! look here!
czekolad-a *f.* chocolate; **-owy** *a.* chocolate (-coloured).
czelad-ka, -dź *f.* servants, household; **-dnik** *m.* journeyman; **-dny** *a.* izba -na, servant's hall.
czele, na ~, at the head, at the front.
czeln-ość *f.* impudence, impertinence; **-y** *a.* impudent, impertinent.
czeluść *f.* mouth, jaw-bone; (*otchłań, dół*) gulf.
czemu *adv.* wherefore, why; ~ nie, why not; po ~ sztuka? how much a piece?
czep-ek, -iec *m.* hood, coif; ~ nocny, night-cap; **-iać** *v.* hang, hook (on); **-iać się** *v.* stick, cling, adhere; (*krytykować*) find fault (with).
czereda *f.* throng, crowd, gang.
czeremcha *f.* (*bot.*) bird-cherry.
czerep *m.* (*anat.*) skull, cranium; (*kawał garnka*) potsherd; (*skorupa*) shell.
czereśnia *f.* (*bot.*) cherry(-tree).
czerni-ący *a.* blackening; (*fig.*) calumnious; **-ca** *f.* blackberry; **-ciel** *m.*, **-cielka** *f.* slanderer; **-ć** *v.* blacken; slander, calumniate; **-dło** *n.* black dye, printer's ink; shoeblack; **-eć** *v.* become black.
czerń *f.* mob, rabble; (*ubiór*) black (dress).
czerpa-ć *v.* draw (from); derive; **-k** *m.* ladle.
czerstw-ieć *v.* grow stale; **-ość** *f.* staleness; (*o wyglądzie*) healthy look; **-y** *a.* stale; healthy; hale.
czerw *m.* maggot, grub; ~ drzewny, wood-fretter.
czerw-cowy *a.* (of) June; **-iec** *m.* June.
czerwie-nić *v.* redden; ~ **się** *v.* redden, blush; **-nieć** *v.* grow red; redden; **-ń** *f.* scarlet, crimson colour, erubescence.
czerwon-ak *m.* (*orn.*) flamingo; **-awy** *a.* reddish; **-iuchny, -iutki, -iuteńki, -iusieńki** *a.* quite red; **-o** *adv.* (in) red; **-ogardl** *m.* redbreast, robin; **-ogłowy** *a.* red-headed; **-ość** *f.* redness; **-owłosy** *a.* red-haired; **-y** *a.* red; -y złoty, gold coin.
czesa-ć *v.* comb; (*konia*) curry; (*len*) hackle; (*wełnę*) card; ~ się, comb one's hair; **-nka** *f.* combed wool.
czeski *a.* Czech.
czesne *n.* inscription-fee.
cześć *f.* (*boska*) worship; (*szacunek*) respect, veneration, reverence, honour.
cześnik *m.* cup-bearer.
często *adv.* often, frequently; **-kół** *m.* palisade; **-kroć** *adv.* oftentimes; **-krotny** *a.* frequent, reiterated; **-ść** *f.* frequency; **-tliwy** *a.* (*gram.*) frequentative.
częstować *v.* treat (to), entertain.
częsty *a.* frequent.
częś-cią *adv.* partly; **-ciowo** *adv.* partially, in part; **-ciowy** *a.* partial; **-ć** *f.* part, share, portion; -ci świata, the continents; w -ci, in part, partly; po największej -ci, for the most part.
czkawka *f.* hiccup(s).
człeczek *m.*, **-k** *m.* fellow, chap; man; shrimp.
człon-ek *m.* (*ciała*) limb; (*towarzystwa*) member; **-kowaty** *a.* articulate.
człowie-czeństwo *m.* humanity, mankind; **-czy** *a.* human; **-k** *m.* man.
czmerać *v.* rummage.

czmych-ać, -nąć *v.* slip away; sneak away.
czochrać *v.* dishevel, tousle, hackle (flax).
czołg *m.* (*mil.*) tank; **-ać się** *v.* creep, crawl, crouch.
czoło *n.* forehead, front; brow; (*wstyd*) shame; czołem! hail!; mieć wytarte ~, be brazen faced; stawić ~, make head against, resist; wypogodzić ~, clear up one's brow; **-bitność** *f.* reverence; groveling; **-bitny** *a.* humble, groveling; **-wy** *a.* leading, prominent, frontal.
czop, -ek *m.* peg, bung, spigot; (*gap*) booby.
czosn-ek *m.* garlic; **-kowy** *a.* garlicky.
czół-enko *n.* little boat; (*przyrząd*) shuttle; **-no** *n.* boat, canoe.
czterdzie-stka *f.* forty; **-stoletni** *a.* forty years old; **-sty** *a.* fortieth; **-ści, -ścioro** *num.* forty.
czterechsetny *a.* four hundredth.
czternast-ka *f.* fourteen; **-y** *a.* fourteenth.
czternaścioro *n.* fourteen.
cztero-boczny *a.* rectangular; **-dniowy** *a.* four days old (or long); **-krotny** *a.*, **-krotnie** *adv.* fourfold; four times; **-letni** *a.* four years (old); **-piętrowy** *a.* (of) four storey(s).
cztery *num.* four; **-kroć** *adv.* four times; **-sta** *num.* four hundred.
czub, -ek *m.* tip; tuft; (*ptaka*) crest; **-atka** *f.* crested titmouse (*orn.*); **-aty** *a.* crested, tufted; **-ić** *v.* beat; buffet; ~~ **się** *v.* squabble.
czu-cie *n.* feeling; sensation; (sense of) smelling; bez -cia, inanimate; **-ć** *v.* feel; (*pachnąć*) smell (of); ~~ się, feel; tu ~~, there is a bad smell here.
czujn-ie *adv.* vigilantly; **-ość** *f.* wachfulness, vigilance; **-y** *a.* watchful, vigilant.
czul-e *adv.* tenderly, fondly; **-ić się** *v.* dote (upon); love, cherish one another.
czuł-ek *m.* (*bot.*) mimosa; **-ki** *pl.* (*owadu*) antennae, feelers (of insects); **-ostka** *f.* sentimentalism, mawkishness; **-ostkowość** *f.* sentimentality; **-ostkowy** *a.* sentimental; mawkish; **-ość** *f.* tenderness, fondness; sensibility; **-y** *a.* tender, fond, affectionate; delicate.
czupiradło *n.* scarecrow.
czupryna *f.* head of hair, tuft (of hair).
czupurn-ość *f.* defiance, blustering; **-y** *a.* defying, blustering.
czuwa-ć *v.* wake, watch (over); sit up; (*nad kim*) keep an eye (upon); ~ przy chorym, nurse a patient; **-nie** *n.* watch, vigil.
czwartek *m.* Thursday; Wielki ~, Maundy Thursday.
czwarty *a.* fourth; po -te, fourthly.
czworak *m.* chodzić na -ach, crawl on all fours; **-i** *a.* fourfold; **-o** *adv.* in a fourfold way, four times.
czworo *a.* four; na ~, in four parts; **-boczny** *a.* quadrilateral; **-bok** *m.* quadrangle; **-graniasty** *a.* square, quadrate; **-kąt** *m.* quadrangle; **-kątny** *a.* quadrangular; **-nóg** *m.*, **-nożny** *a.* quadruped.
czwór-ka *f.* four; four-in-hand; -kami, in fours; four abreast; **-nasób** *adv.* fourfold.
czy, -li, -ż *c.* whether; or; that is, i. e.; ~ słyszysz? do you hear?; ~ to, ~ tamto; either this, or that.
czyhać *v.* lie in wait; lurk.
czyj *m.* whose; **-ś** someone's.
czyn *m.* deed, act; exploit; achievement; wprowadzić w ~, carry into effect; **-ić** *v.* act, do; **-ić się** be done; **-ienie** *n.* doing; dealing, business; mieć do -a, deal (with); coś do czynienia, something to do; **-nie** *adv.* actively; in deed; **-nik** *m.* factor, agent; **-ność** *f.* activity, business; function; work; **-ny** *a.* active, busy; ~ czasownik, active verb.
czynsz *m.* rent; **-ownik** *m.* tenant; **-owy** *a.* rental.
czyrak *m.* boil; furuncle.
czyst-o *adv.* clean(ly); **-ość** *f.* cleanliness; **-y** *a.* clean; pure; chaste; sterling; (*niezapisany*) blank; -e pole, an open field; -y spirytus, neat alcohol; -y

zysk, net profit; to -y warjat, he is completely mad; przepisać na -o, make a clean copy.
czyszcz-ący *a.* cleaning; (*med.*) purgative; **-enie** *n.* cleaning; (*med.*) diarrhoea.
czyśc-ić *v.* clean, cleanse, purify, scour; (*med.*) czyści mnie, my bowels are loose; **-ciec** *m.* purgatory.
czyta-ć *v.* read; **-nie** *n.* reading, perusal; **-nka** *f.* reading, exercise.
czyteln-ia *f.* reading-room; **-ictwo** *n.* reading; **-iczka** *f.*, **-ik** *m.* reader; **-ie** *adv.* legibly; **-ość** *f.* legibility; **-y** *a.* legible.
czyż see **czy.**
czyżyk *m.* siskin, green finch.

Ć

ćma *f.* (*tłum*) host, swarm; (*mrok*) darkness; (*zool.*) moth.
ćmić *v.* darken; dim; dazzle; ~ papierosy, puff away at one's cigarettes.
ćwiartka *f.* quarter, one fourth; ~ papieru, sheet of paper; ~ baraniny, leg of mutton.
ćwicz-enie *n.* exercise; task; **-yć** *v.* practise, chastize, flog; (*mil.*) drill; train; ~~ się, exercise, practise.
ćwie-czek, -k *m.* nail.
ćwierć *f.* quarter, one fourth.
ćwier-k *m.* chirp; **-kać, -czeć** *v.* chirp, twitter; **-tować** *v.* quarter; **-owanie** *n.* quartering.
ćwik *m.* slyboots; wygląda jak ~, looks as sound as a roach.
ćwikła *f.* beet, beet-root.

D

dach *m.* roof; **-arz** *m.* roofer; **-ówka** *f.* tile; pantile.
dać *v.* give, put, grant; (*pozwolić*) allow; ~ znać, let know, advise; ~ karty, deal (cards); ~ ognia, fire; ~ możność, enable; ~ pieniądze na procent, put out money on interest; ~ przykład, set an example; ~ wyobrażenie, convey an idea; ~ do zrozumienie, intimate, hint; ~ za wygraną, give up; ~ pokój, let alone; ~ czemuś pokój, desist; ~ w twarz, slap; ~ zrobić, order; **daj** Boże, God grant; **dałby** Bóg, would to God; nie daj Boże, God forbid; dajmy na to, suppose; ~ się, ~ sobie, allow.
daktyl *m.* date, date(-tree).
dal *f.* distance, remoteness; w -i, in the distance; ~ zdala, at a distance; from afar; **-ece** *adv.* tak ~, so much so (that); jak ~? how much? how far?; **-ej** *adv.* further on, furthermore; no -ej! -ej, -ejże! forward!; **-eki** *a.* far, distant, remote; **-eko** *adv.* far, far off, by far; ~, z -eka, from afar; **-ekowidz** *m.* far-sighted person.
dalibóg *i.* as I live.
dalszy *a. comp. of* **daleki**; farther, further; ~ ciąg, continuation.
dam-a *f.* lady, dame; (*w szachach*) queen; **-ski** *a.* ladies'.
damasceński *a.* damask.
dane *pl.* data; particulars.
danie *n.* giving; (*potrawa*) dish, course.
daniel *m.* (*zool.*) fallow deer; **-ica** *f.* doe.
dan-ina, dań *f.* tax, tribute; **-nik** *m.* tributary; vassal.
dancing *m.* dance; dance-room.
dar *m.* gift, donation; endowment, talent.
darcie *n.* tear(ing), rending; (*piór*) stripping; (*med.*) rheumatism, pain.
daremn-ie, -o *adv.* in vain, to no purpose; **-ość** *f.* vainness,

fruitlessness; **-y** *a.* vain, fruitless.

dar-emszczyzna *f.* socage; **-mo** *adv.* in vain; gratuitously; free of charge; **-mozjad** *m.* parasite.

dar-nina, -ń *f.* sod, turf; **-niować** *v.* sod, turf.

darow-ać *v.* make a present, forgive, pardon; nie do darowania, unpardonable; ~ życie, spare one's life; **-izna** *f.* donation, grant.

darty see **drzeć**; ~ orzeł, two headed eagle.

darzyć *v.* bestow (upon); present (with); ~ **się**, thrive, prosper.

dasz-ek *m.* rooflet; (*czapki*) visor; **-kowaty** *a.* roof-shaped.

dat-a *f.* date; starej -y, (of the) old style; być pod dobrą -ą, be tipsy; położyć -ę, date; **-ować** *v.* date.

datek *m.* gift.

daw-ać *v.* see **dać**; **-ca** *m.*, **-czyni** *f.* donor, giver; **-ka** *f.* portion

daw-ien *a.* long past; **-niej** *adv.* formerly, heretofore; **-no** *adv.* of old; long ago; już -no temu, long since; jak ~~? how long; od (z) -na, of long; z -ien -na, of long; -no, -no temu, long ago; **-ość** *f.* the past; old times; **-ny** *a.* former, old, ancient; po -nemu, as heretofore; as of yore.

dąb *m.* oak; stać dęba, rear; **-rowa** *f.* (oak-)grove.

dąć *v.* blow; ~ się, elate oneself.

dąs-ać się *v.* sulk; pout; **-anie się, -y** *pl.* sulkiness; pouting, wry face.

dąż-enie *n.*, **-ność** *f.* tendency, drift; endeavour; **-yć** *v.* tend, endeavour.

dba-ć *v.* heed, care, mind; **-łość** *f.* care, mindfulness, heedfulness; **-ły** *a.* mindful, careful, heedful.

debat-ować *v.* debate; **-owanie** *n.*, **-y** *pl.* debate.

debet *m.* debit.

debjut *m.* debut; **-ant** *m.* debutant.

dech *m.* breath.

decyd-ować *v.* decide, determine; ~ **się**, *v.* decide, make up one's mind; **-ująco** *a.* decisively; peremptorily; **-ujący** *a.* decisive, conclusive.

decyfrować *v.* decipher.

decy-gram *m.* decigramme; **-malny** *a.* decimal; **-metr** *m.* decimetre.

decyzja *f.* decision.

dedukcja *f.* deduction.

dedyk-acja *f.* dedication; **-ować** *v.* dedicate.

defekt *m.* defect; deficiency; **-owny** *a.* defective, imperfect.

deficyt *m.* deficit.

defil-ada *f.* defile; **-ować** *v.* defile, march (past).

defin-icja *f.* definition; **-jować** *v.* define, determine.

defraud-acja *f.* embezzlement; **-ować** *v.* embezzle; defraud (of).

degener-acja *f.* degeneracy; **-ować** *v.* degenerate.

degrad-acja *f.* degradation; **-ować** *v.* degrade.

deizm *m.* deism.

deka *f.* cover; (*na konia*) housing; horse-cloth.

dekada *f.* decade.

dekadent *m.* decadent.

dekagram *m.* decagramme.

dekarz *m.* roofer, slater.

deklam-acja *f.*, **-owanie** *n.*, declamation; **-acyjny** *a.* declamatory; **-ować** *v.* recite.

deklar-acja *f.* declaration, statement; pledge; proposal (of marriage); **-ować** *v.* declare; make known.

deklin-acja *f.* (*gram.*) declension; (*astr.*) declination; **-ować** *v.* decline.

dekokt *m.* decoction.

dekolt *m.* décolleté; **-ować** *v.* be décolleté; **-owany** *a.* décolleté.

dekoncertować *v.* put out of countenance.

dekor-acja *f.* decoration; (*teatr.*) scenery; **-acyjny** *a.* decorative, embellishing; **-ować** *v.* decorate, adorn; ~ medalem, decorate with a medal.

dekret *m.* decree, writ, sentence; **-ować** *v.* decree, pass (sentence, law).

deleg-acja *f.* delegation; **-at** *m.* delegate; **-ować** *v.* delegate.

delekt-acja *f.* delectation, delight; **-ować się** *v.* delight (in).

delfin *m.* (*zool.*) dolphin.

delika-cik *m.* tenderling; **-tesy** *pl.* dainties; **-tność** *f.* delicacy; tenderness; softness; niceness; **-tny** *a.* delicate, fine, tender; nice.
delirjum *m.* delirium.
delja *f.* cloak.
delkredere, del credere.
demagog *m.* demagogue; **-ja** *f.* demagogy; **-iczny** *a.* demagogic.
demarkac-ja *f.* demarcation; **-yjny** *a.* (of) demarcation.
demaskować *v.* unmask.
demobiliz-acja *f.* demobilization; **-ować** *v.* demobilize.
demokra-cja *f.* democracy; **-ta** *f.* democrat; **-tyczny** *a.* democratic.
demon *m.* demon; **-iczny** *a.* demoniac(al).
demonstrac-ja *f.* demonstration; **-yjny** *a.* demonstrational, ostentatious.
demoraliz-acja *f.*, **-owanie** *n.* demoralization; **-ować** *v.* demoralize.
denerw-ować *v.* enervate; ~ się, be nervous, fidget; **-ujący** *a.* enervating; **-owany** *a.* nervous.
denko *n.* bottom.
dentyst-a *m.*, **-ka** *f.* dentist; **-yka** *f.* dentistry.
denuncj-acja *f.*, **-owanie** *n.* denunciation; **-ant** *m.* denouncer; **-ować** *v.* denounce, impeach.
departament *m.* department; **-owy** *a.* departmental.
dependent *m.* dependent, subordinate.
depesz-a *f.* telegram, wire; **-ować** *v.* wire, telegraph.
deponować *v.* deposit.
deport-acja *f.* deportation, banishment; **-ować** *v.* deport, banish.
depozyt *m.* deposit; **-arjusz** *m.* depositor; **-owy** *a.* deposit; kwit -owy, deposit receipt.
depraw-acja *f.* depravity; **-ować** *v.* deprave.
depresja *f.* depression.
deprymując-y *a.* depressing; **-o** *adv.* depressingly.
depta-ć *v.* tread (on), trample; **-k** *m.* treadmill.
deput-acja *f.* deputation; **-at** *m.* allowance (in kind); **-ować** *v.* depute, delegate; **-owany** *a.* deputy.
der-a, -ka *f.* horse-cloth.
dereń *m.* cornel; dog-wood.
deresz *m.* roan horse; **-owaty** *a.* roan.
derkacz *m.* (*orn.*) landrail.
derwisz *m.* dervish.
deseczka *f.* little board.
deseń *m.* pattern.
desk-a *f.* plank, board; od -i do -i, from the beginning to the end; do grobowej -i, till death.
despekt *m.* offence, disrespect.
desper-acja *f.* despair; **-at** *m.* desperate man; desperado; **-acki** *a.* desperate; **-ować** *v.* despair.
despot-a *m.* despot; **-yczny** *a.* despotic; **-yzm** *m.* despotism.
destyl-acja *f.* distillation; **-ować** *v.* distil.
deszcz *m.* rain; ~ ulewny, pouring rain; **-yk** *m.*, ~ drobny, drizzle; ~ pada, it is raining; drobny ~ pada, it is drizzling; ~ łeje, it is pouring; **-omierz** *m.* rain-gauge; **-owy** *a.* rainy, wet.
deszczułka *f.* little board.
detal *m.* retail; **-iczny** *a.* (sold by) retail; **-ista** *m.* retailer.
detekt-yw *m.* detective; **-or** *m.* crystal set.
determinacja *f.* determination, resoluteness.
deton-acja *f.* detonation, explosion; **-ować** *v.* detonate.
detroniz-acja *f.* dethronement; **-ować** *v.* dethrone.
dewiza *f.* device; (*bank.*) foreign draft.
dewo-cja *f.* devotion; **-cyjny** *a.* devotional; **-t** *m.* devotee, bigot; **-tka** *f.* devotee.
dezer-cja *f.* desertion; **-ter** *m.* deserter; **-terować** *v.* desert.
dezygnować *v.* designate.
dezynfek-cja *f.*, **-owanie** *n.* disinfection; **-cyjny**, *a.* disinfecting; środek-cyjny, disinfectant; **-ować** *v.* disinfect.
dęb-czak *m.* oakling; **-ić** *v.* tan; **-ina** *f.* oak(-wood); **-owy** *a.* (of) oak, oaken.

dęcie *n.* blowing, puffing.
dętka *f.* (*kiszka gum.*) tyre; (*paciorek*) false pearl; **-y** *a.* blown, hollow; ~ **instrument**, wind-instrument; **orkiestra -a**, brass-band.
diabetyk *m.* diabetic.
diadem *m.* diadem.
dia-fragma *f.* diaphragm; **-gonalny** *a.* diagonal; **-gram** *m.* diagram.
diagnoza *f.* diagnosis.
dialekt *m.* dialect, idiom; **-yczny** *a.* dialectic(al); **-yka** *f.* dialectics.
dialog *m.* dialogue.
diament *m.* diamond.
diecezja *f.* diocese; **-lny** *a.* diocesan.
diet-a *f.* diet; **-etyczny** *a.* dietary; **-etyka** *f.* dietetics; **-y** *pl.* allowance.
diakon *m.* deacon; **-at** *m.* deaconship.
diarja *f.* diarrhoea.
djab-elny, -elski *a.* devilish, diabolic(al); **-elstwo** *n.* devilry; devilishness; **-eł** *m.*, **-lica** *f.* devil, the evil one; cóż do -ła?, what the deuce!; **-ełek** *m.* imp.
dla *p.* for; for the sake of; from; to, towards; **-czego**; why?; **-tego że,** because; **-tego**, therefore; właśnie **-tego też**, just for that reason.
dławi-ć *v.* strangle, throttle; ~ **się** *v.* choke; suffocate; **-ec** *m.* (*med.*) croup.
dławi-gad *m.* tantalus (*orn.*); **-muszka** *f.* (*orn.*) fly-catcher.
dłoń *f.* palm (of the hand); jak na -ni, plain(ly), obvious(ly).
dłót-ko, -o *n.* chisel, gouge; **-ować** *v.* chisel, gouge.
dłuba-czka *f.* tooth-pick; **-ć** *v.* plod; fumble; ~~ w zębach, pick one's teeth; **-nie** *n.*, **-nina** *f.* plodding.
dług *m.* debt; robić -i, contract debts; uiścić się z -u, pay off debts; popaść **w** -i, incur debts.
dług-i *a.* long; upaść jak ~, fall down flat; **-o** *adv.* long; **-oletni** *a.* of many years standing; **-onogi** *a.* long-legged; **-ręki** *a.* long-handed; **-oszyjny** *a.* long-necked; **-ość** *f.* length; ~~ geograficzna, longitude; **-owłosy** *a.* long-haired.
dłużej *comp. of* **long.**
dłużn-iczy *a.* debtor's; **-ik** *m.* debtor; **-y** *a.* indebted; **być -ym,** owe.
dłuży mi się, time hangs heavy on my hands.
dmuch *m.* puff, blast; **-ać, -nąć** *v.* blow, puff; ~~ **komu** w kaszę, meddle in other people's affairs; **-awka** *f.* blowpipe; bellows.
dnie-ć *v.* dawn; **-je**, the **day** is breaking.
dno *n.* bottom.
do- jako przedrostek w czasownikach wyraża się po ang. jak następuje: *a*) gdy oznacza d o k o ń c z e n i e   c z y n n o ś c i — przez dodanie do ang. czasownika przyimka up, np. dokończyć, finish up; *b*) gdy oznacza d o t a r c i e d o o d l e g ł e g o c e l u — przez użycie wyrazów up to, np. dosięgać, reach up to; *c*) gdy oznacza d o p i ę c i e c e l u (z czasown. zwrotnemi) — przez użycie czasowników o b t a i n, g e t, a c q u i r e, g r o w, b e c o m e it. d. z dodaniem wyrazów b y, b y d i n t o f, t h r o u g h, t h a n k s t o, np. dorobił się majątku, he has acquired a fortune thanks to his hard work.
Czasowników z przedrostkiem do-, nie podanych poniżej, szukać należy tam, gdzie figurują w formie niedokonanej, t. j. bez przedrostka, np. d o k o ń c z y ć pod k o ń c z y ć it. d.
do- prefixed to verbs indicates: *a*) t h e c o m p l e t i o n o f a n a c t i o n — rendered in E. by the addition to the verb of the prep. up, e. g. dokończyć, finish up; *b*) the attainment of a distant goal — rendered in E. by the words u p t o e. g. dosięgać, reach up to; *c*) (with pronominal verbs) the fulfilment of a purpose — rendered by the verbs o b t a i n, g e t, a c q u i r e, g r o w, b e c o m e etc., followed by the words **by**, b y d i n t o f, t h r o u g h, t h a n k s t o, e g. dorobił się majątku, he has ac-

quired a fortune thanks to his hard work.

For verbs with prefix do- not given below, see same without prefix, e. g. for dokończyć see kończyć etc.

do *p.* to, at; in; till, up to, for; towards; raz ~ roku, once a year; co ~ (tego), as to (that), regarding.

doba *f.* a day (24 hours); w -ie, in the days of.

dobadać się *v.* find out.

dob-ić, -ijać *v.* give the finishing blow; dispatch; ~ targu, strike a bargain; ~ do lądu, land; ~ się (czego), acquire; -ijać się, (*ubiegać się*) contend (for).

dobie-c, -gać, -gnąć *v.* reach; approach; końca ~, come to a close.

dob-ierać, -rać *v.* match, supplement; make up; ~ do pary, match; ~ się do czego, get at a thing.

dobi-jać się *v.* (o co) strive (for); ~ ~ do drzwi, batter at the door.

dobi-tnie *adv.* distinctly, expressly, forcibly; **-tny** *a* distinct, emphatical, cogent; forcible.

dob-orowy *a.* select, exquisite; first-rate; **-ór** *m.* choice, selection.

dobosz *m.* drummer.

dobra *pl.* estate, fortune; riches.

dobra-ć się *v.* get at; **-ny** *a.* chosen; matched.

dobranoc *f.* goodnight.

dobr-e, -o *n.* good, welfare; na -e, for good; co słychać -ego? what good news are there?; na -o rachunku, to the credit of the account; **-obyt** *m.* prosperity, welfare; **-oczynność** *f.* charity; **-oczynny** *a.* charitable; **-oczyńca** *m.* benefactor; **-oć** *f.* goodness, good quality.

dobro-duszność *f.* kind-heartedness; simplicity; **-duszny** *a.* kind-hearted; simple; **-dziej** *m.* benefactor; **-dziejka** *f.* benefactress; **-dziejstwo** *n.* kindness, benefit; to prawdziwe ~, it is a blessing; **-tliwość** *f.* kindness; **-tliwy** *a.* kind; **-wolność** *f.* free will; **-wolny** *a.* voluntary, spontaneous; -wolna umowa, amicable arrangement.

dobr-y *a.* good, kind, right; -a wola, good will; dzień ~! good morning!; bądź tak ~, be so kind; **-rze** *adv.* well, right.

dobudować *v.* build an annex.

dobudzić się *v.* awake; succeed in awaking.

doby-ć *v.* draw, pull out; (*mil.*) conquer, occupy; **-tek** *m.* property, fortune.

docen-iać, -ić *v.* appreciate, value, esteem.

docent *m.* lecturer.

doch-odny *a.* profitable, lucrative; podatek **-odowy**, income tax; **-odzenie** *n.* inquiry, investigation; **-odzić** *v.* draw near (walk); (*dociekać*) inquire, investigate; -odzi trzecia, it is almost three o'clock; (*upominać się*) claim; vindicate.

dochow-ać, -ywać *v.* keep, observe; rear, bring up; ~ się (czego), be blessed (with).

dochód *m.* income, revenue.

dochrapać się *v.* obtain by dint of great efforts.

doc-iąć, -inać *v.* (komu) tease, sting, provoke.

dociąg-ać, -nąć *v.* draw, tighten; go as far as, reach.

docie-c, -kać *v.* search, investigate, inquire into; **-kanie** *n.* research, inquiry, investigation

do-cierać, -trzeć *v.* reach, draw near.

docinek *m.* jeer, scoff; joke.

doci-skać, -snąć *v.* press, weigh; (*dorzucić*) cast to; -snąć się, get through (a crowd).

docna *adv.* utterly, completely, entirely.

docucić się *v.* revive.

doczekać się *v.* wait through; see through; live to see.

doczesn-ość *f.* worldliness; temporalness; **-y** *a.* temporal, transient.

Odnośnie do czasowników z przedrostkiem do-, brakujących powyżej, patrz pod **do-**.

For verbs with prefix do- not given consult **do-**.

doczyścić się *v.* clean out, finish cleaning.
doczyt-ać,-ywać *v.* read through.
doda-ć, -wać *v.* add, join; supply; ~ serca, cheer up; ~ odwagi, encourage; **-nie** *n.* (*arith.*) addition; **-tek** *m.* supplement, appendix, increase; **-tkowo** *adv.* additionally, into the bargain; **-tkowy** *a.* additional, supplementary; **-tni** *a.* advantageous, positive; **-tnie strony**, advantages, good qualities; **-tnio** *adv.* advantageously, favourably; **-wanie** *n.* addition, adding.
dodrapać się *v.* overcome difficulties. [add.
dodrukować *v.* finish printing;
do-drzeć, -dzierać *v.* wear out of use; tear (out).
dog *m.* mastiff.
dogad-ać się *v.* come to an understanding; make oneself understood; **-ywać** *v.* (komu) taunt.
dogadzać *v.* gratify, comply with one's wishes; accomodate; ~ **sobie** *v.* make oneself comfortable.
doganiać *v.* overtake; catch up.
doglada-ć *v.* oversee, superintend; ~~ chorego, nurse a patient; **-nie** *n.* inspection.
dogmat *m.* dogma; **-yczność** *f.* dogmatism; **-yczny** *a.* dogmatic(al); **-yka** *f.* dogmatics; **-yzować** *v.* dogmatize; **-yzm** *m.* dogmatism.
dog-nać, -onić, -aniać *v.* overtake; catch up.
dogodn-ość *f.* convenience; **-y** *a.* convenient.
dogodzić *v.* comply with one's wishes, accomodate.
dogonić *v.* overtake, catch up.
dogorywać *v.* be in agony, be breathing one's last, die away.
dograć *v.* finish playing.
dogr-yzać, -yźć *v.* finish gnawing; ~ komu, sting, provoke one.
dog-rzać, -rzewać *v.* heat up, warm up.
do-ić *v.* milk (a cow); **-jenie** *n.* milking.
dojazd *m.* way, approach.

Odnośnie do czasowników z przedrostkiem do-, brakujących powyżej, patrz pod **do-**.

doj-ąć *v.* tease; torment, vex; **-mujący** *a.* piercing, sharp
doje-chać, -żdżać *v.* reach, arrive at, come to.
doj-ka *f.* dairy-maid; **-nica** *f.* milkpan; **-ny** *a.* yielding milk.
dojeść *v.*, **nie~** starve.
dojm-ować *v.* pierce; **-ujący** *a.* piercing, sharp.
dojrzał-ość *f.* ripeness, maturity; **-y** *a.* ripe, mature.
dojrze-ć, -wać *v.* ripen, mature, come to maturity.
dojrzeć *v.* (*doglądać*) oversee; (*spostrzec*) perceive; **nie ~**, be short-sighted.
dojś-cie *n.* way, approach; **-ć** *v.* get (to a place), arrive; (*dociec*) find out; ~ do skutku, materialize, take place.
doki *pl.* dry docks.
dokarmić *v.* fatten; suckle; nie ~, let (one) short of food; starve.
dokazać *v.* bring about; execute, prove; ~ swego, accomplish one's design, reach one's aim.
dokazywać *v.* frolic, sport, wanton, roister.
dokąd *z.* where to; up to where; how far; as far as; ~ **bądź**, anywhere.
dokładać *v.* add, contribute; ~ starań, take pains, endeavour, ~ do interesu, lose by a business.
dokładn-ość *f.* accuracy, exactness; **-y** *a.* accurate, exact.
dokoła *adv.* around, all about.
dokompletować *v.* complete.
dokon-ać, -ywać *v.* achieve, fulfil, accomplish, perform, conclude; ~~ **się** *v.* take place, happen, come to pass; **-any** *a.* completed, finished; past; (czas) przeszły ~, pluperfect.
dokończ-enie *n.* end, conclusion; **-yć** *v.* finish, end.
dokosić *v.* finish mowing.
dokształcić (się) *v.* complete one's education.
doktor *m.* physician, doctor; ~, teologji, doctor of divinity; **-at** *m.* doctorate; **-ka** *f.* doctress; **-ski** *a.* doctor's, docto-

For verbs with prefix **do-** not given consult **do-**.

ral; doctor's; **-yzować się** *v.* take a doctor's degree.
doktryn-a *f.* doctrine; **-er** *m.* doctrinarian; **-erstwo** *n.* doctrinarianism; **-erski** *a.* doctrinal, doctrinarian.
dokucz-ać, -yć *v.* tease, annoy; pester; **-liwość** *f.* annoyance, vexation, sharpness; **-liwy** *a.* vexing, annoying, sharp, troublesome.
dokument *m.* document; deed; **-alny** *a.* documentary; **-nie** *adv.* thoroughly.
dokup-ić, -ować, -ywać *v.* buy more (to match).
dola *f.* luck, lot, fortune, fate.
dol-ać, -ewać *v.* pour, fill (up).
dolar *m.* dollar.
dol-atać, -atywać, -ecieć *v.* reach (by flying).
doleg-ać *v.* trouble, ache, ail; **-liwość** *f.* sore, pain; **-liwy** *a.* ailing, painful.
dolewać *v.* fill up.
doleźć *v.* creep up (to); reach.
doleżeć *v.* lie up to (a certain time).
dolicz-ać, -yć *v.* add; make up (a sum); nie ~ **się**, miss.
dolina *f.* valley, dale.
dolman *m.* dolman.
dolmen *m.* dolmen.
dolny *a.* lower, nether.
dolomit *m.* dolomite.
dołącz-ać, -yć *v.* join, add, annex; **-enie** *n.* annexion, adjunction; **-ony** *a.* enclosed, annexed.
doł-eczek, -ek *m.* little hollow; (*na twarzy*) dimple; -ki pod kim kopać, dig pits for one.
dołożyć *v.* see **dokładać**.
dom *m.* house, dome; (*zakład*) establishment; (*ród*) lineage; w -u, at home; ~ obłąkanych, madhouse; ~ zajezdny, inn; iść do -u, go home; ~ Pani X, z -u Y, Mrs. X, born Y; z dobrego -u, of good extraction.
domaca-ć się *v.* find out by feeling (or groping); **-lny** *a.* palpable.
domagać się *v.* demand, claim.
domator *m.* stay-at-home; **-stwo** *n.* sedentary life.
domek *m.* small house, hut, cottage.
domeny *pl.* domains, estates.
domiar *m.* na ~, in addition (to), moreover.
domiarkować się *v.* guess, conjecture.
domicyl *m.* domicile.
domierz-ać, -yć *v.* fill up, measure, mete out.
domiesz-ać *v.* add, mingle; mix; **-ka** *f.* mixture; addition.
dominikanin *m.* Dominican friar.
domino *n.* domino.
domniem-anie *n.* surmise, conjecture; **-any** *a.* pretended, supposed; conjectured, implied; **(-yw)ać się** *v.* surmise, suppose, conjecture.
domo-rosły *a.* home-bred; **-stwo** *n.* home, family; **-wnicy** *pl.* household; **-wnik** *m.* inmate; **-owy** *a.* home-made, home; domestic; wojna -wa, civil war; sukno -wej roboty, home-spun cloth.
domy-sł *m.* guess, conjecture; **-ślać się, -ślić się** *v.* guess, conjecture, surmise; **-ślność** *f.* shrewdness, sagacity, cunning; **-ślny** *a.* sagacious, shrewd.
donacja *f.* donation.
doni-ca *f.*, **-czka** *f.* pot; flowerpot.
donie-sienie *n.* information, denunciation; **-ść** *v.* let know, inform, denunciate.
doniosł-ość *f.* importance; **-y** *a.* important, far-reaching.
donkiszot *m.* Don Quixote; **-erja** *f.* quixotism.
dono-siciel, -sicielka *f.* denunciator; telltale; **-sić** *v.* inform, report; **-s** *m.* delation, accusation.
donośn-ość *f.* range, reach; compass; **-y** *a.* of long range.
doń = **do niego**.
dopa-dać, -ść *v.* reach, catch, overtake.
dopal-ać, -ić *v.* finish burning.

Odnośnie do czasowników z przedrostkiem d o-, brakujących powyżej, patrz pod **do-**.

For verbs with prefix d o- not given consult **do-**.

dopasowa-ć *v.* fit, adapt, adjust; **-nie** *n.* fitting, adjusting.
dopaść *v.* reach; catch, overtake.
dopatrzyć, -rywać *v.* watch, oversee, mind; ~ się, suppose, suspect.
dopełni-acz *m.* (*gram.*) the genetive case; **-ać, -ć** *v.* fill; fulfil; accomplish; complement, make up; ~~ formalności, comply with formalities; ~~ się, replenish; **-ający** *a.* complementary.
dopędz-ać, -ić *v.* overtake.
dopi-ąć swego attain one's end.
dopi-ć, -jać *v.* finish drinking; drink up, empty.
dopie-c, -kać *v.* bake, roast up; komuś ~, tease, vex.
dopiero *adv.* just, but; hardly, barely; ~ co, just now; a cóż ~ gdy, the more so when (if); wtenczas ~, only when.
dopilnować *v.* see a thing done; take care (of); ~ **się** *v.* be on one's guard.
dopis-ać, -ywać *v.* add (in writing), be according to expectations; **-ek** *m.* postscript; footnote.
dopła-cać, -cić *v.* pay additionally; make up (a sum); ~ do interesu, lose by a transaction (or business); **-ta** *f.* additional payment; extra (charge).
dopły-nąć, -wać *v.* reach (by swimming); **-w** *m.* affluont, contributary.
dopokąd, dopóki *adv.* as long as, till, until.
dopomagać *v.* help, contribute.
dopom-inać się, -nieć się *v.* claim, demand.
dopomożenie *n.* assistance, [help.
dopomóc *v.* help, contribute.
dopó-ki *adv.* till; until; as long as; **-ty** *adv.* till then, till, until; so far; ~ aż, till; until.
dopraszać się *v.* entreat; obtain (by entreaties); get one to (do something).
doprawdy *adv.* indeed, truly; earnestly.

Odnośnie do czasowników z przedrostkiem do-, brakujących powyżej, patrz pod **do-**.

doprosić się *v.* see **dopraszać się.**
doprowadz-ać, -ić *v.* lead, conduct (to); bring about, cause; ~~ do końca, bring to an end; ~~ do skutku, conclude.
dopust *m.* ~ Boży, calamity.
dopu-szczać, -ścić *v.* admit; allow; ~ się czego, commit, perpetrate; **-szczalny** *a.* admissible; **-szczenie** *n.* admission; ~~ się, perpetration.
dopyt-ać się *v.* find out (by inquiring); **-ywać się** *v.* inquire.
dorabiać *v.* finish (a work); make (additionally); ~ **się, make** money.
dorachować się *v.* make out [(in counting).
dorad-ca *m.* adviser, counsellor; **-czy** *a.* advisory, consultative.
doradz-ać, -ić *v.* advise.
dorasta-ć *v.* grow up; **-jący** *a.* adolescent.
doraźn-ie *adv.* immediately; on the spot; **-y** *a.* immediate; -a pomoc, first aid; ~ sąd, martial law.
doręcz-ać, -yć *v.* deliver.
dorob-ek *m.* property, acquest; **-ić** *v.* make (additionally); ~~ się fortuny, make a fortune; ~~ się, earn, make money; **-kiewicz** *m.* upstart.
doroczny *a.* yearly, annual.
dorodn-ość *f.* fine stature; beauty; **-y** *a.* handsome, pretty, stately.
doro-sły *a.* grown up, adult; ~, *m.* adult; **-ść, -snąć** *v.* grow up; match in size; (*sprostać*) be adequate (to).
dorozumie-ć, -wać się *v.* guess, conjecture; **-wanie się** *n.* guess, conjecture.
dorożka *f.* cab; **-rz** *m.* cabman.
dorówn-ać, -ywać *v.* equal; be equal to (a thing); nie ~, fall short (of).
dorsz *m.* (*zool.*) codling.
dorwać się *v.* seize, grasp; snatch.
doryw-czo, -kami *adv.* by jerks, by fits and starts; occasionally; **-czy** *a.* occasional.

For verbs with prefix do- not given consult **do-.**

dorzecze *n*. basin (of a river).
dorzeczn-ość *f*. reasonableness; **-y** *a*. proper, reasonable.
dorzuc-ać, -ić *v*. throw, cast to, add.
dorzynki *pl*. harvest home.
dosadn-ość *f*. expressiveness; **-y** *a*. expressive, precise.
dosiego Roku! a happy New Year!
dos adać, -ąść *v*. mount on horseback.
dosieczna *f*. (*mat.*) cosecant.
dosiedzieć *v*. sit to the end; sit up to an appointed time.
dosięg-ać, -nąć *v*. reach, lay hold of; **-ły, dosiężny** *a*. attainable.
dosk-akiwać, -oczyć *v*. leap up to; **-ok** *m*. leap, jump.
doskona-le *adv*. perfectly; **-lenie, -lenie się** *n*. perfection, improvement; **-lić**, perfect, improve; **-łość** *f*. perfection; **-ły** *a*. perfect; accomplished.
doskwierać *v*. vex, importune; torment.
dosłać *v*. forward to.
dosłown-ie *adv*. literally, word for word; **-y** *a*. literal.
dosłu-giwać, -żyć *v*. serve one's time; **-żyć się** *v*. be promoted; get, acquire (by long service).
dosłysz-alny *a*. audible; **-eć** *v*. get, catch (a sound); nie ~~, be hard of hearing.
dosolić *v*. salt sufficiently; add salt.
dos-pać, -ypiać *v*. sleep enough.
dosta-ć *v*. attain, get, acquire, obtain; reach; ~ kataru, catch cold; nie -je czego, there is a lack of, there is not enough; ~~ w skórę, get a hiding; ~~ się, get; **-łość** *f*. ripeness; **-ły** *a*. ripe.
dostarcz-ać, -yć *v*. supply (with); provide; afford.
dostateczn-ość *f*. sufficiency; **-y** *a*. sufficient, competent.
dostat-ek *m*. wealth; pod -kiem, in abundance; **-ki** *pl*. wealth; **-ni** *a*. opulent, ample; **-niość** *f*. opulence.

Odnośnie do czasowników z przedrostkiem do-, brakujących powyżej, patrz pod **do-**.

dostaw-a *f*. delivery; (*mat.*) cosine; **-ać** see **dostać**; **-ca** *m*. purveyor, furnisher.
dost-ąpić, -ępować *v*. gain admittance; approach, attain; **-ęp** *m*. access; **-ępność** *f*. accessibility; **-ępny** *a*. accessible, attainable.
dostoj-eństwo *n*., **-ność** *f*. dignity; **-nik** *m*. dignitary; **-ny** *a*. eminent, august, venerable.
dostosow-ać, -ywać *v*. adjust; fit (to, into).
dostr-ajać, -oić *v*. tune; ~ **się** *v*. adapt oneself.
dostrze-c, -gać *v*. perceive, descry; **-galny** *a*. perceptible; **-ganie** *n*. perception.
dosu-nąć, -wać *v*. shove, push to.
dosusz-ać, -yć *v*. dry up.
dosyć *adv*. enough; sufficiently; ~ tego! that will do! mieć czego ~, be tired (of, with); aż nadto ~, enough and to spare.
dosyłać *v*. forward.
dosyp-ać, -ywać *v*. add.
doszczęt-nie, -u *adv*. utterly, completely; fully; **-ny** *a*. utter, total.
doszły *a*. ripe.
dosztukować *v*. add, eke out.
doszukać się *v*. discover.
dościg-ać, -nąć *v*. overtake; reach; **-ły** *a*. attainable.
dość *adv*. = **dosyć**.
dośrodkowy *a*. centripetal.
dośrubowac *v*. screw on.
doświadcz-ać, -yć *v*. experience; suffer; ~ kogoś, put one to the test, test one; **-alny** *a*. experimental; **-anie** *n*. experimentation; **-enie** *n*. experience, practice; experiment; (*próba*) trial; **-ony** *a*. experienced; tried; **-yć** *v*. try, prove, put to the test.
dotacja *f*. endowment.
dotąd *adv*. (*w czasie*) till now; thus far; (*w przestrzeni*) up to here; as far as this.
dotkliw-ość *f*. pain, sorrow, affliction; **-y** *a*. painful, sad.
dot-knąć, -ykać *v*. touch; (*graniczyć*) be next to; (*odnosić się*) refer (to); (*wzmiankować*)

For verbs with prefix do- not given consult **do-**.

mention, hint, allude; (*o bólu*) move, afflict; ~ się, touch; **-knięcie (się)** *n.* contact; touch; lekkie ~, grazing; (*o bólu*) infliction; (*wzmianka*) hint, mention; **-knięty** *a.* touched, affected; moved. [(through).
dotłoczyć się *v.* force one's way
dotrwać *v.* hold out; last.
dotrzeć *v.* penetrate, get in; reach.
dotrzym-ać, -ywać *v.* hold fast; maintain, keep (to the end); ~ słowa, keep one's word; ~ tajemnicy, keep a secret.
dotychczas *adv.* till now, thus far; yet; as yet; heretofore; **-owy** *a.* lasting till now; present; extant.
dotycz-eć, -yć się *v.* regard, concern, pertain; co się -y, as to; **-na** *f.* (*mat.*) cotangent.
dotyk *m.* touch; **-ać** *v.* see **dotknąć**; **-alność** *f.* palpability, tangibility; **-alny** *a.* palpable, tangible.
dowcip *m.* wit, witticism; humour; ingenuity; **-ek** *m.* bad joke; **-kować** *v.* joke, crack jokes; **-kowanie** *n.* joking; **-nie** *adv.* wittily; ingeniously; **-niś** *m.* witty person; a wit; **-ność** *f.* wittiness, wit; **-ny** *a.* witty, ingenious.
dowi-adywać się, -edzieć się *v.* inquire; find out; **-adywanie się** *n.* inquiring, inquest, researches; **-edziony** *a.* proved.
dowierc-ać, -ić się *v.* reach (by boring); bore out.
dowierza-ć *v.* trust, confide; nie ~ komu, distrust one; **-jący** *a.* confident, trustful; **-nie** *n.* confidence, trust.
dow-ieść, -odzić *v.* prove, show, demonstrate; (*doprowadzić*) conduct to; **-iedziony** *a.* demonstrated, proved. [transport.
dow-ieźć, -ozić *v.* convey to,
dowl-ec, -ekać *v.* drag to; ~ **się** *v.* trudge up to.
dowod-ność *v.* provableness; **-ny** *a.* evident, convincing; **-y** *pl.* evidence.
dowodz-enie *n.* demonstration; (*mil.*) command; **-ić** *v.* argue, prove; (*mil.*) command.
dowojować się *v.* obtain by fighting; draw down upon oneself by fighting.
dowoln-ie *adv.* freely; at pleasure; spontaneously; **-ość** *f.* discretion, free choice; spontaneity; **-y** *a.* optional; discretionary; spontaneous; voluntary; w -ym rodzaju, of any kind.
dowo-zić *v.* supply; **-żenie** *n.* carriage, transportation.
dowó-d *m.* proof, evidence; (*kasowy*) voucher; w ~ przyjaźni, in token of friendship; ~ odbioru, receipt.
dowód-ca *m.* commander; **-ztwo** *n.* command; naczelne ~, command-in-chief.
dowóz *m.* carriage, transportation; conveyance.
doza *f.* dose.
dozgonn-ie *adv.* till death; **-y** *a.* lifelong; lasting till death.
doziemny *a.* ~ punkt, perigee, perigeum (*astr.*).
dozierać *see* **doglądać**.
dozna-ć, -wać *v.* experience, endure, undergo.
dozor-ca *m.*, **-czyni** *f.* guard, (door-)keeper; watchman; overseer; housekeeper; ~ magazynu, storekeeper; **-ować** *v.* look after, superintend; oversee; **-owanie** *n.* see **dozór**.
dozór *m.* superintendence, inspection, surveyance; ~ kościelny, church-wardenship.
dozw-alać, -olić *v.* let, permit, allow; **-olenie** *n.* consent, permission; **-olony** *a.* allowed, permitted.
doż-a *m.* doge; **-ostwo** *n.* dogate.
dożyć *v.* live to see; experience.
dożynki *pl.* harvest home.
dożywić *v.* nourish
dożywo-cie *n.* life annuity; **-tni** *a.* for life.
dój *m.* milking; **-ka** *f.* dairymaid; (*brodawka sutkowa*) teat.

Odnośnie do czasowników z przedrostkiem do-, brakujących powyżej, patrz pod **do-**.

For verbs with prefix do- not given consult **do-**.

dół *m.* (*wklęsłość*) pit; (*dolna część*) bottom; na dole, na~, below, underneath, downstairs; w~ rzeki, down stream; z dołu, from beneath; from downstairs.
drab *m.* ruffian.
drabant *m.* satellite; halberdier.
drabi-na *f.* ladder; **-niasty** *a.* ladder-like, wóz ~~, ladder--waggon; **-nka** *f.* ladder.
drabować *v.* put into a trot; (*fig.*) criticize.
dracena *f.* dragon-tree.
draga *f.* dredging-machine;
draganek *m.* (*bot.*) tarragon.
dragoman *m.* dragoman, interpreter.
dragon *m.* dragoon.
drakoński *a.* draconian.
dramat *m.* drama; **-urg** *m.* dramatist; **-yczność** *f.* dramatism; **-yczny** *a.* dramatic; **-yzować** *v.* dramatize.
dranica *f.* lath.
drapa-cz *m.* scraper; scratcher; (*bot.*) fuller's thistle; **-czka** *f.* scraper, curry-comb; dać **-ka,** scamper away; **-ć** *v.* scratch, scrape; (*uciec*) scamper away; ~~ **się** (do góry), climb, clamber up.
draperja *f.* drapery; (*obicia i t. p.*) tapestry.
drapi-chróst *m.* rogue, knave; **-eżca, -eżnik** *m.* plunderer; extortioner; **-eżność** *f.* rapacity; **-eżny** *a.* rapacious; ptak ~~, bird of prey.
drapnąć *v.* run away, take to one's heels, scamper away.
dra-snąć *v.* scratch, graze; **-styczny** *a.* drastic; **-śnięcie** *n.* scratch; graze.
dratwa *f.* twine; pitched thread.
drażliw-ość *f.* irritability, sensitiveness; **-y** *a.* irritable; susceptible.
drażni-ący *a.* irritating; **-ć, -ć się** (z kimś) *v.* tease; irritate, provoke; **-enie** *n.* irritation, teasing.
drąg *m.* pole, perch, lever.
drąż-ek *m.* rod; stick; lever; **-kowy** *a.* brevet.
drążyć *v.* bore, drill.
drelich *m.* tick; **-owy** *a.* (of) tick; **-y** *pl.* overalls.
dren *m.* drain, drain-pipe; **-ować** *v.* drain; **-owanie** *n.* drainage, draining; **-owy** *a.* (of) drain.
drep-cić, -tać *v.* mince, trot.
dreszcz *m.* (*med.*) chill; (*ciarki*) shudder; (~ *emocji*) thrill.
drew-ienko *n.* log; piece of wood; **-nia** *f.* wood-yard; **-niak** *m.* (*zool.*) wood-fretter; **-niany** *a.* wooden; **-niasty** *a.* (*o roślinie*) stringy; **-nieć** *v.* turn woody; **-no** *n.* log, block of wood, billet.
drezyna *f.* trolley.
dręcz-enie *n* torment (ing); worry; anguish; **-yciel** *m.* tormentor; **-yć** *v.* worry, torment; **-yć się** *v.* grieve, worry.
drętw-a *f.* (*zool.*) cramp-fish; **-ić** *v.* benumb; **-ieć** *v.* be numb (with); grow stiff; **-ienie** *n.* stiffness; **-y** *a.* stiff, numb.
drg-ać, -nąć *v.* throb, quiver, palpitate, vibrate, oscillate, start; **-anie** *n.* throbbing, oscillation; **-nienie, -nięcie** *n.* oscillation, palpitation; **-awki** *pl.* tic; twitch.
driada *f.* dryad.
drobiazg *m.* trifle; (*dziecko*) chit; **-owo** *n.* minutely, punctiliously; **-owość** *n.* minuteness, precision; **-owy** *a.* minute, petty; (*o osobach*) accurate.
drobi-ć *v.* mince; **-na** *f.* particle; (*dziecko*) chit.
drobn-e *pl.* (small) change; ~ wydatki, petty expenses; **-ieć** *v.* grow small; **-iuchny** *a.* tiny; **-ostka** *f.* trifle; **-ość** *f.* slightness, pettiness; smallness; **-oustroje** *pl.* microbes; **-oziarnisty** *a.* fine-grained; **-y** *a.* slight, tiny; minute, small; petty; fine.
droczyć się *v.* tease, plague.
drog-a *f.* way, road; journey; tą -ą, thus, thereby, in this manner; ~ mleczna, milky way; ~ polna, by-road; ~ żelazna, railway; swoją -ą, by the by; (*niezależnie*) independently; szczęśliwej -i, farewell; po drodze, on the way; w drodze, on a journey; travelling; wpół -i, half way; rozstajne -i, cross-roads; **-owskaz** *m.* sign-post; **-owe** *adv.* toll.

drog-erja *f.* drug-store; **-ista** *m.* druggist.
drog-i (*comp.* **droższy**) *a.* dear, precious; expensive; **-o** *adv.* dear; **-ość** *f.* expensiveness, high price.
dromader *m.* (*zool.*) dromedary.
drop *m.* (*orn.*) bustard; **-iasty, -iaty** *a.* spotted, dapple.
drozd *m.* (*orn.*) thrush.
drożdże *pl.* yeast; rość jak na drożdżach, grow fast.
droż-eć *v.* grow dear; **-ej** dearer; **-szy,** see **drogi**; **-yć się** *v.* be particular; sell dear; **-yzna** *f.* dearness, high price; high cost of living.
drób *m.* poultry, fowl.
dróż-ka *f.* pathway; footpath; **-nik** (kolejowy), railway guard.
druchna *f.* bridesmaid.
druci-any *a.* wiry, (of) wire; **-arz** *m.* wire-drawer; **-ik** *m.* small wire.
dru-dzy *pl.* others, other people; **-gi** *a.* other; second; z -giej ręki, second hand; co -gi, every other; po -gie, secondly; jeden -giego, one another; **-gorzędny** *a.* secondary; **-gostronny** *a.* written on the back.
drugubica *f.* net.
druh *m.* comrade, friend.
druk *m.* print, impression; type; dać do -u, have (a thing) printed; wyjść z -u, appear (in print); **-arnia** *f.* printing-house; **-arski** *a.* printing; **-arstwo** *n.* printing; **-arz** *m.* printer; **-i** *pl.* printed matter; **-ować** *v.* print; publish.
drut *m.* wire; knitting-needle; **-ować** *v.* wire; **-owany** *a.* wired; **-ownik** *m.* wire-drawer.
druzgotać *v.* smash, shatter.
druż-ba *m.* groomsman, best man; **-ka** *f.* bridesmaid.
drużyna *f.* retinue, detachment; (*sport.*) team; ~ robotnicza, gang.
drwa *pl.* fire-wood; **-l, -lnik** *m.* wood-cutter; **-lnia** *f.* timber-yard.
drwi-ący *a.* jeering, scoffing; **-ć** *v.* mock, jeer, scoff; quiz; **-nkarz** *m.* jeerer, scoffer; quizzer; **-nki, -ny** *pl.* gibes, jeering
dryblas *m.* lanky fellow.
drygać *v.* hop, skip.
drygant *m.* stallion.
drygawka *f.* rudder.
drylować *v.* drill, bore; ~ owoce, stone fruits.
dryn-da *f.* hackney-coach; cab; **-dać** *v.* dangle, jolt.
drzazga *f.* splinter.
drzeć *v.* tear; rend; ~ pierze, ~ koty, quarrel (with); ~ **się,** roar; squeak.
drzem-ać *v.* nap, doze, slumber; **-ka** *f.* nap.
drzew-a *pl.* trees; ~ iglaste, coniferous trees; ~ liściaste, leaf wood; **-ce** *n.*, **-iec** *m.* staff, lance; **-ianka** *f.* green fog; ruddock; **-iasty** *a.* woody, wooded; **-ko** *n.* little tree; Xmas tree; **-ny** *a.* (of) wood; węgiel ~, charcoal; **-o** *n.* tree; wood; (*ścięte*), (felled) timber; ~ twarde, hard wood; ~ miękkie, soft wood; ~ genealogiczne, family tree; ~ opałowe, fire-wood; ~ świeże, green wood; **-oryt** *m.* engraving.
drzwi *pl.* door, w **-ach,** in the door-way; **-czki** *pl.* (*u pieca*) venthole.
drzymać see **drzemać.**
drż-ączka *f.* fever, shivers; **-eć** *v.* tremble, shiver; **-enie** *n.* shiver, trembling.
dualizm *m.* dualism.
dubelt *m.* (*orn.*) snipe; (*piwo*) double-brewed ale; **-owy** *a.* double; **-ówka** *f.* fowling piece.
dubl-a *f.* (w bilardzie) doublet; **-et** *m.* duplicate; **-ować** *v.* double.
duby smalone, humbug, nonsense.
duch *m.* spirit, mind; ghost; sentiment; ~ święty, Holy Ghost; w -u, inwardly; wyzionąć -a, give up the ghost; expire; dodać komu -a, encourage, cheer one.
duchow-ieństwo *n.* clergy; **-ny** *m.* clergyman; **-ny** *a.* spiritual; **-o** *adv.* spiritually; **-ość** *f.* spirituality; **-y** *a.* spiritual, intellectual.
duda *f.* bag-pipe; **-rz** *m.* bagpiper.
dudek *m.* (*orn.*) hoopoe; (*głupiec*) fool, nincompoop; wystrychnąć kogoś na dudka, fool one.

dudnić *v.* resound.
dudu *i.* ani ~!, not a sound.
duet *m.* (*mus.*) duet.
dufać *v.* trust.
dukat *m.* ducat.
dukwieć *v.* toil, plod away.
dulka *f.* rowlock.
dum-a *f.* pride, haughtiness; deep thought; **-ać** *v.* muse, brood (over); **-ka** *f.* croon; song; **-nie** *adv.* haughtily, proudly; **-ny** *a.* haughty; proud.
duplikat *m.* duplicate.
dur *m.* typhoid fever.
dureń *m.* fool, stupid fellow, ass.
durn-ica *f.* (*bot.*) (species of) whortleberry; **-ie** *adv.* foolishly; **-ość** *f.* stupidity; **-owatość** *f.* imbecility; **-owaty** *a.* foolish, crazy; **-y** *a.* foolish, silly; stupid.
durszlak *m.* strainer.
durz-enie *n.* infatuation, delusion; **-yć** *v.* infatuate, delude; **-yć się**, be deluded, infatuated; **-yciel** *m.* cheat, deceiver.
dusery *pl.* compliments.
dusi-ć *v.* strangle, choke, throttle, smother; ~ mięso, stew meat; ~ się, be choked, suffocated; **wąż -ciel**, boa constrictor; **-grosz** *m.* niggard; **-kufel** *m.* toper.
dusz-a *f.* soul; (*od żelazka*) heater; bez -y, lifeless, inanimate; **-ący** *a.* suffocating, choking; **-enie** *n.* suffocation, choking; ~ mięsa, stewing; **-ka** *f.* love; **-kiem** *adv.* at one draught.
duszn-o *adv.* close; jest ~, it is sultry; **-ość** *f.* sultriness; (*med.*) feeling of choking; **-y** *a.* sultry, close.
duszony *a.* strangled; (*o mięsie*) [stewed.
duż-o *adv.* (*przed lmn.*) many; (*przed lp.*) a great deal, much; **-y** *a.* great, large, big, tall.
dwa *num.* two; co ~, every other; po ~, two each, two by two; **-dzieścia**, **-dzieścioro** (*num.*) twenty; **-kroć** *adv.* twice; **-naście**, **-naścioro** *num.* twelve.
dwieście *num.* two hundred.
dwoi-ć, **-ć się** *v.* double; **-stość** *f.* duplicity; **-sty** *a.* twofold, double.
dwoj-aczki *pl.* twins; **-aki** *a.* twofold; **-ako** *adv.* doubly; **-akość** *f.* doubleness; **-e**, **-ga** (*num.*) two; jeden z -ga, one or the other; one of two (things); we -je, double; folded.
dwor-actwo *n.* courtly manners; **-ak** *m.* courtier; **-ek** *m.* manor-house, residence; **-ka** *f.* courtier; **-nie**, **-no** *adv.* in a courtly manner; **-ny** *a.* courtly; **-ować** *v.* jeer, scoff; **-ski** *a.* courtly; **-sko** *adv.* courteously; **-skość** *f.* courteousness; **-szczyzna** *f.* courtierism; courtiers.
dworz-anin *m.* courtier; **-ec** *m.* mansion; (*kolej.*) (railway-)station.
dwóch *a.* see **dwa**; **-setny** *a.* two hundredth.
dwój-ka *f.* two; **-list** *m.* (*bot.*) tway-blade; **-nasób** *adv.* double, twice as much.
dwór *m.* court; retinue; mansion-house; (*podwórze*) yard; (*dziedziniec*) courtyard; na ~, out of doors.
dwu-barwny, **-barwisty** *a.* two-coloured; **-boczny** *a.* bilateral; **-brzmiący** *a.* ambiguous, equivocal; **-calowy** *a.* two-inch; **-chsetny** *a.* two hundredth; bicentenary; **-dniowy**, **-dzienny** *a.* two days'; **-dzielny** *a.* bipartite; **-dziestka** *f.* score; **-godzinny** *a.* of two hours; **-dziestoletni** *a.* twenty years old; **-dziesty** *a.* twentieth; **-funtowy** *a.* two pound; **-głoska** *f.* diphthong; **-głowy** *a.* two-headed; **-kołowy** *a.* two-wheeled; **-konny** *a.* two-horse; **-kropek** *m.* colon; **-krotnie** *adv.* twice; **-krotny** *a.* double, twofold; **-latka** *f.* two years old; **-letni** *a.* two year(s'); **-licowy**, **-licy** *a.* double faced; **-masztowy** *a.* two-masted; **-miesięczny** *a.* bimonthly; two month(s').
dwunast-ka *f.* twelve, a dozen; **-nica** *f.* (*anat.*) duodenum; **-okrotny** *a.* twelvefold; **-oletni** *a.* twelve years' (old); **-u** *num.* twelve; **-y** *a.* twelfth.
dwu-nogi, **-nożny** *a.* two-legged; **-nóg** *m.* biped; **-piętrowy** *a.* two stories high; **-płatowiec** *m.* biplane; **-płciowy** *a.* bisexual; **-razowy** *a.* reiterated; **-ręki** *a.* two-handed; **-roczniak** two years old; **-roczny** *a.* two

years old; biannual; **-rurka** *f.* fowling-piece; **-rzędny, -rzędowy** *a.* double-rowed; **-setny** *a.* two hundredth; **-sieczny** *a.* two-edged; **-skrzydły, -skrzydłowy** *a.* two-winged; ~-e drzwi, folding door; **-słowność** *f.* duplicity; **-stronny** *a.* bilateral, two sided; **-tygodniowy** *a.* fortnightly; **-tysięczny** *a.* two thousandth; **-węglan sodu,** bicarbonate of soda; **-ząb** *m.* bident; **-zębny** *a.* bidental; **-znaczny** *a.* equivocal, ambiguous; **-żeniec** *m.* bigamist; **-żeństwo** *n.* bigamy.

dybać *v.* lurk, dog; lie in ambush (for); prowl.

dyby *pl.* shackles.

dy-chać, -szeć *v.* pant, gasp; puff; **-chawica, -chawiczność** *f.* short breath; **-chawiczny** *a.* asthmatic; **-chawka** *f.* gill (of a fish).

dychtowny *a.* thick, close, compact, dense.

dydakty-czny *a.* didactic; **-ka** *f.* didactics.

dyferencja *f.* difference; **-lny** *a.* differential.

dyfterja *f.* **dyfteryt** *m.* diphtheria.

dyg *m.* curtsy; **-ać, -nąć** *v.* curtsy.

dygitalina *f.* digitalis.

dygnita-rski *a.* dignitary's; **-rstwo** *n.* dignity; high office; **-rz** *m.* dignitary.

dygotać *v.* shake, tremble, shiver.

dygresja *f.* digression.

dyk-cja *f.*, enunciation; **-cjonarz** *m.* dictionary; **-tando** *n.* dictation; **-tować** *v.* dictate.

dyktator *m.* dictator; **-ski** *a.* dictatorial; **-stwo** *n.*, **dyktatura** *f.* dictatorship.

dykteryjka *f.* anecdote, story, tale.

dyl *m.* deal.

dylemat *m.* dilemma.

dyletan-cki *a.* dilettantish; **-t** *m.* dilettante; **-tyzm** *m.* dilettantism.

dyluwjum *m.* (*geol.*) diluvium.

dym *m.* smoke; (*fig.*) house, family; **-ać** *v.* blow; **-iący** *a.* smoking; **-ić, -ić się** *v.* smoke; smoulder; **-nik** *m.* vent-hole; ~~, *rz.* garret-window; **-ny** *a.* smoky.

dymisj-a *f.* demission, resignation; **-onować** *v.* resign; **-onowany** *a.* discharged.

dymka *f.* onion.

dyna-miczny *a.* dynamic(al); **-mika** *f.* dynamics; **-mit** *m.* dynamite; **-momaszyna** *f.* dynamo.

dynast-ja *f.* dynasty; **-yczny, -yjny** *a* dynastic.

dyndać *v.* dangle.

dynia *f.* pumpkin.

dyplom-acja *f.* diplomacy; **-at** *m.* diploma, patent; **-ata** *m.* diplomat, diplomatist; **-atyczny** *a.* diplomatic.

dyrek-cja *f.* direction, management; **-tor** *m.* director, manager; (*szkoły*) head-master; **-torjalny** *a.* directorial; **-torski** *a.* director's; **-torstwo** *n.* management; **-tywa** *f.* instruction.

dyryg-ent *m.* (*muz.*) leader (of an orchestra); band master; **-ować** *v.* conduct, lead.

dyscyplin-a *f.* discipline; **-arny** *a.* disciplinary, corrective.

dysenterja *f.* dysentery.

dysertacja *f.* dissertation, treatise.

dysharmonja *f.* discordance, dissonance.

dyshonor *m.* disgrace, disrepute.

dyskont *m.* **-o** *n* discount; **-ować** *v.* discount.

dyskre-cja *f.* discretion; **-cjonalny** *a.* discretional; **-dyt** *m.* discredit; **-dytować** *v.* discredit; **-tność** *f.* discreetness; **-tny** *a.* discreet.

dyskusja *f.* discussion.

dyspens-a *f.* dispensation; **-ować** *v.* exempt (from).

dyspo-nent *m.* managing clerk; **-nować** *v.* give instructions, order; (*na śmierć*) give the last sacraments; **-nowanie** *n.*, **-nowany** disposed; **-zycja** *f.* disposition, order; do -zycji, at the disposal (of).

dysput-a *f.* dispute; **-ować** *v.* argue, dispute.

dystans *m.* distance.

dystrakcja *f.* absence of mind; (*zabawa*) amusement, diversion.

dystrybucja *f.* distribution.

dystyl-acja *f.* distillation; **-acyjny** *a.* distillatory; **-arnia** *f.* distillery; **-ować** *v.* distil.
dystyn-gowany *a.* possessing distinction; **-kcja** *f.* distinction.
dysydent *m.* dissenter.
dysz-a *f.* nozzle; **-eć** *v.* heave; pant, gasp.
dyszel *m.* shaft, thill.
dyszkant *m.* (*muz.*) treble, soprano; **-owy** *a.* klucz ~~, treble-clef.
dyszlowy *a.* (of) thill; koń ~, thill-horse.
dywan *m.* carpet; **-ik** *m.* rug.
dywersja *f.* diversion.
dywidenda *f.* dividend.
dywiz-ja *f.* (*mil.*) division; **-yjny** *a.* divisional.
dyżur *m.* turn on duty; **-ować** *v.* be on duty; **-ny** *a.* on duty; (*mil.*) orderly.
dzban, -ek *m.* jug, pitcher.
dziać się *v.* happen, occur, take place; niech się dzieje co chce, happen what may; (*w aktach*) działo się w, done in.
dziad *m.* grandfather; old man; (*żebrak*) beggar; **-ek** *m.* grandfather; (*do orzechów*) nut-cracker; (*w kartach*) dummy; **-owski** *a.* beggarly.
dział *m.* share, lot; division, partition; ~ wodny, watershed.
dział-ać *v.* act, work, operate, have effect; **-acz** *m.* doer, agent; **-alność** *f.* activity, efficiency; **-anie** *n.* proceeding, operation; (*arytm.*) rule; pole do -ania, scope; **-ka** *f.* scale.
działo *m.* cannon, gun.
dzianet *m.* Arabian horse.
dziarno *n.* gravel.
dziarsk-i *a.* brisk, sprightly; **-ość** *f.* briskness, sprightliness.
dziat-eczki, *pl.* **-twa** *f.* children, little ones.
dziąsło *n.* gum.
dzicz *m.* barbarians; **-eć** *v.* grow wild; **-ka** *f.* crab, wild tree; **-yzna** *f.* (*mięso*) venison; (*dzicz*) savageness.
dzida *f.* spear, pike.
dzieci *pl.* children; **-ak** *m.* chit, brat; **-ątko** *n.* baby, infant; **-ę** *n.* child, baby; **-ęcy** *a.* infantine; childish; child's; **-na** *f.* baby; **-nnieć** *v.* grow childish, dote; be in one's second childhood; **-nność** *f.* childishness; **-nny** *a.* childish; **-ństwo** *n.* childhood, infancy; childishness; **-obójca** *m.* **-obójczyni** *f.* infanticide; **-obójczy** *a.* infanticidal; **-obójstwo** *n.* child-murder; **-uch** *m.* child, chit.
dziecko *n.* child.
dziedzi-c *m.* (*spadkobierca*) heir; (*ziemianin*) landlord; squire; proprietor; ~ prawowity, heir apparent; **-ctwo** *n.* **-czenie** *n.* inheritance; **-czka** *f.* heiress; landlady; **-czność** *f.* heredity; **-ny** *a.* hereditary; **-czyć** *v.* inherit.
dziedzi-na *f.* sphere, area; **-niec** *m.* court-yard.
dzieg-ciarnia *f.* tar-hut; **-ciarz** *m.* tar-burner; **-ieć** *m.* tar.
dziej-e *pl.* annals, records; history; ~ apostolskie, the acts of the apostles; **-opis, -opisarz** *m.* historian, annalist; **-opisarski** *a.* historiographic; **-owy** *a.* historical.
dzieka-n *m.* dean; **-nat** *m.* deanery; **-ński** *a.* dean's; **-ństwo** *n.* deanship.
dziel-enie *n.* division; **-ić** *v.* divide; share; **-ić się** *v.* be divided; (*z kim*) share; **-na** *f.* (*arytm.*) dividend; **-nica** *f.* quarter; **-niczy** *m.* dividing; **-nik** *m.* divisor.
dzieln-ość *f.* courage, stoutness, energy; **-y** *a.* valiant; stout.
dzieło *n.* work, deed; exploit.
dzienn-ie *adv.* daily; **-ik** *m.* (*gazeta*) newspaper; daily; (*pamiętnik*) diary; (*okrętowy*) log-book; **-ikarski** *a.* journalistic; **-ikarz** *m.* journalist; reporter; **-y** *a.* daily; porządek ~~, agenda; ~~ robotnik, day-labourer.
dzień *m.* day; sądny ~, doom's day; ~ powszedni, week-day; ~ świąteczny, holiday; dni respektowe, days of grace; w najbliższych dniach, one of these days, shortly, soon; za dnia, by day; by nightfall; w ~, in the day-time.
dziergać embroider.
dzierlatka *f.* (*orn.*) crested lark; (*fig. panienka*) flapper.

dzierzba *f.* (*orn.*) butcher-bird, lanner.
dzierżaw-a *f.* lease; wziąć w -ę, take on lease; **-ca** *m.*, **-czyni** *f.* tenant, lease-holder; **-czy** *a.* (*gram.*) possessive; **-ić** *v.* lease; **-ny** *a.* (of) rent; -na umowa, lease contract.
dzierż-yciel *m.* possessor, holder; **-yć** *v.* hold, keep.
dziesiąt-ek *m.*, **-ka** *f.* ten; **-kować** *v.* decimate; **-kowy** *a* tenth.
dziesię-cina *f.* tithe; **-cioletni** *a.* ten years'; ten-year-old; **-cioraki** *a.* tenfold; **-ciornasób** *adv.* tenfold; **-cioro, -ciu** *n.* ten; **-ć** *num.* ten; **-ćkroć** *adv.* ten times; **-tny** *a.* decimal.
dziewa *f.* maiden.
dziewanna *f.* (*bot.*) mullein.
dziewcz-ątko *n.*, **-ynka** *f.*, **-ę** *n.* girl; **-ęcy** *a.* girlish; maidenly; **-yna** *f.* girl, lass.
dzieweczka *f.* pretty girl; lassie.
dziewiąt-ka *f.* nine; **-y** *a.* ninth.
dziewi-ca *f.* virgin; maiden; **-ctwo** *n.* virginity; maidenhood; **-czy** *a.* maidenly, virgin's; virginlike.
dziewierz *m.* brother-in-law.
dziewięci-okrotny *a.* ninefold; **-oletni** *a.* nine years'; nine-year-old; **-oro** *n.* nine; **-uset** *num.* nine hundred.
dziewięć *num.* nine; **-dziesiąt** *num.* ninety; **-dziesięcioletni** *a.* ninety years'; **-dziesiąty** *a.* ninetieth; **-dziesięciu** *n.* ninety; **-kroć** *adv.* nine times; **-set** *num.* nine hundred; **-setny** *a.* nine hundredth; **-sił, -iosił** Carline-thistle (*bot.*).
dziewiętna-ście, -stoletni *a.* nineteen years'; 19-year-old; **-stu** *num.* nineteen; **-sty** *a.* nineteenth.
dziew-ka *f* wench, country-girl, house-maid; **-oja** *f.*, **-ucha** *f.* wench; lass.
dziewosł-ąb *m.* groomsman; bestman; **-ębić** *v.* match; **-ęby** *pl.* match-making.
dzież-a, -ka *f.* kneading-trough.
dzięcielina *f.* (*bot.*) trefoil.
dzięcioł *m.* (*orn.*) wood-pecker.
dzięgiel *m.* (*bot.*) angelica.
dzięk-czynienie *n.* thanksgiving; **-czynność** *f.* thankfulness; **-czynny** *a.* thanksgiving; ~ list, letter of thanks (of acknowledgement); **-i** *pl.* thanks; ~ temu, thanks to that; owing to that; **-ować** *v.* thank.
dzik *m.* (wild) boar; mięso -a, brawn; **-i** *a.* wild, savage; **-o** *adv.* wildly; ferociously; **-ość** *f.* wildness, savageness; **-owina** *f.* brawn; **-us** *m.* savage.
dziob-ać *f.* peck; **-asty** *a.* beaked; **-aty** *a.* pock-marked; **-ek** *m.* bill; **-orożec** *m.* hornbill (*orn.*).
dzionek *m.* (fine) day.
dziób *m.* beak, bill; (*po ospie*) pock-mark.
dziryt *m.* dart, javelin.
dzi-siaj, -ś *adv.* today; (*fig.*) nowadays, at present; ~ tydzień, a week ago; do ~ dnia, till now; od ~ dnia, from this day, hence; **-siejszy** *a.* today's.
dziur-a *f.* hole; **-awić** *v.* perforate, make holes (in); **-awiec** *m.* (*bot.*) hypericon; **-awy** *a.* full of holes, leaky; **-eczka -ka** *f.* little hole, opening; **-kować** *v.* pierce, perforate; **-kowatość** *f.* porosity, porousness; **-kowaty** *a.* porous.
dziw *m.* wonder; nie ~ że, no wonder (that); **-acki, -aczny** *a.* queer, strange, odd, whimsical, eccentric; **-actwo** *n.*, **-aczność** *f.* oddness, strangeness, singularity; eccentricity; **-aczeć** *v.* grow odd (whimsical); **-aczek** *m.* (*bot.*) marvel of Peru; **-aczyć** *v.* divagate, be eccentric; **-adło** *n.* extravagant person; strange thing; **-ak** *m.* crank.
dziwerować *v.* damaskeen.
dziw-ić *v.* astonish, surprise; **-ić się, -ować się** *v.* marvel, wonder, be astonished (at); **-nie** *adv.* strangely, surprisingly; **-ność** *f.* strangeness; **-ny** *a.* strange, odd, singular; **-o** *n.* marvel; prodigy; portent; **-ogłów** *m.* (*zool.*) blunt headed cachalot; **-oląg, -otwór** *m.* anomalousness, monster; **-ować się** *v.* (czemu) admire, be astonished(at); **-owisko** *n.* pageant; show.

dzwon *m.* bell; ~ na trwogę, tocsin; **-ek** *m.* (little) bell; **-iarz** *m.* bell-founder; **-ić** *v.* ring the bell; jingle; -i w uszach, the ears tingle; -i zębami, his theeth chatter; **-iec** *m.* (*orn.*) linnet; **-ienie** *n.* bell-ringing, toll; **-nica** *f.* steeple, belfry; **nik** *m.* bell-ringer.
dźwię-czeć *v.* tinkle; resound; chime; **-czność** *f.* sonorousness, harmoniousness; **-czny** *a.* sonorous, harmonious; **-k** *m.* sound, noise; voice; jingle.
dźwig *m.* lift; **-ać się**, spring up; rise; **-nąć** *v.* bear, lift, raise; **-ar** *m.* lever, girder; **-arka** *m.* windlass, lifting jack; **-nia** *f.* crane, jack, lever.
dżdż-ownica *f.*, **-ownik** *m.* worm.
dżdżysty *a.* rainy.
dżet *m.* jet.
dżokiej *m.* jockey.
dżuma *f.* plague, pestilence.

E

ebonit *m.* vulcanite, ebonite.
echo *n.* echo.
eduk-acja *f.* education; **-acyjny** *a.* educational.
edycja *f.* edition, issue.
edykt *m.* edict.
edyl *m.* edile.
efekt *m.* effect, result; **-owny** *a.* showy.
efemery-da *f.* ephemeris; ephemerid (insect); **-czny** *a.* ephemeral.
egida *f.* aegis, protection; pod -ą, under the auspices of.
Egipcjanin *m.*, **-ka** *f.* Egyptian.
egoi-sta *m.*, **-stka** *f.* egotist; **-styczny** *a.* selfish, egotistic; **-zm** *m.* selfishness, egotism.
egzalt-acja *f.* exaltation; **-owany** *a.* prone to exaltation; impulsive.
egzamin *m.* examination; zdać ~, pass an examination; nie zdać -u, fail in an examination; **-acyjny** *a.* (of) examination, examinational; **-ator** *m.* examinator; **-ować** *v.* examine.
egzeku-cja *f.* execution; (*leg.*) seizure; **-cyjny** *a.* executive; **-tywa** *f.* executive power.
egzekwje *pl.* obsequies.
egzekwować *f.* execute; (*leg.*) seize, distrain.
egzemplarz *m.* copy.
egzotyczn-ość *f.* exotic character; **-y** *a.* exotic.
egzyst-encja *f.* existence; **-ować** *v.* exist.
ej, -że! *i.* hallo! mind! take care!
ekiera *f.* bevel.
ekipa *f.* team.
ekliptyka *f.* ecliptic.
ekonom *m.* bailiff; (land-)steward; **-iczny** *a.* economic(al); **-ika** *f.* economy; **-ista** *m.* economist; **-ja** *f.* economy, husbandry, economics.
ekran *m.* screen.
ekscelencja *f.* Excellency.
ekscentryczn-ość *f.* eccentricity; **-y** *a.* eccentric.
eksces *m.* excess, outrage.
ekshumacja *f.* exhumation, disinterment.
ekskomunika *f.* excommunication.
ekskrementa *pl.* excrements.
eksmisja *f.* ejectment.
ekspansja *f.* expansion.
eksped-jent *m.* clerk; (shopkeeper's) assistant; **-jować** *v.* forward, dispatch, send; **-ycja** *f.* expedition, dispatch; forwarding department; **-ycyjny** *a.* dom ~~, forwarding agency; **-ytor** *m.* forwarding agent.
ekspert *m.* expert; **-yza** *f* expert's report, appraisement, evidence.
eksploat-acja *f.* exploitation; **-ować** *v.* exploit.
eksplo-dować *v.* explode; **-dujący** *a.* materjał ~~, explosive; **-zja** *f.* explosion.
eksponaty *pl.* exhibits.
eksport *m.* export, exportation; **-ować** *v.* export.
eksportacja *f.* funeral.
ekspozy-cja *f.* exposition, exhibition; (*fot.*) exposure; **-tura** *f.* branch, agency.

ekspres *n.* express; list ~, express letter, letter to be delivered by special messenger.
eksterminacja *f.* extermination.
eksterytorjaln-ość *f.* exterritoriality; **-y** *a.* exterritorial.
ekstrakt *m.* extract; essence.
ekstrawagancja *f.* extravagance.
ekwilibryst-a *m.* equilibrist; **-yka** *f.* equilibration.
ekwip-aż *m.* equipage; **-ować** *f.* fit out; equip; **-owanie** *n.*, **-unek** *m.* outfit; equipment.
elaborat *m.* elaboration.
elastyczn-ość *f.* elasticity; **-y** *a.* elastic.
elatynek *m.* waterwort (*bot.*).
elegan-cja *f.* elegance; **-cki** *a.* elegant; **-cko** *a.* elegantly; **-t** *m.*, **-tka** *f.* elegant.
eleg-ijny *a.* elegiac; **-ja** *f.* elegy.
elek-cja *f.* election; **-cyjny** *a.* elective; **-t** *m.* elect; **-tor** *m.* elector; **-toralny** *a.* electoral; **-torat** *m.*, **-torstwo** *n.* electorate; **-torski** *a.* electoral.
elektro-d *m.* electrode; **-for** *m.* electrophor; **-magnes** *m.* electromagnet; **-motor** *m.* electromotor; **-technik** *m.* electrician.
elektryczn-ość *f.* electricity; **-y** *a.* electric.
elektryzowa-ć *v.* electrify; **-nie** *n.* electrification.
element *m.* element; **-arny** *a.* elementary, simple, rudimentary; **-arz** *m.* reader, primer.
elewator *m.* elevator, lift.
eliksyr *m.* elixir.
eliminować *v.* eliminate (from).
elip-sa *f.* ellipse; ellipsis (*mat.*); elision, syncope (*gram.*); **-soida** *f.* ellipsoid; **-tyczność** *f.* ellipticity; **-tyczny** *a.* elliptical.
elita *f.* elite, the select.
elizejski *a.* Elysian.
emal-ja *f.* enamel; **-jować** *v.* enamel; **-jowany** *a.* enamelled; **-jowy** *a.* (of) enamel.
emancyp-acja *f.* emancipation; **-acyjny** *a.* liberating; **-antka** *f.* emancipationist; **-ować** *v.* emancipate; **-ować się** *v.* liberate oneself; free oneself (from).
embryon *m.* embryo; **-alny** *a.* embryonic.
emeryt *m.* retired person; **-ura** *f.* pension.
emetyk *m.* emetic.
emigr-acja *f.* emigration; **-acyjny** *a.* emigrant's; (of) emigration; **-ant** *m.* emigrant; **-ować** *v.* emigrate.
emis-arjusz *m.* emissary; **-ja** *f.* emission, issue; **kurs -yjny**, the rate of issue.
emoc-ja *f.* emotion; thrill; **-onalny** *a.* emotional.
empiry-czny *a.* empiric; **-k** *m.* empiric, quack.
emulacja *f.* emulation.
encyklika *f.* encyclic.
encykloped-ja *f.* encyclopaedia; **-yczny** *a.* encyclopaedic.
endemiczny *a.* endemic.
enema *f.* enema.
energ-iczny *a.* energetic; **-ja** *f.* energy.
entomolog *m.* entomologist; **-ja** *f.* entomology.
entuzja-sta *m.*, **-stka** *f.* enthusiast; **-zm** *m.* enthusiasm; **-zmować się**, be enthusiastic (for, about).
epiczny *a.* epic.
epidem-iczny *a.* epidemical; **-ja** *f.* epidemic.
epigram-at *m.* epigram; **-atyczny** *a.* epigrammatic.
epikure-izm *m.* epicureanism; **-jczyk** *m.* epicurean.
epilep-sja *f.* epilepsy; **-tyczny** *a.* epileptic; **-tyk** *m.* epileptic.
epilog *m.* epilogue.
epistoła *f.* epistle.
epitet *m.* epithet.
epizod *m.* episode.
epok-a *f.* epoch; **-owy** *a.* epochal.
epolety *pl.* epaulet(te)s.
epopeja *f.* epopee.
era *f.* era.
erekcja *f.* erection.
erotyczny *a.* erotic.
esen-cja *f.* essence, substance; **-onalny** *a.* essential.
eskadra *f.* squadron (of battleships).
eskort-a *f.* escort, convoy; **-ować** *v.* escort, convoy.
esparceta *f.* sainfoin.

estety-czność *f.* beauty; **-czny** *a.* aesthetic(al); **-ka** *f.* aesthetics.
estrada *f.* platform; estrade.
etap *m.* stage.
eter *m.* ether.
etnograf *m.* ethnographer; **-iczny** *a.* ethnographical; **-ja** *f.* ethnography.
ety-czny *a.* ethical; **-ka** *f.* ethics.
etykiet-a *f.* label; **-alny** *a.* ceremonius.
etymolog *m.* etymologist; **-iczny** *a.* etymologic(al); **-ja** *f.* etymology.
eucharyst-ja *f.* eucharist; **-yczny** *a.* eucharistic(al).
euforbja *f.* wolf's milk, spurge; (*bot.*).
eunuch *m.* eunuch.
ewaku-acja *f.* evacuation; **-ować** *v.* evacuate.
ewangel-iczny *a.* evangelical; protestant; **-ik** *m.* protestant; **-ista** *m.* evangelist; **-ja** *f.* gospel.
ewentual-nie *adv.* eventually; possibly; **-ny** *a.* eventual; possible.
ewidencja *f.* list; survey; w -ji, in evidence.
ewolucja *f.* evolution.

F

fabry-czny *a.* (of a) factory; (*zrobiony fabrycznie*) machine-made; manufactured; znak ~~, trade mark; cena -czna, prime cost; **-ka** *f.* factory, mill, works; **-kacja** *f.* manufacturing; production; (*fałszowanie*) forgery; **-kant** *m.* manufacturer; **-kat** *m.* article; goods; **-kować** *v.* manufacture; forge; **-kowanie** *n.* fabrication; falsification.
fabuła *f.* fable.
facec-ja *f.* jest, joke; **-jonować** *v.* crack jokes.
fach *m.* calling, occupation, trade; **-owiec** *m.* specialist, expert; **-owy** *a.* professional.
facjenda *f.* truck, barter.
fagas *m.* servant; fag; **-owski** *a.* servile.
fago-cista *m.* bassoonist; **-t** *m.* bassoon.
fajans *m.* porcelain; **-owy** *a* (of) porcelain.
fajdać *v.* foul.
faj-eczka *f.* little pipe; **-ka** *f.* [pipe.
fajerwerk *m.* firework.
fakcja *f* faction.
fakt *m.* fact.
faktor *m.*, **-ka** *f.* agent; **-ne** *n.* factorage; **-stwo** *n.* agency, mediation.
faktotum *m.* factotum.
faktycznie *adv.* really; truly; actually. [invoice.
faktur-a *m.* invoice; **-ować** *v.*
fala *f.* wave; billow.
falanga *f.* phalanx; multitude.
falban-a, -ka *f.* flounce.
fal-istość *f.* undulation; **-isty** *a.* wavy; undulant; undulating; **-ować** *v.* undulate; wave.
falset *m.* (*muz.*) falsetto.
falsyfika-cja *f.* falsification; **-t** *m.* falsification, counterfeit, forgery.
fałd *m.*, **-a** *f.* fold, rumple, crease; -dów przysiedzieć, work hard; **-ować** *v.* fold, rumple, crease; **-owany** *a.*, **-zisty** *a.* in folds; full of folds.
fałsz *m.* falsehood, lie; **-erstwo** *n.* falsification, forgery; **-erz** *m.* forger; **-ować** *v.* falsify, forge; (*wino*) adulterate; **-owanie** *n.* falsification; adulteration; **-owany** *a.* falsified; **-ywie** *adv.* falsely; **-ywość** *f.* falsehood; **-ywy** *a.* false, deceitful, feigned, -ywe nazwisko, assumed name; -ywe diamenty, false (spurious) diamonds. [mily.
famil-ijny *a.* family('s); **-ja** *f.* fa-
fanaberje *pl.* freaks; pretentiousness.
fanaty-czny *a.* fanatic(al); **-k** *m.* fanatic; **-zm** *m.* fanaticism.
fanfara *f.* fanfare, flourish (of trumpets).
fanfaron *m.* coxcomb; fop, boaster; **-ada** *f.* coxcombry, foppery; **-ować** *v.* swagger.

fant *n.* pledge, pawn; **-ować** *v.* seize; **-ować się** *v.* pawn (one's belongings).
fantasmagorja *f.* phantasmagoria.
fantast-a, -yk *m.* fantast; **-yczność** *f.* extravagance, fantasticalness; **-yczny** *a.* fantastic.
fantaz-ja *f.* imagination, fancy, whim; (*muz.*) fantasia; **-jować** *v.* dream, fancy; **-yjny** *a.* fanciful.
fantom *m.* phantom.
fara *f.* parish church.
faraon *m.* (*gra*) faro; (*egipski*) pharaoh.
farb-a *f.* colour; paint, dye, tinge; ~ drukarska, printing ink; ~ olejna, oil paint; **-y wodne,** water colours; **-iarnia, -iernia** *f.* dye-house; **-iarski, -ierski** *a.* dyeing, dyer's; **-iarstwo, -ierstwo** *n.* dyeing; **-iarz, -ierz** *m.* dyer; **-ka** *f.* (laundress's) blue; **-nik** *m.* dye; pigment; **-ować** *v.* dye, colour; tinge; ~ na czerwono, dye red; **-owany** *a.* dyed.
farma-ceuta *m.* pharmaceutist; przetwory -ceutyczne, pharmaceutic products, drugs; **-kologja** *f.* pharmacology.
farmazon *m.* freemason.
farny *a.* (of a) parish.
farsa *f.* farse.
farsz *m.* stuffing.
fartu-ch *m.* apron; (*u powozu*) hammercloth; **-szek** *m.* pinafore.
faryna *f.* brown sugar; (*fig.*) kind, sort.
faryze-jski, -uszowski *a.* pharisaic(al); **-usz** *m.* pharisee; **-uszostwo** *n.* pharisaism.
fas-a *f.* cask; **-ka** *f.* kit; **-ować** *v.* barrel, stow.
fasada *f.* façade; front.
fascykuł *m.* fascicle, bundle.
fasola *f.* bean.
fason *m.* fashion; **-ować** *v.* fashion, fit.
fastryg-a *f.* basting; **-ować** *v.* baste, tack.
faszerować *v.* stuff.
faszyna *f.* fascine.
faszyzm *m.* fascism.
fatal-ista *m.* fatalist; **-izm** *m.* fatalism; **-ny** *a.* fatal.
fatałaszki *pl.* baubles; gew-gaws.
fatum *m.* fate, destiny.
fatyg-a *f.* trouble; **-ować** *v.* inconvenience; trouble, put to trouble; **-ować się** *v.* trouble; inconvenience oneself.
fauna *f.* fauna.
fawor *m.* favour; **-ek** *m.* (kind of) cake; **-yt** *m.*, **-tka** *f.* favourite, pet; **-yty** *pl.* side whiskers; **-yzować** *v.* favour.
fe *i.* fy! shame!
febr-a *f.* fever, ague; **-owy** *a.* (of) fever; **-yczny** *a.* feverish, febrile.
fecht-mistrz *m.* fencing-master; **-ować (się)** *v.* fence; **-owanie, -unek** *m.* fencing.
felczer *m.* assistant surgeon, army-surgeon.
feldfebel *m.* sergeant-major.
feldmarszałek *m.* field-marshal.
feler *m.* defect.
feljeton *m.* feuilleton.
felpa *f.* plush.
femini-stka *f.* feminist; **-zm** *m.* feminism.
fenacetyna *f.* phenacetin.
feniks *m.* phoenix.
fenomen *m.* phenomenon (*lmn.* phenomena); **-alny** *a.* phenomenal, prodigious.
feodal-izm *m.* feudalism; **-ny** *a.* feudal.
feralny *a.* unlucky; ominous
ferje *pl.* holidays; (*sejmowe, sądowe*) recess.
ferment *m.* ferment; **-acja** *f.* fermentation; **-ować** *v.* ferment.
fermer *m.* farmer.
ferować wyrok, pronounce a sentence; pass one's verdict.
fert-ać się *v.* bustle, bestir oneself; **-yczność** *f.* briskness; **-yczny** *a.* brisk.
ferwor *m.* fervour, zea'
feston *m.* festoon.
festyn *m.* feast, festival.
fet-a *f.* fête, festival; **-ować** *v.* fête.
fetor *m.* stench, fetor.
fetysz *m.* fetish; **-yzm** *m.* fetishism.
feudal-izm *m.* feudalism; **-ny** *a.* feudal.
fez *m.* fez.
fiasko *n.* fiasco, failure.

fideikomis *m.* trust.
figa *f.* fig; fig-tree; **-rnia** *f.* plantation of fig-trees.
fig-iel, -ielek *m.* trick, frolic; spłatać -la, play a trick (upon); **-larka** *f.* frolicsome woman; **-larnie** *adv.* frolicsomely; **-larność** *f.* frolicsomeness; **-larny** *a.* frolicsome; **-larz** *m.* frolicsome fellow; **-lować** *v.* frolic; joke.
figo-jadka (*orn.*) fig-pecker; **-wy** *a.* (of) fig.
figur-a *f.* figure, form, stature; (*osoba*) person; (*kibić*) waist; (*kapliczka*) road-side shrine; **-alny** *a.* figurative; **-ować** *v.* figure, cut a figure; appear.
fik mik, hocus-pocus.
fik-ać, -nąć *v.* dance; kick.
fikc-ja *f.* fiction, figment; **-yjny** *a.* fictitious, imaginary, feigned.
fiks-acja *f.* craze; **-at** *m.* crank.
filantrop *m.*, **-ka** *f.* philanthropist; **-ijny** *a.* philanthropic; **-ja** *f.* philanthropy.
filar *m.* pillar; support; **-owanie** *n.* colonnade.
filatelista *m.* stamp-collector.
filc *m.* felt; **-ować** *v.* felt, mat; **-owy** *a.* (of) felt.
filharmoniczny *a.* philharmonic.
filigranowy *a.* filigreed.
filister *m.* philistine.
filiżanka *f.* cup.
filja *f.* branch.
film *m.* film, picture.
filoksera *f.* phylloxera.
filolog *m.* philologist; **-iczny** *a.* philological; **-ja** *f.* philology.
filozof *m.*, **-ka** *f.* philosopher; **-czny** *a.* philosophic(al); kamień ~~, philosophers' stone; **-ja** *f.* philosophy; **-ować** *v.* philosophize; **-ski** *a.* philosopher's.
filtr *m.* filter; **-ować** *v.* filter.
filut *m.* rogue; **-erność** *f.* wiliness, craftiness; **-erny** *a.* wily, crafty.
fimfa *f.* puff of smoke; (*fig.*) offence.
finał *m.* (*muz.*) finale; (*sport*) final.
finans-e *pl.* finances; **-ista** *m.* financier; **-owy** *a.* financial; **-ować** *v.* finance.
finezja *f.* finesse, subtlety.
fiok-i *pl.* tawdry, finery; **-ować się** *v.* bedizen oneself.
fioł-ek *m.* violet; ~ alpejski, cyclamen; **-kowy, fioletowy** *a.* purple, violet.
fiord *m.* fjord.
firanka *f.* curtain.
fircyk *m.* fop; coxcomb; **-owaty** *a.* foppish, coxcombical.
firleje *pl.* stroić ~, commit follies, play tricks.
firletka *f.* (*bot.*) rose-campion.
firma *f.* firm, style; (*fig.*) reputation; shield.
firmament *m.* firmament, sky.
fisharmonja *f.* harmonium.
fisk-alny *a.* fiscal; **-us** *m.* treasury; fisc.
fistuła *f.* (*med.*) fistula; (*o głosie*) falsetto.
fiszbin *m.* whalebone.
fiszorek *m.* drawing stump.
fiukać *v.* whistle.
fizjognom-ista *m.* physiognomist; **-ja** *f.* physiognomy.
fizjolog *m.* physiologist; **-icznie** *adv.* physiologically; **-iczny** *a.* physiologic(al); **-ja** *f.* physiology.
fizy-cznie *adv.* constitutionally; **-czny** *a.* physical; -czne niepodobieństwo, physical impossibility; **-k** *m.* physicist; **-ka** *f.* physics.
fizys *m.* figure; face.
flacha *f.* (big) bottle.
flacz-arnia *f.* tripery; **-eć** *v.* flag, droop; **-ki** *pl.* tripe.
flad-er *m.* (*w drzewie*) fibre, grain, streaks; **-rowaty** *a.* streaky, grainy; speckled.
flaga *f.* flag; standard; (*słota*) wet weather.
flak *m.* intestine; **-i** *pl.* bowels; tripe; **-owacieć** *v.* flag, droop; **-owaty** *a.* flaggy, flaccid; lax.
flakonik *m.* phial.
flanc-a *f.* shoot; **-ować** *v.* plant.
flanela *f.* flannel.
flank *m.* (*mil.*) flank, side; **-ować** *v.* flank; **-owy** *a.* (of the) side; ~~ atak, flank attack.
flasz-a, -ka *f.* bottle, flask; **-eczka** *f.* phial.
flądr-a *f.* (*zool.*) flounder, sole; (*kobieta*) slattern; slut; **-owaty** *a.* sluttish, slovenly.
flegm-a *f.* phlegm; cold blood; **-atyczność** *f.* phlegm, coolness;

-atyczny *a.* phlegmatic(al), cool; **-atyk** *m.* phlegmatic person; **-isty** *a.* phlegmy.

flejtuch *m.* lint; (*fig.*) sloven; **-owaty** *a.* slovenly, dirty.

flet *m.*, **-nia** *f.* flute; **-cista** *m.* flutist.

flinta *f.* musket, firelock.

flirt *m.* flirt; **-ować** *v.* flirt.

flis, -ak *m.* raftsman; **-ostwo** *n.* watermanship.

fliza *f.* slab; tile.

flondra see **flądra.**

flora *f.* flora.

floresy *pl.* flourish.

floret *m.* (fencing) foil.

flot-a *f.* navy, fleet; **-yla** *f.* flotilla.

fluid *m.* fluid.

fluksja *f.* swollen cheek.

fochy *pl.* pout; whim; stroić ~, sulk.

foka *f.* (*zool.*) seal.

folg-a *f.* relief; alleviation, relaxation; **-ować** *v.* relax; release; alleviate.

folj-ał *m.* foljo; **-ować** *v.* page.

folklor *m.* folk-lore.

fol-ować, -uszować *v.* full; **-owanie** *n.* fulling; **-usz** *m.* fuller; **-usznik** *m.* fuller.

folwar-czny *a.* (of) farm; **-k** *m.* farmstead.

fomfry *pl.* whims, freaks.

fonety-czny *a.* phonetic; **-ka** *f.* phonetics.

fonograf *m.* phonograph.

fontanna *f.* fountain, waterspout, jet.

fontaż *m.* top-knot; bow.

for *m.* advantage; dać -y, give a handicap.

fora *i.* out with (him)!

foremn-ie *adv.* regularly, neatly; **-ość** *f.* shapeliness, regularity; **-y** *a.* shapely, regular; neat.

forma *f.* form, shape; mould; (*gram.*) form; ~ odlewu, cast; ~ odlewnicza, mould; (*do butów*) boot-tree; **-cja** *f.* formation; **-lista** *m.* formalist; **-lizm** *m.* formalism; **-lność** *f.* formality; **-lny** *a.* formal; outright; **-t** *m.* size.

formie-rstwo *n.* moulding; **-rz** *m.* moulder.

formować *v.* form, shape, mould; ~ **się** *v.* (*mil.*) form the ranks; be formed.

formu-larz *m.* formulary, form; blank; **-ła, -łka** *f.* formula; **-łować** *v.* formulate, state.

fornal *m.* stableman; **-ka** *f.* team of four farm horses.

forni(e)r *m.* veneer; **-ować** *v.* veneer; **-owanie** *n.* veneering.

forować *v.* drive away.

forpoczta *f.* outpost; vanguard.

fors-ować *v.* force, strain; push; **-owny** *a.* straining, excessive; ~~ marsz, forced march.

fort *m.* fort; **-eca** *f.* fortress, stronghold.

fortel *m.* trick, artifice, stratagem.

fortepian *m.* pianoforte; grand piano.

fortun-a *f.* fortune; wealth; **-ka** *f.* small fortune; **-nie** *adv.* fortunately; **-ny** *a.* lucky, fortunate.

fortyfik-acja *f.* fortification; **-ować** *v.* fortify.

forum *m.* forum, law courts.

forytować *v.* favour, support, promote.

fosa *f.* moat.

fosf-at *m.* (*chem.*) phosphate; **-or** *m.* phosphorus; **-oran** *m.* phosphate; **-orescencja** *f.* phosphorescence; **-orowy** *a.* phosphorous; **-oryczny** *a.* phosphoric; **-oryt** *m.* phosphorite; **-oryzować** *v.* phosphoresce.

fotel *m.* arm-chair; ~ **klubowy**, easy-chair.

foto-druk *m.*, **-typja** *f.* phototype; **-graf** *m.* photographer; **-grafja** *f.* photograph; photo; **-grafować** *v.* photograph, take pictures.

fracht *m.* freight, cargo; **-ować** *v.* freight; **-owy** *a.* (of) freight; ~~ okręt, trader, merchantman; list -owy, bill of lading.

fragment *m.* fragment; **-aryczny** *a.* fragmentary.

frak *m.* dress coat; full dress.

frakcja *f.* (*polit.*) party, fraction.

framuga *f.* recess, niche.

franciszkanin *m.* Franciscan friar.

francu-ski *a.* French; **-zczyzna** *f.* French language; French manners.

frank *m.* franc; **-o** *adv.* post-paid; **-ować** *v.* pay postage; **-owanie** *n.* postage.
frant *m.* sly-boots; **-ostwo** *n.* slyness.
fraso-bliwość *f.* worry, anxiety; **-bliwy** *a.* over-anxious, pining, low-spirited; **-wać się** *v.* pine; grieve; **-wanie** *n.*, **frasunek** *m.* worry, grief, sorrow.
fraszka *f.* trifle.
fraze-s *m.* commonplace, platitude, phrase; shibboleth; **-olog** *m.* phrase-monger; **-ologja** *f.* phraseology.
fregata *f.* frigate.
frekwencja *f.* attendance.
frendzla *f.* fringe.
frenetyczny *a.* frantic, frenzied.
fresk *m.* fresco.
front *m.* front, façade; **-on** *m.* pediment; **-owy** *a.* front(al).
froterować *v.* polish (floors).
fru-nąć, -wać *v.* fly (away).
fryc *m.* novice, green horn; **-owe** *n.* zapłacić ~~, pay the price of inexperience; **-ówka** *f.* reprimand.
fryga *f.* (humming) top.
frykas *m.* fricasse.
frykcja *f.* friction, rubbing.
frymar-czyć *v.* traffic (in), barter; **-k** *m.* traffic (in); barter.
fryz *m.* frieze.
fryz-a, -ka *f.* frill.
fryzować *v.* curl, frizzle; **-jer** *m.* barber; hair-dresser; **-ura** *f.* hair-dress.
fug-a *f.* joint; mortise; (*mus.*) fugue; **-ować** *v.* joint, mortise.
fujar-a, -ka *f.* fife; (*o człowieku*) booby, simpleton.
fuk-ać, -nąć *v.* scold, chide.
fuksja *f.* (*bot.*) fuchsia.
fular *m.* foulard.
fuma *f.*, **fumy** *pl.* self-conceit.
fund-acja *f.* foundation, legacy; bequest; **-ament** *m.* foundation, base; **-amentalny** *a.* fundamental; **-ator** *m.* founder; **-ować** *v.* found; (*częstować*) treat; regale; **-usik** *m.* small fund; **-usz** *m.* fund, capital, stock; brać na ~~, make fun (of).
funkc-ja *f.* function; office; **-jonować** *v.* work; act; **-jonarjusz** *m.* functionary, official.
funt *m.* pound; **-owy** *a.* one-pound.
fura *f.* cart; waggon; cart-load.
furaż *m.* forage; **-er** *m.* forager; **-ować** *v.* forage.
furgon *m.* van.
furja *f.* fury, rage; **-t** *m.* madman.
furman *m.* coachman; driver; **-ka** *f.* cart; **-ić** *v.* serve as a coachman, drive a coach; **-ski** *a.* coachman's.
furka *f.* cart.
furorę zrobić make a sensation.
furtka *f.* wicket; wicket-door; wicket-gate.
fusy *pl.* lees, dregs, sediment.
fuszer *m.* bungler; **-ka** *f.*, **-stwo** *n.* bungle; **-ować** *v.* bungle.
futerał *m.* case, covering; box.
fut-erko *n.* (small) fur-coat; **-ra** *pl.* furs, peltry; **-ro** *n.* fur, fur-coat; **-rzany** *a.* (of) fur; furred; handel ~, fur trade; **-rzarz** *m.* furrier.
futor *m.* farm, grange.
futrować *v.* panel, wainscot.
fuz-ja, -yjka *f.* (*strzelba*) rifle; (*połączenie*) blending; amalgamation; union; **-jonować się** *v.* amalgamate, merge (in).

G

gabardyna *f.* gaberdine.
gabine-t *m.* cabinet; office; closet; study; **-towy** *a.* cabinet.
gablotka *f.* show-case.
gach *m.* courter; **-ować** *v.* court.
gacie *pl.* pants; drawers.
ga-ć *f.* fascine, fascine-work; **-cić** *v.* fascine.
gad *m.* reptile.
gada-ć *v.* talk, speak; (*na kogo*) rebuke, reproach; **-cz** *m.* swaggerer; talker; **-nie** *n.* talk; **-nina** *f.* idle talk, prattle; **-tliwość** *f.* talkativeness, loqua-

city; **-tliwy** *a.* talkative, loquacious.
gad-ka *f.* talk, news; (*zagadka*) report; riddle; **-u-gadu** *adv.* tittle-tattle; **-ulska** *f.*, **-ulski, -uła** *m.* prattler, tattler; **-ulstwo** *n.* talkativeness; prattle, tattle.
gadzina *f.* reptile.
gagat *m.* (*min.*) jet; **-ek** *m.* favourite, darling.
ga-ik *m.*, **-j** *m.* grove; **-owy** *m.* forester.
gala *f.* gala, pomp, festivity.
galant *m.* gallant; **-erja** *f.* fancy-goods; **-ernik** *m.* outfitter; **-eryjne wyroby** fancy goods.
galar *m.* barge.
galarepa see **kalarepa.**
galaret-a *f.* jelly; gelatin; **-owaty** *a.* gelatinous.
galas *m.* gall-nut; **-ówka** *f.* (*zool.*) gall-fly.
galer-a *f.* galley; **-nik** *m.* galley-slave.
galer-ja *f.* gallery; ~~ obrazów, picture gallery; **-yjka** *f.* small gallery.
galimatjas *m.* galimatias, rigmarole.
galman *m.* (*min.*) calamine.
galon *m.* galloon; **-ować** *m.* trim with galloon.
galop *m.* gallop; **-ada** *f.* gallopade; **-ować** *v.* gallop.
gal-owo *adv.* in gala dress; **-owy** *a.* festival; **-ówka** *f.* gala-day.
galwan-izm *m.* galvanism; **-iczny** *a.* galvanic; **-izować** *v.* galvanize.
gał-ązka *f.* twig; **-ąź** *f.* branch, bough; (*fig.*) line; sphere; **-ęziasty, -ęzisty** *a.* branchy.
gałgan *m.* rag, tatter; (*o człowieku*) rogue, rascal; **-niarka** *f.*, **-niarz** *m.* rag-picker; **-niasty, -nowaty** *a.* tattered; **-ński** *a.*, rascally; **-nstwo** *n.* (*łachy*) rags, tatters; (*łotry*) ragtag; (*łotrostwo*) rascally trick.
gałka *f.* ball, globe; (*szpady*) pommel; ~ do wotowania, ballot; ~ muszkatułowa, nutmeg.
gałucha *f.* (*bot.*) earth-nut.
gałuszyć *v.* make a row, deafen.
gama *f.* scale.
gamoń *m.* dunce, dolt.
ganek *m.* porch, passage, balcony.
gangren-a *f.* (*med.*) gangrene; **-ować** *v.* gangrene.
ganiać *v.* gambol; frolic.
gani-ciel *m.* censurer; **-ć** *v.* blame.
gap *m.* gaper, gawk; **-a,** giddy head; (*orn.*) *f.* rook; **-ić się** *v.* gape, stare.
garaż *m.* garage.
garb *m.* hump; **-acieć** *v.* grow hump-backed; **-acizna** *f.* hump; **-aty** *a.* hump-backed; **-ić się** *v.* bend; crook one's back; **-us, -ek** *m.* hunch-backed.
garba-rnia *f.* tannery; **-rski** *a.* tanner's; **-rstwo** *n.* tanning; **-rz** *m.* tanner.
garb-nik *m.* tannin; **-ować** *v.* tan; (*fig.*) flog; **-owanie** *n.* tanning.
garderob-a *f.* (*ubrania*) clothes; (*pokój*) cloak-room; **-iana** *f.* cloak-room attendant.
gard-lany, -łowy *a.* (of the) throat; guttural; sprawa **-łowa,** hanging matter; **-łacz** *m.* (*orn.*) cropper; **-ło** *n.* throat; (*fig.*) head, neck; ból **-ła,** sore throat; laryngitis; na całe ~~ wrzeszczeć, shout at the top of one's voice; chwycić za ~~, collar, jump at the throat; **-łować** *v.* vociferate; bellow.
gardzić *v.* despise, scorn, contemn, slight.
gardziel *m.* gullet; (*anat.*) oesophagus.
garkuchnia *f.* chop-house.
garnąć *v.* gather, rake (together); ~ **się** (do), be keen (on).
garn-carnia *f.* pottery; **-carski** *a.* potter's; wyroby ~-e, pottery; **-carstwo** *n.* potter's trade, pottery; **-carz** *m.* potter; **-ców-ka** *f.*, **-iec** *m.* gallon; **-czek, -eczek, -ek, -uszek** *m.* pipkin; pot; jug.
garnirow-ać *v.* furnish (with), trim (with); (*o potrawach*) garnish; **-anie** *n.* garnish, trimming.
garnitur *m.* set; suit (of clothes).
garnizon *m.* garrison.
gar-stka, -ść *f.* handful.
garuga (*mar.*) *f.* side-wind.
gasi-ć *v.* put out, extinguish; (*pragnienie*) quench; (*wapno*) slack; **-ciel** *m.*, **-dło** *n.* extinguisher.
gasnąć *v.* die out; expire.

gastronom *m.* gastronomist; **-iczny** *a.* gastronomic(al); **-ja** *f.* gastronomy.
gastryczny *a.* gastric.
gaszek *m.* courter.
gaszenie wapna *n.* slacking of lime.
gatun-ek *m.* kind, species, sort, quality; **-kować** *v.* sort, select; **-kowanie** *n.* sorting; assortment, classification; **-kowy** *a.* specific; generic.
gawę-da *f.* chat; **-dziarka** *f.*, **-dziarz** *m.* prattler; **-dzić** *v.* chat, prattle.
gawiedź *f.* mob.
gaworzyć *v.* babble.
gawot *m.* gavot.
gawron *m.* (*orn.*) rook; (*gap*) ninny; **-ić się** *v.* gape.
gaz *m.* gas; ~ rozweselający, laughing gas.
gaza *f.* gauze.
gazda *m.* (highland) crofter.
gaze-ciarski *a.* journalistic; (of a) newspaper; **-ciarstwo** *n.* journalism; **-ciarz** *m.* journalist; reporter; **-ta** *f.* newspaper.
gazo-metr *m.* gasometer; **-wnia** *f.* gas-works; **-wy** *a.* gaseous; światło -we, gas-light.
gaża *f.* pay, wages, salary.
gąb-czastość *f.* sponginess, fungosity; **-czasty** *a.* spongy; **-ka** *f.* sponge; **-kowaty** *a.* spungelike.
gądziel *f.* (*bot.*) bugle.
gąsienica *f.* caterpillar.
gąs-iątko, -ię *n.* gosling; **-ior** *m.* gander; (*flacha*) jar, carboy; (*dachówka*) gutter-tile; ridge-tile; **-ka** *f.* gosling; (*o dziewcz.*) goosey.
gąszcz *m.* (*las*) thicket; (*fusy*) sediment.
gbur *m.* boor, churl; **-owatość** *f.* churliness, coarseness, rudeness; **-owaty** *a.* boorish, churlish, coarse.
gdaka-ć *v.* cackle; **-nie** *n.* cackle, cackling.
gder-a, -acz, -alski *m.* grumbler, growler; **-ać** *v.* grumble, growl.
gdula *f.* (*gruszka*) pounder; (*bot.*) cyclamen, sow-bread.
gdy *c.* when; as; podczas ~, whereas, while; **-by** *c.* if; ~~ nie to, were it not for; but for; **-ż** *c.* for, because, since; as.
gdzie *adv.* where; ~tam! nothing of the kind; **-bądź** *adv.* anywhere, wheresover; **-(bądź) indziej** *adv.* anywhere else; elsewhere; **-kolwiek** *adv.* wheresoever, anywhere; ~ **niegdzie** *adv.* here and there; **-ś** *adv.* somewhere; **-ś tu** *adv.* hereabouts.
genealog-iczny *a.* genealogical; **-ja** *f.* genealogy.
generacja *f.* generation.
genera-lny *a.* general; **-lski** *a.* general's; **-ł** *m.* general; **-łowa** *f.* general's wife.
genetyczny *a.* genetic.
genjaln-ość *f.* genius, ingenuity; **-y** *a.* wonderful; ingenious.
genjusz *m.* genius.
geo-dezja *f.* geodesy; **-graf** *m.* geographer; **-iczny** *a.* geographic; **-grafja** *f.* geography; **-log** *m.* geologist; **-logiczny** *a.* geological; **-ja** *f.* geology; **-metra** *m.* surveyor; **-metrja** *f.* geometry; **-metryczny** *a.* geometric(al).
georginja *f.* (*bot.*) dahlia.
geranja *f.*, **geranjum** *m.* geranium.
germani-sta *m.* germanist; **-zm** *m.* germanism; **-zować** *v.* germanize.
germański *a.* Germanic.
gest *m.* gesture; **-ykulacja** *f.* gesticulation; **-ykulować** *v.* gesticulate.
gęba *f.* mouth; (*wulg.*) mug; **-l, -cz** *m.* braggart; **-ty** *a.* foul-mouthed.
gęg *m.*, **-anie** *n.*, **-ot** *m.* cackling, cackle; **-ać** *v.* cackle.
gę-si *a.* goose's; (*metal.*) pig-iron; pióro ~-e, goose-quill; ~-a skóra, goose-flesh; iść ~-ego, walk in Indian file; **-ś** *f.* goose (*lmn.* geese).
gęś-cić *v.* thicken; **-cieć, -tnąć, -tnieć** *v.* thicken, grow thick; **-to** *adv.* thick, closely; często ~~, oftentimes; **-tość** *f.* thickness, density; **-twa, -twina** *f.* thicket; jungle; **-ty** *a.* thick, dense; close.
gęśl *f.* dulcimer.
giaur *m.* giaour (infidel).
giąć *v.* bend, curve; ~ się, bend, bow, incline.
gib-ać *v.* balance; **-ki** *a.* supple, flexible, pliable, pliant; **-kość** *f.* suppleness; flexibility; pliancy.

giczoł *m.* shin-bone, tibia.
gidja *f.* lanky person.
giełda *f.* exchange, 'Change; guild; ~ zbożowa, corn market; **-dowy, -dziany** *a.* (of) exchange; **-dziarz** *m.* speculator.
giemza *f.* (*zool.*) chamois.
giermek *m.* shield-bearer.
giez *m.* gad-fly.
gięt-kość *f.* flexibility; pliancy; suppleness; **-ki** *a.* pliant; flexible, supple; **-e meble,** bentwood furniture.
gil *m.* (*orn.*) bull-finch, red finch.
gilbas *m.* big awkward fellow.
gilotyn-a *f.* guillotine; **-ować** *v.* guillotine, behead.
gilza *f.* (cigarette-)tube.
gimnasty-czny *a.* gymnastic; **-k** *m.* gymnast; **-ka** *f.* gymnastics; **-kować się** *v.* take exercise.
gimnaz-ista, -jasta *m.* gymnasiast; school-boy; **-jum** *n.* gymnasium, secondary school.
ginąć *v.* perish; die away.
ginekolog *m.* gynaecologist; **-ja** *f.* gynaecology.
gips *m.* gypsum, plaster of Paris; **-ować** *v.* plaster; **-owanie** *n.* plastering; **-owy** *a.* (of) plaster; **-ówka** *f.* clay-pipe.
girlanda *f.* garland, wreath.
gisernia *f.* foundry.
gita-ra *f.* guitar; **-rzysta** *m.* guitarist.
gladjator *m.* gladiator.
glans *m.* polish, gloss; **-ować** *v.* polish, gloss; **-owany** *a.* glossy; -owane rękawiczki, kid gloves; płótno -owane, buckram.
glauberska sól, Glauber's salt.
glazura *f.* glaze.
gleba *f.* soil; ground.
gleczer *m.* glacier.
glejt *m.* safe-guard; safe-conduct.
glejta *f.* litharge; ~ żółta, yellow lead.
ględzić *v.* talk through one's hat, talk nonsense.
glicer-yna *f.* glycerine; **-ynowy** *a.* (of) glycerine; glyceric.
glin *m.* (*chem.*) aluminium; **-a** *f.* clay; ~ garncarska, potter's clay; ~ marglowa, marly clay; **-ianka** *f.* marl pit; **-iany** *a.* earthen; (of) clay; -iane naczynia, earthenware; **-iasty** *a.* clayey, limy; **-ka** *f.* clay, loam.
glista *f.* worm.
glob *m.* globe.
glucyn *f.* glucinum.
gładk-i *a.* smooth, even; handsome; (*o mowie*) glib; (*o wzorze materji*) plain; **-o** *adv.* smoothly; evenly; nicely; easily; **-ość** *f.* smoothness, evenness; (*manier*) amenity; beauty; glibness.
gła-dyszka *f.* (*kobieta*) beautiful woman; (*narzędzie*) polisher; **-dzić** *v.* even, smooth; (*tępić*) exterminate; ~ winę, expiate.
głaska-ć *v.* stroke, caress; fondle; **-nie** *n.* caressing.
głaz *m.* stone, rock; **-owaty** *a.* stony.
głąb *f.* depth; (*obrazu*) background; (*jarzyny*) stalk; z głębi serca, from the bottom of the heart.
głębi-a, -na *f.* depth; **-ej** *comp. of* głęboko.
głębok-i *a.* deep, profound; **-ość** *f.* depth, profoundness.
głodek *m.* (*bot.*) yellow daisy.
głodn-ieć *v.* hunger, starve; **-y** *a.* hungry, starving.
gło-dowy *a.* (of) famine; **-dzić** *v.* famish, starve; **-dzić się** *v.* starve oneself.
głogowy *a.* (of) hawthorn.
głos *m.* voice, sound; vote; zabrać ~, speak; ~ doradczy, consultative voice; prawo -u, the right of vote; **-iciel** *m.* proclaimer; **-ić** *v.* proclaim, declare, announce; **-ka** *f.* letter; sound; **-ować** *v.* vote; **-owanie** *n.* balloting, vote; oddać pod ~, put to the vote; **-ownia** *f.* phonetics; **-owy** *a.* vocal, phonetic; **-ujący** *a.* voter.
głośn-ia *f.* glottis (*anat.*); **-ik** *m.* (*radjo*) loud speaker; **-o** *adv.* aloud, loudly; **-ość** *f.* loudness, renown; **-y** *a.* loud, famous.
głow-a *f.* head; (*fig.*) chief; ~ cukru, sugar-loaf; ~ kapusty, cabbage-cole; od stóp do głów, from head to foot; tył -y, occiput; z odkrytą -ą, bareheaded; w -ę zachodzić, wonder, be puzzled; łamać sobie- ,rack one's brains; przyszło mi do -y, it came to my mind; **-acz** *m.* brainy person; (*ryba*) bullhead; **-iasty** *a.*, -iasta kapusta, cole cabbage;

-ica *f.* (*u szpady*) pommel; hilt; **-nia** *f.* firebrand; **-ić się** *v.* rack one's brains.
głód *m.* hunger, famine, starvation; umierać z głodu, starve.
głóg *m.* haw; hips *pl.*
główka *f.* knob; ~ szpilki, pinhead; ~ maku, poppy-head.
główn-ie *adv.* chiefly, principally; **-odowodzący** *a.* commander-in-chief; **-y** *a.* chief, main, principal.
głuch-nąć *v.* grow deaf; **-o** *adv.* deafly, still; dully; **-oniemy** *a.* deaf and dumb; **-ota** *f.* deafness; **-y** *a.* deaf; (*fig.*) dismal; (*przytłumiony, o dźwięku*) dull.
głup-awość, -owatość *f.* silliness; foolishness; **-awy, -owaty** *a.* silly, foolish; **-i** *a.* stupid, dull; nonsensical; **-i, -iec** *m.*, **-ka** *f.* blockhead, dunce; **-ieć** *v.* be (grow) stupefied; become stupid; **-kowaty** *a.* half-witted; **-ota** *f.* stupidity; **-stwo** *n.* folly, nonsense; stuff, trash; **-tas, -tasek** *m.* simpleton, dunce.
głusz-a *f.* solitude, wilderness; **-ec** *m.* (*orn*). wood-grouse; mountain-cock; **-yć** *v.* deafen, stun.
gmach *m.* edifice, structure.
gmatwa-ć *v.* embroil, confound; **-nina** *f.* confusion, intricacy; medley.
gmera-ć *v.* fumble, rummage; **-cz** *m.* searcher; prier; **-nie** *n.* fumbling; search.
gmin *m.* populace; **-a** *f.* municipality; village; **-nie** *adv.* vulgarly, trivially; **-ność** *f.* vulgarity; **-ny** *a.* municipal; (*rubaszny*) vulgar, low; plebeian; **-owładny** *a.* democratical; **-owładztwo** *n.* democracy.
gnać *v.* run, pursue, chase; (*kogoś lub coś*) drive.
gnat *m.* bone.
gnejs *m.* gneiss.
gnębi-ciel *m.* oppressor; **-ć** *v.* oppress.
gniad-osz, -y *m.* bay-horse; **-y** *a.* bay; ~~ w jabłka, dappled bay.
gniazd-eczko, -ko *n.* little nest; **-o** *n.* nest; (*fig.*) family; home; z jednego -a, of one breed; **-owiec, -osz** *m.* (*orn.*) eyas; nestling.
gni-cie *n.* rotting, putrefaction, decomposition; **-ć** *v.* rot, putrefy, moulder.
gni-da *f.* nit; **-osz** *m.* (*bot.*) lousewort.
gnieść *v.* press, squeeze; ~ ciasto, knead; trzewik gniecie, the shoe pinches.
gniew *m.* anger, wrath; pobudzać do -u, anger, irritate; **-ać** *v.* irritate, provoke; **-ać się** (na), be angry (with); **-anie** *n.* anger; **-liwość** *f.* irrascibility; **-liwy** *a.* irrascible, irritable; **-ny** *a.* irritated, angry, enraged; passionate, choleric.
gnie-ździć się *v.* nestle; settle; **-żdżenie się** *n.* nestling.
gnil-ec *m.* scurvy; **-ny** *a.* putrid, septic.
gniotek *m.* (kind of) cake; (*fig.*) loiterer.
gno-ić *v.* dung, manure; **-ić się** *v.* suppurate; **-jek** *m.* stinkard; lazy-bones; **-jenie się** *n.* suppuration; **-jnica** *f.* dung-cart; **-jny** *a.* dungy, mucky, filthy; **-jownia** *f.*, **-jowisko** *n.* dunghill; **-jówka** *f.* dung-water.
gnom *m.* gnome.
gnój *m.* dung, manure; muck; filth; **-ka** *f.* dung-fly.
gnuś-nie *adv.* slothfully; sluggishly; **-nieć** *v.* grow slothful, lounge; live in sloth; **-nik** *m.* sluggard; **-ność** *f.* sloth; sluggishness; **-ny** *a.* slothful, sluggish.
gnyp *m.* shoemaker's knife.
go *accus. of* **on**; him.
gobelin *m.* gobelin; Gobelin tapestry.
godło *n.* symbol, emblem; motto.
godn-ie *adv.* honourably, respectably, suitably; **-ość** *f.* dignity, worthiness; rank; situation; jak ~~ Pańska? what is your name? **-y** *a.* worthy, honourable.
godow-ać *v.* feast; banquet, revel; **-nik** *m.* feaster; **-y** *a.* festive.
gody *pl.* feast, banquet; ~ weselne, wedding; marriage feast.
godziciel *m.* reconciler, peacemaker.
godzić *v.* (*coś z czemś*) make agree; (*kogoś z kimś*) reconcile; (*do roboty*) hire; ~ w coś, aim (at); ~ na czyjeś życie, attempt the life

(of); ~ się na co, agree to a thing; ~ się do czego, be good for, be fit for a thing; (nie) godzi się, it is (un)becoming; it is (un)seemly.
godzien *a.* worthy, deserving (of).
godzina *f.* hour; pół godziny, half an hour; która ~? what time it is?; druga ~, two o'clock; za godzinę, in an hour; co godzinę, every hour.
godzin-ki *pl.* matins; **-ny** *a.* hourly.
godziw-ie *adv.* equitably, fairly; justly; **-y** *a.* fair; just, lawful.
goić *v.* heal; ~ **się** *v.* heal (up).
gola-rnia *f.* barber's shop; **-rz** *m.* barber.
golec *m.* naked man; (*fig.*) poor wretch.
gole-niowy *a.* (of the) shin; **-ń,** shin.
goli-broda *f.* barber; **-ić (się)** *v.* shave (oneself); dać się ~~, get shaved; **-zna** *f.* nakedness, misery.
Goljat *m.* Goliath, giant.
golu-chny, -teńki, -tki *a.* stark naked.
gołąb, -ek *m.* pigeon.
gołęb-i *a.* dove's; pigeon's; **-ica** *f.* dove; **-nik** *m.* dove-cot.
goł-o *adv.* nakedly; **-ogłowy,** *a.* z -ą głową, bareheaded; **-oledź** *f.* glazed frost; **-osłowny** *a.* proofless; **-owąs** *m.* youngster; **-y** *a.* naked, bare; pod -em niebem, in the open air.
goncia-ny *a.* (of) shingle(s); **-rz** *m.* shingle-maker.
gondol-a *f.* gondola; **-jer** *m.* gondolier.
goni-ć *v.* run (after), pursue, chase; hunt; ~ ostatkami, (*fig.*) be in low water; **-ec** *m.* courier, messenger; **-twa** *f.* chase, hunt, race.
gont *m.* shingle; **-al** *m.* shingle-nail.
gorąc-o *adv.* hotly, eagerly; **-o** *n.* heat; jest ~~, it is hot; ~~ mi, I am hot; -o-kąpany, hot-brained; **-ość** *f.* heat; eagerness; **-y** *a.* hot; ardent; vehement; na -ym uczynku, in the act.
gorączk-a *f.* fever, ague; (*człow. zapalcz.*) hot-tempered man; **-ować** *v.* be in a fever; rave; **-ować się** *v.* get excited; **-owy** *a.* feverish, febrile.
gorczy-ca *f.* mustard; **-cznik** *m.* (*bot.*) hedge-mustard; **-czny** *a.* (of) mustard.
gordyjski węzeł the Gordian knot.
gore *i.* fire; **-ć** *v.* burn; **-jący** *a.* burning; fiery.
gorę-cej *comp. of* **gorąco; -tszy** *comp. of* **gorący.**
gorliw-ie *adv.* fervently, assiduously; zealously; **-iec** *m.* zealot; **-ość** *f.* zeal, eagerness; **-y** *a.* zealous, ardent, eager.
gors *m.* breast; (*kryza*) frill; **-et** *m.* stays.
gorsz-ący *a.* scandalous, shocking; **-y** *comp. of* **zły,** worse; a co gorsza, and what is worse; **-yć** *v.* scandalize; shock; **-yć się** *v.* be scandalized, horrified, shocked (at).
gorycz *m.* bitterness; **-ka** *f.* (*bot.*) gentian, bitter-wort.
gorysz *m.* (*bot.*) hog-fennel.
goryl *m.* gorilla.
gorzałka *f.* liquor; brandy.
gorzeć *v.* flame, burn, flare.
gorzej *comp. of* **źle,** worse; coraz ~, worse and worse.
gorzeln-ia *f.* distillery; **-ik, -y** *m.* distiller.
gorzk-awy *a.* bitterish; **-i** *a.* bitter; **-nąć, -nieć** *v.* become bitter; (*o ludziach*) become sour, peevish; **-ość** *f.* bitterness.
gospoda *f.* inn, public house.
gospod-arczy *a.* economic; **-arka** *f.*, **-arstwo** *n.* management, economy, husbandry; **-arnie** *adv.* economically, thriftily; **-arność** *f.* thriftiness, good husbandry; **-arny** *a.* thrifty; **-arować** *v.* (*czem*) manage, administer; keep house; **-arowanie** *n.* management, house-keeping, husbandry; economy; **-arski** *a.* (of) house-keeping; farmer's; **-arstwo** *n.* house-keeping, husbandry; **-arz** *m.* landlord; host; master of the house; farmer; **-arzyć** *v.* manage, administer; **-yni** *f.* landlady, hostess, lady of the house; house-keeper.

gosposia *f.* housewife.
goś-cić *v.* (*podejmować*) treat, entertain; (*być gościem*) stay, rest; **-cina** *f.* sojourn, visit; stanąć -ciną, put up (at); **-ciniec** *m.* high-road, high-way; **-cinność** *f.* hospitality; **-cinny** *a.* hospitable; pokój ~~, guest-chamber; **-ć** *m.* guest, visitor.
gościec *m.* arthritis, gout.
gotow-ać *v.* prepare; cook; **-ać się** *v.* boil; (*zapowiadać się*) be impending; **-anie** *n.* cooking; **-izna** *f.* cash, ready money; **-ość** *f.* readiness, inclination; **-y** *a.* ready, prepared; inclined.
gotów *a.* ready, willing; inclined; **-ka** *f.* ready money, cash; **-ką** płacić, pay down; pay cash.
goty-cki *a.* Gothic; **-k** *m.* the Gothic style.
goździk *m.* (*bot.*) pink, clove, carnation; **-i** *pl.* (*korzenne*) cloves.
gó-ra *f.* (*geogr.*) mountain; (*górne piętro*) upper floor; (*wierzch*) top; ~~ lodowa, iceberg; na -rze, w -rze, up (stairs), above, aloft; ku -rze, upwads; pod -rę, up hill; do -ry nogami, upside down; wziąć nad kim -rę, get the upper hand; **-ral** *m.*, **-ralka** *f.* mountaineer, highlander; **-ralski** *a.* mountaineer's; **-rka** *f.* hill.
górni-ctwo *n.* mining; **-czy** *a.* mining, miner's; **-k** *m.* miner.
górn-ie, -o *adv.* sublimely, proudly; loftily; **-olotność** *f.* loftiness; pompousness; **-olotny** *a.* hig-flown, lofty, pompous; **-ość** *f.* loftiness, sublimity; **-y** *a.* (*wyższy*) upper; (*wzniosły*) lofty, sublime.
gó-rować *v.* overlook, command, surpass; **-rski** *a.* mountainous, hilly; upland; **-rzystość** *f.* hilliness; **-rzysty** *a.* mountainous, hilly.
gra *f.* play, game, sport; ~ słów, pun; ~ w karty, game at cards; ~ hazardowna, gamble; ~ na giełdzie, speculating in stocks; wchodzić w grę, come into consideration; come into play.
grab *m.* (*bot.*) hornbeam; yoke-elm; **-ina** *f.* yoke-elm wood.
grabar-ski *a.* digger's; **-rz** *m.* grave-digger.
grab-iarka *f.* rake; **-ić** *v.* rake; (*rabować*) plunder; seize; **-ie** *pl.* rake; **-ież** *f.* plunder; **-ieżca** *m.* plunderer; **-ieżność** *f.* rapaciousness; **-ieżny** *a.* rapacious.
grabołusk *m.* (*orn.*) hawfinch, grossbeak.
graca *f.* hoe.
graciki *pl.* knick-nacks.
grac-ja *f.* grace; **-ki** *a.* clever, stout, valiant.
gracować *v.* hoe.
gra-cz *m.* player, gambler; **-ć, grywać** *v.* play, game; ~ na fortepianie, play the piano; ~ rolę, act, perform a part; ~ o co, play for.
grad *m.*, **-obicie** *n.* hail; (*bryłki -u*) (hail-)stones; **-owy** *a.* haily; burza -owa, hail-storm.
gradual *m.* gradual.
graf-iczny *a.* graphic(al); **-jon** *m.* drawing pen; **-it** *m.* graphite; tygle -towe, graphite crucibles.
grajcar *m.* wormer; (*moneta*) farthing; **-ek** *m.* cork-screw.
grajek *m.* fiddler.
gram *m.* gramme.
gramaty-czny *a.* grammatical; **-k** *m.* grammarian; **-ka** *f.* grammar.
gramofon *m.* gramophone.
gramolić się *v.* clamber, climb.
gran *m.* grain.
granat *m.* (*bot.*) pommegranate; (*mil.*) grenade, shell; (*kolor*) dark blue (colour); **-ek** (*bot.*) horminum; (*min.*) garnet; **-nik** *m.* howitzer, mortar (piece); **-owy** *a.* (dark-)blue; navy blue.
graniast-osłup *m.* prism (*geom.*); **-y** *a.* prismal, prismatic.
grani-ca *f.* boundary (line); border, limit, frontier; bez -c, boundless; za -cą, abroad; **-czący** *a.* bordering; adjoining; **-czny** *a.* frontier, border; **-czyć** *v.* border (upon), confine.
granie *n.* playing; gambling.
granit *m.* granite; **-owy** *a.* (of) granite.
grań *f.* crest (of a mountain).
grasować *v.* rage, ravage.

grat *m.* (piece of) old furniture, old rubbish.
gratis *adv.* free (of charge) gratis.
gratka *f.* good fortune; windfall.
gratul-acja *f.* congratulation; **-acyjny** *a.* congratulatory; **-ować** *v.* congratulate.
gratyfikacja *f.* gratuity, reward.
grawit-acja *f.* gravitation; **-ować** *v.* gravitate.
grąż *m.* mud, sediment; **-yć** *v.* immerse, imbed; **-yć się** *v.* be buried (in).
grdać *v.* warble.
grdyka *f.* Adam's apple.
gre-cki *a.* Greek, Grecian; **-czyzna** *f.* Greek language.
gregorjański *a.* Gregorian.
gremj-alny *a.* corporate, collective; **-alnie** *adv.* in a body, collectively; **-um** *m.* whole.
grempl-a *f.* card; **-arnia** *f.* carding manufactory; **-arz** *m.* carder; **-ować** *v.* card.
grenadjer *m.* grenadier.
grenadyna *f.* grenadine.
grob-elny, -lany, -lowy *a.* (of a) dike; (of a) dam; **-la** *f.* dike, dam, bank.
grobow-iec *m.* tomb stone, tomb; **-cowy** *a.* (of a) grave; **-y** *a.* sepulchral; (of the) grave; aż do -ej deski, to the last breath.
groch *m.* (*bot.*) pea; ~ **z** kapustą (*fig.*), confusion, pell-mell; **-owy** *a.* (of) pea(s); **-ówka** *f.* pea-soup.
grodowy, grodzki *a.* (of a) castle; (of a) town.
grodzić *v.* fence; enclose.
grom *m.* thunder; **-em rażony**, thunder-struck.
groma-da *f.* crowd; flock; community; family; **-dnie** *adv.* collectively; in a group; **-dny** *a.* collective, gregarious; **-dzenie** *n.* gathering, collecting; **-dzić** *v.* gather, assemble, accumulate, collect; **-dzić się** *v.* gather, assemble; **-dzki** *a.* common; gregarious; -dzkie **pastwiska**, commons.
gromi-ć *v.* rebuke, thunder; (*pobić*) vanquish; **-ciel** *m.* inveigher, vanquisher.
gromki *a.* loud, sonorous, sounding. [*a.* (of) Candlemas.
gromni-ca *f.* wax-candle; **-czny**
gromo-bicie *n.* thunder-storm; **-władny** *a.* thunderer; **-wy** *a.* thunderous.
gron-iasty *a.* grape-like; **-ko** *n.*, **-o** *n.* cluster, bunch; (*osób*) circle; ~ profesorskie, teaching staff.
gronostaj *m.* (*zool.*) ermine; **-e** *pl.* (*futro*) ermine; **-owy** *a.* ermine('s).
gros *m.* gross.
grosz *m.* copper (coin).
groszek *m.* green pea(s); ~ błotny, march vetchling; ~ łąkowy, meadow vetchling.
grot *m.* dart, javelin.
grota *f.* grotto.
groz-a *f.* awe, dread, terror; **-ić** *v.* threaten, menace.
groź-ba *f.*, **grożenie** *n.* threat, menace; **-ność** *f.* formidableness; dreadfulness; **-ny** *a.* threatening, menacing, formidable, severe.
grób *m.* grave, tomb.
gród *m.* town, castle, citadel.
grub-as *m.* fatty; **-awy** *a.* stoutish; **-ieć** *v.* grow big; fatten; **-janin** *m.* boor; brute; **-jański** *a.* rude, brutal; **-jaństwo** *n.* rudeness, brutality; **-o** *adv.* big, thick(ly), roughly; **-odziób** *m.* (*orn.*) cherryfinch; **-ość** *f.* bigness, thickness, coarseness; bulkiness; **-oskórny** *a.* thick-skinned; (*zool.*) pachydermatous; **-oziarnisty** *a.* coarse-grained; **-szy** *a.* *comp. of* **gruby**; **-y** *a.* big, coarse, thick; heavy; ~~ głos, deep voice; ~~ na 3 cale, three inches thick.
gruch-ać *v.* coo; **-acz** *m.* drum-pigeon; **-awka** *f.* turtle-dove; **-nąć** *v.* (*runąć*) fall down; (*uderzyć*) strike; (*szerzyć się*) spread; **-ot** *m.* rattle; **-otać** *v.* rattle, clatter; (*druzgotać*) crush; shatter.
gruczoł *m.* (*anat.*) gland; (*med.*) ganglion; **-ek** *m.* glandule; **-kowaty** *a.* glandular; glandulous.
grud-a, -ka *f.* clod; lump; jak po -zie, with difficulty; **-kowaty** *a.* cloddish; **-zisty** *a.* cloddish, rough.

grud-niowy *a.* (of) December; **-zień** *m.* December.
grum *m.* groom.
gruntwaga *f.* plummet.
grunt *m.* ground, soil, bottom; basis; w gruncie rzeczy, in the main; z -u, thoroughly; **-a** *pl.* lands; **-ować** *v.* ground; (*o farbie*) lay the colour; (*zgłębiać*) fathom; ~~ **się** (*na czem*), rest (on), rely (upon); **-owe** *n.* ground-rent; **-owność** *f.* thoroughness, fundamentalness; **-owny** *a.* thorough; fundamental; well-grounded, solid; **-owy** *n.* (of) land; ~~ podatek, land-tax; ground-rent.
grup-a *f.* group, cluster; **-ować** *v.* group.
grusz-a *f.* pear-tree; **-ka** *f.* pear; -ki na wierzbie, a fool's paradise; **-kowaty** *a.* pear-shaped.
gruz *m.*, **-y** *pl.* rubbish; ruins; **-eł, -ełek** *m.* clod, lump; **-łowacieć** *v.* clot; **-łowaty** *a.* clotted.
gruźli-ca *f.* consumption; tuberculosis; **-czy** *a.* consumptive, tuberculary.
grycza-k *m.* buckwheat bread; **-anka** *f.* buckwheat-straw; **-ny** *a.* (of) buckwheat.
gryf *m.* griffin.
gryka *f.* buckwheat.
gryma-s *m.* grimace, whim; **-sić**, -sy stroić, caprice; **-sy** *pl.* freaks, whims; robić ~~, pull faces; **-śnica** *f.*, **-śnik** *m.* freakish person; **-śny** *a.* capricious, freakish.
grynszpan *m.* verdigris.
grypa *f.* influenza; flu.
grypsnąć *v.* filch, pilfer; grasp.
grywać see **grać.**
gryz-ący *a.* (*chem.*) caustic; (*o zapachu*) pungent; (*żrący*) corrodent; (*fig.*) biting.
gryzmo-lenie *n.*, **-ły** *pl.*, skribbling; scrawl; **-lić** *v.* scrawl, scribble; **-ła** *m.* scrawler.
gryzoń *m.* rodent.
gryź-ć *v.* gnaw, bite; (*fig.*) rankle; **-ć się** *v.* (*czem*), worry; **-ć się** (*z kim*) *v.* wrangle.
grza-ć *v.* warm, heat; **-nka** *f.* toast.
grządka *f.* (*w kurniku*) hen-roost; (*w ogrodzie*) garden-bed; flower-bed.
grządziel *m.* plough-beam.
grzą-ść *v.* flounder; wade; be hampered; be stuck (in the mud); **-ski** *a.* quaggy.
grzbiet *m.* back; spine; (*gór*) ridge; **-owy** *a.* spinal, dorsal; ridgy.
grzeba-ć *v.* (*skrobać*) scrape; (*chować*) bury; (*szukać*) rummage; (*dłubać*) fumble; ~~ **się w czem** *v.* grabble; **-nie** *n.* burial.
grzebielucha *f.* (*orn.*) bank-swallow.
grzebie-niarski *a.* comb-maker's; **-niasty, -nisty** *a.* comb-shaped, pectinate; **-niarz** *m.* comb-maker; **-ń** *m.* comb; hatchel, flax-comb; (*koguta*) crest.
grzebyk = **grzebień.**
grzech *m.* sin; ~ pierworodny, original sin; ~ powszedni, venial sin; ~ ciężki, mortal sin.
grzechot-ać *v.* clatter, rattle; **-ka** *f.* rattle; **-nik** *m.* rattle maker; rattle snake (*zool.*).
grzeczn-iś *m.* complimenter; **-iutki** *a.* (very) polite; **-ość** *f.* politeness, civility; (*przysługa*) favour; **-y** *a.* polite, civil, kind.
grzesz-ek *m.* peccadillo; **-nica** *f.*, **-nik** *m.* sinner; **-ność** *f.* sinfulness, peccability; **-ny** *a.* sinful, wicked; peccable; **-yć** *v.* sin.
grzęda *f.* (*w kurniku*) hen-roost; (*w ogrodzie*) garden-bed, flower-bed.
grzęz-nąć see **grząść**; **-y** *pl.* see **grąż.**
grzm-iący *a* thundering; **-ieć** *v.* thunder; **-ocić, -otnąć** *v.* give a thundering blow; strike (hard); thump; **-ot** *m.* thunder.
grzyb-ek *m.* mushroom, fungus; ~ na drzewie, canker; **-iasty** *a.* fungous; **-ień** *m.* (*bot.*) nenuphar, water-lily; **-ieć** *v.* shrivel; grow decrepit; **-owaty** *a.* fungous; **-owy** *a.* (of) mushroom(s).
grzyw-a *f.* mane; **-acz** *m.* ring-pigeon; **-iasty** *a.* maned; **-ka** *f.* bang.
grzywna *f.* fine; skazać na -ę, fine a person.
guano *n.* guano.

gubernator *m.* governor; **-owa** *f.* governor's wife; **-ski** *a.* governor's; **-stwo** *n.* governorship.
gubernja *f.* province.
gubić *v.* lose; (*kogoś*) ruin; ~~ się w domysłach, be lost in conjectures.
gudron *m.* tar.
gula *f.* knob, bump.
gulasz *m.* ragout.
gulden *m.* florin.
gulgotać *v.* gurgle.
guma *f.* gum; (*elastyczna*) rubber; ~ arabska, gum arabic; (*do wycierania*) rubber, eraser.
gum-ienny *m.* keeper of a stack-yard; ~, *a.* (of a) stack-yard; **-no** *n.* stack-yard, barn.
gum-iguta *f.* gamboge, gutta-gamba; **-ować** *v.* gum; **-owy** *a.* (*lepki*) viscous, gummy; (*z gumy*) (of) rubber.
gunia *f.* (coarse) cloth; horse-cloth.
gu-sła *pl.* sorcery, witchcraft; **-ślarka** *f.* sorceress, witch; **-ślarstwo** *n.* witchcraft, magic art; **-ślarz** *m.* sorcerer; **-ślić** *v.* bewitch.
gust *m.* taste; z -em, willingly, bez -u, tasteless; w guście, in the style of...; **-ować w czem**, have a fancy (for), savour, like; **-owność** *f.* good taste, elegance; **-owny** *a.* tasteful, elegant, in good taste.
gutaperka *f.* gutta-percha.
guwern-antka *f.* governess; **-er** *m.* tutor; **-erka** *f.* tutorship.
guz *m.* knob, bruise; (*do zapinania*) large button; **-iczek, -ik** *m.* button; **-ikarnia** *f.* button factory; **-owatość** *f.* knobbiness; **-owaty** *a.* knobby.
guzdra-ć się *v.* dally; dawdle; **-lski, -ła** *m.* sluggard.
guzica *f.* (bird's) rump.
gwajak *m.* guaiacum.
gwałc-enie *n.* violation; **-ić** *v.* violate; **-iciel** *m.* violator.
gwałt *m.* violence, outrage; **-em** *adv.* by violence; **-ować** *v.* urge; **-ownie** *adv.* violently; **-owność** *f.* violence, impetuosity; vehemence; **-owny** *a.* violent, impetuous, vehement.
gwar *m.* hum, noise; (*ptaków*) chirping; **-a** *f.* slang; idiom; **-ny** *a.* noisy; **-owy** *a.* idiomatic; slangy.
gwarzyć *v.* prattle, chatter; buzz, hum; (*o ptakach*) chirp, twitter.
gwaran-cja *f.* warranty, guaranty, security; **-tować** *v.* warrant, guarantee.
gward-ja *f.* guard; ~~ **przyboczna** *f.* life-guard; **-jan** *m.* superior; **-dzista** *m.* guardsman.
gwarectwo *n.* mining concern.
gwazdać *v.* scrawl, daub.
gwiaz-da *f.* star; ~ spadająca, shooting star; pod dobrą -dą, under a lucky star; **-dka** *f.* little star; (*w druku*) asterisk; (*podarunek*) Christmas box; **-dkowy** *a.* (of) Christmas; **-dnica** *f.* star-wort (*bot.*); **-dosz** *m.* (*bot.*) lion's foot; **-downica** *f.* stitchwort (*bot.*); **-dozbiór** *m.* constellation.
gwiaździarz *m.* astronomer; **-dzisty** *a.* starry, star-lit; star-shaped.
gwint *m.* thread (of a screw); **-owany** *a.* threaded; rifled.
gwizd *m.* whistle; **-ać** *v.* whistle; **-awka** *f.* whistle.
gwoli *prp.* for; for the sake of.
gwoździ-arnia *f.* nailery; **-arstwo** *n.* nailery; **-arz** *m.* nailer; **-k** *m.* (*bot.*) pink; carnation.
gwóźdź *m.* nail.
gzi-ć się *v.* sport, romp; run wild; **-k** *m.* (*zool.*) gad-fly, breeze.
gzygzak *m.* zigzag; **-owaty** *a.* zigzagged.
gzyms *m.* cornice, ogee, moulding; **-ówka** *f.* cornice-tile.

H

habilit-acja *f.* habilitation; **-acyjny** *a.* habilitating; **-ować** *v.* habilitate.
habit *m.* (monk's) frock; **włożyć ~**, be frocked.
hacel *m.* calk; **podkuć -ami**, calk.
haczyk *m.* (little) hook; (*do wędki*) fishing hook; **-owaty** *a.* hooked.
hades *m.* Hades.
haf-ciarka *f.* embroideress; **-ciarstwo** *n.* embroidering: **-ciarski** *a.* embroidering; **-ciarska robota, -t** *m.* embroidery; **-ować** *v.* embroider; **-owany** *a.* embroidered.
haftka *f.* hook; **~ z uszkiem**, hook and eye.
haja (*zool.*) *f.* shark.
hajdama-cki *a.* felonious; **-ctwo** *n.* robbery; **-czyć** *v.* rob; **-k, -ka** *m.* robber, highwayman.
hajdawery *pl.* pantaloons.
hak *m.* hook; (*fig.*) gibbet; **-owaty** *a.* hooked, crooked.
hakatysta *m.* hater of Poles.
hala *f.* hall; (*w górach*) coomb.
halabar-da *f.* halberd; **-dnik, -dzista** *m.* halberdier.
halka *f.* petticoat.
halucyn-acja *f.* hallucination; **-acyjny** *a.* hallucinatory; **-ować** *v.* hallucinate.
hałaburda *m.* brawler.
hała-s *m.* noise; din; row; **narobić -su**, make a row; **-sować** *v.* make a noise; **-stra** *f.* mob, populace; **-śliwość** *f.* noisiness; **-śliwy** *a.* noisy; **-śnica, -śnik** *m.* noisy person.
hamak *m.* hammock.
hamernia *f.* forge, iron-mill.
ham-ować *v.* restrain, check; stop; (*koła*) brake; skid; **-ulec** *m.* brake, skid; (*fig.*) curb, check, restraint.
hand-el *m.* trade, commerce, traffic; **~ zamienny**, barter; **-ełes** *m.* Jewish hawker; **-larz** *m.* dealer, shopkeeper; **~~ wędrowny**, pedlar; **-lować** *v.* trade, traffic, deal (in); **-lowiec** *m.* business man; trader; **-lowny** *a.* wholesale; **-lowy** *a.* commercial; (of) business; **towarzystwo -lowe**, trading company; concern.
hangar *m.* hangar.
haniebn-ość *f.* ignominy; turpitude; **-y** *a.* ignominious, shameful, disgraceful.
hańb-a *f.* shame, infamy, ignominy, disgrace; **-iący** *a.* infamous, disgraceful; **-ić** *v.* disgrace, dishonour.
haracz *m.* tribute.
harap, -nik *m.* (hunting-)whip.
harc *m.* skirmish; **-erz, -ownik** *m.* skirmisher; **-ować** *v.* skirmish; (*swawolić*) wanton.
harce-rstwo *n.* scouting; **-rz** *m.* scout.
harcap *m.* pig-tail.
hard-o *adv.* haughtily; **-ość** *f.* haughtiness, arrogance; **-y** *a.* haughty, supercilious, arrogant; **-dzieć** *v.* become (grow) haughty, arrogant.
harem *m.* harem.
harfa *f.* harp.
harmider *m.* hullabaloo; uproar.
harmon-iczność, -ijność *f.* harmony; **-iczny, -ijny** *a.* harmonious; **-ika** *f.* harmonica; **-ja** *f.* harmony, concord; (*nauka*) harmonics.
harowa-ć *v.* toil, labour, drudge; **-nie** *n.*, **harówka** *f.* toil, drudgery.
harpja *f.* harpy.
harpun *m.* harpoon; **-nik** *m.* harpooner.
hart *m.* character; (*metalów*) temper; **-ować** *v.* temper, harden; steel; **-owny** *a.* tempered, hardened, steeled.
hasa-ć *v.* gambol; dance, caper, frisk; **-nie** *n.* skipping, hopping; dancing.
hasło *n.* catch-word; (*mil.*) parole; (*dewiza*) motto; shibboleth.
haszysz *m.* hashish.
haubica *f.* howitzer.
haust *m.* draught, dram; **-em**, at a gulp.
hawarja *f.* average, damage.
hazard *m.* hazard, risk; **-ować** *v.* hazard, risk; stake; **-ować się** *v.* run risks; **-owny** *a.* hazardous.
heban *m.* ebony; **-owy** *a.* (of) ebony.

heb-el *m.* plane; **-lować** *v.* plane; **-lowiny** *pl.* shavings.
hebes *m.* dunce.
hebraj-ski *a.* Hebrew; **-szczyzna** *f.* Hebrew (language).
heca *f.* fun, spree, adventure, feat, scandal.
hegemonja *f.* hegemony, leadership, control.
hej! hejże! *i.* heigh! ho!
hejnał *m.* bugle call, fanfare.
heksametr *m.* hexameter; **-yczny, -owy** *a.* hexametric.
hektar *m.* hectare.
hekto-graf *m.* hectograph; **-grafować** *v.* hectograph; **-graficzny** *a.* hectographic; **-litr** *m.* hectolitre.
hektyk *m.* hectic.
heljo-grawjura *f.* heliogravure; **-metr** *m.* heliometer; **-trop** *m.* *m.* heliotrope; **-tropizm** *m.* heliotropism.
helota *m.* helot.
hełm *m.* helmet.
hemoroid-alny *a.* haemorrhoidal; **-y** *pl.* piles, haemorrhoids.
heraldy-czny *a.* heraldic; **-ka** *f.* heraldry.
herb *m.* arms, coat of arms, escutcheon; **-arz** *m.* book of heraldry; **-owny** *a.* armorial; **-owy** *a.* blazoned.
herba-ciany *a.* (of) tea; róża -ciana, tea-rose; **-ciarnia** *f.* tea-rooms; **-ta** *f.* tea; **-tka** tea-party; **-tniki** *pl.* biscuits.
herboryzować *v.* herborize, botanize.
herda *f.* hurdle.
herety-cki *a.* heretical; **-yk** *m.* heretic.
herezja *f.* heresy.
hermafrodyt *m.*, **-a** *f.* hermaphrodite.
hermetyczny *a.* hermetic, tight.
hero-iczny *a.* heroic; **-na** *f.* heroine; **-zm** *m.* heroism.
herold *m.* herald; **-zki** *a.* herald's.
herszt *m.* ringleader, chief.
het *adv.* far away; over there.
hetera *f.* hetaera, courtesan.
hetero-dyna *f.* heterodyne; **-geniczny** *a.* heterogeneous.
hetka *f.* jade.
hetma-n *m.* hetman, commander; **-nić** *v.* command; **-ński** *a.* commander's, hetman's.
hiacynt *m.* (*bot.*) hiacinth; (*min.*) jacinth.
hidr . . . see **hydr** . . .
hiena *f.* hyena.
hierarch-alny, -iczny *a.* hierarchic; **-ja** *f.* hierarchy.
hieroglif *m.* hieroglyph; **-iczny** *a.* hieroglyphic.
higjen-a *f.* hygiene, hygienics; **-iczny** *a.* hygienic; **-ista** *m.* hygienist.
hiobowy *a.* Job's.
hiperbol-a *f.* hyperbole; (*mat.*) hyperbola; **-iczny** *a.* hyperbolic.
hiper-krytycyzm *m.* hypercriticism; **-trofja** *f.* hypertrophy.
hipnoty-czny *a.* hypnotic; **-zer** *m.* hypnotist; **-zm** *m.* hypnotism; **-zować** *v.* hypnotize.
hipnoza *f.* hypnosis.
hipochondr-ja *f.* hypochondria; **-yczny** *a.* hypochondriacal; **-yk** *m.* hypochondriac.
hipokry-ta *m.*, **-tka** *f.* hypocrite; **-zja** *f.* hypocrisy.
hipopotam *m.* hippopotamus.
hipote-czny *a.* (of) mortgage, hypothecary; **-ka** *f.* mortgage; **-kować** *f.* mortgage.
hipote-tyczny *a.* hypothetic(al); **-za** *f.* hypothesis.
hister-ja *f.* hysteria, hysterics; **-yczny** *a.* hysteric(al).
histor-ja *f.* history, story; **-yczny** *a.* historic(al); **-yjka** *f.* story, anecdote; **-yk** *m.* historian.
hisz-panka *f.* (*bródka*) imperial; (*med.*) flu; **-pański** *a.* Spanish.
hodow-ać *v.* breed, bring up, rear; **-anie** *n.*, **-la** *f.* breeding; rearing; **-ca** *m.* breeder.
hojn-ość *f.* generosity; lavishness; **-y** *a.* generous, lavish.
hokus-pokus *m.* hocus-pocus; trick.
holender *m.* Dutchman; **-ski** *a.* Dutch.
holow-ać *v.* haul, tow, tug; **-anie** *n.* haulage, towing; **-nik** *m.* hauler.
hołd *m.* homage, tribute; **-ować** *v.* pay homage; swear allegiance; be subject (to); **-owanie** *n.* homage, submission; **-ownictwo** *n.* allegiance; **-owniczy, -owny** *a.* tributary; **-ownik** *m.* vassal.

hołobla *f.* thills, shafts.
hołota *f.* rabble, mob.
hołubiec, hołupiec *m.* capering, a step in the mazurka.
hołysz *m.* tatterdemalion.
homar *m.* lobster.
hemeopat-a *m.* homeopath; **-ja** *f.* homeopathy; **-yczny** *a.* homeopathic.
homeryczny *a.* homeric.
homilja *f.* homily.
homo-nim *m.* homonym; **-geniczny** *a.* homogeneous.
honor *m.* honour, credit; słowo -u, word of honour; robić -y domu, do the honours of the house; **-arjum** *n.* fee; honorarium; remuneration; **-ować** *v.* honour; **-owo** *adv.* creditably, honourably; **-owość** *f.* sense of honour, probity; **-owy** *a.* honourable, honorific, honorary; sprawa -owa, affair of honour.
hop *i.* hop, jump.
horda *f.* horde.
hordokwit *m.* (*bot.*) white bryony.
hordyniec *m.* Tatar horseman.
horendalny *a.* awful.
horodni-ctwo *n.* castellany; **-czy** *m.* castellan.
horoskop *m.* horoscope.
horyzont *m.* horizon; **-alność** *f.* horizontality; **-alny** *a.* horizontal.
hosanna *i.* hosanna!
hospodar *m.* lord.
hostja *f.* host.
hotel *m.* hotel.
hoży *a.* buxom; handsome; lively.
hrabia *m.* count; **-ianka** *f.*, **-ina** *f.* countess; **-iostwo** *n.* count and his wife; **-owski, -ski** *a.* count's; **-stwo** *n.* countship.
hrecz-any *a.* (of) buckwheat; -a kasza, buckwheat groats; **-ka** *f.* buckwheat (groats); **-kosiej** *m.* farmer; **-uszki** *pl.* buckwheat cakes.
hu, -zia *i.* halloo!
hubka *f.* tinder, amadou.
huciany *a.* (of a) foundry; ~ robotnik, smelter.
hucz-eć *v.* roar, buzz; hoot, clamour; **-enie** *n.* roaring, buzzing; **-nie, -no** *adv.* boisterously; noisily, clamorously; **-ny** *a.* boisterous, noisy, clamorous.
huf, -iec *m.* array; body (of soldiers).
hufnal *m.* hobnail, horse nail.
huk *m.* roar, din, peal; (*obfitość*) plenty; profusion; **-ać** *v.* roar, hoot; halloo; (*na kogo*) shout (at); rebuke; **-nąć** *v.* roar.
hula-ć *v.* revel; riot; **-cki** *a.* riotous, revelling; **-ka** *f.* rake, reveller, debauchee; **-nie** *n.* debauchery; **-nka, -tyka** *f.* carouse; revelry, merry bout; **-szczy** *a.* debauched.
hulta-ić się *v.* debauch; **-j** *m.* rogue; **-jka** *f.* whore; **-jski** *a.* roguish; **-jstwo** *n.* roguery; disorderly life.
humani-styczny *a.* humanistic; **-tarność** *f.* humaneness; **-tarny** *a.* humane; (*dobroczynny*) welfare (work).
humbug *m.* humbug.
humerał *m.* amice.
humor *m.* humour; disposition; (*wilgoć*) moisture; **-ek** *m.* whim; **-ysta** *m.* humorist; **-ystyczny** *a.* humoristic, comic.
humus *m.* humus, rich soil, mould.
huncfot *m.* rascal, scoundrel.
hura *i.* hurrah, hurra!
huragan *m.* hurricane; -owy ogień (*mil.*), barrage fire.
hurgot, hurkot *m.* din, rattling, clang.
hurmem *adv.* in swarms; in shoals; in crowds; by heaps.
hurt *m.* wholesale; **-em** *adv.* (by) wholesale, in bulk; **-ować** *v.* fold; **-ownik** *m.* wholesale dealer; wholesale merchant; **-owy** *a.* wholesale; **-y** *pl.* pinfold, fold, hurdle.
hurys-a, -ka *f.* houri.
husa-rski *a.* hussar's; of hussars; **-rja** *f.* Polish hussars; **-rz** *m.* hussar.
husy-cki *a.* hussite('s); **-ta** *m.* hussite.
huśta-ć *v.* swing, seesaw; ~ dziecko, rock a baby; ~~ **się** swing; **-wka** *f.* swing, seesaw.
hut-a *f.* foundry, smelting house; ~~ szklana, glass-works; **-nictwo** *n.* metallurgy; **-niczy** *a.* smelting; **-nik** *m.* founder, smelter; glass-founder.

huzar *m.* hussar; **-ski** *a.* hussar's.
hu-zia! -ź go! *i.* hoicks; halloo!
hyc *i.* hop, skip; **-nąć** *v.* leap, skip.
hycel *m.* flayer; (*łotr*) rascal.
hydra *f.* hydra.
hydr-ant *m.* hydrant; **-auliczny** *a.* hydraulic; **-aulika** *f.* hydraulics; **-ostatyka** *f.* hydrostatics.
hymen *m.* hymen, marriage.
hymn *m.* hymn.
hypochondrja etc. see **hipochondrja.**
hypoteczny etc. see **hipoteczny.**
hy-s, -z, -ż *m.* favourable wind; **-sować, -zować** *v.* hoist.

I

i *c.* and, also, too; even; both; ~ biedny ~ bogaty, both rich and poor; ~ cóż? well? chichocze ~ chichocze, he keeps giggling.
ibis *m.* (*orn.*) ibis.
Icek *m.* (*fig.*) Jew.
Ichmoś-cianka *f.* young lady; **-ć** Panowie X., Messrs X.
ichneumon *m.* (*zool.*) ichneumon.
ichtjolo-g *m.* ichthyologist; **-gja** *f.* ichthyology.
idea *f.* idea, notion; **-lista** *m.*, **-listka** *f.* idealist; **-lizm** *m.* idealism; **-lizować** *v.* idealize; **-lizowanie** *n.* idealization; **-lny** *a.* ideal; **-ł** *m.* ideal.
identy-czność *f.* identity; **-czny** *a.* identical; **-fikacja** *f.* identification; **-fikować** *v.* identify.
ideolog *m.* ideologist; **-ja** *f.* ideology.
idjo-cieć *v.* become idiotic; **-synkrazja** *f.* idiosyncrasy; **-ta** *m.* idiot; **-tyczny** *a.* idiotic; **-tyzm** *m.* idiocy, imbecility.
idyll-a *f.* idyll; **-iczny** *a.* idyllic.
igiel-nica *f.*, **-niczek, -nik** *m.* needle-case; **-ny, iglany** *a.* (of a) needle.
igla-rski *a.* needle-maker's; **-rz** *m.* needle-maker; **-sty** *a* prickling, thorny; (*bot.*) coniferous; drzewa -ste, conifers.
iglica *f.* bodkin; knitting-needle; (*zool.*) needle-fish.
ig-liwie *n.* needles, prickles, thorns; **-ła** *f.* needle; thorn; prickle; ~ magnetyczna, magnetic needle; siedzieć jak na -łach, be on pins and needles; jak z -ły, bran-new.
ignor-ancja *f.* ignorance; **-ant** *m.* ignorant; **-ować** *v.* ignore.
igra-ć *v.* play; trifle; **-szka** *f.* toy; ~~ słów, pun.
igrzysk-o *n.* spectacle, game; -a olimpijskie, olimpic games.
ikono-grafja *f.* iconography; **-klasta** *m.* iconoklast.
ik-ra *f.* roe, spawn; (*łydka*) calf (of leg); **-rzak** *m.* spawner; **-rzyć się** *v.* spawn.
ile *adv.* how much? how many? as much as; as many as; o ~, as far as; for aught; ~ ma lat? how old is he? **-bądź, -kolwiek** *adv.* as much (many) as you please; **-kroć** *adv.*, **-krоćkolwiek** *adv.* whenever; **-krotnie** *adv.* every time; whenever; as often as; **-krotny?** how frequent?
ilo-czas *m.* metre; **-czasowy** *a.* metrical; **-czyn** *m.* product (*arytm.*); **-raki** *a.* of how many kinds, sorts, ways; **-rakość** *f.* diversity, variety; **-raz** *m.* (*arytm.*) quotient; **-ściowy** *a.* quantitative; **-ść** *f.* quantity.
ilumin-acja *f.* illumination; **-ować** *v.* illumine; illuminate, light up.
ilustr-acja *f.* illustration; **-ować** *v.* illustrate.
iluz-ja *f.* illusion; **-oryczny** *a.* illusory.
ił *m.* loam; **-owacieć** *v.* grow loamy; **-owaty** *a.* loamy.
im *adv.* ~ ..., tem ...; the ... the ...; ~ prędzej, tem lepiej, the sooner the better; ~ więcej ..., the more...; ~, *dative pl. of* **on, ona,** to them.

ima-ć *v.* grip, lay hold (of); ~ się, betake oneself (to), tackle; undertake; **-dło** *n.* vice.
imagin-acja *f.* imagination; fancy; **-acyjny** *a.* imaginary; **-ować** (sobie co) *v.* imagine; fancy.
immatrykul-acja *f.* matriculation; **-ować** *v.* matriculate.
imbier *m.* ginger.
imbry(cze)k *m.* tea-pot.
imien-iny *pl.* name day; **-nie** *adv.* by name; **-nik** *m.* namesake; **-ny** *a.* personal, individual; apel -ny, roll-call.
imiesłów (*gram.*) participle; ~ czasu teraźniejszego, present participle.
imię *n.* (christian-)name; (*fig.*) reputation; w ~, in the name (of).
imionnik *m.* album.
imit-acja *f.* imitation; **-ować** *v.* imitate.
imość *f.* Madame.
imperator *m.* emperor; **-owa** *f.* empress; **-ski** *a.* imperial.
imperj-al *m.* (*format*) imperial; **-alista** *m.* imperialist; **-ał** *m.* *moneta*) imperial; **-um** *m.* empire.
impertynen-cja *f.* impertinence; **-t** *m.*, **-tka** *f.* impertinent person.
impet *m.* impetus, impetuosity; vehemence; **-yk** *m.* violent-tempered (impetuous) man.
impon-ować *v.* abash, impose (on); overawe; **-ujący** *a.* imposing.
import *m.* importation; **-ować** *v.* import; **-owy** *a.* (of) importation.
impregnować *v.* impregnate.
impresjon-ista *m.* impressionist; **-izm** *m.* impressionism.
impreza *f.* show, performance, stunt.
improwiz-acja *f.* improvisation, impromptu; **-ator** *m.* improvisator; **-ować** *v.* improvise.
inaczej *adv.* otherwise; nie~, unmistakably.
inaugurac-ja *f.* inauguration; **-yjny** *a.* inaugural, inauguratory.
incydent *m.* incident, event.
indag-acja *f.* indagation, inquiry, investigation, inquest; **-ować** *v.* investigate, inquire (into).
indeks *m.* index; (*zegarka*) hand (of a watch).
indemnizac-ja *f.* indemnity; **-yjny** *a.* indemnifying.
indos *m.* endorsement; **-ant** *m.* endorser.
induk-cja *f.* induction; **-cyjny** *a.* inductive.
indycht *m.* indigo; -owe ziele, indigo plant, anil (*bot.*).
indy-czę *n.* turkey-poult; **-czka** *f.* turkey-hen; **-czyć się** *v.* bristle up; fume; **-k** *m.* turkey.
indygenat *m.* naturalization.
indygo *n.* indigo(-blue).
indywidual-izm *m.* individualism; **-izować** *v.* individualize; **-ny** *a.* individual, personal.
indywiduum *m.* individual.
iner-cja *f.* inertia; **-cyjny** *a.* inert.
infam-ja *f.* infamy; **-is** *m.* villain.
infekcyjny *a.* infectious.
infirmerja *f.* infirmary.
inflacja *f.* inflation.
influenza *f.* (*med.*) influenza.
inform-acja *f.* information; zasiągnąć -cji, inquire; **-acyjny** *a.* informative; **-ować** *v.* inform, let know, give information; **-ować się** *v.* inquire (from one, about a thing).
infuła *f.* mitre; **-t** *m.* mitred prelate.
ingerencja *f.* control.
ingredjencja *f.* ingredient.
inhalator *m.* inhaler.
inicjały *pl.* initials.
inicjatyw-a *f.* initiative, lead; wziąć -ę, take the initiative.
injekcja *f.* injection.
inkas-ent *m.* collector; **-o** *n.* collection; **-ować** *v.* collect.
inkaust *m.* ink.
inklinacja *f.* inclination (to, for).
inkrust-acja *f.* incrustation; **-ować** *v.* incrust.
inkuba-cja *f.* incubation; **-tor** *m.* incubator.
inkwirent *m.* examining magistrate.
inkwizy-cja *f.* inquisition, inquest; **-tor** *m.* inquisitor.
innoplemienny *a.* foreign, of another race.
inny, inszy *a.* other, another; kto ~, somebody else; -m razem, another time.
inowier-ca *m.* dissenter; **-czy** *a.* dissenting.

inserat *m.* advertisement.
inscenizacja *f.* setting.
inspek-cja *f.* inspection, surveyance; **-tor** *m.* inspector, overseer, surveyor; **-torat** *m.* inspectorate; **-ty** *pl.* hotbed.
inspir-acja *f.* inspiration; **-ować** *v.* inspire.
instal-acja, -owanie *n.* installation; ~~ gazowa, gas-fittings; ~~ wodociągowa, water-supply; (*rury*) piping, plumbing; **-ować** *v.* install, appoint; invest.
instancja *f.* instance, resort.
instruk-cja *f.* instruction; **-tor** *m.* instructor.
instrument *m.* instrument; dęty ~, brass instrument; **-acja** *f.* orchestration; **-alny** *a.* instrumental; **-ować** *v.* (*muz.*) instrument.
instyga-cja *f.* instigation; **-tor** *m.* instigator; (*prokurator*) public attorney.
instynkt *m.* instinct; **-owny, -owy** *a.* instinctive.
instytu-cja *f.* institution; **-t** *m.* institute.
insurekcja *f.* uprising, insurrection.
insygnja *pl.* insignia, badges of office.
insynu-acja *f.* insinuation; **-ować** *v.* insinuate.
inszy see **inny**.
intabulacja *f.* security.
inteligen-cja *f.* intelligence; (*kla a spol.*) intelligentia; **-t** *m.* intellectual (worker); **-tny** *a.* educated, intelligent, cultured.
intenc-ja *f.* intention, mind; na -ję, to the intention (of).
intendent *m.* intendant; **-ura** *f.* intendancy.
intensyw-ność *f.* intensity; **-ny** *a.* intensive; -ne gospodarstwo, intensive agriculture.
intercyza *f.* marriage-articles.
interdykt *m.* interdict.
interes *m.* business; bargain; concern; advantage; **-ant** *m.* client; party concerned; **-ować** *v.* interest; **-ować się** *v.* take an interest (in); **-owany** *a.* concerned; **-owność** *f.* interestedness; self-interestedness; **-owny** *a.* interested; selfish, self-interested; **-ujący** *a.* interesting; attractive.
interpel-acja *f.* interpellation; **-ant** *m.* interpellator; **-ować** *v.* interpellate.
interpunkcja *f.* punctuation.
interwen-cja *f.* intervention; interference; **-jować** *v.* intervene, intercede.
inton-acja *f.* intonation; **-ować** *v.* intone.
intrat-a *f.* income, revenue; **-ność** *f.* profitableness; **-ny** *a.* lucrative, profitable.
introligator *m.* book-binder; **-nia** *f.* book-binding firm; **-ski** *a.* book-binder's; **-stwo** *n.* bookbinding.
intruz *m.* intruder.
intryg-a *f.* intrigue, plot; **-ant** *m.*, **-antka** *f.* intrig(u)ant, plotter; **-ować** *v.* intrigue, plot.
intuic-ja *f.* intuition; **-yjny** *a.* intuitive.
inwalida *m.* invalid.
inwencja *f.* invention, inventiveness.
inwent-arz *m.* inventory; spisać ~, take stock, make an inventory; **-arzowy** *a.* inventorial; **-ura** *f.* stock-taking.
inwesty-cja *f.* investment; sinking-fund; outlay; robić -cje, invest money; **-tura** *f.* investiture.
inżynier *m.* engineer; **-ski** *a.* engineer's; **-ja, -stwo** *n.* engineering.
ipekakuana *f.* ipecacuanha.
irch-a *f.* chamois (-leather); **-owy** *a.* (of) chamois.
iris, irys *m.* iris.
iron-iczność, -ja *f.* irony; **-iczny** *a.* ironic(al).
iryt-acja *f.* irritation; **-ować** *v.* irritate.
iskać *v.* seek lice.
isk-ierka *f.* sparklet; **-ra** *f.* spark, sparkle; flash; **-rzący** *a.* sparkling, glittering; **-rzyć się** *v.* sparkle, glare; **-rzyk** *m.* (*min.*) carbuncle.
istn-ieć *v.* exist, be, live; **-iejący** *a.* existing; **-ienie** *n.* existence; **-ość** *f.* essence; being; **-y** *a.* very, true, real.
isto-ta *f.* being, creature, essence; w -cie, in fact, really; **-tnie** *adv.* really, truly, indeed; **-tność** *f.* essentiality, reality; **-tny** *a.* real, true, essential.

iście *adv.* see **istotnie**.
iści-ć *v.* see **ziścić**; **-zna** *f.* capital.
iść *v.* go, walk; ~ piechotą, go on foot; ~ za kim, za czem, follow; ~ przez coś, cross; ~ zamąż, marry; ~ o zakład, bet; ~ wgórę, rise; idzie o życie, life is at stake; o co idzie, what is the matter; ~ w zawody, compete.
iw-a, -ina *f.* willow, osier.
izabelowy *a.* isabel.
izb-a *f.* hut; room; ~ niższa, House of Commons; ~ wyższa, House of Lords; ~ poselska, the Chamber of Deputies; ~ rozrachunkowa, clearing house; ~ obrachunkowa, the board of control; **-ica** *f.* (*mostu*) icebreaker.
izdeb-ka *f.* small room, cell; **-na** *f.* chamber-maid; **-ny** *a.* (of) chamber.
izo-lacja *f.* isolation; (*elektr.*) insulation; **-lator** *m.* insulator; **-lować** *a.* isolate.
izop m. (*bot.*) hyssop.
izoterma *f.* isotherm.
iż *c.* that; **-by** *c.* so that, to, in order to.

J

ja *prn.* I; ~ osobiście, I myself to ~, it is I.
jabł-czany, -eczny, -kowy *a.* (of an) apple; **-ecznik** *m.* cider; **-ko** *n.* apple; (*kolana*) whirlbone; (*oka*) eye-ball; zbić na kwaśne ~~, beat to a jelly; **-kowity** *a.* dapple-grey; **-onka, -oń** *f.* apple-tree; **-onkowy, -onny** *a.* (of the) apple-tree; **-uszko** *n.* little apple.
jacht *m.* yacht.
jad *m.* venom, poison.
jad-ać *v.* eat, board; mess; **-acz** *m.* eater; **-alnia** *f.* dining-room; **-alny** *a.* eatable; **-ło** *n.* food, fare, eatables; **-łodajnia** *f.* restaurant, chop-house; **-łospis** *m.* bill of fare.
jadowi-cie *adv.* poisonously, venomously; **-tość** *f.* venomousness; virulence; **-ty** *a.* venomous, poisonous.
jag-lany *a.* (of) millet; **-ła** *f.* millet-seed; millet.
jagli-ca *f.* trachoma; **-czny** *a.* trachomatous.
jagni-ątko *n.* lambkin; **-ę** *n.* lamb; **-ęcina** *f.* lamb; **-ęcy** *a.* lamb('s).
jag-oda *f.* berry; winna ~, grape; czarna ~, bilberry; czerwona ~, red bilberry; małpia ~, crowberry; wilcza ~, deadly nigthshade; **-odowy** *a.* of berries; **-odzisty** *a.* berry-yielding; **-ódka** *f.* (little) berry.
jaguar *m.* (*zool.*) jaguar.
jaj-e, -ko *n.* egg; ~ na miękko, soft boiled egg; ~ święcone (*fig.*) Easter egg; **-ecznica** *f.* omelet; **-nik** *m.* ovary; **-kowaty, -owaty** *a.* oval, oviform.
jak, -o *adv.* how, as; when; if; ~ się masz? how do you do?; ~ najdłużej, as long as possible; **-bądź** *adv.* somehow, anyhow; **-by, -gdyby** *c.* as if; **-i -a, -e** *a.* what, which, some, any; what sort of; -a szkoda! what a pity!; -im sposobem, how; **-i taki** *prn.* fair, passable; tolerable; czy jest **-aś** nadzieja? is there any hope?; **-i bądź, -ikolwiek** *prn.* whatever; any; **-iśkolwiek, -iżkolwiek** *a.* whatever, whatsoever, any; **-iś** *a.* some, a certain; **-kolwiek, -kolwiek bądź** *adv.* somehow, anyhow; **-oby** *adv.* as if; **-otako** *adv.* so-so, pretty well, tolerably.
jako *adv.* as, thus; ~ to, namely; ~ tako, pretty well, so-so; **-ś** *adv.* somehow; **-ż** *adv.* and indeed; accordingly.
jakość *f.* quality; **-iowy** *a.* qualitative.
jakowyś *a.* a certain, one.
jakże *adv.* how, how then? a ~, assuredly; of course.
jałmużn-a *f.* alms; **-ik** *m.*, **-ica** *f.* alms-giver, almoner; **-ictwo** *n.* alms-giving; **-iczy** *a.* charitable.

jał-oszka *f.*, **-owica, -ówka** *f.* heifer; **-owizna** *f.* young cattle.
jałow-cowy *a.* (of) juniper; **-cówka** *f.* gin; **-iec** *m.* juniper.
jałow-ieć *v.* grow barren, sterile; **-izna** *f.* waste, sterile country; **-ość** *f.* barrenness, sterility; **-y** *a.* barren, sterile; (*beztreściwy*) empty, hollow.
jam-a *f.* pit, hole, den; ~~ ustna, mouth; ~~ królicza, rabbit burrow; **-nik** *m.* (*zool.*) dachshund.
jamb *m.* iambus; **-iczny** *a.* iambic.
janczar *m.* janizary.
janowiec *m.* (*bot.*) furze.
japoński *a.* Japanese.
jar *m.* ravine, gorge, canyon.
jarmar-czny, -kowy *a.* (of a) fair; **-k** *m.* fair.
jarmułka *f.* (jew's) skull-cap.
jarmuż *m.* borecole.
jars-two *n.* vegetarianism; **-ki** *a.* vegetarian.
jary *a.* (of the) spring; (*krzepki*) robust; zboże jare, spring-corn.
jarząb *m.* service-tree.
jarząbek *m.* (*orn.*) hazel-hen, wood-hen.
jarzący *a.* bright, glittering, glowing.
jarzębin-a *f.* sorb-tree; service-tree; **-owy** *a.* (of) sorb.
jarzmo *n.* yoke; zdjąć ~, unyoke.
jarzyna *f.* vegetables; spring-corn.
jasełka *pl.* crib.
jasiek *m.* little pillow.
jasieniec *m.* (*bot.*) centary.
jasion see **jesion**.
jaskier *m.* (*bot.*) crowfoot.
jaskini-a *f.* den; (*grota*) cave, cavern; **-owiec** *m.* cave dweller; **-owy** *a.* cavernous.
jaskół-czę *n.* young swallow; **-czy** *a.* swallow's; **-ka** *f.* swallow.
jaskraw-ość *f.* (*o kolorach*) showiness, vividness; (*o świetle*) glaringness; **-y** *a.* glaring, dazzling; showy, vivid.
jasn-o *adv.* bright(ly), clearly; **-błękitny** *a.* light-blue; **-ość** *f.* brightness, light, lustre, plainness, clearness; **-owidzący** *m.* magician; ~~ *a.* claivoyant; **-owidzenie** *n.* clear-sightedness, clairvoyance; **-owłosy** *a.* light-haired; **-y** *a.* bright, light, clear, plain; rzecz -a, of course.
jaspis *m.* (*min.*) jasper.
jaster *m.* (*bot.*) China aster.
jastrz-ąb *m.* (*orn.*) hawk; **-ąbek** *m.* pigeon-hawk; **-ębiec** *m.* (*bot.*) hawk-weed.
jaszczur *m.* (*zool.*) salamander; **-czy** *a.* lizzard's; **-ka** *f.* (*zool.*) lizzard.
jaszczyk *m.* ammunition-box; butter-box.
jaśmin *m.* jasmine; **-owy** *a.* (of) jasmine.
jaśni-a *f.* light spot; **-e** *adv.* ~~ oświecony książę, His Grace the Duke of; ~~ Wielmożny, the Right Honourable; **-eć** *v.* shine, glitter, sparkle.
jatk-i *pl.* shambles; **-owy** *a.* (of the) shambles.
jaw *m.* reality; na -ie, in reality; sen na -ie, daydream; wyjść na ~, come to light; **-ić się** *v.* appear; **-nie** *adv.* publicly, openly; manifestly; **-nogrzesznica** *f.* prostitute; **-ność** *f.* manifestness, evidence, publicness; **-ny** *a.* evident, plain, public.
jawo-r *m.* sycamore; maple (-tree); **-rowy** *a.* (of) plane; (of) maple; **-rzyna** *f.* maple, maple-wood.
jaz *m.* dam; weir.
jazda *f.* ride, journey; (*konnica*) cavalry; ~ konna, riding on horseback, equitation; ~, *i.* forward!
jaźń *f.* entity, selfhood.
jaźwiec *m.* (*zool.*) badger.
ją *accus. of* **ona**, her.
jąć *v.* lay hold (of), catch, seize; begin; ~ się (czego), begin, betake oneself (to); undertake.
jądro *n.* kernel, stone; marrow; (*anat.*) testicle; ~ rzeczy, point, gist (of a matter).
jądrzysty *a.* marrowy.
jąk-ać (się) *v.* stammer, stutter; **-ała** *m.* stammerer; stutterer; **-anie się** *n.* stammering; **-liwy** *a.* stammering.
jątrz-enie *n.* irritation; instigation; ~ się (rany), suppuration; **-yć** *v.* irritate; **-yć się** *v.* suppurate (*med.*).
je *accus. of* **ono, one,** it, them.

jecha-ć, jeździć *v.* travel, go; drive, ride; ~ konno, ride on horseback; ~ kłusem, trot; ~ pocztą, travel by post; ~ powozem, drive; **-nie** *n.* drive, ride.
jeden *a.* one, a, some; ~ z dwu, either; ani ~ ani drugi, neither; za jednym razem, at the same time; wszystko jedno, all the same; co to za ~? who is he? what sort of man is he?; ~ i ten sam, one and the same; ~ w drugiego, exactly alike; **-aście, -aścioro** *num.*; **-astka** *f.* eleven; **-astoletni** *a.* eleven years old; **-astu** *num.* eleven; **-asty** *a.* eleventh; **-że** *a.* the same, identical.
jedlin-a, -ka *f.* fir(-tree); fir-grove; (*materjał*) deal; **-owy** *a.* (of) fir; deal.
jedna-ć *v.* concilliate, reconcile; (*sobie*) win; gain; **-nie się** *n.* reconciliation.
jednak, -że *adv.* however, nevertheless, yet; a ~, and yet, nevertheless.
jednak-i, -owy *a.* the same, identical; **-o, -owo** *adv.* in the same manner, equally, likewise; however; **-ość, -owość** *f.* sameness, identity; **-owoż** *adv.* however.
jedno *adv.* only, but; *neuter of* **jeden**; z dwojga ~, one of two things; **-barwny** *a.* one-coloured, plain; **-boczny** *a.* unilateral; **-chód** *m.* amble; **-czenie** *n.* union; **-czesność** *f.* simultaneousness; contemporaneousness; **-czesny** *a.* simultaneous; contemporary; **-cześnie** *a.* simultaneously, at the same time; **-czyć** *v.*, **-yć się** *v.* unite; **-dniowy, -dzienny** *a.* (of) one day, ephemeral; **-dniówka** *f.* ephemeris; **-głośność** *f.* unanimity; **-głośny** *a.* unanimous; **-istność** *f.* consubstantiality.
jedno-konny *a.* (drawn by) one horse; **-krotny** *a.* single; **-kształtność** *f.* uniformity; **-kształtny** *a.* uniform.
jedno-letni *a.* one year (old); one year's; **-litość** *f.* uniformity; **-lity** *a.* uniform; plain; **-list** (*bot.*) one-blade; **-listny** *a.* one-leaved; **-myślność** *f.* unanimity; **-myślny** *a.* unanimous.
jedno-oki *a.* one-eyed; **-płatowiec** *m.* monoplane; **-piętrowy** *a.* (of) one-storey; **-plemienny** *a.* of the same race; of one breed; **-płciowy** *a.* unisexual; of the same sex; **-raki** *a.* single, of the same kind; **-ramienny** *a.* one-armed; **-razowo** *adv.* once, once for all; **-razowy** *a.* single; unrepeated; **-ręki** *a.* one-handed; **-roczny** *a.* one year (old); ~, *m.* soldier (with superior education) who serves but one year in the army; **-rodny** *a.* homogeneous; **-rożec** *m.* (*zool.*) unicorn; unicorn fish, narwhal (fish); **-róg** *m.* unicorn.
jedno-stajność *f.* monotony; uniformity; **-stajny** *a.* uniform, monotonous; **-stka** *f.* individual; unit; **-stronność** *f.* partiality; **-stronny** *a.* partial, one-sided; **-ść** *f.* unity, concord; (*aryt.*) unit; (*filozof.*) monism.
jedno-torowy *a.* single-track (-ed); **-wierca** *m.* fellow-believer; **-władztwo** *n.* autocracy; **-zgłoskowy** *a.* monosyllabic; **-zgodność** *f.* unanimity; **-zgodny** *a.* unanimous; **-znaczny** *a.* synonymous; **-żeństwo** *n.* monogamy.
jedwab *m.* silk; ~ surowy, raw silk; ~ polny, (*bot.*) dodder; **-iarnia** *f.* silk-factory; **-bisty, -ny** *a.* silky; **-nica** *f.* silk-stuff; **-niczy** *a.* (of) silk; **-nik** *m.* silk-worm.
jedyna-czka *f.* only daughter; **-k** *m.* only son.
jedyn-ie *adv.* only, merely, solely; **-owładca** *m.* monarch, autocrat; **-y** *a.* only, one, sole, single.
jedzenie *n.* (*żywność*) food; (*czynność*) eating.
jego *prn. gen. of* **on**; him, his; **-mość** *m.* Master; gentleman; individual; ksiądz ~~, Reverend.
Jehowa *m.* Jehovah.
jej *prn. gen. of* **ona**; her, hers; **-mość** *f.* mistress; lady.
jelca *f.* (*szpady*) shell, handguard.
jelec *m.* (*zool.*) bleak, whiting.

jele-ni *a.* hart's, stag's; **-nia skóra,** deer's skin; **-nina** *f.* venison; **-ń** *m.* stag; hart.
jelita *pl.* bowels, entrails.
jelonek *m.* fawn; horned beetle.
jełczeć *v.* grow rancid.
jemioł-a *f.* mistletoe; **-ucha** *f.* mistle-thrush (*orn.*).
jener- see **gener-.**
jeniec *m.* prisoner of war; captive.
jeno *adv.* but; only.
jeo- see **geo-.**
jeremjada *f.* jeremiad.
jerzyk *m.* (*orn.*) black martin.
jerzyna *f.* blackberry.
jesie-nny *a.* autumn(al); **-ń** *f.* autumn.
jesion *m.* ash(-tree); **-ka** *f.* autumn overcoat; (*bot.*) dittany; **-owy** *a.* (of) ash, ashen.
jesiotr *m.* strugeon; **-owy** *a.* sturgeon's.
jestestwo *n.* being.
jeszcze *adv.* still; ~ **raz,** once more; ~ nie, not yet; kto (co) ~, who (what) else; ~ to, and this also.
jeść *v.* eat, feed; ~ obiad, dine; ~ śniadanie, breakfast.
jeśli *adv.* if.
jezdn-ia *f.* roadway; **-y** *a.* mounted; ~, *m.* horseman.
jeździec *m.* horseman, rider.
jezio-ro *n.* lake; **-rzysty** *a.* abounding in lakes.
jezui-cki *a.* Jesuitical; **-ta** *m.* Jesuit; **-tyzm** *m.* Jesuitism.
Jezus Chrystus, Jesus Christ.
jezus-ek, (*fig.*) hipocrite; **-owy** *a.* of Jesus.
jeździ-ć *v.* *frequentative form of* **jechać**; **-ec** *m.* rider.
jeż *m.* (*zool.*) hedge-hog.
jeżdżenie *n.* (*konno*) riding; (*powozem*) driving; (*podróżowanie*) travelling.
jeżeli *c.* if.
jeż-owiec *m.* (*zool.*) porcupine; **-owy** *a.* porcupine's; **-yć (się)** *v.* bristle, stand on end.
jeżyna *f.* blackberry.
jęczeć *v.* groan, moan, wail.
jęczmie-nny *a.* (of) barley; -nne krupy, barley groats; **-ń** *m.* barley; (*na oku*) stye.
jędrn-ieć *v.* become robust, firm; **-ość** *f.* strength, virility; marrow; substance; **-y** *a.* strong, robust, virile, marrowy.
jędza *f.* vixen, witch; fury.
jęk *m.* groan, moan; wail(ing); **-liwy** *a.* moanful, wailful, lamentable.
jęzor *m.* tongue.
języ-czek *m.* little tongue, uvula; (*w zamku*) pawl; (*na kompasie*) hand; (*w wadze*) cock; **-czny** *a.* lingual; (*plotkarski*) gossiping; **-k** *m.* (*anat.*) tongue; (*mowa*) language; zasięgnąć -ka, get information; **-kowy** *a.* lingual; linguistic(al); **-koznawca** *m.* linguist.
jod *m.* iodine; **-oform** *m.* iodoform; **-owy** *a.* iodic; **-yna** *f.* (tincture of) iodine.
jodł-a *f.* fir(-tree); **-owy** *a.* (of) fir.
jołop *m.* dunce.
joński *a.* Ionian, Ionic.
jota *f.* jot; co do joty, completely, thoroughly.
jowjaln-ość *f.* joviality; **-y** *a.* jovial.
Jowisz *m.* Jupiter; **-owy** *a.* Jupiter's.
jubilat *m.* person celebrating a jubilee.
jubiler *m.* jeweller; **-ski** *a.* jeweller's; **-stwo** *n.* jewelry.
jubileusz *m.* jubilee; **-owy** *a.* (of) jubilee.
jucha *f.* (*krew*) gore; (*łotr*) rascal.
jucht *m.* Russia (leather); **-owy** *a.* (of) Russia (leather).
jucz-ny *a.,* ~ **koń, pack-horse;** **-yć** *v.* load (with).
juda-izm *m.* Judaism; **-sz** *m.* Judas; **-szowski, -szowy** *a.* Judas'; traitor's.
judzenie *n.* instigation.
jujuba *f.* (*bot.*) jujube.
juki *pl.* pack-saddle, pack-load.
juna-cki *a.* blustering; swaggering; **-ctwo** *n.* bravery; **-czyć (się)** *v.* hector, boast, swagger; bluster; **-k** *m.* brave; blusterer, swaggerer; **-kierja** *f.* swaggering, blustering.
juniec *m.* bullock.
junkier *m.* junker.
jupka *f.* skirt.
Jura *f.* Jurassic mountains; -jska formacja, Jurassic formations.

jurgielt *m.* hire; **-nik** *m.* hireling.
jurn-ość *f.* lewdness; **-y, jurliwy** *a.* lewd.
jurys-dykcja *f.* jurisdiction; **-ta** *m.* jurist; lawyer.
jusz-ka *f.* gore; **-yć** *v.* stain with blood.
juta *f.* jute, Indian grass; (*tkanina*) canvas.
jut-ro *adv.* to-morrow; dziś ~, sooner or later, one of these days; **-rzejszy** *a.* to-morrow's; **-rzenka** *f.* dawn, day-break; morning star; **-rznia** *f.* matins.
już *adv.* already; almost; ~ ~, (at) any moment.
jużci *adv.* certainly, of course; ~ że nie, most certainly not.

K

k' see **ku.**
kabacik *m.* jacket, waistcoat.
kaba-larka *f.* fortune-teller; **-lista** *m.* cabalist; **-listyczny** *a.* cabalistic; **-ła** *f.* cabala; plot; kłaść -łę, tell a person's fortune.
kabaret *m.* cabaret.
kabat *m.* jerkin, jacket.
kab-el *m.* cable; **-logram** *m.* cablegram.
kabestan *m.* capstan.
kabina *f.* cabin; berth.
kabłą-czasty, -kowaty *a.* arched; curved; **-k** *m.* bow, curve, arch; **-owato** *adv.* archwise.
kabotaż *m.* coasting-trade.
kabrjolet *m.* cabriolet.
kabza *f.* purse.
kacap *m.* Russian (peasant).
kacer-ka *f.*, **-z** *m.* heretic; **-ski** *a.* heretic(al); **-stwo** *n.* heresy.
kacyk *m.* cacique; (*fig.*) chieftain.
kacz-ę *n.* duckling; **-ka** *f.* duck; **-kowaty** *a.*, **-y** *a.* duck's; chód ~, waddle; **-or** *m.* drake.
kacz-eniec, -yniec *m.* (*bot.*) marsh-marigold.
kadaster *m.* survey and valuation of lands.
kade-cki *a.* cadet's; **-t** *m.* cadet.
kadencja *f.* cadence; term; ~ sądowa, assizes.
kadłub *m.* (*anat.*) trunk, torso; (*okrętu*) hulk.
kadr *m.* staff; (*mil.*) cadre.
kadryl *m.* (*taniec*) quadrille.
kaduceusz *m.* caduceus.
kadu-czny *a.* devilish; epileptic; **-k** *m.* deuce; epilepsy.
kadz-enie *n.* fumigation, incensing; **-ić** *v.* incense, fumigate; (*fig.*) flatter; **-idło** *n.* incense; **-ielnica** *f.* censer.
kadź *f.* tub; vat.
kafar *m.* rammer, battering ram, pile-driver.
kaf-el *m.* (Dutch) tile; **-lany, -lowy** *a.* (of) tile(s).
kaftan *m.* jacket, jerkin; **-ik** *m.* bodice.
kaganek *m.* night-lamp.
kaganiec *m.* (*dla psa*) muzzle; (*lampa*) torch.
kahał *m.* (Jews') assembly of elders.
kajać się *v.* repent, rue, make penitence.
kajak *m.* canoe.
kajdan-iarz *m.* convict; gallows-bird; **-ki** *pl.* fetters; ~ na ręce, handcuffs; **-y** *pl.* chains, shackles; zakuć w ~, handcuff, put in irons.
kajet *m.* exercise-book.
kajuta *f.* cabin.
kajzerka *f.* roll.
kakao *n.* cocoa.
kakofonja *f.* cacophony.
kaktus *m.* cactus; **-owy** *a.* cactaceous.
kalać *v.* stain, befoul, dirty; pollute.
kalafjor *m.* cauliflower.
kalafonja *f.* colophany.
kalambur *m.* pun, quibble.
kalarepa *f.* cole-rape.
kalcyt *m.* calcite.
kale-ctwo *n.* cripplehood; lameness; **-czyć** *v.* mutilate, cripple; disable; (*ranić*) wound; ~ język, murder a language; **-ka** *m.* cripple; żołnierz ~, disabled soldier.
kalejdoskop *m.* kaleidoscope.
kalendarz *m.* calendar; rok -owy, calendar year.

kalesony *pl.* drawers.
kalet-a *f.*, **-ka** *f.* leather bag, leather purse.
kalib-er *m.* caliber, size; (*armaty i t. p.*) bore.
kalif *m.* calif.
kaligraf *m.* calligrapher; **-iczny** *a.* calligraphic; **-ja** *f.* calligraphy.
kaliko *n.* calico.
kalina *f.* (*bot.*) guelder rose.
kalisty *a.* filthy, miry.
kalk-a *f.* calking; (*papier*) carbon paper; **-ować** *v.* counter-draw.
kalkancista *m.* organ-blower.
kalkul-acja *f.* calculation; **-ator** *m.* calculator; **-ować** *v.* calculate, reckon.
kalomel *m.* calomel.
kalorja *f.* calorie.
kaloryfer *m.* radiator.
kalosz *m.* galoche, rubber shoe.
kalumnja *f.* calumny.
kalwarja *f.* Way of the Cross; (*fig.*) torment.
kalwi-n, **-nista** *m.* Calvinist; **-nizm** *m.* Calvinism; **-ński** *a.* Calvinistic(al).
kał *m.* excrement; (*bagno*) mire.
kałamarz *m.* inkstand.
kałdun *m.* belly; (*fig.*) glutton.
kałuż-a *f.* puddle; **-any**, **-ny** *a.* slushy.
kamasz *m.* spat, gaiter.
kamea *f.* cameo.
kameleon *m.* (*zool.*) chameleon.
kamelja *f.* (*bot.*) camellia.
kamera *f.* room; chamber, camera; muzyka -lna, chamber music.
kamerdyner *m.* man-servant, valet.
kamerton *m.* tuning-fork; diapason.
kameryzować *v.* jewel.
kamfor-a *f.* camphor; **-owy** *a.* camphorated; camphoric.
kamgarn *m.* worsted (yarn).
kamienia-rski *a.* stone-cutter's; **-rstwo** *n.* stone-cutting; **-rz** *m.* stone-cutter, stone-mason.
kamieni-ca *f.* house; **-cznik** *m.* house-proprietor; **-eć** *v.* petrify; **-ołomy** *pl.* quarry; **-sty** *a.* stony, rocky, pebbly.
kamie-nny *a.* stony, (of) stone; rocky; sól -nna, mineral salt; węgiel -nny, coal; **-nować** *v.* stone, lapidate; **-ń** *m.* stone; ~~ ciosany, cut stone, ashlar; drogie -nie, precious stones; jewels; ~~ obrazy, stumbling block; ~~ młyński, mill-stone; grindstone; ~probierczy, touch stone; ~~ w pęcherzu, gall-stone; ~ węgielny, corner stone; spadł mi z serca ~, I am delivered from a burden; siedzieć -niem, be nailed (to); ~~ nieociosany, unhewn stone; trafiła kosa na ~~, it is (more than) a match (for); -nie tłuczone, rubble.
kamion-ka *f.* heap of stones; (*do nóg*) warming-bottle; **-ować** *v.* stone, lapidate.
kamizel-a *f.* jacket, jerkin; **-ka** *f.* waistcoat.
kamlot *m.* camlet; **-owy** *a.* (of) camlet.
kampanja *f.* campaign.
kamrat *m.* comrade.
kamy-czkowaty *a.* pebbly; **-k** *m.* pebble.
kanaliz-acja *f.* canalization; (*kanały miejskie*) sewer system; **-ować** *v.* dig canals; (*o miastach*) provide with sewer-system.
kanalja *f.* scoundrel; (*motłoch*) rabble.
kanał *m.* canal, channel; (*miejski*) sewer pipe; ~ odpływowy, side gutter; ~ moczowy, urinary conduit.
kanap-a *f.* sofa; **-ka** *f.* (*do siedzenia*) settee; (*do jedzenia*) sandwich.
kanar *m.* canary-seed; **-ek** *m.* canary(-bird).
kancel-arja *f.* office; -aryjny papier, foolscap; **-ista** *m.* clerk, writer; ~ sądowy, registrar.
kancerowaty *a.* cancrous.
kanciasty *a.* ridgy; sharp-angled.
kancjonał *m.* psalm-book, hymn-book.
kancle-rski *a* chancellor's; **-rstwo** *n.* chancellorship; **-rz** *m.* chancellor.
kandelabr *m.* chandelier.
kandyd-at *m.*, **-atka** *f.* candidate, applicant; **-atura** *f.* candidature; **-ować** *v.* compete (for), aspire (to).

kandyzowany *a.* candied.
kangur *m.* (*zool.*) kangaroo.
kania *f.* (*orn.*) kite; **-nka** *f.* dodder (*bot.*).
kaniku-larny *a.* canicular; **-ła** *f.* dog-days.
kanjon *m.* canyon.
kanon *m.* canon, rule.
kanonada *f.* cannonade.
kanon-iczka *f.* canoness; **-iczny** *a.* canonical; **-ik** *m.* canon; **-izacja, -izowanie** *n.* canonization; **-izować** *v.* canonize.
kanonier *m.* gunner; **-ka** *f.* gunboat.
kant *m.* edge, corner; border, margin; **-ak** *m.* grapple.
kantalupa *f.* cantaloup.
kantar *m.* halter.
kantaryda *f.* (*med.*) cantharides (*pl.*); (*zool.*) Spanish fly.
kantata *f.* cantate.
kanton *m.* canton; **-alny** *a.* cantonal.
kantor *m.* (*kośc.*) chanter; (*biuro*) office; (*bank*) banking house; **-ek** *m.* (writing) desk.
kant-owaty *a.* edgy; **-ówka** *f.* rule.
kanty-k *m.* hymn, psalm; **-czki** *pl.* psalm-book.
kanwa *f.* canvas.
kańczug *m.* whip, cat-o'-nine-tails.
kaolin *m.* caolin.
kapa *f.* (bed-)cover, covering; (*kośc.*) cope.
kapa-ć *v.* trickle, dribble; **-nie** *n.* trickle; dribble; **-nina** *f.*, płacić -niną, pay by driblets.
kapar *m.* (*bot.*) capar.
kapcan *m.* poor wretch, sorry fellow.
kapcie *pl.* shoes, slippers.
kapciuch *m* tobacco-pouch.
kapel-a *f.* (music-)band; ~ wojskowa, military band; **-mistrz** *m.* band-master, leader (of orchestra).
kapela-n *m.* chaplain; **-ński** *a.* chaplain's; **-ństwo** *n.* chaplainship.
kapelu-sik *m.* little hat; bonnet; **-sz** *m.* hat; bez -sza, bare-headed; **-sznictwo** *n.* hatter's trade, hat-manufacture; **-sznik** *m.* hatter.
kapica *f.* hood.
kapilarny *a.* capillary.
kapiszon *m.* hood, cowl; (*u strzelby*) percussion cap.
kapita-lik *m.* small capital; **-lista** *m.* capitalist; **-lizm** *m.* capitalism; **-lny** *a.* capital, excellent; **-ł** *m.* capital, fund, stock; ~~ amortyzacyjny, sinking fund; ~~ obrotowy, circulating capital; ~~ żelazny, reserve.
kapita-n *m.* captain; **-ński** *a.* captain's.
kapitel *m.* (*arch.*) capital.
kapitu-lacja *f.* capitulation **-lować** *v.* capitulate.
kapituła *f.* chapter.
kapka *f.* drop; (*fig.*) whit.
kapli-ca *f.* chapel; **-czka** *f.* small chapel; ~~ przydrożna, wayside shrine.
kapła-n *m.* priest; wielki ~, high-priest; **-nka** *f.* priestess; **-ński** *a.* priestly, sacerdotal; **-ństwo** *n.* priesthood.
kapłon *m.* capon; **-i,** capon's; **-ić** *v.* caponize.
kapnąć see **kapać.**
kapot-a, -ka *f.* cloak; capote.
kapral *m.* corporal; **-ski** *a.* corporal's.
kaprawy *a.* blear-eyed.
kapry-s *m.* caprice, whim, freak; **-sić, -sić się** *v.* be querulous; be peevish; **-śnica** *f.*, **-śnik** *m.* whimsical, freakish person; **-śny** *a.* capricious, whimsical, freakish.
kaps-la, -ułka *f.* capsule; (*spłonka*) percussion cap.
kaptować *v.* win, gain (over to), curry the favour of; canvass.
kapturek *m.* cowl, hood.
kapucy-n *m.* Capuchin; **-ński** *a.* Capuchin's.
kapust-a *f.* cabbage; groch z -ą, huddle, mess; ~ głowiasta, cole cabbage; ~ włoska, Savoy cabbage.
kapu-ściany *a.* (of) cabbage; **-ścisko** *n.* cabbage-garden; **-śniaczek** *m.* drizzle; **-śniak** *m.* sourcrout soup.
kapuza *f.* cowl, fur cap.
kara *f.* punishment, penalty; (*wóz*) cart; ~ pieniężna, fine; ~ śmierci, capital punishment; ponieść karę, be punished, undergo a punishment; skazać

kogoś na karę pieniężną, set a fine upon one.
karabela *f.* sabre.
karabin *m.* rifle, musket; **-ek** *m.* carbine; **-jer** *m.* carbineer.
kara-ć *v.* punish, inflict a punishment; **-nie** *n.* punishment.
karafka *f.* decanter.
karakuły *pl.* astrakhans.
karalny *a.* punishable, deserving of punishment.
karaluch *m.* cockroach.
karambol *m.* (*w bilardzie*) cannon; (*fig.*) collision.
karamel *m.* caramel.
kararyjski *a.*, ~marmur, Carrara marble.
karaś *m.* crucian.
karat *m.* carat; dwudziesto-owy, of twenty undertaker's carats.
karawan *m.* hearse; **-iarz** *m.* man, mute, pall-bearer.
karawana *f.* caravan.
karb *m.* incision, notch; tally, score; (*przełęcz*) pass; kłaść na ~, ascribe, impute (to); trzymać w -ach, keep under restraint.
karbieniec *m.* (*bot.*) water hoarhound.
karbid *m.* acetylene.
karbol *m.* carbolic acid; **-owy** *a.* carbolic; kwas ~, phenol.
karboni-czny *a.* carbonic; **-zować,** carbonize.
karbow-ać *v.* notch; score; **-any** *a.* indented.
karbowy *m.* overseer.
karbunkuł *m.* (*med.*, *min.*) carbuncle.
karburator *m.* carburettor.
karcer *m.* lock-up; prison.
karcia-ny *a.* (of) card(s); dług ~~, gambling debt; **-rka** *f.*, **-rz** *m.* gamester; gambler; **-rstwo** *n.* gambling.
karci-ciel *m.* chastiser; **-ć** *v.* reprehend; rebuke, reprove.
karcz *m.* stump; **-ek** *m.* (back of) neck; **-ysty** *a.* short-necked.
karcz-emka *f.* small inn; **-emny** *a.* rude; rough; **-ma** *f.* tavern, public-house; **-marka** *f.* hostess; **-marz** *m.* inn-keeper, publician, tap-man.
karczoch *m.* artichoke.
karcz-ować *v.* grub (up); **-owanie** *n.*, **-unek** *m.* clearing, grubbing (up); **-owisko** *n.* grubbed up land; **-ownik** *m.* grubber; **-ówka** *f.* grub-hoe.
kardyna-lny *a.* cardinal; fundamental; **-lski** *a.* cardinal's; **-lstwo** *n.* cardinalship; **-ł** *m.* cardinal. [fondle.
kares *m.* caress; **-ować** *v.* caress,
karet-a *f.* carriage; **-tka** *f.* (one-horse) chaise; ~~ pogotowia, ambulance.
karjatyda *f.* caryatid.
karjer-a *f.* career; **-owicz** *m.* upstart.
karjołka *f.* jaunting-car.
kark *m.* neck, nape; wziąć kogo za ~, seize one by the collar; twardego -u, stubborn; **na -u** *adv.* at hand; mieć na -u, be troubled (with); **-ołomny** *a.* breakneck.
karl-eć *v.* become dwarfish; decrease; **-ica** *f.* dwarf; **-owacieć** *v.* degenerate; **-owaty** *a.* dwarfish; -owate drzewo, dwarf tree.
karło *n.* arm-chair.
karmazyn *m.* crimson; (Polish) peer; **-owy** *a.* crimson.
karmelek *m.* caramel; bonbon.
karmelit-a *m.* Carmelite; **-anka,** -ka *f.* Carmelite nun.
karm, -ia *f.* food, nourishment; **-iciel** *m.*, **-icielka** *f.* nourisher; **-ić** *v.* feed, nourish; ~~ piersią, suckle; ~~ się (czem), live (on), feed (upon); **-ienie** *n.* nourishment; **-iony** szpakami, cunning, sly.
karmin *m.* carmine; **-owy** *a.* carmine, crimson.
karmn-ik *m.* stable for fattening cattle; **-y** *a.* fattened.
karnawał *m.* carnival.
karne-cik, -t *m.* note-book.
karnes *m.* cornice.
karn-ie *adv.* in order; **-ość** *f.* discipline; **-y** *a.* well disciplined; docile; (*jur.*) penal; sprawa -a, criminal case; sąd ~~, criminal court.
karnjol *m.* (*min.*) cornelian.
karo *n.* (w kartach) diamonds.
karo-ca *f.* coach, carriage; **-serja** *f.* body (of motor-car).
karolek *m.* caraway (*bot.*).
karp *m.* (*zool.*) carp; **-i, -iowy** *a.* (of) carp(s); **-pię** *n.* young carp.
karp-ina *f.* fire-wood; **-iówka** *f.* flat tile.

kart-a *f.* card; page, leaf, sheet (of paper); ~ wizytowa, visiting card; dawać -y, deal cards; mieć dobrą -ę, have a good hand; **-eczka, -ka** *f.* note, slip (of paper).
kartacz *m.* grape-shot; strzelać -ami, fire g ape-shot; **-ownica** *f.* mitrailleuse; **-owy** *a.*, ~ ogień, grape-shot fire.
kartel *m.* cartel, trust.
kartof-el *m.* potato (*pl.* -es); **-lanka** *f.* potato soup; **-lany** *a.* (of) potato(es).
karto-graf *m.* cartographer; **-n** *m.* (*obraz*) cartoon; (*tektura*) pasteboard; **-teka** *f.* card index.
kartować *v.* shuffle the cards; (*knuć*) plot; plan.
kartuz *m.* Carthusian (monk); **-ja** *f.* Carthusian monastery.
karuk *m.* isinglass.
karuzel *m.* merry-go-round.
kary *a.* black (said of horses).
kary-godny *a.* unpardonable; inexcusable; blameworthy.
karykatu-ra *f.* ca icature; cartoon; **-ralny** *a.* ludicrous, derisory; **-rzysta** *m.* caricaturist; cartoonist.
karzeł *m.* dwarf, pigmy.
kas-a *f.* cash-desk, cash-book, cash-box; ~ biletowa, ticket-office; booking-office; ~ oszczędności, savings bank; **-etka** *f.* casket, decorative box; (*do pieniędzy*) cashbox, safe; **-jer** *m.* cashier, treasurer; **-jerski** *a.* cashier's; **-owy** *a.* (of) cash.
kasac-ja, -ta *f.* cassation; **-yjny** *a.* (of) cassation; sąd ~, court of appeal.
kask *m.* helmet.
kaskada *f.* waterfall, cascade.
kasować *v.* cancel; rescind, suppress, reverse.
kast-a *f.* caste; **-owość** *f.* caste system; **-owy** *a.* caste.
kastanjety *pl.* castanets, *pl.*
kastor *m.* beaver.
kastr-at *m.* eunuch, castrated man; **-ować** *v.* castrate, geld.
kasyno *n.* casino, club.
kasz-a, -ka *f.* grits, groats; ~ perłowa, pearl barley; ~ jaglana, millet gruel.
kasz-el *m.* cough; **-lać, -leć, -lnąć** *v.* cough, hem.
kaszkiet *m.* cap; shako.
kaszmir *m.* cashmere.
kaszta *f.* (*typogr.*) case.
kasztan *m.* chestnut(-tree); (*koń*) chestnut horse; (*bot.*) dziki ~, horse-chestnut; **-kowaty, -owy** *a.* chestnut(-colour).
kasztela-n *m.* castellan; **-nic** *m.* castellan's son; **-nka** *f.* castellan's daughter; **-nowa** *f.* castellan's wife; **-ński** *a.* castellan's.
kat *m.* hangman, executioner; u -a! the deuce.
katafalk *m.* catafalque.
kataklizm *m.* cataclysm.
katakomby *pl.* catacombs.
katalepsja *f.* catalepsy.
katalog *m.* catalogue, list, register; **-ować** *v.* catalogue; **-owy** *a.* (of a) catalogue.
katanka *f.* jacket, jerkin.
kataplazm *m.* poultice; **-ować** *v.* poultice.
katapulta *f.* catapult.
katar *m.* cold (in the head); catarrh; nabawić się -u, catch cold; mam ~, I have a cold; **-alny, -owy** *a.* catarrhal.
katarakta *f.* cataract; (*med.*) cataract; glaucoma.
katary-niarz *m.* organ-grinder; **-nka** *f.* barrel-organ.
katastrof-a *f.* catastrophe; **-alny** *a.* catastrophic, calamitous.
katech-eta, -ista *f.* catechist; **-izm** *m.* catechism; **-ować** *v.* catechize; **-umen** *m.* catechumen.
katedra *f.* (*uniw.*) chair; (*mebel*) pulpit; (*kośc.*) cathedral; **-lny** *a.* (of a) cathedral.
kategor-ja *f.* category; **-yczność** *f.* peremptoriness; **-yczny** *a.* peremptory.
katoli-cki *a.* Catholic; **-cyzm** *m.* Catholicism; **-czka, -k** *m.* Catholic.
kator-ga *f.* hard labour; **-żnik** *m.* convict, felon.
katow-ać *v.* torture, torment; **-anie** *n.* torture, racking; **-nia** *f.* torture room; (*męczarnia*) rack; **-nik** *m.* torturer; **-ski, -y** *a.* executioner's, hangman's.
katusze *pl.* torture.
kaucja *f.* security; bail; za kaucją, on bail.
kauczuk *m.* caoutchouc; Indian rubber.

kaukaski *a.* Caucasian.
kau-styczny *a.* caustic; **-teryzacja** *f.* cauterization; **-teryzować** *v.* cauterize.
kawa *f.* coffee(-beans); młynek do kawy, coffee-mill; ~ biała, coffee with milk.
kawalątko *n.* a little bit.
kawale-r *m.* bachelor; suitor, wooer; (*orderu*) knight; **-ja** *f.* cavalry; **-rski** *a.* single; chivalric; **-rstwo** *n.* celibacy; **-rzysta** *f.* horse-man, cavalier.
kawalkada *f.* cavalcade.
kawał *m.* piece, slice, bit; ~ drogi, a long way; wziąć na ~, deceive, cheat; **-eczek, -ek** *m.* morsel; small piece; w -ki, in shreds, in pieces; po -ku, piece by piece, little by little, piecemeal.
kawęczeć *v.* drudge; toil.
kaw-iany, -owy *a.* (of) coffee; **-iarnia** *f.* coffee-house; **-iarz** *m.* coffee-house-keeper; man fond of coffee.
kawka *f.* (*orn.*) jackdaw.
kawior *m.* caviar.
kawon *m.* water-melon.
kaza-ć *v.* command, order, bid; (*kośc.*) preach; ~ zrobić, get done; have done; -ł napisać list, he had a letter written; **-lnica** *f.* pulpit; **-nie** *n.* sermon.
kazamaty *pl.* casemate.
kazić *v.* pollute; corrupt; taint.
kaziro-dny, -dzki *a.* incestuous; **-dztwo** *n.* incest.
kaznodziej-a *m.* preacher; **-ski** *a.* preacher's; **-stwo** *n.* ministry
kazuar *m.* (*orn.*) cassowary.
kazub *m.* small vessel of bark.
kazuist-a *m.* casuist; **-yka** *f.* casuistry.
kaźń *m.* execution; penalty, punishment.
każd-odzienny *a.* daily, quotidian; **-orazowo** *adv.* every time; **-y** *a.* every, each; everyone, everybody.
każenie *n.* corruption.
kąci-k *m.* nook; **-sty** *a.* angular.
kądziel *m.* distaff; po -i, on (by) the distaff side.
kąkol *m.* (*bot.*) (corn) cockle; weed; **-nica** *f.* corn-cockle.
kąp-ać *v.* bathe; **-ać się** *v.* bathe, take a bath; w gorącej wodzie -any, hot-tempered man; **-iel** *m.* bath; ~~ parowa, vapour bath; ~~ słoneczna, sun-bath; **-iele** *pl.* baths; **-ielowy** *a.* (of) bath; **-ielowy** *m.* bath-attendant; **-ółka** *f.* child's bath..
kąs-ać *v.* bite; (*fig.*) be poignant; **-ek** *m.* bit, (little) morsel; smaczny ~, tit-bit; dainty.
kąt *m.* corner; (*matem.*) angle; ~ odbicia, angle of reflection; ~ przeciwległy, alternate angle; zapadły ~, forlorn (godforsaken) spot; cudze -y wycierać, have no house of one's own; **-omierz** *m.* goniometer; **-owy** *a.* angular, (of an) angle; -owa miara, square.
kciuk *m.* thumb.
kefir *m.* kefir.
kelner *m.* waiter; **-ka** *f.* waitress.
keson *m.* caisson.
kędy *adv.* where; **-kolwiek** *adv.* wherever.
kędzierzaw-ić (się) *v.* frizzle; curl; crisp; **-ość** *f.* curliness; **-y** *a.* curly.
kędzior *m.* lock, curl.
kęp-a *f.* islet; tuft; -y drzew, clumps of trees; **-ka** *f.* tuft.
kęs *m.* bit, morsel, mouthful.
kętnary *pl.* gantry.
khaki *a.* khaki.
ki, -ż *prn.* see **jaki, -ż.**
kibić *f.* waist; figure.
kibitka *f.* kibitka.
kicać *v.* skip.
kich-ać, -nąć *v.* sneeze; **-anie** *n.* sneeze; **-awka** *f.* sternutative powder; **-awiec** *m.* (*bot.*) pellitory.
kiciasty *a.* crested, tufted.
kiecka *f.* skirt; frock.
kiedy *adv.* when, ever; ~ niekiedy, now and then, ever and anon; czy widziaeś to ~? have you ever seen it?; ~ tak, if so; **-indziej** *adv.* some other time; **-kolwiek** *adv.* whenever; at any time; **-ś** *adv.* once; some day or other; once upon a time; hereafter; **-ż** *adv.* when then.
kieli-ch *m.* cup; chalice; (*bot.*) calyx; **-szek** *m.* (liqueur) glass.
kielnia *f.* trowel.
kieł *m.* canine tooth; fang, tusk; wziąć na ~, banter, quiz; **-ki puszczać, -kować** *v.* sprout; germinate.

kiełb *m.* gudgeon; **-ik** *m.* small gudgeon.
kiełba-sa *f.* sausage; **-sić** *v.* confuse; muddle, bungle.
kiełek *m.* germ, blade.
kieł-zać, -znąć *v.* bridle; (*fig.*) restrain; **-zno** *n.* bridle, bit.
kiep *m.* fool; **-ski** *a.* bad; sorry, worthless; **-sko** *adv.* badly, pitifully, sorrily.
kier *m.* (*w kartach*) hearts (*pl.*).
kierat *m.* treshing-machine; (*fig.*) jak w -cie, like in a treadmill.
kierdel *m.* herd.
piereja *f.* fur-coat. [wound.
kiereszować *v.* slash, gash,
kiermasz *m.* fair; kermis; consacration of a church.
kiernoz *m.* boar.
kierow-ać *v.* direct, conduct, govern, guide, steer; manage; ~ się czem, be guided (by); ~ się, make towards, tend; **-anie, -nictwo** *n.* management, direction; guidance; **-nica** *f.* (driving) wheel; **-niczy** *a.* managing; directing, leading; **-nik** *m.* chief; manager.
kierunek *m.* direction, course.
kierz *m.* see **krzak.**
kierznia, kierzanka *f.* churn.
kies-a, -ka *f.* purse.
kieson *m.* caisson.
kiesz-eniowy, -onkowy *a.* pocket-; **-eń, -onka** *f.* pocket.
kij *m.* stick, cane; cudgel; -e dostać, be cudgeled; **-aszek, -ek** *m.* small stick; **-ec** *m.* cudgel.
kijanka *f.* (*zool.*) tadpole.
kikut *m.* stump; **-ać** *v.* limp.
kilim, -ek *m.* rug.
kilka *prn.* several, some, a few; **-kroć** *adv.* several times; **-dziesiąt** *num.* from thirty to ninety; **-krotny** *a.* reiterated; repeated; **-naście** *num.* several, from thirteen to nineteen.
kilko-dniowy *a.* of several days; **-godzinny** *a.* of several hours; **-letni** *a.* of several years; **-nastoletni** *a.* from ten to twenty years old; **-raki** *a.* various, manifold; **-ro** *prn.* several, some; a few; **-wyrazowa ilość** (*mat.*) polynome.
kilku *prn.* several, some; **-nastu** *num.* from thirteen to nineteen.
kilof *m.* pick.
kilo-gram *m.* kilogram; **-metr** *m.* kilometer.
kił-a *f.* (*med.*) hernia; **-owaty** *a.* hernial.
kim *prn.* *instrumental of* **kto.**
kindżał *m.* dagger.
kinematograf *m.* cinema(tograph); movies; **-iczny** *a.* cinematographic.
kine-tyczny *a.* kinetic; **-tyka** *f.* kinetics.
kiosk *m.* kiosk, pavilion.
kipi-el *f.* whirl, eddy; **-eć** *v.* boil; simmer; **-enie** *n.* boiling, seething, ebullition.
kir *m.* shroud, pall; mourning-cloth.
kir-asjer *m.* cuirassier; **-asjerski** *a.* cuirassier's; **-ys** *m.* cuirass.
kis-ić *v.* pickle; **-ieć, -nąć, -nieć, -ić się** *v.* be pickled; ferment; sour; **-iel** *m.* (kind of) jelly.
kistka *f.* bunch.
kiszk-a *a.* bowel, gut, intestine; (*masarska*) sausage; (*wąż*) hose, pipe; ślepa ~, appendix; ~ odchodowa, rectum; **-owy** *a.* intestinal.
kiść *f.* tuft, bunch, brush; (*bot.*) pannicle; (*ręki*) fist.
kit *m.* putty; cement; **-ować** *v.* putty, cement.
kit-a, -ka *f.* tuft, bush, crest, plume, tassel; tail (of wolf, fox, dog).
kitaj *m.* buckram; **-ka** *f.* taffeta; ~~ glansowna, lustring; **-kowy** *a.* (of) taffeta.
kitel *m.* frock, linen coat.
kiw-ać, -nąć *v.* shake; (*na kogo*) nod (to), beckon; ~ głową, nod; shake one's head (at); ~ ogonem, wag the tail; ~ się, swing, rock; totter; **-nięcie** *n.* nodding, beckoning.
klacz *f.* mare; jade.
klajst-er *m.* paste; **-rować** *v.* paste.
klak *m.* opera-hat, gibus-hat.
klaka *f.* claque.
klam-erka *f.* (*sprzączka*) clasp, buckle; (*typ.*) bracket; **-ra** *f.* (*archit.*) cramp(-iron); brace; (*sprzączka*) clasp, buckle; **-rować** *v.* fasten, clasp.
klamka *f.* (*rączka*) door-handle; (*spust*) (door)latch; zamknąć na klamkę, latch.

klap-a *f.* valve; clack; venthole; (*surduta*) flap; ~ bezpieczeństwa, safety-valve; **-ać** *v.* clap, flap; -ie zębami, his teeth chatter; **-ka** *f.* valvule; ~ na muchy, fly-flap; **-nąć** *v.* clap, smack; (*siąść*) flop down; **-s** *m.* smack, slap.

klar-et *m.* (*wino*) claret; **-ować** *v.* clear, clarify; **-owny** *a.* clear, transparent.

klarne-cista *m.* clarinetist; **-t** *m.* clarinet.

klas-a *f.* class, grade; range; (*sala*) schoolroom; (*oddział*) form.

klask *m.* clap; ~ bicza, the smacking of a whip; **-ać, -nąć** *v.* clap (one's hands), applaud; ~ (*z bicza*), crack, smack; **-anie** *n.* applauding; ~~ z bicza, cracking (smacking) of a whip.

klas-owy *a.* (of a) class; **-ycyzm** *m.* classicism; **-yczny** *a.* classic(al); **-yfikacja** *f.* classification; **-yfikować** *v.* classify, class; **-yk** *m.* classic(al author).

klasztor *m.* cloister, monastery, convent; **-ny** *a.* monastic.

klat-eczka, -ka *f.* (bird-)cage; ~ schodowa, staircase.

klauzu-la *f.* clause; **-ra** *f.* seclusion.

klaw-icymbał *m.* clavecin; **-ikord** *m.* harpsichord; **-isz** *m.* key; **-jatura** *f.* key-board, keys.

klą-ć *v.* curse, swear, imprecate; ~ na, swear by; **-twa** *f.* curse, anathema, excommunication.

klecha *m.* sexton; sacristian; priestling.

klechda *f.* popular tradition; story.

kle-cić *v.* bungle, botch; make clay-walls; **-ć** *f.* botch, bungled work.

kle-ić *v.* glue, stick, lime; **-ić się** *v.* stick; adhere; (*fig.*) agree; **-ik** *m.* (*potrawa*) gruel; **-istość** *f.* stickiness, viscosity; **-j** *m.* gum, glue; (*chem.*) lute; ~ rybi, isinglass; ~ płynny, moist glue; ~ stolarski, joiner's glue; **-isty, -jowaty** *a.* gluey, viscous.

klejnot *m.* jewel; (*herb.*) arms.

klejo-nka *f.* buckram; **-ny** *a.* glued; **-watość** *f.* viscosity, stickiness; **-waty** *a.* gluey.

klekot *m.* rattle, clatter; (*gaduła*) prattler; bad piano; **-ać** *v.* rattle, clatter; **-ka** *f.* rattle.

kleks *m.* (ink-)blot.

klektać *v.* see **klekotać.**

klempa *f.* slut, dowdy, jade.

kleń *m.* (*zool.*) whiting, ablet.

klep-ać *v.* (*kuć*) hammer; flat, flatten; (*ziemię, monetę*) stamp; (*po ramieniu*) tap (on the shoulder); ~ biedę, be in need; **-adło** *n.* rammer, stamper; **-alny** *a.* malleable; **-isko** *n.* threshing floor; **-ka** *f.* stave; brakuje mu piątej **-ki**, he is crack-brained.

klepsydra *f.* hour-glass; (*pośmiertna*) obituary notice.

kleptomanja *f.* kleptomania.

kler *m.* clergy; **-ycki** *a.* clerical; **-yk** *m.* seminarist; **-ykalizm** *m.* clericalism; **-ykalny** *a.* clerical.

kleszcz *m.* (*ryba*) bream; (*owad*) tick; **-e** *pl.* tongs; ~~ raka, claws; **-yki** *pl.* pincers; **-ojad** *m.* keel-bill (*orn.*); **-yć** *v.* geld.

klęcz-alnik, -nik *m.* praying-desk; **-eć** *v.* kneel; **-kiem, na -kach,** on the knees.

klęk-ać, -nąć *v.* kneel (down).

klęs-ka *f.* (*porażka*) defeat; (*nieszczęście*) disaster; distress; calamity; **-nąć** *v.* collapse, sink, fall in.

klient *m.* client, customer; **-ela** *f.* customers; clients; patronage.

klika *f.* clique, coterie.

klimat *m.* climate; **-yczny** *a.* climatic; miejscowość -yczna, resort.

klin *m.* wedge, cotter; (*w sukni*) gore; (*ziemi*) neck of land; wbić ~, wedge; **-iasty, -owy** *a.* cuneiform; pismo -owe, cuneiform (writing).

klinga *f.* sword blade.

klin-iczny *a.* clinic(al); **-ka** *f.* clinic.

klinkier *m.* clinker.

klisza *f.* (*fotogr.*) plate; (*typogr.*) cut.

klit-a, -ka *f.* cell; hut.

kliwer *m.* (*naut.*) jib.

kloaka *f.* latrine; (*fig.*) cloaca.

kloc *m.* log, block, trunk; (*fig.*) blockhead; **-ek** *m.* block.

klomb *m.* flower-bed.

klon *m.* maple(-tree); **-owy** *a.* (of) maple.
klops *m.* scallop.
klosz *m.* (lamp-)globe; (lamp-) shade; (*do przykrywania*) bell-glass; (*suknia*) cloche-gown.
klozet *m.* water-closet.
klub *m.* club; **-owy** *a.* (of) club; fotel ~~, easy-chair.
klub-a *f.* lock, pulley; clasp; **-y** *pl.* bounds, check, restraint; ująć w ~~, keep under restraint.
klucz *m.* key; (*muz.*) clef; (*majątek*) demesne; (*mech.*) wrench, spanner; (*anat.*) collar-bone; ~ sklepienia, key-stone; **-em** *adv.* in rows, in file(s); **-ka** *f.* hook; trick; **-kować, -yć** *v.* tergiversate; **-nica** *f.* house-maid; **-nik** *m.* door-keeper, warden; **-yk** *m.* small key; (*bot.*) primrose.
kluć się *v.* hatch.
kluka *f.* hook.
klus-ek *m.*, **-ka** *f.* home-made macaroni; boiled paste.
kłacz-asty, -ysty *a.* shaggy, hairy; **-ek** *m.* tuft, cluster, wisp.
kładka *f.* foot-bridge; gang-board.
kłaki *pl.* tuft (of hair); oakum; hards (of flax or hemp); wadding.
kłam *m.* lie; zadać komu ~, give one the lie; **-ać** *v.* lie; fib; **-any** *a.* sham, untrue, deceitful; **-ca** *m.* lier; fibber; **-czuch** *m.* liar; **-liwy** *a.* lying, deceitful; **-stwo** *n.* lie, fib; falsehood; wierutne ~, an impudent lie.
kłania-ć się *v.* greet; (*mil.*) bow, salute; -j mu się ode mnie, present him my compliments; remember me to him.
kłap-ać *v.* chatter; -ie zębami, his teeth chatter; **-acz** *m.* chatter-box.
kłapouch *m.* wide-eared, lap-eared fellow.
kłaść *v.* lay, put; ~ komu do głowy, hammer into one's head; ~ (się), lie down; go to bed; ~ do kieszeni, put into one's pocket.
kłąb *m.* clew; skein; ball, lump, mass; (*u konia*) withers; (*dymu*) curling cloud of smoke.
kłącze *n.* bulb.
kłęb-ek *m.* hank, skein, clew, ball (of thread); **-ić się** *v.* seethe, whirl, boil; **-uszek** *m.* small ball.
kło-da *f.* block, log, trunk; (*dyby*) stocks; **-dzina** *f.* stump, trunk.
kłoko-cina, -tka *f.* pistachio-tree; **-tkowy** *a.*, ~ orzech, pistachio nut.
kłonić się *v.* incline, be inclined (to).
kłopo-t *m.* trouble, embarrassment, grief, perplexity; sorrow; być w -cie, be at a loss; być w -tach, be involved in difficulties; **-tać** *v.* trouble, disturb; give sorrow; **-tać się** *v.* care (for), trouble oneself (about), be anxious (about); **-tliwość** *f.* inconvenience; **-tliwy** *a.* troublesome, vexatious.
kłos *m.* ear (of corn), spike; zbierać -y, glean; **-arz** *m.* gleaner; **-ek** *m.* spikelet; **-ić się** *v.* shoot forth; **-ie** *n.* ears (of corn); **-ienica** *f.* (*bot.*) mudwort; **-isty** *a.* spiky.
kłócić *v.* (*płyn*) stir up; jumble; (*zakłócać*) shake; disturb; trouble; ~ **się,** quarrel, wrangle; dispute.
kłódka *f.* padlock; zamknąć na kłódkę, padlock.
kłót-liwość *f.* quarrelsomeness; **-liwy** *a.* quarrelsome; brawling; **-nia** *f.* quarrel, wrangle, brawl; **-niarka, -nica** *f.*, **-niarz, -nik** *m.* quarreller, brawler.
kłu-cie *n.* (*w boku*) pain (in the side); **-ć** *v.* prick, sting; hurt; stab; -ta rana, thrust, stab.
kłus *m.* trot; **-ak** *m.* trotter; **-em** jechać, **-ować** *v.* trot.
kłusowni-ctwo *n.* poaching; **-k** *m.* poacher.
kłykieć *m.* knuckle.
kmie-cy *a.* rustic, peasant's; **-ć** *m.* peasant; labourer.
kmin, -ek *m.* (*bot.*) cumin(-seed); zupa -kowa, cumin-seed soup; **-kówka** *f.* cumin-brandy.
kmiotek *m.* peasant, labourer.
kmotr *m.* godfather; stać w -y, stand godfather, stand godmother (to); **-a** *f.* godmother.

knajp-a *f.* tavern, public-house; **-ować** *v.* tipple.
kneb-el *m.* gag; **-lować** *v.* gag.
kniat, knieć *m.* (*bot.*) marsh-marigold.
knieja *f.* wood; hunting-ground; jungle; (*fig.*) den.
knocić *v.* spoil, bungle.
knot *m.* (*lampy*) wick; (*lont*) fuse.
kn-ować, -uć *v.* plot, conspire; ~ spisek, lay a plot; **-owanie** *n.* plot(ting); machination.
knur *m.* boar.
knut *m.* knout; **-ować** *v.* knout.
knykieć *f.* see **kłykieć.**
koadjutor *m.* coadjutor; **-ka** *f.* coadjutrix.
koalicja *f.* coalition.
kobalt *m.* (*min.*) cobalt.
kobiałka *f.* (wicker-)basket.
kobie-ciarz *m.* courter; dangler; **-cina** *f.* (good-natured) woman; **-cisko** *n.* (old) woman; **-cość** *f.* womanhood; **-cy** *a.* womanly; womanish.
kobie-rczyk *m.* small carpet; **-rnik** *m.* carpet-maker; **-rzec** *m.* carpet; stanąć na -rcu, get (be) married.
kobiet-a *f.* woman; **-ka** *f.* (pretty little) woman.
kobuz *m.* (*orn.*) (kind of) falcon; **-ieć** *v.* spy.
koby-li *a.* (of a) mare; mare's; **-lica** *f.* trestle; **-lina** *f.* horse-flesh; **-ła** *f.* mare; **-łka** young mare; (*skrzypiec*) bridge (of a violin); (*zool.*) grasshopper.
kobz-a *f.* bag-pipe; **-iarz** *m.* bag-piper.
koc *m.* blanket; rug; horse-cloth.
kocanki *pl.* (*bot.*) catkins.
koch-ać *v.* love, cherish, be fond of; bardzo ~, love dearly; ~ się (w kim), be in love (with); ~ się wzajemnie, love each other; **-anek** *m.* lover, sweetheart; **-anica, -anka** *f.* mistress; **-anie** *n.* love; (*osoba*) darling; moje ~, my darling, my love; **-any** *a.* dear, beloved; **-liwość** *f.* amorousness; **-liwy** *a.* amorous.
koci *a.* cat's; of a cat; ~ ogon, cat's tail (też *bot.*); -e oko, cat's eye (*min.*); -e złoto, yellow glimmer (*min.*); **-anki** *pl.* (*bot.*) catkins; **-ątko** *n.* kitten; **-ca** *f.* pussy; **-ć się** *v.* (*o kocie*) kitten; (*o kozie, łani*) kid; **-ę** *n.* kitten; **-sko** *n.* tom-cat.
kocieł, kociołek *m.* kettle, caldron; (*mus.*) kettle drum; ~ parowy, steam-boiler.
kociuba *f.* (baker's) peel, (furnace-)rake; (*kobieta*) dowdy.
kocz *m.* coach.
koczkodan *m.* (*zool.*) baboon.
koczow-ać *v.* roam, rove, wander; nomadize, (be) encamp(ed); **-niczość** *f.* nomadism; vagrancy; **-niczy** *a.* nomadic; vagrant; **-nik** *m.* nomad; **-isko** *n.* encampment.
koczur *m.* tom-cat.
koczyk *m.* chaise.
kodeks *m.* code.
kodycyl *m.* codicil.
kofeina *f.* caffeine.
kogo *prn. accus. of* **kto**; whom.
kogu-ci *a.* cock's; **-t** *m.* cock.
koić *v.* soothe, calm; appease, hush; ~ pragnienie, quench one's thirst.
kojarz-enie *n.* union; ~ wyobrażeń, association of ideas; **-yć się** *v.* unite, join, associate; bind.
kojec *m.* coop.
kok *m.* (ladies') back-hair.
kokaina *f.* cocaine.
kokarda *f.* rosette; (*we włosach*) bow; cockade.
kokiet-a, -ka *f.* coquette; flirt; **-erja** *f.* coquetry; **-ować** *v.* coquet, dally; flirt.
koklusz *m.* hooping-cough.
kokon *m.* cocoon.
kokor-ycz *m.* (*bot.*) fumitory; **-yczka** *f.* (*bot.*) Solomon's seal.
kokos *m.* coca-nut(-tree); drzewa -owe, cocoa-tree.
kokosić się *v.* dawdle.
kokosz, -ka *f.* brood-hen; **-y** *a.* hen's.
koks *m.* coke; **-ować** *v.* coke.
kolac-ja *f.* supper; (*kośc.*) collating; **-jonować** *v.* check, collate.
kolan-ko *n.* knee; joint; (*bot.*) node; **-kowacieć** *v.* grow in knuckles; **-kowatość** *f.* nodosity, knobbiness; **-kowaty** *a.* nodal; **-o** *n.* knee; (*mech.*) joint; (*rzeki*) turn (of a river); paść na -a, kneel down; po -a, knee-

deep; **-owy** *a.* (of the) knee; kość -owa, knee-cap.
kola-rski *a.* (of a) bicycle; **-rz** *m.* cyclist.
kolas-a, -ka *f.* chaise, calash.
kolator *m.* collator; **-ski** *a.* collator's.
kolący *a.* stinging; prickly, thorny.
kolba *f.* butt-end (of a rifle).
kolc-e *n.* ring; link; *pl.* handcuffs, chains; *pl. of* **kolec, -owój** *m.* (*bot.*) common silax.
kolcz-ak *m.* (*bot.*) hydnum; **-asty, -ysty** *a.* prickly; thorny; drut -asty, barbed wire; **-uga** *f.* coat of mail; **-yk** *m.* ear-ring.
koleb-ać *v.* lull; rock; ~ **się**, rock; **-ka** *f.* cradle.
kołec *m.* thorn, prick, **prickle**; (*u sprzączki*) tongue.
koleg-a *m.* colleague; **-jata** *f.* collegiate-church; **-jum** *m.* college; **-ować** *v.* (*z kim*) be the colleague (of).
kole-ina *f.* rut; **-j** *f.* (*żelazna*) railway; track; (*porządek*) succession; turn; -je losu, vicissitudes of life; na mnie ~, it is my turn; **-jarz** *m.* railway employee; **-jka** *f.* turn; **-jno** *adv.* **po kolei, koleją,** by turns, successively; **-jność** *f.* alternation; **-jny** *a.* alternate, succesive; circulating; **-jowy** *a.* (of a) railroad.
kolek-cja *f.* collection; **-ta** *f.* gathering, collection; **-tywizm** *m.* collectivism.
kolend-a *f.* see **kolęda, -nik** *m.* caroller; **-ować** *v.* carol.
koleż-anka *f.* colleague; **-eńskość** *f.* fellowship, companionship; **-eństwo** *n.* fellowship, comeradeship; po -eńsku, in a friendly (neighbourly) manner.
koleśnik *m.* wheeler, cart-wright.
kolęda *f.* (*podarunek*) Christmas-box; (*pieśń*) Christmas-carol.
koliber *m.* (*orn.*) humming-bird.
kolidować *v.* collide, be in conflict (with).
koliga-cić się *v.* be affined; **-cja** *f.* affinity, relationship.
kolist-o *adv.* circularly; **-ość** *f.* circularity, roundness; **-y** *a.* circular; round.
kolizja *f.* collision.
kolja *f.* necklace.
kol-ka *f.* colic; **-nąć** *v.* sting, prick; **-nik** *m.* (*bot.*) naphew.
kolnąć see **kłuć.**
kolofonja *f.* colophony.
kolodjum *m.* collodion.
kolokwjum *n.* colloquy; examination.
kolon-ista *m.* settler, colonist; **-izacja** *f.* colonization; **-izacyjny** *a.* colonial; **-izator** *m.* colonizer; **-izować** *v.* colonize; **-izowanie** *n.* colonization; **-ja** *f.* colony, settlement; **-jalny** *a.* colonial; towary -jalne, groceries; kupiec -jalny, grocer.
kolońska woda, eau de Cologne, Cologne water.
koło-r *m.* colour; hue; (*w kartach*) suit; **-rować** *v.* colour; dye; **-rowy** *a.* coloured; **-rysta, -rzysta** *m.* colourist; **-ryt** *m.* tone; colouring; **-ryzować** *v.* colour.
kolos *m.* colossus; **-alny** *a.* colossal.
kolport-er *m.* hawker; **-ować** *v.* hawk.
kolumna *f.* column, pillar; (*mil.*) rank; **-da** *f.* colonnade.
kołacz *m.* (twisted) loaf.
kołat-anie *n.* rap, knock; rattle; **-ać** *v.* rap, knock; rattle; (*prosić*) solicit; **-ać się** *v.* rove, ramble; rattle; **-ek** *m.* wood-fretter; **-ka** *f.* knocker; rattle.
kołczan *m.* quiver.
kołd-erka, -ra *f.* quilt, counterpane.
kołdun *m.* ball of minced meat.
kołek *m.* peg, plug.
kołem *adv.* in a circle; around.
kołnierz *m.* collar; **-yk** *m.* (shirt-) collar.
koło = około *adv.* round, about, near; nearly; by; almost.
koło *n.* wheel; (*krąg*) circle; (*garncarskie*) potter's wheel; (*pędne*) driving wheel; (*transmisyjne*) pulley; ~ rozpędowe, fly wheel; ~ zębate, cog-wheel; **-dziej** *m.* wheel-wright; **-dziejski** *a.* wheelwright's; **-dziejstwo** *n.* wheelwright's trade; **-maź** *f.* grease.
kołowa-cieć *v.* stiffen; **-cizna** *f.* staggers, dizziness; **-ć** *v.* turn round, twirl, revolve; circulate; take a roundabout way; (*fig.*) beat about the bush.

koło-wrotek *m.* spinning-wheel; reel; **-wrót** *m.* turnspit, arbor; roasting-jack; **-wy** *a.* (of a) wheel; circular; ruch ~~, vehicular traffic.
kołpa-czek, -k *m.* cap, top.
kołtu-n *m.* (*med.*) plica; (*filister*) bigot; narrow-minded person; **-niasty, -niaty** *a.* elf-locked; tangled; **-nerja** *f.*, **-ństwo** *n.* bigotry, narrow-mindedness.
kołysa-ć *v.* rock; lull; **-ć się** *v.* swing; stagger; (*o okręcie*) roll; **-anka** *f.* lullaby; **-ka** *f.* cradle.
koma *m.* coma.
komandor *m.* commander (of an order); **-ja** *f.* commandership.
komar *m.* gnat; mosquito.
kombin-acja *f.* combination; **-ować** *v.* combine, speculate.
komedj-a *f.* comedy; **-ancki** *a.* farcical, feigned; **-ant** *m.* comedian; **-antka** *f.* comedienne; **-opisarz** *m.* comedist.
komend-a *f.* command; **-ant** *m.* commander; **-erować** *v.* command.
koment-arz *m.* commentary; **-ować** *v.* comment.
komeraż *m.* gossip.
komercyjny *a.* commercial.
kometa *f.* commet.
komfort *m.* comfort; **-owy** *a.* comfortable.
komi-czność *f.* fun, the comic side, comicality; **-czny** *a.* comic; odd, funny; **-k** *m.* comedian.
komin *m.* chimney, funnel; chimney-fire; ~ pieca fabr., chimney shaft; zapaliło się w -ie, there was a chimney-fire; **-ek** *m.* fire-place; (*skok*) jump, leap; **-iarczyk** *m.* chimney-sweep's apprentice; **-iarz** *m.* chimney-sweep.
komis *m.* commission, errand; w ~, on commission; **-ant** *m.* agent, commissioner; **-joner** *m.* commission-agent; **-owy** *a.* commission.
komis-arjat *m.* commissariat, police station; **-arski** *a.* commissary's; **-arz** *m.* officer; commissary; **-ja** *f.* commission; board, committee.
komitet *m.* committee, board.
komitywa *f.* footing, relations; dobra ~, harmony; good terms.
komiwojażer *m.* travelling agent.
komnata *f.* chamber; hall, apartment.
komoda *f.* chest of drawers.
kom-ora *f.* chamber; larder; (*jama*) cavity; (*celna*) customs-house; **-orne** *n.* rent; **-ornica** *f.* **-ornik** *m.* tenant, cottager; **-órka** *f.* cabin; cell; alveolus; **-órkowaty, -órkowy** *a.* cellular, alveolar.
komosić się *v.* be irritable.
kompan *m.* partner, companion; **-ja** *f.* company.
kompas *m.* compass; sundial.
kompendjum *m.* compendium, summary.
kompensa-cja, -ta *f.* compensation; **-cyjny** *a.* compensatory.
kompeten-cja *f.* competency; to leży w jego -cji, he is competent to do it; **-tny** *a.* competent.
kompilacja *f.* compilation.
kompleks *m.* (*budynków*) block; (*całokształt*) set, the whole (of).
komplement *m.* compliment, civility.
komplet *m.* set; complement, group; **-nie** *adv.* completely, thoroughly; **-ny** *a.* complete, full; **-ować** *v.* complete; **-owanie** *n.* completing.
kompo-nista *m.* composer; **-nować** *v.* compose (music); **-zycja** *f.* composition; **-zytor** *m.*, **-zytorka** *f.* composer.
kompost *m.* compost.
kompot *m.* compote; stewed fruits.
kompres *m.* compress.
kompromi-s *m.* compromise; **-sarz** *m.* arbitrator; **-tacja** *f.* disgrace; **-tować** *v.* compromise; **-tować się** *v.* bring disgrace upon oneself; **-tująco** *adv.* discreditably; **-tujący** *a.* discreditable, disgraceful.
komput *m.* number.
komun-a *f.* commune; **-alny** *a.* communal; **-ał** *m.* commonplace; platitude.
komunja *f.* communion.
komtur *m.* chief.
komunik-acja *f.* communication; ~ bezpośrednia, through-route (to); **-acyjny** *a.* (of) communication; **-ant** *m.* communicant; host; **-at** *m.* notice; announce-

ment; **-ować** *v.* inform; communicate, import; convey; ~~ się, hold intercourse (with), communicate; (*o chorobach*) be infectious.

komuni-sta *m.* communist; **-styczny** *a.* communistic; **-zm** *m.* communism.

komysz *m.* thicket.

komża *f.* surplice.

kona-ć *v.* expire, agonize, die away; **-nie** *n.* agony; death-struggle.

konar *m.* branch.

koncentr-acja *f.* concentration; **-ować** *v.* concentrate; **-yczny** concentric.

koncep-cja *f.* conception; **-ować** *v.* devise, invent; **-t** *m.* (*żart*) joke, jest, sally; (*pomysł*) idea.

koncert *m.* concert; **-ant** *m.* performer; **-owo** *adv.* excellently; **-owy** *a.* (of a) concert.

konces-ja *f.* concession, grant; **-jonarjusz** *m.* grantee; concessionaire; **-jonować** *v.* grant a concession.

koncha *f.* shell; (*anat.*) lobe (of the ear).

koncyljum *m.* consultation.

koncypjent *m.* (reporting) official.

kondemnata *f.* condemnation.

kondens-ator *m.* condenser; **-ować** *v.* condense.

kondolencja *f.* condolence, expression of sympathy (with).

kondor *m.* (*orn.*) condor.

konduita *f.* conduct, behaviour.

kondukt *m.* funereal procession.

konduktor *m.* (*piorunochron*) lightning-rod; (*kolejowy*) guard; (*tramwajowy*) conductor.

kondycja *f.* condition, employment; tutorship.

konew *f.* bucket; **-ka** (*do polewania*) watering-can.

konfeder-acja *f.* confederacy; **-acki, -acyjny** *a.* (of a) confedederation; **-at** *m.* confederate; **-atka** *f.* four-cornered confederate's cap; **-ować się** *v.* confederate. [linery.

konfekcja *f.* confection, mil-

konfekty *pl.* comfits.

konfer-encja *f.* conference; **-ować** *v.* consult together, hold a conference.

konfesjonał *m.* confessional.

konfiden-cja *f.* confidence, intimacy; **-t** *m.* confidant.

konfirmacja *f.* confirmation.

konfisk-acja, -ata *f.* confiscation; **-ować** *v.* confiscate.

konfitura *f.* jam, comfits.

konfront-acja *f.* confrontation; **-ować** *v.* confront; compare.

konfuzja *f.* confusion, perplexity.

konglomerat *m.* conglomerate.

kongregacja *f.* congregation.

kongres *m.* congress.

koniarz *m.* horse-dealer; lover of horses.

koniczyna *f.* clover.

koniec *m.* end, conclusion, close; ~ szpilki, the point of a pin; ~ języka, the tip of the tongue; ~ końców, finally, after all; związać ~ z końcem, make both ends meet; położyć ~, put an end (to).

konieczn-ie *adv.* necessarily, by all means, absolutely; **-ość** *f.* necessity; need, exigency; z -ości, of necessity; **-y** *a.* indispensable; necessary.

koni-k *m.* pony; (*słabość do czegoś*) hobby; (*w szachach*) knight; **-k** morski (*zool.*) sea-horse; (*drewniany*) rocking-horse; ~ polny, grasshopper; **-na** *f.* horse-flesh; **-okrad** *m.* horse-thief; **-trud** *m.* (*bot.*) hedge-hyssop, gratiola; **-uch** *m.* groom, stable-boy.

koniuszek *m.* tip; ~ ucha, lappet of the ear. [**-y** *m.* equerry.

koniusz-ostwo *n.* equerryship;

konjug-acja *f.* conjugation; **-ować** *v.* conjugate.

konjunktura *f.* conjuncture; condition of the market.

konklawe *n.* conclave.

konklu-dować *v.* conclude, infer, draw a conclusion; **-zja** *f.* conclusion, inference.

konkordat *m.* concordat.

konkretn-ość *f.* concrete; **-y** *a.* concrete, definite, real.

konkubinat *m.* concubinage.

konkur-encja *f.* competition; -encyjne ceny, competitive prices; **-ent** *m.* competitor; rival; (*do ręki*) suitor; **-ować** *v.* compete; (*do ręki*) court, sue; **-y** *pl.* love-suit, courting.

konkurs *m.* competition; **-owy** *a.* competitive.
konn-ica *f.* cavalry; **-o** *adv.* on horseback; **-y** *m.* horseman; **-y** *a.* on horseback, mounted; ~~ posąg, equestrian statue.
konop-iany, -iasty, -ny *a.* (of) hemp; hempen; **-ie** *pl.* hemp; **-ka** *f.* (*orn.*) linnet; flax-finch; **-ni a** *f.* (*bot.*) water-hemp.
konosament *m.* bill of lading.
konowa-lstwo *n.* veterinary medicine, farriery; **-ł** *m.* farrier; veterinary surgeon; (*fig.*) quack doctor.
konsekwen-cja *f.* consequence; **-tność** *f.* consistency; **-tny** *a.* consistent.
konsens *m.* authorization; consensus; licence.
konserw-a *f.* preserve; **-y** *pl.* preserves; ~ solone, salted provisions; ~ wędzone, smoked provisions; **-acja** *f.* conservation; preservation; (*handl.*) upkeep; **-acyjny** *a.* conservative; (of) upkeep; **-atorjum** *n.* conservatory; **-atysta** *m.* conservative; **-atywny** *a.* conservative; **-ować** *v.* conserve, preserve.
konsola *f.* console, corbel.
konsolacja *f.* consolation; comfort.
konsorcjum *m.* trust.
konspekt *m.* list, sketch, summary.
konspir-acja *f.* plot; conspiracy; **-ować** *v.* conspire; plot.
konstatować *v.* ascertain, state.
konstelacja *f.* constellation.
konsternacja *f.* consternation, dismay.
konstru-kcja *f.* construction; **-ować** *v.* construct.
konstytuc-ja *f.* constitution; charter; **-yjny** *a.* constitutional.
konsul *m.* consul; **-arny** *a.* consular; **-at** *m.* consulate; **-tacja** *f.* consultation; **-tować** *v.* consult.
konsum-ować *v.* consume; **-pcja** *f.* (*spożycie*) consumption; (*handl.*) demand; (*med.*) consumption.
konsylj-arz *m.* physician; councillor; **-um** *m.* consultation.
konsystencja *f.* consistence.
konsysto-rski *a.* (of) consistory; **-rz** *m.* consistory.
konszachty *pl.* underhand dealing, collusion.
kontakt *m.* contact, touch.
kontent *m.* glad, satisfied; pleased; **-ować** *v.* content, satisfy; gratify; **-ować się** *v.* be contented (with).
konterfekt *m.* portrait, image.
konto *n.* account; score; na moje ~, on my account.
kontraban-da *f.* contraband; smuggling; **-dysta, -dzista** *m.* contrabandist, smuggler.
kontrahent *m.* party; signatory.
kontrakcja *f.* cont action, shrinking.
kontrakt *m.* contract, agreement; **-ować** *v.* contract (for); **-owy** *a.* stipulated; **-y** *pl.* contract meeting.
kontrast *m.* contrast; **-ować** *v.* contrast (with).
kontrol-a *f.* control; checking, verification; **-er** *m.* controller; **-ować** *v.* control, check; verify.
kontrpropozycja *f.* counter-proposition.
kontrybucja *f.* contribution, tax.
kontumacja *f.* (*prawn.*) contumacy; (*hig.*) quarantine.
kontur *m.* outline, contour.
kontu-sik *m.* mantilla; **-sz** *m.* (kind of) great-coat.
kontuzj-a *f.* shell-shock, contusion; **-ować** *v.* contuse; **-owany** *a.* contused.
kontynent *m.* continent, mainland; **-alny** *a.* continental.
kontyngens *m.* contingent.
konwalja *f.* (*bot.*) lily of the valley.
konwen-cja *f.* convention, agreement; **-cjonalny, -cyjny** *a.* conventional; **-t** *m.* convent.
konwersac-ja *f.* conversation; **-yjny** *a.* conversational.
konwikt *m.* boarding-shool.
konwisa-rski *a.* pewterer's; **-rstwo** *n.* pewtery; **-rz** *m.* pewterer.
konwoj *m.* convoy, escort; **-ować** *v.* convoy, escort.
konwokacja *f.* convocation.
konwuls-ja *f.* convulsion; **-yjny** *a.* convulsive.
koń *m.* horse; steed; wsiąść na

konia, mount a horse; ujeżdżać konia, break in a horse; ~ rzeczny, hippopotamus; ~ wierzchowy, saddle-horse; ~ parowy, horse-power; **-ski** *a.* horse's.
koń-cowy *a.* ultimate, final; **-cówka** *f.* ending; **-cza(s)to** *adv.* pointedly; sharply; **-czasty, -czaty** *a.* sharp, pointed; tapering; **-czatość** *f.* pointedness; **-czyć** *v.* finish, end; terminate; ~ mowę, conclude; **-czyć się** *v.* end, come to an end; be over, be finished; **-czyna** *f.* extremity, end.
koopera-cja *f.* co-operation; **-cyjny** *a.* co-operative; **-tywa** *f.* co-operative society.
koopt-acja *f.* co-optation; **-ować** *v.* co-opt.
kopa *f.* three-score, sixty; (*fig.*) pile; ~ siana, haycock.
kopa-cz *m.* digger; **-ć** *v.* dig, excavate; ~~, **kopnąć** *v.* (*nogą*) kick.
kopaiwa *f.* copaiva.
kopal *m.* copal.
kopaln-ia *f.* mine; ~ węgla, coal-mine, colliery; **-iany, -y** *a.* mining; -e ciało, fossil; **-ictwo** *n.* mining.
kopanica *f.* canal, ditch.
kopanka *f.* kneading-through.
kop-cić *v.* smoke, blacken with soot; **-ciuch** *m.* grimy fellow; **-ciuszek** *m.* cinderella; **-eć** *m.* soot, smoke. [fennel.
koper *m.* (*bot.*) dill; ~ włoski,
koperczaki *pl.* courting; compliments; stroić ~, court, compliment.
kopersztych *m.* engraving.
koperta *f.* envelope; (*zegarka*) watch-case.
koperwas *m.* vitriol, copperas.
kopi-ca *f.* heap, pile; cock; **-ec** *m.* mound; (*graniczny itp.*) landmark.
kopiejka *f.* copeck.
kopijnik *m.* spearman, lancer.
kop-ista *m.* copyist; **-ja** *f.* copy; (*lanca*) spear, lance; kruszyć -je, fight (for); **-jał** *m.* copy-book; **-jować** *v.* copy, imitate; atrament -jowy, copying ink.
kopn-ąć *v.* kick; **-ięcie** *n.* kick.
kopny *a.* snowy; impassable.
kopr *m.* (*bot.*) dill; fennel.
kopuła *f.* dome; cupola.

kopy-ciarz *m.* last-maker; **-tkowe** *n.* turnpike-toll; ~~ *a.* ~ zwierzęta, hoofed animals; **-tkowy** *a.* hoofed; **-to** *n.* hoof; (*szewskie*) last; **-towy** *a.* hoof-shaped.
kopystka *f.* ladle.
kora *f.* bark; rind; obdzieranie kory, peeling.
korab *m.* (Noah's) ark; ship.
koral *m.* coral; **-e** *pl.* beads; string of corals; ~~ indyka, gills; **-owy** *a.* (of) coral.
koran *m.* Coran.
korba *f.* crank, winch, windlass; **-cz** *m.* leather-whip.
korbal *m.* pumpkin.
korcić *v.* (*trapić*) vex, make uneasy; korci mnie, I have a mind (for).
kord *m.* sabre; **-elas** *m.* hunting-knife.
kordjał *m.* cordial, cardiac.
kordon *m.* frontier; (*mil.*) cordon.
korek *m.* cork, stopper; (*bucika*) heel.
korekt-a *f.* proof; correction; piewsza ~, first proof; druga ~, revise; **-or** *m.* proof-reader.
korepety-cja *f.* private tuition; **-tor** *m.* tutor.
korespond-encja *f.* correspondence; **-ent** *m.* correspondent; **-ować** *v.* correspond (with).
korko-ciąg *m.* cork-screw; **-wy** *a.* (of) cork, corky.
kormoran *m.* cormorant.
kornet *m.* (*muz.*) cornet; French horn; (*czepiec*) coif.
korniszon *m.* pickled cucumber; gherkin.
korny *a.* humble.
korona *f.* crown, coronet; (*drzewa*) corola; top; (*z kwiatów*) wreath; **-cja** *f.* coronation; **-cyjny** *a.* (of) coronation.
koroniarz *m.* native of Poland proper.
koronk-a *f.* lace; (*różaniec*) rosary; chaplet; **-arz** *m.* lace-maker; **-owy** *a.* (of) lace.
koron-ny *a.* (of a) crown; złoto -ne, eighteen-carat gold; **-ować** *v.* crown; **-ować się** *v.* be crowned.
korowaj *m.* wedding-cake.
korow-ód *m.* procession; ~ z pochodniami, torch-light proces-

sion; **-ody** *pl.* formalities, ceremonies, ado.
korpora-cja *f.* corporation; **-l** *m.* (*kośc.*) corporal.
korpulentn-ość *f.* corpulence, bulk; **-y** *a.* corpulent, bulky.
korpu-s *m.* (*anat.*) trunk; (*mil.*) army-corps; staff; ~ kadetów, cadet-company; ~ oficerów, officers' staff; **-sowy, -śny** *a.* (of) army-corps.
korsa-rski *a.* piratic(al); of a pirate; ~ okręt, privateer; **-rstwo** *n.* piracy; **-rz** *m.* pirate.
korund *m.* Corundum.
korupcja *f.* bribery, corruption.
korweta *f.* corvette.
koryfeusz *m.* coryphaeus, leader.
korygować *v.* correct.
koryncki *a.* Corinthian.
korytarz *m.* corridor, passage.
koryt-ko, -o *n.* trough, hod; (*rzeki*) bed.
korzec *m.* bushel; trzymać pod korcem, keep under one's hat.
korze-niasty *a.* rooty; **-nie** *pl.* spices; (*drzew*) roots; ~~ puszczać; z-niem wyrwać; uproot; **-nić się** *v.* take root; **-niowy** *a.* radical, principal; **-nnik** *m.* grocer; **-nny** *a.* spicy; **-ń** *m.* root; ~ kubiczny, cube root.
korzonek *m.* rootlet.
korzyć *v.* humiliate, subdue; ~ **się** *v.* humble oneself; abase oneself.
korzy-stać *v.* (*mieć korzyść*) profit by; use; (*wyzyskać np. sposobność*) avail oneself (of); **-stność** *f.* advantageousness; **-stny** *a.* advantageous, profitable; **-ść** *f.* advantage, profit, gain; benefit; mieć ~ z czegoś, derive profit (from).
kos *m.* (*orn.*) blackbird.
kosa *f.* scythe; curl, ringlet; (*warkocz*) tress; **-ciec** *m.* (*bot.*) iris; **-rz** *m.* mower; (*zool.*) daddy longlegs.
kosi-arka *f.* (*mech.*) mower; **-arz** *m.* mower; **-ć** *v.* mow; **-dło** *n.* handle of a scythe.
kosinus *m.* (*trygon.*) cosine.
kosma-cieć *v.* become hairy; grow shaggy; **-cizna, -tość** *f.* shaggedness, hairiness; **-ty** *a.* hairy, shaggy; -te kamienie, moss-grown rocks.
kosmety-czny *a.* cosmetic; **-k** *m.* cosmetic; **-ka** *f.* cosmetics.
kosmo-gonja *f.* cosmogony; **-graficzny, -grafja** *f.* cosmography; **-polita** *m.* cosmopolite; **-polityczny** *a.* cosmopolitan; **-s** *m.* cosmos.
kosmyk *m.* curl, shag, tuft of hair.
kosodrzew *m.*, **-ina, kosówka** *f.* dwarf mountain pine.
koso-nogi *a.* bow-legged; **-oki** squint-eyed.
kosowica *f.* mowing season.
kost-eczka, -ka *f.* bone; (*u ręki*) knuckle; (*u nogi*) nucklebone; (*do grania*) die (*pl.* dice); (*sześcianek*) cube, materja w -ki, chequered cloth; **-era** *m.* dicer; **-kowy** cukier, lump sugar.
kostjum *m.* costume; **-owy** bal, fancy-dress ball.
kost-nica *f.* charnel-house; ossuary; **-nieć** *v.* grow stiff; grow numb; petrify; **-nienie** *n.* ossification; numbness; **-ny** *a.* bony, osseous.
kostropaty *a.* rough, rugged.
kostrzewa *f.* (*bot.*) fescue-grass.
kostur *m.* (walking-)staff.
kosy *a.* oblique, slanting; (*o oczach*) squinting.
kosynjer *m.* Polish insurrectionist armed with a scythe.
kosz *m.* basket; hamper; crate; (*szańcowy*) gabion; (*masztowy*) crow's nest; (*odmowa*) refusal; **-ałka** *f.* rush-basket; frail; -ałki opałki, (stuff and) nonsense; **-owy** *a.* (of a) basket.
koszar-a *f.* pen, pinfold; **-y** *pl.* barracks.
koszatka *f.* (*zool.*) dormouse.
koszenie *n.* mowing.
koszer *m.* & *a.* kosher (according to Jewish rite).
koszlawy see **koślawy**.
koszmar *m.* nightmare.
koszt *m.* expense, cost, charges; outlay; -em zdrowia, at the cost of one's health; -y przewozu, freight; **-orys** *m.* estimate; **-ować** *v.* cost; (*próbować smak*) taste; (*doznać*) experience; **-owność** *f.* high price; expensiveness; **-owności** *pl.* jewelry; **-owny** *a.* expensive; costly, precious.

kosztur *m.* (leaning-)staff; (*kulawego*) crutch.
koszula *f.* shirt; (*kobieca*) chemise; (*gimn.*) jersey.
koszy-czek *m.* little basket; **-k** *m.* basket; **-karstwo** *n.* basketry, basket-making; **-karz** *m.* basket-maker.
kośba *f.* mowing.
koś-ciany *a.* bony; (of) bone; **-ciec** *m.* skeleton; **-cieć, -stnieć** *v.* get numbed; grow stiff; ossify.
kości-elny *a.* ecclesiastic(al); (of a) church; **-elny** *m.* sexton, sacristan; **-ółek** *m.* small church; **-ół** *m.* church.
koś-ciotrup *m.* skeleton; **-cisty** *a.* raw-boned; bony; **-ć** *f.* bone; (*do grania*) die (*pl.* dice); ~ niezgody, bone of contention; ~ słoniowa, ivory; ~ ogonowa, coccyx.
koślaw-ić *v.* deform; crook; **-ieć** *v.* become deformed, crooked; **-y** *a.* crooked, tame; oblique.
kot *m.* cat; drzeć -y, quarrel; kupić -a w worku, buy a pig in a poke; **-ek** *m.* pussy, kitten; -ek! (*kochanie*) darling!; **-ki** *pl.* (*bot.*) catkin(s).
kotara *f.* curtain.
koterja *f.* coterie.
kotla-rczyk *m.* copper-smith's apprentice; **-rnia** *f.* boiler; forge; **-rski** *a.* copper-smith's; **-rstwo** *n.* braziery; **-rz** *m.* copper-smith, brazier.
kotlet *m.* cutlet.
kot-lina *f.* dale; (*palenisko*) fire-place; **-łować się** *v.* boil; seethe, whirl; **-łownia** *f.* engine-room; **-ły** *pl.* kettle drum.
kotna *a.* pregnant (said of a cat).
kotw-a, -ica *f.* anchor; **-iczne** *n.* anchorage (fee); **-iczny** *a.* (of the) anchor.
kotyljon *m.* cotillion.
kowa-ć *v.* see **kuć**; **-dełko** (*anat.*) incus; **-dło** *n.* anvil; **-l** *m.* smith, blacksmith; (*zool.*) silver-fish; **-lik** (*orn.*) spider-catcher; **-lnia** *f.* forge, smithy; **-lny** *a.* malleable; **-lski** *a.* smith's; **-lstwo** *n.* smithery.
koza *f.* goat; she-goat; (*areszt*) prison, jail; ~ dzika, chamois; wild goat.
koza-cki *a.* Cossack's; po -cku (*fig.*), rashly; **-ctwo** *n.* the Cossacks' life; rapine; **-czek** *m.* groom; **-k** *m.* Cossack; Cossack dance; groom.
kozer-a *f.* trump (*w kartach*); nie jest to bez -y, it is not without reason; **-ny** *a.* (of) trump(s); **-ować** *v.* trump.
kozetka *f.* settee; sofa.
koz-i *a.* goatish; goat's; **-ia** bródka, goatee; **-iarz** *m.* goatherd; **-ibród łąkowy** *m.* (*bot.*) goat's beard; **-ica** *f.* chamois; plough-tail; **-ieł, -ioł** *m.* goat; buck; (*na wozie*) coach-box; (*kobylica*) trestle; (*skok*) somersault; ~ ofiarny, scapegoat; **-ik** *m.* whittle; **-ły** *pl.* (sawing) trestle; rafter; **-iełek, -iołek** *m.* kid; (*skok*) somersault; **-iołki przewracać, -iołkować** *v.* turn somersaults; **-ina** *f.* goat's flesh; **-iorożec** *m.* (*zool.*) ibex; (*astr.*) Capricorn; **-łować** *v.* frolic; **-łowaty** *a.* goatish; **-łowy** *a.* see **kozi**; **-łowa** skórka, buckskin; **-odój** *m.* (*orn.*) goat-sucker; **-opas** *m.* goatherd.
kozub, -.k *m.* small basket of bark.
kozula *f.* buck, goat; (*motowidło*) angling-line.
koźl-ak, -ątko, -ę *n.* kid; **-ęcy** *a.* kid's; **-ęca** *f.* ~ skóra, kid; **-i** *a.* goat's; goatish; **-ić się** *v.* kid; **-ina** *f.* goat's flesh.
kożu-ch *m.* sheepskin; skin on boiled milk; **-chować** *v.* (*drzewa*) graft; **-sznik** *m.* furrier.
kół *m.* stake, pole, peg; kołem stanąć, stiffen.
kół-eczko, -ko, *dimin. of* **koło.**
kózka *f.* small goat; (*ryba*) suckstone.
kpać *v.* scold, abuse; rebuke.
kpi-arz *m.* scoffer; giber; mocker; **-ć z kogo** *v.* jeer(at), sneer (at), banter; **-nki, -ny** *pl.* mockery, jeering, gibe, sneering.
kra *f.* floating ice.
krab *m.* (*zool.*) crab.
krach *m.* crash, slump.
kraciasty *a.* chequered; grated.
kradz-ież *m.* theft, robbery; ~ grosza publicznego, spoliation of public money; **-iony** *a.* stolen, secret.
kra-ik *m.* petty state; **-ina** *f.* region, land; country; (*fig.*) pro-

vince, sphere; **-j** *m.* country, province; (*skraj*) extremity; edge; verge; outskirts; ~ przepaści, the brink of a precipice; **-ać** *v.* cut, carve; serce mi się -je, my heart is aching; **-janka** *f.* slice.

krajczy *m.* trencher-knight; carver.

krajka *f.* selvage; list.

kraj-obraz *m.* landscape; **-opisarstwo** *n.* chorography; **-owiec** *m.* native; *pl.* aborigines; **-owy** *a.* native, home(grown); **-oznawczy** *a.* tourist, touring; **-oznawstwo** *n.* touring.

krakać *v.* croak.

krak-owiak *m.* Cracovian dance; Cracovian; **-uska** *f.* four cornered Cracovian's cap.

kram *m.* stall, booth; (*fig.*) mess; **-arz** *m.*, **-arka** *f.* stall-keeper; **-arzyć** *v.* trade; ~~ się, quarrel, dispute.

kran *m.* tap, faucet, cock; otworzyć ~, turn on (the water, gas etc.); zamknąć ~, turn off (the water, gas etc.).

kra-niec *m.* extremity, brink, border, confines; **-ńcowość** *f.* extremism; **-ńcowy** *a.* extreme, utmost.

kras-a *f.* beauty, colour; hue; **-awica, -nolica** *f.* beauty(=beautiful woman); **-ić** *v.* embellish; adorn; colour (especially red); (*okraszać*) season with grease; **-ka** *f.* (*orn.*) jay; **-noludek** *m.* brownie; **-sny** *a.* beautiful, red; **-omówca** *m.* orator; **-omówstwo** *n.* eloquence, oratory.

kraszanka *f.* Easter-egg.

kraść *v.* steal, pick a person's pocket.

kraśn-ieć *v.* blush; (*ładnieć*) grow beautiful; **-y** *a.* red, pretty, handsome.

krat-a, -ka *f.* grate, trellis, lattice; (*w materji*) chequer; **-ki** *pl.* (*sądowe*) bar; za -ami, in prison; materja w -ki, chequered cloth; **-kować** *v.* chequer; **-kowany** *a.* chequered; ~ papier, lined paper.

krater *m.* crater.

krawat *m.* neck-tie.

kraw-cowa *f.* seamstress, dressmaker; **-czyk** *m.* tailor's apprentice; **-iec** *m.* tailor; **-iecki** *a.* tailor's; **-iectwo, -ieczyzna** *f.* tailoring; dressmaking.

krawędź *f.* edge, brim, border, verge.

krąg *m.* ring, circle, disk, orb; (*anat.*) vertebra (*pl.-ae*); w ~, all around; in a circle; **-lak** *m.* log; **-lica** *f.* top; **-ły** *a.* round.

krąż-ek *m.* ring, disk; (small) circle; (little) orb; ~ bloku, pulley, sheave; **-enie** *n.* hover(ing); circulation; (*po morzu*) cruise; **-ownik** *m.* cruiser; **-yć** *v.* circulate, revolve; (*koło czego*) hover (about).

krea-cja *f.* production; **-tura** *f.* creature.

kreci *a.* mole's; **-a** robota, underhand work; intrigue.

kred-a *f.* chalk; **-ować** *v.* chalk; **-owy** *a.* (of) chalk, cretaceous.

kreden-cerz *m.* butler; **-s** *m.* sideboard, cupboard.

kredk-a *f.* crayon, pencil; pastel; **-owy** *a.* pastel.

kredo *n.* Creed.

kredyt *m.* credit, trust; na ~, on credit; **-or** *m.* creditor; **-ować** *v.* credit; **-owy** list, letter of credit.

krem *m.* cream; **-owy** *a.* cream-coloured.

krematorjum *m.* crematory.

kreol *m.* creole.

kreować *v.* create, make, produce.

kreozot *m.* creosote.

krep-a *f.* crape; **-owy** *a.* (of) crape.

kres *m.* limit, end, term; położyć ~, put a stop (to); make an end (of); **-a** *f.* dash, line; cut, slash; scar; **-ka** *f.* (small) line, dash; vote; (*gram.*) accent; **-kować** *v.* line, mark, check, accent; accentuate; vote; **-y** *pl.* the border; the confines of the country.

kreśl-enie *n.* drawing, description; **-ić** *v.* draw, trace, cross out; sketch; describe; **-ić się** *v.* sign.

kret *m.* (*zool.*) mole; **-omysz** *f.* (*zool.*) shrew; **-owina** *f.*, **-owisko** *n.* mole-hill.

kretes *m.* z -em, utterly, completely, wholly.

kreton *m.* cretonne.

kretyn *m.* cretin; **-izm** *m.* cretinism.
krew *f.* blood; race, line; ~ zakrzepła, gore; zimna ~, cold blood; puszczać ~, bleed; rozlew krwi, bloodshed.
krewetka *f.* (*zool.*) shrimp.
krewk-i *a.* sanguine; **-ość** *f.* sanguineness.
krewn-a, -iak, -y *m.* relative.
kreza *f.* crease; ruff.
kręc-iciel *m.* cheat; prevaricator, **-icki** *m.*, **-icka** *f.* busy-body; **-ić** *v.* turn, twist, wring; (*oszukiwać*) cheat; prevaricate; ~ głową, shake one's head; **-ić się** *v.* bustle; fidget; (*wić się*) writhe; -i mi się w głowie, my head is whirling; **-ony** *a.* twisted, tortuous; schody -one, winding stairs; włosy -one, curly hair.
kręgi-el *m.* ninepin; **-elnia** *f.* bowling-alley, ninepin-alley.
kręgo-słup *m.* back-bone; **-wce** *pl.* vertebrates.
kręp-ować *v.* (*wiązać*) bind; tie; (*robić kłopot*) derange, embarrass; ~ **się** *v.* trouble, be disturbed, be embarrassed; **-y** *a.* squat, dumpy, sturdy.
kręt-actwo *n.* prevarication, subterfuge, foul dealing; **-acz** *m.* swindler, shuffler, cheat; **-anina** *f.* trouble, bustle; **-o** *adv.* windingly; **-odziób** *m.* (*orn.*) avocet; **-ogłów** *m.* (*orn.*) wryneck; **-ość** *f.* tortuosity, crookedness; **-y** *a.* curved, crooked, tortuous, circuitous; (*o włosach*) curly.
kężel *m.* distaff.
krnąbrn-ość *f.* obstinacy, stubbornness, refractoriness; **-y** *adj.* obstinate, stubborn, refractory.
krochmal *m.* starch; **-ić** *v.* starch; **-ny** *a.* starched, stiff.
kro-cie *pl.* thousands; **-ciowy** *a.* wealthy; do -ćset djabłów! the deuce!
krocień *m.* (*bot.*) croton.
krocz-e *n.* (*anat.*) perinaeum; **-yć** *v.* step, walk, stride.
krogul-czy *a.* hawk's; **-czyk, -ec** *m.* (*orn.*) hawk.
kroić *v.* cut (out); carve; ~ się na coś, look as if.
krok *m.* step, pace; (*fig.*) measure; ~ za -iem, step by step; przedsięwziąć -i, take steps (measures), dotrzymać komuś -u, keep step (with).
krokiet *m.* croquet.
krok-iew, -iewka, -wa *f.* rafter, roof-spar.
krokodyl *m.* crocodile (*zool.*).
krokosz *m.* (*bot.*) safflower, bastard, saffron.
krokszyn *m.*, **-a** *f.* corbel. [side.
krom *prp.* except, but, save, be-
kromka *f.* slice, piece.
kronika *f.* chronicle, annals; (*w dzienniku*) events of the day; **-rstwo** *n.* annals, *pl.*; **-rz** *m.* annalist, chronicler.
kropelka *f.* drop, droplet.
krop-ić *v.* sprinkle, drip; bedew; deszcz -i, it is drizzling; **-idło** *n.* sprinkler; **-ielnica** *f.* font; **-ka** *f.* point, dot; **-kować** *v.* point, dot, stipple; **-kowany, -kowaty** *a.* dotty, spotty; stippled; **-la** *f.* drop; **-le** *pl.* drops, medicine; **-listy** *a.* in large drops; **-lomierz** *m.* pipette; **-nąć** *v.* deal a blow, strike.
kros-ienka *pl.* embroidering frame, loom; **-na** *pl.* loom.
krost-a *f.* pimple, scab; mange; **-awy** *a.* mangy.
krośna *pl.* see **krosna.**
krotochwil-a *f.* joke; sport; **-ny** *a.* gay, sportive, merry.
krow-a *f.* (*zool.*) cow; (*fig.*) rude, awkward girl; **-i** *a.* cow's; -ia pszenica, (*bot.*) cow-wheat; -i mlecz, (*bot.*) cow-thistle; **-ianka** *f.* serum; **-iarka** *f.*, **-iarz** *m.* cowherd; **-iarnia** *f.* cow-house; **-ieniec** *m.* cow-dung.
króc-ej *comp. of* **krótko**; **-ić** *v.* shorten; restrain; **-iuchno, -iutko** *adv.* briefly, very short(ly).
krócica *f.* pistol.
krój *m.* cut, fashion; (*jako dział krawiectwa*) cutting-out; (*u pługa*) coulter.
król *m.* king; wynieść na -a, crown; **-estwo** *n.* kingdom, realm, royalty; kingship; ~~ niebieskie, kingdom of heaven; **-ewicz** *m.* king's son; **-ewna** *f.* king's daughter; **-ewski** *a.* royal; kingly, regal; Jego -ewska Mość, His Majesty; **-ewskość** *f.* royalty, kingship; **-ewszczyzna** *f.* royal domain.

króli-czy *a.* rabbit's; **-k** *m.* rabbit, cony; **-karnia** *f.* warren.
królo-bójca *f.* regicide; **-bójczy** *a.* regicidal; **-bójstwo** *n.* regicide; **-wa** *f.* queen; **-wać** *v.* reign; **-wanie** *n.* reign.
krótk-i *a.* short, brief; curt; **-o** *a.* briefly; shortly; ~ mówiąc, in short; **-onogi** *a.* short-legged; **-ość** *f.* shortness, succinctness, brevity; w -ości, briefly; **-oszyi** *a.* shortnecked; **-otrwały** *a.* shortlived, transient, passing; short-dated; **-owidz** *m.* myope; **-owidzący** *a.* short-sighted; narrow-minded; **-owidztwo** *n.* myopia, short-sightedness; **-owieczność** *f.* brevity, shortness; **-owieczny** *a.* of short duration; **-owłosy** *a.* short-haired; **-wzroczny** *a.* nearsighted; (*fig.*) short-sighted.
krówka *f.* small cow; (*zool.*) dung-fly, boża ~, lady-bird.
krta-niowy *a.* laryngeal; **-ń** *f.* larynx.
kruch-o *adv.* fraill y, crisply; ~~ z nim, he is badly off; his health is declining; **-ość** *f.* frailty, fragility, crispness; brittleness; **-y** *a.* frail, fragile; crisp; brittle; (*o mięsie*) tender.
kruchta *f.* (church-)porch.
krucjata *f.* crusade.
krucyfiks *m.* crucifix.
krucze-ć *v.* (*w brzuchu*) rumble; **-nie** *n.* rumble in the intestines.
krucz-ek *m.* trick; (*zool.*) small raven; **-y** *a.* jet-black; (*zool.*) raven's.
kruk *m* (*orn.*) raven.
krup *m.* (*med.*) croup; **-a** *f.*, **-y** *pl.* groats; ~ jęczmienne, peeled barley; ~ perłowe, pearl barley; **-iasty** *a.* rough-ground; **-ić** *v.*, rough-grind; **-nik** *m.* barley soup; (*napój*) (kind of) punch.
krupjer *m.* croupier.
krusta *f.* crust.
krusz-cowy *a.* (of) metal; **-ec** *m.* ore, metal; **-eć** *v.* grow brittle, fragile; (*żałować*) repent; **-yć** *v.* crush, crumb; break; ~~ pęta, cast off fetters; ~ kopje, break a lance (with); **-yć się** *v.* crumble, splitter; **-yna** *f.* crumb, offal.
krużganek *m.* portico, gallery, balcony; colonnade.
krwaw-ica *f.* hard-earned money; **-ć (się)** *v.* bleed; **-nica** *f.* (*bot.*) willow-wort, lythrum; **-nice** *pl.* haemorrhoids; **-nik** *m.* milfoil, common yarrow; (*min.*) blood-stone; **-o** *adv.* bloodily; with bloody sweat; **-ooki** *a.* with bloodshot eyes; **-y** *a.* bloody, bloodthirsty; blood-red; (*fig.*) hard-earned.
krwio-bieg *m.* circulation of the blood; **-nośne** *a.* naczynie ~, blood vessel; **-żerczy** *a.* bloodthirsty, sanguinary.
krwist-ość *f.* sanguineness; **-y** *a.* sanguineous, plethoric.
krwotok *m.* haemorrhage.
kry-ć *v.* conceal, hide; (*dach*) cover, roof; ~ się, hide; **-cie** *n.* concealment, hiding; (*domu*) roof(ing).
krygować się *v.* trick oneself up.
kryj-omie, -omo, po -omu secretely, underhand; **-omy** *a.* secret, clandestine; **-ówka** *f.* hiding-place.
krymina-lista *m.* criminal; **-lny** *a.* criminal; **-ł** *m.* (*zbrodnia*) capital crime; (*więzienie*) jail, prison.
krymka *f.* Jew's cap.
kryni-ca *f.* spring, source; **-cowy, -czny** *a.* (of a) spring.
krynolina *f.* crinoline.
krypa *f.* wherry, boat.
krypta *f.* vault.
kryptogam *m.* cryptogam.
krystal-iczny *a.* crystalline; **-izacja** *f.* crystallization; **-izować, -izować się** *v.* crystallize; **-ografja** *f.* crystallography.
kryształ *m.* crystal; (*górski* rock-crystal; **-owy** *a.* crystal, crystalline.
kryterjum *n.* criterion.
kryt-opłciowy *a.* cryptogamous; **-y** *a.* covered, concealed.
kryty-cznie *a.* critically; **-k** *m.* critic; **-ka** *f.* critique, criticism, censure; (*dzieła liter.*) review; **-kować** *v.* criticize, censure; (*dzieło liter.*) review.
kryz-a *f.* crease; ruff; **-ować** *v.* crease, fold.
kryzki *pl.* (*anat.*) mesentery; ~ cielęce, calf's tripe.
kryzys *m.* crisis; (*handl.*) depression.

krza-czek *m.* shrub; **-czasty** *a.* bushy; **-k** *m.* bush, shrub.
krząk-ać, -nąć *v.* hem; hawk; (*o świni*) grunt.
krząta-ć się *v.* bestir oneself; be busy; bustle; **-nina** *f.* bustle; activity.
krzek *m.* spawn.
krzektać *v.* shriek; screech.
krzem *m.* (*chem.*) silica; **-ian** *m.* silicic acid; **-ienisty** *a.* silicious; **-ienny** *a.* (of) flint; **-ień** *m.* (*min.*) flint; **-ionka** *f.* silicious earth; **-yk** *m.* flint.
krzepi-ć *v.* comfort, refresh, strengthen; **-ć się** *v.* refresh oneself, gather strength; **-ki** *a.* stout, vigorous, sprightly; **-kość** *f.* stoutness, sprightliness; strength; **-nąć** *v.* coagulate, curdle.
krzesa-ć *v.* (*ogień*) strike (fire); (*drzewa*) prune. [chair.
krzes-ełko *n.* little chair; **-ło** *n.*
krzesiw-ko, -o *n.* tinder-box; (*u strzelby*) lock.
krzew *m.* bush, shrub; **-ić** *v.* spread; propagate, plant; **-ić się** *v.* spread, multiply; **-iciel** *m.* propagator.
krzt-a *f.* whit; ani -y, not a whit; do -y, to a whit.
krztusi-ć się *v.* choke, cough; **-ec** *m* hooping-cough.
krzy-czący *a.* loud, clamouring; (*o kolorach*) glaring; -ąca niesprawiedliwość, burning disgrace; **-czeć, -knąć** *v.* shout, shriek, vociferate, clamour; **-k** *m.* cry, shriek, scream; już po -ku, it is (all) over; **-kacz, -kała** *m.* bawler; **-kliwość** *f.* clamorousness; **-kliwy** *a.* noisy, bawling, clamorous; ~~ głos, shrill voice; **-knąć** (*na kogo*) *v.* call, cry to.
krzyna *f.* whit.
krzyw-da *f.* wrong, injury, harm, grievance; z moją -dą, to my prejudice; robić komuś -dę, wrong one; **-dzący** *a.* detrimental, prejudicial, harmful; unjust; **-dzić** *v.* wrong, harm, hurt, injure; **-dziciel** *m.* wrong-doer, injurer.
krzyw-ica *f.* rachitis; **-ić** *v.* bend; curve; **-ić się** *v.* be dissatisfied (with), make wry faces (at); **-izna** *f.* curve, crookedness.
krzywo *adv.* crookedly, aslope; askew, askance, obliquely; unwillingly; **-nogi** *a.* bow-legged; **-nos** *m.* (*zool.*) grosbeak; **-oki** *a.* squint-eyed; **-przysiąc, -przysięgać** *v.* forswear; perjure oneself; **-przysięstwo** *n.* perjury; **-przysiężca** *m* perjurer; **-ść** *f.* curvity, wryness; crookedness; **-usty** *a.* wry-mouthed, splay-mouthed.
krzyw-ulec *m.* gnarly tree; **-y** *a.* crooked, twisted, oblique, wry; false; linja -a, curve; -em okiem patrzeć (na), frown (at); look askance at.
krzyż *m.* cross; (*anat.*) loins; (*fig.*) calamity, affliction; leżeć -em, lay prostrate; na ~, crosswise; ból w -ach, pain in the loins; lumbago; **-acki** *a.* Teutonic knights'; **-ak** *m.* Teutonic knight; (*zool.*) cross-spider; **-mo** *n.* chrism; **-ować** *v.* crucify; (*zamiary*) cross, thwart; **-ować się** *v.* cross (one another); (*fig.*) contradict oneself; **-owanie** *n.* crossing; crucifixion; ~ dróg, cross-roads; **-owanie się** *n.* crossing; ~~ ras cross-breeding; **-ownica** *f.* (*bot.*) milkwort; (*w oknach*) cross-bars; **-ownik** *m.* crusader; **-owy** *a.* transversal; cross; dni -owe, Rogation-Week; wojny -owe, crusades; -owa robota, cross-stitch; **-ówka** *f.* (*mięso*) sirloin, loin; **-yk** *m.* crosslet; (*muz.*) sharp; (*fig.*) calamity; ten years (of a man's life).
ksiądz *m.* priest; wyświęcić na księdza, take orders.
książ-ątko *n.* princeling, petty prince; **-ę** *m.* prince, duke; **-ęcy** *a.* princely; ducal; po -ęcemu, in a princely way.
książ-eczka *f.* booklet; ~ wkładkowa, bank book; **-ka** *f.* book; **-ki** (*zwierzęcia*) paunch; mól **-kowy,** book-worm; **-nica** *f.* library.
ksieni *f.* abbess, prioress.
ksieniec *m.* paunch.
księg-a *f.* book, register; ~ magazynowa, store book; ~ główna, ledger; ~ kasowa, cash-book; ~ hipoteczna, register of mortgages; **-i** *pl.* (*handl.*) the books; **-arnia** *f.* bookseller's shop; **-arski** *a.* bookseller's; **-arstwo**

n. bookselling; **-arz** *m.* bookseller; **-ować** *v.* enter (into the books); **-owość** *f.* book-keeping; **-owy** *a.* (of) book(s), bookish; **-owy** *m.* book-keeper; **-ozbiór** *m.* library, collection of books.
księ-stwo *n.* principality; **-żna** *f.* princess; wielka ~~, grand duchess; **-żniczka** *f.* prince's daughter, duke's daughter.
księży *a.* priestly, priest's; sacerdotal.
księżyc *m.* moon; (*islam*) crescent; ~ w pełni, full moon; ~ na nowiu, new moon, crescent; **-owy** *a.* lunar, moon's.
ksiuk *m.* thumb, big toe.
ksobie *adv.* towards oneself; inwards.
ksyk *m.*, **-anie** *n.* hissing; **-ać** *v.* hiss.
ksylograf *m.* xylograph.
kształc-ący *a.* instructive; **-enie** *n.* education, training, instruction; formation; **-ić** *v.* educate, instruct; (*nadać kształt*) form, shape; **-ić się** *v.* be formed, form, educate oneself; be educated.
kształt *m.* shape, form, frame; **-ność** *f.* shapeliness; **-ny** *a.* nice; shapely; neat; **-ować** *v.* form, frame.
kszyk *m.* (*orn.*) jack-snipe.
kto *prn.* who; whoever; ~ inny, someone else; ~ tam? who is there?; **-bądź, -kolwiek** *prn.* whoever, whosoever, anybody; **-ś** *prn.* someone, somebody.
którędy *a.* which way; what way; ~ droga do..., which is the way to...?; **-kolwiek** *adv.* whithersoever, whichever way; **-ś** *adv.* some way, somewhere.
który *prn.* who, which; what, która godzina? what time is it?; człowiek, który..., the man, who; którego dziś mamy? what date is it?; **-bądź, -kolwiek** *prn.* whichsoever; whichever; **-ś** *prn* a certain, someone; some; **-ż** *prn.* who? whoever? whichever?
któż *prn.* who (then)? whoever?
ku *prp.* (*o czasie*) towards, about; (*o kierunku*) towards, to.
kuban *m.* bribe.
kubeka *f.* cubeb (*bot.*).
kube-k *m.* cup, goblet; ~ w ~, as like as two peas; **-ł** *m.* bucket, pail.
kub-ik *m.* cube; **-iczny** *a.* cubic (al); **-atura** *f.* cubage; **-ista** *m.* cubist.
kubrak overcoat, greatcoat.
kuc *m.* pony.
kucać see **kucnąć.**
kuch-arczyk, -cik, -ta *m.* cook's boy; **-arka** *f.* cook; **-arski** *a.* culinary; cook's; **-arstwo** *n.* cookery; **-arz** *m.* cook; **-arzyć, -arzować** *v.* cook; **-enka** *f.* (small) kitchen; ~~ gazowa, range; **-enny** *a.* (of the) kitchen; **-mistrz** *m.* master-cook; **-nia** *f.* kitchen; (*jedzenie*) cooking; ~ okrętowa, galley.
kucie *n.* forging, hammering; (*koni*) shoeing.
kucnąć *v.* squat; cower.
kucyk *m.* pony.
kucz-a, -ka *f.* hut, tent; **-ki** *pl.* (Jewish) Feast of Tabernacles.
kuczbaja *f.* baize.
kuć *v.* forge, hammer; (*konia*) shoe; ~~ zdradę, plot (against); ~~ lekcje, cram.
kudł-aty *a.* curly-headed, shaggy; hirsute; **-ać** *v.* dishevel; **-y, -a** *pl.* crisps, frizzles; curls.
kuf-a *f.* vat; **-el** *m.* mug, glass.
kufer *m.* trunk, chest; **-eczek, -ek** *m.* suitcase.
kugla-rski *a.* juggling; **-rstwo** *n.* jugglery, legerdemain; **-rz** *m.* juggler; **-rzyć** *v.* juggle.
kuka-ć *v.* cuckoo; **-wka** *f.* (*orn.*) cockoo; (*bot.*) cuckoo-flower.
kukiełka *f.* (small) loaf; (*zabawka*) toy.
kukla *f.* fool's-cap.
kuklik *m.* (*bot.*) bennet.
kuks *m.* jostle; **-ać, -nąć** *v.* jostle.
kuku-łczy *a.* cuckoo's; **-łka** *f.* cuckoo (*orn.*).
kukur-udza, -ydza *f.* maize; (Indian) corn.
kula *f.* ball, bullet; sphere; (*ziemska*) globe; (*u siodła*) pommel; (*kulawego*) crutch; **-ć, -ć się** *v.* roll, roll along; **-nie** *n.* hobbling, cripplehood; **-wość** *f.* lameness; **-s** *m.* cripple; **-wieć** *v.* become cripple; **-wy** *a.* lame, limping; crippled.
kulasy *pl.* scraggy writing.

kulba-czyć *v.* saddle; **-ka** *f.* saddle.
kuleć *v.* limp, halt, hobble (*fig.*) be defective.
kulfon *m.* wench; blockhead, loggerhead.
kulić, ~ się *v.* squat; snuggle, cuddle.
kulig *m.* carnival drive.
kulik *m.* (*orn.*) curlew.
kulinarny *a.* culinary.
kulist-ość *f.* roundness, sphericalness; **-y** *a.* round, spheric.
kulisy *pl.* coulisses; scenes, scenery; za -ami, behind the scenes.
kulka *f.* (small) ball; marble.
kulminacyjny *a.* culminant; punkt ~, culmination point.
kulnąć *v.* roll.
kulsz-a *f.* hip-bone; **-owy** *a.* sciatic.
kult *m.* cult, worship; **-ura** *f.* culture, civilization; **-uralny** *a.* cultured, cultural, refined; **-ywować** *v.* cultivate.
kuluary *pl.* (*sejmowe*) lounge.
kułak *m.* fist; thumb, punch; bić się na -i, box; **-ować** *v.* punch.
kum *m.* godfather; crony; **-a** *f.* godmother; **-oszka** *f.* gossip; **-ać się** *v.* be cronies (with).
kumys *m.* koumiss, mare's milk.
kuna *f.* (*zool.*) marten; (*dyby*) iron-collar, pillory.
kundel *m.* mongrel.
kunszt *m.* art, craft; **-mistrz** *m.* artist, craftsman; **-owny** *a.* ingenious, artful; exquisite.
kupa *f.* heap, pile; hoard; składać na kupę, heap up; do kupy, together; **-mi** *adv.* in heaps, in crowds.
kup-cowa *f.* tradeswoman; merchant's wife; **-czenie** *n.* trading, dealing; **-czyć** *v.* trade, traffic (in), carry on business; barter.
kuper *m.* rump, croupe.
kupi(a)ć się *v.* assemble, crowd, gather.
kup-ić, -ować *v.* buy, purchase; **-iec** *m.* business man; merchant, tradesman; **-iecki** *a.* business-, commercial; merchantlike; **-iectwo** *n.* trade, commerce; **-no** *n.* purchase; shopping; **-ny** *a* purchasable, saleable.
kupka *f.* (small) heap; ~ siana, haycock.
kupon *m.* coupon.
kur *m.* (*zool.*) cock; (*med.*) red measles; **-a** *f.* hen.
kurac-ja *f.* cure; **-jusz** *m.* person following a cure; resident at health resort; patient; **-yjny** *a.* curative; miejscowość -yjna, health resort.
kurant *m.* chime.
kurat-ela *f.* guardianship, tutorage, wardship; **-or** *m.* trustee, warden; inspector of schools; **-orjum** *m.* council, board.
kurcz *m.* cramp, spasm, convulsion; **-enie** *n.* shrinking, contraction; **-enie się** *n.* contraction, shrinking; **-owaty, -owy** *a.* spasmodic, convulsive; **-yć się** *v.* shrink, contract; shrivel.
kurcz-ak *m.*, **-ę** *n.*, **-ątko** *n.* chicken.
kurd-wan, -yban (*bot.*) ground-ivy.
kurek (*u strzelby*) cock; (*u beczki*) tap; (*na kościele*) weather-cock; (*wodociąg.*) tap; odwieść ~, cock a gun; spuścić ~, uncock the gun; zakręcić ~, stop the cock; turn off the water.
kurenda *f.* circular.
kurhan *m.* hillock, mound.
kurja *f.* curia; **-lny** *a.* curial.
kurjer *m.* courrier; (*pociąg*) express.
kur-ka *f.* small hen; ~ wodna, coot; **-nik** *m.* hen-roost.
kurniawa *f.* snow-drift.
kuropatwa *f.* partridge (*orn.*).
kuropłoch *m.* braggart.
kurować *v.* heal, cure.
kurs *m.* (*pieniędzy*) rate (of exchange); (*nauki*) course; **-ować** *v.* circulate; **-owy** *a.* (of) exchange; (of a) course; **-ywa** *f.* italics.
kurt-a *f.* spencer; bobtail; (*fig.*) -ę komu sprawić, cudgel one; **-ka** *f.* spencer, jerkin.
kurtaż *m.* brokerage.
kurtyna *f.* curtain.
kurytarz see **korytarz.**
kurz *m.* dust; **-awa** *f.* snow-drift; storm; **-ajka** *f.* wart; **-enie** *n.* fumigation; **-yć** *v.* raise dust; (*tytoń*) smoke; **-yć się** *v.* smoke, smoulder, reek; za powozem -y się, the carriage raises a cloud of dust.
kurz-y *a.* hen's; -a ślepota, nyctalopia.

kusi-ciel *m.*, **-cielka** *f.* seducer; **-ć** *v.* tempt, seduce; **-ć się** (o co) attempt (something).
kus-o *adv.* shortly, poorly; ~ z nim, he is badly off; **-y** *a.* cropped, short-tailed, bobtail(ed).
kustosz *m.* custodian; warden.
kusz-a *f.* cross-bow, catapult; **-nik** *m.* cross-bowman.
kuszenie *n.* temptation.
kuśnie-rski *a.* furrier's; **-rstwo** *n.* furriery; **-rz** *m.* furrier.
kuśtykać *v.* hobble, limp.
kutas *m.* tassel, knob.
kuter *m.* cutter (*mar.*).
kutner *m.* nap, grain, hair (of cloth); **-ować** *v.* nap.
kutw-a *m.* niggard; **-iarka** *f.* niggardly woman; **-ieć** *v.* become (grow) niggardly.
kuty *a.* wrought, forged; (*o koniu*) shod; (*fig.*) ~ na cztery nogi, cunning.
kuzyn, -ek *m.*, **-a, -ka** *f.* cousin; **-ostwo** *n.* kindred, relationship.
kuźni-a *f.* forge, smithy; **-ca** *f.* hammer-mill, ironworks; **-k** *m.* hammerman.
kwadra *f.* quarter (of the moon); pierwsza ~, prime; ostatnia ~, wane; **-cik** *m.* square; (*druk.*) quadrat; **-ns** *m.* quarter of an hour; ~~ na czwartą, a quarter past three; trzy -nse na trzecią, a quarter to three; **-nt** *m.* (*mat.*) quadrant; **-t** *m.* square; rectangle; podnieść do -tu, square; **towy** *a.* square; rectangular; quadratic; pierwiastek ~~, square root; **-tura** *f.* quadrature.
kwadrować *v.* square.
kwak *m.*, **-anie** *n.* quacking; **-ać** *v.* quack.
kwakier *m.* Quaker; **-ka** *f.* Quakeress; **-ski** *a.* Quaker's.
kwalifik-acja *f.* qualification, capacity; **-ować** *v.* qualify; **-ować się** *v.* qualify (for), be fitted (for).
kwap-ić się *v.* hasten, be eager; **-ienie się** *n.* haste, eagerness, earnestness.
kwarantanna *f.* quarantine; odbyć kwarantannę, pass quarantine.
kwarc *m.* (*min.*) quartz; **-yt** *m.* quartzite.
kwar-ciany *a.* wojsko -ciane, regulars; **-ta** *f.* quart; **-talnik** *m.* quarterly (magazine); **-talny** *a.* quarterly; **-tał** *m.* term; **-tet** *m.* quartet; **-to** (*typ.*) in quarto, quarto(-book); **-towy** *a.* quart.
kwarzec see **kwarc.**
kwas *m.* acid; acidity; sourness; (*drożdże*) leaven; *pl.* peevishness, sourness; ~ karbolowy, phoenol; **-ek** *m.* sourish flavour; **-ić** *v.* ferment; sour, leaven; **-ić się** *v.* sour, frown; **-kowatość** *f* sourness; **-kowaty** *a.* acidulous, sourish.
kwaś-nieć *v.* sour, turn sour; **-ny** *a.* acid; (*fig.*) peevish; -na kapusta, sour-crout; zrobić -ną minę, pull a long face.
kwast *m.* tassel.
kwater-a *f.* lodging; (*w ogrodzie*) garden-bed; (*w oknie*) casement; (*mil.*) quarters; cantonment; ~ główna, head-quarters; **-ka** *f.* quart; **-mistrz** *m.* quartermaster; **-ować** *v.* quarter, billet; lodge; **-unek** *m.* cantonment, quarters, quartering.
kwef *m.* veil; **-ić** *v.* veil.
kwerenda *f.* quest, investigation, research.
kwest-a *f.* collection, petitioning, begging; **-arka** *f.*, **-arz** *m.* collector; petitioner; mendicant friar; **-ować** *v.* collect; beg; go begging; **-ura** *f.* registry.
kwest-ja *f.* question; **-jonarjusz** *m.* questionnaire; interrogatory; **-jonować** *v.* call in question; question; interrogate.
kwękać *v.* whine, groan, complain.
kwiacia-rka *f.* florist; **-rnia** *f.* florist's shop; **-rz** *m.* florist.
kwiat *m.* flower, bloom, blossom; ~ siarkowy, flowers of sulphur; w kwiecie wieku, in the prime of life; **-ek** *m.* flower; **-ostan** *m.* inflorescence; **-owy** *a.* floral.
kwicze-ć *v.* squeak, squeal; **-nie** *n.* squealing.
kwiczoł *m.* (*orn.*) fieldfare, thrush.
kwieci-any *a.* (of) flower(s); **-arnia** *f.* conservatory; florist's shop; **-arka** *f.* **-arz** *m.* florist; **-ć** *v.* adorn with flowers; **-ć się** *v.* blossom; **-e** *n.* flowers; bloom;

-eń *m.* April; **-stość** *f.* floridity; **-sty** *a.* flowery.
kwietn-ik *m.* flower-bed; **-iowy** *a.* (of) April.
kwik *m.* squeak; **-nąć** *v.* see **kwiczeć.**
kwil-enie *n.* whimpering, wailing; **-ić** *v.* wail, whimper.
kwint-a *f.* (*muz.*) quint; **-et** *m.* quintet.
kwintesencja *f.* quintessence.
kwit *m.* receipt; ~ bagażowy, luggage ticket; **-a** *i.* quits; ~~ z nami, we are quits; i ~, and there's an end!; **-arjusz** *m.* receipt-book; **-ek** *m.* receipt; z -kiem, empty-handed; **-ować** *v.* receipt, discharge.
kwitn-ący *a.* in bloom, blooming, flourishing; **-ąć** *v.* bloom, blossom, flourish.
kwo-czka, -ka *f.* chucking hen; sitting hen; **-kać** *v.* cluck.
kwoli see **gwoli.**
kwota *f.* sum.

L

labarum *m.* labarum.
labirynt *m.* labyrinth, maze.
laborator-yjny *a.* laboratorial; **-jum** *m.* laboratory.
lać *v.* pour, shed; (*odlewać*) cast, found; ~ **się,** run.
lada *f.* chest; box; (*sklepowa*) counter; (*wozowa*) screw-jack; (*we młynie*) millhopper.
lada *a.* & *adv.* any, whatever; ~ dzień, any day; ~ godzina, any time; **-co** *n.* trifle; good for nothing; **-cznica** *f.* disreputable woman; prostitute; **-jaki** *a.* any, whatever; (*lichy*) worthless, insignificant, bad; **-jako** *adv.* anyhow, carelessly, indifferently; **-kto** *a.* any(one).
lafa *f.* salary; wages.
lafirynda *f.* minx, doll.
lagier *m.* lees, dregs.
laguna *f.* lagoon.
laik *m.* layman; (*kość.*) lay-brother; (*fig.*) a stranger (to).
lak *m.* (*do pieczętowania*) sealing-wax; (*bot.*) wall-flower; **-ier** *m.* varnish; **-ierki** *pl.* patent shoes; **-iernik** *m.* varnisher; **-ierować** *v.* varnish, japan; **-ierowany** *a.* lacquered; **-ować** *v.* seal (up).
lakmus *m.* litmus.
lakoni-czność *f.*, **-zm** *m.* laconism, brevity; **-czny** *a.* laconic; brief.
laks-a *f.* diarrhoea; **-owanie** *n.* purging.
lakto-metr *m.* laktometer; **-za** *f.* lactose.
lal-a, -ka *f.* doll, puppet; **-kowaty** *a.* dollish.
lam-a *f.* (*zool.*) llama, llama's-wool; **-owy** *a.* (of) llama.
lambrekiny *pl.* scallops.
lament *m.* wail(ing); lamentation, complaints; **-ować** *v.* lament, wail.
lam-ować *v.* border, trim, edge; **-owanie** *n.* bordering, lacing; **-ówka** *f.* border, trimming; lace.
lampa *f.* lamp.
lampar-ci *a.* leopard's; leopardess; **-cica** *f.*, **-t** *m.* leopard(ess); (*fig.*) debauchee.
lamp-eczka *f.* little lamp; little drinking glass; **-iarz** *m.* lampmaker; lamp-lighter; **-owy** *a.* (of) lamp.
lampas *m.* selvage; list, listing.
lamperja *f.* ashlaring, bordering.
lampjon *m.* Chinese lantern.
lamus *m.* store-room, storehouse.
lanc-a *f.* lance, spear; **-et** *m.* lancet; **-etowaty** *a.* lanceolate.
land-ara *f.* (stage-)coach; **-o** *n.* landau.
land-graf *m.* landgrave; **-szturm** *m.* general levy; **-wera** *f.* militia.
lan-ie *n.* pouring; (*bicie*) hiding; (*odlew*) casting; **-y** *a.* cast.
lanolina *f.* lanolin.
lansady *pl.* ambling; prancing.
lany *a.* cast; lane żelazo, cast-iron.

lapidarny *a.* lapidary.
lapis *m.* lunar caustic, nitrate of silver; **-ować** *v.* cauterize (with nitrate of silver).
lapsus *m.* slip of the tongue.
larum *m.* din, noise, alarum.
larwa *f.* larva; (*fig.*) mask, monster.
laryngologja *f.* laryngology.
las *m.* wood, forest; (*fig.*) confusion; **-ek** *m.* grove.
lasa *f.* sieve.
las-eczka *f.* (small) stick, cane; rod, line; stroke; **-ecznik** *m.* bacillus; **-ka** *f.* (walking-)stick; rod, cane; ~ marszałkowska, marshall's staff; (*u kolumny*) channel; **-konogi** *a.* spindle-shanked; **-kować** *v.* (*arch.*) chamfer, flute; **-kowanie** *n.* (*arch.*) chamfer; fluting; **-kowaty** *a.* furrowed; **-kowy** *a.* hazel; ~ orzech, hazel-nut.
lasować *v.* (*wapno*) slake, slack.
lasso *n.* lasso; lariat.
lat-a *pl.* years, age; **-ka** *pl.* years; przed -y, many years ago.
lata-ć *v.* fly; rush; **-nie** *n.* flying; running; **-nina** *f.* bustle, (much) ado; **-wiec** *m.* flyer; rover; (*z papieru*) kite.
latar-ka *f.* lantern; **-nia** *f.* lantern; ~ morska, light house; **-nik** *m.* lamp-lighter.
lato *n.* summer; latem, in the summer; babie ~, Indian summer; gossamer; **-rośl** *f.* shoot, twig, offspring; ~~ winna, vine-branch, vine; **-wać** *v.* spend the summer.
latryna *f.* latrine.
laubzega *f.* fret-saw.
laufer *m.* runner; (*w szachach*) [bishop.
laur *m.* laurel; **-eat** *m.* laureate; **-owy** *a.* (of) laurel.
lawa *f.* lava.
lawend-a *f.* (*bot*) lavender; **-owy** *a.* (of) lavender.
laweta *f.* gun-carriage.
lawina *f.* avalanche.
lawirowa-ć *v.* beat (up); tack; (*fig.*) intrigue; **-nie** *n.* beating, tacking; (*fig.*) evasion, subterfuge.
lazaret *m.* lazaretto, hospital.
lazur *m.* lapis lazuli; (*kolor*) azure; sky-blue; **-ować** *v.* (dye) azure; **-owy** *a.* azure.

ląc się *v.* breed; hatch.
ląd *m.* land, mainland, continent; **-em** *adv.* by land; **-ować** *v.* land, disembark; **-owanie** *n.* landing; **-owy** *a.* by land; (of) land.
ląg *m.* breeding; hatch; brood.
lebiod-a *f.* (*bot*) orach; **-ka** *f.* marjoram; origan.
lec *v.* fall, perish; (*w grobie*) succomb, sink.
lecha *f.* field; bed; parterre.
lecieć *v.* see **latać**.
leciutko *adv.* (very) lightly.
leciwy *a.* advanced in years.
lecz *c.* but.
lecz-enie *n.* healing, cure; **-nica** *f.* hospital; **-niczy** *a.* medicinal; środek ~~, remedy; medicine; **-yć** *v.* cure, heal; **-yć się** *v.* be under treatment.
ledw-ie, ~~ **że, -o** *adv.* hardly, scarcely; nearly; **-ie co nie,** almost, very nearly.
legać *v.* lie (idle); laze (away).
legacja *f.* legation.
legal-izować *v.* legalize; **-izowanie** *n.* legalization; **-ność** *f.* legality; **-ny** *a.* legal, lawful.
legar *m.* stand; **-y** *pl.* beams.
legat *m.* (*zapis*) bequest, legacy; ~ papieski, nuncio; **-arjusz** *m.* legatee.
legaw-iec *m.* pointer, spaniel; **-y** *a.* idle, lazy.
legend-a *f.* legend; **-arny, -owy** *a.* legendary.
legitym-acja *f.* papers (of identity); **-ować się** *v.* prove one's identity.
legja *f.*, **legjon** *m.* legion, host.
legnąć *v.* perish.
legować *v.* legate, bequeath.
legowisko *n.* lair, couch.
legumina *f.* dessert.
lej, -ek *m.* funnel; **-kowaty** *a* funnelled.
lejbowaty *a.* slack, negligent.
lejc *m.* rein, bridle.
lek *m.* medicine, physic; **-arka** *f.* doctoress; **-arski** *a.* medicinal; medical; **-arstwo** *n.* medicine; zażyć ~~, take medicine; **-arz** *m.* doctor; physician.
lekce *adv.* lightly, inconsiderately, superficially; **-ważąco** *a.* disrespectfully, slightingly; light-heartedly; **-ważący** *a.*

slighting, disrespectful; **-ważyć** *v.* slight, disregard, make no account of; **-ważenie** *n.* disregard, disdain, slight.
lekcja *f.* lesson; task, exercise.
lekk-i *a.* light; easy; frivolous; nimble; slight; -ie obyczaje, dissoluteness; **-oduch** *m.* fickle (frivolous) person; **-omyślność** *f.* thoughtlessness, frivolity, light-mindedness; **-omyślny** *a.* thoughtless, light-minded, frivolous, giddy; **-ość** *f.* lightness; levity, frivolity.
leksyko-graf *m.* lexicographer; **-n** *m.* lexicon.
lekt-or *m.* lector; teacher; **-ura** *f.* reading.
lektyka *f.* sedan-chair, litter.
lekuchny *a.* see **leciuchny.**
lelek *m.* (*orn.*) goat-sucker.
lemiesz *m.* plough-share.
lemonjada *f.* lemonade.
len *m.* flax.
leni-ć się *v.* be idle, loiter; **-stwo** *n.* laziness, idleness; sloth; **-uch** *m.* idler, lazy-body, sluggard, drone; **-wiec** *m.* (*zool.*) sloth; **-wieć** *v.* become idle, laze; **-wy** *a.* idle; lazy; slothful.
lenieć się *v.* moult, shed the hair (or the skin), cast off the skin.
lenn-iczy *a.* feudal; przysięga -icza, oath of allegiance; **-ik** *m.* vassal; **-o** *n.* feud; fee; **-odawca** *m.* liege lord; **-ość** *f.* feudalism; **-y** *a.* feudal.
leń *m.* idler, lazy-bones.
lep *m.* bird-lime; ~ na muchy, fly-paper; (*fig.*) lure, bait; iść na ~, be lured; **-czyca** *f.* (*bot.*) carline thistle; **-ianka** *f.* hovel, clay-built cottage; **-ić** *v.* stick; glue; (*ulepić*) mould; (*fig.*) build; **-ić się** *v.* stick, adhere; **-ki** *a.* gluey, sticky; **-kość** *f.* stickiness
lepiej *adv.* better, rather; wolałbym ~, I had rather.
lep-iężnik *m.* (*bot.*) colt's foot; **-nica** *f.* (*bot.*) catch-fly.
lepsz-eć *v.* improve; **-ość** *f.* superiority; **-y** *a.* better; pierwszy ~, first met; iść o -e, rival, vie, compete; co -a, what more.
lesist-ość *f.* woodiness; **-y** *a.* wooded, woody.
leszcz *m.* (*zool.*) bream.
leszczota *f.* (*med.*) splint.
leszczyn-a *f.* hazel(-tree); **-owy** *a.* (of) hazel; ~ orzech, hazelnut.
leśn-ictwo *n.* forest-district; forestry; **-iczy, -ik** *m.* forester; **-y** *a.* (of) wood, (of) forest, sylvan.
letarg *m.* lethargy; **-iczny** *a.* lethargic.
letkiewicz *m.* light-minded (frivolous) person.
letn-i *a.* lukewarm, tepid; (*od lato*) (of) summer; **-ieć** *v.* grow tepid; **-ik** *m.* (*suknia*) summer-dress; (*będący na letnisku*) resident (at a summer resort); (*altana*) bower; **-isko** *n.* summer resort.
lew *m.* (*zool.*) lion; **-ek** *m.* (lion's) whelp.
lewa *f.* trick (at cards).
lewar *m.* lever, windlass; screw-jack; siphon; **-ek** *m.* (small) siphon.
lewatywa *f.* enema.
lew-ica *f.* left-hand; (*w Sejmie*) the Left (wing); w -o, na -o, to the left, on the left (side); **-oręki** *a.* left-handed; **-y** *a.* left; po -ej ręce, on the left side (hand); z -ej ręki, z -ego łoża, born on the wrong side of the blanket; illegitimate.
lewjatan *m.* leviathan.
lewkonja *f.* (*bot.*) stock-gillyflower.
leźć *v.* creep, crawl, climb.
leż-a *f.*, **-e** *pl.* camp, encampment; (*mil.*) quarters; **-ak** *m.* canvas-chair; **-eć** *v.* lie, remain; (*o odzieniu*) fit; (*o miejscowości*) be situated; ~~ w łóżku, lie abed; **-ysko** *n.* (*mil.*) camp, encampement.
lędźwi-e *pl.* loins; **-owy** *a.* lumbar.
lęg *m.* brood; hatch; incubation; **-nąć** *v.* breed, hatch; ~~ **się** *v.* hatch.
lęk *m.* fear; **-ać się** *v.* fear, be afraid (of); **-anie się** *n.* fear; **-liwość** *f.* timidity, shyness; **-liwy** *a.* timid, timorous, shy.
lgnąć *v.* stick, adhere, cleave, cling; (*do kogo*) be attached (to one); like one.
li *adv.* solely; only; or.
libacja *f.* libation.
libella *f.* level.

liberal-izm *m.*, **-ność** *f.* liberalism; liberality; **-ista** *m.* liberal; **-ny** *a.* liberal.
liberja *f.* livery.
liberty-n *m.* rake, libertine; **-ństwo** *n.* libertinage.
libra *f.* (*papieru*) quire.
libretto *n.* libretto.
lice *pl.* cheek, face; surface; (*tkaniny*) the right side.
licencja *f.* licence, permission; **-t** *m.* licenciate.
liceum *m.* lyceum, college.
lichen *m.* lichen.
licho *adv.* poorly, sorrily; meanly; jest tego do -a, there is no end of that; ~, *n.* ill luck, mischief; deuce; (*liczba*) odd number; cetno ~, even or odd; co u licha, what the deuce; **-ść** *f.* poorness, meanness; **-ta** *f.* trash; shabbiness, misery; paltriness; (*człowiek*) wretched man.
lichtarz *m.* candlestick.
lichw-a *f.* usury; **-iarka** *f.*, **-iarz** *m.* usurer; **-iarski** *a.* usurious; **-iarskość** *f.*, **-iarstwo** *n.* usury.
lichy *a.* poor, shabby; sorry, mean, paltry.
licow-ać *v.* square (with), agree, be in harmony; be compatible (with); **-y** *a.* facial; (of the) right-side.
licówka *f.* (*cegła*) facing brick.
licyt-acja *f.* auction; **-ant** *m.* bidder; **-ować** *v.* sell by auction.
licz-ba *f.* number, figure; account; (*gram.*) number; ~ wielocyfrowa, number of many figures; (*zdać, przejąć*) pod -bę, by the tally; **-bon** *m.* counter, mark; **-bowy** *a.* numeral; **-ebnik** *m.* number, numeral adjective; **-ebność** *f.* number; **-ebny** *a.* numerous, numerical, numeral; **-enie** *n.* counting, reckoning; **-man** *m.* counter; **-nie** *adv.* in great quantities (numbers); **-nik** *m.* (*arit.*) numerator; (*automat*) meter; **-ność** *f.* numbers; multitude; **-ny** *a.* numerous; **-ony** *a.* reckoned, counted, numbered; **-yć** *v.* count, reckon; ~~ na co, reckon (on), rely (upon); ~~ się, enter into account; **-ydło** *n.* abacus; **-ykrupa** *m.* niggard.
liga *f.* league, confederacy; ~ Narodów; League of Nations.
ligatura *f.* ligature.
ligawka *f.* shawm, fife.
ligustr *m.* (*bot.*) (common) privet.
lignit *m.* lignite.
lik *m.* plenty; bez -u, numberless; numerous(ly).
likier *m.* liqueur.
liktor *m.* lictor.
likwid-acja *f.*, **-owanie** *n.* liquidation, winding-up; **-acyjny** *a.* (of) liquidation; **-ować** *v.* liquidate; wind up; ~~ rachunki, settle accounts.
lila *a.* lilac(-coloured); **-k** *m.* (*bot.*) lilac.
lilipu-ci *a.*, **-t** *m.*, **-tek** *m.* Lilliputian.
lil-ja *f.* (*bot.*) lily; **-owaty** *a.* liliaceous; **-jowy** *a.* lily-white.
limb, limbus *m.* limb.
limba *f.* stone pine.
limfa *f.* lymph; **-tyczny** *a.* lymphatic.
limit *m.* limit; **-a** *f.* adjournment; **-ować** *v.* adjourn.
limonjada *f.* lemonade.
limuzyna *f.* limousine.
lin *m.* (*zool.*) tench.
lincz *m.* lynch.
lin-a *f.* line, cord, cable, rope; **-y** okrętowe, rigging; **-earny** *a.* lineal; **-ijka** *f.* ruler; **-ijny** *a.* lineal, linear; **-ja** *f.* line; ~ krzywa, curve; **-jał** *m.* ruler; **-jować** *v.* rule, line; **-jowiec** *m.* ship of the line; **-jowy** *a.* line-; of the line; -jowe wojsko, regulars; **-oskok** *m.* rope-dancer.
lingwist-a *m.* linguist; **-yczny** *a.* linguistic; **-yka** *f.* linguistics.
linieć see **lenieć.**
linoleum *m.* linoleum.
linotyp *m.* linotype.
lip-a *f.* (*bot.*) lime(-tree); linden; **-cowy** *a.* (of) July; **-iec** *m.* July.; **-ień** *m.* (*zool.*) grayling; **-ina** *f.* lime-wood; **-owy** *a.* (of) lime, linden; kwiat -owy, lime blossom.
lipki see **lepki**; **lipnąć** see **lepić.**
lir *m.* lira; **-a** *f.* lyre; **-nik** *m.* lyrist; **-ogon** *m.* lyre-bird; **-yczność** *f.* lyricism; **-yczny** *a.* lyric; **-yk** *m.* lyric poet; **-yka** *f.* lyrics, lyric poetry.

lis *m.* fox; **-ek** *m.* young fox; **-i** *a.* fox's; vulpine, foxy; ~ ogon, foxtail; **-iątko** *n.* fox's cub; **-ica** *f.* she-fox; **-owaty** *a.* foxy.

list *m.* letter; ~ żelazny, letter of safe-conduct; ~ przewozowy, bill of lading; **-a** *f.* list, roll; ~ płacy, pay roll; czytać -ę, call the roll; **-ek** *m.* leaflet; **-ewka** *f.* see **listwa**; **-onosz, -owy** *m.* postman; **-opad** *m.* November; **-opadowy** *a.* (of) November; **-ownie** *adv.* by letter; in writing; **-owny** *a.* by letter; (of a) letter; **-owy** *a.* epistolary; **-y uwierzytelniające,** credentials.

listw-a *f.* list, border; (*u stolarzy*) ledge, rabbet; (*u sukni*) list, selvage; border; **-owanie** *n.* listing.

liszaj *m.* tetter, herpes; **-owaty** *a.* herpetic.

liszka *f.* caterpillar; (*zool.*) she-fox.

liś-ciany *a.* leafy, leafed; **-ciasty** *a.* leafy, drzewa -ste leafed trees; **-cie** *pl.* leaves; foliage; **-cik** *m.* note, billet; **-ć** *m.* leaf.

litanja *f.* litany.

litera *f.* letter, character, type; co do -y, to a letter; **-cki** *a.* literary; **-lnie** *adv.* literally; **-lność** *f.* literalness; **-lny** *a.* literal; **-t** *m.* writer; **-tura** *f.* literature.

litewski *a.* Lithuanian.

litograf *m.* lithograph; **-iczny** *a.* lithographic; **-ja** *f.* lithography.

lito-ściwy *a.* merciful; compassionate; **-ść** *f.* pity, mercy; **-śny** *a.* piteous; **-wać** *v.* pity; **-ować się** *v.* take pity (on); have mercy (on); **-wanie się** *n.* compassion, pity; commiseration, mercy.

litr *m.* litre.

liturg-iczny *a.* lithurgic(al); **-ja** *f.* lithurgy.

lity *a.* massive; solid, cast, pure.

liz-ać, -nąć *v.* lick; (*fig.*) -nąć czego, get a superficial knowledge of something; **ać się** (*komu*) flatter, cajole; **-uch, -uś** *m.* flatterer; cajoler.

lniany *a.* (of) linen.

lnica *f.* (*bot.*) flax-dodder.

loch *m.* dungeon, cellar, vault.

loczek *m.* see **lok.**

lodow-acić *v.* ice; **-acieć** *v.* freeze; congeal; **-aty** *a.* icy, glacial, frozen; cukier ~, sugar candy; **-iec** *m.* **-isko** *n.*, glacier; **-nia, -ówka** *f.* ice-house; ice-safe; **-y** *a.* icy, glacial.

lody *pl.* ice-cream.

loftka *f.* buck-shot.

logarytm *m.* logarithm; **-owy** *a.* logarithmic.

logi-czność *f.* logic; **-czny** *a.* logic(al); **-ka** *f.* logic.

logogryf *m.* logogriph.

lojaln-ość *f.* loyalty, faithfulness; **-y** *a.* loyal, faithful.

lok *m.* curl, lock.

lokac-ja *f.* location; settlement; **-yjny** *adj.* locative.

lokaj *m.* valet, footman; drudge; **-ski** *a.* servile; **-stwo** *n.* servileness, drudgery.

lokal *m.* place, room, hall, apartment; -**izować** *f.* localize; **-ność** *f.* locality; **-ny** *a.* local.

lokata *f.* investment.

lokator *m.*, **-ka** *f.* tenant.

loko-mobila *f.* traction-engine; **-mocja** *f.* locomotion; **-motywa** *f.* locomotive, engine; **-wać** *v.* place, invest.

lombard *m.* pawnshop; **-ować** *v.* pawn.

lon *m.* axle-pin.

lont *m.* fuse; match.

lornet-a *f.* eye-glass; field-glass; **-ka** *f.* opera-glass.

los *m.* fate, destiny; lot; venture; (*w loterji*) ticket; pride; próbować -u, take one's chance; na ~ szczęścia, at venture, at hazard; **-ować** *v.* draw lots, cast lots.

löss *m.* loess.

lot *m.* flight; w ~, **in a flash**; **-ek** *m.* (*zool.*) American bat; **-nictwo** *m.* aircraft; air force; **-nik** *m.* aviator; **-nisko** *n.* aerodrome; **-ność** *f.* fleetness; volatility; **-ny** *a.* winged, volatile, swift.

loter-ja *f.* lottery; **-yjka** *f.* lotto.

lot-os, -us *m.* (*bot.*) lotus; **-osowy, -usowy** *a.* (of) lotus.

lotto *n.* lotto.

lowelas *m.* lovelace.

loża *f.* lodge; (*teatralna*) box; (*parterowa*) pit-box.
lód *m.* ice; łamać pierwsze lody, break the ice.
lśni-ący *a.* glittering, glossy, shining; resplendent; sparkling; **-ć (się)** *v.* glitter, sparkle, twinkle; **-enie** *n.* glitter, twinkle; gloss.
lub *c.* or.
lubaszka *f.* (variety of) plum.
lub-cia *f.* love, sweetheart; **-czyk** *m.* (*bot.*) lovage; **-ić** *v.* like, be fond of, delight in; lepiej ~~, prefer; **-ieżnik** *m.* sensualist; **-ieżność** *f.* voluptuousness, lustfulness; **-ieżny** *a.* voluptuous, sensual; lustful.
lubo *c.* though, although, albeit.
lubo-ść *f.* loveliness, charm, joy; **-wać się** *v.* delight (in); relish; be fond (of); **-wanie** *n.* delight; **-wnica** *f.* sweetheart; **-wnik** *m.* lover, amateur, fancier.
lubryka *f.* red chalk; ruddle.
luby *a.* dear, lovely, charming; sweet; ~, *m.* lover.
lucerna *f.* (*bot.*) lucerne.
lucy-fer, -per *m.* Lucifer.
lud *m.* people; folks; nation; ~ prosty, common people; ~ miejski, townsfolk; ~ wiejski, country-folk; **-no** *adv.* thick with people; **-ność** *f.* population; **-ny** *a.* populous; **-owiec** *m.* populist; **-owy** *a.* folk('s); popular, people's; **-ożerca** *m.* cannibal, man-eater; **-ożerczy** *a.* cannibal; **-żerstwo** *n.* cannibalism.
ludwisa-rnia *f.* foundry; **-rski** *a.* founder's; **-rstwo** *n.* founding; **-rz** *m.* founder.
ludz-ie *pl.* people; men; folks; mankind; **-ki** *a.* human, kind; po -ku, humanely; **-kość** *f.* humanity; mankind.
lufa *f.* barrel.
luf-cik *m.* vent, air-hole; **-t** *m.* air-hole, air valve.
luka *f.* breach, gap, lacuna; blank.
luk-ier *m.* candy; glace; **-recja** *f.* liquorice; **-rować** *v.* sugar-candy.
luksus *m.* luxury; **-owy** *a.* luxurious, fancy.
lulać *v.* lull asleep.
lulek *m.* (*bot.*) hen-bane.
lulka *f.* pipe(-bowl).
luminarz *m.* luminary.
lunaty-czka *f.*, **-k** *m.* somnambulist; **-czny** *a.* moonstruck.
lunąć *v.* pour, gush; (*kogo*) strike.
luneta *f.* telescope, field-glass.
lupa *f.* magnifying glass.
lura *f.* wash.
lust-erko *n.* looking-glass; **-r** *m.* lustre, gloss; **-racja** *f.* muster; review; revision; **-ro** *n.* looking-glass, mirror; **-ować** *v.* muster, review.
lustrzany *a.* mirror-like; szkło -e, plate-glass.
luśnia *f.* (*wozu*) rundle. [der.
lut *m.* lute, solder; **-ować** *v.* sol-
luter-anin *m.*, **-anka** *f.* Lutheran; **-anizm** *m.* Lutheranism; **-ski** *a.* Lutheran.
lutni-a *f.* lute; **-sta** *m.* lutanist.
lutrować *v.* clarify, filter.
luty *m.* February; ~, *a.* grim, bleak, severe.
luz-em *adv.* loosely; **-ak** *m.* fag, camp-follower; (*koń*) led horse; **-ować** *v.* relieve; **-owanie** *n.* (*straży*) relief.
luźny *a.* loose, spare; ~ koń, led horse.
lwi *a.* lion's, leonine; **-ątko** *n.* lion's whelp; **-ca** *f.* lioness.
lżej *comp. of* **lekko**; ~ **mi,** I feel better; **-szy** *comp. of* **lekki.**
lż-enie *n.* insult, railing, abuse; **-yć** *v.* rail (at), revile, insult; **-yciel** *m.* railer, reviler.

Ł

łabę-dzi *a.* (of the) swan, swan's; **-dź** *m.* swan.
łach-man *m.* rag *pl.*; **-maniarz** *m.* rag-picker; **-y** *pl.* tatters, old clothes.
łacha *f.* branch of a river, shoal.
łaci-na *f.* Latin; **-nnik** *m.* Latinist; **-ński** *a.* Latin.
łacn-ie, -o *adv.* easily; **-y** *a.* easy.

ład *m.* order, harmony; **-nie** *adv.* nicely, prettily, handsomely; **-nieć** *v.* grow pretty; become handsome; **-niuchny, -niutki, -ny** *a.* pretty, nice, neat; fine, handsome.
ładow-ać *v.* load; freight; **-anie** *n.* loading; **-nia** *f.* loading platform; **-nica** *f.* amunition-pouch; **-ny** *a.* loaded, fraught; (*pakowny*) spacious.
ładunek *m.* load; (*mar.*) cargo.
łagiew *f.* vat; **-ka** *f.* bucket, trough.
łagod-nieć *v.* relent; soften, become milder, abate, relax; **-ność** *f.* softness, meekness, mildness; **-ny** *a.* mild, soft, meek, gentle; **-zący** *a.* soothing, appeasing; (*med.*) lenitive; okoliczności -zące, extenuating circumstances; **-zić** *v.* soften, appease, sooth, assuage; calm.
łaja *f.* pack of hounds.
łaja-ć *v.* scold, chide, reprimand, rebuke; **-nie** *n.* scolding, reproof; rebuke.
łajda-cki *a.* rascally; disorderly; **-ctwo** *n.* knavery, villany; rabble; **-czenie się** *n.* debauchery; **-czyć się** *v.* lead a disorderly life; debauch; **-czka** *f.*, **-k** *m.* rake, rascal, villain, scoundrel.
łajno *n.* excrement, mire, dung; czarcie ~, asafoetida.
łakną-cy *a.* hungry, desirous, eager; **-ć** *v.* be hungry, be desirous of, long for, aspire (after).
łakocie *pl.* dainties, tit-bits, seetmeats.
łakom-ić się *v.* (*na co*) be tempted (by); long (for); covet; **-iec, -ca** *m.* glutton; **-stwo** *n.* gluttony, covetousness; **-y** *a.* gluttonous, greedy, covetous; (*ponętny*) tempting, alluring.
łakot-ka *f.* tit-bit, dainty; **-nik** *m.* sweet-tooth; (*cukiernik*) confectioner.
łam *m.* column; na -ach, in the columns (of a paper).
łam-ać *v.* break; ~ słowo, break one's word; ~ sobie głowę (nad), rack one's brains (about); ~ przeszkody, overcome difficulties; ~ ręce, wring one's hands; **-ać się** *v.* break, be broken, burst; (*o świetle*) be refracted; **-anie** *n.* breaking, violating; fracture; ~ w kościach, pain in the joints; ~~ się (*światła*) refraction; **-niec** *m.*, **-ńce** *pl.* somersault; **-ny** *a.* broken; -a polszczyzna, broken Polish; **-igłówka** *f.* puzzle, riddle; **-liwość** *f.* fragility, brittleness; (*fiz.*) refractiveness; **-liwy** *a.* fragile, brittle, frail.
łan *m.* field; **-owa piechota** conscribed infantry.
łani *a.* doe's, deer's; **-a** *f.* (*zool.*) doe; **-ię** *n.* hind.
łańcu-ch *m.* chain; (*fig.*) bondage, fetters; ~ hamulcowy, drag-chain; ~ gór, mountain range; **-chowy** *a.* (of a) chain; pies ~~, watch-dog; **-szek** *m.* (watch-)chain.
łap! *i.* hold on! **-cap** helter-skelter.
łapa *f.* paw; **-ć** *v.* catch, seize; snatch.
łapcie *pl.* bast-shoes.
łap-czywość *f.* greediness, covetousness; **-czywy** *a.* greedy, covetous; **-igrosz** *m.* niggard; **-ikura** *f.* poultry-stealer; **-ka** *f.* trap; snare; (*od: łapa*) little paw; ~ na myszy, mouse-trap; **-serdak** *m.* ragamuffin, knave.
łapówka *f.* bribe.
łasica *f* (*zool.*) weasel.
łasić się *v.* cringe (to), fawn (upon); (*na co*) covet.
łaska *f.* (*zool.*) weasel; (*uprzejmość*) favour; (*teol.*) grace; z -i Swej, if you please; zdać się na -ę, surrender at discretion; jak z -i, carelessly, unwillingly; **-w** *a.* kind; bądź ~, be so kind; **-wca** *m.* benefactor; **-wość** *f.* kindness, favour; mildness; benevolence; **-wy** *a.* kind, mild; tame; charitable; chleb ~~, bread of charity; bądź ~~, be so kind (as to).
łaskot-ać *v.* tickle; **-anie** *n.*, **-ki** *pl.* tickling, bać się -ek, be ticklish; **-liwość** *f.* ticklishness; **-liwy** *a.* ticklish.
łasoń *m.* flatterer, sycophant.
łasy *a.* (*na co*) fond (of); lickerish.
łaszenie się *n.* cringing (to), fawning (upon).

łaszczyć się *v.* (*na co*) covet; lust (for), hanker (after).
łaszt *m.* (*miara*) last.
łat-a *m.* patch; (*z drzewa*) lath, ledge, batten; **-acz** *m.* patcher, botcher; **-ać** *v.* patch, piece; mend; **-anina** *f.* patch-work, botching; **-ka** *f.* (little) patch; przypiąć komu -kę, find fault; snub o le.
łatw-o *adv.* easily; **-opalny** *a.* inflammable; **-ość** *f.* ease, facility; **-owierność** *f.* credulity; **-owierny** *a.* credulous; **-y** *a.* easy; ready.
ław-a *f.* bench; (*jur.*) the Bar; (*w kościele*) pew; ~ szkolna, bench, form; **-ą** *adv.* in a body; **-eczka** *f.* small bench; (*pod nogi*) footstool; **-ica** *f.* sand-bank; **-ka** *f.* bench; **-niczy** *a.* alderman's; magistrate's; **-nik** *m.* alderman.
ławra *f.* monastery.
łazanki *pl.* (dish of) boiled paste.
łazarz *m.* wretch; beggar.
łaz-ęga *m.* vagabond, tramp; **-ić** *v.* crawl; climb; creep; ramble; ~~ za kim, pursue one.
łazie-bnik, -bny, -nny *m.* bathkeeper; **-bny, -nny** *a.* (of) baths, balneal; **-nka** *f.* bathroom; bath; **-nki** *pl.* baths.
łazik *m.* laggard; tramp.
łaźnia *f.* vapour-bath, bath(s).
łażący *a.* dragging, lagging, crawling.
łącz-ący *a.* binding, joining; (*gram.*) tryb ~, the subjunctive mood; **-eń** *m.* (*bot.*) flowering rush; **-nia** *f.* unity; **-nica** *f.* junction line; **-nie** *adv.* jointly, together, inclusively; **-nik** *m.* (*gram.*) hyphen; **-nikowy oficer,** liaison; **-ność** *f.* connexion, junction, coherence; **-ny** *a.* joint, common; included; **-yć** *v.* join, connect, unite, include; ~~ **się** *v.* join, be joined, meet; unite.
łączka *f.* meadow, mead.
łąg *m.* dale, moor.
łbisty *a.* large-headed.
łeb (łba), **-ek** *m.* pate, head; dać w ~, deal a blow on the head; na ~ na szyję, headlong; topsyturvy; zpode łba, askance; za łby się wodzić, struggle, grapple; po -kach, superficially; **-ski** *a.* able, wide-awake.
łech-ciwy *a.* ticklish; **-tać** *v.* tickle, flatter.
łep-ak *m.* good head; **-ek** *m.* small head; **-etyna** *f.* pate; **-ski** see **łebski.**
łezka *f.* (small) tear.
łę-g *m.* moor; dale; **-żny** *a.* (of the) moor.
łęk *m.* saddle-bow; **-owaty** *a.* arched.
łga-ć *v.* lie; **-rka** *f.*, **-arz** *m.* liar; **-rski** *a.* lying, false; **-rstwo** *n.* lie, falsehood.
łka-ć *v.* sob; **-nie** *n.* sobbing.
łoboda *f.* (*bot.*) orach.
łobuz *m.* urchin; rogue; **-erka** *f.* roguery.
łoczyga *f.* (*bot.*) sow-thistle.
łodyga, -żka *f.* stalk, pedicle; stem.
ło-ić *v.* tallow; (*fig.*) cudgel; **-jowaty** *a.* tallowish; **-jowy** *a.* tallowy; **-jówka** *f.* tallow candle.
łok-ciowy *a.* (of the) elbow; (*anat.*) cubital; (very) long; towary -ciowe, mercery; **-ieć** *m.* elbow, yard; szturchnąć -ciem, jostle; **-ietek** *m.* dwarf, pigmy.
łom *m.* crash, breaking; **-ikamień** *m.* (*bot.*) saxifrage; **-ny** *a.* brittle, fragile; **-ot** *m.* din, crash; **-otać** *v.* crack, crash; make a noise; **-y** *pl.* (*kamieni*) quarry.
łono *n.* bosom, breast; womb; na -nie rodziny, (kościoła), on the bosom of one's family, (of the church).
łoński *a.* last year's.
łopat(k)a *f.* shovel; (*anat.*) shoulder-blade; (*u zwierząt*) shoulder.
łop-ian, -uch *m.* (*bot.* bur; **-ucha** *f.* (*bot.*) joint-podded charlock.
łopotać *v.* flutter.
łosiowy *a.* elk's.
łoskot *m.* crash, rattle; clatter; **-ać** *v.* crash, resound, rattle; **-ny** *a.* noisy.
łoso-sina *f.* salmon; **-siopstrąg** *m.* salmon-trout; **-siowy** *a.* salmon's; **-ś** *m.* salmon.
łoś *m.* (*zool.*) elk.
łot-r *m.*, **-rzyca** *f.* rascal, scoundrel, rogue; **-rostwo** *n.* kna-

very, roguery; **-rować** *v.* rob; ~~ **się** *v.* lead a debauched life; **-rowski** *a.* rascally; **-rzyk** *m.* vagrant, villain.
łow-ca, -iec *m.* hunter, huntsman; **-czy** *m.* master of the hunt; **-czy** *a.* hunting; **-czyni** *f.* huntress; **-ić** *v.* hunt, chase; ryby ~, fish, angle; **-iecki** *a.* hunting, hunter's; **-iectwo** *n.* hunting; **-ne zwierzęta,** game; **-y** *pl.* hunting.
łoza, łozina *f.* osier.
łoż-e *n.* bed, couch; (*rzeki*) bed; (*armaty*) gun-carriage; (*strzelby*) stock; (*małżeńskie*) nuptial bed; **z** prawego -a, legitimate; **-nica** *f.* bridal bed; bedchamber; **-yć** *v.* lay out (upon), spend (on); ~ starania, endeavour; **-ysko** *n.* (*rzeki*) (river-) bed; (*mech.*) sheave, bearing; (*anat.*) placenta.
łódka, łódź *f.* boat, canoe.
łój *m.* tallow, fat.
łów *m.*, *pl.* **łowy** hunt; hunting.
łóż-eczko, -ko *n.* bed, bedstead; słać ~, make a bed; położyć się do -ka, go to bed.
łub *m.* bark, rind (of a tree); (*wozu*) tilt; **-ek** *m.* (*med.*) splint; **-iany** *a.* barky, (of) bark; **-ie** *n.* quiver.
łubin *m.* (*bot.*) lupine.
łucz-asty *a.* arched; **-ek** *m.* little bow; **-nik** *m.* archer; **-nictwo** *n.* archery; **-ysto** *adv.* archwise; **-ywo** *n.* chip(s).
łudz-ąco *adv.* delusively; **-ący** *a.* delusive, bewildering, attractive; **-enie** *n.* delusion, deceit; illusion; **-ić** *v.* deceive, delude, infatuate, beguile.
ług *m.* lye; **-ować** *v.* steep in lye; (*chem.*) lixiviate; **-owanie** *n.* (*chem.*) lixiviation; **-owaty** *a.* lixivial; marshy; **-owisko** *n.* marsh.
łuk *m.* bow; (*archit.*) arch, vault; (*mat.*) arc, curve; strzelać z -u, draw the bow; **-owy** *a.* (of a) bow; arched, vaulted; lampa -owa, arch-lamp.
łuna *f.* glare.
łup *m.* booty, spoil; **-ać** *v.* split, cleave, slit; ~ drwa, cleave wood; **-ać się** *v.* chink; split; **-acz** *m.* (*ryba*) haddock; **-anie** *n.* cleaving, splitting; (*w kościach*) rheumatism; **-ek** *m.* (*min.*) slate; schist; **-ić** *v.* plunder, pillage; (*drzewo*) bark; (*łuskać*) shell; (*ze skóry*) skin; ~ oczy, stare; **-ić się** *v.* peel, shell; **-iestwo** *n.* plunder, pillage; **-ież** *m.* (*grabież*) plunder; robbery; spoil; (*med.*) scurf; pellicles; **-ieżca** *m.* plunderer, robber, pillager; **-ieżność** *f.* rapacity, ravenousness; **-ieżny** *a.* rapacious, ravenous; predatory; **-ieżyć** *v.* plunder, rob; **-ina** *f.* peel, paring, cod, hull; husk; (*orzecha*) shell; **-iskóra** *m.* extortioner.
łup-ki *a.* fissile, slaty; **-kość** *f.* fissility; **-kowaty, -kowy, -ny** *a.* schistose, slaty.
łupnąć *v.* strike, hit.
łusk-a *f.* (*ryby*) scale; (*owocu*) shell; (*ziarna*) husk; hull; **-ać** *v.* (*groch*) shell; (*rybę*) scale; (*owoc*) peel, pare; **-aty** *a.* scaly; **-iewnik** *m.* (*bot.*) corel-wort; **-owaty** *a.* scaly; **-owiec** *m.* (*orn.*) pangolin.
łuszcz-ka *f.* (*na oku*) leucoma; **-yć** *v.* see **łuskać**; **-yć się** *v.* peel off, come off.
łut *m.* half an ounce = 12·672 *g.*
łuza *f.* (billiard) pocket.
łycz-ak *m.* bast-rope; **-any** *a.* made (of) bast; **-ko** *n.* bast, rind.
łydka *f.* (*anat.*) calf.
łyk *m.* draught, gulp; **-ać, -nąć** *v.* swallow, gulp; (*upijać się*) tope; **-acz** *m.* drunkard, glutton, toper.
łyko *n.* bast, rind; **-waty** *a.* (of) bast; stringy; tough, sinewy.
łyp-ać, -nąć *v.* (*oczyma*) blink, wink.
łys, -ek, -iec, -oń *m.* baldpate, baldhead; **-ieć** *v.* get bald; **-ina** *f.* baldness, baldhead, bald patch; (*u konia*) blaze; **-ość** *f.* baldness, bareness; **-y** *a.* bald; bare.
łyska *f.* (*orn.*) coot.
łyskać się *v.* lighten, flash.
łyszczak *m.* (*bot.*) auricula; (*min.*) mica.
łyż-eczka *f.* tea-spoon; **-ka** *f.* spoon, spoonful; (*stołowa*) table-spoon.

łyżw-a *f.* skate; **-iarz** *m.* skater; **-ować** *v.* skate; **-owy most** floating bridge.

łza *f.* tear; wylewać -y, shed tears, weep; zalać się -mi, burst into tears; **-wić** *v.* water; oczy -wią, the eyes water; **-wić się** *v.* weep; -wiący gaz, lachrymatory gas; **-wica, -wnica** *f.* lachrymatory; **-wny** *a.* lachrymal; **-wo** *n.* tearfully; **-wy, łzowy** *a.* tearful.

M

ma *fem. of* **mój.**

maca *f.* unleavened bread.

macać *v.* feel, grope.

macerować *v.* macerate.

mach-ać *v.* swing, sway; wave; ~ chustką, wave a handkerchief.

macher *m.* swindler, agent.

machina *f.* machine; (*fig.*) huge thing; bulky person; **-cja** *f.* machination; **-lny** *a.* mechanical.

machjawelizm *m.* Machiavellism.

machl-arz *m.* swindler; tricker; **-ować** *v.* swindle, trick.

machn-ąć *v.* wave (the hand); shake; beckon; **-ienie** *n.* wave (of the hand), sweep; beckoning.

maci-ca *f.* (*anat.*) womb, matrix; (*typ.*) matrix; (*forma*) cast; ~ perłowa, nacre, mother-of-pearl; winna ~, vine; **-czny** *a.* uterine.

macie-jówka *f.* cap; **-k** *m.* bumpkin; Tommy.

macierz *m.* mother; cradle; **-yński** *a.* maternal, motherly; **-yństwo** *n.* motherhood; **-ysty** *a.* native, maternal.

macierzanka *f.* (*bot.*) thyme.

maciora *f.* sow.

maciupki *a.* tiny, wee.

macka *f.* (*zool.*) feeler, antenna.

maco-cha *f.* stepmother; **-szy** *a.* stepmotherly; **-szyć** *v.* (*komu*) neglect (one).

macza-ć *v.* dip (in), steep, soak, drench; (*fig.*) ~ ręce w czem, bear a hand (in); **-nka** *f.* roll steeped in gravy.

maczek *m.* poppy-seed; (*typ.*) small print; (*proch*) priming-powder; (*pismo*) small handwriting.

maczuga *f.* club, mace.

mać *f.* mother; psia ~! confound it!

madapolam *m.* madapollam.

madera *f.* Madeira wine.

madonna *f.* Madonna.

madziar *m.* Magyar.

mafja *f.* mafia.

mag *m.* Magus (*pl.* Magi).

magazyn *m.* warehouse; store; shop; **-ier** *m.* store-keeper; warehouseman; **-ować** *v.* store; **-owy** *a.* (of a) warehouse.

magiczn-ość *f.* magic; **-y** *a.* magic(al); **-k** *m.* magician.

magiel *m.* mangle.

magister *m.* M. A. (Master of Arts).

magistra-cki *a.* municipal; **-t** *m.* municipality; municipal council.

magja *f.* magic.

maglow-ać *n.* mangle; calender; **-nia** *f.* mangle room; **-nica** *f.* mangle; **-nik** *m.* mangling-cloth.

magnat *m.* magnate; peer; **-erja** *f.* magnates, peers, notables.

magnes *m.* magnet, load-stone; **-ować** *v.* magnetize; **-owy** *a.* magnetic; igła -owa, magnetic needle.

magneto *n.* magneto.

magnety-czność *f.* magnetism; **-czny** *a.* magnetic; **-zer** *m.* magnetizer; **-zować** *v.* magnetize; mesmerize; **-zowanie** *n.* magnetization.

magnez *m.* (*chem.*) magnesium; **-ja** *f.* magnesia; **-jowy** *a.* magnesian.

magnifi-cencja *f.* magnificence; **-ka** *f.* dame.

magnolja *f.* (*bot.*) magnolia.

mahometa-nin *m.*, **-nka** *f.* Mohammedan; **-nizm** *m.* Moham-

medanism; **-ński** *a.* Mohammedan.
maho-niowy *a.* (of) mahogany; **-ń** *m.* mahogany.
ma-ić *v.* adorn with verdure; **-j** *m.* (*miesiąc*) May; (*zieleń*) verdure; **-jowy** *a.* (of) May; **-jówka** *f.* picnic; (*zool.*) may-bug; (*bot.*) marsh-marigold.
maja-czeć *v.* loom; **-czenie** *n.* raving; delirium; **-czyć** *v.* rave, wander in mind; -czy mi się, I am losing my senses; **-k** *m.* mirage.
mająte-czek *m.* small estate; **-k** *m.* fortune, possessions, estate; ~~ ruchomy i nieruchomy, movables and immovables, personal and real property; **-kowy** *a.* pecuniary; (of) property; podatek ~~, property tax; stan ~, financial status.
majdan *m.* yard; square; clearing.
majeran(ek) *m.* marjoram (*bot.*).
majestat *m.* majesty; **-yczność** *f.* majesty; **-yczny** *a.* majestic, grand.
majęt-ność *f.* estate, wealth; **-ny** *a.* wealthy.
majolika *f.* majolica, enamelled pottery.
majonez *m.* mayonnaise.
major *m.* major; **-at** *m.* primogeniture; entailed estate.
majst-er *m.* master, foreman; **-rować** *v.* manipulate; **-rowski** *a.* masterly; foreman's.
majtać *v.* dangle.
majtek *m.* sailor, tar.
majtki *pl.* drawers.
mak (*bot.*) poppy; (*fig.*) jak -u, in plenty; jak -iem zasiał, hushed; **-owiec** *m.* poppy-seed cake; **-ówka** *f.* poppy-head.
makadam *m.* macadam.
makaron *m.* macaroni; **-iczny** *a.* (*w literaturze*) macaronic; **-ik** *m.* macaroon; **-izm** *m.* macaronism.
makata *f.* (precious) tapestry.
makler *m.* broker; ~ giełdowy, stock-broker.
makolągwa *f.* (*orn.*) linnet.
makrela *f.* (*zool.*) mackerel.
maksym-a *f.* maxim; principle; **-alny** *a.* maximal; **-um** *m.* maximum.
makuch *m.* oil-cake; poppy-seed cake.
makulatura *f.* waste-paper.
malachit *m.* (*min.*) malachite.
malar-ja *f.* malaria; **-yczny** *a.* malarious, malarial, malarian.
malar-ka *f.* paintress; **-rski** *a.* painter's; **-stwo** *n.* painting; **-rz** *m.* painter; ~ pokojowy, decorator.
male-c *m.* youngster, stripling; **-ć** *v.* diminish; lessen; **-ńki** *a.* tiny; petty; po-ńku, slowly; delicately; **-ństwo** *n.* mite; little thing; z -ństwa, from infancy.
maligna *f.* delirious fever.
malin-a *f.* raspberry; **-iak** *m.* raspberry-canes; **-owy** *a.* (of) raspberry.
malkontent *m.* malcontent, discontented person.
malow-ać *v.* paint; portray; ~ **się** *v.* rouge oneself; **-any** *a.* painted; coloured; (*fig.*) nominal, mock; **-idło** *n.* picture, painting; **-niczość** *f.* picturesqueness; **-niczy** *a.* picturesque.
maltretować *v.* ill-treat, ill-use.
malu-chny, -czki *a.* small, tiny, puny; **-czko** *adv.* a little; (for) a while.
malwa *f.* mallow.
malwersacja *f.* malversation, embezzlement.
małgorzatka *f.* (variety of) pear.
małmazja *f.* malmsey.
mało *adv.* little, few; po mału, slowly; little by litte; nie ~, not a little; o ~ co, very nearly, well nigh; **-baczny** *a.* heedless; **-duszność** *f.* meanness; **-duszny** *a.* faint-hearted; mean(-spirited); **-letni** *a.* under age; **-letność** *f.* minority; **-miasteczkowy** *a.* countrified; **-mówność** *f.* taciturnity, reserve; **-mówny** *a.* taciturn; **-stka** *f.* trifle; **-stkowy** *a.* mean; **-ść** *f.* smallness, small number, small size; infancy; (*fig.*) narrowness; **-ufny** *a.* distrustful, diffident; **-ważność** *f.* insignificance; **-ważny** *a.* paltry, unimportant, trifling; insignificant.
małp-a (*zool.*) monkey, ape; **-eczka** *f.* little monkey; **-i** *a.* monkey's, monkeyish; **-iarski** *a.* apish; **-iarstwo, -owanie** *n.*

aping, mimicry; apishness; **-ować** *v.* monkey; ape; mimic.
mały *a.* little, small, tiny; puny.
małż *m.* crustacean; **-e** *pl.* crustacea.
małż-eński *a.* matrimonial, conjugal; **-eństwo** *n.* marriage, matrimony; **-onek** *m.* husband, mate; consort; **-onka** *f.* wife, spouse, consort.
małżowina *f.* conch; (*anat.*) concha, external ear.
mam-a *f.* mamma; **-czyć** *v.* nurse, suckle; **-czyny** *a.* nurse's; **-in** *a.* mamma's; ~~ synek, pet child; **-ka** *f.* wet nurse; **-unia, -usia** *f.* mummy.
mameluk *m.* Mameluke.
mam-ić *v.* allure, entice, deceive; dazzle; beguile; **-ciel** *m.* beguiler, deceiver, juggler; **-dło** *n.* illusion, guile; glamour, jugglery.
mamlać *v.* mumble, drawl.
mamona *f.* mammon, wealth.
mamrotać *v.* mutter, grumble.
mamut *m.* (*zool.*) mammoth.
manatki *pl.* chattels; belongings.
manda-nt *m.* consigner; **-at** *m.* mandate; **-tarjusz** *m.* mandatary.
mandaryn *m.* mandarin.
mandaryn(k)a *f.* mandarine.
mandolina *f.* mandolin.
mandryl *m.* (*zool.*) mandrill.
manekin *m.* manikin; (artist's) lay figure.
manela *f.* bracelet.
manewr *m.* manoeuvre, stratagem; **-rować** *v.* manoeuvre; **-ry** *pl.* manoeuvres.
maneż *m.* manege, riding-school.
mangan *m.* (*chem.*) manganese.
mango *n.* (*bot.*) mango.
manicure *m.* manicure.
manić *v.* allure, seduce, deceive; ~ się *v.* have illusions (as to).
maniery *pl.* manners, mannerliness, civility.
manierka *f.* (soldier's) flask.
manifest *m.* manifesto; **-ować** *v.* manifest.
manikurzyst-a, -ka *f.* manicure.
manipul-acja *f.* manipulation; **-arz** *m.* (*księdza*) maniciple; **-ować** *v.* manipulate, handle.
manja *f.* mania, frenzy; **-k** *m.* maniac.
mankiet *m.* cuff.
mankament *m.*, **-o** *n.* deficiency; want, lack.
manna *f.* manna; (variety of) groats.
manometr *m.* manometer.
manowce *pl.* by-way; wejść na ~, go astray; sprowadzić na ~, lead astray.
mansard-a *f.* garret; **-owy** dach, mansard-roof.
mantelzak *m.* portmanteau.
manty-czyć *v.* mutter; growl; **-ka** *m.* grumbler.
mantyla *f.* mantilla; cape.
manuskrypt *m.* manuscript.
mańk-a *f.* left hand; zażyć kogo z -i, play one a trick; **-ut** *m.* left-hander.
mapa *f.* map, chart.
mara *f.* phantom, chimera, nightmare.
marabut *m.* marabou (stork).
maraskino *m.* maraschino.
marazm *m.* marasmus.
marcepan *m.* marchpane, marzipan.
march-ew *m.* carrot; **-wiany** *a.* (of) carrot.
mar-cowy *a.* (of) March; **-cówka** *f.* March chicken; water from March snow; **-czak** *m.* March hare.
margaryna *f.* margarine.
margarytka, margerytka *f.* daisy.
marg-iel *m.* marl; **-lować** *v.* marl.
margines *m.* margin.
margrab-ia *m.* margrave; **-ina** *f.* margravine.
marjaż *m.* (*w kartach*) marriage.
marjonet-ka *f.* puppet; teatr -ek, puppet-show.
mark-a *f.* mark; (*pocztowa*) postage-stamp; **-ier** *m.* marker; **-ować** *v.* mark, note.
markieta *m.*, **-nka** *f.* sutler; **-ński** *a.* sutler's.
markiz *m.* marquis; **-a, -owa** *f.* marchioness; (*nad oknem*) awning; **-ostwo** *n.* marquisate.
markotn-ieć *v.* be in low spirits; **-o** mi, I am in low spirits; **-ość** *f.* discontent, ill-humour, irksomeness; **-y** *a.* des-

pondent, ill-humoured, irksome, low-spirited.
marmolada *f.* marmolade, jam.
marmur *m.* marble; kopalnia -u, marble quarry; **-ek** *m.* (*narzędzie*) whetstone; (*papier*) marble-paper; (*futro*) fox-skin; **-kować** *v.* marble; **-nik** *m.* marble-cutter; **-owany** *a.* inlaid with marble; **-owy** *a.* (of) marble, marbly.
marn-e *n.* na ~ pójść, be ruined, go to the dogs; **-ie** *adv.* in vain; pitifully; **-ieć** *v.* linger, perish; dwindle, waste away; **-ość** *f.* futility; folly; **-ota** *f.* trash, worthlessness; **-otrawca** *m.* spendthrift; squanderer; **-otrawić** *v.* squander, waste; dissipate; **-otrawność** *f.* prodigality; **-otrawny** *a.* prodigal, wasteful; **-otrawstwo** *n.* prodigality, wastefulness; **-ować** *v.* waste, dissipate, squander away; **-y** *a.* insignificant, sad, sorry, poor, miserable, vain, useless.
maroder *m.* see **maruder.**
marokański *a.* Maroccan.
mars *m.* Mars; nastawić -a, knit one's brows; **-owaty, -owy** *a.* martial, warlike.
marsz *m.* march.
marszał-ek *m.* marshal; ~~ dworu, court marshal; **-kować** *v.* marshal; **-kowski** *a.* marshal's; **-kostwo** *n.* marshalship.
marszcz-enie *n.* folding; corrugation; (*brwi*) frown; **-ka** *f.* fold; wrinkle; rumple; **-yć** *v.* fold, wrinkle, corrugate; (*czoło*) knit the brows; **-yć się** *v.* frown, knit the brows.
marszruta *f.* route.
martw-ica *f.* necrosis, gangrene; **-ić** *v.* grieve, vex; afflict; (*ciało*) mortify; **-ić się** *v.* grieve, worry, be afflicted; **-ieć** *v.* stiffen; grow numb; **-ość** *f.* insensibility, want of feeling, numbness, stiffness, torpor; **-ota** *f.* inanimateness; **-y** *a.* dead; inanimate; (*fig.*) inane, benumbed; ~~ natura, still life; ~~ litera, dead letter.
maru-da *f.* dawdler; bore; grumbler; **-der** *m.* loiterer, marauder; **-derka** *f.* marauding; **-derstwo** *n.*, **-dność** *f.*, **-dztwo** *n.* loitering; dawdling; moroseness; **-dny** *a.* slow, tardy, morose, tedious, tiresome; **-dzić** *v.* loiter, dawdle, tarry.
maruna *f.* (*bot.*) wild chamomile, motherwort.
mary *pl.* bier.
marynar-ka *f.* navy; marine; (*kurtka*) coat; ~ handlowa, merchant fleet; **-ski** *a.* naval; **-stwo** *n.* sailing, sailoring; **-z** *m.* sailor, seaman.
maryn-ata *f.* marinade, pickle; **-ować** *v.* marinade, pickle.
marzanna *f.* (*bot.*) madder.
marzec *m.* March.
marz-enie *n.* dream, dreaming; **-yciel** *m.* dreamer; **-ycielski** *a.* dreamy; visionary; unreal; **-cielstwo** *n.* visionariness; **-yć** *v.* dream, fancy.
marznąć *v.* freeze, congeal.
masa *f.* mass; bulk; (*papka*) pulp; ~ konkursowa, assets, bankrupt's estate; ~ perłowa mother-of-pearl.
masakrować *v.* massacre, ill-treat.
masa-rnia *f.* pork-butcher's shop; **-rz** *m.* pork-butcher; -rskie wyroby, pork, sausage.
masaż *m.* massage; **-ować** *v.* massage; **-ystka** *f.* masseuse.
masielni-ca, -czka *f.* butter-boat.
mask-a *f.* mask; ~ gazowa, respirator; ~ pośmiertna, death-mask; zdjąć -ę, throw off the mask; **-arada** *f.* masquerade; **-ować** *v.* mask, disguise; **-ować się** *v.* disguise oneself; **-owy** *a.* masked; bal ~, fancy (dress) ball.
masło *n.* butter; **-waty** *a.* yellowish; buttery.
mason *m.* freemason; **-nerja** *f.* freemasonry.
masow-o *adv.* in masses; **-y** *a.* massy; ~ artykuł, mass product.
masować *v.* massage; shampoo.
mastodont *m.* mastodon.
mastyk-a *f.*, **-s** *m.* mastic.
masywn-ość *f.* massiveness; **-y** *a.* massive, solid.
maszerować *v.* march.
maszkara *f.* monster, scarecrow.
maszt *m.* mast; **-owy** *a.* masted; (of the) mast.
masztalerz *m.* master of the horse.

maszyn-a *f.* engine; machine; ~ do szycia, sewing-machine; **-erja** *f.* machinery; **-ista** *m.* engine-driver; machinist; **-istka** *f.* typist; **-ka** *f.* (*spirytusowa*) spirit lamp; **-owy** *a.* machine-made; made by machinery; karabin ~~, machine-gun.
maś-cić *v.* grease; anoint; salve; (*o potrawach*) put gravy (on); butter; **-ć** *f.* ointment; salve; (*koni*) colour; (*w kartach*) suit; **-lacz** *m.* Hungarian sweet wine; **-lak** *m.* (species of) mushroom; **-lanka** *f.* butter-milk; **-lany** *a.* buttery; człowiek ~, milksop; oczy -lane, filmy eyes; **-larka** *f.* butter-woman; **-larz** *m.* butter-man; **-lić** *v.* butter; grease; **-lnica** *f.* churn; **-lniczka** *f.* butter-boat.
mat *m.* checkmate; ~, *a.* dull, unpolished, pale, dim.
mata *f.* mat.
mata-cki *a.* fraudulent; **-ctwo** *n.*, **-nina** *f.* cheat, trickery, fraudulence; fraud, deceit; **-cz** *m* swindler; deceiver; **-czyć** *v.* swindle, deceive.
matador *m.* matador.
mat-czyn *a.* mother's; maternal; **-czyć** *v.* mother, nurse; **-ecznik** *m.* cell of the queen-bee; (*w lesie*) thicket; (*bot.*) motherwort.
matematy-czny *a.* mathematical; **-k** *m.* mathematician; **-ka** *f.* mathematics.
materac *m.* mattress; **-yk** *m.* small mattress.
materja *f.* matter, subject; (*tkanina*) stuff; (*med.*) pus; **-lista** *m.* materialist; **-lism** *m.* materialism; **-lność** *f.* materiality; **-lny** *a.* material; financial; silken; corporeal; **-ł** *m.* material; (*tkanina*) cloth, texture; -ały piśmienne, stationery; ~ surowy, raw material.
materyjka *f.* poplin.
matk-a *f.* mother; ~ chrzestna, godmother; ~ Boska, the Virgin Mary; **-obójca** *f.* matricide; **-obójczy** *a* matricidal; **-obójstwo** *n.* matricide.
matnia *f.* trap, snare; pitfall; maze.
matołek *m.* simpleton, ninny.
matow-ać *v.* deaden; **-y** *a.* dull, unpolished, lustreless, dim, hazy.
matrona *f.* matron.
matryca *f.* matrix; form, cast.
matrykuła *f.* register, certificate of matriculation.
matrymonjalny *a.* matrimonial.
matu-la, -nia *f.* mummy, mother.
matura *f.* certificate of completed secondary education.
maurytański *a.* Moresque.
mauzoleum *n.* mausoleum.
mawiać *frequentative form of* **mówić.**
maza-ć *v.* grease; soil; smear, daub; wipe (away); efface; ~ **się** *v.* (*płakać*) cry; weep; **-nina** *f.* scrawl, scribble.
mazga-ić *v.* foozle, slug; ~ **się** *v.* snivel, cry; **-j** *m.* sniveller; sluggard; **-jowaty** *a.* sluggish.
mazi-arnia *f.* tar-hut; **-arz** *m.* tar-burner; **-dło** *n.* grease; **-sty** *a.* greasy, tarry. [of) cake.
mazur *m.* mazurka; **-ek** *m.* (kind
maź *f.* grease; **-nica** *f.* grease-box, oil-box.
mąci-ć *v.* disturb, stir up; trouble; broil, confound; ~ **się** *v.* become turbid, be confused; (*fig.*) mąci mi się w głowie, I feel giddy; **-ciel** *m.* trouble-maker; disturber, perturbator; **-woda** *m.* fire-brand.
mącz-arz *m.* flour-dealer; **-asty** *a.* farinaceous; **-ka** *f.* flour; (*do bielizny*) starch; ~ cukrowa, castor sugar; powdered sugar; **-kować** *v.* starch; **-nica** *f.* meal-box; (*bot.*) bearberry; **-ność, -ystość** *f.* mealiness; **-ny, -ysty** *a.* mealy; floury; farinaceous; **-yć** *v.* flour; **-yniec** *m.* (*bot.*) goose-foot.
mądr-ala *f.* wiseacre, reasoner; cunning fellow; **-ość** *f.* wisdom, sagacity; zęby -ości, wisdom teeth; **-ostka** *f.* joke; sophistry; **-y** *a.* wise, sly, cunning.
mądrzeniec *m.* (*bot.*) larkspur.
mąka *f.* flour, meal.
mątwa *f.* (*zool.*) cuttle-fish.
mąż *m.* husband; iść za ~, marry; ~ stanu, statesman; ~ nauki, scientist; jak jeden ~, in a body; unanimously.

mcho-waty, -wy *a.* mossy.
mdl-eć *v.* faint, swoon; **-enie** *n.* faint; swoon; **-ić** *v.* be sick; -i mnie, I feel sick.
mdł-awy *a.* dull, dim; **-o** *adv.* faintly, feebly; ~~ mi, I feel sick; **-ość** *f.* faintness, qualm; qualmishness, nausea, weakness; **-ości** *pl.* nausea; **-y** *a.* faint, flat; qualmish; languid; (*o potrawie, o stylu*) insipid.
me *prn.* = **moje**, see **mój.**
meandry *pl.* meanders.
meb-el *m.* piece of furniture; **-elek** *m.* small piece of furniture; **-le** *pl.* furniture; ~~ wyściełane, upholstered furniture; ~~ gięte, bent wood furniture; **-lować** *v.* furnish; ~~ **się** *v.* furnish one's house.
mecenas *m.* lawyer, patron (of arts and letters).
mech *m.* (*bot.*) moss; (*puch*) down.
mechani-czny *a.* mechanical; **-k** *m.* mechanic, mechanician; **-ka** *f.* mechanics, *pl.*; **-zm** *m.* mecanism.
meches *m.* converted Jew.
meczet *m.* mosque.
medal-ik *m.* medal; **-jer** *m.* medallist; **-jon** *m.* medallion.
medja-cja *f.* mediation; **-tor** *m.* mediator.
medjum *n.* medium; **-iczny** *a.* mediumistic; **-izm** *m.* mediumism.
meduza *f.* (*mitol.*) Medusa; (*zool.*) medusa, jelly-fish.
medy-cyna *f.* medicine; **-czny** *a.* medical; **-k** *m.* physician, student of medicine; **-kament** *m.* medicine.
mega-fon *m.* megaphone; speaking-trumpet; **-lit** *m.* megalith; **-lomanja** *f.* megalomania.
melanchol-iczność, -ijność *f.* melancholy; **-iczny, -ijny** *a.* melancholy, dejected.
melasa *f.* molasses.
meld-ować *v.* announce; report; usher (in); notify; ~ **się** *v.* report (oneself); **-unek** *m.* notification, report.
melinit *m.* melinite.
melis-a *f.* (*bot.*) melissa; **-owy** *a.* (of) melissa.
meliorac-ja *f.* melioration, improvement; **-yjny** *a.* meliorating, meliorative.
melo-dja *f.* melody; **-dramat** *m.* melodrama; **-dyjny** *a.* melodious.
melon *m.* (*bot.*) water-melon; **-ik** *m.* bowler(-hat), billycock.
memorjał *m.* memorandum.
menażerja *f.* menagerie.
menaż *f.* mess; **-ka** *f.*, **-ki** *pl.* mess-tin, canteen.
mendel *m.* fifteen; head of fifteen sheaves.
menni-ca *f.* mint; **-ctwo** *n.* coinage; **-czy** *a.* (of) mint; stopa **-cza**, standard.
menstruacja *f.* menstruation.
mentalność *f.* mentality.
mentor *m.* mentor, adviser; **-ować** *v.* (*komu*) be a mentor to.
menuet *m.* minuet.
merdać *v.* (*ogonem*) wag (the tail).
mereżka *f.* drawn-work.
merkurj-alny *a.* mercurial; **-usz** *m.* mercury, quicksilver.
merla *f.* thread gauze.
merynos *m.* merino.
merytum *n.* (*sprawy*) merits (of the case).
mesja-nistyczny *a.* messianic; **-sz** *m.* Messiah; **-nizm** *m.* messianic hopes.
meszek *m.* down.
meta *f.* goal; the winning post; aim; na dalszą -ę, in the long run; polityka na dalszą -ę, long term policy.
metafizy-czny *a.* metaphysical; **-k** *m.* metaphysician; **-ka** *f.* metaphysics. [*f.* metaphrase.
meta-fora *f.* metaphor; **-fraza**
metal *m.* metal; **-iczny, -owy** *a.* metallic; **-urgiczny** *a.* metallurgic; **-urgja** *f.* metallurgy.
metamorfoza *f.* metamorphosis.
meteor *m.* meteor; **-olog** *m.* meteorologist; **-ologiczny** *a.* meteorologic(al); **-ologja** *f.* meteorology.
meto-da *f.* method; ~ liczb dodatnich, the direct method; ~ liczb ujemnych, the inverse method; **-dyczność** *f.* method; **-dyczny** *a.* methodical.
metr *m.* meter; **-esa** *f.* mistress; **-yczny** *a.* metric; **-yka** *f.* certificate of baptism.
metropol-ita *m.* metropolitan; **-italny** *a.* metropolitan; **-ja** *f.* metropolis.

metys *m.* metis.
mewa *f.* (*orn.*) mew, sea-gull.
mezaljans *m.* misalliance.
mezanin *m.* mezzanine.
męcz-arnia *f.* torture, torment; rack; **-ennica** *f.* martyr; (*bot.*) passion-flower; **-enniczka** *f.*, **-ennik** *m.* martyr; **-eński** *a.* martyr's; **-eństwo** *n.* martyrdom; **-yciel** *m.* harasser; tormentor; **-yć** *v.* bother, trouble, torture; **-yć się** *v.* worry oneself, bother, tire, take pains, suffer.
męd-rek *m.* wiseacre; quibbler; sophist; **-rkować** *v.* sophisticate; **-rkostwo** *n.* sophistry; **-rzec** *m.* wise man, sage; philosopher; **-rzeć** *v.* become wise.
męka *f.* pain, grief, misery; torture, rack; *pl.* torture; ~ Pańska, the Passion (of Christ).
męs-ki *a.* manly, male, virile; (*gram.*) masculine; **-ko** *adv.* manfully; **-kość** *f.* manliness; manhood, virillity; **-two** *n.* courage.
męt *m.* dregs, lees; filth; **-nieć** *v.* become turbid; **-ność** *f.* turbidness; **-ny** *a.* troubled, turbid; hazy; filthy; w -nej wodzie, in troubled waters; **-y** *pl.* dregs, grounds, sediment; ~ społeczne, the underworld; the scum of society.
męż-atka *f.* married woman; **-czyzna** *f.* man; **-nie** *a.* manfully, bravely; stoutly; **-nieć** *v.* grow manly, stout; **-ność** *f.* manhood; manliness; bravery; **-ny** *a.* manly, brave; stout, courageous, gallant; **-obójca** *m.* murderer; **-obójczy** *a.* homicidal; **-obójczyni** *f.* homicide; **-obójstwo** *n.* manslaughter, murder; **-owski** *a.* marital; husband's; **-ulek** *m.* (dear) husband.
mgli-ć się *v.* be (or grow) foggy, hazy; **-stość** *f.* fogginess, haziness; **-sty** *a.* foggy, hazy, nebulous; misty.
mgła *f.* mist, fog; haze; **-wica** *f.* fog; (*astr.*) nebula.
mgn-ienie *n.* twinkling; w -ieniu oka, in the twinkling of the eye.
mi *dative of* **ja.**
miał *m.* dust; powder; **-ki** *a.* (*płytki*) shallow, flat; superficial; (*sypki*) powdery, dusty, pulverulent; **-kość** *f.* shallowness, looseness; powderiness, friability.
miano *n.* name; **-wać** *v.* nominate, appoint (to); call; **-wanie** *n.* nomination, appointment; **-wicie** *adv.* namely, viz.; **-wnik** *m.* (*gram.*) nominative; (*arytm.*) denominator.
miar-a *f.* measure; gauge, standard; (*w prozodji*) metre; na -ę, to measure; nad -ę, beyond measure; bez -y, limitless; w -ę jak, as; żadną -ą, by no means; wziąć -ę, take a person's measure (for); w pewnej mierze, in some measure; **-ka** *f.* small measure (for dry goods); **-kować** *v.* mark, note, infer (from); ~ się, restrain oneself; mitigate oneself; **-odajny** *a.* decisive, final, competent; **-owy** *a.* measured, metric; rythmic; **-ówka** *f.* scale.
miast-eczko *n.* small town; **-o** *n.* town; **-o** *prp.* instead of.
miau! *i.* mew!; **-czeć** *v.* mew; caterwaul; **-czenie** *n.* caterwauling.
miazga *f.* pulp; (*med.*) chyle.
miazma *f.*, **-t** *m.* miasm.
miażdż-ący *a.* grinding, crushing, ovwerhelming; **-yć** *v.* grind, crush; overwhelm.
miąć *v.* rumple, crumple.
miąższ *m.* (*owoców*) flesh; pulp; (*bot.*) alburnum; **-y** *a.* thick, compact, dense; (*o owocach*) fleshy, pulpy.
miech *m.* bellows.
miecz *m.* sword; ~ Damoklesa, the sword of Damocles; po -u, on the spear-side; **-nik** *m.* sword-bearer; (*ryba*) sword-fish; **-owy** *a.* (of the) sword; linja -owa, male line; zakon ~, order of the sword; **-yk** *m.* small sword; (*bot.*) gladiolus.
mieć *v.* have, hold; possess; consider; ~ kogo za, take one for; jak się masz? how do you do? how are you?; ~ wstręt, odrazę, abhor; ~ się dobrze, źle, be well, ill; ~ coś zrobić, be about to do something; be on the point of doing something; ~ zamiar, intend, have a mind; mam to zrobić, I am to do it.

miednica *f.* wash-basin; (*anat.*) pulvis.
miedza *f.* balk, boundarystrip.
miedzi-ak *m.* copper (coin); **-any** *a.* (of) copper, (of) brass; **-oryt** *m.* engraving; **-sty** *a.* coppery.
miedź *f.* copper.
miejsc-ami *adv.* here and there; **-e** *n.* place, room, space; spot; situation; (*cytat*) passage; (*w teatrze, pociągu, tramwaju*) seat; człowiek na -u, well-behaved person; **-ownik** *m.* (*gram.*) locative; **-owość** *f.* spot, locality; **-owy** *a.* local.
miejski *a.* municipal; (of a) town.
miel-enie *n.* grinding; **-iwo** *n.* grist; **-izna** *f.* shoal, sand-bank; osiąść na **-iźnie**, run aground; **-ony** *a.* ground, bruised; **-uchny** *a.* very fine; **-szy** *comp. of* **miałki**.
mieni-ać *v.* change, exchange; ~ **się** *v.* exchange, truck; **-ący się**, changing colour; **-ć** *v.* call; esteem; ~~ **się** *v.* change colour; (*czem*) pass (for).
mienie *n.* property.
miern-ictwo *n.* (land-) surveying, geodesy; **-iczy** *a.* geodetical; pręt ~, mete-wand; **-iczy, -ik** *m.* land-surveyor; **-ość** *f.* mediocrity; **-ota** *f.* mediocrity; mediocre work; **-y** *a.* of mediocre quality, indifferent; modest.
mierzchnąć *v.* dusk; grow dusky.
mierz-ić (—r-z—) *v.* (*komu co*) disgust one (with); **-nąć** *v.* become odious.
mierzw-a *f.* litter; dung; **-ić** *v.* dung.
mierzyć *v.* measure, gauge; aim at; ~ **się** z kim, (*fig.*) compare; cross swords (with).
miesi-ąc *m.* month; moon; **-ączek** *m.* halo; **-ączka** *f.* menses, *pl.*; **-ączkowaty** *a.* crescent-shaped; **-ącznica** *f.* (*bot.*) rocket; **-ęczne** *n.* monthly wages; **-ęcznie** *adv.* monthly; **-ęcznik** *m.* monthly magazine; **-ęczny** *a.* monthly, one month old.
miesić *v.* knead.
miesza-ć *v* mix, mingle, stir, blend; (*karty*) shuffle; (*szyki*) cross (*plans*); ~ **się** *v.* (*do czego*) interfere (with); ~~, be puzzled, disconcerted; **-nie** *n.* mixing, mixture; ~~ **się** *n.* interference; intervention; **-niec** *m.* hybrid, mongrel; **-nina** *f.* mixture; medley, hotch-potch; **-nka** *f.* (*dla bydła*) mash.
mieszcz-anin *m.* townsman, citizen; **-ański** *a.* townsman's; townsfolk's; **-aństwo** *n.* townspeople; the middle class; **-uch** *m.* townsman.
mieszek *m.* bag; small bellows; (*bot.*) follicle.
mieszka-ć *v.* dwell, live, reside; **-lny** *a.* habitable; dom ~, dwelling house; **-nie** *n.* apartment, flat, dwelling, lodgings; **-niec** *m.*, **-nka** *f.* inhabitant, dweller; **-nko** *n.* flat, dwelling.
mieść *v.* sweep.
mieścić *v.* contain, comprise; hold; place, lodge; ~ **się** *v.* be contained, be included, be comprised; dwell; (*fig.*) to mi się w głowie nie mieści, it passes my comprehension.
mieścina *f.* (paltry) townlet.
miewać *v. frequentative* of **mieć**; ~ się, (*dobrze, źle*) be (well, ill).
mięczak *m.* mollusc.
międli-ca *f.* hackle; **-ć** *v.* hackle.
między *prp.* between; among; **-morze** *n.* isthmus; **-narodowy** *a.* international; **-rzecze** *m.* region situated between two rivers.
mięk-czeć, -nąć *v.* soak, mellow; (*fig.*) soften, relent; melt; soften; mollify, mellow; **-czyć** *v.* soak, mellow; (*fig.*) soften, touch; move. [crumb.
miękisz *m.* pulp, pith; (*chleba*)
mięk-kawy *a.* softish; **-ki** *a.* soft, tender; mellow; mild, soft-hearted; **-ko** *adv.* softly, tenderly, weakly; jaja na ~, soft-boiled eggs; **-kość** *f.* softness, tenderness; mildness; **-uchny, -usieńki** *a.* very soft; **-usz** *m.* shilly-shally.
mięs-ak *m.* (*med.*) sarcoma; **-ień** *m.* muscle, sinew; **-istość** *f.* fleshiness; **-isty** *a.* fleshy; **-iwo** *n.* meat, viands; **-ny** *a.* (of) meat; potrawa -na, meat(-dish); **-o** *n.* meat, flesh; **-opust** *m.* carnival; **-ożerny** *a.* carnivorous.

mięśniowy *a.* muscular.
mięta *f.* (*bot.*) mint; **-owy** *a.* (of) mint. [ruffle.
miętosić *v.* rumple, crumple,
miętuz *m* (*zool.*) cull.
mig *m.* twinkling; **-i** *pl.* mimicry; na ~, by signs; **-ać** *v.* wink; **-ać, -ać się** *v.* flash (by); (*o gwiazdach*) twinkle; **-anie** *n.* flare; twinkling; winking; **-awka** *f.* snapshot; **-awkowy** *a.* snapshot, instantaneous; **-nąć** *v.* (*na kogoś*) wink (to); nod (to).
migdał *m.* almond; (*anat.*) gland; **-owy** *a.* (of) almond.
mignąć *v.* flash (by).
migot-ać *v.* sparkle, twinkle, glitter, glisten; **-liwy** *a.* glittering; twinkling.
migrena *f.* megrim, migraine.
mijać *v.* pass (by, away); pass over (in silence); omit; shun; outrun; ~ przylądek, double a cape; nie minąć, not fail (to); to cię nie minie, you may be sure of it; ~ **się** *v.* cross; miss; ~~ z prawdą, swerve from the truth.
mika *f.* mica.
mikołajek *m.* (*bot.*) eryngo.
mikro-b *m.* microbe; **-fon** *m.* microphone; **-metr** *m.* micrometer; **-skop** *m.* microscope; **-skopijny, -skopowy** *a.* microscopic.
mikstura *f.* mixture; drug.
mila *f.* league; ~ morska, mile.
milcz-ący *a.* silent; **-eć** *v.* be silent, hold one's tongue; **-enie** *n.* silence; -eniem pominąć, pass over in silence; **-kiem** *adv.* stealthily.
mile *adv.* kindly; agreeably; sweetly; in a pleasant manner.
milicja *f.* militia; **-nt** *m.* militiaman.
milić się *v.* (*do kogo*) ingratiate oneself (with). [*m.* millimetre.
mili-gram *m.* milligramme; **-metr**
militar-ny *a.* military, (of) war; **-yzm** *m.* militarism.
mil-jard *m.* milliard; one thousand million; **-jon** *m.* million; **-joner** *m.* millionaire.
milknąć *v.* cease speaking; abate; grow dumb.
mil-szy *comp. of* **miły**; **-uchny** *a.* nice, lovely.
mił-o *adv.* pleasantly; agreeably; ~ mi, I am glad (to); **-osierdzie** *n.* compassion; pity, charity, siostry miłosierdzia, sisters of Charity; **-osierny** *a.* compassionate, charitable; uczynek ~, act of mercy; **-sny** *a.* (of) love; enamoured, amorous; liścik ~, love-letter; **-stka** *f.* love-affair; **-ościwie** *a.* graciously; **-ościwość** *f.* favour, grace; **-ościwy** *a.* gracious; **-ość** *f.* love; affection; ~ własna, self-respect; ambition; Wasza ~, Your Honour; **-ośnik** *m.* lover; fancier; **-ować** *v.* love; like; **-y** *a.* dear, attractive, agreeable, pleasant; ~, *m.* darling.
mimi-czny *a.* mimic; **-k** *m.* mimic, mime; **-ka** *f.* mimicry.
mimo *adv.* in spite (of); notwithstanding; przejść ~, go past, go by; pass by; **-chcąc** *adv.* involuntarily; **-chodem** *adv.* by the way; **-śród** *m.* excentric; **-wiednie** *adv.* unconsciously; **-woli, -wolnie** *adv.* involuntarily; **-wolny** *a.* involuntary.
mina *f.* mien, look, countenance; air; (*kopalnia*) mine, pit.
minaret *m.* minaret.
minąć see **mijać**. [coiner.
minca-rstwo *n.* coinage; **-rz** *m.*
minera-lny *a.* mineral; **-log** *m.* mineralogist; **-logiczny** *a.* mineralogical; **-logja** *f.* mineralogy; **-ł** *m.* mineral.
minim-alny *a.* minimal; **-um** *m.* minimum; **-um** *adv.* at least.
miniony *a.* past, bygone.
minist-er *m.* minister; **-erjalny** *a.* ministerial; **-erjum, -erstwo, -rostwo** *n.* ministry; **-rowski** *a.* minister's, ministerial.
minja *f.* minium, red lead.
minjatur-a *f.* miniature; **-owy** *a.* miniature.
minorowy *a.* minor; (*fig.*) in a minor key, doleful.
minować *v.* take airs; (*podkopywać*) undermine.
mini-óg *m.*, **-oga** *f.* lamprey (*zool.*).
minstrel *m.* minstrel.
minus *adv.* minus, less.
minut-a *f.* minute; **-owy** *a.* minute.
miod-nik, -ownik *m.* (*bot.*) honey cup; **-ny** *a.* honeyed; **-okwiat**,

-osok *m.* honey-flower, **-opłynny** *a.* mellifluent; (*fig.*) honeyed; **-sytnia** *f.* mead-vault; **-ownik** *m.* honey-cake; **-owy** *a.* honeyed; (of) honey; miesiąc ~, honeymoon; **-unka** *f.* (*bot.*) lungwort.

miot *m.* cast, throw; (*u zwierząt*) brood; **-ać** *v.* cast, throw; fling; dart; fire; (*czem*) swing, brandish; (*kim*) shake; (*obelgi*) inveigh (against); **-ać się** *v.* writhe, fidget; be restless; **-ełka** *f.* whisk; **-larz** *m.* broom-maker; **-lisko** *n.* broom-stick; **-ła** *f.* broom; the tail of a comet; (*bot.*) hairgrass; **-ło** *n.* (*fig.*) mop.

miód *m.* honey; (*trunek*) mead; miodem i mlekiem płynący, flowing with milk and honey.

mir *m.* peace; respect; esteem.

mira *f.* (*bot.*) myrrh; **-owy** *a.* myrrhic, myrrhy.

mirabela *f.* mirabelle.

mirjada *f.* myriad.

mirt *m.* (*bot.*) myrtle; **-owy** *a.* (of) myrtle.

mis-a, -ka *f.* tureen, dish, platter; **-eczka** *f.* (small) dish, saucer; **-ka** *f.* bowl.

mis-ja *f.* mission; **-jonarski** *a.* missionary; **-jonarz** *m.* missionary.

misiurka *f.* visor.

mistern-ość *f.* fineness; delicate workmanship; **-y** *a.* fine; delicate.

mistrz *m.* master; champion; Wielki ~ (*krzyżaków*), Grand Master; **-ostwo** *n.* mastery; (*sport.*) championship; **-owski** *a.* masterly; (of) championship; po -owsku, in a masterly way; **-yni** *f.* mistress.

misty-cyzm *m.* mysticism; **-czny** *a.* mystic(al); **-fikacja** *f.* mystification; **-fikować** *v.* mystify; **-k** *m.* mystic.

misyjny *a.* missionary.

miś *m.* (teddy-)bear.

mit *m.* myth; **-ologja** *f.* mythology; **-logiczny** *a.* mythological(al); **-yczny** *a.* mythic(al).

mitra *f.* mitre.

mitraljeza *f.* mitrailleuse.

mitręga *f.* tardiness, delay; (*człowiek*) dawdler; **-żny** *a.* lagging; **-żyć** *v.* lag; dawdle.

mitygować *v.* restrain; quiet, soothe. [*f.* misanthropy.

mizantrop *m.* misanthrope; **-ja**

mizdrzyć się *f.* ogle.

mizer-actwo *n.* poverty; (*nędzarze*) the poor; **-ak** *m.* poor devil; **-ere** *n.* (*med.*) iliac passion; **-ja** *f.* cucumber salad; **-nie** *adv.* poorly, miserably; wretchedly; paltrily; **-nieć** *v.* grow thin; get lean; waste away; **-ny** *a.* ill-looking; wan; poor; wretched; paltry; **-ota** *f.* poverty; misery.

mizerykordja *f.* (*sztylet*) misericord.

mknąć *v.* rush (along); fleet; pass (away). [lips).

mlask-ać, -nąć *v.* smack (the

mlecz *m.* juice; (*anat.*) marrow; (*rybi*) roe; (*cielęcy*) sweet-bread; (*bot.*) wolf's milk; **-ak** *m.* milter; **-arka** *f.* milkmaid; **-arnia** *f.* dairy, creamery; **-asty** *a.* milky; **-ko** *n.* milk; ~ wapienne, cream of lime; **-nica** *f.* (*bot.*) milkwort; **-ność** *f.* milkiness; lactescence; **-ny** *a.* milky; (of) milk; milk-white; (*chem.*) lacteal; -na droga, (*astr.*) galaxy, the Milky way; -ne zęby, milk-teeth; **-ywo** *n.* dairy goods.

mleć *v.* grind.

mleko *n.* milk; kwaśne ~, sour milk; ~ czartowe, wilcze (*bot.*), wolf's milk, spurge.

ml-ewo, -iwo *n.* grist, grinding of corn.

młoc-arnia, -karnia *f.* threshing-machine; **-ek** *m.* thresher; **-ka** *f.* threshing.

młocba *f.* threshing time.

młod-e *pl.* the young; younglings *pl.*, litter, brood, covey; fry; **-nieć** *v.* grow younger; **-o** *adv.* ~ wyglądać, look young; **-ociany** *a.* youthful; juvenile; **-ość** *f.* youth; **-sza** *f.* chamber-maid; **-y** *a.* young; za -u, in one's youth, when young; pan ~, bride-groom; panna -a, bride.

mło-dzian *m.* youth, young man; **-dzianek** *m.* youngster; dzień -dzianków, Innocents' day; **-dzieńczy** *a.* youthful; **-dzieniaszek** *m.* youngster, stripling; lad; **-dzieniec** *m.* young man, youth; lad; **-dzież** *f.* youth; ~ szkolna, school children; ~ uniwersytecka, undergraduates; **-dzik** *m.* youngster, stripling; novice; **-dziuchny** *a.* very young; delicate; **-dziwo** *n.* beestings; young (animals or plants); **-kos** *m.* lad, stripling.

młot *m.* (slege-)hammer; (*zool.*) hammer-fish; **-eczek** *m.* small hammer; (*anat.*) malleus; **-ek** *m.* hammer, mallet; (*fig.*) **iść** pod ~, go to the hammer.

młóc-enie *n.* threshing; **-ić** *v.* thresh.

młód-ka *f.* young woman; (*zool.*) heifer; **-ki** *pl.* (*karty*) the small cards; **-ź** *f.* youths, young people.

młyn *m.* mill; **-arczyk** *m.* miller's boy; **-arka** *f.* miller's wife; **-arski** *a.* miller's; **-arz** *m.* miller; **-ek** *m.* hand-mill; quern; (*gra*) moulinet; ~ do kawy, coffee-mill; **-kować** *v.* (*zboże*) winnow (*corn*); (*fig.*) veer; **-ówka** *f.* mill-race.

młyński *a.* (of a) mill; **kamień** ~, grindstone.

mną *instrumental of* **ja.**

mnemo-nika, -technika *f.* mnemonics.

mnich *m.* monk; friar; (*u stawu*) water-gate; **-ostwo** *n.* monasticism; **-owski** *a.* monastic.

mnie *accus. of* **ja.**

mniej *adv.* less; fewer; minus; tem ~, the less so (on account of); **-szeć** *v.* diminish; **-szość** *f.* minority; -szości narodowe, the minorities; **-szy** *a.* minor, less, smaller; **-więcej,** more or less.

mniejsza o to, barring that; never mind that; no matter; (let us) omit that; leaving that on the side.

mniem-ać *v.* think, consider; believe; **-anie** *n.* opinion; sentiment; **-any** *a.* supposed, pretended.

mnisz-ek *m.* (*bot.*) dandelion; **-ka** *f.* nun; **-y** *a.* monk's; monastic.

mno-gi *a.* numerous; multifarious; liczba -ga (*gram.*) plural; **-gość** *f.* number; many; **-żenie** *n.* (*arytm.*) multiplication; **-żna** *f.* multiplicand; **-nik** *m.* factor, multiplicator; **-żny** *a.* multiplicable; prolific; **-żyć** *v.* multiply; ~~ **się,** increase in number.

mnóstwo *n.* multitude, great number(s).

mobiliz-acja *f.* mobilization; **-ować** *v.* mobilize.

moc *f.* strength, might, power; authority; force; great quantity; w -y, in force; na -y, -ą, by virtue (of), on the strength (of); **-arstwo** *n.* power; **-arz** *m.* lord, potentate; athlete; **-en** see **-ny**; **-no** *adv.* strongly; stoutly; much; greatly; extremely; ~ pada, it is raining hard; **-ny** *a.* strong, powerful, authorized; **-ować się** *v.* wrestle, struggle; **-owanie się** *n.* wrestling; struggle.

mocz *m.* urine; **-opędny** *a.* diuretic; **-owy** *a.* urinary; **-yć** *v.* dip; wet, soak; (*med.*) urinate; (*chem.*) macerate; (*len*) steep; **-ydło** *n.* retting-pool; **-ymorda** *m.* drunkard, tippler.

moczar *m.*, **-y** *pl.* moor, marsh, marshy grounds.

moda *f.* fashion; custom; mode; w modzie, fashionable; z mody, out of fashion.

model *m.* model, pattern, sample; **-ka** *f.* model; **-ować** *v.* model, shape.

modernizować *v.* modernize.

moderować *v.* moderate.

modl-ić się *v.* pray; **-itewka** *f.* short prayer; **-itewnik** *m.* payer-book; **-itwa** *f.* prayer.

modła *f.* model, fashion; standard, rule.

modły *pl.* (ardent) prayers.

modn-iarka *f.* milliner; **-iarstwo** *n.* millinery; **-ieć** *v.* grow fashionable; **-iś** *m.* dandy; beau, fop; **-y** *a.* fashionable.

modr-ak *m.* (*bot.*) blue-bottle; **-awy** *a.* azure; bluish; **-ooki** *a.* blue-eyed; **-y** *a.* dark-blue, azure.

modrzew *m.* (*bot.*) larch(-tree); **-iowy** *a.* (of) larch, larchen.

modulacja *f.* modulation (*muz.*).

modyfik-acja *f.* modification; **-ować** *v.* modify.

modystka *f.* modiste.

modzel *m.* callosity; **-owaty** *a.* callous.

mogący *a.* able.

mogił-a *f.* tomb, grave; **-ki** *pl.* cemetery.
moje *prn. pl. of* **mój,** my; mine; po -mu, according to my idea; na ~, as I said.
mojżeszowy *a.* Mosaic; ~ zakon, Mosaic Law.
mokka *f.* Mocha (coffee).
mok-nąć *v.* get wet; soak, be steeped, be drenched, be wet; **-radło** *n.* bog, moor; **-rawy** *a.* wettish; **-ro** *adv.* wet; ~ jest, it is wet; **-rość** *f.* humidity, moisture; **-ry** *a.* wet, moist.
moleku-larny *a.* molecular, **-ła** *f.* molecule.
molestowa-ć *v.* molest, trouble, annoy; vex; **-nie** *n.* molestation.
moll *m.* (*muz.*) minor.
molo *n.* pier; mole.
moment, momencik *m.* moment; instant, while; momentum; a point (in a matter); **-alny** *a.* instantaneous.
momot *m.* stammerer, stutterer; **-ać** *v.* stammer, stutter.
monarch-a *m.*, **-ini** *f.* monarch; **-iczny, monarszy** *a.* monarchical; monarchal; **-izm** *m.* monarchism; **-ja** *f.* monarchy.
monaster *m.* monastery.
monet-a *f.* coin, money; **płacić komuś równą -ą,** pay one in his own coin; **-arny** *a.* monetary.
mongoł *m.* Mongol.
monitor *m.* monitor, turret-ship.
monit-ować *v.* remonstrate, admonish; **-um** *n.* monition.
monizm *m.* monism.
mono-kl *m.* monocle; **-graficzny** *a.* monographic; **-grafja** *f.* monograph; **-gram** *m.* monogram; **-log** *m.* monologue; **-plan** *m.* monoplane; **-pol** *m.* monopoly; **-polizować** *v.* monopolize; **-polowy** *a.* (of the) monopoly; **-teista** *m.* monotheist; **-teizm** *m.* monotheism.
monstrancja *f.* monstrance.
monstrualn-ość *f.* monstrosity; **-y** *a.* monstrous.
mont-er *m.* mechanician, mechanic; **-ować** *v.* erect, set up.
monumentalny *a.* monumental.
mops *m.* pug(-dog); **-i** *a.* puggy.
mora *f.* (*tkanina*) moreen.
mora-lista *m.* moralist; **-lizować** *v.* moralize; **-lność** *f.* morality, morals, *pl.*; **-lny** *a.* moral; **-ł** *m.* moral, moral lecture.
mord *m.* murder, slaughter; massacre; havoc; **-erca** *m.* murderer; **-erczy** *a.* morderous, deadly; **-erczyni** *f.* murderess; **-erstwo** *n.* murder; **-ować** *v.* murder; torture; weary, harass; ~ **się,** drudge, toil, plod; get tired, weary oneself; **-ownik** *m.* (*bot.*) wolf's bane, monk's hood, aconite. [mug.
morda *f.* muzzle, snout; (*wulg.*)
morela *f.* apricot.
morena *f.* moraine.
mores *m.* good manners.
morfin-a *f.* morphine; **-ista** *m.* morphinist.
morfologja *f.* morphology.
morg *m.*, **-a** *f.* acre.
morganatyczny *a.* morganatic.
mor-owy *a.* pestilential; **-ówka** *f.* plaguespot; pestilential sore.
mors *m.* (*zool.*) walrus, morse.
mor-ski *a.* (of the) sea, maritime; naval; wilk ~, sea-wolf; rozbójnik ~, sea-pirate; choroba -ska, sea-sickness; -ska podróż, sea voyage; **-szczyzn** *m.* seaweed. [grime.
morus *m.* grimy fellow; **-ać** *v.*
morwa *f.* (*bot.*) mulberry(-tree).
morze *n.* sea, ocean; pełne ~, main, open sea; na morzu, at sea; puścić się na ~, put to sea, set sail.
morz-ący *a.* mortiferous, deadly; **-yć** *v.* drive; harass; (*głodem*) starve; (*tęsknotę*) stifle; ~ **się,** starve.
mosi-ądz *m.* brass; **-ężnik** *m.* brazier; **-ężny** *a.* (of) brass.
moskit *m.* mosquito.
most *m.* bridge; ~ zwodzony, draw-bridge; ~ wiszący, suspension-bridge; prosto z -u, off the bat; **-ek** *m.* small bridge; (*anat.*) breast-bone; **-owe** *n.* bridge-toll; **-owy** *a.* (of a) bridge.
moszcz *m.* must, grape-juice.
moszna *f.* bag; (*anat.*) scrotum.
mościć *v.* pave.
mot-ać *v.* reel, wind on a reel; embroil, entangle; ~ **się** *v.* tidget; **-ek** *m.* skein, hank; **-owidło** *n.* reel.
motocykl *m.* motor cycle.

motyka *f.* pick; hoe.
motyl *m.* butterfly; **-i, -owy** *a.* butterfly's; **-ica** *f.* (*zool.*) plant-louse; (*nowiec*) staggers, *pl.*; **-kować** *v.* flutter; **-kowaty** *a.* (*bot.*) papilionaceous. [*v.* motivate.
motyw *m.* motive, reason; **-ować**
mow-a *f.* speech, talk; language; niema -y o tem, it is out of the question; **-ca** *m.* speaker, orator; **-nica** *f.* pulpit; **-ny** *a.* eloquent; narzędzia-ne, organs of speech.
mozaik-a *f.* mosaic, marquetry; **-ować** *v.* inlay, mosaic, tesselate; **-owy** *a.* mosaic.
mozo-lenie się *n.* toil, drudgery, exertion; **-lić się** *v.* toil, plod; take pains; -lić sobie głowę, rack one's brains; **-lny** *a.* toilsome. [trouble.
mozół *m.* toil; hard work; labour,
moździerz *m.* mortar; **-owy** *a.* mortary.
może *adv.* perhaps; very likely, maybe; **-bność** *f.*, **możliwość** *f.* possibility; **-bny, możliwy** *a.* possible.
można *adv.* one can; one may; czy ~? may I?; ~ było, one could, one might have; jak ~ najlepiej, as well as possible.
możn-ie *adv.* powerfully; **-ieć** *v.* grow powerful; **-ość** *v.* faculty, power; possibility; **-owładca** *m.* magnate; oligarch; **-owładny** *a.* powerful, mighty; **-owładztwo** *n.* oligarchy; **-y** *a.* powerful, mighty, influential; **-i** *pl.* the powerful.
móc *v.* be able; can, may.
mój *a. prn.* mine; my.
mól *m.* (*zool.*) moth; (*fig.*) worm, sorrow; ~ książkowy, bookworm.
mór *m.* plague, pestilence; ~ na bydło, murrain.
mórg *m.* acre.
mów-ca *m.* speaker, orator; **-ić** *v.* speak, talk, say; ~~ za kim, repeat a person's words; **-nica** *f.* platform, pulpit; **-ność** *f.* loquaciousness.
mózg *m.* brain; **-ownica** *f.* skull; **-owy** *a.* cerebral; (of the) brain.
móżdżek *m.* (*potrawa*) brains; (*anat.*) cerebellum.
mro-czność *f.* duskiness; darkness; (*fig.*) sadness; **-czny** *a.* dusky, dark; (*fig.*) sad, grim; **-czyć** *v.* dim, darken, obscure; (*fig.*) eclipse; ~~ **się**, grow dusky; **-k** *m.* twilight; dark; **-kiem**, at nightfall.
mrow-ić się *v.* teem (with); tingle; **-ie** *n.* tingle, shudder; (*tłum*) shoals, drove; **-isko** *n.* ant-hill.
mro-zić *v.* freeze; congeal; **-źno** *adv.* jest ~, it is frosty weather; **-źność** *f.* frostiness, chilliness; **-źny** *a.* frosty, cold.
mrów-czany *a.* formic; **-czy, -kowy** *a.* ant's; **-ka** *f.* ant, pismire; **-kojad** *m.* ant-eater.
mróz *m.* frost.
mruczeć *v.* grumble, murmur; (*pod nosem*) mutter; (*jak kot*) purr.
mru-czek *m.* (*gra*) blindman's buff; (*zrzęda*) grumbler; growler, snarler; **-kliwość** *f.* sulkiness; peevishness, surliness; **-kliwy** *a.* sulky, morose, gruff; muttering; grumbling; peevish; **-knąć** *v.* see **mruczeć**.
mrug-ać, -nąć *v.* blink, twinkle; **-nąć** *v.* (*na kogo*) wink; **-nięcie, -nienie** *n.* twinkling, wink of an eye.
mrużyć *v.* blink.
mrzeć *v.* die, perish. [dream.
mrzonka *f.* fancy, illusion, day-
msza *f.* mass; mszę odprawić, say mass; ~ zaduszna, requiem mass; **-lny** *a.* of the mass; **-ł** *m.* missal.
mszczenie *n.* vengeance.
msz-eć, -yć *v.* grow moss; become moss-grown; **-yca** *f.* plant-louse; **-yć się** *v.* (*o materji*) nap; **-ysty** *a.* mossy, moss-grown.
mści-ciel *m.* avenger; **-cielka** *f.* avengeress; **-ć (się)** *v.* avenge, revenge; **-wość** *f.* vindictiveness, revengefulness; **-wy** *a.* revengeful; vindictive.
mu *prn. dative of* **on**; (to) him, (to) it.
much-a *f.* fly; **-ojadka, -ołówka** *f.* (*zool.*) fly-catcher; **-omór** *m.* (*bot.*) toadstool.
mufka *f.* muff.
mula-rczyk *m.* mason; **-rka** *f.* masonry; **-rski** *a.* mason's; **-rstwo** *n.* masonry; **-rz** *m.* mason, bricklayer; wolny ~, freemason.
mulat *m.*, **-ka** *f.* mulatto.

mul-ę *n.* (mule's) foal; **-ica** *f.* she-mule; **-nik** *m.* muleteer.
muli-ć *v.* obstruct with slime; **-stość** *f.* sliminess; **-sty** *a.* slimy.
muł (muła) *m.* (*zool.*) mule; ~, (mułu) slime, mire; **-owaty** *a.* slimy.
mumja *f.* mummy.
mundur *m.* uniform; (*górna część ubioru wojsk.*) tunic; **-owy** *a.* (of the) uniform.
municypaln-ość *f.* municipality; **-y** *a.* municipal.
munsztuk *m.* mouthpiece; (*u uzdy*) bridle-bit.
mur *m.* wall; **-arz,** mason, bricklayer; **-ołom** *m.* battering-ram; **-ować** *v.* build; wall; **-owany** *a.* (of) brick; (of) stone; (*fig.*) sure; **-ówka** *f.* brick; (*orn.*) martlet.
murawa *f.* lawn, (the) green.
murgrabia *m.* castellan, steward.
murzać *v.* blacken; smear, soil.
murzy-n *m.* negro; **-nka** *f.* negress; **-ński** *a.* negro's.
mus *m.* necessity; compulsion, constraint; z-u, from constraint, of necessity; ~, *m.* (*gaz*) froth, sparkle; **-ić** *v.* force, constrain, compel; **-ieć** *v.* (*teraźn. i przeszł.*) must; be obliged; be forced; have (to).
muskać, musnąć *v.* brush, skim, caress, fondle; (*sukno*) calender; ~ **się** *v.* trick oneself up.
musku-larny *a.* muscular; **-ł** *m.* muscle.
mus-ować *v.* froth, foam; sparkle; **-ujący** *a.* frothy.
musowo *adv.* needs, of necessity, from constraint.
mustr-a *f.* drill, exercise; **-ować,** ~~ **się** *v.* exercise, drill.
muszelka *f.* shell.
muszka *f.* fly; (*na twarzy*) beauty-spot; (*u karabina*) bead; wziąć na -ę, draw a bead (on).
muszkat *m.* nutmeg; **-el** *m.*, **-ela** *f.* muscadel; **-ołowy** *a.*, ~ kwiat, mace; -ołowa gałka, nutmeg; -ołowe wino, muscadel wine; **-owiec** *m.* nutmeg-tree.
muszkiet *m.* musket; **-er** *m.* musketeer.
muszla *f.* shell; (*naczynie*) bowl, basin, sink.
musztard-a *f.* mustard; **-nic(zk)a** *f.* mustard-pot.
musztra see **mustra.**
muszy *a.* fly's.
muślin *m.* muslin; **-owy** *a.* (of) muslin.
muśnięcie *n.* skimming, brushing.
mutacja *f.* mutation.
mut-erka, -ra *f.* nut.
muza *f.* muse, Muse.
muzeum *m.* museum.
muzułma-n, -nin *m.*, **-nka** *f.* Mussulman; **-ński** *a.* Mussulman('s).
muzy-czny *a.* musical; (of) music; **-k, -kant** *m.* musician; **-ka** *f.* music; kocia ~, caterwauling; dorobić -kę, set to music; **-kalność** *f.* musicalness; **-kalny** *a.* musical; **-kant** *m.* musician.
my *prn.* we.
my-cie *n.* washing; **-ć (się)** *v.* wash; ~ sobie ręce, wash one's hands.
mycka *f.* skull-cap.
myd-ełko *n.* (cake of) soap; **-lany** *a.* soapy, (of) soap; **-larczyk** *m.* soap-boiler's apprentice; **-larnia** *f.* soap-factory; **-larski** *a.* (of) soap; **-larstwo** *n.* soap-boiling; **-larz** *m.* soap-boiler; **-lasty** *a.* soapy; **-leniec** *m.* (*min.*) steatite, soap-stone; **-lić** *v.* soap, lather; (*fig.*) ~~ komu oczy, cheat one; **-liny** *pl.* soap-suds; **-lnica** *f.* (*bot.*) soapwort; **-ło** *n.* soap; (*fig.*) miss.
my-lić *v.* mislead, confound; confuse; ~~ **się,** be mistaken, err; be wrong; **-lnie** *adv.* erroneously, wrongly; **-lność** *f.* erroneousness; **-lny** *a.* erroneous, wrong; **-łka** *f.* error, mistake, fault, blunder.
mysi *a.* mouse's; **-królik** *m.* (*orn.*) wren.
mysz-ka *f.* mouse (*pl.* mice); (*med.*) mole; ~ laskowa, dormouse; **-aty** *a.* mouse-coloured; **-kować** *v.* ferret, rummage, filch; **-ołów** *m.* mouser; **-ołówka** *f.* mouse-trap; (*orn.*) bustard.
myśl *m.* thought, idea, mind; purpose; przychodzi mi na ~, it occurs to me; być dobrej -i, be of good cheer; **-ący** *a.* thinking, reasoning; **-eć** *v.* think, suppose, intend, be of opinion; imagine; (*o kim*) think of one;

remember one; **-enie** *n.* thinking, thought; reflection; sposób -enia, the way of thinking, sentiments; **-iciel** *m.* thinker; **-owo** *adv.* in thought.
myśliw-iec, -y *m.* hunter, huntsman; **-ski** *a.* hunting; -ska strzelba, fowling-piece; **-stwo** *n.* hunting.
myt *m.* myth.
myt-nictwo *n.* customs; **-nik** *m.* officer of the customs-house; **-o** *n.* toll.
mż-enie *n.* drizzle; **-yć** *v.* drizzle.

N

na *prp.* on, upon; against; at; for; by; to; iść ~ obiad, go to dinner; ~ mój koszt, at my cost; raz ~ dzień, once a day; ~ pamięć, by heart; ~ jego prośbę, at his request; ~ górze, up-stairs; ~ piśmie, in writing; ~ ślepo, blindfolded; ~ wagę, by the weight; ~ morzu, at sea; spalić ~ węgiel, burn to coal.
na *i.* (*wulg.*) here, here you are!
na- jako przedrostek w czasownikach oznaczający: *a*) czynność dokonaną, lub *b*) czynność powtarzaną wielokrotnie — nie posiada odpowiednika po ang.; zatem tłumaczymy np. „napisać list" tak, jak „pisać list", „nabudować dużo domów" tak, jak „budować dużo domów"; gdy przedrostek na- oznacza nasycenie się (w połączeniu z czasownikami zaimkowemi), wyrażamy go przy pomocy słów i zwrotów: one's fill, enough, more than enough, copiously, plenty, np. natańczyłem się, I have danced enough lub I have danced more than enough.

Czasowników z przedrostkiem na-, nie podanych poniżej, należy szukać tam, gdzie figurują w formie niedokonanej, tj. bez przedrostka, np. „napisać" pod „pisać".

na- prefixed to verbs indicates *a*) the completion, and *b*) the repetition of an action; these have no equivalent in E.; the verb therefore is translated as when without the prefix; e. g. „napisać list" like „pisać list", „nabudować dużo domów" like „budować dużo domów"; with pronominal verbs na- indicates satiety — rendered in E. by such words or expressions as one's fill, enough, more than enough, copiously, plenty etc. e. g. natańczyłem się, I have danced enough, or I have danced more than enough.

For verbs with prefix na- not given below, see same without prefix, e. g. for „napisać" see „pisać".

nabawi-ać, -ć się *v.* bring upon oneself; incur, run into; also see **bawić (się)**; ~ choroby, catch a disease; **-ć** *v.* bring (upon one), cause, occasion.
nabiał *m.* dairy goods.
nabi-ć, -jać *v.* load; charge; (*nasadzić*) mount; (*nawbijać*) stud (with); ~ sobie czem głowę, take into one's head; ~ sobie guza, get a bump; **-cie, -janie** *n.* charge, load.
nabie-c, -gać *v.* swell, befall; **-gły** *a.* swollen; ~~ krwią, bloodshot; **-gnienie, -żenie** *n.* (*żyt*) swelling.
nabierać *v.* get, acquire; (*obierać*) swell; tumefy; ~ odwagi, take courage; (*oszukać*) cheat; pull one's leg.
nabi-jać *v.* see **nabić**; **-ty** *a.* loaded; cram-full; studded; (*o materji*) dense, compact.
nabłotnik *m.* (*orn.*) greenshank.

Odnośnie do czasowników z przedrostkiem n a-, brakujących powyżej, obacz **na-**.

For verbs with prefix **n a-** not given consult **na-**.

naboż-eństwo *n.* divine service; devotion; (*fig.*) nie mieć -eństwa (*do*), have no faith (*in*), feel no sympathy (*for*); **-nica** *f.*, **-niś** *m.* devotee; **-ność** *f.* piety, devotion; **-ny** *a.* devout, pious, devotional.
nabój *m.* cartridge; charge; ślepy ~, blank cartridge.
nabór *m.* (*rekruta*) levy, conscription.
nabrać *v.* see **nabierać.**
nabrz-ękłość, -miałość *f.* swelling, tumour; **-ękły, -miały** *v.* swollen; **-ęknąć, -mieć, -miewać** *v.* swell; tumefy; puff (up); **-mienie** *n.* swelling; tumour.
naby-cie *n.* acquisition; **-ć, -wać** *v.* acquire, obtain; get, purchase; **-tek** *m.* purchase; **-walny** *a.* purchasable, attainable; **-wca** *m.* buyer, purchaser; acquirer.
nacecho-wać *v.* mark, point out, stamp; **-wany** *a.* marked, branded; characterized (by).
nachmurz-ony *a.* clouded; gloomy; **-yć się** *v.* grow overcast; darken, become gloomy.
nachodzić *v.* importune, visit; intrude; (*kraj*) invade; also see **chodzić.**
nachyl-ać, -ić *v.* bend, incline, bias; ~~ **się,** stoop, bow; **-enie** *n.* inclination, bending; inflection.
naci-ąć *v.* incise, notch, indent, cut; see **ciąć**; **-ęcie** *n.* notch, cut, incision, score.
naciąg *m.* extract; **-ać, -nąć** *v.* stretch, strain; (*struny*) string; (*med.*) set; (*rozmowę na co*) direct; (*zegar*) wind up; (*fig.*) force; (*oszukać*) cheat, deceive; herbata -a, the tea is drawing; see **ciągnąć**; **-adło** *n.* rack-bar; **-any, -nięty** *a.* forced; stretched, strung; bent, strained; farfetched; cheated.
naciek *m.* swelling, infusion; stalagmite.
na-cierać, -trzeć *v.* rub; (*med.*) embrocate; (*na kogo*) attack; chafe; **-cieranie** *n.* rub, chafe; (*med.*) embrocation, friction; (*na kogo*) attack, assault; charge.
nacinać see **naciąć, ciąć.**
nacisk *m.* pressure, stress; crowd; throng; (*ucisk*) oppression; pod -iem, under constraint; **-ać** *v.* press, impress, urge, insist (upon); also see **ciskać**; **-nąć** *v.* press; also see **cisnąć.**
nacjonali-sta *m.* nationalist; **-zacja** *f.* nationalization.
naczczo *n.* with (or on) an empty stomach; before breakfast.
naczel-nictwo *n.* command, management; the persons in charge; **-nik** *m.* chief, chieftain, manager; ~ stacji, stationmaster; **-ny** *a.* chief, supreme; ~ wódz, commander-in-chief.
naczyni-e *n.* vessel; utensil; instrument; -a gliniane, pottery; -a krwionośne, bloodvessels; **-ówka** *f.* vascular tissue; **-ńko** *n.* small vessel.
nać *v.* leaves (of vegetables).
nad *prp.* i *adv.* on, upon, over, above, upwards, beyond; more than; about.
nad- jako przedrostek w rzeczownikach, nadający znaczenie wyższego urzędu, wyraża sie po angielsku przedrostkiem chief-, super-.
nad- jako przedrostek w czasownikach, nadający im znaczenie czynności rozpoczętej, wyraża się przez użycie wyrazu „somewhat".
Wyrazów z przedrostkiem nad- nie podanych poniżej szukać należy tam, gdzie figurują bez tego przedrostka, np. „nadinżynier" pod „inżynier"; „nadpsuć" pod „psuć" i t. d.
nad- is prefixed to nouns to denote a superior rank or position and is rendered into English by the prefixes chief- or super-.
nad- is prefixed to verbs to denote that an action is barely begun and is rendered into English by the word „somewhat".

Odnośnie do czasowników z przedrostkiem na-, brakujących powyżej, obacz **na-.**

For verbs with prefix na- not given consult **na-.**

For words with prefix nad- not given below see same without prefix, e. g. for „nadinżynier" see „inżynier"; for „nadpsuć" see „psuć" etc.

nada-ć, -wać *v.* grant; confer (upon one), bestow (on); endow; ~~ **się** *v.* suit, fit; be of use; be suitable; **-nie** *n.* investiture; grant, endowment, donation; conferment.

nadal *adv.* in future, henceforth.

nadaremn-ie, -o *adv.* in vain, vainly; **-y** *a.* vain, fruitless.

nadarz-ać, -yć się *v.* happen; occur; przy -onej okazji, when the opportunity occurs.

nadawca *m.* sender, consigner; conferrer, bestower, granter.

nadążyć *v.* keep pace (with one), overtake.

nadbałtycki *a.* Baltic.

nadbie-c, -dz, -gać, -gnąć *v.* run (to), hasten (to), accost.

nadbrzeż-e *n.* coast, shore; (*rzeki*) bank; **-ny** *a.* (of the) shore; (of the) coast; littoral.

nadbudować *v.* add a storey; build on.

nadbutwi-ały *a.* somewhat musty; **-eć** *v.* moulder somewhat, grow somewhat musty; begin to rot.

nadchodzić *v.* approach, draw near, come up.

nadciąg-ać, -nąć *v.* near, approach; arrive (at); reach.

nadczłowiek *m.* superman.

nadczułość *f.* hyperaesthesia.

nadda-ć *v.* add, give more than is due, give into the bargain; **-tek** *m.* surplus; over-measure; w -tku, moreover, into the bargain; **-tkowy** *a.* supernumerary.

nadejś-cie *n.* arrival; coming; **-ć** *v.* arrive, come.

nadedrzwie *n.* lintel.

nadeń = nad niego.

nadep-nąć, -tać *v.* (*co, na co*) tread (on), step (on); trample; see **deptać.**

nader *adv.* highly, greatly, extremely.

naderwać (się) *v.* strain (oneself); overdo (oneself); (*rwać*) tear somewhat.

nadesłać *v.* send, forward.

nadetatowy *a.* supernumerary. [(things).

nadewszystko *adv.* above all

nadę-cie *n.* inflation, swelling; **-tość** *f.* swell, inflation; swelling; (*fig.*) bombast; **-ty** *a.* swelled, inflated, puffed up; swollen; (*fig.*) proud, elated.

nadgiąć *v.* curb slightly.

nadgni-ć *v.* begin to rot; **-ły** *a.* somewhat rotten, decayed, musty.

nadgraniczny *a.* boundary, bordering; słup ~, boundary-stone. [off.

nadgry-zać, -źć *v.* bite at, gnaw

nadir *m.* nadir.

nadje-chać, -żdżać *v.* arrive, approach, come up.

nad-kładać, -łożyć *v.* give into the bargain; add; ~ x kilometrów, take a longer way by x kilometers.

nad-latywać, -lecieć *v.* fly near, approach.

nadleśniczy *a.* chief-forester.

nadliczbowy *a.* supernumerary.

nadludzki *a.* superhuman.

nadłam-ać, -ywać *v.* chip (off); break (off).

nadłożyć *v.* see **nadkładać.**

nadmiar *m.* excess, surplus; ~, *adv.* overmuch.

nadmien-iać, -ić *v.* mention, allude (to); hint; **-iam, że,** I must add that...

nadmie-rny *a.* excessive, exorbitant; **-rzyć** *v.* give into the bargain; overmeasure.

nadmorski *a.* maritime, situated on the coast.

nadmurować *v.* build up, add.

nadnaturaln-ość *f.* supernaturalness; **-y** *a.* supernatural.

nadob-ność *f.* comeliness, beauty; **-ny** *a.* comely, beautiful; neat, handsome; piękne za -ne, tit for tat.

nadobowiązkowy *a.* facultative, optional, not obligatory.

Odnośnie do wyrazow z przedrostkiem n a d-, brakujących powyżej, obacz **nad-.**

For words with prefix n a d- not given consult **nad** .

nadół *adv.* down(wards); downstairs; spuścić oczy ~, cast down one's eyes.
nadpalony *a.* partly burnt, somewhat burnt.
nadpis *m.* title; superscription; **-ać** *v.* superscribe.
nadpłacić *v.* overpay.
nadpły-nąć, -wać *v.* sail up, arrive, approach.
nadpowietrzny *a.* celestial; atmospheric.
nadprodukcja *f.* surplus, overplus, superabundance.
nadprogram *m.* supplement.
nadprzyrodzony *a.* supernatural.
nadpsu-cie *n.* deterioration; taint; **-ć** *v.* spoil somewhat; damage, taint somewhat; **-ć się** *v.* taint, deteriorate; **-ty** *a.* deteriorated, tainted. [breast.
nadr-a *f.*, **-o** *n.* (*u sukni*) bosom,
nadr-abiać, -obić *v.* do (or make) more than is due; add on; catch up; also see **drobić**; ~ miną, make the best of a bad bargain; put on a good face to a bad business.
nadrożny *a.* way-side. [się.
nadrywać się *v.* see **naderwać**
nadrzecze *n.* foreshore, bank, region situated along the bank.
nadskak-iwać *v.* court, be officious; fawn (upon); **-iwanie** *n.* officiousness. [hasten up.
nadskoczyć *v.* come bounding,
nadsłupie *n.* (*arch.*) architrave.
nadsłuchiwać *v.* listen; eavesdrop.
nadspodzi-anie, -ewanie *adv.* **-ewany** *a.* above all expectation.
nadstawi(a)ć *v.* hold out, extend; fix, affix; (*głowy, szyi*) risk; (*ucha*) give ear; ~~ **się** *v.* imperil oneself; run risks.
nadsyłać *v.* see **nadesłać**.
nadszargać *v.* soil, stain; impair, endamage.
nadszarpać, nadszarzać, nadszczerbić *v.* spoil, impair, endamage.
nadsztukować *v.* add; sow on; patch on.

Odnośnie do wyrazów z przedrostkiem n a d-, brakujących powyżej, obacz **nad-**.

nadto *adv.* besides, moreover; also; (*zbyt*) too much, too many; more than enough; aż ~, już ~! more than enough. [off.
nadtrącić *v.* endamage, break
naduży-cie *n.* abuse, misuse, excess; transgression; **-(wa)ć** *v.* abuse, misuse; transgress.
nadwątl-ać, -ić *v.* weaken, debilitate; **-enie** *n.* weakening, debility; **-ony** *a.* weakened, debilitated.
nadweręż-ać, -yć *v.* damage, overtax, infringe; **-enie** *n.* damage, infringement exertion, prejudice.
nadwięd-ły *a.* somewhat faded; somewhat withered; **-nąć** *v.* wither somewhat; fade somewhat.
nadwiśl-ański *a.* situated on the Vistula; Vistulan; **-e** *n.* the valley of the Vistula.
nadwodny *a.* built over the water, aquatic.
nadworny *a.* (of the) court, aulic; ~ dostawca, accredited furnisher.
nadwyrężyć see **nadwerężyć**.
nadwyżka *f.* overplus, surplus.
nadybać *v.* surprise, fall in (with).
nadymać *v.* inflate, swell; ~ **się** *v.* swell; sulk; be elated.
nadzi-ać, -ewać *v.* put on; (*wbić*) pierce; cram; (*kuch.*) stuff; **-anie, -enie** *n.*, **-ewanka** *f.* (*kuch.*) stuffing.
nadziak *m.* club.
nadziej-a *f.* hope, expectation, prospect; mieć -ę, hope, trust; przy nadziei, pregnant.
nadziemski *a.* supernatural, heavenly.
nadzienie *n.* stuffing.
nadzmysłowy *a.* transcendental, abstract.
nadzor-ca *m.* superintendent, overseer; **-czy** *a.* superintending; rada -cza, Board of Directors; **-czyni** *f.* inspectress; **-ować** *v.* superintend, oversee.
nadzór *m.* supervision, watch.
nadzwyczaj-nie *a.* extraordinarily, exceedingly, extremely;

For words with prefix n a d- not given consult **nad-**.

-ność *f.* extraordinariness; **-ny** *a.* extraordinary.
naf-ciany, -towy *a.* (of) oil; (of) petroleum; **-ta** *f.* oil; petroleum; **-talina** *f.* naphtaline.
nagab-ać, -nąć, -ywać *v.* trouble, importune, annoy.
nagan-a *f.* blame, censure, reproach; **-iać** *v.* blame, censure; see **ganić**; **-ność** *f.* blamewo - thiness; **-ny** *a.* blameworthy, reprehensible.
nagan-iać *v.* (*zwierzynę*) beat; **-iacz** *m.* beater; **-ka** *f.* beating; battue. [heap up.
nagarnąć *v.* gather, hoard,
nagi *a.* naked, bare.
nagi-ąć, -nać *v.* bend(down), bow; (*do czego*) prevail (upon); compel; accustom (to); ~~ **się**, bend, stoop; **-ęcie, -nanie** *n.* bend, flexure.
nagietek *m.* (*bot.*) marigold.
nag-lący *a.* pressing, urgent; instant; **-le** *adv.* suddenly; **-lić** *v.* urge, hurry; press (hard); **-łość** *f.* suddenness, urgency, expediency; **-ły** *a.* sudden, expedient, urgent, pressing.
nagłośnia *f.* epiglottis.
nagłówek *m.* heading, top.
nagminny *a.* universal; (*med.*) epidemic.
nagniotek *m.* corn (on the toe).
nago *adv.* naked, bare; **-ść, -ta** *f.* nakedness, barenness.
nagolennik *m.* thigh armour, cuisse, cuish.
nagradzać *v.* reward, recompense, make up, requite; (*stratę*) indemnify; (*krzywdę*) redress.
nagrobek *m.* tomb(-stone), monument; epitaph.
nagro-da *f.* reward, recompense; (*dla zwycięzcy*) prize; **-dzić** *v.* reward, recompense; indemnify, compensate.
nagu-chny, -sieńki *a.* stark naked.
nahajka *f.* whip, knout, cat-o'-nine-tails.
naigrawa-ć się *v.* (*z kogo*) deride, ridicule; **-nie się** *n.* derision.

Odnośnie do czasowników z przedrostkiem n a-, brakujących powyżej, obacz **na-**.

naiwn-ość *f.* ingenuousness, candour, naiveté; **-y** *a.* naive, ingenuous.
najada *f.* water-nymph.
najazd *m.* invasion, inroad, incursion.
naj-ąć *v.* hire, rent; ~~ **się**, hire oneself (out); **-ęcie** *n.* hiring, renting; do -ęcia, to be let.
najdalej *adv. superl. of* **daleko**; farthest; at the outmost.
najechać *v.* invade, attack, surprise; (*o wozie*) run into; tramwaj -ł na auto, the tram ran into a motor-car.
najedzony *a.* satiated, full (up); jestem ~, I am quite comfortable.
najem *m.* lease, hire, rent; **-nica** *f.* journey-woman; charwoman; **-nictwo** *n.* mercenary service; **-niczość** *f.* mercenariness; **-niczy** *a.* (of the) rent; on hire; mercenary; **-nik** *m.* journeyman, hireling, mercenary; **-ność** *f.* mercenariness; **-ny** *a.* żołnierz ~, mercenary.
najezd-ca, -nik *m.* invader; **-niczy** *a.* incursive, invasive.
najeżdżać *v.* see **najechać**.
najeż-ony *a.* bristling; **-yć się** *v.* bristle, stand on end; set on end.
najęty see **nająć**; jak ~, as one hired to do so.
najgorszy *a. superl. of* **zły**; worst.
Najjaśniejszy Pan, His Majesty. [best.
najlepszy *a. superl. of* **dobry**;
najmniej *adv. superl. of* **mało**; the least; at least; **-szy** *a. superl. of* **mały**; the least; the smallest.
najmować *v.* hire, let.
najpierw(ej) *adv.* first (of all); above all; **-szy** *a.* foremost, the first.
najprzód, na(j)samprzód *adv.* first; in the first place.
najś-cie *adv.* invasion; **-ć** *v.* invade, overrun; (*kogoś*) importune. [*superl. of* **duży**.
najwię-cej *superl. of* **dużo**; **-kszy**
najwyż-ej *adv.* highest; at most; **-szy** *a.* highest, utmost, uppermost; supreme.

For verbs with prefix n a- not given consult **na-**.

nakaz *m.* order, command; **-ać, -ywać** *v.* order, command; **-ujący** *a.* imperative.
nakład *m.* outlay, cost, expense(s); ~ książki, issue; **-ać** *v.* lay (on), put (upon), load; (*łuk*) string; (*fajkę*) fill; (*podatki, kontrybucję*) impose; (*na co*) pay, cover expenses; (*czem*) risk, stake; **-ca** *m.* publisher; **-owy** *a.* publishing.
nakł-aniać, -onić *v.* induce, bring to, prevail (upon, with); incline; ~ ucha, give ear (to); ~ **się** (*do czego*) consent to; acquiesce in, incline, be inclined, be prevailed (or brought) to; dać się ~ do czego, acquiesce (in), agree (to).
nakolanek *m.* see **nagolennik.**
nakoniec *adv.* at last, at length, finally, after all.
nakrapia-ć *v.* speckle; dot; spot; ~~, **nakropić** *v.* see **kropić; -ny** *a.* speckled, spotted; pied.
nakreśl-anie *n.* drawing; **-enie** *n.* draught, delineation; **-ić** *v.* draw, delineate, sketch.
nakręc-ać, -ić *v.* wind up, turn, direct; (~ *prawo*) misrepresent, misinterpret.
nakry-cie, -wanie *n.* roof, shelter; cover(ing); (*stołu*) cover; **-ć, -wać** *v.* cover; put a cover (on); ~ do stołu, lay the cloth, lay the table; ~ głowę, put on one's hat; ~ **się** *v.* cover oneself; **-wka** *f.* cover, lid.
nakrzyż *adv.* crosswise; across.
nakształt *adv.* in the shape of, likewise.
nalany *a.* poured in, infused; [bloated, swollen.
naleciałość językowa, denizen.
nalega-ć *v.* press, insist, urge, hurry one on; **-nie** *n.* solicitation, urgent demand; insistence, pressing, urgency.
nalep-ić *v.* stick (on); glue; paste; **-ka** *f.* label, ticket.
naleśnik *m.* pancake.
nalew-ać see **lać**; **-ka** *f.* (*dzbanuszek*) jug; (*wódka*) liqueur, flavoured brandy; (*lekarstwo*) infusion.

należ-ący *a.* belonging, due to; appurtenant (to); **-eć** *v.* (*do kogo*) belong to; appurtain; (*do czego*) take part in, participate; to co każdemu się -y, every one's due; -y mi się od niego, he owes me...; ~ to zrobić, this should be done; -y się, it is suitable, it is becoming; to -y do mnie, that belongs to me; **-ność, -ytość** *f.* right; appurtenance(s); (*fin.*) the amount due; the dues; **-ny** *a.* due, proper, owed; **-y (się)** it behoves (to); it is necessary; -ało przyjść, you should have come, you ought to have come; **-ycie** *adv.* duly, properly, suitably; **-yty** *a.* proper, fit, right; due, suitable.
nałożyć see **nakładać.**
nał-ogowy *a.* inveterate, habitual; **-óg** *m.* bad habit, inveteracy.
nałoż-nica *f.* concubine; **-nictwo** *n.* concubinage.
nam *prn. dative of* **my**; to us, us.
namaca-ć *v.* feel, grope; **-lność** *f.* palpability; **-lny** *a.* palpable, plain.
nama-szczać, -ścić *v.* anoint; embalm; see **maścić; -szczenie** *n.* anointing; (*fig.*) pathos; ostatnie -szczenie, Extreme Unction.
namawia-ć *v.* urge (to); entice (to); instigate; **-cz** *m.* instigator.
namiastka *f.* substitute.
namiestni-ctwo *n.* governorship; **-k** *m.* governor, viceroy; representative.
namięk-ać, -nąć *v.* mollify, soften.
namiętn-ość *f.* passion, ardour, vehemence; **-y** *a.* passionate, ardent, vehement.
namiotek *m.* tent, pavilion; canopy. [soaked.
namoknąć *v.* be drenched, be
nam-owa *f.* suggestion, entreaty, instigation; **-owca** *m.* abettor, instigator; **-ówić** see **namawiać.**
namu-lać, -lić *v.* fill with slime; **-listy** *a.* slimy; **-ł** *m.* slime.

Odnośnie do czasowników z przedrostkiem na-, brakujących powyżej, obacz **na-**.

For verbs with prefix na- not given consult **na-**.

namy-sł *m.* consideration, reflection, resolution; z -słem, deliberately; bez -słu, off-hand, inconsiderately; **-ślać się, -ślić się** *v.* ponder, reflect, wonder, make up one's mind; (*na co*) resolve; **-ślenie się** *n.* consideration, reflection, decision.
nanic *adv.* in vain.
nanizać *v.* string (on); thread (on). [(of) nankeen.
nankin *m.* nankeen; **-owy** *a.*
nanowo *adv.* anew.
nań = **na niego.** [hand.
naodlew *adv.* back-hand, off-
naoczn-ie *adv.* evidently, plainy; ocularly; with one's own eyes; **-y** *a.* evident, plain; ocular; ~ świadek, eye-witness.
naodwrót *adv.* inversely; the other way round; upside-down; inside out.
naok-oło, -ół *adv.* round; **-olusieńko** *adv.* all around.
naonczas *adv.* then, at that time.
naopak *adv.* amiss, the wrong way, awry, topsy-turvy.
naostatek *adv.* finally, at last, at length.
naoścież *adv.* wide open.
naoślep *adv.* blindly; headlong.
naówczas *adv.* then, at that time, in those days.
napad *m.* assault, attack, inroad, incursion, raid; (*med.*) paroxysm, attack; fit; **-ać, napaść** *v.* assail, assault, attack, fall upon; (*o chorobie*) attack.
napa-r *m.* infusion; **-rzać, -rzyć** *v.* foment; infuse; steep in hot water; **-rzanie** *n.* fomentation, infusion.
naparst-ek *m.* thimble; **-nica** *f.* (*bot.*) foxglove.
napast-liwość *f.* aggressiveness; **-liwy, -niczy** *a.* aggressive; **-nik** *m.* aggressor, assailant; **-ować** *v.* aggress, assault.
napaść *f.* assault, attack; ~, *v.* assail, attack; also see **paść.**
napawać *v.* see **napoić; ~ się** *v.* delight (in); imbibe.
napchać *v.* cram, fill, crowd.
napełni(a)ć *v.* fill (up).

Odnośnie do czasowników z przedrostkiem **na-**, brakujących powyżej, obacz **na-**.

napewno *adv.* certainly, for sure; for certain; assuredly.
napędz-ać, -ić *v.* (*zwierzynę*) drive in (to), pen; (*kogo do czego*) impel, force, drive; ~ strachu, frighten. [strain.
napi-ąć, -nać *v.* bend, stretch,
napierać *v.* (*na*) press (one) hard; importune; insist, urge.
napierśn-ik *m.* breastplate; **-y** *a.* (laying on the) breast.
napięcie *n.* tension, strain; (*fiz.*) potential energy; (*elektr.*) wysokie ~, high tension.
napiętek *m.* heel (of sock).
napiętnowa-ć *v.* stamp, brand; stigmatize; **-nie** *n.* branding, stigmatizing. [tent; intended.
napięty *a.* strained; bent; in-
napis *m.* inscription.
napi-tek *m.* beverage; potation; **-wek** *m.* tip.
naplecznik *m.* strap.
napły-nąć, -wać *v.* flow (in; to); penetrate (into); (*fig.*) inundate; **-w** *m.* (in)flow; influx; infiltration; crowd; **-wowy** *a.* inflowing, immigrating.
napocz-ąć, -ynać *v.* begin, broach; (*beczkę*) tap; **-ęty** *a.* begun, started, broached.
napoczekaniu *adv.* off-hand; while you wait; immediately.
na-podorędziu, -pogotowiu *adv.* (ready) at hand, in readiness.
napodziw *adv.* wonderfully.
napoić *v.* tipple; inspire (with); (*konia*) water; (*fig.*) fill (with).
napoły *adv.* half; almost.
napom-inać, -nieć *v.* admonish, exhort; (*fin.*) dun; **-inanie, -nienie** *n.* admonition, exhortation; dunning.
napom-knąć, -ykać *v.* hint, allude (to), mention; **-knienie, -knięcie** *n.* allusion, hint, mention; admonition, exhortation.
napoprzek *a.* athwart, across.
napot-kać, -ykać (się) *v.* meet; fall in with, light upon.
napotny *a.* sweating —; perspiratory, diaphoretic.
napowietrzny *a.* aerial.
napowrót *adv.* back.

For verbs with prefix **na-** not given consult **na-**.

napozór *adv.* apparently, seemingly. [potion; draught.
napój *m.* drink, beverage; (*med.*)
napół *adv.* half, by (in) halves.
napór *m.* pressure.
napraw-a, -ka *f.* repair; reformation; improvement; **-iać, -ić** *v.* repair, mend, reform; improve; (*krzywdę*) make up (for); ~~ **się**, improve, get better.
naprędce *adv.* quick(ly), hastily.
napręż-ać, -yć *v.* strain, concentrate; **-enie** *n.* tension; strain.
naprostować *v.* straighten (out).
naprowadz-ać, -ić *v.* introduce; lead (to), bring (to); imbibe; give a covering (of); ~ na myśl, suggest.
napróżn-o *adv.* in vain, to no avail, to no effect; **-y** *a.* vain, useless.
naprzeć see **napierać.**
naprzeciw, -ko *adv.* i *prp.* opposite; over, across; **-legły** *a.* opposite; facing. [by turns.
naprzemian(y) *adv.* alternately,
naprzestrzał *adv.* through and through; otworzyć okna ~, open the windows opposite each other.
naprzód *adv.* first, in the first place; forward; in front; (*zgóry*) beforehand, in advance; ~, *w.* forward; ~ i wtył, forwards and backwards.
naprzykład *adv.* for instance, for example.
naprzykrz-ać się, -yć się *v.* molest, importune, pester; intrude (upon); **-ony** *a.* troublesome, importunate, molesting.
napuch-łość *f.* swelling; **-ły** *a.* swollen; **-nąć** *v.* swell.
napu-szczać, -ścić *v.* imbibe, impregnate; give a covering (of); also see **puszczać, puścić.**
napusz-enie *n.* inflation, conceit; **-ony** *a.* puffed up, conceited, inflated; **-yć** *v.* inflate; ~~ **się**, be swelled, be puffed up; **-ysto** *adv.* bombastically; **-ystość** *f.* swelling, inflation, bombast; **-ysty** *a.* bombastic; swollen; inflated, proud, elated.

Odnośnie do czasowników z przedrostkiem **na-**, brakujących powyżej, obacz **na-.**

napychać *v.* see **napchać.**
nara-da *f.* consultation, deliberation; meeting; **-dzać się, -dzić się** *v.* confer, deliberate.
naraić *v.* procure; pander.
naramienni-ca *f.* armlet; **-k** *m.* armlet, shoulder-belt.
nar-astać, -osnąć *v.* grow up, increase; rise, swell, accrue; -osłe odsetki, accrued interest.
naraz *adv.* (*razem*) at once; together; (*raptem*) suddenly.
nara-zić, -żać *v.* expose, endanger, imperil; ~ **się**, run the risk (of); be liable (to); (*komu*) incur one's disfavour, offend; ~~ na niebezpieczeństwo, incur the danger (of). [skier.
narcia-rstwo *n.* skiing; **-rz** *m.*
narcyz *m.* (*bot.*) narcissus.
nard *f.* nard.
nareszcie *adv.* at last; finally.
naręcz-e *n.* armful; **-nik** *m.* sling; **-ny koń**, off-horse.
nargilę *f.* narghile.
narkoty-czny *a.* narcotic; **-k** *m.* narcotic; **-zować** *v.* narcotize; **-zowanie** *n.* narcotization.
narkoza *f.* narcosis; anaesthetic; pod **-ą**, anaesthetized.
narobić *v.* cause, occasion; also see **robić.**
narodow-ościowy, -y *a.* national; **-ość** *f.* nationality.
narodz-enie *n.* birth; Boże ~, Christmas; **-ić** *v.* bring forth; ~~ **się** *v.* be born, come into the world; **-iny** *pl.* birth(-day).
naro-snąć *v.* grow (up); accumulate, accrue; **-st** *m.*, **-śl** *f.* excrescence.
naroścież *adv.* wide open.
nar-owić *v.* spoil (by bad habits); ~~ **się**, contract evil habits; grow restive; **-owisty, -owny** *a.* restive. [(at the) corner.
naroż-e, -nik *m.* corner; **-ny** *a.*
naród *m.* nation, people.
narów *m.* bad habit; restiveness.
narówni *adv.* equally; in an equal degree. [się *v.* ski.
nart *m.*, **-a** *f.* ski (*pl.* skis); **-ować**
narusz-ać, -yć *v.* violate, infringe; injure; ~ spokój, disturb;

For verbs with prefix **na-** not given consult **na-.**

-alny *a.* violable; **-enie** *n.* violation, infraction, disturbance; damage; breach, infringement.
narwać *v.* pluck, gather.
narwa-niec *m.* crank; crazy person; **-ny** *a.* crazy.
narwal *m.* (*zool.*) narwhal.
naryb-ek *m.* fry; **-iać, -ić** *v.* stock (a pond) with fish.
narys *m.* drawing, sketch.
narzą-d *m.* organ; **-dzać, -dzić** *v.* prepare; repair; mend, adjust, fix.
narzecze *n.* dialect.
narzecz-eństwo *n.* betrothal period; **-ona** *f.*, **-ony** *a.* betrothed; fiancé(e).
narzeka-ć *v.* complain (of); **-nie** *n.* complaint.
narzędzie *n.* tool, instrument, implement.
narz-nąć, (r-ż) **-ynać** *v.* make an incision; incise; also see **rznąć**; **-nięcie** *n.* incision.
narzuc-ać, -ić *v.* throw (on); impose, force upon; (*ścianę*) plaster; ~~ **się** (*komuś*) obtrude oneself (on); **-ający się** *a.* obtrusive; **-anie** *n.* obtrusion; (*ściany*) plastering; **-anie się** *n.* obtrusion.
narzutka *f.* overcoat; (*wapno*) plastering.
nas *prn.* us, of us; *accus. of.* **my.**
nasa-da *f.* bottom, base, foundation; handle; (*strzelby*) stock; (*wozu*) beam; **-dzać, -dzić** *v.* mount, put (on), set, plant; ~~ **się** *v.* lie in wait.
nasamprzód *adv.* first of all.
nasenny *a.* soporific.
nasiad-ka *f.* brood-hen; **-ówka** *f.* hip-bath; sitz-bath.
nasiąk-ać, -nąć *v.* imbibe; **-liwy** *a.* spongy.
nas-ienie *n.* seed; (*zwierzęcia*) sperm; (*lniane*) linseed; (*fig.*) posterity; **-ieniowy, -ienny** *a.* (of) seed(s), spermatic; seminal; **-iennik** *m.* seed-plot; pericarp; seed; **-ionko** *n.* grain (of seed).
nasierzał *m.* (*bot.*) adder's tongue.
naskór-ek *m.* epidermis; **-kowy** *a.* epidermal, epidermic.

Odnośnie do czasowników z przedrostkiem na-, brakujących powyżej, obacz **na-**.

nasła-ć *v.* send (upon); importune, bother; also see **słać**; **-nie** *n.* calamity, punishment.
nasłuchiwać *v.* listen intently; eavesdrop.
nasta-ć, -wać *v.* appear, ensue, happen, occur; enter into service; zima -je, winter is setting in.
nastarczyć *v.* afford, supply; (*komu*) keep pace (with); also see **starczyć.**
nastawać *v.* (*na co*) insist (on); (*na kogo*) urge, press; ~ na czyje życie, attempt a person's life.
nastawi(a)ć *v.* set (up); fix; adjust; offer, present; hold, put; also see **stawiać.**
nast-ąpić, -ępować *v.* follow, ensue; succeed; (*na co*) tread (on); (*na kogo*) attack; press hard, oppress; **-ępca** *m.* **-ępczyni** *f.* successor; **-ępczy** *a.* resulting, following, consequent; **-ępnie** *adv.* subsequently, afterwards, then; **-ępny** *a.* next, following, subsequent; **-ępstwo** *n.* succession, result, consequence; issue; **-ępujący** *a.* following, ensuing; (*po sobie*) consecutive, succesive.
nastrajać see **nastroić.**
nastraszyć *v.* frighten, terrify; ~ **się**, be frightened, take alarm.
nastręcz-ać, -yć procure; afford; recommend; ~ **się** *v.* offer (oneself), present oneself, occur.
nastr-oić *v.* tune; prepare; dispose (to); ~ **się** *v.* compose oneself (to); **-ojowy** *a.* impressive; **-oić** minę, assume an air; **-ojenie** *n.* tuning; **-ój** *m.* disposition, composure; atmosphere.
nastroszyć (się) *v.* bristle (up).
nasturcja *f.* (*bot.*) nasturtium.
nasu-nąć, -wać *v.* shove, push on, pull down; (*podsunąć*) suggest, hint; ~ **się**, (*mówiąc o czemś*) occur; (*o kimś*) present oneself.
nasyc-ać, -ić *v.* satiate; fill; saturate; satisfy; **-enie** *n.* satiety; saturation; **-ony** *a.* satisfied, saturated, satiated.

For verbs with prefix na- not given consult **na-.**

nasyłać *v.* see **nasłać.**
nasyp *m.* elevation; mound; **-isko** *n.* mound; **-ać,-ywać** *v.* pour, put, heap; strew; (*czem*) fill.
nasz *prn.* our; ours; po -emu, according to our fashion; to our mind; dobra -a, we are winners.
naszy-cie *n.* garnishing, trimming; **-ć, -wać** *v.* sew on; trim (with). [(of the) neck.
naszyj-nik *m.* necklace; **-ny** *a*
naści *w.* (*wulg.*) here you are! catch hold! take it!
naścieżaj *adv.* wide open.
naśladow-ać *v.* imitate, copy, counterfeit, follow; **-anie** *n.* imitation; nie do -ania, above imitation; **-ca** *m.* imitator; **-czy, -niczy** *a.* imitative; **-nictwo** *n.* imitation, apery.
naśmie-szyć *v.* amuse, make one laugh; **-wać się** *v.* (*z*) laugh (at); **-wacz** *m.* jeerer, scoffer.
naśrubek *m.* (*mutra*) nut.
natar-cie *n.* attack, charge; onset; **-czywość** *f.* importunity, impetuosity, eagerness; **-czywy** *a.* impetuous, pressing, importunate.
natchn-ąć *v.* inspire (with), prompt; **-ienie** *n.* inspiration; **-iony** *a.* inspired.
natenczas *adv.* then, at that time.
natęż-ać, -yć *v.* stretch, strain; exert; **-enie** *n.* exertion, effort, tension; **-ony** *a.* strained; intense.
natk-ać, -nąć *v.* stick, stud, drive (into); mount; cram; **-nąć się** (*na*) come across.
natł-aczać, -oczyć *v.* cram, fill; ~ **się,** crowd in; **-ocznie** *adv.* in crowds; **-oczyć się** *v.* crowd; **-ok** *m.* crowd, throng. [czyć.
natoczyć *v.* draw; also see **to-**
natomiast *adv.* instead, rather, yet, on the other hand.
natrafi(a)ć *v.* meet, find, encounter.
natrąc-ać, -ić *v.* mention; allude (to); hurt, knock.
natręc-two *n.* **-tność** *f.* importunity, intrusion; **-t** *m.* **-tnica** intruder, importuner; **-tny** *a.* importunate, obtrusive, troublesome.
natron *m.* natron, fixing bath.
natrysk *m.* shower; **-owa kąpiel,** shower-bath.
natrzą-sać, -ść *v.* shake; strew; **-sać się** (*z kogo*) *v.* deride, scoff (at), jeer. [charge, assault.
natrzeć *v.* rub; (*atakować*) attack;
natura *f.* nature; temper, disposition; w naturze, in kind; **-lista** *m.* naturalist; **-lizacja** *f.* naturalization; **-lizować (się)** *v.* naturalize; **-lnie** *adv.* of course, naturally; **-lność** *f.* naturalness; **-lny** *a.* natural; plain; syn ~~, illegitimate son; -lnej wielkości, to scale; life-size.
natychmiast *a.* immediately, at once, instantly; forthwith; **-owość** *f.* instantaneousness; **-owy** *a.* instantaneous, immediate.
natykać *v.* see **natkać.**
naucz-ać, -yć *v.* teach, instruct; preach; ~ **się,** learn; ~ rozumu, teach one manners; **-anie** *n.* teaching, instruction; **-ka** *f.* lesson; **-yciel** *m.* teacher, school-master, master, tutor; **-ycielka** *f.* school-mistress; **-ycielski** *a.* teacher's, scholastic; **-ycielstwo** *n.* teaching.
nauk-a *f.* learning, science, study; sermon; doctrine; apprenticeship; -i ścisłe, the exact sciences; oddać na -ę (do), bind one apprentice (to); **-owość** *f.* learning; **-owo** scientifically; **-owy** *a.* scientific.
naukos *adv.* crooked(ly), obliquely, aslant. [purposely.
naumyślnie *adv.* on purpose,
nauszny *a.* auricular.
nawa *f.* (*arch.*) nave; (*okręt*) vessel. [irrigation.
nawadnia-ć *v.* irrigate; **-nie** *n.*
nawa-lić *v.* throw together, pile up, heap; **-lnie, -łem** *adv.* impetuously, plentifully; **-lny** *a.* vehement, violent; tempestuous; **-ł** *m.* plenty; heap, deluge; **-ła** *f.* crowd, throng, multitude; **-łnica** *f.* storm, tempest.

Odnośnie do czasowników z przedrostkiem na-, brakujących powyżej, obacz **na-**.

For verbs with prefix na- not given consult **na-**

nawa-ra *f.* brewage; **-rzyć** *v.* brew.

nawet *adv.* even; ~ gdyby, [even if.

nawiać *v.* drift (upon); drive (upon); blow (into).

nawias *m.* parenthesis; poza ~, beyond the pale (of); **-em, -owo** *adv.* by the bye; incidentally; parenthetically; **-owy** *a.* parenthetical, incidental.

nawiąz-ać, -ywać *v.* tie, bind (upon); (*struny*) string; (*stosunki*) enter into connection (with); (*do czegoś*) refer (to); **-ka** *f.* surplus; overdue; bandage.

nawić see **nawijać.**

nawiedz-ać, -ić *v.* visit, call (upon); go to see; (*mówiąc o Bogu*) afflict; try; **-anie, -iny** *pl.* **-enie** *n.* visitating; (*boskie*) affliction, calamity; ~~ Matki Boskiej, Visitation(-day).

nawi-jać, -nąć *v.* reel, wind (up), roll (up); ~ **się** *v.* come one's way, occur, appear; **-jadło** *n.* reel.

naw-lec, -lekać, -łóczyć *v.* (*igłę*) thread (a needle); cover (with); ~ perły, string pearls; **-łoczka** pillow-case; **-łóczyć** *v.* drag; also see **nawlec.**

nawod-niać *v.* irrigate; **-nienie** *n.* irrigation; **-ny** *a.* aquatic; -ne budowle, lake dwellings.

nawoł-ać, -ywać *v.* call; appeal (to); lure; **-ywanie** *n.* call; appeal.

naw-ozić *v.* dung, manure; **-óz** *m.* dung, manure; **-ozy sztuczne,** chemical fertilizers.

nawój *m.* yarn-beam.

nawpół *adv.* half; in(to) halves.

nawr-acać, -ócić *v.* return, go back; turn about, direct to; (*relig.*) convert; proselytize; ~~ **się,** be converted; **-acanie, -ócenie** *n.* conversion; **-ót** *m.* return, turn, inversion; (*słońca*) solstice; **-otami,** repeatedly.

nawskos *adv.* see **naukos.**

nawskróś *adv.* through, throughout, from end to end.

nawspak *adv.* the wrong way (in, out, up); upside down; inversely.

Odnośnie do czasowników z przedrostkiem n a-, brakujących powyżej, obacz **na-.**

nawy-czka *f.* (bad) habit; **-kać, -knąć** *v.* accustom oneself (to); be wont (to); **-kły** *a.* accustomed, wont, used to; **-knienie** *n.* custom, wont, habit.

nawywrot *adv.* see **nawspak.**

nawzajem *adv.* reciprocally, mutually, one another, each other.

nawznak *adv.* on the back.

nazad *adv.* back, backwards.

nazajutrz *adv.* (on) the following day; (on) the next day.

nazbyt *adv.* too, too much, excessively, over; aż ~, more than enough; more than necessary.

nazewnątrz *adv.* out, outwards, outwardly, outside; externally.

naznacz-ać, -yć *v.* mark; (*oznaczyć*) appoint; fix; assign; **-ony** *a.* marked, appointed, fixed; stamped, branded, assigned.

nazwa *f.* name; **-ć, nazywać** *v.* name, call; give a name; ~~ **się** *v.* be called; (*czem*) set up (for); jak się nazywa? what is his name?; **-nie** *n.* name, designation.

nazwisko *n.* name.

neapolitański *a.* Neapolitan.

nega-cja *f.* negation; **-tyw** *m.* **-tywa** *f.* negative; **-tywny** *a.* negative.

negliż *m.* négligé, unceremonious attire.

negocj-acja *f.* negotiation, **-ator** *m.* negotiator; **-ować** *v.* negotiate (with).

nekrolog *m.*, **-ja** *f.* obituary.

nekroman-cja *f.* necromancy; **-ta** *m.* necromancer.

nektar *m.* nectar.

nenufar *m.* nenuphar, water-lily.

neo-fita *m.* neophyte; **-logizm** *m.* neologism; **-klasycyzm** *m.* neoclassicism; **-filologiczny** *a.* neophilological.

nepotyzm *m.* nepotism.

nerk-a *f.* kidney; latająca ~, floating kidney; **-owaty** *a.* reniform, kidney-shaped; **-owy** *a.* (of the) kidney(s).

nerw *m.* nerve; **-oból** *m.* neuralgia; **-owość** *f.* nervousness; **-owy** *a.* nervous; fidgety.

For words with prefix n a- not given consult **na-.**

neseser *m.* outfit.
netto *n.* net.
neuraste-nja *f.* neurasthenia; **-nik** *m.* neurasthenic.
neurolog *m.* neurologist; **-iczny** *a.* neurological.
neutral-izować *v.* neutralize; allay; **-ność** *f.* neutrality; **-ny** *a.* neutral. [neurosis.
newr-algja *f.* neuralgia; **-oza** *f.*
nęc-ący *a.* alluring, enticing; **-ić** *v.* allure, entice, tempt.
nędz-a *f.* misery, wretchedness; **-arz** *m.*, **-nica** *f.* beggar; wretch; **-nie** *adv.* miserably; sordidly; meanly; **-nieć** *v.* pine, waste away; **-nik** *m.* wretch, villain; **-ny** *a.* paltry, miserable, pitiful, shabby; **-ota** *f.* misery, paltriness. [harass.
nękać *v.* oppress, torment;
ni *c.* & *adv.* ~ (jedno), ~ (drugie), neither (one) nor (the other); ~ stąd, ~ zową d, without reason; suddenly.
nia-nia, -ńka *f.* nurse; children's nurse, nursery-maid; **-ńczyć** *v.* nurse, tend.
niby *adv.* as if, as though, like; as it were; ~ się zgodził, he seemed (pretended) to agree.
nic *m.* zupa ~, (rich, cold) soup.
nic *adv.* & *prn.* nothing; nothing whatever; za ~, for nothing; ~ dobrego, good for nothing, mnie ~ do tego, it is no concern of mine; to ~, it does not matter; to na ~, it is of no use; it is to no purpose; ~ z tego, nothing will come of it; that won't do; mieć za ~, set at nought; odejść z niczem, go empty-handed.
nice *pl.* the wrong side (of cloth); na ~ przewrócić, turn inside out; turn (a coat); criticize throughout.
nic-estwo *n.*, **-ość** *f.* nothingness, nonentity.
nic-iany *a.* (of) thread; -e rękawiczki, fabric gloves; **-ować** *v.* turn; (*fig.*) censure; criticize.
nic-poń, -wart *m.* good-for-nothing, rogue.
nicz-ego *a.* tolerable, fair; ~, *adv.* pretty well, tolerably; **-yj**, nobody's.
nić *f.* thread; yarn.
nie *adv.* no, not; wcale ~, not at all; jeszcze ~, not yet.
nie- w złożonych wyrazach tłumaczy się zwykle przez dis-, un-, in-, im-, ir-, not-, non-.
nieakuratn-ość *f.* inaccuracy, inexactness; **-y** *a.* inaccurate.
niebaczn-ość *f.* inconsiderateness; heedlessness, recklessness; **-y** *a.* inconsiderate, heedless, careless, reckless.
niebawem *adv.* soon, shortly, by and by, directly, before long.
niebezpiecz-eństwo *n.* danger, peril, jeopardy; wystawić na ~, imperil, endanger; **-nie** *adv.* dangerously; **-ny** *a.* dangerous, perilous.
niebiańsk-i *a.* heavenly, celestial; angelic; **-ość** *f.* heavenliness.
niebiesk-awy *a.* bluish; **-i** *a.* blue; (*niebiański*) heavenly; **-ooki** *a.* blue-eyed.
nieb-iosa *pl.* heaven; wynosić pod ~, exalt to the skies; o ~! Heavens above! **-o** *n.* sky; heaven; całe ~ różnicy, a whole world of difference; pod gołem -em, in the open air; **-oga, -oraczka** *f.*, **-orak** *m.* poor thing; poor wretch; **-ogi** *a.* poor, helpless; **-oskłon** *m.* firmament; **-otyczny** *a.* sky-high, towering; **-żczyk** *f.*, **-żczka** *m.* deceased, late; **-ożątko, -ożę** *n.* poor thing.
nieboski *a.* god-forsaken.
niebrzydki *a.* not bad looking.
niebyły *a.* null, annulled.
niebytność *f.* absence.
niebywa-le *adv.* uncommonly, exceptionally; **-ły** *a.* stupendous, unheard of.
niecały *a.* incomplete, imperfect.
niech, -aj *adv.* let; ~ będzie, let it be; **-ać** see **zaniechać**.
niechc-ąc, -ąco, -ący, *adv.* unintentionally; involuntarily;

Odnośnie do wyrazów z przedrostkiem nie-, brakujących powyżej, patrz pod **nie-**.
For words with prefix nie- not given consult **nie-**.

chcąc ~, willy-nilly; od -enia, carelessly, listlessly, reluctantly.
niech-ęć *f.* dislike, ill-will, aversion; reluctance; **-ętny** *a.* unwilling, reluctant; (*komuś*) ill-disposed (towards); unfriendly.
niechluj *m.* sloven; slut; **-ność** *f.*, **-stwo** *n.* slovenliness, sluttishness; **-ny** *a.* sluttish, slovenly.
niechno see **niech.**
niechrześcijański *a.* unchristian.
niechybn-ie *adv.* without fail, surely; **-y** *a.* infallible, sure.
niechże see **niech.**
niecić *v.* light, kindle, stir up; (*fig.*) rouse. [mean.
nieciekawy *a.* uninteresting,
niecierp-iący *a.* not suffering; ~ zwłoki, urgent; **-leć** *v.* hate; be unable to bear; **-liwić** *v.* make impatient; ~~ **się,** be impatient; lose patience; **-liwie** *adv.* impatiently; **-liwość** *f.* impatience; **-liwy** *a.* impatient.
niecka *f.* kneading-trough.
niecn-ie *adv.* dishonourably; vilely; **-ość** *f.* abominableness; baseness; **-ota** *f.* rogue, knave; **-y** *a.* dishonourable, vile.
nieco *adv.* somewhat, a little; some; rather.
niecodzienny *a.* uncommon.
niecofniony, niecofnięty *a.* irrevocable.
niecywilizowany *a.* uncivilized.
nieczesany *a.* unkempt; (*wełna*) uncarded (wool). [shame.
niecześć *f.* dishonour, disgrace,
nieczęsto *adv.* not often, not frequently.
nieczu-łość *f.* insensibility; callousness; heartlessness; **-ły** *a.* insensible (to); impassible; callous (to)
nieczyst-ość *f.* uncleanliness, impurity; **-y** *a.* impure, unclean, foul. [*a.* illegible.
nieczyteln-ość *f.* illegibility; **-y**
niedalek-i *a.* near; not far distant; w -iej przyszłości, in the near future; **-o** *adv.* not far (away), nearly.

Odnośnie do wyrazów z przedrostkiem n i e-, brakujących powyżej, patrz pod **nie-.**

niedaw-no *adv.* not long ago, lately, newly; recently; ~ temu, of late, lately; **-ny** *a.* recent.
niedba-le *adv.* carelessly, negligently; **-lec, -luch** *m.* careless (negligent) person; **-lstwo** *n.*, **-łość** *f.* carelessness, negligence; **-ły** *a.* careless, negligent, heedless.
niedelikatn-ość *f.* indelicacy; **-y** *a.* indelicate.
niedług-i *a.* short; **-o** *adv.* soon; before long.
niedo-, oznaczający czynność n i e u k o n c z o n ą tłumaczymy po ang. wyrazami: not finish -ing; not — through; not — sufficiently; np. niedoczytałem tego listu, I did not finish reading that letter; I did not read that letter through; to jest niedogotowane, it is not sufficiently cooked.
niedo- is prefixed to verbs to express i n c o m p l e t e n e s s or i n s u f f i c i e n c y; it is rendered into E. by the expressions, — not finish -ing; not — through; not — sufficiently; e. g. niedoczytałem tego listu, I did not read that letter through; I did not finish reading that letter; to jest niedogotowane, it is not sufficiently cooked.
niedobit-ki *pl.* remains; wrecks; residue; **-y** *a.* half killed.
niedob-ór *m.* deficit, deficiency, loss; **-rany** *a.* ill matched; discordant; incompatible; oni są -rani, they do not agree together.
niedob-ry *a.* bad, unkind; **-rze** *adv.* not well, ill.
niedoceni-ać, -ć *v.* undervalue, underestimate, depreciate.
niedocieczony *a.* impenetrable, unfathomable, inscrutable.
niedogodn-ość *f.* inconvenience; **-y** *a.* inconvenient, inopportune; unfit.
niedogryzki *pl.* remnants (of a meal). [offals.
niedojad-ać *v.* starve; **-ki** *pl.*
niedojda *m.* ninny.

For words with prefix n i e- not given consult **nie-.**

niedojrzał-ość *f.* unripeness, immaturity; **-y** *a.* immature, unripe.
niedojrzany *a.* imperceptible.
niedokładn-ość *f.* inaccuracy; **-y** *a.* inaccurate.
niedokonany *a.* unfinished; (*gram.*) imperfect.
niedokończony *a.* unfinished.
niedokrwi-stość *f.* anaemia; **-sty** *a.* anaemic.
niedola *f.* woe, distress, misery, bad luck.
niedołę-ga *m.* ninny; laggard; **-stwo** *n.*, **-żność** *f.* indolence, impotency; awkwardness; infirmity; **-żny** infirm, impotent; indolent . wkward.
niedomag-ać *v.* be unwell; be suffering; feel indisposed; (*fig.*) be deficient; **-nie** *n.* indisposition; deficiency; limpness.
niedomknięty *a.* ajar.
niedomówić *v.* insinuate, make insinuations.
niedono-szony *a.* abortive, aborted; **-sek** *m.* abortion.
niedopałek *m.* cigarette end, fag-end.
niedopatrzenie *n.* oversight, inadvertence.
niedopełnienie *n.* non-fulfilment.
niedopieczony *a.* underdone.
niedopilnować *v.* neglect, fail to attend (to); miss the proper time, miss the opportunity.
niedopuszczalny *a.* intolerable, impermissible.
niedoros-ły *a.* under age; not fit (to, for); **-tek** *m.* stripling.
niedorzeczn-ość *f.* absurdity; preposterousness; **-y** *a.* absurd, preposterous, nonsensical, stupid.
niedosie gły, -żny *a.* inaccessible, unattainable, beyond the reach (of); (*niezbadany*) inscrutable.
niedoskonał-ość *f.* imperfection; **-y** *a.* imperfect, deficient.
niedosłysz-alny *a.* imperceptible (to the ear); **-eć** *v.* not hear well; (*mieć niedobry słuch*) be hard of hearing.

niedosolony *a.* insufficiently salted.
niedospa-ć *v.* sleep insufficiently; **-nie** *n.* lack of sleep.
niedostat-eczność *f.* insufficiency; **-eczny** *a.* insufficient, inadequate; **-ek** *m.* lack, scarcity, want, need, misery; **-ni** *a.* needy, poor.
niedostawać *v.* be wanting, be (fall) short of; want; be lacking.
niedostęp-ność *f.* inaccessibility; **-ny** *a.* unapproachable, inaccessible.
niedostosowany *a.* unadjusted.
niedostrzegaln-ość *f.* imperceptibility; **-y** imperceptible.
niedosyć, niedość *adv.* not enough, not only, but; ~ tego, ~ na tem, moreover.
niedoszły *a.* one who fell short (of); one who failed (to); (*przedwczesny*) unripe, immature; abortive.
niedościg-ły, -niony *a.* matchless; also see **niedosięgły**.
niedoświadcz-enie *n.* inexperience; **-ony** *a.* unexperienced, unskilled.
niedotrzyma-ć *v.* fail to keep; break (one's word); **-nie** *n.* breach.
niedotykalny *a.* impalpable.
niedou-czek, -k *m.* half-educated man; **-czony** *a.* half-educated.
niedowarzony *a.* underdone; (*fig.*) green; parboiled.
niedowiar-ek *m.* unbeliever; infidel; **-stwo** *n.* incredulity, infidelity; disbelief.
niedowidzieć *v.* be short-sighted; overlook.
niedowierz-ać *v.* distrust; ~ sobie samemu, mistrust oneself; **-ający** *a.* diffident, distrustful; **-anie** *n.* diffidence, distrust.
niedozór *m.* want of care, deficient superintendence, want of control.
niedozwolony *a.* not allowed, illicit, unlawful.
niedrogi *a.* unexpensive.
niedufność etc. see **nieufność**.

Odnośnie do wyrazów z przedrostkiem n i e-, brak ıjących powyżej, patrz pod **nie-**.

For words with prefix n i e- not given consult **nie-**.

nieduż-o *adv.* not much; not many; **-y** *a.* little, small.
niedwuznaczn-ie *adv.* clearly, unequivocally; **-y** *a.* unequivocal, clear.
niedyskre-cja *f.* indiscreetness; **-tny** *a.* indiscreet.
niedyspozycja *f.* indisposition.
niedziałka *f.* atom.
niedziel-a *f.* Sunday; **-ny** *a.* (of) Sunday, dominical.
niedzisiejszy *a.* not of today, old, old-style.
niedźwi-adek *m.* bear's cub; **-ednik, -edziarz** *m.* bear-leader; -edzi *a.* bear's; **-edzica** *f.* she-bear; wielka ~, the Great Bear; **-edzie** *pl.* bearskin; **-edziowaty** *a.* bearish; **-edź** *m.* bear.
nieestetyczn-ość *f.* lack of beauty; **-y** *a.* unaesthetic.
nieetatowy *a.* supernumerary.
niefachowy *a.* incompetent.
nieforemn-ość *f.* deformity; uncouthness; **-y** *a.* uncouth, shapeless, deformed.
nieformaln-ość *f.* informality; **-y** *a.* informal.
niefortunny *a.* unfortunate, unlucky, inauspicious.
niefrankowany *a.* without (the) postage. [py-going.
niefrasobliwy *a.* care-free, hap-
niegaszon-y *a.* unquenched; unsatisfied; (*o wapnie*) unslacked; -e wapno, quicklime.
niegdyś *adv.* once (upon a time), formerly, of old, of yore.
niegładk-i *a.* rough, rugged, uneven; **-ość** *f.* unevenness.
niegłupi *a.* sensible.
niegodn-ie *adv.* unworthily, disgracefully, shamefully; **-y** *a.* unworthy, disgraceful, shameful.
niegodzi-en *a.* unworthy; **-wie** *adv.* abominably, wickedly; **-wiec** *m.* wretch, ruffian; **-wość** *f.* vileness, wickedness, atrocity; **-wy** *a.* vile, atrocious, wicked.
niegospodarn-ość *f.* thriftlessness; bad management; **-y** *a.* thriftless, uneconomical.
niegościnn-ość *f.* inhospitality; **-y** *a.* inhospitable; forbidding.
niegramatyczny *a.* ungrammatical. [lity; **-y** *a.* superficial.
niegruntown-ość *f.* superficia-
niegrzeczn-ość *f.* unkindness, impoliteness; (*dziecka*) naughtiness; **-y** *a.* impolite, unkind, uncivil; -e dziecko, naughty child.
niegustowny *a.* in bad taste.
niehigjeniczny *a.* unhygienic.
niehonorowy *a.* dishonourable.
nieinaczej *adv.* just so, even so, not otherwise.
niejaki, -ś *a.* a certain, some, one; od -ego czasu, for some time past; **-o** *adv.* in some measure, as though; so to say; as it were.
niejasn-o *adv.* not clearly, confusedly; dimly; **-ość** *f.* lack of clearness, indistinctness; obscurity; **-y** *a.* not clear, indistinct; unintelligible.
niejawny *a.* not manifest, unknown, not evident, occult.
niejed-en *a.* many a (one); **-naki, -nakowy** *a.* different, distinct; **-nakość** *f.* diversity; **-nokrotnie** *adv.* many a time; repeatedly; **-nokrotny** *a.* repeated.
niekarn-ość *f.* lack of discipline; insubordination; **-y** *a.* undisciplined, untractable.
niekiedy *adv.* sometimes; kiedy ~, now and then; occasionally.
niekłamany *a.* genuine.
niekompletn-ość *f.* incompleteness, imperfectness; **-y** *a.* incomplete.
niekoniecznie *adv.* not necessarily; not always; not wholly.
niekonsekwen-cja *f.* inconsistency; inconsequence; **-tny** *a.* inconsistent, inconsequent.
niekorzy-stny *a.* unprofitable, disadvantageous; **-ść** *f.* disadvantage, prejudice, damage; na ~, to the detriment (of).
niekrwawy *a.* bloodless.
niekształtn-ość *f.* difformity; uncouthness; **-y** *a.* ill-shaped, deformed; uncouth.

Odnośnie do wyrazów z przedrostkiem n i e-, brakujących powyżej, patrz pod **nie-**.

For words with prefix n i e- not given consult **nie-**.

niektó-ry *a.* a certain, some; **-rzy** *pl.* some (people).
nielada *a.*, **-jaki** *a.* uncommon.
nieledwie *adv.* hardly, no sooner.
nielegaln-ość *f.* illegality: **-y** *a.* illegal.
nieletni *a.* minor, under age.
nieliczn-ie *adv.* in small numbers; **-y** *a.* not numerous.
nielitościw-ość *f.* mercilessness; **-y** *a.* merciless.
nielogiczn-ość *f.* illogicalness; **-y** *a.* illogical.
nieludzk-i *a.* inhuman; barbarous; **-ość** *f.* cruelty, inhumanity, barbarity.
niełacn-ie, -o *adv.* not easily, with difficulty.
nieład *m.* disorder, confusion.
nieładnie *adv.* uglily, unpleasantly; gracelessly; **-y** *a.* plain, uncomely, graceless.
niełaska-wość *f.* disgrace, displeasure; **-w, -wy** *a.* unkind, inclement.
niema, -sz *adv.* there is (are) not; there is (are) no; ~ go, he is not there; he is not at home; he is absent; ~ rady, it cannot be helped. [nigh.
niemal *adv.* almost, nearly, well
niemał-o *adv.* considerably, pretty much, pretty many; **-y** *a.* considerable.
niemąd-ry *a.* imprudent, foolish; **-rze** *adv.* imprudently, foolishly.
niemcz-eć *v.* be Germanized; **-yć** *v.* Germanize; **-yzna** *f.* German manners and language.
niemęski *a.* unmanly.
niemiara *f.*, co ~, no end (of), plenty (of).
niemiecki *a.* German.
niemieć *v.* grow dumb.
niemi-le, -ło *adv.* unpleasantly; unkindly; **-łosiernie** *adv.* unmercifully; **-łosierny** *a.* merciless, pitiless; **-ły** *a.* disagreeable, unpleasant.
niemniej *adv.* not less, no less; ~ jednak, nevertheless.
niemoc *m.* infirmity, sickness; weakness, impotency; **-en, -ny** *a.* feeble; weak, impotent.

Odnośnie do wyrazów z przedrostkiem n i e-, brakujących powyżej, patrz pod **nie-**.

niemodny *a.* out of fashion; unfashionable.
niemoraln-ość *f.* immorality; **-y** *a.* immoral.
niemo-ta *f.* dumbness; **-wa** *m.* & *f.* dumb person; **-wlę** *n.* infant; **-wlęctwo** *n.* infancy; **-wlęcy** *a.* infantine, infantile.
niemoż-ebność, -liwość, -ność *f.* impossibility; **-liwie** *a.* impossibly, awfully; **-ebny, -liwy** *a.* impossible.
niemrawy *a.* sluggish, tardy, dull.
niemy *a.* mute, dumb; speechless. [rely.
niemylnie *adv.* infallibly; s. -
nienack-o *n.*, z **-a**, unawares, unexpectedly.
nienaganny *a.* irreproachable, faultless.
nienajg-orszy *a.* fair, tolerable; **-orzej** *adv.* tolerably.
nienależny *a.* undue.
nienarusz-alny *a.* intangible; inviolable; **-ony** *a.* intact, unimpaired.
nienasycon-ość *f.* insatiability; **-y** *a.* insatiable.
nienaturaln-ość *f.* affectedness, unnaturalness; **-y** *a.* unnatural, artificial, affected.
nienawi-dzić, -dzieć *v.* hate; abhor, detest; **-dzony** *a.* odious, hateful; **-stność** *f.* odiousness, hatefulness; **-stny** *a.* hateful, detestable; **-ść** *f.* hatred; abhorrence. [customed (to).
nienawykły *a.* unused (to), unac-
nienormaln-ość *f.* abnormality; abnormity; **-y** *a.* abnormal.
nieobecn-ość *f.* absence; (*na sądzie*) non-attendance; **-y** *a.* absent; truant.
nieobeznany *a.* unacquainted, (with), unskilled (in), inexperienced (in).
nieoblicz-alny *a.* unreliable; **-ony** *a.* incalculable.
nieobowiązujący *a.* not binding, not obligatory.
nieobyczajn-ość *f.* immorality, wickedness; ill-breeding; **-y** *a.* immoral, ill-bred, rude.

For words with prefix n i e- **not** given consult **nie-**.

nieoceniony *a.* priceless; inestimable.
nieochęd-ożność *f.* **-óstwo** *n* uncleanliness, sloveliness; **-ożny** *a.* unclean, slovenly, sluttish.
nieochotnie *adv.* unwillingly.
nieociosany *a.* unhewn.
nieoczekiwan-ie *adv.* unexpectedly; **-y** *a.* unexpected.
nieodbi-cie *adv.* indispensably; unavoidably, necessarily; **-ty** *a.* indispensable; irrefutable.
nieod-dzielny, -łączny *a.* inseparable.
nieodgadniony *a.* impenetrable, inscrutable; undecipherable.
nieodmienn-ość *f.* invariableness, steadfastness; **-y** *a.* invariable; (*gram.*) indeclinable.
nieodpowiedni *a.* unsuitable, improper; **-ość** *f.* incrongruity, unsuitableness, irrelevance; unfitness.
nieodpowiedzialn-ość *f.* irresponsibility; **-y** *a.* irresponsible.
nieodrodny *a.* (*godny rodziców*) worthy (son); (*podobny*) unmistakable; ~ syn, a chip of the old block.
nieodstępny *a.* inseparable.
nieodwołaln-ość *f.* irrevocableness; **-y** *a.* irrevocable.
nieodzown-ość *f.* indispensableness; **-y** *a.* indispensable, inevitable, fatal.
nieodżałowany *a.* sorrowful; deplorable; never-enough-to-be-regretted.
nieogarniony *a.* infinite, inconceivable; intangible.
nieoględn-ość *f.* inconsiderateness, rashness; **-y** *a.* inconsiderate, heedless, rash.
nieograniczon-ość *f.* boundlessness, unlimitedness; **-y** *a.* illimitable, boundless; -a władza, absolute power.
nieokiełznany *a.* unbridled, undaunted.
nieokreślony *a.* indefinite.
nieokrzesan-ie *n.* uncouthness; rudeness; **-y** *a.* uncouth, rude.
nieomal *adv.* nearly, almost, practically.
nieomyln-ość *f.* infallibility; **-y** *a.* infallible.
nieopatrzn-ość *f.* improvidence; **-y** *a.* improvident; unfortunate.
nieopatrzony *a.* unequipped, unprotected (against); unprovided (for), not supplied (with).
nieopisany *a.* indescribable.
nieopłacony *a.* (*nieoceniony*) invaluable; (*bez zapłaty*); unpaid; not paid (for); list ~, letter without (the) postage.
nieopodal *adv.* not far (from); near (-by); in the neighbourhood.
nieorganiczny *a.* inorganic.
nieosiadły *a.* errant, migrating.
nieosob-owy, -isty *a.* impersonal; **-iście** *adv.* not in person, by proxy.
nieostrożn-ie *adv.* imprudently; **-ość** *f.* imprudence; **-y** *a.* incautious, imprudent, rash.
nieoszacowany *a.* inestimable, invaluable.
nieoświecony *a.* uneducated, unenlightened.
nieoznaczony *a.* indeterminate, indefinite.
niepal-ący *a.* non-smoking; **-ność** *f.* incombustibility; **-ny** *a.* incombustible.
niepamię-ć *f.* oblivion; forgetfulness; **-tny** *a.* (*odwieczny*) immemorial; (*zapominający*) forgetful.
nieparlamentarny *a.* (*lit. & fig.*) unparliamentary.
nieparzysty *a.* odd.
niepełnoletn-i *a.* under age, minor; **-ość** *f.* minority.
niepewn-ość *f.* uncertainty; doubt; w -ości, in suspense; in danger; **-y** *a.* uncertain, doubtful, fluctuating, unreliable.
niepiśmienn-ość *f.* illiteracy; **-y** *a.* illiterate, uneducated.
niepłatny *a.* unpaid.
niepłodn-ość *f.* barrenness, sterility; **-y** *a.* barren; unfruitful; sterile.

Odnośnie do wyrazów z przedrostkiem n i e-, brakujących powyżej, patrz pod **nie-**.

For words with prefix n i e- not given consult **nie-**.

niepłonny *a.* not vain, certain, sure, well grounded.
niepochlebny *a.* unfavourable.
niepociesz-ający *a.* sad, distressing; **-ony** *a.* inconsolable.
niepoczciwy *a.* mischievous, disgraceful, wicked.
niepoczesn-ie *adv.* poorly; shabbily; **-ość** *f.* homeliness, shabbiness; **-y** *a.* shabby, mean-looking; insignificant, poor.
niepoczytaln-ość *f.* irresponsibility, lunacy; **-y** *a.* irresponsible, lunatic.
niepodejrzany *a.* unsuspected.
niepodleg-łość *f.* independence; **-ły** *a.* independent.
niepodob-ieństwo *n.* impossibility; unlikeness, improbability; **-na** *adv.* it is impossible; **-ny** *a.* unlike; ~ do wiary, incredible; ~ do prawdy, improbable.
niepodzieln-ość *f.* indivisibility; **-y** *a.* indivisible; impartible.
niepogod-a *f.* inclement weather; **-ny** *a.* inclement; unfriendly, foul.
niepohamowany *a.* unrestrained, immoderate, excessive.
niepojętn-ość *f.* dullness (of apprehension); **-ny** *a.* dull (of apprehension).
niepojęt-ość *f.* inconceivability; **-y** *a.* inconceivable, unfathomable.
niepokalany *a.* immaculate; spotless; ~e poczęcie, Immaculate Conception.
niepokaźn-ie *adv.* modestly; indifferently; **-y** *a.* modest; uncomely; plain.
niepok-oić *v.* trouble, disturb, alarm; ~~ **się** *v.* trouble, be alarmed, feel uneasy; **-ojąco** *adv.* alarmingly; **-ojący** *a.* alarming; disquieting; **-ój** *m.* trouble, anxiety, uneasiness; disturbance.
niepokonany *a.* invincible, unconquerable, irresistible.
niepokupny *a.* unsalable; unmarketable.
niepoliczony *a.* numberless, innumerable, countless.

Odnośnie do wyrazów z przedrostkiem n i e-, brakujących powyżej, patrz pod **nie-**.

niepolityczny *a.* impolitic, inexpedient.
niepolski *a.* not Polish; foreign to the Polish mind.
niepomału *adv.* much, considerably.
niepomiarkowan-ie *n.* immoderation; excess; **-y** *a.* immoderate; intemperate; excessive.
niepomiern-ie *adv.* exceedingly; **-y** *a.* incommensurable.
niepomny *a.* unmindful (of).
niepomyśln-ość *f.* failure; adversity; **-y** *a.* unfavourable, adverse, unfortunate; unsuccessful.
niepoprawn-ość *f.* incorrectness; incorrigibleness; **-y** *a.* incorrigible, inveterate; (*błędny*) incorrect.
nieporadn-ość *f.* awkwardness; helplessness; **-y** *a.* unpractical, awkward; helpless.
nieporozumienie *n.* misunderstanding.
nieporównan-ie *adv.* incomparably; **-y** *a.* incomparable.
nieporusz-enie *n.* firmly; immovably; **-ony** *a.* unmoved; firm; steadfast; insensible.
nieporząd-ek *m.* disorder; confusion; **-ny** *a.* disorderly; slovenly.
nieposkromiony *a.* unsubdued, unconquerable, undaunted.
nieposłusz-eństwo *n.* disobedience; **-ny** *a.* disobedient.
niepospolity *a.* uncommon, extraordinary.
niepostrzeż-enie *n.* oversight, inadvertence; **-ony** *a.* unnoticed, imperceptible.
nieposzanowanie *n.* disrespect, disregard.
nieposzlakowany *a.* spotless, irreproachable, blameless.
niepośledni *a.* not mediocre; not indifferent.
niepotrzeb-a *i.* there is no need; **-ny** *a.* unnecessary, useless, superfluous.
niepowetowany *a.* irreparable, irretrievable, irrecoverable.

For words with prefix n i e- not given consult **nie-**.

niepowodzenie *n.* failure, adversity.
niepowołany *a.* uncalled for; incompetent.
niepowrotn-ie *adv.* irrecoverably, irretrievably; **-ość** *f.* irretrievability; **-y** *a.* irrevocable, irreparable, irretrievable.
niepowstrzymany *a.* irresistible.
niepowszedni *a.* uncommon.
niepowściągliw-ość *f.* incontinence; intemperance; **-y** *a.* incontinent, intemperate.
niepozna-ka *f.* dla -ki, to avoid recognition; to avoid suspision; in order not to be recognised; **-nie** *n.* mistaking; **-ny** *a.* mistaken; unknown, unappreciated, misunderstood.
niepozorn-ość *f.* plainness, homeliness; **-y** *a.* modest, homely; plain.
niepożądany *a.* undesired, unseasonable, superfluous.
niepoży-cie *adv.* lastingly; **-ty** *a.* durable, lasting.
niepożyteczn-ość *f.* uselessness; **-y** *a.* useless.
niepraktykowany *a.* unprecedented, unheard of.
nieprawd-a *f.* untruth; falsehood; lie; **-opodobieństwo** *n.* improbability; **-opodobny** *a.* improbable, unlikely; **-ziwość** *f.* fallacy, falsity; **-ziwy** *a.* untrue; false, not genuine.
nieprawidłow-ość *f.* irregularity; nonconformity (to rules); **-y** *a.* irregular.
niepraw-ność *f.* illegality, illegitimacy; **-ny** *a.* illegal, unlawful; illegitimate; **-ość** *f.* wickedness, sin, crime; **-y** *a.* wicked; illegitimate, unlawful.
nieprodukcyjn-ość *f* unproductiveness; **-y** *a*, unproductive.
nieproporcjonalny *a.* unproportional (to).
nieproszony *a.* unbidden, uninvited.
nieprzebaczalny *a.* unpardonable.
nieprzebłagany *a.* inexorable; implacable.

Odnośnie do wyrazów z przedrostkiem n i e-, brakujących powyżej, patrz pod **nie-**.

nieprzebrany *a.* inexhaustible.
nieprzebyty *a.* impassable; insuperable.
nieprzejednany *a.* irreconcilable.
nieprzejrz-any *a.* immeasurable; impenetrable; **-ystość** *f.* opaqueness; **-ysty** *a.* opaque.
nieprzeliczony *a.* innumerable.
nieprze-makalny *a.* water-proof; impermeable.
nieprzenik-liwy, -niony *a.* impenetrable.
nieprze-party *a.* irresistible; **-płacony** *a.* priceless, inestimable; **-puszczalny** *a.* impervious.
nieprzerwan-ie *adv.* uninterruptedly, continually; **-y** *a.* uninterrupted.
nieprzestanny *a.* continual, constant; incessant.
nieprzestrzeganie *n.* inobservance.
nieprzewi-dywany, -dziany *a.* unforeseen.
nieprzezroczyst-ość *f.* opaqueness; **-y** *a.* opaque, not transparent.
nieprzezwyciężony *a.* invincible, unconquerable.
nieprzeżyty *a.* eternal.
nieprzychyln-ość *f.* disinclination (to); disfavour; dislike; **-y** *a.* disinclined (to), unfavourable; averse.
nieprzydatn-ość *f.* uselessness; **-y** *a.* useless, unfit.
nieprzyjaciel *m.* enemy; adversary; **-ski** *a.* (*nieprzyjaciela*) enemy's; (*wrogi*) inimical, hostile.
nieprzyja-zny *a.* see **nieprzychylny**; **-źń** *f.* hostility; aversion.
nieprzyjemn-ość *f.* unpleasantness; inconvenience, trouble; **-y** *a.* unpleasant, disagreeable, troublesome.
nieprzymuszony *a.* unconstrained.
nieprzystępn-ość *f.* inaccessibility; -y *a.* inaccessible; unapproachable.
nieprzystojn-ość *f.* indecency, impropriety; **-y** *a.* improper, indecorous.

For words with prefix n i e- not given consult **nie-**.

nieprzytomn-ość *f.* unconsciousness; absence of mind; haggardness; senselessness; **-y** *a.* unconscious; senseless; (*o wzroku*) haggard.
nieprzy-wykły, -zwyczajony *a.* unaccustomed (to).
nieprzyzwoit-ość *f.* indecency, obscenity; impropriety; **-y** *a.* indecent, obscene; unbecoming, improper.
niepyszny *a.* humble; ashamed; odszedł jak ~, he withdrew pitifully.
nieracjonalny *a.* irrational.
nierad *a.* loth, disinclined, sorry (to), unwilling; rad ~, willy-nilly; ~, *adv.* unwillingly.
nieraz *adv.* many a time, repeatedly. [**-y** *a.* irregular.
nieregularn-ość *f.* irregularity;
niereligijn-ość *f.* irreligion, impiety; **-y** *a.* irreligious.
nierogacizna *f.* hornless cattle; swine.
nierozdzieln-ość *f.* inseparability, indivisibility; **-y** *a.* inseparable; indivisible.
nierozegrana partja, a tie.
nierozerwalny *a.* indissoluble; insuparable.
nierozgarni-ęty, -ony *a.* dull; thoughtless.
nierozłączn-ość *f.* inseparability; **-y** *a.* inseparable.
nierozmowny *a.* taciturn, reserved (in speech).
nierozmyślny *a.* inconsiderate, thoughtless, rash.
nierozpuszczaln-ość *f.* indissolubility; **-y** *a.* indissoluble.
nierozsąd-ek *m.* unwisdom, unreasonableness; **-ny** *a.* unwise, imprudent; unreasonable.
nierozstrzygni-ęty, -ony *a.* undecided, not settled; -ęta partja, a tie.
nieroztropn-ość *f.* imprudence, indiscretion; **-y** *a.* imprudent, unwise, indiscreet.
nierozum *m.* absurdity; lack of sense; **-ny** *a.* unwise, foolish, irrational, unreasonable, absurd.
nierozwa-ga, -żność *f.* unwisdom, inconsideration; imprudence, thoughtlessness, rashness; **-żny** *a.* inconsiderate, thoughtless; rash.
nierozwiąza-lność *f.* indissolubility; **-lny, -ny** *a.* insoluble, indissoluble.
nierozwikłany *a.* inextricable.
nierówn-ie, -o *adv.* (by) far, much; unequally; **-oboczny** *a.* scalene, unequal-sided; **-ość** *f.* unevenness, roughness; inequality; **-y** *a.* uneven, rough; unequal.
nieruch *m.* stagnancy; inanimation; **-awy** *a.* slow, awkward.
nieruchom-ość *f.* immobility; (*własność*) real estate; **-ości** *pl.* immovables; **-y** *a.* motionless; immovable.
nierychły *a.* slow, backward, lingering; distant. [(verse).
nierymowany *a*, ~ (*wiersz*) blank
nierzadko *adv.* not unfrequently.
nierząd *m.* anarchy; disorder; (*rozpusta*) prostitution, fornication; **-nica** *f.* prostitute; **-ny** *a.* disorderly, loose; anarchical; dissolute.
niesforn-ość *f.* refractoriness, insubordination, untractableness; **-y** *a.* unruly, refractory, insubordinate; unmanageable.
nieskalany *a.* immaculate.
nieskaziteln-ość *f.* integrity; **-y** *a.* spotless, unimpeachable.
niezkładn-ość *f.* awkwardness, unwieldiness; **-y** *a.* awkward, unwieldy, inapt.
nieskończon-ość *f.* infinity, eternity; **-y** *a.* infinite, endless, eternal.
nieskory *a.* slow; dull; unwilling.
nieskromn-ość *f.* immodesty; **-y** *a.* immodest.
nieskuteczn-ość *f.* inefficacy; **-y** *a.* inefficacious, inefficient.
niesław-a *f.* dishonour, disgrace, disrepute; shame; **-ny** *a.* disgraceful, shameful.
niesłown-ość *f.* faithlessness, unreliability; **-y** *a.* faithless,

---

Odnośnie do wyrazów z przedrostkiem n i e-, brakujących powyżej, patrz pod **nie-**.

For words with prefix n i e- not given consult **nie-**.

unreliable, not true to one's word.
niesłuszn-ość *f.* unfairness, injustice; **-y** *a.* wrong, unjust, unfair.
niesłychan-ie *adv.* extremely, exceedingly; **-y** *a.* unheard of; excessive; unprecedented.
niesma-czny *a.* tasteless; insipid; unsavoury; **-k** *m.* bad taste; disgust; insipidity.
niesnadn-ie *adv.* hardly, with difficulty; **-y** *a.* not easy.
niesnaska *f.* discord, dispute, quarrel.
niespełna *adv.* not quite; not fully; about; ~ **rozumu**, crazy.
niespłik *m.* (*bot.*) medlar.
niespodzi-anie, -ewanie *adv.* unexpectedly, unawares; **-anka** *f.* surprise; **-any, -ewany** *a.* unexpected; sudden.
niespok-ojność *f.*, **-ój** *m.* anxiety, restlessness; uneasiness; **-ojny** *a.* uneasy, unquiet; restless, anxious.
niespor-o *adv.* slackly; **-y** *a.* slack.
niespos-obność *f.* unfitness; **-obny** *a.* unfit, inapt; **-ób** *adv.* it is impossible (to).
niespożyty *a.* (*niestrudzony*) indefatigable; (*trwały*) durable.
niespółmiern-ość *f.* incommensurability; **-y** *a.* incommensurable (with).
niesprawiedliw-ość *f.* injustice; **-y** *a.* unjust, unfair.
niestał-ość *f.* instability; fickleness; **-y** *a.* inconstant, fickle, unsteady; temporary.
niestateczn-ość *f.* dissipation; instability, fickleness; **-y** *a.* dissipated; fickle.
niestawiennictwo *n.* non-appearance; truancy.
niestety *i.* unfortunately; alas!
niestosown-ość *f.* incongruity; discrepancy; **-y** *a.* improper, unbecoming, unseemly.
niestraw-ność *f.* indigestion; **-ny** *a.* heavy, indigestible.
niestrudzony *a.* indefatigable.
niestworzony *a.* incredible, unheard of.

Odnośnie do wyrazów z przedrostkiem n i e-, brakujących powyżej, patrz pod **nie-**.

niesumienn-ość *f.* dishonesty, unreliability; **-y** *a.* unscrupulous, unreliability.
niesw-ojo *adv.* **-ój** *a.* qualmish; ill at ease.
niesympatyczny *a.* unpleasant, uncongenial.
nieszczególny *a.* mediocre, indifferent, not up to the mark; below standard.
nieszczer-ość *f.* insincerity; **-y** *a.* insincere.
nieszczę-sny *a.* ill-fated, unlucky, fatal; **-ścić się** *v.* fail; have bad luck; **-ście** *f.* misfortune, ill-luck; **-ściem, na -ście** *adv.* unfortunately, unluckily; jak na ~~, as ill-luck would have it; **-śliwość** *f.* misfortune; **-śliwy** *a.* unhappy; unfortunate; luckless.
nieszczodry *a.* ungenerous, mean, niggardly.
nieszkodliw-ość *f.* harmlessness; **-y** *a.* harmless, inoffensive.
nieszpetny *a.* fair, comely, good looking.
nieszpor-ny *a.* (of) vesper(s); **-y** *pl.* vespers.
nieść *v.* carry, bear; transport; (*o garderobie*) wear; ~ jaja, lay eggs; strzelba niesie na x *m*, the gun carries x *m*; wieść niesie, it is said; ~ w ofierze, sacrifice.
nieślubny *a.* illegitimate, natural.
nieśmiał-o *adv.* bashfully, timidly, shyly; **-ość** *f.* shyness, timidity, bashfulness; **-y** *a.* shy, coy, timid, bashful.
nieśmierteln-ość *f.* immortality; **-y** *a.* immortal.
nieświadom, -y *a.* ignorant, unaquainted (with), not aware of; unconscious; **-ość** *f.* ignorance, unconsciousness.
nietakt *m.*, **-owność** *f.* tacktlessness; **-owny** *a.* tactless.
nietęg-i *a.* weakish, also see **nieszczególny**; **-o** *adv.* so-so.
nietknięty *a.* untouched, uninjured.

For words with prefix n i e- not given consult **nie-**.

nietoperz *m.* (*zool.*) bat.
nietopliwy *a.* infusible.
nietowarzysk-i *a.* unsociable; **-ość** *f.* unsociableness.
nietrafn-ość *f.* incorrectness; unjustness; **-y** *a.* incorrect, erroneous; unjust.
nietroszczący się (*o co*) *a.* unconcerned (with).
nietrwał-ość *f.* instability; **-y** *a.* (*niestały*) unstable; (*niemocny*) not durable.
nietyka-lność *f.* intangibility; (*prawn.*) immunity; **-lny** *a.* intangible; (*prawn.*) immune.
nietyl-e *adv.* not so much (as); below; less than; fewer than; **-ko** *adv.* not only; ~~ ..., ale ..., not only ... but also ...
nieubłagaln-ość *f.* inexorability; **-y** *a.* inexorable.
nieuchronn-ość *f.* inevitability; **-y** *a.* unavoidable, inevitable.
nieuchwytny *a.* impalpable, inapprehensible.
nieuctwo *n.* ignorance.
nieucywilizowany *a.* uncivilized.
nieuczciw-ość *f.* dishonesty; **-y** *a.* dishonest, dishonourable.
nieuczynn-ość *f.* unfriendliness, disobligingness; **-y** *a.* disobliging; unfriendly.
nieuda-ć się *v.* fail, miss; **-ły, -ny** *a.* unsuccessful, unfortunate; (*szczery*) unfeigned; **-nie się** *n.* failure.
nieudoln-ość *f.* incapacity, impotency; **-y** *a.* unapt, impotent, powerless.
nieufn-ość *f.* distrust, diffidence; **-y** *a.* distrustful, diffident.
nieugaszony *a.* inextinguishable; unquenchable; invincible.
nieugięt-ość *f.* inflexibility, stubbornness; **-y** *a.* inflexible, unyielding, stubborn, obstinate.
nieujeżdżony *a.* unbroken.
nieuk *m.* dunce; ignoramus.
nieukładn-ość *f.* uncouthness, awkwardness; **-y** *a.* uncouth, awkward.
nieukojony *a.* unappeasable, inconsolable.
nieukontentowan-ie *n.* displeasure, dissatisfaction; **-y** *a.* dissatisfied; displeased.
nieukrócony *a.* tameless, unbridled.
nieuleczaln-ość *f.* incurableness, incurability; **-y, -ony** *a.* incurable.
nieulękł-ość *f.* intrepidity; **-y** *a.* intrepid, unabashed.
nieumiej-ętność *f.* ignorance; **-ętny** *a.* unskilful, ignorant; unacquainted (with).
nieumyśln-ie *adv.* unintentionally; **-y** *a.* unintentional.
nieunikniony *a.* inevitable.
nieuprzedzony *a.* unprejudiced.
nieurodzaj *m.* bad crops; **-ność** *f.* barrenness; sterility; **-ny** *a.* sterile, barren; unfruitful.
nieuskromiony *a.* untamable, unruly, ungovernable.
nieusłuchany *a.* disobedient.
nieusposobiony *a.* undisposed.
nieusprawiedliwiony *a.* unjustified.
nieusta-jący *a.* continual, unceasing; **-nność** *f.* incessancy, everlastingness; **-nny** *a.* incessant, continual; permanent.
nieustraszon-ość *f.* intrepidity; **-y** *a.* intrepid, fearless.
nieusuwaln-ość *f.* irremovability; **-y** *a.* irremovable.
nieuszanowanie *n.* irreverence, disrespect; disregard.
nieuszkodzony *a.* undamaged, uninjured, unimpaired.
nieuświadomiony *a.* ignorant.
nieutulony *a.* inconsolable.
nieuwa-ga *f.* inadvertence, inattention; przez **-gę**, by mistake; **-żny** *a.* inadvertent, inattentive.
nieuzasadniony *a.* unfounded.
neiuzbrojony *a.* unarmed.
nieużyteczn-ość *f.* inutility, uselessness; **-y** *a.* useless, unprofitable.
nieużyty *a.* disobliging, unfriendly, egotistic.
niewart *a.* not worth; **-o** *adv.* it is not worth (while).

Odnośnie do wyrazów z przedrostkiem n i e-, brakujących powyżej, patrz pod **nie-**.

For words with prefix n i e- not given consult **nie-**.

nieważki *a.* imponderable.
nieważn-ość *f.* invalidity; (*prawn.*) voidness; **-y** *a.* not valid, void, worthless, insignificant.
niewątpliw-ość *f.* indubitableness, unquestionableness; **-y** *a.* indubitable, unquestionable.
niewcz-as *m.*, **-esność** *f.* unseasonableness; inopportuneness; po -asie, too late; **-esny** *a.* inopportune, unseasonable, untimely.
niewdzięczn-ość *f.* ingratitude; **-y** *a.* ungrateful; unprofitable, unfruitful.
niewesoł-o *adv.* joylessly; **-ość** *f.* joylessness; **-y** *a.* joyless, sad.
niewiadom-o *adv.* nobody knows; it is uncertain; ~ mi, I am unaware (of, whether); **-ość** *f.* ignorance; **-y** *a.* unknown; unacquainted (with).
niewiara *f.* irreligion; incredulity.
niewiasta *f.* woman.
niewidomy *m.* blind man; ~, *a.* (na jedno oko) blind (of one eye); invisible.
niewidzia-lność *f.* invisibility; **-lny** *a.* invisible; **-ny** *a.* unseen.
niewiedz-a *f.* ignorance; **-ący** *a.* unaware (of); **-ieć** *v.* be ignorant (of); **-ieć** *adv.* one does (or did) not know.
niewiel-e *adv.* not much, not many; **-u** *pl.* not many, few.
niewielki *a.* small.
niewiern-i *pl.* the infidels; **-ość** *f.* faithlessness; **-y** *a.* not true (to); faithless, infidel, disbelieving.
niewieści *a.* womanly; womanlike; **-ć, -eć** *v.* grow, effeminate; **-uch** *m.* effeminate person, weakling, ladies' man.
niewin-iątko *n.* innocent; (*fig.*) dissembler; **-ność** *f.* innocence, virginity; **-ny** *a.* innocent, harmless, inoffensive.
niewłaściw-ość *f.* unbecomingness; mistake; **-y** *a.* wrong; improper; unbecoming.

Odnośnie do wyrazów z przedrostkiem n i e-, brakujących powyżej, patrz pod **nie-**.

niewol-a *f.* slavery, bondage, captivity; constraint; wziąć w -ę, take prisoner; **-ić** *v.* constrain, force; compel; necessitate; **-nica** *f.*, **-nik** *m.* slave; prisoner; **-niczy** *a.* slavish, servile; **-no** *adv.* it is not allowed; it is forbidden.
niewód *m.* trammel, drag-net.
niewprawny *a.* inexperienced; unskilful.
niewstrzemięźliw-ość *f.* intemperateness, incontinence; **-y** *a.* intemperate, incontinent.
niewstrzymany *a.* irresistible.
niewstyd-liwy, -ny *a.* impudent, shameless.
niewtajemniczony *a.* uninitiated.
niewyczerpany *a.* inexhaustible.
niewygod-a *f.* inconvenience; **-ny** *a.* inconvenient; uncomfortable.
niewykonaln-ość *f.* impracticability; **-y** *a.* impracticable, unfeasible.
niewy-mownie, -powiedzianie *adv.* unspeakably, ineffably; **-mowny, -powiedziany** *a.* unspeakable, ineffable.
niewymuszon-ość *f.* unaffectedness, ease, simplicity; **-y** *a.* unconstrained, unaffected; easy; natural.
niewypieczony *a.* insufficiently baked.
niewypła-calność *f.* insolvency; **-calny, -tny** *a.* insolvent.
niewyrobiony *a.* raw (*lit.* & *fig.*); unskilled.
niewysłowiony *a.* ineffable, unutterable.
niewyspany *a.* jestem ~, I have not had enough sleep; I am sleepy.
niewystały *a.* unsettled, troubled.
niewysławn-ość *f.* simplicity; modesty; **-y** *a.* simple, modest, plain.
niewytłumaczony *a.* unexplained, inexplicable.
niewytrawn-ość *f.* immaturity, inexperience; **-y** *a.* inexperienced; (*o winie*) unseasoned.

For words with prefix n i e- not given consult **nie-**.

niewytrwał-ość *f.* want of perseverance, inconstancy; **-y** *a.* inconstant, not persistent, not perseverant.
niewytworny *a.* plain, simple, modest.
niewytrzymał-ość *f.* want of perseverance, weakness; sensitiveness (to); **-y** *a.* unenduring, weak; sensitive (to).
niewywikłany *a.* inextricable.
niewzruszon-ość *f.* immovability, firmness; **-y** *a.* unmoved; immovable.
niezachwiany *a.* firm, unshaken, steady.
niezadługo *adv.* before long, soon, shortly.
niezadowol-(ni)enie *n.* discontent, dissatisfaction; powód do -enia, cause for complaint; **-(ni)ony** *a.* dissatisfied; displeased.
niezależn-ość *f.* independence; **-y** *a.* independent.
niezamężna *a.* single, unmarried.
niezamknięty *a.* open.
niezapieczętowany *a.* unsealed.
niezapisany *a.* not inscribed, unrecorded; ~ blankiet, blank form.
niezapłacony *a.* unpaid.
niezapominajka *f.* (*bot.*) forget-me-not.
niezaprzecz-alny, -ony *a.* unquestionable, incontestable; indisputable; **-oność** *f.* indisputability.
niezaradny *a.* awkward, helpless.
niezasłużony *a.* undeserved, unmerited.
niezasobn-ość *f.* resourcelessness; **-y** *a.* resourceless.
niezaszczytny *a.* inglorius.
niezatarty *a.* indelible, unforgotten.
niezawisł-ość *f.* independence; **-y** *a.* independent.
niezawod-nie *adv.* without fail; infallibly, certainly; **-ny** *a.* certain, infalbllie, reliable.
niezbadany *a.* inscrutable.

Odnośnie do wyrazów z przedrostkiem nie-, brakujących powyżej, patrz pod **nie-**.

niezbędn-ość *f.* indispensability; necessity; **-y** *a.* indispensable; necessary; irremissible.
niezbity *a.* irrefutable.
niezbyt *adv.* not overmuch; none too.
niezdar-a *m.* clumsy person; **-ność** *f.* awkwardness, clumsiness; **-ny** *a.* clumsy, awkward, unwieldy.
niezdatn-ość *f.* unfitness, incapacity; **-y** *a.* unfit, incapable.
niezdecydowan-ie *a.* waveringly; **-y** *a.* undecided, wavering.
niezdobyty *a.* impregnable.
niezdoln-ość *f.* inability, incapability; **-y** *a.* incapable, unfit.
niezdr-owie *n.* ill health; **-owy, -ów** *a.* unwell, unhealthy, sick, unwholesome.
niezgłębiony *a.* unfathomable, inscrutable.
niezgod-a *f.* discord, disagreement; kość -y, bone of contention; jabłko -y, apple of discord; **-ność** *f.* discordance, incompatibility; **-ny** *a.* disagreeing, discordant, incompatible; unsociable, incongruent.
niezgo-rszy *a.* fair, tolerable; **-rzej** *adv.* pretty well, so-so, tolerably.
niezgrab-a, -iasz *m.* awkward person; **-ność** *f.* awkwardness; clumsiness; **-ny** *a.* awkward, clumsy.
niezliczony *a.* innumerable, numberless.
niezłomn-ość *f.* inflexibility; steadfastness; **-y** *a.* inflexible, steadfast; unshaken.
niezły *a.* pretty good, fair.
niezmącony *a.* undisturbed.
niezmienn-ość *f.* immutability, unalterability; **-y** *a.* immutable, unalterable, constant.
niezmiern-ie *a.* immensely, exceedingly; **-ość** *f.* immensity, vastness; **-y** *a.* immense, vast.
niezmierzon-ość *f.* immensurability, infinitness; **-y** *a.* incommensurable, infinite.

For words with prefix nie- not given consult **nie-**.

niezmieszany *a.* unmixed, unmingled, unadulterated; (*spokojny*) unabashed, undisconcerted, undiscomfited.
niezmordowany *a.* indefatigable.
niezmyślony *a.* real, unfeigned, true.
nieznacz-ący *a.* nic ~, insignificant; meaningless; **-nie** *adv.* imperceptibly; gradually; **-ny** *a.* insignificant, paltry; imperceptible; gradual.
nieznajom-ość *f.* unacquaintance; ignorance; **-y** *a.* unacquainted (with); **-y** *m.* stranger.
nieznan-ie *n.* ignorance; **-y** *a.* unknown; strange.
nieznośn-ość *f.* intolerableness; **-y** *a.* intolerable, unendurable, unbearable.
niezręczn-ość *f.* awkwardness; **-y** *a.* awkward, unhandy.
niezrozumiał-ość *f.* incomprehensibility, unintelligibility; abstruseness; **-y** *a.* incomprehensible, unintelligible, abstruse, obscure.
niezrozumienie *n.* misunder standing, misconception.
niezrównany *a.* incomparable, unequalled, matchless, peerless.
niezupełn-ie *adv.* not quite; not wholly, incompletely; **-ość** *f.* incompleteness; imperfection; **-y** *a.* incomplete, defective; imperfect.
niezwalczony, niezwyciężony *a.* invincible, unconquerable.
niezwłoczn-ie *adv.* immediately, without delay; **-y** *a.* immediate.
niezwyczajny, niezwykły *a.* uncommon, unusual, unwonted; (*czegoś*) unaccustomed (to).
niezyskowny *a.* unprofitable, not lucerative.
nieźle *adv.* pretty well, tolerably well.
nieżonaty *a.* unmarried, single.
nieżyczliw-ość *f.*, **-y** *a.* see **nieprzychylność, -y.**

Odnośnie do wyrazów z przedrostkiem n i e-, brakujących powyżej, patrz pod **nie-.**

nieży-jący *a.* dead, late; **-wotny** *a.* not vital; **-wy** *a.* inanimate, lifeless.
nieżyt *m.* catarrh.
nieżyzn-ość *f.* sterility; **-y** *a.* sterile, barren, unfruitful.
nigdy *adv.* never.
nigdzie *adv.* nowhere.
nihili-sta *m.* nihilist; **-zm** *m.* nihilism.
nijak *adv.* nohow, by no means; in no way; **-i** *a.* neither; (*gram.*) neuter; **-o** *adv.* strangely; jest mi ~~, I feel sick.
nikczemn-ić *v.* disgrace, dishonour; **-ieć** *v.* disgrace oneself; **-ik** *m.* villain; **-ość** *f.* villany, baseness, meanness; **-y** *a.* vile, base, mean, abject.
nik-iel *m.* nickel; **-lować** *v.* nickel; **-lowy** *a.* (of) nickel.
nik-ły *a.* frail, fading; hardly perceptible; **-nąć** *v.* disappear, vanish; fade; (*fig.*) waste away.
nikogo *gen. & accus. of* **nikt.**
nikotyn-a *f.* nicotine; **-izować** *v.* nicotinize.
nikt *prn.* no one; nobody; ~ inny, no one else, nobody but.
nim *c.* (*zanim*) before, ere; ~, *prn. instrum. case of* **on**; (with, by, from, in etc.) him.
nimb, -us *m.* nimbus.
nimfa *f.* nymph; ~ leśna, dryad.
niniejsz-y *a.* present, actual; in question; enclosed; -em, hereby.
nisk-i *a.* low; short; ~ głos, bass voice; **-ąd** *adv.* from nowhere; **-o** *adv.* low (down); **-ość** *f.* lowness.
nisza *f.* niche, recess.
niszcz-eć *v.* waste away, decay; **-yć** *v.* spoil, ruin, destroy; lay waste; **-yć się** *v.* be spoiled; wear out; be ruined; **-yciel** *m.*, **-ycielka** *f.* destroyer.
nit *m.* rivet; **-ować** *v.* rivet.
nitka *f.* thread; (*anat.*) fiber; zmoknąć do nitki, be drenched to the skin.
nitrogliceryna *f.* nitroglycerine.
niuch *m.* pinch (of snuff); **-ać** tabakę, take snuff.
niwa *f.* (*lit. & fig.*) field.

For words with prefix n i e- not given consult **nie-.**

niwecz *adv.* ruin; **-yć** *v.* ruin; (*zamiary czyje*) frustrate, baffle.
niwel-acja *f.* levelling; **-ować** *v.* level.
nizać *v.* thread; string.
niz-ina *f.* valley, lowland, dale; **-inny** *a.* (of) lowland; **-iuchny, -iutki, -iuteńki** *a.* (very) low, (very) short; **-ki** *a.* low; short; **-kość** *f.* lowness.
niźli *adv.* than, rather than.
niżnik *m.* knave (at cards).
niż *m.* lowland; ~, **-eli, niźli** *c. & adv.* than; rather than; **-ej** *adv.* lower (down), below; ~ podpisany, undersigned; **-szość** *f.* inferiority; **-szy** *a.* inferior, shorter, lower.
no *i.* now then!
nobilit-acja *f.* ennoblement; **-ować** *v.* ennoble; knight.
noc *f.* night; przez ~, overnight; dziś w -y, to-night; (=*ubiegłej nocy*) last night; we dnie i w -y, by day and night; -ą, po -y, by night; **-leg** *m.* night's lodging; **-nica** *f.* nightmare; **-nik** *m.* chamber-pot; **-ny** *a.* (of the) night, nightly; nocturnal; **-ować, -legować** *v.* sleep, spend the night, put up.
nog-a *f.* foot, leg; (*mebla*) leg; ~ za -ą, step by step; do góry -ami, upside down; na -ach, on one's feet; afoot; suchą -ą, dry-shod; -ę komu podstawić, trip one; co do -i, to a man; **-al** *m.* lanky fellow; **-awica, -awka** *f.* leg.
nogietek *m.* (*bot.*) marigold.
nokturn *m.* nocturn.
nomenklatura *f.* nomenclature.
nomin-acja *f.* appointment; nomination; **-alny,** *a.* nominal; **-ować** *v.* appoint; nominate.
nonjusz *m.* nonius.
nonsens *m.* nonsense; **-owy** *a.* nonsensical, preposterous.
nora *f.* burrow; hiding-place; (*fig.*) kennel, hole.
norma *f.* standard, rule, basis.
normalny *a.* normal.
nos *m.* (*anat.*) nose; (*u zwierząt*) snout, nozzle; (*u dzbanka etc.*) spout; (*koniec*) tip; **krzywić** ~, make a wry face; wodzić za ~, lead by the nose; mruczeć pod -em, mutter, mumble; zadzierać -a, be conceited, be stuck-up; patrz swego -a! mind your business!; **-al** *m.* long-nosed; **-acizna** *f.* glanders; **-aty** *a.* long-nosed; **-ek** *m.* little nose; tip.
nosi-ć *v.* carry; (*o garderobie*) wear; also see **nieść**; ~ kogo na rękach, (*fig.*) dote upon one; **-ć się** *v.* dress; ~~ z zamiarem, intend, have a mind; **-ciel** *m.* carrier.
nosorożec *m.* (*zool.*) rhinoceros.
nos-owy *a.* nasal; **-ówka** *f.* nasal sound.
nostalgja *f.* nostalgia, home-sickness.
nosze *pl.* stretcher, litter; sedan.
nośny *a.* portable; lasting; **nośna kura,** laying-hen.
not-a *f.* note, remark; **-ata, -atka** *f.* note, annotation; **-atnik, -es, -esik** *m.* note-book; **-ować** *v.* note, write down; **-owanie** *n.* notation, note; quotation.
notar-jalnie *adv.* notarially; **-jalny** *a.* notarial; **-jusz** *m.* notary (-public); **-juszowski** *a.* notary's.
notoryczny *a.* notorious.
nowa-lja *f.* first-fruits; novelties; **-tor** *m.* innovator; **-torstwo** *n.* innovation.
nowel-a *f.* short story, novelette; (*prawn.*) bill; **-ista** *m.* story-writer, novelist.
nowicj-at *m.* novitiate; **-usz** *m.*, **-uszka** *f.* novice (*lit. & fig.*)
nowi-na *f.* news, tidings; intelligence; **-niarka** *f.*, **-niarz, -nkarz** *m.* newsmonger; **-uchny, -uteński, -utki, -uśki** *a.* bran(d)-new.
nowo *adv.* newly, new; na ~, anew, afresh; **-chrzczeniec** *m.* neophyte; **-czesny** *a.* modern; **-modny** *a.* new-fashioned; **-narodzony** *a.* new-born; **-nawróceniec** *m.* convert; **-nawrócony** *a.* neophyte; **-przybyły** *a.* new-come; **-roczny** *a.* New Year's; **-ść** *f.* novelty; **-ści** *pl.* (*towary*) outfitter's goods; **-tność** *f.* newness, innovation; **-tny** *a.* new-fashioned, newfangled; **-twór** *m.* novelty; (*med.*) tumour; **-wierca** *m.* sectary; **-zaciężny** *a.* newly recruited; **-żeniec** *m.* bridegroom; **-żeńcy,** bridal

pair; **-żytność** *f.* modern times; **-żytny** *a.* modern.
nowy *a.* new, recent; modern; ~ rok, New Year('s day).
nozdrza *n. pl.* nostrils.
nożęta *pl. diminutive of* **nogi.**
nożowni-ctwo *n.* cutlery; **-czy** *a.* cutler's; **-k** *m.* cutler; cut-throat.
noży-ce *pl.* shears; **-czki** *pl.* scissors; **-k** *m.* (pocket-)knife.
nów *m.* new moon.
nóż *m.* knife; ~ składany, clasp-knife; ~ ogrodniczy, pruning-knife.
nóż(ecz)ka *f.* small foot.
nu, -że! *i.* quick! forward!
nucić *v.* hum, sing.
nud-a, -ność, -ota *f.* tediousness, boredom, weariness; **-nieć** *v.* become tedious; **-nik, -ziarz** *m.* bore; **-no** *adv.* dully, tediously; ~~ jest, it is dull; ~~ mi, I feel qualmish (sick); **-ności** *pl.* qualms, nausea; **-ny** *a.* tedious, tiresome, dull; qualmish, nauseous; ~~ człowiek, **-ziarz** *m.* a bore; **-y** *pl.* tediousness; boredom; **-zić** *v.* weary, tire, bore; (*mdlić*) cause nausea; -zi mnie, I feel sick; **-zić się** *v.* feel bored; be weary; feel dull.
nugat *m.* nougat.
nukać *v.* impel (to), urge.
numer *m.* number; **-acja** *f.* numeration; **-ować** *v.* number; **-owy** *m.* waiter; (*na dworcu*) porter.
numizmaty-czny *a.* numismatic; **-ka** *f.* numismatics *pl*; **-k** *m.* numismatist.
nuncj-atura *f.* nunciature; **-usz** *m.* nuncio.
nur *m.* (*orn.*) Northern diver; **-ek** *m.* diver; (*nurkowanie*) dive; -kiem płynąć, swim under water; **-kować** *v.* dive, plunge; duck; **-gęś** *f.* (*orn.*) goosander.
nurt *m.* current; stream; surge; **-ować** *v.* pervade, penetrate; **-y** *pl.* waters, waves.
nurzać *v.* dip, immerse; ~ **się** *v.* welter (in), wallow (in).
nut-a *f.* note, melody, tune; **-y** *pl.* music.
nuż *adv.* there, here; a ~ przyjdzie, suppose he comes; a ~ ...? what if ...?
nuż-ący *a.* tiring, tiresome; fatiguing; **-yć** *v.* tire; weary, ~~ **się** *v.* tire, be fatigued.
nużel *i.* forward!
nygus *m.* lazy-bones; **-ować (się)** *v.* loiter, idle.

O

O! *i* oh! ~, *prp.* of; by; for; with; at; on; ~ tyle, by so much; (*odległość*) ~, off; away; ~ włos, within (by) a hairbreadth; ~ świcie, at day-break; ~ zmroku, at dusk; ~ czwartej, at four; ~ co idzie? what is the matter? ~ suchym chlebie, on dry bread; ~ dwie mile od ..., within two miles of ...; uderzyć ~ słup, hit against a post; O = ojciec, Rev. Father; O.O. = ojcowie, Rev. Fathers.
o-, ob-, obe- jako przedrostki w czasownikach nadające im znaczenie *czynności zupełnie dokonanej* — nie posiadają odpowiednika po angielsku; czasownik wtedy tłumaczy się tak, jakgdyby przedrostka nie miał; np. „opłókać" jak „płókać" itp.; jako przedrostki nadające czasownikom znaczenie *czynności dokonanej ze wszystkich stron* — wyrażają się one przez użycie przyimka „round"; np. „objechać" — „ride round".
Czasowników z przedrostkami o-, ob-, obe- nie podanych poniżej szukać należy tam, gdzie figurują w formie niedokonanej, t. j. bez przedrostka, np. „obiegać" pod „biegać" itd.
o-, ob-, obe- are prefixed to verbs to denote
1) the completion of an action and
2) the performing of an action round something or someone.
In cases of order 1) the prefix

has no equivalent in English and the verb is translated as if it had no prefix e. g. „opłókać" is translated like „płókać" etc.; in cases of order 2) the preposition „round" is added e. g. „objechać" — „ride round".

For verbs with prefixes o-, ob-, obe-, not given below, see same without prefix, e. g. for „obiegać" see „biegać" etc.

oaza *f.* oasis.

oba, -j, -dwa, -dwaj *prn., pl.* both.

obaczyć *v.* see, perceive; ~ **się** *v.* notice; meet.

obal-ać, -ić *v.* overthrow, upset, annul, cancel; **-ać, -ić się** *v.* tumble; fall down; **-enie** *n.* overthrow; abolition.

obarcz-ać, -yć *v.* burden, load, encumber.

obarzanek *m.* see **obwarzanek.**

obaw-a *f.* **-ianie się** *n.* fear, apprehension; anxiety; w -ie, for fear (of); bez -y, safely; **-iać się** *v.* be afraid (of); fear, apprehend; (*o kogoś*) be anxious (about); **-ianie się** *n.* apprehension, anxiety.

obcas *m.* heel. [**-ęgi** *pl.* tongs.

obc-ążki *pl.* pincers, nippers;

obces *m.* impetuosity; **-owo** *adv.* outright; **-owy** *a.* impetuous; daring, intrusive.

obchodz-enie *n.* going round; elusion; ~ święta, celebration of a holiday; **-enie się** *n.* (*z kim*) treatment; (*bez czego*) privation, abstinence; **-ić, obejść** *v.* go round; avoid; (*święto*) celebrate (a holiday); (*prawo*) elude; to mnie nic nie -i, it is no business of mine; (*kogo*) concern, regard; ~~ **się, obejść się** (*bez czego*), be contented (with); dispense (with), do without; spare; (*z kim, z czem*) treat; handle, use; to go obeszło, it upset him.

obchód *m.* circuit; going round; (*mil.*) round; (*święta*) celebration; ~ pogrzebowy, funeral ceremony; ~ weselny, wedding feast.

Odnośnie do czasowników z przedrostkami o-, ob-, obe-, brakujących powyżej, obacz **o-, ob-, obe-.**

obciąć *v.* see **obcinać.**

obciąg-ać, -nąć *v.* cover (with), tighten (round); stretch; wrap (round).

obciąż-ać, -yć *v.* load, burden, encumber; ~ rachunek, debit an account. [(away, off).

obcierać *v.* rub (off); wipe

obci-ęcie, -nanie *n.* cutting (off); cropping; curtailment; ~pensyj, wage-cuts; **-nać** *v.* cut (off), clip, crop; abridge; ~~ sobie paznogcie, pare one's nails.

obcis-kać, -nąć *v.* enclose; tuck (up); **-ły** *a.* tight; close.

obc-o *adv.* strangely; **-okrajowiec** *m.* foreigner, alien; **-okrajowy, -onarodowy** *a.* foreign, outlandish; **-ować** *v.* hold intercourse (with), keep company (with); **-owanie** *n.* intercourse; (*z kobietą*) sexual intercourse; **-y** *a.* strange, foreign, outlandish; outside; **-y** *m.* stranger; outsider.

obczyzna *f.* foreign lands; na -źnie, abroad; in exile.

obdar-cie *n.* tearing off; (*ze skóry*) skinning; **-tus** *m.* ragamuffin; **-ty** *a.* ragged, in rags, tattered; stripped; z kory -te, barked.

obda-rować, -rowywać, -rzać, -rzyć *v.* present one (with), favour one (with), bestow (on); endow; **-rzenie** *n.* donation, gift; grant; **-rzony** *a.* gifted, endowed, presented (with).

obdaszek *m.* penthouse.

obdłuż-ać, -yć *v.* mortgage; ~ **się,** contract debts; **-enie** *n.* debitting; **-ony** *a.* involved in debts; motgaged.

obdrapać *v.* scratch.

obdziel-ać, -ić *v.* distribute (among), divide (among); ~ **się** *v.* share; **-anie, -enie** *n.* distribution; sharing.

obdzierać, obedrzeć *v.* tear off; strip, plunder; (*korę*) bark; (*ze skóry*) skin.

obec *m.* presence; w ~, see **wobec; -nie** *adv.* at present; **-ność** *f.* presence; **-ny** *a.* pre-

---

For verbs with prefixes o-, ob-, obe- not given consult **o-, ob-, obe-.**

sent; być ~, be present; attend; be at home.

obejmować *v.* (*uścisnąć*) embrace, hug; clasp; (*zawierać*) hold, contain, comprise; (*urząd*) take office.

obejrzeć *v.* examine, inspect; ~ **się,** look (round) behind.

obejś-cie *n.* going (or walking) round; ~ **się** *n.* behaviour, conduct; **-ć, -ć się** *v.* see **obchodzić;** obejdzie się! we can do without (it)!

obe-lga *f.*, **-lżenie** *n.* insult, outrage, affront, invective; **-lżywość** *f.* outrage; disgrace; **-lżywy** *a.* abusive, insulting, outrageous.

obełgać *v.* belie, deceive.

obelisk *m.* obelisk.

ober-ek, -tas *m.* (kind of) dance.

oberluft *m.* airing casement.

oberwa-ć *v.* pluck off, tear off; ~po skórze, get a thrashing; **-ć się** *v.* fall off; (*z powodu wysilenia*) strain oneself; **-niec** *m.* ragamuffin.

oberznąć *v.* cut, clip, pare.

oberż-a *f.* inn, tavern; **-ysta** *m.*, **-ystka** *f.* innkeeper.

obeschnąć *v.* dry up.

obesłać *v.* send round; (*od czasown. pościelić*) strew, litter.

obetkać *v.* surround, tuck up.

obetrzeć *v.* wipe off, clean; (*nogę*) chafe.

obezna-ć, -wać *v.* (*kogo z czem*) acquaint one (with); ~ **się,** be acquainted (with); get acquainted (with); be master (of); **-ny** *a.* acquainted (with); familiar (with).

obezwładnić *v.* disable.

obfit-ość *f.* abundance, plenty; róg -ości, horn of plenty; **-ować** *v.* abound (with, in); **-ujący** *a.* abundant (in); **-y** *a.* copious, abundant, plentiful, fertile.

obgad-ać, -ywać *v.* speak ill (of), defame, blacken; **-anie, -ywanie** *n.* defamation, evil-speaking.

obgry-zać, -źć *v.* gnaw (at); bite all round.

obheblować *v.* plane all round.

obiad, -ek *m.* dinner, lunch; jeść ~, dine; **-ować** *v.* dine; **-owy** *a.* (of) dinner; -owa pora, dinner time.

obi-bok *m.* bully, hector; **-cie** *n.* (*ścian*) hangings *pl.*, wall-paper; tapestry; (*wybicie*) thrashing; **-cia** *pl.* paper-hangings, tapestry; **-ć** *v.* (*kogoś*) beat, cudgel; (*ściany itd.*) cover (with); ~ beczkę, hoop a cask; (*otoczyć*) surround, enclose; -ło się o moje uszy, it has come to my knowledge.

obie *a.* both.

obiec *v.* see **obiegać.**

obiec-ać, -ywać *v.* promise; (*sobie co*) expect, entertain hopes; ~~ się z wizytą, promise to call upon one; **-anka** *f.* vain promise; **-ujący** *a.* promising; **-ywanie** *n.* promise(s).

obiedni *a.* (of the) dinner; **-a** *f.* (Greek Church) mass.

obiedwie *prn.* both.

obieg *m.* circulation, rotation; **-ać** *v.* circulate, pass from hand to hand; (*myślą, oczami*) view; **-owy** *a.* circulating; ~~ pieniądz, currency.

obielić *v.* whitewash, whiten (all over).

obiera-ć *v.* clear (of); (*wybierać*) choose; (*owoce itd.*) peel; (*kogoś przez głosowanie*) elect; ~ sobie zawód, embrace a profession; (*zachodzić ropą*) fester, suppurate; **-lność** *f.* eligibility; **-lny** *a.* eligible; **-nie, obranie** *n.* election.

obie-rki, -rzyny *pl.* peelings; odds and ends; refuse.

obietnica *f.* promise.

obieży-świat, -kraj *m.* globetrotter; vagrant.

obijać see **obić.**

obi-orczy *a.* (of) election, elective; **-ór** *m.* election.

objada-ć *v.* gnaw (at); (*fig.*) fleece; ~~ **się,** overfeed; **-cz** *m.* parasite; lickspittle.

objaśni-ać, -ć *v.* explain; (*dzieło*) interpret; ~ świecę, snuff a can-

---

Odnośnie do czasowników z przedrostkami o-, ob-, obe-, brakujących powyżej, obacz **o-, ob-, obe-.**

For verbs with prefixes o-, ob-, obe- not given consult **o-, ob-, obe-.**

dle; **-anie, -enie** *n.* explanation; interpretation.
objaw *m.* symptom; sign; phenomenon; manifestation; **-iać, -ić** *v.* reveal, show, manifest; ~~ **się,** appear; **-ienie** *n.* revelation, manifestation.
objazd *m.* circuit; round; tour.
objąć *v.* see **obejmować.**
objechać *v.* ride round; drive round; tour.
objekt *m.* object; piece of property.
objektyw *m.* (*fot.*) lens; **-izm** *m.*, **-ność** *f.* objectiveness; **-ny** *a.* objective.
objeść *v.* see **objadać.**
objeżdżać *v.* see **objechać**; ~ konia, break in a horse.
obję-cie *n.* embrace, clasp; (*wzięcie w posiadanie*) taking possession (of); przyjąć kogo w swoje -cia, receive one with open arms; **-tość** *f.* contents; cubage; circumference, bulk; **-ty** *a.* held, contained, comprised; included.
objucz-ać, -yć *v.* pack; load.
obkrawać *v.* see **okrawać.**
obl-ać, -ewać *v.* besprinkle, pour (on); wet; ~ się rumieńcem, blush, flush; ~ **się** *v.* spill.
oblamować *v.* border, trim.
oblat-a *f.* entry; **-ować** *v.* enter (a deed).
oblat-ać, -ywać *v.* fly round; run round; ramble, wander; possess.
oblazł-ość *f.* baldness; **-y** *a.* bald; peeled off; (*o kolorach*) faded.
oble-c, -gać *v.* besiege, beset; **-c, -kać** *v.* put on, clothe; invest; cover; **-c, -kać się** *v.* (*w co*) put on; be covered (with), be invested (in).
oblecieć see **oblatać.** [siege.
oblega-jący *a.* besieger; **-nie** *n.*
oblep-iać, -ić *v.* stick (over, round); **-iony** *a.* stuck (all over); covered (with).
obleśny *a.* loathsome.
oblewać *v.* see **oblać.**
obleźć *v.* see **obłazić.**
oblęż-ca *m.* besieger; **-enie** *n.* siege; znieść ~~, raise a siege; **-eńcy** *pl.* the besieged; **-niczy** *a.* (of) siege; battering; **-ony** *a.* besieged; **-yciel** *m.* besieger.
oblicz-ać, -yć *v.* reckon, count; ~ **się,** settle accounts (with); **-anie, -enie** *n.* calculation; settling of accounts.
oblicze *n.* face, countenance; w obliczu, in the presence (of), in the face (of).
oblig *m.* bond; promissory note; **-acja** *f.* bond; **-ować** *v.* oblige; bind (to).
obliz-ać, -ywać *v.* lick; ~ **się,** lick one's lips.
oblubie-nica *f.* betrothed, bride; **-niec** *m.* betrothed; bridegroom.
obluzować *v.* relieve (the guard).
obładow-ać, -ywać *v.* load, burden; ~ sobie **żołądek,** overeat oneself.
obłam *m.* fragment, scrap; **-ać, -ywać** *v.* break off.
obłaskawi-ać, -ć *v.* tame, domesticate.
obław-a *f.* raid; chase; **-ą,** in troops; **-nik** *m.* (*w myśliwstwie*) beater.
obłazić *v.* creep (on); crawl (on); (*o włosach*) fall off.
obłą-czysto *a.* archwise; **-czystość** *f.* curve; **-czysty** *a.* curved; **-k** *m.* arch, bow.
obłąk-ać *v.* mislead; **-ać się** *v.* go astray; lose one's senses; **-anie** *n.* insanity, bewilderment; **-any, -ańczy** *a.* insane, mad; dom -anych, lunatic asylum.
obłęd *m.* insanity; **-ny** *a.* maddening, false.
obłoc-ić *v.* defile, mire; befoul; **-ony** *a.* muddy; dirty.
obło-czek *m.* cloudlet; **-czysty** *a.* cloudy, hazy; **-k** *m.* cloud; wynosić kogo pod **-ki,** raise one to the skies.
obłogi *pl.* veneer, frame-piece.
obłomek *m.* fragment.

Odnośnie do czasowników z przedrostkami o-, ob-, obe-, brakujących powyżej, obacz **o-, ob-, obe-.**

For verbs with prefixes o-, ob-, obe- not given consult **o-, ob-, obe-.**

obł-owić się *v.* enrich oneself; get a windfall; **-ów** *m.* booty, spoil.
obłoż-nie *adv.* abed; ~ chorować, be bedridden; **-ny** *a.* bedridden; **-yć** *v.* cover, line; see **okładać**.
obłóczyć *v.* see **oblekać**.
obłud-a, -ność *f.* hypocrisy, pretence; **-nica** *f.*, **-nik** *m.* hypocrite, dissembler; **-ny** *a.* hypocritical, dissembling.
obłup-ać, -ywać *v.* peel, shell, strip; pare; ~ drzewo, bark a tree; **-ić** *v.* (*ze skóry*) skin.
obłuszcz-ać, -yć *v.* husk; **-anie** *n.* husking.
obły *a.* blunt; cylindrical.
obmac-ać, -ywać *v.* feel, finger; handle; grope round.
obmaczać *v.* dip (in), soak.
obmarz-ać, -nąć (—r-z—) *v.* freeze over; **-ły** *a.* frozen, covered all around with hoar-frost.
obm-awiać, -ówić *v.* criticize, find fault (with); (*fig.*) pull to pieces; defame, blacken; speak ill (of); (*sprawę*) talk over.
obmaz-ać, -ywać *v.* besmear, bedaub.
obmi-atać, -eść *v.* sweep, brush.
obmierz-ić (—r-z—) *v.* make one loathe; (*komu co*) disgust one (with); (*co sobie*) loathe; abhor; be disgusted (with); **-ienie** *n.*, **-łość** *f.* loathsomeness, disgust; **-ły** *a.* disgusting, loathsome, abominable, odious; **-nąć** *v.* loathe; be sick (of).
obmow-a *f.* criticism, fault-finding; defamation; evil-speaking, aspersion; **-ca** *m.* calumniator, slanderer; **-ny** *a.* defamatory, calumnious.
obmurowa-ć *v.* wall in; surround with a wall; **-nie** *n.* brick enclosure.
obmy-cie, -wanie *n.* washing (off); **-ć, -wać** *v.* wash (off).
obmy-ślać, -śleć, -ślić *v.* consider, meditate; contrive; take care (of); **-ślenie** *n.* reflexion, contrivance, provision.

Odnośnie do czasowników z przedrostkami o-, ob-, obe-, brakujących powyżej, obacz **o-, ob-, obe-**.

obnaż-ać, -yć *v.* uncover; strip, lay bare; **-ać, -yć się** *v.* take off one's clothes; **-ony** *a.* naked.
obn-ieść, -osić *v.* carry about; (*nowiny*) divulge; (*półmisek*) serve; **-ośny** *a.* hawker's.
obniż-ać, -yć *v.* (*zmniejszyć*) abate; reduce; (*opuszczać niżej*) lower; **-ać, -yć się** *v.* drop; fall; be lowered; **-enie** *n.* lowering; reduction; abatement; drop; **-ka** *f.* reduction.
obojczyk *m.* collar-bone; **-owy** *a.* (of the) collar-bone.
oboje *prn.* both.
obojętn-ieć *v.* grow indifferent (to); **-ość** *f.* indifference; **-y** *a.* indifferent; neutral.
obok *prn.* & *adv.* near(by), close (by), alongside (of); beside.
obolały *a.* sore.
obopóln-ość *f.* reciprocity, mutuality; **-y** *a.* mutual, reciprocal.
obor-a *f.* cow-shed; (*bydło*) horned cattle; **-nik** *m.* manure.
obor-ać, -ywać *v.* plough round.
oburęczn-ie *adv.* with both hands; **-y** *a.* two-handed.
obosieczny *a.* double-edged.
obostrz-enie *n.* restriction; **-ać, -yć** *v.* sharpen, whet; aggravate; heighten, intensify; make restrictions.
obowiąz-ać, -ywać *v.* bind, oblige; be in force; **-ać, -ywać się** *v.* bind oneself; (*do czego*) engage oneself (to); **-any** *a.* indebted; obliged; bound (to); **-ek** *m.* duty; employment; obligation; **-ki** *pl.* function; **-kowo** *adv.* necessarily; **-kowość** *f.* conscientiousness; **-kowy** *a.* obligatory; (*sumienny*) conscientious; **-ujący** *a.* obligatory, binding; in force, valid.
ob-ozować *v.* camp, encamp, lie encamped; **-ozowanie, -ozowisko** *n.* encampment; **-ozowy** *a.* (of) camp; **-oźny** *m.* quartermaster; **-óz** *m.* camp; stanąć -ozem, encamp; wyruszyć z -ozu, zwinąć -óz, decamp, break up camp.

For verbs with prefixes o-, ob-, obe- not given consult **o-, ob-, obe-**.

obrabiać *v.* elaborate, fashion, work (upon); see **obrobić**; (*obszyć*) hem.
obrabować *v.* rob, plunder.
obracać *v.* turn, revolve; (*interesami*) trade, do business; (*na coś*) use, spend (for); ~~ **się** *v.* turn, revolve; (*bawić*) be; ~ tyłem, turn one's back.
obrach-ować, -owywać *v.* calculate, reckon; **-ować, -owywać się** (*z*) settle accounts (with); ~ ~ z siłami, measure one's strength; **-owanie (się)** *n.*, **-unek** *m.* calculation, account, settlement (of accounts); **-unkowy** *a.* (of) account(s).
obrać see **obierać.**
obrad-a, -owanie *n.* debate, deliberation, discussion; **-ować** *v.* deliberate (upon), hold council.
obradzać *v.* see **obrodzić.**
obramowa-ć *v.* border, frame; **-nie** *n.* frame, border.
obran-ie *n.* choice, election; **-iec** *m.* the chosen one; **-y** *a.* elected; (*ogołocony*) deprived, bereft; ~ z rozumu, deprived of reason.
obrastać *v.* overgrow; be (overgrown) covered (with).
obraz *m.* picture, image, painting; galerja -ów, picture-gallery; **-ek** *m.* small picture, small image; **-kowy** *a.* (of) picture(s); **-obórca** *m.* iconoclast; **-ochwalca** *m.* iconolater; **-owy** *a.* picturesque; figurative, flowery.
obraz-a *f.* offence, injury; ~ majestatu, high treason; kamień -y, stumbling block; bez -y! no offence!; **-ić, obrażać** *v.* offend, hurt, wound; **-ić się** *v.* (*o co*) take offence (at).
obraźliw-ie *adv.* offensively; **-ość** *f.* offensiveness, susceptibility; **-y** *a.* susceptible, sensitive, touchy.
obraźnik *m.* dealer in (holy) pictures.
obraż-ać *v.* see **obrazić**; **-ający** *a.* offensive, injurious; **-enie** *n.* injury; affront; **-ony** *a.* offended; hurt, wounded.
ob-rąb, -ręb *m.* sphere, reach; limits; precincts; (*tkaniny*) hem; w -rębie, within (the limits of); **-rąbać** *v.* hew; square; lop; **-rąbek** *m.* hem; border; **-rąbiać, -rębić** *v.* hem, border.
obrączk-a *f.* (finger-)ring; (*beczki*) hoop; ~ ślubna, wedding-ring; **-owy** *a.* annular; rimmed.
obręb etc. see **obrąb.**
obręcz *m.* hoop; ring.
obrobić *v.* work (upon), elaborate; ~ drzewo, plane, hew; ~ interes, settle an affair; ~ pole, plough a field.
obrodz-ić *v.* be fruitful, yield a good crop, produce fruits; **-ić się** *v.* yield good crops.
obrok *m.* provender, fodder; food.
obro-na *f.* defense, protection; plea; **-nić** *v.* defend; protect, plead; **-nić się** *v.* defend oneself; (*czemuś*) guard oneself (from); **-nnie, -nno** *adv.* defensively; safely; with honours; **-nność** *f.* defensibility; **-nny** *a.* defensible; **-nną ręką** see **obronnie**; **-ńca** *m.* defender; protector; advocate; (*sądowy*) barrister, sollicitor; **-ńczy** *a.* defensive, protective.
obro-snąć, obróść *v.* overgrow; **-sły, -śnięty** *a.* covered (with), overgrown (with); (*brodą*) bearded; unshaved; (*włosami*) hairy; with long hair, unshorn.
obrot-nica *f.* (*kolej.*) turn-table; **-nie** *adv.* cleverly, skilfully, adroitly; **-ność** *f.* enterprise; versatility: volubility; **-ny** *a.* adroit, versatile; enterprising; **-owy** *a.* rotative, circular, rotary; podatek -owy, tax on the turnover.
obroża *f.* (dog-)collar.
obrócić *v.* see **obracać**; (*w co*) change, transform, convert (into); ~ **się** *v.* (*w co*) become; see **obracać się.**
obrót *m.* turn, rotation; gyration; (*kolej losu*) vicissitude;

Odnośnie do czasowników z przedrostkami o-, ob-, obe-, brakujących powyżej, obacz **o-, ob-, obe-.**

For verbs with prefixes o-, ob-, obe not given consult **o-, ob-, obe-.**

(*handl.*) turnover; w obrotach, in trouble; wziąć w obroty, handle, give trouble.
obrówn-ać, -ywać *v.* level, equal; plane.
obrudzić *v.* dirty, soil.
obrus *m.* table-cloth.
obrusz-ać, -yć *v.* stir, shake; provoke; ~ **się** *v.* (*o ziemi*) slide; (*o murze*) give way; (*rozgniewać się*) fly into a passion.
obryw-ać *v.* pluck (off), tear (off); **-ać się** *v.* subside, sink; **-ka** *f.*, **-ki** *pl.* perquisites, by-profit.
obryzga-ć *v.* (be)spatter (with), splash (with); **-ny** *a.* (be)spattered (with).
obrzask *m.* after-taste.
obrząd, obrzęd, -ek *m.* rite, ceremony; **-kowy, obrzędowy** *a.* ritual, ceremonial.
obrzedni *a.* rare, thin, scanty; **-o** *adv.* rarely; thinly, scantily.
obrzez-ać *v.* circumcise; **-anie** *n.* circumcision; **-any** *a.* circumcised; **-ek** *m.* (*anat.*) foreskin, prepuce; **-ki** *pl.* shreds, parings, clippings.
obrzęd see **obrząd.**
obrzęk *m.*, **-łość** *f.*, **obrzmienie** *n.* swelling; **-ły obrzmiały** *a.* swollen; **-nąć, obrzmieć** *v.* swell.
obrzuc-ać, -ić *v.* throw (at, upon); cover (with); ~ mur wapnem, plaster a wall; (*darami i t. d.*) heap (on), load (with); ~ wzrokiem, glance (at).
obrzydliw-iec *m.* abominable man; **-ość, obrzydłość** *f.* loathsomeness, aversion, abomination; **-y, obrzydły** *a.* abominable, disgusting, loathsome.
obrzyd-nąć *v.* (*komu*) become odious, loathsome, hateful; **-zenie** *n.* aversion, abomination, abhorrence; **-zać, -zić** *v.* disgust; (*sobie co*) loath, abhor, abominate.
obrzyn-ać *v.* cut, clip; **-ek** *m.* remnant, scrap; **-ki** *pl.* odds and ends.
obsaczyć see **osaczyć.**
obsa-da *f.* handle, haft; (*ról*) distribution; **-dka** *f.* pen-holder; **-dzać, -dzić** *v.* (*od: sadzić*) plant; (*miejsce etc.*) take, secure; set round; ~ stanowisko, fill a situation.
obsekwie *pl.* obsequies.
obserw-acja *f.* observation, remark; **-acyjny** *a.* watching; (of) observation; **-atorjum** *m.* observatory; **-ować** *v.* observe, watch; ~ święto, keep a holiday.
obsi-ać, -ewać *v.* sow; **-anie, -ewanie** *n.*, **-ew** *m.* sowing.
obsi-adać, -ąść *v.* fill; occupy; sit round; surround; (*kogo*) beset.
obsk-akiwać, -oczyć *v.* surround; leap, jump round.
obskurant *m.* obscurant; **-yzm** *m.* obscurantism.
obsłona *f.* cover, veil.
obsłuchać *v.* hear, overhear; ~ **się** *v.* know from hearsay.
obsług-a *f.* attendance; service; staff; **-żyć** *v.* attend (to), serve, wait (upon).
obstal-ować *v.* order; **-owanie** *n.*, **-unek** *m.* order.
obstawać *v.* insist (on), persist (in), abide (by); defend; (*za*) intercede (for).
obstawi-ać, -ć *v.* place (round); surround. [beset.
obst-ąpić, -ępować *v.* surround,
obstruk-cja *f.* hindrance, obstruction; (*med.*) constipation; **-cyjny** *a.* costive.
obstrzępiony *a.* tattered.
obstrzy-c, -gać *v.* trim.
obsu-nąć, -wać (się) *v.* slide, give way, roll down.
obsychać *v.* dry (up).
obsyłać *v.* send to, send round.
obsyp-ać, -ywać *v.* strew, spill, cover, litter; ~ dobrodziejstwami, overwhelm with benefits; ~ **się** *v.* fall off; give way.
obszar *m.* space, expanse, area; extent; **-nik** *m.* estate-holder.
obszarga-ć *v.* (be)spatter; **-niec** *m.* sloven.
obszarp-ać, -ywać *v.* shred; tear (one's clothes) to rags; **-aniec** *m.* ragamuffin.

Odnośnie do czasowników z przedrostkami o-, ob-, obe-, brakujących powyżej, obacz **o-, ob-, obe-.**

For verbs with prefixes o-, ob-, obe- not given consult **o-, ob-, obe-.**

obszern-ie *adv.* extensively, amply; in detail; **-ość** *f.* spaciousness; **-y** *a.* spacious, extensive; ample.
obszewka *f.* border, edge.
obszukać *v.* search.
obszy-cie *n.* trimming, bordering; **-ć**, **-wać** *v.* sew (up, or round); **-wka** *f.* border.
ob-ścielać, **-łać** *v.* (*watą*) wad, stuff; also see **obesłać**; **-ściółka** *f.* litter.
obślizgły *a.* slippery.
obtar-cie *n.* wiping, rubbing; **-ty** *a.* rubbed off; wiped; rubbed sore, chafed.
obtulić *v.* wrap, muffle.
obtykać *v.* cram; drive in, thrust in; (*mar.*) stop.
obu, obudwu *gen. & accus. of* **oba**, both, of both.
obuch *m.* back of an axe; (*fig.*) pod -em, under compulsion; under threat.
obu(wa)ć (się) *v.* put on (boots, shoes).
obudz-ać, **-ić** *v.* arouse; awaken, (*fig.*) excite; ~ **się**, awake (from sleep); **-enie** *n.* awakening.
obum-arcie, **-arłość** *f.* mortification, numbness, torpidity; **-arły** *a.* deadened; (*fig.*) numb; torpid; **-ierać**, **-rzeć** *v.* die away, droop; grow numb.
obupłciowy *a.* androgynous, hermaphroditic.
obur-ącz *adv.* with both hands; **-ęczny** *a.* two-handed.
oburknąć się *v.* snub, rebuke.
oburz-ać, **-yć** *v.* revolt, provoke, exasperate; ~ **się**, be indignant, revolt (against); be exasperated; **-ający** *a.* revolting, shocking; exasperating; **-enie** *n.* indignation, exasperation; **-ony** *a.* (*czem*) indignant, shocked (at), exasperated (at, by).
obustronn-ie *adv.* mutually; on (for) both sides (or parties); **-y** *a.* reciprocal; mutual.
obuty *a.* shod.
obuw-ać *v.* put on one's shoes; **-ie** *n.* foot-wear; shoes, boots; bez -ia, barefoot.

Odnośnie do czasowników z przedrostkami o-, ob-, obe-, brakujących powyżej, obacz **o-, ob-, obe-**.

obwarow-ać, **-ywać** *v.* fortify, strengthen; guard (against); (*zastrzec*) stipulate; **-anie** *n.* fortification; stipulation.
obwarzanek *m.* cracknel.
obwąch-ać, **-iwać** *v.* smell, sniff (at).
obwiąz-ać, **-ywać** *v.* tie, bind (up); wrap (up); **-anie** *n.* **obwicie**, **-ka** *f.* wrapping band, ligature.
obwieńcz-ać, **-yć** *v.* wreathe, crown.
obwie-sić, **-szać** *v.* suspend; hang (up); droop.
obwie-szczać, **-ścić** *v.* publish, proclaim, announce; **-szczenie** *n.* publication, notification: notice.
obwieś *m.* gallows-bird.
obwieść *v.* take round, show round; enclose.
obwieźć *v.* take round (in a vehicle), drive round.
obwi-jać, **-nąć** *v.* wrap (up), entwine, envelop; **-jka** *f.* wrapper, sheath; **-nięty** *a.* wrapped up, wound up, entwined, enveloped.
obwini-ać, **-ć** *v.* accuse (of), charge (with), impute (to); **-enie** *n.* inculpation, charge; accusation.
obwis-ać, **-nąć** *v.* hang down; hang loose, droop; **-łość** *f.* flabbiness; **-ły** *a.* flabby, hanging loose, flaccid; drooping.
obwo-dny, **-dowy** *a.* circular; (of a) district; **-dzić** *v.* take round; surround.
obwoł-ać, **-ywać** *v.* proclaim; **-anie** *n.* proclamation.
obwozić *v.* drive round, take round (in a vehicle).
obwód *m.* circumference, circle, district; (*miara grubości*) girth; **-ka** *f.* border, edge.
oby *i.* would to God; may ...; **-ś był** ..., may you be ....
obycie się *n.* good manners; see **obchodzić się**.
obyczaj *m.* custom, practice, way; **-e** *pl.* manners; morals;

For verbs with prefixes o-, ob-, obe- not given consult **o-, ob-, obe-**.

-nie *adv.* decently, civilly; **-ność** *f.* morals, *pl.* decency; morality; decorum, civility; **-ny** *a.* moral, decent; civil; **-owy** *a.* moral; ethical. [**się.**
oby(wa)ć się *v.* see **obchodzić**
obydwa(j) *prn.* both.
obyty *a.* well-mannered; conversant (with).
obywatel *m.*, **-ka** *f.* citizen; land-owner; **-ski** *a.* civic; citizen's; landowner's; **duch -ski, -skość** *f.* patriotism; civics; **-stwo** *n.* citizenship; the citizens; landed gentry.
obzierać się *v.* look back (repeatedly); glance back.
obznajomiony *a.* acquainted (with); conversant (with).
obżar-cie (się) *n.* gluttony; **-stwo** *n.*, **-tość** *f.* gluttony; **-tuch** *m.* glutton; **-ty** *a.* gluttonous; voracious.
obżerać się *v.* overfeed.
obż-ąć, -ynać *v.* harvest; **-ynki** *pl.* chips *pl.*; harvest-feast.
ocal-ać, -ić *v.* rescue, deliver (from); **-eć** *v.* escape (from danger); remain safe; **-enie** *n.* salvation, rescue; safety, preservation; **-ić się** *v.* save oneself.
ocap *m.* (*arch.*) lintel.
ocapieć *v.* giddy; play the giddy goat.
occianowy *a.* acetic.
ocean *m.* ocean; **-iczny, -owy** *a.* oceanic.
ocedzić see **odcedzić**.
ocel *m.* calk.
ocembrowa-ć *v.* adapt framework (to); **-nie** *n.* framework.
ocen-a *f.*, **-ienie** *n.* valuation, estimate; appraisement; **-iać, -ić** *v.* tax, appraise, value, appreciate.
ocet *m.* vinegar; **-nic(zk)a** *f.* vinegar-cruet.
och! *i.* oh! **-ać** *v.* moan.
ochęd-ożny *a.* tidy; **-ożyć** *v.* tidy; **-óstwo** *n.* tidiness.
ochlapać *v.* (be)spatter (with); spatter (with).
ochlapnąć *v.* droop; sink; loose heart.
ochł-adzać, -odzić *v.* cool (down); **-adzanie** *n.* cooling; refrigeration; **-oda** *f.* cool; coolness; refreshment; (*fig.*) relief; **-odnąć** *v.* cool (down) (*lit.* & *fig.*); **-odzenie** *n.* cooling; coolness.
ochłap *m.* shred, piece, pittance.
ochłonąć *v.* cool oneself; compose oneself; recover (from).
ochłostać *v.* flog, lash.
ochmistrz *m.* steward; tutor; **-ować** *v.* (*komu*) tutor one; **-yni** *f.* governess.
ocho-cić się *v.* revel, feast; **-czo** *adv.* willingly, readily; **-czość** *f.* willingness, readiness; **-czy** *a.* willing, ready, eager.
ochot-a *f.* readiness, longing, disposition; inclination; eagerness; mam -ę, I feel like —ing; z największą -ą, most willingly; **-niczy** *a.* voluntary; **-nik** *m.* volunteer; **-ny** *a.* willing; ready; forward, lively.
ochra *f.* (*min.*) ochre.
ochr-aniać, -onić *v.* shelter, preserve; defend; protect; **-ona** *f.* shelter; protection, preservation; **-iciel** *m.* protector; **-icielka** *f.* protectress; **-ka** *f.* nursery; **-nny** *a.* preventive, protective. [*v.* become lame.
ochromi-ć *v.* cripple, lame; **-eć**
ochryp-łość *f.* hoarseness, huskiness; **-ły** *a.* hoarse; **-nąć** *v.* grow hoarse.
ochrz-cić *v.* baptize, christen; **~ się** *v.* be baptized; **-czenie** *n.* baptism, christening.
ochuchać *v.* breathe (upon); (*fig.*) show solicitude (to).
ochwa-cić *v.* (*konia*) founder (a horse); **-tny** *a.* foundered; **-cony, -t** *m.* founder.
ochybny *a.* deceitful, uncertain.
ociągać się *v.* hesitate, linger, delay.
ocie-c, -kać, -knąć *v.* flow (down), drip (with); **-kły** *a.* soaked, dripping (with).

Odnośnie do czasowników z przedrostkami o-, ob-, obe-, brakujących powyżej, obacz **o-, ob-, obe-.**

For verbs with prefixes o-, ob-, obe- not given consult **o-, ob-, obe-.**

ocielić się *v.* calve.
ociemni-ały *a.* blind; **-eć** *v.* grow blind; loose one's eyesight.
ocieni-ać, -ić, -ować *v.* shade; overshadow; **-enie** *n.* shade; shading; **-ony** *a.* shady, shadowy.
ociepl-ać, -ić *v.* warm, heat; ~ **się** *v.* grow warm.
ocierać *v.* rub (off), wipe (away); ~ **się,** rub oneself (against); (*o kogo — fig.*) deal (with).
ociernić *v.* enclose with a hedge of thorns.
ocięż-ałość *f.* heaviness; sluggishness, dulness; **-ały** *a.* heavy, sluggish; dull; **-eć** *v.* grow heavy, become cumbrous, sluggish, dull.
ocios-ać, -ywać *v.* hew, square; (*fig.*) ~ **kogo,** polish one's manners; ~ **zgruba,** rough-hew.
ock-nąć się *v.* awake, start; **-nienie** *n.* awakening; start.
ocl-enie *n.* clearance; **-ić** *v.* declare; pay duty; (*obłożyć cłem*) tax; **-ony,** with duty paid.
octowy *a.* (of) vinegar; **kwas** ~, acetic acid.
ocuc-ać, -ić *v.* revive; bring back to consciousness; ~ **się** *v.* recover one's senses.
ocuk-rować, -rzyć *v.* sugar, candy; sweeten.
ocyganić *v.* cheat, bamboozle.
oczarowa-ć *v.* enchant; charm; bewitch; **-nie** *n.* enchantment; bewitching.
oczasty *a.* ocellated.
oczekiwa-ć *v.* await, expect, anticipate; **-nie** *n.* expectation, awaiting, anticipation.
oczeret *m.* reed.
oczerni-ać, -ć *v.* blacken, defame, slander; **-ały** *a.* blackened; **-eć** *v.* grow black; **-enie** *n.* defamation; calumny, slander.
ocz-ęta *pl.* (pretty little) eyes; **-ko** *n.* (little) eye; (*bot.*) bud; (*w sieci*) mesh; (*w robótce szydełk.*) stitch; **-kować** *v.* ogle; **-kowaty** *a.* meshy; **-ny** *a.* ocular, optic; (of the) eye; **-odół** *m.* eye-socket, orbit; **-y** *pl.* eyes; (*pl. of* **oko**).
oczy-szczać, -ścić *v.* clear, clean, purify; cleanse; (*med.*) purge; (*interesa*) settle; (*z winy*) exculpate; ~~ **się** *v.* clean one's dress; clear oneself (from); purge oneself; **-szczanie, -szczenie** *n.* clearing; purging; purification; exculpation; rectifying; cleaning, cleansing; ~~ **kruszców,** refining; ~~ (*Matki Boskiej*), Purification of the Virgin Mary.
oczyta-ć się *v.* be well-read; **-nie** *n.* reading; **-ny** *a.* well-read.
oczywi-sta, że, it is obvious that; **-stość** *f.* obviousness; evidence; **-ście** *adv.* evidently; of course.
oćma *f.* darkness.
oćwiczyć *v.* lash, whip, flog, scourge.
od, -e *prp.* from, for, by; off, away; (*w porównaniach*) than; (*oddalenie*) from; (*cel*) for; (*po formie biernej*) by; (*o czasie*) since; for; from; (*skutek*) with; ~ **czasu jak** (*kiedy*), since; **nie jestem** ~ **tego,** I am not opposed (to); (*przeciw*) against; **szczoteczka** ~ **zębów,** tooth-brush; ~ **sta,** per cent; ~ **ręki,** off-hand, on the spot, off the bat; ~ **kiedy,** how long since? ~ **miesiąca jesteśmy tutaj,** we have been here for a month; ~ **zimna,** with cold.
od-, ode- jako przedrostki w czasownikach nadające im znaczenie *oddzielenia* (*się*) wyrażają się po angielsku przyimkiem „off", np. „**oderwać**" — „**tear off**" itd.
Czasowników z przedrostkami od-, ode-, nie podanych poniżej, szukać należy tam, gdzie figurują w formie niedokonanej, t. j. bez przedrostków, np. „odciąć" pod „ciąć" itd.
od-, ode- are prefixed to verbs to denote *disconnection* and are rendered into English by the

---

Odnośnie do czasowników z przedrostkami o-, ob-, obe-, brakujących powyzej, obacz **o-, ob-, obe-.**

For verbs with prefixes o-, ob-, obe- not given consult **o-, ob-, obe-.**

preposition „off", e. g. „oderwać" — „tear off", etc. For verbs with prefixes od-, ode- not given below see same without prefix, e. g. for „odciąć" see „ciąć" etc.

oda *f.* ode.

odaliska *f.* odalisk.

odar-cie *n.* pulling off, stripping; bereavement; (*ze skóry*) skinning; **-ty** *a.* skinned; deprived (of), stripped (of). [swell.

odąć (się) *v.* puff up, blow up;

odbi-cie *n.* (*obraz*) picture; (*kopja*) print; (*mil.*) repelling; (*jeńca*) rescue; ~ ciosu, parry; **-cie (się)** *n.* (*światła*) reflection, refraction; ~ głosu, reverberation (or repercussion of sound); **-ć** *v.* beat back, rescue, recover; repel; print; ~ cios, parry, ward off a blow; (*drzwi*) break open a door; (*obraz*) reflect (a picture); (*arkusz*) print; (*od lądu*) set sail; **-ć się** *v.* rebound (from); (*o głosie*) reverberate; (*o potrawach*) belch; ~ od reszty, part (with).

odbie-c, -dz, -gać *v.* run away from; (*od przedmiotu*) deviate, swerve (from); (*kogo*) abandon, forsake; desert; **-ganie** *n.* (*od przedmiotu*) digression.

odbierać *v.* see **odebrać**.

odbija-ć *v.* see **odbić**; **-nie się** *n.* (*obrazu*) reflection; (*pokarmów*) eructation.

odbi-orca *m.* customer, receiver, consignee; aparat -orczy, receiver; -nik kryształkowy, crystal set; **-ór** *m.* receipt; (*radjowy*) reception; potwierdzić ~, acknowledge the receipt.

odbit-ka *f.* (*typ.*) copy; **-y** *a.* broken off; delivered; parried.

odb-lask, -łysk *m.* reflex; reverberation.

odbudowa *f.* **-nie** *n.* reconstruction, restoration; **-ć,** *v.* restore, reconstruct; **-ć się** *v.* be rebuilt.

odburknąć *v.* mutter back (in reply).

Odnośnie do czasowników z przedrostkami od-, ode-, brakujących powyżej, obacz **od-, ode-**.

odby-ć, -wać *v.* perform, execute; accomplish; ~ swą powinność, discharge one's duty; ~ studja, complete one's studies; ~ **się** *v.* take place, happen; **-t** *m.* sale, market; **-tnica** *f.* (*anat.*) anus.

odcedz-ać, -ić *v.* strain. filter.

odchark-iwać, -nąć *v.* hawk (up).

odch-odne, *n.* na -odnem, upon (the) departure; **kiszka -odowa,** rectum (*anat.*); **-odzić** *v.* walk off, go away, retire, withdraw; (*o okręcie*) sail; (*o towarach*) find a market; ~ od zmysłów, be out of one's senses; **-ód** *m.* loss, waste; **-ody** *pl.* excrement.

odchorować *v.* fall sick on account (of).

odchować *v.* bring up.

odchrząknąć *v.* hawk (up); clear one's throat.

odchwalić się *v.* praise sufficiently.

odchyl-ać, -ić *v.* bend back; turn off; unveil; ~ **się,** deviate; **-enie** *n.* deviation, declination.

odci-ąć, -nać *v.* cut off, strike off; detach; ~ **się,** parry, retort; repartee; **-ęcie** *n.* cutting off; retort, repartee; amputation; **-nek** *m.* clip; cut; (*mat.*) segment; (*mil.*) sector; (*sfera*) territory, region, district.

odciąg-ać, -nąć *v.* draw (aside, away); withdraw; (*arytm.*) subtract.

odciąż-ać, -yć *v.* lighten (a weight).

odcień *m.* hue, shade, tint.

odcie-c, -kać *v.* flow off.

odcis-k *m.* impression, mark; stamp, copy; (*na nodze*) corn; **-kać, -nąć** *v.* impress, print, draw off; (*nogę*) gall; **-kanie, -nięcie** *n.* impression, print.

odcumować *v.* unmoor.

odcyfrować *v.* decipher.

odczarowa-ć *v.* disenchant, break the spell; **-nie** *n.* disenchantment.

odczep-iać, -ić *v.* untie, loosen; free, unpin, unhook, undo; ~

For verbs with prefixes od-, ode- not given consult **od-, ode-**.

się, become loosened, unfastened, untied; come undone; *(od)* get rid of; **-ka** *f.*, **-ne** *n.* pittance.
odczu-cie, -wanie *n.* feeling; **-ć, -wać** *v.* feel, perceive.
odczyn-iać, -ić *v.* undo; **-nik** *m.* *(chem.)* reagent.
odczy-szczać, -ścić *v.* clean (of); clear (of).
odczyt *m.* lecture; reading; mieć ~, lecture (on); **-ać, -ywać** *v.* read; peruse; recite; **-anie** *n.* reading, recital, perusal.
oddać *v.* return, repay; give back, restore; render; turn over (to); *(wyrazić)* express; ~ do szkół, put to school; ~ hołd, pay homage; ~ list, deliver a letter; ~ sprawiedliwość, do (one) justice; ~ ducha, breathe one's last; ~ przysługę, do a favour; ~ się czemu, devote oneself (to); ~ się rozpaczy, give oneself up to despair.
oddal *f.* distance; **-ać, -ić** *v.* remove, dismiss, discharge; ~ **się,** recede, withdraw, retire, leave; digress; **-enie** *n.* distance, remoteness; *(zwolnienie)* dismissal; *(usunięcie)* removal; ~ **się** recession, removal, withdrawal; **-ony** *a.* distant, remote; dismissed; removed.
oddan-ie *n.* restitution, return; **-y** *a.* returned, rendered; *(czemuś)* devoted (to), addicted (to).
oddar-cie *n.* tearing off; **-ty** *a.* torn off; *(z majątku)* deprived (of).
oddaw-ać *v.* see **oddać**; **-ca** *m.* deliverer; bearer; **-anie** *n.* delivery.
oddawiendawna, oddawna *adv.* long since; for a long time.
oddech *m.* breath; *(techn.)* airhole; **-owy** *a.* respiratory; kanał ~, windpipe, trachea.
oddrzwia *pl.* door-frame.
oddycha-ć *v.* breathe; **-nie** *n.* breathing, respiration.
oddział *m.* department; *(mil.)* section; detachment; *(handl.)* branch; **-ać, -ywać** *v.* act (on), influence; bias; react, counteract; **-ywanie** *n.* reaction; influence.
oddziel-ać, -ić *v.* separate, divide; sever; ~ się, be separated, part (with); **-anie, -enie** *n.* separation; severing; **-nie** *adv.* separately, apart, under separate cover; **-ny** *a.* separate; **-ony** *a.* separated.
oddzierać *v.* tear off; pull off.
oddźwięk *m.* sound, echo, reverberation.
odebra-ć *v.* *(zabrać)* take (off, away), deprive (of); *(wziąć)* get (back); receive; ~ sobie życie, commit suicide; po -niu waszego listu, upon reception of your letter.
odechcieć się *v.* lose the desire.
odedrzeć *v.* tear off, pull off.
od-egnać, -ganiać *v.* drive away; expel.
odegr-ać *v.* recover, regain; *(rolę, utwór)* perform; act; play; ~ **się, -ywać się** *v.* regain (lost sum).
odejmow-ać *v.* see **odjąć**; **-anie** *n.* *(arytm.)* subtraction.
odejś-cie *n.* departure; **-ć** *v.* withdraw, retire, leave.
odelg-a *f.* thaw; **-nąć** *v.* relent, thaw.
odemknąć *v.* open.
odepchnąć *v.* push (back), spurn, repulse.
odeprzeć *v.* repel, retort; ~ zarzut, refute an objection; ~ cios, parry a blow.
oderwa-ć *v.* tear off, detach, break off; *(fig.)* disengage, tear away; ~ **się** *v.* tear oneself away, disengage oneself; **-nie** *adv.* separately; **-ny** *a.* separate, detached, torn off, abstract.
oderzn-ąć *v.* (—r-ż—) cut off; **-ięcie** *n.* cutting off, amputation.
odesła-ć *v.* return, send back; forward; **-nie** *n.* return, forwarding.

Odnośnie do czasowników z przedrostkami od-, ode-, brakujących powyżej, obacz **od-, ode-.**

For verbs with prefixes od-, ode- not given consult **od-, ode-.**

odetchn-ąć *v.* rest, repose, recover; (*wciągnąć powietrze*) draw breath; **-ięcie** *n.* rest; breath; sigh.
odetk-ać, -nąć *v.* open; uncork.
odezwa *f.* address; manifesto, proclamation; **-ć się** *v.* speak; (*do*) address; answer; express one's opinion; (*echem*) echo, resound; (*o co*) reclaim.
odę-cie *n.* swelling; flatulence (*fig.* & *lit.*); **-tość** *f.* (*fig.* & *lit.*) turgidity, swelling; **-ty** *a.* puffed up, flatulent, swollen.
odfotografować *v.* photograph, take a picture.
odfrunąć *v.* fly away.
odfuknąć *v.* retort (gruffly); rebuff.
odgad-nąć, -ywać *v.* guess, solve a riddle; **-ywanie** *n.* guess; solving of a riddle, guessing.
odgałęzienie *n.* branch, offshoot, ramification.
odganiać *v.* drive away; expel.
odgarn-ąć, -iać *v.* rake aside; push aside.
odgi-ąć, -nać *v.* bend back, turn up, cock, straighten.
odgłos *m.* sound; noise; echo; report; fame.
odgni-atać, -eść *v.* gall; **-otek** *m.* corn.
odgrabić *v.* rake away.
odgr-adzać, -odzić *v.* separate; wall in; fence in; surround with a hedge.
odgranicz-ać, -yć *v.* limit, confine, separate; border; **-enie** *n.* limit, separation, confining.
odgraża-ć się *v.* threaten; **-nie się** *n.* menace, threat.
odgrodzić see **odgradzać.**
odgromnik *m.* lightning-conductor.
odgrywać see **odegrać.**
odgry-zać, -źć *v.* bite off; gnaw off, nibble off; ~ **się** (*fig.*) retort; **-zek** *m.* bite.
odgrz(ew)ać *v.* warm up.
odgrzeb-ać, -ywać *v.* dig up; (*umarłego*) disinter.

Odnośnie do czasowników z przedrostkami od-, ode-, brakujących powyżej, obacz **od-, ode-.**

odgwoździć *v.* unnail; ~ działo, unspike a cannon.
odhaczyć *v.* unhook.
odjadać (się) *v.* eat (away); make up (for previous lack of food).
odjarzmić *v.* unyoke.
odj-azd *m.* departure; **-echać, -eżdżać** *v.* leave; depart; **-ezdne** *n.* departure; na -ezdnem, upon leaving; **-ezdny** *a.* (of) departure.
od-jąć, -ejmować *v.* take (away), deprive; (*arytm.*) subtract; deduct; ~ sobie od ust, deprive oneself of the most necessary things.
odjeść see **odjadać.**
odkapturzyć *v.* unhood.
odkarmi(a)ć *v.* feed, fatten.
odkasływać, odkaszlnąć *v.* hem; clear one's throat; hawk up.
odka-zić, -żać *v.* desinfect; **-żanie, -żenie** *n.* desinfection.
odkąd *adv.* since; ~? how long? since when?
odkąsić *v.* bite off.
odkiełznać *v.* unbridle.
odkiwnąć *v.* nod back (to).
odkle-ić, -jać *v.* unglue; ~ **się,** unglue, come off.
odkłada-cz *m.* delayer, procrastinator; **-ć** *v.* see **odłożyć; -nie** *n.* setting (or laying) aside; delay, postponement; procrastination.
odkłon *m.* (mutual) bow; **-ić się** *v.* bow back.
odkomenderować *v.* detach.
odkop-ać, -ywać *v.* dig up; (*ciało*) disinter.
odkorkow-ać, -ywać *v.* open, uncork.
odkosz *m.* refusal; dostać -a, meet with a refusal.
odkr-ajać, -oić *v.* cut off; carve off.
odkra-dać, -ść *v.* steal back (from).
odkrę-cać, -cić *v.* unscrew; twist off; ~ kurek, turn on the water, gas etc.; ~ się, come untwisted; be unscrewed; **-tka** *f.* (*techn.*) screw-driver.

For verbs with prefixes od-, ode- not given consult **od-, ode-.**

odkroić see **odkrajać.**
odkry-cie *n.* discovery, revelation, disclosure; **-ć, -wać** *v.* discover, find out, reveal; ~ głowę, ~ się, take off one's hat; **-ty** *a.* discovered, uncovered, open; detected; z -tą głową, bare-headed; **-wacz** *m.* discoverer, finder.
odkrząknąć *v.* hem; hawk up.
odkuć *v.* hammer out (off); unshackle; (*konia*) unshoe.
odkup *m.* ransom; **-iciel** *m.* redeemer; **-ić, -ować, -ywać** *v.* buy (off); redeem, ransom; rescue; **-ienie** *n.* redemption; purchase; **-iony** *a.* redeemed.
odkurzacz *m.* vacuum-cleaner.
odkwit-ać, -nąć *v.* blossom (or bloom) again; **-anie, -nienie** *n.* reflorescence.
odlać *v.* pour off; cast, mould.
odl-atać, -atywać, -ecieć *v.* fly away; run away.
odległ-ość *f.* distance; **-y** *a.* distant, remote.
odlepi-ać, -ć *v.* unglue; ~ się, come off; unglue.
odlew *m.* cast; **-ać** see **odlać; -acz** *m.* founder, smelter; **-any** *a.* cast; moulded; **-isko** *n.* lagoon, marsh; **-nia** *f.* foundry.
odleż-ały *a.* mellow; old; well seasoned; settled; **-eć** *v.* lie; (*sobie co*) get sore through lying; **-yna** *f.*, **-yny** *pl.* excoriation.
odlicz-ać, -yć *v.* deduct; discount; **-enie** *n.* deduction.
odlizać *v.* lick away (off).
odlot *m.* flight (of birds); departure.
odlud-ek *m.* misanthrope; **-nia** *f.* desert; **-ość** *f.* solitude, loneliness, seclusion; **-ny** *a.* deserted; solitary, secluded.
odlutować, ~ **się** *v.* unsolder; come off.
odłam *m.* section, part, fragment, scrap; **-ać, -ywać** *v.* break off; **-ek** *m.* piece, fragment; part.
odłazić, odleźć *v.* come off; creep (or crawl) away.

odłącz-ać, -yć *v.* separate, disjoin, disconnect; sunder; ~ dziecko od piersi, wean a child; ~ się, part (with), abandon; (*od kościoła*) apostatize; **-alny** *a.* separable; **-enie** *n.* separation; **-ony** *a.* separated; disconnected.
odł-ożyć *v.* set aside, put aside; adjourn; put off; postpone; **-óg** *m.* fallow; (*fig.*) neglect; leżeć -ogiem, lie fallow.
odłup-ać, -ywać *v.* split, flake off; **-ek** *m.* splinter.
odma *f.* asthma.
odmach *m.* back-hand blow; **-nąć** *v.* get done; strike back.
odmakać *v.* soak.
odmalować *v.* portray, depict, describe.
odmarz-ać, -nąć (-r-z-) *v.* thaw; freeze off.
odmawiać *v.* see **odmówić.**
odmęt *m.* whirl, confusion, chaos.
odmiał *m.* sand bank.
odmiana *f.* change; variety; (*gram.*) declension; ~ czasowników, conjugation; na -ę, dla -y, for a change.
odmiatać *v.* sweep away.
odmien-iać, -ić *v.* change, alter, modify; (*gram.*) decline, conjugate; ~ **się,** change; be declined, be conjugated; **-ność** *f.* difference, variableness, inconstancy, diversity; **-ny** *a.* mutable, changeable, different; **-ny, -niony stan,** pregnancy; w ~-m stanie, pregnant.
odmierz-ać, -yć *v.* measure out, gauge, requite.
odmieszkać *v.* dwell for a time; make up (a debt) by lodging.
odmieść *f.* sweep away.
odmięk-czyć *v.* soften, mollify, soak; **-nąć** *v.* soften.
odmł-adzać, -odzić *v.* rejuvenate; **-odniały** *a.* refreshed, renewed; rejuvenated; **-odnieć** *v.* rejuvenesce; **-odnienie** *n.*, **-odzenie** *n.* rejuvenescence; **-odzony** *a.* grown young again; rejuvenated.

Odnośnie do czasowników z przedrostkami o d-, o d e-, brakujących powyżej, obacz **od-, ode-.**

For verbs with prefixes o d-, o d e- not given consult **od-, ode-.**

odmo-czyć *v.* steep, soak; **-knąć** *v.* be soaked. [cate, unwind.
odmotać *v.* disentangle, extri-
odmow-a *f.* refusal; **-ny** *a.* negative; -na odpowiedź, refusal.
odmówić *v.* refuse; ~ pacierz, say prayers; ~ sobie, abstain (from); deny oneself.
odmr-ażać, -ozić *v.* freeze; ~ sobie palec, have a frozen finger; **-ożenie** *n.* frostbite; **-ożony** *a.* frozen, frostbitten.
odmru-czeć, -kiwać, -knąć *v.* mutter back; **-giwać, -gnąć** *v.* wink back. [(*grób*) open.
odmurować *v.* rebuild; unwall;
odmy-ć, -wać *v.* wash (off).
odmykać *v.* open, unbolt.
odnaj-ąć, -mować *v.* let.
odna-jdywać, -leźć *v.* find; discover; **-lezienie** *n.* discovery, finding. [novate, revive.
odn-awiać, -owić *v.* renew, re-
odniechcenia *adv.* carelessly; unwillingly.
odnie-sienie *n.*, **-ść** *v.* see **odnoszenie, odnosić.**
odnoga *f.* (*morska*) gulf; (*drzewa*) branch; (*rzeki, góry*) arm.
odn-oszenie *n.* return; refer; ~ się, appeal; attitude (towards); **-osić** *v.* take back, take over (to); bring back, carry back; (*doświadczyć, np. kary*) suffer; ~ zwycięstwo, gain a victory; ~ się, relate; **w -iesieniu do, -ośnie do** *adv.* with reference to; as regards; concerning; **-śnik** *m.* note, asterisk; **-ośny** *a.* relative, respective.
odnow-a *f.* renewal; restoration; **-iciel** *m.* **-icielka** *f.* restorer; **-ić** *v.* renew, restore, renovate; ~ się, recommence; **-ienie** *n.* renewal, renovation, restoration; relapse.
odosobni-ać, -ć *v.* isolate; seclude; ~ się, live in seclusion; **-enie, ~~ się** *n.* isolation, seclusion; **-ony** *a.* isolated, insulated, secluded, detached, separated.
odór *m.* odour, scent.

odpad-ać *v.* fall off (away, away from); detach oneself; (*fig.*) desert, abandon; **-ek** *m.*, **-ki** *pl.* scraps; odds and ends.
odpakowa-ć *v.* unpack; **-nie** *n.* unpacking; (*odcinać się*) retort.
odpal-ać, -ić *v.* (*odprawić*) reject.
odpar-cie *n.* repulse; repelling; **-ty** *a.* repelled; see **odeprzeć.**
odpa-rować *v.* (*cios*) parry; (*fiz.*) evaporate; **-rzać, -rzyć** *v.* scorch; scald; gall; **-rzelina** *f.* gall.
odpas-ać, -ywać *v.* (*zdjąć pas*) ungird; (*tuczyć*) fatten.
odpaść *v.* see **odpadać.**
odpędz-ać, -ić *v.* drive away; repel; **-anie, -enie** *n.* repelling.
odpętać *v.* unchain, unfetter.
odpi-ąć, -nać *v.* unbuckle, undo; ~ **się,** come undone.
odpi-ć, -jać *v.* drink off.
odpieczętować *v.* unseal; break the seal; open.
odpierać *v.* see **odeprzeć.**
odpiłować *v.* saw off; file off.
odpinać see **odpiąć.**
odpis *m.* copy, duplicate; reply; **-ać, -ywać** *v.* reply; copy; ~~ od rachunku, deduct from a bill.
odpl-ątać, -eść *v.* untwist, disentangle, extricate.
odpłac-ać, -ić *v.* repay, requite; **-ta** *f.* reward; requital; reimbursement.
odpły-nąć, -wać *v.* leave; recede; swim away; sail away; **-w** *m.* ebb(-tide); flowing off; reflux; **-wowy** *a.* ~ kanał, sewer, gutter; woda -wowa refuse.
odpocz-ąć, -ywać *v.* rest; **-nienie** *n.*, **-ynek** *m.*, **-ywanie** *n.* rest; wieczne ~~ racz mu **dać** Panie, God rest his soul.
odpokutowa-ć *v.* atone (for); expiate; **-nie** *n.* atonement, expiation.
odpolerować *v.* polish up, furbish up.
odporn-ie *adv.* defensively; zachowywać się ~, resist, with-

---

Odnośnie do czasowników z przedrostkami od-, ode-, brakujących powyżej, obacz **od-, ode-.**

For verbs with prefixes od-, ode- not given consult **od-, ode-.**

stand; **-ość** *f.* resistance; **-y** *a.* resistant; resistible, defensible; defensive.
odpowi-adać, -edzieć *v.* answer, reply; (*czemuś*) correspond (to); agree (with); (*zadowolnić*) satisfy; come up to; ~ za co, answer (for); **-edni** *a.* suitable, fit; corresponding, adequate; **-edniość** *f.* conformity, suitableness, adequacy; **-edzialność** *f.* responsibility; pociągnąć do -edzialności, make one account (for); prosecute; spółka z ograniczoną -edzialnością, limited liability company; **-edzialny** *a.* responsible; accountable (for); **-edź** *f.* answer, reply.
odpór *m.* resistance, stand, opposition.
odprasować *v.* iron.
odpr-aszać, **-osić** *v.* plead against; beg off; deprecate.
odpraw-a *f.* discharge, dismissal; reward; **-iać, -ić** *v.* dismiss; settle; execute, accomplish; ~ nabożeństwo, celebrate the service; ~ mszę, say mass; -ić się (*z czem*), finish, despatch; **-ienie** *n.* despatch, dismissal; **-ny** *a.* (of) leave.
odpręż-ać, -yć, ~ się *v.* relax, unbend, slacken; **-enie** *n.* relaxation; diminution of tension.
odprowadz-ać, -ić *v.* accompany; dissuade; divert (from); turn off.
odpruć *v.* rip, unseam.
odprys-kać, -nąć *v.* crack off; fly off.
odprz-ąc, -ęgać *v.* unharness.
odprzeda-ć, -wać *v.* resell; sell back; **-ż** *m.* resale.
odprzys-iąc, -ięgać *v.* abjure, forswear; **- iężenie** *n.* abjuration.
odpu-st *m.* forgiveness; (*kośc.*) indulgence; (*zabawa*) kermis; **-szczać, -ścić** *v.* relax, remit, forgive; let off.
odpycha-ć *v.* repulse; push; **-jący** *a.* repulsive; **-nie** *n.* repulsion.
odra *f.* measles, *pl.*

Odnośnie do czasowników z przedrostkami od-, ode-, brakujących powyżej, obacz **od-, ode-.**

odrabiać *v.* work off, get done, settle; ~ zaległości, catch up with one's work.
odrachować see **odliczyć.**
odraczać *v.* adjourn.
odradz-ać, -ić *v.* dissuade (from); advise (against); ~ się, regenerate; rejuvenate; **-anie** *n.* regeneration.
odrapa-ć *v.* scrape off, scratch off; **-niec** *m.* ragamuffin; **-ny** *a.* ragged; scratched.
odrastać *v.* grow afresh; shoot forth again; sprout again.
odra-za *f.* aversion; **-żać, -zić** *v.* disgust; **-żający** *a.* repulsive.
odrazu *adv.* immediately, at once; off-hand.
odrestaurować *v.* restore, renovate.
odrębn-ie *adv.* separately, apart; **-ość** *f.* peculiarity, seclusion; **-y** *a.* distinct, separate, peculiar.
odręczny *a.* extempore, extemporaneous; (*ręcznie zrobiony*) hand-made.
odrętwi-ałość *f.* numbness, stiffness, torpor; **-ały** *a.* stiff, numb; torpid; **-eć** *v.* get numb, grow stiff.
odrobić *v.* see **odrabiać.**
odrobin-a, -ka, -eczka *f.* trifle, morsel; whit; ani -y, not a whit.
odrocz-enie *n.* adjournment, prorogation; **-yć** *v.* adjourn.
odro-dek *m.* degenerate; **-dny** *a.* degenerate.
odrodz-enie (się) *n.* regeneration; revival; Renaissance; **-ić (się)** *v.* regenerate.
odro-snąć, -ść *f.* grow afresh; **-stek** *m.*, **-śl** *f.* shoot.
odróżni-ać, -ć *v.* distinguish, discern, discriminate; ~ **się,** differ; **-anie, -enie** *n.* distinction, discrimination.
odruch *m.* reaction, response; **-owy** *a.* instinctive; **-owo** *adv.* instinctively.
odrutować *v.* wire.
odrwi-ć *v.* cheat, deceive, outwit; **-ciel, -sz, -świat** *m.* impostor, bamboozler; swindler.

For verbs with prefixes od-, ode- not given consult **od-, ode-.**

odryglować *v.* unbolt.
odryna *f.* shed.
odrysować *v.* sketch, draw.
odrywa-ć *v.* tear (from, away, off); (*fig.*) keep (from, away), detain (from).
odrze-c, -kać *v.* reply, rejoin; (*odczyniać uroki*) break a spell; ~ się, renounce.
odrzeć *v.* see **obdzierać.**
odrzu-cać, -cić *v.* throw away, reject, spurn, refuse; **-canie, -cenie** *n.* rejection, refusal.
odrzwia *pl.* door-frame; portal.
odrzyn-ać *v.* cut off; **-ek** *m.* shred, chip. [flint.
odrzyskóra *f.* extortioner, flay-
odsadz-ać, -ić *v.* put away, remove; repel; (*od piersi*) wean.
odsapnąć *v.* recover one's breath.
odsądz-ać, -ić *v.* judge, settle; refuse, deprive (of); declare; ~ kogo od rozumu, declare one mad.
odsep *m.*, **-isko** *n.* alluvion.
odset-ek *m.*, **-ka** *f.* percentage; (*bank.*) interest; -ki składane, compound interest.
ods-iadywać, -iedzieć *v.* sit out; (*fig.*) atone (for).
odsiarczyć, odsiarkować *v.* desulphurize.
odsie-c, -kać *v.* cut off, chop off; **-cz** *m.* succour; rescue.
odsk-akiwać, -oczyć *v.* jump back; recoil; rebound; bounce; **-ocznia** *f.* jumping-board; **-ok** *m.* leap; jump; rebound.
odskrob-(yw)ać *v.* scrape off; **-iny** *pl.* shavings.
odskubać *v.* pluck off.
odsł-aniać, -onić *v.* unveil, discover; ~ kurtynę, draw the curtain; **-ona** *f.* act.
odsłuchać *v.* hear out.
odsłu-giwać, -żyć *v.* repay; serve; ~ swój czas, serve one's time.
odspodu *adv.* from under(neath), from beneath.
odstać się, odstawać się *v.* change; be undone.

Odnośnie do czasowników z przedrostkami od-, ode-, brakujących powyżej, obacz **od-, ode-.**

odstaw-a *f.* delivery, transport; **-ać** *v.* be detached; come off; hang loose; not (to) fit(in); **-iać, -ić** *v.* put aside; remove; (*dostarczyć*) convey, deliver; (*od piersi*) wean; suknia odstaje, the dress does not fit; **-ienie** *n.* conveyance, delivery.
odstąpi-ć *v.* give up; retire, desist; surrender; abandon; (*od oblężenia*) raise (the siege); (*od przedmiotu*) deviate, digress; **-enie** *n.* cession; defection; digression.
odstęp *m.* distance, interval, space; (*typ.*) break; **-ca** *m.* deserter, renegade, turn-coat; **-ne** *n.* bonus; smart-money; **-ować** *v.* see **odstąpić**; **-stwo** *n.* desertion, apostasy, defection.
odstr-ajać, -oić *v.* put out of tune; ~ się, go out of tune.
odstrasz-ać, -yć *v.* frighten away; deter (from); ~ się, be discouraged.
odstręcz-ać, -yć *v.* discourage, dissuade (from); (*kogo od siebie*) repel.
odstrychnąć *v.* take (or keep) away (from); ~ się, keep aloof (from).
odstrzeli(wa)ć *v.* shoot off; shoot back; ~ się, shoot (back).
odsu-nąć, -wać *v.* remove, shove away, push away; draw aside; ~ się, make room; **-nięcie, -nienie** *n.* removal, dismission; **-walny** *a.* removable.
odsyła-cz *m.* asterisk, mark; reference; **-ć** *v.* send back, return.
odsyp-ać, -ywać *v.* take a little off; pour out.
odszczekać *v.* recant, retract; bark back.
odszczep *m.* splinter; **-ać, -iać, -ić** *v.* split off; **-ić się** *v.* drop off; be separated; (*kość.*) apostatize; **-ienie, -ieństwo** *n.* schism; heresy; apostasy; **-eniec** *m.* heretic, apostate.
odszkodowa-ć *v.* indemnify; **-nie** *n.* indemnity.

For verbs with prefixes od-, ode- not given consult **od-, ode-.**

odszlifować *v.* scour (off); polish, furbish.

odsznurować *v.* unlace, unstring.

odszorować *v.* scrub (off); wash off; clean off; scour off.

odszpuntować *v.* broach, unbung.

odszuk(iw)ać *v.* discover; look up; find out.

odszumować *v.* scum, skim.

odszyfrować *v.* decipher.

odśpiew-ać, -ywać *v.* sing (off); **-anie** *n.* singing.

odśrodkowy *a.* centrifugal.

odśrubować *v.* unscrew.

odśwież-ać, -yć *v.* refresh, renew.

odświę-cać, -cić *v.* desecrate; **-cenie** *n.* desecration; **-tny** *a.* festive.

odtajać *v.* thaw (off).

odtań-cować, -czyć *v.* dance off.

odtapiać, odtopić *v.* melt (off).

odtąd *adv.* (*o czasie*) henceforth; (*o przestrzeni*) from here, from this place (or point).

odtłuc *v.* knock off, break off.

odtłu-ścić *v.* remove the fat; **-szczający** *a.* slimming.

odtoczyć *v.* roll off; grind (off); polish; (*do butelek*) bottle; (*na tokarni*) turn on the lathe.

odtopić *v.* melt (off).

odtrąc-ać, -ić *v.* repel; thrust back, spurn; (*mat.*) subtract, deduct; **-enie** *n.* deduction; repulsion.

odtrutka *f.* antidote, counterpoison.

odtw-arzać, -orzyć *v.* reproduce; **-orzenie** *n.* reproduction.

odtykać *v.* open, uncork.

odtylcowa broń, breech-loader.

oducz-ać, -yć *v.* correct; unteach; make forget; ~ się, unlearn; forget; correct.

odum-ierać, -rzeć *v.* leave behind; part (with); die.

odurz-ać, -yć *v.* stun; benumb; intoxicate; astound; **-ający** *a.* stunning, intoxicating; **-eć** *v.* be stunned, grow dizzy; **-enie** *n.* dizziness, intoxication, stupefaction.

oduzdać *v.* unbridle.

Odnośnie do czasowników z przedrostkami od-, ode-, brakujących powyżej, obacz **od-**, **ode-**.

odwach *m.* guard-house.

odwabi(a)ć *v.* entice away; clean.

odwadnianie *n.* drainage.

odwa-ga *f.* courage; daring; dodać -gi, encourage; nabrać -gi, pluck up courage; **-żyć się,** venture, dare; risk; **-żny** *a.* courageous, daring, brave.

odwar *m.* infusion, decoction.

odwa-żać, -żyć *v.* (*ważyć*) weigh out; see **odwaga.**

odwdzięcz-ać, -yć (się) *v.* repay; retaliate; give in recompense (for).

odwet *m.* revenge; requital; retaliation; **-ować** *v.* retaliate; make up (for); ~ szkodę, retrieve a loss; **-owy** *a.* retaliative, retaliatory.

odwiać *v.* blow away; ~ zboże, winnow corn.

odwiąz-ać, -ywać *v.* untie, unbind, loosen; ~ się, come loose; be untied.

odwieczerz *m.*, **-e** *n.* afternoon.

odwieczn-ie *adv.* eternally; **-ość** *f.* eternity; times immemorial; **-y** *a.* everlasting, immemorial.

odwiedz-ać, -ić *v.* visit, call upon; come (or go) to see; **-anie, -enie** *n.* visit; **-iny** *pl.* visit, call; pójść w ~~, make a call.

odwieść *v.* take away (from); push back, pull back.

odwietrzać *v.* air, ventilate.

odwieźć *v.* see **odwozić.**

odwi-jać, -nąć *v.* wind off, unroll, unfold.

odwikłać *v.* disentangle, extricate, unravel.

odwil-gły *a.* moist, wet, damp; **-gnąć, -żeć** *v.* be damp (moist); thaw; **-ż** *f.* thaw; jest ~, it is thawing; **-żać, -żyć** *v.* moisten, wet, damp.

odw-lec, -lekać *v.* drag away; (*odkładać*) delay, put off; adjourn; procrastinate; **-leczenie, -lekanie** *n.* delay; procrastination; **-łoka** *f.*, **-łóczenie** *n.* delay, adjournment, putting off, procrastination; puścić w -łokę, postpone; **łóczyć** *v.* drag away;

For verbs with prefixes od-, ode- not given consult **od**, **ode-.**

(*odkładać*) delay, defer; put off, procrastinate.
odwo-dowy *a.* (of the) reserve; **-dzić** *v.* divert (from), dissuade from; (*na stronę*) take one aside; ~~ **kurek**, cock gun.
odwodni-ć *v.* drain; **-enie** *n.* drainage.
odwoł-ać, -ywać *v.* recall, revoke, recant; ~ **się**, appeal to, refer to; **-alność** *f.* revocability; **-alny** *a.* revocable; **-anie** *n.* revocation; recall; retractation; ~ **się**, appeal; reference; **-ujący** *a.* revocatory.
odwozić *v.* take back; **trans**port, convey (back); **-żenie** *n.* transport.
odwód *m.* retreat; rear-guard.
odwóz *m.* carriage; transport.
odwr-acać, -ócić *v.* turn (away, over), divert, dissuade, avert; ~ **się**, turn away (from); ~ **się** plecami, turn one's back; **-otnie** *adv.* reversely; upside down, inside out; vice versa; reciprocally; **-otny** *a.* contrary, reversed, inverted; opposite; -otna droga, return; -otna strona, reverse, back; **-otowy** *a.* (of) retreat; **-ót** *m.* retreat; na ~, wrong(ly), invertedly, inside out, upside down; reciprocally, vice versa; trąbić na ~, sound the retreat.
odwyk-ać, -nąć *v.* discontinue; lose the habit (of); **-anie** *n.*, **-nienie** *n.* discontinuance, disuse, desuetude.
odwzajemni-ać, -ć się *v.* repay, requite, return, retaliate; **-enie** *n.* return, retaliation.
odwzorow-ać, -ywać *v.* copy, imitate.
odymać *v.* puff up, blow up, [swell.
odyniec *m.* (*zool.*) boar.
odyssea *f.* Odyssey.
odzew *m.* response, appeal, call.
odziać *v.* clothe, attire, dress, cover; ~ **się**, dress oneself, put on one's clothes.
odziedzicz-ać, -yć *v.* inherit; **-enie** *n.* inheritance.

Odnośnie do czasowników z przedrostkami od-, ode-, brakujących powyżej, obacz **od-, ode-**.

odziemek *m.* stub (of a tree).
odzie-nie *n.*, **-ż** *f.* clothing, attire, clothes, *pl.*; **-wać** *v.* clothe.
odzierać see **obdzierać**.
odziębić *v.* get a limb frozen.
odzipnąć *v.* catch breath, rest.
odznacz-ać, -yć *v.* mark out, trace; ~ **się**, distinguish oneself; **-enie** *n.* ~ **się**, distinction.
odznaka *f.* mark of distinction.
odzwierciedl-ać, -ić *v.* reflect; ~ **się**, be reflected.
odzwycza-jać, -ić się *v.* discontinue; lose the habit (of); **-janie (się), -jenie (się)** *n.* disuse, discontinuance, desuetude.
odzysk-ać, -iwać *v.* regain, recover, win back, retrieve; ~ przytomność, recover one's senses; **-alny** *a.* recoverable; **-anie** *n.* recovery.
odzywać się *v.* see **odezwać się**.
odźwiern-a *f.* **-y** *m.* door-keeper.
odżałować *v.* give up, sacrifice; console oneself.
odżeglować *v.* sail (away).
odżegn-ać, -ywać *v.* (*się od czego*) deprecate, repulse (one).
odży-ć *v.* revive; **-cie** *n.* revival; **-wczy** *a.* nourishing; **-wiać, -wić** *v.* nourish, feed; refresh; comfort; **-wiać, -wić się** *v.* revive; (*jeść*) feed; **-wianie, -wienie** *n.* nourishment, food; ~~ **się**, nourishment, food.
ofensywa *f.* offensive; attack.
ofert-a *f.* offer, proposal; **-orjum** *m.* offertory.
ofiar-a *f.* (*czynność*) sacrifice; (*przedmiot*) victim, **składać -ę**, sacrifice; **paść -ą**, fall a victim (to); ~ dobrowolna, voluntary contribution; ~ **całopalna**, burnt-offering; **-nik** *m.* sacrificator; **-ność** *f.* generosity; **-ny** *a.* liberal, generous; sacrificing; **-odawca** *m.*, **-odawczyni** *f.* donor; **-ować** *v.* offer, sacrifice; devote; ~~ **się**, offer oneself, volunteer; **-owanie** *n.* offering.
oficer *m.* officer; ~ marynarki, naval officer; **-ski** *a.* officer's.

For verbs with prefixes od-, ode- not given consult **od-, ode-**.

oficja-lista *m.* official, dependant; **-lny** *a.* formal, official.
oficyna *f.* back (of a house); outbuilding.
oftalm-iczny *a.* ophthalmic; **-olog** *m.* ophthalmologist.
ofuknąć *v.* rebuke, snub.
ogadać etc. see **obgadać.**
ogan-iać *v.* keep off, scare away, frighten away; ~ się (*komu*) defend oneself (from).
ogar *m.* (*zool.*) blood-hound.
ogarek *m.* candle-stump.
ogarn-ąć, -iać *v.* embrace, comprehend, involve; surround; seize; ~się, slip on one's clothes.
ogie-niek *m.* small fire; **-ń** *m.* fire; ardour; flame; ubezpieczenie od ognia, fire insurance; ognie sztuczne, fireworks, *pl.* rozłożyć ~, make a fire; podłożyć ~, set fire (to); (*mil.*) ognia! fire!
ogier *m.* stallion.
ogląd-ać, -nąć *v.* look (at); see; consider; ~ się, look back, look round; (*fig.*) rely upon; ~ się (za), look round (for).
oględn-ość *f.* caution; circumspection; **-y** *a.* cautious, circumspect.
oględziny *pl.* (post mortem) examination; autopsy.
ogła-da *f.* good manners; refinement; **-dzać, -dzić** *v.* smooth, polish, refine; ~ się, polish one's manners; **-dzenie** *n.* polishing; **-ony** *a.* refined.
ogładzać, ogłodzić *v.* starve.
ogłaskać *v.* tame; soothe.
ogł-aszać, -osić *v.* publish, proclaim; advertise; **-oszenie** *n.* proclamation, publication; advertisement; **-oszeniowy** *a.* advertising.
ogłuch-ły *a.* (grown) deaf; **-nąć** *v.* grow deaf; **-nienie** *n.* deafness.
ogłupi-ały *a.* stupefied; **-eć** *v.* be dumbfounded; be stupefied; **-enie** *n.* stupor.
ogłusz-ać, -yć *v.* deafen; stun; **-ający** *a.* deafening.
ogni-k *m.* small fire; ~ błędny, will-o'-the-wisp; **-omierz** *m.* pyrometer; **-omistrz** *m.* artilleryman; **-otrwały** *a.* fire-proof; **-owy** *a.* (of) fire; straż -owa, fire-brigade; narzędzia -owe, fire-engines; **-sko** *n.* fire-place, hearth; (*fiz.*) focus; (*fig.*) centre; ~ domowe, home; **-skować się** *v.* centre, concentrate; **-stość** *f.* heat; (*fig.*) impetuosity; **-sty** *a.* fiery, ardent, passionate; blazing; **-ście, -sto** *adv.* fervently, ardently, eagerly, vehemently.
ogniwo *n.* link; (*fig.*) tie; (*w stosie elektr.*) element.
ogol-ić *v.* shave; dać się ~, kazać się ~, get shaved; **-ony** *a.* clean shaved.
ogoł-acać, -ocić *v.* bare, denude, strip, bereave, deprive (of); -ocony ze wszystkiego, destitute of everything; **-ocenie** *n.* denudation, privation, bereavement, destitution.
ogon *m.* tail; (*u sukni*) train; uciąć ~, dock; **-ek** *m.* bobtail; (*owocu*) stalk; (*liścia*) leaf-stalk; petiole; **-iasty** *a.* with a tail; with a train; **-iszek** *m.* long-tailed titmouse.
ogorz-ałość *f.* tan; **-ały, -y** *a.* sun-burnt, tanned; **-eć** *v.* be tanned; scorch; be singed.
ogó-lnie *adv.* generally; in general; universally; **-lnik** *m.* truism, commonplace; **-lniki** *pl.* generalities; **-lnikowo** *adv.* in a general way; **-lnikowy** *adv.* vague; general; **-lność** *f.* generality; universality; w -lności, in general; **-lny** *a.* general; universal, common, public; **-ł** *m.* the public in general, the mass; sum total; w -le, in the main, in general; **-łem** *adv.* on the whole; **-łowo** *adv.* generally, summarily; **-łowy** *a.* general, summary.
ogór-czany, -kowy *a.* (of a) cucumber; czas-kowy, slack time; **-eczek** *m.* gherkin; **-ek** *m.* cucumber, gherkin; kiszony ~, pickled cucumber.

Odnośnie do czasowników z przedrostkami o-, ob-, obe-, brakujących powyżej, obacz **o-, ob-, obe-.**

For verbs with prefixes o-, ob-, obe- not given consult **o-, ob-, obe-.**

ograbi(a)ć *v.* rob, plunder.
ogr-ać, -ywać *v.* win a person's money; (*instrument*) improve (an instrument) by use.
ogradzać see **ogrodzić.**
ogranicz-ać, -yć *v.* limit, confine, restrain; bound; restrict; **-ający** *a.* restrictive; **-anie, -enie** *n.* limitation; restriction; **-oność** *f.* narrow-mindedness; **-ony** *a.* limited; narrow-minded.
ogroblić *v.* dam (up).
ogro-da *f.*, **-dzenie** *n.* hedge, fence, enclosure; **-dzić** *v.* surround; enclose; fence in.
ogrodn-ictwo *n.* gardening; **-iczek** *m.* gardener's apprentice; **-niczy, -nikowy** *a.* gardening; gardener's; **-ik** *m.* gardener.
ogrodow-izna *f.* garden-stuff; **-y** *a.* (of a) garden.
ogrom *m.*, **-ność** *f.* hugeness, immensity; bulk, magnitude; numbers; **-nie** (*adv.*) exceedingly, immensely, excessively; **-ny** *a.* enormous, immense, huge.
ogród *m.* garden; ~ owocowy; orchard; ~ warzywny, kitchen-garden; **-eczek, -ek** *m.* little garden; ~ freblowski, kindergarten.
ogródka *f.* beating about the bush; powiedzieć bez ogródki, say in plain terms; say without mincing matters.
ogrójec *m.* the garden of olives.
ogrywać see **ograć.**
ogry-zać, -źć *v.* browse; gnaw; ~ kość, pick a bone; **-zek** *m.* stump, remnant; core (of fruit); **-zki** *pl.* remnants; offals.
ogrz-ać, -ewać *v.* heat, warm; ~ się, warm oneself; **-ewanie** *n.* heating; ~ centralne, central heating.
oheblować *v.* plane.
ohy-da *f.* disgrace, ignominy; **-dność** *f.* ignominy; **-dny** *a.* disgraceful, ignominious, abominable; **-dzać, -dzić** *v.* render (make) odious; disgrace.

Odnośnie do czasowników z przedrostkami o-, ob-, obe-, brakujących powyżej, obacz **o-, ob-, obe-.**

ojciec *m.* father; ~ chrzestny, godfather; ~ święty, the Holy Father; Bóg ~, God the Father.
ojco-bójca *m.* parricide; **-bójczy** *a.* parricidal; **-bójstwo** *n.* parricide; **-stwo** *n.* paternity, fatherhood; **-wać** *v.* father; **-wie** *pl.* ancestors; **-wizna** *f.* patrimony; **-wski** *a.* fatherly, paternal; **-wy, ojców** *a.* father's.
ojcz-e-nasz, Our Father, the Lord's prayer; **-ulek** *m.* dad, daddy; **-ym** *m.* step-father; **-ymi** *a.* step-father's; **-ysty** *a.* native, paternal; mowa -ysta, mother tongue; ziemia -ysta, native country; **-yzna** *f.* fatherland, native country.
okadz-ać, -ić *v.* fumigate, incense; **-anie, -enie** *n.* fumigation; incensation.
okalać *v.* surround, enclose, shut in.
okalecz-enie *n.* wound; mutilation; **-yć** *v.* wound, mutilate.
okamgnienie *n.* the twinkling of an eye.
okap *m.* eaves *pl.*; gutter; **-ać, -ywać** *v.* drip (over).
okapturzyć *v.* hood.
okara *f.* cart.
okarmić *v.* overfeed, gorge.
okaz *m.* sample, specimen, exhibit; demonstration; **-ać, -ywać** *v.* show; display; demonstrate, testify, manifest; evince; ~ się, appear; turn out (that, to); prove (that, to); **-ale** *adv.* splendidly, magnificently, pompously; **-ałość,** show, ostentation, magnificence, pomp; **-ały** *a.* stately, magnificent, pompous; **-anie, -ywanie** *n.* producing; exhibition, demonstration; pomp; ostentation, proof; za -aniem, on presentation; at sight; ~ przyjaźni, mark of friendship; **-iciel** *m.* bearer; **-owy** *a.* (as a) sample.
okazja *f.* opportunity, chance, occasion.
okiełznać *v.* bridle; (*fig.*) tame.

For verbs with prefixes o-, ob-, obe- not given consult **o-, ob-, obe-.**

okien-eczko, -ko *n.* small window; sky-light; air-hole; (*w piśmie*) blank; **-nica** *f.* shutter; -na rama, window-frame.
okiść *f.* snow formations.
oklask *m.* applause, approbation; **-i** *pl.* applause; **-iwać** *v.* clap, applaud.
okle-ić, -jać *v.* paste over.
oklep *adv.* bare-back; **-ać** *v.* hammer; **-any** *a.* hammered; (*fig.*) trite, worn out, hackneyed.
okład *m.* (*med.*) compress, poultice; z -em, with overweight; copiously; **-ać** *v.* cover; wrap; charge, burden; **-ka, -zina** *f.* cover, envelope, case; (*noża*) handle; (*książki*) binding.
okłam(yw)ać *v.* tell lies.
okno *n.* window; casement; window-pane; ~ wystawowe, shop-window; ~ w piwnicy, vent, air-hole.
oko *n.* (*pl.* oczy) eye; (*pl.* oka) mesh; (*w kartach i na kostkach do gry*) point; na ~, at sight; mieć na oku, have in view; nie spuścić z oka, not (to) lose sight of; w moich oczach, in my opinion; wytrzeszczyć oczy, stare; wpaść komu w ~, appeal (to); wlepić w kogo oczy, look fixedly; rzucać się w oczy, be evident; w cztery oczy, privately; za oczy, za oczami, behind one's back; mówić prawdę w oczy, tell the truth in one's face; oczy kaprawe, blearing eyes; oczy krwią zaszłe, bloodshot eyes; w żywe oczy, shamelessly.
okocić się *v.* have young, bring forth.
okoli-ca *f.* environs, *pl.*; neighbourhood; **-ć** *v.* surround.
okoliczn-ość *f.* circumstance, condition, occasion; zbieg -ości, coincidence; concurrence of events; **-ościowy** *a.* suited to the occasion; **-y** *a.* adjacent; surrounding; neighbouring; (*gram.*) finite.

Odnośnie do czasowników z przedrostkami o-, ob-, obe-, brakujących powyżej, obacz **o-, ob-, obe-**.

oko-lny *a.* circular; **-ło** *adv. prp.* about, near, round; na ~, w ~, round, about, around.
okoń *m.* perch.
okop *m.* rampart; **-ać, -ywać** *v.* hoe; dig (up); surround with a ditch; (*mil.*) intrench; **-owizny** *pl.* root-crops.
okopc-iały, -ony *a.* sooty, grimy; **-ić** *v.* blacken with soot.
okostna *f.* periosteum; zapalenie -ej, periostitis.
okowita *f.* spirits *pl.*, brandy.
okow-ać *v.* see **okuć**; **-y** *pl.* chains, irons, fetters.
okóln-ik *m.* circular; **-y** *a.* circular.
okół *m.* circle; na ~, around, round about.
okpi-ć, -wać *v.* cheat, outwit; **-sz, -wacz** *m.* sharper, cheat.
okr-aczać, -oczyć *v.* stalk round, walk round; straddle.
okra-dać, -ść *f.* steal, pilfer, rob.
okrajać *v.* see **okrawać**.
okrakiem *adv.* astraddle; chodzić ~, straddle.
okra-sa *f.* gravy; (*fig.*) ornament; **-sić, -szać** *v.* season with grease, butter, gravy, etc.; (*fig.*) adorn, embellish.
okraść *v.* rob, steal.
okratowa-ć *v.* provide with grate; **-nie** *n.* grate.
okraw-ać *v.* pare, peel; curtail, reduce; **-ek** *m.* shred, chip; scrap; offal.
okrąg *m.* circle; district; (*świata*) globe; (*koła*) periphery; **-lak** *m.* log; **-ławo** *adv.* roundishly; **-ławość** *f.* roundishness; **-ławy** *a.* roundish; **-ło** *adv.* roundly; **-łość** *f.* roundness; **-ły** *a.* round; (*bot.*) rotund.
okrą-żać, -żyć *v.* encircle, sorround, encompass; (*przylądek*) double; (*mil.*) flank.
okre-s *m.* period, space of time; epoch; (*gram.*) period; **-sowy** *a.* periodical; **-ślać, -ślić** *v.* determine, limit; (*gram.*) define; **-ślenie** *n.* definition; **-ślony** *a.* definite.

For verbs with prefixes o-, ob-, obe- not given consult **o-, ob-, obe-**.

okręc-ać, -ić *v.* wind round; twist about, turn round; entwine.
okrę-cik, -t *m.* ship, vessel; **~wojenny,** man-of-war; **~ żaglowy,** sail; płynąć -tem, sail; wsiąść na ~, embark; rozbicie -tu, shipwreck; **-towy** *a.* ship's, of a ship. [district.
okręg *m.* district; **-owy** *a.* (of a)
okrężn-e *n.* harvest-festival; **-y** *a.* circular.
okro-ić see **okrawać**; ~ się, coś z tego mi się -i, I shall benefit by it. [sides, without.
okrom *adv. prp.* except, be-
okropn-ość *f.* horror, ghastliness, dismalness; **-y** *a.* terrible, dreadful, dismal, ghastly.
okrostow-acieć *v.* get covered with pimples; **-iały** *a.* pimpled.
okruch *m.* crumb, morsel, fragment, offal.
okru-cieństwo *n.* cruelty; **-tnica** *f.* cruel woman; **-tnie** *adv.* cruelly; exceedingly; **-tnik** *m.* cruel man, tyrant; **-tność** *f.* cruelty; **-tny** *a.* cruel; exceeding; (*wulg.*) huge.
okruszyna *f.* crumb; mite.
okrwawi-ć *v.* stain with blood; bleed; **-ony** *a.* blood-stained.
okry-cie *n.* covering, overcoat, clothes; **-ć, -wać** *v.* cover; shelter; (*fig.*) colour, palliate; ~ się, cover oneself; ~ się hańbą, bring disgrace upon oneself; **-wa** *f.* (*techn.*) jacket, case; **-wka** *f.* wrapper, shawl; sheath, case.
okrzep-łość *f.* clottiness; **-ły** *a.* clotty; **-nąć** *v.* clot.
okrzes-ać, -ywać *v.* rough-hew; (*kamień*) cut; ~ się, polish one's manners; **-anie** *n.* (*fig.*) refinement, polish; **-any** *a* polished.
okrzy-czany *a.* notorious; celebrated; **-czeć, -kiwać, -knąć** *v.* praise; proclaim; **-k** *m.* outcry, shout, clamour; ~ radości, shout of joy.
okseft *m.* hogshead.
oksyd-acja *f.* oxidization; **-owač** *v.* oxidize.

oktant *m.* octant.
oktawa *f.* octave; (*muz.*) octave.
oku-cie *n.* iron-work; fixtures; ~ konia, the shoeing of a horse; **-ć** *v.* hammer; supply with fixtures; (*zbrodniarza*) manacle, fetter; (*konia*) shoe.
okudłany *a.* ill-combed.
okular-nik *m.* (*zool.*) serpent; **-y** *pl.* spectacles, glasses; za -ami, spectacled; in spectacles; wearing spectacles.
okulawi-ć *v.* lame; **-eć, okuleć** *v.* become lame.
okulbaczyć *v.* saddle.
okulis-ta *m.* oculist; **-tyka** *f.* ophthalmology.
okuliz-acja *f.* inoculation; **-ować** *v.* inoculate.
okulty-sta *m.* occultist; **-zm** *m.* occultism.
okup *m.* ransom; **-ić, -ywać** *v.* redeem, ransom; (*fig.*) pay for.
okup-acja *f.* occupation; **-ować** *v.* occupy; **-nik** *m.* tenant.
okurz-ać, -yć *v.* cover with dust; envelop in smoke; **-ony** *a.* dusted.
okutać *v.* wrap up.
okwefić *v.* veil.
okwi-at *m.* (*bot.*) periant; **-t, -tnięcie** *n.* shedding of the blossoms; deflowering; **-tać, -tnąć** *v.* shed the blossoms; be deflowered; **-tły** *a.* deflowered.
olbrot *m.* spermaceti.
olbrzym *m.* giant; **-i** *a.* huge, gigantic; **-ka** *f.* giantess.
olch-a *f.* (*bot.*) alder; **-owy** *a.* (of) alder.
oleander *m.* (*bot.*) oleander.
oleisty *a.* oily, oleagineous.
olej *m.* oil; ~ lniany, linseed oil; ~ rzepakowy, rape-seed oil; ma ~ w głowie, he has good brains (or brain sauce); ~ ziemny, rock-oil; **-e** święte, extreme unction; **-arnia, -nia** *f.* oil manufactory; **-arz, -nik** *m.* oil-man; **-ek** *m.* essence, extract; **-kować** *v.* oil; **-no** *adv.* in oil, oilily; **-ny** *a.* (of) oil; obraz ~, oil-painting; **-odruk** *m.* chromo-

---

Odnośnie do czasowników z przedrostkami o-, ob-, obe-, brakujących powyżej, obacz **o-, ob-, obe-.**

For verbs with prefixes o-, ob-, obe- not given consult **o-, ob-, obe-.**

lithography; **-owaty** *a.* oily, oleaginous.
oleśnik *m.* (*bot.*) baldmoney.
oligarch-a *m.* oligarch; **-iczny** *a.* oligarchic(al); **-ja** *f.* oligarchy. [Olympiad.
olimp-ijski *a.* Olympic; **-jada** *f.*
olinowanie *n.* (*okrętu*) rigging.
oliścienie *n.* foliage.
oliw-a *f.* olive-oil; (*bot.*) olive-tree; **-iarka** *f.* (*mech.*) oil-tank; oil-can, oiler; **-ka** *f.* olive-tree, olive; **-kowaty, -kowy** *a.* olive-coloured; **-nica** *f.*, **-nik** *m.* olive-grove; **-ny** *a.* (of) olive; gałązka -na, olive branch.
olstro *n.* holster.
olsz-a *f.* (*bot.*) alder(-tree); **-owy** *a.* (of) alder; **-yna** *f.* alder-wood; alder-grove; **-ynka** *f.* young alder.
olśni-ć, -ewać *v.* dazzle; **-enie** *n.* dazzlement; **-ewający** *a.* dazzling.
ołow-ianka *f.* plummet; **-iany, -iasty** *a.* of lead; **-nia** *f.* lead-works; **-nica** *f.* (*bot.*) leadwort; **-nik** *m.* plumber.
ołów *m.* lead; **-ek** *m.* (lead-)pencil; **-kowy** *a.* (of *or* in) pencil.
ołtarz *m.* altar; wielki ~, high altar; (*fig.*) pójść do -a, get married; **-yk** *m.* little altar.
ołysieć *v.* grow bald.
om *m.* ohm.
omac-ać *v.* feel on all sides; grope; **-kiem,** po- ku, gropingly; iść ~~, grope.
om-aczać, -oczyć *v.* wet.
omaić *v.* adorn with verdure.
omal *adv.* almost, nearly, well nigh; ~ nie, nearly, almost, well nigh.
omam *m.* illusion; **-ienie** *n.* deception, delusion; hallucination; **-ić** *v.* beguile, cheat, delude; **-iciel** *m.* deluder, beguiler.
oman *m.* delusion, hallucination; (*bot.*) elecampane.
oma-sta *f.* gravy, fat, grease; (*fig.*) na -stę, for show; **-szczać, -ścić** *v.* grease; pour gravy (on)

omawiać *v.* discuss; talk over; periphrase.
omączyć *v.* sprinkle (or cover) with flour.
omdl-ałość *f.* faintness; langour; **-ały** *a.* faint, weak; **-e(wa)ć** *v.* faint; **-enie** *n.* swoon, faint.
omega *f.* omega.
omen *n.* omen. [dimmed.
omgl-ić *v.* dim, darken; **-ony** *a.*
omi-atać, -eść *v.* sweep; dust.
omieg *m.* (*bot.*) aconite. [miss.
omieszkać *v.* fail, omit, neglect,
omięknąć *v.* soften, be mollified.
omi-jać, -nąć *v.* pass by; avoid, miss, elude, shun; pass over (in silence).
omlet *m.* omelet.
omł-acać, -ócić *v.* thresh (out); **-ot** *m.* threshed corn; **-otny** *a.* rich in corn; **-ócenie** *n.* treshing.
omnibus *m.* omnibus, 'bus.
omoczyć *v.* steep, soak.
omotać *v.* tuck up; wrap up; wind.
omówi-ć *v.* see **omawiać**; **-enie** *n.* discussion; periphrase; euphemism.
omsz-ały, -ony *a.* moss-grown; **-eć** *v.* be covered with moss; grow moss.
omy-lić *v.* mislead, frustrate, disappoint; delude; ~ się, be mistaken; **-lność** *f.* erroneousness; fallibility; illusiveness, deceit; **-lny** *a.* subject to error; illusive; deceitful; **-łka** *f.* mistake, error; fault, blunder; ~ drukarska, misprint.
on, ona, ono *prn.* he, she, it; *demonst. prn.* this, that; **-ego** czasu, at that time.
onanizm *m.* self-abuse, masturbation, onanism.
onegdaj *adv.* the day before yesterday; the other day; **-szy** *a.* of the day before yesterday; the other day's.
ongiś *adv.* (*obs.*) one day; once upon a time.
oniemi-ały *a.* dumb, mute; dumbfounded; **-eć** *v.* be dumbfounded.

Odnośnie do czasowników z przedrostkami o-, ob-, obe-, brakujących powyżej, obacz **o-, ob-, obe-**.

For verbs with prefixes o-, ob-, obe- not given consult **o-, ob-, obe-**.

onieśmielony *a.* shy, timid.
onu-ca, -czka *f.* foot-clout (fo· wrapping up feet); shoe-clout.
onyx *m.* (*min.*) onyx.
oń = o niego.
opac-ki *a.* abbot's; (of an) abbey; **-two** *n.* abbey, abbacy.
opaczn-ie *adv.* in a wrong way; perversely; awry; ~ tłumaczyć, misconstrue, misrepresent; **-ość** *f.* perversity; **-y** *a.* perverse, wrong, upside down; misinterpreted.
opad *m.* fall; moisture; **-ać** *v.* sink; fall down; subside; decrease; ~ z sił, ~ na siłach, faint; decline; ~ z ciała, lose weight; ręce mi -ają, I lose heart.
opak, naopak *adv.* awry, wrong(ly); perversely, crosswise.
opakowa-ć *v.* pack; ~ **się** (*fam.*) cram, stuff oneself; **-nie** *n.* packing; wrapping.
opal *m.* (*min.*) opal; **-owy** *a.* opaline.
opal-acz *m.* fireman; **-ać, -ić** *v.* heat; singe; tan (one's skin); ~ się, get sunburnt, be tanned; **-anie, -enie** *n.* heating; **-enizna** *f.* tan; **-ony** *a.* tanned, sunburnt.
opal-isadować *v.* impale, palissade; **-owanie** *n.* paling.
opał *m.* fuel; **-ka** *f.* basket; pleść koszałki -ki, talk nonsense; **-owy** *a.* (for the) fire; materjały -owe, fuel; być w **-ach,** be in trouble. [fan.
opał-ać *v.* (*zboże*) winnow; **-ka,**
opamiętać się *v.* collect oneself.
opancerz-yć *f.* armour, plate; **-ony** *a.* armoured.
opanow-ać, -ywać *v.* master; take possession (of), capture, prevail (over); seize; **-anie** *n.* mastery; capture; seizure.
opar *m.* mist, evaporation.
opar-cie *n.* support, prop; punkt -cia, point of support; means of existence; **-ty** *a.* supported; leaning (against); reclining (on); grounded (on); founded (on).

oparkani-ć *v.* enclose with a fence; fence in; **-enie** *n.* fence; enclosure.
oparszywieć *v.* grow scabby, grow mangy.
oparz-ać, -yć *v.* (*kuch.*) scald; ~ się, scald oneself; **-elisko** *n.* morass; **-elizna** *f.*, **-enie** *n.* scald.
opa-s *m.* fattening; **-sać, -ść** *f.* fatten; **-sać się** *v.* grow fat; overfeed; **-sienie** *n.* overfeeding; **-słość** *f.* obesity, fatness; **-sły** *a.* stout, obese, fat.
opas-ać, -ywać *v.* surround, gird; (*mil.*) besiege; blockade; ~ się, gird oneself; fasten one's belt; **-anie** twierdzy, the siege of a fortress; **-ka** *f.* band, girdle, belt, fillet.
opaskudzić *v.* befoul, defile, soil.
opaść see **opadać.**
opat *m.* abbot.
opatentować *v.* patent.
opat-runek *m.* dressing; **-rywać, -rzyć** *v.* (*ranę*) dress; (*w co*) provide (with), furnish (with); fix; **-rznie** *adv.* providentially; **-rzność** *f.* foresgiht; cautiousness; (*boska*) providence; **-rzny** *a.* provident, cautious; **-rznościowość** *f.* providence; **-rznościowy** *a.* providential; **-rzyciel** *m.*, **-rzycielka** *f.* provider.
opatulić *v.* wrap up, tuck up.
opchać see **opychać.** [opera.
oper-a *f.* opera; **-owy** *a.* (of the)
oper-acja *f.* operation; poddać się -acji, undergo an operation; **-acyjny** *a.* (of) operation, operative; **-ator** *m.* operator; (*chir.*) surgeon; **-ować** *v.* operate.
operetk-a *f.* operetta; **-owy** *a.* farcical.
opędz-ać, -ić *v.* drive away, scare away, run around; (*potrzeby*) supply one's needs; ~ koszty, defray expenses; ~ się, get rid of, keep off.
opęta-ć *v.* ensnare, entangle, bewitch; fetter; **-nie** *n.* demoniacal possession; **-niec** *m.*, **-ny** *a.* (person) possessed by the devil.

Odnośnie do czasowników z przedrostkami o-, ob-, obe-, brakujących powyżej, obacz **o-, ob-, obe-.**

For verbs with prefixes o-, ob-, obe- not given consult **o-, ob-, obe-.**

opiąć *v.* pin round, garnish, mount.
opić się *v.* drink hard, get tipsy.
opie-c, -kać *v.* roast.
opieczętowa-ć *v.* seal (up); **-nie** *n.* sealing.
opiek-a *f.* care, protection, guardianship, tutelage; Ministerstwo -i społecznej, Ministry of social welfare; **-ować się** *v.* (*kim, czem*) take care (of); protect, patronize, defend; **-un** *m.* guardian, protector, warden, patron; **-unka** *f.* guardian, partroness, protectress; **-uńczy** *a.* guardian('s); tutelary; ~~ duch, tutelary genius; **-uński** *a.* guardian's; **-uństwo** *n.* wardship, pupilage, patronage, protection.
opielać *v.* weed.
opieniek, opieńka *f.* agaric (mushroom).
opieprzyć *v.* pepper, season [with pepper.
opierać *v.* wash one's clothes; (*oprzeć, o coś, na czemś*) lean (on, against), rest (against); (*zasadzać*) ground, base, found; ~ **się,** lean (against); rest (upon); ~ się komu, resist one.
opierz-ać, -yć *v.* feather; ~ **się,** get fledged; **-enie** *n.* feathers; down.
opierzch-ły *a.* chappy, chapped; **-nąć** *v.* chap.
opieszał-ość *f.* negligence, carelessness; **-y** *a.* negligent, careless, remiss.
opiewać *v.* relate; sing; (*brzmieć*) [read.
opięty *a.* tight.
opi-jać się see **opić się; -janie się** *n.* drunkenness; **-lca, -lec** *m.* tippler; **-lstwo** *n.* tippling, drunkenness; **-ły** *a.* drunken, tipsy.
opił-ki *pl.* filings *pl.*; **-ować** *v.* file (around).
opinać see **opiąć.**
opin-ja *f.* opinion, view; dobra ~, esteem; **-jować** *v.* express one's opinion.
opis *m.* **-anie, -ywanie** *n.* description; nie do -ania, indescirbable; **-ać, -ywać** *v.* describe; **-owo** *adv.* descriptively; **-owy, -ujący** *a.* descriptive.
opjum *m.* opium.
opl-atać, -eść *v.* wreath, plait (round); twist round; **-atanka** *f.* bottle enclosed in wicker-work; **-eciony** *a.* covered with wicker-work, plaited round.
oplątać *v.* entangle, ensnare, immesh, hamper.
opleść see **oplatać.**
opleśni-ałość *v.* mould, mouldiness; **-ały** *a.* mouldy; **-eć** *v.* grow mouldy.
opluć *v.* spit on.
opłac-ać, -ić *v.* pay; clear, discharge; ~ wydatki, defray the expenses; ~ się, buy oneself off, ransom; (*być wartym*) be worth while; (*być zyskownem*) pay; nie -a się interes, the business does not pay; **-anie** *n.* payment.
opłak-anie *n.* deplorability; ~~, *adv.* deplorably; **-any** *a.* deplorable; **-iwać** *v.* grieve (over), deplore, bewail.
opłata *f.* fee, payment, duty.
opłatek *m.* Christmas wafer · altar bread.
opłowiały *a.* faded, pale.
opłó-kać, -kiwać *v.* rinse.
opłucna *f.* (*anat.*) pleura; zapalenie opłucnej, pleurisy.
opły-nąć, -wać *v.* swim around, sail around; ~ przylądek, double the cape; ~ (*w co*) abound (in, with); wallow (in); ~ w dostatki, live in affluence; **-nięcie, -nienie, -wanie** *n.* plenty, abundance, affluence.
opoczysty *a.* rocky.
opodal *adv.* nearby; aloof.
opodatkowa-ć *v.* tax; **-nie** *n.* taxation.
opoka *f.* rock.
opona *f.* tyre; covering; -y mózgowe, meninges.
opończa *f.* rain-cloak, waterproof.
opon-ent *m.* opponent, adversary; **-ować** *v.* object; ~ się, be opposed (to).

Odnośnie do czasowników z przedrostkami o-, ob-, obe-, brakujących powyżej, obacz **o-, ob-, obe-.**

For verbs with prefixes o-, ob-, obe- not given consult **o-, ob-, obe-.**

oporn-ie *adv.* with difficulty; **-ość** *f.* resistibility; resistance; **-y** *a.* resistant; (*nieposłuszny*) refractory.
oportuni-styczny *a.* opportunistic; **-zm** *m.* opportunism.
oporządz-ać, -ić *v.* equip; fit out, furnish, accoutre; ~ się, equip oneself, provide oneself (with); **-enie** *n.* equipment.
opossum *m.* opossum.
opowi-adać, -edzieć *v.* tell, relate; announce; ~ się, beg leave, ask permission; **-adacz** *m.* narrator; **-adanie** *n.* story, account; narrative; **-edź** *f.* announcement; **-eść** *f.* tale, story.
opozyc-ja *f.* opposition; **-yjny** *a.* opposing.
opój *m.* drunkard, toper.
opór *m.* resistance, opposition; iść oporem, run hard; stawić dzielny ~, make a gallant stand.
opóźni-(a)ć *v.* delay, retard; ~ się, be late; **-enie** *n.* delay; pociąg miał 10 m. -enia, the train was 10 m. late.
opracować *v.* work out, elaborate.
opra-ć *v.* wash a person's clothes; **-nie** *n.* washing.
opraw-a *f.* frame, setting, handle; case; (*książki*) binding; **-ca** *m.* hangman, catchpoll; hired assassin; **-i(a)ć** *v.* set (in); (*obraz*) frame; (*książkę*) bind; (*rybę etc.*) dress, prepare; (*zająca*) skin; **-ny** *a.* (*o książce*) bound.
oprocentowa-ć *v.* pay interest; **-nie** *n.* interest.
opromieni-ć *v.* irradiate, shine (upon); **-enie** *n.* irradiation.
oprosić się *v.* farrow.
oprowadz-ać, -ić *v.* take round, show round, guide.
opróchnieć *v.* moulder; rot.
oprócz *adv.* except, but; besides, save; ~ tego, moreover.
opróżni(a)ć *v.* evacuate, empty, free, clear.
oprys-kać, -nąć *v.* bespatter; **-kliwość** *f.* peevishness, harshness; **-kliwy** *a.* snarly, peevish, harsh.
opryszek *m.* brigand, bandit.
oprząść *f.* spin round.
oprzeć *v.* see **opierać.**
oprzęd *m.* cocoon.
oprzytomni-ć *v.* bring one back to his senses; **-eć** *v.* recover one's senses.
opty-czny *a.* optic(al); złudzenie -czne, optical illusion; **-k** *m.* optician; **-ka** *f.* optics, *pl.*
optymi-sta *m.* optimist; **-styczny** *a.* optimistic; **-zm** *m.* optimism.
opuch-lina, -łość *f.* swelling; **-linowy** *a.* dropsical; **-ły** *a.* swollen; **-nąć** *v.* swell; **-nięcie, -nienie** *n.* swelling.
opukiwać *v.* auscultate.
opust *m.* discount, reduction, abatement.
opustosz-ały *a.* desert; devastated; waste; **-yć** *v.* desert; devastate, lay waste.
opu-szczać, -ścić *v.* lower; drop; let down; (*pominąć*) leave out, omit; (*kogo*) abandon, forsake; quit; (*głowę*) hang down; (*fig.*) ~ ręce, lose courage; ~ kotwicę, cast the anchor; ~ się, neglect oneself; **-szczenie** *n.* omission; abandonment; neglect; dereliction; **-szczony** *a.* abandoned, forsaken, deserted; neglected.
opychać *v.* cram (with food); overfeed.
ora-cz *m.* tiller; ploughman; **-ć** *v.* plough, till; **-nie** *n.*, **-nina** *f.* tillage, ploughing.
oranżerja *f.* greenhouse.
orator-jum *m.* oratory; (*muz.*) oratorio; **-ski** *a.* oratorial.
oraz *m.* and; at the same time; as well as; together with.
orchidea *f.* orchid.
order *m.* order; cross, medal.
ordyna-cja *f.* regulation, bylaws; (*kosc.*) ordaining; **-t** *m.* the possessor of an entail.
ordynans *m.* servant soldier.
ordynar-ja *f.* allowance in kind; **-ny** *a.* vulgar; **-jusz** *m.* professor in ordinary; headmaster; **-yjny** *a.* common; vulgar.

Odnośnie do czasowników z przedrostkami o-, ob-, obe-, brakujących powyżej, obacz **o-, ob-, obe-.**

For verbs with prefixes o-, ob-, obe- not given consult **o-, ob-, obe-.**

ordynować *v.* (*zamówić*) order; (*przyjmować chorych*) receive; (*kość.*) ordain.
ordynek *m.* order.
ordzewieć *v.* rust.
orędow-ać *v.* (*za kim*) intercede (in favour of); plead in behalf (of); **-niczka** *f.*, **-nik** *m.* intercessor.
orędzie *n.* proclamation, public [announcement.
oręż *f.* arm, weapon, arms, *pl.*; **-nie** *adv.* in arms; **-ny** *a.* armed.
organ *m.* organ, medium.
organ-ki *pl.* melodeon; **-y** *pl.* (*muz.*) organ.
organ-iczny *a.* organic; **-zm** *m.* organism; **-ista** *m.* organist.
organiz-acja *f.* organization; **-acyjny** *a.* (of) organization, organizing; **-ator** *m.* organizer; **-ować** *v.* organize, arrange; ~ się, be organized; **-owanie** *n.* arrangement, organization.
orgja *f.* orgy.
orjent-acja *f.* orientation; tendency; **-ować się** *v.* orientate oneself; (*fig.*) grasp (things); understand; see clearly; possess discernment.
orjental-ista *m.* orientalist; **-ny** [*a.* oriental.
orka *f.* tillage.
orkan *m.* cyclone.
orkiestr-a *f.* orchestra; ~ dęta, brass-band; **-alny, -owy** *a.* orchestral.
orkisz *m.* (*bot.*) spelt.
orl-ątko, -ę *n.* eaglet; **-i** *a.* aquiline; eagle's; ~ nos, aquiline nose; **-ik** *m.* (*bot.*) columbine.
ornament-a *pl.*, **-acja** *f.* ornaments, *pl*; **-acyjny, -owy** *a.* ornamental.
ornat *m.* chasuble.
ornitolog *m.* ornithologist; **-ja** *f.* ornithology.
orny *a.* arable, tillable.
orosi-ć *v.* bedew; sprinkle; **-eć** *v.* be bedewed.
orszada *f.* orgeat.
orszak *m.* retinue; train.
ortęcie *n.* amalgam.
orto-doksja *f.* orthodoxy; **-graficzny** *a.* orthographic(al); **-grafja** *f.* orthography.
orto-pedja *f.* orthopaedy; **-pedyczny** *a.* orthopaedic.
orygina-lność *f.* originality; **-lny** *a.* original; (*nienaśladowany*) genuine; **-ł** *m.* original; crank; eccentric person.
oryl *m.* raftsman.
orzacha *f.* earthnut. [state.
orzec *v.* pronounce a sentence;
orzech *m.* nut; hazel; ~ laskowy, hazel-nut; ~ włoski, walnut; ~ amerykański, American walnut; twardy ~ do zgryzienia, a hard nut to crack; **-owy** *a.* (nut-)brown; hazel; **-ówka** *f.* (*orn.*) nut-cracker; (*wódka*) nut-brandy.
orze-czenie *n.* statement; evidence; (*sądowe*) sentence; verdict; (*gram.*) predicate; **-kać** *v.* pronounce a sentence; state; give evidence.
orzeł *m.* eagle; (*fig.*) genius; (*zabawka*) kite; **-ek** *m.* eaglet; ~ i reszka, heads and tails.
orzeźw-i(a)ć *v.* refresh, freshen; **-ieć** *v.* recover (from).
osa *f.* wasp.
osacz-ać, -yć *v.* surround, blockade; bring to bay; **-enie** *n.* blockade; **-ony** *a.* at bay.
osa-d *m.* sediment, lees, *pl*; **-da** *f.* colony; settlement; (*trzon*) handle; (*mil.*) garrison; (*armaty*) carriage; (*drog. kamienia*) setting; **-dniczy** *a.* colonial; **-dnik** *m.* settler, colonist; **-dzać, -dzić** *v.* fix, set (in), plant (upon); (*kamień*) enchase; (*nóż itp.*) furnish with a handle; (*strzelbę*) stock; (*osiedlać*) colonize; ~ na tronie, enthrone; ~ w więzieniu, imprison.
osamotni-ć *v.* isolate; **-enie** *n.* isolation; loneliness; **-ony** *a.* lonesome.
osądz-enie *n.* sentence; **-ić** *v.* judge; condemn, sentence; deliver judgment; ~ (*wydać opinję*) deem; consider.
osch-le *adv.* drily; **-łość** *f.* dryness; **-ły** *a.* dry; stiff; cold; **-nąć** *v.* dry up.

Odnośnie do czasowników z przedrostkami o-, ob-, obe-, brakujących powyżej, obacz **o-, ob-, obe-.**

For verbs with prefixes o-, ob-, obe- not given consult **o-, ob-, obe-.**

osełka *f.* whetstone; ~ masła, a pat of butter.
osep *m.* payment in kind.
osesek *m.* suckling.
oset *m.* (*bot.*) thistle.
osęk *m.*, **-a** *f.* crooked tree; (*nóż*) gardener's knife.
osępi-ałość *f.* gloom; **-ały** *a.* gloomy; despondent; **-eć** *v.* gloom.
osiad-ać see **osiąść**; **-łość** *f.* property; settlement; abode; **-ły** *a.* settled; domiciliated; inhabited.
osiągnąć *v.* attain, reach.
osiąk-ać, -nąć *v.* drip, trickle down.
osiąść *v.* establish oneself; settle; sink; (*o okręcie*) run aground, be stranded.
osiczyna *f.* aspen-wood.
osidlić *v.* immesh, ensnare.
osie-c, -kać *v.* lash; whip; scourge.
osiedl-ać, -ić *v.* colonize; ~ **się** *v.* settle; establish oneself; **-e, -enie** *n.* settlement, colonization.
osiedzieć się *v.* take root; hold one's own.
osieł *m.* ass, donkey.
osiem *num.* eight; **-dziesiąt** *num.* eighty; **-dziesiąty** *a.* eightieth; **-kroć** *adv.* eight times; **-naście** *num.* eighteen.
osierdzie *n.* (*anat.*) pericardium.
osieroc-iały *a.* orphaned, bereaved of parents; lonely; forlorn; **-ić** *v.* orphan, bereave of parents; desert; **-eć** *v.* be bereft of parents; be deserted; be forlorn.
osi-ka, -na *f.* asp(-tree); **-kowy, -nowy** *a.* aspen.
osiodłać *v.* saddle; (*fig.*) tame, subdue.
osioł *m.* donkey; ass.
osiwi-ały *a.* gray(-headed); hoary; **-eć** *v.* turn gray; become gray(-headed).
oskalpować *v.* scalp.
oskard *m.* pick-axe.
oskarż-ać, -yć *v.* accuse (one of), impeach; **-enie** *n.* charge, impeachment; accusation; **-ony** *a.* accused; defendant; **-yciel** *m.* accuser; plaintiff.

osklepi(a)ć *v.* vault over.
oskoczyć *v.* see **obskoczyć.**
oskoła *f.* (*bot.*) sap.
oskoma *f.* appetite; desire; sprawić komu oskomę, make one's mouth water; mieć na co oskomę, desire, long (for).
oskrob-ać, -ywać *v.* scrape off; **-iny** *pl.* shavings.
oskrzele *pl.* (*anat.*) bronchia.
oskrzydl-ać, -ić *v.* wing; (*mil.*) flank.
oskub(yw)ać *v.* pluck (the feathers).
osła see **osełka.**
osłab-iać, -ić *v.* weaken; **-ianie** *n.* weakening; debilitation; **-ienie** *n.* (*med.*) weakness, faintness, debility; **-iony** *a.* weak; **-nąć** *v.* weaken; debilitate.
osładzać *v.* sweeten; (*fig.*) soften, soothe.
osłaniać *v.* cover, veil, shroud; (*bronić*) shield.
osławi-ać, -ć *v.* defame, discredit, slander; **-anie** *n.* defamation, slander; **-enie** *n.* defamation; discredit, slander; **-ony** *a.* famous; notorious; disreputable.
osło-da *f.* solace, comfort, relief; **-dzić** *v.* sweeten; (*fig.*) alleviate, soften.
osłon-a *f.* veil, cover, mantle, shroud; **-ić** *v.* veil, cover, mantle; (*bronić*) shield.
osłuch-ać się *v.* know from hearsay; **-iwać** *v.* (*med.*) auscultate.
osłup-iałość *f.*, **-enie** *n.* amazement, stupefaction; **-iały** *a.* dumbfounded; **-ieć** *v.* be dumbfounded.
osmagać *v.* lash, scourge, whip.
osmalić *v.* singe.
osmarować *v.* besmear, soil, bedaub.
osmaż-ać, -yć *v.* fry, broil; (*w cukrze*) sugar.
osmolić *v.* dirty; soil; tar.
osmużyć *v.* skin, flay.
osmykać *v.* strip.
osn-owa *f.* contents, *pl.*; tenor; (*życia*) thread; ~ tkacka, web; **-ować, -uć** *v.* (*fig.*) plan, scheme.
osob-a *f.* person, personage, individual; we własnej -ie, in

---

Odnośnie do czasowników z przedrostkami o-, ob-, obe-, brakujących powyżej, obacz **o-, ob-, obe-.**

For verbs with prefixes o-, ob-, obe- not given consult **o-, ob-, obe-.**

person; **-istość** *f.* personality; (*postać*) personage; **-isty** *a.* personal; (*gram.*) zaimek ~, personal pronoun; **-iście** *adv.* personally, in person.
osobliw-ie *adv.* particularly; chiefly; **-ość** *f.* singularity; -ości miasta, the sights in the town; **-szy** *a.* peculiar, extraordinary; **-y** *a.* particular, strange, singular, odd.
osob-nik *m.* individual, character; **-no** *adv.* separately, apart; in private; z -na, separately, severally; **-ność** *f.* seclusion, privacy; na -ności, aside, in private, confidentially; **-ny** *a.* separate, isolated, especial, private; **-owość** *f.* individuality; **-owy** *a.* personal.
osolić *v.* salt.
osowi-ałość *f.* mopishness, dejection, dullness; **-ały** *a.* dejected, mopish, dull; **-eć** *v.* become dejected, mope.
osp-a *f.* small-pox; ~ wietrzna, chicken-pox; szczepić -ę, vaccinate; **-owaty** *a.* pitted.
ospa-le *adv.* drowsily; sluggishly; **-lec** *m.* drowsy-head; humdrum; **-lstwo** *n.*, **-łość** *f.* drowsiness, sluggishness; **-ły** *a.* drowsy, dull, sluggish.
osrebrzyć *v.* silver.
osromocić *v.* disgrace.
ostać się *v.* survive; stand, remain; hold out.
ostatecz-nie *adv.* definitively, finally; **-ność** *f.* extremity; **-ny** *a.* extreme, definite, final; sąd ~, doomsday.
ostat-ek *m.* remainder, remnant; na ~, at last, finally; at length; do -ka, to the last; **-ki** *pl.* remnants; (*karnawału*) the last days of the carnival; **-ni** *a.* last, final, extreme; -nie wiadomości, the latest news; -nia nędza, extreme misery; **-nio** *adv.* lately.
ostawać się see **ostać się**.
ostemplować *v.* stamp.
ostentac-ja *f.* ostentation; show; **-yjny** *a.* ostentatious.

Odnośnie do czasowników z przedrostkami o-, ob-, obe-, brakujących powyżej, obacz **o-, ob-, obe-**.

osteologja *f.* osteology
ostęp *m.* thicket; **-y** *pl* recesses (of a forest).
ostoja *f.* support, mainstay, pillar; harbour.
ostokrzew *m.* (*bot.*) holly.
ostręż-nica, -yna *f.* blackberry.
ostro *adv.* sharply, severely, harshly, sternly; rigorously; **-ga** *f.* spur; (*pazur*) hindclaw; **-kół** *m.* palisade, paling; **-krąg** *m.* (*mat.*) cone; **-krągowy, -kręgowy, -kręźny** *a.* conical; **-krzew** *m.* (*bot.*) holly; **-łuk** *m.* ogive; **-nosy** *a.* sharp-nosed; **-oki** *a.* sharp-sighted; **-słup** *m.* pyramid; ~~ ścięty, troncated pyramid; **-ść** *f.* sharpness, acuteness, acrimony, severity, keenness; (*smaku*) spiciness, pungency; **-widz** *m.* (*zool.*) lynx.
ostrożn-ie *adv.* cautiously, prudently; **-ość** *f.* precaution, care, circumspection; mieć się na -ości, be on one's guard; **-y** *a.* cautious, careful; prudent.
ostróg *m.* stronghold, citadel.
ostrów *m.* ait, small island.
ostróżka *f.* (*bot.*) larkspur.
ostru-gać *v.* (*owoc*) pare, peel; whittle; **-żyny** *pl.* chips, shavings.
ostry *a.* sharp, keen, acute, piercing; rigorous; (*o zimie*) severe; (*o zapachu*) pungent; (*o smaku*) spicy; ~ nabój, load with ball; -e strzelanie, ball-firing.
ostryg-a *f.* oyster; **-ojad** *m.* (*orn.*) oyster-catcher.
ostrze *n.* (*ostry brzeg*) edge; (*śpiczasty koniec*) point; postawić sprawę na ~u miecza, throw one's sword into the scale.
ostrze-c, -dz, -gać *v.* warn, admonish, caution; **-ganie, -żenie** *n.* admonition, warning, caution, hint.
ostrzelać, ostrzeliwać *v.* bombard, batter; shoot (at); fire (at).
ostrzeń *m.* (*bot.*) dog's-tongue.
ostrzy-c, -gać *v.* shear; cut; ~ włosy, trim the hair; **-żenie** *n.* haircut.

For verbs with prefixes o-, ob-, obe- not given consult **o-, ob-, obe-**.

ostrzyć *v.* sharpen, whet; ~ brzytwę, strop a razor; ~ na co zęby, have a design (upon); long (for). [deject.
ostudz-ać, -ić *v.* cool, chill, damp,
ostyg-ać, -nąć *v.* cool down; *fig.*) abate; **-łość** *f.* coolness; (*fig.*) indifference, lukewarmness; **-ły** *a.* cool; (*fig.*) indifferent; lukewarm.
osu-nąć, -wać *v.* lower, pull down, push down; ~ się, fall in, sink, give way; **-nięcie** *n.*, **-w** *m.* fall, subsidence.
osusz-ać, -yć *v.* drain; dry (up); **-alny** *a.* drainable; **-anie, -enie** *n.* drying; drainage.
osutka *f.* rash, eruption.
oswajać, oswo-ić *v.* tame, domesticate; accustom (to), familiarize (with); ~ **się**, familiarize oneself (with); become conversant (with); become tame; **-jony** *a.* tame; (*z czem*) familiar (with); acquainted; conversant (with).
oswob-adzać -odzić *v.* free, deliver, liberate, affranchise; release; ~ się, free oneself, be freed; be delivered; **-odzenie** *n.* delivery, release, affranchisement, liberation; **-odziciel** *m.* liberator, deliverer.
oswoić see **oswajać.**
osychać *v.* dry up, grow dry.
osyp-ać, -ywać *v.* strew, sprinkle; **-ka** *f.* mash, bran.
oszacowa-ć *v.* estimate, appraise, tax; **-nie** *n.* valuation, appraisement; estimate.
oszal-ały *a.* mad; raving; **-eć** *v.* rave, go mad.
oszalować *v.* board, board in.
oszańcowa-ć *v.* entrench; **-nie** *n.* entrenchment.
oszar-gać *v.* **-ganiec** see **obszar...** [(*fig.*) slander.
oszczek-ać, -iwać *v.* bark at;
oszczenić się *v.* whelp.
oszczep *m.* spear, lance; (*sport.*) javelin.
oszczer-ca *m.* calumniator, defamer, slanderer; **-czy** *a.* calumnious, slanderous; **-stwo** *n.* calumniation, defamation, slander.
oszczędn-ość *f.* thrift, frugality; economy; **-ości** *pl.* savings; **-dzać, -dzić** *v.* save; spare; economize; **-dny** *a.* thrifty, economical.
oszkalować *v.* calumniate, defame, slander.
oszkaradz-ić *v.* deform, disfigure; **-enie** *n.* disfigurement.
oszkl-ić *v.* glaze; **-ony** *a.* glazed.
oszlifowa-ć *v.* polish; **-nie** *n.* polishing; **-ny** *a.* polished.
oszołom-ić *v.* stun, bewilder; **-iony** *a.* stunned, bewildered.
oszpe-cać, -ić *v.* deform, disfigure; **-cenie** *n.* disfigurement, deformation; **-tnieć** *v.* become ugly.
oszron-ić *v.* cover with hoarfrost; **-ieć** *v.* be covered with hoar-frost; (*fig.*) grow grey.
osztachetować *v.* fence in, rail in.
oszu-kać, -kiwać, oszwabić *v.* cheat, deceive, outwit; ~ się, be mistaken; **-kanie, -kaństwo, -kiwanie, -stwo** *n.* cheat, deceit, trick; imposture; **-kaniec, -st** *m.*, **-stka** *f.* swindler, deceiver, impostor.
oś *f.* axle; (*mech. mat.*) axis; ~ koła, axle-tree; ~ sprzężona, coupled axle; łożysko osi, axle-bearing; obrót osi, rotation of the axle; wał osi, axle-shaft.
ościenny *a.* adjacent, contiguous, bordering (upon).
oścień *m.* goad; fish-hook.
oścież *f.* na ~, wide open.
ościsty *a.* full of bones; prickly.
ość *f.* (fish-)bone; prickle.
ośl-ak *m.* young ass; **-arz** *m.* ass-driver; **-e, -ę** *n.* (young) ass, donkey.
oślep, na ~, *adv.* blindly, at random, headlong; **-iać, -ić** *v.* blind; dazzle; **-iający** *a.* dazzling; **-nąć** *v.* lose the sight; ~~ na jedno oko, become blind of one eye; lose an eye.

Odnośnie do czasowników z przedrostkami o-, ob-, obe-, brakujących powyżej, obacz **o-, ob-, obe-.**

For verbs with prefixes o-, ob-, obe- not given consult **o-, ob-, obe-.**

ośli *adv.* ass's; asinine; **-ca** *f.* (she-)ass. [with spittle.
oślini(a)ć *v.* beslaver; cover
ośliz-gły *a.* slippery; **-nąć** *v.* become slippery; ~~ **się** *v.* slip.
ośm *num.* eight; **-dziesiąt** *num.* eighty; **-dziesiąty** *a.* eightieth; **-dziesięcioletni** *a.* eighty years old.
ośmiel-ać, -ić *v.* embolden, encourage, make bold; ~ się, dare, take the liberty (to); make bold; venture; **-enie** *n.* encouragement.
ośmiesz-ać, -yć *v.* ridicule, deride, mock; ~ się, make a fool of oneself.
ośmio-bok, -kąt *m.* octagon; **-kątny** *a.* octagonal; **-letni** *a.* eight year(s old); **-pręcikowy** *a.* (*bot.*) octadrian; **-raki** *a.*, **-rnasób** *adv.* eightfold; **-ro** *num.* eight.
ośm-kroć, -krotnie *adv.* eight times; **-nasty** *a.* eighteenth; **-naście** *num.* eighteen; **-set** *num.* eight hundred; **-setny** *a.* eight hundredth.
ośnieżyć *v.* cover with snow.
ośrod-ek, -ka *f.* core (*chleba*) crumb.
oświadcz-ać, -yć *v.* declare, intimate; ~ się (*z czem*) offer, propose (to); ~ się za, declare oneself (for); **-enie** *n.* declaration, notification, utterance, intimation; **-yny** *pl.* proposal.
oświ-ata *f.* instruction; knowledge; **-ecać, -ecić** *v.* light; shine upon; (*szerzyć oświatę*) enlighten, teach; instruct; **-ecenie** *n.* illumination, enlightment; (*wiedza*) instruction, education; learning; **-econy** *a.* enlightened; instructed; **-etlenie** *n.* light, illumination; ~ gazowe, gas-light; ~ elektryczne, electric light; **-etlić** *v.* light; (*fig.*) throw light (upon).
ot *i.* there.
otaczać see **otoczyć.**
otaksowa-ć *v.* estimate, value; **-nie** *n.* estimation, valuation.

Odnośnie do czasowników z przedrostkami o-, ob-, obe-, brakujących powyżej, obacz **o-, ob-, obe-.**

otar-cie *n.* wiping, rubbing; (*skaleczenie*) sore, gall; ~ się (*o*), intercourse (with); **-ty** *a.* rubbed, wiped; galled. [math.
otawa *f.* after-grass, after-
otchłań *f.* abyss, precipice.
otłu-c, -kać *v.* beat.
otłu-szczać, -ścić *v.* grease.
oto *i. adv.* here (is, are); there (is, are); behold; ~ idzie, here (he) comes.
otocz-enie *n.* environment; enclosure; **-yć** *v.* surround (with); ~ się, be surrounded (with); **-ysty** *a.* wide, ample.
otok *m.* circumference; inscription; (*med.*) pus.
otoman, otomański *m.* Ottoman; **-a, -ka** *f.* couch.
otóż *adv.* now, so, and there, and lo! [abroad; proclaim.
otr-ąbić, -ębować *v.* blaze
otrąb, otręby *pl.* bran.
otru-cie *n.* poisoning; **-ć** *v.* poison; **-ty** *a.* poisoned.
otrzaskać się *v.* get acquainted (with).
otrząs-ać, -nąć *v.* shake off; ~ się (*z*), shake off; start.
otrzeć *v.* wipe off; ~ się, rub oneself (against); deal (with).
otrzep-ać, -ywać *v.* beat (the dust off).
otrzewna *f.* (*anat.*) peritoneum.
otrzeźw-i(a)ć *v.* recover (from), bring back to consciousness; comfort, refresh; **-ieć** *v.* recover; **-ienie** *n.* recovery.
otrzym-ać, -ywać *v.* get, obtain, receive; acquire, gain; ~ **się,** be obtained.
otucha *f.* courage; hope; dodawać otuchy, encourage.
otul-ać, -ić *v.* tuck up; wrap up.
otuman-ić *v.* delude, beguile; **-ieć** *v.* be deluded.
otwar-cie *adv.* openly, frankly; plainly; ~~, *n.* opening; **-tość** *f.* openness, frankness, candidness; **-ty** *a.* open, frank, candid, sincere; -ta głowa, sharp wits; list ~, open letter; z ~temi rękami, with open arms.

For verbs with prefixes o-, ob-, obe- not given consult **o-, ob-, obe-.**

otw-ierać, -orzyć *v.* open; disclose; ~ się, open, be opened; **-orzenie** *n.* opening, aperture; **-ór** *m.* aperture, opening, outlet; stać -orem, be open, lie open.
otył-ość *f.* obesity; fatness, bulkiness; **-y** *a.* fat, bulky, corpulent, obese.
otynkować *v.* rough-cast.
ouzdać *v.* bridle.
owa *prn.* that. [enthusiastic.
owac-ja *f.* ovation **-yjny** *a.*
owad, -ek *m.* insect; **-ożerny** *a.* insectivorous.
owak *adv.* otherwise; ani tak ani ~, neither one way nor the other; **-i** *a.* other; **taki -i,** such and such.
owal *m.* oval; **-nie** *adv.* ovally; **-ność** *f.* ovalness; oval; **-ny** *a.* oval.
owalać *v.* dirty, soil, besmear.
owąd *adv.* from thence, from there; ni stąd ni z ~, without reason, unexpectedly.
ow-ca *f.* sheep; ewe; (*fig.*) parszywa ~, black sheep; **-czarek** *m.* (*pies*) a shepherd's dog; **-czarka** *f.* shepherdess; **-czarnia** *f.* sheep-fold; (*trzoda*) flock; **-czarny** *a.* (of a) sheep-fold; **-czarski** *a.* shepherd's; **-czarz** *m.* shepherd; **-czy** *a.* sheep's.
owdowi-ałość *f.* widowhood; **-ały** *a.* widowed; **-eć** *v.* become widow (or widower); **-enie** *n.* widowhood.
owdzie *adv.* elsewhere, there; yonder; tu i ~, here and there.
owędy *adv.* that way; tędy ~, this way and that. [fan.
owi-(ew)ać, -onąć *v.* blow upon,
owieczka *f.* lamb, sheep, ewe.
owies *m.* oats *pl.*
owi-jać, -nąć *v.* wrap (up); **-nięcie** *n.* wrapping, packing.
owładnąć *v.* take possession (of), master, conquer.
owo *z.* that; to i ~, this and that; ni to, ni ~, something indefinite, something vague.
owoc *m.* fruit; **-arnia** *f.* fruit-shop; **-nik** *m.* fruiterer; **-ny, -odajny, -owy** *a* fruitful, fruit-bearing; drzewo -owe, fruit-tree; ogród -owy, orchard, fruit-garden.
owoczesny see **ówczesny.**
owóż *adv.* ~ tedy, now, then; well, why.
owrzodz-enie *n.*, **-iałość** *f.* ulceration; **-iały** *a.* pimpled; ulcerated; **-ieć** *v.* ulcerate; be covered with pimples.
owsi-anka *f.* porridge; oatmeal; **-any** *a.* of oats; -ana mąka, oat-meal; **-sko** *n.* oat-field.
owszem *adv.* yes; indeed; truly; all right.
ozd-abiać, -obić *v.* adorn; **-oba** *f.* ornament, decoration; (*fig.*) beauty; **-obnie** *adv.* nicely; beautifully; **-obność** *f.* niceness, beauty, ornament; **-obny** *a.* ornamented, nice, beautiful.
ozdrowi-ć *v.* cure, restore to health; **-eć** *v.* recover one's health; **-enie** *n.* recovery; **-eniec** *m.* convalescent.
ozielenić *v.* cover with verdure.
oziębi-i(a)ć *v.* cool (down); damp; ~ się, cool, grow cool; **-ienie** *n.* coolness; chill; **-le** *adv.* coldly; **-łość** *f.* coldness; **-ły** *a.* cold; **-nąć** *v.* grow cold; cool down.
ozim-ina *f.* winter-corn; **-y** *a.* (of) winter.
ozionąć *v.* breathe upon.
ozłoc-enie *n.* gild; **-ić** *v.* gild; **-ony** *a.* gilt.
oznacz-ac, -yć *v.* mark, indicate; denote; delineate; **-enie** *n.* mark, delineation; denotation; definition, designation.
oznajm-i(a)ć *v.* announce, notify, make known; **-ienie** *n.* announcement, intimation; information; **-ujący** *a.* (*gram.*) indicative.
oznak-a *f.* sign, symptom, token; -i radości, demonstration of joy.
ozokeryt *m.* ozokerit.
ozon *m.* ozone.
ozór *m.* tongue.
ozwać się see **odezwać się.**
oźrebić się *v.* foal.
ożanka *f.* (*bot.*) germander.

Odnośnie do czasowników z przedrostkami o-, ob-, obe-, brakujących powyżej, obacz **o-, ob-, obe-.**

For verbs with prefixes o-, ob-, obe- not given consult **o-, ob-, obe-.**

ożen-ek *m.*, **-ienie** *n.* marriage; **-ić** *v.* marry; ~ się, marry.
ożóg *m.* poker.
oży-ć *v.* revive; **-wczy, -wiający, -wny** *a.* vivifying, enlivening, animating; **-wi(a)ć** *v.* vivify; reanimate; enliven; refresh; ~ rozmowę, enliven the conversation; ~ się, become (grow) animated; **-wianie, -wienie** *n.* revival, animation.
ósemka *f.* (the figure of) eight; eight (at cards).
ósmy *a.* eighth.
ów, owa, owo *prn.* that; yonder; ten i ~, this (one) and that; several; ni z tego ni z owego, without reason, suddenly; gadać ni to ni owo, talk nonsense.
ówczesny *a.* then, at that time, of those times; ~ **król**, the then reigning king.

P

P. = Pan, Mr.; Pani, Mrs.; **P.P.** = Panowie, Messrs.
pac *i.* slap!
pacha *f.* arm-pit; pod pachą, under one's arm.
pachciarz *m.* tenant; tenant dairyman.
pachn-ący *a.* smelling; fragrant, (sweet-)scented; **-ąć** *v.* smell (sweet), smell good; **-idło** *n.* perfume, scent.
pacho-lę *n.* page; lad; stripling; **-lęcy** *a.* boyish; **-łek** *m.* lad; servant; footman; (*do zdejmowania butów*) boot-jack; ~ stajenny, groom; chudy ~, poor fellow.
pacht *m.* tenancy.
pachwin-a *f.* (*anat.*) groin; **-owy** *a.* of the groin, inguinal.
paci-erz *m.* prayers; (*kręgosłup*) back-bone, spine; (*krótki czas*) jiffy; -erze odmawiać, say prayers; **-erzowy** *a.* spinal; of the back-bone; mlecz ~, spinal marrow; **-erzyczka** *f.* (*bot.*) scorpion-plant; **-orek** *m.* short prayer; (*do ozdoby*) bead; **-orki** *pl.* (string of) beads.
packa *f.* fly-flap.
pacnąć *v.* slap; thwack.
pacjent *m.*, **-ka** *f.* patient.
pacyfi-kacja *f.* pacification; **-kacyjny** *a.* pacificatory; **-sta** *m.* pacifist.
pacz-enie się *n.* warping; **-yć się** *v.* warp; bend.
pacze-sie *n.*, **-ś** *m.* tow; **-śny** *a.* (of) tow; towy.
pacz(usz)ka *f.* parcel; pack; packet.
paczula *f.* patchouli.
paćkać *v.* smear.
pada-czka *f.* epilepsy; **-ć** *v.* fall; drop; (*zdychać*) die; deszcz pada, it rains; grad ~, it hails; śnieg ~, it snows; ~ **się** *v.* split; burst; **-nie** *n.* fall.
padalec *m.* adder, viper; (*fig.*) snake.
pad-lina *f.*, **-ło** *n.* carrion, filth.
padół *m.* valley; vale; dale; ~ płaczu, vale of tears.
padź *f.* honey-dew.
pagin-acja *f.* pagination; **-ować** *v.* page, paginate.
pagoda *f.* pagoda.
pagór-ek *m.* hillock; **-kowatość** *f.* hilliness; **-kowaty** *a.* hilly.
pajac *m.* buffoon.
paj-ąk *m.* (*zool.*) spider; (*świecznik*) chandelier; **-ęczy** *a.* spider's; spidery; **-ęczyna** *f.* cobweb.
pajda *f.* lump.
pajuk *m.* groom.
pak *m.* pitch.
pak-a *f.* case; parcel; **-iecik** *m.* packet; **-iet** *m.* parcel, bundle.
pakłak *m.* sack-cloth.
pakow-ać *v.* pack; **-ać się** *v.* pack up (for a journey); **-anie** *n.* packing; **-ny** *a.* spacious; roomy; **-y** *a.* (for) wrapping.
pakt *m.* pact.
pakuły *pl.* oakum; tow.
pakunek *m.* parcel; package; piece of luggage.
pal *m.* stake, pale; post; wbić na ~, impale.
palacz *m.* stoker, fireman.
paladyn *m.* paladin, knight-errant.
palanka *f.* see **pałanka.**
palankin *m.* palanquin, palankeen.
palant *m.* bat; (*gra*) (kind of) baseball.
palarnia *f.* smoking-room.
palatynat *m.* palatinate.

palący *a.* smoking; (*pilny*) urgent; ~, *m.* smoker.
palcat *m.* staff.
pal-cowy *a.* (of) finger(s), digital; **-czasty** *a.* digitated; fingered; **-ec** *m.* finger; ~ u nogi, toe; wielki ~ u ręki, thumb; wielki ~ u nogi, big toe; ~ wskazujący, forefinger; na -cach, on tiptoe; ~ serdeczny, ring-finger; ~ średni, middle-finger; na ~, a finger's breadth; patrzeć przez palce, look at (a thing) through one's fingers.
pal-enie *n.* combustion; (*tytoniu*) smoking; ~ w piecu, lighting the fire; heating; ~ ciał, cremation; **-enisko** *n.* hearth.
paleo-grafja *f.* paleography; **-ntologja** *f.* paleontology.
palestra *f.* the Bar; the magistrates, *pl.*; the judges, *pl.*; **-nt** *m.* lawyer.
paleta *f.* palette.
palić *v.* burn; (*w piecu*) heat; (*cegły*) bake; (*kawę*) roast; (*wódkę*) distil; (*tytoń*) smoke; ~ **się**, burn, be burning; (*fam. do panny*) be in love (with); nie pali się, there's no hurry; pali się! fire!
palik *m.* picket.
palisada *f.* palisade.
palisander *m.* rose-wood.
paliwo *n.* fuel.
paliwoda *m.* roisterer.
paljatywa *f.* palliative.
paljusz *m.* pall.
palm-a *f.* palm-tree; (*fig.*) palm; **-owy** *a.* (of a) palm; Niedziela -owa, Palm Sunday; otrzymać -ę, (*fig.*) bear the palm.
paln-ąć *v.* strike; fire; ~ głupstwo, put one's foot in it; ~ sobie w łeb, blow out one's brains; **-ik** *m.* burner; **-ość** *f.* combustibility; **-y** *a.* combustible; broń -a, fire-arm.
palony *a.* roasted; see **palić**.
palować *v.* fence round with pales; (*uwiązać statek*) moor.
palpit-acja *f.* palpitation; **-ować** *v.* palpitate.
palto *n.*, **-t** *m.* overcoat.
palu-ch *m.* finger; finger-stall; **-szek** *m.* (little, slender) finger; **-szkować** *v.* trick at cards.
pałac *m.* palace; **-owy** *a.* (of a) palace, palatial; **-yk** *m.* small palace.
pała-ć *v.* flame, glow, blaze; **-jący** *a.* glowing, flaming; blazing.
pałanka *f.* entrenchment.
pałasz *m.* broadsword, sabre; **-ować** *v.* sabre; cut; (*fig.*) eat heartily. [curved.
pałąk *m.* arch, vault; **-owaty** *a.*
pał-eczka *f.* stick; ~ od bębna, drumstick; ~ szklana, glass rod; **-ecznik** *m.* wild poppy, (*bot.*); **-ka** *f.* stick, club, cudgel; (*wulg.*) pate, noddle; **-kować** *v.* cudgel.
pałuba *f.* tilt; (*fig.*) whacker.
pamfle-t *m.* libel; **-cista** *m.* libellist.
pamiątk-a *f.* keepsake, souvenir; na -ę, in remembrance of, in token of (friendship); **-owy** *a.* comemorative, memorial.
pamię-ciowo *adv.* from memory; **-ciowy** *a.* of memory; memorial; **-ć** *f.* memory, remembrance, recollection; zachować w -ci, keep in mind; na ~, by heart; świętej -ci, late; przywodzić na ~, call to mind; bez -ci (*bez umiarkowania*) franticly, to excess; **-tać** *v.* remember, recollect, keep in mind; **-tne** *n.* reminder; sprawić komu -tne, cudgel one; **-tnik** *m.* diary; memoir; (*pismo*) journal; **-tniki** *pl.* memoirs; **-tnikowy** *a.* memorable, of memoirs; **-tny** *a.* memorable; mindful, remembering.
pampuch *m.* (a kind of) cake; short, fat man.
pan *m.* gentleman, lord, master; ~ Bóg, Our Lord; ~ młody, bridegroom; (*przed nazwiskiem*) Mr.; -ie! Sir!; -owie! gentlemen.
pance-rnik *m.* (*okręt*) ironclad; (*zool.*) armadillo; **-rny** *a.* armoured; ~, *m.* cuirassier; **-rz** *m.* armour.
pandemiczny *a.* pandemic.
pandemonjum *n.* pandemonium.
panegiry-k *m.* panegyric; **-sta** *m.* panegyrist.
panek *m.* lordling.
panew *m.* pan; **-ka** *f.* (*u strzelby*) pan; (*mech.*) ~ łożyska, axle-box, bearings; spalić na -ce, flash in the pan.
pani *f.* lady, mistress; madam; (*przed nazwiskiem*) Mrs.; ~ domu, the mistress (or lady) of the

house; proszę ~, please Madam; szanowne -e, ladies.
panicz *m.* (young) master; young nobleman; **-yk** *m.* lordling.
pani-czny *a.* panic; **-ka** *f.* panic.
panie-neczka *f.* girl, lassie; **-nka** *f.* young lady; maiden; maid; **-ński** *a.* maiden, of a young lady; maidenlike; **-ństwo** *n.* virginity, maidenhood; chasitity; celibacy.
panisko *n.* good old gentleman.
panna *f.* young lady; maiden; girl; (*przed imieniem l. nazwiskiem*) Miss; Najświętsza ~, the Holy Virgin; ~ do szycia, seamstress; ~ sklepowa, shop-girl; ~ na wydaniu, marriageable young lady; stara ~, old maid, spinster; ~ młoda, bride; ~ pokojowa, chamber-maid.
panorama *f.* panorama.
pano-szyć się *v.* give oneself airs; lord it (over); **-wać** *v.* rule, reign, sway, prevail (over); ~ nad sobą, control oneself; **-wanie** *n.* reign, rule, sway; predominance; za -wania (*króla*), in the reign of . . [*m.* panslavism.
panslawi-sta *m.* panslavist; **-zm**
pantalony *pl.* pantaloons.
pantei-sta *m.* pantheist; **-styczny** *a.* pantheistic(al); **-zm** *m.* pantheism.
pantera *f.* (*zool.*) panther.
pantof-el *m.* slipper; (*fig.*) pod pantofiem, hen-pecked; **-larz** *m.* hen-pecked husband.
pantograf *m.* pantograph.
pantomina *f.* pantomime.
panujący *a.* predominant; (*o królu*) reigning, ruling.
pańs-ki *a.* lord's; lordly; master's; your, yours; wieczerza -ka, the Lord's Supper; roku -kiego, in the year of our Lord; po -ku, in a lordly way; **-kość** *f.* lordliness, lordly manners; **-two** *n.* state; (*domu*) master and mistress; młodzi ~, bridal pair; **-twowość** *f.* state, government; **-twowy** *a.* (of the) state.
pańszczyz-na *f.* socage; (*fig.*) drudgery; **-niany** *a.* (of) socage.
papa *m.* (*fam.*) father, papa; ~, *f.* (*wulg.*) mouth; ~, *f.* (*do krycia dachów*) tar-paper.
papawa *f.* (*bot.*) dandelion.
papier *m.* paper; document, deed; ~ listowy, note paper; ~ do owijania, wrapping paper; ~ linjowany, ruled paper; ~ na nuty, music paper; **-ek** *m.* slip of paper; **-nia** *f.* paper-mill; paper-manufactory; **-nik** *m.* paper-maker; **-owy** *a.* (of) paper; pieniądze -owe, paper-money. [*f.* cigarette-case.
papier-os *m.* cigarette; **-ośnica**
papierówka *f.* (variety of) apple.
papie-ski *a.* papal, pope's; pontifical; **-stwo** *n.* papacy; **-ż** *m.* pope; **-żnik** *m.* papist.
papilot *m.* curling-paper.
papink-a *pl.* dainty, tit-bit; **-arz** *m.* sweet-tooth; **-owaty** *a.* effeminate.
papirus *m.* papyrus.
papi-sta *m.* papist; **-zm** *m.* papistry, popery.
papk-a *f.* pap; **-owaty** *a.* pappy.
papla *f. m.* babbler, chatterbox, prattler; **-ć** *v.* prattle, babble; **-nie** *n.*, **-nina** *f.* babbling, prattling; rigmarole.
paprać see **paćkać**.
papro-ć *f.* (*bot.*) fern; **-ciany** *a.* ferny; **-tnia** *f.* fernery; **-tnica** *f.* pillwort.
papryka *f.* red pepper, capsicum.
papuć *m.* (kind of) slipper.
papu-ga *f.* (*orn.*) parrot; (*fig.*) popinjay; **-gowaty** *a.* parrotlike; **-zi**, **-ży** *a.* parrot's; parrot-green; **-żka** *f.* young parrot.
par *m.* (*tytuł*) peer; Izba -ów, the House of Lords.
para *f.* pair; couple; (*wodna*) steam, vapour; breath; puścić parę z gęby, utter a sound; ~ pończoch, pair of stockings; ~ kuropatw, a brace of partridges; ~ wołów, a yoke of oxen; dobrać do pary, match; ~ miłosna, couple of lovers; parę dni, some days, a couple of days; rękawiczka nie do pary, an odd glove; dobrana ~, a matched couple; chodzić w parze, -mi, go in pairs; iść (*z kim*) w parze, (*fig.*) be on a level (with); ~ przegrzana, overheated steam.
parabol-a *f.* (*mat.*) parabola; (*przypowieść*) parable; **-iczny** *a.* parabolic(al).

parad-a *f.* parade; display; (*mil.*) parade; wejść w -ę, cross one's plans; **-jer** *m.* stately horse; **-ność** *f.* pomp; **-ny** *a.* splendid, magnificent; pompous; **-ować** *v.* parade. [paradoxical.
paradoks *m.* paradox; **-alny** *a.*
parafina *f.* parafin.
parafja *f.* parish; (*fig.*) sphere; **-lny** *a.* parochial; **-nin** *m.*, **-nka** *f.* parishioner; **-ński** *a.* parochial; petty; countrified.
parafraza *f.* paraphrase.
paragraf *m.* paragraph.
paralela *f.* parallel; przeprowadzić -ę (*pomiędzy*), draw a parallel (between).
parali-tyczny *a.* paralytic, palsied; **-tyk** *m.* paralytic; **-ż** *m.* palsy, paralysis; **-żować** *v.* paralyse; palsy.
parapet *m.* parapet, railing.
parasol *m.* umbrella; **-ka** *f.* sunshade.
parawan *m.* screen.
parcela *f.* (building) lot; **-cja** *f.* parcelling.
parch *m*, **-y** *pl.* (*med.*) scab; **-y** *pl.* (*u zwierząt*) mange; **-aty** *a.* scabby; mangy.
parcian-ka *f.* home-made cloth; **-y** *a.* (of) coarse cloth.
parcie *n.* pressure. [partial.
parcjaln-ość *f.* partiality; **-y** *a.*
pardon *m.* pardon, quarter; mercy; **-ować** *v.* pardon, give quarter. [ptarmigan.
pardwa *f.* (*orn.*) white grouse,
parjas *m.* pariah, outcast.
park *m.* park; ~ artylerji, artillery-train.
parka *f.* pair, couple; (*mit.*) fate.
parkan *m.* fence; enclosure.
parkiet *m.* inlaid floor; (*teatr.*) the pit.
parko *m.* rut.
parlament *m.* parliament; **-arjusz, -arz** *m.* negotiator; **-aryzm** *m.* parliamentarizm; **-arny** *a.* parliamentary.
parmezański *a.* Parmesan.
parnas *m.* Parnassus; **-ki** *a.* Parnassian.
parn-o *adv.* sultry; jest -o, it is sultry; **-ość** *f.* sultriness; **-y** *a.* sultry.
parob-czak, -ek *m.* farmer; plough-boy; **-kowaty** *a.* uncouth; rustic.
paroch *m.* curate. [parody.
parodj-a *f.* parody; **-ować** *v.*
paro-godzinny *a.* lasting a couple of hours; **-konny** *a.* (drawn by) two horse(s); **-krotny** *a.* repeated a couple of times, reiterated.
paroksyzm *m.* paroxysm; fit; mieć ~, be taken with a fit.
parol *m.* watch-word.
paro-statek *m.* steam-boat; **-wać** *v.* (*ulatniać się*) evaporate; (*wypuszczać z siebie parę*) steam; fume; reek; (~ *cięcie*) parry; ward (off); **-wanie** *n.* evaporation; exhalation; perspiration; fumes; **-wiec** *m.* steam-boat, steamer; **-wóz** *m.* locomotive; engine; **-wy** *a.* (of) steam; koń ~, horse-power.
par-ów *m.* ravine; gorge; **-owisty** *a.* ravined.
parówka *f.* steam bath; (*kiełbaska*) sausage, polony.
parsk *m.* snort; peal of laughter; **-ać** *v.*, **-nąć** *v.* snort; ~ śmiechem, burst out laughing.
parszyw-iec *m.* scabby fellow; loathsome person; **-ieć** *v.* grow scabby; be mangy; **-ość** *f.* manginess, scabbiness; **-y** *a.* mangy; scabby; -a owca, black sheep.
part *m.* pack-cloth.
parta-cki *a.* bungling; zrobić po -cku, bungle (up); **-ctwo** *n.*, **-nina** *f.* botch, bungle; **-cz** *m.* bungler; ~~ lekarski, medicaster; **-czyć** *v.* botch, bungle.
parter *m.* ground floor; (*teatr.*) pit.
partes *m.* mówić jak z -ów, speak like a book; stąpać jak z -u, strut.
part-ja *f.* set; lot; part; (*polit.*) party; (*w grach*) game; zrobić dobrą -ję, make a good match; **-ner** *m.* partner; **-ycja** *f.* partition; **-yjka** *f.* game; **-yjny** *a.* (of the) party, factious, partial.
party see **przeć.**
partyku-larny *a.* personal; **-laryzm** *m.* particularism; **-larz** *m.* country-place; **-ła** *f.* (*gram.*) particle.
partytura *f.* (*muz.*) partition.
party-zancki *a.* partizan('s); **-zant** *m.* partisan; **-zantka** *f.* partisan (guerilla) war.
parwenjusz *m.* upstart.

parytet *m.* par of exchange.
pary-żanin *m.*, **-żanka** *f.* Parisian; **-ski** *a.* of (or from) Paris.
parz-a *f.* dog's meat; **-enie** *n.* copulation; **-yć** *v.* (*czemś gorącem*) scald, scorch; (*dobrać*) couple; copulate; (*o pokrzywie*) sting; ~ herbatę, infuse tea; **-ysty** *a.* even; **-ydło** *n.* (*bot.*) goat's beard.
pas *m.* belt; girdle; (*geogr.*) zone; (*mech.*) ~ transmisji, driving-belt; wziąć nogi za ~, take to one's heels; za -em, at hand.
pas-ać, -ść *f.* (*bydło*) tend (a flock); herd (cattle); feed, fatten; ~ się, graze; pasture.
pasam-an, -on *m.* lace, galloon; **-onnik** *m.* haberdasher.
pasat *m.* trade-wind.
pasaż *m.* passage; **-er** *m.*, **-erka** *f.* passenger; **-erski** *a.* passenger('s); pociąg ~, passenger train.
pascha *f.* (*żydów*) Passover; (*chrześcijańska*) Easter.
pas-ek *m.* (*wstęga*) strip; (*rzemień*) belt, girdle; (*szarfa*) sash; ~ od brzytwy, razor-strap; materja w -ki, striped cloth; **-emko** *n.* skein.
paser *m.* concealer (receiver) of stolen goods.
pasiasty *a.* striped.
pasibrzuch *m.* glutton.
pasie-cznik *m.* apiarist, bee-master; **-czny** *a.* apiarian; **-ka** *f.* apiary.
pasienie *n.* pasture.
pasierb *m.* step-son; **-ica** *f.* step-daughter.
pasj-a *f.* passion; wrath; Passion; **-onat** *m.*, **-onatka** *f.* passionate person; **-ans** *m.* patience, solitaire.
paska-rstwo *n.* profiteering; **-rz** *m.* profiteer.
pasku-da *f. m.* filthy, foul, nasty (thing person or action); **-dnica** *f.* slut, slattern; **-dnie** *adv.* nastily, filthily; (*fig.*) shamefully, disgracefully, infamously; **-dnik** *m.* sloven; slut; **-dność** *f.* dirt, filth, nastiness, foulness; **-dny** *a.* dirty, filthy, nasty; foul; ugly; **-dstwo, -dztwo** *n.* dirt, filth; (*fig.*) foul deed, disgraceful action; **-dzić** *v.* soil, dirt, foul.
pasmanterje *pl.* haberdashery.
pasmo *n.* trend, stripe, skein; (*fig.*) series; ~ gór, mountain-chain.
pasorzyt *m.* parasite; hanger-on; **-niczy, -ny** *a.* parasitical.
pasować *v.* (*na rycerza*) dub; (*w kartach*) pass; (*nadawać się*) fit; ~ się, wrestle, struggle; ~ ze śmiercią, grapple with death.
past-a *f.* paste; **-el** *m.* crayon drawing; **-ela** *f.* crayon; -elami malować, draw in crayon; **-owy** *a.* crayon.
paste-reczka *f.*, **-rka** *f.* shepherdess; (*kośc.*) midnight mass; **-rski** *a.* shepherd's; pastoral **-rstwo** *n.* pastoral life, pastorship; **-rz** *m.* shepherd; pastor; **-rnak** *m.* (*bot.*) parsnip.
pasteryz-acja *f.* pasteurization; **-ować** *v.* pasteurize.
pastew-nik *m.* pasturage; **-ny** *a.* fodder; pasturable.
pastka *f.* trap, snare.
pastor *m.* pastor, minister; **-ał** *m.* crosier.
past-uch *m.* herdsman; **-uszek** *m.* young herdsman; **-uszka** *f.* herdswoman; **-uszy** *a.* shepherd's.
past-wa *f.* prey; **-wić się** *v.* torture, torment, worry.
past-wisko *n.* pasturage; pasture-ground.
pastelka *f.* tablet, tabloid.
pasywa *pl.* liabilities.
pasz-a *f.* fodder, provender; **-enie** *n.* pasture, pasturage.
paszcz(ęk)a *f.* mouth; jaws.
paszkwil *m.* lampoon, pasquinade; (*fig.*) libel; **-ant, -arz** *m.* libellist, lampooner; **-ować** *v.* lampoon; libel.
paszport *m.* passport; biuro -owe, passport office.
paszte-cik *m.* pasty; **-t** *m.* pasty, pie; **-tnik** *m.* pastry-cook.
paść *v.* fall; drop; tumble; ~ see **pasać**.
patelnia *f.* frying-pan.
patena *f.* (*kośc.*) paten.
patent *m.* patent, licence; diploma; ~ oficerski, officer's commision; ~ swobody, charter; **-ować** *v.* patent; **-owany** *a.* patented; **-owy** *a.* (of) patent.
patetyczn-ość *f.* pathos; **-y** *a.* pathetic.
patoka *f.* virgin honey.
patolog *m.* pathologist; **-iczny** *a.* pathologic(al); **-ja** *f.* pathology.

patos *m.* pathos.
patrjarcha *m.* patriarch; **-lny** *a.* patriachal; **-t** *m.* patriarchate.
patrjot-a *m.*, **-ka** *f.* patriot; **-yczny** *a.* patriotic; **-yzm** *m.* patriotism.
patro-chy *pl.* intestines, bowels; **-szyć** *v.* eviscerate.
patrol *m.* patrol; **-ować** *v.* patrol.
patron *m.* patron (saint); protector; defender; (*wzór*) pattern; ~ **dynamitowy** *a.* dynamite cartridge; **-ka** *f.* patroness; patron saint; **-ować** *v.* patronize, promote, protect.
patrycj-at *m.* patriciate; **-usz** *m.* patrician; **-uszowski** *a.* patrician'(s).
patrz-eć, -yc *v.* look (at), behold; (*kogo, czego*) look (for); (*czego*) take care (of); ~ iskrzącym wzrokiem, glare; ~ przez okno, look out of a window; ~ na kogo z góry, look down at a person; -no! look here! ~ w górę, look up; ~ komu w oczy, look one full in the face; -y na (*łotra etc.*), he looks like (a scoundrel etc.).
paty(cze)k *m.* stump, stick.
patyna *f.* (*kość.*) paten; (*nalot*) patine.
patynki *pl.* slippers.
pauperyzm *m.* pauperism.
pauz-a *f.* pause; stop; **-ować** *v.* pause.
paw *m.* (*orn.*) peacock; **-iątko** *n.*, **-ik** *m.* pea-chick; **-ica** *f.* (*orn.*) peahen; **-i** *a.* peacock's; **-ić się** *v.* strut.
paw꞉ęża *f.* shield, buckler.
pawian *m.* (*zool.*) baboon.
pawilon *m.* pavilion; (*mar.*) flag.
pazno-kieć, -gieć *m.* nail.
pazucha *f.* bosom; schować za -ą, conceal in one's bosom.
pazur *m.* nail; claw, clutch; pounce, talon.
paź *m.* page.
październik *m.* October; **-owy** *a.* (of) October.
paździerze *pl.* awns.
pąch *m.* smell.
pączek *m.* (*bot.*) bud; (*ciastko* doughnut.
pąk *m.* (*bot.*) bud.
pątnik *m.* pilgrim.
pchać *v.* push, shove; cram; press (against); ~ się, crowd; push; jostle; force one's way.
pch-ełka *f.* flea; **-larz** *m.* person or dog full of fleas; **-listy** *a.* full of fleas; **-ła** *f.* flea; pokąsany od -eł, flea-bitten.
pch-nąć *v.* thrust; push; ~ nożem, stab one with a knife; ~ kogo floretem, thrust at one with a foil; ~ posłańca dokąd, dispatch a messenger somewhere; **-nięcie** *n.* push; thrust; (*nożem itp.*) stab.
pech *m.* bad luck.
pedagog *m.* pedagogue; **-iczny** *a.* pedagogic(al); **-ika, -ja** *f.* pedagogy.
pedał *m.* pedal.
pedan-cki, -tyczny *a.* pedantic (al); **-t** *m.* pedant; **-terja** *f.*, **-tyzm** *m.* pedantry.
pedjatra *m.* specialist in children's diseases.
pedometr *m.* pedometer.
pegaz *m.* Pegasus (*mit.*).
pejcz, -yk *m.* horse-whip.
pejsy *pl.* side curls of the orthodox Jews. [landscapist.
pejzaż *m.* landscape; **-ysta** *m.*
pek-eflajsz *m.*, **-lowina** *f.* pickled meat, corned meat.
pektora-lny *a.* pectoral; **-ł** *m.* pectoral cross.
pelargonja *f.* pelargonium, geranium. [pet.
peleryna *f.* pelerine, cape, tip-
pelikan *m.* (*orn.*) pelican.
peł-en see **pełny**; **-nia** *f.* plenty, abundance; ~ księżyca, full moon; **-nić** *v.* perform, execute; accomplish; discharge; **-nienie** *n.* discharge; accomplishment; **-nik** *m.* (*bot.*) globe-flower.
pełno *adv.* full, plentifully, plenty of; ~ nalany, filled up, full; **-letni** *a.* of age; **-letność** *f.* majority; dojść do -oletności, come of age; **-mocnictwo** *n.* full-power; **-mocnik** *m.* plenipotentiary, mandatary; **-mocny** *a.* empowered, authorized; plenipotentiary; **-ść** *f.* fullness, plenitude.
pełny *a.* full, replete (with), abounding (with); -e morze, high sea; -a twarz, plump face; **-a władza, absolute power.**

pełz-ać, -nąć *v.* creep, crawl; (*fig.*) fawn; **-nąć** *v.* fade; lose colour; **-acz** *m.* creeper.
penaty *pl.* Penates.
pendent *m.* sword-belt.
pendzel, pendzlować etc. see **pędzel** etc.
penetrować *v.* penetrate.
penitent *m.* penitent.
pens *m.* penny, pence.
pensj-a *f.* salary; (old-age) pension; (*zakład*) boarding-school; **-onat** *m.* boarding-house; **-onarka** *f.*, **-onarz** *m.* boarder; **-onować** *v.* pension.
pensyjka *f.* small salary, pension.
penta-gon *m.* pentagon; **-metr** *m.* pentameter.
pepinjera *f.* nursery.
pep-syna *f.* pepsin; **-ton** *m.* peptone.
percep-cja *f.* perception; **-cyjny** *a.* perceptional.
perć *f.* ridge.
peregrynacja *f.* peregrination.
pere-lnik *m.* pearl-diver; pearl-fisher; **-łka** *f.* (small) pearl.
perfum-a *f.* perfume; **-ować** *v.* perfume.
pergamin *m.* parchment; **-owy** *a.* (of) parchment.
perjod *m.* period; (*u kobiety*) menses; **-yczny** *a.* periodical.
perkal *m.* percale.
perli-ca, -czka *f.* Guinea-fowl.
per-lić się *v.* pearl; **-listy** *a.* pearled; **-ła** *f.* pearl; **-łowa** kasza, pearl-barley; ~~ macica, mother-of-pearl.
peron *m.* platform; **-ówka** *f.* platform-ticket.
peror-a *f.* peroration; **-ować** *v.* perorate.
pers *m.* Persian; **-ki** *a.* Persian; ~ proszek, insect-powder.
person-a *f.*, **-at** *m.* personage; **-alny** *a.* (*osobisty*) personal; (= *personelu*) (of the) staff; **-el** *m.* personnel; staff; **-ifikacja** *f.* personification, embodiment.
perspektywa *f.* perspective, prospect, view; (*luneta*) field-glass.
perswa-dować *v.* persuade; induce; ~ komu, advise; **-zja** *f.* persuasion.
pertraktacja *f.* negotiation.
perucz-ka, -ka *f.* wig, periwig; **-karski** *a.* wig-maker's; **-karz** hair-dresser; wig-maker.
peruwjański *a.* Peruwian.
peryferja *pl.* outskirts.
perz *m.* couchgrass, dog-grass; **-yć się** *v.* smoulder; (*fig.*) be irritated; **-yna** *f.* ashes, ruins.
pest-ka *f.* stone; **-kowiec** *m.* stone-fruit.
pesymi-sta *m.* pessimist; **-styczny** *a.* pessimistic(al); **-zm** *m.* pessimism.
petarda *f.* petard, cracker.
petec(h)je *pl.* rash, eruption.
pet-ent *m.* petitioner, supplicant; **-ycja** *f.* petition.
petit *m.* (*typ.*) brevier.
petroleum *n.* rock-oil.
pew-ien *a.* one; a certain; **-nie** *adv.* certainly, assuredly; **-nik** *m.* truism; axiom; **-no** *adv.* certainly; **-ność** *f.* certainty, certitude; security; mam ~~, że, I am certain that ..; I know for sure that; **-ny** *a.* certain; sure; positive.
pęcak *m.* peeled barley.
pęcherz *m.* (*anat.*) bladder; (*na skórze*) blister; ~ rybi, air-bladder of a fish; **-yk** *m.* vesicle, blister; little bladder; **-ykowaty** *a.* vesicular.
pęcina *f.* fetlock.
pęczak *m.* peeled barley.
pęcz-ek *m.* bunch, cluster; **-nieć** *v.* swell; **-nienie** *n.* swelling.
pęd *m.* impetus; speed; course; impulse; swiftness (of an animal); **-nia** *f.* driving-wheel.
pędrak *m.* grub; (*fig.*) dot.
pędzel *m.* brush; obraz tego samego pędzla, a painting from the same brush; ~ do golenia, shaving-brush.
pędzlować *v.* daub.
pędz-enie *n.* (act of) driving; ~ wódki, destillation of brandy; **-ić** *v.* drive, speed; hurry; ~ wesołe życie, lead a merry life; ~ wódkę, distil brandy; **-iwiatr** *m.* extravagant person.
pęk *m.* bundle, bunch, cluster; **-acieć** *v.* grow stumpy; **-ać** *v.* burst, split; crack; ~ ze złości, burst with anger; ~ ze śmiechu, burst with laughing; **-anie, -nięcie, -nienie** *n.* burst,

split, crack; **-atość** *f.* stumpiness; **-aty** *a.* dumpy; stumpy.
pęp-ek *m.* navel; **-kowaty** *a.* navel-shaped; **-kowy** *a.* umbilical; sznurek ~, **-owina** *f.* navel-string; **-ownica** *f.* (*bot.*) navel-wort; **-uszek** *m.* tiny navel.
pęt-a *pl.* fetters; chains, *pl.*; **-ać** *v.* shackle, trammel; fetter; **-elka** *f.*, **-la**, **-lica** *f.* loop, noose, knot; **-o** *n.* tether.
pf-e, -u, -y *i.* fy! shame! pshaw!
pia-ć *v.* crow; (*w poezji*) sing; **-nie** *n.* crow(ing).
pian-a *f.* froth, foam; ~ morska, meerschaum; **-ka** *f.* whipped cream.
piani-no *n.* piano; **-sta** *m.*, **-stka** *f.* pianist.
piarg *m.* scree.
pias-eczek *m.* sand; **-eczniczka** *f.* sand-box; **-ek** *m.* sand; ~ rzeczny, gravel; ~ lotny, quicksand; ~ do posypywania pisma, pounce; ~ do szorowania, scouring-sand; **-ki** *pl.* sands, osiąść (lub utknąć) na -kach, run upon the sands; **-kowaty** *a.* sandy; **-kowiec** *m.* (*min.*) sandstone; (*orn.*) sandpiper; **-kownica** *f.* (*bot.*) sand-wort; **-kowisko** *n.* **-kownia** *f.* gravel-pit; **-kowy** *a.* (of) sand, sandy.
piasta *f.* (*koła*) nave, hub (of wheel).
piast-ować *v.* nurse, tend, foster; attend (to); ~ urząd, hold an office; ~ berło, sway the sceptre; **-un** *m.* guardian; foster-father; **-unka** *f.* guardian; nurse, nursery maid.
piaszczyst-ość *f.* sandiness; **-y** *a.* sandy.
piąć się *v.* ascend, climb up; clamber; (*fig.*) aspire.
piąstka *f.* little fist.
piąt-ek *m.* Friday; wielki ~, Good Friday; **-ka** *f.* five; **-kowy** *a.* (of) Friday; **-y** *a.* fifth.
pi-cie *n.* drinking, drink; **-ć** *v.* drink; (*do kogo*) drink a person's health; ~ mi się chce, I am thirsty.
piec *m.* stove; wielki ~, blast furnace; ~ szybowy, shaft-furnace; ~ kaflowy, glazed tile stove; ~ wapienny, lime-kiln; ~ piekarski, oven; ~, *v.* bake, roast, cook; (*o słońcu*) scorch; ~ się, be roasting, baking; be scorched; be roasted, be baked; (*na słońcu*) scorch in the sun; **-uch** *m.* stay-at-home; sluggard; **-yk** *m.* (small) stove.
piech-ota *f.* infantry; -otą, na -otę, on foot; **-otny** *a.* (of) infantry; **-ur** *m.* foot-soldier.
piecza *f.* care, protection; solicitude.
pieczara *f.* den, cavern; crypt.
pieczarka *f.* mushroom.
piecz-ątka *f.*, **-ęć** *f.* seal, stamp; (*herbowa*) signet; **-ętarz** *m.* seal-engraver; (*kanclerz*) chancellor; **-ętować** *v.* seal.
piecze-niarz *m.* sponger; lick-spittle; **-nie** *n.* baking, roasting; cooking; **-ń** *f.* roast; ~ wołowa, roast beef.
pieczołowit-ość *f.* care, solicitude; attention; **-y** *a.* careful; attentive.
piecz-ony *a.* baked, roasted; **-yste** *n.* roast-meat; **-ywo** *n.* bread; pastry.
piedestał *m.* pedestal.
pieg-i *pl.* freckles; **-owacieć** *v.* freckle; **-owaty** *a.* freckled.
piegża *f.* (*orn.*) hedge-sparrow.
pieka-rczyk *m.* baker's apprentice; **-rka** *f.* bakeress; **-rnia** *f.* bakery; **-rski** *a.* baker's; **-rz** *m.* baker.
piek-ielnica *f.* scold, shrew; **-ielnik** *m.* fiend, hell-hound; **-ielny** *a.* diabolical; infernal; kamień ~~, (*med.*) nitrate of silver, lunar caustic; **-ło** *n.* hell.
piel-acz *m.* weeder; **-enie** *n.* weeding.
pielesze domowe *pl.* fire-side, home.
pielęgnowa-ć *v.* nurse, foster; tend, attend (to), cherish; (*rośliny*) cultivate; **-nie** *n.* nursing, fostering; care, attendance; tending; (*roślin*) cultivation.
pielgrzym *m.* pilgrim; **-i, -ski** *a.* pilgrim's; **-ka** *f.* pilgrimage; (female) pilgrim; **-ować** *v.* go on a pilgrimage; **-stwo** *n.* pilgrimage; pilgrims, *pl.*
pielu-cha, -szka *f.* swaddling-band.

pienia-cki *a.* litigious; barratrous; **-ctwo** *n.* litigiousness; barratry; **-cz** *m.*, **-czka** *f.* litigious person; barrator; **-ć się** *v.* litigate; practise barratry.
pienią-dz *m.* coin; money; **-dze** *pl.* money; drobne ~, change; **-żek** *m.* small coin; być przy -dzach, have ready money; be rich; psie -dze, dirt-cheap; za żadne -dze, not for love or money.
pieni-ć się *v.* foam; froth; spume; (*o winie*) sparkle; ~ ze złości, foam with rage; **-sty** *a.* foamy, frothy. [ing.
pienie *n.* singing; (*koguta*) crowing.
pieniek *m.* stump; small block; (*pióra*) quill; ~ zęba, stump (or root) of tooth; mieć z kimś na pieńku, have a grudge against one.
pieniężn-y *a.* financial, pecuniary; (*bogaty*) moneyed; kara -a, fine.
pienny *a.* climbing.
pień *m.* trunk, stem; stalk; w ~ wyciąć, put to the sword; zboże na pniu, standing corn; **-ka** *f.* hemp-fibre
pieprz *m.* pepper; **-nica, -niczka** *f.* pepper-box; **-no** *adv.* with much pepper; **-ność, -kowatość** *f.* pepperiness; **-ny** *a.* peppery; **-ojad** *m.* (*orn.*) toucan; **-yć** *v.* pepper; **-yk** *m.* beauty-spot; (*fig.*) piquancy.
piernat *m.* feather-bed.
piernik *m.* gingerbread; **-arz** *m.* gingerbread-maker; **-owy** *a.* (of) ginger.
pieróg *m.* dumpling.
pierrot *m.* pierrot.
pier-sisty *a.* broad-chested; **-siowy** *a.* (of the) breast, chest; pectoral; **-siowa choroba**, lung-disease; consumption; **-ś** *f.*, **-si** *pl.* breast, bosom, chest; (*u ptaków*) brisket; dać dziecku -si, suckle; do -si przycisnąć, press to one's bosom; dziecko przy -si, baby in arms; uderzyć się w -si, own (to); be ashamed (of).
pierści-enisty *a.* ringed; **-eniowy, -onkowy** *a.* ring; annular; palec ~, ring-finger; **-eń, -onek** *m.* ring; loop, coil; ~ włosów, ringlet; ~ tłoka, piston-ring; **-ennice** *pl.* ring-worms.
pierw, -ej *adv.* first, at first; formerly; nie -ej, not till; **-iastek** *m.* element; (*mat. & gram.*) root; **-iastkowo** *adv.* originally; at first; **-iastkowość** *f.* primitiveness; primitive state; **-iastkowy** *a.* original, primary; primordial; **-iosnek** *m.* (*bot.*) primrose.
pierwo-ciny *pl.* first-fruits *pl.*; **-kształt** *m.* protopyte; **-rodność** *f.*, **-rodztwo** *n.* primogeniture; birthright; **-rodny** *a.* first-born; grzech ~~, original sin; **-tność** *f.* primitiveness; **-tny** *a.* primitive; original; primordial; -tni mieszkańcy, aborigines, *pl.*; **-wzór** *m.* original, protoplast.
pierwsz-e *n.* first; po ~ firstly; **-eństwo** *n.*, **-ość** *f.* precedence; priority; superiority; **-orzędny** *a.* first-rate; **-y** *a.* first, former; na -ego, on the first of the month; z -ej ręki, straight from the factory; przy -ej sposobności, at one's earliest convenience; -y z brzegu, (taken at) random; -y lepszy, the first met; a chance commer; **-yzna** *f.* news.
pierza-ny *a.* (of) feather(s); **-(s)ty** *a.* feathered.
pierzch-ać, -nąć *v.* flee, take flight, scamper away; **-anie, -nięcie** *n.* flight; **-liwość** *f.* timidity, timorousness, shyness; **-liwy** *a.* timorous, timid; shy.
pierz-e *n.* feathers, *pl.*; plumage; porastać w -e, feather one's nest; **-yć** *v.* feather; **-yć się** *v.* moult, shed feathers; **-yna** *f.* eider-down; feather-bed; **-ysty** *a.* feathery.
pies *m.* (*lit. & fig.*) dog; ~ myśliwy, hound; ~ owczarski, shepherd's dog; domowy (*ulubieniec*), lap-dog; ~ mieszaniec, mongrel; ~ gończy, hound, beagle; ~ z kulawą nogą nie przyszedł, not a soul came; pod psem, (*col.*) rotten; psu na budę, useless; **-eczek, -ek** *m.* doggie; puppy.
pieszcz-enie *n.* fondling; caressing, caresses, *pl.*; **-och, -oszek** *m*, **-ocha, -oszka** *f.* pet, coddle, darling; **-ony** *a.* petted, fondled, delicate, effeminate; **-ota** *f.*

caress; (*fig.*) darling; **-otka** *f.* sweetheart; **-otliwość** *f.* tenderness, delicacy; **-otliwy** *a.* fond, tender, delicate, effeminate.
piesz-ek *m.* (*w szachach*) pawn; **-o** *adv.* on foot, afoot; **-y** *a.* on foot; żołnierz ~, foot-soldier; **-y** *m.* pedestrian.
pieści-ć *v.* caress, fondle, pet; ~ **się**, coddle oneself; **-dełko, -dło** *n.* darling, pet; love.
pieś-niarz *m.* minstrel; **-niowy** *a.* (of) song(s); **-ń** *f.* song; tune.
pietrasznik *m.* (*bot.*) hemlock.
pietruszka *f.* (*bot.*) parsley.
pietyzm *m.* pietism.
piewca *m.* singer; poet.
pięcio-funtowy *a.* (weighing) five pound(s); **-kąt** *m.* pentagon; **-letni** *a.* five year(s old); lasting five years; **-raki** *a.* fivefold; **-rako** *adv.* fivefold; in five different ways; **-rnik** *m.* (*bot.*) five-finger; **-ro** *n.* five (persons); **-tygodniowy** *a.* of five weeks ('duration).
pięć *num.* five; ni w ~ ni w dziewięć, without rhyme or reason; without sense; **-dziesiąt** *num.* fifty; **-dziesiąty** *a.* fiftieth; **-dziesięcioletni** *a.* fifty year(s old); **-dziesiąty** *a.* fiftieth; **-kroć** *adv.* five times; **-krotny** *a.* fivefold; **-set** *num.* five hundred; **-setny** *a.* five hundredth.
piędź *f.* span; ani na ~, not a bit, not a whit.
pięk-nidło *n.* cosmetic; **-nie** *adv.* beautifully, nicely; handsomely; very well; ~~ wyglądać, look well; **-nieć** *v.* grow beautiful, grow handsome; **-no** *n.*, **-ność** *f.* beauty; charm; **-ny** *a.* beautiful, handsome, lovely, fine; płeć -na, fair sex; -ne za nadobne, tit for tat; **-szyć** *v.* embellish, beautify; **-szydło** *n.* embellishment; cosmetics, *pl.*; **-szydła** *pl.* tinsel.
pięś-ciarz *m.* boxer; **-ć** *f.* fist; prawo -i, fist law; the rule of force; zacisnąć -ci, clench one's fists; przyszło do -ci, it came to blows; pogrozić (*komu*) -cią, shake one's fist (at).
pięta *f.* heel; deptać po -ch, tread upon one's heels.
piętna-stoletni *a.* fifteen year(s old); **-stu, -ście, -ścioro** *num.* fifteen; **-sty** *a.* fifteenth.
piętno *n.* mark, stamp; brand; **-wać** *v.* stamp, brand; stigmatize.
pięt-ro *n.* storey; floor; dom **-rowy** *a.* one-storey building; **-rzyć** *v.*, ~ **się**, rise, tower.
pigmej, -czyk *m.* pygmy.
pigment *m.* pigment.
piguł-a, -ka *f.* pill; osłodzić -ę, to gild the pill.
pigwa *f.* quince.
pija-cki *a.* drunkard's; drinking; **-czka** *f.*, **-czyna** *m.*; **-czysko** *n.*, **-k** *m.* drunkard; tippler; **-niusieńki, -niuteńki, -ny** *a.* drunk, tipsy; po -nemu, in a drunken state; **-ństwo** *n.* drunkenness; drinking; **-tyka** *f.* drinking-bout, carouse.
pijar *m.* Piarist.
pijawka *f.* leech.
pik *m.* spades, *pl.*
pik-a *f.* pike, lance, spear; (*materja*) (cotton) cloth; **-ać, -nąć** *v.* sting; prick, pierce; **-antny** *a.* sharp; (*fig. & lit.*) spicy; **-ieta** *f.* picket, outpost; (*gra*) piquet.
piknik *m.* collective party; picnic.
pikować *v.* quilt; (*fig.*) chaff; kołdra -ana, counterpane.
pikrynowy kwas, picric acid.
pilastr *m.* pilaster (*arch.*).
pilić *v.* urge.
piln-ie *adv.* diligently, assiduously; **-o** *adv.* urgently; speedily; immediately; jest mi ~~, I am in a hurry; **-ość** *f.* diligence, assiduity; urgent need; **-ować** *v.* watch, look after, attend (to); superintend; ~~ się, be on one's guard; **-owanie** *n.* watch, attendance; care; **-y** *a.* industrious, diligent, assiduous, studious; -a potrzeba, urgent need.
pilni(cze)k *m.* file.
pilot *m.* (*aeron. & naut.*) pilot; **-ować** *v.* pilot.
pilś-niarz *m.* felt-maker; **-nić** *v.* felt; **-niowy** *a.* (of) felt; **-ń** *f.* felt.
pił-a *f.* saw; (*ryba*) saw-fish; ~ ręczna, hand-saw; ~ kłodowa, pit-saw; ~ obrotowa, circular saw; **-ować** *v.* (*piłą*) saw; (*pilni-*

kiem) file; **-karz** *m.* footballer; **-ka** *f.* ba l; ~~ nożna, football.
pinakl *m.* pinnacle (*lit.* & *fig.*).
piołun *m.* wormwood, absinth; **-owy** *a.* (of) wormwood; (of) absinth; bitter; **-kówka, -ówka** *f.* wormwood brandy.
pion *m.* (*w szachach*) pawn; (*ołowianka*) plummet; (*chir.*) probe; **-ek** *m.* pawn; **-ier** *m.* pioneer; **-ować** *v.* plumb; **-owo** *adv.* vertically, perpendicularly, plumb; **-owość** *f.* verticality, perpendicularity; **-owy** *a.* perpendicular, vertical.
piorun *m.* thunder; thunderbolt; **-em** rażony, thunderstruck; -em, jak ~, quick as a flash; burza z -ami, thunderstorm; **-ek** *m.* thunder-bolt; **-ochron** *m.* lightning-conductor, lightning-rod; **-ować** *v.* thunder; fulminate, curse; **-owy** *a.* (of) thunder; strzałka -owa, thunderbolt; **-ujący** *a.* fulminatory, thundering.
pios-enka, -nka, -neczka *f.* song, ditty.
piór-ko *n.* quill; feather; (*do pisania*) pen; (*u wiosła*) blade; **-nik** *m.* pen-case; **-o** *n.* feather, quill; (*do pisania*) pen; wieczne ~, fountain pen; **-opusz** *m.* plume; **-owy** *a.* (of) feather.
pipet(k)a *f.* pipette.
piramida *f.* pyramid; **-lny** *a.* pyramidal.
piroksylina *f.* pyroxylin.
pirotechnik *m.* pyrotechnist; **-a** *f.* pyrotechnics, *pl.*
pir-oga, -óg *m.* pirogue; **-óg** *m.* (*kuch.*) dumpling.
pirryczny *a.* Pyrrhic.
piruet *m.* pirouette.
piryt *m.* (*min.*) pyrites.
pisa-ć *v.* write; (*co do ortografji*) spell; ~ się (*na co*), agree (to); ~ się (*czem*), be known as; (*w liście*) piszę się, I am...; **-nie** *n.* writing; **-nka** *f.* Easter-egg; **-rek, -rczyk** *m.* clerk; **-rka** *f.* writer; **-rski** *a.* writing; clerk's; writer's; znak ~, punctuation mark; **-rz** *m.* writer, author; clerk (in public offices).
pis-emko *n.* publication, pamphlet; **-ma** *pl.* works; **-mak** *m.* petty author; scribbler; **-mo** *n.* writing; (*czasopismo*) periodical; (*list*) letter; (*handl.*) favour; ~ święte, Holy Scripture; na piśmie, in writing; **-mokradztwo** *n.* plagiarism; **-ownia** *f.* spelling, orthography.
pisk *m.* squeak; **-lę** *n.* chick; **-liwość** *f.* shrillness; **-liwy** *a.* shrill.
piskorz *m.* (*ryba*) loach.
pisownia *f.* spelling, orthography.
pisnąć *v.* squeak; whisper; breathe; nie ~, (*fig.*), not to breathe one word.
pistacj-a *f.* pistachio-tree; **-owy orzech**, pistachio-nut.
pistolet *m.* pistol.
pisywać *v.* write (from time to time), correspond.
piszcz-ałka *f.* pipe, flute; **-eć** *v.* squeak; whine; **-ek** *m.* piper; fifer.
piszczel *m.* organ-pipe; (*anat.*) thigh-bone; femur.
piśmienn-ictwo *n.* penmanship; **-ie** *adv.* in writing; **-y** *a.* written; by writing.
piuska *f.* skull-cap, calotte.
piw-iarnia *f.* beerhouse; **-ko** *n.* (a glass of) beer; **-ny** *a.* (of) beer; kolor ~, brown; hazel; **-o** *n.* beer; dać na ~, give a tip; nawarzyć -a, (*fig.*) brew mischief; **-owar** *m.* brewer; **-owarski** *a.* brewer's; brewing; **-owarnia** *f.*, **-owarstwo** *n.* brewery; **-sko** *n.* (bad) beer.
piwni-ca *f.* cellar, vault; **-ce** *pl.* basement; vaults; **-czka** *f.* small cellar; **-czy** *m.* butler.
piwonja *f.* (*bot.*) peony.
piżmo *n.* musk; **-wiec** *m.* (*zool.*) musk-deer; **-wać (się)** *v.* pefume (oneself) with musk; **-wy** *a.* musky; -wa kaczka, musk-duck; -we ziele, moschatel.
plac *m.* square; ground.
plac-ek *m.* cake; upaść -kiem, fall flat, fall prostrate; **-ka** *f.* fly-flap; **-ówka** *f.* outpost.
placet *m.* consent; O. K.
plag-a *f.* plague; calamity; blow; **-i** *pl.* flogging.
plagjat *m.* plagiarism; **-or** *m.* plagiarist.
plakat *m.* poster.

plam-(k)a *f.* stain, spot, blotch; (*fig.*) blemish; **-ić** *v.* spot, stain; (*fig.*) blemish; **-isty** *a.* spotted, speckled; easily soiled; tyfus ~, typhoid fever; **-owaty** *a.* spotted.

plan *m.* plan, scheme; plot; ~ budynku, the plans of a building; ~ sytuacyjny, sketch-map; pierwszy ~, foreground; dalszy ~, background; zdjąć ~, draw the plans; **-ować** *v.* plan; project; scheme.

planet-a *f.* planet; **-arny, -owy** *a.* planetary.

planimetrja *f.* planimetry.

plant-acja *f.* plantation; **-ator** *m.* planter; **-ować** *v.* level; **-y** *pl.* walk, promenade; plantations.

plask *m.* clap; ~, *i.* splash! thwack!; **-ać, plasnąć** *v.* strike; pat.

plaster *m.* plaster; (*miodu*) honey-comb; **-ek** *m.* slice; ~~ angielski, court plaster.

plastron *m.* plastron.

plasty-czność *f.* plasticity; **-czny** *a.* plastic; **-ka** *f.* plastic arts.

platerowa-ć *v.* plate; **-ny** *a.* plated.

platforma *f.* (*lit. & fig.*) platform; terrace; (*wagon i wóz*) truck.

platfus *m.* flat-foot; ~, *a.* flat-footed.

platoniczny *a.* platonic; -a miłość, platonic love.

platyna *f.* platinum.

plazm-a *f.* plasma; **-ogonja** *f.* plasmogeny.

plaż-a *f.* beach; **-ować się** *v.* lie on the beach.

pląs *m.*, **-y** *pl.* gambols, *pl.*; dance; pójść w -y; **-ać** *v.* dance; cut capers; **-awica** *f.* (*med.*) St. Vitus's dance.

pląt-ać *v.* entangle, embroil; complicate; ~ się, entangle oneself, get involved; (*o języku i nogach*) falter, stumble; (*przeszkadzać*) get in the way; **-anina** *f.* tangle, intricacy, embroilment.

pleban *m.* curate; **-ja** *f.* parsonage.

plebejusz *m.* plebeian; **-owski** *a.* plebeian.

plebiscyt *m.* plebiscite.

plecak *m.* knapsack.

plec-ionka *f.* twist, plait, braid, wicker-work, knotwork; **-iony** *a.* twisted, plaited, braided; **-iuch, -iuga** *m.* chatterbox, babbler.

ple-cy *pl.* back; shoulders; (*fig.*) support; backing; obrócić się -cami (do), turn one's back (upon); **-czysty** *a.* broad-shouldered; **-czny** *a.* humeral.

pleć *v.* weed.

pled *m.* plaid; rug; wrap.

plemi-ę *n.* race, kind; tribe; stock; lineage; ludzkie ~, mankind; **-enny** *a.* racial; **-ić (się)** *v.* see plenić.

plenarny *a.* plenary.

plen-ić (się) *v.* multiply; generate; **-ność** *f.* fertility, fruitfulness; **-ny** *a.* fertile, fruitful; plentiful.

plenipotencja etc. see **pełnomocnictwo.**

plenum *n.* plenum, full assembly.

pleonazm *a.* pleonasm.

pleść *v.* twist; braid; (*włosy itd.*) plait; (*fig.*) prattle, talk nonsense; ~ koszyki, make baskets; ~ wianek, wreathe a garland; ~ koszałki, jak na mękach, talk nonsense, tell cock-and-bull stories.

pleś-nieć *v.* grow mouldy; **-ń** *f* mould, must.

plesznik *m.* flea-bane (*bot.*).

pletliw-ość *f.* talkativeness; **-y** *a.* loquacious.

pletnia *f.* twisted whip.

pletora *f.* plethora.

pletw-a *f.* fin; ~ ogonowa, caudal fin; **-isty** *a.* finned; **-onogi** *a.* web-footed; **-onogi** *m.* palmiped.

plew-a *f.* husk; *pl.* chaff; **-iarka** *f.*, **-iarz** *m.* weeder.

plik *m.*, **-a** *f.* bundle, bunch.

plis-a *f.* ruffle, crease, fold; **-ować** *v.* ruffle, crease, fold.

pliszka *f.* (*orn.*) wagtail.

plomb-a *f.* lead-seal; stamp; (*w zębie*) filling; **-ować** *v.* lead-seal; ~ ząb, fill a tooth; **-owanie** *n.* lead-sealing.

plon *m.* yield, crop; (*fig.*) fruit, produce, product.

plondrowa-ć *v.* plunder, pillage; **-nie** *n.* plunder.

plonować *v.* yield good crops.
plotk-a *f.* gossip, fib, story; -ami się bawić, gossip; **-arka** *f.* gossip(er); **-arstwo** *n.* gossip; **-arz** *m.* gossip(er).
plucha *f.* sloven, slut, slattern.
plu-cie *n.* spitting; **-ć, -nąć** *v.* spit, expectorate.
pludry *pl.* wide breeches; trunks.
pluga-stwo *n.* filth, dirt; vermin; **-wić** *v.* foul, defile, soil, dirty; **-wość** *v.* dirt, filth; foulness; **-wy** *a.* dirty, foul, filthy, obscene.
plural-izm *m.* pluralism; **-ny** *a.* plural; -na ordynacja wyborcza, plural voting.
plus *m.* plus.
plusk *m.* splash; ~, *i.* flop! plump!; **-ać, plusnąć** *v.* splash; dabble, spatter; ~ się, dabble.
plusk-iewka *f.* thumb tack; **-iewnik** *m.* bugwort; **-wa** *f.* (*zool.*) bed-bug.
plusz *m.* plush; **-owy** *a.* (of) plush; plushy.
pluszczeć *v.* pour, stream.
plutokra-cja *f.* plutocracy; **-t** *m.* plutocrat.
pluton *m.* platoon.
plwa-ć *v.* spit; **-ocina** *f.* phlegm.
płac-a *f.* wages, pay; **-enie** *n.* payment; **-ić** *v.* pay, reward.
płach-ciany *a.* (of) clout, (of) canvas; **-ta** *f.* clout; covering; canvas, shroud.
pła-cz *m.* weeping, tears, *pl.* śmiać się do -czu, laugh till the tears come; **-czący** *a.* weeping; **-ek** *m.*, **-czka** *f.* weeper, professional mourner; **-czliwie** *adv.* whiningly; sorrowfully; **-czliwy** *a.* crying, whining; lamentable, mournful; **-kać** *v.* weep, cry; lament; shed tears; ~ z radości, weep for joy; ~ ze smutku, weep with sorrow; ~ rzewnemi łzami, shed bitter tears; ~ (nad), weep (for); bewail; ~ na kogo, bitterly complain (of); ~ za kim, yearn after one; **-ksa** *m.* i *f.* sniveller.
płask *adv.* na ~, flat; **-i** *a.* flat; even, level; (*fig.*) insipid, shallow; ~~ talerz, dinner-plate; **-o** *adv.* flat(ly); **-odenny** *a.* flat-bottomed; **-onogi** *a.* flat-footed; (*zool.*) palmipede; **-orzeźba** *f.* bas-relief; **-ość** *f.* flatness, evenness; (*fig.*) emptiness, meanness; platitude; coarse expression; **-owzgórze** *n.* plateau.
płaszcz *m.* cloak, overcoat; (*damski*) mantle; (*fig.*) cover, pretence; **-a, -ka** *f.* (*zool.*) plaice; **-enie się** *n.* fawning, servility; **-yć** *v.* flatten; ~ **się**, cringe, fawn; **-yk** *m.* see **płaszcz**; **-ysty** *a.* (*o kraju*) flat; level; **-yzna** *f.* plain; surface; plane; level; (*geom.*) area.
płat *m.* piece; **-ać, -nąć** *v.* cut; carve; split; slice; ~ figle, play tricks; **-ek** *m.* piece; shred; slice; ~ śniegu, flake of snow; ~ kwiatu, petal; ~ złota, goldfoil; **-nerz** *m.* armourer.
płatew *v.* (*bud.*) purlin.
płat-nik *m.* pay-master; **-ność** *f.* payment; solvency; termin -ności, date of payment; **-ny** *a.* payable; paid, salaried.
płatwa *f.* raft; (*bud.*) purlin.
pław *m.* watering; floater; (*zool.*) aquatic animal; przebyć w~, swim through; **-ić** *v.* (*konie*) water; (*spławiać*) float; (*kruszce*) melt; ~~ **się**, bathe; ~~ w powietrzu, hover in the air; **-ki** *pl.* swimming-belt; **-ny** *a.* navigable.
płaz *m.* reptile; ~ szabli, the flat of a sword; **-em** *adv.* unpunished; **-ować** *v.* strike with the flat of the sword.
pł-ciowy *a.* sexual; **-eć** *f.* sex; complexion; ~ piękna, fair sex.
płoch-liwość *f.* timidity, shyness; **-liwy** *a.* timid, shy; **-ość** *f.* frivolity; fickleness; shyness, unsteadiness; **-y** *a.* fickle, unsteady, frivolous; wild, shy.
pło-ć, -tka *f.* (*zool.*) roach.
pło-dność *f.* fecundity, fruitfulness; (*ziemi*) fertility; **-dny** *a.* fruitful, fertile; prolific; **-dzenie** *n.* generation, breeding, procreation; **-dzić** *v.* produce; generate; procreate; ~ **się**, multiply; breed; **-dziciel** *m.* progenitor, breeder.
płomie-nisty, -nny *a.* flaming, blazing; **-nić się, -nieć** *v.* flame, blaze; **-ń** *m.* flame.
płomyk *m.* little flame.

płonąć *v.* burn; be on fire; ~ gniewem, be inflamed with anger.
płon-ić *v.* (*rolę*) sterilize land; (*lód*) open a hole in the ice; ~ **się**, blush, colour; **-ina** *f.* barren; **-ka** *f.* ungrafted tree; **-ność** *f.* sterility, barrenness; (*fig.*) uselessness, voidness, groundlessness; **-ny** *a.* barren, sterile, (*fig.*) useless, vain; grunta -ne, waste.
płoskoń *m.* hemp.
płoskur *m.* spelt.
płoszyć *v.* scare (away), frighten (away).
płot *m.* hedge, fence, enclosure.
płow-ieć *v.* fade; (*o zbożu*) ripen; **-y** *a.* yellowish; flaxen; (*spłowiały*) faded.
płoza *f.* runner (of sledge).
płócien-ko *n.* calico; **-nictwo** *n.* drapery; **-nik** *m.* linen-draper; **-ny** *a.* (of) linen.
płód *m.* fruit, produce; (*med.*) foetus; ~ niedoszły, martwy, still-born child.
płóka-ć *v.* rinse; ~ gardło, gargle; **-nie** *n.* rinsing; **-nka** *f.* gargle.
płótno *n.* linen, cloth; (*fig.*) painting; ~ żaglowe, canvas.
płuc-o *n.*, **-a** *pl.* lung(s); chory na ~~, consumptive; **-ka** *pl.* lights; **-nik** *m.* (*bot.*) lungwort; **-ny, -owy** *a.* pulmonary; pulmonic; (of the) lung(s).
płu-g *m.* plough; (*fig.*) yoke; -giem orać, plough, till; **-żyć** *v.* profit, prosper, thrive; **-życa** *f.* plough.
płyn *m.* liquid; fluid; **-ąć** *v.* (*o czasie, płynach i t. p.*) flow; run; (*o ludziach i zwierz.*) swim; (*o statkach*) sail; krew -ie mu, he is bleeding; **-nie** *adv.* fluently; **-ność** *f.* fluidity; flow; (*fig.*) fluency; **-ny** *a.* fluid, liquid; fluent.
płyt-a *f.* slab, plate; (*gramof.*) record; **-ki** *a.* flat; shallow (*fig. & lit.*); **-kość** *f.* shallowness.
pływa-ć *v.* swim, float; **-cki** *a.* swimming; **-czka** *f.*, **-k** *m.* (*człowiek*) swimmer; (*przedmiot*) floater; buoy; **-lnia** *f.* swimming pool; szkoła **-nia**, swimming school.
pnący *a.* climbing, rambling.
pneumaty-czny *a.* pneumatic; **-ka** *f.* pneumatics.
pnia(cze)k *m.* trunk; stock, stem; block, log.
po *prp.* after; (with the accusative) for, as far as, up to, down to; ~ doktora, for the doctor; ~ szyję, up to the neck; ~ pas, down (up) to the waist; ~ uszy, over head and ears; ~ rzekę, as far as the river; (with the local case) in, on, through, over, about, after, by; according to; ~ kropli, drop by drop; ~ kolei, by turns; ~ szylingu sztuka, one shilling a piece; krewni ~ ojcu, relations by the father's side, już ~ wszystkiem, it is all over; już ~ mnie, I am done for; mówić ~ angielsku, speak English; ~ przyjacielsku, in a friendly way; ~ jednemu, one by one; ~ swojemu, in one's own way; czas nie ~ temu, it is out of time; ~ czemu? how much?; ~ dobrej woli, of one's own accord; ~ pierwsze, firstly, first; ~ drugie, secondly.
po- jako przedrostek w czasownikach, nadający im znaczenie czynności dokonanej, nie posiada odpowiednika po angielsku; czasownik wtedy tłumaczy się tak, jak gdyby przedrostka nie miał, np. „podać" jak „dać", „pobiegł" jak „biegł" i t. p.; jako przedrostek, nadający znaczenie czynności dokonanej wielokrotnie, „po" wyraża się przez użycie odpowiedniego zwrotu, jak np. „again and again, keep —ing" i t. p.
Czasowników z przedrostkiem po-, nie podanych poniżej, szukać należy tam, gdzie figurują w formie niedokonanej, t. j. bez przedrostka, np. „poczytać" pod „czytać" i t. p.
po- is prefixed to verbs to denote the completion of an action and has no equivalent in English; in such cases the verb is translated as if it had no prefix e. g. „podać" is translated like „dać", „po-

biegł" like „biegł" etc. This prefix can also imply the repetition of an action; in such cases it is rendered by a suitable expression such as „again and again, keep —ing" etc.

For verbs with prefix po- not given below see same without prefix, e. g. for „poczytać" see „czytać" etc.

pobiała *f.* tin-plate.

pobi-cie *n.* (*nieprzyjaciela*) defeat, victory, conquest; (*beczki*) hooping; ~ dachu, roofing; ~ **się,** scuffle; **-ć** *v.* ~ beczkę, hoop; (*nieprzyjaciela*) beat, defeat, kill; ~ na głowę nieprzyjaciela, put the enemy to rout; ~~ **się,** scuffle, have a fight.

pobie-c, pobiedz, -gnąć *v.* hasten to, run (upon); run up to; ~ za kimś, ~ po kogoś, run after one.

pobiel-acz *m.* tinner; **-ać, -ić** *v.* whitewash; paint (in) white; ~ cyną, tin; **-anie** *n.* whitewashing; tinning; **-any** *a.* whitewashed; painted (in) white; tinned.

pobierać *v.* collect, gather, receive (a salary); pobierać naukę, study; ~ **się** *v.* marry.

pobieżn-ie *adv.* superficially; **-y** *a.* superficial.

pobijać see **pobić.**

pobl-adły *a.* pale; **-ednąć** *v.* turn pale.

poblaknąć *v.* fade.

pobli-ski *a.* near; nigh; neighbouring; adjoining; **-ż(e), w-żu,** nearby; near (at hand); in the neighbourhood.

pobłaż-ać *v.* be indulgent (with); forbear; connive (at); **-ający, -liwy** *a.* indulgent, forbearing; **-anie** *n.*, **-liwość** *f.* indulgence, forbearance; connivance.

pobłądz-enie *n.* stray, mistake; blunder; **-ić** *v.* stray, err, mistake, blunder.

Odnośnie do czasowników z przedrostkiem po-, brakujących powyżej, obacz **po-.**

poboczn-ie *adv.* incidentally; sideways; **-y** *a.* secondary, incidental, collateral, adjoining; (*jur.*) illegitimate.

pobojowisko *n.* battle-field.

pobor-ca *m.* tax-gatherer; exciseman; **-owy** *a.* (*rekrut*) conscript; leviable; **-y** *pl.* salary; wages, *pl.*

pobożn-iś *m.* devotee; **-ość** *f.* piety, devotion; godliness; **-y** *a.* pious, religious, devout, godly.

pobór *m.* conscription, levy; (*podatków*) raising, gathering (of taxes).

pobrat-ać *v.* fraternize; **-ymczy** *a.* cognate, affinite, related; akin; **-ymca** *m.* relation; countryman; **-ymstwo** *n.* brotherhood, parentage, relation, affinity.

pobrzeż-e *n.* coast, shore, seaside; **-ny** *a.* (of the) seaside; littoral.

pobrzęk *m.* chink, jingle.

pobud-ka *f.* impulse, motive; incentive; (*mil.*) reveille; **-liwość** *f.* excitability; **-liwy** *a.* excitable; **-zać, -zić** *v.* move, provoke, excite, induce; also see **budzić.**

poby-ć *v.* stay, live; **-t** *m.* stay, sojourn.

pocał-ować *v.* kiss; **-unek** *m.* kiss.

pocenie się *n.* perspiration; sweat; transpiration.

pochleb-ca, -nik, -niś *m.*, **-nica, -nisia** *f.* flatterer; wheedler; **-iać, -ić** *v.* flatter; wheedle; ~ sobie, flatter oneself, fancy; boast (of); **-nie** *adv.* honourably, in a praiseworthy manner; **-ny** *a.* praiseworthy, honourable, glorious; **-stwo** *n.* flattery, adulation.

pochlubić się *v.* (*czem*) boast (of); glory (in).

pochł-aniać, -onąć *v.* swallow up; absorb; consume; **-anianie, -onięcie** *n.* absorption.

pochmurn-ieć *v.* darken, become gloomy; become overcast;

For verbs with prefix po- not given consult **po-.**

-ość *f.* darkness; gloominess; **-y** *a* cloudy, dark, overcast; gloomy.

pochodnia *f.* torch; (*pochodzenie*) derivation.

pocho-dność *f.* derivation; **-dny** *a.* derived, derivative; **-dzenie** *n.* extraction, descent; (*gram.*) derivation; ~ wyrazów, etymology; **-dzić** *v.* descend, proceed; also see **chodzić**; (*gram.*) be derived; **-dzisto** etc. see **pochyło.**

pochop *m.* occasion, motive, impulse; also = **-ność** *f.* readiness, eagerness, willingness; inclination; **-ny** *a.* ready, willing, inclined, prompt; prone.

pochować *v.* bury; also see **chować.**

pochód *m.* procession, march; pageant; udać się w ~, march.

poch-wa *f.* sheath, scabbard; case; ~ maciczna, vagina; schować miecz do -wy, sheathe one's sword; dobyć miecz z -wy, draw one's sword.

pochwa-lać, -lić *v.* praise; commend; approve; Niech będzie -lony Jezus Chrystus! praised be Jesus Christ! ~ **się** (*czem*), boast (of); **-lnie** *adv.* with praise; mówić ~~ (o), speak highly (of); **-lny** *a.* commendatory, laudatory; pieśń -lna, hymn; **-ła** *f.* praise, commendation, approbation.

pochwy-cenie *n.* seizure; **-cić, -tać** *v.* seize, lay hold of; catch; **-tny** *a.* seizable; catchable; dla uszu ~, audible.

pochyb-a *f.* mistake, bez -y infallibly; **-ność** *f.* fallibility.

pochy-lać, -lić, ~ **się** *v.* bow, stoop, bend, incline; **-lenie** *n.*, **-łość** *f.* slope, declivity; inclination; **-lony** *a.*, **-ły** *a.* sloping, slanting, inclined, bent, stooping.

pociąć *v.* cut (up); cut to pieces.

pociąg *m.* (*skłonność*) attraction, inclination; (*ciągnienie*) pull, tug; (*kolejowy*) train; ~ osobowy, slow (passenger) train; ~ błyskawiczny, express-train; ~ kurjerski, fast-train; ~ towarowy, goods train; ~ komunikacji bezpośredniej, through train; **-ać, -nąć** *v.* attract, pull; tug; entice; ~ do odpowiedzialności, hold responsible; make (one) bear the consequence (of); ~ do sądu, sue; ~ farbą, give a coating of paint; (*o wojsku*) march (off); (*trwać*) last; ~ za sobą, involve, entail, necessitate; **-ający** *a.* alluring, attractive; **-łość** *f.* oblongness; **-ły** *a.* lean; oblong; **-nięcie** *n.* draught; jednem -nięciem, at a stretch; jednem -nięciem pióra, with a stroke of the pen; **-owy** *a.* of burden, of draught.

pocić się *v.* perspire; sweat; transpire.

pocichu *adv.* softly, in a low voice, in a whisper.

pociecha *f.* consolation, comfort, solace; (*fig.*) child.

pociemku *adv.* in the dark.

pociera-ć *v.* rub (against); **-nie** = **potarcie** *n.* rubbing.

pociesz-ać, -yć *v.* console, comfort; solace; ~ **się,** console oneself; solace oneself; **-ający** *a.* consoling, comforting; **-alny** *a.* consolatory; **-enie** *n.* consolation; comfort; **-ność** *f.* drollery; **-ny** *a.* funny, droll; amusing; **-yciel** *m.*, **-ycielka** *f.* comforter; consoler.

pocięgiel *m.* shoemaker's strap.

pocięty *a.* cut up.

pocisk *m.* missile; projectile; dart.

poco? *adv.* what for? why?

począ-ć *v.* begin, commence; take to; (*zajść w ciążę*) conceive; co mam ~? what am I to do? **-tek** *m.* beginning; outset, origin; **-tki** *pl.* rudiments, *pl.*; z **-tku, -tkowo** *adv.* at first; originally; at the start, in the beginning; **-tkować** *v.* begin, initiate; originate; **-tkowanie** *n.* initiative; **-tkowy** *a.* initial,

---

Odnośnie do czasowników z przedrostkiem po-, brakujących powyżej, obacz **po-.**

For verbs with prefix po- not given consult **po-.**

original, primitive; elementary; **-tkujący** *m.* beginner, novice.
poczciw-iec, -ina *m.* good fellow; **-ość** *f.* probity, uprightness; **-y** *a.* decent, honest, upright, good; kind-hearted.
poczeka-ć *v.* wait (a little); wait a while; **-lnia** *f.* waiting-room; na -niu, on the spot, while you wait.
poczem *adv.* then, afterwards; whereupon.
poczerni-ały *a.* blackened; **-ć** *v.*, **-eć** *v.* blacken.
poczerwieni-ć *v.* redden; **-eć** *v.* blush; redden.
poczesn-e *n.* gift; fee; tip; **-y** *a.* proper, decent, respectable.
poczet *m.* number, catalogue, list, train; **w ~**, among.
poczę-cie *n.* beginning; (*o kobietach*) conception; **-ty** *a.* begun; conceived.
poczęści *adv.* partially; in part; to a certain degree.
poczęstunek *m.* treat (to); gift.
poczt-a *f.* (*listy i t. d.*) mail; (*urząd*) post-office; **-arek, -yljon** *m.* postillion; **-arz** *m.* postman; postillion; **-mistrz** *m.* postmaster; **-owy** *a.* (of the) post (or mail); marka -owa, znaczek ~~, (postage-)stamp; stempel ~~, postmark; ~~ gołąb, carrier-pigeon; ~~ śledź, cured herring; **-ówka** *f.* post-card.
poczu-cie *n.* sense, sensation, perception; ~ obowiązku, sense of duty; **-(wa)ć** *v.* feel, perceive, become aware (of); scent; smell; ~ **się,** have a sense of; feel; realize; ~ do winy; feel guilty.
poczwar-a *f.* monster; **-ka** *f.* larva, chrysalis; **-ny** *a.* monstrous.
poczw-órnie *adv.* fourfold; **-órny** *a.* fourfold, quadruple; reiterated (or repeated) four times.
poczynać *v.* begin, set about; ~ sobie, behave; ~ się, begin; start.
poczynić *v.* do, cause; ~ kroki, take steps.

Odnośnie do czasowników z przedrostkiem po-, brakujących powyżej, obacz **po-**.

poczyt-(yw)ać *v.* (*kogo za co*), take one for...; consider; reckon; ~ komu (za), impute; ascribe; **-alność** *f.* accountableness, responsibility; **-alny** *a.* accountable, sane; **-ność** *f.* popularity; **-ny** *a.* widely read; popular.
pod *prp.* under, in, on, upon, at; below, beneath; towards; ~ górę, up-hill; ~ panowaniem, in the reign; bitwa ~ Lipskiem, the battle of Leipsic; ~ dobrą datą, tipsy; ~ pozorem, under the pretence, on a plea; ~ przysięgą, under oath; ~ warunkiem, on condition; ~ wieczór, towards the evening; ~ miastem, in the neighbourhood of the town; pod koniec roku, towards the end of the year; ~ tym względem, in that respect.
poda-ć, -wać *v.* hand, reach, give, offer; ~ potomności, hand down; ~ myśl, suggest; ~ na stół, serve; ~ rękę, shake hands (with); ~ się do dymisji, tender one's resignation; ~ się naprzód, (wtył), bend, move forward, (backward); **-nie** *n.* (*zgłoszenie*) application; (*prośba*) petition; (*tradycja*) tradition; (*podawanie*) giving; handing; tendering; **-niowy** *a.* traditional.
podar-cie *n.* tear; rent; **-ty** *a.* torn; rent; ragged.
podar-(un)ek *m.* gift, present; **-ować** *v.* (*komu co*) present one (with), make a present of.
podagr-a *f.* (*med.*) gout; **-yczny** *a.* gouty.
poda-tek *m.* tax; duty; ~ dochodowy, income tax; nałożyć ~, lay a tax upon; pobierać -tki, collect taxes; **-kować** *v.* pay taxes; **-tkowanie** *n.* taxation; **-tkowy** *a.* (of) tax(es).
poda-tność *f.* fitness, aptness; **-tny** *a.* proper, fit, apt; soft, flexible, yielding; **-wać** *v.* give, reach; hand; ~ do wiadomości make known, announce, publish; ~ w wątpliwość, question.

For verbs with prefix po- not given consult **po-**.

podaż *f.* supply.
podążyć *v.* go (to), tend (toward); (*za*) follow.
podbecht-ać, -ywać *v.* incite, abet, instigate; **-anie** *n.* abetment, instigation.
podbiał *m.* (*bot.*) coltsfoot.
podb-icie *n.* conquest, subjugation; ~ nogi, instep; (*podszewka*) lining; **-ić, -ijać** *v.* subjugate, conquer; subdue; beat up; (*serca*) captivate, win; ~ komu oczy, give one a black-eye; ~ co czem, line something (with); **-itka** *f.* (*odzienia*) lining; **-ój** *m.* conquest; **-ójczy** *a.* conquering.
podbiec, -gać, -gnąć *v.* run up (to); hasten up (to).
podbiegunowy *a.* arctic, polar.
podbierać *v.* see **podebrać.**
pod-bródek *m.* chin; **-brzusze** *n.* abdomen; belly; **-brzuszny** abdominal.
podbudowa-ć, *v.* build underneath; **-nie** *n.* substructure.
podbudz-ać, -ić *v.* incite.
podburz-ać, -yć *v.* incite; instigate; stir up a rebellion; **-anie, -enie** *n.* incitement; **-yciel** *m.* instigator.
podchlebiać see **pochlebiać.**
podchmiel-ić sobie *v.* get a little tipsy; **-ony** *a.* tipsy; elated.
podchodzić *v.* approach, draw near; steal (on); ~ kogo (*fig.*) cheat, deceive, dupe.
podchorąż-y *m.* ensign; **-ówka** *f.* military college.
podchwy-cić, -tywać *v.* surprise; overtake; take hold underneath; espy; be captious; ~ listy, intercept letters; **-cenie** *n.* surprise; **-tywanie** *n.* captiousness.
podci-ąć, -nać *v.* cut, incise, cut underneath; undermine; ~ konie, lash the horses; ~ komu nogi, trip up one's heels.
podciąg-ać, -nąć *v.* bring under, range; class.
podcieniować *v.* shade.
pod-cierać, -etrzeć *v.* wipe; rub.

Odnośnie do czasowników z przedrostkiem po-, brakujących powyżej, obacz **po-.**

podcieś *f.* base.
podczas *prp.* during; ~ gdy, while, whilst; when; as.
podczaszy *m.* cup-bearer, sewer.
podczesać *v.* comb upwards.
podczos *m.* cabbage-sprout.
podda-ć, -wać *v.* surrender; let go; ~ myśl, suggest; ~ **się,** submit; be influenced; yield; resign oneself; ~ się smutkowi, give oneself up to grief; **-nie** *n.* submission; ~ fortecy, surrender of a fortress; ~~ **się,** surrender, submission, yielding, resignation; **-nka** *f.*, **-ny** *m.* subject; serf; slave; **-ny** *a.* subject; (*fig.*) obsequious; **-ńczy** *a.* servile; **-ństwo** *n.* submission; subjection; servitude, peasants, *pl.*
poddasze *n.* attic, garret.
poddostatkiem *adv.* in abundance, in great plenty.
poddymka *f.* bellows.
poddzierżawić *v.* sublet.
poddział *m.* subdivision.
pode see **pod.**
podebrać *v.* take; gather; pick; rake out; (*brzegi*) wash away.
podejmowa-ć *v.* pick up; raise; undertake; (*gości*) welcome, entertain, treat (to); ~ **się,** undertake; **-nie** *n.* reception, entertainment.
podejrz-any *a.* suspicious; suspect(ed of); **-ewać** *v.* suspect; **-enie** *n.* suspicion; mieć ~, suspect; ~ spadło na niego, he was suspected; **-liwość** *f.* suspiciousness; **-liwy** *a.* suspicious, mistrustful.
podejźrzon *m.* (*bot.*) osmund.
podejś-cie *n.* stratagem; artifice; trick; (*zbliżenie się*) approach; **-ć** *v.* see **podchodzić.**
podemknąć *v.* steal on.
pode-przeć *v.* see **podpierać;** **-ptać** *v.* tread (on); trample (upon); **-rwać** *v.* pull away from underneath; rake out; (*o wodzie*) wash; ~~ **się,** strain oneself; **-rznąć** (—r-ż—) *v.* cut (off); cut from underneath; ~ sobie gardło, cut one's throat.

For verbs with prefix po- not given consult **po-.**

podesłać see **podścielać.**
podeszł-ość *f.* (*wieku*) old age; **-y w latach,** elderly.
podeszwa *f.*, **podeszew** *m.* sole.
podetknąć *v.* put (under); shove (under).
podetrzeć *v.* wipe; rub.
podgalać *v.* shave from beneath; (*fig.*) fleece one.
podgardle *n.* double-chin; dewlap; (*drobiu*) gills, wattles, *pl.*
podgarn-ąć, -iać, podgartywać *v.* gather (up), scrape together; rake up; ~ pod swoją władzę, subdue.
podgi-ąć, -nać *v.* pull up, tuck up, gird up.
podglądać *v.* pry into; peep, observe.
podgoić *v.* cicatrize, heal.
podgolić see **podgalać.**
podgorączkowy *a.* feverish.
podgó-rny, -ski *a.* situated at the foot of a hill; **-rze** *n.* country situated at the foot of hills.
pod-grzać, -grzewać *v.* warm up.
Podhale *n.* the Tatra district.
podjad-ać *v.* gnaw from beneath, nibble (at); **-ek** *m.* (*zool.*) cricket.
podjarzmowy *a.* yoked.
podjazd *m.* reconnaissance; sally; (*u wrót*) gateway; **-owa wojna,** guerilla war; **-owa droga,** side-road.
podjąć *v.* see **podejmować.**
podje-chać, -żdżać *v.* drive up, side up; approach; **-zdek** *m.* nag, pony. [hunger.
podjeść sobie *v.* appease one's
podjęcie *n.* picking (up); undertaking; ~ gości, entertainment; welcome; ~ **się,** undertaking; **-ty** *a.* undertaken; picked up; undergone, endured.
podjudzać *v.* incite, instigate.
podjum *n.* platform, elevation.
podkadz-ać, -ić *v.* fumigate, smoke; (*fig.*) flatter.
podkancle-rstwo *n.* vice-chancellorship; **-rz, -rzy** *m.* vice-chancellor.
podkarmi-ać, -ć *v.* fatten somewhat; **-ony** *a.* somewhat fattened.

Odnośnie do czasowników z przedrostkiem po-, brakujących powyżej, obacz **po-.**

podkarpacie *n.* region situated at the foot of the Carpathians.
podkas(yw)ać *v.* tuck up; roll up; (*suknię*) gird up.
podkle-ić, -jać *v.* stick; paste, glue; ~ mapę, mount a map on canvas.
podkład *m.* base; substratum; (*kolej.*) sleeper; **-ać** *v.* see **podłożyć**; **-ka** *f.* pad; base; support.
podkochiwać się *v.* be in love.
podkolan-ek *m.*, **-ie** *n.* (*anat.*) hough, hock; (*do klęczenia*) hassock.
podkom-endny *a.* subaltern, subordinate; **-orzy** *m.* (*hist.*) chamberlain; **-itet** *m.* sub-committee.
podkoniuszy *m.* master of the horse.
podkop *m.* sap; subway; **-ać, -ywać** *v.* undermine; sap; **-ca, -nik** *m.* miner, sapper.
podkoszulek *m.* under-shirt; underwear.
podkowa *f.* horse-shoe; **-ć** *v.* shoe.
podkra-dać *v.* pilfer; ~ **się, -ść się** *v.* steal (on), creep, approach.
podkrążone oczy, rings under the eyes.
podkreśl-ać, -ić *v.* underline; (*fig.*) emphasize; lay stress (on).
podkręc-ać, -ić *v.* twirl up; twist (up); curl.
podku-cie *n.* (horse-)shoeing; **-ć, -wać** *v.* shoe; **-ty** *a.* shod.
podkup *m.*, **-ienie** *n.* outbidding; (*przekupstwo*) bribe, bribery; **-ić, -ywać** *v.* outbid, bribe; **-nik** *m.* outbidder, briber.
podkurek *m.* (*świt*) cock-crow; (*posiłek*) light meal.
podkurz-ać, -yć *v.* fumigate; ~ pszczoły, smoke bees out of a hive.
podkuwać see **podkuć.**
podkwas *m.* (*chem.*) sub-acid.
podl(ew)ać *v.* water; (*pieczeń*) baste. [fly to.
podl-atywać, -ecieć *v.* fly up,
podla-sie *n.* vicinity of a wood; **-siak** *m.* native of Podlasie; **-szczka** *f.* (*bot.*) violet.

For verbs with prefix po- not given consult **po-**

podle *prp.* near, next (to), close (to); ~, *adv* basely, abjectly, vilely, meanly.
podlecieć see **podlatywać.**
podleczyć *v.* cure partly.
podleg-ać *v.* be subject (to); be subdued; be liable (to); incur; to nie -a wątpliwości, there is no doubt of it; **-łość** *f.* subjection, submission; **-ły** *a.* subject (ed); liable to.
podlejszy *comp. of* **podły.**
podlepi(a)ć *v.* mortar, plaster, also see **podkleić.**
podleśniczy *m.* sub-forester.
podlewa *f.* sauce; **-ć** *v.* see **podlać.**
podleźć *v.* creep (under); creep upon.
podlić się *v.* degrade oneself, be mean.
podliz(yw)ać *v.* lick; (*o wodzie*) underwash; ~ **się** *v.* (*komu*) fawn (upon); wheedle.
podlotek *m.* fledgeling; (*dziewczyna*) flapper.
podłatać *v.* patch up.
podłazić see **podleźć.**
podłoga *f.* floor; ~ taflowa, inlaid floor.
podłość *f.* baseness, meanness, vileness, abjectness.
podłoż-e *n.* substratum; base, foundation; **-yć** *v.* put under; substitute; ~ ogień (*pod*), set fire (to).
podług *prp.* according to; ~ mego zdania, ~ mnie, in my opinion; to my mind.
podługowat-ość *f.* oblongness; **-y, podłużny** *a.* oblong; longish.
podły *a.* vile, base, mean, abject; bad.
podmajstrzy *m.* foreman.
podmakać *v.* get wet, get damp.
podmal-ować *v.* ground; **-ówka** *f.* ground-colour coating.
podmarznąć *v.* be frost-bitten.
podm-awiać, -ówić *v.* incite to; **-awiacz** *m.* instigator.
podmiatać, podmieść *v.* sweep up.
podmiejsk-i *a.* suburban; **-a dzielnica**, slums, *pl.*
podminować *v.* undermine, sap.
podmiot *m.* subject; **-owość** *f.* subjectiveness; **-owy** *a.* subjective.
podmistrzek *m.* foreman.
podmoknąć see **podmakać.**
podmorski *a.* submarine.
podm-owa *f.* incitement; **-ówić** *v.* incite (to).
podmuch *m.* blast, puff; (*fig.*) suggestion.
podmulić *v.* obstruct with slime.
podmurowa-ć *v.* wall; give a brick foundation; **-nie** *n.* brick foundation.
podmus-kiwać, -nąć *v.* stroke.
podmy(wa)ć *v.* wash (away); undermine; carry off.
podnaj-mować *v.* sublet; **-najemca** *m.* sublessee.
podnieb-ienie *n.* palate; **-ieniowy** *a.* palatal; **-ny** *a.* sky-reaching; sky-high.
podniec-ać, -ić *v.* excite, stir up; (*fig.*) kindle; inflame; spur; rouse; ~ ogień, stir the fire; **-ający** *a.* exciting; **-enie** *n.* excitement; stirring up.
podnie-sienie *n.* lifting, hoisting, raising; (*kośc.*) elevation; ~ się z upadku, recovery; **-ść** *v.* pick up; raise, lift, elevate; intensify; ~ głos, raise one's voice; ~ kotwicę, weigh anchor; ~ się, rise, get up, heave; (*z upadku*), recover (after a fall).
podnieta *f.* incentive; impulse.
podn-iosłość *f.* sublimity; **-iosły** *a.* sublime; **-osić, -oszenie** see **podnie-ść, -sienie.**
podnóże *n.* the foot (of a mountain); base; **-k** *m.* footstool.
podob-ać się *v.* please one; like; appeal (to); to mi się -a, I like it, it appeals to me; ~ sobie w czem, take pleasure (in); **-ieństwo** *n.* likeness, resemblance, similarity; parable; ~ do prawdy, likelihood; **-izna** *f.* likeness; facsimile; **-nie** *adv.* likewise, just as; alike; **-no** *adv.* apparently; ~ Pan ma jechać do Londynu, I hear you

---

Odnośnie do czasowników z przedrostkiem po-, brakujących powyżej, obacz **po-.**

For verbs with prefix po- not given consult **po-.**

are going to London; nie -na, (itis) impossible; czy to -na, is it possible; **-ność** *f.* likeness; **-ny** *a.* like, resembling, similar; do czego to -ne, this is altogether improper! ~ do prawdy, likely.

podobłoczny *a.* sky-high, cloud-kissing, cloud-topt.

podoccian *m.* (*chem.*) sub-acid.

podochocić sobie *v.* get merry with drink.

podoficer *m.* non-commissioned officer.

podogonie *n.* crupper.

podołać *v.* (*komu, czemu*) manage (to), be adequate to; be equal to.

podołek *m.* lap; coil; fold.

podorać *v.* plough up.

podorędzie *n.* readiness; na podorędziu, ready, near at hand.

podostatkiem *adv.* in abundance, in plenty.

podówczas *adv.* at that time, then.

podpada-ć, -ść *v.* fall under; be subject (to); incur; be liable (to); ~ pod zmysły, strike the senses.

podpa-lacz *m.* incendiary; **-lać, -lić** *v.* light, kindle, set on fire; **-lenie** *n.* arson; kindling; setting fire (to); **-ł** *m.* firebrand; **-łka** *f.* firewood.

podparty *a.* propped (up).

podpa-sać, -ść *v.* fatten somewhat; ~ się, gird one's loins (with); **-sze** *n.* arm-pit.

podpat-rywać, -rzeć *v.* pry (into); observe; espy.

podpełzać *v.* crawl up, crawl under.

podpi-ąć, -nać *v.* buckle, fasten; clasp (on); ~ popręgę, girth a horse.

podpić sobie *n.* get (a little) tipsy.

podpiekać *v.* roast.

podpierać *v.* support, prop; ~ się, lean (on, against).

podpierścień *m.* breast band.

podpi-ęcie *n.* trimming: **-iąć, -inać** *v.* trim; pin (on, to).

podpis *m.* signature; **-(yw)ać** *v.* sign, underwrite; ~ **się,** sign one's name; **-anie, -ywanie** *n.* subscription; signature.

podpiwek *m.* small beer.

podpłomyk *m.* (kind of) pancake.

podpły-nąć, -wać *v.* approach; swim up; sail up [a hand.

podpom-agać, -óc *v.* help, lend

podp-ora *f.* support; mainstay; **-órka** *f.* prop, support; (*u skrzypiec*) bridge.

podporucznik *m.* second lieutenant.

podporządko-wać, -wywać *v.* subordinate (to); ~ **się** *v.* submit (to).

podpowi-adać, -edzieć *v.* prompt, whisper to; suggest.

podprąwi(a)ć *v.* improve, mend.

podprowadz-ać, -ić *v.* show the way.

podproże *n.* sill, threshold.

podpułkownik *m.* lieutenant-colonel.

podpuszcz-ać, podpuścić *v.* give access, allow to approach.

podrabiać see **podrobić.**

podrastać *v.* grow up.

podratować *v.* help out.

podrażać *v.* raise the cost.

podrażn-ić *v.* excite; irritate; **-ienie** *n.* excitement, feverishness. [beneath.

podrąbać *v.* hew, fell, cut from

podręcz-e *n.* balustrade; (*krzesła*) arm; na -u, at hand; **-nik** *m.* text-book; manual, compendium; **-ny** *a.* handy; pocket-.

podrobić *v.* (*fałszować*) forge, falsify; (*drobić*) add on; (*robotę*) work (at); (*pokruszyć*) crumble.

podro-sły *a.* grown up; **-snąć** *v.* grow up; **-stek** *m.* stripling, youngster.

podroż-eć *v.* grow dearer; **-enie** *n.* rise (or increase) of the price (or cost); **-yć** *v.* raise the price (or cost).

podróbka *f.* forgery, imitation.

podróbki *pl.* pluck.

podrównikowy *a.* equatorial, tropical; -e kraje, tropics, *pl.*

Odnośnie do czasowników z przedrostkiem po-, brakujących powyżej, obacz **po-**.

For verbs with prefix po- not given consult **po-**.

podróż *f.* journey; travel; (*na morzu*) voyage; odbyć ~, go on a journey; (*na morzu*) make a voyage; szczęśliwej -y! a happy journey!; **-niczy** *a.* travelling; książki -nicze, books of travel; **-nik, -ny** *m.* traveller; passenger; tourist; (*bot.*) chicory; **-ny** *a.* travelling; journeying; **-ować** *v.* travel.
podruzgotać *v.* shatter, crash.
podrwić *v.* joke, jest; ~ głową, make a blunder.
podryg *m.* leap; convulsion; ostatnie -i, pangs of death; **-iwać** *v.* skip.
podryw-ać *v.* tear off; sap; undermine; **-ka** *f.* trap.
podrzeć *v.* rend, tear (to pieces).
podrzeźnia-ć *v.* ape, mimic, counterfeit; **-cz** *m.* mimic.
podrzędn-ość *f.* inferiority; **-y** *a.* inferior; secondary, second-rate; subaltern.
podrzu-cać, -cić *v.* throw up (or under), toss; cast, abandon, expose; **-cony** *a.* thrown (up or under); exposed, abandoned; **-tek** *m.* foundling, waif.
podrzynać *v.* see **poderznąć.**
podsadz-ać, -ić *v.* help one up.
podsądny *m.* defendant.
podsaletrzan *m.* (*chem.*) nitrate.
podsekretarz stanu, Under-Secretary of State.
podsędek *m.* subaltern judge.
podsi-adać, -ąść *v.* supplant, displace.
podsiarczan *m.* (*chem.*) sulphate.
podsiebitka *f.* ceiling.
podsiniały *a.* livid, bruised.
podskakiwać *v.* spring; start; ~ z radości, leap for joy; ~ w cenie, rise in price.
podskarb-i *m.* treasurer; **-stwo** *n.* treasurership.
podsko-czyć see **podskakiwać**; **-k** *m.* leap, bound; start.
podskórny *a.* subcutaneous.
podskrob-ać, -ywać *v.* scrape off; erase.
podskub-ać, -ywać *v.* pluck (off); ~ kogo, fleece one.

Odnośnie do czasowników z przedrostkiem po-, brakujących powyżej, obacz **po-**.

podsłuch *m.* overhearing; **-ać, -iwać** *v.* overhear, eavesdrop; **-iwacz** *m.* eavesdropper.
podsłupie *n.*, **-c** *m.* pedestal.
podsobny koń, saddle-horse.
podspód *adv.* under, beneath, underneath.
podstarości *m.* steward.
podstarz-ały *a.* elderly; **-eć się** *v.* advance in years; grow old.
podstaw-a *f.* base; foundation, basis, groundwork; (*mat.*) base; **-ek** *m.* bridge (of a violin); **-ka** *f.* saucer; prop; stand; trestle; **-iać, -ić** *v.* put under, substitute; place under; supplant; ~ komu nogę, trip up a person; supplant; **-owy** *a.* fundamental.
podstąpić *v.* approach, step up
podstęp *m.* artifice, stratagem, trick; fraud; **-ca** *m.* deceiver; **-nie** *adv.* artfully, insidiously fraudulently; **-ność** *f.* cunning, artfulness; craftiness, insidiousness; **-ny** *a.* artful, insidious, fraudulent, sly, cunning; **-ować** see **podstąpić.**
podstoli *m.* steward of the king's household.
podstrzesze *n.* loft, garret.
podstrzy-c, -gać *v.* trim.
podsumować *v.* sum up.
podsu-nąć, -wać *v.* push under; offer; ~ myśl, suggest.
podsyc-ać, -ić *v.* appease one's hunger; (*fig.*) excite; foment; feed.
podsychać *v.* dry up.
podsyp-ać, -ywać *v.* pour; (*panewkę*) prime; **-ka** *f.* priming-powder.
podszarzały *a.* threadbare.
podszczu-(wa)ć *v.* incite, instigate; ~ kogo na kogo, set persons by the ears; **-wacz** *m.* inciter, instigator.
podszep-nąć, -tywać *v.* whisper, prompt; impart secretly; give secret advice; incite; **-nienie, -tywanie** *n.*, **-t** *m.* suggestion, whisper, secret advice, instigation.

For verbs with prefix po- not given consult **po-**.

podsz-ewka *f.*, **-ycie** *n.* (*lasu*) undergrowth; (*ubrania*) lining; **-y(wa)ć** *v.* line; **-ywać się**, pass off for; simulate.
pod-ścielać, -ścielić, -ściełać, -esłać *v.* put under, lay under; strew under; litter; spread; **-ścielisko** *n.* bed, layer, stratum; **-ściółka** *f.*, **-ściał** *m.* litter.
podśpiewywać *v.* hum.
podświadom-ość *f.* subconsciousness; **-ie** *adv.* subconsciously; **-y** *a.* subconscious.
podtatusiały *a.* elderly.
podtoczyć *v.* roll under.
podtorze *n.* (*kolej.*) subsoil.
podtrzymywać *v.* support; maintain; ~ na duchu, encourage.
podtykać *v.* put (or thrust) under; convey (or impart) secretely.
poduczyć *v.* prepare; instruct one in the rudiments (of); ~ się, acquire some knowledge (of).
podumać *v.* muse, reflect (upon).
podupa-dać, -ść *v.* decay, grow poor; decline; **-dłość** *f.* decline, decay; **-dły** *a.* decayed; grown poor.
poduszcz-ać, -yć *v.* incite, instigate, stir up; **-acz, -yciel** *m.* instigator; **-anie, -enie** *n.* instigation.
podusz-eczka, -ka *f.* cushion, pillow.
podwajać *v.* double, redouble.
podwa-le *n.*, **-ł** *m.* moat; **-lina** *f.* foundation.
podwatować *v.* wad, pad.
podważ-ać, -yć *v.* lever, heave, raise.
podweselić *v.* cheer, gladden; ~ **się** *v.* get (a little) tipsy; ~ sobie, get merry with drink.
podwi-ać, -ewać *v.* blow from beneath.
podwią-zać, -zywać *v.* tie; bind up; ~ranę, bind up a wound; **-zka** *f.* garter.
podwiecz-orek *m.* afternoon tea; **-ór** *adv.* at night-fall.
podwieźć *v.* give one a lift.

Odnośnie do czasowników z przedrostkiem po-, brakujących powyżej, obacz **po-**.

podwi-jać, -nąć *v.* turn up, tuck up; roll up.
podwładny *a.* subordinate; subaltern, inferior; ~, *m.* subject.
podwod-a *f.* cart; waggon; **-nik** *m.* carman, carrier.
podwodny *a.* submarine.
podw-oić *v.* see **podwajać**; **-oje** *pl.* folding door; (*fig.*) gate; **-ojenie** *n.* doubling; **-ójnie** *adv.* doubly, twice; **-ójność** *f.* doubleness; (*fig.*) falseness; **-ójny** *a.* double; twofold; ambiguous; for two persons.
podwozie *n.* base-frame; chassis.
podwórz-e *n.* court-yard; backyard; **-owy** *a.* (of a) court-yard; pies ~, watch-dog.
podwóz *m.* conveyance, transportation.
podwyż-ka *f.* rise, augmentation, addition; **-szać, -szyć** *v.* heighten, lift, raise; exalt; **-szenie** *n.* elevation; rise, increase.
podym-ie *n.* cottage; **-ne** *n.* hearth-tax.
podzamcze *n.* castle-yard.
podzelować *v.* sole.
podzi-ać, -eć *v.* place, lay, mislay; ~ się, go astray; find shelter; be lost.
podział *m.* share, division, partition; ~ pracy, division of labour; **-ka** *f.* (*mapy*) scale; (*termometra*) graduation.
podziel-ać *v.* share, partake; ~ zdanie, be of the same opinion; **-ić** *v.* divide; ~ **się** (*czemś z kim*), share a thing with one; partake (of); **-ność** *f.* divisibility; **-ny** *a.* divisible; **-ony** *a.* divided.
podziem-ie *n.* basement, vault; cave; **-ny** *a.* underground; subterraneous.
podziewać się see **podziać się**.
podzięk-a *f.*, **-owanie** *n.* thanks *pl.*; thanksgiving; **-ować** *v.* thank.
po dziś dzień *adv.* up to the present day, down to the present day.

For verbs with prefix **po-** not given consult **po-**.

podziurawi-ć *v.* make holes; perforate; **-ony** *a.* full of holes; perforated.
podziw *m.*, **-ienie** *n.* admiration, wonder; na ~, wonderfully; amazingly; nad ~, beyond all expression; **-iać** *v.* admire, wonder (at).
podzwon *m.* toll.
podzwrotnikowy *a.* tropical; equatorial.
podźwignąć *v.* lift, raise; (*fig.*) restore.
podżega-cz *m.* inciter, instigator; **-ć** *v.* stir up, instigate incite, kindle.
podżyły *a.* elderly.
poema-t *m.* poem; **-cik** *m.* short poem.
poet-a *m.* poet; **-tka** *f.* poetess; **-ycki, -yczny** *a.* poetic(al); **-yka** *f.* poetics, *pl.* **-yzować** *v.* poetize.
poezja *f.* poetry.
pofatygować się *v.* take trouble; give oneself trouble; take pains; (*do kogo*) come (or go) to see a person.
pofolgowa-ć *v.* relax, slacken; gratify one (with); **-nie** *n.* relaxation; (*fig.*) indulgence.
pogada-ć *v.* chat; talk a thing over (with one); **-nie** *n.*, **-nka** *f.* chat; talk.
pogania-cz *m.* driver; cowherd; herdsman; **-ć** *v.* drive.
poga-nin *m.* pagan, heathen; **-ński** *a.* pagan; **-ństwo** *n.* paganism.
pogar-da *f.*, **-dzanie, -dzenie** *n.* contempt; scorn; disdain; godzien -dy, contemptible; **-dliwość** *f.* despicableness, contemptibility; **-dliwy** *a.* scornful, despicable, contemptible; **-dzać, -dzić** *v.* disdain, scorn, despise.
pogarszać *v.* make worse; worsen; ~ **się,** be (grow) worse.
pogawę-dka *f.* talk, chat, prattle; **-dzić** *v.* chat, prattle, talk.
pogi-ąć *v.* bend; crook, curve; **-ęty** *a.* crooked, bent.
poginąć *v.* perish, die.

Odnośnie do czasowników z przedrostkiem po-, brakujących powyżej, obacz **po-**.

pogląd *m.* view, opinion; survey, review; **-ać** *v.* look at, glance, view; ~ **ukradkiem,** peep, peer; **-owość** *f.* objectiveness; lekcja **-owa,** object-lesson.
pogłaskać *v.* stroke, caress.
pogłębi-ać, -ć *v.* deepen; dredge; **-ak** *m.* drag; **-arka** *f.* dredger.
pogłoska *f.* rumour, report; rozchodzi się ~, it is reported.
pogł-owie *n.* community; **-ówne** *n.* podatek -ówny, poll-tax.
pogłu-chnąć *v.* become deaf; **-szyć** *v.* stun; deafen.
pogłupieć *v.* be stupefied.
pogmatwa-ć *v.* embroil, entangle, confound; confuse; **-nie** *n.* entanglement, confusion.
pognać *v.* drive; ~ za kim, pursue.
pognębi-ć *v.* crush; oppress; **-enie** *n.* oppression.
pognieść *v.* (*pomiąć*) crumple, rumple; (*cisnąć*) press, squeeze, crush, squash.
pogoda *f.* (fine) weather; ~ umysłu, **-ność** *f.* cheerfulness; **-ny** *a.* fine, fair, bright; (*wesoły*) cheerful.
pogodz-enie się *n.* reconciliation; agreement; **-ić** *v.* reconcile; ~ się (*z kim*) come to an agreement with; make friends; ~ się (*z czemś*), put up (with); **-iciel** *m.* mediator, peace-maker.
pogoń *f.* pursuit, *pl.*; Lithuanian blazon, (*fig.*) Lithuania.
pogorsz-enie *n.* change for the worse; **-yć** *v.* make worse; worsen; ~ się, grow worse, get worse.
pogorz-ały *a.* ruined by fire; **-eć** *v.* burn; be in a fire; **-el** *f.* fire, conflagration; **-elec** *m.* person ruined by a fire; **-elisko** *n.* place of conflagration.
pogotowi-e *n.* readiness; w -u, na -u, ready; in readiness; at hand; ~ ratunkowe, ambulance; kareta -a, ambulance van.
pogranicz-e *n.* confines, borders, *pl.*; **-ny** *a.* (of the) bor-

For verbs with prefix po- not given consult **po-**.

der; adjacent, contiguous; dwelling on the border; miasto -ne, frontier town.

pogrąż-ać, -yć *v.* sink, plunge; -ony w żalu, overwhelmed with sorrow; ~ **się** *v.* (*fig.*) be absorbed (in); **-enie** *n.*; ~ **się** *n.* absorption.

pogrobow-iec *m.* posthumous child; (*nagrobek*) grave; **-y** *a.* posthumous.

pogrom *m.* defeat, massacre; pogrom; **-ca** *m.* conqueror; **-ić** *v.* rout, defeat.

pogr-ozić *v.* threaten; menace; **-óżka** *f.* threat, menace; **-óżny** *a.* threatening, menacing.

pogrubieć *v.* grow bigger.

pogruchotać *v.* shatter, smash.

pogrzeb *m.* burial, funeral; być na -ie, attend a funeral; **-acz** *m.*, **-aczka** *f.* poker; **-ać** *v.* bury; **-anie** *n.* interment; **-ny, -owy** *a.* funeral, gloomy; właściciel zakładu -owego, undertaker.

pogrzybieć *v.* grow decrepit.

pogwałc-enie *n.* violation, breach; infringement; **-ić** *v.* violate; break; infringe.

pogwar *m.* noise, murmur; **-ka** *f.* chat.

pogwizd *m.* whistle; **-ywać** *v.* whistle.

poha-niec *m.* infidel; **-ńbić** *v.* disgrace, dishonour; affront, insult; **-ńbienie** *n.* dishonour, disgrace, insult.

pohop see **pochop.**

pohula-ć *v.* be merry; **-nka** *f.* bout, revelry.

pohybel *m.* ruin; damnation.

po-ić *v.* (*bydło*) water; (*kogoś*) make drunk; **-idło** *n.* watering-place.

poinformować *v.* inform; ~ **się,** inquire, ask.

pojaw *m.* appearance; **-iać się, -ić się** *v.* appear; show oneself; ~ ~ w druku, be published; **-enie się** *n.* appearance.

pojazd *m.* coach, carriage.

pojąć *v.* understand, conceive; ~ za żonę, marry.

Odnośnie do czasowników z przedrostkiem po-, brakujących powyżej, obacz **po-**.

pojechać *v.* go (to); leave (for).

pojedn-ać *v.* reconcile; ~ **się,** be reconciled; **-anie** *n.* reconciliation; **-awca** *m.* mediator; peace-maker; **-awczo** *adv.* peaceably; **-awczość** *f.* peaceableness; **-awczy** *a.* reconciliatory; peaceable.

pojedy-nek *m.* duel; wyzwać na ~, challenge; **-nka** *f.* one-barreled gun; w -nkę, single-handed; **-nkarz** *m.* duellist; **-nkować się** *v.* fight a duel; **-ńczo** *adv.* singly; **-ńczość** *f.* singleness; **-ńczy** *a.* single; simple; liczba **-ńcza** (*gram.*) singular.

pojemn-ość *f.* capacity; **-y** *a.* capacious; roomy.

pojenie *n.* watering; making one drunk.

pojezuicki *a.* formely belonging to the Jesuits.

pojezierze *n.* lake-land.

poję-cie *n.* comprehension, intellect, notion, idea; **-tność** *f.* quick comprehension; **-tny** *a.* intelligent, quick of apprehension; **-ty** *a.* conceived, understood.

pojm-ać *v.* seize, catch, apprehend; arrest; **-anie** *n.* seizure, detension, capture; **-ować** *v.* conceive, comprehend, understand; **-owanie** *n.* apprehension, comprehension.

pojutrze *adv.* the day after to morrow; **-jszy** *a.* the day after to morrow's.

pokalać *v.* defile, pollute, contaminate, soil.

pokarm *m.* nourishment, food; **-owy** *a.* alimentary; kanał ~, alimentary canal.

pokaszliwać, pokasływać *v.* cough slightly.

po kawałku *adv.* piecemeal.

pokaz *m.* show, display; na ~, for show; (*fig.*) extraordinary; **-ać, -ywać** *v.* show, display; point at; ~ komu plecy, turn one's back (upon); ~ się, appear; (*okazać się*) prove.

For verbs with prefix po- not given consult **po-**.

poka-źność *f.* showiness; **-źny** *a.* considerable; fine looking; showy.
pokąd *adv.* as long as; till; until; ~? till when?
pokątn-ie *adv.* secretly, underhand; on the sly; without licence; **-y** *a.* secret, clandestine; unlicensed; hole-and-corner.
poklask *m.* applause; approbation; **-iwać, poklasnąć** *v.* clap one's hands, applaud, approve.
poklecić *v.* huddle up, patch up.
pokład *m.* stratum, layer, bed; (*okrętu*) deck; na -dzie, aboard; on board; **-ać** *v.* lay, place, put; (*drzewem*) inlay; (*zwierzęcia*) geld; ~ w kim zaufanie, put one's confidence in a person; trust; **-ny** *a.* chleb ~, show-bread.
pokłon *m.* bow, homage; bić -y, prostrate oneself; **-ić** *v.* bow; ~~ **się** *v.* bow (to); give one's compliments (to); present one's compliments (to).
pokłosie *n.* gleaning; selection; zbierać ~, glean.
pokochać *v.* take a liking (to); become fond (of); ~ się (*w*), fall in love (with).
poko-ik *m.* small room; **-jowa, -ówka** *f.* chamber-maid; **-jowiec, -jowy** *m.* lackey; **-jowy** *a.* chamber-; (of a) room; (*niewojenny*) of peace, peace-time, peaceable.
pokon-ać, -ywać *v.* overcome, defeat; conquer; **-anie** *n.* defeat; overcoming; conquest; **-any** *a.* overcome; defeated.
pokończ-enie *m.* conclusion; settlement; **-yć** *v.* conclude, settle.
pokor-a *f.* humility; **-ność** *f.* submissiveness; **-ny** *a.* humble, submissive; low.
pokos *m.* swath; -em *adv.* mown; swept; **-ić** *v.* mow.
pokost *m.* varnish; (*fig.*) polish; **-nik** *m.* varnisher; **-ować** *v.* coat; varnish; lacquer; **-owy** *a.* (of) varnish.
pokotem *adv.* leżeć ~, lie swept, [lie mown.

pokój *m.* room, chamber; (*spokój*) peace, rest, quiet; ~ sypialny bed-room; ~ jadalny, dining room; ~ gościnny, guest-chamber; dać czemuś ~, stop, discontinue, do away (with); zawrzeć ~, conclude peace; układać się o ~, negociate a peace; prosić o ~, ask for peace; daj mi ~! leave me alone; nie dać komu pokoju, give no rest (to).
pokpić *v.* (*sprawę*) bungle (a matter); (*z kogo*) make fun (of), banter one.
pokrajać *v.* cut into pieces; carve.
pokra-czny *a.* awkward, grotesque; monstrous; **-ka** *f.* awkward figure.
pokrapiać see **pokropić.**
pokrew-ieństwo *n.*, **-ność** *f.* kindred, relationship, kinship; **-ny** *a.* akin, related.
pokręc-ać, -ić *v.* turn, twirl; curl; (*fig.*) entangle, confuse; ~ głową, shake one's head; ~ wąsa, curl one's moustache.
pokrow-iec, -czyk *m.* cover, sheath; case; ~ na kozioł, hammer-cloth.
pokrój *m.* form; (*fig.*) kind; type.
pokrótce *adv.* briefly, summarily, in short.
pokruszyć *v.* crumble, crush; (*fig.*) humiliate.
pokry-cie *n.* cover, covering; (*fin.*) funds; **-ć, -wać** *v.* cover; hide, conceal; ~ koszty, defray expenses; **-jomu** *adv.* stealthily, secretly; clandestinely; **-wa, -wka** *f.* cover, lid; (*fig.*) disguise, pretext; cloak; pretence.
pokrzepi-ać, -ć *v.* strengthen, comfort; refresh; ~ **się,** refresh oneself; **-enie** *n.* refreshment, comfort.
pokrzyk *m.* (*bot.*) belladonna.
pokrzykiwać *v.* scream, shout.
pokrzyw-a *f.* nettle; **-ka** *f.* (*med.*) (nettle-)rash; **-nica** *m.* (*zool.*) wren.

Odnośnie do czasowników z przedrostkiem po-, brakujących powyżej, obacz **po-.**

For verbs with prefix po- not given consult **po-.**

pokrzywdz-enie *n.* injury, wrong; **-ić** *v.* injure, wrong; **-ony** *a.* wronged, injured.
pokrzywi-ć *v.* crook, bend, spoil; misrepresent; **-enie** *n.* bent; (*bot.*) flexuosity; **-ony** *a.* crooked, bent; (*bot.*) flexuous.
pokup *m.* demand, ready sale; **-ny** *a.* saleable, in (great) demand.
pokurcz *m.* cross-breed; **-yć** *v.* cramp; ~ **się,** shrink, shrivel.
poku-sa *v.* temptation; ~ mnie bierze, I am tempted; **-szać, -sić** *v.* tempt, induce, entice; **-szać się, -sić się,** attempt, venture; **-siciel** *m.*, **-sicielka** *f.* tempter, enticer, seducer; **-szenie się** *n.* attempt, venture.
poku-ta *f.* penance, penitence, atonement; **-tnica** *f.*, **-tnik** *m.* penitent; **-tny** *a.* penitential; **-ować** *v.* do penance (for sins); (*fig.*) pay (for); be punished (for); suffer (for); (*o strachach*) w tym domu -uje, this house is haunted.
pokwitow-ać *v.* receipt; **-anie** *n.* receipt.
Polak *m.* Pole; **-ożerca** *m.* enemy of Poles, hater of Poles.
polanka f. glade; clearing (in a forest).
polano *n.* log.
polarn-ość *f.* polarity; **-y** *a.* polar; -a zorza, aurora borealis.
pole *n.* field; (*fig.*) sphere, province; (*herald.*) shield; (*szachownicy*) square; ~ widzenia, field of vision; wywieść w ~, deceive, outwit, delude; wyruszyć w ~, take the field; dotrzymać pola, hold the field; stracić ~, retire, fly; zejść z pola, quit the field.
polec-ać, -ić *v.* give orders, recommend; commit to one's care; **-ający** *a.* recommending; list ~, letter of recommendation; **-enie** *n.* injunction, order, recommendation; commission; **-ony list,** registered letter.

Odnośnie do czasowników z przedrostkiem po-, brakujących powyżej, obacz **po-**.

pole-c, -dz, -gnąć *v.* fall, perish; **-gły** *a.* fallen, killed.
poleg-ać *v.* (*ufać*) depend (upon), rely (upon); (*zasadzać się*) lie (in); consist (in); rzecz -a na tem, że, the point of the matter is (that); **-anie** *n.* confidence, trust.
polemi-czny *a.* polemic(al); **-ka** *f.* polemic; **-sta** *m.* controversialist.
polep-a *f.* plaster; **-iać, -ić** *v.* [plaster.
polepsz-ać, -yć *v.* improve; ~ **się,** improve, grow better; **-anie** *n.* improving; **-enie** *n.* improvement.
polerow-ać *v.* polish; smooth; **-nik** *m.* polisher, burnisher; **-ny** *a.* polished, burnished.
polerunek *m.* polish, gloss.
polew-a *f.* glaze; varnish; **-acz** *m.* glazer; **-aczka** *f.* watering-can; **-ać** *v.* water; sprinkle; (*pieczeń*) baste; (*garnki*) glaze; (*cyną*) tin; (*smołą*) tar; **-anie** *n.* watering; glazing; ~ ogniska, house-warming; **-ka** *f.* soup; sauce; ~ winna, caudle.
polędwica *f.* loin (of beef).
polica *f.* shelf.
polichrom-ja *f.* polychrome; varied colouring; **-owy** *a.* polychromic.
polic-ja *f.* police; **-jant** *m.* policeman; **-yjny** *a.* (of the) police.
policz-ek *m.* cheek; ~, **-kowanie** *n.* (*spoliczkowanie*) slap in the face; (*uderzenie dziecka*) box on the ear; **-kowy** *a.* (of the) cheek, facial.
policzyć *v.* count, reckon; charge; ~ **się,** (*z kim*) settle accounts (with).
poliklinika *f.* policlinic.
polip *m.* (*med.*) polypus; (*zool.*) polyp.
polisa *f.* policy.
poliszynel *m.* punch.
politechni-czny *a.* polytechnic; **-ka** *f.* engineering college.
politowanie *n.* pity, mercy; compassion.
politur-a *f.* varnish; **-ować** *v.* varnish; polish.

For verbs with prefix po- not given consult **po-**.

polity-czny *a.* political; (*fam.*) civil; **-k** *m.* politician; statesman; artful man; **-ka** *f.* politics, *pl.*; policy; civility, politeness; **-kować** *v.* politicize, talk politcs; be crafty.

polka *f.* polka (dance).

polny *a.* (of the) field; wild; artylerja polna, field-artillery; mysz polna, field-mouse; kwiat ~, wild flower.

polon-ez *m.* polonaise (dance); **-izować** *v.* polonize.

polor *m.* polish, gloss; refinement; good manners.

polot *m.* flight; soaring thoughts; loftiness; **-ny** *a.* fleeting; wavy.

polowa-ć *v.* hunt; (*na ptaki*) shoot; **-nie** *n.* hunting, shooting.

polowy *a.* (of the) field; ~ *m.* game-keeper.

pol-ski *a.* Polish; **-skość** *f.* Polish origin, Polish language and manners; **-szczyć** *v.* polonize; **-szczyzna** *f.* Polish language and manners; pisać dobrą -szczyzną, write good Polish.

polubić *v.* take a liking (to), take a fancy (to); become fond (of).

polubowny *a.* amicable; decided by mutual agreement; sędzia ~, arbiter, referee.

poła *f.* coat-tails; folds (of a skirt); (*fig.*) apron-strings.

połać *f.* block (of houses); (*szmat*) piece; (*okrąg*) district.

połapać *v.* catch, apprehend; ~ **się,** collect one's thoughts.

poławia-cz pereł, pearlfisher; **-ć** *v.* catch; fish.

połącz-enie *n.* junction, union, combination; (*telef. i kol.*) connection; ~~ się, union, fusion, blending; **-yć** *v.* join, unite; ~~ się, unite, join, amalgamate.

połeć *m.* flitch; połciem leżeć, sprawl.

połknąć *v.* swallow.

połonina *f.* glade; clearing (in a forest).

połow-a *f.* half; middle; o -ę mniejszy, smaller by half; w -ie czerwca, in mid June; w -ie drogi, half-way; **-ica** *f.* better half; **-iczny** *a.* half; imperfect; half-hearted.

połowny *a.* fishy.

połoz *m.* (*zool.*) boa.

położ-enie *n.* (*miejsce*) situation; position; (*stan*) state, condition; **-nica** *f.* confined woman; woman in childbirth; **-nictwo** *n.* obstetrics, *pl.* midwifery; **-niczy** *a.* obstetric; zakład -niczy, lying-in hospital; sztuka -nicza, midwifery; **-ony** *a.* situated; **-yć** *v.* place; situate; lay (down); put; ~ koniec, put an end; ~ ufność (*w*), place confidence (in); ~ życie, sacrifice one's life; ~ zasługi, gain merit; ~ się, lay down; go to bed.

połóg *m.* childbirth; delivery; confinement.

połów *m.* catch; ~ pereł, pearl-fishery.

południ-e *n.* midday, noon; (*geogr.*) south; w ~, at noon; na ~, southward; **-k** *m.* meridian; **-kowy** *a.* meridian; **-owiec** *m.* southerner; **-owo-wschodni** *a.* south-eastern; **-owo-zachodni** *a.* south-western; **-owy** *a.* southern, southerly; (*o czasie*) (of) noon; pora -owa, noon(-tide).

połyk *m.* (*anat.*) oesophagus, gullet; **-ać** *v.* swallow; **-acz** *m.* swallower; **-anie** *n.* swallowing.

połysk *m.* gloss, glitter; lustre, polish; **-iwać** *v.* glitter, glisten; shine; **-iwanie, -anie** *n.* glitter, flash; **-liwy, -ujący** *a.* glittering.

pomad-a *f.* pomade; **-ować** *v.* pomade; ~ się, pomade one's hair.

pomagacz *m.* helper; **-ć** *v.* help, aid, assist; to nic nie pomoże, it is of no avail.

poma-leńku, -lutku, -łu *adv.* little by little, slowly; gradually, by degrees.

pomarańcz-a *f.* orange; **-arnia** *f.* orangery; **-owy** *a.* orange; orange-coloured; **-ówka** *f.* orange-brandy.

pomar-li, -łe *pl.* the deceased, the dead; **-lica** *f.* cattle-plague.

Odnośnie do czasowników z przedrostkiem **po-**, brakujących powyżej, obacz **po-**.

For verbs with prefix po- not given consult **po-**.

pomarszcz-ony *a.* wrinkled; **-yć** *v.* wrinkle; shrivel.
pomaszczenie *n.* unction, anointment.
pomawiać *v.* (*kogo o co*) accuse one (of), charge (with); (*po kim*) counterfeit one's voice.
pomaz-ać *v.* (*olejem św.*) anoint; **-anie** *n.* anointment; ostatnie ~, the extreme unction; **-aniec** *m.* anointed man; ~ Boży, Lord's Annointed; **-ywać** *v.* see **mazać**.
pomiar *m.* measurement, surveying; survey; **-kować** *v.* be aware (of); perceive, understand; observe; conjecture; ~ się, bethink oneself, think better (of); see one's way; **-kowanie** *n.* moderation; **-owy** *a.* surveyor's, geometrical.
pomiata-ć *v.* (*kim, czem*) spurn, browbeat; despise; disregard; **-nie** *n.* disregard; spurning; browbeating.
pomidor *m.* tomato; **-owy** *a.* (of) tomato(es).
pomieni-ać, -ć *v.* exchange; mention; allude (to); ~ się, barter; exchange; **-ony** *a.* mentioned, quoted; alluded to.
pomier-ność *f.* measurableness; moderation; **-ny** *a.* measurable; moderate.
pomiesz-ać *v.* mix, mingle, confuse, confound; ~ komu szyki, thwart one's designs; **-anie** *n.* confusion; mixing; bewilderment; ~ zmysłów, insanity, alienation; dostać ~~, go mad; **-any** *a.* confused; puzzled.
pomiesz-czenie *n.* room; lodging; **-kać** *v.* stay, dwell; **-kanie** *n.* lodging; abode, residence.
pomieścić *v.* place; lodge; put; accomodate; (*mieścić w sobie*) hold; ~ się, find room, be contained, be comprised; put up.
pomiędzy *adv.* among, amidst, between.
pomi-jać, -nąć *v.* overlook, omit; pass over (in silence); -jając to, że, apart from the fact that; **-nięcie** *n.* omission; neglect.

Odnośnie do czasowników z przedrostkiem po-, brakujących powyżej, obacz **po-**.

pomimo *prp.* in spite of; ~ to jednak, notwithstanding; nevertheless; **-wolny** *a.* involuntary.
pomiot *m.* brood, litter; cast, throw, refuse; **-ło** *n.* mop.
pomnażać *v.* multiply, increase; ~ się, multiply; grow in number(s). [member.
pomnieć *v.* bear in mind; re-
pomniejsz-ać, -yć *v.* diminish; lessen; (*fig.*) depreciate; **-y** *a.* smaller, minor.
pomnik *m.* monument; **-owy** *a.* monumental.
pomnoż-enie *n.* multiplication, increase; **-yciel** *m.* increaser, multiplier; **-yć,** ~ **się** *v.* multiply, increase; augment.
pomny *a.* (*na co*) mindful (of); remembering; (*sławny*) memorable.
pomoc *f.* help, assistance, aid; succour; ~ lekarska, medical assistance; nieść ~, bring help to one; wołać o ~, cry out for help; wzywać czyjej -y, call upon one for help; przybiec komu na ~, fly to one's assistance; **-nica** *f.* assistant; **-niczy** *a.* auxiliary; **-nik** *m.* assistant; **-ny** *a.* helpful, useful, serviceable.
pomolog-iczny *a.* pomological; **-ja** *f.* pomology.
pomo-rski *a.* (situated on the) seashore; **-rze** *n.* sea-coast.
pomost *m.* platform, gangway; (*okrętu*) deck.
pomowa *f.* calumny; suspicion.
pomó-c, -dz see **pomagać.**
pomór *m.* pestilence; (*na bydło*) cattle-plague. [**mówić.**
pomówić *v.* see **pomawiać** also
pomp-a *f.* (*wystawność*) pomp; (*przyrząd*) pump; ~ ssąco-tłocząca, sucking and forcing pump; ~ tłokowa, piston pump; ~ powietrzna, air-pump; **-atyczny** *a.* pompous; affected; **-ka** *f.* pump; **-ować** *v.* pump.
pompon *m.* (*ozdoba*) pompon.
pomro-czek *n.*, **-ka** *f.* darkness, dimness; **-czny** *a.* dark, dim.

For verbs with prefix po- not given consult **po-**.

pomruk *m.* grumble; murmur; **-iwać** *v.* grumble; murmur.
pomrzeć *v.* die.
pom-sta *f.*, **-szczenie** *n.* revenge, vengeance; o -stę do nieba wołać, be a crying outrage; **-stować** *v.* curse; swear (at); **-szczony** *a.* avenged; **-ściciel** *m.* avenger; **-ścić** *v.* avenge; revenge; ~ się, revenge oneself (for).
pomy-ć, -wać *v.* wash; rinse; **-je** *pl.* dish-water; slops.
pomykać *v.* rush on.
pomy-lić *v.* lead into error; ~ się, be mistaken, commit a mistake; **-łka** *f.* mistake; blunder; przez -łkę, by mistake.
pomy-sł *m.* idea, thought; conception; **-słowość** *f.* ingeniousness; **-słowy** *a.* ingenious; **-ślany** *a.* thought out; planned; **-śleć** *v.* think (of), consider, meditate; **-ślność** *f.* prosperity, success, welfare; **-ślny** *a.* successful, prosperous, favourable; happy; ~ skutek, good effect; -ślna odpowiedź, favourable reply.
pomywa-czka *f.* scullery-maid; charwoman; **-lnik** *m.* washing-tub.
ponachodzić *v.* find.
ponad *prp.* above, beyond, over; along; **-to** *adv.* moreover; over and above.
ponawiać *v.* renew; reiterate; ~ się, recur.
poncz *m.* punch.
ponęt-a *f.* attraction; bait; charm; ~ rybna, fish-bait; **-ność** *f.* attractiveness, charm; **-ny** *a.* attractive, alluring, charming; inviting.
poniechać *v.* (*czego*) desist (from); leave off; give up; forbear; omit (to).
poniedział-ek *m.* Monday; w ~, on Monday; **-kowy** *a.* (of) Monday.
poniekąd *adv.* in some measure, partly; to a certain extent.
ponieść *v.* bear; carry (to); ~ stratę, sustain a loss; ~ koszty, bear the expenses; ~ ofiarę, suffer a loss.
ponieważ *c.* because, as, since.
poniewczasie *adv.* too late; aftertime, behindhand.
poniewier-ać *v.* (*kim*) ill-treat one; slight, disregard; spoil; ~ się, be scorned, be held in contempt; be wasted; be neglected; **-ka** *f.* neglect; contempt; ill-treatment; humiliation; slight.
poniewol-nie, poniewoli *adv.* involuntarily; **-ny** *a.* compelled, constrained; forced.
ponik *m.* spring, source.
poniż-ać, -yć *v.* degrade; abase, humiliate; ~ się, degrade oneself; humble oneself; **-ający** *a.* degrading; **-enie** *n.* degradation, humiliation; abjectness; **-ej** *adv.* underneath, below; beneath.
pono, -ć *adv.* apparently; as is reported; on tam ~ był, he is said to have been there.
ponocny *a.* night; nightly.
ponosić *v.* endure, suffer, bear.
ponow-a *f.* newly fallen snow; renewal, reiteration; **-ić** *v.* renew, repeat; **-ienie** *n.* renewal; recurrence; reiteration; **-nie** *adv.* anew, afresh; **-ny** *a.* reiterated, renewed, repeated.
pons *m.* crimson red; **-owy** *a.* crimson red; deep scarlet.
ponton *m.* pontoon; **-ier** *m.* pontoneer; **-owy most,** pontoon-bridge.
pontyfikalny *a.* pontifical.
ponur-ość *f.* gloominess, sullenness; low spirits; scowl; **-y** *a.* gloomy, sullen, scowling, dark.
pończo-cha *f.* stocking; **-sznictwo** *n.* hosiery; **-szniczka** *f.*, **-sznik** *m.* hosier; **-sznicze wyroby,** hosiery.
poobie-dni *a.* afternoon; drzemka -dnia, afternoon nap; **-dzie** *n.* after dinner.
poodstępować *v.* retire, withdraw.
poodzyskiwać *v.* retrieve, recover.

Odnośnie do czasowników z przedrostkiem po-, brakujących powyżej, obacz **po-**.

For verbs with prefix **po-** not given consult **po-**.

poomacku *adv.* gropingly; iść ~, grope one's way.
pop *m.* Orthodox priest; **-adja** *f.* wife of Orthodox priest.
poparcie *n.* support; backing; help; udzielić poparcia, support, help out; back.
popa-s *m.* relay of horses; (*stacja*) halt; stage; (*posilenie*) bait, baiting; **-sać, -sywać, -ść** *v.* bait; halt; **-ść** *v.* fall into; fall under; incur.
popatrz-eć, -yć *v.* look.
popełni-(a)ć *v.* commit, perpetrate; **-enie** *n.* deed, action; perpetration.
popęd *m.* impulse; propensity; inclination; z własnego -u, of one's own accord; **-liwość** *f.* rashness, impetuosity; hastiness; **-liwy** *a.* impetuous, rash, violent; hasty; **-owy** *a.* driving; **-zać, -zić** *v.* drive, urge forward; impel; work (something), set in motion.
popi(ja)ć *v.* drink; tipple.
popiel-asty *a.* ashy, greyish; **-ato** *adv.* grey; **-aty** *a.* grey, ashy; **-cowa środa, -ec** *m.* Ash-Wednesday; **-eć** *v.* turn into ashes; **-ica** *f.* grey squirrel; **-nica** *f.* ash-tray; (funeral) urn.
popiera-cz *m.* promoter; **-ć** *v.* support; promote, patronize; back.
popiersie *n.* bust.
popijać *v.* sip; drink.
popi-oły *pl.* ashes *pl.*; **-ół** *m.* ash; cinders, *pl.*
popis *m.* show; display; demonstration; exhibition; **-ać się, -ywać się** *v.* display (one's skill, knowledge etc.); perform; parade, show off; **-owy** *a.* (of a) show; (of an) exhibition; (*poborowy*) conscriptional; **-owy** *m.* conscript.
poplecznik *m.* follower; supporter; associate; abetter.
popła-cać *v.* be of value; be worth while; bring profit; **-tność** *v.* remunerativeness; value; lucrativeness; **-tny** *a.* lucrative, remunerative; valuable.
popłoch *m.* panic, fright.
popod *prp.* under.
popołudni-e *n.* afternoon; **-u,** in the afternoon; **-owy** *a.* afternoon.
popoznawać *v.* get acquainted [(with).
popraw-a *f.* improvement; correction; repair; **-czy** *a.* correctional, corrective; **-iać, -ić** *v.* correct, amend; better, mend; ~ się, amend; **-ka** *f.* correction; **-ność** *f.* correctness; **-ny** *a* correct, right.
poprawdzie *adv.* verily, surely.
popręg *m.* saddle-girth.
poprostu *adv.* simply, plainly; downright.
poprzecz, -e *n.* breadth; **-ka** *f.* transom; **-nica** *f.* lintel; transom; the diagonal line; (*ulica*) cross-street; **-nie** *adv.* (*wpoprzek*) across; diagonally; transversally; **-ny** *a.* diagonal, transversal.
poprzeć see **popierać**.
poprzedni *a.* previous, preceding; prior (to); **-ctwo** *n.* antecedence, priority; **-czka** *f.*, **-k** *m.* predecessor; forerunner; (*mat.*) antecedent; **-o** *adv.* previously, formerly.
poprzedz-ać, -ić *v.* precede; lead (the way); **-ający** *a.* foregoing, preceding, former; previous; **-anie** *n.* precedence.
poprzek *adv.* w~, across, athwart.
poprzesta(wa)ć *v.* discontinue, desist; cease; (*na czem*) be satisfied, be contented (with); content oneself (with); leave it at . . .
popstrz-ony *a.* dotted; variegated; ~ przez muchy, fly-bown; **-yć** *v.* variegate.
popsu-ć *v.* spoil; deprave; ~ się, be spoiled; **-cie** *n.* spoiling, depravation; **-ty** *a.* spoiled, damaged; (*fig.*) corrupted.
popular-ność *f.* popularity; **-ny** *a.* popular; **-yzować** *v.* popularize.

Odnośnie do czasowników z przedrostkiem po-, brakujących powyżej, obacz **po-**.

For verbs with prefix po- not given consult **po-**.

popu-szczać, -ścić *v.* let go, slacken, relax; ~ cugli, give the reins (to).

popycha-ć *v.* push; shove forward, thrust forward; ~ się, jostle, thrust; **-dło** *n.* drudge; stop-gap.

popyt *m.* demand; search; **-ać się** *v.* inquire; get information.

por *m.* (*anat.*) pore; (*bot.*) leek.

pora *f.* season; time; opportunity; ~ roku, season; w porę, in due time; w samą porę, in the nick of time; nie w porę, unseasonably.

porabiać *v.* be doing; be getting along.

porach-ować *v.* reckon, count; **-unek** *m.* account to settle.

pora-da *f.* advice, counsel; consultation; **-dnik** *m.* adviser; guide-book; **-dny** *a.* well-advised; clever; **-dzić** *v.* (*komu*) advise one; counsel; (*czemu*) be equal to; (*sobie*) manage (along); (*komu*) be a match for; ~ się kogo, ask one's advice; consult.

poradl-ić *v.* furrow; **-ne** *n.* land-tax.

poran-ek *m.* dawn; morning; morn; **-ny** *a.* (of the) morning.

porastać *v.* be overgrown (with); grow upon; ~ w pierze, fledge; (*fig.*) thrive.

porat-ować *v.* help, succour; assist; ~ zdrowie, recover one's health; **-owanie** *n.* help, assistance; ~ zdrowia, recovery.

pora-zić *v.* strike; ~ nieprzyjaciela, defeat; **-żenie** *n.* shock; defeat; paralysis; (*med.*) palsy; ~ słoneczne, sunstroke; ~ mózgu, apoplexy; **-żka** *f.* defeat; **-żony** *a.* defeated; paralysed; struck (with).

porąb *m.* wood-cutting; felled wood; **-ać** *v.* chop; hack.

porcelan-a *f.* china(-ware); porcelain; **-owy** *a.* (of) porcelain; (of) china; **-ka** *f.* porcelain clay.

porcja *f.* share, allowance; portion.

poręba *f.* clearing (in a wood).

Odnośnie do czasowników z przedrostkiem po-, brakujących powyżej, obacz **po-**.

poręcz *f.* hand-rail, railing; banister; ~ krzesła, the arm of a chair; **-e** *pl.* (*gimn.*) parallel bars.

poręczenie *n.* guarantee; bail; **-czny** *a.* handy; **-czyciel** *m.* guarantor; **-czyć** *v.* guarantee; **-ka** *f.* bail, security; **-kawiczne** *n.* gratuity.

porfir *m.* porphyry.

pornograf-iczny *a.* pornographic; **-ja** *f.* pornography.

poro-dowy *a.* (of) child-birth; bóle -dowe, the pangs of child-birth; **-dzenie** *n.* child-birth; **-dzić** *v.* bring forth; bear; ~ się, be born.

poroni-ć *v.* miscarry, abort; **-enie** *n.* abortion, miscarriage; **-ony** *a.* abortive; (*fig.*) hopeless.

poro-st *m.* growth; excrescence; (*bot.*) sea-weed; **-sty** *pl.* (*wodne*) algae; **-śl** *f.* place overgrown with vegetation.

porowaty *a.* porous; glina **-a**, porous clay.

porozbiorowe *a.* ~ dzieje Polski, post-partition history of Poland.

porozumie-ć się, -wać się *v.* come to an understanding; agree upon; ~ na szkodę czyją, collude against one; **-nie** *n.* understanding, agreement; mieć kogo w -niu, suspect a person; **-wawczy** *a.* significant of (or for an) agreement.

poroże *pl.* horns; (*fig.*) flippancy, arrogance.

poród *m.* delivery, child-birth.

porówn-ać, -ywać *v.* compare (with); **-anie** *n.* comparison; w **-aniu** (do), in comparison (with); ~ dnia z nocą, equinox; **-awczy** *a.* comparative.

poróżni-ć *v.* disunite; set against; sow dissension (among); ~ **się**, quarrel; disagree; **-enie** *n.* quarrel; disagreement; discord.

port *m.* (sea-)port.

portal *m.* portal.

porter *m.* porter.

portfel *m.* (*lit. & fig.*) portfolio; note-case; (*fig.*) purse.

For verbs with prefix po- not given consult **po-**.

portjer *m.* porter; door-keeper; **-a** *f.* door-curtain.
portki *pl.* (*vulg.*) pants.
portmonetka *f.* purse.
porto, -rjum *n.* postage.
portre-cik *m.* small portrait; **-cista** *m.* portrait-painter; **-t** *m.* portrait, likeness; **-tować** *v.* portray; **-towy** *a.* (of a) portrait.
portugalski *a.* Portuguese.
portulaka *f.* (*bot.*) purslane.
portyk *m.* portico.
porucz-ać, -yć *v.* charge, recommend; entrust; ~ **się,** recommend oneself; commit oneself; **-enie** *n.* charge, commission, trust.
porucznik *m.* lieutenant; **-owski** *a.* lieutenant's.
porusz-ać, -yć *v.* move, raise, lift up; stir (up), excite; ~ się, stir, move; **-ający** *a.* moving, touching; **-anie, -enie** *n.* movement, stir; (*fig.*) emotion.
porwa-ć, porywać *v.* ravish; snatch; seize; (*kogoś*) kidnap; also see **rwać**; ~ **się,** break; (*z miejsca*) start up; ~ do broni, fly to arms; ~ na co, attempt a thing; ~ na kogo, offer violence to a person; **-nie** *n.* rape; ravishment.
poryw *m.* impulse, rapture; **-ający** *a.* ravishing, rapturous; **-czo** *adv.* impetuously; rashly; **-czość** *f.* impetuosity; rashness; **-czy** *a.* rash, impetuous; passionate.
porząd-ek *m.* order; ~ obrad, agenda; przywołać do -ku, call to order; po -ku, one after the other; **-ki,** housework; (*sprzęty*) utensils; **-kować** *v.* arrange, settle; **-kowanie** *n.* disposition, arrangement; settlement; **-kowy** *a.* regular; (of) order; liczby -kowe, ordinal numbers; **-nicki** *a.* orderly; **-nie** *adv.* duly, properly; in order; neatly; much; **-ność** *f.* orderliness; **-ny** *a.* orderly, clean, regular, respectable.
porzecze *n.* basin (of a river).
porzeczk-a *f.* red currant; **-owy** *a.* (of) currant.
porzuc-ać, -ić *v.* leave, forsake; quit; abandon; throw up.
posa-da *f.* foundation; basis; situation; place; stracić -dę, lose one's place; **-dzić** *v.* put, place; (*drzewo*) plant a tree; **-dzka** *f.* (inlaid) floor; ~ marmurowa, marble-floor.
posa-g *m.* dower, dowry; **-żny** *a.* dowered.
posądz-ać, -ić *v.* suspect one (of); **-enie** *n.* suspicion.
posą-g *m.* statue; ~ konny, equestrian statue; **-owy** *a.* statuesque; **-żek** *m.* statuette.
pose-lski *a.* ambassador's; deputy's; Izba -lska, Chamber of Deputies; **-lstwo** *n.* embassy; errand; message; **-ł** *m.* messenger; envoy; deputy; ambassador; (*na sejm*) Member of Parliament.
poses-ja *f.* property; **-or** *m.* proprietor.
posępn-ość *f.* gloom; sullenness; scowl; **-y** *a.* gloomy, overcast, sullen, dark, scowling.
posiad-acz *m.*, **-czka** *f.* owner, proprietor; possessor; **-ać** *v.* own, possess; nie ~~ się (z), be beside oneself (with); **-anie** *n.* possession; wejść w ~~, enter upon; **-łość** *f.* property, estate; angielskie -łości, the English possessions.
posiąść *v.* master; take possession of; occupy; reach.
posiedzenie *n.* meeting; session, sitting; zagaić ~, open the sitting; ~ sejmowe, session of the Diet.
posiew *m.* sowing, seed, dissemination.
posil-ać, -ić *v.* nourish, refresh; strengthen; ~ **się,** refresh oneself; **-ający** *a.* nourishing, refreshing; **-enie** *n.* refreshment, comfort, nourishment; **-ny** *a.* nourishing.
posił-ek *m.* meal; relief; -ki wojskowe, reinforcement; **-kować** *v.* aid, succour; reinforce;

Odnośnie do czasowników z przedrostkiem p o-, brakujących powyżej, obacz **po-**.

For verbs with prefix p o- not given consult **po-**.

help; assist, support; **-kowy** *a.* auxiliary; subsidiary; słowo -kowe, (*gram.*) auxiliary verb.
posini-ały *a.* bruised, black and blue; **-eć** *v.* become livid.
posiwi-ały *a.* grey; hoary; **-eć** *v.* grow grey.
poskok *m.* leap, jump.
poskr-amiać, -omić *v.* subdue; check; tame; suppress; **-omiciel** *m.* tamer; **-omienie** *n.* check, restraint, suppression; subjection.
pos-łać, -yłać *v.* (*po*) send (for); despatch; ~ łóżko, make a bed; ~ sobie, make one's bed; **-łanie** *n.* couch; bedding; **-łaniec, -łannik** *m.* messenger, envoy; **-łanka** *f.* messenger; deputy; **-łannictwo** *n.* mission.
posłować *v.* be member of Parliament; be deputy.
posłuch *m.* (*pogłoska*) rumour; (*posłuszeństwo*) obedience; znaleźć ~, be heard; **-ać** *v.* hear; listen (to); ~ się, obey, follow advice; **-alnia** *f.* audience; presence-chamber; **-anie** *n.* audience; hearing.
posług-a *f.* service, attendance; **-acz** *m.* servant; porter; attendant; **-aczka** *f.* charwoman; **-iwać** *v.* wait upon, attend; serve; ~ do stołu, wait at table; ~~ **się**, use.
posłusz-eństwo *n.* obedience; dutifulness; **-ny** *a.* obedient, dutiful; być -nym czyimś rozkazom, obey commands.
posmak *m.* taste.
posoch *m.* staff; stick.
poso-czyć *v.* stain with blood; imbrue in blood; **-ka** *f.* gore; blood.
pospie-ch *m.* haste, hurry, speed; z -chem, w -chu, in haste; **-szać, -szyć, -szyć się** *v.* hasten; ~~ komuś na ratunek, run to a person's aid; **-szny** *a.* hasty, speedy; pociąg ~, fast-train.
pospłacać *v.* ~ długi, pay off debts.
pospoli-cie *n.* commonly, ordinarily, vulgarly; **-cieć** *v.* become common; **-tość** *f.* vulgarity; coarseness; commonness; **-tować (się)** *v.* familiarize (oneself); **-ty** *a.* common; general, usual; vulgar; -te ruszenie, general levy.
posp-ołu, pospołem *adv.* in common, together (with); **-ólstwo** *n.* mob; rabble.
posrebrz-ać, -yć *v.* silver-plate; **-anię** *n.* plating; **-any, -ony** *a.* silver-plated.
post *m.* fast; wielki ~, Lent; **-ny** (*a.*) dzień, fast-day.
postać *f.* shape, figure; stature; to zmienia ~ rzeczy, that changes matters.
postan-awiać, -owić *v.* resolve, determine, establish; **-owienie** *n.* resolution; enactment, regulation, clause.
postarać się *v.* (*o co*) obtain, take care (of), provide; manage, see to it (that); also see **starać się**.
postaremu *adv.* after the old fashion; as of old.
postaw sukna, piece of cloth.
postaw-a *f.* posture, stature; attitude; (*ułożenie*) carriage, mien; **-ić** *v.* set; place; put; (*budynek etc.*) erect; ~ **na** swojem, carry one's point; ~ zakład, lay a wager; ~~ **się** *v.* assume an arrogant attitude.
postąpić *v.* advance, proceed; (*zachować się*) behave.
poste-restante, poste-restante.
posterun-ek *m.* post; sentinel; na -ku, on guard; **-kowy** *a.* & *m.* policeman, constable.
postęp *m.* progress; czynić -y, improve, make progress; **-ek** *m.* deed, action; conduct; **-ować** *v.* see **postąpić**; **-owanie** *n.* behaviour; conduct; procedure; advance; ~ sądowe, legal procedure; **-owiec** *m.* progressionist; **-owy** *a.* progressive; gradual; graduated.
postój *m.* stay; (*mil.*) quartering; quarters; ~ dorożek, cab-stand.
postrach *m.* dread, terror, awe.

Odnośnie do czasowników z przedrostkiem p o-, brakujących powyżej, obacz **po-**.

For verbs with prefix p o- not given consult **po-**.

postrada-ć *v.* lose, forfeit; **-nie** *n.* forfeiture.
postronek *m.* cord, rope; halter.
postronn-ie *adv.* on the side; indirectly; **-y** *a.* neighbouring; foreign; out of the way.
postrzał *m.* gunshot; gunshot wound; (*w kościach*) shooting pain, pang.
postrze-c, -dz, -gać *v.* perceive; **-ganie** *n.* perception; **-żenie** *n.* observation.
postrzel-ić *v.* shoot, wound (by shooting); **-ony** *a.* shot, wounded (by shooting); (*fig.*) crazy.
postrzy-c, -dz, -gać *v.* shear; **-gacz** *m.*, **-gaczka** *f.* shearer; **-ganie, -żenie** *n.* shearing; **-żyny** *pl.* shearing.
postskrypt *m.* postscript.
postulat *m.* postulate, claim.
postument *m.* stand, pedestal.
postyljon *m.* post-boy.
posucha *f.* dryness; drought.
posu-nąć, -wać *v.* push; advance, promote, carry; ~ **się,** advance; **-nienie, -nięcie, -wanie** *n.* move; ~~ **się** *n.* advancement; **-wisty** *a.* vigorous, brisk.
poswa-rka *f.* altercation, quarrel; **-rzyć** *v.* scold; ~ **się,** quarrel, fall out (with).
posył-ać see **posłać; -ka** *f.* parcel, errand, message; forwarding; sending; chłopiec do -ek, errand-boy.
posyp-ać, -ywać *v.* strew; sprinkle (with); spill; **-ka** *f.* bait, decoy.
poszanowanie *n.* esteem, respect.
poszczególn-ie *adv.* separately; severally; **-y** *a.* individual; separate, several.
poszczenie *n.* fasting.
poszczęścić (*komu*) bless one; give (or bring) success; ~ **się,** succeed; -ło mu się, he has succeeded.
poszczycić się *v.* be proud (of); boast (of).
poszept *m.* whisper; suggestion; **-y** *pl.* instigation, insinuation.
poszewka *f.* pillow-case.
poszkapi-ć się *v.* make a slip; make a fool of oneself; **-enie się** *n.* fault, slip.
poszkodowany *a.* wronged; być -m, incur damage, suffer a loss.
poszlak-a *f.* trace, sign; evidence; track; (*fig.*) blemish; **-ować** *v.* track out; detect; suspect.
poszuk-ać *v.* seek; look (for); **-iwacz** *m.* researcher; seeker; **-iwać** *v.* explore, inquire after; make researches; ~ swego prawa, claim; ~ na kim szkody, sue one for damages; **-iwanie** *n.* inquiry, investigation, research; robić -iwania, make researches.
poszwankowany see **poszkodowany.**
poszwa *f.* covering; pillow-case.
poszy-cie *n.* thatch; cover; **-t** *m.* (*dzieła*) part; **-wać** *v.* (*chałupę etc.*) thatch.
pościć *v.* fast.
poście-l *f.* bedding, bed-clothes; **-łać** *v.* make a bed.
pościg *m.* pursuit.
pośl-ad *m.* corn, siftings; *pl.*; **-adek** *m.* backside; buttock; rump; posterior; **-edni** *a.* posterior, inferior; of inferior quality.
puślisko *n.* stirrup-leather.
poślizg *m.* slip; **-nąć się** *v.* slip; **-nięcie (się)** *n.* slip; error.
poślubić *v.* marry, wed.
pośmieciu-ch, -szek, -szka *m.* (*orn.*) crested lark.
pośmiertny *a.* posthumous.
pośmiewisko *n.* derision; scorn; laughing-stock.
pośpie-ch *m.* hurry, haste; w -chu, in a hurry; **-szyć** *v.* hurry; hasten; **-szny** *a.* fast; hasty, speedy.
pośredni *a.* indirect; (*środk.*) medial; (*pośredniczący*) mediate; (*przeciętny*) average; **-ctwo** *n.*, **-czenie** *n.* mediatorship; intervention; za -ctwem, by means (of); **-czka** *f.* mediatrix; **-czy** *a.* me-

---

Odnośnie do czasowników z przedrostkiem po-, brakujących powyżej, obacz **po-.**

For verbs with prefix po- not given consult **po-.**

diatorial; -**czyć** *v.* intercede; mediate; -**k** *m.* intercessor, mediator, intermediary; go-between; -**o** *adv.* indirectly.
pośr-odek *m.* middle, centre, midst; -**odku** *adv.*, -**ód** *prp.* in the midst of; in the middle of; amidst, between; among.
poświadcz-ać, -yć *v.* certify; confirm, bear witness, authenticate; -**enie** *n.* certificate; authentication; testimony, evidence.
poświęc-ać, -ić *v.* consecrate; devote, sacrifice; dedicate; sanctify; ~ **się,** devote oneself; sacrifice oneself; -**enie** *n.* consecration; devotion; -**ony** *a.* devoted; consecrated; sacrificed.
poświerka *f.* (*orn.*) ortolan.
poświst *m.* gust; whistling; hissing, whizzle; -**ać, -ywać** *v.* whistle.
pot *m.* sweat; perspiration; lekarstwo na -y, a sudorific; w pocie czoła, by the sweat of one's brow; -**ny** *a.* sweaty.
potajemn-ie *adv.* secretly; -**ość** *f.* secrecy; -**y** *a.* clandestine; secret.
potakiwa-cz *m.* assentor; -**ć** *v.* assent (to), approve (to), agree (with).
potanieć *v.* grow cheaper.
potarc e *n.* rubbing; -**ty** *a.* rubbed.
potargować *v.* bargain (for); ~ się, chaffer. [*m.* potash.
pota-s *m.* (*chem.*) potassium; -**ż**
potąd *adv.* till now; hitherto; thus far; (*w przestrzeni*) up to here; ~ pokąd, as long as.
potem *adv.* after that, afterwards; then; later; na ~, for the future, for later on; -**u** *adv.* accordingly; for that, for it.
poten-cja *f.* power; -**tat** *m.* potentate.
potęg-a *f.* power; (*arytm.*)power; wynoszenie do -i, -**owanie** *n.* (*mat.*) involution; -**ować** *v.* heighten; intensify; (*mat.*) raise to a power.

Odnośnie do czasowników z przedrostkiem po-, brakujących powyżej, obacz **po-**.

potępi-ać, -ć *v.* condemn; -**ciel** *m.* condemner; -**enie** *n.* condemnation; -**eniec** *m.* fiend, reprobate; -**eńczy** *a.* hellish, fiendish; -**iony** *a.* reprobated, condemned.
potężn-ie *adv.* powerfully, mightily; greatly; -**y** *a.* mighty, powerful.
potkn-ąć się *v.* stumble; (*o*) come across; -**ięcie (się)** *n.* stumble; slip.
potłu-c *v.* smash; shatter; bruise; ~ w moździerzu, pound with a pestle; ~ kogo, beat; ~ **się,** be smashed to pieces; bruise (or hurt) oneself; -**czenie** *n.* breaking (to pieces); pounding; bruise. [dampen.
potłumić *v.* stifle, suppress,
potnieć *v.* sweat, perspire.
potocz-ek *m.* stream; -**nie** *adv.* colloquially; commonly; -**ność** *f.* volubility, comonness; -**ny** *a.* common, current, colloquial; -**ystość** *f.* volubility; -**ysty** *a.* voluble; fluent; flowing; -**yście** *adv.* fluently.
potok *m.* stream, torrent.
potom-ek *m.* offspring; descendant; -**ność** *f.* posterity, descendants, *pl.*; -**ny** *a.* later; -ne wieki, after-ages; -**stwo** *n.* progeny, posterity, children; descendants, *pl.*
potop *m.* flood; deluge; -**owy** *a.* diluvial.
potpourri *m.* potpourri.
potrafić *v.* be able (to); manage (to).
potrajać see **potroić.**
potraw *m.* after-grass; -**a** *f.* dish, article of food; -**ka** *f.* ragout.
potrąc-ać, -ić *v.* deduct; also see **trącić**; -**enie** *n.* deduction.
potr-oić *v.* triple, treble; -**ójnie** *adv.* three times; trebly; -**ójność** *f.* triplicity; -**ójny** *a.* triple; threefold; treble.
potro-chu, -sze *adv.* little by little, gradually.
potrzask *m.* trap; snare.

For verbs with prefix po- not given consult **po-**.

potrzeb-a *f.* need, want; necessity; misery; w razie **-y**, if need be, if necessary; -y **życia**, the necessaries of life; **nagła ~**, emergency; ~ ci wiedzieć, you must know (that); być w -ie, suffer want; ~~, *adv.* it is necessary; one (or I, you etc.) must (or should); **-nie** *adv.* necessarily; justly, rightly; **-ny** *a.* necessary; koniecznie ~~, indispensable; **-ować** *v.* want, need; be in need (of); **-ujący** *a.* needy, necessitous.
potrzeć *v.* rub.
potrzecie *adv.* thirdly; in the third place.
potuln-ość *f.* meekness, humility; compliance; **-y** *a.* meek, submissive, humble.
poturbowac *v.* trouble; disturb; contuse.
potwa-rca *m.* calumniator, slanderer; **-rczy** *a.* slanderous, calumnious; defamatory; **-rz** *f.* calumny, libel, slander; ~ na kogo rzucić, asperse one's character.
potwierdz-ać, -ić *v.* confirm, corroborate; ~ **się**, be confirmed, come true; **-enie** *n.* confirmation, sanction.
potw-ora, **-ór** *m.* monster; **-orność** *f.* monstrosity; **-orny** *a.* monstrous, prodigious.
poty-czka *f.* combat, encounter; engagement; **-kać się** *v.* fight; (*nogą*) stumble.
potyli-ca *f.* the occiput; **-czny** *a.* occipital.
poucz-ać, **-yć** *v.* instruct, inform; **-ający** *a.* instructive; **-enie** *n.* instruction.
pouf-ale *adv.* familiarly; **-alenie się** *n.* familiarity; assuming liberties; **-alić się** *v.* familiarize oneself (with); take liberties (with); **-ałość** *f.* familiarity, intimacy; **-ały** *a.* intimate, familiar; free; **-nie** *adv.* in private, in secret; **-ny** *a.* confidential; private; ściśle -ne, strictly confidential.
powab *m.*, **-ność** *f.* charm, attractiveness; **-ny** *a.* charming, attractive.

Odnośnie do czasowników z przedrostkiem p o-, brakujących powyżej, obacz **po-**.

powaga *f.* dignity; authority; reputation.
powakacyjny *a.* post-vacation.
powalać *v.* soil; ~, **-ić** *v.* fell, knock down; overthrow; **-ić się** *v.* tumble.
pował *m.* overthrow; **prostration.**
powała *f.* ceiling.
poważ-ać *v.* esteem, respect, reverence; **-anie** *n.* esteem, respect, reverence, regard; **-nie** *adv.* gravely, with dignity; **-ny** *a.* important, dignified; grave; ~ **stan**, critical state; (*u kobiety*) pregnancy; w -nym stanie, pregnant; **-yć** *v.* weigh; ~ się, dare, venture, make bold.
powątpiewa-ć *v.* doubt, question; **-nie** *n.* question, doubt.
powetowa-ć *v.* make up (for), compensate, make good; **-nie** *n.* reparation, compensation.
powiad-ać *v.* say, tell; **-omić** *v.* inform; intimate; **-omienie** *n.* information, intimation.
powiastka *f.* short story.
powiat *m.* district; **-owy** *a.* (of a) district.
powiąsło *n.* straw-band.
powi-cie *n.* swaddling-bands; (*poród*) delivery; **-ć**, **-jać** *v.* swathe, swaddle; bring forth.
powid-ła *pl.*, **-ło** *n.* marmalade, jam.
powiedz-enie *n.* saying; **-ieć** *v.* say, tell; powiadają, że..., people say (that); ~ mowę, make a speech.
powieka *f.* eyelid.
powie-rnica *f.*, **-rnik** *m.* confident; **-rzać**, **-rzyć** *v.* confide, entrust one (with).
powierzch-nia *f.* surface, area; **-ownie** *a.* outwardly, superficially; **-owność** *f.* (*płytkość*) shallowness; (*zewnętrzność*) outward appearance; superficialness; **-owny** *a.* superficial; (*płytki*) shallow.
powie-sić, **powieszać** *v.* hang, suspend; ~ się, hang oneself.
powieścio-pisarka *f.*, **-pisarz** *m.* novelist; **-wy** *a.* narrative.
powieść *f.* novel, narrative.

For verbs with prefix p o- not given consult **po-**.

powieść *v.* lead; ~ **się,** succeed; powiodło mu się, he succeeded.
powietrz-e *n.* air; weather; morowe ~, pestilence; na wolnem -u, in the open air, wysadzić w ~, blow up; użyć -a, take the air; **-nia** *f.* atmosphere; **-no** *adv.* airily; **-ny** *a.* airy; (of the) air; żegluga -na, aeronautics, *pl.*; **-omierz** *m.* aerometer.
powiew *m.* breath; breeze; **-ać** *v.* flutter, wave; float; (*czem*) wave (something); **-ny** *a.* airy, light, subtle, wavy.
powiększ-ać, -yć *v.* enlarge, magnify; augment; raise; amplify; ~ **się,** increase, grow, augment; **-ający** *a.* increasing, magnifying; szkło -ające, magnifying glass; **-enie** *n.* increase.
powi-jać, -nąć *v.* swathe, swaddle, wrap up; noga mu się -nęła, his foot slipped; **-jak** *m.* swaddling-band.
powikła-ć *v.* entangle, complicate, confuse; ~ **się,** become entangled; **-nie** *n.* entanglement, intricacy, confusion; **-ny** *a.* complicated, intricate.
powin-ien *a.* obliged, bound; -ienem pójść, I ought to go; on -ien napisać, he should write; **-ność** *f.* duty; obligation; **-ny** *a.* due, bound, obliged; proper, fit; owing; owed.
powinowa-ctwo *n.* kindred; relationship; ~ chemiczne, chemical affinity; **-ty** *a.* related, akin.
powinszowa-ć *v.* congratulate; **-nie** *n.* congratulation, wishes.
powiśle *n.* the valley of the Vistula.
powita-ć *v.* welcome; **-lny** *a.* of welcome; **-nie** *n.* greeting; welcome; salutation.
powle-c, -kać *v.* cover (with), overspread (with); (*o farbie*) coat; ~ pościel, put fresh linen on a bed; also see **wlec.**
powł-oczka *f.* pillow-case; bedtick; **-oka** *f.* cover, bedtick; coat; (*fig.*) pretext; **-óczysty** *a.* trailing (on the ground); -óczyste spojrzenie, sidelong glance.

powod-ny, -owy *a.* (*jur.*) plaintiff's; ~ koń, led horse; **-ować** *v.* prompt, induce; occasion; actuate; ~ **się,** be prompted (by); be governed (by).
powodz-enie *n.* success; prosperity; **-ić się** *v.* get along; fare; succeed.
powojenny *a.* post-war.
powol-i, -nie *adv.* slowly, little by little; **-ność** *f.* slowness; meekness; submissiveness; **-ny** *a.* slow; yielding, submissive.
powoł-ać, -ywać *v.* call; (*na*) appoint (to); summon; ~ **się,** refer (to); **-anie** *n.* vocation, calling; ~ do wojska, call to the army.
powonienie *n.* sense of smelling.
powo-zić *v.* drive a carriage; **-zik** *m.* fly; **-zowy** *a.* (of) carriage; **-źnik** *m.* coachman; **-żenie** *n.* driving.
powód *m.* motive, cause, reason; occasion; (*lejc*) rein; (*jur.*) plaintiff; z powodu, on account (of); owing to; due to; **-ztwo** *n.* (*jur.*) action, suit, plaintiff.
powódź *f.* flood; inundation; (*fig.*) multitude.
powój *m.* (*bot.*) bindweed.
powóz *m.* coach, carriage.
powr-acać, -ócić *v.* come back; return, restore; give back; ~ do zdrowia, recover health; **-ócenie** *n.* restitution; **-ót** *m.* return; za drugim -otem; on repetition, on reiteration; tam i z -otem, there and back; z -otem, back; (*ponownie*) again; bez -otu, irrevocably; never to return.
powrotny *a.* return; bilet ~, return-ticket.
powroźni-ctwo *n.* rope-making; **-czy** *a.* rope-maker's; warsztat ~, rope-walk; **-k** *m.* rope-maker.
powrósło *n.* straw-band.
powróz *m.* rope, cord, line.
powsta-ć, -wać *v.* stand up; arise; rebel (against); ~ (*przeciw*), inveigh (against); -ła kłótnia, a dispute arose; **-nie** *n.* upri-

---

Odnośnie do czasowników z przedrostkiem p o-, brakujących powyżej, obacz **po-.**

For verbs with prefix p o- not given consult **po-.**

sing, insurrection; **-niec** *m.* insurgent; **-ńczy** *a.* insurrectionary; **-ński** *a.* insurgent's.
powstrzym-ać, -ywać *v.* restrain, check. stop; ~ się, refrain from, abstain, keep from; nie mogłem ~ się *(od)*, I could not help (but); **-anie się** *n.* restraint.
powszechn-ieć *v.* become common, prevail; **-ość** *f.* universality; **-y** *a.* universal, general, common; dobro -e, public welfare.
powszedni *a.* every-day, common, hackneyed; dzień ~, week-day; grzech ~, venial sin; chleb ~, our daily bread; **-eć** *v.* be hackneyed, become common; be in every day use; **-ość** *f.* commonness, banality; vulgarity.
powściąg *m.* restraint; check; curb; **-liwość** *f.* moderateness, self-restraint; **-liwy** *a.* moderate; self-restrained.
powt-arzać, -órzyć *v.* repeat, reiterate; ~ się, be repeated; happen again; **-arzanie, -órzenie** *n.* repetition; **-óre** *adv.* secondly, in the second place; **-órnie** *adv.* for the second time; anew, again; **-órny** *a.* repeated.
powyżej *adv.* above; ~ wymieniony, aforesaid, aforenamed; ~ wzmiankowany, above-mentioned.
powzi-ąć, -ąść *v.* take (up); get; receive; conceive.
poza *f.* pose, attitude; ~, *prp.* beyond, over, besides.
poza-domowy *a.* (from) outside; foreign; **-grobowy** *a.* (from) beyond the grave; **-jutro, -jutrze** *adv.* the day after tomorrow.
poza-miejski *a.* out-of-town; **-szkolny** *a.* out-of-school.
pozbawi-ać, -ć *v.* deprive (of), bereave (of); dispossess (of); also see **zbawić**; ~ urzędu, remove one from his office; ~ się, deprive oneself (of); lose; **-anie, -anie się** *n.* deprivation; **-enie** *n.* deprivation, bereavement; **-ony** *a.* deprived (of), destitute (of); devoid (of).

Odnośnie do czasowników z przedrostkiem p o-, brakujących powyżej, obacz **po-**.

pozby-cie *n.* getting rid, riddance; **-ć się, -wać się** *v.* get rid of; relinquish; abandon.
pozdr-awiać, -owić *v.* greet; salute; -ów go ode mnie, give him my kind regards; present my respects to him; **-owienie** *n.* greeting; salutation; compliments, *pl.*; respects, *pl.*
pozew *m.* summons, *pl.*; the writ; *(jur.)* citation.
pozgonny *a.* post mortem, after death, posthumous.
pozierać *v.* look (at); glance (at).
poziom *m.* level; plane; horizon; **-nica** *f.* level, water-level; **-o** *adv.* horizontally; *(fig.)* meanly; **-ość** *f.* level, horizontal plane; *(fig.)* meanness; vulgarity; **-ować** *v.* level; **-owanie** *n.* levelling; **-y** *a.* horizontal; level; *(fig.)* low, mean, vulgar.
poziomk-a *f.* wild strawberry; **-owy** *a.* of wild strawberries.
pozł-acać, -ocić *v.* gild; **-acanie, -ocenie** *n.* gilding; **-acany** *a.* gilt; **-ocisty** *a.* golden, glittering, shining; **-ota** *f.* gilding; **-otka** *f.* gold-leaf.
pozna-(wa)ć *v.* learn, perceive; get acquainted (with); *(rozpoznać)* recognize; *(zawrzeć znajomość)* make the acquaintance (of) ~ się, get acquainted (with); ~ się na czem, perceive the value; see through; **-jamiać, -jomić** *v.* acquaint; familiarize; *(kogo z kim)* introduce; ~ się, get acquainted; **-jomienie** *m.* introduction, acquaintance; *(z czem)* familiarization; **-ka** *f.* trace, mark, sign, indication; **-nie** *n.* knowledge, recognition, judgement; comprehension; dać komu do -nia, hint, give to understand; nie do -nia, out of knowledge; **-nie się** *n.* acquaintance.
pozorn-ie *adv.* apparently; seemingly; **-ość** *f.* semblance; appearance; **-y** *a.* seeming, apparent.
pozosta-(wa)ć *v.* stay, remain; be left; *(przy)* abide (by); persist (in);

For verbs with prefix p o- not given consult **po-**.

-łość *f.* remainder, balance; remnant; residue; rest; **-ły** *a.* remaining, left; ~ przy życiu, survivor; **-nie** *n.* stay; remaining; **-wi(a)ć** *v.* leave.

pozowa-ć *v.* sit; **-nie** *n.* sitting.

pozór *m.* pretence, pretext, plea, appearance; show; pod żadnym pozorem, on no account; (*fig.*) shadow.

pozwa-ć, pozywać *v.* summon; cite; sue; **-ny** *a.* summoned; cited.

pozw-alać, -olić *v.* permit, allow, consent; agree; let; ~ sobie, take the liberty, indulge in; **-olenie** *n.* permission, leave; za -oleniem, with your leave; prosić o ~, beg leave.

pozyc-ja *f.* position, situation, rank; post; (*w rachunkach*) item; (*buchalt.*) entry.

pozysk-ać, -iwać *v.* gain, win, acquire; get; obtain.

pozytyw *m.* positive; **-ista** *m.* positivist; **-izm** *m.* positivism; **-ny** *a.* positive, matter-of-fact; **-ka** *f.* barrel-organ.

pozywać *v.* cite, summon; sue.

pożal-enie *n.* pity, compassion; **-ić się** *v.* complain; ~ się Boże, (it is) pitiable.

pożałowa-ć *v.* pity; be sorry (for); (*czego*) repent, regret; **-nie** *n.* pity, compassion; -nia godny, pitiable.

pożar *m.* fire, conflagration; **-ny** *a.* (of or against) fire; straż -na, fire-brigade.

pożarcie *n.* annihilation, destruction.

pożąd-ać *v.* desire eagerly, long for, covet; **-anie** *n.* desire, wish, longing, covetousness; **-any** *a.* desirable; **-liwość** *f.* covetousness; greediness; lust; **-liwy** *a.* greedy, covetous, lustful.

pożegna-ć *v.* bid farewell (to); take leave (of); ~ się, take leave (of); say good-bye (to); **-lny** *a.* parting, (of) farewell; posłuchanie -lne, audience of leave; **-nie** *n.* leave, farewell.

poż-erać, -reć *v.* devour, swallow up; **-eracz, -erca** *m.* swallower, devourer; **-czy** *a.* devouring.

pożoga *f.* fire; conflagration.

pożółkły *a.* turned (or grown) yellow; faded.

pożycie *n.* life; intercourse; ~ małżeńskie, conjugal life.

pożycz-ać, -yć *v.* (*komu*) lend; (*od kogo*) borrow (from); **-anie, -enie** *n.* (*komu*) lending; (*od kogo*) borrowing; **-any, -ony** *a.* lent; borrowed; **-ka** *f.* loan; zaciągnąć -kę, make a loan; float a loan; ~ premjowa, premium loan.

pożyt-ecznie *adv.* usefully, advantageously; **-eczność** *f.* utility, advantage; **-eczny** *a.* useful, advantageous, profitable; **-ek** *m.* advantage, benefit, use; **-kować** *v.* profit; use; **-kowy** *a.* (of) benefit; (of) use; akcja -kowa, bonus share.

pożyw-ać *v.*, **-ić** *v.* feed; **-ić się** *v.* eat; feed; refresh oneself; **-ienie** *n.* food; nourishment; **-ność** *f.* nutritiousness; **-ny** *a.* nutritious, nourishing.

pójś-cie *n.* going; ~ zamąż, marriage; **-ć** *v.* go; leave; ~ na spacer, take a walk; ~ za kim, follow; ~ zamąż, marry; ~ o zakład, bet; skąd poszło, że, how did it happen that...; ~ z dymem, be reduced to ashes; ~ w zapomnienie, sink into oblivion; ~ wniwecz, be ruined, be destroyed.

póki *adv.* till, as long as; until; ~ życia, as long as I (he etc.) live.

pół *m. n.* half; ~ funta, half a pound; ~ drogi, half-way; ~ tonu (*muz.*) semitone.

pół-arkusz *m.* half a sheet; **-arkuszowy** *a.* folio; **-atłas** *m.* satinet; **-bożek, -bóg** *m.* demigod; **-brat** *m.* half-brother; **-bucik** *m.* shoe; **-cień** *m.* shadow; penumbra; **-czwarta, -czwartej** *num.* three and a half; **-ćwiartka** *f.* octavo;

Odnośnie do czasowników z przedrostkiem po-, brakujących powyżej, obacz **po-**.

For verbs with prefix po- not given consult **po-**.

-ćwiartkowy *a.* octavo; **-darmo** *adv.* practically for nothing; **-dziki** *a.* half-savage; **-funtowy** *a.* weighing half a pound; **-gębkiem, -głosem** *adv.* in an undertone; under one's breath; **-główek** *m.* madcap; **-godzinny** *a.* half an hour's; lasting half an hour; **-jedwabny** *a.* half-silk.

półka *f.* shelf; (*u wieszadła; u wagonie*) rack.

pół-kole *n.* semi-circle; hemisphere; **-kolisty** *a.* semicircular; **-kopy** *m.* thirty; **-koszulek** *m.* shirt-front; **-koszyk** *m.* basket; **-kruszec** *m.* semi-metal; **-krwi** *a.* half-breed; **-księżyc** *m.* crescent; **-kula** *f.* (*geom.*) hemisphere; **-kulisty** *a.* hemispheric(al); **-kwaterek** *m* one eighth of a litre.

pół-medrek *m.* sciolist; **-misek** *m.* dish, platter; **-mrok** *m.* dusk, gloom, shade.

północ *f.* (*w przestrzeni*) north; (*w czasie*) midnight; na ~, northward; **-no-wschodni** *a.* north-eastern; north-easterly; **-no-zachodni** *a.* north-western, north-westerly; **-ny** *a.* northern; (of) midnight; **-no-wschód** *m.* north-east; **-no-zachód** *n.* north-west.

pół-okrągły *a.* semicircular; **-pięta** *n.* four and a half; **-pijany** *a.* half-drunk; **-poście** *n.* mid-lent; **-rocze** *n.* semester; **-rocznie** *adv.* half-yearly; every six months; **-skórek** *m.* half binding; w ~~, half-bound; **-słówko** *n.* hint; **-środek** *m.* half-measure; **-światek** *m.* demi-monde; **-szory** *pl.* (light) harness.

pół-ton *m.* half-tone; **-tora, -torej** *num.* one and a half; **-torasta** *num.* one hundred and fifty; **-trzecia, -trzeciej** *num.* two and a half; **-tuzin** *m.* half a dozen.

pół-umarły *a.* half-dead; **-urzędowy** *a.* officious; **-wózek** *m.* two-wheeled barrow; **-wysep** *m.* peninsula; **-zmrok** *m.* gloom; obscurity; **-żywy** *a.* half-dead.

póty *adv.* till now, hitherto; as far as, up to; until; ~ póki, as long as; ~ aż, till, until.

późn-ić się *v.* be late, be behind time; be slow; **-iej** *adv.* later; prędzej czy -iej, sooner or later; **-o** *adv.* late; **-y** *a.* late.

prabab-czyn *a.* great-grandmother's; **-ka** *f.* great-grandmother.

prac-a *f.* work, trouble; toil; composition; ~ mechaniczna, mechanical work; **-obiorca** *m.* employee; **-odawca** *m.* employer; **-ować** *v.* work; ~ na chleb, earn one's bread; ciężko ~, work hard; ~ nad czem, work at a subject (or thing); **-owitość** *f.* laboriousness; industry; **-owity** *a.* laborious, industrious; **-ownia** *f.* workshop; study; ~ chemiczna, laboratory; **-ownica, -owniczka** *f.*, **-ownik** *m.* worker.

praczka *f* washer-woman, laundress.

prać *v.* wash; (*fig.*) cudgel.

pradawny *a.* ancient, primitive; venerable.

pradziad *m.* great-grandfather.

pragmaty-czny *a.* pragmatic; **-ka** *f* law, regulation; **-zm** *m.* pragmatism.

pragn-ący *a.* desirous; (*fiz.*) thirsty; **-ąć** *v.* long for, desire; crave, thirst (after); **-ienie** *n.* (*fiz.*) thirst; (*życzenie*) longing, desire; wish.

praktyczn-ość *f.* practicalness; practicability; **-y** *a.* practical.

praktyk *m.* practitioner; **-a** *f.* practice; (*u adwokata*) clients, *pl*; (*u lekarza*) patients, *pl.*; **-ant** *m.* practitioner; **-ować** *v.* practise, exercise.

pral-nia *f.* laundry; ~ chemiczna, dry-cleaner's; **-nie** *n.* washing; **-ny** *a.* washed.

prałat *m.* prelate; **-ura** *f.* prelature, prelacy.

praoj-ciec *m.* ancestor, forefather; **-cowie** *pl.* ancestors, *pl.*

pras-a *f.* (*dziennikarstwo i tłocznia*) press; ~ do kopjowania, copying press; ~ hydrauliczna, hydraulic press; dać pod -ę, put in print; dzieło jest pod -ą, the book is in the press; ~ drukarska, printing-press; **-ować** *v.* (*siano*) press; (*bieliznę*) iron; **-ownik** *m.* pressman; **-owy** *a.* (of the) press.

praszczur *m.* ancestor; forbear.

praw-da *f.* truth; to ~, it is true; do -dy? indeed?; do -dy, in earnest; **-domówność** *f.* truthfulness; veracity; **-domówny** *a.* veracious; truthful; **-dopodobieństwo** *n.*, **-dopodobność** *f.* probability, likelihood; **-dopodobny** *a.* probable; likely; **-dziwie** *adv.* really; truly; indeed, verily; **-dziwość** *f.* reality, authenticity; truth; genuineness; **-dziwy** *a.* true, real, genuine.

prawica *f.* right hand, the right (side); (*polit.*) the right wing.

prawić *v.* tell, talk; prate; ~ morały, read a lecture; ~ komu komplementa, make compliments; extol; eulogize; ~ duby smalone, talk nonsense.

prawicz-eństwo *n.* virginity; **-ka** *f.* virgin.

prawidło *n.* rule; recipe; pattern; (*do butów*) boot-tree; **-wo** *adv.* correctly; **-wość** *f.* correctness; regularity; **-wy** *a.* correct; regular.

prawie *adv.* nearly, almost, well nigh; just.

prawn-ictwo *n.* jurisprudence; **-iczo** *adv.* juridically; **-iczy** *adv.* juridical; (of) law; forensic; wyraz ~, law-term; **-ie** *adv.* legally; lawfully, in justice, by right; **-ik** *m.* lawyer, jurist; **-ość** *f.* lawfulness; legality; legitimacy; **-y** *a.* lawful, legal, juridical, legitimate; wydział ~, faculty of law; koszty -e, law-costs.

prawnu-częta *pl.* great-grandchildren; **-czka** *f.* great-granddaughter; **-k** *m.* great-grandson.

prawo *n.* law; jurisprudence; ~ mocniejszego, the right of the strongest; z prawa, by right; ~ cywilne, civil law; ~ pięści, fist law; ~ wojenne, martial law; ~ zwyczajowe, common law; mieć ~ (do), have a right (to), be entitled (to); ~ starszeństwa, birth-right; **-dawca** *m.* legislator; **-dawczy** *a.* legislative; **-dawstwo** *n.* jurisdiction; **-mocność** *f.* legality, validity; **-mocny** *a.* legal, valid; **-ść** *f.* righteousness, uprightness, integrity; **-wać się** *v.* be at law (with).

prawo *adv.* right; na ~, *i.* the right, on the right.

prawosławny *a.* Orthodox.

prawo-wierny *a.* true, loyal; orthodox; **-witość** *f.* lawfulness; (*dziecka*) legitimateness; **-wity** *a.* legitimate, lawful, legal; **-znawca** *m.* jurisconsult; **-znawstwo** *n.* jurisprudence.

prawy *a.* (*uczciwy*) righteous, upright, honest; (*legalny*) legitimate; (*przeciwny lewemu*) right.

prawybory *pl.* primary election.

praż-enie *n.* roasting; **-ucha** *f.* porridge; **-yć** *v.* roast; grill; fry; słońce -y, the sun is parching.

prąd *m.* current, stream.

prątek *m.* switch, rod, twig; knitting-needle.

prążk-a *f.* stripe; **-owany, -owaty** *a.* striped.

prebenda *f.* prebend; **-rz** *m.* prebendary.

precel *m.* pretzel, biscuit.

precyzja *f.* precision.

precz *i.* begone! hence!; ~ z tem, down with it; ~ *adv.* away; down.

predestyn-acja *f.* predestination; **-owany** *n.* predestinate.

prefekt *m.* prefect; **-ura** *f.* prefecture.

preferans *m.* game at cards similar to whist.

prejudykat *m.* precedent.

prekluz-ja *f.* (*jur.*) foreclosure; **-yjny** *a.* termin ~, preclusive term.

prekursor *m.* precursor, forerunner.

prele-gent *m.* lecturer; **-kcja** *f.* lecture.

prelimin-arja *pl.* preliminaries; **-ować** *v.* assign; **-arny** *a.* preliminary; **-arz** *m.* budgetary estimate.

preludjum *m.* prelude.

premedytacja *f.* premeditation.

premj-a *f.* premium; ~ asekuracyjna, insurance; ~ wywozowa, drawback, export bounty.

premjer *m.* prime minister.

premjera *f.* first-night, premiere.

premisa *f.* premise.

prenumer-ata *f.* subscription; **-ator** *m.* subscriber; **-ować** *v.* subscribe (to).

prepar-at *m.* preparation; **-ować** *v.* prepare.

prerje *pl.* prairies.
prerogatywa *f.* prerogative.
pretekst *m.* pretext.
preten-dent *m.* pretender, claimant; **-sja** *f.* claim, pretension; title; rościć -sje, claim, lay claim (to); be displeased (with); **-sjonalność** *f.* pretentiousness; **-sjonalny** *a.* pretentious.
pretor *m.* praetor; **-jański** *a.* praetorial.
prewencyjny *a.* preventive.
prezbiterjum *n.* choir, sanctuary.
prezen-cik *m.* small gift; **-t** *m.* gift, present; **-tacja** *f.* presentation; **-tować** *v.* present; introduce; dobrze się -tować, make a good appearance; -tować broń, present arms.
prezes *m.* president, chairman; **-ostwo** *n.* presidency; **-ować** *v.* preside (at); **-owski** *a.* chairman's.
prezyden-cja *f.* presidency; **-t** *m.* president.
prezyd-jum *m.* (presiding) officers; **-ować** *v.* preside (over).
pręcik *m.* rod, switch; (*bot.*) stamen; *pl.* stamina; twig; **-owy** *a.* stamineous; stamineal.
prędk-i *a.* fast, quick, speedy; hasty; prompt; **-o** *adv.* quick, fast; **-ość** *f.* quickness, swiftness, hastiness, speed; promptness; z -ości, in the hurry.
prędzej *a.* sooner; co ~, as fast as possible.
pręg-a *f.* stripe, streak; (*od uderzenia*) slash; **-owany, -owaty** *a.* striped, streaky.
pręgierz *m.* pillory; stawić pod -em, put in the pillory.
pręt *m.* rod; twig; stick, bar; switch; ~ mierniczy (surveyor's) staff.
pręż-ność *f.* elasticity; expansion; **-yć** *v.* stretch, strain; **-yć się** *v.* stretch; tauten.
prima aprilis, April-fool-day.
probie-rczy *a.* testing; (of) trial; ~ kamień, touch-stone; **-rz** *m.* test, standard.
problemat *m.* problem; **-yczny** *a.* problematic.
probo-stwo *n.* parsonage, parish; **-szcz** *m.* parish priest, vicar; parson.
probówka *f.* gauge.
proca *f.* sling; **-rz** *m.* slinger.
proceder *m.* behaviour; trade.
procedura *f.* procedure.
procent *m.* percentage; percent; (*bank.*) interest; **-y** złożone, compound interest; przynosić ~, bear interest; dać pieniądze na ~, put out money at interest; **-ować (się)** *v.* yield interest; **-owy** *a.* (of) interest; proportional.
proces *m.* lawsuit, action; (*chem.*) process; wygrać ~, gain a cause; wytoczyć komu ~, bring an action against on ; mieć z kim ~, be at law with one; przegrać ~, lose a lawsuit; **-ować** *v.* prosecute (by law); ~ się, be at law with one; plead; **-owy** *a.* (of a) lawsuit; koszta -owe, law-costs.
procesj-a *f.* procession; **-onalny** *a.* processional.
proch *m.* dust; powder; (*strzelniczy*) gun-powder; na ~ utrzeć, utłuc, w ~ obrócić, reduce to powder, pulverize; **-ownia** *f.* (*fabryka*) powder-mill; **-ownica, -owniczka** *f.* (*skład*) powder-magazine; powder-horn; **-owy** *a.* (of) powder; **-y** *pl.* (*zwłoki*) ashes.
produ-cent *m.* producer; **-kcja** *f.* production; output; **-kcyjność** *f.* productiveness; **-kcyjny** *a.* productive; **-kować** *v.* produce; ~ się z czem, display; make a show (of); **-kowanie** *n.* production; ~ się z czem, parade, show; **-kt** *m.* produce, product; articles.
profan *m.* layman; **-acja** *f.* profanation; **-ować** *v.* profane; violate.
profes-ja *f.* profession, trade; z -ji, by trade; **-jonista** *m.* craftsman; **-or** *m.* professor; teacher; **-orski** *a.* professorial; teacher's; **-orstwo** *n.*, **-ura** *f.* professorship.
profil *m.* profile.
progimnazjum *m.* secondary school.
prognostyk *m.* prognostic; omen; **-ować** *v.* prognosticate, foretell.
prognoza *f.* prognosis.

program *m.* programme; **-owy** *a.* (of) programme(s).
progresja *f.* progression.
prohibicja *f.* prohibition.
projekcja *f.* projection.
projekt *m.* project, scheme, design, plan; **-ować** *v.* project, design, scheme; plan.
proklamacja *f.* proclamation.
prokur-a *f.* proxy; **-ator** *m.* public prosecutor; **-atorski** *a.* prosecutor's; **-ent** *m.* proxy; confidential clerk.
proletar-jat *m.* proletariat; **-jacki** *a.* proletarian; **-jusz** *m.* proletarian.
prolog *m.* prologue.
prolongowa-ć *v.* prolong; **-nie** *n.*, **prolongata** *f.* prolongation.
prom *m.* ferry; przewozić na -ie, ferry.
promenada *f.* promenade.
promie-nieć *v.* beam; **-niejący** *a.* beaming; **-niować** *v.* radiate; **-nistość** *f.* radiance; brightness; **-nisty** *a.* radiant; **-nny** *a.* radiant, bright; **-ń** *m.* ray, beam; (*geom.*) radius.
promo-cja *f.* promotion; preferment; (*akad.*) the ceremony of the conferment of a doctor's degree; **-wać** *v.* promote, advance; prefer; (*akad.*) confer a doctor's degree.
promy(cze)k *m.* beam, glimmer.
propag-anda *f.* propaganda; publicity; **-ować** *v.* propagate.
propinacja *f.* tap-room.
proponować *v.* propose.
proporc-ja *f.* proportion; **-jonalnie** *adv.* proportionally, in proportion; **-jonalność** *f.* proportionality; **-jonalny** *a.* proportional.
propo-rczyk, -rzec *m.* pennon; (*fig.*) zwinąć -rce, desist.
propozycja *f.* proposal,
prorektor *m.* vice-rector.
proro-cki, -czy *a.* prophetic; **-ctwo** *n.* prophecy; **-k** *m.* prophet; obym był fałszywym -kiem, may my prediction never prove true; **-kini** *f.* prophetess; **-kować** *v.* prophesy.
proscenjum *m.* proscenium.
prosek-cyjny *a.* dissecting; **-tor** *m.* prosector.
prosi-ak *m.*, **-ę** *n.* (young) pig; **-ć się** *v.* farrow; **-ęcy** *a.* pig's; piggish.
pros-o *n.* millet; **-owy** *a.* miliary; **-ówka** *f.* miliary fever.
prosić *v.* ask (for), request, beg, entreat; bid; ~ o pozwolenie, beg leave; ~ o przebaczenie, beg pardon; proszę! please, if you please; proszę mi to pokazać, let me see it, if you please; prosi się (*o*), you are requested (to).
prospekt *m.* prospectus.
prost-acki *a.* churlish, loutish; vulgar; rude; **-actwo** *n.* vulgarity, rudeness; churlishness; **-aczek** *m.* simpleton; **-aczka** *f.* vulgar woman; **-aczy** *a.* simple, homely; rude, vulgar; **-ak** *m.* churl; **-akowaty** *a.* ill-bred, unmannerly; churlish; **-o** *adv.* straight; directly; uprightly; po -u, simply; siedzieć -o, sit straight.
prosto-duszny *a.* good-natured; upright; candid; **-kąt** *m.* (*geom.*) rectangle; **-kątny** *a.* rectangular; **-kreślny** *a.* rectilineal; **-linijny** *a.* straightforward; **-padle** *adv.* vertically, perpendicularly; **-padłość** *f.* perpendicularity; **-padły** *a.* perpendicular, vertical; **-ść** *f.* straightness; uprightness; **-ta** *f.* simplicity; naturalness; candour; **-wać** *v.* straighten; correct; ~ się, straighten oneself; draw oneself up.
prosty *a.* (*niekrzywy*) straight; (*pojedyńczy*) simple; plain; natural; ~ kąt, right angle; rzecz prosta, of course; w prostej linji, as the crow flies.
prostytu-cja *f.* prostitution; **-tka** *f.* prostitute.
proszczek *m.* (*bot.*) southernwood.
prosz-ek *m.* powder; ~ do zębów, tooth-powder; **-kować** *v.* pulverize.
prosz-enie *n.* entreaty; request; (*za kim*) intercession; **-ony** *a.* requested; bidden; invited; obiad ~, dinner for invited guests.
prośba *f.* request; entreaty; na czyjąś prośbę, at the request

(of); podać prośbę, put in a petition (or request).
prości-ej *comp. of* **prosto; -uchny, -utki** *a.* quite straight.
protegowa-ć *v.* patronize; protect, favour; **-nie** *n.* patronage; **-ny** *a.* favourite; protegé.
protek-cja *f.* protection; patronage; favour; **-cyjny** *a.* protective; **-cjonista** *m.* protectionist; **-cjonizm** *m.* protectionism; favouritism; **-tor** *m.* protector; patron; **-torat** *m.* protectorate; **-torka** *f.* patroness; protectress; **-torstwo** *n.* protection; protectorship.
protest *m.* protest; **-ować** *v.* protest (against), disclaim; make a protest; ~ weksel, protest a bill; **-ancki** *a.* protestant; **-ant** *m.* protestant; **-antyzm** *m.* protestantism.
proteza *f.* prosthesis; false (teeth etc.); wooden (leg etc.).
protok-ólista *m.* recorder; **-ół** *m.* protocol; record; (*posiedzenia*) minutes.
proto-plazma *f.* protoplasm; **-plasta** *m.* protoplast; ancestor; **-typ** *m.* prototype.
prowadz-enie *n.* management, direction, conduct; ~ gospodarstwa, housekeeping; ~ książek, book-keeping; ~ się, conduct, deportment; behaviour; **-ić** *v.* conduct, lead, guide; take one (to); (*książki*) keep (books); (*rozmowę, sprawę*) carry on; (*kierować*) manage; ~ sklep, keep a shop; ~ wojnę, wage war; ~ się, behave; ~ gospodarstwo, keep house.
prowent *m.* income; **-owy** *a.* ~ pisarz, steward of a farm.
prowincj-a *f.* province; (*zapadły kąt*) country; **-ł** *m.* provincial; **-onalizm** *m.* countryfied manners (or language); provincialism; **-onalny** *a.* provincial.
prowizja *f.* (*żywność*) provisions; (*procent*) commission.
prowizor *m.* dispenser; ~ kościoła, church-warden; **-jum** *m.* temporary arrangement; provisional state; **-yczny** *a.* temporary, provisional.
prowjant *m.* provisions, victuals *pl.*; **-ować** *v.* supply with provisions.
prowodyr *m.* ringleader.
prowok-acja *f.* provocation; **-acyjny** *a.* provoking; **-ator** *m.* instigator; **-ować** *v.* provoke.
proza *f.* prose; **-iczność** *f.* prosaicalness; **-iczny** *a.* prosaic; **-ik, -tor** *m.* prosaist.
prozelita *m.* proselyte.
prozodja *f.* prosody.
prób-a *f.* trial, test, proof, experiment; ordeal; na -ę, for trial; upon trial; wytrzymać -ę, stand a test; wystawić na -ę, put to trial; ~ złota, srebra, test; (*towarów*) sample, pattern; **-ka** *f.* specimen; (*towarów*) sample, pattern; **-ny** *a.* tentative, (of) trial; **-ować** *v.* try; attempt; put to the test; (*smak*) taste.
próchn-ica *f.* moulder; **-ieć** *v.* rot, moulder; **-ienie kości,** caries; **-o** *n.* mouldered wood.
prócz *prp.* except, but, save; besides; ~ tego, moreover.
próg *m.* threshold, doorsill; (*fig.*) progi, *pl.* home.
prószy-ć *v.* powder; sprinkle with dust; (*o deszczu*) drizzle; **-nka** *f.* atom.
próż-en *a.* empty (of), void (of); **-nia** *f.* vacuity; emptiness; space; **-niacki, -niaczy** *a.* idle, lazy -niacze życie, idleness; **-niactwo** *n.* idleness; laziness, sloth; **-niaczka** *f.* lazy woman; **-niaczysko** *n.*, **-niak** *m.* idler, loiterer, sluggard; **-no** *adv.* vainly, in vain; **-ność** *f.* (*zarozumiałość*) vanity; (*próżnia*) emptiness; (*daremność*) folly; **-nować** *v.* saunter; idle; **-nowanie** *n.* idleness, sauntering, laziness, sloth; **-ny** *a.* empty, void, vain; groundless.
pruć *v.* unstitch; rip up; (*fig.*) plough; cleave; ~ fale, cleave the waves.
pruderja *f.* prudery.
prusak *m.* cockroach, black-beetle.
pruski *a.* Prussian; kwas ~, prussic acid.
prychać *v.* snort.
prycza *f.* bed of boards.
pryk *m.* buffer.
prym *m.* precedence, superiority, lead; first place; (*muz.*)

treble; **-a** *f.* first of exchange; **-adonna** *f.*, prima donna; **-arja** *f.* morning-service; **-arjusz** *m.* head-doctor; **-as** *m.* primate; **-itywny** *a.* primitive; **-us** *m.* the first pupil in the form.

pryncypa-lny *a.* principal, main, chief; **-ł** *m.* principal, chief, employer.

prys-kać, -nąć *v.* spout, squirt; gush; (*pęknąć*) burst.

pryszcz, -yk *m.* pimple; obsypany **-ami, -owaty** *a.* covered with pimples; pimply; **-eniec** *m.* (*bot.*) clematis; **-yć (się)** *v.* pustulate.

prysznic *m.* shower-bath.

prywat-a *f.* private interests; **-nie** *adv.* privately; **-ny** *a.* private. [prismatic.

pryzm-at *m.* prism; **-owy** *a.*

przaśn-ik *m.* unleaved bread; **-y** *a.* unleavened; insipid, vapid.

prząś-dka *f.* spinner; (*fig.*) Fatal sister; **-ść** *v.* spin; **-ślica, -śnica** *f.* distaff.

prze-, jako przedrostek w czasownikach, wyrażamy po angielsku, jak następuje: *a*) gdy nadaje czasownikowi znaczenie *przenoszenia się* z jednego miejsca na drugie, przez dodanie do ang. czasownika przyimka „across", np. „przebiec"—„run across"; *b*) gdy nadaje znaczenie *czynności dokonywanej przez środek czegoś lub nawylot*, używamy ang. przyimka „through", np. „przejrzeć" — „see through"; *c*) gdy nadaje znaczenie *czynności zupełnie dokonanej*, oraz *d*) *strawienia czasu nad czemś*, tłumaczymy czasownik tak, jak gdyby przedrostka nie miał, np. „przeczytać" jak „czytać"; „przespać dwie godziny", tak jak „spać dwie godziny"; *e*) gdy nadaje znaczenie *zmarnowania* czegoś na coś, używamy wyrazów „waste, squander, spend" itp., np. „przepić pieniądze" — „spend (waste, squander) one's money on drink"; *f*) gdy nadaje znaczenie *zmiany*, używamy zwrotu „over again", np. przebudować" — „build over again"; *g*) gdy nadaje znaczenie *nadmiaru*, używamy ang. przedrostka over-, np. „przeciążyć" — „overload".

Czasowników z przedrostkiem p r z e-, nie podanych poniżej, szukać należy tam, gdzie figurują w formie niedokonanej, tj. bez przedrostka, np. „przepłynąć" pod „płynąć" itd.

prze- is prefixed to verbs in senses *a*) „*across*", e. g. „przebiec" — „run across"; *b*) „*through*", e. g. „przejrzeć" — „see through"; *c*) to denote the *completion of an action* or the *spending of time* in an action; in such cases the verb is translated as if it had no prefix, e. g. „przeczytać" is translated like „czytać", „przespać dwie godziny", like „spać dwie godziny"; *e*) in senses of „*wasting, squandering, spending*", e. g. „przepić pieniądze" — „spend (waste, squander) one's money on drink"; *f*) to denote *change*; it is then rendered into E. by the prefix over-, e. g. „przeciążyć" — „overload".

For verbs with prefix p r z e- not given below, see same without prefix, e. g. for „przepłynąć" see „płynąć" etc.

przebacz-ać, -yć *v.* pardon, forgive; **-alny** *a.* pardonable, excusable; **-anie, -enie** *n.* pardon, forgiveness; nie do -enia, unpardonable; prosić o ~, beg pardon.

przebalotować *v.* ballot out.

przebąk-iwać, -nąć *v.* mutter, whisper; hint.

przebi-cie *n.* cutting through, piercing; stabbing; excavation; ~ się, forcing one's way through; **-ć, -jać** *v.* beat through, break through; pierce; cut through; (*pieniądze*) recoin; (*o papierze*) blot; **-ć się,** force one's way through; appear; **-ty** *a.* pierced through; stabbed; transfixed.

przebie-c, -dz, -gać, -gnąć *v.* run through, run across, cross; (*książkę*) run over; ~ oczyma, glance through (or over); **-g** *m.* course; run; development; **-gi** *pl.* artifices, dodges, *pl.*;

-głość *f.* cunning, shrewdness; craftiness, astuteness, slyness; **-gły** *a.* sly, artful, crafty, cunning, sharp.

przebier-ać *v.* pick, select, choose; disguise; be fastidious; be particular (about); ~ miarę, overdo, exceed the measure; ~ palcami, finger; ~ się, disguise oneself; run out; come to the end of; (*o ubraniu*) change clothes; **-ny** *a.* fastidious.

przebieżeć see **przebiec.**

przebij-ać see **przebić; -ak** *m.* punch, punch-hammer.

przebłaga-ć *v.* appease, reconcile, atone; dać się ~, relent; **-nie** *n.* atonement, reconciliation.

przebłysk *m.* glimmer; **-iwać** *v.* shine, glitter through.

przeboleć *v.* forget, cease to suffer (on account of); put up (with).

przebóg! *i.* Bless me!

przebój *m.* force, violence.

przebojem *adv.* **by** force; **iść** przebojem, iść **na** ~, force one's way, hack one's way (through).

przebrać see **przebierać.**

przebrnąć *v.* wade through; struggle through; flounder out of; muddle through; ~ przez trudności (l. przeszkody), overcome difficulties (or obstacles).

przebrzmi-ały *a.* past; (*fig.*) obsolete; **-eć** *v.* die away, pass; fade away, expire.

przebrzydły *a.* odious, abominable, detestable.

przebudowa *f.*, **-nie** *n.* rebuilding; **-ć** *v.* rebuild.

przebudz-ać, -ić *v.* awaken; arouse; ~ się, awake; **-enie** *n.* awakening; arousing; **-enie się** *n.* awaking.

przeby-cie, -wanie *n.* crossing, overcoming; passage; stay, sojourn; **-ć, -wać** *v.* (*coś*) cross, pass, overcome; (*gdzieś*) stay, remain; abide.

przecedz-ać, -ić *v.* filter, strain; **-anie, -enie** *n.* straining, filtration.

przeceni-(a)ć *v.* overrate; **-anie, -enie** *n.* overrating.

przechadz-ać się *v.* stroll, take a walk; ~ tam i z powrotem, pace up and down; **-anie się** *n.*, **-ka** *f.* walk, stroll; iść na -kę, go for a walk, take a walk.

przechera *f.* cheat, swindler, rogue.

przecho-dni *a.* crossing; transitory; (of) transit; (*gram.*) transitive; sumy -dnie, transitory sums; **-dnia** *f.* passage; **-dowy** *a.* crossing, transit; **-dzenie** *n.* crossing; passage, transition; ~ dusz, metempsychosis; ~ się, see **przechadzanie się; -dzić** *v.* (*przewyższać*) exceed, surpass; (*przebywać drogę*) cross; pass by (or through); (*mijać*) pass away; (*przenieść się*) be transferred; (*podlegać*) undergo; (*do nieprzyjaciela*) go over; **-dzień** *m.* passer-by; **-dnie** *pl.* passers-by.

przechow-ać -ywać *v.* (*konserwować*) preserve, keep; (*w ukryciu*) conceal; hide; **-anie, -ywanie** *n.* preservation, keeping, concealment.

przechód *m.* passage, thoroughfare.

przechrz-cianka *f.* convert(ed Jewess); **-cić** *v.* convert; baptize; **-cić się** *v.* be converted to christianity; **-ta** *m.* convert (ed Jew).

przechwa-lać *v.* extol, praise; **-lać, -lić się** *v.* boast, brag (of); **-lanie** *n.* praising, extolling; ~ się, boasting, bragging; **-łka** *f.* boast, threat.

przechybnąć *v.* overturn; ~ się, capsize.

przechyl-ać, -ić *v.* incline, bend; bias; ~ się, be inclined (to); lean over; tend (to); be prone to; (*mar.*) heel; **-enie** *n.* bias; (*mar.*) heel.

przeciąć *v.* cut; intersect; ~ odwrót, cut off the retreat.

Odnośnie do czasowników z przedrostkiem p r z e-, brakujących powyżej, obacz **prze-**.

For verbs with prefix p r z e- not given consult **prze-**.

przeciąg *m.* period; space; interval; (*przewiew*) draught; ~ wojska, passage of troops; ~ ptaków, flight of birds; w -u miesiąca, in the course of a month; **-ać, -nąć** *v.* draw, prolong, lengthen; march through; (*na swoją stronę*) bring over to one's side; ~ wyrazy, drawl one's words; ~ strunę, overstrain the cord; ~ się, last; linger; **-anie, -nięcie, -nienie** *n.* prolongation; protraction; march(ing) through, dragging (through, across, over); **-ły** *a.* long; drawn (out); protracted.

przeciąż-ać, -yć *v.* overburden; overload; overtask.

przecie, -ż *adv.* however; yet; notwithstanding; after all; wie Pan ~, now, you know that very well; ~ przyszedł, at last he has come.

przecie-c, -kać *v.* leak, run through, trickle down; not (to) be waterproof.

przecierać *v.* rub, wipe; fret (through); ~ komuś drogę, clear (or smooth) the way (for); ~ się (*w świecie*), acquire refinement; niebo się przeciera, the weather is clearing up.

przecierpieć *v.* endure, suffer, bear.

przecię-cie *n.* section, cut; (*geom.*) bisection; punkt -cia, point of intersection; ~ poprzeczne, lateral section; w -ciu, on an average; **-tnie** *adv.* on an average; **-tny** *a.* average; mean; **-ty** *a.* cut asunder, intersected, bisected.

przecinać see **przeciąć.**

przecinek *m.* comma.

przecis-kać, -nąć *v.* force through; press through; ~ **się** *v.* force one's way (through).

przeciw-, anti-.

przeciw, -ko *prp.* against, opposite; in comparison with; nie mam nic ~ temu, I have no objection to that; ~ prądowi, against the stream, up stream; **-działać** *v.* do something (against); hinder; oppose; counteract; **-gnilny** *a.* antiseptic; **-ić się** *v.* oppose; contradict; **-ieństwo** *n.* contrast, opposition; contradiction; **-legle** *adv.* opposite each other; **-legły** *a.* opposite each other; **-niczka** *f.* **-nik** *m.* adversary, opponent; antagonist; **-nie** *adv.* on the contrary; reversely, the other way round; **-ność** *f.* adversity; the contrary; contrariety; vicissitude; **-ny** *a.* (*sprzeczny*) contrary, adverse; contradictory; (*przeciwległy*) opposite; -na partja, opposing party; w -nym razie, otherwise; if not; **-podkop** *m.* (*mil.*) counter-mine; **-położenie** *n.* (*astr.*) opposition; **-prostokątna** *f.* (*geom.*) hypothenuse.

przeciwstawi-ać, -ć *v.* oppose; ~ się, be opposed, object; **-enie** *n.* opposition.

przeciwwaga *f.* counterweight, counterpoise..

przecknąć się *v.* start, awake.

przecud-ny, -owny *a.* marvellous, wonderful.

przecz-ąco *adv.* negatively; **-ący** *a.* negative; **-enie** *n.* negation, denial.

przeczekać *v.* wait; ~ godzinę, wait an hour.

przecznica *f.* side-street.

przeczu-cie *n.* foreboding, presentiment; złe ~, misgiving; **-ć, -wać** *v.* have a presentiment, have an inkling of; anticipate; foresee; **-lenie** *n.* over sensitiveness, hyperaesthesia; **-lony** *a.* over-sensitive.

przeczyć *v.* deny, contest.

przeczysta *a.* immaculate.

przeczy-szczać, -ścić *v.* cleanse; (*med.*) purge; **-szczający** *a.* (*med.*) purgative; **-szczanie** *n.* cleansing; purging; **-szczenie** *n.* (*med.*) purge; lekarstwo na ~, purgative, laxative.

przeczyta-ć *v.* read through; peruse; **-nie** *n.* perusal; reading; nie do -nia, illegible.

przeć *v.* press hard, push; urge.

Odnośnie do czasowników z przedrostkiem p r z e-, brakujących powyżej, obacz **prze-**.

For verbs with prefix p r z e- not given consult **prze-**.

przed *prp.* before, in the face of; from; ago; ~ chwilą, a while ago; ~ rokiem, a year ago.
przeda-ć, -wać *v.* sell; see **sprzedawać**; ~ na kilogramy, sell by kilos; **-jność** *f.* corruptibility; venality; **-jny** *a.* corruptible, venal; **-ż** *f.* sale; **-żny** *a.* saleable.
przedalpejski *a.* cisalpine.
przedar-cie *n.* tear, rent; **-ty** *a.* torn, rent.
przedawni-enie *n.* (*jur.*) prescription; limitation; **-ony** *a.* obsolete; (*jur.*) prescribed.
przed-dziejowy *a.* prehistoric; **-dzień** *m.* eve; w przededniu, on the eve (of).
przede=**przed**; ~**dniem** *adv.* before daybreak; ~ mną, before me, in my presence; -ń, before him; **-wszystkiem** *adv.* above all; first of all.
przedhistoryczny *a.* prehistoric.
przedimek *m.* (*gram.*) article.
przed-kładać, -łożyć *v.* submit, present.
przedłuż-ać, -yć *v.* lengthen, prolong; protract; **-anie, -enie** *n.* prolongation, protraction.
przedmie-jski *a.* suburban; **-ście** *n.* suburb.
przedmiot *m.* object, thing; (*temat*) subject, matter; **-owo** *adv.* objectively; **-owość** *f.* objectiveness; **-owy** *a.* objective.
przedmo-ście *n.* **-stowy szaniec** (*fort.*) bridge-head.
przedmowa *f.* preface, introduction.
przedmu-r *m.*, **-rze** *n.* bulwark; rampart.
przedni *a.* front, fore; (*wyborny*) excellent, capital; **-a straż**, vanguard; **-ejszy** *a* foremost, chief, principal; **-o** *adv.* in a capital way; **-ość** *f.* excellence.
przednówek *m.* the last weeks before the new harvest.
przedostatni *a.* last but one; -a zgłoska, penult.
przedostać sie *v.* reach; get over; cross.

przed-piekle *n.* abyss; **-piersie, -pierśień** *m.* breastwork, parapet; **-płata** *f.* subscription; payment in advance; **-pogrzebowy** *a.* funeral; dom ~, mortuary, dead-house; **-pokój** *m.* antechamber; **-południe** *n.* morning; **-potopowy** *a.* antediluvian; **-ramię** *n.* fore-arm; **-rostek** *m.* prefix; **-rozbiorowy** *a.* previous to the partition.
przedruk *m.* reprint; piracy; **-ować** *v.* reprint; pirate; **-owanie** *n.* reimpression, reprint; piracy.
przedrwiwa-ć *v.* banter, ridicule; ~ się, ridicule each other; **-nie** *n.* raillery; banter.
przedrzeć *v.* tear (asunder), rend; ~ **się**, force one's way (through); penetrate.
przedrzemać *v.* slumber; ~ się, take a nap.
przedrzeźni-ać *v.* mimic; counterfeit; **-acz** *m.* mimic; **-anie** *n.* mimicry.
przedsię-biorca *m.* contractor; business man; **-biorczość** *f.* initiative, (spirit of) enterprise; **-biorczy** *a.* enterprising; **-biorstwo** *n.* undertaking, enterprise; **-brać, -wziąć, -wziąść** *v.* undertake, attempt; **-wzięcie** *n.* enterprise, undertaking; resolution; **-wzięty** *a.* undertaken.
przedsi-enie, -eń, -onek *m.* vestibule.
przed-smak *m.* foretaste; **-słowie** *n.* foreword.
przedstawi-(a)ć *v.* represent, remonstrate; exhibit; ~ kogoś, introduce; ~ się, present oneself; appear; ~ sobie, imagine; **-anie, -enie** *n.* presentation; (*osoby*) introduction; (*widowisko*) performance; **-ciel** *m.* representative; **-cielstwo** *n.* agency.
przed-ślubny *a.* previous to the marriage; ugoda (umowa) ~-na, the marriage articles; **-śmiertny** *a.* (of the) death-bed; rozporządzenie -śmiertne, the last will; **-świt** *m.* dawn; dawning.

Odnośnie do czasowników z przedrostkiem p r z e-, brakujących powyżej, obacz **prze-**.

For verbs with prefix p r z e- not given consult **prze-**.

przedtem *adv.* before, in advance; (*dawniej*) formerly.
przed-terminowy *a.* untimely; **-ugoda** *f.* preliminaries, *pl.*; **-ugodny, -ugodowy** *a.* preliminary; **-wczesność** *f.* precocity; prematureness; **-wczesny** *a.* premature, precocious, untimely; **-wczoraj** *adv.* the day before yesterday; **-wieczny** *a.* eternal; **-wstępny** *a.* introductory, preliminary.
przedystylować *v.* filter, strain, percolate.
przedzi-ał *m.* interval, interstice; division; (*włosów*) parting; **-ałka** *f.* pigeon-hole; **-ałowa błona** (*anat.*) diaphragm; **-elać, -elić** *v.* separate, part, divide; **-elenie** *n.* division, separation.
przedzierać see **przedrzeć.**
przedzierzg-ać, -nąć *v.* convert, transform; thread through; ~ **się,** turn into, become.
przedziurawi-(a)ć *v.* perforate; punch; make a hole; **-enie** *n.* perforation; hole.
przedziwny *a.* wonderful, marvellous; strange.
przegadać *v.* out-talk.
przeg-aniać, -onić, -nać *v.* (*przepędzić*) disperse; (*prześcignąć*) outstrip.
przegapić *v.* overlook.
przegarn-ąć, -iać *v.* part, separate.
przegi-ąć, -nać (się), przegibać się *v.* bend (back), bow; **-ęcie** *n.* bend, bent, bow.
przegląd *m.* (*przepatrywanie*) revision; (*obejrzenie*) survey, review; inspection; (*wojska*) review; (*czasopismo*) review; **-ać** *v.* glance over; review, revise; ~ książkę, look through a book.
przegłodzić *v.* starve.
przegłosować *v.* outvote.
przegnać see **przeganiać.**
przegni-ć *v.* rot (through); **-ły** *a.* putrid; rotten through.
przegon *m.* driving-road; **-ić** *v.* see **przeganiać.**
przegotować *v.* boil; overboil.
przegr-ać, -ywać *v.* lose; (*powtarzać*) rehearse; ~ proces, lose a lawsuit; be cast at law; **-ywacz** *m.* loser; **-ywka** *f.* prelude.
przegr-adzać, -odzić *v.* partition, divide; separate; **-oda, -ódka** *f.* cell; partition(-wall); pigeon-hole.
przegran-a *f.*, **-ie** *n.* defeat; loss.
przegrywać see **pregrać.**
przegry-zać, -źć *v.* fret through; nibble through; (*chem.*) corrode; **-zka** *f.* snack, refreshment; a bite to eat.
przegrz(ew)ać *v.* heat; overheat.
przegrzeb(yw)ać *v.* rake, search.
przegub *m.* joint; ~ **ręki,** wrist; ~ nogi (*u zwierząt*) hough.
prze-handlować *v.* barter; **-holować** *v.* overdo; exceed; **-hulać** *v.* dissipate.
przeinacz-ać, -yć *v.* change; misconstrue.
przeist-aczać, -oczyć *v.* transform; convert; misconstrue; ~ **się,** alter, change; **-oczenie** (*teol.*) transsubstantiation.
przejadać *v.* spend on food; dissipate; ~ **się,** overeat (oneself).
przejaśniać się *v.* clear (up).
przejaw *m.* sign, phenomenon.
przeja-zd *m.* passage, thoroughfare, crossing; **-zdem,** on the way; **-żdżka** *f.* drive, ride; excursion; trip.
przejąć *v.* take possession of; take over; impress; (*listy*) intercept; ~ **się** (*fig.*) *v.* be affected, be impressed, take to heart.
przejąkać *v.* stammer out.
przeje-chać, -żdżać *v.* (*kogo*) run down; drive (over); (*przez*) pass through; ~ się, make a trip, take a drive, take a ride; **-żdżający** *m.* passing traveller.
przejedna-ć *v.* appease; move; reconcile; **-nie** *n.* reconciliation; **-wczy** *a.* peaceful.
przejemca *m.* intercepter.

Odnośnie do czasowników z przedrostkiem p r z e-, brakujących powyżej, obacz **prze-.**

For verbs with prefix p r z e- not given consult **prze-.**

przejeść *v.* spend on food; dissipate; ~ się, overeat (oneself); (*być oklepanym*) be hackneyed.
przeje-zdny, -żdżający *m.* passing, of passage.
przej-ęcie *n.* (*listów*) interception; (*przejmowanie*) taking over; (*wzruszenie*) unction; ~ **się,** affection; **-ęty** *a.* intercepted; taken over; (*czem*) impressed (with); **-mować** *v.* take possession (of); seize; (*przeszywać*) pierce, penetrate; chill; ~ listy, intercept letters; zimno -mujące, a keen (or biting) cold.
przejrzały *a.* overripe.
przejrz-eć *v.* look over; see through; **-enie** *n.* revision; perusal; **-ystość** *f.* transparency; **-ysty** *a.* transparent, clear; pellucid.
przejś-cie *n.* passage; thoroughfare; transition; (*przygoda*) experience, trial; **-ciowość** *f.* transitoriness; **-ciowy** *a.* temporary, transitory; **-ć** *v.* pass, cross; (*doświadczyć*) undergo; (*do nast. klasy*) be promoted; ~~ **się** *v.* take a walk.
przekabacić *v.* gain over; bribe.
przekaz *m.* cheque, transfer, draft; assignation; assignment; ~ pocztowy, money-order; **-(yw)ać** *v.* transfer; assign; bequeath, convey; ~ potomności, hand down (to posterity).
przekąs *m.* sneer, sarcasm; z -em, sneeringly.
przekąs-ić *v.* bite in two; take some refreshment; have a bite to eat; **-ka** *f.* snack, refreshment. [diagonally.
przekątn(i)a *f.* diagonal; po -i,
przekl-ąć, -inać *v.* curse, execrate; **-eństwo, -ęcie** *n.* curse, imprecation; miotać ~, (*na*) utter imprecations (against); **-ęty** *a.* cursed, damned.
przeklu-ć, -wać *v.* (*o pisklętach*) chip the egg-shell; ~ się, be hatched.
przekład *m.* translation, version; **-ać** *v.* transfer; (*nad*) prefer (to); (*na inny język*) translate; (*gram.*) invert, interpose; ~ co komu, lay a thing before one; remonstrate with one; **-acz** *m.* translator; **-anie** *n.* transposition; preference; translation; **-nia** *f.* (*gram.*) inversion.
przekł-uć, -uwać *v.* perforate, pierce through; (*skorupkę*) chip (the shell); **-ucie** *n.* piercing, perforation.
przekomarzać się *v.* dispute; tease one another.
przekon-ać, -ywać *v.* persuade, convince; ~ się, ascertain, be convinced, satisfy oneself (of, that); **-anie** *m.* creed; conviction, persuasion; **-any** *a.* convinced, persuaded; **-ywujący** *a.* convincing.
przekop *m.* excavation; **-ać, -ywać** *v.* dig across (or through); disinter.
przekopjować *v.* copy, transcribe.
przekor, -a *f.*, **przekór** *m.* contrariety, perverseness; na ~ komu, in defiance of; perversely; **-ny** *a.* perverse; contrarious.
przekraczać see **przekroczyć.**
przekrada-ć *v.* smuggle; ~ się, steal through; **-cz** *m.* (*towarów*) smuggler.
przekrapiać *v.* sprinkle over; shower.
przekraplać *v.* filter through.
przekr-awać, -oić *v.* divide, cut in two.
przekre-ślać, -ślić *v.* cross, erase, strike out, cancel.
przekręc-ać, -ić *v.* turn, twist, wrest; misinterpret.
przekrocz-enie *n.* crossing; transgression, violation; **-yć** *v.* cross, violate.
przekr-oić *v.* cut; **-ój** *m.* section, diagram; ~ poprzeczny, cross-section; ~ podłużny, longitudinal section.
przekrop-ić, -lić see **przekrapiać, -lać.**
przekrzyczeć *v.* outvoice.

Odnośnie do czasowników z przedrostkiem p r z e-, brakujących powyżej, obacz **prze-.**

For verbs with prefix p r z e- not given consult **prze-.**

przekrzywi-(a)ć *v.* bend; contort; (*twarz*) distort; ~ **się**, make a wry face; **-anie, -enie się**, wry face, distortion; **-ony** *a.* distorted, wry.

przekształc-ać, -ić *v.* change, transform, convert (into); ~ **się**, turn (into), be converted (into); **-anie, -enie** *n.* transformation; ~ **się**, change, metamorphosis.

przekup-ić, -ywać *v.* bribe; corrupt; **-ień** *m.* huckster, hawker; **-ka** *f.* huckstress; **-ny** *a.* corrupted, bribed; **-stwo** *n.* bribery.

przekwit *m.* fall of the blossoms; **-ać, -nąć** *v.* be overblown; (*fig.*) wither, fade, decay; **-ły** *a.* overblown, faded, withered.

przela-ć *v.* pour over; transfuse; overflow; ~ łzy, shed tears; **-nie** *n.* pouring over; (*przekazać*) transfer; (*o metalach*) recasting; **-nie** *n.* (*jur.*) conveyance.

przel-atywać, -ecieć *v.* fly through (or over).

przeląc *v.* frighten; ~ **się**, be frightened.

przelew *m.* transfer, cession; transfusion; ~ krwi, bloodshed; **-ać** *v.* see **przelać**; **-ki** *pl.* to nie -ki, these are no jesting matters.

przeleźć see **przełazić**.

przelęk-ły, -niony *a.* frightened, terrified; **-nąć** *v.* see **przeląć**; ~~ **się** *v.* be frightened; **-nienie się** *n.* fright, terror.

przelicz-ać, -yć *v.* count over (again); ~ **się** *v.* miscalculate.

przelot *m.* flight; **-em**, hastily; **-ny** *a.* fleeting, transitory; -ne ptactwo, migratory birds; **-nie** *adv.* briefly.

przeludni-enie *n.* excess of population; **-ony** *a.* overpeopled; overpopulated.

przeład-ować, -owywać *v.* overburden; trans-ship; **-owanie, -owywanie** *n.*, **-unek** *m.* overloading; trans-shipment; **-unkowy** *a.* transloading.

przełaj *m.* na ~, across; bieg na ~, cross-country race.

przełam-ać, -ywać *v.* break; break in two; (*fig.*) break, overcome; ~ się, break; **-anie** *n.* breaking, fracture.

przełaz *m.* stile; **-ić** *v.* get over, climb over; creep through.

przełęcz *f.* pass.

przełknąć *v.* swallow.

przełom *m.* breach, break; (*chwila przełomowa*) turning-point; **-owy** *a.* decisive.

przeloż-enie *n.* transplanting; see **przekładanie**; **-eństwo** *n.* superiors, managers; **-ona** *f.*, **-ony** *m.* superior, chief; **-yć** *v.* see **przekładać**.

przełyk *m.* throat, gullet; **-ać** swallow.

przem-aczać, -oczyć *v.* soak, drench.

przemaga-ć *v.* overcome; get the better of; overpower; **-jący** *a.* prevalent, predominant; overwhelming.

przemaka-ć see **przemoknąć**; **-lny** *a.* permeable.

prze-marnować *v.* waste; squander (away); **-marznąć** *v.* be chilled; **-marzyć** *v.* dream away; **-maszerować** *v.* march through; **-mawiać** *v.* speak; appeal (to); address (an audience).

przemąd-ry *a.* wise; cunning; **-rzały** *a.* overwise.

przemęczenie *n.* over-fatigue, over-work.

przemi-ana *f.* transformation, change; transmutation; na **-an, -any**, by turns, alternately; **-anować** *v.* alter the name (of); **-eniać, -enić** *v.* transform, change, alter, transmute; ~ się, be changed; be transfigured; **-enienie** *n.* transformation; transmutation; ~ Pańskie, the Transfiguration (of our Lord); **-enny** *a.* changeable; variable.

przemierz-ać, -yć *v.* measure; (*fig.*) pace.

przemierzły *a.* (-r-z-) abominable, detestable, odious, hateful.

Odnośnie do czasowników z przedrostkiem p r z e-, brakujących powyżej, obacz **prze-**.

For verbs with prefix p r z e- not given consult **prze-**.

przemieszać *v.* mingle, mix.
przemieszk-ać, -iwać *v.* sojourn, stay, live.
przemięknąć *v.* soften; moisten.
przemi-jać, -nąć *v.* pass; fleet; elapse; **-jający** *a.* fleeting, transient; transitory; **-nięcie** *n.* ~ czasu, the lapse of time; **-niony** *a.* past, gone.
przemilczeć *v.* keep secret, not (to) mention; pass over in silence.
przemknąć *v.* shove through, convey secretly through; ~ się, steal through, glide (or slip) through.
przemoc *f.* prevalence, violence; outrage; **-ą,** by force.
przemo-czyć *v.* soak, drench; **-kły** *a.* drenched; **-knąć** *v.* be soaked, be drenched.
przemorzyć *v.* starve; ~ się, fast.
przemo-wa *f.*, **-ówienie** *n.* speech, address; mieć -owę, **-ówić** *v.* speak, address; (*przerwać milczenie*) utter (something); (*do kogo*) say something (to).
przemożn-ość *f.* power, prevalence, superiority; **-y** *a.* predominant, superior, powerful.
przemó-c, -dz *v.* overcome; get the better (of).
przemy-cać, -cić *v.* smuggle (in); **-cacz, -tnik** *m.* smuggler; **-canie, -cenie, -tnictwo** *n.* smuggling, contraband; **-cany, -cony** *a.* smuggled; **-kać** see **przemknąć.**
przemyć see **przemywać.**
przemysł *m.* industry; (*spryt*) craft; **-owiec** *m.* manufacturer; **-owy** *a.* industrial.
przemyśl-eć, -i(wa)ć *v.* think through, meditate, reflect (upon); **-nie** *adv.* with ingenuity; **-ność** *f.* craft, cunning, ingeniousness; **-ny** *a.* ingenious.
przemytnictwo etc. see **przemycać** etc.
przemywać *v.* wash (out); clear; rinse.
przenaj-ąć, -mować *v.* bribe; **-ęty** *a.* bribed.

Odnośnie do czasowników z przedrostkiem p r z e-, brakujących powyżej, obacz **prze-.**

przenajświętszy *a.* most holy.
przenicować *v.* turn (a coat).
przenie-sienie *n.* transfer, removal; do **-sienia** (*buchalt.*) to be carried forward; z -sienia, brought forward; ~ się, removal; **-ść** *v.* remove, carry over, transfer; (*przewyższyć*) exceed; surpass; (*buchalt.*) carry forward; ~ co (*nad*), prefer a thing (to); ~ się (*do innego mieszkania*) move; (*na inne miejsce*) shift from one place to another.
przeniewie-rca *m.* perfidious person; **-rczy, -rny** *a.* faithless, perfidious; **-rstwo** *n.* faithlessness, perfidy; **-rzać się, -rzyć się** *v.* be perfidious, break one's word, prove faithless; **-rzenie się** *n.* perfidy.
przenigdy *adv.* never, nevermore.
przenik-ać, -nąć *v.* penetrate, permeate; pierce, pervade; **-ający** *a.* penetrating, piercing; **-anie, -nienie** *n.* penetration; **-liwie** *adv.* acutely, sharply; **-liwość** *f.* acuteness; sharpness; keenness; **-liwy** *a.* penetrating, sharp; shrill; permeable; -liwe zimno, biting cold; **-niony** *a.* pierced, penetrated; pervaded, saturated.
przenocow-ać *v.* pass the night, put up; **-anie** *n.* night's lodging.
przeno-sić *v.* see **przenieść;** **-siny** *pl.*, **-szenie** *n.* removal, transportation; **-śnia** *f.* metaphor, figure; **-śnie** *adv.* figuratively; **-śnik** *m.* transporter; **-śny** *a.* portable; znaczenie -śne, metaphorical sense.
przeoblekać *v.* (*odzienie, bieliznę*) change one's clothes.
przeobra-zić, -żać *v.* transform, change, convert; ~ się, change, be transformed; be changed (into); **-żanie, -żenie** *n.* transformation, metamorphosis; change.
przeocz-enie *n.* ovesight; inadvertency; **-yć** *v.* overlook.

For verbs with prefix p r z e- not given consult **prze-.**

przeodzi(ew)ać *v.* change; ~ **się**, change one's clothes.
przeor *m.* prior; **-ostwo** *n.* priorship; **-ysza** *f.* prioress.
przeor(yw)ać *v.* plough up; furrow; (*fig.*) gash, wrinkle.
przepacać *v.* permeate (or saturate) with sweat.
przepad-ać *v.* be lost, be forfeited; ~ (*za*), be fond (of); **-ły** *a.* lost.
przepadlina *f.* cleft, crevice.
przepal-ać, -ić *v.* heat; make a fire; (*wódkę*) distil; ~ ogniem, burn a hole (through); pierce; **-anka** *f.* (distilled) brandy; **-ony** *a.* burnt; heated; distilled.
przeparty *a.* driven back (or away), beaten.
przepas-ać, -ywać *v.* tie round, envelop; gird; ~ **się**, gird oneself; **-ka** *f.* band, girdle.
przepaś-cistość *f.* precipitousness; **-cistny** *a.* precipitous; **-ć** *f.* precipice, abyss; ~~, *v.* be lost; disappear; sink; be spoilt.
przepat-rywać, -rzeć *v.* look over, revise; look through.
przepch-ać, -nąć *v.* push through; ~ **się**, get through.
przepełni-ać, -ć *v.* overfill; crowd; **-anie** *n.*, **-enie** *n.* crowd; overfilling; **-ony** *a.* overfull, crowded.
przepędz-ać, -ić *v.* drive; (*czas*) spend; (*wódkę*) distil.
przepęk-ać, -nąć *v.* burst; **-ły** *a.* burst.
przepi-ć, -jać *v.* spend (waste) on drink; overdrink; **-ty** *a.* drunken, spoilt by drink.
przepie-c, -kać *v.* overroast, overbake; **-czony** *a.* overroasted; overbaked.
przepierz-enie *n.* partition-wall; **-yć** *v.* partition, divide.
przepiękny *a.* most beautiful.
przepiór-czy *a.* quail's; **-ka** *f.* (*orn.*) quail.
przepis *m.* rule; (*na potrawy*) recipe; (*lekarski*) prescription; **-ać, -ywać** *v.* copy, prescribe; **-owy** *a.* regular; prescribed; **-ywacz** *m.* copyist.
przepl-atać, -eść *v.* interlace, intertwine; diversify; ~ **się**, alternate.
przepłac-ać, -ić *v.* overpay.
przepłatać *v.* cut in two.
przepławi(a)ć *v.* drive across; convey across; (*kruszce*) refine.
przepłók-ać, -iwać *v.* rinse, wash.
przepły-nąć, -wać *v.* swim, sail, flow (through, over, across).
przepocić *v.* see **przepacać**.
przepolszczyć *v.* translate into Polish.
przepom-inać, -nieć *v.* forget; **-nienie** *n.* forgetfulness, slip of the memory.
przepona *f.* (*anat.*) diaphragm, midriff.
przepościć się *v.* fast, be hungry.
przepowi-adać, -edzieć *v.* foretell, predict; repeat (a lesson); **-adacz** *m.* foreteller; **-adanie, -edzenie** *n.* prediction, prophecy; **-ednia** *f.* prophecy, prediction; **-edni** *a.* predictive.
przepracować się *v.* be overworked.
przepr-aszać, -osić *v.* beg pardon, apologize (for); przepraszam, I beg your pardon; excuse me; I am sorry; **-aszanie, -oszenie** *n.*, **-osiny** *pl.* excuse, apology; za -oszeniem, if you will excuse me.
przepraw-a *f.* passage, crossing; (*zajście*) pass; (*z kimś*) altercation; **-i(a)ć (się)** *v.* pass, cross.
przeprowadz-ać, -ić *v.* take, carry, convey (over, through, across); ~ się, move; **-enie, ~ się,** removal; **-ka** *f.* removal.
przeprz-ąg *m.* relay (of horses); **-ąc, -ęgać** *v.* relay.
przeprzeć *v.* push through; repel; (*fig.*) break.
przepuklina *f.* (*med.*) hernia.
przepu-st *m.* admission; (*bud.*) culvert; **-stka** *f.* pass; **-stnica** *f.* (*tech.*) throttle valve; **-szczać, -ścić** *v.* let through; let pass;

Odnośnie do czasowników z przedrostkiem p r z e-, brakujących powyżej, obacz **prze-**.

For verbs with prefix **p r z e-** not given consult **prze-**.

filter; admit; squander; (*komuś*) forgive; **-szczanie, -szczenie** *n.* letting through; admission; forgiveness; **-szczalność** *f.* permeability; porosity; **-szczalny** *a.* permeable; porous.
przepych *m.* splendour, magnificence; pełen -chu, gorgeous.
przepychać *v.* push through; pierce through, run through; ~~ się, force one's way (in).
przepyszny *a.* splendid, gorgeous.
przer-abiać, -obić *v.* alter, remodel, change; work at; shuffle.
przerachowa-ć *v.* count over; ~ **się,** miscalculate; **-nie się** *n.* miscalculation.
przeradzać się *v.* be transformed.
przerafinowany *a.* (over-)refined, subtle.
przer-astać, -ość *f.* overgrow; *kogo*) outgrow; **-astały** *a.* (*o mięsie*) streaky.
przera-zić, -żać *v.* frighten, appall; ~ **się,** be frightened; **-źliwie** *adv.* frightfully; **-źliwy** *a.* dreadful, shrill; **-żający** *a.* appalling; **-żenie** *n.* fright; terror; consternation; **-żony** *a.* frightened, startled.
przer-ąbać, -ąbywać *v.* hew (through), cut through; **-ębel** *m.*, **-ębla** *f.* hole in the ice.
przer-obić *v.* see **przerabiać**; **-óbka** *f.* change, alteration, transformation; recast.
przero-ść see **przerastać; -sły** *a.* outgrown; **-rost** *m.* hypertrophy; excessive development; excess.
przeróżny *a.* different, of all kinds; multifarious.
przer-wa *f.* interruption; breach; interval; pause; bez -wy, without interruption; **-wać, -ywać** *v.* tear asunder, rend; interrupt, stop; break off; disconnect.
przerysować *v.* draw over again; copy.
przerzedz-ać, -ić *v.* thin, reduce, decimate; ~ **się**, be thinned; be reduced, be decimated.

przerz-nąć, -ynać *v.* cut (through); intersect.
przerzuc-ać, -ić *v.* throw over; (*w czemś*) shuffle; ~ książkę, turn over the pages of a book; glance through.
przesa-da *f.* exaggeration, affectation; **-dny** *a.* exaggerated; affected; **-dzać, -dzić** *v.* exaggerate; (*rośliny*) transplant; (*przeskoczyć*) jump over; ~ **się** (*w czem*), outvie one another; **-dzony** *a.* transplanted; exaggerated, affected.
przesącz-ać, -yć *v.* ooze, filter; sip.
przesąd *m.* prejudice; (*zabobon*) superstition; **-ny** *a.* superstitious; **-zać, -zić** *v.* forejudge; foreclose; condemn by anticipation; **-zony** *a.* settled, concluded, doomed, foreclosed; jego los jest ~~, his fate is sealed.
przesch-ły *a.* dried, dry; **-nąć** *v.* dry.
przesi(ew)ać *v.* sift.
przesi-adać się, -ąść się *v.* change seats (trains, trams etc.); **-adywać, -edzieć** *v.* (*gdzieś*) sit, remain, keep company (with).
przesiąk-ać, -nąć *v.* be soaked, soak; permeate; ~ czem, be imbued with; **-ły, -nięty** *n.* soaked, drenched; imbued; imbibed.
przesiedl-ać, -ić *v.* remove, transplant; ~ **się,** move, migrate; **-anie się, -enie się** *n.* removal, migration; **-eniec** *m.* emigrant.
przesiedzieć *v.* see **przesiadywać.**
przesieka *f.* clearing.
przesiew-ać *v.* sift; **-iny** *pl.* siftings *pl.*
przesil-ać się, -ić się *v.* subside; **-enie** *n.* crisis; ~ dnia z nocą, solstice.
przesiodłać *v.* saddle anew.
przesk-akiwać, -oczyć *v.* jump over; (*lit. & fig.*) skip over; **-ok** *m.* leap, jump.
przeskrobać *v.* scrape through; (*fig.*) do mischief; transgress.

Odnośnie do czasowników z przedrostkiem p r z e-, brakujących powyżej, obacz **prze-.**

For verbs with prefix p r z e- not given consult **prze-.**

przesła-ć *v.* send, forward; **-niec** *m.* forerunner.
przesł-aniać, -onić *v.* cover.
przesłanka *f.* promise; precursor.
przesławny *a.* famous.
przesłuch-ać, -iwać *v.* interrogate; hear (out); (*w sądzie*) try; **-anie** *n.* judicial investigation; (*świadków*) examination.
przesłużyć *v.* serve.
przesłysze-ć się *v.* misunderstand; **-nie** *n.* misunderstanding.
przesmyk *m.* narrow pass; (*morski*) straits *pl.*
przesol-ić *v.* put too much salt (in); **-ony** *a.* too salt; (*fig.*) overpaid.
przespać *v.* sleep; ~ **się,** take a nap.
przesta-ć *v.* discontinue, cease; also see **stać;** ~ się, overripen; **-ły** *a.* overripe; **-nek** *m.* stop; interruption; bez -nku, incessantly; **-nie** *n.* stop; interruption.
przestarz-ałość *f.* obsoleteness, desuetude; **-ały** *a.* obsolete; disused; out of date; **-eć** *v.* grow too old; become obsolete; fall into desuetude.
przestawa-ć *v.* (*z*) keep company (with); ~ na czem, be satisfied (with); **-nie** *n.* discontinuation, cessation; (*z kim*) intercourse; (*na czem*) contentment; ~ na małem, moderation.
przestawiać *v.* shift; displace.
przestąpi-ć *v.* step over; (*prawo*) transgress; **-enie** *n.* stepping over; transgression.
przestęp *m.* (*bot.*) bryony.
przestęp-ca *m.* criminal; **-czość** *f.* criminality; **-ny** *a.* criminal; rok ~, leap-year; **-ować** *v.* cross; step over; exceed; (*fig.*) transgress; **-stwo** *n.* transgression, offence, crime.
przestra-ch *m.* fear; terror; dismay; zdjęty -chem, terrorstruck; **-szać, -szyć** *v.* frighten; terrify; **-szający** *a.* dreadful; **-szenie** *n.* fright, terror; ~ **się,** fear; **-szyć się** *v.* be frightened.
przestr-ajać, -oić *v.* alter the tune (of); ~ **się,** change one's clothes.
przestroga *f.* admonition; caution; zbawienna ~, salutary warning; niech ci to będzie przestrogą, take this for warning.
przestronn-ość *f.* spaciousness; **-y** *a.* roomy, ample, spacious.
przestrzał *m.* bullet-wound; na ~, through and through; otworzyć okna na ~, open two windows opposite each other; wiatr wieje na ~, there is a draught.
przestrze-c, -dz, -gać *v.* warn, caution; (*praw etc.*) keep, guard, observe; enforce; **-gacz** *m.* observer; monitor; **-ganie** *n.* observance, warning, admonition; **-żenie** see **przestroga;** **-żony** *a.* forewarned.
przestrzel-ić *v.* shoot through; **-ony** *a.* shot through.
przestrzeń *f.* space, expanse; tract, extension.
przestudjować *v.* study thoroughly.
przestudzić, przestygnąć *v.* cool.
przestw-orze *n.*, **-ór** *m.* space; expanse; na -ór, wide open.
przesu-nąć, -wać *v.* shift, move; push through; ~ wagony, shunt; ~ **się,** pass, glide through; **-wnica** *f.* (*techn.*) traverser
przesuszyć *v.* dry.
przesy-cać, -cić *v.* overfill, oversaturate; surfeit; ~ **się,** satiate oneself; **-t** *m.* satiety, surfeit; aż do -tu, to surfeit.
przesychać *v.* see **przeschnąć.**
przesył-ać see **przesłać;** **-ka** *f.* parcel; consignment.
przesyp-ać, -ywać *v.* pour from one vessel into another, overfill; sift.
przeszacować *v.* overrate.
przeszachrować *v.* swindle.
przeszcze-kać *v.* bark; ~ kogo (*fig.*), outtalk; **-piać, -pić** *v.*

Odnośnie do czasowników z przedrostkiem **prze-**, brakujących powyżej, obacz **prze-**.

For verbs with prefix **prze-** not given consult **prze-**.

transplant; **-pienie** *n.* transplantation.

przeszk-adzać, -odzić *v.* disturb; hinder; check; prevent; impede; **-adzanie** *n.*, **-oda, -odzenie** *n.* hindrance, obstacle; obstruction; być komu na -odzie, stand in a person's way.

przeszło *adv.* over, upwards of, more than; above; **-roczny** *a.* last year's; **-ść** *f.* the past; **-tygodniowy** *a.* last week's.

przeszły *a.* past, gone; bygone; -ego roku, last year.

przeszperać *v.* ransack.

przeszpieg-i *pl.* spying; intelligence; **-ować** *v.* spy out, ferret out.

przeszuka-ć *v.* search; ransack; **-nie** *n.* searching.

przeszumieć *v.* pass; (*fig.*) (*przehulać*) sow one's wild oats.

przeszy-ć, -wać *v.* (*szyć na nowo*) resew; (*szyć przez środek*) stitch, quilt; (*przenikać, przekłuć*) pierce, stab; **-wany** *a.* stitched, quilted.

prześcielać *v.* make the bed over again.

prześcieradło *n.* sheet.

prześcig-ać, -nąć *v.* outrun, outstrip; na -i, emulously; **-niony** *a.* outrun, outstripped.

prześladow-ać *v.* persecute; harass; worry; **-anie** *n.* persecution; **-ca** *m.* persecutor; **-czy** *a.* persecuting.

prześlepi-ać, -ć *v.* overlook; **-enie** *n.* oversight, inadvertency, slip.

prześliczny *a.* beautiful, charming.

prześliz-gać się, -nąć się *v.* glide, slip through.

prześmierdnąć *v.* stink.

prześpiewać *v.* sing; rehearse.

przeświadcz-ać, -yć się *v.* ascertain, satisfy oneself; **-anie, -enie** *n.* conviction; **-ony** *a.* convinced.

prześwidrowa-ć *v.* bore (through), perforate; (*fig.*) pierce; **-nie** *n.* perforation.

prześwie-cać *v.* shine through; ta materja -ca, you can see through this cloth; **-tlić** *v.* X-ray; **-tny** illustrious, (*w tytułach*) Most Honourable.

przetaczać see **przetoczyć.**

przetak *m.* sieve.

przet-apiać, -opić *v.* smelt, recast.

przetar-cie *n.* rubbing through; gall; **-ty** *a.* threadbare; rubbed through; galled.

przetarg *m.*, **-gi** *pl.* auction.

przetasować *v.* shuffle.

przetęchnąć see **stęchnąć.**

przetk-ać, -nąć *v.* interweave; stick through; pierce.

przetłoczyć *v.* press through; ~ **się** (*przez co*), force one's way through.

przetłumacz-enie *n.* translation; **-yć** *v.* translate.

przeto, ż *adv.* therefore, consequently; nie ~ że..., not that ...

przeto-czyć *v.* roll over; tap into another vessel; **-ka** *f.* fistula.

przetopić *v.* see **przetapiać.**

przetorować *v.* open the way; (*fig.*) smooth the way.

przetrawi(a)ć *v.* digest; (*fig.*) squander; (*czas*) pass, spend.

przetrąbić *v.* blow the trumpet.

przetrąc-ać, -ić *v.* break; beat; (*zjeść*) have a snack.

przetrwać *v.* outlast, endure; ~ burzę, weather a storm.

przetrwonić *v.* squander; waste.

przetrząs-ać, -nąć, przetrząść *v.* rake; search, ransack.

przetrzebić *v.* thin, clear (a forest); grub; (*fig.*) decimate.

przetrzeć *v.* see **przecierać.**

przetrzepać *v.* dust, beat; (*fig.*) cudgel; (*wyrecytować*) rattle off.

przetrzym(yw)ać *v.* keep; retain; endure.

przetw-arzać, -orzyć *v.* transform, convert (into); (*o towarach*) produce; ~ **się**, be transformed, converted into; **-ór** *m.* produce; product; manufacture; **-órca** *m.* manufacturer; **-órczy** *a.* manufacturing.

Odnośnie do czasowników z przedrostkiem p r z e-, brakujących powyżej, obacz **prze-.**

For verbs with prefix p r z e- not given consult **prze-.**

przet-yczka *f.* punch; piercer; ~ do zębów, tooth-pick; **-(y)kać** *v.* pierce, clear; punch; (*przeplatać*) interlace, interweave.

przeucz-ony *a.* over-learned; **-yć się** *v.* learn; overtask one's brains.

przewabi(a)ć *v.* entice over, [coax over.

przewa-ga *f.* superiority, ascendancy, preponderance; **-żać, -żyć** *v.* outweigh; (*fig.*) predominate; preponderate, prevail (over); outnumber; ~ **się,** incline; **-żnie** *adv.* mostly, mainly, chiefly; for the most part; **-żność** *f.* preponderance; superiority; **-żny** *a.* prevailing, preponderant.

przewal-ać, -ić *v.* roll about, roll over, overturn; upset; ~ **się,** roll; wallow.

przewartościować *v.* revalue.

przewarz-ać, -yć *v.* overboil; **-any, -ony** *a.* overboiled.

przewąchać *v.* ferret out; smell out; (*fig.*) smell a rat.

przewdzi(ew)ać *v.* change (one's clothes).

przewertować *v.* turn over the [leaves.

przewędrować *v.* journey over, travel over.

przewiać *v.* winnow; (*o wietrze*) [blow over.

przewią-sło *n.* straw-rope; **-zać, -zywać** *v.* tie, bind; ~ ranę, dress (or bind up) a wound; ~ **się,** gird oneself; (*czem*) tie round oneself; **-zka** *f.* band, tie, ligature; bandage.

przewi-ć, -jać, -nąć *v.* bind (or wrap) over again; (*dziecko*) swathe; ~ komu nogę, fool one; ~**-jać się, -nąć się** *v.* pass.

przewidująco *adv.* with foresight.

przewidywać, -dzieć *v.* foresee; **-dywanie** *n.* foresight; *pl.* forecast; **-dzenie** *n.* foresight, prudence; to było do -dzenia, it was to be expected.

przewielebn-ość *f.* Reverence; **-y** *a.* Right Reverend.

przewier-cać, -cić *v.* bore, perforate; pierce; **-cień** *m.* (*bot.*) honeysuckle.

przewiesić *v.* sling; hang over (or across).

przewieść *v.* take over; (*fig.*) translate.

przewietrz-ać, -yć *v.* air, ventilate; ~ się, take the air; **-anie, -enie** *n.* airing, ventilation.

przewiew *m.* draught; **-ać** see **przewiać**; **-wacz** *m.* winnower; **-ka** *f.* valve; **-nik** *m.* ventilator; **-ny** *a.* airy, breezy.

przewie-zienie *n.* transport; **-źć** see **przewozić.**

przewi-jać, -nąć *v.* see **przewić.**

przewini-ć *v.* be guilty; transgress; **-enie** *n.* guilt; offence, transgression.

przewlonąć see **przewiać.**

przewisnąć *v.* be suspended.

przew-lec, -lekać, -łóczyć *v.* prolong, drag; (*nitkę*) thread; -lekać słowa, drawl one's words; ~ **się** *v.* change one's clothes; (*przeciągać się*) drag along; **-lekle** *adv.* at great length; diffusely; **-lekłość** *f.* (*trwanie*) protraction; (*rozwlekłość*) prolixity, diffuseness; **-lekły** *a.* protracted; prolix; diffuse; **-łoka** *f.* protraction, delay.

przewo-dni *a.* guiding, leading; **-dnia** *f.* guidance; -dnia Niedziela, the first Sunday after Easter; **-dnica, -dniczka** *f.* guide; **-dnictwo** *n.* leadership, guidance; ~ ciepła, conductivity; **-dniczący** *a.* presiding; **-dniczący** *m.* chairman; **-dniczenie** *n.* presidency; **-dniczy** *a.* leading, guiding; **-dniczyć** *v.* lead, guide, preside; **-dnik** *m.* guide, guide-book; ~ adresowy, directory; ~ kolejowy, railway guide; **-dzić** *v.* (*komu*) command, domineer (over); (*przewieść*) take over, translate.

przewora, przeworzyna *f.* stall, horse-bay.

przewo-zić *v.* transport, convey (over or across); **-zowe, -źne** *n.* (of or for) carriage, transport, fare; **-zowy** *a.* ferry, passage; **-źnik** *m.* ferryman, carrier; **-żenie** *n.* transport.

Odnośnie do czasowników z przedrostkiem p r z e-, brakujących powyżej, obacz **prze-.**

For verbs with prefix p r z e- not given consult **prze-.**

przewód *m.* (*kanał*) channel; (*kierunek*) guidance; ~ elektryczny, electric wire; ~ sądowy, legal procedure; ~ pokarmowy, oesophagus; ~ ruchu, transmission; ~ pary, steam way; **-ca** *m.* leader, guide; **-ztwo** *n.* leadership.

przewóz *m.* ferry-boat, transport, carriage.

przewr-acać, -ócić *v.* overthrow, (over)turn, upset; (*kartki*) turn over the leaves; **-acać** oczy, roll one's eyes; ~ **się**, fall down, toss; **-otnik** *m.* trickster; **-otność** *f.* perversity; **-otny** *a.* perverse; **-otowy** *a.* revolutionary, subversive; **-ót** *m.* overthrow, revolution, subversion.

przewrzeszczeć *v.* outcry.

przewyborn-ość *f.* exquisiteness; **-y** *a.* exquisite, excellent.

przewyż-ka *f.* surplus, difference; ~ wagi, overweight; **-szać, -szyć** *v.* exceed, surpass; excell.

przez *prp.* through, across; during; by; throughout; out of; over; ~ cały dzień, all day long; ~ wzgląd na, out of regard for; samo ~ się się rozumie, it is obvious; sam ~ się, of his own accord; ~ całe życie, all my (our etc.) life; ~ wdzięczność, out of gratitude.

przezacny *a.* lovable; highly honoured.

przeze = **przez**; **-ń** = przez niego, by him, through him.

przezięb-ić *v.* chill; ~ się, catch cold; **-ienie** *n.* a cold; **być -iony** *a.* have a cold; **-ły** *a.* chilly, chilled.

przeziera-ć *v.* look through, glance through, examine; **-cz** *m.* reviewer.

przezimowa-ć *v.* winter, hibernate; **-nie** *n.* hibernation.

przeznacz-ać, -yć *v.* destine, appoint, design; **-enie** *n.* destiny, fate, doom, destination.

przezorn-ość *f.* prudence, cautiousness; **kasa -ości**, assistance and providence fund; **-y** *a.* cautious, prudent; perspicacious.

przezrocz-e *n.* slide; **-ystość** *f.* transparency; pellucidness; **-ysty, -y** *a.* transparent, pellucid, perspicuous.

przezu-ć, -wać *v.* change boots.

przez-wać, -ywać *v.* call, name; nickname; ~ **się** *v.* be called; **-wisko** *n.* nickname.

przezwycięż-ać, -yć *v.* overcome, surmount, conquer; get the better (of).

przeżegnać *v.* cross; ~ **się**, make the sign of the cross.

przeżu-ć, -wać *v.* chew, ruminate; (*o zwierzętach*) chew the cud; **-wające, -wacze** *pl.* ruminants.

przeży-cie *n.* survival; (*zdarzenie*) experience; **-ć** *v.* survive, outlive; (*doświadczyć*) experience, live through; **-tek** *m.* a thing of the past; obsoletism; old-fashionedness.

przędz-a *f.* yarn; thread; **-alnia, -arnia** *f.* spinning mill; **-enie, -iwo** *n.* spinning.

przęsło *n.* bay; ~ **schodów**, flight of steps.

przęślica *f.* distaff.

przod-ek *m.* (*przód*) front; forepart; (*osoba*) forefather; **-kować, -ować** *v.* go before, lead the way; have the preference; (*przewyższać*) surpass, excel; **-kowanie, -ownictwo** *n.* leadership; precedence; **-kowie** *pl.* ancestors, ancestry; **-ownik** *m.* leader; foreman.

przód *m.* forepart, front; ~ głowy, forehead; ~ okrętu, prow, bow, stem; na przedzie, przodem, zprzodu, in front, ahead.

przty-czek, -k *m.* fillip; dać **-czka, -kać, -knąć** *v.* fillip; snap one's fingers.

przy *prp.* near, close to, by, at; with; about; ~ stole, at table; ~ szklance piwa, over a glass of beer; ~ sobie, about one; ~ Boskiej pomocy, with the help of God; być ~ nadziei, be pregnant; ~ sposobności, when an opportunity of-

---

Odnośnie do czasowników z przedrostkiem p r z e-, brakujących powyżej, obacz **prze-**.

For verbs with prefix p r z e- not given consult **prze-**.

fers itself; zostaw to ~ sobie, keep it to yourself; ~ pracy, at work; ~ samej ziemi, tuż ~ ziemi, close to the ground, even with the ground; zostawić kogo ~ życiu, spare one's life.

przyaresztować *v.* arrest; apprehend.

przybi-ć, -jać *v.* fasten (on or to); nail (to); (*na aukcji*) knock down; ~ do brzegu, land; cast the anchor; **-tka** *f.* wadding; **-ty** *a.* (*przygnębiony*) dejected; (*przymocowany*) nailed; fastened.

przybie-c, -gać *v.* hasten (to), run up.

przybierać see **przybrać.**

przyblaknąć *v.* grow somewhat pale; fade somewhat; lose colour.

przybliż-ać, -yć *v.* bring nearer, put nearer, push nearer; ~ **się,** approach, draw near; draw nigh; **-enie** *n.* approach; (*mat.*) approximation; w **-eniu,** approximatively; **-ony** *a.* approaching.

przy-błąkać się *v.* wander (to); **-błęda** *m.* vagabond.

przybłotny *a.* situated near a marsh.

przyboczn-y *a.* attached (to); straż -a, body-guard; life-guard.

przyb-ory *pl.* accessories, *pl.*; fittings, *pl.* equipment; apparatus; ~ piśmienne, stationery; **-ór** rzeki, the rise of the water.

przybra-ć *v.* (*upiększać*) adorn, attire; (*adoptować*) assume; (*opatrywać*) furnish, provide; (*o rzece*) rise; ~ dziecko, adopt a child; **-nka** *f.* (*gram.*) prefix; -ne nazwisko, assumed name.

przybru-dny *a.* rather dirty; **-dzić** *v.* soil.

przybrzeż-e *n.* shore; **-ny** *a.* (of or near the) coast.

przybud-ować *v.* add (to); build (on); **-ówka** *f.* addition; side-building; penthouse.

przyby-cie *n.* arrival; increase; **-ć, -wać** *v.* arrive; (*przyrastać*) increase; grow, accrue; -ło nam pracy, we have additional work; **-ły** *a.* arrived; **-sz** *m.* new-comer; **-tek** *m.* increase; growth; (*świątynia*) temple, sanctuary; **-wać** *s.* **przybyć;** **-wanie** *n.* *s.* **przybycie.**

przyca-pić, -pnąć (*coll.*) *v.* seize; catch.

przych-odni *a.* coming, arriving, attending; **-odowy** *a.* (*of*) income; **-odzenie** *n.* arriving; coming, advent; **-odzić** *v.* come, arrive (at); (*do czego*) be reduced (to); ~ do siebie, recover; przyjdzie do wojny, it will come to a war; -odzi mi ochota, I feel inclined to; -odzi mi na myśl, it occurs to me; **-odzień** *m.* new-comer; **-ód** *m.* income, revenue; receipt.

przychow-ać, -ywać *v.* increase a stock of cattle; **-ek** *m.* increase, new breed.

przychyl-ać, -ić *v.* incline (to or towards); bend; ~ ucha, listen (to); ~ się, incline, be inclined (to), be disposed; be prone to; ~ do prośby, comply with a request; **-enie, -enie się** *n.* inclination; compliance (with); **-ność** *f.* friendliness; favourable disposition; kindness; **-ny** *a.* favourable, friendly, propitious; kind.

przyci-ąć, -nać *v.* cut, clip; ~ komu, (*fig.*) taunt, chaff; ~ usta, bite one's lips; **-nek** *m.* sneer, jest; hint; **-nki** *pl.* taunts *pl.*

przyciąg-ać, -nąć *v.* attract, draw; pull (to); ~ kogo do siebie; (*fig.*) win over; **-ający** *a.* attractive; (*fig.*) alluring, engaging; **-anie** *n.* attraction.

przyciasny *a.* rather tight.

przycich-ać, -nąć *v.* quiet down.

przyciemn-i(a)ć *v.* darken somewhat; **-y** *a.* darkish.

przycierać *v.* rub off; (*fig.*) abase; humiliate.

przycieś *f.* foundation.

przycięższy *a.* rather heavy.

przycis-k *m.* (*abstr.*) stress; emphasis; (*przyrząd*) letter-weight; ~ wymawiać z -kiem, emphasize; **-kać, -nąć** *v.* tighten, press, urge; oppress; **-kacz** *m.* presser; letter-weight; paper-weight.

przyciśn-ięcie *n.* (com)pression; **-iony** *a.* pressed; (*fig.*) oppressed.

przycumować *v.* moor.

przycupnąć *v.* cower, crouch; squat; (*fig.*) retire from active life.

przyczaić się *v.* lie in ambush; lurk.

przyczem *adv.* at the same time; moreover.

przyczep-iać, -ić *v.* affix (to), fasten (to), stick (to); ~ **się,** cling, stick to; adhere to; provoke; **-ka** *f.* (*do kogoś*) provocation, attack; aggression; ~ motocyklu, side-car.

przyczesać *v.* comb; smooth.

przyczołgać się *v.* creep up to; crawl up to.

przyczółek *m.* abutment; ~ mostowy, bidge-head.

przyczyn-a *f.* cause, reason, z tej **-y**, for that reason, on that account; (*pośrednictwo*) intercession; dociekać **-y**, investigate; **-ek** *m.* contribution; **-iać, -ić** *v.* contribute, add, increase; ~ **się** (*do czego*), contribute (to); (*za kim*) intercede for; **-owość** *v.* causality; **-owy** *a.* causal.

przyćmi-ć, -ewać *v.* dim, eclipse; ~ dobre imię, tarnish one's reputation; **-enie** *n.* dimness.

przyda-ć, -wać *v.* add; (*fig.*) amplify; ~ **się** (*na*), be useful, be serviceable; avail; **-tek** *m.* addition, supplement; **-tkowy** *a.* supplementary; **-tność** *f.* fitness, usefulness; **-tny** *a.* fit, useful, suitable.

przydarzyć się *v.* happen; -ło mi się, I met with; I experienced.

przydawka *f.* (*gram.*) apposition.

przydech *m.* (*gram.*) aspiration; wymawiać z -em, aspirate; **-owy** *a.* aspirate.

przydept-(yw)ać *v.* tread upon; tread down; **-any** *a.* down at heel.

przydłu-gi, -ższy *a.* lengthy, overlong; **-żać, -żyć** *v.* lengthen.

przydomek *m.* surname, byname.

przydroż-e *n.* by-way; **-ny** *a.* road-side.

przydu-sić, -szać *v.* stifle, press down, smother; (*ogień etc.*) damp, choke; (*fig.*) suppress, crush.

przydybać *v.* overtake; catch, in the act; take red-handed.

przydymi-ć *v.* smoke lightly; **-ony** *a.* smelling of smoke; blackened by smoke.

przydzi-ał *m.* assignment, allotment; **-elić** *v.* assign (to), allot.

przyfastrygować *v.* baste.

przygan-a *f.* blame; reproach; **-iać, -ić** *v.* blame, criticize; find fault (with).

przygarb-ić się *v.* bend; **-iony** *a.* bent (over); round-shouldered.

przygar-nąć, -niać, -tywać *v.* gather, smooth; (*fig.*) shelter, protect; hug; **-stek** *m.*, **-ść** *f.* handful.

przyga-sać, -snąć *v.* diminish, abate, subside; **-sić, -szać** *v.* extinguish, damp, allay, cool.

przygi-ąć, -nać *v.* bend slightly, bow down; **-ęty** *a.* bent, crooked.

przyglądać się (*czemu*) *v.* observe, inspect; examine; gaze (at).

przygładz-ać, -ić *v.* smooth.

przygłask-ać, -iwać *v.* stroke; (*fig.*) tame.

przygłodny *a.* somewhat hungry.

przygłuchy *a.* hard of hearing; **-szać, -szyć** *v* stun, deafen.

przygnać *v.* drive (back), drive (to).

przygnębi-(a)ć *v.* oppress; crush; **-ająco** *n.* oppressively; **-enie** *n.* dejection; despondency; oppression; **-ony** *a.* dejected.

przygni-atać, -eść *v.* pinch.

przygod-a *f.* accident; mishap; experience; -y życia, eventualities of life; **-ny** *a.* accidental, occasional; casual, **-zić się** *v.* occur, happen; (*do czego*) be fit for.

przygorz-ały *a.* somewhat burnt; **-eć** *v.* be somewhat burnt; **-elina** *f.* burning.

przygorzk-i *a.* rather bitter; **-nąć, -nieć** *v.* become bitterish.

przygotow-ać, -ywać *v.* prepare, make ready; ~ **się,** prepare oneself (for); **-anie** *n.* preparation; **-awczy** *a.* preparatory.

przygrub-o *adv.* rather grossly; **-szy** *a.* rather gross; rather thick.
przygryw-ać *v.* (*mus.*) accompany; **-ka** *f.* accompaniment.
przygry-zać, -źć *v.* bite at; gnaw; nibble; (*fig.*) banter; ~ wargi, bite one's lips; **-zek** *m.* jest.
przygrz(ew)ać *v.* warm (up).
przygw-ażdżać, -oździć *v.* nail down; (*fig.*) pin down.
przyholować *v.* tow up.
przyhołubić *v.* shelter, adopt.
przyimek *m.* preposition.
przyja-ciel *m.*, **-ciółka** *f.* friend; ~ od serca, bosom friend; **-cielski** *a.* friendly; **-zny** *a.* friendly, favourable; amicable; **-źnić się** *v.* be on friendly terms (with); **-źń** *f.* friendship.
przyjazd *m.* arrival.
przyjąć see **przyjmować.**
przyje-chać, -żdżać *v.* arrive.
przyjemn-ie *adv.* agreeably, pleasantly; jest mi -ie dowiedzieć się, I am glad to learn; **-ość** *f.* pleasure; gratification; **-y** *a.* pleasant.
przyjezdny *a.* arriving.
przyj-ęcie *n.* reception; admission; engagement; nie do -ęcia, inadmissible; **-ęty** *a.* received; adopted; **-mować** *v.* accept, receive, welcome; admit; nie ~, refuse, decline; ~ pod uwagę, take into consideration; ~ do spółki, admit as a partner; ~ na służbę, engage; ~ na siebie, take upon oneself; ~~ **się, przyjąć się** (*o rośl.*), take root.
przyjrzeć się see **przyglądać się.**
przyj-ście *n.* coming; arrival; **-ść** *v.* see **przychodzić.**
przykaz *m.* order; **-ać, -ywać** *v.* order; **-anie** *n.* commandment; dziesięcioro -ań, the ten commandments.
przyklas-k *m.* applause, approbation; **-kiwać, -nąć** *v.* applaud approve (of).
przykle-ić, -jać *v.* stick (to); paste on.
przyklep(yw)ać *v.* flatten; hammer.
przyklęk-ać, -nąć *v.* kneel down; (*fig.*) bend the knee; **-anie, -nienie, -nięcie** *n.* genuflexion.
przykład *m.* example, instance; (*u strzelby*) butt-end; na ~, for instance; brać z kogo ~, take example by; dać ~, set an example; **-ać** *v.* apply, put (to), add; **-ać się** *v.* apply oneself (to); devote oneself (to); **-anie się** *n.* application; studiousness; **-ka** *f.* addition; **-nie** *adv.* in an exemplary manner; exemplarily; **-ność** *f.* exemplariness; propriety; **-ny** *a.* exemplary; proper.
przykop *m.* sap.
przykować see **przykuć.**
przykr-ajać, -awać, -oić *v.* cut out, fashion.
przykręc-ać, -ić *v.* screw up; screw (to).
przykr-o *adv.* disagreeably; ~ mi, I am sorry; **-ość** *f.* (*uczucie*) displeasure; (*zdarzenie*) mishap, unpleasant experience; **-y** *a.* disagreeable, unpleasant; sad.
przykró-cić *v.* shorten; **-tki** *a.* somewhat short.
przykry-cie *n.* covering, cover; **-ć, -wać** *v.* cover (up); ~ **się,** be covered; **-ty** *a.* covered; **-wadło** *n.* cover, lid; **-wka** *f.* cover, lid.
przykrzyć . sobie, become tired (of); be weary (of); be disgusted (with); ~ **się** *v.* importune one; ~ mi się, I feel dull, I am bored.
przykucnąć *v.* squat down.
przyku-ć, -wać *v.* fix (to); chain; ~ uwagę, absorb the attention; **-ty** *a.* chained, bound (to).
przykup-ić, -ować, -ywać *v.* supplement.
przykurzyć *v.* cover slightly with dust; blacken slightly with smoke.
przykwaśny *a.* rather sour, sourish.
przyl-atać, -atywać, -ecieć *v.* fly to; approach.
przyląd-ek *m.* cape, promontory; **-ować** *v.* land.
przyleg-ać *v.* fit tightly; lie near; stick, cling, adhere; **-anie** *n.* adherence; **-łość** *f.* adjacency; appurtenance; z -łościami, with appurtenances; **-ły** *a.* adjoining, neighbouring.

przylep-iać, -ić *v.* glue on, stick to; (*ogłoszenia*) post up; ~ **się,** cling, adhere; stick; **-ka** *f.* darling; **-ny** *a.* sticky.
przyleźć sęe **przyłazić.**
przylgnąć *v.* stick (to), adhere.
przyliz(yw)ać się *v.* ingratiate oneself.
przylot *m.* return; **-ny** *a.* migratory.
przylutować *v.* solder to.
przyłam(yw)ać *v.* break off the end.
przyłącz-ać, -yć *v.* join, add; annex; ~ **się,** unite, join; **-enie** *n.* union; junction; annexation.
przyłapać *v.* catch.
przyłatać *v.* patch on.
przy-łazić, -leźć *v.* approach, trudge (to).
przyłbica *f.* visor.
przyłożyć *v.* see **przykładać.**
przyłu-da *f.* lure; enticement, charm; **-dny** *a.* alluring, enticing, charming; **-dzać, -dzić** *v.* allure, entice.
przymamić *v.* seduce, entice.
przymarz-ać, -nąć *v.* freeze to.
przymaszerować *v.* march in.
przymawiać *v.*, ~ komu, taunt, criticize; ~ czemu, find fault (with); ~ **się,** put in a word, make some remarks; ~ się komu, hint.
przymiatać *v.* sweep.
przymierać *v.* be dying; ~ głodem, suffer hunger.
przymierz-ać, -yć *v.* try on; aim; nie -ając, with due respect; ~ **się,** aim; **-e** *n.* (*bibl.*) covenant; (*polit.*) alliance.
przymierzchnąć *v.* grow dark.
przymiesz-ać *v.* admix; **-anie, -ka** *f.* admixture.
przymil-ać, -ić *v.* endear; ~ **się,** ingratiate oneself; **-enie** *n.* endearment.
przymilknąć *v.* cease talking for a while.
przymiot *m.* quality, (natural) property, attribute; (*med.*) syphilis; **-nik** *m.* adjective; **-ny** *a.* adjectival.
przymkn-ąć *v.* close to; **-ięty** *a.* (*o drzwiach*) ajar.
przymn-ażać, -ożyć *v.* increase; **-ażanie** *n.* increase; augmentation.
przymocować *v.* fasten (to).
przymorski *a.* on the sea; maritime.
przymów-ić *v.* see **przymawiać; -ka** *f.* allusion, hint, sneer.
przymrozek *m.* slight frost.
przymruż-ać, -yć, ~ oczy, blink.
przymur-ek *m.* outward wall; **-ować** *v.* add; build in addition (to).
przymu-s *m.* compulsion, constraint; pod -em, under compulsion; **-sić, -szać** *v.* compel, constrain; force; ~ **się,** constrain oneself; force oneself; **-sowo** *adv.* compulsorily; **-sowy** *a.* compulsory; **-szający** *a.* compulsive; **-szanie, -szenie** *n.* constraint, compulsion; **-szony** *a.* forced, compelled; constrained.
przymykać *v.* close, shut.
przynagl-ać, -ić *v.* impel, urge, press one, compel; (*co*) accelerate.
przynajmniej *adv.* at least.
przynależ-ący *a.* appertaining, belonging (to); **-eć** *v.* appertain; **-ność** *f.* competency; ~ państwowa, nationality; **-ności** *pl.* appurtenances, *pl.*; **-ny** *a.* due, appertaining (to).
przynę-cać, -cić *v.* allure; attract; **-ta** *f.* bait; (*fig.*) charm, attraction.
przy-nieść, -nosić *v.* bring, fetch; cause, yield, produce; afford.
przyniew-alać, -olić *v.* force, compel; **-olenie** *n.* compulsion, constraint.
przynitować *v.* rivet (to).
przyobiec-ać, -ywać *v.* promise.
przyo-blec, -blekać, -dziać, -dziewać *v.* put on; clothe, invest; **-dzienie** *n.*, **-dziewek** *m.* dress, raiment.
przyostry *adv.* rather sharp.
przyoz-dabiać, -dobić *v.* decorate, adorn; **-dobienie** *n.* decoration; adornment.
przypa-dać, -ść *v.* fall down, occur, surprise; fall to; ~ do kogo, run to one; termin płatności -da za 3 miesiące, the bill falls due in three months; ~ w niedzielę, fall on Sunday; **-dek** *m.* accident; (*gram.*) case;

w tym -dku, in that case; -dkiem, by chance; na wszelki ~, at all events; **-dkować** *v.* decline; **-dkowanie** *n.* declension; **-dkowo** *adv.* accidentally, by (mere) chance; **-dkowość** *f.* chance; casualty, contingency; **-dkowy** *a.* accidental.

przypal-ać, -ić *v.* burn; singe, sear.

przyparty *a* backed, pressed; ~ do muru, (*fig.*) with one's back to the wall.

przypas(yw)ać *v.* gird on.

przypaść see **przypadać.**

przypatrywać się *v.* observe, consider; look on (or at).

przypełz-ać, -nąć *v.* creep (to).

przypędz-ać, -ić *v.* drive to; (*fig.*) impel.

przypi-ąć, -nać *v.* pin, fasten, buckle on; ~ rogi (*mężowi*), cuckold.

przypie-c, -kać *v.* roast, grill; **-cek** *m.* fire-side; hob.

przypieczętować *v.* seal.

przypilnować *v.* look after; see to a thing.

przypiłować *v.* file.

przypin-ać *v.* see **przypiąć**; **-ka** *f.* clasp, brooch.

przypis, -ek *m.* comment, note, annotation; (*do listu*) postscript; **-(yw)ać** *v.* add; (*coś czemuś*) ascribe; dedicate; attribute; ~ **się,** add a line (to a letter); **-ek** *m.* postscript.

przyplatać *v.* braid out; plait.

przyplątać się *v.* get entangled; wander to; ~ do kogoś, cling (to); hang (on).

przypłac-ać, -ić *v.* pay for, atone for.

przypł-adzać, -odzić *v.* breed more, beget, procreate more; **-odek** *m.* produce of live stock.

przypła-ski *a* flattish; **-szczyć** *v.* flatten.

przypław(i)ać *v.* float, bring, convey.

przypłowieć *v.* fade a little; lose colour.

przypły-nąć, -wać *v.* approach; float to; swim to; land; **-w** *m.* flow, tide; ~ i odpływ, flow and ebb.

przypochlebi-ać się, -ć się *v.* ingratiate oneself; wheedle; **-anie się** *n.* wheedling.

przypodobać się *v.* endear oneself (to).

przypołudnik *m.* (*bot.*) fig-marigold.

przypom-inać, -nieć *v.* (*komu co*) remind one (of); ~ sobie, recollect, remember; ~ **się,** recollect; ~ kogo, resemble; **-nieć się** *v.* recommend oneself; **-inacz** *m.* reminder; **-nienie** *n.* recollection, remembrance.

przypora *f.* (*arch.*) buttress, prop.

przypow-iastka, -ieść *f.* short story; moral sentence; saying; parable.

przyporządz-ić, -ać *v.* prepare, make ready.

przypóźny *a.* latish, somewhat late.

przypraw-a *f.* spice, seasoning, condiment; **-ić, -iać** *v.* affix; adapt; fasten (to); join to; (*zaprawiać*) season, spice; (*kogo o co*) cause, occasion; bring one to; **-ny** *a.* false, sham; fastened, fixed on; borrowed; (*zaprawiony*) seasoned, flavoured with.

przyprowadz-ać, -ić *v.* bring to; bring in; cause; lead to.

przyprószyć *v.* sprinkle (with); cover (with); siwizna go -ła, he became grey.

przyprz-ąc, -ądz, -ęgać *v.* put more horses to; **-ąg** *m.* additional horses; koń do -ągu, relay horse.

przyprzeć see **przypierać.**

przypu-szczać, -ścić *v.* suppose, conjecture; admit; ~ ogiera, let a stallion cover; ~ szturm, assault; -ściwszy, że..., suppose that; **-szczalny** *a.* probable; presumptive; ~ zysk, anticipated profit; **-szczenie** *n.* supposition, guess, conjecture.

przypyt-ać, -ywać *v.* (*się do czego*) claim; ~ się do znajomości, claim the acquaintance (of).

przyrastać *v.* grow, increase; hold, fasten (to); (*fig.*) accrete.

przy-roda *f.* nature; **-rodni** (*a.*) **brat,** half-brother; -rodnie rodzeństwo, step-brothers, step-sisters; **-rodniczy** *a.* natural; **-rodnik** *m.* naturalist; **-rodny** *a.* congenerous; connate; **-rodoznawstwo** *n.* natural science, **-rodzenie** *n.* genitals *pl.*; (*abstr.*)

innateness; z -rodzenia, by nature; **-rodzony** *a.* natural, innate; nauki -rodzone, natural science.

przy-rosły *a.* accreted (to); **-rosnąć, -rośćv.**accrete;(*fig.*) grow; increase; **-rost** *m.* increase, growth; **-rostek** *m.*(*gram.*) suffix.

przyrówn-ać, -ywać *v.* (*porównać*) compare; (*rownać*) smooth (down); level.

przyrumienić *v.* roast; brown; redden at the fire.

przyrząd *m.* contrivance, tool, implement; **-zać, -zić** *v.* prepare, get ready, dress; **-zenie** *n.* preparation, dressing; arrangement.

przyrze-c, -kać *v.* promise; **-czenie** *n.* promise.

przyrz-nąć (—r-ż—), **-ynać** *v.* saw off the end.

przyrzu-cać, -cić *v.* throw to, add to; **-t** *m.* addition.

przysa-da *f.* defect; admixture; **-dka** *f.*(*bot.*) stipule, petal; **-dkowatość** *f.* dumpiness; **-dkowaty, -dzisty** *a.* dumpy, squat, thick-set; **-dzać, -dzić** *v.* place by; (*pijawki*) apply; (*dziecko*) give suck to; (*drzew*) plant more.

przysądz-ać, -ić *v.* award; adjudge; **-enie** *n.* award; adjudication.

przyschnąć *v.* stick to.

przysi-adać, -ąść, -eść *v.* sit down; sit upon; squat; za jednym -adem, at one sitting.

przysi-adywać, -edzieć *v.* sit; (*fałdów*) work hard; **-ąść się** *v.* do kogo, sit beside one.

przysi-ąc, -dz, -ęgać (się) *v.* swear, take an oath; vow; **-ęga** *f.* oath; -ęgę składać, take an oath; pod -ęgą, upon oath; **-ęganie, -ężenie** *n.* swearing; swearing in; sąd -ęgłych, jury; **-ęgły** *a.* sworn.

przysiek *m.*, **-a** *f.* barn-floor; partition (in the barn); (*siekiera*) felling-axe.

przysionek *m.* porch, vestibule.

przysk-akiwać, -oczyć *v.* jump up (to); come bounding (to); ~ do kogo, fly at one's face.

przyskrzy-bnąć, -pnąć *v.* pinch; **-nić** *v.* squeeze in, jam in.

przyskwierać *v.* (*komu*) vex, annoy, tease.

przysłaby *a.* weakly.

przysła-ć *v.* send to; **-nie** *n.* sending.

przysł-aniać, -onić *v.* cover partly; shield; shade.

przysłony *a.* salty.

przysł-owie *n.* proverb, adage; **-owiowy** *a.* proverbial; **-ówek** *m.* (*gram.*) adverb; **-ówkowy** *a.* adverbial.

przysłuch-ać, -iwać sie *v.* give ear to, listen to.

przysłu-ga *f.* service, favour; a good turn; **-giwać** *v.*, -guje mi prawo, I am entitled (to); **-giwać się, -żyć się** *v.* do a favour, render a service; **-żny** *a.* serviceable, kind.

przysma-czek, -k *m.* dainty, titbit; (*fig.*) spice; **-żać, -żyć** *v.* fry, stew.

przysm-alać, -olić *v.* singe; burn slightly.

przyspa *f.* bank, mound.

przysp-arzać, -orzyć *v.* augment, increase; **-orzenie** *n.* increase; augmentation.

przyspiesz-ać, -yć *v.* hasten, quicken; accelerate; **-enie** *n.* acceleration, hastening.

przyspos-abiać, -obić *v.* prepare, fit up; dispose; adjust; qualify; ~ **się** (*do czego*), prepare oneself for; **-obienie** *n.* qualifying, preparation.

przysta-ć, -wać *v.* accost, come up to; be fit, become; ~ (*do*), join; cling (to); ~ na co, consent to; acquiesce in; ~ do siebie, (*mat.*) coincide; ~ do wojska, join the army; przystoi, it is fit, it is becoming; **-nąć** *v.* halt, stop; **-nek** *m.* halting-place; (*kolejowy*) station; **-ń** *f.* harbour; haven; **-wa** *f.* carriage; transportation; **-wać** *v.* stop; adhere (to); stick; fit; see **przystać**; **-wiać, -wić** *v.* put to, apply to.

przystarzały *a.* oldish.

przyst-ąpić, -ępować *v.* come up (to); approach; step up to; join; ~ do Komunji św., go to communion; ~ do czego, accede to; proceed to; -ąpić do rzeczy, enter upon a subject; begin; **-ąpienie** *n.* accession, adhesion; **-ęp** *m.* access, approach; **-ępność**

f. accessibility; (*o osobie*) affability; **-ępny** *a.* accessible, easy of access; affable; cena -ępna, moderate price.
przysto-i, it is fit, it is becoming; **-jność** *f.* propriety; decency, decorum; (*wygląd*) good looks; **-jny** *a.* becoming, decent; (*o wyglądzie*) handsome, good-looking.
przystosow-ać, -ywać *v.* adapt; apply; **-anie** *n.* adaptation; application.
przystr-ajać, -oić *v.* adorn; dispose; **-ojenie** *n.* decoration, adornment.
przystrzy-c, -dz, -gać *v.* trim, cut short, cut off.
przysu-nąć, -wać *v.* bring nearer, draw nearer, push nearer; ~ **się**, move near, approach.
przysw-ajać, -oić *v.* (*oswoić*) tame; domesticate; assimilate; ~ sobie, appropriate to oneself; adopt; **-ajanie** *n.* ~ pokarmów assimilation.
przysychać see **przyschnąć.**
przysyłać *v.* send; ~ po, send for.
przysyp-(yw)ać *v.* pour on; sprinkle on; cover; **-isko** *n.* alluvium, alluvion; **-ka** *f.* addition.
przyszczep-ek *m.* graft, scion; **-ka** *f.* patch.
przyszł-ość *f.* future, time to come; na ~, henceforth, in future, for the future; **-oroczny** *a.* next-year's; **-y** *a.* future, next, coming.
przyszpil-ać, -ić *v.* pin to, fasten to.
przysztukować *v.* piece, patch, lengthen, eke out.
przyszwa *f.* upper (of boot).
przyszy(wa)ć *v.* sew on.
przyszykować *v.* prepare.
przyśnić się *v.* appear in a dream; -ło mi się, I fancied.
przyśpieszać *v.* hurry, accelerate.
przyśpiewywać *v.* (*komu*) sing with; accompany; (*fig.*) assent; ~ sobie, sing; hum.
przyśrubować *v.* screw on.
przyświadcz-ać, -yć *v.* confirm; certify.
przyświec-ać, -ić *v.* shine (to); lead; enlighten.
przytaczać *v.* roll to; wheel to; (*cytować*) cite, quote.
przytakiwać *v.* assent, approve.
przytarty *a.* rubbed; worn, threadbare.
przytem *adv.* besides, moreover; at the same time.
przytęch-ły *a.* musty, rancid; **-nąć** *v.* grow rancid, have a musty smell.
przytępi-ać, -ć *v.* dull, blunt; **-ały, -ony** *a.* blunt, dull.
przytknąć *v.* border upon, put to; place beside.
przytł-aczać, -oczyć *v.* press down; (*przygniatać*) overwhelm; depress.
przytłuc *v.* dash down, knock down.
przytłumi(a)ć *v.* smother, stifle; deaden.
przyto-czenie *n.* quotation, citation; **-czony** *a.* cited, quoted; **-czyć** *v.* quote, cite; (*toczyć*) roll up; fałszywie ~, misquote; **-k** *m.* affluent.
przytomn-ie *adv.* with presence of mind; coolly; **-ość** *f.* consciousness; ~ umysłu, presence of mind; w mojej -ości, in my presence; odchodzić od -ości, go mad; być bez -ości, be unconscious; odzyskać ~, recover oneself; **-y** *a.* present; być -ym, be present; be conscious, be cool.
przytrafi(a)ć się *v.* occur, happen, befall.
przytroczyć *v.* strap, buckle (on, to).
przytrzym(yw)ać *v.* hold, retain, restrain; detain, apprehend.
przytu-lać, -lić *v.* tuck (up), press close, embrace; (*fig.*) shelter; ~ **się**, nestle closely (to), cling close; **-lisko** *n.* asylum; shelter; **-lja** *f.* (*bot.*) cheese-rennet: **-lek** *m.* shelter, refuge, asylum, haven.
przytward-szy, -y *a.* hard, tough.
przytwierdz-ać, -ić *v.* fasten (to).
przytyć *v.* put on weight.
przytyk *m.* sneer; (personal) allusion; jest; **-ać** *v.* border upon; touch; carry (to); (*komu*) sneer (at); satirize.

przyucz-ać, -yć *v.* accustom (to); school (in); ~ **się,** learn, get accustomed to.
przywabi-ać, -ć *v.* bait, lure; **-enie** *n.* baiting.
przywal-ać, -ić *v.* heap upon; roll (to); (*fig.*) burden; overwhelm.
przywara *f.* accretion; (*fig.*) deficiency; flaw, blemish.
przywdzi(ew)ać *v.* put on; slip on, dress.
przywędrować *v.* come; wander (to).
przywiąz-ać, -ywać *v.* tie, fasten; attach; (*fig.*) gain one's friendship, win over; ~ **się,** (*do kogo*) become attached to; grow fond of; **-anie** *n.* attachment, affection; **-any** *a.* fastened; attached, affectionate.
przywidz-enie *n* dream; chimera; **-iany** *a.* chimerical; **-ieć,** ~ **się,** ~ **sobie** *v.* fancy, imagine, dream; -iało mi się, I dreamt.
przywierać *v.* close.
przywie-sić, -szać *v.* hang on.
przywie-ść, przywodzić, -źć *v.* bring, carry to; convey; **-dziony** *a.* brought to; (*do czegoś*) reduced to; (*cytowany*) quoted, cited; **-z ony** *a.* brought.
przywi-jać, -nąć *v.* tie, bind; (*mar.*) arrive; land.
przywilej *m.* priviledge, right.
przywit-ać (się) *v.* greet, welcome; **-anie** *n.* greeting, salutation; welcome.
przywl-ec, -ekać *v.* drag (to); ~ **się,** crawl (to); saunter (to).
przywłaszcz-ać, -yć (sobie) *v.* attribute (to), appropriate (to); usurp; **-enie** *n.* usurpation; **-yciel** *m.*, **-ycielka** *f.* usurper.
przywodzić *v.* (*komu*) command; (*przyprowadzić*) bring to; (*doprowadzić do, oraz mat.*) reduce to; (*cytować*) quote, cite; ~ na myśl, remind (of); call to mind.
przywoł(yw)ać *v.* call, summon.
przywoz-ić *v.* bring, carry; import; **-owy** *a.* (of) import.
przywó-dca *m.* leader; **-dztwo** *n.* leadership.
przywóz *m.* import, importation.
przywr-acac, -ocić *v.* restore; reinstate; **-ócenie** *n.* restoration; reinstatement.
przywrzeć see **przywierać.**
przywyk-ać, -nąć *v.* get (or become) accustomed (to); contract a habit; **-anie, -nienie** *n.* habit; custom; use; **-ły** *a.* accustomed.
przyzba *f.* bench (in front of cottage).
przyzna-ć, -wać *v.* (*uznać*) admit; (*komuś coś*) grant, allow; (*uznać za własne*) acknowledge; ascribe; ~ **się,** confess, avow; **-wanie** *n.* admission; grant; acknowledgment; confession.
przyzwa-ć see **przyzywać; -nie** *n.* summons.
przyzw-alać, -olić *v.* consent, comply, acquiesce (in); agree (to); **-olenie** *n.* assent, consent, acquiescence.
przyzwoi-cie *adv.* decently, fitly, properly, suitably; **-tość** *f.* decency, propriety, decorum; **-ty** *a.* decent, fit, suitable, proper, becoming.
przyzwycza-ić, -jać *v.* accustom; ~ **się** (*do*), get accustomed (to); **-jenie (się)** *n.* custom, habit; **-jony** *a.* accustomed (to).
przyzywać *v.* call, send for; bid come, summon.
przyżegac *v.* (*med.*) cauterize.
psa-lm *m.* psalm; **-łterz** *m.* psalter.
pseudonim *m.* pseudonym.
psi *a.* dog's, canine; doggish; (*fig.*) worthless, bad; kupić za -e pieniądze, buy dirt-cheap; -a róża (*bot.*), dog-rose; ~ język (*bot.*), dog's tongue; ~ ząb (*bot.*), dog-tooth; **-ak** *m.* whelp; **-anka** *f.* (*bot.*) nightshade; (*astr.*) dog-star; **-arnia** *f.* kennel; (*sfora*) pack of hounds; **-iarz** *m.* master of hounds; dog-fancier; **-ątko** *n.* lap-dog; **-ca, -czka** *f.* bitch; **-ę** *n.* pup, whelp; **-na, -nka** *f* doggie; **-sko** *n.* big dog.
psikus *m.* trick, prank; -a komu wyrządzić, play a trick upon one.
psioczyć *v.* complain (of), grumble (at).
pso-cić *v.* play tricks; frolic; **-ta** *f.* trick, mischief; wyrzą-

dzić komu -tę, play a trick upon one; **-tliwość, -tliwy** *f.* mischievousness; **-tny** *a.* mischievous; **-tnica, -tnik** *m.* frolicsome person; mischievous person; **-wać** see **psuć.**

pstrąg *m.* trout (*zool.*).

pstr-awy *a* speckled; **-o** *adv.* in (or with) many colours; mieć ~ w głowie, be silly; **-ocentkowany** *a.* spotted, speckled; **-ocina, -ocizna, -okacizna, -okatość** *f.* variegation; medley; **-okaty** *a.* pied; spotted, particoloured; **-y** *a.* variegated, motley, speckled.

pstrzyć *v.* variegate, checker; (*o muchach*) fly-blow; ~ **się** (*fig.*) appear in (or show) vivid colours.

psubrat *m.* scoundrel, rogue.

psucie *n.* spoiling, decay, corruption; ~ **się,** putrefaction.

psuć *v.* spoil, corrupt, injure; impair; ~ **się** *v.* be spoiled; decay, deteriorate.

psych - jatrja *f.* psychiatry; **-iczny** *a.* psychic; **-olog** *m.* psychologist; **-ologiczny** *a.* psychologic(al); **-ologja** *f.* psychology.

psyk-ać, -nąć *v.* hiss.

psyt *i.* hush!

pszcz-elarstwo, -elnictwo *n.* apiculture; **-elarz** *m.* apiarist; **-elnik** *m.* apiary; (*bot.*) balmmint; **-elny** *a.* (of) bee(s); gospodarstwo -elne, bee-keeping; **-oła, -ółka** *f.* bee; **-ołojad** *m.* (*orn.*) bee-eater.

pszen-ica *f.* wheat; **-iczny, -ny** *a.* of wheat.

pta-ctwo, -stwo *n.* birds; ~ domowe, poultry, fowls; ~ błotne, wading birds, waders, *pl.*; **-k** *m.* bird; ~ drapieżny, bird of prey; ~ wodny, water-fowl; **-si** *a.* bird's; **-szarnia** *f.* aviary; **-szę** *n.* little bird; **-szęcy** *a.* (little) bird's; **-szek** *m.* little bird; (*fig.*) sly fellow; cunning rogue; **-sznictwo** *n.* fowling, bird-catching; **-sznik** *m.* bird-fancier; **-szy** *a.* bird's; **-szyna** *f.* (poor little) bird; **-szynka** *f.* fowlingpiece; **-szyniec** *m.* aviary; (*bot.*) bird's-foot; **-szysko** *n.* (large, ugly) bird.

publi-cysta m. journalist; **-cystyka** *f.* journalism; **-cystyczny** *a.* publicist's; **-cznie** *adv.* publicly; **-czność** *f.* public; (*w teatrze*) audience; **-czny** *a.* public; **-kacja** *f.* publication; **-kować** *v.* publish, announce.

puc, -ek *m.* cheek; **-ułowaty** *v.* plump; chubby.

puch *m.* down; rozbić w ~, crush; **-lina** *f.* dropsy; ~ wodna, hydropsy; **-linowy** *a.* hydropic; **-nąć** *v.* swell; **-nienie, -nięcie** *n.* swelling; **-owy** *a.* downy, of down.

pudel *m.* (*zool.*) poodle.

pud-ełeczko, -ełko *n.* (little) box; **-ło** *n.* box; case; (*strzał chybiony*) miss; **-ować** *v.* miss; miss the mark.

pud-er *m.* powder, powder-hair; **-rować** *v.* powder; **-rowanie** *n.* powdering.

pugilares *m.* pocket-book; purse.

puginał *m.* dagger.

puhacz *m.* (*orn.*) eagle-owl.

puhar *m.* tumbler.

puk *m.* knock, rap; narobić huku -u, make a row; **-ać, -nąć** *v.* knock; (*o sercu*) throb; **-anina** *f.* shooting; **-awka** *f.* popgun.

pukiel *m.* tuft; lock.

puklerz *m.* buckler.

puknąć *v.* knock.

pula *f.* (*w kartach*) pool.

pularda *f.* pullet.

pulares see **pugilares.**

pulchn-ić *v.* make soft; **-ieć** *v.* become soft; become tender; **-ość** *f.* softness; plumpness; **-y** *a.* soft; tender, delicate.

pulower *m.* pull-over.

pulpit *m.* writing desk; (*na nuty*) music stand.

puls *m.* pulse; **-acja** *f.* pulsation; **-ować** *v.* pulsate, throb.

pułap *m.* ceiling; **-ka** *f.* trap; ~ na myszy, mouse-trap.

pułk *m.* regiment; **-ownik** *m.* colonel; **-ownikowski** *a.* colonel's; **-owy** *a.* regimental; regiment's.

puma *f.* cougar; puma.

pumeks *m.* pumice(-stone).

punkt *m.* point, dot; paragraph; (*kropka*) full stop; ~ oparcia, support; (*mech.*) fulcrum; (*punk-*

tualnie) sharp; ~ widzenia, point of view; ~ zborny, rallying point; ~ honoru, point of honour; ~ wyjścia, starting-point; ~ wrzenia, boiling-point; z -u, on the spot, then and there; **-acja** *f.* punctuation marks; ~ kontraktu, a clause in a contract; **-ować** *v.* dot; punctuate; **-owanie** *n.* dotting; **-ualność** *f.* punctuality; promptness; **-ualny** *a.* punctual; accurate; prompt.
pupil *m.*, **-ka** *f.* ward.
pupka *f.* (*zool.*) chrysalis.
purcha-ty *a.* spungy; **-wka** *f.* (*bot.*) puff-ball.
purpur-a *f.* purple; **-ować** *v.* purple; **-owy** *a.* purple.
pury-sta *m.* purist; **-tanin** *m.* Puritan.
pustak *m.* frolicsome fellow; giddy young man.
pust-elnia *f.* hermitage; solitude; **-elniczy** *a.* eremitical, secluded; **-elnik** *m.* hermit; **-ka** *f.* desert, solitude, wilderness; stać -kami, be deserted; **-kowie** *n.* desert, solitude; **-o** *adv.* emptily, voidly; aimlessly; desolately; **-ogłowy** *a.* empty-headed; **-ołka** *f.* (*orn.*) kestrel; **-omyślny** *a.* thoughtless; **-oszeć** *v.* become deserted, desolate; **-oszyć** *v.* ravage, devastate; lay waste; **-ość** *f.* emptiness; **-ota** *f.* wantonness, frolicsomeness; **-ować** *v.* play pranks; **-y** *a.* (*opuszczony*) empty, hollow, vacuous, desert, desolate; (*bezcelowy*) useless; **-ynia** *f.* desert, wilderness, solitude; **-ynny** *a.* desert, barren.
puszcza *f.* (great) forest; wilderness, jungle.
puszczać *v.* let go, leave, give up; drop; (*o drzewach*) bud, burgeon; (*o plamach*) come off; (*o broni*) fire, go off; (*o mrozie*) thaw; ~ w arendę, let out; ~ w obieg, emit, issue; ~ w niepamięć, commit to oblivion; ~ krew, bleed; ~ w ruch, set in motion; ~, puścić konia cwałem, bring a horse to a gallop; ~, puścić pogłoskę, spread a rumour; ~, puścić co płazem, overlook, leave unpunished, pass over; ~ korzenie, take root; ~ **się**, bud, break forth; appear; (*w drogę*) set out; ~ się za kimś w pogoń, run after.
puszczadło *n.* lancet; ~ końskie, fleam.
puszczyk *m.* night-hawk.
puszek *m.* down.
puszka *f.* box; ~ blaszana, tin can; ~ dla ubogich, poor-box; ~ do herbaty, canister; **-rski** *a.* gun-maker's; **-rz** *m.* gun-maker, gun-smith.
puszy-ć *v.* puff up; (*fig.*) elate; **-stość** *f.* down; **-sty** *a.* soft, downy.
puśc-ić *v.* see **puszczać**; **-ieć** *v.* be deserted; **-izna** *f.* heritage, inheritance.
puślisko *n.* stirrup-leather.
puz-an, -on *m.* trombone; **-onista** *m.* trombonist.
putać *v.* lead a merry life.
puzd(e)r(k)o *n.* case, box.
pycha *f.* pride, haughtiness, [conceit.
pykać *v.* puff.
py-lić *v.* dust, sprinkle dust, cover with dust; **-lnik** *m.* (*bot.*) anther; **-ł** *m.* dust, powder; (*bot.*) ~ kwiatowy, pollen; ~ węgielny, coal-dust; **-łek** *m.* mote; **-łkowy** *a.* (of) dust.
pypeć *m.* (*wet.*) pip.
pyro-ksylina *f.* pyroxylin; guncotton; **-technika** *f.* pyrotechnics *pl.*
pysk *m.* muzzle, snout; dać komu w ~, punch one's head; **-aty** *a.* clamorous, noisy; **-ować** *v.* clamour.
pysz-ałek *m.* bloated man; **-ałkowatość** *f.* bloatedness; self-conceit; **-ałkowaty** *a.* boastful; conceited; **-nić się** *v.* boast (of), be proud (of); **-nie, -no** *adv.* haughtily, pompously; **-ność** *f.* haughtiness; **-ny** *a.* haughty, proud; (*wspaniały*) splendid, magnificent.
pyszczek *m.* (little) snout, muzzle; (*u ptaków*) beak.
pyta-ć (się) *v.* ask, inquire; question; ~ o drogę, ask one's way; **-jąco** *adv.* inquiringly; **-jnik** *m.* (*gram.*) interrogation point; **-nie** *n.* question, interrogation.
pytki *pl.* (torture) rack.

pyt-el *m.* sieve, bolting-cloth; **-lować** *v.* bolt, sift; (*fig.*) prattle; **-lowy** *a.* boiting; mąka -lowa, the finest flour.

pyton *m.* python.

pyza *f.* (kind of) pudding; (*twarz*) chubby face; **-ty** *a.* chubby.

R

R = **rok,** year.

r. b. = roku bieżącego, of the current year.

rabarbar *m.* rhubarb.

rabat *m.* discount.

rabata *f.* border.

rabin *m.* rabbin; **-owy** *a.* rabbinical.

rab-ować *v.* rob, plunder, pillage; **-unek** *m.* robbery, plunder, pillage; **-uś** *m.* robber, highwayman, plunderer.

raca *f.* sky-rocket; squib.

rachity-czny *a.* (*med.*) rachitic; **-zm** *m.* (*med.*) rickets, rachitis.

rach-mistrz *m.* accountant; arithmetician; **-ować** *v.* count, reckon, calculate; compute; figure; ~ na, rely upon; ~ się, z kim, settle accounts; ~ się z czegо, give an account; **-uba** *f.* count, calculation, reckoning; **-uby** *pl.* hopes; **-unek** *m.* account, bill; score; reckoning; zdać ~ z, give an account of; **-unkowość** *f.* bookkeeping; **-unkowy** *a.* (of) account(s); dowód ~, voucher.

racica *f.* hoof.

racj-a *f.* reason; cause; ground; ration, allowance; mieć **-ę,** be right; nie mieć -i, be wrong; **-onalizm** *m.* rationalism; **-onalny** *a.* rational.

raczej *adv.* rather, sooner.

racz-ek *m.* crab; **-kiem** *adv.* on all fours; **-kować** *v.* creep on all fours; **-y** *a.* crab's.

raczyć *v.* deign, condescend; vouchsafe; treat, entertain; ~ **się,** treat oneself to; treat one another.

rad *m.* radium; ~, *a.* glad, pleased, fain; ~nie ~, willy-nilly; -bym wiedzieć, I should like to know; jestem mu ~, I am glad to see him.

rad-a *f.* council; counsel, advice; session; zasięgać -y, consult, ask advice; ~ stanu, ~ tajna, privy council; dawać sobie -ę, manage (to); shift for oneself; trudna ~, there is no help for it; nie ma -y, there is no other way out; **-ca** *m.* adviser, councillor; ~ prawny, the counsel; **-czyni** *f.* councillor's wife.

radjo *n.* radio; wireless; **-aktywny** *a.* radioactive; **-fonja** *f.* broadcasting; radio; **-stacja** *f.* broadcasting station; **-wy** *a.* wireless-, radio-; aparat ~~, radio set, receiver.

rad-lica *f.* plough-share; **-lić** *v.* hoe; **-ło** *n.* hoe.

radny *m.* alderman, councillor; ~, *a.* shrewd; (of) council.

rado-sny *a.* joyful, happy; **-ść** *f.* joy, gladness, exultation; pleasure; nie posiadać się z -ści, be transported with joy; **-wać** *v.* gladden; ~ **się** *v.* rejoice at, be glad of, exult.

radyka-lista, -ł *m.* radical; **-lny** *a.* radical.

radyska *f.* radish.

radz-enie *n.* deliberation; consultation; giving advice; **-ić** *v.* advise; deliberate; (*naradzać się*) consult, take advice; advise with; **-iecki** see **radny.**

rafa *f.* reef; ~ koralowa, coral-reef.

rafin-ada *f.* refined sugar; **-erja** *f.* refinery; **-ować** *v.* refine.

rafja *f.* raffia.

rai-ciel *m.* procurer; **-ć** *v.* advise; deliberate; procure.

raj *m.* paradise; **-ski** *a.* heavenly, divine; ptak ~, bird of paradise; ~-e jabłko, crab-apple.

raja *f.* ray.

rajca *m.* alderman; member of council.
rajd *m.* motor-car race.
rajfur *m.*, **-ka** *f.* pander, bawd; **-ować** *v.* bawd, pander, procure.
rajgras *m.* (*bot.*) ryegrass.
rajtuzy *pl.* breeches; riding trousers.
rak *m.* crab; (*rzeczny*) crayfish; (*med.*) cancer; (*astr.*) Cancer; (*do lodu*) crampoon; (*fig.*) spiec -a, blusz; iść -iem, walk backwards; **-arz** *m.* scoundrel; **-owaty** *a.* crablike; (*med.*) cancerous; **-owy** *a.* crab's, crablike; zupa -owa, crayfish soup.
rakieta *f.* (tennis-)racket; skyrocket; (*mil.*) rocket.
ram-a *f.* frame; chase; (*fig.*) *pl.* bounds; oprawić w -y, frame; -y sukiennicze; tenter; **-ka** *f.* (small) frame; **-owy** *a.* framework.
rami-eniowy, -enny *a.* of the arm, of the shoulder; brachial; **-enisty** *a.* broad-shouldered; **-ę** *n.* arm; shoulder; (*mat.*) side; (*fig.*) power; (*mech.*) arm; lever; wziąć na ~, shoulder; wzruszyć -onami, shrug the shoulders; ~ dźwigni, lever; ~ korby, handle; crank; -ę przy -eniu, shoulder to shoulder; z -enia, in the name of.
ramota *f.* act; document.
rampa *f.* loading platform.
ran-a *f.* wound, sore, hurt; **-ić** *v.* wound, hurt; injure; **-ny** *a.* wounded.
ran-ek *m.* morning; dawn (*lit.* & *fig.*); **-iutki** *a.* early; **-iutko, -kiem** *adv.* early in the morning; **-ność** *f.* earliness; **-ny** *a.* early, (of the) morning; ~ ptaszek, early riser; **-o** *n.* morning; z -a, in the morning; **-o** *adv.* in the morning, early.
ranga *f.* rank.
rańtuch *m.* shawl; kerchief.
rapcie *p*. sword-belt.
rapier *m.* rapier.
raport *m.* report, account; **-ować** *v.* report.
rapsod *m.* rhapsode; **-ja** *f.* rhapsody; **-yczny** *a.* rhapsodic.
rapt-em, -ownie *adv.* suddenly, all of a sudden; abruptly; **-owność** *f.* suddenness, abruptness; **-owny** *a.* sudden, abrupt; **-ularz** *m.* note-book; **-us** *m.* fitful, impetuous person.
raróg *m.* (*orn.*) mouse-hawk; (*fig.*) bugbear, scarecrow.
rarytas *m.* rarity.
ras-a *f.* race; breed; **-owy** *a.* racy; of a good breed; thorough-bred.
raszka *f.* (*orn.*) robin-redbreast.
raszpla *f.* rasp, file.
rata *f.* instalment; payment; -mi, by instalments; rozłożyć na raty, divide into part payments.
rataj *m.* ploughman, farmer, peasant.
rat-ować *v.* save; help, assist; ~ sytuację, save the situation; ~ **się,** save oneself; escape; ~ się ucieczką, take to flight; **-ownictwo** *n.* life-saving; **-owanie** *n.*, **-unek** *m.* deliverance, saving, rescue, succour; help; assistance; niema -unku! it is past help; wołać -unku, cry for help; -unku! help! **-unkowy** *a.* saving; pas ~, life-belt; buoy; łódź -unkowa, life-boat.
ratusz *m.* town-hall; **-owy** *a.* (of the) town-hall; wieża -owa, town-hall belfry.
ratyfik-acja *f.* ratification; **-ować** *v.* ratify.
raut *m.* reception; soirée.
raz *m.* (*cios*) stroke, blow, cut; (*wypadek*) case; time; jeden ~, once; dwa -y, twice; x -y, x times; ~ na rok (*tydzień etc.*), once a year (week etc.); za pierwszym -em, (for) the first time; -u pewnego, once upon a time; w każdym -ie, at any rate, at all events; w takim -ie, in such case; w -ie śmierci, in case of death; w najgorszym -ie, if the worst comes to the worst; w przeciwnym -ie, otherwise; kilka -y, several times; ~ po ~, again and again; jeszcze ~, once more; od -u, (all) at once; ~ na zawsze, once for all; na -ie, for the time being; po ~ pierwszy, for the first time; na ten ~, for this once; za pierwszym

-em, in the first instance; nie ~, more than once; ~ w ~, continually, ever and anon; w -ie czego, if need be; w sam ~, precisely, exactly.
razem *adv.* (all) together; at the same time.
razić *v.* strike; wound; hurt; (*fig.*) offend; shock; jar.
razow-iec *m.* black bread; **-y** *a.* accidental; (*o mące*) coarse; chleb ~, black bread.
raźn-ie, -o *adv.* briskly; **-ość** *f.* briskness; liveliness, vivacity; **-y** *a.* brisk, lively, alert.
raż-ący *a.* shocking; grating, offensive; (*o świetle*) dazzling; (*o kolorach*) glaring; **-ony** *a.* struck; ~ piorunem, thunderstruck; (*fig.*) dumbfounded.
rąb *m.* hem; edge; **-ać, -nać** *v.* chop, cut; lash; ~ drzewa w lesie, fell trees; ~ komu prawdę (*fig.*) tell one his own; **-anina** *f.* fight, slaughter; lashing; **-ek** *m.* hem, edge; border; **-ić** *v.* hem, border.
rączka *f.* grip, hold, handle; hilt; (little) hand.
rącz-o *adv.* nimbly, swiftly; **-ość** *f.* nimbness, fleetness; swiftness, agility; **-y** *a.* nimble, swift, fleet; agile.
rdest *m.* (*bot.*) buckwheat.
rdza *f.* rust; (*na zbożu*) smut; **-wy** *a.* rusty, rusty coloured.
rdze-nnie *adv.* essentially, specifically, generically; **-nny** *a.* pithy, essential; **-ń** *m.* pith; marrow; quintessence.
rdzewieć *v.* rust.
rea-gować *v.* react; **-kcja** *f.* reaction; **-kcyjny** *a.* reactionary; reactive.
real-ista *m.* realist; **-istyczny** *a.* realistic; **-izm** *m.* realism; **-izować** *v.* realize; **-ność** *f.* property; **-ności** *pl.* real estate; **-ny** *a.* real; genuine; szkoła -na, grammar school.
reasekuracja *f.* reinsurance.
reasumować *v.* sum up; summarize.
rebus *m.* riddle; puzzle; rebus.
recenz-ent *m.* critic; reviewer; **-ja** *f.* review; critique.
recep-cja *f.* reception; **-cyjny** *a.* (of) reception; **-is** *m.* receipt; **-ta** *f.* prescription; recipe.
reces *m.* compact; cession.
rechotać *v.* croak; (*fig.*) chuckle.
recydyw-a *f.* relapse; **-ista** *m.* recidivist. [cite.
recyt-al *m.* recital; **-ować** *v.* re-
reda-gować *v.* edit (a newspaper); compose; draw up; **-kcja** *f.* editorial staff; editor's office; composition; wording; **-ktor** *m.* journalist; editor (of a newspaper); **-ktorski** *a.* editorial, editor's.
reduk-cja *f.* reduction; dismissal; ~ poborów, salary cuts, wage cuts; **-ować** *v.* reduce; diminish; dismiss.
reduta *f.* (*fort*) redoubt; (*bal*) masquerade, masked ball.
redyskontować, reeskontować *v.* rediscount.
refektarz *m.* refectory.
refer-at *m.* report; **-encja** *f.* reference; **-endarjusz** *m.* referendary; **-endarz** *m.* official; **-ent** *m.* official; clerk; **-ować** *v.* report.
reflek-s *m.* reflection; reflex; **-sja** *f.* reflection, second thought; **-syjny** *a.* reflective; **-tor** *m.* search-light; reflector; **-tować** *v.* (*na co*) intend to avail oneself of; (*kogo*) remonstrate to one, expostulate with one; ~ **się,** come to reason.
reform-a *f.* reform; **-acja** *f.* reformation; **-at** *m.* Franciscan friar; **-ator** *m.* reformer; **-atorski** *a.* reformatory; **-ować** *v.* reform; **-owany** *a.* reformed.
refrak-cja *f.* refraction; **-tor** *m.* refractor.
refren *m.* refrain; chorus.
regalja *pl.* regalia.
regen-cja *f.* regency; **-cyjny** *a.* of regency; **-t** *m.* regent.
regiment *m.* regiment; **-arz** *m.* commander; vice-hetman.
regres *m.* recourse; mieć ~, fall back upon.
regu-lacja *f.* regulation; **-lamin** *m.* rules; *pl.*, regulations, *pl.*, bylaws, *pl.*; **-larność** *f.* regularity; (*med.*) menses; **-larny** *a.* regular; exact; punctual; orderly; **-lator** *m.* regulator, pendu-

lum; (*mech.*) governor; **-lować** *v.* regulate; settle; arrange; ~ zegarek, set one's watch right; **-ła** *f.* rule; ~ trzech, the rule of three.
rehabilit-acja *f.* rehabilitation; **-ować** *v.* rehabilitate.
reinkarnacja *f.* reincarnation.
rej *m.* lead; mastery; ~ wodzić, head up; lead; be chieftain.
reja *f.* (*mar.*) yard.
rejent *m.* notary (public); **-alny** *a.* notarial.
rejestr *m.* register, record, index, list, roll; organ-stop; **-acja** *f.* registration; **-atura** *f.* registry; **-ować** *v.* register, record, enroll, enter into a register, book; **-owy** *a.* registered; wojsko -owe, (*hist.*) regular troops.
rejon *m.* zone, belt; district.
rejter-ada *f.* retreat; **-ować** *v.* retire, retreat.
rejwach *m.* uproar, tumult; hubbub.
rekapitul-acja *f.* recapitulation, summary; **-ować** *v.* recapitulate, summarize.
rekin *m.* shark.
reklam-a *f.* publicity, advertising; advertisement; **-acja** *f.* complaint; claim; **-ować** *v.* (*wnieść -ację*) put in a claim; complain; (*ogłaszać*) advertise.
rekognoskować *v.* reconnoitre.
rekolekcje *pl.* retreat; religious exercises.
rekomend-acja *f.* recommendation; **-acyjny** *a.* of recommendation; commendatory; **-ować** *v.* recommend; commend.
rekompensata *f.* compensation, recompense.
rekonesans *m.* reconnaissance, reconnoitring party.
rekonwalescen-cja *f.* convalescence, recovery; **-t** *m.* convalescent.
rekord *m.* record; **-owy** *a.* record.
rekreacja *f.* recreation, diversion.
rekru-cki *a.* recruit's; **-t** *m.* recruit; (*fam.*) novice; brać -ta, **-tować** *v.* recruit, enlist; **-towanie** *n.*, **-tacja** *f.* recruitment.
rektor *m.* rector; president of University; **-ski** *a.* rector's; **-stwo** *n.* rectorship.
rektyfik-acja *f.* rectification; refinement; **-ować** *a.* rectify; refine.
rekurs *m.* appeal.
rekuza *f.* refusal.
rekwi-rować *v.* requisition; **-zycja** *f.* requisition; **-zyty** *pl.* requisites.
relacja *f* relation; statement; report.
releg-acja *f.*, **-owanie** *n.* relegation; rustication; **-ować** *v.* relegate; rusticate.
relig-ijność *f.* religiousness, piety; **-ijny** *a.* religious; pious; devout; **-ja** *f.* religion.
relikwja *f.* relic; **-rz, -rzyk** *m.* reliquary.
rels *m.* rail.
remanent *m.* arrears; *pl.* remainder.
remesa *f.* remittance
remiz *m.* (*orn.*) Lithuanian titmouse.
remitent *m.* remittor.
remonstracja *f.* remonstration.
remont *m.* renovation; repair.
remuneracja *f.* remuneration.
renifer *m.* reindeer; **-owy** *a.* reindeer's.
renegat *m.* renegade, apostate.
renesans *m.* Renaissance; **-owy** *a.* (of the) Renaissance.
reneta *f.* rennet.
renkloda *f.* greengage.
renom-a *f.* renown, fame; **-owany** *a.* celebrated, famous.
renons *m.* renounce.
renowacja *f.* renovation.
rent-a *f.* rent; annuity; ~ państwowa, national debt; **-owność, -owość** *f.* profitableness; **-owny** *a.* lucrative, profitable, advantageous.
rentgenowskie promienie, X-rays.
reński *a.* Rhenish.
reostat *m.* rheostat.
repar-acja *f.* repair, reparation, mending; **-acje** *pl* (war) reparations; **-ować** *v.* repair, mend.
repartycja *f.* repartition.
reperacja = **reparacja.**
repertuar *m.* repertoire; repertory.

repetjer *m.* repeater; repeating-watch; **-owy** repeating.
repetycja *f.* repetition, rehearsal.
replik-a *f.* retort, rejoinder; reply; copy; replica; **-ować** *v.* retort.
reporter *m.* reporter.
repres-alja *pl.* reprisals; **-yjny** *a.* repressive.
reprezent-acja *f.* representation; agency; **-acyjny** *a.* representative; (of) representation; **-ant** *m.* representative, agent; **-ować** *v.* represent.
reproduk-cja *f.* reproduction; **-cyjny** *a.* reproductive.
reprymanda *f.* reproof, reprimand.
republika *f.* republic; **-nizm** *m.* republicanism; **-ński** *a.* republican.
reput-acja *f.* reputation; **-owany** *a.* renowned.
reskrypt *m.* decree; rescript.
resor *m.* spring.
respekt *m.* esteem; regard (for); dni -owe, days of grace.
restaur-acja *f.* restaurant; (*odnowienie*) restoration; **-acyjny** *a.* (of) restaurant; **-ator** *m.* restaurant-keeper; **-ować** *v.* restore.
restrykcja *f.* restriction.
restytu-cja *f.* restitution; **-ować** *v.* restore.
resursa *v.* club.
reszka *f.* tails (of coin).
reszt-a *f.* rest, remainder; remnant; (*drobne pieniądze*) change; do -y, altogether; **-ka** *f.* remainder, remnant; **-ki** *pl.* remains, *pl.*; offals, *pl.*; **-ować** *v.* remain.
retman *m.* boatman.
retor *m.* rhetor; **-yczny** *a.* rhetorical; **-yka** *f.* rhetoric.
retorta *f.* (*chem.*) retort.
retrospektywny *a.* retrospective.
retusz-er *m.* retoucher; **-ować** *v.* retouch.
rety *i.* good gracious!
reumaty-czny *a.* rheumatic; **-zm** *m.* rheumatism.
rewanż *m.* revenge; **-ować się** *v.* reciprocate.
rewelacja *f.* revelation.
rewerenda *f.* cassock; soutane.
rewers *m.* receipt; promissory note.
rewi-dować *v.* search, examine, inspect; revise; **-zja** *f.* revision; perquisition; revisal; domiciliary visit; ~ celna, customs-house inspection; **-zor** *m.* controller; reviser; **-zyjny** *a.* revisional; komisja -zyjna, committee of auditors; **-zyta** *f.* reciprocated visit.
rewja *f.* parade; review.
rewir *m.* district, area, circuit.
rewokować *v.* revoke; repeal.
rewoluc-ja *f.* revolution; **-jonizować** *v.* revolutionize; **-yjny** *a.* revolutionary.
rewolwer *m.* revolver.
rezeda *f.* reseda.
rezerw-a *f.* reserve; reticence, caution; mieć w -ie, have in store; **-at** *m.* preserve; reservation; **-ista** *m.* reservist; **-ować** *v.* reserve, save; keep in store; **-owy** *a.* spare, reserve; **-uar** *m.* reservoir.
rezolu-cja *f.* resolution; decision; determination; **-t** *m.* resolute man; **-tnie** *adv.* resolutely, positively; with determination; **-tność** *f.* resolution; determination; **-tny** resolute, determined.
rezon *m.* boldness; countenance; self-confidence; stracić ~, be abashed; pozbawić -u, put out of countenance; **-er** *m.* reasoner; **-ować** *v.* argue, reason; dispute; **-owanie** *n.* reasoning, arguing.
rezonans *m.* resonance; sounding-board.
rezultat *m.* result, consequence; issue.
rezurekcja *f.* resurrection service on Easter eve or E. Sunday.
rezyd-encja *f.* residence; **-ent** *m.* resident; **-ować** *v.* reside, dwell.
rezygn-acja *f.* resignation; z -acją, resignedly; **-ować** *v.* resign, relinquish; ~ z czego, relinquish, surrender, give up.
reżyser *m.* stage-manager; producer; **-ja** *f.* (*teatr.*) setting, production, management.
rębacz *m.* wood-cutter.

ręcz-nie *adv.* by hand; **-nik** *m.* towel; **-ny** *a.* (of) hand, manual; hand-made; -na robota, handiwork; manual work; **-yciel** *m.* guarantor; **-yć** *v.* guarantee, give security, answer for one.

rę-ka *f.* hand; arm; handwriting; z pierwszej -ki, at first hand; na swoją -kę, on one's own account; wziąć dziecko na -kę, take a child in one's arms; ~ w -kę, hand in hand; od -ki, off-hand, on the spot; pod -ką, at hand; (*w kartach*) być na -ku, have the deal; nosić na -kach, dote upon; założyć -ce, (*fig.*) lie upon one's oars, fold one's arms; własną -ą, with one's own hand; do rąk własnych, into one's own hands; trzymać za -ę, hold by the hand; po prawej (lewej) -ce, on the right (left) hand side; podać komu -ę, assist, help out; to mi jest na -ę, it suits me; to nie na -ę, this comes in awkwardly.

rękaw *m.* sleeve; jak z -a, (*fig.*) plentifully; nie z -a to wytrząsnąć, it is not so easy; (*fig.*) ciągnąć za ~, buttonhole; press one to; urge.

rękaw-ica, -iczka *f.* glove; gauntlet; rzucić -awicę, throw the gauntlet, challenge; podnieść -awicę, take up the gauntlet; **-iczki** *pl.* gloves, *pl.*; **-icznik** *m.* glover.

ręko-czyn *m.* operation; blow; **-dzielnia** *f.* workshop; **-dzielniczy, -dzielny** *a.* manual, handicraft; **-dzielnictwo, -dzieło** *n.* handicraft; **-dzielnik** *m.* artisan, handicraftsman.

rękojeść *f.* handle; hilt (of a sword); ~ siekiery, the helve of a hatchet.

rękojmia *f.* guarantee, security.

rękopis *m.* manuscript.

roba-ctwo *n.* vermin; parasites; bugs; worms; **-czek** *m.* bug; worm; ~ świętojański, glowworm; **-czkowaty, -czkowy** *a.* vermicular; **-czywieć** *v.* verminate, be infested with parasites; **czywy** *a.* worm-eaten; verminous; **-k** *m.* worm; lekarstwo na -ki, worm-seed.

rober *m.* (*w kartach*) rubber.

rob-ić *v.* (*czynić*) do; (*wyrabiać*) make; work; manufacture; nic sobie nie ~ z, care nothing about; ~ swoje, mind one's business; -i się ciepło, it is getting warm; ~czemś, handle, wield; (*o trunkach*) ferment, work; **-ocizna** *f.* the cost of labour; handiwork; workmanship; **-oczy** *a.* working-; koń ~, draught-horse; płaca -ocza, wages; dzień ~, workday; **-ota** *f.* work; make; finish; workmanship; przy -ocie, working; mieć co do -oty, be busy; ~ ziemna, digging; excavations; w -ocie, on foot, under way; **-otnica** *f.* workwoman; **-otniczy** *a.* working, workman's; **-otnik** *m.* workman; **-ótki** *pl.* fancy-work; sewing.

robron *m.* farthingale.

roczn-iak *m.* yearling; **-ica** *f.* anniversary; **-ie** *a.* yearly, annually; a year; **-ik** *m.* yearbook; annals, chronicle; **-iki** *pl.* annals; **-y** *a.* yearly; annual; one-year (old).

rod-ak *m.*, **-aczka** *f.* compatriot; fellow-countryman.

rod-ny *a.* fertile; prolific, fruitful; części -ne, genitals, *pl.*; **-opis** *m.* genealogist; genealogy; pedigree; **-owity** *a.* native; indigenous; by birth; **-owód** *m.* genealogy, pedigree; **-owy** *a.* noble; nobiliary.

rododendron *m.* rhododendron.

rodzaj *m.* kind, species, sort; genus; manner, quality; (*gram.*) gender; ~ ludzki, mankind; **-nik** *m.* article; **-ność** *f.* fertility; fruitfulness; **-ny** *a.* fertile, productive; fruitful; generative; **-owy** *a.* generic.

rodz-enie *n.* bringing forth; begetting; delivery; procreation; **-eństwo** *n.* relatives; family; kinsmen; **-ic** *m.* father; **-ice** *pl.* parents, *pl.*; **-icielka** *f.* mother; **-icielski** *a.* paternal; fatherly, motherly; **-icobójstwo** *n.* parricide; **-ić** *v.* beget; bear (a child); bring forth, produce; ~ **się**, be born; spring from; **-imy** *a.* native; natural; genuine; **-ina** *f.* family; household; **-inny** *a.*

natal, native, domestic; family; **-ony** *a.* born; ~ ojciec, one's own father; ~ brat, one's (full) brother.

rodzynek *m.* currant; raisin.

roentgenowskie promienie, X-rays.

roga-cizna *f.* horned cattle; **-cz** *m.* roe-buck; (*zdradzony mąż*) cuckold; **-l, -lik** *m.* (*pieczywo*) French roll; (*mąż zdradz.*) cuckold; **-tka** *f.* toll-gate; **-ty** *a.* horned; cornered; (*fig.*) proud, haughty; **-tywka** *f.* four-cornered cap.

rog-owacieć *v.* grow horny; harden; **-owaty** *a.* horny; **-owiec** *m.* (*min.*) hornstone; **-owe** *n.* toll on horned cattle; **-ownik** *m.* horner; **-owy** *a.* (made of) horn; **-ówka** *f.* hoop-petticoat; (*anat.*) cornea.

rogo-zi *a.* (made of) rush; **-zina, -ż, -ża, -żka** *f.* rush-mat; (*bot.*) rush; bulrush.

rohatyna *f.* javelin; dart.

ro-ić *v.* (*o czem*) dream, fancy; imagine; ~ **się,** swarm; **-jenie** *n.* dreaming; swarming; **-jnie, -jno** *adv.* by swarms; było tam ~, the place was crowded; **-jnik** *m.* (*bot.*) houseleek; **-jny** *a.* swarming, thronged, crowded; **-jowisko** *n.* swarm; crowd, throng; **-jownik** *m.* (*bot.*) garden-balm. [royalism.

rojali-sta *m.* royalist; **-zm** *m.*

rok *m.* year; ~ w ~, ~ rocznie, every year; co ~, every year; co dwa lata, every other year; Nowy Rok, New-Year('s day); tego -u, this year.

rokicina *f.* water willow; osier; wicker.

rokoko *n.* rococo.

rokosz *m.* rebellion, sedition, mutiny; **-anin** *m.* rebel; mutineer.

rokowa-ć *v.* (*o coś*) negotiate; deliberate; ~ nadzieję, promise, betoken; **-nie** *n.* negotiation; forecast; (*med.*) prognosis.

rola *f.* soil; field; (*teatr.*) role, character, part; grać -ę, play a part (*lit.* & *fig.*).

roleta *f.* (window-)blind.

rolrica *f.* (*bot.*) field-madder.

rol-nictwo *n.* agriculture; **-niczy** *a.* agricultural, agrarian; farmer's; **-nik** *m.* agriculturist, farmer; **-ny** *a.* agricultural; arable; gospodarstwo -ne, farm; husbandry.

romani-sta *m.* Romanist; **-zm** *m.* Romanism.

romans *m.* romance; novel; **-ista, -opisarz** *m.* novelist; **-ować** *v.* court; woo; **-owy** *a.* amorous; romantic.

romanty-czność *f.* romantic literature; romance; romantic; **-k** *m.* romantic; **-zm** *m.* romanticism.

romański *a.* (*styl*) Romanesque; (*język*) Romanic.

romb *m.* diamond, lozenge, rhomb; **-oid** *m.* rhomboid.

rondel *m.* stew-pan; (*fort.*) bastion; (*kwietnik*) parterre; (*utwór poet.*) rondeau.

rondo *n.* (*kapelusza*) brim.

ronić *v.* shed; lose.

ront *m.* patrol.

rop-a *f.* (*med.*) pus; ~ ziemna, rock-oil; **-ić, -ić się, -ieć** *v.* suppurate; fester; **-ienie,** ~ **się** *n.* suppuration; **-ień** *m.* abscess.

ropucha *f.* toad.

roraty *pl.* morning service during the Advent.

ros-a *f.* dew; ~ pada, it dews; **-iczka** *f.* (*bot.*) sun-dew; **-ić** *v.* bedew, moisten; **-isty** *a.* dewy.

Rosjan-in *m.*, **-ka** *f.* Russian.

ros-ły *a.* tall; **-nąć** *v.* increase; grow (up); advance.

rosocha *f.* see **rozsocha; -ty** *a.* branchy, ramifying, bifurcate.

rosomak *m.* (*zool.*) wolverene.

rosół *m.* broth.

rostbif *m.* roast-beef.

rostruchan *m.* goblet; cup.

rostrucharz *m.* horse-coper.

rosyj-ski *a.* Russian; po -sku, after the Russian fashion; in Russian. [castle.

rosz-ada *f.* castling; **-ować** *v.*

roszczenie *n.* claim, pretention, title (to).

roszpunka *f.* (*bot.*) rampion.

rościć *v.* pretend; lay claim; ~ nadzieje, entertain hopes.

rość see **rosnąć.**

roślin-a *f.* plant; królestwo -n, vegetable kingdom; **-ność** *f.*

flora; vegetation; **-ny** *a.* vegetable, vegetal.
rot-a *f.* (*mil.*) company; (*przysięgi*) formula; **-acja** *f.* rotation; rotation of crops; **-acyjny** *a.* rotary; **-mistrz** *m.* captain of cavalry; **-unda** *f.* rotunda.
rowek *m.* channel; groove; ditch; **-isty, -kowaty** *a.* channelled; grooved; **-kować** *v.* channel.
rozanielony *a.* beaming.
rozbawić *v.* cheer up; exhilarate, enliven, divert.
rozbestwi(a)ć *v.* brutalize; enrage; ~ **się,** run wild.
rozbi-cie *n.* shattering; break; accident; shipwreck; **-ć, -jać** *v.* break, smash (to pieces); (*namiot*) pitch; (*nieprzyjaciela*) defeat; rout; ~ **się,** be crushed; meet with an accident; (*o okrętach*) be wrecked.
rozbie-c, -dz, -gać się *v.* disperse, bolt; **-gły** *a.* scattered, dispersed.
rozbiera-ć *v.* undress; pull down; (*na części*) take to pieces; part; pull down; (*gram.*) parse; analyse; (*kraj*) dismember; partition; (*mech.*) disconnect; ~ **się,** undress; take off one's coat (or clothes); **-lnia** *f.* cloak-room.
rozbieżn-ość *f.* divergence; ~ zdań, difference of opinion; **-y** *a.* divergent.
rozbijać see **rozbić.**
rozbi-orowy *a.* analytic(al); (of a) partition; (of a) dismemberment; **-ór** *m.* analysis; (*kraju*) partition; dismemberment; **-órka** *f.* demolition, pulling down.
rozbit-ek *m.* wreck; **-ki** *pl.* fragments.
rozbój *m.* robbery; ~ morski, piracy; **-nictwo** *n.* brigandage; **-niczy** *a.* predatory, piratical; robber's, pirate's; okręt -niczy, a privateer; **-nik** *m.* robber; highwayman; brigand; ~ morski, pirate.
rozbr-ajać, -oić *v.* disarm; incapacitate; **-ojenie** *n.* disarmament.
rozbrat *m.* breach; disunion; renunciation; uczynić ~, break off; sever relations.
rozbrzmiewać *v.* resound.
rozbudowa *f.* extention; development; **-ć** *v.* extend; develop.
rozbudz-ać, -ić *v.* awaken; arouse; ~ **się,** awake, rouse oneself.
rozbujały *a.* loose, disorderly, licentious, unruly.
rozcho-dnik *m.* (*bot.*) orpine; **-dowy** *a.* (of) expenditure; **-dzić** *v.* wear; ~ **się,** part; go asunder, break up, disperse; ~ ~ się daleko, spread far and wide.
rozchorować się *v.* fall sick; catch a disease.
rozchód *m.* expense; outgo; expenditures, *pl.*
rozchwiać *v.* put out of joint; (*fig.*) frustrate, thwart; ~ małżeństwo, break off a match; ~ **się,** fail; come out of joint (*fig.*).
rozciąg-ać, -nąć *v.* stretch; extend; rack; enlarge; distend, spread; ~ **się,** stretch oneself; extend; **-le** *adv.* widely, extensively; **-liwość** *f.* expansibility; dilatability; **-liwy** *a.* expansible; **-łość** *f.* extent; extension; **-ły** *a.* large, extensive; **-nienie** *n.* stretch, extension.
rozciekły *a.* melted, dissolved.
rozcieńcz-ać, -yć *v.* dilute.
rozcierać *v.* crush; grind; pound; rub.
rozcież *adv.* na ~, wide open; odemknąć na ~, throw open.
rozcięcie *n.* cut; dissection.
rozczarow-ać, -ywać *v.* disappoint; break the spell; disenchant; **-anie** *n.* disappointment; disenchantment.
rozczepi(a)ć *v.* hang out, spread.
rozczepierz-ać, -yć *v.* stretch; spread out.
rozczłonkow(yw)ać *v.* dissect, dismember.
rozczochrać *v.* dishevel, tousle.
rozczul-ać, -ić *v.* affect, move; touch; ~ **się,** be affected, moved; ~ ~ nad kimś, pity one; **-enie** *n.* emotion.
rozczyn *m.* leaven; (*chem.*) solution; **-iać, -ić** *v.* dissolve; dilute; leaven; **-nik** *m.* solution.
rozczytać się *v.* be absorbed in reading; delight in reading

rozda-ć, -wać *v.* distribute; ~ karty, deal; **-nie, -wanie** *n.* distribution; **-wca** *m.* distributer, dispenser, bestower; **-wnictwo** *n.* distribution, dispensing, conferring, bestowing; investiture (with).

rozdar-cie *n.* rent; laceration, tear; **-ty** *a.* rent, torn.

rozdąć see **rozdymać.**

rozdept(yw)ać *v.* trample; tread down.

rozdę-cie *n.* swelling, inflation; puffing; **-ty** *a.* swollen; dilated; puffed.

rozdmuch-ać, -iwać, -nąć *v.* blow, kindle; (*fig.*) puff out.

rozdół *m.* ravine; gorge, cleft.

rozdrab-iać, -niać *v* crumble; dwindle; divide.

rozdrap(yw)ać *v.* (*rozchwytać*) snatch away; (*drapać*) scratch; tear (to pieces).

rozdrażni-ać, -ć *v.* irritate; excite; exasperate; **-enie** *n.* irritation, excitement; exasperation.

rozdrob(n)ić *v.* see **rozdrabiać.**

rozdroże *n.* cross-road; na -u, at the parting of the ways; być na -u, (*fig.*) be in doubt.

rozdw-ajać, -oić *v* split; divide; ~ **się,** fork; **-ojenie** *n.* disunion, discord; division; bifurcation; forking.

rozdymać *v.* blow; inflate; swell, puff out; (*ogień*) kindle.

rozdział *m* chapter, paragraph; division, discord.

rozdzi-awiać, -awić *v.* gape; yawn; **-awiony** *a.* gaping.

rozdziel-ać, -ić *v* divide, separate, distribute, deal out; ~ **się,** be divided, separate; part; **-anie, -enie** *n.* distribution, division, deal; partition; **-nie** *adv.* separately; **-nik** *m.* mediator; **-ność** *f.* divisibility, **-ny** *a.* divisible.

rozdzier-ać *v.* rend; tear to pieces; tear asunder; ~ **się,** be torn, rend; **-ający** *a* awful; heart-rending.

rozdzierg-ać, -nąć *v.* unknot, untie; disentangle.

rozdźwięk *m.* disharmony, dissonance, discord.

rozebrać *v.* see **rozbierać.**

rozedma *f.* oedema; dropsy; ~ płuc, asthma.

rozednieć (się) *v.* dawn; rozedniało się, the day has dawned.

rozedrzeć see **rozdzierać.**

rozegnać *v.* disperse, drive away; scatter, dispel.

rozegrać *v.* play; contend; ~ **się,** take place; nie rozegrana partja, a tie.

rozejm *m.* truce, armistice; **-ować** *v.* divide, separate; part; (*spor*) adjust; **-owy** *a.* of truce.

rozejrzeć się *v.* look round; study.

rozejś-cie się *n.* parting, dissolution, separation; **-ć się** *v.* see **rozchodzić się.**

rozepch-ać, -nąć *v.* widen, stretch, distend; enlarge, push asunder; cram; (*fig.*) bloat.

rozerw-ać *v.* rend (asunder); (*zabawić*) divert, amuse; **-anie** *n.* discord, dissension; (*zabawa*) distraction.

rozesch-ły *a.* dry; **-nąć się** *v.* dry.

roz-esłać, -syłać *v.* send, forward; see **rozścielać.**

rozespany *a.* sleepy; drowsy.

roześmiać się *v.* laugh; burst out laughing.

rozet(k)a *f.* rosette.

roze-tkać, -tknąć *v.* push asunder; rend; **-trzeć** see **rozcierać; -wrzeć** *v.* open wide; ~ **się,** open, be opened.

rozezna-ć, -wać *v.* distinguish, discern, discriminate; **-nie** *n.* distinction, discernment; discrimination; **-wczy** *a.* distinctive.

rozgałęzi-ć *v.* ~ **się,** ramify; spread out; **-enie** *n.* ramification; **-ony** *a.* ramifying; widespread.

rozganiać *v.* scatter, disperse.

rozgardjasz *m.* hurly-burly; confusion.

rozgarn-ąć, -iać *v.* separate; push (asunder); **-ienie** *n.* discernment, judgement, good sense; **-ięty, -iony** *a.* intelligent; wide-awake; discerning.

rozgatunkować *v.* sort, assort; classify.
rozglądać się *v.* look around.
rozgł-aszać, -osić *v.* make known, proclaim; **-os** *m.* renown; report; echo; **-osiciel** *m.* divulger; **-ośnia** . broadcasting station; **-ośny** *a.* resounding; (*fig.*) renowned.
rozgmatwać *v.* disentangle.
rozgni-atać, -eść *v.* crush, squash; bruise; ~ ciasto, knead the dough.
rozgniewa-ć *v.* make angry, irritate; provoke; ~ **się,** grow angry (with); **-nie** *n.* anger, passion, provocation; **-ny** *a.* angry, provoked, irritated.
rozgorycz-enie *n.* exasperation, ill-feeling; **-ony** *a.* exasperated (at); provoked.
rozgorz-ały *a.* blazing; overheated; **-eć** *v.* glow, flame.
rozgospoda-rować, -rzyć sie *v.* establish oneself; settle down.
rozgościć się *v.* make oneself at home.
rozgotow-ać, -ywać *v.* boil to rags; **-any** *a.* boiled to rags.
rozgrabić *v.* scatter with a rake; (*rozdrapywać*) snatch away, pillage, plunder.
rozgranicz-ać, -yć *v.* fix the boundaries; separate.
rozgr-adzać, -odzić *v.* remove a fence; separate; partition.
rozgrom *m.*, **-ienie** *n.* rout, defeat; **-ić** *v.* rout, defeat; conquer.
rozgrywać see **rozegrać.**
rozgry-zać, -źć *v.* bite in two; sever with one's teeth.
rozgrz(ew)ać *v.* warm; heat.
rozgrzeb(yw)ać *v.* dig up; tousle, scatter.
rozgrzesz-ać, -yć *v.* absolve; acquit (of); ~ **się** (*fig.*) indulge (in); **-enie** *n.* absolution; acquittal.
rozgwar *m.* bustle, noise.
rozhuka-ć się *v.* enrage, infuriate; ~ **się** *v.* become infuriated; run wild; **-ny** *a.* wild, unruly, untractable; unbridled.
rozhuśtać *v.* swing, set in motion.
rozigra-ć *v.* brisk; ~ **się,** frolic, gambol; **-ny** *a.* frolicsome; prankful.
rozindyczyć *v.* provoke; ~ **się,** flush with anger.
roziskrz-ać, -yć (się) *v.* sparkle; **-ony** *a.* sparkling.
rozjad-ać *v.* corrode; enrage; **-ły** *a.* exasperated, furious.
rozjaśni-ać, -ć *v.* brighten, clear up; (*objaśnić*) elucidate, explain; ~ **się,** clear up; brighten; **-enie** *n.* clearing up; elucidation, explanation.
rozjazd *m.* parting; crossing; (*na kuropatwy*) quail-net.
rozjątrz-ać, -yc *v.* irritate, exasperate; provoke, ~ **się,** rankle, fester; **-enie** *n.* exasperation, irritation; festering.
rozje-chać, -żdżać *v.* run over; ~ **się,** disperse; part; break up.
rozjem-ca *m.* arbiter, umpire; **-czy** *a.* of arbitration; sąd ~, arbitration.
rozjucz-ać, -yć *v.* unburden.
rozjusz-ać, -yć *v.* enrage, irritate, exasperate; ~ **się,** fall into a rage; **-enie** *n.* rage, exasperation, fury; **-ony** *a.* enraged, infuriated.
rozkapry-sić się *v.* become capricious; **-szony** *a.* capricious.
rozkaz *m.* command, order, behest; ~ dzienny, order of the day; z jego -u, at his command; **-ać, -ywać** *v.* command, bid, order, direct; **-ujący** *a.* imperious; (*gram.*) imperative.
rozkiełzna-ć *v.* unbridle (*lit.* & *fig.*); **-nie** *n.* unbridling; (*fig.*) relaxation; licentiousness, profligacy; **-ny** *a.* unbridled; loose, licentious, profligate.
rozkis-ać, -ieć, -nąć *v.* ferment; grow sour; **-ły** *a.* fermented; sour; (*fig.*) slothful.
rozkle-ić, -jać *v.* unglue; detach; ~ **się** *v.* unglue; come off.
rozklek-(o)tać *v.* disjoin; ~ komu głowę, din in one's ears; **-otany** *a.* rickety.
rozkład *m.* disposition, order; plan; schedule; (*gnicie*) decomposition, decay; ~ jazdy, timetable; **-ać** *v.* see **rozłożyć;**

-owy *a.* dissolving; of decomposition.
rozkocha-ć *v.* enamour; ~ się w kim, fall in love with one; **-ny**, in love; enamoured.
rozkołysać *v.* swing, rock; agitate.
rozkorzeni(a)ć *v.* strike root; (*fig.*) spread, propagate, diffuse; ~ **się**, take root; (*fig.*) spread, be diffused.
rozkosz *f.* delight; bliss; **-nica** *f.*, **-nik** *m.* voluptuary; sensualist; **-nie, -no** *adv.* delightfully; voluptuously; **-ny** *a.* delightful, voluptuous, blissful; **-ować się** *v.* (*czem*) delight (in).
rozkracz-ać, -yć *v.*, ~ **się**, ~ nogi, straddle; **-ony** *a.* astraddle.
rozkra-dać, -ść *v.* steal; grab; **-dzenie** *n.* stealing; grabbing.
rozkr-ajać, -awać, -oić *v.* carve; cut (up); cut to pieces.
rozkręc-ać, -ić *v.* untwist; unwind; unscrew.
rozkrochmalić się *v.* lose stiffness; lose restraint.
rozkrusz-ać, -yć *v.* crumble.
rozkrwawi-ać, -ć *v.* make bleed; ~ ranę, open a wound; serce się -a, the heart bleeds: **-ony** *a.* bleeding.
rozkry(wa)ć *v.* unveil; uncover.
rozkrzewi-ać, -ć *v.* breed; (*fig.*) propagate, spread; increase; ~ **się**, spread; be diffused; increase; **-ciel** *m.* propagator, promoter; **-enie** *n.* propagation, increase, diffusion.
rozkrzyżowa-ć *v.* stretch upon the cross; ~ **się**, ~ ręce, stretch out one's arms; **-ny** *a.* stretched upon the cross.
rozkuć *v.* forge; unchain; unfetter; (*konia*) unshoe.
rozkudłać *v.* dishevel.
rozkup *m.*, **-ienie** *n.* quick sale; **-ić, -ować, -ywać** *v.* buy up.
rozkurcz *m.* (*med.*) diastole; **-ać, -yć (się)** *v.* dilate, expand.
rozkwit *m.* blossom; (*fig.*) bloom, prime; zenith; **-ać, -nąć** *v.* bloom, blossom; flourish.
rozl(ew)ać *v.* pour, shed; spill; ~ **się**, be shed; spread.
rozl-atywać się, -ecieć się *v.* fly; (*na kawałki*) fall to pieces; (*pierzchać*) run away, scatter.
rozlazł-ość *f.* indolence, slothfulness; **-y** *a.* (*o rzeczy*) loose; flabby; (*o człowieku*) slack, sluggish, lax, careless, indolent.
rozle-c, -dz, -gać się *v.* sound, resound, ring; **-gle** *adv.* widely, extensively; **-głość** *f.* extent; spaciousness; expanse; **-gły** *a.* spacious, extensive, vast.
rozle-nić się, -niwieć *v.* grow lazy; laze.
rozlew *m.* inundation; flood; ~ krwi, bloodshed; **-ać** see **rozlać.**
rozleźć się see **rozłazić się.**
rozlicz-ać, -yć *v.* reckon; count; ~ się z kim, settle accounts with; **-ność** *f.* variety, diversity; **-ny** *a.* manifold, diverse, various.
rozlokowa-ć *v.* quarter; **-nie** *n.* quarters.
rozlosować *v.* dispose (of) by lot; draw lots for.
rozlot *m.* flight.
rozluźni-ać, -ć *v.* loosen, relax; ~ **się**, loosen; **-enie** *n.* loosening, looseness.
rozładow(yw)ać *v.* unload.
rozłam *m.* break; breach; split.
rozłazić się *v.* straggle; disperse; fall to pieces; get rickety.
rozłącz-ać, -yć *v.* separate, disjoin, disconnect; disunite; ~ **się**, separate, part; **-ność** *f.* disjunction.
rozłąka *f.* separation.
rozłom *m.* break; split.
rozłoż-yć *v.* unfold; open (a book); take to pieces, decompose; ~ **się obozem**, encamp; **-ysty** *a.* spreading, extensive; (*bot.*) divaricate.
rozłóg *m.* plain, field, expanse; (*bot.*) navel-wort.
rozłup(yw)ać *v.* cleave, split; ~ orzech, crack a nut; ~ **się**, split.
rozmach *m.* drive; swing; vigour; dash; **-ać** *v.* swing.
rozmai-cie *adv.* variously; diversely; severally; in different ways (or manners); **-tość** *f.* variety, diversity; **-tości** *pl.* miscellaneous news; **-ty** *a.* manifold, various, sundry; diverse.
rozmakać *v.* soak; be steeped; be drenched.

rozmarszcz-ać, -yć *v.* smooth; unwrinkle; ~ czoło, unknit the brow.
rozmaryn *m.* (*bot.*) rosemary.
rozmarz-ać, -nąć (—r-z—) *v.* thaw; melt; ~, (—rz—) enrapture; **-enie** *n.* dreaminess; drowsiness; **-ony** *a. m.* dreamy; drowsy; maudlin.
rozmawiać *v.* discourse, converse, talk; speak; ~ o, speak about; ~ po, speak (a language).
rozmiar *m.* measure, dimension, size.
rozmiatać *v.* scatter; disperse, dispel.
rozmie-szczać, -ścić *v.* quarter; locate; **-szczenie** *n.* dislocation, distribution.
rozmięk-ać, -czać, -czyć, -nąć *v.* soften; soak; **-ły** *a.* soft; soaked.
rozmi-jać się, -nąć się *v.* miss (each other); (*z prawdą*) swerve from the truth; listy nasze -nęły się, our letters crossed.
rozmiłować *v.* see **rozkochać.**
rozmn-ażać, -ożyć *v.* multiply, increase; augment; ~ **się,** multiply, increase; **-ażanie, -ożenie** *n.* increase; multiplication.
rozmoczyć *v.* see **rozmakać.**
rozmotać *v.* untwist, disentangle.
roz-mowa *f.* conversation, discourse, talk; **-mowność** *f.* talkativeness; **-mowny** *a.* talkative, communicative; **-mówić się** *v.* (*z kim*) come to an understanding (with).
rozmysł *m.* purpose, premeditation; z -em, deliberately.
rozmyśl-ać *v.* meditate, muse, consider; contemplate; **-anie** *n.* musing, contemplation, meditation; **-ić się** *v.* change one's mind; **-nie** *adv.* purposely; deliberately; **-ny** *a.* premeditated, wilful, deliberate.
roznamiętni-ć *v.* excite; irritate; provoke; **-enie** *n.* passion.
rozniec-ać, -ić *v.* stir up, excite, kindle, inflame.
rozn-ieść, -osić *v.* demolish, ruin; (*rozpowszechnić*) divulge; spread; diffuse; **-osiciel** *m.*, **-osicielka** *f.* carrier; **-osić się** *v.* resound.
rozochoc-ić *v.* make merry, gladden, cheer, enliven; **-ony** *a.* frisky.
rozognić *v.* inflame; set ablaze; ~ **się,** be inflamed.
rozpacz *f.* despair, despondency; z -ą, z -y, desperately; **-ać** *v.* despair (of); **-anie** *n.* desperation; **-liwy** *a.* desperate.
rozpad-ać się *v.* fall to pieces, split, burst; **-lina** *f.*, **-lisko** *n.* cleft, crevice; **-ły** *a.* cracked.
rozpakow(yw)ać *v.* unpack.
rozpal-ać, -ić *v.* light, set on fire; kindle; ~ **się,** catch fire, glow, burn; **-ony** *a.* kindled, inflamed, glowing; (*o twarzy*) flushed.
rozpamiętywa-ć *v.* recollet, meditate, reflect (upon); **-nie** *n.* meditation, recollection; reflection.
rozparcelować *v.* parcel out.
rozparty *a.* reclining; lolling.
rozparzyć *v.* steep in boiling water; boil.
rozpas-ać, -ywać *v.* ungird; (*fig.*) debauch; deprave; **-anie** *n.* (*obyczajów*) depravation; licentiousness; **-any** *a.* ungirt; (*fig.*) unbridled, depraved, licentious, profligate.
rozpasać *v.* cram; fatten; ~ **się,** fatten.
rozpat-rywać, -rzyć *v.* examine, revise, look into; review; study.
rozpęcznieć *v.* swell.
rozpęd *m.* drive; start; onset, swing; impetus; koło -dowe, fly-wheel; **-zać, -zić** *v.* disperse; scatter to the winds; ~ **się,** take a run; dash on; gallop.
rozpętać *v.* let loose; (*zdjąć pęta*) unfetter; ~ **się,** break loose; bolt.
rozpiąć *v.* unbutton, undo; stretch, spread; ~ żagle, unfurl the sails; (*sprzączkę*) unbuckle.
rozpi(ja)ć *v.* ply with liquor; lush; ~ **się,** take to drinking.
rozpieczętować *v.* unseal; open.
rozpierać *v.* distend; ~ **się,** lounge, loll.

rozpierzch-ły *a.* dispersed, scattered; **-nąć się** *v.* be scattered, disperse; fly; scamper; **-nienie** *n.* dispersion.
rozpie-szczać, -ścić *v.* coddle, spoil; fondle.
rozpi-ęty *a.* stretched; unbuttoned; unbuckled; unfurled; **-ętość** *f.* margin; ~ **sklepienia,** span of an arch; ~ **cen,** range of prices; **-nać** *v.* see **rozpiąć.**
rozpis(yw)ać *v.* write; order.
rozplatać, rozplątać *v.* untwist; disentangle, unravel.
rozpleni(a)ć *v.* increase, multiply.
rozple-ciony *a.* untwisted, untwined; **-ść** *v.* disentangle.
rozpłakać się *v.* burst into tears.
rozpłaszczyć *v.* flatten.
rozpłatać *v.* split; cut up.
rozpł-odek, -ód *m.* brood; litter; breed; **-odowiec** *m.* stallion; **-odowy** *a.* for breeding; **-odzenie** *n.* breeding, procreation; **-odzić, -adzać** *v.* multiply, procreate.
rozpłomieni(a)ć *v.* blaze; inflame,
rozpływać się *v.* melt; diverge.
rozpocz-ąć, -ynać (się) *v.* begin, commence; **-ęcie, ~ się** *n.* beginning.
rozpoić *v.* accustom to drinking.
rozpogodzić się *v.* clear.
rozpolitykować się *v.* addict oneself to politics.
rozpoł-awiać, -owić *v.* halve; divide in two.
rozponka *f.* (*bot.*) rampion.
rozp-orek, -ór *m.* slit.
rozporządz-ać, -ić (się) *v.* dispose (of); order; ordain, decree; **-alny** *a.* available; **-enie** *n.* disposition, injunction, prescription, order; **ostatnie ~,** last will.
rozpo-starcie *n.* spreading; stretching; expanse; **-starty** *a.* stretched, extended; **-strzeć, -ścierać** *v.* stretch, extend; spread.
rozpowi-adać, -edzieć *v.* relate in detail; tell abroad.
rozpowszechni(a)ć *v.* spread, diffuse, disseminate; propagate.
rozpozna-ć, -wać *v.* recognize, make out, distinguish; discern, discriminate; **-nie, -wanie** *n.* discernment, recognition, discrimination, judgement.
rozpór *m.* slit.
rozpraszać see **rozproszyć.**
rozpraw-a *f.* discussion; debate; treatise; ~ **sądowa,** trial; hearing; ~ **honorowa,** duel; **-iać** *v.* expatiate (upon); argue; debate, discuss; ~ **rękami,** gesticulate; ~ **się, -ić się,** (*z kim*), fight out; settle matters (with); ~ **się z kim w sądzie,** sue; prosecute; **-ka** *f.* short treatise.
rozpręż-ać, -yć *v.* distend; dilate; ~ **się,** expand; **-enie** *n.* expansion, dilatation; **-liwość** *f.* dilatability; **-liwy** *a.* dilatable.
rozpromieni-(a)ć *v.* irradiate, beam; **-ony** *a.* beaming; radiant.
rozprostow(yw)ać *v.* straighten, stretch.
rozprosz-enie *n.* dispersion, scattering; **-yć** *v.* disperse; **-yć się,** scatter; be dispersed; **-ony** *a.* scattered, dispersed, dispelled; squandered.
rozprowadz-ać, -ić *v.* conduct, lead; (*farbę*) lay on; ~ **wodą,** dilute with water.
rozpróżniacz-enie *n.* laziness, slothfulness; **-yć** *v.* make lazy; ~ **się,** idle time away; become lazy.
rozpru-cie *n.* unsewing; ripping; **-(wa)ć** *v.* unsew, rip; (*brzuch*) rip open; **-wacz** *m.* ripper.
rozprys-kać, -kiwać, -nąć *v.* shiver; dash to pieces; ~ **się,** crack; be shivered.
rozprząc see **rozprzęgać.**
rozprzeda(wa)ć *v.* sell (out).
rozprzestrzeni(ać) (się) *v.* spread, extend.
rozprzężenie *n.* laxity, looseness, anarchy; (*obyczajów*) licentiousness.
rozpuk *m.* burst; **śmiać się do -u,** roar with laughter; split one's sides with laughter; **-lina** *f.* crevice, split, chink, fissure.
rozpust-a *f.* debauchery, profligacy; licentiousness; **-nica** *f.*, **-nik** *m.* debauchee; rake, liber-

tine; **-ny** *a.* dissolute, debauched, profligate; licentious.

rozpu-szczać, -ścić *v.* dismiss, discharge; dissolve; break up; let loose; disband; (*pogłoskę*) spread out; unleash (dogs); **~ się,** melt, dissolve; grow lax; run riot; **-szczalność** *f.* solubility, dissolvability; **-szczalny** *a.* soluble; dissolvable; **-szczenie** *n.* dismission; break-up; dissolution; disbanding; melting, dissolving.

rozpychać *v.* see **rozepchnąć.**

rozpyl-acz *m.* sprayer; **-anie** *n.* pulverization; **-ić** *v.* spray.

rozpyt-ać się, -ywać się *v.* inquire, question; cross-question.

rozrabiać *v.* dilute; thin.

rozrach-ować *v.* count; **~ się,** (*z kim*) settle accounts (with); **-unek** *m.* settlement (of accounts).

rozradować *v.* rejoice; gladden; delight; **~ się,** rejoice; delight (in).

rozr-adzać się, -odzić się *v.* multiply, increase in number.

rozranić *v.* wound, hurt; irritate a wound.

rozr-astać się, -óść się *v.* grow; develop; **-osły** *a.* full grown, stout, big, bulky; **-ost** *m.* growth; increase.

rozrąbać *v.* cut asunder; split; chop; hew, cleave.

rozrobić *v.* dilute; stir.

rozrodczy *a.* genital; **organy -e,** the genitals.

rozróżni-ać, -ć *v.* distinguish, discern, discriminate; **-enie** *n.* discrimination, distinction.

rozru-ch *m.* riot, uproar; stir; disturbance; **-szać** *v.* stir up; put in motion; **~ się,** grow lively; bestir oneself.

rozryw-ać *v.* see **rozerwać**; **-ka** *f.* amusement, distraction; pastime, recreation.

rozrządz-ać, -ić *v.* decide; (*czem*) dispose of, manage; command; **-enie** *n.* disposition, management.

rozrzedz-ać, -ić *v.* dilute; rarefy; attenuate; thin.

rozrzewni-ać, -ć *v.* touch, affect; move (to tears); **~ się,** be affected, be moved; **-enie** *n.* tenderness, emotion.

rozrzu-cać, -cić *v.* scatter, disperse, dissipate; **-cenie** *n.* dispersion; scattering; **-tnica** *f.*, **-tnik** *m.* spendthrift, squanderer; **-tność** *f.* prodigality; lavishness; dissipation; **-tny** *a.* prodigal, lavish.

rozrzynać see **rozerżnąć.**

rozsa-da *f.* cabbage-plant; **-dnik** *m.* propagator; (*fig.*) hot-bed; **-dzać, -dzić** *v.* (*rozdymać, wysadzić*) burst, blow up; (*rozłączyć*) separate; (*rośliny*) plant.

rozsą-dek *m.* sense, judgment; **zdrowy ~,** common sense; **-dność** *f.* good sense; acumen; **-dny** *a.* reasonable, sensible, judicious; **-dzać, -dzić** *v.* pass judgment, decide; **~ spór,** settle a difference.

rozsi-ać, -ewać *v.* sow, disseminate, squander, spread; **-anie, -ewanie** *n.* dissemination; sowing; **-ewacz** *m.* disseminator; propagator.

rozsiad *m.* (*bot.*) colchicum, meadow-saffron.

roz-siadać się, -siąść się, loll, take a seat; lounge.

rozsierdz-ić się *v.* grow angry; **-ony** *a.* angry, fuming.

rozsn-ować, -uć *v.* unreel.

rozsroż-ony *a.* fuming; enraged; **-yć** *v.* irritate, exasperate; **~ się,** grow furious.

rozsta-ć, -wać się *v.* part (with); **~ z żywotem,** give up the ghost; **-j** *m.* cross-road; parting of the roads; **-jne drogi, -jnia,** cross-road; **-nie (się)** *n.* parting; separation; **-wiać, -wić** *v.* intersperse; place (asunder); -wne konie, relay horses.

rozst-ąpić się, -ępować się *v.* sunder; step aside; open; **-ęp** *m.* interstice, interval.

rozstr-ajać, -oić *v.* untune, put out of tune; (*fig.*) enervate; **~ się,** be out of tune, go out of tune; **-ojenie** *n.* discordance; **-ojony** *a.* out of tune; **-ój** *m.* discord, dissonance; **~ nerwowy,** neurasthenia.

rozstrzel-ać *v.* shoot; (*rozdzielać*) disperse, disjoin; **-anie** *n.*

shooting (*a person*); skazany na -anie, condemned to be shot.
rozstrzyg-ać, -nąć *v.* cut asunder; (*fig.*) decide, determine; ~ wątpliwość, resolve a doubt; **-anie, -nięcie, -nienie** *n.* decision, determination, solution.
rozsu-nąć, -wać *v.* push aside.
rozsychać się *v.* dry up.
rozsyp-ać, -ywać *v.* scatter; spill; strew; ~ **się,** be scattered; be spilled; ~ się w proch, crumble into dust; **-ka** *f.* dispersion, rout; pójść w -kę, be dispersed.
rozszal-eć (się) *v.* rage; **-ały** *a.* raging; raving.
rozszarp-ać, -nąć, -ywać *v.* tear to pieces.
rozszczepi(a)ć (się) *v.* split; part.
rozszerz-ać, -yć *v.* extend, dilate, widen; spread; **-alność** *f.* dilatability, expansibility; **-enie** *n.* enlargement, extension; dilatation.
rozście-lić, -łać *v.* spread.
rozśm-iać się *v.* burst out laughing; **-eszać, -eszyć** *v.* amuse, make one laugh; **-eszony** *a.* amused.
rozśrubować *v.* unscrew.
rozświ-ecać, -ecić *v.* enlighten; light up; ~ **się,** begin to shine; **-etlać, -etlić** *v.* light; enlighten; **-t** *m.* dawn, day-break; **-tać,** ~ **się** *v.* dawn.
roztaczać *v.* display, show; expand; also see **toczyć.**
roztapiać *v.* melt, smelt; ~ **się,** melt.
roztarcie *n.* rubbing.
roztarg-ać *v.* rend, tear to pieces; (*włosy*) dishevel; (*przyjaźń etc.*) break.
roztarg-nienie *n.* absence of mind; distraction; giddiness; w -nieniu, absent-mindedly; **-niony** *a.* distracted; absent-minded; giddy.
rozter-ka *f.* dissension, discord; ~ wewnętrzna, irresolution; w -ce, hesitating; at a loss.
roztkliwiać się *v.* be affected, pity, commiserate.
roztocz *m.* distention; **-yć** *v.* see **roztaczać.**
roztop *m.* thaw; **-ić** *v.* melt; thaw; ~ **się,** melt.
roztrąbić *v.* trumpet; proclaim.
roztrąc-ać, -ić *v.* push aside, jostle, elbow.
roztropn-ość *f.* sense, intelligence, prudence; **-y** *a.* sensible, intelligent, prudent, sagacious.
roztrwonić *v.* waste, squander.
roztrzas-kać, -nąć *v.* dash; shiver; ~ **się,** be shattered, be broken into shivers.
roztrzą-sać, -snąć *v.* discuss; debate; examine; sift; ~ sumienie, expostulate; also see **trząść; -sanie** *n.* discussion; debate; enquiry; examination, research.
roztrzepan-ie *n.* distraction; absence of mind, giddiness; thoughtlessness; also see **trzepać; -iec** *m.* distracted person; giddy fellow; **-y** *a.* distracted, giddy, thoughtless, lightheaded.
roztw-arzać, -orzyć *v.* dilute; dissolve; **-arzacz** *m.* dissolvent; **-ór** *m.* solution.
roztw-ierać, -orzyć *v.* throw open; fling open.
rozty-ć (się) *v.* grow fat; **-cie** *n.*, **-łość** *f.* corpulence; **-ły** *a.* fat; corpulent.
rozum *m.* mind, reason, intellect; wisdom; sense; **chłopski** ~, common sense; **niespełna** -u, crazy; to jest nad mój ~, that is beyond me; **stracić** ~, lose one's wits; **nauczyć** -u, teach one manners; **-ieć** *v.* understand; comprehend; **ma się** ~, of course; ~ się (*na czem*), understand (a thing); **-ienie** *n.* understanding, comprehension; sense; dać do zrozumienia, give to understand; **-kować** *v.* sophisticate; **-ny** *a.* wise; reasonable, intelligent, sensible; **-ować** *v.* reason, argue; philosophize; **-owanie** *n.* reasoning; logic; argumentation; **-owy** *a.* rational; intellectual.
rozuzda-ć *v.* unbridle; let loose; **-ny** *a.* unbridled; loose, licentious, dissolute.
rozwaga *f.* consideration, reflection; deliberation; wziąć pod -ę, take into consideration.

rozwal-ać, -ić *v.* demolish, pull down; dismantle; ~ **się,** (*rozłożyć się*) lounge, stretch oneself; (*rozsypać się*) fall into ruin; **-iny,** *pl.* **-isko,** *n.* ruins, *pl.*

rozwalni-ać *v.* relax, loosen; (*med.*) purge; **-ający** *a.* loosening; laxative; środek ~, purgative.

rozwarty *a.* open; (*mat.*) obtuse.

rozważ-ać, -yć *v.* weigh, consider; **-ny** *a.* careful, prudent; circumspect.

rozwesel-ać, -ić *v.* gladden, cheer up, exhilarate; enliven; ~ **się,** make merry; **-ający** *a.* exhilarating; **-enie** *n.* cheering, exhilaration; merriment.

rozwi(ew)ać *v.* disperse; dissipate; blow **asunder**; ~ **się,** vanish.

rozwiąz-ać, -ywać *v.* untie, unknot; undo; (*zagadkę itp.*) solve; **-anie** *n.* solution; dissolution; (*med.*) childbirth; **-łość** *f.* profligacy, licentiousness; **-ły** a. dissolute, profligate, licentious.

rozwichrzyć *v.* dishevel, tousle.

rozwić see **rozwijać.**

rozwidlać się *v.* branch out; bifurcate, fork, ramify.

rozwidni-ać, -ć *v.* brighten, clear up; ~ **się, -eć** *v.* dawn.

rozwiedziony *a.* (*mąż*) divorced; (*wodą*) diluted.

rozwierać *v.* open; fling open.

rozwie-sić, -ść see **rozwodzić; -źć** see **rozwozić.**

rozwiewać see **rozwiać.**

rozwi-jać, -nąć *v.* unfold, develop; display; spread out; ~ **się** *v.* develop; **-janie, -nięcie** *n.* unfolding, development.

rozwikłać *v.* disentangle, unravel; extricate; ~ **się,** extricate oneself.

rozw-lec, -lekać *v.* scatter, spread; ~ się nad czem, expatiate; dwell upon; **-lekłość** *f.* prolixity; diffusion, redundancy; **-lekły** *a.* detailed; prolix, diffuse, redundant.

rozwo-dowy *a.* (for, of) divorce; **-dzić** *v.* separate; part; (*małżeństwo*) divorce; ~ **się,** be divorced; ~ się nad czem, dwell (upon); expatiate (upon).

rozwojowy *a.* of development, evolutional.

rozwolni-ć *v.* see **rozwalniać; -eć** *v.* relent, slacken; grow loose (or slack); **-enie** *n.* looseness; (*med.*) diarrhoea; ~ obyczajów, looseness of morals.

rozwora *f.* shaft.

rozwo-zić *v.* transport, convey; **-żenie** *n.* transport; carriage, delivery.

rozwód *m.* divorce; **-ka** *f.* divorcee.

rozwój *m.* development, progress.

rozwóz *m.*, **-ka** *f.* see **rozwożenie.**

rozwścieczony *a.* enraged.

rozzło-szczenie się *n.* rage, fury; **-ścić** *v.* enrage, exasperate; ~ **się,** fly into a passion.

rozzu-ć, -wać *v.* take off one's shoes; **-ty** *a.* bare-footed.

rozżal-ać, -ić się *v.* lament, be affected; **-enie** *n.* lamenting; affliction; **-ony** *a.* afflicted.

rozżarty *a.* enraged; furious.

rozżarz-ać, -yć *v.* light; set on fire, heat; ~ **się,** glow, blaze; ignite; **-ony** *a.* glowing; blazing.

rożek *m.* (little) horn; ear-trumpet; (*skraj*) edge, verge, brink.

rożen *m.* spit; broach.

ród *m.* race; descent; extraction; ~ ludzki, mankind; rodem z ..., native of.

róg *m.* horn; (*ulicy itd.*) corner; ~ do prochu, powder-horn; ~ myśliwski, bugle; ~ obfitości, horn of plenty; rogi jelenie, antlers; (*fig.*) przypiąć rogi, cuckold.

rój *m.* swarm; multitude; crowd.

rów *m.* ditch; trench.

rówie-n see **równy; -nnica, -nniczka, -śnica** *f.*, **-nnik, -śnik** *m.* person of the same age; playmate.

równ-ać *v.* even; smooth; level; equalize; (*z kim*) compare with; ~ **się,** equal; be on a level with; compare; **-anie** *n.* (*mat.*) equation; ~ pierwszego stopnia, linear equation; ~ drugiego stopnia, quadratic equation; **-ia** *f.* level ground; flat; plane; equilibrium; ~ pochyła, inclined plane; **na -i z,** on a level with; on a par with...; **-ie, -ież** *adv.* equally, likewise, also, too; as well as, alike; **-ik** *m.* equator; **-ikowy** *a.* equatorial; tropical; **-ina** *f.* plain, level ground; flat country.

równo *adv.* evenly; equally; like, alike; exactly; **-boczny** *a.* equilateral; **-brzmiący** *a.* of the same tenor; **-czesny** *a.* simultaneous, synchronical; **-cześnie** *adv.* simultaneously; at the same time; **-kątny** *a.* equiangular; **-legle** *adv.* on a parallel line; **-ległobok** *m.* parallelogram; **-ległościan** *m.* parallelepiped; **-ległość** *f.* parallelism; **-legły** *a.* parallel; **-leżnik** *m.* parallel (of latitude); **-mierny** *a.* equal; regular; uniform; steady; even; **-myślność** *f.* equanimity; **-nocny** *a.* equinoctial; **-rzędny** *a.* of equal rank; equivalent; **-ść** *f.* quality; evenness; **-uprawienie** *n.* equality of rights; **-uprawniony** *a.* having equal rights; **-waga** *f.* equilibrium; level; ~ polityczna, balance of power; **-wartość** *f.* equivalent; **-ważnik** *m.* equivalent; **-ważność** *f.* equiponderance; ~ sił, powodów, equipollence; **-ważny** *a.* equiponderant, equipollent; **-ważyć** *v.* equilibrate; counterpoise; level; balance; ~ **się,** equilibrate, be equivalent; **-znaczny** *a.* synonymous, tantamount.

równy *a.* equal; even, plain, level; like; straight; (*gram.*) stopień ~, the positive degree; nie mający równego, unparalleled.

róz-eczka, -ga *f.* rod; switch; twig; biegać przez -gę, run the gauntlet.

róż *m.* rouge.

róża *f.* rose; (*med.*) erysipelas; ~ polna, hawthorn; **-ny** *a.* of roses; rosy.

róża-niec *m.* rosary; **-ńcowy** *a.* of the rosary.

różdżka *f.* rod; ~ czarodziejska, magic wand.

różek see **rożek.**

różni-ca *f.* difference, distinction, disparity; bez -cy, irrespectively; **-czkować** *v.* differentiate; **-czkowanie** *n.* differentiation; **-czkowy** *a.* (*mat.*) ~ rachunek, differential calculus; **-ć** *v.* distinguish, discern; (*poróżnić*) set at a variance; ~ **się,** differ; ~ w zdaniu, disagree; **-e** *adv.* differently, in a different manner, diversely, severally, variously.

różno-barwność *f.* variety of colours; **-barwny** *a.* manycoloured; variegated; **-bok** *m.* trapezium; **-głośny** *a.* dissonant, discordant; **-kształtny** *a.* multiform; diversiform; **-litość, -rodność** *f.* heterogeneity; **-lity, -rodny** *a.* diverse, dissimilar; **-raki** *a.* manifold, multifarious, diverse; **-ść** *f.* diversity, variety; difference; **-wierca** *m.* dissenter; **-znaczny** *a.* ambiguous, equivocal, of different meaning.

różny *a* different, various, several, diverse, sundry.

różow-ać *v.* rouge; ~ **się,** rouge one's face; make up one's face; **-ić** *v.* redden; **-o** *adv.* pink; rosily; **-y** *a.* rosy, pink; rose-coloured.

różyczka *f.* little rose.

rtęć *f.* mercury, quicksilver.

rubacha *f.* shirt; (*fam.*) jolly dog.

ruban, -ek *m.* plane.

rubaszn-ość *f.* coarseness; rudeness; **-y** *a.* rude, coarse, vulgar.

rubel *m.* ruble.

rubieże *pl.* confines.

rubin *m.* ruby; **-owy** *a.* (of) ruby.

rubry-cela *f.* rubric; **-ka** *f.* rubric; title; head; column; **-kować** *v.* rubricate.

ruch *m.* movement, motion, animation, bustle; stir; (*kolejowy i uliczny*) traffic; wprawić w ~, set in motion; bez -u, motionless; w -u, in motion; astir; używać -u, take exercise; **-awka** *f.* riot, tumult; disturbance; **-awo** *adv.* nimbly, quickly; **-liwość** *f.* quickness; initiative; **-awy, -liwy** *a.* nimble, quick; enterprising, shrewd.

ruchom-ość *f.* mobility; **-ości** *pl.* movables, chattels, belongings, *pl.*; **-y** *a.* movable; adaptable; mobile; unstable; skala **-a**, sliding scale.
ruciany *a.* (of) rue.
ruczaj *m.* brook, rivulet.
ruda *f.* ore.
rudawy *a.* red; reddish.
rudel *m.* helm, rudder.
rudera *v.* kennel; delapidated building; tumble-down hut.
rudy *a.* ginger-haired; red-haired.
rudymenta *pl.* rudiments.
rufa *f.* stern; poop.
rug-i *pl.* elimination; ejectment; inquest; **-ować** *v.* dislodge; oust; supplant.
ru-ina *f.* ruin; destruction; **-jnować** *v.* ruin, destroy; ~ **się**, ruin oneself.
ruja *f.* rutting time
rukiew *f.* (*bot.*) nasturtium, rocket.
ruleta *f.* roulette.
rulon *m.* roll.
rum *m.* (*napój*) rum; (*gruz*) rubbish.
rumak *m.* steed; battle-horse.
rumbarbarum *n.* rhubarb.
rumian *m.* (*bot.*) wild pellitory; **-ek** *m.* camomile.
rumi-anosć *f.* ruddiness; **-any** *a.* rosy; ruddy; **-enić** *v.* redden; brown; ~ **się**, blush, colour; **-eniec** *m.* blush; ruddy complexion; red (or rosy) cheeks.
rumor *m.* noise, bustle; rumour.
rumowisko *n.* rubbish; rubbish-heap.
runąć *v.* fall; tumble down; topple.
run-iczny *a.* runic; **-y** *pl.* runes.
runo *n.* fleece.
rupieci-arnia *f.* lumber-room; **-e** *pl.* lumber; old furniture.
ruptur-a *f.* hernia, rupture; **-owy pas**, truss.
rur-a, -ka *f.* tube; pipe; (*fig.*) blockhead; **-ki** *lmn.* curling-irons; **-kowaty** *a.* tubular; **-ociąg** *m.* pipes; (water) system.
rusałka *f.* naiad.
rus-ki *a.* Ruthenian; **-yfikacja** *f.* russification.
rusz-ać, -yć *v.* touch; move; handle; (*z miejsca*) stir; (*w drogę*) start; set out; ~ ramionami, shrug one's shoulders; ~ głową, shake one's head; ~ **się**, move, stir; (*o cieście*) rise; -aj! ~ się! off you go! be quick! **-enie** *n.* movement; touch; pospolite ~~, levy in mass.
ruszni-ca *f.* rifle, firelock; **-karz** *m.* gunsmith.
ruszt *m.* (fire-)grate.
rusztowanie *n.* scaffolding.
ruszyć see **ruszać.**
rut-a *f.* (*bot.*) rue; **-ewka** *f.* goat's rue.
rutyn-a *f.* routine; proficiency; skill; **-owany** *a.* skilled, proficient (in).
rwać *v.* (*kwiaty*) pluck, gather; (*targać*) tear; pull; (*zęby*) draw; pull out; (*naprzód*) rush; ~ **się**, burst; be torn; ~ się do czego, be eager (upon); be bent (upon); cicha woda brzegi -ie, still waters run deep.
rwący *a.* rapid; rushing.
rwetes *m.* jumble; confusion; bustle, hurly-burly.
ryb-a *f.* fish; **-acki** *a.* fishing; angling; łódź -acka, fishing-boat; **-actwo** *n.* fishing; **-ak** *m.* fisher, fisherman; **-eńka, -ka** *f.* small fish; (*fig.*) sweet heart; darling; **-i** *a.* (of) fish; fishy; **-itwa** *f.* (*orn.*) gull; sea-mew; **-nik** *m.* fish-pond; **-ny** *a.* fishy; staw -ny, fish-pond; **-ołóstwo** *n.* fishing; angling; fishery; **-ołów** *m.* (*orn.*) sea-gull, sea-mew.
ryce-rka *f.* heroine; **-rski** *a.* knightly, chivalrous; martial; czasy -rskie, times of chivalry; **-rskość** *f.* chivalry; **-rstwo** *n.* knighthood; knightage; heroism; **-rz** *m.* knight; hero; błędny ~, knight-errant.
rych-le, -ło *adv.* quick; soon; early; in good time; **-łość** *f.* quickness; speed; **-ły** *a.* early, quick, speedy.
rychtować *v.* set straight; make ready, prepare; ~ **się**, get ready.
rycyn-owy *a.*, olejek ~, castor oil; **-us** *m.* palma Christi (*bot.*) castor oil.

ryczałt *m.* wholesale; **-em, -owo** *adv.* altogether; wholesale; **-owy** *a.* wholesale.
rycz-eć *v.* roar; bellow; bray; **-enie** *n.* roar.
ry-ć *v.* (*na drzewie*) cut, carve; (*na miedzi*) engrave; (*o zwierzętach*) grout; burrow.
rycina *f.* illustration; print, engraving.
rydel *m.* spade, shovel.
rydwan *m.* chariot, triumphal car.
rydz *m.* mushroom.
ryg-iel *m.* bolt; **-lować** *v.* bolt.
rygor *m.* rigour, severity; **-ozum,** final examination; greats; **-ysta** *m.* rigorist.
ryj *m.* snout; muzzle; **-ek** *m.* little snout; nozzle.
ryk *m.* roar; (*krów*) low; (*osła*) bray; **-nąć** see **ryczeć; -owisko** *n.* rutting time.
ryksza *f.* jinricksha.
rylec *m.* burin; graver.
rym *m.* rhyme, rime.
ryma-rski *a.* saddler's; **-rstwo** *n.* saddlery; **-rz** *m.* saddler.
rymo-kleta *m.* rhymester; **-pis** rhymer; **-twórca** *m.* poet; **-twórczy** *a.* poetic(al); **-wać** *v.* rhyme; versify; ~ **się,** rhyme.
ryn-ek *m.* market-place; (*handl.*) market; ~ pieniężny, money-market; **-kowy** *a.* (of) market.
ryngraf *m.* gorget.
rynka *f.* stewing-pan.
ryn-ienka *f.* small channel; little gutter; **-ienkowaty** *a.* grooved; **-na** *f.* gutter; **-sztok** *m.* gutter.
rynsztunek *m.* equipment, outfit; accoutrement.
ryp-ać, -nąć *v.* run; hasten.
ryps *m.* rep.
rys *m.* feature; dash, stroke of a pen; (*charakteru*) trait; pierwszy ~, rough sketch; outline; -y twarzy, features.
rys-a *f.* scratch; crack; flaw; fissure; slit, crevice; **-ować** *v.* scratch; crack; fissure.
rysi *a.* lynx's; of a lynx.
rys-opis *m.* description (of the outward appearance) of a person; **-ować** *v.* draw; design; delineate; sketch; ~ **się,** (*widnieć*) be visible, appear; (*mieć rysy*) be scratched; crack; **-ownica** *f.* drawing-board; **-ownik** *m.* draughtsman; designer; **-unek** *m.* drawing; draught; ~ kredkowy, crayon-sketch; **-unkowy** *a.* drawing.
ryś *m.* (*zool.*) lynx.
ryśnik *m.* drawing pen.
rytm *m.* rhythm; **-iczny** *a.* rhythmic(al).
rytow-ać *v.* engrave; **-nictwo** *n.* engraving; chalcography; **-niczy** *a.* engraver's; **-nik** *m.* engraver.
rytuał *m.* ritual.
ryty *a.* carved, engraved.
rywal *m.*, **-ka** *f.* rival; competitor; **-izacja** *f.* rivalry; emulation; **-izować** *v.* rival; vie with; compete.
ryza *f.* ream (of paper); (*fig.*) curb, restraint; trzymać w -ie, keep under restraint.
ryzyko *n.* risk; peril; **-wać** *v.* risk; run the risk of; hazard, venture; **-wny** *a.* risky; hazardous.
ryż *m.* rice; **-owisko** *n* rice-field; **-owy** *a.* (of) rice; **-y** *a.* red-haired; ginger-haired.
rzadk-i *a.* rare, scarce; (*o płynach itp.*) thin; -a mina, dejection; **-o** *adv.* rarely, seldom; thinly; **-ość** *f.* rareness; thinness; (*fig.*) rarity.
rząd *m.* (*II p. rzędu*) row; file; rank; ~ pokojów, suite of rooms; (*konia*) harness; w pierwszym rzędzie, in the first place; rzędem, in a row; rzędami, by ranks, by files; iść rzędem, go in single file; ~, *m.* (*II p. rządu*), government; rule; sway; management; direction; cabinet; **-ca** *m.* ruler, governor; (*dóbr*) steward; **-ek** *m.* line, row; **-ność** *f.* (love of) order; economy; **-ny** *a.* orderly; thrifty, economical; **-owy** *a.* (of) state; (of) government; governing.
rządz-enie *n.* administration, management; **-ić** *v.* govern, rule, command, administer; manage; ~ **się,** be guided by; be influenced by.
rze-c, -knąć *v.* say; quoth; że tak -kę, so to say.

rzechot *m.*, **-anie** *n.* croak; croaking; **-ać** *v.* croak; **-liwy** *a.* croaky.
rzecz *f.* thing; matter; subject; question, point; affair; *lmn.* belongings; effects; w -y samej, indeed; really; na ~ (*czyjąś*), in favour of; mówić do -y, speak reasonably; mówić od -y, talk nonsense; do -y, reasonable, suitable; **-nik** *m.* advocate; **-ony** *a.* (afore-)said; **-ownik** *m.* (*gram.*) substantive; **-owny** *a.* (*gram.*) substantive; **-owo** *adv.* really; convincingly; to the point; **-owość** *f.* reality; **-owy** *a.* real; convincing; to the point; **-oznawca** *m.* expert.
rzecz-ka, -ułka *f.* rivulet; **-ny** *a.* (of a) river; fluvial.
rzeczpospolita *f.* republic.
rzeczywi-stość *f.* reality, actuality, truth; **-sty** *a.* real; actual; **-ście** *adv.* really, truly, indeed, actually.
rze-dnieć *v.* become thin; clear up; **-dzić** *v.* thin, clear.
rzeka *f.* river; stream.
rzekom-o *adv.* pretendedly; on ~ tam był, he pretended to have been there; **-y** *a.* false; would-be; so-called; sham.
rzemie-nny *a.* (of) leather; **-ń** *m.* leather, strap, belt.
rzemieślni-czy *a.* (of) trade; (of) handicraft; working; mechanic; **-k** *m.* artisan; (handi-) craftsman.
rzemiosło *m.* (handi)craft, trade; profession.
rzemyk *m.* strap; thong; latchet.
rzep *m.* (*bot.*) bur, burdock; **-a** *f.* turnip; **-ak** *m.* rape-seed, colza; **-akowy** *a.*, ~ olej, rape-seed-oil; **-ik** *m.* (*bot.*) agrimony; **-isko** *n.* turnip-field; **-ka** *f.* knee-cap (*anat.*).
rzesza *f.* crowd; throng, multitude.
rzeszot-arz *m.* sieve-maker; **-o** *n.* sieve.
rześk-i *a.* brisk; sprightly; **-ość** *f.* sprightliness, liveliness; smartness.
rzeteln-ość *f.* honesty, integrity; uprightness; fairness; **-y** *a.* honest, upright, straightforward; fair; righteous.
rzewn-ość *f.* plaintiveness; **-y** *a.* plaintive, doleful.
rzez-ać *v.* slaughter; kill; (*kastrować*) castrate, geld; **-ak** *m.* slaughtering-knife; **-alnia** *f.* slaughter-house; **-aniec** *m.* eunuch.
rzezimieszek *m.* pickpocket.
rzeź *f.* slaughter, massacre, carnage, butchery; **-ba** *f.* sculpture; carving; statuary; (*posąg*) statue; ~ wypukła, high relief; płaska ~, low relief; **-biarka** *f.*, **-biarz** *m.* sculptor; **-biarski** *a.* (of) sculpture; carving; **-biarstwo** *n.* sculpture; **-bić** *v.* carve, sculpture.
rzeźni-a *f.* slaughter-house; shambles; **-ctwo** *n.* butcher's trade; **-czy** *a.* butcher's; **-k** *m.* butcher.
rzeźw-ić *v.* revive, animate; bring back to consciousness; (*orzeźwiać*) refresh, cool; **-ieć** *v.* recover; **-o** *adv.* briskly; smartly; **-ość** *f.* agility, briskness; **-y** *a.* brisk, agile, smart.
rzeżączka *f.* (*med.*) gonorrhoea.
rzeżucha *f.* (*bot.*) cress; ~ **wodna,** water-cress.
rzędowy *a.* in row(s).
rzępo-lić *v.* fiddle; **-ła** *f.* fiddler.
rzęsa *f.* eye-lash; ~ wodna (*bot.*) duck-weed.
rzęs-isto, -iście *adv.* copiously, abundantly, plentifully; thick; **-istość** *f.* copiousness, plentifulness, abundance, plenty; **-isty** *a.* thick, copious, dense, close, abundant; plentiful.
rzęż-enie *n.* death-rattle; **-eć** *v.* ruckle.
rzn-ąć *v.* (—r-ż—) cut; carve; ~ drzewo, saw wood; (*na instrumencie*) scrape; ~ bydło, slaughter cattle; **-ięcie** *n.* (*w brzuchu*) griping pains; **-ięty** *a.* carved; ~ instrument, string instrument.
rzodkiew(ka) *f.* radish.
rzuc-ać, -ić *v.* throw; cast; leave, abandon; (*czem*) shake; toss; ~ okiem, glance (at); ~ myśl, make a suggestion; ~ światło na, throw light upon; ~ losy, cast lots; ~ **się,** writhe; take (to); (*med.*) attack.

rzut *m.* throw; cast; (*mat.*) projection; na pierwszy ~ oka, at first sight; ~ pionowy, ~ poziomy, vertical, horizontal projection.
rzut-ki, -ny *a.* quick, brisk, dashing; enterprising; **-kość, -ność** *f.* quickness, activity, enterprise.
rzyg-ać, -nąć *v.* vomit.
rzymsk-i *a.* Roman; -o-katolicki, Roman-catholic; **-ie** cyfry, Roman numerals.
rż-any *a.* (of) rye; **-ysko** *n.* stubble-field.
rże-ć *v.* neigh; **-nie** *n.* neigh.

S

Sabat *m.* sabbath.
sabot-aż *m.* sabotage; **-ować** *v* commit acts of sabotage; boycott.
sad *m.* orchard; **-ownictwo** *n.* fruit growing; **-ownik** *m.* orchardman; **-owy** *a.* (of) orchard.
sad-listy *a.* fat; **-ło** *n.* fat; suet.
sadowić *v.* place, show to a seat; settle; ~ **się,** take a seat, sit down, settle.
sadyba *f.* abode; settlement.
sadyzm *m.* sadism.
sadz *m.* fish-box.
sadz-a *f.*, **-e** *pl.* soot.
sadzać *v.* seat; set; place.
sadz-awka *f.* pond; pool; **-enie drzew,** planting of trees; **-ić** *v.* plant; set; put; ~ się na co, endeavour; aim at; **-one jajka,** fried eggs; **-onka** *f.* (*bot.*) scion; graft.
safandu-lstwo *n.* stupidity; **-ła** *m.* numskull.
safjan *m.* morocco; **-owy** *a.* (of) morocco.
sagan, -ek *m.* kettle.
sago *n.* sago.
sajdak *m.* quiver.
sak *m.* net; **-iewka** *f.* purse; money-bag.
sakłak *m.* (*bot.*) buckthorn; **-owy** *a.* (of) buckthorn.
sakrament *m.* sacrament; **-alny** *a.* sacramental.
saksofon *m.* saxophone.
saksoński *a.* Saxon.
sakw-a *f.* bag; wallet; **-ojaż** *m.* travelling-bag.
sala *f.* room; hall; ~ tańców, ball-room.
salamandra *f.* (*zool.*) salamander
salami *n.* dry sausage, salame.
salaterka *f.* salad-dish.
salceson *m.* (kind of) sausage.
saldo *n.* balance; **-wać** *v.* balance.
salet-ra *f.* nitre; saltpetre; ~ chilijska, nitrate of soda; ~ pospolita, nitrate of potassium; **-roród** *m.* nitrogen; **-rzan** *m.* nitrate; **-rzany** *a.* nitric.
salicyl *m.* salicyl; **-owy** *a.* salicylic.
saliny *pl.* salt-works.
salmjak *m.* sal-ammoniac.
salon *m.* drawing-room, parlour; **-owiec** *m.* fop; **-owy** *a* elegant; fashionable.
salopa *f.* mantle.
sal-utować *v.* salute; **-wa** *f.* salute; ~ śmiechu, peal of laughter.
salwować się *v.* seek refuge; save oneself.
sałata *f.* lettuce; salad.
sam *a.* alone; one, the very; nothing but; mere; even; ~ jeden, all alone; by oneself; ~ na ~, confidentially; face to face; -o przez się się rozumie, of course; ten ~, to -o, the same; the very same; w ~ czas, in the nick of time; tak -o, likewise, in the same manner; ~ przez się, of one's own accord; **-iut(eń)ki** *a.* all alone.
samaryta-nin *m.* Samaritan **-ński** *a.* Samaritan.
sam-cowy, -czy *a.* male; **-czyk, -iec** *m.* male; **-ic(z)ka** *f.* female.
samobój-ca *m.*, **-czyni** *f.* suicide; **-czy** *a.* suicidal; **-stwo** *n.* suicide.
samo-chcąc *adv.* voluntarily, of one's own accord; **-chcący** *a* voluntary, spontaneous; **-chód** *m.* motor-car; **-chwalczy** *a.*

boastful; **-chwalstwo** *n.* self-praise; boastfulness; **-chwał** *m.* boaster, braggart.
samo-dział *m.* home-spun cloth; **-działowy** *a.* home-spun; **-dzielność** *f.* independence; freedom; self-dependence; **-dzielny** *a.* independent; self-dependent; **-dzierżca** *m.* autocrat; sovereign.
samo-głoska *f.* vowel; **-gwałt** *m.* self-abuse; **-istność** *f.* independence; **-istny** *a.* independent; **-lot** *m.* aeroplane; **-lub** *m.* egotist; **-lubny** *a.* selfish, egotistical; **-lubstwo** *n.* selfishness, egotism; **-obrona** *f.* self-defence.
samo-pas *m.* loosely, alone, singly; adrift; **-pomoc** *f.* self-help; **-poznanie** *n.* self-knowledge; **-rodny** *a.* genuine; original, native; natural; **-rząd** *m.* autonomy; self-government; **-rzutny** *a.* spontaneous; **-sąd** *m.* Lynch law; **-strzał** *m.* spring-gun.
samotn-ia *f,* solitude; **-ica** *f.*, **-ik** *m.* solitary, recluse; **-ie** *adv.* solitarily, lonely; **-ość** *f.* loneliness, seclusion, solitude, privacy; **-y** *a.* solitary, alone, secluded, lonely.
samo-trzask *m.* trap; **-trzeć** *adv.* in the company of two other persons; **-uk** *m.* self-taught person.
samo-war *m.* samovar; **-władny** *a.* autocratic; arbitrary; **-władztwo** *n.* autocracy, absolute power; **-wola** *f.* wilfulness; self-will; **-wolny** *a.* self-willed; wilful; **-wtór** *adv.* in the company of another (person); **-zachowawczy** *a.* self-preserving; **-zwaniec** *m.* impostor; **-zwańczy** *a.* impostrous.
sana-cja *f.* sanitation, purging; **-torjum** *m.* sanatorium.
sandacz *m.* (*ryba*) perch.
sandał *m.* sandal; (*bot.*) sandal-wood; **-owy** *a.* (of) sandal.
saneczk-i *pl.* sledge; **-owanie** *n.* sledging.
sangwini-czny *a.* sanguine; **-k** *m.* sanguine person.
san-ie *pl.* sleigh; **-na** *f.* sledging conditions.
sanitarny *a.* sanitary; urząd ~, the board of health.
sankcj-a *f.* sanction, approval; **-onować** *v.* sanction, ratify.
sanskry-cki *a.* Sanskritic; **-t** *m.* Sanskrit.
sap *m.*, **-(ow)isko** *n.* marsh; **-iasty, -owaty** *a.* marshy.
sap-ać, -ieć *v.* pant; puff and blow; **-ka** *f.* cold.
saper *m.* sapper; pioneer; pułk -ów, the Engineers.
sardela *f.* anchovy.
sardoni-czny *a.* sardonic; **-k** *m.* sardonyx (*min.*).
sardynka *f.* sardine.
sarenka *f.* roe-deer.
sark-ać, -nąć *v.* snort; grumble; **-astyczny** *a.* sarcastic; **-azm** *m.* sarcasm.
sarkofag *m.* sarcophagus.
sarmacki *a.* Sarmatian.
sarn-a *f.* (*zool.*) roe-deer; **-i** *a.* roe-deer's; **-ina** *f.* venison.
sasanka *f.* (*bot.*) anemone.
saski *a.* Saxon; of Saxony.
satelita *m.* satellite.
satrapa *m.* satrap.
satyn-a *f.* satin; **-ować** *v.* satin.
satyr-a *f.* satire; **-yczność** *f.* satire; **-yczny** *a.* satirical; **-k** *m.* satirist.
satysfakcja *f.* satisfaction, pleasure, gratification.
sącz-ek *m.* drain-pipe; drain; **-yć** *v.* drip; ~ **się**, drip, ooze, trickle; leak.
sąd *m.* judgement; (*zdanie*) opinion; (*urząd*) court (of justice); ~ pokoju, the court of peace; ~ przysięgłych, jury; ~ wojenny, court martial; bez -u, without trial; **-ny** *a.*, ~ dzień, doomsday; **-ownictwo** *n.* judiciary; judicature; **-owniczy** *a.* judicial; **-ownie** *adv.* by trial; at law; **-owy** *a.* judicial; legal; sprawa -owa, lawsuit; koszty -owe, court fees; akta -owe, records; pisarz -owy, recorder.
sąde(cze)k *m.* barrel; cask.
sądz-ić *v.* judge; deem, believe; try (a cause); (*o czem*) think; ~ o kim dobrze, think well of; -ąc z powierzchowności, as far as appearances go.
sąsi-ad *m.*, **-adka** *f.* neighbour; **-adować** *v.* border (upon); ad-

join; be next-door (to); lie (or live) next to; **-edni** *a.* neighbouring; **-edzki** *a.* neighbourly; **-edztwo** *n.* neighbourhood; vicinity.
sąsiek *m.* bay (of a barn).
sąż-eń *m.* (= 2,1335 *m*) fathom; ~ drzewa, cord (of wood); **-nisty** *a.* lengthy.
scen-a *f.* (*teatr.*) stage; (*lit.* & *fig.*) scene; **-arjusz** *m.* scenario; **-iczny** *a.* scenic, theatrical.
scepty-cyzm *m.* scepticism; **-czny** *a.* sceptic; **-k** *m.* sceptic.
schab *m.* joint of pork.
sc-, sch-, scz-, sf-, sk-, sp-, st-, czasowniki *dokonane* złożone z temi przyimkami tłumaczą się po angielsku tak, jak odpowiednie czasowniki *niedokonane*, np. „schować" jak „chować", „sczernieć" jak „czernieć" i t. p.
Verbs in **sc-, sch-, scz-, sf-, sk-, sp-, st-,** are in the *definite form* which is rendered into E. exactly like the *indefinite* i. e. with the initial s- omitted, e. g. „schować" like „chować", „sczernieć" like „czernieć" etc.
schadz-ać się *v.* meet; assemble; **-ka** *f.* rendezvous; appointment.
scharakteryzować *v.* characterize.
scheda *f.* patrimony; heirloom; inheritance.
schemat *m.* schema, diagram; outline; **-yczny** *a.* schematic.
schizma *f.* schism; **-tycki** *a.* schismatic; **-tyk** *m.* schismatic.
schlebiać *v.* flatter; see **pochlebiać**.
schludn-ość *f.* cleanliness, neatness; **-y** *a.* neat; cleanly.
schnąć *v.* dry; wither; (*z tęsknoty itp.*) pine away, languish, waste away.
scho-dek *m.* step; klatka **-dowa**, staircase; **-dy** *pl.* stairs, staircase; ~ kręcone, winding stairs; **-dzenie** *n.* descent; ~ się, meeting; **-dzić** *v.* descend, go down; ~ na bok, step aside; ~ z pola, leave the field; (*o czasie*) pass; (*znikać*) come off; ~ z drogi, make way, clear the way; ~ ze świata, die; **-dzić się** *v.* come together, meet, assemble; coincide; **-dzisty** *a.* sloping.
scholasty-czny *a.* scholastic; **-k** *m.* scholastic.
scho-rowany, -rzały *a.* weak; sickly; **-rzałość** *f.* weakness; sickliness.
schować *v.* hide, conceal, put away; keep; ~ do kieszeni, pocket.
schód *m.* step; (*fig.*) decline.
schroni-ć *v.* shelter, protect; screen; ~ się, take refuge; **-enie** *n.* refuge, shelter; covert; **-sko** *n.* cover; shelter(-house).
schudnąć *v.* grow lean.
schwacić *v.* founder.
schwy-cić, -tać *v.* catch; catch hold (of); arrest.
schy-lać, -lić *v.* bend, bow, incline; slope; ~ **się,** bow, stoop; **-łek** *m.* decline; na -łku, declining.
scysja *f.* scission; split.
scyzoryk *m.* penknife.
sczerni-ały *a.* blackened; grown black; **-eć** *v.* blacken; grow black.
sczeznąć *v.* disappear.
seans *m.* seance, sitting.
seces-ja *f.* secession; **-jonista** *m.* secessionist.
sedno *n.* the quick; bull's-eye (of target); trafić w ~, hit the mark; sting to the quick.
segment *m.* segment; **-acja** *f.* segmentation.
segreg-acja *f.* sorting, classification, segregation; **-ować** *v.* sort, classify, segregate.
seism-iczny *a.* seismic; **-ograf** *m.* seismograph.
sejm *m.* diet, parliament; **-ik** *m.* departmental council; **-ikować, -ować** *v.* deliberate; **-owy** *a.* of the diet.
sekcia-rski *a.* sectarian; **-rz** *m.* sectarian.

Odnośnie do czasowników na s c-, s c h-, s c z-, s f-, s k-, s p-, s t- brakujących powyżej obacz **sc-**.

For verbs in s c-, s c h-, s c z-, s f-, s k-, s p-, s t-, not given consult **sc-**.

sekc-ja *f.* section; division; (*med.*) dissection; zrobić -ję, dissect; **-yjny** *a.* sectional.
sekować *v.* annoy; drive; persecute.
sekre-t *m.* secret; w -cie, in secret; powiedzieć co w -cie, tell a secret; pod -tem, under the seal of secrecy; **-tny** *a.* secret.
sekreta-rjat *m.* secretariate; **-rski** *a.* secretary's; **-rz** *m.* secretary; **-rzyk** *m.* escritoire.
sekstan *m.* sextant.
seksualny *a.* sexual.
sekta *f.* sect; **-rstwo** *n.* sectarianism.
sektor *m.* (*geom.*) sector.
sekularyz-acja *f.* secularization; **-ować** *v.* secularize.
sekunda *f.* second; (*muz.*) second.
sekund-ant *m.* second; **-ować** *v.* second.
sekutnica *f.* shrew, virago.
sekwen-cja, -s *m.* sequence.
sekwestr *m.*, **-acja** *f.* sequestration; **-ator** *m.* sequestrator; **-ować** *v.* sequestrate.
seledyn *m.* sea-green; **-owy** *a.* sea-green.
selen *m.* (*chem.*) selenium.
seler *m.* celery.
selterska woda, Seltzer(-water).
semafor *m.* semaphore.
semestr *m.* semester, half-year.
semina-rjum *m.* seminary; ~ nauczycielskie, training school for teachers; **-rzysta** *m.* seminarist.
semi-cki *a.* Semitic; **-ta** *m.* Semite.
sen *m.* sleep; dream; przez ~, in one's sleep, asleep; (as) in a dream; mieć ~, dream.
sena-cki *a.* senatorial, of the senate; **-t** *m.* senate; **-tor** *m.* senator.
senes *m.* (*bot.*) senna.
senjor *m.* senior.
sen-liwy *a.* somnolent; **-norodny** *a.* soporific; **-ność** *f.* drowsiness, sleepiness, somnolence; **-ny** *a.* drowsy, sleepy, somnolent; -na mara, nightmare.
sens *m.* sense; meaning; purport; ~ moralny, the moral; bez -u, nonsensical.
sens-acja *f.* sensation; **-acyjny** *a.* sensational.
sentencj-a *f.* maxim; **-onalny** *a.* sententious.
sentyment *m.* sentiment, emotion; feeling; **-alność** *f.* sentimentality; **-alny** *a.* sentimental.
separa-cja *f.* separation; **-tyzm** *m.* separatism.
sepja *f.* (*ryba*) cuttle-fish; (*farba*) sepia.
septyczny *a.* septic.
ser *m.* cheese; ~ śmietankowy, cream-cheese.
seraf-in *m.* seraph; **-icki, -iczny** *a.* seraphic.
seraj *m.* seraglio.
serc-e *n.* heart; courage; love; (*dzwonu*) tongue, striker, clapper; (*u rośliny*) core; brać co do -a, take to heart; bez -a, heartless; z biciem -a, with a beating heart; ~ się kraje, the heart bleeds; nie miałbym -a tego zrobić, I could not find the heart to do that; z całego -a, całem -em, with all one's heart; przyjaciel od -a, bosom-friend; zajęcze ~, cowardice; mieć na -u, have weighing on one's mind; **-owaty** *a.* cordate; **-owy** *a.* of the heart; worek ~, pericardium; żyła -owa, aorta; człowiek ~, sensitive person.
serdak *m.* sleeveless furred jerkin.
serdeczn-ość *f.* heartiness, cordiality; **-y** *a.* cordial, heartfelt; affectionate; hearty; ~ palec, ring finger.
serduszko *n.* little heart; heartlet; (*fig.*) love; **-waty** *a.* cordate, heart-shaped.
serenada *f.* serenade.
serenga *f.* syringe.
serja *f.* series; succession.
serjo *adv.* in earnest, seriously.

Odnośnie do czasowników na sc-, sch-, scz, sf-, sk-, sp-, st- brakujących powyżej obacz **sc-**.

For verbs in sc-, sch-, scz-, sf-, sk-, sp-, st- not given consult **sc-**.

ser-nik *m.* (*człowiek*) cheese-monger; (*potrawa*) cheese-cake; **-ny, -owy, -owaty** *a.* cheesy; of cheese; **-owiec** *m.* cheese-cake.
serpentyn *m.* (*min.*) serpentine; **-a** *f.* serpentine; (*szabla*) sword.
serum *n.* serum.
serwantka *f.* show-case.
serwatka *f.* whey.
serwaser *f.* aqua fortis.
serwet-a *f.* table-cloth; **-ka** *f.* napkin.
serwil-istyczny *a.* servile; **-izm** *m.* servility.
serwis *m.* china service.
sesja *f.* session; sitting.
set-ka, -nia, one hundred; **-kami**, by the hundred; **-kować** *v.* divide into hundreds; punish every hundredth man; **-nie** *adv.* (*sto razy*) a hundredfold; (*bardzo*) thoroughly; **-ny** *a.* hundredth.
sezon *m.* season; **-owy** *a.* seasonal; of a season.
sęczek *m.* small knot.
sędzi-a *m.* judge; (*sport.*) referee; ~ polubowny, arbiter, ~ śledczy, inquisitor; **-o(w)stwo** *n.* office of a judge; **-owski** *a.* judge's; judicial.
sędziw-ość *f.* old age; grey hairs; **-y** *a.* aged, venerable; grey-headed.
sęk *m.* knag, knot; (*fig.*) knotty point, difficulty; **-acz** *m.* (kind of) cake; **-aty** *a.* knaggy, knotty.
sęp *m.* vulture; **-i** *a.* vulture's; vulturine; **-ić się** *v.* grow overcast.
sfer-a *f.* sphere; globe; orb; **-yczny** *a* spherical.
sfinks *m.* sphinx.
sflaczał-ość *f.* flabbiness; flaccidity; **-y** *a.* flabby; flaccid.
sfolgować *v.* indulge, slacken, relax.
sfora *f.* leash; pack of hounds.
sformułować *v.* frame, formulate.
sforsować *v.* strain, overwork.
sfrancuziały *a.* frenchified.
sfukać *v.* scold.
siać *v.* sow; (*fig.*) propagate.
siad(yw)ać *v.* sit (down); take a seat; ~ na koń, mount a horse; ~ do stołu, sit down to a meal; ~ na gałęzi (*o ptakach*), perch upon a bough.
siak *adv.* ani tak ani ~, neither way.
siano *n.* hay; **-branie** *n.*, **-kos** *m.*, **-biór** *m.*, **-żęcie** *n.*, *f.* haymaking.
siara *f.* beestings.
siar-czan *m.* (*chem.*) sulphite; **-czany** *a.* sulphureous; sulphury; kwas ~, sulphuric acid; **-czysto, -czyście** *adv.* excessively, mightily; **-czysty** *a.* sulphurous, sulphury; (*fig.*) mighty; vigorous; **-ka** *f.* (*chem.*) sulphur; **-kować** *f.* sulphurate; **-kowy** *a.* sulphuric; **-niczek, -nik** *m.* match.
siatk-a *f.* net; net-work; (*w oku*) retina; (*anat.*) omentum; ~ pajęcza, cobweb; **-owaty** *a.* netlike, reticular, retiform; **-ówka** *f.* (*anat.*) retina.
siąść see **siadać**.
sid-lić *v.* snare; **-ło** *n.* snare; zastawić -ła, set traps.
siebie, się, sobie *prn.* oneself, myself, himself etc.
siec *v.* cut; chop; strike; lash; whip; mow; wiatr siecze w twarz, the wind cuts the face.
siecz-ka *f.* chaff; **-karnia** *f.* chaff-cutter; **-na** *f.* (*mat.*) secant; **-ny** *a.* cutting; -a broń, side-arms; ~ ząb, incisor.
sieć *v.* net; system; (*fig.*) snare; ~ kolei żelaznych (*itp.*), system of railroads; ~ pajęcza, cobweb.
siedlisko *n.* seat, abode; residence.
siedem, siedm, siedmioro *num.* seven; **-dziesiąt** *num.* seventy; **-dziesiąty** *a.* seventieth; **-dziesięcioletni** *a.* seventy years (old).
siedmio-dniowy *a.* (of) seven day(s); seven days old; **-grodzki** *a.* Transylvanian; **-kąt** *m.*

Odnośnie do czasowników na sc-, sch-, scz-, sf-, sk-, sp-, st- brakujących powyżej obacz **sc-**.

For verbs in sc-, sch-, scz-, sf-, sk-, sp-, st- not given consult **sc-**.

(*mat.*) heptagon; **-kątny** *a.* septangular; **-raki** *a.*, **rako** *adv.* sevenfold.
siedm-kroć, -krotnie *adv.* seven times; **-krotny** *a.* sevenfold; **-nasty** *a.* seventheenth; **-naście, -naścioro** *num.* seventeen; **-set** *num.* seven hundred.
siedz-ąco *adv.*, **-ący** *a.* sitting; **-enie** *n.* seat; (the act of) sitting; ~ na jajach, sitting on eggs; **-iba** *f.* seat; abode; settlement; **-ieć** *v.* sit; be seated; remain; stay; ~ nad czem, (*fig.*) labour at; pore (over).
siejba *f.* sowing; sowing-time.
siek-acz *m.* chopping knife; (*anat.*) incisor; **-ać** *v.* hash; mince; **-alnica** *f.* chopping-board; **-anina** *f.* hash; (*fig.*) slaughter; ~, **-aninka** *f.* hash; minced-meat; **-iera, -ierka** *f.* axe, hatchet; **-ierzysko** *n.* helve (of an axe).
sielank-a *f.* idyll; **-arz** *m.* idyllist; **-owy** *a.* idyllic.
sielaw(k)a *f.* (*ryba*) ablen.
sielski *a.* pastoral; rural; idyllic.
siemi-ę, -onko *n.* seed; **-enisty, -enny** *a.* seedy; prolific; (of) seed. [(of) hay.
sienn-ik *m.* straw mattress; **-y** *a.*
sień *f.* antechamber; vestibule.
siepa-cz *m.* ruffian; myrmidon; **-ć** *v.* tousle; tug; tear; ~ **się** *v.* fret and fume.
sier-ć, -ść *f.* hair; hog's hair; coat (of horse etc.).
sierdzi-ć się *v.* chafe; rage; fume; **-sty** *a.* irascible; fretful.
siermięga *f.* russet cloak; russet.
siero-cy *a.* orphan's; **-ctwo** *n.* orphanhood; **-ta** *f.* orphan.
sierp *m.* sickle; **-ek** *m.* little sickle; **-ik** *m.* (*bot.*) saw-wort; **-nica** *f.* (*bot.*) water parsley; **-owaty** *a.* sickle-shaped, falciform; falcated.
sierp-ień *m.* August; **-niowy** *a.* (of) August. [hair.
sierść *f.* hair; hog hair; horse-

sierżant *m.* sergeant.
siestrzon *m.* (*bud.*) binding beam, girder.
siew *m.* seed; sowing(-time); **-acz, -ca** *m.* sower; **-ka** *f.* (*orn.*) plover; **-nik** *m.* sowing-machine; **-ny** *a.* (of) sowing-time.
się see **siebie.**
sięg-ać, -nąć *v.* reach; aim at, aspire to; ~ po co, reach out for.
sik-ać, -nąć *v.* squirt, spout; gush; **-awka** *f.* squirt, syringe; ~ pożarna, fire-engine.
sikora *f.* (*orn.*) titmouse.
si-lić się *v.* strain, exert oneself, strive; **-lnie** *adv.* strong(ly), powerfully; **-lnica** *f.*, **-lnik** *m.* motor; **-lny** *a* strong; powerful; mighty; vigorous; stout.
siła *f.* strength, force, power; vigour; w -le wieku, in the vigour of life; ~ ruchu, impetus; **-ły** zbrojne, forces, troops, *pl.*; ~, *adv.* abundance (of).
siłacz *m.* athlete.
siłomierz *m.* dynamometer.
sin-awy *a.* bluish; livid; **-ek** see **cyanek**; **-iak, -iec** *m.* bruise; **-ić** *v.* dye blue; **-ieć** *v.* grow livid; **-iło** *n.* (*bot.*) woad; **-ość** *f.* lividity; blueness; **-obrody** *m.* Bluebeard; **-y** *a.* livid; blue.
sinus *m.* (*trigon.*) sine.
siod-ełko *n.* saddle; (*mech.*) bearings; **-larczyk** *m.* saddler's apprentice; **-larski** *a.* saddler's; **-larstwo** *n.* saddlery; **-larz** *m.* saddler; **-łać** *v.* saddle; -łata gęś, saddlebacked goose; **-ło** *n.* saddle; ~ damskie, side-saddle; wysadzić z -ła, unsaddle, unhorse; dismount.
sioło *n.* hamlet.
siost-ra *f.* sister; ~ rodzona, (full) sister; ~ przyrodnia, step sister; ~ miłosierdzia, sister of charity; **-rzany** *a.* sisterly; **-rzenica** *f.* niece; **-rzeniec** *m.* nephew; **-rzyn** *a.* sister's; sisterly. [venth.
siód-emka *f.* seven; **-my** *a.* se-

Odnośnie do czasowników na sc-, sch-, scz-, sf-, sk-, sp-, st- brakujących powyżej obacz **sc-.**

For verbs in sc-, sch-, scz-, sf-, sk-, sp-, st- not given consult **sc-.**

sit *m.*, **-owie** *n.* rush; bulrush; **-owisko** *n.* rushy lowland; **-owy** *a.* rushy.
sit-arz *m.* sieve-maker; **-ko** *n.* (small) sieve; strainer; **-o** *n.* sieve.
siusiać *v.* piddle.
siw-awy *a.* greyish; grizzly; **-ek** *m.* grey (horse); **-iec** *m.* a grey-haired man; **-ieć** *v.* grow grey; turn grey; **-iuchny, -iuteńki** *a.* white-haired; **-izna** *f.* grey hair; **-o** *adv.* grey; **-obroda** *f.* grey-beard; **-ogłowy, -owłosy** *a.* grey-headed; **-ojabłkowity** *a.* dapple-grey; **-ooki** *a.* grey-eyed; **-osz** *m.* grey haired man; grey (horse); **-ość** *f.* greyness; **-ucha** *f.* brandy; **-y** *a.* grey; (*fig*) experienced.
skaka-ć *v.* leap, jump, spring, hop, skip; ~ **z** radości, leap for joy; **-nina** *f.* leaping, dancing; (*fig.*) rambling discourse.
skala *f.* scale; na wielką skalę, on a large scale.
skalać *v.* stain, spot, befoul.
skalecz-enie *n.* wound, hurt; mutilation; **-yć** *v.* wound, hurt; cripple; mutilate; **-yć się** *v.* hurt oneself; injure oneself.
skalis-tość *f.* rockiness; **-ty** *a.* rocky; craggy.
skalny *a.* rocky; (of) rock; olej ~, rock-oil.
skalp *m.* scalp; **-el** *m.* scalpel; **-ować** *v.* scalp.
skał-a *f.* rock, crag, cliff, **-ka** *f.* flint; **-kówka** *f.* flint-lock.
skamie-lina *f.*, **-niałość** *f.* fossil; **-niały** *a.* fossil; fossilized; **-nieć** *v.* fossilize; (*fig.*) petrify.
skamlać *v.* whine.
skandal *m.* scandal; **-iczny** *a.* scandalous, shocking.
skandować *v.* scan.
skapcanieć *v.* flag; be crocked.
skarabeusz *m.* scarab.
skara-ć *v.* punish; chastise; **-nie** *n.* punishment.
skarb *m.* treasure; ~ państwa, treasury; fisc; **-czyk** *m.* chest; **-ić** *v.* treasure, hoard; ~ sobie, win (over); gain; **-iec** *m.*, **-nica** *f.* treasury; **-nik** *m.* treasurer; **-onka** *f.* money-box; **-owość** *f.* finances; **-owy** *a.* financial, (of the) treasury, fiscal.
skarcić *v.* scold; reprehend.
skarga *f.* complaint, grievance; (*sądowa*) lawsuit; wnieść skargę, sue.
skarłowac-iały *a.* dwarfish; dwarf; **-ieć** *v.* become dwarfish; shrink, decline.
skarogniady *a.* bay, chestnut.
skarp *m.* (*zool.*) turbot.
skarpa *f.* (*fort.*) scarp; **buttress.**
skarpetka *f.* sock.
skar-żący, -życiel *m.* plaintiff; **-żyć** *v.* accuse, charge one (with); ~ **się**, complain (of).
skasować *v.* annul, cancel.
skaut see **harcerz.**
skaz-a *f.* flaw, blemish, stain, spot; **-ać, -ywać** *v.* condemn (to); sentence; doom; ~ na karę pieniężną, fine; **-aniec** *m.* condemned (person).
ska-zić *v.* corrupt, spoil, contaminate; **-zitelny** *a.* corruptible; **-żenie** *n.* corruption, depravation; pollution, contamination; **-żony** *a.* corrupted; spirytus ~, methylated spirit.
skazówka *f.* see **wskazówka.**
skąd *adv.* from where; whence; **-inąd** *adv.* besides; on the other hand; from another source; **-kolwiek** *adv.* from wherever.
skąpać *v.* dip, plunge, bathe; ~ **się**, dive, plunge.
skąp-ić *v.* spare; be avaricious, be niggardly; **-iec, -igrosz** *m.* miser, niggard; **-o** *adv.* niggardly, sparingly, scantly; **-ość** *f.* deficiency, scantiness; niggardliness, want; **-stwo** *n.* avarice, niggardliness, greediness; **-y** *a.* avaricious, niggardly, stingy, scanty; ~ w pochwały, chary of praise.
ski *pl.* ski(s).

Odnośnie do czasowników na sc-, sch-, scz-, sf-, sk-, sp-, st- brakujących powyżej obacz **sc-**.

For verbs in sc-, sch-, scz-, sf-, sk-, sp-, st- not given consult **sc-**.

skib-a *f.*, **-ka** *f.* ridge; ~ chleba, slice of bread.
skierować *v.* direct (to); lead (to); refer (to).
skin-ąć *v.* nod, beckon, wink, sign; **-ienie** *n.* nod, sign; beck.
skis-ły *a.* sour; **-nąć** *v.* turn sour, grow sour.
sklecić *v.* huddle up, botch.
skleić *v.* glue (together); paste (together).
sklep *m.* shop; (*arch.*) vault; **-ić** *v.* vault; **-ienie** *n.* vault; arch; ~ krzyżowe, groined vault; ~ niebieskie, firmament; **-ik** *m.* small shop; **-ikarz** *m.* shopkeeper; **-iony, -isty** *a.* vaulted; arched; **-owa** *f.* shop-girl; **-owy** *m.* shopkeeper's assistant; **-owy** *a.* (of a) shop.
sklero-tyczny *a.* sclerotic; **-za** *f.* sclerosis.
skład *m.* composition, constitution; ~ towarów, warehouse, store; ~ apostolski, Apostles' Creed; ~ twarzy, features; ~ ciała, constitution; ~ okoliczności, conjuncture; **-ać** *v.* (*gromadzić*) accumulate, gather; (*zginając*) fold; (*stanowić całość*) constitute, make up; (*wiersze, zdanie*) compose; ~ ręce, clasp one's hands; fold one's arms; ~ uszanowanie, pay one's respects; ~ skargę, lodge a complaint; ~ egzamin, pass an examination; ~ świadectwo, bear witness, give evidence; ~ dowody, produce vouchers; ~ druk, set type; ~ broń, lay down arms; ~ do banku, deposit in the bank; ~ winę (na), lay the blame (upon); ~ wizytę, pay a visit; ~ przysięgę, take an oath; ~ urząd, resign; (*co na kogo*) impute to, attribute to; ~ dzięki, give thanks; ~ ofiarę, offer a sacrifice; ~ **się**, consist (of); ~ się (*źle, dobrze*), be (un)fortunate; ~ się na coś l. kogoś, make a collection; ~ bronią, level a gun; ~ (*o okolicznościach*), turn out; **-acz** *m.* compositor; **-any** *a.* folded; krzesło -ane, folding chair; procenty -ane, compound interest; nóż ~, clasp-knife; **-ka** *f.* collection; **-kowy** *a.* collective; **-nia** *f.* syntax; **-nica** *f.* emporium; **-nie** *adv.* nicely, handsomely; **-nik** *m.* ingredient; element; item; **-ność** *f.* symmetry; proportion; shapeliness; **-ny** *a.* nice, handy, shapely; handsome; **-owe** *n.* storage; **-owy** *a.* (of) warehouse; części -owe, constituent parts.
skłaniać *v.* bend; incline; induce; ~ **się** (do), incline (to).
skłębiony *a.* rolled up, reeled.
skłon *m.* firmament; sky; inclination; see **skłaniać.**
skłon-ność *f.* inclination, disposition; bent; **-ny** *a.* inclined, prone, disposed (to).
skłopotany *a.* afflicted, harassed, weary; concerned.
skłócić *v.* stir up, agitate, trouble.
skłu-ć *v.* prick; pierce; stab; **-ty** *a.* pierced; pricked; stabbed.
skner-a *f.* miser; niggard; **-owaty** *a.* stingy, sordid; **-stwo** *n.* sordidness, stinginess.
skobel *m.* hasp.
skocz-ek *m.* leaper; jumper; (*szach.*) knight; (*na linie*) rope-dancer; **-ny** *a.* lively, vivacious; **-yć** *v.* leap, spring, jump.
skok *m.* leap, bound, spring; jump; ~ tłoka, (*mech.*) stroke of piston; -iem, by leaps; headlong.
skołat-ać *v.* shatter; batter; ruin; **-any** *a.* shattered; battered; broken down.
skoml-eć, -ić *v.* whine; **-enie** *n.* whining.
skomplikowa-ć *v.* complicate; **-ny** *a.* complicated, intricate; entangled.
skon *m.*, **-anie** *n.* decease, death; **-ać** *v.* die; expire.

Odnośnie do czasowników na sc-, sch-, scz-, sf-, sk-, sp-, st- brakujących powyżej obacz sc-.

For verbs in sc-, sch-, scz-, sf-, sk-, sp-, st- not given consult **sc-**.

skonkretyzować *v.* specify; particularize.
skonto *n.* discount; deduction; allowance.
skończ-enie *n.* conclusion; end (ing); **-oność** *f.* finiteness; **-ony** *a.* finished; accomplished; wszystko -one! all is over!; **-yć** *v.* finish, end, conclude; źle ~, come to grief; ~ **się**, end, come to an end, be over; ~ na czem, end (by).
skop *m.* wether; **-ek** *m.* milk-pail; **-owina** *f.* mutton; **-owy** *a.* (of) mutton.
skorbut *m.* scurvy.
skorek *m.* (*zool.*) earwig.
skor-o *c.* since; ~ tylko, as soon as; ~, *adv.* quickly; **-ość** *f.* quickness, speediness; readiness; **-y** *a.* quick; (*do czegoś*) eager.
skorowidz *m.* index.
skorpjon *m.* scorpion.
skorup-a, -ka *f.* crust; (*czerep*) potsherd; (*jaja, raka, żółwia*) shell; (*geol.*) crust; **-iak** *m.* crustacean; **-iasty, -iany** *a.* crustaceous, shelly; **-ieć** *v.* crust; harden.
skorzej *adv.* rather, sooner, quicker.
skorzystać *v.* avail oneself (of); make use; profit (by).
skostni-ały *a.* stiff; numb; benumbed; **-eć** *v.* stiffen; be chilled.
skościały see **skostniały.**
skośn-o *adv.* obliquely; aslant, slantingly; **-ość** *f.* slant; obliquity; **-y** *a.* oblique; slanting.
skot *m.* cattle; **-arka** *f.* herdswoman; **-arz** *m.* herdsman.
skowronek *m.* lark.
skowy-czeć, -tać *v.* whine; **-czenie** *n.*, **-t** *m.*, **-tanie** *n.* whine.
skó-ra *f.* (*anat.*) skin; (*wygarbowana*) leather; (*drzewa*) bark; ~ surowa, hide; dostać w -rę, get a hiding; łupić ludzi ze -ry, fleece; zdzierać -rę, skin; flay; **-reczka, -rka** *f.* peel; rind; cuticle; (*chleba*) crust; **-rkowaty, -rkowy** *a.* (of) leather; leathery; **-rnik** *m.* tanner; currier; **-rny** *a.* cutaneous; (of the) skin; **-rzany** *a.* (of) leather.
skówka *f.* ferrule.
skra *f.* spark.
skracać see **skrócić.**
skra-dać się *v.* sneak; steal (into); prowl; **-dziony** *a.* stolen.
skraj *m.* border; **-ność** *f.* extremity; extreme; **-ny** *a.* extreme.
skrap-iać *v.* moisten; sprinkle; bedew; **-lacz** *m.* condenser; **-lać** *v.* condense.
skraw-ać *v.* cut off; **-ek** *m.* shred; scrap, chip, split.
skreśl-ać, -ić *v.* (*przekreślić*) cross out; cancel; (*opisać*) describe; relate; sketch.
skrewić *v.* fail (in); flinch; give the slip.
skręc-ać, -ić *v.* turn; twist; wring; ~ kark, break one's neck.
skrępować *v.* bind; gag; (*fig.*) hamper.
skręt *m.* twist, twirl; turning; (*ulicy*) corner; (*wozu*) shaft-bar.
skrob-aczka *f.* scraper; **-ać, -nąć** *v.* scrape; erase; (*ziemniaki*) peel; (*ryby*) scale; (*pisać*) scribble; ~ się po głowie, scratch one's head; **-adło** *n.* grater, scraper; **-iny** *pl.* shavings, *pl.*
skrofu-liczny *a.* scrofulous; **-ły** *pl.* scrofula.
skrom *m.* fat; grease.
skromn-ość *f.* modesty; discretion; temperance; **-y** *f.* modest, temperate, frugal; unpretending; moderate.
skro-niowy *a.* (*anat.*) temporal; **-ń** *f.* temple.
skrop-ić *v.* sprinkle; water; **-lić** *v.* condense.
skroś *adv.* across; through.
skró-cenie *n.*, **-t** *m.* shortening; compendium; abbreviation; ~ drogi, short cut; w -ceniu, abridged; in short; **-cić** *v.* shorten, abridge; abbreviate; ~ czas,

---

Odnośnie do czasowników na sc-, sch-, scz-, sf-, sk-, sp-, st- brakujących powyżej obacz **sc-.**

For verbs in sc-, sch-, scz-, sf-, sk-, sp-, st- not given consult **sc-.**

beguile time; **-cony** *a.* abridged; shortened.
skrucha *f.* repentance, contrition.
skrupić *v.* rough-grind; ~ **się,** smart (for).
skrupu-latność *f.* conscientiousness; **-latny** *a.* scrupulous, conscientious; **-ł** *m.* scruple, qualm of conscience.
skrusz-ały *a.* tender, soft; (*od „skrucha"*) repentant; contrite; **-eć** *v.* become tender; (*fig.*) soften; **-ony** *a.* contrite, penitent; **-szyć** *v.* shatter; break; (*kogo*) move, touch.
skrutynjum *n.* scrutiny.
skrwawi-ć *v.* stain with blood; **-ony** *a.* blood-stained.
skry-cie *n.* hiding place; ~, *adv* secretly; underhand; **-(wa)ć** *v.* hide, conceal; **-tka** *f.* hiding place; **-topłciowy** *a.* (*bot.*) cryptogamous; **-tość** *f.* secrecy; reserve, reticence; **-ty** *a.* concealed, hidden; reticent; occult.
skrypt *m.* receipt, pledge; document.
skrystalizować *v.* crystallize; ~ **się,** (be) crystallize(d).
skrytobój-czy *a.* murderous; **-stwo** *n.* murder.
skrytka *f.* hiding place; recess.
skrzat *m.* imp.
skrzący (się) *a.* sprakling.
skrze-czeć *v.* croak; **-czek** *m.* (*zool.*) hamster; **-czenie** *n.*, **-k** *m.* croak; -k żabi, frog-spawn.
skrzele *n.* gills, *pl.*; fins, *pl.*
skrzep *m.* clot of blood; thrombosis; **-łość** *f.* coagulation; clot; **-ły** *a.* coagulated, clotty; curdled; **-nąć** *v.* coagulate; curdle.
skrzesać ognia, strike fire.
skrzętn-ość *f.* economy, thrift; **-y** *a.* thrifty, economical, frugal.
skrzyć się *v.* sparkle.
skrzyd-ełko *n.* small wing; pinion; **-lasty, -laty** *a.* winged; **-ło** *n.* (*anat., arch. & mil.*) wing; (*kapelusza*) brim; (*drzwi*) leaf; ~ wiatraka, arm of a windmill; **-łowy** *a.* (of a) wing; (*mil.*) (of the) flank; flanking.
skrzyn-ia *f.* chest, box; **-ka** *f.* box, casket; ~ pocztowa, letter-box.
skrzyp *m.* creak; (*bot.*) horsetail; **-ak, -iciel** *m.*, **-ek** *n.* violinist; fiddler; **-ce,** *pl.* **-eczki, -ki** *pl.* violin, fiddle; **-cowy** *a.* (of a) violin; **-ieć, -nąć** *v.* creak, grate, jar; **-ienie** *n.* creak; **-liwy** *a.* creaking, grating, jarring.
skrzywdz-enie *n.* wrong; injury; **-ić** *v.* injure.
skrzywi(a)ć *v.* curve, bend; ~ **się,** become crooked; (*fig.*) make a wry face.
skrzyżować *v.* cross.
skub-ać, -nąć *v.* pluck, pick; ~ drób, pluck fowl; ~ trawę, browse; ~ kogo, (*fig.*) fleece one; **-anka** *f.* lint.
skudlić *v.* dishevel, tousle.
skul-ić się *v.* cower, crouch; squat; **-ony** *a.* bent; crooked.
skulptura *f.* sculpture.
skup-iać, -ić *v.* bring together, assemble, collect; hoard (up); lay in a heap; (*myśli itd.*) concentrate; ~ **się,** flock; rally; assemble; concentrate; collect oneself; **-ianie, -ienie** *n.* accumulation; agglomeration; concentration; w -ieniu, intently; **-ień** *m.* forestaller; **-ować, -ić** *v.* buy up, forestall.
skurcz *m.* cramp; (*med.*) systole; **-enie** *n.* contraction; shrinking; **-ony** *a* shrunk, contracted, shrivelled; **-yć się** *v.* shrivel; shrink; contract; crouch.
sku-sić *v.* tempt; ~ **się,** yield to a temptation; **-szony** *a.* tempted, seduced, enticed.
skuteczn-ość *f.* efficacy; **-y** *a.* efficacious.
skutek *m.* (after-)effect, result, consequence; efficacy; success; przywieść, doprowadzić do -ku, bring about, accomplish; -kiem,

---

Odnośnie do czasowników na sc-, sch-, scz-, sf-, sk-, sp-, st- brakujących powyżej obacz **sc-.**

For verbs in sc-, sch-, scz-, sf-, sk-, sp-, **st-** not given consult **sc-.**

na ~, in consequence (of); aż do -ku, until the object is attained; till the end.

skutkować *v.* operate; have effect; work well.

skuty *a.* chained, fettered.

skwapliw-ość *f.* eagerness; hurry, precipitancy; **-y** *a.* eager, hasty, precipitate.

skwar *m.* scorching heat; hot weather; **-ki** *pl.* greaves; **-no jest,** it is hot; **-ny** *a.* scorching, hot.

skwarzyć *a.* fry, broil.

skwa-sić *v.* sour; **-śniały, -szony** *a.* sour; turned sour; **-śnieć** *v.* turn sour.

skweres *m.* stir, commotion; bustle.

skwier-czeć *v.* crackle, whimper; (*o ogniu*) hiss; **-k** *m.* crackle; whimper; hiss; lamentation.

skwitować *v.* acquit; ~ **z czego,** resign; ~ **się,** settle accounts.

slojd *m.* sloid.

słab-ieć, -nąć *v.* weaken, faint; decline; **-iuchny, -iutki** *a.* very weak; **-izna** *f.* weak side; foible; **-o** *adv.* weakly, feebly, faintly; ~ mi, I am sick; **-ość** *f.* weakness; foible; (*med.*) illness; indisposition; mieć ~ do, have a weakness for; **-ostka** *f.* foible; **-ować** *v.* be sickly; **-owitość** *f.* sickliness, delicate health; **-owity** *a.* sickly, delicate; **-y** *a.* weak; feeble, faint; infirm; -a nadzieja, faint hope.

słać *v.* send; spread; scatter; strew; ~ **łóżko,** make the bed; ~ gniazdo, build one's nest; (*most*) span; ~ drogę, smooth the way, pave the way; ~ **się,** lay; lie; ~ się komu do nóg, prostrate oneself.

słaniać się *v.* stagger; totter.

sław-a *f.* glory, fame; praise; **-etny** *a.* famous; **-ić** *v.* glorify, extol, praise; ~ **się** *v.* be renowned; **-ny** *a.* celebrated; famous, glorious, renowned.

słod-kawy *a.* sweetish; **-ki** *a.* sweet; lovely; **-ko** *adv.* sweetly; **-komówny** *a.* sweet, flattering; **-kopłynny** *a.* gliding smoothly by; **-kowodna ryba,** freshwater fish; **-kość, -ycz** *m.* sweetness; **-ycze** *pl.* sweetmeats, sweets; comfits; **-zić** *v.* sweeten; sugar.

słodow-nia *f.* malt-house; **-y** *a.* (of) malt.

słodziny *pl.* grains.

słoik *m.* phial.

słom-a *f.* straw; **-ianka** *f.* straw-mat; **-iany** *a.* (of) straw; ~ wdowiec, grass widower; **-iasty** *a.* strawy; **-ka** *f.* (blade of) straw; (*zool.*) woodcock; **-kowy** *a.* (of) straw.

słonawy *a.* salt; saltish.

słon-eczko, -ko *n.* sun; **-ecznik** *m.* sunflower; **-eczny** *a.* sunny, of the sun; (*astron.*) solar; **kąpiel** -eczna, sun-bath; zegar ~, sundial; -eczne plamy, sun-spots; promień -eczny, sunbeam.

słonieć *v.* grow salty.

słonin(k)a *f.* lard.

słoniniec *m.* soap-stone, steatite.

słoniowy *a.* elephant's; (of) ivory; -a kość, ivory.

słon-ość *f.* saltness; **-y** *a.* salt, saltish, salted; **-a cena,** exorbitant price; **-a historyjka,** salt story.

słoń *m.* elephant.

słońce *n.* sun; sunshine; wschód -ca, sunrise; zachód -ca, sunset.

słot-a *f.* rain; rainy weather, bad weather; **-ny** *a.* rainy; -na pora, rainy weather.

słowia-nin *m.* Slav; **-ński** *a.* Slav; Slavonic; **-ńszczyzna** *f.* Slavism. [*m.* nightingale.

słowi-czy *a.* nightingale's; **-k**

słown-ictwo, -ikarstwo *n.* lexicography; vocabulary; **-ie** *adv.* by word of mouth; verbally; **-ik** *m.* dictionary; **-ikarz** *m.* lexicographer; **-ość** *f.* reliability; punctuality; **-y** *a.* (*ustny*) verbal; oral; • (*dotrzym. słowa*) reliable.

Odnośnie do czasowników na sc-, sch-, scz-, sf-, sk-, sp-, st- brakujących powyżej obacz **sc-**.

For verbs in sc-, sch-, scz-, sf-, sk-, sp-, st- not given consult **sc-**.

słowo *n.* word; (*gram.*) verb; ~ słowem, jednem -em, in short; ~ w ~, word for word, literally; ~ daję, upon my word; dotrzymać -a, keep one's word; dać ~, pledge one's word; złamanie -a, breach of faith; ~ Boże, the Word; ostatnie -a, abusive language; **-ród** *m.* etymology.

słód *m.* malt; robić ~, malt.

słój *m.* phial, gallipot; (*w drzewie, kamieniu*) grain, vein, streak.

słówko *n.* word; wziąć kogo na ~, take aside; donieść ~, send word.

słuch *m.* hearing; (*zajęczy*) ear; mieć ~, have an ear for music; ze -u, (from) by hearsay; **-acz** *m.* hearer; auditor; (*w uniw.*) student; **-ać** *v.* hear, listen, obey; ~ mszy, hear mass; ~ wykładów, attend lectures; **-ać się,** obey; **-awka** *f.*, ~ telefonu, receiver; -awki radjowe, head-phones; **-owy** *a.* (of) hearing.

sług-a *m.* (man-)servant, domestic, footman; ~, *f.* maid; (maid-) servant; **-iwać** see **służyć.**

słup *m.* pole; stake; (*arch.*) pillar; wbijać -y, drive piles; ~ telegraficzny, telegraph-pole; ~ milowy, mile-post; ~ dymu, a column of smoke; ~ graniczny, landmark; postawić oczy w ~, stare vacantly; **-ek** *m.* (*bot.*) pistil; -ka stawać, (*myśl.*) sit up on the hind legs; **-iasty** *a.* columnar; **-iec** *m.* pillar; newel; shaft; **-kowy** *a.* (*bot.*) pistillary; **-ogłów** *m.* capital.

słuszn-ość *f.* right; equity, justice; fairness; mieć ~, be right; nie mieć -ości, be wrong; **-y** *a.* right; fair, proper; equitable.

służal-czość *f.* servility; **-czy** *a.* servile; slavish; **-ec** *m.* hireling, menial, slave; **-stwo** *n.* servility, slavishness.

służ-ąca *f.* maid(-servant); **-ący** *m.* man-servant; footman, butler; **-ba** *f.* (*ludzie*) servants, domestics; (*zajęcie*) service; employment; office; ~ wojskowa, military service; ~ boża, the ministry; w -bie, on duty; **-bista** *m.* stickler; **-bowy** *a.* official; (of) office; **-ebna** *f.* maid-servant; **-ebnik, -ebny** *m.* man-servant; **-ebność** *f.* servility, servitude; **-ebny** *a.* serving; on duty; **-yć** *v.* serve; be in the service of; (*do czego*) be (intended) for; (*o psie*) beg; to mi nie -y, this does not agree with me; czem mogę ~? what can I do for you; ~ komu czemś, help one with; nie -y mi zdrowie, my health is in a poor state.

słych *m.* news, rumour; **-ać** *v.* be heard; be said; co nowego -ać? what (is the) news? ~ że, people say that; it is reported that.

słyn-ąć *v.* be renowned, be famous, be celebrated (for); **-ny** *a.* famous.

słysz-alny *a.* audible, perceptible; **-eć** *v.* hear, learn, be told; ~ o czem, o kim, hear of; **-enie** *n.* hearing; ze -enia, by hearsay.

smacz-ek *m.* flavour, after-taste; **-nie, -no** *adv.* with relish; soundly; heartily; **-ny** *a.* savoury, palatable, tasty; -nego! good appetite.

smagać *v.* lash, scourge, flog; whip.

smagł-awy *a.* swarthy; tawny; **-ość** *f.* lankiness; **-y** *a.* lanky, slender; slim.

smak *m.* taste, flavour, relish; **-ołyk** *m.* dainty, tit-bit; **-ować** *v.* taste; (*lubić*) relish; delight in; **-owitość** *f.* savouriness; **-owity** *a.* savoury.

smal-ec *m.* fat; grease; lard; **-ić** *v.* singe, scorch; (*fig.*) ~ cholewki do panny, court a girl; duby -one, nonsense.

smalta *f.* smalt.

Odnośnie do czasowników na sc-, sch-, scz-, sf-, sk-, sp-, st- brakujących powyżej obacz **sc-.**

For verbs in sc-, sch-, scz-, sf-, sk-, sp-, st- not given consult **sc-.**

smar *m.* grease; unguent.
smardz *m.* (*bot.*) morel.
smark *m.* snot, snivel; **-acz** *m.* whipster; **-ać (się)** *v.* blow one's nose; **-ata** *f.* flapper; **-aty** *a.* snotty.
smarować *v.* grease; lubricate, smear; daub; (*fig.*) bribe; (*maslem*) butter; **-owidło** *n.* grease.
smaż-enie *n.* frying; roasting; **-ony** *a.* fried; roast; **-yć** *v.* roast; grill; fry.
smętny *a.* sad, melancholy.
smo-czek *m.* nipple; (*u pompy*) sucker; **-czy** *a.* dragon's; -cza krew, (*bot.*) dragon's-blood; **-k** *m.* dragon; (*mech.*) suction valve.
smoking *m.* smoking-jacket.
smok-nąć, -tać *v.* smack; ~ **się**, kiss one another.
smo-larz *m.* pitch-burner; **-lić** *v.* pitch; dirty; **-listy, -lny** *a.* pitchy; resinous; greasy; filthy; **-luch** *m.* sloven.
smoła *f.* pitch; ~ ziemna, bitumen.
smrek *m.* spruce.
smr-odliwy *a.* stinking; fetid; **-odynia** *f.* (*bot.*) black currant; **-odzić** *v.* stink, smell bad; **-odziciel** *m.* stinkard; **-ód** *m.* stink; stench; offensive smell.
smu-cić *v.* sadden, grieve; afflict; ~ **się**, be sad, be afflicted, mourn; **-tek** *m.* grief, sorrow, sadness, affliction; **-tnie, -tno** *adv.* sadly, mournfully; **-tny** *a.* sad, sorrowful, mournful, dejected.
smug *m.*, **-a** *f.* streak; stripe.
smukły *a.* lank; slender.
smycz *m.* leash; trzymać na -czy, hold in leash; **-ek** *m.* bow; **-kowy** *a.* (of a) bow; -kowe, instrumenty, stringed instruments.
smyk *m.* brat; chit; **-ać, -nąć** *v.* scamper away.
snać *adv.* apparantly; maybe.
snadn-ie, -o *adv.* easily; **-ość** *f.* ease; **-y** *a.* easy.
snop, -ek *m.* sheaf.
snować, snuć *m.* spin, reel; ~ marzenia, muse; ~ **się** *v.* unfold, develop; swarm.
snyce-rski *a.* carver's; -rska robota, carved work; **-rstwo** *n.* statuary; **-rz** *m.* carver.
sob-ek *m.* egotist; **-kostwo** *n.* egotism, selfishness.
sob-ol, -ól *m.* (*zool.*) sable; **-ole** *pl.* sable fur; **-oli, -olowy** *a.* (of) sable.
sobot-a *f.* Saturday; **-ni** *a.* Saturday('s).
sobór *m.* council, synod.
sobótka *f.* St. John's eve; bonfire.
socha *f.* plough.
socjal-ista *m.* socialist; **-istyczny** *a.* socialistic; **-izm** *m.* socialism; **-ny** *a.* social; public; -ne ciężary, social services.
socjolog-iczny *a.* sociological; **-ja** *f.* sociology.
soczew-ica *f.* lentil; **-icowy, -iczny** *a.* lenticular; (of) lentil.
soczewka *f.* lens(es).
soczysty *a.* juicy, succulent, sappy.
sod *m.* (*chem.*) sodium; **-a** *f.* soda; woda -owa, soda-water.
sodalicja *f.* sodality.
sofa *f.* sofa, settee.
sofi-sta *m.* sophist; **-styczny, -zmatyczny** *a.* sophistical; **-zmat** *m.* sophism.
sojusz *m.* alliance; league; **-nik** *m.* ally.
sok *m.* juice; syrup; (*drzew*) sap; -i żołądkowe, gastric juices.
sok-olę *n.* young falcon; **-oli** *a.* (of a) falcon; o -olim oku, hawk-eyed; **-olnictwo** *n.* falconry; **-olnik** *m.* falconer; **-ół** *m.* falcon.
sokora *f.* (*bot.*) black poplar.
sol-anka *f.* salt-barrel; (*woda*) salt-spring, saline; (*bot.*) saltwort; **-ankowy** *a.* briny; saline; **-ić** *v.* salt; brine; pickle; **-niczka** *f.* salt-cellar; **-ny** *a.* (of) salt, saline; żupa -na, saltern; kwas -ny, muriatic acid; **-ony**

Odnośnie do czasowników na sc-, sch-, scz-, sf-, sk-, sp-, st- brakujących powyżej obacz sc-.

For verbs in sc-, sch-, scz-, sf-, sk-, sp-, st- not given consult sc-.

a. salted; salt; **-ówka** *f.* pickle, brine; (*beczka*) salt-barrel.
solecyzm *m.* solecism.
solen-izant *m.*, **-izantka** *f.* person celebrating his birthday or nameday; **-nie** *adv.* solemnly; **-ny** *a.* solemn.
solidar-ność *f.* solidarity; **-ny** *a.* solidary; **-yzować się** *v.* share (an opinion); espouse (a cause).
solidny *a.* solid; reliable.
solista *m.* soloist.
soliter *m.* tape-worm.
solo *adv.* solo; **-wy** *a.* solo.
sołtys *m.* bailiff.
sonata *f.* sonata.
sond-a *f.* plummet; sounding-rod; (*med.*) probe; **-ować** *v.* sound; probe.
sonet *m.* sonnet.
sopel, sopleniec *m.* icicle; stalac[tite.
sopran *m.* soprano; **-istka** *f.* sopranist.
sorbet *m.* sherbet.
sordynka *f.* (*muz.*) sordine.
sorgo *n.* sorghum.
sort-ować *v.* sort; **-yment** *m.* assortment; set.
sos *m.* sauce, gravy; (*fig.*) temper; nie w -ie, out of sorts; **-jerka** *f.* sauce-boat; gravy-boat.
sosiska *f.* small sausage.
sos-na *f.* pine(-tree); **-nowy** *a.* (of) pine; (of) deal.
sośnina *f.* pine-wood; deal.
sotnia *f.* (*mil.*) company.
sow-a *f.* owl; **-i** *a.* owlish; (*fig.*) mournful; **-ię** *n.* owlet.
sowi-cie, -to *adv.* lavishly; copiously; plentifully; **-ty** *a.* lavish, copious, plentiful.
sowizdrza-lski *m.* giddy; hare-brained; fickle; **-ł** *m.* wag.
sójka *f.* (*orn.*) jay; (*fig.*) cuff.
sól *m.* salt; ~ glauberska, Glauber's-salt; ~ gorzka, Epsom salt; ~ kuchenna, common salt; ~ morska, bay-salt; ~ kopalna, kamienna, rock-salt; (być komu) solą w oku, be a thorn in one's side.

Odnośnie do czasowników na sc-, sch-, scz-, sf-, sk-, sp-, st- brakujących powyżej obacz **sc-**.

sówka see **sowa.**
spacer *m.* walk, stroll; ride; iść na ~, take a walk; **-ować** *v.* stroll.
spacjować *v.* (*typ.*) lead.
spaczyć *v.* warp; bend; ~ **się,** (*o drzewie*) warp.
spać *v.* sleep, be asleep, slumber; iść ~, go to bed; chce mi się ~, I am sleepy; ~ twardo, smacznie, sleep soundly.
spad *m.* see **spadek; -ać** *v.* fall (down); drop; recede; decline; ~ z ciała, lose weight; ~ ze sił, wane; -dający, falling; gwiazda -dająca, shooting-star; **-ek** *m.* fall; descent, declivity; decline, reduction; recession; inheritance; **-kobierca** *m.* heir; **-kobierczyni** *f.* heiress; **-kowy** *a.* hereditary; of inheritance; **-ochron** *m.* parachute; **-zistość** *f.* declivity, slope; **-zisty** *a.* sloping, steep.
spajać *v.* join; (~ *metale*), solder.
spal-enie *n.* combustion; burning; **-enizna** *f.* smell of burning; **-ić** *v.* burn (down); ~ na panewce, flash in the pan; ~ **się,** be burnt down; burn (down).
spanie *n.* sleep; czas spania, bedtime.
sparaliżo-wać *v.* paralyse; thwart; **-wanie** *n.* paralysis.
spartański *a.* Spartan.
sparceta *f.* sainfoin.
sparszywiały *a.* mangy; scurvy; (*fig.*) filthy.
sparz-elizna *f.* burn; **-yć** *v.* scald; (*o pokrzywie*) sting; ~ **się** *v.* be scalded; burn one's fingers.
spa-sać, -ść *v.* graze; fatten; ~ **się,** grow fat; **-siony, -sły** *a.* fat.
spaść see **spadać.**
spatula *f.* spatula.
spawa-ć *v.* solder; **-lny** *a.* fusible; soldering.
spazm *m.* spasm; fit; **-atyczny** *a.* spasmodic; **-ować** *v.* be seized with fits.

For verbs in sc-, sch-, scz-, sf-, sk-, sp-, st- not given consult **sc-.**

specja-lista *m.* specialist; **-lizacja** *f.* specialization; **-lizować się** *v.* specialize (in); **-lność** *f.* speciality; line of business; **-lny** *a.* special, particular; **-ł** *m.* dainty; tit-bit.
specyfi-czny *a.* specific; **-kacja** *f.* specification.
spedytor *m.* forwarding-agent.
spektr-oskop *m.* spectroscope; **-um** *n.* spectrum.
spekul-acja *f.* speculation; **-acyjny** *a.* speculative; **-ant** *m.* speculator; **-ować** *v.* speculate.
spelunka *f.* den, tavern.
spełn-a *adv.* fully, entirely; quite; completely; **-iać, -ić** *v.* perform, execute, accomplish; ~ czyje zdrowie, drink a person's health; ~ się, be accomplished, be fulfilled; ~ swój obowiązek, do one's duty; ~ obowiązki, discharge one's duties; **-ianie, -ienie** *n.* fulfilment, accomplishment.
spełz-ły *a.* faded; (*fig.*) baffled; **-nąć** *v.* fade; ~ na niczem, come to nothing; be baffled; be thwarted.
spencer *m.*, **-ka** *f.* spencer.
sperma *f.* sperm; **-togeneza** *f.* spermatogeny.
speszony *a.* intimidated; był ~, he was put out of countenance.
spędz-ać, -ić *v.* drive (away, in, out); ~ czas, spend the time (in); ~ płod, abort; ~ na kogo winę, lay the blame on a person; ~ konia, override a horse.
spętać *v.* shackle, fetter.
spiąć *v.* buckle, clasp, fasten; ~ konia, spur a horse.
spić *v.* see **spijać.**
spiec *v.* parch, scorch; roast; ~ raka, blush; ~ **się,** dry up; ~ się na słońcu, be scorched.
spie-czony *a.* roasted; **-kły** *a.* parched; **-ka, -kota** *f.* scorching heat.
spieniężyć *v.* realize.
spieni-ć się *v.* foam; **-ony** *a.* foaming.
spierać się *v.* contend; dispute.
spiesz-nie, -no *adv.* hurriedly; hastily; **-ność** *f.* haste; hurry; **-ny** *a.* speedy, urgent; hasty; **-yć (się)** *v.* hurry, make haste hasten.
spię-cie *n.* buckle; girdle; clasp; fastening; **-ty** see **spiąć.**
spiętrz-ać, -yć *v.* pile up; ~ **się,** be piled up.
spijać *v.* sip off; drink off; (*kieliczy*) empty; drink; ~ **się,** tipple.
spikanard *f.* spikenard.
spikn-ąć się *v.* (*na coś*) plot; conspire (something); **-ienie (się)** *n.* plot, conspiracy.
spiłować *v.* file off (or away).
spin-ać see **spiąć;** ~ **się** *v.* climb; clamber; **-ka** *f.* stud.
spiral-a *f.* spire; **-ny** *a.* spiral.
spiryt-ualizm *m.* spiritualism; **-us** *m.* spirit; alcohol; ~ denaturowany, methylated spirit; -usowa lampa, spirit-lamp; **-ysta** *m.* spiritist; **-yzm** *m.* spiritism.
spis *m.* list; roll; ~ ludności, census.
spisa *f.* lance, pike, spear.
spis-ać, -ywać *v.* write down; register; note; record; ~ **się** (*dobrze*), acquit oneself (well) of.
spis-ek *m.* plot, conspiracy; **-kowiec, -kowy** *m.* conspirator; **-kowy** *a.* plotting, conspiring.
spiż *m.* bronze; **-owy** *a.* (of) bronze.
spiżarnia *f.* pantry; larder.
splatać, spleść *v.* plait, twist; join; entangle; ~ wieńce, wreathe the garlands.
splendor *m.* splendour; magnificence.
spleśni-ałość *f.* mouldiness, mustiness; **-ały** *a.* mouldy, musty; mildewed; **-eć** *v.* get mouldy; get musty.
splin *m.* spleen.
splot *m.* plait; tress; braid; (*fig.*) coincidence.
splu-nąć, -wać *v.* spit; expectorate; **-waczka** *f.* spittoon, cuspidor.
spłac-ać, -ić *v.* pay (off); clear.

Odnośnie do czasowników na sc-, sch-, scz-, sf-, sk-, sp-, st- brakujących powyżej obacz **sc-.**

For verbs in sc-, sch-, scz-, sf-, sk-, sp-, st- not given consult **sc-.**

spłaka-ć się *v.* shed tears; melt in tears; **-ny** *a.* in tears.
spłat *m.*, **-a** *f.* payment; liquidation.
spław *m.* floating, float; fusion; **-ek** *m.* float; **-iać, -ić** *v.* float; (*konie*) water; (*kruszec*) fuse; **-ny** *a.* navigable.
spłonąć *v.* burn down; be consumed by fire.
spłonka *f.* percussion cap.
spłoszyć *v.* scare away, frighten away.
spłowiały *a.* faded; discoloured.
spływ-ać *v.* flow (down); float; (*na kogo*) fall (upon one); (*o czasie*) pass, elapse.
spocz-ąć, -ywać *v.* rest; lie; ~ w Bogu, sleep in the Lord; **-ynek** *m.* rest; stan -ynku, retirement; przeniesiony w stan ~~, pensioned (off).
spodek *m.* saucer.
spodem see **spód.**
spodl-enie *n.* debasement; degradation; **-ić** *v.* debase.
spodni *a.* lower; inferior; nether; **-e** *pl.* trousers, *pl.*
spodziew-ać się *v.* expect; hope; look forward to; **-anie się** *n.* hope, expectation.
spoglądać *v.* look (at), gaze (at).
spo-ić *v.* (*kogo*) intoxicate, make drunk; also see **spajać; -idło, -iwo** *n.* solder; **-istość** *f.* compactness; cohesion; **-isty** *a.* compact; cohesive, coherent; **-jenie** *n.* joint; juncture.
spojrze-ć *v.* glance at; look at (upon, down); **-nie** *n.* glance; look.
spo-kojnie *adv.* quietly, calmly, at ease; **-kojny** *a.* quiet, calm; peaceful; composed; może Pan być -kojny, że, rest assured that; **-kój** *m.* quiet, peace, calm; ~ umysłu, composure.
spokrewni-(a)ć się *v.* become related; **-enie** *n.* relationship; affinity; **-ony** *a.* related.
spolszczyć *v.* polonize; translate into Polish.

Odnośnie do czasowników na **sc-, sch-, scz-, sf-, sk-, sp-, st-** brakujących powyżej obacz **sc-.**

społecz-eństwo *n.*, **-ność** *f.* society; community; company; **-ny** *a.* social, common; praca -na, welfare work.
społem *adv.* together; in common.
spontaniczny *a.* spontaneous.
spopielić *v.* reduce to ashes; incinerate.
sporadyczny *a.* sporadic.
sporek *m.* (*bot.*) spurry.
sporn-ość *f.* questionableness, contentiousness; **-y** *a.* doubtful; controvertible; quarrelsome, contentious.
spor-o *adv.* plenty; a great deal, a great many; (*raźno*) briskly, speedily; **-y** *a* considerable; plenteous; brisk, speedy.
sport *m.* sport; **-owy** *a.* (of) sport; sporting; **-owiec, -sman** *m.* sportsman; athlete.
sporysz *m.* (*bot.*) ergot.
sporządz-ać, -ić *v.* make, compose, execute, perform; (*dokument*) draw up.
sporzyć się *v.* increase, augment; speed, prosper, succeed.
sposob-ić *v.* prepare, get ready; fit (out); qualify oneself (for); **-ność** *f.* opportunity, occasion; (*zdolność*) fitness, aptitude, capacity; przy -ności, on occasion; when the occasion presents itself; **-ny** *a.* able, fit, apt, capable; opportune.
sposób *m.* means, manner, way; tym -obem, (in) this way; thus; w żaden ~, by no means; nie ~, impossible; wziąć się na ~, contrive; resort to ruse.
spospoli-ciały *a.* hackneyed, commonplace; **-cieć, -tować się** *v.* become common(place).
spostrze-c, -dz, -gać *v.* perceive, become aware of; ~ **się,** notice, perceive; think better of; **-gacz** *m.* observer; **-galny** *a.* perceptible; **-ganie, -żenie** *n.* perception, observation; notice, remark; **-gawczość** *f.* quickness of observation; keenness; **-gawczy** *a.* quick of observation; perceptive; keen.

For verbs in **sc-, sch-, scz-, sf-, sk-, sp-, st-** not given consult **sc-.**

spotęgować *v.* increase, augment, enhance; ~ **się**, increase, be augmented.
spot-kać, -ykać się *v.* meet; (*zdarzyć się*), occur (to one); befall; experience; **-kanie** *n.* meeting; encounter; iść na ~, meet, welcome.
spotni-ały *a.* sweaty; sweating; **-eć** *v.* sweat, perspire.
spotrzebowa-ć *v.* consume, use; **-nie** *n.* consumption.
spotwarz-ać, -yć *v.* slander; **-anie, -enie** *n.* slander; calumny.
spotykać see **spotkać.**
spoważnieć *v.* grow serious; assume an air of gravity.
spowi-adać *v.* confess; ~ **się**, confess; go to confession; **-ednik** *m.* confessor; **-edź** *f.* confession; słuchać -edzi, confess.
spowi-cie *n.* swaddling; **-ć, -jać** *a.* swaddle.
spowinowac-enie *n.* relation; **-ić się, -ieć** *v.* become related (by marriage).
spowodować *v.* cause, produce; occasion; induce.
spozierać *v.* look at (upon), gaze at.
spoży-cie, -wanie *n.* consumption; **-ć, -wać** *v.* consume, eat; **-tkować** *v.* use; **-wca** *m.* consumer; **-wczy** *a.* domestic; towary -wcze, groceries, comestibles.
spód *m.* bottom, lower part; spodem, below; u spodu, at (the) bottom; od spodu, from underneath; **-nica** *f.* petticoat.
spój-nia *f.* union; tie, bond; **-nik** *m.* (*gram.*) conjunction; **-ny** *a.* united; coherent.
spóln-ictwo *n.* participation; **-iczka** *f.*; **-ik** *m.* partner; comrade; cichy ~, sleeping partner; **-ość** *f.* community; communion; **-y** *a.* common.
spół-, in compounds = co-, fellow-.
spół-bliźni *m.* fellow-creature; **-cierpiący** *a.* fellow-sufferer; **-czesny** *a.* contemporary; simultaneous; **-czucie** *n.* sympathy; **-czuć** *v.* sympathize; **-czynnik** *m.* coefficient; **-działać** *v.* cooperate; **-działanie** *n.* cooperation; **-dziedzic** *m.*, **-dziedziczka** *f.* coheir(ess); **-dziedziczyć** *v.* inherit conjointly; **-dzielczy** *a.* cooperative; **-dzielnia** *f.* cooperative store.
spół-głoska *f.* consonant; **-istniejący** *a.* coexistent; **-istny, -istotny** *a.* consubstantial.
spółk-a *f.* company; partnership; wejść do -i, enter into partnership; do -i, by halves; **-ować** *v.* maintain relations with; (*cieleśnie*) copulate; **-owanie** *n.* intercourse; copulation.
spół-mierny *a.* proportional; **-miłośnik** *m.* rival; **-obywatel** *m.* fellow-citizen; **-podróżnik** *m.* fellow-traveller; **-praca** *f.* cooperation; **-pracownik** *m.* co-worker, colleague; collaborator; **-rodaczka** *f.*, **-rodak** *m.* compatriot; **-równy** *a.* coequal; **-rzędność** *f.* coordination; **-rzędny** *a.* coordinate; **-stołownik** *m.* messmate; fellow-boarder; **-środkowy** *a.* concentric; **-towarzysz** *m.* colleague, associate; companion, comrade; **-ubiegać się** *v.* compete; contend, vie; **-ubieganie (się)** *n.* competition, rivalry; emulation; **-ubolewać** *v.* condole (with); **-ubolewanie** *n.* condolence; **-uczennica** *f.*, **-uczeń** *m.* fellow-student, school-fellow; **-uczestnictwo** *n.* participation; **-uczestniczka** *f.*, **-uczestnik** *m.* sharer; **-udział** *m.* participation; interest; **-więzień** *m.* fellow-prisoner; **-winny, -winowajca** *m.* accomplice; **-właściciel** *m.*, **-właścicielka** *f.* part-owner; **-wyznawca** *m.* fellow-believer; **-zawodnictwo** *n.* competition, rivalry; contention, emulation; **-zawodnik** *m.* competitor, rival; **-ziomek** *m.* fellow-countryman, compatriot.

Odnośnie do czasowników na sc-, sch-, scz-, sf-, sk-, sp-, st- brakujących powyżej obacz sc-.

For verbs in sc-, sch-, scz-, sf-, sk-, sp-, st- not given consult **sc-**.

spór *m.* dispute, contention; quarrel.

spóźni-ać, -ć *v.* retard, delay; ~ **się,** be late; (*o zegarku*) be slow; ~ ~ na pociąg, miss a train; **-enie** *n.* delay, late arrival; **-ony** *a.* late, delayed.

spracowa-ć się *v.* work hard, overwork oneself; **-ny** *a.* weary; fatigued.

sprać *v.* wash (out); (*fig.*) beat; thrash.

spragniony *a.* thirsty; eager; longing (for).

spraszać *v.* invite (many people).

sprawa *f.* affair, matter, question, business; (*sądowa*) lawsuit; (*dobra, święta, czyjaś*) (a good, holy, some one's) cause; zdawać sobie -ę z, realize; be conscious, be aware (of); zdawać z czego -ę, give an account of; Ministerstwo ~ wewnętrznych, Ministry of Interior; Ministerstwo ~ zagranicznych, Foreign Office; Ministry of foreign affairs.

spraw-ca *m.*, **-czyni** *f.* author; doer; on był -cą tego, it was his doing.

sprawdz-ać, -ić *v.* verify, test, examine; confirm; ~ **się,** prove true; come true; be realized; **-enie** *n.* test; **-dzian** *m.* criterion, test.

sprawi(a)ć *v.* (*powodować*) bring about, cause; (*dostarczyć*) produce; afford; procure; (*kupić*) buy; purchase; ~ urząd, fulfil a function; act as; ~ rządy, govern, rule; ~ baty, give a thrashing; ~ **się,** behave, conduct oneself.

sprawiedliw-ość *f.* justice, equity; wymierzyć ~, administer justice; oddać komu ~, do one justice, render justice to; po **-ości,** by rights; **-y** *a.* just, righteous, equitable; right.

spraw-ka *f.* doing; affair, trick; **-ność** *f.* (*zręczność*) cleverness; (*należyte działanie*) efficiency; good functioning; **-ny** *a.* clever, efficient; **-ować** *v.* perform; ~ urząd, occupy the post; fill an office; ~ władzę, rule; ~ **się,** behave; **-owanie** *n.* management; government; ~ **się,** conduct, behaviour; demeanour; złe ~ się, misdemeanour.

sprawozda-nie *n.* report, account; **-wca** *m.* reporter; **-wczy** *a.* reporting.

sprawunek *m.* purchase; iść na -ki, go shopping.

spręży-k *m.* beetle; **-na** *f.* spring; (*fig.*) author, contriver; **-nowy** *a.* (with, of) spring; **-stość** *f.* elasticity; (*fig.*) efficiency; **-sty** *a.* elastic; (*fig.*) efficient; **-ście** *adv.* vigorously; efficiently.

sprosić *v.* invite.

sprostać *v.* (*komu, czemu*) be adequate to, be a match for; keep pace with one; manage to; nie ~ czemu, fail.

sprostowa-ć *v.* straighten; set right; correct; amend; **-nie** *n.* amendment; correction; denial.

sproszkować *v.* pulverize; reduce (crush) to powder.

spro-śność *f.* obscenity; bawdiness; **-śny** *a.* obscene, filthy, bawdy, shameless; **-śnik** *m.* foul-mouthed fellow.

sprowadz-ać, -ić *v.* lead; bring; import, order; (*mat.*) reduce; (*na kogo co*) draw down on a person; ~ z dobrej drogi, lead astray; ~ **się,** settle, move; -a się to do tego, że..., all this comes to...

spróchni-ały *a.* mouldered; rotten; decayed; ~ ząb, carious tooth; **-eć** *v.* rot, moulder.

spry-ciarz *m.* slyboots; **-t** *m.* wits; ingeniousness; a knack (for); **-tny** *a.* clever, ingenious, crafty.

sprzą-c, -dz see **sprzęgać; -czka, -żka** *f.* buckle, clasp; **-g** *m.* yoke; pair of horses; (*fig.*) bond.

sprząt-ać, -nąć *v.* clear (away), remove; (*pokój*) do a room; (*ze sto-*

Odnośnie do czasowników na **sc-, sch-, scz-, sf-, sk-, sp-, st-** brakujących powyżej obacz **sc-.**

For verbs in **sc-, sch-, scz-, sf-, sk-, sp-, st-** not given consult **sc-.**

łu) clear the table; **-nąć** (*z przed nosa*) snatch; (*fig.*) kill; z ~ pola, harvest; reap; **-tanie** *n.* housework.
sprzeciw *m.* opposition; recourse; **-iać się, -ić się** *v.* oppose; contradict; conflict (with); object; tease; banter; **-iający się** *a.* contrary; contradictory; opposed to; **-ienie się** *n.* opposition, objection.
sprzecz-ać się *v.* quarrel; dispute; disagree; jar (with); **-ka** *f.* quarrel; dispute; **-liwy** *a.* quarrelsome; **-nik** *m.* quarreller, wrangler; **-ność** *f.* contradiction; opposition; contrast; pogodzić -ności, reconcile contradictions; **-ny** *a.* contradictory; inconsistent with; quarrelsome.
sprzeda-ć, -wać *v.* sell; **-jny** *a.* corrupt; **-ż** *f.* sale; **-żny** *a.* saleable; cena -żna, selling price.
sprzeniewierz-enie *n.* embezzlement; **-yć** *v.* embezzle; **-yć się** *v.* be faithless.
sprzęg see **sprząg**; **-ać** *v.* harness; couple; join; **-ło** *n.* coupling.
sprzężaj *m.* pair of horses; yoke of oxen.
sprzęt *m.* piece of furniture; utensil; implement.
sprzyja-ć *v.* favour, be favourable; be propitious; zdrowie mi ~, I enjoy a good health; **-jący** *a.* favourable; **-nie** *n.* favour.
sprzykrzyć sobie co *v.* be weary of a thing; be disgusted with.
sprzymierz-ać się, -yć się *v.* ally; join; unite; **-enie** *n.* alliance, confederacy; **-eniec** *m.* ally, confederate; **-ony** *a.* allied.
sprzysi-ąc się, -ęgać się *v.* conspire; plot; form a conspiracy; **-ęgły, -ężony** *m.* conspirator; **-ężenie** *n.* conspiracy, plot.
spuch-lina *f.*, **-nięcie** *n.* swelling; **-ły, -nięty** *a.* swollen; **-nąć** *v.* swell.

spulchni-ć *v.* make mellow; **-eć** *v.* become mellow; plump.
spust *m.* escape; release; (*wody*) flow; (*gór*) slope; (*stawu*) floodgate, sluice; (*zboża*) floating down; (*krata*) portcullis; (*strzelby*) trigger; zamknąć na dwa -y, double-lock; **-nica** *f.* conduit-pipe.
spustosz-ały *a.* deserted, laid waste, desolate; **-enie** *n.* devastation, desolation; **-yć** *v.* devastate, lay waste.
spu-szczać, -ścić *v.* let (down, out), lower; loosen; ~ kurek, uncock a rifle; ~ oczy, cast down one's eyes; ~ staw, drain a pond; ~ psy, let the dogs loose; (*z ceny*) abate; lower the price; ~ z tonu, lower a peg; humble oneself; ~ **się,** descend, go down; lower oneself; ~ się na kogo, rely on a person; **-ścizna** *f.* inheritance; bequest; legacy.
spychać *v.* push down; ~ winę na, throw the blame on; ~ robotę, bungle up a job.
spylić *v.* dust; pulverize.
spyszna *adv.* haughtily; mieć się ~, smart (for).
spytka *f.* examination; brać na -i, cross-examine.
srebr-nik *m.* silver coin; (*bot.*) silver-weed; **-ny** *a.* (of) silver, silvery; **-o** *n.* silver; ~ stołowe, silver plate; żywe ~, quicksilver; mercury; nowe ~, nickelsilver; ~ malarskie, silver-powder.
srebrzy-ć się, silver; **-sty** *a.* silvery.
srocz-ka *f.* little magpie; **-y** *a.* magpie('s).
sro-dze *adv.* terribly, cruelly; badly; **-gi** *a.* cruel; severe, terrible, grim, fierce; **-gość** *f.* cruelty, severity, fierceness.
sroka *f.* magpie; **-cizna** *f.* variegation; **-cz** *m.* piebald horse; **-ty** *a.* piebald, dappled; spotted.
srom *m.*, **-ota, -otność** *f.* shame; infamy, ignominy, dis-

---

Odnośnie do czasowników na sc-, sch-, scz-, sf-, sk-, sp-, st- brakujących powyżej obacz **sc-.**

For verbs in sc-, sch-, scz-, sf-, sk-, sp-, st- not given consult **sc-.**

grace; **-otny** *a.* infamous, ignominious, shameful, disgraceful.
sroż-eć *v.*, **-yć się** *v.* rage; fume; storm; run riot; make havoc.
ssa-ć *v.* suck; dać ~, suckle; **-k** *m.* mammalian; **-nie** *n.* suction; sucking; pompa ssąco-tłocząca, sucking and forcing pump; zwierzęta ssące, mammalia; **-wka** *f* sucker.
stabiliz-acja *f.* stabilization; **-ować** *v.* stabilize; **-ator** *m.* stabilizer.
stac-ja *f.* station; post-stage; stopping-place; ~ towarowa, goods-station; ~ lecznicza, health resort; **-yjny** *a.* (of a) station.
staczać *v.* push down; grind off, turn on the lathe; draw (liquor); ~ bitwę, deliver a battle; ~ **się**, roll down, tumble down; sink.
stać *v.* stand; (*przy czem*) persist in; ~ na czem, (*opierać się, polegać*) rest (upon); be based (on); ~ nad kim, watch one; ~ (*dobrze, źle*) fare (well, ill); (*fig.*) przy kim, stand by a person; (*za co*) stand for, supply; (*o rzece*) be frozen; ~ mnie na to, I can afford it; ~ na palcach, stand on tiptoe; ~ na warcie, stand sentry; ~ na kotwicy, ride at anchor; ~ o co, o kogo, care for; ~ się, happen, take place; come about; occur; become; grow; get; co się z nim -ło? what has become of him? also see **stanąć**.
stadjon *m.* stadium.
stadjum *m.* stage.
stad-ło *n.* couple, brace, pair; wedlock; **-nik** *m.* (*zool.*) bull; stud-horse; **-nina** *f.* stud; **-ny** *a.* gregarious; **-o** *n.* herd, flock; bevy.
stagnacja *f.* slump; stagnation; (business-)depression.
staja-ć *v.* thaw (up); **-ły** *a.* thawed; melted.
staje *n.* stage; stadium (measure).
staj-enka, -nia *f.* stable; **-enny** *a.* (of a) stable; chłopiec ~, groom.
stal *f.* steel; (*fig.*) sword; **-ić** *v.* steel; harden; **-ka, -ówka** *f.* nib; **-oryt** *m.* steel-engraving; **-ownia** *f.* steel-works; **-owy** *a.* (of) steel.
stal(l)a *f.* stall (*kośc.*).
stalaktyt *m.* stalactite.
sta-le *adv.* constantly; invariably; faithfully; permanently; **-łość** *f.* constancy, stability, firmness, faithfulness; **-ły** *a.* constant, solid, firm, lasting; unalterable; permanent; ceny -łe, fixed prices; **-ła** pogoda, settled weather; ~ ląd, continent; **-łe** ciało, solid (body).
staluga *f.* easel.
stampila *f.* stamp.
stamtąd *adv.* from there; thence.
stan *m.* state; condition; (*społeczny*) class; profession, calling; (*kibić*) waist; ~ **kawalerski**, bachelorship; ~ małżeński, wedlock; być w -ie, be able, be in **a** position to; **nie być w -ie**, be unable (to); ~ duchowny, clergy; żyć nad ~, live above means; ~ czynny i bierny, assets and liabilities; ~ rycerski, knighthood; nobility; **-y** *pl.* the states; ~~ Zjednoczone, United States.
sta-nąć, -wać *v.* stand; stop, halt; end; finish; (*o rzece*) freeze; (*o budynku*) be erected; ~ na nocleg, put up; ~ dęba, stand on the hind legs; ~ na czele, stand at the head; ~ przed sądem, appear at the court; włosy -ją na głowie, the hair stands on end; łzy -nęły mu w oczach, tears came to his eyes; -nęło na tem, że, it was decided that; ~ **się** see **stać się**.
stanc-ja *f.* room; lodging; mieć, być na -ji, lodge and board.
stangret *m.* coachman; groom.
stanik *m.* bodice.
stanjola *f.* tinfoil.
stanow-czo *adv.* decidedly, peremptorily; positively; categorically; **-czość** *f.* peremptoriness, resolution, decisiveness;

Odnośnie do czasowników na sc-, sch-, scz-, sf-, sk-, sp-, st- brakujących powyżej obacz **sc-**.

For verbs in sc-, sch-, scz-, sf-, sk-, sp-, st- not given consult **sc-**.

-czy *a.* decisive; peremptory; resolute; positive; **-ić** *v.* establish, institute, set; make; fix; ~ o czem, decide, determine; appoint; ~ klacz, have a mare covered; **-isko** *n.* position, situation, post; point of view; quarters, *pl.*; (*myśl.*) stand.

stanow-ość *f.* caste, caste spirit; **-y** *a.* (of) caste.

stapiać *v.* melt; ~ **się**, melt.

stara-ć się *v.* endeavour, try; strive, take pains; ~ o co, apply for; sue for; ~ o rękę, woo a lady; ~ o kogo, take care of one; **-nie** *n.* endeavour; pains, *pl.*; care, exertions; **-nność** *f.* accuracy; carefulness; scrupulousness; **-nny** *a.* careful, accurate; painstaking, scrupulous.

starcie *n.* rubbing, wiping off; (*na proch*) grinding; (*sprzeczka*) quarrel; ~ z nieprzyjacielem, encounter.

starczy *a.* senile; (of) old-age.

starczyć *v.* suffice; be sufficient; be adequate (to).

stargać *v.* rend, tear, shatter; (*fig.*) exhaust, waste; ruin.

starka *f.* old female; (*wódka*) old brandy.

staro-dawny *a.* ancient; (of) old-time; **-kawalerstwo** *n.* bachelorship; **-modny** *a.* old-fashioned; **-panieństwo** *n.* spinsterhood; **-polski** *a.* old Polish; of old-time Poles.

staro-sta *m.* sheriff; **-stwo** *n.* county-office.

starość *f.* old age; czerstwa ~, green old age.

staro-świecki *a.* ancient, old, old-time; antiquated; **-wierca** *m.* orthodox; **-wina** *m., f.* good old man; **-zakonny** *m.* orthodox Jew.

starożytn-ość *f.* antiquity; **-ości** *pl.* antiquities; **-y** *a.* antique, ancient; **-i** *pl.* the ancients.

starsz-a *f.* superior; **-eństwo** *n.* seniority; priority; **-y** *a.* older, elder, senior; elderly; ~, *m.* superior; **-yzna** *f.* elders; chiefs; superior officers.

start *m.* start; **-ować** *v.* start.

starty see **ścierać.**

star-uch, -uszek *m.* old man; **-ucha, -uszka** *f.* old lady; old woman; **-uchny, -usieńki** *a.* old; **-y** *a.* old; po -emu, as of old.

starz-ec *m.* old man; **-eć się** *v.* grow old; **-yzna** *f.* old clothes; old furniture.

statecz-ność *f.* steadiness; discretion, sedateness; **-ny** *a.* steady, orderly, discreet, sedate.

statek *m.* boat, vessel, ship; also see **stateczność;** (*mienie*) property; (*kuchenny*) utensil; ~ rybacki, fishing boat; kupiecki, merchant-man; ~ wojenny, man-of-war; ~ parowy, steamer.

statkować się *v.* grow quiet; grow sedate; lead a decent life.

statu-a *f.* statue; figure; **-etka** *f.* statuette.

statut *m.* statutes; **-owy** *a.* statutory.

statyka *f.* statics, *pl.*

statyst-a *m.* statesman; (*teatr.*) dummy; **-yczny** *a.* statistical; **-yk** *m.* statist; **-yka** *f.* statistics, *pl.*

statyw *m.* (*fotogr.*) tripod.

staw *m.* (*topogr.*) pond; (*anat.*) joint; **-owaty** *a.* articulate; **-owy** *a.* of the joints; articular.

staw-ać see **stanąć;** ~ **się** see **stać się; -iać, -ić** *v.* set, place, put; build, erect; ~ na kartę, stake; ~ czoło, brave, defy; ~ zakład, bet; wager; ~ pierwsze kroki, take the first steps; ~ sidła, set snares; ~ pijawki, apply leeches; ~ kabałę, tell one his fortune; ~ **się,** appear, arrive; (*opierać się*) resist, rebel; **-idło** *n.* flood-gate; **-ienie się** *n.* appearance; resistance; **-ka** *f.* stake.

stąd *adv.* from here; hence; ni ~ ni zowąd, suddenly; without reason; ~, *c.* therefore.

stągiew, -ka *f.* vat.

Odnośnie do czasowników na sc-, sch-, scz-, sf-, sk-, sp-, st- brakujących powyżej obacz **sc-.**

For verbs in sc-, sch-, **scz-, sf-,** sk-, sp-, **st-** not given **consult sc-.**

stąp-ać, -ić *v.* step, tread; **-anie, -ienie** *n.* step; pace.
stchórzyć *v.* be scared; quail; flinch.
stearyn-a *f.* stearin; **-owy** *a.* (of) stearin.
stebnować *v.* stitch.
steczka *f.* foot-path.
stek *m.* sink; drain; gang; (*cąber*) steak.
stelmach *m.* wheel-wright; cartwright.
stelwaga *f.* splinter-bar.
stemp-el *m.* stamp; (*pompy*) sucker; (*strzelby*) ramrod; (*archit.*) prop; ~ pocztowy, postmark; **-lować** *v.* stamp; -lowy papier, stamped paper.
stenograf *m.* stenographer; **-iczny** *a.* stenographic(al); **-ja** *f.* shorthand; stenography; **-ować** *v.* write in shorthand.
step *m.* steppe; **-owy** *a.* (of the) steppe.
ster *m.* helm, rudder; **-ować** *v.* [steer.
stera-ć *v.* exhaust; waste; squander; **-ny** *a.* exhausted, worn out.
stercz-ący *a.* projecting; protruding; **-eć** *v.* jut out, protrude; stick out.
stereo-metrja *f.* stereometry; **-skop** *m.* stereoscope; **-typ** *m.* stereotype; **-typowy** *a.* (of) stereotype.
ster-nictwo *n.* steerage; **-niczy** *a.* helmsman's; **-nik** *m.* helmsman; **-ować** *v.* steer; **-ówka** *f.* pinion.
sterta *f.* rick; stack.
steryliz-acja *f.* sterilization; **-ator** *m.* sterilizer; **-ować** *v.* sterilize.
stęch-lizna *f.* fusty smell; fustiness; mustiness; **-ły** *a.* fusty, musty; stuffy; (*o tłuszczach*) rancid; **-nąć** *v.* grow musty.
stęk *m.* groan; **-ać, -nąć** *v.* groan; moan; (*fig.*) complain; wail; lament.
stęp *m.* pace, amble, ambling pace; **-ak** *m.* ambler; pacer; **-a** *adv.* at foot's pace.
stępa *f.* stamp-trough.
stępi-ały *a.* blunted; dull; **-ć** *v.* blunt; dull; **-ć się, -eć** *v.* get blunted.
stęp-ka *f.*, **-or** *m.* pestle, stamper, rammer; (*pompy*) piston; **-ować** *v.* (*sukno*) damp.
stęskni-ć się *v.* hanker; languish; pine; **-ony** *a.* hankering.
stęż-ały *a.* stiff; **-eć** *v.* stiffen; **-yć** *v.* make stiff.
stiuk *m.* stucco.
stł-aczać, -oczyć *v.* cram; compress; trample; ~ **się** *v.* crowd (together).
stłuc *v.* break, dash; smash; ~ **się,** be dashed, smashed.
stłuczenie *n.* break; bruise.
stłumiony *a.* stifled, smothered; deadened.
sto *num.* hundred; pięć od sta, five per cent.
stocz-ek *m.* taper; barber's block; **-yć** *v.* see **staczać** and **toczyć**; **-ystość** *f.* slope, declivity; **-ysty** *a.* sloping.
stocznia *f.* ship-yard.
stodoła *f.* barn.
stoi-cyzm *m.* stoicism; **-cki** *a.* stoical; **-k** *m.* stoic.
stoisko *n.* stand.
stoj-ak *m.* stand; post; **-ący** *a.* standing; erect; upright; (*o wodzie*) stagnant; miejsca -ące, standing room; na -ączkę, standing.
stok *m.* slope; drain, spring.
stokfisz *m.* cod.
stokro-ć *adv.* a hundred times; hundredfold; **-ć, -tka** *f.* (*bot.*) daisy; **-krotny** *a.* hundredfold; centuple.
stola-rczyk *m.* joiner's apprentice; **-rka** *f.* joinery; **-rnia** *f.* joiner's shop; **-rski** *a.* joiner's; **-rstwo** *n.* joinery; **-rz** *m.* joiner; ~~ artystyczny, cabinetmaker.
stol-cowy *a.* (of the) stool; kiszka -cowa, rectum; **-ec** *m.* (*fotel & med.*) stool; socle (*arch.*); **-ica** *f.* metropolis, capital; ~ apostolska, the Holy See.

Odnośnie do czasowników na sc-, sch-, scz-, sf-, sk-, sp-, st- brakujących powyżej obacz **sc-**.

For verbs in sc-, sch-, scz-, sf-, sk-, sp-, st- not given consult **sc-**.

stol-nica *f.* paste-board; chopping-board; kitchen table; **-nik** *m.* the master of the pantry (*hist.*).
stoł-eczek *m.* foot-stool; **-ek** *m.* stool; -ka podstawić, (*fig.*) trip up, do an ill turn.
stołeczny *a.* capital; metropolitan.
stoło-wać *v.* board; ~ **się**, board; **-wanie się** *n.* board(ing); **-ownik** *m.* boarder; **-owy** *a.* (of the) table.
ston-oga *f.*, **-óg** *m.* centipede.
stop *m.* alloy.
stopa *f.* foot; (*skala, stopień*) rate; standard; od stóp do głów, from top to toe, from head to foot; cap-a-pie; na dobrej -ie, on a friendly footing; u stóp góry, at the foot of the mountain; ~ mennicza, the standard of coin; ~ procentowa, rate of interest.
stop-ić *v.* melt; **-nieć** *v.* melt; thaw.
stopień *m.* degree; pitch; grade; (*schodów*) step; (*karety*) footboard; tread; (*ranga*) rank; (*gram.*) ~ równy, wyższy i najwyższy, positive, comparative and superlative degree; do tego stopnia, to such a degree; so much so; dobry ~, good note.
stopka *f.* (*tkacka, tokarska*) treadle.
stopniow-ać *v.* graduate; gradate; compare; **-anie** *n.* gradation; (*gram.*) degrees of comparison; **-o** *adv.* gradually, by degrees; **-y** *a.* gradual.
stora *f.* window-blind.
storczyk *m.* (*bot.*) orchid; **-owaty, -owy** *a* orchidaceous.
storno *n.* cancelling; **-wać** *v.* cancel.
stos *m.* heap; pile; ~ grzebalny, pyre; ~ Volty, Voltaic battery; ~ pacierzowy, spine, backbone.
stosow-ać *v.* use, apply; adapt, fit; conform; ~ **się**, comply with, conform to; refer to; ~ się do czasu, serve the time; **-any** *a.* applied; kapelusz ~, three-cornered hat; **-nie** *adv.* accordingly; ~ do, according to; **-ność** *f.* conformity; suitableness; **-ny** *a.* convenient, suitable, proper, seasonable.
stosun-ek *m.* proportion, relation; reference; (*mat.*) ratio; w -ku do czegoś, in comparison with; w -ku do mnie, in relation to me; towards me; **-ki** *pl.* connexions; relations; mieć z kim -ki, be in connexion with; wejść w -ki, enter into connexion; **-kowo** *adv.* relatively, in proportion to; proportionally; **-kowy** *a.* proportional, relative.
stowarzysz-ać, -yć *v.* join into a society; bring together; ~ **się**, associate; unite; form a society; **-enie** *n.* association, society.
stoż-ek *m.* cone; small rick, stack; **-kowaty** *a.* conic.
stóg *m.* stack; rick; ~ siana, haystack.
stój! *i.* stop!; **-kowy** *m.* policeman.
stół *m.* table; (*jedzenie*) fare; (*utrzymanie*) board; iść do stołu, sit down to table.
stra-cenie *n.* loss; execution; przeznaczony na ~, doomed; iść na ~, go to one's doom; **-ceniec** *m.* desperate man; **-cić** *v.* lose; (*uśmiercić*) put to death, execute.
strach *m.* fear, dread; terror; (*duch*) ghost; (*na wróble*) scarecrow; napędzić komu -u, frighten; pod -em, in terror; aż ~, frightfully, terribly; aż ~ pomyśleć, it makes one shudder to think; **-ać się** *v.* fear, be afraid.
stragan *m.* huckster's stand; **-iarka** *f.* hucksteress; **-iarz** *m.* huckster.
strajk *m.* strike; **-ować** *v.* go on strike.
strapi-enie *n.* affliction, grief; sorrow; **-ony** *a.* afflicted, grieved; heart-broken.

Odnośnie do czasowników na sc-, sch-, scz-, sf-, sk-, sp-, st- brakujących powyżej obacz sc-.

For verbs in sc-, sch-, scz-, sc-, sk-, sp-, st- not given consult **sc-**.

strasz-ak *m.* scarecrow; **-liwy, -ny** *a.* horrible, terrible, dreadful, awful, frightful; **-yć** *v.* frighten, terrify, w tym domu -y, this house is haunted; **-ydło** *n.* scarecrow.

strat-a *f.* loss, detriment, forfeiture; ponieść -ę, suffer a loss; ze -ą, at a loss; **-ny** *m.* loser; być -nym, lose; suffer a loss.

strateg-iczny *a.* strategic(al); **-ik** *m.* strategist; **-ja** *f.* strategy.

stratosfera *f.* stratosphere.

straw-a *f.* food; nourishment; **-ić** *v.* (*pokarmy*) digest; (*niszczyć*) consume, destroy; (*czas*) spend; **-ne** *n.* travelling allowance; **-ność** *f.* digestion; **-ny** *a.* digestible; digestive; ~ żołądek, a good digestion.

straż *f.* guard, watch; defence; custody; sentry; ~ przednia, vanguard; ~ tylna, rearguard; ~ ogniowa, fire-brigade; stać na -y interesów, defend the interests; **-ak** *m.* fireman; **-nica** *f.* watch-tower; sentry-box; (*fig.*) bulwark; **-niczka** *f.* keeper, guardian; **-niczy** *a.* (of) watch; **-nik** *m.* watchman; keeper; ~ graniczny, customs officer.

strąc-ać, -ić *v.* overthrow; hurl down; (*odliczyć*) deduct; ~ z urzędu, depose; ~ z tronu, dethrone; (*chem.*) precipitate.

strą-czasty, -czysty, -czkowaty *a.* siliquose; podded; **-czek, -k** *m.* pod; siliqua; **-czyna** *f.* hull, husk.

strefa *f.* zone; region.

strejk *m.* see **strajk.**

stre-szczać, -ścić *v.* recapitulate; **-szczenie** *n.* recapitulation, summary.

stręcz-enie *n.* procuring; biuro -eń, employment office; **-yciel** *m.* procurer; pander; **-ycielka** *f.* procuress; **-ycielstwo** *n.* procuring; pandering; **-yć** *v.* procure, pander.

strofa *f.* strophe; stanza.

strofo-wać *v.* reprimand, rebuke; chide; **-wanie** *n.* reprimand, rebuke, reproof.

stroi-ciel *m.* tuner; **-ć** *v.* dress, attire, array; (*fortepian*) tune; ~ żarty, banter, crack jokes; ~ minki, pull faces; ~ **się,** dress; titivate oneself; **-k** *m.* headdress.

strojn-ie, -o *adv.* gaudily; elegantly, sprucely; **-isia** *f.* spruce woman; **-iś** *m.* dandy, fop; **-ość** *f.* elegance (in dress); foppery; **-y** *a.* elegant, spruce; harmonious.

strom-ość *f.* declivity, steepness; **-y** *a.* steep, precipitous.

stron-a *f.* (*książki*) page; (*prawa, lewa*) side; (*okolica*) region; ze wszystkich stron, on all sides; z jednej -y, on the one hand; z drugiej -y, on the other hand; z mojej -y, for my part; na odwrotnej -ie, at the back; cztery główne strony świata, the four cardinal points; ~ **przeciwna,** the adverse party; po prawej -ie, on the right; **-ica** *f.* page; **-ić** *v.* avoid, shun; **-nictwo** *n.* party; faction; **-niczość, -ność** *f.* partiality; **-niczy, -ny** *a.* partial, biassed; **-nik** *m.* partisan; champion.

strop *m.* ceiling, vault; ~ niebieski, firmament; **-ić** *v.* put one out of countenance; track down; ~ **się,** be out of countenance.

stroskan-ie *n.* distress, affliction; **-y** *a.* afflicted, grieved; disconsolate.

strój *m.* dress, attire, apparel; (*muz.*) tune.

stróż *m.*, **-ka** *f.* door-keeper, watchman; (*fig.*) guardian; anioł ~, guardian angel; ~ więzienia, jailer; **-a** *f.* guard, night-watch; **-ować** *v.* watch, be on guard.

struchl-ałość *f.* awe; consternation; dismay; **-ały** *a.* appalled; horrified; aghast; **-eć** *v.* be appalled; quail.

Odnośnie do czasowników na sc-, sch-, scz-, sf-, sk-, sp-, st- brakujących powyżej obacz **sc-.**

For verbs in sc-, sch-, scz-, sf-, sk-, sp-, st- not given consult **sc-.**

strucla *f.* cake; loaf.
stru-ć *v.* poison; **-ty** *a.* poisoned; (*fig.*) dejected.
strudz-enie *n.* lassitude; weariness; **-ić** *v.* tire, fatigue; **-ić się** *v.* be fatigued; grow weary; grow tired; **-ony** *a.* tired, weary.
strug *m.* plane; ~ boczny, side rebate-plane; ~ dwuręczny, spoke-shave; ~ kątnik, rabbit-plane; ~ równiak, smoothing plane; ~ żłobień, hollow-plane; raft; **-ać** *v.* plane; whittle; (*ołówek*) sharpen; (*owoce*) peel, pare; **-arka** *f.* planing machine.
struga *f.* stream, rivulet; rill.
struktura *f.* structure.
strum-ień *m.* stream; torrent; flood; **-yczek, -yk** *m.* brooklet, stream; rill; **-ieniami** in torrents.
strun-a *f.* string; chord; trafić w czułą -ę, touch a string; **-ny, -owy** *a.* stringed.
strup *m.* scab; **-iasty** *a.* scabby; scurfy; **-ień** *m.* scurf; **-ieszałość** *f.* putridness; **-ieszały** *a.* putrid, putrescent.
stru-si *a.* (of) ostrich; **-ś** *m.* ostrich.
strwonić *v.* waste, squander.
strwoż-ony *a.* alarmed; frightened; **-yć** *v.* frighten; alarm; ~ **się**, be frightened; take alarm.
strych *m.* garret; loft; dash.
strycharz *m.* brick-maker.
strychować *v.* line.
strychnina *f.* strichnin.
stryczek *m.* halter, noose.
stryj *m.* uncle; **-eczny brat**, siostra -eczna, cousin; **-enka** *f.* aunt.
strzał *m.* shot; (*odległość*) range; na ~, within shot; **-a** *f.* arrow; **-ka** *f.* (small) arrow; (*u zwierząt*) spot; (*u nogi końskiej*) frog; ~ piorunowa, thunder-bolt.
strzaskać *v.* dash, shatter to pieces.
strząs-ać, -nąć *v.* shake off, cast off.

Odnośnie do czasowników na sc-, sch-, scz-, sf-, sk-, sp-, st- brakujących powyżej obacz **sc-**.

strzec *v.* guard, watch, keep, protect; ~ **się**, be on one's guard, beware (of).
strzecha *f.* thatch; thatched cottage.
strzel-ać, -ić *v.* shoot, discharge; fire (off); (*oczyma*) wink; ~ sobie w łeb, blow out one's brains; -iło mu do głowy, aby, he took it into his head to; ~ **się** (*z kim*), fight a duel; **-anina** *f.* fire; **-ba** *f.* rifle; **-ec** *m.* soldier (of the line); hunter; marksman; page; footman; **-ecki** *a.* shooting; shooter's; -ecka torba, game-bag; **-isty** *a.* fleet, swift; (*żarliwy*) fleet; fervent; ardent; (*smukły*) slender; **-nica** *f.* (*archit.*) crenel; embrasure; (*miejsce do ćwiczeń w strzelaniu*) shooting-range; **-niczy** *a.* shooting; proch ~, gun powder; bawełna -nicza, gun cotton.
strzemi-enne *n.* stirrup-cup; **-enny** *a.* (of the) stirrup; **-ę** *n.* stirrup.
strzep-ać, -nąć, -ywać *v.* shake off; ~ kogo (*fig.*) thrash.
strzeżenie *n.* guard; defence; ~ **się**, self-protection.
strzęp, -ek *m.* tatter; tag; rag; podrzeć na -y, tear to pieces; **-iasty** *a.* frayed; unravelled; **-ić się** *v.* get tattered; get unravelled; fray.
strzy-c, -dz *v.* shear, cut, clip; ~ uszami, prick the ears.
strzy-gacz *m.* shearer; **-ż(a)** *f.* shearing(-time); **-żenie** *n.* shearing; ~ włosów, hair-cut; **-żony** *a.* shorn; cut.
strzyk-ać, -nąć *v.* (*ból*) twinge; (*bryzgać*) squirt; **-anie** *n.* pain; twinge; **-awka** *f.* syringe.
strzyżyk *m.* wren.
stud-encki *a.* student('s); **-ent** *m.* **-entka** *f.* student; undergraduate; ~ medycyny, medical student; **-ja** *pl.* studies; **-jować** *v.* study; **-jum** *n.* study; essay; college.

For verbs in sc-, sch-, scz-, sf-, sk-, sp-, st- not given consult **sc-**.

stu-dnia *f.* well; spring; **-dniarz** *m.* well-sinker; **-dzienka** *f.* little well; **-dzienny** *a.* (of a) well; woda -dzienna, spring-water; **-dzić** *v.* cool; **-dzić się** *v.* cool (down); grow cool.
stuk *m.*, **-anie** *n.* noise; rap; knock(ing); **-ać**, **-nąć** *v.* knock, tap; (*o sercu*) throb; **-ot** *m.* noise; din.
stul-ać, **-ić** *v.* close, shut.
stule-cie *n.* century; **-tni** *a.* a hundred year(s old); centennial.
stuła *f.* stole. [thousand.
stutysięczny *a.* (of) a hundred
stwardn-iałość *f.* callosity; **-iały** *a.* callous; hardened; **-ąć**, **-ieć** *v.* harden.
stwarzać *v.* see **stworzyć.**
stwierdz-ać, **-ić** *v.* affirm, state; satisfy oneself; confirm, corroborate; **-enie** *n.* assertion; confirmation; corroboration.
stwora *f.* fright.
stworz-enie, creation; creature; **-yciel, stwórca** *m.* Creator; **-yć** *v.* create; ~ sobie, invent, imagine.
stycz-eń *m.* January; **-niowy** *a.* (of) January.
stycz-na *f.* (*mat.*) tangent; **-ność** *f.* contact; relations, *pl.*; **-ny** *a.* contiguous.
stygmat *m.* stigma; **-y** *pl.* stigmata; **-yzować** *v.* stigmatize.
stygnąć *v.* cool (down).
styk-ać się *v.* touch, meet; be contiguous, border (upon); come into contact; **-anie się** *n.* contact; contiguity.
styl *m.* style; **-ista** *m.* stylist; **-istyczny** *a.* stylistic; **-istyka** *f.* theory of style; **-owy** *a.* in style; stylish, fashionable; **-izacja** *f.* style.
stynka *f.* smelt (fish).
stypa *f.* funeral repast.
stypend-jum *m.* scholarship; **-ysta** *m.* scholar.
styrać see **sterać.**
subdjakon *m.* subdeacon.
subhasta, -cja *f.* auction.
subjek-cja *f.* trouble, inconvenience; bez -cyj, without ceremony; **-t** *m.* (shopkeeper's) assistant; **-tywność** *f.* subjectivity; **-tywny** *a.* subjective.
sublimat *m.* corrosive sublimate.
sublokator *m.* subtenant.
subordynacja *f.* subordination.
subretka *f.* maid-servant; soubrette.
subskry-bować *v.* subscribe; **-pcja** *f.* subscription.
substancja *f.* substance.
subsydjum *n.* subsidy.
subt-elnieć *v.* grow subtle; **-elność** *f.* subtlety; **-elny** *a.* subtle; delicate; **-ylizować** *v.* subtilize.
such-ar, **-arek** *m.* biscuit; **-o** *adv.* drily; na -o, with impunity; **-ość** *f.* dryness.
suchot-nica *f.*, **-niczy** *a.*, **-nik** *m.*, **-ny** *a.* consumptive; **-y** *pl.* consumption.
such-y *a.* dry; arid; **-ą** nogą, dry-shod; -y kaszel, dry cough; -e dni, ember days.
suczka *f.* bitch; puppy.
suć *v.* heap; (*perłami itd.*) trim.
sufit *m.* ceiling.
sufler *m.* prompter.
sufragan *m.* suffragan bishop.
sufraż-etka, -ystka *f.* suffragette.
sugestj-a *f.* suggestion; **-onować** *v.* bias, influence, hypnotize.
suka *f.* bitch; ~ gończa, hound-bitch.
sukces *m.* success.
sukces-ja *f.* succession; **-or** *m.* heir; **-orka** *f.* heiress.
sukien-ka *f.* dress; ~ duchowna, habit; **-ko** *n.* cloth; **-nica** *f.*, **-nice** *pl.* cloth-hall; **-nictwo** *n.* drapery; **-niczy** *a.* draper's; clothier's; **-nik** *m.* clothier; **-ny** *a.* (of) cloth.
sukmana *f.* long russet coat of Polish peasants.
sukn-ia *f.* dress; gown; ~ duchowna habit; **-o** *n.* cloth.
sukurs *m.* succour, help.
sułtan *m.* sultan; **-a**, **-ka** *f.* sultana.
sum *m.* (*zool.*) sheat-fish; ~ elektryczny, electric eel.
suma *f.* sum, total (amount); (*kośc.*) high-mass; **-ryczny** *a.* summarized; **-rjusz** *m.* summary.
sumak (*bot.*) sumach.

sumiasty *a.*, ~ wąs, long, bushy moustache.
sumien-ie *n.* conscience; zgryzoty -ia, remorse; wyrzuty -ia, stings of remorse; czyste ~, clear conscience; rachunek -ia, examination of conscience; na -iu, on one's conscience; **-nie** *adv.* conscientiously; **-ność** *f.* conscientiousness; **-ny** *a.* conscientious.
sumka *f.* bag.
sumować *v.* add (up), cast up, sum (up).
sumpt *m.* expense; własnym -em, at one's own expense.
sunąć *v.*, ~ **się**, glide; rush.
supeł, -ek *m.* knot.
superata *f.* surplus.
super-arbiter *m.* arbitrator; **-fosfaty** *pl.* superphosphates; **-intendent** *m.* superintendent; **-latywy** *pl.* superlatives.
suplent *m.* assistant teacher.
suplik-a *f.* petition; **-ant** *m.* petitioner; **-ować** *v.* supplicate, entreat.
supo-nować *v.* suppose, conjecture; **-zycja** *f.* supposition.
supremacja *f.* supremacy.
surdut *m.* frock-coat; jacket.
surdyna *f.* sordine.
surma *f.* trumpet; **-cz** *m.* trumpeter.
surogat *m.* substitute.
surow-ica *f.* serum; salt-spring; ~ krwi, blood serum; **-iec** *m.* raw product; ~ żelaza, pig-iron; **-izna** *f.* crudeness, rawness; **-o** *adv.* severely; roughly; sharply; na -o, raw; **-ość** *f.* severity; crudity; rigour; **-y** *a.* severe, sharp; grim, rigorous; (*o potrawach*) raw; (*nieobrobiony*) rough; ~ jedwab, raw-silk.
surówka *f.* sun-dried brick; (*żelazo*) pig-iron.
sus *m.* bound, leap, jump.
suseł *m.* (*zool.*) marmot; spać jak ~, sleep like a log.
suspen-dować *v.* suspend; **-sorjum** *m.* suspender.
susz *m.* dead branches, **-a** *f.* dryness; drought; **-alnia, -arnia** *f.* drying-loft; **-ka** *f.* blotter; **-ony** *a.* dried; **-yć** *v.* dry (up); (*pościć*) fast; ~ komu głowę, din in one's ears; ~ sobie głowę, rack one's brains; ~ **się**, dry, grow dry.
sutanna *f.* cassock.
suter-ena, -yna *f.* basement.
sut-o *adv.*, **-y** *a.* plentiful(ly), abundant(ly), profuse(ly), copious(ly).
suwać *v.* push; shove; glide; rush; ~ nogami, shuffle one's feet.
suweren *m.* sovereign; **-ność** *f.* sovereignty.
swada *f.* fluency of speech; (*zwada*) quarrel.
swadźba *f.* wedding.
swa-r *m.* wrangle; quarrel; **-rliwość** *f.* quarrelsomeness; **-rzyć** *v.* chide, scold; **-rzyć się** *v.* quarrel.
swastyka *f.* fylfot, swastika.
swat *m.* best man; matchmaker; **-ać** *v.* match; **-y** *pl.* match-making.
swawol-a *f.* licence; unrestraint; lawlessness; insurbordination; **-ić** *v.* frolic; play wild pranks; romp; **-ny** *a.* frolicsome, wild, rompish.
swąd *m.* smell of burning.
swędz-enie *n.* itch; **-ić** *v.* itch.
swobod-a *f.* liberty, freedom; exemption; privilege; ~ w ruchach, ease, easy deportment; **-nie** *adv.* freely, at liberty; at leisure; **-ny** *a.* free, easy; independent; unrestrained.
swoist-o *adv.* peculiarly; **-ość** *f.* peculiarity; **-y** *a.* peculiar, individual.
swoj-ak *m.* kindred; mój ~, a kindred of mine; **-ski** *a.* homely, native; **-skość** *f.* homeliness.
sworzeń *m.* bolt-screw; peg; ~ sprzęgła, coupling bolt.
swój *poss. prn. & adj. of all persons sing & pl.*; *obacz mój, twój itd.*
sybaryt-a *m.* sybarite; **-yzm** *m.* sybaritism.
syb-eryjski, -irski *a.* Siberian.
sycić *v.* satiate, saturate.
sycz-ący *a.* hissing; **-eć** *v.* hiss.
syderalny *a.* sidereal.
syenit *m.* syenite.
syfili-s *m.* syphilis; **-tyczny** *a.* syphilitic.

syfon *m.* (*rura & butelka*) siphon.
sygna-lizować *v.* signalize; **-ł** *m.* signal; **-tura** *f.* signature.
sygnet *m.* signet.
syk *m.*, **-anie** *n.* hissing; **-ać, -nąć** *v.* hiss.
sykomora *f.* sycamore.
sylab-a *f.* syllable; **-izować** *v.* syllabize; **-izowanie** *n.* syllabication.
sylf *m.* sylph; **-ida** *f.* sylph.
sylogizm *m.* syllogism.
sylwet(k)a *f* silhouette.
symbioza *f.* symbiosis.
symbol *m.* symbol; **-iczny** *a.* symbolical; **-ika** *f.* symbolism; **-izować** *v.* symbolize.
symetr-ja, -yczność *f.* symmetry; **-yczny** *a.* symmetrical.
symfon-iczny *a.* symphonic; koncert ~, symphony concert; orkiestra ~-a, symphony orchestra; **-ja** *f.* symphony.
sympat-ja *f.* sympathy; liking; ~, (*człowiek*) flame; **-yczny** *a.* attractive; likable; pleasant-faced; **-yk** *m.* sympathizer; adherent; **-yzować** *v.* sympathize; have a liking (for).
symptom, -at *m.* symptom; **-atyczny** *a.* symptomatic.
symul-acja *f.* simulation; **-ować** *v.* simulate.
syn *m.* son; ~ Boży, God the Son; **-aczek, -alek, -eczek** *m.* pet son.
synagoga *f.* synagogue.
synapizm *m.* sinapism.
synchroni-czny *a.* synchronous; **-zm** *m.* synchronism.
syndyk *m.* legal adviser; representative; **-at** *m.* syndicate.
synekura *f.* sinecure.
synkopa *f.* syncope.
synod *m.* synod.
synogarlica *f.* turtle-dove.
syno-nim *m.* synonym; **-nimowy** *a.* synonymous; **-ptyczny** *a.* synoptic.
syno-stwo *n.* sonship; **-wa** *f.* daughter-in-law; **-wica** *f.* niece; **-wiec** *m* nephew; **-wski** *a.* filial; son's. [*f.* synthesis.
syntety-czny *a.* synthetic; **-za**
syp-ać *v.* pour; strew; heap (up); sprinkle; shed; flood; ~ pieniędzmi, squander money; ~ **się**, drop, fall; be spilt.
sypi-ać *v.* sleep; take a nap; **-alnia** *f.* bedroom; (*wspólna*) dormitory; **-alny** *a.* sleeping; wagon ~, sleeping car.
syp-ki *a.* loose; friable; crumbly; -kie ciało, granular substance; **-kość** *f.* friability.
syrena *f.* siren; mermaid; (*instrument*) hoot.
syrop *m.* syrup.
system, -at *m.*, **-atyczność** *f.* system; method; **-atyczny** *a.* systematic.
syt, -y *a.* well-fed; satiate; full; substantial; replete; **-ność** *f.* satiety; nutritiveness; **-ny** *a.* nourishing; **-ość** *f.* satiety; surfeit, fill; repletion; (*fig.*) plenty; abundance; disgust.
sytu-acja *f.* situation; **-owany** *a.* (*dobrze*) well off; (*źle*) badly off.
sza *i.* hush!
szaba-sowy *a.* sabbatic; **-sówka** *f.* ritual tallow-candle (used by Jews); **-śnik** *m.* oven.
szabl-a, -ica *f.* sabre; sword; **-asty** groch, haricot (beans).
szablon *m.* (*wzor*) pattern; (*wykrój*) stencil; (*fig.*) routine; **-owo** *adv.* by routine; **-owy** *a.* (of) routine; uniform; stereotyped.
szach *m.* shah; (*w szachach*) check; ~ mat, checkmate; **-ista** *m.* chess-player; **-ować** *v.* check; **-ownica** *f.* chess-board; w -ownicę, chequer-wise; **-y** *pl.* chess; chess-men.
szach-erka *f.* swindle; swindling; cheating; **-rajstwo** *n.*, **-erski, -rajski** *a.* fraudulent; **-raj** *m.* swindler; cheat; impostor; **-rować** *v.* cheat; swindle.
szacht *m.*, **-a** *f.* pit; shaft.
szac-ować *v.* estimate, value, rate, appraise; **-owanie** *n.* estimation; appraisement; valuation; **-ownik** *m.* estimator; appraiser; **-owny** *a.* estimable, valuable, valued; **-unek** *m.* esteem, regard; estimate; valuation; appraisal; **-unkowy** *a.* appraising; of appraisement.
szaf-a *f.* (*do rzeczy*) cupboard; (*do ubrań*) wardrobe; (*do książek*) bookcase; **-arka** *f.*, **-arz** *m.* steward; dispenser; house-wife; **-arnia** *f.* larder, pantry; **-ar-**

stwo *n.* dispensation; **-ka** *f.* (*nocna*) nightstool.
szafir *m.* sapphire; **-owy** *a.* (of) sapphire; sapphirine.
szaflik *m.* bucket, tub.
szafot *m.* scaffold.
szafować *v.* dispense, dispose of; squander.
szafran *m.* saffron; **-owy** *a.* (of) saffron.
szafunek *m.* dispensation; squandering.
szagryn *m.* shagreen.
szajka *f.* gang.
szakal *m.* (*zool.* & *fig.*) jackal.
szakłak *m.* (*bot.*) buckthorn.
szal *m.* shawl.
szala *f.* scale; położyć na ~ę, weigh.
szalbie-rski *a.* fraudulent; **-rstwo** *n.* fraud, imposture; **-rz** *m.* swindler, knave, impostor.
szal-eć *v.* be mad; rage; fume; rave; (*za kim*) rave (about); be crazy (about); **-enie** *adv.* madly, frantically, passionately; **-eniec** *m.* madman; madcap; **-eństwo** *n.* madness, fury, frenzy, folly; rage; **-ony** *a.* foolish; mad; frantic; maddening; terrific; (*fig.*) awful.
szalik *m.* muffler; wrap.
szalka *f.* scale.
szal-ować *v.* board; **-ówka** *f.* board(s).
szalupa *f.* shallop, boat.
szał *m.* frenzy, madness; rage; delirium; ~ młodości, the wildness of youth; wild oats.
szałamaja *f.* shawm.
szała-put, -wiła *m.* giddy-head, madcap; hoity-toity.
szałas *m.* shanty; hut.
szałwja *f.* (*bot.*) sage.
szambela-n *m.* chamberlain; **-ństwo** *n.* chamberlainship.
szamerować *v.* trim with galloon; (*fig.*) slander.
szamotać się *v.* jostle; struggle, scuffle; ~ z kim, grapple with one; struggle with one.
szampa-n *m.* champagne; **-ński** *a.* (of) champagne.
szampjon *m.* champion.
sza-niec *m.* rampart; **-ńcować** *v.* fortify.
szankier *m.* (*med.*) chancre.
szanow-ać *v.* esteem, honour, respect; heed; be careful of; pay regard (to); ~ **się** *v.* take care of oneself; not overexert oneself; **-any** *a.* esteemed, worthy; **-ny** *a.* esteemed; respectable, honourable; (*w listach*) ~ Panie! Dear Sir.
szansa *f.* chance.
szansonetka *f.* song.
szantaż *m.* blackmailing; **-ysta** *m.* blackmailer.
szapoklak *m.* opera-hat.
szara-czek *m.* grey cloth; **-czkowy** *a.* grey; **-k** *m.* hare.
szarada *f.* charade.
szaragi *pl.* rack.
szarańcza *f.* locust; (*fig.*) multitude; a host of pillagers.
szarawary *pl.* trousers; galligaskins.
szarfa *f.* scarf; sash.
szargać *v.* soil; bemire.
szarlatan *m.* charlatan, quack; **-erja** *f.* quackery, humbug; charlatanry.
szarlotka *f.* charlotte.
szarnier see **zawiasa.**
szar-o *adv.* grey; greyly; ~ na dworze, it dawns; it is dusky; **-ość** *f.* greyness; dusk; **-otka** *f.* (*bot.*) edelweiss.
szarp-ać, -nąć *v.* pull; tear; worry, tousle, jerk; tug; (*czyją sławę*) decry, denigrate, defame; ~ **się**, struggle; **-nąć** *v.* pull, tug, jerk; **-nienie, -nięcie** *n.* jerk, pull, pluck.
szarpie *pl.* lint. [squall.
szaruga *f.* bad weather; ram;
sza-ry *a.* grey; dusky; **-ra** godzina, twilight; być na **-rym** końcu, be hindmost; **-rytka** *f.* sister of charity; **-rzać, -rzeć** *v.* dawn, appear; loom; grow grey.
szarż-a *f.* attack; (*stopień*) rank; **-ować** *v.* charge; attack.
szastać *v.* shuffle; ~ pieniędzmi, dissipate, squander; ~ **się**, bustle, stir.
szata *f.* garment, vestment; dress; attire.
szata-n *m.* satan, devil; **-ński** *a.* devilish; satanic; **-ństwo** *n.* devilry; satanism.
szatkow-ać *v.* hash (up); mince, **-nica** *f.* chopping-board.

szatn-ia *f.* cloak-room; **-y** *m.* cloak-room attendant.
szatra *f.* tent. [chestnut hair.
szatyn *m.*, **-ka** *f.* person with
szawłok *m.* leather bag.
szczapa *f.* lath.
szczaw *m.* (*bot.*) sorrel; **-ian** *m.* oxalate (*chem.*); **-iowy** *a.* (of) sorrel.
szcząt-ek *m.* remnant; wreck; **-ki** *pl.* remains; relics.
szczebel *m.* rung; (ladder-)step; (*fig.*) degree; stage; postąpić o jeden ~, mount a step; najwyższy ~, the pinnacle; the topmost rung.
szczebiot *m.*, **-anie** *n.* chirping; warble; babble; (*fig.*) prattle; **-ać** *v.* chirp, warble, babble; **-ka** *f.* chatterbox; **-liwość** *f.* talkativeness; prattle; **-liwy** *a.* prattling; talkative.
szcze-cina, szczeć *f.* hog's hair; bristles; (*bot.*) teasel; **-cinka** *f.* bristle; **-ciasty, -cinowaty** *a.* bristly; (*bot.*) setaceous.
szczegól-nie *adv.* especially, in particular; particularly; **-ność** *f.* peculiarity; singularity; **-ny** *a.* particular, peculiar; separate.
szczegół *m.* detail; particular; wchodzić w -óły, go into details; **-owo** *adv.* in detail; **-owość** *f.* fullness of detail; minuteness; **-owy** *a.* detailed; minute.
szczek-ać, -nąć *v.* bark (at); bay; (*fig.*) denigrate; slander; **-acz** *m.* barker; slanderer; **-anie** *n.* bark(ing); (*fig.*) slander, calumny.
szczel-ina *f.* chink, cleft, fissure; (*skalna*) crevice; chasm; **-ność** *f.* closeness; compactness; **-ny** *a.* hermetic; close, compact; (air-)tight.
szczen-iak *m.*, **-ię** *n.* whelp; puppy; **-ić się** *v.* whelp, pup; cub; **-na** *a.* in pup.
szczep *m.* graft, scion, shoot; (*fig.*) stock; race; tribe; **-ić** *v.* graft; (*fig.*) implant; (*med.*) vaccinate, inoculate; **-ienie** *n.* inoculation, vaccination; **-ionka** *f.* scion; (*med.*) vaccine; **-owy** *a.* racial; tribal.
szczep-a *f.* see **szczapa**; **-ka** *f.* splinter; **-ać** *v.* split.
szczerba *f.* notch; gap; chink; breach; **-ty** *a.* notched; gap-toothed.
szczerk *m.* gravel.
szcze-rość *f.* sincerity; candour; **-rozłoty** *a.* of pure gold; **-ry** *a.* sincere, candid; frank, true; -e pole, the open country; -e złoto, pure gold; **-rze** *adv.* sincerely, frankly, truly; candidly, openly.
szczerzyć zęby, grin.
szczeznąć *v.* disappear.
szczędzić *v.* spare; save.
szczęk *m.* clink, clash, clatter; **-ać, -nąć** *v.* clink, clatter, clash; -ałem zębami, my teeth chattered.
szczęk-a *f.* jaw(-bone); ~ imadła, jaws of a vice; **-owy** *a.* maxillary.
szczęś-cić *v.* have good luck; be successful; prosper; -ć Boże! good luck!; **-cie** *n.* fortune, chance; (good) luck; mieć ~, be in luck; próbować -cia, try one's luck; **-ciem,** fortunately, happily; **-liwiec** *m.* lucky man; **-liwość** *f.* bliss; happiness; **-liwy** *a.* happy, lucky, fortunate, successful; -liwej podróży! a pleasant journey.
szczęsny *a.* fortunate, felicitous; propicious.
szczodr-obliwość, -ość *f.* munificence, liberality; generosity; **-obliwy, -y** *a.* generous; munificent, liberal; lavish.
szczot-eczka *f.* small brush; ~ do paznogci, nail-brush; ~ do zębów, tooth-brush; **-ka** *f.* brush; ~ do trzewików, shoe-brush; **-karz** *m.* brush-maker; **-kować** *v.* brush.
szczu-cie *n.* baiting; incitement; **-ć** *v.* bait; set on.
szczudło *n.* stilt; crutch.
szczupak *m.* (*zool.*) pike.
szczup-leć *v.* grow lean; grow thin; **-lo** *adv.* scantily; **-łość** *f.* scarcity; (*ciała*) leanness; scantiness; slenderness; **-ły** *a.* thin; lean; slim, slender; (*rzadki*) scarce; scanty.
szczur *m.* rat; **-czy** *a.* rat's.
szczutek *m.* fillip.
szczwa-cz *m.* setter-on; **-ny** *a.* cunning, sly.
szczwoł *m.* (*bot.*) hemlock.

szczycić się *v.* (*czem*) boast (of); glory (in); pride oneself (upon); feel honoured.
szczygieł *m.* goldfinch.
szczykać *v.* pluck.
szczyp-ać, -nąć, pinch; twinge; ~ trawę, browse; (*fig.*) chaff, taunt; **-anie** *n.* pinch, twinge; **-awka** *f.* earwig; **-ce, -czyki** *pl.* pincers; tongs; tweezers, *pl.*
szczypiorek *m.* (*bot.*) chive.
szczypta *f.* pinch; (*fig.*) a whit.
szczyt *m.* summit, top, peak, crown; pitch; zenith; **-ność** *f.* sublimity, loftiness; **-ny** *a.* lofty, sublime; **-owy** *a.* (of the) top; ściana -owa, gable-wall.
szedłem *past of* **iść.**
szef *m.* chief; principal.
szelak *m.* shellac.
szeląg *m.* farthing.
szele-st *m.* rustle; **-ścić** *v.* rustle; **-szczący** *a.* rustling.
szelężnik *m.* (*bot.*) cockscomb.
szelk-a *f.* strap; **-i** *pl.* braces.
szelm-a *f.* rogue, knave; scoundrel; rascal; **-ostwo** *n.* roguery, rascally trick; knavery; **-owski** *a.* roguish, knavish; villanous.
szemat see **schemat.**
szem-rać, -rzeć *v.* murmur, grumble (at); mutter; ripple; rustle.
szepleni-ć *v.* lisp; **-enie** *n.* lisp.
szep-nąć, -tać *v.* whisper; **-t** *m.* whisper; **-tem** *adv.* in a whisper.
szereg *m.* row; file; a (certain) number; **-i** *pl.* ranks; **-ować** *v.* range, file, rank; **-owiec, -owy** *m.* private (soldier).
szerm-ierka *f.* fencing; **-ierski** *a.* fencer's; (of) fencing; **-ierstwo** *n.* swordsmanship; polemic; controversy; **-ierz** *m.* fencer; champion; **-ować** *v.* fence; defend; polemize.
szerok-i *a.* wide, broad; **-o** *adv.* wide, widely; broadly; ~ mówić (o), speak at length (about); **-ość** *f.* breadth; width; ~ geograficzna, latitude; ~ toru, gauge.
szerszeń *m.* hornet.
szerszy *comp. of* **szeroki.**
szerść see **sierść.**
szerz-enie *n.* propagation; **-yć** *v.* spread, propagate; disseminate; extend; widen; diffuse; **-yć się,** spread; **-yzna** *f.* extension; expanse.
szesna-stka *f.*, **-ście** *num.* sixteen; **-sty** *a.* sixteenth.
sześci-an *m.* cube; **-enny** *a.* cubic; stopa -enna, cubic foot.
sześcio-boczny *a.* hexagonal; **-bok, -kąt** *m.* hexagon; **-krotny** *a.* sixfold; **-letni** *a.* six years old; six-year; **-miarowy** *a.* hexametrical; **-miesięczny** *a.* six-month; six months old; **-raki** *a.* sixfold; **-rako** *adv.* in six different manners; **-ro** *n.* six.
sześć, sześciu *num.* six; **-dziesiąt** *num.* sixty; **-dziesiecioletni** *a.* sixty years old; sixty-year; **-dziesiąty** *a.* sixtieth; **-kroć** *adv.* six times; **-set** *num.* six hundred; **-setny** *a.* six hundredth.
szew *m.* seam; (*chir.*) suture; **-c** *m.* shoemaker, bootmaker; ~ łaciarz, cobbler; **-czyk** *m.* shoemaker's apprentice; **-ski** *a.* shoemaker's.
szewjot *m.* cheviot.
szezlong *m.* couch.
szkalow-ać *v.* abuse, revile; slander; **-anie** *n.* abuse; slander; **-nik** *m.* railer; reviler; slanderer.
szkap-a *f.* jade; worn out horse; **-ina** *f.* horse-flesh.
szkaplerz *m.* scapular.
szkara-da *f.* abomination, fright; monster; ugliness; **-dnica** *f.*, **-dnik** *m.* abominable person; **-dność** *f.*, **-dzieństwo** *n.* fright; abominableness, ugliness; hideousness; monstrosity; **-dny** *a.* hideous, abominable; **-dzić** *v.* foul, deform, disfigure.
szkar-latyna *f.* scarlet fever; **-łat** *m.*, **-łatny** *a.* scarlet, purple.
szkarpa see **skarpa.**
szkatuł(k)a *f.* casket; box.
szkic *m.* sketch, outline; **-ować** *v.* sketch.
szkielet *m.* skeleton.
szkiełko *n.* glass; burning-glass; watch-glass.
szkla-neczka, -nica, -nka *f.* (drinking-)glass; glassful; **-ny** *a.* (of) glass; glassy; vitreous; wyroby -ne, glass-ware; oko -ne, glass eye; **-rnia** *f.* glass-house; glass-works; **-rski** *a.* glazier's; **-rz** *m.* glazier.

szkl-ący (się) *a.* glittering; glossy; **-ić się** *v.* glitter; sparkle; **-isty** *a.* glassy; vitreous; **-iwo** *n.* enamel.

szkł-a *pl.* glasses; spectacles, *pl.*; **-o** *n.* glass; ~ okienne, window glass; ~ taflowe, ~ zwierciadlane, plate-glass; ~ kryształowe, flint-glass; ~ matowe, ground glass.

szko-da *f.* damage; harm; loss, detriment; jaka ~, what a pity; ~ pieniędzy, it is not worth the expense; zająć bydło z -y, impound cattle; **-dliwość** *f.* harmfulness, damage, noxiousness; **-dliwy** *a.* harmful, injurious, noxious, obnoxious, detrimental; (*zdrowiu*) unwholesome; **-dnik** *m.* noxious (insect, bird, animal); (*o człowieku*) evildoer; wrongdoer; malefactor; **-dny** *a.* mischievous; noxious; **-dować** *v.* suffer a loss; cause damage; **-dzić** *v.* hurt, injure, prejudice; cause damage; be detrimental; wrong; co to -dzi? what harm?

szko-larstwo *n.* pedantry; **-larz** *m.* pedant; scholar; **-lnictwo** *n.* education; teaching, learning; **-lny** *a.* (of) school(s); rok ~, school-year; **-ła** *f.* school; ~ ludowa, elementary school.

szkopek see **skopek.**

szkopuł *m.* flaw; hindrance; drawback; handicap; reef.

szkorbut *m.* scurvy; **-yczny** *a.* scorbutic.

Szkot *m.* Scotchman.

szkocki *a.* Scotch.

szkółka *f.* nursery-ground; seed plot; (*frebl.*) kindergarten.

szkud-ła *f.*, **-ło** *n.* shingle; **-łarz** *m.* shingle-maker.

szkut-a *f.* barge; **-nik** *m.* raftsman.

szlaban *m.* stile.

szlach-cianka *f.* noblewoman; **-cic** *m.* nobleman; **-ecki** *a.* nobleman's; stan ~, the nobility; the gentry; -eckiego rodu, of noble birth; **-ectwo** *n.* nobility; nadać ~, ennoble; **-etka** *m.* poor nobleman; **-etność** *f.* nobility, nobleness; generosity, magnanimity; **-etny** *a.* noble, generous; magnanimous; **-ta** *f.* gentry; nobility.

szla(cze)k *m.* border, edge, selvage; (*droga*) track; trail; path; **-ować** *v.* trace.

szlak *m.* **-a** *f.* slag.

szlaf-myca *f.* night-cap; **-rok** *m.* dressing gown.

szlam *m.* slime; **-istość, -owatość** *f.* sliminess; mucosity; **-owy** *a.* slimy.

szlarka *f.* border, edge, trimming.

szlauch *m.* (rubber) pipe.

szlem *m.* (*w kartach*) slam.

szlichta *f.* weaver's glue.

szlif *m.*, **-a** *f.* epaulette.

szlif-iernia *f.* glass-grinding plant; **-ierski** *a.* grinder's; **-ierz** *m.* glass-cutter; polisher; knife-grinder; **-ować** *v.* grind, polish; -owane szkło, cut glass.

szloch-ać *v.* sob; **-anie** *n.*, **-y** *pl.* sobbing, sobs.

szluza *f.* sluice(-gate).

szma-ciany *a.* (of) rag(s); -ciana lalka, rag-baby; -ciany papier, rag-paper; **-cik, -t** *m.* piece, bit; ~ ziemi, expanse; **-ta** *f.* rag; clout.

szmaragd *m.* emerald; **-owy** *a.* (of) emerald.

szmelc *m.* scrap; scrap-iron; **-arski** *a.* melting; **-arz, -erz** *m.* smelter; **-ować** *v.* smelt; enamel; piec -owy, smelting-furnace.

szmer *m.* murmur; sound; whisper; rustle; hum; **-ać** *v.* murmur, whisper; hum; rustle.

szmergiel *m.* emery.

szmergnąć *v.* start; run.

szmermel *m.* cracker.

szminka *f.* rouge.

szmuglować *v.* smuggle.

szmukle-rski *a.* haberdasher's; -rskie wyroby; **-rstwo** *n.* haberdashery; **-rz** *m.* haberdasher.

sznur *m.* string; rope; cord; line; (*fig.*) row; (*pereł, korali*) necklace; **-ek** *m.* string; **-ować** *v.* tie; ~ **się**, wear stays; **-owadło** *n.* (boot-)lace; **-owy** *a.* corded; **-ówka** *f.* corset; stays.

szofer *m.* chauffeur; driver.

szop *m.* (*zool.*) racoon.

szop-a *f.* shed; **-ka** *f.* puppet-show; (*fig.*) trick.
szorować *v.* scrub; scour; ~ nogami, shuffle one's feet.
szorstk-i *a.* rough, coarse; harsh; **-ość** *f.* roughness, coarseness, harshness.
szory *pl.* harness.
szosa *f.* high-road.
szowini-sta *m.* chauvinist; **-styczny** *a.* chauvinistic; **-izm** *m.* chauvinism; jingoism.
szóst-ka *f.* six; (*obs.*) penny; **-y** *a.* sixth.
szpachla *f.*, **szpadel** *m.* spatula.
szpaczek *m.* (young) starling.
szpada *f.* sword.
szpagat *m.* cord; twine.
szpak starling; (*koń*) grey horse; (*fig.*) cunning fellow; **-owaty** *a.* grizzled; grey.
szpaler *m.* hedgerow; alley; (*fig.*) row; range.
szpalta *f.* column.
szpara *f.* chink; crevice; fissure; crack; przez -y patrzeć, look through one's fingers.
szparag *m.* asparagus.
szpargał *m.* scrap of paper; **-y** *pl.* old papers.
szparki *a.* quick, brisk, swift.
szpat *m.* spavin.
szpatla *f.* spatula.
szpecić *v.* disfigure, deform; sully; soil; tarnish.
szper-ać, -ować *v.* search, rummage, ferret, rake; **-anie** *n.* search, rummage, investigation.
szpetn-ie *adv.* uglily, badly, hideously; **-ieć** *v.* become ugly; **-ość** *f.* ugliness; foulness; **-y** *a.* ugly; hideous.
szpic *m.* tip; point, peak; (kind of) dog; **-a** *f.* vanguard; **-el** *m.* spy; **-lować** *v.* spy; **-ruta** *f.* riding-whip. [house.
szpichlerz *m.* granary; store-
szpiczast-ość *f.* sharpness pointedness; acuteness; peak; **-y** *a.* sharp; pointed; peaked, tapering.
szpieg *m.* spy; **-ostwo** *n.* espionage; spying; **-ować** *v.* spy; **-owski** *a.* spy's; spying.
szpik *m.* marrow; **-ować** *v.* lard; **-owy** *a.* (of the) marrow; medullary; **-ulec** *m.* larding-pin.
szpilk-a *f.* pin; (*bot.*) needle; główka od -i, pin-head; na -i, pin-money; **-owe drzewa,** conifers.
szpinak *m.* spinage.
szpindel *m.* mandril.
szpital *m.* hospital; ~ polowy, field-hospital; **-ny** *a.* (of a) hospital.
szpon *m.*, **-a** *f.* (*lit.* & *fig.*) claw; clutch.
szproty *pl.* anchovies.
szpryc-a, -ka *f.* syringe; **-ować** *v.* syringe; **-owanie** *n.* injection.
szprycha *f.* spoke.
szpulka *f.* bobbin.
szpunt *m.* bung; **-ować** *v.* bung.
szrama *f.* scar.
szranki *pl.* lists; wchodzić w ~ z, enter the lists (against).
szrapnel *m.* shrapnel.
szron *m.* hoar-frost.
sztab *m.* staff; **-owy** *a.*, ~ oficer, staff officer; sierżant -owy, staff sergeant.
sztaba *f.* bar; ~ żelazna, iron-bar; złoto w -ch, ingots of gold.
sztachet-a *f.* rail; **-y** *pl.* railing; enclosure.
sztafeta *f.* courier; (*bieg*) relay race.
sztafirować *v.* trim; bedizen.
sztalug-a *f.*, **-i** *pl.* easel.
sztandar *m.* banner; flag.
szterling *m.* sterling.
sztokfisz *m.* cod(-fish).
sztolnia *f.* (*min.*) gallery.
sztorc *m.* edge; point; **-em** *adv.* edgeways; postawić się -em, revolt.
sztos *m.* stroke; być w -ie, be in good humour.
sztuc-er, -iec *m.* rifle; fowling-piece.
sztuciec *m.* case.
sztucz-ka *f.* small piece; trick; prank; **-ność** *f.* artificialness; craft; **-ny** *a.* artificial; false; curious; crafty.
sztufada *f.* stewed meat.
sztuk-a *f.* (*jednostka*) piece; (*kunszt*) art; (*część*) part, morsel; (*zręczność*) skill; contrivance; craft; trick; feat; ~ bydła, a head of cattle; ~ teatralna, a play; ~ mię-

sa, boiled beef; -i piękne, fine arts; dokazać -i, achieve; śmiała ~, audacious fellow; po złotemu ~, one zł. a piece; **-aterja** *f.*, **-aterje** *pl.* stucco; **-mistrz** *m.* juggler; artist; **-ować** *v.* patch (up).

szturch-ać, -nąć *v.* jostle; elbow; thrust, push; **-aniec** *m.* thrust, push, cuff.

szturm *m.* attack; assault, onset; wziąć (brać) -em, take by storm; **-ak** *m.* arquebuse; (*fig.* & *fam.*) dolt; **-ować** *v.* storm; ~ do drzwi, batter at the door.

sztych *m.* stab, thrust; (*rycina*) engraving; **-arski** *a.* engraver's; **-arstwo** *n.* engraving; **-arz** *m.* engraver; **-ować** *v.* engrave.

sztyf-cik, -t *m.* bolt; peg.

sztygar *m.* pitman.

sztylet *m.* dagger; **-ować** *v.* stab.

sztylpa *f.* gaiter.

sztywn-ieć *v.* stiffen; **-ość** *f.* stiffness, rigidity; **-y** *a.* stiff, rigid.

szuba *f.* fur.

szubieni-ca *f.* gallows, gibbet; **-cznik** *m.* gallows-bird.

szubraw-iec *m.* scoundrel; **-stwo** *n.* knavery.

szufl-a *f.* shovel; **-ować** *v.* shovel.

szuflada *f.* drawer.

szuja *f.* rascal, knave.

szuka-ć *v.* seek; look for, be in quest of; fetch; be after; ~ kłótni, pick a quarrel; **-cz** *m.* seeker; searcher; **-nie** *n.* quest; search.

szuler *m.*, **-ka** *f.* gambler; cheat; **-nia** *f.* gambling den; **-ować** *v.* gamble; cheat; **-ski** *a.* gambler's; foul; **-stwo** *n.* gambling; cheating.

szum *m.* noise, roar; whirring; ~ w uszach, ringing in the ears; **-ek** *m.* foam, froth; **-ieć** *v.* make a noise; sound; rustle; echo; roar; (*fig.*) sow wild oats; **-ka** *f.* song, ditty; **-nie, -no** *adv.* noisily, clamorously, boisterously; in riot, in revelry; pompously, bombastically; **-ność** *f.* pomp, bombast; (*życia*) riot, revelry; **-ny** *a.* noisy; riotous; boisterous; roaring; pompous; bombastic.

szumowiny *pl.* (*lit.* & *fig.*) scum.

szur-ać, -gać, -gotać *v.* shuffle; shove; clatter; **-got** *m.* (*osoba*) slattern, slut; (*hałas*) shuffle; shove.

szurpaty *a.* rugged; bristly.

szus *m.* bound, leap; (*wybryk*) whim; **-nąć, -tać** *v.* leap, jump, bounce; bound.

szuter *m.* gravel.

szuwaks *m.* blacking (for shoes).

szuwar *m.* reed.

szwaczka *f.* seamstress.

szwadron *m.* squadron.

szwag-ier *m.* brother-in-law; **-rowa** *f.* sister-in-law.

szwajcar *m.* porter; door-keeper; **S~** *m.*, **-ski** *a.* Swiss.

szwalnia *f.* seamstress's shop; tailor's shop.

szwank *m.* harm, damage; injury; narazić na ~, jeopardize; endanger; ~ ponieść, sustain damage; **-ować** *v.* fail; fall short (of); lack; suffer a loss; ~ na zdrowiu, be weak; be sickly.

szwarc-ować *v.* smuggle; blacken; **-ownik** *m.* smuggler.

szwargot *m.* gibberish; **-ać** *v.* gibber.

Szwed *m.* Swede; **-zki** *a.* Swedish.

szwejsowanie see **spawanie**.

szwędać się *v.* gad about; gallivant.

szwindel *m.* swindle.

szyb *m.* pit; shaft.

szyba, szybka *f.* (window) pane.

szybk-i *a.* quick, swift, rapid; **-obieżny** *a.* fast; **-onogi** *a.* swift-footed; **-ość** *f.* swiftness, rapidity, velocity; quickness.

szybować *v.* soar; wing; row.

szych *m.* tinsel.

szychta *f.* (*geol.*) layer, stratum; (*zmiana*) shift.

szy-cie *n.* sewing; needle-work; maszyna do -cia, sewing machine; **-ć** *v.* sew; stitch; (*fig.*) ~ komu buty, plot, intrigue.

szydełko *n.* crochet-needle; **-wać** *v.* crochet; -wa robota, crochet.

szyder-ca *m.* scoffer, sneerer, mocker; **-czy, -ski** *a.* scoffing,

sneering, jeering, derisory; **-stwo** *n.* scoff, derision, sneer, mockery.
szydło *n.* awl; **-waty** *a.* awl-shaped; subulate (*bot.*).
szydz-ić *v.* scoff, sneer, jeer, deride.
szyfer *m.* slate.
szyfonierka *f.* chiffonier.
szyfrowa-ć *v.* cipher; **-ne** *a.* in cipher; in code.
szyj-a *f.* neck; (*arch.*) shaft; na łeb na **-ę**, slapdash; headlong; rzucić się komu na **-ę**, embrace, hug; **-ka** *f.* gullet; (*u skrzypiec*) finger-board; ~ u raka, tail of a crayfish.
szyk *m.* order; elegance, style, chic; (*gram.*) word-order; pomieszać -i, thwart one's designs; ~ bojowy, battle array; z -iem, in fine style; **-i** *pl.* pranks; **-ować** *v.* put in order; range; prepare; draw up; ~ do boju, draw up in battle-array; ~ **się**, prepare oneself; **-owność** *f.* elegance; chic; style; **-owny** *a.* elegant, fashionable, stylish; graceful, nice, neat.
szykan-a *f.* chicanery, cavil; **-ować** *v.* chicane; cavil; find fault (with).
szyld *m.* sign(-board).
szyldkret *m.* tortoise-shell; **-owy** *a.* (of) tortoise-shell.
szyling *m.* shilling.
szympans *m.* (*zool.*) chimpanzee.
szyna *f.* rail.
szynal *m.* wheel-nail.
szynel *m.* (army) cloak.
szynk *m.*, **-ownia** *f.* ale-house; public-house; tavern; **-arstwo** *n.* tavern-keepers' trade; **-arz** *m.* innkeeper; **-ować** *v.* deal in liquors; keep a tavern; **-ow(nia)ny, -owy** *a.* (of) tavern; scurrilous; **-was** *m.* tap, bar.
szynka *f.* ham.
szyper *m.* skipper; **-ski** *a.* skipper's.
szyplać *v.* disentangle; (*fig.*) lag.
szypułk-a *f.* stalk, peduncle; pedicle; ~ pióra, quill; **-owaty** *a.* pedunculate, pedicellate.
szyszak *m.* helmet, helm, head-piece.
szyszk-a *f.* (pine-)cone; strobile; **-orodny, -owy** *a.* coniferous; **-owaty** *a.* (*bot.*) coniform.
szyty *a.* sewn.

Ś

ścian-a *f.* wall; side; face; **-ka** *f.* division, partition.
ściąć see **ścinać**.
ściąg-ać, -nąć *v.* draw, pull (together, on, away, off); tighten, contract; tie (tight); gather; collect; ~ z siebie, pull off; take off; ~ podatki, gather taxes; (*odnosić*) refer, relate; (*kogo*) strike; (*kraść*) pilfer, steal; ~ uwagę, draw attention, attract notice; (*dokąd*) draw (to); arrive; ~ **się**, contract; (*zebrać się*) gather, assemble; ~ się do czego, refer, relate; **-ający** *a.* (*med.*) costive, constringent.
ścichnąć *v.* become calm; quiet (down); be hushed.
ścieg *m.* stitch.
ściek *m.* sewer, gutter; drain; (~ *rzek*) confluence.
ściel *m.* litter; **-ić** *v.* make (a bed).
ściemni-ać, -ć *v.* darken; obscure; ~ **się, -eć** *v.* grow dark, darken; grow obscure.
ścienny *a.* (of a) wall; mural; zegar ~, clock.
ścieńcz-ać, -yć *v.* make thin; thin; attenuate; **-ały** *a.* grown thin; thinned.
ścier-ać *v.* wipe (off); rub (off); ~ kurz(e), dust; ~ **się**, (*z kim*) fight; battle (with); **-ka** *f.* clout; duster.
ścier-nisko *n.* stubble-field; **-nisty** *a.* stubbly; **-ń** *f.*, **-nie** *n.* stubble.
ścierpieć *v.* endure, suffer; bear.

ścierp-ły *a.* numb; torpid; **-nąć** *v.* get numb; grow stiff.
ścierw-nik *m.* (*orn.*) kite; **-o** *n.* carrion; **-owiec** *m.* carrion-fly; **-owy** *a.* of carrion.
ścieśni(a)ć *v.* tighten; contract; make narrower; limit, confine; cramp; ~ **się** *v.* (*tłoczyć*) crowd together.
ścieżaj *adv.*, na ~, wide open.
ścież-ka, -yna *f.* path; foot-path.
ścięgno *n.* tendon; **-wy** *a.* tendinous.
ścięty *a.* cut off; (*uśmiercony*) beheaded; (*skrzepły*) clotted; congealed; stożek ~, truncated cone; (*fig.*) jak z nóg ~, dismayed; dumbfounded.
ścigać *v.* pursue, persecute; hunt, chase; (*sądownie*) prosecute; ~ **się**, race one another; vie (with); outrival one another.
ścinać *v.* fell; cut down; ~ krew w żyłach, curdle the blood; ~ głowę, behead; (*o płynach*) clot; congeal; ~ się z kim, encounter one; ~ się na egzaminie, fail.
ścisk *m.* throng, crowd; rush; **-ać, ścisnąć** *v.* compress, press, squeeze; contract; (*uściskać*) embrace; hug; ~ rękę, shake hands; (*w liście*) greet affectionately; ~ zęby, set the teeth; ~ **się**, embrace; hug one another; serce -ka się, the heart bleeds (for); **-acz stolarski** *m.* coupling screw; **-anie** *n.* squeeze; pressure; compression.
ści-słość *f.* accuracy; preciseness; exactness; conciseness; **-sły** *a.* precise, exact; strict; accurate; close; nauki -słe, exact sciences; ~ styl, concise style.
ściśle *adv.* exactly; punctually; strictly; accurately; precisely; closely; narrowly; intimately; ~ (*rzeczy*) biorąc, strictly speaking.
ściśliw-ość *f.* compressibility; **-y** *a.* contractible, compressible.
ściśnięcie see **ściskanie.**
ślad *m.* trace; track; trail; vestige; ~ stopy, foot-print; wstępować w czyje -y, follow in one's foot-steps.
ślamazar-a, -nik *m.* sluggard; **-ność** *f.* sluggishness; **-ny** *a.* sluggish; clumsy.
ślaz *m.* (*bot.*) mallow; **-owy** *a.* malvaceous.
śle-dczy *a.* of inquest; sędzia ~, examining magistrate; **-dzenie** *n.* investigation; inquiry; **-dzić** *v.* espy, trace, investigate; track; inquire into; ~ czyje kroki, watch one's motions; ~ czyje sprawy, pry into a person's affairs; **-dztwo** *n.* examination, inquest, trial.
śle-dziarka *f.*, **-dziarz** *m.* fishmonger; **-dź** *m.* herring; ~ wędzony, red herring.
śledzi-ennik *m.* splenetic; **-ona** *f.* spleen; **-onka** *f.* (*bot.*) spleenwort; **-onowy** *a.* splenetic.
ślep-iać, -ić *v.* peer (at); ~, *v.* blind; **-ie** *n.* eye; **-iec** *m.* blindman; **-ień** *m.* ox-fly; **-nąć** *v.* become blind, lose the sight; **-o** *adv.* blindly; blindfold; na ~, at random; ~ wierzyć, believe implicitly; **-ota** *f.* blindness; **-owron** *m.* (*orn.*) night-heron; **-y** *a.* (*med. & fig.*) blind; (*nabój*) blank; operacja -ej kiszki, operation for appendicitis; -a wiara, implicit faith; **-y** *m.* blindman; **-i** *pl.* the blind.
ślęczeć *v.* (*nad*) pore (over); crane (at); exert oneself.
ślicz-ność *f.* beauty, charm; **-ny** *a.* fine, charming; pretty.
ślima-czek *m.* snail; slug; **-czy** *a.* snail's; **-k** *m.* snail; **-kowaty** *a.* spiral; snail-like.
ślin-a *f.* saliva; **-iaczek** *m.* bib; **-iany** *a.* salivary; **-ić** *v.* moisten with spittle; ~ **się,** slaver; **-ka** *f.* saliva; (*na co*) appetite; ~ mi idzie, my mouth waters; **-ogórz** *m.* quinsy; sore throat; **-otok** *m.* salivation.
ślipie *pl.* eyes.
ślis-ki *a.* (*lit. & fig.*) slippery; **-ko** *adv.* slipperily; jest ~, it is slippery; **-kość** *f.* slipperiness.
śliw-a *f.* plum-tree; **-czany** *a.* (of) plum(s); **-eczka, -ka** *f.* plum; **-kowy** *a.* (of) plum(s); **-owica** *f.* plum-brandy.
śliz *m.* (*zool.*) loach.
ślizga-ć się *v.* slide; (*na łyżwach*) skate; **-wica** *f.* glazed frost; **-wka** *f.* skating-rink; slide.

ślub *m.* wedding; marriage; (*przysięga*) vow; brać ~, be married; dawać komu ~, marry one; uczynić ~, make a vow; dzień -u, wedding-day; **-ny** *a.* wedding, nuptial; bridal; (*dziecko*) legitimate; ~ pierścionek, wedding ring; **-ować** *v.* vow.
ślusar-czyk *m.* locksmith's apprentice; **-nia** *f.* locksmith's-shop; **-ski** *a.* locksmith's; **-stwo** *n.* locksmith's trade.
ślusarz *m.* locksmith.
śluz *m.* mucus; **-owy** *a.* mucous.
śluza *f.* sluice; sluice-gate.
śmiać się *v.* (*z*) laugh (at).
śmiał-ek *m.* brave (man); daredevil; **-ość** *f.* boldness, hardiness; daring; **-y** *a.* bold; reckless; hardy, audacious; daring; za ~, overbold.
śmiech *m.* laughter; laugh; parsknąć -em, burst out laughing; -u warte, ridiculous, absurd; obrócić w ~, turn into raillery; -owisko, laughing-stock.
śmieci-e *pl.* sweepings, *pl.*; rubbish; **-ucha** *f.* tufted lark; **-sko** *n.* dunghill.
śmieć *v.* dare, venture, make [bold.
śmierć *f.* death; decease; ~ głodowa, starvation; skazać na ~, sentence to death; kara -ci, capital punishment; zapomniałem na ~, I completely forgot; do -ci, till death; until one's dying day.
śmier-dnąć *v.* begin stinking; **-dzący** *a.* stinking; **-dzieć** *v.* (*czem*) stink (of); **-dziel** *m.* (*zool.*) stinker; **-dziuch** *m.* stinkard.
śmiertel-nie *adv.* mortally; to death; **-nik** *m.* mortal; **-ność** *f* mortality; deadliness; the death-rate; **-ny** *a.* mortal, deadly; (*fig.*) ghastly; -na koszula, shroud; grzech -ny, a deadly sin; -ne łoże, deatn-bed.
śmierzy-ciel *m.* pacifier; **-ć** *v.* appease.
śmiesz-ek *m.* buffoon, jester; joker, wag; **-ka** *f.* (*orn.*) gull; **-ki** *pl.* giggle; raillery; banter; ~ sobie z kogo stroić, jeer, deride one; **-ność** *f.* ridicule; **-ny** *a.* comic, ridiculous, absurd; **-yć** *v.* make laugh.
śmietan-(k)a *f.* (*lit.* & *fig.*) cream; **-kowy** *a.* (of) cream; creamy; lody -kowe, ice-cream.
śmietnik *m.* dust-bin; rubbish heap.
śmig-a *f.* propeller; (*wiatraka*) arm; **-ać, -nąć** *v.* lash; **-ownica** *f.* culverin.
śniadanie *n.* breakfast; śniadańkowy pokój, luncheon room.
śniad-ość *f.* swarthiness; tawniness; **-y** *a.* tawny, swarthy.
śni-ć *v.* dream; ~ się, dream; śniło mi się, I dreamt that; on mi się -ł, I dreamt about him.
śnie-cisty *a.* smutty; **-ć** *f.* smut.
śnie-dzieć *v.* grow rusty; gather patina; **-dź** *f.* verdigris; patina.
śnie-g *m.* snow; ~ pada, it snows; **-gowy** *a.* (of) snow; **-guł(k)a** *f.* (*orn.*) snowbird; (*bot.*) snow-drop; **-żka** *f.* snow-ball; **-żno-biały** *a.* snow-white; **-żny** *a.* snowy; snow-white; **-życa** *f.* snow-storm, blizzard; **-życzka** *f.* (*bot.*) snow-drop; **-żyć** *v.* snow; **-żysty** *a.* snowy; snow-covered.
śnięty *a.* dead.
śnitka *f.* (*bot.*) honey-wort.
ś. p. (= *świętej pamięci*) deceased, late.
śpią-cy *a.* sleepy; sleeping; asleep; **-czka** *f.* sleepiness; somnolence; lethargy; coma.
śpich-lerz, -rz *m.* granary.
śpiczast-ość *f.* pointedness, sharpness; **-y** *a.* pointed, sharp.
śpiesz-nie *adv.* hurriedly; **-ny** *a.* hasty; fast; quick; rapid; **-yć** *v.* hurry; make haste; zegarek -y, the watch is fast.
śpiew *m.* song; singing; strain; ~ kościelny, chant; **-acki** *a.* song-; koło -ackie, singing club, glee-club; **-aczka** *f.* cantatrice; singer; **-ać** *v.* sing, chant; **-ak** *m.* singer; **-ka** *f.* song, ditty, lay, tune; **-nik** *m.* song-book; psalm-book; **-ność** *f.* melodiousness; **-ny** *a.* melodious.
śpioch *m.* sleepyhead.
śpiż *m.* bronze; **-e** *pl.* (*fig.*) guns; **-owy** *a.* (of) bronze.
śpiżarnia *f.* pantry, larder.

średni *a.* average, middle; moderate; mean; mediocre; middling; **-a** *f.* mean; **-ca** *f.* diameter; **-k** *m.* semicolon; **-o** *adv.* middling; fairly; **-ość** *f.* mediocrity; average; **-owieczny** *a.* mediaeval; **-ówka**, caesura.

środ-a *f.* Wednesday; **-ek** *m.* centre, middle; medium; midst; (*sposób*) measure, means, *pl.*; ~ leczniczy, remedy; ~ ciężkości, centre of gravity; **-kować** *v.* mediumize; **-kowy** *a.* central; middle; ~ punkt, centre; **-owisko** *n.* environment; **-owy** *a.* (of) Wednesday.

śród *prp.* *adv.* in the midst of, amidst; among, amongst; in the middle of; **-lecie** *n.* midsummer; **-mieście** *n.* the centre of a town; **-poście** *n.* midlent; **-waga** *f.* plummet; plumbline; **-ziemny** *a.* Mediterranean.

śrub-a, -ka *f.* screw; przykręcić -ę, screw up; tighten a screw; zwolnić -ę, unscrew; ~ bez końca, endless screw; **-ociąg** *m.* screw-driver; **-ować** *v.* screw (up); put the screw on; **-owiec** *m.* screw-steamer; **-ownica** *m.* spanner; **-owy** *a.* (of a) screw; helical, spiral; -owa linja, (*mat.*) helix; **-sztak** (= *imadło*) vice.

śrut *m.* shot; **-ować** *v.* (*krupić*) rough-grind; **-ówka** *f.* fowling-piece.

świad-czyć *v.* give evidence; bear witness; depose; ~ (*komu*), bestow (upon); ~ się (*kim*), call to witness; **-ectwo** *n.* certificate; evidence, testimony; character; **-ek** *m.* witness; ~ naoczny, eye-witness; być -kiem, witness; stawić -ka, produce a witness.

świadom, -y *a.* conscious; aware (of); acquainted (with); **-ie, -o** *adv.* consciously, purposely; **-ość** *f.* consciousness; conscience; ~ samego siebie, self-consciousness; **-y** *a.* conscious; aware (of); acquainted (with); **-y** siebie, self-conscious.

świat *m.* world; universe; za nic w świecie, not for all the world; przyjść na ~, come into the world; wielki ~, the high life; piękny ~, the beau-monde; tamten ~, the next world.

świat-ełko *n.* a glimmering light; **-le** *adv.* learnedly; **-ło** *n.* light; (*w bud.*) open space; ~ dzienne, daylight; ~ górne, skylight; (*fig.*) enlightenment, knowledge; **-łość** *f.* light, brightness; lustre; learning; **-ły** *a.* clear, bright; (*fig.*) enlightened; learned.

światopis *m.* cosmographer; **-arstwo, -mo** *n.* cosmography.

światow-iec *m.* a man of the world; **-ość** *f.* worldliness; high life; **-y** *a.* wordly, mundane; fashionable.

święt-eczny *a.* festival, festive; dzień ~, holiday; zielone **-ki**, Whitsuntide; **-nica** *f.* sanctuary; temple; **-obliwość** *f.* holiness; sanctimony; jego ~, His Holiness; **-obliwy** *a.* holy; sanctimonious; **-ynia** *f.* temple, sanctuary.

świd-er *m.* bore; drill; auger; -rem patrzyć, squint; **-erek** *m.* (*chir.*) trepan; **-rować** *v.* bore, drill; pierce; ~ oczyma, **-rzyć**, look piercingly.

świdw-a, -ina *f.* (*bot.*) dogwood.

świec-a *f.* candle; przy -y, by candle-light; **-arz** *m.* chandler; candle-maker; **-arnia** *f.* candlery; **-ić** *v.* shine; (*komu*) light (the way); ~ łokciami, be threadbare; ~ przykładem; give a good example to; ~ **się**, shine; glimmer; glisten; **-idełko, -idło** *n.* spangle, tinsel.

świeck-i *a.* worldly; secular; lay; osoba -a, layman; **-ość** *f.* secularity, laity; worldliness.

świecz-ka *f.* candle; **-nik** *m.* chandelier; (*fig.*) chatterbox; stać na -niku, be in sight.

świegot *m.* chirping; warble; **-ać** *v.* warble, chirp; (*fig.*) babble, chatter; **-ka** *f.* prate; **-liwość** *f.* chirping; (*fig.*) talkativeness; **-liwy** *a.* warbling; chirping; (*fig.*) talkative, prating.

świek-ier *m.* father-in-law; **-ra** *f.* mother-in-law.

świergot see **świegot**; **-ek** *m.* (*orn.*) warbler.
świerk *m.* spruce; **-owy** *a.* (of) spruce.
świeronek *m.* storehouse; granary.
świerszcz *m.* (*zool.*) cricket; **-eć** *v.* chirp.
świerzb *m.*, **-a** *f.*, **-ienie** *n.*, **-iączka** *f.* itch; mange; (*fig.*) longing, desire; **-ieć** *v.* itch; **-owatość** *f.* itchiness; manginess; **-owaty** *a.* itchy, mangy.
świetl-any, **-isty** *a.* luminous; bright; learned; **-ica** *f.* hall; reading-room; **-ik** *m.* (*zool.*) glow-worm; **-nik** *m.* skylight; **-ny** *a.* bright.
świetn-ieć *v.* sparkle, gleam; shine; **-ość** *f.* splendour; lustre; brilliancy; glory; **-y** *a.* brilliant, splendid, magnificent; bright.
śwież-o *adv.* freshly, newly, lately; **-ość** *f.* freshness; recency; **-y** *a.* fresh, new; recent.
święcenie *n.* celebration; (*na księdza*) ordination; ~ kościoła, the consecration of a church; ~ niedzieli, the keeping of the Lord's day; **-cić** *v.* celebrate; solemnize; bless; keep the Lord's day; (*kogo*) ordain; ~ pamięć, commemorate; ~ **się**, be sanctified; be ordained; co się tu -ci? what is the matter here? **-cie** *adv.* piously; in a holy way; wierzyć ~, firmly, verily believe; **-cone** *n.* Easter-meal; **-cony** *a.* consecrated; woda -cona, holy water.
święta *f.* saint; ~, *pl.* holidays; vacation.
święto *n.* holiday; feast; ~ kościelne, church holiday; **-bliwość** *f.* holiness; piety; Jego ~, His Holiness; **-bliwy** *a.* holy, pious, **-jański** *a.* St. John's; ~ robaczek, glow-worm; ~ chleb, carob; **-jańskie** *n.* earnest; **-kradca** *m.* sacrilegious man; **-kradzki** *a.* sacrilegious; **-kradztwo** *n.* sacrilege; **-kupstwo** *n.* simony; **-pietrze** *n.* Peter's-penny; Peterpence; **-szek**, **-szka** *f.* bigot, devotee; **-ść** *f.* sanctity, holiness, sacredness; **-ści** *pl.* relics; **-wać** *v.* keep a holiday; be idle; **-wanie** *n.* rest.
święty *a.* holy, saint, sacred; -ej pamięci, late, deceased; Duch ~, the Holy Ghost; pismo -e, the Gospel; dzień Wszystkich -ych, All Saints' day; ~, *m.* saint.
świni *a.* hog's; pig's; of swine; **-a** *f.* pig, hog, swine; **-arek** *m.*, **-arz** *m.* swineherd; (*fig.*) slut, pig; **-na** *f.* pork.
świ-nka *f.* pig; ~ morska, guinea-pig; **-nnik**, **-nniec** *m.* pig-sty; **-nopas** *m.* swineherd; **-ńtuch** *m.* hog; pig; **-ński** *a.* piggish; pig's; (*fig.*) villainous, foul; **-ńsko, po -ńsku** *adv.* hoggishly, like a pig; **-ństwo** *n.* villainy, roguery.
świs-nąć, **-tać** *v.* whistle; whizz; (*fig.*) steal; snatch; **-t**, **-tanie** *n.* whistle; **-tak** *m.* (*zool.*) whistler; (*fig.*) giddyhead; **-tek** *m.* scrap (of paper).
świszcz *m.* (*zool.*) whistler; **-eć** *v.* whizz, hiss; **-ypałka** *f.* giddyhead; wild blade.
świt *m.*, **-anie** *n.* day-break; dawn; day-light; **-ać** *v.* dawn.
świta *f.* retinue; attendance.
świtezianka *f.* nixie; undine.

T

ta *prn. f.* this, that; which; who.
taba-czkowy *a.* snuffy; **-czny** *a.* (of) tobacco; **-ka** *f.* snuff; jak ~ w rogu, neglected, unheeded; heedless; zażywać -kę, take snuff; **-kiera**, **-kierka** *f.* snuff-box.
tabela *f.* table; index; table of contents; list; **-ryczny** *a.* synoptical.
tabe-s *m.* tabes; **-tyk** *m.* tabetic.

tabli-ca *f.* board; slab; synopsis; ~ **szkolna**, blackboard; ~ pamiątkowa, commemorative plate; **-czka** *f.* tablet; ~ czekolady, cake of chocolate; ~ mnożenia, multiplication table.
tabor *m.* train; camp; ~ kolejowy, rolling stock; -y wojskowe, supply columns.
tabore-t, -cik *m.* stool; tabouret.
tabularny *a.* tabular.
tabun *m.* a flock of horses (in steppes).
tac-a *f.* tray; **-ka** *f.* salver; small tray.
tacz-ać *v.* roll; trundle; wheel; ~ **się**, roll; stagger; iść -ając się, stagger; **-ka** *f.*, **-ki** *pl.* wheelbarrow; skazać na -ki, condemn to hard-labour.
tafl-a *f.* slab; tablet; (*u drzwi*), panel; **-ować** *v.* wainscot; panel; inlay.
tafta *f.* taffeta.
taić *v.* (*przed kim*) hide; conceal (from); ~ **się**, abscond; (*z czem*) keep secret.
tajać *v.* thaw; taje, it thaws; (*fig.*) melt.
tajemn-ica *f.* secret; mystery; **-iczość** *f.* mysteriousness; **-iczy** *a.* mysterious; secret; **-ie** *adv.* secretly, privately; clandestinely; **-ość** *f.* secrecy; **-y** *a.* secret; occult.
taj-enie *n.* concealment; **-nia** *f.* mystery; **-nie, -no** *adv.* secretly; privately; in secret; **-nik** *m.* hiding-place; **-ność** *f.* secrecy; **-ny** *a.* secret, occult, clandestine; privy; underhand; ~ radca, privy councillor.
tajfun *m.* typhoon.
tak *adv.* yes; (*w ten sposób*) thus; so; as; (in) this way; i ~ dalej, and so on; jeżeli ~, to..., if so; ~ jak, as; ~ bogaty, jak, as rich as; bądź ~ dobry, be so kind as to; ~ dalece, so far; inasmuch; so much so; ~ czy owak, anyhow; ~ że, ~ iż, so that; **-i, -iż, -owy** *a.* such; coś -iego? something of that kind; ~ sobie, so-so; tolerably well; ~ sam, the very same; **-iż** *a.* the same; just the same as; **-o, -oż, -że** *adv.* alike, likewise, also.
taks-a *f.* rate; assessment; **-ator** *m.* appraiser; **-ometer** *m.* taximetre; **-ować** *v.* estimate, assess; **-ówka** *f.* taxi-cab.
takt *m.* (*muz.*) time, measure; bar; (*zaleta osob.*) tact; wybijać ~, beat time; **-owny** *a.* tactful.
taktycznie *adv.* tactically; **-yczny** *a.* tactical; **-yk** *m.* tactician; **-yka** *f.* tactics, *pl.*
także *adv.* also, too, likewise.
talar *m.* crown; **-ek** *m.* slice.
talent *m.* talent, accomplishment.
talerz *m.* plate; ~ głęboki, soup-plate; **-e** *pl.* (*muz.*) cymbals; **-yk** *m.* dessert plate.
talizman *m.* talisman.
talja *f.* (*kibić*) waist; ~ kart, pack of cards.
talk *m.* talc; **-a** *f.* hank.
talmud *m.* Talmud; **-yczny** *a.* talmudic(al); **-ysta** *m.* talmudist.
talon *m.* counterfoil.
tałatajstwo *n.* rabble; ragtag; mob.
tam *adv.* there; yonder; co ~! never mind!; gdzie ~! nothing of the kind.
tama *f.* dam; dyke; pier; (*fig.*) check, restraint.
tamarynda *f.* tamarind.
tamaryszek *m.* tamarisk.
tameczny *a.* of that place; there; local.
tamować *v.* check; restrain; hinder; impede; obstruct; ~ **krew**, stanch blood.
tampon *m.* (*chir.*) tampon, plug; **-ować** *v.* plug; tampon.
tam-tejszy *a.* of that place; local; **-ten** *prn.* that; the other; the former; na -tym świecie, in the future life; ani ten ani ~, neither; **-tędy** *adv.* that way; **-że** *adv.* there; in that very place (also).
tan *m.*, **-y** *pl.* dance, dancing; **-cerka** *f.*, **-cerz** *m.* dancer; **-cmistrz** *m.* dancing-master.
tande-ciarski, -tny *a.* inferior; flimsy, paltry; bungled; **-ciarz** *m.* old-clothesman; **-ta** *f.* old clothes; second hand goods; rubbish; trash; bungle (work).
tan-ecznica *f.*, **-ecznik** *m.* dancer; **-eczny** *a.* dancing; **-iec**

m. dance; (*med.*) ~ św. Wita, St. Vitus's dance.
tani *a.* cheap; **-eć** *v.* cheapen, grow cheaper; **-o** *adv.* cheap; cheaply; **-ość** *f.* cheapness.
tank *m.* tank.
tantjema *f.* dividend, percentage.
tań-cować, -czyć *v.* dance; -cujący wieczór, dancing party.
tapczan *m.* couch.
tapet-a *f.*, **-y** *pl.* wall-paper; **-ować** *v.* hang wall-paper.
tapicer *m.* upholsterer; paper-hanger; **-stwo** *n.* upholstery.
tapir *m.* (*zool.*) tapir.
taplać (się) *v.* splash.
tapjoka *f.* tapioca.
tara *f.* tare.
taraban *m.* drum; **-ić** *v.* drum.
taradajka *f.* gig, phaeton.
tarakan *m.* cockroach.
taran *m.* battering-ram.
tarant *m.* dapple-grey horse; **-owaty** *a.* spotted; dapple-grey.
tarantula *f.* (*zool.*) tarantula.
tarapaty *pl.* a scrape; difficulties.
taras *m.* terrace; platfo m; **-ować** *v.* block (up); barricade.
tarcica *f.* deal-board; blank.
tarcie *n.* friction; rubbing; ~ **się** (*ryb*) spawning.
tarcz-a *f.* target; shield; disk; buckler; (*zegarka*) dial; (*heral.*) escutcheon.
targ *m.* market; dobić -u, strike a bargain; wejść w ~, enter into negotiations; **-i** *pl.* negotiations.
targ-ać, -nąć *v.* pull; tousle; tug; ~ się na czyje życie, attempt a man's life; ~ się na swoje życie; attempt suicide; **-ańce** *pl.* scuffle; fray; **-anina** *f.* pulling, tearing, tousling; fray, scuffle.
targ-ować się *v.* bargain; **-owica** *f.*, **-owisko** *n.* market-place; **-owy** *a.* (of the) market; cena -owa, market-price; dzień -wy, market-day.
tarka *f.* grater, rasp.
tarlatan *m.* tarlatan.
tarlica *f.* brake.
tarlisko, tarło *n.* spawning-place; spawning time.
tarmosić *v.* tug; ~ **się**, scuffle.
tar-nina, -ń *f.* blackthorn; **-niowy, -ninowy** *a.* (of) blackthorn; **-nisko** *n.* waste; thicket of blackthorn; **-nośliwka** *f.* sloe.
tarok *m.* (*gra w karty*) taroc.
tartak *m.* saw-mill; **-owy** *a.* (of a) saw-mill.
tartan *m.* (*materja*) tartan.
tartas *m.* hubbub; bustle, uproar.
tartka *f.* grater.
tart-y *a.* ground, pounded; -e kartofle, mashed potatoes.
taryf-a *f.* tariff; rate; ~ protekcyjna, protective tariff; ~ zniżona, reduced tariff; **-owy** *a.* (of) tariff.
tarzać *v.* roll; ~ **się**, wallow, welter.
tasak *m.* chopping-knife; chopper.
tasiem-iec *m.* tapeworm; **-ka**, **taśma** *f.* tape, lace; **-karz** *m.* tape-maker.
tasować *v.* shuffle.
tat-a, -ula, -unio, -uś *m.* daddy, dad; papa.
Tatar *m.* Tartar.
tatarak *m.* (*bot.*) sweet-flag.
tatar-czanka *f.* buckwheat straw; **-czany** *a.* (of) buckwheat; **-czysko** *n.* buckwheat-field; **-ka** *f.* buckwheat.
tatuować *v.* tattoo.
taterni-ctwo *n.* mountain-climbing; **-k** *m.* mountaineer.
tatusieć *v.* advance in years.
tawerna *f.* tavern.
tch-awica *f.* wind-pipe; trachea; jednym -em, at a draught; **-nąć** *v.* breathe into, inspire with; respire; **-nienie** *n.* breath.
tchórz *m.* coward, poltroon; (*zool.*) polecat; ~ go obleciał, he quailed; -em podszyty, white-livered; **-liwość** *f.* **-ostwo** *n.* cowardice; poltroonery; **-liwy** *a.* cowardly, faint-hearted.
tchu see **dech**; co ~, in all haste; bez ~, out of breath.
teatr *m.* theatre; stage; ~ wojny, the seat of war; **-alny** *a.* theatrical; sztuka -alna, play.
techn-iczny *a.* technical; **-ik** *m.* engineer; **-ika** *f.* technics, *pl.*;

technique; **-olog** *m.* technologist; **-ologiczny** *a.* technological; **-ologja** *f.* technology.
teczka *f.* portfolio; brief(-bag).
tedy *adv.* then; therefore; so.
tego see **ten**; **-czesność** *f.* contemporariness; **-czesny** *a.* present, contemporary, actual; **-roczny** *a.* of this year; this year's.
teka *f.* (*lit.* & *fig.*) portfolio.
tekst *m.* text; wording.
tekstylny *a.* textile.
tektoniczny *a.* tectonic.
tektura *f.* cardboard; pasteboard.
telefon *m.* telephone; **-iczny** *a.* telephonic; rozmowa -iczna, telephone call; **-ować** *v.* telephone.
telegraf *m.* telegraph; ~ bez drutu, wireless telegraphy; **-iczny** *a.* telegraphic; adres ~, telegraphic address; biuro -iczne, telegraph office; **-ista** *m.* telegraphist, telegrapher; **-ować** *v.* telegram, wire.
telegram *m.* telegram, wire; cable.
telemark *m.* telemark.
telepać się *v.* jog, trudge, jolt.
tele-skop *m.* telescope; **-wizja** *f.* television.
tem *prn.* see **ten**; ~ więcej, all the more; im prędzej, ~ lepiej, the sooner the better; ~ bardziej, the more since; all the more.
temat *m.* subject; theme.
temblak *m.* sling; sword-belt.
temper-a *f.* distemper; **-ować** *v.* mitigate; soften; ~ ołówek, sharpen a pencil.
temper-ament *m.* temper, temperament; **-atura** *f.* temperature; mieć -ę, have a temperature; zmierzyć -ę, take the temperature.
templarjusz *m.* Templar Knight.
tempo *n.* pace, rate; (*muz.*) time, measure.
tem samem *adv.* thereby; consequently.
temu *prn.* see **ten**; rok ~, a year ago.
ten, -ci *prn.* this; that; it; ~ a ~, so and so; such and such.
tendenc-ja *f.* tendency; **-yjny** *a.* tendentious.
tender *m.* tender.
tenis *m.* tennis; **-owy** *a.* (of) tennis.
tenor *m.* tenor; **-owy** *a.* tenor.
tenuta *f.* tenure, lease.
tenże *prn.* the same, the very same.
teodolit *m.* theodolite.
teokra-cja *f.* theocracy; **-tyczny** *a.* theocratic.
teolog *m.* theologian; **-iczny** *a.* theological; **-ja** *f.* theology, divinity.
teorban *m.* (*muz.*) lute.
teor-emat *m.* theorem; **-etyczny** *a.* theoretical; **-etyk** *m.* theorist; **-ja** *f.* theory; **-yzować** *v.* theorize.
teozof *m.* theosophist; **-ja** *f.* theosophy.
terakot-a *f.* terracotta; **-owy** *a.* (of) terracotta.
terapja *f.* therapeutics.
tera-z *adv.* now, at present; na ~, for the present; **-źniejszość** *f.* the present; **-źniejszy** *a.* present, actual.
ter-cet *m.* (*muz.*) tercet, trio; **-cja** *f.* (*muz.*) tierce; **-cjana** *f.* tertian ague.
tercjan *m.* janitor.
teren *m.* ground; soil; area; terrain.
terlica *f.* saddle-tree.
termin *m.* term; date; stated time; (*wyraz*) expression; (*rzemieśln.*) apprenticeship; przed -em, before time, ahead of time; w -ie, on time; po -ie, backward; ostatni ~, the latest time; dać do -u, bind apprentice; **-ator** *m.* apprentice; **-ologja** *f.* terminology; **-ować** *v.* serve one's apprenticeship; **-owanie** *n.* apprenticeship; **-owy** *a.* urgent.
termit *m.* white ant, termite.
termo-metr *m.* thermometer; **-stat** *m.* thermostat.
teror *m.* terror; **-yzm** *m.* terrorism; **-yzować** *v.* terrorize.
terpentyn-a *f.* turpentine; **-owy** *a.* (of) turpentine.
terrakota *f.* terracotta.
terytorj-alny *a.* territorial; **-um** *m.* territory.
testa-ment *m.* (last) will; testament; stary, nowy ~, old, new testament; zapisać -mentem, bequeath; ~ własnoręczny, holo-

graphic will; **-mentowy** *a.* testamentary; **-tor** *m.* testator; **-torka** *f.* testatrix.
teś-ciowa *f.* mother-in-law; **-ć** *m.* father-in-law.
tetry-czeć *v.* sour; **-czka** *f.*, **-k** *m.* cross, peevish, sour person; **-czność** *f.* biliousness, peevishness, spleen; **-czny** *a* peevish, sour; cross; bilious.
teza *f.* thesis.
też *adv.* also, too, likewise; besides; moreover; but then; accordingly, therefore; co ~ on myśli? what ever does he think?
tęchn-ąć *v.* grow rancid; grow musty; **-ienie** *n.* rancidity; stuffiness.
tęcz-a *f.* rainbow; **-owy** *a.* many-coloured; variegated; **-ówka** *f.* (*anat.*) iris.
tędy *adv.* this way; czy ~ droga do? is this the right way to...?
tęg-i *a.* stout, strong, solid, severe; **-o** *adv.* hard, strong(ly), well; right; much; **-ość** *f.* stoutness, hardness, strength; firmness; severity.
tęp-iciel *m.* exterminator; **-ić** *v.* exterminate; get rid of; destroy; (*czynić tępym*) blunt; **-ieć** *v.* become dull; grow blunt; be blunted; **-o** *adv.* dully; bluntly; **-ogłów** *m.* (*zool.*) mullet; **-ość** *f.* bluntness, dullness; obtuseness; **-ota** *f.* muddle-headedness; **-y** *a.* dull; blunt.
tęsk-liwie, -nie *adv.* with longing; yearningly; languishingly; **-nić** *v.* hanker; yearn, pine after, long (for); languish; **-no** *adv.* longingly; ~ mi, I am weary; **-ność, -nota** *f.* hankering, longing, melancholy, yearning; **-ny** *a.* languishing, yearning, longing; melancholy.
tęt-ent *m.* clatter; rattle; **-nica** *f.* artery; **-nić** *v.* beat; drum; (*pulsować*); pulsate; **-no** *n.* pulse, pulsation.
tęż-ec *m.* tetanus, lockjaw; **-eć** *v.* stiffen; harden; **-nia** *f.* graduation-works; **-yć** *v.* stiffen, harden; **-yzna** *f.* vigour.
tiara *f.* tiara.
tjul, tiul *m.* tulle.
tka-cki *a.* weaver's; weaving; warsztat ~, loom; **-ctwo** *n.* weaving; **-cz** *m.* weaver; **-ć** *v.* weave; (*wpychać*) cram; stuff; **-lnia** *f.* textile (manufacture); loom; **-nina** *f.* texture; fabric; tissue; **-nka** *f.* tissue; web; membrane; błona -nkowata (*anat.*), cellular membrane; **-ny** *a.* woven.
tkliw-ość *f.* tender-heartedness; qualmishness; maudlin; mawkishness; **-y** *a.* tenderhearted, qualmish; pathetic, touching; mawkish.
tkn-ąć *v.* touch; see **dotknąć**; **-ięty** *a.* touched; struck; moved, affected.
tkwić *v.* stick out; stand out; be involved in.
tl-eć, -ić się *v.* smoulder (*lit.* & *fig.*).
tlen *m.* oxygen; **-ek** *m.* oxide.
tło *n.* background; (*podłoże*) ground(s).
tło-czenie *n.* pressure; **-cznia** *f.* (printing-)press; **-czyć** *v.* force (into); compress; press; (*drukować*) print; **-czyć się** *v.* crowd; **-k** *m.* throng; crowd; (*mech.*) cylinder; piston; **-karnia** *f.* (*folusz*) fuller's press; wine-press; oil-press.
tłomacz see **tłumacz.**
tłomo(cze)k *m.* bundle.
tłu-c *v.* pound; crush; batter; knock; strike; bruise; ~ orzechy, crack nuts; ~ **się**, be broken; be smashed to pieces; rove; make noise; **-czek** *m.* pestle, pounder; **-czony** *a.* pounded; -czona rana, bruise; **-k** *m.* pestle; strumpet.
tłum *m.* crowd, multitude, throng.
tłumacz *m.* **-ka** *f.* interpreter; translator; **-enie** *n.* translation; interpretation, version; ~ **się**, justification; excuse; exculpation; **-yć** *v.* interpret, translate, explain; exculpate; ~ **się**, excuse oneself, apologize; justify oneself; ~ się (czem), excuse oneself on the ground (of) — (on the plea that).
tłum-ić *v.* stifle, smother; restrain; suppress; **-ik** *m.* (*muz.*) sourdine; **-nie** *adv.* in a crowd; in crowds; tumultuously; ~ się gromadzić, crowd, throng,

flock; **-ny** *a.* crowded, confused, tumultuous; numerous.
tłust-osz *m.* (*bot.*) butterwort; **-ość** *f.* fat; grease; fatness; **-y** *a.* fat; (*o ziemi*) fertile; ~ żart, coarse joke.
tłuszcz *m.* fat; grease; oil; **-owy** *a.* adipose.
tłuszcza *f.* mob; rabble.
tłuś-cić *v.* smear (with grease); **-cieć** *v.* fatten, grow fat; **-cioch** *m.* fatty; **-cioszka** *f.* a plump woman.
tnę see **ciąć**; **tnący** *a* sharp.
to *prn.* this, that, which; *adv.* that, then; ~ w prawo ~ w lewo, now to the right, and then to the left; ~, and that.
toaleta *f.* toilet; dressing-table; (*ubior*) dress.
toast *m.* toast; health.
tobol-ek *m.* bundle; **-ki** *pl.* bundles; luggage.
tocz-ak *m.* whetstone; ~, **-yć** *v.* (*posuwać*) roll; (*na tokarni*) turn; (*ostrzyć*) grind; (*o robactwie*) eat, worm; (*wino*) draw; ~ wojnę, wage war, make war; ~ łzy, shed tears; ~ **się**, roll, be carried; turn (about); (*o płynach*), run; flow, stream; **-ydło** *n.* whetstone, grindstone.
toć *adv.* why, yes, still, certainly, sure.
toga *f.* robe, toga.
tojad *m.* (*bot.*) aconite, wolf's-bane.
tojeść *f.* cicely.
tok *m.* course; progress; threshing floor; w -u, in progress.
tokaj *m.* Tokay (wine).
tok-arnia, -arka *f.* lathe; ~ nożna, pedałowa, foot lathe; **-arski** *a.* turner's; **-arstwo** *n.* turnery; **-arz** *m.* turner.
tokow-ać *v.* sing in pairing-time; pair; couple; **-isko** *n.* the place where bustards pair.
toksyna *f.* toxin.
toler-ancja *f.* tolerance; **-ancyjny** *a.* tolerant; **-ować** *v.* tolerate; forbear.
tołumbas *m.* big drum.
tom *m.* volume; ~, *contraction* e. g. tom zrobił = zrobiłem to; **-ik** *m.* little volume, booklet.
tombak *m.* tombak; **-owy** *a.* (of) tombak.
tombola *f.* tombola.
ton *m.* tone, tune; voice; sound; accent; spuścić z -u, take down a peg; nadawać ~, set the fashion; **-iczny** *a.* tonic; **-ować** *v.* tone.
toną-ć *v.* sink; drown; (*fig.*) be absorbed in; **-cy** *a.* drowning; sinking.
tonna *f.* ton.
tonsura *f.* tonsure.
toń *f.* depth; gulf, abyss; (*fig.*) distress.
topaz *m.* topaz.
topić *v.* (*zatapiać*) drown; (*roztapiać*) melt; smelt metals; (*rozpuszczać*) dissolve; ~ **się**, drown; be drowning; melt; dissolve.
topienie *n.* fusion; melting; smelting.
topiel *m.* gulf, deep, abyss; death by drowning; **-ec** *m.* drowned man; water-sprite; **-ica** *f.* undine; **-isko** *n.* bog, quagmire.
top-liwość, -nistość, -ność *f.* fusibility; solubility; **-liwy, -nisty, -ny** *a.* fusible; soluble; **-nieć** *v.* melt (*lit.* & *fig.*); **-nienie** *n.* melting; fusion.
topograf *m.* topographer; **-iczny** *a.* topographic(al); **-ja** *f.* topography.
topol-a *f.* poplar; ~ srebrzysta, white poplar; **-ina** *f.* poplar (wood); **-owy** *a.* (of) poplar.
top-orek *m.* hatchet; **-orzysko** *n.* helve; **-ór** *m.* axe, hatchet.
tor *m.* track; beaten path; (*fig.*) path, footsteps; (*kolejowy*) railway track; gauge.
tor-ba *f.* bag; wallet; pouch; pójść z -bami, be reduced to beggary; **-ebka** *f.* bag; ~ damska, reticule; hand-bag; (*bot.*) capsule, pod.
toreador *m.* toreador.
torf *m.* peat; **-iasty, -owy** *a.* peaty; **-owisko** *n.* peat-bog.
tornister *m.* (*mil.*) knapsack; (*szkolny*) satchel.
torować *v.* pave the way; clear the way; smooth the way.
torped-a *f.* torpedo; **-ować** *v.* torpedo; **-owiec** *m.* torpedo-boat.
tors *m.* trunk, torso.
tort *m.* tart; cake.

tortur-ować *v.* torture; torment; **-y** *pl.* torture; rack; wziąć na ~, put to the rack.
toś, -my, -cie *contraction of* to, with **-ś, -śmy -ście** e. g. toś ty zrobił = ty to zrobiłeś.
totalizator *m.* bookmaker; bookie.
totumfacki *a.* factotum; jack-of-all-trades.
towar *m.* goods, merchandise, wares, commodity; **-owy** *a.* goods-; freight-; pociąg ~, goods-train; **-oznawstwo** *n.* the knowledge of commercial articles.
towarzy-ski *a.* social; (*o osobach*) sociable; zwyczaje -skie, the customs of polite society; **-sko** *adv.* sociably; **-skość** *f.* sociability; good fellowship; **-stwo** *n.* company, society; ~ **akcyjne**, Joint Stock Company; **-sz** *m.* **-szka** *f.* companion, fellow; mate; ~ broni, companion-in-arms; **-szenie** *n.* company; assistance; (*muz.*) accompaniment; **-szyć** *v.* accompany, keep company; attend.
toż *conj.* well; why! ~, *prn.* **-samo**, the same; **-samość** *f.* identity.
trabant *m.* satellite.
tracić *v.* lose; squander, waste; (*złoczyńcę*) execute; (*fig.*) ~ głowę, lose one's wits; ~ cierpliwość, lose patience; ~ z oczu, lose sight (of).
tracz *m.* sawyer.
tradować *v.* (*jur.*) seize.
trady-cja *f.* tradition; **-cyjny** *a.* traditional.
traf *m.* chance, hazard, accident; **-em** *adv.* by chance, accidentally; dziwnem -em, by a singular coincidence; **-iać, -ić** *v.* hit; strike; touch; (*mal.*) get the likeness; ~ do celu, hit the mark; nie ~ miss; na chybił -ił, at random; ~ do domu, find one's way home; ~ komu do przekonania, convince one; ~ na kogoś (coś), come across; ~ się, happen, occur; chance; **-nie** *adv.* to the purpose, pertinently; appositely; **-ność** *f.* justness, accuracy; propriety, correctness; **-ny** *a.* just, pertinent; accurate, exact; **-unek** *m.* hap, chance, accident; **-unkowy** *a.* chance, accidental, casual.

trafika *f.* tobacconist's shop.
tragarz *m.* porter, carrier.
trag-iczność, -edja *f.*, **-izm** *m.* tragedy; **-iczny** *a.* tragic; **-ik** *m.* tragedian; **-ikomedja** *f.* tragicomedy; **-ikomiczny** *a.* tragicomic.
trajkotać *v.* prattle.
trakt *m.* highway; w trakcie (*czegoś*), during, while; w trakcie tego, meanwhile.
trakt-ament *m.* treat; pay; **-at** *m.* treaty; **-jernia** *f.* eating-house; **-ować** *v.* treat; entertain; deal; **-owanie** *n.* treatment.
traktor *m.* tractor.
tram *m.* beam; (*mar.*) keel.
trampolina *f.* spring-board.
tramwaj *m.* tramway; jechać -em, go by tram; **-owy** *a.* (of the) tram.
tran *m.* cod-liver oil; (*do palenia*) whale-oil.
transcendent-alny *a.* transcendental; **-ny** *a.* transcendent.
trans-formator *m.* transformer; **-fuzja** *f.* transfusion.
transmis-ja *f.* transmission; (*w rowerze, samoch.*) gear; (*mech.*) driving-wheel; **-yjny** *a.* (of) transmission; pas ~, driving belt.
transparent *m.* transparency; (*przy pochodzie*) banner.
transport *m.* transport; carriage; freight; **-ować** *v.* carry, convey, transport.
tranzakcja *f.* transaction.
tranzyt *m.* transit; **-o** *n.* transit; **-owy** *a.* (of) transit.
trapez *m.* (*gimn.*) trapeze; (*geom.*) trapezium.
trapi-ć *v.* torment; pester; afflict; ~ nieprzyjaciela, harass the enemy; ~ **się**, worry; grieve; **-ciel** *m.* afflictor, tormentor.
trapista *m.* Trappist.
tras-ant *m.* (*weksla*) drawer; **-at** *m.* drawee; **-ować** *v.* draw (on).
trata *f.* draft; wystawić -ę, draw (on).
tratować *v.* trample.
tratwa *v.* raft.
traw-a *f.* grass; **-iasty** *a.* grassy; grass-like; **-ka** *f.* a blade of grass; young grass; **-nik** *m.*

lawn; waste; grass-plot; **-ożerny** *a.* herbivorous.
trawestować *v.* travesty.
trawi-ć *v.* digest; (*o chorobie*) consume; ~ czas, spend; waste; (*o kwasach*) corrode; **-enie** *n.* digestion; consumption; spending; corrosion.
trąb-a *f.* trumpet; horn; (*słonia*) trunk; ~ morska, waterspout; ~ powietrzna, whirlwind; **-ić** *v.* trumpet; (*pić*) drink deep; ~ na odwrót, sound the retreat; **-ka** *f.* bugle; horn; ~ papieru, cornet; ~ myśliwska, bugle (-horn); ~ akustyczna, uszna, ear-trumpet.
trąc-ać, -ić *v.* jog; nudge; ~ się, elbow one another; **-ić** (*czem*), savour (of); smell (of).
trąd *m.* leprosy.
trefl *m.* (*w kartach*) clubs, *pl.*
trefn-isiostwo *n.*, **-ość** *f.* facetiousness; **-isiować** *v.* jest; crack jokes; **-iś** *m.* jester; joker; **-y** *a.* facetious; humorous; jocose; (*hebr.*) impure, unclean.
trel *m.* trill, quaver; **-ować** *v.* trill, quaver.
trema *f.* stage-fright, nervousness.
tremo *n.* pier-glass.
tren *m.* dirge; lament; elegy; (*u sukni*) train; (*wojsk.*) supply column.
tren-er *m.* trainer; **-ing** *m.* training; practice; **-ować** *v.* train, practise; ~ **się**, train.
trepan *m.* (*chir.*) trepan; **-acja** *f.* trepanation.
trepki *pl.* sandals.
tres-ować *v.* train; **-ura** *f.* training.
treś-ciwość *f.* terseness; conciseness; **-ciwy** *a.* terse; concise; **-ć** *f.* contents, *pl.*; substance; essence, purport.
trębacz *m.* trumpeter.
trędowa-tość *v.* leprosy; **-ty** *a.* leprous; ~, *m.* leper.
tręzla *f.* bridle.
triumf *m.* triumph; **-alnie** *adv.* in triumph; **-alny** *a.* triumphal; **-ować** *v.* triumph; **-ator** *m.* triumpher.
triumwirat *m.* triumvirate.
trocha *f.*, **trochę** *adv.* a little; a few; potrochu, little by little; o trochę, by a hairbreadth.
trocheus *m.* trochee.
trociczka *f.* pastil.
trociny *pl.* saw-dust.
tro-czek *m.* strap; **-czyć** *v.* strap; **-czyć się** *v.* make ready.
trofea *pl.* trophies.
troi-ć *v.* triple; ~ się, treble; **-sty** *a.* treble, threefold.
troj-aczki *pl.* triplets, *pl.*; **-ak** *a.* triple; threefold; **-ako** *adv.* in three different manners; threefold.
troj-e *num.* three; **-ęta** *pl.* triplets, *pl.*
trok-i *pl.* straps, *pl.*; saddle-straps, *pl.*; **-ować** *v.* strap.
tron *m.* throne; wynieść na ~, raise to the throne; mowa -owa, speech from the throne.
trop *m.* track, trace, trail; scent; iść w ~, track; follow the scent of; **-ić** *v.* trail, follow; track.
tropikalny *a.* tropical.
trosk-a *f.* care; anxiety; solicitude; **-liwość** *f.* solicitude; anxiety; **-liwy** *a.* careful, solicitous; anxious.
troskać się, troszczyć się *v.* care (for), concern oneself (with); show solicitude; grieve (at).
trosz-eczka, -ka *f.*, **-eczkę** *adv.* a little; a wee bit.
trotuar *m.* pavement.
trój-barwny *a.* three-coloured; trichromatic; **-ca** *f.* Trinity; **-dzielny** *a.* tripartite; **-głowy** *a* three-headed; **-graniasty** *a.* three-cornered; three-sided; trilateral; **-ka** *f.* three; tern, trey; troika; team of three horses; **-kąt** *m.* triangle; **-kątny** *a.* triangular; **-kolorowy** *a.* three-coloured; **-kształtny** *a.* triform; **-listny** *a.* three-leaved; trifoliate; tripetalous (*bot.*); **-mnożny** *a.* ~ stosunek, triple ratio; **w -nasób** *adv.* three times as much, threefold; **-nogi** *a.* three-footed; **-nożek** *m.* trivet; **-nóg** *m.* tripod; **-pręcikowy** *a.* (*bot.*) triandrian; **-przymierze** *n.* triple alliance; **-rosochaty** *a.* trifurcated; **-ząb** *m.* trident.
trubadur *m.* troubadour.
truchcik, trucht *m.* trop; truchcikiem, at a trot.

truchleć *v.* tremble; quake; be appalled.
truciciel *m.*, **-ka** *f.* poisoner.
truci-e *n.* poisoning; **-zna** *f.* poison; **-znowy** *a.* poisonous.
truć *v.* poison; (*fig.*) kill; ~ **się**, poison oneself; get poisoned.
trud *m.* trouble; pains, *pl.*; toil; hardship; **-nić** *v.* (*kogo czem*) employ one; ~ **się** (*czem*), be busy (with); work (at); ~ się fachem, follow a profession; czem on się -ni? what is his business; **-no** *adv.* not easily, with difficulty; hard; to ~! it cannot be helped; ~ mi w to uwierzyć, I can hardly believe it; **-ność** *f.* difficulty; czynić -dności, raise difficulties; w tem ~, there is the difficulty; **-ny** *a.* difficult; hard; not easy; **-y** *pl.* toils, hardships.
trudzić *v.* trouble, disturb; fatigue, weary, inconvenience; ~ **się**, take pains, toil.
trufla *f.* truffle.
trując-y *a.* poisonous; **-o** *adv.* poisonously.
trum-ienka, -na *f.* coffin.
trun-ek *m.* beverage; liquor; **-kowy** *a.* spirituous.
trup *m.* corpse; body; położyć -em, kill; paść -em, drop dead; **-i** *a.* cadaverous, ghastly; **-ia główka** (*zool.*) sphinx; **-iasty** *a.* cadaverous; **-ieszeć** *v.* waste away.
trupa *f.* troop.
tru-sia *f.*, **-ś** *m.* coward; funk; lamb (said of persons).
truskawka *f.* strawberry.
trust *m.* trust.
truteń *m.* humble-bee; (*fig.*) drone; blockhead.
trutka *f.* poison; bait.
trutynować *v.* consider.
trwa-ć *v.* last; continue; (*w czem*) persist, persevere in; **-le** *adv.* permanently; **-łość** *f.* durability; permanence, solidity; **-ły** *a.* lasting; durable; persistent; permanent; constant; persevering; **-nie** *n.* duration; perseverance.
trwoga *f.* alarm; fear; trąbić na trwogę, sound the alarm.
trwoni-ć *v.* squander (away); waste; **-ciel** *m.*, **-cielka** *f.* squanderer; **-enie** *n.* prodigality, dissipation.
trwoż-liwość *f.* timidity; shyness; **-liwy** *a.* timid, timorous, shy; **-ny** *a.* alarming; terrible; **-yć** *v.* frighten, alarm, startle; ~ **się**, take alarm; be alarmed.
tryb *m.* mode, manner; way; (*gram.*) mood; (*mech.*) cog; gear; -owe koło, cog-wheel.
trybul-a, -ka *f.* chervil.
trybularz *m.* censer.
trybun *m.* tribune; **-a** *f.* tribune; platform; (*na wyścigach*) stand; **-alski** *a.* (of the) tribunal; (of the) court; **-ał** *m.* tribunal; court of justice; **-at** *m.*, **-ostwo** *n.* tribuneship.
trychin-a *f.* trichina; **-oza** *f.* trichinosis.
try-cykl *m.* tricycle; **-glif** *m.* triglyph.
trygonometrja *f.* trigonometry.
tryk *m.* (*zool.*) ram; **-ać, -nąć** *v.* butt; **-s** *m.* butting; stroke.
trykot-aże *pl.*, **-owe wyroby, -y** *pl.* hosiery.
tryktrak *m.* backgammon.
tryl *m.* trill.
try-ljon *m.* trillion; **-logja** *f.* trilogy; **-mestr** *m.* quarter, term.
trynitarz *m.* Trinitarian.
tryper *m.* (*med.*) gonorrhoea.
try-plet *m.* triplet; **-ptyk** *n.* triptych.
trys-kać, -nąć *v.* spout; gush; spurt; -kający dowcipem, sparkling with wit.
tryton *m.* triton.
trywjaln-ość *f.* triviality; **-y** *a.* trivial, trite.
trzas-k *m.* crack; crash; noise; (*bicza*) crack; (*ognia*) crackle; **-kać, -nąć** *v.* crack; peal; crackle; ~ drzwiami, bang the door, slam the door; -nąć w twarz, slap one's face; **-kawka** *f.* whip-lash.
trząść *v.* shake; (*o wozie*) jolt; ~ głową, shake one's head; ~ **się**, shake; shiver; ~ ze złości, shake with anger.
trzcin-a, -ka *f.* reed; cane; rod; ~ cukrowa, sugar-cane; **-iany, -owy** *a.* (of) reed; **-iasty** *a.* reedy; **-nik** *m.* reed-sparrow.
trzeba *v. imp.* it is necessary; one needs; one should; ~ było,

one should have; ~ mi, I must; ~ na to wiele czasu, it requires much time.
trzebi-ć *v.* clear (of); destroy; ~ chwasty, weed; (*kapłonić i t. p.*) geld, castrate; **-eż** *f.* clearing.
trzech *num.* three; **-setny** *a.* threehundredth; **-tysięczny** *a.* threethousandth.
trzeci *a.* third; stan ~, third estate; -ego dnia, on the third day; -a godzina, three o'clock; **po -e** *adv.* thirdly, in the third place.
trzeć *v.* rub; grind; (*len*) heckle; ~ drzewo, saw wood; ~ **się**, rub oneself (against); (*o rybach*) spawn.
trzepa-czka *f.* (carpet-)beater; **-ć** *v.* dust; beat; (*fig.*) prate; rattle (off); **-nina, -nka** *f.* thrashing.
trzepnąć *v.* cuff; jog; strike.
trzepotać skrzydłami, ~ się *v.* flap the wings; flutter.
trzeszcz-ący *a.* crackling, cracking; **-eć** *v.* crackle, crack; split.
trześnia *f.* (black) cherry(-tree).
trzew-o, -ia *pl.* bowels; entrails, guts, *pl.*; **-ny** *a.* intestinal.
trzewi(cze)k *m.* shoe.
trzeźw-ić *v.* bring back to one's senses; sober; **-ieć** *v.* recover (from); sober; grow sober; **-o** *adv.* soberly; soundly; **-ość** *f.* sobriety; temperance; **-y** *a.* sober; sound; po-emu, soberly.
trzęs-awica *f.*, **-awisko** *n.* quagmire; morass; **-awisty** *a.* quaggy; **-ienie** *n.* jolting; shaking; shivering; ~ ziemi, earthquake; ~ **się**, trembling, shivering; **-iączka** *f.* shivers, *pl.*
trzmiel *m.* bumble-bee; **-ina** *f.* spindle-tree.
trznadel *m.* (*bot.*) ortolan.
trzoda *f.* herd; flock; cattle; (*fig.*) flock; ~ chlewna, swine.
trzon-ek *m.* handle; hilt; helve; (*bot.*) stipe; **-owy** *a.* (*bot.*) stipitate; -owy ząb, grinder, molar tooth.
trzos *m.* money-bag.
trzpień *m.* tongue (of a buckle).
trzpiot, -ek *m.* giddy-head; **-ać się** *v.* frolic; **-owatość** *f.* giddiness; fickleness; **-owaty** *a.* frolicsome; giddy; light-headed.
trzy *num.* three; pleść ~ po ~, talk nonsense; **-dniowy** *a.* three-day; **-dziestka** *f.* thirty; **-dziestoletni** *a.* thirty-year; thirty years old; **-dziesty** *a.* thirtieth; **-dzieści** *num.* thirty; **-kroć, -krotnie** *adv.* three times; thrice; **-krotny** *a.* triple; threefold; **-letni** *a.* three years old; three-year; **-listny** *a.* three-leaved.
trzymać *v.* hold, keep; run (a business); (*z kim*) side (with); ~ do chrztu, stand godfather (or godmother) to a child; ~ język za zębami, hold one's tongue; ~ o kim dobrze, think well of a person; wiele o sobie ~, be self-conceited; ~ dziecko na ręku, hold a child in one's arms; ~ kogo za słowo, hold one to his word; ~ **się**, hold out, hold by; hold fast; (*czego*) abide by, follow; ~ przepisów, follow rules; ~ prosto, stand upright; sit straight; ~ zdala od, keep aloof.
trzymadło *n.* holder; handle.
trzy-miesięczny *a.* of three months; **-nastoletni** *a.* thirteen years old; thirtheen-year; **-nasty** *a.* thirteenth; **-naście** *num.*, **-naścioro** *num.* thirteen; **-nożek** *m.* see **trójnóg**; **-piętrowy** *a.* three-storied; three-story; **-sta** *num.* three hundred.
tu *adv.* here; in this case; ~ i owdzie, here and there; ~ i tam, to and fro; here and there.
tualet-a *f.* toilet; **-ka** *f.* dressing table; **-owy** *a.* (of or for) toilet.
tuba *f.* trumpet; megaphone; ear-trumpet; **-lny** *a.* thundering.
tuberoza *f.* tuberose.
tubyl-czy *a.* indigenous; native; **-ec** *m.* native.
tucz, -a *f.* fodder; fat; obesity; **-nieć** *v.* grow fat; **-ność** *f.* fatness; **-ny** *a.* fattened; for fattening; **-ony** *a.* fattened; **-yć** *v.* fatten; ~ **się**, fatten, grow fat.

tudzież *adv.* also, likewise, too, as well.
tuja *f.* (*bot.*) guaiacum.
tukan *m.* (*orn.*) toucan.
tulejka *f.* socket pipe.
tulić *v.* clasp to one's bosom; cuddle, fondle, hug; ~ **się**, nestle (to); snuggle (to).
tulipan *m.* tulip.
tuła-cki, -czy *a.* vagabond; exile's; homeless; **-ctwo** *n.* exile; vagabondage; **-cz** *m.* vagabond; exile; **-ć się** *v.* wander (about); roam; lead a homeless life.
tułów *m.* trunk; torso.
tum *m.* cathedral.
tumak *m.* (*zool.*) marten.
tuman *m.* cloud; mist; **-ić** *v.* hoodwink; humbug.
tundra *f.* tundra.
tunel *m.* tunnel.
tunetek, tuńczyk *m.* (*ryba*) [tunny.
tunika *f.* tunic.
tup-ać, -nąć *v.* (*nogą*) stamp one's foot; **-anie, -nięcie** *n.* stamp of the foot; **-ot** *m.* drumming of the feet; rattle; **-otać** *v.* drum with the feet.
tupet *m.* self-confidence; audacity.
tur *m.* bison; bull.
turb-acja *f.* trouble, disturbance; **-ować** *v.* trouble, disturb; ~ **sie,** be uneasy; worry.
turban *m.* turban.
turbina *f.* turbine.
turbot *m.* turbot.
turecki *a.* Turkish; goły jak święty ~, stony-broke.
turkawka *f.* turtle-dove.
turkot *m.* rattle; clatter; **-ać** *v.* rattle, clatter.
turkus *m.* turquoise; **-owy** *a.* (of) turquoise.
turma *f.* jail: dungeon.
turmalin *m.* tourmalin.
turnia *f.* scar, scour, peak.
turniej *m.* tournament; contest.
turnus *m.* vote; turn.
turyst-a *m.* tourist; **-yczny** *a.* tourist; touring.
turzyca *f.* (*bot.*) reed-grass, horse-tongue, sword-grass.
tusz *m.* Indian ink; (*kąpiel*) shower-bath; **-ować** *v.* draw with China ink; ~ **się,** take a shower-bath.
tusza *f.* stoutness; fatness, corpulence; człowiek dobrej -y, a portly man.
tuszyć *v.* hope; expect; anticipate.
tut-aj *adv.* here; **-ejszy** *a.* of this place, local.
tutka *f.* cigarette-tube; (*na towary*) cornet.
tuwal-nia, -ja *f.* communion-[cloth.
tuz *m.* ace; **-ować** *v.* cuff; **-y** *pl.* cuffs, buffets.
tuzin *m.* dozen; **-kowy** *a.* pal-[try.
tuż *adv.* near by, hard by; ~ przy, near, close to; ~ po, immediately after; next.
tużur-ek *m.* coat; **-kowy** *a.* (of the) coat.
tward-nąć, -nieć *v.* harden; **-o** *adv.* hard; rigorously; severely; unflinchingly; ~ spać, sleep soundly; to idzie -o, it is coming with difficulty; na -o ugotowane, hard-boiled; **-ość** *f.* hardness; severity; rigour; ~ serca, hard-heartedness; **-oszyi** *a.* stiff-necked; (*fig.*) stubborn; **-ousty** *a.* hard-mouthed; **-y** *a.* hard; rough, severe, rigorous; **-zizna** *f.* callousness.
twaróg *m.* curds.
twarz *m.* face; **-ą w ~,** face to face; jest ci z tem do -y, it suits you well; **-owy** *a.* facial; **-yczka** *f.* pretty little face.
twe *prn.* your.
twierdza *f.* sronghold, fortress, citadel.
twierdz-enie *n.* assertion; statement; (*mat.*) theorem; **-ić** *v.* maintain; contend; assert, affirm.
tworz-enie *n.* creation; ~ **się,** origin; rise; beginning; **-yciel** *m.* author; creator; **-yć** *v.* create; produce; compose; ~ **się,** arise; originate; be formed.
twój *a.* your; yours.
twór *m.* creation; **-ca** *m.* creator; author; **-czość** *f.* genius; production; **-czy** *a.* creative, productive.
ty *prn.* you.
tyci, -a, -e *a.* so big.
tycie *n.* growing fat.
tycz-ka *f.* pole; perch; **-kowy** *a.* creeping (*bot.*); **-yć** *v.* (*groch*) prop up (peas).

tyczyć się *v.* concern, regard; refer to; co się tyczy, as for, with respect to, regarding, concerning.
tyć *v.* grow fat.
ty-dzień *m.* week; za ~, in a week; wielki ~, Holy week; za dwa -godnie, in a fortnight.
tyf-oidalny *a.* typhoid; **-us** *m.* typhoid fever.
tygiel *m.* crucible; meltingpot.
ty-godnik *m.* weekly (paper); **-godniowy** *a.* weekly.
tygrys *m.* tiger; **-i** *a.* tiger's; tigerish; **-ica** *f.* tigress.
tyka *f.* pole; perch.
tyka-ć *v.* touch; **-lny** *a.* tangible; **-nie** *n.* (*zegarka*) tic-tac.
tykwa *f.* gourd.
tyle *adv.* so much, as much, so many; as many; **-kroć** *adv.* so many times; **-ż** *adv.* as much, just as much.
tylec *m.* back.
tyl-i *a.* as large; as little; so big; **-ko** *adv.* only; merely; well-nigh; solely; but; nothing but; ~ co, just now; ~ co go nie widać, he will come any minute; ~ co nie, well-nigh; skoro ~, jak ~, as soon as; no sooner ... than.
tylny *a.* back; hind; -e nogi, hind legs; -e drzwi, back door; -a straż, rear-guard.
tylokrotn-ie *adv.* so many times; **-y** *a.* repeated so many times.
tylorak-i *a.* of so many different kinds; **-o** *adv.* in so many different manners.
tył *m.* back; rear; backside; w tyle, z u-, behind; **-em** *adv.* backwards; obrócić się -em, turn one's back (to); ~ **okrętu** stern, poop; **-ek** *m.* backside; bottom.
tym see **ten**; ~, *adv.* the (more); ~ lepiej, so much the better; im prędzej ~ lepiej, the sooner the better.
tymczas-em *adv.* meanwhile; in the meantime; **-owo** *adv.* provisionally; for the time being; in the interim; **-owy** *a.* provisory, provisional, tentative.
tymian, -ek *m.* (*bot.*) thyme.
tymotka *f.* (*bot.*) timothy(-grass).
tympan *m.* (*anat. & arch.*) tympanum.
tynk *m.* plaster; roughcast; **-arz** *m.* plasterer; **-ować** *v.* plaster; roughcast; **-owanie** *n.* plaster-work; roughcasting.
tynktura *f.* tincture.
typ *m.* type; model; **-ograf** *m.* typographer; **-ografja** *f.* typography; **-owy** *a.* typical.
tyrać *v.* jade, strain, overburden.
tyrada *f.* tirade.
tyraljer, -ka *f.* skirmishing.
tyra-n *m.* tyrant; **-nizować** *v.* tyrannize; **-nja** *f*, **-ństwo** *n.* tyranny; **-ński** *a.* tyrannical.
tyrlicz *m.* (*bot.*) gentian.
tysiąc *num.* thousand; **-ami**, by the thousand; **-lecie** *n.* millenary; **-letni** *a.* thousand-year; **-czny** *a.* thousandth.
tyś = ty jesteś, you are.
tytan *m.* titan; (*met.*) titanium; **-iczny** *a.* titanic.
tyto-niowy *a.* (of) tobacco; **-ń** *m.* tobacco.
tytu-larny *a.* titular; **-ł** *m.* title; **-łować** *v.* entitle; give a title; **-łowy** *a.* (of the) title.
tytuniowy etc. see **tytoniowy**.
tyzanna *f.* ptisan.

U

u *prp.* at, among, with; in; ~ mojej siostry, at my sister's; ~ krawca, at the tailor's; ~ stóp, at the foot (of); at —'s feet; ~ mnie, in my house; with me; ~ nas (*w Polsce*), here, in our country, in Poland.
u- jako przedrostek w czasownikach, nadający im znaczenie *czynności dokonanej*, nie posiada odpowiednika po ang. Czasowniki dokonane z tym przedrostkiem tłumaczą się tak, jak odpowiednie czasowniki niedo-

konane, np. „udoić" jak „doić", „uczynić" jak „czynić", „ukarać" jak „karać".

u- is prefixed to verbs to express *definiteness of form* which cannot be rendered into E. Therefore definite verbs with this prefix are translated into E. exactly like the corresponding indefinite verbs, e. g. „udoić" like „doić", „uczynić" like „czynić", „ukarać" like „karać" etc.

ubezpiecz-ać, -yć *v.* insure, secure; guard, provide against; protect from; reassure; **-enie** *n.* insurance, security, safeguard; ~ na życie, life-insurance; ~ od ognia, fire-insurance; **-eniowy** *a.* (of) insurance.

ubezwładnić *v.* disable; unman.

ubić see **ubijać.**

ubie-c, -gać *v.* run; escape; (*o czasie*) pass, elapse; (*kogo*) forestall; get the start of; -gać się o co, za czem, contend for; compete (for); aspire; **-gły** *a.* past; bygone.

ubiera-ć *v.* dress, attire, trim; take away a little; ~ **się,** dress, put on one's clothes; **-lnia** *f.* dressing-room.

ubi(ja)ć *v.* ram down; level; ~ jajka, beat eggs; ~ drogę, beat a path; (*uśmiercić*) kill; ~ interes, strike a bargain; ~ się (*o co*), strive for, struggle, contend (for).

ubikacja *f.* room, chamber, closet.

ubiór *m.* dress, attire, clothes, *pl.*

ubity *a.* beaten; (*zabity*) killed; slain.

ubliż-ać, -yć *v.* offend, slight, disparage; ~ sobie, bring discredit on oneself; **-ający** *a.* offending, offensive; **-enie** *n.* offence, disrespect, disparagement.

ubłagać *v.* appease; prevail upon; obtain (from).

ubocz *f.*, **-e** *n.* secluded spot, by-way; na -u, aside, apart; out of the way; **-nie** *adv.* accidentally, incidentally; **-ny** *a.* side, accessory; secondary; indicental; -ne dochody, perquisites; casual profit; -na droga, side-way; by-way.

ubogi *a.* poor, indigent; scanty.

ubolewa-ć *v.* complain, lament; ~ nad (*kim, czem*) be sorry for, regret; condole with; grieve for, pity (one for something); **-nie** *n.* regret; condolence, lamentations.

ubóść *v.* hurt, goad; sting; (*rogiem*) toss; gore.

uboż-eć *v.* grow poor, become poor; **-yć** *v.* impoverish, make poor.

ubój *m.* slaughter.

ubóstwi-ać *v.* idolize, adore; dote upon; **-anie, -enie** *n.* adoration; idolization, fondness.

ubóstwo *n.* poverty, indigence, scantiness.

ubra-ć *v.* clothe, dress; (*ozdobić*) adorn, trim; ~ **się,** put on one's clothes, dress; **-nie** *n.* (suit of) clothes; dress.

ubrda-ć *v.* take into one's head; **-nie** *n.* fancy, whim.

uby-ć, -wać *v.* decrease, shorten, lessen, diminish; lose flesh, waste; sink, subside; **-tek** *m.*, **-wanie** *n.* decrease, diminution, loss, waste; subsidence; (*księżyca*) wane.

ucałowa-ć *v.* kiss; **-nie** *n.* kiss.

ucho *n.* ear; (*naczynia*) handle; loop; (*igły*) eye; (*buta*) strap; po uszy, over head and ears; do ucha, in one's ear; mimo uszu puścić, overlook, take no account of.

uchodzić *v.* walk away; escape; (*o czasie*) pass, elapse; (*o płynach*) flow; ~ za co, pass for; to nie uchodzi, it is unseemly; to ujdzie, it can pass.

uchować *v.* preserve, save; protect; Boże uchowaj! God forbid! ~ **się,** survive; ~ się od czegoś, escape.

uchron-a *f.* shelter, protection; **-ić** *v.* guard against, save, pro-

---

Odnośnie do czasowników z przedrostkiem u-, brakujących powyżej, obacz **u-.**

For verbs with prefix **u-** not given consult **u-.**

tect; ~ się, avoid, escape; guard against; -ny *a.* avoidable, evitable.

uchwa-lać, -lić *v.* resolve, decide, vote; enact; **-ła** *f.* resolution; bill, decision; vote.

uchwy-cić *v.* catch, seize, snatch; catch hold of; **-tny** *a.* tangible, comprehensible.

uchybi(a)ć *v.* (*komuś*) offend one; ~ celu, miss, fail; ~ prawu, transgress the law; **-enie** *n.* failure; blunder; mistake; disrespect, offence.

uchyl-ać, -ić *v.* bend (aside); open; remove; draw aside; push aside; ~ prawo, abolish a law, repeal, annul; ~ kapelusza, lift, raise one's hat; ~ **się**, bow; stoop; ~ się od czegoś, shun, avoid; drzwi są -one, the door is ajar.

uciąć *v.* cut off, chop off; curtail; (*chir.*) amputate; ~ głowę, behead; (*rozmowę*) cut short; break off.

ucią-gnąć *v.* pull; move; draw; drag; (*wina*) draw off; **-żać, -żyć** *v.* burden, charge, overwhelm; oppress; **-żliwie** *adv.* painfully; with difficulty; **-żliwość** *f.* difficulty; burden; painfulness; oppression; **-żliwy** *a.* burdensome, oppressive; troublesome; difficult.

ucich-ać, -nąć *v.* quiet down; be hushed; abate, cease.

ucie-c, -kać *v.* run away, flee, fly; ~ się do, have recourse to; escape; ~ od, avoid; **-czka** *f.* flight; (*do kogo, czego*) refuge, recourse; protection; **-kinier** *m.* refugee.

uciecha *f.* delight, entertainment, fun.

ucieleśni-ć *v.* incarnate, materialize; **-enie** *n.* incarnation.

uciemięż-ać, -yć *v.* oppress; **-enie** *n.* oppression; **-yciel** *m.* oppressor.

ucierać *v.* rub; wipe; (*na proch*) grind, pound, triturate; ~ komuś nosa, snub one; ~ knot, snuff a candle; ~ się z kim, fight, skirmish, come to blows; quarrel; bicker.

ucierpieć *v.* suffer, undergo, endure; sustain a loss.

uciesz-enie (się) *n.* delight, pleasure, satisfaction; **-ność** *f.* drollery; fun; merriment; **-ny** *a.* droll, funny, amusing; **-yć** *v.* rejoice; delight; ~ **się**, feel happy; rejoice, be delighted.

ucię-cie *n.* cutting off; amputation; curtailment; **-ty** *a.* cut off; cut short, cropt; truncated; ogon ~, bobtail.

ucin-ać see **uciąć**, **-ek** *m.* part; shred; scrap, fragment; **-kowy** *a.* fragmentary; sarcastic.

uciosać *v.* hew.

uci-sk *m.*, **-skanie, -śnienie** *n.* oppression; pressure; trouble, anguish, affliction; **-skać, -snąć** *v.* squeeze; oppress; overbear; **-śniony** *a.* oppressed.

ucisz-ać, -yć *v.* calm, quiet, appease, silence; still, hush; ~ **się**, become calm, silent, still; be hushed; quiet down; abate; cease.

uciułać *v.* scrape together; save (up).

ucywilizować *v.* civilize; refine.

uczatować *v.* catch.

uczący *m.* teacher, instructor; ~ **się** *m.* pupil, student.

ucz-cić *v.* honour; **-ciwszy** uszy Pańskie, by your leave; **-ciwość** *f.* honesty, probity, fairness, uprightness; **-ciwy** *a.* honest, respectable, upright; fair.

ucze-lnia *f.* school; wyższa ~, university; **-nie** *adv.* learnedly, scientifically; **-nie** *n.* teaching, instruction; ~ **się**, study; **-nnica** *f.* school-girl; pupil; **-ń** *m.* school-boy; pupil; disciple; apprentice.

uczepi(a)ć *v.* hang on; attach to; ~ **się**, grapple, catch hold of; stick; adhere to.

uczernić *v.* blacken.

uczerp-ać, -nąć *v.* draw.

Odnośnie do czasowników z przedrostkiem u-, brakujących powyżej, obacz **u-**.

For verbs with prefix **u-** not given consult **u-**.

uczesa-ć *v.* comb, dress the hair; ~ **sie**, comb one's hair; **-nie** *n.* dressing of the hair.
uczestni-ctwo, -czenie *n.* participation, partaking; share; **-czyć** *v.* participate, partake, share in, take part (in); **-czka** *f.*, **-k** *m.* participant, member; partner, partaker; ~ winy, zbrodni, accomplice.
uczęstować *v.* treat, regale; feast; entertain; ~ **się**, regale oneself, enjoy oneself.
uczęszcza-ć *v.* frequent, attend; ~ na wykłady, attend lectures; **-nie** *n.* frequentation; attendance.
uczłowieczyć *v.* humanize.
uczniowski *a.* pupil's; schoolboy's.
uczon-ość *f.* learning, erudition; **-y** *m.* erudite, scholar; ~, *a.* learned, erudite.
uczt-a *f.* feast, banquet; entertainment; **-ować** *v.* feast.
uczu-cie *n.* feeling, sensation, sentiment; consciousness; **-ciowość** *f.* tenderness, sentimentality; **-ciowy** *a.* tender, affectionate; sentimental; **-ć, -wać** *v.* feel, experience (a sensation).
uczyć *v.* teach, instruct; ~ **się**, learn; study.
uczyn-ek *m.* deed, act, action; na gorącym -ku, in the act; **-ić** *v.* do; perform; ~ komu łaskę, bestow a favour upon one; (*kogo czem*) nominate, appoint; ~ **się**, grow, get, turn; make oneself, become; **-kowy** *a.* of deed; **-nie** *adv.* obligingly; **-ność** *f.* kindness, obligingness; **-ny** *a.* obliging, kind.
uda-ć, -wać *v.* (*naśladować itp.*) feign, dissemble, imitate, counterfeit, pretend (to be); ~ **się**, succeed; (*ku*) make for; (*do kogo*) apply to; (*dokąd*) go to; repair to; ~ w podróż, set out on a journey; nie ~~, fail; **-nie, -wanie** *n.* dissimulation, pretence; dissembling; (*dokąd*) going to, departure; ~ **się**, success; (*do kogo*) application, applying to.
udar *m.* attack; apoplexy; ~ słoneczny, sunstroke.
udarcie *n.* plucking off, tearing off.
udaremni-ać, -ć *v.* frustrate, disappoint, baffle; **-enie** *n.* frustration, disappointment.
udarować *v.* (*kogo czem*) present a person (with).
udat-nie *adv.* successfully, neatly; **-ny** *a.* successful, shapely, neat.
udawać see **udać**.
udelikacić *v.* soften, weaken.
udeptać *v.* tread (down); beat, level.
uderz-ać, -yć *v.* strike; hit; blow; (*med.*) congest; (*na kogo*) attack; ~ w dzwony, ring the bells; ~ w trąby, sound the trumpets; **-ający** *a.* striking; **-enie** *n.* stroke, blow, knock; attack; shock; ~ krwi, congestion.
ud-ko *n.* hind-leg; **-o** *n.* thigh.
udławić *v.* choke; strangle, throttle; ~ **się**, choke.
udobruchać *v.* calm, soothe, humour; mitigate; hoax; ~ się, compose oneself, be mitigated, subside.
udogodni-ć *v.* accomodate, improve, make convenient; **-enie,** accomodation, convenience.
udoln-ość *f.* ability; **-y** *a.* able, capable, fit, apt.
udoskonal-enie *n.* improvement, perfection; **-ić** *v.* improve, perfect.
udostępnić *v.* render accessible.
udowodni-ć *v.* demonstrate, evince; prove; **-enie** *n.* evidence, proof, demonstration.
udowy *a.* (of the) thigh(-bone).
udój *m.* yield of milk; meal.
udramatyzować *v.* dramatize.
udrapować *v.* drape.
udręcz-enie *n.* vexation, pain, trouble, anguish; torture; plague; **-yć** *v.* vex, pester; torment; torture.

Odnośnie do czasowników z przedrostkiem u-, brakujących powyżej, obacz **u-**.

For verbs with prefix u- not given consult **u-**.

udry *pl.* ~ na ~, diamond cut diamond; pójść na ~ z kim, struggle, grapple (with).
udrzeć *v.* tear off, pluck off.
uduchow-ić, -nić *v.* spiritualize; **-iony** *a.* rapt.
udu-sić *v.* strangle; (*kuch.*) stew; ~ **się,** be suffocated, strangled; **-szenie** *n.* suffocation.
udział *m.* share, part, lot; participation; destiny; brać w czem ~, participate, take part (in), partake (of); dostać się komu w udziale, fall to one's lot; **-owiec** *m.* partner; shareholder; **-owy** *a.* joint; towarzystwo -owe, joint-stock company.
udziec *m.* leg; ~ barani, a leg of mutton.
udziel-ać, -ić *v.* give, impart, bestow, confer; communicate; ~ nauk, teach; ~ pozwolenia, grant permission; ~ wiadomości, inform; ~ **się,** communicate, with; frequent; have intercourse; be sociable; **-ające się** *a.* communicative, sociable; **-anie, -enie** *n.* communication; ~ **się,** intercourse; communicativeness; **-nie** *adv.* independently; sovereignly; **-ność** *f.* sovereignty; **-ny** *a.* sovereign.
udźwignąć *v.* lift, bear.
uf-ać *v.* trust, confide in; -anie sobie samemu, self-confidence; **-nie** *adv.* with firm trust, with confidence; **-ność** *f.* trust, confidence, reliance; ~ w swoje siły, self-confidence; **-ny** *a.* confident in, confiding, trustful, trusting.
ufarbować *v.* dye.
ufnal *m.* horse-shoe nail.
uformować *v.* form, shape; mould; ~ **się,** be formed, assume a form.
ugadzać *v.* hit, strike; ~ **się** *v.* come to an understanding.
ugania-ć się *v.* run (after); hunt, pursue; aspire to; vie with; **-nie** *n.* hunt, pursuit.
uga-sić, -szać *v.* extinguish; put out; ~ pragnienie, quench one's thirst; **-szenie** *n.* extinction.
ugaszczać see **ugościć**.
ugi-ąć, -nać *v.* bend, curve; ~ suknie, tuck up one's skirt; ~ **się,** bend, bow; give way; yield.
ugładzić *v.* smooth.
ugłaskać *v.* stroke; smooth; flatter; tame, cajole; ~ **się,** be appeased, be soothed.
ugni-atać, -eść *v.* knead, press, mould; (*fig.*) oppress, tyranize.
ugnić *v.* rot.
ugnieździć się *v.* make one's nest; (*fig.*) nestle; settle.
ugnoić *v.* dung, manure.
ugod-a *f.* agreement, contract; arrangement; bargain; compact; **-owy, -ny** *a.* agreed upon; **-nie** *adv.* by agreement.
ugodz-enie *n.* hit, stroke, blow; agreement, bargain; **-ić** *v.* hit, strike, blow; hire; ~ **się,** come to an understanding; come to terms; **-ony** *a.* hit, struck; agreed upon; hired.
ugorow-ać *v.* lie fallow; **-y** *a.* fallow, untilled.
ugorzyć *v.* fallow.
ugo-szczenie *n.* entertainment, treat; **-ścić** *v.* entertain, treat, receive.
ugotować *v.* cook, dress, boil.
ugór *m.* fallow; ugorem leżeć, lie fallow.
ugruntowa-ć *v.* ground; found; ~ kogoś, teach; ~ **się,** be grounded, be founded, be based (upon); **-nie** *n.* foundation, ground.
ugrupować *v.* group, assemble.
ugry-zek *m.* bite; (*fig.*) gibe; **-źć** *v.* bite (off), nip; **-źliwy** *a.* biting, nipping, snappish.
ugrzać *v.* warm up; ~ **się,** warm oneself up.
ugrz-ąźć, -ąznąć, -ęznąć *v.* be swamped; be clogged; be checked; stick in the mud; get stuck.
ugrzeczni-enie *n.* civility, courtesy; **-ony** *a.* polite, obliging.

Odnośnie do czasowników z przedrostkiem u-, brakujących powyżej, obacz **u-**.

For verbs with prefix u- not given consult **u-**.

ui-szczać, -ścić *v.* pay; fulfil; accomplish; ~ się z długu, pay a debt; ~ się z obietnicy, make good one's promise; **-szczęnie** *n.* payment, fulfilment.
ujadać *v.* bark, bay; ~ się, quarrel.
ujarzmi-ać, -ć *v.* subjugate, subdue; **-ciel** *m.* subjugator; conqueror; **-enie** *n.* subjugation.
ujawni(a)ć *v.* reveal, disclose; ~ **się,** come to light.
ująć *v.* see **ujmować.**
ujechać *v.* see **ujeżdżać.**
ujednostajnić *v.* unify.
ujemn-ość *f.* disadvantage; drawback; negativeness; **-y** *a.* negative, unfavourable; bad; ~ bilans, adverse balance.
uje-żdżać, -ździć *v.* ride, go, drive (away); break in (a horse); (*drogę*) beat, make (a track); **-żdżacz** *m.* horse-breaker; **-żdżalnia** *f.* riding-school.
ujęcie *n.* seizure, arrestation, hold, grasp.
ujm-a *f.* damage, prejudice, injury; wrong; **-ować** *v.* grasp, seize; catch, lay, hold of; deduct, lessen, diminish; (*odmawiać*) deprive (of); bereave; ~ sobie kogo, win, captivate; gain one's favour; ~ komu, derogate from one's merit, disparage; ~~ **się** (*za kim*), take one's part, intercede for one; side with one; defend one; ~ się pod boki, set one's arms akimbo; -owanie się za kim, intercession in one's behalf; **-ujący** *a.* winning, prepossessing.
ujrzeć *v.* perceive, descry.
ujś-cie *n.* escape, opening, flow; ~ rzeki, the mouth of a river; estuary; **-ć** *v.* see **uchodzić.**
ukamieniować *v.* stone (to death).
ukara-ć *v.* punish, chastise; **-nie** *n.* punishment; chastisement.
ukarmić *v.* feed; fatten.
ukartować *v.* plot, contrive.
ukaz *m.* show; sign; ~, *m.* (*carski*) ukase; **-ać, -ywać** *v.* show; exhibit, present; ~~ **się,** appear; make one's appearance; **-anie** *n.* presentation; ~ **się,** appearance.
uką-sić *v.* bite (off); ~ się w język, bite one's tongue; **-szenie** *n.* bite, sting, prick.
ukis-ić *v.* pickle; sour; **-nąć** *v.* sour.
uklecić *v.* bungle up.
uklęknąć *v.* kneel (down).
układ *m.* arrangement, disposition, system, agreement; compromise; compact; negotiation; plan, scheme, project; ~ Lineusza, the Linnean system; **-ać** *v.* arrange, dispose, pile up, heap; plan; train; draw up, compose, scheme; ~ drzewo, stack timber; ~ się z kim, come to an arrangement, compound, negotiate; **-anie** *n.* see **układ; -ność** *f.* mannerliness, good manners; good looks; artifice; **-ny** *a.* well-mannered, mannerly; graceful; artful; **-y** *pl.* negotiations; wchodzić, wejść w ~, przystąpić do -ów, negotiate, enter into negotiations.
ukłon *m.* bow, curtsy; obeisance; **-y** *pl.* compliments, respects; **-ić się** *v.* bow; curtsy; greet.
ukłu-cie *n.* prick, sting, puncture; **-ć** *v.* sting, prick, pierce.
ukn-ować, -uć *v.* plot, plan, contrive.
ukocha-ć *v.* take a fancy to; become fond of, conceive an affection for; **-ny** *a.* beloved, dear; favourite.
uko-ić *v.* soothe, appease, assuage, calm, allay; **-jenie** *n.* appeasement, relief, alleviation.
ukołysać *v.* lull too sleep.
ukonstytuować *v.* constitute, build, establish.
ukontentowa-ć *v.* content, gratify, give pleasure; **-nie** *n.* contentment, pleasure, delight.

Odnośnie do czasowników z przedrostkiem u-, brakujących powyżej, obacz **u-.**

For verbs with prefix **u-** not given consult **u-.**

ukończyć *v.* end, finish, close; ~ **szkoły**, leave school; ~ **studja**, graduate.
ukoronowa-ć *v.* crown; **-nie** *n.* coronation.
ukorzyć sie *v.* humble oneself.
uko-s *m.* slant; **-sem** *adv.* aslant; obliquely; **-śnica** *f.* bevel; **-śność** *f.* slant; obliquy; **-śny** *a.* oblique, slanting, askew.
ukować see **ukuć**.
ukracać see **ukrócić**.
ukra-dkiem *adv.* stealthily, furtively; secretly; **-dkowy** *a.* stealthy, secret; furtive; **-dziony** *n.* stolen; **-ść** *v.* steal.
ukr-ajać, -oić *v.* cut (off).
ukrasić *v.* embellish, beautify.
ukręc-ać, -ić *v.* twist; wring; turn; ~ łeb jakiejś sprawie, thwart; put an end (to); nip in the bud.
ukrop *m.* boiling water
ukróc-enie *n.* check, curb; shortening; restraint; **-ić** *v.* check, repress; shorten; (*fig.*) bridle.
ukruszyć *v.* crumble.
ukry-cie *n.* hiding place, concealment; retreat, seclusion; **-ć, -wać** *v.* conceal, hide; keep secret; **-wacz** *m.* concealer.
ukrzepić *v.* strengthen; brace up.
ukrzywdz-enie *n.* injure; prejudice, wrong; grievance; **-ić** *v.* wrong; do an injury; grieve.
ukrzyżowa-ć *v.* crucify; **-nie** *n.* crucifixion.
ukształ-cić, -tować *v.* form, shape, cultivate; refine; improve.
ukuć *v.* forge, hammer; plan, scheme.
ukwasić see **ukisić**.
ukwiecić *v.* adorn, garnish, trim with flowers.
ul *m.* beehive.
ulać *v.* pour (off, out); (*robić odlew*) cast, mould; **jak** -ny, fitting to a miracle.
ulat-ać, -ywać *v.* fly (away), soar; **-niać się** *v.* evaporate; volatilize; **-nianie się** *n.* evaporation.

uląc się see **ulęknąć się**.
ulec see **ulegać**; **ulecieć** see **ulatywać**.
ulecz-alność *f.* curability; **-alny** *a.* curable; **-enie** *n.* cure, healing; recovery; nie do -enia, incurable; **-yć** *v.* cure (of); heal; ~~ **się**, heal; be cured; recover (from).
uleg-ać, -nąć *v.* succumb, yield; comply; undergo; submit; be subjected (to); give way; to nie ~ wątpliwości, it is beyond question, it is unquestionable; **-ający** *a.* complying, yielding, submissive; subject (to); **-anie** *n.*, **-łość** *f.* submissiveness, compliance; **-ły** *a.* complying, submissive; subject, liable (to).
ulep-ek *m.* julep; **-iać, -ić** *v.* form, mould, knead.
ulepsz-ać, -yć *v.* improve; meliorate; **-enie** *n.* improvement, betterment.
ulew-a *f.* downpour; **-ać** *v.* see **ulać**; **-ny** *a.* pouring.
ule-gałka, -żałka, wild pear; **-żały** *a.* mellow; **-żeć się** *v.* mellow.
ulękn-ąć się *v.* take fright, be frightened; **-iony** *n.* frightened.
ulg-a *f.* relief; alleviation; facility; **-owy** *a.* at a reduced price; easy.
ulgnąć *v.* stick; be clogged; be checked.
uli-ca *f.* street; thoroughfare; **-czka** *f.* lane; alley; **-cznica** *f.* prostitute; **-cznik** *m.* urchin, street-boy; **-czny** *a.* (of the) street; ruch ~, traffic, movement.
ulistnienie *n.* foliage, leafage.
ulitować się *v.* (*nad*) take pity (on).
ulizać *v.* sleek.
ulokować *v.* locate; place; lodge; ~ pieniądze, invest money.
ulot-ka *f.* leaflet; **-nić** *v.* see **ulatniać**; **-ność** *f.* volatility; **-ny** *a.* volatile, fugitive; fleet; (*fig.*) fickle; pismo -ne, pamphlet.

Odnośnie do czasowników z przedrostkiem **u-**, brakujących powyżej, obacz **u-**.

For verbs with prefix **u-** not given consult **u-**.

ulowy *a.* (of a) bee-hive.
ultra-fioletowy *a.* ultraviolet; **-maryna** *f.* ultramarine; **-montański** *a.* ultramontane.
ultimatum *n.* ultimatum.
ulubi-enica *f.*, **-eniec** *m.* favourite, pet; **-ony** *a.* beloved, favourite, pet.
ululać *v.* lull to sleep; ~ **się**, get tipsy.
ulż-enie *n.* alleviation, relief; ease; **-yć** *v.* lighten; ease; alleviate, relieve.
ułacni(a)ć *v.* facilitate.
uładować *v.* load.
uładzić *v.* arrange, settle, order.
ułagodzić *v.* mitigate, soften, calm, soothe, appease.
ułakomić się *v.* covet, be tempted (by).
ułam-ać, -ywać *v.* break off; **-ek** *m.* fragment; (*arytm.*) fraction; **-ki**, ~ zwyczajne, vulgar fractions; ~ dziesiętne, decimal fractions; **-kowy** *a.* fractional, fragmentary.
uła-n *m.* uhlan, lancer; **-ński** *a.* uhlan's.
ułaskawi-ać, -ć *v.* pardon, amnesty; **-enie** *n.* amnesty, pardon.
ułatwi-ać, -ć *v.* facilitate, make easy; **-enie** *n.* facilitation; accomodation.
ułom-ek *m.* fragment; (*człowiek*) cripple; **-ność** *f.* infirmity; frailty, weakness; defect; **-ny** *a.* infirm, crippled, frail, weak.
ułowić *v.* catch; capture; ~ **się**, be caught.
ułoż-enie *n.* manners; deportment; ~ **się**, understanding; **-ony** *a.* arranged; dobrze ~, well-bred; źle ~, ill-bred; **-yć** *v.* see **układać**.
ułu-da *f.* delusion; allurement; **-dny** *a.* delusive; **-dzić** *v.* allure, delude.
ułupać *v.* split off; chop off; cleave off.
umacniać see **umocnić**; **umaczać** see **umoczyć**.
uma-ić *v.* adorn with verdure; **-jony** *a.* adorned with verdure.

Odnośnie do czasowników z przedrostkiem u-, brakujących powyżej, obacz **u-**.

umalować *v.* paint; ~ **się**, make up one's face. [deceased.
umar-cie *n.* death; **-ły**, dead,
umartwi-ć *v.* mortify, chastise; afflict; **-enie** *n.* mortification, affliction; sorrow, trouble.
umarzać see **umorzyć**.
umarz-ły (—r-z—) *a.* frozen; **-nąć** *v.* freeze.
umawiać see **umówić**.
umaz(yw)ać *v.* besmear.
umbr-a *a.*, **-elka** *f.* lamp-shade.
umeblowa-ć *v.* furnish; **-nie** *n.* furniture.
umęcz-enie *n.* fatigue; harassment; **-yć** *v.* fatigue, tire, harass, worry; ~ **się**, be fatigued, be tired; toil. [tion.
umiar *m.* proportion; modera-
umiarkowa-ć *v.* moderate, find the right measure (or proportion); temper; ~ **się**, mitigate oneself; keep one's temper; **-nie** *n.* moderation, reserve; **-ny** *a.* moderate; sober; temperate.
umie-ć *v.* know; be able to; speak (a language); **-jętność** *f.* knowledge, capacity, skill; Akademja -jętności, the Academy of Science; **-jętny** *a.* intelligent; skilful; scientific.
umiejscowi-ć *v.* localize; **-enie** *n.* localization.
umiera-ć *v.* die, expire; ~ od śmiechu, die of laughter; **-jący** *a.* dying.
umierny *a.* moderate.
umie-szczać, -ścić *v.* place, locate, put, set; (*w gazecie*) insert, publish; **-szczenie** *n.* location; ~ pieniędzy, investment.
umil-ać, -ić *v.* render pleasant; sweeten; endear; **-enie** *n.* endearment.
umilkn-ąć *v.* be silent, be hushed; cease (to sound); grow dumb.
umiłowa-ć *v.* grow fond (of); **-ny** *a.* beloved.
umizg-ać się *v.* flirt, make love (to); court, ogle; woo; **-alska** *f.*, **-alski** *a.* flirt, ogler; **-i** *pl.* ogling, wooing, flirtation, love suit.

For verbs with prefix u- not given consult **u-**.

umkn-ąć *v.* escape, run away, flee; **-ienie** *n.* escape, flight.
umniejsz-ać, -yć *v.* diminish, lessen; **-enie** *n.* diminution, decrease.
umoc-nić *v.* strengthen; fasten; fortify; ~ się w wierze, be confirmed in one's faith; **-ować** *v.* fasten; (*kogo do czego*) empower; authorize; **-owany** *a.* fastened; authorized; invested with power; ~, *m.* commissioner, plenipotentiary.
umoczyć *v.* dip (in); immerse; steep (into).
umor *m.*, na ~, do -u, inordinately; wholeheartedly; to death.
umoralni(a)ć *v.* moralize.
umorusać się *v.* soil, besmear, begrime.
umorz-enie *n.* amortisation; compound; **-yć** *v.* (*dług*) amortise; compound; (*głodem*) starve.
umotywować *v.* motivate.
um-owa *f.* agreement, compact, contract; **-ówić** *v.* hire, engage, fix, state; ~ **się**, negotiate; come to an agreement; agree upon; deliberate; **-ówiony** *a.* agreed upon; appointed; settled; hired, engaged.
umoż-ebniać, -ebnić, -liwiać -liwić *v.* enable; render possible; **-liwienie** *v.* possibility; enabling.
umrzeć *v.* die, expire; ~ na ..., die of ...
umundurowa-ć *v.* equip, clothe; be in uniform; **-nie** *n.* equipment, uniform.
umy-ć, -wać *v.* wash; **-walnia** *f.* (*sprzęt*) wash-stand; (*pokój*) lavatory.
umykać *v.* fly; run away; escape.
umysł *m.* mind, spirit; design; intention; przytomność -u, presence of mind; z -u, intentionally, on purpose; **-owo** *adv.* mentally; **-owość** *f.* mentality; mental powers; **-owy** *a.* mental; intellectual.
umyśl-ić *v.* resolve upon; determine; intend; purpose; **-nie** *adv.* purposely, on purpose; **-ny** *m.* messenger; **-ny** *a.* intentional, intended.
umywać etc. see **umyć**.
unaocznić *v.* visualize, demonstrate.
unarodowi-ć *v.* nationalize; **-enie** *n.* nationalization.
uncja *f.* ounce.
unerwienie *n.* innervation; nervous system.
unicestwi-ać, -ć *v.* annihilate, destroy; **-enie** annihilation, destruction.
unicki *a.* Uniate.
uniemoż-ebnić, -liwić *v.* render impossible, make impossible.
unieruchomi-ć *v.* immobilize, fix; stop; **-enie** *n.* immobilization; immobility.
unie-sienie *n.* rapture; trance; emotion; exaltation; passion; **-ść** see **unosić**.
unieszkodliwić *v.* disable, unarm.
unieśmiertelni-ać, -ć *v.* immortalize; **-enie** *n.* immortalization.
unieważni-ać, -ć *v.* cancel; annul; recall; **-enie** *n.* abolition, cancellation; annulment.
uniewinni-ać, -ć *v.* exculpate, acquit; excuse; wyrok **-ający**, acquittal; ~ **się**, excuse oneself; clear oneself of guilt; **-enie** *n.* excuse; exculpation, acquittal.
uniezależnić *v.* free (from); emancipate.
uniform *m.* uniform.
unik-ać, -nąć *v.* avoid, shun; escape; forbear, abstain (from), flinch (from); **-anie, -nięcie, -nienie** *n.* avoidance; forbearance; escape.
unikat *m.* rarity; curiosity; peculiarity; freak.
unita *m.* Uniate.
uniwersalny *a.* universal.
uniwersyte-cki *a.* (of a) university; **-t** *m.* university.
uniż-ać, -yć *v.* humiliate, lower; abase; **-anie, -enie** *n.* humiliation, abasement, degradation; **-oność** *f.* humility; ser-

---

Odnośnie do czasowników z przedrostkiem **u-**, brakujących powyżej, obacz **u-**.

For verbs with prefix **u-** not given consult **u-**.

vility; **-ony** *a.* humble, respectful; obedient.
unja *f.* union.
unormować *v.* regulate; normalize; adjust.
unosić *v.* lift; carry (off); heave; ~ **się** (*nad czem*) be transported, be ravished; extol; (*w powietrzu*), soar; tower; (*namiętnością*) fly into a passion.
uobecni(a)ć *v.* visualize.
uobyczaić *v.* educate, breed; civilize.
uodpornić *v.* make resistant, harden.
uogólni-ać, -ć *v.* generalize; **-anie, -enie** *n.* generalization.
uos-abiać, -obić *v.* personify; **-obienie** *n.* personification.
upad-ać *v.* fall; sink; drop; wniosek -*ł*, the motion is rejected (or voted down); **-ek** *m.* fall, ruin; downfall; chylić się do -ku, decline; fall into decay; **-lać** *v.* see **upodlić**; **-łość** *f.* bankruptcy, insolvency, failure; **-ły** *a.* bankrupt; fallen; do -łego, to the utmost, excessively, immoderately.
upaja-ć *v.* intoxicate; inebriate; **-jący** *a.* intoxicating.
upakować *v.* pack.
upal-ać, -ić *v.* singe; roast; ~ się, be burnt; **-ny** *a.* hot; scorching.
upał *m.* heat.
upamięt-ać *v.* (*kogo*) bring one to his wits; bring one to reason; ~ **się**, collect oneself; come to one's wits; recover one's senses; **-anie** *n.* reflection; amendment (of life); **-nić** *v.* commemorate; immortalize.
upaństwowić *v.* nationalize; appropriate to the State.
upar-cie *adv.* obstinately; **-tość** *f.* obstinacy; wilfulness; **-ty** *a.* obstinate, stubborn; wilful.
upa-sać, -ść *v.* fatten; **-siony** *a.* fattened.
upaść *v.* see **upadać**.
upatrek *m.* (*bot.*) water-hemp.
upa-trywać, -trzeć *v.* search; detect; choose; single out; **-trzenie** *n.* choice, discovery; **-trzony** *a.* chosen, singled out; espied; tracked.
upchać see **upychać**.
upełno-mocnić *v.* empower, authorize; **-mocnienie** *n.* authorization.
upewni-ać, -ć *v.* assure, affirm; certify; ~ **się**, (*o czem*) make sure (of); ascertain; satisfy oneself (of, that); **-enie** *n.* assurance; certainty; confirmation; ~ **się**, ascertainment.
upędzać *v.*, ~ **się**, (*za*) hunt (for), run (after); pursue.
upi-ąć, -nać *v.* pin; fasten; clasp.
upi-ć *v.* drink off; ~ **się**, get drunk; **-jać się** *v.* tipple.
upie-c *v.* bake; roast; ~ raka, blush; **-czony** *a.* baked, roasted.
upiera-ć się *v.* persist (in); abide (by); stand obstinately (by); ~ przy swojem zdaniu, persist in one's opinion; **-nie się** *n.* persistency; obstinacy.
upierz-enie *n.* feathers *pl.*; plumage; **-yć się** *v.* be fledged.
upięcie *n.* fastening; folds; (*głowy*) head-dress.
upięk-niać, -nić, -szać, -szyć *v.* embellish; adorn, decorate; **-szenie** *n.* embellishment, decoration.
upilnować *v.* keep from mischief; guard; preserve.
upiłować *v.* saw off.
upinać see **upiąć**.
upi-orny *a.* ghastly; **-ór** *m.* spectre; ghost.
upl-atać, -eść *v.* plait, braid; twist; -eść bajkę, forge a lie.
uplątać *v.* entangle, involve; ~ **się**, get entangled.
upłac-ać, -ić *v.* pay by instalments.
upł-adniać, -odnić *v.* fertilize; fecundate.
upły-nąć, -wać *v.* flow; elapse; pass away; **-niony** *a.* past; **-w** *m.* flow; (*czasu*) elapse; escape; po -wie **roku**, after a lapse of a year.

Odnośnie do czasowników z przedrostkiem u-, brakujących powyżej, obacz **u-**.

For verbs with prefix u- not given consult **u-**.

upodabniać (się) *v.* assimilate; imitate; make (oneself) like; liken.
upodl-ić *v.* abase, lower, humiliate; **-enie** *n.* abasement, degradation, abjection.
upodob-ać sobie *v.* take a fancy (to); grow fond (of); **-anie** *n.* liking, fancy, pleasure, delight; według -ania, at pleasure; **-nić** *v.* assimilate, liken, conform; **-nienie** *n.* assimilation; conformity; imitation.
upo-ić *v.* intoxicate, inebriate; enrapture; **-jenie** *n.* intoxication; inebriation; ravishment, delight; **-jony** *a.* drunk; intoxicated; ravished.
upok-arzać -orzyć *v.* humiliate; abase; **-orzenie** *n.* humiliation; abasement.
upolować *v.* hunt down; kill; [shoot.
upom-inać, -nieć *v.* admonish, warn, remind; ~ **się,** claim; **-inanie, -nienie** *n.* admonishment; **-inek** *m.* keepsake, gift, present.
uporać się *v.* settle, manage.
upor-czywość *f.* stubbornness, obstinacy; **-czywy, -ny** *a.* stubborn, obstinate, pertinacious; refractory.
uporządkowa-ć *v.* (put in) order, arrange; **-nie** *n.* arrangement; regulation.
uposaż-ać, -yć *v.* endow; **-enie** *n.* endowment; dowry.
upostaciowa-ć *v.* embody; **-nie** *n.* embodiment.
upośledz-ać, -ić *v.* neglect; wrong; disregard; undervalue; slight; **-enie** *n.* slight, neglect; disregard; handicap; **-ony** *a.* wronged; neglected; handicapped.
upoważni-ać, -ić *v.* authorize; **-enie** *n.* authorization.
upowijać *v.* swathe, swaddle.
upowszechni-ać, -ć *v.* generalize; universalize; spread; **-enie** *n.* generalization; universalization.
upowszedni(a)ć *v.* vulgarize; make commonplace.

Odnośnie do czasowników z przedrostkiem u-, brakujących powyżej, obacz **u-**.

upozorowa-ć *v.* disguise; simulate, feign; **-nie** *n.* pretence, simulation.
upór *m.* obstinacy, stubbornness, pertinacity.
uprać *v.* wash.
upragn-ąć (*czego*) *v.* desire; **-ienie** *n.* desire, longing; **-iony** *a.* desired, longed for.
upraszać *v.* request, beg.
upraszczać see **uprościć.**
upraw-a *f.* culture; (*roli*) cultivation; tillage; **-i(a)ć** *v.* cultivate; practise; ~ rolę, till the ground; **-ianie, -ienie** *n.* cultivation; practice; tillage; **-ny** *a.* cultivated, tilled; tillable.
uprawni-ać, -ć *v.* legalize; entitle (to); **-enie** *n.* right, title; **-ony** *a.* entitled.
uprażyć *v.* roast; scorch.
uprosić *v.* obtain (by entreaties); get one to (do something).
upro-szczenie *n.* simplification; **-ścić** *v.* simplify.
uprowadz-ać, -ić *v.* elope (with); carry (off); kidnap; take away.
uprząść *v.* spin.
uprząt-ać, -nąć *v.* put in order, arrange; remove, clear away; ~ pokój, do a room.
uprząż *f.* harness; team of horses.
uprzeć się *v.* see **upierać się.**
uprze-dni *a.* previous; former; foregoing; **-dnio** *adv.* previously, prior (to); beforehand; **-dzać, -dzić** *v.* precede; forestall; get the start (of); anticipate; prevent, avert, preclude; (*kogo o czem*) warn; apprize one (of); ~ kogo przeciw, prejudice one (against); ~ **się,** be prejudiced (against); **-dzający** *a.* prepossessing; **-dzenie** *n.* prejudice; **-dzony** *a.* prejudiced (against); (*powiadomiony*) apprised, informed, warned.
uprzejm-ie *adv.* kindly; politely; **-ość** *f.* kindness; amiableness, affability; **-y** *a.* kind, amiable, affable, friendly.
uprzyjemni(a)ć *v.* render agreeable; make pleasant.

For verbs with prefix **u-** not given consult **u-**.

uprzykrz-ać, -yć *v.* (*sobie coś*) be weary of; ~ **się,** trouble, vex, pester; **-enie** *n.* troublesomeness, vexation, annoyance, pestering; **-ony** *a.* troublesome, vexatious, annoying, tedious.
uprzystępni(a)ć *v.* facilitate; make accessible.
uprzytomnić *v.* figure; convey a clear idea; ~ sobie, imagine, realize.
uprzywilejowa-ć *v.* favour; endow; privilege one (to); **-ny** *a.* favoured; privileged; endowed.
upstrzyć *v.* variegate, colour; (*o muchach*) fly-blow.
upu-st *m.* sluice, flood-gate; opening, escape; ~ krwi, loss of blood; dać czemu ~, give vent to; **-szczać, -ścić** *v.* let fall, let slip; drop; (*wody itp.*) let (off, out); ~ z ceny, allow a discount, lower the price.
upychać *v.* stuff.
urabiać *v,* form, shape, train.
uraczyć *v.* entertain; treat one (to); ~ **się,** enjoy oneself; (*czémś*) treat oneself (to).
uradowa-ć *v.* gladden, delight; rejoice; ~ **się,** rejoice; **-nie** *n.* joy, delight; pleasure.
uradz-enie *n.* resolution; **-ić** *v.* decide, resolve; vote.
uragan *m.* hurricane.
urastać *v.* grow.
uratować *v.* save, rescue; help out; ~ **się** *v.* escape.
uraz *m.* injury; hurt; **-a** *f.* offence; mieć-ę, bear a grudge; be offended; **-ić, urażać** *v.* offend; hurt, injure; ~ się (o), take offence (at).
urażliwy *a.* sensitive, touchy.
urąg-ać *v.* insult, scoff (at); defy, set at defiance; **-anie,** derision, mockery; **-liwy** *v.* sneering, scoffing, mocking, deriding; **-owisko** *n.* scorn, derision; laughing-stock.
uregulowa-ć *v.* regulate, settle; **-nie** *n.* settlement.
uręcz-ać, -yć *v.* assure; affirm, warrant.

Odnośnie do czasowników z przedrostkiem u-, brakujących powyżej, obacz **u-.**

urlop *m.* leave (of absence); furlough; vacation; na -ie, -owany, on leave.
urna *f.* urn.
urobić see **urabiać.**
uroczy *a.* charming; **-ć** *v.* bewitch, enchant; **-sko** *n.* beauty spot; **-stość** *f.* solemnity; ceremony; *pl.* celebrations; festival; **-sty** *a.* solemn, festive; ceremonial.
urod-a *f.* comeliness, beauty; **-ny** *a.* comely, handsome, goodlooking.
urodzaj *m.* crop, harvest; **-ność** *f.* fertility; **-ny** *a.* fertile, fruitful.
urodz-enie *n.* birth; descent, extraction; childbirth, delivery; **-ić** *v.* bring forth; ~ przed czasem, miscarry; ~ **się,** be born; **-iny** *pl.* birthday; **-ony** *a.* born.
urodziw-ość *f.* beauty, handsomeness, good looks; **-y** *a.* pretty; handsome, comely, good-looking.
uro-ić *v.* (*sobie*) imagine, fancy, take into one's head; **-jenie** *n.* idle fancy, chimera, imagination; **-jony** *a.* imaginary; fictitious; pretensje -jone, imaginary claims. [bewitch.
urok *m.* charm, spell; rzucić ~,
uronić *v.* let fall, drop; shed.
uro-sły *a* grown up; **-snąć, -ść** *v.* grow; arise, proceed; **-śnięcie** *n.* growth.
urosić *v.* bedew; sprinkle.
uro-szczenie *n.* imaginary claim; **-ścić** *v.* (*sobie*) imagine, fancy, claim.
urozmaic-ać, -ić *v.* diversify, vary; **-enie** *n.* diversity, variety, change.
urszulanka *f.* Ursuline (nun).
uruchomi(a)ć *v.* start; put on foot; set in motion; mobilize.
urw-ać *v.* see **urywać; -aniec** *m.* gallows-bird; **-isko** *n.* precipice; cliff; **-istość** *f.* precipitousness, steepness; **-isty** *a.* precipitous, steep; **-is, -isz** *m.* scamp.
uryna *f.* urine, piss; **-l** *m.* chamber-pot.

For verbs with prefix u- not given consult **u-.**

uryw-ać *v.* pluck off; pick, gather; break off, tear off; curtail, take away; (*rozmowę*) break off; cut short, leave off; ~ **się**, break (off); snap; **-ek** *m.* fragment; **-kami, -kowo** *adv.* by starts, by jerks; **-ki** *pl.* fragments; **-kowy** *a.* fragmentary, casual, accidental.

urząd *m.* office; position; situation; sprawować, piastować ~, być na urzędzie, hold, fill an office; złożyć z urzędu, dismiss; na ~ zrobiony, made to order; z urzędu, ex officio.

urządz-ać, -ić *v.* settle, arrange; furnish; ~ **się**, manage one's business; furnish one's rooms; establish oneself; **-enie** *n.* arrangement, settlement; (*umebl.*) furniture.

urze-c, -kać *v.* bewitch; enchant; charm.

urzeczywistni-ać, -ć *v.* realize; **-enie** *n.* realization.

urzekać see **urzec.**

urzet *m.* woad.

urzetelniać *v.* effect, realize.

urzęd-nik *m.*, **-niczka** *f.* clerk; ~ państwowy, (-a), Government official; **-ować** *v.* fill an office, be on duty, hold an office; **-owanie** *n.* office; objąć ~ enter upon an office; godziny -owania, office hours; **-owy** *a.* official; formal.

urz-nąć, (—r-z—) **-ynać** (—rz—) *v.* cut (off).

usa-dowić *v.* place, seat, settle; ~ **się,** establish oneself; seat oneself; **-dzić** *v.* place; seat· ~ się na kogo, persecute, worry, oppress.

usamow-alniać, -olnić *v.* liberate, free, set free; affranchise.

usankcjonowa-ć *v.* sanction, ratify; **-nie** *n.* sanction.

usch-ły *a.* dried; **-nąć** *v.* dry (up).

usiać *v.* strew; (*obsiać*) sow.

usi-adać, -ąść, -eść *v.* sit down, take a seat; be seated; (*o ptaku*) perch; ~ do stołu, sit down to (a meal).

usidl-ać, -ić *v.* entrap; ensnare; ~ **się**, fall into a snare.

usie-c, -kać *v.* hash.

usiedzieć *v.* sit still.

usiln-ie *adv.* earnestly; fervently; with all one's might; **-ość** *f.* endeavour, effort, insistance; **-y** *a.* eager, strenuous, intense; earnest; urgent.

usiłowa-ć *v.* strive, endeavour, exert oneself; **-nie** *n.* endeavour, effort, exertion.

uskakiwać see **uskoczyć.**

uskarbić *v.* (*sobie*) win; save, hoard.

uskarzać się *v.* complain (of).

uskąpić *v.* grudge, stint.

usko-czyć *v.* leap aside; jump aside; **-k** *m.* side-leap.

uskr-amiać, -omić *v.* curb, check, restrain; crush, subdue; **-omienie** *n.* restraint, suppression.

uskubnąć *v.* crop, nib; pluck off; ~ kogo, flay.

uskuteczni-ać, -ić *v.* bring about, effect, produce, achieve; accomplish, realize; **-enie** *n.* accomplishment, realization, execution.

uskwarzyć *v.* broil; fry.

usłać *v.* strew, spread; litter; ~ łóżko, make a bed.

usłuchać *v.* obey; ~ rady, follow an advice; ~ kogo, take one's advice.

usłu-ga *f.* service; favour; attendance; do -gi, at your service; **-giwać, -żyć** *v.* serve, attend, wait upon; ~ chorym, tend the sick; sobie samemu ~, help oneself; **-giwanie** *n.* attendance; **-żenie** *n.* service, friendly turn; **-żny** *a.* obliging, serviceable, kind.

usłyszeć *v.* hear; overhear.

usmażyć *v.* cook, fry.

usnąć *v.* fall asleep.

usn-ować, -uć *v.* spin, devise, imagine, plot.

uspok-ajać, -oić *v.* quiet; appease; calm; reassure; **-ojenie** *n.* quiet, calm; reassurance; pacification.

Odnośnie do czasowników z przedrostkiem u-, brakujących powyżej, obacz **u-.**

For verbs with **prefix u-** not given consult **u-.**

uspołeczni-ć *v.* socialize, civilize; **-enie** *n.* civilization; socialization.
uspos-abiać, -obić *v.* dispose; incline; **-obienie** *n.* temper; inclination.
usprawiedliwi-ać, -ć *v.* justify; exuse; exculpate; ~ **się,** apologize, clear oneself (from); **-enie** *n.* justification; excuse; apology; exculpation, defence.
usta *pl.* mouth; (*wargi*) lips.
usta-ć *v.* (*przestać*) cease, discontinue, stop; (*stać*) stand; keep standing; (*zmęczyć się*) slacken; grow weary; **-lać, -lić** *v.* establish; strengthen, confirm; ~ **się,** be established, grow strong; **-lony** *a.* established, settled; fixed; confirmed; **-ły** *v.* (*o płynach*) settled; **-nek** *m.* stop, pause; bez -nku, incessantly, without interruption.
ustan-awiać, -owić *v.* fix, constitute; determine; ordain; ~ prawo, enact laws; **-owienie** *n.* enactment, establishment, foundation, regulation, law.
ustatkować się *v.* steady; settle down.
ustawa *f.* law; bill.
ustawać *v.* see **ustać.**
ustawi(a)ć *v.* place; put; set; range.
ustawiczny *a.* continual; unceasing.
ustawodaw-ca *m.* legislator; **-czy** *a.* legislative; **-stwo** *n.* legislation; laws.
ustawowy *a.* legal.
ustąpi-ć *v.* see **ustępować; -enie** *n.* surrender, retreat, withdrawal; retirement, resignation.
usteczka *pl.* (pretty, little) lips.
usterk *m.*, **-a** *f.* fault, slip; mistake, error, blunder.
ustęp *m.* (*w książce*) paragraph, passage; (*wychodek*) water-closet; **-liwy** *a.* yielding, assenting; **-ować** *v.* yield; resign; retreat; withdraw; give way; yield assent; ~ z cen, , lower the price; **-stwo** *n.* concession; deduction, allowance.

Odnośnie do czasowników z przedrostkiem u-, brakujących powyżej, obacz **u-.**

ustn-ie *adv.* orally, verbally; by word of mouth; **-ik** *m.* mouthpiece; **-y** *a.* oral, verbal, spoken.
ustoiny *pl.* sediment, grounds.
ustosunkowa-ć *v.* proportion, fit, suit; ~ **się** *v.* assume an attitude (towards); **-nie** *n.* adjustment; attitude; **-ny** *a.* well-related.
ustraszyć *v.* frighten; ~ **się.** take fright.
ustroić *v.* dress, attire, adorn
ustro-nie *n.*, **-ń** *f.* solitude; secluded spot; **-nny** *a.* remote, solitary, retired, secluded.
ustrój *m.* organism; organization, structure.
ustrze-c, -dz *v.* guard; preserve (from); ~ **się,** (*czego*) avoid; guard (against), escape; beware (of).
ustrzelić *v.* shoot.
ustrzy-c, dz, -gać *v.* clip, shear, cut off.
usu-nąć, -wać *v.* remove; push aside; dismiss; ~ **się,** withdraw; (*na bok*) make way (for); retire; step back; **-nięcie** *n.* removal; ~ **się,** withdrawal, retirement.
us-uszyć *v.* dry; **-ychać** *v.* wither, grow dry; (*fig.*) waste, pine away.
usymbolizowa-ć *v.* symbolize; **-nie** *n.* symbol.
usyp(yw)ać *v.* heap up; raise; ~ się *v.* crumble.
usypia-ć *v.* (*uśpić*) lull to sleep; (*usnąć*) fall asleep; **-jący** *a.* soporific; sleepy, drowsy.
usystematyzowa-ć *v.* systematize; **-nie** *n.* systematization.
usza-k *m.* window-frame, doorpost; **-ty** *a.* eared.
uszanowa-ć *v.* respect, honour; esteem; regard, reverence; **-nie** *n.* respect, esteem, reverence.
uszczelni(a)ć *v.* tighten, plug, stop.
uszczerb-ek *m.* detriment, prejudice; **-iać, -ić** *v.* impair, scathe; damage, injure.

For verbs with prefix **u-** not given consult **u-.**

uszczęśliwi-ać, -ć *v.* make happy, bless; **-enie** *n.* happiness, felicity; **-ony** *a.* happy, delighted.
uszczknąć *v.* pluck off; deprive one (of).
uszczu(wa)ć *v.* hunt down.
uszczupl-ać, -ić *v.* diminish, lessen, curtail; **-enie** *n.* diminution, curtailment, decrease.
uszczypek *m.* detriment; pinch.
uszczyp-liwość *f.* sarcasm; taunt, taunting; **-liwy** *a.* taunting, sarcastic; **-nąć** *v.* pinch, tweak; **-nienie** *n.* pinch.
uszko *n.* ear; hook, handle; ~ igły, eye of a needle.
uszkodz-enie *n.* damage, harm; **-ić** *v.* damage, hurt, harm.
uszlach-cenie, -etnienie *n.* ennoblement; **-cić** *v.* ennoble; **-etni(a)ć** *v.* ennoble; refine.
uszły *a.* run away, escaped; gone by, past.
uszny *a.* auricular; (*med.*) aural.
uszy *pl.* ears. [tailoring.
uszy-ć *v.* sew; **-cie** *n.* sewing;
uszykować *v.* prepare, arrange; (*mil.*) array.
uście-lać, -łać see **usłać.**
uści-sk, -śnięcie *n.* embrace, hug; ~ dłoni, a shake of the hand; **-skać, -snąć** *v.* embrace, hug.
uśmi-ać się *v.* laugh (heartily); amuse oneself; **-ech** *m.* smile; ~ głupkowaty, smirk; ~ szyderczy, sneer; **-echać się, -echnąć się** *v.* smile; ~ się do kogoś, smile upon one; ~ się głupkowato, simper; **-echnięty** *a.* smiling.
uśmiercić *v.* kill.
uśmierz-ać, -yć *v.* relieve, appease; mitigate; soothe; quell; repress; ~ **się,** be appeased, soothed etc.; **-ający** środek, lenitive; **-enie** *n.* appeasement, mitigation; quelling, suppression.
uśnięcie *n.* falling asleep; sleep.
uśpić *v.* lull to sleep; ~ czyją uwagę, lull suspicion.
uświad-amiać, omić *v.* inform, acquaint (with), apprise (of); **-omienie** *n.* consciousness, knowledge; **-omiony** *a.* conscious; aware (of).
uświetni-ać, -ć *v.* render illustrious; honour; **-enie** *n.* celebration, solemnity.
uświęc-ać, -ić *v.* sanctify; sanction; justify; cel **-a** środki, the end justifies the means.
uta-ić *v.* conceal, keep secret, hide; **-jenie** *n.* concealment.
utalentowan-ie *n.* talents, accomplishments, gifts; **-y** *a.* talented, gifted.
utarczka *f.* skirmish, scuffle, fight. [obtain a reduction.
utargować *v.* haggle; bargain;
utarty *a.* current, usual, common; ~ szlak, the beaten track; (*od: trzeć*) pounded, ground.
utensylja *pl.* implements.
utęskni-enie *n.* longing; z **-eniem,** longingly; **-ony** *a.* longing.
utka-ć *v.* weave; **-ny** *a.* woven.
utknąć *v.* get stuck, be checked, be brought to a standstill.
utkwić *v.* drive in, thrust in; (*wetknąć*) stick into; (*pozostać*) remain; ~ oczy w kim, fix the eyes upon one.
utleni-ć *v.* oxygenate; oxidize; **-enie** *n.* oxidization; oxygenation.
utłuc *v.* grind, pound.
utłuścić *v.* grease.
utocz-ony *a.* turned (on a lathe); **-yć** *v.* turn; draw (wine).
utok *m.* weaver's beam.
uton-ąć *v.* sink, (be) drown(ed); (*fig.*) be engrossed (by); be absorbed (in).
utopi-ć *v.* drown; (*fig.*) plunge; ~ w kim wzrok, rivet one's eyes on one; ~ **się,** be drowned, drown oneself.
utop-ijny *a.* utopian; **-ista** *m.* Utopian; **-ja** *f.* utopia.
utorować *v.* (*drogę*) beat a path; clear the way; (*fig.*) pave the road; ~ sobie drogę, force one's way.
utożsami-ać, -ć *v.* identify; **-enie** *n.* identification.

Odnośnie do czasowników z przedrostkiem u-, brakujących powyżej, obacz **u-.**

For verbs with prefix u- not given consult **u-.**

utrac-ać, -ić *v.* lose, forfeit; squander; **-enie** *n.* loss; **-jusz** *m.* spendthrift; squanderer; **-ony** *a.* lost.
utrapi-ć *v.* annoy, vex, torment; **-enie** *n.* trouble, distress, annoyance; plague; affliction; **-eniec** *m.* troublesome person; (*fig.*) plague.
utrat-a *f.* loss; forfeiture; privation (of rights); **-nik** *m.* spendthrift; **-ny** *a.* prodigal, lavish, wasteful.
utratować *v.* trample.
utrąc-ać, -ić *v.* knock off, chip off; break off.
utru-dniać, -dnić *v.* render difficult; raise difficulties; thwart; **-dnienie** *n.* difficulty; making difficult; **-dzać, -dzić** *v.* fatigue, weary; **-dzić się,** tire oneself; work hard; **-enie** *n.* fatigue, weariness.
utrwal-ać, -ić *v.* strengthen, consolidate, fix; **-acz** *m* (*fot.*) hypo, fixer.
utrzą-sać, -snąć, -śċ *v.* shake [down.
utrzeć *v.* wipe (off); rub.
utrzym-ać, -ywać *v.* keep; maintain; (*twierdzić*) affirm, assert; (*podtrzymać*) support; ~ **się,** maintain oneself; keep one's ground; prevail; **-anie** *n.* maintenance, livelihood, living; support; subsistence; **-anka** *f.* mistress.
utuczyć *v.* fatten.
utulić *v.* calm, appease, soothe.
utwierdz-ać, -ić *v.* confirm, strengthen; fortify; establish; fix; ~ **się,** be confirmed itd.; **-enie** *n.* establishment; confirmation; strengthening.
utworz-enie *n.* formation, creation; **-yć** *v.* form; organize; create.
utwór *m.* work, production; composition.
utyć *v.* grow fat; gather flesh; grow stout.
utykać *v.* limp; (*zatykać*) stop up; see **utknąć.**
utylitarn-ość *f.* utility; **-y** *a.* useful, utilitarian.

Odnośnie do czasowników z przedrostkiem u-, brakujących powyżej, obacz **u-.**

utysk *m.*, **-iwanie** *n.* complaint, lamentation; **-iwać** *v.* complain (of), lament; **-liwy** *v.* complaining, plaintive.
uwag-a *f.* attention; remark, observation; notice; consideration; zwracać -ę na, take into consideration; take heed, attend to; z -i na..., considering...; nie zwracać -i, take no heed (of).
uwalać *v.* dirty; soil; ~ **się,** be soiled; dirty (one's clothes, hands etc.).
uwalić się *v.* stretch oneself; loll.
uwalniać see **uwolnić.**
uważ-ać *v.* pay attention, be attentive; consider; mind; heed; ~ kogo za, take a person for; consider one; -ałem za właściwe, I thought it well (to); ~ się (*za co*), take oneself for; believe oneself; **-ający, -ny** *a.* attentive, careful; considerate.
uwertura *f.* overture.
uweselić *v.* amuse; gladden, cheer up.
uwędzić *v.* smoke.
uwiad-amiać, -omić *v.* inform, let know, apprise; **-omienie** *n.* information, notification, intelligence; intimation.
uwiąd *m.*, ~ **starczy,** decrepitude.
uwiązać *v.* tie, attach, bind.
uwić *v.* see **uwijać.**
uwidoczni-ć *v.* show, make appear; manifest; make evident; ~ **się,** be obvious; be plain; **-enie** *n.* manifestation.
uwieczni-ać, -ć *v.* immortalize; ~ **się,** make oneself immortal; **-enie** *n.* immortalization; perpetuation.
uwiedz-enie *n.* seduction; elopement; **-iony** *a.* seduced, misled.
uwiekopomnić *v.* immortalize.
uwielbi-ać, -ć *v.* adore, idolize; **-enie** *n.* adoration; admiration; idolization.
uwieńcz-ać, -yć *v.* crown; wreathe.

For verbs with prefix u- not given consult **u-.**

uwierz-enie *n.* belief; nie do -enia, incredible; **-yć** *v.* (*komu, czemu*) believe, put faith (in); **-ytelnić** *v.* accredit; listy -ytelniające, credentials.
uwie-sić, -szać *v.* suspend, hang on; ~ **się,** hang on.
uwieść *v.* seduce; abduct, kidnap; carry away.
uwieźć *v.* carry off; take away.
uwiędły *a.* faded, withered.
uwię-zić *v.* imprison; incarcerate; confine; put in jail; **-zienie** *n.* imprisonment, confinement; **-znąć** *v.* stick fast, get caught, be jammed; **-ź** *f.* leash; fetter, chain; trzymać na -zi, hold in leash.
uwi-jać *v.*, **-nąć** *v.* wrap up, envelop; ~ **się,** make haste; bustle; ~ się koło czego, bestir oneself about a thing; **-kłać** *v.* entangle, complicate; involve; ~ **się,** be entangled; involve oneself; **-kłanie** *n.* entanglement, implication.
uwisnąć *v.* hang on; be caught.
uwity *a.* wreathed, twisted.
uwlec *v.* drag (away).
uwłacza-ć *v.* disparage, detract; hurt, damage; **-nie** *n.* disparagement, derogation.
uwłaszcz-ać, -yć *v.* enfranchise, grant land; **-enie** *n.* enfranchisement; grant of land.
uwodz-enie *n.* seducement; **-iciel** *m.* seducer; **-ić** *v.* see **uwieść.**
uwoln-ić *v.* set at liberty, release; free (from); exempt (from); dispense (with); ~ **się,** rid oneself (of); free oneself (from); dispense (with); **-iciel** *m.*, **-icielka** *f.* deliverer; **-ienie** *n.* deliverance, release; emancipation; exemption; (*hist.*) franchise.
uwozić *v.* see **uwieźć.**
uwydatni(a)ć *v.* magnify, intensify, enhance; bring into prominence.
uwypuklać *v.* set off, bring into prominence, bring out.
uwzględni-ać, -ć *v.* take into account; nie ~, disregard; **-enie** *n.* consideration, regard, respect.
uwziąć się *v.* be intent (upon); set one's heart (upon); obstinately tend toward; swear one's destruction.
uzależni-ć *v.* subject (to); make dependent (upon); **-enie** *n.* dependence.
uzasadni-ać, -ć *v.* base, ground, explain, found; **-enie** *n.* argument, grounds, basis.
uzbierać *v.* gather, collect.
uzbr-ajać, -oić *v.* arm, equip, fit out, man; ~ **się,** arm oneself, take up arms; **-ojenie** *n.* armament; equipment.
uzda *f.* bridle; włożyć uzdę, **-ć** *v.* bridle.
uzd-atnić, -olnić *v.* qualify, fit, enable; **-atniony, -olniony** *a.* capable, qualified, fit (to); talented; **-olnienie** *n.* capacity, faculty; gift.
uzdr-awiać, -owić *v.* cure, remedy, restore to health; **-owienie** *n.* cure; **-owisko** *n.* health resort.
uzdzienica *f.* halter.
uzewnętrzni(a)ć *v.* manifest, show, make appear.
uzębienie *n.* dentation.
uzgodnić *v.* adjust; check (accounts).
uziemi-ć *v.* ground; **-enie** *n.* earth, ground.
uziębnąć *v.* be numb with cold, be chilled.
uzmysłowi-ć *v.* visualize; **-enie** *n.* visualization.
uzna-ć, -wać *v.* acknowledge; confess, own; avow; **-nie** *n.* acknowledgment, avowal; (*pochwała*) appreciation; **-ny** *a.* acknowledged, owned.
uznoić się *v.* fatigue oneself; toil.
uzupełni-ać, -ć *v.* complete, make up; **-ający** *a.* supplementary, additional; **-enie** *n.* supplement, complement.
uzurp-acja *f.* usurpation; **-ator** *m* usurper; **-ować** *v.* usurp.

Odnośnie do czasowników z przedrostkiem u-, brakujących powyżej, obacz **u-.**

For verbs with prefix **u-** not given consult **u-.**

uzysk-ać, -iwać *v.* gain, obtain, win; acquire; **-anie** *n.* acquirement; acquisition, procuring.
użal-ać, -ić się *v.* (*na*) complain (of); (*nad*) lament (over); pity; ~ przed kim, tell one's grief to one; **-anie się** *n.* complaint; **-enie, ~ się** *n.* pity, compassion.
użebrać *v.* beg out (of); gather.
użerać się *v.* (of dogs) bite one another; ~ się z kim, wrangle, bicker.
uży-cie *n.* use; application; (*zabawa*) enjoyment; wyjść z **-cia**, fall into disuse; grow obsolete; **-ć** *v.* use, employ; (*bawić się*) enjoy oneself; revel.
użycz-ać, -yć *v.* lend, grant; favour one.
użyt-eczność *f.* usefulness, utility; **-eczny** *a.* useful; advantageous; **-ek** *m.* use; profit; advantage, benefit; **-kować** *v.* use, apply; derive benefit (from).
używa-ć see **użyć**; **-ć się** *v.* be in use; **-lność** *f.* use, enjoyment, usufruct; **-nie** see **użycie**; **-ny** *a.* used; second-hand.
użyźni-ać, -ć *v.* fertilize; **-enie** *n.* fertilization.

W

w, we *prp.* (*gdzie*) in; at; (*dokąd*) to; into; (*na pytanie: kiedy*) on, at, in, during, within; upon; ~ dwa lata, in two years; ~ poniedziałek, on Monday; ~ dzień, by day; ~ noc, by night; ~ godzinę potem, an hour after; ~ domu, at home; ~ takich okolicznościach, under such circumstances; dzień ~ dzień, day after day; ~ podróży, on a journey.
wab, -ik, -idło *m.* decoy, lure; bait; **-ić** *v.* attract, allure, bait; decoy; call.
wachlarz *m.* fan; **-owaty** *a.* fan-shaped; **-yk** *m.* (small) fan.
wachlować *v.* fan.
wachmistrz *m.* cavalry sergeant.
waćpan see **waszmość**.
wad-a *f.* fault, defect; disadvantage; imperfection; flaw; blemish; bez -y, faultless; **-liwość** *f.* defectiveness; weakness; **-liwy** *a.* faulty, defective.
wadjum *m.* guarantee, deposit.
wadzić *v.* set at variance; nie wadzi, it does not hurt (to); ~ **się**, quarrel, bicker.
wafla *f.* wafer.
waga *f.* weight; (*przyrząd*), balance, scales; (*fig.*) consequence; moment, stress; ~ brutto, the gross weight; ~ pomostowa, weigh-bridge.
wagomiar *m.* (*artil.*) caliber, the bore of a cannon.
wagon *m.* (railway) carriage; ~ restauracyjny, dining-car; ~ sypialny, sleeping-car; ~ towarowy, freight car; ~ odkryty, truck; **-et** *m.*, **-etka** *f.* wagonette.
wagus *m.* vagabond.
waha-ć się *v.* hesitate, oscillate, swing; waver; (*o kursach, cenach itp.*) fluctuate; **-dło** *n.* pendulum; balance; **-dłowy** *a.* oscillating; **-nie się** *n.* hesitation, oscillation, irresolution, indecision; ~ się cen, fluctuation in prices.
wakac-je *pl.* holidays, vacation; **-yjny** *a.* (of) vacation.
wak-ans *m.* vacancy; **-ować** *v.* be vacant; -ująca posada, vacancy.
walać *v.* soil, dirty; ~ **się** (*po kątach*) lie scattered; ~ się w błocie, wallow, welter in the mud; (*ulegać plamieniu*) soil.
walcow-ać *v.* roll; **-anie** *n.* rolling, lamination; **-aty** *a.* cylindrical; **-nia** *v.* rolling mill.
walczyć *v.* fight, struggle, combat; ~ z pokusami, strive against temptations.
walec *m.* roller; cylinder; ~ parowy, steam-roller.
waleczn-ość *f.* valour, bravery; courage; **-y** *a.* brave, valiant; courageous, stout, gallant.

walet *m.* knave.
walić *v.* beat, hit, strike; batter; (*obalić*) overthrow, pull down; (*sukno*) full; (*drzewa*) fell; ~ na kupę, heap up, pile up, huddle; ~ **się**, tumble; fall into ruins; (*fig.*) rush; pour in.
waliza *f.* suitcase, portmanteau, trunk.
walka *f.* struggle, fight, combat; strife.
walnąć *v.* strike, deal a blow.
waln-ie *adv.* capitally, decisively, thoroughly; **-y** *a.* general; capital, excellent; thorough; -a bitwa, pitched battle.
wal-or *m.* value; quality; **-oryzacja** *f.* valuation; **-uta** *f.* currency; ~ złota, the gold standard.
waltorni-a *f.* bugle-horn; **-sta** *m.* bugler.
wał *m.* rampart; dyke; embankment.
wał-ek *m.* rolling-pin; **-kować** *v.* roll; (*fig.*) ~ kwestję, thrash out a question; **-kownica** *f.* calender.
wała-ch *m.* gelding; **-szyć** *v.* geld.
wałęsać się *v.* wander, rove, ramble (about).
wałkoń *m.* dullard; idler, tramp.
wam *prn.* you, to you.
wampir *m.* vampire.
wandal-izm *m.* vandalism; **-ski** *a.* vandalic.
wan-ienka *f.*, **-na** *f.* bath(-tub).
wanilj-a *f.* vanilla; **-owy** *a.* (of) vanilla.
wańtuch *m.* sack; (*fig.*) belly.
wap-iarnia, -iennia *f.*, **-iennik** *m.* lime-kiln; **-iennik, -niarz** *m.* lime-burner; **-ienny** *a.* limy; (of) lime; calcarious; **-ień** *m.* (*chem.*) calcium; (*miner.*) limestone; **-niak** *m.* limestone, calcite; **-nić** *v.* soak in lime; whitewash; **-nisty** *a.* calcareous; limy; chalky; **-no** *n.* lime; ~ gaszone, slack lime; ~ niegaszone, quick lime.
war *m.* boiling water; heat.
wara *i.* beware! forbear! hands off!
warcab *m.* man, piece (in draughts); **-nica** *f.* draughtboard; **-y** *pl.* draughts, *pl.*

warchlak *m.* boar's cub.
warcho-lić *v.* brawl, wrangle; **-ł** *m.* wrangler, brawler.
war-czeć, -knąć *v.* growl, gnarl, snarl; **-czenie** *n.* snarl, growl.
warg-a *f.* lip; ~ górna, upper-lip; **-aty** *a.* blubber-lipped; **-owaty** *a.* labiate; **-owy** *a.* labial.
warj-acja *f.* variation; (*szał*) madness; craze; **-acki** *a.* mad, crazy; po -acku, madly; **-ant** *m.* variant; **-at** *m.* madman; lunatic; szpital -atów *a.* bedlam; lunatic asylum; **-atka** *f.* mad woman; lunatic; **-ować** *v.* run mad.
wark *m.* snarl, growl; **-liwy** *a.* snarly, peevish.
warkocz *m.* tress; pigtail.
warow-ać *v.* (*o psie*) crouch; (*miasto*) fortify; (*sobie co*), stipulate; ~ **się**, (*przeciw czemu*) guard (against); **-nia** *f.* fortress, stronghold; **-ny** *a.* fortified.
warrant *m.* warrant.
warstw-a *f.* coat; layer; stratum (*pl.* strata); **-ica** *f.* contour line.
warszaw-ianin *m.*, **-ianka** *f.* inhabitant of Warsaw; **-ski** *a.* of Warsaw.
warsztat *m.* workshop; ~ tkacki, loom; -y okrętowe, wharf; (*fig.*) ~ pracy, field of activity; living.
wart *a.* worth, worthy (of); ~, **-o**, it is worth while; -o spróbować, it is worth trying.
wart *m.* current.
wart-a *f.* (*abstr.*) guard, watch; (*osob.*) sentinel, sentry; stać na warcie, be on guard; **-ownik** *m.* sentinel, sentry.
wart-aczka, -ałka *f.* whirl; (*zabawka*) top; **-ki** *a.* quick; rapid; **-kość** *f.* speed; rapidity; **-ogłów** *m.* giddy-head; rattle-head; **-ogłowy** *a.* giddy, hare-brained; **-ościowy** *a.* valuable; precious; papiery -ościowe, securities; **-ość** *f.* value, worth, price.
warun-ek *m.* condition, clause, stipulation; z -kiem, pod -kiem, że, on condition, provided; na zwykłych -kach, on the usual terms; pod -kiem, z -kiem, on condition; **-kować** *v.* stipulate;

-kowo *adv.* conditionally; **-kowy** *a.* conditional.
warz-ąchew, -ęcha *f.* ladle; **-elnia** *f.* (*soli*) salt-works, saltern; **-enie** *n.* boiling; **-onka** *f.* brine-salt; **-yć** *v.* boil, cook; ~ piwo, brew beer; (*fig.*) brood, plot, contrive.
warzyw-ny *a.*, ~ ogród, kitchen garden; **-o** *n.* vegetable(s).
was *prn.* you, of you.
wasal *m.* vassal.
wasąg *m.* (side of) basket-carriage.
wasz *prn.* your, yours; **-eć, -mość** *m.* you; sir.
waś-nić *v.* set at variance; ~ **się**, quarrel, wrangle; **-ń** *f.* quarrel, squabble; wrangle.
wat *m.* watt.
wat-a *f.* cotton; wadding; **-ować** *v.* wad, quilt.
wawrzyn *m.* laurel; **-ek** *m.* (*bot.*) daphne; **-owy** *a.* (of) laurel; **-y** *pl.* (*fig.*) laurels *pl.*
waz-a *f.* tureen; (*na kwiaty*) vase; **-on, -onik** *m.* flower-pot, vase.
wazelina *f.* vaseline.
waż-ka *f.* dragon-fly; (*waga*) small scale; **-ki** *a.* weighty; important; **-kość** *f.*, **-ność** *f.* importance, consequence; moment; (*moc*) validity; **-ny** *a.* important, weighty, momentous; (*mający moc*) valid; **-yć** *v.* weigh; be of importance; hazard, venture; look upon; hold; ~ **się**, be weighed; (*fig.*) hesitate; ~ się na co, dare, risk, venture; embark (upon).
wąchać *v.* smell; sniff; scent.
wądół *m.* ravine, gorge.
wągr *m.* pimple; **-y** *pl.* (*u świń*) measles; **-owaty** *a.* pimpled; measly.
wąs *m.* moustache; (*bot.*) tendril; awn; pod -em, adult, of age; śmiać się pod -em, laugh in one's sleeve; **-acz, -al** *m.* moustached gentleman; **-atka** *f.* bearded wheat; **-aty** *a.* moustached; **-ik** *m.*, **-iki** *pl.* little moustache; **-iska** *pl.* large moustaches.
wąsi-enica, -onka *f.* caterpillar.
wąsk-i *a.* narrow; **-ość** *f.* narrowness; **-otorowy** *a.* narrow-gauge(d).
wątek *m.* weft; (*fig.*) thread; stracić ~, lose the thread.
wąt-leć *v.* grow weak, decline; **-lić** *v.* weaken; impair; **-łość** *f.* weakness, debility, faintness; **-ły** *a.* weak; faint; weakly, feeble.
wątor *m.* edge; swimming-bladder.
wątp-ić *v.* doubt; question, entertain doubts; **-ienie** *n.* doubt, question; bez -ienia, undoubtedly; **-liwość** *f.* dubiousness; doubt; **-liwy** *a.* doubtful, dubious, dubitable; questionable.
wątr-oba, -óbka *f.* liver; mieć na -obie, have a grudge against; **-obiany** *a.* (of the) liver; hepatical.
wąwóz *m.* ravine, defile, gorge.
wąż *m.* snake, serpent; (*kiszka*) hose; (*rurka*) pipe.
wbi(ja)ć *v.* drive into; knock in; beat into, wedge in; ~ na pal, empale; ~ sobie co w głowę, take it into one's head; ~ w pamięć, impress on the mind.
wbie-c, -gać *v.* run in.
wbrew *adv.* in spite of, despite; contrary to.
wbród *adv.* abundantly, in plenty.
wcale *adv.* quite, very; entirely, totally; ~ nie, not at all, by no means.
wchł-aniać, -onąć *v.* imbibe; **-anianie** *n.* imbibition.
wcho-dowy *a.* (of) entrance; **-dzić** *v.* come in; enter; walk in, step in; grow into.
wchód *m.* entry, entrance.
wciąć *v.* cut in, make an incision.
wciąg-ać, -nąć *v.* draw in; inhale; ~ do ksiąg, enter into the books; (*wplątać*) entangle, involve (in); ~ **się** do czego, grow accustomed (to).
wciąż *adv.* continually, constantly; incessantly; ~ powtarzam, I keep repeating.
wciel-ać, -ić *v.* incorporate; annex; ~ **się**, take flesh (*teol.*); **-enie** *n.* incorporation; incarnation; **-ony** *a.* incorporated, annexed; (*istny*) incarnate.

wcier-ać *v.* rub in; **-anie** *n.*, **-ka** *f.* friction; imbrocation.
wci-ęcie *n.* incision, notch; **-ęty** *a.* incised; ~ w pasie, narrow in the waist; **-inać** *v.* incise; cut into; make an incision.
wcis-kać, -nąć *v.* press in, squeeze in; wedge in, force in; ~ **się,** thrust oneself into; intrude.
wczas *m.* rest; leisure; repose; ease; ~, *adv.* early; in the nick of time; **-ować się** *v.* repose; rest.
wcze-sny *a.* early; timely, seasonable; **-śnie** *adv.* early; in time; **-śniuchny** *a.* very early.
wczoraj *adv.* yesterday; ~ **wieczorem,** last night; **-szy** *a.* yesterday's.
wda-ć się, -wać się *v.* (*w co*) meddle with; engage, embark (in); (*w kogo*) take (after), resemble; (*z kim*) associate with; ~ **w rozmowę,** enter into conversation; **-nie się** *n.* interference, intervention; **-wanie się** *n.* (*z kim*) intercourse.
wdal *adv.* in space; in the distance, abroad.
wdarcie się *v.* intrusion, encroachment; ascension.
wdepnąć *v.* tread (on); (*fig.*) put one's foot in it.
wdept(yw)ać *v.* tread (on).
wdłuż *adv.* lengthwise.
wdow-a, wdówka *f.* widow; królowa ~, queen dowager; **-i** *a.* widow's; stan -i, **-ieństwo** *n.* widowhood; **-iec** *m.* widower.
wdół *adv.* below, down(-stairs).
wdrapać się *v.* climb, clamber up; ascend.
wdr-ażać, -ożyć *v.* guide, steer; train, accustom; ~ kroki (*sądowe*), take (legal) steps; ~ **się,** get accustomed (to).
wdwójnasób *adv.* doubly, twice.
wdycha-ć *v.* inhale; **-nie** *n.* inhalation.
wdymać *v.* blow into.
wdzi(ew)ać *v.* put on.
wdzierać się *v.* break into; intrude; (*fig.*) encroach, usurp.
wdzięcz-ność *f.* gratitude; thankfulness; przez ~, out of gratitude; **-ny** *a.* thankful, grateful; (*od: wdzięk*) graceful, charming; **-yć się** *v.* ingratiate oneself (with); curry favour (with).
wdzięk *m.* grace, charm; attraction.
we see **w.**
weba *f.* linen; tissue.
wecować *v.* whet, sharpen.
wedeta *f.* vedette.
wed-le, -ług *prp.* (*obok*) by; alongside (of); (*stosownie do*) according to; after.
wedrzeć się *v.* see **wdzierać się.**
weget-acja *f.* vegetation; **-arjanin** *m.* vegetarian; **-ować** *v.* vegetate.
wehikuł *m.* vehicle.
wejrze-ć *v.* glance, look into; **-nie** *n.* glance, look; sight; z pierwszego -nia, at first sight.
wejś-cie *n.* entrance; **-ć** *v.* enter, come in, go into; ~ w modę, come into fashion.
weks-el *m.* note, bill of exchange; prima (*secunda,, tercja*) ~, first (second, third) of exchange; **-larz** *m.* money-changer, banker; prawo -lowe, negotiable instruments law.
welin *m.* vellum; **-owy** *a.* (of) vellum; ~ papier, vellum paper.
welocyped *m.* velocipede; bicycle.
welon *m.* veil.
welwet *m.* corduroy.
wełn-a *f.* wool; **-ianka** *f.* woollen dress; (*bot.*) down; **-iany** *a.* woollen; **-iasty, -isty** *a.* woolly; (*bot.*) downy.
wena *f.* (*anat.*) vein, blood-vessel; (*fig.*) vein, humour, inclination.
wenecki *a.* Venetian; djabeł ~, wrangler; okno -e, lattice-window.
wener-ja *f.* venereal disease; **-yczny** *a.* venereal.
wentyl *m.* (*mech.*) valve; ~ wpustowy, throttle; ~ wypustowy, eduction valve; **-acja** *f.* ventilation; **-ator** *m.* ventilator; **-ować** *v.* ventilate.
wepchnąć *v.* push in; shove, thrust in.
weprzeć see **wpierać.**
weranda *f.* veranda.
werbel *m.* roll (of a drum).
werb-ować *v.* recruit, canvass; enlist; **-unek** *m.* recruiting; enlistment.

weredyk *m.* outspoken person; plain-dealer.
werk *m.* mechanism; clock-work; **-mistrz** *m.* foreman.
werniks *m.* varnish; **-ować** *v.* varnish.
weronika *f.* (*bot.*) veronica.
wers-ja *f.* version; **-et** *m.* verse, line.
wertep *m.* pathless tract.
wertować *v.* turn over the pages of a book; look through.
werwena *f.* (*bot.*) vervain.
werwa *f.* verve.
werznąć (—r-ż—) *v.* cut in; ~ **się,** sink into; penetrate.
wesel-e *m.* (*radość*) joy, mirth; (*ślub*) wedding; **-ić** *v.* rejoice; ~ **się,** rejoice; **-nik** *m.* wedding-guest; **-ny** *a.* nuptial, bridal, (of) wedding.
wes-ołek *m.* jester; **-ołość** *f.* gaiety, cheerfulness, mirth; **-oły, -ół** *a.* joyful, merry, cheerful.
wespół *adv.* together, jointly, in common.
wesprzeć *v.* aid, succour.
westalka *f.* vestal.
westchn-ąć *v.* sigh, groan; ciężko ~, heave a sigh; **-ienie** *n.* sigh, groan.
westybul *n.* vestibule.
wesz *f.* louse; świnia ~, (*bot.*) hemlock; **-ka** *f.* little louse; (*choroba*) itch, scurf.
wet *m.*, ~ za ~, tit for tat.
weteran *m.* veteran.
weteryna-rja *f.* veterinary science; **-rski** *a.*, **-rz** *m.* veterinarian.
wetknąć *v.* thrust into, put, stick in.
weto *n.* veto; **-wać** *v.* veto.
wetrzeć see **wcierać.**
wety *pl.* dessert; na ~, for dessert.
wewn-ątrz, -ętrznie *adv.* inside, within, internally; inwards; **-ętrzny** *a.* inward, internal; Min. Spraw ~-ch, Ministry of the Interior; Home Office.
wezbrać *v.* (*lit.* & *fig.*) swell; -na rzeka, swollen river.
wezgłowie *n.* pillow; (*fig.*) u -a, at the bed-side.
wezmę, *future of* **wziąć.**
wezwa-ć *v.* call in; summon; call up; challenge; ~ na świadka, call to witness; **-nie** *n.* summons, *pl.*; call, invitation; challenge.
wezykatorja *f.* blister; vesicatory.
wezyr *m.* vizir.
węborek *m.* bucket.
węch *m.* (sense of) smell; scent; **-owy** *a.* of smell.
węd-a, -ka *f.* angling-rod; (*fig.*) bait; **-karz** *m.* angler.
wędlin-a *f.* seasoned meat; ham; sausage; **-iarz** *m.* ham and sausage dealer.
wędr-ować *v.* wander (about); **-owiec, -ownik** *m.* wanderer; tourist; **-owny** *a.* wandering; travelling; ptak ~, bird of passage; migratory bird; **-ówka** *f.* migration; wandering; tour, touring.
wędz-enie *n.* smoking; **-ić** *v.* smoke; bloat; cure; **-onka** *f.* smoked meat.
wędz-idło *n.* bit; **-isko** *n.* angling-rod.
węgar *m.* door-post.
węgiel *m.* coal; (*chem.*) carbon; ~brunatny, brown coal; ~drzewny, charcoal; ~ kamienny, pitcoal; **-nica** *f.* square; **-ny** (of the) corner; ~ kamień, corner-stone.
węgieł *m.* corner.
węgier-ka *f.* Hungarian plum; Hungarian coat; **-ski** *a.* Hungarian; **-szczyzna** *f.* Hungarian (manners, customs, language).
węgl-an *m.* (*chem.*) carbonate; **-arka** *f.* coal truck; **-arnia** *f.* coal-shed; **-arz** *m.* coalman; charcoal-burner; **-ik** *m.* (*chem.*) carbon; **-owy** *a.* (of) coal; kwas ~, carbonic acid.
węgorz *m.* eel.
węgrzyn *m.* Hungarian wine.
węza *f.* honeycomb.
węz-eł, -ełek *m.* knot; tie; (*tobół*) bundle; parcel; ~ kolejowy, junction station; (*fig.*) ciągnąć -ełki, draw cuts; **-łowato** *adv.* briefly, concisely; **-łowaty** *a.* knotty; (*fig.*) concise, brief; **-łowy** *a.* (of) junction.
węż-e *pl. of* **wąż; -ojad** *m.* secretary-bird; **-okij, -okręt** *m.*

caduceum; **-owaty** *a.* serpentine, meandering; serpentlike; **-nica** *f.* winding tube, winding pipe; **-ownik** *m.* (*geol.*) serpentine marble; (*bot.*) serpent-grass; **-owy, -y** *a.* serpent's; **-yk** *m.* see **wąż**; **-ykować** *v.* meander; **-ymord** *m.* (*bot.*) viper's grass.

wgi-ąć, -nać *v.* bend in; bend inwards; **-ęcie** *n.* inward bend; flexion; **-ęty** *a.* bent inwards; inflected.

wglądać *v.* (*w co*) look into; give heed (to).

wgłębi-ać się *v.* go deep into; ponder (over); sound; **-enie** *n.* depression, hollow.

wgry-zać się, -źć się *v.* eat into, corrode; **-zek** *m.* (sort of) worm.

wiać *v.* blow; ~ zboże, winnow corn.

wiaderko *n.* small pail, bucket.

wiadom-o *adv.* it is known, it is a fact; ~ mi, I am aware; **-ość** *f.* information, news; intelligence; **-ości** *pl.* knowledge; learning; information; **-y** *a.* known; in question; notorious.

wiadro *n.* pail.

wiadukt *m.* viaduct.

wialnia *f.* winnower.

wianek *m.* wreath; garland; chaplet; (*fig.*) virginity, maidenhood.

wiano *n.* dowry; jointure.

wiar-a *f.* faith, creed; confidence, belief; fidelity; loyalty; credit; trust; nie do -y, incredible; ~, *f.* (*collect.*) boys; **-ogodność** *f.* credibility; authenticity; **-ogodny** *a.* credible; trustworthy; z -ogodnego źródła, from good authority; **-ołomca** *m.* perfidious man; **-ołomność** *f.*, **-ołomstwo** *n.* breach of faith; disloyalty; perfidy; **-ołomny** *a.* perfidious, faithless, disloyal.

wiarus *m.* brave soldier; veteran.

wiatr *m.* wind; breeze; (*myśl.*) scent; przeciw -owi, pod ~, against the wind; z -em, with the wind; ~ stateczny, constant wind; na cztery -y, to the winds; puścić z -em, fling to the winds; **-ak** *m.* windmill; **-omierz** *m.* anemometer; wind-gauge; **-onogi** *a.* swift-footed; **-owy** *a.* (of the) wind; windy; **-ówka** *f.* air-gun; (*kurtka*) jacket.

wiatyk *m.* viaticum, extreme unction.

wiąd *m.* withering, decline, wane.

wiąz *m.* elm(-tree).

wiąz-ać *v.* tie, bind; link, join; (*fig.*) oblige; **-adło** *n.* band; tie, hold; **-ana** mowa, verse; **-anie** *n.* tie; frame; present; ~ dachu, truss; **-anka** *f.* bunch; selection; **-ka** *f.* bunch; bundle; ~ chróstu, fagot; **-owy** *a.* (of) elm.

wibr-ajca *f.* vibration; **-ować** *v.* vibrate.

wic *m.* joke; practical joke.

wice *v.* vice; -konsul, vice-consul.

wich-er, -ura *f.* gale, whirlwind, tempest, storm; **-rowaty** *a.* wind-swept; stormy; **-rzyciel** *m.* rioter; fire-brand; **-rzyć** *v.* breed riot; create sedition, instigate.

wici *pl.* call to arms; wydać, rozesłać ~, call to arms.

wicin-a *f.* barge; **-nik** *m.* bargee.

wiciokrzew *m.* (*bot.*) honeysuckle; woodbine.

wić *f.* twig; osier; ~, *v.* wreathe; plait; twine; (*nici*) reel; ~ **się,** writhe; meander.

wid *m.* ni -u ni słychu o nim, he is neither seen nor heard of; **-ać** *adv.* apparently, evidently.

wid-elec *m.* fork; **-ełki** *pl.* small pitchfork; ~ strojowe, tuning-fork; **-ełkowaty** *a.* forked, forky; **-łaczek, -łak** *m.* (*bot.*) wolf's claws, cub-moss; **-łowaty, -lasty** *a.* forked, divergent, branching; **-ły** *pl.* pitchfork.

widmo *n.* ghost, spectre; phantom, vision; **-wy** *a.* spectral.

widn-ieć *v.* appear; **-o** *adv.* it is daylight; (*snać*) evidently; **-okrąg** *m.* horizon; **-ość** *f.* visibility; luminousness; **-y** *a.* light; conspicuous; clear.

wido-cznie *adv.* evidently, apparently; visibly; **-oczność** *f.* evidence, visibility; conspicuousness; **-czny** *a.* (*widzialny*) visible; (*oczywisty*) conspicuous,

apparent; **-k** *m.* view, sight; spectacle, aspect; wystawić na ~ publiczny, expose to view; ~ z przodu, front view; mieć na -ku, have in view; **-ki** *pl.* (*fig.*) prospects, possibilities; expectations; **-kówka** *f.* picture post-card; **-my** *a.* apparent, visible; seeing; **-wisko** *n.* spectacle, scene; show, pageant; **-wnia** f. scene; stage.
widywać *v.* see (frequently); ~ **się**, see one another.
widz *m.* spectator; looker-on; witness; **-enie** *n.* sight; vision; godny -enia, worth seeing; do -enia, good-bye; z -enia, by sight; **-enie się** *n.* meeting.
widzi-adło *n.* sight; (*widmo*) ghost, phantom; **-alny** *a.* visible; apparent; conspicuous; **-eć** *v.* see; (*fig.*) źle -any, frowned upon, disapproved of; ~ się zmuszonym, find oneself obliged (*to*); dać się ~, appear; dobrze ~, have a good eyesight.
widzimisię *n.* fancy, whim, caprice, liking, mind.
wiec *m.* meeting; gathering; assembly.
wiech-a *f.* bunch of twigs; (tavern-)bush; **-eć** *m.* whisk, wisp.
wiecow-ać *v.* meet, gather, debate; **-nik** *m.* debater; **-y** *a.* of a public meeting; contentious.
wieczerza *f.* supper; ~ Pańska, the Lord's supper; **-ć** *v.* dine; sup, eat supper.
wieczko *n.* lid.
wieczn-ość *f.* eternity; immortality; na ~, for ever; **-otrwały** *a.* everlasting; **-y** *a.* eternal, everlasting, perpetual, immortal; na -e czasy, for ages, for all times.
wiecz-orek *m.*, **-ornica** *f.* evening-party; **-orny, -orowy** *a.* evening; kursy -orne, evening courses; **-ór** *m.* evening; **-orem,** z -ora, in the evening.
wieczy-sty *a.* perpetual; **-ście** *adv.* for ever; for all times.
wied-eńczyk *m.*, inhabitant of Vienna; **-eński** *a.* Viennese.
wie-dza *f.* knowledge, science, learning; **-dzieć** *v.* know, be aware of; dać ~, inform; nie chcę o tem ~, I will not hear of it; o ile wiem, as far as I know; chciałbym ~ czy, I wonder if.
wiedźma *f.* witch; hag.
wiejacz *m.* winnower.
wiejsk-i *a.* rustic; rural; (of the) country; countrylike; **-ość** *f.* rusticity.
wiek *m.* age; century; time, lifetime; ~ dziecięcy, infancy; ~ dojrzały, old age; **-i** *pl.* ages; na -i, for ever.
wieko *n.* lid.
wiekopomny *a.* memorable; immortal.
wiek-ować *v.* last (for ever); **-owy** *a.* aged; lasting; immortal; **-uistość** *f.* eternity; **-uisty** *a.* eternal, everlasting; **-uiście** *adv.* eternally, to all eternity.
wielbi-ciel *m.*, **-cielka** *f.* admirer; **-ć** *v.* adore, worship, admire, idolize; **-enie** *n.* adoration; worship; admiration.
wielbłąd *m.* camel; ~ z jednym garbem, dromedary; **-zi** *a.* camel's; **-zica** *f.* she-camel.
wielce *adv.* greatly, much, highly; ~ szanowny, highly honoured.
wiele *adv.* much, a great deal; many; **-kroć** *adv.* many times; frequently.
wielebny *a.* reverend; venerable; wielce ~, Right Reverend.
wielkanoc *m.* Easter; (*żydów*) Passover; **-ny** *a.* (of) Easter.
wielk-i *a.* great, large; considerable; ~ czas, high time; ~ książę, grand duke; ~ tydzień, holy week; ~ piątek, good Friday; ~ palec, thumb; (*u nogi*) big toe; ~ post, Lent; **-oduszność, -omyślność** *f.* magnanimity; **-oduszny, -omyślny** *a.* magnanimous, generous; **-olud** *m.* giant; **-opański** *a.* lordly; **-opolanin** *m.*, **-opolanka** *f.* inhabitant of Great (North-Western) Poland; **-opostny** *a.* (of) Lent; **-orządca** *m.* vice-regent; proconsul; **-ość** *f.* greatness, magnitude; (*rozmiar*) size; -ości naturalnej, to scale.
wielmożn-ieć *v.* grow mighty; **-ość** *f.* mightiness; power;

-y *a.* mighty, powerful; (*w adresach*) Mr.; Esquire; ~ Panie, Dear Sir; -a Pani, Madam.
wielo-barwny *a.* multi-coloured; **-boczny** *a.* multilateral; many-sided; **-bok** *m.* polygon; **-bóstwo** *n.* polytheism; **-czyn** *m.* (*arytm.*) product; **-głowy** *a.* many-headed; **-językowy** *a.* polyglottic; **-kątny** *a.* multiangular, polygonal; **-krotnie** *adv.* repeatedly, many times; **-krotny** *a.* reiterated; manifold; multifarious; **-letni** *a.* of many years standing; **-listny** *a.* (*bot.*) many-leaved, polypetalous; **-mówny** *a.* loquacious, talkative, garrulous; **-nóg** *m.* multipede; **-raki** *a.* manifold, various, multifarious; **-rako** *adv.* in many different ways; **-rakość** *f.* manifoldness, multifariousness; **-ramienny** *a.* many-armed; **-raz** *m.* (*arytm.*) quotient; **-rogi** *a.* many-horned; **-ryb** *m.* whale; **-rybi** *a.* whale's; (of) a whale; **-sił** *m.* (*bot.*) Jacob's ladder; **-stronny** *a.* many-sided; having many talents; **-ścian** *m.* (*geom.*) polyhedron; **-ścienny** *a.* polyhedral; **-ść** *f.* multitude; great number; **-wiekowy** *a.* of many centuries; **-władność** *f.* power, might; **-władny** *a.* mighty; **-zgłoskowy** *a.* polysyllabic; **-znaczność** *f.* significance; **-znaczny** *a.* having different meanings; significant; **-żeniec** *m.* polygamist; **-żeństwo** *n.* polygamy.
wielu *pl.* many.
wie-niec *m.* wreath; garland; crown; chaplet; (*fig.*) ~ panieński, virginity; **-ńczyć** *v.* crown.
wieprz *m.* hog; **-aczek, -ak** *m.* young hog; **-owina** *f.* pork; **-owy** *a.* hog's; (of) pork.
wierc-ić *v.* bore, drill; ~ **się**, fidget, bustle; wriggle; **-ipięta** *m.* hoity-toity; giddy-head; fop.
wierno-poddańczy *n.* loyal; **-ść** *f.* loyalty; fidelity; faithfulness.
wierny *a.* faithful, true, loyal.
wiersz *m.* line; verse; **-oklet, -okleta** *m.* rhymester; **-opis** *m.* versifier; **-ować** *v.* write verse; versify; **-owanie** *n.* versification; **-owany** *a.* versified; **-yk** *m.* little poem.
wiert-acz *m.* borer; **-ak** *m.* drill; **-arka** *f.* borer.
wiertel *m.* half a bushel.
wierutny *a.* downright, arrant; thorough.
wierzb-a *f.* willow; ~ płacząca, weeping willow; **-owy** *a.* (of) willow; **-ówka** *f.* (*bot.*) willow-herb.
wierzch *m.* top; surface; upper part; na -u, on the top; brać ~ nad kim, get the upper hand of one; **-em** *adv.* on horseback; po -u, on the surface; superficially; **-ni** *a.* upper; outer; **-ołek** *m.* summit, top, peak; **-ołkowy** *a.* top; ~ punkt, vertex, zenith; **-owiec** *m.* saddle-horse; **-owy** *a.* saddle.
wierzeja *f.* door; gate.
wierz-enie *n.* belief, faith; **-yciel** *m.* creditor; **-yć** *v.* believe; trust; credit; **-ytelność** *f.* authenticity; (*fin.*) claim; **-ytelny** *a.* authentic; of credence; listy -ytelne, credentials.
wierzg-ać *v.* kick; **-liwy** *a.* rebellious.
wiesza-ć *v.* hang (up), suspend; **-dło** *n.* rack; **-k** *m.* hanger.
wieszcz *m.* seer; man of vision; poet; prophet; **-ba** *f.* augury, presage; omen; fortune-telling; **-biarka** *f.* sibyl, prophetess; fortune-teller; **-biarski** *a.* augural; fortune-teller's; **-biarstwo** *n.* augury, fortune-telling; **-biarz, -ek** *m.*, **-ka** *f.* fortune-teller; augur; diviner; **-y** *a.* prophetic; **-yć** *v.* foretell, prophesy, predict, presage.
wieś *f.* (*osada*) village; (*posiadłość*) estate; (*w odróżnieniu od miasta*) the country; pojechać na ~, go to the country.
wieść *f.* report, rumour, intelligence; **wieści,** *pl.* tidings *pl.*; ~ głosi, it is reported; dochodzi mnie ~, I hear.
wieść *v.* lead, conduct; carry on; ~ **się**, (*dobrze, źle*) fare (well, ill); get along; dobrze mu się wiedzie, he fares well.
wieśnia-czka *f.* country-woman; **-czy** *a.* (of the) country, rustic; **-k** *m.* farmer, yokel, villager.

wietrz-eć *v.* (*ulatniać ś.*) evaporate; become vapid; (*psuć ś.*) decay, deteriorate; **-enie** *n.* evaporation; deterioration, **-nica** *f.*, **-nik** *m.* giddy-head; harum-scarum; (*na dachu*) weather-cock; **-no** *adv.*, jest ~, it is windy (weather); **-ność** *f.* levity, frivolity; **-ny** *n.* windy; (*fig.*) frivolous, light-minded; -na ospa, chicken-pox; **-yć** *v.* air, dry, ventilate; ~ zwierzynę, scent game; **-yk** *m.* breeze; **-ysty** *a.* windy.

wiewiór-czy *a.* squirrel's; **-ka** *f.* squirrel.

wieźć *v.* carry, convey, transport, cart.

wież-a *f.* tower; dungeon; (*w szachach*) castle; ~ kościelna, steeple; belfry; ~ ciśnień, water-tower; **-owy** *a.* (of a) tower; (of a) steeple; **-yczka** *f.* turret.

więc *c.* so, therefore, consequently; then.

więcej *adv* more; (*arytm.*) plus; mniej lub ~, more or less; im ~..., tem lepiej..., the more..., the better.

więcierz *m.* fishing-net.

więdn-ąć, -ieć *v.* wither, fade.

większ-ość *f.* majority; the greater part; **-y** *a.* greater; larger, bigger; po -ej części, for the most part.

więz-ić *v.* imprison; keep in confinement; **-ienie** *n.* prison, jail, imprisonment; **-ienny** *a.* (of a) prison; dozorca ~, jailer; **-ień** *m.* prisoner; captive; **-nąć** *v.* be wedged; be imprisoned; **-ożołd** *m.* (*bot.*) ilex; **-y** *pl.* chains, fetters; bonds.

wiąz-ina *f.* elm-wood; **-owy** *a.* (of) elm.

wigil-ijny *a.* of the eve; (of) Christmas eve; **-ja** *f.* eve; Christmas eve; w -ję, on the eve.

wigo-niowy *a.* of vicugna wool; **-ń** *m.* vicugna.

wijadło *n.* reel.

wikar-jusz, -y *m.* curate; vicar; **-jat** *m.*, **-juszowstwo** *n.* vicarship.

wik-lina *f.* osier; **-łać** *v.* entangle; complicate; involve, implicate; **-łanina** *f.* entanglement.

wikt *m.* board; fare; **-ować** *v.* board; **-uały** *pl.* victuals.

wilcz-aty *a.* grey; **-ątko, -ę** *n.*, **-ek** *m.* wolf's whelp; **-omlecz** *m.* (*bot.*) wolf's milk; **-ura** *f.* wolf's skin cloak; **-y** *a.* wolfish; wolf's; -y dół, (*fort.*) pitfall; **-yca** *f.* she-wolf.

wilec *m.* (*bot.*) bindweed; (*lek.*) jalap.

wilegjatura *f.* summer rest.

wilga *f.* (*orn.*) yellow thrush.

wilgnąć *n.* moisten.

wilgoć *f.* dampness; moisture.

wilgot-nieć *v.* dampen; **-ność** *f.* humidity, moistness; **-ny** *a.* wet, damp, moist, humid.

wilja *f.* eve, Christmas eve.

wilk *m.* wolf; (*u świeczki*) thief; fire-dog, andiron; **-i** *pl.* wolves; wolf's skin; andirons; dogs (on which wood is laid to burn); a fur of wolves' skins; **-ołak** *m.* werewolf, wolf-man.

willa *f.* villa; country house.

wilż-eć *v.* grow moist; **-yć** *v.* moisten.

wina *f.* fault; guilt; offence; składać na kogo -ę, throw the blame on one; przyznawać się do -y, plead guilty; nie moja ~, it is not my fault; nie z naszej -y, through no fault of ours.

wind-a *f.* lift; ~ towarowa, freight-lift; **-ować** *v.* wind up, hoist, pull up.

winduga *f.* timber-quay.

windyk-acja *f.* vindication; **-ować** *v.* vindicate; claim.

winian *m.* (*chem.*) tartar.

winia-rnia *f.* vintnery; wine-vault; **-rz** *m.* vintner.

wini-ć *v.* accuse (of); charge (with); blame; **-en** *a.* guilty; indebted; due; ile jestem ~, how much do I owe; strona ~, debit side.

winiet-a, -ka *f.* vignette.

win-iówka *f.* wine-pear; wine-cask; **-ko** *n.* (good) wine; **-nica** *f.* vineyard; **-nictwo** *n.* vine-culture; **-nik** *m.* tartar; **-ny** *a.* (of) wine; (of) grape; see **winien**; -na macica, vine; -na zupa, wine-soup.

winn-ość *v.* guilt; due; **-y** *a.* (of) wine; (of) grape; also see **winien**.

wino *n.* wine; ~ owocowe, fruit-wine; **-obranie** *n.* vintage; grape-gathering; **-braniec** *m.* vintager; grape-gatherer; **-grad** *m.* grape; **-grodnik** *m.* vine-grower; **-grono** *n.* bunch of grapes; grape; **-gronowy** *a.* (of) grape; **-rodny** *a.* wine-producing; **-rośl** *f.* vine-shoot.
winowa-ć see **winić**; **-jca** *m.*, **-jczyni** *f.* culprit.
winszować *v.* (*życzyć*) wish (one something); (*gratulować*) congratulate (one on something).
wiochna *f.* village-girl.
wiodę see **wieść.**
wiol-inista *m.* violinist; **-inowy** *a.*, klucz ~, treble clef; **-onczela** *f.* cello.
wionąć *v.* see **wiać.**
wiorsta *f.* verst; 3500 feet.
wios-eczka, -ka *f.* hamlet; small village; small estate.
wio-senny *a.* (of) spring; **-sna** *f.* spring; -sną, na -nę, in spring.
wiosło *n.* oar; paddle; **-wać** *v.* row; paddle; **-wy** *a.* rowing; pióro -owe, the blade of an oar.
wiośla-rstwo *n.* rowing; **-rski** *a.* rowing; klub ~, rowing-club; **-rz** *m.* oarsman; rower.
wiot-kość *f.* frailty; suppleness; **-ki** *a.* frail, supple.
wiór *m.* chip, shaving; **-owiny** *pl.* shavings.
wir *m.* whirpool; (*wody*) eddy; (*fig.*) vortex; **-ować** *v.* revolve; whirl; **-owaty** *a.*, **-owy, -ujący** *a.* whirling, revolving; **-ówka** *f.* cream-separator; **-ówka** *f.* turbine.
wirtuoz *m.* virtuoso; **-owski** *a.* virtuoso's.
wirydarz *m.* courtyard.
wisi-eć *v.* hang; be suspended; moje życie -ało na włosku, I had a hairbreadth escape; I was on the brink of the grave; **-elec** *m.* gallows-bird.
wisienka *f.* cherry.
wisiorek *m.* trinket.
wist *m.* whist.
wisus *m.* rogue.
wiszar *m.* overhanging rock; escarpment.
wiszor *m.* sponge of a cannon.
wiśni-a *f.* cherry(-tree); **-ak** *m.*, **-ówka** *f.* cherry-brandy; **-owy** *a.* cherry; of cherries; drzewo -owe, cherry-tree.
Wita, choroba św. ~, St. Vitus's dance.
wita-ć *v.* welcome, greet; salute; **-my!** welcome! **-nie** *n.* welcome.
witaminy *pl.* vitamins.
witka *f.* twig.
witraż *m.* stained glass; **-e** *pl.* stained glass windows.
witrjol *m.* viotriol; **-owy** *a.* viotriolic.
witryna *f.* shop-window; (*szafa*) glass-case.
witw(in)a *f.* osier.
wiwat *m.* cheer; ~! *i.* vivat! long live!; **-ować** *v.* cheer, acclaim; **-ówka** *f.* small cannon.
wiwera *f.* civet-cat.
wiwisekcja *f.* vivisection.
wiz-a *f.* visa; **-ować** *v.* visa.
wizerunek *m.* effigy, picture, portrait, likeness.
wizja *f.* vision.
wizyt-a *f.* visit, call; złożyć -ę, pójść do kogo z -ą, pay one a visit, call on one; **-ator** *m.* inspector; **-ować** *v.* inspect; visit; **-owy** *a.* (of, for) visits; bilet ~, visiting-card.
wjazd *m.* entrance-gate; entrance, entry.
wje-chać, -żdżać *v.* drive in; enter; ride into; **-zdny** *a.* (of) entrance.
wklę-słość *f.* concavity; depression; hollow; **-sło-wypukły** *a.* concavo-convex; **-sły** *a.* concave; **-snąć** *v.* fall in, sink (in); be depressed; **-śnienie** *n.* depression.
wkład *m.* (*fin.*) investment; deposit; outlay, expenditure; (*przedmiot*) piece (or thing, object) inserted; wad; wedge; **-ać** *v.* put on, (in); lay; **-ka** *f.* fee; deposit; also see **wkład; -kowy** *a.* (of) deposit.
wkoło *adv.* round, round about, all round; around.
wkop(yw)ać *v.* dig in, (into).
wkorzeni-ać, -ć *v.* root in; (*fig.*) implant; ~ **się**, take root; (*fig.*) become inveterate; **-ony** *a.* rooted; inveterate.
wkraczać *v.* see **wkroczyć.**
wkra-dać się, -ść się *v.* steal in; creap in; sneak (in).

wkrę-cać, -cić *v.* screw into; twist into; wriggle into; ~ **się** (*fig.*) insinuate oneself; **-tak** *m.* screw-driver; **-tka** *f.* wood-screw.

wkrocz-enie *n.* inroad, entry; intervention; **-yć** *v.* enter; step into; (*do kraju*) invade; (*wglądnąć*) intervene.

wkrótce *adv.* soon, shortly, soon after, presently; by and by.

wkup-ić, -ować się *v.* pay one's entrance fee; **-ne** *n.* entrance fee.

wlat(yw)ać *v.* fly in.

wlec *v.* drag (along, on); ~ **się,** trudge, jog on.

wlecieć *v.* fly in.

wlepi(a)ć *v.* stick in; ~ oczy, stare at; fix one's eyes on.

wleźć *v.* creep into (in); enter; get in; (*fig.*) ~ do głowy, take it into one's head.

wlicz-ać, -yć *v.* include.

wlot *adv.* in a flash.

wład-ać *v.* (*nad*) rule, govern; (*czem*) handle; use; be master of; ~ językami, speak foreign languages; **-ca** *m.*, **-czyni** *f.* master; sovereign; **-ny** *a.* powerful; **-yka** *m.* (Orthodox) bishop.

władza *f.* power, authority; faculty (of a limb); (miejscowe) -e, (local) authorities.

włam-ać, -ywać się *v.* break into; burgle; **-anie** *n.* burglary.

własnoręczn-ie *adv.* with one's own hands; **-y** *a.*, ~ podpis, (authentic) signature; sign manual.

własn-ość *f.* property; quality; peculiarity; ~ ziemska, estate; landed property; **-y** *a.* (one's) own; peculiar; self-; we -ej osobie, in person.

właściciel *m.* owner, proprietor; **-ka** *f.* proprietress, owner.

właściw-ie *adv.* (*należycie*) properly, fitly; (*ściśle mówiąc*) strictly speaking; **-ość** *f.* propriety, peculiarity; fitness, expediency; **-y** *a.* peculiar; proper; suitable, decent.

właśnie *adv.* just; exactly.

właz *m.* entrance; **-ić** *v.* see **wleźć.**

włącz-ać, -yć *v.* include, enclose; ~ światło, switch the light on; **-nie** *adv.* inclusively; included.

włocha-cizna, -tość *f.* hairiness; shagginess; **-ty** *a.* hairy; shaggy; ~ materjał, nappy (downy) cloth.

włodarz *m.* steward; regent, ruler.

włos *m.* hair; (*zwierząt*) wool; (*na suknie*) nap; na ~, by a hair's breadth; o ~, within an ace; pod ~, against the hair, against the grain; **-aty** *a.* hairy; **-iany** *a.* made of horse-hair; **-iasty** *a.* hairy; **-ie** *n.*, **-ień** *m.* horse-hair; **-ienkowaty** *n.* (*bot.*) capillary; **-iennica** *f.* hair-cloth; **-istość** *f.* hairiness; **-isty** *a.* hairy.

włoski *a.* Italian; orzech ~, walnut.

włoskowat-ość *f.* capillarity; **-y** *a.* capillary.

włosz-ka *f.* Italian (woman); **-czyzna** *f.* green vegetables; Italian (language, manners).

włoś-cianin *m.* farmer, countryman, peasant, rustic; **-cianka** *f.* country-woman; **-ciański** *a.* peasant, rustic; **-ciaństwo** *n.* peasantry; **-ć** *f.* estate.

włoż-enie się *n.* practice; **-ony,** put into; ~ do czego, accustomed, trained to; **-yć** *v.* put, lay (on, in); (*na siebie*) put on; ~ **się,** (*do czego*) accustom oneself(to).

włócz-ęga *m.* tramp; vagabond; **-ęga** *f.*, **-ęgostwo** *n.* roving; vagrancy; **-yć** *v.* drag (along); trail; (*ziemię*) harrow; ~ **się,** roam, ramble, rove (about); **-ykij** *m.* idler.

włóczk-a *f.* wool; **-kowy** *a.* woollen; -kowa robota, network.

włócznia *f.* spear, lance.

włóka *f.* measure of land = about thirty acres.

włók-ienko, -no *n.* fibre, fibril; filament; **-nisty** *a.* fibrous; **-ienniczy** *a.* textile; **-nik** *m.* fibrin.

wmawiać *v.* make (one) believe, persuade talk one into (something).

wmiesz-ać *v.* mix; (*kogo do czego*) implicate one (in); ~ **się,** (*w co*) meddle with, interfere; **-anie się** *n.* interference.

wmieścić *v.* insert.

wmurować *v.* wall in, set, insert, embed.
wmu-sić, -szać *v.* force upon one; compel, constrain one (to).
wmykać *v.* slip in.
wnet *adv.* soon, forthwith, immediately, by and by; presently.
wnęka *f.* recess, niche.
wnęt-rze *n.* inside, interior; **-rzności** *pl.* bowels, intestines; **-rzny** *a.* internal, interior.
wniebo-głosy *adv.* clamorously, vociferously, uproariously; **-wstąpienie** *n.* Ascension(-day); **-wzięcie** *n.* Assumption; **-wzięty** *a.* blissful, enraptured.
wnieść *v.* carry in, bring (into); (*w księgę*) register, enter; (*o co*) move; propose, suggest; (*z czego*) conclude (from); ~ czyje zdrowie, drink somebody's health.
wnij-ście *n.* entrance, entry; **-ść** see **wejść**.
wnik *m.* aperture; trap; **-ać, -nąć** *v.* penetrate (into); get an insight into; **-anie, -nięcie** *n.* penetration; **-liwy** *a.* piercing, sharp, keen.
wnios-ek *m.* suggestion, proposal, motion; inference, consequence; (*żony*) dowry; ~ rozumowy, conclusion; **-kodawca** *m.* mover; **-kować** *v.* infer, conclude; **-kowanie** *n.* deducting, deduction.
wniwecz *adv.* to nought; ~ obrócić, annihilate.
wnosić see **wnieść**.
wnu-częta *pl.* grand-children; **-czka** *f.* granddaughter; **-k** *m.* grandson.
woal *m.*, **-ka** *f.* veil.
wobec *prp.* (*kogoś*) in the presence of, before; (*czegoś*) in the face of; considering; ~ tego, such being the case; ~ tego, że, as; since.
woda *f.* water; ~ bieżąca, running water; ~ stojąca, stagnant water; podskórna, subsoil water; ~ święcona, holy water; ~ różana, rose-water; z -ą (*płynąć*), down stream; przeciw -dzie, up stream; brylant pierwszej -y, diamond of the first water; *pl.* bathing-place, spa; mineral waters.
wodan *m.* (*chem.*) hydrate.
wodewil *m.* vaudeville.
wodn-ica *f.* river nymph; **-ieć** *v.* become watery; **-ik** *m.* (*zool.*) water-bird; water-beetle; **-istość** *f.* wateriness; (*med.*) serosity; **-isty** *a.* watery; (*med.*) serous; **-oziemny** *a.* amphibious; **-y** *a.* (of) water; aquatic; ~ młyn, water-mill; -a puchlina, dropsy.
wodo-ciąg *m.* water-supply; water-pipes; aqueduct; **-ciągowy** *a.* (c water; woda -ciągowa, tap-water; **-miar** *m.* hydrometer; **-pój** *m.* watering-place; watering of animals; **-rost** *m.* sea-weed; **-ród** *m.* (*chem.*) hydrogen; **-spad** *m.* waterfall; cascade; **-trysk** *m.* fountain, water-spout; **-wskaz** *m.* (*mech.*) water-gauge; **-wstręt** *m.* hydrophobia.
wodór *m.* hydrogen.
wodza *f.* rein, leash; (*fig.*) check; pod -ą, na -y, in leash; puścić -e, give the rein (to).
wodz-ić *v.* conduct, lead; take; ~ za nos, lead by the nose; ~ się za łby, fall together by the ears; **-irej** *m.* ringleader.
wodzianka *f.* panada.
wogóle *adv.* in general; altogether; at all.
woja-cki *a.* warlike; **-czka** *f.* war(-time); military profession; warfare; **-k** *m.* warrior.
wojen-ny *a.* martial; (of) war; (of) war-time; military; sąd ~, court-martial.
woje-woda *m.* governor of a province; voivode; **-wodzianka** *f.* voivode's daughter; **-wodzic** *m.* voivode's son; **-wodzina** *f.* voivode's wife; **-wódzki** *a.* of a province; miasto -wódzkie, capital of a province; **-wództwo** *n.* province; voivode's office.
wojłok *m.* felt; housing; **-owy** *a.* (of) felt.
woj-na *f.* war; prowadzić -nę, wage war (with); ~ domowa, civil war; **-ować** *v.* fight, wage war, be at war; struggle (with); **-owniczość** *f.* bellicosity; **-owniczy** *a.* warlike; contentious; martial; **-ownik** *m.* warrior; soldier.

wojsk-i *m.* (*hist.*) seneschal; **-o** *n.* army; forces; *pl.* **-owość** *f.* army; military authorities; **-owy** *a.* military; ~, *m.* military man.
wojujący *a.* militant; kościół ~, the church militant.
wokabu-larz *m.* vocabulary; **-ła** *f.* vocable.
wokalny *a.* vocal.
wokoło, wokół, wokrąg *adv.* about, round about; around; all round.
wola *f.* will; wolna ~, free-will; ~ Boża, the will of God; ostatnia ~, last will, testament; dobra ~, goodwill; one's own accord; zła ~, ill-will; jeśli ~, if you please; zdać na -ę, leave to the mercy (of).
wolant *m.* cabriolet; (*gra*) shuttle-cock; (*u sukni*) flounce.
wola-rnia *f.* shed; **-rz** *m.* ox-herd; (*orn.*) pouter.
wole *n.* goiter; (*ptaka*) crop.
woleć *v.* prefer; wolę iść, I had (or would) rather go.
woli *a.* ox's.
wol-nieć *v.* relax; loosen **-no** *adv.* slowly; freely; loosely; slack; -no mi (jest), I am free (to), I may, I am allowed; **-nomówność** *f.* licentiousness of speech; **-nomularski** *a.* masonic; **-nomyślność** *f.* free-thinking; free-thought; **-nomyślny** *a.* free-thinking; **-ność** *f.* liberty, freedom; leave; **-ny** *a.* free; (*od*) exempt (from); rid of; (*nieciasny*) loose; (*powolny*) slow; ~ od opłaty, free-paid; ~ stan, bachelorship, spinsterhood, unmarried state.
wolt *m.* volt; **-aż** *m.* voltage.
woluta *f.* volute.
woła-ć *v.* call; cry; (*o co*) implore; call for; to woła o pomstę do nieba, it is outrageous; **-cz** *m.* vocative; **-nie** *n.* call, cry.
woło-ski *a.* Walachian; **-szczyzna** *f.* Walachia.
wołow-aty *a.* unwieldy; **-ina** *f.* beef; **-nia** *f.* shed; **-y** *a.* ox's; ~ język, (*bot.*) bugloss; -a pieczeń, roast-beef.
womit-ować *v.* vomit; **-y** *pl.* vomit; lekarstwo na -y, **-ywa** *f.* emetic.
won! *i.* hence! begone! away!
wo-nieć *v.* (*czem*) smell (of); **-nność, -ń** *f.* scent, smell, fragrance; perfume; **-nny** *v.* fragrant, aromatic, odoriferous.
wor-eczek *m.* pouch, little bag, purse; **-ek** *m.* sack; bag; (*do pieniędzy*) purse; ~ podróżny, carpet-bag; (*anat.*) scrotum; **-kowate** *pl.* (*zool.*) marsupials.
wosk *m.* wax; floor polish; ~ ziemny, ozokerit; **-ować** *v.* polish; wax; **-owina** *f.* ear-wax; **-ownia** *f.* wax-bleaching plant; **-ownica** *f.* (*bot.*) wax-myrtle; **-ownik** *m.* wax-chandler; **-owy** *a.* waxen; (of) wax.
wot-ować *v.* vote; **-um** *m.* vote; vow; (*kośc.*) ex-voto; **-ywa** *f.* votive mass.
woz-ić *v.* convey, take; drive; cart; **-iwoda** *m.* water-carrier; **-ownia** *f.* coach-house; **-owy** *a.* (of a) carriage.
woźnica *m.* coachman; cabman.
woźny *m.* janitor; usher; (*hist.*) bailiff.
wożenie *n.* transport; cartage.
wód-czany *a.* (of) brandy; **-ka** *f.* brandy; spirits.
wódz *m.* commander; leader; ~ naczelny, commander-in-chief.
wójt *m.* bailiff.
wół *m.* ox (*pl.* oxen); ~ roboczy, beast of draught; pracuje jak ~, he works like a nigger.
wór *m.* sack, bag; sack-cloth.
wówczas *adv.* at that time, then.
wóz *m.* wagon, cart; carriage, chariot; car; ~ siana, a cart-load of hay; ~ pocztowy, mail-coach; post-chaise; ~ bagażowy, luggage-van; -ek dziecinny, perambulator.
wpadać *v.* fall in, break into; rush into; ~ w oczy, strike one's eyes; ~ na pomysł, have the idea (of); rzeka -a do morza, a river falls into the sea; also see **wpaść**.
wpadnięcie *n.* fall, inroad, irruption, invasion.
wpajać *v.* inculcate; implant, instil (into).
wpaść *v.* fall in, fall into; (*do kogo*) drop into a person's house; (*do kraju*) invade; (*na co*)

take a fancy (to); (*na kogo*) come across one; ~ w gniew, fly into a passion; ~ na trop, get on the trail; scent out; also see **wpadać.**

wpat-rywać się, -rzeć się *v.* stare (at); look steadfastly.

wpędz-ać, -ić *v.* drive in; ~ kogo w chorobę, drive one into sickness.

wpi(ja)ć się *v.* enter deep into; sink into; penetrate.

wpiera-ć *v.* force into; wedge into, drive into; (*w kogo*) talk a person into (or forcedly); ~ co w kogo, charge one (with); ~ **się,** intrude; **-nie się** *n.* intrusion.

wpis *m.*, **-anie** *n.* enrolment, registration, application; booking, enlistment; **-ać, -ywać** *v.* enter; write down, register, enroll; (*geom.*) inscribe; **-anie** *n.* inscription; **-owe** *n.* registration fee.

wplatać *v.* weave in; intertwist; interlace.

wpląta-ć *v.* entangle; implicate, involve; ~ **się,** get entangled, involve oneself; **-nie** *n.* entanglement, implication, involution.

wple-ciony *a.* interlaced, interwoven; **-ść** *f.* see **wplatać.**

wpłata *f.* payment, remittance.

wpław *adv.*, przebyć ~, swim across.

wpły-nąć, -wać *v.* flow in, come in; sail in; enter; put into (a part); (*na kogo*) influence; bias; ~ **do kasy,** come in the treasury; **-w** *m.* influx; inflow; influence; (*do kasy*) receipts, income; ~ wywierać na kogo, influence one; **-wowy** *a.* influential.

wpoić *v.* see **wpajać.**

wpoprzek *adv.* across; athwart.

wpośród *adv.* among.

wpół *adv.* half, half-way; by halves; in(to) the middle; ~ drogi, halfway; objąć ~, take by the waist.

wpr-aszać się, -osić się *v.* beg admittance; intrude (upon).

wprawa *f.* practice, skill; fluency.

wprawdzie *adv.* to be sure, indeed, it is true; truly.

wpraw-iać, -ić *v.* put in; set in; ~ obraz, frame a picture; ~ w kłopot, cause trouble; (*wdrażać*) train; acquaint one (with); ~ w zdumienie, amaze; ~ w zachwyt, enrapture, entrance; ~ **sie,** acquire skill (training), practise; **-iony** *a.* set in, put in; framed; ~ **w co,** skilled (in), trained, inured; **-nie** *adv.* skilfully; **-ność** *f.* practice, skill.

wprosić się see **wpraszać się.**

wprost *adv.* straight, directly; (*fig.*) frankly, openly, pointblank.

wprowadz-ać, -ić *v.* lead into, bring in; usher; cause; (*kogo*) introduce; ~ do pokoju, show one into the room; ~ w ruch, set in motion; ~ w gniew, make angry; ~ zwyczaj, introduce a custom; ~ **się,** move (into); **-enie** *n.* introduction, installation.

wprz-ąc, -ądz, -ęgnąć *v.* harness; ~ jarzmo, yoke, put the yoke; (*fig.*) bring under the yoke.

wprzód, -y *adv.* first; at first; previously; formerly; (*przed siebie*) forward, ahead.

wpu-st *m.* inlet, orifice; slit, wedge; (*stol.*) mortise; **-szczać, -ścić** *v.* let in, admit; (*wkładać*) introduce; insert; (*wlewać*) pour in; let in; **-szczenie** *n.* admission.

wpychać *v.* thrust into, push into, ram, cram, stuff into.

wracać *v.* (*oddawać*) return, restore, give back; (*powrócić*) return, come back; go back; ~honor, make amends; ~kogo, call one back, recall; ~ **się,** return, come back, go back.

wrastać *v.* grow into; ~ **w ciało,** enter into the flesh.

wraz *adv.* (*razem*) along with; together with; (*zaraz*) forthwith, immediately, suddenly.

wra-zić, -żać *v.* impress, imprint; force into; inculcate; ~ **w pamięć,** impress upon the memory; **-żenie** *n.* impression, sensation; **-żliwość** *f.* suscep-

tibility; **-żliwy** *a.* susceptible, sensitive.
wrąb *m.* jag, notch, incision; (*lasu*) clearing; **-ać** *v.* hew in, cut in.
wreszcie *adv.* at last.
wręcz *adv.* point-blank, bluntly; frankly; (*zbliska*) close; hand to hand; **-ać, -yć** *v.* hand; **-enie** *n.* delivery; ~ nagród, the distribution of prizes.
wrodz-ić się *v.* (*w kogo*) take after, resemble; **-oność** *f.* innateness; **-ony** *a.* innate; inborn.
wrog-i *a.* hostile, inimical, unfriendly; **-o** *adv.* hostilely, inimically; in an unfriendly manner; **-ość** *f.* enmity, hostility.
wron-a *f.* (*orn.*) crow; **-i** *a.* crow's; **-y** *a.* black.
wrosnąć see **wrastać.**
wrot-a *pl.* gate; **-ka** *f.* roller-skate; **-ny** *a.* (of a) gate; **-ycz** *m.* (*bot.*) tansy.
wrób-el *m.* sparrow; **-li** *a.* sparrow's; **-le proso** (*bot.*) gromwell.
wróc-enie *n.* return; restitution; **-ić, -ony** see **wracać.**
wróg *m.* enemy, foe; adversary.
wróż-ba *f.* presage, augury, foreboding, prediction; fortune-telling; dobra (zła) ~, good (bad) omen; **-biarka** *f.*, **-ka** *f.*, **-biarz, -bita, -ek** *m.* fortune-teller; **-biarstwo** *n.* fortune-telling; **-ebny** *a.* prophetic, divinatory; **-yć** *v.* forebode, foretell; soothsay; augur, betoken, portend; tell people's fortune.
wry-ć *v.* engrave; ~ **się,** sink, go deep; dig into; ~ w pamięć, be deeply impressed on the mind; **-ty** *v.* engraved; (*fig.*) jak **-ty,** dumbfounded.
wrzask *m.* shriek, scream; roar; vociferation; clamour; **-liwie** *adv.* shrilly; **-liwość** *f.* shrillness; noisiness, turbulence; **-liwy** *a.* shrill; clamorous, turbulent.
wrzasnąć *v.* scream, shriek.
wrzaw-a *f.* uproar, hubbub, tumult, clamour; **-liwy** *a.* uproarious, tumultuous, clamorous.
wrzą-cy *a.* boiling, scalding; (*fig.*) fiery, ardent; **-tek** *m.* boiling water.
wrzeciądz *m.* door-chain; bolt.
wrzeci-enica *f.* mackerel; **-ono** *n.* spindle; ~ osi, axis; **-onowaty** *a.* spindle-shaped; fusiform (*bot.*).
wrze-ć *v.* boil; (*fig.*) seeth; rage, fume; ferment; **-nie** *n.*, punkt -nia, boiling point.
wrzedzianka *f.* boil.
wrz-ekomo, -komo *adv.* apparently.
wrze-sień *m.* September; **-śniowy** *a.* (of) September.
wrzeszcz *m.* brawler; **-eć** *v.* shriek, scream; brawl; clamour; ~ na kogo, scold, shout at one.
wrzo-dowacieć *v.* ulcerate; **-dowaty, -dzisty** *a.* ulcered; ulcerous; sore; **-dowy** *a.* of an ulcer; **-dzienica** *f.* boil; **-dzik** *m.* pimple; boil.
wrzos *m.* heather; **-isty, -owaty** *a.* heathery; **-owisko** *n.* heath.
wrzód *m.* abscess, sore, ulcer, boil.
wrzuc-ać, -ić *v.* throw in; ~ **się,** throw oneself (in).
wrzynać see **werznąć.**
wsadz-ać, -ić *v.* set, place; put (up, in); ~ czapkę na głowę, don (put on) one's cap; ~ do więzienia, imprison; ~ na tron, enthrone.
wscho-dek *m.* step; **-dni** *a.* eastern; oriental; **-dniopołudniowy** *a.* south-eastern; **-dniopółnocny** *a.* north-eastern; **-dzić** *v.* rise; come forth; spring; shoot up.
wschód *m.* east; ~ słońca, sunrise.
wsiadać, wsiąść *v.* get in; take one's seat (in); ~ na konia mount a horse; ~ do powozu, get into a carriage; ~ na okręt, get on board a ship; (*fig. na kogo*) revile one.
wsiadane *n.* stirrup-cup; departure.
wsiąk-ać, -nąć *v.* soak in, sink in.
wsik-ać, -nąć *v.* inject.
wsi-na *f.*, **-sko** *n.* paltry village.
wskakiwać *v.* jump in.
wskaz-ać, -ywać *v.* point, show, indicate, assign (to, at, out); **-anie** *n.* indication; **-ówka** *f.*

sign, hint, indication; (*u zegarka*) hand; **-ujący** *a.* ~ palec, forefinger; **-źnik** *m.* sign, symptom; factor.

wsko-czyć see **wskakiwać**; **-k** *adv.* apace; at a gallop.

wskośnie *adv.* aslant, obliquely, athwart.

wskórać *v.* obtain, gain; get results.

wskróś *adv.* through; na ~, throughout.

wskrze-siciel *m.* reviver; restorer; **-sić, -szać** *v.* resuscicate; (*fig.*) revive, restore; **-szenie** *n.* restoration; revival; resuscitation.

wskutek *adv.* on account of, through, owing to; ~ **tego**, therefore, hence, whence.

wsławi-ać, -ć *v.* render celebrated; make famous; praise, extol; ~ **się**, become famous; acquire celebrity; signalize oneself; **-enie** *n.* fame, celebrity.

wsłuch(iw)ać się *v.* listen intently.

wspak *adv.* the wrong way; backwards.

wspania-łomyślność *f.* magnanimity, generosity; **-łomyślny** *a.* magnanimous, generous, liberal; **-łość** *f.* splendour; magnificence, grandeur; **-ły** *a.* splendid, magnificent, stately.

wspar-cie *n.* support, aid, assistance; **-ty** *a.* propped, supported; (*wspomożony*) assisted.

wspierać *v.* assist; help; support; (*dać podporę*) prop; lean (against); rest (upon); recline (upon).

wspi-ąć się, -nać się *v.* climb; clamber up; (*o koniu*) rear; **-ęty** *a.* upright, standing on tiptoe.

wspom-agać, -óc *v.* support, assist, succour; help, relieve; **-oga** *f.*, **-ożenie** *n.* support, relief, assistance.

wspom-inać, -nieć *v.* (*wzmiankować*) mention; (*przypomnieć sobie*) remember; **-inek** *m.* mention; **-nienie** *n.* remembrance, reminiscence, memory; mention.

wspornik *m.* console, bracket.

wspóln-ictwo *n.* community; joint property; share; **-iczka** *f.*, **-ik** *m.* companion, partner; **-ie** *adv.* in common, together; **-ość** *f.* community; **-y** *a.* common; joint.

współ-bliźni *m.* fellow-man; **-czesny** *a.* contemporary; **-cześnie** *adv.* at the same time; contemporarily; **-czucie** *n.* sympathy; **-czuć** *n.* sympathize (with); **-czynnik** *m.* coefficient; **-działać** *v.* cooperate; **-działanie** *n.* cooperation; **-dzielnia** *f.* cooperative society; **-istnieć** *v.* coexist; **-mierny** *a.* commensurable; **-pracownik** *m.* coworker, assistant; staff-member; **-rodak** *m.* countryman; **-rzędna** *f.* coordinate; **-ubiegać się** *v.* compete (for); **-uczestniczyć** *v.* participate; **-udział** *m.* cooperation; **-winny** *m.* accomplice; **-właściciel** *m.* partner, joint proprietor; **-wyznawca** *m.* co-religionist; **-ziomek** *m.* fellow-countryman; **-życie** *n.* relation, mutual relationship.

wstać, wstawać *v.* rise; stand up; (*z łóżka*) get up.

wstaw-a *f.* (*mat.*) sine; **-ać** see **wstać**; **-iać, -ić** *v.* put in, insert; introduce; place; set in (to); **-iać się, -ić się** *v.* (*za*) intercede (for); interpose in one's behalf; **-ienie się, -iennictwo** *n.* intercession; interposition, mediation; **-ka** *f.* insertion, interpolation.

wstąpi-ć *v.* enter; drop in, step in; call (on); ~ **na tron**, ascend the throne; ~ w stan małżeński, get married; ~ do wojska, join the army; **-enie na tron**, accession to the throne.

wstążka *f.* ribbon; tape.

wstecz *adv.* back, backwards; **-nie** *adv.* retrogradely; **-ność** *f.* retrogression; reaction; **-ny** *a.* retrograde, reactionary.

wstęga *f.* ribbon; ribband; (*fig.*) strip.

wstęp *m.* (*wdrożenie*) introduction, preface; preliminary; (*wejście*) entrance, admission; entry; access; ~ wzbroniony, no admittance; na (samym) -ie, at the outset; first of all; to begin with; **-ne** *n.* admission fee; **-ny** *a.* introductory; preliminary; elementary; (of) entrance; **-ować** *v.* see **wstąpić.**

wstręt *m.* aversion; reluctance; abomination; robić -y, chicane; make difficulties; **-ny** *a.* abominable, loathsome, repulsive.

wstrząs *m.* shock; **-ać, -nąć** *v.* shake; give a shock; (*fig.*) affect strongly; **-śnienie, -śnięcie** *n.* shock, concussion; commotion.

wstrzemięźliw-ość *f.* moderation, temperance; **-y** *a.* moderate; abstinent; sober.

wstrzyk-iwać, -nąć *v.* inject; syringe; **-iwanie, -nięcie** *n.* injection.

wstrzym-ać, -ywać *v.* hold back, keep back; retain; hinder; detain; withhold; check; ~ **się** (*od czego*), abstain (from); forbear, desist, refrain; ~ się z czem, put off, delay.

wstyd *m.* shame, disgrace, infamy; bashfulness; ~ mi, I am ashamed (of); przynosić ~, be a disgrace to; **-liwość** *f.* bashfulness; shyness; **-liwy** *a.* bashful; shy; **-ny** *a.* shameful, disgraceful; **-zić** *v.* shame, put to shame; **-zić się**, be ashamed; ~ ~ za kogoś, blush for one.

wsu-nąć, -wać *v.* push into; slip into; shove in; ~ **się** creep into, wriggle into, sneak into; intrude oneself.

wsyp-a *f.* bed-tick; **-ać, -ywać** *v.* pour into.

wszak, -że *adv.* indeed, truly, why, to be sure.

wsza-rz *m.* lousy blackguard; **-wiec** *m.* (*bot.*) louse-wort; **-wieć** *v.* catch lice, become lousy; **-wość** *f.* lousiness; **-wy** *a.* lousy.

wszcz-ąć, -ynać *v.* begin, start; initiate; ~ **się**, begin, arise; ~ się za kimś, defend one, intercede (for); **-ęty** *a.* begun.

wszczepi-ać, -ć *v.* graft in; (*fig.*) implant, instil, inspire; **-enie** *n.* inoculation.

wszech-mądrość *f.* supreme wisdom; **-moc** *m.* omnipotence; **-mocny** *a.* almighty.

wszechnica *f.* university.

wszech-obecny *a.* omnipresent; **-stronność** *f.* universality; versatility; **-stronny** *a.* universal; versatile; **-świat** *m.* universe; **-widzący** *a.* all-seeing; **-wiedzący** *a.* omniscient; **-władca** *m.* supreme lord, the master of the world; **-władny** *a.* all-powerful; sovereign; omnipotent.

wszelak-i *a.* various, divers, of all kinds; all manner of; **-o** *adv.* notwithstanding, nevertheless, yet; however; **-ość** *f.* diversity, variety.

wszelki *a.* every, each, all, any.

wszerz *adv.* crosswise; broadways.

wszetecz-eństwo *n.*, **-ność** *f.* obscenity; lewdness, fornication, harlotry; **-nica** *f.* harlot, strumpet; whore; **-nik** *m.* fornicator; **-ny** *a.* obscene, lewd; dissolute.

wszę-dy, -dzie *adv.* everywhere, far and wide; all about.

wszy *pl.* of **wesz.**

wszy(wa)ć *v.* sew in; ~ **się** (*fig.*) insinuate oneself (in).

wszystek *adv.* all, the whole.

wszystko *n.* all, everything; z tem -kiem, for all that, nevertheless, notwithstanding; ze -kiem, altogether, entirely; panna do -kiego, maid of all work; po -kiem, too late; nad ~, above all; **-płodny, -rodny** *a.* all-producing; **-widzący** *a.* all-seeing; **-wiedzący** *a.* omniscient.

wszywać see **wszyć.**

wścib-iać, -ić *v.* poke in; thrust in; ~ nos, poke one's nose (into); pry (into); ~ **się**, intrude, meddle; **-ska** *f.* meddlesome woman; **-ski** *m.* meddler; ~, *a.* medlesome.

wście-c się, -kać się *v.* rage, rave, go mad; **-klizna** *f.* canine madness, rabies; **-kłość** *f.* fury,. frenzy; madness, rage; **-kły** *a.* furious, raging; mad.

wślad *adv.* immediately after; behind; in pursuance of.

wśliznąć się *v.* steal in; slip in; sneak in.

wśród *prp.* among, amidst, in the midst (of).

wtajemnicz-ać, -yć *v.* initiate in; take into one's confidence; **-enie** *n.* initiation; confidence.
wtargn-ąć *v.* break into; invade; **-ięcie, -ienie** *n.* invasion; inroad; irruption.
wte-dy, -nczas *adv.* at that time, then; in that case; ~ gdy, when; on; upon.
wtł-aczać, -oczyć *v.* press; squeeze in; wedge, ram into.
wtor-ek *m.* Tuesday; tłusty ~, Shrove Tuesday; **-kowy** *a.* Tuesday's.
wtór *m.* accompaniment; **-ować** *v.* accompany; chime in; repeat; (*fig.*) ~ komu, assent (to); **-owanie** *n.* repetition; (*mus.*) accompaniment; (*fig.*) assent; **-y** *a.* second; **po -e** *adv.* secondly, in the second place.
wtrąc-ać, -ić *v.* insert, interpolate; push in, drive into; do więzienia, imprison; cast into prison; ~ **się** (*do czego*) meddle (with); interfere (with); **-enie** *n.* insertion; intercalation.
wtykać see **wetknąć.**
wtył *adv.* (*za siebie*) behind one; back; (*wstecz*) backwards.
wual *m.* veil.
wuj *m.* **-aszek** *m.* uncle; **-enka** *f.* aunt; **-ostwo** *n.* uncle and aunt.
wulgar-ność *f.* vulgarity; **-ny** *a.* vulgar; **-yzować** *v.* vulgarize.
wulkan *m.* volcano; **-iczny** *a.* volcanic; **-izować** *v.* vulcanize.
wwi-eść, -odzić *v.* lead into; introduce; bring into.
ww-ieźć, -ozić *v.* take into; convey (in); import; **-ozowy** *a.* import; **-óz** *m.* import; importation.
wy- jako przedrostek w czasownikach oznaczający: 1) *ruch nazewnątrz*, wyraża się po ang. przyimkiem out, np. wypaść, fall out, wyrzucić, throw out itd.; 2) *ruch od dołu ku górze*, wyraża się przyimkiem up, np. wyrastać, grow up; 3) *skutek otrzymany dzięki staraniom* wyraża się: a) przyimkiem out, np. wyłudzić, wheedle out; b) zwrotem „obtain by (dint of)", np. wybłagać, obtain by one's prayers; gdy oznacza 4) *czynność dokonaną*, nie posiada on odpowiednika po ang.; czasownik wówczas tłumaczyć należy tak, jak gdyby był bez przedrostka, np. wybudować, jak budować, wyrysować, jak rysować itd.
Czasowników z przedrostkiem wy- nie podanych poniżej szukać należy tam, gdzie figurują w formie niedokonanej, t. j. bez przedrostka, np. wymówić pod mówić itd.
wy- prefixed to verbs expresses 1) *motion from the inside to the outside;* it is then rendered in E. by the preposition out, e. g. wyrzucać, throw out, wypaść, fall out etc.; 2) *motion from below upwards*, rendered into E. by the preposition up, e. g. wyrastać, grow up; 3) *the result of efforts, prayers etc.*, rendered in E. — a) by the expression „obtain by (dint of)", e. g. wybłagać, obtain by one's prayers; b) by the preposition out, e. g. wyłudzić, wheedle out; 4) *finiteness of form*; this has no equivalent in E. and verbs with the prefix wy- applied in this sense are translated as if they did not possess the prefix, e. g. wybudować is translated like budować, wyrysować like rysować and so on.
For verbs with prefix wy- not given below see same without prefix e. g. for wymówić, see mówić etc.
wy *prn.* you.
wybacz-ać, -yć *v.* pardon, forgive, excuse; also see **wyboczyć**; **-enie** *n.* pardon, forgiveness; nie do -enia, unpardonable.
wybad(yw)ać *v.* find out; discover; sound.

Odnośnie do czasowników z przedrostkiem wy-, brakujących powyżej, obacz **wy-.**

For verbs with prefix **wy-** not given consult **wy-.**

wybałuszyć *v.* open wide; ~ oczy, stare.
wybaw-ca, -iciel *m.* rescuer; redeemer; deliverer; **iać, -ić** *v.* deliver, rescue, redeem; **-ienie** *n.* deliverance; rescue; redemption.
wybi-cie *n.* beating, thrashing; bastinado; **-ć, -jać** *v.* beat (out); knock (out); cudgel; press out; impress; break (open); ~ godziny, strike the hours; ~ dno beczki, stave a cask; ~ takt, beat time; ~ drogę, pave a road; ~ sobie co z głowy, forget about a thing; ~ pokłony, prostrate oneself; ~ kogo ze snu, talk (frighten, bawl etc.) one out of sleep; ~ się come into prominence; (*w górę*) rise; fly aloft; ~ się na wolność, regain freedom; break out (or loose); recover independence.
wybie-c, -dz, -gnąć *v.* run out; break out; (*o rzeczach*) stand out, reach out; (*kogo*) get the start of; forestall; ~ naprzeciw komu, run out to meet one; run up to one; **-gać się** *v.* run enough; (*fig.*) ~ od czego, elude; escape (from).
wybiegły *a.* sly.
wybiel-ać, -ić *v.* (*blechować*) bleach; (*wapnem*) whitewash; (*metalem*) tin; **-eć** *v.* grow white; fade.
wybiera-ć *v.* choose, make one's choice (of); elect; pick out; select, sort; (*ze środka*) take out; pluck out; rake out; eliminate; ~ **się**, prepare (oneself) for; make ready for; be going (to); set out (for); apply (to); **-lność** *f.* eligibility; **-lny** *a.* eligible; **-nie** *n.* choice; election; **-nie się** *n.* preparations.
wybi-erki, -orki *pl.*, offals; refuse.
wybijać see **wybić.**
wybitn-ość *f.* prominence; (*fig.*) clearness, distinctness; **-y** *a.* outstanding, prominent, eminent; (*fig.*) clear, distinct, expressive.

Odnośnie do czasowników z przedrostkiem **wy-**, brakujących powyżej, obacz **wy-**.

wyblad-łość *f.* paleness, wanness; **-ły** *a.* (*blady*) pale, wan; (*wyblakły*) faded; **-nąć, wybled-nąć** *v.* become pale, grow pale.
wyblaknąć *v.* fade.
wybłagać *v.* obtain by one's supplications (or prayers).
wybłaznować *v.* obtain by buffoonery; ~ **się** (*od czego*), escape by means of buffoonery.
wybłys-kać, -nąć *v.* flash out; shine forth.
wybocz *m.*, **-e** *n.* byway; **-enie** *n.* (*fig.*) deviation; digression; **-yć** *v.* (*z drogi*) swerve, take a roundabout way; (*fig.*) deviate, digress; ~ od przedmiotu, make a digression.
wyboisty *a.* rugged; rough, uneven.
wybor-ca *m.* elector, constituent; **-cy** *pl.* electorate, constituency; **-czy** *a.* electoral, of an elector; of election; **-ność** *f.* excellence, exquisiteness; **-ny** *a.* excellent, exquisite, capital; **-owość** *f.* exquisiteness; choiceness; **-owy** *a.* choice, exquisite; **-y** *pl.* election(s).
wybo-je *pl.* ups and downs; pot-holes; **-ój** *m.* pot-hole.
wyb-ór *m.* choice, election, selection; wolny ~, option; **-rać** *v.* see **wybierać**; **-rakować** *v.* sort out; reject; cull; **-ranie** *n.* selection, election, choice; **-raniec, -rany** *m.* **-ranka** *f.* elect; **-redność** *f.* fastidiousness, squeamishness; **-redny** *a.* particular, fastidious; squeamish; hard to please; **-edzać** *v.* be particular; be fastidious; find fault (with).
wybrnąć *v.* come out, wade out (of); extricate oneself (from); find a way out.
wybrukować *v.* pave.
wybryk *m.* freak, extravagance, whim, wild fancy; **-iwać** *v.* prance, gambol.
wybrzeże *n.* seashore.
wybuch *m.*, **-nięcie, -nienie** *n.* outbreak; fit; explosion; (*wulkanu*) eruption; **-ać, -nąć** *v.*

For verbs with prefix **wy-** not given consult **wy-**

burst out, explode; (*o wojnie, rewolucji, epidemji itd.*) break out; (*od: buchać*) gush out; ~ śmiechem, burst out laughing; ~ gniewem, fly into a passion; **-owy** *a.* explosive.
wybudować *v.* build; erect; raise.
wybuja-ć *v.* overgrow; shoot up; **-łość** *f.* luxuriance; exuberance; rankness; **-ły** *a.* luxuriant; rank, exuberant; **-ła** fantazja, luxuriant imagination.
wybu-rczeć, -zować *v.* scold, reprimand; rebuke.
wybyć *v.* stay, remain; be; serve.
wycałować *v.* kiss, hug.
wycelować *v.* aim, take one's aim; point at, level at.
wychło-dnąć, -dnieć *v.* grow cool; cool; **-dzić** *v.* cool (down).
wychłostać *v.* cane, whip, flog; cudgel.
wycho-dek *m.* water-closet; cesspool; **-dne** *n.* right of leave; na -dnem, on the point of leaving; -dowe cło, export-duty; **-dzić** *v.* go out; walk out, get out step out, come out; leave; (*skończyć się*) be exhausted; (*o oknach*) ~ na, look into; (*wydrapać ś.*) go up, get up, mount; (*o ulicach*) lead (to); (*o publikacjach*) appear; be issued; ~ cało, come out safe, be unharmed: ~ na jaw, come to light; ~ komuś na dobre (*złe*), do one good (no good); ~ z mody, go out of fashion; ~ na swoje, suffer no loss; ~ zamąż, be married, marry; ~ na scenę, appear on the stage; to na jedno -dzi, it comes to the same thing; ~ na sławę, redound to one's glory; **-dzony** *a.* worn out; threadbare; **-dźca** *m.* emigrant.
wychorzały *a.* ill-looking, sickly.
wychow-ać, -ywać *v.* bring up, breed, educate; rear; ~ **się**, be brought up; **-anek, -aniec** *m.*, **-anica, -anka** *f.* ward; foster-child; alumnus; **-anie** *n.* education; breeding; **-any** *a.* educated; brought up; **źle** ~, ill-bred; dobrze ~, well-bred; **-awca** *m.* educator, tutor; **-awczy** *a.* pedagogical; **-awczyni** *f.* tutoress.
wychód *m.* exit; way out.
wychów *m.* breeding; education.
wychrz-cić się *v.* be converted to christian faith; **-ta** *m.* convert; neophyte.
wychud-łość *f.* emaciation; leanness; **-ły, -zony** *a.* emaciated, lean; gaunt; **-nąć** *v.* grow emaciated, become lean, lose flesh; lean.
wychwal-ać *v.* praise, extol; commend; ~ **się**, boast (of); **-anie** *n.* praise, commendation.
wychyl-ać, -ić *v.* (*wypróżnić*) empty; ~ **się**, bend, lean forward.
wyci-ąć, -nać *v.* cut out, cut down; ~ w pień, massacre; ~ policzek, slap one's face.
wyciąg *m.* extract; (*kopja*) copy; (*wypis*) epitome; **-ać, -nąć** *v.* draw out; extract; stretch out; (*mil.*) march out; ~ wniosek, conclude; ~ rękę, hold out one's hand; ~ **się**, stretch oneself out.
wycie *n.* howl, howling.
wycie-c, -kać *v.* flow out, run out, leak; **-k** *m.*, **-kanie** *n.* leakage; efflux.
wycieczka *f.* excursion; (*mil.*) sally.
wycieńcz-ać, -yć *v.* emaciate; exhaust; extenuate; **-enie** *n.* emaciation, extenuation, exhaustion.
wycierać *v.* wipe; ~ komin, sweep a chimney; ~ nos, blow one's nose; ~ **się**, wear, dilapidate.
wycieraczka *f.* door-mat.
wyci-ęcie *n.* cut, slit; **-ęty, -nać** *v.* see **wyciąć**; **-nek** *m.* notch, cut; (*geom.*) sector; ~ z gazety, clipping.
wycior *m.* cannon-brush, rammer.
wyciosać *v.* chisel, hew out.

Odnośnie do czasowników z przedrostkiem wy-, brakujących powyżej, obacz **wy-**.

For verbs with prefix wy- not given consult **wy-**.

wycisk *m.* stamp, impress, print; **-ać, wycisnąć** *v.* squeeze out; impress, press out, stamp; ~ pieczęć, set the seal; (*fig.*) ~ z kogoś, extort; ~ łzy z oczu, draw tears from the eyes.
wycof(yw)ać *v.* withdraw; ~ **się,** withdraw, retire; back out.
wyczany *a.* (of) vetch.
wyczekiwać *v.* await; wait (for).
wyczerp-ać, -nąć, -ywać *v.* exhaust, drain; ~ **się,** be exhausted; **-anie** *n.* exhaustion; **-ujący** *a.* exhaustive, thorough; (*męczący*) harassing; -ująca informacja, full particulars (or information).
wyczosek *m.* hackled flax.
wyczu-ć, -wać *v.* feel, sense.
wyczyn *m.* achievement, success; **-iać, -ić** *v.* do; (*zboże*) cleanse; **-iec** *m.* (*bot.*) boxtail.
wyczy-szczać, -ścić *v.* clean, cleanse, purge; purify.
wyczyt(yw)ać *v.* read, decipher; discover; make out.
wyć *v.* howl, yell.
wyćwicz-ony *a.* skilled, trained; **-yć** *v.* train; (*chłostać*) cudgel, flog; ~ **się,** acquire skill, get training.
wydać, wydawać *v.* (*produkować*) emit, bring forth, produce; (*dać*) give out; (*oddać*) give up, deliver up; (*pieniądze*) spend; (*dzieło*) publish; (*tajemnicę*) betray; reveal, disclose; ~ zamąż, give in marriage, marry; ~ **resztę,** give change; ~ bitwę, give battle; ~ na świat, bring to light; ~ owoce, yield fruit; ~ zapach przyjemny, have a good smell; ~ **się,** seem, appear, look (like); (*o kimś*) betray oneself, betray one's secret; (*o czemś*) be divulged, be revealed, come out.
wydanie *n.* (*książki*) edition; (*osoby*) delivery.
wydajn-ość *f.* productiveness; efficiency; **-y** *a.* productive; efficient.
wydal-ać, -ić *v.* dismiss; **-enie** *n.* dismissal.

Odnośnie do czasowników z przedrostkiem **wy-**, brakujących powyżej, obacz **wy-**.

wydar-cie *n.*, **-ty** see **wydzierać.**
wydarz-ać się, -yć się *v.* occur, happen; chance; **-enie** *n.* incident, occurence, event.
wyda-tek *m.* expense; **-tkować** *v.* spend; **-tkowy** *a.* (of) expense(s); księga **-tkowa,** cashbook; **-tność** *f.* prominence; protuberance; distinctness; **-tny** *a.* (*wystający*) protuberant, jutting out; salient; (*znaczny*) considerable, remarkable; conspicuous.
wyda-wać *v.* see **wydać; -wanie** see **wydanie; -wca** *m.* publisher; **-wnictwo** *n.* publication; **-wniczy** *a.* publishing.
wydąć *v.* swell; inflate, expand; puff up.
wydążyć *v.* do in time; keep pace (with).
wydech *m.* exhalation; puff of breath.
wydept-ać, -ywać *v.* tread; ~ ścieżkę, beat a track (or path); (*buty*) wear out.
wydę-cie *n.*, **-tość** *f.* swelling; protuberance; **-ty** *a.* inflated, swelled, swollen.
wydębić *v.* get, force, extort (out of).
wydłuż-ać, -yć *v.* lengthen, stretch, prolong; **-enie** *n.* prolongation.
wydm-a *f.*, **-isko** *n.* dune, down.
wydmuch *m.* squall, gust of wind; snow-drift; dune; **-ać, -nąć, -iwać** *v.* blow (out, away).
wydobrzeć *v.* recover (one's health).
wydoby(wa)ć *v.* extract; pull out; draw out; derive, obtain; ~ **się,** get out, extricate oneself.
wydoić *v.* milk (out).
wydołać *v.* manage, contrive (to do); be a match for.
wydoskonal-ać, -ić *v.* perfect; improve; **-enie** *n.* perfection, improvement.
wydostać *v.* draw out, bring out, extricate, rescue (from); ~ **się,** extricate oneself (from).
wydra *f.* (*zool.*) otter.
wydrap(yw)ać *v.* scratch out; ~ się na co, climb up, clamber up.

For verbs with prefix **wy-** not given consult **wy-.**

wydrąż-ać, -yć *v.* hollow out, excavate; groove, scoop out; **-enie** *n.* excavation, groove, hollow.
wydrukowa-ć *v.* print; **-nie** *n.* printing, impression.
wydrwi-ć *v.* mock, scoff at; turn into ridicule; laugh at; (*z kogo co*) trick a person out of a thing; cheat out of one; **-grosz** *m.* impostor, sharper, swindler.
wydrzeć *v.* tear (away, out, off), wrench out; extort (from).
wydurz-ać, -yć *v.* coax, wheedle out of one.
wydu-sić, -szać *v.* strangle; throttle; squeeze out; extort; force out.
wydychać *v.* breathe out; expire, exhale.
wydymać *v.* puff out, distend; swell; ~ **się**, swell.
wydział *m.* department; sphere; (*uniwersytetu*) faculty; **-owy** *a.* departmental; (of a) faculty; -owa szkoła, elementary school.
wydziedzicz-ać, -yć *v.* disinherit; **-enie** *n.* disinheritance.
wydziel-ać, -ić *v.* give out; allot; assign; (*wyłączyć*) separate, exclude; (*med.*) secrete; ~ woń (*zapach*), exhale a smell (odour); **-ina** *f.* secretion.
wydzier-ać see **wydrzeć**; **-acz, -ca** *m.* extortioner; **-stwo** *n.* extortion, rapine.
wydzierżawi-ać, -ć *v.* let; lease; **-enie** *n.* lease.
wydzierzgać *v.* disentangle.
wydziob(yw)ać *v.* peck out; peck up.
wydziw-iać *v.* be up to (something); play freaks; frolic; ~ nad kim, abuse one; **-iać się, -ić się, -ować się** *v.* wonder at.
wydźwignąć *v.* lift, hoist, heave up; ~ **się**, rise.
wyelegantowany *a.* dressed up; rigged up; dandified.
wyforować *v.* dislodge, turn out.
wyga *f.* cunning blade, old stager, sly fox.
wygad-ać *v.* blab out; confess; ~ **się**, (*z czem*) blab out; (*z kim*) prattle; **-any** *a.* loquacious; **-ywać** *v.* revile, rail (at).
wygadzać see **wygodzić**; **wygalać** see **wygolić**; **wyganiać** see **wygnać**.
wygar-nąć, -tać, wygartywać *v.* rake out, take out; draw out.
wyga-sać, -snąć *v.* go out; die out, expire; **-sanie** *n.* dying out, extinction; **-sić, -szać** *v.* extinguish, put out, quench; **-sły** *a.* extinguished, extinct, out; **-śnięcie, -śnienie** *n.* extinction.
wygi-ąć, -nać *v.* bend; curve; ~ **się**, bend; **-ęcie** *n.* bend, curve, turn, angle, elbow; **-ęty** *a.* bent.
wyginąć *v.* perish, die.
wygląd *m.*, **-anie** *n.* appearance, looks; exterior; mieć ~, look (like); **-ać** *v.* (*czego*) look (for); expect; look forward (to); (*na*) look (like), resemble; be like; ~ z pod czego, appear, show, peep from under; ~ dobrze (źle), look well (poorly).
wygł-adzać *v.* smooth; (*wytępić*) exterminate, destroy; ~ z pamięci, obliterate, blot out of memory.
wygłaszać *v.* say; ~ mowę, deliver a speech, make a speech.
wygło-dniały *a.* famished, starving; **-dnieć** *v.* starve, famish; **-dzić** *v.* famish, starve; ~ **się**, fast, starve oneself.
wygłosić *v.* see **wygłaszać**.
wygłupi-ć, -iać się *v.* make a fool of oneself.
wygmatwać *v.* disentangle, disembroil, extricate.
wygna-ć *v.* drive out (away), turn out; expel; banish; **-nie** *n.* banishment, exile; skazać na ~, outlaw; sentence to banishment; pójść na ~, go into exile; **-niec** *m.*, **-nka** *f.* exile; outlaw; **-ńczy** *a.* exile's; of exile.
wygni-atać, -eść *v.* press out; (*ciasto*) knead; **-ecenie** *n.* depression, hollow.

Odnośnie do czasowników z przedrostkiem wy-, brakujących powyżej, obacz **wy-**.

For verbs with prefix wy- not given consult **wy-**.

wygo-da *f.* comfort; convenience, accomodation; **-dniś** *m.* self-seeker, easy-going person; **-dny** *a.* comfortable, suitable; convenient; (*o osobach*) easy-going, self-seeking; (*o ubraniu*) loose; **-dzenie** *n.* service; favour; **-dzić** *v.* (*komu*) accomodate one.
wygoić *v.* heal; ~ **się,** heal up.
wygol-ić *v.* shave; **-ony** *a.* close-shaven, well shaved.
wygon *m.* pasturage; **-ić** see **wygnać.**
wygorsować się *v.* bare one's breast.
wygorz-ałość, -elina *f.* scorched ground; **-eć** *v.* burn out, be scorched, be parched.
wygotow(yw)ać *v.* boil out; extract (by boiling); (*przyrządzić*) make out, prepare.
wygódka *f.* water-closet.
wygórowa-ć *v.* tower, rise aloft; **-nie** *adv.* excessively; ~, *n.* (*cen*) rise, exorbitance; **-ny** *a.* excessive, exorbitant.
wygrabić *v.* rake out.
wygr-ać, -ywać *v.* win; gain; (*muz.*) play; **-ana** *f.* victory; dać za -aną, give up the contest; **-ywający** *a.* winning; ~, *m.* winner.
wygramolić się *v.* clamber up; ~ z czego, extricate oneself (from).
wygrażać, wygrozić *v.* threaten; ~ **się,** threaten.
wygry-zać, -źć *v.* bite out, nibble out, gnaw out; (*chem.*) corrode; (*fig. kogo*) drive out, dislodge; squeeze out; oust.
wygrz-ać, -ewać *v.* warm (up); ~ się na słońcu, bask in the sun; **-ewaczka** *f.* warmer; hot-water bottle.
wygrzeb-ać, -ywać *v.* dig out, dig up; scrape out; rake out; (*fig.*) find out, bring to light; ~ **się,** (*fig.*) free oneself of; extricate oneself from; get out of.
wygubi(a)ć *v.* exterminate, destroy.
wyguzdrać się *v.* be ready, be through with dallying.
wygwizdać *v.* hiss (off the stage); whistle.
wygzić *v.* dislodge, drive out.
wyhaftować *v.* embroider.
wyhodować *v.* breed; bring up, rear.
wyjada-cz *m.* sharker; parasite; **-ć,** eat out; gnaw out; (*fig.*) ~ kogoś, drive out, dislodge; oust.
wyjałowi-ć *v.* make sterile, exhaust; **-eć** *v.* become sterile; be exhausted.
wyjarzmi-ać, -ć *v.* unyoke; deliver from the yoke; ~ **się,** shake off the yoke.
wyjaśni-ać, -ć *v.* explain, elucidate; ~ **się,** brighten up, clear up; cheer up; **-enie** *n.* explanation.
wyjawi-ać, -ć *v.* reveal, disclose; bring to light; **-enie** *n.* revelation; disclosure.
wyjazd *m.* departure; leave; (*wrota*) gateway; na -eździe, on the point of leaving.
wyjąć *v.* see **wyjmować.**
wyjąk-ać, -nąć *v.* stammer out; stutter out.
wyją-tek *m.* exception; (*z dzieła*) extract, passage, excerpt; **-tkowo** *adv.* exceptionally; **-tkowy** *a.* exceptional; stan ~, state of emergency; **-wszy** *adv.* except, excepting, save, but.
wyjec *m.* (*zool.*) howler.
wyjechać *v.* leave, go; drive out; ride out.
wyjedn-ać, -ywać *v.* obtain; procure; **-anie** *n.* obtainment, procurement.
wyjeść *v.* see **wyjadać.**
wyje-zdne *n.* departure; na -zdnem, on the point of leaving; **-żdżać** see **wyjechać; -żdżać, -ździć** *v.* ~ drogę, beat a path; ~ konia, break in a horse.
wyjęcie *n.* exclusion.
wyjęknąć *v.* stammer out.
wyjmować *v.* take out, extract; eliminate; ~ z pod prawa, outlaw.
wyjrzeć *v.* see **wyglądać.**

Odnośnie do czasowników z przedrostkiem w y-, brakujących powyżej, obacz **wy-.**

For verbs with prefix w y- not given consult **wy-.**

wyjś-cie *n.* exit, way out; issue; solution (of a problem); ~ zamąż, marriage; punkt -cia, starting point; departure; **-ć** *v.* see **wychodzić.**

wyka *f.* (*bot.*) vetch.

wykadz-ać, -ić *v.* fumigate, perfume.

wyka-lać, -łać *v.* pick (out), prick, pierce; prick out; ~ zęby, pick one's teeth; (*fig.*) ~ komu czem oczy, cast a thing in one's teeth; **-łaczka** *f.* toothpick.

wykapa-ć *v.* leak out; trickle out; **-ny** *a.* (*fig.*) the very image of; a true likeness of.

wykarczować *v.* grub (out); clear.

wykarmić *v.* breed; suckle; rear; bring up; support, maintain.

wykaszl-ać, -eć, -nąć *v.* cough.

wykaz *m.* specification, list, statement, roll; schedule; **-ać, -ywać** *v.* show, demonstrate, prove; ~ **się,** prove; ~ ~ z wydatków, supply vouchers (for expenditure).

wykiełznać *v.* unbridle.

wykierować *v.* direct, lead (to); ~ kogo na co, promote one (to); make something (of); ~ **się** (*na co*), make one's way (to); become.

wykipieć *v.* boil over (or down, or away).

wyklarować *v.* clarify; purify, refine; ~ sprawę, elucidate a matter.

wykląć *v.* excommunicate, anathematize.

wykle-ić, -jać *v.* paste over; ~ pokój, hang a room (with wallpaper).

wyklęsłość *f.* convexity.

wyklęty *a.* excommunicated, anathemized.

wyklina *f.* meadow-grass.

wyklinać see **wykląć.**

wyklucz-ać, -yć *v.* exclude (from); preclude, debar (from); to jest -one, it is out of the question; **-enie** *n.* exclusion.

wyklu-ć, -wać *v.* hatch; ~ **się,** be hatched.

wykład *m.* lecture; reading; exposition; **-ać** *v.* lecture; expound, explain; ~ czem, inlay, line, cover (with); ~ boazerją, wainscot; ~ pieniądze, spend money; -any kołnierzyk, turn-down collar; **-nik** *m.* (*mat.*) exponent; (*fig.*) gauge; **-owca** *m.* lecturer.

wykłosić się *v.* shoot up.

wykłuć *v.* pick (out).

wykole-ić się *v.* leave the rails; **-jenie** *n.* derailment; **-jeniec** *m.* a (moral) wreck; **-jony** *a.* derailed.

wykołatać *v.* (*co na kim*) obtain by entreaties, wheedle out (of).

wykon-ać, -ywać *v.* perform, execute; carry into execution; ~ obowiązki, fulfil, discharge duties; **-alność** *f.* feasibility, practicability; **-alny** *a.* practicable, feasible; **-anie** *n.* execution, performance; accomplishment; fulfilment, discharge. workmanship; **-awca** *m.* executor; performer; **-awczy** *a.* executive.

wykończ-ać, -yć *v.* put finishing touch (to); finish; elaborate; **-enie** *n.* end; completion; last polish; finish.

wykop-ać, -ywać *v.* dig out (up); excavate; (*ciało*) disinter; ~ studnię, sink a well; **-alisko** *n.* find; discovery.

wykorzeni-ać, -ć *v.* root out, extirpate; (*fig.*) eradicate; **-enie** *n.* eradication, extirpation.

wykowiny *pl.* vetch-straw (*bot.*).

wykpi-ć, -wać *v.* deride; **-grosz** *m.* trickster, impostor.

wykraczać *v.* transgress; trespass (against).

wykra-dać, -ść *v.* purloin, steal; (*kogoś*) ravish; kidnap.

wykra-jać, -wać *v.* cut out; excise.

wykres *m.* diagram; graph; chart.

wykreśl-ać, -ić *v.* delineate, trace; draw; (*skreślić*) cross, erase; strike off.

Odnośnie do czasowników z przedrostkiem w y-, brakujących powyżej, obacz **wy-.**

For verbs with prefix w y- not given consult **wy-.**

wykrę-cać, -cić *v.* turn, screw out; draw out; wrench; (*palec, nogę itp.*) sprain, dislocate; put out of joint; ~ bieliznę, wring linen dry; ~ czem, brandish, wave, flourish; ~ **się,** extricate oneself, get out (of); turn round; wheel, face about; (*fig.*) prevaricate; ~ ~ sianem, wriggle out (of); **-t** *m.* subterfuge; ~ prawny, cavil; **-acz, -arz** *m.* shifter; shuffler; (*prawny*) caviller; **-alski, -arski, -tny** *a.* shuffling, trickish; cavilling.

wykrocz-enie *n.* transgression, violation, offence; **-yć** *v.* see **wykraczać; -yciel** *m.*, **-ycielka** *f.* transgressor, trespasser, offender.

wykr-oić *v.* see **wykrajać; -ój** *m.* see **wycięcie.**

wykrusz-ać, -yć *v.* crumble (out); extract; ~ **się,** crumble away.

wykry-cie *n.* detection, discovery; **-ć, -wać** *v.* find out, discover, reveal, disclose; detect.

wykrzesa-ć *v.* strike (fire etc.) out of; ~ kogo, (*fig.*) polish, refine (a person); **-nie** *n.* (*fig.*) polish, refinement.

wykrztusić *v.* expectorate; (*fig.*) utter, speak out.

wykrzy-czeć *v.* clamour, vociferate; (*kogo*) scold; **-k** *m.* shout, exclamation; **-kać, -kiwać, -knąć** *v.* cry out, exclaim, vociferate; utter shouts; **-kiwanie** *n.* shouts, clamour, vociferation; **-knienie** *n.*, **-knik** *m.* cry, exclamation; (*gram.*) note of exclamation.

wykrzywi-ać, -ć *v.* bend, curve; contort; warp; (*buty*) tread down; (*fig.*) misrepresent; distort; ~ twarz, make a wry face; ~ **się** (*komu*) make a wry face; **-anie, -enie** (*twarzy*), **-anie się** *n.* grimace, wry face.

wykształc-ać, -ić *v.* educate, improve; **-enie** *n.* education, learning, culture.

wyku-ć, -wać *v.* forge, hammer (out); hollow (out).

wykudłać *v.* pull by the hair.

wykugl-arzyć, -ować *v.* juggle out of one, cheat out of one.

wykup *m.*, **-no** *n.* ransom; **-ić, -ywać** *v.* buy; ransom; redeem; **-ne** *n.* ransom; **-ny** *a.* redeemable.

wykurować *v.* cure, heal.

wykurz-ać, -yć *v.* smoke out; (*fig.*) drive away.

wykwint *m.*, **-ność** *f.* elegance; affectation; **-niś** *m.* fop, coxcomb; **-ny** *a.* elegant, fashionable, affected; ~ obiad, elaborate dinner.

wykwit *m.* efflorescence; bloom; flower; **-ać, -nąć** *v.* bloom; blossom.

wykwitować się *v.* (*z kim*) quit scores (with); clear debts; cheat.

wyla-ć *v.* see **wylewać; -nie** *n.* (*fig.*) effusion; ~ **się** (*dla kogo*) devotion, affection; **-ny** *a.* (*fig. dla kogo*) attached, devoted (to); (*serdeczny*) effusive, demonstrative; ~ na złe, reprobate.

wylat(yw)ać, wylecieć *v.* fly out (away); run out; fall out.

wyląc (-dz) see **wylęgać.**

wyląc się see **wylęknąć się.**

wylądowa-ć *v.* land, disembark; go ashore; **-nie** *n.* landing; disembarkation.

wylecz-alny *a.* curable; **-enie** *n.* cure, recovery; **-yć** *v.* heal, cure; ~ **się,** be cured; recover one's health.

wyleg-ać *v.* (*wyjść*) pour out; (*o zbożu*) droop; ~ **się, -iwać się** *v.* lie in bed; loll, lounge, laze.

wylenieć *v.* mew, shed, cast (hair, feathers, skin).

wylepi(a)ć *v.* coat (with), give a coating; (*modelować*) mould; ~ wapnem, plaster; ~ smołą, pitch; ~ oczy (*na*), stare (at).

wyletnić *v.* cool; warm; ~ **się** *v.* put on one's summer clothes.

wylew *m.* flood; inundation; overflow; **-ać** *v.* pour out, spill, shed; overflow; ~ łzy, shed tears; ~ **się,** overflow; run over.

wyleźć *v.* see **wyłazić.**

Odnośnie do czasowników z przedrostkiem wy-, brakujących powyżej, obacz **wy-.**

For verbs with prefix wy- not given consult **wy-.**

wyleż-ały *a.* rested; (*o winie*) settled; mellow; **-eć się** *v.* see **wylegać się**.

wylęg *m.* brood, hatch; **-ać** *v.* brood, hatch; incubate; ~ **się**, hatch, be hatched; (*fig.*) arise, originate; **-anie** *n.* incubation; **-arnia** *f.* incubator.

wylęk-ły *a.* frightened (out of one's wits), seized with fear; **-nąć się**, be frightened, be seized with fear.

wylicz-ać, -yć *v.* enumerate; count out; reckon up; ~ się z pieniędzy, supply vouchers for (entrusted) money; **-enie** *n.* enumeration.

wylina *f.* slough, skin (of a snake).

wylinieć *v.* see **wylenieć**.

wyliz-ać, -ywać *v.* lick out; lick up; ~ **się** (*z*), recover (from).

wylosowa-ć *v.* draw out (by lot); win; **-nie** *n.* drawing (of lots).

wylot *m.* outlet; (*ptactwa*) flight; (*działa*) muzzle; na ~, through and through; na wylocie, on the point of leaving; **-y** *pl.* lapels, *pl.*

wyludni-ać, -ć *v.* depopulate; lay waste; ~ **się**, be deserted; **-enie** *n.* depopulation; **-ony** *a.* deserted.

wyładnieć *v.* grow (more) handsome.

wyładowa-ć *v.* unload; discharge; give vent to (passion etc.); **-nie** *n.* unloading; (*elektryczne*) discharge.

wyłam(yw)-ać *v.* break (out, open, off); ~ **się**, break loose (from); break out of; ~ ~ z pod prawa, repudiate the law; **-anie** *n.* breach.

wyłaniać *v.* produce, constitute; ~ **się**, generate, arise, spring up.

wyławiać *v.* catch out.

wyłazić *v.* get out, crawl out; (*na coś*) climb up; clamber up; to mi bokiem ~, I am fed up with it.

wyłącz-ać, -yć *v.* exclude, debar (from); preclude, shut out; deprive (of); ~ **się**, exclude oneself, keep aloof (from); **-enie** *n.* exclusion; **-nie** *adv.* exclusively; **-nik** *m.* switch; **-ność** *f.* exclusiveness; **-ny** *a.* exclusive, sheer.

wyłg-ać *v.* lie out of one; ~ **się**, **-iwać się** *v.* come off with a lie.

wył-oga *f.*, **-óg** *m.* lapel; ~, **-ogi** *pl.* (*u munduru*) facings, *pl.*

wyłoić *v.* grease; (*fig.*) ~ komu skórę, give one a thrashing.

wyłom *m.* breach; gap.

wyłonić *v.* see **wyłaniać**.

wyłowić *v.* see **wyławiać**.

wyłożyć *v.* see **wykładać**.

wyłudz-ać, -ić *v.* draw out, trick one out (of); coax out of one; wheedle one out (of).

wyłup-iać, -ić *v.* pluck out, pick out; ~ oczy, goggle, stare; **-iasty** *a.* protruding.

wyłu-skać, -szczać, -szczyć *v.* peel, husk, shell; (*fig.*) explain, elucidate; ~ **się**, (*fig.*) be stated, be explained, be elucidated; **-szczanie, -szczenie** *n.* (*fig.*) explanation, elucidation.

wyłysieć *v.* become (or grow) bald; lose (all) one's hair.

wymac-ać, -ywać *v.* feel (out); grope; find out; (*fig.*) sound out; ~ co z kogo, pump out of one, worm out.

wymachiwać *v.* brandish, flourish, wave.

wymaczać *v.* soak, steep, bathe.

wymaga-ć *v.* demand (of one), require, claim; **-jący** *a.* exacting, particular; fastidious; **-lny** *a.* squeamish, fastidious; **-nie** *n.* requirement; demand; claim; exigency.

wymakać *v.* soak.

wymamić *v.* wheedle out.

wymar-cie *n.* extinction; dying out; **-ły** *a.* extinct; (*fig.*) lifeless.

wyma-rsz *m.* marching out; **-szerować** *v.* march out.

wymarznąć *v.* freeze; be frozen.

wymawi-ać *v.* pronounce; (*wyrażać*) utter; speak; ~ sobie co, stipulate; reserve to one-

---

Odnośnie do czasowników z przedrostkiem **wy-**, brakujących powyżej, obacz **wy-**.

For verbs with prefix **wy-** not given consult **wy-**.

self; ~ kogo, excuse, justify, disculpate; ~ komu służbę, dismiss one; ~ mieszkanie, give notice (to landlord, to tenant); ~ komu co, reproach one (with); ~ pieniądze, demand one's money; ~, ~ **się** *v.* excuse oneself; plead; ~ od czego, decline; ~ czem, excuse oneself on the ground (or plea) that...; **-anie** *n.* pronunciation; utterance; ~ sobie czegoś, stipulation.

wymaz-ać, -ywać *v.* erase, efface, blot out; cancel; ~ z pamięci, erase from the memory; **-anie** *n.* erasure.

wymeldować *v.* notify of, report (one's departure etc.).

wymęczyć *v.* molest, importune, torment; ~ **się**, tire oneself out; exhaust oneself (with).

wymężnieć *v.* grow (more) robust.

wymiana *f.* exchange, commutation; (*towaru za towar*) barter.

wymiar *m.* size, dimension, gauge; measurement; distribution, administration; ~ sprawiedliwości, administration of justice.

wymiarkować *v.* infer, conclude, understand; determinate.

wymia-tać *v.* sweep (out or away); **-tacz** *m.* sweeper.

wymiąć *v.* crumple up, ruffle, wrinkle.

wymieciny *pl.* sweepings *pl.*; refuse.

wymien-iać, -ić *v.* exchange; (*wzmiankować*) mention; name; **-ność** *f.* exchangeability; **-ny** *a.* exchangeable; handel ~, barter.

wymierać *v.* die (out, away), decrease.

wymie-rność *f.* measurableness; **-rny** *a.* measurable; **-rzać, -rzyć** *v.* measure (out); ~ karę (*na*), inflict a punishment (on); ~ sprawiedliwość, administer justice; (*celować do*), aim (at), point (at); ~ cios, deal a blow.

wymierzwi(a)ć *v.* dung; manure.

wymieszać *v.* mix, stir, shake.

wymieszkać *v.* live, remain, stay, dwell.

wymieść *v.* see **wymiatać**.

wymię *n.* udder.

wymięknąć *v.* soften, soak through.

wymięty see **wymiąć**.

wymi-jać, -nąć *v.* pass (by), cross; (*unikać*) avoid; **-jająca** odpowiedź, evasive answer; **-jająco** *adv.* evasively.

wymiot *m.* eruption, evacuation; (*fig.*) refuse; **-ny** *a.* emetic; **-owy** *a.* vomiting; mieć **-y** *pl.* vomit.

wymizernieć *v.* grow lean, thin, loose flesh.

wymknąć see **wymykać**.

wymłot *m.* yield of threshing, threshed corn.

wymniszyć *v.* unfrock; (*wykastrować*) castrate.

wymocz-ek *m.* infusory; (*fig.*) lean (or exhausted) person; **-ki** *pl.* infusoria; **-yć** *v.* soak.

wymodlić *v.* obtain by prayers; get by entreaties; conjure out (of).

wymogi *pl.* see **wymaganie**.

wymok-ły *a.* soaked, drenched; (*o gruncie*) marshy; **-nąć** *v.* soak.

wymordować *v.* murder; kill, exterminate.

wymorzyć *v.* starve; ~ **się**, starve oneself.

wymościć *v.* pave (with).

wymotać *v.* disentangle, extricate.

wymow-a *f.* pronunciation, accent; (*krasomówność*) eloquence, oratory; **-ność** *f.* eloquence, fluency; **-ny** *a.* eloquent; (*fig.*) striking.

wymów-ić see **wymawiać**; **-ka** *f.* pretext, excuse, subterfuge; (*zarzut*) reproach.

wymóc (-dz) *v.* obtain by force, extort; constrain one, prevail upon one (to do something).

wymr-ażać, -ozić *v.* freeze to death; destroy by frost.

Odnośnie do czasowników z przedrostkiem wy-, brakujących powyżej, obacz **wy-**.

For verbs with prefix wy- not given consult **wy-**.

wymrzeć *v.* see **wymierać.**
wymurować *v.* wall up; build.
wymu-s, -szenie *n.* constraint, compulsion; coercion; **-sić, -szać** *v.* extort, force (from); constrain; obtain by compulsion; **-szenie** *adv.* affectedly, constrainedly; **-szoność** *f.* affectation; **-szony** *a.* affected, constrained; prim.
wymuska-ć *v.* smooth, sleek; ~ **się**, sleek one's hair; **-nie** *n.* spruceness; minute attention in the finish of a work; **-ny** *a.* smooth, sleek; spruce; laboured.
wymustrować *v.* drill, train.
wymuszenie see **wymus.**
wymykać *v.* slip out; evade; ~ się chyłkiem, steal away; sneak away.
wymy-sł *m.* contrivance; device; (*obelga*) abuse; (*dziwactwo*) whim, freak; caprice; **-ślać** *v.* ~ komu, abuse, revile one; (*na kogo, przeciw komu*) rail (against, at); **-ślać, -śleć, -ślić** *v.* invent; find out; devise; imagine; **-ślanie** *n.* (*na kogo*) invective, railing, reviling; **-ślność** *v.* fastidiousness; squeamishness; ingeniousness; **-ślny** *a.* squeamish, fastidious; (*pomysłowy*) inventive, ingenious; fraudulent.
wynagr-adzać, -odzić *v.* reward; remunerate; compensate; make good; **-odzenie** *n.* salary; remuneration; ~ szkody (*straty*), compensation, indemnification.
wynaj-ąć, -mować *v.* let (out); take on hire; hire (out); lease; ~ się komu, hire oneself out; **-ęcie, -em** *m.* lease; hiring; hire; do -ęcia, to let.
wyna-jdywać, -leźć *v.* find (out), invent; imagine, devise, contrive; **-lazca** *m.* inventor; **-lazczy** *a.* inventive; **-lazek** *m.*, **-lezienie** *n.* invention; contrivance.
wynarodowi-ć *v.* denationalize; **-enie** *n.* denationalization.
wynaszać see **wynosić.**

Odnośnie do czasowników z przedrostkiem wy-, brakujących powyżej, obacz **wy-.**

wynędzni-ały *a.* lean; starved; emaciated, wasted; **-eć** *v.* waste (away); grow thin.
wynicować *v.* turn (a dress); (*fig.*) criticize.
wynie-sienie *n.* (*miejsce*) eminence; elevation; (*na stanowisko*) promotion; preferment; (*duma*) haughtiness; **-ść** *v.* see **wynosić.**
wynijść see **wyjść.**
wynik *m.* result, issue, upshot; **-ać, -nąć** *v.* result; follow; arise; **-łość** *f.* consequence, result; **-ły** *a.* resulting; consequential.
wynios-łość *f.* (*przymiot*) haughtiness; pride; (*topogr.*) elevation; eminence; **-ły** *a.* haughty, lofty, overbearing; elevated.
wyniszcz-ać, -yć *v.* ruin; dilapidate; destroy; annihilate, exterminate; **-enie** *n.* ruin, dilapidation; destruction, extermination.
wynosić *v.* carry out, take out, remove; (*arytm.*) amount; (*wyżej*) raise, elevate; ~ pod niebiosa, extol to the skies; ~ **się**, leave, take oneself out; decamp; (*nad innymi*) elevate oneself; wynoś się! be gone! get away!
wynudzić *v.* bother, tire, bore; weary; ~ **się**, be bored, be weary.
wynurz-ać, -yć *v.* show, display; (*wypowiadać*) express; give utterance; ~ **się**, emerge, appear, loom; ~ się komu, (*fig.*) unbosom one's feelings (or thoughts); **-enie** *n.* manifestation, show; **-enie (się)** *n.* effusion.
wyobra-zić, -żać *v.* represent; picture; ~ sobie, imagine, fancy; **-źnia** *f.* imagination, fancy; **-żenie** *n.* idea, notion; representation.
wyolbrzymiać *v.* magnify, exaggerate.
wyosobni(a)ć *v.* isolate; single out.
wyostrzyć *v.* sharpen, whet.
wypaczyć *v.* warp; ~ **się**, warp.

For verbs with prefix wy- not given consult **wy-.**

wypad *m.* sally; **-ać** *v.* fall out; (*zdarzyć się*) happen, come to pass; drop; ~ z czego, follow, ensue, result; (*w rachunkach*) come to; po ile -a na osobę, how much does it come to per person; na jedno -a, it comes to the same thing; -a, it becomes, it is fit, it behoves; **-nięcie** *n.* (*z miasta*) sally; ~ z łaski, disgrace; **-ek** *m.* accident, mishap; (*fig.*) result; product; (*szczęśliwy*) occurrence, event; na wszelki ~, at all events; na ~ gdyby, in case ...; **-kowa** *f.* resultant; **-kowo** *adv.* by accident, by chance; **-kowy** *a.* casual, accidental.

wypakow(yw)ać *v.* unpack.

wypal-ać, -ić *v.* burn (out); (*o słońcu*) scorch; (*med.*) cauterize; ~ papierosa, smoke a cigarette; ~ cegły, bake bricks; ~ wapno, slake lime; działo (*itp.*), fire a gun; ~ sobie w łeb, blow one's brains out; ~ **się**, burn out.

wypa-rcie *n.* ousting, driving out; expulsion; **-rować** *v.* evaporate; drive out; dislodge; **-rty** *a.* ousted; driven out.

wypa-rzać, -rzyć *v.* scald; **-rzony** *a.* scalded.

wypa-s *m.* pasture; **-sać, -ść** *v.* feed, fatten; (*łąkę*) graze; **-ść** see **wypadać**; **-sły** *a.* fat.

wypatroszyć *v.* embowel; gut, disembowel.

wypat-rywać *v.* look out for, watch for, seek; **-rzyć** *v.* catch sight of; find, discover; ~ sobie, find (out).

wypch-ać, -nąć *v.* see **wypychać**; **-any** *a.* stuffed; crammed; **-nięty** *a.* thrust out, pushed out.

wypełni-ać, -ć *v.* fill; ~ formularz (itp.), fill out a form (etc.); (*wykonać*) perform, accomplish, fulfil, execute; **-enie** *n.* fulfilment, execution, performance.

wypełty *a.* weeded (out).

wypełz-ać, -nąć *v.* (*spłowieć*) fade; (*czołgać*) creep out; crawl out.

Odnośnie do czasowników z przedrostkiem **wy-**, brakujących powyżej, obacz **wy-**.

wyperswadować *v.* dissuade (from); (dać) ~ sobie co, abandon, give up, drop the idea (of).

wypędz-ać, -ić *v.* drive out, expel; **-enie** *n.* expulsion.

wypiąć *v.* see **wypinać**.

wypić *v.* drink (out, off, up).

wypie-c, -kać *v.* bake; roast; parch; **-czony** *a.* baked; **-k** *m.* baking; **-ki** *pl.* flush in the cheeks; z -kami, with flushed cheeks.

wypielać *v.* weed.

wypierać *v.* (*prać*) wash; ~ (*wyprzeć*) *v.* oust (from); thrust out, dislodge; drive away; ~ **się**, (*czego*) deny; (*kogo*) disown, disavow.

wypierz-ać, -yć *v.* pluck (or strip of) feathers; ~ **się**, mew; shed the feathers.

wypieścić *v.* fondle, pamper.

wypięknieć *v.* become handsome; grow pretty.

wypiętnować *v.* brand, stamp; imprint, engrave.

wypięty see **wypinać**.

wypijać *v.* drink (out, off, up).

wypinać *v.* thrust out (or forth), bend out (or forth); ~ **się**, jut out, protrude.

wypis *m.* excerpt; extract; **-y** *pl.* compend; **-ywać, -ać** *v.* extract (from); write (out); use up; **-ać się, -ywać się** *v.* write; express oneself.

wypitka *f.* drinking-bout, carouse.

wyplatać *v.* plait; intertwist; see **pleść**; -ne krzesło, wicker chair.

wypląt(yw)ać *v.* extricate, disentangle.

wyple-ć *v.* weed (out); **-niać, -nić** *v.* root out, extirpate, exterminate.

wyplu-ć, -nąć, -wać *v.* spit out, expectorate.

wypłac-ać, -ić *v.* pay (off); **-ać się**, pay by little and little, pay by driblets; **-ić się** *v.* pay, discharge (a debt); (*fig.*) -ić się (*za*), acquit oneself (of); **-alność** *f.* solvency; **-alny** *a.* solvent; payable; **-enie** *n.* payment.

For verbs with prefix **wy-** not given consult **wy-**.

wypłakać *v.* weep; ~ sobie oczy, cry one's eyes out.
wypłaszać see **wypłoszyć.**
wypłat-a *f.* payment; dzień -y, pay-day; **-ny** *a.* solvent.
wypłatać *v.* slice off; ~ **komu** figla, play one a trick.
wypłoni-ć *v.* exhaust; **-eć** *v.* become barren.
wypłoszyć *v.* scare away, frighten away.
wypłowi-ały *a.* faded; **-eć** *v.* fade.
wypłók-ać, -iwać *v.* rinse, wash out.
wypły-nąć, -wać *v.* flow out (from, of); leak; (*fig.*) spring, arise; ~ z portu, sail out of a port, put to sea; (*wpław*) swim out, emerge (from); (*o rzece*) have its source; **-w** *m.* outflow; (*fig.*) emanation.
wypocić *v.* exude, sweat out; ~ się, perspire, sweat.
wypocz-ąć, -ywać *v.* rest; take a rest; **-ynek** *m.*, **-nięcie, -nienie** *n.* rest; repose; -ynkowe miejsce, resort; resting-place; -ynkowy urlop, furlough.
wypog-adzać, -odzić *v.* clear up; make serene; smooth; ~ czoło, cheer up; ~ **się**, clear up; **-adzanie się, -odzenie się** *n.* clearing up; **-odzony** *a.* clear, serene.
wypominać *v.* reproach, remonstrate.
wyporządz-ać, -ić *v.* repair; fit up; adjust.
wyposaż-ać, -yć *v.* endow; (*fig.*) equip; furnish (with); **-enie** *n.* endowment; dowry; equipment. [fix.
wypośrodkować *v.* discover;
wypotrzebować *v.* use, consume, need; spend.
wypowi-adać, -edzieć *v.* express; utter; ~ wojnę, declare war; ~ miejsce, mieszkanie, służbę, give notice; **-edzenie** *n.* utterance, declaration; notice; warning; nie do -edzenia, unspeakable, ineffable, inexpressible.

wypożycz-ac, -yc *v.* lend out; -alnia książek, lending (circulating) library.
wypracowa-ć *v.* elaborate; perfect; work out; effect; **-nie** *n.* exercise; elaboration, treatise; **-ny** *a.* elaborate.
wyprać *v.* wash out.
wypraszać *v.* get (or obtain) by entreaties; ~ kogoś skąd, turn one out (of); ~ **się**, excuse oneself, decline; -m sobie, I will not allow.
wypraw-a *f.* (*muru*) plaster; (*skóry*) tanning; dressing; (*ekspedycja*) expedition; (*panny*) outfit, portion; **-iać, -ić** *v.* dispatch, forward, send; prepare, dress; (*robić*) do, act, perform, commit; (*skórę*) tan, dress; (*zabawę*) give (a party); (*wyposażyć*) fit out, equip, supply (with); (*ścianę*) plaster; ~ **się**, make preparations; -ny język, a flippant tongue.
wyprawować *v.* sue out.
wypręż-ać, -yć *v.* stretch, strain; ~ **się**, strain oneself, hold oneself erect, stiff; **-enie** *n.* tightness, tension, tenseness, stiffness; **-ony** *a.* stretched, strained, tight, stiff.
wypromować *v.* promote, advance.
wyprosić see **wypraszać.**
wyprostowa-ć *v.* straighten; **-ny** *a.* straight, upright, erect.
wyproszony see **wypraszać.**
wyprowadz-ać, -ić *v.* lead out; take out; show the way out; (*coś z czegoś*) deduce, bring down; ~ z błędu, undeceive; ~ w pole, deceive; impose upon; ~ swój ród, trace one's origin (from); ~ wnioski, deduce; ~ z rozumu, drive one out of one's senses; ~ młode, breed young; ~ **się**, move; **-enie się** *n.*, **-ka** *f.* removal.
wypróbowa-ć *v.* try, test, put to the test; **-nie** *n.* trial; **-ny** *a.* tried, proved; proof against.
wypróch-niały *a.* mouldered out; **-nieć** *v.* moulder.

Odnośnie do czasowników z przedrostkiem wy-, brakujących powyżej, obacz **wy-.**

For verbs with prefix wy- not given consult **wy-.**

wypróżni-ać, -ć *v.* empty; (*med.*) purge; **-enie** *n.* emptying; (*med.*) evacuation, excrement.
wypru-ć, -wać *v.* unseam, unstitch; rip (out, open); ~ wnętrzności, eviscerate.
wypry-sk *m.* eruption, rash; **-skać, -snąć** *v.* erupt; squirt, spout out; **-śnięcie** *n.* squirt, jet.
wyprz-ąc, -ądz, -ęgać *v.* unharness.
wyprząt-ać, -nąć *v.* remove; clear (away).
wyprzeć *v.* see **wypierać.**
wyprzeda-ć, -wać *v.* sell out; **-ż** *f.* sale.
wyprzedz-ać, -ić *v.* outstrip; get the start of; take the lead.
wyprzęgać *v.* unharness.
wyprzódki *pl.* na ~, emulously.
wyprzysi-ąc, -ądz, -ęgać się, -ęgnąć się *v.* abjure, forswear; **-ęganie się, -ężenie (się)** *n.* abjuration.
wypsnąć się *v.* slip out (of, from).
wypucz-ać, -yć *v.* thrust forward, bend outward; ~ **się,** jut out, protrude.
wypuk-lina *f.* hernia; rupture; **-łorzeźba** *f.* high relief; **-łość** *f.* relief; convexity; protuberance; **-ły** *a.* protuberant; convex; -łe oczy, bulging eyes.
wypust *m.* outlet; issue; (*pastwisko*) pasture (ground); **-ek** *m.* (*bot.*) shoot, twig, sprig; **-ka** *f.* border; edging.
wypu-szczać, -ścić *v.* let loose, let out; (*w obieg*) emit; issue; ~ na wolność, set free; ~ z rąk, drop; (*fig.*) let slip; (*opuścić*) leave out, omit; ~ strzałę, shoot an arrow; ~ gałązki, sprout, shoot; ~ w dzierżawę, let.
wypychać *v.* (*czemś*) stuff; (*wypchnąć*) push out, thrust out; oust.
wypyt-ać -ywać *v.* question; inquire; ascertain.
wyrabia-cz *m.* maker; **-ć** *v.* make; fabricate; obtain; manufacture; perpetrate; ~ cuda, work wonders; ~ ciasto, knead dough; ~ figle, historje, be up to mischief; play wild pranks; (*fig.*) ~ **się,** improve; (*o napojach*) ferment; ~ ~ z czego, be made of; **-nie** *n.* workmanship; work; **-ny** *a.* made, obtained, wrought.
wyrachowa-ć *v.* reckon; count; ~ **się,** give an account (of); **-nie** *n.* profit, gain; mercenariness, meanness; **-ny** *a.* interested, mercenary, niggardly.
wyradzać *v.* degenerate.
wyrafinowa-ć *v.* refine, subtilize; (*fig.*) contrive means; **-nie** *n.* refinement; **-ny** *a.* refined; crafty.
wyrastać see **wyrosnąć.**
wyratować *v.* save, rescue; ~ **się,** escape.
wyra-z *m.* word; expression; **-zić, -żać** *v.* express; **-zić się, -żać się** *v.* express oneself; **-zistość** *f.* expressiveness; **-zisty** *a.* expressive; **-źność** *f.* distinctness, clearness, precision; **-źny** *a.* clear, distinct; explicit; plain; **-żenie** *n.* expression, phrase.
wyrąb *m.* clearing, glade; **-ać, wyrębywać** *v.* cut, hew down; cut out, hew out; fell.
wyręcz-ać, -yć *v.* help out, replace; ~ **się,** (*kim*) substitute a person for oneself; **-enie** *n.* substitution; **-yciel** *m.*, **-ycielka** *f.* substitute.
wyręka *f.* substitute.
wyrob-ek *m.* wages, *pl.*; iść na ~, seek a living; **-ić** *v.* see **wyrabiać,** make; procure, provide; obtain; ~ sobie, procure, get; ~ **się,** develop; improve; **-nica** *f.* workwoman; **-nik** *m.* journeyman; **-y** *pl.* goods, articles, wares, products.
wyrocz-nia *f.* oracle; wydawać -nie, deliver oracles; **-nica** *f.* oracle; **-ny** *a.* oracular.
wyro-dek *m.* degenerate; **-dnie** *adv.* villainously; **-dny** *a.* degenerate; **-dzić się,** degenerate.
wyroić *v.* contrive, imagine; ~ **się,** (*o pszczołach*) swarm out.

Odnośnie do czasowników z przedrostkiem **wy-,** brakujących powyżej, obacz **wy-.**

For verbs with prefix **wy-** not given consult **wy-.**

wyrok *m.* sentence, verdict; decree; doom; -i boskie, dispensation of Providence; **-ować** *v.* decide; pass judgment.
wyro-sły *a.* grown out of, grown on; **-snąć, -ść** *v.* grow up; outgrow, develop; (*bot.*) shoot out; **-stek** *m.* shoot, sprout; (*osoba*) stripling; ~ robaczkowy; (*med.*) (vermiform) appendix; **-śnięcie** *n.* growth.
wyrozumi-ale *adv.* forbearingly, leniently; **-ałość** *f.*, **-enie** *n.* lenienency; forbearance; **-ały** *a.* lenient, forbearing; **-eć** *v.*, **-ewać** *v.* make out; understand; (*kogo*) sympathize (with).
wyrozumować *v.* reason out; demonstrate; prove.
wyróżn-ić *v.* distinguish; **-ienie** *n.* distinction. [supplant.
wyrugować *v.* dislodge; oust;
wyrusz-ać, -yć *v.* set out, start; **-enie** *n.* departure.
wyrw-a *f.*, **-isko** *n.* gap; breach; **-ać** *v.* pull out, wrest out; snatch; pluck out; ~ ząb, draw a tooth; **-ać się,** break from, tear oneself from; break loose; ~ z czem, blurt out (with).
wyryć *v.* engrave; carve; (*fig.*) impress; imprint.
wyryw-ać *v.* see **wyrwać**; **-ki** *pl.* na ~, at random; **-czo** *adv.* by snatches.
wyrządz-ać, -ić *v.* cause, do, inflict, perform; ~ komu krzywdę, do one an injustice, wrong one.
wyrze-c, -kać *v.* (*wyrazić*) utter, speak; say; (*wyrokować*) decree; (*biadać*) complain (of); lament (against); ~ **się** *v.* (*czegoś*) renounce, deny; resign; (*kogoś*) disown; **-czenie** *n.* sentence; utterance; declaration; expression; **-czenie się, -kanie się** *n.* renouncement; resignation, renunciation; ~ się samego siebie, self-denial; **-kanie** *n.* complaints, lamentations.
wyrz-nąć *v.* (—r-z—) see **wyrzynać**; administer, deal (a blow); **-nięcie** *n.* (*rzeź*) slaughter, massacre.

wyrzeźbić *v.* carve.
wyrzu-cać, -cić *v.* throw out; cast out; emit; (*komu co*) reproach one (with); upbraid one (with); ~ kogo za drzwi, turn one out of doors; ~ z mieszkania, eject; ~ sobie, reproach oneself (with); ~ **się,** (*med.*) break out; **-t** *m.* reproach; ejection; ~ sumienia, scruple, compunction; (*med.*) eruption, pimples; **-tek** *m.* refuse, rubbish; (*fig.*) outcast, reprobate; -tki społeczeństwa, scum of mankind; **-tnia** *f.* (*gram.*) elision.
wyrzyg-ać, -nąć *v.* vomit; eject, disgorge.
wyrzy-nać *v.* cut out, carve, engrave; (*kastrować*) geld, castrate; slaughter, massacre; zęby mu się -nają, he is cutting his teeth; -nanie się ~ zębów, teething.
wysa-dka *f.* set; **-dzać, -dzić** *v.* (*z powozu itp.*) let off, put down; help out; ~ drzewami, plant with trees; ~ w powietrze, blow up; ~ z siodła, unhorse; unsaddle; ~ drzwi, break open a door; ~ kamieniami, set with jewels; **-dzić się** *v.* exert oneself, do one's utmost.
wysch-ły *a.* dried up; lean, meagre; **-nąć** *v.* see **wysychać.**
wysepka *f.* islet, ait.
wysforować *v.* unleash; let loose; ~ **się,** run ahead.
wysi-adać, -ąść *v.* (*z powozu itp.*) step out, alight; (*z okrętu*) land; **-adywać, -edzieć** *v.* sit (out); remain; ~ karę, serve a sentence; ~ pisklęta, brood.
wysiąk-ać, -nąć *v.* eject; ~ nos, blow one's nose.
wysie-c, -kać *v.* cut (out, down); flog, lash; **-kactwo** *n.* fencing; **-kacz** *m.* tilter.
wysiew *m.* corn sown; sowing, seeds; **-ać** *v.* sow; **-ki** *pl.* chaff.
wysi-lać, -ić *v.* strain, exhaust; ~ **się,** exert eneself, endeavour; **-lenie** *n.* exertion; exhaustion; **-łek** *m.* effort.

Odnośnie do czasowników z przedrostkiem wy-, brakujących powyżej, obacz **wy-.**

For verbs with prefix wy- not given consult **wy-.**

wysk-akiwać, -oczyć *v.* jump out, spring out; leap out; ~ z radości, leap for joy; ~ **ze stawu**, get out of joint, be dislocated; **-akujący** *a.* leaping, jumping; frisking; **-ok** *m.* fit, freak; sally; leap, bound; alcohol; **-okowy** *a.* alcoholic.

wyskrob-ać, -ywać *v* scrape out; erase; **-ek** *m.*, **-ki** *pl.*; scrapings, *pl.*

wysła-ć *v.* see **wysyłać; -niec, -nnik** *m.* messenger, envoy, emissary.

wysławi-ać, -ć *v.* glorify, extol, praise; also see **wysłowić; -acz** *m.* encomiast, panegyrist; **-anie** *n.* glorification, praise.

wysłowi-ć *v.* express; ~ **się**, express oneself; **-enie** *n.* elocution, language.

wysłuchać *v.* hear out; ~ prośby, grant a request; ~ świadków, examine witnesses.

wysłu-ga *f.* wages; reward; **-giwać, -żyć** *v.* serve; **-żony,** *a.* retired.

wysmaż-ać, -yć *a.* fry; (*fig.*) scorch.

wysmoktać *v.* suck up; ~ kogo, (*fig.*) kiss effusively.

wysmuk-łość *f.* slenderness, slimness; **-ły** *a.* slender, slim.

wysmyknąć *v.* draw (out), pinch out.

wysn-ować, -uć *v.* reel out; ravel out; unweave; (*fig.*) ~ z czego, deduce (from).

wyso-ce *adv.* highly, greatly, extremely; **-ki** *a.* high; (*wzrostem*) tall; (*o głosie*) high-pitched.

wysoko *adv.* high; loftily; **-lotny** *a.* high-minded; **-myślny** *a.* high-flying; **-ść** *f.* height; elevation; (*geogr.*) altitude; (*fig.*) loftiness; (*tytuł*) Highness; kredit do -kości, credit to the amount of.

wysp-a *f.* island; **-iarski** *a.* insular; **-iarka** *f.*, **-iarz** *m.* islander.

wyspać się *v.* have a good sleep; sleep sufficiently.

wyspowiadać *v.* confess (a penitant); ~ **się**, confess; go to confession.

wyssać *v.* see **wysysać.**

wyst-ać *v.* see **wystawać,** ~ **się** (*o płynach*) settle; (*o owocach*) ripen, mellow; **-ający** *a.* protruding, jutting; standing out; **-ały** *a.* settled; ripe; mellow.

wystarać się *v.* procure, provide, obtain, get.

wystarcz-ać, -yć *v.* suffice, be sufficient; to wystarczy, that will be sufficient, that will do; we (you, I, etc.) will be satisfied with that; ~ czemu, be adequate to; afford; **-ający** *a.* sufficient; **-alność** *f.* self-sufficiency; **-alny** *a.* self-sufficient.

wystaw-a *f.* exhibition, display, show; (*fig.*) pomp; ostentation; ~ sklepowa, shop-window; (*góry*) slope; (*budynku*) exposure; (*teatr.*) setting; **-ać** *v.* stand out; jut out, protrude; **-ca** *m.* expositor; ~ traty, the drawer of a bill; **-iać, -ić** *v.* exhibit, expose; display, show; (*kwit itp.*) issue, give out; (*budynek*) build, erect; (*pułk etc.*) equip; ~ tratę lub weksel, draw, issue, accept a bill; ~ coś z najlepszej strony, show a thing to the best advantage; ~ sobie; imagine, fancy; figure to oneself; **-iciel** see **wystawca; -ienie** *n.* exposition, exposure; erection; **-ność** *f.* pomp, stateliness, ostentation; **-ny** *a.* stately, pompous, showy, ostentatious, gorgeous; -owe okno, show-window.

wystąpić *v.* (*naprzód*) step forth; (*pojawić się*) appear; (*wycofać się*) retire, withdraw (from); ~ z wnioskiem, move (that); ~ z toastem, propose (the health of); ~ z czem, come out with; ~ ze służby; leave the service, resign; ~ w roli czegoś, act as; ~ z granic, overstep (or exceed) the bounds; ~ z drogi, swerve from the path; ~ z koryta, overflow; ~ na widok, make

---

Odnośnie do czasowników z przedrostkiem wy-, brakujących powyżej, obacz **wy-.**

For verbs with prefix wy- not given consult **wy-.**

one's appearance; ~ pod broń, stand to arms; pot-ił mu na twarz, sweat broke out upon his face; ~ przeciw komu, rise against one; ~ z pretensją do czego, lay a claim to a thing.
wystąpienie *n.* withdrawal, retirement; (*na scenę*) appearance; (*fig. posunięcie*) action, move.
występ *m.* (*część wystająca*) projection, prominence; (*sceniczny*) appearance, début; (*skądś*) withdrawal, retirement; (*wyjście*) exit; ~ muru, jutty; **-ca** *m.* delinquent; transgressor; **-ek** *m.* transgression; offence; **-ność** *f.* criminality, viciousness; **-ny** *a.* vicious, wicked, criminal, transgressive; **-ować** see **wystąpić.**
wystosować *v.* address, apply (with); direct; proffer.
wystrasz-ać, -yć *v.* scare, frighten (off, away); ~ **się,** be frightened, take fright.
wystroić *v.* attire, array; adorn; bedizen; (*instrument*) tune.
wystrychnąć *v.* dress up; ~ na dudka, make a fool of.
wystrz-ał *m.* shot; discharge; (*odgłos*) report; **-elać, -elić** *v.* fire, discharge, shoot; (*nad innymi*) tower (above); (*fig.*) burst, explode..
wystrzegać się *v.* guard against, keep from; beware of; shun, avoid. [fray out.
wystrzępić (się) *v.* ravel out,
wystrzy-c, -dz, -gać *v.* shear; (*włosy*) cut, trim.
wyst-udzić *v.* cool (down); **-ygnąć** *v.* cool, grow cool; **-ygły** *a.* cool, cold. [couch.
wystylizować *v.* polish; fashion;
wysu-nąć, -wać *v.* push forward; put forward; (*fig.*) promote; ~ **się,** move forward; (*skądś*) steal away, slip out; **-wka** *f.* bolt.
wysusz-ać, -yć *v.* dry (up).
wyswatać *v.* match; make a match; mediate in marriage, bring about a marriage (between).

Odnośnie do czasowników z przedrostkiem **wy-**, brakujących powyżej, obacz **wy-.**

wyswobodz-enie *n.* liberation; deliverance, enfranchisement, release; **-ić** *v.* liberate, set free, deliver; release, affranchise; **-iciel** *m.* deliverer.
wysychać *v.* dry up; (*fig.*) waste away; pine away.
wysył-ać *v.* send, forward; dispatch; consign; **-ka** *f.* (*czynność*) forwarding; (*rzecz*) parcel, consignment.
wysyp-ać, -ywać *v.* pour out, spill, empty; scatter; strew; ~ groblę, build a dyke; ~ **się,** (*o krostach*) break out; ~ tłumnie, pour out in crowds; (*bot.*) shoot up; **-ka** *f.* (*med.*) rash, eruption.
wysypiać się *v.* sleep a great deal.
wysysać *v.* suck out, drain, suck up; ~ z palca, invent, fake.
wyszafować *v.* squander away
wyszarpać *v.* wrench, wrest.
wyszarz-ać, -eć *v.* wear out, (*fig.*) go astray; **-anie** *n.* wear and tear; **-any** *a.* worn out, threadbare.
wyszczególni-ać, -ć *v.* specify; enumerate; **-enie** *n.* specification, detailed account, enumeration.
wyszczeka-ć *v.* bark out; **-ny** *a.* (*fig.*) clamorous.
wyszczerbi-ać, -ć *v.* jag; make a notch; ~ **się,** be notched, be jagged; **-enie** *n.* notch, jag.
wyszczerz-ać, -yć *v.* discover; show; ~ oczy, stare; ~ zęby; grin.
wyszczu(wa)ć *v.* set dogs upon one.
wyszlachetnieć *v.* grow (more) noble.
wyszlamować *v.* clean of slime.
wyszły *a.* out; gone out; (*fig.*) spent.
wyszor *n.* (*artyl.*) cannon-brush, rammer; **-ować** *v.* scrub; scour; clean.
wyszperać *v.* find out, discover, spy out, ferret out.
wyszpiegować *v.* spy out.
wysztafirować *v.* bedizen.
wysztukować *v.* patch together.

For verbs with prefix **wy-** not given consult **wy-.**

wyszuk-ać, -iwać *v.* find out; discover; **-anie** *adv.* affectedly; **-anie** *n.*, **-aność** *f.* affectation; **-any** *a.* affected.
wyszum-ieć *v.* evaporate; cease foaming; (*fig.*) sow one's wild oats; **-ować** *v.* scum.
wyszy-cie *n.* embroidery; needle-work; **-ć, -wać** *v.* embroider.
wyszydz-ać, -ić *v.* scoff at, deride; **-enie** *n.* scoffing, derision.
wyszynk *m.* tavern, public-house; **-ować** *v.* retail alcoholic drinks.
wyścibi(a)ć *v.* poke.
wyście-lać, -łać *v.* (~ *meble*) upholster, pad; cushion; (*słać*) spread, strew.
wyścig *m.* race; (*fig.*) contest; ~ z przeszkodami, steeple-chase, hurdle-race; the hurdle; **-ać, -nąć** *v.* outstrip; get the start of; ~ **się**, vie (with); **-owiec** *m.*, koń -owy, race-horse; **plac -owy** *a.* race-course.
wyśledz-ać, -ić *v.* find out; trace out, ferret out.
wyślepi-ać, -ć *v.* (*oczy*) spoil one's eyes; strain one's eyes; (*coś*) descry.
wyśmi-ać, -ewać *v.* deride, laugh at, ridicule, taunt; ~ **się**, (*z kogo*) deride, laugh at, ridicule, banter; **-anie, -ewanie** *n.* derision, raillery.
wyśmieni-cie *adv.* perfectly, exquisitely, capitally; **-tość** *f.* exquisiteness, excellence; **-ty** *a.* excellent, exquisite, capital.
wyśnić się *v.* (*ziszczać się*) come true; (*ukazać się*) appear.
wyśpiew(yw)ać *v.* sing; praise; (*o ptakach*) warble.
wyświadcz-ać, -yć *v.* do, render, bestow, confer.
wyświdrować *v.* drill, perforate, bore out.
wyświe-cać, -cić, -tlić *v.* elucidate, throw light (on), clear up; **-tlić** obraz, project a picture.
wyświęc-ać, -ić *v.* ordain; confer orders; ~ **się**, take holy orders; **-enie** *n.* ordination.

Odnośnie do czasowników z przedrostkiem **wy-**, brakujących powyżej, obacz **wy-**.

wytaczac see **wytoczyć**.
wytapiać see **wytopić**.
wytar-cie *n.* see **wycieranie**; **-ty** *a.* worn out, frayed; threadbare; (*obtarty*) wiped; **-te czoło**, brazen face.
wytargać *v.* pull; snatch, wrench; ~ kogo za uszy, pull a person's ears; ~ kogo za włosy, tug one by the hair.
wytargować *v.* purchase at a bargain, obtain by dint of haggling.
wytchn-ąć *v.* breathe, take breath, rest; **-ienie** *n.* rest; bez -ienia, incessantly.
wytępi-ać, -ć *v.* exterminate; destroy; blunt; **-enie** *n.* extermination; **-ciel** *m.*, **-cielka** *f.* exterminator.
wytęż-ać, -yć *v.* strain, stretch, exert; ~ siły, exert oneself; **-enie** *n.* strain, tension, tenseness, exertion.
wytknąć *v.* see **wytykać**.
wytł-aczać, -oczyć *v.* press (out), extract, squeeze out; print; stamp, imprint; ~ dziury, punch out holes; **-oczyny** *pl.* residuum.
wytłu-c, -kać *v.* beat out, strike out; (*szyby*) break; smash; (*kogo*) thrash.
wytłumaczyć *v.* explain, interpret; (*na inny język*) translate; ~ kogo, excuse; exculpate; ~ co sobie, account for a thing; ~ **się**, make excuses.
wytocz-enie *n.* impeachment, accusation, charge (brought against one); **-yć** *v.* roll (out); (*na tokarni*) turn on a lathe; ~ sprawę, sue one, prosecute one; (*wino etc.*) tap; (*nóż*) whet; grind; (*fig.*) ~ rzecz, broach a subject; ~ dziurę, eat out a hole.
wytopić *v.* melt down; (*kruszec*) smelt; (*utopić*) drown.
wytrac-enie *n.* extermination; **-ić** *v.* exterminate.
wytratować *v.* trample.
wytraw-ić *v.* consume; (*chem.*) erode; ~ **się**, (*o płynach*) settle,

---

For verbs with prefix **wy-** not given consult **wy-**.

mellow; **-ny** *a.* experienced; consummate; **-ne** wino, dry wine.
wytrąb-ić, -ywać *v.* trumpet forth; proclaim.
wytrąc-ać, -ić *v* knock out, push out; (*odjąć*) deduct; (*med.*) dislocate; ~ komu broń z ręki, disarm one; ~ kogo z równowagi, drive one out of his senses; make one lose patience.
wytropić *v.* track out; trail, trace out.
wytru-ć, -wać *v.* exterminate; poison, kill, destroy.
wytrwa-ć *v.* persevere; last; hold out, persist; endure; **-łość** *f.*, **-nie** *n.* perseverance; persistence; **-ły** *a.* persevering.
wytrych *m.* master-key; picklock.
wytry-sk *m.* jet; gush, spout; **-skać, -snąć** *v.* gush, spout.
wytrzą-sać, -snąć, -ść *v.* shake out (of); ~ **się,** be shaken; be jolted.
wytrzebić *v.* clear out; grub up; (*kastrować*) castrate; (*mordować*) massacre.
wytrzeć *v.* see **wycierać.**
wytrzeszcz-ać, -yć *v.*, ~ oczy, stare; gape (at); **-ony** *a.* s aring, gaping.
wytrzeźwi-ać, -ć *v.* sober; ~ ~ **się, -eć** *v.* sober (down); recover one's senses.
wytrzym-ać, -ywać *v.* hold out, bear, stand, endure; support; undergo; ~ natarcie, sustain; **-ałość** *f.* endurance, persistence; **-ały** *a.* steady, hardened to, inured; persistent; nie do -ania, unbearable, unendurable.
wytw-arzać, -orzyć *v.* produce, make, manufacture, create.
wytwor-niś *m.* fop, coxcomb; **-ność** *f.* elegance, exquisiteness; **-ny** *a.* elegant, exquisite, tasteful.
wytwór *m.* product; **-czość** *f.* manufacture, production; productiveness; **-czy** *a.* producing, manufacturing; **-nia** *f.* factory, workshop, plant.
wyty-czna *f.* rule; guiding principle; **-czny** *a.* main, leading; prominent; **-czyć** *v.* trace; fix; **-kać** *v.* thrust out, stretch out; ~ co komu, rebuke one (for); reproach one (with); upbraid one (with); (*tkać*) weave; ~ palcem, point (at).
wyucz-ać, -yć *v.* teach; train; **-ony** *a.* taught, trained; learnt; **-yć się,** learn.
wyuzda-ć *v.* unbridle (*lit.* & *fig.*); ~ **się,** (*fig.*) addict oneself to dissipation; riot; revel; **-nie** *n.* dissoluteness, licentiousness; **-ny** *a.* licentious, dissolute.
wywabi-ać, -ć *v.* wheedle (or entice) away; (*plamę*) clean.
wywal-ać, -ić *v.* thrust out; (~*drzwi*) break open; ~ **się,** pour, rush out in crowds.
wywalczyc *v.* win, force through, carry off; acquire; get (or obtain) by dint of fighting.
wywa-r *m.*, **-rzyny** *pl.* residue, extract; **-rzać, -rzyć** *v.* boil out; extract, distil.
wyważ-ać, -yć *v.* heave; push open; break open.
wywąchać *v.* smell (out); scent; (*fig.*) spy out.
wywczas *m.*, **-y** *pl.* leisure; rest; **-ować się** *v.* take one's rest.
wywdzięcz-ać, -yć się *v.* repay, reward; requite.
wywędrować *v.* emigrate.
wywęszyć *v.* scent, ferret out.
wywiad *m.* interview; inquiry; (*mil.*) reconnaissance; (*adm.*) intelligence (service); **-owca** *m.* detective; spy; (*mil.*) reconnaissance; **-owczy** *a.* (of the) intelligence; inquiring; **-ywać się** *v.* inquire; make inquiries; get information.
wywiąz-ać, -ywać *v.* untie; ~ **się,** arise; (*z obowiązku*) discharge; acquit oneself (of); ~ z długu, repay, requite, return.
wywichn-ąć *v.* dislocate, sprain; put out of joint; **-ięcie** *n.* sprain, dislocation.

Odnośnie do czasownikow z przedrostkiem **wy-**, brakujących powyżej, obacz **wy-.**

For verbs with prefix **wy-** not given consult **wy-.**

wywiedzieć się *v.* see **wywiadywać się.**
wyw-ierać, -rzeć *v.* exercise, exert; give vent to; excrete, discharge; ~ wpływ, exert an influence; ~ zemstę, wreak vengeance; ~ **się** *v.* emanate; **-ieranie, -arcie** *n.* exertion; giving vent; wreaking; discharge.
wywierc-ać, -ić *v.* bore out, perforate; ~ **się,** (*fig.*) extricate oneself, wriggle out.
wywie-sić, -szać *v.* hang out (or up); put up; ~ język, loll out one's tongue; ~ flagę, hoist a flag.
wywietrz-ać, -yć *v.* air, ventilate; scent; **-ały** *a.* vapid; **-eć** *v.* grow vapid; (*fig.*) vanish, fade, pass away.
wywiew *m.* snow-drift; driftage; **-ać** *v.* blow off, carry away.
wywieźć see **wywozić.**
wywiędnąć *v.* wither, fade.
wywi-jać, -nąć *v.* (*rozwijać*) unfold, unroll, spread (out); (*machać*) brandish; flourish, wave; ~ co z czego, deduce; ~ rękę, dislocate one's hand; ~ susy, cut capers; ~ **się** *v.* extricate oneself; wriggle out (of) (*fig.*).
wywikłać *v.* disentangle, extricate, disengage.
wywindować *v.* hoist up; elevate, raise.
wyw-lec, -lekać, -łóczyć *v.* drag out (of); (*fig.*) disclose, fish out; ~ nitkę z igły, unthread a needle; ~ **się,** crawl out.
wywłaszcz-ać, -yć *v.* expropriate, dispossess; **-enie** *n.* expropriation; dispossession.
wywłoka *f.* jade; hack.
wywnętrz-ać, -yć *v.* disembowel; disclose; ~ **się,** unbosom oneself; **-anie się, -enie się** *n.* effusion.
wywnioskować *v.* conclude.
wywodzić *v.* (*prowadzić*) lead out; take out; (*tłumaczyć*) demonstrate; (*budować*) raise; (*od; skądś; z*) deduce; ~, wywieść w pole, deceive, cheat; ~ trele, carol, quaver, trill; ~ **się,** originate; be deduced from; (*od*) trace one's descent back (to).
wywodziny *pl.* churching.
wywojować *v.* win; obtain by dint of fighting; conquer; gain.
wywoł-ać, -ywać *v.* call out; evoke; conjure up; occasion, cause, produce; (*z kraju*) outlaw, banish, proclaim; (*kliszę fot.*) develop; **-ywacz** *m.* public crier.
wywo-zić *v.* carry out (away); transport; take (to); cart out; ship (to); **-zowy** *a.* (of) export; (of) exportation; handel ~, export trade; **-żenie, wywiezienie** *n.* exportation; freight; carriage; transportation; conveyance.
wywód *m.* deduction, argumentation, adduction; derivation; genealogy; ~ słowny, examination.
wywóz *m.* export; exportation; **-ka** *f.* carriage; transportation; freight; carting.
wywr-acać, -ócić *v.* overthrow, overturn, upset; turn upside down; ~ koziołki, turn somersaults; ~ oczy, roll one's eyes; ~ co na nice, turn (e. g. a coat); ~ **się,** fall down; be overturned; be upset; (*o statku itp.*) capsize; **-otny** *a.* subversive; (*fałszywy*) perfidious; **-otowy** *a.* revolutionary; **-otowiec** *m.* revolutionary; **-ót** *m.* overthrow, subversion; na ~, inside out.
wywrzeć *v.* see **wywierać.**
wywyższ-ać, -yć *v.* elevate, raise; exalt; extol; heighten; **-anie, -enie** *n.* (*topogr.*) elevation; **-anie się** *n.* self-exaltation.
wywzajemni-ać się, -ć się *v.* repay, requite, retaliate; **-enie się** *n.* requital; acknowledgment; return.
wyz *m.* sturgeon.
wyzby(wa)ć się *v.* get rid (of); deprive oneself (of).

Odnośnie do czasowników z przedrostkiem **wy-**, brakujących powyżej, obacz **wy-**.

For verbs with prefix **wy-** not given consult **wy-**.

wyzdrowie-ć *v.* recover one's health; grow well; **-nie** *n.* recovery. [scollop.
wyzębi(a)ć *v.* indent, notch;
wyzier-ać *v.* look out; ~ oknem, look out of the window; **-ka** see **wyglądka.**
wyzi-ew *m.* emanation; exhalation, vapours; **-ewać** *v.* emanate; exhale; evaporate; -onąć ducha, give up the ghost; **-ewanie, -onięcie** *n.* exhalation; emanation.
wyzięb-iać, -ić *v.* cool out; chill; ~ w kim zapał, damp one's zeal; **-nąć** *v.* grow cold; cool down; be chilled.
wyzina *f.* sturgeon.
wyzł-acać, -ocić *v.* gild; **-acany** *a.* gilt.
wyznacz-ać, -yć *v.* appoint; fix; set, assign; allot; ~ bieliznę, mark linen with initials.
wyzna-ć, -wać *v.* confess, avow, own; (*religię*) profess; **-nie** *n.* confession; avowal; acknowledgment; belief, creed; **-niowy** *a.* denominational; **-wca** *m.* believer (in), follower (of).
wyzu-ć, -wać *v.* pull off; deprive (of), strip; divest; ~ **się,** pull off one's boots, etc.; (*z czego*) be deprived (of); divest oneself (of); **-cie** *n.* deprivation, deprival, dispossession, bereavement; ~~ **się,** destitution, self-denial; **-ty** *a.* stripped, divested, despoiled, deprived, dispossessed, bereaved; ~ ze wstydu, shameless.
wyzwa-ć *v.* challenge; provoke; defy; **-nie** *n.* challenge.
wyzw-alać, -olić *v.* liberate, emancipate, set at liberty, deliver; release; ~ terminatora, release an apprentice; ~ **się,** free oneself; **-olenie** *n.* emancipation, freedom; release, deliverance; affranchisement; liberation; **-oleniec** *m.* freeman; sztuki -olone, the liberal arts.
wyzysk *m.* exploitation; extortion; **-ać, -iwać** *v.* exploit; make the most of; **-iwacz** *m.* extortioner; **-iwanie** *n.* exploitation, extortion.
wyzywa-ć *v.* see **wyzwać; -jący** *a.* provocative, provocating, defiant.
wyż *m.* elevation; upland; ~ wymieniony, above-mentioned; **-ej** *adv.* higher; above; on high.
wyżarty *a.* eaten out; corroded.
wyż-eł *m.*, **-lica** *f.* spaniel; **-li** *a.* spaniel's.
wyżerać *v.* eat up; corrode.
wyżlin *m.* (*bot.*) toad-flax.
wyżł-abiać, -obić *v.* carve out; groove, furrow; **-obienie** *n.* furrow, rut; groove.
wyżnik *m.* (*w kartach*) queen.
wyżół-cić *v.* make yellow; **-kły** *a.* (grown) yellow; yellowed; (*fig.*) faded; **-knąć** *v.* grow yellow, turn yellow.
wyższ-ość *f.* superiority; ascendency, pre-eminence; **-y** *a.* higher; taller; superior; (*gram.*) stopień ~, comparative.
wyży-cie *n.* sustenance; substistance, food; **-ć** *v.* live; undergo, endure; spend; ~ **z** czego, live upon.
wyżyłować *v.* pluck out the veins; (*fig.*) extort.
wyżyma-czka *f.* wringer; **-ć** *v.* wring.
wyżyna *f.* height, eminence; upland.
wyżynać *v.* mow, cut; (*fig.*) exterminate.
wyżywi-ać, -ć *v.* nourish, feed, maintain, support; ~ **się,** maintain oneself, live upon; **-enie** *n.* maintenance, means of sustenance; nourishment.
wzad *adv.* back, backwards.
wzajem, na~, -nie *adv.* mutually, reciprocally, in return; each other, one another; **-ność** *f.* reciprocity; **-ny** *a.* mutual, reciprocal.
wzamian *adv.* in return.
wzbi-ć, -jać *v.* raise; elevate; ~ w dumę, elate; ~ **się,** soar; rise aloft; take one's flight.

Odnośnie do czasowników z przedrostkiem wy-, brakujących powyżej, obacz **wy-.**

For verbs with prefix wy- not given consult **wy-.**

wzbiera-ć *v.* swell; overflow; **-nie, wezbranie** *n.* overflow; flood.

wzbogac-ać, -ić *v.* enrich; ~ **się** (*czem*), grow rich (upon); **-enie** *n.* enrichment.

wzbr-aniać, -onić *v.* forbid, prevent; ~ **się,** refuse, decline; **-anianie, -onienie** *n.* hinderance, opposition; **-anianie się** *n.* refusal. [cause; raise.

wzbudz-ać, -ić *v.* excite, arouse,

wzburz-ać, -yć *v.* stir up, excite, agitate, disturb; (*o winie*) ferment; **-enie** *n.* excitement; ferment; commotion, agitation; fermentation.

wzdąć *v.* fill out, distend, inflate; puff out; ~ **się,** swell; **-ęcie** *n.* distension.

wzdłuż *adv. prp.* along, alongside; lengthwise; in length; ~ i wpoprzek, lengthwise and crosswise; **-ać** *v.* lengthen.

wzdragać się *v.* refuse, decline; scruple, demur (to, at).

wzdrażać, wzdrożyć *v.* grow dearer; raise prices.

wzdryg-ać się *v.* recoil, shrink, shudder; **-nąć się,** start.

wzdwajać *v.* double.

wzdychać *v.* sigh; (*za*) long (for), languish (for); ~ do czego, pant (after), aspire (to), aim (at).

wzdymać się *v.* see **wzdąć.**

wzgar-da, -dliwość *f.* contempt, disdain, scorn; **-dliwie** *adv.* with contempt, scornfully; **-dliwy** *a.* contemptuous, scornful, disdainful; **-dzać, -dzić** *v.* despise; disregard, scorn.

wzgl-ąd *m.* regard, respect; consideration; przez ~ na, in consideration of; out of regard (to, for); pod -ędem, with regard to; nie mieć -ędu (*na*) pay no regard (to); **-ędem** *adv.* (*ku, dla*) towards, for; (*odnośnie*) about; touching; in comparison with; **-ędnie** *adv.* relatively; with due respect to; fairly; kindly, favourably; **-ędność** *f.* relativity; considerateness, favour, leniency; **-ędny** *a.* relative; considerate, kind, lenient; **-ędy** *pl.* consideration, favour; goodwill, benevolence.

wzgó-rek *m.*, **-rze** *n.* hill, hillock; eminence; **-rkowatość** *f.* hilliness; **-rkowaty** *a.* hilly.

wziąć, wziąść *v.* take (away); seize; ~ do serca, take to heart; ~ w niewolę, take prisoner; ~ za złe, take ill; ~ górę nad kim, get the better (of); ~ za rękę, take by the hand; ~ na torturę, put to the rack; ~ szturmem, take by storm; ~ w arendę, take on lease; ~ za świadka, call to witness; ~ pod uwagę, take into consideration; ~ jedno za drugie, mistake one thing for another; niecierpliwość mnie -ęła, I was out of patience; ~~ **się** (*do czego*), betake oneself (to); set about a thing.

wziąt-ek *m.*, **-ka** *f.* bribe.

wzię-cie *n.* taking; hold; seizure, capture; (*miasta*) occupation; **-tość** *f.* vogue, favour; popularity.

wzierać *v.* look into.

wzi-ewać, -onąć *v.* inhale; **-ewanie** *n.* inhalation.

wzl-atać, -atywać, -ecieć *v.* fly up, soar, mount, ascend; **-ot** *m.* flight; soaring.

wzmacniać *v.* strengthen, heighten, brace; reinforce; ~ **się,** gather strength, grow stronger, brace oneself up.

wzmagać *v.* increase, intensify; ~ **się, increase, grow stronger.**

wzmiank-a *f.* mention, reference; hint; **-ować** *v.* mention, refer (to); hint.

wzmocnić *v.* see **wzmacniać.**

wzmoż-enie się *n.* increase; **-ony** *a.* increased; intenser.

wzmó-c, -dz, ~ **się** see **wzmagać.**

wznak *adv.* na ~, on the back, on one's back. [store.

wznawiać *v.* revive, renew, re-

wzniec-ać, -ić *v.* kindle; stir up, incite, rouse, arouse.

wzni-esienie *n.* elevation, eminence; **-eść** *v.* raise, elevate; set up; (*budować*) erect, build; (*sławić*) extol, praise; ~ czyje zdrowie, drink the health (of); ~~**się,** rise, mount, ascend, soar.

wznios-łość *f.* loftiness, sublimity, nobleness; (*topogr.*) emi-

nence; **-ly** *a.* sublime, lofty, high, grand; (*typogr.*) elevated.
wzniż *adv.* down, downwards.
wznosić see **wznieść.**
wznowi-ciel *m.*, **-cielka** *f.* restorer; **-ć** *v.* see **wznawiać; -enie** *n.* revival, restoration; renewal.
wzor-ek *m.* pattern, model; -ki z kogo zbierać (*fig.*), censure, criticize one; **-ować** *v.* form, mould; **-ować się** *v.* imitate, take example (by); **-owo** *adv.* perfectly in an exemplary manner; **-owość** *f.* exemplariness; perfection; **-owy** *a.* exemplary, model, standard.
wzorzec *m.* standard.
wzorzysty *a.* variegated.
wzór *m.* model, sample, pattern, standard; paragon; (*matem.*) formula; brać z kogo ~, take example by one; -orem, as, according to, after.
wzr-astać, -osnąć, -ość *v.* grow; rise; increase; **-astanie, -ośnięcie** *n.* growth, increase, increment; **-ost** *m.* growth; improvement; (*osoby*) stature.
wzrok *m.* glance, look; (*zmysł*) sight; ~ **w kim utopić,** fix one's eyes upon one; **-owy** *a.* visual, optic, optical.
wzrusz-ać, -yć *v.* move, affect, touch; stir; ~ **się,** be moved, be touched; **-ający** *a.* moving, touching; affecting; **-enie** *n.* emotion; commotion; stir.
wzu-ć, -wać *v.* put on; **-ty** *a.* having (or with) one's shoes on.
wzwodzić *v.* pull up, draw up.
wzwyczaić się *v.* accustom oneself (to).
wzwyż *adv.* - aloft, higher, in height, above, upward.
wzywa-ć *v.* call, summon, convoke, invite; (*błagać*) invoke, implore; **-nie** *n.* call, invitation, summons; invocation.
wżerać się *v.* corrode, eat (in into).

Z

z- jako przedrostek w czasownikach oznaczający: 1) *ruch nadół*, wyraża się po ang. przyimkiem d o w n, np. zbiec, run down; gdy oznacza 2) *czynność dokonaną*, nie posiada on odpowiednika po ang.; czasownik wówczas tłumaczy się tak, jak gdyby był bez przedrostka, np. zrobić, jak robić, zranić, jak ranić itd.

Czasowników z przedrostkiem z-, nie podanych poniżej, szukać należy tam, gdzie figurują w formie niedokonanej, t.j. bez przedrostka, np. zbić, pod bić itd.

z- prefixed to verbs expresses 1) *motion from above downwards*; it is then rendered in E. by the preposition d o w n e. g. zbiec, run down; 2) *finiteness of form*; this has no equivalent in E. and verbs with the prefix z- applied in this sense are translated as if they did not possess the prefix, e. g. zrobić is translated like robić, zranić, like ranić and so on.

For verbs with prefix z- not given below see same without the prefix e. g. for zbić, see bić and so on.

z, ze *prp.* (oznaczający *ruch*) from; ~ góry nadół, from top to bottom; ~ skały, from the rock; — (ozn. *źródło, pochodzenie*) from; ~ domu, from home; ~ studni, from the well; (ozn. *narzędzie, towarzyszenie*) with; ~ łuku, with a bow; ~ żoną, with one's wife; (ozn. *materjał*) of; ~ drzewa, of wood; ~ stali, of steel; (ozn. *pozbawienie*) of; odzierać ~ liści, strip of leaves; *w różnych zwrotach tłumaczy się rozmaicie:* ~ litości, out of pity; ~ pobudek szlachetnych, from an honourable motive; ~ własnego natchnienia, of one's own accord; ~ bojaźni, for fear of; *po stopniu najwyższym przymiotników* z = of;

najlepszy ~ wszystkich, the best of all; (*około*) some, about, ~ dwudziestu mężczyzn, some twenty men.

za- jako przedrostek w czasownikach oznaczający; 1) *czynność zaczynającą się*, wyraża się przez użycie zwrotów „begin to" lub „fall to —ing", np. zanucił piosenkę, he began to hum a song, zapłakał, he fell to weeping; gdy oznacza 2) *czynność dokonaną*, nie posiadą on po ang. odpowiednika; czasownik wówczas tłumaczy się tak, jak gdyby był bez przedrostka, np. zagrać, jak grać, zatańczyć, jak tańczyć.

Czasowników z przedrostkiem za- nie podanych poniżej, szukać należy tam, gdzie figurują w formie niedokonanej, t. j. bez przedrostka, np. zaśpiewać, pod śpiewać itd.

za- is prefixed to verbs to express 1) *the beginning of an action*; it is then rendered in E. by the expressions „begin to" or „fall to—ing", e. g. zanucił piosenkę, he began to hum a song, zapłakał, he fell to weeping; 2) *finiteness of form*; this has no equivalent in E. and verbs with the prefix za- applied in this sense are translated as if they had no prefix, e. g. zagrać is translated like grać, zatańczyć, like tańczyć and so on.

For verbs with prefix za- not given below, see same without prefix, e. g. for zaśpiewać, see śpiewać and so on.

za *prp.* oznaczający *przeciąg czasu, kiedy coś dokonywa się lub dokona* — in; ~ godzinę, in an hour; ~ jego czasów, in his days; ozn. *kierunek ku tylnej stronie osoby lub przedmiotu* — behind, beyond; ~ piecem, behind the stove; ~ górami, beyond the hills; ozn. *miejsce ujęcia osoby lub przedmiotu* — by; ~ ucho, by the ear; ozn. *osobę lub przedmiot, na czyją (którego) korzyść dokonuje się czynność, kupno, zamianę* — for; ~ niego, for him; ~ dwa złote, for two złoty; to ~ tamto, this for that; *w różnych zwrotach tłumaczy się rozmaicie:* ~ dnia, by day; posyłać list ~ listem, send letter upon letter; ~ jego prośbą, at his request, upon his request; ~ pozwoleniem, with the leave of; co to ~ człowiek? what sort of a man is he? co ~ szkoda! what a pity!

za *adv.* too, over ..., overmuch; ~ wysoko, too high; ~ długi, too long.

zaaferować się *v.* be disturbed, be perturbed, be agitated.

zaalpejski *a.* transalpine.

zaambarasować *v.* embarrass, perplex; put out of countenance.

zabagni-ać, -ć *v.* confuse, embroil, spoil.

zabałamucić *v.* dawdle away a person's time; delay, detain one; ~ **się**, dawdle away (one's time etc.).

zabałkański *a.* situated beyond the Balkans; transbalkan.

zabarwi-ać, -ć *v.* dye (*lit. & fig.*); **-enie** *n.* colour, tint, tinge (*lit. & fig.*).

zabaw-a *f.* amusement, pleasure, fun; game; pastime; diversion; occupation, pursuit; ~ towarzyska, party; **-iać, -ić** *v.* amuse, divert, detain, delay; entertain; (*pozostać*) stay, stop, remain, sojourn; ~~ **się**, amuse oneself; be busy, be occupied; busy oneself (with); **-ka** *f.* toy; plaything; **-niś** *m.* jester, wag; **-ność** *f.* drollery, fun, comicality, facetiousness; **-ny** *a.* amusing, comical, funny, facetious, droll.

zabezpiecz-ać, -yć *v.* insure (against), secure (against); keep (from), protect (from); ~ **się**, secure oneself, provide against; (*asekurować*) insure (against); **-enie** *n.* insurance;

Odnośnie do czasowników z przedrostkami z- i za-, brakujących powyżej, ob. z-, wzgl. za-.

For verbs with prefixes z- and za- not given consult z- or za-.

security; safety; protection, safeguard; guarantee.
zabi(ja)ć *v.* kill, slay; (*zatykać*) plug; stop up, shut, close; ~ beczkę, bung a cask; ~ gwoździmi, nail up; ~ czas, kill time; dla -cia czasu, as a pastime.
zabie-c, -dz, -gać *v.* run up to; ~ komu drogę, run to meet; stand in a person's way; hinder one; -gać o co, strive for; strive after; ~ czemu (*fig.*) prevent, avoid, hinder; remedy; ~ komu, court one; coax.
zabieg *m.* precaution; measure; operation; *pl.* endeavours, exertions, trouble, pains, *pl.*; **-liwość, -łość** *f.* activity, diligence, industry; **-liwy, -ły** *a.* active, industrious, painstaking, enterprising.
zabiel-ać, -ić *v.* whiten; whitewash; (*kuch.*) mix with cream.
zabierać see **zabrać.**
zabi-jać see **zabić**; **-jak** *m.* hector; brawler; **-jatyka** *f.* fight, scuffle; **-ty** *a.* killed, slain; (*prawdziwy*) downright, rank; staunch.
zabliźni(a)ć się *a.* cicatrize, scar.
zabłą-dzić, -kać się *v.* lose one's way, go astray; wander (to); **-kanie** *n.* straying, wandering; **-kany** *a.* strayed, lost.
zabłocić *v.* dirty, soil, muddy.
zabłysnąć *v.* shine (forth), gleam, flash; (*fig.*) dawn.
zabobon *m.* superstition; **-nica** *f.*, **-nik** *m.* superstitious person; **-ność** *f.* superstition; **-ny** *a.* superstitious.
zaboleć *v.* ache, cause pain.
zabor-ca *m.* conqueror, annexer; oppressor; usurper; **-czy** *a.* conqueror's; oppressor's; grasping; rapacious.
zabość *v.* gore to death; ~ kogo włócznią, spear one to death.

zabój *m.* murder; na ~, desperately; **-ca** *m.* murderer, killer; **-czy** *a.* murderous; deadly; **-czyni** *f.* murderess; **-stwo** *n.* murder, manslaughter, homicide.
zabór *m.* seizure, conquest; annexation; (*hist.*) dismemberment, partition; ~ pruski (rosyjski, austrjacki), (Polish) provinces annexed by Prussia (Russia, Austria).
zabra-ć *v.* take, seize; carry off, take away; ~ głos, speak (up); (*dobra*) confiscate; (*miejsce, czas*) take up (room, time); ~ się do czego, set about, prepare (to); make ready for; ~ się na coś, look as if, be likely, seem; **-nie** *n.* appropriation; deprival; confiscation; seizure; capture.
zabraknąć *v.* fail, fall short; be wanting; jeśli ci -nie pieniędzy, if you are short of money, if you are in want of money; zabrakło mu odwagi, courage failed him.
zabrakować *v.* reject, refuse.
zabr-aniać, -onić *v.* forbid, prohibit, interdict; ~ sobie czego, deny oneself a thing; **-anianie, -onienie** *n.* prohibition, interdiction.
zabrnąć *v.* be swamped, wade; (*fig.*) be absorbed in; ~ w długi, run over head and ears in debt.
zabronić *v.* see **zabraniać.**
zabrudzić *v.* soil, dirty (all over).
zabryzgać *v.* bespatter.
zabrzmieć *v.* sound, resound; ring.
zabudow-ać, -ywać *v.* build (up, in, round); cover (or surround) with buildings; block up; **-anie** *n.*, **-ania** *pl.* buildings, premises; ~ gospodarcze, farm-buildings.
zaburz-ać, -yć *v.* stir up, agitate, excite; **-enie** *n.* disturbance; turmoil, uproar; ~ umysłowe, derangement.

Odnośnie do czasowników z przedrostkami z- i za-, brakujących powyżej, ob. z-, wzgl. za-.

For verbs with prefixes z- and za- not given consult z- or za-.

zabyt-ek *m.* (historical) monument; relic (of the past); remains, *pl.* **-kowy** *a.* ancient, old-time, of historical importance.
zacapić *v.* hatch, grasp. [ge.
zaceni(a)ć *v.* tax, estimate, char-
zachc-enie *n.*, **-ianka** *f.* whim, fancy; caprice; **-ieć (się), -iewać (się)** *v.* have a mind to (for), long for; covet, desire, wish (for); feel like (—ing); **-enie, -iewanie** *n.* fancy; hankering; humour; whim.
zachęc-ać, -ić *v.* encourage; induce; cheer; **-ający** *a.* encouraging; **-anie** *n.*, **-enie** *n.*, **-ęta** *f.* encouragement, stimulus, spur; incitement.
zachłann-ość *f.* greed, rapacity, greediness; **-y** *a.* rapacious, predatory, grasping.
zachłysnąć się *v.* be choked.
zachmielić *v.* hop.
zachmurz-ać, -yć *v.* overcloud; **~ się,** grow (or be) overcast, gloomy, cloudy; **-enie** *n.* cloudiness, gloominess; **-ony** *a.* cloudy, overcast, gloomy.
zacho-dni *a.* western, westerly; Indje -dnie, the West Indies; **-dowy** *a.* of the setting sun; **-dzący** *a.* setting; declining; **-dzić** *v.* come to, reach; arrive, go as far as; occur; happen; go behind, hide; (*o słońcu*) set; ~ do kogo, step in, call on; ~ w głowę, rack one's brains, be at a loss; ~ w ciążę, become pregnant; -dzi kwestja, the question arises; ~ w co, go into, go deep into; ~ kogoś fortelem, outwit one; ~ w prawo, w lewo, (*mil.*) wheel; ~ jedno za drugie, overlap; ~ czem, be filled (with), be covered (with).
zachorować *v.* fall ill, fall sick.
zachow-ać, -ywać *v.* preserve, guard; keep (from); retain; (*przestrzegać*) observe; keep; ~ w pamięci, keep in mind; ~ milczenie, keep silence; ~ pozory, keep up appearances; ~ **się** (*trwać*) prevail; (*postępować*) behave, conduct oneself; **-anie** *n.* preservation, observation; ~ **się,** behaviour, conduct; **-awca** *m.* conservator; **-awczość** *f.* conservatism; **-awczy** *a.* conservative.
zach-ód *m.* west; (*kłopot* · *itp.*) bustle, ado, pains, trouble; ~ słońca, sunset; na ~, west (-ward); **-ody** *pl.* labours, toil; bez -odu, without trouble; za jednym -odem, at one blow, at the same time.
zachrypn-ąć, zachrzypnąć *v.* grow (or be) hoarse; hoarsen; **-ięty** *a.* hoarse.
zachrzęsnąć *v.* (begin to) rattle, clatter, clank. [thin.
zachudzić *v.* starve; make lean;
zachwal-ać, -ić *v.* praise, commend, recommend; **-anie** *n.* praise.
zachwa-szczać, -ścić *v.* allow to overgrow with weeds; neglect.
zachwi-ać *v.* shake; weaken; ~ **się,** waver; be shaken; be irresolute; stagger; totter; bez **-ania** się, without flinching.
zachwy-cać, -cić *v.* delight, ravish; enchant, transport, charm, enrapture; **-cający** *a.* charming, delightful; **-cenie** *n.*, **-t** *m.* delight; rapture; enthusiasm; transport; **-cony** *a.* delighted, charmed, enraptured.
zaciąć *v.* see **zacinać.**
zaciąg *m.* levy, recruitment; (*hist.*) soccage; **-ać, -nąć** *v.* drag; pull; (*dług, obowiązek*) contract; (*żołnierzy*) recruit; (*firankę*) draw; (*do rejestru*), enter, register; ~ **się,** (*chmurami*) become cloudy; ~ do wojska, enlist in the army; ~ papierosem, inhale the smoke.
zacie-c, -kać *v.* leak (in, through); ~ **się,** run into; ~ się w gniewie, be beside oneself with anger, be enraged; ~ na kogo, na czyją zgubę, swear one's ruin; **-kle** *adv.* passionately, furiously, vehemently; **-kłość** *f.* fury, vehemence; passion; **-kły** *a.* passionate; furious, ve-

Odnośnie do czasowników z przedrostkami z- i za-, brakujących powyżej, ob. **z-**, wzgl. **za-**.

For verbs with prefixes **z-** and **za-** not given consult **z-** or **za-**.

hement; intent (upon); unrelenting; inexorable.
zaciemni(a)ć *v.* darken; obscure; ~ **się**, darken. [*v.* shade.
zacien-ić *v.* overshadow; **-iować**
zacier *m.* mash; **-ać** *v.* blot out; wipe out; efface, obliterate; (*rozcierać*) mash, triturate; ~ ręce, rub one's hands; **-ka** *f.* kind of gruel; **-nica** *f.* mash-tub.
zacies(yw)ać, zaciosać *v.* point, sharpen.
zacieśni(a)ć *v.* tighten, contract; narrow.
zacietrzewi-ć się *v.* rave (about), dote (on); **-ony** *a.* infatuated (with); pigheaded; blind.
zacię-cie *n.* incision, notch, cut; (*zapał*) spirit; z -ciem, spiritedly; **-tość** *f.* inexorability, obstinacy; **-ty** *a.* obstinate, stubborn; inexorable.
zaciężn-ik *m.* mercenary; **-y** *a.* mercenary; levied; -e wojsko, army in the pay of some one.
zaciężyć *v.* encumber, be a burden upon one.
zacinać *v.* cut, notch; make an incision; lash, whip; (*np. z krakowska*) have a strong accent; ~ zęby, set one's teeth; ~ **się**, cut oneself; get clogged; (*w mowie*) stutter, stammer; ~ (*na kogoś, coś*) be obstinate, be inexorable, be unrelenting.
zasiosać see **zaciesać.**
zacis-kać, -nąć *v.* tighten; ~ pięść, clench one's fist; ~ zęby, set one's teeth.
zacisz *m., f.,* **-a** *f.,* **-e** *n.* retirement, seclusion, retreat; ~ domowe, one's fireside; **-ność** *f.* tranquillity, seclusion; **-ny** *a.* quiet, restful, tranquil, calm.
zaciśnienie *n.* contraction; tightening.
zacn-ie *adv.* worthily, honestly, nobly; **-ość** *f.* respectability, honesty, uprightness, nobleness; **-y** *a.* honourable, worthy, honest, noble, illustrious.
zacofan-ie *n.* reaction; backwardness; **-iec** *m.* reactionary; **-y** *a.* reactionary; backward.

zacz, co ~? who is that? what kind of a man is he?
zaczadz-anie *n.* suffocation, asphyxia; **-ić się, -ieć** *v.* be suffocated.
zaczai-ć się, -jać się *v.* lurk, lay in ambush; **-jony** *a.* lurking; in ambush.
zaczarowa-ć *a.* bewitch; enchant; **-nie** *n.* enchantment; bewitchment, fascination.
zacz-ąć *v.* begin, start, commence; ~ od, begin with; ~ beczkę, broach a cask; ~ **się**, begin, be begun; **-ątek** *m.*, **-ęcie** *n*, beginning, commencement.
zaczem *adv.* whereupon, therefore; consequently; thence.
zaczep-iać, -ić *v.* fasten; hook on; (*zagadnąć*) accost; (*zagabywać*) provoke; pick a quarrel (with); ~ **się**, be caught; hang on; **-ienie** *n.*, **-ka** *f.* provocation, aggression; szukać -ki, pick a quarrel; dać -kę, provoke; **-nik** *m.* aggressor; **-ność** *f.* aggressiveness; **-ny** *a.* offensive, aggressive.
zaczerni-ać, -ć, -eć *v.* blacken.
zaczerwieni-ały *a.* red; **-ć** *v.* paint red; ~ **się**, blush, redden, grow red, colour; **-ony** *a.* red, blushing.
zaczes(yw)ać (się) *v.* comb one's hair.
zaczyn *m.* ferment, leaven.
zaczym see **zaczem.**
zaczynać see **zacząć.**
zaczyni(a)ć *v.* leaven.
zaczyt(yw)ać się *v.* be engrossed in reading.
zaćm-a *f.* dimness; **-ić** *v.* overcast; dim; darken; obscure; eclipse; **-ić się** *v.* be (or grow) overcast; **-ienie** *n.* eclipse.
zaćwiczyć *v.* flog, whip to death.
zad- *m.* backside, posterior, rump, buttocks.
zada(wa)ć *v.* give; charge one (with); burden one (with); ~ kartę, lead; ~ pytanie, ask a question; ~ ranę, inflict a wound; ~ robotę, impose a task; ~ zagadkę, give one a riddle to

---

Odnośnie do czasowników z przedrostkami z- i za-, brakujących powyżej, ob. z-, wzgl. **za-.**

For verbs with prefixes z- and za- not given consult **z-** or **za-.**

solve; ~ sobie trud, take pains; ~ cios, deal a blow; ~ komu śmierć, put one to death; śmierć sobie ~, make away with oneself. [*tach*) lead.
zadanie *n.* task, exercise; (*w kar-*
zadar-cie *n.* see **zadzieranie**; **-ty** *a.* turned up, cocked; nos ~, pug-nose.
zada-tek *m.* payment on account; earnest; ~ przyjaźni, pledge of friendship; **-wać** see **zadać**.
zadawalniający *a* satisfactory.
zadawni-ć *v.* neglect; **-ć** *v.* grow inveterate; become antiquated; **-enie** *n.* antiquation; **-ony** *a.* antiquated; inveterate.
zadąsany *a.* sulky.
zadek *m.* back; buttocks, *pl.*; backside, rump.
zadekretować *v.* decree.
zadept-ać, -ywać *v.* trample under foot, tread down.
zadławi(a)ć *v.* strangle, throttle, choke.
zadłuż-ać, -yć *v.* burden (or encumber) with debts; mortgage; ~ **się**, involve oneself in debts; contract debts; run into debt.
zadmuch-ać, -nąć *v.* blow out, extinguish.
zadni *a.* back, hinder.
zadnieprski *a.* situated beyond the Dnieper.
zadomowić się *v.* accustom oneself (to); feel at home.
zadosyć, zadość *adv.* enough, sufficiently; **-uczynić** *v.* satisfy, gratify; content; please; ~ swej powinności, fulfil one's duty; ~ czyjej prośbie, comply with one's request; **-uczynienie** *n.* satisfaction, atonement; amends, *pl.*
zadowol-enie, -nienie *n.* satisfaction, gratification, pleasure, delight; approbation; **-ić, -nić** *v.* satisfy, please; content; gratify.
zadra-snąć *v.* scratch; (*musnąć*) graze; **-śnienie, -śnięcie** *n.* scratch.
zadręczyć *v.* torture (to death); torment; grieve to death.
zadrg-ać, -nąć *v.* quake, shiver, vibrate; start.
zadrzeć see **zadzierać**.
zadrzewić *v.* afforest.
zadrżeć *v.* tremble, quake, startle, shudder.
zaduch *m.* stench; fetor; stuffiness.
zaduma *f.* musing, meditation; **-ć się** *v.* muse; ponder; be lost in thoughts; **-ny** *a.* musing, lost in thoughts.
zadumie-(wa)ć *v.* amaze, astonish; **-nie** *n.* astonishment, amazement.
zadunajski *a.* situated beyond the Danube.
zadu-sić *v.* suffocate, strangle; throttle; ~ ogień, smother fire; **-szenie** *n.* strangulation; choking; **-szny** *a.* dzień ~, All Souls'-day; msza -szna, requiem mass.
zadymi-ać, -ć *v.* fill with smoke, besmoke; **-ony** *a.* smoky, black with smoke.
zadymka *f.* snow-storm; blizzard.
zadysz-ały, -any *a.* breathless, panting; **-eć się** *v.* be out of breath, pant.
zadzi-ać, -ewać *v.* fix; put (on); mislay; ~ **się**, be mislaid, go astray, be lost.
zadzier-ać *v.* tear; raise; hold high; lift; turn up; cock up; ~ nosa, turn up one's nose; be proud; ~ z kim, seek a quarrel, meddle with; -anie nosa, haughtiness, arrogance.
zadzie-rg *m.* noose; **-rgać, -rzgać, -rzgnąć** *v.* loop, noose, tie; interweave; ~ przyjaźń, make friends (with).
zadzierzysty *a.* vexatious, cross.
zadziewać see **zadziać**.
zadzi-obać, -óbać *v.* peck to death.
zadzior *m.* agnail.
zadziwi-ać, -ć *v.* astonish, amaze, surprise; ~ **się**, be amazed, be surprised; wonder (at); **-enie** *n.* astonishment, surprise, amazement, wonder.

Odnośnie do czasowników z przedrostkami z- i za-, brakujących powyżej, ob. **z-**, wzgl. **za-**.

For verbs with prefixes z- and za- not given consult **z-** or **za-**.

zadźgać *v.* stab to death.
zadżumiony *a.* leprous; ~, *m.* leper. [cous.
zaflegmiony *a.* phlegmy, mu-
zafrasowa-ć *v.* grieve, afflict, deject; puzzle; ~ **się,** grieve, be afflicted, be dejected, be puzzled; **-ny** *a.* grieved, dejected; puzzled.
zafuka-ć *v.* intimidate, browbeat; chide, rebuke; **-ny** *a.* scolded, rebuked, bashful. [voke.
zagabnąć *v.* accost; tease, pro-
zagad-ać, -nąć, -ywać *v.* address; accost; (*przeszkadzać*) sidetrack; ~ **się,** forget oneself in conversation; **-ka** *f.* riddle, puzzle, enigma; **-kowość** *f.* enigmaticalness, mysteriousness; **-kowy** *a.* mysterious, enigmatic; **-nienie** *n.* problem.
zaga-ić, -jać *v.* (*rozpocząć*) open; (*zadrzewić*) afforest; plant; **-j** *m.* brushwood; **-jenie** *n.* (*posiedzenia*) opening address; **-nik** *m.* bush, shrubs.
zagania-cz *m.* drover; **-ć** *v.* drive in.
zagapić się *v.* be giddy; gape.
zagarn-ąć, -iać *v.* rake up (together); gather; (*zabrać*) seize; capture; grasp.
zaga-sić, -szać *v.* put out, extinguish; **-snąć** *v.* go out, burn out; **-szenie** *n.* extinction.
zagę-szczać, -ścić *v.* thicken; condense; multiply; ~ **się,** thicken, grow thick; happen frequently; increase; **-szczony** *a.* thick; frequent; common.
zagi-ąć, -nać *v.* bend (in, down); fold; inflect; (*rękawy itp.*) turn up, tuck up; ~ **kartę,** turn down the corners of a leaf; ~ **parol na coś,** be bent upon (—ing); ~ **parol na kogo,** have a design upon one; cheat; **-ęcie** *n.* curve, bending, flexure, bend, flexion.
zaginąć *v.* disappear; perish.
zagląd-ać, -nąć *v.* look into, peep; ~ do kogo, drop in.
zagła-da *f.* extermination, ruin; **-dzać, -dzić** *v.* smooth down; (*tępić*) exterminate.

zagłębi-ać, -ć *v.* deepen; ~ **się,** go deep into; be absorbed in; dive into; **-e** *n.* coal-basin; **-enie** *n.* hollow; **-enie się** *n.* deep study.
zagłodz-enie *n.* starvation; **-ić** *v.* starve.
zagłu-chnąć *v.* become deaf; **-szać, -szyć** *v.* deafen, stun; (*fig.*) stifle; **-szający** *a.* deafening, stunning.
zagmatwa-ć *v.* entangle, confuse, embroil; **-nie** *n.* entanglement, confusion, intricacy, perplexity.
zagnać *v.* drive in; pen.
zagnajać see **gnoić.**
zagni-atać, -eść *v.* knead; mould.
zagniewa-ć *v.* provoke, exasperate, enrage; ~ **się,** grow angry; **-nie** *n.* irritation, anger, passion; **-ny** *a.* angry, wrathful.
zagnie-ździć się, -żdżać się *v.* nest, nestle; build a nest; (*fig.*) take root, settle; grow inveterate.
zagniotek *m.* agnail.
zago-dzenie *n.* reconciliation; adjustment; **-dzić** *v.* reconcile, adjust.
zago-ić *v.* heal; ~ **się,** heal (up); close; **-jenie** *n.* healing (up).
zagon *m.* ridge; garden-bed; field; (*napad*) inroad; zapuszczać -y, make incursions; szlachta -owa, poor gentry.
zagorza-le *adv.* hotly, ardently, fanatically; **-lec** *m.* hotspur, enthusiast; fanatic; **-łość** *f.* enthusiasm; fanaticism; frenzy; **-ły** *a.* hot-heated, vehement, violent; fanatic.
zagorzknąć *v.* grow bitter.
zagospoda-rować *v.* husband, cultivate; ~~ **się, -rzyć się** *v.* set up for oneself; husband one's farm.
zagościć (się) *v.* stay, remain (as a guest).
zagrabi-ać, -ć *v.* confiscate, seize; rake; **-enie** *n.* seizure, confiscation, distraint.

Odnośnie do czasowników z przedrostkami z- i za-, brakujących powyżej, ob. **z-,** wzgl. **za-.**

For verbs with prefixes z- and za- not given consult **z-** or **za-.**

zagradzać *v.* (*ogrodzić*) enclose, fence in; (*przeszkadzać*) obstruct, bar, impede, be in the way.
zagrani-ca *f.* foreign lands; wyjechać -cę, go abroad; z -cy, from abroad; **-czny** *a.* foreign, outlandish.
zagrażać see **zagrozić.**
zagrobowy *a.* (from) beyond the grave.
zagro-da *f.* farm; enclosure; **-dniczka** *f.*, **-dnik** *m.* cottager; **-dzenie** *n.* fencing, fence, enclosure; **-dzić** *v.* fence in, enclose.
zagro-zić *v.* menace, threaten; ~ czemuś, threaten something; **-żenie** *n.* threat, menace.
zagryźć *v.* eat up; devour; ~ **się** (*fig.*) pine away.
zagrz(ew)ać *v.* warm; (*fig.*) encourage.
zagrz-ąźć, -ęznąć *v.* be swamped; sink, stick, get stuck.
zagrzeb(yw)ać *v.* bury.
zagub-a *f.*, **-ienie** *n.* loss, ruin; destruction; **-iać, -ić** *v.* lose, destroy; exterminate; ruin.
zagwazdać *v.* bedaub, besmear.
zagwo-ździć *v.* nail up; (*działo*) spike; ~ konia, prick a horse when shoeing.
zahacz-ać, -yć *v.* hook, hook on; hitch; grapple; catch.
zahartowany *a.* hardened, tempered.
zahukać *v.* intimidate; scold, reprimand.
zaim-ek *m.* pronoun; **-kowy** *a.* pronominal; słowo -kowe, reflexive verb.
zainteresowa-ć *v.* interest; prepossess, charm; ~ **się,** take an interest in; **-nie** *n.* interest.
zaiskrz-ony *a.* sparkling, glittering; **-yć się** *v.* sparkle; glitter; scintillate.
zaiste *adv.* truly, forsooth; indeed, verily.
zajadać *v.* eat away, eat heartily.
zajad-le *adv.* furiously, rabidly; **-łość** *f.* rage, fury, rabidness, rancour; **-ły** *a.* furious, rabid, rancorous.
zajaśnieć *v.* shine forth, blaze forth.
zaj-azd *m.* (*oberża*) inn; (*przed dworem*) drive; (*napad*) foray, inroad; **-echać** *v.* see **zajeżdżać.**
zają-c *m.* hare; **-czek** *m.* leveret, young hare.
zająć *v.* see **zajmować.**
zająk-ała *m.* stutterer; **-liwie** *adv.* falteringly; **-liwy** *a.* stammering, faltering, stuttering; bez -nienia, without hesitating, without flinching.
zajem *m.* seizure; capture; ~ bydła, impounding of cattle.
zaje-zdny *a.* dom ~, inn, hostelry; **-ździć** *v.* (*konia*) founder; **-żdżać** *v.* come, arrive, drive (to, up to), get, reach; ~ do karczmy, put up at an inn; ~ drogę, block up the way; ~ kogo, czyjeś dobra, overrun one's estate.
zaję-cie *n.* (*zatrudnienie*) occupation; calling, business; (*prawn.*) seizure, attachment; **-ty** *a.* occupied, engaged, busy; (*prawn.*) seized; impounded; (*med.*) attacked.
zajęcz-y *a.* hare's; (*fig.*) ~ serce, pusillanimity, cowardice; (*bot.*) -a nóżka, hare's foot; -a warga, hare-lip.
zajm-ować *v.* occupy, take up; hold, fill; (*prawn.*) take possession (of), seize (upon); distrain; (*wabić*) attract, interest, win; (*bawić*) entertain; (*zatrudnić*) employ; ~ stanowisko, fill a situation; ~ się ogniem, catch fire; **-ujący** *a.* interesting, engaging.
zajrzeć *v.* look in (or into), peep in; ~ do kogoś, call on one.
zajś-cie *n.* (*zdarzenie*) event, incident, affair; (*zwada*) quarrel, conflict; **-ć** *v.* see **zachodzić.**
zajusz-enie *n.* rage, fury; **-yć** *v.* stain with blood, bloody; enrage.
zajut-ro, -rze *n.* the day after tomorrow.
zaka-lać *v.* soil, befoul; **-lec** *m.* underbaked bread or cake;

Odnośnie do czasowników z przedrostkami z- i za-, brakujących powyżej, ob. **z-**, wzgl. **za-**.

For verbs with prefixes z- and za- not given consult **z-** or **za-**.

(*fig.*) disgrace; **-ł** *m.*, **-ła** *f.* stain, blur; blemish· refuse; (*fig.*) refuse of mankind.
zakamarek *m.* recess, hole, niche; closet; (*zaułek*) alley, lane.
zakamien-iałość *f.* stoniness; (*fig.*) obduracy; **-iały** *a.* obdurate; **-ieć** *v.* turn to stone; (*fig.*) become obdurate, insensible; **-ować** *v.* stone to death.
zakapturz-ony *a.* cowled; hooded; **-yć** *v.* hood, muffle; (*oddać do klasztoru*) frock.
zakas(yw)ać *v.* turn up, tuck up; ~ **się**, tuck up one's sleeves.
zakasować *v.* outstrip, surpass, outdo.
zakatarzyć się *v.* catch a cold.
zakatować *v.* torment to death.
zakatrupić *v.* kill.
zakaz *m.* prohibition, interdiction; **-ać, -ywać** *v.* prohibit, interdict, forbid; **-any** *a.* forbidden, prohibited, interdicted; (*fam.*) forbidding, frightful; **-owy** *a.* prohibitive, prohibitory.
zaka-zić infect; **-źny** *a.* infectious; contagious; **-żenie** *n.* infection; contagion.
zakąs-ać *v.* bite to death; **-ić** *v.* snack; **-ka** *f.* refreshment; snack.
zaką-cie *n.*, **-t, -tek** *m.* (secluded) spot; nook; **-ny** *a.* secluded, retired.
zakis *m.* pickle; leaven; **-ić** *v.* leaven; pickle; **-ieć, -nąć** *v.* turn sour; ferment.
zakląć see **zaklinać**.
zaklasnąć *v.* clap.
zakl-ęcie, -inanie *n.* oath; conjuration; exorcism; charm; formuła -cia, form of adjuration; **-ęty** *a.* spell-bound; bewitched; enchanted; conjured up, evoked; **-inać** *v.* conjure, implore; bewitch; charm, enchant; (*czarta*) exorcize; ~ na imię Boga, conjure in the name of God; ~ **się**, swear; affirm, profess; **-inacz** *m.* conjurer; exorcist.
zaklę-słość *f.*, **-śnienie** *n.* depression, concavity, hollow; **-ły** *a.* hollow, concave; **-snąć** *v.* sink in.
zaklin-iać, -ić, -ować *v.* wedge.
zakład *m.* institution; establishment; foundation; (*zastaw*) pledge, security; (*zakładanie się*) bet; (*mil.*) depot; iść o ~, bet; **-ać** *v* see **założyć**; **-anie** *n.* foundation; **-ka** *f.* fold; tuck; plait; **-niczka** *f.*, **-nik** *m.* hostage, pledge; **-owy** *a.* of an establishment; kapitał ~, stock; joint-stock; lekarz ~, physician in ordinary.
zakłopot-ać *v.* put out of countenance, embarrass; perplex; ~ **się**, be at a loss, be concerned; **-nie** *n.* embarrassment; wprawić w ~, embarrass, puzzle; **-ny** *a.* embarrassed, perplexed, puzzled, concerned.
zakłóc-ać, -ić *v.* disturb, trouble; disquiet; stir, move; **-enie** *n.* disturbance, trouble.
zakłuć *v.* stab; spear to death.
zakneblować *v.* gag.
zakocha-ć się *v.* fall in love with; **-ny** *a.* in love, enamoured.
zakomorek *m.* see **zakamarek**.
zakomunikować *v.* inform, impart.
zakon *m.* law; religious order; monastic life; Stary ~, old Testament; wstąpić do -u, take the veil, enter an order; **-nica** *f.* nun; **-nictwo** *n.* monachism; **-niczy** *a.* monastic; **-nik, -ny** *m.* monk; **-ność** *f.* strict observance of the law; **-ny** *a.* monastic; **-odawca** *m.* legislator.
zakończ-enie *n.* end; conclusion; close; (*gram.*) ending; na ~, in conclusion; **-yć** *v.* end, finish, close, conclude, put an end to; ~ **się**, end, finish; taper; come to an end.
zakop(yw)ać *v.* (*lit.* & *fig.*) bury.
zakopc-ić *v.* blacken with soot (or smoke); **-ony** *a.* sooty; smoky; smutty.

Odnośnie do czasowników z przedrostkami z- i za-, brakujących powyżej, ob. **z-**, wzgl. **za-**.

For verbs with prefixes z- and za- not given consult **z-** or **za-**.

zakorkować *v.* cork up.
zakorzeni-ać, -ć *v.* plant; ~ **się**, take root; **-ony** *a.* rooted; głęboko ~, deep-rooted; inveterate.
zakos *m.* curve; w -y, winding, twisting.
zakosztować *v.* taste; relish.
zakpić *v.* ~ sobie (*z*), make fun (of); jeer, banter.
zakracić *v.* see **zakratować**.
zakr-aczać, -oczyć *v.* go as far as; stand (or be) in one's way; (*fig.*) hinder.
zakra-dać się, -ść się *v.* steal into, creep into.
zakr-apiać, -opić *v.* sprinkle; moisten.
zakrawa-ć *v.* cut out; (*na co*) border upon; tend to; (*na kogo*) look like; **-nie** *n.* appearance; tendency.
zakredytować *v.* credit.
zakres *m.* sphere; circle, compass; ~ działania, sphere of activity; competence.
zakre-ślać, -ślić *v.* draw, trace; describe; (*fig.*) settle, fix; prescribe, determine.
zakrę-cać, -cić *v.* turn (on, up, off, round); whirl; twist; shut; stop; bend; (*włosy*) curl; ~ **się** *v.* turn; wind; whirl round; -ciło mi się w głowie, I felt dizzy; łzy -ciły mu się w oczach, tears stood in his eyes; ~~ koło czego, busy oneself about a thing; **-t** *m.* turning, winding, bend; turn; whirl; twirl; sinuosity; **-tas** *m.* flourish; **-tny** *a.* winding, sinuous.
zakr-oić *v.* see **zakrawać**; **-ój** *m.* cut; style, pattern; outset; purpose, design.
zakrwawi-ać, -ć *v.* stain with blood; bloody; ~ komu serce, make one's heart bleed; **-ony** *a.* bloody, blood-stained; -one serce, bleeding heart.
zakry-cie *n.* cover, shelter; **-ć, -wać** *v.* cover (up); conceal, hide, veil; **-wanie** *n.* concealment.

Odnośnie do czasowników z przedrostkami z- i za-, brakujących powyżej, ob. z-, wzgl. **za-**.

zakrystja *f.* vestry, sacristy; **-n** *m.* sexton, beadle; **-nka** *f.* vestry-nun.
zakrzątnąć *v.* busy, occupy, employ; ~ się koło czego, bestir oneself, busy oneself about a thing.
zakrzepły *a.* clotted.
zakrzewi(a)ć *v.* plant, cultivate; (*fig.*) implant, propagate.
zakrztusić się *v.* choke oneself.
zakrzy-czeć, -knąć *v.* cry out; shout; (*kogo*) silence, scold, reprimand.
zakrzywi-ać, -ć *v.* bend; crook; curve, bend back; **-enie** *n.* crookedness, bend; curve.
zaksięgować *v.* enter (in the books).
zaku-ć *v.* fetter; put in irons, rivet; **-ty** *a.* (*fig.*) to the marrow; łeb -ty, thicskull.
zakul-awieć, -eć *v.* become lame; limp.
zakulisowy *a.* confidential; from behind the scenes.
zakup *m.*, **-ienie, -no** *n.* purchase; iść na -y, go shopping; **-ić, -ować, -ywać** *v.* purchase, buy; forestall; **-ny** *a.* purchasable.
zakurz-ać, -yć *v.* cover with dust; raise dust, fill with smoke; begin to smoke; **-ony** *a.* dusty; smoky.
zakus *m.* taste; **-y** *pl.* scheming (for); artifices, ruses, tricks.
zakuty, zakuwać see **zakuć**.
zakwa-s *m.* leaven; **-sić, -szać** *v.* sour; leaven; ~ komu życie, embitter one's life; **-szony, -śniały** *a.* sour; (*fig.*) cross, peevish.
zakwit-ać, -nąć *v.* bloom, blossom; flourish.
zala-ć see **zalewać**; **-nie** *n.* flood; inundation; (*mil.* & *fig.*) invasion.
zalat-ać, -ywać *v.* come to, reach; fly as far as; run to.
zalą-c, -dz się *v.* hatch, brood; **-g, -żek** *m.* germ; (*bot.*) bud; **-żnia** *f.* (*bot.*) ovary.
zalec see **zalegac**.

For verbs with prefixes z- and za- not given consult **z-** or **za-**.

zalec-ać, -ić *v.* recommend, commend; order; enjoin, charge; ~ **się** (*komuś*) court; woo; (*czemś*) be distinguished (for); **-anie się** *n.* courting, wooing; **-anki** *pl.* lovesuit, courtship; **-enie** *n.* praise; recommendation; injunction; order.

zalecieć *v.* see **zalatać**.

zaledwie *adv.* hardly; scarcely; barely; ~ . . ., gdy . . ., no sooner . . ., than . . . .

zaleg-ać, -nąć *v.* lay, cover, overspread; extend; (*fin.*) be due, be in arrears; (*opóźnić*) be delayed; be backward; **-łość** *f.* arrears, *pl.*; **-ły** *a.* overdue; behindhand; delayed.

zalepi(a)ć *v.* glue up; paste up.

zale-sić *v.* afforest; **-sie** *n.* place (or region) beyond a wood.

zaleta *f.* advantage; quality, merit.

zalew *m.* flood, inundation; (*geogr.*) bay; (*mil.*) invasion; **-ać** *v.* flood; overflow; submerge; (*mil.*) invade; ~ ogień, extinguish fire; (*lakiem*) seal; (*ołowiem, woskiem itp.*) fill; ten papier -a, this paper blots; ~ się łzami, burst into tears; shed tears; **-anie** *n.* flood, submersion, inundation.

zaleź-ały *a.* spoiled, tainted; **-eć** *v.* depend on; be subject to; -y mi na tem, it is of consequence to me, I am very anxious about it; wszystko, co od nas -y, all in our power; to -y od Pana, it lies with you; **-nie** *adv.* dependently; ~ od, according to, in conformity with; **-ność** *f.* dependence; dependency; być w -ności od, być **-nym** *a.* depend upon.

zalęg-ać see **zaląc**; **-ły** *a.* brooded, hatched.

zalęk-ły, -niony *a.* frightened, alarmed; **-nąć się** *v.* be frightened, be seized with fear; **-nienie, -nięcie** *n.* fright, alarm.

zalicz-ać, -yć *v.* pay in advance; ~ do, reckon among; ~ się do, belong to, be reckoned among; za -eniem, C. O. D. (cash on delivery); **-ka** *f.* advance; ~ pocztowa, reimbursement through the post-office.

zalot-nica *f.* flirt; paramour; lover; **-nie** *adv.* coquettishly; **-ność** *f.* coquetry; **-ny** *a.* flirtatious, coquettish; **-y** *pl.* courtship; lovesuit, wooing.

zaludni-ać, -ć *v.* populate, people; **-enie** *n.* population; **-ony** *a.* peopled, populous.

zalutować *v.* solder; ~ dziurę, fill (or stop) a hole.

załagodz-enie *n.* conciliation, mitigation, adjustment; **-ić** *v.* soften; mitigate; conciliate.

załam *m.* turn; **-ać, -ywać** *v.* bend; ~ ręce, wring one's hands; ~ **się**, break down, give way; (*zagiąć*) wind, turn; (*o świetle*) be refracted; **-anie światła**, refraction.

załatwi-ać, -ć *v.* arrange, settle; ~ **się** (*z czemś*) finish, end; **-anie** *n.* arrangement, settlement.

załazić *v.* reach; creep to, crawl to.

załącz-ać, -yć *v.* enclose, add; **-enie** *n.* addition; w -eniu, enclosed; **-nik** *m.* enclosure.

załoga *v.* (*mar.*) crew; (*mil.*) garrison.

załom *m.* curve, bend; (*archit.*) volute; **-isty** *a.* winding, sinuous.

załoź-enie *n.* foundation; (*myśl*) assumption; wychodzę z -enia, że, I assume that; **-yciel** *m.* founder; **-ycielka** *f.* foundress; **-yć** *v.* found; establish; put (down); ~ ręce, cross one's arms; ~ fundament, lay the foundation; ~ **się**, (*o co*) bet.

załzawiony *a.* in tears.

zamach *m.* attempt (on a person); blow; ~ stanu, coup d'état; change of government; od jednego -u, at one stroke; **-nąć się** *v.* raise one's hand (to strike).

zamaczać see **zamoczyć**.

Odnośnie do czasowników z przedrostkami z- i za-, brakujących powyżej, ob. z-, wzgl. za-.

For verbs with prefixes z- and za- not given consult z- or za-.

zamakać see **zamoknąć**.
zamarły *a*. lifeless, dead.
zamarz-ać, -nąć *v*. (—r-z—) freeze; **-ły** *a*. frozen.
zamaskowa-ć *v*. mask, disguise; **-nie** *n*. mask, disguise.
zamaszyst-ość *f*. portliness; bulkiness; **-y** *a*. portly, bulky.
zamawiać *v*. see **zamówić**.
zamaz-ać, -ywać *v*. smear; bedaub; blot out; erase; wipe out.
zamącić *v*. disturb; trouble.
zamążpójście *n*. marriage.
zam-czysko *n*. castle; (*mech.*) lock; **-eczek** *m*. little castle; lock; **-ek** *m*. (*fort.*) castle, stronghold; (*mech.*) lock; (*u strzelby*), lock; **-ki na lodzie**, castles in the air.
zameldować *v*. announce; notify; report; ~ **się**, report; register (one's arrival etc.).
zamęczyć *v*. torture to death; (*fig.*) torment, kill, bore to death; overwork.
zamęt *m*. confusion; chaos.
zamęż-na *f*. married; **-ny** *a*. matrimonial.
zamgl-enie *n*. fog, mist; ~ oczu, dimness of sight; **-ić** *v*. dim, darken, haze; **-ony** *a*. dim, foggy, misty, hazy.
zamiana *f*. exchange; truck; (*towarów*) barter.
zamiar *m*. design, intention; aim; end; mieć ~, intend; odmienić ~, alter one's mind; osiągnąć ~, attain one's end; bez -u, unintentionally.
zamiast *adv*. instead of.
zamiata-cz *m*. sweeper; **-ć** *v*. sweep.
zamieć *f*. blizzard, snow-storm.
zamiejs-cowy, -ki *a*. strange, foreign; ~ człowiek, outsider.
zamien-iać, -ić *v*. change, exchange; barter; (*w co, na co*) change into, turn (or convert) into; ~ **karę na inną**, commute a punishment; ~ **się** (*w co, na co*) change, turn, be changed (or converted) into; **-nia** *f*. metonymy; **-ny** *a*. exchangeable; handel ~, barter.
zamierać *v*. die away; decline.
zamierz-ać, -yć *v*. intend, have in view, aim at; (*wyznaczyć*) fix; determine; ~ się na kogoś, make for one; ~ kijem, level a stick at one.
zamierzch *m*. dusk; **-ły** *a*. dark, prehistoric.
zamiesz-ać *v*. stir up; trouble, disturb; ~ **się**, get entangled (in); **-anie** *n*. confusion, disturbance, tumult; **-ka** *f*. disturbance; riot, revolt.
zamie-szczać, -ścić *v*. insert.
zamieszk-ać, -iwać *v*. reside, dwell; live; settle (somewhere); **-ały** *a*. living, domiciliated, residing; dwelling; **-anie** *n*. residence, abode; **-any** *a*. inhabited.
zamieść *v*. sweep.
zamil-czeć *v*. see **-knąć**; (*o czem*) pass in silence; keep secret; **-czenie** *n*. silence, concealment, omission; **-knąć** *v*. cease to speak; break off; hold one's tongue; **-knienie** *n*. sudden silence.
zamiłowa-ć *v*. take a fancy (to); become fond (of); take a liking (to); **-nie** *n*. fondness, love, passion (for); **-ny** *a*. (*w czem*) addicted to, fond of.
zam-karz *m*. locksmith; **-nąć** *v*. see **zamykać**; ~ rachunek, close an account; ~ książki, (*buchalt.*) balance books; **-nięcie** *n*. lock; close; conclusion; end; confinement; ~ rachunków, balancing of accounts; ~ sesji, the closing of a session; **-nięty** *a*. shut, closed; (*w sobie*) reticent; taciturn; **-kowy** *a*. (of a) lock; (of a) castle.
zamłodu *adv*. when young, in one's youth.
zamo-czyć *v*. wet, soak, moisten, dip, steep; ~ **się, -knąć**, get wet; suffer from dampness.
zamordowa-ć *v*. murder, assassinate; **-nie** *n*. murder, assassination.

Odnośnie do czasowników z przedrostkami z- i za-, brakujących powyżej, ob. **z-**, wzgl. **za-**.

For verbs with prefixes z- and za- not given consult **z-** or **za-**.

zamo-rski *a.* overseas; (from) beyond the sea; transoceanic.
zamorz-enie *n.* starvation; **-yć** *v.*, ~ **się**, starve.
zamoście *n.* region beyond the [bridge.
zamotać *v.* entangle, hamper; ~ **się**, get entangled.
zamożn-ość *f.* wealth, opulence, affluence; **-y** *a.* rich, wealthy, well off.
zamówi-ć *v.* order; reserve; ~ miejsce, book a seat; ~ kogoś (*do roboty*), hire, engage; ~ damę do tańca, engage a lady to dance; ~ się do kogo, invite oneself to a person's house; **-enie** *n.* order.
zamr-ażać, -ozić *v.* freeze; congeal; **-óz** *m.* frost.
zamrocz-yć *v.* dim, becloud; **-enie** *n.* dimness; haze.
zamruż-ać, -yć *v.* half close; ~ oczy na co (*fig.*), wink (at).
zamrzeć *v.* die (away).
zamsz *m.* chamois, shammy; **-ownik** *m.* shammy-dresser; **-owy** *a.* (of) chamois, (of) shammy.
zamszony *a.* mossy.
zamul-ać, -ić *v.* obstruct with slime; (*med.*) oppilate, obstruct; **-enie** *n.* obstruction.
zamurować *v.* wall-up; immure.
zamurze *n.* space behind a wall.
zamydl-ać, -ić *v.* soap; soak in suds; ~ komu oczy (*fig.*) throw dust into one's eyes; bamboozle.
zamykać *v.* close, shut; ~ na rygiel, bolt; ~ na klucz, lock; ~ **drogę**, block the way; ~ oczy **na coś** (*fig.*), wink at; ~ w sobie, hold, contain, comprise; ~ się w sobie, be taciturn, be reserved.
zamy-sł *m.* design, purpose, aim, intention; **-ślać, -ślić** *v.* design, plan, contemplate, intend; have in view; ~ **się**, ponder (upon); be lost in thoughts; muse; **-ślanie** *n.* thoughtfulness, reverie; **-ślenie** *n.* meditation; musing; **-ślony** *a.* thoughtful, musing.

Odnośnie do czasowników z przedrostkami z- i za-, brakujących powyżej, ob. **z-**, wzgl. **za-**.

zanadrze *n.* bosom; schować w ~, conceal in one's bosom.
zanadto *adv.* too, too much.
zanękać *v* overwork, overtax, torment to death.
zaniech-ać *v.* (*czego*) desist (from), discontinue; leave off, give up, forbear; ~ kroków nieprzyjacielskich, suspend hostilities; ~ pretensji, waive a claim; **-anie** *n.* desistance (from); discontinuance.
zaniedb-ać, -ywać *v.* neglect, omit, fail; disregard; ~ **się**, neglect oneself; be negligent; **-anie, -ywanie** *n.* neglect, omission; carelessness; desuetude; ~ **się**, neglect, carelessness; **-any** *a.* careless, negligent; neglected.
zaniemeński *a.* (from) beyond the river Niemen.
zaniem-ieć, -ówić *a.* grow dumb, be speechless, stand (or remain) dumbfounded.
zaniemóc *v.* fall sick, fall ill.
zaniepokoić *v.* disturb, alarm; trouble; ~ **się**, be alarmed.
zaniepokojenie *n.* alarm; trouble.
zan-ieść, -osić *v.* take (to), carry; convey; ~ **się**, approach; (*na coś*) look as if; **-osić się**, (*od*) shake (with).
zaniewidzieć *v.* grow blind, lose one's sight.
zanik *m.*, **-anie** *n.* decline, decay, atrophy, desuetude; **-ać, -nąć** *v.* decline, decay, dwindle (away); disappear.
zanim *c.* before, ere.
zankiel *m.* (*bot.*) sanicle.
zanocować *v.* put up, spend the night; sleep.
zanokcica *f.* agnail.
zanosić *v.* see **zanieść**.
zanudzić *v.* bore to death; (*mieć nudności*) have qualms.
zanurz-ać, -yć *v.* plunge, immerse, dip, steep; ~ **się**, plunge; (*fig.*) be drowned, be buried (in).
zań = **za niego**, for him, for it.
zaochocić *v.* encourage, set one agog (upon); ~ **się**, take a liking (to).

For verbs with prefixes z- and za- not given consult **z-** or **za-**.

zaoczn-ie *adv.* behind one's back, in the absence of; ~ szkalować, bąckbite; ~ osądzić, judge by default; **-y** *a.* done in the absence (of); wyrok ~, judgement by default.
zaodrzański *a.* (from) beyond the river Oder.
zaogni-ać, -ć *v.* inflame; (*fig.*) envenom, aggravate; ~ **się**, rankle, fester, be inflamed; **-enie** *n.* inflammation; **-ony** *a.* festered, rankling; inflamed.
zaokrągl-ać, -ić *v.* round off; **-ony** *a.* rounded; -na suma, round sum.
zaonegdaj *adv.* three days ago.
zaopatrz-enie *n.* provision, equipment; means; investment; **-yć** *v.* supply, provide (with); ~ kogoś, provide for one.
zaostrz-ać, -yć *v.* sharpen; (*fig.*) heighten, aggravate; envenom.
zapach *m.* smell, odour; (*dobry*) scent, fragrance; perfume; ~ wina, the flavour of wine.
zapad *m.*, **-lina** *f.*, **-lisko** *n.* hollow, depression, cavity; **-ać** *v.* fall; sink, decline; ~ na, fall sick (with); be afflicted (with); catch; noc -a, night is falling; (*o wyroku*) be pronounced; be passed; gdy noc -a, at nightfall; -ł na zdrowiu, his health began to decline; uchwała -ła, a resolution was taken; ~ **się**, fall in; give way; **-anie** nocy, nightfall; **-ły** *a.* fallen in; hollow; declining; -łe oczy, policzki, sunken eyes, cheeks.
zapal-ać, -ić *v.* light, kindle, set on fire; (*fig.*) inflame; ~ papierosa, light a cigarette; ~ w piecu, light the fire in the stove; ~ (*żądzę*) (*fig.*) arouse, awaken, excite (a desire); ~ się do czegoś, be (or grow) enthusiastic (over); **-czywość** *f.* vehemence, passion; fieriness; **-czywy** *a.* passionate, vehement; **-enie** *n.* (*med.*) inflammation; ~ się samodzielne węgla, spontaneous ignition of coal; **-eniec** *m.* enthusiast; hotspur; **-iczka** *f.* (*bot.*) ferula; **knot -niczy** *a.* (*artyl.*) quickmatch; **-niczka** *f.* automatic lighter; **-nik** *m.* fuse; **-ność** *f.* inflammability; **-ny** *a.* inflammable, combustible, ignitible; firy; (*med.*) inflammatory; **-ony** *a.* lighted; (*fig.*) enthusiastic.
zapał *m.* enthusiasm, ardour, zeal; eagerness; (*u strzelby*) touch-hole; **-ka** *f.* match.
zapamięt-ać, -ywać *v.* remember, keep in mind; ~ **się**, be beside oneself; **-ale** *adv.* franticly; fiercely; passionately; ~ kochać, be head over ears in love; **-ałość** *f.* frenzy, fierceness; **-ały** *a.* frantic, passionate, fierce, beside oneself with frenzy; **-liwy** *a.* forgetful; also see **zapamiętały**.
zapanbrat *adv.* hand in glove (with).
zapanować *v.* prevail, master, subdue.
zapar-cie *n.* bolting; ~ stolca (*med.*) obstruction; ~ **się**, self-denial; disavowal; **-ty** see **zaprzeć**; z -tym oddechem, with suspended breath; **-stek** *m.* addle egg.
zaparz-ać, -yć *v.* infuse; **-enie** *n.* infusion.
zapas *m.* store, provision, stock; supply; w -ie, in store; gromadzić -y, store up; **-y** *pl.* (*sport & fig.*) wrestling match; struggle; ~ wojenne, military stores; iść w ~, fight; go on the warpath; **-owy** *a.* spare, in store, in reserve.
zapasiony *a.* fat; fattened.
zapaska *f.* apron.
zapaszek *m.* see **zapach**.
zapaść *v.* fatten; also see **zapadać**.
zapaśn-ictwo *n.* wrestling; **-iczy** *a.* wrestler's; (of) wrestling; **-ik** *m.* wrestler, prize-fighter; **-y** *a.* in store; well-stocked.
zapat-rywać się, -rzyć się *v.* be of opinion, regard; contemplate; pore (over); gloat (on);

Odnośnie do czasowników z przedrostkami z- i za-, brakujących powyżej, ob. z-, wzgl. za-.

For verbs with prefixes z- and za- not given consult z- or za-.

-rywanie (się) *n.* view, opinion.

zapchać *v.* cram, stuff; obstruct; block up.

zapełni(a)ć *v.* fill.

zaperz-ony *a.* flushed with anger; **-yć się,** flush with anger.

zapewn-e *adv.* surely, certainly, undoubtedly, very likely; **-iać, -ić** *v.* assure; secure; **-ienie** *n.* assurance; security.

zapę-d *m.* impetus; violence, vehemence; **-dzać, -dzić** *v.* drive (in, to); ~ **się,** run; penetrate; reach (far, too far).

zapiaszczyć *v.* cover with sand; block up (or fill) with sand.

zapiąć *v.* see **zapinać.**

zapić see **zapijać.**

zapie-c, -kać *v.* burn; sear; singe; bake; (*med.*) cauterize; ~ żołądek, obstruct; ~ komu, tease, vex, provoke; ~ **się,** bake hard; **-cek** *m.* chimney-corner; wychowany na -cku, home-bred.

zapieczętowa-ć *v.* seal; **-ny** *a.* sealed.

zapiera-ć see **zaprzeć; -dło** *n.* bar, bolt, ratchet.

zapierz-ony *a.* fledged; **-yć się** *v.* fledge.

zapię-cie *n.* buckle; clasp; **-ty** see **zapinać.**

zapijać *v.* drink; drink down; ~ troski, drown one's sorrow in drink; ~ **się,** be addicted to drinking, drink oneself (to, out of, etc.).

zapin-ać *v.* button (up); buckle; clasp; ~ **się,** button one's coat etc.; bluzka -a się na zatrzaski, the blouse is fastened with clasps; **-ka** *f.* clasp.

zapis *m.* registration; bequest; **-ać, -ywać** *v.* note, write down, register; ~ lekarstwo, prescribe medicine; (*w księgi*) enter; ~ testamentem, bequeath; ~ kwatery, quarter soldiers; ~ **się,** subscribe (to); inscribe oneself; apply (for); ~ ~ djabłu, sell one's soul to the devil; **-ek** *m.* note; **-owe** *n.* registration fee.

zaplata-ć *v.* entangle; involve, intricate; **-nie** *n.* entanglement.

zapleciony see **pleść.**

zapleśni-ałość *f.* mouldiness, mustiness; **-ały** *a.* mouldy, musty, fusty.

zapluskwiony *a.* infested with bed-bugs.

zapła-cenie *n.* payment; **-cić** *v.* pay; (*fig.*) requite; kazać (*sobie*) ~, charge; **-ta** *f.* payment; salary, wages; reward; fee.

zapładniać see **zapłodnić.**

zapłakany *a.* tear-stained; crying, weeping, in tears.

zapłodni-ć *v.* fecundate, impregnate, fructify; **-enie** *n.* fecundation, impregnation, fructification.

zapłon-ąć, -ić się *v.* catch fire; redden; blush; **-ienie (się)** *n.* blush.

zapobie-c, -dz, -gać *v.* prevent; avert; provide against; nie można temu ~, it cannot be helped; **-ganie, -żenie** *n.* prevention; (preventive) measures (against); **-gawczy** *a.* preventive; **-gliwy** *a.* provident, thrifty.

zapo-cenie *n.* sweat, perspiration; **-cić** *v.* soak (imbue, permeate) with sweat; ~~ **się,** perspire.

zapoczątkować *v.* initiate.

zapodzi-ać, -ewać *v.* mislay; lose; ~ **się,** go astray, be missing, be lost.

zapom-inać, -nieć *v.* forget; ~ języka w gębie, (*fig.*) be tongue-tied; ~ **się,** forget oneself; **-inalska** *f.*, **-inalski** *n.* forgetful person; **-inanie, -nienie** *n.* forgetfulness; oblivion; pójść w -nienie, fall into oblivion; -inanie o sobie, self-denial.

zapomoga *f.* aid, assistance; grant of money.

zapona *f.* hook, clasp; curtain, veil.

zapor-a *f.* bolt; obstacle; **-owy** ogień (*artyl.*), barrage (fire).

zaporoże *n.* country situated beyond the Dnieper; **-c** *m.* Cossack from beyond the Dnieper.

Odnośnie do czasowników z przedrostkami z- i za-, brakujących powyżej, ob. **z-,** wzgl. **za-.**

For verbs with prefixes z- and za- not given consult **z-** or **za-.**

zapotniały *a.* saturated with sweat.
zapotrzebowa-ć *v.* want, require; order; **-nie** *n.* demand; need, want.
zapowi-adać, -edzieć *v.* announce, foretell, forebode, presage; proclaim; ~ **się,** forebode, be likely; **-edź** *f.* announcement, token; **-edzi** *pl.* banns.
zapowietrz-ać, -yć *v.* infect; **-ony** *a.* infected; plaguesome.
zapozew *m.* summons, citation.
zapozn-ać, -awać *v.* acquaint (with); introduce (to); ~ **się,** (*z kim*) get acquainted; make one's acquaintance; **-anie (się)** *n.* acquaintance; **-any** *a.* misunderstood.
zapoz-wać, -ywać *v.* summon, cite, prosecute.
zapożycz-ać, -yć (się) *v.* contract debts, borrow.
zapór *m.* obstacle; barrage.
zapóźno *adv.* too late.
zapracow-ać, -ywać *v.* earn; ~ **się,** overstrain oneself; **-any** *a.* earned; overworked.
zaprasza-ć see **zaprosić; -jący** *a.* inviting.
zapraw-a *f.* spice; seasoning; ~ wapienna (*murarska*), mortar; **-iać, -ić** *v.* season, spice; ~ sałatę, dress a sallad; ~ goryczą, embitter; ~ dziurę, stop a hole; ~ kogo do czego, train a person (in); ~ się do czego, accustom oneself (to), inure oneself (to), train oneself (in); ~ się na kim, take example by; **-iony** *a.* spiced, seasoned, flavoured (with).
zapro-sić *v.* invite; **-siny** *pl.*; **-szenie** *n.* invitation.
zaprowadz-ać, -ić *v.* (*kogoś dokąd*) take (to), bring; (*zapoczątkować*) introduce; establish; **-enie** *n.* introduction.
zaprószyć *v.* dust; throw (some) dust into.
zapróżni(a)ć *v.* encumber, occupy.
zaprzaniec *m.* renegade.

zaprz-ąc, -ądz, -ęgać, -ęgnąc *v.* harness (*lit.* & *fig.*); **-ąg** *m.* team (of horses); harness; -ęgowy koń, draught-horse.
zaprząt-ać, -nąć *v.* fill, occupy, encumber; ~ głowę czemś, preoccupy one's mind (with); ~ **się,** be engaged (in), be preoccupied (with).
zaprzecz-ać, -yć *v.* deny, contradict, contest; **-enie** *n.* denial; negation; bez -enia, unquestionably.
zaprzeć *v.* close, bolt; pen up; (*zaprzeczyć*) deny; ~ kogo w ciasny kąt, drive one into a corner; ~ **się,** deny, disown, disavow, disclaim; ~ wiary, abjure one's faith; ~ samego siebie, deny oneself.
zaprzeda-ć, -wać *v.* sell; ~ **się,** sell oneself; **-ny** *a.* sold (to).
zaprzesta-ć, -wać *v.* desist (from), discontinue, leave off; cease; **-nie** *n.* discontinuance, cessation.
zaprzeszły *a.* long past; (*gram.*) czas ~, pluperfect.
zaprzęg see **zaprząg; -ać** see **zaprząc.**
zaprzyjaźni-ać, -ć (się) *v.* make friends; **-enie się** *n.* friendship; **-ony** *a.* on friendly terms (with).
zaprzysi-ąc, -ądz, -ęgać *v.* swear; **-ężenie** *n.* swearing in; taking of the oath; **-ężony** *a.* sworn (in).
zapust *m.* thicket; **-nik** *m.* reveller; **-ny** *a.* (of) Shrovetide; **-ować** *v.* revel; **-y** *pl.* Shrovetide.
zapu-szczać, -ścić *v.* let in, drop; sink; ~ wąsy, grow a moustache; (*zaniedbać*) neglect; (*czem*) cover, veil; ~ psy, let dogs loose; ~ korzenie, strike root; ~ zagony, make incursions; ~ ogień, kindle a fire; ~ co czem, do over (with), impregnate (with); ~ się (*dokąd*), go as far as; penetrate; (*w dociekania*) go deeply into, investigate.

Odnośnie do czasowników z przedrostkami z- i za-, brakujących powyżej, ob. **z-,** wzgl. **za-.**

For verbs with prefixes z- and za- not given consult **z-** or **za-.**

zapychać *v.* stuff, cram; choke; block, stop.
zapyl-ać, -ić *v.* dust; (*bot.*) pollen; **-ony** *a.* dusty.
zapyt-ać, -ywać (się) *v.* ask, inquire, interrogate; **-anie** *n.* question; znak -ania, note of interrogation.
zarabiać see **zarobić.**
zarachować see **zaliczyć.**
zara-da *f.* help, remedy; expedient; **-dczy** *a.* preventive; **-dność** *f.* ingeniousness; **-dny** *a.* clever, ingenious; resourceful; **-dzać, -dzić** *v.* help, advise; temu nie można -dzić, it cannot be helped; ~ czemu, prevent; remedy.
zaran-ek *m.*, **-ie** *n.* dawn; **-ny** *a.* (of the) dawn; gwiazda -na, morning-star.
zar-astać, -osnąć, -ość *v.* be overgrown (with); (*o ranie*) cicatrize, close. [presently.
zaraz *adv.* immediately, directly,
zaraz-a *f.* (*mór, lit. & fig.*) pestillence; plague; (*med.*) infection; contagion; (*w zbożu*) smut; (*na bydło*) murrain; **-ek** *m.* virus; **-ki** *pl.* baccili.
zarazem *adv.* at the same time, besides.
zara-zić, -żać *v.* infect; (*fig.*) corrupt, taint, poison; ~ **się,** be infected (with); **-źliwość** *f.* contagiousness, infectiousness; **-źliwy** *a.* infectious, contagious; **-żenie** *n.* contagion, infection.
zardzewi-ałość *f.* rustiness; **-ały** *a.* rusty; **-eć** *v.* rust.
zaręcz-ać, -yć *v.* warrant, guarantee; assure; (*np. za żonę*) affiance; ~ **się** (*z kim*) betroth oneself (to); **-enie** *n.* warrant, guarantee; betrothal; security; assurance; **-ony** *a.* betrothed; affianced; **-ynowy** *a.* (of) betrothal; **-yny** *pl.* betrothal.
zaręka *f.* security.
zarękawek *m.* muff.
zarob-ek *m.* profit; wages; (*fig.*) work; **-ić** *v.* earn; gain; ~ na czem, profit (by); ~ ciasto, knead dough; ~ na życie, **-kować** *v.* earn one's living; **-kowanie** *n.* earning a living; **-kowy** *a.* of livelihood; of living; spółka -kowa, cooperative society.
zarod-ek *m.* germ; embryo; (*bot.*) bud; (*anat.*) foetus; (*fig.*) source, cause; **-nik** *m.* spore.
zaro-sły, -snąć, -ść see **zarastać;** **-st** *m.* hair, beard etc; **-śle** *n.*, **-śla** *pl.* coppice; thicket; brushwood.
zarozumia-lec *m.* self-conceited man; **-łość** *f.* conceit; self-confidence; **-ły** *a.* conceited; self-confident.
zaródź *f.* germ, protoplasm.
zarówno *adv.* equally, as well as.
zarumieni-ć *v.* redden; (*masło*) roast brown; (*chleb*) bake brown; ~ **się,** blush; colour; **-enie (się)** *n.* blush, colour.
zarwać *v.* snatch; grasp; (*choroby etc.*) catch; (*kogo*) cheat; ruin; ~ nauki, acquire a superficial knowledge (of); zarwał się most, a bridge broke down; ~ **się,** fall down; break.
zary-bek *m.* fry; **-iać, -ić** *v.* stock (a pond) with fry.
zaryć *v.* bury; ~ nosem ziemię, bite the dust.
zarys *m.* outline; sketch.
zaryso(wy)wać *v.* sketch; outline; ~ **się,** come into view, appear.
zarywać see **zarwać.**
zarząd *m.* administration, management, direction; **-ca** *m.* manager; **-zać, -zić** *v.* administer, manage; give instructions, prescribe; Rada -zająca, The Board of Administration; **-zanie** *n.* management, administration; **-zenie** *n.* disposition; order.
zarze-c, -kać *v.* bewitch, charm, enchant; ~ **się,** swear; ~~ czegoś, kogoś, renounce.
zarzewie *n.* fire-brand (*lit. & fig.*).
zarz-nąć, -ynać *v.* cut; notch; butcher, murder, kill; (*fig.*) ruin; ~ **się,** cut oneself; (*fig.*) ruin oneself.

Odnośnie do czasowników z przedrostkami z- i za-, brakujących powyżej, ob. **z-,** wzgl. **za-.**

For verbs with prefixes **z-** and **za-** not given consult **z-** or **za-**

zarzu-cać, -cić *v.* throw; (*zagubić*) mislay; (*zaniedbać*) neglect, give up; (*czem*) cover with; strew with; ~ co komu, reproach one with; ~ sieć, cast the net; ~ kogo czem, (*fig.*) pester one (with); ~ kotwicę, cast the anchor; **-cić się,** go astray; be missing; **-cenie** *n.*, **-t** *m.* reproach, objection; charge; bez -tu, faultless; czynić -ty, reproach one (with); **-tka** *f.* overcoat.
zarzynać see **zarznąć.**
zasad-a *f.* maxim, principle; basis; (*chem.*) base; **-niczo** *adv.* fundamentally; in principle; at bottom; **-niczy** *a.* fundamental, cardinal; **-nie** *adv.* soundly, on good grounds, upon firm principles; **-ność** *f.* soundness; fundamentality; **-ny** *a.* sound, well grounded; **-owy** *a.* basic.
zasadz-ać, -ić *v.* (*sadzić*) plant; (*kogo*) place, appoint; ~ co w co, fix, stick, put (in); ~ na co, fix, put, stick (on); ~ na czem, rest, ground (on); ~ **się** (*na kogo*), lie in ambush (for); ~ na czem, ground (or rest) one's opinion (upon); **-ka** *f.* ambush, ambuscade; snare.
zasapa-ć się *v.* be out of breath; pant, puff and blow; **-ny** *a.* out of breath, panting.
zasą-dowy *a.* extrajudicial; **-dzać, -dzić** *v.* adjudge; (*kogoś*) condemn.
zasch-ły *v.* dry, dried (up); **-nąć** *v.* dry up.
zasępi-ać, -ć darken, obscure; cloud; overcast; sadden; ~ czoło, (*fig.*) cloud one's brow; frown; **-enie** *n.* darkness, dimness; cloudiness; (*fig.*) frown, sadness.
zasi-adać, -ąść *v.* sit down (to); ~ w radzie, sit in a council; ~ na tronie, reign; ~ do roboty, set to work; **-edziały** *a.* (*gdzie*) fixed, settled; sedentary; home-keeping; **-edzieć** *v.* (*sprawę*) miss (an affair, an opportunity); ~ **się,** keep, remain, sit, stay (too long).

zasiek *m.*, **-a** *f.* abatis.
zasiew *m.* seed-corn; sowing; sowing season; seed-time.
zasię *c.* but; however.
zasięg *m.* reach; **-ać, -nąć** *v.* reach; derive, get; ~ rady, consult; ~ języka, wiadomości, gather (or get) information.
zasi-lać, -lić *v.* strengthen; support; ~ czem, supply (or feed) (with); ~ **się,** take refreshment; **-łek** *m.* allowance; assistance; supply; refreshment; ~ w ludziach, reinforcement.
zaskakiwać *v.* jump up to; ~ koło kogo, insinuate oneself into one's favour; fawn upon one; ~ koło czego, bestir oneself about something; also see **zaskoczyć.**
zaskarbić *v.* deserve; ~ sobie co, win, gain.
zaskarż-ać, -yć *v.* accuse; (*do sądu*) sue, prosecute; **-enie** *n.* charge, action.
zasklepi-ać, -ć *v.* vault; stop, close; ~, (*ranę*) cicatrize; heal up; ~ **się** (*o ranie*), cicatrize; (*zaskorupiać się*) be encrusted (in); (*fig.*) confine oneself, shut oneself up.
zaskoczyć *v.* surprise, take aback, overtake; catch, take by surprise; also see **zaskakiwać.**
zaskorupi(a)ć *v.* encrust; ~ **się,** see **zasklepiać się.**
zaskórn-ik *m.* maggot; **-y** *a.* subcutaneous.
zaskroniec *m.* snake.
zasłabn-ąć *v.* faint; fall sick, grow ill; **-ięcie** *n.* illness; faintness.
zasł-aniać, -onić *v.* veil, cover, hide; shelter; protect; ~ komu co, blok up, intercept, stand in the way; ~ **się,** veil oneself, cover oneself; shield, guard onęself; parry a blow; ~ czem, (*usprawiedliwiać*) plead; **-ona** *f.* cover, veil, curtain; (*fig.*) shield; zdjąć komu -onę z oczu (*fig.*) open one's eyes.

Odnośnie do czasowników z przedrostkami z- i za-, brakujących powyżej, ob. **z-**, wzgl. **za-**.

For verbs with prefixes z- and za- not given consult **z-** or **za-**.

zasłu-ga *f.* merit, service, desert(s); contribution (to); położyć -gi, render services; deserve well (of); **-giwać, -żyć** *v.* earn; gain; ~ na co, merit, deserve; ~ **się**, render services; contribute (to); gain merit; (*komu*) deserve well of; **-żony** *a.* (*człowiek*) worthy, of (great) merit; (*słuszny*) deserved.

zasmakować *v.* (*w czem*) like; find a taste (for); relish; (*komu*) suit (one); be to one's taste.

zasmolić *v.* pitch, tar; soil, dirty.

zasmuc-ać, -ić *v.* sadden, afflict, grieve; **-enie** *n.* sadness, grief, sorrow; affliction.

zasnąć *v.* fall asleep; ~ w Bogu, ~ na wieki, take one's last sleep.

zasob-ność *f.* wealth; **-ny** *a.* rich, wealthy. [*pl.* resources.

zasób *m.* stock, supply; zasoby,

zaspa *f.* snow-drift; (*piaszczysta*) sand-hill, drifting sand.

zaspa-ć *v.* oversleep; ~ sprawę, neglect a business; **-łość** *f.* sleepiness, drowsiness; **-ny** *a.* sleepy, drowsy, heavy with sleep.

zasp-akajać, -okajać, -okoić *v.* quiet, reassure, appease; (*np. pretensje*) satisfy; ~ głód, appease one's hunger; ~ pragnienie, quench one's thirst; zapotrzebowanie itd., meet a demand etc.; ~ **się**, rest content, be satisfied; **-okojenie** *n.* satisfaction; reassurance; apeasement.

zasta(wa)ć *v.* find, come across.

zastan-awiać, -owić *v.* stop, check; (*zadziwić*) surprise, astonish; arrest one's attention; ~ **się**, pause, stop; (*nad czem*), consider; take into consideration, wonder (if, how, etc.); **-owienie** *n.* consideration, reflection; attention, deliberation; po głębszem -owieniu się, after mature consideration; bez -owienia, heedless (-ly), thoughtless(ly), reckless (-ly).

zastarz-ałość *f.* obsoleteness; inveteracy; **-ały** *a.* obsolete, antiquated; rooted; **-eć**, ~ **się** *v.* grow old, fall into disuse, become obsolete; grow inveterate.

zastaw *m.* pledge, security; dać w ~, na ~, pawn, pledge; dać majątek w ~, mortgage one's estate; pod ~, as a security; **-a** *f.* (*stołowa*) table utensils; **-ek** *m.*, **-ka** *f.* flood-gate; (*anat.*) valve; **-ać** see **zastać**; **-ca** *m.* mortgager; **-iać, -ić** *v.* place behind; block; encumber; strew; (*dać w ~*) pawn, pledge; ~ kogo, guard, protect, shield, cover; ~ sieci, set nets, lay snares; ~ **się** (*czem*), cover oneself, shield oneself, parry; (*wymawiać*) excuse oneself, plead; shield, defend; **-idło** *n.* flood-gate; **-nik** *m.* mortgager; -ne listy, debenture bonds.

zastąpi-ć *v.* replace, supply; be a substitute for; stand for; (*zalegać*) hinder; be in the way; ~ stratę, make up for a loss; ~ komu drogę, bar one's path; waylay one; ~~ komu (*od*), keep one (from); hinder one (from); (*zajść w ciążę*) become pregnant.

zastęp *m.* host, legion; troop; Pan -ów, Lord of hosts; **-ca** *m.* substitute, representative, proxy; assistant; **-czo** *adv.* in place of, by proxy; as a substitute (for); by appointment; vicariously; **-czy** *a.* vicarious; supplying the place of another; acting for; **-ować** see **zastąpić**; **-stwo** *n.* substitution; agency; representation.

zastosowa-ć *v.* adapt, conform; use, apply; ~ w praktyce, put into practice; dający się ~, applicable; ~ **się**, comply (with); conform oneself (to); **-nie** *n.* adaptation, application; ~~ **się**, conformity, compliance.

zastój *m.* stagnation; (*w handlu*) depression.

zastraszający *a.* alarming.

Odnośnie do czasowników z przedrostkami z- i za-, brakujących powyżej, ob. z-, wzgl. za-.

For verbs with prefixes z- and za- not given consult z- or za-.

zastrzał *m.* (*med.*) whitlow.
zastrze-c, -dz, -egać *v.* (*sobie*; *się*) stipulate, insist (upon), make clear; reserve (to oneself); **-żenie** *n.* reservation, clause, restriction; stipulation; bez-żenia, unreservedly; z -żeniem błędów i opuszczeń, errors and omissions excepted; z tem -żeniem, że, provided that.
zastrzyk-iwać, -nąć *v.* inject; **-nięcie** *n.* injection.
zasu-nąć, -wać *v.* push, shove behind; shut, close; ~ firankę, draw the curtain; ~ rygiel, bolt the door; **-wa, -wka** *f.* bar, bolt.
zasychać *v.* dry up.
zasyłać *v.* send; ~ komu ukłony, send one's respects (or compliments).
zasyp(yw)ać *v.* fill with; cover with; strew on; (*fig.*) overwhelm; assail.
zasypiać see **zasnąć, zaspać.**
zaszczep-ca, -iciel *m.* founder, planter; **-iać, -ić** *v.* graft; (*med.*) inoculate; (*fig.*) implant; inculcate.
zaszczy-cać, -cić *v.* honour, favour; ~ **się**, be honoured; **-cony** *a.* honoured; **-t** *m.* honour, favour; to mu przynosi ~, it does him credit; mam ~ zawiadomić, I beg to to inform; **-tnie** *adv.* honourably; in a creditable manner; **-tny** *a.* honourable, creditable; **-ty** *pl.* honours.
zaszkodzenie see **szkoda.**
zaszły *a.* that has taken place.
zaszy-cie *n.* sewing up; stitch; **-wać** *v.* sew up.
zaś *c.* but, however.
zaścian-ek *m.* farm, settlement; **-kowość** *f.* conservatism, backwardness; **-kowy** *a.* countryfied; backward; szlachcic ~, yeoman.
zaślepi-ać, -ć *v.* dazzle, blind; ~ **się**, be blind; ~ (*w kim*) dote on, be infatuated (with); **-enie** *n.* blindness, infatuation; -ony w kim, w czem, infatuated with; doting on.
zaślepnąć *v.* grow blind.
zaślubi-ać, -ć *v.* marry, wed; **-ny** *pl.* wedding; betrothal.
zaśmiać się *v.* burst out laugh ing; ~ na całe gardło, guffaw.
zaśmiecić *v.* litter.
zaśmier-dnąć, -dzieć *v.* stink, be tainted.
zaśnia-d, -t *m.* miscarriage.
zaśniec-ać, -ić *v.* blight; ~ **się,** be blighted.
zaśniedzi-ały *a.* rusty; **-eć** *v.* rust.
zaśnież-ać, -yć *v.* cover with snow.
zaśnięcie *n.* falling asleep.
zaśrubować *v.* screw up, screw on.
zaświadcz-ać, -yć *v.* witness, attest, certify, testify; **-enie** *n.* attestation, certificate, testimony, character.
zaświat *m.* the beyond; **-owy** *a.* beyond the grave.
zaświec-ać, -ić *v.* kindle, light; ~ **się,** flash, shine.
zaświtać *v.* dawn (*lit.* & *fig.*).
zatabacz-ać, -yć *v.* soil with snuff.
zataczać, zatoczyć *v.* roll to; ~ koło, describe a circle; ~ wzrokiem, cast a sweeping glance; ~ **się,** reel, stagger.
zata-ić, -jać *v.* hide, conceal; **-jenie** *n.* concealment.
zatapiać see **zatopić.**
zatarasować *v.* barricade, block up, bolt.
zatar-cie *n.* effacement, blotting out; obliteration; erasure; **-ty** *a.* see **zacierać.**
zatarg *m.* dispute, quarrel; scuffle, broil.
zatem *prp.* then, therefore, consequently, hence.
zatęch-łość *f.* fustiness; rancidness; **-ły** *a.* fusty, rancid; **-nąć** *v.* become (or get) fusty, rancid.
zatk-ać, -nąć *v.* stop (up), fill; obstruct; ~ dziurę, stop a gap; ~ nos, hold one's nose; ~ komu gębę, silence one; (*na co, za co*), fix, put, stick (on, upon, behind); plant.

Odnośnie do czasowników z przedrostkami z- i za-, brakujących powyżej, ob. **z-,** wzgl. **za-.**

For verbs with prefixes z- and za- not given consult **z-** or **za-.**

zatłaczać see **tłoczyć.**
zatłuc *v.* beat to death.
zatłu-szczony *a.* greasy; fat; **-ścić** *v.* grease.
zatocz-ony, -yć *v.* see **zataczać;** -**ysty** *a.* winding up, wound (up).
zatoka *f.* gulf; bay; (*med.*) fistula.
zatonąć *v.* get drowned; sink.
zatop *m.* flood; **-ić** *v.* drown, dip, submerge; sink; ~ **się,** sink, be drowned; ~ w myślach, be absorbed in thought; **-ienie** *n.* sinking; drowning; submersion; flood.
zator *m.* barrage of drifting ice; (*fig.*) congestion.
zatrac-ać, -ić *v.* see **tracić; -enie** *n.* loss; damnation; ruin, destruction; **-eniec** *m.* reprobate, castaway; **-ony** *a.* lost, mislaid; ruined, destroyed.
zatradować *v.* arrest, seize, distrain.
zatrata *f.* ruin, perdition, destruction, extermination.
zatru-ć, -wać *v.* poison; (*znieczulić*) anaesthetize; (*fig.*) embitter.
zatrudni-ać, -ć *v.* employ, occupy, keep busy; disturb, inconvenience; ~ **się,** be busy, be occupied; busy oneself (with), occupy oneself (in); **-enie** *n.* occupation, business, profession.
zatrw-ażać, -ożyć *v.* frighten, dismay, confound, alarm; **-ażający** *a.* alarming; **-ożenie** *n.* fright, alarm.
zatrzas-k *m.* drzwi) latch; (*u sukni*) clasp; **-nąć** *v.* ~ drzwi, slam the door.
zatrzeć *v.* see **zacierać.**
zatrzęsienie *n.* abundance, profusion, plenty.
zatrzym-ać, -ywać *v.* keep, detain, stop; withhold; hold (back); arrest; ~ w pamięci, keep in mind; ~ **się,** stop, remain; pause, stay; pull up; ~ ~ nad czemś, pause to think (of).
zatul-ać, -ić *v.* wrap up; stop.
zatuszować *v.* hush up; burke.
zatward-niały *a.* hardened; **-nieć** *v.* harden; **-zać, -zić** *v.* harden, make hard; indurate; ~ serce, harden the heart; ~ **się,** harden, grow hard; (*fig.*) inure oneself (to); **-zenie** *n.* obduracy; (*med.*) costiveness, constipation; **-ziałość** *f.* obduracy; (*fig.*) hard-heartedness; **-ziały** *a.* obdurate, hard-hearted.
zatwierdz-ać, -ić *v.* ratify, sanction, confirm; approve; **-enie** *n.* confirmation, ratification, sanction.
zaty-czka *f.* plug; forelock; **-kać** *v.* see **zatkać.**
zaty-ć *v.* grow fat; **-ły** *a.* fat.
zaufa-ć *v.* confide in, rely upon; trust; **-nie** *n.* confidence; trust; pokładać w kim , trust one; w -niu, confidentially; godny -nia, trustworthy; zawieść -nie, deceive one's confidence; **-ny** *a.* confidential, intimate.
zaułek *m.* lane, back-street, alley.
zauszni-ca *f.* ear-pendant; (*powiernica*) confidante; **-ctwo** *n.* sycophancy; **-k** *m.* confidant, sycophant.
zauważ-ać, -yć *v.* (*powiedzieć*) remark, observe; (*zobaczyć*) notice, perceive.
zawa-da *f.* hindrance, obstacle, impediment; stać na -dzie, hinder, stand (or be) in the way; **-djacki** *a.*, **-djactwo** *n.* hectoring, bullying; **-djak, -djaka** *m.* bully, hector, swaggerer; **-dzać, -dzić** *v.* hinder, obstruct, impede, stand (or be) in the way; disturb; ~ o co, stumble (on, upon).
zawa-lać *v.* (*zabrukać*) soil, dirty; (*zatykać*) encumber; obstruct, stop, fill, barricade; **-lić się,** fall into ruins, fall in; tumble down; **-lidroga** *m.* lubber; nuisance; **-lina** *f.*, **-ł** *m.* impediment, hindrance, obstacle; ruins, rubbish; **-łek** *m.* (*fort.*) outwork.

Odnośnie do czasowników z przedrostkami z- i za-, brakujących powyżej, ob. **z-**, wzgl. **za-**.

For verbs with prefixes z- and za- not given consult **z-** or **za-**.

zawarcie *n.* conclusion.
zawarować *v.* insure, secure; fortify, ~ sobie co, stipulate.
zawart-ość *f.* contents; **-y** *a.* shut, closed; concluded; ~ w czem, comprised, contained, included.
zaważyć *v.* weigh; (*fig.*) ~ na szali, turn the scale.
zawcz-asu *adv.* early, in good time; in due time; beforehand; **-esność** *f.* prematureness; **-esny** *a.* premature; **-eśnie** *adv.* too early, prematurely, too soon.
zawczoraj *adv.* the day before yesterday.
zawdzięcz-ać, -yć *v.* owe, be indebted (to one for).
zawędrować *v.* wander (as far as); come (to); reach.
zawiad-amiać, -omić *v.* inform, let know; send word; **-omienie** *n.* information, intimation; news.
zawiadow-ać *v.* manage; superintend, direct; **-anie** *n.* management, superintendence, direction, administration; **-ca** *m.* manager, director; ~ **stacji**, station-master.
zawiasa *f.* hinge.
zawiąz-ać, -ywać *v.* tie (up), bind (up); ~ spółkę itp., establish, form; ~ stosunki, make connections; ~ oczy (*lit. & fig.*) blindfold; **-ek** *m.* nucleus; (*bot.*) bud.
zawichrzenie *n.* disturbance, uproar, riot.
zawi-cie, -janie *n.* wrapper; envelope; ~ na głowę, headdress, coif, turban.
zawiedz-enie *n.* disappointment; deception; **-iony** *a.* deceived, disappointed.
zawieja *f.* snow-storm.
zawierać *v.* (*zamykać*) shut, close; (*umowę, pokój itp.*) conclude; ~ związek małżeński, przyjaźń, contract marriage, friendship; ~ coś w czemś, include, comprise, enclose; ~ w sobie, hold, contain, comprehend.

zawieru-cha *f.* storm; (*fig.*) turmoil, disturbance, riot; **-szyć** *v.* mislay; disturb, trouble; ~ **się**, go astray; be lost, be missing.
zawierz-ać, -yć *v.* believe, trust; (*komu co*), entrust one (with); **-enie** *n.* trust, confidence.
zawie-sić, -szać *v.* hang (up); suspend; (*wstrzymać*) suspend, defer, put off, delay, postpone; ~ kogo w urzędzie, suspend one from office; **-sisty** *a.* pendent, hanging; sos ~, thick sauce; nos ~, long nose; **-szenie** *n.* hanging; suspension; delay; ~ broni, armistice, truce; w -szeniu, in abeyance.
zawieść *v.* see **zawodzić**.
zawietrzny *a.* sheltered; (*mar.*) strona -a, lee-side.
zawiewać *v.* blow.
zawieźć *v.* convey to; take to; cart to.
zawi-jać, -nąć *v.* wrap up; wind up; ~ do portu, call at a port; come to (or reach) a port; ~ ranę, bind up a wound; ~ rękawy, tuck up one's sleeves; ~ się koło czego, bestir oneself (about).
zawikłanie *n.* complication, confusion; entanglement; involution, embroilment.
zawilec *m.* (*bot.*) anemone.
zawił-ość *f.* complication, intricacy, confusion; **-y** *a.* intricate, confused, abstruse.
zawi-nąć see **zawijać**; **-niątko** *n.* bundle, package, parcel; **-nięty** *a.* wrapped up.
zawini-ć *v.* be guilty of, sin (against); offend; **-enie** *n.* guilt, offence, trespass.
zawis-ać, -nąć *v.* hang (on); hook (on); be (or remain) suspended, hanging (on); ~ od, depend on; **-łość** *f.* dependence; **-ły** *a.* suspended, pendent; ~ od, dependent; depending (on).
zawistn-ica *f.*, **-ik** *m.* envious person; **-ie** *adv.* enviously; grudgingly; **-y** *a.* envious; jealous, invidious.
zawiść *f.* envy, jealousy.

Odnośnie do czasowników z przedrostkami z- i za-, brakujących powyżej, ob. **z-**, wzgl. **za-**.

For verbs with prefixes z- and za- not given consult **z-** or **za-**.

zawitać *v.* arrive (at), come (as a welcome guest).

zawład-ać, -nąć *v.* take possession of, master, conquer.

zawo-dność *f.* deceitfulness; **-dny** *a.* deceitful, fallacious, delusive; **-dowiec** *m.*, **-dowy** *a.* professional; **-dy** see **zawód**; **-dzić, zawieść** *v.* (*zaprowadzić*) bring, take (to); (*oszukać*) deceive; (*śpiewać*) sing plaintively; ~ **się**, be disappointed; ~ na kim, be deceived in one.

zawojek *m.* little turban.

zawojować *v.* conquer, subdue, master; -ny przez żonę, henpecked.

zawoła-nie *n.* call; na ~, at any time; **-ny** *a.* called (in); (*fig.*) born, famous.

zawor-a *f.* bar, bolt; **-nik** *m.* (*archit.*) key-stone.

zawozić see **zawieźć**.

zaw-ód *m.* profession; trade; occupation; (*oszukanie*) disappointment; deception, deceit; failure; zrobić komu ~, disappoint one; doznać -odu, be disappointed; bez -odu, without fail; **-ody** *pl.* competition; contest; (*biegi*) race; puścić się w -ody (*z kim*), contend (with); enter the lists (with), strive, vie (with).

zawój *m.* head-dress, turban.

zawr-acać, -ócić *v.* turn (back); -acać oczymą, roll one's eyes; ~ komu głowę, turn a person's head; ~ komuś głowę czemś, bother one (with); ~ **się**, return, turn back; **-otny** *a.* dizzy; vertiginous; **-ót** *m.* turn; ~ głowy, dizziness, giddiness; dostać -otu głowy, be seized with giddiness.

zawstydz-ać, -ić *v.* put to shame; ~ **się**, be ashamed; blush; **-enie** *n.* shame, confusion; **-ony** *a.* ashamed.

zawsze *adv.* always; raz na ~, once for all; na ~, for ever.

zawyrokować *v.* pass judgment, decide; pronounce.

Odnośnie do czasowników z przedrostkami z- i za-, brakujących powyżej, ob. z-, wzgl. za-.

zawzi-ąć *v.* commence, begin; ~ przyjaźń, contract friendship; ~ **się**, begin, start; (*na kogo*) bear rancour; bear one a grudge; (*na co*) be bent on; **-ęcie** *adv.* obstinately, passionately; rancourously; **-ętość** *v.* rancour; obstinacy, stubbornness; **-ęty** *a.* rancorous; obstinate, stubborn; stern; intent upon.

zazdro-sny *a.* jealous, envious; **-ścić** *v.* begrudge; envy; **-ść** *f.* envy, jealousy; godzien -ści, enviable; **-śnica** *f.*, **-śnik** *m.* envious person; **-śnie** *adv.* jealously.

zazębi-ać, -ć (się) *v.* hook on to one another; overlap; **-enie** *n.* (*mech.*) cogs; **-ony** *a.* cogged.

zazieleni-ać, -ć *v.* green; ~ **się, -eć** *v.* grow green.

zazierać see **zaglądać**.

zaziębi-ać, -ć *v.* chill; ~ **się**, be chilled, catch cold; -enie (się) *n.* cold.

zaznacz-ać, -yć *v.* mark, note; point out (or to); (*kłaść nacisk*) lay stress; -am, że, please note that...; ~ **się**, be distinguished (by, for); be famous (for); **-enie** *n.* mark.

zazna(wa)ć *v.* experience.

zaznaj-amiać, -omić *v.* acquaint; introduce, familiarize; ~ **się**, get acquainted; become familiarized; make the acquaintance.

zazwyczaj *adv.* generally, usually, ordinarily.

zażalenie *n.* complaint, grievance.

zażar-cie *adv.* fiercely; obstinately; unmercifully; **-tość** *f.* fierceness, rage; obstinacy; **-ty** *a.* fierce, obstinate.

zażegać *v.* kindle; incite (to).

zażeglować *v.* (*dokąd*) sail, come (to), reach.

zażegn-ać, -ywać *v.* deprecate; conjure away; (*fig.*) avoid, ward off.

zażenowany *a.* out of countenance, abashed, at a loss.

zażerać *v.* devour; ~ **się**, devour one another.

For verbs with prefixes z- and za- not given consult **z-** or **za-**.

zażg-ać, -nąć *v.* stab, spear, pierce to death.
zażół-cić *v.* dye yellow; **-knąć** *v.* grow yellow.
zaży-ć, -wać *v.* use, employ; enjoy; take; undergo, experience, go through; ~ lekarstwa, take medicine; ~ kogo z mańki, make fun (of); outmaneuvre; (umieć) ~ konia, manage a horse skilfully; **-łość** *f.* intimacy; **-ły** *a.* intimate, familiar; **-wny** *a.* stoutish; fattish.
ząb *m.* tooth (*pl.* teeth); (*mech.*), cog; ~ mleczny, milk-tooth; ból zęba, toothache; na ~, ever so little; imperceptibly; rękami i zębami, by hook or by crook; wziąć kogo na ~, pull one to pieces; ostrzyć zęby na co, set one's heart upon; ~ na kogo, bear malice against one; zęby zjeść na czem, grow old in the practice of; babie zęby, (*bot.*) toothwort; psi ~, (*bot.*) dog's tooth; **-czasty** *a.* toothed, jagged, indented; **-ek** *m.* little tooth; denticle; dentil; w -ki, notched; jagged; denticulated; indented; **-kować** *v.* teethe; indent, notch, jag; **-kowanie** *n.* indentation; (*u dzieci*) teething; **-kowatość** *f.* serration; jaggedness; **-kowaty** *a.* indented, toothed, dentate; notched; jagged; (*bot.*) serrate.
zbaczać, zboczyć *v.* deviate; turn from; digress, swerve; (*astr.*) decline; ~ z drogi, go out of one's way; ~ z drogi honoru, swerve from the path of honour; ~ od założenia, od przedmiotu, wander (or ramble) from the point in question; make a digression.
zbaczający *a.* deviating; digressive.
zbadać *v.* explore, investigate, examine; sound.
zbałamuc-enie *n.* seducement; **-ić** *v.* (*np. dziewczynę*) seduce; (*wprowadzić w błąd*) lead into error; ~ czas, trifle away one's time.
zbaw-ca *m.*, **-czyni** *f.* saviour, redeemer, deliverer; **-czy** *a.* salutary; **-iać, -ić** *v.* release, redeem; save, deliver; preserve (from); **-iciel** *m.* deliverer, redeemer; ~ świata, Our Saviour; **-ienie** *n.* salvation; (*fig.*) remedy, cure; **-iennie** *adv.* in a salutary manner; **-ienność** *f.* salutariness, wholesomeness; **-ienny** *a.* wholesome, salutary.
zbereź-eństwo *n.* trick; prank; **-nik** *m.* rogue, scamp.
zbestwi-ałość *f.* bestiality; brutishness; **-ć** *v.* brutalize; ~ **się, -eć** *v.* run wild, sink into brutality, into barbarity.
zbeszcześcić *v.* abuse, dishonour, profane.
zbędn-ość *f.* superfluity; **-y** *a.* superfluous.
zbi-cie *n.* defeat, overthrow; ~ dowodów, refutation; confutation; **-ć** *v.* beat; break; defeat; ~ gwoździmi, nail up; ~ kogo z tropu, mislead; disconcert, confound; ~ psy z tropu, throw hounds off the scent; ~ pieniądze, hoard money; ~ na kupę, huddle together; ~ bruki, loaf.
zbie-c, -dz, -gać *v.* run away; escape; (*z góry*) run down; (*o czasie*) pass, elapse; (*kraje*) travel through, pass through; ~ kogo, surprise, overtake one; garnek -ga, the pot boils over; ~ **się,** run oneself out of breath; (*gromadzić się*) flock together; (*o okolicznościach*) coincide; (*kurczyć się*) shrink.
zbie-dnieć *v.* become poor; **-dnienie** *n.* impoverishment; **-dzony** *a.* impoverished; worn out.
zbieg *m.* deserter, runaway; (*zbieżenie się*) concourse, confluence, concurrence; ~ okoliczności, coincidence; **-ać, -nąć** *v.* **-ać się** see **zbiec; -ły** *a.* past, bygone; ~, *m.* deserter; **-ostwo, -owstwo** *n.* desertion; **-owisko** *n.* crowd, mob.

Odnośnie do czasowników z przedrostkami z- i za-, brakujących powyżej, ob. **z-**, wzgl. **za-**.

For verbs with prefixes z and za- not given consult **z-** or **za-**.

zbiera-cz *m.* collector, gatherer, compiler; **-ć** *v.* gather, collect, accumulate; (*kwiaty*) pluck; (*komitet*) call together, convoke; ~ z pola, reap; ~ pieniądze, skarby, hoard money, treasures; ~ śmietanę, cream milk; ~ **ze stołu**, clear the table; ~ **się**, gather; meet, assemble, come together; prepare, be going to (do something); seem, appear; feel like; ~ ~ na burzę, a storm is approaching; ~ ~ na deszcz, it is going to rain; ~ mi się na sen, I feel like sleeping; ~ **mi się na wymioty, I feel** sick; **-nina** *f.* medley, (sorry) compilation.

zbijać *v.* see **zbić**.

zbior-ek *m.* small collection; **-nik** *m.* reservoir, cistern; **-owisko** *n.* mass; collection; medley, mob; **-owo** *adv.* collectively; in a body; **-owy** *a.* collective; metoda -owa, synthetical method; **-y** *pl.* crops, harvest.

zbiór *m.* collection; harvest, crop, produce; krótki ~, compendium, abstract; **-ka** *f.* gathering, meeting.

zbir *m.* brigand.

zbity see **zbić.**

zbladł-y *a.* pale; **-nąć** *v.* grow pale, turn pale.

zbli-ska *adv.* near, close, at hand; **-żać, -żyć** *v.* bring nearer, bring closer; ~ **się,** approach, draw near; ~ do kogo, accost one; (*fig.*) **-żenie** *n.* approach; ~ osób poróżnionych, reconciliation; ~ ~ **się,** approach; (*niebezpieczeństwa itp.*) impendence; **-żony** *a.* close (to), near.

zbłaźni-ć się *v.* make a fool of oneself; **-ony** *a.* discredited.

zbłą-dzić *v.* lose one's way; go astray; (*fig.*) err, commit a blunder; **-kać się,** lose one's way, go astray; **-kany** *a.* stray, erring.

zbocze *n.* slope; declivity.

zbocz-enie *n.* deviation; ~ igły magn., declination of the magnetic needle, **-yć** *v.* deviate, digress.

zbogac-ać, -ić *v.* enrich; **-enie** *n.* enrichment.

zbolał-ość *f.* aching; pain, soreness; **-y** *a.* sore, aching, painful.

zborny *a.* punkt ~, rallying point.

zboż-e *n.* corn, grain; **-a** *pl.* corn; **-owy** *a.* (of) corn; kupiec ~, dealer in corn; rynek ~, corn market; **-ysty** *a.* corn-producing.

zbożn-ość *f.* piety; **-y** *a.* pious, godly.

zbój-ca *m* brigand, robber, bandit, highwayman; outlaw; assassin; **-czy** *a.* murderous, predatory; **-czyni** *f.* murderess; **-ecki** *a.* murderer's; robber's; **-ectwo** *n.* brigandage, robbery.

zbór *m.* assembly, meeting, congregation, council; Protestant church; synod.

zbrocz-ony *a.*, ~ krwią, bloodstained, gory; **-yć** *v.* stain (with blood).

zbrodni-a *f.* crime; ~ stanu, high treason; **-arka** *f.*, **-arz, zbrodzień** *m.* criminal, malefactor, felon; **-czość** *f.* criminality; **-czy** *a.* criminal.

zbro-ić *v.* arm, equip, fit out; (*spsocić*) do mischief; ~ **się,** take arms, arm oneself; **-ja** *f.* armour; **-jenie (się)** *n.* armament; equipment; **-jnie, -jno** *adv.* in arms, by force of arms; **-jny** *a.* armed; siła -jna, armed forces; **-jownia** *f.* armoury; arsenal.

zbrzy-dnąć *v.* become (or grow) ugly; to mi -dło, I am tired of that; **-dzić** *v.* (*co komu*) disgust one with; inspire one with aversion for something; (*sobie co*) be disgusted with; feel aversion for.

zbudowa-ć *v.* erect; build (up); (*mech.*) mount, assemble; (*fig.*) edify; **-nie** *n.* erection, building; mounting; (*fig.*) edification.

zbudzić *v.* awaken, arouse from sleep; (*fig.*) arouse, enliven; ~ **się,** wake up, awake; arouse; start from sleep.

Odnośnie do czasowników z przedrostkami z- i za-, brakujących powyżej, ob. **z-**, wzgl. **za-**

For verbs with prefixes z- and za- not given consult **z-** or **za-**.

zbutwi-ały *a.* mouldering; **-eć** *v.* moulder.
zby-cie *n.* sale; market; na ~, for sale; **-ć** *v.* see **zbywać.**
zbyt *adv.* too, too much, overmuch; ~, *m.* sale, market; łatwy ~, ready sale; **-ecznie, -nio** *adv.* over-much; excessively; **-eczność** *f.* superfluity, excess; **-eczny** *a.* superfluous, excessive; **-ek** *m.* excess; overflow, waste; do -ku, to excess; opływać w -kach, live in affluence; **-ki** *pl.* extravagance; luxury; **-kować** *v.* sport; frolic; ~ w czemś, exceed; lavish, waste, dissipate; **-kowny, -kowy** *a.* luxurious; **-kujący** *a.* luxurious, prodigal; **-ni** *a.* excessive.
zby(wa)ć *v.* dispose of; get rid of, put off; ~ na czem, be deficient in, lack, be wanting; ~ czegoś, overabound with; be in excess; have to spare; ~ kogo, get rid of one; ~ kogo pięknemi słówkami, put one off with fair words; ~ co żartem, put off with a jest; ~ od czego, be left over, remain.
zc-, zch-, zcz- see **sc-.**
zchodzić się see **zejść się.**
zcicha *adv.* softly, in a low voice.
zdać see **zdawać.**
zdal-a, -eka *adv.* from afar; from a distance, at a distance; aloof; far (from).
zdanie *n.* opinion; mind; judgment; maxim; (*gram.*) sentence; moim -m, in my opinion, to my mind; ~ sprawy, account; ~ **się,** surrender; ~ **się** (*na*), resignation, submission (to).
zdarcie, zdarty see **zdzierać.**
zdarz-ać, -yć *v.* (*co komu*) grant; ~ **się** (*szczęścić*), prosper, succeed; (*trafić*) occur, happen, befall; **-enie** *n.* event, incident, occurrence.
zdatn-ość *f.* fitness; ability; capacity; **-y** *a.* suitable, capable, qualified, clever; fit (for).
zdaw-ać *v.* (*następcy*) turn over; ~ rachunek, render account; (*na kogo urząd etc.*) confer (an office etc. upon a person); ~ resztę, give change; ~ egzamin, pass an examination; ~ z czegoś sprawę, give an account of; ~ co na kogo, commit to one; entrust one (with); ~ sobie sprawę z czego, realize something; ~ **się,** seem, appear; (*na kogo*) rely (on), depend (upon); commit oneself (to); (*na co*) be fit (for); ~ ~ na łaskę, surrender to the mercy (of); zdaje mi się, it seems to me; zdaje się, że (*ty, on, oni itd.*) (you, he, they etc.) seem(s) to ...; **-ka** *f.* change; **-kowy** *a.* common, commonplace; -kowe pieniądze, specie.
zdaw-iendawna, -na *adv.* for a long time, long since; formerly, of old.
zdąż-ać, -yć *v.* keep pace (with); (*dokąd*) get; come; arrive; ~ na czas, come (or be) in due time; ~ ku, bend one's steps toward, be bound for, steer for; (*fig.*) aim at; tend towards.
zdech-lizna *f.* carrion; **-ły** *a.* dead; **-nąć** *v.* die.
zdecydowa-ć *v.* decide; ~ **się,** decide, resolve, make up one's mind; **-ny** *a.* decided; ~ na coś, determined, bent (on).
zdejmować *v.* take off, strip (of); take down; strach go zdjął, he was seized with fear; zdjęty litością, moved with pity; ~ kopję, make a copy; ~ plan, make a plan; (*fot.*) take a picture.
zderz-ać się, -yć się *v.* collide, come into collision, run into each other; **-ak** *m.* buffer, bamper; **-enie (się)** *n.* collision.
zdesperowa-ć *v.* give up hope; **-ny** *a.* desperate.
zdj-ąć *v.*, **-ęty** *a.* see **zdejmować, -ęcie** *n.* removal; (*fot.*) picture; ~ planu, plan, planning; ~ z krzyża, Descent from the Cross.
zdob-ić *v.* adorn, embellish; set off; **-ienie** *n.* decoration; **-nictwo** *n.* decorative art; **-niczy, -ny** *a.* decorative.

Odnośnie do czasowników z przedrostkami z- i za-, brakujących powyżej, ob. **z-**, wzgl. **za-.**

For verbs with prefixes z- and za- not given consult **z-** or **za-.**

zdoby-cie *n.* conquest; capture; **-cz** *f.* booty, spoil; plunder; conquest; quarry; -cze nauki, conquests of science; **-ć, -wać** *v.* conquer; subdue; win, attain, secure; ~ miasto, take a town; **-ć się, -wać się** (*na co*) afford, find it in one's heart (to do); muster up (strength, courage etc.); **-wca** *m.* conqueror; **-wczy** *a.* conquering.

zdoln-ość *f.* capacity, faculty, ability, aptitude, fitness, qualification; talent; **-y** *a.* able, fit, qualified, gifted, capable, apt.

zdo-łać *v.* be able to..., have the power to...; have it in one's power, find it possible (to do); manage (to do).

zdra-da *f.* treason, treachery; perfidy; ~ małżeńska, conjugal infidelity; ~ stanu, high treason; **-dliwość** *v.* perfidy, treacherousness; **-dliwy, -dny** *a.* treacherous; perfidious; **-dzać, -dzić** *v.* betray; be false to; (*fig.*) bespeak; ~ męża, żonę, be disloyal to one's husband, wife; **-dziecki** *a.* treacherous, deceptive; perfidious, disloyal; **-dziecko** *adv.* treacherously; po -dziecku, by treachery; **-jca** *m.* traitor; **-jczyni** *f.* traitress.

zdrap(yw)ać *v.* scratch(away,off).

zdrażać see **zdrożyć.**

zdrętwi-ałość *f.* stiffness, numbness; **-ały** *a.* stiff, numb; **-ć** *v.* torpify, benumb, blunt; **-eć** *v.* get numbed, stiffen; blunt; be torpid; **-enie** *n.* numbness, stiffness.

zdrobni-ałość *f.* diminutiveness; **-ały** *a.* dwarf(ish), degenerated; (*gram.*) diminutive; wyraz ~, term of endearment; **-eć** *v.* dwindle; degenerate; dwarf.

zdrojow-isko *n.* spa, watering-place, health resort; woda **-a,** spring water.

Zdrowaś Marja, zdrowaśka *f.* Hail Mary, Ave Maria.

zdrow-ie *n.* health; toast; wznieść czyjeś ~, drink one's health; przyjść do -ia, recover one's health; **-o** *adv.* healthily, soundly; in good health, safely; ~ powrócić, return safe and sound; **-ość** *f.* salubrity; wholesomeness; **-otność** *f.* salubrity; state of health; **-otny** *a.* sanitary; **-iuchny, -iuteńki** *a.* quite well; in excellent health; **-y** *a.* well, in good health; (*dobry dla zdrowia*) wholesome, healthy; (*fig.*) sound; bądź ~! good-bye! farewell! ~ rozum, common sense.

zdroż-eć *v.* grow dearer; **-yć** *v.* raise the price of.

zdrożn-ie *adv.* deviously; (*fig.*) sinfully; **-ość** *f.* misdeed, wickedness, vice; **-y** *a.* devious; (*fig.*) sinful, wicked, perverse, wrong.

zdrój *m.* spring, fountain, spa; [(*fig.*) source.

zdrów *a.* see **zdrowy.**

zdrzemnąć się *v.* take a nap.

zdumi-ałość *f.* amazement, astonishment; **-ały, -ony** *a.* amazed, aghast, astounded; **-eć, -ewać** *v.* astound, strike with amazement; ~ **się,** be amazed, astounded, stand aghast; (*nad czem*) wonder at; **-enie** *n.* astonishment, wonder, amazement; wprawić w ~, amaze, astound; **-ewający** *a.* amazing, astounding, wonderful.

zdu-n *m.* potter; **-ński, -nowy** *a.* potter's; **-ństwo** *n.* pottery.

zdurzyć *v.* stupefy, deceive, befool.

zdw-ajać, -oić *v.* double; ~ **się,** be doubled.

zdybać *v.* catch unawares; light upon.

zdychać *v.* die.

zdysz-ały, -any *a.* panting, out of breath; **-eć się,** pant, be out of breath.

zdziałać *v.* perform, accomplish, do, effect, bring about.

zdzicz-ały *a.* wild, savage; fierce; **-eć** *v.* become savage, grow (or run) wild.

zdziecinni-ałość *f.* dotage; second childhood; **-ały** *a.* doting; **-eć** *v.* dote.

Odnośnie do czasowników z przedrostkami z- i za-, brakujących powyżej, ob. **z-,** wzgl. **za-.**

For verbs with prefixes z- and za- not given consult **z-** or **za-.**

zdzier-ać *v.* tear off, pull off, strip; (*fig.*) extort; fleece; (*niszczyć*), wear out; ~ **się**, wear out; **-ca** *m.* extortioner; **-stwo** *n.* extortion.
zdziwi-ć *v.* astonish, surprise; ~ **się**, be astonished, be surprised; marvel, wonder (at); **-enie** *n.* astonishment, surprise.
ze *prp.* see **z.**
zebra *f.* (*zool.*) zebra.
zebra-ć *v.* see **zbierać**; **-nie** *n.* meeting, assembly; ~ towarzyskie, party.
zebu *m.* (*zool.*) zebu.
zecer *m.* compositor, setter; **-ski** *a.* compositor's.
zechci-eć *v.* please, be pleased; be willing, choose (to do something).
zedrzeć *v.* see **zdzierać.**
zefir *m.* (*wietrzyk & materja*) zephyr.
zegar *m.* clock; ~ ścienny, clock; ~ słoneczny, sundial; **-ek** *m.* watch, time-piece; na moim -ku, by my watch; **-kowy** *a.* (of a) watch; **-mistrz** *m.* watchmaker; **-mistrzowski** *a.* watchmaker's; **-owy** *a.* (of a) clock; (of a) watch.
zegnać *v.* see **zganiać.**
zejś-cie *n.* descent; akt -cia, certification of decease; ~ ze świata, decease; ~ **się**, meeting; **-ć** *v.* see **schodzić.**
zelant *m.*, **-ka** *f.* zealot.
zel-ować *v.* resole; **-ówka** *f.* sole.
zelż-eć *v.* slacken, relent; become lighter; (*o mrozie*) thaw; **-enie** *n.* (*obelga*) invective, abuse; **-ony** *a.* abused, reviled; **-yć** *v.* insult, revile, inveigh (against), abuse; (*ulżyć*) lighten, ease; **-ywość** *f.* outrage, insult, affront; invectives; **-ywy** *a.* insulting, disgraceful, outrageous.
zemdl-ały, -ony *a.* swooned, in a swoon; faint; **-enie** *n.* swoon, fainting fit.
zemknąć *v.* run away; escape, scamper away.
zem-sta *f.* vengeance, revenge; **-szczony** *a.* revenged.

Odnośnie do czasowników z przedrostkami z- i za-, brakujących powyżej, ob. **z-**, wzgl. **za-.**

zenit *m.* zenith; być u -u, be at the zenith (of); dojść do -u, reach the zenith.
zeń = **z niego**, from him (it), of him (it).
zepchnąć *v.* push down; see **spychać.**
zeprzeć *v.* (*o zbożu*) be mowburnt; also see **spierać.**
zepsucie *n.* spoiling; decay; damage; putting out of order; (*moralne*) corruption, depravity; ulegający -ciu, perishable.
zerk-ać, -nąć *v.* cast a look, peep; look askance.
zero *n.* nought; zero.
zerwa-ć *v.* see **zrywać**; **-nie** *n.* rupture; breach.
zerznąć *v.* see **zrzynać**; ~ **się** (*vulg.*) get drunk.
zesch-ły *a.* dried up, shrunk, shrivelled; **-nąć** see **zsychać.**
zeskroba-ć, -ywać *v.* scrape away, scrape off; erase.
zesłabnąć *v.* faint, swoon.
zesła-ć *v.* see **zsyłać**; **-nie** *n.* deportation; ~ Ducha Świętego, the Descent of the Holy Ghost, Pentecost.
zesłupieć *v.* be dumbfounded.
zesmalać see **smolić.**
zespol-enie *n.* union, conjointment; **-ić** *v.* conjoin, join, unite, make common.
zespół *m.* (*osób*) troupe; party; (*rzeczy*) set; (*całość*) whole.
zesromoc-enie *n.* disgrace; shame; **-ić** *v.* abuse, disgrace, dishonour.
zestawi-ać, -ć *v.* take down, lower; (*montować*) erect, assemble; (*porównać*) compare, confront; **-enie** *n.* assemblage, collection; statement; comparison.
zeszczętem *adv.* completely, entirely, thoroughly.
zeszkl-enie *n.* vitrification; **-ić (się)** *v.* vitrify.
zeszł-oroczny *a.* last year's; **-y** *a.* past, last.
zeszpecenie *n.* disfigurement, deformity, ugliness.
zeszyt *m.* copy-book; (*książki, dzieła*) number, part.

For verbs with prefixes **z-** and **za-** not given consult **z-** or **za-.**

ześliz-giwać się, -nąć się *v.* glide, slide (down, off, from).
ześrodkow-ać, -ywać *v.* concentrate, centre, focus; ~ **się**, center, concentrate (upon); **-anie** *n.* concentration. [*n.* contact.
zetkn-ąć *v.* see **stykać**; **-ięcie**
zetrzeć *v.* see **ścierać**.
zew *m.* call.
zewn-ątrz *adv., prp.* outwardly, on the outside; out of, outside; abroad, without; z ~, from without; from the outside; **-ętrze** *n.*, **-ętrzność** *f.* exterior; outside; **-ętrzny** *a.* outer, outward, external, exterior; foreign; (*o lekarstwie*) for external application.
zewrzeć się *v.* see **zwierać**.
zewsząd *adv.* from all sides, on all sides.
zewszechmiar *adv.* in all respects, in every respect.
zez *m.* squint; -em patrzeć, squint; (*fig.*) frown upon; **-ować** *v.* squint; **-owaty** *a.* squinting.
zezna-ć, -wać *v.* confess; avow; (*jako świadek*) confess, depose, give evidence; **-nie** *n.* deposition, statement, confession, evidence.
zezulka *f.* cuckoo.
zezw-alać, -olić *v.* permit; allow; (*na co*) consent to, agree to, acquiesce in; **-olenie** *n.* permission; consent; acquiescence, compliance.
zezwierzęc-ać, -ić *v.* brutalize; ~ **się**, grow brutal; grow wild, savage; **-enie** *n.* brutality, wildness.
zęb-aty *a.* toothed; pronged; indented; (*fig.*) biting, mordacious; koło -ate, cog-wheel; **-odół** *m.* alveolus; **-owy, -ny** *a.* dental; of teeth; **-y** *pl.* of **ząb**.
zgad-ać się *v.* happen to speak of; -ało się o... the conversation turned upon...; we chanced to speak of...; **-nąć, -ywać** *v.* guess; conjecture, ~ zagadkę, guess a riddle.

Odnośnie do czasowników z przedrostkami z- i za-, brakujących powyżej, ob. **z-**, wzgl. **za-**.

zgadzać *v.* see **zgodzić**.
zgaga *f.* heartburn.
zganiać *v.* drive together; pen up; ~ konia, founder a horse; ~ winę na kogoś, lay the blame on one.
zgani-ć *v.* blame, disapprove, find fault with; **-enie** *n.* blame, disapprobation; **-ony** *a* blamed.
zgarbiony *a.* bowed; stooping.
zgar-nąć, -niać, -tywać *v.* rake together, scrape together; heap; mass; ~ z czego, remove; rake off (away), scrape off (away).
zgę-stniały *a.* condensed; **-szczać, -ścić** *v.* condense, thicken; compress; **-szczony** *a.* thick, condensed; compressed; **-szczenie** *n.* condensation; compression.
zgiełk *m.* tumult, uproar; hubbub; clamour; **-liwość** *f.* tumultuousness; **-liwy** *a.* tumultuous, clamorous.
zgię-cie *n.* bend, curve, flexure; turn; **-ty** see **giąć**.
zgliszcze *n.* cinders, remains; (*u pogan*) pyre.
zgładzić *v.* kill; exterminate; (*wygładzić*) smooth; ~ kogo ze świata, make away (with); ~ grzech, wipe out a sin.
zgłasza-ć *v.* announce; ~ **się**, report, apply; **-nie się** *n.* application.
zgłębi-ać, -ć *v.* (*gruntować*) sound; (*med.*) probe; (*dochodzić*) investigate, fathom; **-nik** *m.* probe.
zgłodni-ały *a.* famished, hungry; **-eć** *v.* famish, suffer hunger.
zgło-sić (się) see **zgłaszać (się)**; **-ska** *f.* syllable; **-kować** *v.* syllable; **-skowanie** *n.* syllabication; **-skowy** *a.* syllabic; **-szenie** *n.* announcement; ~ ~ **się**, application.
zgłu-chnąć *v.* turn deaf; **-szyć** *v.* deafen; deaden, smother.
zgni-lizna, -łość *f.* decay, putrefaction; (*fig.*) corruption; **-łek** *m.* sluggard; lazy-bones; **-ły** *a.* putrid, rotten; decaying; (*fig.*) corrupt.

For verbs with prefixes z- and za- not given consult **z-** or **za-**.

zgo-da *f.* (*jednomyślność*) concord, harmony, good understanding; (*porozumienie*) agreement; compact; ~! agreed; (*przyzwolenie*) consent; za -dą, with the consent (of); **-dnie** *adv.* in concert, in good intelligence; ~~ z czem, according to, in conformity with; **-dność** *v.* conformity, harmony; good understanding; agreement; consonance; ~kopji z oryginałem, conformity of a copy with the original; za ~ z oryginałem, conformable to the original; **-dny** *a.* peaceful, sociable; (*z czemś*) conformable (to), agreeing (with), consistent (with); **-dzić** *v.* reconcile, bring into harmony, make agree; (*sługę*) hire, engage; ~ **się**, comply, yield, tally (with); ~~ z kim, agree with a person; ~~ o cenę, agree on (or as to) the price; ~~ na co, w czem, consent to, acquiesce in; agree to, comply with; approve of. [healing up.

zgo-ić (się) *v.* heal up; **-jenie** *n.*

zgoła *adv.* completely, entirely, altogether, quite; nic ~, nothing at all.

zgon *m.* decease, death, demise.

zgon *m.* (*dla bydła*) pen; **-ić** *v.* see **zganiać.**

zgorączkowany *a.* feverish, restless.

zgorsz-enie *n.* scandal; outrage; dawać ~, scandalize; **-yć** *v.* scandalize; ~ **się** (*czem*), be scandalized (at); be shocked (at).

zgorze-ć *v.* burn down; **-l, -lina, -lizna** *f.* (*pogorzelisko*) cinders; (*med.*) gangrene; (*strup*) burn; (*w potrawie*) smell (or taste) of burning; **-linowy** *a.* gangrenous, mortified; **-lisko** *n.* see **pogorzelisko; -nie** *n.* fire; po -niu miasta, after the fire of the town.

zgorzkn-ąć, -ieć *v.* become sour, bitter; **-iały** *a.* sour, bitter.

zgóry *adv.* beforehand, in advance, in anticipation.

Odnośnie do czasowników z przedrostkami z- i za-, brakujących powyżej, ob. **z-**, wzgl. **za-**.

zgrabi-ały *a.* numb, stiff; **-eć** *v.* get numbed, get chilled, grow stiff.

zgrabn-ie *adv.* skilfully, gracefully; deftly; **-ość** *f.* grace; skill; **-y** *a.* graceful; handsome; clever; neat; skilful; deft.

zgra-ć się *v.* lose all one's money; **-ny** *a.* penniless, stony-broke; **-ni** *pl.* harmonizing; oni są ~, they work together splendidly.

zgraja *f.* gang, set, mob.

zgromadzenie *n.* assembly, meeting, gathering.

zgromienie *n.* victory; po -u, after the defeat.

zgroza *f.* awe, horror, dread.

zgrubi-ały *a.* rough; thick, big; swollen, coarse; **-enie** *n.* thickness; protuberance; swelling.

zgrubsza *adv.* roughly; perfunctorily, superficially.

zgrywać see **zgrać.**

zgry-ziony *a.* grieved; **-zota** *f.* grief, sorrow; affliction, trouble, cares; ~ sumienia, remorse (or qualms) of conscience; **-źć** *v.* bite (to pieces); craunch; gnaw; (*orzech*) crack; (*fig.*) ~ kogo, grieve, mortify, afflict; ~ **się**, be afflicted, pine, grieve, fret; **-źliwość** *f.* sarcasm; mordacity; **-źliwy** *a.* mordacious, sarcastic.

zgrzeb-ie *n.* tow; **-ło** *n.* curry-comb; **-ny** *a.* (of) sackcloth.

zgrzeszenie *n.* sin, sinning.

zgrzybi-ałość *f.* decrepitude; **-ały** *a.* decrepit; **-eć** *v.* grow decrepit.

zgrzyt *n.*, **-anie** *n.* jar, clash, rattle; **-ać, -nąć** *v.* jar, clash, rattle; ~ zębami, gnash one's teeth; **-liwy** *a.* jarring.

zgub-a *f.* loss; ruin; perdition; **-ność** *f.* perniciousness, destructiveness; **-ny** *a.* ruinous, pernicious, fatal, destructive.

zgwałcenie *n.* violation, infringement, breach; ~ niewiasty, defloration; (*jur.*) rape.

zhańbienie *n.* disgrace; dishonour.

For verbs with prefixes z- and za- not given consult **z-** or **za-**.

ziać *v.* exhale, send forth, emit, vomit; (*stać otworem*) gape; ~ nienawiścią, breathe hatred; ~ ogniem, belch fire.
ziar-enko, -nko, -no *n.* grain, seed; **-nisty, -nkowaty** *a.* granular; grainy; **-nojad** *m.* hawfinch (*orn.*); **-nować** *v.* granulate; **-nożerny** *a.* granivorous.
ziąb *m.* chill.
zidjociały *a.* idiotic.
ziele *n.* herb, weed; wort; ~ jaskółcze, swallow-wort; ~ piaskowe, sand-wort; ~ św.-jańskie, St. John's wort; ~ tatarskie, sweet rush; **-nić** *v.* paint (dye, make) green; ~ **się,** grow green; **-ni(z)na** *f.* greens, *pl.*; vegetables, *pl.*; herbs; **-ń** *f.* verdure; (*chem.*) green.
ziel-isty *a.* grassy; **-nictwo** *n.* herborization; **-niczka** *f.*, **-nik** *m.* herbalist, herborist; (*zbiór, książka*) herbarium; **-ny** *a.* herbaceous; Matka Boska -na, Assumption of the Virgin Mary; **-onawy** *a.*, **-onkowaty** *a.* greenish; **-ono** *adv.* green; **-onooki** *a.* green-eyed; **-oność** *f.* green (colour); verdure; greenness; **-ony** *a.* (*lit. & fig.*) green; verdant; -one Świątki, Whitsuntide; **-sko** *n.* weed.
ziem-ia *f.* earth, soil, land, ground, territory; globe; ~ ojczysta, the country, native land; ~ obiecana, the land of promise; **na -i,** on earth; **na -ię,** to the ground; **-ianin** *m.*, **-ianka** *f.* landed proprietor; (*śmiertelnik*) mortal; **-ianie** *pl.* the landed interest; **-iaństwo** *n.* rural economy; husbandry; **-iorodny** *a.* earthborn; **-iopis** *m.* geographer; **-iopłody** *pl.* agricultural products; **-iowładny** *a.* ruling the earth; **-iowodny** *a.* amphibious; **-isty** *a.* earthy; **-niaczany** *a.* (of) potato(es); **-niak** *m.* potato; **-nowodny** *a.* amphibious; **-ny** *a.* earthly; (of) earth; **-ski** *a.* earthly, terrestrial; (of a) district; **właściciel ~,** landed proprietor; **-skość** *f.* earthliness; **-stwo** *n.* county court; the landed interest.
ziew-ać, -nąć *v.* yawn; also see **ziać.**
zięba *f.* finch.
zięb-iączka *f.* chill, chilliness; **-ić** *v.* chill; cool; **-nąć** *v.* be cold, feel chilly.
zięć *m.* son-in-law.
zim-a *f.* winter; **-ą,** in winter (-time); **-nica** *f.* ague; **-no** *n.* cold, coldness; **-no** *adv.* coldly; ~ mi, I am cold; jest ~, it is cold; **-ność** *f.* coldness, chilliness, frigidity, bleakness; **-ny** *a.* cold; bleak; frigid; (*fig.*) freezing, chilly, indifferent.
zimo-ląg *m.* chilly body; **-rodek** *m.* (*orn.*) kingfisher; **-rosty** *pl.* winter-greens; **-wać** *v.* hibernate, winter; **-wisko** *n.* winter quarters; **-wit** *m.*, jesienny ~, (*bot.*) meadow-saffron; **-wy** *a.* (of) winter, wintry; -wa **pora,** winter season; -we **powietrze,** wintry weather.
zimówka *f.* winter fruit.
zinąd *adv.* from elsewhere, on the other side.
zioła, ziółka *pl.* herbs; ~ lekarskie, medicinal herbs.
ziołozbiór *m.* herbarium.
ziółko *n.* herb.
ziomek *m.* countryman, compatriot.
zionąć see **ziać.**
zipać *v.* breathe.
ziszczenie *n.* realization, fulfilment, accomplishment.
ziścić *v.* realize, fulfil; ~ **się,** be realized; come true; prove true; be fulfilled.
zjad-ać *v.* see **jeść**; **-liwość** *f.* venomousness, virulence, mordacity, sarcasm; **-liwy** *a.* venomous, virulent, biting, sarcastic.
zjaw-a *f.*, **-ienie** *n.* vision, apparition, phantom, prodigy; phenomenon; **-ienie się** *n.* appearance; **-isko** *n.* phenomenon (*pl.* -na).
zjazd *m.* meeting, assembly, congress.

Odnośnie do czasowników z przedrostkami z- i za-, brakujących powyżej, ob. **z-**, wzgl. **za-**.

For verbs with prefixes z- and za- not given consult **z-** or **za-**.

zjechać *v.* see **zjeżdżać.**
zjedn-ać, -ywać *v.* (*sobie co*) gain, obtain, win; (*kogo z kim*) reconcile; **-anie** *n.* reconciliation; **-oczenie** *n.* union; **-oczony** *a.* united.
zjełczały *a.* rancid.
zje-ździć, -żdżac *v.* travel (far and wide); (*dokądś*) arrive, come together; (*skądś*) go (or slide) down; go (or get) out of the way; (*konia*) harass, override; ~ kogo (*fig., fam.*) scold, rate; ~ **się,** meet, assemble.
zkolei *adv.* next.
zla-ć *v.* see **zlewać**; **-nie się** *n.* confluence, fusion; amalgamation; blending.
zlat-ać, -ywać *v.* fly down, fall down; ~ **się,** flock together; come together, meet.
zląc (się) see **lęgnąć,** also **zlęknąć się.**
zlec-ać, -ić *v.* (*poruczyć*) charge one (with), commission, entrust (with); (*polecić*) order; enjoin; **-enie** *n.* order; injunction; charge.
zlecieć *v.* see **zlatać.**
zlegn-ąć *v.* lie in; **-ienie** *n.* childbirth.
zlekka *adv.* lightly, slightly, somewhat.
zlep, -ek *m.* lump, mass, conglomeration, cluster.
zlew *m.* confluence; (*kanaliz.*) sink; **-ać** *v.* pour (off), decant; (*oblać*) drench; ~ **się,** flow together, run into, blend, join, mix; **-ek** *m.* (*mieszanina*) mixture, fusion; (*przelanie, cesja*) transfer, cession, resignation; **-ki** *pl.* slops, dregs.
zleż-ały *a.* spoiled by lying too long; **-eć się** *v.* become spoiled by lying too long.
zlęk-ły *a.* seized with fear; **-nąć** *v.* frighten; ~~ **się,** be seized with fear, take fright.
zlitowanie (się) *n.* pity, mercy, compassion.
zlot *m.* gathering; flight.
złagodzenie *n.* mitigation, assuagement, appeasement.

Odnośnie do czasowników z przedrostkami z- i za-, brakujących powyżej, ob. **z-,** wzgl. **za-.**

złam *m.,* **-anie** *n.* break, breach; ~ przysięgi, perjury; na ~ karku, headlong, neck and crop.
złączenie *n.* union, junction, combination, blending.
złazić *v.* get down; (*o farbie itd.*) come off.
złe *n.* evil, harm, mischief; brać za ~, take ill, take amiss; nic -ego, no evil, no harm.
zło *n.* evil; see **złe.**
złocić *v.* gild; tinge with gold.
złocień *m.* (*bot.*), chrysanthemum.
złocis-tość *f.* the glitter of gold; **-ty** *a.* golden; gilt.
złocony *a.* gilt.
złoczy-nny *a.* evil-doing; wicked; criminal; **-ńca** *m.* evildoer, malefactor; criminal, felon, convict; **-ństwo** *n.* misdeed wickedness, villany; crime.
złodziej *m.,* **-ka** *f.* thief; ~ kieszonkowy, pickpocket; na -u czapka gore, the cap fits; **-ski** *a.* thief's, thievish; **-sko** *adv.* po -sku, thievishly; **-stwo** *n.* theft, thievery.
złom *m.* block, fracture; ~ ziarnisty, granular fracture; ~ żyłkowaty, fibrous fracture.
złorzecz-enie *n.* curse, imprecation, malediction; execration; **-yć** *v.* curse, swear, execrate; ~ komuś, imprecate upon one.
złoś-cić *v.* make angry, vex, provoke, irritate; ~ **się,** be angry (at, with), fret, be vexed, rage; **-ć** *f.* anger; malice, spite; wpaść **w ~, fly into a passion**; na ~, out of spite; zrobić komu co na ~, spite a person; **-liwość** *f.* spitefulness, malice; **-liwy** *a.* spiteful, malicious; mischievous; **-nica** *f.* shrew; **-nik** *m.* cross-patch.
złot-awiec *m.* (*zool.*) green-beetle; **-ko** *n.* (*fam.*) sweetheart, love.
złotni-ctwo *n.* goldsmith's trade; gilding; **-czy** *a.* gold-smith's; **-k** *m.* goldsmith; gilder.
złoto *n.* gold; (*naczynia -e*) gold-plate; ~ w sztabach, bullion; ~ w listkach, goldleaf; nie wszystko ~ co się.

For verbs with prefixes z- and za- not given consult **z-** or **za-.**

świeci, all is not gold that glitters; **-dajny** *a.* gold-yielding, auriferous; **-głowy** *a.* brocaded; golden-haired; **-głów** *m.* brocade; (*bot.*) asphodel; **-kamień** *m.* chrysolite; **-kost** *m.* (*farba*) realgar; (*chem.*) orpiment; **-kwiat** *m.* (*bot.*) chrysanthemum; corn-marigold; **-lity** *a.* golden; (of) gold; **-łusk** *m.* (*zool.*) mullet; **-pióry** *a.* gold-feathered; **-pstrąg** *m.* gold-spotted trout; **-rodny** *a.* gold-yielding; **-usty** *a.* gold-lipped; **-wierzba** *f.* golden osier; **-włosy** *a.* gold-haired.

złotówka *f.*, **złoty** *m.* florin; Polish „złoty"; czerwony ~, ducat.

złoty *a.* golden, (of) gold; (*fig.*) dear, darling, love; ~ środek, the golden mean; -e rybki, gold-fish; ~ deszcz, (*bot.*) laburnum; -e czasy, golden age.

zło-wieszczy,-wrogi,-wróżbny, *a.* dreadful, ominous; awe-inspiring, portentous.

złoże *n.* layer, bed, vein, gangue.

złoż-enie *n.*, ~ z urzędu, dismissal; deposition; ~ z tronu, dethronement; ~ we dwoje, folding; **-yć** *v.* see **składać**; **-żony** *a.* see **składać**; complicated, intricate.

złu-dny *a.* illusory, delusive; **-da** *f.*, **-dzenie** *n.* illusion, delusiveness, delusion; optyczne ~, optical illusion.

złupienie *n.* plunder, pillage; (*fig.*) ~ skóry, extortion.

zły *a.* bad, evil, wicked; (*rozgniewany*) angry; cross; ~ na kogo, angry with one; złe czasy, hard times; ~ czas, bad weather.

zmacniać *v.* strengthen.

zmaczać see **moczyć.**

zmagać *v.* overcome, overpower; ~ **się**, struggle, strive.

zmanierowany *a.* affected.

zmarły *a.* dceased, defunct; dead.

zmarnowanie *n.* waste.

zmarszcz-enie *n.*, ~ czoła, frown; **-ka** *f.* fold, plait, crease, rumple; (*na twarzy*) wrinkle.

zmartwi-ałość *f.* atrophy, deadness; **-ały** *a.* dead; numb; **-enie** *n.* grief, sorrow, affliction; **-ony** *a.* upset, sad, grieved, afflicted.

zmartwychwsta-ć *v.* rise from the dead; **-ły** *a.* risen from the dead; **-nie** *n.* resurrection.

zmarz-lak *m.* chilly body; **-łość** *f.* frost, chilliness; **-ły** *a.* frozen; congealed; **-nąć** *v.* freeze, congeal; be frozen.

zmaterjalizowa-nie *n.* self-interest, worldliness; materialization; **-ny** *a.* selfish, self-interested, worldly, materialized.

zmawiać see **zmówić.**

zmaza *f.* stain, blemish, blot; bez -y, stainless, spotless.

zmaz(yw)ać *v.* rub off, efface; blot out, cancel; (*zwalać*) stain, pollute, defile.

zmącony *a.* troubled, turbid.

zmeł-cie *n.* grinding; **-ty** *a.* ground.

zmęcz-enie *n.* fatigue, weariness; **-ony** *a.* tired, fatigued, weary.

zmiana *f.* change; alteration; turn; shift; na -y, alternately, by rotation; ~ księżyca, lunar-quarter.

zmiarkować (się) *v.* perceive, make out; see; guess, detect, understand; keep one's temper, bethink oneself.

zmiata-cz *m.* sweeper; **-ć** *v.* sweep (off, away).

zmiel-enie *n.* grinding; **-ony** *a.* ground.

zmieni-ać, -ć *v.* change, alter; shift; (*pieniądze*) exchange; ~ **się**, change, be changed; (*kolejno*) alternate.

zmienn-ość *f.* inconstancy, instability, fickleness, mutability; **-y** *a.* inconstant, unsteady, variable, fickle; modifiable; mutable; unsettled.

zmierać *v.* die.

zmierzać *v.* see **mierzyć**; ~ komuś temperaturę, take one's temperature; ~ **ku czemu**, tend to, aim at, make for; ~ się do, aim at, threaten.

Odnośnie do czasowników z przedrostkami z- i za-, brakujących powyżej, ob. **z-**, wzgl. **za-**.

For verbs with prefixes z- and za- not given consult **z-** or **za-**.

zmierzch *m.* twilight, dusk; **-ać się, -nąć się** *v.* grow dusky; grow dark; **-nica** *f.* (*zool.*) (kind of) moth.
zmierzły *a.* loathsome, hateful.
zmiesza-ć *v.* (*kogo*) confuse, disconcert, put out of countenance; also see **mieszać; ~ się,** be confused, be put out of countenance; be disconcerted; **-nie** *n.* embarrassment, confusion; **-ny** *a.* mixed; mingled, blended; disordered; (*fig.*) confused, out of countenance, disconcerted.
zmieść *v.* sweep (away, off).
zmięk-czać, -czyć *v.* soften, mollify; mitigate; ~, (*fig.*) move, touch; **-nąć** *v.* be softened, be moved; be touched; relent.
zmięty *a.* crumpled, crushed.
zmil-czeć, -knąć *v.* conceal; keep silence; cease speaking; ~ (*komu*) listen in silence (to one's reproaches).
zmiłowa-ć się *v.* have mercy, take pity (upon); **-nie** *n.* pity, mercy, compassion.
zmniejsz-ać, -yć *v.* diminish, reduce, lessen; ~ **się,** decrease, subside, abate, lessen; **-enie** *n.* diminution, reduction; decrease.
zmocnić *v.* strengthen, fortify.
zmocować *v.* overpower, get the better (of); ~ **się,** weary with struggling.
zmokły *a.* drenched.
zmora *f.* nightmare; wygląda jak ~, he (she, it) looks ghastly.
zmordowany *a.* tired, weary; harassed.
zmorzyć *v.* overcome; overpower, torment.
zmowa *f.* conspiracy, compact, agreement.
zmóc *v.* overcome; master, overpower, get the better of.
zmówić *v.* (*nająć*) hire; (*powiedzieć*) say; ~ pacierz, say (one's) prayers; ~ różaniec, tell one's beads; ~ **się,** arrange, conspire; come to an understanding.
zmówiny *pl.* betrothal.
zmrok *m.* twilight, dusk; dark.
zmu-da *f.* waste of time; toil, drudgery; **-dność** *f.* toilsomeness, irksomeness, tediousness; **-dny** *a.* toilsome, irksome; tedious; **-dzić** *v.* waste.
zmurszały *a.* weather-beaten.
zmu-sić, -szać *v.* compel, force, constrain; ~ do ucieczki, put to flight; **-szenie** *n.* compulsion, constraint.
zmykać *v.* escape, run, scamper away; flee; ~ pocichu, steal away.
zmylić *v.* lead astray, mislead, lead into error; ~ drogę, go astray; ~ komu szyki, thwart one's plans; ~ **się,** be mistaken, make a mistake.
zmysł *m.* sense; przy zdrowych -ach, in one's senses; stracić -y, lose one's senses; dostać pomieszania -ów, go mad; **-owość** *f.* sensuality; lustfulness; **-owy** *a.* sensual.
zmyśl-ać, -ić *v.* invent, feign; counterfeit; (*kłamać*) lie; fib; **-enie** *n.* fiction; invention; falsehood; lie; **-ność** *f.* ingenuity; skill, shrewdness, sagacity; **-ny** *a.* ingenious, sagacious; inventive, shrewd, clever; **-ony** *a.* ficticious, feigned, false; counterfeited.
zmyty *a.* washed (off).
znachodzić see **znajdować.**
znachor *m.* quack.
zna-czący *a.* significant; mało ~, insignificant; **-czek** *m.* sign, mark, token; ~ pocztowy, (postage) stamp; **-czenie** *n.* (*treść wyrazu*) meaning; (*doniosłość itp.*) significance, importance, consequence; to nie ma -czenia, it is of no consequence; it matters little; przywiązywać ~ (*do*), set store by; lay stress (on); **-czność** *f.* remarkableness, distinctness; **-czny** *a.* considerable; remarkable, discernible; conspicuous; **-czyć** *v.* (*znakiem*) mark; (*mieć znaczenie*) mean; signify; ~ **się,** betoken.

Odnośnie do czasowników z przedrostkami z- i za-, brakujących powyżej, ob. z-, wzgl. za-.

For verbs with prefixes z- and za- not given consult **z-** or **za-**.

znać *v.* know; dać ~ (*komu*), let one know, send word; ~, że tak jest, one can see (or notice) that it is so; ~, *adv.* apparently, evidently; ~ **się,** (*z kim*) be acquainted with, know; (*na czem*) be versed in; understand (a thing), have skill (in); know (one's business).

znag-lać, -lić *v.* urge; hurry; constrain; **-ła** *adv.* suddenly, of a sudden.

znajd-ek *m.* foundling; **-ować** *v.* find; discover; ~ **się,** be; be present.

znajom-a *f.*, **-y** *m.* (an) acquaintance; **-ość.** *f.* knowledge, acquaintance, notion; mieć dużo **-ości,** have contacts; **-y** *a.* known (to one), well-known.

znak *m.* sign; mark; token; (*oznaka*) badge; (*zły, dobry*) omen; (*bandera*) colours, banner; ~ krzyża, the sign of the cross; na ~ przyjaźni, in token of friendship; pod **-iem** białego jelenia, at the sign of the White Hart; ~ pisarski, sign of punctuation; ~ fabryczny, trade mark; dać się we -i, make oneself felt; torment; annoy.

znakomi-cie *adv.* excellently; splendidly; remarkably; **-tość** *f.* excellence; (*osoba*) celebrity; **-ty** *a.* excellent, remarkable, signal; exquisite; (*osoba*) distinguished, eminent.

znakować *v.* mark (with signs).

znale-zienie *n.* discovery; **-źć** see **znajdować**; **-źca** *m.* finder; **-źne** *n.* finder's reward.

znami-enitość *f.*, **-enity** *a.* see **znakomitość, -ty**; **-enny** *a.* characteristic; significant; **-ę** *n.* sign; stigma; mark; flag; ~ przyrodzone, mole; **-onować** *v.* characterize.

znany *a.* known, well-known.

znarowi-ć *v.* make restive, spoil; **-ony** *a.* restive.

znaszać see **znosić.**

znaw-ca *m.* judge; connoisseur, expert; **-stwo** *n.* connoisseurship.

znęc-ać, -ić *v.* allure; ~ **się** (*nad kim*), abuse one; ill-treat; oppress, persecute, torture, drive one hard.

znędzni-ały *a.* destitute, reduced to misery; **-eć** *v.* be reduced to misery; become poor; waste away; grow lean; look ill.

znęka-ć *v.* harass, oppress, torment; **-ny** *a.* oppressed, tormented, dejected.

znicz *m.* fireside.

zniechęc-ać, -ić *v.* discourage; disaffect; estrange; **-enie** *n.* discouragement: disaffection; estrangement: discontent; **-ony** *a.* discouraged, dispirited.

zniecierpliwi-ać, -ć *v.* put out of patience; make impatient; ~ **się,** lose one's patience, be impatient; grow impatient; lose one's temper; **-enie** *n.* impatience.

znieczul-ać, -ić *v.* render insensible; (*med.*) anaesthetize; **-enie** *n.* insensibility; anaesthesia.

zniedołężni-ały *a.* indolent; **-eć** *v.* become indolent; **-enie** *n.* indolence, feebleness, imbecility.

zniekształcić *v.* disfigure, deform.

zniemcz-eć *v.* be Germanized; **-yć** *v.* Germanize.

znienacka *adv.* unexpectedly; unawares; suddenly.

znienawidzi-ć *v.* conceive hatred (or aversion) for; **-ony** *a.* hated, odious.

zniepRawi-ć *v.* deprave, corrupt, pervert; **-enie** *n.* depravity, corruption.

znie-sienie *n.* abolition, suppression; destruction; ~ wojsk nieprzyjacielskich, rout, defeat of the enemy; nie do -sienia, unbearable; **-ść** *v.* see **znosić.**

zniesławi-ać, -ć *v.* defame; **-enie** *n.* defamation.

zniewa-ga *f.*, **-żenie** *n.* insult, affront; **-żać, -żyć** *v.* insult, defame, affront; abuse.

zniewalać see **zniewolić.**

Odnośnie do czasowników z przedrostkami z- i za-, brakujących powyżej, ob. **z-**, wzgl. **za-**.

For verbs with prefixes z- and za- not given consult **z-** or **za-**.

zniewieści-ałość *f.* effeminacy; **-ały** *a.* effeminate; unmanly; **-eć** *v.* become effeminate.

zniewol-enie *n.* compulsion, constraint; violation; **-ić** *v.* constrain, compel; force; (*kobietę*) violate; (*sobie*) win, gain, captivate, conciliate.

znik-ać, -nąć *v.* disappear, evanesce, vanish; **-ły** *a.* gone; vain; **-nienie** *n.* disappearance, evanescence.

znikąd *adv.* from nowhere.

znikczemni-ałość *f.* degradation, abjectness; **-ały** *a.* degraded, despicable; abject; **-eć** *v.* sink into abjection.

znikom-ość *f.* transitoriness; futility, insignificance, vanity; **-y** *a.* transitory, evanescent; fleeting; insignificant; frivolous.

zniszcz-eć *v.* decay; go to ruin; perish; **-enie** *n.* ruin, devastation, waste, havoc, destruction, annihilation; **-yć** *v.* spoil, damage, ravage, destroy, waste, ruin, annihilate.

zniweczenie *n.* destruction, annihilation; frustration.

zniż-ać, -yć *v.* lower, let down; drop; abate, reduce; (*kogo*) humble; ~ **się**, stoop; lower oneself, humble oneself; (*fig.*) sink, fall; **-enie** *n.*, **-ka** *v.* reduction; drop; **-kowy** *a.* reduced, at a reduced price; bilet ~ (50%), half-price ticket; tendencja -kowa, a tendency to drop.

zno-ić *v.* torment, vex; **-jny** *a.* toilsome; (*gorący*) hot, scorching.

zno-sić *v.* carry down; bring down; (*skasować*) abolish; suppress; (*cierpieć*) submit to; suffer, endure, bear; (*wojsko nieprzyjaciela*) defeat; (*odzież*) wear out; ~ **się**, (*z kim*) have intercourse, communicate (with); (*o odzieży*) wear out; **-śnie** *adv.* fairly, tolerably, so-so; **-śność** *f.* tolerableness; **-śny** *a.* tolerable, fair.

znowu, znów *adv.* again, anew.

znój *m.* scorching heat; (*fig.*) toil, sweat, hardships.

znudz-enie *n.* boredom, tediousness; **-ić** *v.* bore, tire, bother; weary; ~ **się**, be bored, feel tired; **-ony** *a.* bored, bothered; (*czemś*) sick (of).

znuż-enie *n.* lassitude, weariness, fatigue; **-ony** *a.* wearied, exhausted; **-yć** *v.* fatigue, tire; weary, harass.

zobacz-enie *n.* sight; do -enia! good-bye (for the present); **-yć** *v.* see, perceive, get sight of; **-yć się** (*z kim*), see, meet a person; see one another; (*fam.*) do -yska, bye-bye.

zobojętni-ać, -ć *v.* neutralize; **-eć** *v.* become (grow) indifferent, (to); **-enie** *n.* indifference.

zobopóln-ie *adv.* mutually; **-ość** *f.* reciprocity; **-y** *a.* mutual, reciprocal.

zobowiąz-ać, -ywać *v.* oblige, compel, force; ~ sobie kogoś, lay one under obligations; ~ **się**, engage oneself, pledge oneself; **-anie** *n.* obligation; pledge; przyjąć ~, undertake an obligation.

zobrazować *v.* illustrate.

zoczyć *v.* perceive; catch a glimpse of.

zodjak *m.* (*astr.*) zodiac; **-alny** *a.* zodiacal.

zokrąglić *v.* make round, round off.

zo-ła *f.* lye; **-lić** *v.* wash in lye.

zołz-a *f.*, **-y** *pl.* glanders; **-ować** *v.* have the strangles.

zoolog *m.* zoologist; **-iczny** *a.* zoological; **-ja** *f.* zoology.

zorza *f.* dawn; ~ północna, aurora borealis.

zosobna *adv.* separately.

zosta(wa)ć *v.* (*gdzie*), remain, stay, be left; abide, stop; (*czem*), become, turn; (*przed przymiotn. lub imiest. biern.*), be, get, grow; -ł raniony, he was wounded; ~ przy majątku, retain one's estate; -ł przy życiu, he was left alive; he continued to live; ~ przy swojem zdaniu, persist in one's

---

Odnośnie do czasownikow z przedrostkami z- i za-, brakujących powyżej, ob. **z-**, wzgl. **za-**.

For verbs with prefixes **z-** and **za-** not given consult **z-** or **za-**.

opinion; -ń z Bogiem, farewell; ~ **się**, remain, stay, be left.
zostawi(a)ć *v.* leave, let, commit.
zowąd *adv.* hence, thence; from that place; **ni stąd** ni ~, unexpectedly.
z pod *prp.* from under, from beneath.
zpomiędzy, z pośród *adv. prp.* from among.
zpowrotem *adv.* back, again.
z poza *prp.* from behind; from beyond.
zprzeciwka *adv.* from the other side (of the street, house etc.) from over the way; (from) across.
zpyszna *adv.* mieć się ~, get into trouble, get into a scrape.
zradzać see **rodzić.**
zrana *adv.* (early) in the morning.
zrastać się *v.* grow into one, merge together, accrete; coalesce.
zrasza-ć *v.* bedew, besprinkle, irrigate; **-nie** *n.* irrigation.
zraz *m.* (*ogrodn.*) graft, scion; (*potrawa*) slice of meat; **-y** *pl.* stewed meat.
zra-zić, -żać *v.* discourage, dishearten; disincline; to mnie do niego -ziło, this has disinclined me to him; this has repelled me from him; ~ **się**, lose courage, be disheartened; take exception at; be disinclined (to).
zrazu *adv.* at first, first, at the outset; at the start.
zrąb *m.* frame, framework; (*rąbanie*) felling of wood; (*w lesie*) clearing; (*okrętu*) hull (of ship).
zreflektować *v.* (*kogo*) bring one to reason; ~ **się**, bethink oneself, come to one's senses.
zresztą *adv.* besides, however, after all, though.
zrezygnowa-nie *n.* resignation; **-ny** *a.* resigned.
zręczn-ość *f.* dexterity, skill; (*sposobność*) opportunity; **-y** *a.* skilful, deft, dexterous; clever.
zrękowiny *pl.* betrothal.

Odnośnie do czasowników z przedrostkami z- i za-, brakujących powyżej, ob. **z-**, wzgl. **za-**.

zrobić *v.* make, do, accomplish, perform; manufacture; execute; kazać co ~, have (or get) a thing made (or done).
zro-sły, -snąć, -ść *v.* see **zrastać.**
zro-sić see **zraszać, -szony** *a.* bedewed, besprinkled; irrigated.
zrozpacz-ony *a.* despairing, in despair, disconsolate, brokenhearted; **-yć** *v.* despair, lose hope.
zrozumi-ałość *f.* intelligibility, comprehensibility; **-ały** *a.* comprehensible, clear, intelligible, conceivable; sam przez się ~, self-evident; **-eć** *v.* comprehend, understand; **-enie** *n.* comprehension; understanding.
zrówn-ać, -ywać *v.* equal, even, level, equalize; ~ się z kim, equal one, be on a level with one.
zrównoważ-anie, -enie *n.* equipose; **-ony** *a.* (*fig.*) poised; levelheaded; **-yć** *v.* counterbalance, equipoise. [furrowed.
zry-ć *v.* grout; **-ty** *a.* grouted;
zrywać *v.* tear (off, down, away); ~ umowę, break a contract; ~ mosty, carry away bridges; ~ sejm, break off a diet; ~ kwiaty, pluck flowers; ~ boki ze śmiechu, split one's sides with laughter; ~ z kim, break with a person; ~ **się**, start.
zrzadka *adv.* from time to time; rarely; dispersedly, here and there; thinly.
zrządz-ać, -ić *v.* cause; occasion; bring out; (*o Bogu*) ordain; decree; **-enie** *n.* disposition; ~ Boże, losu, the decrees of God, of fate.
zrze-c, -kać się *v.* (*czego*) renounce, resign, give up; **-czenie się, -kanie się** *n.* renunciation, resignation, renouncement.
zrzed-nieć *v.* grow thin; rarefy; -ła mu mina. he was disconcerted.

For verbs with prefixes z- and za- not given consult **z-** or **za-**.

zrzesz-ać się *v.* form an association; **-enie** *n.* association.
zrzę-da, -dzicki *m.* grumbler; growler, fault-finder; **-dność** *f.* peevishness, querulousness; **-dny** *a.* peevish, grumbling, querulant; growler; **-dzić** *v.* growl, grumble.
zrzuc-ać, -ić *v.* throw down, throw off, cast; take off, pull off; overthrow; ~ się z kontraktu, break an agreement.
zrzynać *v.* cut off.
zsadz-ać, -ić *v.* take down (off); let down (off).
zsiad-ać, zsiąść *v.* get down; alight, dismount; ~ **się,** curdle, coagulate; **-anie się** *n.* coagulation; **-ły** *a.* curdled, coagulated; **-łe** mleko, curdled (or sour) milk.
zsini-ały *a.* livid; **-eć** *v.* grow livid.
zstąp-ić, zstępować *v.* descend; step down; come (or get) down; **-ienie** *n.*, **zstęp** *m.* descent.
zsu-nąć, -wać push (or shove) down; slip down; ~ **się,** slip, glide down, get down.
zsychać see **zeschnąć.**
zsyłać see **zesłać.**
zsyp-ać, -ywać *v.* (*gromadzić*) heap up; (*usypać*) pour off.
zszy-ć, -wać *v.* sew together; **-ty** *a.* sewn together.
ztyłu *adv.* from behind.
zuboż-ałość *f.*, **-enie** *n.* impoverishment; poverty; **-eć** *v.* become poor, grow poor; **-yć** *v.* impoverish; reduce to poverty.
zuch *m.* plucky fellow; trump; dare-devil; **-ować** *v.* bully, hector, swagger; **-owatość** *f.* pluck, daring; **-owaty** *a.* plucky, daring; gallant; **-waleć** *v.* become impertinent, saucy; **-walstwo** *n.*, **-wałość** *f.* audacity; impertinence; sauciness; **-wały** *a.* audacious, arrogant; impertinent, saucy.
zupa *f.* soup.
zupełn-ie *adv.* completely, entirely, fully, quite, utterly, altogether; **-ość** *f.* completeness, fulness, plentitude; **-y** *a.* complete, full, entire, whole.
zuży-cie *n.* (*spotrzebowanie*) consumption; (*zniszczenie*) wear and tear; **-ć, -wać** *v.* use (up); wear out; consume; ~ **się,** wear out, be consumed, waste; **-tkować** *v.* use; make use (of).
zwabi-ać, -ć *v.* allure; entice; **-enie** *n.* allurement.
zwać *v.* call; name; ~ **się,** be called; jak się zwie, what is his (her) name.
zwa-da *f.* brawl, quarrel, wrangle; **-dliwość** *f.* quarrelsomeness; **-dliwy** *a.* quarrelsome, disputatious; **-dzić** *v.* set at variance.
zwal-ać, -ić *v.* (*kogoś*) knock down, bring down, prostrate; (*dom*) pull (or tear) down; (*drzewo*) fell; (*obalić*) annul; (*stoczyć*) roll down; (*do kupy*) accumulate; heap, pile; ~ winę na kogo, lay the blame on a person; ~ na kogo robotę, devolve the work on one; **-ić się** *v.* fall down; tumble down; **-isko** *n.* ruins; *pl* rubbish.
zwalcz-ać, -yć *v.* fight against, combat; ~ trudności, overcome difficulties.
zwalniać see **zwolnić.**
zwał *m.* heap, pile, mass.
zwan, -y *a.* called, named.
zwapn-ieć *v.* calcine; **-ienie** *n.* calcination; ~ żył, hardening of the arteries.
zwar-cie *adv.* closely, compactly; **-ty** *a.* close, compact.
zwarz-ony *a.* turned (sour); (*mrozem*) blasted, pinched (by frost); (*fig.*) dejected, downcast; **-yć** *v.* boil; cook; (*mrozem*) nip, pinch; (*mleko*) turn; (*żelazo*) weld; ~ **się** (*o mleku*) turn.
zwaśni-ć *v.* set at variance, set by the ears; **-enie** *n.* quarrel, disagreement, discord; **-ony** *a.* at variance.
zważać *v.* (*na co*) consider; pay attention (to); take noti-

---

Odnośnie do czasowników z przedrostkami z- i za-, brakujących powyżej, ob. **z-**, wzgl. **za-**.

For verbs with prefixes z- and za- not given consult **z-** or **za-**.

ce (of); nie -ając, notwithstanding, although, heedless of; -ywszy, że, considering that, seeing that.
zważyć *v.* weigh.
zwąchać *v.* smell out, ferret out; smell a rat; find out; ~ **się,** (*fig. z kim*), agree; nose one another out.
zwatl-eć *v.* grow weak; lose weight (or flesh); **-enie** *n.* weakness; **-ić** *v.* weaken; impair.
zwątpi-ć *v.* lose hope; waver; lose courage; ~ o wszystkiem, give up all hope, despair; **-ały** *a.* despondent, dispirited; **-enie** *n.* despondency; discouragement, despair. [filch.
zwędzić *v.* smoke; (*fig.*) pilfer,
zwę-zić, -żać, -żyć *v.* narrow, make narrower (or tighter); ~ **się** **-żeć** *v.* become narrower.
zwiać *v.* blow away; (*drapnąć*) skip off, slip away, levant.
zwiady *pl.* reconnaissance; inquiry, information; jechać na ~, reconnoitre.
zwiast-ować *v.* announce, proclaim; **-owanie** *n.* proclamation; announcement; ~ Najśw. Marji Panny, Annunciation; **-un** *m.* forerunner; harbinger; announcer; omen.
związ-ać, -ywać *v.* fasten, bind, tie (together); join, unite; form; **-anie** *n.* union, connexion; **-ek** *m.* bond, tie; intercourse; alliance; confederation, society, association; union; (*chem.*) combination; ~ małżeński, bonds of marriage; ~ siarki (*chem.*) sulphur compound; bez -ku, disconnected; w -ku z, in connexion with; **-kowy** *a.* (of) association; confederate; **-kowy** *m.* confederate, ally, member.
zwichn-ąć *v.* sprain; **-ięcie, -ienie** *n.* dislocation, sprain; **-ięty** *a.* sprained; dislocated.
zwiedz-ać, -ić *v.* visit; **-anie, -enie** *n.* visit, visiting.
zwiedzieć się *v.* learn, get wind (of).
zwiedziony *a.* deceived, cheated, beguiled.
zwiera-cz *m.* (*anat.*) sphincter; **-ć** *v.* join; clasp together; close; ~ **się,** engage in close fight.
zwierciad-ełko *n.* little looking-glass; **-lany** *a.* (of) looking-glass; mirror-like; **-ło** *n.* looking-glass, mirror.
zwierz *m.* animal; beast; gruby ~, big game; iść na -a, go hunting; **-ątko** *n.* little animal.
zwierz-ać, -yć *v.* confide, entrust; ~ **się,** confide, entrust, unbosom oneself (to).
zwierzchn-i *a.* upper, outer; outward; superior; higher; exterior; superficial; -ia władza, superior authority; **-ictwo** *n.* superiority, authority; **-iczy** *a.* superior; of authority; **-ik** *m* superior; chief; **-ość** *f.* authority, power, authorities.
zwierzchu *adv.* on (the) top, on the surface.
zwierzenie *n.* confidence.
zwierzę *n.* beast, animal, brute; **-cieć** *v.* sink to the level of a beast; **-cość** *f.* animal nature; bestiality; **-cy** *a.* animal, animal's; (*fig.*) brutish, bestial; **-tokrzew** *m.* zoophyte.
zwierz-yna *f.* game; gruba ~, big game; ~ płowa, deer; **-yniec** *m.* zoological garden; zoo.
zwie-sić, -szać *v.* hang, droop; ~ głowę, hang one's head; **-szać się,** hang; **-sisty, -szony** *a.* hanging, drooping.
zwieść see **zwodzić.**
zwietrz-ałość *f.* vapidity; **-ały** *a.* vapid, insipid; **-eć** *v.* become vapid, insipid; loose flavour; **-yć** *v.* scent, ferret out; ~ zwierzynę, scent game; ~ co (*fig.*), scent out, smell **a rat,** get an inkling of.
zwieźć *v.* see **zwozić.**
zwięd-ły, -niały *a.* faded, withered; **-nąć, -nieć** *v.* wither, fade (away).
zwiększ-ać, -yć *v.* magnify, enlarge, raise, increase; heighten; ~ **się,** augment, increase.

Odnośnie do czasowników z przedrostkami z- i za-, brakujących powyżej, ob. **z-,** wzgl. **za-.**

For verbs with prefixes z- and za- not given consult **z-** or **za-.**

zwięzł-ość *f.* conciseness, brevity, succinctness; **-y** *a.* concise, terse, succinct, laconic.
zwi-jać, -nąć *v.* wrap up; fold up; (*żagle*) furl; (*wojsko*) disband; ~ nici, sznurek, reel (or wind) thread, string; ~ **w trąbkę,** roll up; ~ chorągiew, strike the flag; -nąć chorągiewkę, (*fig.*) beat a retreat; ~ **się,** wind oneself; be rolled up; ~ koło czego, bustle about a thing; **-jadło** *n.* reel.
zwil-gły *a.* moist; **-gocić, -żyć** *v.* moisten; **-gotnieć** *v.* get damp, wet, moist.
zwin-ąć *v.* see **zwijać**; **-iątko** *n.* package, parcel, bundle.
zwinn-ość *f.* agility, nimbleness, quickness; **-y** *a.* nimble, quick, dapper.
zwiotszały *a.* (grown) weak.
zwis-ły *a.* flagging; hanging loose; **-nąć** *v.* hang loosely, flag.
zwitek *m.* scroll; roll; bundle.
zwle-c, -kać *v.* protract, delay; put off, postpone; defer; procrastinate; **-kanie** *n.* delatoriness, delay, deferment, protraction, procrastination.
zwłaszcza *adv.* especially, particularly, chiefly, the more so as.
zwłoka *f.* delay; postponement; uzyskać -okę, obtain a respite; bez -oki, without delay.
zwłoki *pl.* corpse, body, mortal remains.
zwo-dniczość *f.* seduction; **-dniczy, -dny** *a.* delusive; deceitful, seducing, seductive; **-dzenie** *n.* seduction; **-dziciel** *m.*, **-dzicielka** *f.* seducer; **-dzić** *v.* deceive, seduce, hoax (into); ~ z drogi, lead astray, mislead; (*most*) lower a bridge; ~ nadół, take down, show the way down; **-dzony** most, draw-bridge.
zwoje *pl.* of **zwój.**
zwojować *v.* conquer, subdue, vanquish.
zwolenni-ctwo *n.* adherence, attachment, loyalty; **-k** *m.*, **-czka** *f.* adherent, partisan, follower, disciple.
zwoln-a *adv.* slowly, little by little; **-ić** *v.* slacken, relax; ease, unbend; loosen; exempt (from); dispense (with); set free; affranchise; ~ kroku, slacken one's pace; **-ieć** *v.* become less intense, abate; slacken; **-ienie** *n.* relaxation; exemption; discharge; affranchisement.
zwo-łać, -ływać *v.* call together, convoke, summon; **-łanie** *n.* convocation.
zwor-a *f.* cramp(-iron); **-nik** *m.* (*arch.*) keystone.
zwo-zić *v.* convey, bring (together); cart; **-żenie** *n.* transport, conveying, cartage.
zwój *m.* (*np. pergaminu*) scroll; (*liny*) coil; (*zwitek*) bundle; (*fałda*) fold.
zwóz *m.*, **-ka** *f.* see **zwożenie.**
zwr-acać, -ócić *v.* give back, return, restore; turn (to, towards, back); vomit; ~ oczy na, glance at, cast eyes on; ~ uwagę na co, call one's attention to; pay attention (to); ~ **się,** turn, return, turn back, turn about, wheel (or face) about; ~ ~ do kogo, apply (to); ~ ~ z prośbą, request.
zwrot *m.* return; restitution; turn; (*mowy*) turn of speech, phrase, expression; ~oczu, glance; ~pieniędzy, reimbursement; **-ka** *f.* strophe, couplet; **-nica** *f.* switch; **-niczy** *m.* switchman; **-nik** *m.* tropic; **-nikowy** *a.* tropical; **-ność** *f.* nimbleness, agility; **-ny** *a.* revolving; returnable; nimble, quick, dapper; (*gram.*) reflexive; punkt ~, turning point.
zwycię-ski *a.* victorious, triumphant; triumphal; **-stwo** *n.* victory; odnieść ~, win; **-zca** *m.* winner; conqueror; **-żać, -żyć** *v.* win; conquer, overcome.
zwyczaj *m.* custom, habit; wejść w ~, become the habit; grow customary; mieć w -u, be wont (to); mieć ~, be accustomed (to);

Odnośnie do czasowników z przedrostkami z- i za-, brakujących powyżej, ob. **z-,** wzgl. **za-.**

For verbs with prefixes z- and za- not given consult **z-** or **za-.**

dawnym -em, according to the old custom; uświęcony -em, conventional; **-ny** *a.* common, usual, habitual; ordinary; (*przyzwyczajony*) wont (to); (*profesor etc.*) in ordinary; **-owy** *a.* customary; prawo -owe, common law.
zwyk-le *adv.* usually, generally, commonly; **-łość** *f.* custom, habit; **-ły** *a.* accustomed, usual, habitual, wonted; customary; **-nąć** *v.* be wont; be accustomed (to do).
zwyrodni-ały *a.* degenerate; **-eć** *v.* degenerate; **-enie** *n.* degeneration. [haughtily.
zwysoka *adv.* from above;
zwyż *adv.* above (mentioned); w ~, in height; **-ka** *f.* rise, increase; advance; **-kować** *v.* rise; ceny -kują, prices are ruling high.
zybet *m.* (*zool.*) civet, zibet.
zygzag *m.* zigzag; **-owaty** *a.* zigzag.
zymoza *f.* zymosis.
zysk *m.* profit, gain, advantage, benefit; rachunek -ow i strat, profit and loss account; **-ać, -iwać** *v.* gain, obtain, earn, win, get; **-owność** *f.* lucrativeness, profit; **-owny** *a.* profitable, lucrative.

Odnośnie do czasowników z przedrostkami z- i za-, brakujących powyżej, ob. **z-**, wzgl. **za-**.

zyz *m.* squint; -em patrzeć; **-ować** *v.* squint, look asquint; **-ooki, -owaty** *a.* squint-eyed; squinting.
z za *prp.* from behind.
z zagranicy from abroad.
z zewnątrz *adv.* from without.
zziaj-ać *v.* fatigue, harass; **~ się,** be out of breath, pant, puff and blow; **-ny** *a.* breathless, panting.
zziębły *a.* chilled; **-nąć** *v.* feel cold, be chilled.
zzu-ć, -wać *v.* pull off one's boots (shoes); **-ty** *a.* pulled off; bare-footed; **-wadło** *n.* bootjack.
zż-ąć *v.* mow, reap; **-ęty** *a.* mown, reaped; **-ynać** *v.* cut off (the top); mow; reap.
zżółk-ły, -niały *a.* (grown) yellow; **-nąć** *v.* turn yellow, grow yellow, take a yellow hue.
zżyć się *v.* grow accustomed (to), grow familiar (with).
zżyma-ć *v.* shrink, shrivel, pucker; ~ramiona, shrug one's shoulders; **~ się,** be angry (at); be indignant (at, with); make a wry face; **-nie się** *n.* indignation, anger, wry mouth, distorsions.

For verbs with prefixes z- and za- not given consult **z-** or **za-**.

Ź

źdźiebełko, źdźbło *n.* stalk, haulm, blade (of grass); (*fig.*) ani -a, not a whit.
źle *adv.* ill, badly, wrong, amiss; **~ się** ma, he is badly off; he is not well; ~ czynić, do evil; ~ wychowany, ill-bred.
źrebi-ca *f.* filly; **-ić się,** foal; **-ec** *m.* colt; **-ę** *m.* foal; **-na** *a.* with foal.
źrenic-a *f.* (*lit. & fig.*) pupil of the eye; (*fig.*) the apple of the eye; **-owy** *a.* pupillary.
źród-lany *a.* (of a) fountain, (of a) spring; woda -lana, spring-water; **-listy** *a.* abounding in springs; **-ło** *n.* source, spring, well, fountain; (*fig.*) origin; fountain-head; **-łosłów** *m.* root; **-łowy** *a.* original, first-hand.

Ż

żab-a, -ka *f.* frog; (*fig.*) shrimp; (*weter.*) lampas; **-i** *a.* frog's; ~ skrzek, croaking of frogs; ~ krzek, frog-spawn; **-iątko, -ię** *n.* young frog; **-oryb** *m.* (*zool.*) frog-fish; **-sko** *n.* big (ugly) frog.
żabot *m.* ruffle; frill.
żaczek *m.* (*hist.*) school-boy, abecedarian.
żaden *a.* no; no one, none, not any; (*prawn.*) void; (*fig.*) next to nothing; (*z dwu*) neither; żadnym sposobem, by no means; on no consideration.
żag-iel *m.* sail; rozwinąć -le, hoist sail; spuścić ~, lower sail; wyjść pod -le, set sail; pełnemi -lami, full-sail; **-lik** *m.* (*zool.*) nautilus; **-lowiec** *m.* sailer; **-lowy** *a.* (of a) sail; sailing ...; płótno -lowe, canvas; statek ~, sailing-ship.
żagiew *f.* torch, touchwood; embers; (*bot.*) agaric; (*fig.*) incentive, spur, stimulus.
żak *m.* street-boy; (*hist.*) schoolboy; abecedarian; **-ostwo** *n.* boyishness; (*fig.*) blunder; **-owski** *a.* boyish.
żakiet *m.*, **-ka** *f.* (*męski*) cut-away; (*damski*) jacket.
żal *m.* regret, grief, sorrow; concern; compassion, pity; mieć ~ do kogo, resent one's (conduct etc.); bear one a grudge; ~ mi go, I pity (or am sorry for) him; ~ mi, że..., I am sorry that; I regret that; ~ za grzechy, repentance; **-e** *pl.* lamentations; **-ić się** *v.* (*na kogo, na co*) complain of; pity.
żaluzja *f.* shutter; Venetian [blind.
żało-ba *f.* mourning; widow's weeds; (*fig.*) grief, sorrow, affliction; gruba ~, deep mourning; nosić -bę po kim, wear mourning for one, mourn a person; lekka ~, half-mourning; **-bliwy** *a.* woeful, plaintive, mournful, lamentable; **-bnica** *f.*, **-bnik** *m.* mourner; **-bny** *a.* funeral; (of) mourning; lugubrious; pieśń -bna, dirge; **-sny** *a.* plaintive, doleful, mournful, sad; **-ść** *f.* grief, sorrow; **-wać** *v.* regret; be sorry (for, that); be grieved; (*kogo*) pity; (*za co*) repent (of); ~ komu czego, deny (or refuse) something to one; begrudge one something; (*skąpić*) spare; nie ~ bicza, not to spare the rod; **-wany** *a.* regretted.
żandarm *m.* soldier in military police; **-erja** *f.* military police.
żar *m.* embers; (*fig.*) fervour, ardour.
żarcie *n.* feeding; feed.
żarcik *m.* joke, jest.
żardyniera *f.* jardiniere.
żargon *m.* jargon, gibberish.
żarliw-iec *m.* zealot; **-ość** *f.* zeal, fervour; **-y** *a.* ardent, fervent; zealous.
żarłacz *m.* (*zool.*) shark.
żarło-ctwo *n.*, **-czność** *f.* gluttony, voracity, greediness, ravenousness; **-czka** *f.*, **-k** *m.* glutton; **-czny** *a.* voracious, gluttonous, ravenous.
żarn-a *pl.* hand-mill; **-owy** kamień, grindstone.
żarnice *pl.* measles *pl.*
żarnowiec *m.* (*bot.*) broom.
żar-owy *a.* incandescent; **-ówka** *f.* electric lamp.
żart *m.* joke, jest; -em, na ~, przez ~, w żarcie, for fun, in jest, by way of joke, in joking, jestingly; ~ na stronę, bez -ów, jesting apart, earnestly; to nie -y, it is no joke; -y sobie z kogo stroić, jest with one, make fun of one; -y sobie z czego robić, trifle with something; **-obliwie** *adv.* jestingly, in jest, in a jocular strain; **-obliwość** *f.* jocoseness, facetiousness, jocularity; **-obliwy** *a.* jocular, jocose, sportive, facetious, jesting; **-ować** *v.* jest, joke; trifle, toy; ~ z, make fun of, jest with, trifle with; **-owniś** *m.* joker, wag, jester.
żartk-i *a.* swift, agile; rapid; vivid; dowcip ~, sharp (piercing) wit; **-ość** *f.* swiftness; agility; rapidity, vivacity.

żarz-ący *a.* glowing; **-enie, ~ się** *n.* glow; **-ewie** *n.* live coals; **-yć** *v.* heat; **~ się** (*lit.* & *fig.*) glow; be aglow; **-ysty** *a.* glowing, red-hot.
żąć *v.* mow, reap.
żąda-ć *v.* demand, require, want; claim; ~ koniecznie, insist upon; **-nie** *n.* demand, requirement; claim; na czyjeś ~, at the request of; na ~, on demand; upon application.
żąd-lasty, -listy *a.* furnished (or provided) with a sting; **-ło** *n.* sting (*lit.* & *fig.*); **-łowaty** *a.* sting-like.
żą-dny *a.* desirous, eager, keen, anxious; **-dza** *f.* eagerness, craving; (*chuć*) concupiscence, lust; (*pragnienie*) passion, longing; **-dze** *pl.* the desires of the flesh; lust.
żbik *m.* (*zool.*) wild cat.
że *c.* that; because; as; although; ~ (enclitic expressing emphasis); dajże mi pokój!, do leave me alone!
żebra-cki, -czy *a.* beggarly; beggar's; mendicant; **-ctwo** *n.* beggary; begging; mendicity; **-czka** *f.* beggar-woman; **-ć** *v.* beg; (*fig.*) beg, entreat, implore; **-k** *m.* beggar, mendicant; **-nina** *f.* beggary; begging; alms, charity; żyć -nym chlebem, live on alms; chodzić po -nym chlebie, beg one's bread.
żebro *n.* (*anat.* & *bot.*) rib; trafić pod piąte ~, smite under the fifth rib; **-waty** *a.* ribbed; **-wy** *a.* of the ribs; costal.
żeb-rzący *a.* begging; -rzące zakony, mendicants friars; **-ry** *pl.* beggary.
żebrzyca *f.* (*bot.*) seseli.
żeby *c.* to, in order to, in order that; ~ **nie,** lest, for fear that; (*choćby*) though, if, even if.
żega-ć, żec *v.* singe; sear; burn; **-dło** *n.* puncheon, cautery; **-wka** *f.* (*bot.*) sting-nettle.
żegl-arek *m.* (*zool.*) nautilus; **-arka** *f.* sailor; **-arski** *a.* nautical, sailor's; (of) navigation; **-arstwo** *n.* sailing, navigation; **-arz** *m.* navigator, seaman, sailor, seafarer; **-ować** *v.* sail, navigate; **-owny** *a.* navigable; **-uga** *f.* sailing; navigation; ~ powietrzna, aerial navigation.
żegna-ć *v.* (*znakiem krzyża*) bless; (*rozstać się*) bid farewell (to), take leave (of); -m pana, goodbye; ~ **się,** cross oneself, make the sign of the cross; ~ **z kim,** take leave (of), bid one goodbye (or farewell); **-nie się** (*z kim*) *n.* leave-taking, taking leave (of).
żela-stwo *n.* iron ware; hardware; stare ~, scrap-iron; **-zisty** *a.* ferruginous; **-ziwo** *n.* iron; scrap-iron; **-zko** *n.* (*fryzjerskie*) curling-irons; (*do prasowania*) iron; **-zny** *a.* (made of) iron; (*o wodzie*) ferruginous; iron-grey; kolej -zna, railway; list ~, safe conduct; **-zo** *n.* iron; (*fig.*) sword, steel; ~ surowiec, pig-iron; ~ lane, cast iron; ~ kute, wrought iron; **-za** *pl.* fetters; **-źnica** *f.* (*bot.*) scabious; **-źnik** *m.* smith; ironmonger.
żelatyn-a *f.* gelatine; **-owy** *a.* (of) gelatine; gelatinous.
żele *pl.* cymbals.
żele-zisty see **żelazisty; -źce** *n.* dart; arrow-head; **-źnictwo** *n.* hardware trade; **-źnik** *m.* smith.
żeliw-nia *f.* foundry; **-o** *n.* cast iron.
żenada *f.* constraint; bez -y, unconstrainedly, freely.
żeni-aczka *f.*, **-enie się** *n.* marriage; **-ć** *v.* marry, give in marriage; match; ~ **się,** marry.
żeniec *m.* reaper, harvester.
żeniszek *m.* (*bot.*) yarrow.
żenować *v.* disturb; ~ **się,** feel embarrassed; be shy.
żeński *a.* female; womanly; (*gram.*) feminine; **-ość** *f.* womanhood.
żer *m.* pasture, food; prey; **-ować** *v.* prey (upon); fatten (on); feed (on); **-owisko** *n.*, **-unek** *m.* prey; food, pasture.
żerdź *f.* pole; perch.
żeton *m.* jetton, counter.
żę-cie *n.* reaping; mowing; **-ty** *a.* reaped; mown.
żętyca *f.* whey of ewe's milk.
żgać, żgnąć *v.* prick, sting, stab.
żleb *m.* gill.
żłob-iasty, -czasty, -kowaty *a.* channelled, grooved; **-ek** *m.*

groove, channel, furrow, chamfer; (*zakład dla dzieci*) orphanage; **-ić** *v.* groove, chamfer, channel; **-kować** *v.* channel.
żłopać *v.* gulp, quaff, swill.
żłób *m.* crib; manger.
żmij-a *f.* viper; zły jak ~, as virulent as a viper; **-ogad** *m.* aspis; **-owiec** *m.* (*bot.*) adder's tongue; **-owy** *a.* viperine; viperous; **-ożółw** *m.* long tailed sea-turtle.
żminda *m.* niggard; **-cki** *a.* niggardly, stingy; **-ctwo** *n.* avarice, stinginess, niggardliness.
żniw-iarka *f.* harvester; **-iarski** *a.* reaper's; **-iarz** *m.* reaper, harvester; **-ny** *a.* (of) harvest; **-o** *n.* harvest, crop, yield.
żołąd-ek *m.* stomach; (*zwierząt*) maw; rumen; **-kowy** *a.* gastric; (of the) stomach; sok ~, gastric juice.
żołądź *f.* acorn; (*w kartach*) clubs, *pl.*
żołd *m.* pay; na -zie, in the pay (of); **-acki** *a.* soldier's; **-actwo** *n.* soldiery; cohorts; **-ak** *m.* soldier; **-ować** *v.* serve for hire.
żołę-dny, -dziowy *a.* of acorns; **-dzie** *pl.* of **żołądź.**
żołna *f.* (*orn.*) bee-eater.
żołnie-rka *f.* military service; **-rski** *a.* soldier's; soldierly; military; **-rstwo** *n.* soldiery; military profession; **-rz** *m.* soldier; warrior; prosty ~, private; konny ~, horseman, trooper; **-rzyk** *m.* little (young) soldier.
żon-a *f.* wife, consort; pojąć za -ę, marry; **-aty** *a.* (*z*) married (to); **-eczka, -ka** *f.* (pretty, darling, little) wife; **-in** *a.* wife's; **-obójca** *m.* murderer of one's wife.
żongl-er *m.* juggler; **-erstwo, -owanie** *n.* juggling; jugglery; **-ować** *v.* juggle (*lit.* & *fig.*).
żół-cić *v.* make (or dye) yellow; paint yellow; **-cieć, -knąć** *v.* turn yellow, grow yellow, take a yellow hue; **-cień** *m.* (*bot.*) Indian saffron, curcuma; **-ciowy** *a.* bilious; biliary; -ciowa gorączka, yellow fever; **-ciuchny, -ciuteńki** *a.* quite yellow; **-c** *f.* gall, bile; (*fig.*) bitterness, spleen; wylać swą ~, vent one's spleen.
żółt-aczka *f.* jaundice; **-awość** *f.* yellowishness; **-awy** *a.* yellowish; **-ko** *n.* yolk; **-o** *adv.* yellow; **-odziób** *m.* puppy; **-opióry** *a.* yellow-feathered; **-ość** *f.* yellowness; **-y** *a.* yellow.
żółw *m.* (*morski*) turtle; (*lądowy*) tortoise; **-iowy** *a.* (of the) tortoise; (of the) turtle; (*fig.*) ~ krok, snail's pace; **-iec** *m.* (*zool.*) armadillo.
żóraw *m.* (*orn.* & *mech.*) crane; (*studzienny*) sweep; **-i** *a.* crane's; **-iątko** *n.* little (young) crane; **-ina** *f.* (*bot.*) whortleberry.
żr-awy, -ący *a.* corrosive; **-eć** *v.* (*chem.*) corrode; (*jeść*) gobble, guttle, devour, eat; (*fig.*) consume, devour; ~~ **się,** (*fig.*) quarrel; eat one's heart out.
żubr *m.* bison, aurochs.
żu-chwa *f.* jaw; **-cie** *n.* chewing, mastication; **-ć** *v.* chew.
żuk *m.* (*zool.*) beetle.
żuława *f.* lowlands, *pl.*
żup-a *f.* salt-works; **-nik** *m.* inspector of salt-works.
żupan *m.* under-garment of Polish national dress.
żur *m.* sour soup.
żurnal *m.* fashion-plate; **-ista** *m.* journalist; **-istyka** *f.* journalism.
żuż-el *m.*, **-le** *pl.* slag, dross; **-elisty, -lowaty, -listy** *a.* drossy; slaggy.
żwacz *m.* rumen, paunch.
żwaw-o *adv.* briskly; **-ość** *f.* liveliness, briskness, smartness; **-y** *a.* brisk, lively; smart; fiery; **-a** dysputa, hot dispute.
żwir *m.* gravel; **-owany** *a.*, **-owaty** *a.* (of) gravel; **-ownia** *f.* gravel pit; **-ówka** *f.* highroad.
życie *n.* life, lifetime; (*fig.*) liveliness, animation, stir; (*utrzymanie*) living, sustenance, board; zarabiać na ~, earn one's living; zostawać przy -ciu, be left alive; kochać nad ~, hold dearer than life; czyhać, nastawać na czyjeś ~, attempt one's life; odebrać ko-

mu ~, put one to death; moje ~! my darling!; przez całe moje ~, all my lifetime; za jego -cia, in his lifetime; odebrać sobie ~, commit suicide; wprowadzić w ~, put in force.
życio-pis *m.* biographer; **-rys** *m.* life-sketch; **-wy** *a.* (of) life.
żyć *v.* live, be alive; be living; (*z czego*) live on; niech -je! long live!; mieć z czego ~, have enough to live on; ~ z pracy rąk, live by one's labour; ~ z rozboju, live by robbery.
życz-ący *a.* wishing; optative; **-enie** *n.* wish, desire, congratulation; **-liwie** *adv.* favourably, in a friendly manner; **-liwość** *f.* friendliness, favour; **-liwy** *a.* friendly, benevolent, well-disposed; **-yć** *v.* wish, desire.
ży-d, -dek *m.* Jew; (*plama*) blot; **-dostwo** *n.* Jews, *pl.*; **-dowie, -dziątko, -dziak** *m.*, **-dzię** *n.* Jewish child; **-dowski** *a.* Jewish; **-ówka** *f.* Jewess.
żyją-cy *a.* living, alive; ~ język modern language; **-tko** *n.* little creature.
ży-lak *m.* varicose vein, varix; **-lasty, -listy** *a.* fibrous; veiny, veined; **-leniec** *m.* (*bot.*) pimpernel.
żył-a *f.* (*anat.* & *geol.*) vein; **-eczka** *f.* veinlet; **-ka** *f.* little vein; (*fig.*) disposition, vein, taste, tendency, inclination; **-kowany, -kowaty** *a.* veinous, tough; **-ować** *v.* (*fig.*) bore; **-owatość** *f.* fibrousness, sinewiness; **-owaty** *a.* veiny, veined, sinewy.
żyrafa *f.* giraffe.
żyrandol *m.* chandelier.
żyr-ant *m.* endorser; **-o** *n.* endorsement; **-ować** *v.* endorse.
żyt-ni, -ny *a.* (of) rye; **-niówka** *f.* gin; **-nisko** *n.* rye-field; **-o** *n.* rye.
żyw see **żywy**; **-cem** *adv.* alive; (*dosłownie*) word for word, literally; **-e** *n.* the quick; skaleczyć do -ego, cut to the quick; obrazić do -ego, sting to the quick; **-iciel** *m.*, **-icielka** *f.* nourisher; support; **-ić** *v.* feed; nourish, foster, support; ~ nadzieję, entertain hopes; cherish the hope that; (*chować*) keep; ~ **się**, feed, live (on).
żywi-ca *f.* resin; ~ ziemna, bitumen; **-cowaty, -czasty, -czny** *a.* resinous; **-czka** *f.* (*bot.*) horehound.
żywioł *m.* element; **-owy** *a.* elemental; spontaneous; powerful, unrestrained.
żywnie *adv.* altogether, entirely; co mi się ~ podoba, whatever I please.
żywność *f.* food, victuals, provisions, *pl.*
żywo *adv.* quick, speedily, fast, briskly; pragnąć ~, desire acutely, keenly; jako ~, forsooth; in truth! really; co ~, with all haste; **-kost** *m.* (*bot.*) comfrey; **-list** *m.* (*bot.*) catch-fly; **-płot** *m.* hedge; **-rodny** *a.* viviparous; **-ść** *f.* briskness, vivacity, sprightliness; animation; **-t** *m.* life; biography; womb; owoc -a, the fruit of the womb; -ty świętych, the lives of the saints; **-tność** *f.* vitality; **-tny** *a.* vital; living; siła -tna, vital power.
żyw-y *a.* alive, living; (*żwawy*) sprightly, vivacious; (*gorący, np. pragnienie*) acute, eager, keen; (*jaskrawy*) vivid; bright; ~ kolor twarzy, ruddy complexion; ani -ej duszy, no living creature; w -e oczy, impudently; styl ~, an animated (or lively) style; ~ temperament, sanguine temper; -y dowód; striking proof; -e węgle, hot coals; ledwie -y, half-dead; -e srebro, quicksilver, mercury.
żyzn-ość *f.* fertility, fruitfulness; **-y** *a.* fertile, fruitful.